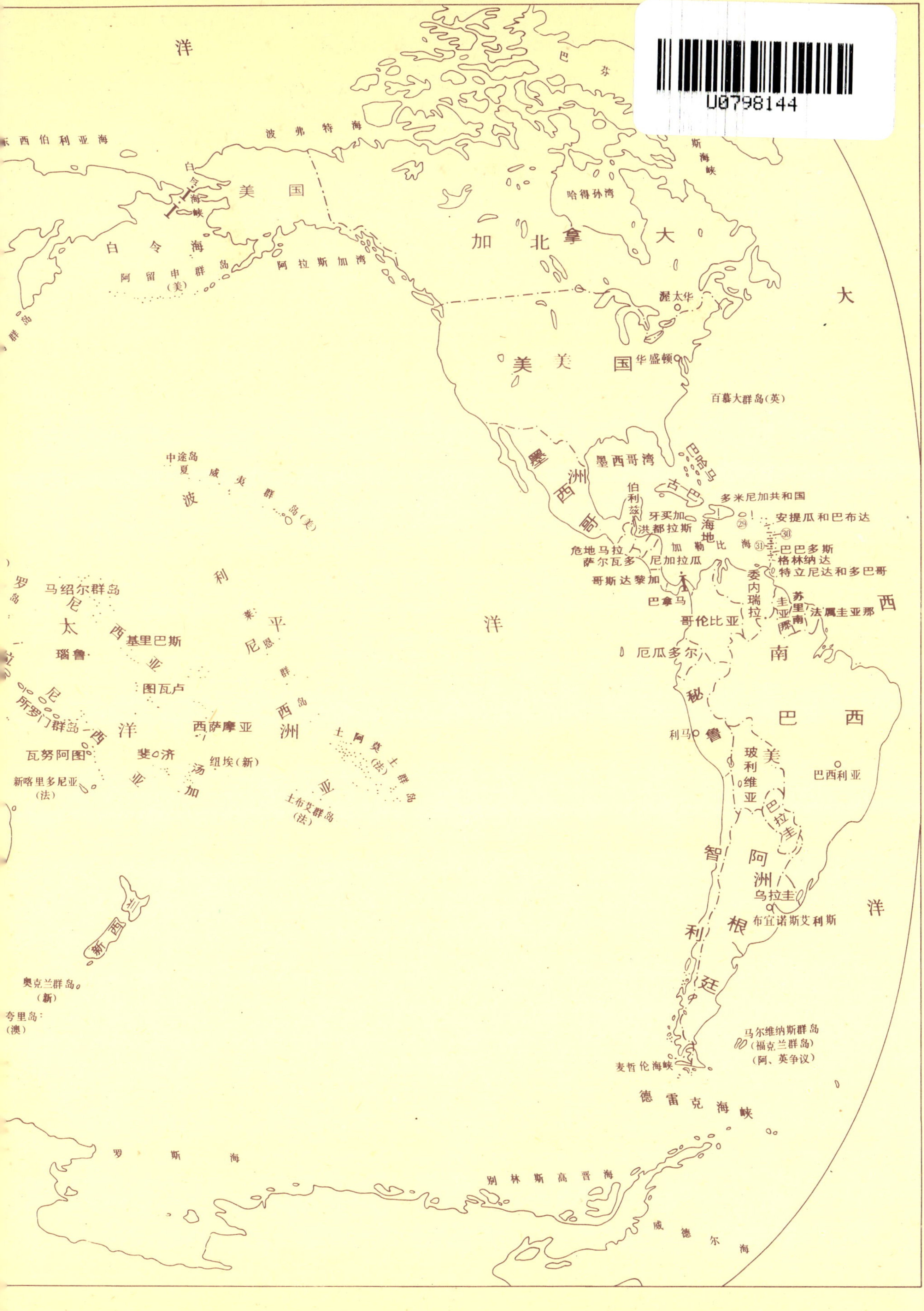

洋
东西伯利亚海
波弗特海
白令海峡
美国
哈得孙湾
加拿大
北
白令海
阿留申群岛
(美)
阿拉斯加湾
渥太华
大
美国
华盛顿
百慕大群岛(英)
中途岛
夏威夷群岛(美)
墨西哥湾
巴哈马
多米尼加共和国
古巴
伯利兹
牙买加
洪都拉斯
海地
安提瓜和巴布达
危地马拉
萨尔瓦多
加勒比海
巴巴多斯
格林纳达
尼加拉瓜
特立尼达和多巴哥
哥斯达黎加
巴拿马
委内瑞拉
苏里南
法属圭亚那
圭亚那
哥伦比亚
马绍尔群岛
波
利
平
洋
基里巴斯
瑙鲁
图瓦卢
所罗门群岛
西萨摩亚
斐济
汤加
纽埃(新)
瓦努阿图
新喀里多尼亚
(法)
土阿莫土群岛
(法)
土布艾群岛
(法)
厄瓜多尔
秘鲁
利马
巴西
巴西利亚
玻利维亚
巴拉圭
智利
阿根廷
乌拉圭
布宜诺斯艾利斯
洋
新西兰
奥克兰群岛
(新)
夸里岛
(澳)
马尔维纳斯群岛
(福克兰群岛)
(阿、英争议)
麦哲伦海峡
德雷克海峡
罗斯海
别林斯高晋海
威德尔海

世界军事年鉴1998

WORLD MILITARY YEARBOOK

军事科学院《世界军事年鉴》编辑部

解 放 军 出 版 社

图书在版编目(CIP)数据

版式设计　杜超英
封面设计　张禹宾

世界军事年鉴　1998/军科外军部《年鉴》编辑部编著.
北京:解放军出版社,1998
ISBN 7-5065-3553-X

Ⅰ.世…
Ⅱ.军…
Ⅲ.军事-世界-1998-年鉴
Ⅳ.E1-54

世界军事年鉴
1998
军事科学院《世界军事年鉴》编辑部

解放军出版社出版发行
(北京平安里3号)
(邮政编码100035)
新华书店经销
北京宏文印刷厂印刷

787×1092毫米16开本　48.75印张　4插页　1639千字
1998年12月第1版　1998年12月(北京)第1次印刷
ISBN7-5065-3553-X/E.1643
定　价:140元

《世界军事年鉴》编审委员会

《世界军事年鉴》编辑部

《世界军事年鉴1998》主要撰稿人名单

（以姓氏笔划为序）

刁望钦	于海波	习　钟	王　萍	王文昌	王世华	王世银	王书勤
王达伦	王成刚	王连奎	王明志	王治国	王保存	王通信	王湘江
韦　肖	韦秀文	木　工	毛子成	长　生	卞荣宣	方　宁	方　梅
尹承魁	孔国生	孔繁金	巨文新	石　慧	石之英	田小文	史　强
白　冰	白　雁	立　平	朱祥龙	任　平	任　杰	任　明	伊贵玺
华　翁	刘　庆	刘　军	刘　春	刘　巍	刘小荣	刘文力	刘书礼
刘松林	刘映国	刘效兰	刘温国	江　英	池之葶	许铁铭	阮厚才
孙华民	孙叔林	杜　健	严维义	李　杰	李　鑫	李庆功	李荣怀
李殿选	杨东进	杨立明	杨清波	杨静娴	肖　白	肖　斫	吴　鹏
吴良全	何在涛	佟　杰	闵振范	汪徐和	沙起才	宋鲁成	宋黎明
张　冬	张　南	张　勇	张　燕	张力群	张文伟	张文贤	张令钟
张连国	张宏伟	张若涵	张洲军	张昌泰	张春山	陈　群	陈有荣
陈茂良	陈建民	陈惠赠	陈献其	林水成	苗　壮	尚左琳	国　力
忠　民	金　鲍	周　洁	周长鹏	周以蕴	周璞芬	孟　丽	孟大成
郝晓伟	赵　博	赵生荣	赵树远	赵富春	钟良理	钟学良	侯卫国
施　军	洪绵珠	宫小雄	昶　姞	神　赋	秦潇潇	耿文正	素　洁
袁右军	贾咏梅	夏礼伯	夏征难	晓　雪	徐东齐	徐克洲	郭　庆
郭　辉	郭韦嫦	郭庄宝	郭宏军	高桂秀	海　明	展八旗	继　先
黄　磊	黄远模	黄金鹏	曹连成	符成礼	梁　望	韩生民	董科军
崴　子	程　虹	温味几	谢永亮	詹玉才	蔡　勇	蔡开春	熊万奎
德　峰	滕建群	潘海澜	薛　军	薛利涛	襄　阌	魏守正	

中国恢复对香港行使主权

①1997年7月1日凌晨，中华人民共和国主席江泽民庄重宣告：中华人民共和国香港特别行政区成立。

②1997年6月30日午夜至7月1日凌晨，中英两国政府香港政权交接仪式在香港会议展览中心新翼5楼大会堂举行。

③1997年7月1日凌晨1时30分，中国香港特别行政区成立暨特区政府宣誓就职仪式在香港会议展览中心新翼7楼举行。

④1997年6月30日上午，欢送驻香港部队大会在深圳举行。

⑤驻香港部队陆军装甲部队奉命开进香港。

⑥驻香港部队海军舰艇编队奉命驶入香港海域。

⑦驻香港部队空军航空兵团的直升机编队首次降落在香港石岗机场。

⑧添马舰三军指挥部前的哨兵，在烟火照映下迎来进驻后的第1个夜晚。

中国人民解放军新一代军服

①陆军男军官礼服 ②陆军女军官礼服 ③海军男军官礼服 ④海军女军官礼服 ⑤空军男军官礼服 ⑥空军女军官礼服 ⑦陆军男式春秋常服 ⑧陆军女式春秋常服 ⑨海军男式春秋常服 ⑩海军女式春秋常服 ⑪空军男式春秋常服 ⑫空军女式春秋常服 ⑬陆军男式夹克常服 ⑭陆军女式夹克常服 ⑮海军水兵服 ⑯海军女式夹克常服 ⑰空军男式夹克常服 ⑱空军女式夹克常服

中国人民解放军新一代军服

⑲陆军男式夏常服 ⑳陆军女式夏常服 ㉑海军男式夏常服 ㉒海军女式夏常服 ㉓空军男式夏常服 ㉔空军女式夏常服
㉕陆军男军官毛衣 ㉖陆军男士兵绒衣 ㉗海军男士兵绒衣 ㉘海军女军官毛衣 ㉙空军男军官毛衣 ㉚空军男士兵绒衣
㉛陆军男式大衣 ㉜陆军女式大衣 ㉝海军男式大衣 ㉞空军男式大衣 ㉟男式迷彩作训服 ㊱女式迷彩作训服

（注：驻香港部队佩戴的肩章仍沿用现行军服的肩章）

国际军事要事掠影

①1997年9月12日，中共中央总书记、中央军委主席江泽民在中共15大政治报告中宣布：在80年代裁减军队员额100万的基础上，中国将在今后3年内再裁减员额50万。

②1997年4月24日，中、俄、哈、吉、塔5国元首在莫斯科签署关于在边境地区相互裁减军事力量的协定。图为协定签订后5国元首将双手紧紧握在一起。

③1997年4月11日，英国海军在香港、也是在亚洲的最后一个海军基地——昂船洲添马舰海军基地正式关闭。图为参加关闭仪式的英军在做最后一次会操。

④1997年7月8日，北约马德里首脑会议决定首批接纳波兰、捷克、匈牙利入盟，“北约东扩”进入实施阶段。

⑤1997年9月23日，2000余名日本群众在东京举行集会，抗议新《日美防务合作指针》正式出台。

⑥1997年12月13日，中国江苏省暨南京市各界人士悼念侵华日军南京大屠杀遇难同胞60周年仪式在南京举行。

⑦1997年9月中旬的一周之内，美国空军接连发生6起重大飞机坠毁事故。图为F-117隐形战斗机在飞行表演时部分机翼断落的情景。

⑧

⑧1997年上半年，阿尔巴尼亚因高息假集资案而引发全国性武装动乱。

⑨1997年10月，刚果前总统萨苏的“民兵”攻占首都布拉柴维尔，萨苏重新掌权。

⑩1997年5月17日，卡比拉的军队推翻了蒙博托的统治，将扎伊尔改名为“刚果民主共和国”，卡比拉自任总统。

⑪1997年中东和平进程受挫，巴以危机升级。图为在约旦河西岸爆发的小规模冲突。

⑫1997年10月29日，伊拉克拒绝与联合国武器核查小组中的美国人合作。图为伊拉克人举行集会支持总统萨达姆。

⑬1997年7月5～7日，洪森领导的军队和拉那烈领导的奉辛比克党武装在柬埔寨首都金边发生严重武装冲突。

⑭1997年，阿富汗内战继续进行。

⑨

⑩

⑬

⑫

⑭

⑪

部分先进武装直升机

①俄罗斯的米-28“浩劫”武装直升机，是目前世界上唯一的一种全装甲武装直升机。

②卡-50（绰号“嚎头”）是俄军第3代武装直升机，只有1名飞行员，它在世界武装直升机中首先采用弹射座椅，情况紧急时可将飞行员弹出座舱。

③意大利的A-129“猫鼬”武装直升机，全身涂有能吸收红外线的涂层。

④美国的AH-64“阿帕奇”武装直升机，在海湾战争中表现出色。

⑤法、英联合研制的“小羚羊”武装直升机，可携带反坦克导弹和火箭弹，已出口到几十个国家。

⑥德、法共同研制的“虎”式武装直升机，主要用于打坦克，具有超低空贴地面飞行性能。

⑦南非的“茶隼”式武装直升机，装有两个火箭发射吊舱和两个“响尾蛇”空空导弹发射器。

①

③

②

⑤

④

⑦

⑥

部分在研的海军导弹

① 意大利海军正在研制“奥托马特”MK－2反舰导弹的后继型TESEO MK－3，其射程将增至300千米以上，隐形性和机动性更好。

② 美、德、加等国正在联合研制“改进型海麻雀导弹”（ESSM），以作为北约海军下一代防空导弹，其飞行速度是目前“海麻雀”的2倍。图为ESSM的作战概念图。

③ 瑞典正在研制的RBS－15Mark2型远程反舰导弹，它将采用新型寻的头，并具有抗电子干扰能力。图为RBS－15K岸防型反舰导弹正在发射。

④法国正在研制的“紫菀”15型舰载防空导弹，它将装备在法国新建造的“夏尔·戴高尔”号航空母舰和“地平线”级护卫舰上。

⑤ 法国正在研制的“新一代反舰导弹”（ANNG），它采用冲压喷气发动机作动力，超音速飞行，将装备在未来的“地平线”级护卫舰上。图为ANNG的概念图。

⑥美国牵头研制的海军型“联合防区外武器”（JSOW），它将携载140个BLU－97A/B子弹药，用于攻击轻型装甲车辆、部队人员及防空设施等，海军和陆战队的战斗机将携载这种武器。图为JSOW的空射试验。

⑦“独眼巨人”是法、德、意3国正在联合研制的光纤制导导弹，它可装备潜艇用来攻击水面舰船、海岸目标、甚至是低空飞行目标。图为该导弹的首次发射试验。

②

③

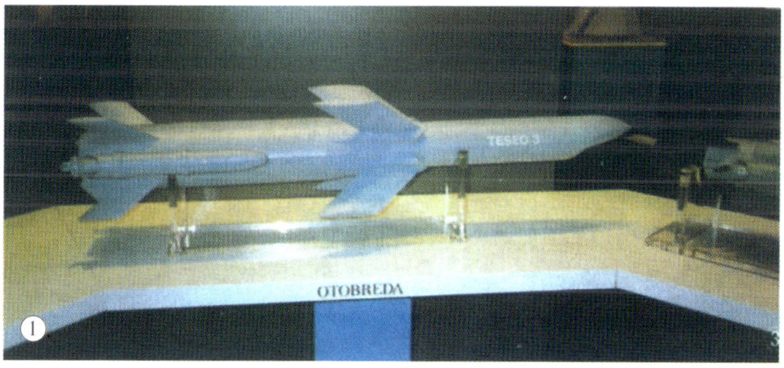

①

④

⑤

⑥

⑦

部分新列装的武器装备

①中国新一代5.8毫米班用枪族，左为步枪，右为轻机枪，1997年装备驻香港部队。

②印度空军订购的40架苏-30战斗机中的首批8架，于1997年下半年运抵印度装备部队。

③泰国的“差克力·纳吕贝特”号轻型航母，1997年8月10日正式编入泰国海军，满载排水量11485吨，可搭载12架AV-8S“鹞”式垂直/短距起降飞机或14架“海王”直升机。

④法国“拉斐特”级护卫舰首舰于1996年服役，满载排水量3600吨，最大航速25节，舰员163名，具有较好的隐形性能，其雷达横截面积只相当于1艘500吨的小艇。

⑤法国“凯旋”级弹道导弹核潜艇首艇于1996年9月服役，水下排水量14335吨，水下航速25节，艇员111名，装备M-45潜射弹道导弹16枚（射程5300千米），另外可载18枚“飞鱼”SM-39反舰导弹或L-5 Ⅲ型鱼雷。

⑥日本新型坦克登陆舰“大隅”号于1996年11月下水，标准排水量8900吨，可载330名官兵、2艘气垫登陆艇、10辆90型坦克或1400吨货物。

WORLD MILITARY YEARBOOK 1998
Introduction

The World Military Yearbook is an informative, academic reference book recording significant events and developments in world military affairs. It is compiled and published annually. *World Military Yearbook 1998* consists of the following nine parts covering military events and developments in all the world's nations from January to December, 1997.

1. Major Military Events

1997 witnesses China's resumption of sovereignty over Hong Kong, improvements in Sino-U.S. military security relations, the advent of a comprehensive military reform in Russia, the entrance of a new phase of US-Russian military relations, etc. These and many other events are fully covered in the Yearbook. In addition, such military developments as local wars, armed conflicts, military coup d'etats and arms control in 1997 are described objectively with background details and updated consequences.

2. Country Military Survey

Part Two comprises country entries grouped by continent. Not only updated statistics in force strength, weaponry, defense expenditure, and production of strategic materials of over 170 nations and regions in the world are provided, but also recent adjustment to national defense policies and military strategies in 1997 by major powers are fully reflected.

3. Military Theoretical Research

Part Three contains 8 sections: military thinking and literature, theories on war and military strategy, operational doctrine, information warfare, theory on armed forces building, military history, other military theories and news briefings. These sections truly mirror the developments and trends in military theoretical studies in the world's major countries and regions, paying special attention to innovative ideas in the study of military strategy, operational doctrine and armed forces building.

4. Military Technology

Part Four features new weapons and equipment which have been fielded, developed, or newly reported in the media by major countries and regions in 1997. The entries convincingly point to the general trends in current military technology: slower quantitative increase and enhanced efforts at seeking qualitative superiority; readjustments of military R and D focus by major countries under the constraint of reduced budget; faster development of new technology and its accelerated spread to the third world; and extension of arms races into high-tech fields.

5. Military Construction

Part Five covers policies, plans and programs to improve armed force quality in changing international environment by major countries in Asia, Europe and America. New trends in organizational structure, training and education, logistics and military law are included as well.

6. International Organizations and Treaties

Military activities and information related to international organizations in 1997 are adequately reported in Part Six and texts of some international agreements and treaties signed in 1997 are included.

7. Chronology of World Military Events

Major military events in 1997 are briefly recorded in chronological order in Part Seven.

8. Special Issues

Part Eight reviews representative American views on revolution in military affairs (RMA) in recent years, adjustment and reform in defense industry of major countries and regions, as well as an update on world arms trade. A brief introduction on each new head of state and defense leader taking office in 1997 is also included. Military exchanges between China and other countries in the world are fully recorded.

9. Color Pictures

The last part contains dozens of color pictures showing new weapons and equipment and illustrating major military events in 1997. They are pictures of great historic value.

Editors

编辑说明

(一)《世界军事年鉴》是一部连续编纂出版、以记述年度内世界各国军事新情况、新进展为主要内容的信息密集型学术性资料性工具书。其任务是,以马列主义、毛泽东思想、邓小平理论为指针,坚持四项基本原则,面向现代化、面向世界、面向未来,有选择有重点地系统介绍世界各国的军事基本情况和动态。主要服务对象是各总部机关、军事科学研究单位、院校和部队的官兵,同时也顾及对军事问题感兴趣的军外广大读者。

(二)本卷《年鉴》同上卷一样,设9个栏目:军事要事;各国军事概况;军事理论研究;军事技术;军事建设;国际组织、条约;世界军事大事记;特辑;彩色图片。

(三)本卷《年鉴》所收资料的时限:一般是从1997年1月至1997年12月;少数截至1998年3月底为止;某些专题资料和某些首次设立的类(项、条)目,为了给读者以较系统较全面的信息,收载了1997年以前的少量资料。

(四)"各国军事概况"栏共收入170多个有军队或军事组织的国家和地区。各个国家和地区分洲排列,次序是亚洲、非洲、欧洲、美洲、大洋洲;洲内各个国家和地区一般按其名称的汉语拼音字母顺序排列。本栏选用的资料和数据,主要是作者对该国情况进行研究的成果,有些直接引自各国官方公布的1996~1997年度的材料,同时还参考了下述资料:中国《关于1997年国民经济和社会发展的统计公报》,中国《世界知识年鉴(1997~1998)》,英国伦敦国际战略研究所《军事力量对比(1997~1998)》,美国《不列颠年鉴(1997)》等。

(五)本卷《年鉴》所用资料来源不尽相同,一些专业术语也因国家不同而异,某些专名的译名亦不尽统一,在编辑过程中虽注意订正和统一,但前后不一致之处尚未能完全避免。为便于读者进行对比研究,有个别条目特地收录了不同来源的资料。为增强条目内容的可信度,并便于读者进一步查考,编纂者尽量注明资料来源:"综述"条目的"主要资料来源"附在文后,而信息条目的资料出处则见于文内。

(六)本卷《年鉴》在编辑过程中,曾得到总参谋部、总政治部、总后勤部、总装备部有关单位和各军区、军兵种、军事院校以及中国社会科学院等单位的支持和帮助;全书完稿后还约请杨士华研究员、尹承魁教授、赵刚箴研究员、高洪山副研究员、王小健副教授等专家学者审阅了本书。在此谨表谢意。

(七)本《年鉴》涉及军事科学的方方面面,我们水平有限、经验不足,缺点和错误难免存在,欢迎广大读者批评指正。

军事科学院外国军事研究部

《世界军事年鉴》编辑部

1998年6月

《世界军事年鉴 1998》目录

军 事 要 事

军事形势综述

亚洲军事要事

非洲军事要事

欧洲军事要事

美洲军事要事

各国军事概况

亚洲国家军事概况

非洲国家军事概况

欧洲国家军事概况

美洲和大洋洲国家军事概况

军事理论研究

军事思想与军事论著研究

战争和军事战略理论研究

作战理论研究

信息战问题研究

军队建设理论研究

军事历史研究

其他军事学科理论研究

简　讯

军 事 技 术

轻 武 器

装甲兵武器装备

炮兵武器装备

工程兵技术装备

海军武器装备

空军武器装备

战略导弹

军用航天技术

核 武 器

化学战装备

指挥控制通信情报(C^3I)系统

电子对抗装备

后勤装备

其他军事技术问题

军 事 建 设

建军计划与措施

军队编制

军事训练

军事后勤

军事法制

其他军事建设问题

国际组织、条约

国际组织

国际条约

1997 年世界军事大事记

特　辑

专题综述

国防工业与军火贸易

军控与裁军

1997 年新上任军界要人简介

1997 年中外军事交往

其 他 信 息

军事要事

军事形势综述

1997年世界军事形势述评　1997年是世界军事形势发生重大变化的一年。在总体缓和的大背景下，世界军事领域出现了一些新的特点，引起了世人的普遍关注。

一、新的安全观与冷战思维展开激烈抗争

冷战的结束打破了传统的国际安全秩序，并正在从根本上改变着传统的安全观。冷战结束6年来，总体缓和势头日趋强劲，不仅旧的安全观和“冷战思维”受到了冲击，同时也培育着新的安全观的形成和发展。当前，世界绝大多数国家越来越深刻地认识到旧的安全观的危害，开始以一种新的安全观处理国际安全事务，为建立国际安全新秩序，为营造面向21世纪的安全环境，而积极努力，共同奋斗。1997年，中国正式提出了新的安全观，赢得了大多数国家的赞誉，使新的安全观传扬全球，取得了长足的发展。但是，美国和其他少数西方国家仍死抱着旧的安全观的僵尸不放，仍企图用“冷战思维”来营造冷战后的国际安全环境。新旧两种不同安全观的斗争，成为当前国际安全形势中引人注目的地方。旧的安全观是冷战的产物，是构成冷战格局、旧的国际安全秩序的思想基础，其显著特征是“两极对抗”，其核心思想是“将己方的安全建立在对方的不安全上”。其主要内容包括：建立军事联盟，夺取军事优势，扩展势力范围，维系“恐怖安全”。而新的安全观是建立国际安全新秩序的基本依据，也是世界多极化格局的重要基石之一。新的安全观的核心思想是：通过磋商、协调、合作，实现“共同安全”。其主要内容包括：摒弃冷战思维，建立安全机制，发展伙伴关系，实现共同安全。在与“冷战思维”的抗争中，新的安全观表现出强劲的生命力，已逐渐开始占据主导地位，成为世界绝大多数国家处理安全事务的基本准则。如：美国竭力推行的“北约东扩”计划已进入实施阶段，但俄罗斯的反对立场非但没有减弱，而且采取了新的反击行动，意欲通过建立俄法德轴心控制欧洲安全事务，抵销“北约东扩”的影响。美日强化军事同盟，推出新的“防卫合作指针”，遭到广大亚洲国家强烈反对，形成了“群起而攻之”的态势。美国针对古巴、伊朗等国制定了“赫伯法”和“达马托法”，遭到了广大发展中国家的严厉谴责，就连美国的一些盟国也表示坚决反对。所有这一切都表明，越来越多的国家，甚至包括一些西方国家，也开始树立新的安全观，并以此为武器，与“冷战思维”展开激烈斗争。这实际上是“对抗”与“对话”的斗争，是“战”与“和”的斗争，也是“破旧”与“立新”的斗争。

二、大国安全关系调整明显加快

1997年可以说是大国安全关系进行重大调整的一年，特别是大国首脑外交空前活跃，推动了新型大国安全关系框架的发展进程。年内，中国国家主席江泽民成功地访问了俄罗斯、美国和加拿大，李鹏总理访问了日本，此外中国领导人还访问了欧洲一些大国；与此同时，俄罗斯总统叶利钦、美国副总统戈尔、日本首相桥本、法国总统希拉克、澳大利亚总理霍华德也相继对中国进行了访问。通过这一系列首脑外交活动，中国与俄罗斯进一步发展了“面向21世纪战略协作伙伴关系”，正与美国共同致力于建立“面向21世纪建设性战略伙伴关系”，与法国建立了“全面合作关系”，正与日本建立“长期稳定的睦邻友好合作关系”。更值得一提的是，在中国的倡导下，相继发表了中俄、中法联合声明，明确指出世界走向多极化的趋势不可逆转。这一主张得到包括诸多西方大国在内的绝大多数国家的赞同，并开始形成共同推进多极化进程的合力，强劲地冲击着美国意欲建立“一极世界”的企图。这一系列重大举动充分表明，大国安全关系的发展，已完全突破“非友即敌、内联外抗”的旧框架，正在建立以“对话、协调、合作”为主导的新型安全关系框架。尽管各大国之间存在着社会制度、价值观念的差异，彼此间矛盾、摩擦、争执仍不可避免，特别是霸权主义、强权政治和“冷战思维”还会干扰新型大国关系的发展，但是，建立和发展以“共同安全”为目标、以“协调与合作”为主题、以“伙伴关系”为战略框架的新型大国安全关系，已经形成一股势不可挡的潮流。

三、新军事革命引发新的军事大调整

新军事革命在全球范围内展开是 1997 年国际安全形势的一个突出特点。在新军事革命潮流影响下，世界各国正在进行冷战后的第 2 次军事大调整。以“应变转轨”为主题的第 1 次军事大调整，是各国为适应冷战后的新形势、新环境而采取的重大举措，目的是将军事战略和军队建设纳入冷战后的发展轨道。而以“新军事革命”为主题的第 2 次军事大调整，则是在为构筑面向 21 世纪新的军事体系作准备，它涉及军事思想、军事战略、作战理论、军队建设、军备发展等各个领域，其影响比第 1 次军事大调整更为广泛和深远。年内，处于新军事革命领先地位的美国，提出了命名为“营造、反应、准备”的新军事战略，将“打赢两场较大规模的地区冲突”修订为“打赢两场战区级战争”，并将信息战作为未来主要作战样式之一，专门建立了“信息战作战实验室”进行模型研演。与此同时，美国利用其军事技术优势地位，大力发展高新技术武器装备，如“无人驾驶高超音速隐形战斗机”、“微型导弹”、“空天飞机”、“袖珍侦察飞机”等。此外，美国还成功地进行了“激光打卫星”试验。俄罗斯新军事革命进程开始加快，随着“分阶段军事改革”计划的推出，目标也更加明确，即：实现军队职业化，加强军事科研，大规模更新装备，恢复军事强国地位。为实现这一目标，俄罗斯一方面对军队结构进行大调整，对军事工业进行大改组，另一方面加大对发展军事高技术的投入，更新核力量，强化常规力量。为应付未来信息战，俄罗斯还提出了“信息安全学说”，加紧研制信息武器，以实现“力量对比新的平衡”。德、法、英等西欧大国也相继启动了新军事革命的进程。德国新军事革命是以调整科技发展战略、确定优先发展项目为先导的，其重点工程是缩短基础科研投入应用的转化周期，加大应用科技的发展力度，与盟国开展军事技术合作。法国的新军事革命首先从军事改革打开突破口，重点工程主要有 3 项：一是加快数字化部队建设，二是大力发展精确制导武器，三是继续加强核力量。英国新军事革命的重点主要集中在发展高新技术武器装备上，在继续加强核军备的同时，全力发展“未来野战军人系统”，研制“海洋幽灵”隐形战舰等。日本在新军事革命的浪潮中也不甘落后，不仅不失时机地改“科技模仿立国”为“科技创造立国”，而且还将军事变革的重点置于提高 5 大能力上，即：情报能力、海上航道防卫能力、岛屿防卫能力、战区导弹防御能力和远程运输能力。

四、武装冲突和战争进入时起时伏的新阶段

武装冲突和战争的变化情况是国际安全形势的晴雨表。据统计，1997 年世界各地共发生各种规模的武装冲突和局部战争 38 起，较 1996 年的 30 起增加了 8 起，但比 1995 年高峰时的 46 起仍少 8 起；其中新发生的共 8 起，较 1996 年 6 起增加了 2 起，但比 1993 年高峰时的 16 起仍少 8 起。这表明，冷战后的武装冲突和战争已渡过“冲突多发期”，进入了“冲突起伏期”，呈现出“时多时少、时高时低、时隐时现、时起时伏”的新态势。这是世界军事形势中最突出的特点。在 1997 年的武装冲突和战争中，以非洲的战事更令人瞩目。在原苏联地区相对平缓、巴尔干半岛和中东地区动荡得以控制、亚太局势相对稳定、拉美战乱得到政治解决的形势下，非洲的战事不仅数量多（共有 18 起，几乎占全球冲突和战争总数的一半），而且影响大（波及近半数非洲国家），武装冲突和战争造成的难民潮，更使非洲三分之二的国家和地区不得安宁。可以说，非洲成为当今世界热点、战乱频仍的大陆。相比之下，其他地区的冲突和战争数量要少得多，分别为：亚太地区 9 起，拉美地区 5 起，中东、海湾地区 3 起，欧洲地区 2 起，原苏联地区 1 起。诱发非洲及各地区武装冲突和战争的动因错综复杂，其中主要的是权力争夺、民族矛盾、领土争端、资源纠纷这 4 大因素，有些还夹插着宗教、恐怖活动、外来干涉等因素，多种因素交织在一起，交相发挥作用，致使一些武装冲突和战争起伏不定，久拖不决。尤其值得注意的是，西方少数大国特别是美国，四处推行霸权主义、强权政治和军事干涉主义，成为当前最大的动荡和不稳定因素。1997 年，美国借口伊朗越境空袭伊拉克库尔德地区违反了“禁飞区”规定，向海湾紧急派驻了航空母舰，以对伊朗施压。在波黑，美国维和部队还与当地群众发生冲突，开枪打死多名塞族居民；美国还专门向波黑派出“空军远征队”，以给波黑塞族人造成严重心理威慑。此外，法国仍不断对中非共和国进行军事干涉。尽管武装冲突和战争给国际和地区安全带来一些阴影，但世界总体缓和的势头仍是主流，推动着一些武装冲突和战争相继得到政治解决。年内，危地马拉在“永久和平协定”的促使下，反叛组织全部解除武装；在印巴和谈空气渐浓的形势下，克什米尔冲突得到一定缓解；塔吉克斯坦冲突双方也在国际社会的斡旋下，迈上了政治解决的道路；就连当今世界最大的“热点”非洲大湖地区的冲突，也得到一定程度的控制。

五、军控与裁军日趋全面化、全球化

1997年，国际军控和裁军领域发生了一些新变化，突出反映了“裁控并举、以控为主”的大趋势，正将军控与裁军引入全面化、全球化的新进程。与此同时，美国等西方国家推行的“强制军控”进一步抬头，使国际军控与裁军进程增添了新的复杂因素。在核裁军领域，美国和俄罗斯仍是最主要的两家。年内，美、俄签署了一揽子裁军协议，双方都承诺将敦促各自的议会尽早批准《第2阶段削减战略武器条约》，启动“第3阶段削减战略武器条约”的谈判，以使各自的战略核弹头削减至2000～2500个。双方还表示要增强核裁军的透明度，使裁减核武器的势头不可逆转。到1997年底，美国参议院批准了《第2阶段削减战略武器条约》，但俄罗斯国家杜马对该条约仍持反对态度，指责美国违反《反弹道导弹条约》，要求美国立即停止试验反导武器，否则他们将拒绝批准《第2阶段削减战略武器条约》。在核军控领域，已有144个国家签署了《全面禁止核试验条约》，核禁试组织也已正式开始工作，国际原子能机构理事会通过一项关于加强国际活动监督、防止核武器扩散议定书。与此同时，建立“无核区”进程不断加快，继中南美洲、非洲、南太平洋、东南亚4个地区建立“无核区”后，“中亚无核区”也宣告建立。随着《禁止化学武器公约》正式生效，禁止化学武器组织宣告成立，由89个缔约国代表、76个签约国代表以及非政府组织代表参加了缔约国大会第1届会议，选出了由41个成员国组成的执行理事会，从此使禁止化学武器活动更加条约化、组织化。截止1997年底，全世界共有104个国家同意参加根据该条约建立的国际控制和检查制度。在常规军控领域，北约和原华约组织30个成员国的代表就修改《欧洲常规武装力量条约》达成框架性协议，从而为签署新的条约奠定了基础。框架性协议决定，新条约将对各国常规武器数量提出最高限额，取代旧条约中对两个军事集团规定的限额；各国代表还一致同意，新条约将在原来的基础上，进一步大幅度削减欧洲常规武器的总量。此外，各国还就禁止和销毁杀伤性地雷作出新的努力，奥斯陆国际全面禁止杀伤性地雷大会召开，通过了一项关于全面禁止杀伤性地雷的国际公约草案，121个国家于1997年底在加拿大签署这项公约。在国际军控和裁军取得明显进展的同时，“强制军控”的趋势也有所发展，特别是美国等西方国家通过政治施压、经济制裁、军事威胁等手段迫使他国就范的做法，使军控和裁军进程受到了阻碍。年内，美国针对伊拉克驱逐美国核查人员，加紧了对伊拉克的军事威胁，向海湾地区派遣了大量军事力量，扬言要对伊拉克进行军事打击，颇有发动第2次海湾战争之势。但由于未能赢得其西方盟国和海湾国家的支持，加之俄罗斯等国特别是联合国从中斡旋，美国不得不暂时放弃挑起战端的企图。

六、国际维和愈加步履艰难

国际维和活动在1997年呈现出艰难乏力、每况愈下的局面，而美国等西方国家推行的“缔造和平”、“强制和平”政策，正在背离维和活动的宗旨将国际维和引入歧途。一年来的情况表明，国际维和正面临着4大难题：一是维和经费拮据，入不敷出。由于美国等主要大国拖欠巨额维和经费，致使联合国维和活动受到了较大的制约。1997年，国际维和经费从1994年高峰时的35亿美元骤减到15亿美元，难以满足正在进行的国际维和活动之需。目前，联合国维和预算赤字达23亿美元，其中美国拖欠款最多，高达13亿美元。二是维和活动及人数大幅减少。在1997年，国际维和行动从1994年高峰时的22起减为16起，维和人员从1995年高峰时的65000人减至25000人；而参加国际维和部队人数较多的国家则为巴基斯坦、印度、孟加拉、约旦等发展中国家，这表明发展中国家加大了参加国际维和活动的力度。三是维和活动中动用武力、实施打击的“强制和平”行为在增长，开始背离维持和平的宗旨，如驻波黑的北约“多国维稳部队”对塞族居民进行军事打击、驻塞拉利昂的非洲维和部队直接与塞拉利昂反叛组织交战等，不仅未能起到维持和平的目的，反而加剧了该地区的紧张局势。四是地区集团和组织越来越多地参与维和活动，如北约、海湾合作委员会、非统组织、独联体等。这些地区性集团或组织确实发挥了一定的维和作用，取得了一定成效，但由于各集团各取所需、各行其是，无统一章法，致使维和活动开始出现失控的趋向。鉴此，联合国大会通过了《关于进一步加强联合国在维和领域能力的报告》，并敦促各会员国、秘书处和联合国有关机构采取一切措施，执行这份报告。报告明确提出了“加强联合国与区域组织间的合作”、“重视开展预防性外交和缔造和平的工作”、“遵守当事方同意、公正和除自卫外不使用武力的3项基本原则”等建议，力求使国际维和规范化。联合国秘书长还要求解决维和活动的快速部署问题。

七、军事合作又有新的发展

加强和扩展军事合作，是冷战后军事领域的一个突出动向。冷战后的军事合作与冷战时期的军事合作有明显的不同。冷战时期的军事合作往往仅限于盟国和友国之间，不仅合作方式单一，而且合作领域有限；而冷战后的军事合作，无论在合作目的、对象、方式上，还是在合作领域、项目、范围上，都远远超出传统框架。1997年的世界军事形势表明，各种双边的或多边的、集团内或集团外的军事合作越来越广泛，而且不断走向深化。各国之间军事合作主要呈现出3种形态，即："强弱型"，如美国和阿尔巴尼亚、英国和捷克、日本和印度等；"强强型"，如德国和法国、俄罗斯和英国、日本和德国等；"弱弱型"，如土耳其和保加利亚、印度和菲律宾、巴基斯坦和埃及等。合作的领域涵盖了战略协商、联合防务、高层互访、军官培训、人员交流、国际维和、军事援助、军事科研、军工生产等。关于合作的目的，各国均存有不同的战略意图。对美国等西方国家来说，与东欧和原苏联地区国家进行合作，可以缩减俄罗斯的战略纵深；与亚、非、拉、中东国家合作，可以维系和拓展"势力范围"；而对发展中国家来说，与发达国家进行军事合作，一则可以获得某种程度的军事保护，二则可以提高自己军事实力地位；而发展中国家之间开展合作，可建立良好的军事关系，协力对付外来威胁。作为军事合作的一个重要方式，联合军事演习正被越来越多的国家所运用。1997年，较为重要的双边或多边联合军事演习主要有：北约及"和平伙伴关系"诸国举行的"合作旗帜"演习，北约和乌克兰举行的"合作的邻居"演习，北约和俄罗斯举行的"合作之熊97"演习，北约和波罗的海诸国举行的"97合作最佳成果"演习，美国和约旦举行的"无限月光97"演习，5国防务协定签署国举行的"飞鱼"演习，法国和科特迪瓦举行的"大象97"演习，美、英、法和埃及、科威特、阿联酋举行的"明星97"演习，俄罗斯和乌克兰举行的"和平航向97"演习等。

八、军火市场争夺激烈

1997年，世界军火贸易仍保持旺购旺销的势头。随着越来越多的发展中国家对先进武器装备需求的增加，大国对军火市场的争夺激烈。伦敦国际战略研究所统计资料表明，冷战后全球军火贸易额始终居高不下，一直在300亿美元上下浮动，即：1991年世界军火贸易总额为369亿美元，1992年为307亿美元，1993年为337亿美元，1994年为296亿美元，1995年为302亿美元，1996年为399亿美元，达到冷战后的最高峰，估计1997年将超过400亿美元。目前，美、俄、法、英、德是世界5大军火出口国，占据军火市场85%的份额，其中以美国为最，军火出口额占全球军贸总额的45%。美国现在向110多个国家出售武器，在世界各地的武装冲突和战争中，交战双方使用美国武器的约有20多起。美国不断向一些敏感地区提供武器，加剧了这些地区的紧张局势。为占据军贸市场更大的份额，美俄法英德5大军火出口国正在进行激烈的竞争。这些国家为提高本国军品的竞争力，竞相采取各种措施，运用各种手段，甚至通过政治、经济、外交等各种途径为军火促销。一是加强政府的参与：美国专门发出指令，要求政府官员和外交人员将军火促销作为主要任务之一；俄罗斯总统叶利钦签署了一系列法令，加强政府对俄罗斯军火贸易和武器出口的控制；日本正准备放宽武器出口3原则。二是实行军工企业兼并，如美国波音公司和麦道公司、格鲁曼与洛克希德—马丁公司合并，以提高在航天、航空领域的竞争力。三是进行跨国军工企业大联合：如法国的马特拉公司与德国的宇航公司实行跨国大联合，其中有关部门合并，组成空间技术公司；法国与英国军工企业也实现合并，组成欧洲最大的导弹生产集团，集中人力、财力和技术，以增强本行业军品的竞争力；独联体国家也决定成立军工常设机构，以便集中科技力量，开发和研制一些新的武器系统。四是调整军工结构，如法国制定了未来6年军火工业调整方案，决定改革军工企业结构，以逐步建成核、电子、宇航和机械制造等4大军工支柱，目的是保持法国军工在世界上的领先地位，并进一步推动其军火工业的发展。五是颁布保护性措施，如欧盟制定了一项保护计划，敦促成员国采取共同行动，以减少从美国的武器进口，确保欧盟军火工业具有领先水平。六是开发新的军火市场：美国为进一步占领拉美武器市场，计划在向拉美国家出口价值36～52亿美元的武器装备；俄罗斯除竭力维系传统军火贸易伙伴外，还准备打开委内瑞拉、阿根廷等国的军火市场。

（李庆功）

亚洲军事要事

中国恢复对香港行使主权 1997年7月1日零点，全世界都在谛听从东方响起的庄严钟声。它响彻环宇，向五洲四海郑重宣告：中华人民共和国政府恢复对香港行使主权的时刻到来了！中华民族洗雪百年耻辱、扬眉吐气的时刻到来了！

以中英两国政府完成交接仪式，香港特别行政区宣布成立为标志，圆了中华民族企盼了一个多世纪的香港回归梦，实现了几代人的夙愿。这一天，举世瞩目，永载史册。

一、中英香港政权交接仪式在港隆重举行

1997年7月1日零点，中华人民共和国国旗和香港特别行政区区旗在香港升起，经历了百年沧桑的香港回到祖国的怀抱，中国政府开始对香港恢复行使主权。

1997年6月30日午夜至7月1日凌晨，香港会议展览中心新翼灯火辉煌，举世瞩目的中英两国政府香港政权交接仪式在这里的五楼大会堂隆重举行。

历史的时钟指在1997年7月1日零点那一刻，大会堂全场肃立，几千双眼睛向鲜艳的五星红旗和紫荆花区旗行注目礼。这是中华民族长久企盼的一个瞬间，这是永载世界史册的一个瞬间。

零时4分，中华人民共和国主席江泽民在这里庄严宣告：根据中英关于香港问题的联合声明，两国政府如期举行了香港交接仪式，宣告中国对香港恢复行使主权。中华人民共和国香港特别行政区正式成立。经历了百年沧桑的香港回归祖国，标志着香港同胞从此成为祖国这块土地上的真正主人，香港的发展从此进入一个崭新的时代。

这一庄严宣告在大会堂4000多位中外嘉宾中激起经久不息的掌声。这一宣告通过电波传向祖国的长城内外、大江南北、澳门和台湾，传向世界的四面八方。

中英两国政府香港政权交接仪式于6月30日午夜举行。23时42分，交接仪式正式开始。

在中英仪仗队入场后，双方礼号手吹响礼号。23时46分，国家主席江泽民、国务院总理李鹏、国务院副总理兼外交部长钱其琛、中央军委副主席张万年和香港特别行政区首任行政长官董建华步入会场登上主席台主礼台。英国方面同时入场并登上主席台主礼台的有查尔斯王子、首相布莱尔、外交大臣库克、离任港督彭定康、国防参谋长查尔斯·格思里。

在仪仗队行举枪礼之后，查尔斯王子讲话。他说，这一重要而特殊的仪式标志着香港在150多年英国统治之后，交还给中华人民共和国。他向那些把"一国两制"构想变为《中英联合声明》的人致敬，并对那些为谈判《联合声明》的实施细节而辛勤工作的人们表示敬意。

查尔斯说，香港向世界表明，生机勃勃和稳定可以成为成功社会的明显特征。他说，香港将从此交还给中国，在"一国两制"的框架下，香港将继续拥有其明显的特征，继续成为世界上许多国家的重要国际伙伴。1984年的《联合声明》对全世界做出庄严承诺，保证香港继续她的生活方式。对英国来说，她将继续坚定不移地支持《联合声明》。

23时56分，中英双方护旗手入场，象征中英两国政府香港政权交接的降旗、升旗仪式开始。出席仪式的中外来宾全体起立。全场的目光都集中到竖立在主席台主礼台前东西两侧的旗杆上。

23时59分，英国国旗和香港旗在英国国歌乐曲声中缓缓降落。随着"米字旗"的降下，英国在香港一个半世纪的殖民统治宣告结束。

这时，距零点只差几秒，全场一片肃穆。

7月1日零点整，激动人心的神圣时刻到来了：中国人民解放军军乐队奏起雄壮的中华人民共和国国歌，中国国旗和香港特区区旗一起徐徐升起。

全场沸腾了，许多人眼睛里噙满激动的泪花，雷鸣般的掌声经久不息。照相机、摄像机的镜头不停地闪动，记录下这一庄严的历史时刻。

接着，江泽民主席走到镶嵌着中华人民共和国国徽的讲台前发表讲话。他说，中华人民共和国香港特别行政区正式成立。这是中华民族的盛事，也是世界和平与正义事业的胜利。1997年7月1日这一天，将作为值得人们永远纪念的日子载入史册。

江泽民说，历史将会记住提出"一国两制"创造性构想的邓小平先生。我们正是按照"一国两制"伟大构想指明的方向，通过外交谈判成功地解决了香港问题，终于实现了香港回归祖国。

江泽民向中英两国所有为解决香港问题作出贡献的人士，向世界上所有关心和支持香港回归的人们表示感谢。向回到祖国怀抱的600多万香港同胞表示亲切问候和良好祝愿。

江泽民说，香港回归后，中国政府将坚定不移地执行"一国两制"、"港人治港"、高度自治的基本方针，保持香港原有的社会、经济制度和生活方式不变，法律基本不变。

他说，香港回归后，中央人民政府负责管理香港的外交事务和防务。香港特别行政区依据基本法享有行政管理权、立法权、独立的司法权和终审权。香港居民依法享有各项权利和自由。香港特别行政区将循序渐进地发展适合香港实际情况的民主制度。

江泽民说，香港回归后，将继续保持自由港的地位，继续发挥国际金融、贸易、航运中心的作用，继续同各国各地区及有关国际组织发展经济文化关系。所有国家和地区在香港的正当经济利益将受到法律保护。他希望世界上一切在香港有投资与贸易利益的国家和地区，继续为保持香港的繁荣稳定作出努力。

江泽民指出，香港今日的繁荣归根到底是香港同胞创造的，也是同祖国内地的发展和支持分不开的。他表示相信，有全国人民作坚强后盾，香港特别行政区政府和香港同胞一定能够管理和建设好香港，保持香港长期繁荣稳定，创造香港美好的未来。

江泽民主席的讲话，激起全场6次长时间的热烈掌声。

随后，中英两国领导人走到主席台前，握手合影。

凌晨零时12分，香港政权交接仪式结束。

二、中华人民共和国香港特别行政区成立

中华人民共和国主席江泽民7月1日凌晨向全世界郑重宣告：中华人民共和国香港特别行政区政府成立。与此同时，香港特别行政区首任行政长官董建华在庄严的仪式上宣誓就职。

自此，“一国两制”、“港人治港”、高度自治的基本方针在香港正式实施，历经150多年殖民统治的香港进入历史的新纪元。

凌晨1时30分，中华人民共和国香港特别行政区成立暨特区政府宣誓就职仪式，在香港会议展览中心新翼七楼隆重举行。一个半小时前在这座新建筑的五楼大会堂里，举行了举世瞩目的中英两国政府香港交接仪式。

位于维多利亚海湾之畔的会展中心新翼8400多平方米的七楼3号大厅，洋溢着热烈的喜庆气氛。主席台中央，悬挂着鲜艳的中华人民共和国国旗和香港特别行政区区旗。

江泽民主席、李鹏总理和钱其琛、王汉斌、张万年、费孝通、雷洁琼、程思远、吴阶平、罗干、吴学谦、董寅初、安子介、霍英东、马万祺、何鲁丽、卓琳等中央代表团成员在主席台就座。

国务院副总理、全国人民代表大会香港特别行政区筹备委员会主任委员钱其琛主持仪式。

1时30分，雄壮、激越的中华人民共和国国歌在大厅里响起。随后，江泽民主席宣布：中华人民共和国香港特别行政区政府现在成立。这时，整个大厅响起长时间的雷鸣般掌声。

1时35分，全部由港人组成的香港特别行政区政府开始宣誓就职。

香港特区首任行政长官董建华健步走到主席台前第1个宣誓就职，国务院总理李鹏监督。面对中华人民共和国国旗和香港特别行政区区旗，董建华举起右手庄严宣誓：本人就任中华人民共和国香港特别行政区行政长官，定当拥护中华人民共和国香港特别行政区基本法，效忠中华人民共和国香港特别行政区，尽忠职守，遵守法律，廉洁奉公，为香港特别行政区服务，对中华人民共和国中央人民政府和香港特别行政区负责。

宣誓毕，李鹏总理和董建华亲切握手。大厅内掌声如潮。

1时38分，在李鹏总理监誓下，由董建华提名、中央人民政府任命的香港特别行政区第1届政府23名主要官员，走上主席台宣誓就职。政务司司长陈方安生领誓。

接着，香港特区第1届行政会议14名成员，香港特区临时立法会59名议员，香港特区终审法院常设法官、高等法院法官36人，分批走上主席台宣誓就职。行政会议召集人钟士元、临立会主席范徐丽泰、终审法院首席法官李国能分别领誓。在香港特区行政长官董建华的监誓下，他们依次作出庄严承诺：定当拥护中华人民共和国香港特别行政区基本法，效忠中华人民共和国香港特别行政区，尽忠职守，遵守法律，廉洁奉公，为香港特别行政区服务。终审法院常设法官、高等法院法官宣誓：尽忠职守，奉公守法，公正廉洁，以无惧、无偏、无私、无欺之精神，维护法制，主持正义，为香港特别行政区服务。

随后，李鹏总理发表了讲话。他代表中央人民政府对香港特别行政区政府的成立表示热烈祝贺。李鹏说，从今天起，《中华人民共和国香港特别行政区基本法》开始实施。他希望香港特别行政区第1任行政长官、特别行政区政府主要官员、行政会议成员、临时立法会议员、终审法院和高等法院法官，本着爱国爱港的精神，认真贯彻执行基本法，恪尽职守，不负众望。

李鹏说，中央人民政府将全力支持行政长官董建华先生和特别行政区政府的工作。他表示相信，在祖国大家庭中，香港同胞一定会以自己的勤劳和智慧，为保持香港长期繁荣稳定做出积极的贡献。

李鹏说，香港回归祖国，香港特别行政区政府成立，标志着邓小平先生“一国两制”伟大构想在解决香港问题上获得了成功，标志着中国人民为实现祖国完全统一而进行的努力取得重大的成果，也是对世界和平与进步事业的重要贡献。香港历史从此进入了一个新纪元。香港的未来一定会更加美好。

李鹏总理的讲话在全场激起热烈的掌声。

香港特别行政区第1任行政长官董建华接着讲话。他说，这是一个崇高而庄严的时刻：1997年7月1日。香港经历了156年的漫漫长路，终于重新跨进祖国温暖的家门。我们在这里用自己的语言向世界宣告：香港进入历史的新纪元。

董建华说，中国对香港恢复行使主权，实行“一个国家、两种制度”，是超凡政治智慧的创举。香港在世界各国的目光注视下，接受了一项开创历史先河的殊荣。我们深信不疑，一定能够克服历史新事业带来的一切挑战，香港的将来会更加美好。他表示，香港人在历史上第1次以明确的身份主宰自己的命运。香港特别行政区政府将竭尽全力，保持香港一贯的生活方式，维持香港的自由经济体系，坚守法治精神，发展民主，建立富于爱心的社会，确保国际大都会的活力。

董建华表示，他受国家和人民重托，出任中华人民共和国香港特别行政区首任行政长官，感到无尚光荣，更感到责任重大。他表示将以忠诚的心志，坚决执行法律赋予香港高度自治的神圣责任，带领650万富于创业精神的香港市民，坚定地按照“一个国家、两种制度”道路向前进。

仪式结束后，江泽民、李鹏等国家领导人会见了香港特区政府官员，并和他们合影留念。

三、中国人民解放军驻香港部队接管香港防务

在中华民族洗雪百年耻辱，香港即将回到祖国怀抱的庄严时刻，中国人民解放军驻香港部队进驻香港欢送大会6月30日在深圳隆重举行。中共中央政治局常委、中央军委副主席刘华清上将，代表党中央、中央军委热烈欢送即将启程的驻香港部队官兵，并发表重要讲话。

雨后的深圳天气格外晴朗。欢送大会会场彩旗招展，锣鼓喧天。身着节日盛装的群众载歌载舞，将身着崭新戎装的驻香港部队官兵迎入会场。

上午10时，欢送大会在庄严的国歌声中开始。与会人员全体起立，刘华清上将检阅了威武雄壮的驻香港部队3军仪仗队。中央军委委员、总参谋长傅全有上将宣读了中华人民共和国中央军事委员会主席江泽民发布的《中国人民解放军驻香港部队进驻香港特别行政区的命令》。

刘华清在讲话中指出，中国人民解放军进驻香港，是中国政府对香港恢复行使主权的重要标志，是维护国家主权和安全，保持香港繁荣稳定的重要保证。

刘华清表示相信，驻香港部队一定能够按照邓小平新时期军队建设思想和江主席关于军队建设的一系列论述，继承和发扬人民军队的优良传统，始终保持中国人民解放军威武之师、文明之师的良好形象，不负重托，不辱使命，圆满完成各项任务，让党中央、中央军委放心，让全国人民放心。

广州军区司令员陶伯钧中将、广东省省长卢瑞华和深圳市委书记厉有为分别讲了话。驻香港部队政委熊自仁少将代表驻香港部队全体官兵向祖国和人民表示：我们一定牢记使命，不负重托，永远忠于祖国，严格履行防务职责，坚决维护祖国的主权和尊严，维护香港的长期繁荣和稳定，请党中央放心，请中央军委放心，请祖国人民放心。与会群众为这支威武文明之师所振奋，100多名少先队员欢快地跑入会场，向驻香港部队官兵献上鲜花。

遵照江主席的命令，由驻香港部队3军509名官兵组成的先头部队于6月30日21时通过香港落马洲口岸。

7月1日零时整，由人民解放军驻香港部队先遣人员和刚刚抵达的先头部队升起在添马舰军营等香港14个驻军点的五星红旗，标志着中国人民解放军开始正式履行香港防务职责。

庄严的升旗仪式在添马舰营区——原驻港英军3军司令部所在地隆重举行。又名为“威尔斯亲王军营”的营区内灯火通明。7月1日零时，伴随着中华人民共和国国歌，3名礼兵庄重地升起中华人民共和国国旗。100余名驻香港部队先遣人员和先头部队官兵整齐列队，向迎风飘扬的五星红旗敬礼。

在此之前，中英双方举行了简短的添马舰军营交接仪式，中英双方各22名官兵参加仪式。

升旗后，驻香港部队政治委员熊自仁少将致词说，我们在这里举行隆重的升旗仪式，将五星红旗升起在香港上空。这标志着中国政府开始对香港恢复行使主权，标志着人民解放军驻香港部队已经担负起香港特别行政区的防务，履行祖国人民赋予的神圣使命。我们一定要认真贯彻执行“一国两制”的方针，严格履行防务职责，坚决维护祖国的主权和尊严，维护香港的长期繁荣稳定。一定要按照军委主席江泽民“五句话”的总要求，全面加强部队建设，不断提高履行防务职责的能力，充分展示威武之师、文明之师的良好形象。

1997年7月1日凌晨4时，中英香港政权交接仪式结束不久，中国人民解放军驻香港部队主力部队在深圳莲花山南侧集结地域完成了进驻香港的最后准备。运输车、装甲车、指挥车等近500辆各式车辆整齐地列阵于一片旷野上，蔚为壮观。5时10分，军车隆隆启动，似一条不见首尾的长龙，穿过聚集着10多万夹道欢送人群的深圳市十里长街，向文锦渡、皇岗、沙头角3处海关驶去。

6时整，驻香港部队的陆路纵队分别从深圳河畔的文锦渡、皇岗和沙头角3处口岸进入香港；驻香港海军舰艇编队亦于同一时间起锚，向香港预定码头进发；稍后冒雨起飞的6架直升机于8时许掠过文锦渡

口岸上空，飞临香港。

8时38分之前，驻香港部队陆海空3军主力部队全部抵达各自营区遂行防务任务。

中国人民解放军进驻香港，是中国政府对香港恢复行使主权的象征，是香港长期繁荣稳定的重要保证。部队开进和进驻过程中，充分展现了威武之师和文明之师的精神风貌，受到内地群众的热烈欢送和香港民众的热情欢迎。

7月1日，天刚破晓，企盼已久的香港数万居民，冒雨聚集到“新界”、九龙、赤柱等地，载歌载舞，迎接人民解放军驻港部队来港执行防务。

5时许，在上水至粉岭近3千米的马会道两旁，站满了欢迎的人群。元朗庆委会的队伍来了，屯门庆委会的队伍来了，荃湾、葵涌、离岛、沙田、大埔、北区和西贡区等各庆委会的队伍来了。欢快的乐曲此起彼伏，两条金龙、12对醒狮和麒麟穿梭欢舞，人们跳起了秧歌舞、红绸舞……自发赶来的居民，簇拥在欢迎队伍两旁，手举国旗、区旗，翘首等待着激动人心的一刻。

6时15分，驻港主力部队从文锦渡进入香港，行进到上水回旋处。居民们齐声高呼“欢迎、欢迎”。军车上，战士们挥手向欢迎的人群致意。

在龙深路体育馆前的街道旁，“新界”各区迎接驻港部队执委会搭起了简易的主席台。行进在队伍前面的3辆轿车在主席台前停下，部队首长下车接受了“新界”各区迎接驻港部队执委会赠送的花环和匾额。匾额由镜面钢板蚀字镶嵌而成，上书“威武文明之师”6个大字。6时35分，部队首长与执委会负责人握手道别。欢迎仪式简朴而隆重。

清晨，在九龙枪会山军营门口，在港岛赤柱军营附近巴士总站，当地社团也举行了隆重的欢迎仪式。

驻港部队根据基本法和驻军法，主要职责是负责香港特别行政区的防务。在必要时，经特区政府向中央人民政府提出请求，并经中央人民政府批准，也可协助维持社会治安和救助灾害。军费由中央人民政府负担，后勤供应从深圳基地运送。驻港部队组建以来，已经为广大香港同胞所熟悉。“新界”社团联会会长李连生说：“这是一支纪律严明、文武双全的部队，是值得我们信赖的部队。”

四、举国欢腾，普天同庆

香港回归，百年盛事，普天同庆，举国欢腾。在960万平方千米国土上，热血沸腾的中国人民，以千歌万曲、千言万语表达着自己欢乐、自豪、振奋的感情。

7月1日晚的北京工人体育场沉浸在欢腾的海洋之中。中共中央、全国人大常委会、国务院、全国政协、中央军委在这里隆重举行“首都各界庆祝香港回归祖国大会”。

晚7时50分，在欢快的迎宾曲中，江泽民、李鹏、乔石、李瑞环、朱镕基、刘华清、胡锦涛、荣毅仁等党和国家领导同志进入会场，这时，全场欢声雷动。

晚8时，北京市市长贾庆林宣布首都各界庆祝香港回归祖国大会开始。

一百响开天雷顿时轰鸣，一百个团圆花一齐绽放，数十面大鼓一同擂响。节日的礼花把夜空装点得绚丽缤纷。威武的国旗班礼兵护卫着国旗进入会场，在雄壮的《中华人民共和国国歌》声中，五星红旗冉冉升起。

江泽民代表中国共产党、中央人民政府和全国各族人民，对香港回归祖国和香港特别行政区成立，表示热烈的祝贺。

江泽民说，7月1日是香港回归祖国的大喜日子，也是中国共产党成立76周年纪念日。回顾历史，展望未来，我们对伟大祖国和中华民族的美好前程满怀信心。有中国共产党的领导，有马列主义、毛泽东思想和邓小平建设有中国特色社会主义理论的指引，紧紧依靠全国各族人民和一切爱国力量的坚强团结，大力弘扬伟大的爱国主义精神，经过几代人的持续奋斗，我们一定能够把祖国建设成为富强、民主、文明的社会主义现代化国家，伟大的中华民族一定能够对人类作出新的更大的贡献。

7月1日上午，在广州天河铁路客运站，庆祝香港回归祖国的大标语，悬在4个彩色大气球上迎风飘舞，火车站广场、阅台和联检现场，摆设了鲜艳的盆花。10时20分，车站龙狮起舞，鼓乐齐鸣，迎来首列九（龙）广（州）旅客列车。香港同胞接过少先队员献上的鲜花，激动地说：“今日圆了回归梦，百年国耻得洗雪。祝愿穗港同胞携手共创美好的明天。”

随着1997羽鸽子和1997只气球放飞上天空，珠海人民的欢乐之情也达到了高潮。42辆反映珠海市各行各业取得的建设成就的彩车，满载着对香港明天的美好祝福缓缓向市区驶去。

中原大地呈现出一派节日气氛。6月30日夜晚至7月1日凌晨，河南郑州市1万多名群众自发地聚集在“二七纪念塔”广场，敲锣打鼓扭秧歌，庆祝香港回到祖国怀抱那激动人心的一刻，以表达拳拳爱国之心。白发苍苍的著名豫剧表演艺术家常香玉满怀豪情走上舞台，一曲《水调歌头·百年梦圆》唱得人们心潮澎湃。

在杭州西湖之滨，林则徐第6代孙、杭州叉车厂高级工程师林春雄摊开宣纸，写下林则徐的名句：

"苟利国家生死以，岂因祸福避趋之"，表达了对先祖的崇敬以及对党和政府完成林则徐所未竟宏愿的赞佩。

在合肥市欢庆会场上悬挂着"香港，'97拥抱你"、"情系紫荆花"、"迎七一庆港归"等大幅标语。7月1日，在举国欢庆香港回归的日子里，当年于洪涝灾害中深受香港同胞"血浓于水"的援助的合肥市民，热情洋溢地举办了10场广场文艺演出，表达热切盼回归的激动心情。

厦港台人民的"海上使者"——"集美"号客轮，航行278海里，在7月1日上午9时20分驶抵香港尖沙咀码头。船长黄俟在谈话中兴奋地说："17年来，我们第1次挂五星红旗进香港，再不挂英国国旗了。香港下着大雨，九龙扎起9条龙，水警在正常巡逻，一切都很平静。"

提起香港，宁波人别有一番亲近。许多宁波老乡，在南国小岛上辛勤耕耘几十年，为香港繁荣添了光彩。包玉刚、王宽诚、邵逸夫先生等一代宁波籍的名人，于是成了家乡人的骄傲。刚从香港回家乡的一位须发皆白的老人，聆听了1日零时深沉的钟声后感慨万分：只有国家富强了，才能有这一天呀！

在福州市"五一"广场，一位年过七旬的老人眼含泪花忘情地对周围素不相识的人们说："百年耻辱今洗雪，扬眉吐气终有时。我终于等来了这一辉煌时刻。这只有中国共产党才办得到。共产党真伟大！"

在江西新建县拖拉机修造厂，广大职工在观看香港回归的电视实况时，更是别有深情，感慨万分。邓小平同志曾在这里生活、工作了3年多。一位见过小平同志的老工人深情地说："看到香港回归的这一时刻，我十万分的激动。小平同志的遗愿终于实现了，这是多么了不起的壮举啊。"

7月1日，高原古城拉萨沉浸在欢乐祥和气氛之中。五星红旗高扬在布达拉宫宫顶，雄伟的布达拉宫装饰一新，墙体上悬挂着"喜迎香港回归"、"欢庆党的生日"巨幅标语。6月30日晚到7月1日凌晨，西藏各地举行了形式多样的庆祝活动。拉萨大昭寺为了让僧众收看好电视直播，特地购置了一台大屏幕彩电，100多名喇嘛异常高兴地集体收看到凌晨。

哈尔滨有一条全国闻名的步行街——中央大街，街上100多座欧式风格的建筑都是当年的殖民者留下的，现在已成为劳动人民购物和娱乐的场所。7月1日的天气格外好，与往日不同的是，许多悠闲的散步者手里拿着印有紫荆花的小旗。在马迭尔宾馆，记者遇见一位来哈尔滨旅游的俄罗斯人，他说："非常理解中国人的心情，为你们高兴。"

正在为改变贫困面貌而努力奋斗的西海固地区人们尽情欢笑。宁夏固原县城里，一些餐厅专门设计制作了回归宴，引来许多喜气洋洋的客人。

4600多万壮、汉、苗、瑶、京、仫佬、毛南等广西各族群众，7月1日无比自豪和喜悦。在南宁，壮族群众舞起威武的龙狮；在河池，白裤瑶吹起牛角号；在东兴，京岛渔民吹响嘹亮的螺号；在柳州，苗族群众跳起欢快的"芦笙踩堂"……

香港回归，四川人民特别高兴。香港政权交接仪式刚一结束，成都庆祝会场立即歌如海，人如潮，把庆典活动推向高潮。《威风锣鼓》威震八方，令人扬眉吐气；大合奏《鲜红的太阳永不落》，气势雄伟，震撼人心；龙灯狮舞、秧歌腰鼓，更添喜庆热闹气氛，响彻蓉城夜空。

7月1日凌晨，当北疆各族儿女从电视屏幕上看到香港顺利回归祖国的动人情景，草原大地顿时掀起狂欢的热浪。内蒙古自治区党政军领导立即星夜赶赴各地，与群众共庆回归盛事。从呼伦贝尔草原到阿拉善驼乡，从鄂尔多斯高原到边疆哨所，到处是动地锣鼓，笑语欢歌。

6月30日夜，山城贵阳火树银花不夜城，万家欢欣庆回归。新华路彭家巷的杨世钊一家四世同堂，86岁的老人拿出珍藏多年的茅台酒，把全家召集在电视机前，破例熬了长夜，说过一个"回归节"。当万众欢腾的时刻到来时，老人同儿孙们自豪地举起了酒杯。

随着7月1日零时钟声的敲响，昆明民族村霎时变成沸腾的海洋，缤纷的焰火划过夜空，26个民族的兄弟姐妹们点燃了熊熊的篝火，舞起了欢快的吉庆狮子，跳起了火热的大三弦。5000名各族群众唱啊跳啊，抒发心中那无限的喜悦。来自云南沧源佤族自治县的佤族姑娘肖秀丽告诉记者，她的家乡在历史上曾遭受英国殖民主义者的侵略，现在香港回到了祖国的怀抱，她由衷喜悦地说："只有各民族人民抱成一团，外国人才不敢欺负我们。"

与此同时，海外华人也举行了形式多样的庆祝活动。

（郭韦嫦）

江泽民主席发布进驻香港命令 1997年6月30日，中央军委主席江泽民发布中国人民解放军驻香港部队进驻香港特别行政区的命令，全文如下：

中国人民解放军驻香港部队全体官兵：

根据中华人民共和国宪法赋予中国人民解放军的使命，依照《中华人民共和国香港特别行政区基本法》、《中华人民共和国香港特别行政区驻军法》有关规定，命令你们进驻中华人民共和国香港特别行政区，于1997年7月1日0时开始履行香港防务职责。

我国政府对香港恢复行使主权，是实现“一国两制”、完成祖国统一的一个重要里程碑。中国人民解放军驻香港部队担负香港特别行政区的防务，是中国政府对香港恢复行使主权的重要标志，任务神圣，责任重大。你们进驻香港后，要坚持人民解放军全心全意为人民服务的宗旨，发扬优良传统，忠实履行职责，遵纪守法，依法治军，把部队建设成“政治合格、军事过硬、作风优良、纪律严明、保障有力”的威武之师和文明之师，为维护祖国的主权和领土完整，保持香港长期繁荣稳定作出积极的贡献。

中华人民共和国中央军事委员会主席　江泽民

1997 年 6 月 30 日

中华人民共和国香港特别行政区行政区域界线文字表述　区域界线由陆地部分和海上部分组成。

一、陆地部分　陆地部分由以下 3 段组成：

（一）沙头角镇段

1. 由沙头角码头底部东角（1 号点，北纬 22°32′37.21″，东经 114°13′34.85″）起至新楼街东侧并行的排水沟入海口处，再沿排水沟中心线至该线与中英街中心线的交点（2 号点，北纬 22°32′45.42″，东经 114°13′32.40″）；

2. 由 2 号点起沿中英街中心线至步步街与中英街两街中心线的交点（3 号点，北纬 22°32′52.26″，东经 114°13′36.91″）；

3. 由 3 号点起以直线连接沙头角河桥西侧河中心桥墩底部的西端（4 号点，北纬 22°32′52.83″，东经 114°13′36.86″）。

（二）沙头角镇至伯公坳段

由 4 号点起沿沙头角河中心线逆流而上经伯公坳东侧山谷谷底至该坳鞍部中心止（5 号点，北纬 22°33′23.49″，东经 114°12′24.25″）。

（三）伯公坳至深圳河入海段

由伯公坳鞍部起沿该坳西侧主山谷谷底至深圳河伯公坳源头，再沿深圳河中心线直至深圳湾（亦称后海湾）河口处止。

深圳河治理后，以新河中心线作为区域界线。

二、海上部分　海上部分由以下 3 段组成：

（一）深圳湾海域段

由深圳河入海口起，沿南航道中央至 84 号航灯标（亦标“B”号航灯标）（6 号点，北纬 22°30′36.23″，东经 113°59′42.20″），再与以下两点直线连成：

1. 深圳湾 83 号航灯标（亦称“A”号航灯标）（7 号点，北纬 22°28′20.49″，东经 113°56′52.10″）；

2. 上述 7 号点与内伶仃岛南端的东角咀的联线与东经 113°52′08.8″经线的交点（8 号点，北纬 22°25′43.7″，东经 113°52′08.8″）。

（二）南面海域段

由 8 号点起与以下 13 点直线连成：

1. 由 8 号点沿东经 113°52′08.8″经线向南延伸至北纬 22°20′处（9 号点，北纬 22°20′，东经 113°52′08.8″）；

2. 大澳北面海岸线最突出部向西北 1 海里处（10 号点，北纬 22°16′23.2″，东经 113°50′50.6″）；

3. 大澳西面海岸线最突出部向西北 1 海里处（11 号点，北纬 22°16′03.8″，东经 113°50′20.4″）；

4. 鸡公山西南面海岸线最突出部向西北 1 海里处（12 号点，北纬 22°14′21.4″，东经 113°49′35.0″）；

5. 大屿山鸡翼角西面海岸线最突出部向西 1 海里处（13 号点，北纬 22°13′01.4″，东经 113°49′01.6″）；

6. 大屿山分流角西南面海岸线最突出部向西南 1 海里处（14 号点，北纬 22°11′01.9″，东经 113°49′56.6″）；

7. 索罟群岛大鸦洲南面海岸线最突出部与大蜘洲银角咀北面海岸线最突出部间的中点（15 号点，北纬 22°08′33.1″，东经 113°53′47.6″）；

8. 索罟群岛头颅洲南面海岸线最突出部向南 1 海里处（16 号点，北纬 22°08′12.2″，东经 113°55′20.6″）；

9. 以索罟群岛头颅洲南面海岸线最突出部为中心之 1 海里半径与北纬 22°08′54.5″纬线在东面的交点（17 号点，北纬 22°08′54.5″，东经 113°56′22.4″）；

10. 以蒲台群岛墨洲西南面海岸线最突出部为中心之 1 海里半径与北纬 22°08′54.5″纬线在西面的交点（18 号点，北纬 22°08′54.5″，东经 114°14′09.6″）；

11. 蒲台岛南角咀正南 1 海里处（19 号点，北纬 22°08′18.8″，东经 114°15′18.6″）；

12. 以蒲台岛大角头东南面海岸线最突出部为中心之 1 海里半径与北纬 22°08′54.5″纬线在东面的交点（20 号点，北纬 22°08′54.5″，东经 114°17′02.4″）；

13. 北纬 22°08′54.5″，东经 114°30′08.8″（21 号点）。

（三）大鹏湾海域段

由 21 号点与以下 10 点和 1 号点直线连成：

1. 北纬 22°21′54.5″，东经 114°30′08.8″（22 号点）；

2. 大鹿湾北面海岸线最突出部至石牛洲导航灯

间的中点（23 号点，北纬 22°28′07.4″，东经 114°27′17.6″）；

3. 水头沙西南海岸线最突出部至平洲岛更楼石间的中点（24 号点，北纬 22°32′41.9″，东经 114°27′18.5″）；

4. 秤头角至平洲岛的洲尾角间的中点（25 号点，北纬 22°33′43.2″，东经 114°26′02.3″）；

5. 背仔角海岸线最突出部至白沙洲北面海岸线最突出部间的中点（26 号点，北纬 22°34′06.0″，东经 114°19′58.7″）；

6. 正角咀海岸线最突出部至吉澳鸡公头东面海岸线最突出部间的中点（27 号点，北纬 22°34′00.0″，东经 114°18′32.7″）；

7. 塘元涌海岸线最突出部至吉澳北面海岸线最突出部间的中点（28 号点，北纬 22°33′55.8″，东经 114°16′33.7″）；

8. 恩上南小河入海口处至长排头间的中点（29 号点，北纬 22°33′20.6″，东经 114°14′55.2″）；

9. 官路下小河入海口处至三角咀间的中点（30 号点，北纬 22°33′02.6″，东经 114°14′13.4″）；

10. 1 号点正东方向至对岸间的中点（31 号点，北纬 22°32′37.2″，东经 114°14′01.1″）。

注：上述坐标值采用 WGS84 坐标系。

附：国务院有关部门关于香港特别行政区行政区域图的说明 据《人民日报》1997 年 7 月 1 日报道，就国务院第 221 号令公布的《中华人民共和国香港特别行政区行政区域图》一事，记者采访了国务院港澳事务办公室和国家测绘局有关负责人。

国务院公布的特别行政行政区域图上的区域界线与 6 月 30 日前粤港边界管理范围线的关系是什么？

1997 年 6 月 30 日前的粤港边界管理范围线是粤港双方经过会谈并在联合测量的基础上确定的，共有 35 个界线点；国务院公布的香港特别行政区行政区域界线是国务院以粤港边界管理范围线为基础，本着方便于管理、有利于航行的原则，在对个别界线点进行调整后确定的。前者是粤港双方对共同的边界管理范围进行确定，后者则是中央人民政府根据 1990 年 4 月 4 日第 7 届全国人民代表大会第 3 次会议通过的《全国人民代表大会关于设立香港特别行政区的决定》对香港特别行政区行政区域的确定。两者既有联系，又有所区别。从 1997 年 7 月 1 日起广东省与特别行政区的边界范围线以国务院公布的香港特别行政区行政区域图上所标示的界线为准。

国务院公布的香港特别行政区行政区域图同原有地图有什么不同？

中国原来使用的香港地图的边界北部以深圳河中心线和中英街为界，西南部的岛屿附近都以香港一侧岛屿的最突出部为界，东北部的界线以广东一侧的大鹏半岛最突出部和香港一侧“新界”最突出部之间的中心线为粤港分界线。这次公布的行政区域界线北部不变，西南部都以香港一侧岛屿的最突出部向外延伸 1 海里，东北部的行政区域界线以广东一侧的大鹏半岛最突出部和香港一侧平洲岛最突出部的中心线为粤港边界管理范围线。

国务院公布的香港特别行政区行政区域图的种类和作用是什么？

国务院公布的香港特别行政区行政区域图是由国家测绘局负责编制的，共有 3 种比例尺，分中、英文版 6 个图种。1∶10 万比例尺香港特别行政区行政区域图是香港特别行政区行政区域界线及地名的标准样图，今后各级使用单位和出版部门在编制和出版香港特别行政区地图时，必须以 1∶10 万比例尺香港特别行政区行政区域图作为标准样图。1∶50 万、1∶75 万比例尺香港特别行政区行政区域图作为报载示意用，供新闻宣传部门在宣传报道中使用。

如何获取香港特别行政区行政区域图？

1∶10 万比例尺香港特别行政区行政区域图及界线点坐标表（WGS84 系统），使用部门可以向国家测绘局资料管理部门索取。1∶50 万、1∶75 万比例尺香港特别行政区行政区域图，由国务院港澳事务办公室向新闻单位发放。

香港特别行政区行政区域图公布后，原有香港地图如何处理？

国务院公布香港特别行政区行政区域图后，凡是涉及粤港边界管理范围线与此不一致的地图，均应停止出版和使用。

中国宣布再裁军 50 万 中共中央总书记、中央军委主席江泽民在 1997 年 9 月举行的中国共产党第 15 次全国代表大会的政治报告中郑重宣布：在 80 年代裁减军队员额 100 万的基础上，中国将在今后 3 年内再裁减军队员额 50 万。这是中国对世界和平的庄严承诺。此事在全世界引起广泛关注。

中华民族历来把和平与友谊看作是人类应该共同遵循的准则和追求的目标，反对侵略和扩张。今后 3 年内再裁军 50 万的重大举措，再一次向全世界表明：中国，是热爱和平的，是维护世界和平的坚定力量。

国际形势总体上继续趋向缓和，和平和发展是时代的主题。这一次裁军，正是顺应世界和平的大趋势，推动历史潮流向前发展的具体体现，再一次戳穿了西方敌对势力散布的“中国威胁论”的谎言。

裁军也是加强军队质量建设的重大举措。世纪之交，气象万千，世界各国的军事领域正在发生着日新月异的变化。中国坚持积极防御的战略方针。在军队建设上，强调加强质量建设，走有中国特色的精兵之路，逐步由数量规模型向质量效能型、由人力密集型向科技密集型转变。这是 21 世纪中国军队建设的目标之一。这次裁军，就是为实现这一目标而作出的重大举措，标志着中国的军队和国防建设，在迈向新世纪的征途上，已经步入了一个新的历史阶段。

（尚左琳）

中国海军两支舰艇编队出访　1997 年上半年，中国人民解放军海军两支舰艇编队分别出访美洲 4 国和东南亚 3 国。两支舰艇编队同时出访 7 个国家，航迹环绕半个地球，在中国海军对外交往史上前所未有。

一、出访美洲 4 国　1997 年 2 月 20 日，由 112 号导弹驱逐舰、166 号导弹驱逐舰和“南运 953”号远洋综合补给船组成的中国海军舰艇编队，在王永国中将率领下离开湛江，应邀前往美国夏威夷和圣迭戈、墨西哥阿卡普尔科、秘鲁卡亚俄及智利瓦尔帕莱索等 4 国 5 港进行友好访问。5 月 28 日结束访问胜利归来。这是中国海军舰艇编队首次环太平洋航行。历时 98 天，经历春、夏、秋、冬 4 个季节和 12 个时区。编队两次跨越 180 度国际日期变更线，两次穿越赤道和南北、东西半球，纵贯南、北美洲以西沿海，总航程达 24000 多海里，相当于沿太平洋中航线绕地球一周还多 2600 多海里，经受了太平洋巨大风浪的考验，实现了海军舰艇编队首次横渡太平洋、首次抵达美国本土和南美大陆的历史性突破。创下了人民海军对外交往史上出访国家最多、航行时间最长、航行距离最远、出访规模最大的纪录。向各国人民充分展示了中国人民海军威武之师、文明之师、和平之师的崭新风貌，增进了与被访问国的国家、人民和军队之间的友谊，访问取得圆满成功。

倾倒美洲大陆　3 月 9 日，经过太平洋风浪洗礼的中国舰艇编队，在美军直升机群和战舰的护卫下，浩浩荡荡开进珍珠港。这时，港池两侧，晨练的人们驻足招手；年轻的夫妇扶老携幼，倾家而出，挥舞中美国旗和鲜花；一幢别墅前，洁白的贝壳摆成醒目的英文大字：“你好，中国！”一对夫妻高擎着用中文写的“欢迎”横幅。码头上，红旗、鲜花如潮，少女们跳起火爆的“草裙舞”，向远方来客献上一份美好的情感。

中国军舰的威武雄姿令人惊叹，中国水兵的良好素质受到称赞。美海军退役军官尼克豪斯的妻子胳膊骨折，在家中静养。听说中国军舰第 1 次到美国本土访问，她非让丈夫带着看中国军舰不可。上了 112 号舰，引导员张太军见她行走不便，就主动上前去搀扶，提醒她别碰了胳膊，并向她介绍中国改革开放取得的成就，回答她提出的问题。参观结束时，小张又搀扶她下舷梯。她拉着小张的手连连道谢。

3 月 22 日，953 号船官兵参观圣迭戈动物园。这天正值周末，人流如织。中国海军官兵一进动物园的大门，就直奔大熊猫“石石”、“云云”而去，想看看生活在异国他乡的“国宝”。但因时间关系，来不及排长队观看，官兵们露出几分遗憾。动物园值班经理主动上前说：“你们远道而来，就不要排队了，可以先看。”

带队的 953 号船袁文淦副政委说：“谢谢你的好意，我们不能破坏动物园的规矩。”

谢绝了经理的好意，官兵们在熊猫的广告画前照相留念。参观的美国人见此情景，纷纷招手致意，一些游人热情地与中国水兵合影。官兵们虽然留下一份遗憾，但赢得了赞扬和友谊。当地报纸专门报道了此事。

在对 4 国进行友好访问的日子里，尽管人们的肤色不同、语言不一、表达感情的方式各异，但各国对中国人民和中国水兵的友好感情，却是一致的、真诚的。

圣迭戈科罗拉市市长宣布：中国军舰来访日，为“中国海军日”。仅前来采访的新闻媒体就达 166 家。

墨西哥阿卡普尔科市市长，授予中国海军编队指挥员和舰船长“荣誉市民”称号。

一位美国老人见到几位中国水兵想合影留念，便微笑着走上前，帮助按了快门。他当年曾随史迪威将军在重庆为中国的抗日战争做过工作，他说他一直怀念中国。

智利“长江小学”的孩子们听说中国军舰来了，特意穿上李鹏总理访智利时赠送的中国民族服装，一大早就从首都圣地亚哥驱车两个小时，赶到瓦尔帕莱索迎接中国军舰。他们挥舞着中智两国国旗，用刚学会的汉语高呼：“欢迎！欢迎！”

一位美国姑娘参观中国军舰时，被一位引导员的英俊潇洒所吸引，大方地提出：“我爱上了你，如果你愿意的话，我可以帮你办好留美的手续。”“绣球”被中国水兵礼貌地挡回了。但是，中国水兵的良好形象却留在了姑娘的心中。

4 月 19 日，智利瓦尔帕莱索。当地虽然已是秋末，但维多利亚广场街心公园绿树青翠，成群的广场鸽依依可人。

随编队出访的中国海军军乐队英俊潇洒的小伙子们吹奏着雄壮的军乐，迈着矫健的步伐，神采飞扬地行进在广场街道上。

军游完毕，他们在广场举行演出。当演奏到具有民族风格、音乐感很强的乐曲时，能歌善舞的智利观众合着音乐的节拍翩翩起舞，连三四岁的孩童也手舞足蹈，憨态可掬。

一位智利老人激动地对中国翻译说："在这个广场，我看过不少国家的军乐队演出，中国海军军乐队是最好的，中国音乐十分迷人。中智人民的友谊是谁也破坏不了的。"

跨越太平洋握手　珍珠港绿草地上，传来《越过海洋握手》的欢快旋律。中美两国军乐队正在联合排练。

休息时，长号手约翰伸出大拇指，对中国长号手林海峰说："青岛啤酒，OK!"

说完，他跑回宿舍，拿来一本影集，与大家一起欣赏11年前他随美舰访问青岛时的留影。他指着与中国海军军乐队员的合影照片说："这个是我!"林海峰凑前仔细一看，高兴地说："这个是我呀!"

约翰对着照片端详小林片刻，"啊"地叫了起来，与小林紧紧拥抱。接着，他俩又一次合影留念。

中国海军与美洲四国的海军交往已久。这次中国舰艇编队来访，老友相见，格外高兴。

美太平洋舰队司令克莱明思上将在中国海军编队抵达珍珠港时，亲自到码头迎接，这在别国军舰来访时是没有过的。他还邀请中国海军编队指挥员到家中作客。在宴会上，他致辞说，当年他率舰访问上海，受到中国人民和军队的热情接待。从那时起，他就珍惜两军的友谊，并希望两军友谊健康发展。

4月9日下午，中国海军舰艇编队驶抵秘鲁卡亚俄外海。秘鲁海军51号驱逐舰前往迎接。

驾驶这艘军舰的上校舰长名叫莫西奥。他说他与中国有缘份，1973年3月，秘鲁首次派"独立"号训练舰访华，他参加了；1996年他又到中国国防大学培训。在秘鲁海军举行的欢迎招待会上，莫西奥高兴地戴上中国国防大学的校徽出席。那天夜晚，莫西奥意外地见到了在北京学习期间结识的中国海军编队朱文军参谋。他俩握手拥抱，畅叙旧情，亲热无比。

刚进入智利瓦尔帕莱索港，中国海军编队官兵就看到停泊在港内的1艘四桅帆船。大家喊了起来："快看！埃斯梅拉达号"。

这艘"埃斯梅拉达"号作为智利人民和军队的使者，曾4次访问过上海，是世界上来中国访问次数最多的舰船。1993年7月，该船第4次访问上海时，中国海军大连舰艇学院年轻教员苏银荣还应邀随该船航行了4个月。

音乐的旋律是互通的，五线谱上跳动的音符，架起了了解和友谊的桥梁。在圣迭戈，中国军乐队与美海军军乐队进行了两次共同排练和演出。中方在指挥排练美国乐曲时，对乐曲的理解和表达，令美方同行惊讶不已。美方指挥感慨地说："你们对美国乐曲的理解，超过了我们自己，令我们的演奏员大开眼界。"美军乐团指挥和乐手，对中国乐曲《北京喜讯到边寨》、《人民海军向前进》也表现出浓厚的兴趣，称赞乐曲优美、有力。当中国军乐队将这两份乐谱送给他们时，美方指挥自豪地说："这是我们第1次拥有的中国乐曲。"

编队离开秘鲁时，前来送行的秘海军司令伊巴尔赛深情地对王永国中将说："祝你们一路顺风，不要忘了在秘鲁还有一位老朋友。"在墨西哥访问结束时，墨海军太平洋舰队司令特意安排了"海上送行"。他亲自登上战舰，说是要送3海里，结果恋恋不舍一直送了28海里。

伏波扬威慰同胞　祖国的军舰出现在美洲大陆，各地的华侨欢欣鼓舞。他们将祖国军舰来访视为盛事，舞起"祥龙瑞狮"，点燃鞭炮，挥动红旗鲜花，捧上美酒琼浆……用中华民族最吉祥、最喜庆的方式，欢迎祖国水兵的到来，表达"血浓于水"的亲情。

华侨们登上"流动的国土"，如同回到祖国的怀抱，他们抚摸着军舰不想下来，见到官兵不想分手。此情此景，催人泪下。当地华侨报纸述评："祖国军舰来访，使华侨产生强烈的寻根之情。"

一位70多岁的老华侨得知中国海军编队来访的消息后，特意起了个大早，从墨西哥坐了几个小时的车赶到圣迭戈，又在码头排了4个小时的队，才登上了166号舰。他抚摸着军舰甲板，潸然泪下，对水兵说："我到国外几十年了，今天终于踏上祖国的'流动国土'。你们为华侨鼓了气，撑了腰啊!"

旅居夏威夷的华侨老太太李玉清，原籍山东安邱。她登上112号舰后说："真想尝一尝家乡的馒头啊。"水兵们端出一盘雪白的馒头，她用颤抖的手拿起一个，掰下一点放进口里，慢慢地咀嚼着，两行热泪涌出眼眶。一位老华侨登上军舰后，看到战舰威武漂亮、装备先进精良，激动地说："我们国家建国前连一只手表都造不出来，今天能造成如此现代化的军舰，体现了祖国在科技方面的飞速发展。"

居住在洛杉矶的老华侨吴先生和肖先生，听说中国海军官兵驾驶国产战舰横渡大洋，首次访问美国本土，激动地说："真是做梦也没想到。"老哥俩一合计，托人制做了一面锦旗，并乘了两个小时的车专程送到中国官兵手中。旗上绣着"航向深蓝，伏波扬威，宣慰同胞，协和万邦"16个大字。

居住秘鲁的87岁的罗老先生拄着拐杖，手持五星红旗到卡亚俄码头欢迎。他抚摸着祖国的军舰，热泪盈眶地说："我 1928 年与乡亲们乘船到秘鲁，外国人见我们是中国人就往我们身上扔石子。1942 年我乘法国轮船回国，途中虽然花一样多的钱买船票，但船上给其他国家的人吃好菜，给中国人吃的却是当猪食的菜帮。船抵达越南西贡时，我们找中国领事馆诉苦。领事说：'只有忍啦'。今天看到祖国的军舰浩浩荡荡横渡大洋到美洲访问，真长志气啊!"

在夏威夷华侨团体为来访官兵举行的招待会上，当地中华总商会的张先生袒露了藏在心底的一个秘密。他说，40 多年前，他就想回祖国旅游。由于众所周知的原因，未能成行。他当时在美国空军服役，曾从空中看到过中国。他说，那时中国海军军舰小，码头设施落后。今天，来访的中国军舰这么大，现代化程度这么高，说明祖国发展很快，我们在海外的华人感到由衷的高兴。

69 岁的李先生从台湾侨居洛杉矶。他因中风而半身瘫痪，平时不出家门。这次听说祖国的军舰访美，说什么也要来看看。他兴奋得一夜难眠，第 2 天一大早就坐上轮椅，在儿子的陪同下，乘车两个小时，从洛杉矶赶到了圣迭戈。中国水兵们将他连人带轮椅抬上军舰，一边推着他参观，一边为他介绍。李先生激动地说："从清末到现在近百年的时间里，中国终于有了自己制造的大军舰，真让人振奋，我们都盼望着祖国的统一和强大啊!"

在美洲访问期间，中国舰艇编队的歌手多次在当地华侨举行的联谊会上唱起《只有一个中国》："天下河流再多，只有一个黄河，天下国家再多，只有一个中国"。这动情的歌声，在华侨中引起了强烈的共鸣。正如当地舆论所评述的，歌声激起了中华民族的骨肉亲情，有了这种血肉联系，中国的统一和强盛就一定会加快实现。

二、出访东南亚 3 国　应泰国、马来西亚和菲律宾 3 国海军的邀请，由中国人民解放军海军 113 号导弹驱逐舰和 542 号导弹护卫舰组成的舰艇编队，在东海舰队司令员杨玉书中将的率领下圆满地完成了对上述 3 国的友好访问。此次出访是中国海军舰艇第 3 次访问泰国，首次访问马来西亚和菲律宾。

中国舰艇编队于 2 月 27 日自上海吴淞军港启航，至 3 月 26 日顺利返港，先后驶越东海、台湾海峡、南海、泰国湾、新加坡海峡、马六甲海峡、马尼拉湾，总行程近 7000 海里。中国舰艇编队所到之处，受到军队和社会各界的热烈欢迎。在舰艇向公众开放参观期间，中国军官兵展示了人民海军威武之师、文明之师、和平之师的良好形象。这次访问的成功在人民海军对外交往史上写下了光辉的一页。

握手泰国湾　1997 年 3 月 9 日清晨中国舰艇编队抵达泰国梭桃邑港，开始进行为期 4 天的友好访问。中国海军官兵参观了泰国舰队训练中心，游览了鳄鱼湖、微缩景观、依努公园等名胜，并与泰国海军官兵举行了足球友谊赛。泰国海军表演了飞行跳伞和枪械操。

中国海军官兵见到了中国为泰国建造的护卫舰和 871 号大型综合补给船。后者是泰方安排的陪访船。在整个访问期间，它与中国舰艇靠泊在同一码头，并挂满旗、满灯示庆。中、泰两国海军官兵相逢在泰国湾，老友新朋共叙友情，为中、泰军队之间的友谊增添了一片美丽的浪花。

穿越马六甲海峡　马六甲海峡是连接太平洋与印度洋的重要海上通道。它是以航道边马来西亚第 3 大城市——马六甲命名的，是 500 年前航海家郑和下西洋航行经过的地方。1997 年 3 月 15 日中国舰艇编队顺利地完成了穿越马六甲海峡这一历史性航行，对马来西亚进行自 1949 年中国海军舰队成立以来的首次访问。3 月 16 日中国军舰向公众开放参观，马来西亚最大的军港——卢木港人涌如潮、盛况空前，原定接待 800 人，而实际参观者竟达 1 万多人，有棕色皮肤的马来人、黄皮肤的华人和披着色彩鲜艳沙丽的印尼人，共睹了中国军舰的风采。中国军舰访马产生的巨大魅力和轰动效应将深深地印在人们心中。

情满马尼拉　1997 年 3 月 23 日，中国舰艇编队抵达菲律宾马尼拉，这是新中国成立以来中国军舰首次访问菲律宾。菲律宾各界官员、5 大华人社团代表、华侨中学学生、身着老军装的部分抗日老战士手举两国国旗和花束来迎接中国舰艇编队。在由各界华侨举办的盛大宴会上，中、菲海军官兵和新、老华侨们共叙友情，共议国家繁荣昌盛之大事。华侨们希望中国强大，渴望中、菲人民世代友好，字字句句肺腑之言充分体现了对来访的中国舰艇和官兵的深深乡情和浓浓厚爱。

3 月 26 日，中国海军舰艇编队访菲结束，菲海军舰艇护送离港，并与中国舰艇进行编队航行。中国海军编队首长指挥菲、中 4 艘舰艇进行了 1 个多小时的教练性航行，直到双方分手在夜幕中。

（郭韦嫦）

中越边境云南段揭开第 2 期扫雷序幕

《云南日报》1997 年 12 月 3 日报道，1997 年 12 月 1 日上午，昔日主战场者阴山上，凝聚科研新成果、代表中国军队现代化扫雷水平的火箭扫雷车发出了阵阵怒吼。弹着点上，一朵朵蘑菇云腾空而起! 隆隆炮声向世人庄严宣布：中国人民解放军本世纪末的一次重大军事行动——中越边境云南段第 2 期扫雷正式拉开序幕!

扫雷指挥部政委李作久在扫雷作业现场提供了这样一组信息：1992 年 4 月～1994 年 9 月开展的第 1 期扫雷工作完成了扫雷面积 102.8 平方千米，扫除了大批地雷，促进了当地的改革开放和经济发展。但是由于当时条件限制，还有大片雷区未扫除，有的只是作了封围处理，雷患尚未彻底根除。为了彻底消除雷患，造福边疆人民，党中央、国务院拨出专款实施中越边境云南段的第 2 期扫雷的“造福工程”。此次扫雷到 1999 年 12 月完成，其中扫雷面积 109.67 平方千米，永久性封围雷区 59.16 平方千米。5 支专业扫雷队已陆续开进雷区，在 1000 多千米边防线上摆开了第 2 期扫雷的战场。

（尚左琳）

中国向联合国递交禁止化学武器公约批准书 中国常驻联合国代表秦华孙大使于 1997 年 4 月 25 日下午在联合国总部向联合国正式递交了中国批准《禁止化学武器公约》的法律文书，从而使中国成为第 78 个向联合国递交批准书的国家和该公约的原始缔约国。

中国是在 1993 年 1 月 13 日由钱其琛副总理兼外长在巴黎作为第 1 批签署国签署该公约的。根据第 8 届全国人大常委会第 23 次会议的决定，国家主席江泽民在 1997 年 4 月 7 日签署批准了这一公约。在递交了批准书后，中国即完成了参加该公约的所有法律程序。这个重要的公约于 4 月 29 日正式生效

中国政府在正式批准《禁止化学武器公约》的同时，发表了 5 点声明：

1. 中国一贯主张全面禁止和彻底销毁化学武器。中国支持《禁止化学武器公约》的宗旨、目标和原则。

2. 中国呼吁拥有化学武器库的国家尽早批准《禁止化学武器公约》，以利于早日实现《禁止化学武器公约》的宗旨和目标。

3.《禁止化学武器公约》的宗旨、目标和原则应当得到严格遵守。关于质疑视察的规定不得被滥用，不得损害缔约国与化学武器无关的国家安全利益。中国坚决反对任何滥用核查规定，危害中国主权与安全的做法。

4. 在外国遗弃化学武器的国家应当切实履行《禁止化学武器公约》的有关规定，承担销毁这些化学武器的义务，尽快彻底销毁遗弃在别国领土上的化学武器。

5.《禁止化学武器公约》应当确实发挥促进化工领域为和平目的的国际贸易、科技交流与合作的作用。《禁止化学武器公约》应当成为规范缔约国之间在化工领域进行贸易、国际合作与交流方面的有效法律依据。

中俄哈吉塔 5 国元首签署在边境地区相互裁减军事力量协定 1997 年 4 月 24 日，在莫斯科访问的中国国家主席江泽民在克里姆林宫同俄罗斯总统叶利钦、哈萨克斯坦总统纳扎尔巴耶夫、吉尔吉斯斯坦总统阿卡耶夫、塔吉克斯坦总统拉赫莫诺夫签署了《中国和俄罗斯、哈萨克斯坦、吉尔吉斯斯坦、塔吉克斯坦关于在边境地区相互裁减军事力量的协定》。这是继 1996 年 5 国元首在上海签署关于在边境地区加强军事领域信任的协定之后，又一具有重大现实和历史意义的重要文件。该协定不仅对中国同上述 4 国发展长期稳定的睦邻友好关系具有重要作用，而且对亚太地区和世界的和平与稳定也必将产生积极而重要的影响。

据随同江泽民主席访问的外交部新闻司司长沈国放透露，上述协定的主要内容是：中国与俄、哈、吉、塔双方将边境地区的军事力量裁减到与睦邻友好相适应的最低水平，使其只具有防御性；互不使用武力或以武力相威胁，不谋求单方面军事优势；双方部署在边境地区的军事力量互不进攻；裁减和限制部署在边界两侧各 100 千米纵深的陆军、空军、防空军航空兵、边防部队的人员和主要种类的武器数量，确定裁减后保留的最高限额；确定裁减方式和期限；交换边境地区军事力量的有关资料；对协定的执行情况进行监督等。协定的有效期至 2020 年 12 月 31 日，经双方同意可以延长。沈国放说，在长达 7000 多千米边界线各自一侧 100 千米范围内，裁减后每一方保留的陆军、空军、防空军航空兵的人员不超过 13.04 万人。但这并不意味着中方的兵力会转移到其他地区，这个协定从内容到宗旨都不存在军事结盟问题，协定明确规定不针对第 3 国及其利益。沈国放说，根据协定，双方定期交换边境地区的有关军事资料。这种资料对第 3 方具有保密性。

该协定是双方经过多年谈判，共同努力的结果。根据 1989 年 5 月中苏两国领导人达成的“将部署在边境地区的军事力量裁减到与两国正常睦邻关系相适应的最低水平以及在边境地区保持安宁”的协议，先是中国与前苏联两国、继而是中国同俄、哈、吉、塔 4 国自 1989 年 11 月～1997 年 3 月共进行了 22 轮谈判。先后达成和签署了 3 份文件。第 1 份是中苏两国政府于 1990 年 4 月签署的关于在边境地区相互裁减军事力量和加强军事领域信任的指导原则的协定。第 2 份是 1996 年 4 月 5 国元首签署的关于在边境地区加强军事领域信任的协定。第 3 份便是此次签署的边境裁军协定。至此，历时近 8 年的边境裁军谈判圆满结束。

该协定是近年来中国同俄、哈、吉、塔4国睦邻友好关系结下的又一硕果。经过共同努力，特别是在频繁的高层互访的推动下，中国同上述4国在和平共处五项原则的基础上，业已建立起面向21世纪的好邻居、好伙伴、好朋友的新型国家关系。这种关系正在日新月异地迅速发展，特别是最近一年取得了一系列重要成果。除前面已提到的5国关于在边境地区加强军事领域信任的协定外，1996年4月，叶利钦总统访华，中俄两国领导人宣布决心建立平等信任、面向21世纪的战略协作伙伴关系。同年7月，江泽民主席访问哈萨克斯坦和吉尔吉斯斯坦，有力地推动了中国同哈、吉两国的关系。继中俄、中哈之后，中吉签署了国界协定，为最终解决历史遗留的边界问题，增进睦邻友好奠定了坚实的法律基础。同年9月，塔吉克斯坦总统拉赫莫诺夫访华，给中塔关系注入新的活力。与此同时，中国同上述4国在科技、文化、经济、贸易方面的合作日益加深，双方各个层次、各个领域、各个方面的友好合作在健康有序的轨道上不断发展。边境裁军协定的签署，是5国在睦邻友好道路上迈出的重要新步伐。它既是5国人民的共同愿望，也符合缔约国自身的利益和维护世界和平的历史潮流。

这样的边境裁军协定在亚太地区是独一无二的，为亚太地区国家在建立和发展睦邻关系方面开创了一个良好的范例。

当今世界正处在新旧世纪交替的重要时刻，如何避免本世纪人类所经历的种种灾难，把一个和平、安全、稳定的世界带入21世纪，这是摆在各国人民面前的重要课题。5国通过平等协商、互谅互让，先后达成了在边境地区加强军事领域信任和裁减军事力量的协定，充分体现了一种不同于冷战思维的新的安全观，为增进国与国之间的友好和信任、维护地区和世界的和平与安全提供了有益的启示，开辟了新的途径。

中国是一个热爱和平的国家，一贯奉行独立自主的和平外交政策，愿意在和平共处五项原则基础上同世界各国建立和发展友好合作关系。5国边境裁军协定的签署又一次强有力地证明：中国始终致力于维护世界和平与稳定，并积极付诸实际行动来表明自己的和平意愿。中国是世界和平与稳定的重要力量。

（尚左琳）

中美军事安全关系在发展 1997年10月江泽民主席访美以后，中美军事安全关系加速发展，取得了令人瞩目的成果。

一、中美军事关系发展的几个方面

（一）高层军事互访和会谈走向制度化。1997年12月，中国人民解放军副总参谋长熊光楷访美，与美方进行了首次军事磋商，深入讨论了全球与地区安全问题。同月，美太平洋总部司令普吕厄访华，与中国人民解放军副总参谋长隗福临会谈，就中美两军关系深入交换了意见，普吕厄一行还拜会了江泽民主席、迟浩田国防部长和傅全友总参谋长。1998年1月17日～20日，美国国防部长科恩访华，与迟浩田部长进行了会谈，并拜会了江泽民主席、钱其琛副总理、张万年副主席、傅全友总参谋长等中国军、政领导人，访问取得了圆满成功。据新闻媒体报道，中美军界1996年几乎没有任何往来，而现在两军间往来猛增，几乎每周都有一个中国军队代表团访问美国，反之亦然，傅全友总参谋长已邀请美参谋长联席会议主席谢尔顿访华。据新闻媒体分析，两国军方领导人的会谈已经实现制度化，且日益务实和深入，这是两国致力于建设性战略伙伴关系的突出表现。

（二）签署海上军事安全磋商机制协定。1997年10月，中美联合声明称两国已就建立海上军事安全磋商机制达成协议。同年12月，熊光楷副总参谋长与美国防部次长史洛康在华盛顿草签协定，1998年1月19日，中美两国国防部长在北京正式签署《关于建立加强海上军事安全磋商机制协定》，这是中美两国签署的首份军事信任措施协定，两国对此均给予高度评价。迟浩田部长指出："协定的签署标志着中美两国、两军关系取得新的实质性的进展，这是中美双方为维护和平与稳定所做的积极努力的具体体现，将对亚太地区和全世界的和平与稳定作出贡献。"科恩也表示："协定将增进了解，减少作出错误判断的可能性……显示了两军之间正在走向成熟的关系。"据法新社报道，协定规定两军代表团每年举行一次会议讨论海上安全措施，中美舰队相互联系、搜寻和援救行动的程序以及双方海上礼节的说明等问题。双方还将成立工作组或举行特别会议，处理两国海军之间的问题。协定的签署，将两军关系推上了一个前所未有的高峰。

（三）相互信任度有了增强，开拓了新合作领域。在军事透明度方面，西方新闻媒体指出，中方迈出了巨大的步子，作出了罕见的友好姿态。1997年9月，美国军舰访问青岛时，美海军中校塞科·奥卡诺参观了中国海军驱逐舰，并与中国潜艇上的人员交换意见。同月，美海军杰伊·约翰逊上将在中国1艘护卫舰的指挥中心观看了中国的反潜艇演习。1998年1月，美国国防部长科恩访华时，中国军方特意安排他参观了北京郊区的防空指挥中心，这是史无前例的，美方官员称："美方直到最近也不知道有这么一个基地的存在……中方对美高级军官探究性的提问表现得很大度、很坦诚……外国人第1次参观这个敏感的中心说明，在和中国军队建立信任的过程上取得了突破。”

此外，据西方新闻媒体报道，科恩访华时，双方还讨论了导弹不扩散问题，美方对中方有关承诺表示满意。中美在有关会谈中，相互通报军队参与人道主义救援的看法和计划，双方还重申继续进行由美国防大学主办的美中职业军官交流计划（由美国防大学主持），双方还肯定了军医、军事法学人员交流的新规划。

二、中美军事关系发展的突出特点

（一）两国都高度看重两国军事关系的发展，国家领导人直接予以关注和推动。两军领导人互访礼遇都很高，均得到邀请国国家领导人或外交领导人的接见，气氛相当友好。双方都把稳定和发展两军关系作为中美关系有所前进的重要指标。克林顿更是把军事关系作为1998年访华的重头戏。对美方而言，发展对华军事关系受总统的直接指导，比单纯由军队操作，受内政和各利益集团的掣肘相对较小，较易取得成果。美已确立了“保证前沿部署、强化双边同盟，发展伙伴关系”的新型安全战略，发展中美关系符合美亚太安全战略的总体目标和全局利益。对中方而言，与美国军队发展关系，是独立自主和平外交政策的延续，也是维护国家重大安全利益和周边稳定的需要。

（二）美方在发展两军关系问题上表现得尤为主动。《华盛顿邮报》明确指出：“美国比中国更渴望改善关系。”美国军方根据冷战后亚太多极化加速演进的趋势以及中国崛起的现实，对与中国军方建立直接对话关系和发展全方位的交流感兴趣。美军方实际上已把对华军事关系置于除盟国以外军事外交的最优先地位。美方对两军关系的规划与其全球安全战略的调整是一致的，即把处理地区冲突和与地区大国关系作为军事安全政策的重点，采取积极的军事预防措施，注重与大国的协调与对话，确保美国在东亚的军事优势地位，特别是美在和平时期的军事威慑力和机动性。

（三）中美双方实际上都把人员交流作为发展军事关系的重点。一方面，中美并非同盟关系，军事关系刚刚恢复，双方信任程度不高，人员交流是无法逾越的台阶。另一方面，美方认为，人员交流对消除世界上人数最多、威力最大的两支军队的误解和避免发生冲突来说是至关重要的。可以增进美国与中国新一代军事领导人的关系，使美方有机会了解和影响中国军事现代化的结果，更好地阐明美国政策、意图和机能，为建立更带专业性的关系和个人关系奠定基础。

（四）海上安全合作被视为中美军事关系发展的优先目标。中美海上军事安全合作表现在军舰互访、海军高层互访、与海军有关的军、政活动、美舰访问香港和海上信任措施等方面。1997年中美首次实现军舰双向互访，这一年也是美国海军高级官员访华人数最多、级别最高的一年。江泽民主席访美第1站是由美太平洋总部司令陪同，参观珍珠港二战纪念馆，有着浓厚的政治内涵。1997年7月1日后，已有多批美军舰只访问了中国香港，并与中国驻港部队接触。中美达成海上军事安全磋商机制协定，美方还向中方提出举行两国海军联合搜救演习等。

（五）中美军事关系发展引起国际社会的普遍关注。国际主要媒体一年来对中美军事交流进行了大量的报道，一些知名军事安全分析家和学者发表了不少有见地的分析文章。亚太国家关注中美签署海上军事安全磋商机制协定，日本提出与中国商签类似协定。台湾当局对中美军事关系的发展更是不安，西方新闻媒体称中美军事关系的改善使台湾处于日益强大的统一压力下。

三、美军方对发展两军关系的具体构想

近一年里，美方提出的具体军事合作建议可分成以下3类：

（一）举行联合军事演习。美方曾建议举行两国联合维和军事演习，称演习旨在使双方了解维和任务可能面临的问题，并事先制订双方运作的方式，解决通讯问题，如制定统一的通讯标准。据西方新闻媒体称，中国以“从来就没有与别国联合军事演习的惯例”为由拒绝了美方的建议。

（二）开展人道主义救援合作。与第1类相关，美方建议举行海上搜寻救助之类人道主义联合演习，如在美访港舰只与中国驻港部队间进行。美方还建议进行军队参与人道主义救援方面的对话与合作。科恩在访华时称，通过对话，双方可能逐步达到共同进行人道主义救援的目的，在加拿大及美国北部发生的冰灾和中国张北地震中，都需要军事力量大量投入，这说明了双方通过军事合作进行人道主义救援的潜在价值。在科恩访华前后，美军曾派出两架飞机向张北地震灾区运送物资。

（三）进行特殊领域的军事交流。科恩访华时，首次提议美中两国的战略核武器部门——美战略部队与中国第二炮兵进行高层交流，以确保核武器的安全，降低危险。美方还建议美中飞行员互访、美方对驾驶中国从俄罗斯购买的苏—27歼击机特别感兴趣。

美军方的建议实际反映了美在发展对华军事安全关系问题上的一些关切点，包括：联合操作、战略规划、海军装备和战略、军事现代化进程和核武器。

正如西方新闻媒体所指出的，美军重视联合军事操作，旨在利用其象征意义从最大纵深扩大两军接触，切实了解中国人民解放军的实际作战指挥能力。

对中国海军、引进装备和核武器的重视，实际反映了美国对中国战略企图的戒心。美方积极主动推动这方面的交流计划，其战略用意在于通过交流，了解中国军队核心力量的运作和战略规划，增加两国相应部门和人员的了解，避免战术和战略误判。

美方有关对华军事合作的种种建议，严格按其与外国发展军事关系8级标准进行，这8级标准从最初级到最高级分别是：高级将领互访、参谋情报交换、两军召开讨论会和研讨会、军官赴美受训以及互派观察员、进行工程和医疗方面的联合演习，小规模军训，联合实战军事演习，多国联合军事演习。美方认为，目前两军关系处于第3、4级之间。尽管美方也称两军关系的发展要“平稳和适度，不希望仓促”，但基于急切的心情，美方不断提出“跳级”的试探性建议，这些建议确也有“章”可循。

四、中美两军关系发展的主要障碍和问题

总体上看，近来美中军事关系的发展是健康和平稳的，但也应指出，两军关系中旧有问题并没有解决，新问题又不断浮现。

（一）关于美国在东亚的军事存在问题。美国在调整其亚太安全战略，强化与日、澳等国军事同盟关系后，对可能的负面反应心中无数，对中国对其东亚驻军的态度极为敏感。美方认为，美国在亚洲驻军是否符合中国的长远利益这个问题上，与中国确实存在争论。美方一些战略家认为，这个问题对美至关重要，是中美军事关系中的核心问题，也是美在处理对华安全关系时需要特别重视的问题。

（二）关于美国对两国关系发展目标持消极态度问题。1997年10月，中美两国元首确立了两国发展“建设性战略伙伴关系”的国家关系目标。这一目标基于冷战后国际形势的变化和两国关系的现实和前景，由两国元首确立，是对全球和地区安全都有重大战略意义的举措，对两军关系也有重要的指导意义。但是，美军高级官员从传统双边军事同盟的观念和冷战思维出发，对这一目标持怀疑和消极的态度。美国防部高级政策官员称，完全搞不懂这一目标的含义，美国防部绝对不会用这个名词。他称，“这会使美的东亚盟邦质疑美国对他们的态度，担心美国为换取中国支持而牺牲传统盟邦。美方的这些消极影响会逐步显露出来并影响两国军事交流。

（三）关于解除对华军售禁令和美对台军售等问题。这些问题一直严重制约着两国军事关系发展，近来表现得更为明显。1989年以来美国对华军售禁令早已不合时宜，但美军方目前无意解除。美国一直不顾中国反对，向台湾出售大量的高技术武器装备。在中美所有相关军事会晤与磋商中，中方反复强调台湾问题，要求美停止对台军售，而科恩则称：“向台湾出售的武器将纯属防御性质，今后仍将是这样……向台湾出售武器是美根据《与台湾关系法》履行的义务”，表示无意中止。美军方在这些问题上的僵硬态度无助于两国、两军关系的改善和发展。

（四）关于美国核战略及相关问题。近来，美对中国战略核武器的关注明显上升，并逐步采取了一系列不友好的措施。据《华盛顿邮报》报道，克林顿政府在1997年发布使用核武器的新指导方针，下令五角大楼减少着重于对付如俄罗斯的超级强权打长期核子战，转而更着重于威慑较小型强权发动生物或化学武器攻击。这项新指导方针并未改变美国核武器的态势，包括陆、空和潜射的导弹，但使五角大楼在策划攻击上更具有弹性。策划者也获准在一旦与中国发生核战争时，增加可能的攻击目标。新方针特别要求战略决策者研拟一份以中国大陆境内为美国核武器瞄准目标的精确名单，这似乎表明，美国准备把中国大陆列为核武器战略打击的首要目标之一。这自然引起了中国方面的强烈反应。很显然美国核政策的调整，与美执行在亚太推进战区导弹防御计划相结合，含有对中国非常危险和敌意的因素。如全面付诸实施，只会破坏两军初创的信任，以及军事合作的基础和气氛。

中美两军关系取得了明显的进展，两军关系的3大支柱——高层互访、功能性合作和军售——已有两项得到恢复。今后，中美两国战略对话可能进一步深入，循着签署海上军事安全磋商机制协定的轨迹，两国可能会在军事领域信任措施、如核武器安全等方面取得新的进展。同时，对两军关系中的问题，亦需要双方共同作出努力，维护和发展这来之不易的局面。

（展八旗）

中美签订海上军事安全磋商机制协定

1997年10月，江泽民主席访美时，两国元首发表联合声明，宣布就建立海上军事安全磋商机制达成协议。为落实这一共识，同年12月，中国人民解放军副总参谋长熊光楷与美国国防部次长史洛康在华盛顿草签协定。1998年1月19日，应邀访华的美国国防部长科恩与中国中央军委副主席兼国防部长迟浩田正式签署《关于建立加强海上军事安全磋商机制协定》，它是中美两国间第1个有关军事安全磋商机制的协定，也是两国间第1个军事领域信任措施文件。据法新社报道，该协定规定两军代表团每年举行一次会议讨论海上安全措施，中美舰队相互联系、搜寻和援救行动的程序以及双方海上礼节的说明等问题。双方还将成立工作组或举行特别会议，处理两国海军之间的问题。

中美两国对协定都给予了高度的评价，迟浩田高屋建瓴地指出："协定的签署，标志着中美两国、两军关系取得了新的实质性的进展，它有利于亚太地区乃至世界的和平与稳定，是中美双方为维护和平稳定所做的积极努力的具体体现。"首先，协定有很强的象征意义，正如一些国际舆论所称，协定将中美军事关系推上了一个前所未有的高峰，体现了两国信任度的加强，加速了两国走向"建设性战略伙伴关系"的进程，而中美关系的改善和发展，必然有利于整个亚太地区和世界。其次，协定反映了新的安全观念和发展国家关系的新方式，即不对抗、不结盟、不增强军备，而是致力于建立信任措施，根据和平共处五项原则和相互同等安全的精神，通过对话增进了解，通过协商解决问题。如果今后中美以及各国之间进一步确立这一新思维，以合作安全的精神处理安全问题，无疑是对世界和平与稳定的重大贡献。最后，就协定本身的作用，中美 1997 年 10 月联合声明中曾指出："协定将有助于双方海空力量避免发生事故、误解或错误判断"。科恩也表示："（协定）显示了两军之间正在成熟的关系，这将有助于改进和加强两军的了解、沟通和联系……协定将增进了解，减少作出错误判断的可能性"。

应当说，中美海上军事安全磋商机制协定由许多因素促成，是两国、两军关系进程中来之不易的成果。两国军队特别是海军交流与合作的增多，是在两国和两军关系改善的大背景下进行的。1997 年江泽民主席访美和两国致力于"建设性战略伙伴关系"这一目标的确定，给两国海军交流与合作奠定了基础和方向，极大地促进了海上安全合作，而海上安全合作也为两国关系增添了亮色。协定是两国国家利益结合点的某种体现，并由两国加强合作的政治意愿促成，对两国、两军都是有利的。

根据新闻媒体报道，在签订协定问题上，美方较为主动。随着中国的崛起和对地区事务影响力的增大，美方日益关注中国海军现代化进程，意识到未来两国海军在西太平洋水域相遇的机会将越来越多，因此需要采取某种措施，预防和避免意外事故。1994 年美国"小鹰"号航空母舰事件进一步促使美国人注意到与中方探讨海上安全问题的现实性和紧迫性。美方还非常希望与中国专业军种建立直接联系。为此，1995 年，美方正式提议商谈避免海上意外事件协定。

从更深的层面上看，美国亚太安全战略的基础是前沿军事存在和双边同盟，保持海军的灵活性和威慑力是其战略重点。近年来，美国刻意强化这些基础和重点，引起其他各方的强烈关注，这也使美国对外部对其军事存在的反应极度敏感，疑神疑鬼，对中国的安全战略不乏戒心。应当说，美国提议搞海上军事安全磋商机制，既是在现实主义的基础上对中国军事地位的一种肯定，也是立足长远的战略举措。

通过搞海上军事安全磋商机制协定，美国有意深化与中国的接触，通过大国间利益的协调，维持和巩固其在西太平洋的军事优势和海上霸权。1996 年以来，美国面对多极化的现实和自身实力的相对减弱，更加注重预防性措施，提出了"保持军事存在，强化双边同盟，发展伙伴关系"的新构思，而搞海上安全协定，确立新的海上行为规范，无疑有助于这一构思的实现。

中美海上军事安全磋商机制协定是一种有着新意义的军事领域信任措施协定。冷战时期的 1972 年，美国与苏联签署了世界上首份海上安全协定——《防止海上意外事件协定》，确立了一系列具体的海上军事力量安全操作程序以及限制骚扰和避免意外事件的规程。该协定不影响两国的军力发展和海上竞争，但协定使海上竞争处于可控和有序状态。冷战后，此类协定失去了军事对峙和军备竞赛的背景，但作为一种低敏感度的信任措施和互利型的安全规程，对国家关系和军事关系仍有较强的政治和军事意义，因此仍得以延续和发展。目前，相当多的国家从建立和增进国家间信任的角度出发，赞同搞双边海上安全协定，这反映了当前各国安全合作的一种趋势。

（劲 松 肖 研）

朝鲜半岛军事形势出现转机 1997 年，朝鲜半岛局势总体上继续趋于缓和，朝鲜南北双方及朝美对话有所加强。朝鲜问题 4 方会谈正式启动，标志着朝鲜半岛向新的和平机制转变迈出了具有象征性的 1 步。核问题框架协议取得实质性进展。朝鲜半岛的军事形势出现了新的转机。但是，朝鲜半岛紧张的根源依然存在，南北政治对立、军事对峙的僵局尚未打破，现实矛盾仍时有激化。

一、朝鲜半岛问题 4 方会谈正式启动

朝鲜曾多次提出在朝鲜半岛建立新的和平机制的建议，但始终未得到美国的积极回应。1996 年 4 月，朝鲜宣布不再履行维持和管理军事分界线非军事区的任务之后，才迫使美国与之谈判建立新的和平机制问题。在此背景下，美国总统克林顿和韩国总统金泳三经过紧急磋商，于 1996 年 4 月 16 日发出举行朝鲜半岛 4 方会谈的倡议，以求签订一项新的和平条约来取代 1953 年的朝鲜停战协定。起初朝鲜对这一建议一直持保留态度，并倾向于同美单独会谈。在美国的极

力斡旋下，1997 年 1 月份，朝鲜表示愿意与美韩一起举行 4 方会谈共同说明会，搁置了近半年的 4 方会谈计划再次启动。美朝韩 3 方于 3 月 5 日举行了共同说明会。4 月 16 日～21 日，美朝韩 3 方就 4 方会谈问题在纽约举行首次会谈，由于朝鲜与美韩意见相左，纽约会谈不欢而散。6 月 30 日，美朝韩 3 方再一次在纽约举行会谈，并取得了进展，朝鲜同意举行 4 方会谈预备会议。8 月 5～7 日，4 方会谈第 1 轮预备会议在纽约举行，会议就正式会谈的时间、地点和运作方式等问题达成初步协议，但在会谈议题上存在着较大的分歧，朝鲜坚持把美国从朝鲜半岛撤军并同朝鲜单独签订协议列入会谈议程，而美方代表则坚决反对。最后，各方表示，可就此问题继续进行磋商。这标志着朝鲜半岛和平问题出现了新的契机。9 月 18 日和 19 日，中美朝韩高级官员在纽约举行了 4 方会谈第 2 轮预备会议，各方就确定正式会谈议题进行了广泛、深入的讨论，各方均提出了各自的主张，因分歧较大，未能全面达成一致，但各方仍表示将继续保持接触和磋商。11 月 21 日，4 方会谈第 3 轮预备会议继续在纽约进行，经过艰苦磋商，中美朝韩 4 方最终达成协议，同意于 12 月 9 日在日内瓦就朝鲜半岛和平问题举行正式会谈。12 月 9～10 日，朝鲜半岛问题中美朝韩 4 方正式会谈第 1 次会议在日内瓦国际会议中心举行。会谈中，各方就在朝鲜半岛早日建立半岛和平机制、实现半岛的持久和平达成共识。尽管会谈没有达成实质性的协议，但会谈确定了两项重要原则：一是凡是各方关切的问题都可以讨论；二是与会各方都应抱灵活态度。与会各方还一致同意 4 方正式会谈第 2 次会议将于 1998 年 3 月 16 日在日内瓦举行。国际社会对此次会议给予了高度评价，认为它是一次具有里程碑意义的会谈。其重要性在于它成功地使朝鲜半岛问题 4 方坐到了谈判桌前，并使解决朝鲜半岛问题的谈判机制正式启动，它的召开必将对朝鲜半岛的和平进程带来积极而深远的影响。

二、核问题框架协议取得实质性进展

1997 年初，美国和朝鲜就改善双边关系问题在纽约进行了磋商。双方再次确认了履行核问题框架协议和继续促进两国关系正常化的意愿。在磋商中，双方就促进轻水反应堆工程建设和重开废核燃料棒的保管等问题进行了讨论。根据讨论意见，“朝鲜半岛能源开发组织”决定全面推进轻水反应堆的建设，自 3 月份开始，该组织先后 7 次派遣专家前往朝鲜考察施工基地情况。5 月 31 日，该组织又派出高级专家代表团访问朝鲜，就建设轻水反应堆技术援助等问题进行了协商。7 月 2 日，双方就轻水反应堆建设的各具体事项达成并签署了协议。根据协议，“朝鲜半岛能源开发组织”将为朝鲜建造两座 100 万千瓦的轻水反应堆，以此来取代朝鲜的石墨反应堆。在轻水反应堆建成之前，该组织将向朝鲜提供重油作为替代能源。韩国表示愿意在帮助朝鲜建造轻水反应堆工程中“担任主角”。日本、美国、欧盟以及东盟也先后表示将尽力积极支持核问题框架协议计划的实施。8 月 19 日，朝鲜轻水反应堆建设工程开工仪式在朝鲜咸镜南道琴湖正式举行。此项工程预计耗资 50 余亿美元，计划于 2003 年竣工。朝鲜轻水反应堆建设工程的实施将大大缓和由于核问题引起的紧张局势。

三、朝韩军事对峙局面依然严重

1997 年，尽管朝韩之间的对话有所加强，双方关系在总体上有所缓和，但作为冷战的最后一块“冻土”，朝鲜半岛的南北双方紧张冰冷的敌对状态仍没有根本的改变。尤其是双方在军事上的严重对峙导致了朝鲜半岛和平的曲折与反复。双方的军事对峙突出表现在：

（一）前沿地区重兵对垒。目前，朝鲜现役部队总兵力约为 105.4 万人：其中陆军 92.3 万人，拥有坦克 3800 辆，火炮 28200 门；海军 4.6 万人，拥有作战舰艇 430 余艘、支援舰 340 余艘及潜艇 40 艘；空军 8.5 万人，拥有作战飞机 850 架、支援飞机 500 余架及直升机 290 余架。韩国现役部队总兵力为 69 万：其中陆军 56 万，拥有坦克 2130 辆、火炮 12354 门；海军 6.7 万人，拥有作战舰艇 180 余艘、支援舰艇 40 余艘及潜艇 5 艘；空军 6.3 万人，拥有作战飞机 550 余架、支援飞机 180 架及直升机 630 架。1997 年，朝韩双方在三八线两侧依然派驻重兵，虎踞南北，成为世界上军事力量部署密度最大的地区之一。朝鲜将 65% 的地面部队（60 多个正规师旅）部署在平壤至元山一线以南地区，海军 60% 的舰艇和空军 50% 的作战飞机也都部署在前沿作战地域。韩国将 76% 的地面部队（37 个师）、68% 的作战舰艇及 50% 的作战飞机部署在前沿作战地域。为了确保汉城安全，韩军仅在西部前线就部署了 26 个师的兵力，约占其前沿部署总兵力的 70%。

（二）非军事区内摩擦频繁。1997 年，朝韩双方在非军事区内的冲突事件仍不断发生，越界事件多达 5 次，互相开枪事件 3 次，7 月 16 日的一次最为严重，双方交火长达 23 分钟，双方多名军人受重伤，部分哨所建筑物遭破坏，是停战以来规模最大的冲突事件之一。另外，6 月 5 日在黄海延坪岛附近的海上分界线一带，朝韩海军快艇也发生了炮击事件。

（三）举行互为对手的训练演习。为了抵御南方的军事进攻，1997 年朝鲜举行了 2 次以韩国为对手的大规模军事演习，其中春季演习为全国规模的军民

演习。演习期间，全国进入战时紧急动员状态。朝鲜政府还曾多次郑重宣布，北方已做好对话与战争的两手准备。近年来，朝人民武装力量部部长崔光等高级官员曾多次强调指出，“目前半岛局势不是是否会爆发战争的问题，而是何时爆发战争的问题”。据朝鲜外逃人员透露，北方已制定了在5～7天内分3个阶段用武力占领“南方”的“闪电”作战预案：第1阶段，以汉城为目标，在开战24小时内占领汉城一线；第2阶段，以大田为目标，实施重点进攻，占领大田一线；第3阶段，以釜山为目标，占领釜山等南部主要城市，力争在美军增援部队到达韩国之前取得胜利，实现祖国统一。为了抵御北方的军事进攻，1997年韩美军联合举行了3次以朝鲜为假想敌的大规模军事演习，并多次举行具有针对性和实战性的中、小规模军事演习。在演习中，美韩军设想，在以下3种情况下南北之间可能爆发战争：一是北方为摆脱内外困境，经过充分准备后，以突然袭击的方式向南方发动全面进攻；二是在朝鲜半岛和平保障机制尚未建立的情况下，由偶发事件或小规模武装冲突引发全面战争；三是北方内部发生动乱或发现北方“南侵”的企图，在无法抑制战争爆发的情况下，韩美军发动“北伐”战争，以武力统一北方。该预案设想，整个作战分为5个阶段。其中第4阶段为韩美联手对平壤实施分割和围困阶段，并作好向中朝边境推进的准备；第5阶段为韩美军队成功地完成军事计划阶段，在韩国的主导下实现统一。

（四）加强现代化军备建设。近几年来，朝鲜在经济比较困难的情况下，仍然全力以赴地加强武器装备的现代化建设。陆军继成功地试验了射程为1000千米的“劳动”1号中程导弹之后，又积极开发研制射程达1500千米的“劳动”2号中程导弹以及射程为2000千米和3500千米的“大浦洞”1、2号中远程导弹，其自行生产的“飞毛腿”C近程导弹已装备至旅级单位。与此同时，朝鲜还在继续生产和部署170毫米自行火炮和240毫米火箭炮。这两种火炮均能对韩国的包括首都圈在内的前方地区的主要城市和军事设施构成威胁。目前，朝鲜已在前方地区追加部署了350余门170毫米自行火炮和250余门240毫米火箭炮；海军继续建造导弹快艇、潜艇等攻击性舰艇，积极从俄罗斯引进先进的微型潜艇；空军先后引进米格－23/－29歼击机、苏－25近距离支援飞机、伊尔－76运输机以及“米”式直升机等新型飞机，大大提高了部队的快速、机动能力。韩国国防部于1997年4月24日公布了本年度军队力量改善计划，计划耗资30亿美元对多用途战车、反坦克战车、海空军装备等11项武备进行改进。年内，韩国还计划从美国引进先进的低空探测雷达，以加强对朝鲜飞机低空渗透的早期预警能力。海军的DTX驱逐舰建造计划和空军的F－16C/D战斗机引进计划也正在逐步的实施中。韩国正努力以海空军为中心加速推进武器装备的更新与现代化。根据长远发展规划，陆军计划采购新型的K－1A型坦克1000辆，并继续采购阿帕奇等直升机350余架，使直升机总数达到1000架；海军计划建造10艘驱逐舰、8艘潜艇、13艘护卫舰和30艘轻型护卫舰；空军计划在完成F－16型战斗机引进计划之后，再引进150架最先进的战斗机。

朝鲜半岛的冷战阴云尽管还未散去，但毕竟露出了和平的曙光。

（郭宏军）

新《日美防卫合作指针》引起强烈反应

经过一年多的幕后磋商和修改，日美两国政府于1997年9月23日正式批准了新的《日美防卫合作指针》（简称新“指针”），并为此发表了两个《联合声明》。在《联合声明》中说，日美两国将用“本‘指针’取代1978年制定的那个‘指针’”。新“指针”为日美两国各自的作用和相互之间的合作与调整，确定了一般性框架和方向，其目的是为了迎接新世纪的挑战。至此，冷战后日美联合防卫战略的第1轮调整已经完成。它将对今后日美两国关系和亚太军事形势产生重大而深远的影响。

一、新“指针”出台的经过

进入90年代，随着苏联的解体、冷战的结束，国际以及亚太地区的安全形势逐渐趋于缓和，和平与发展成为当今世界的两大主题。在这种情况下，日美军事同盟的未来动向受到普遍关注。而意欲称霸亚洲的美国为适应新形势的需要，开始重新调整其防卫战略，一步步地把防卫目标转向中国和朝鲜。美前国防部长佩里曾明确地说，21世纪日美安全保障体制的主要课题是对付朝鲜半岛和台湾海峡的不稳定局势。与此同时，日本也把日益强盛的中国视为其关注的主要对象。在共同利益的驱动下，1994年下半年日美开始酝酿调整和加强军事同盟关系，其中最重要的措施之一就是修改《日美防卫合作指针》，赋予其更新、更多的内容，以满足日美双方的需要。1996年4月16～18日，美国总统克林顿访日，两国发表了《面向21世纪的同盟——日美安全保障联合宣言》，其中心内容就是重新定义日美安全保障体制，敦促修改《日美防卫合作指针》，扩大其防卫职能及范围。此次日美首脑会晤，是美国调整其亚太战略、全面介入亚太事务的重要标志，也是日美同盟关系进一步发展的标志。之后，日美两国修改“指针”的工作便开始紧锣密鼓地进行。1997年9月23日，体现日美双方共同战略利益的新《日美防卫合作指针》正式出台。

二、新“指针”的主要特点

新“指针”分目的、前提、平时的合作、日本遭到武力进攻时的合作、日本周边发生紧急事态时的合作等章节。与原“指针”相比，新增加了平时的合作及日本周边发生紧急事态时的合作。其主要特点是：

（一）日美军事合作的地理范围被大幅度扩大。原“指针”规定，当“日本遭到武力进攻时”由美国提供军事援助，而新《指针》则规定“日本周边地区发生紧急事态时”，日美双方将采取联合军事行动。而所谓的“周边地区”，日本政府解释称是除西半球和印度洋及中东以外的地区，实际是指包括台湾、南沙在内的整个太平洋地区。这样一来，日本的防卫范围就从“日本本土”扩大到“日本本土以外”，扩大到整个亚太地区。日本防卫专家评论说，今后日美安全保障体制将由单纯应付对日本的威胁转变为对付亚太地区紧急事态。对日本而言，这是一个质的变化，表明在国际形势日趋缓和的情况下，日美军事合作已大大超出军事安全范畴，而广泛涉及有关地区安全的各方面问题，清楚地表明美日欲主导亚太事务的企图。为避免引起舆论争论，日美双方故意模糊“周边地区”的含义，认为其“范围是不可划定的”，将随着国际形势的发展而变化。而日本政府的一些高级官员，如日本内阁官房长官梶山静六却公开声称，“周边地区”理所当然地包括台湾海峡在内，引起一场轩然大波。在遭到中国和其他亚太国家的强烈批评后，日美官方人士又一再声称，冷战后的日美安全关系没有针对第3国的意图，特别是没有针对中国的意图。所谓的“周边事态”，并非特指地理空间范围，而是“着眼于事态的性质”，这反而又为今后日美的军事活动范围留下了更大的回旋余地。

（二）日本在日美军事同盟中的作用明显增强。在以往的日美安全保障体制中，当美国在亚太地区行使武力时，日本只向美军提供军事基地和设施，而不能提供任何人力和物力支援。新“指针”已大大突破这一限制，规定当日本有事时，将以日本为主，日美实施联合作战；当日本周边有事时，日美将实施“联合合作计划”。日本将向美军提供诸如补给、运输、维修和医疗等方面的后方支援，提供民间机场和港湾，并且日本还将配合美军进行公海扫雷和船只检查行动等等，共计41项之多。这一方面说明，目前美国对扮演“世界警察”的角色已力不从心，需要日本助一臂之力；另一方面也说明，日本可借此在国际上发挥军事作用。对日本而言，这些新增项目明显违反了其宪法等有关“禁止集体自卫”的规定，从而使日本的军事作用大幅度增大，今后日本在日美军事同盟中的地位将由“被保护者”升格为“合作伙伴”。在“指针”修改之初，日美双方都强调要在日本宪法允许的范围内进行，日本首相桥本龙太郎更坚决表示了不行使集体自卫权的立场，如今看来这些许诺早已是过眼烟云。为使新“指针”得以顺利执行，日本政府已把修改相关法律提上重要议事日程，尽快为日本更多地参与亚太事务打开通道。

（三）日美军事同盟由“两国联盟”演变为“地区性联盟”。过去的日美安全保障体制是典型的防卫型体制，强调日本只在日本受到武力进攻时才进行还击、守势作战、不攻击对方、不实施战略反击等，称为“专守防卫”政策。按照新“指针”的规定，日本自卫队即使在没有受到武力进攻的情况下，只要美国军事介入，日本就能以“周边有事”为名自动参加本土以外的战争；并将“日本受到进攻时”的合作方式，由“日本负责对付小规模入侵”改为以日本为主“自主排除”，美国只起补充的作用，从而使日本在日美军事合作中的自主性增强。这些情况表明，日本的“专守防卫”政策已名存实亡，日美两国军事同盟已彻底变为日美在亚太地区进行军事干预的军事同盟。今后的日美安全保障体制将不再是单纯的防卫型体制，而将转向战略上的主动出击，建立攻防兼备的新体制。对日本而言，这又是一个大的质变，其自卫队性质发生了变质。

此次对《日美防卫合作指针》的重大修改，美日双方各有其明确的目的。就美方而言，一是要保持其在亚太地区的战略利益和主导地位；二是要求日本承担更多的安全防卫责任，并提供财力、人力支援；三是继续把日本置于其安全保护之下，不使日本发展成可与之抗衡的力量。就日本而言，一是它目前仍需美国的军事保护，为其今后大规模独立发展军事力量作好准备；二是与美国保持军事同盟关系，可以减轻亚太国家对日本发展军事力量的担心，便于其在亚洲发挥政治经济作用，加快成为政治大国的进程；三是日本可借助日美军事同盟将其军事力量推向国际舞台，在世界上发挥军事作用。

三、日本国内及周边国家的反应

新“指针”发表后，在日本国内外引起了强烈反应。首先日本执政3党就未达成一致，其主要分歧是“周边地区”的划定范围。社民党和新党魁党反对把台湾划进日美联合防卫范围之内，认为台湾问题是中国的内政问题，强调修改“指针”应在日本宪法规定的范围内进行，并且不应引起日本国内及周边国家的不安。原最大在野党、新进党党首小泽一郎认为，对船只进行临时检查、运输武器等都属军事作战，这些从安全保障上和宪法上来讲都有问题，但政府却一直在进行舆论欺骗，因此，对政府的做法和新“指针”的内容均表示反对。共产党书记长志位和夫批评说，新“指针”抛弃了日本防卫这一迄今为止日美安全保障的原则，变成了一个公然谋求进行军事干预的军事同盟，这次修改比1960年对日美安全保障条约的修改更坏。太阳党认为，对于周边事态、日美合作的各个领域以及建立国内法制等问题应该在国会进行深入讨论，但是没有进行，而且也没有取得国民的充分理解，在这种情况下达成了协议，实在令人感到遗憾。日本国内舆论更是表示不安和忧虑。日本和平遗族会发表声明说，新“指针”，是一个使日本自卫队参加美国发动的战争的机制，是违反日本宪法的。日本和平团体抨击新“指针”迈出了危险的一步。日本《赤旗》报评论说，新“指针”是日美联合制定的战争手册。《朝日新闻》认为“日美防卫合作指针无法消除人们的疑虑和不安”。《每日新闻》就修改《指针》的有关问题在全国范围内进行了舆论调查。结果显示，只有18%的国民认为“在日本周边有事时日美两国应该加强防卫合作”，而37%的人则认为“日美两国的防卫合作应维持原状”；关于“宪法不允许行使集体自卫权”的问题，有23%的人认为“可以修改宪法，使之行使成为可能”，而有40%的人认为“应该维持原有解释”。由此可见，日本国民要求维持日美安全保障体制原来状况的舆论非常强烈。

新“指针”更遭到了周边邻国的强烈反对。中国外交部发言人沈国放1997年9月24日发表评论说，在亚太地区政治相对稳定、经济持续增长、安全对话活跃的形势下，强化军事同盟、扩大军事合作的做法显然有悖于时代潮流。新的日美防卫合作指针应严格限制在双边范围内，日美两国不要引起亚洲邻国的不安，不要给地区安全形势带来复杂因素。他还特别指出，由于历史原因，日本在安全政策上的取向对亚洲邻国一直是十分敏感的问题，希望日本吸取历史教训，坚持走和平发展的道路。希望日美双方信守在台湾问题上对中方作出的承诺，尊重中方关于台湾问题的严正立场，不要做损害中国利益和伤害中国人民感情的事。

韩国《东亚日报》就新《日美防卫合作指针》发表题为《不许日本复活军国主义》的社论，指出日本以新防卫合作指针为借口，企图走军国主义军事大国的道路是行不通的。韩国政府明确表示，不能容忍日本军队踏上韩国的领土，要求日美今后在就具体问题进行协商时，不超出“在宪法范围内”和“专守防卫”这两个前提，同时要求日美军事合作保持“最大的透明度”。一些韩国传媒指出，日本自卫队在公海上进行临时检查和扫雷，有可能对韩国船只构成主权侵害，因此，对日本自卫队作用扩大表示极为担心，要求将自卫队作用限制在一定范围内。

朝鲜外交部官员抨击说，“日美防卫合作的新指针是一个发动侵略战争的计划。”朝鲜中央通讯发表评论认为，“尽管日美两国强调新方针并非针对特定国家，而是为了保卫日本并确保亚太地区的和平与安定，但实质上新《指针》是一份将朝鲜作为主要的攻击对象，并妄图加强对亚太地区进行侵略与战争的阴谋活动的罪恶的战争文件。”并强调，“日美的这一行径严重破坏了亚太地区及世界和平与安全，由于其严重的危险性正日益引起各国人民的忧虑。”

俄罗斯外交部发言人涅斯捷鲁什金称，亚太地区的军事联盟应该具有防御性质和最大限度的透明度，而且不应针对第3国。俄罗斯国家杜马国际事务委员会主席卢金在汉城谴责日美新“指针”时说，“我认为，东京犯了一个十分严重的错误。”俄罗斯媒体评论说，要警惕日美军事同盟变成“太平洋的北约”，希望日本重视在第二次世界大战中遭受日本军国主义之苦的周边国家的警告。

东盟国家难以忘怀日本在二次大战中对该地区的残暴侵略，对日本军事力量的增强和在安全方面的作用的扩大依然存有戒心。在新指针正式签署之前，东盟9国的驻日大使就对“周边事态”的对象范围提出质疑，要求日本方面对此作出明确解释。菲律宾、新加坡、泰国等国传媒评论说，冷战结束后，日美两国再度强化军事同盟，不仅违背时代潮流，而且会加剧地区的紧张局势，其真正目的是把日本的周边国家、尤其是把中国当作“假想敌”。日美把台湾海峡包括在其防卫合作范围内是“毫无道理、令人无法接受的”。

正如日本《朝日新闻》所言，“在历史的车轮从冷战结束后向下一个时代滚滚驱动的形势下，日美两国却又确定了新的防卫合作指针”，但“决不能让这一指针变成日本自动参加美国打的某场战争的机制”。这不仅是日本人民的愿望，更是亚太地区乃至世界范围内爱好和平的人们的共同心愿。

（刘文力）

蒙古实行防务改革 1996～1997年，蒙古国为了适应新的国际形势和建立新的符合国情而又务实的国防体制，在国防领域进行了一系列调整和改革，提出了一整套别具特色的防务政策和改革措施。

一、完善国防法规体系

为了统一国防政策和完善国防法规体系，蒙古将于1998年出台新《国家安全及国防政策法》以及新修订的《蒙古国军事学说》，将在1998～1999年完成3大军事条令《纪律条令》、《内务条令》、《队列条令》的修订，并修订《公民兵役义务及现役军人权利地位法》及《武装力量部队战斗训练体制方案》。为建立平战统一的国防，蒙古还拟定了《战争状态法》、《临战法》和《动员法》。为贯彻新的国防法规，1996年7月新政府组阁至今，先后两次改组国防部，将国防部与武装力量总参谋部分离开，扩大了国防部的职能范围，使之负有建立国防政治、经济、社会、法律和军事的统一体制的职能。新国防部长上任伊始，便对国防部进行了大调整，后又把原有的政策规划局、行政管理协调局、外事与信息研究特别局以及10个处改组为4个局1个处，即战略指挥规划局、国防行政管理局、政策执行协调局、信息监析评估局和财务执行协调处，其目的是减少工作环节，统一职能，更好地落实新国防法规赋予的职能。

二、建立国防准备体制

主要措施包括：①制定和贯彻国家建立国防经济准备体制的政策。②组建能够满足人民和军队生活保障的经济体系。③开发经济基础设施，修建公路，发展运输、邮电和信息网络。④发展基础经济部门（如石油化工、机械工业等），在此基础上依靠本国力量自行设计生产部分武器装备和设备。⑤合理布局国家工业。⑥和平时期储备和掌握战时军队必需的粮秣、装备和物资。⑦为国家、国民和地方企业单位由和平时期转入战争状态创造条件。⑧国有或合同制企业单位在特殊时期不分所有制形式，为军队提供或生产所需装备及用品。⑨保持民用经济和军事经济的动员准备状态等。在执行上述措施时，要求战时国民经济能够在最短时间内迅速转入战争准备状态。

三、建立边防体制和民防体制

整体上说，武装力量、边防和民防的体制是相互依赖的统一配套体制。蒙古在建立国防体制方面注重建立和加强边防体制，采取了不少相应措施，如增加边防军兵力，1997年比1996年增加1000多人；在主要边境方向设立边境全权代表处及新建边防团队；设立边界障碍物，恢复松土带；改善边防通信，建立信息网络；改善边防军人的生活条件等等。此外，政府要求国家中央机关、地方政府机关和公民，尤其是边境省份各级机关和公民积极参加边防工作，旨在全民戍边，保卫国家。新的民防法要求所有机构、公民均承担民防义务。为了使民防体制保证民防任务的完成，政府要求在国家和政府的领导下，由省市领导亲自抓，具体部门组织军民联防训练。

四、加强常备军建设

蒙古国在国防战略调整中注重建立统一的武装力量，以便国家统一指挥军队。武装力量的编制体制调整既考虑到世界和地区形势发展的特点及经济发展状况，又考虑到各级部队的战役战术，装备供应及基础设施等情况。保留干部、装备和基干部队，并把注意力集中放在改革结构庞大的师团编制及其指挥体制上。撤销了著名的宗巴音摩步师，1997年又根据政府第113号决定和国防部长第180号命令，撤销了建筑兵11个部队和机关。

为解决兵员补充问题，蒙古正在制定新的兵役制度，即在自愿基础上实行合同制兵役和义务兵役相结合的兵役制度，以保证适龄青年全部履行兵役义务。

蒙军认为，军队建设中的一个基本问题是为武装力量提供现代化武器装备。但因当今世界武器价格昂贵，仅靠国防预算资金由国防部独立解决实为困难。唯一出路是依靠政府提供相应政策和足够资金，购置型号先进、数量少而精、性能高的武器装备，务求装备保养做到完善周到。

军队建设的另一个问题是确定有效的战略指挥体制。蒙军现行的军事指挥体制在诸多方面均落后于现代战争的要求。因此在进行军队编制体制改革中，建立合理而先进的军事指挥体制显得尤为重要。蒙军认为，改善通信指挥，推广自动化指挥是当务之急，应先在各级司令部推广现代信息技术和计算机网络。

五、完善战争动员体制

战争动员体制的基本职能是临战时期使国民经济、社会各个部门尤其是武装力量在短时间内由和平状态转入战争准备状态。为履行这一职能，政府将组织国民经济为军事服务，修建仅限于军用的各类设施，主要包括：机场网站、通信系统、燃料补给点、维修点、医疗救护点、部队展开时所需的其他设施。

战争动员的准备措施分为国家性和军事性两类，属于国家范畴解决的问题将根据其国民经济总体规划予以解决。军事性的问题将在国防部统一指挥下，在武装力量范畴内组织落实。蒙古军事设施遗留问题很多，特别是1990～1992年苏军全部撤出其国土后遗留下许多兵营设施、机场和通信枢纽。几年过去了，由于维护不善，多遭破坏，其中乌兰巴托、乔伊尔、乔巴山的一些重要军用设施已移交地方。鉴此，蒙古决定于近期重新展开对苏军遗留设施和其他军事专用设施的调查评估，从战略和战役战术的角度出发，拟定出切实可行的保护措施。军方认为，建立国土作战设施和发展军事基础设施是保障国家安全并与国家经济社会发展息息相关的重大措施。因此在执行过程中，应有政府、武装力量和地方各种所有制企业单位参与，实行国防部一元化领导，集中协调指挥。

蒙古注重从精神道德、心理素质、体魄技能等方面对国民进行军事训练和国防教育，增强国民的国防意识。国民国防训练有：①学龄前儿童及青少年的初级军事训练和群众性的国防教育。②现役士兵的军事训练。③兵役义务者的再训练。④民防训练。⑤边防训练。⑥支援国防的训练及群众工作等。这些目的在于使平时的后备力量和后备流动劳力之间保持适当比例。随着国防法规的逐步完善，蒙古将形成国民军事训练新体制，使国民训练走向法制化。

（素　洁）

金边发生武装冲突　1997年7月，柬埔寨执政两党奉辛比克党和人民党军队在首都金边发生武装冲突，对柬政局产生了重大影响，引起了国际社会的普遍关注。

一、冲突的经过

1997年7月4日，来自人民党的柬皇家军队总参谋长盖金扬、全国警察总监贺隆迪分别签署命令，要求全国军队、警察和宪兵立即采取行动，取缔非法武装，对一切被怀疑藏有红色高棉和非法武装的场所进行搜查，以“恢复社会秩序和稳定政局”。奉辛比克党主席、联合政府第一首相拉那烈在获知此情后，即于当天离开金边逃往法国。5日上午8时许，人民党军队搜查了位于金边以西20多千米的昂斯诺县的一个奉辛比克党临时军营，当其准备进一步搜查金边市区及周围的其他目标时，遭到了奉辛比克党军队的抵抗。中午，人民党副主席洪森以联合政府第2首相和武装部队总司令的名义发表声明，指责“拉那烈首相等极端分子非法进口武器、同安隆汶的红色高棉头目进行非法谈判、建立非法武装、私自将军队调入金边及周围地区，严重威胁国家安定”。他命令政府各武装力量密切配合，坚决解除所有非法武装。与此同时，奉辛比克党军事总指挥涅本蔡将军将位于金边西北约10千米的荡格桑军营的部分军队调进金边市区。下午2时多，两党军队在金边以西的僧侣医院及波成东国际机场一带展开战斗，至晚上8时左右，双方暂停交火。6日早上，双方在上述地点再度开战。下午，人民党军队向金边市内的奉辛比克党党部、电台、电视台及拉那烈官邸等发起总攻，并于17时左右全部占领这些建筑物，洪森通过国家电视台宣布：经过二十几个小时的战斗，政府军已经攻占奉辛比克党的所有据点，拉那烈的卫队全部投降，涅本蔡等奉辛比克党将领已逃离金边。至此，政府军在金边及其周围地区的军事行动基本结束。此次武装冲突，双方均动用了坦克、装甲车等重型武器，造成至少200多名军人或平民伤亡。

金边武装冲突发生后，红色高棉领导人乔森潘发表讲话，谴责洪森发动政变，推翻第一首相拉那烈。此后红色高棉又与支持拉那烈的奉辛比克党武装联合，在柬泰边境及柬西北部地区开展游击斗争，抗击洪森军队的进攻。

国际社会对金边武装冲突也给予了普遍关注。事发后，美国、日本、法国、俄罗斯等国及联合国、欧盟、东盟等国际组织均呼吁交战双方保持克制，立即停火，和平解决争端；同时，采取了一系列施压和调解行动。美、日、法、德等国均冻结对柬经济援助，并要求洪森允许拉那烈回国参加1998年大选，以此作为恢复援助的条件；东盟决定无限期推迟柬埔寨加入东盟的时间，并成立以泰国、菲律宾、印尼外长为成员的调解小组，分别与西哈努克、拉那烈、洪森进行会谈，敦促他们通过和谈解决问题。联合国于1997年9月作出决定：空缺柬在本届联大的席位。

二、冲突的原因

（一）争夺民柬投诚力量是发生冲突的直接导火索。民柬分裂前，柬执政两党为了对付共同的敌人，尚能保持一种表面合作关系。但随着民柬的分裂和内讧，两党失去了合作的基础，并进而发生了争夺民柬军事力量的斗争。1996年8月，红色高棉第2号人物英萨利率部5000多人向政府投诚，洪森抢先收编了他的部队。随后，拉那烈也加紧了对民柬分裂势力的拉拢，并于1997年5月与乔森潘达成协议，拟由他率领红色高棉军队3000余人加入奉辛比克党。为了阻止拉那烈与红色高棉结盟，洪森遂抢先对拉那烈动用了武力。

（二）争取1998年大选的胜利是两党矛盾加剧的主要诱因。1998年，柬埔寨将举行全国大选。拉那烈和洪森均希望在大选中获胜，取得独立执政的地位。随着大选的日益临近，两人的争权斗争也越来越激烈。势力较弱的拉那烈采取了与高棉民族党、佛教自由民主党等反对党结盟的方式壮大自己的实力。洪森为分化削弱奉辛比克党的势力，先后策动议会解除了奉辛比克党成员、财政大臣桑兰西和外交大臣施里武的职务，并唆使以翁潘为首的部分奉辛比克党议员宣布退党，同时加紧与一些小党结盟，利用各种机会为大选制造声势。此次洪森率先动用武力的根本目的，也是为了在大选前彻底清除拉那烈的势力，为自己取得大选的胜利铺平道路。

（三）两党权力之争是引发冲突的根本动因。1993年，柬埔寨在联合国监督下举行大选，奉辛比克党以微弱优势赢得胜利，但人民党凭借军事实力以大选“不公正”为由拒绝承认大选结果。后经联合国和西哈努克的调解，两党勉强组成了联合政府，拉那烈、洪森分别出任第1、第2首相。但当时联合国未按巴黎和平协议解除各派武装，由两党组成的政府军仍照旧归属各自政党，这就为两党以后发生武装冲突留下了隐患。联合政府执政后，人民党利用其拥有的政治和军事优势，牢牢控制了从中央到地方以及军队的实权，并在各级行政机构中排挤奉辛比克党。由于“均衡、对等”的权力框架被打破，两党争夺实权的斗争也日渐突出，双方关系逐步由表面合作走向对立。1996 年 3 月奉辛比克党要求在联合政府中与人民党“平分权力”，并以退出政府、解散国会相威胁。人民党则顺水推舟，趁机指责奉辛比克党的上述主张违反了宪法，目的是发动政变，搞垮联合政府，声明以后不再与奉辛比克党讨论权力分配问题。政治较量的频频失利，使得奉辛比克党逐渐把目光转向扩军备战，企图以武力夺取权力。从 1996 年上半年起，奉党就开始在柬西北部地区积极扩大武装，但此举又遭到了人民党的抵制，洪森宣称“要以武力阻止任何分裂联合政府的行为”。双方矛盾一步步激化，使得两党从 1996 年 11 月以来不断发生小摩擦。

三、冲突的影响

（一）严重阻碍了柬埔寨的和平与重建。柬埔寨历经 20 余年战乱，农田大片荒芜，工业产值几乎为零，通货膨胀率高达 200%左右，人均年收入在 200 美元以下，被联合国列为世界上最贫穷的国家之一。1993 年联合政府成立以后，确立了以市场经济为基础实行经济改革和对外开放的方针，并采取一系列措施恢复和重建国家经济。经过几年的努力，国民经济逐渐复苏。但是，由于此次执政两党在金边发生较大规模的武装冲突，使得机场关闭，店铺停业，商业瘫痪，国民经济再度遭到严重破坏。发生武装冲突后，外国投资者纷纷撤离柬埔寨，美国、日本、法国、澳大利亚等主要援柬国家均部分冻结或无限期停止对柬经济援助，东盟推迟早已制定好的吸收柬埔寨为成员国的计划，使柬埔寨在和平与重建的道路上再次遭受巨大挫折。

（二）改变了柬埔寨原有的政治格局。一是洪森大权独揽。金边武装冲突中，洪森凭借武力赶走了主要政敌拉那烈，控制了柬埔寨局势。此后，洪森虽然保留了奉辛比克党在政府和国会内的成员资格，并让另一位奉辛比克党成员翁霍接替拉那烈担任第 1 首相，维持了两党联合执政格局，但实际上大权仍掌握在洪森手中，而且洪森已被人民党推选为下届大选的唯一候选人。二是拉那烈失势流亡。由于金边武装斗争的失败，拉那烈从第 1 首相沦为“国家的罪人”，被迫流亡国外。他的首相位置被翁霍所取代，许多以前支持他的奉辛比克党成员投向洪森一方；洪森组建的新政府逐渐得到国际社会的认可；而拉那烈联合红色高棉进行的武装抵抗也连连遭到挫败。虽然在国际社会的压力下，洪森同意拉那烈参加 1998 年大选，但拉那烈只能是作为大选公正的一个象征，对他来说，重新掌握大权已是不可能的事。三是西哈努克权力萎缩。金边武装冲突后，西哈努克的权力进一步受到削弱。虽然洪森口头上多次声称自己是忠实的“保皇派”，实际上他并没有把西哈努克放在眼里。西哈努克多次呼吁洪森与拉那烈举行和谈，但均遭到洪森的拒绝。虽然西哈努克并不愿黜免拉那烈的首相职务，但在无可奈何的情况下，也只好授权谢辛签署任命翁霍的决议。

（三）使柬政府军发生分裂。金边武装冲突后，由奉辛比克党军队和人民党军队联合组成的柬政府军也发生了分裂。大部分原属于奉辛比克党的军队归顺了人民党，成为以人民党军队为主体的新政府军的一部分，小部分忠于拉那烈的部队则与红色高棉武装结成了军事联盟。

（四）影响 1998 年大选。一是大选日期被迫推迟。由于金边发生了武装冲突，国际社会纷纷断绝了对柬的经济援助，使大选筹备工作一度陷于停滞，柬政府原定于 5 月份举行的大选不得不推迟到 7 月份举行。二是对两大党竞选产生不同影响。金边武装冲突后，由于奉辛比克党领导人或流亡国外，或投靠人民党、或另建新党，该党力量遭到严重削弱，对该党在大选中取胜将产生不利影响。而对人民党来说，由于它使用了武力，打击了主要对手，壮大了自身力量，势将大选中取得优势。但是，无论哪一个党也难以获得 2/3 以上选票，难以单独组阁。三是对大选后新联合政府组成产生影响。大选后，各大党在席位分配上必有一场争斗，柬潜伏着发生政治危机的可能性。

（方　梅）

红色高棉高层再度发生内讧　红色高棉（又称民主柬埔寨）高层领导继 1996 年严重分裂后，1997 年 6 月再度发生了内讧，并对柬政局产生重大影响。

一、内讧的经过

据西方报刊报道，1997 年 6 月 10 日凌晨，红色高棉幕后领导人，号称“头号大叔”的波尔布特派人枪杀了红色高棉前国防部长宋成及其全家 11 口人。随后，波尔布特又强迫红色高棉名义总理乔森潘通过秘密电台发表讲话，指责宋成为柬第 2 首相洪森和邻国越南充当间谍，企图分化红色高棉。13 日，波尔布特在 200 余名追随者的护送下，劫持着乔森潘逃离安隆汶，宋成旧部及红色高棉总参谋长切春率领的部队对波尔布特进行追捕。14 日，切春带领 1000 多人将波尔布特及其追随者围困在柬泰边境地区。18 日，波尔布特向切春投降，乔森潘获释。之后，乔森潘宣布波尔布特的独裁统治已经结束。7 月 25 日，红色高棉对波尔布特进行审判，判处其终生监禁。

二、内讧的原因

（一）红色高棉领导人之间的路线斗争是内部原因。1992年红色高棉宣布退出大选后，国际社会即断绝了对它的军事经济援助。近年来，在国际社会的经济封锁和柬政府的军事打击下，红色高棉的处境越来越困难，其领导层内部在何去何从的问题上逐渐发生分歧，形成以英萨利、乔森潘为首的“温和派”和以波尔布特为首的“强硬派”。“温和派”主张停止军事对抗，与金边政府谈判，争取获得大赦，重新进入政府；而“强硬派”则主张继续走军事路线，坚持以武装斗争对抗金边政府，以图重新夺取政权。在两派矛盾日益激化的情况下，1996年8月，红色高棉第2号人物英萨利率领其嫡系部队5000多人宣布脱离红色高棉，向政府投诚。英萨利此举不仅使红色高棉失去了拜林、梅莱山这两处军事经济重镇，而且进一步动摇了军心，使原本就想与政府和解的乔森潘等人更加急于向政府靠拢。1997年以来，乔森潘和宋成分别与联合政府两首相的代表进行了接触。然而，以波尔布特为首的“强硬派”势力却竭力反对与政府和谈，波尔布特本人对于乔、宋等置自己于不顾，私下与两首相和谈的举动更是无法容忍。为了压制“温和派”的谈判行动，避免分裂事件再次发生，波尔布特决定采取杀害宋成的极端行动，以达到杀一儆百、阻止和谈的目的。但是他的举动不仅没有凑效，反而激怒了广大厌倦丛林游击战争的红色高棉成员。6月18日，波尔布特终于沦为温和派消除和谈障碍、向政府表示和谈诚意的牺牲品。

（二）政府的分化政策及两首相的争权斗争是外部原因。柬政府自成立以来，一直视红色高棉为心腹大患，多次派军队对其进行围剿，但始终未能将之消灭。随后，第2首相洪森率先采取怀柔政策，从内部拉拢分化红色高棉。1996年，他利用红色高棉领导层的内部矛盾，成功地策反了英萨利。为吸引更多红色高棉成员投诚，柬政府采取了宽容政策，允许倒戈部队保留武装，实行高度自治。英萨利等投诚将领不仅获得了西哈努克国王的赦免，而且还得到了政府许诺的封赏。这一切，使倾向于与政府和谈的乔森潘等人看到了希望的曙光。然而，在政府内部，虽然两首相都欢迎红色高棉人员投诚，但却各有打算，两人都希望把红色高棉投诚力量拉拢到自己一边，以壮大自己的实力。由于在英萨利投诚事件中，人民党尤其是洪森占了主导，因此，联合政府第1首相拉那烈领导的奉辛比克党决定在争取以乔森潘为首的最后一批红色高棉力量时采取主动。自1997年5月开始，拉那烈就派出代表与乔森潘进行联系。6月1日，拉那烈亲自会晤乔森潘并与之达成协议：乔森潘率领所有剩余的红色高棉武装归顺政府，政府则允许波尔布特、切春、宋成流亡国外。洪森表面上虽然遣责拉那烈与民柬的谈判，暗地里却通过宋成的弟弟尼昆拉拢宋成。两首相对红色高棉不同势力的拉拢使得红色高棉领导层内部在是否向政府投诚，向谁投诚等问题上的分歧进一步加剧，从而发生了严重内讧。

三、内讧的影响

（一）红色高棉实力进一步削弱，对政府的威胁大大减小。一是内部斗争进一步削弱了红色高棉的军事力量，目前红色高棉只剩3000人左右，而且大都情绪低落，厌倦战争。二是随着波尔布特对红色高棉统治的结束，以武力夺取政权的强硬路线也宣告结束。目前，“温和派”已彻底掌握红色高棉的领导权，致使军事领导人切春也接受了温和派的主张，表示愿与政府进行和谈。因此，今后红色高棉不会也无力向政府军发动大规模进攻，因而对政府的威胁也会大大减小。

（二）联合政府两首相的权利斗争因红色高棉的内讧而演化为严重武装冲突。随着柬埔寨大选的日益临近，柬政府两首相拉那烈与洪森的权力争夺战也愈演愈烈，两人都千方百计壮大自己的实力，红色高棉军事力量成为双方争夺的焦点。英萨利投诚以后，两人均希望将最后一批红色高棉武装争取到自己一方。两人分别在红色高棉领导人中选取了拉拢对象，拉那烈选择了乔森潘，洪森则选择了宋成。但是由于宋成在红色高棉的内讧中遭到了杀害，而取胜的乔森潘又明确表示：愿意与拉那烈领导的奉辛比克党联合，继续与越南及其傀儡洪森作斗争。这使得洪森意识到，要将红色高棉武装收编到自己阵营已不太可能；于是，他对内讧后的红色高棉采取了强硬政策。洪森多次发表讲话，指责拉那烈与红色高棉的谈判是非法的，并声称“如果任何人要去同乔森潘谈判，就是向联合政府中的人民党挑战，也就是向他本人挑战。”6月18日，即红色高棉逮捕波尔布特的当天，他又向拉那烈发出最后通牒：要么与他合作，要么和红色高棉站在一起。但拉那烈并不理会洪森的警告，继续与红色高棉谈判。为了阻止红色高棉与拉那烈结盟，洪森最终对拉那烈动用了武力，挑起金边武装冲突。

附注：红色高棉的历史沿革。红色高棉是指以波尔布特为首的柬埔寨共产党及其游击队组织，它成立于1960年。1970年3月，美国策动朗诺发动政变后，红色高棉参加了以西哈努克为首的民族统一阵线，进行抗美救国斗争，并于1975年4月取得政权，改国名为民主柬埔寨。1979年1月，越南入侵柬埔寨，柬共被迫撤至柬泰边境地区开展游击战争。1981年，柬共宣布解散，红色高棉成为西哈努克领导的民主柬埔寨联合政府的主力，在抗越斗争中发挥了主导作用。1991年10月，红色高棉作为柬最高委员会四方之一参加了柬埔寨巴黎国际会议，并在《巴黎协定》上签字。1992年11月，柬埔寨进行大选登记，红色高棉以大量越军秘密滞留柬埔寨、最高委员会没有实权为由，拒绝参加大选。1993年9月，大选揭晓，红色高棉又宣布不承认大选结果，不接受联合政府的领导，从而与其他各方彻底决裂。1994年7月，柬埔寨国会通过决议宣布红色高棉为非法组织，红色高棉被迫退守柬泰边境地区，以游击战方式与政府军展开对抗。1996年8月，红色高棉发生严重分裂，其第2号领导人英萨利率部5000多人向政府投诚。

（方　梅）

菲政府与摩伊反政府武装签署停火协议细则　菲律宾政府继1996年9月与摩解反政府武装签署棉兰老和约之后，1997年11月又与另一支反政府武装摩伊签署停火协议细则，使棉兰老地区和平进程又迈出了新的一步。

1996年9月，菲律宾总统拉莫斯与反政府武装组织摩洛民族解放阵线（摩解）代表在马尼拉总统府马拉坎南宫举行了签署棉兰老和约的盛大仪式，宣告结束24年内战，成立菲南部和平发展理事会和棉兰老穆斯林自治政府。拉莫斯称，这是政府与摩解经历马拉松式谈判后取得的“重大突破”。但是和约签署后，菲律宾南部地区仍不安宁，摩伊反政府武装一面坚决要求成立“伊斯兰国”，一面拒绝承认上述和平协议，主张与政府单独媾和。菲政府在保持军事压力的同时，抓紧和摩伊重开谈判，以使南部和平局面维持下去。自1997年1月起，菲政府与摩伊进行8轮会谈，于1997年7月18日签定全面停火协议，决定双方军队从7月21日起在南部棉兰老岛冲突地区实现全面停火。根据这项协议，双方的停火谈判小组于7月30日之后举行会议，制定这项全面停火协议的执行标准和基本原则。双方和谈代表也将选择一个双方都同意的地点，尽快恢复被交火事件打断的和平谈判。菲律宾总统拉莫斯7月18日对双方达成全面停火协议予以高度评价。他说，这是菲律宾南部地区和平进程的又一重大突破。他相信这一协议将使政府和摩伊之间最终能签署一项和平协议，使棉兰老岛地区实现持久和平。1997年11月14日，双方在马拉维就实施双方停火协议的细则问题签署了协议细则。该细则对实施双方已达成的停火协议的准则和程序作了规定。根据协议细则，绑架、抢劫、伏击和制造爆炸等犯罪与挑衅行为都属于被禁止的敌对行为。该细则还对政府军和摩伊武装的调动、双方处理违反停火协议的行为和谈判小组成员安全等细则问题作了规定。拉莫斯总统发表声明，对协议细则的签署表示祝贺。他说，协议细则的签署是菲南部和平进程中的一个“重要的里程碑”。它有助于促进棉兰老地区实现永久和平与经济发展。

据报道，摩伊是70年代从摩解分裂出来的，是目前菲律宾国内最大的穆斯林反政府武装。据菲军方人士透露，由于对棉兰老和平协议执行缓慢不满，1997年4月，约有5000名摩解的成员加入摩伊武装，使摩伊的军事力量由1996年的约1万人增至1.5万人，对此菲军方已表示高度警惕。

（曹连成）

印度仍不放弃对导弹的研制　1997年，印度不顾美国的贸易制裁，仍不放弃导弹的研制计划，继续坚持不签署全面禁止核试验条约的立场。美国对印度的核立场迄今虽无大的变化，但在全面禁止核试验条约问题上采取了“比较现实的政策”。

一、印度不放弃对导弹的研制

印度于1997年11月25日试射防空导弹获得成功。这种地空导弹取名为“特里苏尔”，射程为5万米。它是印度自己研制的5种导弹之一，预料到1998年底正式服役。据英法新闻媒体报道，印度国防部长亚达夫在1997年8月、11月两次向议员透露说，尽管有来自外国的压力，但政府不会放弃研制导弹的计划，政府有足够的资金用来实施正在研制的“烈火”式导弹。印军方人士说，印度作出恢复研制“烈火”式导弹的决定是由于巴基斯坦试射“哈塔夫”Ⅲ型导弹而引起的。据报道，“哈塔夫”Ⅲ型导弹射程800千米，印度各大城市都在其射程之内。印防务专家说，“烈火”式导弹，今后至少还需要进行6～8次试验，才能使其发射精度符合标准，并达到2500千米的最佳射程。这些专家还说，下一阶段试射的“烈火”式导弹将采用固体燃料作为导弹的动力。印度计划通过对“烈火”式导弹的研制，建立一套综合型反导弹防御系统来加强其安全，使导弹探测系统能在1000千米距离以外探测到导弹。亚达夫还透露，印度研制的“普里特维”地地导弹已开始成批生产，预计到1998年底正式服役。这种导弹在试射时，射程已达到300千米，能携带1吨重的核、化学或常规弹头。印度军事科学家卡拉姆说，1997年2～4月，对“蓝天”和“毒蛇”地空导弹进行最后试射结束后，军队将对它们进行“用户试验”。

与此同时，印度仍然不签署全面禁止核试验条约。印度外长古杰拉尔在印度三军科学协会组织的一次研讨会上说：因为“全面禁止核试验条约不再同核裁军进程有何联系”，所以印度将不会签署该条约。他说：“这个条约只禁止核爆炸试验，因此它不能被称作为一个禁止所有形式的核试验——不论是采用爆炸还是其他技术——的全面条约”。对此，古杰拉尔主张，应该召开一个全球会议讨论禁止研制、部署、贮存、转让核武器，以及确保最终销毁核武器的问题。他还认为彻底销毁核武器是解决核扩散的唯一有效的持久的方法。

二、印度不放弃研制导弹的原因与背景

（一）谋求世界大国地位的需要。据英国《经济学家》周刊 1997 年 10 月 4 日报道，印度于 9 月 29 日从马德拉斯海岸附近的斯里赫里戈达岛发射火箭把一颗卫星正式送入了轨道，这有很大的象征性意义。这证明印度不仅能发射卫星，而且还能发射带核弹头的导弹，所以印度希望被看成是世界大国。美国《国际先驱论坛报》记者报道，印度在拒绝签署全面禁止核试验条约问题上，各政党有着广泛的一致。印度人民党说，印度应当宣布它是核大国。印度希望成为一个世界大国，不能接受位居它的主要对手、拥有核武器的中国之后的老二地位。

（二）建设拥有核威慑力量的需要。印度认为在一个受到核扩散威胁的多极世界里，它的安全在于拥有威慑力量。印度拉贾·拉曼纳博士是印度 1974 年第 1 次核爆炸的设计师。这次核爆炸使印度成为世界第 7 个核国家。1997 年 8 月他对法国记者说，印度有了制造原子弹的能力，就有了安全的保障。印度追求的目标是实现世界无核化。美国于 7 月 2 日进行地下核试验后，印度发表声明重申，印度不参加全面禁止核试验条约是有道理的，因为不扩散核武器条约并没有考虑到有关印度安全的合法的利益。据印度报刊 10 月 26 日透露，印度 6 个核电厂的核反应堆，在 3 年内能生产出装备 50 枚核弹所需要的 450 千克浓缩钚。印度国防问题研究所的一份报告说，“自 1974 年研制出第 1 枚核武器以来，印度的核武器生产技术有了提高。印度科学界在许多与核武器生产的有关学科中都显示出了竞争力”。因此，印度有能力发展威慑力量。

（三）对付所谓中巴“双重核威胁”的需要。法国《费加罗报》记者 1997 年 8 月 11 日报道，据美中央情报局称，巴基斯坦秘密地将其位于该国北部的一个核反应堆投入了使用，依靠这一核反应堆，就可以提取钚。作为回应，印度打算发展氢弹，对氢弹进行试验。印度认为，中国核武器对印度的威胁更大，特别是印度情报机构怀疑中国让巴基斯坦在新疆试验他们的原子弹，使印度感到受到了双重核威胁。

三、美国对印研制导弹计划的立场

（一）对印度恢复“烈火”式导弹计划实施贸易制裁。据英国《简氏防务周刊》1997 年 8 月 6 日报道，鉴于 3 家印度国有公司参与了制造导弹开发计划，美国下令美国公司暂停与印度进行所有交易，这是印度因恢复“烈火”式导弹计划而招致的贸易制裁。印度外交国务部长萨利姆·谢尔瓦尼赴美进行了大量游说，希望美国取消制裁，结果无济于事。对印度研制的“普里特维”地地导弹，美国敦促印度不要部署该型导弹，说大量生产这种导弹可能会在南亚引起一场军备竞赛。

（二）敦促印度不搞核试验和部署核武器。据香港《远东经济评论》周刊 1997 年 10 月 16 日报道，美国的智囊机构对外关系委员会 1 月就敦促印度不搞核试验和部署核武器问题向克林顿政府提出新建议。看来克林顿政府接受了这个建议。美助理国务卿因德弗思说：“我们主要目的是希望印度在导弹计划方面继续保持自我克制，希望印度加入有关全面禁止核试验条约和停止生产核裂变材料条约的国际行列。美国承认，印度对它的国家要求有自己的看法。在这些要求得到满足之前，他们不会沿这个方向行动。”印度外交部官员对美政府所采取的“比较现实的政策”表示欢迎。

（三）要求俄取消向印出售两座核反应堆的计划。俄原子能部副部长列舍特尼科夫 1997 年 2 月 6 日说，俄印两国官员将于下个月结束谈判并签署协议。俄罗斯将供应两座轻水反应堆给印度的两座核电站使用。这两座反应堆的价格每座在 15 亿至 20 亿美元之间。美国国务院发言人伯恩斯同日要求俄罗斯不要实施它向印度出售两座核反应堆的计划。伯恩斯说，印度没有接受核供应者组织提供的全面保护措施，因此，俄罗斯不应实施任何核援助计划。伯恩斯指出，这项销售违背了 1992 年一项限制核出口的协议精神。在美国的阻挠下，俄印未按计划签署协议。

（曹连成）

斯里兰卡内战硝烟难散 斯里兰卡政府军为了巩固阵地，打通一条通往贾夫纳的长约 75 千米的公路，于 1997 年 2 月～1998 年 2 月在这条公路北部对猛虎组织进行几次大的军事清剿活动，取得一些进展。猛虎组织为挽回军事上的失利，凭借其对地形熟悉的优势，不断对政府军进行反扑与袭扰活动。与此同时，还派敢死队员在科伦坡、康提等大城市制造爆炸恐怖事件，以扰乱人心，拒绝“和谈”，不放弃其要求“独立”的目标。因而，斯国内实现和平与稳定，还要有一段漫长而曲折的过程。

一、斯政府军在北部发动 5 次大的清剿活动，取得一些胜利

（一）马纳尼地区清剿。为把控制的两个战略性前哨基地瓦武尼亚和基利诺奇连接起来，1997 年 2 月 4 日，斯政府军向猛虎组织占据的斯北部马纳尼地

区发动了一场大规模攻势，在飞机、坦克和大炮的掩护下，由突击队和直升机运输部队作前锋，向马纳尼推进，海军舰艇在马纳尼附近海域巡逻，以防猛虎组织游击队乘船逃跑。据斯国防部发言人 2 月 8 日说，斯政府军发动的大规模军事行动已进入第 4 天，政府军已经向猛虎组织占领区推进了 18 千米，没有遇到猛虎组织游击队较大的抵抗。

（二）“必胜”军事攻势。为打通通往贾夫纳的公路，斯政府军向瓦武尼亚至基利诺奇地区的猛虎组织发动了“必胜”攻势。分 3 个阶段实施。5 月 14 日，政府军开始第 1 阶段攻势。2 万名政府军在飞机、坦克和大炮的掩护下，兵分 3 路，清剿瓦武尼亚至基利诺奇地区的猛虎组织游击队。5 月 18 日，数千名政府军在武装直升机和大炮的掩护下，对斯里兰卡北部小镇内敦凯尔尼发动进攻，经过一昼夜激战，政府军攻占了这座小镇。迄 5 月 23 日，政府军收复了 3 座小镇，共打死猛虎组织游击队员约 200 人，打伤 316 人，而政府军方面也有 75 人阵亡，126 人受伤。5 月 24 日，政府军发动了第 2 阶段攻势。这一阶段作战目标是收复通向北部的必经之路——普利延库姆镇。据斯里兰卡官方说，政府军在穆莱蒂武地区的科基莱海岸附近海域的战斗中获得胜利，收复了普利延库姆镇，击沉 7 艘猛虎组织的运输船，打死 50 名游击队员。据报道，当时猛虎组织游击队正在用 15～20 艘船只运送部队增援北部地区。斯政府军的军舰发射多枚导弹，向这些船只发动攻击。这场海战持续了 4 小时，猛虎组织游击队难以抵抗政府军的强大火力，向科基莱海岸溃退，政府军获得了这场海战的胜利。6 月 23 日凌晨，政府军发动了第 3 阶段攻势。斯政府军在坦克、大炮和空军直升机的掩护下，向普利延库姆镇发动了进攻，迫使猛虎组织游击队向北撤退，再次收复了猛虎组织游击队控制的重镇——普利延库姆镇。在这次战斗中，政府军打死打伤猛虎组织游击队员 100 多人，政府军亦有 39 名官兵伤亡。至此“必胜”军事攻势告一段落，向北推进了 24 千米。

（三）曼库兰——穆莱蒂武公路激战。斯政府军 10 月 5 日在北部、东部地区强攻猛虎组织游击队。交战最激烈的地区发生在斯北部地区的曼库兰——穆莱蒂武公路附近。政府军在飞机、坦克和重炮掩护下向游击队控制的地区发起强劲攻势，但遭到猛虎组织的猛烈抵抗，其游击队向政府军发射了火箭弹，击伤政府军 1 架直升机。据斯军方人士宣布，仅在其中一次持续几个小时的交火中，就有 150 名猛虎组织游击队员和 36 名政府军士兵丧生，另有 200 名猛虎组织游击队员和 62 名政府军士兵负伤。

（四）基利诺奇地区激战。斯政府军在 1998 年 1 月 31 日深夜与猛虎组织游击队在基利诺奇地区展开激战。政府军出动了大炮和战斗机，掩护地面部队对猛虎组织游击队发起攻势。经过几小时的激战，政府军击毙了 300 多名猛虎组织游击队员。政府军有 20 名士兵丧生，另有 86 人受伤。这次战斗是在斯里兰卡政府 1 月 26 日宣布取缔猛虎组织仅几天后发生的。

（五）曼库兰镇战斗。1998 年 2 月 14 日，斯政府军向猛虎组织控制的最后一座主要城镇——曼库兰发动攻势时受挫，政府军有 12 名阵亡，40 人受伤。猛虎组织伤亡情况尚不清楚。

二、猛虎组织游击队在政府军的不断清剿下伤亡严重，被迫退守丛林、山区开展游击战与袭扰战，拒绝与政府军和谈

（一）一年内，猛虎组织游队对政府军进行 7 次反扑与袭击，虽未取得大的战果，但显示了军事实力的存在。其中，1997 年 3 月 6 日，猛虎组织游击队在炸毁军营附近一座长 800 米的大桥后，用大炮轰击斯东部拜蒂克洛地区的瓦武纳迪乌陆军军营，造成 24 名政府军士兵丧生。同日中午，猛虎组织游击队又袭击了斯东部亭可马里政府军空军基地，1 架运输机被击毁。4 月 27 日上午，猛虎组织游击队在亭可马里地区袭击政府军一支清剿队，打死 22 名政府军士兵后逃循。5 月 12 日上午，猛虎组织游击队在亭可马里袭击了一个警察局，有 30 名警察伤亡。6 月 10 日，猛虎组织游击队出动 1000 多人向政府军阵地发起反击，企图摧毁瓦武尼亚陆军总部的军事设施，以阻止政府军在北部发动的“必胜”军事行动。经过 6 个小时的战斗，猛虎组织游击队被迫撤退。双方伤亡人数严重，政府军有 110 人阵亡，猛虎组织游击队有 210 人丧生。另有 60 名无辜平民不幸罹难。政府军还损失 3 门火炮和 1 辆坦克。8 月 1 日夜间，猛虎组织游击队使用迫击炮、火箭筒和其他轻武器向奥曼泰镇政府军防线多次发动袭击，均被政府军击退。在战斗中，有 100 名猛虎组织游击队员和数十名政府军伤亡。10 月 6～7 日，猛虎组织游击队与政府军为争夺北部一条重要公路，在曼库兰镇展开激战。游击队员 350 名被打死，政府军有 64 人丧生。

（二）派敢死队员在科伦坡、康提制造爆炸恐怖活动，以扰乱人心。1997 年 10 月 15 日晨，猛虎组织敢死队员驾驶一辆满载炸药的卡车在科伦坡城市中心一家五星级宾馆的停车场引爆，造成至少 14 人丧生，100 多人受伤，其中有大约 50 名外国旅游者。爆炸使邻近新落成的 39 层的世界贸易中心大楼严重受损。周围的许多其他建筑物也遭到不同程度的毁坏，玻璃幕墙脱落；50 多辆汽车报废。据目击者说，在爆炸过后一个多小时，潜伏在周围一带的猛虎组织

成员同包围现场的军警发生激烈枪战，12 名猛虎组织成员被打死。这是 1997 年以来在科伦坡发生的第 1 起较大的血案。1998 年 1 月 25 日凌晨，几名猛虎组织敢死队员驾驶一辆卡车，冲击斯里兰卡古都康提市中心的军警检查站，试图炸毁著名的佛牙庙。军警开枪阻拦时敢死队员引爆了卡车上炸弹，至少 16 人被炸死，23 人受伤。佛牙庙的外墙、入口和屋顶受损，所幸庙内珍藏的佛教圣物——佛牙安然无恙。康提佛牙庙是斯里兰卡人朝觐的圣地，康提作为历史名城，曾经是历史古都，佛牙庙历来被视为斯里兰卡的象征。爆炸事件发生后，斯独立 50 周年庆典活动由康提改在科伦坡市郊举行。此间分析家认为，猛虎组织敢死队员选在斯 50 周年大庆前夕在康提进行袭扰，主要目的是破坏庆典活动的气氛。1998 年 2 月 6 日下午 5 时许，在科伦坡市中心又发生一起严重爆炸事件，造成至少 8 人死亡，5 人受伤。据警方说，爆炸发生在市中心一座军营附近的检查站前，当几名军警拦住一辆白色面包车进行例行检查时，车上的一名妇女引爆了携带的炸弹。事件发生后，大批军警赶赴现场并将附近的主要通道封锁。警方认为，这起事件是猛虎组织成员所为。此次爆炸发生在斯里兰卡 50 周年独立日后仅两天。

三、结束内战重建北部家园还需要一段漫长过程

（一）斯政府军对猛虎组织游击队以战迫和方针未能奏效。斯政府军在 1996 年从猛虎组织游击队收复大本营贾夫纳城后，在以战迫和的方针下，多次向猛虎组织提出和谈建议，但都遭到了拒绝。猛虎组织首领韦卢皮莱·普拉巴卡兰说，他不反对同政府进行谈判，但他预计谈判不会成功。他说："靠央求僧伽罗统治者，我们是得不到权利的。历史上从来没有过不经过战斗、流血、死人、破坏和牺牲就能取得胜利的解放斗争。" 1997 年 9 月 25 日，斯里兰卡新闻部长萨马拉维拉在科伦坡向新闻界表示，斯政府决定在 9 月 29 日向议会提交一项旨在"以自治换和平的一揽子民族和谈方案"，以尽快结束 14 年的国内战争。萨马拉维拉说，政府的和平方案的主要内容是，在国内居少数地位的泰米尔族可在其人口占多数的省、县、区 3 级政权实行自治，中央政府将对泰米尔族自治地区的经济重新提供财政援助，猛虎组织可在遵守宪法的条件下参与国家政治生活。斯总统库马拉通加在 1997 年 10 月 17 日的记者招待会上说，尽管恐怖分子在科伦坡制造爆炸，但政府实现和平的决心不会因此而受到影响。斯政府决心以政治方式解决民族冲突，但均遭到猛虎组织的拒绝。猛虎组织在历史名城康提市制造爆炸恐怖事件后，才促使政府下令取缔猛虎组织，关闭了和谈的大门。斯里兰卡新闻部长萨马拉维拉 1998 年 1 月 26 日说，政府是根据反恐怖主义法宣布猛虎组织为非法组织的。爆炸事件表明了猛虎组织不想通过谈判实现和平，"仍然敞开大门已经没有意义"。

（二）从双方力量对比上看，政府军一时无力一网打尽猛虎组织。据美国报刊 1997 年 1 月报道，在经历 14 年内战、至少造成 5 万人死亡之后，政府军与猛虎组织似乎都无力取胜，而库马拉通加总统夫人提出的妥协方案还远不能吸引猛虎组织走上和平道路，不管政府施加多大的军事或政治压力，都不可能动摇猛虎组织建立"独立国"的决心，其主要原因是，猛虎组织的军事力量没有受到决定性打击，还有与政府军对峙的本钱。1997 年 7 月，驻亭可马里的斯政府军军官告诉记者，抗击猛虎组织是政府军的首要任务。由于政府军兵力不足，再加上猛虎组织游击队隐藏在密林深处，行迹无定，难以将他们一网打尽。

（三）斯政府财政陷入困境，被战争毁坏的北部城镇一时难以重建。据美国报刊 1997 年 1 月报道，战乱使斯里兰卡陷入困境，政府在财政上已被这场内战拖得精疲力竭，并且被军事和政治问题弄得焦头烂额。军事预算的增加，对国民经济造成恶果，通货膨胀上升，失业人数增加。内战使 5 万多人丧生，数十万人沦为难民。据香港《亚洲新闻》1997 年 11 月 7 日报道，斯里兰卡北部城市贾夫纳饱受 10 年内战之苦，经过无数次战斗，贾夫纳市疮痍满目，有 60% 的建筑物完全或部分被毁，主要市场区虽然还在，但只有最底层的店铺开门营业，上面的楼层早被炸平。电力供应、通讯线路都受到很大限制。据最保守的估计，重建贾夫纳将需要近 10 亿美元，再加上猛虎组织的不断破坏，重建工作将很难实现。

（曹连成）

印度与俄罗斯加强军事合作 印度总理高达 1997 年 3 月 24～26 日对俄罗斯进行了 3 天的正式访问。高达此次莫斯科之行进一步加强了两国在军事、科技等领域的合作关系。访问期间，两国领导人决定把双边友好关系升格为"战略伙伴关系"。10 月 6～10 日，印度国防部长亚达夫访问莫斯科，就印俄军事合作等问题达成了新协议。这表明，随着世界战略格局的调整，印俄关系在不断的发展和加强。

一、访问成果

印度总理高达访俄期间，与俄罗斯总统叶利钦和总理切尔诺梅尔金举行了会谈。双方决定加强政治、经济和国防领域的全面合作。双方在会谈中还讨论了两国政府 2000 年前军事技术合作长期计划执行情况

以及签署有关俄向印度提供最新式武器系统的新合同问题。1996年11月30日，印度国防部与俄罗斯武器和军事技术装备进出口公司在伊尔库茨克签署了购买40架苏—30多用途歼击机的协定。这笔合同规定到2000年完成，成交额约达18亿美元，分4批提供，首批飞机1997年已运抵印度。印度国防部长亚达夫访俄与俄国防部长举行了会谈。俄国防部长谢尔盖耶夫认为会谈“十分成功”。他说，同印度的军事技术合作是根据早先签订的2000年前军事技术合作长期计划进行的。他还说，在会谈中就延长该合作计划的期限达成了协议。该计划“考虑到了俄印双方的利益。”俄通社——塔斯社记者获悉，印度军事代表团还与俄方讨论了购买俄两艘潜艇（每艘价值8亿美元）、最新式的C－300防空系统和“通古斯人”地空导弹系统的问题。印度是同俄罗斯签订2000年前军事技术合作长期计划的唯一国家，合作计划总价值约80～100亿美元。

二、印俄发展和加强双边关系互有需要

冷战结束后，俄罗斯为了保持和扩大在南亚的影响，仍把印度作为其发展南亚国家关系中的重点国家。视印度为亚洲的“稳定因素”。1993年1月，叶利钦总统访问印度时，两国签署了《印俄友好合作条约》等9项协定。条约强调加强两国的友谊和在共同利益基础上的理解与合作，尤其是国家安全和国防领域的长期合作，对实现两国战略伙伴关系起着积极的推动作用。印度目前是俄罗斯武器的主要买主，俄方也不想丧失这个武器市场。面对北约东扩的威胁，为摆脱孤立处境，俄罗斯将积极与印度等亚洲国家发展关系，以此来牵制北约东扩。对于印度来说，要提高自身在国际上的政治地位，迫切需要与俄罗斯加强合作。在军事领域，印度同前苏联有着长期的合作关系，同时又是前苏联武器市场的最大买主。苏联解体后，印俄在军事领域仍然保持密切合作关系。1994年年底，印俄签署了包括武器采购和技术转让在内的5年军事合作协定。1996年，印度同俄罗斯签署了一宗18亿美元的武器交易，订购40架苏－30多用途歼击机。印度还打算与俄罗斯合作，在印度境内生产苏－30多用途歼击机，并将从俄罗斯订购先进的T－725型坦克和先进的炮火系统等武器装备。

三、印俄建立战略伙伴关系的影响

这种影响远远超出两国间的范围，它将对南亚地区乃至世界形势产生一定作用。

（一）印向俄大量购买先进武器装备使南亚军备竞赛势头未减。据伦敦国际战略研究所发表的《1997～1998年度军事力量对比》报告中称，1997年，印巴关系有所改善，印巴发生冲突的可能性正在变得更加遥远。尽管外部的威胁减轻了，然而南亚军备竞赛势头并未减弱。印度和巴基斯坦计划采购的常规武器仍然会用于重大武装冲突。据法新社记者报道，印度1997～1998年度预算中的军事开支增加了21%，达到102亿美元。印度当局表示，财政紧缩将不会影响国家安全，其防务预算约有25%将用于采购军事装备。

（二）印从俄进口先进武器，使印度与巴、中改善关系受到影响。据法新社驻印度记者报道，印度国防部人士称，印度从俄国购买6～7套防空系统，这种系统将防空、反短程导弹和反弹道导弹合为一体，在防空方面将远远领先于巴基斯坦和中国。这些人士还称，俄罗斯人还提议将这种武器系统部署在印度与巴基斯坦和印度与中国边境地区。由于印度担忧所谓中国向巴基斯坦出售M－11导弹，印度军方很可能接受俄罗斯的提议，从而使印度在改善与巴基斯坦、中国的关系方面受到很大的影响。

（曹连成）

阿富汗内战形成南北割据新格局 1997年，阿富汗内战进入第8个年头。一年来，阿各派武装围绕着政权问题继续进行军事较量，阿国内已形成南北割据、两军对峙的格局。国际社会为促进阿富汗实现和平积极进行斡旋、调解，但仍未取得任何进展。

一、阿内战形势

1996年9月“塔利班”攻占喀布尔后，随即组建内阁，接管了拉巴尼政府各部，并相继颁布了新的政策和法规，开始行使政府职责。拉巴尼政府不甘失败，决心重整旗鼓收复喀布尔。为增强抗击“塔利班”的力量，拉巴尼捐弃前嫌，同伊斯兰民族运动、伊斯兰党等一些曾反对他的武装派别组成了反“塔利班”联盟。由此，阿国内各派武装基本形成了“塔利班”和反“塔利班”联盟两大势力。1996年11月以来，两大势力继续在阿进行激战，大体可分为以下几个阶段：

第1阶段（1996年11月～1997年1月）：“塔利班”发动冬季攻势。1996年10月，反“塔利班”联盟组织力量对“塔利班”实施反攻，企图一举夺回喀布尔市，重新执掌政权。经过在喀布尔以北同“塔利班”进行数次较量，虽未取得突破，但对喀布尔形成了兵临城下之势。在此形势下，“塔利班”为加强对喀布尔市防守，巩固已取得的成果，决定发动冬季攻势。自1996年11月～1997年1月，先后向反“塔利班”联盟发动了4次较大规模的进攻：11月24日，“塔利班”发起第1次进攻，将反“塔利班”联盟的部队逐至喀布尔以北40千米以外地区，消除了对喀布尔市的直接威胁。12月27日，“塔利班”发起第2次进攻，当天即攻占卡拉巴格镇逼进距喀布尔约50千米的巴格拉姆机场。1997年1月16日，“塔利班”发起第3次进攻，攻占了巴格拉姆机场和帕尔万省首府恰里卡尔。1月23日，“塔利班”发起第4次进攻，攻占杰贝勒希腊季和古尔巴哈两大战略要地，直逼通往北部地区的大门潘杰希尔山谷。经过连续发动4次进攻，“塔利班”在阿国内战场上明显处于优势。

第2阶段（1997年3～4月）：反“塔利班”联盟在全国发起春季反攻。反“塔利班”联盟在“塔利班”发动的冬季攻势中遭受打击后不甘失败，自3月份起调集全部力量在全国发起春季反攻，并取得重大胜利。在喀布尔北部地区，由马苏德指挥的部队从东西两翼向喀布尔推进，连续夺占了帕尔万省东南部地区和法拉克、法卡达高地，切断了恰里卡尔、杰贝勒希腊季和古尔巴哈等地“塔利班”守军的退路。在东部地区，反“塔利班”联盟首先占领了库纳尔省丹格姆和阿斯马镇，尔后进一步向南推进，直逼楠格哈尔省首府贾拉拉巴德。在中部地区，反“塔利班”联盟中的阿富汗统一党在巴米扬省戈尔班德山谷连续重创“塔利班”，俘获了包括“塔利班”战地司令官在内的60名军人。在西部地区，反“塔利班”联盟在赫拉特和巴德吉斯等省与“塔利班”连续展开激战，挫败了“塔利班”的进攻。通过发动春季反攻，反“塔利班”联盟改变了被动局面，各派部队倍受鼓舞，士气重振，在全国与“塔利班”形成对峙局面。4月下旬，反“塔利班”联盟各派召开军事会议，分析战场形势，总结经验教训，决定利用夏季向“塔利班”发动决定性进攻，以迫使其撤离喀布尔。

第3阶段（1997年5月）：“塔利班”攻占马扎里沙里夫后失守。1997年5月，正当阿敌对两派在全国保持军事对峙时，形势突然发生戏剧性变化。5月19日，反“塔利班”联盟中由杜斯塔姆领导的乌兹别克民兵内部发生内讧，被称为杜斯塔姆左膀右臂的阿卜杜勒·马立克因对杜氏不满率部起义，宣布支持“塔利班”，并先后夺取了巴德吉斯和法里亚布两省，扣押了5000多名杜斯塔姆派军人，作为加盟“塔利班”的“见面礼”。5月20日晨，“塔利班”乘机兵分两路，从阿中部和西部地区发动大规模进攻，在马立克的配合下于5月24日攻占乌兹别克民兵的大本营马扎里沙里夫。为了动摇杜斯塔姆的军心，“塔利班”在攻占马城后当即宣布，对所有反叛者既往不咎，对继续追随杜斯塔姆的人将予以严惩，并许诺马利克担任外交部副部长职务。杜斯塔姆在陷入困境的情况下匆忙布防阻敌，盟友马苏德也紧急增派2000名援军，无奈大势已去。杜斯塔姆在阿北部地区经营多年的地盘不几日即丢失过半，杜本人被迫携少数亲信逃往国外。正当“塔利班”组织力量进一步扩大战果时，由于投靠“塔利班”的马利克“反水”，局势突然发生逆转。马利克对“塔利班”仅许诺其担任外交部副部长一职不满，希望得到更高的职务。同时，他要求成立一个能保持一定独立性的政治联盟，并保留武装。这些条件均为“塔利班”所拒绝。5月27日晚，马利克同“塔利班”外长高斯举行谈判，因互不相让而导致谈判破裂。当晚，马利克即组织部队同“塔利班”交火，经过长达15个小时的激战，至5月28日上午将“塔利班”赶出了仅占领3天的马扎里沙里夫。歼灭其精锐部队5000人，夺回了丢失的地盘，并俘获其外长、中央银行行长、赫拉特省总督等高级官员。

第4阶段（1997年7～12月）：反“塔利班”联盟再次兵临喀布尔城下，敌对双方形成南北对峙。“塔利班”在阿北部地区遭重创以后不甘失败，一直在阿西部地区集结重兵，企图重新占领阿北部地区。在此形势下，反“塔利班”联盟决定抓住战机，攻打喀布尔市。7月19日，驻守在潘杰希尔山谷的马苏德部队突然发起猛攻，7月20日即攻占帕尔万省首府恰里卡尔和巴格拉姆空军基地。此后，马苏德率部乘胜南下，至24日推进到距喀布尔仅20千米处，再次形成兵临喀布尔城下之势。由于马苏德的进攻，“塔利班”的北上战略被打乱，不得不收缩部队，加强对喀布尔市的防守。自此以后，双方在喀布尔以北地区仍不断展开激战，虽互有攻守，但进展不大。至1997年12月，“塔利班”控制着首都喀布尔和全国2/3的地区，其余地区由反“塔利班”联盟和其他武装派别控制，基本形成南北对峙局面。

二、国际社会的促和活动

1997年，国际社会对阿富汗局势十分重视，先后由联合国等组织和多个国家通过各种方式积极进行调解、斡旋，促进阿问题和平解决，但未取得任何实质性进展。其促和情况如下：

（一）联合国通过多种途径进行调解。

1．主持召开阿富汗问题工作小组会议。1997年1月13～15日，在联合国阿富汗问题特别代表霍尔的主持下，由阿富汗武装派别“塔利班”和反“塔利班”联盟代表组成的6人阿富汗问题工作小组在巴基斯坦首都伊斯兰堡举行第1次会议。双方讨论了在阿富汗立即实现全面停火、建立监督停火委员会、喀布尔实行非军事化、交换战俘以及建立一个基础广泛的新政府等问题。由于双方分歧较大，会谈未取得任何实质性进展，但在停火问题上达成了共识，认为停火是走向政治对话最终和平解决阿富汗问题的第1步。

双方还认为，阿富汗问题工作小组是促进交战各方进行对话的重要手段，有必要继续进行会谈。2月24～26日，在联合国阿富汗问题特别代表霍尔的主持下，阿富汗问题工作小组在巴基斯坦首都伊斯兰堡举行第2次会议。双方在3天的会谈中深入地讨论了重建信任措施、停火草案、交换战俘和首都喀布尔的局势等重要问题，但未取得任何实质性进展。双方同意继续保持会谈。

2. 举行第2次阿富汗问题国际会议。4月16日，联合国继1996年举行第1次阿富汗问题国际会议之后，在纽约举行第2次会议。联合国副秘书长基兰·普伦德加斯特主持会议，中国、埃及、印度、伊朗、巴基斯坦、俄罗斯、美国等22个国家和伊斯兰会议组织的代表参加了这次会议。联合国阿富汗问题特别代表霍尔在会上介绍了阿富汗局势，各国代表对阿局势长期动荡、尤其是年初以来战事不断扩大深表关切，对阿富汗人民遭受的苦难深表同情，并呼吁阿交战各方立即停止一切敌对行动，通过谈判解决冲突，最终实现和解。中国常驻联合国副代表王学贤在会上提出了解决阿问题的3点主张：(1) 当务之急是阿有关各方应坐到一起，通过谈判解决分歧。首先应敦促各方实现停火并停止一切敌对行动，为谈判创造良好的气氛。(2) 实现民族和解是公正、持久解决阿富汗问题的关键。从根本上说，阿富汗问题的最终解决只能依靠阿富汗人民，国际社会应敦促阿各方以国家和人民的利益为重，捐弃前嫌，尽快成立能为各方接受的、具有广泛代表性的稳定政府。(3) 联合国应在解决阿问题中发挥中心和主导作用。联合国驻阿富汗特别代表团应与阿各方保持接触，听取各方的意见。

3. 联合国阿富汗和平使团发表声明。1997年7月22日，联合国阿富汗和平使团发表声明，对阿国内不断升级的敌对行动表示极大关注，呼吁交战双方立即停止各种形式的敌对行动，为寻求永久和平开始真正的谈判。声明还对阿交战双方对喀布尔市的居民进行空袭表示遗憾。

4. 安理会3次发表声明。1997年4月16日，联合国安理会通过一项关于阿富汗问题声明，呼吁阿各方立即停止一切敌对行动，通过谈判解决冲突并最终实现民族和解。声明说，安理会对阿富汗境内战斗持续不断并在近几个月内加剧表示严重关注，认为谈判是长期解决阿长期冲突的唯一办法。为此，安理会完全支持联合国促进阿民族和解的一切努力，深信联合国能够协助阿交战各方根据安理会1996年10月通过的第1076号决议和12月联大通过的195号决议进行正式谈判。

7月9日，联合国安理会审议秘书长安南提出关于阿富汗局势的报告。报告指出，最近3个月来，阿富汗的武装冲突不断升级，对该地区的和平与安全构成了严重威胁，使许多国家感到担忧。对此，安理会本月主席、瑞典常驻联合国代表奥斯瓦尔德发表声明，呼吁阿冲突各方立即回到谈判桌旁，共同组成一个具有广泛代表性的政府。声明还敦促各国响应联合国的紧急呼吁，向阿提供人道主义援助。

12月16日，联合国安理会审议联合国秘书长安南关于阿富汗局势的最新报告。报告指出，尽管国际社会为和平解决阿富汗问题作出了各种努力，但阿富汗冲突各方无意放下武器。持续不断的军事对抗不仅给阿富汗而且还对本地区和全世界的和平与安全构成巨大威胁。对此，安理会发表声明，再次呼吁阿富汗冲突各方立即无条件实现停火，并通过真诚的政治对话解决分歧。声明强调，武力与军事对抗无助于分歧的解决，只有真诚的政治对话才是解决分歧的唯一有效途径。安理会呼吁阿冲突各方采取行动建立相互信任，立即、无条件地实现全部停火和进行政治对话，和平解决分歧和冲突，以实现持久和平和民族和解，为最终建立基础广泛和有充分代表性的政府创造条件。声明强烈谴责外国势力对阿富汗内部冲突的干涉，呼吁所有有关国家立即停止向阿富汗冲突各方提供武器、弹药、军事装备及其他一些军事援助。安理会还表示，联合国将继续为和平解决阿富汗问题发挥关键和独特作用，并欢迎召开有关阿富汗问题的地区和国际会议。

5. 阿问题特别代表霍尔在阿敌对双方之间进行斡旋。为使阿早日结束战乱，联合国阿富汗问题特别代表霍尔1997年曾多次前往由“塔利班”控制的喀布尔、坎大哈和由反“塔利班”联盟控制的马扎里沙里夫，与双方领导人讨论有关停火和通过谈判建立一个基础广泛的政府等和平建议。虽然双方都表示同意进行和谈，但又都提出了对方难以接受的条件。反“塔利班”联盟提出，首先必须在喀布尔实现非军事化，尔后成立一个政治委员会，商讨停火、交换战俘和组建政府等事宜。“塔利班”则提出，要实现停火，举行和谈，反“塔利班”联盟必须首先释放战俘。8月初，联合国秘书长安南又任命卜拉希米为其特别代表，负责对阿富汗最新局势和联合国在阿促和行动进行评估。10月23日，联合国阿问题特别代表霍尔因阿问题无进展向联合国秘书长安南递交辞呈，要求辞去阿问题特使职务。安南接受其辞职要求，并宣布由其特使卜拉希米继续执行其使命，直至确定新的人选。

(二) 美国务院发言人发表谈话。1997年8月14日，美国务院发言人罗宾宣布，由于阿富汗驻美使馆内的外交官分成了两派，各自声称自己代表阿富汗，并为此争吵不休，美决定自8月21日起停止阿驻美使馆运作，希望以此促进阿国内各派停止内战，组成具有广泛代表性的政府。

（三）土、巴、伊3国外长就阿富汗问题举行会议。1997年1月5日，土耳其、巴基斯坦、伊朗3国外长在伊斯坦布尔就阿富汗问题举行会议，呼吁阿各派武装在穆斯林斋月期间实现停火，启动和平进程。会后发表的声明指出，阿富汗问题有关各方必须通过和平方式解决阿问题，并在民主原则的基础上组成由阿各派武装参加的政府。

（四）伊朗主持召开阿富汗和平会议。1997年1月25～26日，由伊朗主办的阿富汗问题和平会议在伊朗首都德黑兰举行，参加会议的有阿富汗总统拉巴尼、总理希克马蒂亚尔等7个派别的代表以及伊朗外长韦拉亚提、联合国阿富汗问题特别代表霍尔，土库曼斯坦、巴基斯坦、土耳其的代表以观察员的身份出席了会议，阿主要派别"塔利班"拒绝与会。会议就阿富汗问题发表了宣言：(1) 要求阿交战各方立即停火，进行对话，以实现阿富汗的和平与稳定；(2) 要求国际社会阻止外国势力干涉阿富汗内部事务，以加快阿富汗的和平进程；(3) 呼吁国际社会向阿富汗人民提供人道主义援助。

（五）伊斯兰会议组织发表宣言。1997年12月11日，伊斯兰会议组织第8次首脑会议发表《德黑兰宣言》，对阿富汗的持续内战表示遗憾，支持阿富汗各派间的对话，希望在阿富汗建立基础广泛的政府。支持本地区国家和国际社会为在阿富汗结束流血、建立持久和平所做的努力。

（六）哈萨克斯坦就阿富汗问题发表声明。1997年4月3日，哈萨克斯坦外交部就阿富汗局势发表声明，对阿武装冲突继续向北部蔓延并可能对独联体中亚地区造成威胁表示关注。声明说，必须尽快使阿冲突各方停止武装行动，开始旨在恢复阿民族团结和确保阿国家体制的和平谈判。声明强调，哈主张在解决阿冲突方面应遵循以下原则：(1) 确保阿的主权、独立和领土完整；(2) 建立一个代表阿各民族、各阶层利益的政府；(3) 阿冲突各方必须一致承认和平谈判是解决冲突的唯一途径。

（七）乌兹别克斯坦发表声明。1997年9月22日，乌兹别克斯坦外交部发表声明，呼吁阿交战双方在联合国和伊斯兰会议组织的主持下进行谈判，利用和平手段解决冲突，最终组成联合政府，同时要求外部势力停止干涉阿富汗内政并对阿实行武器禁运。乌兹别克斯坦还主张建立由与阿接壤的国家以及美国、俄罗斯和阿国内各方代表参加的国际接触小组，以促进阿问题早日解决。

（八）巴基斯坦积极促成阿敌对双方举行会谈。1997年10月中旬，巴基斯坦总理谢里夫邀请"塔利班"领导人拉巴尼访巴，劝其同阿各派建立联系，通过谈判解决阿问题。拉巴尼表示，如果反"塔利班"联盟领导人愿意，他希望与其在伊斯兰堡举行会谈。12月28日，"塔利班"最高领导人奥马尔在坎大哈会见巴外交秘书，建议成立一个由双方伊斯兰学者组成的委员会进行会谈。12月31日，巴向反"塔利班"联盟领导人、阿前总统拉巴尼通报了上述建议，并劝其采取积极态度。在巴的撮合下，反"塔利班"联盟宣布接受该建议，但在与会人员名单问题上双方存在分歧。

三、阿内战不止的原因

国际舆论普遍认为，阿富汗内战只所以长期不止，是由多种因素形成的，主要有以下几点：

（一）各派之间的权力之争是阿长期内战的内部原因。阿游击队各派之间的权力斗争由来已久。早在抗击侵阿苏军和阿前政府军期间，各派就围绕着抵抗力量的领导权问题展开激烈的斗争，矛盾十分尖锐。当时，基地设在巴基斯坦的七党联盟和基地设在伊朗的八党联盟均因在联盟领导权问题上争得不可开交，只好由各党领袖轮流担任联盟领导人。基地设在国内的各派武装也是各自为战，互不合作，无统一的领导。尽管如此，各派出于抗击共同敌人的需要，尚能搁置矛盾，一致抗战。1992年阿前政府垮台后，阿游击队各派之间的权力之争迅即爆发出来。各派为了扩大势力，以便在未来的政府组成中占据主动，不惜动用武力抢占地盘，争夺胜利果实，并由此拉开了内战的序幕。在国际社会的撮合下，各派尽管曾多次就战后安排达成协议，勉强组成临时政府，但由于未从根本上消除分歧，围绕权力分配问题的斗争始终没有停止，往往是协议墨迹未干，各地战事又起。

从社会根源分析，阿游击队各派之间的权力之争是长期民族、宗教矛盾的集中表现。从民族组成来看，阿是一个多民族的国家，主要有普什图、塔吉克、乌兹别克、哈萨克、土库曼等民族组成，其中占人口50%以上的普什图人历史上一直在阿居于统治地位，与其他少数民族素来不和。在此新旧政权更换之机，伊斯兰党、伊斯兰联盟等普什图族的派别极力想上台执政，以维护其传统的统治地位。而伊斯兰促进会、北方民族运动等少数民族的派别则试图借机改变历史上受制于普什图人的局面，通过掌握政权提高本民族的地位。从宗教方面来看，阿98%的人口信奉伊斯兰教，而其中90%以上为逊尼派，其余为什叶派，两派由于宗教矛盾更是积怨甚深。代表少数什叶派人的组织派别试图在政府中占据较多的职位，以提高什叶派人的地位，增强抗衡逊尼派的能力。而代表大多数逊尼派的武装派别则对此坚决反对，希望组成逊尼派的伊斯兰政府。

（二）外部势力插手是阿内战不止的外部原因。在长期的抗击侵阿苏军的战争中，美国、巴基斯坦、伊朗、沙特等国家分别向阿各派武装提供了大量军事经济援助，为其夺取最后胜利发挥了重要作用。然而在阿前政府倒台后，上述国家出于各自利益的需要，积极插手阿国内事务，培植亲己势力，成为阿内战不止的外部原因。目前，随着阿国内“塔利班”和反“塔利班”联盟两大势力的形成和对峙，国际上围绕着阿富汗问题也形成了两大阵营：其中美国、巴基斯坦和沙特等国家形成支持“塔利班”阵营，伊朗、俄罗斯和中亚国家形成支持反“塔利班”阵营。今后阿富汗局势将如何发展，在很大程度上取决于这两大阵营的角逐结果。

美国一直视中亚地区为其巨大利益所在。为了进入蕴藏有丰富石油、天然气资源的中亚新兴市场，围堵伊朗，阻止阿政权落入伊斯兰原教旨主义者手中，公开表示反对属于原教旨主义的派别上台执政，支持“塔利班”阵营。

巴基斯坦对阿国内各派的斗争最为关注，希望在阿建立一个亲巴政权，其主要原因：一是巴面临着印度这样一个强大对手，希望在南亚地区争得更多的盟友支持；二是巴在前苏联解体后，出于发展经济的需要，急欲打通进入中亚各国的贸易通道；三是巴阿之间有“巴克同尼斯坦”等边境领土争端，只有建立一个亲巴政权才能保证巴阿边境的安全。因此，巴长期以来一直向属于普什图族的派别提供武器、食品援助。

沙特因在抗击侵阿苏军期间向阿各派提供的支援最多，同时为了削弱伊朗石油外交的影响，保护自身石油工业免遭伊朗侵蚀，极力想在阿扶植一个由逊尼派掌权的伊斯兰政府。为此，沙特在阿内战中继续向亲沙特的武装派别提供军经援助。

伊朗鉴于国内伊斯兰教什叶派人数居多，因此，一直支持阿国内属于什叶派的派别，希望其在政府中占据更多的职位。

俄罗斯对阿富汗局势忧虑较多：一是担心美国在这一地区的影响与利益扩大；二是担心在阿局势的影响下高加索地区会出现第2个车臣共和国，使俄驻扎在中亚的军队不得不大规模卷入；三是担心大量毒品会从阿富汗及中亚国家流入俄罗斯。为此，俄积极支持目前阿国内的亲俄势力。

中亚各国从本民族利益出发，分别支持阿不同的派别。其中，塔吉克斯坦主要支持属于塔吉克族的伊斯兰促进会；乌兹别克斯坦、哈萨克斯坦和土库曼斯坦则集中支持由乌兹别克、哈萨克和土库曼等民族组成的北方民族运动。

（三）阿各派实力相当是阿内战久拖不决的重要原因。阿各派武装是在1979年前苏联入侵阿富汗后陆续组建起来的，在长期的抗苏斗争中不断发展壮大。至1992年4月阿前政府倒台，阿国内共有30多个武装派别。其中，实力较强的有伊斯兰促进会、伊斯兰党（哈里斯派）、伊斯兰联盟、伊斯兰革命运动、伊斯兰民族阵线、伊斯兰行动党、伊斯兰党（希克马蒂亚尔派）、伊斯兰统一党、伊斯兰民族解放阵线和北方民族运动等10大派别组织。1994年“塔利班”崛起后，随着形势的发展变化和斗争的需要，上述派别不断分化组合，目前已初步形成了“塔利班”和反“塔利班”联盟两大阵营。双方均具有较强的战斗力，实力大体相当。从军事上看，双方都拥有十几万人，并且都一直在招兵买马、扩充兵员。在武器装备上，双方由于接受外国援助，武器装备比较精良，均装备有飞机、坦克、装甲车、火箭、导弹、火炮等武器，并拥有机场、兵工厂等军事设施。在作战上，双方在长期的战争中积累了丰富的作战经验，能够灵活运用游击战、阵地战和运动战等各种战法，尤其擅长利用国内多山的地理环境，广泛持久地开展游击战。从经济来源上看，双方一方面积极向各伊斯兰国家寻求经济援助，另一方面则不择手段，通过种植鸦片、贩卖军火等获取大量钱财。因而在长期频繁的战争中，各派能够拥有雄厚的经济实力满足战争需要。

（刘温国）

塔吉克斯坦民族和解进程屡遭干扰 1997年，塔吉克斯坦民族和解取得新的进展，但也多次遇到严重干扰。

一、双方通过谈判继续达成几项重要协议

在1996年12月23日签署的莫斯科协议的基础上，1997年上半年，塔吉克斯坦政府与联合反对派经过几轮谈判，再次达成几项重要协议，继续推进民族和解进程。

（一）签署关于遣返与安置难民的协议。1997年1月13日，塔政府与联合反对派在伊朗首都德黑兰签署关于遣返与安置难民的协议。根据协议，塔政府将承担遣返和安置内战产生的难民和无家可归者，为他们提供人道主义援助和经济帮助，使他们重新获得住房、就业等塔公民所应享有的权利。塔政府在协议中保证不追究被遣返人员曾与政府进行政治对抗或参与内战的行为。

（二）签署关于军事问题的议定书。关于难民问题的协议签署后，接着双方又在德黑兰进行了为期两周的会谈，于1月19日就确保塔实现永久和平的一些重大问题签署了一项协议。这项协议的签署，是塔和平进程中的一个重大突破，为下一轮和谈奠定了基础。3月8日，经过为期10天的又一轮谈判，双方代表在莫斯科签署了关于军事问题的议定书和联合声明。议定书主要确定了改编反对派武装和改组政府权力机构的原则。根据议定书，反对派武装的改编分3步进行：第1步，将分散在各地的反对派武装集结到指定地点；第2步，在此基础上，将其组建为政府军的一部分；第3步，筛选并确定继续服役者。俄罗斯外长普利马科夫在上述文件签字仪式后指出，军事问题议定书的签署“为全面、彻底、无条件地和平解决塔吉克斯坦问题开辟了道路。”有关各方对此次谈判成果均表示满意。谈判双方在“联合声明”中对俄罗斯政府和联合国特使梅列姆的大力协助表示感谢。

（三）签署和平协议和“莫斯科宣言”。1997年5月18日，塔总统拉赫莫诺夫与联合反对派领导人努里在吉尔吉斯斯坦首都比什凯克经过3天的谈判后，签署了政治问题备忘录。吉尔吉斯斯坦总统阿卡耶夫参加了签字仪式。根据“备忘录”，业已成立的民族和解委员会将开始发挥作用。5月28日，塔双方在德黑兰签署了旨在停止长达5年之久的内战、最终实现民族和解的议定书。根据这项“议定书”，塔将重新进行权力组合，改编反对派武装组织，对从事过内战和政治对抗的人实行大赦，保证难民安全返回家园和解除对政治活动的限制。在重新组成的政权机构中，反对派将在中央选举委员会中占25%的席位，在行政机构中占30%的席位。塔吉克斯坦外长塔尔巴克、反对派代表图尔占扎德、联合国特使梅列姆以及来自俄罗斯、巴基斯坦等10个国家和国际组织的观察员分别在协议上签字。据报道，塔谈判双方要求联合国安理会通过一项有关塔吉克斯坦和平的决议，以保证和平协议的贯彻执行。双方还要求协议签字国以观察员的身份监督协议的执行。

在这项议定书的基础上，塔总统拉赫莫诺夫、联合反对派领导人努里及联合国秘书长特别代表梅列姆于6月27日在莫斯科克里姆林宫正式签署了“关于在塔吉克斯坦建立和平和民族和睦总协定。”在签字仪式上，上述3方及俄罗斯总统叶利钦分别讲话，一致认为“今天应成为塔吉克斯坦历史上具有历史意义的光辉一页。”有关各方的发言都强调俄罗斯在签署和平协议过程中所起的关键性作用。同时，谈判各方还签署了关于结束塔吉克斯坦民族冲突的“莫斯科宣言”。

舆论认为，塔冲突双方经过长时间战场上的较量和艰难的谈判过程，终于达成和平协议，主要是由于双方都认识到，战争无法使自己成为赢家，只有和谈才是解决冲突的唯一出路。一个时期以来，阿富汗局势的变化使塔反对派的处境愈加困难，不得不将自己的政治前途放在塔国内。和平协议签署前，塔总统拉赫莫诺夫曾说，无论是对话还是签署文件都进行得极其艰难，但双方努力实现相互谅解、信任和妥协，并最终达成了一致。联合反对派领袖努里也认为：“塔吉克人最终认识到继续对抗的危害性。”从外部环境看，俄罗斯和伊朗两个大国对塔冲突的立场日趋接近，它们出于各自战略利益的考虑，对和谈双方不断施加影响，也是谈判能够取得最终成果的重要条件。

二、连续发生多起武装冲突和暴力事件，民族和解进程遭到严重干扰

（一）总统遇刺受伤。4月30日，塔总统拉赫莫诺夫在列宁纳巴德地区的库德建德镇参加一所大学建校65周年纪念活动后驱车来到附近一座剧院。下车时，有人向其投掷手榴弹，总统腿部受伤，另有两人死亡，49人受伤。据报道，凶手是一名21岁的青年，当场被抓获。1996年5月他曾在该镇组织反政府抗议活动。塔当局认为，这是一次政治性的恐怖活动，旨在搞乱塔吉克斯坦的局势。俄罗斯、吉尔吉斯斯坦等国领导人坚决谴责这起恐怖活动，希望塔继续奉行民族和解的方针。塔联合反对派负责人也谴责这次行动，否认与刺杀事件有关。

（二）再次发生“兵变”（详见**《塔吉克斯坦发生“兵变”》条目**）

（三）总统卫队遭袭击。1997年10月16日凌晨，驻扎在首都杜尚别市郊基地内的塔吉克斯坦总统卫队遭到来历不明的武装分子的袭击，14人丧生，20人受伤。双方交火持续了一个多小时。武装分子约有七、八十人，身着战斗服，主要武器为无声手枪。塔护法机构拘留了4名武装嫌疑分子。同日，4名总统卫队和政府军士兵乘车外出也分别在途中遭伏击身亡。塔总统新闻发言人称，在塔境内和境外有一些千方百计破坏塔民族和解协议的势力。这次武装袭击总统卫队的事件就是这些势力精心策划的。

另外，10月28日夜，塔吉克斯坦和乌兹别克斯坦边境地区发生一起武装冲突。塔边防军受到来自乌境内的枪击，4名塔边防军人受伤。据认为，事发原因可能是逃亡在乌境内的塔吉克斯坦“兵变”分子企图越境。而前不久向塔当局投降的胡多别尔德耶夫的同伙巴巴耶夫则证实，一部分乌兹别克斯坦军人同情和支持塔“兵变”部队，并设法帮助他们。据新闻媒体报道，在8月间政府军与“兵变”部队的战斗中，

曾有约400名乌兹别克斯坦志愿者支援“兵变”部队作战。

舆论认为，塔冲突双方6月底在莫斯科签署的民族和解协定，标志着1992年爆发、长达5年之久的塔内战宣告结束，标志着双方最终在政治上达成妥协、塔政局开始转向重新组合的新阶段，昔日的战场对手将共享权力。在这种形势下，塔政府的某些官员特别是一些拥兵自重的军队将领心理上难以接受。他们或者不愿丧失既得利益，对总统的“让步”心存不满，或者想乘反对派未归之际，攫取更大的政治、经济实惠，因而不惜采取暴力手段，反对和破坏民族和解。但是，停止内战、实现和平在塔国内已是人心所向、大势所趋；塔的主要邻国都表示支持塔实现民族和解，反对破坏和平协议的行动；独联体维和部队在塔发挥着稳定局势的作用。因此，塔局势虽然还可能出现某些反复，但民族和解的进程仍将在曲折中继续下去。

（张力群）

塔吉克斯坦发生“兵变” 1997年6月，塔吉克斯坦政府和反对派在国际社会的调解下签署了民族和解协定。饱受战乱之苦的塔吉克斯坦终于走上了民族和解之路。国家开始稳定、百业待兴，人民有望过上安宁生活。然而发生在此后不久的一场“兵变”却像一把达摩克利斯剑高悬在塔人的头顶，威胁着塔吉克斯坦的和平。

一、“兵变”的过程

1997年7月中旬，塔快速反应旅旅长胡多别尔德耶夫及其同伙无视政府法规，擅自在哈特龙州库尔干秋别地区成立中南地区军事委员会，同时宣布哈特龙州自治。7月23日，塔总统拉赫莫诺夫下令胡等人停止违法行动，并紧急召开国家安全会议，研究防范对策。8月9日，因塔国家海关委员会主席萨利莫夫的民兵武装杀死内务部特种旅一成员，致使双方矛盾激化，在首都杜尚别发生激战，死伤30余人。8月10日，胡多别尔德耶夫率领快速反应旅赶赴杜尚别增援萨利莫夫的民兵武装，在杜市以南遭到总统卫队的堵击。双方动用坦克、装甲车、火箭炮等重武器进行激战，造成了严重伤亡。为防止事态发展，拉赫莫诺夫总统一方面呼吁冲突双方立即停火；一方面紧急召开国家安全会议，迅速组建由内务、国防、安全等所属部队参加的联合机动部队，准备对胡部采取军事措施，同时请求独联体维和部队执行维和使命。在政府强大的政治和军事攻势下，胡被迫接受停火，同意与总统进行谈判。8月13日，塔总统通过独联体维和部队派直升机把胡从库尔干秋别接到杜尚别市郊某营地进行谈判。双方达成一致协议：快速反应旅无条件撤回营地，等待政府接收武器及装备；胡的快速反应旅旅长之职被解除，由总统在政府其他部门另行为其安排工作。塔当局随即派出由议会、总统机构、政府机构、最高检察院、内务部、安全部领导组成的专门委员会，前往事发地区进行调处。8月15日，胡以总统违约为由拒绝向专门委员会清缴武器装备，并擅自率领部队携军事装备向塔乌边境开进，并于次日抵达塔乌边境沙尔图兹地区。至此，和平解决已无可能，当局不得不下令政府军对胡部采取大规模军事行动。经17、18两日激烈战斗，快速反应旅参谋长哈菲佐夫等数百人向政府军投诚，胡率残部40余人向乌兹别克斯坦逃窜。塔“兵变”最终被平息。

二、“兵变”的原因

塔吉克斯坦发生这次“兵变”决非偶然。既有其深刻的国内社会政治原因，也有其复杂的国际背景。一是拉赫莫诺夫担任总统以来大量任用其故乡库利亚布人或内战期间的“亲密战友”，把持政府要害部门，引起了塔政府内部一些政治力量的强烈不满。1997年2月，拉赫莫诺夫新任命4名国防部副部长、4名内务部副部长和1名安全部副部长，其中大多为拉的同乡或亲信。胡在内战时期曾为总统立下汗马功劳，一直有掌管军权的野心，却始终未得到拉的提拔重用，因此屡屡滋事闹事，甚至不惜发动“兵变”来要挟当局。二是政府内部在民族和解问题上存在严重矛盾。塔政府和反对派签署民族和解协定，塔内部一些政治势力出于自身考虑对此持有异议。胡及同伙曾多次指责政府对反对派让步过多，尤其拒绝反对派武装进驻首都。拉赫莫诺夫对胡的做法曾多次批评，但胡仍我行我素。由于塔当局把主要精力投入民族和解工作，对政权内部潜伏的军事危机重视不够，胡等人趁此起兵闹事。三是塔政府控制局势的能力不强。塔独立后虽组建了本国军队，但兵权大都控制在一些由前民兵组织改编的部队领导人手中，作为国家军队统帅的塔总统并无多少兵权。由此形成政府与军队“各自为政”状态，使塔政府控制局势的能力大大降低。四是人民对社会现状不满。拉赫莫诺夫上台以来，推行“激进”的经改方针，使塔经济危机不断加深，人民生活日益下降。据统计，塔1996年国内生产总值比上年下降了18%，通货膨胀率高达42.9%，1～11月，人均月工资2521塔卢布（约合8美元），扣除物价上涨因素，实际购买力下降。塔是独联体国家中生活水平最低的国家。经济形势的持续恶化又引发了一系列社会问题，1996年塔全国登记犯罪案件13388起，恐怖暗杀、持枪抢劫、团伙犯罪案件增多，而破案率仅为41.4%。人民对塔社会和经济的广泛不满正好迎合胡及其同伙策动军事叛乱。五是乌兹别克斯坦对此有插手之嫌。乌对俄罗斯在塔驻扎大量军队、操纵塔内外事务及塔向俄一边倒倾向深表不满，出于争当中亚地区大国需要，曾多次染指塔事务。胡这次“兵变”得到乌暗中支持，胡“兵变”失败后逃往乌塔边境地区，受到乌的庇护。

三“兵变”的影响

近年来，塔国内曾先后发生多起军事“兵变”事件。内战期间，由于大敌当前，塔政府对“兵变”事件不得不采取忍让和怀柔的做法，以求大事化小，小事化了。结果是姑息养奸，后患无穷。鉴此，塔当局对这次“兵变”采取了先礼后兵、坚决打击的策略。在和平方式不能解决问题的情况下，当局果断采取军事手段，较快地平息了这场“兵变”。在解决“兵变”事件中，独联体维和部队因塔总统请求采取了积极的维和行动，起到了一定的威慑作用。塔人民虽然对社会现状不满，但他们渴望和平、厌倦战争，所以也没有因此起来闹事，从而避免了大规模的流血冲突。

目前，这场军事“兵变”虽已平息，但其所造成的影响却不容低估。首先，此次事件暴露出塔政局稳定的脆弱性。政府和反对派达成民族和解后，塔国内大规模的内战暂时停止，但社会、政治和民族矛盾依然尖锐，特别是各派政治力量之间的权利斗争十分激烈，随时有可能引发新的社会动荡。其次，此次“兵变”使民族和解进程受到了严重干扰。政府与反对派在签署民族和解协定后，本应立即筹组民族和解委员会，着手进行民族和解的具体实施。“兵变”事件发生后，联合反对派领导人努里以安全无保障为由迟迟不到杜尚别，从而缓延了民族和解工作。由于政府“内战”，反对派对民族和解工作提出了更高的要价：不仅将权力分配中 30％的席位从中央政府扩展到各州、区；而且坚持要求任命反对派第 2 号人物图拉宗佐达为政府第一副总理，要求反对派必须在内务、国防、安全等权力部门取得一正两副位置；同时把拖延对反对派武装的改编作为其权力分配的筹码，从而使民族和解进程处于困境。第三，“兵变”事件对拉赫莫诺夫政权造成了一定冲击。塔总统任人唯亲、权力分配不公是这场“兵变”的主要原因。为平息各派政治力量的不满，拉今后将在加强其权力控制的同时，在用人问题上作出一些表面的让步。由于塔目前国内政治派别林立、权力斗争激烈，特别是反对派入阁将使塔权力构架更加复杂，拉如不适当调整其用人制度，其权力地位将面临严重的挑战。

（赵生荣）

格鲁吉亚冲突不止　在格鲁吉亚阿布哈兹首府苏呼米，没有累累弹痕和残垣断壁的楼房屈指可数，而被炸毁和烧毁的房子却比比皆是。大街上死气沉沉，很少行人。当地一位司机说：这里是无政府状态，有钱和没钱的人都一样，都可能挨打；杀人、抢劫和扣留人质的事件，在这里已是见怪不怪。

好端端的一个城市，何以会出现这样的惨状呢？其原因，就是格鲁吉亚有一个闹独立的地方“政府”。阿布哈兹是格鲁吉亚西北部的一个自治共和国。1991 年，苏联解体、格鲁吉亚独立后，阿布哈兹也想从格鲁吉亚分离出去。1992 年 7 月，阿布哈兹宣布独立，结果招致格鲁吉亚当局的强烈反对，中央政府和地方政府之间爆发了大规模的武装冲突。从此，格鲁吉亚内战成为国际社会关注的一个热点。1993 年 9 月，在国际社会的调解下，冲突双方签署了一个临时停火协议，但由于双方在如何解决阿布哈兹政治地位的问题上分歧严重，内战至今未能停止。

1997 年，格鲁吉亚内战是在国际社会不断调解、冲突双方小规模流血战斗不止的状态下度过的。

为防止阿布哈兹局势进一步恶化，联合国向格鲁吉亚派驻了军事观察团，“独联体”向阿布哈兹派出了维和部队，其中包括俄罗斯的军队。1997 年 1 月 20 日，格总统谢瓦尔德纳泽在国家电视台发表讲话时呼吁，俄罗斯应该在解决阿布哈兹冲突中发挥决定性作用，只有这样，格、俄之间才有可能发展和深化睦邻友好关系。其言外之意，是责备俄罗斯虽向阿布哈兹派出了维和部队，但它在调解格、阿冲突方面做得还很不够。而阿布哈兹方面对俄罗斯的介入却很敏感，在他们看来，莫斯科“为了自己的利益，十有八九会去讨好格鲁吉亚人”。2 月 20 日，联合国安理会通过关于解决阿布哈兹冲突的决议，强调联合国依然坚持和平解决格、阿冲突的立场，坚持在格鲁吉亚版图内确定阿布哈兹政治地位的原则，同时决定把驻格军事观察团的任期延长到 1997 年 7 月 31 日。

国际社会的调解，仍不能使谢瓦尔德纳泽心里感到踏实。因为，到 5 月初，格、阿之间出现了爆发大规模战争的明显征兆。格政府急忙向靠近阿布哈兹的地区运送重武器，战争大有一触即发之势。与此同时，谢瓦尔德纳泽于 7 月赶赴联合国，建议在格鲁吉亚大量部署多国维和部队。但联合国面临着维和费用不足以及维和部队如何组成等诸多难题。结果，根据秘书长安南的建议，再次把驻格军事观察团的任期延长到 1998 年 1 月 31 日。

尽管格、阿之间小规模武装冲突不断，但格政府对解决冲突表现了极大的耐心。总统谢瓦尔德纳泽一再重申和平解决冲突的立场，斥责“某些政治家关于武力解决的主张是不可取的”。政府的耐心终于取得了成果。8 月 15 日，谢瓦尔德纳泽与阿布哈兹领导人阿尔津巴举行了首次会晤。会晤后，双方称已就相互间矛盾的关键问题达成了协议，决心结束冲突，重建互信，保证在任何情况下都不让流血事件再度发生。9月，双方又在莫斯科签署了一项全面解决冲突的协议，就分期分批遣返难民、联合打击武装分子恐怖活动等方面达成共识。但是，由于双方无法弥合根本分歧，这次和谈最终还是陷入僵局，紧接着是双方冲突再起。时间考验着格政府的耐心。1997年末，谢氏发表强硬讲话说，如果阿布哈兹冲突在近期内得不到根本解决，他将准备以武力强制解决。

（金　鲍）

中东军事局势动荡不定　1997年，中东地区军事形势总体呈现缓和与动荡交织的局面。和平进程全面受挫，阿、以关系出现倒退，相互间暴力冲突不时上扬，但局势尚未失控；地区国家间关系和力量组合出现新的调整，将对未来地区战略格局产生一定影响；美与“两伊”之间的“制裁”与“反制裁”斗争不断，使海湾地区局势依然动荡不定；大国和国家集团出于自身战略利益考虑，竞相加强对该地区的争夺。中东仍是世界上最不稳定的“热点地区”之一。其主要特点是：

一、和平进程全面受挫，阿以关系再度紧张，对地区安全构成一定威胁

（一）巴以、叙以、黎以3轨道和谈全面受阻，和平之路崎岖坎坷。由于以内塔尼亚胡总理为首的以色列右翼政府，在中东和平进程问题上继续奉行“三不政策”的强硬立场，致使各轨道和谈全面停滞不前，陷入自1991年马德里中东和会以来最困难的时期。

1.巴以谈判一波三折。(1)巴以签署希伯伦问题协议，和谈暂时出现转机。自1996年6月以色列利库德集团执政以来，巴勒斯坦与以色列就希伯伦问题的谈判一直裹足不前，双方间爆发了大规模的流血暴力冲突。为拯救和平进程，国际社会作出多种形式的努力，虽未能完全消除巴、以在希伯伦以军重新布置问题上的分歧，但使双方重新回到了谈判桌前，相互间紧张关系也较前有所缓和。

1997年新年伊始，一名以色列士兵在希伯伦城开枪扫射巴勒斯坦群众，造成数人受伤的流血事件。这使巴方更深切地认识到，只要以军不撤离巴自治区，巴人的安全就无法保证。因此，巴方在谈判中坚决提出，以必须遵守巴、以已签署的有关协议，在1997年9月前完成从约旦河西岸的第3阶段撤军。以针锋相对，明确指出将把这一日期推迟到1999年5月，双方对此相持不下。后在美国、埃及和约旦等国的积极协调下，巴、以双方从自身实际出发相互作出让步，于1997年1月15日草签了以色列从希伯伦撤军的协议。两天后，正式签署《希伯伦协议》及相关文件。根据协议，以军应在协议生效后10天内撤出希伯伦市80%的地区；从约旦河西岸巴农村地区的撤军将从3月第1个星期开始，分3阶段完成，第3阶段的撤军最迟不超过1998年6月；协议生效后两个月内开始巴最终地位谈判。协议正式签署的当日，以军开始撤出希伯伦大部分城区，从而结束了持续30年对希伯伦市的完全军事占领。《希伯伦协议》是以色列利库德集团与巴勒斯坦政府，经过4个多月的艰苦谈判达成的第1项和平协议，给一直处于阴云之中的中东和平进程带来一线曙光。

(2)以强行扩建定居点，巴以和谈再次陷入僵局。《希伯伦协议》墨迹未干，以色列政府在定居点问题上又挑起事端，使刚刚恢复的巴、以和谈再度受挫。1997年2月26日，以总理内塔尼亚胡主持召开内阁负责耶路撒冷事务的委员会会议，正式批准在东耶路撒冷兴建哈尔霍马定居点。这立即引起巴勒斯坦和其他阿拉伯国家的强烈不满，并使正在改善的巴、以关系重现紧张。3月7日，以色列单方面批准以军第1阶段从约旦河西岸巴勒斯坦农村地区的撤军计划。按照这一计划，以军将从占总面积9%的约旦河西岸巴农村地区撤出，这与巴提出的以军第1阶段撤出面积不应少于西岸农村地区面积的30%相差甚远，且以撤出的9%中有7%的地区民事权力早已移交巴方，以方只负责那些地区的安全。巴对以未与巴商量独自决定撤军范围，且所撤范围与巴要求相差甚远深表不满。3月18日，以色列政府不顾国际社会和阿拉伯国家的强烈反对，正式开始在哈尔霍马地区动工修建犹太人定居点。面对以在定居点问题上的强硬立场，巴方忍无可忍，中断了与以色列的和谈，并拒绝与以进行安全合作，从而使原定于3月中旬进行的巴最终地位谈判流产。巴、以间对立情绪明显加剧，巴自治区群众的抗议活动持续不断，并由此引发了多起与以军警间的流血暴力冲突，伤亡者数以百计。3月21日，在特拉维夫还发生了针对犹太人的自杀性爆炸事件，使本来就紧张的巴、以关系雪上加霜，地区安全受到严重威胁。

此后，国际社会为缓解巴、以间不断加剧的紧张关系、打破和谈僵局，加大了在巴、以间的斡旋力度。美国、欧盟、埃及、约旦等有关各方不断通过组织双边、多边会谈或电话联系，调解巴、以间矛盾，解决分歧。在国际社会的共同努力下，巴、以双方出于对安全形势不断恶化的担心，开始进行公开或秘密的接触，并就解决扩大自治协议中巴方启用加沙机场等悬而未决的问题达成初步谅解。1997年7月28日，双方宣布恢复巴、以间9个谈判委员会的工作。

然而，7月30日和9月4日，耶路撒冷接连发生了5起自杀性爆炸事件，共造成26人身亡，300余人受伤。以政府当即宣布取消巴、以9个委员会的复谈，对加沙西岸进行全面封锁，巴方对以集体惩罚巴民众的作法表示强烈抗议。巴、以冲突不断升级，相互之间原有的缓解关系因此再度发生逆转，本来就十分艰难的和谈则陷入更加危险的境地。

(3) 经多方努力巴以恢复谈判，但迄今尚无实质性进展。面对中东和平进程长期陷于停滞、阿拉伯国家与以色列间的对立情绪不断升级、地区形势出现动荡的局面，美国加大了对中东和平进程的调解力度。在其中东协调员罗斯在阿、以各方间频繁穿梭的同时，国务卿奥尔布赖特于9月9日对以色列、巴勒斯坦等中东6国和地区进行了任职以来的首次访问。奥在访问时重申，美在中东和平进程问题上支持“土地换和平”原则，呼吁以色列停建定居点，执行巴自治过渡协议，要求巴勒斯坦加强与以在反恐怖等方面的合作。奥此行虽未能完全打破中东和平进程的僵局，但使日益加剧的巴、以对立情绪有所缓和，并促成了以外长利维与巴权力机构2号人物马赞间的华盛顿会晤。随后，巴、以在复谈问题上的态度均有所缓和。巴按以的要求加大了对伊斯兰激进组织“哈马斯”的封锁，逮捕了数十名“哈马斯”激进分子，并同意与以继续加强安全合作。以也作出一定友善姿态，释放了被关押9年之久的伊斯兰抵抗运动（“哈马斯”）的精神领袖艾哈迈德·亚辛。10月8日，在美中东协调员罗斯的大力撮合下，内塔尼亚胡与阿拉法特在加沙埃雷兹检查站举行了会晤。这是自1997年3月份巴、以因以兴建哈尔霍马定居点而中断和谈以来，双方领导人的首次会见。经过反复磋商，双方表示同意恢复各个级别的谈判，继续进行安全合作，并定期举行首脑会晤。至此，中断了7个月之久的巴、以和谈终于重新启动。

巴、以复谈后，双方都作出了一些积极的表示。以色列向巴自治政府归还了部分税款，巴激进组织“哈马斯”宣布，有条件暂时停止对以的武装袭击。11月初，在美国的主持下巴、以双方在华盛顿再度举行了会谈，但由于彼此立场相距甚远，未取得具体成果。随后，以色列内阁抛出一个含糊不清的一次性撤军方案，撤军范围定为6～8%。以提出此撤军方案的目的是要避开《希伯伦协议》，诱使巴同意进行最终地位谈判。但巴方的目标是要按《希伯伦协议》撤军，收复西岸90%的土地，以有利的地位进入最终地位谈判。因此，以撤军方案一出台，巴方立即予以拒绝。此后，巴、以双方又进行了多轮谈判与接触，但由于彼此在定居点和撤军范围问题上的要求相差甚远、分歧严重，谈判至今未取得任何实质性进展，巴、以和谈仍处于严重僵持状态。

2. 叙以复谈困难重重。1997年1月中旬，以色列与巴勒斯坦达成《希伯伦协议》后，以与叙利亚均表示愿尽早恢复相互间的谈判。1月下旬，以总理内塔尼亚胡提出愿与叙尽快恢复和谈的倡议，2月中旬，内氏访问美国期间又提出关于恢复叙、以和谈的“新思想”，首次表示准备在联合国第242号决议及马德里和会邀请函的基础上，恢复同叙的谈判，并表示已“注意到”前工党政府在以从戈兰高地撤军问题上同叙达成的口头谅解。叙方一直期望能早日收复被以占领的戈兰高地，但由于自身军事实力与以相差甚远，只能通过和谈方式来收复失地。因此，以一提出复谈倡议，叙立即作出积极回应，表示“愿随时恢复与以的和谈”。然而，随着以色列在哈尔霍马兴建定居点，巴、以和谈中断，叙、以间复谈的可能性再次化为泡影。此后，国际社会虽在叙、以间进行了大量积极的外交斡旋，双方也进行了各种形式的接触，但由于彼此在复谈起点等问题上分歧较为严重，至今尚未复谈。

叙、以间复谈的主要障碍是复谈起点问题，叙利亚一直坚持叙、以应在原有谈判成果的基础上恢复谈判，要求以方承诺归还戈兰高地。以色列则否认前政府与叙达成的口头协议，要求谈判从头开始，并拒绝放弃戈兰高地的主权。即使在年初，以方主动要求复谈时，也未从根本上放弃“不归还戈兰高地”的强硬政策，在表示接受安理会有关决议的同时，强调这些决议未注明以色列应“全面”撤出被占领的阿拉伯领土，并认为原工党政府与叙达成的谅解对现政府无约束力，坚持以、叙复谈应“不附加条件”地“从零开始”。这一切表明，以政府的复谈立场与“土地换和平原则”和叙提出的复谈条件相差甚远。因此，叙、以复谈虽经多方努力，终未突破僵局。

3. 黎以谈判仍难启动。自1991年马德里中东和会以来，黎巴嫩始终与叙利亚在和谈问题上保持一致，认为黎、以谈判应与叙、以谈判同步进行，并坚持在叙、以讨论以从叙戈兰高地撤军之前，黎不单独与以讨论有关黎向以作出安全承诺后以从黎南部撤军问题。在此情况下，以色列虽采取各种手段，提出多种形式的“黎先行”方案，诱黎在和谈问题上单独与以媾和，分化叙、黎联盟，但均遭到叙、黎双方的拒绝。目前，黎、以和谈受叙、以谈判久停难开的影响，尚难启动。

总的来看，一年来中东和平进程各轨道谈判均陷入“僵化”局面。随着阿、以和谈不断深入将触及到诸如“耶路撒冷地位”、“巴勒斯坦建国”等最为棘手的问题，阿、以双方对此均不会轻易让步，和谈之路将更加艰难。但以和谈方式解决争端仍是阿、以双方的战略选择，双方均未放弃和谈的旗帜，并努力保持对话渠道，探索打开和平进程僵局的途径。同时，有关各方对和平进程的长期性有清楚认识，并出于各自利益积极在阿、以间斡旋。因此，阿、以和谈虽步履维艰，但仍将在艰难中求进。

（二）阿以间冲突爆炸事件迭起，相互关系明显倒退

1. 巴以冲突频仍，敌对情绪上升。以色列政府坚持扩建犹太人定居点、继续没收巴勒斯坦人土地、不断拆毁巴人住宅的行径，引发了一系列暴力冲突及恶性恐怖爆炸事件。1997 年 3 月 18 日以强行动工兴建哈尔霍马犹太人定居点后，巴自治区民众与以军警在约旦河西岸和加沙地区发生了持续近一个月的流血冲突，造成双方十余人死亡，数百人受伤。在特拉维夫、耶路撒冷先后发生了 6 起严重自杀性爆炸事件，共造成近 30 人死亡，300 余人受伤。同时，以对巴自治政府实行高压政策，反复对约旦河西岸和加沙地区进行封锁，对巴人进行集体惩罚，使巴人收入减少，生活极为困难，彼此间敌对情绪明显上升。

2. “黎南部”军事冲突不断，地区局势依然动荡。1997 年，作为中东和平进程“晴雨表”的黎巴嫩南部地区，虽未发生像 1996 年“愤怒的葡萄”那样的以军较大规模入侵，但以色列、南黎军与黎南部各抵抗力量间的军事冲突和磨擦从未间断，其激烈程度更甚于往年。据不完全统计，黎南部各抵抗力量 1997 年平均每月对以占领军和南黎军发动的袭击多达 40 余次，其中 8 月份最为频繁约为 90 余次；以军对黎南部地区空袭的次数也较以往有明显增加，还对黎政府军和叙利亚驻军阵地周围进行了空袭。在双方间的军事冲突中，共有约 200 人丧生，近 340 受伤。其中，以军死亡约 39 人，伤近百人，另有 73 人在 2 月 4 日以军对贝鲁特南郊发动的空袭中由于飞机相撞丧生；南黎军死 30 余人，伤 50 余人；“真主党”等抵抗组织死亡近 60 人，其中包括“真主党”总书记纳斯鲁拉的儿子；黎政府军死 6 人，伤 7 人。

3. 阿以关系明显倒退，给地区局势的稳定带来负面影响。1997 年 3 月，以色列强行在哈尔霍马地区修建定居点，引起广大阿拉伯国家的强烈不满。阿盟随即召开外长会议，并一致通过决议，建议阿拉伯国家中止与以关系正常化的步伐，断绝与以来往，关闭阿拉伯国家与以互设的贸易和外交代表处，重新对以实行经济抵制。随后，卡塔尔、阿曼、突尼斯等国先后关闭了在以的办事处，冻结了与以的关系。埃及减少了与以的往来，相互间关系明显冷淡。约旦放慢了与以合作的步伐，并对以在和谈中的强硬立场进行了公开批评。阿、以间关系明显出现倒退，使本来就紧张的地区局势更加动荡。

（三）中东和平进程深陷僵局的原因。1997 年，中东和平进程全面受挫、深陷僵局。其主要原因是：首先，以色列顽固奉行强硬和谈政策。由于以色列在整体经济和军事实力上远远高于阿拉伯国家，而阿拉伯国家相互间矛盾重重，很难对以构成真正的威胁。因此，以政府 1997 年在和平进程问题上继续奉行强硬的“三不”政策，无意真正执行奥斯陆协议，坚持以“安全换和平”来替代以“土地换和平”的原则。再加上以联合政府内部极右势力在和谈问题上一直采取强硬立场，强调“安全第一”，并动不动以退出政府相威胁，要求内氏在阿、以和谈中不要作出让步。在此情况下，内在和谈立场上不愿也难以改变强硬立场，始终以安全为由拒绝从约旦河西岸农村地区撤军，并继续扩建犹太人定居点，加速耶路撒冷的犹太化，为巴、以最后阶段谈判设置障碍；在叙、以和谈问题上，内氏拒不对归还戈兰高地作出任何承诺，同时敦促叙松动和谈立场，迫叙作出让步。其次，阿方退让有限。以右翼政府对和平进程持强硬立场和积极与地区大国土耳其结盟等作法，使以强阿弱的态势更加明显。阿方在前一段谈判中已作出较大让步，若再退让将使自己在今后的谈判中处于更加不利的地位。巴勒斯坦自治区境内的“哈马斯”、“巴人阵”和“巴民阵”等激进组织警告阿拉法特，若在和谈问题上再作让步将会引发内战。因此，巴方在以于 3 月扩建定居点后断然中止和谈，并坚持将以停建定居点作为恢复谈判的先决条件。10 月复谈后，巴仍坚持以以色列停建定居点和从约旦河西岸撤军为谈判的主要议题，拒绝在此之前讨论其他问题。叙利亚则坚持应在原有谈判成果的基础上复谈，并拒绝在戈兰高地问题上向以让步，同时联合黎巴嫩坚决反对黎、以谈判先行或单独解决，在和谈问题上对以绝不让步。第三，美促和乏力。克林顿二入白宫后，更加重视欧洲和亚太事务，中东问题在美国际战略中排序后移，对中东问题的投入较前明显减少，国务卿奥尔布赖特上任 8 个月后才对中东进行了首次访问，这与其前任曾 10 次、20 次地在中东地区和美国之间穿梭形成鲜明对比。此外，以色列是美在中东地区的最可靠盟友，而美籍犹太人在美人口中所占比例相当大，美政府政策走向受其影响很大。美为了维护美、以战略盟友关系及自身政权的稳定，在中东和谈问题上不能也不愿对以施加更多的压力，而是尽量为以开脱，采取“偏以压阿”的作法。

二、国家间关系和力量组合出现新调整，

将对未来地区战略格局产生一定影响

由于中东和平进程长期处于僵持状态，地区主要国家均相继调整了对地区的政策，各种政治力量进一步分化组合，并已形成相对明显的趋势。

（一）以土军事合作不断发展，结盟趋势较前增强。以土军事合作关系发展迅速。以色列与土耳其于1948年建交。1991年中东马德里和会后，两国出于各自战略利益的考虑，加强了相互间的接触。1994年，两国情报机构签署了《安全与保密条约》。1996年2月和8月，双方先后签署了《军训协议》和《国防工业合作协议》，这标志着两国开始在军事领域进行全面合作。1997年，以、土两国间的高层互访频繁，相互间的军事关系得到进一步加强。2～5月，土耳其先后派出由总参谋长、国防部长和第2总参谋长率领的3个高级军事代表团访问以色列；以外长、国防部长和总参谋长也相继对土进行了回访。经过多次磋商，双方就扩大军工、军贸合作关系和举行联合军事演习等具体细节问题达成了新的协议，相互间军事结盟趋势进一步增强。

以土军事合作内容广泛。以、土已达成的军事协议，涉及多个领域，内容十分广泛。首先，加强军事训练领域的合作。根据协议，以、土将为对方使用本国军事基地提供便利，以空军战斗机可每年两次、每次一周在土领空进行飞行训练，并可在土空军基地降落，双方海军进行定期互访，军舰可进入对方港口；互派军事人员到对方国家受训，并定期举行联合军事演习，提高协同作战能力。其次，大力开展军工军贸合作。双方确定，以帮助土改进F－4型鬼怪式战斗机，并为土的眼镜蛇武装直升机加装夜视仪。第三，建立双边安全协调机制。双方决定成立安全委员会，着重加强在反恐怖斗争中的合作，并定期进行情报交换，以还将帮土在其与叙、两伊的交界地区建立防御预警系统。

以土军事结盟趋势不断发展的主要原因是：首先，以色列通过与土耳其发展军事合作，可获取接近伊朗、叙利亚、伊拉克等敌对国的战略通道，加强对敌对国情报搜集、战略威慑及必要时进行军事打击的能力，并以此削弱叙利亚等国的地区作用和影响，压叙在和谈问题上让步。同时，通过扩大与土的军工军贸合作，改善以军工企业不景气的局面。其次，土耳其加强与以的军事合作，一方面可借助以的力量，抗衡伊朗、希腊和叙利亚等邻国对土的潜在威胁，并可更有效地打击土反政府组织，维护国家的安全与稳定；另一方面，通过加强军事合作的方式带动与以的经贸合作，缓解国内经济不景气的状况。第三，美国积极鼓励以、土军事合作。美担心未来如美一旦减少在中东地区的军事存在，将可能出现力量真空，存在着被伊朗或伊拉克填补的危险，美若只靠以色列一个战略盟友，承担不了地区安全的责任。推动以、土军事合作朝结盟的方向发展，将使美国在该地区有两个强大的军事盟友；同时，美撮合以、土军事合作还可加强对两伊的遏制，并对叙利亚形成包围圈，使其能更好地实现“西促和谈、东遏两伊”的中东战略。

总的来看，以、土军事合作不断朝结盟趋势发展，增强了两国政治、经济和军事实力，并对叙利亚、伊朗、伊拉克及埃及等地区国家的安全和利益构成了一定威胁，对中东军事安全格局将产生重要影响。

（二）叙伊（朗）交往频繁，相互间战略盟友关系较前有所发展

1. 叙伊战略盟友关系稳步发展。在两伊战争期间，叙利亚是唯一一个支持伊朗的阿拉伯国家，并与伊结成了战略联盟。随后，两国关系持续发展。1997年，两国间的高层互访明显增多，叙总统、副总统和外长等先后率团访问伊朗，伊外交、国防部长等政府官员也相继访叙，相互间的友好关系得到进一步加强。在2月伊国防部长访叙期间，双方签订了一项联合防御协议。根据协议，伊朗将帮助叙利亚改进坦克、导弹等武器装备，并加强相互间在军事战略战术研究方面的交流与合作。

叙伊加强军事合作的主要原因是：首先，叙利亚和伊朗对以、土军事结盟的趋势不断发展深感不安，认为这将对本国的军事安全构成极大的威胁。其次，以色列政府在阿、以和谈问题上采取强硬政策，坚持不从戈兰高地撤军，而美国在中东和平进程问题上又一味偏袒以方，使叙感到势单力薄压力很大。第三，伊现政权受美“东遏两伊”政策的严厉制裁，再加上以色列和土耳其的军事威胁，颇感处境艰难。在此情况下，叙、伊都期望通过加强相互间的合作，进一步巩固彼此间的盟友关系，共同对付美、以、土的军事威胁。

2. 阿拉伯国家积极调整彼此间关系，联合抗以意识增强。面对以色列在中东和平进程中的强硬立场和以、土军事结盟趋势的加强，广大阿拉伯国家感到以强阿弱的趋势进一步明显。为了加大与以抗衡的力度，埃及、叙利亚、沙特等地区大国加强了相互间的高层互访，就地区重大问题成功地协调了立场，并进一步加强了彼此间的合作。11月，埃、叙、沙等主要阿拉伯国家团结一致，对有以色列参加的第4届中东北非经济首脑会议采取了抵制行为。阿盟、“大马士革宣言”国、海湾合作委员会等地区性组织，积极利用例行性会议调解阿拉伯国家间的矛盾、统一对以

立场，呼吁广大阿拉伯国家集体冻结与以的正常关系。为了加强抗以阵营，叙利亚、海湾合作委员会国家还不同程度地缓和了与伊拉克的关系，叙利亚开放了关闭17年之久的叙、伊边界。阿拉伯国家在抗以斗争中的整体作用较前有所增强。

三、民族、宗教、领土争端此伏彼起，严重影响了地区局势的稳定

1997年，长期困扰中东地区和平与稳定的民族纠纷和领土争端等问题不时升温，并由此引发了多起武装冲突和暴力事件。土耳其先后于5月和9月两次大举出兵伊拉克北部，对驻扎在该地区的土反政府武装库尔德工人党进行了大规模的清剿，双方间战斗十分激烈并一度引起地区国家的不安；土还首次在伊拉克北部建立了“安全带”，以进一步巩固边境安全。9月底，伊朗为了打击其反政府武装——人民圣战者游击队，多次派飞机深入伊拉克境内对其基地进行轰炸，但由于该地区处于美国在伊拉克南部所设的“禁飞区”附近，美为维护其“禁令”速派航母进行军事威慑，使地区局势更加紧张。10月，伊拉克北部地区的两派库尔德武装为抢占地盘，再次发生大规模武装冲突，这是自1996年两派停火以来最激烈的1次，双方均有较大伤亡，并因此导致大批难民流离失所。11月，沙特与也门的边境谈判再度陷入僵局，双方因此发生了3起边境军事冲突，造成数人伤亡。此外，中东地区的伊斯兰原教旨主义势力的总体发展势头虽暂时受挫，但其在各有关国家的暴力活动仍持续不断，阿尔及利亚多次发生伊斯兰极端势力组织实施的爆炸和杀害无辜平民的恐怖活动，埃及11月发生了枪杀60名外国游客的恶性恐怖事件。上述情况表明，中东地区的历史遗留问题较多，且错综复杂、矛盾根深蒂固，由此引发的暴力事件和武装冲突不但造成有关国家政局的动荡，也影响了地区形势的稳定。

四、世界多极化趋势进一步影响中东，但美在中东的主导地位仍未发生根本动摇

随着世界多极化趋势的发展，各有关大国和大国集团为在未来世界格局中占据有利地位，竞相加强了在中东地区的渗透与争夺。俄罗斯加快了重返中东的步伐，以军贸为先导，努力加强与叙利亚和伊朗的友好关系，于1997年10月下旬派外长普里马科夫先后访问黎、叙、以、巴、约和埃等中东国家和地区，提出了有别于美的“中东和平与安全12点建议”，在1997年底发生的伊拉克与美国的武器核查危机中，俄坚决反对美国动武并在美、伊间积极进行外交斡旋，成功地化解了双方间的对峙，重塑了大国形象。法国不断扩大在中东的作用和影响，在1996年希拉克总统三下中东的基础上，1997年继续发展与叙利亚、黎巴嫩等传统友好国家的关系，支持其公司与伊朗签订了一项总价值为20亿美元的天然气合同，公然向美的“达马托法”提出挑战；在伊拉克问题上，法同情伊人民所遭受的灾难，并为伊早日解除制裁而积极努力，坚决反对美在伊武器核查问题上采取军事行动，与美立场明显拉开距离。欧盟继续加强对中东的渗透，趁美促和乏力之机，利用与中东的地缘联系，不断派特使出访中东，对中东和平进程施加影响，并积极与地区国家发展政治和经济关系，力图与美共享中东事务的主导权。面对上述严峻挑战，美国于1997年下半年加大了对中东事务的参与力度，奥尔布赖特实现了其任职后的首次中东之行，中东协调员罗斯也恢复了在阿、以之间的促和努力；同时，美继续支持以色列与土耳其的军事结盟，并利用各种时机加大对两伊的遏制与打击，以确保其在中东的主导地位。从目前情况看，俄、法和欧盟竞相加强在中东的渗透与争夺，使世界多极化趋势进一步影响中东，但由于俄、法等国的力量有限，短期内尚难从根本上对美在中东的主导地位构成真正威胁。

（程　虹）

“两伊”与美国斗争不断　1997年，海湾地区“两伊”与美国之间的制裁与反制裁斗争不断，并不时掀起高潮；美继续加强在海湾地区的军事存在，以巩固在该地区的主导地位；海湾合作委员会各国独立自主意识增强，与美地区政策适度拉开距离，并努力加强相互间安全防卫合作。海湾地区形势依然错综复杂、紧张动荡。

一、美对“两伊”继续实施“双重遏制”政策

美国总统克林顿二入白宫后，继续对伊拉克和伊朗推行“双重遏制”政策，努力削弱和孤立两伊现政权，以实现推翻其统治，建立亲美政府的最终目的。

（一）美继续加大对伊拉克的“遏伊倒萨”力度。美国政府为了进一步孤立、遏制萨达姆政权，在武器核查问题上加大了对伊政权的压力。一是大力渲染伊藏有大规模杀伤性武器，强调应把在技术上彻底查清作为结束核查的条件，试图使核查工作复杂化；二是利用联合国特委会与伊拉克间的核查危机，导致安理会通过1115、1134和1137号决议，对伊实施新的制裁，禁止伊政府和武装部队有关官员出国旅行；更重要的是，美以伊驱逐美武器核查人员为借口，调兵遣将对伊实施强大的军事威慑，逼其就范。同时，美为全面遏制伊拉克，还在“石油换食品协议”问题上，故意制造事端，使协议不能正常执行；努力在伊拉克北部库尔德地区恢复和重建了“反萨基地”，并收买

和利用伊境内的反对派，怂恿他们从事颠覆伊现政权的活动；美还派国务卿、国防部长等政府要员出访有关各国，特别是海湾合作委员会国家，为其"双重遏制"政策进行游说，阻止各国与伊拉克缓和关系。

（二）美对伊朗继续推行"遏制"政策。美国一直把伊朗视为其推行中东战略的主要障碍和地区防范的重点。为了达到控制伊朗的目的，美政府在政治上极力劝说西欧和阿拉伯国家不要与伊改善关系，共同孤立伊朗，并在哈塔米组成新政府时放出与伊缓和关系的气球，试图破坏伊内部的团结；在经济上，美把"达马托法"关于制裁外国公司对伊石油工业投资的限额从4000万美元降至2000万美元，以此加重对伊的经济制裁；在军事上，美谴责伊寻求大规模杀伤性武器，对俄罗斯等国施加压力，阻止它们与伊进行核合作及向伊转让导弹技术，并以伊朗飞机进入伊拉克"禁飞区"为借口，向海湾增兵加强对伊的军事威慑。此外，美还极力促进以、土加强军事合作，支持阿富汗"塔利班"武装，努力形成对伊朗的战略包围。

二、两伊积极采取对策，力图冲破美的"双重遏制"

（一）伊拉克采取"内控、外和"的策略，千方百计与美抗衡。在内政方面，萨达姆利用复兴党省、县、区换届选举之机，把一批忠于自己的复兴党党员安排到领导岗位上，并不失时机地将自己的亲信安插到政府、军队的要害部门，加强了对全国的控制；对危及其统治的反政府组织，萨采取严厉打击和分化瓦解的手段，削弱它们的力量；萨还提高了政府要害部门和军队干部的工资，并主动接见部落头人和百姓，广泛笼络人心；同时，萨继续推行紧缩经济政策，适度实行私有化，并放宽出口条件，努力改善国内经济困难状况。在外交方面，萨政府鉴于俄罗斯和法国在伊拉克均有重大经济利益，并在解除对伊制裁问题上态度比较积极，主动与两国发展关系，在与两国分别签署石油开采合同的基础上，派副总理多次出访两国，争取俄、法在武器核查问题上给与伊更多的同情、理解与支持，早日实现解除制裁；萨政府还利用广大阿拉伯国家对美在中东和平进程中偏以作法不满的时机，主动申明反以立场，并及时派政府要员出访阿拉伯国家缓和彼此间关系，努力扩大支持对伊解禁的队伍。但对美国，伊则坚决采取抗争策略。先是攻击美国故意拖延"石油换食品协议"的实施导致伊广大百姓缺食少药，赢得了联合国和国际社会的同情，接着以接送朝觐者为借口，两次派飞机飞越美在伊南部设立的"禁飞区"，对美公开提出挑战。在武器核查问题上，伊对有损其主权及安全的核查坚决予以拒绝，并在10月底作出不再允许联合国特别委员会和武器核查小组中的美国人进入伊的决定；同时，在美发出战争威胁警告时，毫不退缩积极进行战争准备，并派政府要员到有关国家进行游说，努力争取国际社会和联合国的同情。通过上述举措，萨达姆不但巩固了对内部的统治，还使外部环境得到了一定改善，国际社会特别是阿拉伯国家要求解除对伊制裁的呼声不断增高。

（二）伊朗积极开展外交攻势，努力摆脱"制裁困境"。首先，积极与海湾合作委员会国家改善关系。1997年初，伊前总统拉夫桑贾尼在伊斯兰堡出席伊斯兰国家特别首脑会议期间会晤了沙特王储阿卜杜拉，并主动要求与沙发展关系；接着伊前外长韦拉亚提对海湾合作委员会6国进行了访问，发出愿以和平方式解决与海湾合作委员会国家间悬而未决的问题并建立睦邻友好关系的信息；伊新总统哈塔米上台后，表示愿在互不干涉内政、平等互利原则的基础上，与海湾合作委员会国家发展关系。伊此举是想通过改善与海湾合作委员会国家的关系，缓和相互间的对立形势，进而挖美国的墙脚，改善与美对抗的战略地位。其次，继续与俄罗斯、法国发展关系。伊通过与俄罗斯的经济、军事合作，不断发展两国间的关系，并希望将相互间的关系提高到战略盟友水平，从而加大自身的战略纵深，进一步阻止美在该地区的渗透；同时，伊与法国的托塔尔公司签订了20亿美元的石油开采合同，对打破美的经济制裁具有重要意义。第三，巩固与叙利亚的战略盟友关系。伊派其外交、国防部长等政府要员出访叙利亚，进一步巩固和加强相互间的协调与合作，试图共同对付美、以、土的军事威胁。第四，进一步加强与东盟、中亚等国的关系，努力改善在国际社会上的孤立处境。通过上述外交活动，伊朗一定程度地改善了与海湾合作委员会国家的关系，进一步加强了与俄、法的交流，并逐步发展了与东盟和中亚国家的关系，总体安全环境有一定改善。

（三）两伊关系较前有所松动。伊朗和伊拉克这两个邻国80年代在战场上曾较量了8年之久，最后以相互妥协而告终，但两国关系却一直未能实现正常化。两伊面对美国的"双重遏制"政策，开始相互接近。1997年以来，两国关系逐渐解冻，相互接触增多。6月上旬，伊朗前总统派特使访问伊拉克，递交了邀请萨达姆参加在德黑兰召开的第8届伊斯兰首脑会议的信件，萨亲自接见了特使，并接受邀请。伊拉克政府作出决定，从1997年9月起允许伊朗人访问和朝觐伊拉克境内的伊斯兰什叶派圣地。12月，伊拉克副总统拉马丹出席了德黑兰会议，并与伊朗领导人就改善双边关系进行了深入的讨论。此外，两国还相互释放了一批“两伊战争”期间的战俘。但两伊毕竟交恶多年，积怨甚深，包括战俘在内的许多问题短期内难以全面解决，因而实现关系正常化之路仍很漫长。

三、美国继续加强在海湾地区的军事存在，以维护在该地区的主导地位

美国为了维护在海湾地区的战略利益，继续加强在该地区的军事存在。继实现在科威特储存一个陆军重装旅武器装备的基础上，1997 年初又完成在卡塔尔储备一个陆军重装旅的计划，并在巴林增派了一个包括 F－15、F－16 在内的战斗机中队和一个“爱国者”导弹连。美积极与海湾合作委员会国家举行联合军事演习，大力进行战场适应性训练，全面提高部队的快速反应和协同作战能力。美还极力垄断海湾的军火市场，千方百计排挤打击俄、法等国，从而占据了海湾军火市场的主要部分。同时，美继续保持在海湾合作委员会国家的驻军。目前，美在海湾的驻军近 2 万人，其中在科威特约 5000 人，作战飞机 30 多架；在沙特约有 2000 余人，作战飞机 100 余架；美第 5 舰队司令部设在巴林，并驻有 1500 人的部队。此外，美以伊朗飞机闯入美在伊拉克南部设置的“禁飞区”和伊拉克驱逐美核查人员为由，向海湾派遣了航空母舰编队和数百架战斗机，以增强在海湾的军事力量。美希望通过在海湾地区驻有大量的军事力量，来进一步维护其战略利益，巩固在海湾地区的主导地位。

四、海湾合作委员会国家对美地区政策多有不满，对美离心倾向进一步发展

（一）海湾合作委员会国家对美地区政策不满的原因。海湾合作委员会国家对美在中东和平进程中偏袒以色列的作法十分不满，认为美不愿对以施加足够压力，致使中东和谈停滞不前，地区形势不断恶化。而美的“双重遏制”政策不但未能消除对海湾国家的外来威胁，也未能制止恐怖主义活动，反而使地区局势更加动荡。同时，美在海湾大量驻军，使海湾合作委员会国家每年都要支付巨额费用，给各国经济带来沉重负担。因此，多数海湾合作委员会国家对美的地区政策十分不满，希望美尽早调整政策。

（二）海湾合作委员会国家与美地区政策适度拉开距离。沙特等海湾合作委员会国家公开对美的“和谈”和“双重遏制”政策进行批评，与美离心倾向进一步增强。首先，对伊朗的主动示好予以积极响应。沙特于 1997 年 9 月恢复了与伊朗的直达航线，在调查驻沙美军基地爆炸案过程中，坚决抵制了美分化伊朗的图谋；沙特、科威特和阿曼等海湾合作委员会国家还先后派出大臣级官员访伊，并派高级别代表出席了德黑兰伊斯兰国家首脑会议，但对美极力倡导的第 4 届中东北非经济首脑会议却反应消极，沙特、巴林和阿联酋进行了抵制，科威特、阿曼也只派出低级别代表与会。其次，不同程度地缓和了与伊拉克的关系。年初，沙不顾美反对允许伊拉克朝觐飞机入境，并派战斗机护航；阿联酋总统公开称萨达姆为兄弟，并开通了两国间一周两次的海上航运；在 1997 年底美国与伊拉克的武器核查危机中，沙、科等主要海湾合作委员会国家断然拒绝向美提供空袭基地，反对美采取军事手段解决危机。上述情况表明，海湾合作委员会国家在某些问题上敢于对美说不，外交自主意识明显增强。

五、海湾合作委员会国家继续加强相互间安全防卫

海湾合作委员会国家继续加强国防现代化的建设，重视发展相互间的安全合作，努力提高集体防御能力。

（一）继续加强自身防御力量建设。沙特 1997 年的国防预算为 133.2 亿美元，占财政预算的 27.6%，沙利用这笔巨额费用，继续实施军队扩建计划，消化吸收已购买的武器装备，加速南部季赞军事城的建设；同时，加强对广大官兵军事技能的培训，努力提高沙军战斗力。科威特继续加强陆军建设，与澳大利亚签订了总价值约 1200 万美元的装甲输送车合同；在空军和防空军方面，在与美签订建立“爱国者”地空导弹发射阵地及维护、保养协议的基础上，1997 年又与美国签订了购买 16 架美制“阿帕奇”直升机的合同，并计划花费 12 亿美元购买防空预警系统。阿联酋利用举办“阿布扎比防务展”和“迪拜防空展”之机，购买了大批武器装备。其中，阿与法国签订了总价值约 20 亿美元的 30 架幻影 2000－9 战斗机及机载装备的合同，与土耳其和挪威签订了购买装甲输送车和海岸警戒雷达的合同。阿曼、卡塔尔和巴林也不断加强自身军队建设，在注重提高本国官兵军事素质的同时，分别与国外的军火商签订了一定数额的军售合同，努力加快军队现代化建设。

（二）注重提高集体安全防御能力。海湾合作委员会 6 国为了弥补自身防御力量的不足，努力加强其联合防御力量“半岛盾牌”部队的建设，进一步扩编该部队的规模，并将在沙特东北部的哈夫尔巴特军事城另建一永久性营房；计划花费 8800 万美元将代号为“合作腰带”的 6 国联合预警系统方案付诸实施；6 国还举行了包括代号为“合作 5 号”在内的一系列联合军事演习，提高了各国部队间的快速反应和协同作战能力。

（程　虹）

伊拉克武器核查危机暂告缓解 1997年10月～1998年2月，美国和伊拉克在武器核查问题上的矛盾不断激化，致使海湾地区局势再度紧张，大有一触即发之势。1998年2月23日，联合国秘书长安南与伊拉克副总理阿齐兹签署和平解决武器核查危机的协议，终于使持续近4个月的核查危机暂告缓解。通过这次危机，人们不难看出当前国际形势的错综复杂和国际关系的深刻变化。

一、武器核查危机的来龙去脉

冰冻三尺非一日之寒，美国与伊拉克之间矛盾由来已久。伊拉克武器核查问题，形式上是联合国与伊拉克之间的事情，但实际上反映了美、伊之间制裁与反制裁的激烈斗争。

（一）武器核查问题的由来。1990年8月伊拉克侵占科威特后，联合国对伊实行全面严厉的经济制裁。1991年4月3日，联合国安理会又通过第687号决议，要求伊拉克必须在联合国的监督下，彻底销毁它所拥有的核武器、生物武器、化学武器和射程在150千米以上的导弹，只有这样才能解除对伊的全面经济制裁。为实施第687号决议，联合国决定成立特别委员会，执行核查、销毁大规模杀伤性武器的任务。此后不久，联合国特别委员会即开始了对伊拉克的武器核查和销毁工作。截止1998年2月，联合国特别委员会先后派出500余个武器核查小组、5200余人次前往伊执行任务。

在武器核查初期，伊拉克与联合国特别委员会之间也发生过一些争执和纠纷，但未引起大的冲突，与联合国特别委员会对伊拉克的配合工作基本上满意。到1995年4月，武器核查工作取得很大进展，销毁了大批核、生、化、导武器装备及设施。当时，联合国特别委员会主席埃克乌斯（瑞典人）在向安理会提交的报告中明确指出："对伊拉克的武器核查和销毁工作已基本完成，伊拉克已不再拥有制造大规模杀伤性武器的能力"。根据此报告，联合国对伊武器核查本可以基本了结。但是，1995年8月，伊拉克总统萨达姆的女婿、伊前军工部长卡米勒叛逃到约旦后，向联合国特别委员会供出私藏有关违禁武器文件资料的隐情，导致武器核查进程出现了逆转。联合国特别委员会因此加大了对伊武器核查的力度，核查人员大幅度增加，核查活动更加频繁，核查范围扩大到伊全国各地，涉及的设施包括伊军事驻地、政府机关、军工企业、民用工厂、科研机构及院校等几乎所有重要部门。1997年7月，联合国特别委员会主席易人，澳大利亚原联合国大使巴特勒就任该职。巴特勒上任后，核查人员对伊"敏感地点"的突击检查逐渐增多，伊与联合国特别委员会之间的矛盾与冲突也随之凸显。

（二）武器核查危机的爆发。这次危机是由联合国特别委员会主席巴特勒提交安理会的报告引发的。1997年10月中旬，巴特勒在向安理会提交的报告中，指责伊拉克多次阻止武器核查小组进入伊总统府等地执行任务。联合国特别委员会怀疑伊拉克仍隐藏着6～16枚"飞毛腿"导弹和大量VX神经性毒剂。10月23日，联合国安理会以美国和英国等国10票赞成，俄罗斯、法国、中国等国5票弃权通过第1134号决议，要求伊拉克同联合国特别委员会合作，否则将对伊实行新的制裁。伊拉克认为这项决议是在美国操纵下作出的。10月29日，伊政府决定驱逐武器核查组中的美国人，禁止联合国特别委员会使用美国的U－2侦察机在伊上空飞行。至此，伊拉克与美国之间出现正面交锋。美国对伊拉克的决定立即作出反应，多次强调将采取包括军事打击在内的一切方式迫使萨达姆就范。11月4日，美总统克林顿和国防部长科恩向伊发出武力威胁。11月11日，美海军以"尼米兹"号航母为核心的特混舰队抵达海湾地区水域，兵临伊拉克。面对美军事压力，伊拉克也作出了强烈反应。11月13日，萨达姆下令立即驱逐武器核查小组中的所有美国人，从而爆发了一场令世人关注的美、伊武器核查危机。

（三）武器核查危机的升级。在美伊对峙形成僵局之时，俄罗斯总统叶利钦给伊总统萨达姆发出一封亲笔信。叶在信中表示，美已下定决心对伊实施军事打击，劝萨达姆保持克制，避免给美动武提供任何借口。叶利钦表示，俄将尽力争取促使联合国早日解除对伊制裁。随后，伊副总理阿齐兹带着萨达姆给叶利钦的回信前往莫斯科，与叶利钦总统磋商解决武器核查危机计划。在俄罗斯的调解下，伊于11月20日同意包括美国人在内的武器核查人员返伊工作，伊拉克满足了美国的要求。1998年1月12日，由美国人斯科特·里特率领的武器核查小组恢复对伊武器核查工作，但就在准备对包括伊总统府在内"主权地点"进行核查时，被伊拉克阻止。伊提出的直接理由是，在里特率领的16人小组中，美国人占了9人，英国人占了5人，美、英人员过多，难以进行公正的核查。伊拉克之所以拒绝美国人领头核查，还有深层的原因。伊拉克一直认为，美英坚持核查的目的在于无限期地阻止联合国解除对伊制裁，保持对伊遏制，直至搞垮萨达姆政权。因此，只要核查由美国人牵头，就没有了结之日。此外，伊拉克还认为里特是美国间谍，他以武器核查为名长期在伊进行情报搜集活动，伊与联合国特别委员会之间的多次纠纷均由里特挑起。对伊拉克再次阻止美国人带队核查，美国极为恼怒，认为伊拉克公然违反安理会决议，说明伊在这些地方隐藏有生物和化学武器。联合国特别委员会主席巴特勒也于1月23日向安理会提交报告，指责伊拉克阻挠核查人员进总统府等地检查，联合国特别委员会已无法继续执行武器核查任务。巴特勒的报告又使美国下决心用武力惩罚伊拉克，致使武器核查危机迅速升级。

二、美、伊在武器核查危机中的策略运用

（一）美国采用军事外交双管齐下的策略施压。1998年1月24日，美国总统克林顿紧急召集其安全和外交政策顾问开会后，决定对伊采取军事、外交双管齐下的策略，压萨达姆就范。

1. 在军事上加紧对伊动武的准备。核查危机爆发后，美英迅速向海湾地区增派军事力量。到1998年2月中旬，美英在该地区已集结了3艘航母，20余艘战舰，350余架作战飞机（其中包括12架F－117隐形战斗机、14架B－52战略轰炸机），总兵力达4万余人，形成自海湾战争以来美英在该地区最大的一次军事集结。为对伊进行严厉的军事打击，美制订了代号为“沙漠惊雷”作战方案。该方案包括动用战斧式巡航导弹，辅之以舰载机和远程战略轰炸机，连续数日对伊进行大规模袭击，然后宣布将“禁飞区”扩大至伊全部领空。轰炸的目标主要是美认为可能藏有生、化等大规模杀伤性武器的地点、伊军主力部队驻地和重要军事设施等。为保证打击效果，美还准备使用海湾战争后新研制的多种先进武器，其中包括装有全球定位系统的改进型巡航导弹、使用激光制导打击地面加固目标的钻地弹和灵敏引信武器等。因此，如美“沙漠惊雷”作战计划付诸实施，将是继海湾战争“沙漠盾牌”和“沙漠风暴”作战之后，美在海湾地区的又一次大规模军事行动，其规模虽比不上海湾战争，但对伊某些重要目标的打击强度将要远远超过海湾战争。

2. 在外交上积极谋求国际支持。在加紧进行军事准备的同时，美也加大了寻求国际支持的力度。克林顿亲自多次给英国、德国、法国、加拿大、俄罗斯等国领导人打电话协调立场；美国务卿、国防部长和美驻联合国大使四出活动，到欧洲、亚洲和中东海湾地区，游说安理会成员国及有关地区国家，争取广泛的支持。同时，美国还特别重视政治宣传攻势。在局势最紧张阶段，美军、政、外交官员一齐上阵，每天轮番加紧向伊拉克发出战争威胁。总统克林顿、国防部长科恩和国务卿奥尔布赖特等多次表示，如果伊拉克在武器核查问题上继续坚持强硬立场，美将单独对伊进行猛烈的军事打击。

（二）伊拉克积极采取措施进行军事和外交抗争。在美军事打击危险不断增加的情况下，伊拉克采取了积极的抗争策略，并主动开展外交攻势，争取国际社会的同情，以阻止美动武。同时，对国际社会的斡旋也表现出较强的灵活性。

1. 在全国范围内进行全面战争动员。对美可能进行军事打击，伊领导人作出了强烈反应。萨达姆表示，伊举国上下决心为解除不公正的制裁而进行一场“圣战”。伊执政的复兴党各级组织召集各种形式的群众誓师大会，誓为祖国流尽最后一滴血。自1998年2月1日起，伊进行全国战争总动员，加强了全面防范准备工作。包括内阁部长在内的百万志愿者参加军事训练，全国形成一派全民皆兵、全民备战、同仇敌忾共同对付侵略者的气势。

2. 对武装力量进行新的全面部署。一是将陆军主力部署在北部山区，力避遭受重创。如美军空袭，伊军可凭借北部地区的高山和大量坑道实施隐蔽，最大限度地减少主力部队伤亡，并准备在需要时向北部库尔德地区实施战略机动。二是重点加强巴格达地区的防御。除共和国卫队在巴格达市中心活动外，在市区周围也部署了较强的兵力，并将防空部队主力部署于巴格达地区，从市内到市外形成了3个环形防空带。三是加强中南部和南部地区的守备。其意图是在防备美军事打击的同时，防止伊南部的什叶派穆斯林乘机造反。

3. 积极开展外交攻势力争和平解决核查危机。海湾战争以来，长期的经济制裁使伊拉克人民深受其害，连生存都得不到应有的保障。这种境遇引起了国际社会的广泛关注和同情。在国际舆论对伊有利的背景下，萨达姆为阻止美军事打击也展开了外交攻势。1998年2月上、中旬，伊副总理、外交部长和卫生部长兵分3路，紧急出访了叙利亚、埃及、约旦等10多个阿拉伯国家，寻求阿拉伯国家的同情和支持。与此同时，萨达姆总统在这次危机中采取了非常灵活的策略。伊尽管对美国表现出强硬态度，但对国际社会的外交斡旋却给予高度评价，萨达姆总统等多次明确表示愿通过外交途径解决危机。在同前往巴格达进行斡旋的各国特使会谈时，萨达姆逐步松动立场。当联合国秘书长安南亲自赴伊斡旋时，伊吸取海湾战争时的教训，又适时作出了重大让步，并于2月23日与安南达成《联合国与伊拉克共和国谅解备忘录》，同意联合国在考虑到伊拉克主权和尊严的前提下，立即、无条件、无限制地在伊拉克进行全面武器核查。伊领导人关键时刻的重大策略性让步，使美国对伊动武师出无名，使伊拉克人民暂时避免了一场战争劫难。

三、国际社会为和平解决核查危机作出巨大贡献

（一）俄罗斯和法国为和平解决核查危机做了不懈的努力。1998年1月27日，俄罗斯总统叶利钦派副外长波苏瓦柳克作为总统特使前往伊拉克斡旋。波回国后没几天，又于2月1日再次赴伊，坐镇巴格达，一直工作到安南与伊拉克达成协议。2月3日，法国总统希拉克派外交部秘书长迪富克作为其特使前往巴格达。俄、法两国都明确反对美国对伊拉克动用武力，并积极与中国、阿拉伯国家以及美、英和伊拉克保持联系和磋商。2月11日，俄、法在与伊拉克协商的基础上曾提出一项解决方案，该方案比较多地照顾到伊拉克的主权和尊严，比如在核查8处总统府属区时，安理会15个成员国均派代表参加核查小组工作，而且以参观的名义进入总统府。这个方案遭到美国拒绝。尽管调解工作遇到严重困难，但俄、法两国始终没有放弃外交努力。当国际社会把和平解决危机的最后希望寄于联合国秘书长安南后，俄、法又竭力劝说伊领导人接受安南的调解方案，法国还主动为安南经巴黎赴伊提供了总统专机。

（二）中国为和平解决核查危机做了大量工作。作为联合国安理会常任理事国，中国旗帜鲜明地反对动武，一直呼吁有关各方通过对话和平解决争端，始终支持国际社会为妥善解决武器核查危机而进行的所有外交努力。危机期间，江泽民主席、李鹏总理均利用会见外宾等机会公开阐明中国的这一立场。1998年2月5日，钱其琛副总理兼外长打电话给美国国务卿奥尔布赖特，并通过外交途径向伊拉克副总理阿齐兹转达口信，呼吁有关方面采取灵活和克制的立场，避免发生武装冲突。2月6日，钱其琛副总理在会见来华访问的俄罗斯副外长卡拉辛时，重申了中国政府对解决危机的立场，并对俄罗斯为寻求和平解决危机作出的积极努力表示赞赏。2月10日，外交部部长助理吉佩定还专门会见了海湾合作委员会6个成员国和伊拉克的驻华大使，积极与有关国家进行磋商。中方强调只有通过对话和合作才能妥善解决分歧。外交部发言人和中国常驻联合国代表也多次讲话，阐述中国政府反对使用武力、支持通过外交手段和平解决危机的立场。中国在此次危机中所采取的立场，受到了国际社会的广泛好评。

（三）阿拉伯及广大第三世界国家为和平解决核查危机作出了重要贡献。核查危机爆发后，埃及、叙利亚、沙特、巴勒斯坦等阿拉伯国家也旗帜鲜明地反对美国动武，不遗余力地为寻找外交途径解决危机而四处奔忙。与俄、法特使同期到伊拉克斡旋的就有阿盟主席、埃及总统穆巴拉克委派的阿盟秘书长马吉德、巴勒斯坦领导人阿拉法特的特使艾哈迈德。1998年2月中旬，在形势非常严峻的情况下，卡塔尔又派外交大臣哈马德到伊拉克进行外交斡旋。特别值得指出的是，作为阿拉伯世界的大国和阿盟主席国，埃及在致力于和平解决危机的过程中，从阿拉伯国家的整体利益出发，顶住了美国的压力。穆巴拉克总统与13个阿拉伯国家领导人进行电话磋商，协调立场，坚决反对美国动武。与此同时，穆巴拉克总统还6次致函伊总统萨达姆，力劝伊认清形势，权衡利弊，适时妥协，以免遭军事打击。埃及的态度在阿拉伯世界具有举足轻重的影响，对团结阿拉伯国家谋求通过外交途径解决危机发挥了地区大国应有的作用。在国际社会的外交努力中，不结盟运动发挥的作用也不能忽视。2月11日，不结盟运动秘书处发表声明，呼吁联合国秘书长安南直接出面赴伊斡旋，力争和平解决危机。不结盟运动由113个国家组成，在联合国占有三分之二的席位，其声音在国际政治生活中具有相当的份量。

（四）联合国秘书长安南为和平解决核查危机发挥了特殊作用。在美国对伊拉克军事打击就绪，战争灾难随时可能降临伊拉克大地的危急关头，安南秘书长系国际社会重托于一身，决定亲自赴伊做最后的外交努力。安南先前担任过联合国负责维和事务的副秘书长。作为副秘书长，他曾出面处理前南斯拉夫维和事务，营救受困于科威特的联合国人员，享有“处理危机能手”的美称。作为秘书长的安南，这次面临的危机非同寻常。他在动身之前做了充分的准备工作，首先说服了美、英两国同意他赴伊斡旋，从而赢得安理会的一致支持。其次是同伊拉克领导人反复商谈，为斡旋成功打好基础。另外，他还派遣3人技术专家小组预先前往伊拉克，解决有关核查8处总统府属区的技术难题。1998年2月20日，安南抵达伊拉克首都巴格达。在伊4天期间，他与伊总统兼总理萨达姆、副总理阿齐兹共举行了6轮15小时的艰苦会谈。2月23日凌晨，安南终于同伊拉克副总理阿齐兹达成化解伊拉克武器核查危机的协议。该协议基本上兼顾了各方的利益，代表了国际社会的意志，同时也是安南政治智慧和灵活性的一次集中体现。该协议的签署，使持续近4个月的伊拉克武器核查危机暂告缓解。

四、从武器核查危机看世界战略格局的变化

这场危机虽然发生在海湾地区，但牵动了全世界，引起国际社会的广泛关注。各有关国家在危机中的态度和做法，反映出国际战略形势中正在出现的一些重大变化和新的走向。

（一）世界和平力量正在不断壮大。对于这场危机，世界上绝大多数国家和广大爱好和平的人民从一开始就反对诉诸武力，积极主张和平解决。除中国、俄罗斯、法国等大国外，阿拉伯世界普遍反对美对伊动武，沙特等美国在海湾战争中的盟友甚至反对美国使用他们的基地对伊实施军事打击。美国领导人虽到处打电话和四处游说，寻求更多国家对美军事行动的支持，但收效甚微，仅将英国、澳大利亚、加拿大等少数几个国家拉上了自己的战车。据统计，在明确表态的50多个国家中，持反战立场的国家约为40个。各国民众反战情绪也非常强烈。约旦、巴勒斯坦等国民众还自发组织了游行示威活动，反对美使用武力；意大利、约旦等国不少民众甚至自愿赴伊拉克充当“人体盾牌”，阻止美对伊动武。即使在美国国内，人民的反战情绪也不断高涨。据民意调查，在危机初期，美反对动武的民众为26%，而后期迅速上升至51%。不结盟运动、欧洲联盟、阿盟等国际和地区组织也纷纷表态“反战”。安南秘书长2月24日从巴格达回到联合国总部后表示，这次调解成功不是他一个人的成绩，在他成功的背后有世界上亿万爱好和平的人民做他的后盾。确实，在调停这次危机的过程中，参与国家之多，调解力度之大，都是罕见的。这充分表明，人心向往和平，世界希望安宁，和平与发展是当今世界的主流。

（二）世界多极化趋势进一步发展。在解决这场危机的过程中，俄罗斯、法国、中国及其他广大国家出于对伊拉克人民的人道主义考虑，也出于抑制美国强权政治、维护地区安全和自身利益考虑，开展了一场声势浩大的和平解决危机的攻势。这场和平攻势，同主张诉诸武力解决危机的美国形成了一场激烈的政治较量。从更深层次看，这一场较量是冷战后正逐步形成的世界多极力量在重大国际问题上同主张建立单极世界力量之间的交锋。这些较量和碰撞相互交织，折射出当前世界形势和国际关系的复杂性和多样化。人们从大国围绕这次危机的斗争得出一个普遍的印象，就是世界多极化趋势正快速发展。这场危机从爆发、激化到缓解，充分反映了多极化趋势对美国霸权主义的牵制作用。主要世界性大国、地区性大国以及国际和地区性组织反对美国对伊动武的立场，迫使美国不得不对单独采取军事行动可能造成的后果顾虑重重。从危机的发展变化可以看出，美国在军事上虽然不断调兵遣将加大军事压力，但它在政治和外交上又显得有些无奈。以上情况进一步表明，美国对世界事务的控制能力在继续下降，世界多种力量相互制约的趋势日益明显。

（三）联合国的活力明显增强。联合国秘书长直接出面调解海湾危机，这不是第1次。1991年海湾战争爆发前夕，当时的秘书长德奎利亚尔就曾到海湾第1线去调解，由于为当时的条件所限，没能找到和平解决危机的出路，海湾战争终于爆发。而此次安南秘书长出面斡旋，却为缓解危机发挥了特殊作用。由此可见，联合国在处理国际危机方面影响正在增大，活力正在增强。联合国目前拥有185个成员国，其中绝大多数为第三世界国家。在这次危机过程中，广大发展中国家再次显示出他们对世界事务的影响力。安南秘书长这次和平努力在很大程度上凭借了广大第三世界发展中国家的支持。上述情况表明，第三世界国家正逐步走向国际政治舞台的中心，以第三世界国家为主体的联合国，其影响和活力今后还会不断增强。

（四）欧美之间的矛盾进一步显露。在这次危机中，欧洲国家与美国之间出现了一些明显不和谐的声音。1998年2月中旬，在德国慕尼黑召开了欧美安全政策会议。美方发言人在会上对欧洲盟国在伊拉克武器核查问题上不愿与美保持一致表示出强烈不满。美国国防部长甚至直截了当地提出要求欧洲盟友支持美对伊拉克采取军事行动。对此，法国代表给予针锋相对的回敬。法国认为，欧洲不是美国的士卒，法国不能接受美国的调遣。德国议员在会上发言时也对美国的专制作法表示了不满。欧、美之间关系发展、演变过程复杂，他们之间的矛盾已久，但这次在伊拉克问题上分歧特别明显。对美国武力解决危机的强硬立场，除英国外，其他欧洲国家程度不同地有所保留。这次分歧的显露，反映出欧洲一些国家要求美国与欧洲建立平起平坐的新型伙伴关系，而不能再像冷战时期那样，欧洲整天围着美国的指挥棒转。

（五）美国在中东、海湾地区的霸权地位面临更严峻的挑战。海湾战争后，美在中东地区确立了霸权地位。随后，美开始在中东西部促使以色列与阿拉伯国家谈判，在中东东部遏制伊拉克和伊朗，即实施“西促和谈，东遏两伊”政策。美国这样做的目的是巩固其在中东的霸权和影响。由于美在阿以和谈问题上明显偏袒以色列，阿拉伯国家对此普遍不满。而美在对伊武器核查问题上却坚持强硬立场，并准备不惜一战迫伊让步。美此举的目的是显示其超级大国的实力和巩固在中东霸权地位的决心和能力。阿拉伯国家从中进一步看到美国在中东推行双重标准，处理中东事务极不公平。以色列一百次不执行联合国决议，美都装聋作哑，而伊拉克稍有违反联合国决议之处，美立即兴师问罪。中东、海湾地区石油储量占世界石油总储量的70%，战略地位十分重要。纵观中东海湾国家在此次危机中的立场，美不能不看到其在该地区的霸权地位面临着更加严峻挑战。

（佟　杰）

土耳其出兵伊拉克北部受到国际社会谴责 1997年5月14日拂晓，土耳其出动大约2.5～5万名士兵以及1000多辆坦克和装甲车，在飞机和大炮的掩护下，越过土伊边境，进入伊拉克北部纵深40千米向库尔德工人党游击队控制的地区发起猛烈进攻。在不到一周的时间里，土政府军就歼灭了1142名库尔德工人党武装分子，打伤126人。这是1995年以来土耳其政府发动的规模最大的一次军事行动，其目的是摧毁在伊拉克北部的库尔德游击队营地，消灭库尔德武装分子，确保土耳其东部和东南部的安全与稳定，以发展那里脆弱的经济，改变其落后面貌。面对土耳其军队的越境行动，库尔德工人党武装分子也不甘示弱。他们向土耳其东南部地区马尔丁省附近的政府大厦发射了十几枚火箭，切断了马尔丁——希尔纳克的主要公路长达数小时，并焚烧了2辆油车。此次行动后，一支大约8000人的土耳其军队留在了靠近土耳其的伊拉克境内。9月24日，他们在战斗直升机和喷气战斗机的支援下对土耳其库尔德反叛武装再次采取了大规模行动。

对土耳其的这次行动，国际社会纷纷予以谴责。伊拉克政府立即作出反应，强烈谴责土耳其严重侵犯了伊拉克的主权与领土完整。联合国、阿盟、俄罗斯、法国等国家和国际组织也发表声明，谴责土耳其军队进入伊拉克北部的行动，并对那里平民的生命安全表示担忧。中东国家反应尤为强烈，叙利亚、卡塔尔认为土耳其的军事行动是对“阿拉伯领土的侵略和占领”，利比亚、埃及认为土耳其的军事行动“令人无法接受”。

（肖　研）

非洲军事要事

索马里民族和解取得一定进展 1997年，在国际社会的积极调解下，索马里民族和解势头增强，交战各方先后于1月3日和12月22日签署了《索德尔宣言》和《开罗宣言》，就结束敌对行动，实行民族和解达成一致。但由于各部族积怨甚深，国家四分五裂，以及外部势力干涉，要真正实现和平尚需时日。

一、民族和解取得一定进展

（一）签署《索德尔宣言》。1997年1月3日，在埃塞俄比亚和东非政府间合作组织的斡旋下，以索马里两大派别之一索“救国联盟”为首的26个派别领导人在埃塞俄比亚首都亚德斯亚贝巴东南索德尔经过1个半月的磋商，签署了《索德尔宣言》。《宣言》称，索各派领导人会议决定由来自26个派别的41名代表组成全国拯救委员会，并成立5人主席团、11人全国执行委员会代表全国拯救委员会发表讲话和采取行动。全国拯救委员会将负责在6个月内筹建索马里过渡中央集权政府或临时中央政府，并计划在索马里博萨索召开一次由部族长老、知识分子、政治和宗教领导人参加的全国和解会议，通过过渡中央集权政府或临时中央政府章程，然后召开一次有国际社会代表参加的最后全国会议，公布过渡中央集权政府或临时中央政府的组成。根据计划，全国拯救委员会于6月25日开始在埃塞俄比亚首都亚的斯亚贝巴和索德尔两地举行会议，决定索将于11月1日在索境内的博萨索召开全国和解会议。《宣言》呼吁索另一最大派别“全国联盟”参加到索民族和解进程中来，同时呼吁索马里人民消除分歧，实现和平与统一。

（二）签署《开罗宣言》。1997年1月29日，在埃及和阿盟的积极调解下，索两大派别领导人，索“救国联盟”领导人迈赫迪与索“全国联盟”领导人艾迪德举行会谈，双方组成了和谈委员会，建立磋商对话机制。索“救国联盟”控制首都摩加迪沙北部地区，索“全国联盟”控制摩加迪沙南部地区。4月1日，双方举行高级会谈，讨论如何消除两派之间长期存在的不信任和政治误解。5月29日，在埃及和阿盟的调解下，上述两大主要对立派别在开罗签署协议，宣布双方停止相互之间的敌对行动，并呼吁索人民捐弃前嫌，为实现民族和解而共同努力。10月和11月，两派在开罗继续进行会谈，双方就两派和解和索民族和解问题进行进一步磋商。12月22日，在埃及、阿盟和非统组织的斡旋下，索马里全国拯救委员会各派在开罗召开民族和解会议，会议最后签署《开罗宣言》，就结束索马里战乱和组成统一的过渡政府达成一致。根据该《宣言》，交战各派将停止一切敌对行动，解除派别武装，实现索马里的独立统一和地区安全，在国家建立联邦形式的统一过渡政府；各派同意将于1998年2月15日在索马里中部城市拜多阿召开全国民族和解大会，并由与会的465名各派代表选出一个13人的总统委员会，进而选出总统和总理，和解大会还将通过过渡时期宪章，并以此为依据成立过渡政府和制宪议会，建立独立司法机构。《宣言》还确定设立全国协调委员会，筹备、组织和召开和解大会。索两大派别领导人迈赫迪和艾迪德在《宣言》上签字。阿盟秘书长马吉德、埃及外长穆萨和非统组织主席国津巴布韦驻埃及特使以及联合国安理会一些理事国驻埃及大使出席了签字仪式。《开罗宣言》的签署表明索各派厌倦战争，要求实现国家和平与统一的愿望，标志着索民族和解进程取得重大进展。

二、要真正实现和平尚需时日

首先，索国内现存各派武装割剧局面难以消除，各派为在权力分配中争取更多的利益有可能发生武装冲突。1997年9月24日，拉汉维抵抗军向占据摩加迪沙以南245千米处重镇拜多阿的全国联盟武装发起进攻，在拜多阿机场的战斗中，双方有数十人伤亡。因此，要解除派别武装并非易事。其次，索连年内战，灾荒不断，国困民乏，需要国际社会对其民族和解进程提供资助。交战各派原定于1998年2月15日在拜多阿召开全国民族和解大会，但由于缺乏资金，而推迟到3月底。3月30日，又宣布推迟到5月15日，会议推迟的主要原因仍然是“缺乏足够的经费”。第三，埃及与埃塞俄比亚争夺调解索问题的主导权不利于索问题的最终解决。《索德尔宣言》是在埃塞俄比亚的斡旋下签署的，索全国拯救委员会的一些活动主要以埃塞俄比亚首都亚的斯亚贝巴为基地，显然其活动被埃塞俄比亚政府所控制。而《索德尔宣言》遭到了“全国联盟”的抑制。《开罗宣言》是在埃及的调解下签署的，虽然索两大派别“全国联盟”和“救国联盟”均参加了和会并签署了宣言，但索全国拯救委员会两位联合主席怒尔和艾哈迈德却在埃塞俄比亚首都亚的斯亚贝巴发表联合声明，对埃及进行“最强烈谴责”，说它把索和解进程“引入歧途”。目前艾哈迈德的救国民主阵线控制着从博萨索到加勒卡约地区，约占全国总面积的三分之一，显然对执行《开罗宣言》有重要的负面影响。分析家们认为，索救国民主阵线和埃塞俄比亚未参与签署《开罗宣言》，给索顺利推进民族和解进程留下了阴影。“索马里兰”领导人埃加勒坚持独立，表示不会参加索各派的民族和解进程。因此，索马里要真正实现和平尚需时日。

（周　洁）

苏丹内战仍在继续　1997年，苏丹内战已进入第14个年头。以“苏丹人民解放军”为首的反政府武装在战场上不断取得胜利，苏丹政府面临严峻的军事形势。在此背景下，经国际社会多方面调解，苏丹巴希尔政府放弃其一贯坚持的“先停战，后谈判”的强硬立场，同意无条件地与苏丹反政府武装和谈。由于双方分歧过大，首轮和谈失败，双方商定1998年4月继续进行谈判。

一、苏丹反政府武装在周边一些国家及美国的支持下，向政府军发动猛烈攻势

巴希尔政府对外输出伊斯兰革命，造成与周边国家关系紧张。除蒙博托统治下的扎伊尔与苏丹政府关系较和缓以外，周边其他国家如埃及等国都在不同程度上对其持敌视态度，支持苏丹反政府武装。埃及支持苏丹反政府武装以向苏丹政府施加压力。埃塞俄比亚不但向苏丹反政府武装提供基地，其军队还直接参加对苏丹政府军的作战。乌干达则向苏丹南部最主要的反政府武装“苏丹人民解放军”提供武器和后勤支援。厄立特里亚允许苏丹全国性反政府组织“全国民主联盟”在其首都阿斯马拉设立大本营，并允许约5000名反政府武装驻扎在厄境内，同意在苏、厄边境设立苏丹反政府武装的新兵训练基地。美国认为苏丹支持恐怖主义活动，是伊斯兰原教旨主义向黑非洲渗透的基地，它同伊朗一样对美国的国家安全构成潜在威胁，因而也开始积极支持苏丹反政府武装。美还推动联合国通过决议对苏丹实施经济制裁。1997年11月4日，美国又宣布对苏丹实行更加严厉的制裁措施。

在周边国家及美国支持下，苏丹反政府武装在东部和南部两条战线上向政府军发动猛烈攻势。1997年1月初，以埃塞俄比亚为基地的苏丹反政府武装在埃塞俄比亚军队的配合下，攻占了苏丹东部青尼罗河省的库尔穆克和吉桑两城，歼灭政府军1620人，并准备继续北上进攻鲁赛里斯水电站。苏丹政府向全国发布总动员令，号召进行圣战。在1月26日的反击中，苏丹政府军声称击毙约200名埃塞俄比亚士兵。在苏丹南方，“苏丹人民解放军”于3月份向政府军发动进攻，攻占东赤道省的耶伊镇，其所控制的地区距南部最大城市、东赤道省省会朱巴仅60余千米，从东、西、南3个方向对朱巴形成包围。“苏丹人民解放军”领导人约翰·加朗认为“耶伊对整个战局是关键，这是主要的一仗。我认为在南方的战争结束了。政府要扭转局势已不可能。我们将拿下朱巴，并将推翻政府。”5月上旬，“苏丹人民解放军”又攻占了湖泊省省会伦拜克市和通季镇。为挽回颓势，苏丹政府向前线增派大批部队，并于6月修改了国民兵役法，将约8万名高中毕业生征召入伍。他们被派去保护国家重要经济设施，其中数千人被派往东部战线和南部重镇朱巴市。

二、苏丹政府转变态度，开始同苏丹反政府武装进行和谈

苏丹内战不但给苏丹人民带来巨大损失，而且使整个东北非地区动荡不安。国际社会为苏丹国内实现和平并缓和其与周边国家的紧张关系作出了不懈努力。阿盟各国以及南非曼德拉总统都曾为此而奔走，尤其是“东非政府间抗旱与发展组织”（简称“伊加特”组织）在苏丹内战双方之间积极斡旋，力促双方通过和平方式解决分歧。面对国内外双重的经济、政治压力和严峻的军事形势，苏丹巴希尔政府认识到通过军事手段很难解决问题，开始谋求通过和谈来实现和平。1997年4月21日，苏丹政府与南方4个反政府武装达成和平协议。协议规定在过渡期内由中央政府和4派代表组成的委员会处理南方事务；4年过渡期满后，在苏丹南方将举行全民公决来决定其是否独立。参与和谈的4个组织没有多少实力，兵力最强的“苏丹人民解放军”和“北方穆斯林反政府武装”并未参加和谈，因此这一和平协议的签订对局势影响甚微。“全国民主联盟”发言人法鲁克·阿布·伊萨说：“这项协议毫无意义。他们在总统府签署了和平协议，但是战争仍在进行。”为召开有实际意义的和平谈判，7月9日，巴希尔总统宣布苏丹政府将接受“伊加特”组织于1994年制定的原则声明作为和谈的基本框架。该声明要求承认和尊重宗教、文化背景差异，实行政教分离，冲突各方实行充分和自由的对话。9月22日，经“伊加特”组织部长级会议的调解，苏丹政府和苏丹反政府武装在肯尼亚首都内罗毕发表联合公报，同意通过和谈解决争端，结束内战。10月30日，谈判在内罗毕正式开始。苏丹政府外长塔哈在谈判中表示，政府同意南部苏丹拥有自决权，但南、北苏丹应组成由中央统一领导的联邦制国家。对此，苏丹反政府武装表示反对。反政府武装首席代表、“苏丹人民解放军”参谋长萨勒瓦·基尔提出，先由南、北苏丹组成邦联国家，等两年过渡期结束后，南部苏丹再举行全民公决决定去留。苏丹外长塔哈认为，苏丹反政府武装的要求毫无道理。它只适用于主权国家之间，而苏丹是一个国家。11月11日，谈判虽以失败而告终，但双方都承认军事手段不可能带来持久的稳定与和平，并表示将接受“伊加特”组织的斡旋，继续进行谈判。为给双方代表留下充足时间进行准备，下次谈判拟延期至1998年4月举行。苏丹国内开始和谈，经受了14年内战之苦的苏丹人民终于看到了一线和平曙光。但通往和平之路还很漫长，内战双方仍将战场上的胜负视作谈判桌上的重要筹码，在谈判的同时都未放松继续作军事对抗的准备。苏丹和平进程很可能将以谈谈打打，边谈边打的形式继续进行下去，最终以和平方式解决。

（张若涵）

中非平息兵变历经坎坷 1996年11月15日中非发生了有史以来平息时间最长的兵变，1997年1月25日在中非停火协议国际监督小组的积极调停下，兵变首领苏来上尉与政府正式签署“结束兵变”协议，但在具体落实协议的过程中，中非又笼罩在兵变部队与各方力量武装冲突的阴霾中。经过国际社会的各方积极调解，兵变部队与政府终于在7月2日再次签署“停火”协议，使中非走上和平道路。

一、兵变部队几度同非洲维和部队交火，“结束兵变”协议成为空文

1997年1月25日在中非停火协议国际监督小组主席杜尔的调停下，兵变首领苏来与中非总统帕塔塞正式签署“结束兵变”的协议。协议规定：一是组成中非全国团结政府，二是政府对兵变士兵进行大赦，三是释放所有被俘的兵变士兵，四是由非统组织领导的维和部队尽快进驻中非。根据协议，中非全国团结政府1月28日组成，30日非洲维和部队陆续抵达中非首都班吉，执行维护地区稳定、收缴民间和兵变士兵武器的任务。3月20日，非洲维和部队根据决议正式开始收缴武器工作。但兵变部队对新政府中没有他们的代表而心存不满，多次同执行任务的非洲维和部队发生冲突，其中规模最大的有两次。第1次冲突发生在3月22～24日。3月22日上午，一伙兵变士兵突袭了正在班吉比得沃石油码头执行任务的非洲维和部队小分队。但遭到非洲维和部队的积极反击，造成3名兵变士兵和4名平民死亡，十几人受伤。23日上午，兵变士兵又试图抢占非洲维和部队中的乍得军团指挥部附近的一家旧兵工厂，同乍得军团交火，双方动用了火箭炮和其他武器，交战激烈。第2次冲突发生在6月20～24日。20日，一伙兵变部队士兵流散至班吉石油码头进行抢劫活动，塞内加尔籍非洲维和部队进行干涉，双方再次使用了轻武器、火箭炮和迫击炮，致使1名塞士兵和1名儿童被打死。21日兵变部队炮击了法国驻中非使馆，造成7名法国人受伤。22日，法国向班吉增兵至900多人，并用装甲车封锁了班吉市主要街道和战略要点，以支持非洲维和部队行动，致使兵变部队大部分撤出市区。23日，非洲维和部队进驻兵变部队所控制的区域，并于深夜占领了卡萨兵营。24日，非洲维和部队对城西地区发起“扫荡行动”，想彻底摧毁兵变部队的力量，但遭到兵变部队的顽强抵抗，“结束兵变”协议事实上成为一纸空文。

二、兵变部队与中非政府再签署结束“停火”协议，但仍需国际社会帮助

1997年6月25日，中非停火协议国际监督小组

主席杜尔再次赶赴班吉进行斡旋，28 日交战双方达成临时停火协议。此时已有 100 多人死亡，100 多人受伤。7 月 2 日兵变部队与中非政府正式签署停火协议，兵变士兵于 10 天内携带武器返回兵营。但这并未能彻底杜绝兵变再度发生的可能，也未使中非完全步入稳定。为防止兵变再度发生，8 月 6 日，联合国安理会应中非政府的要求，正式授权非洲维和部队参与国为班吉协定监测团成员（即中非停火协议国际监督小组成员），时间为 3 个月，负责对兵变部队士兵、民兵和其他非法持有武器者解除武装工作。9 月联合国开发计划署决定向中非政府提供 280 万美元的财政援助，以帮助中非政府实施安置复员军人的计划，从而为中非创造一个良好的和平环境。11 月 6 日，联合国安理会再次授权班吉协定监测团以中立和公正的方式，恢复中非共和国的和平与安全，时间仍为 3 个月。至此，中非才蹒跚地走出了兵变士兵所引发的武装冲突的阴影。

三、法国为自身安全开始从中非撤军

在 1996 年 4 月至 1997 年初不到一年的时间内，中非军人连续发动 3 次兵变，应中非总统帕塔塞的要求和保护在首都班吉的法国侨民的需要，法军多次出面进行军事干预，这激起了班吉市民的极大不满。特别是 1997 年年初法军对中非士兵的报复行动，造成数十名兵变士兵和中非百姓死于法军的枪口之下，致使中非百姓反法的情绪非常强烈，袭击法国军人的事件时有发生，多名法国军人死亡和受伤。随着非洲维和部队对中非局势逐步控制，法军认为非洲维和部队可以取代法军在中非的任务。也为了缓解中非人对法国军事存在的不满情绪，法国防部长阿兰·里夏尔于 1997 年 7 月 31 日宣布，法国政府决定逐步从中非撤出法国军队。随后，法国关闭了在中非北部的布阿尔军事基地，撤出其全部军事人员。不久又缩小了在班吉军事基地规模，并计划逐步将人员撤出。中非共和国是法国在非洲的传统领地和重要军事合作伙伴之一。60 年代初，法国与中非签署了防务协定，并在中非设立了两个军事基地，驻军达 1400 余人。自 1996 年 11 月中非第 3 次兵变以来，法军依照协定增加了班吉市的驻军兵力，最高增至 2000 余人。从战略上讲，中非军事基地对法国维护在中部非洲的利益，曾起到扩大法国影响的作用。法国关闭在中非的军事基地除考虑安全因素外，还有另外两点原因：首先是法国出于对非洲总体军事政策的需要。1997 年 3 月 4 日，法国总统希拉克在国防委员会会议上专门研究了压缩法国在非洲军事部署问题。以总理若斯潘为首的法国社会党执政后，又提出了新的黑非洲政策。若斯潘政府认为，在法国对非洲的影响日益缩减而美国的影响越来越大的情况下，法国单独依靠自己的力量“是无法与美国抗衡的”，今后应通过欧盟来体现法国的影响，法国需要重新审议与非洲国家签署的防务协议。其次是出于经济方面的考虑。法国目前在非洲 6 个国家有常设军事基地，驻军总兵力达 8000 多人，并与非洲国家签署了 8 个防务协定和 23 个军事合作或技术援助议定书，每年的军费开支数额巨大。近几年，随着美国在非洲势力的扩大和法国战略的调整，法国在非洲一些法语国家的政治影响和经济利益受到削弱。在中部非洲地区，法国在加蓬、乍得和中非 3 国拥有事基地，前两者为法国重要的木材、石油资源供应地，从经济利益角度考虑，份量更重。法国对在这两国的军事人员不会减少，而对中非，只好采取“弃卒保车”的政策。

（黄　磊）

扎伊尔反政府武装推翻蒙博托政权　1996 年 10 月，扎东部地区胡图族与图西族矛盾激化，图西族不满蒙博托的统治，爆发武装冲突，反政府武装攻势猛烈，于 1997 年 5 月 17 日推翻蒙博托政权，成立刚果民主共和国。

一、反政府武装攻势猛烈，首都金沙萨局势动荡

1996 年 10 月，以卡比拉为首的“解放刚果－扎伊尔民主力量联盟”武装攻占扎东部城市乌维拉，并以此为基地，兵分 3 路沿扎伊尔、卢旺达和布隆迪 3 国边界线向北、向南和向西推进。北路，反政府军于 1996 年 11 月 4 日攻占戈马、布卡武，11 月 28 日攻占布尼亚，1997 年 2 月 11 日攻占伊西罗；南路，反政府军于 1997 年 2 月 3 日占领坦噶尼喀湖港口城市卡莱米，3 月 14 日攻占普雷图，4 月 9 日攻占第 2 大城市沙巴首府卢本巴希，反政府军领导人卡比拉宣布反政府武装将停火 3 天，要求蒙博托总统在此期间必须辞职，遭拒绝后于 13 日宣布重新开战；西路，反政府军从布卡武和布尼亚向第 3 大城市基桑加尼发动钳形攻势，并于 3 月 15 日攻占基桑加尼，4 月 14 日攻占西开赛区首府卡南加，4 月 30 日攻占距首都金沙萨 400 千米的基奎特市（基奎特是金沙萨的粮食供应地），5 月 3 日攻占距金沙萨 150 千米的肯盖，肯盖是通往金沙萨的最后一个城镇。反政府武装的猛烈攻势在金沙萨引起极度恐慌。3 月 15 日，基桑加尼失陷后，扎议会将东部战事节节失利归咎于肯戈政府，并以压倒多数通过撤销肯戈总理职务的动议，肯戈被迫于 3 月 24 日辞职。4 月 2 日，蒙博托任命反对党领导人齐塞克迪出任总理。齐塞克迪曾于 90 年代初两度出任总理，后均被蒙博托免职。齐塞克迪提出新政府主要由金沙萨的反对派和卡比拉的派别组

成，其中卡比拉的反政府武装占有包括外交和国防等主要部门在内的6个部长职位，齐还称交战双方在南非举行的谈判"无效"，并称蒙博托政府是"非法的"。齐的言论和做法遭到议会曾支持他的一些派别的反对。支持和反对齐塞克迪的派别在金沙萨发生冲突。反政府武装也迅速对齐塞克迪关于"分享权力"的建议予以拒绝，并一再警告身在金沙萨的政坛人士不要再为蒙博托做事。4月8日，蒙博托宣布全国进入"紧急状态"，解除齐塞克迪总理职务，并任命前国防部长博隆戈为总理。4月12日，博隆戈组成全国救国政府，原军队总参谋队马赫莱任副总理兼国防部长。新政府的任务是整顿国库、重建军队，并继续与反政府武装进行谈判。但蒙博托所做的努力未能挽救其被推翻的命运。

二、国际社会特别是非洲统一组织成员国就解决扎冲突进行了不懈的努力

联合国安理会1997年2月18日提出关于解决扎伊尔冲突5点和平方案，主要内容有：扎政府和反政府武装立即停止敌对行动；撤出包括雇佣军在内的所有外国军队；尊重扎伊尔和大湖地区其他各国的国家的主权及领土完整；保护所有难民，为人道主义援助行动提供方便；通过对话、选举和召开大湖地区国际和平会议，迅速地和平解决这一危机。但遭扎伊尔政府和反政府组织的拒绝，3月5日扎政府迫于战场形势的压力接受5点和平方案。扎反政府武装则提出：先谈总统下台安排，后谈停火。扎伊尔政府在冲突初期拒不与反政府武装对话，也不参与任何地区组织的调解工作，直到3月15日反政府武装攻占基桑加尼，政府军眼看无招架之力时，扎伊尔总理肯戈才参加3月19日在肯尼亚首都内罗毕举行的由喀麦隆、津巴布韦、刚果、南非领导人和非统组织秘书长萨利姆参加的讨论扎局势的地区性会议。3月26日，非洲统一组织（简称"非统组织"）在洛美举行特别首脑会议讨论扎局势，15个非统组织成员国元首和联合国秘书长安南、非统组织秘书长萨利姆、美国总统克林顿和法国、英国、德国、欧盟代表出席了会议。扎政府和反政府武装首次同时派代表参加会议，并举行直接会谈。会议最后发表声明：扎冲突双方同意并承诺遵守停火和谈判的原则；尊重并维护扎统一、主权和领土完整；谴责来自外部各种武装干涉和在扎使用外国雇佣国。5月4日，在南非总统曼德拉、联合国和非统组织扎伊尔问题特别代表萨努恩的调停下，蒙博托和卡比拉在停泊在刚果黑角港外的南非海军"欧坦尼夸"号补给舰上举行首次会谈，但会谈未能就伊最高权力安排问题达成一致。蒙博托坚持实现停火，建立负责组织扎大选的临时权力机构，保证将权力移交给经大选后产生的新总统。但卡比拉的立场是蒙博托直接将权力移交给由卡比拉领导的临时权力机构。扎议会5月10日举行全体会议，推选前议长蒙桑格沃为过渡议会新议长，遭到卡比拉的坚决反对。蒙博托与卡比拉原定于5月14日再次举行会谈，但由于卡比拉拒绝被迫取消。

三、反政府武装攻占金沙萨成立刚果民主共和国

1997年5月17日，反政府武装占领距金沙萨市中心约15千米的国际机场，并开始向市中心进军，在未遇到重大抵抗的情况下占领蒙博托在金沙萨的豪华住所、议会大厦、国家电台、电视台等要地。蒙博托携家眷逃抵摩洛哥，并于9月7日客死他乡，蒙政权中最后一任总理博隆戈逃至刚果（布）。扎军队总参谋兼国防部长被打死。解放刚果民主力量联盟5月17日发表声明，接管政权，担当过渡权力机构，改国名为刚果民主共和国，卡比拉担任国家元首，并宣布3天内成立拯救国家临时政府，60天内举行立宪会议起草过渡时期临时宪法，中止前政府宪法条例及据此建立的机构，扎武装部队交出武器，与此同时，卡比拉表示承认符合国家利益的所有双边和多边协定。坦桑尼亚、安哥拉、卢旺达、肯尼亚、南非、突尼斯、阿尔及利亚、博茨瓦纳、赞比亚、乌干达等国相继表示承认卡比拉领导的新政权，非统组织秘书长萨利姆也表示将与卡比拉新政府进行合作。5月20日卡比拉从卢本巴希抵达金沙萨。5月23日，卡比拉发布命令宣布成立首届政府。5月29日，卡比拉举行就任刚果（民）总统仪式，并许诺在1998年12月以前就新宪法举行公民投票，在1999年4月举行总统和议会选举。

（周　洁）

刚果前总统萨苏依靠武力重新掌权　1997年是刚果共和国大选年，根据刚果宪法规定，任满5年的利苏巴总统定于8月31日下台，接替他的将是同年7月27日通过选举产生的新总统。围绕着新总统的权力之争，自年初开始，以部族为背景的各种政治势力就展开了较量，摩擦和冲突时有发生。在6月初～10月中旬长达4个多月的时间里，刚果爆发了大规模内战，利苏巴的政府军与前总统萨苏的私人民兵武装间交战从首都开始，波及到几乎刚果全境。经过激战，萨苏取得了胜利，利苏巴逃往国外。据有关国际机构统计，在这次内战中，刚果共和国有1万多人伤亡，另有数万难民逃离家园。刚果内战成为1997年全球最严重的大规模武装冲突之一，引起国际社会广泛关注。

一、内战不断升级

1997年6月5日凌晨，利苏巴总统以“加强全国范围内安全部署”、“围捕和歼灭一切持有作战武器的非正规军事人员”为由，派政府军包围了布拉柴维尔市萨苏的驻地，与萨苏的私人民兵武装发生冲突，双方进行交火，内战从首都拉开序幕。当晚，布拉柴维尔实行宵禁。短短几天内，政府军同萨苏武装在布拉柴维尔市冲突不断扩大，造成平民伤亡，许多房屋被毁，大批难民无家可归。

（一）争夺首都地区控制权的斗争非常激烈。在首都地区战斗中，双方主要集中在对玛牙－玛牙机场等战略要地控制权的争夺上。双方都很清楚，谁控制了机场，谁就控制了整个布拉柴维尔市。双方在国际国内多次调解活动所达成的停火协议中，都将不把该机场用于军事目的列为协议要点之一，但实际上双方都未认真执行。自6月16日下午起，双方军队又动用迫击炮和火箭炮在机场附近展开战斗。在此期间，萨苏武装还攻占了刚果海军司令部、装甲部队司令部和其他一些重要设施，形成了萨苏武装控制着布市北部地区，利苏巴政府军控制着布市南部地区的格局。

7至8月初，在国际国内调解机构斡旋下，双方多次签署停火协议，出现过短暂的停火局面，但权力之争使停火协议变成一纸空文，双方多次在首都中心地带用迫击炮、机枪等武器进行“对话”。自8月8日起，激战重新开始，双方以穿越布拉柴维尔市的铁路为界，利苏巴政府军控制铁路以南地区，萨苏武装则占据铁路以北地区，相互进行炮击。8月26日，利苏巴从位于首都以西300千米的黑角市调遣了苏制米格－28和米格－24武装直升机，对布拉柴维尔萨苏控制区重要目标首次发动空袭，造成萨苏武装和不少平民伤亡，此举标志着刚果内战进一步升级。

9月底之前首都地区战斗中，战场基本态势为：利苏巴的政府军处于攻势，萨苏的武装处于守势，冲突双方虽各有进退，但基本上处在冲突开始时各自占领区内。进入10月份以来，战场形势发生逆转，从10月初开始，萨苏武装即分3路向布市政府军发起进攻，一路进攻玛牙－玛牙机场，一路进攻总统府，一路进攻布市中心地带。10月10日，萨苏武装向政府军发起猛烈进攻并一度占领了机场。但政府军在科雷拉民兵武装支持下向萨苏武装发起反击，夺回了机场，萨苏武装暂时受挫。机场由于遭炮击也处于瘫痪状态，实际上切断了利苏巴的空中支援线。13日以前，萨苏武装再次向利苏巴政府军发起猛烈进攻，并派1架苏制米格21歼击机首次轰炸了利苏巴和科雷拉控制区。经过激烈战斗，萨苏武装终于在10月14日攻占了总统府和首都中心地带，并完全控制了玛牙－玛牙机场，从而基本控制了首都布拉柴维尔局势。

（二）内战蔓延到首都以外地区。利苏巴政府军在首都交战中攻势虽稍强，但在首都以外地区，萨苏武装则占据上风，攻势较猛。8月13日，双方在距首都900多千米的边境城市因普丰多发生交火，这标志着冲突蔓延到首都以外地区。刚果国防部当晚宣布，萨苏武装组成的突击队在卢旺达前政府军支持下，袭击了因普丰多的港口、机场和市中心，并在平民中造成了伤亡。为此，刚果国防部首次发布总动员令，要求所有军人立即返回军营，准备打击萨苏武装。

10月12日，安哥拉政府军以利苏巴支持安哥拉反政府组织（安盟）侵犯了安边界为由，派兵帮助萨苏攻占了距布拉柴维尔西南400千米的尼亚里省府卢迪马，切断了政府军向首都的陆路增援线，从而为萨苏夺取整个布拉柴维尔打下了基础。尼亚里是利苏巴的家乡省，也是其战略大后方，卢迪马则是进出首都的重要铁路枢纽。10月15日，萨苏在近千名安哥拉军队和装甲车的掩护下，攻占了利苏巴军队的老巢、盛产石油的刚果经济首都黑角市。此外，萨苏武装还占领了利苏巴的家乡多利西和被认为是利主要活动地的布恩扎等要地，控制了包括北方5省在内的全国主要省市战略要地，成立了自己的行政机构。

（三）国内外调停工作未取得实际效果。刚果冲突无疑影响到非洲中西部乃至整个非洲地区的和平与稳定。因此，刚果内战一爆发，其国内及邻国、非统组织和联合国等即迅速展开调解活动，呼吁双方结束敌对状态，通过和平谈判解决分歧。6月6日，刚果国内立即组成了一个调解委员会，由布拉柴维尔市市长科雷拉任主席。6月10日，刚果危机国际调解委员会成立，由加蓬总统邦戈任主席，成员包括马里、乍得、中非等国总统，联合国和非统组织以及赤道几内亚、塞内加尔、法国和欧盟等的代表。两调解机构迅速启动，冲突双方多次举行直接或间接谈判，并依据有关调解方案，达成过几个停火协议，但因双方在总统大选等关键问题上分歧较大，停火协议屡遭破坏，内战不断蔓延。7月21日，刚果制宪委员会宣布总统大选推迟，利苏巴的总统任期延长到新总统选出之日，这一举措使双方谈判中断，和谈陷入僵局。

8月3日，冲突双方作出让步：利苏巴同意刚果现政府辞职，组建民族团结政府，任命新总理；萨苏则同意暂时延长利苏巴的总统期限。这样，和谈得以继续进行，但双方在是否取消总统的某些特权及民族团结政府总理人选等问题上仍各持己见。9月9日，利苏巴任命科雷拉为民族团结政府总理，组建新政府，但要职均由利苏巴和科雷拉的支持者担任，留给萨苏支持者的只有几个次要职位。这一安排表明原来在冲突中一直保持中立的科雷拉已经与利苏巴结成联盟，准备共同对付萨苏。这一举动导致双方最终走上了以武力解决的道路。

二、内战爆发的根本原因

纵观此次刚果共和国内战，大致有以下两个原因：

（一）南北部族之间积怨甚深。刚果共和国是个多部族国家，共有170多个部族。1992年开始推行西方式民主后，国内出现了以部族或地区为单位的100多个政党，其中主要政党都有自己的民兵组织。国内最有影响的3大部族集团分别是南部的刚果族，占全国总人口的45%，其代表是总统利苏巴及其领导的“泛非社会民主联盟”，私人武装为“祖鲁人”；北方的姆博希族，占全国总人口的16%，其代表是前总统萨苏及其领导的“刚果劳动党”，私人民兵武装为“眼镜蛇”；中南部地区的拉利族，其代表是布拉柴维尔市市长科雷拉及其领导的“刚果民主和全面发展运动”，私人武装为“忍者”。3方争斗不止，尤其是萨苏和利苏巴势力间历来积怨甚深。为避免战事发生，各政党虽曾多次达成协议，决心解散民兵组织，放弃使用武力，但从未有人执行这些协议。正如一位驻刚果共和国的资深外交官所言，“战斗主要是在部族间进行。当哪一方得到机会时，哪一方就会不分青红皂白地屠杀对方部族的成员。”

（二）权力之争导致冲突愈演愈烈。1993年，利苏巴曾在布拉柴维尔以收缴非法武器为由，攻打科雷拉民兵武装并引发流血冲突，造成2000多人伤亡。后经调解，双方关系有所缓和。1997年大选前，利苏巴政府曾做过几次民意测验，但每次结果表明利苏巴的受欢迎程度排在萨苏和科雷拉之后，这对利无疑是个打击。于是，他改变策略，公开表示愿意交出权力，但暗中却积极活动，谋求连任。这引起萨苏强烈反对，要求利苏巴按期离任。1997年年初，萨苏离开呆了一年多的法国回到刚果，未经宣布就开始总统竞选活动，引起利苏巴势力的极大恐慌。5月10日，在萨苏家乡地区，其拥护者与利苏巴盟友的拥护者曾发生流血冲突，造成几十人伤亡。6月1日，利苏巴、萨苏和科雷拉当着联合国教科文组织总干事马约尔的面签署了协议，并发表了题为《有关总统选举的郑重承诺》的声明，保证“正式地和郑重地放弃把使用武力作为解决政治冲突的手段”。然而，利苏巴还是忌怕主宰刚果政坛20余年的萨苏东山再起，意欲在总统选举前即将自己的主要竞选对手打垮，遂于6月5日挑起冲突，但结果事与愿违。

三、萨苏依靠内外力量支持重新掌权

经过长达4个多月的激战，萨苏最终打败了利苏巴。10月16日，萨苏宣布，他所领导的武装取得了内战的胜利，利苏巴和科雷拉等前政府领导人逃往国外。25日，萨苏宣誓就任总统，并指出当前首要问题是由各党派磋商组建民族团结政府，建立一个民主统一的国家。11月2日，民族团结政府宣告成立。加蓬、安哥拉和刚果民主共和国等迅速承认了萨苏政权。从内外两方面来看，萨苏时隔5年后重登总统位置主要有以下两点原因：

（一）萨苏武装士气旺盛。利苏巴5年执政期间因政绩欠佳，引起刚果国内民众及反对派的不满，而萨苏则审时度势，联合国内几十个反对派政党组成“民主与爱国阵线”，在刚果国内影响不断扩大，为其赢得了较高声誉。最重要的是，萨苏的“眼镜蛇”私人民兵武装虽只5000多人，但他们军心稳定、训练有素、纪律严明、装备精良、作战经验丰富，士气非常旺盛。而利苏巴的政府军，大部分军官是北方人，与代表南方利益的利苏巴心存隔阂，因而从一开始政府军就处于分裂状态，部分拥护萨苏的士兵倒戈，部分保持中立，只有一小部分拥护利苏巴。实际上，与萨苏作战的政府军大部分是利苏巴自己的“祖鲁人”民兵武装。

（二）法国、安哥拉等国大力支持。法国总统希拉克与萨苏关系密切，希一直视萨苏为刚果共和国“总统候选人”。另一方面，法与刚果有着密切的经济联系。刚果盛产石油，1992年萨苏下台前，其石油开采权几乎全部被法国公司垄断。而利苏巴当选总统后，大幅度提高了法国石油公司的税率，并把部分石油开采权分给了美国石油公司，引起法方不满。美国和法国尽管在争夺刚果石油方面存在竞争，但在维护该国和平、稳定方面则有着共同利益。因此，在刚果冲突中，双方强调政治解决，不愿进行军事干预，支持加蓬总统邦戈出面调解。但由于法国与加蓬、刚果存在着特殊的传统关系，随着局势的发展，法国解决刚果危机的主导作用日益增强，明显偏袒萨苏。据称，法国曾暗中借道加蓬为萨苏输送武器。

此外，由于利苏巴长期支持安哥拉飞地卡宾达的分离主义活动，为安盟等安哥拉反政府武装提供支持，安哥拉政府早就对利苏巴心存不满。刚果内战后期，安哥拉趁机出兵刚果。安政府军的参战，为萨苏取得最后胜利起了很大作用，使刚果内战局势发生重大转折。在萨苏重任总统不久，安政府军即撤出刚果。此外，乍得、喀麦隆等国也对萨苏给予了各种各样的支持。加蓬总统邦戈虽充当刚果危机国际调解人，但因他是萨苏的女婿，实际上也偏袒萨苏。利苏巴在内战中则处境孤立，支持者甚少，他曾希望得到乌干达、刚果民主共和国、肯尼亚、纳米比亚等国军事援助，但均未收到回音。

四、全国和解之路仍很漫长

萨苏重新执掌刚果共和国政权后，迅速采取措施，促进民族和解，稳定国内局势。1998 年 2 月初，萨苏在布拉柴维尔亲自主持召开了“全国和解、团结、民主与重建论坛会”（简称全国和解论坛会），会上通过了 5 点决议和 9 点建议。其中，5 点决议的主要内容是：全国过渡委员会是过渡性立法机构，其主要使命是监督政府；过渡期为 3 年，将于 2001 年举行全民宪法公决、总统大选、地方选举和议会选举；即将制定的宪法规定总统任期为 7 年，可竞选连任一次，总统既是国家元首，也是政府首脑。9 点建议的主要内容是：向国家法院和国际法院起诉与两次布拉柴维尔战争直接有关或有牵连的自然人或法人；建立一个类似于南非真相与和解委员会的道德权力机构；为政党制订一个法律草案；为非政府组织和协会制订一个法律草案；制订一个民族和解宪章；建立国家审计委员会，以审查利苏巴执政 5 年期间的管理情况等。国际社会普遍认为，虽然萨苏在此次论坛会上作了不少许诺，但刚果要实现真正的和平与和解并非易事。在国内，经济遭到严重破坏，国库几乎一无所有，政治体制、法律制度尚待完善，部族矛盾并未完全消除，内战给人们心理带来的创伤短期内难以愈合——所有这些难题，处理不好就可能会再次引发内乱。在国外，流亡的前总统利苏巴和前总理科雷拉正在为复位而四处奔走，利苏巴的部分亲信甚至扬言要用武力夺回政权。因此，刚果要实现真正的和平与民族和解还需走漫长的道路。

（朱祥龙）

科摩罗动荡局势趋于缓和　印度洋西部岛国科摩罗 1997 年 8 月初因昂儒昂岛分裂势力要求独立并重新归属法国而导致局势动荡，但在国际社会积极调解下，科摩罗政府与分裂势力以对话协商的方式达成《亚的斯亚贝巴协议》，使局势在 12 月中旬趋于缓和。

科摩罗紧张局势的起因是昂儒昂岛宣布“独立”。科摩罗群岛由大科摩罗、昂儒昂、莫埃利和马约特 4 个岛屿组成，原是法国殖民地。1975 年科摩罗群岛宣布独立，但其中的马约特岛继续由法国管辖。1997 年 8 月 3 日，昂儒昂岛上的分裂势力因对科摩罗政府的政策不满而宣布独立，成立“昂儒昂国”，并选举分裂运动领导人阿卜杜拉·易卜拉辛出任“总统”。分裂势力还主张把昂儒昂岛重新划归法国。

科摩罗政府在昂儒昂岛发生分裂事件之后，立即宣布军队处于戒备状态，并成立了危机处理小组，准备同分裂势力进行直接接触。科摩罗总统塔基呼吁“全国进行协商和对话来对付国家面临的挑战”。但分裂势力并没有回应政府的呼吁，反而采取了更加激烈的行动。8 月 7 日，塔基总统的秘书长穆罕默德·阿赫迈德·阿卜杜拉在乘直升机抵达这个岛时遭到绑架；科摩罗政府一名部长的住宅被人纵火焚烧。8 日，昂儒昂岛上盛传政府即将派遣“雇佣军”发动攻击的消息，数百名分裂主义分子走上街头游行示威，并占领了昂儒昂机场，扬言准备抵抗到底。驻扎在岛上的 350 名政府军一直在军营待命，静观事态发展。另外，要求“独立”的势头已经蔓延到莫埃利岛，分裂分子在岛上组织了总罢工，叫嚷要实现“完全独立”。9 日，科摩罗政府派遣的一百多名军人分乘 3 艘船在昂儒昂岛强行登陆，并朝首府穆察穆杜进发。9 月 3 日科摩罗政府军进行了“军事干预”，双方发生了激烈的武装冲突。

科摩罗的严重局势引起了国际社会的广泛关注。作为科摩罗前宗主国的法国采取了十分谨慎的立场。法国政府主张维护科摩罗的领土完整，并认为这一危机主要是由于各岛之间经济不平衡造成的，应当通过扩大对这个国家的援助来解决内部的危机。法国曾在 1989 年和 1995 年科摩罗发生政治动荡时两次出兵，直接进行维和。而这次由于昂儒昂分裂分子提出了重新从属法国管辖的要求，使法国处于“尴尬”境地，因而它试图回避这场冲突的政治性质。

8 月 6 日，非统组织决定派遣 1 名特使前往科摩罗进行调查，并同冲突双方就政治解决危机进行磋商。非统组织明确表示应当维护科摩罗的统一和领土完整，强调采取分裂手段来解决科摩罗的社会危机和经济困难是不现实的和绝对不能接受的。为缓和局势，非统组织要求科摩罗政府不要动用武力解决昂儒昂岛危机，并及时向科摩罗其他岛屿派出了军事观察员。非统组织的明确立场和积极调解得到了联合国和有关国际组织的支持。联合国秘书长安南 8 日呼吁通过对话解决科摩罗危机，并对非统组织派遣特使进行调解表示支持。科摩罗所属地区性组织——印度洋委员会对科岛的局势也十分关注，该组织成员国毛里求斯呼吁通过对话解决冲突，维护科摩罗的领土完整。科摩罗分裂势力不听从国际社会劝阻，于 10 月 26 日举行了关于昂儒昂岛独立的公民投票。非统组织一方面呼吁国际社会不要承认投票结果，同时进一步加大调解力度，积极劝说有关各方坐到谈判桌前，用和平方式解决科摩罗危机。

经过 4 个月的积极斡旋，1997 年 12 月 10 日，由非统组织主持召开的科摩罗国际会议在亚的斯亚贝巴的非洲大厦正式拉开帷幕，科摩罗政府、各党派和各岛屿的代表终于坐到了谈判桌旁，试图通过谈判来解决这个印度洋岛国目前面临的危机。根据非统组织的原则，这次谈判既要考虑每个岛屿的切身利益，又要尊重国家的统一和领土完整。非统组织秘书长萨利姆在科摩罗国际会议开幕式上指出，科摩罗危机的根本原因是国家的极度贫穷和不发达。为此，非统组织在调解和解决目前危机的同时，还动员阿盟、欧洲联盟和联合国以及整个国际社会出资出力，帮助科摩罗各岛发展经济。非统组织的这种从根本上消除不稳定因素的主张受到了科摩罗各方的欢迎，也得到了国际社会的积极响应。12 月 14 日科罗摩各派达成《亚的斯亚贝巴协议》，协议规定在非统组织的主持下，尽早召开科摩罗各岛屿会议，以成立新的制宪机构。并同意成立一个由非统组织担任主席、有科摩罗各派代表参加的国际委员会负责监督该协议的执行。这使长达 4 个月之久的科摩罗危机暂告结束，动荡的局势趋于缓和。

（黄　磊）

布隆迪混乱局势趋向和缓　位于非洲中东部、赤道南侧的布隆迪，是一个种族矛盾十分尖锐的国家。自 1993 年 10 月以来，该国图西族和胡图族两大部族之间的流血冲突愈演愈烈，政变不断，政府官员被暗杀事件接连发生。1996 年 7 月，由图西族人控制的政府军发动政变，推翻了胡图族人总统恩蒂班通加尼亚，建立了以布约亚为首的新政权。新政权建立后，国际上拒绝承认，一些中非、东非国家随即对其实施制裁。国内，胡图族反政府武装拒绝与军政府和谈，双方冲突时有发生。

已大权在握的布约亚面对国内外的压力，做出积极和解姿态。1997 年新年伊始，即呼吁反对派进行对话，表示愿意听取“每个人的意见”，以便通过和平方式结束布隆迪内战。另一方面，他又以踢开和谈道路上的“绊脚石”为名，于 1 月 18 日逮捕反对党“保护少数民族团结党”领导人德奥·尼奥兹马，次日拘捕前总统巴加扎。巴加扎政权是在 1987 年 9 月 3 日被当时任军队参谋部作战和训练局局长的布约亚发动军事政变推翻的。

布隆迪两大部族的矛盾一直受到国际社会的极大关注。1997 年 2 月，人们请出非洲政坛元老、坦桑尼亚前总统尼雷尔出面斡旋。布约亚在尼雷尔主持召开的会议上，承诺在布隆迪尽快恢复民主和宪法。但胡图族反对派对其承诺不以为然。因为双方争执的一个焦点——难民问题一直得不到解决。1996 年政变发生后，大批布隆迪难民涌向邻国。到 1997 年 2 月，滞留在坦桑尼亚基戈马、卡盖拉等地难民营的布隆迪难民已达 20 万人之多。不仅如此，分布在布隆迪和坦桑尼亚边界地带的难民营还时常遭到袭击，惨案时有发生，政府军和胡图族反政府武装相互指责是对方所为。难民也给邻国形成巨大压力，有的被强行驱赶或遣返，回国后又遭军方枪杀，进而激化了国内两派间的矛盾，损害了与邻国的关系。由于这一事态的发展，到 1997 年 4 月中上旬，布隆迪政府军与胡图族反政府武装终于又在马坎巴省爆发大规模武装冲突。冲突中，反政府武装遭到重创，100 多人丧生。

为了向军政府施加压力，布隆迪反政府各党呼吁国际社会继续对布进行制裁。1997 年 4 月 16 日，非洲大湖地区国家首脑在坦桑尼亚阿鲁沙召开会议，与会者一方面同意解除对布隆迪实施的食品、农产品、教育物资、医药和建筑材料方面的禁运，以缓解布隆迪人民的困苦，并表示为国际社会的人道主义援助物资提供运输方便；另一方面，继续呼吁国际社会对布实施武器禁运，从政治、经济和外交上向布隆迪军政府施加压力，以促使布隆迪内战的和平解决。5 月 30 日，联合国安理会发表主席声明，表示支持非洲国家首脑为争取和平解决布隆迪危机所作的努力，敦促有关各方停止敌对行动。在国际社会的调停下，布隆迪局势在 1997 年下半年基本上趋向缓和。

布隆迪 4 年来的混乱局势已造成几十万人丧生，人民生活十分困苦。图西族、胡图族以及武装派别何时才能“相逢一笑泯恩仇”呢?

（全　鲍）

安哥拉和平之路不平坦　1997 年是安哥拉交战双方——安政府和争取安哥拉彻底独立全国联盟（安盟）签署卢萨卡和平协议 3 周年。在这一年中，由于各方的努力，和平进程取得了重大的进展，民族团结与和解政府的成立是一个重大的标志。然而，由于双方在长期的内战中产生的不信任，和平进程在一些重大问题上受阻，使和平进程的胜利结束与和平最终的实现还面临着艰巨的任务，道路不会平坦。

根据安政府与安盟签署的和平协议，1997 年安和平进程的主要任务是实施政治方面的 4 大任务，即组建民族团结与和解政府、安盟议员在国民议会就职、在安盟占领区重建国家权力机构和确立安盟主席萨文比的“特殊”地位。

在这 4 个问题中最重要的是确立萨文比的地位问题。这一问题能否妥善解决，关系着和平进程的成败。双方经过长达 15 个月的艰苦谈判，就这一问题达成协议，通过了萨文比为安哥拉最大的反对党领袖的文件，为安盟议员进入议会和民族团结与和解政府的成立扫清了障碍。4 月 9 日，安盟 66 名议员在安国民议会宣誓就职，使安议会成为代表安哥拉主要政党的议会。

4月11日民族团结与和解政府在安哥拉首都罗安达正式成立。该政府是个多党政府，以在1992年安首次多党选举中获胜的安哥拉人民解放运动（人运）为主，吸收在议会拥有席位的其他政党。在这个联合政府中，安盟占有4个部长和7个副部长职位。安盟议员进入议会和民族团结与和解政府的组建标志着民族和解的初步实现、和平进程的基本结束和国家战后重建工作的正式开始。这为饱经战乱之苦的安哥拉人民带来了极大的喜悦，也使他们对未来的新生活产生了无限的憧憬。

可以说，今年是安和平进程取得重大进展的一年，和平进程的两项重大任务，即组建统一军队、建立民族团结与和解政府已经胜利完成。然而，通往和平的道路是不平坦的。民族团结与和解政府成立之后，和平进程在安盟占领区重设国家权力机构工作受阻。安盟不愿放弃所占地盘，特别是在一些地区，安盟的势力极其强大，大批安盟成员和同情者殴打政府参加地方政府成立仪式的成员，撕毁国旗，不服从地方政府的领导，严重阻碍了这一工作的进行。后虽经联合国驻安核查团及和平进程观察国（美国、俄罗斯和葡萄牙）代表多次调解，但仍未见效，使和平进程中断达4个月之久。同时，由于安交战双方历经长达20年的内战，相互信任已丧失殆尽，双方相互戒备，特别是安盟对政府极其不信任，不愿意放弃所占地盘，尤其是钻石产区，担心一旦放弃，就会失去经济来源，失去与政府抗衡资本。为此安盟加紧在中部的万博省招募青年，扩充兵力。安盟曾在6月上旬还将200余名青年派往东北部的钻石产区多次与政府军发生武装冲突。

在这种情况下，联合国安理会于8月底通过决议，决定对安盟采取制裁措施，其中包括关闭安盟驻国外的代表处、限制安盟领导人出国访问等，制裁措施于30天之后生效，要求安盟在此期间完成3项任务：全部解除其“残余部队”武装，将其控制的电台——黑公鸡抵抗之声电台变为无党派的商业电台，并在其占领区重设国家权力机构的工作中与政府合作。迫于国际社会的压力，安盟在此期间做出了一些姿态，但没有达到安理会的要求。安理会在这种情况下决定再将制裁措施的生效期推迟30天。但安盟仍未能履行规定，制裁措施终于10月底生效。安盟在受到制裁之后，召开了政治委员会会议，讨论了安理会制裁之后的形势，决定继续坚持和平进程。但安盟并不愿听从他人摆布，对和平进程持拖延态度，致使原定11月底或12月初安哥拉总统多斯桑托斯与安盟主席萨文比的直接会谈搁浅，再次阻碍了和平进程的发展。12月19日安哥拉政府迫不得已在向安哥拉和平进程观察团美国、俄罗斯和葡萄牙代表递交给安盟的一份文件中声明，确定1998年1月22日为安盟必须完全履行卢萨卡和平协议所有规定的最后期限。这份文件要求安盟严格遵守和平协议，履行其未尽的义务，包括在规定的期限内解除其所有军事人员的武装，并向联合国驻安哥拉观察团上缴全部武器。到目前为止，和平进程虽然取得了很大的进展，但停火协议生效近三年来，双方还发生多次武装冲突，使和平进程的胜利结束与和平最终的实现仍面临着困难，有待双方付出极大的努力。

安哥拉最终和平虽尚未实现，但从目前双方态度看，再次爆发内战的可能性已不大。这首先是因为安哥拉交战双方在长期的战争中元气已经耗尽，并认识到战争是不能解决最终问题的。安哥拉人民饱受战争之苦，对内战也感到厌倦。从周边形势看，周边国家发生的巨变对安和平进程也产生了有利的影响，刚果、刚果（民）、纳米比亚、赞比亚等国目前都同安政府保持着友好的关系，这种形势铲除了安盟把邻国作为大后方和通过邻国运送武器的隐患，从而有助于安哥拉彻底消除再次爆发战争的可能性。

（黄　磊）

赞比亚发生未遂政变　1997年10月28日6时，赞比亚总统府响起一阵枪声，一个自称“索罗上尉”的军官在国家电台宣布，赞比亚部分军人已经接管了政权，命令奇卢巴总统于9时投降。他说，此次军人政变旨在挽救国家命运，避免国家“彻底崩溃”。但到7时，忠于总统的部队已经控制了局势，挫败了军事政变，逮捕了政变士兵。赞比亚总统奇卢巴在国家电台宣布，未遂政变已结束。

1996年11月，赞比亚举行大选。但就在大选前几个月，奇卢巴总统批准了执政的、占议会多数的多党民主运动提出的宪法修正案。该修正案对总统候选人资格和总统任期作了明确限制，使反对党领导人前总统卡翁达失去了再次竞选总统的资格。结果，在卡翁达领导的联合民族独立党等许多反对党退出大选的情况下，党民主运动在选举中轻而易举地再次获胜。1997年伊始，以民族独立党为首的反对党拒绝承认赞比亚1996年的大选结果，要求修改宪法，成立临时政府，重新举行选举，并且在全国掀起全民“不服从”运动。1997年8月23日，反对派在位于中部的铜带省联合举行集会，卡翁达和自由进步阵线领导人琼圭预定到场发表演讲。警方先是抽调大批警力阻止集会，后又开枪打伤了准备离开集会现场的卡翁达和琼圭等人，使政府与反对派之间的矛盾激化。10月28日晨，赞比亚发生军人政变。政变当天就被忠于政府的军队粉碎，总统随即宣布在全国实行紧急状态，授权警方对政变进行调查。警方也先后逮捕 90 多名参与和涉嫌策划政变的人，其中有全国民主大会主席蒙冈巴。12 月 2 日，奇卢巴便宣布对内阁进行大改组，包括副总统、国防、外交和内政部长在内的多数内阁成员被调整了职位，同时撤换了陆军和空军司令。奇卢巴借此加强了对军队的控制，巩固自己的领导地位。1997 年 12 月初，赞比亚政府在国际社会和国内反对党的压力下，着手准备同反对党进行对话，国内开始出现和解迹象。然而，12 月 25 日，刚从国外回国的卡翁达就在首都卢萨卡被警方逮捕并被关进监狱，理由是他在政变前曾预言赞国内局势要发生“爆炸”。在政变前夕，卡翁达离开赞比亚去参加莱索托国王的加冕典礼。在发生政变和实施紧急状态后，他没有按计划回国，而是周游世界两个月之久以寻求国际社会的支持。卡翁达被捕后，南部非洲国家和一些西方国家纷纷向奇卢巴政府施加压力，要求立即释放卡翁达。31 日，奇卢巴迫于国内外压力，下令释放卡翁达但却坚持把他继续软禁在家中，原定年底举行的政府与反对党之间的正式对话也因此而推迟。经过一年来的风雨，赞比亚政府驾驭了政局，渡过了军事未遂政变所引发的危机。

（黄　磊）

塞拉利昂和平进程遭受挫折　1997 年 5 月 25 日，塞拉利昂发生军事政变，推翻了民选总统卡巴领导的文官政府，成立了以科罗马为首的武装部队革命委员会。在国际社会强大政治谴责、经济制裁和军事打击的压力下，塞军事当局被迫于 10 月下旬同西非国家经济共同体签署和平协议，答应于 1998 年 4 月还政于民，恢复卡巴文官政府。12 月初塞军事当局又以各派武装力量拒绝交枪为由，拒绝履行已达成的协议，并与支持文官政府的民间武装在东南部展开激烈的战斗，使塞拉利昂和平进程遭受挫折，和平协议难以执行。

一、塞军方发动政变推翻民选政府

长期以来，塞拉利昂一直为军人执政。1996 年 3 月塞全国举行大选，卡巴当选总统，成立文官政府。同年 11 月 30 日，卡巴政府与反政府武装签署和平协议，结束了长达 6 年的内战，逃往国外的难民开始返回，国内局势一度趋于稳定。由于塞拉利昂长期的动荡，经济凋敝，财政拮据，百姓生活十分困苦，军人生活也得不到保证。同时卡巴总统在国内改革中采取了系列措施力图削弱军方政治势力，使军人待遇再次降低，引起军方不满。部分军人曾在 1996 年 9 月、11 月和 1997 年 1 月 3 次策划政变，但未获成功。致使军方与总统的矛盾进一步加深，总统对本国军人也完全失去信任，启用西非维和部队组成总统卫队。1997 年 5 月 25 日凌晨，塞拉利昂军人第 4 次发动政变，推翻了总统卡巴领导的文官政府。6 月 17 日塞政变领导人科罗马少校宣布就任“国家元首”和“武装部队司令”。总统卡巴未带任何随从逃离首都弗里敦，乘直升机抵达几内亚首都科纳克里，开始流亡生活。

二、国际社会反应强烈促其恢复合法政府

塞拉利昂军事政变遭到了国际社会的普遍谴责。在塞政变当天，联合国秘书长安南发表声明称，联合国和国际社会将坚持“政府权威应建立在民众意志之上和不允许以武力推翻民选政府”的原则。非统组织秘书长萨利姆也指出，塞拉利昂的政变在非洲大陆“不受欢迎”。西非国家经济共同体主席、尼日利亚国家元首阿巴查将军同西非各国领导人进行紧急磋商，共同要求塞拉利昂政变领导人下台，恢复卡巴领导的民选政府。由尼日利亚国防军参谋长阿布巴卡尔率领的代表团 5 月 28 日赴塞，开始同政变当局举行谈判，力图以和平方式结束危机。加纳总统罗林斯也决定不再前往津巴布韦首都哈拉雷出席非统组织第 33 届首脑会议，以便就近观察塞危机的发展；他还从哈拉雷召回其副外长参加同塞政变领导人和平谈判。正在利比里亚执行任务的西非维和部队于政变当天加强了对利、塞两国边境的封锁，并从次日开始用飞机和军舰分批向塞拉利昂运送部队，使以尼日利亚为首的西非维和部队在塞拉利昂的兵力剧增至 3600 人左右。对塞拉利昂形成了外交和军事双重压力，促其改弦易辙，恢复合法政府。

三、塞军方拒不交权，多次与西非维和部队发生武装冲突

塞政变领导人科罗马不顾国际社会的谴责，仍于 1997 年 6 月 1 日晚组建了 20 人的新内阁，拒绝和平交权。驻扎在塞拉利昂首都弗里敦附近的尼日利亚、加纳、几内亚 3 国西非维和部队 3600 人，在 6 月 2 日早晨 6 时开始向塞拉利昂政变军队发起进攻，很快占领了弗里敦以北的隆吉国际机场。随即又对政变军队指挥部发起攻势，双方在政变军指挥部附近的一座饭店前发生了激战。面对西非维和部队强劲的攻势，塞政变领导人 2 日不得不宣称，18 个月以后重新举行全国大选，将把政权交给新民选政府。3 日在国际红十字会的调停下，西非维和部队停止对政变军的进攻，实现了暂时停火。6 月 17 日科罗马宣布就任国家元首和武装部队总司令，集军、政大权于一身，使和谈雪上加霜。6 月 26 日西非国家经济共同体 15 国在几内亚首都科纳克里开会决定，成立由尼日利亚、

加纳、科特迪瓦、几内亚和非统组织官员组成的谈判委员会，同科罗马领导的塞军政府进行谈判，争取在一个合理期限内让科罗马和平交权下台；若谈判失败，将对塞实施禁运等经济制裁，并在必要时采取军事手段，以迫使军政府下台。7月4日，尼日利亚等非洲西部7国分别关闭各自驻塞使馆，向塞军政府施压升级。7月8日，科罗马又改组内阁，重新任命一个由17人组成的新政府，进一步巩固政权。9日，塞军为打破经济封锁，主动进攻占据塞首都国际机场的维和部队，双方相互猛烈炮击，各有所伤。7月11日，联合国安理会发表主席声明，要求塞政权立即无条件恢复民主政权，并表示支持西非国家经济共同体对塞军政府的“对话、制裁和禁运、使用武力”等措施。英联邦秘书长阿尼奥库则宣布，暂时中止塞的英联邦成员国资格，取消对它的任何援助。7月14日，塞军政府8名成员不顾国际社会的反对而宣誓就职。作为回敬，西非维和部队开始对通往弗里敦主要公路干道实行军事封锁。18日塞军方被迫同“4国委员会”再次达成停火协议。20日西非维和部队解除了对弗里敦的陆路封锁，疏缓了紧张气氛。7月30日塞拉利昂军政府领导人科罗马宣称，将在2001年11月举行总统选举，在此之前，“军人不会还政于民”，致使和谈再掀波澜走向破裂。31日，“4国委员会”执行主席、尼日利亚外长伊基米宣布，加强对塞国际禁运和制裁。8月28日西非国家经济共同体决定成立第2支维和部队，负责监督在塞实现停火和对塞的禁运；禁止西非国家同塞进行一切商贸活动，包括向塞出售和运送石油产品、武器及其零配件等；冻结塞当局成员及其家属在各国的存款；禁止进行一切可能有助于塞产品出口或转运的活动；用于人道主义目的物品也须经西非维和部队检查方可进入塞拉利昂。1997年9月5日西非维和部队警告所有船只和飞机不得进入塞领海和领空，否则将对违禁者实施军事打击。6日和7日，连续两次出动战斗机，对停泊在弗里敦港口的一艘商船进行轰炸，造成塞军政府300多万美元的损失。9月8日塞军调遣一支高射炮部队进驻弗里敦港口，以对抗西非维和部队空袭，使双方武装对抗升级。联合国安理会8日决定，对塞军政府制裁，要求所有国家拒绝塞政府成员及其眷属的入境和过境；禁止所有国家向塞出售或提供石油及石油产品、军火和种种有关物资。

四、塞军方与西非维和部队继续对峙，和平协议难以执行

1997年10月22日，在国际社会制裁不断升级和西非维和部队的打击与封锁的强大压力下，塞军政府接受西非国家经济共同体的条件，在几内亚首都科纳克里恢复和谈，并签署了于1998年4月22日向卡巴政府“还权”协议。但随后科罗马以现政府军队是符合宪法规定的国家武装力量为由，拒绝按协议规定从12月1日起解除武装，并与支持文官政府的民间武装在东南部展开激烈的战斗。被军政府收编的前反政府武装革命联合阵线和卡巴的民间武装也各找借口拒不交枪。两周后科罗马突然宣布，鉴于解除各派武装计划无法启动和国际社会承诺的救援物资迟迟没有到位，军政府将难以按期交权。这样一来，使在几内亚首都科纳克里签署的和平协议的执行从一开始就面临困境。12月15日集国家元首和武装部队总司令重任于一身的科罗马再次对刚刚成立5个月的内阁实行改组，撤换了部分部长，调整了政府机构设置。一周之后，他又为1批军官晋级，将13名中校升为上校、7名少校升为中校。他本人也在圣诞节前一天由少校晋升为中校。1998年新年伊始，军政府又出台了执政以来的第1个财政预算案。塞军事当局这些举动再次巩固了政权、稳定了军心，并达到显示实力的作用，而毫无下台的打算。为此，联合国安理会要求有关方面切实遵守对塞实行经济制裁和武器禁运的协定，以迫使科罗马政权回归和平协议的轨道。西非国家经济共同体负责调停塞危机的委员会也一再呼吁塞政变当局遵守科纳克里协议。正在执行对塞封锁的西非维和部队司令马卢少将更是言辞犀利，要求其部队做好准备，在新的一年里把在利比里亚实现和平与稳定的成果扩大到塞拉利昂。

（黄　磊）

利比里亚初步实现和平　1996年8月利比里亚内战各派在尼日利亚首都阿布贾签署和平协议。1997年年初，利比里亚在西非维和部队的帮助下，顺利完成了收缴武器任务。7月19～24日，利比里亚举行全国大选，“全国爱国党”领导人查尔斯·泰勒当选利比里亚总统。这标志着长达7年之久的内战正式结束，初步实现和平。

一、利各派向西非维和部队交出手中武器

根据阿布贾和平协议中规定的利比里亚和平进程时间表，利内战各派应在1997年1月31日前解除全部武装。同时规定，将严惩违犯和平协议的武装派别领导人。在最后期限到来前，设在利全国各地的14个缴械点挤满了前来缴械的各派士兵，使维和部队应接不暇。至2月13日为止，前来缴械的士兵达30058人，占交战各派士兵总数的91%。共收缴武器14156件、弹药1650732发和手榴弹4369枚。武器弹药收缴工作的顺利进行为重建利比里亚和平奠定了基础，绝大部分士兵放下武器使和平进程不可逆转。

但仍有部分武器散落在各派手中，为此西非维和部队突击检查了临时政府大楼和3个主要派别领导人的住宅。在“联合解放运动”领导人克罗马的家里发现大量步枪、机枪、迫击炮和弹药。其他派别，如泰勒领导的“全国爱国党”，也曾被发现有藏匿武器的行为。

二、利在国际社会的支持下完成了选举准备工作

由于利国内局势尚不稳定，各项选举准备工作滞后。为了保证选举顺利进行，国际社会作了大量的工作。西非国家经济共同体发挥“非洲的事情由非洲人自己解决”的精神，在利比里亚和平进程中起了关键作用。5月21日在阿布贾举行紧急首脑会议，决定将大选延期至7月19日举行。同时，决定大选所需费用约540万美元由西非国家经济共同体各国承担160万美元，其余由国际社会提供。西非维和部队成功地完成了解除各派武装、解散武装派别、恢复秩序和安全等各项任务。在竞选活动开始后，西非维和部队又增兵1200人，在利主要港口、机场和各城市的交通要道执行巡逻任务；期间，约1.1万名士兵被部署到利国内13个县42个地区，保证了投票站的正常秩序和安全。联合国和非统组织也于1997年5月呼吁国际社会为在利比里亚和整个非洲大陆实现持久和平作出贡献。联合国等国际组织向利比里亚派遣了约500名观察员以监督大选。非统组织为大选捐款20万美元。所有这些因素都有力地促进了利比里亚和平进程。

三、利大选顺利进行，泰勒当选总统

利大选于7月19日开始，共有13个政党的候选人参加了竞选。全国共设立了1860个投票站，约有71万选民参加投票。各地投票站秩序良好。7月24日，独立选举委员会主席安德鲁宣布，利比里亚“全国爱国党”领导人泰勒获得75%的选票，以绝对多数当选为利比里亚总统。此外，“全国爱国党”还赢得了国会90个席位中的70个。8月2日，泰勒正式就任总统。国际社会普遍认为这次利比里亚大选是自由、公正的，选举结果反映了利比里亚人民的意愿，是可以信赖的。

四、利拟组建国防军，国际社会对其战后重建工作继续予以支持

利政府计划在大选后6个月内组建国防军，初步确定为1旅3营编制，由利原武装部队人员中抽选。尼日利亚还派遣250名警察赴利，帮助利重建警察部队。与此同时国际社会对利战后重建工作也十分重视，给予了不少支持。联合国秘书长安南和西非国家经济共同体主席阿巴查联合发表声明，呼吁所有利比里亚人全力支持新政府，以重建国家和实现民族和解；联合国和西非国家经济共同体继续积极参与利比里亚的重建工作，并动员国际社会提供帮助；西非维和部队继续留驻利比里亚，以帮助利重建武装部队、巩固和平及维护国内的安全和稳定。

（张若涵）

法国调整驻非洲部队部署 非洲大陆位于东半球西南部，面积3029万平方千米，约占世界陆地总面积的20%。在非洲的54个国家中，几乎一半曾是法国的殖民地。因此法国历来视非洲为自己的传统势力范围和重要的战略基地。即使在非洲国家相继取得独立地位后，法国仍通过维持强大的军事存在以及政治、文化交流等方式同这些国家保持着“特殊关系”，并以“保护者”的姿态在该地区继续享有诸多特权。自60年代起，法国先后同乍得、加蓬、中非、吉布提等8个非洲国家签定了防务合作协议，同24个国家签订了军事技术援助协定。目前法国在非洲共有驻军8350人，拥有6个军事基地，其主要任务是保持它对这一地区的军事干预能力，维护它在非洲的传统利益和影响。

随着非洲和国际形势发生重大变化，近年来法国在非洲的地位和影响已开始面临严峻挑战。为了更有效地维护其在非洲的战略利益，法国新政府上台伊始便决定在前政府充分酝酿的基础上，依照1996年2月制订的新国防改革计划精神，在6年内逐步完成其驻非部队削减工作，并调整其军事部署。

法国国防部长1997年7月访问乍得、加蓬和中非3国时宣布了法国的调整计划，其主要内容包括：一是把目前在吉布提、塞内加尔、加蓬、中非、科特迪瓦和乍得等6国的驻军由8350人减至5000人，共削减40.1%。二是关闭设在中非西部的布阿尔军事基地，并逐步撤回在中非的全部驻军，从而使法国在非洲的军事基地由6个减至5个，各基地驻军均为1000人，分别由1个编制为700人的陆军营和部分海、空军分队组成。三是严格控制向非洲缔约国派兵或提供军事援助。此外，法国打算在上述国家开办军事院校，为他们执行非统组织或联合国维和任务培训部队。

法国所以作出上述调整，有其不得已的苦衷。首先，地区和世界形势发生了变化，迫使其必须重新拟定对非军事政策。过去法国一直扮演着“非洲宪兵”的角色，在非洲发生危机时往往派兵直接进行军事干预。冷战后，随着非洲地区乃至世界形势的变化，美国加紧对非洲的不断渗透，加之非洲国家民族主义情绪的增长，法国在非洲的传统军事存在越来越受到抵制，其干预方式也暴露出许多弱点。特别是1994年

以后，法国在卢旺达、科摩罗和中非共和国等地进行的直接军事干预行动，不仅未能取得预期效果，反而激起强烈的反法情绪。在1997年的扎伊尔内战中，卡比拉推翻了法国支持的蒙博托政权，改扎伊尔为刚果民主共和国，再次削弱了法国在非洲的地位和影响力。面对挫折，法国不得不重新考虑其对非政策及军事部署。沉痛的教训使法国认识到，传统的直接军事干预方式已不能适应新的形势，驻非法军应逐渐摆脱承担军事干预任务的负担，以便在危机发生时更有效地保护法侨民安全和利益，更好地执行联合国维和任务，同时加强非洲作为法国实施海外干预行动的兵力投放战略基地的作用，确保法国在世界范围内的战略利益。

其次，法国国防改革的需要，也要求必须建设一支精干的驻非部队。法国《1997年～2002年军事纲领法》提出了大规模压缩军队员额，建设“少而精”的现代化、职业化军队的目标。调整在非军事部署、削减驻军员额，既是法国国防改革计划的重要内容之一，也是它针对变化了的非洲局势而采取灵活、务实的军事政策的一种体现。法国将通过重点削减驻非洲部队后勤和非作战人员，加强空军力量，提高部队快速反应能力，重点确保在乍得、塞内加尔和吉布提等地力量，合理部署兵力等措施，有目的、有重点地维持它在非洲的军事部署提高驻非部队战斗力，以更有效地维护法国的利益和影响。

其三，是为了加强经济攻势，推动法国和非洲国家的新型伙伴关系的建立和发展。法国在非洲有着重要的经济利益，长期以来非洲不仅是法国最重要的资源供应基地，而且是它投资和推销产品的巨大海外市场。法国在非洲投资建有2800多家企业，派驻15万余名专家。但近年来，由于西方其他大国，特别是美国加紧对非洲进行政治、军事渗透和经济占领，法国在这一地区的传统地位和影响已受到严峻挑战。在新形势下，法国只有突出加强对非经贸关系，进一步巩固在非经济优势，更多地占领市场，才能更有效地影响非洲。法国采取的具体措施包括：调整对非策略，从过去注重政治、军事干预转为突出加强经济攻势；加大对非援助，改善与非洲国家关系，提高法国在非洲事务中的地位和作用；依靠欧盟整体力量与美国抗衡，争夺非洲势力范围。通过对非策略调整，法国将谋求逐步建立和发展法非新型伙伴关系，以更加切实、有效地维护它在非洲的利益。

（施　军　任　明）

欧洲军事要事

俄罗斯全面军事改革拉开序幕　1996年以来，随着俄经济形势逐渐趋缓，新的政体基本确立，叶利钦认为正式实施军事改革的时机已经成熟，于1997年5月22日将在军事改革问题上与叶利钦有严重分歧的国防部长罗季奥诺夫撤职，由谢尔盖耶夫接任国防部长一职，6月9日批准了新任国防部长提出的军事改革建议，7月16日签署了对武装力量进行重大结构改革的命令，正式拉开了全面军事改革的序幕。11月29日，俄联邦国防会议军事建设委员会原则上通过了《2005年前俄联邦军事建设构想》，对军事改革的方向、内容和步骤作了进一步规定，在总统、议会、政府和军方的参与下，有关军事改革的具体方案陆续出台，并开始付诸实施。

从初步公布的改革方案和俄罗斯军政要人的讲话看，俄罗斯下一步军队建设与军事改革的基本走向是：

一、以建立精干的军队为目标，继续压缩军队员额

截止1996年初，俄军编制员额已经由建军初期的280万人裁减至170万人。尽管如此，俄认为维持如此数量的军队仍然力不从心，而且有碍军队战斗力的提高。叶利钦的改革方案中提出1997～1998年再裁减50万人，其中1997年裁减20万人，1998年裁减30万人，到1999年1月1日，使俄军编制总员额降至120万人，文职人员将减少50%（约60万人）。到下个世纪初，视经济发展和军队战斗力的提高状况，将对军队人数作进一步的裁减。其中一种方案是：到2005年前，武装力量总兵力将裁减到100万人。裁减的具体方案，一是重点裁减中央指挥机关，计划把拨给国防部机关的预算资金削减到占军队总预算的1%，这样一来，中央指挥机关的人数将裁减三分之一。将军的数量将由目前的1925名减少至1507

名。新编制规定设大将9名，上将64名，中将365名，少将1069名。二是重点裁减各军兵种中缺编严重、技术装备程度差的作战部队、后勤保障部队，保留并充实部署在受潜在威胁的地区以及西部、南部和东部等重要战略方向的军队集群。此外，还将利用裁减下来的部队来补充、加强战略遏制力量、指挥侦察和通信系统、前线航空兵和陆军航空兵等。三是重点裁减部队中的士兵，最大限度地保留军官和准尉。四是把国防部道路管理局转隶给联邦道路局，撤销中央军事贸易局等专门从事生产经营的机构和企业。五是进一步减少军队院校的数量和招生人数，根据叶利钦的命令，下一步俄军院校的数量将由目前的101所压缩至50余所。

与裁减军队员额相适应，计划进一步严格控制国防开支，确定今后几年内俄国防开支将不超过国内总产值的3.5%。

二、以加强战略遏制力量为重点，优化军兵种结构

军事改革方案中提出，在1997年把战略火箭军、军事航天力量和导弹太空防御部队合并成“战略火箭军”；1998年把国土防空军与空军合并，仍称空军，合并后空军的战斗编成将变得更合理，总员额将减少30～40%，在合并的同时，优化空军和防空兵部队的作战编成。海军也将发生一些变化，但其总的结构不变，仍将完整地保留现有4大舰队和1个里海区舰队，将在各个重要方向上集中比现在更加精干的兵力集团，遂行比现在更有限的任务，规模将大大压缩。这样一来，到2000年前，俄军就由目前的5大军种变为战略火箭军、陆军、空军和海军4大军种。2000年以后，根据武装力量的使用范围，即陆地、空中和太空、海洋，重新组建为3大军种。

军队结构调整中最重要的是对战略遏制力量的重新组建。俄军认为，近年来，俄军的常规力量受到极大削弱，其战斗力在短时间内很难恢复到与维护国家安全相适应的水平，在相当长的一段时间内，俄罗斯将不得不把确保国家安全的砝码压在战略核力量上。通过对战略核力量的合并与调整，可以达到如下目的：一是通过撤销行政管理机构（将撤销30%的平行管理机构），可以减少机构重叠，提高效率；二是有利于“最大限度地合理利用人力物力资源”，可节约资金达1万多亿卢布；三是有利于集中指挥与控制，“大大提高战略遏制力量的战略战备水平和可靠程度。”，可使战略核力量的灵活反应能力及作战效率提高近20%。截止1997年10月30日，战略火箭军、军事航天力量和导弹太空防御部队合并的工作已经完成，新的编成内包括导弹集团军、航天器发射与控制部队和机构，导弹－空间防御军团和兵团。

三、以理顺关系转变职能为要求，改革指挥体制

一是改革陆军指挥体制。新的改革方案提出1999年1月1日前，取消陆军总司令部，设立由国防部1名副部长和领导的陆军总局和武装力量战斗训练总局（统一领导武装力量的训练工作）。原陆军总司令的职能，除部分转给陆军总局和武装力量战斗训练总局外，另一部分转交由各军区司令行使。1997年下半年，取消陆军总司令部，设立陆军总局和武装力量战斗训练总局的工作已经展开。

二是改革军区体制。俄军组建后，其军区的设置与职能与苏联时期基本相同，即军区按地区设置，是一种“地区性战役军团”，主要负责对辖区内的陆军实施指挥，对空军和防空军也有一定的指挥权。新的军事改革方案指出，1999～2000年，军区的数量将由8个减为6个。不仅数量减少，职能也将发生重大变化，改革后的军区将具有战略方向上的战役战略（地区性战役）司令部的地位。新的军区指挥机构的职能是，对在其辖区内的所有军兵种军团、兵团和部队以及其他军队（即边防军、内卫军、紧急情况和消除自然灾害后果部所属民防部队和位于该辖区内的其他武装部队）实施战役领导。此外，还要统一武装力量军区、内卫军区、边防军区、民防区的辖区划分。

四、以实际需要和国家的财力水平为依据，分步骤建设全职业化军队

1996年，叶利钦总统在大选前后提出了取消目前实行的混合兵役制，全部实行合同制，建设全职业化军队的改革方案。目前，这一方案仍然有效，只是由于资金等原因，实现的时间将不是叶利钦提出的2000年以前，而是要分步实现。据俄自己公布：俄计划，第1步，2000年前，首先把参加维和部队和在军事冲突地区执行任务的兵团和部队改为合同制。第2步，2005年前，完成全部建成职业化军队的目标。但俄国内不少人士认为，鉴于多方面的原因，尤其是财力有限，很难如期实现建设全职业化军队的目标。

五、以合理利用军事资源、提高对军事技术的投入为中心，调整军事预算结构

实施军事改革，最重要的条件之一，是有资金做保障。俄军组建以来，在国内经济状况极为困难的情况下，仍保持了相当数额的军费开支：1992年军费预算为0.384万亿卢布，1993年为8.3万亿卢布，1994年为40.63万亿卢布；1995年为59.379万亿卢布，1996年军费预算为80.185万亿卢布，1997年预

算为 83 万亿卢布。尽管联邦政府已经尽了很大努力，但历年的军费开支都无法满足军队的实际需要。例如 1997 年俄军费支出的 70% 都用于发放军人的薪金、津贴和进行给养保障，用于战备的经费缺口较大，用于军事技术更新改造和武器装备发展的资金只能按“剩余原则”（即剩下多少钱，办多少事的原则）进行拨款，经费更是严重不足。但另一方面，俄军也承认，存在着资源分配不合理和严重的浪费现象。未来一个时期内，在军费预算将进一步受到严格控制的前提下，俄军认为必须对军事资源的分配与利用进行改革，其中包括对军费预算结构进行调整，在总体上提高对武装力量的保障程度，区分出轻重缓急，确定优先保障的重点：一是重点保障担负作战准备的部队；二是提高用于武器和军事技术发展的费用，计划到 2001 年以前，把军费预算中用于武器和军事技术发展的拨款提高 2 倍，到 2005 年提高 3.5 倍。

六、以稳定军队和提高战斗力为目的，加强对军人的社会保障

自 1993 年以来，俄已通过了涉及军人生活保障问题的 19 部联邦法、3 项议会决议、20 多个总统令和 75 个政府令。俄在提高军人待遇方面，虽然口号叫得很响，但对军人的社会保障实际水平却越来越低。工资不能按时发放，为军人建造住房的计划一再落空，无房军人家庭已超过 10 万户，严重影响了军队的社会地位和稳定。为此，俄把加强对军人社会保障也列为军事改革的一项重要内容，准备从 1997 年开始，从根本上解决军人工资、退休金和保障金的问题。计划将大幅度提高军官的工资，到 2001 年，军官的工资将比目前提高 1 倍，到 2005 年，将比目前提高 1.5 倍。提高军人工资待遇的计划已从 1998 起正式实施。还计划为安置退伍军人而建造住房，其中由政府拨款解决 5 万套，国防部出资解决 5 万套。

（韩生民）

俄空军发生特大空难　1997 年 12 月 6 日上午 9 时 50 分许，俄罗斯西伯利亚城市伊尔库茨克市卫星城中心居民区传出一声巨响，随即一个巨大的橘红色火球冲天而起，倾刻间，方圆 1000 平方米的范围内变成了一片火海，透过熊熊燃烧的大火，模模糊糊可以看到一架巨大的飞机残骸，机身已经摔得粉碎，只有飞机的垂直尾翼戳在一座 5 层楼上。

这就是震惊世界的俄罗斯“12.6”伊尔库茨克特大空难。

失事的是俄罗斯空军的 1 架安－124“鲁斯兰”大型运输机，这种飞机是由前苏联安东诺夫设计局研制生产的最新一代运输机，1990 年底正式投入批量生产，安－124 飞机是目前世界上最大的运输机之一，俄用它来取代已停产的安－13Ⅱ型远程运输机。该机为军民两用型运输机，最大载重量为 150 吨、载油 230 吨，最大起飞重量达 405 吨。主要用于运载大体积、大重量的军事装备及民用货物。到 1994 年，俄共生产该型机 76 架，其中俄空军共装备了 34 架。目前，由于保养和维护方面的原因，仅有 3 架可以使用。失事的这架飞机正在担负莫斯科—伊尔库茨克—海参崴—越南河内的专项运输任务，机上有机组成员 16 名，乘客 30 名，还有伊尔库茨克飞机制造厂的 8 名技术人员，并载有准备出口越南的 2 架苏—27 型歼击机。飞机从伊尔库茨克 2 号机场起飞后几分钟，没有达到实用升限便冲向住宅区，先是飞机的尾部刮倒了一座幼儿园的房顶，然后一座 5 层的居民楼被撞为两截。由于飞机在伊尔库茨克加注了 140 多吨燃料，坠毁后立即引起爆炸和燃烧，无情的大火立刻吞没了包括这栋住宅楼和一座幼儿园在内的建筑。

数分钟后，第 1 辆消防车赶到现场，不一会，500 名俄军官兵奉命来到救护现场，他们将惊恐的人群隔离在火场外，现场秩序稍稍有些好转。接着，又有 1000 名俄军官兵奉命赶赴出事地点，并随即投入救护行动，为了确保幸存者的安全，他们没有动用任何机械，而是全部徒手作业，然而，令他们失望的是，挖掘出的全都是一具具面目全非的尸体。废墟里没有出现一个幸存者。即使是这样，直到事发两天一夜后，俄当局才下令可以使用一些锹和铲。

救援和挖掘工作整整进行了大约一个星期。据俄官方最后公布的消息，机上 30 名乘客、26 名机组成员和 8 名伊尔库茨克飞机制造厂的技术人员全部遇难，搭载于该机上的 2 架苏－27 型歼击机亦完全报废，地面及居民楼内大约有 100 多人死亡，另有 100 多人受伤，直接经济损失达上亿美元，而俄与越南签订的提供苏—27 型歼击机合同将会因此事件而被迫延期。这不仅在俄罗斯，甚至在世界航空史上都是罕见的一场灾难。

坠机事件发生后，俄罗斯总统叶利钦立即打电报给伊尔库茨克州州长戈沃林表示对此事件的高度关注和对遇难者的深切哀悼，指示政府和伊尔库茨克州有关部门查明事件原因，做好善后工作。并在克里姆林宫召开了紧急会议，责令俄总理全面负责处理此事。根据指示，俄总理切尔诺梅尔金连夜赶往飞机失事现场，亲自领导调查事故原因和处理善后工作。与此同时，俄罗斯航空部门负责处理紧急情况的官员及空军有关人员组成的调查委员会宣告成立，由空军总司令捷伊涅金亲自领导。1997 年 12 月 12 日，捷伊涅金下令全国范围内的空军航空兵部队停飞一周进行整顿。后贝加尔军区军事检查长也依据有关法律，已将

安－124坠毁事件定为刑事案件。他认为，有关人员违反了准备起飞和飞行中的有关安全规定。

根据初步调查的结果，飞机失事的主要原因是左侧的两个发动机失灵所致，同时驾驶员的人为失误和当地的气象条件差也被列为是此次事故的重要原因。此外，人们对飞机使用的燃料问题提出了众多异议。认为，由于燃料不过关，使输油管无法将油输送至发动机上，可能是造成发动机停车的根源所在。还有调查组的成员认为，机上搭载的苏－27型歼击机固定不够牢固，可能在飞机起飞时滑向飞机尾部，使其头轻尾重，从而导致了发动机的失灵。这架运输机坠落时正呈这种状态，透过此次事故的直接原因，人们在探究其背后更深层的问题。

就在伊尔库茨克空难事件还未完全查清的时候，12月11日，俄罗斯空军1架安－12型运输机和1架米－8型民用救护直升机在纳里扬巴尔上空相撞，造成8人死亡，12人受伤。巧合的是俄空军总司令捷伊涅金上将几乎是在同时向国防部长递交了辞职请求。俄国内舆论认为，俄空军总司令易人是情理之中的事。原因有三：一是捷已满最高服役年限；二是议会中有人认为捷应对此次空难负主要的领导责任，甚至提出，安－12型运输机是捷以个人名义进行不合法的商业运输活动时失事的；三是俄空军状况不佳，各类事故频繁已引起国内各界和高层的重视，叶利钦和其他领导成员应对此有个交代，罢免捷伊涅金恰恰表达了他们准备整顿军队现状的决心。

正如舆论所说的那样，伊尔库茨克特大空难和12月11日的安－12型运输机失事事件是对俄空军现状的一次大曝光。由于受到全国形势的影响，俄空军燃料不足，人心涣散，战备水平下降，飞行员的年飞行时数仅有30多个小时，飞机老化，保障能力下降，各航空兵部队能够担负作战任务的飞机仅为编制数的一半。据报道，1996～1997年，是俄罗斯航空史上最黑暗的两年。在这两年中，俄罗斯全国包括军用飞机在内共发生43起空难事故，共有300余人死亡。可以说，12月份连续发生的空难是这种黑暗史的继续，同时，又将俄空军目前存在的问题暴露得一览无余。

自1997年7月份俄总统叶利钦颁布新一轮军事改革令以来，各项改革计划正在俄军各军种和各地紧锣密鼓地进行。但是人们最关注的还是改革的效果，如果想彻底改善军队的不良状况，除了一些必要的改革之外，经济基础相当关键，如果国内的经济建设搞不上去，军队建设就会受阻，除此之外，困扰俄军的最大问题恐怕就是其内部问题。人们可以清楚地发现，1997年以来，俄军内部正在发生着一些新的变化，各级领导层对所属部队的控制和管理力度正在加强，各种巡视、检查活动频繁，特别是针对军队内部问题增多而采取的整顿措施已经引起了各界的关注。就在12月份，俄海军原参谋长、太平洋舰队司令赫梅里诺夫和太平洋舰队潜艇部队司令以及堪察加区舰队司令等人先后因经济案件被判处徒刑，俄远东军区也专门成立了整顿委员会，受命对驻远东地区俄军各部队进行全面检查和整顿，仅仅半个月的时间就查处了9起违法案件。总之，通过此次空难，俄军队领导层的问题再一次成为人们关注的焦点，毋庸置疑的是，此次事件对俄军领导体系的触动和影响将是必然的。

（海　明）

俄、车新条约谈判未能达成协议　1996年底俄罗斯联邦军队全部撤出车臣、1997年1月车臣举行大选后，俄、车关系有所改善，主要是签订了和平条约，确立了通过谈判解决争端的原则。但是，由于双方在车臣地位问题上存在原则分歧，因此，调整双方关系的进程进展缓慢，有关俄、车关系新条约的谈判未能达成协议，并不时发生一些冲突和摩擦。

车臣共和国于1997年1月27日如期举行总统和议会选举。前车臣"联合政府"总理马斯哈多夫以59.3%的票数当选为总统。俄总统叶利钦对选举结果感到满意，2月2日致函马斯哈多夫表示祝贺，对俄、车关系的发展寄予期望。叶利钦称：车臣共和国举行的这次民主选举是为政治解决俄联邦与车臣共和国国家政权机构之间相互关系而采取的重大举措。他表示相信，只有通过对话与合作才能解决一切存在的问题。叶利钦认为，车臣选举结果为俄联邦中央和车臣共和国继续进行有效的谈判进程提供了很大的可能性，这种谈判进程将使决定该共和国在俄联邦内地位的一切问题得到"彼此都能接受的解决。"马斯哈多夫在当选后也表示，他主张同俄罗斯的关系正常化，车臣方面准备尽快同俄罗斯方面坐下来进行谈判。叶利钦总统1997年3月6日在向俄议会发表的国情咨文中谈到车臣问题时说：虽然车臣地位问题已被推迟到2001年解决，但联邦中央不会坐等那一时刻的到来，调解车臣危机的进程将不会中断。他强调，在这一过程中，没有任何问题不能通过政治手段求得解决。

此后，双方进行了多次会谈，并取得了某些成果。5月12日，叶利钦与马斯哈多夫在莫斯科举行会谈，双方签署了俄罗斯联邦与车臣共和国和平与相互关系原则条约。条约规定"双方永远放弃使用武力或以武力相威胁来解决争端"，双方"都希望结束延续几个世纪的冲突，建立起稳定、平等和互惠的关系。”双方还表示“要联合起来与恐怖主义和任何旨在破坏车臣与俄罗斯的和平关系的挑衅行为作斗争”。随后马斯哈多夫签署命令，解散俄车冲突期间在车臣境内组建的所有武装部队，宣布今后车臣共和国只有国民卫队和总统卫队属合法武装。6月15日，俄联邦政府总理切尔诺梅尔金与马斯哈多夫在索契举行会谈，签署关于俄罗斯通过车臣境内输油管道输送石油的协议。这项协议涉及的石油管线始于里海边的阿塞拜疆首都巴库，途径车臣，终点为里海边的俄罗斯港口城市新罗西斯克，其中在车臣境内的一段输油管的长度约为150千米。此外，双方还签署了关于金融及其他经济事务的协议，准备签署海关协议。会谈后，切尔诺梅尔金说，双方官员举行的这次会谈是“非常富于建设性的”，他和马斯哈多夫都同意经常保持接触，以解决日常遇到的问题。有关舆论认为，这次会谈和上述协议的签署表明俄车经济关系十分密切，双方都希望保持一定的经济联系。8月18日，叶利钦在莫斯科会见马斯哈多夫，就政治问题和恢复车臣经济问题举行了一个多小时的会谈。叶利钦表示，从8月份起到1997年底，应当逐月制定向车臣共和国提供资金的计划。他说，现在缺乏这方面的明确机制，结果造成资金流失。据俄联邦安全会议秘书雷布金10月初称，武装冲突后的车臣经济比其他联邦主体要落后7～8年。1997年俄联邦预算计划向车臣拨款1.27万亿卢布用于重建工作。至9月1日，已拨款1.22亿卢布。按1998年预算草案，俄联邦政府将向车臣拨款1.5万亿卢布。这一款项不包括修复输油管道等重大项目。俄已建立由一名联邦政府副总理牵头的稳定车臣社会经济发展委员会，主管车臣重建工作。

但是，俄、车双方在车臣地位问题上依然存在原则分歧，有关双方关系的新条约草案的谈判陷于中断。车臣总统选举结束后，叶利钦再次明确表示，车臣的地位应在不脱离俄联邦的前提下加以确定。而马斯哈多夫在当选后则表示，他打算“用政治办法取得车臣的完全独立”，要使包括俄罗斯在内的所有国家都承认车臣的独立。1997年7月28日，马斯哈多夫责成车臣代表同俄罗斯谈判委员会制订新的条约草案，以便车臣与俄罗斯建立外交关系，并在莫斯科和车臣首府格罗兹尼互设大使馆。为此，俄外交部发言人当即表示，车臣共和国是俄联邦的一个主体，因此谈不上俄与其建立外交关系的问题。据报道，在叶利钦与马斯哈多夫8月18日举行的会晤中，马斯哈多夫曾向叶利钦提交了车臣共和国与俄罗斯联邦之间关系的条约草案，并认为这一新的条约“将解决至今遗留的问题”。叶利钦也表示，俄将成立一个联合工作小组，负责起草俄、车关系的新条约。

此后，双方开始就新的条约草案举行会谈，但未能达成任何协议，并于9月26日宣布谈判破裂。车臣第一副总理莫夫拉季·马杜戈夫在这次会谈后声称，承认车臣独立是保证俄安全的唯一出路。如果“俄罗斯不承认车臣的独立，那将意味着我们必须准备进行新的破坏性战争”；车臣方面将无法为前已签署的通过车臣境内的输油管道提供安全保证。据报道，当时俄工人正在对这一输油管道的车臣段进行维修，计划于10月份开始输油。9月29日，叶利钦在接见记者时说，俄、车“谈判进行得很困难，车臣方面有一个国家间条约的方案，但这是不可能讨论的”。他强调指出，同车臣签署的条约将是联邦中央已经同鞑靼、巴什基尔以及其他加入俄联邦的共和国签署的那种条约。同日，他在会见俄安全会议秘书雷布金时说，同车臣共和国代表就签署划分联邦中央和车臣共和国权限条约问题进行谈判时，绝对不可能谈起草“国家间条约”问题。雷布金在会晤结束后对记者说：“联邦中央坚持的立场是，车臣共和国将在俄联邦范围内得到自己的主权。其后不久，他再次表示，叶利钦总统已经明确提出，俄联邦中央与车臣共和国签署国家间条约和在法律上承认车臣独立是不可能的。俄联邦中央在今后同车臣共和国的谈判中，将不再讨论车臣脱离俄联邦的问题。

在这种形势下，车臣某些势力接连向俄方发难，俄、车关系一度出现紧张。1997年9月30日，由于双方在为车臣代表团飞往巴库提供空中走廊的问题上发生争执，俄驻格罗兹尼代表处的工作人员被驱逐。后经俄联邦政府副总理阿卜杜拉吉波夫与马斯哈多夫会谈，始达成恢复该代表处的协议。12月22日夜，大约30名车臣武装以机枪和火箭发射器袭击俄布因斯克-坦克营，打伤两名俄士兵，摧毁两辆装甲输送车，并将4名警察扣押为人质。俄有关官员曾主张对车臣境内恐怖分子的军事基地进行反击。俄最高当局虽未同意，但是，拟议中的俄总统和总理访问车臣的计划均已推迟。看来，近期内俄、车关系难以出现大的突破。

(张力群)

俄乌签署黑海舰队协定与友好合作条约

1997年5月俄罗斯与乌克兰签署了黑海舰队协定和友好合作条约，使两国关系进入新阶段。

经过5年多的艰苦谈判，俄罗斯和乌克兰终于在黑海舰队问题上达成一致。1997年5月28日俄总理切尔诺梅尔金与乌总理拉扎连科分别代表两国政府在基辅签署了《关于俄罗斯黑海舰队在乌克兰领土驻扎的地位和条件》、《关于黑海舰队分割范围》和《关于黑海舰队分割及舰队在乌克兰领土驻扎的有关相互结算的协定》3个重要协定以及关于履行黑海舰队协定措施的补充议定书。

协定签署后，双方均未公布文件的具体内容。据官方人士透露，协定是在双方相互妥协的基础上达成的。其主要内容包括：俄罗斯黑海舰队和乌克兰海军将共同驻扎在塞瓦斯托波尔海军基地；俄黑海舰队以租赁形式使用港口和地面设施，租赁期为20年，俄方表示希望在互利基础上延长租用期限。

两国总理同时还签署了《关于协调两国经济政策》、《关于两国经济、科技长期合作主要方向》等11个政府间合作协定。

在协定签署后举行的记者招待会上，切尔诺梅尔金说，上述文件翻开了两国关系和两国人民生活中的重要一页，同时也为叶利钦总统正式访问乌克兰奠定了重要基础。拉扎连科指出，文件的签署具有历史意义，全部有争议的问题都是在考虑双方利益的基础上平等解决的。目前双方的首要任务是研究两国迫切需要解决的经济问题。

黑海舰队协定签署后两天，俄总统于1997年5月30日～31日对乌克兰进行正式访问。这是5年来叶利钦首次对乌克兰进行国事访问。访问结束前，两国总统在基辅签署了《俄乌友好、合作和伙伴关系条约》及《俄乌两国联合声明》等文件，规定两国在平等互利、尊重主权和领土完整、互不干涉内政的基础上发展政治、经济、科技等领域的合作关系。这是叶利钦此次访问取得的最重要成果。

在签字仪式后举行的记者招待会上，两国总统对条约的签署给予高度评价，认为这是两国关系发展过程中的历史性事件。叶利钦总统指出，俄乌两国作为民主、平等的国家，充分按照两国人民的意愿签署了友好合作条约。条约的签署开辟了两国关系的新时代。他表示，俄罗斯将把发展俄乌关系作为所有政府机构工作的最优先方面，彻底执行所签署的各项文件。库奇马总统也说，条约将把两国关系推向一个全面发展的新时期。它开辟了两国在政治、经济、军事、人文和其他领域的合作道路，并最终为塞瓦斯托波尔问题的解决画上了“句号”，完全符合两国人民的利益。他还指出，乌俄关系是欧洲稳定的最重要因素，对俄关系是乌克兰外交政策的优先方面，乌俄关系将成为双边合作的典范。

俄乌友好条约早在两年前即由两国政府草签，因双方在解决黑海舰队问题上存在分歧，叶利钦几度推迟访问乌克兰，致使条约文本无法最后签署。这次黑海舰队协定的签署，为叶利钦访乌和签订两国友好合作条约扫清了道路。

有关舆论认为，黑海舰队协定和友好合作条约的签订是俄乌关系发展的一个里程碑。解决黑海舰队问题是俄乌两国在新的国际形势下，为维护国家根本利益而采取的一项积极举措。黑海舰队问题涉及领土、主权、经济、外交、军事等许多领域，是5年来影响两国关系发展的最大障碍。这个复杂问题在相互妥协的基础上求得解决，表明俄乌两国领导人开始以灵活、务实的态度处理两国关系。而两国领导人所以能够排除干扰，决定以“快刀斩乱麻”的精神解决这一问题，其主要考虑则是：（一）国际形势的变化，特别是北约东扩计划即将正式启动，将对俄乌两国的安全利益产生不同程度的影响，双方都希望通过改善关系，加强各自在同西方谈判中的战略地位。（二）解决经济困难的需要。俄乌两国的经济迄今未能走出困境，加强原有的经济联系，尽快摆脱经济危机，成为彼此迫切需要解决的共同难题。这次双方以法律形式再次确认两国间不存在领土争端，同时解决了与此相关的乌克兰拖欠俄罗斯能源债务问题和俄对乌消除战术核武器给予补偿等遗留问题，从而为两国间广泛的经济合作铺平了道路。在黑海舰队协定的基础上签订的俄乌两国友好合作条约不仅为发展两国战略伙伴关系、全面加强各领域的合作创造了条件，而且由于俄乌两国目前互为最大的贸易伙伴，既是独联体内两个最重要的国家，又是欧洲的两个重要国家，它也将对独联体国家间的合作与共同发展以及欧洲地区的安全与稳定发挥积极作用。但是，舆论界也认为，两国在北约东扩和独联体一体化问题上仍然存在重大分歧，已签署的协定和条约的执行过程仍然非常复杂，要使两国关系真正达到一个崭新的水平，还需要双方作出不懈的努力。

（张力群）

俄罗斯和北约签署相互关系基本文件引起不同反应　经过4个多月高层频繁的会晤和谈判，俄罗斯总统叶利钦与北约秘书长索拉纳以及北约各成员国领导人于1997年5月27日在法国总统府爱丽舍宫正式签署《俄罗斯和北约相互关系、合作与安全的基本文件》。这标志着北约与俄罗斯在东扩与反东扩问题上的斗争进入了一个新的时期。

签字仪式由东道国法国总统希拉克主持。他说，俄罗斯和北约关系基本文件的签署，使持续了半个世纪的相互猜忌、对立与分裂的欧洲历史掀开了新的一页。接着，俄罗斯总统叶利钦发表讲话。他说，俄罗斯对北约东扩依然持否定的观点，但是同时对北约各国尊重俄罗斯的利益并准备与俄罗斯签署协议表示赞赏。他认为，北约承诺不在新成员国部署核武器、重武器以及北约不在俄罗斯周围部署常规武装力量，双方不再损害对方的安全利益，这就是最重要的成果。北约秘书长索拉纳在致辞中指出，由于北约和俄罗斯领导人的勇气和远见，双方的历史掀开了新的一页。他说，基本文件的签署是俄罗斯的胜利，同时也是北约和整个欧洲——大西洋共同体的胜利。签字结束后，美国总统克林顿等北约成员国领导人先后发表了简短讲话。在克林顿讲话后，叶利钦突然插话，宣布俄罗斯决定不再将核弹头瞄准北约成员国。叶利钦的插话使签字仪式的气氛达到了高潮。

“基本文件”签署后，俄各界反应不一。俄总理切尔诺梅尔金说，文件在制订过程中不仅考虑到俄罗斯的利益，而且也考虑到独联体其他国家的利益，它的签署有利于欧洲的安全。莫斯科市长卢日科夫认为，文件的签署是俄罗斯的“一个重大胜利”，它有助于遏制北约的扩张。俄罗斯国家杜马副主席绍欣认为，文件的签署为双方开展更加密切的合作开辟了道路。但是，也有不少人对“基本文件”的签署作出了不同的反应。俄农业党领导人拉普申称这一文件是俄罗斯在20世纪“政治上的重大失败”。约250名国家杜马议员组成的“反北约”议员团5月27日发表声明指出，文件在关于北约不在新成员国领土上部署核武器问题上没有作出“足够明确的承诺”，反而“为北约在东欧国家部署军队和增加军事设施提供了可能”。俄总统委员会成员、政治理论家米格拉尼扬认为，在制订“基本文件”过程中，俄罗斯对北约让步太多。北约取得的“原则性胜利”是拒绝就可能束缚它的手脚的关键问题承担任何义务，而俄签署文件后，“就使北约的意图变得不可动摇，并同意与北约分担对东扩的责任。”“北约得到了他们所希望得到的一切，而可能作另一种解释的某些不明确的提法只是用来挽回俄罗斯的面子”。

西方一些新闻媒体对文件的实际效果也存在某些怀疑与忧虑。有的评论认为，“基本文件”的签署为“这两个昔日的敌手之间的合作打开了大门”，但这并不意味着欧洲紧张关系的结束，俄罗斯仍然对西方持怀疑态度，而且仍然对北约东扩计划感到不满。有的评论认为，协议的达成与其说是避免了北约与俄罗斯在东扩问题上发生直接的冲突，不如说是把这种冲突的可能性向后推移。还有的评论指出，协议掩盖了双方的重要分歧，埋下了不和的种子；人们有理由怀疑东扩是否必要和是否正确的选择。美国有些人士则担忧东扩可能使美国付出沉重的代价。他们认为，没有理由让普通的美国纳税人出钱“去保护那些遥远的国家。”

（张力群）

乌克兰与北约签署“特殊伙伴关系宪章”

1997年7月9日，在北约马德里首脑会议上，乌克兰总统库奇马与北约秘书长索拉纳及北约16个成员国的国家元首或政府首脑正式签署《乌克兰——北约特殊伙伴关系宪章》。“宪章”规定，双方将就政治、安全、特别是欧洲——大西洋地区的安全与稳定等问题进行磋商，并在维持和平、预防冲突、处理危机、裁军和军备控制等方面加强合作。“宪章”还规定，双方将建立危机协商机制，以便在乌克兰“感到其领土完整、主权、国家独立和安全受到直接威胁时”，可立即同北约进行磋商。双方决定：建立北约——乌克兰委员会，委员会每年至少开会两次；交换军事人员；分别在北约总部和基辅设立联络处，定期举行双边大使级会晤。

在签字仪式上，库奇马称赞“宪章”的签署是乌克兰加入欧洲一体化成果的体现。乌克兰代表团在文件正式签署前发表谈话称，“宪章”对乌克兰在构筑欧洲安全新体系中所发挥的重要作用给予了充分肯定，是一项符合乌国家根本利益的历史性文件。北约各成员国领导人也对“宪章”给予高度评价，认为文件奠定了双边关系发展的基础。

乌克兰与北约签署双边特殊伙伴关系文件，是近几年双方关系及地区形势发展的结果。“融入欧洲”虽然是乌克兰的战略选择，但是，在独立之初，它对同北约发展关系比较冷淡。随着北约接纳某些东欧国家为成员国已成定局、乌对西方国家经援要求日益增多以及乌俄在黑海舰队、克里米亚半岛主权等问题上分歧加剧，乌克兰调整了对北约的外交政策。库奇马总统明确表示，北约是保障欧洲安全的重要因素，乌克兰不反对北约东扩。基于这一立场，乌克兰将发展与北约关系列为实现其融入欧洲一体化战略的重要组成部分。1994年2月，在独联体国家中，它率先与北约签署《和平伙伴关系计划》文件，并在其后正式参加北约的多边活动。为了避免成为北约与俄罗斯对峙的“缓冲国”或“灰色地带”，1995年初，乌向北约提出建立“特殊伙伴关系”的建议，经过一系列的相互访问与双边磋商，1996年底，北约各成员国接受了该建议。与此同时，乌克兰与北约的军事合作也日益加强。1995年乌参加了北约“和平伙伴关系计划”框架内的98项（次）活动，其中包括13次军事演习。1996年乌参加的这类活动增加到150多次，并邀请北约在其领土上组织了“和平盾牌96”维和演习。1997年3月，乌与北约举行了联合海军演习。同年5月，酝酿已久的北约信息中心在乌首都基辅建立，这是北约在非成员国领土上建立的第1个专为北约事务服务的信息机构。

1997年初，在北约东扩计划即将正式启动、俄与北约在相互关系问题上接近达成妥协之际，乌当局一再强调，北约东扩应“顾及所有国家的利益”，“乌克兰与北约关系及俄罗斯与北约关系应当平行发展”。5月27日，北约与俄罗斯“相互关系基本文件”在巴黎签署。其后不久，在马德里北约首脑会议上，北约与乌克兰签署“特殊伙伴关系宪章”，从而使乌找到了自己与北约关系的适合的“定位”。

乌克兰是欧洲仅次于俄罗斯的第2大国，有着较雄厚的经济和军事潜力，且在独联体内起着举足轻重的作用。北约东扩计划启动后，它又成为北约与俄罗斯争夺的中间地带，具有重要的战略地位。布热津斯基曾断言：“一个复活了经济和主权的乌克兰减少了俄罗斯再次成为大国的机会。”北约官员甚至指出，如果乌克兰能够加入北约，将意味着恢复苏联可能性的彻底破灭。因此，西方国家把发展同乌克兰的关系作为向东扩张势力范围进而遏制俄罗斯主导的独联体一体化进程的重要举措。舆论界预料，今后一个时期，北约将在不过分刺激俄罗斯的条件下，继续向乌克兰施加各种影响，密切与乌克兰的政治、军事合作，以争取乌克兰进一步向北约靠拢。但是，乌克兰在进一步发展同北约的关系时也受到与俄罗斯关系的制约。它不能不考虑俄乌之间长久的历史关系、广泛的经济联系以及俄反对原苏联国家加入北约的强硬立场。乌克兰外交部官员曾表示，乌克兰奉行的政策既是为了乌克兰与北约之间能够取得特殊谅解，同时也是为了俄罗斯与北约之间能够建立牢固的关系。他还表示，乌克兰不想与北约建立“比较正式的防务关系的结构”。因为“这不能起到积极的作用，反而将导致北约与俄罗斯以及乌克兰与俄罗斯之间的关系更加紧张。”美国务院官员也曾表示，西方理解乌克兰希望与北约之间保持一种特殊关系的愿望，“这种关系既可接近到足以挫败俄罗斯任何企图的程度，同时又不致接近到对抗莫斯科的程度。”乌方的这一立场表明它深知俄罗斯与北约关系的根本改善和俄乌关系的根本改善，才是它寻求安全稳定的国际环境的基础。

(张力群)

波黑和平进程蹒跚前行 1997年，波黑形势总体上保持稳定。美等西方国家进一步采取强制措施，压促穆、克、塞3方彻底落实代顿协议，美在波黑问题上的主导地位得到进一步巩固。同时，在经历战乱之苦后，主张和平的力量正逐步取代激进民族主义势力，成为波黑各民族中的主导力量。

一、美政治、经济、军事三管齐下，压促各方加速落实代顿协议

代顿协议的签署是克林顿在其第1任期中所取得的重大外交成果。为尽快落实代顿协议的各项条款，巩固美在原南地区事务中的主导地位，克连任后立即召集国务院、国防部和参谋长联席会议等部门的领导开会，确定了“胡萝卜加大棒，以大棒为主”的方针。政治上，美采取强制性措施，在1997年初召开的辛特拉波黑问题国际会议上，为穆、克、塞3方规定了实施代顿协议各项条款的具体期限及违规情况下的处罚措施；一度中断与波黑驻外大使的接触，迫使3方就派遣大使名额达成一致；动用武力追捕战犯、遣返难民；在塞族内讧中公开支持亲西方的普拉夫希奇总统，并出动多国部队配合其夺权；授予波黑国际高级代表韦斯腾多普更大的“仲裁”权，韦已就3方争执不下的统一货币、护照、汽车牌照和国旗问题行使了“最终仲裁”权。与此同时，美极力阻止南重返联合国及其他国际组织，并以科索沃等问题为筹码迫南放弃对塞族“强硬派”的支持；对克罗地亚，美以暂不考虑接收其为北约“和平伙伴关系国”、不支持其加入一些欧洲组织相威胁，要求克在缉拿战犯、遣返难民等问题上采取合作态度。经济上，以援助和制裁为诱压手段，迫使各方在落实代顿协议的过程中采取合作态度。目前，美等西方国家向穆克联邦提供了大批援助款，但对南联盟仍继续保持“制裁外墙”的做法；并阻止其加入国际金融机构；以中止克罗地亚在国际金融机构和欧洲委员会中的席位相威胁，压克在波黑和东斯拉沃尼亚问题上采取合作态度。军事上，美在延长其驻波黑维稳部队任期的同时，加紧武装穆克联邦军队。美等西方国家拟定了总价值6亿美元的“武装训练穆克军队计划”，其中1亿美元已经兑现，1998年还将落实3亿美元。目前穆克联邦军队武器装备已有较大改善，但尚未达到《原南地区控制军备协议》的限额，还可进一步扩充，而波黑塞族则需将其重武器削减一半。穆克联邦军队在兵力和武器的装备的数、质量上正逐步超过塞族军队。总体看，美已牢牢掌握了波黑问题的主导权，未来波黑局势的发展变化将主要取决于美对波黑政策的走向。

二、波黑塞族领导层矛盾激化导致其内部分裂

自1997年6月起，波黑塞族共和国领导层以现任总统普拉夫希奇为首的温和派，同以前总统卡拉季奇、波黑主席团塞族成员克拉伊什尼克为代表的强硬派，围绕国家权力、执行代顿协议等重大问题产生严重分歧，普在美等西方国家的支持下开展强大夺权攻势，双方矛盾日益激化，并进而演变为公开对抗，致使塞族共和国实际上陷入分裂局面。

塞族领导层发生内讧的主要原因是：卡拉季奇被迫辞去总统职位后，仍控制着各权力机构。普拉夫希奇任总统后形同虚设，一直寻机加强自己的地位；普

对西方态度较为“温和”，主张严格执行代顿和平协议，在遣返难民、引渡战犯等问题上与国际社会合作。而卡等则坚持强硬立场，指责普对西方过于软弱，出卖民族利益；卡派积极主张同母国南联盟发展关系，支持政府与南签署“特别平行关系”协议，普则对此表示反对；美等西方大国一直将卡拉季奇等人视为影响波黑和平进程前行的主要障碍，在塞族内讧中竭力扶普、压卡，对两派矛盾激化、对抗升级起到了推波助澜的作用。

总体看，普夺权过程大致可分为3个阶段：

*第1阶段，在法制框架内谋求扩大权力。*1997年6月28日，普拉夫希奇总统开始向卡等控制的原政府、议会和执政党总部发难，要求内务部长辞职检查。在遭到拒绝后，她又点名批评总理克利奇维奇拒绝与她合作，指责议会是执政党的表决机器。7月3日，普宣布解散议会、提前举行大选。8月15日，宪法法院裁定总统的决定违反宪法。同时卡、克等操纵舆论工具对普进行猛烈抨击，并准备由议会对普提出弹劾动议，交全民公决。在这一阶段，卡等控制着绝大多数国家权力机构，普仅有西方道义上的支持，双方力量对比悬殊。

*第2阶段，使用武力强行夺权。*面对卡、克的强硬做法，普加紧向西方靠拢，寻求外部势力干预。8月20日，忠于普的塞族部分警察部队在多国部队350名英国和捷克军人、50辆装甲车及直升机的掩护下，强占了巴尼亚卢卡市（总统府所在地）警察局大楼和该市的3个警察分局，并强行撤换了巴市警察部门的负责人。此后，在美等西方国家的直接干预下，普逐步控制了巴尼亚卢卡、普里耶多尔、姆尔科尼格勒等重镇的警察部队，撤换了巴市及其周围地区的广播电台和电视台负责人，成立了新党“塞尔维亚人民联盟”党，由卡等控制的“塞尔维亚民主党”部分易帜加入普的新党。同时，普还争取到了部分军队将领的支持。至此，双方势力由“卡强、普弱”逐步趋于平衡，塞族内部形成以巴尼卢卡和帕莱两个各自为政的权力中心。

*第3阶段，在权力争夺中居上。*1998年1月18日，在美等西方国家的公开支持下，波黑塞族总统普拉夫希奇推动塞族议会在塞民主党和激进党缺席的情况下，强行组成了以米·多迪克为首的温和派政府。多上任几周来，对塞族共和国现行内外政策做出了较大调整。对外，多宣布坚决执行代顿和平协议，并签署了包括与穆、克警察联合和统一护照、货币、国徽等在内一系列文件。这是代顿协议签署以来，塞族在落实协议过程中迈出的较大步骤，多也因此赢得了西方国家的普遍支持。美和欧盟分别允以1亿美元和670万美元的经济援助，欧盟海关官员将帮助新政府强行接管所有海关口岸，驻波黑多国维稳部队将协助新政府从帕莱迁至巴尼亚卢卡（普派总部）。为尽早摆脱制裁、重返国际机构，南联盟也对其波黑政策做出重大调整，由扶植强硬派转而明确支持新政府。对内，多将塞民主党和塞激进党等强硬势力排除在新内阁之外，解雇了警察、海关和新闻机构的大批高级官员，还解除了包括总长乔利奇在内的军内强硬派的职务。多迪克政府合法地位的确立标志着塞族内部两派间的力量对比发生较大变化，温和派势力进一步增强，强硬派在塞族政治生活中的主导地位正逐步丧失。

三、波黑形势可望继续趋于缓和

在美等西方国家的强大压力和波黑有关各方的共同努力下，代顿协议的一些内容正逐步落实：成功地举行了中央和地方政权选举，各级权力机构的组建工作基本完毕并开始正常运转；通过了一系列全国性法律；穆克联邦与塞族共和国之间的交通、电讯联系即将开通；难民重返家园的进程已逐步启动；战犯问题逐渐淡化。南联盟和克罗地亚为摆脱国际制裁也将配合代顿协议的落实，波黑3个民族在经历了战争的苦难后普遍向往和平、厌恶战争，塞族内部“温和”势力的增强对整个波黑形势朝着和平方向发展无疑也将产生重要的积极影响，波黑和平有望继续缓慢前行。

但与此同时，代顿协议还存在不少缺陷，具体落实十分困难；穆、克、塞3方在分与合、聚与散等问题上的根本矛盾难以消除；涉及3方利益的布尔奇科归属问题仍悬而未决；难民遣返工作因牵涉面广而进展缓慢；塞族强硬派在东部地区仍有较大影响，并掌握着相当一部分权力机构，两派之间权力争夺还远未结束；大国在波黑问题上战略利益不一，明争暗斗还将继续。总之，波黑和平的基础仍相当脆弱，该地区要实现持久和平、建立统一的多民族国家仍需经历一个较长的曲折过程。

（郭　庆）

阿尔巴尼亚发生全国性动乱　1997年1月中旬开始，阿尔巴尼亚出现全国性动乱，引起国际社会特别是欧洲国家的关注。

一、假集资引发全国性动乱

*（一）“集资公司”相继破产，激起群众强烈不满。*自1990年起阿全国陆续成立了10余家“快速致富集资公司”，这些公司以月息10%至60%的高利率为诱饵，吸引了全国200多万人（占全国总人口的80%以上）参加，集资总额达20余亿美元。1996年11月一些公司开始拒绝向储户支付利息，1997年1月初6家公司宣布破产。由于国家财政枯竭，政府无

力替倒闭公司偿还储户本金，致使绝大多数储户倾家荡产，而政府高级官员却在公司破产前将自己的本息全部取出。被激怒的广大储户纷纷举行游行示威，要求归还存款，并抗议政府官员的腐败行为。2月中旬以后全国各地的抗议活动急剧升级，部分城市发生群众冲击政府机关事件。

（二）动乱迅速发展为武装暴乱，导致梅克西政府倒台。2月28日，阿南部港口城市发罗拉市的许多居民围攻并烧毁了地方秘密警察机关办公大楼、抢劫了当地驻军军营，造成13人死亡、20人受伤的流血事件。此后骚乱迅速蔓延至南部的其他城市，抢劫军火库、银行，焚烧官方机构等暴力事件接连发生。在此情况下，梅克西政府被迫于3月1日宣布辞职。3月2日议会通过"戒严法"，全国进入紧急状态。3月3日贝里沙由议会选举再次当选为总统。

（三）军队基本瓦解，全国局势失控。戒严令发布后，国防部长茹拉利拒绝执行总统采取强制措施的命令，致使暴乱分子的抢劫活动不但没有停止，反而愈演愈烈。全国多数军火库、军工厂、军营和军港被洗劫，大量武器、弹药和军用物资散失民间或落入暴乱分子手中。总兵力不足4万人的军队中约3万名官兵携武器离队外逃，或加入反政府武装，加之总参谋长等军队高层领导被撤换，军队基本瓦解。与此同时，南部地区的反政府武装迅速壮大，很快控制全国1/3的地区，并联合成立"救国委员会"，要求贝里沙总统立即下台；北部和首都地拉那地区一些自称忠于贝里沙总统的人组成一支几万人的队伍，与南方对峙。在全国局势陷入混乱期间，约有200人丧生，1000多人受伤。

（四）民族和解政府采取措施恢复秩序，欧安组织决定向阿派驻多国保护部队。3月9日，贝里沙总统被迫同意召开圆桌会议，并与社会党等反对党达成包括成立民族和解政府、6月前举行总统和议会选举等9点内容的妥协协议。以社会党领导人菲诺为总理、反对党人士占半数的民族和解政府于3月13日正式成立后，立即着手收缴武器和整顿社会秩序，并与南方各反政府武装和国际社会进行接触，使首都和全国局势开始有所缓和。3月28日，联合国安理会通过1101号决议，授权欧安组织向阿派遣多国保护部队。意、法等8国决定联合向阿派出6000余人的保护部队，为运送人道主义救援物资提供安全保障和帮助阿恢复秩序。首批约2500人于4月15日进驻。

二、发生全国性动乱的主要原因

（一）长期存在的南北矛盾尖锐化，是阿政局动荡的重要原因之一。历史上，阿南部多为托斯克人，北部为盖格人，两者在语言、文化和宗教上等都有较大差异，在经济上南方较北方发达。霍查当政期间强行将托斯克语定为官方语言，并实行偏袒南方的政策，对此北方人一直不满。1992年，北方出生的贝里沙当选为总统后，竭力排挤政权机构中的南方人，并派大批北方人到南方执掌地方政权要害部门，使南北矛盾更加突出。在此次动乱中南方首先发生暴乱，大部分地区成立反政府武装，是阿南北矛盾尖锐化的结果。

（二）党派斗争加剧，是阿动乱不断升级的另一重要原因。阿此次动乱的实质，从根本上说是反对党向执政的民主党夺权的一场剧烈斗争。在1992年的总统选举和1996年的国家议会和地方选举中，贝里沙和民主党两次通过舞弊手段攫取政权，使社会党等反对党强烈不满，并一直伺机向民主党夺回权力。假集资事发后，反对党不失时机地将广大群众的不满和愤怒引向总统和政府，提出要求"贝里沙下台"、"政府辞职"等口号。贝里沙和民主党不仅不让步，反而采取强硬措施，致使事态不断升级，局势急剧恶化。

（三）军队不战而散，是阿局势迅速失控的关键原因。阿军领导层长期对贝里沙的清洗政策心存不满，加之军人待遇过低、生活水平每况愈下（高级军官平均月工资约10美元，士兵月津贴仅2美元）。特别是不少军人及其亲属又受假集资坑害，更加激起军队对政府的不满。因此在动乱初期，军队即持消极态度，未对政府表示支持。当军火库和军营遭到冲击和抢劫时，军队也没有采取果断措施，导致除导弹、飞机等重型装备之外的大部分武器弹药被抢。加之在形势危机时，总长、副总长和防空、海军司令等高级将领被解职，使军队在关键时刻失去统一指挥，导致当局丧失制止动乱的主要工具。

（潘海澜）

北爱尔兰初现和平曙光 自30年代以来，北爱尔兰问题始终像一场挥之不去的梦魇，困挠着历届英国政府和首相，并成为影响英国社会稳定的一块久治不愈的溃疡。1998年4月10日，英国和爱尔兰两国政府和北爱尔兰8个党派共同签署了和平协议，使北爱尔兰和平进程取得突破。虽然北爱尔兰永久和平的路还可能是艰难曲折的，但协议已为北爱尔兰问题的解决提供了历史性的机遇。

一、北爱尔兰问题的由来

所谓北爱尔兰问题，主要是新教徒和天主教徒对北爱尔兰归属的争端及由此引发的对立和冲突，实质上是英国殖民主义政策遗留下的极为复杂的历史问题。

北爱尔兰是爱尔兰岛北部属于英国管辖的6个郡，面积1.41万平方千米，人口160万，其中60%

的人是讲英语、信奉新教的英格兰人和苏格兰人的后裔，其余40%是信仰天主教的爱尔兰人。北爱尔兰原为爱尔兰的一部分。1169年，英国人入侵爱尔兰。为了进一步控制爱尔兰，16世纪，由英国国王兼任爱尔兰国王，1801年，英国完成了对爱尔兰的吞并，宣告大不列颠及爱尔兰联合王国成立，同时为加强其统治，不断向该岛北部地区大批移民。随着新教徒的涌入，新旧教派之间的矛盾日趋尖锐。19世纪，不断加剧的宗教派别之争演变成一场争取爱尔兰自治的政治运动。1921年12月，英国被迫允许爱尔兰南部26个郡成立"自由邦"，但北部6个郡仍归英国统治，爱尔兰岛从此形成南北分裂的局面。1937年，爱尔兰宣布独立，颁布了自己的宪法，声明对整个爱尔兰岛拥有主权。1948年12月，爱尔兰自由邦脱离英联邦。1949年4月，英国承认爱尔兰独立。与此同时，英国议会通过了《爱尔兰法案》，重申对北爱尔兰的主权，并声明"没有北爱尔兰的直接同意"，北爱尔兰将不会终止作为联合王国的一部分。英爱两国对北爱尔兰的主权之争成了北爱尔兰问题的症结之一。

北爱尔兰是原爱尔兰厄尔斯特省9个郡中的6个。由于几百年的移民运动，大批信奉新教的英格兰和苏格兰人移居北爱尔兰，他们与当地信奉天主教的爱尔兰人格格不入，互视为异教徒，教派冲突连年不断。颁布1920年法案时，英国政府有意放弃厄尔斯特省天主教徒占多数的3个郡，以使北爱尔兰的新教徒保持优势。此举虽使北爱尔兰留在了联合王国内，但却埋下了以后民族和宗教冲突的种子。北爱尔兰的政权掌握在新教徒手中，天主教徒在各方面都受到歧视。

1956年，致力于爱尔兰统一的新芬党领导下的爱尔兰共和军重新在北爱尔兰活动。60年代末期起，天主教徒和新教徒中的极端主义分子之间的暴力冲突频仍，局势迅速恶化。爱尔兰共和军与英军直接发生冲突，共和军还在北爱尔和英国本土不断制造爆炸事件；与此同时，由新教极端主义者组成的北爱尔兰志愿军也时常在北爱尔兰和爱尔兰共和国搞爆炸活动。1972年3月，英国宣布解散北爱尔兰议会，对北爱尔兰实行直接统治。1973年3月，北爱尔兰举行决定归属的全民投票。由于新教徒占多数，投票结果可想而知。11月，北爱尔兰两大教派各党派首次组成联合政府，但不久便夭折。此后局势再度失控，英国政府于1976年3月宣布无限期对北爱尔兰实行直接统治。

北爱尔兰问题给英爱两国人民带来了深重的灾难。据统计，30年来，民族、教派冲突以及极端主义分子的暴力恐怖活动已导致3200多人死亡，3.65万人受伤。动荡局面不仅破坏了当地的经济发展，而且使英爱两国政府背上了沉重的负担。据估计，英国政府每年直接用于北爱尔兰3万名驻军和警察的费用高达60亿美元。北爱尔兰问题成为全球最为复杂、持续时间最久、最难解决的热点之一。

二、艰难曲折的和平进程

70年代以来，英爱两国政府都不断谋求解决北爱尔兰问题的途径。1993年12月，英爱两国政府签署了"唐宁街协议"，双方同意通过谈判和合作的方式结束爱尔兰南北分裂的局面，同时允诺北爱尔兰所有政党，只要停止暴力，都可以参加有关北爱尔兰前途的谈判。1994年8月，爱尔兰共和军宣布停火，英国首相梅杰随后作出反应，宣布取消对新芬党的禁令，并承诺北爱尔兰将举行全民公决。10月，北爱尔兰的新教徒组织北爱尔兰自由战士和北爱尔兰志愿军也宣布停火，并声明在停火问题上与共和军保持一致。1995年2月22日，英国首相梅杰和爱尔兰总理布鲁顿提出一项框架文件，建议成立"北爱尔兰事务机构"，为和谈进一步奠定了基础。1995年3月，英国开始从北爱尔兰撤军。1996年6月10日，北爱尔兰问题谈判正式在北爱尔兰首府贝尔法斯特举行，揭开了历时22个月艰难谈判的序幕。但是由于爱尔兰共和军1996年2月中断停火，北爱尔兰和平进程出现逆转。

1997年5月，高举建设"新英国"旗帜的工党赢得大选，北爱尔兰和平重现契机。工党政府为解决北爱尔兰问题做了大量工作。北爱尔兰事务大臣玛乔丽·莫勒姆就驻在北爱尔兰办公。布莱尔出任首相后出访的第1个地方就是北爱尔兰首府贝尔法斯特，他还同亚当斯等新芬党领导人多次举行会谈，他是70年代以来首次在唐宁街接见新芬党领袖的英国首相。布莱尔还采取了与梅杰不同的策略，不以共和军解除武装为先决条件，提出谈判与解除武装同时进行的主张，促使共和军于1997年7月宣布停火，9月新芬党加入了于1996年6月1日重新启动的多边谈判，为最终达成协议扫除了障碍。在谈判进入最后关键时刻，布莱尔还亲赴贝尔法斯特参加谈判，敦促各方捐弃前嫌和偏见，求同存异，握手言和。布莱尔还利用他与美国总统克林顿的良好关系，借助克林顿对新芬党的影响力，促进协议的达成。新芬党的财政收入主要来源于在美国的筹款，美国有300万爱尔兰移民后裔，而克林顿又属爱尔兰血统，所以克林顿对北爱尔兰问题十分关注，而且有相当的影响力。

经过各方不懈的努力，谈判终于在1998年4月10日取得了突破性的成果，北爱尔兰各方终于达成了历史性的和平协议。该协议的主要内容如下：

（一）北爱尔兰将设立有108个议席的议会，由新教徒和天主教徒共享权力。新议会有立法权和管治权。北爱尔兰两大派别在新议会中享有平均议席，议案均应受到两派多数议员的支持才能通过。议会组成之后，选出正、副行政院长和10名行政部门的部长，主管农业、运输、教育等部门。

（二）成立一个跨边界的部长委员会（即南北委员会），以加强北爱尔兰与爱尔兰的合作。由北爱尔兰议会代表和爱尔兰政府代表组成部长级委员会，该机构对北爱尔兰议会和爱尔兰议会负责，并将拥有自己的决策执行机构。南北委员会作为爱尔兰政策和北爱尔兰新议会的一个联合决策论坛，每年举行一次全体会议，商讨有利于整个爱尔兰岛合作的领域，如农业、教育、交通、环保等。

（三）建立政府间的咨商委员会（即东西委员会），以统筹各方关系、加强北爱尔兰与英国本土的联系。其组成代表来自英爱两国政府、北爱尔兰议会、以及新成立的苏格兰议会和威尔士议会。每年定期会面两次。

（四）爱尔兰共和国将修改宪法中关于宣称对北爱尔兰拥有主权的条文，明确表示只有在北爱尔兰大多数人民作出决定的情况下，爱尔兰南北两地才能统一。

（五）北爱尔兰两敌对派别与独立的解除武装委员会合作，两年内解除武装。

（六）英爱两国政府加快释放北爱尔兰对立两派的政治犯。

（七）英国部分撤出驻北爱尔兰的军事和警察部队，使北爱尔兰保安恢复到正常状态，同时成立北爱尔兰独立保安委员会，主持未来保安。

这份协议的最终生效，还需完成下列步骤：①北爱尔兰地区两个最大敌对派别新芬党、北爱尔兰统一党均须在党的年会上批准协议。②北爱尔兰和爱尔兰将于1998年5月22日同时举行全民公决，决定是否同意通过和平协议。③如全民公决被通过，英、爱两国议会就进行批准协议的程序，随之，改变两国宪法中关于对北爱尔兰领土主权要求的条款。④6月27日举行北爱尔兰地区的议会选举。如果这些法定程序全部如期实现的话，北爱尔兰议会将于1999年2月正式成立。

和平协议达成的实质意义是：英国结束了26年来对北爱尔兰地区的直接管治，让北爱尔兰人民自己管治北爱尔兰，并使原来敌对的两派在议会制度下联合起来，共同行使管治权，同时，又顾及了北爱尔兰与伦敦和都柏林的关系。

三、和平协议达成的主要原因

此次和平协议的达成受到了全世界的普遍赞扬。英国女王伊丽莎白二世表示“非常高兴”；美国总统克林顿说：“北爱尔兰在经历了长达30多年的派别暴力斗争的严冬之后，今天有希望迎来和平的春天。”欧盟委员会发表声明说：“北爱尔兰和平协议表明，人民更愿意和平与合作，而不愿意分裂。”全世界都从这一和平协议中受到了鼓舞，它为和平解决国际争端提供了一个范例，为全世界爱好和平的人们带来了希望。自从北爱尔兰问题形成以来，流血冲突不断，数届英政府均无良策解决。那么，是什么原因促使此次和平协议得以达成，从而为解决这一问题提供了契机呢？

（一）人们对和平的渴望、对暴力的厌倦是协议达成的主要原因。1969年英国出兵北爱尔兰，1970年“爱尔兰共和军”重建，迄今已有28年的历史。其间，在北爱尔兰、爱尔兰共和国和英国冲突事件不断，大约有3200人被杀，3.65万人受伤。物极必反，人心思变。鲜血唤起了人们对和平的渴望，鲜血也使各方认识到暴力手段的“软弱”。英国政府在人员遭到大量伤亡后不得不承认，它无法用军事手段打败爱尔兰共和军。爱尔兰共和军在付出了惨重的代价后发现，它除了和谈之外，别无选择。经过长期较量，各方认识到，北爱尔兰问题已不再仅是主权问题，而是关系到全体北爱尔兰人民命运的问题，如果不能和平解决该问题，在他们共同生活的土地上无论哪一个教派都将永无宁日。北爱尔兰的命运就掌握在自己手中。和平是当前世界发展的主流，任何反对和平的行为终将受到全世界人民的谴责。正是基于这样的认识，北爱尔兰两大教派才会互相妥协，相互谅解，克服重重障碍，一起坐到谈判桌前，并在和谈过程中不断作出让步，这是最终达成和平协议的主要因素。

（二）要求停止战乱发展经济是和平协议达成的根本原因。长期的战乱冲突，没有给北爱尔兰带来和平与繁荣，只有满目的创伤。恐怖活动造成的破坏及英国和爱尔兰两国政府每年巨额的防务费用（大约有4亿英磅）使两国政府再也不愿承受。而北爱尔兰的普通老百姓更是饱受战乱之苦，无法过上正常生活。多数的北爱尔兰天主教派开始更关心他们的政治经济地位问题，他们一直以“要民权、要就业、要平等”为口号开展运动。但这些要求一直得不到解决，才使得爱尔兰共和军的暴力活动一再升级。直到今天，北爱尔兰天主教派民众的失业率也大大高于新教派，生活条件十分落后。在世界经济高速发展的今天，北爱尔兰天主教派民众怎能没有怨言呢？也正是因为他们对英国政府失去了信心，才会支持北爱尔兰民族独立分子，希望南北爱尔兰的统一能给他们带来更大的经济利益。北爱尔兰民族独立分子也正是看到了这一点才放弃了强硬路线，否则将失去民心。此次协议使天主教派的政治经济地位得到保证，同时美国和欧盟已许诺给予北爱尔兰更多的经济援助。欧盟已经宣布了一个1亿多美元的援助计划。政治经济原因在很大程度上是此次和谈的基础，它迫使北爱民族独立分子放弃强硬路线，从而达成这一历史性协议。

（三）英国工党政府政策改变及英国和爱尔兰两国外交上的大力周旋是和平协议达成的重要原因。由于当年英国梅杰政府的强硬态度及新芬党的缺席，北爱和谈一度停顿。1997年5月英国工党政府上台后才重现转机。英国首相布莱尔在政治上主张地方分权以缓和矛盾，促进发展，进而巩固地方与中央政府的有机联系。他上任伊始就在苏格兰和威尔士进行了全民投票，实行地区自治。这一新思维给解决北爱尔兰问题带来新契机。布莱尔一直认为各方应就以下两条基本原则达成一致：一是如果北爱尔兰的大多数人都同意留在英国，那么北爱尔兰就应该留下来；二是应该承认爱尔兰裔的民族特性并公平对待北爱尔兰的天主教徒和新教徒。此次多党谈判一波三折，如履薄冰，面对矛盾重重的双方，英国和爱尔兰政府做出了大量的努力来缓和冲突。英国北爱尔兰事务大臣莫勒姆亲自前往梅兹监狱会见新教派的政治囚犯，以求支持。布莱尔更是历史性的接连接见新芬党领袖亚当斯，使得爱尔兰共和军再次停火，新芬党重入和谈。特别是在1998年4月8日，当北爱尔兰新教派的联合党和民主党拒绝接受协议草案时，又是布莱尔和埃亨亲往贝尔法斯特同有关人士会谈，才使各方又重新对草案内容进行详细讨论，并最终达成了这一有重要意义的和平协议。

此次和平协议的达成并不意味着北爱尔兰已经实现了永久的和平，虽然有关各方都作出了一定的让步，但矛盾分歧依然存在，要想从根本上解决双方的矛盾实非易事。此项协议还很脆弱，有关各方都各有得失，也各有不满。亚当斯明确表示，除非新教多数派改变他们对天主教少数派固有的不信任态度，否则就不可能实现和解。北爱尔兰问题各方能否认真履行和平协议是实现政治解决的关键。

（刘　军　孟大成）

德国新纳粹势力日益猖獗　德国新纳粹势力近年来变本加厉，更加膨胀。德国联邦刑警局1997年11月11日公布的材料说，德国目前共有有组织的新纳粹分子4.7万人，比1996年多出2000人；新纳粹分子的犯罪案件1997年也多于1996年，到9月底止纪录在案的共5173起，比1996年多出14%。

从联邦宪法法院的统计材料中也可以看出德新纳粹势力不断膨胀的事实：1996年德国新纳粹势力共作案8730起，比1995年多出11%；1997年9月底之前的统计数字就已经表明1997年德国新纳粹所犯下的罪行案件比1996年又多出14%。在1997年的新纳粹所犯下的罪行案件中，有暴力排外案1634起，反对犹太人如捣毁犹太人墓地等719起。实际上新纳粹势力的犯罪案要多得多。此间新闻媒体就指出，新纳粹分子捣毁左派政党办事机构、同左翼势力所发生的冲突构成的刑事犯罪，都未被作为新纳粹犯罪案对待。

德国新纳粹势力变本加厉、日益猖獗，不光表现在有组织的纳粹分子人数增多和所犯下的罪案增加上，而且犯罪内容更加广泛，作案方式明显升级。1997年，新纳粹分子已不仅仅满足于贴贴纳粹标语、喊喊纳粹口号、行行纳粹举手礼、或围攻殴打外国人捣毁犹太人墓地等犯罪行径。据迄今的情况，他们越来越明目张胆地为纳粹德国招魂。他们利用希特勒及其帮凶的生日、忌日或纳粹德国的重要日子，要求举行集会、游行示威，明火执仗地同反对他们的左派势力进行抗衡。对前去阻拦、驱散他们非法集会的警察也敢大打出手。1997年春天甚至还发生对执行公务、检查过往车辆、缉捕新纳粹逃亡犯的警察被在逃者开枪打死的事件。他们还制作了很多纳粹歌曲激光唱盘和录音带，不仅广为散发，还组织音乐会。据公布的材料，到1997年9月底，德国各地新纳粹已举行纳粹歌曲音乐会79次，听众多时竟达到1600多人。

更为严重的是新纳粹势力已进入联邦国防军，越来越多的迹象表明，联邦国防军已经成为德国新纳粹势力的一个活动场所。1997年先后发生过联邦国防军士兵（实际上是身着军服的新纳粹分子）在北莱茵一威斯特伐利亚的德特莫尔德市殴打外国人、辱骂外国人的“德特莫尔德事件”；在哈默尔堡军营和施内贝格军营发现了新纳粹分子录制的模拟杀人、掠夺、强奸等暴行及行纳粹举手礼的录相带、纳粹歌曲唱片和录音带、希特勒像，甚至发展新纳粹分子的文件；目前又在柏林附近的加图军营里发现了新纳粹分子。在联邦国防军空军第3师一位即将退役的一等兵的橱柜里发现了新纳粹文件，纳粹激光唱盘和录音带，还有一个他自己制作的“冲锋队队长”身份证明。这位来自原民主德国地区普伦茨劳市附近的23岁新纳粹分子，在退役前几个星期里被联邦国防军保卫局发现了新纳粹分子身份。但联邦国防部发言人克里斯托弗·卡茨中校说这是“个别现象”，理由是这位一等兵的作为纯属个人行为，所有纳粹宣传品仅为自己所有、所用，并没有散发；他也不属于任何纳粹组织。最后给这位一等兵的纪律处分是提前几个星期离开部队。然而，此间舆论普遍认为，联邦国防军营里发现的一系列事实，业已清楚地向公众表明这绝非“个别现象”。

近年来，德国新纳粹势力在不断膨胀，情况表明这种势头还将保持下去。其原因一是联邦德国的希特勒第三帝国时期的一些反动观念并未根除，旧纳粹势力还不同程度地存在着。德国统一后社会、经济问题暴露出来，加之原苏联东欧地区移民的大量拥入，这就为新纳粹势力敌视外国人、使用暴力排外找到了借口；联邦德国当局一些对外国人并不友好的政策法规，使新纳粹势力敌视、排斥外国人有了法律依据；当局对新纳粹所犯罪行惩治不严，对一般暴力犯罪的新纳粹分子打击不力，甚至对纵火犯都从轻处理，致使新纳粹犯罪分子有恃无恐，有的还以英雄自居。联邦国防军内有新纳粹势力其实也不足为奇。联邦国防军并非与德国社会隔绝，社会上的现象、思潮在联邦国防军内必有反映。另外联邦国防军招收新兵时并不对应征对象进行政治审查，入伍之后军营内又不进行反法西斯教育，于是新纳粹分子便有了在军营内生存、活动甚至发展的条件。

（德　峰）

法美在北约南欧战区指挥权问题上争吵不断　法国《世界报》1997年1月28日报道，法国总统希拉克的顾问莱维特在华盛顿与美国官员就南欧盟军司令部指挥权问题举行谈判，但未达成妥协。法国为推动北约的“欧洲化”，强调北约应进行改革，并应把更多的指挥权赋予欧洲；为此，法国主张任命一名欧洲人担任北约南欧司令部司令。法国外长德沙雷特明确表示，法国的意见是美国人继续保持对欧洲和大西洋的所有战略指挥权，但地区指挥官则应由欧洲人出任。而美国担心这将使欧洲人直接控制美国海军第6舰队，所以坚持美国人必须继续掌握南欧司令部的控制权。鉴于双方在北约南欧指挥权问题上各持己见，相持不下，法美就此问题进行私下谈判。在访美期间，莱维特提出，希望由欧美共同轮流担任北约南欧司令部司令一职的建议。但美国在进行研究后，对法国的这一建议也予以回绝。美国防部发言人培根称，北约南欧司令部对美国在地中海的利益至关重要，是不能放弃的，必须是一位美国指挥官负责指挥整个司令部。如果北约改变对南欧指挥权的安排，美国将不可能接受放在桌面上的任何建议。3月4日，美国防部长科恩在波恩表示，美国愿意重新考虑北约南欧司令部指挥权归属问题，并在5～7年内使这个问题获得解决。这是美国首次表示有可能将北约南欧司令部指挥权交给欧洲人。科恩在波恩举行的记者招待会上称，这一问题的解决不外乎3种解决办法：一是继续由美国指挥，二是由美国和欧洲国家轮流指挥，三是由欧洲国家轮流指挥。德国防部长吕厄强调，德国将与法国、意大利和西班牙就上述问题进行磋商，以力争达成“共同立场”。3月25日，正在美国访问的法国防部长米永与美国防部长科恩举行会谈。在此后举行的记者招待会上，米永称，双方讨论了北约面临的广泛问题，但法美就南欧司令部指挥权问题举行的谈判没有达成协议，双方仍处于僵局。据报道，美提出今后至少6年内，南欧司令部仍应由美国人担任司令，然后才能考虑由欧洲人担任司令的问题。10月6日，美国国防部长科恩与法国新任国防部长里夏尔举行会谈，但未能解决两国在北约结构问题上的分歧。由于美国拒绝了法国提出的由欧洲人担任南欧司令部司令的意见，法国已宣布停止重新加入北约军事一体化指挥机构的努力。

（张昌泰）

西欧联盟批准成立西欧联盟军事委员会　1997年5月12～31日，欧洲28个国家的外长和国防部长在法国巴黎开会，研究如何在欧洲安全问题上发挥更大的作用问题。此次会议是由西欧联盟主办的，会议的中心议题是研究欧洲国家如何在防务问题上不依赖美国，同时在这方面又能得到美国的支持。这个问题是有关欧洲今后安全问题辩论的焦点。在这次会议上，部长们决定成立西欧联盟军事委员会，以使西欧联盟逐步成为欧洲安全与防务的支柱。军事委员会将由德国、法国、比利时、荷兰、卢森堡、西班牙、葡萄牙、意大利、英国、希腊等西欧联盟10个成员国的参谋长组成，是西欧联盟的最高军事机构。这次会议还作出了一些有关欧洲防务方面的决定，其中包括建立西欧联盟侦察卫星网和确定2002年以前西欧联盟的演习计划等。

1997年11月17～18日在德国的埃尔富特举行的西欧联盟部长理事会议正式批准成立西欧联盟军事委员会。会议决定在1998年成立西欧联盟军事委员会。该委员会是西欧联盟的最高军事机构，由各国总参谋长组成，并确定了委员会的职能，即：负责向西欧联盟理事会提出有关军事决策方面的建议，并协调与北约的关系。

（张昌泰）

美洲军事要事

美俄军事关系进入新阶段 1997年，美国和俄罗斯的军事关系是在合作、让步和抗争中渡过的。与往年相比，双方合作虽有一定的发展，但是，由于北约在美国支持下，不顾俄罗斯一再反对，开始东扩，因而双方合作的基础遭到一定削弱。双方在一些重大问题上的分歧进一步公开化和表面化。美俄关系进入了既合作又斗争，既协调又竞争的新阶段。目前虽仍以合作为主，但是潜伏着发生危机的可能性，今后的发展将不会是一帆风顺的。正如日本《中央公论》月刊评论所说，美俄合作关系中“埋有地雷”，如果错走一步，就会爆炸。

一、从相互合作方面来看，美俄军事关系仍有一定的发展，又取得了一些新进展，主要表现在：

（一）美俄达成了新的核裁军协议。美俄两国首脑经过1997年3月和9月两次会晤，最终正式签署了《一揽子裁军协议》。据美国官方透露，这一协议主要包括两项内容：一是双方商定将两国在1993年1月签订的《第2阶段削减战略武器条约》的生效时间推迟5年，即由原定的2003年1月31日推迟到2007年12月31日生效。双方还商定，在《第2阶段削减战略武器条约》开始生效后，将立即开始举行《第3阶段削减战略武器条约》的谈判。双方达成协议，到2007年12月31日美俄各自的核弹头将减少到2000至2500枚。美国政府认为，这意味着，10年后美俄将把“冷战”时期战略核武器最高数量削减80%。这是一种极大幅度的裁减。二是双方同意对1972年签订的《反弹道导弹条约》作部分修正，允许在不违背条约精神前提下进行新的短程导弹防御系统开发。俄罗斯同意美国继续研究、部署它的战区导弹防御系统，即可部署射程在3500千米、速度每秒5千米以内的战区导弹防御系统。双方还同意，今后美俄双方每年将就战区导弹防御系统开发情况进行一次交换。对上述两项协议内容，裁军专家评论说，美俄双方在削减战略武器方面将达到暂时的平衡，与此同时，也减轻了美国开发战区导弹防御系统的压力。

（二）美俄就“加强双方信任”达成新的共识。1997年5月27日美俄两国首脑利用俄罗斯出席与北约签署相互关系基本文件的机会在法国巴黎举行了会晤。双方就双边关系与欧洲安全防务等问题交换了意见。据美国总统国家安全事务助理伯杰向新闻界谈称，两国领导人认为有必要“采取新的措施加强双方信任，来消除紧张气氛与核危险”。两国将召开专家级会议就此问题进行磋商。在会晤中，俄总统叶利钦向美总统克林顿通报了俄罗斯的核导弹不再瞄准北约各国的决定。对此，伯杰评论说，俄罗斯的决定显然具有十分重要的象征意义。1997年10月30日，俄总统叶利钦同美总统克林顿进行了电话会谈。双方就国际政治中的一些重要问题交换了意见。他们还讨论了美俄双边关系问题。这两位总统就此指出，“在迈向21世纪之际，各大国之间确立互谅和合作关系极其重要。”

（三）美俄就合建国际空间站达成协议。据1998年3月8日新闻报道称，不久前美国与俄罗斯就合作建设国际空间站达成协议，并签署了有关的一揽子基本文件。根据协议，国际空间站80%的建设资金将由美国负担，工作语言为英语，并由美国宇航局牵头，负责领导与协调计划的组织实施工作以及在空间站运行期间发生紧急情况时具体指挥工作。据香港《明报》报道，为国际太空站投资将达500亿美元，是有史以来最庞大的太空投资。该空间站船身长80米，两边有类似机翼的伸展部分，各长108米。整个空间站的重量达450吨。它将在距离地球350千米的太空运行。它将是未来太空开发的里程碑。它将在太空进行一系列新的实验，其中最重要的是全面测试人类在太空的适应能力，以及开发太空资源，例如制造食物、开采能源和建立永久太空居住所等。除了美国和俄罗斯参加这项计划外，英国、日本等14个国家也将参加此项计划。他们有各自的太空研究舱，互相组合起来，可以说是“太空联合国”。整个制造工作从1998年1月开始，预计到2002年兴建完成。

（四）美俄签署新的军事合作协议。1997年5月13日美俄两国国防部长在美国华盛顿举行了会谈。他们就有关双边军事合作问题达成了两项协议。一是有关美国帮助俄罗斯销毁削减下来的核武器的协议。根据该协议，美国承包商洛克希德—马丁公司将在俄彼尔姆建造一个工厂，帮助俄销毁410枚洲际弹道导弹，预计销毁费用为5240万美元，全部由美国支付。

二是有关美俄在军事改革与训练方面开展合作协议。俄提出“双方应本着务实和开诚布公的精神”扩大双边防务合作。美国允许俄罗斯国防部军事小组参加美国国防部主持召开的有关军队改革情况介绍会，向俄罗斯介绍如何在各军兵种中分配人力、物力和财力问题、如何管理军队问题、如何征召志愿兵问题、如何管理军官问题以及如何与独立的国防工业合作问题。俄在会谈中对美说，美国可以在许多问题上给予俄罗斯巨大的帮助，美国在军队民主改革方面有丰富的经验，俄罗斯需要学习这些经验。俄罗斯欢迎美国防部在广泛的领域与俄进行合作。1997 年 12 月 3 日，美国防部长科恩与俄罗斯元帅谢尔盖耶夫又签署了有关增加两国军官交往以及美国防部 1998 年向俄罗斯提供援助协议。根据这项协议，科恩和谢尔盖耶夫 1998 年将进行互访；美国国防大学和俄罗斯军事学院将建立更密切的关系；美俄还将采取一系列新举措，帮助俄罗斯裁减核武器和保障核武库安全。

二、从相互让步来看，美俄双方为避免直接对抗，在一些重大问题上，尚能本着互利和互谅的原则进行处置，在可能的情况下，都作了一定让步，主要表现在：

（一）美俄在“北约东扩”问题上的让步。自 1994 年 1 月美国和北约宣布北约东扩决定以来，美俄双方进行了激烈的讨价还价，上自俄罗斯总统下自平民百姓一致反对北约东扩，俄罗斯总统叶利钦多次对克林顿总统说，北约东扩是一个很大的政治错误，俄罗斯外长普里马科夫 6 次与北约秘书长举行会谈均表明其坚持反对北约东扩的立场。在俄罗斯坚决反对下，美俄双方在许多问题上都作了具体的让步。就俄罗斯方面而言，俄罗斯在政治上采取坚决反对、战略上不与西方做绝的两手政策。俄作出的重大让步有三：首先是俄罗斯在美国和北约同意其提出的北约先与俄罗斯签署相互关系基本文件尔后再谈北约东扩问题之后，俄罗斯于 1997 年 5 月 27 日与北约正式签署了《俄罗斯和北约相互关系、合作与安全的基本文件》。这一文件基本勾划了俄罗斯与北约未来新型关系的轮廓。双方决定成立俄罗斯——北约常设联合理事会，就双方之间的关系和有关欧洲安全的重大问题定期或不定期举行协商。其次是俄罗斯放弃了它一再坚持的在北约和俄罗斯相互关系基本文件中应写进在政治上具有法律约束力要求条款（即必须经北约 16 国议会和俄议会批准），改为该文件由俄罗斯元首和北约成员国元首签署即可生效，即在政治上具有“约束力”。第三是叶利钦还在会上宣布，俄所有核弹头从即日起将不再瞄准北约各成员国。就美国和北约方面而言，他们在政治上采取坚持东扩、在策略上注意安抚俄罗斯的两手政策，根据俄罗斯要求也作了相应的重大让步，首先是在俄罗斯和北约签订相互关系、合作与安全基本文件后，北约发表了他们“没有打算、没有计划、也没有理由”在新成员国境内部署核武器、军队或建立军事设施声明。接着，美国和北约还表示同意尽快就修改《欧洲常规武装力量条约》签署一项临时性框架协议。与此同时，克林顿答应帮助俄罗斯于 1997 年加入“七国集团”，同时将“七国首脑会晤”改为“八国首脑会晤”，允许让俄罗斯 1998 年加入世界贸易组织以及经济合作与发展组织等一些著名的国际论坛。克林顿还答应，美国保证提供 40 亿美元的美国私人投资。最后俄罗斯和北约在签署的相互关系文件中共同确认，“俄罗斯和北约均不把对方看作敌人。俄罗斯和北约的共同目标是，消除过去对抗和角逐残余，加强相互信任和合作。”基本文件签署后，俄罗斯对此反应不一。俄罗斯总统叶利钦对记者说，这是“历史性文件”，这个文件“确立了俄罗斯和北约相互关系新的性质，使欧洲和全世界避免了一场新的冲突，为建立平等、稳定的伙伴关系奠定了基础”。而俄罗斯总统委员会成员米格拉尼扬则认为，“俄罗斯对北约让步过多”，“北约几乎得到了他们所希望的一切”，“基本文件将为前苏联各共和国加入北约开辟了道路”。他还认为，这个文件把“北约实际上作为欧洲安全的唯一一个无所不包的机制保持下来”。从上述内容不难看出，美俄在北约东扩问题上都有一些让步，美国在坚持东扩原则下，从客观上照顾了俄罗斯地缘政治利益和军事政治利益；俄罗斯在坚持反对北约东扩方针下，本着“务实和开诚布公的精神”也作出了相应的让步。

（二）美俄在核裁军问题上让步。1997 年 9 月 26 日，美俄两国首脑经过讨价还价，在互有让步情况下，在纽约签署了《一揽子裁军协议》。美国满足了俄罗斯的要求，同意将 1993 年 1 月签订的《第 2 阶段削减战略武器条约》生效时间由 2003 年 1 月延迟至 2007 年 12 月，这就暂时大大减轻了俄因拆除核武器而造成的经济负担。与此同时，俄罗斯也满足了美国要求，同意继续就削减核武器举行《第 3 阶段削减战略武器条约》谈判。双方确定，到 2007 年 12 月，美俄各自的核弹头将减少到 2000 至 2500 枚。这就使美国达到了新的核裁军的目的，到那时，美俄战略核力量将大致达到新的均势。俄罗斯还满足了美国的另一项要求，同意对 1972 年签订的《反弹道导弹条约》作部分修改，允许美国在不违背条约精神前提下为建立 6 个战区级导弹防御系统进行开发和部署。签署后，美官员解释说，新的《一揽子裁军协议》是根据美俄两国首脑1997年3月在芬兰首都赫尔辛基首脑会议上作出的承诺而签署的。对此，美俄两国都给予高度评价。美国务卿奥尔布赖特认为，“这一安排标志着，美俄对待核武器态度发生了‘转折’，给俄罗斯同意进一步核裁军增添了信心。”俄罗斯外长普里马科夫强调，这一安排“决定了今后若干年的裁军进程，为进一步核裁军创造了条件。”

（三）美俄在修改欧洲常规裁军问题上的让步。经过5个多月的谈判，北约和原华约组织30个成员国代表于1997年7月23日在奥地利首都维也纳就修改《欧洲常规武装力量条约》达成了临时性框架协议，从而为签署新的条约奠定了基础。这是美国在坚持北约东扩原则下向俄罗斯作出的最大让步，满足了俄罗斯的基本要求。与此同时，俄罗斯也没有再坚持把“俄罗斯认为北约东扩是极其严重错误的看法”一语写进声明中去。据美国总统克林顿的高级顾问透露称，新的条约将由按联盟改为按国别对各国可以拥有的常规武器数量提出最高限额限制。同时将取消“有关侧翼限制的提法”，各代表团还一致同意新条约将在原来的基础上进一步大幅度削减欧洲大陆常规武器总量。有人分析说，与旧条约相比，新条约可能将有4大变化：第一，可能进一步降低条约规定武器限额；第二，可能延长条约实施时间；第三，可能增加条约缔约国家；第四，可能制定新的核查办法。但是，也有人认为，新的谈判仍将面临困难，各方在谈判中不会轻易让步，短时间内难以签署新的条约。

三、1996年以来，美俄在一些重大问题上分歧日趋明显，特别是1997年7月北约发表《马德里宣言》、北约东扩正式启动之后，美俄根本利益冲突开始公开化、表面化，在军事上的矛盾明显加深，并重新将对方视为战略对手。

（一）俄公开反对美建立“单极世界”。美俄在推动未来世界格局的发展上，存在着严重分歧。美国的作法是“胡萝卜加大棒”的政策，依靠军事同盟和海外军事存在，逐步西化、分化没有“融入”西方世界一些国家，企图最终建立一个以美国为主导的单极世界。俄罗斯则主张世界格局应向多极化方向发展，形成一种有几个主要力量中心同时发挥作用的国际关系体系。为此，俄积极展开全方位外交，奉行大国外交政策，争取在未来世界多极化的格局中成为一极。因此，俄罗斯对美国经常以唯一超级大国自居、企图充当世界领导表示坚决反对。俄罗斯公开声称，“单极世界的时代的论断已经过去了，主张建立多极体制，俄应是其中一极”。1996年末，叶利钦对中国总理李鹏说，“我们不需要一个主宰者，世界上不应该有所谓‘领导国家’和‘被领导国家’。”1998年2月7日他在接受意大利记者采访时强调，多极世界的概念符合迈向21世纪的现代世界的要求，是国际社会最明智的选择。他指出，只有在多极化的世界上，所有国家才能不分大小、强弱，都拥有发言权和保持自己特性的权利；也只有在多极化的世界上互利平等的合作，才能得到不断的加强。美国主张一极化模式，不仅脱离现实，而且非常危险。为了成为世界中的一极，俄罗斯与美国展开了公开斗争，全力推行大国外交和全方位外交，以欧洲为重点，联合法德，增强在欧洲发言权；扩大俄在亚洲的外交空间，加强与亚洲国家的关系；重返中东，公开反对美国在中东地区推行遏制和动武政策，提出实现中东和平与安全12点建议，打破美国独揽中东事务局面。由此可见，在今后相当长的时间里，美俄将从各自的国家利益出发，围绕建立什么样的世界格局，还会继续斗争下去。

（二）俄公开反对和抵御北约“东扩”。北约东扩是美国冷战后采取的最重大战略举措，是美国对俄罗斯的最严重的挑战，是美国在新的历史条件下遏制和防范俄罗斯、称霸世界、建立单极世界的重要一步，是美国实现全球战略目标的关键。力促北约按既定计划东扩，是美国既定的一项长期的战略任务。面对美国咄咄逼人的攻势，俄罗斯针锋相对，积极与美国从外交和军事两方面进行抗争。1997年3月，叶利钦总统严正指出，“北约东扩将是美国犯下的一个不能容忍的重大错误。”1997年5月，他再次重申，俄罗斯仍旧反对北约东扩计划。北约东扩计划是自1962年发生古巴导弹危机以来，美国对俄罗斯构成的最严重挑战。俄总理切尔诺梅尔金在1996年12月在欧洲安全与合作组织首脑会议上明确表示，北约东扩将导致欧洲出现新的分界线，将造成世界整个地缘政治形势的恶化，这是无论如何不能接受的。1997年4月他再次强调说，它将破坏莫斯科和北约新成员国之间和欧洲其他国家之间的双边关系。俄罗斯外长普里马科夫指出，“俄罗斯过去反对，现在仍然反对北约东扩。俄罗斯是不能收买的。”俄罗斯国防部长罗季奥诺夫表态说，“这个问题实际上可能损害美俄的关系。”就是在1997年5月俄罗斯与北约签署相互关系、合作与安全基本文件之后，俄罗斯的态度仍然没有变化。它继续采取措施进行抗争。迄今采取主要措施有：一是俄总统叶利钦公开抵制1997年7月北约在马德里召开的东扩会议，拒不出席会议，继续发表反对北约东扩谈话。二是俄国家杜马成立“反北约”委员会，研拟对北约东扩对策，组织抗议北约东扩活动。三是公开反对前苏联国家加入北约。俄罗斯总统发言人发表谈话说，“莫斯科绝不同意北约接纳波罗的海沿岸国家和独联体国家加盟。如果发生这类情况，俄罗斯将被迫重新考虑同北约的关系和自己的对外政治方针。”俄还公开反对北约领导人访问独联体国家，反对北约在中亚举行联合军事演习，抑制西方的渗透与分化。四是组织独联体国家建立多边安全保障机制。俄设想将独联体国家分为3大类，拟分期分批发展与他们联盟关系。第1步是发展与白俄罗斯的关系，继签署建立国家共同体条约之后，又签署了联盟章程，两国领导人表示“两国最终将实现统一”；第2步是发展与哈萨克斯坦、吉尔吉斯斯坦等国家关系；第3步是发展与其他独联体国家的关系。俄此举旨在建立以俄罗斯为首的独联体国家联盟，以俄罗斯和白俄罗斯合作为火车头，带动整个独联体一体化进程，联手对付北约东扩。五是宣布俄将保持核大国地位，优先发展战略导弹，保留首先使用核武器的权利。六是制定新的国家安全构想，要求军队作好以武力来保卫国家利益的准备，作好最坏的准备，提高抗争砝码。由此可看出，美俄在北约东扩问题上分歧是难以调和的。

（三）俄反对美在欧洲建立以北约为支柱的新欧洲安全体系。欧洲是美俄的战略重点，在围绕欧洲建立什么样的新安全体系问题上双方存在着严重分歧。俄罗斯坚持认为，冷战结束后，华约集团已经宣布解体，北约集团也应随之而消失。但美国及北约则反其道而行之，不但不解散，反而在逐步加强，并正式启动北约东扩计划，提出了第1批入盟名单。这样做，引起了俄罗斯及一些其他独联体国家的强烈反对。俄罗斯还认为，欧洲安全与合作组织是欧洲安全领域的主要组织，无论就其组成，还是就其职能而言，都是欧洲最具代表性的组织。因此，俄极力主张，以欧洲安全与合作组织为“中心”，而不是以北约为“支柱”来组建欧洲的安全体系。而美国及北约则主张通过与东欧国家建立伙伴关系，通过北约东扩，使中东欧国家最终加入北约组织，并以此为支柱，联合西欧联盟、欧洲安全与合作组织建立一个稳定的、没有新的分界线的新欧洲安全体系。随着北约东扩正式启动，美俄在建立新欧洲安全体系问题上分歧进一步明朗化。针对美国和北约的行动，俄罗斯也采取措施积极进行反抗。一是强化欧洲安全与合作组织作用，企图使其成为未来欧洲安全框架的核心。叶利钦无论是参加欧洲首脑会议，还是出席欧洲委员会首脑会议，都不止一次地强调，要建设包括俄罗斯在内的大欧洲，只有到那时，欧洲才能成为和平与安全的欧洲。欧洲人的事应由欧洲人自己解决，不需要什么“外来大叔”的干预。二是联合法德削弱美国和北约在欧洲的作用。俄罗斯巧妙地利用法国反对美国过多插手欧洲事务的心理，积极拉拢法国。在法国总统希拉克1997年5月访问俄罗斯当天，叶利钦就授予他一枚“祖国功勋”勋章，表彰他为俄罗斯所作出的贡献。双方会谈后，叶利钦宣布法国已成为俄罗斯的“优先伙伴”。与此同时，俄罗斯还利用德国谋求领导欧洲、充当政治大国的愿望，宣布俄德关系是俄对外关系的“重中之重”。最引人注目的是，俄与法德两国首脑达成了3国首脑每年举行高级会晤的协议。1998年3月26日，俄法德3方首脑举行首次会晤。叶利钦在会晤结束后宣称，他认为将有一个与俄罗斯联合的新欧洲。这个新欧洲将是世界的“主导力量”。由此不难看出，叶此举的意图很清楚，即在欧洲建立新的地缘政治中心，抑制美国在欧洲发号施令，并使其成为俄对美对北约关系的抗衡因素。三是强化俄罗斯在欧洲的作用。自从1994年1月提出“必须建立新的欧洲安全机制”以来，俄除公开宣布“原苏联地区是俄罗斯的特殊利益地区”外，还积极采取措施重筑西部防线，反对西方染指。1995年2月，俄罗斯等独联体12国首脑会议通过《关于集体安全构想》、《集体安全条约各签字国军事合作的基本方向》和《集体安全宣言》等文件，为统一军事思想、扩大军事合作奠定了法律基础。迄1997年底，独联体国家除摩尔多瓦外有11个国防部长参加了集体安全委员会；有9个国家成为集体安全条约的签字国和成员国；有10个国家签署了《建立统一防空体系条约》并成立了防空协调委员会；有7个国家签署了《共同保卫外部边界条约》，重筑西部防线工作取得了令人瞩目的成果，以俄罗斯为核心的军事协调和军事合作开始展开和运行。1996年3月，以俄罗斯牵头的国防部长理事会决定组建“独联体武装力量参谋长委员会”，向组建统一的作战指挥机构迈出了重要一步。尽管短期内独联体还难以成为与北约抗衡的军事集团，但双方斗争还会继续下去。欧洲分析家认为，欧洲安全体系何时能够建成，取决于3个因素：一是北约东扩范围；二是欧洲一体化进程；三是俄罗斯发展前景。三者如何发展，人们正拭目以待。特别值得提出的是，美俄在其新的军事战略和1997年举行的演习中，重新将对方视为战略对手。

美在1997年度《4年防务审查报告》和《国防报告》中，提出了跨世纪新军事战略，并把俄罗斯视为未来全球对手之一。在该战略中，美明确指出，从现在到2015年，世界不大可能出现能与美国分庭抗礼的国家，但是，2015年以后，则有可能出现新的地区性强国或势均力敌的全球对手。它毫不隐讳地指出，俄罗斯和另一个国家有可能成为这样的对手。它提出，美国必须从现在起着手准备，以迎接未来不确定的挑战。1997年11月，克林顿政府还对其核战略进行了16年以来的第1次调整。美国防部在其国防报告中声称，今后美国还继续面临着潜在核威胁。它又说，经克林顿批准美国虽然放弃了“打赢一场核战争的”战略目标，把战略重点放在了“遏制核战争”目标上，但美国仍将继续保留核袭击名单，并称这个名单仍把俄罗斯定为主要袭击目标之一。美国总统特别助理、国家安全委员会防御政策负责人罗伯特·贝尔说，尽管俄罗斯和其他地方发生了许多变化，但如果认为核武器无关紧要，或者说对本政府来说已不再有什么意义，那是错误的。我们仍需要用这种武器来遏制侵略和高压统治。无独有偶，俄罗斯在1997年2～4月，连续两次举行针对美国和北约的核大战模拟演习，在演习中设想，当俄罗斯总理受总统之托，下达核摧毁美国命令1小时之后，几千枚洲际弹道导弹，在计算机屏幕上掠过北冰洋，飞越北极，奔向美国国土。顷刻间美国基地和现代化城市化为灰烬，俄军出色完成 了任务。美俄这些做法，表明美俄军事关系已经完全渡过了密月期，开始了一个新的阶段，但也不会回到“冷战的老路上去”。

（温昧几　宫小雄）

美俄签署一揽子新裁军协议　经过长时间的权衡利弊和外交较量，美国国务卿奥尔布赖特和俄罗斯外长普里马科夫于1997年9月26日在纽约签署了新的一揽子裁军协议。

协议主要是将美俄首脑1997年3月在赫尔辛基会晤时达成的原则协议文字化和具体化，主要包括两项内容：一是将美俄在1993年初签订的《第2阶段削减战略武器条约》的生效时间推迟5年，由原定的2003年1月31日推迟至2007年12月31日；二是对双方1972年签订的《反弹道导弹条约》作了补正，允许在不违反该条约基本规定的前提下进行“有限度的”反防御系统的开发。

从协议内容上看，协议不是加快裁军步伐，扩大裁军范围，而是推迟已有的裁军条约的实施，放宽军控范围。美俄作出这种新的裁军安排，主要出于3个方面的需要：

一是为了促使《第2阶段削减战略武器条约》的尽快实施。该条约被认为是冷战后美俄达成的最重要的裁军条约，美方一直希望尽快履行，美国参议院已于1996年批准该条约。但俄罗斯国家杜马至今仍坚决抑制，原因是俄国内很多人认为该条约总体上对俄不利，一旦履行，将使俄同美的战略力量对比处于长期劣势。另外，俄罗斯提出目前经费困难，无力按照条约的规定将现有核武库削减约50%。美国在对俄罗斯政府和国家杜马反复施压无效的情况下，只能同意推迟条约的生效时间，以换取俄国家杜马对条约的批准。

二是美国需要继续进行短程反导弹防御系统的开发试验。海湾战争以来，美国以防御导弹袭击和加强各战区防御能力为由，加紧进行“战区反导弹防御系统”的开发。俄国家杜马的一些人警告说，美国的做法违反《反弹道导弹条约》的有关规定，必须立即停止，否则将导致他们拒绝批准美俄签订的其他裁军条约。而美国出于战略目的考虑，拒绝接受。最后经美俄首脑直接商谈，俄同意美国继续开发试验时速和射程都有限的战术防御导弹。

三是为了消除不久前北约正式作出东扩决定后俄罗斯的战略忧虑。美国十分明白，不管美国及其西方盟国如何保证，俄罗斯都不可能不担心北约东扩对俄造成的潜在战略威胁。《第2阶段削减战略武器条约》所规定削减的陆基多弹头核导弹，是目前俄罗斯最有力的战略核武器，美国同意推迟该条约的生效时间，被认为是美对俄作出的一种让步和“对俄的一种补偿”。

对于新达成的一揽子裁军协议，美俄双方都给予了高度评价。奥尔布赖特认为，这一安排标志着美俄对待核武器的态度发生了“转折”，给俄罗斯同意进一步核裁军增添信心。普里马科夫强调，这一安排“决定了今后若干年的裁军进程”，为进一步核裁军“创造了条件”。

从美俄外长的表态中不难看出，这个一揽子裁军协议使美俄双方的需要都得到了满足。但这一安排显然只是暂时的，是一种以退为进的做法，其根本目的是为了求得双方在削减战略武器方面的平衡，以实现各自下一步的裁军意图和策略。美国传媒援引美国官员的话透露，美国的真实打算是在促使俄罗斯国家杜马尽早批准《第2阶段削减战略武器条约》后，开始同俄方商谈签订《第3阶段削减战略武器条约》。

（金　鲍）

美军提出《2010年联合构想》　1996年7月，美参谋长联席会议颁发了《2010年联合构想》。这一构想以“冷战后过渡期”美国国家安全战略和国家军事战略为指针，以21世纪初国际地缘政治可能发生的变化为依据，以信息时代的新军事革命为背景，勾画了今后15年美武装力量建设和作战的基本蓝图。它的贯彻与实施，将对世界军事斗争形势，各国国防和军队建设产生重要影响。

一、《2010年联合构想》出台的背景

90年代初，为适应国际战略格局的变化，美布什政府于1992年提出了冷战后第1个军事战略——

"地区防务战略"。在这一国家军事战略的指导下，各军种也相继提出了各自的战略和现代化建设计划，如陆军提出了"21 世纪陆军"计划，海军提出了"由海向陆"战略，空军提出了"全球力量、全球抵达"战略。1993 年，克林顿上台后，根据冷战后形势的发展变化，对美国军事战略进行了"再调整"。当年 9 月，美国防部发布了《全面防务审查报告》，提出了"打赢两场几乎同时发生的大规模地区性冲突"的具体作战指标。1995 年 2 月，克林顿政府又提出了自己的军事战略——"灵活与有选择参与"战略。

然而，随着世界多极化趋势的迅速发展，高技术特别是信息技术在军事领域里的广泛应用，以及对海湾战争及后来一系列军事行动经验教训的深入总结，美军高层领导人发现，现行的军事战略和军队建设规划存在着不少问题：对新军事革命的影响估计不足，没有采取有力措施推进军事革命；对下个世纪多极化格局形成后的威胁估计不足，没有及早采取应对措施；对 21 世纪初全球信息环境和军事信息环境缺乏全面、系统的知识，没有提出以信息优势保障一切军事行动的根本原则；对武装力量建设未能以"作战需求"为指导，没有提出下世纪的联合作战原则。因此，美军将难以适应 21 世纪初的国际战略环境。

为解决上述问题，对美军未来建设与作战提供指导，美军事领导人决定研究制定"21 世纪初"的战略构想。这一战略构想要适应"5 个需要"：适应下世纪初"变幻莫测"的国际形势的需要，能够对付各种威胁；适应高技术特别是信息技术高速发展的需要，大力发展信息化装备；适应维护美国全球战略利益的需要，能在各种冲突或战争中战而胜之；适应新时期国家军事战略的需要，能使美军保持"全面优势"；适应未来联合作战的需要，准备实施高技术条件下的一体化作战。

根据上述要求，美参谋长联席会议于 1995 年初成立了战略规划研究机构，就美军中远期的建设与作战问题进行超前研究。经过 1 年半的调查研究和反复论证，最后出台了《2010 年联合构想》这一指导美军今后 15 年建设和作战的纲领性文件。

二、《2010 年联合构想》的主要内容

该构想论述的内容很广，但主要有以下 3 个方面。

（一）国家战略目标、威胁与军队的任务。该构想指出，美长远的国家战略目标有 4 项：一是保护海外美国人民的财产和生命安全；二是捍卫国家独立、领土完整和政治自由；三是维护美国的社会制度与价值观；四是保障国家强盛、人民富足。这些目标所决定的美国的根本利益是：确保国家安全，促进经济繁荣，推动世界向西方式民主方向发展。

下个世纪初，对美国战略目标和根本利益的威胁主要来自：(1) 大规模地区性冲突，可能发生在东北亚和东南亚地区；(2) 武器技术扩散，主要是核、生、化武器及导弹技术的扩散；(3) 低强度冲突，主要包括种族纠纷、领土争端、恐怖主义活动等；(4)"非对称敌性国家或组织"的袭击，这些与美国为敌的国家或组织不与军事实力占优势的美军作正面较量，而是利用核、生、化武器，计算机病毒、"黑客"，以及游击战、恐怖活动等"非正规手段"，对美军实施"非对称袭击"，破坏美军的信息系统，大量杀伤美军人员。

为维护国家的战略利益，该构想为美军所确定的总任务是：进行威慑，防止冲突；在威慑失灵时，实施作战，并赢得胜利；和平时期，参与全球范围内的军事行动。具体任务有：遏制冲突或战争，保卫或解放领土，"惩罚性入侵"，履行对外承诺，保护或救援海外美国公民，抢险救灾，实行人道主义援助等。

（二）军事力量的运用。该构想预言，到 2010 年，美军只要在关键时间、关键地点，集中关键性的作战力量，而不必像以前那样集中大量兵力，就可以打败兵力数量占优势之敌。这主要是因为：使用高毁伤力武器可以对多个目标同时实施攻击；使用较少的精确制导和远程打击武器就可达到消灭和压制大量敌军的目的；通过各种传感器实时获取的各种情报信息，可大幅度提高指挥控制能力，从而减少进攻发起前的部队机动。到下个世纪初，美军将十分强调实施高度一体化的联合作战，其作战原则是：

1. 制敌机动。制敌机动是指，多方位运用信息、作战力量和机动能力，使用分散部署的陆、海、天部队，完成既定的联合作战任务。实施制敌机动的根本目的，是利用美军部队所占位置优势、运动速度优势和快于敌方的作战节奏，通过控制作战空间快于敌方的作战节奏，通过控制作战空间的广度、深度和高度，来形成对敌绝对优势，以便用决定性的作战力量打击敌重心，迫使敌在不利的条件下被动地作出反应或退却，直至失败。实施制敌机动的部队必须具备以下 3 种能力：(1) 持续和协同作战能力，能集中各军兵种力量，以交叉火力，从不同地点，同时向敌实施攻击；(2) 机动作战能力，机动速度快于敌军，作战空间控制范围大于敌军；(3) 自我防护能力。

2. 精确打击。在实施精确打击时，要求探测与定位目标精确，投送作战力量精确，指挥控制精确，攻击目标精确，毁伤评估精确，作战支援和勤务支援精确。精确打击是一种节约兵力兵器、节约资源、附带损伤破坏较小的作战样式。实施精确打击，必须具

备2个条件：一是拥有精确打击系统，它包括从发现目标到摧毁目标和毁伤评估的一系列环节、手段与方法；二是具有信息战能力，能在限制敌方自由地利用信息和信息系统的同时，使己方能充分自由地利用信息和信息系统，使战场对己方透明。

3. 全维保护。全维保护是指在作战的各个阶段、从各个方向上、在各个层次上，对美军部队实施全方位的保护。实施全维保护的先决条件是拥有对作战空间的控制权，目的是减少伤亡，确保部队在部署、机动、展开和作战过程中的行动自由。全维保护包括主动和被动防护，分散配置、欺骗与伪装、探测与预警、单兵与部队防护等。

4. 聚焦式后勤。聚焦式后勤在很大程度上也是“精确”后勤，它是指把信息、后勤部队和运输手段融为一体，利用自动化补给网络系统跟踪监测作战部队对各种物资的动态需求，并将所需物资和勤务及时、准确地送到各战略、战役和战术单位。这样做的好处是：可满足部队分散和机动作战的需要，使作战部队更加轻便灵活，缩小伴随保障部队的规模，减少后勤交通线易受打击的危险。

（三）军事力量的建设。为了使美军能够执行上述4项作战原则，必须搞好军事力量建设。美国军事力量建设的目标是：建成一支平时能威慑，战时能取胜，在任何冲突中都占绝对优势的强大军队。为了实现这一目标，美军将采取以下几项措施：

1. 征召和保留高素质人员。该构想认为，招募和保留具有献身精神的高素质人员是美军建设的头等大事。为了吸引优秀适龄青年入伍，使90%以上的新兵都具有中等以上文化水平，美军将简化招兵程序，使新兵在更大范围内挑选工作岗位，制定更多的优惠政策，提高福利待遇。为了使更多的官兵合同期满后继续留队服役，美军将进一步提高部队的生活质量，年年提高薪金津贴，保证休假时间，加强宣传和教育。

2. 培养优秀的军事领导者。美军把军官、士官，特别是指挥官称为“领导者”。领导者是部队的中坚，他们必须精通本职业务，具有为国家献身的价值观和高尚的道德情操。各级指挥官还要了解美军4个军种的作战能力，具有高超的领导艺术和指挥才干，善于指挥部队进行联合作战。美军培养优秀领导者的途径是院校培训、工作实践和自我发展。

3. 制定联合作战条令。美军未来的作战行动基本上都是诸军种联合作战或多国部队联军作战。联合作战条令是规范美军指挥官思考和训练的基础性文件，它“能把新技术、新思维、新作战概念转化为联合作战能力”。参谋长联席会议将根据未来战争的需要，不断制定新的联合作战条令。这些条令将清楚地阐述未来作战的基本战法与进程，以指导作战计划的拟定。同时，它们还具有足够的灵活性，是部队遂行联合作战的指南，而不是束缚部队手脚的桎梏。

4. 进行高质量的训练。今后，各军种部队必须按上述新作战原则进行高强度的训练，特别是联合作战训练。所设置的训练环境和想定必须逼真，能充分反映可能出现的各种威胁、危机或冲突。结合进行实兵训练和模拟训练，要在全球各战区部队之间建立分布式模拟训练信息网络，使本土部队无需到海外就可与各战区部队进行联合作战训练或演习。

5. 改革组织结构。为了使美军适于未来作战任务的要求，必须对其组织体制进行调整或改革，以便使高层领导机构更加灵活高效，使各级部队减少部署和作战之间的“启动时间”，从而可对各种危机作出更快的反应。

6. 发展先进的技术装备。先进的技术装备是部队取得战争胜利的重要保证。今后，美军将继续大力开发世界上最先进的武器系统，力争使其军事装备领先盟国半代至1代，领先发展中国家1代至2代。为加快新装备的研制步伐，美军将建立一个反应灵活、效率很高的研究、发展与采购机制，以便迅速采用新技术，特别是通过商业途径采用和吸收民间企业的新技术和新创意。

三、《2010年联合构想》强调的重点

根据打赢未来战争的需要，该构想特别强调了以下4个问题：

（一）全面优势。该构想是指导美军建设和作战的纲领性文件，其根本目的是使美军到2010年前后具备2个全面优势，即军队质量上的全面优势和战场作战能力上的全面优势。第一个全面优势包括军事技术优势、武器装备优势、作战理论优势和军事组织体制优势，也就是美国追求建设一支在所有方面都优于其他国家的军事力量。为此，它正在深入研究信息战理论，大力发展信息化装备，积极建设数字化部队和数字化战场，争取到下个世纪中叶建成世界上第一支信息化军队。第二个全面优势是指战争中在战场作战能力方面全面优于敌军，它包括信息优势、火力优势、机动能力优势、指挥控制能力优势等。

（二）制信息权。美军认为，夺取和保持制信息权“是美军整个作战思想体系的基础”。要取得作战的胜利，必须能够控制作战空间。要控制作战空间，必须掌握制空权、制海权、制天权。而掌握这3权，又必须首先拥有制信息权。要实施制敌机动、精确打击、全维保护、聚焦式后勤这4项作战原则，取得制信息权是先决条件。

（三）联合作战。未来不同规模和强度的战争，一般都需要陆、海、空、天各军种部队联合进行。美军制定《2010年联合构想》的目的，就是想克服各军种各自为政的弊端，按照联合作战的要求，统一和规范美军的建设和作战运用。美军强调，未来的联合作战不同于目前的联合作战，它是建立在信息优势或制信息权基础上的高度一体化的联合作战。它要求：在作战思想上，一切军事行动都要以联合作战的4项原则为指针；在组织体制上，要编组结构均衡合理、高度联合、形式多样的"联合特遣部队"；在武器装备上，要确保各军兵种作战平台之间信息互通与共享，以便最大限度地发挥装备、人员和信息的综合效能。

（四）人的因素。该构想的另一个显著特点是十分强调人的因素。美军之所以如此重视人的因素，主要有以下原因：执行联合作战的4项原则，特别需要士气高昂的部队和官兵的创新及奉献精神；在未来的许多军事行动中仍要投入地面部队，士兵的勇敢、指挥官的谋略仍然是制胜的关键；军事技术有局限性，在很多场合无法发挥作用；未来战场流动性大、情况复杂、作战节奏快，更需要人的"勇敢、毅力和智慧"。

（王保存）

美国拒绝签署《禁止杀伤性地雷公约》

从1993年12月联合国决定修订"地雷议定书"开始的禁雷风潮，在许多国家产生了反响。比利时于1996年3月制定了世界上第1个禁止制造、使用、出口和储藏杀伤性地雷的法律。日本政府也作出了最终废除地雷的承诺。1996年4月15日，澳大利亚宣布了一项禁止防务部队使用地雷的命令。次日，德国国防部长吕厄也宣布，联邦国防军"无条件"放弃使用杀伤性地雷（不包括反坦克雷），并将在日内瓦召开有关地雷问题的会议之前销毁100万颗这类地雷。5月3日，53个国家在日内瓦国际地雷会议上，一致通过了新的《地雷协议》。10月，几十个国家在加拿大首都渥太华召开禁雷大会，倡导在1997年底缔结全面禁止杀伤性地雷的公约。1997年9月17日，89个国家在挪威首都奥斯陆达成《禁止使用、储存、生产、转让并销毁杀伤性地雷公约》的草案；同年12月，在渥太华举行了开放签署仪式。

然而，美国对这场禁雷风潮却态度冷淡，先是在"渥太华进程"中按兵不动，后虽一度宣布参加"禁雷公约"谈判。但又提出："美军仍需在朝鲜半岛部署300万颗杀伤性地雷、在反坦克雷区继续使用这种地雷；如美参加"禁雷公约"，美将在未来战争爆发时应可随时退约以恢复使用杀伤性地雷。当上述条件未被接受后，美国即宣布拒绝签署"禁雷公约"。美国之所以对禁雷态度消极，主要有3点原因：

1. 有效地使用地雷是美军作战方式的重要组成部分，美国不会轻易放弃这一有效的防御手段。基于所谓"全球战略利益"，美军随时准备将部队快速投送到世界任何一个热点地区。这些部署地区或热点地区往往是环境险恶、民情复杂，加上美军虽技术含量高，但自身近距离防卫能力差，因此，有效使用地雷就成为美军在这些地区遂行任务的重要手段。美军武器研制计划中的智能武器系列中，自毁地雷是重要组成部分。美军认为，把这种杀伤性自毁地雷与智能反坦克装置组合在一起，为美军提供了一个不可缺少的防御盾牌。

2. 对"禁雷公约"的有效性和前景表示怀疑。美国认为，"全面禁雷公约"看起来实现了立即、全面禁雷的"人道主义理想"，但对能否给人类带来实际利益表示怀疑。美国认为"全面禁雷公约"并不能真正解决现已埋设的地雷每天仍在伤害平民这一根本问题。美军方人士指出，在不发达国家每天发生的死亡和伤残，应当归咎于那些埋藏地下多年、难以发现的非智能地雷。而美军正在研制和将来投入使用的"智能地雷"则不会带来这些遗留问题。美国占主导的分析认为：考虑到地雷的持久效能和近2亿枚的庞大数量，让大多数国家放弃它们几乎是不可能的。

3. 不肯放弃军火市场。尽管美国军售在1997年高达170亿美元，占全球军售总额的42.6%，但美受到了英、法、俄等国的有力挑战，国际军火市场竞争激烈。美国正想借机用其研制的"智能地雷"占领这一领域的军火市场，岂肯轻易因禁雷公约束缚自己军火出口的手脚。

美国在禁雷风潮中的立场不但激起了国际舆论的关注，而且也在国内引起了争论。甚至军方也并不是全部都支持保留使用地雷的能力。最近，美国陆军詹姆斯·霍林斯沃尔斯将军在新闻发布会上就表达了相反的观点。他说："我们的地雷炸伤了许多自己人。我认为这种武器理应消失，它对增强我国防御力量的作用微乎其微。"美国国内一些舆论对美国在这一问题上与伊朗、伊拉克等国的立场一致表示不满。但这些观点并非主流，而且基本上都要求把美国所研制"智能地雷"排除在外。

从美国在禁雷问题上的立场，可以得出两点结论：其一，禁雷问题不是一个纯道义问题，它涉及国家军事装备、作战方式和军事战略等多种因素，而且将是一个长期的过程；其二，美国在军控和裁军问题上的立场，是实用主义的，其实质是维护自己的垄断利益。

（全　鲍）

美国抢购俄罗斯“米格－29”歼击机

1997 年 11 月初，世界军火市场爆出一个新闻：美国抢购了 21 架“米格－29”歼击机。

真是奇怪，美国怎么会看上俄罗斯的歼击机呢？美国国防部长科恩一语道破天机，他说：美国从摩尔多瓦购买了 21 架“米格－29”歼击机，其中 14 架具备挂载核武器的能力，为的是防止伊朗将它们买走。据透露，这 21 架“米格－29”歼击机已经全部秘密运抵美国俄亥俄州的一个空军基地。

美国国防部长说的是实情，就在美国买走这些飞机之前，摩尔多瓦停放这些“米格－29”歼击机的空军基地，来了一些伊朗商人，他们仔细地看过这些飞机。美国中央情报局很快掌握了伊朗打算购买这些飞机的情况，美国当即决定抢先买下这些飞机。摩尔多瓦方面要求美国不要公开购买这批飞机的价格。这话从另一个角度向世人证明：美国不惜花高价购买这些飞机。

“米格－29”到底有什么本领，引得美国和伊朗去抢购它呢？

在 1991 年的海湾战争中“米格－29”的表现并不出色，伊拉克的“米格－29”曾经被美军的战斗机击落过。“米格－29”是俄罗斯米高扬设计局研制的双发动机高机动性制空歼击机，它有一个绰号叫“支点”。1985 年“米格－29”进入前苏联的部队服役，开始时它主要用来进行空战，对地攻击能力并不强，后来几经改进，可以挂载各种炸弹、火箭弹、空地导弹和战术核武器。这样一改进，立即吸引了许多国家的目光，伊拉克、叙利亚、古巴、印度等十多个国家先后购买了“米格－29”战斗机。摩尔多瓦购买的“米格－29”就是改进后的新机型。

“米格－29”是前苏联为了与美国的第 3 代战斗机对抗而研制的。它诞生之后，尽管具备了第 3 代歼击机的特点，比如，它具备了下视/下射能力和超视距攻击的能力，但是，美国人并没有感到来自“米格－29”的挑战，因为“米格－29”的缺点是很明显的：它留空时间短，耗油率很高。而且初期的“米格－29”设计的重点是高亚音速机动性，武器的挂载能力相对美军的第 3 代战斗机来说并不很强。

前苏军很快就对“米格－29”进行了改进，首先是改进“米格－29”的电子设备，增加了数字式电子计算机；挂载武器的能力也比原来增加了一倍，可以携带 6 枚“发射后不用管”的空空导弹，战斗力有了明显的提高。改进后的新机型编号为：“米格－29S”。

90 年代初，“米格－29”又有了新的改进：从外形上看，取消了机翼上百叶窗式的辅助进气道，在机身的上部设计了减速板，机体增加了铝锂合金的比例，机身的整体重量减轻了，在加长的机头部分安装了新型雷达，这种雷达能探测 100 千米之外的飞行目标，提高了数据处理能力。特别是它加强了对地攻击能力，在机翼和机身下设计了 9 个外挂点，可以挂载战术核武器。经过这样改进的“米格－29”编号为““米格－29M”，完全具备了可与美军第 3 代战斗机抗衡的能力。

尽管没有透露美国向摩尔多瓦购买的是哪一种“米格－29”歼击机，但是从上面的介绍中读者不难判断这些飞机是哪一种型号。美国人对改进后的“米格－29M”是心存疑虑的，他们不希望像伊朗这样与美国对抗的国家得到它的心情是不言自明的。

（国　力）

美国空军接连发生重大空难事故　1997 年 9 月 18 日是美国空军成立 50 周年的纪念日。美空军本来准备在这一天大力宣扬它 50 年来的成就，谁知就在空军成立纪念日的前后一周内，接连发生 6 起飞机坠毁事故，损失惨重，被称为美国空军的“黑色周”。美军这次一连串空难事故是从一架 C－141 军用运输机开始的。1997 年 9 月 13 日（星期六），美空军的一架 C－141 军用运输机在大西洋上空与一架德国空军的图－154 运输机相撞，两架飞机同归于尽。德军的图 C－154 运输机是刚刚参加完南非海军建军 75 周年庆祝活动，在返航的途中遭到厄运的。

美空军还没有从这起飞行事故中缓过神来，9 月 14 日，又发生了两起飞行事故，一起是美海军的一架 F/A－18 战斗/攻击机在阿曼进行飞行训练时坠毁，飞行员罹难；另一起是使美空军最难堪的飞行事故：美军最引以为自豪的 F－117 隐形战斗机当众出丑，在众目睽睽之下一头从空中栽了下来。当时，这架飞机正在马里兰州举行的航空展览会进行飞行表演，众多的观众正在欣赏 F－117 的“蓝天独舞”，突然它的左翼从机身上掉下来，紧接着它就来了一个倒栽葱，与大地“接吻”。地面上有 6 人受轻伤，一座房屋被毁，飞行员跳伞成功。F－117 坠毁之后，美军立即封锁了事故现场，马上派出人员在现场搜寻飞机的残片。美军绝不允许有一块 F－117 隐形战斗机的碎片流失在外，因为 F－117 上的任何一个部件都是绝密的。

美国东部时间 9 月 15 日，一架 F/A－18 战斗/攻击机在北卡罗莱纳州哈特勒斯角附近的沼泽区坠毁，飞行员死 1 名、失踪 1 名。事故发生后，美军方以国家安全为由封锁现场，阻止事故发现场的目击者回家并取走了记者的胶卷，声称是为了防止军用飞机的秘密外泄。

9 月 16 日，惊魂未定的美军又发生了第 5 次空难。在新泽西州大西洋城东南面 50 千米处的上空，两架 F-16 战斗机进行夜间飞行训练时，迎头相撞，一架飞机当即失控坠毁，机上两名飞行员及时跳伞，在大西洋海面降落，美军随即动用 6 架飞机搜寻失踪飞行员，将 2 人救起。另一架飞机上的飞行员则勉强驾着伤残的飞机，在亚特兰大市国际机场紧急着陆。

在 4 天中发生 5 起事故，当中 3 起都导致人身伤亡。对此，美国国防部发言人巴隆也不得不说："接连多起意外事故，实在太多了。"由于事故一起接一起，美国防部长科恩下令所有用于训练的军用飞机停飞 24 小时，以便进行安全整顿。

停飞整顿之时，17、18 日平安无事，但是好景不长，9 月 19 日在蒙大拿州，死神又悄然而至。这次损失更为惨重，美国空军一架 B-1B 战略轰炸机坠毁，4 名机组人员全部罹难，成为美军一周内第 6 起坠机事故。

这架 B-1B 战略轰炸机当天下午在南达科他州埃尔斯沃思空军基地起飞，进行飞行训练，后在飞近蒙大拿州阿尔扎达市时坠毁。美空军随即派人到现场调查，但只寻回 4 具尸体。美国防部发言人强调，当时机上并没有携带任何武器，但据阿尔扎达市的目击者说，轰炸机坠毁后，天空呈现一股巨大黑色蘑菇云，现场留下一条长达 1 千米的深沟和残骸碎片。

一周内发生的上述 6 次重大空难事故，反映出下述 3 个特点：

（1）事故频率高。实际上，美国空军几乎每年都发生机毁人亡的 A 级事故约 50～70 起，死亡人数约 50～80 人，A 级事故万时率在 0.15～0.2。然而，在 7 天之内连续损失 6 架飞机，空难中死亡十多名空勤人员，不仅在美国，而且在世界空军训练飞行史上都是十分惊人和悲哀的记录。人们曾记得，美军在海湾战争 42 天的大规模空袭作战中，有 2780 架固定翼飞机参战，出动了 11.2 万架次，在有防空抗击的条件下，仅损失 28 架飞机，战损率不足出动架次的 0.03%，其中具有轰动效应的 F-117A 隐形战斗机，在严密防空设防的地区出动 1296 架次未损失一架。美军若将"黑色周"的损失和海湾战争的战损率相比，确实难以接受。

（2）经济损失大。"黑色周"损失的 6 架飞机，都是比较先进的或大型的飞机，其价格十分昂贵。像美国人自己划"代"确定的第 4 代 F-16 多用途战斗机和 F/A-18D 战斗/攻击机，单价都在 3000 万美元左右；F-117A 隐形战斗机单价 5000 万美元左右；B-1B 战略轰炸机单价达 2.83 亿美元。这一个"黑色周"就损失约 5 亿美元，如果照这样"摔"下去，再富有的国家也摔不起。

（3）战斗力损耗大。过去计算空军兵力，通常是以师、联队，起码是中队计算。而现在取消了空军师一级编制，比师低一级的联队成为基本战术部队，通常以中队甚至架作为计算战斗力单位，特别是战略轰炸机和诸如隐形战斗机、侦察机、电子战飞机、预警控制机等具有特殊功能的飞机，都是以架数计算战斗力。这次尽管只损失了数架飞机，但这些飞机是作战效能很高的主力作战飞机。例如，F-16 和 F/A-18 都是美国空军和海军的主力战斗机；F-117A 是美国空军目前服役的战术飞机中唯一的隐形飞机；B-1B 是美国空军实施全球常规空袭的巨型隐形轰炸机。可以预见，这些飞机只要损失数架，就将对战斗力的维持产生不利影响。

美国空军"黑色周"的重大空难事故给人们留下了许多思考：

思考之一：采用高新技术的武器并非是"高保险"武器，也并非处处"高人一筹"，有时也会犯一般的错误，出现常见的故障。

思考之二：高新技术武器并非"傻瓜相机"，只要按一下电钮就行了。它需要由高素质的人员来操纵。从这个意义上来说，人的因素是最重要的。美空军的一名飞行员深有感触地说："只有使用武器的人聪明，武器才可能聪明。"

思考之三：如今的飞行员已经不再是一个孤独的蓝天独舞者，而是属于一个庞大的复杂的天、地协同作战系统中的一份子。因此，作战飞机必须在拥有指挥、控制、通信和情报系统的大舞台上才能演出精彩的空中舞蹈。

（尚左琳）

秘鲁武力解救人质成功 1997 年 4 月 22 日下午 3 时 25 分，随着一声巨响，秘鲁反恐怖突击队员从地道中冲入日本驻秘大使官邸。经 36 分钟激战，14 名图帕克·阿马鲁革命运动武装分子全部毙命，72 名人质除 1 名丧生外全部获救，从而使这场持续了 126 天的日本驻秘使馆人质危机终于结束。

一、人质事件的发生

（一）宴会上的枪声。在秘鲁首都利马豪华的圣伊西德罗区，坐落着一座幽雅的大院，院内有一幢典雅的两层砖木结构小楼，楼后有近 400 平方米的庭院，四周围墙高达 3 米，外加通电铁丝网。这就是日本驻秘鲁大使官邸。

1996 年 12 月 17 日晚，通常紧闭的官邸大门洞开，日本驻秘鲁大使夫妇在官邸举行庆祝日本天皇 63 岁生日招待会。大使官邸门前顿时车水马龙，华盖云集。秘鲁的军政要员、社会名流、驻秘外交使节及夫人、旅秘日侨和阿尔韦托·藤森总统的亲属等

500 多人应邀赴宴，欢聚一堂。来宾们抿着鸡尾酒，享受着丰盛的自助餐，沉浸在一片欢乐之中。

20 点 20 分左右，官邸周围突然枪声四起。随着一声巨响，官邸后院北墙被炸开一个大洞，约 20 名图帕克·阿马鲁革命运动武装分子蒙面持枪，乘 1 辆救护车冲进院内，迅速制服了庭院内的安全保卫人员。枪声和爆炸声吓得宾客们惊恐万状，现场一片混乱。武装分子朝天鸣枪示警，大声喝令宾客们趴在地上。乌拉圭大使博卡兰德罗起而反抗，立即遭到鞭打。约 1 小时后，武装分子把政府高级官员和外交使节集中在官邸二楼，把其他秘鲁来宾和日侨赶到底楼。

闻讯赶来的秘鲁警察战术特别行动队 500 多人把日本大使官邸团团围住，狙击枪手控制了制高点，各路口被严密封锁。秘鲁内政部长、警察局长亲临现场，坐镇指挥。

后经国际红十字会等方面的斡旋，武装分子陆续释放了妇女和老人等，但是一直将他们筛选过的、认为有用的 72 人当作人质，作为同藤森政府谈判的筹码。

劫持者扬言，秘鲁当局必须释放他们被囚禁的 460 名同伙，否则他们就处死人质。

（二）国际上的反应。天皇生日宴会上的枪声震动了整个国际社会。人质事件发生后，日本首相桥本龙太郎异常焦急，他于 12 月 18 日好不容易同秘鲁总统藤森取得了联系，要求总统优先确保人质安全。日本外务省就驻秘鲁大使官邸被图帕克·阿马鲁革命运动武装突击队占领事件设置了对策本部，首相官邸也设置了对策室，首相亲自挂帅，全力以赴地搜集信息，研究对策。当晚，日本政府决定紧急派遣外相池田行彦前往秘鲁解决人质事件。12 月 19 日，日本内阁官房长官说，天皇和皇后陛下对这起事件非常担忧。他宣布，预定于天皇生日举行的进宫朝贺、祝贺、宴会和茶会等庆祝活动全部取消。

12 月 19 日，联合国安理会发表声明谴责扣压人质的行径，要求劫持者立即释放人质。安理会主席富尔奇在 15 国安理会通过的声明中说，图帕克·阿马鲁革命运动突击队采取的“令人不能容忍的行动”是“对整个国际社会的袭击”。与此同时，英、法、德、波兰等欧洲国家纷纷呼吁和平解决秘鲁人质危机。法国总统敦促秘鲁总统藤森本着人道主义精神果断地解决利马人质危机。法国、德国和波兰 3 国外交部长联合向秘鲁政府发出呼吁，要求秘鲁当局同扣押人质的武装分子对话，避免在处理人质事件中发生流血。俄罗斯总统叶利钦也致函参加 1995 年国际反恐怖活动会议的 8 国领导人，建议 8 国政府协助秘鲁政府妥善解决人质危机。

美国政府在和平解决人质危机的国际大合唱中发出了不和谐声音。12 月 28 日，美国政府公开建议秘鲁当局不要向绑架人质的武装分子让步。当时的美国国务卿克里斯托弗在一次记者招待会上说：“美国的政策是坚决反对作任何让步，我们建议有关各方都采取这种政策。”据外电报道，尽管这次人质事件也涉及 7 名美国人，但是 12 月 17 日应邀参加日本驻秘大使举行的天皇生日宴会的美国大使杰特，在武装分子到来之前，已经离开了日本大使官邸。美国政府还派出由联邦调查局的特工、五角大楼的特别行动部队和情报专家组成的小分队，前往秘鲁“帮助应付任何意外情况”。

（三）事件发生的背景。秘鲁的恐怖活动由来已久。从 1980 年以来，该国的恐怖活动牺牲者已达 2.5 万人之多。国际社会同声谴责的这次秘鲁人质事件的肇事者“图帕克·阿马鲁革命运动组织”，它是秘鲁两大反政府游击队之一。

图帕克·阿马鲁革命运动组织成立于 1984 年。其名称取自印第安人图帕克·阿马鲁二世，他是 18 世纪反对西班牙殖民统治斗争的首领，于 1781 年初遭杀害。图帕克·阿马鲁革命运动组织的领导人声称，“我们是图帕克·阿马鲁的传人”，“我们憧憬着玻利瓦尔和格瓦拉所企盼的伟大祖国”，并为此而开展武装斗争。这个组织在高峰时期曾拥有 1000 名成员，目前只剩下不足 600 人。它的根据地位于秘鲁东部的瓦亚加山谷地区，袭击活动却以城市为主。1984 年图帕克·阿马鲁革命运动组织成立伊始就袭击了美国利马大使馆，1988 年 1 月 17 日，它还占领过“利马人民之声”广播电台和美联社驻利马的办公室。1989 年 11 月他们又占领了法新社和合众国际社驻利马的办公室。1990 年他们暗杀了秘鲁前国防部长恩里克·洛佩斯·阿尔布哈尔将军。1993 年 11 月 18 日，图帕克·阿马鲁革命运动在一个城市居民区爆炸了一枚炸弹，造成 15 人受伤。

1989 年 2 月，图帕克·阿马鲁革命运动的最高领导人维克托·波拉伊·坎波斯被捕。不久他越狱成功，逃出了秘鲁保安最为严密的坎多·格朗德监狱，继续呆在利马领导他的武装组织开展街头的袭击活动。然而好景不长，他再次被捕，并于 1993 年 4 月 3 日同他的组织的第 2 号人物彼得·卡德纳斯一起被判处无期徒刑。

波拉伊和卡德纳斯的被捕，迫使图帕克·阿马鲁革命运动的其余领导人不得不重新制定他们的行动战略。于是他们建立了“东北部战线”，在圣马丁省森林地区发展力量，组建所谓的“第 2 军”，继续进行袭击活动。由于他们缺乏作战经验，袭击活动连连受挫，大批游击队员在秘鲁政府的感召下离开了这个组织。1994年初，米格尔·林孔和内斯托尔·塞尔帕·卡托利尼出任图帕克·阿马鲁革命运动组织余部的领导人。正当他们重返城市开展袭击活动、策划绑架秘鲁总理丹特·科尔瓦多的时候，林孔于1995年12月被逮捕。

塞尔帕不甘心失败，于1996年12月17日带领20名武装分子占领日本驻秘鲁大使馆，扣押了500多名应邀参加日本天皇生日宴会的宾客，制造了这次震撼世界的秘鲁人质事件。

二、武力解救人质的经过

（一）周密准备。藤森总统在人质事件发生后不久就下令军方动手营救人质。英国安全咨询服务公司的反恐怖专家来到利马训练这支精锐部队。据说军方也请来了以色列人出主意。在利马城外的一个军事隔离区，政府按原建筑的式样和规模仿造了日本大使馆的3层楼官邸。突击队员就在那里训练，为以后的行动作准备。以色列在1976年采取引人注目的恩德培营救行动之前也曾做过这样的准备。

只是由于日本的压力，大概也是为了争取时间，藤森才同意同“图帕克·阿马鲁革命运动”进行谈判。但对他们最主要的要求——从秘鲁监狱释放他们的大约450名战友——藤森总统寸步不让。

这样，不久双方就僵持不下。但谈判委员会（大主教西普里亚尼、加拿大大使安东尼·文森特和红十字代表明尼克）长时期给人的印象是对谈判抱有信心。“图帕克·阿马鲁革命运动”的领导人塞尔帕在最后作了很大的让步，他只要求从监狱里释放20名有病的战友。古巴愿意接受“图帕克·阿马鲁”行动小组避难。

但是，藤森总统心中所想的是“查文·德·万塔”行动。这是此次行动的代号，是从秘鲁人的先祖那里借用来的。安第斯山脉的查文文化是以其精巧的地道系统和不怕牺牲的精神著称的。扣押人质者后来只准许医生每周看望一次病人，这正好给藤森提供了企盼已久的开火的机会。

采矿工人给总统的特种部队开挖地道。他们用声响不大的挖掘机，从邻近的房子向着大使官邸挖了几条3米深的隧道。尽管军方对官邸播放进行曲来迷惑视听，扣押人质的武装分子还是在3月初听到了挖掘的声音。塞尔帕恼羞成怒地停止同政府谈判。藤森的计划眼看即将告吹。但是，后来调解人的照常谈判又使塞尔帕失去了警惕。

工程浩大的地下工作”终于完成了。在靠近大使官邸下的出口处，特种部队安放了塑性炸药。对爆炸力作了精确计算，既要在地面炸开出口，又要不使上面的建筑倒塌。

几个星期前警察已成功地将窃听器偷偷送进了官邸。窃听器藏在红十字会交给人质的一个吉他和衣服之中。

通过窃听器和直升机上的红外扫描仪，情报机关密切注视官邸的一举一动，并发现扣押人质者夜间警惕性最高。但是下午，爱好足球的塞尔帕同6个同伙一起，在改造成微型球场的接待大厅内照例要踢一场球。球是用破布和窗帘胡乱制作的。

4月20日，带着面具的特种部队出动了。他们在地下呆了33个小时，一直等到藤森总统在22日15时17分发出行动信号。在发信号前，一个人质曾经通过小发报机报告，所有人质都在楼上他们自己的房间里。

（二）闪电出击。3时25分，日本大使官邸突然响起巨大的爆炸声，滚滚浓烟从门窗和楼顶窜出，枪声和爆炸声交织在一起，突击队员们从3个地道爆炸口冲入大厅，与固守在官邸里的图帕克·阿马鲁武装分子短兵相接，展开激烈枪战。与此同时，从官邸院内另外2个地道爆炸口钻出来的突击队员与翻墙入院的突击队员，按计划兵分几路：一路冲进官邸增援；一路攻占制高点；一路赶去救护人质。

占领日本大使官邸的图帕克·阿马鲁武装分子共有14人。其中多是20岁以下的年轻人，还有两名女性。当时，他们只有3个人在二楼负责看守人质，另外11人聚在一楼大厅，有的在室内踢足球，有的在看电视。平地一声“惊雷”，5名武装分了当即应声倒地，6名未被掀翻的武装分子惊惶失措，赤手空拳沿弧形楼梯逃往二楼，又被从门外冲进来的突击队员从身后用枪撂到两个。

10分钟以后，一支小分队成功地攻上楼顶，他们在二楼楼梯的上方地方炸开一个“天窗”，居高临下对敌人展开攻击，掩护一楼突击队员冲上二楼，此前几十名突击队员已经从官邸左面和后面突入二楼人质所在的几个房间，将人质保护起来，待一楼突击队员冲上来后，他们随即开始指挥和掩护人质分批逃离。官邸外，20多名突击队员在与官邸主楼相连的副楼平台上筑成一道人墙，接应从主楼侧门出来的人质。多数人质神色茫然，一些人低头弯腰，一路小跑通过平台，一些人跪着或爬着通过平台，突击队员在一旁不断用手拍着他们的背，鼓励他们快跑快爬。首批获救人质中只有秘鲁外交部长图德拉腿部中了一弹，他手捂伤口逃下楼梯后被人用担架抬走。

战斗进行到25分钟时，突击队员已经控制住了局势，武装分子半数以上已被炸死或击毙，剩下几名退至二楼右侧几个房间负隅顽抗。从战斗打响到官邸里最后 1 名武装分子被击毙，营救人质行动持续了 36 分钟。虽然有 2 名突击队员在行动中以身殉职，但无辜被挟长达 18 个星期之久的 72 名人质全被救出，只有秘鲁最高法院大法官阿戈尼亚左腰部中弹，被担架抬出，送往医院接受手术后因突发心肌梗塞去世。

（三）劫后余波。36 分钟的突击行动使这次西半球历史上时间最长的人质事件得到了一个圆满的结局。此次解救人质的突击行动被国外誉为“反恐怖突击行动的杰作”。人质获救，藤森的国内声望陡涨，国际上也是褒大于贬。然而，14 名武装分子的家属却大骂藤森是屠夫，秘鲁国内反对派更是推波助澜，指责藤森没有信守和平解决的诺言。

秘鲁反对党在利马出版的报纸《共和国报》对突击行动提供了另一种说法。据它说，只有 4 名武装分子在爆炸时当场被炸死，塞尔帕赤手空拳冲上楼梯，一个士兵就近朝他头上开了一枪，就地处决了他。

据说，两个负责看守入口的女游击队员在突击队员攻入后即举起双手，高喊：“救命，我投降！”但也被开枪打死。被解救的人质和情报人员说，两个游击队员被押走，然后被正式执行枪决。

突击行动过后几分钟，藤森总统便来到日本大使官邸问候被解救的人质。一天以后他用一个精巧的纸板模型向新闻界介绍了这次行动的详情。死者家属只得到了钉死了的棺材。12 名反叛分子被当做“无名氏”草草掩埋了。

安全问题专家警告说，这次救援行动成就还是很微小的。研究恐怖主义问题的专家卡洛斯·塔皮亚认为：“谁也不能肯定青年人不拿起武器，不走塞尔帕所走过的道路。”反对党的报纸《共和国报》抱怨说，突击行动丧失了“使图帕克·阿马鲁革命运动逐步合法化”的机会，现在比过去任何时候都需要进行会谈，讨论怎样才能使剩下的游击队员放下武器。

作为被解救出的人质之一，神甫维特希的评价是：“我们并没有因为采取这一行动而向和平更接近一步。”

（尚左琳）

（本栏责任编辑　温味儿）

各国军事概况

亚洲国家军事概况

中　国

国　　名　中华人民共和国。

主要统计　面积约960万平方千米。人口12亿7780万（1995年10月）。国内生产总值74772亿元（1997年）。国防费806.51亿元（1997年国防开支），909.9亿元（1998年国防预算）。钢10757万吨（1997年）。原煤13.9亿吨（1997年）。原油1.6亿吨（1997年）。发电量11320亿千瓦时（1997年）。粮食4.925亿吨（1997年）。公路旅客周转量5188亿人千米。民航运输总周转量81.2亿吨千米（1997年）。沿海港口货物吞吐量8.78亿吨。

国防政策　中华人民共和国是发展中社会主义国家。从建国起就为维护世界和平促进人类进步事业而努力，坚持永远不称霸、不做超级大国、不侵略别国。国防政策是巩固国防抵御外敌侵略，捍卫国家领土、领空、领海主权和海洋权益，维护国家统一和安全。强调国防建设要服从和服务于国家经济建设，增强国家的综合国力，逐步提高军队的防卫作战能力，加强质量建设，走有中国特色的精兵之路。重点是发展国防科学技术，加强军队现代化建设，加强后备力量建设，逐步增强国防实力和潜力。坚持平战结合、军民结合的方针，在独立自主、自力更生的原则下，有重点有选择地引进国外一些先进技术。努力发展与各国军队的友好关系，通过加强国防科学技术和军事学术等方面的交流，不断增强彼此之间的了解和友谊。

军事战略　中华人民共和国为抵御外敌侵略，保卫国家独立和安全，维护世界和平，始终奉行积极防御的战略。其基本点是坚持自卫立场，坚持后发制人，坚持人民战争。这个战略要求军队在长期和平环境中始终保持良好的战备状态，遏制战争的爆发。在遭到敌人的局部入侵时，要本着有理、有利、有节的方针，予以有力地还击。一旦国家遭到大规模侵略，迅速动员人民群众和国家战争潜力，采取灵活的作战样式，逐步改变战争形势，适时转入战略反攻和进攻，最后战胜敌人。

国防体制　领导机关　中央军事委员会是中国共产党中央委员会的军事机关，又是中华人民共和国国家机构的组成部分。

中国共产党中央军事委员会　是中国武装力量的最高统率机构，负责党和国家的最高军事决策和军事指挥，根据党的路线、方针、政策和国家的安全与发展的需要，确定军事战略，领导军事建设。《中国共产党章程》规定，党的中央军事委员会组成人员由中央委员会决定。1997年9月召开的中国共产党第15届中央委员会第1次全体会议决定，中央军事委员会组成如下：中共中央军事委员会主席江泽民，中共中央军事委员会副主席张万年上将、迟浩田上将，中共中央军事委员会委员傅全有上将、于永波上将、王克上将、王瑞林上将。

中华人民共和国中央军事委员会　中华人民共和国中央军事委员会领导全国武装力量。其职权是：统一指挥全国武装力量；决定军事战略和武装力量的作战方针；领导和管理中国人民解放军的建设，制定规划、计划并组织实施；向全国人民代表大会或者全国人民代表大会常务委员会提出议案；根据宪法和法律，制定军事法规，发布决定和命令；决定中国人民解放军的体制和编制，规定总部以及军区、军兵种和其他军区级单位的任务和职责；依照法律、军事法规的规定，任免、培训、考核和奖惩武装力量成员；批准武装力量的武器装备体制和武器装备发展规划、计划，协同国务院领导管理国防科研生产；会同国务院管理国防经费和国防资产。《中华人民共和国宪法》规定，中央军事委员会由主席、副主席若干人、委员若干人组成，实行主席负责制。主席由全国人民代表大会选举产生，对全国人民代表大会及其常务委员会负责。其他组成人员由全国人民代表大会或其常务委员会根据中央军委主席的提名决定。任期与每届全国人民代表大会任期相同。1998 年 3 月召开的第 9 届全国人民代表大会第 1 次会议，选举江泽民为中华人民共和国中央军事委员会主席。会议根据江泽民主席的提名，决定：张万年上将、迟浩田上将为中华人民共和国中央军事委员会副主席；傅全有上将、于永波上将、王克上将、王瑞林上将为中华人民共和国中央军事委员会委员。

人民武装委员会 从中央到县各级建立的群众武装建设的专门机构。主要任务是：研究贯彻党中央、国务院、中央军委有关民兵建设的各项方针、政策和指示；根据上级地方党委和军事机关的有关指示，结合本地区情况，研究解决民兵工作中的重大问题；研究贯彻有关兵员动员和转业、复员、退伍战士安置工作的方针、政策。中央军委人民武装委员会由中央军委、国家机关有关部门、人民解放军各总部和有关人民团体的负责人组成。办事机构设在中国人民解放军总参谋部动员部。省（直辖市、自治区）、地、县（市）党委人民武装委员会，由各级党委吸收有关部门的负责同志组成，主任由同级党委指定一名书记担任。办事机关分别为省军区、军分区、县（市）人民武装部。

中华人民共和国国防部 中华人民共和国国务院的军事部门。根据中华人民共和国宪法规定，国务院领导和管理国防建设事业。国务院设立国防部，一切需要由政府负责的军事工作，则经国务院作出相应决定，通过国防部或以国防部的名义组织实施。国防部在接受国务院领导的同时也接受中央军事委员会的领导。需要国防部办理的事宜，由总参谋部、总政治部、总后勤部、总装备部分别办理。1998 年 3 月，第 9 届全国人大 1 次会议决定，迟浩田上将为国务院国务委员兼国防部长。

中国人民解放军总参谋部 中央军委领导下负责组织武装力量建设和作战指挥的军事领导机关。设有作战、情报、通信、训练、军务、动员、兵种、电子对抗、陆航、测绘、机要、外事等部门。现任总参谋长傅全有上将（1995 年 9 月上任），副总参谋长隗福临中将（1995 年 7 月上任）、吴铨叙中将（1995 年 7 月上任）、钱树根中将（1995 年 7 月上任）、熊光楷中将（1996 年 1 月上任）。

中国人民解放军总政治部 中央军委领导下负责全军政治工作的领导机关。设有组织、干部、宣传、保卫、纪律检查、文化、联络、群众工作等部门。现任总政治部主任于永波上将（1992 年 10 月上任），副主任王瑞林上将（1992 年 10 月上任）、副主任兼中央军事委员会纪律检查委员会书记周子玉上将（1993 年 12 月上任）、副主任唐天标中将（1995 年 7 月上任）、副主任袁守芳中将（1996 年 11 月上任）。

中国人民解放军总后勤部 中央军委领导下负责全军后勤工作的领导机关。设有财务、军需、卫生、军事交通、油料物资、基建营房、生产管理、审计等专业勤务部门。现任总后勤部部长王克上将（1995 年 9 月上任），政治委员周坤仁中将（1995 年 7 月上任），副部长王太岚中将（1992 年 11 月上任）、周友良中将（1993 年 12 月上任）、沈滨义中将（1994 年 12 月上任）、左建昌中将（1994 年 12 月上任）、温光春中将（1996 年 7 月上任）、副政治委员杨德清中将（1994 年 12 月上任），总后勤部部长助理梁洪少将（1995 年 1 月上任）、路增祺少将（1995 年 1 月上任）。

中国人民解放军总装备部 中央军委 1998 年 4 月 3 日作出决定，组建中国人民解放军总装备部。这是贯彻落实邓小平新时期军队建设思想和军委江泽民主席关于军事建设的一系列重要指示，贯彻落实军委新时期军事战略方针，坚持质量建军、科技强军，适应社会主义市场经济发展和国家机构改革要求，坚定不移地走有中国特色的精兵之路所采取的一项重大措施。组建总装备部，对于进一步加强中央军委对全军武器装备建设的集中统一领导，促进国防和军队现代化建设，具有深远而重大的意义。中国人民解放军总装备部已于 1998 年 4 月 5 日起开始办公。首任总装备部部长曹刚川上将（1998 年 4 月上任）、政治委员李继耐中将（1998 年 4 月上任）。

中国人民解放军国防科学技术工业委员会 亦称中华人民共和国国防科学技术工业委员会（简称国防科工委），受国务院、中央军委双重领导。该机构于 1982 年 5 月 10 日经国务院、中央军委批准，由国防科委、国防工办、军委科装办公室合并组成。根据 1998 年 3 月 10 日第 9 届全国人民代表大会第 1 次会议通过的国务院机构改革方案，不保留中华人民共和国国防科学技术工业委员会，国务院组建新的国防科学技术工业委员会，将原国防科工委管理的国防工业的职能、国家计委国防司的职能以及各军工总公司承担的政府职能，统归新组建的国防科学技术工业委员会管理。至此，中国人民解放军国防科学技术工业委员会撤销。

中国人民解放军军区领导机关 是根据国家的行政区域、地理位置和战略战役方向、作战任务等设置的一级军队组织，是战略区域内合成部队的军事领导指挥机关，直属中央军委领导。其主要任务是贯彻执行中共中央、国务院和中央军委确定的建军原则、作战方针，领导辖区部队的革命化、正规化、现代化建设，负责辖区内诸军兵种部队合同作战的统一指挥，领导管理辖区内的民兵、兵役、动员工作和战场建设。军区机关设有司令部、政治部、后勤部等机构。现有7个军区。

沈阳军区 司令员梁光烈中将（1997年11月上任），政治委员姜福堂中将（1995年9月上任）。

北京军区 司令员李新良上将（1997年11月上任），政治委员杜铁环中将（1996年11月上任）。

兰州军区 司令员郭伯雄中将（1997年11月上任），政治委员温宗仁中将（1996年1月上任）。

济南军区 司令员钱国梁中将（1996年11月上任），政治委员徐才厚中将（1996年11月上任）。

南京军区 司令员陈炳德中将（1996年1月上任），政治委员方祖岐上将（1993年12月上任）。

广州军区 司令员陶伯钧上将（1996年1月上任），政治委员史玉孝上将（1992年11月上任）。

成都军区 司令员廖锡龙中将（1995年7月上任），政治委员张志坚上将（1993年12月上任）。

中国人民解放军海军领导机关 设有司令部、政治部、后勤部、装备技术部、装备修理部。现任海军司令员石云生海军中将（1996年11月上任），政治委员杨怀庆海军中将（1995年7月上任）。

中国人民解放军空军领导机关 设有司令部、政治部、后勤部、装备技术部。现任空军司令员刘顺尧空军中将（1996年11月上任），政治委员丁文昌空军上将（1992年11月上任）。

中国人民解放军第二炮兵领导机关 设有司令部、政治部、后勤部、技术装备部。现任第二炮兵司令员杨国梁上将（1992年11月上任），政治委员隋明太中将（1997年11月上任）。

最高军事学术研究机关和学府 **中国人民解放军军事科学院** 中央军委领导下的军事学术研究机关，是全军军事科学的研究中心，是中央军委和总部从军事理论高度指导军队建设的助手。基本任务是进行军事基础理论和国防建设、军队建设重大问题的研究；为军委和总部决策提供战略性建议和咨询，提供军事学术研究方面的信息；组织协调全军的军事学术研究工作等。设有战略、战役战术、军制、军事历史、外国军事、军事百科全书、毛泽东军事思想研究、军事运筹分析、军队政治工作等研究部门。拥有一支具有相应水平和实践经验的研究队伍。编写出版了大量军事研究论著和各种条令、条例、教令，译注了大量中外军事名著、军事工具书，并编辑出版《中国军事科学》、《军事学术》、《外国军事学术》等多种学术刊物。军事科学院被国务院学位委员会批准在军事学领域开展硕士和博士生教育。军事科学院注重同国内外各学术界的交流。现任军事科学院院长刘精松上将（1997年11月上任），政治委员张工上将（1993年12月上任）。

中国人民解放军国防大学 中央军委领导下的最高军事学府，是一所具有综合性、研究性、开放性特点的合成指挥大学。基本任务是招收经过中级指挥院校培训的优秀师、旅职军官，实施高层次的综合教育，同时培训高级参谋、高级理论研究人员和国家有关部门的领导干部，并从事有关战略和国防现代化建设问题的研究，为军委和总部决策起咨询作用。教学指导思想是以培养政治上合格的适应国防现代化建设和未来战争要求的高级人才为目标；坚持培养“通才”；坚持“高、新、宽、深”的教学内容；坚持自学为主，实行研究式、启发式的教学方法。设有国防研究系、进修系、基本系、留学生系、师资培训班和研究生院，还设有科学研究部和下属的战略研究所、马克思主义研究所、军队建设研究所等科研机构。国防大学已被国务院学位委员会批准在军事学领域开展博士生教育。国防大学坚持对国内外开放，积极开展学术交流，力求用世界最新科技和军事信息、成果，充实和丰富教学内容。现任国防大学校长刑世忠上将（1995年7月上任），政治委员王茂润上将（1995年7月上任）。

作战指挥系统 中央军委通过中国人民解放军总参谋部对各军区、海军、空军、第二炮兵实施作战指挥。驻各军区的陆军集团军和兵种部队归所在军区建制领导和指挥。部署在各军区的海军、空军部队，建制归海、空军，受军区和军委海、空军的双层领导。军区内三军联合作战行动由军区统一指挥。第二炮兵在军委集中领导下，实施垂直指挥。省军区、军分区、县（市）人民武装部隶属军队系统，归所在军区建制领导，同时又是所在省、地、县（市）党委的军事工作部门和政府的兵役机关。

武装力量 中华人民共和国武装力量属于人民，受中国共产党领导，武装力量中的中国共产党组织依照中国共产党章程进行活动。中华人民共和国武装力量的任务是巩固国防，抵抗侵略，保卫祖国，保卫人民的和平劳动，参加国家建设事业，全心全意为人民服务。中华人民共和国武装力量由中国人民解放军现役部队和预备役部队、中国人民武装警察部队及民兵组成。中国人民解放军现役部队是国家的常备军，主要担负防卫作战任务，必要时可以依照法律规定协助维护社会秩序；预备役部队平时按照规定进行训练，必要时可以依照法律规定协助维护社会秩序，战时根据国家发布的动员令转为现役部队。中国人民武装警察部队是中华人民共和国武装力量中担负国家赋予的安全保卫任务，维护社会秩序的武装部队。民兵是人民解放军的助手和后备力量，在军事机关的指挥下，担负战备勤务、防卫作战任务，协助维护社会秩序。中华人民共和国武装力量以毛泽东军事思想和邓小平新时期军队建设思想为指导，按照江泽民主席提出的“政治合格、军事过硬、作风优良、纪律严明、保障有力”的总要求，正向革命化、现代化、正规化目标迈进。

江泽民主席 1997 年 9 月 12 日在中国共产党第 15 次全国代表大会上的报告中指出，加强国防和军队建设，是国家安全和现代化建设的基本保证。在新的历史条件下，军队必须始终不渝地坚持党的绝对领导，坚持人民军队的性质和宗旨。贯彻积极防御的军事战略方针，加强质量建设，走有中国特色的精兵之路。要加强教育训练，提高现代技术特别是高技术条件下的防卫作战能力。在 80 年代裁减军队员额 100 万的基础上，将在今后 3 年内再裁减员额 50 万。要重视科技强军，加强国防科技研究，建立和完善与社会主义市场经济体制相适应的国防工业运行机制，逐步更新武器装备。

中国人民解放军　由陆军、海军、空军、第二炮兵部队组成。

陆军　中国人民解放军陆军经过 70 年的建设，现已发展成为一支具有强大火力、突击力和高度机动能力的诸兵种合成军种。编有步兵、炮兵、装甲兵、工程兵、通信兵、防化兵等专业兵种，还编有电子对抗、测绘和航空兵部队。步兵有山地步兵、摩托化步兵、机械化步兵，炮兵包括地面炮兵、高射炮兵和地空导弹部队；装甲兵部队在编制上以坦克部队和装甲步兵部队为主体，还编有炮兵、反坦克导弹、防空、防化学、工程及其他勤务保障部（分）队，装备除主战坦克外，还有水陆坦克、轻型坦克、扫雷坦克、反坦克导弹发射车等；工程兵由工兵、舟桥、建筑、工程维护、伪装、野战给水工程等专业部（分）队组成；通信兵由野战通信、固定台站通信、通信工程和军邮勤务等专业部（分）队组成；防化兵由防化、喷火、发烟等部（分）队组成。陆军的编制序列一般是：集团军、师（旅）、团、营、连、排、班。

海军　中国人民解放军海军是 1949 年 4 月 23 日正式成立的。主要任务是独立地或协同陆军、空军防御敌人从海上入侵，保卫领海主权，维护海洋权益。主要由水面舰艇部队、潜艇部队、航空兵、岸防兵和陆战队等兵种以及各种保障部队组成，编有北海、东海、南海三个舰队和海军航空兵部，以及各类院校、科研、试验机构；预备役部队和军民联防单位。编制序列是：海军，舰队、航空兵部，基地，水警区，舰艇支队，舰艇大队，舰艇中队。武器装备正向着导弹化、电子化和自动化的方向发展。远航能力不断提高，对外交往逐渐增多。人民解放军海军部队现已成为一支兵种齐全、常规和尖端武器兼备，具有立体攻防能力，能有效地保卫国家领海的战斗力量。

空军　中国人民解放军空军是 1949 年 11 月 11 日正式成立的。主要任务是担负国土防空，支援陆、海军作战，对敌后方实施空袭，进行空运和航空侦察。兵种有：航空兵、高射炮兵、地空导弹兵、雷达兵、空降兵等。编制序列是：空军、军区空军、空军军、师（旅）、团、飞行大队（营）、飞行中队（连）。人民解放军空军部队体制编制在精干、合成、效能方面不断改进，武器装备现代化水平逐步提高，具备了执行空中突击、空中支援、空中运输、航空侦察和防空等任务的能力，成为一支既能独立完成国土防空任务，又能协同陆、海军作战的战斗力量。

第二炮兵　中国人民解放军中装备地地战略导弹武器系统，遂行战略核反击任务的部队，组建于 1966 年 7 月 1 日。主要任务是遏制敌人对中国使用核武器，在敌人对中国发动核袭击时，遵照统帅部的命令，独立地或联合其他军种的战略核部队对敌人实施有限而有效的自卫反击，打击敌人的重要战略目标。第二炮兵部队由近程、中程、远程和洲际导弹部队，工程部队，作战保障、装备技术保障和后勤保障部队组成，是一支具有一定规模和实战能力的主要核威慑和战略核反击力量。目前，建成了一批不同型号和不同发射方式的作战阵地，初步形成了多种型号导弹武器装备系列，快速机动作战能力和准确打击目标能力进一步提高，在保卫社会安全、维护世界和平中发挥着重要作用。中国发展核武器，组建战略核部队，是为了防御，是为了打破核垄断，反对核讹诈，遏制核战争。核反击是被迫的，最终目的是消灭核武器和核战争，维护中国的独立和安全。中国政府一再郑重声明，中国在任何时候、任何情况下，都不会首先使用核武器，不对无核武器国家和无核武器地区使用核武器。但是，如果遭到核袭击，将毫不犹豫地实施核反击，进行有限而有效的核报复。

驻香港特别行政区部队　1997 年 7 月 1 日，中华人民共和国恢复了对香港行使主权。根据《中华人民共和国宪法》赋予中国人民解放军的使命和《中华人民共和国香港特别行政区基本法》关于中央人民政府负责管理香港特别行政区的防务的规定，为维护国家的主权、统一和领土完整，保持香港特别行政区的繁荣和稳定，驻香港特别行政区部队于 1993 年初开始组建，1994 年 10 月 25 日正式成立，1996 年 1 月 28 日组建完毕。香港驻军由陆、海、空军部队组成，是一支合成部队，下辖 1 个陆军步兵旅、1 个海军舰艇大队、1 个空军航空兵团。驻香港特别行政区部队隶属中华人民共和国中央军事委员会，费用由中央人民政府负担，已于 1997 年 7 月 1 日正式进驻香港执行防务任务。1996 年 12 月 30 日，第 8 届全国人大常委会第 23 次会议通过的《中华人民共和国香港特别行政区驻军法》明确规定，驻军的防务职责是防备和抵抗侵略，保护香港特别行政区的安全；担负防卫勤务；管理军事设施；承办有关的涉外军事事宜。香港特别行政区政府在必要时，可向中央人民政府请求驻军协助维护社会治安和救助灾害。驻军法规定香港驻军人员的义务是：（一）忠于祖国，履行职责，维护祖国的安全、荣誉和利益，维护香港的安全；（二）遵守全国性的法律，遵守军队的纪律；（三）尊重香港特别行政区政权机构，尊重香港特别行政区的社会制度和生活方式；（四）爱护香港特别行政区的公共财产和香港居民的私有财产；（五）遵守社会公德，讲究文明礼貌。同时明确规定禁止驻军干预特区的地方事务，禁止军人参加香港的政治组织、宗教组织和社会团体，禁止驻军和军人从事营利性的经营活动和其他与驻军职责不相称的活动。这支部队按照中央军委的要求，进驻香港后展现出了中国人民解放军“威武之师、文明之师”的风貌。

预备役部队　是中国人民解放军的组成部分，是建设祖国保卫祖国的一支重要力量。预备役部队以少数现役军人为骨干，以预备役军官和士兵为基础，按照中国人民解放军的统一编制组建，属于人民解放军序列。平时按照总参谋部的计划进行军事训练，努力提高军事素质和快速动员能力，必要时可按照法律规定协助维护社会秩序，战时根据国家发布的动员令转为现役部队。从 1983 年开始，各军区及军兵种普遍组建的预备役部队，现已成为一支具有数十个师兵力的，包括步兵、炮兵、工程兵、通信兵、防化兵和舟桥部队等专业技术兵种在内的合成预备力量。各部队正按照组织落实、政治合格、训练有素、作风优良、装备良好 、动员快速的要求，加强全面建设，不断提高快速动员和遂行作战任务的能力。《中华人民共和国预备役军官法》规定，预备役军官授予预备役军官军衔，军衔等级基本与现役军官相同，最高编制军衔为预备役少将。从 1997 年 1 月 1 日起，预备役军官在参加军事训练、执行军事勤务期间和参加国庆节、建军节或者重大庆典活动时，着预备役军官制式服装，佩带军衔肩章、符号标志，平时不得佩带。授予预备役军官预备役军衔是加强预备役部队建设的重大举措，这将使国防后备力量建设进一步加强。

中国人民武装警察部队　是中华人民共和国武装力量的组成部分，担负国内安全保卫任务。其职能是捍卫中国共产党的领导，捍卫社会主义制度。基本使命是维护国家主权和尊严，维护社会稳定，保卫重要目标和人民生命财产安全。中国人民武装警察部队于 1982 年组建，属于国务院编制序列，由国务院、中央军委双重领导，实行统一领导管理与分级指挥相结合的体制。武警部队执行中华人民共和国兵役法和中国人民解放军的条令、条例和有关规章制度，享受中国人民解放军的同等待遇。

中国人民武装警察部队设有总部，各省、自治区、直辖市设有武装警察部队总队（副军或师级）；各地、市、州、盟设有支队（团级）或大队（营级）；县（市、旗）设有中队（连级）。中国人民武装警察部队以内卫部队为主体，包括列入武装警察部队序列的公安边防部队、公安消防部队、公安警卫部队；担负生产建设任务的水电部队、交通部队、黄金部队；担负护林防火、灭火任务的森林警察部队。内卫部队的基本任务是：警卫党政机关和外国使（领）馆，守卫重要机场、电台、电视台、通信枢纽、工厂、仓库、科研机构等重要目标；守护重要桥梁、隧道；担负看守所、监狱、劳改场所的外围武装看押任务和押解罪犯；对大城市和特定地区实施治安巡查警戒；参与处置各种突发事件。边防部队的主要任务是：担负边境地区的治安管理；在对外开放的港口、机场、国境车站和孔道以及特许的口岸，对出入境人员和交通工具实施边防检查；对国际国内航班乘客及携带物品实施安全检查；在领海线内实施巡逻。消防部队的主要任务是：向人民群众宣传安全防火常识，协助有关单位建立防火措施，搞好消防监督和检查，扑救火灾，保卫国家经济建设和人民生命财产的安全。中国人民武装警察部队总部设有武警部队指挥学院、技术学院和专科学校，总队一级设有初级指挥学校和有关专业技术学校。武警部队经过十几年的建设已进入了新的发展阶段。目前，部队正在建设成为一支政治可靠、训练有素、装备改善、出色履行维护国家安全和稳定的神圣职责的部队。现任武警部队司令员杨国屏武警上将（1996年2月上任），第一政治委员贾春旺（公安部长兼，1998年3月上任），政治委员徐永清武警中将（1996年2月上任）。

民兵 是中国共产党领导下的不脱离生产的群众武装，是中华人民共和国武装力量的组成部分，是中国人民解放军的助手和后备力量。《民兵工作条例》规定，民兵工作的任务是：（一）建立和巩固民兵组织，提高民兵军政素质，配备和管理民兵武器装备，储备战时所需的后备兵员；（二）发动民兵参加社会主义现代化建设，组织民兵担负战备执勤，维护社会治安；（三）组织民兵参战，支援前线，抵抗侵略，保卫祖国。民兵工作应当贯彻人民战争的思想，坚持劳武结合，坚持民兵制度与预备役制度、民兵工作与战时兵员动员准备工作相结合。全国的民兵工作在国务院、中央军委领导下，由中国人民解放军总参谋部主管。军区按照上级赋予的任务，负责本区域的民兵工作。省军区（卫戍区、警备区）、军分区、县（市）人民武装部负责本区域的民兵工作。《中华人民共和国兵役法》规定，凡18至35岁符合服兵役条件的男性公民，除应征服现役以外，均应编入民兵组织服预备役。民兵分基干民兵和普通民兵。28岁以下退出现役的士兵和经过军事训练的人员，以及选定参加军事训练的人员编为基干民兵；其余18至35岁符合服兵役条件的男性公民编为普通民兵。根据需要吸收女性公民参加基干民兵。陆海边疆、少数民族地区和城市有特殊情况的单位，基干民兵的年龄可适当放宽。随着国防现代化建设的发展，民兵组织已由单一的步兵发展成为包括高炮、地炮、通信、工兵、防化、侦察以及海军、空军等专业技术分队在内的基干民兵队伍。民兵的武器装备实现了国产制式化。

兵役制度 《中华人民共和国宪法》规定："保卫祖国、抵抗侵略是中华人民共和国每一个公民的神圣职责。依照法律服兵役和参加民兵组织是中华人民共和国公民的光荣义务。"凡中华人民共和国公民，不分民族、种族、职业、家庭出身、宗教信仰和教育程度，都有依法服兵役的义务。参加中国人民解放军服现役，没有服现役的公民进行兵役登记服预备役或者编入预备役部队、参加民兵组织，以及学生接受军事训练等都是履行兵役义务。《兵役法》规定："中华人民共和国实行义务兵役制为主体的义务兵与志愿兵相结合、民兵与预备役相结合的兵役制度。"

士兵服役制度 中国人民解放军的现役士兵由义务兵和志愿兵组成。义务兵服役期限：陆军3年，海、空军4年。超期服役期限：陆军1至2年，海、空军1年。志愿兵包括专业军士和军士长。专业军士是由服现役满5年，已成为专业技术骨干超期服役的义务兵，根据部队需要和本人自愿申请，经师以上机关批准改成；军士长是由义务兵经考试合格进入士官学校培训毕业后提升。志愿兵服役期限：从改为志愿兵之日起，至少8年，至多12年，年龄不超过35岁，如有特殊需要，本人自愿，经军以上机关批准，可适当延长。

军官服役制度 1994年5月召开的第8届全国人民代表大会常务委员会第7次会议通过的关于修改《中国人民解放军现役军官服役条例》的决定规定，中国人民解放军现役军官是被任命为排级以上职务或者初级以上专业技术职务，并被授予相应军衔的现役军人。军官按职务性质分为军事军官、政治军官、后勤军官和专业技术军官。军官的选拔和使用，坚持任人唯贤、德才兼备、注重实绩、适时交流的原则，实行民主监督。坚持院校培训提拔军官的制度。优秀士兵经过院校培训也可以提拔为军官。经军队院校培训提拔军官不能满足需要时，平时可以挑选优秀士兵经过总部指定的其他训练机构培训合格后提拔为军官，也可以招收军队以外的高等学校毕业生和专业技术人员入伍，任命为军官；战时可以从士兵、征召的预备役军官和非军事部门的人员中直接任命军官。军官服役最高年龄：排级30岁、连级35岁、营级40岁、团级45岁、师级50岁、军级55岁，大军区副职63岁，大军区正职65岁。作战部队的少数师、军职军官因工作需要可以适当延长，但师、正军职最多不得超过5岁，副军职最多不得超过3岁；在舰艇上服役的营、团级军官，任职的最高年龄分别为45岁和50岁；总部机关，大军区级机关，省军区（卫戍区、警备区）系统、后勤基地和分部、院校、科研单位的师职军官任职的最高年龄为55岁，副军职军官任职最高年龄为58岁，正军职军官最高任职年龄为60岁；总部机关的团职军官因工作需要可以延长5岁，大军区机关的团级军官任职最高年龄为45岁，少数因工作需要可延长3岁；专业技术军官平时任职的最高年龄，担任初级专业技术职务的43岁、中级专业技术职务的48岁、高级专业技术职务的60岁，少数中、高级专业技术职务的军官，因工作需要按任免权限批准可放宽5岁。军官达到服现役的最高年龄的、因伤病残不能坚持正常工作或因受军队编制员额限制不能调整使用的，应当退出现役作转业、退休、离休

安置。军官服现役（或参加工作）满30年以上或者年龄满50周岁以上，本人提出申请，组织批准，可作退休安置。

现役军人及其家属的优待 中国人民解放军军官实行职务军衔等级工资制度和定期增资制度，并按照国家和军队的有关规定享受津贴和补贴。军官享受公费医疗待遇，每年休假一次。军官具备家属随军条件的经师以上单位政治机关批准，其配偶和未成年子女、无独立生活能力的子女可以随军，是农村户口的转为城镇户口。部队移防或者军官工作调动，随军家属可以随调。志愿兵实行工资制与供给制相结合的制度，除免费按照义务兵的标准供应伙食和被装外，另按不同级别发给工资。志愿兵每年均有探亲假期，退出现役后由原征集地的政府安排工作。义务兵服现役期间享受供给制，并根据服现役时间发给津贴。义务兵从部队发出的平信免费邮寄。家居农村的义务兵家属，采取平均负担的办法给予优待；家居城镇的义务兵家属，生活困难的给予适当补助。兵役法和《军人抚恤优待条例》规定，现役军人、革命伤残军人、复员退伍军人、革命烈士家属、因公牺牲军人家属、病故军人家属、现役军人家属，应当受到社会的尊重，受到国家和人民群众的优待，在与地方群众同等条件下，享有就业、入学、救济、贷款、分配住房的优先权。革命伤残军人乘坐国营的火车、轮船、长途公共汽车和国内民航飞机，凭《革命伤残军人证》准予优先购票和享受票价优待。现役军人牺牲、病故，按照条件规定，发给其家属一次性抚恤金和定期抚恤金。

退伍军人的安置 《兵役法》和《退伍义务兵安置条例》规定，义务兵退出现役后，按照“从哪里来，回哪里去”的原则和“妥善安置、各得其所”的方针，回到原入伍的地区，由当地政府安排。对城镇籍退伍兵和农村籍符合安排工作条件的退伍兵采取“按系统分配任务、包干安置”的办法；农村籍退伍兵由当地政府安排回乡参加农业生产，通过开发使用军地两用人才介绍推荐他们进城进厂，务工经商、兴办经济实体。志愿兵退出现役后，由原征集地或其直系亲属所在地政府安排工作。自愿回乡参加农业生产的，给予鼓励，增加安家费。志愿兵在服现役期间，参战或者因公致残、积劳成疾基本丧失工作能力的，办理退休手续，由原征集地或其直系亲属所在地政府接收安置。退出现役的特等、一等革命残废军人，由国家供养终身，其余的由政府安排力所能及的工作，或转业地方工作，或作退休处理。党和国家非常关心部队退伍士兵的生活，多次提高义务兵退伍补助费和退出现役、移交政府安置的志愿兵退休费。军官退出现役后，由国家妥善安置。担任师级以上职务和高级专业技术职务的军官，退出现役后主要作退休安置；担任团级以下职务和初、中级专业技术职务的军官，退出现役后主要作转业安置，不宜作转业或其他安置的团职军官可以由组织批准作退休安置。自愿复员的干部，可回原籍县（市、区）或入伍时户口所在地，也可到配偶所在地。国家机关和企事业单位在招聘工作人员时，应对具备条件的复员干部优先聘任和录用。复员干部从事个体经营或开办私营企业的，应依法优先发给营业执照，在有限期内给予低息贷款，经税务部门批准可适当减免营业税和所得税。复员干部就业后的待遇按照“享受所在单位同工龄、同工种、同岗位人员待遇”的原则确定。

军衔 1994年5月召开的第8次全国人民代表大会常务委员会第7次会议关于修改《中国人民解放军军官军衔条例》的决定规定，中国人民解放军军官军衔分为3等10级，即将官3级（上将、中将、少将），校官4级（大校、上校、中校、少校），尉官3级（上尉、中尉、少尉）。根据军官所属军种和技术特点，在海军、空军和专业技术军官军衔前分别冠以“海军”、“空军”、“专业技术”名称。现行军官职务等级编制军衔：中央军事委员会主席不授予军衔，中央军事委员会副主席和委员为上将，总参谋长、总政治部主任为上将，正大军区职为上将、中将，副大军区职为中将、少将，正军职为少将、中将，副军职为少将、大校，正师职为大校、少将，副师职为上校、大校，正团职为上校、中校，副团职为中校、少校，正营职为少校、中校，副营职为上尉、少校，正连职为上尉、中尉，副连职为中尉、上尉，排职为少尉、中尉。专业技术军官，高级专业技术职务为中将至少校，中级专业技术职务为大校至上尉，初级专业技术职务为中校至少尉。志愿兵役制士兵设军士长、专业军士军衔；义务兵役制士兵设上士、中士、下士、上等兵、列兵军衔。

文职制度 中国人民解放军中的文职干部是军队编制定额内不授予军衔的干部，是军队建设的重要力量，是国家干部队伍的重要组成部分。由现役军官改任文职干部的保留军籍。文职干部编制范围：军队中科学研究、工程技术、医疗卫生、教学、新闻、出版、文化艺术、体育等单位的部分专业技术干部职务，以及机关、院校、医院等单位内部服务的部分行政事务、生活保障干部职务。文职干部的职务等级：从事专业技术工作的文职干部的专业技术职务设高、中、初3级；从事非专业技术工作的文职干部的职务名称按编制执行，分为正局级、副局级、正处级、副处级、正科级、副科级、一级科员、二级科员、办事员。文职干部的待遇基本与现役军官的待遇相同。

国防科技与国防工业 1997年国防科技工业认真贯彻中共中央、国务院、中央军委的有关指示，以加快武器装备发展为中心，以加强管理和提高质量为重点，努力提高国防科研、生产水平和试验成功率，国防科研试验综合能力不断提高，若干新的武器装备研制取得重要进展，军品生产保证了部队需要，为驻香港部队提供了一批新型武器装备，军转民工作保持了良好势头。

（一）航天发射取得了六战六捷的好成绩。①“东方红”3号通信卫星发射成功。1997年5月12日，在西昌卫星发射中心用“长征”3号甲运转火箭将中国研制的“东方红”3号通信卫星送入地球同步转移轨道。“长征”3号甲运载火箭起飞质量为240吨，起飞推力为300吨，可将2.6吨的有效载荷送入地球同步转移轨道，也可兼顾其他轨道卫星的发射，包括一箭双星或多星的发射。“东方红”3号通信卫星装有24个C波段转发器，工作寿命为8年。卫星在进入地球同步转移轨道后的8天时间里，地面测控网和海上测量船对卫星进行了持续跟踪与控制，使卫星顺利完成了太阳能帆板、通信天线展开和远地点发动机3次点火、调姿变轨等140多个太空动作，于1997年5月20日成功地定点于东经125度赤道上空。在对卫星进行测控的过程中，西安卫星测控中心首次采用同国际标准兼容的新型测控网，对卫星成功地实施了变轨和轨道修正；“远望”号测量船实现了从海上测量到测控的新跨越。“东方红”3号通信卫星发射与定点成功，表明了中国通信卫星技术又上了一个新台阶。国务院、中央军委于5月20日致电祝贺。②“风云”2号气象卫星发射成功。1997年6月10日，在西昌卫星发射中心用“长征”3号运载火箭成功地将中国研制的第2代气象应用卫星“风云”2号发射升空。6月17日，在海上测量船和西安卫星测控中心连续7天的精确控制下，卫星成功地定点于东经105度赤道上空。6月21日，卫星发回第1张可见光云图。该卫星重量为1.38吨，星上装有扫描辐射计、云图广播和数据收集转发器等，设计寿命为3年。它与1988年、1990年发射的两颗“风云”1号太阳同步轨道气象卫星不同，“风云”2号是地球静止轨道气象卫星，视野更广阔，能覆盖以中国为中心的约1亿平方千米地球表面，可以提供中国及邻国的云图、温度、水汽、风场等气象动态，对准确进行中长期天气预报和灾害预报具有重要作用。该卫星在经过160多天的在轨测试及试运用，已获取可见光、红外和水汽云图3000余幅，图像清晰，卫星总体质量达到90年代国际同类卫星的先进水平。在试运用期间，成功地为长江三峡大江截流和第8届全运会提供了气象保障服务，受到有关部门好评。12月1日，在国防科工委主持下，正式交付国家卫星气象中心投入使用。“风云”2号气象卫星正式投入运用后，可连续对中国及其周边地区天气变化进行实时监测，较大地提高对影响中国的各种天气系统的监测能力，获取的云图资料填补了中国西部和西亚、印度洋上的大范围气象资料的空白。国家卫星气象中心将向全国用户传送“风云”2号气象卫星获取的各种云图资料和气象信息。同时，也将对国际气象合作事业、特别是对亚太地区的灾害性天气监测作出贡献。③“长征”3号乙运载火箭将菲律宾“马部海”卫星送入预定轨道。1997年8月20日，在西昌卫星发射中心用“长征”3号乙运载火箭将美国劳拉空间系统公司为菲律宾制造的“马部海”通信卫星准确送入预定轨道。“长征”3号乙运载火箭是中国新研制的3级液体捆绑式运载火箭，是以“长征”3号甲火箭为芯级，在其一级周围捆绑4个助推器而成，可将质量为5000千克的有效载荷送入地球同步转移轨道，是中国目前运载能力最大的火箭。此次发射合同是中国长城工业总公司与美国劳拉空间系统公司在1995年5月签订的。“马部海”卫星重3770千克，装有30个C波段和24个Ku波段转发器，能为菲律宾和亚洲大部分地区提供语言、图像和数据传输通信服务。中国长城公司、美国劳拉公司和菲律宾马部海卫星公司对发射成功表示满意，并希望今后进一步加强合作与交流。④“长征”2号丙改进型运载火箭发射成功。1997年9月1日，在太原卫星发射中心用“长征”2号丙改进型运载火箭将美国摩托罗拉公司制造的两颗“铱星”模拟星送入预定轨道。该火箭共有3级，全长约40米，直径3.35米，起飞质量为213吨。它是在“长征”2号丙火箭的基础上，增加了一级主要用于将卫星由初始停泊轨道送入最终圆轨道并释放卫星的分配器。改进后的火箭运载能力增大，结构和性能进行了调整，并成功地运用了“长征”3号甲运载火箭的卫星整流罩技术。火箭飞行约11分钟时，第2级与分配器按预定设计分离成功，分配器携模拟星进入近地点181.8千米、远地点674.7千米的停泊轨道；又经过约40分钟滑行后，分配器变轨成功，按要求将两颗模拟星释放于预定轨道，发射试验圆满成功。⑤“长征”3号乙运载火箭将“亚太”2号R通信卫星送入预定轨道。1997年10月17日，在西昌卫星发射中心用“长征”3号乙运载火箭将美国劳拉空间系统公司为亚太通信卫星有限公司制造的“亚太”2号R通信卫星送入预定轨道。这是该种火箭今年进行的第2次发射，又获成功，表明该种火箭的整体性能和可靠性得到提高。“亚太”2号R通信卫星重3700千克，装有28个C波段和16个Ku波段转发器，在轨寿命15年，为亚太地区提供语言、图像和数据传输通信服务。⑥首次发射铱星成功。1997年12月8日，在太原卫星发射中心用“长征”2号丙改进型运载火箭将美国摩托罗拉公司制造的两颗铱星送入近地点629千米、远地点632千米、倾角为86.3度的近地圆轨道。铱星系统是摩托罗拉公司设计的全球卫星个人通信系统，由66颗卫星组成，在距地球高度为700千米左右的轨道上，依6个运行面布放，以实现低轨小型卫星通信。中国长城工业总公司与美国摩托罗拉公司于1993年4月签订了发射合同。这次发射之后，最近几年还将进行10次发射，以一箭双星的方式把另外组网和补网的20颗铱星送入轨道。美国的德尔它火箭和俄罗斯的质子号火箭也分别承揽了铱星系统的发射。太原卫星发射中心经过30年的建设，已具备发射各种型号极地轨道卫星的能力。这次发射是该中心首次执行国际商业性发射。今后将进一步加快技术更新，增强航天发射能力，为开发空间资源、造福于人类服务。

（二）“银河”Ⅲ百亿次巨型计算机研制成功。1997年6月19日，由国防科技大学计算机研究所研制的“银河”Ⅲ百亿次巨型计算机系统，在北京通过了国家鉴定。它标志着中国高性能巨型机研制技术取得新的突破，具备了研制更高性能巨型机的能力。该机采用了目前国际最新的可扩展多处理机并行体系结构，成功地设计了由硬件支持的全系统共享访存机制，是“银河”系列第1台实现全局共享分布存储结构的巨型计算机。该机整体性能优异，系统软件高效，可靠性设计独特，工程设计优良，基本字长64位，运算速度为每秒130亿次，综合处理能力是“银河”Ⅱ巨型机的10倍以上，而体积仅为“银河”Ⅱ的1/6。这个系统具有很强的伸缩性，可根据用户不同的需求，小可组装成数亿次级的计算机系统，大可组装成运算能力更强的超高性能巨型机系统。经有关应用单位对机器运行试算结果表明：该机运行稳定可靠，可扩展性好，并行加速比高，应用领域广，性能价格比高。它可适用于化学、石油、气象、工程物理、流体动力学、结构分析等许多领域的大型科学计算、大规模数据处理和图像处理，对国民经济建设、国防建设和科学技术的发展，将产生重大的推动作用。

（三）中国航天塔瓦拉测控站建成。1997年10月6日，中国在国外建设的第1个航天测控站——中国航天塔瓦拉测控站，在基里巴斯共和国首都塔瓦拉隆重举行落成典礼。基里巴斯共和国总统塞布罗罗·斯托、中国卫星发射测控系统部代表团团长葛焕标、中国驻基里巴斯大使崔广俊为该站落成剪彩。基里巴斯共和国位于太平洋中西部、密克罗尼西亚群岛南端，它是世界上的唯一的跨赤道而横过格林尼治国际日期变更线的国家。根据中基两国政府于1996年9月23日在北京签订的协议，该站由中国卫星发射测控系统部组织承建、使用和管理。它将作为中国航天测控网的一个组成部分，用于卫星及运载火箭的发射支持服务。测控站设置有先进的航天遥测接收设备、卫星轨道测量设备及卫星通信设备等。投入使用后，可扩大中国航天测控网的覆盖范围，增强航天测控能力。

（四）建成亚洲最大的跨声速风洞。1997年12月21日，在中国空气动力研究与发展中心建成亚洲最大的2.4米×2.4米跨声速风洞，成功地进行了通气试车。它标志着中国在这一领域的研究试验能力步入世界先进行列。该中心在1997年完成了110多项风洞试验，为武器装备研制和民用飞机、汽车、高层建筑、桥梁等提供大量风载、风振试验服务，创造了巨大的经济效益和社会效益，为国防建设和国民经济建设做出了重要贡献。

（孔繁金　黄远模）

阿拉伯联合酋长国

国　　名　阿拉伯联合酋长国。

主要统计　面积8.36万平方千米。人口258万人（其中，13～17岁男8.4万人，女8.2万人；18～22岁男7.7万人，女7万人；23～32岁男14.1万人，女9.2万人）。国内生产总值1570亿迪尔汗，合400亿美元（1996年）。国防费80亿迪尔汗，合22亿美元（1997年国防预算）。原油8.04亿桶（1995年）。天然气254.29亿立方米（1995年）。发电量188.7亿度（1994年）。粮食0.7万吨（1995年）。海运能力，商船（载重100吨以上）276艘，总载重量 149.17 万吨（1992 年）。民航能力，固定航班机场 6 处，客运量 27.66 亿人千米、货运量 1.13 亿吨千米（1996 年）。

国防体制 联邦最高委员会决定，联邦总统兼任武装力量统帅。最高军事决策机构是“武装力量总司令部”。最高军事行政机关是国防部。武装力量由正规军和准军事部队组成。正规军分陆、海、空三个军种。联邦总统通过武装力量总司令部、国防部和陆、海、空三军司令部领导和指挥全军。

领导人物 联邦总统兼武装力量统帅扎耶德·本·苏尔坦·阿勒纳哈扬（1996 年连任）。武装力量总司令苏丹·本·扎耶德（1989 年 6 月上任）。武装力量副总司令、王储哈利法·本·扎耶德（1976 年上任）。国防部长穆罕默德·本·拉希德·阿勒马克图姆上将（1972 年上任）。武装力量参谋长哈穆德·本·阿里少将（1993 年上任）。

武装力量 **兵力** 现役部队 6.45 万人（外籍军人约占 30%）。

陆军 5.9 万人（包括迪拜 1.5 万人）。编有 3 个军区：西部军区（阿布扎比）、中部军区（迪拜）和北部军区（哈伊马角），辖 1 个王室警卫旅、1 个装甲旅、2 个机械化步兵旅、2 个步兵旅、1 个炮兵旅，在迪拜另驻有 2 个步兵旅。

主战坦克：231 辆（AMX－30 型 45 辆、OF－40Mk2 型 36 辆、“勒克莱尔”150 辆）。轻型坦克：“蝎子”76 辆。装甲侦察车：69 辆（AML－90 型 49 辆、“萨拉丁”20 辆）。步兵战车：433 辆（AMX－10P 型 18 辆、БМП－3 型 415 辆）。装甲输送车：570 辆（VCR 型 80 辆、“庞阿尔”M－3 型 370 辆、“蝰蛇”120 辆）。牵引炮：82 门（105 毫米 62 门、130 毫米 20 门）。自行炮：155 毫米 175 门。火箭炮：66 门（70 毫米 18 门、122 毫米 48 门）。迫击炮：135 门（81 毫米 114 门、120 毫米 21 门）。反坦克导弹：255 具（“米兰”和“警戒”230 具、“陶”式和“霍特”25 具）。无坐力炮：84 毫米若干门、106 毫米 12 门。高炮：62 门（20 毫米 42 门、30 毫米 20 门）。地地导弹：“飞毛腿”6 部（只设在迪拜）。地空导弹：“吹管”20 部。

海军 约 1500 人。

巡逻和海岸作战舰艇：19 艘，其中轻型护卫舰 2 艘、导弹快艇 8 艘、近岸巡逻艇 9 艘。登陆艇：4 艘。支援舰船：3 艘。

空军 4000 人（包括警察航空联队）。编有 3 个对地攻击战斗机中队、1 个战斗机中队、1 个防暴机中队。作战飞机 108 架，武装直升机 42 架。

对地攻击战斗机：52 架（“幻影”2000E 型 9 架、“霍克”102 型 26 架。“霍克”Mk－63/－63A/－63C 型 17 架）。战斗机：22 架“幻影”2000EAD 型。防暴机：13 架（MB－326 型 8 架、MB－339A 型 5 架）。改装训练机：13 架（“隼”Mk－61 型 5 架、MB－339A 型 2 架、“幻影”2000DAD 型 6 架）。武装侦察机：“幻影”2000RAD 型 8 架。运输机：22 架（BN－2 型 1 架、C－130H 型 4 架。L－100－30 型 2 架、C－212 型 4 架、CN－235－100 型 7 架、II－76 型 4 架）。攻击直升机：42 架（AS－332F 型 5 架。SA－342K 型 10 架、SA－316/－319 型 7 架、AH－64A 型 20 架）。运输直升机：41 架（AS－332 型 2 架、AS－350 型 1 架、“贝尔”26 架、SA－330 型 10 架、“空中大王”350 型 2 架）。教练机：47 架（PC－7 型 30 架、SF－260 型 5 架、GROBG－115TA 型 12 架）。空地导弹：“霍特”、AS－11/－12 型、“飞鱼”、“地狱火”、“九头蛇”等若干枚。空空导弹：“魔术”和 AIM9L 型若干枚。

防空部队 属空军，编有 1 个防空旅（3 个营），5 个连（装备有霍克改进型导弹）。装备地空导弹：“轻剑”12 部、“响尾蛇”9 部、RBS－70 型 13 部、“西北风”100 部。

准军事部队 海岸警卫队若干人，装备海上巡逻艇约 40 艘。

兵役制度 实行志愿兵役制。

军队节日 建军节 12 月 10 日。

（薛利涛）

阿　曼

国　　名 阿曼苏丹国。

主要统计 面积 31.25 万平方千米。人口约 204.7 万人（其中，13～17 岁男 11.6 万人，女 11.2 万人；18～22 岁男 9.2 万人，女 9 万人；23～32 岁男 13.8 万人，女 12.6 万人）。国内生产总值 47 亿里亚尔，合 123 亿美元（1996 年）。国防费 6.98 亿里亚尔，合 18 亿美元（1997 年国防预算）。原油 3.14 亿桶（1995 年）。天然气 43.61 亿立方米（1995 年）。

发电量78.56亿度（1994年）。粮食0.5万吨（1995年），海运能力，商船（载重100吨以上）26艘，总载重量1.17万吨（1992年），民航能力，固定航班机场6处，客运量27.66亿人千米、货运量1.135亿吨千米（1996年）。

国防体制　最高军事决策机构为国防委员会，由国家元首卡布斯苏丹兼国防委员会主席。国防部是最高军事行政机关。武装力量由正规军、预备役和准军事部队组成。正规军分陆、海、空三个军种。国家元首通过国防部指挥陆、海、空三军。

领导人物　国家元首兼首相、国防委员会主席、外交、国防和财政大臣卡布斯·本·赛义德（1970年7月23日即位）。负责安全和国防事务的副首相法赫尔·本·泰穆尔·赛义德（1979年5月上任）。武装部队总司令哈米德·本·赛义德·乌菲中将。

武装力量　**兵力**　现役部队4.35万人（包括王室卫队和3700名外籍人员）。

陆军　2.5万人。编有3个旅部（1个装甲、2个步兵），19个团（其中2个装甲团、1个装甲侦察团、1个伞兵团）。

主战坦克：121辆（M－60A1型6辆、M－60A3型73辆、“酋长”24辆、“挑战者”2型18辆）。轻型坦克：“蝎子”37辆。装甲输送车：73辆（“斯巴达人”6辆、“苏尔坦”13辆、“突击队员”4辆、“剪刀鱼”50辆）。牵引炮：91门（105毫米42门、122毫米25门、130毫米24门）。自行炮：155毫米18门。迫击炮：81毫米69门、107毫米20门。反坦克导弹：68具（“陶”式18具、“米兰”50具）。高炮：23毫米4门、40毫米12门。地空导弹：“吹管”若干部、“标枪”28部、SA－7型34部。

海军　0.42万人。

轻型护卫舰：2艘。巡逻和海岸作战舰艇：13艘（导弹快艇4艘、巡逻艇9艘）。坦克登陆舰：2艘。登陆艇：4艘。后勤支援舰船：2艘。

空军　0.41万人。编有2个对地攻击战斗机中队、1个对地攻击兼侦察机中队、1个防暴兼教练机中队、3个运输机中队、2个直升机中队、2个防空中队。作战飞机47架。

对地攻击战斗机：19架（“美洲虎”17架、T－2型2架）。对地攻击兼侦察机：“霍克”203型12架。防暴兼教练机：16架（BAC－167Mk82型12架、“霍克”103型4架）。运输机：21架（BAC－111型3架、“空中货车”3M型15架、C－130H型3架）。运输直升机：31架（AB－205型20架、AB－206型3架、AB－212型3架、AB－214型5架）。教练机：11架（AS－202－18型4架、MFI－17B型7架）。地空导弹：“轻剑”28部。空空导弹：“响尾蛇”若干枚。

王室卫队　0.65万人。编有1个王室警卫旅、2个特种部队团。装备有轻型坦克、装甲输送车、地空导弹、皇家游艇(1艘)、皇家飞机和直升机(11架)。

准军事部队　部族国土卫队4000人；海上警察卫队400人；警察航空联队装备各型飞机和直升机13架。

兵役制度　实行志愿兵役制。

（薛利涛）

阿　塞　拜　疆

国　　名　阿塞拜疆共和国。

主要统计　面积8.66万平方千米。人口771.8万人（其中，13～17岁男38.6万人，女36.3万人；18～22岁男34.1万人，女32.6万人；23～32岁男60.7万人，女65.1万人）国内生产总值23亿美元（1996年）。国防费1.2亿美元（1997年国防预算估计）。

国防体制　宪法规定，总统为武装力量统帅。最高国防决策机构为国家安全委员会，成员有总统、全体内阁部长、武装力量参谋长，由总统任主席。国防部为政府中的一个部，是最高军事行政机关。武装力量由正规军和准军事部队组成。正规军分陆、海、空三个军种。最高军事指挥机构为武装力量参谋部。总统通过国防部和武装力量参谋部对全国武装力量实施领导和指挥。

领导人物　总统兼武装力量统帅盖达尔·阿里·勒扎·奥格雷·阿利耶夫（1993年就任）。国防部长萨法尔·阿比耶夫中将。

武装力量　**兵力**　现役部队6.67万人。

陆军　5.33万人。

坦克：270辆。步兵战车：287辆。装甲运输车：270辆。火炮：301门。地空导弹：SA－4/－8/－13型共60余部。

海军　2200人。

护卫舰："别佳"级2艘。导弹快艇："黄蜂"级3艘。巡逻艇：15艘。扫雷舰艇：15艘。登陆舰：4艘。辅助舰船：2艘。

空军　1.12万人。作战飞机36架、武装直升机15架。

飞机：4架米格－21型、21架米格－25型、4架苏－17型、5架苏－24型、2架苏－25型。直升机：共35架，其中15架米－24型为武装直升机。地空导弹：SA－2/－3/－5型100部。

准军事部队　民兵2万人。

兵役制度　实行自愿制与合同制相结合的兵役制度，服役期18个月。

（张　勇）

巴　基　斯　坦

国　　名　巴基斯坦伊斯兰共和国。

主要统计　面积79.6095万平方千米。人口1.37027亿人（其中，13～17岁男805.1万人，女747.8万人；18～22岁男694.9万人，女623.6万人；23～32岁男1121.8万人，女998.4万人）。国内生产总值2.2万亿卢比，合640亿美元（1996年）；国防费1350亿卢比，合33亿美元（1996年国防预算）。原煤353.4万吨（1994年）。原油2100万桶（1995年）。天然气178.4亿立方米（1995年）。发电量571.47亿度（1994年）。粮食2458.6万吨（1995年）。海运能力，商船（载重100吨以上）73艘，总载重量51.38万吨（1992年）。民航能力，固定航班机场34处，客运量105.73亿人千米、货运量4.45亿吨千米（1996年）。

国防政策　巴基斯坦国防政策的基本点是：维护国家独立、主权和领土完整；反对印度称霸南亚，争取同南亚小国加强军事合作，共同抗衡印度；主张建立"南亚无核区"，同印度签订互不侵犯条约。适当增加军费，努力建设一支与巴的"安全环境"相适应的武装力量，重点提高武器装备现代化水平。武器来源贯彻多方引进与自产相结合的方针，强调发展国防工业，努力提高自力更生能力。不排除发展核武器的选择，以制约印度。在加强正规军建设的同时，积极发展准军事部队，保持充足的预备役兵源。

军事战略　冷战结束后，巴基斯坦的军事战略作了相应调整。巴将80年代形成的东抗印度、西堵苏联通过阿富汗南下扩张的战略，调整为集中主要力量对付印度。巴将兵力的80%部署在东部边境，将20%的兵力部署在西部边境。在作战指导思想上，巴鉴于本身国土狭长、纵深浅的特点，强调"先发制人"、"速战速决"，避免久拖不决的消耗战。在武装力量建设上，实行稳步扩军的方针，并力争实现军队武器装备现代化，要求在兵力数量上与当面对手保持均势，在武器装备上力争胜对手一筹。在发展核武器问题上，采取只要印度不放弃核武器，巴也不会放弃核选择的政策，并谋求以巴拥有的核技术能对印起到威慑作用。

国防体制　总统为武装部队统帅。内阁防务委员会为最高决策机关，主席由总统兼任，成员包括国防、外交、财政、内政等部长，参谋长联席会议主席、三军参谋长、国防部秘书长等一般均出席防务委员会会议。国防部是贯彻执行内阁防务委员会决议的最高军事行政领导机构，主要负责三军的财务管理、武器生产与采购。国防部首脑为国防部长，国防部秘书长负责主持日常工作。国防部下设防务局、生产局和国防情报局。参谋长联席会议在行政上受国防部领导，但军事指挥上直属总统，主要负责拟定三军联合战略计划、研究武装力量的兵力与编成，向内阁防务委员会提供国防咨询，其成员有三军参谋长和国防部秘书长，主席由三军参谋长轮流担任，任期3年。武装力量由正规军、准军事部队和预备役部队组成，正规军分陆、海、空三个军种。总统通过国防部和参谋长联席会议领导和指挥全军。

领导人物　总统兼武装部队统帅穆罕默德·拉菲克·塔拉尔（1998年1月1日上任）。国防部长沙希德·哈米德（1996年11月上任）、陆军参谋长佩尔韦兹·莫沙拉夫上将（1998年10月7日上任）。海军参谋长赛义德·穆哈默德·克汗海军中将（1991年11月上任）。空军参谋长法鲁克·费罗兹·汗上将（1991年12月上任）。

武装力量　**兵力**　现役部队58.7万人。

陆军　52万人。编成9个军部、2个装甲师、19个步兵师、7个独立装甲旅、9个独立步兵旅、9个特种炮兵旅，1个防空司令部（下辖8个旅）、7个工程兵旅、3个装甲侦察团、1个特种部队群（3个营）、17个航空兵中队。

主战坦克：2120余辆，其中M－47型15辆、M

-48A5 型 345 辆、T-54/-55 型 50 辆、T-59 型 1200 辆、T-69 型 250 辆、T-85 型 200 辆、T-80UD 型约 60 辆。装甲输送车：M-113 型 850 辆。牵引炮：1590 门，其中，85 毫米 200 门、105 毫米 350 门、122 毫米 600 门、130 毫米 200 门、155 毫米 214 门、203 毫米 26 门。自行炮：240 门，其中，105 毫米 50 门、155 毫米 150 门、203 毫米 40 门。火箭炮：122 毫米 45 门。迫击炮：81 毫米 500 门、120 毫米 225 门。地地导弹："哈夫塔"式 18 部。反坦克导弹："眼镜蛇"、"陶"式等 800 具。无坐力炮：75、106 毫米若干门。高炮（机枪）：2000 余门（挺），其中 35 毫米 200 门、40 毫米约 100 门。地空导弹："毒刺" 350 部、"红眼"和 RBS-70 型若干部，"安扎"式 500 部。飞机：航测机 1 架、联络机 84 架、观测机 90 架。直升机：攻击直升机 20 架、运输直升机 114 架。

海军　2.2 万人（含海军航空兵、海军陆战队和海上保安厅）。基地设在卡拉奇（舰队司令部）。

潜艇：9 艘，其中"初日"级 2 艘，"汉格尔"级 4 艘，MG110SSISF 小型潜艇 3 艘。驱逐舰："征服者"级 3 艘。护卫舰：8 艘，其中导弹护卫舰 6 艘、常规护卫舰 2 艘。导弹快艇：8 艘。巡逻艇：5 艘。扫雷艇：4 艘。支援舰：4 艘。

海军航空兵　装备作战飞机 7 架，武装直升机 12 架。

海军陆战队　约 1200 人。

空军　4.5 万人，编成 7 个攻击战斗机中队、10 个战斗机中队、1 个侦察机中队、1 个海上反潜侦察机中队、2 个运输机中队、1 个救援直升机中队、1 个运输直升机中队、7 个地空导弹连。装备作战飞机 429 架。

攻击/战斗机："幻影" 104 架、Q-5 型 49 架。战斗机：F-16 型 34 架、其他型 178 架。武装侦察机："幻影" 3RP 型 12 架。反潜巡逻机："大西洋" 4 架、P-3C 型 3 架均具有作战能力。运输机：C-130 型 12 架、L-100 型 1 架、波音-707 型 3 架、其他型号 7 架。救援直升机：SA-319 型 6 架。运输直升机：SA-316 型 12 架、SA-321 型 4 架、SA-315B 型 12 架。教练机：149 架，其中 45 架 MFI-17B 型具有作战能力。地空导弹："响尾蛇" 144 部、SA-2 型 6 部。空地导弹："飞鱼"、"小牛"若干枚。空空导弹："麻雀"、"响尾蛇"等若干枚。

预备役部队　51.3 万人，其中陆军 50 万人、海军 5000 人、空军 8000 人。

准军事部队　国民警卫队 18.5 万人。边防部队 3.5 万人，装备装甲输送车 45 辆。巴基斯坦别动队（属内务部）2.5 万人。海上保安厅，约 2000 人，装备驱逐舰 1 艘、快艇 8 艘。海岸警卫队，装备快艇 23 艘。

军衔　军官军衔分 3 等 11 级，即将官 4 级（上将、中将、少将、准将），校官 3 级（上校、中校、少校），尉官 4 级（上尉、中尉、少尉、准尉）。

兵役制度　实行志愿兵役制。新兵招募的年龄，陆军 17～21 岁，海军 15～20 岁，空军 16～28 岁。士兵服役年限，陆军 7 年，海、空军 7～8 年。士兵服现役期满后转为预备役。预备役服役年限，陆军 8 年，海、空军 5 年。军官最高服役年龄，将官 59 岁，校官 52 岁，尉官 48 岁。

驻外兵力　1997 年巴基斯坦共有 1662 人在安哥拉、波黑、克罗地亚、马其顿、格鲁吉亚、海地、伊拉克和科威特、利比里亚、西撒哈拉等国和地区参加联合国维和行动。

军队节日　国防节 9 月 6 日。

（张宏伟　宋黎明）

朝　　鲜

国　　名　朝鲜民主主义人民共和国。

主要统计　面积 12.2762 万平方千米。人口 2468.1 万人（其中，13～17 岁男 99.6 万人，女 101.4 万人；18～22 岁男 108 万人，女 111.9 万人；23～32 岁男 252.5 万人，女 239.5 万人）。国内生产总值约 200 亿美元（1996 年）。国防费 24 亿美元（1997 年国防预算估计）。交通运输以铁路为主，铁路总长 8800 千米，公路总长 7500 千米。海运能力，有主要港口 4 个。空运能力，有国际机场 1 个，定期国际航线主要有 3 条。

国防体制　朝鲜劳动党中央委员会总书记、党中央军事委员会委员长、共和国主席兼国防委员会委员长为武装力量最高统帅。朝鲜新宪法还赋予国防委员会有权宣布战争状态和发布动员令等重要职权。劳动党中央设有军事部。共和国政府设有人民武装力量部（1998 年 9 月 7 日改名为人民武装力量省）。常备武装力量为人民军，分陆、海、空三个军种，常设领导机关为总参谋部和总政治局。

领导人物 现任国防委员会委员长（1991）、人民军最高司令官金正日元帅（1993年就任）。人民武装力量相金一哲次帅（1998年9月7日上任）。总参谋长金永春次帅（1995年10月上任）。总政治局长赵明禄次帅（1995年10月上任）。

武装力量 **兵力** 现役部队105.5万人。

陆军 92.3万人。编有20个军（其中1个装甲军、4个机械化军、12个步兵军、2个炮兵军、1个首都防御军）、26个步兵/摩托化步兵师、15个装甲旅、24个摩托化步兵旅、3个独立步兵旅；1个特种作战军8.8万人，10个狙击旅、14个轻步兵旅；6个直属重型炮兵旅、1个“飞毛腿”地对地导弹旅、1个“蛙”式地对地导弹旅。

主战坦克：约3000多辆，包括T-54/-55型、T-62型、T-34型和59型。轻型坦克：约500辆，主要型号为PT-76型和M-1985型。装甲输送车：2500辆，包括БТР-40/-50/-60/-152型、M-1973型等。牵引炮：122毫米、130毫米、152毫米共3500门。自行炮：122毫米、152毫米、180毫米共4500门。迫击炮：82毫米、120毫米、160毫米共8100门。火箭炮：107毫米、122毫米、240毫米共2600门。无坐力炮：82毫米1700门。高炮：14.5毫米、23毫米、37毫米、57毫米、85毫米、100毫米共4800门，另有固定阵地炮3000门。地对地导弹：“蛙”式-3/-5/-7型54部、“飞毛腿”C型约30部。反坦克导弹：“甲鱼”、“耐火箱”“拱肩”若干具。地空导弹：SA-7/-16型1万余枚。

海军 约4.7万人。编有2个舰队司令部。

潜艇：共26艘，其中，苏制R级等22艘、苏制W级4艘，另有小型潜艇约45艘、海岸潜艇13艘。护卫舰：“罗津”级2艘、“苏湖”级1艘。轻型护卫舰：“沙里院”级3艘。导弹快艇：苏制“黄蜂”级、“蚊子”级等共47艘。鱼雷艇：共198艘，其中，苏制“大胡蜂”级158艘、“先锋”级40艘。巡逻艇：174艘，包括海岸巡逻艇19艘、近海巡逻艇155艘。扫雷艇：约25艘。登陆艇：130艘，另有气垫船约130艘。支援及杂务舰船：7艘。

岸防部队 地对舰导弹团2个，“蚕”式导弹基地6处；122毫米、130毫米、152毫米岸炮若干门。

空军 8.5万人。编为6个航空师。作战飞机共607架。

轰炸机：H-5型82架。对地攻击/战斗机：525架，其中米格-17型107架、米格-19型159架、米格-21型130架、米格-23型46架，米格-29型30架，苏-7型18架，苏-25型35架。运输机：共300架，其中安-2/雅-5型282架、安-24型6架、伊尔-18型2架、伊尔-62M型4架、图-134型2架、图-154型4架。直升机：共282架，其中“休斯”500D型80架、米-2型139架、米-8/-17型15架、佐-5型48架。教练机：共228架，其中米格-21型6架、雅克-18型170架、FT-2（米格-15）型35架、其他型17架。空空导弹：“环礁”、“顶点”若干枚。地空导弹：SA-2型240部、SA-3型36部、SA-5型24部。

准军事部队 安全和边防部队（社会安全部）18.9万人。工农赤卫队约350万人，最大年龄为60岁，建立于道、市、村镇，指挥序列为旅-营-连-排，装备有轻武器、迫击炮和高炮。

兵役制度 实行义务兵役制。服役期：陆军5年，海空军3～4年。

军衔 共分5等21级，将官以上7级（大元帅、元帅、次帅、大将、上将、中将、少将），校官4级（大校、上校、中校、少校），尉官4级（大尉、上尉、中尉、少尉），士官4级（特务上士、上士、中士、下士），兵2级（上等兵、下等兵）。

驻外兵力 在约12个非洲国家派有军事顾问。

军队节日 建军节4月25日。

（蔡开春）

菲律宾

国　　名 菲律宾共和国。

主要统计 面积29.97万平方千米。人口7243.3万人（其中，13～17岁男401.5万人，女387.6万人；18～22岁男356.2万人，女343.2万人；23～32岁男592.7万人，女575.3万人）。国内生产总值740亿美元（1996年）。国防费11亿美元（1997年国防预算）。原煤173.3万吨（1994年）。原油110万桶（1995年）。发电量264.25亿度（1994年）。粮食1516.3万吨（1995年）。海运能力，商船（载重100吨以上）1499艘，总载重量1380.71万吨（1992年）。民航能力，固定航班机场21处，客运量144.01亿人千米、货运量3.736亿吨千米（1996

年）。

国防政策 菲前总统拉莫斯自1992年7月执政后，根据冷战结束、美国从菲律宾撤军和东南亚地区经济迅速发展的新形势，提出菲政府的中心任务是发展经济和解决国内反政府武装问题，同时对其国防政策进行调整。一是加速军队现代化建设，菲军于1990年分别制定了3年、5年和10年发展规划，计划10年内耗资50亿美元从多渠道购买先进武器装备，包括130余架飞机和近百艘舰船，以提高部队的作战能力。二是加强与东盟国家的军事合作。菲律宾支持把东南亚地区建成一个“和平、自由和中立区”，并全面推进东南亚无核化进程。为此，菲支持成立“东盟地区论坛”，密切与东盟国家的军事合作关系，寻求建立新的地区安全合作机制，共同维护地区和平。三是继续保持与美国的军事合作关系。菲主张美军撤出菲律宾后，双方将继续履行1951年签订的菲美共同防御条约，以维护菲的安全。四是坚持对所占南沙岛礁拥有“主权”的立场。

军事战略 菲军实行“重点防御”战略。近年来，菲根据国际和国内形势的变化和发展，对国家总体防御战略进行了调整，战略重心由“维护国内安全”逐步转向“抵御外部侵略”，重点是加强海上，特别是西部海区的防卫。为此菲大力加强军队的现代化建设，其战略目标是：全面实现军队现代化，不断提高部队战斗力，使之逐步发展成为一支英勇顽强、职业化、高素质、并能与其他国家抗衡的强大国防力量。

国防体制 宪法规定，总统为武装力量统帅。国防部为政府中的一个部，是最高军事行政机关，负责制定和实施国防计划和政策。武装力量由正规军和准军事部队两部分组成。正规军分陆、海、空三个军种。最高军事指挥机构为武装部队司令部，总参谋长是总统之下的最高指挥官。总统通过国防部和武装部队司令部对全国武装力量实施领导和指挥。

领导人物 总统兼武装力量统帅埃斯特拉达（1998年5月11日当选）。国防部长阿瓦特（1997年9月上任）。总参谋长克里蒙特·马里阿诺（1998年1月～7月在任），何塞林·纳萨雷诺中将（1998年7月上任）。陆军司令里奥·阿尔瓦兹少将（1998年1月上任）。海军司令埃德华多·桑托斯少将（1996年11月上任）。空军司令威廉·霍特基斯少将（1996年12月上任）。

武装力量 **兵力** 现役部队约11.05万人。

陆军 7万人。编有5个军区、8个步兵师（各辖3个步兵旅）、1个轻装甲旅（团）、3个工程兵旅、1个骑兵侦察团、1个特战团、1个建筑营、8个炮兵营、1个总统保安队。

轻型坦克：“蝎子”41辆。步兵战车：YPR－765PRI型85辆。装甲输送车：M－113型100辆、“突击队”20辆、V－150型165辆、“狮子”约90辆。牵引炮：共242门，其中105毫米230门、155毫米12门。迫击炮：81毫米若干门、107毫米40门。无坐力炮：75毫米、90毫米、106毫米各若干门。

海军 约2.4万人（含海岸警卫队和陆战队）。编有6个海军区。

护卫舰：“拉贾·胡马邦”级1艘。巡逻舰艇：63艘（其中近海巡逻舰艇14艘、近岸巡逻舰艇49艘）。两栖舰艇：9艘。后勤支援舰船：11艘。

陆战队 9000人。编有3个旅共10个营（将减为2个旅6个营）。装备有装甲运输车109辆，150毫米火炮150门，107毫米迫击炮若干门。

海军航空兵 装备飞机20架，其中8架具有作战能力，11架为直升机。

空军 1.65万人。编有1个战斗机中队、3个武装直升机中队、5个运输机中队（其中2个直升机中队）、4个教练机中队。作战飞机39架，武装直升机103架。

战斗机：F－5型5架。武装直升机：贝尔UH－1U/M型62架、AUH－76型16架、休斯500/520MD型25架。海上侦察机：F－27M型2架。侦察机：RT－33A型6架、OV－10型22架（具有作战能力）。救援机：HU－16型4架、BO－105C型直升机10架。总统专机：F－27型1架、F－28型1架、贝尔212直升机2架、S－70A型直升机2架、SA－330型直升机2架。运输机：C－130B型2架、C－130H型3架、L－100－20型3架、C－47型5架、F－27型7架、BN－2型22架、N－22B型14架。直升机：贝尔205型55架、UH－1H型17架。联络机：色斯纳180型7架、色斯纳210型2架、色斯纳310型1架、DHC－2型5架、U－17A/B型12架。教练机：T－33A型6架、T－41D型10架、SF－260TP型16架、S－211型12架（具有作战能力）。空空导弹：“响尾蛇”若干枚。

预备役部队 13.1万人。其中陆军10万人，海军1.5万人，空军1.6万人。

准军事部队 菲律宾国民警察4.05万人，编有15个地区司令部、73个省级指挥部。海岸警卫队2000人，装备有巡逻艇59艘、轻型飞机2架。国民防卫军6万人，编有56个营。

部署 重点加强首都及西部南沙海区的防卫。有半数以上的舰艇和陆战队部署在西部海区。全国海空军基地主要有5处，其中空军基地3处（克拉克、库比岬、马尼拉）、海军2处（三格莱/卡维持、三宝颜）。

兵役制度 实行志愿兵役制，服役年限3年以上。

军衔 分5等17级。即将官4级（上将、中将、少将、准将），校官3级（上校、中校、少校），尉官3级（上尉、中尉、少尉），军士4级（军士长、上士、中士、下士），士兵3级（上等兵、一等兵、二等兵）。

军队节日 军队节3月22日。

（郭 辉）

格 鲁 吉 亚

国　　名 格鲁吉亚（1995年格新宪法规定将格鲁吉亚共和国改名为格鲁吉亚）。

主要统计 面积6.97万平方千米。人口538万人（其中，13～17岁男21.4万人，女20.7万人；18～22岁男20.5万人，女19.7万人；23～32岁男37.9万人，女36.2万人）。国内生产总值33亿美元（1996年）。国防费1.12亿美元（1996年国防开支）；0.55亿美元（1998年国防预算）。

国防体制 宪法规定，总统为武装力量统帅。最高国防决策机构为国家安全委员会，由总统任主席。成员包括全体内阁部长、武装力量参谋长。国防部为政府中的一个部，是最高军事行政机关。武装力量由正规军和预备役部队组成。正规军分陆、海、空三个军种。最高军事指挥机构为武装力量参谋部。总统通过国防部和武装力量参谋部对全国武装力量实施领导和指挥。

领导人物 总统兼武装力量统帅爱·阿·谢瓦尔德纳泽(1995年11月当选)。国防部长瓦尔基科·纳吉巴伊泽中将(1994年上任)。

武装力量 **兵力** 现役部队3.32万人(含1.56万名国防部人员及其直属部队)。

陆军 1.26万人。

主战坦克:79辆(T－55型48辆、T－72型31辆)。装甲车:92辆(БМП－1型67辆、БМП－2型12辆、БРМ－1К型7辆、БТР－70/－80型6辆)。火炮:92门(牵引炮58门、自行炮2门、122毫米火箭炮18门、120毫米迫击炮14门)。

海军 2000人。

小型护卫舰:“格里沙”级2艘。鱼雷快艇:“图利亚”级1艘。巡逻舰:13艘。

空军 3000人(含防空部队)。

飞机:苏－25型约7架。直升机:8架(米－2型1架、米－8型4架、米－24型3架)。地空导弹:SA－2/－3/－5型75部。

预备役部队 约25万人。

兵役制度 实行职业化和义务兵相结合的制度。

外国驻军 俄罗斯驻军8500人。俄罗斯维和部队2100人。联合国驻格鲁吉亚观察员约117人。

（张 勇）

哈 萨 克 斯 坦

国　　名 哈萨克斯坦共和国。

主要统计 面积271.73万平方千米。人口1600万(其中,13～17岁男86万人,女84.2万人;18～22岁男77.2万人,女76万人;23～32岁男129.5万人,女126.1万人)。国内生产总值14199亿坚戈(1996年。当年平均汇率1美元约合75坚戈)。国防费3.32亿美元(1998年国防预算)。粗钢321.65万吨(1996年)。原煤7660万吨(1996)。天然气59亿立方米(1995年)。原油2300万吨(1996年)。发电量586.57亿度(1996年)。粮食1124.2万吨(1996)。棉花18.3万吨(1996年)。铁路货运量1.4亿吨(1996年)。公路货运量8.06亿吨(1996年)。内河货运量120万吨(1996年)。航空货运量2.51万吨(1996年)。

国防体制 宪法规定,总统为武装力量统帅。国家安全会议负责制定国家防务及安全政策。国防部为武装力量最高行政机关,下设陆军、空军、边防军(1997年3月起防空军和海军分别并入空军、边防军)。总参谋部为最高军事指挥机构。总统通过国防部和总参谋部对武装力量实施领导和指挥。准军事力量包括内务部队、近卫军及若干民防部队。

领导人物 总统兼武装力量统帅纳扎尔巴耶夫(1991年上任)。国防部长阿尔滕巴耶夫上将(1996年上任)。总参谋长叶尔塔耶夫少将(1997年11月上任)。

武装力量 **兵力** 现役部队5.2万人。

陆军 约2.5万人。编有1个军司令部、1个坦克师、2个摩步师、1个炮兵旅、1个空降旅、1个独立摩步旅、1个独立炮团。

装备T－72型坦克630辆(另库存470辆)及少量T－80型坦克。各型装甲车1000辆(另库存1000辆)。各型火炮1125门,其中牵引炮(122、152毫米)550门、自行炮(122、152毫米)150门、火箭炮(122、220毫米)170门、迫击炮(112毫米)130门、反坦克炮(100毫米)125门。

空军 1.5万人。编有1个空军师、2个战斗机团、2个攻击战斗机团、1个侦察机团、1个防空战斗机团、1个直升机团。作战飞机145架(另库存55架)。

歼轰机:苏－24型26架。强击机:米格－27/－23型43架。歼击机:米格-31型32架、米格-29型16架、米格-23型16架。武装侦察机:苏-24型12架。直升机:米-8型44架。地空导弹:SA-2/-3/-5型100部。

边防军 1.2万人。编有6个边防总队、1个直升机大队、1个海岸警备司令部。

海岸武装巡逻艇:6艘。

准军事部队 2.25万人。内务部队2万人,近卫军0.25万人。

驻外兵力 驻塔吉克斯坦共和国1个加强营。

(于海波)

韩　　国

国　　名 大韩民国。

主要统计 面积9.9237万平方千米。人口4599万人(其中,13～17岁男191.8万人,女178.7万人;18～22岁男210.4万人,女196.2万人;23～32岁男438.3万人,女409.9万人)。国内生产总值390万亿韩元,合4730亿美元(1996年)。国防支出13.7685万亿韩元,合154亿美元(1997年,1美元＝892韩元);国防预算14.339万亿韩元(1998年,如按1美元＝1400韩元算,则合102亿美元)。粗钢3886万吨(1996年),居世界第6位。原煤743.8万吨(1994年)。发电量1859.93亿度(1994年)。粮食692.3万吨(1995年)。海运能力,有港口48个,吞吐量2.89亿吨(1995年),商船总吨位691万吨(1995年),1996年集装箱船舶运输能力居世界第四。民航能力,固定航班机场14处,国际客运航线88条,国际货运航线28条,年客运量392亿人千米,货运量48亿吨千米(1996年)。

国防政策 1994年以来奉行面向未来的独立自主的国防政策。其主要内容包括:战略概念将从“对北为主”改变为“周边国家的全方位的友好合作”,以韩美军事合作为中心,发展与日、俄、中的友好合作,寻求与东南亚、欧洲、中东等地区间的军事交流与合作,积极参加联合国的维持和平行动;发展面向未来的中长期的军事力量,推进“国防人力精锐化、武器系统科学化、运营体制合理化、国防信息化”,以实现“先进、精锐化的国防”,树立值得信赖的军队形象;在加强韩美军事合作的基础上,继续保持对北方军事挑衅的遏制能力,一旦威胁消失,则韩国的防卫可向着以韩国为主导的安全合作关系发展。与此相适应。建军方针也着眼于改善现有军事力量的部队结构,“缩减数量,实现质量上的精锐化”,将现在以兵力为主的部队结构改变为“以质量为主的技术集约型”部队结构。

国防体制 总统为全国武装力量统帅,总统通过国防部对军队实施领导和指挥。国家安全保障会议为最高国防决策机构,由总统任主席,其成员包括总理、国防部长官、国家安全企划部部长、参谋长联席会议主席等。国防部是总统统率武装力量的最高行政机构,主要负责制定国防政策和军队建设计划。国防部下辖参谋长联席会议,国防部长官的军令权通过参谋长联席会议主席实施。参谋长联席会议统帅三军本部(陆军本部、海军本部和空军本部),是全军作战最高指挥机构,参谋长联席会议主席在国防部长的直接领导下指挥三军作战部队。参谋长联席会议主席不仅在战时或遇有紧急情况时有权直接下达作战指令,参与国家安全保障会议,向总统汇报情况和提出决策性意见,而且能决定三军种参谋总长推荐的军级以上指挥人选。参谋长联席会议设1名上将级主席和1名中将级副主席。

领导人物 总统兼国家安全保障会议主席金大中（1998年2月25日上任）。国防部长官金东镇（1997年3月5日上任）。参谋长联席会议主席金辰浩上将（1998年3月上任）。陆军参谋总长金东信上将（1998年3月上任）。海军参谋总长安秉泰上将（1995年上任），空军参谋总长朴春泽上将（1998年2月上任）。

武装力量 **兵力** 现役部队69万人。

陆军 56万人。编有3个集团军部、11个军部、3个机械化步兵师、19个步兵师、2个独立步兵旅、7个特种作战旅、3个反渗透旅、3个地地导弹营、3个高炮旅、3个“霍克”地空导弹营、2个“奈基”地空导弹营、1个航空兵指挥部。

主战坦克：共2130辆。其中：88型800辆、T-80U型80辆、M-47型400辆，M-48型850辆。装甲输送车：共约2490辆，其中：M-113型420辆、M-577型140辆、“菲亚特”6614/KM-900/-901型200辆、KIFV型1700辆、БМП-3型30辆。牵引炮：105毫米、155毫米、203毫米共约3500门。自行炮：155毫米、175毫米、203毫米共1040门。火箭炮：130毫米156门。迫击炮：81毫米、107毫米共6000门。无坐力炮：57毫米、75毫米、90毫米、106毫米若干门。反坦克炮：共58门，其中，76毫米8门、90毫米50门。高射炮：20毫米、30毫米，35毫米、40毫米共600门。地对地导弹：NHK-Ⅰ/-Ⅱ型12部。反坦克导弹：“陶”式若干具。地对空导弹：共1020部，其中“轻标枪”350部、“红眼睛”60部、“毒刺”130部、“霍克”110部、“奈基”200部、“西北风”170部。

陆军航空兵 装备有O-1A型飞机5架，攻击直升机AH-1F/-J型75架、休斯500MD型68架，运输机CH-47D型15架，通用直升机休斯500型170架、UH-1H型130架、UH-60型90架。

海军 6.7万人（含陆战队2.5万人）。编有3个舰队司令部。

潜艇：“张保皋”级（德制209型）6艘。驱逐舰：“忠北”级（美制“基林”级）7艘。护卫舰：“蔚山”级9艘、“浦项”级24艘。轻型护卫舰：“东海”级4艘。导弹艇：“白鸥”52型8艘、“白鸥”51型1艘、“大雁”71型2艘。近海巡逻艇：共107艘，其中“大雁”11型92艘、“海鹰”51型15艘。扫雷艇：共14艘，其中“江津”级猎雷艇6艘、“金山”级扫雷艇8艘。登陆舰艇：“鳄鱼”级2艘、“云峰”级（美制LST-511型）8艘、“巨文”级（美制LSM-1型）7艘、坦克登陆艇6艘、机械化登陆艇10艘、车辆人员登陆艇20艘。支援和其他舰船：12艘。

海军航空兵 编有3个反潜中队。装备作战飞机23架、武装直升机47架。

海军陆战队 2.5万人，编有2个师、1个旅、若干个支援分队。装备有坦克，M-47型60辆；装甲输送车，LVTP-7型60辆；牵引炮，105毫米、155毫米若干门；地对舰导弹，“鱼叉”式若干部。

空军 6.3万人。编有战斗飞行团10个（约30个飞行大队）、战术空运团1个、防空管制团1个、侦察飞行团1个、训练飞行团1个、防空司令部1个。作战飞机461架。

对地攻击战斗机：F-16C/D型60架、F-5E/F型195架。战斗机：F-4D/E型130架。防暴机：A-37B型23架。引导机：O-2A型10架。武装侦察机：RF-4C型18架、RF-5A型10架。搜索与救援直升机：UH-60型15架。运输机：BAe-748型（要员专机）2架、波音737-300型（要员专机）1架、C-118型1架、C-130H型10架、CN-235型15架。运输直升机：贝尔412型3架、UH-1H/N型16架、CH-47型6架、AS-332型3架、VH-60型3架。教练机：F-5B型25架（具有作战能力）、T-37型50架、T-38型30架、T-41B型25架、“隼”式MK-67型18架。空对地导弹：“小牛”、“鱼叉”式反辐射导弹若干枚。空对空导弹：“麻雀”、“响尾蛇”、“阿姆拉姆”若干枚。地对空导弹：“奈基-大力神”、“霍克”Ⅰ型、“轻标枪”、“西北风”若干部。

预备役部队 307.3万人。

准军事部队 民防部队350万人（50岁以下）。海岸警卫队约4500人，装备有大型巡逻艇10艘（“马山湖”、“海龙”/“海鲸”级等），海岸巡逻艇29艘（其中“海狼”/“鲨鱼”级22艘），近海巡逻艇“海鸥”级等共38艘，直升机休斯500D型9架。

兵役制度 实行普遍征兵法和招募志愿兵。陆军服役期26个月，空军和海军为30个月。

军衔 共分5等15级，即将官4级（上将、中将、少将、准将），校官3级（上校、中校、少校），尉官4级（上尉、中尉、少尉、准尉），军士3级（上士、中士、下士），兵1级。

外国驻军 美国驻军3.7万人，其中陆军2.85万人，编有陆军组成司令部1个、步兵师1个；空军0.8万人，装备有作战飞机78架；海军500人。

军队节日 建军节10月1日。

（蔡开春）

柬埔寨

国　　名　柬埔寨王国。

主要统计　面积 18.1035 万平方千米。人口 1020.5 万人（其中 13～17 岁男 54.8 万人，女 53.8 万人；18～22 岁男 45.6 万人，女 44.8 万人；23～32 岁男 86.4 万人，女 87.1 万人）。国内生产总值约 32 亿美元（1996 年）。国防费 1.36 亿美元（1997 年国防预算）。粮食总产量 340 多万吨（1996 年）。海运能力，商船（载重 100 吨以上）3 艘，总载重量 3800 万吨（1992 年）。空运能力，固定航班机场 7 处（1996 年）。

国防体制　最高军事决策机构为柬王国武装部队（又称"柬埔寨国民军"）总司令部。柬宪法规定："国王是国家军队最高司令，但不指挥军队。"国防部既是总司令部的办事机构，又是军队的最高行政机关，下辖总参谋部。总参谋部负责全军的作战指挥、后勤供应和技术保障。国防部直属单位有新闻局、通信局、对外联络局、军事法院和军事检察院等。武装力量由正规军、地方部队和准军事部队组成，正规军分陆、海、空三个军种。总司令通过国防部对所有武装力量实施领导和指挥。

领导人物　柬埔寨武装部队最高司令诺罗敦·西哈努克国王。总司令部联合司令翁霍（1997 年 8 月上任）、洪森（1993 年 7 月上任）。联合国防大臣迪班中将、西索瓦·施里拉（1998 年 11 月 30 日上任）。总参谋部联合总参谋长盖金延中将、本赛中将（1993 年 7 月上任）。海军司令恩桑坎少将。空军司令诺罗敦·沙万里中将（1994 年 2 月上任）。

武装力量　**兵力**　现役部队 14.05 万人（包括地方部队）。

陆军　8.4 万人。划分为 6 个军区（包括 1 个首都特别军区），编有 12 个步兵师、3 个独立旅、1 个警戒旅（辖 4 个营）、9 个独立步兵团、3 个装甲营、1 个特种作战团、4 个工程兵团、若干个独立侦察营、炮兵营和防空营。

坦克：T－54/－55 型 100 辆，T－59 型若干辆，PT－76 型 10 辆。装甲输送车：БТР－60/－152 型 210 辆，M－113 型若干辆，OT－64 型 40 辆。牵引炮：76 毫米、122 毫米和 130 毫米约 400 门。火箭炮：122 毫米 8 门，140 毫米 20 门，107 毫米和 132 毫米若干门。迫击炮：82 毫米、120 毫米、160 毫米若干门。无坐力炮：82 毫米、107 毫米若干门。高炮（机枪）：14.5 毫米、37 毫米、57 毫米若干门（挺）。地空导弹：SA－7 型若干部。

海军　5000 人，其中陆战队 1500 人，编成 3 个步兵团、1 个炮兵团；舰艇部队编有内河巡逻和沿海防御部队。

巡逻艇：原苏制"图利亚"级水翼艇 2 艘、原苏制"斯坚卡"级近海巡逻艇 2 艘，近岸巡逻艇 2 艘，100 吨以下巡逻艇 4 艘，快速巡逻艇 2 艘。登陆艇：原苏制车辆人员登陆艇 3 艘。

空军　1500 人，其中飞行员 80 人。编有 1 个飞行团、1 个防空团、1 个营。

战斗机：米格－21 型 21 架。运输机：安－24 型 3 架、安－26 型 1 架、运－12 型 2 架、BN－2 型 1 架、图－134 型若干架。直升机：米－8 型 2 架、米－17 型 7 架、米－26 型 2 架。教练机：L－39 型 2 架、P－92 型 5 架。

地方部队　约 5 万人。每个省有数个独立营至数个独立团，每个县有数个独立连或独立营。

准军事部队（又称民兵游击队）　约 10 万人，以连为单位编成，每村 10 至 20 人。

兵役制度　实行义务兵役制。服役年龄 18 至 35 岁。服役期，陆军 5 年，海军 18 个月。民兵每年与正规军一起服役 3 至 6 个月。

军衔　军官军衔分为将、校、尉 3 等。

军队节日　建军节 6 月 23 日（1993 年）。

附："柬埔寨民族团结救国临时政府"

"柬埔寨民族团结救国临时政府"的前身是"民主柬埔寨"（又称"红色高棉"）。1997 年 6 月，"临时政府"高层再次发生内讧。幕后领导人波尔布特 6 月 11 日以"叛国罪"下令枪杀了前国防部长宋成及其亲属10余人，12日又劫持乔森潘、切春、农谢等人由安隆汶逃往柏威夏省柬泰边境地区；乔森潘和切春所属的部队进行追击，于6月17日抓获波尔布特，并将其送至安隆汶关押。随后，“临时政府”判处波尔布特终身监禁，并宣布“波尔布特政府和它的领导人彻底地、真正地完结了”。7月初，“临时政府”总理乔森潘宣布成立“高棉团结党”，以便参加1998年柬大选。“临时政府”内主管军事的成员有：总司令乔森潘、副总司令毕姜、国防部长盖扬、总参谋长切春等。“临时政府”控制区主要集中在班迭棉吉和柏威夏省北部地区。据外电1997年7月报道，“临时政府”拥有武装力量2000至4000人，编成25个旅、2个独立团；主要装备有坦克、加农炮、火箭炮、迫击炮、无坐力炮、高炮及SA－7型地空导弹等。此外，在控制区还建有县、乡、村民兵游击队。

（钟学良）

老　挝

国　　名　老挝人民民主共和国。

主要统计　面积23.68万平方千米。人口506.4万人（其中，13～17岁男27.7万人，女27.2万人；18～22岁男22.6万人，女22.4万人；23～32岁男35.4万人，女35.3万人）。国内生产总值约19亿美元（1996年）。国防费0.79亿美元（1997年国防预算）。发电量9.05亿度（1994年）。粮食149.1万吨（1995年）。民航能力，固定航班机场11处，客运量4600万人千米、货运量500万吨千米（1996年）。

国防体制　老挝人民军最高决策机构是人民革命党中央国防安保委员会。中央国防安保委员会由老党主席、政府总理、国防部长、内务部长和老军各总部最高长官组成，党的主席兼任中央国防安保委员会主席。国防部既是中央国防安保委员会的办事机构，又是军队的最高行政管理机构，下辖总参谋局、总政治局、总后勤局3大机关。3大机关分别负责全军的作战训练、政治思想教育、后勤技术保障。国防部直属单位有外事局、监察局、军法局、保卫局和开发总公司等。武装力量由正规军、地方部队、预备役部队和民兵自卫队组成，正规军又称主力部队，分陆军和空军两个军种。中央国防安保委员会主席通过国防部对全国武装力量实施领导和指挥。

领导人物　人民革命党主席兼中央国防安保委员会主席坎代·西潘敦上将（1992年11月上任）。国防部长朱马里·赛雅逊上将（1991年12月上任）。总参谋局局长皮吉·杜昂斋准将。总政治局局长西盆·帕里坎中将。总后勤局局长宋培·特马拉准将。空军局局长占平上校。内河艇队指挥部指挥长乔奕赛上校。

武装力量　**兵力**　现役部队约2.9万人。

陆军　2.5万人，划分为4个军区，编有5个步兵师、7个独立步兵团、3个工程兵团（其中2个建筑团）、5个炮兵营、9个高炮营、65个独立步兵连、1个轻型联络飞机小队。

坦克：T－54/－55型30辆，T－34/－85型若干辆，PT－76型25辆。装甲输送车：БТР－40/－60/－152型共70辆。牵引炮：105毫米25门，122毫米40门，130毫米10门，75毫米、155毫米若干门。迫击炮：81毫米、82毫米、107毫米、120毫米若干门。无坐力炮：57毫米、75毫米、106毫米、107毫米若干门。高炮：14.5毫米、23毫米、37毫米、57毫米若干门。地空导弹：SA－3、SA－7型若干部。

内河水兵部队　约500人，以连为单位编成，每连辖若干艇队；配属陆军指挥。装备有江河巡逻艇12艘、登陆艇4艘、小艇（船）约40艘。

空军　3500人。编有1个攻击战斗机团、1个运输机大队、1个直升机大队。作战飞机30架。

攻击战斗机：米格－21型28架。运输机：共19架，即安－2型4架、安－24型5架、安－26型4架、雅克－12型4架、雅克－40型2架。直升机：米－8型10架、米－6型2架、SA－360型3架。教练机：米格－21U型2架（具有作战能力）。空空导弹：“环礁”若干枚。

地方部队　2万余人，由省、市、县军事指挥部指挥，每省编有1至5个独立营和若干个独立连，有的省还编有防空连、通信连和侦察排等。

预备役部队　老挝乌多姆赛、琅勃拉邦和华潘等省建有预备役部队，每个县编有1个预备役连，每个连70至170人。

民兵自卫队　分普通、机动和防空民兵3种。普通民兵每村编有1至2个班，每班7至9人；机动民兵编成排或连，每连75至85人，辖2至3个排，每排23至29人；防空民兵每个县城编有1个连，由县军事指挥部直接指挥。民兵自卫队的任务是：平时协同当地驻军维护国防治安，惩治犯罪和参与社会经济建设；战时参加战地运输或直接投入战斗。

兵役制度 实行义务兵役制，战士服役期至少18个月；民兵服役年龄男14至45岁，女16至35岁。

军衔 军官军衔分3等11级，即将官4级（上将、中将、少将、准将），校官3级（上校、中校、少校），尉官4级（上尉、中尉、少尉、准尉）。士兵军衔分2等5级，即军士（上士、中士、下士），兵（一等兵、二等兵）。

军队节日 建军节，1月20日（1949年）；空军节，4月4日（1970年）；水兵节，8月23日（1975年）。

（钟学良）

黎巴嫩

国　　名 黎巴嫩共和国。

主要统计 面积1.0452万平方千米。人口414.1万人（其中13～17岁男20.4万人，女20.8万人；18～22岁男19.7万人，女20.2万人；23～32岁男37.3万，女39万人）。国内生产总值20.6万亿黎镑，合110亿美元（1996年）。国防费7600亿黎镑，合4.84亿美元（1996年国防开支）；8050亿黎镑，合5.21亿美元（1997年国防预算）。发电量51.5亿度（1994年）。粮食7.7万吨（1995年）。海运能力，商船（载重100吨以上）163艘，总载重量43.82万吨（1992年）。民航能力，固定航班机场1处，客运量17.2亿人千米、货运量4300万吨千米（1996年）。

国防体制 宪法规定，总统为武装力量统帅。最高国防决策机构为最高国防委员会，其成员有总统、内阁部长、军队司令、参谋长等，由总统任主席。国防部为最高军事行政机关，负责军队与地方部门的协调，提供防务咨询和建议，进行国际军事交往等工作。武装力量由正规军和准军事部队组成。正规军分陆、海、空三个军种。最高军事指挥机构为军队司令部。总统通过国防部和军队司令部对全国武装力量实施领导和指挥。

领导人物 总统兼武装力量统帅埃利亚斯·赫拉维（1989年11月上任）。国防部长穆赫辛·达卢勒（1996年11月连任）。军队司令埃米勒·拉胡德中将（1990年上任）。参谋长萨米尔·卡迪少将（1997年上任）。海军司令萨米尔·哈迪姆准将（1996年上任）。空军司令约瑟夫·格森准将（1997年上任）。

武装力量 **兵力** 现役部队5.51万人。

陆军 约5.33万人。编有11个步兵旅、1个总统警卫旅、1个突击团、3个特种兵团、2个炮兵团、1个空中突击团。

坦克：M－48A1/A5型110辆、T－54/55型205辆、AMX－13轻型坦克35辆。装甲侦察车："萨拉丁"40辆、"白鼬"5辆、AML－90型80辆、"猎鹿狗"30辆。装甲输送车：M－113A1/A2型725辆、"萨拉逊"20辆、VAB－VCI型30辆、VAB－VTT型30辆、AMX－VCI型75辆、"庞阿尔"M－3/VTT型15辆。牵引炮：105毫米25门、122毫米43门、130毫米25门、155毫米60门。火箭炮：122毫米30门。迫击炮：81毫米150门、120毫米130门。反坦克导弹："安塔克"和"米兰"式若干具，"陶"式20具。无坐力炮：106毫米若干门。高炮：20毫米、23毫米若干门，40毫米10门。

海军 1000人。

巡逻艇：14艘，另有武装小艇27艘。两栖登陆艇：2艘。

空军 约800人。作战飞机3架，武装直升机4机。

战斗机："猎人"式3架。教练机："大斗犬"式3架、CM－170式3架。运输机："鸽"式1架、"涡轮指挥官"690A型1架。攻击直升机：SA－342型4架。运输直升机：UH－1H型16架、AB－212型5架、SA－330型3架、SA－319型4架。

准军事部队 内部治安部队：约1.3万人，装备有装甲输送车30辆。海关：装备有巡逻艇7艘。

教派民兵武装 除"真主党"和"黎巴嫩南方军"外，大多数民兵实际上已经解散，并把重武器移交给了政府军。

"真主党" 穆斯林什叶派原教旨主义组织，亲伊朗。约有现役武装300～500人，有支援力量约3000人。装备有火炮、火箭炮、火箭筒、无坐力炮、反坦克导弹、高炮和防空导弹。精神领袖是穆罕默德·侯赛因·法德拉拉。

"黎巴嫩南方军"（简称"南黎军"） 以色列在

黎巴嫩南部边境地区扶植的傀儡武装，现役兵力约有2000～3000人，主要是基督教徒，一些穆斯林什叶派和德鲁兹派成员组成，由以色列提供训练、装备和援助，占据着以色列边境和联合国驻黎巴嫩临时部队控制地区之间的安全区。装备有30辆T－54/－55型坦克，若干辆M－113、БТР－50型装甲输送车，122毫米、130毫米、155毫米牵引炮和160毫米迫击炮若干门。

兵役制度　实行义务兵役制，并招募部分志愿兵，士兵服役期1年。

军衔　军官分3等9级，即将官3级（中将、少将、准将），校官3级（上校、中校、少校），尉官3级（上尉、中尉、少尉）。

外国驻军　联合国驻黎巴嫩临时部队约4488人，编成6个步兵营，由斐济、芬兰、加纳、爱尔兰、尼泊尔和挪威各组成1个营；此外，还有由爱沙尼亚、法国、意大利、挪威和波兰组成的支援部队。伊朗驻有约150人的革命卫队。叙利亚驻有3万人，在贝鲁特驻有1个机械化步兵旅、5个特种兵团；在迈滕驻有1个机械化步兵旅；在贝卡谷地驻有1个机械化步兵师部、2个机械化步兵旅、1个装甲旅；在特里波利驻有1个特种兵团；在拜特龙驻有1个特种兵团；在克法尔·法卢斯驻有3个特种团。

军队节日　建军节为8月1日。

（张令锺）

马　来　西　亚

国　　名　马来西亚。

主要统计　面积32.9758万平方千米，人口2410万人（其中13～17岁男112.5万人，女107.1万人；18～22岁男96.4万人，女92.5万人；23～32岁男169.5万人，女165.6万人）。国内生产总值860亿美元（1996年）。国防费25亿美元（1997年国防预算）。原煤17.4万吨（1994年）。天然气261.93亿立方米（1995年）。原油2.58亿桶（1995年）。发电量399.75亿度（1994年）。粮食216.9万吨（1995年）。海运能力，商船（载重100吨以上）552艘，总载重量291.63万吨（1992年）。民航能力，固定航班机场36处，客运量225.58亿人千米、货运量11.6亿吨千米（1996年）。

国防体制　宪法规定，国家元首为武装力量统帅，最高国防决策机构为国家安全委员会，总理兼任主席。内阁设国防部，为最高军事行政机关。武装力量由正规军和准军事部队两部分组成。正规军分陆、海、空三个军种，各军种均设参谋部。最高军事指挥机构为武装力量司令部。

领导人物　国家元首兼武装力量统帅端古·贾阿法尔（1994年上任）。总理兼国家安全委员会主席马哈蒂尔·穆罕默德（1981年上任）。国防部长哈米德·阿尔巴尔（1995年上任）。

武装力量　**兵力**　现役部队11.15万人。

陆军　8.5万人（将裁减为8万人）。编有2个军区、1个军、4个师、1个机步旅、10个步兵旅、1个空降旅（包括3个空降营、1个轻型炮兵团、1个轻型坦克中队）、1个特战团（3个营）、1个陆航直升机中队。

轻型坦克：“蝎子”26辆。装甲侦察车：SIBMAS式162辆、AML－60/－90型140辆、“白鼬”92辆。装甲输送车：KIFV式111辆、“突击队员”184辆、“攻击者”25辆、“神鹰”459辆、M－3型37辆。牵引炮：105毫米115门、155毫米12门。迫击炮：81毫米300门。反坦克导弹：SS－11型若干具。无坐力炮：84毫米若干门、106毫米150门。高炮：35毫米24门、40毫米36门。地空导弹：“标枪”等48部、“轻剑”12部。直升机：SA－316型10架。

海军　1.4万人（含海军航空兵）。编有关丹、拉布安2个海军区。

护卫舰：“卡斯图里”级2艘、“汉都亚”级1艘、“拉玛”级1艘。小型护卫舰：“汉那迪”级2艘。导弹攻击快艇：“汉达兰”级4艘、“柏达那”级4艘。巡逻艇：29艘。扫雪艇：5艘。两栖舰艇：3艘。后勤支援舰船：3艘。

海军航空兵　160人，装备有HAS－1型武装直升机12架。

空军　1.25万人。编有3个攻击战斗机中队、3个战斗机中队、2个侦察机中队、7个运输机中队、1个地空导弹中队。作战飞机94架

攻击战斗机：“鹰”式25架、F/A－18D型8架。战斗机：F－5型15架、米格－29型18架。武装侦察机：C－130H/MP型3架、B200T型4架。加油机：8架。运输机：39架。运输直升机：50架。教

练机：共74架，其中13架为直升机；9架MB－339型、12架PC－7型具有作战能力。空空导弹：若干枚。

预备役部队　约3.78万人。其中陆军约3.5万至4万人，海军2200人，空军600人。

准军事部队　警察1.8万人（编成5个旅）、海上警察约2100人、地区治安警察3500人、边境侦察部队1200人、人民志愿团24万人。

部署　马来西亚以东经109度线为界把其本土和所属海域分为东西两部分，划成2个海军区。全国主要海空军基地7处，其中海军基地4处（关丹、拉布安/山打根、卢木特、双溪安图），空军基地3处（吉隆坡、亚罗士打、吉打）。

兵役制度　实行志愿兵役制，服役期10年。

驻外兵力　1997年共有约1100人在国外参加联合国维和行动。

外国驻军　澳大利亚148人，其中陆军115人、空军33人，装备有2架P－3C型飞机。

军队节日　陆军节3月1日，海军节7月2日，空军节6月1日。

（郭　辉）

蒙　古

国　　名　蒙古国。

主要统计　面积156.65万平方千米。人口236.8万人（其中，13～17岁男14.8万人，女14.2万人；18～22岁男13.1万人，女12.6万人；23～32岁男21.3万人，女20.6万人）。国民生产总值5320亿图格里克，合8.41亿美元（1996年）。国防费182亿图格里克，合2200万美元（1997年国防预算）。原煤758.5万吨（1994年）。发电量32.65亿度（1994年），粮食26.1万吨（1995年）。民航能力，固定航班机场1处，客运量2.9亿人千米、货运量为580万吨千米。

国防体制　宪法规定，总统为武装力量总司令，总统通过国防部长会议对军队实施指挥。国防部长会议由国防部长、总参谋长、边防局长、民防局长、国防部政策与规划局长、行政管理与协调局长、外事与信息研究局长等人组成，国防部长任主席。国防部长会议负责制定和实施国防政策，完善军队的编制，管理国防经费，配备领导干部以及负责军队对外关系。国防部是最高军事行政机关，统管武装力量，下辖战略指挥规划局、行政管理局、政策执行协调局、信息监督分析评估局等。武装力量由现役部队、预备役部队和准军事部队组成。现役部队包括陆军（即一般任务部队）、国土防空军、民防部队、建筑部队等。总参谋部是最高军事指挥机构，下辖武装力量后勤部、国土防空军司令部，建筑兵管理局等。

领导人物　总统兼武装力量总司令巴嘎班迪（1997年上任）。国防部长达·道尔力格扎布（1996年上任）。总参谋长达木丁苏伦少将（1996年上任）。后勤部部长马格萨尔扎布上校（1996年上任）。国土防空军司令宾巴扎布上校（1996年上任）。

武装力量　**兵力**　现役部队1.1万人（含建筑部队和民防部队）。

陆军　8500人。编有7个摩步旅，1个炮兵旅，1个轻步兵营，1个独立营。装备坦克：T－54/－55/－62型650辆。装甲侦察车：БРДМ－2型120辆。步兵战车：БМП－1型400辆。装甲输送车：300辆。牵引炮：300门。火箭炮：130门。迫击炮：140门。反坦克炮：200门。

国土防空军　500人。编有1个歼击机中队。作战飞机9架，武装直升机12架。

歼击机：米格－21型8架，米格－21U型1架。武装直升机：米－24型12架。运输机：42架。高炮：150门。地空导弹：SA－7型300部。

预备役部队　陆军13.7万人。

准军事部队　边防部队5000人，内卫部队900人，建筑部队1500人，民防部队500人。

兵役制度　实行义务兵与职业准尉相结合，现役与预备役相结合的兵役制度。征兵年龄18～28岁，士兵服役年限1年。军官最高服役年龄：尉官45岁，校官50岁，将官55岁。

军衔　军官军衔分3等9级，即将官3级（上将、中将、少将），校官3级（上校、中校、少校），尉官3级（大尉、上尉、中尉）。准尉军衔设一级准尉、二级准尉、三级准尉。士兵军衔分军士和兵两等，军士设上士、中士、下士；兵设上等兵、列兵。

（刘效兰）

孟加拉国

国　　名　孟加拉人民共和国。

主要统计　面积14.3998万平方千米。人口1.25633亿人（其中，13～17岁男783万人，女741.9万人；18～22岁男704.2万人，女664.2万人；23～32岁男1093万人，女1035.1万人）。国内生产总值13000亿塔卡，合310亿美元（1996年）。国防费246亿塔卡，合5.63亿美元（1997年国防预算）。原油40万桶（1995年）。天然气73.65亿立方米（1995年）。发电量100.1亿度（1994年）。粮食2593.1万吨（1995年）。海运能力，商船（载重100吨以上）301艘，总载重量56.68万吨（1992年）。民航能力，固定航班机场8处，客运量25.56亿人千米、货运量2.78亿万吨千米（1996年）。

国防体制　宪法规定，总统为武装力量统帅。陆、海、空三军分立，三军参谋长分别是三军的最高首长。国防部由文官掌管，仅负责军事预算，军工生产和装备采购等行政事务，对军队无指挥权。准军事部队属内政部管辖，平时负责边、海防和内卫治安，战时配合正规军作战。

领导人物　总统兼武装部队总司令沙哈布丁·艾哈曼德(1996年10月就任)。总理兼国防部长谢赫·哈西娜·瓦吉德(女,1996年6月上任)。陆军参谋长努尔丁·可汗中将(1993年4月上任)、海军参谋长阿米尔·阿梅德·穆斯塔法少将(1990年8月上任)、空军参谋长阿尔塔夫·侯赛因·乔杜里(1993年2月上任)。

武装力量　**兵力**　现役部队12.1万人。

陆军　10.1万人。编有7个步兵师、17个步兵旅（约26个营）、1个装甲旅（2个装甲团）、2个装甲团、1个炮兵师（6个炮兵团）、1个工兵旅、1个防空旅。

主战坦克：T－54/－55型60辆。T－59/－69型80辆。轻型坦克：约40辆。装甲输送车：БТР－80型20辆，MT－LB型若干辆。牵引炮：105毫米80门、122毫米20门，130毫米40门。迫击炮：81、82毫米若干门，120毫米50门。无坐力炮：106毫米30门。反坦克炮：57毫米18门、76毫米50门。高炮：37毫米16门，57毫米若干门。地空导弹：HN－5A型若干部。

海军　约1.05万人。基地：吉大港（司令部）、达卡、库尔纳。

护卫舰：4艘。导弹快艇：10艘。鱼雷快艇：4艘。近海巡逻艇：1艘。海岸巡逻艇：3艘。近岸巡逻艇：18艘。江河船艇：5艘。扫雷艇：5艘。登陆艇：14艘。支援舰船：7艘。

空军　9500人。编有4个攻击/战斗机中队、3个直升机中队。作战飞机49架。

攻击/战斗机：A－5型12架、F－6型11架、F－7M型14架、FT－7B型4架。运输机：安－32型3架。直升机："贝尔"212型11架、米－8型7架、米－17型11架。教练机：76架（其中8架L－39ZA型具有作战能力）。空对空导弹：AA－2型若干枚。

准军事部队　4.97万人，其中孟加拉步枪队3万人（边防部队，编成41个营），武装警察5000人，保安部队1.45万人，海岸警卫队200人。

兵役制度　实行志愿兵役制。陆军士兵一般需服役20年。

军衔　分5等14级，即将官2级（少将、准将），校官3级（上校、中校、少校），尉官3级（上尉、中尉、少尉），军士3级（上士、中士、下士），兵3级（一等兵、二等兵、新兵）。

驻外兵力　1997年共有1040人在安哥拉、波黑、克罗地亚、马其顿、格鲁吉亚、伊拉克和科威特、利比里亚、塔吉克斯坦、西撒哈拉等国和地区参加联合国维和行动。

军队节日　建军节11月21日。

（张宏伟　宋黎明）

缅　甸

国　　名　缅甸联邦。

主要统计　面积67.6581万平方千米。人口4882.3万人（其中，13～17岁男254.9万人，女248.9万人；18～22岁男235.9万人，女230.1万人；23～32岁男404.3万人，女406.8万人)。国内生产总值约260亿美元（1996年)。国防费15亿美元（1997年度国防预算)。原煤7.6万吨（1994年)。原油600万桶（1995年)。天然气14.30亿立方米（1995年)。发电量35亿度（1994年)。粮食2069万吨（1995年)。海运能力，商船（载重100吨以上）144艘，总载重量135.4万吨（1992年)。民航能力，固定航班机场19处，客运量4.06亿人千米、货运量820万吨千米（1996年)。

国防体制　"国家和平与发展委员会"主席（相当于总统）为国防军总司令。国防部为国防军最高统率机关，统管作战、训练和军工等工作。武装力量由正规军和准军事部队组成。正规军分陆、海、空三个军种。最高军事指挥机构为总参谋部。"国家和平与发展委员会"通过国防部和总参谋部对全国武装力量实施领导和指挥。

领导人物　"国家和平与发展委员会"主席兼政府总理、国防部长和三军总司令丹瑞大将（1992年4月上任)。三军副总司令兼陆军司令貌埃上将（1993年3月上任)。海军司令纽登准将（1997年11月上任)。空军司令昂推准将（1997年11月上任)。

武装力量　**兵力**　现役部队约42.9万人。

陆军　约40万人。编有10个轻装步兵师师部、12个军区司令部、32个战术指挥部、245个步兵营、7个炮兵营、4个装甲营和2个高炮营。

主战坦克："慧星"30辆、其他型约100辆。轻型坦克：63型约105辆。装甲侦察车："白鼬"45辆、"亨伯"40辆、"马自达"30辆。装甲输送车："日野"20辆、85型250辆。牵引炮：76毫米100门、88毫米50门、105毫米96门、140毫米若干门。火箭炮：107毫米30门。迫击炮：120毫米80门、81和82毫米若干门。无坐力炮：84毫米500门、106毫米若干门。反坦克炮：57毫米和76.2毫米60门。高炮：37毫米24门、40毫米10门、57毫米12门。

海军　2万余人（含陆战队)。设有6个海军基地。

轻型护卫舰："羊岱昂"号和"羊基昂"号各1艘。导弹艇：3艘。巡逻艇：60艘。两栖舰艇：5艘。支援舰船：4艘。

陆战队　800人（1个营)。

空军　9000人。编有3个战斗机中队、2个攻击战斗机中队、2个防暴机中队和4个直升机中队。作战飞机91架、武装直升机18架。

战斗机：F－7型30架、FT－7型6架。攻击/战斗机：A－5M型24架。防暴机：PC－7型15架、PC－9型4架、"超海鸥"12架。运输机：F－27型1架、FH－227型4架、PC－6A/B型5架、Y－8D型2架。联络机："色斯纳"7架。直升机：共70架，其中米－2型10架、米－17型8架为武装直升机。

准军事部队　约8.525万人，其中人民警察5万人、民兵3.5万人、渔业部门250人及11艘船只。

兵役制度　实行志愿兵役制。

军衔　军官分3等11级，即将官5级（大将、上将、中将、少将、准将)，校官3级（上校、中校、少校)，尉官3级（上尉、中尉、少尉)。

军队节日　建军节公历3月27日。

（孟　丽）

尼　泊　尔

国　　名　尼泊尔王国。

主要统计　面积14.7181万平方千米。人口2250.4万人（其中，13～17岁男134万人，女126万人；18～22岁男110.2万人，女102.3万人；23～32岁男168.1万人，女154.5万人)。国内生产总值2500亿尼泊尔卢比，合45亿美元（1996年)。国防费约24亿尼泊尔卢比，合0.43亿美元（1997年国防预算)。发电量9.08亿度（1994年)，粮食661.9万吨（1995年)。民航能力，固定航班机场24处，客运量7.69亿人千米、货运量9310万吨千米（1996年)。

国防体制　国王为武装力量统帅。国王通过王宫军事秘书处、皇家军队司令部和国防部指挥和管理军队。王宫军事秘书处是国王的军事参谋机构。皇家军事司令部是国王统帅军队的指挥机构，由参谋长领导。国防部由文官组成，对军队无指挥权，主要负责军费预算、武器装备和军需物资的供应，办理外国的军事援助，确定兵源补充，并对军官的提升、任免提出建议。武装力量主要由现役部队和准军事部队组成。现役部队只有陆军。

领导人物　武装力量统帅比兰德拉国王（1972年1月即位)。首相兼国防大臣吉里贾·普拉萨德·柯伊拉腊（1998年4月15日上任）。陆军参谋长达玛帕尔·巴尔·辛格·塔帕上将。

武装力量　**兵力**　现役部队4.6万人。

陆军　4.6万人（含空军）。编有1个皇家警卫旅，7个步兵旅（16个营），43个独立步兵连，1个特种作战旅（1个空降营、2个独立特遣连、1个骑兵中队），1个炮旅（1个炮团、1个防空团），1个工程旅。

装甲侦察车："白鼬"40辆。牵引炮：75毫米6门、94毫米5门、105毫米14门。迫击炮：81毫米若干门、120毫米70门。高射机枪：14.5毫米30挺。高炮：40毫米2门。

空军　215人。装备运输机3架。直升机11架。

准军事部队　武装警察4万人。

部署　尼泊尔陆军主要部署在加德满都和尼泊尔与印度边境一带。

兵役制度　实行志愿兵役制。士兵服役期一般为15年。各级军官最高服役年龄：将官60岁、校官55岁、尉官52岁。

军衔　军官分为3等10级，即将官4级（上将、中将、少将、准将），校官3级（上校、中校、少校），尉官3级（上尉、中尉、少尉）。

驻外兵力　1997年尼泊尔共有669人在波黑、克罗地亚、马其顿、黎巴嫩、利比里亚等国参加联合国维和行动。

军队节日　建军节5月9日。

（张宏伟　宋黎明）

日　本

提要　桥本政府继续着力宣传奉行专守防卫的国防政策，不做威胁他国的军事大国，努力加强日美军事同盟，坚持"非核3原则"、"文官治军"，自主地建设一支适度规模的高质量的防卫力量。但实际上，言行不一，在某些方面仍然推行违反宪法精神的方针政策。其军事战略的调整已基本完成。1997年间特别引人注目的是，日本当局采取实际步骤，大力加强和密切日美军事同盟关系，完成了对《日美防务合作指针》的修改，使日美防务合作的内容更加充实，双方共同防卫和联合作战的范围更加扩大，日本在军事同盟中的地位和作用进一步提高，从而把日美军事合作关系推向了新阶段。进一步贯彻质量建军的原则，一些重要的武器装备例如坦克、作战舰艇及主力战斗机，在数量上有所削减，但性能更加先进，质量进一步提高。

国　　名　日本国。

主要统计　面积37.78万平方千米。人口1.25864亿人，其中13～17岁男395.5万人，女376.2万人；18～22岁男453.9万人，女431.8万人；23～32岁男926.8万人，女887万人（1996年10月）。国民生产总值500.7万亿日元（1996年度预算）。国防费4.8455万亿日元（1996年度预算），占国民生产总值的0.977%，占政府财政支出的6.45%。粗钢9880.1万吨（1996年）。原煤631.7万吨（1995年）。原油86.1万千公升（1995年）。天然气22.09万亿立方米（1995年）。发电量9899.6亿度（1995年）。主要农作物总产量1200万吨（1995年）。海运能力，商船（载重100吨以上）6824艘，总吨位1784.5万吨（1996年）。民航能力，固定航班机场91处，客运量，国内航线650.1亿人千米、国际航线722.96亿人千米，货运量，国内航线7.62亿吨千米、国际航线56.29亿吨千米（1995年度）。

国防政策　日本的国防政策主要强调加强国际协调，努力促进世界和平和稳定，以此确立安全保障的基础，并建设有效的防卫力量，强化日美安全保障体制。其主要内容可概括以下几个方面：

（一）坚持"专守防卫"的战略方针。日本自1970年正式提出"专守防卫"的战略方针和国防政策之后，历届政府再三强调"专守防卫"是日本必须贯彻执行的方针政策。所谓"专守防卫"就是只有在遭到对方武力进攻时才行使武力，而行使武力又须限制在自卫所必需的最小限度之内。所以日本政府认为，这是"遵照宪法精神的被动的战略方针"。

（二）不做军事大国。日本政府认为，军事大国的概念并没有一个明确的定义，但日本决不做威胁他国安全的军事大国。就是说，日本只拥有适度的、自卫所必需的防卫力量，不保持超越自卫所必需的最小限度、给他国造成威胁的强大军事力量。

（三）加强日美军事合作。50年代以前，日本的安全基本上依靠美国保护。后来随着日本在日美军事同盟中地位的不断提高，双方军事合作关系也日益加强。在这一过程中，日本不仅在军事上，而且在政治、经济等各个方面均得到了实惠和好处。所以，日本政府越发认识到日美安全保障体制对日本国防的重要性和必要性。即使在冷战结束、苏联解体的今天，日本政府仍然强调，日美安全保障体制是日本国防的重要支柱之一，必须坚持和发展日美军事同盟关系，提高日美安全保障体制的可靠性，为新时期日本的安全保障发挥更大的作用。

（四）坚持“非核3原则”。所谓“非核3原则”，指的是不拥有、不制造、不运进核武器。日本政府宣称，日本把这3项原则作为基本国策加以坚持。日本作为非核武器国家，有义务根据1976年批准的不扩散核武器条约，不制造和不拥有核武器。

（五）坚持“文官治军”原则。根据第二次世界大战前的经验，日本的自卫队实行严格由文官控制的各项制度：首先由国会以法律和预算的形式决定自卫队的编制体制，决定紧急时防卫力量的出动。其次是国防的有关事宜，作为一般行政事务，其行政权完全隶属于内阁。内阁的组成人员必须是文职。

（六）自主建设适度规模的防卫力量。日本政府认为，作为一个独立国家，日本必须独立自主地建设一支自卫所必需的最小限度的“基础防卫力量”，并与日美安全保障体制相结合，保持“严密的防卫态势”，把对日本的侵略防止于未然；万一发生这种侵略时，也能予以粉碎。为此，强调防卫力量“必须具备各种机能”，其组织体制以及配备和部署都必须保持“均衡态势”。

但从近十几年来日本推行的国防政策的实际情况看，日本政府一面再三强调和承诺继续坚持宪法指导下制定的国防方针和政策，一面又对既定的国防政策进行变通解释，甚至对其进行违反宪法的修正。例如，通过有关法律，制造向海外派兵的法律依据；扩大日本的防卫范围，改变“专守防卫”的本来涵义；允许载有核武器的美国舰艇使用日本港口，违背了“无核3原则”；密切同美国的军事合作，积极向美国转让先进军事技术，背离了“不参加集体自卫”的方针和“禁止出口武器3原则”。这些变化早已引起国际社会尤其是亚洲各国人民的严重关注。

军事战略 日本近些年来对其军事战略进行了较大幅度的调整，以适应国际形势和战略安全环境的新变化。

（一）强调对付“多元威胁”，注重兵力均衡部署。日本政府认为，进入冷战后时期，对日本安全的威胁，其性质、形态和对象均发生了很大变化。目前，对日构成的主要威胁，已由过去的苏联单一威胁，转变为各种性质的“复合威胁”。1997年日本防卫厅编写的《防务白皮书》认为，朝鲜半岛局势、俄军尤其远东俄军的发展、中国军事力量的现代化、台湾海峡和南海地区局势以及大规模自然灾害、人为的“特种灾害”等等，都是威胁日本安全的根源。为有效地对付这些威胁，日本强调增强防卫力量的快速反应能力，改变过去以北部地区为重点的部署格局，注重兵力的均衡部署，增强西部地区的兵力和武器配备，加强针对来自西部方向威胁的军事演练，提高部队对付任何形态的威胁和任何形式的突发事件的能力。

（二）加强日美军事同盟，确保日本及周边地区安全。日本当局认为，日美安全保障体制不仅对日本的安全保障，而且对日本周边地区的和平和稳定都是必不可少的。为提高日美安全保障体制的有效性和可靠性，日美两国一直保持着紧密的协商，在充分肯定冷战后日美安全保障体制的重大意义和作用的前提下，积极、认真地研究了新时期加强日美军事同盟关系的方针和措施。日美两国继1996年4月签署《日美安全保障联合宣言》之后，又于1997年9月批准了经过修改的新的《日美防务合作指针》。与旧《指针》相比，新《指针》的内容更加充实、完善，双方共同防卫和联合作战的范围进一步扩大；日本由过去只受保护，基本没有义务支援美军，到双方紧密合作，日本积极支援美军的作战行动；日本不仅是被保卫的对象，更是补充和完善美军在亚太地区采取军事行动时作战能力不足的积极参与者和重要的军事伙伴，进一步体现了日本在同盟中的自主地位和“应发挥的作用”，把日美军事合作关系推向了一个新阶段。

（三）实行“专守防卫”的战略方针，贯彻积极主动的战略原则。日本在1970年首次正式提出“专守防卫”的战略方针。此后，日本历届政府都声称并再三强调，要在日本国宪法指导下，坚持“专守防卫”的战略方针。但多年来的实践表明，日本当局所推行的“专守防卫”的战略方针已经远远超越了“专守”的范围，使这一战略方针更具积极性和主动性。首先，在防卫力量的基本任务和职能上，强调“为国际做贡献”。赋予自卫队到海外执行维和和参加人道主义救援活动的任务，从而打开了向海外派兵的禁区；在作战指导思想上，扩大解释行使自卫权的地理范围，提出“海上歼敌”、“洋上防空”的原则，强调在距日本本土尽量远的地方歼灭敌人，摈弃了在日本领土、领海、领空抗击武力进攻的原则；在武器装备发展上，积极引进和装备能大大延长战斗机作战半径的空中加油机、稍加改进即可成为轻型航母的8900吨级登陆运输舰，甚至计划部署反导系统等等。上述事实都表明，日本当局正在逐步改变“专守防卫”原来的性质和含义。

（四）推进质量建军原则，增强自卫队作战能力。日本当局把建设“适度规模”的高质量的自卫队，作为战后防卫力量发展的基本方针和原则，也是其军事战略的一个重要组成部分。在冷战结束后的新的安全环境下，日本当局更加强调“合理化、效率化、精强化”是自卫队建设的方向，必须坚定不移地坚持下去，使自卫队真正成为能对付各种紧急事态的有效的防卫力量。为此，近年来，自卫队采取了一些重大措施来加强自身的质量建设。例如，进行较为彻底的体制编制改革，根据配置的地域、任务，编成各种不同类型的师和旅，实行“快速反应预备役”制度，使其部队的编成真正开始多样化，以增强兵力运用的灵活性，提高对各类突发事件和紧急事态做出快速反应的能力。其次是凭借世界领先地位的科技水平，利用各种方式方法，大力发展高技术武器装备。目前，陆、海、空自卫队的主要武器装备的性能已具备世界领先水平。今后，这些武器装备中的相当一部分，到 21 世纪初时不但不会大幅度增加其数量，而且还要适当削减，但其性能将进一步提高。自卫队主要武器装备将向大型化、远（射）程化、大威力化、高技术化方向发展。以数量较少、质量很高的武器系统装备起来的自卫队将具有较强的高技术条件下的作战能力。

国防体制　**统帅机构**　日本国防组织的最高领导人、自卫队的最高统帅是内阁总理大臣，他代表内阁对自卫队行使最高指挥监督权。内阁会议是国防问题的最高决策机构，负责对提交国会审议的有关国防问题的法律草案、预算草案作出决定，制定有关政令，决定有关国防的重大方针和计划。安全保障会议是国防问题的最高审议机构，它由以下人员组成；根据《内阁法》第 9 条的规定预先指定的国务大臣、外务大臣、大藏大臣、内阁官房长官、国家公安委员会委员长、防卫厅长官、经济计划厅长官，由内阁总理大臣任主席。当主席认为必要时，可让有关国务大臣、参谋长联席会议主席及其他有关人员列席会议、陈述意见。安全保障会议的职责是：审议有关国防的重要事项及处置重大紧急事态的重要问题。防卫厅是在内阁总理大臣领导下处理国防事务的行政机关，其任务是“管理、指挥陆上、海上、航空自卫队，处理与此有关的事务。”防卫厅直属总理府，防卫厅长官由内阁总理大臣任命的国务大臣担任，在内阁总理大臣的指挥与监督下领导防卫厅的工作，统管防卫厅的业务，并通过陆海空自卫队参谋长指挥自卫队。参谋长联席会议是辅佐防卫厅长官的合议体参谋机构，主要任务是统一和协调陆海空自卫队的运用。职责是：制定合同作战计划、合同后勤计划和合同训练计划，统一、协调自卫队军事行动的指挥命令，协助防卫厅长官指挥两个以上军种的合成部队的作战行动，搜集情报、调查研究，以及防卫厅长官交办的其他事项。参谋长联席会议由自卫队现役军人中资历最深、军衔最高者任主席，主持和领导参谋长联席会议的工作。

日本的武装力量由现役部队，在军事部门服务的文职人员和预备役部队组成。正规部队分为陆上自卫队、海上自卫队、航空自卫队。

作战指挥系统　内阁总理大臣是陆、海、空自卫队的最高指挥官。防卫厅是内阁总理大臣对陆、海、空自卫队实施指挥的职能机关。防卫厅长官在内阁总理大臣的指导监督下，统一领导和指挥陆、海、空自卫队。陆海空自卫队分别设有参谋部，作为防卫厅长官的参谋机构和各自卫队的指挥管理机构，负责制定各自的作战计划、教育训练计划及编制、装备、后勤保障、情报搜集、卫生保健、人事等计划。它既是防卫厅长官的参谋机构，又是管理和运用各自卫队的执行机构。防卫厅长官通过各自卫队参谋长对陆、海、空自卫队实施领导和指挥。参谋长联席会议主席协助防卫厅长官对自卫队的运用进行统一和协调。

领导人物　内阁总理大臣兼自卫队最高统帅小渊惠三（1998 年 7 月 30 日当选）。国务大臣、防卫厅长官久间章生（1996 年 11 月 7 日上任）。参谋长联席会议主席夏川和也上将（1997 年 10 月 13 日上任）。陆上自卫队参谋长藤绳祐尔上将（1997 年 7 月 1 日上任）。海上自卫队参谋长山本安正上将（1997 年 10 月 13 日上任）。航空自卫队参谋长平冈裕治上将（1997 年 12 月 8 日上任）。

武装力量　**兵力**　现役部队编制定员 27.3751 万人（含参谋长联席会议 1362 人），实有兵员 24.2709 万人（含参谋长联席会议 1334 人，统计数截至 1997 年 3 月底）。

陆上自卫队　编制定员 17.943 万人，实有兵员 15.2371 万人。编成 5 个军区、12 个步兵师、1 个坦克师、2 个混成旅、1 个空降旅、1 个炮兵旅、5 个工兵旅、8 个防空导弹群。截至 1997 年 3 月底。共装备坦克 1110 辆（90 型、74 型、61 型）；装甲车（含自行火炮）730 辆；各型火炮 6270 门；各型飞机 490 架；各型反坦克导弹 700 余具（79 型、87 型、64 型）；“霍克”防空导弹发射架 200 余部。

海上自卫队　编制定员 4.5752 万人，实有兵员 4.3668 万人。编成 1 个自卫舰队、1 个护卫舰队、1 个航空集团、1 个潜艇舰队、5 个地方队。截至 1997 年 3 月底，共装备各型作战舰艇 156 艘，总吨位约 34.9 万吨，其中驱逐舰、护卫舰 58 艘 18.1 万吨，潜艇 16 艘 3.7 万吨，扫布雷舰艇 35 艘 2.4 万吨；各型作战飞机 209 架。

航空自卫队　编制定员 4.7207 万人，实有兵员 4.5336 万人。编有 1 个航空总队、3 个航空方面队、

1个航空混成团、6个战斗航空团、6个防空导弹群、1个航空支援集团、1个航空教育集团、2个训练航空团、3个飞行教育团、1个航空开发实验集团。截至1997年3月底，共装备各型作战飞机457架，其中歼击机302架、歼击轰炸机61架、预警机13架、运输机57架。

文职人员　2.4947万人。

预备役部队　4.79万人，其中陆上自卫队4.6万人，海上自卫队1100人，航空自卫队800人。

部署　陆上自卫队参谋部驻东京都。北部军区所辖防区为北海道地区，司令部驻札幌市，辖4个师、1个炮兵旅、1个防空导弹旅、1个工兵旅。

东北部军区所辖防区在本州地区东北部，司令部驻仙台市，辖2个步兵师、1个炮兵群、1个防空导弹群、1个工兵旅。

东部军区所辖防区在本州地区中部，司令部驻东京都，辖2个步兵师、1个空降旅、1个防空导弹群、1个工兵旅。

中部军区所辖防区在本州地区西南部，司令部驻伊丹市，辖3个步兵师、1个混成旅、1个防空导弹群、1个工兵旅。

西部军区所辖防区在九州和冲绳地区，司令部驻熊本市，辖2个步兵师、1个混成旅、1个防空导弹旅、1个炮兵群、1个工兵旅。

防卫厅长官直辖的第1直升机旅驻木更津。

海上自卫队参谋部驻东京都，分为横须贺、吴、佐世保、舞鹤、大凑5个警备区。在横须贺警备区的横须贺基地部署有自卫舰队、护卫舰队、潜艇舰队的司令部、第1护卫队群、第2潜艇队群、第2扫雷队群及横须贺地方队。航空集团司令部驻厚木。教育航空集团司令部驻下关。在吴警备区的吴基地驻有第4护卫队群、第1潜艇队群、第1扫雷队群、练习舰队司令部及吴地方队。在佐世保警备区的佐世保基地驻有第2护卫队群和佐世保地方队。在舞鹤警备区的舞鹤基地驻有第3护卫队群和舞鹤地方队。在大凑警备区的大凑基地驻有大凑地方队。

航空自卫队参谋部驻东京都。北部防空区：千岁部署有第2航空团、第3防空导弹群、第1基地防空群；三泽部署有北部航空方面队司令部、第3航空团、北部航空警戒管制团、第6防空导弹群。中部防空区：浜松、小松、百里分别部署有第1、第6和第7航空团；岐阜部署有第4防空导弹群；入间部署有第1防空导弹群、中部航空警戒管制团、航空开发实验集团司令部、航空救护团；航空总队、中部航空方面队、航空教育集团的司令部分别设在府中、入间、浜松。西部防空区：新田原、筑城分别部署有第5、第8航空团；春日部署有第2防空导弹群、西部航空警戒管制团，西部航空方面队司令部也设在春日。西南防空区：冲绳岛那霸市设有西南航空混成团司令部，并部署有第83航空队、第5航空导弹群、西南航空警戒管制队。

兵役制度　日本实行志愿兵役制，又称募兵制。上等兵(含)以下实行任期制：陆上自卫队为2年(专业技术兵为3年)，海上和航空自卫队为3年。任期届满后，根据本人志愿并经审查合格后可继续延长2年任期；军士和军官为职业军人，实行退休制。各级退休年龄分别为：将官60岁，上校55岁，中校至上士54岁，中士以下53岁。对从事医务和音乐等职业的上校以下军人，其退休年龄适当延长，最长可到60岁。

军衔　日本自卫队军衔共分6等18级，即将官3级（上将、中将、少将），校官3级（上校、中校、少校），尉官3级（上尉、中尉、少尉），准尉1级、军士4级（军士长、上士、中士、下士），兵4级（上等兵、一等兵、二等兵、三等兵）。

外国驻军　目前，美国在日本的驻军约4.32万人，其中陆军约1900人、海军约6800人、海军陆战队约2万人、空军约1.45万人。

军工生产能力　日本自卫队武器装备的试制和生产，全部委托民间企业承担。目前2000多家有资格进行武器装备生产的企业，在若干技术先进、实力雄厚的骨干企业带动下，可生产各种先进的军事装备。这些企业，军工生产能力强、潜力大，可自己生产或仿制世界上最先进的武器装备。但因各种因素的制约，军工生产规模较小，1995年度军工产值为1.858万亿日元，占当年工业总产值的0.61%。

军队节日　11月1日为自卫队节。

（黄全鹏）

沙 特 阿 拉 伯

国　　名　沙特阿拉伯王国。

主要统计　面积 224 万平方千米。人口 1694.8 万人（其中，13～17 岁男 121.6 万人，女 108.8 万人；18～22 岁男 99.8 万人，女 88.5 万人；23～32 岁男 150.6 万人，女 125.7 万人）。国内生产总值 5100 亿里亚尔，合 1360 亿美元（1996 年）。国防费 670 亿里亚尔，合 179 亿美元（1997 年国防预算）。原油 29.76 亿桶（1995 年）。天然气 377.18 亿立方米（1995 年）。发电量 667.6 亿度（1994 年）。粮食 342 万吨（1995 年）。海运能力，商船（载重 100 吨以上）301 艘，总载重量 138.17 万吨（1992 年）。民航能力，固定航班机场 25 处，客运量 185.01 亿人千米、货运量 8.95 亿吨千米（1996 年）。

国防体制　国王为皇家军队统帅。最高国防决策机构为高级防务委员会，成员有国王、国防与航空大臣、财政与经济大臣、通信与外交大臣和武装力量总参谋长，由国王任主席。国防部为最高军事行政机构。武装力量由正规军和准军事部队组成。正规军分陆、海、空和防空军四个军种。最高军事指挥机构为总参谋部。国王通过国防部和总参谋部对全国武装力量实施领导和指挥。

领导人物　国王兼武装力量统帅法赫德·本·阿卜杜勒·阿齐兹（1982 年即位）。国防与航空大臣苏尔坦·本·阿卜杜勒·阿齐兹亲王（1982 年上任，1995 年连任）。总参谋长萨利赫·本·阿里·穆海亚（1996 年上任）。海军司令塔拉勒·穆夫迪中将（1994 年 1 月上任）。空军司令艾哈迈德·布海里中将（1994 年 1 月上任）。防空军司令马吉德·本·塔勒哈比·本·哈马德·奥勒比中将（1994 年 1 月上任）。

武装力量　**兵力**　现役部队 10.55 万人。

陆军　7 万人。编有 3 个装甲旅、5 个机械化旅、1 个空降旅、1 个王室警卫团、8 个炮兵营、1 个陆军航空司令部。

主战坦克："阿布拉姆斯" 315 辆、AMX－30 型 290 辆、M－60A3 型 450 辆。装甲侦察车：AML－60/－90 型 235 辆。步兵战车：AMX－10P 型 570 余辆、"布雷德利" 400 辆。装甲输送车：M－113 型 1700 辆、"庞阿尔" 150 辆。牵引炮：105 毫米 100 门、155 毫米 140 门、203 毫米 8 门。自行炮：155 毫米 200 门。火箭炮："阿斯特罗斯" Ⅱ 型 60 门。迫击炮：107 毫米、120 毫米 400 门。反坦克导弹："陶"、"龙" 和 "霍特" 式若干具。无坐力炮：84 毫米 300 门、90 毫米和 106 毫米若干门。直升机：55 架。地空导弹："红眼睛" 500 部、"响尾蛇" 和 "毒刺" 若干部。

海军　1.35 万人（含陆战队）。编有 2 个舰队。

护卫舰：8 艘。导弹快艇：9 艘。鱼雷快艇：3 艘。巡逻艇：17 艘。反水雷舰艇：6 艘。登陆艇：8 艘（通用登陆艇和机械化登陆艇各 4 艘）。辅助舰船：7 艘。

陆战队　3000 人。编有 1 个海军步兵团，装备步兵战车 140 辆。

海军航空兵　装备有直升机 33 架，其中 23 架为武装直升机。

空军　1.8 万人。编有 5 个攻击战斗机中队、6 个战斗机中队、1 个侦察机中队、1 个预警机中队、2 个改装训练机中队、3 个运输机中队、2 个直升机中队。作战飞机 336 架、武装直升机 12 架。

攻击战斗机：F－5E 型 56 架、F－5F 型 14 架、"旋风" IDS 型 58 架。战斗机：F－15C 型 70 架、F－15D 型 25 架、F－15S 型 20 架、"旋风" ADV 型 24 架。武装侦察机：RF－5E 型 10 架。预警机：E－3A 型 5 架。加油机：KE－3A 型 8 架、KC－130H 型 7 架。改装训练机（具有作战能力）：F－5B 型 14 架、F－5F 型 7 架。运输机：C－130 型 41 架、L－100－30HS 型 8 架。直升机：AB－205 型 22 架、AB－206B 型 25 架、AB－212 型 27 架、AH－64A 型 12 架（为武装直升机）、AS－332B/F 型 12 架。教练机：93 架（其中 38 架 "隼" 式具有作战能力）。皇家专机：飞机 23 架、直升机 4 架。

防空军　0.4 万人，编有 33 个地空导弹连。

高炮：20 毫米 92 门、30 毫米 50 门、35 毫米 128 门、40 毫米 150 门。地空导弹："夏安" 141 部、"霍克" 改进型 128 部、"响尾蛇" 40 部。

准军事部队　9.25 万人，其中国民警卫队 7.7 万人（现役 5.7 万人、部族部队 2 万人），编有 3 个机械化步兵旅、5 个步兵旅、1 个骑兵仪仗队，装备有轻型装甲车 450 辆、装甲输送车 730 辆（另贮存 810 辆）、牵引炮 70 门、迫击炮和无坐力炮若干门、"陶" 式反坦克导弹若干具；边防部队 1.05 万人；海岸警卫队 4500 人，装备有巡逻艇约 34 艘、气垫船约

16艘、教练船1艘、王室游艇1艘、小型武装巡逻艇350艘；特种安全部队500人，装备装甲输送车若干辆。民防部门装备有直升机10架。

兵役制度　平时实行志愿兵役制，战时实行义务兵役制。18～35岁男子经批准参军，服役期限一般为3年。

外国驻军　“半岛之盾”部队约7000人，1个步兵旅（由海湾合作委员会成员国派出）。法国驻有130人，装备飞机8架。美国驻有约5000人，其中常驻陆军274人，编有1支“爱国者”防空导弹部队，常驻空军约1500人。英国驻有约200人，飞机8架（“旋风”GR－1A型6架、VC－10型2架）。

（张连国、蔡勇）

斯里兰卡

国　　名　斯里兰卡民主社会主义共和国。

主要统计　面积6.561万平方千米。人口1846.1万人（其中，13～17岁男92.8万人，女89.1万人；18～22岁男87.1万人，女84万人；23～32岁男155.4万人，女153.2万人）。国内生产总值7430亿卢比，合137亿美元（1996年）。国防费440亿卢比，合7.59亿美元（1997年国防预算）。发电量43.86亿度（1994年）。粮食272.2万吨（1995年）。海运能力，商船（载重100吨以上）66艘，总载重量47.26万吨（1992年）。民航能力，固定航班机场1处，客运量40.35亿人千米、货运量1.56亿吨千米（1996年）。

国防体制　宪法规定，总统为武装部队总司令。最高国防决策机构为国家安全委员会，成员有国防部长，国家安全部长，陆、海、空三军司令，警察总监等，主席由总统兼任。国防部为最高军事行政机构。武装力量由正规军、预备役部队和警察组成。正规军分陆海空三个军种，总统通过国家安全委员会、国防部和陆海空三军司令部对全军实施领导和指挥。

领导人物　总统兼武装力量总司令钱德里卡·班达拉奈克·库马拉通加（1994年11月上任）。陆军司令达鲁瓦特中将。海军司令蒂塞拉中将。空军司令拉纳辛哈少将。

武装力量　**兵力**　现役部队约11.2～11.7万人（含应召再服现役者）。

陆军　9～9.5万人（含4.2万名应召再服现役者）。编有3个师部，4个特混部队司令部、1个机械化步兵旅，1个空中机动旅，23个步兵旅、1个独立特遣旅（1个突击队、1个独立特遣团）、1个装甲团、3个装甲侦察团、4个野战炮团（含1个后备团）、4个野战工程兵团（含1个后备团）。

主战坦克：T－55型25辆。装甲侦察车：“萨拉丁”26辆。“白鼬”15辆、“野狗”12辆。装甲输送车：T－85型35辆、БТР－152型10辆、其它型号108辆。牵引炮：76毫米14门、85毫米12门、88毫米12门、130毫米12门。火箭炮：107毫米1门。迫击炮：81毫米276门、82毫米19门、107毫米12门、120毫米36门。无坐力炮：105毫米15门、106毫米34门。高炮：40毫米7门、94毫米3门。

海军　1.2万人（含1100名应召再服现役者）。基地设在科伦坡（司令部）、亭可马里（主要基地）、卡赖纳加、唐加拉、卡南皮提亚。

海岸巡逻作战舰艇：39艘（其中海上巡逻艇1艘、近海巡逻艇38艘）。登陆艇：9艘。

空军　1万人。作战飞机22架、武装直升机17架。

对地攻击/战斗机：F－7M型4架、FT－7型1架、FT－5型2架、“幼狮”5架、SF－260TP型反辐射导弹运载机8架、“普卡拉”2架。攻击直升机：“贝尔”212型12架、米－24型5架。运输机：各型飞机21架。直升机：“贝尔”206型9架，米－17型5架。教练机：11架。

预备役部队　约4200人，其中陆军1100人，海军1100人，空军2000人。

准军事部队　共11.02万人，其中，警察部队8万人，国民志愿军1.5万人，国民卫队1.52万人。

兵役制度　实行志愿兵役制。

（张宏伟　宋黎明）

塔吉克斯坦

国　　名　塔吉克斯坦共和国。

主要统计　面积 14.31 万平方千米。人口 610 万人（其中，13～17 岁男 35.6 万人，女 34.7 万人；18～22 岁男 28.4 万人，女 27.6 万人；23～32 岁男 43.4 万人，女 43 万人）。国内生产总值 3090 亿塔卢布，约合 11 亿美元（1996 年估计）。国防费 0.7 亿美元（1996 年国防预算）。发电量 148 亿度（1995 年）。原煤 3.4 万吨（1995 年）。

国防体制　宪法规定，总统为武装力量统帅。国防部是最高军事行政机关。武装力量由正规军和准军事部队组成。正规军分陆、空、防空三个军种。最高军事指挥机构为武装力量参谋部。总统通过国防部和武装力量参谋部对全国武装力量实施领导和指挥。

领导人物　总统兼武装力量统帅埃·沙·拉赫莫诺夫（1994 年 11 月就任）。国防部长舍·海鲁拉耶夫中将（1995 年 4 月上任）。武装力量参谋长巴巴贾诺夫（1997 年 2 月上任）。

武装力量　**兵力**　现役部队 1.08 万人。

陆军（包括特种部队）　0.9 万人。编有 5 个旅、1 个特种任务支队。

空军　0.06 万人。编有 1 个直升机大队。装备米－8、米－24 型直升机 9 架。

防空军　0.12 万人。编有 1 个雷达旅、1 个防空火箭团。

准军事部队　边防军（属安全部）约 1.65 万人。

外国驻军　俄罗斯驻塔总兵力为 2 万余人。陆军编有 1 个师；空军编有 1 个团；防空军编有 1 个旅、1 个团；边防军编有 6 个边防总队和 1 个边防运输机团。哈萨克斯坦约 500 人。吉尔吉斯斯坦、乌兹别克斯坦各 1 个营。

（赵生荣）

泰　国

国　　名　泰王国。

主要统计　面积 51.3115 万平方千米。人口 6209.3 万人（其中，13～17 岁男 318.1 万人，女 307.7 万人；18～22 岁男 315.9 万人，女 306.2 万人；23～32 岁男 596.5 万人，女 580.7 万人）。国内生产总值 1740 亿美元（1996 年）。国防费 41 亿美元（1997 年国防预算）。原煤 1709.5 万吨（1994 年）。发电量 744.52 亿度（1994 年）。原油 2000 万桶（1995 年）。天然气 104.77 亿立方米（1995 年）。粮食 2535.8 万吨（1995 年）。海运能力，商船（载重 100 吨以上）351 艘，总载重量 119.45 万吨（1992 年）。民航能力，固定航班机场 25 处，客运量 271.32 亿人千米、货运量 13.09 亿吨千米（1996 年）。

国防政策　为适应安全环境的变化和现代战争的需要，近年来泰对其国防政策作了新的调整，目前泰国国防政策包括以下几点：调整和加强军事力量，建设独立高效的控制系统，应付来自国内外的威胁；改革军队教育训练体制，使之适应高新技术的发展；发展国防工业，依靠自身的力量促进国防生产，使之接近于国际化水平；调整后备兵员系统，朝着面向公众的方向发展，获得人民的合作与支援；维护边境安全，保卫国家经济和自然资源；加强福利保障，提高军人及其家属的生活水平；开展与友好国家的军事合作，积极支援联合国维持和平行动。

军事战略　泰国武装部队实行“总体防御战略”。建立由正规部队，预备役部队和民兵三位一体的防御力量。泰政府认为，随着冷战结束，国际争端将由陆地转向海上，未来泰国防安全的主要威胁将来自对海洋权益的争夺。鉴此，泰国防主要有两大任务：一是维护边境和领海安全；二是防止来自国内的颠覆破坏活动和国外的侵略。泰国的建军方针是：加强军队现代化建设，建立高效的现代化指挥、控制、通信和情报系统，完善预备役和军事贮备体系，把泰军建设成为一支“规模小、装备精、素质高、反应快，能应付各种局面和突发事件，并继续保持武器装备和技术上优势的部队”。

国防体制　宪法规定，国王为武装力量统帅。最高国防决策机构为国家安全委员会，隶属于国务院，总理兼任主席。最高国防咨询机构为国防委员会，隶属于国防部。国防部是最高军事行政机关，负责制定和实施国防政策和计划。武装力量由正规军和准军事部队两部分组成。正规军分陆、海、空三个军种。最高军事指挥机构为最高司令部。国王名义上是三军统帅，实际上是国务院通过国防部和最高司令部对全国武装力量实施领导和指挥。

领导人物 国王兼武装力量统帅普密蓬·阿杜德（1946年继位）。总理兼国家安全委员会主席和国防部长川·立派（1997年11月上任）。最高司令蒙坤·安蓬披西（1996年10月上任）。陆军司令切塔·塔纳乍洛上将（1996年10月上任）。海军司令素威猜·甲松素上将（1997年10月上任）。空军司令他纳尼·年吞上将（1997年10月上任）。

武装力量 **兵力** 现役部队26.6万人。

陆军 15万人。编有4个部域军、2个军、2个骑兵师、3个装甲师、3个机械化师、1个轻型步兵师、2个特战师、1个炮兵师、1个高炮师、1个工程兵师、4个经济开发师、1个独立骑兵团、8个独立步兵营、4个侦察连、3个空中机动连。

主战坦克：69型50余辆、M－48A5型150辆、M－60A1型77辆。轻型坦克："蝎子"154辆、M－41型250辆、"魟"106辆。装甲侦察车："肖兰"MK3型32辆。装甲输送车：M－113型340辆、"突击队员"162辆、"秃鹰"18辆、85型450辆。牵引炮：105毫米244门、130毫米15门、155毫米150门。迫击炮：81毫米、107毫米若干门。反坦克导弹："龙"式300具。无坐力炮：75毫米若干门、160毫米150门。高炮：20毫米48门、37毫米122门、40毫米108门、57毫米24门。地空导弹："红眼睛"若干部。运输机：23架。联络机：95架。教练机：16架。直升机：156架，其中AH－1F型武装直升机4架。

海军 7.3万人（含陆战队、海军航空兵和岸防部队）。编有2个作战舰队和1个海军航空兵联队。

导弹护卫舰：8艘，其中"纳黎萱"级、"昭帕耶"级、"格腊武里"级、"佛陀约华"级各2艘。护卫舰：6艘，其中"玛古·拉差古曼"级1艘、"达比"级2艘、"达津"级2艘、"宾格老"级1艘。小型护卫舰："拉坦纳凯辛"级2艘、"哈姆罗辛"级3艘。导弹快艇："拉差立"级3艘、"布拉巴拉巴"级3艘。巡逻艇：64艘。扫雷舰艇：5艘。两栖舰艇：9艘。后勤支援舰船：16艘。

海军航空兵 1700人，装备有作战飞机56架、武装直升机6架。

陆战队 2.2万人。编有1个师、2个步兵团、1个炮兵团，1个两栖攻击营、1个侦察营。装备有装甲运输车33辆、155毫米牵引炮36门及"龙"式反坦克导弹若干具。

空军 4.3万人。编有3个攻击战斗机中队、2个战斗机中队、5个防暴机中队、1个电子侦察机中队，2个武装侦察机中队、3个运输机中队、2个直升机中队、1个高炮连。作战飞机210架。

攻击战斗机：F－5A型7架、F－5B型4架、F－16型36架。战斗机：F－5E型35架、F－5F型6架。防暴机：AC－47型7架、AU－23A型24架、N－22B型20架。电子侦察机：IAI－201型3架。武装侦察机：OV－10C型30架、RF－5A型4架、RT－33A型3架。航测机：8架。运输机：C－130H型等共36架。教练机：共161架，其中L－39ZA/MP型34架具有作战能力。联络机：40架。直升机：41架。空空导弹："响尾蛇"、"大蟒"若干枚。地空导弹："吹管"、"蝮蛇"若干部。

准军事部队 约13.95万人。其中，"猎勇"部队1.85万人，保卫国土志愿队5万人，海上警察2500人，航空警察500人，边境巡逻警察1.8万人，地方警察约5万人。

预备役部队 20万人，编有3个陆军预备役师。

部署 陆军按4个部域军部署，重点部署在中部和东南部地区。海军部署在各海军基地，陆战队驻梭桃邑海军基地。空军各飞行大队分别驻各空军基地。主要军事基地18处，其中海军基地5处（曼谷、宋卡、攀牙、梭桃邑、达叻）、空军基地13处（廊曼、柯叻、打卡里、华富里等）。

兵役制度 实行义务兵役制，服役期2年。

军衔 军官分为4等10级，即元帅，将官3级（上将、中将、少将），校官3级（上校、中校、少校），尉官3级（上尉、中尉、少尉）。

驻外兵力 参加联合国驻伊拉克和科威特军事观察团观察员5人。

军队节日 建军节4月8日。 （孟 丽）

土 耳 其

国　　名　土耳其共和国。

主要统计　面积78万平方千米。人口6322.2万人（其中，13～17岁男327万人，女313.2万人；18～22岁男326.2万人，女306.7万人；23～32岁男566.5万人，女540.1万人）。国内生产总值14777万亿土耳其里拉，合1820亿美元（1996年）。国防费1223万亿土耳其里拉，合68亿美元（（1998年国防预算）。原煤5434.2万吨（1994年）。原油2500万桶（1995年）。天然气2.01亿立方米（1995年）。发电量783.22亿度（1994年）。粮食2816.3万吨（1995年）。海运能力，商船（载重100吨以上）880艘，总载重量711.43万吨（1992年）。民航能力，固定航班机场26处，客运量94.75亿人千米、货运量2.147亿吨千米（1996年）。

国防体制　宪法规定，总统为武装力量统帅。最高国防决策机构为国家安全委员会，成员有总统、总理、总参谋长、国防部长、内政部长、外交部长和宪兵司令，由总统任主席，基本任务是制订战争动员计划、议决国家军事政策和其他有关国家安全的重大问题。武装力量的最高决策机构为最高军事委员会，由总理、总参谋长和陆、海、空军司令以及宪兵司令组成，任务是讨论和决定武装部队各级军官任免和调动、晋升和退休、国防费用的计划和分配、军队编制和军法军纪等问题。国防部为政府中的一个部，是最高军事行政机构，设部长、副部长等，部长由总理任命的文职官员担任，任务是负责武装部队的征兵、武器装备、后勤补给、军工生产等工作。武装力量由正规军和准军事部队组成。正规军分陆、海、空三个军种。最高军事指挥机构为总参谋部，总参谋长由总统根据总理提名在担任过陆、海、空军司令的上将中任命，任期4年。总统通过国防部和总参谋部对全国武装力量实施领导和指挥。

领导人物　总统兼武装力量统帅苏莱曼·德米雷尔（1993年5月上任）。国防部长伊斯特·塞兹金（1997年6月上任）。总参谋长伊斯梅尔·哈克·卡拉达伊（1994年8月上任）。陆军司令侯赛因·科夫勒克奥卢上将（1997年8月上任）。海军司令萨利姆·德尔维什奥卢上将（1997年8月上任）。空军司令伊尔汗·科勒奇上将（1997年8月上任）。

武装力量　**兵力**　现役部队63.9万人。

陆军　52.5万人。编有4个集团军司令部、9个军司令部、1个机械化师、1个步兵师、14个装甲旅、17个机械化旅、9个步兵旅、4个突击旅、1个步兵团、1个总统警卫团、5个边防团、26个边防营。

主战坦克：共4205辆。其中M－48A5T1型和M－48A5T2型2876辆、M－60型932辆（M－60A3型658辆、M－60A1型274辆）、“豹”式397辆（“豹”1A1型170辆、“豹”1A3型227辆）。装甲侦察车：若干辆。步兵战车：98辆。装甲输送车：3551辆（AAPC型738辆、M－113型2813辆）。牵引炮：1552门（其中150毫米62门、155毫米688门、203毫米162门）。自行炮：820门（105毫米388门、155毫米168门、175毫米36门、203毫米228门）。火箭炮：60门（107毫米48门、227毫米12门）。迫击炮：1842门（107毫米1264门、120毫米578门），另外还有81毫米3792门。反坦克导弹：943具（“眼镜蛇”186具、“陶”式365具、“米兰”392具）。无坐力炮：57毫米923门、75毫米617门、106毫米2329门。高炮：1664门（20毫米439门、35毫米120门、40毫米1105门）。地空导弹：“毒刺”108部、“红眼睛”789部。此外，还装备有各型飞机168架、直升机279架（其中AH－1W/P型武装直升机38架）。

海军　5.1万人（含海军陆战队）。

常规潜艇：15艘。驱逐舰：5艘。护卫舰：16艘。导弹快艇：18艘。巡逻艇：32艘。布雷舰艇：3艘。反水雷舰艇：21艘。登陆舰：8艘。登陆艇：59艘（坦克登陆艇35艘、通用登陆艇2艘、机械化登陆艇22艘）。辅助舰船：24艘。

海军航空兵　装备有用于反潜作战的直升机16架（其中13架为AB－212型武装直升机）。此外还装备有教练机7架。

海军陆战队　1个团，3100人。

空军　6.3万人。编有2个战术空军司令部、1个运输司令部、1个训练司令部、1个后勤司令部、11个攻击战斗机中队、7个战斗机中队、2个侦察机中队、5个运输机中队、3个教练机中队、6个地空导弹中队。作战飞机501架。

战斗机和攻击战斗机：F－16C型149架、F－16D型26架、F－5A和F－5B型63架、NF－5A和

NF－5B 型 44 架、F－4E 型 142 架。武装侦察机：RF－4E 型 39 架。空中加油机：KC－135R 型 2 架。运输机：C－130 型 13 架、C－160D 型 19 架、CN－235 型 44 架。要员专机：2 架。教练机：SF－260D 型 39 架、T－33 型 34 架、T－37 型 60 架、T－38 型 70 架、T－41 型 28 架。直升机：UH－1H 型 21 架。地空导弹："奈基" 92 部、"轻剑" 86 部。

预备役部队　37.87 万人（41 岁以下），其中陆军 25.87 万人，海军 5.5 万人，空军 6.5 万人。

准军事部队　18.22 万人。宪兵和国民警卫队 18 万人（其中预备役 5 万人），装备装甲输送车 560 辆，直升机 65 架。海岸警卫队 0.22 万人，装备近岸巡逻艇 64 艘（另外还有一些小艇）、运输机 2 架。

兵役制度　实行义务兵役制，士兵服役期 18 个月。

军衔　军官分 3 等 11 级，即将官 4 级（上将、中将、少将、准将），校官 3 级（上校、中校、少校），尉官 4 级（上尉、中尉、少尉、准尉）。

驻外兵力　驻塞浦路斯 1 个军，约 3 万人。装备有坦克 265 辆、装甲输送车 250 辆、牵引炮 134 门、自行炮 30 门、迫击炮 307 门、高炮 84 门、飞机 5 架、直升机 3～4 架。另外，1997 年共有 2427 人在阿尔巴尼亚、波黑、克罗地亚、格鲁吉亚、意大利、马其顿等国参加联合国维持和平行动。

外国驻军　驻有北约盟军东南欧陆军司令部和第 6 战术空军司令部。英国空军约 230 人，飞机 7 架（"旋风" 6 架、VC－10 型 1 架）。美军 3034 人，其中陆军 314 人、海军 20 人、空军 2700 人，编有 1 个飞行联队，飞机数量处于变化中，机型包括 F－16、F－15C、KC－135、E－3B 和 E－3C、C－12、HC－130 和 HH－60 型。

军队节日　建军节为 8 月 30 日（1992 年）。

（张连国　蔡勇）

土库曼斯坦

国　　名　土库曼斯坦。

主要统计　面积 48.81 万平方千米。人口 456 万人（其中，13～17 岁男 23.3 万人，女 22.9 万人；18～22 岁男 19.7 万人，女 19.5 万人；23～32 岁男 32.3 万人，女 31.8 万人）。国内生产总值约 6 万亿马纳特，合 49 亿美元（1996 年估计）。国防费 1.4 亿美元（1997 年国防预算）。

国防体制　宪法规定，总统为武装力量统帅。国防部是最高军事行政机关。正规军编有陆军、空军防空军和海军（尚在组建中）。最高军事指挥机构为武装力量参谋部。总统通过国防部和武装力量参谋部对全国武装力量实施领导和指挥。

领导人物　总统兼武装力量统帅萨·阿·尼亚佐夫（1990 年 10 月 27 日就职）。国防部长科佩科夫大将（1992 年 6 月上任）。武装力量参谋长索尔塔诺夫上将（1994 年 3 月上任）。

武装力量　**兵力**　现役部队 4.96 万人。

陆军　3.6 万人。编有 4 个摩步师、1 个空降旅、1 个炮兵旅、1 个工兵旅。装备坦克 570 辆、装甲车 1452 辆、各种火炮 944 门、反坦克导弹若干具。

空军防空军　1.36 万人。编有 1 个歼轰团、1 个歼航团、1 个航空兵大队、1 个飞机储备基地、3 个防空火箭团、2 个雷达团。作战飞机 407 架，导弹发射架 126 部、雷达 64 部。

（赵生荣）

乌兹别克斯坦

国　　名　乌兹别克斯坦共和国。

主要统计　面积 44.74 万平方千米。人口 2406.4 万人（其中 13～17 岁男 136.8 万人，女 134.3 万人；18～22 岁男 113.9 万人，女 112.5 万人；23～32 岁男 179.2 万人，女 179.8 万人）。国内生产总值 5600 亿苏姆，合 110 亿美元（1996 年估计）。国防费 65 亿苏姆，合 1.13 亿美元（1997 年国防预算）。原油 760 万吨（1996 年）。天然气 490 亿立方米（1996 年）。原煤 334 万吨（1996 年）。粮食 354.9 万吨（1996 年）。皮棉 116.4 万吨（1996 年）。

国防体制　宪法规定，总统为武装力量统帅。国防部是最高军事行政机关，负责管理国防预算、军工生产、后勤、动员和民防等事务。武装力量由陆军、空军及准军事部队组成。总参谋部为最高军事指挥机构。总统通过国防部和总参谋部对全国武装力量实施领导和指挥。

领导人物　总统兼武装力量统帅伊·阿·卡里莫夫（1990年3月就职）。国防部长鲁·乌·阿赫梅多夫上将（1992年上任）。武装力量总参谋长马赫穆多夫少将（1996年5月上任）。

武装力量　**兵力**　现役部队5.4万人。

陆军　约5万人。编有2个军司令部、2个坦克旅、4个机械化炮旅、1个山地旅、1个摩步旅、1个空降突击旅、1个空中机动旅、3个炮旅、1个火箭炮旅、1个独立炮团及若干保障部队。装备T-72/-64/-62/-54型坦克370辆。各型火炮537门，其中牵引炮（122、152毫米）199门、自行炮（122、152、203毫米）83门、火箭炮（120、122、220毫米）174门、迫击炮（122毫米）42门、反坦克炮（100毫米）39门。

空军　0.4万人。编有4个战斗机团、1个直升机团、1个运输直升机团、2个运输机团、3个防空火箭团。装备各型作战飞机108架，其中米格-29型32架、苏-17型30架、苏-24型14架、苏-27型32架；运输和教练机65架；各型直升机118架，其中武装直升机86架（米-24型43架、米-8T型43架）；地空导弹：SA-2/-3/-5型45部。

准军事部队　1.6万人。内务部队1.53万人。国民警卫队700人。

驻外兵力　驻塔吉克斯坦共和国1个机械化炮营。

（于海波）

新　加　坡

国　　名　新加坡共和国。

主要统计　面积641.4平方千米。人口303.1万人（其中，13～17岁男11万人，女10.4万人；18～22岁男11万人，女10.4万人；23～32岁男25.5万人，女24.8万人）。国内生产总值740亿美元（1996年）。国防费43亿美元（1997年国防预算）。发电量206.76亿度（1994年）。海运能力，商船（载重100吨以上）964艘，总载重量1492.92万吨（1992年）。民航能力，固定航班机场1处，客运量484亿人千米、货运量36.65亿吨千米（1996年）。

国防体制　宪法规定，总统为武装力量统帅。国防部为政府中的一个部，对武装部队拥有领导和管理权。武装力量由正规军和准军事部队两部分组成。正规军分陆、海、空三个军种。最高军事指挥机构为总参谋部。

领导人物　总统兼武装部队统帅王鼎昌（1993年上任）。国防部长陈庆炎（1995年上任）。

武装力量　**兵力**　现役部队约7万人。

陆军　5.5万人。编有3个混合师（各辖2个步兵旅、1个机械化旅、1个侦察营、2个炮兵营、1个高炮营、1个工程兵营）、1个快速反应师（辖3个步兵旅）、1个机械化旅。

坦克：“百人队长”式约60辆、AMX-13SM1型约350辆。装甲侦察车：AMX-10PAC90型22辆。步兵战车：AMX-10P型22辆。装甲输送车：M-113型750辆、V-100型30辆、“突击队员”250辆。牵引炮：105毫米37门、155毫米123门。迫击炮：81毫米若干门、120毫米50门、160毫米12门。反坦克导弹：“米兰”30具。无坐力炮：84毫米约200门、106毫米90门。高炮：20毫米30门。地空导弹：RBS-70型、“西北风”若干部。

海军　约9000人。编有3个指挥部：舰队指挥部（辖2个小舰队）、海岸指挥部、海军后勤指挥部。

小型护卫舰：“胜利”级6艘。导弹快艇：“海狼”级6艘、“无畏”级7艘。近岸巡逻艇：6艘。扫雷舰艇：4艘。两栖舰艇：3艘。后勤支援舰船：2艘。

空军　6000人。编有4个攻击战斗机中队、2个战斗机中队、1个侦察机中队、1个空中预警中队、2个武装直升机中队、5个运输机中队（其中3个直升机中队）、2个教练机中队、1个无人侦察机中队、1个机场防卫师。作战飞机139架、武装直升机20架。

攻击战斗机：A-4S/SI型51架、TA-4S/SI型24架、F-16型19架。战斗机：F-5E型28架、F-5F型9架。武装侦察机：RF-5E型8架。预警机：E-2C型4架。武装直升机：AS550A2/C2型20架。运输机：KC-130型、“福克”50型共19架。运输直升机：AS-332M型等共60架。教练机：共53架。空空/空地导弹：若干枚。

预备役部队　约26.38万人。其中陆军25万人，海军约6300人，空军约7500人。

准军事部队　警察1.16万人（包括廓尔喀警卫营750人）。民兵10.8万人。

部署　全国共有军事基地3处，其中海军基地1处（三巴旺）、空军基地2处（丁加和巴耶黎巴）。

兵役制度　实行义务兵役制，服役期限24至30个月。

驻外兵力　驻澳大利亚160人（建有1所飞行训练学校，配有27架S-211型飞机）。驻文莱500人（建有1所飞行学校，配有5架UH-1型直升机）。驻台湾4个训练营地。驻泰国2个训练营地。驻美国250人，租用CH-47D型飞机6架、F-16A/B型飞机12架。参加联合国驻伊拉克和科威特军事观察团观察员6人。

外国驻军　新西兰11人，编有1个支援单位。美国140人（海军100人、空军40人）。

（郭　辉）

叙　利　亚

国　　名　阿拉伯叙利亚共和国。

主要统计　面积18.518万平方千米。人口1534.4万人（其中，13～17岁男93.9万人，女90.4万人；18～22岁男76.3万人，女73.8万人；23～32岁男114.2万人，女109.9万人）。国内生产总值6260亿叙镑，合327亿美元（1996年）。国防费591亿叙镑，合17亿美元（1997年国防预算）。原油2.24亿桶（1995年）。天然气44.12亿立方米（1995年）。发电量148亿度（1994年）。粮食613.6万吨（1995年）。海运能力，商船（载重100吨以上）94艘，总载重量21.04万吨（1992年）。民航能力，固定航班机场5处，客运量9.48亿人千米、货运量1600万吨千米（1996年）。

国防体制　宪法规定，总统为武装力量总司令。最高军事统帅机关是武装力量总司令部，下辖国防部和总参谋部。国防部是政府中的一个部，是最高军事行政机关，主管军队的行政、训练和军工生产等项工作。武装力量由正规军和准军事部队组成。正规军分陆、海、空三个军种。总参谋部在总司令部和国防部领导下，平时主要负责陆军工作，临战或战时则根据总司令的命令协调陆、海、空三军的作战行动。叙军政治局负责全军政治宣传工作，受总司令部和叙复兴党总部的领导。总统通过国防部、总参谋部和三军司令部对全军实施领导和指挥。

领导人物　总统兼武装力量总司令哈菲兹·阿萨德（1992年连任）。副总理兼国防部长和武装力量副总司令穆斯塔法·塔拉斯中将（1984年3月上任，1992年连任）。总参谋长希克迈特·谢哈比中将（1984年3月上任）。

武装力量　**兵力**　现役部队32万人。

陆军　21.5万人。编有3个军部、6个装甲师、3个机械化师、1个共和国卫队师、1个特种部队师、3个独立步兵旅、1个边防旅、2个独立炮兵旅、2个独立反坦克旅、8个独立特种团、1个独立坦克团、3个地地导弹旅、1个海防地地导弹旅。

主战坦克：4600辆（T-54/-55型2100辆、T-62M/K型1000辆、T-72/-72M型1500辆）。装甲侦察车：БРДМ-2型700辆。步兵战车：2310辆（БМП-1型2250辆、БМП-2型60辆）。装甲输送车：БТР-40/-50/-60/-152型1500辆。牵引炮：约1630门（122毫米750门、130毫米800门、152毫米70门、180毫米10门）。自行炮：450门（122毫米400门、152毫米50门）。火箭炮：480门（107毫米200门、122毫米280门）。迫击炮：658门（82毫米200门、120毫米350门、160毫米100门、240毫米8门）。地地导弹："蛙"-7型18部、SS-21型约18部、"飞毛腿"B/C型26部、SS-C-1B和SS-C-3型若干部。反坦克导弹："耐火箱"3000具、"塞子"150具、AT-5型40具、"米兰"200具。高炮：2060门（23毫米1050门、37毫米300门、57毫米685门、100毫米25门）。地空导弹：SA-7型4000部、SA-9型20部、SA-13型35部。

海军　约0.5万人。

潜艇：苏制R级常规动力鱼雷攻击潜艇3艘（全无作战能力）。护卫舰：4艘（"别佳"Ⅱ级2艘、"科顿艾尔"级2艘）。海岸巡逻艇：27艘（苏制导弹快艇16艘、苏制巡逻艇11艘）。扫雷舰艇：7艘（苏制T-43级1艘、苏制"索尼亚"级1艘、苏制"叶夫根尼亚"级5艘）。两栖舰艇：3艘。支援舰船：3艘。

海军航空兵　装备有武装直升机24架（米-14型20架、KA-28型4架）。

空军 4万人。编有9个对地攻击战斗机中队、17个战斗机中队。作战飞机589架，武装直升机72架。

对地攻击战斗机：154架（苏－22型90架、米格－23BN型44架、苏－24型20架）。战斗机：310架（米格－21型170架、米格－23型90架、米格－25型30架、米格－29型20架）。武装侦察机：米格－25R型6架、米格21H/J型8架。电子战机：米－8型10架。运输机：139架（其中110架为直升机）。攻击直升机：72架（米－25型49架、SA－342L型23架）。教练机：共137架，（其中L－39型80架、米格－21U型20架、米格－23UM型6架、米格－25U型5架具有作战能力）。空地/空空导弹：若干枚。

防空部队 约6万人。编有25个防空旅、2个地空导弹团。地空导弹：SA－2/－3型450部、SA－6型200部、SA－5型48部、SA－8型60部。

预备役部队 50万人，其中陆军40万人，海军0.8万人、空军9.2万人。

准军事部队 宪兵8000人；国民卫队人数不详。

兵役制度 实行义务兵役制，士兵服役期30个月。预备役的服役年限为45岁。

驻外兵力 驻黎巴嫩约3万人。

外国驻军 1053名联合国维持和平部队。约50名俄罗斯顾问。

军队节日 建军节8月1日。

（薛利涛）

亚 美 尼 亚

国　　名 亚美尼亚共和国。

主要统计 面积2.98万平方千米。人口378.2万人（其中，13～17岁男18.1万人，女17.6万人；18～22岁男16.4万人，女16万人；23～32岁男28.2万人，女27.5万人）。国内生产总值14亿美元（1996年）。国防费9200万美元（1996年国防预算估计）。

国防体制 宪法规定，总统为武装力量统帅。最高国防决策机构为国家安全委员会。成员有总统、全体内阁部长、武装力量参谋长，由总统任主席。国防部为政府中的一个部，是最高军事行政机关。武装力量由正规军和准军事部队组成。正规军分陆、空二个军种。最高军事指挥机构为武装力量参谋部。总统通过国防部和武装力量参谋部对全国武装力量实施和指挥。

领导人物 总统兼武装力量统帅科恰良（1998年3月当选）。国防部长瓦·扎·萨尔基相（1995年上任）。

武装力量 **兵力** 现役部队约6万人（含1400名国防部人员）。

陆军 约5.46万人。

主战坦克：102辆。步兵战车：178辆。装甲输送车：约50辆。火炮：225门。反坦克导弹：45具。地空导弹：100余部。

空军 4000人。作战飞机6架、武装直升机7架。

飞机：共30架，其中攻击战斗机苏－25型5架、米格－25型1架。直升机：共29架，其中米－24型攻击直升机7架。

准军事部队 约1000人，编成4个营，装备有装甲车约60辆。

兵役制度 实行义务兵与志愿兵相结合的兵役制度，服役期18个月。

外国驻军 俄罗斯驻军4300人，并建有2个军事基地。

（张　勇）

也　门

国　　名 也门共和国。

主要统计 面积53.1869万平方千米。人口1534.2万人（北也门占79%，南也门21%。其中，13～17岁男87万人，女84.3万人；18～22岁男74万人，女70万人；23～32岁男119万人，女107.9万人）。国内生产总值97亿美元（1996年）。国防费约4亿美元（（1997年国防预算）。原油1.23亿桶（1995年）。发电量19.58亿度（1994年）。粮食82.5万吨（1995年）。海运能力，商船（载重100吨以上）40艘，总载重量1.37万吨（1992年）。民航能力，固定航班机场11处，客运量12.17亿人千米、货运量1.24亿吨千米（1996年）。

领导人物 总统委员会主席、共和国总统阿里·阿卜杜拉·萨利赫（1994年10月重新当选）。国防部长穆罕默德·扎伊夫－阿拉（1997年5月上任）。

武装力量 **兵力** 现役部队6.63万人。

陆军 6.1万人。编有7个装甲旅、1个特种部队旅、18个步兵旅、4个炮兵旅、5个机械化旅、1个地地导弹旅、2个空降/突击旅、1个政府卫队、3个高炮营、2个地空导弹营。

主战坦克：1125辆，其中T－34型250辆、T－54/－55型675辆、T－62型150辆、M－60A1型50辆。装甲侦察车：AML－245型60辆，AML－90型130辆，БРДМ－2型160辆。步兵战车：БМП－1/－2型270辆。装甲输送车：M－113型60辆、БТР－40/－60/－152型500辆。牵引炮：共约512门，其中76毫米200门、105毫米35门、122毫米195门、130毫米70门、152毫米若干门、155毫米12门。突击炮：100毫米30门。海岸炮：130毫米36门。火箭炮：122毫米185门、140毫米若干门。迫击炮：81毫米、82毫米、120毫米、160毫米若干门。地地导弹："蛙"式若干部、"飞毛腿"B型12部。反坦克导弹："陶"式12具、"龙"式24具，"耐火箱"式若干具。无坐力炮：75毫米、82毫米、107毫米若干门。反坦克炮：85毫米、100毫米若干门。高炮：20毫米72门、23毫米约30门、37毫米150门、57毫米120门、85毫米若干门。地空导弹：SA－7、SA－9、SA－14型若干部。

海军 1800人。装备近海巡逻艇14艘，扫雷舰艇5艘，登陆舰艇3艘。

空军 3500人。战斗机65架（另40余架贮备），武装直升机6架。

对地攻击歼击机：F－5E型11架、苏－20/－22型16架。战斗机：米格－21型23架、米格－29型5架。运输机：安－12型1架、安－24型6架、安－26型4架、C－130H型2架、伊尔－14型4架、伊尔－76型3架。直升机：AB－212型1架、AB－214型1架、米－8型11架、AB－47型1架、卡－26型2架、米－24（攻击型）6架。教练机：共20架，其中F－5B型2架、米格－21U型4架具有作战能力。地空导弹：SA－2、SA－3、SA－5、SA－6型若干部。空空导弹："环礁"、"响尾蛇"若干部。

预备役部队 陆军约4万人。

准军事部队 国家安全部部队约6万人。部落武装至少2万人。

兵役制度 实行义务兵役制。士兵服役期3年。

（郝晓伟）

伊 拉 克

国　　名 伊拉克共和国。

主要统计 面积43.8217万平方千米。人口2244.2万人（其中，13～17岁男137.5万人，女131.4万人；18～22岁男115万人，女110.3万人；23～32岁男169.5万人，女163.7万人）。国内生产总值约150亿美元（1996年）。国防费约13亿美元（1996年国防开支）。原油2.56亿桶（1995年）。天然气34.26亿立方米（1995年）。发电量270.6亿度（1994年）。粮食284.5万吨（1995年）。海运能力，商船（载重100吨以上）131艘，总载重量157.88万吨（1992年）。民航能力，自1992年6月起没有固定的航班，客运量15.7亿人千米、货运量5460万吨千米。

国防体制 伊拉克革命指挥委员会主席为共和国总统和武装力量总司令。伊拉克复兴社会党地区领导机构军事局是国家最高军事决策机关，它在武装力量总司令的领导下工作，负责制定国防政策、战略方针等重大事宜。国防部是最高军事行政机关。总参谋部是最高军事指挥机构。国防部和总参谋部在武装力量总司令和军事局的领导下各负其责。武装力量由正规军、预备役和准军事部队组成。正规军分陆、海、空三个军种。全国分3个军区：第1、第2、第3军区，亦称北部、中部、南部军区。

领导人物 革命指挥委员会主席、总统兼武装力量总司令萨达姆·侯赛因（1995年10月连任）。国防部长苏尔坦·哈希姆·艾哈迈德（1995年7月上任）。共和国卫队司令伊亚德·哈利法。军队参谋长阿卜杜勒·瓦希德·尚南·拉巴特（1995年7月上任）。

武装力量 **兵力** 现役部队约38.75万人。

陆军 约35万人。编有7个军部、6个机械化师、12个步兵师、6个共和国卫队师、4个共和国特种卫队旅、10个突击旅、2个特种部队旅。

主战坦克：约2700辆（其中，T－62型200辆、T－72型700辆）。装甲侦察车：БРДМ－2型、ALM－60型、AML－90型、EE－9型、EE－3型若干辆。步兵战车：БМП－1和БМП－2型约900辆。装甲输送车：约2000辆（БТР－50/－60/－152、OT－62/－64、MTLB、YW－531、M－113A1/A2、M－3、EE－11型等）。牵引炮：约1800门（105毫米、122毫米、130毫米、155毫米）。自行炮：150门（122毫米、152毫米、155毫米）。火箭炮：约150门（107毫米、122毫米、127毫米、132毫米、262毫米等）。迫击炮：81毫米、120毫米、160毫米和240毫米若干门。地地导弹：约有6部以上"飞毛腿"发射架（约27枚导弹）。反坦克导弹："耐火箱"、"塞子"、SS－11、"米兰"、"霍特"等若干具。无坐力炮：73毫米、82毫米和107毫米若干门。反坦克炮：85毫米、100毫米若干门。直升机：约500架，其中120架为武装直升机（Bo－105、米－24、SA－316、SA－321、SA－342型等）。高炮：约6000门（23毫米、37毫米、57毫米、85毫米、100毫米和130毫米）。地空导弹：SA－2、SA－3、SA－6、SA－7、SA－8、SA－9、SA－13、SA－14、SA－16和"罗兰"等若干部。

海军　约2500人。

护卫舰：2艘。海岸巡逻艇：6艘。扫雷舰艇：4艘。支援及后勤舰船：3艘。

空军　约3.5万人（包括防空部队1.7万人）。

轰炸机：约6架（H－6D和图－22）。对地攻击机：约130架（米格－23BN、"幻影"F－1EQ5、苏－7、苏－20、苏－25）。战斗机：约180架（F－7、米格－21、米格－23、米格－25、"幻影"F－1EQ、米格－29）。侦察机：米格－25若干架。空中加油机：伊尔－76型2架。运输机：安－2、安－12、安－24、安－26、伊尔－76型等若干架。教练机：AS－202、EMB－312型若干架，L－29型约50架、L－39型约50架、"幻影"F－1BQ型若干架、PC－7型25架、PC－9型约30架。空地导弹：AM－39、AS－4、AS－5、AS－11、AS－9、AS－12、AS－30L、C－601型若干枚。空空导弹：AA－2、AA－6、AA－7、AA－8、AA－10、R－530、R－550型若干枚。

预备役部队　约65万人。

准军事部队　边防卫队约1万人；保安部队约3.5～4.5万人。

兵役制度　实行义务兵役制，士兵服役期18～24个月。

外国驻军　在伊科边界驻有联合国维持和平部队，由来自33个国家的1174人组成，其中包括238名军事观察员。

（郝晓伟）

伊　　朗

国　　名　伊朗伊斯兰共和国。

主要统计　面积164.5万平方千米。人口6873.5万人（其中，13～17岁男414.1万人，女398.7万人；18～22岁男342.6万人，女327.5万人；23～32岁男520.6万人，女493.9万人）。国内生产总值283万亿里亚尔，合673亿美元（1996年）。国防费8.2万亿里亚尔，合47亿美元（1997年国防预算）。原煤98万吨（1994年）。原油13.53亿桶（1995年）。天然气318.57亿立方米（1995年）。发电量791.28亿度（1994年）。粮食1731.2万吨（1995年）海运能力，商船（载重100吨以上）403艘，总载重量834.53万吨（1992年）。民航能力，固定航班机场19处，客运量54亿人千米、货运量1.079亿吨千米（1996年）。

国防体制　伊朗宪法规定政教统一，宗教领袖为武装力量总司令。最高国防委员会是领袖领导下的军事决策机构，成员有总统、国防部长、总参谋长、革命卫队司令以及领袖的两名代表。武装力量由正规军、革命卫队和准军事部队组成。正规军分陆、海、空三个军种。革命军卫队由地面部队、海上部队、陆战队和航空部队组成。1989年7月正规军和革命卫队合并，组成松散的联合。

领导人物　宗教领袖、武装力量总司令兼最高国防委员会主席阿亚图拉·赛义德·阿里·哈梅内伊（1989年6月上任）。总统兼武装力量代总司令赛义德·穆罕默德·哈达米（1997年8月上任）。国防部长阿里·沙姆哈尼（1997年8月上任）。武装力量总参谋长阿里·萨巴兹准将（1993年上任）革命卫队司令穆赫辛·雷扎耶（1989年9月上任）。

武装力量　**兵力**　现役部队约51.8万人。

陆军　约35万人。编有4个军部、4个装甲师、6个步兵师、1个空降旅、2个特种作战师、若干独立装甲旅和步兵旅、5个炮兵群。

主战坦克：1390辆（T－54/－55型110辆、T－59型220辆、T－62型100辆、T－72型200辆、"酋长"250辆、M－47/－48型150辆、M－60A1型160辆、T－69型200辆）。轻型坦克："蝎子"80辆。装甲侦察车：EE－9型35辆。步兵战车：БМП－1型300辆、БМП－2型100辆。装甲输送车：550辆（БТР－50、БТР－60、M－113型）。牵引炮：1995门（105毫米130门、122毫米650门、130毫米1000门、152毫米30门、155毫米165门、203毫米20门）。自行炮：289门（122毫米60门、155毫米160门、170毫米9门、175毫米30门、203毫米30门）。火箭炮：107毫米500门、122毫米155门、240毫米9门、320毫米若干门、333毫米若干门、355毫米若干门。迫击炮：6500门（60毫米、81毫米、82毫米、107毫米和120毫米）。地地导弹："飞毛腿"－B/－C型约10部（导弹210枚）、CSS－8型约25部（导弹200枚）。反坦克导弹："陶"式、"耐火箱"式若干具。无坐力炮：75毫米、82毫米、106毫米、107毫米若干门。高炮：1700门（14.5毫米、23毫米、35毫米、37毫米和57毫米）。地空导弹：SA－7若干部。飞机：77架。直升机：共556架，其中AH－1J攻击型100架。

海军　1.8万人（含海军陆战队和海军航空兵）。

主要作战舰艇：苏制潜艇3艘、驱逐舰1艘、护卫舰3艘、轻型护卫舰2艘、导弹快艇20艘、海岸巡逻艇26艘、扫雷舰艇7艘。登陆舰艇：11艘。支援及其他舰只：25艘。

海军航空兵　2000人。装备飞机9架；直升机10余架，其中武装直升机9架。

海军陆战队　2个旅。

空军　3万人（含1.2万名防空部队）。编有9个对地攻击战斗机中队、7个战斗机中队、1个侦察机中队、1个加油兼运输机中队、5个运输机中队、12个地空导弹中队。作战飞机约302架。

攻击战斗机：F－4D/E型约60架、F－5E/F型约60架、苏－24型约30架。战斗机：F－14型60架、F－7型24架、米格－29型30架。海上侦察机：P－3F型5架、RC－130型1架。侦察机：RF－4E型约8架（具有作战能力）。加油兼运输机：波音707型4架、波音747型1架。运输机：波音747F型9架、波音707型11架、波音727型1架、C－130E/H型18架、"空中指挥官"690型3架、F－27型15架、"猎鹰"5架、PC－6B型10架。直升机：AB－206A型2架、贝尔214C型39架、CH－47型5架。教练机：共130架，其中米格－29B型5架、FT－7型5架、F－5B型20架具有作战能力。空地导弹："小牛"、AS－10、AS－11、AS－14、C－801型若干枚。空空导弹："麻雀"、"响尾蛇"、"不死鸟"若干枚。地空导弹："霍克"改进型150部、"轻剑"30部、"山猫"15部、HQ－2J型45部、SA－5和FM－80型若干部。

革命卫队　约12万人。

地面卫队　约10万人。编有13个步兵师、2个装甲师及15～20个独立旅。装备有少量的坦克、装甲输送车和火炮。

海上卫队　约2万人。以5个岛屿为基地，装备有45艘武装小艇。岸防部队编有炮兵和地地导弹连。现统一由海军指挥。

海上陆战卫队　1个旅。

预备役部队　陆军35万人。

准军事部队　"民众动员军"约20万人，多为青年志愿人员，战时可达100万人，仅有少量武器装备。宪兵15万人（包括边防部队），装备有"色斯纳"185/310型飞机、AB－205/206型直升机及小艇约130艘。

兵役制度　实行义务兵役制，士兵服役期24个月。

驻外兵力　革命卫队驻黎巴嫩约150人；在苏丹驻有军事顾问。

军队节日　军队节3月15日。

（郝晓伟）

以　色　列

国　　名　以色列国。

主要统计　面积2.07万平方千米（此系1948年巴勒斯坦战争后以色列实际控制的面积。1947年联合国分治决议规定以色列的面积为1.49万平方千米。1967年"六·五"战争后，以色列又侵占了约旦河西岸、加沙地区、戈兰高地和耶路撒冷阿拉伯区约7000余平方千米的土地，使其实际控制面积达2.8万平方千米）。人口581.3万人（其中，13～17岁男

27.2万人，女25.8万人；18～22岁男26.6万人，女25.7万人；23～32岁男49.6万人，女48.7万人）。国内生产总值3040亿新谢克尔，合790亿美元（1996年）。国防费310亿新谢克尔，合96亿美元（1996年国防开支）；220亿新谢克尔，合66亿美元（1997年国防预算）。原煤518万吨（1992年）。原油10万桶（1995年）。天然气0.23亿立方米（1995年）。发电量283.15亿度（1994年）。粮食25.3万吨（1995年）。海运能力，商船（载重100吨以上）58艘，总载重量72.34万吨（1992年）。民航能力，固定航班机场7处，客运量112.87亿人千米、货运量10.7亿吨千米（1996年）。

国防体制 总理为武装力量统帅。最高军事决策机构为国防委员会，成员有总统、总理以及国防、外交、内政、财政、交通、邮电部部长和总参谋长等，由总理兼任主席。战时，则成立以总理为首的战时内阁，成员有国防、外交、财政、交通和邮电等部部长。国防部为政府中的一个部，是最高军事行政机关，部长由文官担任，平时负责兵力的动员、国防预算、国防科研与军工生产、军队规章制度的颁布等军事行政和技术业务；战时可行使总司令职权。武装力量由正规部队、预备役部队和准军事部队组成。正规部队分陆、海、空三个军种。最高军事指挥机构为总参谋部，总参谋长为最高军事指挥官，在总理领导下通过3个军区司令部、2个军种司令部及其所属的14个兵种司令部对全军实施指挥。

领导人物 总理兼国防委员会主席、武装力量统帅本雅明·内塔尼亚胡（1996年6月上任）。国防部长伊扎克·莫迪凯（1996年6月上任）。总参谋长艾姆努恩·夏哈克中将（1995年1月上任）。副总参谋长沙乌尔·莫法兹少将（1997年9月上任）。陆军司令阿摩斯·马尔卡少将（1996年4月上任）。海军司令阿列克斯·塔尔少将（1996年6月上任）。空军司令海埃坦·本·埃里亚胡少将（1996年7月上任）。

武装力量 **兵力** 现役部队17.5万人。

陆军 13.4万人（动员后可达59.8万人）。编有3个地区司令部、1个大后方指挥部、3个军部、3个装甲师、2个师部（对付巴勒斯坦起义）、3个地区步兵师部（边防）、4个机械化步兵旅（包括1个伞兵训练旅）、3个炮兵营。

坦克：“百人队长”式1080辆、M-48A5型500辆、M-60型400辆、M-60A1型600辆、M-60A3型200辆、“马加赫”7型150辆、Ti-67型300辆、T-62型70辆、“战车”Ⅰ/Ⅱ/Ⅲ型1000辆。装甲侦察车：“拉姆塔”RBY、БРДМ-2和“狐狸”等型共约400辆。装甲输送车：“M-113A1/A2型5900辆、M-2/-3半履带式3500辆、“纳格马肖特”式约80辆、“阿赫扎里特”式、“美洲豹”式和БТР-50П型若干辆。牵引炮：105毫米60门、122毫米100门、130毫米100门、155毫米140门。自行炮：105毫米34门、155毫米850门、175毫米230门、203毫米36门。火箭炮：122毫米、160毫米、227毫米、240毫米、290毫米共100余门。迫击炮：81毫米1600门、120毫米900门、160毫米240门，此外，还有60毫米小口径迫击炮约5000门。地地导弹：“长矛”式20部、“杰里科”1/2型若干部。反坦克导弹：“陶”式200具、“龙”式780具、“马帕茨”式25具、“耐火箱”式若干具。无坐力炮：84毫米若干门、106毫米250门。高炮：20毫米850门、23毫米160门、37毫米和40毫米若干门。地空导弹：“毒刺”式若干部、“红眼”式900部、“小檞树”式45部。

海军 约9000人（动员后可达1万～1.2万人）。

潜艇：“海豚”级1艘、“盖尔”级2艘。小型护卫舰：“埃拉特”级3艘。导弹攻击快艇：“阿利亚”级2艘、“罗马”级3艘、“海兹”级4艘、“雷谢夫”级6艘、“米夫塔奇”级6艘。巡逻艇：29艘。登陆舰艇：5艘。

陆战队 海军突击队300人。

空军 3.2万人（动员后可达3.7万人）。编有1个运输联队、20个作战中队、28个防空导弹连。作战飞机448架（另储备有250架），武装直升机130架。

攻击战斗机兼战斗机：F-4E-2000型50架、F-4E型25架、F-15A型36架、F-15B型2架、F-15C型18架、F-15D型6架、F-16A型67架、F-16B型8架、F-16C型76架、F-16D型54架、“幼狮”-C7型20架（另储备有“幼狮”C-2/C-7型120架）。攻击战斗机：A-4N型50架（另储备有130架）。武装侦察机：RF-4E型14架、“幼狮”RC-2型6架、F-15D型2架。预警机：“波音”707型（装备有费尔康型机载预警雷达系统）2架。电子战机：“波音”707型6架、RC-12D型6架、IAI-200型3架、Do-28型15架、“空中大王”2000型6架。海上侦察机：IAI-1124型3架。加油机：“波音”707型3架、KC-130H型5架。联络机：“岛民”式2架、“色斯纳”U-206型20架、“空中女王”80型8架。教练机：“鸫”、“幼狮”、“超级幼熊”等共138架，其中TA-4H型10架、TA-4J型4架具有作战能力。运输机：“波音”707

型4架、C－47型12架、C－130H型24架、IAI－201型7架。攻击直升机：AH－1型14架、AH－1F型39架、“休斯”500MD型35架、AH－64A型42架。搜索与救援直升机：HH－65A型1架、AS－565型4架。运输直升机：143架。无人驾驶飞行器：“侦察兵”、“先锋”、“搜索者”、“火蜂”、“萨姆森”(SAMSON)、“迪莱拉”、“猎人”、“银箭”等若干架。空地导弹：“百舌鸟”、“白星眼”、“小牛”、“标准”、“加布里埃尔”Ⅲ改进型、“狱火”式、“陶”式和“瞪眼”式若干枚。空空导弹：“麻雀”、“响尾蛇”、R－530型、“蜻蜓”、“大蟒”若干枚。地空导弹：“霍克”改进型17个连、“爱国者”3个连和“小檞树”8个连。

预备役部队　43万人，其中陆军36.5万人，编有9个装甲师、1个空运机动/机械化步兵师、10个边防步兵旅、4个炮兵旅；海军1万人；空军5.5万人。

准军事部队　边防警察0.6万人，装备有“瓦利德”1型装甲输送车若干辆、БТР－152型装甲输送车600辆；海岸警卫队约50人，装备有巡逻艇4艘。

军事基地　海军基地3处：海法、阿什杜德、埃拉特。

兵役制度　实行义务兵役制。军官服役期4年；士兵服役期男性3年，女性2年。此后作为预备役人员每年进行训练，男性直至54岁，女性至24岁。

军衔　军官分3等9级，即将官3级（中将、少将、准将），校官3级（上校、中校、少校），尉官3级（上尉、中尉、少尉）。

驻外兵力　定期向土耳其空军基地派遣空军F－16型飞机分遣队。

（张令鐘）

印　　度

国　　名　印度共和国。

主要统计　面积297.47万平方千米。人口9.67034亿人（其中13～17岁男5133.1万人，女4785.3万人；18～22岁男4726.2万人，女4360.8万人；23～32岁男8269.5万人，女7543.6万人）。国内生产总值1.3万亿卢比，合3710亿美元（1996年）。国防开支3630亿卢比，合104亿美元（1996年）。1997～1998年度国防预算3560亿卢比，合99亿美元。原油2.51亿桶（1995年）。原煤2.74亿万吨（1994年）。天然气195.95亿立方米（1995年）。发电量3844.22亿度（1994年）。粮食2.134亿吨（1995年）。海运能力，商船（载重在100吨以上）888艘，总载重量1036.59万吨（1992年）。民航能力，固定航班机场66处，客运量175.06亿人千米、货运量5.543亿吨千米（1996年）。

国防政策　1997年3月底和11月底，印度政坛出现两次风波，致使高达政府和古吉拉尔政府倒台，而两次政治风波的发难者均是希望东山再起的国大党。目前，印度政治格局出现了国大党、印度人民党和联合阵线三足鼎立的局面。政治上的相争互斗消耗了政府大量精力，使执政者难以全身心地开展经济、外交和军事等领域的工作，难有大的作为。1998年3月，以印度人民党为首的新的联合政府上台执政，有可能采取“维持的策略”，即政府的内外政策（包括国防政策）在很大程度上保持前政府政策的“延续性”，在“继承”的基础上进行调整和完善。印度当前的国防政策包括以下几点：

一、为经济发展创造有利的安全环境。印度已把经济发展摆在各项工作的首位，决心以和解求稳定，以改革求发展，以经济建设为中心，全面提高综合国力。为此，印度强调国防为国家经济发展创造条件。首先，改善与周边国家的军事关系，创造有利的外部环境。近几年，印度积极主动地调整中印军事关系：双方在边境一线建立了驻军联络热线，定期举行会晤，互通演习信息，规定双方将边境地区驻军撤减到最低程度。近年，印军将数万驻军从中印边境东段一线地区撤至纵深地区。印度也同巴基斯坦达成了一系列降低军事对抗水平的协议：1997年，印度一改过去拒绝就克什米尔问题进行谈判的僵硬立场，同意开始“全面谈判”，巴也积极回应，两国得以坐下来协商问题。在两国陆军总部作战局长之间建立军事热线的基础上，印度提议前沿指挥官之间也建立热线。印度希望参照解决中印边界争端的方式解决印巴之间的问题，即建立信任措施，适当减少前沿驻军，首先是在星峡冰川地段脱离接触。印度还同孟加拉、缅甸等周边国家就一些有争议的问题达成了协议。

其次，稳定社会秩序，创造良好的内部环境。印度一改“军不参政”的做法，正式赋予军队“维护国内安全、反对民族分裂”的任务。60年代印军虽引入“反叛作战”原则，但仅限于在部分地区镇压暴乱；80年代中期，国内民族自治和独立斗争逐步演化为暴力行动，军队平息冲突的任务增加，但仍属于有限的军事行动。90年代以来，印国内各种矛盾进一步激化，尤其是狂热的信徒置神圣的教义于一切之上，致使同室操戈、反目为仇的教派流血冲突频频发生。为稳定政局，发展经济，印度彻底改变观念，将“内卫治安”任务列为军队新时期军事工作的一项内容。这样，印军的职能由单一“对付外侵”转为“御外安内”双重职能。

二、为成为世界政治大国提供保障。在世界多极化政治格局中，印度越来越重视参与国际与地区事务，积极扮演世界政治大国的角色。一是宣扬重振不结盟运动，图谋继续争当领袖；二是努力操纵南亚区域合作联盟，巩固南亚大国地位；三是积极倡导、推动建立环印度洋国家合作组织，为控制印度洋事务奠定基础；四是积极倡导南南合作与南北对话，参与解决地区热点问题，以此提高国际地位；五是加紧扩展与东盟的关系，从中捞取实惠，并遏制中国南下印度洋；六是提出改革联合国机制，争取早日获得联合国安理会常任理事国地位。凡此种种，印度主旨在于扩大自己的国际影响，改善安全环境，为实现做世界政治大国目标捞取政治资本。

三、开展务实、全方位外交防务合作。在失去印苏联盟对抗美巴同盟的防务支撑点后，印度适时调整对外政策，确立了一些新的防务平衡点。第一，同巴基斯坦和中国等邻国签署了一些旨在减少冲突、降低军事对抗程度的协议，以图稳定周边环境。第二，恢复印俄防务合作，发展与中亚国家的关系。印俄重新签订了“友好合作条约”和“防务合作协定”，主张在保持印俄传统友谊的基础上建立互利互惠的“新型”合作关系。俄国继续向印提供军事装备，两国军贸不断增加，印度1996年底订购的第1批苏－30MK战斗机已经到货并交付使用。1997年10月，印度国防部长访俄时带去了一份长长的武器订单，其中包括6艘护卫舰、4架伊尔－78型空中加油机（为苏－30战斗机加油）、2艘K级潜艇以及卡－30型武装直升机，甚至希望得到俄国的防空反导系统和航母。印度还派团出访中亚国家，寻求全面发展关系。第三，主动而又谨慎地加强同美国的军事联系。一方面，冷战结束后巴基斯坦在美国战略中的地位下降，印度抓住机会向美示好，美也认识到，其南亚政策如得不到印度的支持是难以实施的。在互有所求的前提下，双方加强了军事合作：成立印美陆军联合指导委员会（海军也建立了类似的机构），定期进行两军情报交换和参谋人员交流，互为对方培训军事人员，举行联合演习等。另一方面，印美军事合作受制于诸多矛盾，如印拒签核不扩散条约，继续研制导弹，在人权问题上不屈从于美国的压力。美对印又拉又压，印不甘屈服，又合作又斗争。故双方难以发展成战略联盟关系。第四，在安全与防务问题上与东盟加强联系，如同新加坡、马来西亚、印尼和泰国举行联合演习；与马来西亚签署防务合作协定，在军训、后勤保障和国防生产方面进行协作。其目的是消除东盟对印的戒心，同时遏制中国南下印度洋。印度这种“联西拉东、稳北定南”的全方位外交，确实改善了印度在安全上的战略态势，有利于左右逢源，捞取实惠。

四、建设一支高质量的现代化军队。在国防预算方面，印度一直保持高额军费。1997～1998年度的国防预算为3560亿卢比（约合99亿美元）。为适应军队现代化建设的需要，印度“自主防卫10年计划”的目标是，到2005年把国产武器装备的比例由现在的30%提高到70%，计划到90年代末基本实现重武器装备的自给自足。军队装备发展计划调整后的内容包括：陆军在继续研究的基础上开始批量生产自行研制的“阿琼”式主战坦克，计划本世纪末装备2个坦克团，并对T－72和T－55式坦克进行现代化改装；研制配有先进火控系统和新型炮弹的大口径自行火炮、多管火箭炮；引进电子战装备；发展远程打击武器，如射程为2500千米的“火”式中程导弹以及战场监视与战术控制雷达、无人驾驶飞机等及其配套设施。在未来10～15年，印陆军将换装1500辆主战坦克、500辆步兵战车和500门155毫米自行火炮。空军正与俄国合作对印度空军的米格系列飞机进行现代化的改装，提高雷达、火控系统和航空电子系统的现代化水平；自行研制的轻型战斗机已基本研制成功，将成为印度空军跨世纪的先进机种，预计2003年正式进入现役。空军将换装400架战斗机、140架直升机和100架运输机。海军正实施“潜艇75”计划，采用德国技术生产新型潜艇，淘汰陈旧的F级潜艇；一艘可作为轻型飞机和直升机母舰的新型防空军舰正在设计中。海军将增加55艘新军舰，包括至少7艘潜艇。

军事战略　在立足南亚、称雄印度洋、争当世界军事强国的思想指导下，印度推行“地区性有限威慑”的军事战略。依据这种战略，印度平时把45%左右的陆、空兵力部署在西部边境，突出“进攻态势”的特点；把25%左右的兵力部署在北部边境，保护其“既得利益”；把30%的兵力部署在纵深地区，作为战略预备队和内部治安力量。海军在沿海部署东、西两支舰队，活跃于孟加拉湾和阿拉伯海，重点放在西部，对付与其利益相冲突的国家并保护自己的海上经济利益和石油通道。空军重点部署在西部和首都附近。

印度还推行核威慑的政策。如何保证军备发展不影响以经济建设为中心这一新的国策，印度防务决策层经争论达成共识：发展核的军事用途，实施核威慑。其目标：一是对拥有核武器的北部邻国实施低度核威慑；二是同巴基斯坦进行核竞赛，不仅在常规武器上而且在核武器上压倒巴，以慑服对方；三是以核武器为后盾，把驻印度洋的外国军队作为核打击目标，以达成"劝阻"外国干涉南亚和印度洋事务的目的。印更深远的考虑是把核武器发展作为谋求世界大国地位的一条终南捷径。在失去原苏联的核保护伞后，印更坚定了发展核武器的信念，立场更趋强硬，不屈从国际社会的压力，拒签核不扩散条约。在核武器运载工具方面，印度除有能携带核弹的远程轰炸机外，正研制中程导弹和洲际导弹。多次试射成功的"火"式中程导弹射程达2500千米，打击范围令国际社会尤其是印度四邻深为忧虑。

国防体制 印度宪法规定总统为武装力量最高统帅。总统通过内阁总理对全国武装部队实施领导，现行最高国防决策机构为内阁政治事务委员会，成员有国防、外交、内政和财政等主要内阁部长，由总理任主席。国防咨询机构有国防部长委员会、国防生产与供应委员会、国防研究与发展委员会、国防计划委员会等。除国防计划委员会由内阁秘书任主席外，其余委员会均由国防部长任主席，吸收国务部长、三军参谋长、国防秘书、国防财政顾问和有关单位负责人参加，负责制定和提出有关三军建设和民防、空防、边防与海防方面的政策，提出有关作战、情报和国家安全等方面的咨询意见。国防部长委员会下设国防电子、首席人事官、首席供应军官和参谋长等4个委员会。其中最重要的是由三军参谋长组成的参谋长委员会。它由其中任职时间最长的军种参谋长任主席，负责在职权范围内就国防政策、国防生产和其他有关军事问题向国防部长委员会提出建议，并通过它就需要由内阁研究决定的重大问题向内阁政务委员会提出建议。参谋长委员会下设10个分委员会，由三军参谋军官联合组成，轮流任主席，分别处理有关三军联合作战、计划、训练、通信、情报、电子战、装备政策和国防计划等方面的统一与协调事务。国防部长是最高军事行政长官，直接向内阁总理负责，他由两名国防国务部长协助工作。国防部为国防职能机构，全部由文官组成，下设国防局、国防生产与供应局和国防科研局等3个常设办事机构（均由国防秘书任局长），以及财政顾问处（由财政部派出的国防财政顾问任领导）和国防计划协调与执行委员会（由国防秘书任主席）。

印度的武装力量由正规军、准军事部队和后备力量组成。正规军分陆、海、空三个军种。三军平时没有统一的作战指挥机构。三军统一作战指挥权平时直属内阁总理，通过内阁秘书处协同国防部行使；战时通常授权主要军种参谋长实施统一指挥。军种司令部为各军种最高作战指挥与行政管理机构，最高领导人为军种参谋长，他配有3名副参谋长协助工作。两名分别负责第1和第2参谋局的作战指挥和兵种业务领导，另1名负责军兵种作战协同等工作。军种参谋长通过所属军区司令部对部队实施作战与控制。除地区司令部外，陆军还设有训练司令部，空军也设有训练和保养两个专业司令部，海军的南海司令部履行海军训练司令部的职能，负责全部海军水面和水下舰艇训练的指挥与控制，并主管海军人员的基础训练与专业训练工作。驻果阿的海军航空兵司令部主管海军航空兵的训练。驻维沙卡帕特南的海军潜艇司令部负责海军潜艇的训练。

领导人物 总统兼武装力量最高统帅纳拉亚南（1997年7月25日就任印度第11任总统）。总理阿塔尔·比哈尔·瓦杰帕伊（1998年3月19日上任）。国防部长乔治·费尔南德斯（1998年3月19日上任）。陆军参谋长维德·普拉卡希·马利克上将（1997年8月1日上任）。海军参谋长维希努·巴格瓦特上将（1996年10月1日上任）。空军参谋长萨蒂时·库马尔·沙林上将（1995年12月30日上任）。

武装力量 **兵力** 现役部队114.5万人。

陆军 98万人。编有5个军区、11个军部、35个师（3个装甲师、4个平原步兵整编师、18个步兵师、9个山地师和1个炮兵师）以及15个独立旅（7个装甲旅、5个步兵旅、2个山地旅、1个空降/突击旅）、1个"普里特维"地地导弹团、4个防空旅和3个工兵旅。上述部队包括59个坦克团（营）、355个步兵营（其中包括25个机械化步兵营、8个空降营、3个突击营）、190个炮兵团（营）（其中包括1个重炮团、2个火箭炮团、50个中型炮团内含11个自行炮团、69个野炮团内含3个自行炮团、39个山地炮团、29个高炮团）、2个地空导弹大队（每个大队含3～5个导弹连）、15个地空导弹团。陆军航空兵编有14个直升机中队（其中6个反坦克中队、8个观察中队）。

主战坦克：3314辆（估计有1100辆库存），其中T－55型约700辆、T－72/M1型1400辆、"常胜者"1200辆、"阿琼"式约14辆（印度自行研制的先进主战坦克）。步兵战车：БМП－1型350辆、БМП－2型1000辆。装甲输送车：OT－62/64型157辆。牵引炮：4175门（估计有600门库存），其中 75 毫米 1115 门、105 毫米约 1350 门、122 毫米约 550 门、130 毫米 750 门、155 毫米 410 门。自行炮：105 毫米 80 门（估计有 30 门库存）、130 毫米 100 门（估计有 70 门库存）。多管火箭炮：122 毫米 150 门。迫击炮：120 毫米 500 门、160 毫米 700 门（其中有 150 门库存）。地地导弹："普里特维"式 3～5 部。无坐力炮：57 毫米 500 门、106 毫米 1000 多门。高炮：约 2400 门。地空导弹：萨姆－6 型 180 枚、萨姆－7 型 620 枚、萨姆－8B 型 50 枚、萨姆－9 型 400 枚、萨姆－3 型 45 枚、萨姆－16 型 500 枚。直升机：199 架。车辆人员登陆艇：2 艘。反坦克导弹："米兰"等若干具。

海军　5.5 万人（含海军航空兵、海军陆战队）。编有东部、西部和南部 3 个地区司令部，东、西 2 支舰队。另编有潜艇司令部（驻维沙卡帕特南）和海军航空兵司令部（驻果阿）。装备各种舰艇 145 艘，其中航母 1 艘、潜艇 17 艘、驱逐舰 6 艘、护卫舰 18 艘、巡逻与海岸舰艇 45 艘、扫雷舰艇 20 艘、两栖登陆舰艇 10 艘以及各种支援舰船 28 艘。

海军航空兵　5000 人，装备 68 架作战飞机、83 架武装直升机、空空导弹和空地导弹若干枚。编有 2 个攻击机中队、6 个反潜直升机中队、3 个海上侦察机中队、1 个通信机中队、1 个搜索救援直升机中队和 2 个教练机中队。

海军陆战队　编有 1 个团，约 1000 人。

空军　11 万人。装备各型飞机约 1400 架（其中作战飞机 777 架）、直升机 180 架（其中武装直升机 34 架）。计有 17 个攻击战斗机中队（53 架米格－23BN/UM 型、88 架"美洲虎"、148 架米格－27 型、79 架米格－21MF/PFMA 型），20 个战斗机中队（69 架米格－21FL/U 型、169 架米格－21bis/U 型、26 架米格－23MF/UM 型、64 架米格－29 型、35 架"幻影"2000H/TH 型、8 架苏－30MK 型），3 个攻击直升机中队（32 架米－25/35），2 个侦察机中队（8 架"堪培拉"、8 架米格－25R/U 型具有作战能力），12 个运输机中队（105 架安－32 型、43 架 D0－228 型、28 架 BAe－748 型、25 架伊尔－76 型），11 个运输直升机中队（74 架米－8 型、37 架米－17 型、10 架米－26 型），1 个要员专机中队（2 架波音 737 型、7 架 BAe－748 型、6 架米－8 型），以及 7 架"美洲虎"海上攻击机、397 架教练机（其中 14 架"美洲虎"B 型、9 架米格－29UB 型具有作战能力）、24 架教练直升机（其中 2 架米－35 型为武装直升机）、4 架海上侦察与测量机、6 架"堪培拉"电子干扰机、4 架波音 707 和波音 737 型电子侦察机。此外，还编有 38 个萨姆导弹中队，装备萨姆－2、萨姆－3、萨姆－5 地空导弹以及空地导弹和空空导弹若干枚。

准军事部队　印度的准军事部队的种类庞杂，驻地分散，隶属不同的部门。它们是印度正规部队的辅助力量，平时可执行边防海防巡逻、情报搜集和内卫治安任务；战时则作为辅助力量配属正规部队执行作战任务。这些部队基本上按正规军编制，通常可分为部队、营、中队（连）、排、班（哨）5 级。部队最高领导为总监，一般为现役中将级军官，以下各级军官为现役或退役军官。营或中队（连）为基本作战单位，各营根据辖区的大小下辖数目不等的中队（连），中队（连）以下为三三制，编组到班。印度准军事部队装备轻便，编制精干，可担负快速突击和独立机动作战任务。目前印度准军事部队兵力约 100 万人：其中海岸警卫队约 4000 人，隶属国防部，装备有 56 艘巡逻舰艇、22 架飞机和 13 架直升机，平时负责近海防卫与治安，战时归海军指挥，协助海军作战；国家安全警卫队 7400 人，隶属内阁秘书处，负责反恐怖活动，成员来自印度三军和中央后备警察部队和边境保安部队；特别保安部队 3000 人，负责要员安全；中央后备警察部队 16.53 万人，隶属内政部；邦武装警察 40 万人（包括 24 个营的印度后备警察），主要负责本邦的治安任务，但也可调往其他邦执行任务；边境保安部队 18.5 万人，约有 150 个营；阿萨姆步枪队 5.25 万人，隶属内政部，编有 31 个营，主要负责东北各邦的治安任务，各级军官为陆军军官，训练较好；特种边境部队 9000 人，隶属内阁秘书处；中央工业保安部队 8.86 万人，隶属内政部；国防部安全警卫队 3.1 万人，隶属国防部，主要负责国防部驻地的安全警卫工作；铁路保安部队 7 万人。

后备力量　印度的后备力量是指不脱产的民间武装，印度自称为第 1 线预备役和第 2 线防务力量，共有 240 万人。从组织体制上讲，第 1 线预备役和第 2 线防务力量组织比较松散，每年只进行短期的军事集训。这支后备力量平时协助警察维持社会治安和参加抢险救灾，战时担负民防任务，补充正规军。经费开支一般由中央政府和邦（中央直辖区）按比例分摊。

第 1 线预备役是由印度陆海空三军的退役官兵组成。服预备役的最高年限为 50 岁。必要时，预备役人员可再度从戎。由于印军实行募兵制，官兵待遇相对较好，许多官兵退出现役后仍志愿加入预备役。这些人熟悉军旅生活，有一定的战斗经验和军事技术，较容易适应战争。第 1 线预备役现有兵力约 50 万人，包括陆军和空军预备役以及海军志愿预备役。空军预备役又分为防空预备役和辅助空军预备役两类。陆军预备役现有 30 万人（退出现役后服预备役至少 5

年)，海军预备役5.5万人，空军预备役14万人。

第2线防务力量主要是民间军事组织，现有实力约190万人，包括国土军（又译地方军）3.34万人、国民学兵团100多万人、家乡卫队47.2万人、民防组织39.4万人以及消防队（实力不详)。

部署　陆军分5个军区：北部军区司令部设在印占克什米尔的乌达姆普尔，辖2个军（含8个步兵师和2个山地师)，负责克什米尔地区印巴边境北段和印中边境西段的防务；西部军区司令部设在昌迪曼迪尔，辖3个军（含1个装甲师、5个步兵师和3个平原步兵整编师)，负责印巴边境中段平原地区防务；东部军区司令部设在加尔各答，辖3个军（含1个步兵师和7个山地师)，负责印中边境东段(含中锡边境)、印缅边境、印孟边境地区的防务；中部军区司令部设在勒克瑙，辖1个军(含1个装甲师、1个步兵师和1个平原步兵整编师)，负责中央各邦和中部喜马拉雅山边境地区的防务，并担任东、西两个战区的预备队；南部军区司令部设在浦那，辖2个军(含1个装甲师和3个步兵师)，负责印巴边境南段的防务。

海军按印度半岛东、西、南3面海域相应划分为东部、西部和南部3个海军地区司令部。部署重点在西部和东部沿海。西部海军司令部设在孟买，下辖西部舰队，编有印度海军半数以上的驱逐舰、护卫舰和潜艇，负责阿拉伯海域的海防。其海军基地有孟买、果阿、拉克代夫群岛和正在建设中的卡尔瓦尔（据称是亚洲最大的海军基地)。东部海军司令部设在维沙卡帕特南，下辖东部舰队。其海军基地有维沙卡帕特南、布莱尔港，在马德拉斯和加尔各答设有海军站。南部海军司令部兼有海军训练司令部的职能，司令部设在科钦。

空军编有5个地区司令部，部署重点在西部和首都附近。东部空军司令部设在西隆，与陆军东部军区协调防务；西部空军司令部设在新德里，与陆军西部军区协调防务；中部空军司令部设在阿拉哈巴德，与陆军中部军区协调防务；南部空军司令部设在特里凡特琅，与陆军南部军区协调防务；西南部空军司令部设在佐德普尔，也配合陆军南部军区的防务。

兵役制度　实行募兵制。服役期：兵17年，军士22～28年，准尉26～33年。各级军官最高服役年限：将官60岁，校官55岁，尉官50岁。

军衔　分7等20级，即元帅1级（只在战时授予有特殊功勋的军种参谋长)，将官4级（上将、中将、少将和准将)，校官3级（上校、中校和少校)，尉官3级（上尉、中尉和少尉)，准尉3级（一级准尉、二级准尉和三级准尉)，军士3级（上士、中士和下士)，兵3级（一等兵、二等兵、三等兵)。准尉以下军衔，三军之间略有不同。

驻外兵力　多年来，印度一直积极参加联合国的维和任务，1996～1997年度，派驻安哥拉390人（含20名军事观察员和11名民事警察)、波黑147人、海地3人、伊/科5名军事观察员、利比里亚14名军事观察员。

军队节日　武装部队节12月7日，陆军节1月15日，海军节12月4日，空军节10月8日。

（杜　健）

印　度　尼　西　亚

国　　名　印度尼西亚共和国。

主要统计　面积190.4443万平方千米（陆地面积)。人口1.98011亿人（其中，13～17岁男1109.9万人，女1061.5万人；18～22岁男1035.3万人，女999.9万人；23～32岁男1642.7万人，女1727万人)。国内生产总值2260亿美元（1996年)。国防费33亿美元（1997年国防预算)。原煤2854.9万吨（1994年)。天然气618.64亿立方米（1995年)。原油5.47亿桶（1995年)。发电量613.7亿度(1994年)。粮食5808.3万吨（1995年)。海运能力，商船（载重100吨以上）2014艘，总载重量313.02万吨（1992年)。民航能力，固定航班机场81个，客运量143.3亿人千米、货运量6.068亿吨千米(1996年)。

国防政策　印尼积极支持东盟建设，不断加强同东盟国家及美、澳等国的双边军事合作，提高整体防御能力，共同维护地区安全。印尼赋予其武装部队以双重职能，即保卫国家安全并以合法地位参加国家的社会与政治事务。军队在国家政权中占支配地位。为了建立一支兵力精干、机构合理、具有高度机动和威慑能力，拥有现代化武器装备和专业人员的军队，印尼正在不断地增加军费开支，购买大批先进武器装备，大力发展国内军工生产，加强部队训练，调整各级主官，实现军队领导的“年轻化、知识化和专业化”，并密切同外国的军事合作，以提高部队的现代化水平和协同作战能力。

军事战略　印尼武装部队正在实行积极的"逐岛防御"战略，并相应地向"全面向外防御"方向发展。"逐岛防御"即以大岛为核心，以群岛为基地，建立内外兼顾，独立防守与机动作战相结合的防御体系，独立保卫本岛领土、领海和维护社会治安。近年来，印尼政府根据国际和地区形势的发展，认为未来国防安全的主要威胁将来自海上，军队在保卫国内安全的同时，重点加强海上通道、海洋专属经济区的安全保卫。为此，根据"增加比重，提高能力"的原则，实施重点振兴海军的方针，通过购买武器装备、增设和调整海军基地等措施，加强濒临马六甲海峡、南中国海及印度洋等具有战略意义的前沿、边境、重要海峡及偏远地区的防卫力量，形成以爪哇岛为中心，东西兼顾的战略布局。

国防体制　宪法规定，总统为武装力量统帅。实行国防与内卫合一的武装体制。国防安全部负责制定国防政策，武装部队司令部负责作战指挥。武装力量由正规军和准军事部队两部分组成。正规军分陆、海、空三个军种。总统通过国防安全部和武装部队司令部对全国武装力量实施领导和指挥。

领导人物　总统兼武装力量统帅哈比比(1998年5月21日上任)、国防安全部长埃迪·苏特拉贾特上将（1993年3月上任)、武装部队司令费萨尔·丹荣上将（1993年上任)、武装部队总参谋长苏约诺中将。

武装力量　**兵力**　现役部队46.1万人（含17.7万国家警察)。

陆军　22万人。编有1个战略后备部队司令部、10个军区司令部和1个特种部队。战略后备部队编有2个步兵师、3个步兵旅、3个空降旅、2个野战炮兵团、1个高炮团、2个装甲营、2个工程兵营。10个军区编有2个步兵旅、67个步兵营、9个骑兵营、11个野战炮兵营、10个高炮营、9个工程兵营、1个混合航空兵中队、1个直升机中队。特种部队编有5个特种大队。

轻型坦克：AMX－13型约275辆、PT－76型30辆、"蝎子"50辆。装甲侦察车："萨拉丁"69辆、"白鼬"55辆、VBL型18辆。装甲输送车：AMX－VCI型、"萨拉逊"、"突击队员"、БТР－40/－50型等共591辆。牵引炮：76毫米若干门、105毫米180门。迫击炮：81毫米800门、120毫米75门。无坐力炮：90毫米90门、106毫米45门。高炮：20毫米125门、40毫米90门、57毫米200门。地空导弹："轻剑"51部、RBS－70型42部。飞机："岛人"式1架、C－47型2架、NC－212型4架、色斯纳310型2架、"指挥官"680型2架、"吉拉提克"18架、DHC－5型3架。直升机："贝尔"205型9架、Bo－105型14架、NB－412型7架、休斯300C型10架。

海军　约4.3万人（含陆战队和航空兵)。编有东、西2个舰队司令部和1个军事海运司令部。

潜艇："卡克赖"级2艘。护卫舰："艾哈迈德雅尼"级6艘、"法塔希拉"级3艘，"提亚哈胡"级3艘，"哈加尔达温塔拉"级1艘，"沙玛迪昆"级4艘。巡逻舰艇：共59艘，其中导弹艇、鱼雷艇各4艘。扫雷舰艇：13艘。两栖舰艇：26艘。后勤支援舰船：15艘。

海军航空兵　约1000人。装备飞机84架（其中作战飞机40架)、武装直升机10架，主要用于海上侦察和反潜。

陆战队　1.2万人。编有2个步兵旅、1个特战营、1个战斗支援团。装备有轻型坦克100辆、装甲侦察车14辆、步兵战车10辆、装甲输送车84辆、牵引炮48门、火箭炮15门、高炮若干门。

空军　2.1万人。编有2个空军作战司令部、4个攻击战斗机中队、1个战斗机中队、1个海上侦察机中队、1个侦察机中队、3个教练机中队。作战飞机92架。

攻击战斗机：A－4型20架、F－16型10架、"霍克"MK－53型14架、"霍克"MK－109型8架、"霍克"MK－209型16架。战斗机：F－5型12架。武装侦察机：OV－10F型12架。海上侦察机：3架。空中加油机：2架。运输机：C－130型等共6架。直升机：S－58T型等共38架。教练机：AS－202型等共53架。

预备役部队　40万人。

准军事部队　国家警察17.7万人（现役)。海上警察1.2万人。民兵150万人。

部署　印尼陆军10个军区划分与地方行政机构辖区基本一致。海军东部舰队司令部驻泗水，西部舰队司令部驻雅加达。空军2个作战司令部分别负责东、西部空防任务。全国共有军事基地42处，其中空军基地26处（主要有雅加达、朱安达、乌戎潘当等)，海军基地16处（主要有雅加达、丹绒槟榔、腊太港、乌绒潘当、勿老湾等)。

兵役制度　实行义务兵和志愿兵相结合的兵役制。义务兵服役期2年。军官最高服役年龄55岁。

军衔　军官分为4等13级，即将官4级（上将、中将、少将、准将)，校官3级（上校、中校、少校)，尉官3级（上尉、中尉、少尉)，士官3级（预备军官、1级准尉、2级准尉)。士兵分2等6级，即军士4级（军士长、上士、中士、下士），兵2级（1等兵、2等兵）。

驻外兵力 1997年参加联合国维和部队人员共116人。

军队节日 武装部队节9月5日。

（郭 辉）

约 旦

国 名 约旦哈希姆王国。

主要统计 面积9.139万平方千米（包括约旦河西岸）。人口471.3万人（其中，13～17岁男25.8万人，女25万人；18～22岁男23.8万人，女23万人；23～32岁男42.5万人，女40.4万人）。国内生产总值51亿第纳尔，合70亿美元（1996年）。国防费3亿第纳尔，合4.23亿美元（1997年国防预算）。原油10万桶（1995年）。天然气2.94亿立方米（1995年）。发电量50.75亿度（1994年）。粮食12.7万吨（1995年）。海运能力，商船（载重100吨以上）5艘，总载重量11.36万吨（1992年）。民航能力，固定航班机场2处，客运量43.95亿人千米、货运量2.652亿吨千米（1996年）。

国防体制 宪法规定，国王兼任陆、海、空三军统帅，拥有宣布战争、军管、缔结和约的权力。下设"最高国防委员会"，由国防、外交、财政、内政大臣和军队总司令等人组成，通常由国防大臣召集会议，负责制定国防政策和监督国防计划的实施。国防部是内阁中的一个部，主要负责制定国防预算、后勤保障，并与军队总司令部共同发布有关军队的行政命令，但对军队无调动和指挥权。军队总司令部是国王统帅军队的办事机构，其成员有总司令、总司令助理和武装部队总监各1人。总司令代表国王处理军队日常事务。总司令部下设总参谋部，其成员有总参谋长及主管作战计划、情报、人力、行政管理等的副总长。此外，还设有"国防委员会"和"军官委员会"。前者负责军队的编制、装备、征兵等具体计划和建议；后者负责对军官的考察、提升和调动提出建议。武装力量由正规军和准军事部队组成。正规军分陆、海、空三个军种。

领导人物 国王兼武装力量统帅侯赛因·伊本·塔拉勒（1952年8月即位）。首相兼外交和国防大臣阿卜杜勒·萨拉姆·马贾利（1997年3月上任）。军队总司令法塔西·阿布·塔列布少将（1989年9月上任）。军队总司令助理塔伊希·扎罗尔准将。军队总参谋长阿卜杜勒·哈菲兹·马雷·凯阿比纳中将（1993年5月上任）。

武装力量 **兵力** 现役部队10.405万人。

陆军 9万人。编有2个装甲师、2个机械化步兵师、1个独立皇家卫队旅、1个特种部队旅、1个野战炮兵旅。

主战坦克：1141辆（M－47/－48A5型300辆、M－60A1/A3型278辆、"百人队长"270辆、"酋长"293辆）。轻型坦克："蝎子"19辆。装甲侦察车："白鼬"170辆。步兵战车：БМП－2型35辆。装甲输送车：M－113型1100辆。牵引炮：115门（105毫米50门、155毫米40门、203毫米25门）。自行炮：370门（105毫米30门、155毫米240门、203毫米100门）。迫击炮：81毫米450门、107毫米50门、120毫米300门。反坦克导弹：640具（"陶"式330具、"龙"式310具）。无坐力炮：106毫米330门。高炮：360门（20毫米100门、23毫米44门、40毫米216门）。地空导弹：SA－7B2型若干部、SA－8型50部、SA－13型50部、SA－14型300部、SA－16型240部、"红眼睛"250部。

海军 约650人。巡逻艇5艘。

空军 1.34万（包括防空部队3400人）。编有3个对地攻击战斗机中队、2个战斗机中队、1个运输机中队、4个直升机中队（3个攻击直升机、1个运输直升机）、1个王室专机中队、2个防空旅。作战飞机97架，武装直升机24架。

对地攻击战斗机：F－5E/F型65架。战斗机："幻影"F－1型30架。运输机：C－130型8架、C－212A型4架。王室专机："湾流"Ⅲ型2架、IL－1011型若干架、S－70型直升机3架、S－319型直升机若干架。攻击直升机：AH－1S型24架（携带"陶"式空地导弹）。运输直升机：AS－332M型9架、Bo－105型3架、"休斯"500D型8架、UH－1H型18架、UH－60L型18架。教练机："大斗犬"16架、C－101型15架、PA－28－161型12架、PA－34－200型6架、"幻影"F－1B型2架（具有作战能力）。地空导弹："霍克"改进型80部。空地导弹："陶"式若干枚。空空导弹："响尾蛇、R－530、R－550型若干枚。

预备役部队 3.5万人，其中陆军3万人。

准军事部队　治安部队1万人；民兵2万人。

兵役制度　实行志愿兵役制。

驻外兵力　1997年共有1121人参加联合国维和行动。

军队节日　陆军节6月10日。

（薛利涛）

越　　南

国　　名　越南社会主义共和国。

主要统计　面积32.9556万平方千米。人口7727万人（其中，13～17岁男424.6万人，女409.7万人；18～22岁男384.3万人，女372.9万人；23～32岁男666.3万人，女657.4万人）。国内生产总值236亿美元（1996年）。国防费11亿美元（1997年国防预算）。粗钢130万吨（1997年）。原油1000万吨（1997年）。原煤1277万吨（1997年）。发电量170亿度（1996年）。粮食3060万吨（1997年）。民航能力，固定航班机场15处，民用航空飞机102架，客运量约209亿人千米，货运量1900万吨千米（1996年）。

国防政策　1997年，越南继续奉行越共“八大”制定的国防政策：发挥全体人民和整个政治体系的综合力量，建立稳固的全民国防体系，提高武装力量的质量，牢固捍卫国家的独立、安全、主权和领土完整，保卫人民、保卫党、保卫社会主义制度，制止和粉碎一切破坏政治社会稳定、侵犯国家独立、主权和领土完整以及损害国家建设发展事业的阴谋活动，有效地打击和惩治各种犯罪，确保社会治安秩序稳定和安全。为此，要把建设和保卫祖国、国防任务与治安任务、国防安全活动与对外活动紧密结合起来，将巩固国防、保卫国家安全作为全党、全国、全军和全民的经常性重要任务，逐步增强国家的国防潜力，建立革命化、正规化、精锐化、逐步现代化的军队和公安力量，形成牢固的全民国防与全民安全相结合的阵势；贯彻积极主动进攻、随时准备击败一切破坏活动的指导思想；完善保卫祖国的法律体系，使党关于建立全民国防和全民安全的方针政策法制化；加强国家对国防安全的管理，加强党对军队、公安和国防安全事业的领导。

军事战略　1997年，越南仍实行“积极防御”的军事战略，其主要内容包括：（一）对安全环境的估计：越军认为，越国家安全主要面临3个方面的威胁：一是以美国为首的西方国家利用“民主”、“人权”干涉越南内政，对越进行“和平演变”，企图把越引向资本主义道路；二是国外敌对势力与国内反政府组织相互勾结，伺机制造暴乱和破坏活动，企图颠覆越南共产党政权；三是越与周边国家存在领土争端，有引发局部武装冲突甚至局部战争的危险。（二）军事战略目标：确保北部和西南边境稳定和安全，维护在南沙的既得利益，保持国内政局和社会稳定，为国家集中力量发展经济和提高地区大国地位创造有利条件。（三）军事战略方针：收缩陆地战线；扩大海上控制范围，巩固已占南沙岛礁；建立“区域防御”体系；坚决抵制“和平演变”，严防发生暴乱和颠覆活动。（四）战争准备：立足于依靠本国经济和军事实力，随时应付可能在南沙海域发生的中低强度战争和在越北部、西南边境局部地区发生的小规模武装冲突。（五）战略部署：南北兼顾，陆海并重，重点防御北部、西南部和中南沿海方向。（六）建军方针：削减数量、提高质量，建立一支“革命化、正规化、精锐化和逐步现代化”的军队，同时加强后备力量建设。

国防体制　越南宪法规定：国家主席统帅各人民武装力量，并兼任国防与安宁会议主席。但实际上越共中央军事党委是最高军事决策机构，越共中央总书记兼任军委书记，通过国防部对全国武装力量实行统一领导和指挥。国会设有国防与安宁委员会，负责审查和监督国防与安宁政策的执行；国家机关设有国防与安宁会议，协助国家主席统帅武装力量。国防部既是越共中央军委的办事机构，又是越军的最高军事行政机关，下辖总参谋部、总政治局、总后勤局、总技术局、国防工业经济总局。5大总部（局）分别负责全军的军事指挥、政治思想教育、后勤供应、技术保障、军工及生产经营。国防部直属单位有军事战略研究院、军队监察委员会、军事历史研究院、外事局和规划局等。武装力量由正规军、地方部队、预备役部队和民兵自卫队组成。正规军又称主力部队，分陆军、海军、空军和防空军四个军种。

领导人物　越共中央总书记兼中央军事党委书记黎可漂上将（1997年12月上任）。国防部长范文茶上将（1997年7月29日上任）。总参谋长陶仲历少将（1998年1月3日上任）。总政治局主任范青银中将（1998年1月3日上任）。总后勤局主任阮文沱大校（1998年1月3日上任）。总技术局主任阮花盛少将（1998年1月3日上任）。国防工业经济总局主任陈德越少将。海军司令梅春永中将（1994年1月上任）。空军司令阮文谷少将。防空军司令吴兄少将（1993年上任）。

武装力量 **兵力** 现役部队49.2万人。

陆军 42万人。划分为8个军区、2个特区，编有14个军部、58个步兵师、4个机械化步兵师、10个装甲旅、15个独立步兵团、若干个特种作战部队（含空降旅和爆破工兵团）、约10个野战炮兵旅、8个工程兵师、10～16个经济建设师、20个独立工程兵旅。

主战坦克：T－34型45辆、T－54/－55型850辆、T－62型70辆、PT－59型350辆。轻型坦克：PT－76型300辆，PT－62/－63型320辆。装甲侦察车：БРДМ－1/－2型100辆。步兵战车：БМП型300辆。装甲输送车：БТР－40/－50/－60/－152型1100辆，YW－531、M－113型若干辆。牵引炮：76毫米、85毫米、100毫米、105毫米、122毫米、130毫米、152毫米、155毫米共2300门。自行炮：152毫米30门，100毫米、120毫米、122毫米、175毫米若干门。火箭炮：107毫米360门，122毫米350门，140毫米若干门。迫击炮：82毫米、120毫米和160毫米若干门。反坦克导弹："耐火箱"式若干具。无坐力炮：75毫米、82毫米、87毫米若干门。高炮：14.5毫米、23毫米、30毫米、37毫米、57毫米、85毫米、100毫米共12000门。地空导弹：SA－7/－16型若干部。

海军 4.2万人（含海军陆战队3万人）。划分为4个沿海区。

护卫舰：共7艘，即原苏制"别佳"Ⅱ级3艘，原苏制"别佳"Ⅲ级2艘，"巴奈加特"（美制"卡特尔"）级1艘，"陈庆余"（美制"萨维奇"）级1艘。巡逻艇和小型快艇：共55艘，其中原苏制"黄蜂"Ⅱ级导弹快艇7艘、"蝗虫"级2艘、原苏制"图利亚"级鱼雷艇7艘、"大胡蜂"级16艘。扫雷舰艇：共16艘，其中"尤尔卡"级2艘、"索尼亚"级4艘、"瓦尼亚"级1艘、"叶夫根尼亚"级2艘。登陆舰：共7艘，其中坦克登陆舰3艘、中型登陆舰4艘。小型登陆艇：共30艘（机械化登陆艇12艘、通用登陆艇18艘）。

空军 1.5万人，编成4个航空师，2个攻击机团，5个战斗机团，3个运输机团，3个教练机团。

攻击战斗机：共71架，即苏－22型65架、苏－27型6架。战斗机：米格－21比斯124架。武装直升机：米－24型24架。海上侦察机：贝－12型4架。反潜直升机：卡－25型8架。航测机：安－30型2架。运输机：共68架，包括安－2型12架，安－24型4架，安－26型30架，图－134型8架，雅克－40型14架。直升机：米－4、米－6、米－8型约70架。教练机：L－39型、米格－21U、雅克－18型等共52架。空空导弹：AA－2、AA－8、AA－10型若干枚。

防空军 1.5万人，编成14个防空师、4个高炮旅、6个雷达旅；有雷达阵地100处、地对空导弹发射阵地66处；装备37毫米、57毫米、85毫米、100毫米、130毫米高炮若干门，SA－2/－3/－6型地空导弹若干部。

地方部队 编有省、市、县军事指挥部；每个省、市军指下辖若干个独立团，每个县军指下辖若干个独立营。省军指、国家直辖市军指由所在军区指挥，省辖市、县军指由省军指指挥。

预备役部队 越南《军事义务条例》规定，男18～45岁、女18～40岁的退伍军人和依照法律应服兵役而未入伍的公民，都要编入预备役部队。预备役军官一般由军队转业军官、士官和具有大专以上学历并受过专门培训的地方人员担任。预备役军人根据其服役经历和受训程度分为两类。凡服满现役1年以上或打过仗的士官和士兵，以及预备役期间参加集训累计达1年者，均为第1类预备役，其余为第2类。两类预备役军人又根据年龄分为两等：A等为35岁以内，B等为36～45岁。预备役士官和士兵在服满预备役年限后或身体不宜继续服预备役，可由省辖市、镇、县军事指挥长决定解除预备役。迄1997年底，越预备役部队约26万人。

民兵自卫队 一般编成连、排，最大编成营，由步兵、工兵、防化兵、通信兵和侦察兵等诸兵种组成。迄1997年底，越民兵自卫队约170万人。民兵自卫队平时不脱产，定期参加军事训练，受当地驻军统一指挥；战时担负警戒、侦察、巡逻、运输、救护、防空、消防和组织疏散等项任务，也可配合军队行动，增强军队的作战力量，开展敌后游击战。

部署 1997年，越军部署没有大的调整，仍保持"南北兼顾"、"陆海并重"，重点防御北部、西南部和中南沿海地区的态势。陆军采取区域部署和机动部署相结合方式，全国由北向南划分为8个区域，每个区域部署1个军区；担负战略机动作战任务的野战部队部署是北部、南部地区各占一半；总兵力的50％部署在北部地区、40％部署在西南部地区、10％部署在中部地区。海军由北向南沿海岸线划分为4个区域，每个区域部署1个沿海区；主要作战舰艇部署在岘港、金兰湾和胡志明市等中南沿海地区。空军按照重点布防和机动布防相结合的原则，将全国从北到南划分为3个作战区，每个作战区部署相应部队；总兵力的2/3部署在中南沿海地区，1/3部署在北部地区。防空军将全国划分为北、中、南3个防空作战区，重点保卫主要城市和地域；总兵力的50%部署在北部作战区、30%部署在南部作战区、20%部署在中部作战区。越拥有海军基地11处（万华、锦普、鸿基、河修、海防、岘港、芽庄、头顿、金兰湾、胡志明市和归仁等）；空军基地15处（内排、安沛、克夫、和乐、建安、寿春、岘港、富吉、藩朗、边和、新山一、波莱古、绥和、金兰湾、朱莱等）。

兵役制度 越南《义务兵役法》规定，实行义务兵役制度。服役年龄18～27岁。服役年限，士官和士兵2年，士官指挥员、军队培训的专业技术士官和士兵、海军舰艇士官和士兵均为3年，需要时可延长半年。军官服役年限，尉官38岁、少校43岁、中校48岁、上校52岁、大校55岁、少将60岁，中将以上军官不规定服役年限。

军衔 根据越南《人民军军官法》规定，越南军官军衔分为3等12级，即将官4级（大将、上将、中将、少将），校官4级（大校、上校、中校、少校），尉官4级（大尉、上尉、中尉、少尉）。军官晋衔年限：少尉升中尉2年，中尉升上尉3年，上尉升大尉3年，大尉升少校4年，少校升中校4年，中校升上校4年，上校升大校4年。将官晋升不规定时限。士官分3级：上士、中士、下士。士兵分2级：上等兵、列兵。士兵晋升年限：列兵升上等兵9个月，上等兵升下士1年，下士升中士1年半，中士升上士1年半。

外国驻军 俄罗斯在越南金兰湾基地驻有500人的守备部队。

军队节日 建军节12月22日（1944年）；海军节5月7日（1955年）；空军节4月3日（1965年）；防空军节4月1日（1953年）。

军工生产能力 越南拥有武器生产厂、修理厂100余家，只能生产陆军轻型武器及其弹药、海军1000吨级以下辅助船只，能装配和维修部分重武器。重武器和比较尖端的装备主要依赖进口。1997年，越海军自制了3艘运输船，并正在胡志明市制造2艘导弹攻击快艇；边防部队首次研制了1艘铝合金船体高速巡逻艇；空军对部分现役米格－21、苏－22、苏－27型机进行了技术改造；防空军改进了部分防空导弹系统。

（钟学良）

非洲国家军事概况

阿尔及利亚

国　　名 阿尔及利亚民主人民共和国。

主要统计 面积238.1741万平方千米。人口2886.5万人（其中，13～17岁男186万人，女173.2万人；18～22岁男164.6万人，女154.2万人；23～32岁男259.8万人，女243.7万人）。国内生产总值450亿美元（1996年）。国防费16亿美元（1997年国防预算）。原煤2万吨（1994年）。原油2.77亿桶（1995年）。天然气518.17亿立方米（1995年）。发电量198.88亿度（1994年）。粮食219.4万吨（1995年）。海运能力，商船（载重100吨以上）149艘，总载重量109.34万吨（1992年）。民航能力，固定航班机场28处，客运量30.7亿人千米、货运量2030万吨千米（1996年）。

国防体制 宪法规定，总统为武装力量统帅。最高国防决策机构为国家最高安全委员会，由总统任主席。国防部为政府中的一个部，是最高军事行政机关。武装力量由正规军和准军事部队组成。正规军分陆、海、空三个军种。最高军事指挥机构为国家人民军参谋部。总统通过国防部和国家人民军参谋部对武装力量实施领导和指挥。

领导人物 最高国务委员会主席、武装力量统帅兼国防部长拉明·泽鲁阿勒（1995年11月当选连任）。国家人民军参谋长拉马利中将。

武装力量 **兵力** 现役部队12.4万人。

陆军 10.7万人。编有6个军区、2个装甲师、2个机械化师、1个空降师、4～5个独立机械/摩托化步兵旅、1个独立装甲旅、7个炮兵营、5个防空营。

坦克：T-54/-55型275辆、T-62型30辆、T-72型285辆。装甲侦察车：БРДМ-2型75辆。步兵战车：БМП-1型690辆、БМП-2型225辆。装甲输送车：БТР-50/-60型680辆。牵引炮：122毫米386门、130毫米10门、152毫米20门。自行炮：122毫米150门、152毫米35门。火箭炮：122毫米48门、140毫米48门、240毫米30门。迫击炮：82毫米150门、120毫米120门、160毫米60门。反坦克炮：57毫米156门、85毫米80门、100毫米62门。高炮（机枪）：14.5毫米80挺、20毫米100门、23毫米310门、37毫米150门、57毫米75门、85毫米20门、100毫米150门、130毫米10门。地空导弹：SA-7/-8/-9型若干部。

海军　约7000人（包括海岸警卫队）。基地设在：凯比尔、阿尔及尔、安纳巴、吉杰勒。

潜艇：K级2艘。护卫舰："科尼"级3艘。护卫艇："纳奴契卡"级3艘。导弹攻击快艇："黄蜂"级11艘。巡逻艇：8艘。扫雷艇：11艘。两栖登陆舰艇：3艘。支援舰：3艘。

海岸警卫队　约500人，装备有巡逻艇29艘、支援舰1艘。

空军　1万人，编有14个中队。作战飞机181架、武装直升机65架。

攻击战斗机：米格-23BN型40架、苏-24型10架。战斗机：米格-21型70架、米格-23型30架、米格-25型10架。武装侦察机：米格-25型4架、米格-21型6架。海上侦察机："超级空中大王"B-200T型15架。运输机：C-130H型等共28架。攻击直升机：米-24型35架、米-8/-17型30架。运输直升机：米-8/-17型等共63架。教练机：共77架，其中米格-21型3架、米格-23型5架、米格-25型3架具有作战能力。空空导弹：AA-2/-6型若干枚。

防空部队　编有3个高炮旅和3个地空导弹团，装备有85毫米、100毫米和130毫米高炮若干门，地空导弹萨姆-3/-6/-8型若干部。

预备役部队　陆军预备役部队约15万人。

准军事部队　4.62万人，其中宪兵2.5万人、治安警察2万人、共和国卫队1200人。

兵役制度　实行义务兵和志愿兵相结合的兵役制度。士兵服役期18个月。

军衔　分6等17级，即将官2级（少将、准将），校官3级（上校、中校、少校），尉官3级（上尉、中尉、少尉），准尉2级（一级准尉、二级准尉），军士2级（军士长、军士），士兵5级（上士、中士、下士、上等兵、列兵）。

（周长鹏）

埃　及

国　名　阿拉伯埃及共和国。

主要统计　面积100.2万平方千米。人口6300万人（其中，13～17岁男341.2万人，女321.8万人；18～22岁男293.1万人，女275.8万人；23～32岁男481.7万人，女451.4万人）。国内生产总值2570亿埃镑，合600亿美元（1996年）。国防费91亿埃镑，合27亿美元（1996年国防开支）；87亿埃镑，合26亿美元（1997年国防预算）。原煤115.5万吨（1992年）。原油3.32亿桶（1995年）。天然气122.33亿立方米（1995年）。发电量479.2亿度（1994年）。粮食1718.2万吨（1995年）。海运能力，商船（载重100吨以上）444艘，总载重量168.52万吨（1992年）。民航能力，固定航班机场14处，客运量71.6亿人千米、货运量7.9亿吨千米（1996年）。

国防体制　总统为武装部队统帅，最高军事决策机构为国防委员会，由总统任主席。总统下设武装部队总司令，由国防部长兼任。武装部队由正规军和准军事部队组成。正规军分陆、海、空和防空军四个军种。最高军事指挥机构为总参谋部，统辖各军种、军团和军区。统帅和总司令通过总参谋部指挥全军。

领导人物　总统兼武装部队统帅穆罕默德·胡斯尼·穆巴拉克（1993年10月连任）。武装部队总司令兼国防和军工生产部长穆罕默德·侯赛因·坦塔维元帅（1993年10月14日连任）。总参谋长马吉迪·安瓦尔·拉德旺·哈塔塔中将（1995年10月上任）。海军司令艾哈迈德·阿里·法迪勒中将（1990年10月13日上任）。空军司令艾哈迈德·穆罕默德·沙菲格·扎基少将（1996年4月上任）。防空军司令艾哈迈德·阿布·塔列卜中将。

武装力量　**兵力**　现役部队45万人。

陆军　32万人。编有4个军区、2个军团司令部、4个装甲师、8个机械化步兵师、1个共和国警卫装甲旅、4个独立装甲旅、1个空运旅、2个独立步兵旅、1个伞兵旅、4个独立机械化旅、15个独立炮兵旅、2个地地导弹旅、6个突击大队。

坦克：T-54/-55型840辆、"朗塞"-Ⅱ型260辆、T-62型500辆、M-60A1型400辆、M-60A3型1300辆、M1A1型400辆。装甲侦察车：БРДМ-2型300辆、"突击侦察"式112辆。步兵战车：БМП-1型220辆、BMR-600P型260辆、YPR-765型310辆。装甲输送车："瓦利德"式650辆、"法赫德"30型165辆、БТР-50/OT-62型1075辆、M-113A2型1994辆、YPR-765型70辆。牵引炮：122毫米551门、130毫米420门。自行炮：122毫米76门、155毫米200门。火箭炮：122毫米296门。迫击炮：82毫米500门（其中50门为自行）、107毫米（自行）100余门、120毫米1800门、160毫米60门。地地导弹："蛙"7型12部，"天鹰"80型若干部，"飞毛腿"B型9部。反坦克导弹："耐火箱"1400具，"米兰"220具，"旋火"式200具，"陶"式840具。无坐力炮：107毫米若干门。高炮（高射机枪）：14.5毫米475挺、23毫米712门，37毫米150门，57毫米340门。地空导弹：SA-7型2000部、SA-9型20部、"小檞树"（自行）26部。

海军　约2万人（包括2000名海岸警卫队）。

潜艇："R"级8艘。驱逐舰："法塔赫"级1艘。护卫舰："穆巴拉克"级2艘，"苏伊士"级2艘，"胜利者"级2艘，"达米亚特"（美式"诺克斯"）级2艘。导弹艇："拉马丹"级6艘，"黄蜂"Ⅰ级5艘，"十月"级6艘，"蚊子"级8艘。巡逻艇：18艘。扫雷舰艇：11艘，两栖舰艇：12艘，支援与杂务舰船：20艘。

海军航空兵　装备有武装直升机24架，其中"海王"式5架，SA-342型9架，SH-2G型10架。

岸防部队　装备有130毫米火炮若干门，"奥托马特"型岸舰导弹若干部。

空军　3万人。编有34个飞行中队。作战飞机572架，武装直升机125架。

攻击战斗机："阿尔法喷气"式42架，F-4E型29架，"幻影"5E2型20架，其他型44架。战斗机：F-16A型25架，F-16C型115架，米格-21型74架，"幻影"5D/E型53架，"幻影"2000C型18架，其他型53架。武装侦察机："幻影"5SDR型6架，米格-21型14架。电子战机：C-130H型2架，"山毛榉"1900型4架，"突击队员"2E型（直升机）4架。空中预警机：E-2C型5架。反潜直升机：SA-342L型9架、"海王"47型5架、SH-2G型10架。海上侦察机："山毛榉"1900C型2架。教练机：共211架，其中F-16型、L-59型、"幻影"等共79架具有作战能力。运输机：C-130H型、DHC-5D型等共32架。攻击直升机：SA-342K型65架，AH-64A型36架。直升机：CH-47C型、米-8型、"突击队员"、UH-12E型等共115架。空地（舰）导弹："小牛"、"飞鱼"、"霍特"等若干枚。反雷达导弹："阿玛特"若干枚。空空导弹："环礁"、"麻雀"、"响尾蛇"、"魔术"等若干枚。

防空军　8万人。编有4个师、100个高炮营、107个导弹营、38个导弹连。

高炮：20毫米、23毫米、37毫米、57毫米、85毫米、100毫米等共2000余门。地空导弹：SA-2型282部，SA-3型212部，SA-6型56部，"霍克"改进型78部，"响尾蛇"式36部。防空系统："太阳神"式约18套，"西奈"23型（短程）若干套。

预备役部队　25.4万人，其中陆军15万人；海军1.4万人；空军2万人；防空军7万人。

准军事部队　23万人，其中海岸警卫队约2000人（现役，属海军建制），装备有巡逻艇39艘，另有小艇60艘；中央公安部队15万人，装备有"霍斯普尔·胡萨"式装甲输送车110辆、"瓦利德"式若干辆；国民警卫队6万人，编有8个旅；边防警卫队2万人，编有19个边防警卫团。

军事基地　海军基地6处：亚历山大、塞得港、马特鲁赫港、萨法卡、陶菲克港和胡尔加答。

兵役制度　实行义务兵和志愿兵相结合的兵役制度。义务兵服役期3年。

军衔　军官分4等11级，即元帅1级，将官4级（上将、中将、少将、准将），校官3级（上校、中校、少校），尉官3级（上尉、中尉、少尉）。

驻外兵力　向阿曼、沙特阿拉伯等派有军事顾问。参加联合国维和行动驻安哥拉25人，波黑304人，克罗地亚20人，格鲁吉亚5人，利比里亚14人，马其顿1人，西撒哈拉19人。

外国驻军　联合国多国和平部队与观察员约1896人。

（张令鍾）

埃塞俄比亚

国　　名　埃塞俄比亚联邦民主共和国。

主要统计　面积 110.36 万平方千米。人口 5300 万人（其中，13～17 岁男 343.6 万人，女 329.4 万人；18～22 岁男 281.3 万人，女 286 万人；23～32 岁男 424.6 万人，女 408.5 万人）。国内生产总值 62 亿美元（1996 年）。国防费 1.27 亿美元（1997 年国防预算）。发电量 12.84 亿度（1994 年）。粮食 824.5 万吨（1995 年）。海运能力，商船（载重 100 吨以上）27 艘，总载重量 8.4 万吨（1992 年）。民航能力，固定航班机场 31 处，客运量 17.96 亿人千米、货运量 1.73 亿吨千米（1996 年）。

国防体制　根据宪法规定，总理为政府首脑兼武装部队总司令。国防安全委员会是负责国家安全和防务的最高军事决策机构，由总理、国防部长、内政部长以及国家安全部长等人组成。总理通过国防部和总参谋部实施对全国武装部队的领导和指挥。

领导人物　总理兼全国武装部队总司令梅莱斯·泽纳维（1995 年 8 月上任）。副总理兼国防部长塔费拉·瓦莱瓦（1996 年上任）。国防军参谋长泽德甘。

武装力量　**兵力**　现役部队约 12 万人。

陆军　约 10 万人。全国共分 3 个军区；每个军区编有 1 个军司令部，下辖 2 个师和 1 个加强机械化旅。

坦克：T－54/－55/－62 型 350 辆。装甲侦察车/步兵战车/装甲输送车：共约 200 辆。牵引炮：76 毫米、85 毫米、122 毫米、130 毫米各若干门。火箭炮：BM－21 型若干门。迫击炮：81 毫米、82 毫米、120 毫米各若干门。反坦克导弹："萨格尔"若干具。无坐力炮：82 毫米、107 毫米各若干门。高炮：23 毫米、37 毫米、57 毫米若干门。地空导弹：SA－2/－3/－7/－9 型共 350 余部。

空军　人数不详。装备米格－21 型战斗机 40 架、米格－23 型 20 架、米格－27 型 5 架、F－5 型 20 架。运输机：C－130 型、安－12 型等共 11 架。教练机：L－39 型 14 架。武装直升机：米－24 型 18 架。运输直升机：米－8 型等共 25 架。

（周长鹏）

安　哥　拉

国　　名　安哥拉共和国。

主要统计　面积 124.67 万平方千米。人口 1134.6 万人（其中，13～17 岁男 62 万人，女 62.1 万人；18～22 岁男 52.3 万人，女 52.7 万人；23～32 岁男 79.1 万人，女 80.8 万人）。国内生产总值 70 亿美元（1996 年）。国防费 2.95 亿美元（1997 年国防预算）。原油 2.23 亿桶（1995 年）。天然气 5.61 亿立方米（1995 年）。发电量 18.65 亿度（1994 年）。粮食 32.1 万吨（1995 年）。海运能力，商船（载重 100 吨以上）113 艘，总载重量 12.35 万吨（1992 年）。民航能力，固定航班机场 17 处，客运量 29.01 亿人千米、货运量 2.96 亿吨千米（1996 年）。

国防体制　宪法规定，总统为武装部队统帅。最高国防决策机构为政治和军事协调委员会，由总统任主席。国防部为政府中的一个部，是最高军事行政机关。武装力量由正规军和准军事部队组成。正规军分陆、海、空三个军种。最高军事指挥机构为总参谋部。总统通过国防部和总参谋部对全国武装力量实施领导和指挥。

领导人物　总统兼武装部队统帅若泽·爱德华多·多斯桑托斯（1979 年上任，1990 年 12 月第 2 次连任）。国防部长佩德罗·塞巴斯蒂昂。

武装力量　**兵力**　现役部队约 11.05 万人。

陆军　9.8 万人，编有 25 个团。

坦克：T－54/－55 型 100 辆、T－62 型约 150 辆、T－72 型约 50 辆。步兵战车：БМП 型 150 余辆。装甲侦察车：БРДМ－2 型 40 余辆。装甲输送车：БТР－60/－152 型 100 辆。牵引炮：76 毫米、85 毫米、122 毫米、130 毫米共 300 门。火箭炮：122 毫米 90 门、240 毫米若干门。迫击炮：82 毫米 250 门，120 毫米 40 余门。反坦克导弹："耐火箱"若干具。无坐力炮：82 毫米、107 毫米共 500 门。高炮（机枪）：14.5毫米、23毫米、37毫米、57毫米等200余门（挺）。地空导弹：SA－7/－14型若干部。

海军　约1500至2000人。基地设在罗安达、洛比托和纳米贝。

巡逻艇：7艘。扫雷艇：1艘。登陆舰：1艘。

岸防部队　装备"萼片"岸舰导弹若干部（基地设在罗安达）。

空军　约1.1万人。作战飞机27架，武装直升机26架。

攻击/战斗机：米格－23型6架、苏－22型4架、苏－25型4架。战斗机：米格－21型4架。防暴兼侦察机：PC－7/－9型9架。海上侦察机：EMB－111型等共3架。攻击直升机：米－25/－35型15架、SA－365M型5架、SA－342型6架。运输机：安－26型等共29架。直升机：IAR－316型等共38架。教练机：雅克－11型等共9架。地空导弹：SA－2型40部、SA－3型12部、SA－6型25部、SA－8型15部、SA－9型20部、SA－13型10部。空地导弹："霍特"若干枚。空空导弹："环礁"若干枚。

准军事部队　快速反应警察1.5万人。

兵役制度　实行征兵制，服役期2年。

反对派武装：争取安哥拉彻底独立全国联盟：大约有3.5万名"安盟"官兵正等待遣散，另有2.4万名被重新装备，1.06万名官兵已编入安正规军。

卡奔达解放阵线　声称兵力5000人，目前约600人，仅有些轻武器。

外国驻军　联合国部队3025人、军事观察员253人、民事警察289人（分别来自31个国家）。

（周长鹏）

刚　　果（金）

国　　名　刚果民主共和国（原名"扎伊尔共和国"，1997年5月17日改为现名）。

主要统计　面积234.4885万平方千米。人口4630.7万人（其中，13～17岁男271.3万人，女269万人；18～22岁男217.6万人，女217.4万人；23～32岁男320.3万人，女323.1万人）。国内生产总值60亿美元（1996年）。国防费2.5亿美元（1997年国防预算估计）。原煤9.3万吨（1994年）。原油1000万桶（1995年）。发电量55.45亿度（1994年）。粮食169.7万吨（1995年）。海运能力，商船（载重100吨以上）27艘，总载重量3.07万吨（1992年）。民航能力，固定航班机场12处，客运量2.18亿人千米、货运量4200万吨千米（1996年）。

国防体制　根据卡比拉总统颁布的总统令（具有宪法性质），共和国总统为武装力量统帅。目前，由于卡比拉总统尚未任命国防部长和总参谋长，故刚国防体制及刚军指挥领导系统尚不完善。

领导人物　总统兼国民军统帅洛朗·德西雷·卡比拉（1997年5月上任）。

武装力量　1997年5月蒙博托政权被推翻后，原政府军被解散。以卡比拉为领导的"解放刚果—扎伊尔民主力量联盟"的武装——"刚果解放军"约2～4万人，除装备有SA－7地空导弹外，主要是轻武器。下面所列武器装备数量为内战前情况。

陆军　坦克：约60辆。装甲侦察车：AML－60/－90型共60辆。装甲输送车：M－113型12辆、YW－531型12辆、M－3型60辆。牵引炮：75毫米30门、85毫米20门、122毫米35门、130毫米8门。火箭炮：107毫米20门、122毫米10门。迫击炮：81毫米、107毫米若干门、120毫米50门。无坐力炮：57毫米、75毫米、106毫米各若干门。高炮（机枪）：14.5毫米若干挺、37毫米40门、40毫米若干门。地空导弹：SA－7型若干部。

海军　海岸巡逻艇：9艘、其他小型船艇：10多艘。

空军　攻击/战斗机："幻影"8架。防暴机：MB－326型14架。运输机：18架。联络机：8架。教练机：24架。直升机：15架。

（周长鹏）

津巴布韦

国　　名　津巴布韦共和国。

主要统计　面积39.0759万平方千米。人口1157.7万人（其中，13～17岁男72.4万人，女72万人；18～22岁男59.2万人，女59.1万人；23～32岁男92.5万人，女92.7万人）。国内生产总值61亿美元（1996年）。国防费4.71亿美元（1997年国防预算）。原煤546.9万吨（1994年）。发电量73.34亿度（1994年）。粮食98万吨（1995年）。民航能力，固定航班机场7处，客运量8.4亿人千米、货运量3900万吨千米（1996年）。

国防体制　宪法规定，总统为武装力量统帅。最高国防决策机构为国防委员会。国防部为政府中的一个部，是最高军事行政机关，负责国防预算、军事行政和对外军事关系等工作。武装力量由正规军和准军事部队组成。正规军分陆、空两个军种。总统通过国防部长和陆、空军司令对全国武装力量实施领导和指挥。

领导人物　总统兼武装力量统帅罗伯特·加布里埃尔·穆加贝（1987年12月上任，1996年第2次连任）。国防部长莫文·马哈奇（1992年7月上任）。国防军司令兹维纳瓦希上将（1994年7月上任）。陆军司令奇温加中将（1994年7月上任）。空军司令佩朗斯·希里空军中将（1992年8月上任）。

武装力量　**兵力**　现役部队3.9万人。

陆军　3.5万人。编有7个旅（含1个机械化旅、1个总统卫队旅）、1个装甲团、15个步兵营（其中2个警卫营、1个机械化营、1个突击营、1个伞兵营）、2个炮兵团、1个高炮团、1个工兵团。

主战坦克：T－59/－69型共32辆。装甲侦察车："响尾蛇"90辆。装甲输送车：YW－531型、"鳄鱼"等共125辆。牵引炮：122毫米16门。火箭炮：107毫米18门、122毫米52门。迫击炮：81/82毫米502门、120毫米14门。高炮（机枪）：14.5毫米、23毫米、37毫米共215门（挺）。地空导弹：SA－7型17部。

空军　4000人。编有7个中队。作战飞机56架、武装直升机24架。

攻击/战斗机："猎人"11架、"隼"MK－60型11架。战斗机：米格－21型12架。武装侦察机：色斯纳－337型15架。教练/侦察/联络机：SF－260型共16架，其中7架具有作战能力。运输机：BN－2型等共17架。直升机：共38架，其中SA－319型24架为武装直升机。

准军事部队　2.18万人，其中警察1.95万人，警察支援部队2300人。

兵役制度　实行征兵制。

驻外兵力　参加联合国维和行动驻安哥拉686人。

（周长鹏）

利比亚

国　　名　大阿拉伯利比亚人民社会主义民众国。

主要统计　面积175.954万平方千米。人口580.6万人（其中，13～17岁男33.7万人，女32.5万人；18～22岁男28.2万人，女27.1万人；23～32岁男42.3万人，女40.2万人）。国内生产总值260亿美元（1996年）。国防费13亿美元（1997年国防预算估计）。原油5.15亿桶（1995年）。天然气62.98亿立方米（1995年）。发电量178亿度（1994年）。粮食31.8万吨（1995年）。海运能力，商船（载重100吨以上）150艘，总载重量122.36万吨（1992年）。民航能力，固定航班机场12处，客运量3.98亿人千米、货运量40万吨千米（1996年）。

国防体制　利比亚"九·一"革命领导人为武装力量统帅。最高国防决策机构为革命指挥委员会。防御总委员会是最高军事行政和指挥机关。武装力量由正规军和准军事部队组成。正规军分陆、海、空三个军种。总参谋部隶属防御总委员会，负责作战、训练、情报和侦察工作。统帅通过防御总委员会对全国武装力量实施领导和指挥。

领导人物　"九·一"革命领导人兼武装力量统帅奥马尔·穆阿迈尔·卡扎菲上校（1969年9月1

日上任)。防御总委员会秘书尤尼斯·贾比尔。

武装力量 **兵力** 现役部队6.5万人。

陆军 3.5万人。编有7个军区、5个精锐旅、10个坦克营、22个炮兵营、21个步兵营、8个高炮营、8个机械化步兵营、15个伞兵突击营、5个地地导弹旅。

坦克：T－54/－55型1600辆、T－62型350辆、T－72型260辆。装甲侦察车：БРДМ－2型250辆、EE－9型380辆。步兵战车：БМП－1型1000辆。装甲输送车：БТР－50/－60型750辆、OT－62/－64型100辆、M－113型40辆、EE－11型100辆。牵引炮：105毫米60门、122毫米330门、130毫米330门。自行炮：122毫米130门、152毫米80门、155毫米180门。火箭炮：107毫米和122毫米约700门。迫击炮：82毫米、120毫米、160毫米各若干门。地地导弹："蛙"－7型40部、"飞毛腿"B型80部。反坦克导弹："警戒"、"米兰"、"耐火箱"共3000具。无坐力炮：106毫米220门。高炮：23毫米、30毫米共600门。地空导弹：SA－7/－9/－13型若干部、"响尾蛇"24部。

海军 8000人(含海军航空兵、海岸警卫队)。

潜艇：F级4艘。护卫舰："科尼"级2艘、"达特·萨瓦里"级1艘。小型护卫舰："阿萨德"级1艘、"纳奴契卡"级3艘。导弹快艇："战士"级9艘、"黄蜂"级12艘、"苏萨"级3艘。巡逻艇：8艘。扫雷艇：8艘。两栖登陆舰艇：5艘。支援和杂务舰船：10艘。

海军航空兵 编有2个直升机中队，装备有米－14型武装直升机25架、SA－321型武装直升机7架。

空军 2.2万人(包括防空军)。编有1个轰炸机中队、13个攻击战斗机中队、9个战斗机中队、2个侦察机中队、9个运输机中队。作战飞机420架，武装直升机52架。

轰炸机：图－22型6架。攻击战斗机："幻影"58架、"隼"式30架、米格－23型55架、苏－20/－22型45架、苏－24型6架。战斗机："幻影"21架、米格－21型50架、米格－23型75架、米格－25型63架。武装侦察机："幻影"5DR型4架、米格－25型7架。运输机：安－26型等共78架。攻击直升机：米－24型40架、米－35型12架。直升机：米－8/－17型等共118架。教练机：G－2型等共251架。空地/空空导弹：若干枚。

防空军 隶属空军，编成1个指挥控制系统和5个防空区。编有4个SA－5A导弹旅、5～6个SA－2导弹旅、2～3个SA－3导弹旅、3个SA－6/－8导弹旅。

预备役部队 民兵4万人。

准军事部队 海关、海岸警卫队(属海军建制)若干人。

兵役制度 实行选征兵役制，士兵服役期2年。

军衔 军官军衔分为3等9级，即将官3级(中将、少将、准将)，校官3级(上校、中校、少校)，尉官3级(上尉、中尉、少尉)。

军队节日 建军节8月9日。

(周长鹏)

摩 洛 哥

国　　名 摩洛哥王国。

主要统计 面积45.9万平方千米(未包括西撒哈拉26.6万平方千米)。人口2877.6万人(其中，13～17岁男166万人，女160.3万人；18～22岁男149.7万人，女144.5万人；23～32岁男245.2万人，女239.7万人)。国内生产总值368亿美元(1996年)。国防费16亿美元(1997年国防费预算估计)。原煤65万吨(1994年)。原油10万桶(1995年)。天然气1700立方米(1995年)。发电量107.73亿度(1994年)。粮食182.3万吨(1995年)。海运能力，商船(载重100吨以上)492艘，总载重量58.62万吨(1992年)。民航能力，固定航班机场12处，客运量46.02亿人千米、货运量5770万吨千米(1996年)。

国防体制 宪法规定，国王为武装力量统帅。不设国防部，只设一个国防行政机构，负责军队的行政管理事务。武装力量由正规军和准军事部队组成。正规军分陆、海、空三个军种。国王在军队总协调员(由王储兼任)和国防行政机构秘书长的协助下，直接领导和指挥全国武装力量。

领导人物 国王兼武装力量统帅穆莱·哈桑二世(1961年3月3日即位)。王储兼军队总协调员西迪·穆罕默德大校。国防行政机构秘书长穆罕默德·阿卡巴尔少将。

武装力量 **兵力** 现役部队19.63万人。

陆军　17.5万人。编有2个军区（南部军区、北部军区）、3个机械化步兵旅、2个伞兵旅、1个轻型警卫旅、8个机械化步兵团和79个独立营（群）（其中2个空降营）。

坦克：M－48型224辆、M－60型300辆。轻型坦克：SK－105型100辆。装甲侦察车：EBR－75型16辆、AMX－10RC型80辆、AML－90型190辆、AML－60－7型38辆、M－113型20辆。步兵战车："非洲獾"60辆、VAB－VCI型45辆、AMX－10P型10辆。装甲输送车：M－113型420辆、VAB－VTT型320辆、OT－62/－64型45辆。牵引炮：105毫米91门、130毫米18门、155毫米55门。自行炮：105毫米5门、155毫米162门。迫击炮：81毫米1100门、120毫米600门。火箭炮：122毫米39门。反坦克导弹："米兰"80具、"龙"式440具、"陶"式150具、AT－3型50具。无坐力炮：106毫米350门。反坦克炮：90毫米28门、100毫米8门。高炮（机枪）：14.5毫米220挺、20毫米100门、23毫米90门、100毫米15门。地空导弹："小槲树"37部、SA－7型70部。

海军　7800人（含陆战队）。

护卫舰："侦察"级1艘。护卫艇："阿萨德"级2艘。导弹快艇："拉萨加"级4艘。巡逻艇：20艘。两栖登陆舰艇：4艘。支援舰船：4艘。

陆战队　500人。编有1个陆战营。

空军　1.35万人。编有2个攻击战斗机中队、1个战斗机中队、1个侦察机中队。作战飞机89架、武装直升机24架。

攻击/战斗机："幻影"F－1EH型14架，F－5A、B、E、F型共33架。战斗机："幻影"F－1CH型15架。侦察机：共6架，其中OV－10型4架具有作战能力。预警机：3架。运输机：C－130H型等共35架。加油机：3架。攻击直升机：SA－342型24架。运输直升机：SA－330型等共88架。教练机：共51架，其中23架"阿尔法喷气"具有作战能力。联络机：4架。空空导弹："响尾蛇"和"魔术"若干枚。空地导弹："小牛"和"霍特"若干枚。

预备役部队　15万人。

准军事部队　4.2万人，其中宪兵1.2万人、辅助部队3万人。

兵役制度　实行义务和志愿相结合的兵役制度，服役期为18个月，入伍者多为志愿兵。

军衔　军官军衔分4等13级，即将官4级（上将、中将、少将、准将），校官4级（大校、上校、中校、少校），尉官3级（上尉、中尉、少尉），准尉2级（一级准尉、二级准尉）。

驻外兵力　驻波黑联合部队约650人。

外国驻军　联合国驻西撒军事观察员200人、民事警察9人，分别来自28个国家。

（周长鹏）

南　　非

国　　名　南非共和国。

主要统计　面积122.1037万平方千米。人口4441.1万人（其中，13～17岁男239.7万人，女236.5万人；18～22岁男215.5万人，女213.8万人；23～32岁男349.3万人，女348.7万人）。国内生产总值1410亿美元（1996年）。国防费21亿美元（1997年国防预算）。原煤1.83亿吨（1994年）。发电量1837.9亿度（1994年）。粮食774万吨（1995年）。海运能力，商船（载重100吨以上）219艘，总载重量28.25万吨（1992年）。民航能力，固定航班机场24处，客运量130.98亿人千米、货运量2.54亿吨千米（1996年）。

国防体制　宪法规定，总统为武装力量统帅。最高国防决策机构为国家安全委员会，由总统任主席，副总统任副主席，成员包括国防、司法、外交、安全、财政、运输等部长及国防军司令、三军司令等。国防部为政府中的一个部，是最高军事统帅机构。国防军司令部隶属国防部，负责全军的作战指挥、训练等。武装力量由正规军、预备役部队和准军事部队组成。正规军分陆、海、空三个军种和医务部队。总统通过国防部和国防军司令部对全国武装力量实施领导和指挥。

领导人物　总统兼武装力量统帅纳尔逊·罗·曼德拉（1994年4月上任）。国防部长莫迪塞（1994年5月上任）。国防军司令乔治·梅林上将（1994年上任）。国防军参谋长塞菲韦·恩扬达中将（1994年上任）。陆军司令奥托中将（1997年上任）。空军司令赫克特中将（1997年上任）。海军司令辛普森·安德森中将（1994年上任）。

武装力量　**兵力**　现役部队7.944万人。

陆军　约5.43万人。编有9个军区司令部、1个机步旅、1个空降旅、1个特种旅。

主战坦克："号角"约224辆。装甲侦察车："大羚羊"90型1600辆、"大山猫"176辆。步兵战车："非洲獾"20/60/90型共1243辆。装甲输送车："水牛"、"卡斯皮卡"等3240辆。牵引炮：88毫米、140毫米、155毫米共350门。自行炮：155毫米43门。火箭炮：127毫米（40管）120门。迫击炮：81毫米1110门。反坦克导弹："斯威夫特"、"米兰"若干具。无坐力炮：106毫米150门。高炮：20毫米、23毫米、35毫米、40毫米共600门。地空导弹：SA－7/－14型若干部。

海军　约8000人。司令部设在比勒陀利亚。编有潜艇、攻击、扫雷3支舰队。基地设在西蒙斯敦、德班。

潜艇："桂树神"级3艘。导弹攻击快艇："雷谢夫"级6艘。海岸巡逻艇：3艘。扫雷艇：6艘。支援及勤务舰船：8艘。

空军　1.114万人。作战飞机234架、武装直升机约14架。编有2个军区司令部、1个后勤司令部、1个训练司令部；2个攻击机/战斗机中队、1个电子战机中队、1个侦察机中队、3个运输机中队、4个直升机中队、5所航校。

攻击/战斗机："英帕拉"Ⅰ型25架、"幻影"F－1AZ型20架、"猎豹"C型30架。加油/预警机：波音707－320型（电子侦察/加油）5架。海上侦察机：C－47型8架。运输机：C－130型、C－47型等共62架。直升机：SA－316/－319型等共100架，其中14架为武装直升机。联络/引导机："色斯纳"185型等共25架。教练机：共107架，其中"猎豹"D型12架、"英帕拉"Ⅰ型25架具有作战能力。空地/空空导弹：若干枚。地空导弹："仙人掌"20部、SA－8/－9/－13型若干部。

医务部队　6000人。作为南非国防军的一支独立部队，部署在全国各地，为南非国防军服务。

预备役部队　38.6万人，其中陆军31.25万人、海军1.7万人、空军2.05万人、医务部队3.6万人。

准军事部队　南非警察13.8万人，装备飞机10架、直升机19架。

兵役制度　志愿兵役制，服役期2～6年。

（周长鹏）

尼　日　利　亚

国　　名　尼日利亚联邦共和国。

主要统计　面积92.3768万平方千米。人口1.07亿人（其中，13～17岁男696.1万人，女697.8万人；18～22岁男588.6万人，女600.3万人；23～32岁男876.2万人，女911.5万人）。国内生产总值450亿美元（1996年）。国防费8亿美元（1997年国防预算）。原煤5万吨（1994年）。原油7.11亿桶（1995年）。天然气41.31亿立方米（1995年）。发电量147.9亿度（1994年）。粮食2094.3万吨（1995年）。海运能力，商船（载重100吨以上）271艘，总载重量73.3万吨（1992年）。民航能力，固定航班机场12处，客运量9.13亿人千米、货运量9600万吨千米（1996年）。

国防体制　宪法规定，总统为武装部队总司令。武装力量执委会为最高军事指挥机构，负责制定国防政策、建军方针、军事预算等。国防部是武装力量最高行政机构。武装力量由陆军、海军和空军组成。总统通过国防部和武装部队总参谋长对全国武装力量实施领导和指挥。

领导人物　国家元首、武装部队总司令兼国防部长萨尼·阿巴查上将（1993年11月执政）。武装部队总参谋长奥拉迪博·迪亚中将（1994年9月上任）。陆军参谋长依沙亚·巴迈伊少将（1996年5月上任）。海军参谋长阿基格比少将（1994年9月上任）。空军参谋长恩西卡克·埃杜奥克少将（1996年3月上任）。

武装力量　兵力　现役部队7.7万人。

陆军　6.2万人。编有1个装甲师（辖2个装甲旅）、1个合成师（辖1个空降营、1个摩步旅、1个两栖旅）、2个机械化师（各辖1个机械化旅、1个摩步旅）、1个总统警卫旅、1个防空旅，上述各师均编有1个炮兵旅、1个工程兵旅和1个侦察营。

主战坦克：T－55型50辆，"维克斯"MK－3型150辆。轻型坦克："蝎子"140辆。装甲侦察车：AML－60/－90型约180辆、"狐狸"55辆、"响尾蛇"75辆。装甲输送车："萨拉逊"10辆、4K－7FA型300辆、"莫瓦格·皮兰哈"型70辆。牵引炮：105毫米200门、122毫米200门、130毫米7门、155毫米24门。自行炮：155毫米27门。火箭炮：122毫米11门。迫击炮：81毫米200门、82毫米100门、120毫米30门。无坐力炮：84毫米、106毫米各若干门。高炮：20毫米约60门、23毫米30余门、40毫米若干门。地空导弹："吹管"48部、"罗兰"16部。

海军　5500人。编有2个司令部。基地设在拉各斯、阿帕帕、卡拉巴、沃瑞、哈科特港。

护卫舰："阿拉杜"（德"梅科"）级1艘。小型护卫艇：1艘。导弹攻击快艇："锡里"级3艘、"埃克佩"级2艘。巡逻艇：45艘。扫雷艇：2艘。坦克登陆舰：1艘。支援及勤务舰船：6艘。

海军航空兵　装备有"大山猫"式直升机2架。

空军　9500人。编有3个攻击/战斗机中队、2个运输机中队。作战飞机92架、武装直升机15架。

攻击/战斗机："阿尔法喷气"20架、米格－21型22架、"美洲虎"15架。防暴兼教练机：L－39MS型23架、MB－339AN型12架。攻击直升机：Bo－105D型15架。运输机：C－130H型、Do－128－6型等共39架。教练机："大斗犬"等共28架。直升机：休斯300型等共20架。空空导弹："环礁"若干枚。

准军事部队　海岸警卫队隶属海军。港口治安警察约2000人，装备60艘小艇和5艘气垫船。治安和民防部队，属内务部，装备有装甲车辆、飞机、直升机等。

兵役制度　实行志愿兵役制。

驻外兵力　1997年共有12079人在安哥拉、波黑、克罗地亚、马其顿、伊/科、利比里亚、塞拉利昂、西撒哈拉参加联合国维和行动。

（周长鹏）

苏　丹

国　　名　苏丹共和国。

主要统计　面积250.5813万平方千米。人口约3048.5万人（其中，13～17岁男178.6万人，女170.6万人；18～22岁男149.8万人，女143.1万人；23～32岁男225.5万人，女217万人）。国内生产总值97亿美元（1996年）。国防费1.6亿美元（1997年国防预算估计）。原油70万桶（1995年）。发电量13.33亿度（1994年）。粮食382.1万吨（1995年）。海运能力，商船（载重100吨以上）16艘，总载重量6.22万吨（1992年）。民航能力，固定航班机场10处，客运量5.8亿人千米、货运量9140万吨千米（1996年）。

国防体制　总统为武装部队总司令。国防部为政府的一个部。武装部队由正规军和准军事部队组成。正规军分陆、海、空三个军种。全国划分为6个军区。最高军事指挥机构为武装部队总司令部。参谋长负责军队日常工作。

领导人物　总统兼武装部队总司令奥马尔·哈桑·艾哈迈德·巴希尔中将（1996年3月连任）。国防部长哈桑·阿卜杜勒·拉赫曼·阿里中将（1996年4月连任）。总参谋长赛义德·萨拉吉中将（1997年10月上任）。海军司令阿巴斯·赛义德·奥斯曼准将。

武装力量　**兵力**　现役部队7.97万人。

陆军　7.5万人。编有1个装甲师、6个步兵师、1个空降师、1个边防警卫师、1个工兵师、1个机械化步兵旅、24个步兵旅、1个侦察旅、10个炮兵旅（含高炮旅）、3个炮兵团。

坦克：T－54/－55型250辆、M－60A3型20辆、其他型80余辆。装甲侦察车：AML－90型6辆、"萨拉丁"式90辆、"白鼬"式80辆、БРДМ－1/－2型60辆。步兵战车：БМП－2型6辆。装甲输送车：БТР－50/－152型90辆、OT－62/－64型80辆、M－113型36辆、V－100/－150型100辆、"瓦利德"式120辆。牵引炮：85毫米、105毫米、122毫米、130毫米600门。自行炮：155毫米6门。火箭炮：107毫米400门、122毫米30门。迫击炮：81毫米120门，120毫米36门，82毫米若干门。反坦克导弹："旋火"式4具。无坐力炮：106毫米40门。反坦克炮：76毫米和100毫米共40门。高炮（高射机枪）：14.5毫米、20毫米、23毫米、37毫米、40毫米、57毫米共425门（挺）。地空导弹：SA－7型若干部。

海军　约1700人。基地设在苏丹港、弗莱明哥湾和喀土穆。

巡逻艇：7艘。登陆艇：7艘。另有武装小艇16艘。

空军　3000人（含防空部队，编有5个防空导弹连）。作战飞机约56架，武装直升机9架。

攻击战斗机：F－5E型7架，F－5F型2架，其他型29架。战斗机：米格－23型6架，其他型若干架。教练机：共22架，其中米格－15UTI型、米格－21U型等共12架具有作战能力。运输机：安－24型4架，C－130H型4架，C－212型4架，DHC－

5D型3架，EMB－110P型6架，F－27型1架，“猎鹰”20/50型2架。直升机：AB－412型11架，IAR/SA－330型8架，米－4型4架，米－8型8架，米－24型(武装)4架，米－35型(武装)5架。地空导弹：SA－2型18部。空空导弹：“环礁”式若干枚。

准军事部队 民防部队：现役1.5万人；预备役8.5万人。伊斯兰民族阵线军事联队若干人。

兵役制度 实行志愿兵役制，服役期3年。

军衔 军官分4等11级，即元帅1级，将官4级（上将、中将、少将、准将），校官3级（上校、中校、少校），尉官3级（上尉、中尉、少尉）。

外国驻军 伊朗军事顾问若干人。

（张令锺）

坦 桑 尼 亚

国　　名 坦桑尼亚联合共和国。

主要统计 面积94.5087万平方千米（其中桑给巴尔2657平方千米）。人口3022万人（其中，13～17岁男172.8万人，女180.1万人；18～22岁男139.7万人，女146.6万人；23～32岁男209.3万人，女225.7万人）。国内生产总值34亿美元（1996年）。国防费0.89亿美元（1997年国防预算估计）。原煤0.4万吨（1994年）。发电量9.12亿度（1994年）。粮食461.7万吨（1995年）。海运能力，商船(载重100吨以上）43艘，总载重量4.85万吨(1992年)。民航能力，固定航班机场11处，客运量1.84亿人千米、货运量290万吨千米（1996年）。

国防体制 宪法规定，总统为武装力量统帅。最高国防决策机构为革命党中央国防安全委员会，由革命党主席任主席，政府总理任书记。国防部为政府中的一个部，是最高军事行政机关，全称为国防和国民服务部。武装力量由正规军、预备役和准军事部队组成。正规军分陆、海、空三个军种。最高军事指挥机构为人民国防军司令部。总统通过国防部和国防军司令部对全国武装力量实施领导和指挥。

领导人物 总统兼武装力量统帅本杰明·威廉·姆卡帕（1995年上任）。人民国防军参谋长萨约莱中将。

武装力量 **兵力** 现役部队3.46万人。

陆军 3万人。编成5个步兵旅、1个坦克旅、2个炮兵营、2个高炮营、2个迫击炮营、2个反坦克营、1个工程兵营。

坦克：T－54型35辆、其他型30辆。轻型坦克：“蝎子”40辆、其他型30辆。装甲侦察车：БРДМ－2型40辆。装甲输送车：БТР－40/－152型共66辆、其他型30辆。牵引炮：76毫米45门、85毫米80门、122毫米120门、130毫米40门。火箭炮：122毫米58门。迫击炮：82毫米350门、120毫米135门。无坐力炮：75毫米540门。

海军 1000人。基地设在达累斯萨拉姆、桑给巴尔、姆万扎（维多利亚湖）。

鱼雷快艇：4艘。巡逻艇：12艘。登陆艇：2艘。

空军 3600人（含防空部队2600人）。编有3个战斗机中队、1个运输机中队。作战飞机24架。

战斗机：米格－17型3架、米格－19型10架、米格－21型11架。运输机：DHC－5D型等共12架。直升机：AB－205型等共10架。联络机：“色斯纳”8架。教练机：米格－15型等共7架。高炮（机枪）：14.5毫米40挺、23毫米40门、37毫米120门。地空导弹：SA－3型20部、SA－6型20部、SA－7型120部。

准军事部队 警察野战部队1400人，装备飞机1架、直升机6架、小艇若干。全民普通民兵8万人(即预备役部队)。

兵役制度 实行征兵制，服役期2年。

军衔 军官军衔分4等11级，即将官4级（上将、中将、少将、准将），校官3级（上校、中校、少校），尉官3级（上尉、中尉、少尉），准尉。

驻外兵力 驻安哥拉维和部队3名民事警察。

军队节日 国防军节9月1日。（周长鹏）

突尼斯

国　　名　突尼斯共和国。

主要统计　面积16.415万平方千米。人口942.1万人（其中，13～17岁男50.9万人，女48.8万人；18～22岁男46.9万人，女45.1万人；23～32岁男81.4万人，女79万人）。国内生产总值196亿美元（1996年）。国防费4.18亿美元（1997年国防预算估计）。石油3300万桶（1995年）。天然气3.37亿立方米（1995年）。发电量64.73亿度（1994年）。粮食63.7万吨（1995年）。海运能力，商船(载重100吨以上）77艘，总载重量44.33万吨(1992年）。民航能力，固定航班机场5个，客运量21.54亿人千米、货运量2036万吨千米（1996年）。

国防体制　宪法规定，总统为武装部队总司令。国防委员会是最高军事决策机构。国防部负责军事行政事务，三军参谋长负责部队的作战、训练和装备采购等事宜。武装力量由正规军和准军事部队组成。正规军分陆、海、空三个军种。

领导人物　总统兼武装部队总司令本·阿里(1994年连任)。国防部长哈比卜·本·叶海亚（1997年1月上任）。

武装力量　**兵力**　现役部队3.5万人。

陆军　2.7万人。编成3个机械化旅（每旅有1个装甲团、2个机械化步兵团、1个炮兵团、1个防空团)、1个撒哈拉旅、1个特种旅、1个工兵团。

坦克：M－60型共84辆。轻型坦克："屈拉西尔"55辆。装甲侦察车："萨拉丁"24辆、AML－90型35辆。装甲输送车：268辆。火炮：105毫米48门、155毫米69门。迫击炮：81毫米95门、107毫米66门。反坦克导弹："陶"式65具、"米兰"500具。无坐力炮：57毫米140门、106毫米70门。高炮：20毫米100门、37毫米15门。地空导弹：73部。

海军　4500人，基地设在比塞大、斯法克斯、克利比亚。

导弹快艇：6艘。巡逻艇：14艘。支援和杂务舰船：1艘。

空军　3500人。装备作战飞机44架、武装直升机7架。

攻击战斗机：F－5型15架。防暴机：MB－326型5架。运输机：C－130型等共11架。联络机：2架。教练机：35架（其中24架具有作战能力)。武装直升机：SA－341型5架、HH－3型2架。运输直升机：35架。空空导弹："响尾蛇"若干枚。

准军事部队　国民卫队1.2万人。

驻外兵力　参加联合国维和行动，驻波黑3名民事警察；驻克罗地亚23名民事警察。　（周长鹏）

乌干达

国　　名　乌干达共和国。

主要统计　面积24.1038万平方千米。人口2039.8万人（其中，13～17岁男116.3万人，女116.2万人；18～22岁男98.1万人，女99.5万人；23～32岁男141.1万人，女156.7万人）。国内生产总值64亿美元（1996年）。国防费1.37亿美元(1997年国防预算)。发电量7.95亿度（1994年）。粮食208万吨（1995年）。海运能力，商船（载重100吨以上）2艘（1992年）。民航能力，固定航班机场1处，客运量5210万人千米、货运量70万吨千米（1996年）。

国防体制　宪法规定，总统为武装力量统帅。国防部为政府中的一个部，是最高军事行政机关，总统通过国防部和军队司令对全国武装力量实施领导和指挥。

领导人物　总统兼武装力量统帅和国防部长约韦里·卡古塔·穆塞维尼中将（1986年1月上任，1996年5月11日连任）。负责国防事务的国务部长阿玛玛·蒙巴巴齐。军队司令穆吉沙·蒙图少将（1989年11月上任）。

武装力量　**兵力**　国民抵抗军约4～5.5万人，编有4个师。

坦克：T－54/－55型80辆、PT－76型20辆。装甲输送车：БТР－60型20辆、OT－64SKOT型4

辆、“马姆巴”式10辆。牵引炮：76毫米60门、122毫米20门。火箭炮：122毫米若干门。迫击炮：81毫米、82毫米、120毫米若干门。反坦克导弹：“萨格尔”40具。高炮（机枪）：14.5毫米若干挺、23毫米20门、37毫米20门。地空导弹：SA-7型10部。飞机：6架，其中SF-260型1架具有作战能力。直升机：8架。

准军事部队　边防部队约600人。警察飞行队，装备飞机3架、直升机6架。陆战队，约400人，装备江河巡逻艇8艘。

兵役制度　实行志愿兵役制。

（周长鹏）

乍　得

国　　名　乍得共和国。

主要统计　面积128.4万平方千米。人口681万人（其中，13～17岁男35.8万人，女35.8万人；18～22岁男29.9万人，女30.1万人；23～32岁男47.6万人，女48.5万人）。国内生产总值14亿美元（1996年）。国防费4400万美元（1997年国防预算估计）。发电量8500万度（1994年）。粮食96.3万吨（1995年）。民航能力，固定航班机场4处，客运量2.23亿人千米、货运量1530万吨千米（1996年）。

国防体制　乍得全国武装力量由正规部队和准军事部队组成。正规部队包括陆军、空军，准军事部队由共和国卫队和宪兵组成。总统是武装力量最高统帅，国防部为政府的一个部，是最高军事行政机构。总参谋部为最高军事指挥机构。总统通过国防部和总参谋部对武装力量实施领导和指挥。

领导人物　总统伊德里斯·代比（1990年12月上任，1996年8月8日连任）。国防部长图戈米。总参谋长胡图旺·戈洛姆上校（1996年10月27日上任）。陆军参谋长埃苏中校。空军参谋长姆巴伊萨内贝中校。

武装力量　**兵力**　现役部队约3.035万人（包括共和国卫队）。

陆军　约2.5万人。编有7个军区。

主战坦克：T-55型60辆。步兵战车：ERC-90型4辆、AML-60/-90型约50辆、V-150型9辆。牵引炮：105毫米5门。迫击炮：81毫米、120毫米若干门。反坦克导弹：“米兰”式若干具。无坐力炮：106毫米、112毫米若干门。高炮：20毫米、30毫米若干门。

空军　350人。作战飞机4架。

防暴机：PC-7型2架、SF-260W型2架。运输机：C-130A/-B/-H型共5架、C-212型1架、PC-6型2架、SA-316型运输直升机2架。联络机：PC-6B型2架、“色斯纳”FTB-337型5架。

准军事部队　共和国卫队5000人（现役）；宪兵4500人。

兵役制度　实行征兵制，服役期3年。

外国驻军　法国驻军800人（2个步兵连和一些高炮部队），配备有2架C-160型飞机。

（周长鹏）

欧洲国家军事概况

阿　尔　巴　尼　亚

国　　名　阿尔巴尼亚共和国。

主要统计　面积2.8748万平方千米。人口363.8万人（其中，13～17岁男18.2万人，女16.7万人；18～22岁男17.3万人，女15.8万人；23～32岁男32.2万人，女29.9万人）。国内生产总值15亿美元（1996年）。国防费5500万美元（1997年国防预算）。原煤17.9万吨（1994年）。原油400万桶（1995年）。天然气1.36亿立方米（1995年）。发电量39.03亿度（1994年）。粮食65.7万吨（1995年）。海运能力，商船（载重100吨以上）24艘，总载重量8.1万吨（1992年）。民航能力，固定航班机场1处（1996年）。

国防体制 宪法规定，总统为武装力量统帅。最高国防决策机构为国防委员会，成员有议长、总理、外交部长、国防部长、财政部长、内务部长、国家情报局长和军队总参谋长等，由总统任主席。国防部全面负责军队工作，总参谋部是隶属国防部的顾问机构。武装力量由正规军和准军事部队组成。正规军分为陆、海、空三个军种。总统通过国防部对全国武装力量实施领导和指挥。

领导人物 总统兼武装力量统帅雷捷普·迈达尼（1997年6月上任）。国防部长萨比特·布罗卡伊（1997年7月上任）。总参谋长阿列克赛·安东尼准将（1997年8月上任）。

武装力量 阿尔巴尼亚军队在1997年初的国内动乱中瓦解后，现处于整顿和重建阶段。以下所列内容均为动乱前的数据。

陆军 人数不详。

坦克：T-34型138辆、T-59型721辆、62式35辆。装甲侦察车：БРДМ-1型15辆。装甲输送车：531式103辆。牵引炮：122毫米425门、130毫米100门、152毫米90门。火箭炮：107毫米270门。迫击炮：82毫米259门、120毫米550门、160毫米100门。反坦克炮：若干门。高炮：23毫米12门、37毫米100门、57毫米82门、85毫米30门、100毫米56门。

海军 2500人。

潜艇："威士忌"级2艘。巡逻和岸防舰艇：约31艘。反水雷舰艇：约3艘。支援舰船：14艘。

空军 6000人。作战飞机约98架。

攻击战斗机：米格-15型10架、米格-17型14架、米格-19型23架。歼击机：米格-19型41架、米格-21型10架。运输机：安-2型10架、伊尔-14M型3架、里-2型6架。直升机：米-4型20架。教练机：米格-15UTI型、雅克-11型等共29架。地空导弹：SA-2型导弹发射架22部。

准军事部队 内卫部队、民兵、边防警察若干人。

驻外兵力 派驻波黑多国稳定部队36人，派驻格鲁吉亚联合国军事观察员1名。

外国驻军 参加"阿尔巴"维和行动的多国保护部队约6000人（来自奥地利、意大利、希腊、法国、丹麦、西班牙、罗马尼亚等国，1997年8月撤离阿尔巴尼亚。）

（潘海澜）

奥 地 利

国　　名 奥地利共和国。

主要统计 面积8.3858万平方千米。人口804.4万人，（其中，13~17岁男23.9万人，女22.8万人；18~22岁男25.3万人，女24.2万人；23~32岁男63.9万人，女61.6万人）。国内生产总值2.4万亿先令，合2280亿美元（1996年）。国防费214亿先令，合17亿美元（1998年国防预算）。粗钢414.89万吨（1993年）。原煤139.1万吨（1994年）。原油700万桶（1995年）。天然气14.75亿立方米（1995年）。发电量533.59亿度（1994年）。粮食447.7万吨（1995年）。海运能力，商船（载重100吨以上）26艘，总载重量20.85万吨（1992年）。民航能力，固定航班机场6处，客运量75.66亿人千米、货运量1.756亿吨千米（1996年）。

国防体制 宪法规定，总统为武装力量统帅。最高国防决策机构为联邦政府内阁，成员有总理和联邦政府各部部长，由总理任主席。最高国防咨询机构为总理府所属的国防委员会。国防部为政府中的一个部，是最高军事行政机关，负责全军的建设、战备和训练工作。国防部下辖总监部、法律部、人事部、训练部、后勤部。武装力量由正规军和动员部队（即民兵预备役）组成。正规军分陆、空两个军种，空军部队归陆军所辖。平时，由联邦政府授权国防部长（文职）对武装力量实施领导和指挥。最高军事指挥机构为总监部，部队总监是国防部长的最高军事顾问，也称"第一军人"，其地位相当于总参谋长。

领导人物 总统兼武装力量统帅托马斯·克莱斯蒂尔（1992年7月上任）。总理维克托·克利马（1997年上任）。国防部长维尔纳·法斯尔阿本德（1996年3月连任）。部队总监卡尔·麦岑上将（1990年10月上任）。

武装力量 **兵力** 现役部队4.55万人。

陆军 4.55万人（含4250名空军）。编有3个军、6个州军事司令部、12个轻装步兵团和3个机步旅。

坦克：M－60A3型169辆、“豹”式5辆。装甲输送车：“劫掠者”约68辆、“绍尔”4K4E/F型465辆。牵引炮：105毫米108门。自行炮：155毫米178门。要塞炮：155毫米24门。火箭炮：128毫米18门。迫击炮：81毫米498门、120毫米242门。反坦克导弹：“比尔”RBS－56型226具。无坐力炮：共2196门，其中，106毫米445门。反坦克炮：105毫米“骑兵”（自行）284门、85毫米M－52/－55型205门、105毫米“百人队长”227门。高炮：20毫米426门。

陆战队　2艘江河巡逻艇、10艘非武装船只。

空军　0.425万人。属于陆军的一部分。编有1个航空兵师部、3个航空兵团、3个防空团、1个对空监视团。装备作战飞机53架。

战斗机：“萨伯”J－35Oe型24架。运输机：“空中货车”3M型2架。联络机：26架。教练机：45架，其中29架“萨伯”105Oe型具有作战能力。直升机：77架。

文职人员　9000人。

预备役部队　约10万人，均属陆军。

部署　陆军作战部队原实行区域防御作战方针，计划一旦出现战事，主要在国土内部进行防御。根据新的安全形势，防备思想开始转向边境附近的机动防御，陆军作战部队的部署正逐渐向重点城市和边境地区转移。航空兵部队主要部署在内地。

兵役制度　实行普遍义务兵役制和民兵预备役相结合的兵役制度。军官最高服役年龄为65岁。士兵服役期共8个月，分为两种类型。一种是“6+1+1”型，即先服6个月的基本役，随即参加1个月的部队综合演练，在其转入预备役后的10年内再参加1个月的复训，这种类型主要适用于步兵、炮兵、防空和供给部队的新兵；另一种是一次服完8个月的兵役，这种类型主要适用于侦察、工兵、机械化部队和航空部队的新兵。征兵年龄从17岁开始，每个奥地利男性公民必须在35岁以前完成服役的义务，如拒服兵役，可以服民役代替。

军衔　分5等21级。即将官4级（上将、中将、少将、准将），校官3级（上校、中校、少校），尉官4级（上尉、中尉、少尉、准尉），军士6级（上士、一级中士、二级中士、三级中士、一级下士、二级下士），兵4级（一等兵、二等兵、三等兵、列兵）。

驻外兵力　1967年共有1206人在阿尔巴尼亚、波黑、克罗地亚、塞浦路斯、格鲁吉亚、伊/科、中东、叙利亚、塔吉克斯坦、西撒哈拉等国和地区参加联合国维和行动。

（刘　春　白　冰）

白　俄　罗　斯

国　　名　白俄罗斯共和国。

主要统计　面积20.76万平方千米。人口1042.1万人（其中，13～17岁男40万人，女38.7万人；18～22岁男38万人，女37.2万人；23～32岁男69.6万人，女69.9万人）。国内生产总值116亿美元（1996年）。国防费1.17亿美元（1997年国防预算）。

领导人物　国防部长亚历山大·彼得洛维奇·丘马科夫（1997年1月上任）。

武装力量　**兵力**　8.18万人（包括国防部机关人员1200人、国防部直属部队8100人）。

陆军　5.05万人。编有3个军（下辖4个机械化旅、2个战役战术导弹旅、2个防空导弹旅、2个炮兵团、2个火箭炮团），1个后方防御师，1个战役战术导弹旅，1个反坦克旅，1个特种作战旅，2个防空导弹旅。国防部直属部队（辖2个摩步师、1个空降师、1个独立空降突击旅、1个炮兵师、2个炮兵团、2个火箭炮团）。

主战坦克：“T－55、T－62、T－72型共1778辆。轻型坦克：ПТ－76型8辆。步兵战车：1956辆，其中БМП－1型388辆、БМП－2型1265辆、БРМ型161辆、БМД－1型伞兵战斗车142辆。装甲输送车：1020辆，其中БТР－60型188辆、БТР－70型451辆、БТР－80型195辆、БТР－Д型115辆、МТ－ЛБ型71辆。牵引炮：382门，其中122毫米190门、152毫米192门。自行炮：586门，其中，122毫米239门、152毫米299门、203毫米48门。曲射直射两用炮：120毫米54门。火箭炮：419门，其中122毫米286门、130毫米1门、220毫米84门、300毫米48门。迫击炮：120毫米78门。反坦克导弹：AT－4、AT－5、AT－6、AT－7型共480部。战役战术导弹：“飞毛腿”60部，“蛙”/SS－21型36部。防空导弹：SA－8/－11/－12/－13型共350部。

空军　2.2 万人（包括防空部队）。作战飞机 230 架、战斗直升机 74 架。

歼击轰炸机：苏－24 型 30 架、苏－25 型 99 架。歼击机：米格－29 型 67 架、苏－27 型 22 架。武装侦察机：苏－24 型 12 架。战斗直升机：米－24 型 74 架。电子战直升机：米－8 型 25 架。战斗支援直升机：154 架。运输机：44 架。

防空部队　约 1 万人。装备 SA－3/－5/－10 型防空导弹 175 部。

准军事部队　内卫部队 8000 人。

预备役部队　约 28.95 万人。

兵役制度　实行义务兵役制，士兵服役期 18 个月。

军队节日　1994 年白俄罗斯最高苏维埃确定每年 2 月 23 日（原苏联建军节）为白俄罗斯祖国保卫和武装力量日。（阎振范）

保　加　利　亚

国　　名　保加利亚共和国。

主要统计　面积 11.09936 万平方千米（包括河界水域）。人口 837.5 万人（其中，13～17 岁男 30.6 万人，女 29 万人；18～22 岁男 31.5 万人，女 29.9 万人；23～32 岁男 57.6 万人，女 55.5 万人）。国内生产总值 117 亿美元（1995 年）。国防费 4.28 亿美元（1996 年国防预算）。粗钢 272.4 万吨（1995 年）。原煤 2875.7 万吨（1994 年）。原油 30 万桶（1995 年）。天然气 1100 万立方米（1995 年）。发电量 381.33 亿度（1994 年）。粮食 573.9 万吨（1995 年）。海运能力，商船（载重 100 吨以上）222 艘，总载重量 193.82 万吨（1992 年）。民航能力，固定航班机场 3 处，客运 36.04 亿人千米、货运量 1660 万吨千米（1996 年）。

国防体制　保国防和武装力量由国民议会、总统、部长会议领导。部长会议通过国防部对武装力量实行全面领导。国防部长对部长会议负责，直接领导国防和武装力量的工作，对保加利亚军队实行文职监督。总统为武装力量统帅，平时总统由国家安全和国防事务秘书协助处理安全和国防事务；战时总统将组建最高总司令部，成员包括：总理，国防、内务、外交、交通、国土发展和建设部长，邮电和远程通信委员会主席，总参谋长及总统指定的其他人员，其任务是协助总统领导和指挥全国武装力量。国民议会为立法机关，审批有关国防和武装力量的重大问题，对武装力量实行监督。

领导人物　总统兼武装力量统帅彼得·斯托杨诺夫（1997 年 1 月上任）。国防部长格奥尔基·阿纳尼耶夫（1997 年 2 月上任）。总参谋长米·米霍夫上将（1997 年 6 月上任）。

武装力量　**兵力**　现役部队 10.15 万人（含国防部人员及其直属部队共 2.57 万人）。

陆军　5.04 万人。编有 3 个军区、下辖 3 个摩步师、4 个坦克旅、1 个机械化旅、1 个空降旅、5 个地地导弹旅、1 个地空导弹旅、3 个炮兵团、3 个反坦克团、3 个高炮团、1 个地空导弹团、3 个地区训练中心。

坦克：T－55 型 1042 辆，T－72 型 433 辆。自行突击炮：苏－100 型 68 部。步兵战车：БМП－1 型 50 辆，БМП－23 型和 БМП－30 型 114 辆。装甲侦察车：БРДМ－1/2 型 58 辆。装甲输送车：БТР－60 型 781 辆，MT－LB 型 1113 辆。牵引炮：100 毫米 16 门、122 毫米 404 门、130 毫米 72 门、152 毫米 238 门。自行炮：122 毫米 656 门。火箭炮：122 毫米 222 门。迫击炮：122 毫米 444 门。地地导弹："蛙" 7 型 28 部、"飞毛腿" 36 部、SS－23 型 8 部。反坦克导弹："耐火箱" 200 具。高炮：400 门。地空导弹：SA－3 型 20 部，SA－4 型 27 部，SA－6 型 20 部。

海军　约 6100 人。

潜艇："胜利" 级 2 艘。护卫舰："大胆" 级 1 艘。小型护卫舰：7 艘。导弹快艇：6 艘。巡逻艇：约 10 艘。布雷舰艇：10 艘。反水雷舰艇：19 艘。两栖舰艇：9 艘。支援和勤务舰船：7 艘。

海军航空兵　装备武装直升机 9 架。

海岸炮兵　2 个团、20 个连。

海军警卫队　3 个连。

空军　1.93 万人。编有战术航空兵军 1 个，防空兵军 1 个。作战飞机 217 架，武装直升机 44 架。

对地攻击战斗机：苏－25 型 39 架、米格－21 型 41 架、米格－23 型 32 架。歼击机：米格－23 型约 40 架、米格－21 型 23 架、米格－29 型 21 架。武装侦察机：苏－22 型 21 架。运输机：图－134 型 2 架、安－24 型 3 架、安－26 型 4 架、拉－410 型 5 架、雅克－40 型 3 架（专机）。航测机：安－30 型 1 架。直升机：米－2型14架、米－8型7架、米－17型25架、米－24型44架（武装）。教练机：雅克－18型6架、拉－29型74架、拉－39型35架。空地导弹："克里牛"若干枚。空空导弹："环礁"、A－2/－3/－5/－10型约110部。

预备役部队　30.3万人，其中，陆军25.05万人、海军0.75万人、空军4.5万人。

准军事部队　内务部边防部队1.2万人；治安警察0.4万人；铁道和建设部队1.8万人。

兵役制度　实行义务兵役制，士兵服役期18个月。

军衔　军官军衔分3等11级，即将官4级（大将、上将、中将、少将），校官3级（上校、中校、少校），尉官4级（大尉、上尉、中尉、少尉）。

驻外兵力　1997年共有44人在安哥拉、波黑、塔吉克斯坦参加联合国维和行动。

（潘海澜）

比　利　时

国　　名　比利时王国。

主要统计　面积3.0528万平方千米（包括荷兰境内飞地巴勒－埃尔东）。人口1009.3万人（其中，13～17岁男31万人，女29.6万人；18～22岁男32.3万人，女31.1万人；23～32岁男73.4万人，女71.2万人）。国内生产总值2620亿美元（1996年）。国防费29亿美元（1998年国防预算）。粗钢1154万吨（1995年）。原煤75.3万吨（1994年）。天然气1400万立方米（1995年）。发电量722.36亿度（1994年）。粮食231.1万吨（1995）。海运能力，商船（载重100吨以上）232艘，总载重量21.85万吨（1992年）。空运能力，固定航班机场2处，客运量74.96亿人千米、货运量4.222亿吨千米（1996年）。

国防体制　宪法规定，国王为武装力量统帅。平时国王授权国防大臣领导全国武装力量。内阁防务委员会是最高军事决策机构，同时也是国王的最高防务咨询机构，由首相、国防大臣、外交大臣、内务大臣等组成，首相任主席。"国内防务问题委员会"是协调内阁各部防务事宜的机构，由军人、外交官和公职人员专家组成，直接对首相负责，平时为内阁防务委员会会议做准备工作，战时改名为"防务技术秘书处"，协助内阁对防务问题作出决定。国防部是内阁的一个部，是最高国防行政领导机构。国防大臣在首相领导下负责制定和执行防务政策，领导国防和军队建设。武装力量由正规军和准军事部队组成，正规军分陆、海、空三个军种。总参谋部是最高军事指挥机构。国王通过国防部和总参谋部对全国武装力量实施领导和指挥（因比军大部分兵力平时已编入北约中欧盟军司令部序列，故战时实际上归北约盟军最高司令部指挥）。

领导人物　国王兼武装力量统帅阿尔贝二世（1993年8月即位）。首相让·吕克·德阿纳（1992年3月上任）。国防大臣让·保尔·蓬斯莱（1995年9月上任）。总参谋长维利·赫尔特莱尔（1995年9月上任）。陆军参谋长让·贝兰中将（1988年7月上任）。海军参谋长约瑟夫·德·维尔德中将（1989年10月上任）。空军参谋长范海克中将（1991年3月上任）。

武装力量　**兵力**　现役部队4.445万人（含三军卫生兵部队1250人）。

陆军　2.85万人。编有1个机械化师（辖3个机械化步兵旅）、1个作战支援师、1个伞兵突击旅、1个轻型航空兵大队。

坦克："豹"1A5型132辆、"豹"1A1型194辆。装甲侦察车："大湾刀"式141辆。步兵战车：YPR－765型236辆（另有派生型278辆）。装甲输送车：M－113型434辆。牵引炮：105毫米25门。自行炮：138门。迫击炮：107毫米90门、120毫米2门、81毫米220门。反坦克导弹："米兰"420具、M－113型56具。高炮：35毫米自行式54门。地空导弹："西北风"118部。飞机："岛民"10架。直升机78架，其中28架A－109BA型为攻击直升机。

海军　2700人。编有1个小型舰队和2个分舰队。比利时海军和荷兰海军由设在荷兰登赫尔德的司令部统一指挥。

护卫舰："维林根"级3艘。扫雷舰艇："范·哈韦比克"级4艘、"紫菀"级7艘。后勤支援舰船：4艘。直升机：3架。

空军　1.2万人。编有3个攻击战斗机中队、3个战斗机中队、2个运输机中队、4个教练机中队、1个搜索救援中队。作战飞机132架。

攻击/战斗机：F－16A型112架、F－16B型20架。运输机：C－130型等共24架。教练机：SF－

260型34架、“阿尔法喷气”式31架、CM－170型11架（教练，联络）。直升机：“海王”5架（搜索救援）。地空导弹：“西北风”24部。空空导弹：“响尾蛇”若干枚。

文职人员　4661人。

预备役部队　14.42万人，其中陆军9.7万人，海军5700人，空军2.2万人，卫生兵部队1.95万人。

部署　陆军作战部队主要沿本土东部和北部一线部署。空军作战飞机主要驻首都布鲁塞尔以东地区。

兵役制度　比利时于1996年3月1日取消了义务兵役制，现实行志愿兵役制。

军衔　分5等17级，即将官2级（中将、少将），校官3级（上校、中校、少校），尉官4级（大尉、上尉、中尉、少尉），军士6级（军士长、军士、一级上士、上士、中士、下士），兵2级（一等兵、二等兵）。

驻外兵力　驻德国2000人。参加联合国维持和平部队：驻波黑123人；驻克罗地亚844人；驻印度/巴基斯坦2人；驻意大利70人；驻马其顿1人；驻中东6人；

外国驻军　北大西洋公约组织总部（驻布鲁塞尔）；北大西洋公约组织欧洲盟军最高司令部（驻蒙斯市）；西欧联盟军事计划制定小组；美国驻军1365人（陆军740人；海军100人；空军525人）。

（孟大成）

波　兰

国　　名　波兰共和国。

主要统计　面积31.2683万平方千米。人口3867.3万人（其中，13～17岁男166.5万人，女158.1万人；18～22岁男156.7万人，女149.1万人；23～32岁男268万人，女256.5万人）。国内生产总值1090亿美元（1996年）。国防费31亿美元（1998年国防预算）。原钢1189万吨（1995年）。原煤2亿吨（1994年）。原油300万桶（1995年）。天然气45.93亿立方米（1995年）。发电量1353.47亿度（1994年）。粮食2510.6万吨（1995年）。海运能力，商船（载重100吨以上）644艘，总载重量431.43万吨（1992年）。民航能力，固定航班机场12处，客运量40.05亿人千米、货运量6200万吨千米（1996年）。

国防体制　最高国防决策机构为国防委员会，由总统任主席，并设有若干副主席：部长会议主席任第一副主席，内务部长任国内安全事务副主席，财政部长任经济事务副主席，国防部长任武装力量及国防战略规划事务副主席，成员还有议会议长、参议院议长、外交部长、运输和海洋经济部长、总统办公厅主任、国务部长、国防部常务副部长、总参谋长、内务部第一副部长以及民防司令（兼任国防委员会秘书）。国防委员会直接隶属于议会和参议院组成的国民大会，其职责是制定国家安全与防御方针，为国民大会决定国家实施战时状态、紧急状态或发布动员令提出建议。国防部为政府中的一个部，是最高军事行政机关。国防部设有军事委员会和政治磋商委员会。军事委员会成员包括各总部及军、兵种负责人，由国防部长任主席。政治磋商委员会是国防部的咨询机构。国防部负责制定并实施国防和军事建设计划，完善军队体制，领导军队训练与教育，保障武装力量的技术和物资供应，确定职业军官的服役原则，制定武装力量科研工作计划，参与民防建设的规划和实施。各地兵役部门也受国防部领导。武装力量由正规军和准军事部队组成。正规军分陆军、海军、空军防空军三个军种。最高军事指挥机构为总参谋部，主要负责制定战略计划和组织战略指挥，协调国防部各部局与军兵种司令部的工作。总统（国防委员会主席）通过国防部和总参谋部对全国武装力量实施领导和指挥。

领导人物　共和国总统、国防委员会主席兼武装力量统帅亚历山大·克瓦希涅夫斯基（1995年12月当选）。国防部长斯塔尼斯瓦夫·多布然斯基（1996年2月上任）。总参谋长塔德乌什·维莱茨基上将（1992年8月上任）。

武装力量　**兵力**　现役部队24.175万人。

陆军　16.865万人。设有4个军区，共编有10个师（其中1个装甲骑兵师），17个旅（其中1个空中突出旅），24个团（其中2个战斗直升机团、3个地地导弹团、11个地空导弹团）。

坦克：T－55型862辆、T－72型809辆、PT－91型58辆。装甲侦察车：БРДМ－2型510辆。步兵战车：БМП－1型1367辆、БРМ－1型38辆。装甲运送车：OT－64型730辆。牵引炮：122毫米280门、152毫米160门。自行炮：122毫米533门、152毫米111门、203毫米8门。火箭炮：122毫米258门。迫击炮：120毫米231门。反坦克导弹：AT－3

型 263 具、AT－4 型 115 具、AT－5 型 18 具、AT－6 型 7 具。地地导弹："蛙"式 35 部。反坦克炮：85 毫米 711 门。高炮：23 毫米和 57 毫米共 1116 门。地空导弹：SA－6/－7/－8/－9/－13 型共 1290 部。武装直升机：米－24 型 35 架、米－2URP 型 37 架、PZL－W3 型 16 架。支援及运输直升机：共 100 架。

海军　1.7 万人（含海军航空兵）

潜艇：3 艘。驱逐舰：1 艘。护卫舰：1 艘。小型护卫舰：4 艘。导弹快艇：7 艘。巡逻艇：22 艘。布/扫雷舰艇：24 艘。两栖舰艇：5 艘。支援和其他舰船：12 艘。

海军航空兵　2460 人。编有 3 个团。装备飞机 52 架，其中米格－21 型作战飞机 28 架；直升机 24 架，其中米－14PL 型武装直升机 10 架。

空军防空军　5.61 万人。编成 3 个军、下辖 7 个歼击机团、4 个对地攻击歼击机团、2 个运输机团、5 个防空导弹旅及 1 个独立团。作战飞机 356 架，武装直升机 17 架。

对地攻击歼击机：苏－20 型 10 架、苏－22 型 99 架。歼击机：米格－21/U 型 178 架、米格－23 型 31 架、米格－29U 型 22 架。武装侦察机：米格－21R/U 型 16 架。运输机：安－2 型等共 62 架。直升机：共 138 架，其中 PZL－W3 型 17 架为武装直升机。教练机：TS－11 型等共 220 架。另储存有米格－17 型 13 架和米格－21 型 1 架。空空导弹："环礁"、"蚜虫"若干枚。空地导弹："克雷牛"若干枚。地空导弹：SA－2/－3/－4/－5 型 200 部。

预备役部队　40.6 万人，其中陆军 34.3 万人、海军 1.4 万人（服役年限为 50 岁）、空军 4.9 万人（服役年限为 60 岁）。

准军事部队　内务部所属边防部队 1.6 万人，警察预备队 0.74 万人，岸防部队若干人。

兵役制度　实行义务兵役制。士兵服役期 18 个月。

军衔　分 7 等 26 级，即元帅 1 级（只在战时授予），将官 3 级（上将、中将、少将），校官 3 级（上校、中校、少校），尉官 3 级（大尉、上尉、中尉），准尉 6 级（一级准尉、二级准尉、三级准尉、四级准尉、五级准尉、六级准尉），军士 8 级（一级上士、二级上士、三级上士、四级上士、一级下士、二级下士、三级下士、四级下士），士兵 2 级（上等兵、列兵）。

驻外兵力　1997 年共有 1512 人参加联合国维和行动。

军队节日　建军节为 8 月 15 日。

（郭　庆）

波斯尼亚和黑塞哥维那

国　　名　波斯尼亚和黑塞哥维那。

主要统计　面积 5.1129 万平方千米。人口 400 万人（其中，13～17 岁男 19 万人，女 18 万人；18～22 岁男 17.7 万人，女 16.7 万人；22～32 岁男 35 万人，女 33.1 万人）。

波黑 3 方武装力量情况

穆斯林族武装　现役部队约 40 万人。编有 1 个集团军司令部、5 个军司令部、2 个师司令部、40 个旅（步兵/装甲/摩步旅）、1 个特种兵旅、1 个侦察旅、19 个团（炮兵、反坦克、防空团）

坦克：T－34、T－55 型约 80 辆。装甲输送车：约 70 辆。各种火炮（包括重型迫击炮）约 2500 门。反坦克导弹："耐火箱"100 具。高炮：20、30 毫米若干门。地空导弹：SA－7/－14 型若干部。直升机：25 架。飞机："乌特瓦"－75 型 3 架。

预备役部队　约 10 万人。

克罗地亚族武装　约 1.6 万人。编有 5 个旅、2 个团、3 个营。

坦克：T－34、T－55、M－84、T－72 型约 50 辆。步兵战车：约 30 辆。各种火炮：约 1250 门。反坦克导弹："耐火箱"、"法戈特"若干具。地空导弹：SA－7/－9/－14/－16 型若干部。直升机：米－8、米－24、MD－500 型若干架。

塞尔维亚族武装　约 3 万人。编有 3 个军司令部、41 个旅、11 个团。

坦克：T－34、T－55、T－72 型 570 辆。装甲输送车：360 辆。各种火炮：约 4000 门。地地导弹：蛙－7 型若干部。高炮：20、23、30、57、90 毫米共 975 门。地空导弹：SA－2、SA－6、SA－7B、SA－9、SA－13 型若干部。飞机：约 20 架。直升机：24 架。

外国驻军　多国稳定部队：3.3 万人。此外，联合国在波黑驻有来自 38 个国家的 1902 名民事警察。

（郭　庆）

丹　麦

国　　名　丹麦王国。

主要统计　面积 4.3094 万平方千米（不包括格陵兰和法罗群岛）。人口 523.5 万人（其中，13～17 岁男 14.9 万人，女 14.4 万人；18～22 岁男 16.9 万人，女 16.3 万人；23～32 岁男 39.5 万人，女 38.1 万人）。国内生产总值 10100 亿丹麦克朗，合 1740 亿美元（1996 年）。国防费 175 亿丹麦克朗，合 30 亿美元（1998 年国防预算）。原油 6800 万桶（1995 年）。天然气 49.36 亿立方米（1995 年）。发电量 410.96 亿度（1994 年）。粮食 896.8 万吨（1995 年）。海运能力，商船（载重 100 吨以上）456 艘，总载重量 756.91 万吨（1992 年）。民航能力，固定航班机场 13 处，客运量 51.72 亿人千米、货运量 1.334 亿吨千米（1996 年）。

国防体制　国王（现女王）为武装力量统帅。最高国防决策机构为内阁。国防部在内阁的领导下负责执行议会确定的国防安全政策。国防委员会为国防大臣的政策咨询及助理机构，由国防司令、国防参谋长、作战部队司令、国民警卫队司令和陆、海、空军司令组成。武装力量由陆、海、空军和国民警卫队组成。由国防司令统一指挥陆、海、空军。最高军事指挥机构为国防参谋部。作战部队司令（兼任北约波罗的海通道司令部司令），直属国防司令领导。丹军参加了北约军事一体化组织，战时丹军主力归北约波罗的海通道司令部指挥，届时经议会批准，国防司令将向作战部队司令移交对上述部队的作战指挥权。战时国防司令只负责本土防务和部队后勤保障，作战部队司令则率部队受领北约赋予的作战任务。

领导人物　国王兼武装力量统帅女王玛格丽特二世（1972 年 1 月即位）。国防大臣海格鲁普（1993 年 1 月上任）。国防司令克里斯琴·维特上将（1996 年 8 月上任）。国防参谋长奥弗·霍夫中将（1996 年 8 月上任）。陆军司令格鲁纳少将（1996 年 4 月上任）。海军司令克努·博克少将。空军司令劳利兹·托普霍伊少将。国民警卫队司令约恩·尼尔松少将。

武装力量　**兵力**　现役部队 3.29 万人。

陆军　1.9 万人。编有 1 个作战司令部、1 个东部地面司令部、1 个机步师、1 个快反旅、1 个团战斗群、1 个摩步营、1 个侦察营、1 个独立工兵营、1 支特战部队、2 个陆军航空兵分队。

坦克：“豹”1A5 型 230 辆（另储备 58 辆）、“百人队长”70 辆、M－41DK－1 型 53 辆。步兵战车：M－113A2 型 50 辆。装甲输送车：M－113 型 594 辆。牵引炮：105 毫米 134 门、155 毫米 121 门、203 毫米 12 门。自行炮：155 毫米 76 门。迫击炮：81 毫米 313 门、120 毫米 160 门。反坦克导弹：“陶”式 140 具。无坐力炮：84 毫米 1131 门、106 毫米 20 门。地空导弹：“毒刺”若干部。攻击直升机：12 架。支援直升机：13 架。

海军　0.6 万人。

潜艇：“图姆勒伦”级 3 艘、“诺瓦伦”级 2 艘。护卫舰：“尼尔斯·尤尔”级 3 艘。导弹攻击艇：“惠勒摩斯”级 10 艘。巡逻艇：55 艘。扫雷和布雷舰艇：9 艘。支援舰船：8 艘。

海岸防御部队　1 个岸防要塞、2 个机动岸防导弹连。

空军　0.79 万人。编有战术空军司令部（辖 4 个攻击/强击机中队、1 个运输机中队、1 个搜索与救援中队、1 所飞行学校），防空群（辖 2 个地空导弹中队），预警系统（辖 5 个雷达站）。作战飞机 64 架。

攻击战斗机：F－16A/B 型 64 架。教练机：“萨伯”T－17 型 28 架。运输机：“湾流”、C－130H 型等共 67 架。直升机：8 架。空地、空空导弹：若干枚。地空导弹：“霍克”36 部。

文职人员　0.9 万人。

预备役部队　7.045 万人，其中，陆军 5.18 万人，海军 0.585 万人，空军 1.28 万人。国民警卫队：陆军 5.23 万人，海军 0.42 万人，空军 0.78 万人。

部署　陆军主要部署在日德兰半岛和西兰岛。海军基地 2 处（科尔塞、菲德烈港）。空军基地 6 处（奥尔堡、卡鲁普、范德尔、斯克鲁斯鲁普、特斯鲁普、凡尔吕色）。

兵役制度　实行义务兵和志愿兵相结合的兵役制度。义务兵服役期一般为 9～12 个月，最高可达 27 个月；志愿兵陆、海、空军分别为 54、63、72 个月。服现役期满后转入动员部队服役 18 个月或转入预备役部队服役 5 年。

军官服役制度　各级军官晋升前在上一军阶的最低任期为 27 个月。最高服役年限：将官 60 岁、校官 48 岁、尉官 38 岁。

军衔　军官分 3 等 10 级，即将官 3 级（上将、中将、少将)，校官3级(上校、中校、少校)，尉官4级(上尉、中尉、少尉、准尉)。军士5级(一级军士长、二级军士长、上士、中士、下士)。士兵3级(一等兵、二等兵、新兵)。

驻外兵力　1997年共有805人参加联合国维持和平行动。

外国驻军　北约盟军波罗的海通道司令部。美军：陆军1360人，海军740人，空军520人。

(白　冰)

德　国

国　名　德意志联邦共和国。

主要统计　面积35.697万平方千米。人口8110.4万人(其中，13～17岁男228.1万人，女216万人；18～22岁男229.4万人，女220万人；23～32岁男615.6万人，女590.7万人)。国内生产总值3.5万亿马克，约合2.2万亿美元(1996年)。国防费467亿马克，约合273亿美元(1998年国防预算)。粗钢3500万吨(1994年)。原煤26470万吨(1994年)。原油2100万桶(1995年)。天然气189.98亿立方米(1995年)。发电量5282.21亿度(1994年)。粮食3987万吨(1995年)。海运能力，商船(载重100吨以上)1375艘，总载重量683.23万吨(1992年)。民航能力，固定航班机场40处，客运量1078.29亿人千米、货运量159.27亿吨千米(1996年)。

国防政策　德国认为，欧洲安全环境的变化已使本国不再面临“直接的大规模的来自苏联和华约的军事入侵威胁”，但来自欧洲内部的和欧洲周边地区所存在的诸多不稳定因素又使其面临着“难以预测的危险”。从某种意义上看，“这种危险使德国国防政策的内涵扩大了，涉及的地理范围也扩大了”。因此，德国的国防政策主张：(1)继续依靠北约，加强大西洋联盟和大西洋两岸的伙伴关系，坚持“奉行集体安全与防卫政策”，认为这是有效地“预防、阻止和消除影响德国完整和稳定的各种威胁、保障德安全的根本手段”。(2)在北约、欧洲联盟和欧安会3大支柱之上构造未来的欧洲安全结构(这是德国未来安全的主要保障)，并充分利用本身的地缘政治优势在东西方之间“发挥桥梁作用”。(3)在防务上实行“多方位防御”，其任务：一是“对付在欧洲范围内由于民族矛盾和边界纠纷而导致的武装冲突”；二是“参加北约多国部队担负的军事行动”；三是“修改《基本法》之后，在联合国的旗帜下派兵海外，执行国际军事任务”。(4)在军队建设上突出“轻装、机动、快速反应”的原则，重点抓好快速反应部队的建设。

军事战略　在华约解散和苏联解体后，德国的安全环境有了根本性的改善，但国际上潜伏的新的危险在增加，特别是大规模毁灭性武器和导弹技术的扩散，原苏联和东欧地区政局不稳定，民族、宗教和地区性冲突难以控制，前南斯拉夫地区战乱不止，北非地区伊斯兰原教旨主义势力影响扩大等，成为威胁西欧和国际社会安全的因素。为了适应新的形势，德对其军事战略进行了调整。新军事战略的核心是，坚持北约危机反应战略，实施积极的多方位防御。其要点是：(1)在战争准备上，以有效的“危机处置”取代“防止大规模军事入侵”，随时准备应付和处置来自任何方向、任何地点的危机。(2)在作战指导思想上，在继续坚持“对敌威慑”的同时，强调“多方位防御”，扩大军事行动的范围。为此，德军在军事部署上由原来的“前沿部署体系”改为“均衡兵力部署”，即平时把部队均衡分散部署，只有在发生危机时才将部队集中调至相关的边界地区遂行作战任务。(3)在军队建设上，强调建设一支人员精干、装备精良、训练有素以及火力、机动力强的现代化军队，并突出快速反应部队的建设。

国防体制　德国《基本法》规定，联邦总理为武装力量的最高统帅。最高国防决策机构为联邦安全委员会，成员有联邦总理、国防部长、外交部长、内政部长、经济部长、财政部长和总理府特别任务部部长等，由联邦总理任主席。联邦国防军总监察长，相当于总参谋长，是国防部长的最高军事顾问，列席该委员会的会议。武装力量由正规军和准军事部队组成。正规军分陆、海、空三个军种。国防部为政府中的一个部，是最高军事行政机关，负责军队建设、战备和训练等方面的工作。陆、海、空三个军种指挥参谋部直接隶属国防部，是各军种的最高军事指挥机构。各军种监察长既是各军种的最高指挥官，又是总监察长的顾问。联邦总理通过国防部和三个军种的指挥参谋部对武装力量实施领导和指挥。

领导人物　联邦总理兼武装力量最高统帅格哈德·施罗德(1998年10月27日上任)。国防部长鲁道夫·沙尔平（1998年10月27日上任）。联邦国防军总监察长哈特穆特·巴格尔上将（1996年2月8日上任）。陆军监察长海尔穆特·维尔曼中将（1996年2月8日上任）。海军监察长汉斯－鲁道夫·伯默尔海军中将（1995年4月1日上任）。空军监察长蒙德（1994年上任）。卫勤监察长冈特·德什中将（1989年10月1日上任）。

武装力量 **兵力** 现役部队34.45万人。

陆军 23.99万人。编有3个军（下辖8个师共20个作战旅），1个直属司令部的空中机动师、4个作战支援旅。

主战坦克："豹"1A1/A3/A4/A5型共1460辆、"豹"2型1788辆。装甲侦察车："山猫"409辆、"狐"式114辆。步兵战车"貂"式2089辆、"黄鼠狼"式343辆、苏式"БМП－2"型1辆。装甲输送车："狐"式924辆、M－113型2760辆。牵引炮：105毫米163门、155毫米196门。自行炮：155毫米559门。火箭炮：234门。迫击炮：906门。反坦克导弹："米兰"1975具、"陶"式牵引型98具、"霍特"226具、"陶"式自行型136具。反坦克炮：2门。高炮：20毫米1345门、35毫米379门。地空导弹："罗兰"143部。攻击直升机：PAH－1型204架。直升机：422架。登陆艇：24艘。巡逻艇：24艘。

海军 2.77万人（包括海军航空兵）。编有1个舰队，下辖7个分舰队。

潜艇：206/206A级14艘、205级2艘。驱逐舰："吕特晏斯"级3艘。护卫舰："不来梅"级8艘。导弹护卫舰：4艘。导弹攻击快艇：143级10艘、143A级10艘、148级14艘。扫雷舰艇："哈尔默恩"级10艘、"林道特洛伊卡"级6艘、"林道"改装级8艘、"弗兰肯塔尔"级10艘、"弗劳恩洛布"级5艘、"射手座"级1艘。两栖登陆舰艇：13艘。供应补给舰船：42艘。

海军航空兵 4500人，编有3个航空团、7个飞行中队。作战飞机53架，武装直升机17架。

空军 7.69万人。编有南部和北部2个地区空军指挥司令部、4个航空师、10个航空团、2个雷达团和空运、通信等部队。作战飞机455架。

攻击/战斗机：F－4型154架、"旋风"278架、米格－29型23架、"阿尔法喷气"式105架（储存）。运输机：C－160型84架、波音707型2架、A－310型5架、图－154型2架、CL－601型7架、L－410－S型4架、T－37B型35架、T－38A型40架、VFW－614型3架。运输直升机：UH－1D型103架、米－8S型6架。地空导弹："霍克"72部、"罗兰"84部、"爱国者"36部。

文职人员 18万人。

预备役部队 31.5万人，其中陆军25.8万人，海军1.02万人，空军4.68万人。

准军事部队 2.505万人，其中联邦边防警察2.45万人，编有5个司令部；海岸警卫队550人。

部署 陆军主要部署在北德平原和中部地区。海军部署在北海和波罗的海沿岸区域。空军重点部署在中部和南部地区。全国共有军事基地734处。

兵役制度 实行普遍义务兵役制，兵役期为12个月。此外，还实行合同兵役制度，合同兵役期最短为15个月，最长为15年。各级军官最高服役年限将官为60岁、上校为58岁、中校为56岁、少校为54岁、尉官为52岁。

军衔 分5等24级，即将官4级（上将、中将、少将、准将），校官3级（上校、中校、少校），尉官4级（大尉、上尉、中尉、少尉），军士7级（三级军士长、二级军士长、一级军士长、上士、中士、二级下士、一级下士），兵6级（五等兵、四等兵、三等兵、二等兵、一等兵、列兵）。

驻外兵力 大西洋常设舰队：导弹驱逐舰/护卫舰1艘。地中海常设舰队：导弹驱逐舰/护卫舰1艘。英吉利海峡常设舰队：扫雷舰1艘。撒丁岛：海上巡逻机3架。650名空军人员在美国谢泼德、霍尔蒙两基地进行飞行训练。参加联合国维和行动：驻格鲁吉亚10人；驻伊拉克35人，C－160型飞机1架，CH－52型飞机2架；伊科边境26人；波黑2516人；克罗地亚87人。

外国驻军 比利时驻军2000人、法国驻军11700人、荷兰驻军3000人、英国驻军27920人、美国驻军75665人。

军队节日 德国的建军节为11月12日，但一般不举行大型的庆祝活动。各军种均无自己单独的节日。

军工生产能力 德国具有自行研制和生产各种常规兵器的能力，其生产能力在欧洲乃至世界都是比较强的。1992年，按军火销售额计算，在世界前100位大型军工企业中德国占了7位。1993年，德国军工企业就业人员共18万人，军工企业生产总值约100亿美元。为了适应新的军工生产形势，德国正逐步把原属国家控制的军工生产部门"自由化"，给它们注入新的活力。1997年12月，英、法、德3国宣布筹建包括民用和军用产品在内的欧洲航空航天工业集团，使欧洲国防工业一体化的构想得以实施。

军火贸易 由于历史和外交政策等方面的原

因，德国对军火出口历来持审慎态度。军工产品的80%以上销于国内市场，军工产品的出口额仅占德国出口额的1%左右。德国政府历来对军火出口有一些限制规定，原则上不向局势紧张地区出口军火。至今虽已作了部分改动，但总的来看，仍比北约其他国家严格。由于德国军工生产较发达，技术比较先进，军火贸易额现已在欧洲联盟各国中首屈一指。1995年，德国军火出口总额占世界军火市场的10.9%。此外，德国还进口军火5.83亿美元。累计1989至1993年，德国共进口军火49.83亿美元，居世界第7位。

（孟大成）

俄 罗 斯

国　　名　俄罗斯联邦。

主要统计　面积1707.54万平方千米。人口1.48亿人（其中，13～17岁男576.8万人，女556万人；18～22岁男541.7万人，女525.8万人；23～32岁男1030.7万人，女1001.3万人）。国内生产总值11000亿美元（1996年估计）。国防费310亿美元（1997年国防预算），320亿美元（1998年国防预算）。钢5114万吨（1996年）。煤2.75亿吨（1994年）。石油22.54亿桶（1995年）。天然气5829.88亿立方米（1995年）。发电量8759.14亿度（1994年）。粮食6179.6万吨（1995年）。海运能力，商船（载重100吨以上）4543艘，总载重量1659.23万吨（1992年）。民航能力，固定航班机场58处，客运量766.83亿人千米、货运量78.25亿吨千米。

国防政策　从俄罗斯1996～1997年发布的一系列官方有关文件以及俄国防部领导人的讲话和军事专家的文章来看，俄现行国防政策的基本观点如下：

（一）俄罗斯对国家军事安全形势的判断和基本结论

俄罗斯认为，冷战后俄与世界大国的关系已发生了深刻变化，军事安全形势与冷战时期有了本质上的区别，表现是：（1）爆发大规模战争的危险性降低了，但爆发武装冲突进而演变为局部战争的可能性增大了，对俄发动大规模直接侵略的潜在危险明显减少了，在保持核遏制潜力的情况下，2005年前，可以排除对俄罗斯大规模入侵的威胁；（2）在当前和可预见的未来俄面临的主要威胁不具有军事性质，且主要来自国内，并集中于内政、经济和社会等领域；（3）美国并不是俄平等的伙伴，美国和西方国家对俄政策的主要目标是阻挠俄成为多极世界中的重要一极，不让俄成为经济、政治、军事领域有影响的力量，降低俄在解决重大国际问题中的作用，企图把苏联后空间变成西方的政治和经济附庸及原料殖民地，西方国家的战略核武器仍把俄作为最终目标，因此，美国及其盟国是对俄安全构成威胁的主要外来势力，是俄的主要潜在敌人；（4）北约东扩将使欧洲分裂，出现新的军事分界线，损害俄的国家利益，威胁俄的国家安全；（5）俄面临最严重的国内威胁是地区分立主义和民族主义，拥有武装的极端民族主义势力是俄现实敌人；（6）在俄边境地区和俄北高加索地区爆发的局部战争和武装冲突对俄安全构成现实威胁，核武器和其他大规模毁灭性武器的扩散，以及一些大国及其盟国在毗邻俄领土的地区保持和建立强大武装集团也对俄安全构成现实威胁。

（二）俄罗斯国防政策的基本观点

在对国家军事安全形势的判断和得出基本结论的基础上，俄国人提出的国防政策的主要观点如下：（1）俄不打算同任何国际力量中心对抗，也不打算单方面依赖任何国际力量中心。俄奉行“全方位”外交政策，“平衡接近”各国际力量中心，不追求霸权主义或扩张主义目标。（2）加快独联体的一体化建设，扩大独联体范围内的军事合作，在集体安全条约和双边协定基础上建立独联体集体安全体系和防御联盟。（3）俄国防政策的主要目标是：捍卫俄的国家利益，为巩固大国地位和增强俄在世界事务中的作用提供条件，确保俄成为未来多极化世界中的重要一极，保持国家领土完整，维护国家主权，保护国家边界不受侵犯。（4）依靠军事手段保证俄的军事安全和保护俄的重要切身利益，并应作好武力保卫国家利益的准备，认为在首先用政治、经济和其他非军事手段防止战争和武装冲突的同时，俄仍需要有足够的军事力量用于防卫。（5）必要时，以武力对抗北约东扩，大力加强俄南部、西部和西北部的军队集团，并在欧洲战争区的西部、北部和南部3个战区增加战术核武器的部署数量。必要时把战略导弹重新瞄准北约的欧洲国家，利用战略核武器遏制可能对俄进行的核侵略。（6）如果俄及其盟国不成为军事进攻的目标，俄不首先对任何国家采取军事行动，俄的国防潜力不应超过足以抵御现实的和可以预见的军事威胁水平。（7）俄放弃保持与美国的军事战略均势原则，不追求在武器和武装力量方面与其他大国均等，而奉行以坚决利用自己的武装力量反击侵略为基础的现实遏制原则。(8) 奉行核遏制政策，使战略核力量在全球范围内、战役战术核武器和战术核武器在地区局部范围内保持足够水平。放弃不首先使用核武器的承诺，保留首先使用核武器的权利，俄保留在遭受武装侵略威胁时使用所拥有的一切军事力量，包括核力量的权力；保持核大国地位，以防止针对俄及其盟国的核袭击或使用常规兵器的大规模入侵，并根据双边协议，向独联体有关国家提供核保护伞。(9) 奉行军事改革政策，认为军事改革是客观需要，它将决定俄武装力量、其他部队和国防综合体在21世纪前夕的命运，只有改革，才能保存武装力量，并为21世纪的军队打下基础。

军事战略 随着俄国防政策的重大变化，俄军事战略也进行了实质性的调整，但俄至今并没有给自己的军事战略公开命名。从俄军事战略的性质和特点看，仍属于积极防御战略，该战略的核心思想是核威慑和核遏制。俄前国防部长罗季奥诺夫指出，现阶段俄武装力量的主要职能是“遏制潜在的侵略”，“主要用强大的核盾牌来保障国家的安全”，因此，“我国现阶段的防御应是一种遏制的防御”。

俄军事战略的基本观点如下：(1) 关于未来战争类型，俄军认为，未来战争按规定可分为世界大战、地区战争、局部战争和武装冲突4种类型，武装冲突有可能发展为局部战争，而局部战争和地区战争有可能发展为世界大战。(2) 关于战争威胁，俄军认为，当前，发动世界核大战和世界常规大战的可能性都大大降低了，但发生武装冲突、局部战争和地区战争的可能性不仅存在，而且还在增长。(3) 关于战争准备，俄军认为，俄武装力量应准备反击任何形式、任何规模的侵略，既应做好应付世界大战的准备，也应做好应付地区战争和局部战争的准备，既要做好在一、二个武装冲突和一个局部战争中采取军事行动的准备，又要在地区战争中作好反击大规模侵略的准备，那种只把注意力放在局部性、地区性和规模不大的武装冲突上，并以此为依据来训练部队，是严重的错误。(4) 关于武装力量的任务，俄军认为，武装力量最重要的任务是：保持核遏制，防止核大战和常规大战或地区战争，以及履行盟国义务。为完成这一任务，俄联邦应具有确保给任何侵略国或国家集团以应有损失的核力量潜力，武装力量和平时期的战斗编成应具有以下4种能力：能对国家进行可靠的防护，使其免遭空中－空间袭击；在局部战争中能完成击退侵略的任务；在地区战争中能展开遂行任务的军队集团；能保障俄联邦单独地或在国际组织编成内遂行维和行动。(5) 关于作战对象和作战地区，俄军认为，俄武装力量主要作战对象是以美军为首的北约军队，主要作战地区是欧洲战争区。(6) 关于军事行动的基本类型，俄军认为，俄武装力量实施军事行动的基本类型是防御和进攻，防御包括阵地防御和机动防御，进攻包括反攻和进攻。战争初期，防御是主要的军事行动类型，但防御和进攻不能截然分开，二者应结合运用，而不能绝对化。(7) 关于战略行动的基本样式，俄军认为，俄武装力量在大规模战争中战略行动的基本样式有：抗击敌战略空袭的战略性战役、战略核力量战役、战略性空中战役、大陆战区战略性战役(地区战略性战役)、大洋战区战略性战役。(8) 关于战略核力量的运用，俄军认为，战略核力量是保持世界战略平衡和俄安全的基本保证，是防止战争的主要遏制因素，必须确保战略核力量能够有效遏制世界核战争和常规战争的爆发。一旦出现外来侵略由地区战争演变成大规模战争的情况，俄首先使用核武器对敌军事目标实行解除武装的打击。战略核力量实施有限核突击的目的是，使武装冲突降级和防止武装冲突演变成针对俄及其盟国的大规模战争。(9) 关于一般力量的运用，俄军认为，对付局部武装冲突的任务，一般由1个地区（军区）的部队来完成，而对付地区战争的任务，则由2～3个军区的部队来完成。(10) 关于战役作战样式，俄军认为，在武装冲突、局部战争和地区战争中的基本作战样式是军种联合战役或军种联合作战行动。(11) 关于战略部署，俄军认为，在国内应在可能不稳定地区和战略上重要的地区优先部署军队，俄罗斯有必要在世界有战略意义的重要地区保持军事存在，通过签订条约和建立伙伴关系在这些地区部署一定兵力（军事基地）。目前，战略部署的重点仍在欧洲。与此同时，俄军也认为，俄罗斯拥有世界上最长的边界，不可能也没有必要在整个边界都部署同样强大的军队集团。将按地区原则在军区编成内组建机动性的力量，使之能够独立行动，并在最短时间里控制和消除来自任何方向的威胁。俄的快速反应部队主要部署在莫斯科、北高加索和乌拉尔军区。(12) 关于军队领导和指挥原则，俄军认为，国家领导和军队领导必须统一，俄总统兼武装力量最高统帅，对俄武装力量实行集中统一领导，总统对武装力量的指挥，通过国防部长、国防部和总参谋部实施；总参谋部是武装力量的主要战略指挥机构；实行地区指挥原则，军区具有战役——战略指挥部职能，统一指挥辖区内的所有部队。(13) 关于军队建设的指导思想，俄军认为，军事实力不取决于军队的数量，而取决于高度的指挥能力，完善的组织工作，训练和技术装备程度。现在主要是靠提高质量来保持防御能力，以人数减少的武装力量保持更高质量的国防。

(14) 关于武装力量建设原则，俄军认为：国家最高权力机构领导军队指挥机关和指挥员，建立对武装力量的监督制度；武装力量的结构、组成和数量应符合其承担的任务、国际义务和国家经济能力；在各地区协调使用和指挥武装力量并对其提供物资技术装备。(15) 关于武装力量建设目标，俄军认为，俄军应建成一支组织严密、装备精良和人员精干的职业化军队，一支与国家经济能力相适应、符合保障国家安全的军队。(16) 关于武装力量建设重点，俄军认为，在国防费紧缺的情况下，各军兵种之间不应平分军费，而应把它用在刀刃上。无论如何要保证战略核力量的战斗力，保证军用航天计划的发展，保护国家免遭来自空中和空间的潜在威胁。(17) 关于军事技术政策，俄军认为，不要分散力量和资金追求发展其他国家已经有的或可能有的各种武器和装备，而应当敢于冒险和超越几代武器，集中科学技术和生产力量研制本国具有决定意义的武器，以削弱或打乱别国谋求军事优势的长期计划。当前，主要力量应集中在保障优质技术装备上，要使武器和军事技术装备的品种实现最佳化、标准化和统一化，并实现广泛的现代化。今后必须加紧研制自己的信息武器，把它作为军事技术装备不可分割的一部分，作为国家军事战略和战略潜力的组成部分。此外，俄罗斯很重视火箭航天技术的发展，强调充分利用航天技术手段保障国家安全和提高国家防御能力。

国防体制 根据 1993 年 12 月 12 日正式通过的《俄罗斯联邦宪法》、1996 年 5 月 31 日正式生效的俄联邦《国防法》、以及俄联邦有关法律，俄罗斯联邦总统、俄罗斯联邦安全会议、俄罗斯联邦国防会议、俄罗斯联邦议会、俄罗斯联邦政府对保障国家安全、国防能力状况，对俄罗斯武装力量和其他部队的战斗准备程度、动员准备程度和战斗力负全责。

俄罗斯联邦总统是国家元首和俄罗斯联邦武装力量的最高统帅。他在国防领域的主要职责是：组成并领导俄罗斯联邦安全会议和国防会议；确定俄联邦军事政策的基本方针；批准俄联邦军事学说；领导俄罗斯武装力量和其他军队；宣布总动员或局部动员，宣布全国或局部地区进入战时状态，宣布实施战斗行动的命令；批准武装力量及其他军队发展构想与计划，武装力量使用计划和动员计划，国家动员计划，本土战场建设计划，国民经济转入战时计划，武器装备和国防工业综合体发展计划；授予高级军衔，任免高级军官；批准武装力量及其他军队的结构、编成及军人编制人数；决定武装力量及其他军队的部署；批准国防部和总参谋部工作条例；举行谈判和签署俄联邦国防领域的国际条约；颁布征召俄联邦公民服役和参加军事集训的命令等。

俄罗斯联邦安全会议是立法机构，也是保障俄罗斯国家安全的最高决策机构。安全会议的主要任务是：确定社会和国家的重要利益，发现安全目标受到的内部和外部威胁；制订保障俄罗斯联邦安全的主要战略方针，起草保障安全的联邦专项计划；为总统起草有关国家安全的各种建议、决定和命令。本届安全会议于 1996 年 7 月 31 日组成，俄联邦总统任安全会议主席，政府总理、安全会议秘书、安全局长、外交部长、国防部长为安全会议常委，司法部长、保卫局长、内务部长，原子能部长、边防局长、国防工业部长、财政部长、对外情报局长、民防事务、紧急情况和消除自然灾害后果部部长为安全会议委员。

俄联邦国防会议是常设咨议机构，是俄联邦安全会议在国防政策和监督军事建设方面作出的战略决策的实施机构。国防会议就下列重大问题起草决定：预防和抵抗外敌武装入侵的措施；制定军事建设总构想；协调和监督武装力量及其他军队的活动，确定武装力量及其他军队的任务、编成和员额。本届国防会议于 1996 年 7 月 25 日组成，俄联邦总统任主席，俄联邦政府总理任副主席，成员有：国防会议秘书、总统办公厅主任、国防部第一副部长、武装力量总参谋长、安全局长、内务部长、安全会议秘书、边防军司令、国防工业部长、财政部第一副部长、外交部长，国防部长、国家车臣委员会秘书、对外情报局长、俄罗斯科学院副院长、经济部长。〔注：据俄罗斯总统新闻秘书亚斯特任布斯基 1998 年 3 月 3 日宣布，国防会议已撤銷，其机构将与国家军事监察署（1997 年 8 月 28 日成立）合并，成为安全会议的一个组成部分。〕

俄罗斯联邦议会是俄罗斯联邦最高代表机关和立法机关，它由联邦委员会（上院）和国家杜马（下院）组成。联邦委员会在国防领域的职能是：审核国家杜马通过的根据联邦预算法确定的国防开支；审核国家杜马通过的国防领域的联邦法律；批准俄联邦总统关于在俄全境或部分地区实施战时状态和紧急状态的命令，以及俄联邦武装力量、其他军队使用武器装备不按其使命执行任务的命令；决定关于可以在俄联邦境外使用俄联邦武装力量问题。国家杜马在国防领域的职能是：审核联邦预算法规定的国防开支；通过国防领域的联邦法律。

俄联邦政府是俄联邦最高执行权力机关，它在国防领域内的职能是：落实国防保障措施并在其权限范围内对俄联邦武装力量及其他军队的状况与保障负责；拟定和向国家杜马提出联邦预算中有关国防开支的建议；根据武装力量及其他军队的订货，组织对其武器、军事技术装备、物资设备的提供与保障；制订国家武器装备及国防工业综合体的发展规划；确定国家动员任务，确定国家动员计划、物资储备计划；负责军队院校、军事系、军事教研室的建立和撤销工作；制定俄联邦国土战场建设计划；负责俄联邦的兵役工作等。

俄罗斯联邦武装力量由管理机关、军团、兵团、部队、军事院校以及后勤部门组成。在组织结构上，划分为战略火箭军、陆军、防空军、空军（1998 年空军和防空军将合并为一个军种）和海军五个军种和空降兵、军事航天部队（1997 年 11 月 1 日已正式并入战略火箭军）两个独立兵种。没有编入武装力量的其他军队有边防军、内卫部队、俄联邦安全部的部队、政府通信部队、联邦保卫总局、俄联邦铁道兵、民防部队、国家消防局等。

俄罗斯联邦武装力量的领导与指挥体制是：俄罗斯联邦总统兼俄联邦武装力量最高统帅对联邦武装力量和其他军队实施全面领导，他通过国防部长和总参谋长对武装力量实施作战指挥。国防部长通过国防部对联邦武装力量实施直接领导。俄联邦武装力量总参谋部对武装力量进行作战指挥，对武装力量各军种的指挥通过各军种司令部进行。

国防部的基本职能是：参与制定联邦军事政策和军事学说建议；制定联邦武装力量建设构想，协调武装力量和其他军队建设与发展构想的制定工作；制定武器和军事技术装备发展的联邦国家计划，提出国家国防订货建议；提出国防开支预算草案及其使用办法；组织国防科研和试验设计工作；为武装力量及其他军队订购、生产和采购武器、军事技术装备、食品、被服和其他物资；负责武装力量的动员准备；向总统提交共同条令，有关国防部和总参谋部、军事委员会、兵役委员会等的条例草案等。

武装力量总参谋部的基本职能是：拟定联邦军事学说建议；制定联邦武装力量建设计划，协调武装力量与其他军队建设与发展计划的制定工作；协调拟定武装力量和其他军队员额的建议；制定武装力量使用计划、动员计划以及国土战场建设计划；拟定应征服役和参加军事集训的公民人数；实施情报活动；组织实施保持武装力量战斗和动员准备的措施；组织武装力量与其他军队的协同；参与制定民防计划；组织武装力量和其他军队的动员与战略展开等。

领导人物 总统兼武装力量最高统帅叶利钦（1992 年 5 月 7 日上任）。国防部长谢尔盖耶夫元帅（1997 年 5 月 23 日上任）。国防部第一副部长科科申（1992 年 4 月 3 日上任，1997 年 8 月 28 日被任命为国家军事监察长兼国防会议秘书，1998 年 3 月 3 日被任命为安全会议秘书），副部长米哈伊洛夫（上任时间不详）。武装力量总参谋长克瓦什宁大将（1997 年 6 月 19 日上任）。国防部副部长托波罗夫上将（1992 年 6 月 10 日上任）。国防部副部长兼武装力量后勤部长伊萨科夫上将（1997 年 6 月 30 日上任）。战略火箭军总司令谢尔盖耶夫大将（1992 年 8 月～1997 年 5 月在任），雅科夫列夫上将（1997 年 6 月 30 日上任）。陆军总司令谢苗诺夫大将（1992 年 8 月～1997 年 4 月，此后未任命新的陆军总司令。1998 年 1 月 1 日撤銷陆军总司令部，在其基础上成立陆军总局和武装力量战斗训练总局，分别任命布科列耶夫上将和格罗夫涅夫上将为两个总局的局长）。防空军总司令普鲁特尼科夫大将（1992 年 8 月～1997 年 12 月在任）。空军总司令科尔努科夫空军上将（1998 年 1 月 20 日上任）。海军总司令库罗耶多夫海军上将（1997 年 10 月上任）。

武装力量 **兵力** 现役部队的编制人数为 150 万人，实有约 124 万人（含 2 万名国防部人员及其直属部队）。

战略火箭军 10 万人（与军事航天力量和防空军导弹空间防御部队合并后约 20 万人）。编有 5 个火箭集团军。

洲际导弹：877 枚（包括部署在乌克兰领土上的洲际导弹），其中 SS－18（PC－20）型 186 枚，SS－19（PC－18）型 239 枚（其中 69 枚在乌克兰），SS－24（PC－22）型 92 枚（其中 46 枚在乌克兰），SS－25（PC－12M）型 360 枚

陆军 42 万人。编有 8 个军区，8 个集团军司令部，9 个军司令部，52 个师（坦克师 12 个、摩步师 27 个、空降师 5 个、机枪炮兵师 4 个、炮兵师 4 个），约 47 个炮兵旅/团，4 个大口径炮兵旅，7 个空降旅，2 个独立坦克旅，17 个独立摩步旅，8 个特种部队旅，23 个战役战术导弹旅，19 个反坦克旅，28 个地空导弹旅，20 个战斗直升机团，8 个空降突击运输直升机团，6 个直升机训练团，以及其他部队。

主战坦克：1.55 万辆，其中 T－90 型 2 辆、T－80/－M9 型 3210 辆、T－72L/－M 型 1980 辆、T－64A/B 型 186 辆、T－62 型 97 辆、T－54/－55 型 66 辆，另外在乌拉尔山以东还储存坦克 1.1 万辆。轻型坦克：200 辆，其中 ПТ-76 型 5 辆。装甲侦察车：БРДМ－2 型约 2000 辆。步兵战车：6886 辆，其中 БМП－1 型 1699 辆、БМП－2 型 3364 辆，БМП－3 型 26 辆，БМД－1/－2/－3 型 1222 辆，БРМ 型 575 辆。装甲输送车：3307 辆，其中 БТР－60П/－70/－80 型 2193 辆、БТР－Д 型 465 辆、МТ－ЛБ 型 649 辆。牵引炮：1904 门（其中，122 毫米 837

门，152毫米1067门）。自行炮：2622门（其中，122毫米643门，152毫米1947门，203毫米32门）。直射曲射两用炮：120毫米329门。火箭炮：895门(122毫米375门，220毫米415门，300毫米105门)。迫击炮：252门，其中120毫米232门，160毫米1门，240毫米19门。战役战术导弹发射架："园点"、"飞毛腿"、"蛙"、"月亮"约200部。反坦克导弹：AT-2、AT-3、AT-4、AT-5、AT-6、AT-7、AT-9、AT-10型若干具。反坦克炮：57、85、100毫米若干门。高射炮：23、37、57、85、100、130毫米若干门。地空导弹：SA-4型500部、SA-6型400部、SA-8型400部、SA-9型200部、SA-11型250部、SA-12A型100部、SA-13型350部、SA-15型100部、SA-19型若干部，SA-7、SA-14、SA-16、SA-18型肩射地空导弹若干部。各型直升机：约2565架，其中米-24型战斗直升机1050架，卡-50型战斗直升机15架。

防空军　17万人。编有3个防空集团军和4个独立防空军。反弹道导弹：100枚，其中SH-11型36枚、SH-08型64枚（1997年11月已将反弹道导弹编入战略火箭军）。防空截击机约800架，其中米格-23型100架、米格-31型425架，苏-27型275架。预警与控制飞机：伊尔-76型20架。教练机：365架。空对空导弹：AA-8、AA-9、AA-10、AA-11型若干枚。地对空导弹：SA-2导弹发射架50部、SA-5导弹发射架200部、SA-10导弹发射架1900部。

空军　13万人。编有2个指挥部，5个航空兵集团军。

远程航空兵指挥部装备远程轰炸机66架（另有44架在乌克兰），其中图-95H6型28架、图-95H16型32架，图-160型6架；装备中程轰炸机图-22M-3型125架；加油机伊尔-78型20架、教练机70架。

前线航空兵编有5个集团军，装备歼击轰炸机约725架：苏-24型475架、苏-25型250架；歼击机约415架：米格-29型315架、苏-27型100架；侦察机约200架：米格-25型40架、苏-24型160架；电子战直升机米-8型60架；教练机180架；AA-8、AA-10、AA-11型空空导弹若干枚；AS-7、AS-10、AS-11、AS-12、AS-13、AS-14、AS-16、AS-17、AS-18型空地导弹若干枚。

军事运输航空兵指挥部编有3个师和一些独立团，装备运输机约350架，型号包括伊尔-76、安-12、安-22、安-124。

航空兵训练院校下辖5所学校，装备教练机1225架：L-39型900架，L-410/图-134型250架，米格-29/苏-22/苏-27型共75架。储存各种飞机约1000架

截止1997年1月1日，空军防空军共装备作战飞机（海军飞机除外）2891架，其中苏-17型192架、苏-22型58架、苏-24型413架、苏-25型195架、苏-27型298架、米格-21型20架、米格-23型555架、米格-25型143架、米格-27型176架、米格-29型461架、米格-31型229架、图-22型92架、图-22M型59架；米-24型战斗直升机824架。

海军　22万人（含海军航空兵、海军步兵及海岸防御部队）。编有4个舰队。

海军战略核力量约1.3万人，装备弹道导弹潜艇29艘，携载弹道导弹452枚，其中，"台风"级4艘，携载弹道导弹80枚；DIV级7艘，携载弹道导弹112枚；DⅢ级10艘，携载弹道导弹160枚；DⅡ级1艘，携载弹道导弹16枚；DI级7艘，携载弹道导弹84枚。攻击潜艇：87艘，其中，"奥斯卡"级12艘、C-Ⅱ级1艘、E-Ⅱ级1艘、Y级3艘、"阿库拉"级13艘、"赛拉"级4艘、V-Ⅲ级26艘、"基洛"级17艘，其他潜艇10艘。航空母舰："库兹涅佐夫"级1艘。巡洋舰：22艘，其中，"基洛夫"级4艘、"光荣"级3艘、"勇敢"级11艘、"勇敢"Ⅱ级1艘、"卡拉"级3艘。驱逐舰：19艘，其中"现代"级16艘、"肯达"级1艘、"卡辛"级2艘。护卫舰："72艘，其中"克里瓦克"-Ⅰ-Ⅲ-Ⅳ-Ⅴ级59艘、P-Ⅱ级12艘、"彼塔"级1艘。导弹快艇：80艘，其中"塔兰图尔"级42艘、"纳努契卡"级25艘、"迪嘎什"级2艘、"黄蜂"级3艘、"玛特卡"级8艘。鱼雷艇：15艘。巡逻舰：15艘。水雷战舰艇：155艘，其中布雷舰2艘，扫雷艇153艘。登陆舰艇：55艘，其中登陆舰32艘（"罗戈夫"级2艘、"蟾蜍"级22艘、"鳄鱼"级8艘)，登陆艇约23艘。支援辅助舰船：约507艘。

海军航空兵　约3.5万人，编有1个海军航空兵司令部和4个舰队航空兵。装备329架作战飞机和312架战斗直升机。轰炸机约71架（图-22M型71架)，歼击轰炸机114架（苏-24型75架、苏-25型9架、苏-27型30架)，反潜飞机98架（图-142型9架、伊尔-38型35架、贝-12型54架)，反潜直升机242架（米-14型70架、卡-25型53架、卡-27型119架)，侦察/电子战飞机55架（其中图-95型14架、图-22型8架、苏-24型24架具有作战能力)，战斗直升机70架（卡-25型20架、卡-29型25架、米-14型25架)，运输机120架，运

输直升机 70 架。空地导弹：AS－4、AS－7、AS－10、AS－11、AS－12、AS－13、AS－14 型若干枚。

海军步兵　约 1.4 万人。编有 1 个独立师、3 个独立旅、3 个舰队特种作战旅。装备 T－55/－64/－72/－80 型坦克 280 辆，ПТ－76 型轻型坦克 120 辆，БРДМ－2 型装甲侦察车 60 辆，装甲输送车约 1500 辆，各型火炮 389 门，反坦克导弹 72 具，高炮 60 门，防空导弹 320 部。

海岸防御部队　约 5000 人，编有 1 个岸防师、1 个岸防旅、1 个炮兵团、2 个防空导弹团，装备各型装甲输送车 280 辆、各型火炮 364 万。

预备役部队　近 5 年服过现役者约 240 万人。

准军事部队　约 58.3 万人，其中，边防军 22 万人（装备装甲输送车 1700 辆、火炮 90 门、各型飞机 86 架、各型直升机 200 余架）；内卫部队 32.9 万人（装备步兵战车 1700 辆，火炮 30 门）；俄联邦警卫部队 2.5 万人；联邦保密部队约 9000 人。

部署　俄罗斯武装力量划分为 1 个特别防御区、8 个军区、4 个舰队。

加里宁格勒特别防御区　1.9 万人。地面部队下辖 1 个集团军司令部、2 个摩步师、3 个炮兵旅、1 个战役战术导弹旅、1 个防空导弹旅/团，1 个反坦克团，1 个战斗直升机团。装备主战坦克 850 辆，装甲战车 925 辆，火炮 426 门，12 部"飞毛腿"战役战术导弹发射架，战斗直升机 50 架，苏－27 型飞机 28 架，防空导弹发射架 50 部。

列宁格勒军区　司令部驻圣·彼得堡。地面部队 6.34 万人，下辖 1 个集团军司令部、1 个军司令部、1 个摩步师、1 个空降师、3 个独立摩步旅、7 个炮兵旅/团、4 个战役战术导弹旅、1 个空降突击旅、1 个特种作战旅、4 个防空导弹旅、3 个反坦克团、2 个战斗直升机团、1 个攻击运输直升机团，装备主战坦克 870 辆、装甲战车 740 辆、火炮 1000 门、"飞毛腿"战役战术导弹发射架 12 部、SS－21 型战术导弹发射架 36 部、战斗直升机 60 架。空军部队下辖 1 个空军集团军及其他部队，装备图－22M 型轰炸机 20 架、苏－24 型歼击轰炸机 80 架、米格－25 型侦察机 25 架、苏－24 型侦察机 10 架、苏－27 型歼击机 35 架、米格－29 型歼击机 60 架、米－8 型电子战直升机 20 架。防空部队辖 7 个团，装备米格－31 型歼击机 100 架、苏－27 型歼击机 90 架、防空导弹发射架 525 部。

莫斯科军区　司令部驻莫斯科。地面部队 8.7 万人，编有 2 个集团军司令部、1 个军司令部、5 个坦克师、2 个摩步师、2 个空降师、1 个炮兵师、8 个炮兵旅/团、4 个反坦克旅、4 个战役战术导弹旅、4 个独立摩步旅、1 个特种作战旅、5 个防空导弹旅、6 个战斗直升机团、1 个攻击运输直升机团，装备主战坦克 1950 辆、装甲战车 3700 辆、火炮 2650 门、"飞毛腿"战役战术导弹发射架 24 部，SS－21 型战术导弹发射架 18 部、战斗直升机 240 架。空军部队下辖 1 个空军集团军，装备图－22M 型轰炸机 20 架、苏－24 型歼击轰炸机 90 架、米格－29 型歼击机 120 架、苏－25 型强击机 50 架、苏－24/米格－25 型侦察机 30 架、米－8 型电子战直升机 40 架。防空部队下辖 6 个团，装备米格－23 型歼击机 30 架、米格－31 型歼击机 75 架，苏－27 型歼击机 65 架、防空导弹发射架 850 部。

伏尔加河沿岸军区　司令部驻古比雪夫。地面部队 4.48 万人，编有 1 个集团军司令部、2 个坦克师、2 个摩步师、1 个空降师、1 个空降突击旅、2 个炮兵旅/团、2 个战役战术导弹旅、2 个防空导弹旅、1 个反坦克团、2 个战斗直升机团、2 个攻击运输直升机团、6 个直升机训练团，装备主战坦克 1100 辆、装甲战车 1840 辆、火炮 750 门、SS－21 型战术导弹发射架 18 部、战斗直升机 230 架。防空部队编有 1 个防空军，装备米格－23 型歼击机 30 架、米格－31 型歼击机 25 架。

北高加索军区　司令部驻罗斯托夫。地面部队 7.05 万人，编有 1 个集团军司令部、2 个军司令部、2 个摩步师、1 个空降师、2 个空降旅、4 个摩步旅、1 个特种作战旅、5 个炮兵旅、3 个战役战术导弹旅、5 个防空导弹旅、3 个反坦克团、2 个战斗直升机团、1 个攻击运输直升机团，装备主战坦克 380 辆、装甲战车 1270 辆、火炮 630 门、"飞毛腿"战役战术导弹发射架 12 部、战斗直升机 60 架。空军部队下辖 1 个空军集团军，装备苏－24 型歼击机 90 架、苏－25 型强击机 100 架、米格－29 型歼击机 100 架、苏－24 型侦察机 35 架、米－8 型电子战直升机 20 架。防空部队下辖 1 个防空军，装备米格－31 型侦察机 25 架、苏－27 型歼击机 60 架、防空导弹发射架 125 部。1 所航校，编有教练机 365 架。

乌拉尔军区　司令部驻叶卡捷琳堡。地面部队 2 个坦克师、1 个摩步师、4 个炮兵旅/团、2 个反坦克旅/团、1 个防空导弹旅，装备主战坦克 1100 辆、装甲战车 1500 辆、火炮 900 门。防空部队装备米格－23 型歼击机 40 架、米格－31 型歼击机 200 架、苏－27 型歼击机 65 架、防空导弹发射架 600 部。

西伯利亚军区　司令部驻新西伯利亚。地面部队下辖 1 个军司令部、1 个摩步师、1 个空降训练师、1 个炮兵师、1 个空降突击旅、3 个摩步旅、4 个炮兵旅/团、2 个战役战术导弹旅、2 个防空导弹旅、1 个特种作战旅、1个反坦克团、1个战斗直升机团，装备主战坦克1468辆、装甲战车3400辆、火炮2200门、“飞毛腿”战役战术导弹发射架24部、战斗直升机40架。

后贝加尔军区　司令部驻赤塔。地面部队下辖2个军司令部、3个坦克师、1个摩步师、2个机枪炮兵师、1个炮兵师、2个摩步旅、5个炮兵旅/团、3个战役战术导弹旅、1个空降突击旅、1个特种作战旅、2个反坦克旅、3个防空导弹旅、2个战斗直升机团、1个攻击运输直升机团，装备主战坦克3000辆、装甲战车4000辆、火炮3500门、“飞毛腿”战役战术导弹发射架12部、SS－21型战术导弹发射架18部、战斗直升机80架。空军部队下辖2个空军集团军，装备图－22M型轰炸机85架、苏－24/－25型歼击轰炸机315架、米格－29/苏－27型歼击机100架、苏－24型侦察机100架。

远东军区　司令部驻哈巴罗夫斯克。地面部队下辖2个集团军司令部、2个军司令部、10个摩步师、2个机枪炮兵师、1个炮兵师、9个炮兵旅/团、1个摩步旅、1个空降突击旅、4个战役战术导弹旅、5个防空导弹旅、1个特种作战旅、2个反坦克旅、3个战斗直升机团、2个攻击运输直升机团，装备主战坦克5600辆、装甲战车7000辆、火炮5800门、“飞毛腿”战役战术导弹发射架48部、战斗直升机190架。

此外，俄罗斯在前苏联下列各国也有驻军，其中：驻亚美尼亚4300人，有1个军事基地，装备主战坦克74辆、装甲战车158辆、火炮84门，防空部队驻有1个米格－23型歼击机大队；驻格鲁吉亚8500人，有3个军事基地，装备主战坦克140辆、装甲战车360辆、火炮155门，另有118辆装甲战车和若干火炮驻在阿布哈兹，空军和防空部队装备SA－6型防空导弹60部、运输机35架和若干米－8型直升机；驻塔吉克斯坦约6000人，1个摩步师，装备主战坦克190辆、装甲战车303辆、火炮180门；驻摩尔多瓦约4900人，1个独立摩步旅，装备主战坦克120辆、装甲战车166辆、火炮129门。

北方舰队　司令部驻北莫尔斯克。装备有潜艇73艘（其中战略潜艇18艘，攻击潜艇49艘，其他潜艇6艘），主要水面作战舰只43艘；海军航空兵作战飞机108架、战斗直升机85架；1个海军步兵旅、1个岸防团、1个防空导弹团。

波罗的海舰队　司令部驻加里宁格勒。装备攻击潜艇6艘、主要水面作战舰艇25艘；海军航空兵作战飞机93架、战斗直升机25架；1个海军步兵旅；岸防部队编有2个炮兵团和1个岸对舰导弹团。

黑海舰队　（目前仍由俄罗斯和乌克兰共管）。司令部驻塞瓦斯托波尔。装备攻击潜艇11艘，主要水面作战舰艇25艘；海军航空兵作战飞机17架、战斗直升机30架；1个海军步兵旅。

太平洋舰队　司令部驻符拉迪沃斯托克（海参崴）。装备潜艇39艘（战略潜艇11艘、攻击潜艇26艘、其他潜艇2艘）、主要水面作战舰艇39艘；海军航空兵作战飞机96架、战斗直升机80架；1个海军步兵师；1个岸防师。

驻外兵力　（留驻前苏联各共和国兵力参见“部署”项）。驻非洲100人；驻古巴约800人；驻格鲁吉亚/阿布哈兹约1600人，1个空降团、2个摩步营；驻格鲁吉亚/南奥塞梯约500人，1个摩步营；驻摩尔多瓦/德涅斯特1个摩步营；驻越南约700人。参加联合国维和行动，驻波黑1425人、安哥拉130人、克罗地亚857人、马其顿4人、格鲁吉亚3人、伊拉克/科威特11人、中东4人、西撒哈拉25人。

（闵振范）

法　国

国　　名　法兰西共和国。

主要统计　面积55.1602万平方千米（包括科西嘉及其他岛屿）。人口5864.5万人（其中，13～17岁男195.3万人，女186.5万人；18～22岁男202.5万人，女193.5万人；23～32岁男436.5万人，女421.5万人）。国内生产总值7.9万亿法郎，合1.5万亿美元（1996年）。国防费1850亿法郎，合331亿美元（1998年国防预算）。粗钢1813.2万吨（1995年）。原煤903.9万吨（1994年）。原油2100万桶（1995年）。天然气33.95亿立方米（1995年）。发电量4756.22亿度（1994年）。粮食5360.6万吨（1995年）。海运能力，商船（载重100吨以上）729艘，总载重量498.1万吨（1992年）。民航能力，固定航班机场66处，客运量594.55亿人千米、货运量97.53亿吨千米（1996年）。

国防政策与军事战略　法国是北约集团成员国，但于1966年7月退出了北约军事一体化组织，推行独立的防务政策和军事战略。冷战结束后，由于国际形势特别是欧洲地区形势发生了一系列战后以来最为深刻的变化，法国的安全环境已大大改善。在此基础上，1994 年法国正式发表了指导 21 世纪初法防务政策和军队建设趋向的纲领性文件—《国防白皮书》。白皮书明确指出，"有史以来法国首次在其边界附近不再有直接的军事威胁"，但国际战略新格局尚未形成，世界进入了一个更加不稳定和不确定的新时期，法国的战略和安全利益依然面临多种形式的威胁和挑战。法国国防政策的调整改革趋向和基本内容为：（一）坚决捍卫法国的利益，确保法国的大国地位。（二）致力于欧洲建设和为国际稳定作出贡献，加强西欧联盟的作用，强调欧洲的防务特性以作为北约的补充，在坚持不重返军事一体化、自主支配核力量的前提下，将积极参加北约重大政治和军事决策过程。支持联合国在处理危机和维持和平方面发挥更大的作用。（三）落实总体防务的思想，即在军事防务的基础上，密切协调和组织民防、经济、社会等各方面的行动，增强综合的整体防务能力。（四）提出威慑与行动平衡互补，核威慑与常规运用相结合的新的战略思想。核威慑的基本概念不变，但今后将更多通过非核条件下的常规干涉行动，阻止战争、预防危机、限制冲突、维持和平。（五）继续加强质量建军。军队建设应以"少而精，训练有素"为原则，着重增强部队的作战效能。重新确定军队规模。优先加强军事情报建设。改革作战指挥体制。突出三军参谋长在指挥军事行动中的核心地位。重点提高战略机动和快速投放能力。（六）调整国防工业政策。走独立发展、合作研制与直接引进三结合的道路。在 1996 年法军制订通过的《1997～2002 年军事纲领法》中，更是明确地提出了核威慑、预防、投送和保护本土的根本战略。

国防体制 宪法规定，总统为武装力量最高统帅。总统下设内阁会议、国防委员会、限制性国防委员会和高级国防会议。内阁会议负责制定全面的防务政策，其成员有总理和所有内阁成员，由总统任主席。国防委员会负责具体防务问题的决策，其成员有总理、外交、国防、内政和财政部长等，由总统任主席。限制性国防委员会负责军事问题的决策，由总理和总理指定的人员组成，总统任主席。高级国防会议为咨询机构。总理负责贯彻既定防务政策。国防部为内阁中的一个部，国防部长在总理领导下负责防务工作，下设三军参谋部和陆、海、空军军种参谋部以及武器装备部等单位。武装力量由陆、海、空三军和宪兵组成。最高军事指挥机构为三军参谋部。总统通过国防部和三军参谋部对全国武装力量实施领导和指挥。

领导人物 总统兼武装力量最高统帅雅克·希拉克（1995 年 5 月上任）。总理若斯潘（1997 年 6 月上任）。国防部长阿兰·里夏尔（文职，1997 年 6 月上任）。三军参谋长让·菲利浦·杜安上将（1995 年 9 月上任）。陆军参谋长马克·蒙夏尔上将（1991 年 4 月上任）。海军参谋长让·夏尔·勒费舍尔中将（1994 年 7 月上任）。空军参谋长让·拉努上将（1995 年 9 月上任）。

武装力量 **兵力** 现役部队 38.04 万人（含 1.38 万直属总部的人员和单位）。

陆军 21.99 万人，编有 1 支快速行动部队（4 个师）和 1 个军（辖 2 个装甲师、1 个山地师）。

主战坦克：AMX－30 型 658 辆、"勒克莱尔"式 110 辆。装甲侦察车：AMX－10RC 型 337 辆、ERC－90F4 型 192 辆、AML－60/－90 型 155 辆、VBLM－11 型 899 辆。步兵战车：AMX－10P/PC 型 713 辆。装甲输送车：VAB 式 3820 辆。牵引炮：155 毫米 238 门。自行炮：155 毫米 264 门。火箭炮：380 毫米 59 门。迫击炮：120 毫米 520 门。反坦克导弹："爱利克斯"354 具、"米兰"1390 具、"霍特"135 具。高炮：20 毫米 782 门。地空导弹："霍克"69 部、"罗兰"156 部、"西北风"345 部。飞机：7 架。直升机：508 架，其中攻击直升机 342 架。

海军 6.33 万人（包括海军航空兵和海军陆战队）。编有 3 个作战集群。

航母："克莱蒙梭"级 2 艘。直升机航母："圣女贞德"级 1 艘。导弹驱逐舰："卡萨尔"级 2 艘、"絮弗伦"级 2 艘。护卫舰：35 艘，其中"乔治·莱格"级 7 艘、"图尔维尔"级 3 艘、"弗洛雷亚尔"级 6 艘、"拉斐特"级 3 艘、"德蒂安纳·多尔韦"级 16 艘。潜艇：14 艘，其中"可畏"级战略弹道导弹核潜艇 4 艘，战术潜艇 10 艘。巡逻舰艇：36 艘。扫布雷舰艇：25 艘。两栖舰艇：9 艘。支援舰船：38 艘。

海军航空兵 7600 人，装备作战飞机 69 架，武装直升机 25 架。

陆战队 2900 人。编有 4 个突击群、14 个海军基地防卫队。

空军 8.34 万人。编有 1 个防空军（下辖 10 个雷达基地、1 个飞行中队、10 个地空导弹连、170 个高炮连）、1 个战术空军（下辖 9 个航空团、18 个飞行中队）、1 个机动支援空军（下辖 13 个运输机中队、2 个直升机中队和 1 个电子战中队）。作战飞机 505 架。

作战飞机："幻影"345 架、"美洲虎"50 架、"阿尔法喷气"110 架。空中预警机：E－3F 型 4 架。空中加油机：C－135F/FR 型 11 架。各种运输机：

约144架。教练机：约177架。直升机：97架。

战略核力量　(10400人)(其中陆军1700人，海军5000人，空军3100人，宪兵600人)。装备有战略导弹核潜艇“可畏”级4艘、潜射导弹64枚；战略轰炸机18架；中程弹道导弹18枚。准战略核力量，装备有海军“超级军旗”攻击机36架；空军编有3个飞行中队，装备“幻影”2000N型轰炸机60架。

文职人员　约10万人。

预备役部队　29.25万人，其中陆军19.55万人，海军2.7万人，空军7万人。

准军事部队　宪兵9.23万人。装备有装甲车333辆，81毫米迫击炮278门，巡逻艇16艘，各种飞机46架。

部署　陆军主要部署在法、德边境和北部地区，海军重点部署在地中海和大西洋沿岸一带，空军主要部署在东北和中部地区。共有军事基地74处，其中陆军基地16处，海军基地8处，空军基地50处。

兵役制度　法国决定从1997年开始进行军队职业化改革，取消义务兵役制，实行志愿兵役制，服役期为9至18个月不等。但1979年1月以前出生的暂时仍继续实行义务兵役制，服役期为10个月。各级军官最高服役年龄：将官62岁，校官57岁，尉官52岁。

军衔　分5等20级，将官4级(上将、中将、少将、准将)，校官3级(上校、中校、少校)，尉官4级(上尉、中尉、少尉、准尉)，军士6级(总军士长、军士长、准军士长、上士、中士、下士)，兵3级(上等兵、下等兵、列兵)。

驻外兵力　驻德国(原联邦德国地区)1.17万人、法属圭亚那3600人、新喀里多里亚3900人、中非共和国150人、乍得800人、科特迪瓦500人、吉布提3200人、加蓬600人、塞内加尔1300人、太平洋派遣舰队3800人、印度洋地区4000人、安的列斯地区5000人。参加联合国维和行动：驻安哥拉22人、波黑3594人、克罗地亚52人、埃及17人、海地46人、黎巴嫩247人、沙特阿拉伯170人、阿尔巴尼亚1000人、科威特1人。

(孟大成)

芬　兰

国　名　芬兰共和国。

主要统计　面积33.8145万平方千米。人口513.6万人(其中，13～17岁男16.9万人，女15.9万人；18～22岁男16.5万人，女15.7万人；23～32岁男35.3万人，女33.7万人)。国内生产总值5700亿芬兰马克，合1100亿美元(1996年)。国防费105亿芬兰马克，约合20亿美元(1998年国防预算)。粗钢307.7万吨(1992年)。发电量655.46亿度(1994年)。粮食333.3万吨(1995年)。海运能力，商船(载重100吨以上)263艘，总载重量98.93万吨(1992年)。民航能力，固定航班机场24处，客运量94.19亿人千米、货运量1.909亿吨千米。

国防体制　宪法规定，总统为武装力量统帅。最高国防决策机构为内阁国防委员会，成员有国防、外交、内政、财政、工商等部长和国防军司令、总参谋长等，由总理任主席。内阁总理和国防军司令在总统授权下领导国防建设。国会国防委员会是最高行政当局和最高立法当局之间酝酿、论证中长期国防建设规划的临时性机构，不定期地由政府任命并向政府负责，在芬兰国防最高决策体系中发挥着重要作用，成员均为国会各党派议员，顾问有外交、军事专家及社会名流和知名学者等。国防部是最高军事行政机关，负责制定与贯彻国家防务政策并为国防军活动提供全面保障。武装力量由国防军和准军事部队组成。国防军分陆、海、空三个军种。最高军事指挥机构为总参谋部。总统通过国防部和国防军司令对全国武装力量实施领导和指挥。

领导人物　总统兼武装力量统帅马尔蒂·阿赫蒂萨里(1994年3月上任)。国防部长达依娜(女，1955年4月上任)。国防军司令古斯塔夫·黑格隆德上将(1994年11月上任)。总参谋长马迪·高波拉中将(1994年上任)。海军司令萨卡里·维萨中将(1990年1月上任)。空军司令玛蒂·阿霍拉少将(1955年3月上任)。

武装力量　**兵力**　现役部队3.1万人。

陆军　2.7万人。编有1个装甲旅、10个装甲训练旅、1个步兵训练旅、14个步兵旅、1个海岸旅、4个防空团、4个工兵营。

坦克：T－55型70辆、T－72型126辆。步兵战车：БМП－1型163辆、БМП－2型110辆。装甲输送车：БТР－60型120辆、“西苏”450辆、MT－

LB型220辆。牵引炮：105毫米54门、122毫米486门、152毫米324门、130毫米36门、155毫米108门。自行炮：122毫米72门、152毫米18门。岸炮：100毫米若干门、130毫米195门。岸对舰导弹：RBS-15型5部。火箭炮：122毫米60门。迫击炮：81毫米800门、120毫米789门。反坦克导弹：M-82型24具、M-83型12具、M-82M型若干具。无坐力炮：66毫米132门、95毫米100门。高炮：23毫米400门，30、35毫米若干门，57毫米24门。地空导弹：SA-3/-7/-16/-18型若干部，SAM-90型20部、SAM-96型18部。

海军　2100人。编有4个海军中队（1个导弹中队、1个巡逻中队、2个水雷对抗中队）。

小型护卫舰："图伦马"级2艘。导弹攻击艇："赫尔辛基"级4艘、"拉乌马"级4艘。巡逻艇：4艘。布雷舰：10艘。扫雷艇：13艘。两栖登陆艇：6艘。支援和杂务舰船：37艘。

空军　1900人。编有3个防空区、3个航空大队、1个运输机中队。作战飞机104架。

战斗机：米格-21型14架、"隼"MK-51、51A型30架、其他型27架。改装训练机：共27架，其中4架米格-21型、5架"萨布、SK-35C型具有作战能力。航测机：3架。运输机：3架。教练机：共52架，其中24架"隼"式具有作战能力。联络机：22架。空空导弹："环礁"、"蚜虫"、"响尾蛇"等若干枚。

文职人员　1万人。

预备役部队　约50万人。

准军事部队　边防军3400人。

部署　陆军划分为3个防御区，下辖12个省军区：北部防御区（奥鲁省军区、拉普兰省军区），西部防御区（海曼省军区、赫尔辛基省军区、乌西玛省军区、土尔库波里省军区、瓦沙省军区），东部防御区（米盖里省军区、居米省军区、中芬兰省军区、北卡累利亚省军区、库奥皮欧省军区）。海军重点部署在南部沿海地带，司令部设在赫尔辛基。海军基地2处（赫尔辛基、土尔库）。空军主要部署在中南部，司令部设在迪卡科斯基，有空军基地9处。

兵役制度　实行普遍义务兵役制。士兵服役期8～11个月。军官最高服役年龄：上将为65岁，中、少将和上校60岁，中校和少校55岁，上尉、高级中尉和中尉为59岁。

军衔　军官分3等10级，即将官3级（上将、中将、少将），校官3级（上校、中校、少校），尉官4级（上尉、高级中尉、中尉、少尉）。军士4级（军士长、上士、中士、下士）。

驻外兵力　1997年共有1335人参加联合国维持和平行动。

（白　冰）

荷　兰

国　　名　荷兰王国。

主要统计　面积4.1526万平方千米。人口1558.5万人，（其中，13～17岁男44.6万人，女42.7万人；18～22岁男48.7万人，女46.5万人；23～32岁男122.5万人，女116.1万人）。国内生产总值3930亿美元（1996年）。国防费72亿美元（1998年国防预算）。粗钢640.9万吨（1995年）。原油2700万桶（1995年）。天然气787.78亿立方米（1995年）。发电量796.77亿度（1994年）。粮食159万吨（1995年）。海运能力，商船（载重100吨以上）1076艘，总载重量419.1万吨（1992年）。民航能力，固定航班机场6处，客运量417.67亿人千米、货运量32.73亿吨千米（1996年）。

国防体制　宪法规定，女王是荷兰武装力量的统帅。战时首相是武装力量的最高司令，平时通过国防大臣行使职权。国防委员会是最高国防决策机构，由国防大臣、国防国务秘书、国防部秘书长、国防参谋长、各军种司令和国防部各总局局长等组成，国防大臣任主席。国防部是政府中的一个部，是最高国防领导机构。武装力量由正规军和准军事部队组成。正规军分陆、海、空三个军种和宪兵，由各军种司令和宪兵司令分别指挥。国防参谋部是最高军事指挥机构。女王和首相通过国防部和国防参谋部对全国武装力量实施领导和指挥。

领导人物　国家元首兼武装力量统帅贝娅特丽克丝女王（1980年4月即位）。首相科克（1994年8月上任）。国防大臣佛尔胡弗（1994年8月上任）。国防参谋长范登布雷蒙上将（1995年上任）。陆军司令兼陆军参谋长柯吉中将（1992年9月上任）。海军司令兼海军参谋长尼科·博伊斯中将（1992年8月上任）。空军司令兼空军参谋长曼德菲尔德中将（1992年8月上任）。

武装力量 **兵力** 现役部队5.718万人（含宪兵3600人，总部机关800人）。

陆军 2.7万人。编有1个军部，1个机械化师师部，3个机械化步兵旅，1个轻型旅，1个空中机动旅，1个野战炮兵大队，1个防空大队，1个工兵大队。

坦克："豹"1A4型270辆、"豹"2型330辆。步兵战车：YPR－765型383辆、M－113型65辆。装甲输送车：YPR－765型269辆。牵引炮：105毫米1门、155毫米124门。自行炮：155毫米129门、203毫米30门。火箭炮：227毫米22门。迫击炮：81毫米40门、120毫米133门。反坦克导弹："龙"式427具、"陶"式326具。无坐力炮：106毫米185门。高炮：35毫米自行高炮77门、40毫米牵引高炮60门。地空导弹："毒刺"312部。船艇：1艘坦克运输艇、3艘海岸巡逻艇、3艘内河巡逻艇。

海军 1.38万人（包括海军航空兵和海军陆战队）。编有1个潜艇中队、3个护航中队和3个扫雷中队。荷兰和比利时的海军由设在荷兰登赫尔德的司令部统一指挥。

潜艇："海象"级4艘。导弹驱逐舰："特罗姆普"级2艘、"范·赫姆斯克"级2艘。护卫舰："卡瑞·多尔曼"级8艘、"科顿艾尔"级4艘。扫雷舰艇：17艘。两栖舰：1艘。支援舰船：11艘。

海军航空兵 950人。编有1个海上巡逻机中队、2个海上巡逻兼反潜中队、2个反潜兼搜索救援中队。装备有P－3C型反潜巡逻机13架、"大山猫"武装直升机22架。

海军陆战队 2800人。编有3个两栖作战营、1个支援营。

空军 1.198万人。编有6个攻击战斗机中队、1个战斗/侦察机中队、1个运输机中队、1个教练机中队、1个搜索救援直升机中队、8个防空连。作战飞机171架，武装直升机12架。

攻击/战斗机：F－16A/B型171架。海上侦察机：F－27型2架。运输机：DC－10－30型等共11架。教练机：PC－7型10架。直升机：共73架，其中12架为武装直升机。地空导弹："霍克"48部、"爱国者"5部、"毒刺"100部。高炮：40毫米100门。空空导弹："响尾蛇"若干枚。

文职人员 24381人，其中编入陆军11775人，海军5862人，空军2694人，宪兵100人，总部机关3950人。

预备役部队 7.5万人，其中陆军6万人、海军0.5万人、空军1万人。

准军事部队 宪兵3600人，列入正规军编制。

部署 陆军作战部队主要部署在东部地区。空军作战飞机中队主要也部署在东部地区。防空导弹部队全部部署在德国。战术空军司令部设在首都海牙。

兵役制度 实行志愿兵和义务兵相结合的兵役制度。义务兵服役期为9个月，志愿兵为2～9年。

军衔 分5等20级，即将官4级（上将、中将、少将、准将），校官3级（上校、中校、少校），尉官5级（上尉、中尉、少尉、一级准尉、二级准尉），军士6级（军士长、上士、一级中士、中士、一级下士、下士），兵2级（一等兵、二等兵）。

驻外兵力 驻德国（原联邦德国地区）3000人。驻冰岛30人。驻荷属安的列斯群岛20名海军、1艘护卫舰；25名空军、飞机2架。参加联合国维持和平行动：驻亚得利亚海1艘导弹护卫舰；驻安哥拉26人；驻波黑138人；驻克罗地亚77人；驻意大利155人、飞机10架；驻中东16人。

外国驻军 北约中欧盟军司令部。美国驻军785人：陆军490人，空军295人。

（孟大成）

捷 克

国　　名 捷克共和国。

主要统计 面积7.8864万平方千米。人口1035万人（其中，13～17岁男38.7万人，女37万人；18～22岁男42.2万人，女40.5万人；23～32岁男74.8万人，女72万人）。国内生产总值420亿美元（1996年）。国防费12.3美元（1998年国防预算）。粗钢684.1万吨（1994年）。原煤7694.4万吨（1994年）。原油110万桶（1995年）。天然气2.9亿立方米（1995年）。发电量587.05亿度（1994年）。粮食659.8万吨（1995年）。海运能力，商船（载重100吨以上）22艘，总载重44.62万吨（原捷克斯洛伐克时期数据）。民航能力，固定航班机场4处，客运量25.55亿人千米、货运量6820万吨千米（1996年）。

国防体制 宪法规定，总统为武装力量统帅。最高国防决策机构为国防委员会，成员有政府总理、副总理、外交部长、国防部长、内务部长、经济部长、财政部长、工商部长、环保部长、总参谋长和总统军事办公室主任，由政府总理任主席。国防部为政府中的一个部，是最高军事行政机关，负责对军队实施政治领导和行政保障。武装力量由正规军和准军事部队组成。正规军分陆军、空军防空军两个军种。最高军事指挥机构为总参谋部。总统通过国防部和总参谋部对全国武装力量实施领导和指挥。

领导人物 总统兼武装力量统帅瓦茨拉夫·哈维尔（1993年1月上任）。国防部长米哈尔·罗布科维茨（1998年1月上任）。总参谋长伊·内克瓦西尔上将（1993年7月上任）。

武装力量 **兵力** 现役部队6.17万人（含1.77万国防部人员及其直属部队）。

陆军 2.7万人。编有2个军、1个快速反应旅、1个特种旅、7个机械化旅、2个炮兵旅、2个侦察旅、2个工兵旅。

坦克：T-54/-55型411辆、T-72M型541辆。装甲侦察车：БРДМ和OT-65型约182辆。步兵战车：БМП-1/-2型等共945辆。装甲输送车：OT-90型422辆，类似的还有711辆。牵引炮：122毫米154门。自行炮：122毫米97门、152毫米273门。火箭炮：122毫米150门。迫击炮：120毫米93门。反坦克导弹："耐火箱"721具、"拱肩"21具。高炮：30毫米、57毫米若干门。地空导弹：SA-7型若干部、SA-9/-13型约140部。

空军防空军 1.7万人。编有2个对地攻击战斗机/侦察机中队、2个战斗机中队、2个运输机中队、2个直升机中队。作战飞机129架、武装直升机36架。

对地攻击战斗机：苏-22型32架、苏-25型25架。战斗机：米格-23型21架、米格-21型37架。运输机：拉-410型、安-24型等共25架。直升机：共119架，其中米-24型36架为武装直升机。试验/教练机：各型共55架，其中14架米格-21型具有作战能力。空空导弹："环礁"、"顶点"、"蚜虫"若干枚。地空导弹：SA-2/-3/-5/-6/-10型若干部。

预备役部队 14～15个国土防御旅。

准军事部队 边防军4000人、内卫部队1600人。

兵役制度 实行义务兵役制。士兵服役期为1年。军官最高服役年限为55周岁。

军衔 分6等20级，即将官4级（大将、上将、中将、少将），校官3级（上校、中校、少校），尉官4级（大尉、上尉、中尉、少尉），准尉5级（一级准尉、二级准尉、三级准尉、四级准尉、五级准尉），军士3级（上士、中士、下士），兵1级（列兵）。

驻外兵力 1997年共有701人参加联合国维和行动。

（苗 壮）

克 罗 地 亚

国　　名 克罗地亚共和国。

主要统计 面积5.6538万平方千米。人口470万人（其中，13～17岁男16.8万人，女15.8万人；18～22岁男16.8万人，女15.9万人；23～32岁男33.3万人，女32.1万人）。国内生产总值188亿美元（1996年）。国防费12亿美元（1997年国防预算）。原煤10.3万吨（1994年）。原油1400万桶（1995年）。天然气18.69亿立方米（1995年）。发电量82.75亿度（1994年）。粮食276.4万吨（1995年）。海运能力，商船（载重100吨以上）203艘，总载重量14万吨（1992年）。民航能力，固定航班机场5处，客运4.44亿人千米、货运量300万吨千米（1996年）。

国防体制 宪法规定，总统为武装力量统帅。最高国防决策机构为国家安全委员会，成员包括总统办公室主任、总理、副总理兼外长、副总理兼发展与复兴部长、国防部长、内务部长、国家安全办公室主任、总统国家安全顾问、国家安全情报局局长、总统内政顾问、总参谋长等，由总统任主席。国防部是最高军事行政机关，负责国防行政事务及与国防建设有关工作。武装力量由正规军和准军事部队组成。正规军分为陆、海、空三个军种。最高军事指挥机构为总参谋部。总统通过国防部和总参谋部对全国武装力量实施领导和指挥。。

领导人物 总统兼武装力量统帅弗拉尼奥·图季曼（1992年8月上任）。国防部长戈伊科·苏沙克（1991年9月上任）。总参谋长帕·米利亚瓦茨中将（1996年上任）。

武装力量　**兵力**　现役部队5.8万人

陆军　5万人。编有6个军区、7个近卫旅（各辖3个机械化营、1个坦克营、1个炮兵营）、10个步兵旅、1个机械化旅、7个混合炮兵师、1个火箭炮旅、3个反坦克旅、4个防空旅、3个特种兵旅、1个工兵旅、27个本土防御团。

坦克：T－34、T－35、T－55、M－47、M－84和T－72M型共285辆。轻型坦克：ПТ－76型5辆。装甲侦察车：БРДМ－2型5辆。步兵战车：M－80型约100辆。装甲输送车：БТР－40/－50，M－60，BIV型若干辆。各种火炮约2500门。

海军　3000人。

潜艇："乌纳"级1艘，"韦莱比特"级1艘。轻型护卫舰：1艘。导弹攻击快艇："拉德·康查尔"级1艘，"杜布罗夫尼克"级2艘。鱼雷攻击快艇："大胡蜂"级1艘。巡逻艇：4艘。布/扫雷舰艇：3艘。登陆艇：9艘。支援和勤务舰船：5艘。

陆战队　2个独立步兵连。

岸防部队　约10个岸防炮兵连。

空军　约5000人。作战飞机30架，武装直升机15架。

攻击战斗机：米－21型20架。运输机：安－2型、"乌特瓦"型等共15架。直升机：共41架，其中米－24型武装直升机15架。教练机：PC－9型10架（具有作战能力）。地空导弹：SA－6、SA－7、SA－9、SA－13、SA－14/－16型若干部。

预备役部队　22万人，其中陆军预备役部队15万人、本土防御预备役部队7万人。

准军事部队　武装警察4万人。

部署　海军基地5处（斯普利特、普拉、希贝尼克、普洛切、杜布罗夫尼克）。

兵役制度　实行义务兵役制，士兵服役期10个月。

军衔　分5等19级，即将官4级（大将、上将、中将、少将），校官4级（大校、上校、中校、少校），尉官4级（大尉、上尉、中尉、少尉），士官5级（上士、下士、军士长、一级军士长、二级军士长），士兵2级（上等兵、列兵）。

外国驻军　联合国驻东斯拉沃尼亚、巴拉尼亚、西斯雷姆过渡机构：5059人。编有6个步兵营，包括来自31个国家的100名观察员和438名民事警察。联合国驻普雷夫拉卡观察团：来自27国家的24名观察员。北约波黑稳定部队：来自22个国家的3175人。

（潘海澜）

罗　马　尼　亚

国　　名　罗马尼亚。

主要统计　面积23.75万平方千米。人口2276.9万人（其中，13～17岁男90.1万人，女86.8万人；18～22岁男93.5万人，女90万人；23～32岁男178.4万人，女172.4万人）。国内生产总值330亿美元（1996年）。国防费7.7亿美元（1997年国防预算）。粗钢604.1万吨（1996年）。原煤4054.7万吨（1994年）。原油5000万桶（1995年）。天然气213亿立方米（1995年）。发电量551.36亿度（1994年）。粮食1988.5万吨（1995年）。海运能力，商船（载重100吨以上）439艘，总载重量484.55万吨（1992年）。民航能力，固定航班机场12处，客运量25.8亿人千米、货运量1940万吨千米（1996年）。

国防体制　宪法规定，总统为武装力量统帅。最高国防决策机构为最高国防委员会，由总统任主席，政府总理任副主席，成员有主管工业和贸易的国务部长、国防部长、内务部长、外交部长、情报局长、国务秘书兼总参谋长等。国防部为政府中的一个部，是组织、领导和协调国防工作的中央权力执行机构，负责实施最高国防委员会所制定的各项军事政策。武装力量由正规军和准军事部队组成。正规军分陆、海、空三个军种。最高军事指挥机构为总参谋部。总统通过最高国防委员会和国防部、总参谋部对全国武装力量实施领导和指挥。

领导人物　总统兼武装力量统帅埃米尔·康斯坦丁内斯库（1996年11月当选）。国防部长康斯坦丁·约内斯库（1998年2月上任）。总参谋长康斯坦丁·戴捷拉图中将（1997年1月上任）。

武装力量　**兵力**　现役部队22.695万人（含国防部人员及其直属部队共3.25万人）。

陆军　12.935万人。编有3个集团军司令部、8个军，下辖7～10个摩步旅、4个坦克旅、4个山地旅、5个炮兵旅、、4个反坦克旅、3个混编旅、6个高炮旅、3个空降旅、1个警卫旅、2个"飞毛腿"地地导弹旅、1个工兵旅、1个摩步团、1个炮兵团、

4个高炮团、4个防空导弹团、5个工兵团、2个侦察营。

坦克：1255辆，其中T－55型822辆、T－72型30辆、TR－85型315辆、TR－580型88辆。突击炮（车）：SU－100型66辆。装甲侦察车：129辆，其中БРДМ－2型121辆、TAB－80型8辆。步兵战车：MLI－84型178辆。装甲输送车：1704辆，其中TAB－71型1050辆、MLVM型88辆。牵引炮：790门，其中100毫米8门、105毫米72门、122毫米212门、130毫米90门、150毫米12门、152毫米396门。自行炮：122毫米48门。火箭炮：122毫米189门。迫击炮：120毫米332门。地地导弹："飞毛腿"12部、"蛙"式9部。反坦克导弹："甲鱼"、"耐火箱"共520具。反坦克炮：57毫米、85毫米、100毫米共871门。高炮：30毫米、37毫米、57毫米、85毫米、100毫米共1118门。地空导弹：SA－6、SA－7型共62部。

海军　1.75万人（含海军陆战队和岸防部队）。编有1个海军舰队（师级）、1个巡逻艇支队（旅级）、1个江河支队（旅级）、1个海/江支队（旅级）。主要基地有曼加利亚、康斯坦察、布勒伊拉、朱尔米和土耳恰。

潜艇：苏制K级鱼雷攻击潜艇1艘。驱逐舰："蒙特尼亚"级1艘。护卫舰："泰塔尔"级6艘。护卫艇："塔朗特"级3艘。鱼雷快艇：36艘。巡逻艇：55艘。布/扫雷舰艇：43艘。支援和其他舰只：10艘。直升机：IAR－316型3架、米－14PL型4架。

海军陆战队　0.8万人。编有1个军，下辖2个机械化旅、1个摩步旅、1个炮兵旅、1个高炮团、1个反坦克营和1个侦察营，此外还有1个独立步兵营。装备：坦克TR－580型120辆。突击炮（车）SU－76型12辆。装甲输送车：TAB－71型90辆、TABC－79型33辆。牵引炮：122毫米12门、152毫米36门。火箭炮：122毫米12门。迫击炮：120毫米36门。

岸防部队　800人。编有4个岸炮连和10个高炮连。装备火炮：130毫米32门。高炮：30毫米18门、37毫米30门、57毫米12门。

空军　4.76万人。编有2个军、1个防空导弹旅、2个高炮旅、3个伞兵旅。作战飞机315架，武装直升机16架。

对地攻击战斗机：IAR－93型75架、IAR－9型13架。歼击机：米格－21型150架、米格－23型38架、米格－29型15架。武装侦察机：伊尔－28型12架、米格－21型12架。运输机：安－24型9架、安－26型14架、伊尔－18型2架、波音707型2架、ROMBACI－11型2架、C－130B型4架。运输直升机：IAR－330型5架、米－8型5架、米－17型2架、SA－365型4架、IAR－316型10架。航测机：安－30型3架。武装直升机：IAR－316A型16架。战斗支援直升机：IAR－330型73架、IAR－316型78架、米－8型19架。教练机：拉－29型45架、拉－39型32架、IAR－823型36架、雅克－52型23架、安－2型17架。空空导弹："环礁"、"顶点"若干枚。空地导弹："克里牛"若干枚。地空导弹：SA－2型120部。

预备役部队　42.7万人，其中陆军40万人、海军0.6万人、空军2.1万人。

准军事部队　均隶属内务部，其中边防部队2.23万人，宪兵1万人，国民卫队4.68万人。

兵役制度　实行义务兵役制。陆、空军士兵服役期为12个月，海军士兵为18个月。军官最高服役年限：将官、校官60岁，尉官45岁。

军衔　军官军衔分4等11级，即元帅1级（只在战时授予），将官4级（大将、上将、中将、少将），校官3级（上校、中校、少校），尉官3级（大尉、中尉、少尉）。

驻外兵力　1997年共有753人参加联合国维和行动。

（苗　壮）

南　斯　拉　夫

国　　名　南斯拉夫联盟共和国。

主要统计　面积10.2173万平方千米。人口1135万人（其中，13～17岁男42.2万人，女39.8万人；18～22岁男42.6万人，女40.3万人；22～32岁男83.5万人，女79.3万人）。国内生产总值170亿美元（1996年）。国防费11亿美元（1997年国防预算）。粗钢18万吨（1995年）。原煤4055.6万吨（1995年）。原油800万桶（1995年）。天然气7.65亿立方米（1995年）。发电量371.7亿度（1995年）。粮食838.8万吨（1995年）。海运能力，商船

(载重 100 吨以上）462 艘，总载重量 517.3 万吨（1992 年）。民航能力，固定航班机场 5 处，客运量 1.5 亿人千米、货运量 1.34 亿吨千米（1996 年）。

国防体制 宪法规定，总统为武装力量统帅。最高国防决策机构为最高国防委员会，成员有南联盟总统、塞尔维亚共和国和黑山共和国总统等，由联盟总统任主席。国防部为政府中的一个部，是最高军事行政机关。国防部负责制订总动员计划，组织国防战备工作，完成国防计划所确定的任务，提供武装力量所需物质保障，组织、管理军事教育，执行有关国防的联盟法规，对共和国总统、最高国防会议和联盟政府决定的实施情况进行监督等。正规军分为陆、海、空军防空军三个军种。武装力量由常备军和预备役部队组成。最高军事指挥机构为总参谋部。总统通过国防部和总参谋部对全国武装力量实施领导和指挥。

领导人物 总统兼武装力量最高统帅斯·米洛舍维奇（1997 年 7 月上任）。国防部长帕·布拉托维奇（1993 年 3 月上任）。总参谋长莫·佩里希奇上将（1993 年 8 月上任）。

武装力量 **兵力** 现役部队 11.42 万人。

陆军 约 9 万人。编有 3 个集团军、7 个军、3 个师司令部、6 个坦克旅、1 个特种兵旅、4 个机械化旅、1 个空降旅、8 个摩托化步兵旅、5 个混合炮兵旅、7 个防空旅、1 个地空导弹旅。

坦克：1270 辆，其中 T－34 型 181 辆、T－55 型 785 辆、T－72 型 65 辆、M－84 型 239 辆。步兵战车：M－80 型 568 辆。装甲侦察车：БРДМ－2 型 88 辆。装甲输送车：M－60P 型 169 辆、M－86 型 68 辆。牵引炮：105 毫米 334 门、122 毫米 400 门、130 毫米 276 门、152 毫米 77 门、155 毫米 145 门。自行炮：122 毫米 83 门。火箭炮；107、122、262 毫米若干门，128 毫米 167 门。迫击炮：82、120 毫米 2968 门。地地导弹：“蛙”式 4 部。反坦克导弹：“耐火箱”135 具。无坐力炮：57 毫米 1550 门，82 毫米 1000 门，105 毫米 650 门。反坦克炮：750 门。高炮：20、30、57 毫米共 1850 门。地空导弹：SA－6、SA－7、SA－9、SA－13、SA－14、SA－16 型共 60 部。

海军 约 7500 人（含陆战队）。

潜艇：“萨瓦”级 2 艘，“英雄”级 2 艘，另有“乌纳”级 5 艘、非作战潜艇 3 艘。护卫舰：“科托尔”级 2 艘，“斯普利特”级 2 艘。导弹攻击快艇：“拉德·康查尔”级 5 艘，“米塔尔·阿采夫”级（即“黄蜂”级）5 艘。巡逻艇：24 艘。布/扫雷舰艇：16 艘。登陆舰艇：20 艘。支援和勤务舰船：9 艘。

陆战队 900 人，编有 2 个陆战旅。

空军防空军 1.67 万人，编有 2 个军（含 1 个防空军军）、12 个飞行中队、8 个地空导弹营、15 个高炮团。作战飞机 241 架、武装直升机 56 架。

攻击战斗机：“鹰”2 型 30 架、“海鸥”50 架、“超级海鸥”10 架。歼击机：米格－21 型 65 架、米格－29 型 15 架。武装侦察机：“鹰”式约 20 架、米格－21R 型约 18 架。武装直升机：“小羚羊”48 架。反潜直升机：米－14 型 3 架、卡－25 型 3 架、卡－28 型 2 架。运输机：安－26 型等共 27 架。联络机：46 架，其中 14 架为直升机。教练机：共 74 架，其中 16 架为直升机，另“超级海鸥”17 架、“鹰”16 架具有作战能力。空空、空地导弹：若干枚。地空导弹：SA－2 型 24 部、SA－3 型 16 部

预备役部队 40 万人。

兵役制度 实行义务兵与职业军人相结合的兵役制度，义务兵服役期为 12～15 个月。将官最高服役年限为 60 岁，校官 57 岁，尉官 55 岁，士官 52 岁。

军衔 军官军衔分 3 等 11 级，即将官 4 级（大将、上将、中将、少将），校官 3 级（上校、中校、少校），尉官 4 级（大尉、上尉、中尉、少尉）。

军队节日 6 月 16 日为南军建军节。

（郭　庆）

挪　威

国　名 挪威王国。

主要统计 面积 38.6958 万平方千米。人口 439.2 万人（其中，13～17 岁男 13.8 万人，女 13 万人；18～22 岁男 14.9 万人，女 14 万人；23～32 岁男 34 万人，女 31.9 万人）。国内生产总值 10110 亿挪威克朗，合 1570 亿美元（1996 年）。国防费 243 亿挪威克朗，合 35 亿美元（1997 年国防预算）。原煤 30.1 万吨（1994 年）。原油 9.88 亿桶（1995 年）。天然气 276.63 亿立方米（1995 年）。发电量 1133.89 亿度（1994 年）。粮食 143.5 万吨（1995 年）。海运能力，商船（载重 100 吨以上）1630 艘，总载重量 2143.3 万吨（1992 年）。民航能力，固定航班机场

50处，客运量85.96亿人千米、货运量9.18亿吨千米（1996年）。

国防体制 宪法规定，国王为武装力量统帅。最高国防决策机构为国防理事会，成员有国防、外交、司法、财政、航运和交通大臣，外交和国防部的秘书长，国防司令，北部军区和南部军区司令及民航局长等，由首相任主席。国防部是最高军事行政机关，负责制定国防政策、掌管军费、采购武器装备、组织军事科研、实施兵役动员和处理军民关系等工作。最高军事指挥机构为国防司令部。国防司令部在国防部的领导下组织战备建设和统帅部队。武装力量由正规军和国民警卫队组成。正规军分为陆、海、空三个军种。国王通过国防部和国防司令部，并经过南、北两个军区司令部对全国武装力量实施领导和指挥。挪威是北约成员，战时靠盟军支援，届时挪军主力将转归北约指挥。

领导人物 国王兼武装力量统帅哈拉尔五世（1991年1月即位）。国防大臣考斯姆（1993年10月上任）。国防司令索利上将（1994年10月上任）。国防参谋长列旺海军中将（1994年3月上任）。陆军总监斯维拉·鄂克朗少将（1996年上任）。海军总监汉斯·克里斯蒂安·斯文斯霍特少将（1995年上任）。空军总监斯梅德斯维格少将（1991年8月上任）。

武装力量 **兵力** 现役部队3.36万人（含400名联合勤务机构和500名国民警卫队在编人员）。

陆军 1.58万人。分南、北2个军区，4个军分区。北部军区编有1个独立机步旅、1个步兵营、1支边防守备部队、1个师的架子和训练部队。南部军区编有2个步兵营和一些独立部队，另外还有2个旅的架了部队。

坦克：“豹”式170辆。步兵战车：NM－135型53辆、CV9030N型4辆。装甲输送车：M－113型194辆、XA－186型18辆。牵引炮：105毫米72门、155毫米48门。自行炮：155毫米126门。火箭炮：227毫米6门。迫击炮：81毫米454门。反坦克导弹：“陶”式194具、NM－142型126具。无坐力炮：84毫米2517门。高炮：20毫米252门。地空导弹：RBS－70型300部。

海军 0.9万人（含0.17万名海岸炮兵和海岸警卫队）。编有2个作战指挥部和7个海军军区。

潜艇：“乌拉”级6艘、“科本”级6艘。护卫舰：“奥斯陆”级4艘。导弹艇：24艘（其中“隼”级14艘、“暴风”级8艘）。布雷和扫雷舰艇：14艘。登陆艇：9艘。支援舰船：7艘。

海岸炮兵 1000人。装备各种口径岸炮17门。

海岸警卫队 700人。装备巡逻艇20艘、巡逻机2架、直升机6架。

空军 0.79万人。编有12个中队。作战飞机79架。

战斗机：F－5型15架、F－16型58架。巡逻机：P－3型6架（具有作战能力）。运输机：C－130型等共12架。教练机：MFI－15型15架。直升机：36架。空地、空空导弹：若干枚。

文职人员 1.16万人。

预备役部队 23.4万人，其中陆军10.1万人，海军2.5万人，空军2.5万人，陆、海、空国民警卫队约8.3万人。

部署 陆军部署在挪威与瑞典、芬兰、俄罗斯邻近地区和沿海地区。海军基地4处。空军基地14处。

兵役制度 实行普遍义务兵役制。士兵服役期：陆、海、空军均为12个月。军官最高服役年龄：将官、校官、尉官均为60岁。

军衔 军官分3等10级，即将官4级（上将、中将、少将、准将），校官3级（上校、中校、少校），尉官3级（上尉、中尉、少尉）。军士2级（中士、下士）。士兵2级（二等兵、新兵）。

驻外兵力 1997年共有1327人参加联合国维持和平行动。

外国驻军 北约西北欧战区北欧盟军司令部。美军：1个陆战远征旅的装备。 （白 冰）

葡 萄 牙

国　　名 葡萄牙共和国。

主要统计 面积9.2072万平方千米（其中大陆面积8.8941万平方千米，亚速尔群岛2335平方千米，马德拉群岛796平方千米）。人口987.1万人（其中，13～17岁男35.7万人，女33.8万人；18～22岁男39.4万人，女37.8万人；23～32岁男81.7万人，女80万人）。国内生产总值970亿美元（1996年）。国防费17亿美元（1997年国防预算）。钢74.4万吨（1993年）。原煤14.7万吨（1994年）。发电量313.8亿度（1994年）。粮食130.6万吨（1995年）。

海运能力，商船（载重100吨以上）326艘，总载重量112.93万吨（1992年）。民航能力，固定航班机场14处，客运量75.86亿人千米、货运量1.8亿吨千米（1996年）。

国防体制　宪法规定，总统为武装力量统帅。最高国防决策机构为国家最高国防委员会，成员有总理、副总理和外交、国防、内政、财政、计划、工业、能源、交通部长、总参谋长及三军参谋长，由总统任主席。最高国防咨询机构为最高军事委员会。国防部为政府中的一个部，是最高军事行政机关。武装力量由正规军和准军事部队组成，正规军分陆、海、空三个军种。最高军事指挥机构为总参谋部。总统、总理通过国防部和总参谋部对全国武装力量实施领导和指挥。

领导人物　总统兼武装力量统帅若尔热·桑帕约（1996年3月上任）。总理安东尼奥·古特雷斯（1995年10月上任）。国防部长安东尼奥·维托里诺（1995年上任）。总参谋长富泽特·达蓬特海军上将（1994年上任）。陆军参谋长塞克伊拉·罗沙陆军上将（1992年上任）。空军参谋长奥莱利奥·科尔巴尔上将（1995年上任）。海军参谋长里贝罗·帕切科海军中将（1994年上任）。

武装力量　**兵力**　现役部队5.93万人（含700名总部直属人员）。

陆军　3.21万人。编有6个旅（其中1个空降旅）、18个团。

坦克：M－48A5型86辆、M－60型100辆。装甲侦察车：33辆。装甲输送车：M－113型249辆、V－200型81辆、M－557型26辆。牵引炮：105毫米78门、155毫米40门。自行炮：155毫米6门。迫击炮：107毫米42门、120毫米118门。岸炮：150毫米15门、152毫米6门、234毫米6门。无坐力炮：106毫米128门、89毫米53门、90毫米46门、84毫米162门。反坦克导弹："陶"式51具、"米兰"93具。高炮：20毫米和40毫米共105门。地对空导弹："吹管"15部、"小檞树"5部。

海军　1.48万人（包括陆战队）。编有1个海军管区司令部，5个地区司令部（亚速尔、马德拉、葡萄牙北部、中部、南部）。

潜艇："大青花鱼"级3艘。护卫舰："梅科"200级3艘、"霍奥·贝略司令官"级3艘、"巴蒂斯塔·德·安得拉德"级4艘。巡逻舰艇：29艘。登陆艇：10艘。支援舰船：14艘。

陆战队　1700人，编有3个营及支援部队，装备120毫米迫击炮36门。

空军　7700人。编有1个作战司令部，3个攻击战斗机中队，1个航测机中队，1个海上巡逻中队，4个运输队，2个搜索救援中队，1个联络机中队，2个教练机中队。作战飞机96架。

攻击/战斗机："阿尔法喷气"40架、A－7型31架、F－16型20架。海上武装侦察机：P－3P型5架。运输机/航测/救援机：共38架。联络机：12架。教练机：22架。直升机：28架。

预备役部队　21万人。

准军事部队　4.09万人。其中国民警卫队2.09万人，公安警察2万人。

部署　葡萄牙全国划分5个军区，即里斯本军区，北部军区，中部军区，南部军区，亚速尔军区。三军兵力主要部署在海岸线及首都里斯本附近。

兵役制度　实行义务兵役制，服役期限陆军4～8个月，海军和空军4～18个月。

军衔　军官分3等9级，即将官3级（上将、中将、少将），校官3级（上校、中校、少校），尉官3级（上尉、中尉、少尉）。

驻外兵力　参加联合国维持和平行动：驻安哥拉341人，驻波黑379人，驻克罗地亚1人，驻西撒哈拉5人。

外国驻军　北约大西洋伊比利亚海域司令部（里斯本）。美国驻军1050人（海军75人，空军975人）。

（孟大成）

瑞　典

国　　名　瑞典王国。

主要统计　面积44.9964万平方千米。人口885万人（其中，13～17岁男26.2万人，女24.7万人；18～22岁男27.4万人，女26万人；23～32岁男61.9万人，女58.7万人）。国内生产总值1.6万亿瑞典克朗，合2130亿美元（1996年）。国防费359亿瑞典克朗，合46亿美元（1998年国防预算）。发电量1428.89亿度（1994年）。粮食481.9万吨（1995年）。海运能力，商船（载重100吨以上）664艘，总载重量332.77万吨（1992年）。民航能力，固定航班机场48处，客运量93.29亿人千米、货运量1.96亿吨千米（1996年）。

国防体制 宪法规定，国王为武装力量统帅。最高国防决策机构为内阁。议会平时设国防委员会，负责审议政府国防预算；战时设顾问委员会，向总司令提供咨询。该委员会由三军总司令任主席，成员包括5大政党代表和各军种参谋部与联合作战参谋部负责人。国防部是最高军事行政机关，负责制定国防政策，确定军费，审批部队的编制、装备和训练计划等工作。武装力量由正规军和准军事部队组成。正规军分陆、海、空三个军种。三军总司令是组织、指挥部队的最高领导，对国防大臣负责。平时总司令通过总司令部和所属各军种参谋部对部队实施领导。战时军种参谋部的职能和编制缩小，总司令通过联合作战参谋部直接指挥各大军区遂行作战任务。

领导人物 国王兼武装力量统帅卡尔十六世·古斯塔夫（1973年9月即位）。国防大臣塔格·彼得松（1994年10月上任）。三军总司令欧·维克托林上将（1994年7月上任）。联合作战司令皮尔库特·格林中将。陆军司令迈梯尔·迈林中将（1996年4月上任）。海军司令彼得·诺德贝克中将（1994年7月上任）。空军司令肯特·哈斯克格中将（1993年上任）。

武装力量 **兵力** 现役部队5.335万人。

陆军 3.51万人。编有3个联合司令部、2个装甲师、4个机械化师、6个步兵旅、4个北极旅、7个炮兵团。

主战坦克：“百人队长”153辆，Strv－130B型240辆、Strv－121型80辆、Strv－122型66辆。轻型坦克：Ikv－91型206辆。步兵战车：Pbv－302型等共793辆。装甲输送车：Pbv－401A型等共541辆。牵引炮：105毫米508门、155毫米422门。自行炮：155毫米26门。迫击炮：81毫米200门、120毫米605门。反坦克导弹“陶”式57具。无坐力炮：84、90毫米若干部。高炮：40毫米600门。地空导弹：RBS－70/－77/－90型若干部。直升机：107架。

海军 0.95万人（含海岸防御部队和海军航空兵）。编有1个海岸舰队，下辖4个分舰队。

潜艇：“哥特兰”级2艘、“西哥特兰”级4艘、“水怪”级3艘、“斯皮根”级1艘。导弹艇：“哥德堡”级4艘、“斯德哥尔摩”级2艘、“休金”级4艘、“卡伯伦”级8艘、“诺尔切平”级10艘。巡逻艇：3艘。布雷舰：2艘。扫雷艇：27艘。支援与杂务舰船：29艘。

海军航空兵 320人。装备反潜作战飞机1架、反潜直升机14架、联络直升机10架。

海岸防御部队 1100人。编有2个岸炮旅。装备装甲输送车47辆、各种口径火炮若干门、地对舰导弹若干部、布雷舰艇17艘、巡逻艇17艘、两栖登陆舰艇152艘。

空军 0.875万人。编有15个飞行中队。作战飞机387架。

攻击/战斗机：“萨伯”265架、“鹰师”37架。武装侦察机：“萨伯”SH/SF－37型32架。电子战机：4架。运输机：C－130E/H型、SK－60D/E型等共27架。救援机：18架。教练机：176架（其中53架SK－60B/C型具有作战能力）。空空、空地导弹：若干枚。

文职人员 2万人。

预备役部队 57万人，其中，陆军45万人，海军5万人，空军7万人。

准军事部队 海岸警卫队600人；民防人员数百万人（凡16～25岁居民均有民防义务）；志愿服务组织约3.5万人。

部署 陆军分别部署在3个军区，下辖22个防御区。海军主要部署在波罗的海沿岸。空军主要部署在中、南部地区。海军基地10处、空军基地12处。

兵役制度 实行普遍义务兵役制。士兵服役期：陆、海军为7～15个月，空军8～12个月。

军衔 军官分3等10级，即将官4级（上将、中将、少将、准将），校官3级（上校、中校、少校），尉官3级（上尉、中尉、少尉）。

驻外兵力 1997年共有680人参加联合国维持和平行动。

（白　冰）

瑞　士

国　　名 瑞士联邦。

主要统计 面积4.1284万平方千米。人口708万人（其中，13～17岁男20.7万人，女19.5万人；18～22岁男21万人，女20.4万人；23～32岁男55.4万人，女56万人）。国内生产总值3600亿瑞士法郎，约合2910亿美元（1996年）。国防费54亿瑞士法郎，约合 37 亿美元（1997 年国防预算）。发电量 656.36 亿度（1994 年）。粮食 128.1 万吨（1995 年）。海运能力，商船（载重 100 吨以上）24 艘，总载重量 60.28 万吨（1992 年）。民航能力，固定航班机场 5 处，客运量 197.25 亿人千米、货运量 15.08 亿吨千米（1996 年）。

国防体制　宪法规定，联邦议会是国家最高权力机构。重大防务与军事问题均须经议会批准并立法。联邦政府主席为国家元首兼政府首脑，是全国武装力量的统帅。联邦主席由联邦政府 7 名部长轮流担任，任期 1 年。在联邦政府内由联邦军事部长（即国防部长）、司法警察部长和财政部长组成联邦军事委员会（即“三人小组”），代表联邦政府负责处理日常军事问题。联邦议会的国民院和联邦院各设 1 个军事委员会，它是议会有关军事问题的最高咨询机构。联邦军事部（即国防部）为联邦政府中的一个部，是最高军事行政机关。联邦军事部下设联邦军事办公厅、总参谋部、训练部、装备部、空军与防空部队司令部和陆军部队司令部。武装力量由民兵正规军、民兵预备役部队和准军事部队（即民防部队）3 部分组成。民兵正规军和民兵预备役部队分陆、空军两个军种，但按其传统，空军未自成体系，仍隶属于陆军。全国武装力量的最高指挥权属联邦政府。最高军事指挥机构是总参谋部。战时，由联邦政府提名，经联邦议会核准任命 1 名上将（瑞军平时最高军衔为中将）为瑞军总司令，直属联邦政府，统一指挥全军作战。同时，由总司令提名，经联邦政府核准任命 1 名中将总参谋长和 1 名中将首席军法执行官，协助总司令指挥全军作战和执行军法。平时，联邦政府通过联邦军事部和总参谋部对全国武装力量实施领导和指挥。

领导人物　国家元首兼政府首脑（即联邦主席）阿诺尔德·科勒（1996 年 12 月当选）。联邦军事部长阿道夫·奥吉（1995 年 12 月上任）。总参谋长阿图尔·利纳尔中将（1992 年 5 月上任）。训练部长让·鲁多夫·克里斯滕中将（1992 年 1 月上任）。空军与防空部队司令费尔南德·卡莱尔中将（1992 年 3 月上任）。

武装力量　**兵力**　民兵正规军约 3300 人。

陆军　战时经 48 小时动员后可达 35.7 万人。编有 1 个武装部队司令部（辖有 2 个装甲旅、2 个步兵团、1 个炮兵团、1 个机场警卫团、2 个工兵团）；3 个野战军军部：各下辖 2 个师（3 个步兵团、1 个炮兵团），1 个国土防卫师（4～6 个团），1 个装甲旅，1 个炮兵团，1 个工兵团，1 个边防要塞团；1 个山地军军部：3 个山地师，3 个边防要塞旅，2 个山地步兵团，2 个边防要塞团，1 个工兵团，1 个国土防卫师，2 个国土防卫旅。

坦克：PZ－68 型 186 辆、PZ－68/88 型 186 辆、PZ－87 型 370 辆。步兵战车：M－63/73 型 192 辆、M－63/89 型 315 辆。装甲输送车：M－63/73 型 836 辆，“皮兰哈”62 辆。牵引炮：105 毫米 216 门。自行炮：155 毫米 558 门。迫击炮：81 毫米 1200 门、120 毫米 577 门。反坦克导弹：“龙”式 2850 具、“陶”式 303 具。高炮：20 毫米 630 门。地空导弹：“轻剑”56 部，“毒刺”若干部。直升机：“云雀”60 架。巡逻艇：10 艘。

空军与防空部队　战时经 48 小时动员后可达 3.26 万人（含防空部队和航空基地守备部队）。编有 1 个航空旅、1 个防空旅、1 个航空基地旅、1 个指挥控制旅。作战飞机 161 架。

战斗机：“虎”Ⅱ/F－5E 型 89 架、“虎”Ⅱ/F－5F 型 12 架、“幻影”ⅢS 型 29 架、“幻影”ⅢDS 型 4 架、F/A－18 型 10 架。武装侦察机：“幻影”ⅢRS 型 17 架。运输机：PC－6 型等共 21 架。直升机：27 架。教练机：69 架。空地、空空导弹：若干枚。

防空部队　地空导弹团 1 个（辖 2 个营）；1 个防空旅：下辖 1 个地空导弹团和 7 个高炮团，装备有“警犬”和“轻剑”地空导弹。

文职人员　除职业军官和士官，其他长期在总部和师以上部队机关工作的人员主要由民兵军官和联邦官员（即文职人员）担任。联邦官员经军事部门严格审选、由双方自愿签订合同后成为军队文职人员，一般工作至 65 岁退休 。目前，在总部和师以上部队机关工作的文职人员约占工作人员总数的 80%。

准军事部队　民防部队 35 万人（其中受过全面军事训练的约 30 万人）。

部署　陆军野战部队兵力主要部署在北部、东北部、中部和西部地区；山地部队全部部署在阿尔卑斯山地区；4 个国土防卫师全部沿北部、东北部和东南部边境地区部署；空军与防空部队的航空兵旅和基地旅驻中部地区；防空旅部署在重点保护目标、主要军事设施和军用机场附近地区。

兵役制度　瑞士实行独特的民兵制，全军除 3300 名职业军人外，其他都是非职业军人。非职业军人平时从事民间职业，仅定期短时间离职到新兵学校参加新兵训练或到部队参加复训。瑞士实行义务兵役制。联邦宪法规定，凡 20～42 岁身体健康的男性公民都有义务服兵役。凡年满 19 岁的男性青年必须到就近征兵处报名并体检，合格者入伍，在所属军兵种新兵学校接受为期 15 周的军事基础训练，此后在 20～42 岁这 22 年间要接受 10 次复训，每次为期 3 周。复训分为两个阶段：（1）21～32 岁在野战部队复训；（2）33～42岁在守备部队复训。合计起来，士兵20～42岁总共服役316天。妇女可自愿服妇女辅助役。服役期间和退役之后，单兵武器装备均由个人保管。军士和军官一生中服役时间比士兵多，因从士兵到军士、从军士到军官以及各级军官的晋升均须经各级军校培训。如中士一生中服役557天，少、中尉929天，上尉1191天，少校1370天，中校1402天，上校1549天。

服役年限 （1）职业军官和职业士官：少、中将最高服役年龄为62周岁；准将、上校和一级上士为58周岁；中校为54周岁；少校、上尉、中尉、少尉、二级上士、一级中士、二级中士和下士为50周岁。（2）民兵军官最高服役年龄为50周岁，军士和士兵均为42周岁。（3）文职人员（即联邦官员）最高服役年龄为65周岁。

军衔 分5等15级，即将官3级（中将、少将、准将），校官3级（上校、中校、少校），尉官3级（上尉、中尉、少尉），军士5级（一级上士、二级上士、一级中士、二级中士、下士），兵1级（列兵）。

驻外兵力 1997年共有39人参加联合国维持和平行动。

（孟大成）

斯 洛 伐 克

国　　名 斯洛伐克共和国。

主要统计 面积4.9万平方千米。人口537万人（其中，13～17岁男23.2万人，女22.9万人；18～22岁男23万人，女22.3万人；23～32岁男40.5万人，女39.5万人）。国内生产总值168亿美元（1996年）。国防费4.2亿美元（1997年国防预算）。原煤236.3万吨（1994年）。原油50万桶（1995年）。天然气2.41亿立方米（1995年）。发电量247.4亿度（1994年）。粮食352.8万吨（1995年）。民航能力，固定航班机场4处，客运量0.603亿人千米、货运量560万吨千米（1996年）。

国防体制 宪法规定，总统为武装力量统帅。最高国防决策机构为国防委员会，成员有政府总理、主管经济的副总理、国防部长、外交部长、内务部长、财政部长、总参谋长等，由政府总理任主席。国防部为政府中的一个部，是最高军事行政机关，负责对军队实施政治领导和行政保障。武装力量由正规军和准军事部队组成。正规军分陆军、空军防空军两个军种。最高军事指挥机构为总参谋部。总统通过国防部和总参谋部对全国武装力量实施领导和指挥。

领导人物 总统兼武装力量统帅米哈尔·科瓦奇（1993年2月上任）。国防部长扬·西特克（1994年12月上任）。总参谋长约泽夫·图西尼亚上将（1994年9月上任）。

武装力量 **兵力** 现役部队4.12万人（含5400名国防部人员及其直属部队）。

陆军 2.38万人。编有2个军、2个坦克旅、4个机械化步兵旅。

坦克：T－72M型272辆、T－55型206辆。装甲侦察车：БРДМ型129辆、OT－65型90辆。步兵战车：БМП－1/－2型等共383辆。装甲输送车：OT－90型207辆。牵引炮：122毫米76门。自行炮：122毫米49门、152毫米135门。火箭炮：122毫米87门。迫击炮：120毫米36门。地地导弹："蛙"、"飞毛腿"等若干部。反坦克导弹："耐火箱"、"拱肩"共约480具。反坦克炮：100毫米52门。高炮：30毫米"环索"自行式、57毫米S－60型共约200门。地空导弹：SA－7型若干部、SA－9/－13型约48部。

空军防空军 1.2万人。作战飞机114架、武装直升机19架。

对地攻击战斗机：苏－22型20架、苏－25型13架。战斗机：米格－21型52架，米格－29型24架。武装侦察机：米格－21RF型5架。运输机：安－12型1架、安－24型2架、安－26型2架、图－154型1架、L410M型4架。教练机：L－29型14架、L－39型24架。攻击直升机：米－24型19架。运输直升机：米－2型3架、米－8型3架、米－17型12架。空空导弹："环礁"、"顶点"、"蚜虫"若干部。地空导弹：SA－2/－3/－6/－10型若干部。

预备役部队 国民警卫部队下辖6个旅、32个独立连。

准军事部队 边防军600人、内卫部队250人、民防部队3100人。

兵役制度 实行义务兵役制，士兵服役期12个月。

驻外兵力 参加联合国维和行动，驻安哥拉5人，驻克罗地亚560人。

（苗　壮）

乌 克 兰

国　　名　乌克兰。

主要统计　面积 60.37 万平方千米。人口 5085.3万人（其中，13～17 岁男 188.7 万人，女 182.4 万人；18～22 岁男 184.3 万人，女 180.3 万人；23～32 岁男 351.9 万人，女 349.4 万人）。国内生产总值 440 亿美元（1996 年）。国防费 8.1 亿美元（1997 年国防预算）。

领导人物　国防部长亚历山大·伊万诺维奇·库兹穆克（1996 年 7 月上任）。

武装力量　**兵力**　现役部队约 38.74 万人（不包括战略核力量和黑海舰队，但包括 8.55 万名国防部直属部队和机关人员）。

战略核力量（将交给俄罗斯）　洲际弹道导弹 115 枚，其中 SS－19 型 69 枚、SS－24 型 46 枚。战略轰炸机 44 架，其中图－95H6 型 5 架、图－160 型 19 架、图－95H 型 20 架。

陆军　16.15 万人。划分为：国防部直属部队和 2 个军区。国防部直属部队下辖：1 个坦克师、1 个炮兵旅（训练旅）、1 个特种作战旅、1 个炮兵旅、1 个战役战术导弹旅、1 个反坦克旅、2 个工兵旅、1 个战斗直升机团、1 个运输直升机团。喀尔巴阡军区下辖：直属部队（1 个炮兵师、1 个战役战术导弹旅、1 个陆航旅、1 个工兵团）和 3 个军（1 个军编有 2 个摩步师，1 个机械化旅、1 个战役战术导弹旅、1 个炮兵旅、1 个防空导弹旅、1 个工兵旅、1 个火箭炮团、1 个反坦克团、1 个战斗直升机团；1 个军编有 2 个机械化师、2 个机械化旅、1 个战役战术导弹旅、1 个炮兵旅、2 个防空导弹旅、1 个反坦克团、1 个火箭炮团、1 个战斗直升机团；1 个军编有 1 个坦克师、1 个防空导弹团、1 个反坦克团、1 个战斗直升机团）。敖得萨军区下辖：直属部队（1 个机械化师（训练师）、1 个机械化旅、1 个炮兵师、1 个特种作战旅，1 个战役战术导弹旅、1 个防空导弹旅、1 个陆航旅）和 4 个军（1 个军编有 2 个机械化旅、1 个炮兵旅、1 个防空导弹旅、1 个反坦克团、1 个火箭炮团；1 个军编有 1 个坦克师，1 个机械化师、1 个战役战术导弹旅、1 个火箭炮团、1 个反坦克团、1 个战斗直升机团；1 个军编有 2 个机械化师、1 个战役战术导弹旅、1 个防空导弹旅、1 个炮兵旅、1 个火箭炮旅、1 个陆航旅；1 个军编有 1 个机械化师、1 个火箭炮团）。

主战坦克：4063 辆（T－55 型 154 辆、T－62 型 1 辆、T－64 型 2282 辆、T－72 型 1304 辆、T－80 型 322 辆）。装甲侦察车：约 1500 辆。步兵战车：3080 辆（БМП－1 型 1016 辆、БРМ－IK 型 457 辆、БМП－2 型 1464 辆、БМП－3 型 4 辆、БМД－1 型 61 辆、БМД－2 型 78 辆）。装甲输送车：3762 辆（БТР－60 型 204 辆、БТР－70 型 1059 辆、БТР－80 型 457 辆、БТР－Д 型 42 辆、MT－ЛБ 型 2000 辆）。各型火炮 3764 门：牵引炮 1146 门（122 毫米 439 门、152 毫米 707 门），自行炮 1308 门（122 毫米 643 门、152 毫米 565 门、203 毫米 100 门），火箭炮 634 门（122 毫米 397 门、132 毫米 4 门、220 毫米 139 门、300 毫米 94 门），迫击炮 604 门（120 毫米 602 门、160 毫米 2 门），直射曲射两用炮 72 门。战役战术导弹："飞毛腿" 132 部、"蛙"/SS－21 型 140 部。反坦克导弹：AT－4、AT－5、AT－6 型若干具。地空导弹：SA－4、SA－6、SA－8、SA－11、SA－12A、SA－15 型若干部。战斗直升机：米－24 型 270 架。运输直升机：249 架。

海军　约 1.6 万人（含海军航空兵和海军步兵）。装备潜艇 3 艘、主要水面作战舰艇 4 艘、其他舰艇 28 艘。另编有黑海舰队（目前仍由俄罗斯和乌克兰共管，其实力见俄罗斯武装力量黑海舰队条）。

海军航空兵　约 7000 人，装备米格－29 型歼击机 32 架、苏－17 型歼击机 69 架、苏－25 型强击机 44 架、图－22M 型轰炸机 39 架。

海军步兵　1250 人，编成 2 个独立营。

空军　12.44 万人（含防空部队）。编有 2 个空军军、1 个防空集团军。作战飞机 790 架、战斗直升机 24 架。

轰炸机：图－22M 型 28 架。歼击轰炸机：苏－24 型 166 架。强击机：苏－25 型 34 架。歼击机：米格－23 型 140 架、米格－25 型 73 架、米格－29 型 145 架、苏－27 型 66 架。武装侦察机：112 架（图－22 型 17 架、苏－17 型 41 架、苏－24 型 41 架、米格－25 型 13 架）。电子战直升机：米－8 型 29 架。运输机：274 架。教练机：456 架，其中 23 架图－22M 型、3 架图－16 型具有作战能力。战斗直升机：米－24 型 24 架。运输直升机：168 架。防空导弹：SA－2/－3/－5/－10/－12A 型 825 部。

预备役部队　近5年服过现役者约100万人。

准军事部队　3.6万人，其中共和国卫队3万人，边防军6000人。

驻外兵力　参加联合国维和部队：驻安哥拉4人，波黑410人，克罗地亚260人，马其顿5人。

（阎振范）

西　班　牙

国　　名　西班牙。

主要统计　面积50.5925万平方千米。人口3918.1万人（其中，13～17岁男137万人，女128.9万人；18～22岁男158.1万人，女149.5万人；23～32岁男333.6万人，女319.5万人）。国内生产总值5820亿美元（1996年）。国防费60亿美元（1997年国防预算）。钢铁1380万吨（1995年）。原煤2955.6万吨（1994年）。天然气1.78亿立方米（1995年）。原油500万桶（1995年）。发电量1615.02亿度（1994年）。粮食1148.7万吨（1995年）。海运能力，商船（载重100吨以上）2190艘，总载重量507.73万吨（1992年）。民航能力，固定航班机场25处，客运量397.51亿人千米、货运量41.53亿吨千米（1996年）。

国防体制　宪法规定，国王为武装力量统帅。最高国防决策机构为国防委员会，成员有首相、副首相、外交、国防、内政大臣、国防及三军种参谋长，由国王任主席。最高国防咨询机构为参谋长联席会议。国防部为政府中的一个部，是最高军事行政机关。武装力量由正规军和准军事部队组成，正规军分陆、海、空三个军种。最高军事指挥机构为国防参谋部。国王、首相通过国防部和国防参谋部对全国武装力量实施领导和指挥。

领导人物　国王兼武装力量统帅胡安·卡洛斯一世（1975年11月22日登基）。内阁首相何塞·玛丽亚·阿斯纳尔（1996年5月上任）。国防大臣爱德华多·塞拉·雷克萨奇（1996年5月上任）。国防参谋长圣地亚哥·巴尔德拉斯中将（1996年上任）。陆军参谋长何塞·福拉·马丁陆军中将（1993年上任）。空军参谋长马努埃尔·伊格纳西约·金塔纳·阿拉巴诺空军中将（1993年上任）。海军参谋长何塞·罗梅罗·卡拉梅诺海军中将（1993年上任）。

武装力量　**兵力**　现役部队19.75万人。

陆军　12.85万人。编有8个军区司令部（其中2个海外司令部）：1个机械化师、2个装甲骑兵旅、1个山地旅、3个轻步兵旅、1个空运旅、1个空降旅、西班牙军团（1个旅、2个团）、3个岛屿守备队、1个炮兵旅、1个防空团、1个工兵旅、1个陆军航空旅、1个防空司令部（5个防空团）、1个海岸炮兵司令部（2个岸炮团）、3个特种作战营、1支快速反应部队。

坦克：776辆（AMX－30型210辆、M－48A5E型164辆、M－60型294辆、“豹”2型108辆）。装甲侦察车：BMR－VEC型340辆。装甲输送车：M－113型1313辆、BMR－600型682辆。牵引炮：105毫米481门、155毫米84门。自行炮：105毫米48门、155毫米96门、203毫米64门。迫击炮：120毫米465门、81毫米1314门。火箭炮：140毫米14门。海岸炮：53门。无坐力炮：106毫米638门。反坦克导弹：“米兰”442枚、“霍特”28枚、“陶”式200枚。高炮：20毫米329门，35毫米92门，40毫米183门。地对空导弹：“霍克”改进型24枚、“罗兰”18枚、“空中卫士”/“蝮蛇”13枚，“西北风”108枚。直升机：177架（其中28架HA/HR－15型为攻击直升机）。

海军　3.9万人（含陆战队和海军航空兵），编有5个舰队司令部和4个海军管区。

潜艇：“西北风”级4艘、“海豚”级4艘。轻型航母：“阿斯图里亚斯王子”级1艘。护卫舰：“圣玛丽亚”级导弹护卫舰6艘，“巴利阿里”级导弹护卫舰5艘，“侦察”级6艘。巡逻舰艇：32艘。扫雷舰艇：12艘。两栖舰艇：17艘。支援舰船：34艘。

陆战队　7200人，装备坦克16辆、装甲战斗车64辆、牵引炮12门、自行炮6门、反坦克导弹30具、无坐力炮54门、地空导弹12部。

海军航空兵　1000人，编有1个对地攻击战斗机中队，1个联络机中队，4个直升机中队。装备作战飞机18架，武装直升机25架。

空军　3万人。编有5个司令部：中央航空司令部，辖4个联队；东部航空司令部，辖2个联队；直布罗陀海峡航空司令部，辖4个联队；加那利群岛航空司令部，辖1个联队；补给支援司令部，辖1个试验飞行队。装备作战飞机199架。

攻击/战斗机：EF－18型87架，F－5B型29架，“幻影”62架。武装侦察机：RF－4C型14架、

P－3型7架。运输机：117架。教练机：143架。其他飞机：22架。直升机：44架。空空、空地导弹：若干枚。

预备役部队　43.19万人（陆军42万人，海军3900人，空军8000人）。

准军事部队　7.575万人，其中国民警卫部队7.5万人，海上国民警卫部队750人。

部署　西班牙三军兵力部署重点为直布罗陀东北的沿海地区。

兵役制度　实行义务兵与志愿兵相结合的兵役制度。义务兵服役期为9个月，志愿兵16个月至3年。

军衔　分5等17级，即将官3级（上将、中将、少将），校官3级（上校、中校、少校），尉官3级（上尉、中尉、少尉），军士7级（准尉、士官长、一级军士长、军士长、一级军士、中士、下士），兵1级（列兵）。

驻外兵力　参加联合国维和行动：驻亚得里亚海导弹护卫舰1艘；驻波黑1554人；驻克罗地亚1人；驻阿尔巴尼亚333人；驻意大利280人。

外国驻军　美军2430人（海军2200人，空军230人）。

（孟大成）

希　腊

国　名　希腊共和国。

主要统计　面积13.1957万平方千米，其中岛屿面积为15%。人口1055万人（其中，13～17岁男35.9万人，女33.6万人；18～22岁男38.4万人，女36.4万人；23～32岁男82.6万人，女78.5万人）。国内生产总值1230亿美元（1996年）。国防费37亿美元（1997年国防预算）。原煤5674.1万吨（1994年）。原油300万桶（1995年）。天然气1.19亿立方米（1995年）。发电量406.23亿度（1994年）。粮食469万吨（1995年）。海运能力，商船（载重100吨以上）1872艘，总载重量4527.66万吨（1992年）。民航能力，固定航班机场36处，客运量84.29亿人千米、货运量1.35亿吨千米（1996年）。

国防体制　宪法规定，总统为武装力量统帅，但实际上，总统仅是名义上统帅，总理掌握实权。最高国防决策机构为国家最高国防委员会，成员有总理、副总理和外交、国防、公共秩序、协调部长和国防总参谋长，总理任主席、副总理任副主席。最高国防咨询机构为参谋长委员会，国防总参谋长任主席，成员为陆、海、空军参谋长。国防部为政府中的一个部，是最高军事行政机关。武装力量由正规军和准军事部队组成，正规军分陆、海、空三个军种。最高军事指挥机构为国防总参谋部。总理通过国防部长和总参谋部对全国武装力量实施领导和指挥。

领导人物　总统兼武装力量统帅康斯坦丁·斯特法诺普洛斯（1995年3月就任）。总理兼最高国防委员会主席科斯塔斯·西米蒂斯（1996年1月上任）。国防部长阿基斯·措哈佐普洛斯（1996年9月上任）。国防总参谋长赫里斯托斯·利姆佩里斯海军上将（1994年上任）。陆军参谋长康斯坦丁诺斯·伍尔加里斯陆军中将（1994年上任）。空军参谋长阿萨那西奥斯·佐加尼斯空军中将（1994年上任）。海军参谋长约安尼斯·斯塔加斯海军中将（1994年上任）。

武装力量　**兵力**　现役部队16.23万人。

陆军　11.6万人。编有3个军区、1个集团军司令部、5个军司令部、11个师、5个独立装甲旅、7个独立机械化旅、2个步兵旅、1个陆战营、4个侦察营、3个陆军航空兵营、15个野战炮兵营、1个独立航空连、10个高炮营、2个“霍克”改进型地空导弹营。

坦克：M－48型714辆、M－60型669辆、“豹”式352辆。装甲侦察车：M－8型48辆。步兵战车：БМП－1型501辆。装甲输送车：1977辆。牵引炮：105毫米463门、155毫米267门。自行炮：105毫米73门、155毫米133门、175毫米12门、203毫米181门。火箭炮：122毫米116门、227毫米9门。迫击炮：107毫米624门、81毫米2900门。反坦克导弹：“米兰”290具、“陶”式336具。无坐力炮：90毫米1346门、106毫米1313门。高炮：20毫米101门、23毫米506门、40毫米277门。地空导弹：“毒刺”500部、“霍克”改进型42部、SA－8B型12部。飞机：U－17A型等共45架。直升机：共160架，其中20架AH－64型为武装直升机。

海军　1.95万人（含海军航空兵）。编有1个舰队司令部，11个中队，2个反潜中队和1个直升机中队。

潜艇：“灰鱼”级8艘。驱逐舰：“基蒙”级4艘。护卫舰“九头蛇”级2艘、“埃利”级6艘、“诺克斯”级3艘。小型护卫舰：“西提斯”级5艘。导弹攻击艇："拉斯科斯"级等共 19 艘。鱼雷快艇：8 艘。巡逻艇：9 艘。布雷舰："阿克蒂昂"级 2 艘。扫雷艇：14 艘。登陆舰艇：共 67 艘。支援辅助舰船：14 艘。

海军航空兵　250 人。装备 P－3B 型海上武装侦察机 6 架，直升机 17 架（其中 15 架为武装直升机）。

空军　2.68 万人。编有战术空军司令部和空军训练司令部。战术空军司令部下辖 7 个对地攻击机中队、10 个战斗机中队、1 个侦察机中队、3 个运输机中队、4 个联络机中队、2 个直升机中队、1 个防空营；空军训练司令部下辖 4 个教练机中队。作战飞机 342 架。

攻击机：A－7 型 93 架、F－4E 型 66 架、F－16 型 37 架。战斗机：F－5 型 84 架，"幻影"F－1CG 型 26 架、"幻影"2000EG 型 36 架。运输机：53 架。教练机：88 架。联络机：30 架。直升机：21 架。地空导弹："奈基"36 部、"麻雀"40 部。空空、空地导弹：若干枚。

预备役部队　29.1 万人。其中陆军 23.5 万人，海军约 2.4 万人，空军约 3.2 万人。

准军事部队　海岸警卫队和海关部队 4000 人。

部署　陆军主要部署在北部边境一带。海军主要部署在中南部沿海和克里特岛地区，空军集中部署在首都雅典附近和中部地区。

兵役制度　实行义务兵役制。服役期：陆军 19 个月，海、空军 21 个月。

军衔　分 5 等 17 级，即将官 4 级（上将、中将、少将、准将），校官 3 级（上校、中校、少校），尉官 3 级（上尉、中尉、少尉），军士 5 级（准尉、军士长、上士、中士、下士），兵 2 级（上等兵、列兵）。

驻外兵力　驻塞浦路斯 1250 人。1997 年共有 827 人参加联合国维和行动。

外国驻军　美军 435 人：陆军 18 人、海军 250 人、空军 167 人。

（孟大成）

匈　牙　利

国　　名　匈牙利共和国。

主要统计　面积 9.3031 万平方千米。人口 1015.9 万人（其中，13～17 岁男 36.8 万人，女 34.6 万人；18～22 岁男 39.4 万人，女 36.8 万人；23～32 岁男 68.5 万人，女 64.2 万人）。国内生产总值 450 亿美元（1996 年）。国防费 6.13 亿美元（1998 年国防预算）。原钢 186.5 万吨（1995 年）。原煤 1446.7 万吨（1995 年）。原油 166.9 万吨（1995 年）。天然气 53.7 亿立方米（1995 年）。发电量 340.4 亿度（1995 年）。粮食 1126.9 万吨（1995 年）。海运能力，商船（载重 100 吨以上）15 艘，总载重量 13.5 万吨（1992 年）。民航能力，固定航班机场 1 处，客运量 23.96 亿人千米、货运量 2960 万吨千米（1996 年）。

国防体制　1989 年通过的宪法修正案规定，共和国总统兼任全国武装力量总司令。战时成立国防委员会，成员包括：总统、总理、议会主席、国防部长、内务部长、外交部长和国防军司令、总参谋长等，由总统担任主席。国防部为政府中的一个部，是最高军事行政机关，负责制定有关国防问题的政策、法律和法规。全国武装力量由正规军和准军事部队组成。正规军分陆军和空军防空军两个军种；没有海军，只有一个多瑙河区舰队（旅级），1968 年编入陆军序列。1989 年 12 月实施新军事指挥体制，成立国防军司令部，作为军队最高军事指挥机关。总统通过国防部和国防军司令部对全国武装力量实施领导和指挥。

领导人物　总统兼武装力量总司令根茨·阿尔帕德（1990 年 8 月当选，1995 年 6 月连任）。国防部长盖莱蒂·捷尔吉（1994 年 7 月上任）。国防军司令兼总参谋长维格·费伦茨中将（1996 年 6 月上任）。

武装力量　**兵力**　现役部队 4.91 万人。

陆军　3.16 万人（含舰艇部队 400 人）。编成 4 个摩步旅、1 个独立摩步旅、1 个炮兵旅、1 个反坦克旅、2 个训练旅、1 个江河旅、3 个工兵团、1 个反坦克团、1 个火箭炮团、2 个警卫团、4 个侦察营。

坦克：T－55 型 597 辆、T－72 型 200 辆。装甲侦察车：FUGD－442 型 161 辆。步兵战车：БМП－1 型及 БРМ－1К 型共 502 辆。装甲输送车：БТР－80 型 229 辆、PSZHD－944 型 539 辆、MT－LB 型 430 辆。牵引炮：122 毫米 230 门、152 毫米 302 门。自行炮：122 毫米 151 门。火箭炮：122 毫米 56 门。迫击炮：120 毫米 101 门。反坦克导弹："耐火箱"117具、"塞子"30 具、"拱肩"206 具。反坦克炮：85 毫米 162 门、100 毫米 106 门。高炮：57 毫米 189 门。地空导弹：SA－7 型 244 部、SA－14 型 60 部。

舰艇：港湾扫雷艇6艘、扫雷兼巡逻艇共45艘。

空军防空军　1.75万人。编有3个歼击机团、3个防空导弹团。作战飞机80架、武装直升机59架。

歼击机：米格-21型52架、米格-29型28架。运输机：安-26型等共11架。教练机：拉-39型等共31架。武装直升机：米-24型59架。支援直升机：米-8/-17型等共80架。空空导弹："环礁"若干枚。地空导弹：SA-4型18部、SA-2/-3/-5型82部、SA-6型40部、SA-9型45部、SA-13型4部。

预备役部队　18.64万人，其中陆军17.5万人、空军1.14万人。

准军事部队　1.41万人。其中内务部所属边防军1.2万人；内务部队（警察）2100人。

兵役制度　实行义务兵役制。陆、空军士兵服役期均为12个月。军官最高服役年限为55周岁。

军衔　共分6等20级，即将官4级（上将、中将、少将、准将），校官3级（上校、中校、少校），尉官3级（上尉、中尉、少尉），准尉3级（一级准尉、二级准尉、三级准尉），军士3级（上士、中士、下士），兵4级（上等兵、中等兵、下等兵、列兵）。

驻外兵力　1997年共有413人参加联合国维和行动。

军队节日　5月20日为全军"国防日"，纪念1848年5月20日匈牙利民族英雄苏特领导的起义军从奥地利干涉军手中夺回布达王宫。

（郭　庆）

意 大 利

国　　名　意大利共和国。

主要统计　面积30.1277万平方千米。人口5790万人（其中，13～17岁男166万人，女157.8万人；18～22岁男196.2万人，女187.5万人；23～32岁男463.3万人，女449.2万人）。国内生产总值1834万亿里拉，合1.1万亿美元（1996年）。国防费31.1万亿里拉，合183亿美元（1997年国防预算）。原煤26.7万吨（1994年）。原油3600万桶（1995年）。天然气204.99亿立方米（1995年）。发电量2317.83亿度（1994年）。粮食1971.3万吨（1995年）。海运能力，商船（载重100吨以上）1636艘，总载重量1094万吨（1992年）。民航能力，固定航班机场31处，客运量296.59亿人千米、货运量13.35亿吨千米（1996年）。

国防体制　宪法规定，总统为武装力量统帅。最高国防决策机构为国防最高委员会，成员有总统、总理及国防、外交、内政、国库、预算、工业、农业部长和国防参谋长，由总统任主席，总理任副主席。最高国防咨询机构为武装力量高级委员会，下设陆、海、空军3个小组，主席由3名组长中军衔最高、资历最深者担任。国防部为政府中的一个部，是最高军事行政机关，负责武装力量的建设和管理。武装力量由正规军和准军事部队组成。正规军分陆军（含宪兵）、海军、空军三个军种。准军事部队由公安警察、财政警察构成。最高军事指挥机构为国防参谋部，下辖陆、海、空军参谋部。参谋长委员会为国防部最高军事咨询机构，成员有国防及陆、海、空军参谋长和国防秘书长，由国防参谋长任主席。总统通过总理、国防部、国防参谋部及陆、海、空军参谋部对全国武装力量实施领导和指挥。

领导人物　总统兼武装力量统帅奥斯卡·路易吉·斯卡尔法罗（1992年5月就任）。国防部长贝尼亚米诺·安德列阿塔（文职、1996年5月上任）。国防参谋长圭多·文图罗尼海军中将（1994年1月上任）。陆军参谋长弗朗切斯科·切尔沃尼中将（1996年12月上任）。海军参谋长安杰洛·马里尼中将（1994年1月上任）。空军参谋长马里奥·阿尔皮诺中将（1995年6月上任）。国防秘书长兼全国军备主任阿尔贝托·齐尼亚尼中将（1996年9月上任）。

武装力量　**兵力**　现役部队32.515万人（含2.925万名总部人员及其直属部队）。

陆军　18.83万人。野战军：编有3个军部，辖7个旅（其中2个机械化旅、3个山地旅，1个装甲旅和1个装甲骑兵旅）、3个炮团、2个装甲团、1个重炮团、3个陆航团；防空司令部，辖3个"霍克"地空导弹团、3个高炮团；1个陆航大队。地方军：编有7个军区、5个独立机械化旅、1个空降旅（含1个特种营、1个航空中队）、1支快速干预部队（由陆海空三军部队组成）、4个装甲团、1个步兵团、4个工兵团和5个陆军航空兵分队。

坦克："豹"式920辆、"半人马座"400辆。装甲输送车：M-113型1002辆、VCC-1/2型1794辆、"菲亚特"6614型57辆、LVTP-7型14辆。牵引炮：857门（105毫米272门、155毫米585门）。

自行炮：286门（155毫米260门、203毫米26门）。火箭炮：227毫米22门。迫击炮：120毫米774门、81毫米1205门。反坦克导弹："陶"式432具、米兰"1000具。无坐力炮：80毫米720门。高炮：25毫米219门、40毫米234门。地空导弹："霍克"66部、"毒刺"128部、"蝮蛇"24部。飞机：237架，其中SM-1019型30架、Do-228型3架。直升机：134架，其中攻击直升机45架。无人驾驶飞机：若干架。

海军　4.4万人（含海军航空兵和陆战队）。编有1个舰队司令部（兼北约中地中海常设舰队司令部）和6个战区司令部。

潜艇："佩罗希"级4艘、"萨乌罗"级4艘。轻型航母："加里波第"号1艘。巡洋舰："维托里奥·维内托"级1艘。驱逐舰："勇敢"级2艘、"大胆"级2艘。护卫舰："西北风"级8艘、"狼"级4艘、"狼"级改进型4艘、"山地步兵"级2艘、"智慧女神"级8艘。导弹攻击艇："鹞鹰"级5艘。巡逻舰艇：9艘。扫雷舰艇：12艘。两栖登陆舰艇：36艘。支援舰船：42艘。

特种部队　水下袭击司令部编有3个大队、1支水下作战部队、1所学校和1个研究机构。

陆战队　"圣马可"大队共1000人，编有1个作战大队、1个训练大队和1个后勤大队。装备各种装甲车40辆，81毫米迫击炮16门，106毫米无坐力炮8门，"米兰"反坦克导弹6具。

海军航空兵　1600人。编有1个攻击战斗机中队、5个反潜直升机中队，装备攻击战斗机18架、武装直升机74架、空空/空地导弹若干枚。

空军　6.36万人。编有8个攻击战斗机大队、7个战斗机大队、2个侦察机大队、2个反潜巡逻机大队、1个电子侦察机大队、1个导航校正机中队、1个空中加油机中队、2个运输机中队、3个通信联络机中队、1个搜索与救援机中队、7个训练机中队、6个"奈基"地空导弹大队和16个"斯帕达"地空导弹中队。作战飞机286架（另有110架库存）。

攻击/战斗机："旋风"53架、F-104型65架（另储存40架）、F-3型24架（另储存36架）、AMX式99架。海上反潜机："大西洋"式13架（另储存5架）。教练机：125架，其中25架MB-339型（另储存17架）、7架TF-104型（另储存12架）具有作战能力。运输机：61架。联络机：39架。直升机：97架。空地、空空、地空导弹：若干枚/部。

准军事部队　宪兵11.32万人（属国防部）。编有1个总司令部，下辖本土宪兵与机动宪兵。本土宪兵编为5个师、18个团。机动宪兵编有1个师部、2个旅、1个骑兵团、1个特种作战大队、13个机动营、1个空降营，外加若干海空宪兵支队。装备各种装甲车辆共171辆，各类直升机91架。

公安警察　7.9万人（属内政部）。编有11个机动部队，装备40辆"菲亚特"6614型装甲输送车，5架P-68型飞机，41架直升机。

财政警察　6.35万人（属财政部）。编有14个区，20个团，128个大队。装备5架P-166型飞机、80架直升机、300余艘巡逻舰艇。

港口控制部队　发生紧急情况时属海军领导。装备142艘巡逻舰艇、4架直升机。

预备役部队　48.4万人，其中陆军42万人，海军3.6万人，空军2.8万人。

兵役制度　实行义务兵与志愿兵相结合的兵役制度。服役年龄为19岁，陆、海、空军义务兵服役期为10个月，志愿兵服役期限按所签合同为3～5年不等。各级军官最高服役年限：将官65岁、校官57岁、尉官50岁。

军衔　分5等19级，即将官4级（四星中将、中将、少将和准将），校官3级（上校、中校和少校），尉官3级（上尉、中尉和少尉），军士6级（军士长、一级上士、二级上士、三级上士、中士、下士），兵3级（一等兵、二等兵、列兵）。

驻外兵力　驻德国92人；驻马耳他16人；驻英国21人；驻美国33人。另外1997年共有4933人在阿尔巴尼亚、波黑、克罗地亚、埃及、印/巴、科/伊、黎巴嫩、中东、西撒哈拉等国和地区参加联合国维和行动。

外国驻军

北约在意驻有南欧盟军司令部和第5战术空军司令部。美在意驻军11300人，其中陆军2500人，海军4600人，空军4200人。

军队节日

建军节11月4日。

（王治国、白　冰）

英　国

国　　名　大不列颠及北爱尔兰联合王国

主要统计　面积 24.2 万平方千米。人口 5852.6 万人（其中，13～17 岁男 184 万人，女 175.3 万人；18～22 岁男 186.1 万人，女 177.3 万人；23～32 岁男 439.1 万人，女 422.3 万人）。国内生产总值 7370 亿美镑，合 12000 亿美元（1996 年）。国防费 223 亿英镑，合 371 亿美元（1998 年国防预算）。原煤 4771.7 万吨（1994 年）。原油 9.77 亿桶（1995 年）。天然气 711.44 亿立方米（1995 年）。发电量 3253.83 亿度（1994 年）。粮食 2198.7 万吨（1995 年）。海运能力，商船（载重 100 吨以上）1631 艘，总载重量 468.73 万吨（1992 年）。民航能力，固定航班机场 50 处，客运量 974.98 亿人千米、货运量 29.45 亿吨千米（1996 年）。

国防政策　确保英国及其领地的领土完整和安全；强调英国本土的安全与欧洲大陆的安全密不可分，维系北约和欧洲的集体安全防御体系是英国防务的首要任务，随时准备应付各种对英国及盟国的外部威胁；通过参与国际维和行动，维护英国更加广泛的安全利益；贯彻"少而精"的建军原则，坚持"前线第一"原则。

军事战略　以北约作为其抵御外来重大军事威胁的支柱，同时支持西欧联盟在欧洲防务中发挥更大的作用；继续保持一支可靠、有效、最低限度的核威慑力量，保留独立使用核武器的权力；战略重点正由准备打世界大战转向常规条件下的局部战争，积极组建快速反应部队，提高军队的机动作战和快反能力，压缩正规军规模，加强预备役部队建设；系统地更新武器装备，走质量建军的道路，大力提高英军应付 21 世纪挑战的能力。

国防体制　英法律规定，女王为武装力量名义上的最高统帅。最高国防决策机构为"国防与海外政策委员会"，该委员会成员有首相、国防大臣、外交与联邦事务大臣、内政大臣和财政大臣，由首相任主席，必要时，可请国防参谋长和军种参谋长列席会议。国防部为政府中的一个部，是最高军事行政机关，负责具体贯彻和执行首相和"国防与海外政策委员会"的指示和决议，并负责制定政策、预算和三军的作战指挥、人事管理、装备采购等工作。武装力量由正规军和准军事部队组成。正规军分陆、海、空三个军种。最高军事指挥机构为国防参谋部。首相通过国防部和国防参谋部对全国武装力量实施领导和指挥。战时则组成战时内阁，指挥作战。

领导人物　女王兼武装力量名义最高统帅伊丽莎白二世（1952 年即位，1953 年加冕）。国防大臣乔治·罗宾逊（1997 年 5 月上任）。国防参谋长查尔斯·古斯瑞上将（1997 年 4 月上任）。陆军参谋长罗杰·惠勒上将（1997 年 4 月上任）。海军参谋长乔克·斯莱特尔上将（1995 年 7 月上任）。空军参谋长理查德·约翰斯空军上将（1997 年 4 月上任）。

武装力量　**兵力**　现役部队 21.38 万人。

陆军　11.22 万人，编有 1 个地面部队司令部、3 个军区、1 个装甲师、1 个机械化师、1 个空中机动旅、14 个步兵旅部。

坦克："挑战者"462 辆、"酋长"79 辆。装甲侦察车："大弯刀"315 辆、"佩刀"127 辆、"狐狸"11 辆。步兵战车："勇士"555 辆、"拉登"11 辆。装甲输送车：AFV－432 型 892 辆、"萨拉逊"3 辆、"斯巴达人"526 辆、"萨克森"657 辆。牵引炮：105 毫米 169 门、140 毫米 1 门、155 毫米 47 门。自行炮：155 毫米 179 门。火箭炮：227 毫米 63 门。迫击炮：81 毫米 543 门。反坦克导弹："米兰"793 具、"旋火"58 具、"陶"式若干具。地空导弹："轻剑"30 部、"星光"56 部、"标枪"等约 298 部。飞机：7 架。直升机：270 架。登陆艇：14 艘。

海军　4.49 万人（含陆战队和海军航空兵）。编有 1 个舰队、5 个分舰队。

航母："常胜"级 3 艘。潜艇："三叉戟"级 3 艘、"特拉法尔加"级 7 艘、"快速"级 5 艘。驱逐舰："伯明翰"级 12 艘。护卫舰："康沃尔"级 4 艘、"大刀"级 6 艘、"诺福克"级 13 艘。巡逻艇：26 艘。布/扫雷舰艇：18 艘。两栖登陆舰艇：7 艘。各种支援舰船：21 艘。

海军航空兵　6750 人。装备有作战飞机 33 架，武装直升机 114 架，空舰、空空导弹若干。

陆战队　6700 人。装备有"米兰"反坦克导弹，"标枪"、"吹管"地空导弹，"小羚羊"直升机 9 架，"大山猫"直升机 6 架，各型登陆舰艇 29 艘。

空军　5.67 万人。编有 5 个飞行大队、45 个中队：6 个战斗/轰炸机中队（可进行核攻击）、5 个对地攻击机中队、6 个歼击机中队、4 个侦察机中队、3

个海上巡逻机中队、2个电子预警机中队、1个电子对抗/情报搜集中队、3个空中加油机中队、4个运输机中队、1个联络通信中队、10个直升机中队。作战飞机452架（另储存113架）。

轰炸机："旋风"GR-1型142架。战斗机："旋风"F-3型107架（另储存43架）、"美洲虎"54架（另储存27架）、"鹞"式70架（另储存22架）、"隼"式98架（其中仅有54架具有作战能力。另储存21架）。侦察机："堪培拉"9架。海上巡逻机：MR-2型25架（具有作战能力）。电子干扰机：R-1型2架。电子预警机：E-3D型7架。运输机："三星"9架、VC-10型26架、"大力士"55架。加油机：15架。直升机：164架。教练机：226架。空地、空空导弹：若干枚。

英国皇家空军团　5个地勤连；6个地空导弹连，装备有32枚"轻剑"地空导弹。

战略核力量　（1900人）："三叉戟"级战略核潜艇3艘，上载"三叉戟"（D5）导弹48枚（最多可携带288个弹头）。

预备役部队　32.08万人，其中陆军24.69万人，海军2.72万人，空军4.67万人。

部署　陆军主要部署在德国境内和英格兰地区；海军重点部署在英吉利海峡沿岸一线及直布罗陀；空军集中部署在德国和英格兰地区。共有军事基地108处，其中陆军基地12处、海军基地7处（诺斯伍德、德文波特、罗赛斯等）、空军基地89处（海威克姆、本森、布莱兹诺顿等）。

兵役制度　实行志愿兵役制。士兵服役年限按本人与军方签定的合同而定，分为3年、6年、9年、12年、15年、22年。各级军官最高服役年限：元帅和上将为60岁、中将59岁、少将57岁、准将至少校55岁。尉官从授予军衔起，16年内若不能晋升至少校军衔就必须退役。此外，为保留人才，一些专业技术军官的最高服役年限规定较宽，如医务、军法等将、校军官可服役至60岁。

军衔　分8等19级，即元帅1级，将官3级（上将、中将、少将），准将1级，校官3级（上校、中校、少校），尉官3级（上尉、中尉、少尉），准尉2级（一级准尉、二级准尉），军士3级（上士、中士、下士），兵3级（一等兵、二等兵、新兵）。

驻外兵力　驻德国部队2.79万人（陆军2.36万人，空军0.43万人）；驻塞浦路斯3700人（陆军2500人，空军1200人）；驻加拿大1支陆军训练和联络部队及250名空军；驻马尔维纳斯群岛1个步兵连、1个工兵连，驱逐/护卫舰1艘、远洋巡逻舰1艘、油船1艘，空军750人；驻直布罗陀440人（陆军70人，海军270人，空军100人）；驻文莱陆军约900人及1个直升机飞行小队；驻尼泊尔陆军约500人。派往30个国家的顾问团约455人。参加联合国维和部队驻波黑3610人、克罗地亚1793人、格鲁吉亚8人，伊拉克/科威特11人、意大利350人、土耳其330人。

外国驻军　美国驻军1.1646万人（陆军376人、海军1700人、空军9570人）；德国和意大利驻有1个3国联合"旋风"战斗机训练中队；北约西北欧盟军联合司令部等4个司令部。

军工生产能力　英国拥有一个庞大而完整的工业体系，1993年约有56万人从事军工生产。90年代以来，由于国际形势趋缓，国防经费压缩等原因，英国的军事工业出现不景气。对此，英政府对国防工业体制和政策作了重大调整和改革，引入竞争机制，走自行研制和合作生产相结合的道路，并鼓励军工技术为民用，以扶持国防工业。同时，英国扩大与欧洲各国的合作，以加强在国际市场上的竞争力，例如联合研制欧洲21世纪战斗机等。

军火贸易　1996年英国武器装备出口额达48亿美元，居世界第2位，占世界武器销售总量的15.1%。中东地区仍是英武器销售的主要市场，同时，英正在向亚太地区扩展。近几年尽管军火市场疲软，但英某些大军火商的销售额仍保持上升。在世界军品销售最大的100家企业中，英国占13家，仅次于美国。

（孟大成）

美洲和大洋洲国家军事概况

阿 根 廷

国　　名　阿根廷共和国。

主要统计　面积277.6889万平方千米。人口3486万人（其中，13～17岁男163.2万人，女157.9万人；18～22岁男154.5万人，女149.9万人；23～32岁男259.4万人，女253.3万人）。国内生产总值2480亿美元（1996年）。国防费40亿美元（1998年国防预算）。粗钢287万吨（1993年）。原煤34.8万吨（1994年）。原油2.63亿桶（1995年）。天然气173.36亿立方米（1995年）。发电量661.96亿度（1994年）。粮食2345.6万吨（1995年）。海运能力，商船（载重100吨以上）423艘，总载重量117.31万吨（1992年）。民航能力，固定航班机场43处，客运量114.38亿人千米、货运量12.85亿吨千米（1996年）。

国防体制　宪法规定，总统为武装力量统帅。最高国防决策机构为全国国防委员会，成员有总统、副总统、内阁部长、情报国务秘书和参、众议院国防委员会主席。国防部为政府中的一个部，是最高军事行政机关，负责战备、国防预算、国家军事政策的制定与执行等工作。武装力量由正规军和准军事部队组成。正规军分陆、海、空三个军种。各军种总参谋部是各军种最高指挥机构，三军总参谋长为各自军种的最高军事长官。联合参谋部是国防部领导下的各军种协调机构，平时参与制定整体军事战备计划，研究和确定军事理论，组织联合军事训练、演习，搜集战略情报，战时协调三军联合作战。总统通过国防部和联合参谋部对全国武装力量实施领导和指挥。

领导人物　总统兼武装力量统帅卡洛斯·萨乌尔·梅内姆（1989年5月上任，1995年7月再次当选）。国防部长豪尔赫·多明格斯上将（1996年7月上任）。武装力量联合参谋长马里奥·坎迪多·迪亚斯陆军上将（1992年12月上任）。陆军总参谋长马丁·安东尼奥·巴尔萨上将（1991年11月上任）。海军总参谋长恩里克·莫利纳·比科上将（1993年7月上任）。空军总参谋长胡安·丹尼尔·保利克上将（1993年7月上任）。

武装力量　**兵力**　现役部队7.3万人。

陆军　4.1万人。编有3个军部、2个装甲旅、4个机械化步兵旅、2个山地步兵旅、1个步兵旅、1个伞兵旅。

坦克："谢尔曼"96辆、"坦姆"230辆、AMX－13型56辆、SK－105型106辆。步兵战车：AMX－VCI型30辆、"坦姆"88辆。装甲侦察车：AML－90型48辆。装甲输送车：M－3型129辆、M－113型319辆、"蜡咀鱼"70辆。牵引炮：105毫米84门、155毫米109门。自行炮：155毫米24门。火箭炮：105毫米30门、127毫米20门。迫击炮：81毫米1000门、120毫米309门。反坦克导弹：SS－11/－12型600具、"马珞哥"式2100具。无坐力炮：75毫米75门、90毫米100门、105毫米930门。高炮：20毫米30门、30毫米30门、35毫米100门、40毫米95门、90毫米20门。地空导弹："山猫"、"吹管"、罗兰"若干部。

海军　2万人（含陆战队和海军航空兵）。划分为3个海区，设有6个海军基地。

航母："巨人"级1艘。潜艇：TR－1700型2艘、T－209/1200型1艘。驱逐舰：UK－42型2艘、"迈科"360型4艘。护卫舰"迈科"140型4艘、A－69型3艘。鱼雷快艇：2艘。海上巡逻艇：12艘。近岸巡逻艇：4艘。扫雷艇：2艘。登陆艇：20艘。辅助舰船：9艘。

陆战队　0.35万人。装备：装甲侦察车12辆；装甲运输车41辆；牵引炮，105毫米15门、155毫米6门；迫击炮，81毫米70门；反坦克和防空武器若干。

海军航空兵　0.25万人。编有7个中队，装备有飞机85架（其中作战飞机30架），直升机21架（其中武装直升机11架），空空、空地导弹若干。

空军　1.2万人。编有9个航空旅、10个高炮连、1个空降连。作战飞机202架、武装直升机14

架。

攻击/战斗机："幻影"5P型7架、"鹰"A/B型22架、A－4B/C型16架、A－4M型32架、OA－4M型4架、IA－58A型45架、MS－760型30架。武装直升机：休斯MD－500型11架、UH－1H型3架。运输机：C－130型等共55架。直升机：12架。海上侦察机：1架。加油机：4架。联络机：29架。教练机：110架（其中30架MS－760型、16架IA－63型具有作战能力）。观测/校准机：13架。空空、空地导弹：若干枚。

预备役部队　37.5万人，其中陆军25万人、海军7.5万人、空军5万人。

准军事部队　3.12万人，其中宪兵（属国防部）1.8万人，海岸警卫部队1.32万人。

兵役制度　自1955年3月起实行志愿兵役制，志愿兵合同期2年，期满后可再续订2年。将军最高服役年限35年（自军校毕业后任职起算）。

军衔　分5等20级，即将官3级（上将、中将、少将），校官3级（上校、中校、少校），尉官4级（上尉、中尉、少尉、准尉），军士7级（一级军士、二级军士、一级上士、二级上士、三级上士、中士、下士），兵3级（上等兵、二等兵、列兵）。

驻外兵力　1997年共有498人在波黑、克罗地亚、塞浦路斯、伊拉克/科威特、中东、西撒哈拉等国和地区参加联合国维和行动。

军队节日　陆军节5月29日，海军节5月17日，空军节8月10日。

（赵富春）

巴　西

国　名　巴西联邦共和国。

主要统计　面积854.7403万平方千米。人口1.65716亿人（其中，13～17岁男857万人，女850.9万人；18～22岁男793.7万人，女794.1万人；23～32岁男1407.6万人，女1416.2万人）。国内生产总值5070亿美元（1996年）。国防费120亿美元（1997年国防预算）。粗钢2514.1万吨（1995年）。原煤519.4万吨（1994年）。原油2.53亿桶（1995年）。天然气28.80亿立方米（1995年）。发电量2606.82亿度（1994年）。粮食4965.3万吨（1995年）。海运能力，商船（载重100吨以上）635艘，总载重量934.83万吨（1992年）。民航能力，固定航班机场139处，客运量326.29亿人千米、货运量15.62亿吨千米（1996年）。

国防体制　宪法规定，总统为武装力量统帅。最高国防决策机构为国家安全委员会，成员有总统、副总统、全体内阁成员、武装力量参谋长及陆、海、空军参谋长等，由总统任主席。最高国防咨询机构为武装力量参谋部，参谋长由陆、海、空军上将衔军官轮流担任，任期1年。巴西没有国防部，内阁设陆军部、海军部和空军部。三军部长即三军司令。武装力量由正规军和准军事部队组成。正规军分陆、海、空三个军种。最高军事领导和指挥机构为武装力量最高指挥部，成员有陆、海、空军部长、武装力量参谋长和陆、海、空军参谋长。总统通过陆军部、海军部、空军部和武装力量最高指挥部对全国武装力量实施领导和指挥。

领导人物　总统兼武装力量统帅费尔南多·恩里克·卡多佐（1995年1月1日上任）。陆军部长泽尼尔多·卢塞纳上将（1995年1月上任）。海军部长毛罗·塞萨尔·罗德里格斯·佩雷拉上将（1994年12月上任）。空军部长乌利塞斯·科雷亚·内托中将（1995年11月代理空军部长）。武装部队总参谋长贝内迪托·奥诺弗雷·贝泽拉·莱昂内尔陆军上将（1994年12月上任）。

武装力量　**兵力**　现役部队31.47万人。

陆军　20万人。编有7个军事司令部、11个军区、8个师部、1个装甲骑兵旅、3个装甲步兵旅、4个机械化骑兵旅、13个摩步师、1个山地旅、4个丛林旅、1个边防旅、1个伞兵旅、2个海岸高炮旅，3个骑兵警卫团、28个炮兵群、2个工程兵大队和2个陆航直升机旅。

坦克：M－41B/C型287辆。装甲侦察车：EE－9型409辆、M－8型30辆。装甲输送车：EE－11型219辆、M－59型20辆、M－113型584辆。牵引炮：105毫米353门、155毫米98门。自行炮：105毫米74门。岸防炮：57毫米、75毫米、120毫米、150毫米、152毫米和305毫米共240门。火箭炮：108毫米若干门。迫击炮：81毫米若干门、107毫米217门、120毫米85门。反坦克导弹："眼镜蛇"300具。无坐力炮：57毫米240门、75毫米20门、105和106毫米若干门。高炮：20毫米、35毫米和40毫米共200门。地空导弹："罗兰"Ⅱ型4部。飞机：3架。直升机：97架，其中AS－350型

26架为武装直升机。

海军　6.47万人（含陆战队和海军航空兵）。

航母："巨人"级1艘。潜艇：T－209型3艘、"奥伯隆"级3艘。驱逐舰："基林"级1艘、"艾伦·萨姆纳"级2艘。护卫舰："加西亚"级4艘、"尼泰罗伊"级4艘、"印哈马"级4艘、"大刀"级4艘、"宪法"级2艘。大型巡逻艇：29艘。江河巡逻艇：6艘。扫雷艇：6艘。登陆舰：4艘。登陆艇：49艘。其他辅助舰船：26艘。

陆战队　1.46万人，编有1个两栖师、5个增援营（其中工程兵营和特种作战营各1个）、8个地区治安大队，装备有装甲侦察车6辆、装甲输送车28辆、牵引炮39门、高炮6门，迫击炮和无坐力炮若干门，火箭筒若干具。

海军航空兵　1300人，编有5个中队，装备有武装直升机54架，直升机18架。

空军　5万人。编有5个司令部（防空、战术、海上、运输、训练）、21个大队、2个战斗机中队、3个攻击战斗机中队、2个防暴机中队、2个侦察机中队、7个联络与观察机中队、1个反潜机中队、3个海上侦察与搜索救援机中队、13个运输机中队。作战飞机269架、武装直升机29架。

战斗机："幻影"16架。攻击战斗机：F－5E/－B/－F型共46架、AMX型32架。防暴机：AT－26型58架。反潜机：S－2型4架。侦察机：RC－95型等共29架。运输机：C－130H、KC－137、C－91、C－95A/B/C型等共186架。直升机：共103架，其中29架UH－1H型为武装直升机。联络观察机：129架。搜索与救援机：30架。教练机：342架（其中38架AT－26、61架T－27、14架AMX－T型具有作战能力）。空空导弹："响尾蛇"、R－530型若干枚。

预备役部队　134万人，其中第1类预备役111.5万人（其中40万人可以立即征召）、第2类预备役22.5万人。

准军事部队　公安部队38.56万人，受陆军领导，可视作陆军预备役部队。

兵役制度　实行义务兵役制，士兵服役期为1年，特种兵可延长6个月。

军衔　分5等16级，即将官3级（上将、中将、少将），校官3级（上校、中校、少校），尉官4级（上尉、中尉、少尉、准尉），军士4级（军士长、上士、中士、下士），兵2级（上等兵、列兵）。

驻外兵力　1997年共有463人在安哥拉、克罗地亚、马其顿等国参加联合国维和行动。

军队节日　陆军节8月25日，海军节12月11日，空军节10月23日。

（赵富春）

秘　　鲁

国　　名　秘鲁共和国。

主要统计　面积128.5216万平方千米。人口2457.5万人（其中，13～17岁男132.6万人，女131.4万人；18～22岁男124.3万人，女123.4万人；23～32岁男212.5万人，女211.7万人）。国内生产总值578亿美元（1996年）。国防费11亿美元（1997年国防预算）。原煤10.9万吨（1994年）。原油4700万桶（1995年）。天然气13.03亿立方米（1995年）。发电量151.63亿度（1994年）。粮食214.2万吨（1995年）。海运能力，商船（载重100吨以上）623艘，总载重量61.56万吨（1992年）。民航能力，固定航班机场27处，客运量19.26亿人千米、货运量2.14亿吨千米（1996年）。

国防体制　宪法规定，总统为武装力量统帅。最高国防决策机构为部长特别会议，成员有全体内阁部长、三个军种的总司令和国防秘书长，会议由总统主持。国防部为政府中的一个部，是最高军事行政机关，负责国防预算、征兵动员、民防及军工生产等工作。武装力量由正规军和准军事部队组成。正规军分陆、海、空三个军种。最高军事指挥机构为武装力量联合指挥部，其主席由三个军种的总司令轮流担任。总统通过国防部和武装力量联合指挥部对全国武装力量实施领导和指挥。

领导人物　总统兼武装力量统帅阿尔韦托·藤森·藤森（1990年7月上任，1995年4月再次当选）。国防部长塞萨尔·绍塞多·桑切斯（1997年7月上任）。武装力量联合指挥部主席兼陆军总司令尼古拉斯·德巴里·埃尔莫萨·里奥斯上将（1992年1月上任）。海军总司令安东尼奥·伊巴塞拉上将（1996年上任）。空军总司令瓦尔多·里查德上将（1996年上任）。

武装力量　**兵力**　现役部队12.5万人。

陆军　8.5万人。编有6个军区、13个师、1个总统警卫团、6个大队、2个独立营、3个直升机中队。

坦克：T-54/-55型300辆、AMX-13型110辆。装甲侦察车：M-8/-20型60辆、M-3A1型10辆、M-9A1型50辆、"菲亚特"15辆、БРДМ-2型30辆。装甲输送车：M-113型130辆、БТР-60型12辆、UR-416型130辆。牵引炮：105毫米150门、122毫米36门、130毫米30门、155毫米36门。自行炮：155毫米24门。火箭炮：BM-21型14门。迫击炮：120毫米300门、81毫米和107毫米若干门。反坦克导弹：SS-11型400具。高炮：23毫米115门、40毫米125门。地空导弹：SA-7型若干部、SA-16型236部、SA-19型10部。飞机：13架。直升机：59架。

海军　2.5万人（含陆战队和海军航空兵）。编有3个舰队。

潜艇："卡斯马"级6艘、"食蚊鱼"级2艘。巡洋舰："格劳海军上将"、"阿吉雷"级各1艘。驱逐舰："费雷"级1艘。护卫舰："卡瓦哈尔"级4艘。导弹攻击快艇：PR-72型6艘。巡逻艇：1艘。登陆艇：3艘。扫雷艇：1艘。后勤补给船：8艘。江河船艇：7艘。

陆战队　3000人。编有1个陆战旅。

海军航空兵　约800人。编有4个中队，装备有飞机36架（其中作战飞机7架）、武装直升机13架。

空军　1.5万人。编有6个大队、22个中队。作战飞机101架、武装直升机23架。

轰炸机："堪培拉"15架。攻击战斗机：苏-22型28架、米格-29型12架、"色斯纳"A-37B型23架。战斗机："幻影"2000P型10架、"幻影"DP型4架、"幻影"5P型9架。攻击直升机：米-24/-25型23架。侦察机：4架。加油机：1架。运输机：安-32型等共78架。直升机："贝尔"、米-17型等共106架。联络机：25架。教练机：75架。空地、空空导弹：AS-30型、"环礁"、"魔术"等若干枚。地空导弹：SA-2型18部、SA-3型24部。

预备役部队　18.8万人，均为陆军。

准军事部队　7.8万人，其中国民警察7.7万人、海岸警卫队1000人。

兵役制度　实行义务兵役制，士兵服役期为2年。

军衔　分5等18级，即将官3级（上将、中将、少将），校官3级（上校、中校、少校），尉官3级（上尉、中尉、少尉），军士6级（一级军士长、二级军士长、一级军士、二级军士、中士、下士），兵3级（上等兵、二等兵、列兵）。

军队节日　陆军节8月18日，海军节10月8日，空军节7月23日。

（赵富春）

玻　利　维　亚

国　　名　玻利维亚共和国。

主要统计　面积109.8581万平方千米。人口848.5万人（其中，13～17岁男47.7万人，女47.3万人；18～22岁男42万人，女42.2万人；23～32岁男64.2万人，女66.3万人）。国内生产总值377亿玻利维亚诺，合74亿美元（1996年）。国防费6.7亿玻利维亚诺，合1.4亿美元（1997年国防预算）。原油1000万桶（1995年）。天然气32.79亿立方米（1995年）。发电量28.76亿度（1994年）。粮食111万吨（1995年）。海运能力，商船（载重100吨以上）1艘，总载重量1.58万吨（1992年）。民航能力，固定航班机场14处，客运量13.18亿人千米、货运量3960万吨千米（1996年）。

国防体制　宪法规定，总统为武装力量统帅。最高国防决策机构为国家安全委员会，成员有外交、内政、国防部长等内阁成员以及武装力量总司令和陆、海、空三军司令，由总统任主席。国防部为政府中的一个部，是最高军事行政机关，负责国防预算、征兵动员和军队福利等工作。武装力量由正规军和准军事部队组成。正规军分陆、海、空三个军种。最高军事指挥机构为武装力量总司令部。总统通过国防部和武装力量总司令部对全国武装力量实施领导和指挥。

领导人物　总统兼武装力量统帅乌格·班塞尔·苏亚雷斯（1997年8月上任）。国防部长阿方索·克莱德勒·克耶克斯（1997年上任）。武装力量总司令雷纳尔多·卡塞雷斯·基罗加上将（1995年1月上任）。总参谋长何塞·佩雷斯·雷耶斯·奥尔蒂斯上将。陆军司令阿德尔·蒙特罗·科尔特斯上将（1995年1月上任）。海军司令伦贝尔托·巴里奥斯·里奥斯上将（1995年1月上任）。空军司令奥斯卡·桑切斯·雷格林上将（1995年1月上任）。

武装力量　**兵力**　现役部队3.35万人。

陆军　2.5万人。编有6个军区，10个"师"

（相当于加强团）及1个机械化骑兵团、1个总统警卫步兵团、2个装甲营。

坦克：SK－105型36辆。装甲侦察车：EE－9型24辆。装甲输送车：M－113型50辆，V－100型10辆、"罗兰"24辆、EE－11型24辆。牵引炮：75毫米约80门、105毫米30门、122毫米36门。迫击炮：81毫米50门、107毫米若干门。飞机：10架。

海军　0.45万人（含陆战队和海军航空兵）。编有6个区舰队。

江河巡逻艇：17艘。支援艇：30艘。

陆战队　2000人，编有6个营。

海军航空兵　装备有飞机2架。

空军　0.4万人。编有7个飞行中队、1个防空团。作战飞机33架、武装直升机10架。

战斗机：AT－33N型6架。武装直升机："休斯"500M型10架。运输机：28架。救援机：7架。联络机：59架（其中24架为直升机）。航测机：10架。教练机：50架（其中15架PC－7型、12架T－33A型具有作战能力）。

准军事部队　3.71万人，其中国民警察3.11万人，缉毒警察600人。

兵役制度　实行义务兵役制，士兵服役期1年。

军衔　分6等20级，即将官3级（上将、中将、少将），校官3级（上校、中校、少校），尉官3级（上尉、中尉、少尉），准尉5级（特级准尉、高级准尉、一级准尉、二级准尉、初级准尉），军士3级（上士、中士、下士），兵3级（一等兵、二等兵、列兵）。

军队节日　陆军节11月14日，海军节4月24日，空军节10月12日。

（白　冰　赵富春）

厄　瓜　多　尔

国　　名　厄瓜多尔共和国。

主要统计　面积27.067万平方千米（不包括与秘鲁争议部分）。人口1218.6万人（其中，13～17岁男68.2万人，女66.3万人；18～22岁男62.3万人，女60.8万人；23～32岁男104.7万人，女102.7万人）。国内生产总值159亿美元（1996年）。国防费5.42亿美元（1997年国防预算）。原油1.41亿桶（1995年）。天然气1.02亿立方米（1995年）。发电量81.63亿度（1994年）。粮食203.2万吨（1995年）。海运能力，商船（载重100吨以上）154艘，总载重量50.41万吨（1992年）。民航能力，固定航班机场14处，客运量12.55亿人千米、货运量6420万吨千米（1996年）。

国防体制　宪法规定，总统为武装力量统帅。最高国防决策机构为国家安全委员会，成员有总统、副总统、议长、最高法院院长、内政、外交、国防和财政部长、武装力量联合指挥部司令和陆、海、空三军种总司令，由总统任主席。国防部为政府中的一个部，是最高军事行政机关，负责国防预算、兵力动员等工作。武装力量由正规军和准军事部队组成。正规军分陆、海、空三个军种。最高军事指挥机构为武装力量联合指挥部，由联合指挥部司令和陆、海、空三个军种总司令组成。总统通过国防部和武装力量联合指挥部对全国武装力量实施领导和指挥。

领导人物　总统兼武装力量统帅法维安·埃内斯托·阿拉尔孔·里韦拉（1997年上任为临时总统，任期至1998年10月）。国防部长拉米罗·里考特·亚涅斯（1997年上任）。武装力量联合指挥部司令帕科·罗森多·蒙卡约上将（1997年2月上任）。陆军总司令塞萨尔·杜兰·阿巴特中将（1996年8月上任）。海军总司令科里斯托瓦尔·马丁内斯中将（1996年8月上任）。空军总司令吉罗斯·科罗内尔·拉乌尔中将（1996年8月上任）。

武装力量　**兵力**　现役部队5.71万人。

陆军　5万人。编有1个步兵师（共2个旅）、1个装甲旅、2个步兵旅、3个丛林旅、1个空降旅、1个高炮大队、1个航空兵大队、3个工程兵营。

坦克：M－3型45辆、AMX－13型108辆、T－55型3辆。装甲侦察车：AML－60/－90型27辆、EE－9型22辆、EE－3型10辆。装甲输送车：M－113型20辆、AMX－VCI型60辆、EE－11型20辆。牵引炮：105毫米104门、155毫米24门。自行炮：155毫米10门。火箭炮：122毫米6门。迫击炮：81毫米、107毫米、160毫米共300门。无坐力炮：90毫米380门、106毫米24门。高炮（机枪）：14.5毫米128挺、20毫米20门、23毫米34门、35毫米30门、37毫米18门、40毫米30门。地空导弹："吹管"75部、SA－18型90部。飞机：12架。直升机：54架。

海军　0.41 万人（含陆战队和海军航空兵）。编有 1 个舰队。

潜艇：T－209 型 2 艘。护卫舰："阿尔法罗总统"级 2 艘。小型护卫舰："埃斯梅拉尔达斯"级 6 艘。导弹攻击快艇："基多"级 3 艘、"曼塔"级 3 艘。两栖舰艇：1 艘。辅助舰船：8 艘。

陆战队　1500 人。编有 3 个营。

海军航空兵　250 人。装备有飞机 6 架，直升机 10 架。

空军　0.3 万人。编有作战司令部（下辖 3 个攻击战斗机中队，1 个战斗机中队，1 个防暴机中队），军事空运大队。作战飞机 58 架。

攻击战斗机："美洲虎"S/B 型 10 架、"幼师"C－2 型 12 架、"幼师"TC－2 型 5 架、A－37B 型 8 架。战斗机："幻影"F－1JE 型 13 架、"幻影"F－1JB 型 1 架。防暴机："打击能手"MK89 型 2 架、"打击能手"MK89A 型 7 架。运输机：波音 727 型等共 25 架。联络机：2 架。直升机：41 架。教练机：43 架。

预备役部队　10 万人。

准军事部队　海岸警卫队 270 人。

兵役制度　实行义务兵役制，士兵服役期为 1 年。

军衔　军官分 3 等 9 级，即将官 3 级（上将、中将、少将），校官 3 级（上校、中校、少校），尉官 3 级（上尉、中尉、少尉）。

军队节日　陆军节 2 月 27 日，海军节 7 月 25 日，空军节 10 月 27 日。

（赵富春）

哥　伦　比　亚

国　　名　哥伦比亚共和国。

主要统计　面积 114.1748 万平方千米。人口 3605 万人（其中，13～17 岁男 192.7 万人，女 184.1 万人；18～22 岁男 177.8 万人，女 171.5 万人；23～32 岁男 327.7 万人，女 323.9 万人）。国内生产总值 720 亿美元（1996 年）。国防费 21 亿美元（1997 年国防预算）。原煤 2252.7 万吨（1994 年）。原油 2.13 亿桶（1995 年）。天然气 44.37 亿立方米（1995 年）。发电量 434.74 亿度（1994 年）。粮食 350.9 万吨（1995 年）。海运能力，商船（载重 100 吨以上）101 艘，总载重量 40.3 万吨（1992 年）。民航能力，固定航班机场 63 处，客运量 43.4 亿人千米、货运量 9.67 亿吨千米（1996 年）。

国防体制　宪法规定，总统为武装力量统帅。最高安全咨询机构为国家安全委员会，成员有内政、国防、司法、交通部长、陆军司令、国家安全局局长、警察总局局长，由内政部长主持。最高军事咨询机构为最高国防委员会，成员有国防部长、武装力量总司令、陆军司令、海军司令、空军司令和警察总局局长，由国防部长主持。国防部为政府中的一个部，是最高军事行政机关，负责协助总统对武装力量实施政治领导和行政管理。部长由文人担任，总统直接任命。武装力量由正规军和准军事部队组成。正规军分陆、海、空三个军种。最高军事指挥机构为武装力量总司令部，下设联合参谋部。总统通过国防部和武装力量总司令部对全国武装力量实施领导和指挥。

领导人物　总统兼武装力量统帅埃内斯托·桑佩尔·皮萨诺（1994 年 8 月上任）。国防部长希尔韦托·埃切韦里·梅希亚（1997 年 3 月上任）。武装力量总参谋长阿德拉达·科多瓦（1997 年 7 月上任）。陆军司令马里奥·乌戈·加兰（1997 年 7 月上任）。海军司令奥尔丹·德尔加多·比利亚米尔中将（1994 年 11 月上任）。空军司令萨帕塔上将（1997 年上任）。

武装力量　**兵力**　现役部队 14.63 万人。

陆军　12.1 万人。编有 5 个师部、18 个步兵旅、2 个防暴旅、1 个总统警卫营、2 个炮兵营、1 个高炮营。

坦克：M－3A1 型 12 辆。装甲侦察车：M－8 型 12 辆、EE－9 型 120 辆。装甲输送车：M－113 型 80 辆、EE－11 型 76 辆、RG－31 型 4 辆。牵引炮：105 毫米 130 门。迫击炮：81 毫米 125 门、120 毫米 120 门。无坐力炮：106 毫米若干门。反坦克导弹："陶"式若干具。高炮：40 毫米 30 门。

海军　1.8 万人（含陆战队、海军航空兵和海岸警卫队）。编有 2 个舰队。

潜艇："皮豪"级 2 艘、袖珍潜艇 2 艘。护卫舰："帕迪亚海军上将"级 4 艘。巡逻艇：39 艘。支援和杂务舰船：4 艘。

陆战队　9000 人。编有 2 个旅。

海军航空兵　100 人。装备有飞机 6 架，直升机 2 架。

空军　0.73 万人。编有 4 个司令部。作战飞机

72架、武装直升机63架。

攻击战斗机："幻影"5型12架、"幼狮"C2型11架、"幼狮"TC2型2架。防暴机：AC－47型1架、AC－47T型2架、IA－58A型3架、A－37B型22架、AT－27型6架。侦察机：21架，其中13架OV－10型具有作战能力。直升机：共101架，其中"贝尔"205型12架、"贝尔"212型5架、"贝尔"412型2架、UH－1B型2架、UH－60型16架、MD－500ME型11架、MD－500D型2架、MD－530F型3架、MI－17型10架为武装直升机。运输机：C－130B型等共28架。教练机：41架。空空导弹："响尾蛇"和R－530型若干枚。

预备役部队　6.07万人，其中陆军5.47万人、海军0.48万人、空军0.12万人。

准军事部队　国民警察8.7万人，装备有飞机46架。海岸警卫队，属海军。

兵役制度　实行义务兵役制，士兵服役期为1～1.5年。

军衔　分3等9级，即将官3级（上将、中将、少将），校官3级（上校、中校、少校），尉官3级（上尉、中尉、少尉）。

军队节日　陆军节8月7日，海军节7月24日，空军节11月8日。

（赵富春）

古　巴

国　　名　古巴共和国。

主要统计　面积11.086万平方千米。人口1112.3万人（其中，13～17岁男39.7万人，女37.3万人；18～22岁男44.6万人，女41.9万人；23～32岁男109.9万人，女104.2万人）。国内生产总值130亿美元（1996年）。国防费7亿美元（1997年国防预算）。原油1100万桶（1995年）。天然气3100万立方米（1995年）。发电量109.82亿度（1994年）。粮食18.1万吨（1995年）。海运能力，商船（载重100吨以上）393艘，总载重量92.46万吨（1992年）。民航能力，固定航班机场14处，客运量21.53亿人千米、货运量2.38亿吨千米（1996年）。

国防体制　古巴共产党中央委员会第一书记兼国务委员会主席为武装力量统帅。革命武装力量部为政府中的一个部，是最高军事行政机关，也是最高军事指挥机构，负责武装力量的指挥和管理，下设总参谋部、总政治部、后勤部等。武装力量由正规军和准军事部队组成。正规军分陆军、海军、空军与防空军三个军种。准军事部队包括民防部队、地方民兵、国家保安队和边防警卫队。古共中央第一书记兼国务委员会主席通过革命武装力量部对全国武装力量实施领导和指挥。

领导人物　古共中央第一书记、国务委员会主席兼武装力量统帅菲德尔·卡斯特罗·鲁斯总司令（1976年上任）。革命武装力量部部长劳尔·卡斯特罗·鲁斯大将（1995年上任）。革命武装力量部第一副部长兼总参谋长乌利塞斯·罗萨莱斯·德尔托罗中将（1982年6月上任）。

武装力量　**兵力**　现役部队5.3万人。

陆军　3.8万人。编有4～5个装甲旅、9个机步旅、14个预备旅、1个空降旅、1个边防旅、1个地空导弹旅和若干个高炮团。

坦克：T－34、T－54/－55、T－62型1500辆、PF－76型若干辆。步兵战车：БМП－1型400辆。装甲侦察车：БРДМ－1/－2型若干辆。装甲输送车：БТР－40/－50/－60/－152型700辆。牵引炮：76毫米、122毫米、130毫米、152毫米共700门。自行炮：122毫米、152毫米共40门。火箭炮：122毫米、140毫米共300门。迫击炮：82毫米、120毫米共100门。固定防御炮：122毫米、85毫米、100毫米若干门。反坦克炮：85毫米、100毫米若干门。反坦克导弹："甲鱼"、"耐火箱"若干具。高炮：23毫米、30毫米、37毫米、57毫米、85毫米、100毫米共255门。地空导弹：SA－6/－7/－8/－9/－13/－14/－16型若干部。

海军　0.5万人（含陆战队）。编有4个舰队。

潜艇：F级2艘。护卫舰："科尼"级1艘。导弹攻击快艇："黄蜂"级4艘。近海巡逻艇：1艘。扫雷艇：10艘。两栖登陆艇：1艘。辅助舰船：2艘。

陆战队　550人。编有2个两栖突击营。

海岸防御部队　装备有岸舰导弹SS－C－3型2部，以及122毫米、130毫米、152毫米火炮若干门。

空军　1万人。编有2个攻击战斗机中队、4个战斗机中队、4个运输机中队。作战飞机130架、武装直升机45架。

攻击战斗机：米格－23BN型10架。战斗机：米格－21F 型 30 架、米格－21 型 50 架、米格－23MF 型 20 架、米格－29 型 6 架。攻击直升机：米－8/－17 型、米－25 型 45 架。运输机：安－2 型、安－26 型等共 31 架。直升机：45 架。教练机：共 54 架，其中米格－21 型 8 架、米格－23 型 4 架、米格－29 型 2 架具有作战能力。空地导弹：AS－7 型若干枚。空空导弹：AA－2/－7/－8/－10/－11 型若干枚。地空导弹：SA－2/－3 型若干部。

预备役部队　陆军 3.9 万人。

准军事部队　113.4 万人。

兵役制度　实行义务兵役制，士兵服役期为 2 年。

军衔　分 6 等 16 级，即总司令（相当于元帅），将官 4 级（大将、上将、中将、少将），校官 3 级（上校、中校、少校），尉官 4 级（大尉、上尉、中尉、少尉），军士 2 级（军士长、军士），兵 2 级（上等兵、列兵）。

外国驻军　俄罗斯驻军 810 人，其中通信情报人员 800 人、军事顾问 10 人；美国驻军 1640 人，其中海军 1000 人、陆战队 640 人。

军队节日　革命武装力量建军节 12 月 2 日。

（赵富春）

加　拿　大

国　　名　加拿大。

主要统计　面积 997.061 万平方千米。人口 2868.3 万人（其中，13～17 岁男 97.4 万人，女 93.1 万人；18～22 岁男 96.8 万人，女 93.4 万；23～32 岁男 215.4 万人，女 210.7 万人）。国内生产总值 5850 亿美元（1996 年）。国防费 67 亿美元（1998 年国防预算）。原煤 7282.4 万吨（1994 年）。原油 5.65 亿桶（1995 年）。天然气 1758.97 亿立方米（1995 年）。发电量 5541.86 亿度（1994 年）。粮食 4969.3 万吨（1995 年）。海运能力，商船（载重 100 吨以上）1185 艘，总载重量 289.68 万吨（1992 年）。民航能力，固定航班机场 301 处，客运量 465.77 亿人千米、货运量 58.19 亿吨千米（1996 年）。

国防体制　宪法规定，总督代表英国女王为形式上的武装力量统帅。最高国防决策机构为内阁，总理是事实上的最高军事领导人。国防部为内阁中的一个部，由文官和军人组成，是最高军事行政和指挥机构，负责人事管理、经费分配、武器装备采购、武装力量建设等工作。国防参谋长由军人担任，是国防部长的最高军事顾问。在内阁决策下，国防部长通过国防参谋长领导和指挥全军。武装力量由正规军、预备役部队和准军事部队组成。实行全军统一体制，国防部下直接设立地面（相当于陆军）、海上（相当于海军）、空中（相当于空军）、通讯与情报、人事保障、物资支援、政策指导与管理 7 个司令部。

领导人物　总督兼形式上的加拿大武装力量统帅罗密欧·勒布朗（1995 年 2 月上任）。实际上的统帅加拿大总理让·克雷蒂安（1993 年 11 月上任）。国防部长阿瑟·埃格尔顿（1997 年 6 月上任）。国防参谋长莫里斯·巴里尔上将（1997 年 9 月上任）。海上部队司令马迪逊中将（1997 年 9 月上任）。地面部队司令皮尔·利奇中将（1997 年 9 月上任）。空中部队司令艾尔·德奎特维尔空军中将（1995 年 7 月上任）。

武装力量　**兵力**　现役部队 6.16 万人。

地面部队　2.19 万人。编有 1 个师部，下辖 3 个机械化步兵旅群（各辖 1 个装甲团、1 个炮团、1 个工兵团和 3 个机械化步兵营、1 个高炮连）、1 个防空团和 1 个特种勤务团。

坦克：“豹”C－1 型 114 辆。装甲侦察车：“大山猫”203 辆、“美洲狮”195 辆。装甲运输车：M－113 型 1329 辆、M－577 型 61 辆、“灰熊”269 辆、“野牛”199 辆。牵引炮：105 毫米 196 门。自行炮：155 毫米 76 门。迫击炮：81 毫米 167 门。反坦克导弹：“陶”式 150 具、“红沙蛇”425 具。无坐力炮：84 毫米 1040 门、106 毫米 111 门。高炮：35 毫米 34 门、40 毫米 57 门。地空导弹：“阿达茨”34 部、“轻标枪”96 部。

海上部队　0.94 万人。编有 2 个舰队（5 个中队）、1 个海上航空大队（10 个中队）。

潜艇：“奥吉布瓦”级 3 艘。主要水面作战舰只共 20 艘，其中“易洛魁人”级反潜驱逐舰 4 艘，护卫舰 16 艘（“哈尼法克斯”级 12 艘、“安纳波利斯”级2 艘、“雷斯蒂古什”级改进型 2 艘）。巡逻舰艇：14 艘。反水雷舰艇：2 艘。支援和杂务舰船：8 艘。

空中部队　1.46 万人。编有 4 个航空大队、34 个中队。作战飞机 140 架（另储存 104 架）、武装直升机 30 架。

战斗机：CF－18 型 122 架（另储存 40 架）、CP

-140 型 21 架（其中 18 架具有作战能力）、FC-116 型 64 架（储存）。运输机：CC-130E/H 型、KC-130 型等共 69 架。教练机：CT-133 型、CT-114 型等共 166 架。直升机：共 102 架，其中 30 架 CH-124 型为海上反潜直升机。

此外，现役部队中还有通讯与情报、人事保障、物资支援和政策指导与管理等不按军种划分的军人 1.57 万人。

文职人员　2.2 万人。

预备役部队　4.34 万人，其中基干预备役部队 2.87 万人（地面部队 2.17 万人、海上部队 4600 人、空中部队 2100 人、其他 300 人）。

准军事部队　1.1 万人。主要是海岸警卫队。装备有各种小型舰艇 82 艘、直升机 22 架。

部署　地面部队主要部署在魁北克省和阿尔伯塔省；海上部队重点部署在大西洋和太平洋沿岸地区；空中部队主要部署在中部和东部地区。地面部队主要基地有卡尔加里、瓦尔卡提尔等；海上部队主要基地有哈尼法克斯、埃斯基莫尔等；空中部队主要基地有北湾、波戈特维尔、冷湖等。

兵役制度　实行志愿兵役制。士兵基本服役期 3 年。各级军官最高服役年龄均为 55 岁。

军衔　军官分为 3 等 10 级，即将官 4 级（上将、中将、少将、准将），校官 3 级（上校、中校、少校），尉官 3 级（上尉、中尉、少尉）。士兵分 7 级，即准尉 3 级（一级准尉、二级准尉、准尉），军士 3 级（上士、中士、下士），兵 1 级（列兵）。

驻外兵力　1997 年共有 2059 人在波黑、克罗地亚、塞浦路斯、埃及、海地、伊拉克/科威特、马其顿、中东、叙利亚/以色列等国和地区参加联合国维和行动。

（阮厚才、白　冰）

美　国

提要　美国在 1997 年又对其防务政策进行了必要的调整。调整的主要特点是：更注重对付长远威胁；以“塑造、反应、准备”为指针规划国防和军队建设；强调充分利用军事革命成果，全面加强军队建设。相应地美国将其军事战略调整为“塑造、反应、准备”战略。同年 11 月，美国总统还颁发指令调整了核战略，但调整是战术性的，仍未摆脱冷战思维。

国　　名　美利坚合众国。

主要统计　面积 952.9202 万平方千米（其中本土 937.2614 万平方千米）。人口 2.68126 亿人（其中，13～17 岁男 932.8 万人，女 887.9 万人；18～22 岁男 923.4 万人，女 879.4 万人；23～32 岁男 1996.6 万人，女 1924.4 万人）。国内生产总值 7.6 万亿美元（1996 年）。国防预算 2671 亿美元（1997 年）。粗钢 9359 万吨（1995 年）。原煤 9.38 亿吨（1994 年）。原油 25.05 亿桶（1995 年）。天然气 5592.61 亿立方米（1995 年）。发电量 32682.5 亿度（1995 年）。粮食 2.77 亿吨（1995 年）。海运能力，载重百吨以上商船 5710 艘，总载重量 2564.64 万吨（1992 年）。民航能力，固定航班机场 834 处，客运量 8356 亿人千米，货运量 171.12 亿吨千米（1996 年）。

国防政策　1997 年克林顿政府进入第 2 任期。为了更好地推行其“参与和扩展的国家安全战略”，美国防部对其防务态势进行了第 2 次自上而下的全面审查，并于 1997 年 4 月和 5 月分别发表了 1998 财年《国防报告》和《4 年防务审查报告》。这两个报告对美国防政策进行了必要的调整，主要方面如下：

（一）分析长远的国际安全环境，重新明确美面临的威胁和挑战。上述两个报告都认为：现在世界的经济、政治和科学技术正以前所未有的速度发展变化，使美国的命运与盟友国家的命运更加紧密地联系在一起，也使美国本身更易受国际各种事件的影响。因此，美不能自我孤立于世界，而是要更加坚定地推行“参与”（也称“接触”）政策，并且在国际事务中发挥领导作用。否则，世界局势的发展会不利于美国，美国的发展机会将变得越来越小，美国的安全就会得不到保障。两个报告强调：美国的国防政策，不能只是对国际安全环境的变化作出被动的反应，而是要塑造国际安全环境，使之向有利于美国的方向转变；不能只是着眼于对付近期的安全威胁，而且要考虑迎接今后 20 年的安全挑战。

1998 财年《国防报告》认为，美安全面临的威胁有 10 种：①敌对的强国谋求地区霸权；②民族、宗教等冲突导致的难民潮和地区不稳定；③潜在敌国获得或使用生化武器；④原苏联和中东欧国家的民主改革受阻；⑤恐怖主义；⑥友好国家发生政变和动乱；⑦对美国的繁荣和经济发展的威胁；⑧全球环境恶化；⑨非法毒品交易；⑩国际犯罪。而《4 年防务审查报告》则将今后 20 年考虑在内，归纳为 4 种威胁：①对美国有生死攸关利益或重要利益的地区发生的危机或冲突，例如地区性敌国发动侵略或自身崩溃引起的危机和冲突；②敏感信息技术及其他先进技术的扩散，使对美国有敌意的国家或组织的军事实力增强，从而改变美国面临的军事挑战的性质；③直接或间接危及美国公民生命安全的各种危险，例如恐怖主义活动、非法毒品交易、有组织的国际犯罪、失控的难民潮等；④美国本土可能面临的威胁，例如有核武库国家的固有威胁、洲际弹道导弹及大规模杀伤武器扩散造成的威胁、使用非常规手段的恐怖主义活动的威胁，日益增长的信息战对美国基础设施的威胁等。在这4种安全威胁判断中，有一些新的提法，值得注意：第一，把地区性敌国的自身崩溃视为威胁；第二，把信息技术扩散和信息战视为威胁；第三，强调有核武库国家的固有威胁；第四，强调美国本土可能面临威胁。

还值得注意的是，在《4年防务审查报告》中，美国特别强调两种未来挑战：一是到2015年后，中国和俄罗斯可能成为"全球性同等竞争对手"，从而对美国的安全利益构成挑战；二是美国的军事优势可能遇到使用"不对称手段"之敌的挑战。所谓"不对称手段"，指非常规战法、生化武器或针对美国弱点的其他技术手段。例如，信息技术的扩散，可能使美国的对手获得剥夺美国使用关键地区的空基设施和通信线路的手段。

（二）提出今后美防务政策的核心，是落实"塑造、反应、准备"的军事安全指导方针。美总统克林顿在其1997年提交国会的《新世纪的国家安全战略》报告中指出，美国为实现国家安全目标，军事上必须贯彻"塑造、反应、准备"的方针。为此，《4年防务审查报告》特别强调，美国的防务政策要以这6字方针为核心。

关于"塑造"，即"创造有利于增进美国利益的国际环境"。为此，美国防部将采取下列措施：海外永久或临时驻军，海外军事演习和联合训练，军方交流，安全援助，接收有关国家军人到美军院校培训以及国际军备合作等。通过这些措施达到"促进地区稳定"、"防止和减少冲突和威胁"、"遏制侵略或对邻国施压"这3大目的。

关于"反应"，即对各种危机作出反应，目的是保护美国的利益，展示美国的决心和强调美国的全球领导作用。反应的方式，小的有各种应急行动（展示力量行动、干预、有限打击、撤走非战斗人员、实施禁飞禁运、强制实施和平、反恐怖行动、维和行动、人道主义救援等）。大的有打大规模战区战争。

关于"准备"，即"从现在起就为对付不确定的未来挑战作好准备"，也即在制订提高美军作战能力和改进美军支援设施的计划时，必须考虑到2015年可能面对的挑战。为此，美国防部决定做好4方面的工作：①集中力量抓武器装备现代化，确保美国今后仍拥有不可挑战的军事优势；②进行"军事革命"，提高美军执行近期任务和对付远期挑战的能力；③实施"业务革命"，从根本上改革美国国防部机构和支援活动，以降低各种防务活动的成本；④采取措施防止有重大影响的危险由潜在变为现实，以便国防部在资源有限的情况下能够从容地为对付未来挑战作准备。

为落实上述防务指导方针，美国防部计划：今后5年国防预算将保持在不少于2500亿美元的水平（不含能源部的预算）上；到2001年新装备的采购费将达到600亿美元，即在今后几年，采购费要增加40%。关于军队建设，为把美军建成全能部队，美国防部拟重点解决4个问题：①培养高素质的指挥官；②保持高效的全球情报系统，为及时发现和解决危机提供情报支援；③保持畅通的全球信息传递系统，同时抑制敌方的信息战干扰；④不但要保持制海权、制空权，而且要夺取制天权。

（三）结合近期和远期战略需要，重新确定美军的规模指标。两个报告都认为，军队的规模必须反映近期和远期的战略需要，既要考虑作战观念的变化和组织体制的改革，保证作战能力的全面发展，还要在保留足够的兵力和实现装备现代化两者之间保持平衡。据此，美国防部将2003年的军队规模确定为：

陆军保持4个军、10个师（6个重型，4个轻型）和2个装甲骑兵团的基本构架。

海军保持12个航母战斗群、12个两栖作战大队的构架。主要作战舰艇由现在的128艘减到116艘，攻击潜艇由今天的73艘减到50艘。

陆战队保持3个远征队及每个远征队有1个后备队师、1个航空联队和1个勤务支援大队的构架。

空军保持相当于12个现役联队、8个后备队联队和4个防空中队的构架，轰炸机将保留187架。

核战略部队，在俄罗斯国家杜马批准第2阶段削减战略武器协议（START II）之前，将保持18艘战略核潜艇（潜射核导弹弹头总数3456枚），500枚"民兵"Ⅲ型导弹（弹头总数2000枚），以及71架B－52H和21架B－2战略轰炸机。

总兵力将发生以下变化：从1997年到2003年，现役部队将由145万人减到136万人，后备役人员将由90万人减到83.5万人，文职人员将由80万人减到64万人。

（四）确认以军事革命为动力，全面推进美军改革和建设。美军参谋长联席会议在分析了新军事革命对美军战略、战役、战术及建军的影响后，于1996年提出《2010年联合构想》（以下简称“构想”）。这一“构想”指出，美军未来的作战原则是“造势机动、精确打击、全维保护和聚焦后勤”。所谓“造势机动”，指通过机动，使美军“控制作战空间的正面、纵深和高空，从而夺取决定性的优势”；所谓“精确打击”，指凭借一系列精确制导系统，使美军能够“确保达成理想结果，减少己方的风险并最大限度地减少附带破坏”；所谓“全维保护”，指“确保美军在部署、机动和交战时能保持行动自由，同时为各级部队和设施提供多层防护”；所谓“聚焦后勤”，指“在战略、战役和战术级行动中，都能提供特编的后勤部队和直接的保障”。“构想”强调，为了能够在未来的联合作战中贯彻上述原则，美军建设必须从以下几个方面予以加强：①征召和保留有献身精神的高素质兵员；②培养“能发挥创造性排解疑难和深谙军事艺术的”指挥官；③完善联合作战理论，并根据这一理论施训；④改革部队的编制体制，使之适应技术装备的发展，并能对突发事件作出灵活的反应；⑤改革武器装备的研究、发展和采购制度，充分利用民间商业管理经验和民间技术，加快接纳新技术装备的速度，提高部队的现代化水平。

《4年防务审查报告》认为，参联会的“构想”是指导军队建设的纲领，同时强调各军种应根据已有规划加强建设。

陆军正在实施两个有连续性的规划——《21世纪部队》和《后天的陆军》，前者致力于把陆军建设成可部署能力和持续作战能力强、组织编制可塑、武器装备先进并得到信息技术支持、能适应2010年各种作战任务需要的军队；后者着眼于未来30年，预测未来的信息技术和各种军事技术进步对部队机动力、杀伤力、生存力和作战的影响，设计未来的陆军，“确保陆军在21世纪作战中发挥战略上的决定性作用”。

空军正在实施的《全球参与：21世纪空军展望》规划，着重从6个方面提高空军2010年的空、天作战能力：①造就与全球预警和指挥控制系统结为一体的高素质人员；②使美军有实施打击和不受打击自由的空中和空间优势；③增强全球快速机动能力；④提高精确打击能力；⑤掌握空天结合的信息优势；⑥拥有灵活的作战支援能力。

海军正根据《由海向陆》、《前沿部署…由海向陆》和《海军作战思想》进行改革和建设，着重提高5种能力：①夺取海上优势和制海权能力；②由海向陆投送力量能力；③战略威慑能力；④战略运输能力；⑤前沿海军存在能力。

陆战队正按照《陆战队由海向陆机动作战》规划，把陆战队建设成战术上适应性强、技术上先进、能够不失时机地完成各种任务的部队。也就是要使陆战队能够在流动性极强的环境下，根据任务需要迅速重新编组和确定行动方针；能够向海岸投送力量，执行从救灾到高强度作战的各种任务。

军事战略　根据总统《新世纪的国家安全战略》和国防部的《4年防务审查报告》，美军前参联会主席沙利卡什维利于1997年8月签发《国家军事战略》文件（以下简称“文件”），将克林顿政府的军事战略重新定名为“塑造、反应、准备战略”。这一新战略与克林顿政府第1任期的“灵活而有选择的参与战略”无大差别，只不过更强调为对付未来的威胁和挑战预作准备。其主要内容如下：

（一）关于战略环境判断。“文件”认为战略环境对美国既有机遇，也有挑战。现在，美国在塑造有利于自己的安全环境方面有历史性的机遇：①全球战争威胁已大大降低，美国正处于相对和平与安全时期；②先前的敌手如今正就一系列安全问题与美国开展合作；③与美国实力相当的敌性大国今天已不存在，近期也不会产生；④一般不会出现具有挫败美军常规力量的地区性强国或联盟。

然而，美国也面临许多挑战，主要为：①国家或国家集团之间可能爆发的冲突，仍然是对美安全最严峻的挑战；②某些国家或非国家主体会使用不对称手段，使美国在军事上陷于困境；③超越国境、直接或间接地威胁美国利益的各类挑战，加剧了美安全环境的复杂性；④众多的不可知因素构成的挑战不可忽视，例如某种令美国军事能力失去效能的新技术的出现，某个盟国或伙伴与美国分道扬镳，或某个友好政权意外地被推翻等。

（二）关于国家军事目标。“文件”明确提出，国家军事目标一是“促进和平与稳定”，二是“挫败敌手”。所谓“促进和平与稳定”，就是保持任何利益攸关地区的和平与稳定，并确保其不被敌视美国的力量所控制。所谓“挫败敌手”，就是在发生武装冲突的情况下，使用一切适当手段，投入决定性兵力，促使冲突在对美国有利的情况下结束。

（三）关于军事战略要素。“文件”指出，新国家军事战略的要素，是“塑造”、“反应”、“准备”3项。

“塑造”，指“美国武装部队运用其固有的威慑性并通过和平时期的军事参与，对塑造有利于美国的国际环境作出贡献”。其具体内容有：通过参与促进稳定；采取行动防止冲突和降低威胁强度；采取常规或核威胁行动制止侵略。

“反应”，指对危机作出反应，“采取的军事行动包括从慑止侵略到打赢大规模战区战争，以及同时实施数个较小规模的应急行动”。其具体内容有：通过军事集结、实施制裁或有限打击，慑止侵略或对邻国施压；打赢两场几乎同时发生的大规模战区战争；以显示力量、有限打击、强制干预、设立禁飞区或禁航区、维和行动、人道主义救援行动等军事行动，对付同时出现的多个小规模冲突和跨国威胁。

“准备”，指“针对充满不确定因素的未来预作准备”，也即“在迈向下个世纪之际，美国必须保持其全球领导地位所不可或缺的军事优势”。为此，美国要充分利用军事革命的成果，推进军队的现代化。在军队建设上，要突出保持“信息优势”；要改进作战理论、体制编制和训练，提高美军官兵的素质；要加快研制和列装新装备，以在未来战场上获得“全面控制权”；要巩固和发展与盟国和伙伴国的关系，以提高协同作战能力；要保证部队的均衡发展，不但军种间要均衡，而且今天需要和明天要求之间也要均衡。

（四）关于军事力量的使用原则。“文件”指出，美国在使用军事力量时，应遵循以下 4 条原则：第一，必须审慎而决定性地使用军事力量，应明确提出可以实现的、支持国家政治目的的军事目标，并阐明军队的使命；第二，必须把各军种的力量和能力有机地结合起来，作为一支联合部队展开行动；第三，必须在保持可单独采取行动的能力的同时，尽可能争取与盟国或多国联盟的军队并肩作战；第四，必须确定最终目标，明确停止军事介入、撤出军队的条件，以确保部队在由平时状态转入战时状态之时，就已做好从战争过渡到和平的准备。

（五）关于冷战后的核战略。1997 年 11 月，美总统克林顿向国防部长和参联会主席发出关于冷战后核战略的总统指令。指令是绝密的。但从有关报道可以看出，新核战略有以下“3 个变”和“3 个不变”的特点。

“3 个变”是：①核战略的首要任务已经不是进行和赢得核战争，而是遏制敌方对美国及其盟国的军队使用核武器；②核作战的对象不再只是苏联集团，而是拥有核武器的任何国家，尤其是所谓的“胡作非为国家”；③核武器的使用不只是针对可能使用核武器者，甚至可能是对使用化学或生物武器者的报复。

“3 个不变”是：①仍然坚持核武器是“国家安全的基石”，坚持发展由战略导弹、战略轰炸机和战略潜艇构成的“三位一体的核战略力量”；②仍然保持对非盟友核大国特别是俄罗斯的警惕，保留“用核武器袭击俄罗斯的军事和非军事领导机构以及核部队”的选择；③仍然坚持首先使用核武器的原则。

尽管美国称这是对 1981 年里根政府制定的核战略所作的重大调整，但是比较一下上述“3 个变”和“3 个不变”，不难得出这样的结论：调整是战术性的，而不是战略性的；美国的核战略依然是核威慑战略；冷战思维仍在美国的核战略中起主导作用。

国防体制 美国宪法规定，总统是武装部队总司令，全军最高统帅。总统通过国防部领导和指挥全军，紧急情况下可越级指挥。战略核力量不论何时都由总统指挥控制。

国家安全委员会是最高防务决策咨询机构。其法定成员包括总统、副总统、国务卿和国防部长。参谋长联席会议主席是其法定军事顾问，中央情报局局长是其法定情报顾问。该委员会日常工作由总统国家安全事务助理（顾问）负责。

国防部是总统领导与指挥美国武装力量的最高军事机关，负责防务政策、计划的制定和实施，以及全般国防事务管理，并通过参谋长联席会议对全军实施作战指挥。它由国防部本部系统、军事部系统和作战指挥系统 3 部分组成。

国防部本部系统主要负责政策、财政、军务等全军性事务，以及各军事部间的协调。下设政策、采购与技术、人事与战备、审计与财务、指挥通信控制与情报、立法、后勤事务、情报监督、行政管理、公共事务、监察、作战试验与评估等部门，分别由副国防部长、助理国防部长、主任、局长或部门长等主管。

军事部系统包括陆军部、空军部和海军部 3 个军事部（军种部）。各军事部负责本军种的行政管理、教育训练、武器装备研制和采购及后勤保障等事务，并有责任在战时向各作战司令部提供作战部队及相应的勤务和后勤支援，但无作战指挥权。军事部长为文官，在其下设军种参谋长（海军为作战部长）。军种参谋长（海军作战部长）是本军种最高长官。

作战指挥系统指参谋长联席会议（以下简称“参联会”）及隶属于它的各联合司令部、特种司令部。参联会既是总统、国防部长、国家安全委员会的军事咨询机构，也是总统和国防部长向联合司令部和特种司令部发布作战命令的军事指挥机关。从某种意义上讲，国防部是总统的军政部门，而参联会是总统的军令部门。参联会成员包括主席和三大军种参谋长（海军为作战部长）。参联会主席是美军最高军事长官，是总统和国防部长的首席军事顾问。参联会下设联合参谋部和国家军事指挥中心，负责处理日常事务和作战指挥业务。联合司令部和特种司令部是美军高级作战指挥机构。美三军部队除执行特别勤务者外，均编入某一联合或特种司令部。一旦发生重大紧急情况，联合或特种司令部即可对编入司令部的部队实施作战指挥。目前美军编有5大联合司令部（欧洲总部、太平洋总部、大西洋总部、南方总部、中央总部）和4大特种司令部（航天司令部、特种作战司令部、运输司令部、战略司令部）。必要时，也可根据总统指示将其他联合或特种司令部的部队临时划归处于紧急情况的联合司令部指挥。

美国武装力量由现役部队、后备役部队和军内文职人员3部分组成。现役部队分陆军、空军、海军和海军陆战队4个军种，分属陆军部、空军部和海军部3大军事部领导。美军后备役部队按组织系统分国民警卫队和联邦后备队两部分。国民警卫队含陆军国民警卫队、空军国民警卫队和海岸警卫队，其中海岸警卫队平时由美政府运输部管辖。后备队含陆军后备队、海军后备队、空军后备队和陆战队后备队。后备役人员按动员程度分为3类：第1类为待命后备役人员，即编入后备役部队的精选后备役人员，可立即用于增援正规部队；第2类为待编后备役人员，即动员时可征召的参训个人；第3类为退役后备役人员，必要时可应召增补负责作战支援和训练的部队。文职人员是美国联邦政府雇员的一部分，本国雇佣的称直接雇员，由住在国政府雇佣的称间接雇员。按从事的工作种类分有科学家与工程师、行政管理人员、技术员、秘书和办事员、服务员、勤杂工等。

领导人物 总统兼武装部队总司令威廉·杰斐逊·克林顿（1993年1月上任）。国防部长威廉·科恩（1997年1月上任）。国家安全事务助理塞缪尔·伯杰（1997年1月上任）。参谋长联席会议主席亨利·H·谢尔顿陆军上将（1997年9月上任）。参联会副主席约瑟夫·W·罗尔斯顿空军上将。陆军部长小托戈·D·韦斯特。陆军参谋长丹尼斯·J·赖默上将。空军部长希拉·E·威德诺尔（女）。空军参谋长迈克尔·E·瑞安上将（1997年10月上任）。海军部长约翰·N·多尔顿。海军作战部长杰伊·L·约翰逊上将。海军陆战队司令查尔斯·C·克鲁拉克上将。欧洲总部司令韦斯利·K·克拉克陆军上将。太平洋总部司令约瑟夫·W·普鲁赫海军上将。大西洋总部司令小哈罗德·W·格曼海军上将。南方总部司令查尔斯·E·维尔赫姆陆战队上将（1997年9月上任）。中央总部司令安东尼·C·津尼陆战队上将（1997年9月上任）。航天司令部司令豪厄尔·M·埃斯蒂斯三世空军上将。特种作战司令部司令空缺。运输司令部司令瓦尔特·克罗斯空军上将。战略司令部司令欧仁·E·哈比加空军上将。

武装力量 **兵力** 现役正规部队总人数144.31万人（1997年3月）。

陆军 48.28万人。编有3个集团军司令部、4个军部、10个作战师（2个装甲师、4个机械化师、2个轻步兵师、1个空中突击师、1个空降师）、5个航空旅、3个装甲骑兵团、6个炮兵旅、9个“爱国者”和2个“复仇者”防空导弹营、3个独立步兵/空降兵营。

主要装备：主战坦克M－60A3、M－1A1和M－1A2型等，共7836辆；轻型坦克M－551型131辆；装甲侦察车“狐狸”113辆；步兵战车M－2和M－3型，共6720辆；装甲输送车M－113型18200辆；各类火炮7428门，其中277毫米多管火箭炮734门；反坦克导弹，“陶”和“龙”式，共32857具；高炮329门，其中20毫米“火神”式118门；防空导弹“复仇者”式660部，“爱国者”式474部；各型飞机264架，直升机约5002架，其中武装直升机1460架；两栖舰艇161艘。

海军 40.47万人。编有5个舰队，即第2舰队（大西洋）、第3舰队（太平洋）、第5舰队（波斯湾、红海）、第6舰队（地中海）、第7舰队（西太平洋）。还设有海军运输司令部。

主要装备：潜艇95艘，其中战略潜艇18艘、战术潜艇75艘、其他用途2艘；主要水面舰只143艘，其中航空母舰12艘（每舰编有1个舰载机联队，每个联队一般配备3个F/A－18型战斗攻击机中队、1个F－14中队、1个S－3B型和EP－3型反潜战飞机中队、1个SH－60型反潜直升机中队、1个EA－6B型电子战飞机中队、1个E－2C型空中预警机中队和1个C－2型支援飞机中队）、导弹巡洋舰30艘、导弹驱逐舰57艘、导弹护卫舰44艘。另有巡逻舰艇20艘、扫雷舰艇25艘、两栖舰艇252艘、支援及杂务舰船93艘（其中中途补给舰40艘）。军事运输司令部辖船只123艘。

海军航空兵 编有12个舰载机联队。装备飞机2732架，其中作战飞机1598架；直升机1361架，其中反潜直升机321架、攻击直升机180架。

海军陆战队 17.30万人。编有3个陆战队师、3个勤务支援大队、1个安全保密部队营、1个警卫营。

主要装备：主战坦克403辆、轻装甲车590辆、两栖装甲车1258辆、火炮857门、反坦克导弹3225具、火箭筒3142具。航空兵编有3个联队，装备各型飞机约1000架，其中直升机约560架。

空军 38.26万人。编有空中作战司令部和空中机动司令部。空中作战司令部辖5个航空队（其中1个为洲际弹道导弹航空队）、23个飞行联队；空中机动司令部辖2个航空队、13个飞行联队。

主要装备：远程轰炸机175架，其中B－52H型

67架、B－2A型13架、B－1B型95架；侦察机57架，其中U－2R/S型31架、SR－71型3架；指挥所机52架，其中E－3B/C型32架、EC－135型16架；战术飞机2674架，其中F－15型707架、F－16型1503架、EF－111A型37架、F－117型53架、A－10A型233架、OA－10A型134架、EC－18型先进测距飞机4架、E－8C型联合监视与目标攻击雷达系统飞机3架；运输机846架；加油机607架；教练机1225架；直升机220架。

战略核力量　实力计在海、空军内。主要装备有：432枚潜射弹道导弹，配置于18艘战略导弹核潜艇中（"俄亥俄"级SSBN－734型10艘，每艘携24枚"三叉戟"D－5导弹，SSBN－726型8艘，每艘携24枚"三叉戟"C－4导弹）；洲际弹道导弹580枚，其中"民兵"Ⅲ型530枚，"和平维持者"50枚；战略轰炸机174架，其中B－1B型95架、B－52H型66架、B－2A型13架。

文职人员　80.74万人。其中，直接雇员73.92万人，间接雇员4.02万人，另有2.8万人做民事工作。按雇佣部门计算，陆军雇佣27.92万人，海军（含陆战队）雇佣22.03万人，空军雇佣18.36万人，国防部雇佣12.43万人。

后备役人员　148.6万人。其中，陆军后备队49.83万人，海军后备队23.89万人，陆战队后备队9.95万人，空军后备队15.27万人，陆军国民警卫队37.32万人，空军国民警卫队10.97万人，海岸警卫队后备队1.37万人。按动员等级计算，第一类后备役人员90.54万人，第二类55.72万人，第三类2.34万人。

海岸警卫队　3.46万人。根据法律，是武装力量的一个组成部分，平时由运输部维持和使用。装备各类巡逻艇157艘，破冰船12艘，飞机38架，直升机85架。

部署　截至1996年9月的兵力部署如下：驻美国本国部队123.13万人，其中驻美国大陆100.64万人，阿拉斯加1.67万人，夏威夷3.64万人，关岛0.53万人，驻舰艇上12.77万人。驻欧洲部队11.53万人，分别驻在比利时、德国、英国、意大利、土耳其、西班牙、葡萄牙、冰岛、希腊、荷兰、马其顿、波黑、克罗地亚、格陵兰等国和地区，以及部署于地中海的舰艇上，其中驻波黑1.50万人，德国4.89万人，意大利1.24万人，英国1.17万人。驻亚太地区部队9.52万人，其中，驻日本4.3万人、韩国3.65万人，在澳大利亚、新加坡、泰国等亦驻有少量部队，驻太平洋舰上1.46万人。驻西亚——北非地区1.39万人，其中，驻沙特阿拉伯0.16万人、埃及0.11万人、科威特0.55万人，在巴林、迪戈加西亚岛也驻有少量部队，驻该地区舰上0.39万人。驻撒哈拉以南非洲0.30万人，其中驻舰上0.27万人。驻美洲1.17万人，其中驻巴拿马0.64万人、古巴关塔那摩基地0.19万人，在海地、洪都拉斯、加拿大亦驻有少量部队，驻该地区舰上0.12万人。

截至1997年8月作战部队的部署是：地面作战部队，在美本土部署有陆军1个空降师、1个空中突击师、1个装甲师、2个机械化步兵师、1个轻步兵师、1个装甲骑兵团、1个装甲旅和1个机械化步兵旅，陆战队2个师（1个在大西洋方向，1个在太平洋方向）；阿拉斯加部署1个步兵旅；夏威夷部署1个轻步兵师；欧洲部署1个装甲师和1个机械化步兵师（在德国）；地中海第6舰队载有1支陆战远征队；印度洋第7舰队载有1支陆战远征队；韩国部署1个步兵师；日本冲绳岛部署1个陆战队师。主要舰艇，大西洋地区部署6艘航空母舰，106艘其他舰只，40艘攻击潜艇，9艘洲际弹道导弹潜艇；太平洋地区部署6艘航空母舰，122艘其他舰只，33艘攻击潜艇，8艘洲际弹道导弹潜艇。主要空军作战部队，美本土部署2个导弹联队，15个导弹中队，7个轰炸机联队，15个轰炸机中队，13个战斗机联队，33个战斗机中队，1个特种作战联队，6个特种作战中队，15个混合联队，4个空间联队等；阿拉斯加部署2个联队，4个战斗机中队；冰岛部署1个联队，1个战斗机中队；巴拿马部署1个联队；欧洲部署6个战斗机联队，9个战斗机中队，3个特种作战中队，1个战斗机大队；太平洋地区部署4个战斗机联队，2个空军基地联队，15个战斗机中队，2个空中预警和控制机中队，1个特种作战大队，1个特种作战中队。

军事基地　截至1997年5月，美军在国内拥有主要军事设施288个，其中陆军84个，海军99个，海军陆战队18个，空军87个。海外主要军事设施70个，其中陆军33个，海军21个，海军陆战队2个，空军14个。

兵役制度　从1973年起实行志愿兵役制度。

军衔　分6等25级，即将官5级（五星上将、上将、中将、少将、准将），校官3级（上校、中校、少校），尉官3级（上尉、中尉、少尉），准尉5级（一、二、三、四、五级准尉），军士6级（一级军士长、二级军士长、三级军士长、上士、中士、下士），士兵3级（一等兵、二等兵、三等兵）。

军队节日　武装力量节，5月第3个星期六。美国陆军节，4月6日。美国海军节，10月27日。美国空军节，9月第2个星期六。

军火贸易　据报道，1998财年美出售军火价值将为96.85亿美元。其中出售非洲国家240万美元，东亚和太平洋国家和地区20.98亿美元，拉美国家4.52亿美元，欧洲国家和加拿大22.02亿美元，近东和南亚国家42.05美元，其他国家或地区7.25亿美元。购美军火超过1亿美元的国家和地区是：日本4.91亿美元，新加坡1.41亿美元，韩国2.33亿美元，中国台湾4亿美元，泰国6.29亿美元，巴西1.04亿美元，智利1.19亿美元，加拿大1.5亿美元，德国2亿美元，希腊3.3亿美元，匈牙利1.27亿美元，荷兰1.55亿美元，斯洛文尼亚1.2亿美元，西班牙1.49亿美元，土耳其3.5亿美元，英国1.25亿美元，埃及13亿美元，沙特阿拉伯1亿美元，阿拉伯联合酋长国2.5亿美元。

（符成礼）

墨 西 哥

国　　名　墨西哥合众国。

主要统计　面积196.7183万平方千米。人口9379.3万人（其中，13～17岁男510.3万人，女496.6万人；18～22岁男486.5万人，女477.6万人；23～32岁男837.2万人，女840万人）。国内生产总值3150亿美元（1996年）。国防费29亿美元（1997年国防预算）。原煤889.8万吨（1994年）。原油9.94亿桶（1995年）。天然气384.54亿立方米（1995年）。发电量1442.76亿度（1994年）。粮食2534.4万吨（1995年）。海运能力，商船（载重100吨以上）635艘，总载重量149.53万吨（1992年）。民航能力，固定航班机场83处，客运量258.29亿人千米、货运量24.53亿吨千米（1996年）。

国防体制　宪法规定，总统为武装力量统帅。国防部和海军部分别为政府中的一个部，是最高军事行政机关，也是最高军事指挥机构。国防部领导并指挥陆、空军和准军事部队。海军部领导和指挥海军。国防部长和海军部长经总统任命，由现役高级将领担任。武装力量由正规军和准军事部队组成。正规军分陆、海、空三个军种。总统通过国防部和海军部对全国武装力量实施领导和指挥。

领导人物　总统兼武装力量统帅埃内斯托·塞迪略·庞塞·德莱昂（1994年12月上任）。国防部长恩里克·塞万提斯·阿吉雷将军（1994年12月上任）。海军部长何塞·拉蒙·洛伦索·佛朗哥海军上将（1994年12月上任）。

武装力量　**兵力**　现役部队17.5万人。

陆军　13万人。编有2个步兵旅、1个摩步旅、1个装甲旅、1个总统警卫旅、1个空降旅、1个机械化步兵团、19个摩托化骑兵团、7个炮兵团、1个装甲团、8个独立步兵营和3个炮兵营。

装甲侦察车：M－8型40辆、“大山猫”119辆、VBL型40辆、“莫瓦格”25辆、Mex－1型41辆、MAC－1型15辆。装甲输送车：HWK－11型40辆、M－2A1型34辆、VCR/TT型36辆、DN－4型40辆、DN－5型40辆、AMX－VCI型409辆、BDX型95辆、LAV－150ST型26辆。牵引炮：75毫米18门、105毫米100门。自行炮：75毫米5门。迫击炮：81毫米1500门、120毫米75门。反坦克炮：37毫米30门。高炮：12.7毫米40门。反坦克导弹：“米兰”若干具。地空导弹：RBS－70型若干部。

海军　3.7万人（含陆战队和海军航空兵）。编有2个舰队。

驱逐舰：“基林”级2艘、“弗莱彻”级1艘。护卫舰：“布朗斯坦”级2艘、“埃德索尔”级1艘、“劳伦斯/克罗斯利”级1艘。巡逻舰艇：共106艘。坦克登陆舰艇：2艘。辅助舰船：22艘。

陆战队　8600人，装备有两栖车辆25辆、牵引炮105毫米8门、火箭炮51毫米6门、迫击炮100门、无坐力炮和高炮若干门。

海军航空兵　1100人，装备有飞机95架，其中作战飞机9架、直升机37架。

空军　0.8万人。编有1个战斗机中队、10个防暴机中队、5个运输机中队、2个摄影侦察机中队、1个武装直升机中队、1个搜索与救援机中队。作战飞机125架、武装直升机95架。

战斗机：F－5E型8架、F－5F型2架。防暴机：PC－7型74架、AT－33型27架。武装直升机：“贝尔”205型1架、“贝尔”206型27架、“贝尔”212型25架、UH－1H型20架。运输机：共77架。运输直升机：20架。联络通用机：53架。摄影侦察机：19架，其中14架“指挥官”500S型具有作战能力。教练机：47架，其中22架MD53OF型直升机具有作战能力。

文职人员　3000人。

预备役部队　30万人。

准军事部队　农防民兵1.4万人。

兵役制度 名义上实行义务兵役制，实际上实行义务兵役与志愿兵役相结合的兵役制度。义务兵服役期为1年，志愿兵服役期为3～9年。各级军官最高服役年限，将官为65岁，校官58岁，尉官52岁。

军衔 分5等15级，即将官3级（上将、中将、少将），校官3级（上校、中校、少校），尉官4级（一级上尉、上尉、中尉、少尉），军士3级（上士、中士、下士），兵2级（上等兵、列兵）。

军队节日 陆军节2月19日，海军节6月1日，空军节9月16日。

（赵富春）

萨尔瓦多

国　　名 萨尔瓦多共和国。

主要统计 面积2.1393万平方千米。人口587.3万人（其中，13～17岁男36.7万人，女35.4万人；18～22岁男33.5万人，女32.8万人；23～32岁男46.4万人，女49.4万人）。国内生产总值926亿科朗，合86亿美元（1996年）。国防费9.1亿科朗，合8900万美元（1997年国防预算）。发电量33.24亿度（1994年）。粮食89.3万吨（1995年）。海运能力，商船（载重100吨以上）15艘，总载重量不详（1992年）。民航能力，固定航班机场1处，客运量17.38亿人千米、货运量2560万吨千米（1996年）。

国防体制 宪法规定，总统为武装力量统帅。国防部为政府中的一个部，是最高军事行政机关。最高军事指挥机构为联合参谋部。武装力量由正规军和准军事部队组成。正规军分陆、海、空三个军种。总统通过国防部和联合参谋部对全国武装力量实施领导和指挥。

领导人物 总统兼武装力量统帅阿曼多·卡尔德龙·索尔（1994年6月上任）。国防部长海梅·古斯曼·莫拉莱斯（1994年上任）。武装力量总参谋长毛里西奥·伊萨克·杜克上校。

武装力量 **兵力** 现役部队2.84万人。

陆军 2.57万人。编有6个步兵旅、1个边防警卫旅、8个步兵特遣队、1个炮兵旅、1个机械化骑兵团、3个工程兵营、2个独立营、1个特种作战大队。

装甲侦察车：AML－90型10辆。装甲输送车：M－37B1型40辆、M－113型14辆、UR－416型8辆。牵引炮：105毫米78门。迫击炮：81毫米300门、120毫米约60门。无坐力炮：90毫米400门、106毫米20余门。高炮：20毫米40门。地空导弹：SA－7型若干部。

海军 1100人（含陆战队150人）。

巡逻艇：5艘。登陆艇：2艘。

陆战队 150人，编有1个陆战连。

空军 1600人（含防空部队）。编有2个防暴机中队、2个运输机中队。作战飞机20架、攻击直升机25架。

防暴机：A－37B型10架、AC－47型2架。武装侦察机，O－2A型8架。攻击直升机：“休斯”MD500D/E型10架、UH－1M型15架。运输机：42架，其中24架为直升机。联络机：2架。教练机：18架。

准军事部队 国民警察约1.2万人。

兵役制度 实行义务兵役制，士兵服役期为1年。

军衔 军官分3等7级，即将官1级（少将），校官3级（上校、中校、少校），尉官3级（上尉、中尉、少尉）。

驻外兵力 参加联合国驻西撒哈拉军事观察员2人。

（白　冰）

危地马拉

国　　名 危地马拉共和国。

主要统计 面积10.8889万平方千米。人口1125.1万人（其中，13～17岁男67.4万人，女65.6万人；18～22岁男57万人，女55.7万人；23～32岁男84.7万人，女83.7万人）。国内生产总值116亿美元（1996年）。国防费0.93亿美元（1997年国防预算)。原油400万桶(1995年)。发电量31.61亿度(1994年)。粮食151.6万吨(1995年)。海运能力,商船(载重100吨以上)8艘,总载重量400吨(1992年)。民航能力,固定航班机场2处,客运量3.84亿人千米、货运量0.21亿吨千米(1996年)。

国防体制 宪法规定,总统为武装力量统帅。最高军事咨询机构为最高国防委员会,成员有国防部长、国防参谋长和陆、海、空军参谋长等。国防部为政府中的一个部,是最高军事行政机关,由军衔最高、资历最深的军官担任部长。武装力量由正规军和准军事部队组成。正规军分陆、海、空三个军种。准军事部队有国家警察、财政警察和地方民兵。最高军事指挥机构为国防参谋部。总统通过国防部和国防参谋部对全国武装力量实施领导和指挥。

领导人物 总统兼武装力量总司令阿尔瓦罗·阿尔苏·伊里戈延(1996年1月上任)。国防部长胡利奥·巴尔科尼·图西奥斯(1996年1月上任)。

武装力量 **兵力** 现役部队4.07万人。

陆军 3.85万人。编有39个步兵营、1个战术侦察营、6个装甲中队、1个特种兵大队、2个空降营、2个战略后备旅、1个总统卫队营、1个工程兵营、1个宪兵营。

坦克:M-41A3型10辆。装甲侦察车:M-8型8辆、RBY-1型5辆。装甲输送车:M-113型15辆、“突击队员”4辆、“犰狳”35辆。牵引炮:75毫米8门、105毫米76门。迫击炮:81毫米55门、107毫米12门、120毫米18门。无坐力炮:57毫米若干门、105毫米64门、106毫米20门。高炮:20毫米16门。

海军 1500人(含陆战队650人)。编有2个分舰队。

海上巡逻艇:15艘。江河巡逻艇:20艘。登陆艇:2艘。

空军 700人。编有1个防暴机中队、1个直升机中队、1个运输机中队、1个联络机中队。作战飞机14架、武装直升机7架。

防暴机:“色斯纳”A-37B型2架、PC-7型8架、IAI-201型4架。武装直升机:“贝尔”212型6架、“贝尔”412型1架。运输机:C-47型等共8架。联络机:“色斯纳”4架。直升机:“贝尔”等共17架。教练机:T-41型6架。

预备役部队 陆军3.5万人、海军若干人、空军200人。

准军事部队 国家警察部队9800人、财政警察2500人、地方民兵30万人。

兵役制度 实行义务兵役制,士兵服役期为2.5年。

军衔 军官分3等9级,即将官2级(中将、少将),校官3级(上校、中校、少校),尉官4级(上尉、中尉、少尉、准尉)。

(赵富春)

委 内 瑞 拉

国　　名 委内瑞拉共和国。

主要统计 面积91.67万平方千米。人口2282.5万人(其中,13～17岁男120.7万人,女116.3万人;18～22岁男111.3万人,女107.6万人;23～32岁男192.6万人,女187.4万人)。国内生产总值799亿美元(1996年)。国防费11亿美元(1998年国防预算)。原煤474.1万吨(1994年)。原油9.13亿桶(1995年)。天然气254.06亿立方米(1995年)。发电量731.16亿度(1994年)。粮食204.3万吨(1995年)。海运能力,商船(载重100吨以上)271艘,总载重量135.54万吨(1992年)。民航能力,固定航班机场24处,客运量67.08亿人千米、货运量1.49亿吨千米(1996年)。

国防体制 宪法规定,总统为武装力量统帅。最高国防决策机构为国家安全与防务委员会,成员有总统、国防部长、内政部长、外交部长、财政部长、武装力量总监、联合参谋长等,由总统任主席。国防部为最高军事行政机关,负责管理、训练、装备和军工生产等工作。武装力量由正规军和准军事部队组成。正规军分陆、海、空军和国民警卫队(亦称合作武装力量)四个军种。最高军事指挥机构为全国武装力量最高委员会,成员有国防部长、武装力量总监、联合参谋长及陆、海、空军和国民警卫队司令,由国防部长任主席。总统通过国防部和全国武装力量最高委员会对全国武装力量实施领导和指挥。

领导人物 总统兼武装力量统帅拉斐尔·卡尔德拉(1994年2月上任)。国防部长佩德罗·瓦伦西亚·比瓦斯(1997年3月上任)。武装力量总监马里奥·蒙铁尔·阿圭略空军中将。联合参谋长拉斐尔·维西·克拉维尔陆军中将。陆军司令佩德罗·查孔中将。海军司令奥斯卡·莫拉莱斯·马丁内斯中将。空军司令胡安·安东尼奥·帕雷德斯中将。国民警卫队总司令佩德罗·林孔·比洛利亚中将。

武装力量 **兵力** 现役部队7.9万人。

陆军 3.4万人。编有6个步兵师、1个装甲旅、1个骑兵旅、7个步兵旅、1个空降旅、1个别动旅、1个陆军航空兵团。

坦克：AMX－30型70辆、M－18型75辆、AMX－13型36辆、"蝎子"80辆。装甲侦察车：AML－60/－90型10辆、M－8型30辆。装甲输送车：AMX－VCI型25辆、V－100型100辆、V－150型30辆、"龙"式100辆、EE－11型35辆。牵引炮：105毫米80门、155毫米12门。自行炮：155毫米15门。火箭炮：160毫米20门。迫击炮：81毫米165门、120毫米65门。反坦克导弹：AT－4型和AS－11型若干具、"马帕兹"24具。无坐力炮：106毫米175门。飞机：9架。直升机：20架，其中5架A－109型为武装直升机。

海军 1.5万人（含陆战队、海军航空兵和海岸警卫队）。编有潜艇、护卫、巡逻、两栖、勤务5个分舰队。

潜艇：T－209型2艘。护卫舰："狼"级6艘。导弹攻击快艇：6艘。登陆舰艇：18艘，其中坦克登陆舰4艘。辅助舰船：5艘。

陆战队 5000人，编有4个步兵营、1个炮兵营、1个两栖车辆营，装备有装甲车46辆、105毫米牵引炮18门、40毫米高炮6门。

海军航空兵 1000人，编有2个中队，装备有飞机21架，其中作战飞机4架，武装直升机8架。

海岸警卫队 1000人，装备有轻型护卫舰3艘、炮艇6艘、小型巡逻艇28艘。

空军 0.7万人。编有6个战斗机兼攻击战斗机大队、1个武装直升机大队、1个教练机大队。作战飞机114架、武装直升机27架。

战斗机兼攻击战斗机：CF－5A/B型15架、NF－5A/B型7架、"幻影"IIIEV型2架、"幻影"50EV型5架、F－16A/B型21架、EMB－312型20架。武装侦察机：OV－10A型15架。攻击直升机：SA－316型10架、UH－1D型12架、UH－1H型5架。运输机：C－123型7架、C－130H型5架、G－222型8架、HS－748型2架、B－707型2架。运输直升机："贝尔"214型2架、"贝尔"412型4架、AS－332B型8架、UH－1N型2架、米－8/－17型18架。总统专机：波音737型等5架。联络机：32架。教练机：49架，其中12架EMB－312型和17架T－2D型具有作战能力。空空导弹：若干枚。地空导弹："罗兰"10部。

国民警卫队（合作武装力量） 2.3万人。装备有步兵战车20辆、装甲输送车24辆、60毫米迫击炮100门、81毫米迫击炮50门、飞机23架、直升机26架、巡逻艇82艘。

预备役部队 0.8万人，仅为陆军。

兵役制度 实行义务兵役制，士兵服役期为2年（海军2年半）。各级军官最高服役年限，上将无限、中将59岁、少将57岁、上校54岁、中校50岁、少校46岁、上尉42岁、中尉37岁、少尉32岁。

军衔 分5等20级，即将官3级（上将、中将、少将），校官3级（上校、中校、少校），尉官3级（上尉、中尉、少尉），军士7级（军士长、副军士长、一级上士、二级上士、三级上士、中士、下士），兵4级（一级上等兵、二级上等兵、上等兵、列兵）。

驻外兵力 1997年共有6人参加联合国维和行动。

军队节日 陆军节6月24日，海军节7月24日，空军节12月10日。

（赵富春）

乌 拉 圭

国　　名 乌拉圭东岸共和国。

主要统计 面积17.6215万平方千米。人口321.3万人（其中，13～17岁男13.5万人，女12.9万人；18～22岁男13.5万人，女13万人；23～32岁男23.7万人，女23.5万人）。国内生产总值1510亿比索，合121亿美元（1996年）。国防费28亿比索，合3.01亿美元（1997年国防预算估计）。发电量76.17亿度（1994年）。粮食149.2万吨（1995年）。海运能力，商船（载重100吨以上）93艘，总载重量17.25万吨（1992年）。民航能力，固定航班机场1处，客运量4.9亿人千米、货运量4600万吨千米（1996年）。

国防体制　宪法规定，总统为武装力量统帅。国防部为政府中的一个部，是最高军事行政机关。联合参谋部是国防部领导下的各军种协调机构，对部队无指挥权。武装力量由正规军和准军事部队组成。正规军分陆、海、空三个军种。各军种司令为本军种最高军事长官，负责本军种的作战指挥。各军种参谋部是军种司令的参谋机构。总统通过国防部、联合参谋部和各军种司令对全国武装力量实施领导和指挥。

领导人物　总统兼武装力量统帅胡利奥·玛丽亚·桑吉内蒂（1995年3月上任）。国防部长劳尔·伊图里亚·伊加萨瓦尔（1995年3月上任）。陆军司令丹尼尔·加西亚将军（1995年3月上任）。海军司令劳尔·里索将军（1995年3月上任）。空军司令米克尔·苏尼奥尔将军（1995年3月上任）。

武装力量　**兵力**　现役部队2.56万人。

陆军　1.76万人。编有5个步兵旅、3个骑兵旅、1个炮兵旅、1个工程兵旅、3个炮兵营、4个战斗工程兵营。

坦克：M－24型17辆、M－3A1型29辆、M－41A1型22辆。装甲侦察车：EE－3型16辆、EE－9型10辆。步兵战车：БМП－1型10辆。装甲输送车：M－113型15辆、“秃鹰”50辆、“斯科特”60辆。牵引炮：75毫米12门、105毫米48门、155毫米5门。火箭炮：122毫米2门。迫击炮：81毫米97门、107毫米8门、120毫米44门。反坦克导弹：“米兰”5具。无坐力炮：57毫米30门、106毫米30门。高炮：20毫米6门、40毫米8门。

海军　0.5万人（含陆战队、海军航空兵和海岸警卫队）。编有1个舰队。

护卫舰：“里维埃司令官”级3艘。巡逻艇：10艘。扫雷艇：4艘。机械化登陆艇：4艘。车辆人员登陆艇：2艘。支援和杂务舰船：5艘。

陆战队　400人，编有1个营。

海军航空兵　280人，装备有各型飞机12架（其中作战飞机1架）、直升机7架。

海岸警卫队　1600人。为准军事部队。

空军　0.3万人。编有2个防暴机中队、1个搜索与救援机中队、3个运输机中队。作战飞机33架。

防暴机：A－37B型10架、T－33A型6架、IA－58B型5架。搜索与救援机：共11架，其中5架为直升机。运输机：12架。联络机：10架。航测机：1架。教练机：22架（其中12架T－34A/B型具有作战能力）。

准军事部队　920人，其中城市卫队450人、共和国卫队470人。

兵役制度　实行志愿兵役为主、义务兵役为辅的兵役制度，士兵服役期1年。

军衔　分5等16级，即将官2级（中将、少将），校官3级（上校、中校、少校），尉官5级（上尉、一级中尉、二级中尉、少尉、准尉），军士4级（一级上士、二级上士、中士、下士），兵2级（上等兵、列兵）。

驻外兵力　1997年共有117人在安哥拉、埃及、格鲁吉亚、印度/巴基斯坦、伊/科、塔吉克斯坦、利比里亚、西撒哈拉等国和地区参加联合国维和行为。

（白　冰）

智　　利

国　　名　智利共和国。

主要统计　面积75.6626万平方千米（含岛屿）。人口1458万人（其中，13～17岁男66.9万人，女64.4万人；18～22岁男62.3万人，女60.3万人；23～32岁男122.8万人，女120.1万人）。国内生产总值575亿美元（1996年）。国防费21亿美元（1997年国防预算）。原煤122.2万吨（1994年）。原油400万桶（1995年）。天然气11.64亿立方米（1995年）。发电量252.5亿度（1994年）。粮食280.4万吨（1995年）。海运能力，商船（载重100吨以上）392艘，总载重量85.49万吨（1992年）。民航能力，固定航班机场18处，客运量56.34亿人千米、货运量14.3亿吨千米（1996年）。

国防体制　宪法规定，总统为武装力量统帅。最高国防决策机构为国家安全委员会，成员有总统、国防、外交、内政、经济、财政部长等内阁成员以及陆、海、空三军司令和警察司令等，由总统任主席。国防部为政府中的一个部，是最高军事行政机关。国防参谋部是国防部的执行机构，负责协调和制定三军的作战、训练、动员、情报和预算等工作。武装力量由正规军和准军事部队组成。正规军分陆、海、空三个军种。三军实行分权独立，无统一的军事指挥机构，各军种司令为本军种最高军事长官。总统通过国防部和各军种司令对全国武装力量实施领导和指挥。

领导人物　总统兼武装力量统帅爱德华·弗雷·鲁伊斯－塔格莱（1994年3月上任）。国防部长埃德蒙多·佩雷斯·约马上将（1994年3月上任）。陆军总司令奥古斯托·皮诺切特·乌加特上将（1973年8月上任）。海军总司令豪尔赫·马丁内斯·布什上将（1990年上任）。空军总司令费尔南多·罗哈斯上将（1995年上任）。

武装力量　**兵力**　现役部队9.43万人。

陆军　5.1万人。编有2个军部、7个师、2个旅，陆军直属部队有1个航空兵旅、1个工程兵团、1个空降团。

坦克：M－4A3型100辆、AMX－30型30辆、M－24型21辆、M－41型60辆。步兵战车："剪刀鱼"20辆。装甲侦察车：EE－9型50辆。装甲输送车：M－113型228辆、"剪刀鱼"180辆、"蝰蛇"30辆。牵引炮：105毫米102门、155毫米40门。自行炮：155毫米12门。迫击炮：81毫米300门、107毫米15门、120毫米125门。反坦克导弹："米兰"、"马姆巴"、"马帕兹"若干具。无坐力炮：57毫米、106毫米150门。高炮：20毫米60门。地空导弹："吹管"、"轻标枪"共50部。飞机：45架。直升机：54架。

海军　2.98万人（含陆战队、海军航空兵和海岸警卫队）。编有1个舰队、1个潜艇司令部、1个陆战队司令部、1个航空兵司令部以及4个海军军区。

潜艇："奥伯隆"级2艘、"汤姆森"级2艘。驱逐舰："诺福克"级4艘。护卫舰："利安德"级4艘。导弹攻击快艇：8艘。鱼雷攻击快艇：4艘。巡逻艇：20艘。登陆舰艇：7艘。辅助舰船：12艘。

陆战队　3200人。装备有轻型坦克30辆、装甲车60辆、牵引炮61门、海岸炮20门、迫击炮50门、无坐力炮30门、地空导弹若干。

海军航空兵　800人。装备有飞机52架，其中作战飞机12架，武装直升机12架。

海岸警卫队　1800人。装备巡逻艇22艘。

空军　1.35万人。编有5个航空旅、5个中队。作战飞机92架。

攻击战斗机："幻影"21架、F－5E型13架、F－5F型3架。防暴机：A－37B型24架、A－36型12架。战斗机："幻影"50型15架、"幻影"5－BR型4架。侦察机：3架。运输机：39架。直升机：15架。预警机：1架。教练机：106架。空地和空空导弹：若干枚。

预备役部队　5万人（陆军）。

准军事部队　警察3.12万人。

兵役制度　实行义务兵役制，士兵服役期陆军为1年，海、空军为2年。

军衔　分5等19级，即将官3级（上将、中将、少将），校官3级（上校、中校、少校），尉官4级（上尉、中尉、少尉、准尉），军士6级（一级军士、二级军士、上士、中士、一级下士、二级下士），兵3级（一等兵、二等兵、列兵）。

驻外兵力　1997年共有20人参加联合国维和行动。

军队节日　陆军节9月19日，海军节5月21日，空军节3月21日。　（赵富春）

澳　大　利　亚

国　　名　澳大利亚联邦。

主要统计　面积768.23万平方千米。人口1866.1万人（其中，13～17岁男67.5万人，女63.6万人；18～22岁男69.1万人，女65.8万人；23～32岁男151.9万人，女146.7万人）。国内生产总值3920亿美元（1996年）。国防费81亿美元（1998年国防预算）。原煤2.26亿吨（1994年）。原油1.85亿桶（1995年）。天然气295.54亿立方米（1995年）。发电量1671.51亿度（1994年）。粮食2656万吨（1995年）。海运能力，商船（载重100吨以上）695艘，总载重量385.73万吨（1992年）。民航能力，固定航班机场400处，客运量484.08亿人千米、货运量16.72亿吨千米（1996年）。

国防体制　总督为武装力量总司令。国防部为武装力量最高领率机构。国防委员会为总司令的参谋机构，由国防部长任主席。国防军司令为国防部长的首席军事顾问。武装力量由现役部队和预备役部队组成，分陆、海、空三个军种。

领导人物　总督兼武装力量总司令威廉·帕特里克·迪恩（1996年2月上任）。总理约翰·温斯顿·霍华德（1996年3月上任）。国防部长伊恩·麦克拉克伦（1996年3月上任）。国防军司令约翰·斯图尔特·贝克上将（1995年7月上任）。陆军参谋长约翰·

（下转218页）

其　他　国　家

国　　名	现役部队					主要武				
	总兵力（人）	陆军（人）	海军（人）	空军（人）	其他（人）	（坦克） 装甲车辆（辆）	火炮（门） 牵引炮	迫击炮	无坐力炮	高炮
阿富汗	目前内战仍在继续，原政府军已纷纷倒向各派游击武装，									
巴勒斯坦	准军事安全警察部队约 35000 人，装备有装甲输送车 45 辆、									
巴林	11000	8500	1000	1500		(106) 411	36	18	36	24
不丹	约 10000	10000	步枪、冲锋枪、机枪、迫击炮等若干。							
吉尔吉斯斯坦	12200	9800		2400		(210) 264	161	66		24
卡塔尔	11800	8500	1800	1500		(34) 248	12	39	自行炮 28	火箭炮 4
科威特	15300	11000	1800	2500		(341) 423	自行炮 59	50	火箭炮 27	72
塞浦路斯	10000	10000				(143) 611	123	386	184	80
文莱	5000	3900	700	400		(16) 52		24		
贝宁	4800	4500	150	150		(20) 33	16	若干		
博茨瓦纳	7500	7000		500		(36) 42	16	16	88	7
布基纳法索	10000	5600		200	宪兵 4200	96	14	若干	若干	30
布隆迪	22000	18500	(50) (属宪兵)	(100) 属陆军	宪兵 3500	54	若干	若干	15	150
赤道几内亚	1320	1100	120	100		16				
多哥	6950	6500	200	250		(11) 91	4	20	27	43
厄立特里亚	目前厄人民军总兵力为 4.6 万人，计划削减至 3.5 万人。									
佛得角	1100	1000		100		10	24	18		30
冈比亚	800	730	70							
刚果(布)	10000	8000	800	1200		(53) 75	若干	10 余	若干	若干
吉布提	9600	8000	200	200	宪兵 1200	31	6	45	16	15
几内亚	9700	8500	400	800		(50) 67	26	20 余	若干	24 余
几内亚比绍	9250	6800	350	100	宪兵 2000	(30) 65	26	8 余	若干	34
加纳	7000	5000	1000	1000		53		78	50	8 余
加蓬	4700	3200	500	1000		约 103	4	39	若干	41
喀麦隆	22100	11500	1300	300	宪兵 9000	68	34	若干	53	54
科摩罗	科国防军总兵力约 600 人。科与法签有防御协定，法在科设有海军基地，									

军　事　概　况

器装备						(预备役) 准军事部队 (人)	外国驻军 (人)	参加联合国维和人数	备注
导弹 反坦克(具)	导弹 地一空(部)	飞机(其中作战飞机)(架)	直升机(其中武装直升机)(架)	舰艇(艘)	其他				
其武器装备也均落入各派武装之手。									
飞机 1 架、直升机 4 架及一些轻武器。									
15	70	27(24)	31(24)	18	自行炮 13 门 火箭炮 9 门	9850	美、英军若干		
26	若干	120(53)	47(15)			5000			驻塔吉克斯坦约 300 人
100		19(11)	24(20)	8			美军 50		
118	24	80(76)	28(20)	10		(23700) 5000	联合国 1099 美军 1250		
117	72	3	9(4)	12	自行炮、 火箭炮各 12 门	(88000) 570	希腊部队 950 人， 英军 3800 人， 联合国 1180 人		地一地 导弹 3 部
	12	9	29(6)	14		(700) 4050	英军 900， 新加坡 500		
		10	3	5		2500		10	
6	27	48(38)	7			1000			
	若干	19(5)			火箭炮若干	民兵等 45250		不详	
	若干	6(6)	2	8	火箭炮若干				
		5	2	3		民兵卫队 2 个连	摩洛哥 360		
		24(15)	5	2		750		9	
装备有舰艇 21 艘、飞机 19 架、直升机 4 架。									
	50	1		2		海岸警卫队约 50 人			
				5	轻武器若干				
		25(12)	7	6	火箭炮、 反坦克炮若干	5000 余人， 其中 2000 名 宪兵为现役		4	
		7	4 余	8		3000	法军 3900	19	
	若干	15(8)	5	10	反坦克炮若干	2600		1703	
	若干	3(3)	3	10				8	
	若干	29(15)	8	4		约 800		1666	
4		28(16)	12(5)	5	火箭炮 8	4800	法军 600		
若干		31(15)	17(4)	32	火箭炮 20				
科海、空防务完全依靠法国。									

国名	现役部队					主要武				
	总兵力（人）	陆军（人）	海军（人）	空军（人）	其他（人）	（坦克）装甲车辆（辆）	火炮（门）			
							牵引炮	迫击炮	无坐力炮	高炮
科特迪瓦	13900	6800	900	700	总统卫队 1100 宪兵 4400	(5)/62	4	16	若干	21
肯尼亚	24200	20500	1200	2500		(76)/154	48	62	80	74
莱索托	2000	2000				约 18		若干	若干	
利比里亚	1997 年 1 月底利各武装派别接受解除武装。在利大选后的 6 个月内组建利国防军，									
卢旺达	62000	55000			宪兵 7000	20 余	若干	若干		若干
马达加斯加	21000	20000	500	500		(12)/103	20 余	约 10	若干	70
马拉维	5000	5000	（220）属陆军	（80）属陆军		40	9	8		
马里	7350	7350	（50）属陆军	（400）属陆军		(39)/70	20 余	30 余		12
毛里求斯	无正规作战部队，所有武装均属准军事部队。现有特别机动队 1300 人，装备装甲车 10 辆、									
毛里塔尼亚	15650	15000	500	150		(35)/135	75	100	若干	约 50
莫桑比克	5100-6100	4000/5000	100	1000		(约 80)/320	300 余	若干	若干	400
纳米比亚	5800	5700	100	属陆军建制		若干	反坦克炮若干	若干	若干	45
尼日尔	5300	5200		100		154	反坦克炮若干	40	14	39
塞拉利昂	两派共约 1.2 万－1.5 万人		约 200					7	若干	7
塞内加尔	13350	12000	700	650		99	18	16		33
塞舌尔	400	200	海岸警卫队 200	（20）属海岸警卫队		6		6		若干
圣多美和普林西比	约 1000 人	2 个营	1 个排							
斯威士兰	约 3000 人									
索马里	1991 年西亚德政府垮台后，索一直处于四分五裂状态。原政府军早已瓦解，									
赞比亚	21600	20000		1600		(30)/101	96	93	若干	161
中　非	4950	2500		150	宪兵 2300	(4)/49		10 余	14	
爱尔兰	12700	10500	1100	1100		(14)/101	60	467	540	26
爱沙尼亚	3510	3350	160	（250）属陆军		39		57	30	100
冰　岛	无正规部队，仅有 1 支海岸警卫队，120 人，装备巡逻艇 4 艘、飞机 1 架、直升机 1 架。									
拉脱维亚	4500	3400	980	120		15	24	28		若干
立陶宛	5250	4200	500	550		34		18	若干	
卢森堡	800	800				5		6		
马耳他	总兵力 1950 人，编成 3 个团。第 1 团：1 个步兵营；第 2 团（合成团）：1 个飞行中队、1 个海军陆战中队、									

器装备									
导弹 反坦克(具)	导弹 地一空(部)	飞机(其中作战飞机)(架)	直升机(其中武装直升机)(架)	舰艇(艘)	其他	(预备役)/准军事部队(人)	外国驻军(人)	参加联合国维和人数	备注
		17(5)	8	13		(12000) 1500 民兵	法军 500		
54		62(30)	47(34)	10		5000		82	
		4	5						
初步设想为 1 旅 3 营制，从原有武装人员中筛选组成。									
	若干		2						
		29(12)	6	3		7500			
	15	6	6	2		1000			
	12	32(16)	4	3	火箭炮 2	4800		62	
迫击炮 2 门；海岸警卫队约 500 人，装备舰艇 9 艘；空中警察装备飞机 2 架。									
若干	若干	13(7)		11		5000			
	10 余	50(43)	21(4)		火箭炮 30				
	若干	8	4	3	火箭炮 5			196	
		7				5400		200	
	若干		1	6			西非维和部队共 3700 人	250	反对派武装约 1.7 万人
4		20(8)	5	12		4000	法军 1500	47	
	10	3		4		250(其中 200 人为现役)			海岸警卫队为准军事部队
其武器装备分散于分派武器之手，完好率甚低。									
若干	若干	103(63)	21		火箭炮 50	1400		514	
		15	2	9			法军 1300 联合国 800		
21	7	24(13)	15(15)	7		(15640)		737	
5		3	7	15		(14000) 2800		66	
另驻有美军 2520 人，荷兰海军 30 人。									
		4	7	20 余		(16600) 3600		40	
		11	8	7		(11000) 4800		148	
6						560	北约 1 个预警机中队	22	
1 个高炮连；第 3 团(补给团)。装备飞机 5 架、直升机 10 架、舰艇 6 艘、高炮 90 门。另驻有意大利空军 16 人。									

国名	现役部队					主要武				
	总兵力(人)	陆军(人)	海军(人)	空军(人)	其他(人)	(坦克) 装甲车辆(辆)	火炮(门) 牵引炮	迫击炮	无坐力炮	高炮
马其顿	15400	15400	(400)属陆军	人数不详		(4) 10余	55	1200	2400	100
摩尔多瓦	11030	9300		1730		281	71	123	若干	42
斯洛文尼亚	9950	9950	(100)属陆军	(120)属陆军		(109) 78	18	120	自行炮8	39
安提瓜和巴布达	150	125	25							
巴巴多斯	610	500	110							
巴哈马	860		860							
巴拉圭	20200	14900	3600	1700		(5) 53	41	80	若干	60
巴拿马	无现役部队,仅有一支11800人的准军事部队。由3部分组成:①国民警察1.1万人,仅装备有轻武器;									
伯利兹	1050	1000	50属陆军					6	8	
多米尼加	24500	15000	4000	5500		(24) 28	22	24		4
哥斯达黎加	无现役部队,仅有7000人的准军事部队:①国民警卫队,3000人;②政府卫队2000人;									
格林纳达	无正规军,有警察约600人。									
圭亚那	约1600	1400	不到100	100		3	6	48		
海地	1994年军政府下台后,所有武装部队都已解散,目前正建立一支4000人的国家警察部队。									
洪都拉斯	18800	16000	1000	1800		(12) 54	28	400	80	
尼加拉瓜	17000	15000	800	1200		(137) 186	142	607	若干	36
苏里南	1800	1400	240	160		30		6	若干	
特立尼达和多巴哥	2100	1400	海岸警卫队700	(航空队50)属海岸警卫队				46	若干	
牙买加	3320	3000	海岸警卫队150	航空队170		13		12		
巴布亚新几内亚	4300	3800	400	100				若干		
斐济	3600	3300	300				4	12		
新西兰	9550	4400	2100	3050		(20) 78	43	50	63	

器装备									
导弹		飞机(其中作战飞机)(架)	直升机(其中武装直升机)(架)	舰艇(艘)	其他	(预备役) 准军事部队(人)	外国驻军(人)	参加联合国维和人数	备注
反坦克(具)	地一空(部)								
若干	200	14	4	9	火箭炮 75	(100000) 7500	联合国部队 1105 人		
	25	30 余(27)	8		火箭炮 15 反坦克炮 26	(66000) 3400		俄军 4900	
若干	9	10	10	2	火箭炮 60	(53000) 4500			
				2					
				5		(430)			
		2		22					
		(2)	17	19		(164500) 14800			

②海上服务队 400 人,装备舰艇 6 艘;③航空服务队 400 人,装备飞机 12 架、直升机 6 架。另驻有美军 6230 人。

		3(2)		15					
		30(10)	11	23		15000			

③边防安全警察 2000 人,其中海上小队 400 人,装备巡逻艇 7 艘,空中小队装备飞机 15 架、直升机 4 架。

		2	2	2		(1500)			

1296 名联合国海地特遣部队和 227 名民事警察仍留驻海地。

		85(48)	20	15		(60000) 5500	美军 53	12	
若干	200 余	15	16(16)	18	火箭炮 51 反坦克炮 461				
		6(5)	3	5					
		3		7		4800			
		4	11	5		(950)			
		5	4	6			澳大利亚 100 人		
				10		(6000)		893	
		75(42)	22(4)	14				52	另驻澳大利亚 47 人,新加坡 11 人。

(上接 211 页)
默里·桑德森中将（1995 年 7 月上任）。海军参谋长罗德·格雷厄姆·泰勒中将（1994 年上任）。空军参谋长莱斯利·布鲁斯·费希尔中将（1994 年上任）。

武装力量 **兵力** 现役部队 5.74 万人。

陆军 2.54 万人。编有 1 个野战部队司令部、1 个北方司令部、1 个步兵师、1 个装甲团、1 个侦察团、1 个装甲输送车中队、5 个步兵营、2 个炮兵团、1 个防空团、2 个工程兵团、1 个特战团和 2 个航空团。

主战坦克：“豹” IA3 型 71 辆。步兵战车：M-113 型 46 辆。装甲输送车：M-113 型 463 辆、ASLAV-25 型 111 辆。牵引炮：105 毫米 350 门、155 毫米 35 门。迫击炮：81 毫米 296 门。无坐力炮：84 毫米 577 门、106 毫米 74 门。地空导弹：“轻剑” 19 部、RBS-70 型 17 部。飞机：“空中大王” 200 型 3 架，DHC-6 型 1 架。直升机：共 128 架，其中 UH-1H 型 25 架为武装直升机。两栖舰艇：68 艘。

海军 1.43 万人（含航空兵）。编有 1 个近海司令部、1 个支援司令部、1 个训练司令部、6 个海区司令部和 4 个海军基地。

潜艇：“奥克斯利”级 2 艘、“科林斯”级 1 艘。导弹驱逐舰：“佩思”级 3 艘。导弹护卫舰：“阿德莱德”级 6 艘。护卫艇：“安扎克”级 1 艘。巡逻艇：15 艘。扫雷艇：7 艘。两栖舰艇：6 艘。支援及杂务舰船：9 艘。

航空兵 990 人，编有 1 个反潜直升机中队、2 个运输/救援中队，装备有武装直升机 16 架、运输/救援机 18 架。

空军 1.77 万人。编有 2 个攻击战斗机兼侦察机中队、3 个战斗机兼攻击机中队、1 个战术训练机中队、2 个海上侦察机中队、7 个运输机中队。作战飞机 126 架。

攻击战斗机兼侦察机：F-111C 型 17 架、F-111G 型 15 架、RF-111C 型 4 架。战斗机兼攻击战斗机：F/A-18 型 71 架（其中 19 架用于训练改装和研究发展）。海上侦察机：P-3C 型 19 架。空中加油机：波音 707 型 4 架。运输机：C-130 型 24 架、波音 707 型 5 架、DHC-4 型 14 架、“猎鹰” 900 型 5 架、HS-748 型 10 架。前进指挥引导机：PC-9 型 3 架。教练机：92 架。空地和空空导弹：若干枚。

预备役部队 3.365 万人，其中陆军 2.51 万人、海军 4700 人、空军 3850 人。

准军事部队 海关总局装备有海上侦察机 13 架、直升机 1 架、小船 6 艘。

兵役制度 实行志愿兵役制。

驻外兵力 驻马来西亚（“5 国联防”组织）约 115 人，包括 1 个步兵连及 1 个空军分遣队。驻巴布亚新几内亚 38 人。此外，1997 年共有 78 名军事观察员和民事警察在塞浦路斯、埃及和中东等国执行联合国维和任务。

外国驻军 美国海军 35 人。新西兰空军 47 人及攻击战斗机 6 架。新加坡驻军 160 人（建有 1 所飞行训练学校，配有 S-211 型飞机 27 架）。

（孟 丽）

（本栏责任编辑 杜燕琼）

军事理论研究

军事思想与军事论著研究

中国关于毛泽东军事思想研究　探讨了毛泽东军事真理观　有作者撰文指出，毛泽东把马克思主义的认识论运用到战争的实践中，对如何认识战争的规律和能动地指导战争等问题作了全面的阐述，既反对不可知论，又反对机械论，从而形成了独具特色的军事真理观：(1) 军事真理的客观基础观。针对那种认为战争无规律可循，只能由偶然性和主观意志去支配其命运的观点，毛泽东指出：战争虽有特殊性，但仍是世间的一种必然运动。他肯定战争规律的客观性和可知性，认为：首先，战争的产生与发展有其内在的客观规律；其次，战争规律是可知的。(2) 军事真理发展的根本规律观。毛泽东将实践第一的观点运用于战争认识的指导中，首次系统阐明了军事领域认识运动的辩证过程。首先，一切正确反映战争规律的军事理论和军事原则都来源于战争实践；其次，军事理论、战略战术思想等，只有通过战争实践，其真理性才能得到检验，并获得丰富、完善和发展；同时，军事真理的形成必须经过多次反复，经历实践、认识、再实践、再认识，……以至无穷的过程。(3) 军事真理的基本属性观。其主要表现在以下两方面：其一，军事真理的客观性、全面性。毛泽东在《中国革命战争的战略问题》中指出，军事规律，是客观实际在我们头脑中的反映。与此一致，军事真理也是人脑对战争规律的如实反映，具有客观性、全面性。所以，只有采取客观和全面的观点去考察战争，才能使战争问题得出正确的结论。其二，军事真理的过程性。毛泽东强调，由于不同的战争时期和战争阶段有其不同的特点，因此战争指导者必须依照不同的特点来组织和实施战争，要因时而变；同时毛泽东对于照搬照抄别国经验、军事条令和过去的经验这一削足适履的做法进行了批判。指出，“一成不变的东西是没有的”。(朱文华《论毛泽东军事真理观》，《毛泽东军事思想研究》1997 年第 4 期)

揭示了毛泽东指导战争的思维逻辑　有作者撰文指出，毛泽东指导战争的思维活动表现出 3 方面的统一。(1) 循常思维与超常思维相统一。所谓循常思维，指遵循思维常规和保持思维常态的思维方式。而超常思维，则是指反思维常规和脱离思维常态的思维方式。毛泽东指导战争，既有循常思维，又有超常思维，达到了二者的有机结合。体现了目的的坚定性和手段的灵活性的统一。如在解放战争中的对待夺取和保守城市问题时，毛泽东的思维活动就表现出既循常又超常。按思维常规，“革命的最后目的，是夺取作为敌人主要根据地的城市”，但在当时敌强我弱的情况下，作出不计较一城一地的得失，“以歼灭敌人有生力量为主要目标，”的战略方针，却是通过超常思维提出的正确结论。而到了战争后期，在不夺取敌重兵盘踞的大中城市，就不能最终取得战争胜利时，把夺取城市列入战争日程，就成了循常思维的产物。(2) 趋同思维与求异思维相统一。一般来说，凡以前人或他人的认识成果为认识起点的，属趋同思维，凡不被前人或他人的认识成果所束缚而独立创新的，属求异思维。毛泽东同志在指导战争时，既有趋同思维又有求异思维，二者和谐统一。其中他对中国革命道路问题的认识和解决，最能反映其趋同思维与求异思维的统一性。他强调的武装夺取政权，走俄国人的路，是趋同思维的产物；同时强调的以农村包围城市，走相反的路，是求异思维的产物。二者的完美统一，就是中国革命唯一正确的道路。(3) 精确思维与模糊思维相统一。毛泽东在研究和指导战争时，对精确思维和模糊思维这两种方法同时并用，相得益彰。如他在提出“十大军事原则”时指出，选择作战目标，应先打分散和孤立之敌，后打集中和强大之敌；形成对敌优势，应两倍、三倍、四倍，甚至是五倍或六倍于敌之兵力。前者是模糊思维，后者是精确思维，二者相互统一。(唐满正、郝亚军《浅谈毛泽东指导战争的思维逻辑》，《毛泽东军事思想研究》1997 年第 2 期)

浅议毛泽东战争政治观对现代局部战争的指导　有作者撰文指出，在中国革命战争史中，毛泽东战争政治观即毛泽东关于战争与政治关系的论述，对指导中国革命战争取得胜利，发挥了十分重要的作用。在现代高技术条件下，它对指导我们打赢现代条件特别是高技术条件下的局部战争，仍将起到重要的作用。(1) 努力在战争来临之前作好战争准备。努力作好战争准备是毛泽东战争政治观对现代高技术局部战争的客观要求。一方面，它可以为政治进一步健康发展创造条件；另一方面，也保证了一旦发生局部战争，可将国防潜力和国防实力迅速转化成战斗力。(2) 善于掌握战争的主动权。战争是政治的继续，当政治发展成为战争的必然时要善于掌握战争的主动权。一是根据政治发展的趋势，预见局部战争爆发的可能性。二是当政治发展为战争的必然时，要大胆实施早期打击，即在敌方集结作战力量于作战地区的战争准备过程中，实施主动打击。对于处于劣势的正义者来说，它既可以免遭坐守待毙的被动局面，又可以增大敌方伤亡，激起其国内的反战情绪，还可以使敌军内部发生矛盾，从而取得战争主动权。(3) 要迅速结束战争。结束战争是政治发展的必然要求。正如毛泽东指出的那样，障碍既除，政治目的达到，战争结束。如果达到战争目的，不及时停止战争，也不可能获得超过战争政治目的的利益。处理不好还会适得其反。(张占贵、辛锡禄《浅谈毛泽东战争政治观对现代局部战争的指导》，《毛泽东军事思想》1997 年第 4 期)

简论毛泽东正确把握决策时机的思想 有作者撰文从 3 方面对毛泽东正确把握决策时机的思想进行探讨：(1) 密切注视战争形势的发展变化，力求做到知己知彼，为正确决策奠定基础。在中国革命战争中，毛泽东十分重视对敌我双方情况的对比分析，从而进行正确的决策。首先，认真分析研究已经掌握的情况，以便对整体作战态势有准确的把握，为决策奠定坚实的基础；其次，对于前线战局的某些具体情况把握不准的，主动请前线指挥员作介绍，以求深入了解；把握全局。再次，如果有两种或多种作战方案可供选择，则不急于作出决断，而是征求了前方指挥员的意见之后再行确定，以使军委的指挥更符合前线的实际；此外，在认识上与前线指挥员发生分歧时，先提出自己的意见，同时给他们留有一定的余地，以便在战争进程中选择最佳方案。上述做法，使决策更带有科学性，更切合战争实际，因而也就更好地把握了决策时机。(2) 作为最高统帅部的主要决策者，勇于经受战争风险的考验和承担责任。在人民解放军由战略防御转为战略进攻的过程中，军委将陈赓兵团转用于中原战场的决策，是基于对影响西北战场各种因素的认真调查和对敌我态势的准确把握，同时表现出以毛泽东为核心的党中央和中央军委勇于承担重负的伟大胆略和气魄，它对刘邓大军在大别山立足起了有力的配合作用。(3) 在一项重大决策出台前后，采取多种配套措施，以保证其顺利实施。毛泽东对重大决策的配套措施总是给予高度重视。为实现全歼傅作义主力，夺取平、津地区的战略决策，曾采取多种措施。首先，抓紧进行从战略上包围傅作义集团的部署，使敌不能有逃跑的机会。其次，敦促东北野战军尽早入关，封住国民党军由海上逃窜的大门。第三，把其他战场与平津战场的作战联系起来进行通盘考虑，以达到稳住傅作义的目的。如下令人民解放军停止攻击太原，转入长久围困；12 月 11 日，留下杜聿明集团之余部，两星期内不作最后歼灭之部署，以达到不使蒋介石迅速海运平津诸敌南下的目的。第四，广泛发动群众，使敌陷入人民战争的汪洋大海之中，最终被迫放下武器，弃暗投明。(崔凤鸣、李新市《略论毛泽东正确把握决策时机的思想》，《毛泽东军事思想研究》1997 年第 2 期)

毛泽东歼灭战思想有 4 条基本指导原则 有作者撰文指出，在中国革命长期斗争中，毛泽东提出的一系列以弱胜强、以劣胜优的歼灭战指导原则，指导我军战胜了数量优势、装备精良的敌人，赢得了革命战争的胜利。研究毛泽东歼灭战思想的基本指导原则，对于探讨打赢高技术条件下的局部战争，具有重大的现实指导价值：(1) 在作战指导思想上，始终坚持以歼灭敌有生力量为主要目标，不以保守和夺地为主要目标。从井冈山斗争时期起，毛泽东就运用辩证唯物主义的观点，客观地分析了歼灭敌人与保守或夺取城市和地方这一矛盾，认为两项目的不可能同时达到。在敌强我弱的形势下，必须坚持以歼敌有生力量为主要目标，而不能以保守和夺地为主要目标。而歼敌有生力量的结果，又为我军重新夺取城市及地方奠定了物质基础。(2) 在作战形式上，坚持以运动战为主，注重运动战、阵地战、游击战 3 种作战形式的结合运用。毛泽东历来强调以运动战为我军的主要作战形式，但并不排斥阵地战和游击战，他认为，运动战是执行歼灭任务的，阵地战是执行消耗任务的，游击战是执行歼灭任务同时又是执行消耗任务的，三者互有区别，相辅相成。为此，毛泽东紧紧抓住战争形势是不断发展的这一客观规律，巧妙地将 3 种作战形式融为一体，灵活运用于实战之中。(3) 在作战对象的选择上，坚持先打弱小之敌，后打强大之敌。毛泽东提出的这一作战原则，为选择和确定作战目标指明了一条速决取胜的方向。拣弱敌打，是因为易于对其形成优势，便于速决全歼。歼灭了弱敌，强敌必然被孤立、削弱，这就为下一步歼灭强敌创造了有利条件。(4) 在作战方法上，坚持每战集中优势兵力，采取包围迂回战术，各个歼灭敌人。毛泽东在歼灭作战方法的指导上着重把握了以下3个环节：一是坚持以集中优势兵力作为歼敌取胜的基础。毛泽东认为，以多胜少，有利于全歼，有利于迅速改变敌我进退、攻守、内外线的形势，不论是游击战还是正规战，战役战斗都必须集中兵力。二是坚持以四面包围敌人作为歼敌取胜的基本条件，并根据不同情况分别采取先围后攻、边围边攻、先突破后分割等不同样式。三是坚持以各个歼灭敌人作为歼敌取胜的基本作战方法。（黄祝珊《浅谈毛泽东歼灭战思想的基本指导原则》，《毛泽东军事思想研究》1997年第4期）

深化对毛泽东“创造战场”战略思想的理性认识　有作者撰文指出，“创造战场”是毛泽东在土地革命战争时期就提出的一个军事学术新概念，并将其作为一个重要的战略思想贯穿于指导中国革命战争的全过程。（1）土地革命战争时期，毛泽东“创造战场”战略思想的基本着眼点是，从人民战争的需要出发，以偏僻山区为依托，把创造战场寓于开辟农村革命根据地之中，藉以形成工农武装割据的局面，使弱小的红军既能求得生存与发展，又能连续粉碎敌之“围剿”。抗日战争时期，毛泽东把创造游击战战场与开辟敌后根据地视为相辅相成的同一体，使广大敌后地区成为抗日战争的最前线。解放战争时期，毛泽东指挥人民解放军凭借“动中造势”，调动国民党军于分散、孤立、突出之中，变其优势为劣势，从而构成一个个歼敌战场。（2）毛泽东“创造战场”的思想内容主要包括：占据有利地位，把战场选择在能剥夺敌方主动权、引起作战形势发生质变的方向和地区；把创造战场寓于开辟农村革命根据地之中，为实行人民战争打下坚实基础；潜心布阵造势，使敌分散、孤立、突出，置于被动不利地位；改造利用地形，隐真示假、因地制宜；注重整体配合，在战役乃至战略全局上要形成有机联系和相互策应的战场体系等。（3）对于实行人民战争的革命军民来说，创造战场具有重要的意义：其一，创造战场是敌强我弱的条件下变被动为主动的重要途径。其二，创造战场的基本着眼点，是依靠广大人民群众、依托农村广阔空间，开拓和创造人民战争所需要的战场。其三，在中国辽阔的疆土和复杂的地形上，可造成与敌打持久战的基础，并利用有利的时空因素来减煞敌技术装备的优势。其四，从战役乃至战略全局来说，革命军民创造的战场是一有机联系的战场体系，既有相互配合和策应，又包括机动歼敌、伏击、阻击、强袭、游击等多种类型的战场。其五，创造战场，是毛泽东以弱胜强战争指导艺术中的重要组成部分。（郭之珂《论毛泽东“创造战场”的战略思想》，《军事历史》1997年第4期）

探析毛泽东变劣势为优势的军事指挥艺术　有作者撰文指出，在毛泽东的军事指挥艺术中，变劣势为优势的军事指挥艺术是其内容最丰富、思想最深刻、应用最广泛的一部分：（1）*毛泽东变劣势为优势的策略——建立统一战线*。从秋收起义上井冈开始到辽沈战役结束，人民军队始终处于敌强我弱的态势，要在敌人四面包围之中生存和发展，并战胜强敌，没有变劣势为优势的策略是不可能的。在国内革命战争时期，毛泽东提出团结真正的朋友、以攻击真正的敌人；抗日战争时期，毛泽东提出建立广泛的民族革命统一战线，以壮大自己、孤立敌人。建立统一战线是我军从小到大、从弱到强的重要保证，是毛泽东变劣势为优势的军事指挥艺术思想在策略指导上的具体体现。（2）*毛泽东变劣势为优势的方法——集中兵力*。以优胜劣是一条战争规律。毛泽东用辩证的思想方法考察弱与强、劣与优的相互关系，既看到它们对立的一面，也看到它们在一定条件下相互转化的一面。指出，通过正确的指挥，谋局布势，可以造成局部上的优势。他灵活地运用优胜劣败的战争规律，在关键的时间、地点，集中绝对优势的兵力，形成局部上的优势，从而有把握地战胜敌人。他还提出先打弱敌的原则，从而使在全局上处于劣势的我军，可以战胜处于优势地位的敌人。（3）*毛泽东变劣势为优势的条件——建立根据地*。毛泽东把建立根据地放在我军发展壮大的战略高度来对待。他认为，根据地是为执行我军的战略任务，达到保存自己和发展自己，消灭敌人和驱逐敌人之目的的战略基地。利用山地以至平原建立根据地，能有效地隐蔽自己、限制敌人武器装备优势的发挥，能机动灵活地打击和消灭敌人。今天，研究总结毛泽东的这一军事指挥艺术，对我们以劣势装备战胜优势装备敌人，仍然具有重要指导作用。（邹明刚《浅谈毛泽东变劣势为优势的军事指挥艺术》，《毛泽东军事思想研究》1997年第4期）

毛泽东军事伪装思想研究　有作者撰文指出，毛泽东在长期的革命战争实践中，创造的军事伪装思想，是毛泽东军事思想的一个重要组成部分。研究这一思想，对打赢高技术条件下局部战争有着十分重要的意义。（1）*巧于示形，有计划地调动敌人*。示形是通过有计划有目的地制造种种假象，造成敌人的错觉，使其就我所范。毛泽东示形调敌艺术有以下3个特点：一是摸准敌人心理因势利导。二是灵活示形，不拘一格，虚实并用，使敌难以判断出我真实意图。三是勇于创造调敌新法，如“诱敌深入”、“蘑菇战术”等。（2）*奇正相变，出其不意地打击敌人*。毛泽东是善用奇正的谋略大师，他指挥作战，总是“你打你的，我打我的”，从来没有固定的章法，善于出其不意地向敌人发动进攻，因而总能隐蔽自己的企图，最终战胜敌人。(3) 协调全局，隐蔽战略企图。毛泽东指出：战争胜败的首要问题，是对于全局和各阶段关照得好不好。我军之所以以劣胜优，一个重要的原因就是全局一盘棋，各局部协调一致的行动，甚至不惜牺牲局部的利益保证全局的利益，从而使敌人往往被我们的行动所迷惑，摸不清我军的战略企图。(4) 利用媒介，欺骗迷惑敌人。当敌方对我情况把握不准，心存疑虑时，渴求信息，极易动摇。这时，利用新闻媒介误导敌人，可使其产生思维错觉，导致行动失误。毛泽东在长期的革命战争中，曾几次利用媒介，迷惑欺骗敌人，伪装自己，导演出战争史上精彩的活剧。(5) 军事伪装服从于威慑战略。毛泽东认为，当我国不想卷入大规模的军事冲突，想政治和谈解决问题时，威慑战略就提到非常重要的地位，军事伪装就降到服从于威慑战略需要的地位。而当威慑战略没能达到慑止侵略的预期目的，我军必须参战时，军事伪装又提到重要的地位。(张伟《浅谈毛泽东军事伪装思想》，《毛泽东军事思想研究》1997 年第 4 期)

论毛泽东军事思想对中国历史文化的汲取和融合

有作者撰文指出，毛泽东军事思想是以毛泽东为代表的中国共产党人把马列主义基本原理同中国革命和战争具体实践相结合的产物，同时也是批判地汲取和辩证地融合中国历史文化传统成果的产物。

毛泽东继承和发展了中国古代兵学中朴素的唯物辩证法思想，第 1 次提出了战争规律和战争指导规律这一马克思主义观点。毛泽东认为，战争是一种不以人们意志为转移而客观存在的必然运动，战争本身的规律是可以认识的，并且可以被用来指导战争行动。他说："中国古代大军事学家孙武子书上'知彼知已，百战不殆'这句话，是包括学习和使用两个阶段而说的"。所谓学习阶段，即研究和认识敌我双方的客观实际情况。使用阶段，即按照战争的客观实际去制订作战计划，采取行动，从而克敌制胜。毛泽东认为，战争规律因不同历史阶段、不同性质、不同地域和不同民族而各异，但发挥人在战争中的自觉能动性（或曰主观努力），是认识和掌握战争规律与战争指导规律的关键，从而在吸收中国古代兵学中朴素唯物主义认识论的同时，又辩证地将马克思主义能动的革命的反映论融进自己军事思想体系中，创立了通过发挥人在战争中的自觉能动性去认识和掌握战争规律和战争指导规律这一新学说。

毛泽东汲取中国古代哲学和兵学中矛盾转化的两点论思想，创立了中国共产党人以弱胜强的积极防御军事战略。朴素的两点论思想常见于中国古代哲学和兵学中，运用十分广泛。毛泽东将这一思想融进其军事思想体系中。针对中国革命战争中敌我力量对比长期处于敌强我弱、敌众我寡的客观实际，毛泽东运用《孙子兵法》中"我专而敌分"的原则，强调在作战中造成"我专为一，敌分为十"的兵力优势，从而达到"以众击寡"的目的，最后改变敌强我弱的态势。他坚持集中优势兵力各个歼敌的思想，认为《孙子兵法》中避强击弱，以及运用"示形"，人为地造成敌人的过失等战法，是改变敌我力量对比的重要措施。毛泽东还引用《老子》中关于"取"与"舍"的两点论思想，进一步阐发积极防御的军事战略思想。他说："积极防御，又叫攻势防御，又叫决战防御。消极防御，又叫专守防御，又叫单纯防御。消极防御实际上是假防御，只有积极防御才是真防御，才是为了反攻和进攻的防御。""关于丧失土地的问题，常有这样的情形，就是只有丧失才能不丧失，这是'将欲取之必先与之'的原则。如果我们丧失的是土地，而取得的是战胜敌人，加恢复土地，再加扩大土地，这是赚钱的生意。"他指出，中国古代战争史上有名的新汉昆阳之战、袁曹官渡之战，吴魏赤壁之战、秦晋淝水之战等，"都是双方强弱不同，弱者先让一步，后发制人，因而战胜的"。

毛泽东批判地汲取中国古代儒家"义战"、"仁政"的民本主义思想，提出了中国共产党人的战争美学观。毛泽东借用孟子"春秋无义战"之语，用马克思主义观点对义与不义的界定和理解作了全新的解释。他把是推动历史进步还是阻碍历史前进，作为区分战争性质的标准，指出："历史上的战争分为两类，一类是正义的，一类是非正义的，一切进步的战争都是正义的，一切阻碍进步的战争都是非正义的。"并进而提出，共产党人反对一切阻碍进步的非正义的战争，积极参加正义战争。毛泽东认为，正义战争是"最大的仁政"，因为它符合最广大人民群众的长远利益。并引用《孟子·公孙丑》中"得道多助，失道寡助"这句成语，来阐述正义战争必胜的道理。运用中国古典诗词这一传统艺术形式，讴歌正义战争，是毛泽东继承和开拓中国历史文化的一大特色。毛泽东关于革命战争及与此相关的重大战役事件及人物的诗词不但在其诗词中所占比重大，涉及整个新民主主义时期，堪称中国革命战争史上特殊形式的历史文献，而且充满革命英雄主义和革命乐观主义精神，充分反映了毛泽东的战争美学观。(刘庭华《试析毛泽东军事思想与中国历史文化》，《中国军事科学》1997 年第 4 期)

（王世华）

中国关于邓小平军事理论研究

关于邓小

平军事思维的基本特征　有作者撰文将邓小平军事思维的基本特征概括为（1）*辩证思维的系统性*。首先，矛盾思维方法是邓小平辩证军事思维的显著特征。面对新时期国防建设中存在的各种矛盾，邓小平从不回避，敢于运用矛盾思维对一系列重大问题展开剖析论证，并创造性地提出解决问题的办法。其次，辩证系统的思维方法是邓小平辩证军事思维的又一特征。这种思维方法包括：整体性、层次性和有序性等思维原则。如根据其整体性原则，强调军队要服从国家经济建设大局；根据其有序性原则，强调在工作指导上必须分清轻重缓急，按次序来抓。再次，把“两点论”与“重点论”统一起来。既强调经济建设是大局、是重点，又强调高度重视国防现代化建设。（2）*彻底的唯实性*。邓小平军事思维的唯物论特色在于，它坚持一切从实际出发，以实践的物质成果和效果作为思维的目的和归宿，从而把解决军队当前和今后一系列重大问题的现实需要和可能有机地统一起来，因而是行之有效的。（3）*高瞻远瞩的预见性*。邓小平依据马克思主义基本原理，对现代国际政治经济形势和战略格局进行了深入的考查和分析，提出“世界大战可以避免”的正确论断，使中国的国防和军队得以从长期临战状态中解脱出来。（4）*勇于探索的创造性*。邓小平创造性的军事思维，突出表现为他强调解放思想、独立思考，不固守一成不变的框框，善于创新。如他提出的“一国两制”的新构想，充分体现了善于在对立事物中把握同一性的思维艺术，创造性地突破了过去一个国家占统治地位的政治法律思想及其意识形态在国家结构中的绝对排他性，使国家这个政治实体具备了一定程度的兼容性，创造了用外交对话方式解决领土归属问题的光辉范例。（宋乃平《邓小平军事思维的基本特征》，《毛泽东军事思想研究》1997 年第 4 期）

关于邓小平新时期军事战略思想特征　有作者撰文论述了邓小平新时期军事战略思想的特征：（1）*以新的时代主题为据，确立以遏制战争与赢得战争相统一的军事战略思想*。邓小平依据 80 年代世界大势的变化，精辟地把时代主题概括为“和平与发展”。进而提出，要使军事战略的着眼点，由大战“迫在眉睫”，准备赢得战争，转为抓住“和平与发展”的历史契机，致力赢得和平，避免战争。同时，通过一心一意搞建设，以增强中国的综合国力，从而将遏制战争和赢得战争有机地结合起来。（2）*强调以提高综合国力为基础，增强中国国防能力和军队战略行动能力的总体威慑力、制胜力*。首先，邓小平把提高中国的综合国力看成是加强中国防御能力和军队战略行动能力的基础。他提出：只有综合国力增强了，国家发展了，中国才能在国际事务中发挥较大的作用。“中国的发展，是制约战争力量的发展，是和平力量的发展。”唯有国家发展了，也真正才有威慑力。由于现代高技术战争中的对抗，既要求军事实力以其精悍有力成为综合国力的重要组成部分，又要求战争潜力适时转化为军事实力。邓小平同时又要求军队抓住有利时机，搞好自身现代化建设，要求军队建设与国家经济建设协调发展，在综合国力的增强中达到统一。其次，邓小平把人民战争视为军事力量的源泉，认为现代战争、高技术战争归根到底还是物质和精神的综合较量，因此还是要坚持人民战争。他强调要加强全民国防教育、走精干的常备军和强大的后备力量相结合之路、探索现代条件下人民战争的战略战术。在世界范围内，他把扼制霸权主义、强权政治的斗争，同第三世界人民切盼经济发展的实际需要联系起来，创造世界人民最终足以制约战争、维护和平的有力条件。此外，他认为，现代科学技术在军事领域的转化，就是威慑力、战斗力，对于确立一个国家在世界格局中的地位，有着不可估量的作用。邓小平强调，中国必须发展自己的高科技，要搞自己的尖端武器，要有“吓人的力量”。目的“只是体现你有，我也有，你要毁灭我们，你自己也要受到点报复。”使之成为遏制战争、维护世界和平的“杀手锏”。（3）*以当代中国和世界为战略背景，以中国和整个人类和平与发展为主体的军事战略观*。邓小平军事战略思想，是在对当代世界主题最高层次的战略制定之上，是在对当代时代特征认识的重大突破和发展基础之上形成的积极防御的军事战略思想。它着眼于中国的稳定和发展，着眼于全人类的和平与发展，寓国家安全于发展之中。它是国家发展战略的需要，是使中国走上重新崛起之路的需要，是中国在国际格局中占据应有位置，在国际事务中充分发挥作用的需要。一个稳定、发展的中国所创造的是世界和平之力、发展之力。它犹如一把双刃剑，一旦爆发战争，即可转化为打赢战争的实力。以“力”慑敌，以“力”制战，战威相济，力智并举，这是邓小平新时期军事战略思想的真谛。（黄裕冲《论邓小平新时期军事战略思想特征》，《毛泽东军事思想研究》1997 年第 4 期）

（任　平）

关于邓小平新时期军队建设思想的基本内容　有作者分 11 个方面阐述了这一思想的基本内容：一是军队和国防建设指导思想实行战略性转变；二是军队要服从国家建设大局；三是军队要担当起维护国家主权和安全的历史责任；四是实行积极防御的军事战略方针；五是建设一支强大的现代化正规化的革命军队；六是始终不渝地坚持人民军队的性质；七是以解

决现代化问题为中心；八是提高军队建设的正规化水平；九是要把教育训练提高到战略地位；十是坚定不移地走有中国特色的精兵之路；十一是军队和国防建设是全党和全国人民的事业。邓小平新时期军队建设思想是建设有中国特色社会主义理论所坚持的科学世界观、方法论在军事领域的贯彻和运用。其主要内容是关于相对和平时期人民军队建设的理论，同时包括现代战争、国防建设和军事战略思想。贯穿其中的一个基本结论，就是走有中国特色的精兵之路，建设一支强大的现代化正规化的革命军队。(《邓小平新时期军队建设思想学习纲要》，解放军出版社 1997 年 5 月版)

关于邓小平国防建设思想 一种观点认为，邓小平根据国际战略形势以及党和国家工作重点实行战略转移的情况，为指导新时期中国国防建设提出一系列新的理论和观点。包括：科学地分析战略形势，为国防建设实行战略转变提供了理论依据；制定新时期积极防御的战略方针，为国防建设规定了总的行动指南；提出实现国防现代化的根本任务，为国防建设指明了奋斗目标；强调正确处理国防建设与经济建设的关系，为国防建设规定了根本途径；确定国防科技实行“军民结合，平战结合，军品优先，以民养军”的方针，开辟了一条国防建设的新路子；确立民兵与预备役相结合的制度，把国防后备力量建设引上了正确轨道；强调深入持久地开展全民性国防教育，为增强全民的国防意识奠定了坚实的社会基础。另一种观点认为，邓小平把马列主义军事理论和毛泽东军事思想与新时期中国国防建设和当代世界经济、政治格局发展变化实际相结合，创造性地提出并解决了以战争与和平为主要内容的当代马克思主义国防理论的一系列重大课题。主要包括：在对当代世界主题的认识上，继承和发展了列宁和毛泽东的“战争与革命”的思想，作出了“和平与发展”是当代世界两大主题的新结论；在对当代战争根源的认识上，继承和发展了马克思主义关于私有制、阶级和帝国主义是战争根源的思想，提出了霸权主义是当代战争主要根源的新论断；在对世界大战能否发生的预测上，继承和发展了列宁和毛泽东的关于战争可以“推迟”和“制止”的思想，提出了“战争是可以避免的”新判断；在制止世界战争、解决国际争端的方式、方法上，发展了列宁和毛泽东关于靠“革命战争消灭反革命战争”的思想，找到了“一国两制”、共同开发的新途径。(《邓小平建设有中国特色社会主义理论学习文库》，红旗出版社 1997 年版)

关于人民军队的性质 邓小平明确指出，无论情况怎样发生变化，军队的性质不能变，这就是：党的军队，人民的军队，社会主义国家的军队。这一论述，从军队同党、社会主义国家和人民群众的联系上，深刻揭示出人民军队性质的科学含义，对于中国人民解放军的革命化建设具有根本的指导意义。坚持人民军队性质，一要坚持党对军队的绝对领导，使军队成为党的基本路线的执行者和坚定捍卫者，最重要的是，维护党中央、中央军委的领导权威。二是必须切实贯彻讲政治的根本要求，坚持把思想政治建设放在首位，并不断加强和改进思想政治工作。三要保持和发扬老红军的优良传统与作风，包括：实事求是的科学态度；密切联系群众，走群众路线；艰苦奋斗，坚决抵制资本主义腐朽思想、文化及生活方式的侵蚀和影响。(李哲夫《军队要始终不渝地坚持自己的性质》，《解放军报》1997 年 7 月 10 日)

关于军队体制编制改革的理论和实践 邓小平依据世界局势、国家总体改革和军队建设的普遍规律，从宏观上把握改革的时机和进程：首先，准备判断国际战略形势的发展趋势，抓住相对和平时期的有利时机，推进军队体制编制的改革；其次，以国家经济建设为中心，着眼于国家利益的全局，筹划军队体制编制的改革；再次，客观分析和正确认识军队的实际，把握军队建设的普遍规律，深化军队体制编制的改革。对军队体制编制的改革，一是从“消肿”入手，抓军队规模的精干；二是从改革体制、调整编制入手，抓军队总体结构的优化；三是从实现部队的合成化编组入手，抓部队整体作战能力的提高；四是从改革后备力量体制入手，抓武装力量的平战结合。(钱海皓《论邓小平关于军队体制编制改革的理论和实践》，《中国军事科学》1997 年第 1 期)

关于军队后勤建设思想的基本内容 一种观点认为，邓小平新时期后勤建设思想的基本内容可分为 8 个方面：一是关于打仗打后勤的思想；二是关于服从经济建设大局的思想；三是关于艰苦创业的思想；四是关于后勤改革的思想；五是关于当好红管家的思想；六是关于重视人才和科技的思想；七是关于搞好生产生活的思想；八是关于后勤就是服务的思想。另一种观点认为，这一思想的基本内容主要包括：后勤在军队建设中的地位作用越来越重要；军队后勤建设要服从国家经济建设的大局；军队后勤要坚持艰苦奋斗、勤俭建军方针；军队后勤要充分做好未来反侵略战争的准备；军队后勤要注重质量建设；发展军队后勤科学技术；提高军队后勤队伍素质；强化军队后勤管理；军队各级后勤机关要热心为部队服务；努力搞好军队农副业生产。(《邓小平建设有中国特色社会主义理论学习文库》，红旗出版社 1997 年版)

关于邓小平新时期海洋战略思想 邓小平新时期

海洋战略思想是邓小平新时期国际战略思想、国家经济发展战略思想和军事战略思想在海洋领域的综合运用和生动体现，是建设有中国特色社会主义理论和实践的重要组成部分，是新的历史条件下中国经略海洋的根本指导思想。邓小平新时期海洋战略思想的科学蕴涵，可概括为3个方面；一是以开放沿海地区、开发近海资源、开拓远海公土为重点的海洋经济战略思想；二是以坚持主权、搁置争议、共同开发为基本原则的海洋政治战略思想；三是以加大海洋防卫纵深、加强海上防卫力量为基本内容的海洋防卫战略思想。邓小平新时期海洋战略思想的时代意义在于：这一思想的提出和实施，进一步唤起了民族的海洋意识，为中国人民走向海洋的新时代奠定了深厚的思想基础；可促进国家经济的腾飞，并将深刻地影响中华民族在未来的生存与发展；创造性地开辟了解决海洋争端的新思想，改善了中国的海洋战略环境；有力地保证国家海洋方向的安全与权益，并将直接关系到太平洋地区和世界的稳定与和平。（唐复全等《邓小平新时期海洋战略思想研究》，《中国军事科学》1997年第2期）

（方　宁）

中国当代著名人物军事思想研究　**关于周恩来军事指挥艺术**　有作者撰文指出，纵观周恩来指挥我军历次革命战争的光辉历程，其高超的军事指挥艺术主要表现在以下几个方面：（1）*精细运筹，谨慎决策，周密稳妥*。周密稳妥地组织指挥，是周恩来指挥艺术的突出特点。他曾以严密、周到、细致的准备工作，保证上海工人第3次起义取得成功和胜利。在第4次反“围剿”作战中，他坚决反对临时中央要红一方面军集中全力，进攻敌人重兵防守的南丰城的作战方针，并及时改变决心，撤围南丰，集中主力，以诱敌深入的作战方针再次打破了国民党军的“围剿”。（2）*善于着眼发展，科学预见*。周恩来非常善于研究和把握战争规律和战争指导规律，适时提出有远见卓识的战略决策和实现这一决策的作战方针，显示了超人的军事预测才能。1937年11月，上海、太原失陷后，国民党统治集团准备放弃华北与日本妥协，而党内有些人却盲目乐观，认为很快可以取得抗战的胜利。对此，周恩来先后发表《反对妥协求和，坚持华北抗战》等文章，提出：中国的抗战将是持久的，战争的结局是日本必败，中国人民必胜。为此，必须坚持抗战到底。抗战胜利的事实，完全证明了周恩来对当时形势分析和预测的正确性。（3）*善于审时度势，通权达变*。周恩来在指导中国革命战争的实践中，从不囿于古人和别人的成功经验，从不拘泥于常规常法，巧妙灵活地指导战争，表现出很高的军事指挥艺术。抗战初期，周恩来曾就忻口会战提出建议，要阎锡山不要单纯死守雁门关，而应主动出击，实行侧击和伏击来破坏日军的进攻计划。实践证明，周恩来对平型关战役、忻口会战的策划和指挥，乃至整个华北抗战都起了重要作用。（4）*善于统筹谋划，把握重心*。战略全局上的一盘棋思想，是周恩来指导作战的基本着眼点。在运筹当前行动时，他总是着眼于战略的长远行动；在运筹局部的战役行动时，也总是着眼战略全局行动。譬如，全面内战爆发后，经过一年作战，解放军已基本上掌握了战争的主动权。周恩来依据全国军事、政治、经济形势变得更加有利共产党、不利于国民党的形势，在1948年9月的政治局会议上及时提出：“把战争继续引向国民党统治区，……并且应准备若干次带决定性的大会战。”这一建议受到中共中央的高度重视，三大战役由此相继展开。（王伟、王继安《浅谈周恩来军事指挥艺术》，《毛泽东军事思想研究》1997年第4期）

关于朱德练兵思想　有作者撰文指出，朱德练兵思想是毛泽东军事思想的一个重要组成部分，对现时期练兵打仗仍具有重要的指导价值。（1）*练兵先练心*。朱德指出：练兵必须先练心。连长不仅要练战士的军事技术，而且要练军心，即做好政治工作。有了政治觉悟的自觉的勇敢，乃是大勇。（2）*练兵必要垂范*。朱德认为练兵没有别的巧妙，首先是干部身先士卒，率先垂范。你要战士打枪打得好，自己首先就要打好，要战士投弹投得远，自己也要懂得投弹的要领，一般动作都要带头去做。这是第一个练兵好方法。（3）*练兵必讲民主*。朱德指出：军事民主是我军的优良传统。正确运用军事民主，可以搞好官兵关系，促进团结；可以发挥群众高度的积极性及创造性；可以克服各种困难，提高战斗力。他还大力提倡官教兵、兵教官、兵教兵的练兵办法。（4）*练兵必看对象*。朱德一贯强调，练兵要因人施教，采取实事求是的态度，即从部队的实际需要出发，缺什么就教什么，有计划地实施练兵。（5）*练兵必练技术*。朱德指出：技术日益进步的现代，不仅在战争中技术的作用加强了，使用技术的知识训练也复杂了。因此必须努力学习和掌握技术。有了技术就可以更加勇敢。这两者结合起来，就能够有效地打击敌人，也就达到了我们练兵的目的。他还强调，政治工作要保证技术的提高。（6）*练兵必须正规*。朱德指出，我们现在所处的环境和所进行的战争，从各方面来说，都和过去不同了。如果不进行现代化、正规化的训练，将来就是有现代化的装备，也不能达到真正的现代化。为了能掌握技术和学会诸军兵种的联合作战，就必须有正规、统一的训练计划。要善于利用现有安定的训练环境，来达到把我军训练成为现代化、正规化军队的目的。(朱艾华《朱德练兵思想初探》,《毛泽东军事思想研究》1997 年第 4 期)

关于叶剑英军事科研管理思想 有作者撰文指出,叶剑英在长期领导军事科学研究事业中,注重研究和探讨军事科研管理的基本问题,形成了独具特色的军事科研管理的基本理论。(1) *关于军事科研的政策管理*。叶剑英十分重视军事科研的政策管理,曾就军事科研政策的内容、制定政策的依据以及如何贯彻执行等,作了大量的阐述。他指出,军事科学研究是军队建设的一项重大工作。它的成就对我们的国防和未来战争的指导有着直接的影响。同时,军事科学研究是一项经常性的、长期的工作。只要战争危险存在一天,就不能有所放松。他还将军事科学研究工作的方针概括为:"以毛泽东军事思想为指针;以保卫祖国的战略方针为依据;以总结我军经验为主;认真地研究敌人;从我国我军现时情况出发,照顾到今后可能的发展"等5条,后来增加了"充分依靠群众,大搞学术民主,探讨现代条件下人民战争的作战指导规律,使之服务于我国的国防建设和适应未来的战争需要"的内容。(2) *关于军事科研的组织管理*。叶剑英认为,抓科研首先要抓基本建设,就是抓人和组织建设。早在战争年代,为了开展军事理论研究,他就在很有限的条件下,在一定范围内建立各种研究组织。新中国成立后,他又提议成立了中国人民解放军军事科学院,并在军区、军兵种、军、师等各级机关建立起军事科学研究的组织机构,有力地保障了军事科学研究工作的顺利开展。(3) *关于军事科研的计划管理*。叶剑英把计划管理作为科研管理的一个重要环节看待,早在军事科学院建院伊始,就要求军事科学研究要有计划地生产,有计划地工作;同时军事科研要有长远规划,以便有步骤地进行科学研究工作;他还提出了制订计划(规划)应遵循的几个原则:如发动群众制订规划,要从全军需要出发确定任务,要突出重点,要细致周密,要处理好需要与可能、当前与长远的关系,要有预见,既不能保守,也不能冒进。为保证计划的落实,他指出,首先要坚决执行计划,其次要经常检查计划的执行情况,第三要适时修订计划,使之更加切实可行。(4) *关于军事科研的质量管理*。叶剑英对军事科研的质量管理十分重视。他说,科学研究也要多快好省。所谓多,就是满足国防建设和军队建设多方面的需要。所谓快就是周转快,缩短周期。所谓好,就是出高质量的成品。所谓省,就是节省人力、物力、财力。多快好省,一定要好字当头,质量第一。为此,首先要有创"名牌"意识。按照科研"工序",实行全过程的质量控制。此外,要有实事求是的科研态度和正确的科研方法。(5) *关于军事科研的人才管理*。叶剑英把人才管理作为科研管理的重要职责,在各种场合多次阐述科研队伍建设的重要性。他认为,首先要建设一支"又红又专又健"的军事科研队伍。其次,要注重科研人才的选拔,严把入口关。其三,要大力加强军事科研人才的培养。其四,要合理使用科研人才。其五,科研队伍要保持相对稳定。(周宏伟《叶剑英军事科研管理思想》,《中国军事科学》1997 年第 1 期)

关于叶剑英军事人才思想 有作者撰文指出,叶剑英在参与领导中国革命战争和加强国防建设的过程中,对于培养军事人才及其标准作出许多精辟的论述,为毛泽东军事人才思想体系增添了许多生动、具体的内容。

"红"是军事人才的首要标准。叶剑英认为,军事人才的首要标准就是要"红"。"红"就是革命化,就是要讲政治。这是我军的性质和宗旨对军事人才的根本要求,也是我军区别于其他军队的显著标志。对于"红",他突出强调以下几点:(1) 坚定不移地坚持马克思主义、毛泽东思想的政治方向。早在抗日战争时期,叶剑英就指出:"一个革命的军事干部,必须学习马列主义的政治"。"不懂马列主义,不能成为革命的军事家"。新中国成立后,他告诫全军高级干部,努力把自己造就成一个名副其实的马克思主义者。唯此,才能使军队建设保持正确的政治方向。离开马克思主义理论的武装,就抵御不了各种非无产阶级思想的侵蚀,也谈不到战斗力的提高。(2) 要有坚定的无产阶级立场。叶剑英认为,能否始终保持无产阶级性质,关键是各级领导干部能否具备坚定的无产阶级立场。他多次重申,在国内的阶级斗争仍在一定范围内存在,在帝国主义国家正加紧针对中国实施"和平演变"阴谋的情况下,军队存在着改变无产阶级性质的危险性。因此,军队高中级领导干部必须站稳无产阶级立场,自觉抵制各种错误思潮的侵蚀,永葆共产党人的气节。(3) 要全心全意地为人民服务。叶剑英强调,要坚持人民军队的宗旨,一是要在思想上摆正自己与人民群众的关系,即勤务员同主人的关系。时刻想着群众,关心群众,倾听群众意见。二是要正确处理军民关系。他指出,军队要爱护人民,人民才能拥护军队。"是不是人民的军队,自己说不算数,要人民说了才算数。军队在人民眼里看成是自己的军队,这个军队就能无敌于天下"。(4) 坚决拥护党中央的领导,坚决执行党的路线和政策。坚持党对军队的绝对领导,使枪杆子牢牢掌握在党的手里,是叶剑英论述军事人才政治素质时所反复强调的。他认为,只有每个军人坚决"服从党的纪律,执行党的决

定”，时刻不忘“为实现党的路线、纲领、政策而奋斗”，“才能统一意志，统一行动，实现党的一切意图。”

“专”是现代战争对军事人才的根本要求。叶剑英认为，军事人才从根本上说是战争的产物，其最直接的职责是为战争服务的。因此，各级各类军事人才必须在“红”的基础上求“专”。“专”就是“精通专业，学会战场上能过硬的本事。”为此，他着重强调了以下几点：(1) 必须钻研毛泽东军事思想。叶剑英把钻研毛泽东军事思想放在“专”的首位。他指出，毛主席把马克思主义的普遍真理同中国革命战争实际结合起来，发展了马克思主义的军事学说，形成了崭新的无产阶级军事科学。因此，他要求全军官兵，对于毛泽东军事思想，“要十分珍视，认真学习、研究和应用”。(2) 必须掌握现代军事技术和现代战争知识。早在我军进行现代化建设之初。叶剑英就指出，氢弹、原子弹、导弹、人造卫星、化学武器，电子、红外、电视、传真、雷达等技术器材，以及空中、地面、水面、水下等兵器的出现，必然对未来战争产生一系列前所未有的影响。因此，必须掌握不断发展着的现代军事技术和现代战争知识，努力提高驾驭现代战争的能力。他主张从学习现代军事科学入手，以主要作战对象的军事理论、武器装备发展水平作为参照系，加强现代条件下的军事演练，“以便学会在任何条件下灵活自如地组织战役。(3) 广泛涉猎现代科学文化知识。叶剑英认为，现代战争既是诸军兵种协同进行的战争，又是军事、政治、经济等各种斗争的总和。战争愈向现代化的高级阶段发展，军事人才的知识基础、知识结构就越要打得坚固厚实。他十分重视对外军知识的掌握，提出每个军官要多学一些本领，尽可能地广泛涉猎与己有关的科学文化知识，达到“一专多能”。

“学”是军事人才提高自身素质的基本途径。叶剑英认为，勤奋好学，用军事领域各个方面知识充实、丰富、完善自己，是每个军事人才提高自身素质的基本途径。因而能否勤奋好学，自觉实现知识的自我更新，也就成为衡量军事人才素质的一个重要标准。(1) 勤奋学习是成才的基本条件和做好工作的重要保证。叶剑英提出，一个革命军人永远要学习，不但要向书本、向实践学习，也要向自己的同事、部下、友邻部队、外军学习，甚至要勇于向自己的敌人学习，在学习中不断提高自己。新中国成立后，叶剑英指出，为适应现代化建设的要求，一定要钻研掌握先进的科学知识，以适应装备发展和战争的客观需要。(2) 确立正确的学习态度，掌握辨证的学习方法。叶剑英认为，对待学习，要有一个正确的态度和科学的方法。首先，要认真克服满足于过去成功的那一套、不愿接受新事物的经验主义和脱离中国实际、照搬外国经验的教条主义思想倾向。为防止和纠正这两种错误倾向，叶剑英主张，一是要确立正确的学习态度。应以批判的学习态度对待外国经验或自己的历史经验。那种背诵条文、洋洋自得的学究态度是不正确的。二是要掌握辨证的学习方法。叶剑英特别倡导全面理解与分析批判相结合的学习方法，要求全军干部尤其是高级干部在学习中首先要认真学，同时要加以分析批判，学到手以后，又要加以发展。提倡在学习上用脑子。叶剑英提出的军事人才标准及其所阐述的相互关系，既揭示了军事人才成长的一般规律，又概括了无产阶级军队对军事人才的本质要求，具有鲜明的中国特色和重要的理论价值。(金立昕《叶剑英军事人才标准》，《国防》1997 年第 4 期)

关于彭德怀抗战时期军事经济思想 有作者撰文指出，抗日战争时期，彭德怀结合战争实践和中日战争的特点，提出了一套适合抗日战争实际的军事经济思想。(1) 军事经济动员：全民动员、全民抗战。1937 年 11 月 27 日，彭德怀发表《争取持久抗战胜利的几个先决问题》一文，首次全面和系统阐述了其军事经济动员思想，即全民动员，全民抗战。彭德怀认为，实行全民动员，实现全民抗战，具有十分重要的作用：首先它可以满足战略战术及发展游击战争的需要；其次，可以迅速补充作战前方的人力；再次，可以增加后方生产，特别是军需工业的生产，保障战争需要的源源供给，可以使军队得到广大群众无限的帮助，如搬运粮食等众多军用物资、救护伤兵、铲除汉奸敌特、侦探敌情、帮助带路、封锁消息等等。(2) 军事经济建设：自给自足、自力更生。面对日军残酷的经济掠夺和破坏给抗日根据地所造成的严重军事经济困难，彭德怀明确指出：“没有自力更生艰苦奋斗的经济建设，就不能自给自足，支持长期战争。”他认为，达到自给自足的基本办法：首先是增加各方面生产，加强军事经济建设；其次，发展生产合作事业是发展自给自足军事经济的重要保障；另外，彭德怀还特别强调要长期坚持敌后抗战，要进行军事经济建设，就必须做到自力更生。(3) 军事经济斗争：全面持久的经济战。面对敌人的强行掠夺和“以战养战”的经济战略，彭德怀提出，巩固根据地内经济阵地，同敌人开展一场全面持久的经济战。首先，坚持正确的贸易政策，严格统一管理出入口。其次，实行正确的保护税制，即利我大，利敌小，征以轻微之税，甚至免税，相反则重税，甚至禁止出入口。第三，巩固本位货币。第四，积极发展工农业生产，在根据地内广泛地发展群众性的生产合作社，解决必需品的供给，同时大力发展公营经济和民营经济。第五，各根据地军区应广泛组织武装工作队即“武工队”，深入敌后展开工作。事实证明：在经济战中，保护和发展己方的经济实力与资源，同破坏敌方的经济基础具有同等重要意义。（汪天亮《论抗战时期彭德怀军事经济思想》，《毛泽东军事思想研究》1997年第2期）

关于粟裕战争转折理论　有作者在回忆粟裕对发展中国军事科学的贡献时指出，粟裕曾提出过具有独到见解的战争转折理论。粟裕认为，就战争的全过程看，存在着战争全局、战区、战役3个不同层次的转折。战争全局性的转折，指的是解放战争中由战略内线作战到战略外线作战，由战略防御到战略进攻的转折；战区转折，指的是战区战争进程中不同发展阶段之间的转折；战役转折，指的是每次战役进程中的转折，粟裕不仅正确地区分了战争转折的3个层次，而且阐明了战区指挥员把握好战区、战役转折的重要性。他指出：在战争全局的转折和战役的转折这两个高低不同层次之间，还存在着一个层次，就是战区的转折。作为一个战区指挥员，要注意各个段落之间的转折。这是在战区指挥上，最不容易掌握的时节；战役指挥的重心放在哪里，对能否掌握战场主动权关系极大。本人从历次参加的战役指挥中体会到，每个战役都有一个转折点。这个转折点，就是在对战役有决定影响的环节上己方掌握了主动，打赢了敌人，从而使己方确有把握取得战役的全胜。粟裕的战争转折理论，体现了指挥艺术的真谛，是对中国作战理论的重要贡献。（高锐、郑文翰、蒋顺学《粟裕对繁荣发展我国军事科学的贡献》，《解放军报》1997年8月26日）

关于粟裕提出的攻台作战原则　有作者撰文指出，50年代初，粟裕在指挥解放东南沿海岛屿的作战中，认真探索渡海作战的规律，提出了若干渡海和攻台作战的原则：第一，准备重于战机。在人民解放军已有充分主动权的条件下，重视充分准备，不过份强调争取战术上的时机。这是粟裕针对渡海作战提出的一个重要原则。粟裕指出，金门失利，其主要原因为轻敌、骄傲与急躁，过分强调争取战机，却放松了充分准备所致。攻台是一场大战役，必须充分细腻地准备。粟裕强调准备重于战机，有着重要的意义。首先，打有准备有把握之仗是我军的一贯原则；其次，渡海作战对人民解放军而言是一个全新的课题，不容轻视；第三，在敌强我弱，时间紧迫的情况下，把握战机有着重要意义，但在敌处劣势，我处优势，而时间又充裕的条件下，应以准备充分，打有把握的仗为原则。第二，质量重于数量，充分掌握技术。虽然，粟裕仍强调，渡海攻台作战中要做到集中兵力，以多胜少，但他同时强调，渡海作战不同于陆上作战，补给不易，交通困难，背水作战，敌人可以打击我之补给线。人多不一定能解决问题，相反，还会增加自己的困难。他特别强调科学技术的作用，指出，渡海作战要熟悉水性，懂得天文气象、地理、风向风力潮汐等常识与海上作战的有关技术。要以科学的计算，实行三军协同作战。第三，运载工具的集中重于兵力的集中。粟裕认为，渡海作战，“实际困难为过海”。在解放军制海制空力量较为薄弱的情况下，运输工具的准备和集中意义更为重要。从金门、登步两岛作战失利的教训中，粟裕总结出这样一条原则：“一次即须将第1梯队载去，并且第2梯队亦需要控制相当船只，最好不依赖第1梯队船只回来再去，这样以防第1梯队的船只不能回来时，第2梯队仍能按时增援。”即有否足够的运载工具是检验准备是否充分的主要标志。第四，兵力集中主要是第1梯队兵力要集中。粟裕强调，国民党军虽大势已去，解放军仍应本着以多胜少的原则部署作战，切忌轻敌。第1次登陆部队，应有足以独立作战之力量。能一次登陆成功，单独进行作战，以免形成敌我双方陆续增援，反复多次争夺的拉锯消耗战，丧失制敌先机，使敌得以固守阵地，依其优势海空军，实施增援反击，为敌各个击破。今天研究粟裕在攻台作战准备中的思想和实践，就是要从中借鉴前人的经验为新时期军事斗争服务。（胡哲峰《粟裕与攻台作战的准备》，《军事历史》1997年第5期）

（木　工）

中国近代军事思想研究　**关于中国近代军事思想**　有学者分析晚清诸兵学家群体知识结构、社会地位和思想倾向的异同，说明其对近代军事思想的不同影响：以林则徐、魏源为代表的兵学家群体，尽管对西方了解很有限，但提出“师夷长技”的口号，倾心于军事科技的学习，在陈陈相因的晚清兵学界掀起一股全新的改革思潮。以曾国藩、胡林翼为代表的湘淮军兵学家群体，将儒学与兵学结合在一起，对八旗、绿营等经制兵进行大胆改革，并采用先进的西方战术，购买洋枪炮，在国防建设、国防战略以及军队训练教育体制上都提出了新看法。但他们的知识结构基本上没有超出传统文化的范围，故往往自觉不自觉地用传统价值观念来改造西方军事思想。继之而起的以王韬、郑观应和徐寿、华衡芳为代表的思想家与科学家相结合的兵学家群体，大量翻译介绍西方近代军事技术和军事理论著作，为重新构筑中国兵学体系做了有益的尝试。甲午战争以后，为挽救民族危亡而赴日本留学的一批热血青年受资产阶级革命党人的影响，知识结构、思想倾向都发生很大变化，一心致力于资产阶级军事理论的全面引进，对中国传统兵学的改造也不再限于武器装备、编制体制、战术等较低的层次和个别领域，而涉及到战争观、建军宗旨等更深刻的内容，标志着中国军事思想的近代化从此进入一个新的发展阶段。还有学者以晚清著名的“海防塞防之争”大讨论为中心，侧重说明了中国近代国防和海防思想的转变，认为这场讨论的意义在于：为以陆防为主的中国传统国防指导思想导入符合时代特点的内容，从而为近代国防以防御列强从海上入侵为主的战略指导提供了必要的舆论与物质准备；以众多政治家参与决策的方式对国防问题进行全局性筹划，与古代的决策传统迥然不同。同时，也指出它有着明显的被动性特征，对整个军事近代化过程产生了正面和负面的双重影响。（刘庆《晚清兵学家群体与军事思想近代化》，《中国军事科学》1997 年第 1 期；方堃《晚清“海塞防之争”——重构中国近代国防体系的一场讨论》，《中国军事科学》1997 第 2 期）

关于左宗棠的军事思想　有学者从辩证方法的新角度总结其治国用兵艺术，认为他能够运用普遍联系与发展变化的辩证观点，提出一整套政治、经济、军事、教育综合治国论，统筹与扼要相结合的全局重点论；在用兵西北时高度灵活运用的层递灌运与缓进急战相结合的军事运筹学；在政治军事斗争中看到了强弱、胜败、利弊、治乱、盛衰等矛盾对立双方的相互转化，充分强调人的主观能动性的发挥。而这些思想是其收复新疆和治理边疆获得成功的重要因素。也有人侧重从海防思想的角度说明了左宗棠的贡献，具体包括以下 7 个方面：一是把新式船炮的建造视为海军建设的基础；二是强调培养人才为海军建设的根本；三是高度重视南洋海军的建设；四是主张建立统一的海军管理和指挥机构；五是站在国防全局考虑海防，提出“海塞防并重”的观点；六是主张海防应合理布局，择要害地域重点布防；七是主张民众协同海军共固海防。左宗棠的上述思想，比同时期其他洋务派人士的认识更立足于长远，更符合当时海防实际，而其海防作战指导思想，也比其他人含有更多的合理和积极的成份。（彭大成《论左宗棠治国用兵的辩证法思想》，《湖南师大学报》1997 年第 5 期；庄从勇《左宗棠对海防的认识及其实践》，《中国军事科学》1997 年第 2 期）

关于中法战争时期清军的战略战术思想　有学者指出，清廷在中法战争之前实行消极防御战略，因而陷入被动。但在马江惨败，被迫对法宣战后，接受了两广总督张之洞提出的“牵敌以越战为上策”的主张，确定了沿海防御，陆路反攻的战略方针。它符合中国海军力量弱小，但陆上参战兵力数倍于敌，且背靠滇、桂，人力物力易于补充等情形。至于镇南关大捷之后，清廷决定乘胜撤兵，未能达成克复河内的战略目的，则是其“以战求和”思想发展的必然结果，也是政治上腐败没落的反映。中法战争中清军作战取得一定成效也得益于其战术思想的新变化。（施渡桥《中法战争中清廷的作战指导思想和清军的战术思想》，《军事历史研究》1997 年第 4 期）

关于刘铭传抗法保台的战略战术　对中法战争中清军驻台将领刘铭传撤出基隆援助沪尾（今淡水）之举，学术界大多数认为是错误的用兵方略。最近有人撰文提出不同看法。他认为这是刘铭传根据当时情况作出的正确决定。理由：一是树立打持久战的思想，不与火力强大的法军拼消耗。二是采取机动灵活的战术，如诱敌深入，打地营战；避实就虚，打运动战；集中兵力，打歼灭战。三、将坚持持久战与速决战有机结合，战略退却与战略进攻交替使用。（梁义群《论刘铭传抗法保台最佳战略战术的选择》，《历史档案》1997 年第 4 期）

（刘　庆）

中国古代军事思想研究　**关于中国古代军事思想的发展线索**　近来有学者撰文对中国古代军事思想的发展线索和历史分期进行分析，提出中国古代军事思想按其自身所固有的逻辑线索，大体可分为 3 个发展阶段：(1) 先秦。中国古代军事思想萌芽于夏商，初步形成于西周，逐渐成熟于春秋战国，先后经历了 3 个依次交替、逻辑嬗变的阶段。一是经《军志》、《军政》、《古司马法》等典籍为载体的初始阶段；二是经《孙子》、范蠡、伍子胥的出现为标志的转折发展阶段；三是经《六韬》、《管子》成书为显著标志的综合融汇、全面总结阶段，该时期军事思想发展的特点是讲求军事理论体系构筑上的完备性、系统综合性。(2) 秦汉魏晋南北朝隋唐。这一时期军事思想发展的特点是出现了兵儒合流互补的倾向；对先秦兵家所提出的重要兵学范畴加以丰富、充实和发展；对政略与兵略的关系、对治军问题的理论认识有所深化。(3) 宋元明清（到 1840 年前）。在此阶段，统治阶级更加重视对军事理论的总结和对军事人才的培养；综合性大型军事类书的专题性兵书大量涌现；文人论兵事的现象更加普遍。也有学者主张着眼于兵学体系的构建及丰富完善，兵学著述的兴盛与沉寂，兵学理论发展的特点、兵学文化与其它文化的关系等，打破王朝体系来划分发展时期，并据此将中国古代军事思想分为 3 个时期：(1) 夏商至汉初。古代兵学萌生于夏商，但兵学理论体系的出现是在周朝。春秋中后期，兵学在废除陈旧的古司马法作战原则基础上得以全面发展。在战国时期，出现了古代兵学发展的第一次高潮，特别是兵学研究者众多，兵学著述丰富，兵学成为一代显学；阵法战法多种多样、战争艺术渐趋成熟；诸子百家广泛交流，兵学、哲学紧密结合，兵学理论体系基本成形。(2) 汉代至宋元时期。这一时期发展兵学的重要方式是总结战争经验和注释古兵书，进一步丰富各种作战样式，同时汉族与边疆少数民族兵学理论与战争艺术的交流，儒家、道家文化对兵学渗透，也有力地促进了兵学的发展。这一时期兵学发展的高潮在北宋中后期和南宋时期，主要特点是文人论兵的人数大增，兵书的数量和种类远远超过以往任何一个朝代；兵学取得与儒学一样的正统官学地位，并以通俗易懂的方式在军队中传播；总结汉、唐以来军事斗争的经验，确立儒、道、法诸家兼收并蓄的兵学原典精神，使古代兵学在一个更高的层次上重新整合。(3)明初至 19 世纪 50～60 年代。这一时期中国跨入冷兵器与火器并用的时代；西方殖民主义的大举东侵和倭寇势力的猖獗，使中国民族第一次遇到严重的海防危机。现实斗争的迫切需要呼唤着兵学理论的大发展。在明中期至清初，出现了古代兵学发展的第 3 次高潮。其特点是兵学家群体活跃，兵书数量多、种类全；兵学在建军治军、海防、冷兵器与火器并用条件下的作战指导等方面有重大发展；儒学和兵学的关系由“兵儒结合”变为“以儒统兵”；一些兵学家力求从哲学的高度阐释兵学原理，大量涉及或专论兵学范畴的著作问世。此后，随着战争样式的变化、武器装备的更新以及西方军事学的强烈冲击，中国古代兵学体系最终不可避免地走向解体。(刘庆《论中国古代兵学发展的三个阶段和三次高潮》，《军事历史研究》1997 年第 2 期)

关于《孙子》军事思想新探　有学者对孙子的情报思想进行了概括，认为它虽然基本上停留在直观和经验性描述的水准上，但高度概括总结了以往用间、侦察和反间行动的历史经验，提出了系统的军事情报思想。如高明的将帅应当采取多种侦察手段并进行多角度缜密的综合分析，以便对敌军实情作出准确判断，主张严守机密等。还有人在以往研究孙子后勤思想的基础上，概括了其后勤思想体系：(1) 后勤是决定战争胜负的基本要素，战争消耗随着战争规模的扩大增加。(2) 提出因粮于敌的后勤战略思想。(3) 在处理作战与后勤补给这对矛盾中，不仅重视后勤的战略指导，而且十分重视具体的后勤谋略运用。(4) 注重后勤效益，提出“胜敌而益强”的战争中的后勤效益观。(吴荣政《孙子的军事情报思想》，《贵州社会科学》1997 年第 2 期；刘仁亮《孙子军事后勤思想的理论体系》，《军事历史研究》1997 年第 3 期)

关于老子、孔子、孙子战争观的异同　有学者撰文认为，3 人均着重考察战争和政治的关系。但老子、孔子的着眼点在治国平天下。老子从战争发生论出发，认为道决定兵，兵生于无道，从战争制胜论出发，主张修道重于强兵。孔子重人道轻天道，认为战争应该是有道、识礼又知仁的君子所为，故其对战争的态度比老子积极得多。孙子的立足点在用兵，所以把道置于战争基本要素的首位，强调道在战争胜负中的决定性作用。3 人皆具有民本主义思想。唯老子无为的战争观略显消极，孙子以积极有作为的慎战观为其重战思想服务，孔子则执二人之中端。3 人皆尚智重谋，谋略思想在老子那里初露端倪，在孙子那里奠定基础。(颜剑挥《老子、孔子、孙子战争观之异同》，《军事历史研究》1997 年第 3 期)

关于曹操的军事思想　有学者将曹操的军事思想归纳为 10 个方面：一是“恃武者灭，恃文者亡”的战争观，暗示人们应从战争历史作用的角度去认识其行为。二是先计而后动，并提出选将、量敌、度地、料卒、远近、险易六项为先计之要。三是将贤则国安，提出君臣同欲，将宜五德备，将有五危，为将应防六过等注意事项。四是重赏明罚，主张赏善不逾日，不官无功之臣，不赏不战之士，败军抵罚，失利免官等具体措施。五是礼不可以治兵。六是兵无常形，尚奇而贵诈，提出出敌不意，示形于敌，诱而取之等一系列战法。七是力避多方面作战。八是重地势而不以险固为资。九是用间重密，利用矛盾。十是因粮于敌。曹操军事思想的不足之处在于杀俘、坑降，进一步发展了兵家的愚兵之道。(张作耀《曹操军事思想十题》，《社会科学战线》1997 年第 6 期)

关于诸葛亮的军事思想　有的学者指出：诸葛亮军事思想的主要方面，如治军、战略、用兵及谋策、合纵、兵制等方面理论都未脱出《孙子》的基本理论范畴，但显得更富有理性，更强调军事战线中的外交政策，在军事器械的制造、运用上，大大超越了前人。不足之处是儒家思想的保守性使他性格上过分谨慎，故其长于治理军队，短于奇计诡谋，连年劳师动众，不能克敌。在用兵方略上追求万全之策，用人上偏重于德。还有人分析了诸葛亮在战略上的四点失误：一是不顾国弱地狭，南方夷越未得安抚，便进击曹魏。二是对“天下有变”的审视有误，发动襄樊之战根据不足。三是襄樊之战急功近利，错用关羽为将，使其孤军对敌。四是伐魏实行以攻为守的战略计划，以行仁义之师的虚名，行以弱攻强之实，造成国损兵疲的后果。(李子伟《诸葛亮的思想体系及其成败》，《贵州文史丛刊》1997 年第 1 期；赵天瑞《略论诸葛亮的战略失误》，《辽宁教育学院学报》1997

年第2期）

关于《唐太宗李卫公问对》的理论贡献 有学者认为，该书初步完成了古典兵书由单纯“舍事言理”向“事理并重”方向的转变；深入探讨了奇正问题；精辟阐述了主客、攻守问题；高度重视对部队的管理教育和军事训练；考证阵法奥秘，揭示兵学源流，是一部很重要的兵书。（黄朴民《〈唐太宗李卫公问对〉考证》，《求是学刊》1997年第4期）

关于宋代及岳飞的军事思想 有学者指出，宋代军事思想可分为4个阶段：太祖、太宗、真宗3朝，贯彻右文抑武原则，兵书只有《虎钤经》等几部。英宗至徽、钦宗时，官府鼓励军事学术发展，武学兴盛，《武经总要》、《武经七书》、《何博士备论》、《百战奇法》等书纷纷问世。高宗至宁宗时期，重视防御理论，《守城录》、《美芹十论》、《酌古录》等，都是那一时期的理论成果。在宋代军事思想中，岳飞的军事思想独具特色。它训士以德，为将谋先，严以治军，临机制胜，各用所长。其最大贡献是发展与丰富了大兵团进攻作战的战略战术思想，这与宋人一贯重视防御的倾向是大不相同的。（张其凡《岳飞军事思想试探——兼论宋代军事思想的发展》，《暨南学报》1997年第4期）

关于辛弃疾的军事思想 有学者在梳理辛弃疾的有关兵论著述后，将其军事思想归纳为6个方面：一、以持久战的态度从事宋金战争，守淮、屯田，不贸然出兵。二、绝岁币，都金陵（今南京），示天下以战形。三、熟悉敌我优劣和民心向背，树立信心。四、提出藏战于民的战略思想，积极组织两淮人民抗金。五、藏战于守，未战而常为必战之待。六、出其所不趋，趋其所不意。（颜家安《论辛充疾恢复谋略及军事思想》，《海南师范学院学报》1997年第2期）

（刘 庆）

战争和军事战略理论研究

中国关于战争和军事战略问题研究 中国关于战争问题的研究 **未来战争发展走向探析** 有作者撰文指出，根据未来国际战略环境可能对战争提出的政治要求，科学技术可能提供的战争手段，可勾勒出未来战争形态发展的基本轮廓。尽管目前空间技术、激光技术、生物工程技术、超导技术在迅猛发展，不过在近期内，这些技术尚不能取代信息技术的地位成为社会生产力中的主导技术。因此，在信息技术主导的时代，战争形态必然全面地走向信息化。

目的有限的导弹攻防式的高技术战争将进一步深化普及。精确制导武器所具有的出其不意向敌方发起攻击，一举击中敌要害，重创以至瘫痪敌方作战系统等诸多优势将确保其在信息战争中的不可动摇的重要地位。此外，战术弹道导弹防御武器系统开始从低层拦截向高层拦截扩展、从再入段拦截向助推段拦截扩展、从动能武器拦截向激光武器拦截扩展。这些，将促使导弹攻防作战提高到一个新的水平。

以新概念武器为基础的C^3I对抗战以其极大的战争效益，代表着未来信息战争发展的一个重要方向。C^3I系统是整个信息作战体系的中枢，对信息的获取、传输、控制、使用起着至关重要的主导作用。近年来，围绕C^3I体系对抗，出现了计算机病毒武器、电磁脉冲武器、微波炸弹等诸多新概念武器。这些武器用于实践，将改变C^3I对抗战的面貌。

卫星战可能成为未来信息战的主导型战争样式，以卫星与反卫星斗争为主要内容的空间信息战将成为信息战发展的新阶段。随着军用卫星系统的进一步普及发展和运用于战争，干扰与反干扰、摧毁与反摧毁的卫星战必然成为未来的主导样式。

可能引起未来的战争形态突变的因素主要有：一是信息技术在深化普及中，可能重新整合传统国际政治主体的角色地位及相互关系，从而可能引起战争动因、规模的重大变化。二是军事信息技术在其应用发展的过程中，在其与民用领域的兼容中，在其生克斗争的运动中可能出现异化现象，使信息战争手段与战争目的相背，成为政治不可接受的工具。三是高技术群中出现新的重大突破（如生物工程技术、超导技术等），取代信息技术成为社会生产力的主导性技术，引起军事领域的重大发展，使战争形态产生新的革命性变化。（冯海明《当代战争形态的演变及发展趋向》，《中国军事科学》1997年第4期）

未来战争将呈现“平民化”特征 西方一些军事学术刊物载文称，由于信息战武器装备在市场上有出售、军用专业技术与民用专业技术相通、大众传媒对战场报道能力和交战双方国民对战争的影响制约能力增强，21世纪战争的性质将发生根本性变化，那就是战争的“平民化”。中国有作者对此撰文认为，战争“平民化”的体现远不止上述3点，在未来以信息战为核心的高技术战争中，民众仍然是战争伟力之深厚根源。

其一，民众实施信息战的威慑力远比核武器大。在信息战中，许多行业的民众都可直接利用通信网络、计算机网络、输电网络和电视网络，以及各种能产生电磁频谱的器材，实施电磁脉冲、电脉冲、病毒注入，编造各种假图像、假信息等干扰破坏敌人的电磁频谱输入、输出系统，单独或综合地、直接或间接地实施信息战。

其二，民众参战支前能“以逸待劳”和“以静制动”地在非线式战场上制敌快速机动，在全部作战领域与敌人实施对抗。

其三，民众参战支前是高技术条件下非接触性作战方式的“克星”。远距离信息流动中的信源、信道、信宿等各个环节，都是实施非接触性作战的命脉所在；由于信息传送的“硬件”和“软件”几乎是全民共有。民众可以采用“硬”、“软”打击等各种手段和方式，给敌人制造“麻烦”。

其四，民众实施“非正规战”是对抗敌人“非程序化”战争的“绝招”。高技术局部战争使作战的时空顺序发生“逆转”。在非程序化作战中，庞大的军队往往不知敌人先打何处而陷入被动。而“非正规战”，实施“你打你的、我打我的”作战方针，公开活动是“民”、打击敌人是“军”，好打就“动”，不好打就“蛰”，可以构成富有弹性、韧性和“粘性”的突不破的防线。

在探索高技术条件下人民战争的任务与形式上，要把握两大发展变化：一是参战与支前的地域，已由以农村为主转变为以城市为主；二是参战与支前的形式，已由以人力为主转变为以技术力量为主。要注重加大参战支前的高技术含量，除满足部队的物资保障和伤员救治的需求外，更多的是从工程、机械、通信、光学、电子和计算机等方面对部队实施各种技术保障。（苏志荣《未来战争的“平民化”特征》，《解放军报》1997年5月27日）

高技术战争动员出现新特点　有作者撰文指出，高技术条件下的局部战争，由于武器效能和军队机动能力的显著提高，作战样式和手段的显著变革，使战争动员呈现出许多新的特点。

动员速度快。战争预警时间缩短，战场不确定性增大，战斗节奏加快。要求战争动员必须临战反应快，动员速度快，工作效率高。

动员质量高。整体力量的激烈对抗，参战军兵种多，作战样式多，陆海空天和电磁五位一体的多元作战，使官兵素质日益成为武器效能和整体功能发挥的决定因素。要求动员的后备兵员不仅要量够，而且要质优。动员的物资不仅包括一般通用物资，还包括军地通用的高技术产品。

动员持续时间长。战斗激烈残酷，强度空前增大，兵力、装备、物资的消耗巨增，要求动员必须保持足够的后劲，既要做好战争开始的应急动员，也要做好战争过程中的持续动员。

动员方法活。现代作战强调全纵深打击，使战线可变性增大，作战重心位移迅速，战场空间极度扩展，前后方界线变得模糊。因此，要牢固树立全局意识，采用灵活多样的动员方式，提高动员的适应性和应变性。

动员范围广。未来战争，将是全新意义上的人民战争。战争动员范围广、涉及面大，智力和科技力的动员加重，精神和心理动员提上日程，因此，必须整体运筹，快速实现向战斗力和保障力的转变。（张泽田《把握战争动员的新特点》，《解放军报》1997年4月29日）

中国关于局部战争问题研究　**多极化趋势对现代局部战争产生诸多影响**　有作者撰文指出，世界由两极向多极格局过渡，引发了一些新的局部战争，并使其呈现出一些新特点：

第一，局部战争主要具有地区性、局部性的意义。冷战时期，局部战争多由两个超级大国插手，因而在世界格局中往往占有重要地位。冷战后的局部战争主要受日益突出的地区内的政治经济矛盾制约，多属内战性质，因而对整个世界格局影响不大。

第二，局部战争的不确定因素大大增加。冷战后引发各种局部战争的矛盾，既有历史遗留下来、未得到根本解决的矛盾，也有因经济发展而引起的各种新矛盾。其中特别值得注意的，是体现着分离倾向的新的民族主义浪潮和在新历史条件下出现的经济政治发展不平衡。局部战争的地域分布也由此发生明显变化，如冷战时期一直比较稳定的欧洲地区连续出现地区冲突、局部战争，这一切都使得冷战后的局部战争包含了更多的不确定因素。

第三，局部战争的类型更加复杂多样。冷战后的局部战争由于失去两极格局的制约，其类型呈现出更加复杂多样的表现形态，既有大量使用高技术武器装备以及与此相应的新作战方式的战争，也有以使用中低技术武器装备为主以及与此相应的旧作战方式的战争；既有超级大国或工业发达国家直接介入的较大规模的战争，也有因民族或部族矛盾激化而引起的冲突；既有国家或国家联盟进行的正规战争，也有民族、部族以及某些社会组织、社会力量进行的非正规

战争。甚至在一场战争中，就存在着各种类型的战争样式。

*第四，局部战争控制的国际化和多边化趋势有较大发展。*冷战时期对局部战争的控制、限制，主要取决于两个超级大国的意愿和决心。冷战结束后，人们越来越多地诉诸于联合国和一些地区性国际组织处理新近发生的各类地区性冲突。尽管联合国的作用还很有限，但它对冲突的干预增多本身就显示出对局部战争控制的一种真正国际化和多边化的趋势。可见，争取各种国际组织的支持，已成为应付未来可能发生的局部战争的一个重要政治条件。（陈舟《论世界格局的转换与现代局部战争的特点》，《军事历史》1997年第5期）

高技术局部战争战略主动权呈现出新特点 有作者撰文指出，高技术局部战争使传统的战争样式发生了巨大变化，也使高技术局部战争的战略主动权具有了许多新特点。

*战略主动权的时间因素增值。*大量高技术武器装备运用于军事领域，使军事行动的节奏越来越快，时间因素已成为战争要素中最为宝贵的资源之一，成为战略主动权的最重要的成分之一。(1) 夺取战略主动权的战场时间缩短。在以往的战争中，夺取战略主动权通常在战场上通过数个战役和战斗的较量去争取，其时间要以年、月为单位。在高技术局部战争条件下，夺取战略主动权的战场时间将大大缩短。其原因，一是由于战争目的有限，发动战争的一方，一般都采取突然袭击的速决战法，力求一举达成战略目的。二是由于高技术在军事上的广泛运用，为缩短夺取战略主动权的战场时间提供了物质手段。三是国家有限的经济承受能力，要求夺取战略主动权的战场时间必须缩短。(2) 夺取战略主动权的准备时间延长。现代高技术局部战争的实践一再表明，谁在战前赢得时间，准备充分，谁在战争爆发后就往往能获得主动。(3) 选择夺取战略主动权的时间自由度增大。在高技术条件下，由于高技术夜视器材的使用，改变了夜暗对敌对双方的平等条件，使拥有高技术武器装备的军队有了夜间作战的主动权，也使夺取战略主动权的时间选择自由度大大增加。

*战略主动权的空间领域拓展。*在高技术局部战争条件下，战争空间结构发生多方面的变化。(1) 争夺战略主动权的地理空间发生了质的变化，表现为大战区、小战场。首先，敌对双方互争主动权的战区空间扩大。由于军事大国武器系统的打击距离已大大超出区域性地理空间的限制，由于帝国主义的扩张野心，整个地球以至部分太空环境都可能变成争夺的空间。二是敌对双方争夺主动权的战场空间缩小。由于武器命中精度空前提高，使得敌对双方互争主动权的斗争能在规定的战场范围内进行。(2) 争夺战略主动权的作战空间内涵增大。军用高技术的发展，使得对战略主动权的争夺，不仅在陆地上进行，更多更重要地表现为对制天权、制空权和制电磁权的争夺。(3) 对要点和要地的争夺对夺取战略主动权有着特别重要的意义。由于大量高技术广泛运用于军事领域，使要点和要地的含义与过去相比发生了重大的变化。像指挥控制中心、战略兵器基地、重要机场和港口、后勤保障基地等已成为最具有战略意义的要点和要地。而高技术的作战手段，使精确打击这些要点要地成为可能。一旦这些要点和要地被摧毁，就意味失去战略主动权。

*战略主动权的力量基础改变。*夺取战略主动权必须以力量为基础。在高技术条件下，这一力量基础发生了重大变化。首先，综合国力的强弱是获得战略主动权的基础。综合国力是指一个国家拥有的政治、经济、军事、科技、外交等各个方面的全部物质、精神力量及其国际影响力的综合力。高技术局部战争的规模虽不大，使用兵力不多，但它却是对综合国力的一种全面检验。其次，信息已成为影响高技术局部战争战略主动权的巨大力量。这种影响是通过信息对人与武器装备的巨大影响来实现的。信息与人的结合，大大提高了人驾驭战争的能力。信息与武器结合，使武器原有的功能和效果扩大十倍甚至百倍，使军队具有了前所未有的快速反应能力、高速机动能力、远距离通信和控制能力、超视距打击能力。此外，利用某些信息技术制造的软杀伤武器，可有效地对敌方的目标造成杀伤、干扰和破坏。这些都对夺取战略主动权具有极大的意义。其三，战略主动权的力量成分向着多元化和整体化的方向发展。由于大量高技术兵器运用于战场，依赖单一军兵种的独立作战行动难以有效地获得战场的主动权，只有统一使用各种作战力量，才能形成强大的作战合力。争夺战略主动权的战争还集中表现为高技术群体的对抗。谁占有由先进的侦察情报技术、远程精确制导技术和电子压制技术等构成的高技术群体优势，谁就能牢牢把握战略主动权。（王纯银《高技术局部战争战略主动权的主要特征》，《现代军事》1997年6月号）

中国军事战略问题研究

中国战略思维的民族特色和时代特色 有作者撰文指出，战略文化是中华民族思想文化的组成部分。中华人民共和国成立以来，以毛泽东、邓小平、江泽民为核心的党的3代领导集体，曾提出一系列重要的战略思想，使中华民族的战略思维不断发展和升华，并赋予其鲜明的中国特色和时代特色。其中，许多重要原则具有持久的指导性和影响力，主要有：

和平性原则。和平性思维，是中华民族战略思维的一个显著特征。中华民族是爱好和平的民族，历来向往和睦相处，反对穷兵黩武。但这种和平是自立自强的和平，而不是任人宰割的屈辱求和。中华民族再不会以牺牲国家主权和利益为代价去换取表面的和平。

防御性原则。军事战略的防御性是和平目标的逻辑延展。防御是中华民族传统军事思想文化的一个鲜明特征，也是战略思维的一个基本原则。现在中国的军事战略仍然是防御性的，但不是被动挨打的消极防御，“积极防御”是对中国军事战略最精辟的概括。

统一性原则。渴望统一，维护统一，是中华民族优秀思想文化的一个着眼点，也是战略思想的一个特点。香港已经回归，澳门即将回归，台湾与祖国统一也终将变为现实。中国人民希望和平解决祖国统一问题，但不承诺放弃使用武力。

尚德性原则。以道德为尚，以礼义为首，不仅是中华传统思想文化的核心，也是传统战略思维的第一要则。现在我们强调的战争阶级性特征和正义性原则，提出建设“文明之师”、“威武之师”，是对尚德性原则的发展。

全民性原则。中华民族战略思维的另一个显著特点，就是“军民相倚”的全民性原则。特别是毛泽东概括的人民战争思想，把相信人民、动员人民、依靠人民作为战略思维的基本点，把开展人民战争作为克敌致胜的根本性原则。

谋略性原则。打仗打智，战争伐谋，是中国传统战略思维的重要法则。重谋略的传统，在中国共产党人运用毛泽东军事思想指导革命战争的过程中得到充分体现。

中国的传统战略思维的弱点和缺陷。这主要有重内轻外、重文轻武、重君轻国、重将轻器等消极的战略思维定势。它成为制约战略文化发展的重要原因，也是近代民族受辱、朝政腐败的一个社会心理根源。

今后一个时期中国的战略取向。这就是邓小平所提出的中国人民要做的 3 件大事。第 1 件，是在国际事务中反对霸权主义，维护世界和平。第 2 件，是台湾回归祖国，实现国家统一。第 3 件，是加紧经济建设，努力实现四个现代化。3 件事的核心是现代化建设。这是解决国际国内问题的最重要条件。可见，在世纪之交和下个世纪上半叶，中国的战略取向是维护和平、实现统一，奋发图强。这同中华民族战略文化及其战略思维的总的走向是一致的。（范印华《试论中国现代思想文化的形成及战略取向》，《中国军事科学》1997 年第 1 期）

（晓　雪）

战略思想是一种文化　世界上每种文化传统都包括着关于战争的思想；每种战略思想又都与一定的思想文化相联系。从这个意义上讲，战略思想也是一种文化，战略思想的发展是一种文化现象。有作者认为，战略思想的底蕴和根基是思想文化，战略思想最终要汇入到一个国家或民族的思想文化的发展历史中去。每一个国家和民族的战略文化都有其传统文化的烙印，它是制定现实战略的潜在意识和历史文化情结。因此，从战略文化的角度分析有关国家的战争准备与实施，挖掘其深层次的思想文化与哲学背景，及其对思想文化的反作用，并且揭示其未来发展趋势，这是战略研究的一个重要方面。作者还对中国、德国、日本及超级大国的战略文化进行了分析：

中国古代战略文化基于“天人合一”的哲学思想，追求人与自然、人与人的整体和谐。概括地说就是：和平、统一、防御、知兵非好战。本世纪 20 年代以来，中国人民进行的伟大革命战争，对战略文化传统进行了科学的扬弃并赋予了新的意义。中国现代战略文化划时代的里程碑是毛泽东军事思想的确立。从孙子兵法到毛泽东军事思想，是中国战略文化的光辉代表。

普鲁士－德意志号称“思想家的王国，其思想文化就象普鲁士的黑白旗一样，有着双重性。德国的许多哲学家、史学家、军事理论家都曾为侵略扩张的战略文化出力。而德国哲学传统中理性的一面则有助于它对法西斯战争进行深刻的反思和诚恳的认罪。

日本军国主义疯狂的侵略扩张和残暴的战略文化并没有外部迫使的条件，完全是自我培育的民族意识的怪胎。“武士道”的思维方式与狭隘的民族主义和侵略政策相结合，把非理性和反人道发展到极端。日本对其战争罪行如果没有正确的认识。那么它终将不能成为对世界发展具有广泛影响的政治大国。

超级大国把推行自己的价值观念作为全球战略的重要组成部分，理所当然地受到具有悠久历史的东方文明的抵制。这种碰撞不能简单地归结为文明与文明、东方与西方的碰撞。其本质是强权政治与捍卫主权的碰撞。从战略文化角度看，超级大国需要进行哲学上的反思和文化上的自我评判。（李际均《论战略文化》，《中国军事科学》1997 年第 1 期）

信息技术对军事战略的影响　有作者认为，信息技术对军事战略的影响主要表现为：

信息技术拓展了战略运筹的“时空”。信息技术使现代战争以历史上罕见的规模和速度进行，战争空间和时间均被赋予了新的内涵，空间相对贬值而单位时间增值，使传统作战中以空间换时间，以延长时间来夺取空间，进而谋求战略转换的企图难以实现。作战空间和时间的关联较以往松弛，两者在常规条件下难以做到互补。对空间的控制和利用将具有多维性和局限性，对时间的控制和利用将具有瞬时性。任何对时间和空间的利用不当，都将贻误战机。因此，战略指导者必须充分认识现代战争中空间和时间的新特点，牢牢把握两者的可变性，充分而有效地利用“时空”，保证战略运作的高速运转。

信息技术细化了战略打击目标的选择。在现代高技术战争中，信息技术渗透于军队的各个领域，战略系统的运作以多种信息技术装备和大规模的军事信息为物质条件，从而使战略打击目标的选择，不仅包含军队和支撑战争运转的物质力量，而且包含其收集和控制信息的技术系统，并正在跳出纯军事因素的框架，逐步偏重于政治、经济、外交和心理效应。为此，战略打击目标选择的程序和方式也将发生变化。

信息技术丰富了战略手段。由于信息技术使战略对抗方式表现为以信息获取与反获取、信息控制与反控制、信息利用与反利用为中心的多元对抗，从而使实施战略目标的手段和途径多样化。一方面，一些战略武器和手段，一些战略性的战役、战术行动，能够直接达成战略目标，或者对战略全局产生直接影响；另一方面，信息技术在强化传统武器性能的同时，又衍生出许多新的武器系统，从而为战略指导者和战略指挥机关提供了能直接达成战略目标的物质手段。信息技术还使威慑成为达成战略目标的有效途径和手段；提高了间接战略手段的地位和作用；使非杀伤手段的战略应用更为广泛。（张峰《信息技术对军事战略的影响》，《国防大学学报》1997 年第 1 期）

民族文化对军事战略的影响　有作者撰文分析了民族文化对军事战略的主要影响：

民族文化是军事战略思想产生的重要背景。任何军事战略思想虽然产生于一定的社会物质生产和战争实践的基础之上，但它的形成和发展离不开本民族历史和现实的文化背景，都深深烙上民族文化的印迹。而任何一个民族的传统文化，既有其精华，也有其糟粕。历史上一些国家坚持侵略扩张的军事战略思想大多与本民族传统文化中的消极因素有一定的联系。

带有民族文化特征的道德观念、价值取向通过决策者对战略产生无形的、潜在的影响。如中国传统的伦理道德直接制约着历代战略决策者，使得其军事战略强调“非攻”、“仁本第一”，一向把防御摆在重要地位；重视战争道德，强调“有德不可敌”，主张仁义用兵；在战略部署上强调“居中御外”，内重外轻；在战略目标上，把不战而屈人之兵作为用兵的最高境界等。在西方的民族文化传统中，则较少考虑道德因素，更多考虑的是实际利益，强调对外侵略扩张和战略进攻。

民族特点和民族传统影响战略制定和实施。在长期历史发展过程中形成的民族特点和传统是决定一个民族凝聚力的重要因素，同时也作为一种相对稳定的因素对民族国家的行为方式产生重要作用。因此，战略决策者要充分考虑到本民族的特点和传统，制定与之相适应的军事战略，以发挥本民族的优势和潜力。

民族感情和民族情绪影响人们对战争的态度和战略的执行。作为民族文化的有机构成部分，民族感情和民族情绪直接影响人们对战争的态度，进而影响到战略的制定与执行。战略指导者要善于动员和激发民族尚武精神，防止和避免对民族感情消极性、歧视性甚至污辱性的刺激，增强民族凝聚力，去保证战略的执行。

作者还强调，研究民族文化对军事战略的影响，要坚持马克思主义关于民族问题的基本观点；在社会主义条件下，军事战略筹划必须充分考虑到维护民族团结和社会稳定的要求，切实维护中华民族的最高利益；正确估价民族文化对军事战略的影响，要看到它对军事战略的影响主要是潜在的、深层的、间接的，不能代替政治、经济、军事等因素对军事战略的决定性影响，往往融进政治、经济、军事等因素之中对军事战略产生影响。（汪徐和：《简议民族文化对军事战略的影响》，《中国军事科学》1997 年第 1 期）

（汪徐和）

中国现行防御战略有若干特点　有作者撰文指出，中国现行的军事战略，是实行积极防御的战略方针。这一军事战略不仅符合中国的历史传统，而且符合中国现在的社会政治制度和战略利益，即保持一个和平稳定的国际环境，以便集中精力进行经济建设，提高人民的生活水平。中国是一个发展中的社会主义国家，不搞霸权主义，反对强权扩张。中国军队的最高使命是保卫自己的国家和人民，并以此作为发展国防力量的唯一根据。针对国际上一些反华势力别有用心地制造所谓的“中国威胁论”，文章阐述了中国现行防御战略的几个特点。

中国军队一贯坚持自卫立场，决不主动挑起事端。但如果别国把战争强加给中国，中国军民必将奋起反击。台湾是中国领土不可分割的一部分，台湾问题完全属于中国的内政。中国主张并致力于和平解决台湾问题，但不承诺放弃使用武力。武力是迫不得已时对付外国干涉和制止“台湾独立”的最后手段，因而也是和平解决台湾问题的最后保证。在涉及中国主权的问题上，中国政府和人民是决不妥协的，也是不容谈判的。

中国的核战略同样是纯防御性的。中国研制核武器是在面临现实核威胁的情况下被迫作出的选择，中国拥有少量核武器完全是为了自卫。中国单方面承担了其他核国家没有承担的义务，包括不首先使用核武器、不对无核国家和无核地区使用或威胁使用核武器。中国政府一贯奉行不主张、不鼓励、不从事核武器扩散的政策，没有帮助别国发展核武器。总之，中国的核战略完全是防御性的，它只对企图对中国进行核讹诈的对手起威慑作用。

中国的防务开支多年来一直保持在很低的水平上。1979 年以来中国的基本政策是改革开放、发展经济。因此十几年来始终维持低水平的国防开支。无论是军费的绝对数额还是人均军费，或是军费占国民生产总值的比例，中国不仅远远比不上发达中国，而且低于周边的一些发展中的国家和地区。中国的国防开支以维持基本防御需要为限度，这符合中国的和平对外政策和以经济建设为中心的国内政策。

中国致力于建设一支精干的、有战斗力的防卫力量，也就是建设一支具有一定现代化水平的防御型军队。为了达到这个目标，中国政府制定了一系列方针，主要是：精减军队规模和优化军队结构，提高官兵的军政素质，逐步实现军事装备的现代化。中国军队的现代化建设服从国家经济建设的全局利益，在有限的军费内加以安排，不谋求超出防御需要的军事力量。

中国重视加强国际军事交往，共同维护世界和平。中国军队积极地与世界上许多国家的军队发展友好关系，参与联合国维持和平的行动。中国国防科技工业在实行军转民、开发民用产品方面，也进行了广泛的国际合作。（李际均《中国军事思想传统与防御战略》，《中国军事科学》1997 年第 4 期）

大边防观有 4 个方面的内涵　有作者撰文指出，要正确理解现代边防，必须改变传统的线性边防意识，树立大边防观。所谓大“边防观”，主要表现在 4 个方面：

第一，在边防地域上是大纵深的边疆带。现代边防所担负的防御外敌侵略、保障边疆社会安定、促进边疆经济发展和增进对外交流等多项任务，以及用于边防斗争的“超边界”的高技术兵器的出现，都要求现代边防必须更新传统的“边关”思想和“线式”防御方式，扩大边防的防卫纵深、管理区域和警戒视角，在边界线以内较宽阔的边疆地区构建边防体系。这样，才能适应国家安全利益的需要和现代兵器的发展。

第二，在防卫空间上是陆、海、空全方位防管。维护国家领土和主权完整，保卫本民族生存发展的资源和空间，是国家边防工作的基本任务。因此，边防是一种全时空、全方位的军事实践和社会工作。不管有无外来威胁，平时还是战时，和平边界还是敌对边界，陆边、海边还是空边，每日每时都必须对国家的边防进行严密地防卫和管理。

第三，在边防力量上是军、警、民联防。边境和海疆地区，国界线漫长，大部地区地广人稀，有的情况还很复杂，仅靠边防部队难以实现有效的管理和控制。“全民边防”是现代边防的重要特征之一。它在中国现阶段主要体现为“军警民联防”，即以边防部队和公安，边防武警部队为主体的、有广大人民群众参加的军警民联合防卫和管理的边防体制。

第四，在边防手段上是现代交通、通信工具和高技术兵器的综合运用。现代军事技术的进步，使军事行动尤其是在国家的边境地区或超越边界进行侦察、袭扰和打击等活动更为隐蔽和突然。适应这种挑战，边防应配备灵敏快捷的通信工具和轻便高效的作战武器，并拥有“耳聪目明”的警戒侦察手段等。建立与内地相邻地区畅通的交通网络，也是现代边防建设的一项重要任务。（毛振发《关于现代边防的几点认识与思考》，《中国军事科学》1997 年第 2 期）

要更新海洋防卫观　有作者撰文指出，中华民族必须扬弃传统的海防思想，树立新的海洋防卫观念，才能加强新时期海防建设的战略指导。首先，海防地域和空间的观念要更新。由于联合国海洋法公约确认的国家主权和海洋权益，包括领陆、领空、领海以及海底、底土及其一切资源，因此，以往那种以 12 海里领海和海岸为主要地域组织防御的传统海防观已经过时。应将海上防御范围扩大到整个国家管辖海域，即专属经济区或大陆架的外缘。不但要确立国家新的“海防线”和海防战略边疆的观念，而且依照公约赋予的在公海等国家管辖海域以外的若干权益，我们的海上力量也要走出国门，维护国家域外利益。其次，海防职能和内涵的观念要更新。从海防的职能来看，不仅是反对强敌来自海上的大规模入侵，而且要保卫国家海洋岛屿主权和维护海洋权益。从海防的内涵来说，不仅以军事斗争为基本形式，而且应包括政治、经济、文化、法律各个方面。由于海防管理涉及到国家、地方和军队的十几个部门，国家要从政治、经济、军事、外交、法律和科技诸方面，对外开展综合斗争，对内实行统一管理。其三，海防的时效观念要更新。为维护公约赋予我国的主权和权益，海军不仅要完成作战任务，还要进行大量的日常勤务和海防管理，所以必须突破传统的“养兵千日，用兵一时”的时效观念，进行全时防卫。要发挥海军“战争运用”和“非战争运用”两种运用方式。采用非战争方式进行海上军事活动，还具有遏制海上军事冲突和局部战争爆发的功能，可在军事外交、抢险救灾、协助缉私和打击海盗以及国际维和等行动中发挥重要作用。*其四，海防从属陆防的观念要更新*。必须突破传统的以陆防为主，海军只是协同陆上战区作战的观点。海军不仅要重视协同陆上战区保卫大陆国土作战，更应重视独立地或以海军为主遂行保卫我海洋岛屿主权、保卫“海洋国土”及其资源开发活动中的一些作战任务。（刘振环《〈联合国海洋法公约与中国新时期海防建设的思考〉》，《中国军事科学》1997 年第 2 期）

军事高技术对谋略将产生重大影响 有作者撰文指出，军事高技术的发展，不仅使武器装备、作战理论、战争形态等跃升到一个崭新的层次，而且也必然会对军事谋略产生巨大的影响。

军事高技术给军事谋略注入了强大的活力，使军事谋略得到了长足的发展。高新技术在军事上的应用，为战争指导者施计用谋提供了新的物质手段。（1）虚拟现实技术的发展将使“不战而屈人之兵”成为可能。目前，虚拟现实技术在美国等发达国家军队已被广泛用于军事训练、战役战术对抗演习等军事领域。可以断言，随着虚拟现实技术的不断发展，通过在计算机上的模拟就可能知道战争的结局，从而使实现“不战而屈人之兵”这一军事谋略最高目标的手段变得具体、实在。（2）信息技术的发展使“擒王”谋略易如反掌。信息技术为现代武器装上了“耳朵”和“眼睛”，使“擒王”这一谋略原则变得轻松、自如。战争中，敌对的任何一方都可对敌方首脑及敌方指挥控制中心实施毁灭性打击。（3）现代化武器装备使“诡道”谋略大放异彩。“诡道”的核心是隐真示假，以达到乱敌之目的。现代化的武器装备使“诡道”谋略如虎添翼，从而在现代局部战争中演出了一幕幕真假假、虚虚实实的“诡道”活剧来。（4）侦察技术的发展丰富了“用间”谋略的内涵。新型侦察技术及其在军事上的应用，已使“索知敌情，无间也可”成为现实。（5）现代化的技术装备使“攻心”谋略叠出新招。它以超出敌方想象的高技术所施展的“攻心”谋略，会对敌军心理产生巨大的心理震撼作用。（6）计算机技术的发展为“择优用谋”提供了有效手段。随着电子计算机为核心的 C^3I 系统大量装备部队，已把指挥、控制、通信和情报等功能联为一体，实现信息获取、传输、处理、显示和辅助决策的自动化，从而为谋略家提供科学的判断，据以支持谋略优化方案的形成。

军事高技术在给军事谋略带来机遇的同时，也使军事谋略面临着许多严峻的挑战。作为指导战争的军事谋略，在高技术条件下，将主要面临着如下挑战。一是军事高技术为战争突然性加注了强大的“推进剂”，“先谋而后战”的难度增大。现代化武器装备远程攻击能力和奔袭能力以及空运能力的大大增强，使战争的发动者不必远涉重洋就可对千里之外的敌国突然实施战略攻击，或不需要事先对其兵力兵器作集中和展开，军队就可从常驻地域直接开进发起突然攻击。这种“智者不及谋，勇者不及怒”的战争突然性，给防御一方提供的预测战争的可能性和留下的对战争的反应时间，同“先为不可胜，以待敌之可胜”的军事谋略原则，形成了尖锐的矛盾。二是“五维一体”的立体战争，增加了全局谋划的难度。高新技术在军事上的应用，使得以往的战争立体化概念发生了质的变化，使现代战场向陆、海、空、天、电（磁）“五维一体”的联合作战发展。极其广阔的战争空间，诸多军兵种联合作战的复杂局面，无疑对以熟知战争全面情况，掌握战争发展趋势为基础的“立足全局、统筹谋划”是一个极为严峻的挑战。三是战争的高速度及快节奏，给军事谋略适时决策增加了困难。具有较高机动能力的作战部队和反应快、速度快、杀伤力高的各种武器大量投入战场，使作战行动向高速度、全天候、全时辰的连续作战发展，从而令战场的时间效益大大改观。指挥员要想在物流量大、速度快的战场上准确地捕捉战机，从而适时调整、修正既定的军事谋略与以往相比不知要困难多少倍。

更新观念，迎接挑战，发展军事谋略。要使军事谋略适应高技术条件下的局部战争，最主要的就是要树立新的谋略观念。一是大空间作战观念。应冲破以往空间观念的局限，扩大视野，开阔思路，谋划在现有技术装备条件下应付大空间作战的战略战术。二是系统作战观念。现代作战参战的军兵种多、武器装备多、作战手段多，使得作战成为一个相互关联、相互依赖、相互制约的众多作战要素构成的庞大复杂的作战系统。谋划这样的战争必须确立系统科学的观念，着眼整体和全局，进行全面综合的分析，确定最优谋略方案。三是信息制胜观念。以往那种仅把信息作为谋略决策的辅助手段的观念已经过时。在军事谋略上，必须把信息作为比人力、物力、财力等更为重要的战争资源加以集聚、谋划和运用，努力提高作战信息的获取、传输、利用和对抗能力。（王世新、付晓红《军事高技术对谋略的影响》，《现代军事》1997 年 4 月号）

冷战后军事联盟呈现出一些新特点 有作者撰文指出，冷战结束后，军事联盟在世界安全格局中的地位和作用日益突出，其内容和形式也呈现出许多新的特点。

冷战时期形成的目前尚存的军事联盟得到强化。冷战时期，世界军事格局呈两大军事集团对峙局面。

冷战结束后，华约军事集团解体，但美国为首的北约没有因失去对手趋于瓦解，反而扩大其军事联盟。并不顾俄罗斯的强烈反对，于 1994 年 1 月推出东扩计划。其目的在于：填补中东欧出现的“战略真空”；拢住西欧盟国；特别是遏制俄罗斯，防范其东山再起。与此同时，美国改变了冷战结束之初一度在亚太实行的军事收缩政策，把维持强大的联盟作为其在亚太地区推行“预防性防务战略”的基本支柱之一，又强化了同日、韩、菲、泰、澳等国分别建立的双边联盟，其中特别加强了日美军事合作，扩大合作领域和范围，企图利用日美同盟关系确保美军在亚洲前沿的军事部署，借助日本的力量维护亚太地区的“稳定”，牵制中国和俄罗斯。

军事联盟成为大国争夺地区安全主导权的基本工具。几年来，美、俄、欧 3 方围绕应在哪个组织基础上重建未来欧洲安全机制的问题，各有盘算，特别是美、俄之间的分歧十分尖锐。美国主张强化北约，其目的是以军事实力保持其在北约中的主导地位，从而继续保持在欧洲事务中的主导权。俄为了保证其在欧洲事务中的发言权，极力主张在欧洲安全与合作组织的框架上建立未来欧洲安全新的秩序。西欧一些国家尤其是德国、法国也想利用欧安会在欧洲建设中发挥主导作用。然而，美国不允许其它任何组织凌驾于北约之上，因而欧安组织在解决欧洲冲突上的作用十分有限。俄罗斯近年来正通过军事一体化的发展，把独联体建成一个独立于北约的军事政治联盟，以此抵御北约东扩，作为在欧洲安全格局中谋求与美国平等地位的实力基础。西欧联盟是一个没有美国参加的西欧国家军事组织。它以多次在国际上执行军事任务和组建欧洲军的行动，表明欧洲国家试图在军事、政治方面独立于美国和北约的意向。目前北约正面临着来自两个方面的挑战：一个是独联体，另一个是西欧联盟。美、俄、欧之间在争夺欧洲安全主导权的问题上的斗争将会长期存在。

单一性军事联盟向综合性军事联盟转变。随着当今世界“国家安全”的内涵不断扩大，传统的单一性军事联盟尤其是那种主从型的军事联盟，由于有损于一些国家的主权和政治经济利益，正趋向没落。相反，那种将军事寓于政治、经济、科技、文化等问题之中的综合性军事联盟却得到进一步发展。例如北约为适应欧洲政治军事形势的深刻变化，其职能和作用已发生重大变化。首先，军事组织的作用日趋缩小。其次，联盟的政治职能有所加强。其三，把“维和”作为北约新战略的一项新内容。从而实现其从单一性军事联盟向综合性军事联盟的转变。

军事联盟的模式日益多样化。随着世界多极化政治格局日益发展，军事联盟的模式也呈多样化。一是军事联盟的组成不是按意识形态，也不是单纯的地缘关系，而是多重利益的制约和联合。二是在军事联盟之间内部，盟国之间过去的“主从”关系转化为今日的“平等伙伴”关系。三是中小国家“集体安全”意识增强，它们组建新的军事联盟，力求通过联盟加强各自的力量。四是针对特定的国际问题所形成的临时性军事联盟，可能成为一种新的发展趋势。（林志远《当代军事联盟面面观》,《国防》1997 年第 12 期）

（晓　雪）

美国军事战略问题研究 **美国提出“营造、反应、准备”军事战略** 克林顿政府于 1997 年 5 月提出了新的“营造、反应、准备”军事战略，这是冷战后美国出台的第 3 个军事战略。与前两个军事战略（“地区防务战略”和“灵活与有选择参与战略”）相比，该战略有以下新特点：

强调未来可能出现“势均力敌的全球对手”。美国防部在对近期国际安全形势进行全面分析之后，认为，从现在到 2015 年，美国处于一个“冷战后过渡时期”，是个“战略间歇期”。在这一段时期内，世界不大可能出现能与美国分庭抗礼的国家，全球规模战争的威胁将进一步大大减弱；美国的意识形态、价值观念及市场经济模式将被世界许多地方所接受。这就为美国促进和平、繁荣和加强国家之间的合作提供了“战略机遇”。但美国仍面临着一些重大挑战，主要威胁有四：一是地区性威胁；二是先进技术和武器的扩散，三是跨国性危险，如恐怖活动、非法毒品交易、国际有组织的犯罪及难民失控等；四是“非对称”袭击，是指敌性国家针对美国的弱点，运用非正规手段发动的袭击，如核、生、化武器威胁，信息战以及环境破坏等。美国防部在对“远期”国际安全形势进行分析后，认为形势严峻，2015 以后，有可能出现一个地区性强国或势均力敌的全球对手。并首次明确提出俄罗斯和中国有可能成为美国的全球对手。（摘自美国 1997 年 5 月提出的《4 年防务审查报告》）

强调要用多种多样方式对付威胁，重点是“打赢战区级战争”。新军事战略对美现行的军事战略进行了全面审查，认为现行的军事战略存在不少问题，主要是对未来的全球国际安全环境缺少一个全面的、深刻的分析；对信息时代科学技术发展缺乏一个系统的、科学的考查；对武装力量建设和运用缺乏一个总体规划。为了改变这种状况，以满足多种多样的作战任务需求，美国防部根据“威胁多元化”的理论，正式将“营造”、“反应”、“准备”作为其新军事战略的核心，指出所谓“营造”系指采用外交、国际援助、军控、不扩散大规模杀伤性武器和军事行动等一系列手段，按有利于美国的利益和全球安全方式营造国际安全环境。所谓“反应”系指对世界上各种危机作出迅速有效的反应。这些危机主要指跨国性威胁、小规模突发事件和大规模战区性战争。所谓“准备”系指从现在起就着手准备应付未来难以预测的威胁，目的是防止出现一个地区性强国或势均力敌的全球对手。(摘自美国 1997 年 8 月提出的《国家军事战略》报告)

强调面临“潜在的核威胁”首先以“威慑”慑止。新军事战略认为今后美国还继续面临着潜在的核威胁。1997 年 12 月美报刊披露了美新的核战略，称经克林顿批准美军放弃了“打赢一场核战争”的战略目标，把战略重点放在了“遏制核战争”的目标上。同时指出虽然核武器在国家安全战略中的作用有减弱，但它仍是国家安全的基石。美国将保持“三位一体”的战略核威慑力量；将保持首先使用核武器的权利；将继续保留核袭击名单。这个名单除仍以俄罗斯为主要袭击目标外，首次把中国也列为其袭击目标。并将制定袭击其他国家的计划；将继续奉行核裁军政策，准备与俄罗斯进行新的一轮核裁军谈判。新核战略在战略指导上发生重大变化，由以往注重实践，强调把“打赢一场核战争”调整为“遏制核战争”，强调首先是威慑尔后才是实战，从而显示出其更具灵活性和进攻性的特点。(摘自美国 1997 年 4 月提出的《国防报告》)

强调要建立一支新型的“世界独一无二”的“全能部队”。新军事战略对美军提出的建立一支“21 世纪部队”的构想作了进一步阐述。指出，它将是一支全能部队，既有海外军事存在的能力，也有从本土向海外投送的能力。美国计划 2010 年建成这样的全能部队，并使之具备以下“5 大技能”，第一，必须拥有一支由卓越指挥官指挥的高素质部队；第二，必须在全球拥有能作出早期战略预警的情报系统；第三，必须拥有能及时、准确进行传递的全球通信系统；第四，必须保持制天权；第五，必须保持制海权及制空权。为了达到上述目标，美计划采取以下重大举措，一是实行精兵政策，重点裁减支援部队；二是逐年加大对国防现代化建设投资。三是调整三军发展战略，提高联合作战能力。其中，陆军主要是提高灵活应变能力；海军主要发展由海向陆的投送力量和远征作战能力，以及对海洋控制能力，由现在的“由海向陆”调整为“前沿……由海向陆”的发展战略；空军主要是发展航天航空力量，提高对四维空间控制能力，由现在的“全球力量、全球抵达”调整为“全球参与”的发展战略。(摘自美国 1997 年 5 月提出的《4 年防务审查报告》)

强调开展“军事革命”，争取全面军事优势。新军事战略指出，全面优势是 21 世纪美国武装部队追求的核心目标。为此，美国必须继续开展军事革命，争取全面优势。(1) 建立“高素质”人才结构。美军提出高素质的“人”是美军最基本的力量源泉。因此，征召和保留高素质人员，对维护美军优势至关重要。(2) 开发“世界上最先进的”指挥与武器系统。美国防部提出，为了保持美军的技术优势，迫切需要对其进行一次大规模现代化建设。在 2015 年前美军将集中力量主要发展世界上最先进的指挥与武器系统。其中，高级自动化指挥与控制一体化系统是发展的重中之重。(3) 启用新的作战样式——新型的“联合作战”。美军将其作为未来作战的基本样式。指出，它不是一般意义上的三军联合作战，而是建立在信息优势基础上的航空、地面、海上和航天联合作战。它将用“空地海天一体”作战理论取代“空地一体”作战理论。这种联合作战大致可分为美军诸军种联合作战和多国部队联合作战两种形式。未来的指挥官必须具有指挥多军种、多国籍联合部队的能力，才能产生最佳效应。(4) 提出新的联合作战的“作战原则”。根据新的作战样式，首次提出的新作战原则主要有五条：一是制敌机动的原则。即通过多方位运用信息、作战力量和实施机动使分散配置的空中、陆上、海上和航天部队形成“非对称”优势，完成指定的联合作战任务。这一原则旨在通过机动行动样式取代阵地行动样式，使部队通过控制作战空间来获取决定性优势。二是精确打击的原则。即通过高技术手段在战役范围内对所有目标实施精确的侦察、定位和打击，做到全部目标毁伤精确化。这一作战原则决非单一的精确打击，而是对各种精确的作战能力的综合运用。三是全维保护的原则。即利用高技术，通过控制四维(陆地、海洋、天空、太空) 作战空间，制约敌人，保护自己。全维保护的先决条件是要确保对作战空间的控制权，通过为各级部队和设施提供多层的防御，保证部队在部署、机动、展开和作战过程的行动自由。全维保护以信息优势为基础。它在确保己方部队有效作战的同时，还将削弱敌人的进攻机会。四是聚焦后勤的原则。即将信息、后勤部队和运输手段融为一体，通过自动化补给网络系统，对危机作出快速反应。它将由目前的逐级式保障体制向聚焦式保障体制转变，将各战略、战役和战术单位各种所需的物资和勤务及时投放到前沿危机地区，直接满足分散单位和机动部队的需求。五是夺取信息优势的原则。该原则要求在信息收集、处理、分发、利用等四个方面均具有绝对优势，同时还能阻止对手具有同样的能力。它是美军一切作战原则赖以实现的基础。(摘自美军

《2010 年联合构想》，美国《联合部队季刊》1996 年夏季号）

*强调强化海外军事存在，组建新的安全体系。*新军事战略提出，要建立统一的地区政策，从强化海外军事存在和加强与盟友合作两个方面推进海外工作，以便继续发挥美国在全球的领导作用，保护美国在全球的国家利益。其设想如下：（1）建立统一的地区政策。奉行欧亚并重、兼顾中东的政策，通过分别组建新的安全体制，营建“欧洲大西洋伙伴委员会”和“亚太共同体”，力图实现东西双向推进，达到美国控制全球目的。（2）强化海外军事存在。继续在海外永久驻军、修建基础设施和储存装备，加强与盟友军事演练，并在中东地区执行“机动部署”方案。（3）加强与盟友合作。美国应进一步强化双边、多边联盟，制定新的作战计划或合作计划；加强与各个地区国家的接触与对话；积极筹组新的安全体系。为了在欧洲建立新的安全体系，美国支持北约“东扩”。同时计划在亚洲建立一个以日美军事同盟为核心，以日本、韩国等条约国为基础，有多国参加对话的新安全体系。在中东除保持一定的驻军外，计划扩大与中东国家地区合作，加强和平对话，建立新的安全关系。综上可见，新军事战略虽在海外政策上无大变化，但是向前苏联势力范围扩张步伐明显加快。（摘自美国总统 1997 年 5 月提出的《新世纪国家安全战略报告》）

（温味儿）

美国国防部《4 年防务审查报告》指出，美“营造、反应、准备”军事战略是针对从现在到 2015 年美国安全所面临的一系列重大挑战，为维护和增加美国家利益而提出的。营造有利于美国利益的国际安全环境，对各种危机作出有效反应，为对付未来不确定的挑战做好准备，这 3 方面是该军事战略的核心内容。

*营造有利的国际安全环境。*美国政府认为，在和平时期，除运用外交、经济、贸易等手段来维护和保卫美国利益外，军事力量同样也可以为实现这一目的服务，强调军事力量“和平时期参与”的功能。（1）增强地区稳定。在对美国利益至关重要的地区，美军除通过加强与其盟国及友好国家的关系来维持地区稳定外，还要与非敌非友国家保持接触，发展建设性的安全关系，防止这些国家将来发展成为美国的对手，同时还可在对付核、生、化武器扩散等地区性问题上进行合作。（2）防止或减少冲突威胁。通过防止大规模杀伤性武器及技术的扩散、控制军备竞赛、减少冲突发生的条件等手段，防止或减少冲突，以较少而及时的投资替代规模较大而代价高昂的军事行动。（3）慑止侵略与高压政策。保持美军在和平时期的海外部署和提高核武器性能，使美国潜在的敌人不敢对美国及其盟国发动常规攻击和核攻击，从而达到“不战而和”的目的。

*对各种危机作出反应。*美国政府认为，尽管通过营造对美国有利的国际安全环境，达到“不战而和”是美国的首选目标，但在许多情况下，美国也不得不对各种危机做出反应，并具备应付各种危机的能力。（1）在危机中“慑止侵略”。美国政府认为，当某一危机发生时，美军迅速而有效的反应能力（包括快速向有关地区部署军队、实施有限打击等）将会产生明显的威慑效果，可防止危机进一步升级。（2）应付小规模突发事件。对于各种突发性事件，美军必须依据事件对美国利益的影响程度，实施有选择的干预行动（包括炫耀武力、有限打击、反恐怖主义行动、维和行动、人道主义救援等）。（3）打赢大规模战区战争。未来危机的最高形式可能是大规模战区战争。这就要求美军必须具备能迅速击败敌人在到达目标前发起的首次进攻，能在核生化战争和信息战等条件下达成战争目标、能从全球参与状态转为进行大规模战争的作战状态等三种能力。

*为对付未来不确定的挑战做好准备。*美国政府提出要做好准备，以应付将来可能出现的各种挑战。（1）推进武器装备现代化，以继续保持美军的军事优势。（2）发展军事革命。在强调继续进行包括 C^4ISR（指挥、控制、通讯、计算机、情报、监视、侦察）系统在内的军事技术发展的同时，美军强调也要进行作战思想与编制体制方面的变革，以便把“硬件”与“软件”的发展结合起来。（3）进行“经营革命”，即进行国防管理与采购体系的革命，以提高后勤保障的效率。（摘自美国防部 1997 年 5 月提出的《4 年防务审查报告》）

（晓　雪）

美国推出新核战略　有作者著文报道，1997 年 11 月底，美国总统克林顿下达指令，要求国防部长和参谋长联席会议主席对美国现行核战略作出调整。根据这项指令，美国核力量的任务将不再是立足于打一场持久的核大战，而主要以核威慑来阻止别国对美国及其盟国使用核武器。

*新战略出台的背景和原因。*里根总统 1981 年 10 月签署的《国家安全第 13 号指令》，要求美国核力量必须准备打赢一场旷日持久、可能会毁灭全球的全面核战争。美国 16 年来首次对核战略作正式调整，标志着美冷战后核战略的正式出台。这次核战略调整是由几方面的因素促成的：一是冷战结束后，爆发核大战的可能性已大大降低。二是美国不得不承认，在互相用核武器打击对方的大战中，没有一个国家将成为

赢家，三是美国可削减为维持核武库的高昂费用，也有利于进一步削减美国的核武器数量。

新核战略的特点。　美国新核战略仍带有浓厚的冷战色彩，存在许多自相矛盾之处。首先，尽管该指令承认，“现在核武器在美国的核安全战略中的作用比核时代的任何时候都要小”，但仍继续把核武器作为美国国家安全战略的基石，要求其继续保持高度戒备状态，并扩大了可能进行核打击目标的清单。第二，虽然该指令强调美国核力量的目的是遏制对手对美军及其盟国使用核武器，“而不是用核武器打仗”，但仍坚持可以首先使用核武器的政策。第三，美国一方面承诺致力与中国建立建设性战略伙伴关系，另一方面，美国新核战略又重新把中国列入其核打击目标的清单。此外，尽管美国承认冷战结束以来俄罗斯已发生许多变化，但仍将俄罗斯视为潜在的核威胁，继续将俄罗斯军方和非军方战略领导机构以及战略部队作为核打击目标。

新核战略对国际安全的影响。(1) 由于美国裁减核武器的进展有限，其核武器数量仍足以毁灭世界。(2) 新的核战略要求美国战略核武器保持高度戒备状态，确保美国可在来袭的弹头爆炸之前发射其核武器。这就存在着因事故或判断错误而意外发射核导弹的危险。美国继续坚持首先使用核武器的政策，将增加在冲突中实际使用核武器的可能性，并使一些核门槛国家有理由不放弃核选择。(3) 美国在继续把俄罗斯视为潜在核威胁的同时，扩大可能进行打击的目标的清单，不利于冷战后大国之间建立稳定与合作的关系，也不利于地区形势的缓和。(立平《克林顿核命令后的美国核战略走向》，《外国军事学术》1998 年第 4 期)

美国新亚太安全战略有 5 个特点　有的作者撰文指出，冷战结束后，美国对其在亚太地区的安全战略做出较大幅度的调整。新亚太安全战略有下述 5 个特点：

(1) 战略目标由主要对付苏联挑战转为防止重新出现对美构成威胁的力量。苏联解体后，美国力量在亚太地区虽处于优势地位，但美仍认为，美国面临机遇，也面临挑战。俄罗斯民族主义情绪日趋强烈；中国力量不断增长，政治地位不断提高；日本凭借经济实力，积极谋求政治大国和军事大国的地位；东盟的影响也今非昔比。亚太地区已初步形成多元化格局。为此，大力巩固地缘优势，“防止出现与美为敌的霸权国家”，已成为美国当前及今后一个时期的战略目标。而俄罗斯和中国将是其主要防范对象。

(2) 重视构筑维护美国霸权的安全格局，重点加强安全联盟关系。首先，美国重点强化了与日本的安全联盟。通过修改安保条约，赋予联盟以新的任务，给了日本更多的防卫自主权，“使日本正式承诺在其边界以外发挥军事作用”，并将防务合作范围从“日本周边地区”扩大到整个亚太地区。一旦亚太地区“有事”，美国不仅能够以日本为基地出兵干涉，而且还能得到日本的勤务支援甚至战斗支援。其次，通过发表《悉尼宣言》，美国提升了与澳大利亚的联盟关系。美还促成日澳接近，共同参加以美为首的联合防务，从而使 3 国形成较为巩固的三角同盟。第三，美国不断加强与东南亚地区国家的军事合作，以获得美军舰在其港口停靠、补给或使用军事基地的权利。四，美国加大与中亚地区和蒙古安全合作的深度和广度。此外，重视与该地区的多边安全合作和安全对话，并极力将“东盟地区论坛”纳入美国主导下的安全合作框架。

(3) 强调在亚太地区保持一定规模驻军，重点部署一批高技术武器装备。为保持应付地区危机和冲突的能力，美国强调将继续在亚太地区维持 10 万驻军；扩大了太平洋战区指挥权限，增派先进作战飞机及水雷对抗舰艇等武器装备；在韩国等国家部署“爱国者”Ⅱ型导弹；与日本、韩国甚至台湾一起研制、部署“战区导弹防御系统”。情况表明，美国正采取“数质兼顾、突出质量”的方式，强化其技术优势，全面提高美军战斗力，为其干预亚太事务提供有效物质手段。

(4) 既强调实战，又强调危机预防。当前，在没有现实威胁的条件下，美国在保持战略核威慑的同时，利用高技术优势，立足于实战，注重提高美军的战备水平和干预危机的能力，并提出要在亚太地区打赢一场大规模战区战争。同时，美国针对亚太地区潜在威胁“难以捉摸”的情况，加大了对危机的预防力度，将原来的“预防”、“威慑”、“战胜”3 原则发展为“营造”、“反应”、“准备”，即通过更为积极的军事活动，配合政治、外交活动，营造对美有利的战略环境；当“营造”活动失败后，美军将对各种危机作出迅速有效的“反应”；“立即着手为对付不确定的未来威胁作准备”。

(5) 强调以朝鲜为主要作战对象，同时扩大军事干预的对象和范围。美国认为，朝鲜在大力扩充军备，加之近来朝国内经济困难，南北之间政治风波迭起，故存在着朝“冒险南侵”或向美国发起“非对称性进攻”的可能性。为此，美把朝鲜视为在亚太地区的主要作战对象，对其保持军事压力和威慑。同时也准备对其他危机进行军事干预，美国越来越重视对海上通道的控制，其中特别关注中国台湾海峡和南海局势。近年来，美多次与盟国举行以台湾海峡为背景的军事演习；在南海问题上，袒护与中国有争议的国家。当前美国亚太安全战略可概括为“一个重心、两个重点”，即以朝鲜半岛为重心，以台湾和南海为重点。（宋雪峰《当前美国亚太安全战略的特点》，《外国军事学术》1998年第4期）

（韦 肖）

美学者论美对华遏制战略和海外平衡战略 美国海军进修学院客座副教授克里斯托弗·莱恩在美国《世界政策杂志》1997年秋季号撰文，论述了美对华遏制战略必将失败的结局，并提出所谓“海外平衡战略”。文章指出，克林顿政府最近强调美日安全关系时，更多的把重点放在战略合作上而不是双边经济问题上，表明美国已经暗暗采取了一项遏制中国的总战略。这种遏制战略最终将给美国造成麻烦。首先，遏制政策可能加剧安全方面的问题，使中国真的成为敌人。第二，如果同中国的和平取决于北京是否愿意接受美国在东亚的霸权，并以不能成为强国为代价，那么未来中美发生激烈对抗几乎是肯定的。第三，随着中国成为强国，遏制将使美国招致中国的敌对。第四，随着中国和该地区其他国家军事力量的不断增强，美国延伸威慑战略的可靠性将下降。为此，美国迫切需要重新审查它的霸权战略，因为这种战略正在迅速变得难以持续，原因是多方面的，特别是延伸威慑的可靠性性必然的降低和美国相对实力的不断下降。从美国霸权战略的逻辑推理中可以看出为什么这种战略会必然失败。首先，要保持美国的主宰地位，就不能允许出现任何新的强国。第二，要使“友好”的潜在强国，如日本，不谋求这种地位，美国必须承诺保卫它们，使它们的安全不受到威胁（因而也不必发展自己的军事能力）。否则，如果美国允许其他国家保卫自己的利益，结果将会导致地区动荡。使美国在东亚的经济利益受到危害。由于美国不能防止新的强国的出现，因而将很快失去保证东亚安全所需要的军事和经济手段。为此，美国有必要调整战略，可取代霸权战略的现实而可行的办法是海外平衡战略。这种战略，可使美国逐渐在军事上脱离东亚，让国际政治中那种正常的力量平衡行为来遏制中国。美国不是自己直接与中国对抗，而是让该地区其他国家（包括日本、印度和俄罗斯这类潜在的强国以及中等强国）承担遏制中国和对付中国崛起的责任。美国多数战略家会反对海外平衡战略，因为这种战略可能使日本“重振国家雄风”。然而，归根结蒂，美国既不能阻止中国成为强国，也不能阻止日本成为强国。实际上，不管美国是否继续在军事上介入东亚，中国上升为强国（以及人们对美国安全保证可靠性越来越大的怀疑）将大大刺激日本成为战略上依靠自己的强国。美国不应担心日本成为强国，而应该利用这一点。美国最理想的战略不是力图同时遏制中国和日本，而是使中国和日本互相遏制，美国在安全的距离外旁观。从现实情况看，尽管美国人不认为日本是军事强国，但是日本已经接近于军事强国。日本有占世界第三位的国防预算、装备极好并且训练有素的自卫队、先进的高技术国防工业，并且实际上已经是核国家。为此，应该利用它的军事能力来为美国的遏制中国战略服务。必须承认没有军事上强大的日本的援助，华盛顿不能成功地遏制中国。

美国的最佳战略是海外平衡，让日本和中国这两个天然的对手互相抗衡，美国作为海外起平衡作用的国家，能从东亚的多极中得到两大战略好处。第一，东亚国家之间的争夺将迫使这些国家把资源从经济发展转入国家安全，其结果是美国的相对力量增强。第二，日本和中国都是美国在东亚的地缘政治对手，可以让它们互相遏制，美国不必冒直接与其中的一个对抗的危险。当然，采取这种战略意味着美国必须放弃认为美国霸权能够维持的幻想，必须放弃意识形态方面的许多抱负，甚至必须重新考虑美国对台湾作出的安全承诺。（克里斯托弗·莱恩《不可靠的计划：美国对华战略》，美国《世界政策杂志》1997年秋季号）

美国对其联盟战略进行调整 有作者撰文指出，冷战结束后，美国为继续推行其全球战略，开始对其联盟战略进行调整。

美国联盟战略调整的主要内容。（1）巩固原有联盟体系，扩大联盟职能范围。冷战后，在联盟关系失去以往存在基础的情况下，美国强调继续维持原有的联盟体系，并力主扩大联盟的职能范围。在欧洲地区，积极推动北约东扩，力争将北约的责任区扩大到东欧国家，使包括俄罗斯在内的中东欧、波罗的海和独联体等27个国家加入北约的“和平伙伴关系”计划。与此同时，北约的职能范围也得到进一步扩大，由原来保护盟国免遭侵略，扩大到对付北约之外地区的不稳定因素，把“维持和平”作为新时期北约的一项战略内容。在亚太地区，美国继续维持美日、美韩及美澳新条约，并将美日联盟关系作为其亚太安全战略的基石。通过重新确立新时期日美军事合作方针，把美日军事合作的地理范围由以往的远东地区扩大到整个亚太地区。（2）重视发挥盟国作用，强调与盟国建立“平等的伙伴关系”。冷战结束后，美国一改过去以盟主自居的立场，重视与盟国的协商、协调与合作，充分发挥盟国的作用，强调与盟国建立更为“平等的伙伴关系”。美国支持欧洲成立一支没有美国部队参与、纯由北约欧洲成员国组建的海、陆、空多国多军种特遣部队；到北约防区以外执行作战、维和或

处理危机等任务；通过《日美安全保障联合宣言》，使两国间军事合作关系正由美国保卫日本加快向双方共同分担责任的“平等伙伴关系”发展；将部分“美、韩联合部队”指挥权交给韩国，要求韩国为其自身防务承担更大的责任。(3) 扩大地区防务合作，重视多边安全机制建设。冷战结束后，美国在维持正式联盟关系的同时，还与一些非联盟性质的友好国家签订了军事准入和合作协议。通过提供武器装备、举行联合军事演习，增强了在该地区的影响。此外，美国还非常重视多边安全机制的建设，从4个层次上推进亚太多边安全保障体制的建立。第1个层次是美、日、韩，第2个层次是美国与东盟，第3个层次是美、中、俄，第4个层次是美国与南亚国家。

美国调整联盟战略的原因。(1) 谋求世界霸权是美国联盟战略调整的主要动因。冷战结束后，美国作为当今世界唯一的超级大国，正试图依靠联盟体系来继续扩大其影响，维护美国在全球的主导地位。在欧洲地区，美国极力推进北约东扩，在亚太地区，美国继续依靠和加强与亚洲国家的双边军事联盟，特别是与日本的联盟关系，巩固和扩大在亚太地区的影响力，争夺对亚太事务的主导权。(2) 实力相对下降是美国调整联盟战略的内因。冷战结束后，美国虽然保住了“世界霸主”的地位，但综合实力却相对下降。不得不借助联盟的力量，去做自己想做而做不到的事情，进而把更多的精力放在解决国内问题上。同时，冷战结束后美国国内孤立主义逐渐抬头，要求政府减少对外干涉的呼声不断高涨，使美国政府不得不将一些国际问题推给盟国，以减轻自身的负担、安抚国内民众。(3) 盟国自主意识是美国调整联盟战略的外因。冷战结束后，随着苏联威胁的消失，以及自身实力的不断增强，盟国要求提高防卫自主性的意识日趋强烈，不同程度地希望减少对美国的依赖，甚至摆脱美国的控制。面对盟国的强烈要求，美国在自身实力下降的情况下，不得不顺水推舟给予盟国更多的自主权，以维系联盟体系。值得指出的是，美国在调整与盟国关系的同时，并未放弃对盟国的控制以及与盟国的争夺，联盟战略的调整只是策略与手段上调整。插手盟国、控制盟国、推行霸权主义是美国的既定方针。(徐辉、朱崇坤《冷战后美国联盟战略的调整》，《外国军事学术》1997年第4期)

美国调整信息战战略 有作者撰文阐述了美国信息战战略及其调整问题。

信息战战略已纳入美国家安全战略。美国国会、国防部和安全情报部门对信息战战略给予高度重视，从1996年下半年相继提出一系列研究报告，指出，人们应认识用信息战方法破坏和保卫基础设施的重要性和严重性。信息战可造成大范围的社会瘫痪，这显然属于国家范畴的安全问题；要像当年发展原子弹的曼哈顿计划那样强化美国应付信息战的能力；联邦政府应改变目前各自为政的情况，成立统一的负责保障国家基础设施的管理局，并把涵盖军民各方的“综合信息战战略”作为一项国家战略。为此，美国已着手成立“保护国家要害基础设施总统委员会”，以对付信息战的实际威胁。

信息战战略的主旨是进行网上战争。从美国出台的《战略信息战——全新的战争手段》(兰德公司完成) 等3份报告中，可反映出美国信息战战略的一些新观念和看法：(1)“战略信息战”，亦称“信息基础设施战争”。它是指以信息战武器，通过信息网络对一个国家赖以生存的基础设施和基本信息资源进行软破坏或软摧毁。由于其破坏后果不亚于实施核打击。因而这种信息战就必然具有政治性、战略性。战略信息战的实施既可借助于军事设施，也可使用非军事设施（如 INTERNET 网）；既可由敌对国家的国家机器发动，也可由有敌意的非政府组织甚至个人（如“黑客”）发动；既可来自境外，也可发自境内。这样，传统的前方与后方的界限、军用与民用的界限、战争与犯罪的界限都变得模糊了，而传统的战术警报和战略预警体系、传统的情报搜集分析方法也面临新的挑战。(2) 战略信息优势。要赢得战略信息战必须保持战略信息优势。拥有这种优势，可用信息威慑取代过去的核威慑，用信息封锁补充现在的经济封锁，从而在世界政治、外交中起到战略性的力量倍增作用，在解决局部战争方面发挥主导作用，在反恐怖、反毒品、反核武器扩散方面发挥关键的信息支援作用。(3) 信息保护伞。美国通过提供预警信息和有选择地与其他国家分享信息，可使其他国家处于美国的保护之下，并有效地加以控制和驾驭，以保持美国的领导地位。(4) 网上信息谋略。由于信息网络是一种新媒体，运用多媒体技术，能轻而易举地篡改任何报道或图像内容，美国可进攻性地使用 INTERNET 网，进行信息心理战，达到非常规战争的目的。

信息战战略是指导国际军事斗争的新方略之一。(1) 两个时代的同时到来。冷战后时代和网络信息时代几乎同时来临，有偶然性，也有某种历史联系（苏联的崩溃与其信息战略失误有一定的关系，它先是对信息化采取孤岛政策，然后又在西方舆论信息攻势面前完全解除武装)。冷战格局的结束和信息技术的发展，使各种基础设施的防卫与安全越来越依赖于其信息中枢应付攻击的能力。在冷战后对抗形式发生变化，局部战争和民族冲突不断的形势下，信息手段在对抗中的运用形式也相应有所改变。INTERNET 网正被利用在诸如波黑战争、莫斯科政变、黑西哥内战中，以达到介入者的政治目的。(2) 两种调整趋势的碰撞。冷战结束后，国际新秩序的调整主要表现为相反相成的两个方面的趋势。一是全球经济趋向一体化。这使得冷战时期单一的安全观正在演化为相互依赖的安全观和综合的安全观；二是各国首先考虑的还是本国本民族的利益。信息技术领域也遇到了同样的矛盾。计算机网络所提供的全球信息环境进一步加强了地区间的联系，推动着经济全球化的进程。但另一方面由于信息的控制权是国家主权的重要体现。出于对国家主权和民族文化的维护，各国都在加强对信息网络的监控，并对国家信息基础设施采取信息安全措施。(3) 两种格局前途的斗争。冷战后的国际格局向多极化发展，但是美国以唯一的超级大国自居，追求单极化，使多极格局和单极格局的斗争愈演愈烈。而网络信息革命为其主宰世界和推行强权政治提供了难得的机遇。为充分利用其在信息资源方面所占有的领先优势，美国于 1992 年提出信息高速公路计划，使之成为全球信息基础结构的骨架，以便控制未来的世界信息网络；接着，又将 INTERNET 网由一个国防网转向发展成为国际信息网，现已雄居主流；现又在为未来的全面信息战进行舆论准备、立法准备和组织准备。(4) 两难的美国信息战战略处境。任何事物都具有两面性，绝对信息优势也有随时转化为劣势的危险。第一、美国建设了世界上最发达和最复杂的信息网络体系，因此受攻击的点最多，脆弱性也最大。第二、美国要占领和控制世界信息市场就必须输出先进软硬件和加密技术，从而使信息和知识也易于为别国所掌握。第三、美国率先开发了信息战软破坏技术，但是反过来又使对手可以用低成本的战略信息战手段打击美国。第四、美国可以用民意导引，舆论导向对别国开展心理战，别国也能以其人之道还治其人之身，从而使美国处于两难境地。(何德全《美国信息战战略的调整》,《外国军事学术》1997 年第 2 期)

美空军将以“全球参与”战略取代“全球抵达、全球力量”战略　1996 年 11 月 21 日，美空军部长威德诺尔和空军参谋长福格尔曼上将宣布，美空军将以新的“全球参与”战略取代“全球抵达、全球力量”战略。这标志着美空军为适应冷战后局势所做的结构调整和规模削减已基本结束，美空军已进入面向 21 世纪发展的新时期。

“全球参与”空军战略的主要内容。“全球参与”战略的核心是将美空军由空中力量建设成空天力量，掌握并保持制空天权。该战略认为，为使美空军成为联合作战的骨干军种，保证联合作战的顺利实施，美空军必须具备以下 6 种能力：(1) 空中与空间优势。夺取并保持制空天权，能够保证己方在陆海空天战场军事行动的自由，同时剥夺敌方行动的自由。(2) 全球快速机动。美空军作战部队必须能够迅速有效地对全球任何地点的危机事件作出反应，并形成压倒优势。美空军空运部队必须保证将美军人员、装备和给养及时投送到全球任何地点，保证联合作战后续力量、物资和供给，成为联合作战的空中桥梁。(3) 全球打击。美空军的核与常规两种全球打击能力是美军核与常规威慑能力的重要组成部分。在必要情况下，美空军核作战能力将在战区范围内起决定性作用。随着美海外空军基地的缩减，未来美空军全球打击将以本土远程奔袭作战为特点，空基武器的作用也将日益提高。(4) 信息优势。在空天信息系统方面美空军占有“地位”优势和技术优势，未来联合部队主要通过空天信息系统提供信息支援，夺取信息优势是美空军的核心能力。美空军将进一步加强进攻性和防御性信息战能力，开发无人驾驶飞行器在侦察和作战方面的潜力，建立无缝的 C^4I 系统，为联合作战提供全方位、实时的信息保障。(5) 精确打击。根据美参联会提出的未来联合作战原则，美空军将继续提高精确打击能力，以先进的信息系统、武器系统和灵活的打法，发现、追踪敌目标并给予有针对性的打击。(6) 灵敏作战支援。及时准确地根据战场需求信息对作战部队实施按需供给，既可节约作战资源，又能减少作战支援各环节的物资和人员流动，减轻防护作战的负担，从而在整体上提高作战效益。美空军将首先对远征作战部队实施灵敏支援，尔后在时机成熟时向全军推广。

“全球参与”战略的意义和弱点。(1) “全球参与”战略的意义和影响。它是美空军在新时期谋求新发展、保持跨世纪实力优势的一个重大举措。其意义在于：一是明确了控制空天对美国安全利益、经济利益所具有的巨大战略作用，将美空军逐步发展为空一天军；二是强调美空军信息战能力对于美军整体信息战能力的极大影响，从而将夺取信息优势提到新的高度。(2) 美空军“全球参与”战略的实施不会一帆风顺。由于 2000 年以前，美国防经费不会有大幅度增长，该战略的实施首先会遇到经费方面的困难。其次“全球参与”战略的主要着眼点是发展美空军的作战能力，但美军经常遂行的是非战争军事行动。这类行动不仅耗资巨大，而且对美军正常的战备训练造成负面影响，从而在资源、时间和精力等多方面牵制美军的发展。(3) 美空军“全球参与”战略的致命弱点在于，没有明确的针对性。由于美综合国力相对衰弱的趋势不可逆转，因此美国想要获取世界空天军事领域全面优势的战略构想，是美国国力所无法承担的。同时，其他国家军事能力的发展完全有可能打破美国空军不可能完全实现的“全面优势”。另外，各国军事技术的发展进一步有利于攻击能力的培养，即在受敌打击的同时，也能给敌以重大打击。美国内舆论很难接受重大的人员伤亡和较长时间的作战，这就给美空军的可使用性画上了问号。（吴启中、吕德宏《迈向21世纪的美国空军战略》，《外国军事学术》1997年第7期）

美空军参谋长强调美应保持空中和太空作战优势

据美国《航空与航天技术周刊》报道，美国空军参谋长罗纳德·福格尔曼将军最近在传统基金会发表演讲时，论述了美国空军在21世纪的战略远景。

他说，我们必须使我们国家具有的这些核心能力中的第1项是空中和太空优势。它包含的不仅仅是进攻，而且还需能控制敌方的领空。这将使我们能随意攻击敌方整个领土上的目标，同时使敌方失去为其部队提供的任何藏身之地。

我们确定的第2个核心能力是精确打击能力。拥有空中和太空优势，就能做到精确无误地打击对手。然而只是能向某一个目标精确地发射导弹，并不等于就具备了精确打击能力。精确打击能力的概念，既包括精确打击武器，也包括精确空运、精确空中再补给、还包括能够以致命手段和非致命的手段袭击敌方指挥控制系统要害部位的精确能力。

全球攻击能力是另一种核心能力。这一核心能力有两个方面：一个是从美国本土基地袭击目标的能力；另一个是我们的部队能够部署到作战前沿阵地并保持持续作战的远征能力。

我们确定的第4个核心能力是全球快速部署的机动能力。空军必须提供能满足部队向外扩展并影响全世界重大事件的能力。

第5个核心能力是拥有信息优势。即必须能保卫自己的信息系统，同时又能从远处去攻击敌方的信息系统。

灵活敏捷的作战支持是我们确定的最后一个核心能力。由于我们不能部署大批部队和补给来应付迅速出现的危机，所以我们必须能够从地面迅速运送轻型、机动灵活的部队去防止或制止一场危机升级……。（美国《航空与航天技术周刊》1997年6月24日）

美战略专家谈海湾战争在战略上的教训 美国战略专家安东尼·H·科德斯曼和亚伯拉罕·R·瓦格纳在《海湾战争教训》一书中谈到，海湾战争在战略方面所提供的教训有：（1）威慑有重要价值，但只有在对方确信威慑国有能力而且想要采取使其难以承受的报复性行动或先发制人的行动时，威慑才能发挥作用。海湾战争表明，美国需要重新定义“延伸威慑”，明白无误地说明它会采取行动保卫它在西欧、以色列、埃及、海湾地区、东北亚及太平洋地区的重大战略利益。对此，模棱两可的政策同绥靖政策一样危险。（2）一旦威慑行动与和平手段失败，作战能力方面的问题就成了头等大事，最终还必须依靠实际使用武力。如同威慑行动一样，成功的联合安全及联军作战行动依赖于特定部队的作战能力和应急能力，依赖于美军对多国部队所实施的集中统一的指挥。（3）战略潜能不能用战斗部队和武器的数量来衡量，甚至不能用武器的质量来衡量。任何军事力量，只要它能在新战术、新的训练方法以及新技术的结合方面取得重大进展，只要它能在联合作战中成功地将空军与地面部队融为一体，只要它能部署具有诸多优势的 C^4I 系统，只要它能一天24小时以新的作战速度进行战斗，并能对敌后实施新的纵深打击，那么它就能以绝对优势战胜不具备上述能力的敌人。事实证明，能使用新战法的国家与不能使用新战法的国家之间，存在着重大差异。（4）利用第三世界国家的弱点常常能取得战略上的成功，影响力量的平衡。这从抵销战略方面能给人以启示。第一，西方战争能力上的弱点可通过加强与友好国家及盟国的关系，以及通过向联合国提供有效利用西方军事力量的能力来加以克服。第二，军备控制是稳定军事平衡或抑制军事力量增长的手段，但军备控制对地区作战战略及“军事革命”的影响只受到有限的关注。第三，西方在技术转让问题上的争论，往往忽略对地区作战能力和增加技术优势以及抵销战略的影响的评估。（5）针对美国和西方在局部战争中易受大规模毁伤武器的攻击，不能承受严重伤亡，兵力及时投送能力弱，保持起决定性作用的军事能力的积极性不高，没有认识到国际上的支持是有条件的、暂时的等弱点，及时扩展军事革命范围，调整冷战后时期的战略重心，以应付新的地区威胁。（6）美国必须提高其兵力快速投送能力，地区性大国必须努力为美国和西方的力量投送给予政治、经费和物质方面的支持。（7）技术优势对赢得现代战争至关重要。但只有将技术投入使用并与部队编制紧密结合，同时得到有效的战术与训练支持，技术优势才具有重要意义。（8）军事革命的计划不能以军控和威慑取得成功为前提，必须按照满足生、化作战环境的需求来进行。（9）政治行动和军事威慑在制约伊拉克集结兵力方面起了重要作用，但如果因此而回避战争也同样不起作用并且存在着危险。（10）限制冲突的升级和范围，是战略上首要考虑的重要问题。必须使用足够的兵力，限制冲突升级，如防止敌人使用大规模毁伤武器和进行环境战。（11）应将何时及如何结束战争视为最重大的决定之一。为之制订周密详尽的计划，并辅之以能对计划实施和改进提供适当情报和作战数据的计划系统，经常对大战略和战略的军事可行性和代价进行评估检查。(12) 为有限目标而实施的有限战争，结果只能是有限的。如果不对大战略行动进行周密计划的认真选择，战争往往很难成为实现更大政治目标的手段。(13) 如果西方在削减部队和重建新型军队并进行有效投入以满足冷战后时期需求方面均衡得当，那么它就能得到最大的和平利益。但削减一旦超过限度，就会严重制约威慑和作战能力，并在战略结局方面付出惨重代价。([美] 科德斯曼、瓦格纳著《海湾战争教训》一书，美国西方视点出版社 1996 年出版)

冷战后美国对外军事干预行动有 3 个特点　有作者撰文指出，冷战结束以来，美国对外军事干预行动愈演愈烈。与冷战前的军事干预行动相比，表现出明显不同的 3 个特点。

公开推行“新干预主义”理论。克林顿上台后，提出“主权有限论”、“内战非内政、人权高于主权”、“任何地区的动乱都会影响世界安全”等一系列为军事干预作理论依据的新论调。认为美国为了“推行民主”、“保护人权”、“制止内战”，可以不受国家主权的限制，凡是需要“帮助”的地方，都可以进行军事干预。在“新干预主义”理论指导下，美国频繁动用军事力量，对世界各地发生的危机和冲突进行武装干预。美国之所以能这样对外频频进行军事干预，还因为：两极格局结束使美国在对外干预时，无须考虑原来的苏联因素；海湾战争消除了美军的“越战后遗症”；美国自认为有责任领导世界，它的经济、科技和军事实力，也为其对外干预提供了条件；美国某些政客为了国内政治的需要，往往主张实行对外干预。

采用不同干预手段。美国政府把国家利益分为 3 大类，根据这些利益受到威胁的性质和程度作出有针对性的反应。第 1 类是“至关重要的利益”，包括保卫美国及其盟国的领土完整、公民安全和经济利益等。当至关重要利益受到挑战，美国将果断地使用武力。第 2 类是“重要利益”。这些利益受到威胁，不会直接影响美国的国家生存，但会间接影响到美国的安全、强盛以及美国所处的国际环境。美国认为，如果一些地区出现动乱和危机，威胁到美国的“重大利益”，那将对美国及其盟国造成巨大冲击。一般说来，动用美军参与此类干预的规模和时间均是有限的。第 3 类是“人道主义利益”。美国认为，冷战结束后，世界许多地区爆发的以国内种族或部族之间相互残杀为特征的冲突，以及自然灾害和大规模武装冲突所引起的难民潮，都可能对地区的稳定构成威胁，对美国所倡导的民主、自由价值观产生冲击。对付这种危机，美国一般在进行外交调停和经济援助的同时，动用少量军事力量进行紧急干预。

根据干预对象的不同，美国往往采取不同的方式：①前沿存在。这是一种提前介入的干预方式，一有风吹草动即对干预对象进行严密监视，同时实施武力威慑，促其局势发生逆转。②空中禁飞。就是在别国领土范围内划定一部分空域，用空中力量强行禁止该国飞机在自己的领空自由飞行。③海上封锁。使用武力封闭某个国家的海区，切断其同外界的海上联系。一般结合空中封锁实施。④“维和”行动。把动乱地区对立各方隔离开来，促进有关各方谈判，达成政治解决。美国等西方国家的“维和”行动有强制实现和平的倾向，甚至把“维和”行动变成参战。⑤“外科手术”式打击。经过周密准备，出动海空军，使用新型技术兵器，对精心选择的目标实施奇袭，达到预定目的，立刻收兵。⑥发动战争。向对手发动较全面的进攻，依靠占绝对优势的军事实力打败对手，迫使对手接受美国的条件和要求。

力争联合国、盟国和美国国内的支持。(1) 力求利用联合国掩人耳目，为其行动披上合法的外衣。这样一可以“师出有名”；二可以获得国际社会人力、物力以及财力的支持；三能将主导权牢牢掌握在自己手中；四是一旦出了问题，可以推卸责任。(2) 尽可能联合盟国一道行动，尤其是与其西方主要盟国和包括东道国在内的与地区冲突有关的国家共同行动。这样既可以争取支持，避免孤立；又可以利用盟国的力量弥补美国财力和军力上的相对不足；还可以加强对盟国的控制，确保美国在地区问题上的发言权。(3) 尽力争取美国国会和公众的支持。为此，美国在实施军事干预行动时，总是巧立名目，借口反对侵略、执行联合国决议、维护和平、实施“预防性外交”等。(4) 军事干预与政治压力、经济制裁紧密结合，使被干预者的反干预斗争非常困难。政治与经济行动通常与国际组织和有关国家共同实施。(林治远《冷战后美国对外军事干预行动的特点》，《外国军事学术》1997 年第 3 期)

(严维义)

俄罗斯战争和军事战略问题研究　俄罗斯关于战争理论研究　俄罗斯军事科学院院士沃罗比约夫后备役少将撰文对未来战争提出了一些新的观点。

对未来战争的性质提出新观点。尽管军事理论界有未来战争是信息战争，是太空时代的战争，或是电子、机器人和人工智能战争的不同看法。但有一点是肯定的，即武装斗争的性质取决于一整套战斗武器，而新技术对武器装备及战争性质具有决定性的影响。作者认为，可能发生的大规模战争将是速决的战争。这是由威力和破坏极大的现代武器所决定的。因此，寄希望于在战争过程中展开军事经济，弥补平时的过失，积累必要的战略资源以进行持久战，是错误的。

作者还指出，核大战固然不可能爆发，不能不重视爆发消极样式的核战争的可能性，例如因常规毁伤兵器破坏核电站而造成的辐射（化学）环境。

勾画了未来战争的样式 大致有以下几种：

可控制性战争。此种战争的方法是坚决压制敌人的抵抗意志，从战争的最初几小时开始，就瘫痪敌人的国家和军事指挥机构，给武装力量以毁灭性的打击，从而迫其无条件投降。战争取胜的最重要条件是利用敌方在技术上的无力状态，而另一个致胜法宝是在太空资源的利用上占据优势，以确保从太空可用精确制导武器和新物理原理武器对任何目标实施猛烈的突击，而无能力抗击太空武器的国家则注定要失败。

信息心理对抗。是指在对敌斗争中，主要力量不是用于每件武器实施物理摧毁，而是通过破坏敌对国家信息资源、指挥系统、导航和制导频谱，进行战役伪装以及用恫吓、欺骗、收买、威胁、讹诈等非暴力方法、达到迷惑敌人、涣散民心和军队士气，夺取信息优势，从根本上削弱敌人的军事潜力的目的。信息心理对抗作为军事行动不可分割的组成部分，有的是在战争开始前就实施，有的则在战争开始后进行。信息心理对抗通常在入侵开始前的很长时间内便以秘密战争的形式实施，并与政治和外交活动结合起来，以损害敌对国家的对内对外政策，使其在国际上孤立和失去盟友，对其实施政治和经济封锁。军事行动开始后，要迅速展开信息心理打击，制造谣言和假情报的机器要开足马力，充分利用其国内反对派最大限度地加剧民族、种族、经济和宗教的矛盾，目的是造成敌国政治经济混乱、失控和走投无路的局面。信息心理对抗，不排除用武力压服，但首先是间接使用武力，即显示军事实力，迫敌放弃武装抵抗，不战而降。在政治、外交和其他摧毁敌国的手段均已用尽，武力可速战获胜的情况下，才使用武力。使用武力的侧重点放在猛烈、突然、解除武装和歼灭性的首次突击上。

电子战。在首次开火之前就实施“电子休克”，是现代条件下发动战争的有效方法之一。电子设备预先秘密转到战时状态和战时频率、实行限制使用电子设备制度、向备用频率机动、广泛使用无线电封锁和无线电干扰、制造虚假的无线电电子环境、进入敌无线电网络等，都是战争开始前或战争进行过程中常用的电子战方式。

作者还认为，应特别重视军事行动空间扩大，远距离行动多于接触性行动的明显趋势。在这种情况下，胜利将属于具备纵深侦察能力，占有远战毁伤兵器和指挥手段优势，能在瞬息万变的情况下定下决心的一方；现代防御已抵抗不住进攻一方的密集突击，防御的稳定性已很成问题。寄希望于战争开始后以消极的防御性回击行动来抗击入侵，是注定要失败的；未来战争可分为各种突击和战役。其中可能包括：电子突击和战役、侦察－射击突击和战役、电子－火力突击和战役、空中奔袭战役、特种战役等。（沃罗比约夫《未来战争的性质与样式》，俄《军事思想》杂志 1997 年第 2 期）

（毛子成）

俄罗斯军事战略问题研究 1997 年是俄罗斯奉行现实遏制军事战略的第二年，也是新军事战略继续深化和完善的一年。一些专家对该战略展开了进一步研究。

分析了面临的军事威胁 有的专家认为，俄罗斯的整个周边都存在着爆炸性局势。北约坚持向东扩张直达俄罗斯边境；地球上尚有 70 多个热点，其中 20 多个存在爆发冲突的可能，而且不少在前苏联境内，直接威胁着俄罗斯的安全。（沃罗比约夫《下个世纪我国面临什么样的战争》，俄《军事思想》1997 年第 2 期） 1997 年年底通过的《俄罗斯联邦国家安全构想》认为：“核武器和其他大规模毁伤性武器及其生产工艺和运送工具在俄罗斯邻近国家和地区扩散是一种严重威胁。大国在靠近俄罗斯领土的地区保留或建立大的武装力量集团是对俄罗斯国家安全的威胁。北约东扩和它变成欧洲占优势的军事政治力量构成大陆新分裂的威胁”。国内学者认为。北约东扩是冷战后美国等西方国家推行新的全球战略的重要步骤，其实质是进一步消化“冷战成果”，从安全机制上彻底剥夺俄的大国地位，确立以北约为主导的新的欧洲安全格局。不但使俄本已十分严峻的安全环境有进一步恶化的危险，而且将扼住俄以欧洲为主要地区复兴发展的咽喉。

以北约为主要对手，将遏制北约东扩作为长期战略目标 俄重新确定以北约为主要威胁是俄同西方大国为维护各自战略利益在欧洲地区发生猛烈战略冲撞的必然结果。作为横跨欧亚的大国，几百年来俄政治、经济、军事重心始终是在欧洲，其国家根本利益的重心也在欧洲。北约东扩与俄复兴大俄罗斯、重振大国地位的战略相冲突。遏制北约东扩自然成为俄军事战略的重要目标。

提出了使用武力 4 原则 新的《俄罗斯联邦国家安全构想》规定：（1）如果他国发动武装入侵，俄罗斯保留动用其现有一切力量和手段，包括动用核武器的权利；(2) 动用俄罗斯武装力量要坚决、彻底和有计划地进行，并最终为俄罗斯联邦创造有利的缔结和约的条件；(3) 使用武力要在法律的基础上进行，并且只有在所有非军事性解决危机的措施都难以奏效的情况下，才使用武力；(4) 在当前全球信息化和信息技术发展的条件下，信息领域方面的国家安全具有越来越重要的意义。

以遏制地区性武装冲突为重点，要求武装力量具备三种能力　即有效遏制对俄和签署集体安全条约的独联体国家核袭击威胁的能力；有效遏制外国或国家集团使用常规武器对俄及独联体国家大规模入侵的能力；有效实施地区战争、局部战争和维和行动的能力。(王锐、张炜《俄罗斯军事战略初析》,《外国军事学术》1997 年第 6 期)

将核遏制作为安全盾牌，重视机动力量的实战作用　鉴于俄罗斯国力严重衰退，常规力量大幅度削减，为支撑大国地位，遏制北约东扩，维护国家安全，俄罗斯现在比任何时候都更依赖战略核力量。俄力图建立一种以核武器为主、常规力量为辅的威慑机制。为此，俄制定了新的核战略，放弃了不首先使用核武器的承诺，在全球范围和地区范围力保核潜力的足够水平，以慑止有核国家对俄使用核武器和其他大规模毁伤性武器，一旦外来侵略由局部战争变成大规模战争时，俄可首先使用核武器对敌实施解除武装的打击。在保持核武器战略威慑作用的同时，俄亦不放弃常规力量的发展和使用。一方面，继续发展高技术武器装备，另一方面，将突出常规作战力量的作战使用，特别是机动力量的作战使用。(周莫非《浅析俄罗斯“现实遏制”战略》,《外国军事学术》1997 年第 7 期)

建立以俄罗斯为主导的地区集体安全体系　俄军事战略中有一项重要原则，即通过建立地区安全体系来遏制军事威胁。近年来，俄罗斯把建立独联体“一体化”军事结构当成一项重要的防御措施，突出抓以下几件事：(1) 建立联合防空体系。俄罗斯认为，这对于俄罗斯和独联体，都是当务之急。俄与独联体部分国家联合成立的防空问题协调委员会，负责就独联体有关国家联合防空的政策、联合防空系统和装备的发展、防空武器装备的维修等问题提出建议，并在联合防空方面进行协调。(2) 完善导弹预警系统。俄一方面对俄境内的导弹预警系统重新进行调整，另一方面积极与独联体有关国家谈判，谋求在战略预警方面进行合作。(3) 在独联体有关国家驻军和建立军事基地。俄已与独联体一些国家达成驻军和建立军事基地的协议，或在军事训练、军工生产和装备维修的合作方面取得一定进展。(韩生民《俄罗斯军队建设的新举措》,《外国军事学术》1997 年第 4 期)　有的作者从更广的角度论述了俄为建立地区集体安全体系所作的努力，认为，俄现实遏制战略在目标上不仅注重传统的地理安全，而且更重视维护自身发展的地缘政治与经济空间。因而，俄为改变其在欧洲安全体系中的不利地位，提倡将欧洲安全与合作组织改建为负责全欧安全事务的核心机构。同时建议成立由美、俄、德、法、英五个拥有否决权的大国组成的“小安理会”，争取在欧洲安全问题上的发言权和否决权，维护其战略安全利益。

“现实遏制”战略可能产生的影响　有作者对此发表看法，认为：(1) 俄有可能以强硬政策牵制北约，迫使北约在许多问题上对俄做出让步，这有利于恢复俄的大国形象和有助于提高由俄倡导的欧安会在欧洲安全结构中的地位和作用。(2) 便于俄同亚洲国家发展关系，加强俄罗斯的独立性。(3) 有利于俄罗斯掌握有效遏制对俄和集体安全条约签约国核威胁的能力，有利于俄加强现代化常规力量的建设。(周莫非《浅析俄罗斯“现实遏制”战略》,《外国军事学术》1997 年第 7 期)

(毛子成)

俄罗斯对北约东扩采取反遏制战略　有作者撰文指出，针对北约为遏制俄罗斯所采取的东扩战略，俄罗斯被迫提出反遏制战略。

第一，竭力阻止波罗的海沿岸 3 国和独联体国家加入北约。俄罗斯可以容忍波兰、匈牙利等东欧国家加入北约，但绝不会允许前苏联加盟共和国投入北约怀抱。其中，俄防范重点是波罗的海沿岸 3 国：爱沙尼亚、立陶宛和拉脱维亚。因为俄深恐此举会在其他国家产生连锁反应，动摇俄罗斯在前苏联地区的霸主地位；另外，波罗的海沿岸 3 国战略位置极其重要，且留有大批前苏联的军事设施。北约军队倘若使用这些设施，将对俄罗斯西部安全造成巨大威胁。为此，俄罗斯严厉警告西方，如果北约接纳前苏联加盟共和国入伙，俄罗斯将撕毁同北约签署的基本文件，重新考虑双方关系。同时公开向 3 国发出警告：如果它们胆敢加入北约，俄罗斯不惜动用武力。鉴于俄罗斯的这一强硬立场，北约在选定头两批新成员国时均把上述 3 国排除在外。

第二，打核武器牌，保持核威慑力量。鉴于北约接纳波兰、匈牙利和捷克后，其军事边界将向东推移 700～900 千米，北约对俄罗斯的力量优势将由东扩前的 3:1 扩大到 4:1，俄罗斯一方面考虑重新部署西线军事力量，另一方面将军事重点转向核遏制，决心以核盾牌对付北约东扩。为此，俄罗斯已放弃 1982 年作出的不首先使用核武器的承诺，宣称，如俄罗斯遭到常规武器的进攻，它可能用核武器予以反击。与此同时，俄继续研制新式战略导弹等及其它尖端武器，并进行了一系列以美国为假想目标的战略导弹演习，还以拖延核裁军进程之举以示强硬。

第三，加强独联体安全条约体系，严防北约向该地区渗透。面对北约的步步紧逼，俄罗斯积极推进独联体军事一体化进程。在与白俄罗斯结成政治和军事联盟的同时，俄罗斯极力保持和扩大在独联体的军事力量，积极参与该地区的维和行动，独联体各国之间双边军事合作正日益加强。此外，俄还妥善地解决了久拖不决的黑海舰队问题，签署了俄乌友好合作条约，改善与乌克兰的关系。随着北约继续东扩，俄罗斯与北约的遏制和反遏制斗争将日趋激化。（范伟国《北约东扩与俄罗斯的对策》，《世界军事》1997 年第 9 期）

俄罗斯核政策发生一些变化 有作者撰文指出，随着俄罗斯为重振大国雄风，在外交方面对美国越来越多地采取强硬态度，人们发现俄罗斯的核政策也发生一些新变化。（1）在与美国继续共商削减核武器时，更有效地执行着前苏联所确定的量减质增的政策。将节省的经费大量投入新一代核武器的研制中，在提高核武器质量方面已取得重要突破。（2）与美国实行既合作又竞争的政策。俄罗斯一改前苏联对美国全面对抗的核政策，在共同协商控制核军备，解除乌克兰、白俄罗斯、哈萨克斯坦核武装，达成防止核扩散初步协议等多方面进行了合作。但在核武器研制发展方面又不放弃与美国竞争。（3）在与各有关国家共同商定不再将战略核武器对准对方目标的同时，继续完善防备核打击报复系统的修建工程。俄除要求战略导弹部队保持高度戒备的值班状态，还加紧发展适合在局部战争中使用的、具备特种功能的、新型小型核武器。（4）对“不首先使用核武器原则”由肯定到否定。1993 年 11 月，叶利钦主持通过的《俄军事学说基本原则》，否定了他本人于 1992 年 1 月所作的关于俄不首先使用核武器的承诺。新军事学说认为，俄可在两种情况下对不拥有核武器的国家使用核武器：一是同有核国家结盟的国家武装进攻俄联邦及其盟国；二是那一个国家同拥有核武器的国家采取共同入侵行动，或支持入侵，或武装袭击俄联邦。即在俄受到进攻时，其核武器不仅可对有核国家使用，也可对无核国家使用；不仅可对独联体以外的国家使用，也可对独联体以内的国家使用。西方媒体认为，俄国对“不首先使用核武器”的态度变化，是由于俄常规力量衰退，而不得不依赖其核优势，维持其国家利益和对其传统势力范围的控制。（5）以核武器为主要手段对抗北约东扩。冷战时期，苏联除保持美苏核均势外，还依仗常规力量的优势同美国为首的北约相抗衡。然而，现在俄罗斯常规力量已不能同苏联相比，又面临以美国为首的北约集团东扩的威胁，于是不得不以核武器作为对抗北约东扩的主要手段。俄外长普里马科夫表示，如果北约在波兰和捷克领土上部署核武器，俄就会将核弹头对准波、捷两国领土上的目标，一旦北约在俄罗斯和白俄罗斯边界地区集结兵力，俄罗斯就准备使用核武器。俄国防研究所建议，俄应在西部（白俄罗斯、加里宁格勒地区和波罗的海战舰上）、北部（与挪威之间边界地区和巴伦支海上）以及南部（克里米亚、格鲁吉亚、亚美尼亚和黑海俄军基地）部署军队和战术核武器。必要时，与伊朗、伊拉克和阿尔及利亚等阿拉伯国家建立军事联盟，沿波斯湾和霍尔木兹海峡部署军队和战术核武器。（6）改变了前苏联的“核按纽”仅由国家元首一人直接控制的指令程序，由总统和国防部长共同掌握“核密码箱”。（厉力、桑中林《俄罗斯的核力量和核政策》，《世界军事》1997 年第 9 期）

俄罗斯军事战略与前苏联军事战略有 4 点区别 有作者撰文指出，俄联邦军事战略虽与前苏联军事战略有着诸多的联系，但也有着显著的区别。

在战略重心上，以“维护大国地位”代替“全球扩张”，突出了防御性。冷战时期，前苏联的军事战略重心是同美国争夺世界霸权，奉行的是“全球扩张”的“积极进攻战略”。俄联邦虽继承了前苏联的主体，却难维护其超级大国地位。因而必然调整军事战略以适应国家政略的需要。俄联邦与前苏联的军事战略的显著区别，首先在于战略重心的不同。一是在战略目标上，把“维护大国地位”作为总目标。俄联邦放弃前苏联实行先发制人的进攻战略的指导原则，全面转入战略防御。二是在作战对象上，重新确定以美国为首的北约为主要军事对手。鉴于以美国为首的北约集团东扩，遏制俄联邦的企图日益显露，直接威胁了俄的国家利益。俄联邦一改 1992 年为求得西方经济援助的政治需要所作的关于“俄罗斯没有敌人”的声明，重新将其确定为主要军事对手。但这一重大调整并没有改变其全面转入防御的基本态势。三是在战略方针上，放弃了前苏联不首先使用核武器的政治承诺。俄新军事理论认为，核武器是既能支撑其大国地位，又能与美保持低水平战略平衡的一张王牌。因此，俄联邦一方面突出强调核武器的威慑作用，另一方面更加重视常规力量的实战作用。

在军队建设上，以“足够防御”代替“重军抑民”，重视了适度性。针对前苏联与美国展开长期军备竞赛，庞大的军费开支导致国民经济停滞以至前苏联解体的教训，俄联邦在建军方针上，改变了前苏联保持庞大军队员额的做法，坚持走质量建军的道路。一是按照“足够防御”理论大幅度裁军，使军队员额保持在较低限度上。二是采取军队职业化、军事领导一长制等措施。三是全面改革军队的编成结构和指挥体制：①调整比例结构，优先组建机动力量，优先发展战略核力量和航天力量。②减少集团军和师的建制，实行军旅制。③撤销战区司令部，建立地区联合司令部，以利于军队在更广大的区域实施全方位的防御作战。④调整军备发展重点，着力研制高技术装备。

*在作战指导思想上，以“攻防结合”代替“偏重进攻”，突出了灵活性。*前苏军的作战指导思想是打核战争、打大战，强调的是数量优势和积极进攻。俄联邦对此作了修正，强调增强军事力量的综合威慑能力，强调攻防结合。两种作战指导思想的区别主要在于：一是侧重点不同。前苏军把进攻作为作战行动样式的基本类型；俄联邦则认为防御和进攻具有同等重要的地位，强调攻防结合。二是指导原则不同。前苏军主张先发制人，突然袭击，速战速决。俄军强调不首先对别国采取军事行动，同时又十分重视攻势作战行动。为此，着力加强其机动力量建设，并把“全方位机动防御”视为防御构想的核心内容。三是战争准备的基点不同。前苏军曾准备在欧洲与美国为首的北约集团打大规模常规战争，大力推行过“火箭核战略”。俄军则认为，局部战争和武装冲突是未来战争的主要样式，因而强调侧重准备应付局部战争和武装冲突。四是战法运用不同。前苏联强调综合运用多种手段，在宽正面、大纵深，实施地空有机结合的立体战。俄军重视高技术条件下机动作战及其战法的运用，主张防御样式的运用要灵活，强调高精度武器的使用与防护。

*在战略部署上，以“收缩存在”代替“欧亚重点”，仍具有联盟性。*前苏联以欧洲为战略重点，亚洲为次重点进行全球战略部署。俄联邦在战略部署上，一方面实施“收缩”，按照“区域重点配置和机动设防相结合”的原则，重建境内战略部署；另一方面，为维护大国地位，竭力推进独联体的军事一体化，谋求在独联体各国长期驻军和建立军事基地。俄军的战略部署虽仍具有联盟性，但“联盟”的对象已不是华约集团各国，而是独联体各国。（胡学霖、刘来运《俄联邦军事战略与前苏联军事战略之区别》，《军事学术》1997年第2期）

（木　工）

其他国家和地区军事战略问题研究　日本对防卫战略作重大调整。日本于1995年11月公布的新《防卫计划大纲》（简称新“大纲”）、于1996年4月与美国签署的题为《面向21世纪的同盟——日美安全保障联合宣言》（简称“宣言”）、于1997年9月与美国联合发表的新《日美防务合作指针》（简称新“指针”）对未来战争提出一些新看法，对其防卫战略作出重大调整。

*对未来世界大战和局部战争（冲突）形势作出新评估。*新“大纲”对世界大战提出“进一步远离”的看法，对局部战争（冲突）提出“不能排除”的看法。认为，由于冷战结束，东西方军事对峙的局面已不复存在，世界主要国家正对原用来对付世界大战的军事力量进行精减，爆发世界规模军事冲突的可能性进一步远离。但各种领土问题依然存在，宗教和民族等问题的对立日趋表面化，以核武器为主的大规模杀伤性武器和导弹等扩散正在增长。在日本周边地区，包括核武器在内的大规模军事力量依然存在；许多国家以经济发展为后盾，正致力于扩充军事力量以及实现其现代化；朝鲜半岛的形势仍然紧张，不确定因素依然存在。在此形势下，日本不能排除在日本周边地区产生对日本安全重大影响事态的可能性。为此，日本对战争（冲突）准备重点发生了明显变化，由以前主要对付世界大战转变为主要对付现在的地区性战争（冲突）。

*对未来局部战争（冲突）起因及防范对象提出新见解。*与冷战时期相比，新防卫设想在对未来局部战争（冲突）起因、防范范围及防范对象上发生重大变化。从战争起因上看，首次由主要对付世界大战转变为主要对付破坏海上交通安全、侵犯领空、非法占领国土、恐怖行为和武装难民流入等“多种多样的危险”。从防范范围上看，首次由主要对付日本及远东“有事”扩大为主要对付日本及日本周边地区“有事”。从防范对象上看，首次由主要对付前苏联转变为主要对付来自朝鲜、中国、俄罗斯以及部分东南亚国家的危险。其中特别把朝鲜致力于加强快速反应体制、研制远程弹道导弹和涉嫌研制核武器视为影响整个东亚地区安全的不稳定因素。对中国正建立核力量，实现军事力量从“数量”向“质量”的过渡，谋求海军和空军现代化，以及扩大领海范围等情况，表示予以关注。并对“关注”的实质解释为：“应付日本周边地区有事，包括台湾海峡在内”。新防卫设想还将有无“威胁的能力”和有无“威胁的意图”两者同时具备的国家视为日本现实对手；只具备其中一项的视为日本的潜在对手。为此，俄罗斯自然被视为日本的主要对手，而不断加快装备现代化步伐的东南亚国家，也被视为其潜在对手。

*对自卫队未来作用提出新的任务。*在新“大纲”中首次提出了“对自卫队作用期望越来越大的”观点

和“为建立国际社会的和平与稳定做出贡献”的观点，并为自卫队规定了四项新的职能：(1) 参加联合国组织的国际维和行动和国际紧急救援行动，努力为国际和平和国际合作做出贡献；(2) 继续推进地区性安全对话和军事交流，努力增进包括日本周边国家在内的有关国家之间的信任关系；(3) 参与联合国和其他国际机构等实施的军备控制及裁军领域内各种活动，以及对地雷等常规武器所进行的限制与管理，以防止大规模杀伤性武器和核导弹等武器的扩散；(4) 加强与美国合作，做好日本周边有事时与美国的军事合作。根据新“指针”要求，日本将承担对美军活动支援任务以及为美军增援亚太地区提供设施、机场和港口等任务。这是日本为早日成为“政治大国”和日美为共同主宰亚太、在全球发挥主导作用而采取的重大举措。(摘自日本新《防卫计划大纲》，1995 年 11 月公布；新《日美防务合作指针》，1997 年 9 月发表)

*对防卫力量建设及其今后发展提出新的指针。*新“大纲”提出的新建军指针，与冷战时期相比，有了重大变化，首次把主张多年的“自主的”思想和“适度的”规模思想正式写入新“大纲”；把“建设一支有效的基础防卫力量”修改为建设一支能有效应付多种多样事态的基础力量”；首次把“更加合理、高效、精干”列为新指针的内容。新“大纲”说，这些新的变化，是根据三个相互关联缺一不可的因素而确立的。首先根据日本所处的战略环境和地理特点确定采用“基础防卫力量”的构想，即保持作为一个独立国家所必要的最低限度的基础防卫力量。其次，根据日本周边军事形势而确定防卫力量组成及其发展方向。使其更加合理、高效、精干，以适应新形势和任务需要。第三个根据是自卫队所承担的任务和日本近年来科技进步、年轻人口减少以及经济财政严峻等因素。新的建军指导方针是，在宪法指导下，以“基础防卫力量”为基本构想，以“更加合理、高效、精干”为发展目标，以海、空力量为发展重点，通过不断地充实必要机能和不断地提高质量，建立起一支能有效应付“多种多样事态”的基础防卫力量。在这一方针指导下，新“大纲”规划了三军新的编制体制、人员定额和装备数量。外电评论说，新“大纲”是一个只控制数量、不限制质量、以提高质量为目标的大纲。新“大纲”为今后进一步质量建军发放了通行证。日本防卫力量将步入一个“质”变的新发展时期。(摘自日本新《防卫计划大纲》，1995 年 11 月公布)

*对日美两军联合作战制订了新的预案。*日美两国在新“大纲”、新“指针”和“宣言”中，就日本及其周边地区有事时，日美两军进行军事合作作了新的规定。在“日本有事”时，首次提出制定“以日本为主”的日美“联合作战计划”；在“日本周边有事”时，首次提出制定以美国为主的日美“联合合作计划”。这是两个既有联系又有区别的联合防卫战略。它使日美两国今后可以联合防卫战略为名对亚太地区各国（地区）局势进行联合军事干涉。为了对付日本和日本周边地区“有事”，日美拟订了四种不同的作战预案。与冷战时期相比，除第一、四种作战预案未发生重大变化外，第二种作战预案作了重大调整，由“主要依靠日本自己的力量排除有限小规模战争，依靠日美安全保障体制遏制及对付全面常规战争”，改为“以日本为主”日美联合遏制和对付常规战争联合防卫战略，日本自主力度有了明显的加强；其打法也发生明显变化，由以“陆上歼敌”为重点改为以“海、空歼敌”为重点，更多地体现了日本“拒敌于国门之外”的作战思想；在防卫手段动用上由以陆上自卫队为主要歼敌力量改为以海、空自卫队为主要歼敌力量，这反映了未来战争初期的作战特点。第三种作战预案，是日美为扩大势力范围制定的一种新的作战构想战争计划。外电评论说，它表明日美联合行动范围已由日本及远东地区扩大到整个亚太地区。由于日本将承担对美军的作战支援任务，日本防卫力量性质将发生质变：由内向型向外向型发展；由被动性向主动性防卫发展；由防御型向攻防型发展。这些变化再次突破了日本“专守防卫”战略的内涵与外延，使该战略已名存实亡。(摘自新《日美防务合作指针》，1997 年 9 月发表)

(温咏凡)

韩国确立“面向 21 世纪的军事战略” 有作者撰文指出，冷战结束后，韩国对其军事战略进行了较大调整，确立了“面向 21 世纪的军事战略”。

*国防体制自主化。*冷战时期，韩国的国防体制是以美军为主导的“韩美联合防卫”体制，韩军的平时和战时的作战指挥、作战计划的制定及兵力部署等权力均掌握在驻韩美军手中。80 年代末，韩国政府正式提出“自主国防”战略，韩军在继续保持韩美联合防卫体制的同时，积极谋求在韩美军事同盟中发挥更大的作用，到下个世纪初建成拥有平、战时作战指挥权，战时由美军提供紧急支援的“自主国防体制”的新战略，逐步实现“韩国防卫韩国化”。1994 年 12 月，韩军正式从驻韩美军手中收回了平时作战指挥权。与此同时，韩军不断突出其在韩美联合军事演习的主导地位，使韩军的独立作战能力和作战指挥能力不断提高。

*防卫对象多元化。*冷战时期，韩国一直把朝鲜视为国家安全的主要威胁。冷战结束后，韩军针对安保

环境的变化、安全威胁范围性质的多元化，对防御对象也进行了调整。在 1991 年制定的“面向未来的新国防政策”中，韩军首次提出了“要把迄今为止以朝鲜为主要敌人转向应付周边列强的潜在军事威胁”的防御战略。1994 年韩军又明确提出把“粉碎敌人武装进攻”修订为“粉碎外来军事威胁与侵略，保卫国家安全”的“全方位防御战略”。

作战思想“战前”化　“自主国防”的确立和防卫对象的多元化给韩军作战思想带来相应的变化。80 年代。韩军将原来的“固守防御”战略调整为强调主动进攻的“攻势防御”战略。90 年代，韩国为避免大规模战争对其工业基础的彻底破坏和大量伤亡，强调韩国国家安全必须通过非战争便可克敌制胜的威慑态势来实现。将“攻势防御”战略转变为以依靠韩国雄厚的综合国力为基础，凭借韩美军队的联合作战力量，遏制战争企图为目标的“联合遏制”战略。韩军作战思想由“战时”向“战前”的转移，反映出韩国要成为亚洲军事强国的决心。

调整部队结构。韩军日益重视部队的质量建设，，提出“国防自主化、军队先进化、军事科学化、武器装备国产化”的具体目标。其具体措施有：改革军队指挥机构，缩减中间指挥环节，提高部队的指挥效率，使现行的合成部队体制”向“联合部队体制”转变；调整三军比例，增加海、空军在总兵力中的比重，使兵力结构更趋合理；实现步兵师的轻型化和机动化；加速海军舰艇的大型化、高速化、导弹化建设，提高海军的早期预警、海上监视及航空作战能力，加快由“沿岸防御”向“远洋防御”的转变；增强空军的防空力量，提高其远程作战能力，建设能适应未来多元化安保环境需要的“战略型空军；加强部队训练演习，使之逐步具备同周边大国抗衡的能力；提高军费投入，改善武器装备，将韩军建成一支“以高技术为主的武装力量”。

武器装备现代化。韩军加速推进武器装备的现代化进程，平均每年将军费的 31．8%用于更新三军的武器装备。韩军以陆军航空兵和装甲兵为重点，大大加快了武装直升机、坦克、装甲车、火炮等装备的开发和引进。海军重点增强水面、水下攻击力量和空中反潜作战能力。空军重点是加强防空力量，提高远程作战能力。韩军还一直致力于研究 C^3I 系统及相关设备，以提高韩军独立的指挥效率。

军事合作多边化。近年来，韩军在继续巩固韩美军事同盟的同时，积极发展与其他国家的军事关系，从单纯发展同美国双边军事合作转向积极面向全球的全方位多边化军事合作，以减少对美国的依赖。韩国还通过参加联合国维和行动为韩军在国际上树立新形象。（王宜胜《浅析韩国的军事战略调整》，《外国军事学术》1997 年第 8 期）

英刊认为印度缺乏国家安全理论　据英国《简氏防务周刊》载文指出，印度未能为其武装部队提供一项安全和防务理论，也没有成立一个拟定这种理论的机构。多年来，这种状况已连续不断地导致人们作出一些权宜的、代价高昂的决定。印度面临着不断紧缩的国防预算，而且其军事装备已经陈旧，军官短缺多达近 1．3 万人。国防部里的官僚们对于军事问题缺乏经验，但他们却是全部资金和装备分配的最后仲裁者。由于没有确立一种安全理论，不仅影响了部队的作战计划工作，而且也影响了部队建立一支可信的威慑力量和推行一项有组织的部队装备政策。近年来，军队不情愿地把它 33 个陆军师中的 6 个半师用于执行国内安全任务，同那些企图在北方的查谟和克什米尔邦、东北部的阿萨姆邦、那加兰邦、米佐拉姆和曼尼普尔邦立国的武装分裂主义分子作战。这使武装部队分散了精力，同时由于这部分部队失去了参加训练的机会而使其效能受到损害。由于没有制订出一项国家安全理论，印度在美国的压力下，对于进一步试验“烈火”式中程导弹和批量生产与部署“普里特维”式地对地导弹问题上优柔寡断。对此，前陆军副参谋长辛格中将指出：印度三军越来越同军事问题的决策过程相隔绝。由国防部长和三军参谋长等人组成的最高委员会自 1974 年以来就没有开过会。印度议会国防常设委员会曾一再强调要设立一个国家安全委员会的必要性，以便进行长远军事决策，因为印度位于一个有核能力并正在加强军备的巴基斯坦和一个正对其武装力量实行现代化的中国之间。执政的联合阵线政府同它的历届前任一样，虽然答应要设立一个国家安全委员会，但由于处于困境的联合政府为保住执政地位忙得不可开交，没有把设立国家安全委员会作为一项优先任务。

核问题与安全事务问题专家拉贾·莫汉博士说，尽管新德里拒绝了全面禁止核试验条约，可是它远远还没有建立起一支核威慑力量。他说，顽固地拒绝就印度的核态势作出最后决定的做法，到头来在政治方面将是代价高昂的。而且，新德里必定会在决心要确保全面禁止核试验条约获得成功的国际压力和即将提出的停止生产裂变物质条约面前无条件妥协。（《印度缺乏国家安全理论》，英国《简氏防务周刊》1997 年 2 月 12 日）

东盟大幅度调整军事战略　有作者撰文指出，进入 90 年代以来，随着东盟国家经济的发展和东南亚安全环境的新变化，东盟开始大幅度调整其军事战略部署。

在战略规划上，大幅度增加军费开支，加紧制定军备发展规划。近年来，东盟各国政府在军方的大力推动下，开始以经济实力为后盾，大规模增加国防开支。1992～1995年，东盟各国的军费预算年均增长10．9%，1995年，东盟军费开支总额已超过了150亿美元，大大高于世界平均水平，且呈不断扩大趋势。在不断增加的军费开支支撑下，东盟各国纷纷制定了中长期军队现代化发展计划，不断加快军队现代化的步伐。

在指导思想上，由安内转向御外。冷战时期，美国在东南亚的强大军事存在为东盟提供了安全的"保护伞"，东盟各国则把主要的武装力量用于对付国内的游击队和叛乱活动。冷战结束后，美苏军事力量的撤出使东盟各国意识到必须依靠自身的力量来维护国家安全，因此纷纷把安全的重点转向对付国外的威胁。如对日本军国主义可能再度崛起和日美安保条约中确定日军防卫区域向南海推进的方针表示忧虑，提出要及早采取相应措施；对西方散布的"中国威胁论"，声称要密切关注和适当"防范"；对印度以导弹武器和航空母舰为威慑力量，加紧向东安达曼海和马六甲海峡推进的扩张活动，强调必须予以戒备。为此，近年来，东盟采购的武器装备，几乎全是用于对外作战的，如陆军的重型武器、海军的大型舰只、空军的先进飞机及防空设备等，以应付可能发生的局部冲突。

在战略重点上，由陆地转向海上。东盟7国居于南中国海周边，沿海的特殊地位置产生了制约东盟发展的两大弱点：一是陆地资源匮乏。因此，南海地区丰富的油气，渔业和矿产资源对东盟各国极具诱惑力。二是海上运输线成为东盟经济发展的"生命线"。为此，加紧制定海洋战略、维护海洋权益、保护海上"生命线"就成为东盟军事战略的重点所在。目前，东盟已制定了以"海洋强国"为基本目标的海洋战略，加紧向海洋进军，扩大战略纵深，力争把海上防卫范围由近岸扩大到200海里专属经济区，以期在未来的海洋争夺战中占据主动位置。

在建军重点上，由以陆军为主转向以海空军为主。目前，东盟各国都在收缩陆军编制，大规模地扩充海空军，其国防开支也向海空军倾斜。如越南、泰国将大幅度裁减陆军省下的军费用于武装海空军，其海空装备正迅速得到改善。菲律宾、印尼等国近年来也进口了相当数量的先进武器装备。目前，东盟各国的扩军行动大有愈演愈烈之势，所购置的武器装备大都超过了"本国的防卫需要"。

在防务策略上，以防务一体化为基本目标，倡导多边安全对话。为增加与亚太大国相抗衡的能力，防止外来侵略和干涉，东盟国家正通过实现东盟防务一体化和建立多边安全机制的方式、达到保障自身安全的目的。首先，努力创建"东南亚10国共同体"。目前，东盟7国与老挝、柬埔寨和缅甸正极力排除社会制度、经济发展水平和历史文化传统等方面的差异，以期在未来几年内建立包括老挝、柬埔寨和缅甸在内的"大东盟"区域集团，为实现"大东盟"独立自主的集体防务创造有利条件。其次，加强区域内的防务合作。在过去双边防务合作的基础上开展三边或多边防务合作，并提出以"区域联防"为主体的新防务观。一是实施"前沿防御"部署。各国防御部署重点由海岸和沿海向"200海里专属经济区"推进，使各国兵力相互重叠、互为补充。二是对重点地区实施共同防御。如印尼、新、马和泰已开始联合防卫马六甲海峡。三是区域协同与主动协同相结合。另外，为进一步加强防务合作，东盟各国不断增加军事演习的次数，并逐步提高演习的层次和规模。演习范围由海上扩大到空中和陆地，由单兵种扩大到多兵种合成作战；演习内容涉及海空联合、海上攻击、反潜、防空、搜索、救援和保卫岛礁等方面。第三，加强与区域外大国合作、倡导多边安全对话。以便通过与区域外大国的军事合作与对话，利用大国矛盾、维持大国均势，形成"小国领导大国"的安全新格局。为此，东盟各国为增强自身安全系数，积极寻找"军事同盟"。据不完全统计，东盟国家仅与美国、英国、澳大利亚、俄罗斯等国签订和维持的军事合作协定达近20项，有效地确立了联合防御的机制。与此同时，东盟又在积极建立以东盟为主体、邀请诸大国参加的多边安全对话机制。近年来，"东盟地区论坛"正发挥出越来越大的影响力。

东盟军事战略的大调整，既大大提高了东盟的整体防务能力，同时也将对整个亚太地区的安全格局产生重大影响。在东盟对领土和海洋权益的争夺日趋激烈的情况下，新军事战略指导下的东盟对亚太地区的"潜在威胁"不容忽视。（贾超为《走向21世纪的东盟军事战略》，《外国军事学术》，1997年第5期；赵洪美《东盟国家防务政策及其走向》，《外国军事学术》1997年第12期）

法国军事专家提出核战略新构想　有作者撰文指出，核战略始终是法国的基本战略。由于世界军事战略格局的巨大变化，法国军事专家们认为，应重新修订法国核战略的基本原则。

战略原则的新构想。在现代条件下，法国核力量不仅应成为遏制那些核潜力超过法国的敌人的手段，而且应成为可能拥有并可能对法国使用大规模毁伤武器的国家进行威慑的手段。专家们提出的新观点包

括，对侵略者的行政中心和工业中心实施集中核打击的原则，对其重要的战略目标进行有选择的精确打击等。专家们认为，必须更加灵活地使用核武器，遏制应建立在精确毁伤的基础上，而不应形成核打击的相互威胁。

建立战略伙伴关系。依据“威慑和遏制”军事战略原则，当欧洲发生武装冲突时，法国的战略核力量与拥有核力量的美国和英国联合作战。与英国发展核伙伴关系具有特殊的意义。早在 1992 年 1 月，法国领导人就提出以法国和英国的核力量为基础建立欧洲核遏制系统。在法国的倡导下，欧共体和西欧联盟一直在讨论欧共体国家核力量是否有存在的必要，以及需不需要研究建立欧洲核学说。军事专家们认为，这些问题是近期内欧共体建设面临的最重要的问题。

“阶段遏制”。根据“阶段遏制”构想，在实施带有全局性的作战行动时，战术核武器可以作为最后手段在作战中使用。当只用一般作战手段无法达到预期目的或者当部队面临被击溃和大部分领土面临丧失的威胁时，应该有选择地使用战术核武器。在发动核打击时可采取先发致人的手段。随后打击的时间取决于第 1 次打击后敌方的反应。为了实现“阶段遏制”构想，战术核力量必须具有精度高、机动性强和射程远的特点。据此，完善的空基核力量被认为是优先发展的方向。

现代化计划。法国军政领导人把核力量看作是国家“威慑和遏制”军事战略的主要手段。为此，依据其现代化装备计划，将增加经费投入，重点发展战略核力量（由陆军、海军和空军“三位一体”组成）。拟以可携带 16 枚新型 M－45 弹道导弹（6 个弹头，当量 15 万吨 TNT，射程 6000 公里）的新一代“凯旋”级潜艇，取代现役弹道导弹核潜艇；以可携带阿斯姆普核导弹（改进型）的新型“拉菲尔”多用途作战飞机，取代“超级军旗”飞机。（［俄］布拉诺夫《法国核战略》，俄《外国军事评论》1996 年第 4 期）

北约积极调整防务政策 有作者撰文指出，近年来，北约采取一系列重大改革措施，力图以全新的形象融入新的世界战略格局中。

以扩大求生存。冷战后，北约因不再有明确的敌人而使自身存在的必要性受到严峻挑战。北约各国认为，要使北约组织继续生存下去，只有扩大自身的职能，才能在更广的范围、更新的领域寻求发挥作用的场所。(1) 扩大北约的作用。北约各国认为，加强北约的政治、经济职能是提高北约地位的一个极为重要的方面。为此，要把北约这样一个军事政治集团扩大成一个在政治、经济、军事等方面都能发挥作用的协调机构，并成为可加强欧美军事、经济联系的一根纽带。(2) 赋予北约新职能。冷战后，北约给自己增加了新职能：第一，“维持和平”。各成员国可自愿派兵或提供后勤装备，参加维和行动。第二，帮助东欧国家实现“稳定”与“安全”。第三，对付西方视之为“破坏力极强”的国家，以及直接危及北约重要利益的国际组织，例如伊斯兰激进派等。这些新职能的共同特点就是对外干预。(3) 北约东扩。为了填补中、东欧出现的“安全真空”，北约积极推行东扩计划，并已走出 3 步：第 1 步是建立有北约和前华约成员国参加的北大西洋合作委员会，加强北约同苏联、中东欧国家的“合作”。第 2 步是推行北约“和平伙伴关系”计划，以担当起“演变”和“融合”中东欧国家和前苏联各共和国之重任。第 3 步就是实施东扩，并在 1997 年 7 月马德里首脑会议上正式确定了第 1 批新成员名单。

对付多种威胁，调整防卫力量。首先，逐步压缩北约一体化部队规模。过去，北约军队主要用以对付地区危机，对外干预显得不够灵活。为此，近年来北约各成员国纷纷减少常规部队数量，重点建设精干、灵活、装备优良、机动性与应变能力强的部队。到本世纪末，北约一体化部队将从 1992 年的 180 万裁减至 90 万人。其次，组建多国特遣部队。建立多国特遣部队是提高北约出击能力的关键，它有利于更为灵活的力量部署，加强对辖区以外的干预行动。该部队由北约有关成员国提供的多军种部队组成，其任务是根据需要，由北约或西欧联盟出面，派遣到北约防区以外作战，或与前华约国家联合执行维和、救援或处理危机等任务。1996 年 6 月，北约建立的由西欧联盟直接指挥的多国多军种特遣部队，是一支没有美国部队参与、纯由北约欧洲成员国组建的海、陆、空多军种部队。该部队将在地区冲突中执行维和或救援任务。再次，调整欧洲盟军体制。北约盟军司令部原有 3 个，即大西洋盟军司令部、欧洲盟军司令和海峡盟军司令部。1994 年，北约解散了海峡盟军司令部，调整了其主要下属司令部。为对付不同威胁，北约还相应建立了各层次部队。其三个层次分别是北约空中预警部队、即时反应部队和盟军快速反应军。

发挥欧洲支柱作用，弥合美欧矛盾。冷战结束后，北约内部矛盾，尤其是美欧之间的矛盾越来越突出，严重影响了北约集团国家间的合作与发展，因此，也成为北约改革的一个重要方面。90 年代以来，随着美国实力的相对下降，美国不得不给予盟国更多的自主权，强调与盟国建立“平等的伙伴关系”，以维系联盟体系，弥合美欧矛盾。但在主导权问题上，美始终抓住不放。与此同时，欧洲国家强调发挥欧洲支柱作用。1994 年北约布鲁塞尔首脑会议上，美国

同意在北约内部塑造“欧洲个性”，为建立欧洲支柱提供了基础。1996 年 6 月，柏林北约理事会外长会议正式批准北约建立由欧盟直接指挥的多国多军种特遣部队的计划，意味着欧盟今后可在没有美国参加下、独立履行有关欧洲安全的军事使命。可以预计，北约东扩后，作为欧盟防务实体的“西欧联盟”也会进一步发挥其作为“欧洲支柱”的作用。（李宗耕、姬国卿《近年来北约的防务改革》，《外国军事学术》1997 年第 12 期）

北约“全方位危机反应”战略包括 4 项内容 有作者撰文指出，北约在 1991 年 11 月罗马首脑会议上，从以前的对付苏联为主的“灵活反应”战略，转向以在欧洲地区预防冲突、处理危机和解决地区冲突为主的新“全方位危机反应”战略。这一战略经过几年的酝酿、准备和调整，其核心内容包括“威慑”、“反应”和“战而胜之”3 个步骤：首先，准备以一支高效率的北约一体部队对敌人实施“威慑”，以防止危机发生；其次，在“危机”出现前兆时，将运用政治手段、经济制裁或军事压力作出“反应”，及时消除危机或防止危机升级为对抗；最后，如果战争无法避免，北约将打一场现代化局部战争并做到“战而胜之”。这一战略思想主要包括以下几方面内容：(1) 改变传统的战略指导思想，由长期依赖“核威慑”遏制世界大战，转向主要依靠常规力量预防、阻止和处理地区危机和冲突，决定将核武器的使用原则由“先期使用”改为“最后手段”。(2) 从冷战时期的主要对付原苏联和华约单一的大规模军事进攻，转为更多地对付现代条件下多样化的潜在的地区性危机和冲突。(3) 由对付原苏联和华约的军事进攻为目的的“前沿防御”的作战方针，转向应付多种地区危机的“多方位防御”。(4) 从强调发展核力量，转向在保持足够核威慑能力的同时，侧重发展常规高新技术兵器的新政策。（李大光、朱珉《冷战后北约组织的战略调整》，《现代军事》1997 年 3 月号）

（木 工）

作 战 理 论 研 究

中国关于作战问题研究 中国高技术条件下作战问题研究 **高技术条件下人民战争的新特点** 有作者撰文指出，高技术条件下局部战争以其新的战争形态和作战样式，使人民战争遇到了新的挑战，并具备了前所未有的新特点。

科技支前的参与模式。随着军事科学技术的发展，往日人民群众支持和支援战争的基本模式，将由科技支前取而代之。一是由数量型支前转变为质量型支前。高技术局部战争，数量上的优势已不再是衡量战争潜力和胜败的唯一标准。而以科技进步形成的质量优势支持战争，则成为基本的模式。二是由人力物力的直接参与转变为科技力的间接介入。高技术局部战争目的的有限性，更多地表现为以科技力量为基础的高技术兵器的抗争。这种情况下，人民群众参与的可能性将越来越小。因此，高技术局部战争中，人民群众支持战争的通常形式，是间接以研制的具有高技术水准的技术兵器用于战争，使军队具有与敌人进行高技术对抗的实力。三是由体能式支前转变为智能式支前。主要表现在对现有技术装备的智能改造、对高技术装备的智能设计和对战区保障的智能支援等，以确保高技术战争具有雄厚的物质基础。

“区域抗战”的作战形式。高技术局部战争所具有的区域性和时限性特征，使传统的“全民抗战”思想，面临着“区域抗战”的新选择。一是局部动员，分区备战。高技术局部战争政治目的、军事目的、作战范围和作战规模的有限性，限制了人民战争的实时发动和全面展开。为此，应根据各战区具体情况，在局部战争爆发前，深入进行局部战争动员，组织战区内的群众积极做好备战工作，以保证在战争袭来时，召之即来，来之能战。二是释放优势，重点支援。高技术局部战争中，战区内的人民群众可依靠地利人和的优势，积极地配合主力部队作战。邻近战区的人民群众，可按照统一的作战部署，采取重点支援的方式，有效和有序地保障战争目的的实现。三是区域反击，速战速决。针对敌人进行局部战争，通常集中大量高技术装备，力求在短时间内达到战争目的的特点，人民战争区域抗敌的反击行动，必须立足于以快制快，速战速决，力求在较短的时间内给敌以歼灭性的打击，迅速地达成战争的目的。

游击战的科技含量。高技术局部战争中，游击战在继续坚持适用的人民战争战略战术原则的基础上，需要有预见有目的地注入科技含量。一是人的科技含

量。参与战争的人，需要具备一定层次的高科技知识和高技术战争理论水平，保证以内行的身份参与作战。二是武器装备的科技含量。高技术局部战争是科技力的对抗。游击战必须着眼于这一特点，逐步转变“以低对高”的观念，强化“以高对高”的作战意识，并注重以高技术化的武器装备武装游击战。三是作战方法与手段的科技含量。充分运用信息威慑和攻击、信息化武器软硬杀伤等高技术方法和手段，积极打击敌人的高技术装备，使游击战成为正规战的重要组成部分。（耿建中《高技术与人民战争》，《现代军事》1997 年 6 月号）

高新技术使未来陆军作战出现新变化 有作者撰文指出，军事技术革命的深入发展，必将使未来的陆军作战，和海军、空军作战一样，以全新的面貌出现在人们面前。

*高新技术发展对陆军作战能力的影响。*随着传感技术、通信技术和计算机技术等信息技术在军事领域的广泛运用，将促进陆军作战能力发生新的变化。（1）火力打击能力空前增大。各类高新技术作战兵器的不断出现，使未来陆军部队的火力打击系统，将形成由先进的远程火炮系统、攻击直升机、各类导弹等火力系统和传感等远距离侦察、监视系统构成的一体化火力打击系统，陆军部队的火力打击能力将空前增大。不仅火器射程大大增加。打击精度和强度大大提高，而且具有地面、防空和空中等多层次的立体打击能力。（2）全时域、全天候作战和立体突击能力明显增强。各种夜视器材性能的提高，使陆军能在任何天候和能见度下识别远距离的敌人，实施不间断的突击，具备了较强的全时域、全天候作战能力。新一代性能更优越的装甲兵器和武装直升机的大量投入使用，使地面部队将具备更强的立体突击能力。（3）战场机动能力进一步增强。目前陆军部队“三化”即战斗车辆履带化、支援火器自动化、机动保障立体化，以及战场机动组织控制自动化、智能化的实现，将使陆军部队的战场机动能力大大提高。（4）电子战能力显著增强。由于电子对抗部队发展迅速，电子战领域不断扩展，电子战装备更新速度加快，陆军电子战能力将有更大幅度的提高。（5）战场指挥控制能力明显提高。未来信息技术将使指挥员使用的战场信息数量、质量和传递速度大大提高，将促进指挥控制系统能力进一步提高，使指挥人员能够全面、准确、实时地掌握战场信息。

未来陆地作战可能出现的基本特征。（1）作战空间进一步扩展，陆战场将与海、空、天战场融合成一体化战场。首先，地面部队作战能力的提高，使陆战场大纵深作战成为可能。其次，海、空军等军种部队作战能力的提高，为陆、海、空、天一体的全方位、立体化作战奠定了基础。（2）作战节奏加快、时间缩短，作战行动将出现高强度、高速度的激烈对抗。由于军队机动能力、立体作战能力、火力反应速度和作战指挥控制能力的提高，使陆战场作战行动的速度大大提高，作战时间大大缩短。同时，由于各种兵器的杀伤力、摧毁力和精确打击程度的提高，在一定时间和空间内的对抗强度将成倍地增大。（3）作战力量的构成更加复杂，作战行动和力量编组将具有更突出的整体性和单元性。随着武器装备的发展和作战方式的变化，还将不断产生新的军、兵种部队，使陆地作战力量的构成更加复杂。为使各军（兵）种部队在未来联合作战中形成更协调的有机整体，不少国家目前正在研究将战役军团或战术兵团编成更具有整体作战能力的单元性混合编组作战单位，以便于联合作战行动实施中，各军种战略级、战役级和战术级的结合更为紧密。（4）作战形式和样式不断发展变化，多种作战形式和样式将可能同时并用、频繁转换。未来陆地作战，其作战形式和样式将发生质的变化。一是阵线分明的线式作战将变为非线式作战。二是机动战将成为常见的作战形式。三是大规模、近距离的步兵集团和坦克集群交战将变为更多的实施火力战。此外，未来陆地作战还可能运用电子战、信息战、游击战、特种战等作战形式和样式，并根据作战需要，在广泛的作战空间同时使用和频繁转用作战形式和样式。（5）信息对抗和争夺日趋激烈，制信息权的斗争将成为取得战场主动权的关键。信息技术在军事领域的广泛运用，使军队对信息的需求和依赖更加突出。在未来陆战场上，作战双方将围绕对各种作战信息的获取与处理、传递与利用，运用情报战、电子战、导弹战、C^3I 对抗以及火力摧毁、计算机病毒袭击等多种作战样式和手段，展开激烈的对抗和争夺。制信息权的斗争将成为未来陆地作战取得战场主动权的关键，谁夺取了制信息权，谁就掌握了战场主动权。（韩永录《试析未来陆军作战的几个问题》，《中国军事科学》1997 年第 2 期）

现代空中合同作战有 3 大特点 有作者撰文指出，纵观现代局部战争，空中合同作战有如下特点：

*（1）以高技术空袭兵器为基础，高技术和低技术空战兵器搭配，注重以结构谋功能。*空中合同作战样式产生和发展的基础是高技术空袭兵器及其系统化。不仅使飞机本身性能大为提高和改善，还表现为大量使用精确制导武器、新一代电子战和指挥－控制－通信情报系统的应用。然而，在空中合同作战群体中，并非都是高技术兵器，而是以合理的结构来谋求整体最佳功能。强调以高技术兵器为基础，将各种兵器合

理组合，互相取长补短，在充分发挥高技术兵器优势的同时，注意发挥传统武器的潜力。如通过用高技术的空中预警机和预警、导航卫星等，间接强化老式飞机的信息要素，提高其作战效能；通过使用空中加油技术，增大老式作战飞机的航程和作战半径等。

(2) 高比例保障飞机和低比例的作战飞机相结合，注重组成攻防兼备的空中作战系统。空中合同作战中，高比例的保障飞机成为空战发生质变的重要特征。出现这种情况的原因有两个方面。一方面高性能飞机和高技术精确制导武器的出现提高了空中打击能力，空袭单位目标所需作战飞机的数量比以前明显减少，同时，对空中勤务保障提出了更高要求；另一方面，防空手段日益先进，防空体系日趋完善，成为空中突防的严重障碍。在这种情况下，要通过某一机种独立作战，达成进攻企图是难以实现的。特别是在空中力量远离本土和基地时，就更需要严密有效的空中勤务，做到攻防兼备。这种保障飞机比例上升，作战飞机比例下降的空中合同作战样式，符合空中作战系统攻防兼备的实际需要，反映出现代空袭与防空作战是一种系统与系统的整体对抗。空中预警机及时提供大量的空中信息，使多机种得以协同配合作战；电子战飞机对对方防空系统的干扰、压制和摧毁，使空中突击编队能顺利突防；空中加油机的保障，使远程奔袭成为可能。所以说高比例的保障飞机的作用是不容忽视和无法代替的。

(3) 统一指挥，密切协同，注重发挥作战系统的整体效能。在空中作战中，随着作战机种的增多，协同的内容已由过去飞行间的协同动作发展为多兵（机）种的整体协同，在协同的方法上，由过去预先计划的协同发展为战场的适时协同。战争经验证明，统一指挥，密切协同，直接关系到空中合同作战整体效能的发挥。所谓统一指挥就是指将所有参战的空中力量置于统一指挥控制之下，各兵（机）种按照统一的计划和分工，发挥各自的性能，完成各自任务。这样就可以形成一个由预警、指挥、保障、突击力量等组成的空中进攻作战系统，各兵（机）种相互配合，在一定时间和空间形成强大的整体力量。如在海湾战争中，以美国为首的多国部队采取了多种措施解决诸兵种共同实施大规模空袭的指挥与协调问题：一是建立联合协调中心，将多国部队的空中力量纳入统一指挥的作战系统；二是多国部队的作战飞机上均安装敌我自动识别系统；三是充分发挥空中预警机的作用；四是在作战任务上分工明确，编制了复杂而精确的“空中任务指令”和协同作战计划，从而有效地发挥了空中合同作战的整体效能。（李宗昆《现代空中合同作战的三大特点》，《现代军事》1997 年 4 月号）

高技术战争中火力运用将呈现新特点 有作者撰文指出，在未来高技术战争中，随着信息技术的发展，火力运用的发展将呈现出一些新特点。

夺取制信息权是火力战取胜的必要条件。未来高技术战争中，作战指挥控制系统必须依靠大量战场信息作为决策和命令的基础，信息获取是否准确，处理是否及时，传输是否迅速，将影响到每一个作战行动的实施是否顺利。因此，信息控制权的争夺将是火力战的先导。敌对双方将以电子战、情报战、心理战等瘫痪对方的指挥控制能力，同时设法保障己方信息系统的完好，免遭敌方的利用和破坏，只有在拥有信息主动权的情况下，军队的火力突击才能保证目标“发现即被消灭”，才能保证火力突击的连续性。

火力对抗空前激烈。未来高技术战争中，尽管信息情报对抗和指挥控制对抗将具有重要的意义，但火力对抗不仅不会减弱，反而会更加激烈。这主要是由高技术兵器的发展趋势所决定的。如精确制导武器在高精度传感器系统和近实时的数据处理系统与通信系统 3 个关键技术方面所取得的显著发展，使作战双方的毁伤能力大大提高，空袭和防空袭的火力对抗空前激烈。

火力机动更加频繁。未来高技术战争中，机动作战更加广泛。实施机动战，本质上是火力的机动，因为任何机动都是为了在更有利的位置对敌实施火力打击。机动的另一个目的是使兵力兵器在瞬息万变的战场上生存能力得到保障，实现“消灭敌人，保存自己”的目的。综合运用火力和机动，乃至实现火力和机动的一体化，是现代作战发展的必然趋势。未来的作战是一种火力—机动战。机动部队将具有强大的火力与高度的机动性。而“打了就走”则成为现代火力运用的一个突出特点。

纵深攻击与近距离火力支援交互实施。随着武器射程和机动性能的提高，战场火力的运用由近距离的战场火力支援发展到以远程火力打击为手段的纵深攻击。火力纵深攻击可摧毁敌配置在后方的具有较高价值的军事目标，使敌整个作战体系陷入混乱，但仍不能完全取代近距离的火力交战和火力支援。未来高技术战争中，火力纵深攻击与火力支援的手段都将获得极大的发展，呈现出多样化、多功能化的发展趋势。远程火力可对地面、海上和空中目标实施突击，能从飞机、舰艇等各种平台上发射。火炮也将全部实现自动化，能够以行进间的射击实施高效的战场火力支援。

新概念武器和非杀伤性武器的出现，将给火力战注入新的内容。新概念武器是指以激光、强微波辐射综合效应、高速粒子动能和超高速运动物体的动能等原理杀伤破坏目标的一类新型武器。“非杀伤性武器”又称“失能武器”，它虽不会使人员死亡，但可使其丧失能力，并能够使敌人武器装备的指挥控制网失去作用，一旦这些兵器运用于战场，战场的火力战将是多种手段的综合对抗，火力运用的方法将呈现出更为复杂的样式。（刘春阳《高技术战争中火力运用的特点》，《现代军事》1997 年 4 月号）

中国战役战术理论研究　**高技术条件下战役观念出现一些新变化**　有作者撰文指出，高技术不断涌入军事领域，促使着以往的战役作战观念必须加以更新和发展。

*摒弃单一战场，单一力量、单一时空合同作战的观念，树立多个领域、多种力量、多维时空联合作战的观念。*由于战役主要武器作战效能的增强，使得战役战场的纵深性与立体性进一步扩大，陆、海、空、天、电磁战场融为一体，正面、翼侧、前方、后方战场界限较为模糊；敌我双方都使用诸军（兵）种构成的联合作战力量进行整体对抗，对战役主动权的争夺将在战役的全纵深、全方位、全时空展开。故此，应彻底改变过去那种只注重发挥陆军合成战役军团作用，以地面战场正面作战为主，昼夜间隔性作战，力主己方纵深歼敌的观念；确立在各个作战领域同时遂行战役任务，协调各种作战力量，注重联合作战中技术军（兵）种作用的发挥，进行昼夜连续性作战，在敌我双方纵深歼敌的观念。

*摒弃只注重集中兵力数量优势，以歼灭敌有生力量为主的观念，树立集中力量的质量优势与综合优势，注重打击敌战役关键系统的观念。*高技术局部战争的特殊性，使得集中兵力的数量优势的作用降低，质量优势更重要，要求形成综合作战能力的优势。在集中兵力的方法上，也由以往那种预先配置为主的空间集中方式，变成以战场应急机动为主的时间上的集中方式；在歼灭战思想上，由大量歼敌有生力量为标志，转变为以摧毁敌方高技术武器系统，瘫痪敌方作战体系和摧垮敌战斗意志等为重点。因此，必须树立起以质量优势和综合优势为标志，在关键的时节进行作战力量的动态集中，注重战役整体优势的发挥，着力打击敌战役关键系统、重要环节，以系统瘫痪和结构破坏促成战役目的实现的观念。

*摒弃单纯倚重某种作战样式的反应式抗敌的观念，树立以机动战为主、多种作战样式相结合、注重以综合手段对敌实施先期打击的观念。*高技术条件下，传统的线式战场的结构已被打破，围绕作战焦点和交战“孤岛”，敌我双方同处包围与被包围状态的非线式作战将成为主流。这使得以往那种单纯倚重进攻或防御的作战失去了意义，代之而来的是阵地战与机动战的紧密结合，攻防行动，以及正规作战与非正规作战行动的密切配合。为此，应改变那种单纯强调阵地战或运动战作用，只注重防御或进攻，基本进行飞机、火炮掩护下的步、坦直接交战，主要采取“后发制人”的反应式攻击，着眼于近距离歼敌的观念；树立以机动战为主，阵地战、袭击战（破坏战）、电磁战等多种样式配合，“非接触性”的“远战”和多领域的特殊作战（如空袭和反空袭作战、反卫星战、以及立体海上封锁与反封锁作战等）相结合，攻防相融，电子、火力、机动一体，积极实施先期打击，力求远距离歼敌的观念。

*摒弃仅靠既定部署、仅求实力制胜的观念，树立灵活应变、以巧制胜的观念。*由于现代战役中先进的侦察监视器材，精确制导的远程袭击兵器，多种电子对抗手段，迅速的信息处理技术等广泛运用，使得战役中敌我双方的时间差、空间差、精度差、速度差和信息差越来越突出，战场主动权的争夺更加激烈。仅靠一般性兵力优势，仅依赖既定的基本部署，将难以赢得主动。因此，应改变那种过分强调武器作用，过多依靠既设战场条件和既定作战部署，一味追求实力制胜的观念；树立既重物质基础也重视精神和其它因素作用的发挥，强化谋略意识，既充分利用既设战场优势也善于创造新的有利条件，即重视搞好战役的基本布势也善于临机应变，善于将智谋与高技术作战手段互相结合，因势利导，以巧制胜的观念。（王勇《战役观念的发展变化》，《现代军事》1997 年 3 月号）

信息时代使传统战役观念发生变化　有作者撰文指出，信息时代使传统的战役观念发生了诸多新变化：

*一是战役本质“宽泛”化。*传统的各种类型的战役究其本质都是“保存自己，消灭敌人”。信息时代的战役本质则主要表现为“发扬自己，遏制敌人”。

*二是战役手段“文明”化。*传统的战役手段大多表现为“绞肉机”、“杀人流水线”。而信息时代，则为战役提供了愈来愈“文明”的手段。一次秘密的计算机病毒战，一次精心策划的心理战同样可以达成战役目的。

*三是战役空间“多维”化。*信息时代使空间大大贬值，传统的国土疆界、防线、前后方界线变得异常模糊。地理条件和空间阻滞将失去应有的作用，两国远隔重洋照样可以瞬时交战。在时间上，战役“扳机”扣动的时间将难以确定。在较为直观的数字化战场上，目标一经发现就意味着被摧毁。微机键盘“电子点穴式”的打击可能在数分钟内取得胜利。传统的战役三维战场将让位于陆、海、空、天、电等多维战

场。

四是战役打击“瘫痪”化。由于现代局部战争紧紧服从有限的政治目的，加上战争资源消耗大，不容旷日持久。因此，它要求战役不能再采取传统意义上的持久战和歼灭战，而要采取“瘫痪”战。战役一开始就有选择地一锤定音，一举摧毁对方支撑战役体系的关键性目标，从而使对方有生力量处于英雄无用武之地。

五是战役力量“一体”化。信息技术可以将相同或相似功能的战役作战要素组成系统，并将许多具有独特功能的体系综合到一体，形成“由多系统组成的大系统”，使整个战场所有作战力量具有明显的一体化特征。

六是战役武器“信息”化。进入信息化时代，武器装备的发展将更多地依赖于信息技术实现智能化、自动化，向更灵活、更有威力、多用途、多功能、综合化的方向发展。同时将产生一批新的信息战武器装备。如信息化弹药、信息化作战平台、单兵信息化装备、C^4I 系统和众多的新概念武器等。

七是战役主体“智谋”化。信息技术的发展并没有削弱人的主体作用。当战役中火力制胜让位于信息制胜时，更加要求指战员具有较高的文化技术素质和高超的谋略艺术。指挥员的作战经验只有和现代信息手段相结合，才能“好钢用在刀刃上”。

八是战役保障“对抗”化。战场上大量使用的高技术装备，其作战效能的发挥是以多方面的信息保障为前提的。因而，作战保障中的某些要素将成为对方的首要打击目标。作战双方在作战行动一开始将以“软”、“硬”两种杀伤。对侦察情报、通信、补给系统等实施打击，以此达到瘫痪整个战役作战系统的目的。因此，信息时代的战役保障，首先必须立足于成功的对抗。(徐华保《战役观念新变化》，《解放军报》1997 年 8 月 5 日)

合同战术理论研究出现一些新观点 有作者撰文就如何根据高技术条件下局部战争的新情况和新特点，发展合同战术前沿理论问题，提出一些新观点。

合同战斗的本质更强调形成和运用对敌质量优势。战术的本质是关于如何形成和运用对敌优势的艺术。现代作战思想日益重视以质取胜，反对滥用优势，要求理智而有效地形成和运用对敌优势。高技术条件下能否集中优势关键在于指挥员能否将火力、突击、机动、防护、指挥以及电磁优势和信息优势等战斗要素结合起来，并根据不同战斗条件进行综合与协调，集中作用于敌人。

打敌要害成为新的重要战术原则。打敌要害是具体运用对敌优势的重要方法。以往注重的是拣弱的打和从弱处开刀。但是，随着武器系统不断向高技术、高精度、系统化、电子化、信息化方向发展，必然导致关键环节和要害部位的脆弱，这就使得打敌要害具有很高的作战效费比，能够以最小的代价换取最大的成功率。

实施全纵深同时攻击已成为合同战斗的重要战法。实施全纵深同时攻击与传统的“突破 + 纵深战斗”的进攻程式相比，无论在作战观念、战术思想和战斗方式、方法上都发生了质的变化。但研究纵深攻击必须注意到武器装备对战法的制约，仍需重视突破在未来进攻战斗中的重要作用，因为在多数场合下仍然要首先实施突破。需要发展的主要是突破地段（突破口）的选择和突破的方式，以及突破行动与纵深攻击行动的衔接与协调。此外，把先期打击作为进攻战斗的一个阶段，是实施全纵深攻击应有的内涵。

将机动战纳入基本战斗样式。以往运动战主要是在战役范畴实行的，而机动战适用于战役和战术两个范畴。机动战术通常又区分为机动进攻战斗和机动防御战斗，成为与阵地攻防战斗相并列的基本战斗样式。我军在今后战斗中突出机动战，不仅是达成“以劣胜优”的正确选择，而且较能充分发挥我军灵活运用战术的特长，有自己的特色。如在战术指导上，应谋求通过机动贴近敌人，形成敌我犬牙交错的态势；在战法运用上，应结合运用奇袭、包围、迂回、穿插、分割等传统战法；在战斗形式上，应注意与阵地战、特种战、游击战的相互渗透和转化；在战斗部署上，无论进攻和防御，都编组足够强大的机动力量，实行群队编组，多点攻击，分散敌人，同时注重兵力机动与火力机动的有机配合；在歼敌规模上，应以小口，速决、全歼为主，当敌配置比较密集时，也可采取歼灭性打击或半歼灭性打击或半歼灭、半击溃。

技术对抗将是战法运用的重要组成部分。未来高技术局部战争条件下，在合同战斗中技术对抗的地位和作用将比以往大大上升。所以，注重战法运用的技术对抗含量已经成为新一代战术理论研究的重要课题。这主要包括：研究战法本身就要求研究技术对抗手段和技术兵器对抗行动；从战法运用需要考虑技术对抗的运用时机和目标选择；运用战法要兼顾发挥技术装备战斗效能的制约因素和必要条件；有的技术对抗本身就是战法运用问题，如电子对抗；有时通过战法运用，将现有的技术兵器以不同寻常的办法结合起来，有可能在现有物质条件的基础上使作战效能实现质的飞跃。

合同战术将由“描述科学”向“精确科学”过渡。数字化战场结构的发展趋势、高精度打击兵器的大量使用、C^3I 指挥系统的广泛运用，电子战和信息战日益成为重要的战斗手段……所有这些变化，必然使合同战术不再满足于定性描述，而是越来越多地使用数学的方法，越来越变成一门定量的、精确的科学。为此，应特别重视模拟实验的作用，使计算机模拟系统能帮助决策者迅速判明情况、定下决心和下达命令，能支持合同理论的研究系统论证和战法运用效果的检验。（曾苏南《合同战术理论新探》，《现代军事》1997 年 11 月号）

联合作战促使战术观念发生转变　有作者撰文指出，联合作战的广泛实施必将给战术领域带来诸多方面的重大变革。为适应联合作战需要，应从以下几个方面转变战术观念。

*应由以陆军占主导、为主体组织作战向诸军种平等参与和整体作战的观念转变。*联合作战是出现陆军以外的其他军种，并在军队武器装备发展到较高水平的情况下产生的一种作战形式，作战力量的构成层次较高是其显著特点之一。它既不是一般军种内部组织的作战行动，也不是某一军种与其它军种在某一作战阶段的临时性协同作战。参加联合作战各军种的地位是平等的。谁都可能成为战场的主角。根据任务性质和需要，主角既可能是陆军，也可能是空军、海军或第二炮兵。因此以“陆军为主导和主体”、“诸兵种合同”的战术观念，如不尽快转变到诸军种平等参与、整体作战的观念上来，则合同战术既无法从自身的变革中得到完善与发展，更无法适应高技术局部战争中联合作战这一崭新作战形式的客观需要。

*应由以兵种间的协同为主向军种间的协调为主转变。*联合作战与其它作战形式最大的区别在于战场力量结构和协调方式的不同：一是参战的军种增多，以协调好各种军种间的行动为首要原则；二是参战各军种都在不同的战场空间独立承担着各自的作战任务，不是以独立的作战效果去影响和支持其他军种，而是谋求在更大范围和更高层次上配合其他军种的作战行动；三是军种间的配合关系不是阶段性的，而是贯穿于作战行动的始终；四是联合作战通常由临时组建的联合指挥机构实施，并由下辖的各军种司令部构成统一的指挥协调体系，组织协调的方式主要是进行宏观上的协调与控制，军种相互之间一般不构成隶属关系。可见，联合作战已从过去军种内部之间的兵种协同为主，转向以军种间的外部协调为主，军种协调作战将始终处于主导地位，而兵种协同则将处于从属地位。

*应由以达成单纯的战斗目的向同时实现战斗、战役、战略目的的转变。*高技术武器系统使战术打击可直接达成战略目标，战略指挥亦随时可介入战术层次。战略、战役、战术行动界线的日趋模糊，使战斗的地位和作用显著“升值”。各军种既可投入较大的兵力，进行战略或战役级规模的联合作战，也可只从各军种中抽调一、二个兵种，进行战术级规模的联合作战。小战斗大目的，小行动大背景的联合作战将会有更多的出现机会。有的联合作战只要实施一两次战术级别的联合作战行动就可达成战略目的。因此，战术观念应由战斗只能达成单纯的战斗目的向同时实现战斗、战役、战略目的的转变。为此，战术指挥员既要在军事上运筹帷幄，又要在政治上高瞻远瞩。不拘于夺占和守住阵地的一般战术目的，将战术思维定位于较高层次的战斗目的之中，围绕总的作战目的实施灵活、果断的指挥，在诸多受制因素中寻求与把握战斗行动的自由权。

*战术观念也应向一体化方向转变。*高技术武器装备的发展，使联合作战呈现出更加显著的一体化特征。战场呈空旷、流动、不规则的非线性或无战线状态，前方与后方的界限日趋淡化，海、陆、空、天相连，形成了多维的立体战场。无论进攻一方还是防御一方，实施作战行动的基本内容，都将包括分散配置、迅速集中、穿插分割、垂直包围等相同的行动样式。军种间作战的界限将不易区分，各军种在空间范围上的相互交叉、重叠对其整体性提出了更高的要求。战斗部队、战斗支援部队、战斗保障部队等各种作战系统将形成一个有机的整体。作战时可以随着作战任务、战场环境、战场态势的变化，择优使用不同军种的兵力兵器。以火力替代人力，不动用或少动用地面部队，并以最小的伤亡达成作战目标已成为火力与机动一体化的发展趋向。联合作战在诸多方面的一体化，使以往那种单一作战方向、单一战斗任务、单一作战方法、单一打击目标的观念已成为过去。

*应根据高技术局部战争联合作战的新情况确立“非程式化”的战术观念。*在高技术局部战争联合作战中，武器系统已经发展到“没有打不着的目标”的较高水平；先进的探测系统和信息技术能适时地提供战场的详细情况，指挥周期将从几小时减少到几分钟；如不能对敌前沿和纵深同时打击，纵深的重要目标就有可能迅速消失，同时己方也可能遭到对方的打击；如仍按呆板的程式组织战斗，就容易被敌人掌握规律和给敌以应变时间，难以实现作战目的。因此，应确立“非程式化”的战术观念。使用海陆空天各种力量，运用多种打击兵器和手段，同时从前沿到纵深、从地面到空中、从战役到战术对敌方的整体作战结构实施打击，全面瓦解和动摇敌方的作战体系。（胡坚、张志伟《联合作战与战术观念转变》，《中国军事科学》1997 年第 2 期）

中国现代指挥对抗问题研究　**高新技术使**

局部战争中指挥对抗出现新特点 有作者撰文指出，从70年代以来世界上的几场高技术局部战争可以看出，指挥对抗已成为作战指挥的重要部分，它对战争的进程和结局都具有重大影响。与过去相比，指挥对抗的方式有了很大变化，呈现出一些新的特点。

高技术局部战争中指挥对抗的特点。(1) 高技术侦察手段使指挥机构的隐蔽更加困难。高新技术在军事侦察中得到广泛运用，侦察卫星、高空隐身侦察机、夜视器材等侦察器材使战场的透明度空前提高。在这种情况下，作为反侦察的一方若要对己方指挥机构实施有效的伪装，不被敌发现，相当困难。(2) 先进武器系统的打击能力使指挥系统面临着巨大威胁。由于先进武器系统向精确化、全自动和全纵深打击方向发展，从而使首先打击敌作战指挥控制系统的物质条件更加充分。防御一方对高技术兵器攻击的反应时间越来越短，难以保卫己方的指挥控制系统不受到袭击破坏。(3) 电子战对指挥控制系统的生存与稳定将产生巨大影响。由于大量使用电子指挥器材，指挥系统的脆弱性进一步加大，因此，电子战必将使作战控制系统的生存能力和指挥的稳定性受到更大威胁。(4) 日益增强的特种部队对作战指挥机构构成直接威胁。在高技术局部战争中，广泛运用特种部队打击敌指挥机构仍是一种行之有效的对抗方法。因此交战双方必然会把具有很强的机动、渗透、作战能力的特种部队用于打击对方的指挥控制系统，(5) 战场信息对抗是高技术局部战争指挥对抗的重要组成部分。信息对抗是以破坏敌信息系统，遏制或摧毁敌获取信息的能力，并保证己方获取及时可靠战场信息为目的，以电子对抗为主要手段的一种指挥方式。随着微电子、光电子、计算机、通信和情报收集系统等技术的飞速发展，未来战场信息的争夺必然更加激烈复杂。

*高技术局部战争条件下指挥对抗应遵循的原则。*第一，联合性原则。是指在战争过程中，协同作战的各军兵种、各区域主要部队之间联合进行的指挥对抗。它主要体现在以下两个方面：一是作为作战指挥重要组成部分的指挥对抗必须服从战役指挥的整体性。二是联合对抗有利于提高战场指挥对抗的整体效能。第二，全方位原则。是指对敌侦察全方位，对敌袭扰的预警—防卫全方位，实施立体、全域的控制、协调、对抗。第三，时效性原则。是指进攻一方对敌指挥控制系统实施打击的决策快、组织快、行动快，防御一方的指挥控制系统对敌突袭的反应快、防卫快、反击快，并且在快速的同时保证较高的可靠性，提高指挥对抗的时效性。第四，多样性原则。多样性原则是从指挥对抗的计划和手段角度提出的。即要充分考虑战场可能发生的各种情况，针对可能发生的对抗区域、对抗方向、对抗目标等拟制多项预案，做多手准备；根据敌可能采取的袭击方式，袭击手段做好相应的准备，多种对抗手段、对抗战法都要预先安排。第五，适度分散原则。适度分散原则是指在不影响作战行动整体性、统一性和协调性的前提下，适度降低指挥机构的配置密度，实行分散配置，可以有效地降低风险，保持指挥机构的安全性和指挥控制的稳定性。第六，攻防并用原则。高技术局部战争条件下的指挥对抗在对敌人的袭扰破坏予以坚决回击的同时，还要抓住一切战机对敌指挥控制系统进行回击破坏。（刘洋《浅议高技术局部战争中的指挥对抗》，《中国军事科学》1997年第4期）

正确把握现代指挥对抗的规律 有作者撰文指出，指挥对抗，是指敌对双方旨在摧毁、破坏或干扰敌方指挥控制系统、降低敌指挥效能，防卫己方指挥控制系统，保证己方作战指挥顺畅所采取的行动。以往的线式作战，双方的指挥机构都建立在纵深或后方，打击破坏敌方的指挥机构比较困难，对抗烈度较低。高技术局部战争从根本上打破了传统线式作战的地域界限，并且使得指挥控制系统成为敌对双方优先打击的重要目标。这就迫使作战双方把指挥对抗摆在一个相当突出的位置。为此，应把握指挥对抗的规律。

(1) 联合性。在战争过程中，协同作战的各军兵种之间要联合进行指挥对抗，既有利于战场信息的快速传递，又有利于综合运用多种对抗手段，提高战场对抗的整体效能。

(2) 全方位。高技术局部战争由传统的陆、海、空三维空间扩大到陆、海、空、天、电磁五维空间，需要从多维空间对敌部署的指挥控制系统的重要目标实施打击。

(3) 时效性。指挥活动是一种“对方行动——己方决定——作出反映”的周期性过程，而部队作战节奏的快慢，取决于“对方行动”后己方指挥系统对这一行动进行监测、分析、作出决定和反应的速度，如果能加快己方的周期，在敌未能对前一次行动作出反应之前发起新的行动，那么对方很快就会陷入混乱并失去反应能力。

(4) 多样性。高技术条件下作战，战场广阔，情况变化急剧，参战军、兵种多，要充分考虑战场可能发生的各种情况，就可能发生的对抗区域、对抗方向、对抗目标等进行充分细致的分析，拟制多项预案，做多手准备。

(5) 适度分散。高技术局部战争对指挥时效性要求很高，片面强调集中指挥，必然导致统得过死，影响反应速度，应使集中统一与适当分散相结合，适度分散配置指挥控制系统。

(6) 攻防兼备。随着作战手段、作战样式的发展变化，攻与防的界限越来越模糊，对敌人的袭扰破坏必须予以坚决回击，同时要抓住一切战机对敌指挥控制系统进行破坏。(刘洋《指挥对抗刍议》,《解放军报》1997 年 7 月 22 日)

中国对其他作战问题研究　**特种战呈现出新趋向**　有作者撰文指出，80 年代以来，特种战不仅以它特有的行动方式和作战功能日益受到各国的重视，而且随着大量高新技术兵器的优先装备和使用，使特种战呈现出新的发展趋向：

(1) 直接作战功能增强。以往的特种部队主要担负侦察、破袭和营救等任务，其兵力和规模都非常有限，当代拥有高技术武器装备的特种部队，除担负传统的作战任务外，直接配合正规部队作战的比重明显增大。使特种战已逐步发展为高技术局部战争的一种重要作战样式。

(2) 力量构成趋向多元。特种部队产生初期，主要由陆军兵力编成。冷战结束后，发达国家的特种部队基本上已被空降兵所代替，海、空军的特种部队也在迅速发展。与此同时，各军种的特种作战部队已经发展成为多兵种的合成部队，并超出常规部队的作战编成，扩大到侦察、电子和心理战等非作战部队。

(3) 行动领域不断拓展。从行动空间看，现代条件下的特种战，改变了以往陆上单一空间作战的局面，不仅可以从空中支援、配合地面作战，而且也能在海上乃至太空遂行特种战，活动空间趋向多维化。从行动级别看，特种战改变了以往主要是遂行战术任务的局面，现在不仅可以完成战役任务，而且可为达成战略企图发挥独特的作用。

(4) 作战运用更加频繁。这是因为：军事行动受政治、外交因素制约大，为保持外交上的灵活性，减少政治风险，出于战略全局考虑，国家一般不会动用正规部队投入作战，但又要在军事上有所作为。因此必将更多地选择特种战；特种战由于机动灵活，隐蔽性强，对抗强度低，行动方式易受国际社会所接受，因而更容易发挥其作用；特种部队作战能力的提高，为其运用提供了物质条件。

(5) 指挥体制逐步完善。为着眼于应付未来的局部战争和武装冲突，各国都在积极探索有效的指挥体制。从特种战的发展和它在局部战争 中的地位与作用，以及特种战的特点看，在高级指挥层次，逐步建立常设的特种战指挥实体，是高技术局部战争条件下特种战指挥发展的必然趋势。(杨树旗、郭若冰《将军手中的“利剑”：漫话特种战》,《现代军事》1997 年 4 月号)

机降作战有 5 种作战样式　有作者撰文指出，由于运用直升机实施机降作战，可以不受或少受地面障碍、核生化沾染以及兵力阻击等不利因素的影响，突然机动到敌方的翼侧或后方的要害部位，给敌以猝不及防的打击。因此，机降作战在现代局部战争中得到广泛运用，其作战样式主要有以下五种：

(1) 空中奔袭。即使用直升机空中输送作战分队进入预定地区，破坏或袭击敌指挥机构、通信枢纽、电子战设施、机场、后方仓库、输油管线、交通枢纽、桥梁、隧道及其他重要目标的一种作战样式。空中奔袭通常由攻击直升机和搭载空中机动兵力的运输直升机编队实施。攻击直升机分队主要担负整个作战行动中的观察、警戒、指挥以及以火力突击袭扰敌兵力兵器的集结和机动，支援机降人员作战；运输直升机分队主要负责作战人员和武器装备的空运和空投。空中奔袭的兵力通常为 1 个加强排到 1 个营。必要时，空中奔袭编队还应得到电子战和布雷直升机分队的加强或支援。奔袭距离通常为 60～80 千米。

(2) 机降夺占。即使用直升机机降的作战分队，夺取并占领敌控制区内的桥梁、渡河场、重要高地、空降场等重要目标或地区的一种作战样式。机降夺占可用于接应己方地面机动部队或为主力部队机动提供翼侧警戒，或利用预先夺占的有利地形阻敌增援、配合地面部队实施正面作战。所谓的“蛙跳战术”，实际上就是通过一连串的机降占领行动来体现的。机降夺占一般由攻击直升机分队和加强的空中分队共同实施，当需要时，可与地面部队进行空地协同实施，其兵力主要依据任务和夺占敌目标的性质来决定。

(3) 垂直包围。即以空降方式将部队机动到敌人翼侧或后方，配合正面部队包围敌人的一种作战样式，垂直包围可在一个方向展开并与主力部队形成夹击，也可在几个方向同时展开形成围攻之势。特别是在与强敌遭遇作战中，在敌翼侧或后方实施垂直包围，往往能迅速扭转战场形势，当对利用有利地形凭险据守之敌实施攻击时，垂直包围也有较好的作战效果。垂直包围通常由运输直升机分队搭载攻击分队以及担任支援任务的攻击直升机分队共同实施。

(4) 机降伏击。使用机降的方法，预先或适时地将兵力隐蔽配置（埋伏）在敌必经通道或航线之一侧，等待或引诱地面、空中敌机动部队进入设伏地区(空域)，利用兵力和火力实施突然攻击，迅速歼敌于运动之中的一种作战样式。机降伏击与传统的地面伏击相比，增强了伏击的及时性和灵活性，有利于迅速抓住战机取得最佳的伏击效果，其兵力通常为 1 个混编连到 1 个建制营，设伏最大纵深通常不超过直升机最大航程的 1/3。

(5) 机降远距离火力袭击。即利用直升机机载或外挂功能，将具有较强远程突击能力的兵器，机降到其对敌目标有效射程之内的附近地域。这种突然袭击、速打快撤的作战样式，通常用以打击空中火力突击或机降破袭难以摧毁的敌重要目标。机降远距离火力袭击通常由运输直升机和机动炮兵部队联合组织实施，其兵力一般不宜超过 1 个连。实施时，要求以最快的速度完成作战行动。（张志伟《机降作战五样式》，《现代军事》1997 年 10 月）

现代心理战特点分析 有作者撰文指出，现代心理战依据手段不同，可分为宣传心理战、威慑心理战、诡诈心理战、电子心理战等。心理战与其他作战形式相比较，有以下 5 个特点。

本质上的非强制性。心理战不是使用以强制胜的手段消灭和俘获敌人，而是通过施加心理压力和心理影响，使敌方的心理发生预期的变化。它同武力作战有着根本的区别，非强制性是其基本特性。

企图的隐蔽性。武力作战虽强调出其不意，攻其不备。但战斗一打响，企图就公开化了。而心理战的企图自始自终都处于隐蔽状态，从而可使心理战对象在毫无抵抗的情况下自觉地接受其影响，改变自己的心理。

手段的特殊性。武力作战以武力杀伤为基本手段，而心理战则以精心泡制的各种信息媒介为武器。这种信息武器，既可能是心平气和的劝说和诱导，也可能是赤裸裸的威胁和恐吓；既可能是造谣欺骗，也可能是召唤、感化。

时空的非限制性。心理战既可用于战时，又可用于平时，不受时间限制；既可用于作战前线，又可在敌人后方实施，不受空间影响。

对象的多元性。既可对敌对国家，也可以对中立国家或友好国家；既可以针对某一个体，也可以针对某一群体同时开展心理战。（郭若冰、杨树旗《战场上的无形较量：漫话心理战》，《现代军事》1997 年 10 月号）

（夏礼伯）

高技术局部战争攻击重心选择新探 有作者撰文指出，以 1991 年的海湾战争为代表的高技术战争所展现出来的新样式、新特点，向人们昭示高技术条件下的作战重心已发生了深刻的变化。

重心目标配置分散化，攻击重点在高技术兵器集中的地区。重心目标配置地域分散化和打击重心目标区域扩大化，是高技术条件下攻防双方矛盾斗争发展的必然趋势和直接结果。目标配置虽然日趋分散化，但分散中仍有重点。海湾战争中，多国部队所确定的 12 个重心目标群有 7 个是高技术兵器集中的目标，4 个是与高技术兵器密切相关的目标，另 1 个目标也是重点打击的装甲部队。可见，在高技术条件下，重心目标往往指向高技术兵器集中的地区，或是与高技术兵器密切相关的目标。

重心目标群体系统化，攻击重点在各系统的关节点上。高技术条件下，对敌方重心目标的重点打击，已从传统的对敌重心目标进行覆盖性的大面积饱和攻击，变为对敌支撑重心的一系列关键目标实施精确打击，旨在破坏敌人的作战系统，达到瘫痪重心的目的。这一发展趋势，是高技术兵器使用的系统性和敌对双方作战系统的整体对抗性所决定的。重心目标虽然日趋系统化，但在打击对方重心目标系统时，却往往不是全线出击，破坏其全部，而是摧毁每套目标体系中的关键部门或关键部位，即重点打击各系统的关节点，以达到破坏敌作战系统的整体性，造成敌方混乱和被动，争取战场主动权，进而达成作战的目的。这种打法之所以能起到攻击一点而瘫痪整个系统的作战效果，是因为高技术条件下，武器装备的技术密集度越高，作战系统就越复杂，系统的“关节点”就越敏感，打击其关节点所造成的震撼就越大，同时高技术武器装备也为这种“点穴破关节”的重心攻击方法提供了强有力的物质基础。

重心目标性质多样化，攻击重点在指挥控制中心。重心目标性质的多样化趋势，首先是由战争目的的灵活性所决定的，高技术条件下，由于实现战争目的的作战手段日趋多样化，给战争的指导者在确定战争目的时赋予了较多的选择条件，因而也就具有较大的灵活性。而目的的灵活性与重心的多样性是密不可分的。因为不同的战争目的，其作战重心必然不尽相同，作战持续时间也会不一样。其次，战略、战役、战术目标的兼容性也决定了重心目标的多样性。战略、战役、战术的目标层次不同，重心的内涵必然有所区别。但在高技术条件下，战役和战略、战术之间的界线已逐步淡化，在一次作战行动中，战略重心、战役重心和战术重心都可能成为打击的目标。只是战争目的和作战阶段的不同而有所选择，有所侧重。再次，重心目标群体的关联性与重心目标的多样性也是密切相关的。因为在高技术条件下，各作战系统之间的联系极为密切，为有效地打击敌军一个重心，可能要同时打击若干相关的不同性质的目标。如海湾战争中，多国部队计划的打击重心虽然只有 3 个，但确定重点打击的目标群则有 12 个。可见，这种目标群体的关联性，也必然带来重心目标的多样性。重心目标日趋多样化，但多样化中仍有关键核心。在一系列可能列为打击重心的目标群中，首脑指挥设施及其相关的指挥控制系统与通信中心等信息系统与设施仍是首要的攻击目标。因为高技术战争是信息时代的战争，如果耳目失灵，信息不通，就逃脱不了失败的命运。因而作战双方都把攻击的重点首先指向对方最敏感的指挥控制中心等信息系统的关节点。（吴温暖《高技术条件下攻击重心选择新探》，《现代军事》1997 年第 7 期）

（陈　群）

攻势布雷有 6 种样式　有的作者撰文阐述了攻势布雷的 6 种样式：（1）封锁性布雷，是对敌重兵集团、港口、机场、城市、交通枢纽以及其他重要军事目标周围实施的封锁性布雷行动。目的在于孤立被围之敌，分割、隔离与邻敌在地面、海上、空中的联系，制止敌人从地面、海上、空中实施增援，为己方各个歼灭孤立之敌创造有利条件。封锁性布雷通常区分为地面、海（水）上、空中封锁 3 种类型，根据高技术条件下的作战需求，可实施单项封锁，也可实施联合封锁。（2）拦阻性布雷，是指在敌人实施立体推进和机动的方向上，快速设置拦阻性地雷场，用于迟滞和破坏敌人的行动，加强己方前沿、翼侧和间隙地的安全。布雷时，一般在山垭口、交通枢纽、港口、航道等敌人易通行的地段设置多种形式的拦阻性地（水）雷场，亦可与各种火力、警戒部队以及地方武装相结合。（3）覆盖性布雷，是指对敌集团目标、兵器配置地域、指挥所、通信枢纽、舰船停舶基地、机场等实施的覆盖性布雷。使敌在意想不到的时间，地点，突然陷入地雷场之中，前进无路，后退不能，从而为机动作战部队实施分割包围、各个歼敌创造条件，布雷通常由地（水）雷布设分队利用地形、夜暗或不良天气等条件隐蔽近敌实施，也可用航空兵、远程炮兵实施。（4）防空性布雷，是指为阻止敌机从低空、超低空空域对己方重要军事目标实施空袭或空降所采取的布雷行动。防空性布雷按其设置高度分为高层、中层、低层 3 种类型。并尽量加大布雷密度，以达成立体“雷障”。（5）威胁性布雷，是指用少量地雷在敌方控制地域或敌我控制区之间制造范围广、密度低的地雷威胁区，以给敌造成广泛的地雷威胁和增加其反地雷作战的困难。（6）虚假性布雷，是指为阻止敌人从某一地域入侵或机动，以模拟布设地雷场欺骗敌人所采取的虚假性布雷行动。它是在人力、时间、器材等有限的情况下，所采取的一种谋略性布雷手段。它能增大敌方对雷场的探测难度，迫使敌行动迟缓或实施错误行动。虚假性布雷通常区分为假地雷场和真假混合性地雷场两种类型。（季广智、黄祝珊《攻势布雷的 6 种样式》，《现代军事》1997 年第 6 期）

（德　峰）

空中“禁飞区”军事行动特点浅析　有作者著文指出，设置“禁飞区”作为 90 年代出现的新空中作战样式，其行动的基本特点如下：（1）严格禁飞。“禁飞区”最重要的特征，就是禁止对方的一切军用航空器升空。执行“禁飞区”计划的一方，在“禁飞区”全天候内巡逻，并出动预警机密切注视对方飞机的行踪，一经发现，就立即击落，以维护其空中霸主地位。（2）“禁看”和“禁防”。“禁飞区”谋求的是绝对的制空权，不仅禁止对方的任何军用航空器在“禁飞区”内飞行，而且不让对方的防空导弹、高射炮等防空兵器在区内部署，甚至对方的雷达也必须关闭即连“防”和“看”都禁止。划定“禁飞区”一方的飞机，要绝对排除在“禁飞区”内飞行可能受到的一切威胁。（3）空中威慑。由于“不战而屈人之兵”的威慑日益得到军事战略制定者们的推崇，建立“禁飞区”以达成一定的政治目的正成为某些军事强国所采用的最新手段。在 1994 年 2 月北约通过“禁飞区”达成威慑并迫使波黑各方接受最后通牒后，人们预计这种威慑方式在未来局部战争中将继续被军事大国所采用。（4）实行空中打击。在空中威慑不能达到目的时，实行空中打击就成为实施“禁飞”一方采取的最后措施。在这种情况下如不能果断地实施空中打击，就会使己方的权威受到严重损害，以致使以后的威慑行动失去作用。另外，一些军事强国为迅速达成政治目的或为显示其决心，往往不通过威慑手段，而直接采用空中打击。伊拉克和波黑两个“禁飞区”的实践证明，通过空中打击，能取得立竿见影的效果，获得在谈判桌上很难取得的成果。建立“禁飞区”作为一种崭新的作战样式，实际上是制空权理论的新发展。但“禁飞”与反“禁飞”的斗争也是复杂的。禁飞一方飞机被己方空中力量错误击落或被禁飞一方击落的事例屡有发生。这将成为今后局部战争研究中一个引人注目的新课题。（倪智《空中“禁飞区”军事行动的特点》，《现代军事》1997 年第 6 期）

（陈　群）

挖掘“第 5 空间”的军事潜能　有的作者撰文指出，所谓“第 5 空间”，是指离地面 300 米以下的边缘空间——超低空空间。这一空间产生的地表效应蕴藏着巨大的军事潜能。

“第 5 空间”的军事潜能。首先，“第 5 空间”是雷达探测盲区，有利于达成作战行动的突然性。由于地面众多地物产生干扰杂波，使各种雷达难以从众多的干扰杂波中发现超低空的飞行器。其次，“第 5 空间”是防空火力网的“黑洞”，有利于飞机降低战损，提高作战效益。虽然高技术装备扩展了各种防空火力的作用范围，但从近几场局部战争的战果来看，超低空目标被有效拦截的概率比出现在低空、中空和高空的飞行目标的拦截概率要低得多。因为对超低空目标的预警时间短、火力准备仓促、射击次数有限，命中精度往往不高。再次，“第5空间”有助于谋求后勤保障优势。在空间内实施后勤保障行动，隐蔽性好、机动灵活、生存能力强，不受地形、地物影响，有利于达成直接寻的快速保障，可为适时，适地、适量保障创造有利条件。第四，“第5空间”有助于发展全新的军事交通运输网。超低空间具有军民通用的开发价值，直升机和商用地效飞行器可在先进导航设备帮助下，不受地形、地物限制，不需耗资、占地巨大的机场，不需公路、码头，可开发全新的军事交通系统，将带来巨大的军事经济效益。

开发“第5空间”的军事潜能，需要创造必要条件。首先，要大力发展超低空性能优良的作战飞机、地效飞行器和直升机，这是谋求超低空作战优势和开发后勤保障新领域的关键。其次，要通过极限训练，开发现有武器装备的超低空作战潜能。通常作战飞机、防空武器都具有一定的超低空性能，但只有经过严格训练，飞行员才能在低空遂行作战任务时把飞机的超低空作战能力发挥得淋漓尽致，并取得较好战绩。反之，未经过极限训练的飞行员，往往在低空作战时战绩平平，作战效益大打折扣。再次，要加强超低空预警和超低空防空火力。“第5空间”将是作战双方争夺的一个制高点，在设法开发利用“第5空间”的军事潜能的同时，还要加强超低空预警和超低空防空火力，为有效利用“第5空间”创造条件。（肖宇志《挖掘“第5空间”的军事潜能》，《现代军事》1998年第2期）

（袁　洁）

未来战场将出现模糊性特征　有作者撰文指出，高技术不断运用于军事领域，使作战样式、作战方法、作战环境等发生许多变化，未来战场的模糊性是突出特征之一。

（1）作战层次模糊。以往依据参战兵力多少和战场空间大小，作战可明显区分为战略、战役和战术3个层次。3者之间，战略决定战役，战役决定战术。信息技术的发展，使作战层次的区别日益模糊。因为信息化兵器打击精度高、威力大、射程远，为迅速达成战争目的提供了有效手段。有时一场战斗也能达成战略、战役目标。

（2）军种间作战任务模糊。以往不同的军兵种具有执行不同作战任务的能力，但在高技术条件下的局部战争中，武器装备向多功能一体化方向发展，部队的编制趋向混合化和小型化。如美军已计划组建四种一体化部队。这样就使不同军兵种所执行的任务界线变得模糊。

（3）攻防作战界限模糊。以往攻防作战的程序明了，各个阶段、各个时节展开有序。武器装备和信息技术的发展，正在改变传统的作战程序。攻防兼备、攻防一体作战将成为今后作战艺术的焦点，每一次战争，都是攻中有防，防中有攻，趋于一体，前方与后方界线、敌我双方战线变得模糊，战场呈现出流动的非线性或无战线状态的多维立体性。

（4）战争胜负的标准模糊。以往衡量一场战争胜负的标准通常是指歼灭对方多少兵力，缴获多少武器，占领多少领土。然而，高技术条件下，部队机动力、打击力和侦察能力不断提高，使得发动战争的一方，往往可以利用长途空袭达成战争目的；也可实施远程导弹突袭达成战争目的；还可通过大规模空袭破坏战，削弱其军事设施，捣毁其国家政权。

（5）力量对比模糊。以往交战双方是以军队人数多少、武器多少来进行力量对比。高技术局部战争中，力量对比不仅考虑数量多少，主要考虑的是质量，尤其要考虑集中火力和信息。计算能力、通信能力、侦察能力、处理能力、决策能力、计算机模拟能力等和知识因素都将成为衡量军事力量的关键因素。军事力量的对比，越来越取决于信息武器系统的智力和结构力所带来的无形的、难以量化的巨大潜力。（魏岳江、薛连防、李晓鹏《谈战场模糊性》，《解放军报》1997年1月21日）

关于作战保障的发展方向　有作者撰文指出，现代高科技广泛应用于军事领域，将对作战保障产生重大影响，促使作战保障向以下几个方面发展：

（1）保障系统结构的排列组合方式将不断发生变化。大批新的技术兵器在战场上出现，必将导致作战保障体系中出现一些新的成分。因此需要根据未来战争的需要，对整个保障系统重新进行调整。一些原来是作战保障的重要内容，随着战争的发展，将成为一种作战行动，不再是作战保障内容了；一些专项作战保障的范围将扩大；一些保障成分的地位和作用将更加突出，由一般性保障上升为主要保障成分，如技术保障将从传统的从属地位变为重要的保障内容。

（2）作战保障行动与作战行动将进一步向一体化功能的方向发展。过去，作战保障和作战行动之间有着比较严格的区别。随着战争的发展变化，二者的区别越来越小，并将更加融合一体。如电子战将由单纯的保障措施发展为具有电子对抗行动功能的电子作战行动。作战部队专门作战，保障部队专门负责保障的情况将被作战部队在作战的同时兼负自身保障、保障部队则在保障的同时还要执行作战任务的情况所代替。

（3）作战保障的装备器材将更加现代化，手段更加多样化。各种高科技成果不断出现，为保障行动提供了更先进的装备器材，使作战保障装备器材的性能更加现代化，使战场侦察的全天候、高时效和准确性更加突出，使数字化军队在战场的任何地点、任何时间和级别上都能查明情况并迅速传递，使通信的保密性、可靠性、通信速率和通信距离大为增加，并将促使作战保障手段向多样化方向发展。各种保障已不再仅仅使用某一单项手段，而是同时运用多种保障手段。

（4）作战保障方式将向综合化保障方向发展。未来战争中，作战行动趋向更强的立体性、大纵深性、快速性、分散性、流动性的特点，要求作战保障必须由过去的专门保障向综合化保障方向发展。在组织作战保障时，通过将各种作战保障力量进行统一编组，建立综合性的保障群（队），使其成为小型多功能的综合保障实体，从而提高作战保障的效率。（季广智、韩小迅《作战保障的历史轨迹与今后的发展趋向》，《中国军事科学》1997 年第 2 期）

对战斗毁伤的判定问题　有作者撰文指出，战斗毁伤判定是判断对一个目标或目标群造成的损害程度，判断使用武力是否达到预期效果。过去由于战争空间距离不大，作战样式较为单一，使战斗毁伤判定工作一直没能成为一门规范的专业，曾因对防御之敌在炮击下毁伤判断过重而造成攻击部队严重伤亡；或因对空袭战果估计过低，多次重复轰炸，造成巨大浪费。

精确制导武器的大量运用，使火力由原来的面状打击转为“点穴”，用传统方法很难进行战斗毁伤判定。同时，伪装技术的发展也对战斗毁伤判定造成新的困难。为避免在未来战争中造成不必要的损失和浪费，建立与现代战争相适合的战斗毁伤判定系统，已是现代战争之必需。首先，要提高侦察和信息获取能力。应充分利用卫星、飞机、无人驾驶飞行器等多种侦察平台，及低亮度高清晰度电视、红外系统等高技术武器装备，并注意挖掘现有装备潜力，提高侦察和信息获取能力，为准确判定战斗毁伤奠定基础。其次，要建立规范的战斗毁伤判定系统，不断完善其组织体制、理论、方法和程序，并积极开发其自动数据处理软件，确保能够对各类目标的战斗毁伤程度作出准确的判定，为指挥员提供被攻击目标的毁伤情况。（刘涛《战斗毁伤判定》，《解放军报》1997 年 7 月 8 日）

（耿文正）

美军作战问题研究　美军作战理论研究新动向　美军为贯彻《2010 年联合构想》中的 4 项作战原则：即制敌机动、精确打击、全维保护和聚焦后勤，对 21 世纪初的作战理论进行了更加深入的研究。

重新划分军事冲突的类型。过去，美军根据作战的烈度，把军事行动划分为战争行动和非战争行动两大类。根据近几年的军事实践，美军对此提出了许多新看法。

（1）未来军事冲突将拥有与前完全不同的特点。一是冲突形式变幻莫测。非暴力的人道主义援助随时都有可能升级为暴力的武装冲突，两者可能相互转换，亦可能同时进行。二是有多个国家或集团涉及冲突。三是激烈程度难以预料。有时有些维和行动的激烈程度也不亚于一般的作战行动。四是对军事行动的制约因素多。指挥官在冲突中，除了要考虑传统上的任务、敌情、地形、天气、己方部队和可利用的时间六大要素外，还必须考虑民事因素。要求“能够在各种受限制的条件下，在任何地区有选择地运用各方面的军事力量。”

（2）将军事行动重新划分为四种类型。鉴于以上特点，很难再像过去那样按照冲突的强度划分冲突类型。因此，美军根据作战的目的和性质，对作战行动类型重新进行划分，决定取消战争行动与非战争行动的提法。按照新的分类，除原有的进攻和防御行动外，还新增加了稳定和支援两种新的行动类型。稳定行动，指的是运用军事力量影响政治环境、协助外交机构开展工作和铲除特定的非法活动。其目的包括慑止侵略；保护盟国、友好政府或机构的安全；稳定局势等。支援行动，指的是提供急需的物资与服务以帮助指定的国家集团，其任务是救死扶伤、赈济灾民和恢复正常秩序等。新的理论强调，在一次较大规模的作战行动中，这 4 类作战行动的重点是相互转移不定的。（美新版《作战纲要》草案，1997 年 8 月）

补充、修订陆军基本作战原则　（1）在原有的战争原则中增加了 1 条“士气”原则。以前美陆军《作战纲要》中规定了 9 条战争原则。新《纲要》除了对这些原则的顺序进行调整外，还增加了“士气”原则。指出“士气原则指的是提高、保持和恢复战斗士气”。战争的胜利最终还是要靠人的努力去获取，而这些努力的具体体现是投入战斗的官兵和部队的战斗精神——即“士气”。“士气”原则要求指挥官在实战中：一要通过提供胜任、自信和严于律己的领导，完成任务的合理手段，充足的食品和休息保持战斗士气；二要通过对参战部队进行休整以恢复战斗士气；三要设法瓦解敌军士气，（2）将 5 项作战原则改称陆军作战行动的 5 个特点，将其中的“协调”扩展为“协和”。93 年版《作战纲要》指出，“陆军在战场内外的成功取决于其按照主动、灵敏、纵深、协调和多能这5条基本原则作战的能力。”新《纲要》草案为了将这5项作战原则同上述10条战争原则区分开来,将作战原则改称为特点,并将其中的“协调”改为涵义更加广泛的“协和”。除包含作战行动上的协调外,还包括军队与政府、机构以及各种与军事行动相关力量之间的协调配合。(美1993年版《作战纲要》和1997年8月公布的新版《作战纲要》草案)

进一步探讨未来冲突中的新战法 为适应新形势,美军正对以下新战法进行探讨。

(1)陆、海、空三军将普遍实施远征式作战行动。美军认为,由于兵力不足、海外基地减少,将越来越增加美军对兵力投送的依赖。鉴于将来冲突爆发的时间和地点都难预料,部队的反应速度将至关重要。所以,美国陆、海、空三军都把编组远征部队和实施远征式作战作为将来对付危机和冲突的首要行动方式。目前,美陆军正按兵力投送型陆军的要求进行建设,包括改革编制、发展空中和海上兵力投送工具、实现装备轻型化以及在海外预置装备等。海军平时就编有可应付不同规模武装冲突的空地特遣部队,一旦发生冲突,这些部队将由海上基地搭乘两栖舰只单独行动或与航母特混大队混编遂行作战任务。最近空军也提出了利用空军远征部队应付未来危机的理论。根据该理论组建的空军远征部队,将使空军能够向战区部署一整套可投送的空中力量(包括空对空、空对地精确打击和实施压制的飞机),并在下达命令的48小时内成编队地投入战斗。([美]约翰·蒂帕克《空军远征特遣队》,美《空军》杂志1997年6月号)

(2)海军陆战队改用由舰直接到目标的“超越海滩式”两栖登陆作战。美军根据未来冲突的热点主要是沿海重要城镇的预测,提出“由海向陆机动作战”理论。过去的登陆作战一般包括由舰到岸再到目标3个步骤。这种作战方法不仅易使登陆部队遭受重大损失,而且也很难达到预定目标。新理论的要点是,登陆部队在离岸较远的海上换乘之后,经过快速的浅海和岸上机动,不再在岸滩停留,直接攻取内陆目标。美军认为,新理论的提出能把许多对登陆部队的不利因素转化为有利因素。如将舰—岸间的距离增大到25英里之后,既可减少遭敌火力打击的机会,确保登陆部队安全换乘,又便于隐蔽登陆企图;还可大幅度提高机动力,更容易达成突然性效果。根据新的登陆作战理论,未来登陆作战将不再预先规定登陆地点。而是在登陆行动开始后,根据临时查明的敌人抗登陆主要方向、关键武器和设施配置地点、浅海水雷和其他障碍布设等情况,临时寻找薄弱部位、确定登陆地点。为了确保登陆行动的顺利实施,美军可能还要在登陆行动开始之前,派遣侦察突击分队从水下、海上或空中渗入预定登陆地域,阻止敌集结兵力,并在敌纵深开展破袭活动。(美安全战略与行动中心主任斯科特.S.特鲁弗《海军提高水面火力支援能力的计划》,英《简氏国际海军》杂志1997年9月号)

(3)地面作战将改用全新的行动程序。由于信息技术的作用日益突出,在未来作战中,美军将采用与前完全不同的行动程序:首先是信息压制。旨在削弱敌人战场感知能力并确保己方的这种能力。信息压制的主要目标包括:敌人指挥控制网络、民用通信以及敌国军政当局的联络系统。在关键时刻切断敌人之间的联系,是夺取胜利的重要前提。其次是迅速作出评估。包括检查压制效果和对敌可能抢修或开辟新信息网络等进行准确评估。力争在敌作出有效反应之前再次压制或破坏,使敌无法采取后发制人的行动。第三,实施远距离精确打击。乘敌信息阻断无法协调战斗力之机,迅速对其关键军事目标实施精确打击。第四,实施地面战斗。美军理论界多认为,只要能有效地进行信息攻击和精确打击,敌人就丧失作战能力了,战争在第3阶段就可以结束。但如果以上行动仍不足以迫使敌人仃止反抗或投降的话,就必须投送地面部队实施地面攻击。另外,战略防空和反导防御应贯穿于以上所有行动的始终,以有效保护自己。([美]托马斯.G.马恩肯《信息时代的战争》,美《联合部队季刊》1996年冬季号)

展望美军在未来冲突中可能遇到的不利条件 第一,新武器技术并不是万能的妙药。现任美国陆军参谋长赖默上将告诫全军:“光凭技术不一定都能对付战场上的敌人。”历史上的战争实践也充分证明这一点。美军在总体力量上虽然会拥有压倒对手的优势,但不一定就不会打败仗。第二,未来各国家(地区)武装力量之间的技术差距逐渐缩小。高新技术的廉价趋势与普及,不仅促进了军事技术的商业化,也加速了新武器技术的扩散。因此,美国目前垄断的几十种高技术,在不久的将来,可能有一部分或者大部被非发达国家引进或利用。同时随着训练、教学计算机化和国际间联网,使落后地区的普通居民也能接受到复杂的军事训练,也能学到发达国家使用的战术、技术和技能。此外,按照信息技术一体化理论,懂得操作微机的人即使没受过正规训练,也可以利用软件控制或使用高技术武器。为此,美军担心,将来敌对双方在武器方面的技术差距可能被拉平,从而使参战人数在地面作战中成为至关重要的条件,而这方面正是美军的弱项。第三,低技术装备的军队也有它自己的特长。美军认为,历史的教训证明,低技术的敌手也能对付装备高技术武器且训练有素的军队。如,在近战中,美军的高技术有时很难发挥作用,而步枪、手榴弹和地雷等低技术武器倒成了有效的作战工具。这些武器任何国家的军队都会使用。在熟悉地形、民情和有效地利用隐蔽条件方面,美军就更自愧不如了。因此,敌军的战斗效能可能会比美军发挥得更好。第四,信息技术同样会给美军制造难以克服的困难。信息技术可成倍地提高美军战斗力。但也不无忧虑之处。首先,信息技术越发达的国家或军队就越依赖于信息,也就越容易遭受信息战的攻击。美国可以说是一个信息大国,其国家的政治、经济、金融、交通等,都要通过计算机网络才能正常运作。其军队正在研究发展的 C^4ISR 系统,也是设法使其军事活动通过信息网络实现一体化。这说明,最离不开信息的还是美国人自己。随着信息技术的普及,任何国家的军队乃至一般平民都能掌握常用的信息攻击技术,都有可能对美国信息网络造成破坏。其次,信息技术越发展,越能增强国际社会对战场的了解,也就越难封锁战场的消息。当大量悲惨、恐怖的战场情景出现在电视屏幕上时,必然会激发美国民众的反战情绪,从而使国家指挥当局倍受压力,对美军官兵也会造成巨大的心理压力。([美]空军中校阿塞尼奥 .T. 古马汉德《信息时代的军队》,美《联合部队季刊》1997 年春季号)

(刘书礼)

展示 2010 年前后美军作战思想概貌 有作者撰文指出,1996 年 7 月,美参联会颁布《2010 年联合构想》(以下简称《构想》),初步展示了 2010 年前后美军作战理论的面貌。

联合作战 4 大观念:机动制敌,精确打击,全维保护,聚焦后勤。《构想》提出,日益成熟的信息技术、制导技术、打击技术、隐形技术和系统集成技术将改变未来战场的面貌,必然推动美军作战观念向信息时代转变。(1)机动制敌:在空地海天电多维度上将各部队部署至有利阵位,形成控制战场正面、纵深和高度的决定性态势,利用信息、态势优势和高度的机动能力控制作战节奏,在决定性的时节以决定性的力量打击敌人的重心,迫使敌在被动中作战或认输。(2)精确打击:发展一体化的侦察/监视系统、C^4I 系统和打击系统的作战效能,对敌目标实施有控制的远距离精确打击,使政治、军事风险和附带损伤减至最小。(3)全维保护:通过各种信息战措施夺取信息优势,保证指挥控制信息的畅通和安全。在此基础上,采取各种主动和被动保护措施,前者包括实施作战空间的控制行动;后者包括隐蔽、伪装、疏开部署、战损恢复能力等要素。(4)聚焦后勤:实现信息与后勤的紧密结合,对参战部队实施按需勤务支援,保障兵力投送和连续作战,适应未来战争高度流动和作战单位高度分散的特点,使部队获得强有力的直接勤务支援。

美军提高作战能力的关注点 第一,建立多功能部队。以便对强度不同的所有危机做出有效反应,并能从一种作战类型转向另一种作战类型。第二,追求攻防平衡。以进攻为主,"重心"前倾是美军的突出特点。但美军也极为重视提高防御能力。美军认为,随着现代军事技术的发展,信息战、导弹袭击对美本土和对美前沿部署部队、战区部队所构成的威胁都在增大。为对付信息战、导弹袭击等"不对称袭击",美军提出"全维防护"的设想。第三,发挥信息优势。美军认为,信息优势是军事优势的支柱。为此,美军将通过先进的信息系统实现实时的情报传送和指挥控制,与打击、机动、防护和保障能力相结合,控制战争节奏,推动战局向有利于己的方向发展,使其能够在自己选择的时间、地点,给敌方以有控制的打击。第四,注重精确打击。美军认为,远程精确打击不仅能直接带来战略性的战果,而且政治风险和附带损伤甚小,是一种决定性作战样式。近年来,美军一直把提高精确打击能力作为武器装备现代化的重点来抓。第五,占领空间制高点。美军认为,太空提供了一个难以超越的制高点。占领这个制高点就意味着掌握了绝对优势。为此,美军正逐步加快争取空间优势的步伐。1996 年 11 月,美空军公布了"全球行动"新军种战略,提出美空军要向空天军转变,夺取制空天权。(吕德宏《美军作战思想的发展趋势》,《解放军报》1997 年 12 月 16 日)

陆军提出所谓"以少胜多"理论 有作者撰文指出,最近美国陆军总结出全新作战理论——"以少胜多"理论。

"以少胜多"理论的主要内容。美军认为,战争中数量优势对战斗力来说是有局限性的。首先,兵力庞大可能会导致装备和训练的费用过高,增大训练难度。其次,兵力部署和使用困难加剧。第三,指挥和控制困难重重。美军认为,"以少胜多"最可靠的办法是使敌人产生 4 个"失调"。①功能失调。指合理运用技术,使敌方的武器装备因不能正常发挥作用而丧失战斗力。②方位失调。指采用包围、"回马枪"、渗透等各种机动战术,使敌人无法调动自己的部队,因而产生方位失调。③心理失调,是指综合运用快速、迷惑、"不规则的"运动、心理战、超强火力等手段,使敌人丧失继续战斗的意志和信心。④时空失调。指利用速度和情报优势,采取先发制人的作战行动,使敌人措手不及。美军认为,陆军需要向更高的作战能力和小型独立的单元化与多能化方向发展,使之具备快速机动能力,能迅速灵活地实现从一种作战形式向另一种作战形式的转变,以适应战场变化频率加快的要求。同时运动和小群化成为避免精确武器杀伤的基本方法。

“以少胜多”理论的价值。一是展示未来军队和战场。“以少胜多”理论体现了质量建军思想，推动部队编制向小型化、一体化发展，使部队合成程度更高，内部结合更紧密，协同作战能力更强。以适应未来战场上的信息战、精确战等新作战样式。二是明确战术与技术的关系。“以少胜多”理论更加突出战术的灵活性。战术与技术相比具有滞后性。新武器为新战术的出现提供了机遇，但只有新战术充分利用了新武器提供的机遇，才会产生强大的战斗力。因此研究适合高技术特点的灵活战术势在必行。三是超越传统的攻防思维。“以少胜多”理论强调了攻防双方都将通过进攻行动来达成作战目的。双方都通过抢先实施信息电子攻击来瘫痪敌方信息系统，夺得“制信息权”，从而获得战场主动权；双方都立足于在尽可能远的距离上以火力毁伤和瘫痪敌有生力量，而不是夺取或守住阵地；双方作战行动的内容都包含分散配置，迅速集中、穿插分割、垂直包围等相同的行动样式。四是突破以往的作战原则的框架，“以少胜多”理论决定了很大的风险性和可能的高效益。它不再强调最大限度地集中兵力，而是使用有限兵力、争取时间，突然攻击敌人的作战重心，以达成作战目的。（庚卫东《美国陆军 21 世纪的“以少胜多”理论》，《现代军事》1997 年 4 月号）

一少将阐述“聚焦后勤”作战理论 美军联合参谋部后勤部副部长小约翰·霍珀少将撰文阐述了“聚焦后勤”的新作战理论。

“聚焦后勤”作战原则的含义。美军参联会推出的《2010 年联合构想》将“聚焦后勤”作为新的四项作战原则之一，那么，它的含义是什么？“《2010 年联合构想》把它界定为：“综合运用信息、后勤和运输技术，以便能对危机作出快速反应，即能跟踪和调拨包括运输途中在内的人员和物资，并能在战略、战役和战术级军事行动中提供恰当编组的配套后勤部队和直接保障。”也就是说，聚焦后勤是指后勤在快速反应的基础上，灵活和精确的应用。如对上述定义稍作提炼，可作如下表述：“聚焦后勤能充分适应愈益分散和机动的部队的需要，其提供保障的时间将以时或日计，而非以周计。它将使未来的联合部队变得更加机动、多能，以及能从世界任何地区实行投送。”

聚焦后勤的内容。军事后勤界目前正在编写聚焦后勤构想文件，以补充《2010 年联合构想》。其主要内容有 6 大原则，即；信息融合、多国后勤、联合战区后勤指挥与控制、联合卫生勤务保障、联合部署与快速前送、灵活的基础设施。（1）信息融合，该原则强调运用一切后勤计算机系统使后勤管理人员最广泛地获得信息，如亟需的紧缺资源，包括工厂和总部供应点的、往返于战区运输途中的，以及战区内外各部队储备的紧缺资源等。（2）多国后勤。即“在美国与盟国之间开发新的并发展现有的、遂行军事行动所必需的后勤保障关系”。它有四项主要内容：为多国后勤保障行动建立一个框架；扩大双边协议；平衡多国间的后勤保障能力、分享技术以提高相互适应性。（3）联合战区后勤指挥与控制。即通过在联合作战环境中建立某个负责后勤保障的单一实体来明确权限。随着联合部队行动的开始，战区前送与分配决策将由一个多军种高级后勤军官组来掌握，该组为一位后勤“操作者”工作，为联合部队司令部工作。这一原则与其他原则密切配合，以便利用信息技术的种种新办法来改进后勤的指挥与控制。（4）联合卫生勤务保障。即把各军种卫勤单位纳入联合协调的、全面计划的和相互支援的卫勤作业中去，使协同效应达到最大化。（5）联合部署与快速前送。该原则包括 5 个要点：部署与回撤、战略空运与海运，联合海岸后勤，联合接收、整备、前运与合成，以及战区前送。其中联合接收、整备、前运与合成是发生在作战地域的联合兵力投送的一个阶段，是使到达战区的人员和物资转化成有效作战部队的必不可少的工序。（6）灵活的基础设施。其主要内容有寻求外部资源与私有化、商业经营方法，适量库存、预先配置和战争物资储备。它是指通过改革现有的基础设施使后勤摊子有恰当的规模，并强调要提高对不断变化的军事行动作出迅速反应的能力。（小约翰·霍珀《美军〈2010 年联合构想〉中的聚焦后勤》，美国《陆军后勤》杂志 1997 年 3～4 月号）

研究“不对称作战”的优长 有作者撰文指出，所谓“不对称作战”，是指交战双方使用不同类型的军兵种或部队进行的作战。例如空中对海上作战，地面对空中作战，陆军航空兵攻击地面坦克部队的作战等。美军认为，恰当地使用联合作战部队对敌实施不对称攻击，能产生巨大的杀伤力和威慑力，给敌作战体系和部队造成巨大压力。这种不对称作战有 3 点优长：

可以己之长，击敌之短。一是注重质量优势。在以往的作战中，美军主要强调以相同军兵种和兵力兵器的数量优势争取主动、夺取胜利。随着精确制导武器、电子战武器、隐形武器在战场上的广泛应用，美军开始主张利用自己的军兵种优势、情报优势和电子战优势，对敌方的地面、海上、空中目标进行错位攻击，以己之长，击敌之短，以不对称攻击行动夺取战场主动，实现作战意图。如使用舰射巡航导弹或特种作战部队对重要防空雷达进行袭击和偷袭，使用精确制导武器对敌交通枢纽、战役机动集群与后方基地实施打击。二是强调以进攻为主。美军认为，在不对称作战中，使用与敌不同的军兵种主动进攻敌人，更加容易达成突然性，收到出敌不意的作战效果。

*可以科学地组织己军，肢解和孤立敌军。*美军认为，在现代战场上，单一军兵种之间的不对称作战已很难奏效，必须广泛实施不同军兵种之间的不对称作战，通过实施军兵种之间的合理组合，发挥整体效能。如在反坦克作战中，以地面、空中和近岸不同距离的反坦克武器构成纵深立体多元化的反坦克火力网。美军实施不对称作战还特别注意谋略的运用，避强就弱，以强击弱，陆、海、空三军相互取长补短，有机结合，从而使诸军兵种的整体作战效能得以充分发挥，在实现己方力量科学组合的同时，肢解孤立敌军可以创造更加优越的作战条件，以最快的速度达成作战的目的。在近期的几场局部战争中，美军都是首先通过不对称攻击摧毁敌作战指挥机构，干扰敌 C^3I 系统，从而达成割裂其作战体系的目的，尔后利用空中和海上力量袭击敌地面目标，实现其战略目的。此外，实施不对称攻击还可以避免敌军实施逆向不对称攻击，有效抑制敌军整体作战能力的发挥。

*可以低的代价取得更高的效益。*美军提出不对称作战的根本目的在于以最小的代价、最快的速度夺取决定性胜利，由于不同军兵种之间的对抗性一般要小于相同军兵种之间的对抗性，因而这种对抗性的强弱直接决定着交战双方部队伤亡的多少，作战效费比的大小。如在攻击直升机与坦克的模拟对抗中，双方的毁伤比为 1:18，而技术相当的坦克与坦克之间的对抗比为 1:1，所以利用直升机攻击坦克的效费比高。可见，与对称作战相比，不对称作战可减少伤亡，提高作战效费比。特别是诸军兵种科学组合联合实施不对称作战，其伤亡更小，效费比更高。（凌国银《谈美军“不对称作战”》，《国防》1997 年第 11 期）

美军联合作战问题研究　**美军联合战役具有一些新特征**　有作者撰文对美军“联合战役”和过去“联合实施的战役”进行比较，指出美军联合战役与过去“联合实施的战役”相比，具有过去所没有的一些基本特征。这些基本特征包括：①联合战役由国家当局通过参联会主席进行战略指导，由战区联合司令部司令实施作战指挥。而以前联合司令部司令对其他军种没有直接指挥与控制权，只能与其他军种协调计划和实施联合作战。②各军种以平等身份参加联合战役，根据作战任务和战场环境的需要，每个军种都可能担任作战的主角。但在过去的联合作战中，一般都是陆军担任主角，海、空军只起支援和配合作用。③由参联会 0 至 6 系列联合出版物提出统一的联合战役理论，在此指导下制定本军种的作战理论。而过去联合实施战役只能依靠唱主角那个军种的作战理论作指导，④联合战役要求分阶段协调地使用现有一切地面、海上、空中、特种作战和航天部队，从空中、地面、海上和太空实施“全维”的作战行动。而美军过去联合实施的战役则主要是陆海、陆空或海空军联合作战。⑤联合战役要求在整个作战空间的全纵深对敌各种战斗队形、具有决定意义的目标或作战重心同时实施攻击，彻底剥夺敌人作出反应的时间和能力。（樊高月《美军联合战役理论的基本内容》，《外国军事学术》1997 年第 6 期）

美军关注联合作战指挥有 3 点原因　有作者撰文指出，促使美军关注联合作战指挥的主要原因在于：

（1）*未来局部战争联合作战的特点要求美更加重视指挥控制问题。*美国认为，其主要威胁将来自于与其利益相关的地区性冲突或局部战争。而这些战争所具有的作战对象一般是地区性强国；战争爆发突然，升级快；战争远离美本土；战争节奏快等特点，都要求美军必须在短时间内，向冲突地区部署足够强大的作战力量，必要时采取一定规模的作战行动，迫使敌国屈服。由于美军任何一个军种都无力单独完成这样的作战任务，因此必须以一种与过去迥然不同的方式去实施联合作战。

（2）*未来联合作战中各军种间力量的互补性要求加大联合指挥与控制的力度。*美军认为，在其目前实施的大规模精简整编之后，美各军种很难单独打赢一场局部战争或处理一个地区危机，即使是小型突发事件，也要依托 C^3I 系统进行统一的指挥控制。

（3）*高技术武器系统大量投入使用，对联合作战指挥控制的依赖性增大。*随着卫星侦察系统、近实时信息与通信系统、预警指挥机和隐形飞机以及远程精确制导武器等先进武器装备大量投入使用，美军已具备了实施有效的大规模联合作战的能力。而这种能力的发挥，则必须依赖越来越自动化的联合指挥控制系统。（胡思远、陈新能、马秀山《美军联合作战的指挥与控制》，《外国军事学术》1997 年第 9 期）

美军联合作战暴露出诸多问题　有作者在对美军联合作战问题进行研究后指出，由于美军自身所固有的一些弱点，其联合作战行动将难以顺利实施。

*各军种都强调本军种在联合作战中的作位和作用。*虽然联合作战的观念已为美各军种所接受。但实际上各军种为维护其“军种利益”，仍没有完全放弃本军种是战争中决定性军种或支柱力量的观念，对联合作战的统一指挥控制、统一支援保障、统一资源配置等问题的认识还存在许多矛盾。由于先进武器系统的迅速发展，美各军种在作战能力上有许多可以相互替代之处，这也助长了各军种的“独立”意识。各军种对联合作战中一些问题上的不同看法，都会不同程度地对实施有效的联合作战产生不良影响。

*军种间通信兼容性差，指挥协调不力。*实施联合作战，必须最大限度地使所有参战军种之间保持通信

的兼容性，使之具有“实时化”交换信息的能力，才能使一体化的联合作战发挥出最大的效能。而通信设备不兼容问题恰恰是美军的致命弱点。但由于历史的原因，要在短时期内解决美三军通信设备所存在的诸多兼容问题，决非易事。

三军武器系统作战性能不同，联合攻击能力较弱。美军各军种装备的同类武器系统，往往缺少相同的能力，如美陆军和空军装备均具有夜间作战能力，而海军陆战队地面和空中部队的装备却几乎没有夜战能力，因而不能参加夜间行动，影响了联合作战的一致性。

三军联合作战中的相互识别仍很困难。现代条件下的联合作战，要求把空间、空中、海上和地面的技术兵器结合成一个有机的整体，对敌进行有效的火力打击，但也增加了协同的复杂性和脆弱性。美军由于缺乏有效的识别敌我的手段，使联合作战中的相互识别和误伤问题十分突出，并将严重制约其大胆地实施联合作战行动。

三军联合实施“兵力投送”能力不足。根据美国军事战略的需要，实施应急作战，美军必须跨洋作战，通过本土或前方基地向冲突地区快速投送兵力，这是美军今后联合作战行动最首要的一环。然而，美海、空联合运输能力远远不能适应陆军兵力投送的需要，即使用来运输能支持打一场海外中小规模战争的陆军兵力和物资仍嫌不足。投送能力的不足，将导致美军参战力量失衡，使整个作战体系和整体结构遭到破坏，从而严重影响其联合作战的效能。

海军在沿海地区的对地支援行动难以全面展开。冷战结束后，美海军的任务从远洋作战转向对地支援作战，其作战行动将主要在发展中国家或地区性强国的海岸线一带进行。但由于海军的大多数武器装备是专门为冷战时期的远洋作战而设计的，难以适应在海岸附近浅水海域的反潜和反水雷等作战需要，最终势必影响联合作战的实施。（王建华《美军在实施联合作战中暴露出的几个问题》，《外国军事学术》1997 年第 6 期）

美空军作战问题研究　**美军空袭作战的基本观点**　有作者撰文指出，对于美军当今进行局部战争主要作战样式的空袭作战，美军的基本观点是：

周密准备，速战速决。美军将速战速决，减少伤亡作为其未来进行空袭作战的一个重要指导思想。美军认为，要想达成速决，最根本的是要周密准备。现代空袭是一种特殊的作战行动，有 70％的高技术兵器运用在空袭作战行动中，使之具有技术复杂、指挥系统结构复杂、参战兵种协同复杂、双方的对抗程度激烈的特点。因此，战前全面准备，战时周密而连续的保障，是空袭作战达成速决的重要前提。

发挥技术优势，依靠技术制胜。这是美军空袭作战的一个重要观点，也是其先进的航空技术、电子技术在军事上运用的必然反映。美军认为，技术优势是今后作战的基础，空袭作战的技术含量越来越大，雷达技术、喷气技术、夜视技术、定位技术、隐形技术、制导技术已经使空袭发生了本质上的重大变化。今后有两个条件特别重要：一是兵力减少，二是技术扩散。前者是内部的，后者是外部的，都要求美军在空袭作战上更加有力地保持好技术优势。

隐蔽突然，先发制人。美军认为，发动突然空袭是夺取战场主动权，加速战争进程的有效手段。尽管在现代高技术条件下，要达成战略空袭的突然性不太可能，但达成战役突然性是可能的。为此，美军作战条令强调“在敌人既无准备又未料到的情况下以选定的时间、地点和方式向敌人突然发起空袭”，“先发制人对战争结局具有决定性的作用”。

集中优势兵力，打击敌人重点。美空军认为，空袭只有确保数、质量的全面优势，才能达成战争速战速决的目的。美空军在筹划实施“同时打赢两场局部战争”的军事战略时，在兵力使用上具体体现了这一作战原则。在打击目标上，美空军认为，战略设施是支撑战争的核心力量，尽早摧毁这些设施是达成速战速决的有效途径。80 年代后的美空军各种条令及理论著述都突出强调集中力量打击敌方的战争“重心”，即战略目标。这些目标主要包括敌指挥控制中心、核生化武器生产基地及储存地、战术导弹基地、机场、防空配系、电力、石油和交通枢纽等。

集中指挥，统一控制。美空军认为，在联合空袭作战中，统一指挥是一项重要军事原则。这有利于实现指挥的一致性和空袭兵力的协调使用，使战区内的所有航空航天力量形成高度统一的作战整体，确保最大限度地使用兵力，减少各军兵种和联军兵力的重复使用，以及在打击预定目标方面消除发生自相矛盾的可能性，将空中相撞或误伤和通信故障减少至最低限度。此外，还有助于保持空中战役的各军兵种和联军空军的特性，发挥他们独特的作战能力。为达成统一指挥，美空军新版“空军条令”确定由战区空军司令官负责指挥战区的所有美空中力量，履行战区空域管制和诸军种及联军空中力量司令官的职能，并根据战区司令官的意图，拟制空中战役计划，分配兵力和组织协同。（胡思远、孟庆全《美军空袭作战的基本观点》，《外国军事学术》1997 年第 11 期）

美军空中机动作战有 4 个强点　有作者撰文指出，美军空中机动作战主要强点有四：

一是机动速度快，受地形限制小，作战突然性大。美军空中机动作战部队现装备的直升机具有地面任何一种机动形式都无法比拟的高速度,加之它可以超越地面各种自然和人为的障碍,起降要求低,反应时间短,因而可在战场上的一些关节点上迅速集中和展开,使其作战行动始终快于对方,同时,它还可以利用河床、狭谷、丛林等地形条件的掩护作超低空的隐蔽飞行,从而把现代战斗的快速性和突然性有机地结合在一起,使得战场更加立体化,战线更加模糊。

*二是能连续机动,突击能力强。*空中机动作战,改变了传统的空降作战中空降兵着陆即宣告空中机动结束的模式。其战斗部队不仅能从出发地域迅速由空中机动至作战地域进行战斗,而且还可多次地从这一作战地域机动到另一作战地域,实施一系列突击行动,实现了“机动—突击—再机动—再突击”这一崭新的空降作战模式,不仅极大地提高了战斗效率,而且使现代战场的作战重心,因随时可能发生“飘移”而变得更加捉摸不定。

*三是战术组合灵便,使用范围广。*近年来美军空中机动作战的战术研究不断更新,已由 60 年代的“蛙跳”式战术,发展为垂直包围、伏击和垂直攻击。这些战术不仅可以单独地使用,更多地是可以因情、因时,因地而灵活地进行多种战术交叉组合使用;不仅适用于进攻、防御、追击、退却中的任何一种作战样式,且还适用于战役、战斗的各个时节。其使用范围之广,是其它任何一种作战样式都无法比拟的。

*四是支援火力猛烈,摧毁地面装甲目标的能力强。*随着武装直升机的大量使用,美军空中机动作战部队已由需地空火力支援行动,发展为可为地面部队提供火力支援,而且火力支援比以往更加猛烈,对地面装甲目标的摧毁能力也比以往任何时期都强。

美军空中机动作战有 3 个弱点 有作者撰文指出,美军空中机动作战的主要弱点有三个:

*装载、着陆条件要求苛刻,飞行航线易受制约。*首先是其对装载、着陆的条件要求较高。通常每个机降营需 5 个内含 30～60 个装载点的装载区,要有 1 个内含 3～4 个着陆场的着陆区,而每个着陆场又必须要有若干个着陆点。这些装载点、着陆点不仅需要一定的面积,对土质、坡度、进出路等也都有一定的要求。这些弱点,使其机降行动很容易被对方袭击和伏击。其次,是直升机的飞行航线条件过于苛刻,必须满足以下 5 个条件:一是尽量避开对方的电子侦察和目视侦察的范围;二是能从对方防御的薄弱处通过,以避开对方的防空阵地;三是航线沿途有易于识别和导航的地形或电子导航设备;四是便于得到航空兵、地面炮兵和舰炮支援;五是航线短直,这就使本来相对单一的飞行航线更加“捉襟见肘”,从而受对方制约的可能性也就更大。

*受不良天候、气象影响大。*直升机对天候变化条件比较敏感,严冬、酷暑、暴雨、浓雾、风沙都可能使其行动受到影响而导致坠毁,或误击等灾难性结果。未来美军空中机动作战行动仍将受这个自然因素的制约。

*对各种保障的依赖性大。*直升机的机降作战行动还要受到各种人为的保障条件所制约。它自始至终需要向其提供准确情报、掩护、装载和着陆点,以及及时的弹药油料和其它后勤物资供应,更需要周密细致的空中和地面安全屏护。这些复杂的保障条件不能缺一,一旦有一环受损,轻者行动受挫,重者可能导致整个机降行动满盘皆输的局面。(胡海良《美军空中机动作战的强弱点》,《外国军事学术》1997 年第 1 期)

美战略轰炸机空袭作战有 7 种战法 有作者撰文分析海湾战争中美战略轰炸机的作战使用情况,将其归纳为以下 7 种战法。

(1)*远程奔袭作战。*指美战略轰炸机在距目标区较远的海外基地或从美本土基地起飞直接攻击世界上任何地方的目标。该种战法适应美海外军事存在的需要,将成为美空军应付大规模冲突和局部战争的主要战法之一。

(2)*多机种群体轰炸。*指由若干个执行不同作战任务的飞机群体,其中包括轰炸机空袭群体、空中预警机、电子对抗机群和战斗机护航机群体等,统一指挥控制,共同完成既定的作战任务。该战法将攻击编队中各型飞机的性能优势合成为安全可靠的强大突防空袭力量,在隐形轰炸机尚未大量装备部队之前,它将是美轰炸机空袭作战的基本战法之一。

(3)*多轴线轰炸。*指对同一目标,使用多个轰炸机编队,从不同方向进入,从不同角度实施轰炸,以打乱其防空部署,分散其地面防空火力,使其失去抗击空袭的能力。

(4)*低、中、高空轰炸。*指轰炸机突防后,根据目标的性质和防空系统火力的强弱,在低空或中空或高空进行轰炸。

(5)*集中轰炸。*指对比较重要的目标,集中轰炸力量,组成轰炸波,在一段时间里反复多次地轰炸,直到彻底摧毁目标。集中轰炸是美空军常用的一种战法,由于它轰炸集中、连续、猛烈,每次都取得理想的效果。随着美突防技术、突防能力的不断提高,该战法必将得到进一步发展和广泛的运用。

(6)*隐形轰炸。*是在有了隐形轰炸机后发展的一种新战法。首先是隐形突防;其次是先敌开火,摧毁敌方目标。其三是选择暗夜和坏天气作掩护出击,其四是攻击能力强,隐形轰炸机携挂弹药种类多,数量大,精度高,攻击目标种类多。从而在海湾战争中显示出强大的威力。

(7)防空区外攻击。指轰炸机在对方防空区外,发射空对地精确制导巡航导弹,攻击敌地面目标。轰炸机不用突破敌由高炮、地空导弹等防空兵器组成的防空火力圈,从而提高了生存能力。该战法具有打击效果好、空防能力强、费效比低等特点。(韩佩石《美战略轰炸机空袭作战战法探析》,《外国军事学术》1997 年第 11 期)

美军两栖作战问题研究　**美军现代登陆作战火力运用有新特点**　有作者撰文指出,随着高技术武器装备的大量使用和"超地平线登陆"理论的出现,美军登陆作战的火力运用出现许多新特点。

实施全面持久的预先打击。美军认为,在登陆实施前,必须首先以全面持久准确猛烈的火力先发制人地打击预定登陆地域及其附近相关联的目标。预先火力打击范围大,持续时间长,使敌难以判断登陆场的具体位置,形成在一个相当大地区的任何地点都有可能登陆的错觉。预先火力打击的主要方式:一是以海军舰艇打击敌水面舰艇和敌潜艇,在航渡航线和目标海域建立安全圈。二是以战略、战术空军、海军航空兵实施火力突击,使预定登陆地域及其附近广大地区的指挥机构、机场、港口、防空兵基地等重要目标丧失对两栖特遣部队的有效反应能力。三是以舰地巡航导弹从数百海里海域外对敌防御纵深内的重要目标进行突击,以夺取目标地域的制海、制空权,达成突击上陆的战术突然性。

实施立体纵深的直接打击。高技术武器装备的大量使用,使美军改变了以往直接火力突击、重点压制和摧毁登陆场内敌方防御体系的做法,将直接火力突击的范围扩大到目标地域全纵深。实施陆、海、空三位一体,远、中、近结合,全方位、多层次的全面打击,其手段:一是利用巡航导弹机动快、作战距离远、突防能力强的优势,对敌岸防纵深的重要目标,特别是硬目标进行远程打击。二是利用航空兵突防能力强、空中火力猛的优势,对敌实施全面的空中打击,破坏敌抗登陆作战部署的完整性。三是利用舰载中程与近程导弹、舰炮以及编成内地面炮兵火力支援登陆战斗。

实施集中猛烈的连续打击。美军认为,为取得登陆作战的胜利,登陆作战部队集中的兵力、火力均应占有对敌"海上优势"、"地域兵力优势"和"压倒一切的空中优势"。其优势是指使用各种高技术兵器和常规兵器相结合的质量优势,而非简单数量上的对比优势。主要表现是:(1)参与火力突击的兵器密度大。(2)火力突击的强度高,杀伤破坏力大。(3)火力突击昼夜不间断实施,不给敌方喘息之机,以牢牢控制战场火力主动权。

实施及时准确的精确打击。美军在登陆作战中,要求航空兵、舰炮、导弹、地面炮兵火力必须及时、准确、有效地支援登陆部队的一切行动,精确及时地摧毁已发现的重要目标和阻碍登陆部队突击上陆的防御设施,夺取并保持制海、制空权,孤立登陆地域,瘫痪敌方指挥、通信和后勤系统,削弱敌抵抗意志,保障海军、空军、登陆部队顺利完成各种任务。为此美军强调:一是周密计划,统一控制,及时协调。确保按计划、分层次实施火力突击和火力支援;确保各种支援火力与登陆部队的行动协调一致;确保能对战场纵深内临时出现的重要目标实施准确及时的打击。二是发挥高技术武器装备的技术优势,使用精确制导武器,对敌作战"关节点"实施精确有效的打击。力求以较小的代价打乱敌防御部署,瘫痪敌指挥、通信、防空体系、削弱其抵抗能力和抵抗意志。(金培昌《美军现代登陆作战中的火力运用特点》,《外国军事学术》1997 年第 6 期)

(肖　白)

美军提出两栖作战新构想　有作者报道,最近美海军陆战队在其对 2010 年两栖作战的展望中,又提出两栖作战新构想——"由海向陆的战役机动"。

新构想的核心——直接攻击敌深远内陆目标。下图集中体现了美海军陆战队对未来两栖作战的新构想,图左是 1992 年美海军陆战队在索马里维和时的两栖行动方式,体现了美海军陆战队目前的能力和作战思想。

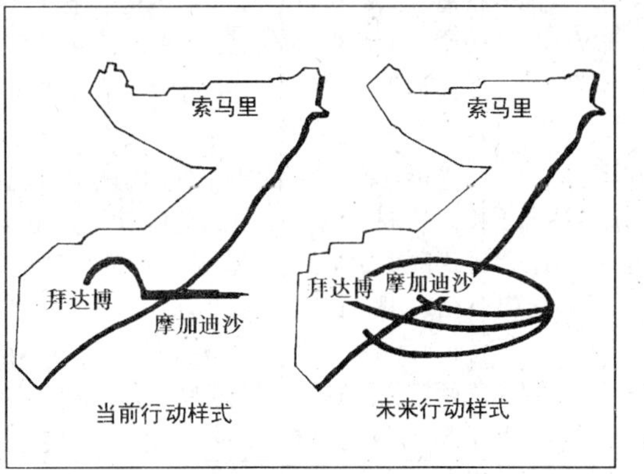

在索马里维和行动中,美两栖特遣部队只有在摩加迪沙建立物资保障基地后,才有能力向内陆的拜达博前进。而对于下一代的美军两栖特遣部队来说,在实施一个对摩加迪沙的"由舰到岸"的作战行动的同时,有能力直接对拜达博实施一个"由舰到内陆目标"的攻击的行动,而不必依赖在水际滩头建立的物资保障基地。

从"超地平线登陆"到"直接攻击敌深远内陆目标"的转变。在 20 世纪的绝大部分时间里,由于两栖特遣部队对油料、弹药，以及其他军械物资的大量需求，必须首先在滩头夺占一块登陆地域，建立起物资堆，才能向内陆推进。又由于受到滩头物资堆的限制，作战节奏减慢，突然性丧失，使许多实施决定性打击的机会错过。这就是美海军陆战队“超地平线登陆”两栖作战思想的特点。随着远程精确打击能力的增强，登陆后的两栖特遣部队可依靠海基火力支援，而不必等待大量的重型火器运抵上陆；精确制导武器的广泛运用，也使两栖特遣部队弹药需求量大为下降；未来两栖部队的车辆和飞机的油料需求量也将大为降低，以上因素使得未来两栖作战不需要在水际滩头建立物资堆。因此，未来两栖特遣部队的“后勤尾巴”将大为缩小，由舰到岸的机动时间也大为缩短，登陆部队可直接由舰向内陆目标机动。从而可最充分地利用突然性优势，打击敌军的重心。在不利条件下，部队还可迅速撤退。随着指挥控制手段的进一步提高，两栖特遣部队各级指挥员决策所需的时间将大大缩短，使得战役作战的速度和节奏都大为提高，以至于可大大超出对手的反应能力，使其也来不及实施有效抵抗。

*美军两栖作战新构想的局限性。*首先，“后勤尾巴”仍将是美两栖作战的一个限制因素。未来美两栖特遣部队消耗将显著降低，但数量仍很巨大，并且由于到敌方深远内陆作战，所有后勤物资都由空中补给，一旦制空权受到威胁，作战形势将十分紧张。其次，美两栖特遣部队的这种作战样式不利于坚固阵地进攻作战。未来两栖特遣部队，缺乏重火器和大量地面部队，虽然在远程火力的支援下可给敌造成重大打击，但却难以攻占坚固防御的阵地，即使占领也无力固守。再次，美军攻击敌深远内陆目标的两栖特遣部队不适合于持久作战，只能一遇到危险就迅速撤退。否则，必将遭到敌重兵合围。（陶谦《由海向陆的战役机动》，《现代军事》1997 年第 9 期）

（长　生）

美军实施两栖作战存在一些困难　有作者撰文指出，美军两栖机动作战思想——“超地平线突击登陆”思想的贯彻，使作战行动呈现出一些新特点，但仍有难以克服的困难。

三军联合作战，控制与协调难度大。（1）作战编成单位多，协同行动难度大。美军联合两栖特遣部队总体上由陆、海、空三军联合编成，其下一级通常采取“特混编组”。海军特遣舰队通常编成 15 支特遣大队，登陆部队通常编组 9 支作战部（分）队，由于下属单位多、指挥跨度大，相互间掣肘因素多，协同行动难度大。（2）分阶段控制，协调难度大。两栖作战行动分为装载上船、海上航渡、突击上陆等阶段。美军强调应在统一指挥下，由相关的指挥官分阶段协调控制。这种分阶段协调控制方法，移交步骤多，组织与计划工作复杂，协调难度大。（3）先期作战易暴露进攻企图，失去作战突然性，难以协调行动。由于先期作战是围绕预定两栖突击目标地域展开，只要对方认真研究其战术特点，不难发现美军的企图，使之失去突然性。因此，登陆部队难以协调其行动。

航渡与换乘目标大，易遭火力突击。（1）航渡目标大，易遭对方海空火力突击。两栖作战需要大量的两栖舰船、运输船和商船。无论是航行中，还是停泊疏散，目标都非常庞大，易遭对方海空火力突击。（2）海上换乘时间长，易遭火力毁伤：当输送登陆部队的运输舰大队及其掩护支援舰群抵达目标地域海上梯队区后，由于舰艇散布面广，屏护兵力分散，防空和反潜问题突出，易遭对方各种远程火力的集中突击而增大伤亡。

分波突击上（着）陆，易被各个歼灭。（1）分波登（着）陆，逐次用兵，易被各个歼灭。美军在突击上陆阶段，水面登陆部队和空中着陆部队，均采用分波上（着）陆形式。因此，岸防部队只要能抗住其高强度火力毁伤，完全有可能抗住美军这种分波登（着）陆突击，并将其各个歼灭。（2）登陆点互不衔接，易被各个歼灭。美军登陆部队通常在互不相连的多个登陆点突击上陆，行动分散，力量单薄，难以相互支援，易遭各个击破。

支援与保障制约因素多，行动难以有效进行。（1）野战火炮展开慢，陆上随伴火力不足。尽管美军野战炮兵具有近距离和持续的火力支援能力，但由于其突击上陆初期展开速度缓慢，会出现火力支援脱节。如果对方采取措施阻止其重型火炮与弹药的战术机动，也会导致随伴火力不足问题。（2）工程保障力量弱，难以满足保障需求。陆战师仅编 1 个战斗工兵营，工程保障力量与需求矛盾突出。工兵既要在前方扫雷排障、架桥造路以支援作战，又要在后方协助构设后勤保障设施，难以满足全面的工程保障需求。（3）物资消耗多，难以及时补给。现代作战物资消耗量大。尽管美军采取多种措施，但由于可供进行再补给的飞机、舰船受地形、敌情威胁，输送物资困难，加之陆上储备补给品数量受限，很难满足滩头争夺的巨大物资消耗。若对方袭击美军后勤补给系统，将使这方面问题更加严重。（杨庆勇《美军实施两栖作战存在的困难》，《外国军事学术》1997 年第 6 期）

美军其他作战问题研究　**美军事专家谈海湾战争在战术上的经验教训**　美国有作者撰文指出，联军在战术上的教训主要有以下几方面：

（1）*全新的作战节奏。*这场战争显示出一种全新的作战强度。联军使用的是能在夜间和恶劣天气条件下持续作战的部队和技术。它创造了以往战争中所没有过的飞机出动架次和装甲部队的机动速度。尽管所涉及的许多战术、技术尚处于过渡期，但它证明，军事力量可以通过重新调整，使火力、机动、指挥与控制、后勤保障及情报搜集和自动寻的融为一体。

(2) *指挥、控制、通信、计算机、情报、作战管理和自动寻的（C^4I/BM/T）系统的提示*。海湾战争中首次成功地将空间情报与通信系统结合运用到战区作战中。与此同时，C^4I/BM 系统的变化，在作战的所有层次上引起了通信、情报、作战管理 、自动寻的在质量和一体化方面的广泛变化。可以预见，指挥和信息保障能力的全面提高，将给未来中、高强度作战带来重大变化。

(3) *毁伤评估的不足及友军误伤*。海湾战争暴露出联军部队在面对战争新节奏和强度时应变能力的严重不足。其中作战毁伤评估能力远远落后于 C^4I/BM/T 系统其他方面的进展。在许多紧要关头，无法对武器和战术的打击效果进行评估，同时，作战的快节奏使得区分敌友更为困难，从而导致因“友军火力”而造成的伤亡占伤亡总数中的很大比重。

(4) *持续作战能力的保证*。海湾战争再次证明，后勤物资及时投送能力的发展必须跟上火力、机动、C^4I/BM/T 系统发展的重要性。为确保机动、火力和持续作战能力之间的恰当平衡，也可通过对持续作战能力的调整，来保证作战部队全力投入机动式高强度攻势作战，从而大大减少运用固定式防御战术的需要。

(5) *进攻性空中力量在决定作战结果方面的重要性*。海湾战争的胜利，是联军方面高技术进攻性空中力量的有力结合，以及压制伊军防空体系的能力的结果。

(6) *制空权和压制敌防空能力的重要性*。夺取制空权的能力，对决定战争进程起着重要作用。伊军地面防空及空中防御的脆弱性和联军战术、技术的优越性之间力量的不对等，是其中一个重要经验。

(7) *坚持突然性和机动性的进攻原则*。在进攻中，突然性和机动性至少与消耗敌军一样重要。伊拉克和（今后可能与之作战的）其他第三世界国家在实施前沿防御方面存在的严重问题，为美军实行这两条作战原则和减少伤亡提供了可能。

(8) *在空地一体战中不断发展装甲机动能力和打击力量*。海湾战争的最后阶段证明了空地一体战在对一支缺乏空中支援的敌军作战中取得决定性胜利的能力，还证明了现代装甲车辆、支援车辆、传感装置和作战管理系统在获得以往从未达到过的进攻速度、打击力量、打击范围和持续机动速度方面的能力。

(9) *欺骗和战术突然性的使用*。海湾战争在许多方面涉及突然性的使用。导致上当或失误的原因，一方面在于错误地判断了对手的意图和能力。另一方面在于情报和侦察方面的压倒性优势和先进的战术技术相结合所获得的突然性。这种西方国家和第三世界国家之间军事技术的不对等，应被视为战争中的法则。

(10) *对作战纵深的认识*。美国用于对伊军防线后方实施纵深打击的许多武器系统和传感装置，将使未来的战场纵深发生根本性变化，并使将作战地域前沿作为对抗主要地域的设置变得越来越不现实。

(11) *两栖作战的局限性*。海湾战争表明，对拥有海岸防御设施、水雷和反舰导弹的部队实施两栖作战是非常困难的。在未来作战中，美海军陆战队部队需要增加空中机动能力以弥补其登陆舰船方面的不足，并且要加大装甲力量和火力。

(12) *关于战术“扩大化”问题*。海湾战争最重要的教训之一就是，冲突可能迅速地逐步升级至实际使用远程导弹和可能使用大规模毁伤武器。在未来的地区性冲突中，必须适应在战场之外使用远程导弹和冲突逐步升级的形式。（[美] 科德曼、瓦格纳《海湾战争的教训》一书，美国西方视点出版社 1996 年出版）

（肖　白）

美军一少校撰文阐述空中机械化打击思想　美国陆军少校查尔斯·A·杰若特撰文指出，空中机械化打击是一个革命性的机动战概念，它较好地解决了当前轻型部队在地面上的运动能力、防护能力和火力等方面受到限制的问题，最大限度地发挥了数字化战场及精确武器的优势，强调空中机动和地面机动的完全一体化，从而预示着“陆地战舰”——重型坦克制胜理论的终结。

空中机械化打击思想。空中机械化打击思想放弃了“直瞄射击战斗是打败敌人的最终途径”这一看法，从而为空中机械化开辟了一个新的领域。信息技术爆炸导致战场的迅速数字化，使人们能更清醒地把握自己所处的战场环境。因此空中机械化打击部队在很远的距离就能跟踪到敌重型机械化部队，并发射间瞄精确武器将之摧毁。这就使敌大量装甲部队实施突袭的企图化为泡影。空中机械化装甲部队具有纯攻击直升机部队所不具备的隐蔽作战能力；拥有轻步兵部队所欠缺的地面机动能力、防护能力和火力；具有灵活的空中突击能力，这将允许部队迅速夺取位置优势，打击来自任何方向或两侧包抄的敌装甲部队。在空中机械化打击作战中，炮兵的职能将由对地面机动部队实施直接支援，变为主要战斗力量。炮兵的火箭

和导弹将编入攻击直升机梯队，形成空中打击力量，从远距离打击大批重装甲部队。空中机械化炮兵不再使用加农炮发射炮弹，而改用火箭和导弹作战平台进行攻击。牵引车载炮兵火箭发射系统将极大提高集中射击的能力，因为所有发射器可以实施齐射。炮兵空中突击的灵活性与攻击直升机的纵深作战能力相结合，并为纵深作战提供大部分密集火力。这将把直升机解脱出来，用以对付高价值的软目标；或装载更多燃油，提高续航能力；或为炮兵提供目标数据和战斗损失评估数据。

指挥和控制。由攻击直升机、具有空中机动能力的炮兵和防空兵组成的打击力量将遂行战场空间内几乎所有的军事行动。飞机的灵活性、远程火箭和导弹炮兵部队的快速反应，以及防空对快速反应的需求都要求建立一个反应迅速的指挥控制机构。空中机械化装甲部队的主要作战任务是在地面上进行的，因此战术地形上的作战由它负责控制。所有地面兵力都隶属于空中机械化装甲部队，这将使火力协调和地面部队机动速度的控制大为简化。（美国《军事评论》1997年3月～4月号）

（长　生）

美军开展“导航战”研究　有的作者著文称，“导航战”是美国军方针对全球定位系统（GPS）在军事应用中可能遭遇的测量与干扰相对抗的局面而秘密展开的有关战术及技术措施的研究。据透露，研究内容主要有：干扰技术，作战技术，围绕 GPS 接收机、卫星、卫星控制的改进技术，以及合同商在研究范围以外希望阐明的技术。美军方企图通过这项特殊的研究，论证未来战场上将会出现的“导航战”概念。“导航战”是继“电子战”、“信息战”等新概念之后出现的一个新名词，它是指在战场环境下，用电子办法对抗敌方导航系统的工作，以及针对敌方对己方导航系统的干扰开展反对抗。它使敌方不能利用高精度（P 码）GPS 导航来危害己方军队或国家利益；使敌方无法采用 GPS 进行对抗；使民间应用 GPS 时受到的破坏或降级达到最小；以及保证友方部队在战场上可以接收到 GPS 信号。美国开展“导航战”研究有下述背景条件：

（1）*关于执行“选择可用性”（SA）干扰的争论*。所谓“选择可用性”，即在 GPS 卫星信号中人为加入频率抖动和星历偏差，使民间用户的实时定位精度降低到不能为军用目的所利用的程度，以阻止敌人将 GPS 系统作为军用。这是美国防部为保持 GPS 系统的军事优势，而采取的一种故意降低 GPS 精度的干扰措施。为此，美国防部强烈反对美国会内两个权威的专门委员要求关闭 SA 的建议，克林顿政府也作出决定：为保持美军方在 GPS 方面的已有优势，1997 年将向军方拨款 1500 万美元，用于开发一种能在特定时间和有限区域内（比如一场区域性冲突中）使敌人无法采用 GPS 信号的新系统。并提出 10 年内停止执行降低 GPS 精度的政策。

（2）*未来战场的环境要求*。近年来，美国越来越多的军内外专家指出，面对以信息战为基础的武器体系，敌方将肯定采用电子干扰，并破坏脆弱的 GPS 码。因而，在未来战场全面依赖以移动通信和 GPS 为基础的战场信息技术之前，必须仔细研究它们的脆弱性和局限性。根据美国联合电子战中心为美国军用 GPS 接收机研究的有关电子防护或抗干扰的技术和战术，GPS 用户可采用的防御敌干扰的措施主要有以下两种。第 1 种是技术方法，通过采用专用的自适应天线阵列来为 GPS 接收机提供电子保护；第 2 种是凭借战术或操作上的程序，对人为或非人为的干扰进行探测、识别和定位，以用来实施对硬目标的攻击。同时，还开展对威胁状况进行定量分析，测试各种军用 GPS 接收机的性能，开发可携式干扰探测/定位接收机系统，研究针对敌方 GPS 接收机的干扰机。

（3）*民间广泛使用 GPS 带来的新问题*。GPS 联合项目办公室通过对影响导航的一些“非故意干扰”开展研究，认为，目前呈增加趋势的非故意干扰主要来自移动卫星通信系统、风切变雷达，以及电视播放系统等，迫切需要在保护 GPS 方面提供进一步的技术保障，因此需要在保护 GPS 方面提供进一步的技术保障，包括开展频率协调工作已提到日程上来。（许国祯《GPS 军事应用引发的导航战》，《现代军事》1997 年第 9 期）

（陈　群）

美军注重防御作战中的攻势行动　有作者撰文对美军在现代防御作战中的攻势思想和行动进行分析后，认为它有以下 3 个特点：

强调积极防御思想，要求通过攻势行动夺取和保持主动权。美军 1993 年版《作战纲要》强调“指挥官不应只是把防御作为一种权宜之计，而必须寻找一切机会去夺取主动权。因此，进攻精神必须贯穿于一切防御作战行动之中。”美军在阐述防御作战的特点时，也把打乱对方的进攻行动和实施反冲击，作为重要特点之一，要求防御部队指挥官使用扰乱性行动去攻击敌人继续进攻的意志。美军这些积极防御的作战思想，在各级战斗条令中都得到充分体现。

注重防御中攻势行动的组织准备，充分体现积极防御的思想。美军在各级防御战斗中，从兵力部署、火力配系、障碍物设置，到各种攻势行动的计划组织，都特别注意体现积极防御的战术思想。（1）建立

规模较大、机动能力很强的预备力量。预备力量实施攻击行动时，通常要做到集中使用，以突然猛烈的行动，达成有效的反击目的。(2) 组织远距离打击的火力配系。美军强调，防御作战必须充分发挥各种火力的最大射程，从远距离上开始打击对方。为了增强分队的远程打击能力，美军从师到旅都强调对分队提供远距离火力支援，以增大火力打击范围。(3) 周密制定防御中的攻势行动计划。美军要求，各级部队都要根据情况，制定防御中的各种攻势行动计划。通过周密的计划、准备和协调，找出或制造对方进攻的弱点，并不失时机地实施机动，以快速、猛烈的攻势行动打击对方。

不失时机地组织各种攻势行动，从被动中获取并保持主动权。(1) 先发制人，主动实施破坏性进攻和纵深打击。破坏性进攻，是对方在进攻出发阵地或冲击出发阵地进行进攻准备或即将发起进攻之前，采用的一种先发制人，对有限目标实施的攻击行动。主要用于破坏对方发起进攻的准备，阻止或迟滞对方的进攻行动，为前方防御部（分）队进一步做好防御准备争取时间。在实施破坏性进攻的同时，或未实施破坏性进攻时，美军旅以上部队都要对进攻一方的纵深实施火力遮断，阻止、迟滞、打乱和消耗对方后续梯队，孤立对方先头部队，打击或摧毁其具有关键作用的目标，使对方失去有效的指挥控制和接替第1梯队攻击的力量或支援、补给，从而为己方防御部队反击和歼灭对方第1梯队创造条件。(2) 攻防结合，力求在前沿阵地给对方以歼灭性打击。一是组织火力歼击地域，在阵地前沿集中火力杀伤对方。二是积极组织袭击行动，破坏对方的进攻部署。三是实施阵前出击，变被动为主动。(3) 积极组织反冲击，不断杀伤对方有生力量。有失必反，是美军几十年来的一贯思想。美军在师、旅和营、连、排阵地防御中，都组织和实施反冲击。在营以下分队的反冲击行动中，通常有火力反冲击和兵力反冲击。火力反冲击，主要用于摧毁暴露的对方分队、支援陷入决战的己方部（分）队，以及掩护转移或撤退。兵力反冲击，是以兵力冲击和火力杀伤，夺回被对方占领的地区。（郑守华、王世新《美军防御作战中的攻势思想和行动》，《外国军事学术》1997年第7期）

美军攻防战术有5大弱点 有作者撰文指出，美军虽然作战理论先进，但战术上仍存在着弱点。

害怕伤亡，限制了战斗力的充分发挥。一是进攻战斗中害怕伤亡，不敢大胆地实施机动，因而影响了进攻速度。二是冲击过程中为避免伤亡，下车地点离目标太近，使坦克车载武器难以发挥作用；从而为守军提供了摧毁坦克、步战车并杀伤乘车步兵的好机会。三是常常丧失近距离歼敌的有利时机。防御作战中，为了减少伤亡，极力避免让对方逼近自己。一旦攻方前进至距战斗阵地200～400米时，美军常常后撤至下一道防御阵地。把消灭敌人的任务主要交给野战炮兵和反冲击部队。

步坦比例失调，严重影响战斗任务的完成。美军目前的步坦比例失调，1个营特遣队，能下车徒步战斗的人员只占全营总兵力的21%。如果营特遣队的进攻正面按4千米、防御正面按6千米计算，每千米正面上徒步步兵兵力密度分别只有：进攻34人；防御23人。这样少的徒步步兵若再遭受一定伤亡，就更难完成预定的战斗任务。此外，还可能给战斗行动带来许多问题：一是必然会加大战斗分队之间的间隔，因而易遭对方的渗透、迂回和包围；二是坦克和装甲战斗车辆由于缺少足够的步兵作掩护，易遭对方步兵的近距离攻击；三是部队开进中遇到排除非战斗性障碍或查明丛林地通路等问题时，都会由于步兵兵力不足而影响战斗进程。

掩护部队地域广、兵力大，容易降低整体防御的稳定性。美军师在防御战斗中，一般都要组派一支实力比较强大的掩护部队，掩护地域至少要有20～30千米的纵深。这样固然对完成防御任务有其利。但也有许多会影响整体防御稳定性的不利因素。(1) 容易丧失依托坚固阵地实施防御的有利条件。防御之优势就在于有用以掩蔽的坚固阵地作依托。如果派遣1/3～1/2的防御兵力脱离阵地，前出至距主战地域前沿前20～30千米的广大地域组织防御，就等于丧失防御的有利条件，虽能达到掩护与警戒的目的，却要付出更大的伤亡代价。(2) 容易遭敌分割、包围。为了起到对主战地域的屏蔽作用，掩护部队一般都是采用比较松散的防御形式阻击、歼灭进攻之敌。即部队沿宽大的防御正面成一线配置，以多道阵地逐次阻击、逐步回撤的方式与进攻之敌交战。由于掩护地域纵深较大，兵力多靠前成一线配置，从而可能使该地域呈现兵力空虚状态。在这种情况下，对方既可能从正面轻易突破，也可能从翼侧达成迂回或包围。(3) 容易影响主战地域防御的稳定性。掩护部队完成屏护与警戒任务后回撤时，由于兵力大、兵种复杂可能会造成指挥上的忙乱和部队行动的混乱，对主战地域防御稳定性产生重大影响。(4) 容易被对方跟进追击。掩护部队兵力大、战线长，一旦与进攻部队接战就很难摆脱对方。即使能够脱离回撤，也很容易被对方跟进追击。

部队机动过多，反而把防御的优势变成劣势。尽管美军机动力和火力较强，但是如果部队在防御中频繁机动，很容易变优为劣：一是必将脱离阵地的掩蔽

条件，失去原有的优势；二是会使间瞄支援火力受到不同程度的限制和影响，并容易干扰机动沿线己方部队的正常防御行动。三是由于美军为自己预留的机动道路，一般都无障碍或只设置可拆除的临时性障碍，还规定射击限制线等，该机动路线很容易被对方利用。四是部队机动很容易被对方发现，不仅机动难以顺利进行，而且往往使自己处于被动挨打的不利地位。

*过于依赖后勤，持续战斗力易受影响。*具体表现在以下几方面：(1) 美军部队防御地域广，从后方地域到一线分队补给线长。在对方火力纵深打击下，后勤支援的时效性难以保证。如果要给快速推进的进攻部队提供时效性更强的跟进支援，困难就更大了。(2) 战斗物资消耗量大，补给很难满足需求。(3) 美军武器装备种类多，对维修保养的需求量大。许多高技术装备技术复杂，对专业人员技术素质要求高。而美军这类人员本来就很少，一旦在战斗中再遭受伤亡，必然会严重影响技术保障支援从而影响高技术装备的使用。（刘书礼《美军攻防战术的主要弱点》，《外国军事学术》1997 年第 1 期）

（肖　白）

俄罗斯作战问题研究　俄军作战理论、作战思想正处在一个重要的变革时期，其中在以下几个问题上的新思想、新观点，反映出其作战理论、作战思想的变化及其发展趋势。

俄军提出对未来战争的设想。(1) 两极格局终结后，俄军对未来战争设想的基本出发点已从意识形态转向地缘政治，军事斗争准备的立足点已从打赢一场世界大战转向地区性武装冲突。俄认为，中、近期对俄的外部威胁主要来自 3 个方向：西部，北约东扩；南部，伊斯兰极端势力的渗透和扩张；东部，与日本的北方 4 岛争端及中国的迅速崛起。其中，北约东扩是主要威胁，有可能引起大规模冲突，但目前仍是潜在威胁；伊斯兰极端势力是现实威胁，但其规模仅限于局部冲突；中国的崛起则是潜在威胁。(2) 根据新的国际形势和地缘政治环境，俄军将未来战争分为 4 种类型：世界大战、地区战争、局部战争和武装冲突。俄军认为，基本可排除世界大战的可能性，主要应应付地区性冲突。平时主要应付局部战争和武装冲突；地区战争是由两个或数个国家在一个地区范围内进行的战争，冷战结束后此类战争威胁最大。1997 年 5 月 7 日由叶利钦总统批准的《俄联邦国家安全构想》要求，俄军应具备随时打赢一场局部战争的能力，并具备经过动员应付一场地区战争的能力。这反映出俄军立足于应付大规模地区冲突这个深层次的战略考虑。(3) 为应付未来地区战争，俄已重新使用战争区这一概念，将未来战场划分为欧洲、中亚、东亚 3 大战争区，并将欧洲战争区作为主要作战方向，以北约为主要作战对象，立足于在核威胁条件下，与拥有高技术武器装备和“空地海天一体”作战能力的强敌打一场大规模地区战争；同时，根据西、南、东部不同地缘政治状况和作战对象，有针对性地准备应付不同性质、规模、强度、样式的局部冲突。

俄军探索未来战争基本打法。俄军强调，无论敌人以何种方式挑起武装冲突和战争，俄武装力量随时应准备在密集使用现代毁伤兵器的情况下，于最短的时限内采取积极的行动歼灭敌人。关于打法问题，俄军的基本观点：

(1) *军事行动基本类型。*分为防御、反攻、进攻 3 种，其中反攻是战争初期进攻的一种特殊类型。

(2) *大规模战争的阶段划分。*一般为 3 个阶段，即开始阶段、后续阶段、结束阶段。俄军认为“开始阶段具有决定性意义”，关键是夺取并保持战略主动权。设想军事行动顺序是首先实施防御，尔后转入反攻和进攻。

(3) *战略性战役类型的划分。*俄军从未来高技术战争的实际出发，对战略性战役的类型进行了新的重大调整，增加了“战略性空中战役”和“宇宙空间的军事行动”两种新类型，并将“抗击敌空中—宇宙空间袭击的战役”从最后一种类型提升为第 1 种类型。这反映出俄军对通过大规模空袭一举夺得战争主动权的新打法的重视和准备与美军展开空天战，争夺制宇宙空间权的设想。俄重新确定的 7 种基本类型为：抗击敌空中—宇宙空间袭击的战略性战役；战略核力量战役；战略性空中战役；大陆战争区（战区）战略性防御战役；大陆战争区（战区）战略性进攻（反攻）战役；大洋（海上）战争区（战区）的战略行动；宇宙空间的军事行动。

(4) *防御作战的实施。*根据军事学说的防御性质，防御已由一种次要的作战类型上升为主要作战类型。俄军将防御分为两个阶段：新增加的第 1 个阶段，主要内容是抗击敌空间和空中袭击、组织对敌高精度武器毁伤的防护、电子对抗、指挥系统对抗和心理对抗等；第 2 阶段主要内容是抗击敌地面集团的进攻。防御战役的主要实施方法包括：抗击敌进攻、对敌实施火力毁伤、实施反突击、粉碎楔入之敌等。防御类型包括机动防御和阵地防御两种。机动防御主要有 2 种战法：一是将进攻之敌诱入战役口袋予以歼灭，二是通过逐次扼守数个防御地区将进攻之敌拖垮并将其阻滞在最终地区。俄军在充分肯定机动防御的同时，仍很重视阵地防御，并认为两种防御类型应区别不同情况结合使用。

(5) *反攻和进攻作战的实施*。据军事学说的防御性质，俄军近年来主要研究进攻的特殊类型—反攻。由于反攻战役是在防御战役后实施的一种复杂的、被动的进攻战役，俄军认为关键是要夺取制空权和火力优势，才能达成夺取战役主动权的目的。进攻战役的实施方法包括：转入进攻的方法、实施突击的方法、战役机动样式、对敌火力毁伤、合围等。目前俄军正在考虑将火力毁伤从合同战役的一个组成部分发展为一种独立的行动样式，即火力交战和突击火力战役。这种新样式一是借鉴了海湾战争的经验，二是考虑到高精度武器系统的性能，三是体现了俄军重视火力的一贯传统。俄军认为突破仍是未来战争中进攻作战要解决的一个重要问题，只是其方法将根据新的武器技术装备有所变化。在反攻或进攻战役准备过程中，核心问题是提高突击集团的生存能力，主要方法是采取伪装、隐蔽和防敌高精度武器毁伤的措施。俄军还特别强调进攻战役中的“敌后作战”问题，即通过脱离主力行动的战役机动集群、空降部队、特种支队等在敌后建立第2个“积极活动的正面”，配合正面进攻的主力集团，实现全纵深进攻作战。

(6) *局部战争和武装冲突的战法*。俄军将未来作战中的有用兵分为正规战和游击战两种主要样式。正规战通常实施进攻战役，强调高速度全纵深机动、速战速决。游击战则根据作战对象采用不同于正规战的各种战法，如搜索、隔离、梳剿、封锁、突袭等，并拟使用支队式体系对付非正规军集团。为更好地应付车臣战争式的国内武装冲突，俄军战役分类中增加了“特种战役”这一新类型，主要解决正规军与内卫、边防、反间谍总局部队协同平息国内暴乱问题。

俄军阐述未来作战新概念 俄军事理论界认为，未来战争的军事技术基础将主要由高精度武器系统、信息支援保障系统（C^3I、C^4I）和电子战系统组成。三者实现一体化，将使战争形态、战场环境和作战特点等发生巨大变化，一些新的作战方法将登上战争舞台。

(1) *天战*。未来大规模战争可能首先在宇宙空间展开。拥有高科技优势的强敌将对俄部署在太空轨道的军事航天器实施突然袭击，使俄无法进行宇宙侦察和高精度导航，并丧失对战略指挥至关重要的宇宙通信能力。因此，必须保护己方航天器，摧毁敌航天器，及其地面反卫星设施，夺取宇宙空间控制权。

(2) *远战*。其主要特点是一般不与敌直接接触，即从最大距离上先敌并实时发现和摧毁目标。主要内容有：把远距离战斗作为一种独立的行动样式在作战中使用，把远距离火力打击当作直接战胜敌方的主要手段，以此夺取作战行动的主动权；三是先敌实施决定性的全纵深远距离大规模火力战；四是着眼于以多种方式实施远距离战斗。

(3) *地空一体机动战*。这一战役作战样式有可能成为俄军战役作战的主要样式。“地空一体机动战”既借鉴了美军“空地一体战”的成果，又考虑到俄军空中机动能力不如美军，但地面机动能力较强这一具体情况。实施这一样式的关键是，“将大纵深火力毁伤同突然的空中—地面突击、强大的电子压制和迅猛的军队机动融为一体”。

(4) *电子—火力战*。俄军认为此种战法将构成未来战役作战的主要内容，其样式有电子—火力交战、电子—火力突击、电子—火力战役等。实现这一战法关键是将对敌“硬毁伤”和“软毁伤”有机结合，使电子战成为一种突击样式，起到与火力突击效果相同的作用。对敌火力毁伤将与对敌人指挥、信息和侦察系统的无线电压制联合实施，从而可有效地降低敌人的毁伤能力，并使之丧失使用毁伤兵器的能力。

(5) *奔袭战*。奔袭作为坚决的机动样式将被广泛采用。未来进攻作战常常从奔袭行动开始，并与空降突击相结合。战役机动集群对敌侦察、指挥控制中心和主要武器系统配置区等要害处所实施的战役奔袭行动，将对合围敌军主力发挥重要作用。

(6) *信息战*。俄新任国防部长谢尔盖耶夫强调，“高技术是军队在21世纪的基础，争夺信息空间是个重点”。俄军在信息战方面的最新思路是：将整个作战力量分为作战系统和信息系统两大部分，通过信息技术（C^3I系统）将各种武器平台、各种作战编组融合成一支协调一致的作战力量，形成一个超级作战系统。（[俄] 沃罗比约夫《合同战斗原则》，译文出版社1996年3月出版；王锐《俄军对高技术作战的基本看法》，《外国军事学术》1996年第8期）

（张文伟、钟良理）

俄军作战指挥呈现出一些新特点和趋势 有作者撰文指出，近年来，俄军继承并发展了前苏军军事理论的内容和原则，在作战指挥上呈现出一些新的特点和趋势。

俄军作战指挥的特点。(1) 强调集中指挥与分散指挥相结合。俄军继承了前苏军“集中统一”的指挥原则，强调现代条件下指挥的集中统一必须与发挥下属指挥员及指挥机关的创造力相结合。第一，在指挥体制上，各级指挥机关实行一长制，使军队指挥权集中于指挥员一人手中。俄军认为，这可以保障全体战斗人员的意志统一，行动一致，可避免相互推诿、效率低下的弊端，有利于培养和造就有责任感、意志坚定的指挥员，并使指挥员能在战斗中迅速作出决定。第二，在指挥方法上，强调集中指挥与分散指挥相结

合。俄军认为，现代战争中实施作战的条件复杂多变，部队脱离主力远程奔袭、迂回行动增多，如过分实行集中指挥，统得过死，就会造成军队的作战行动失去应有的灵活性。高明的军队指挥员应将完成既定任务的坚决性与充分发挥下属指挥员主动精神的灵活性相结合，鼓励下属根据上级意图大胆采取出敌预料的作战方法。

(2) 强调作战指挥中人的因素。俄军认为，军队指挥的力量来自指挥员的性格、才能和意志等素质，而不是靠固定的模式、规则和指挥手段。指挥员应思维敏捷、具备分析判断复杂形势、定下正确决心的能力，同时应顾全大局，服从命令，善于使用所属部队抓住有利战机完成任务。在改进自动化指挥系统的同时，俄军强调，实现指挥自动化本身不是目的，而是提高指挥效能的一种手段，自动化指挥系统应与指挥人员和部队协调一致，为发展人的创造力提供条件。

(3) 强调指挥过程中的时间要素。俄军认为，军用高技术的发展使时间要素变得更加重要，这主要表现在四个方面。第一，果断决策。由于战机稍纵即逝，指挥员在定下决心时必须迅速、果断，下级指挥员不应坐待上级命令，而应大胆采取有力的行动，夺取战场主动权。第二，在规定的时限内完成任务。俄军强调，作战的价值不在于其内容，而在于其时机。作战要迅速、坚决、果断。必要时即使未完全做好准备也必须投入作战，甚至不惜以部队伤亡换取时间。第三，作战样式转换迅速。俄军认为，现代条件下，战场形势变化频繁，作战节奏加快，军队指挥员必须随时做好转换作战样式的准备，具备迅速发起进攻或转入防御，以及组织各兵种协同作战的能力。第四，合理利用时间要素。应把合理地计算时间作为作战指挥的一个重要环节，既要“快速”，又要“准确”，以确保军队行动的主动权，提高作战效果。

(4) 强调军队指挥系统的结构以及指挥的组织形式与方法应符合作战行动的特点。俄军认为，军队指挥系统各组成部分之间的隶属关系和协调关系不能随意确定，而必须与一定作战行动的特点相适应。如大规模武装斗争要求完善战略和战役行动的指挥方法，及其相应的指挥机构；具有大纵深和立体性质的作战行动要求保障指挥的灵活性和不间断性，这就要求指挥所的配置更加合理和灵活多样；联合作战对多军兵种的组织协同提出更高的要求，因而指挥系统和部队必须大大提高其装备的技术水平，其编制体制也应适应联合作战的需要，等等。

俄军作战指挥的发展趋势。纵观俄军作战指挥的历史和现状，可以预测，未来俄军作战指挥的发展趋势：一是作战指挥全面自动化。俄军认为，现代条件下，实现指挥手段的自动化是提高指挥效率、指挥准确性的不可或缺的途径。自动化指挥系统能进一步提高军队的战斗力，在战役战斗中提高指挥的应变能力和兵力兵器的使用效率，因而必须采用最佳的指挥方法，完善指挥机构，逐步实现指挥全盘自动化。二是指挥活动更趋科学化。俄军认为，现代条件下的作战指挥日趋复杂，单凭少数指挥员的智慧不可能有效地实现战场指挥与控制，而必须使指挥建立在一整套科学的理论原则基础之上。为保障指挥活动的科学化，必须依法治军，明确责任；实现指挥系统编成通用化、决策程序的科学化、和指挥效能评估标准的科学化。三是更注重保持作战指挥的稳定性。俄军认为，随着信息时代的到来，战争双方作战指挥系统之间的信息对抗将成为一种主要的作战样式，因此，在准备和实施各类型的战役战斗中，应更加注重指挥的稳定性。为此，军队指挥系统本身应趋于更简化和高效，指挥工作实现程序化、规范化，力求缩短指挥周期，避免任何重复、拖沓的工作环节。四是能够适应机动战的要求。俄军认为，未来俄罗斯面临的主要威胁是局部战争和地区性武装冲突，因此，要把组建一支快速、灵活的机动部队作为建军的重点内容。其构成成分主要包括：摩托化步兵和坦克兵、空降兵、军事运输航空兵、海军陆战队等，其作战编成趋于综合化、独立化，作战形式非线式化、多样化，能够对付突发的任何强度的军事冲突。五是能够适应联合作战的要求。俄军认为，高技术条件下局部战争要求更多地实施各军兵种联合作战，而联合作战的关键在指挥。因此，俄军决定逐步调整其军队编制体制，以使其指挥系统更适于未来的联合作战。(刘春阳《俄军作战指挥的特点和发展趋势》，《外国军事学术》1997 年第 9 期)

俄军提出合同战役中炮兵使用新观点 有作者撰文指出，近年来，俄军通过对原苏军战役理论进行反思，在合同战役中炮兵使用方面提出一些新观点。

强调以火力机动取代炮兵的高度集中。俄军认为，在进攻战役中对敌实施密集火力突击的传统观念已不适用，而应以火力机动来取代增大炮兵密度的作法。为此，应更加强调远距离精确制导武器火力机动的作用。这样既可避免因在选定的方向上集中毁伤兵器而造成合成部队战斗队形过分密集，又可使参加火力突击的兵力在火力突击后无需立即疏开。

缩小集团军和军炮兵群的编成。俄军认为，集团军和军炮兵群编成内炮兵营数量如超过 6～8 个，就会导致炮兵行动迟缓，指挥困难。为提高炮兵群作战的灵活性和指挥的稳定性，炮兵群中炮兵营的数量最多为 4～6 个，只有在编组炮兵分群时，炮兵营的数量才可达到8个。此外，集团军和军炮兵群中还可另编3个火箭炮兵营。

*给第1梯队师、团和营加强较多炮兵。*近年来，俄军认为，增加炮兵的数量可提高合成部队的战术独立性。在合同战役中，为使直接与敌作战的分队能够得到不间断的火力支援，集团军和军应通过缩减其炮兵群的编成而把较多的炮兵加强给第1梯队师，师应给第1梯队团加强较多的炮兵，并在团炮兵群内将身管炮兵与火箭炮连混编。

*将火力毁伤分为全般火力毁伤和直接火力毁伤。*全般火力毁伤主要是指军和集团军的炮兵火力，它应在战役和战斗全过程中组织实施。其特点是，一旦发现敌目标就立即予以消灭。直接火力毁伤主要是指师以下部队和分队炮兵的火力。在进攻中，直接火力毁伤包括战斗条令中已经规定的两个时节：冲击的火力准备和火力支援。冲击的火力准备是根据合成军队指挥员的决心实施的，其目的是在主要突击方向上最大限度地降低防御集团的作战能力，掩护先遣部队展开成战斗队形。在防御中，直接火力毁伤是指，当进攻之敌进入师、团和营炮兵射程内时，应实施抗击敌楔入的火力准备。此外，直接火力毁伤还包括，在全般火力毁伤兵力的掩护下，对扼守第1阵地的战斗实施火力支援。火力支援应在师（团）防御全纵深内视具体情况实施。（李大军《俄军合同战役中炮兵使用的新观点》，《外国军事学术》1997年第4期）

俄军探讨方面军抗击突入防御纵深之敌问题 俄军中将尤金撰文探讨方面军抗击突入防御纵深之敌问题时指出，方面军防御战役是战略性防御作战的一部分，有时则是战区反攻（进攻）战役的一部分。在当前俄联邦地缘态势不断恶化的情况下，必须加强对宽大正面实施首次方面军防御战役的探讨。

*对敌突入防御纵深集团特点和任务的分析。*现代战争中，敌很可能以重兵集团突破战役军团的防御纵深，同时广泛使用空中机动部队和空降兵实施奔袭作战。这将极大地削弱战役防御的稳定性，并可能导致俄方防御失败。敌突入俄防御集团的基本任务可能是：继续向防御纵深推进以占领关键地域；摧毁指挥所、电子战兵力和器材，破坏军队指挥能力；夺取或摧毁防御军队的后方机场、防空兵器及其他设施。同时以部分兵力实施突击以便与其空降部队、空中机动部队会合并扩大战斗行动正面，阻止防御一方的第2梯队和预备队开进和有组织地进入交战，固守已占领的地域直至其主力抵达。

*提出建立抗击敌突入集团的系统的思想。*针对敌突入防御纵深集团的特点和任务，作者提出，必须预先在防御编成内建立与敌突入集团作斗争的系统。这是俄军战役理论中一个崭新的思想。（1）建立与敌突入集团作斗争系统的目的。使用专门用途的合成兵团、各兵种兵团、方面军航空兵和陆军航空兵，在边防、内卫部队和民防部队以及舰队兵力协同下及时进入交战，以封锁和消灭突入防御之敌，阻止其破坏各种基础设施，保持防御稳定性，达成防御作战的目的。（2）与敌突入集团作斗争系统的编成。该系统由指挥分支系统、作战分支系统和保障分支系统3部分编成。指挥分支系统用于统一协调、指挥方面军与敌突入集团作斗争的行动。作战分支系统的编成包括方面军专门派出的抗击敌突入集团的兵力兵器集团。该集团由方面军部分兵力、火箭兵和炮兵部队、方面军航空兵和陆军航空兵部队、内卫和边防部队和民防部队组成；包括为迟滞突入之敌而建立的机动—封锁集团。该集团由数个工程兵分队（装备远距离布雷器材）、得到1～2个战斗直升机（或运输—战斗直升机）大队支援的1个摩步旅（坦克旅）或1个摩步团（坦克团）组成。2～3个上述编成规模的集团即可封锁突入之敌2～3个行动方向，还可为继续抗击突入方面军后方之敌创造有利条件；此外，还包括担负合围突入之敌任务的机动—牵制集团，为粉碎被合围之敌而建立的机动—突击集团。保障分支系统包括专门派出的战役保障、后勤保障和技术保障兵力兵器。

关于与敌突入集团作斗争系统的使用。（1）组织各系统协同动作。首先需要协调集团军（军）从敌突入集团行动方向的正面牵制敌人的行动，以及协调其他兵团合围（封锁）并歼灭敌人的行动。这就要求方面军司令部必须使所有遂行此项任务的兵团协同动作。其次，由于兵力兵器不足，抗击突入之敌可按下述方案进行：牵制—封锁—合围—粉碎。（2）集中各系统的力量。为达成防御稳定性，要在方面军防御地带使用国家其他强力部门的兵团和部队。但由于当前缺乏有关这方面的规定，就使得己方在抗击敌突入集团时不能集中全部力量。指挥员在确定合围（封锁）和粉碎敌突入集团的方法时可采用下述两种方法：一是使用第2梯队、预备队以及作战分支系统的其他部队迅速封闭防御中出现的缺口，阻止敌为其突入集团补充力量；二是使用编入作战分支系统的部分兵力兵器封锁敌突入集团并为尔后将其粉碎创造条件。该方法通常在敌人没有足够预备队扩张其突入集团的战果时采用。（3）反突击行动。在敌推进未被制止的情况下，预有准备地实施反突击是使用军队抗击敌突入集团的基本方法之一。反突击集团将主要靠作战分支系统的兵力兵器组成。反突击经常采用遭遇作战的样式。其主要方法是：以强大的火力毁伤从正面牵制敌人，从敌突入集团一翼或两翼对其实施突击以分割其

主力，尔后将其消灭在隔绝地域，恢复原防御地区并发展胜利。另一种方法是：对其实施突然而猛烈的火力毁伤和强大的正面分割突击。当缺乏对敌侧后实施突击的条件或没有时间实施纵深翼侧机动时，可采用这种方法。如反突击未能取得胜利，突击（反突击）集团的部分军队可于短时间内在纵深地区组织防御，另一部分军队可在后方交通线上对敌突入集团采取行动，司令部应设法向上级请求补充预备队，以此加强对敌进攻集团的抵抗或转而采取迟滞行动。（[俄] 尤金《俄方面军防御战役中抗击突入防御纵深之敌问题》，俄罗斯《军事思想》杂志 1996 年第 2 期）

俄军就坦克在未来战争中的作用问题发生争论 1995 以来，俄罗斯一些报刊不断对俄军在车臣战争中装甲部队使用不当提出批评，并在军界引发了一场关于坦克在未来战争中的作用的争论。

一种观点认为坦克的作用正在逐渐下降。以著名军事战略学家叶甫盖尼·费多索夫教授为代表的一些军事专家认为，至少在今后 20 年内欧洲不会发生大规模战争，俄罗斯军队面临的只是局部战争和冲突。在这些战争和冲突中，坦克的作用将越来越小，而像远射程精确制导武器之类的高技术兵器的作用将越来越大，他们甚至将这种变化与当年骑兵的没落相比拟，指出坦克作用下降的原因与其自身存在的缺点有关，主要是机动性差，一个坦克师无法通过空运进行快速部署。

另一种观点继续肯定坦克的作用。俄军元帅奥列格·洛西克教授、少将波列斯·格鲁斯杰夫和上校尼柯来·纳迪赛夫教授等，从不同角度驳斥费多索夫等人的观点，肯定坦克在未来战争中仍将发挥重要作用。他们认为：（1）预言今后 20 年内欧洲不会发生大的战争，决不能成为俄罗斯放弃发展坦克的理由，因为许多西方国家都主张进一步发展坦克。如果俄罗斯放弃坦克的发展，那么在 20 年和平间歇之后，面对西方国家的先进坦克，俄军将没有能与之抗衡的地面武器。（2）关于坦克部队机动性差、无法空运的说法，不能成为放弃使用坦克的理由。因为坦克的机动性不是表现在空运上而是在于它本身的运动。在主攻方向上，坦克迅速推进的距离可达 1000 公里。如此说来，机动性更差的重型炮兵武器及工兵器械不是要实行淘汰吗？（3）由高度机械化和装甲化装备组成的快速机动部队，对于国土辽阔、边界线漫长的俄罗斯来说具有重要意义。（4）轻型装备的部队（也包括轻型装甲部队）易于空运，可快速建立桥头堡和集结地，但要以此为依托向敌人发起强有力的进攻，夺取决定性胜利，还需要配备有重型武器的大部队，其中就包括坦克部队。为此，俄罗斯一些军方人士认为，坦克在 21 世纪的发展方向主要是：研制新一代主战坦克，这种坦克必须为乘员提供一个特别坚固的的隔舱；发展装甲机器人（或称无人驾驶坦克），它能近战，也能在较远距离自主作战；必须配备电子防护设备，使它不易被精确制导武器摧毁。（[俄] 费多索夫《红星报》1995 年 12 月 23 日；奥列格·洛西克等《红星报》1996 年 2 月 17 日）

（薛　军）

日本自卫队作战问题研究

自卫队不断发展其作战理论体系 有的作者著文指出，第二次世界大战以后，自卫队作战理论从无到有，从抄袭到借鉴，从零散到逐步系统，经历了一个不断完善的过程。其基本特点可归纳为以下几点。

战术理论的内容较丰富、体系较完善，战役理论较空泛和零散。战后，由于自卫队极其重视对战术理论的研究，对战役作战理论的研究十分薄弱，因而在数十年的发展过程中，战术理论的内容、体系日臻丰富、完善；而战役理论比较空泛，没有形成完善、系统的体系。其原因主要有 3 方面。首先是自卫队对战役及战役法认识上的独特性与局限性。自卫队认为，军事学术的主导部分只划分为战略、战术两大层次，战役和战役法并不是一个独立层次。战役和战役法的研究是战略研究的任务。而战术则是与战略“同等重要”的军事学术主导部分的“两大支柱”之一。因此，对战役法及战役理论的研究和发展远不如对战术那样重视。其次，由于日本标榜“专守防卫”的战略方针，以及日本国土狭窄，战场面积有限，不可能进行大规模战役，更适于小规模的作战和战斗，因而自卫队更加重视对战斗和战术的研究。第三是受美军 80 年代初以前对军事学术主导部分“两分法”的影响。直到 80 年代初以后美军采用“三分法”后，自卫队仍采用“两分法”。

层次的模糊性。由于自卫队曾一直以苏联作为主要作战对象。因此不得不去认真研究它的战役作战和战役理论问题。这对自卫队战役作战及其理论的发展具有促进作用。但是自卫队始终未能跳出战役法是战略层次的问题，战术才是“在作战和战斗中为达成任务而最有效运用兵力之方法”的圈子，仍然把战斗和战术问题及其理论的研究放在突出的地位，而对战役及战役理论的研究视为战略研究的任务。要真正研究战斗和和战术理论问题，又离不开与其关系十分紧密的战役作战问题，因而往往要把战役作战问题从战略里面挖出来与战斗和战术问题的研究结合在一起。战役法及其理论这种上属战略范畴，下与战术密不可分的状况使之一直无法独立出来，不仅造成其理论体系的零散和不完整，而且战役理论与战术理论在层次和

体系上一直处于模糊不清、难以明确区分的状态。

依附性与继续性。所谓依附性，是指自卫队作战理论的产生和发展，受美军影响极深，尽管 40 多年来在逐步摆脱美军的影响，向独立自主的方向发展，但其所表现出的依附性，仍比军事政策和战略方面明显得多。

所谓继续性，是指作战理论的产生和发展过程受旧日军影响很深，尽管自卫队是在批判基础上把那些他们认为适合现在日本国情和军情特点的作战理论继承下去并加以发展，从而使自卫队的作战理论更趋现实，但旧日军作战理论中的糟粕和谬误在自卫队作战思想和理论中仍然存在。这种继承性就使其作战理论体现了“日本特点”，而其依附性则又体现了“美国特点”。所以，从自卫队作战理论的形式和基本框架上看，美军的特点很强，如基本作战原则、攻防作战基本理论与美军的极其相似；但其深层的思想基础或者精神基础，却极强地反映出日本的特点，即强调所谓“日本精神”，发扬所谓“奇袭珍珠港中的勇敢精神和突然袭击的精神”等。所以自卫队作战理论，可以说是美军作战理论和旧日军作战理论在新的历史时期与日本国情和军情等实际情况相结合的产物。

积极性与主动性。这是自卫队作战理论所反映出的一个突出特点。对于“专守防卫”这一战略方针，日本一直大力宣传其消极性和被动性，宣扬“专守防卫”与日本安全环境和日本实际之间的矛盾性以及“专守防卫”付诸实行的困难性。为担心这种所谓的消极性和被动性直接波及到作战和战斗范畴，日本特别强调和重视积极性与主动性原则，将其视为作战理论的核心和灵魂，体现在作战理论的各个方面。如突出强调进攻；重视防御中的进攻行动和由防御转入攻势，在作战指挥中，重视发挥各级指挥官的积极主动性和创造性，避免陷入消极被动等。

随着“日本所面临的威胁形态的日益多样化”，自卫队职能和任务范围的不断扩大，其作战理论将向新的深度和广度发展，它所涵盖的内容和范围也将逐步扩大，将更加明显地反映出长期处于特殊地位的自卫队在新的历史时期的作战思想、方针、原则及其作战行动和非战争行动的特点。（黄金鹏《日军战后作战理论的特点》，《外国军事学术》1998 年第 3 期）

（池之苇）

日一军事专家谈未来作战样式 日本军事专家森下茂生撰文分析了未来作战样式，提出以下两个观点：

影响未来作战样式的基本因素。(1) 整个作战手段的系统化。随着卫星的侦察监视和通信网功能，以及可瞬间处理和传递情报的计算机的出现，使所有兵器的系统化成为可能。这样，各种兵器不再是单个兵器，而将成为能够最有效发挥战斗力的武器系统。在未来战争中，除已经完成的对地、对空火力战斗系统外，机动、情报、战斗支援、勤务支援等各种机能也将系统化。这些战斗系统将由师、军级的 C^3I 连接起来，对战场上的所有兵器进行一元化运用。再把一个或数个战场同陆上最高司令部相连接，成为一个整体的地面战系统，最终构成包括防空作战系统、海上作战系统等其他系统的综合的国家战争系统。这样，在未来的战争中，从国家遂行战争的中枢到战场上每个小分队，将成为一元化系统来实施战争和作战。(2) 兵器高技术化的威力。未来的兵器将在火力和机动力两个方面得到迅速发展。在火力方面，卫星攻击兵器可通过自身的撞击、自爆或搭载定向能武器击毁敌卫星；战区导弹的射程增大数倍，并进行末制导，实现子母弹化；野战炮也将实现末制导和子母弹化，精度和威力将大幅度提高。在机动打击力方面，坦克、装甲步兵战斗车的越野机动速度每小时可提高 10 千米，将实现由 C^3I 和卫星制导并向改编成数字化部队的方向发展；战术运输机将增大飞行距离，运输直升机将提高时速并增加净载重量，气垫船将提高其登陆能力和速度。(3) 兵力运用的发展变化。军事科学技术的进步，对兵力运用，特别是对战场、兵力运用的重点及火力和机动打击力的作用产生了重大影响。首先，由于主力炮兵的最大射程达 50～60 千米，这就决定了战场的纵深。由于战术导弹的射程在 100～150 千米左右，因此在作战初期就有可能对敌之全部包括后方兵站部队和设施在内的战场全纵深实施打击，力求摧毁战场上敌人整个作战系统。其次，未来作战中，兵力运用有重点。在未来战场上，首先应指向敌作战系统的中枢，尔后再摧毁其国家防空系统及其航空兵力。其三，将实施由作战系统控制的实时、准确、威力大、效率高的火力战斗，其作用明显增大。

未来作战的基本样式。过去的战争，首先是歼灭战场上敌人的兵力，尔后再摧毁敌国家的战争基础和中枢。未来战争可能完全相反，即首先瘫痪和摧毁从敌国家中枢到作战部队的战争和作战系统，尔后再歼灭敌战场上的敌部队。这样，战争大致可分为两个阶段来实施；但也可能在摧毁敌战争和作战系统的阶段，就决定了战争的胜负。(1) 瘫痪、摧毁国家战争遂行系统。为瘫痪和摧毁国家遂行战争的基础和系统，首先应摧毁能覆盖包括战场、本国及其海域在内的接近路上空的卫星和防空雷达网，破坏其情报收集、监视和标定能力；然后攻击其防空作战司令部、联合司令部和各军种司令部，攻击方法是，使其计算机染毒，瘫痪其指挥装置，同时以精确制导武器袭击

敌司令部通信等设施，再用以电磁脉冲弹袭击敌通信传送手段；最后，再袭击其军工产业和电力、交通等设施，摧毁其继续遂行战争的基础；与此同时，将实施电子干扰和反干扰。(2) 歼灭敌作战部队。摧毁敌方国家战争系统之后，为在战场上歼灭敌作战部队，首先应摧毁敌战区作战系统，袭击的顺序是：先攻击对空作战系统，后攻击集团军、师指挥控制和通信系统、火力战斗系统等；再以陆、海、空全部火力压制、摧毁敌部队和阵地，为部队突施机动打击创造条件；尔后，以战场深远后方（最深 100～150 千米）可控制敌退路的要点或后方的敌集结部队为进攻目标，以机动打击部队采用迂回、包围战术，最大限度地利用火力效果，在运动战中攻击前进至作战目标。如发现敌人后退征兆，立即由空中机动部队在后退路线的要点上捕捉敌人，与地面机动打击部队相配合，共同歼灭敌人。机动打击时的作战方法是，包括飞机、导弹在内的"作战系统（数字化部队）"将其全部战斗力实时集中于在机动打击部队接近时出现的敌部队，并迅速予以歼灭，最后，由预备队或第一线部队负责消灭残余之敌，必要时扩大战场（要点），并予以占领。未来战争中，由于机器人的出现，战场可能趋于"无人化"，同时可能使用非杀伤性兵器来减少作战中造成的重大损害。（[日] 森下茂生《未来的作战样式》，日本—军事杂志 1995 年春季号）

研究中美发生冲突时日自卫队援助美军问题　1996 年 3 月，中国宣布在台湾附近海域进行导弹发射演习。美国把包括两艘航空母舰在内的太平洋舰队派遣到台湾近海，形势一度变得紧张起来。

据防卫厅人士说，根据首相官邸的指示，日本防卫厅曾研究过设想发生地区冲突的对策，并得出了这样的结论：在中国同美国在台湾近海发生冲突的情况下，自卫队有必要援助美军的后方领域。具体地说，海上自卫队的补给舰要给美军提供海上加油；航空自卫队要提供情报；陆上自卫队要收容美军伤兵，把他们运往九州等各驻地。

另外，在自卫队现役军人当中，也有人研究过这样的问题：设想冲绳本岛的美军基地、援助美军的冲绳的自卫队基地和驻扎地受到攻击的事态，基于"年度防卫和警备计划"，实施中国对策。这表明，自卫队认为：存在着日本由于援助美军而被卷入冲突的可能性。（日本《东京新闻》1997 年 7 月 27 日）

日陆上自卫队步兵团攻防战斗特点　俄军有作者撰文分析日本陆上自卫队步兵团攻防战斗特点时指出，师编成内的步兵团是陆上自卫队的基干部队，步兵团的编制特点是没有营一级单位。日军专家认为，由于日本所处的特殊地理位置，这种编制可以提高分队指挥效能与灵活性，并节省经费和物资。

进攻战斗特点。日自卫队认为，实施进攻战斗的目的是粉碎敌人并夺占重要的地域或目标。步兵团可在师的编成内编入第 1 梯队或第 2 梯队（预备队），并在主要方向或次要方向上行动，在某些情况下亦可单独实施进攻。师炮兵团通常可抽调 1 个 105 毫米榴弹炮营，为步兵团提供直接火力支援；可抽调 1 个 155 毫米榴弹炮连，用于全般火力支援。此外，步兵团还可配属 1 个坦克连（14 辆），1 个反坦克导弹排（4 具反坦克导弹发射装置）和 1 个工兵连。步兵团在脱离师主力的单独方向上行动时，一般应在团（连）的基础上组建团战斗群。（有时为连战斗群）。为提高机动能力，团战斗群可得到 1 个运输连的保障。在进攻战斗中，团战斗队形可编成一个梯队或两个梯队。在这种情况下，第 1 梯队编有 3 个步兵连，第 2 梯队（预备队）编有 1 个步兵连。在进攻中，坦克通常配置在步兵战斗队形内。加强给步兵团的坦克连可集中用于主要方向上的行动，或以排为单位配属给步兵连，也可留在团第 2 梯队（预备队）内，用于发展胜利。迫击炮连和师炮兵团配属的火炮通常由团长直接指挥。团在进攻中的当前任务是粉碎当面之敌第 1 梯队营，并夺占纵深达 3 千米的地区。团的后续任务与师的当前任务一致，即：突破敌团防御地段，夺占纵深达 8 千米的地区，保障师第 2 梯队（预备队）进入战斗。日自卫队步兵团的进攻正面通常为 3 千米。进攻速度每昼夜为 15～25 千米。进攻开始前首先由所有建制和配属火器实施 30～50 分钟的炮火准备，目的是毁伤敌主要军队集团及其预备队，压制敌火炮、迫击炮火力，破坏敌指挥控制系统。在进攻过程中，第 1 梯队各步兵连在炮火支援下，尽量避免纠缠战斗，迂回敌抵抗基点、障碍物及地雷场（或沿开辟的通路通过），迅速向前推进。团第 2 梯队（预备队）任务是消灭被第 1 梯队迂回的支撑点内的敌人，接替损失较大的分队，掩护进攻分队的翼侧。完成后续任务后，团应扼守已攻占的地区，并编入师第 2 梯队或受领继续进攻的任务。

防御战斗特点。日自卫队认为，防御战斗的目的是赢得时间，为转入进攻或在主要方向上集中决定性兵力创造有利条件。步兵团在防御中通常担任师的第 1 梯队，其防御正面的宽度为 4～6 千米，纵深约 6 千米。在防御战斗中，团战斗队形通常编为 2 个梯队，第 1 梯队编有 3 个步兵连，第 2 梯队（预备队）编有 1 个步兵连。第 2 梯队（预备队）各分队配置在距前沿 1.5～2 千米的地域内，其任务是消灭突入之敌和阻止其继续渗透，协同坦克连实施反冲击等。在组织火力配系时，应考虑到在必要地点和规定时间内最大限度地集中各种火器的威力，同时应重视反坦克火力的准备。106.7毫米重迫炮连主要遂行团（首先是第1梯队）的火力支援任务，并向战斗警戒分队提供火力支援。日陆上自卫队野战条令规定，防御战斗应从防御的远接近地开始，随着敌人不断接近，逐渐加强火力，重创其有生力量和技术装备。如果敌人突入团占领的阵地，所有兵器，包括火炮、迫击炮应一起实施射击，并利用防御工事，阻止敌人突破。为阻止敌突破防御正面，应适时发起反冲击。如敌突入防御纵深；应下达固守重要枢纽并继续进行有组织的战斗。（［俄］A·瓦里利耶夫《日陆上自卫队步兵团的攻防战斗》，俄罗斯《外国军事评论》1996年第10期）

印度军队作战问题研究　印军提出新作战思想　有作者撰文指出，冷战结束后，印度军队根据以“地区性有限威慑”为核心的军事战略思想体系，提出的“先发制人，攻势防御”作战思想，体现出一些新特点。

*强调攻势作战，主张先发制人的主动打击，力求速战速决。*印军认为，未来作战消耗巨大，利在快速，弊在胶着。据此，印军强调实施先发制人的主动打击，力求速战速决。首先在作战指导上，要求战区指挥官必须在战争初始就采取攻势作战行动，迫敌于不利态势中，以夺取战争主动权。其次，在作战时机上，要料敌在先，动兵在前，一旦发现对方进攻企图且形势有利，即果断对敌实施先发制人的打击。其三，在作战行动上，要求防御时把顽强抗击与适时战役反击结合起来，辅以渗透战、干扰战，挫败敌人进攻企图。进攻时，通常以武装直升机和机械化部队为主要突击力量，在航空兵的紧密配合下，以正面进攻和迂回穿插相结合的战法，隐蔽突然地实施立体突击，迅速达成进攻目的。其四，在战役布势上，力求建立既能守又能攻的纵深梯次防御体系。并将一线兵力重点部署在浅近纵深轴线两侧谷地和主要通道上，形成前重后轻，重兵压境的态势，体现其前沿决战，力求一线取胜的攻势防御作战思想，及攻防结合，尽量缩短进攻作战轴线的山地作战思想。

*强调集中绝对优势兵力兵器，形成并保持进攻锐势。*印军认为，只有通过积极的攻势作战才能消灭和战胜敌人，为此必须投入压倒优势的兵力兵器。通常情况下，印军要求攻防兵力对比不应低于3:1，主要方向上还应更高。即使在未来“攻势防御作战”中，也应贯彻“每战必须集中优势兵力兵器”这一原则。

*强调采取各种有效措施，力求达成作战行动的突然性。*为达成战役作战的突然性，印军要求各级指挥官在计划和组织作战时，要充分利用各种有利条件，采取一切措施，隐蔽作战意图，做到在敌意想不到的地点和时间，对敌突然发起进攻。其主要措施：一是积极开展舆论外交和欺骗宣传，隐蔽作战企图。二是借演习之名秘密向预定战区集结部队，先敌展开。三是广泛实施战役佯动，在非主要作战方向和地段集结兵力，频繁进行小规模牵制性交战，而在主要作战方向则秘密进行作战准备，以造成对方判断失误。四是利用夜暗和不良天候发起进攻，造成敌军心理上的混乱。五是利用现代电子装备，实施无线电佯动和电子侦察与欺骗等。

*强调实施机动作战，采用多种作战手段和方法，夺取和掌握战场主动权。*80年代中后期，印军引进和吸收美军“空地一体战”理论，对美军“非线式作战”进行了深入的研究，确立非线式作战观念，提出：“机动作战的实质是非线式作战，机动是战役行动的灵魂”。印军认为，机动不仅包括战前兵力兵器的机动，而且更应注重战役实施阶段的机动，要发挥空中力量投送的优势，空中与地面相结合，铁路与公路相结合，采取多种方法，在最短的时间内，实施战役级移动，改变敌我态势，夺取和掌握战场主动权。同时，印军强调在机动作战中要表现出广泛的主动性和灵活性，主张攻中有防，防中有攻，以攻为主。采取穿插、迂回、分割、包围等机动灵活的战术，适时地机动兵力兵器，对敌实施毁灭性打击。印军还十分强调发挥空中优势，以地面、空中的快速机动实施纵深奔袭和立体作战。在作战初期将最大限度地投入空中力量，首先对敌方纵深战役目标实施突袭，夺取制空权，然后转入“局部战场压制”，阻止敌方战役兵团向前机动实施战役展开，继而以战斗轰炸机和武装直升机为先导，综合运用陆空火力，突击敌防御阵地、火力支撑点、炮兵阵地等目标，为地面部队提供全方位、不间断的火力支援。空降突击部队则采取“蛙跳”战术，飞越高山、隘口等难以通行地段，在敌浅近纵深的有利地形和战役战术要点实施伞降机降，抢占军事要点、交通要冲等目标，配合地面部队实施连续突破。（房峰辉《印军作战思想初探》，《外国军事学术》1997年第12期）

印军山地防御作战有6个特点　有作者撰文指出，印军在“先发制人，攻势防御”作战思想的指导下，山地防御作战的主要特点是：

*在兵力部署上，强调扼守重要地形。*印军认为，山地交通不便，道路为高地所瞰制。因此，山地防御作战要以扼守重要地形和战术要地为主要目标，其兵力配置于敌可能作为进攻轴线的河谷、山垭口、渡口地区。各级均将三分之二的兵力编成第1梯队，部分兵力组成预备队。第1梯队的任务是坚守主要防御阵

地，粉碎敌连续突击。预备队的任务是增援第1梯队，以反突击或反冲击消灭迂回穿插之敌。

*在阵地编成上，强调纵深梯次配置。*印军认为，防御的纵深愈大，突破愈加困难。因此，十分重视阵地的纵深梯次配置。其山地师（旅）防御阵地通常由防御哨、防御支撑点、防御地域、防御地段编成。防御地段由前向后又分为警戒阵地、主要防御阵地和预备队阵地。防御阵地通常设置在山腰、台地、隘口等有利地形上，以支撑点为基础，构成环形防御体系。

*在火器配系上，强调靠前配置，相互支援。*印军山地防御火力组织，通常将大部火器配置于前沿阵地。与其防御部署前重后轻相适应。各种火器的任务有明确区分：空军和战役火箭、武装直升机、远程炮兵火力主要突击敌纵深目标。重（中）型火炮、坦克炮、自行火炮主要突击敌坦克。炮兵群、野炮突击敌接近路、集结地域、进攻准备位置。迫击炮、反坦克兵器、重机枪射击接近防御地域之敌。步兵轻武器打击近距离之敌。高射炮与航空兵协同消灭敌空中目标。鉴于山地防御各部（分）队之间的直接支援困难，印军对阵地和各支撑点之间均以远程火器和障碍物进行控制和封锁。

*在障碍设置上，强调多手段结合，多障碍物并用。*为增强防御的稳定性，印军十分重视在防御阵地前沿和间隙地设置障碍。其特点是各种障碍物设置层次多，正面宽，密度大，并注重伪装隐蔽。一般在前沿防御阵地地堡前方30余米处设一道铁丝网，200～300米处布设防步兵和防坦克地雷场。

*在作战样式上，强调陆空联合作战，实施立体火力毁伤。*随着作战飞机的改进，印军建立了陆军航空兵和各级陆空联合作战机构。其山地防御作战的主要样式为空中火力与地面火力紧密结合，构成空、地立体防空网和空、地立体绵密火力控制地带。印军还强调以空军作战飞机对敌作战部署纵深内的通信机构、交通枢纽、炮兵阵地、集结地域、机动集群实施远距离先期打击，广泛使用空军、陆军航空兵实施空中垂直包围，支援地面防御部队抗击敌人，实施反击，反冲击。

*在作战方法上，强调攻防结合，反击取胜。*在山地防御过程中，印军强调进攻意识和攻势作战。一是实施破坏性进攻。以远程炮兵和空军对处于集结地域或向进攻出发地域开进的敌方实施火力突击，派部队从敌进攻部队的两翼或后方发起破坏性进攻，以破坏敌进攻部署。二是重视反突破。当敌接近第一梯队阵地时，以炮兵和步兵火力，击退敌冲击。当敌突入前沿阵地时，以火力封锁突破口，分割敌战斗队形，预备队适时投入战斗，恢复防御态势。三是实施反击和反冲击。印军认为，防御的稳定，必须依靠积极的反击作战来实现。反击通常在对方进至防御纵深于已有利的地形时发起，多采取正面阻击，两翼包围攻击的战法。同时还在有利地区以伏兵围歼进入防御纵深之敌。当主阵地或主要防线被突破时，预备队立即实施局部反冲击，以恢复和巩固阵地。所有的反冲击，都要在炮兵最大限度的支援下进行。四是计划反渗透作战。要及早计划对付敌方迂回穿插的反渗透作战方案，并对可能实施渗透地区加强侦察警戒。当发现敌军迂回穿插部队时，通常以小股部队正面阻击，以预备队在两翼攻击，并实施机降、伞降，断敌退路，力求围歼该敌。五是纵深决战。当敌军深入军的纵深阵地时，集中军纵深防御阵地内的所有部队和全部火力，配合预备队在预定的战场内与敌进行决战。（徐新彦、陆军《印军山地防御作战》，《外国军事学术》1997年第12期）

其他国家和地区作战问题研究

俄刊载文分析韩国陆军分队攻防战斗特点 俄军有作者撰文，评价韩国陆军分队攻防战斗特点时指出，进攻被韩军视为主要战斗类型和迫使敌屈服的唯一方法。从直接接敌状态下发起进攻，是主要的进攻方法。这种进攻的主要任务是夺取并扼守重要的战术地段（目标）。进攻中，分队和部队的战斗队形通常编成两个梯队。为了更有效地使用部（分）队的战斗力及战时配属的加强兵器，团在战斗中可组建营特遣队，而师则组建团特遣队。在机动力有限的情况下，分队很少从行进间发起进攻。进攻中所采取的机动样式有：包围、迂回、渗透、突破和正面进攻。韩国陆军作战条令规定：对敌实施包围时，应突击敌最薄弱的环节。迂回是包围的另一种形式，迂回的分队应力求机动至敌翼侧并夺取敌防御后方的重要地段。渗透应从防御之敌战斗队形的间隙地进行，以夺占敌后的有利位置。如确实无法或很难采用其他机动样式，再实施突破。正面进攻应由分队在指定地带上实施。正面进攻用于对敌防御薄弱环节进行突破时才有效。合成分队可作为空降兵作战，其编成由第2梯队营特遣队构成。投送1个营特遣队，陆军航空兵通常需拨出2个UH—1直升机中队和1个CH—47D直升机中队。战术空降兵的任务是夺取并扼守制高点、交通枢纽部及其他关键地段，直至主力到达。

韩国陆军分队的防御包括机动防御和地域防御两种类型。机动防御要求诱敌进入预有准备的防御地域，然后以火力打击和实施反冲击粉碎敌人的进攻。防御兵团的大部分兵力兵器都集中配置于战斗队形纵深预有准备地域。实施机动防御时，营特遣队在部队和兵团编成内行动，由上级司令部实施指挥。地域防御要求固守特定的地段，同时以大部分火器对在防御阵地接近地之敌实施最大限度的火力毁伤。在沟坎纵横山峦叠嶂地形条件下及其他适合军队行动的地形上，营特遣队可独立实施地域防御。营特遣队的战斗队形通常分为两个梯次配置，但大部分兵力兵器配置在第1梯队。（［俄］A·瓦西里耶夫《韩国陆军分队的攻防战斗》，俄罗斯《外国军事评论》杂志1996年第6期）

德军一中校谈德军作战思想 1997年2月25日，德国国防部武装力量指挥参谋部中校参谋埃里希·法德博士在中国人民解放军国防大学演讲时，谈了德军作战思想的发展变化情况。

作战思想的继承。德国作战思想的源头可回溯到19世纪下半期。德国总参谋长毛奇（1800～1891年）的作战原则在于将展开中的大部队分散配置在广大空间内，以便使自己处于进行战役决战的有利位置。在第一次和第二次世界大战中，人们又将战役这一概念转用到较高的指挥层次上。战役指挥作为战略和战术的中间层次得到了发展。但在试图使战略和战术达到平衡时，战役指挥受到许多特殊条件的限制。至今依然适用的传统德军作战指挥思想有：出敌不意；积极、主动、进攻性地利用空间和进行纵深战斗；利用多变的战斗样式、多变的兵力使用和在多个方向上，包括敌之侧翼和背后进行作战；明确主攻方向；有胆量缩小宽大正面，有胆量留有空隙，有胆量在不明情况下作出决定。

新的作战要求。今天军队的任务仍然是通过威慑来制止战争。冷战结束后，不但军队的任务范畴，而且作战因素，如空间、兵力和时间以及信息的特殊意义等的范畴和它们的相互关系也发生了根本性变化。

(1) 空间。首先空间的利用更加灵活。重要的战役、战术原则是在遥远的地方展开，并使部队在决定性地域实施集结和待命，以便根据自己的意图在地点和时间上争得优势。其次，德国第1次在地理上有了战略缓冲地带。其三，在可能发生战争的地区，应具备持久的远距离后续补给能力。其四，未来的作战指挥是远距离进行的，并且对军队战略和战役动员能力提出越来越高的要求。

(2) 兵力。未来的军事行动在很大程度上是由使用的武器技术决定的。武器将越来越精确，越来越小型化。为此，确保交通、运输线的畅通无阻和部队的运送已具有战略意义；实施成功运动战的前提条件依然是己方军队在战区的制空权；应放弃建设较大仓库和后勤及卫生勤务设施。

(3) 时间。一是今天作战的成功比以往更取决于在时间上获得对敌人的有利地位，并想尽办法破坏敌人的准备情况。二是战略上的不利须通过适应作战的指挥体制以及执行计划时快速行动的部队的灵活性和机动性来补救。三是现代火箭技术的发展使空间缩小，时间缩短。综上所述，陆、海、空三军种对空间和时间因素的关系是：陆军可夺取并确保空间；空军可控制我方或敌方空域，独立进行和支援陆军作战行动；海军拥有长期作战和快速运送陆军的能力，并可提供水上平台，控制海上交通和补给线。

(4) 信息。计算机和信息时代引发的信息战，使高技术能力武装起来的小型作战部队在与数量上占优势之敌的战争中可取得战役甚至是战略上的成功。未来的战争样式是“网络战”和“计算机战”，所以压制对手的侦察能力就如同使自己拥有进行欺骗战的能力一样意义重大。（［德］埃里希·法德《德国武装力量的作战思想》，1997年2月25日在中国人民解放军国防大学的演讲）

北约对波黑塞族空袭战法有新特点 有作者撰文指出，1995年8月30日开始，北约以保护安全区为由，在地面快速反应部队炮火配合下，对波黑塞族的军事目标和具有军事意义的少数民用目标进行的代号为“精选力量行动”的空袭行动，是北约成立以来最大的一次作战行动，是通过一次战役达成战略目的的战略性空中战役，也是海湾战争以后世界上最大的一次空袭行动。这次空袭是由“维和”行动演变而来的。因而也可以说是一场“维和战争”。其主要特点是：

空袭准备充分。北约之所以能够以空袭达成军事目的，主要是因为事先进行了充分准备。数年来，北约以空中力量对波黑局势进行了干预。其方式从初期的空中威慑发展到1994年至1995年7月多次“点穴”式空袭的空中示警，由于空袭的目的和规模很有限，都未能迫使塞族接受解决波黑问题的条件。于是北约除了这次动用陆基和舰基共250架飞机的绝对优势兵力外，早已着力于大规模空袭的准备：反复对塞族目标进行侦察，保持战场空中监视，制定和不断完善空袭作战的详细计划，反复进行演练。

采用与海湾战争相同的战法。这次空袭战役和海湾战争空袭作战的战法运用有许多相同之处。(1) 目标选择具有信息时代特点，即首先夺取制空权和瘫痪敌方战略指挥。之后，打击目标才向地面部队的炮兵及维持战争能力的弹药库、道路、电力设施等目标扩展。(2) 战役发起的时机有利于达成突然性和减少损失。因此，多选在夜间进行。(3) 实施联盟作战和联军作战。(4) 主要使用高技术装备，以实现精确打击。(5) 实施高强度空袭。

对海湾战争空袭战法有新发展。(1) 情报实现了实时、近实时的要求。在对战场目标的侦察、监视和突击效果评估3个方面，都比海湾战争更加及时、准确。侦察情报方面的改进，来源于侦察情报工作的严密组织和航空侦察装备的改进，来源于包括卫星、飞机、新型隐形无人机和地面人员所形成的地空天一体化侦察情报保障体系。该系统可为轰炸提供详细、准确的目标资料。如果首次攻击没有命中，该系统能校正第2次攻击的精度；如果目标被命中，则能对破坏程度进行评估。(2) 战略协同、战役指挥和战术引导比较顺畅。由于情报和卫星通信及时，参与国和北约总部对战争进程及其细节都能及时了解和掌握，因此战役过程中始终维持了“轰炸联盟”。由于集中统一战役指挥，避免了可能出现的北约和维和部队双重指挥带来的混乱，保证了兵力使用的严密性、合理性和作战企图的实现。(3) 目标选择更加符合作战目的的要求。这次空中战役，北约对塞族不在“打死”，而在“打痛”，使塞族实力削弱到与穆、克族的实力接近，并接受和谈条件。因此，在空袭防空系统之后，便空袭包括塞族首府附近的指挥通信系统和后方基地，使塞族的实力迅速下降。(4) 用兵比较灵活。北约不仅根据目标情况的不同使用了各种飞机，而且在阴云天气不适合航空兵出动和打击塞族可能设有防空力量的重要目标时，从海上发射巡航导弹攻击目标。(翔勇《北约对波黑塞族的第10次空袭评述》，《外国军事学术》1997年第11期)

(薛　军)

信息战问题研究

中国关于信息战问题研究　中国关于信息战基本理论研究　有作者将一些专家在信息战基本理论研讨会上的观点综述如下。

关于信息就是战斗力的观点　信息是一种作战资源，在一定条件下，它可以代替兵力兵器发挥作用：一是未来战场高度透明后，指挥员可在最需要的时间和地点集中兵力和准确、高效地使用兵力，从而达到“节约兵力”的目的。二是由信息监视系统在非决定性作战地域，替代大量部队担任警戒，可省下作战力量用于决定性地点。三是及时准确的信息可保障作战力量的计划、运用更加准确，不必再保留预备队。四是通过信息手段建立安全地域，不必再用战斗部队。

关于信息战的概念　(1) 关于信息战的内涵。有的专家从信息战行动的构成角度，把信息战区分为支配信息和指挥控制两大部分。认为，支配信息是在发起进攻前和战斗过程中，首先全力对敌信息系统发起攻击，切断敌指挥机构与其作战主体的联系，打断或摧毁其决策机制，使敌陷入瘫痪。同时还要保护己方信息系统不受敌人活动的影响。指挥控制是把战场上的各种信息系统，以计算机为核心联成网络型结构，从而保证己方指挥员共享信息，全面了解战场态势，快速集中作战兵力，牢牢控制战场主动权。因此，支配信息在作战保障能力中享有最高的优先级，而指挥控制象信息收集和管理一样，处于所有军事行动的核心地位。

(2) 关于信息战概念的外延与分类。一些专家把信息战分为广义和狭义两种类型。广义信息战称国家信息战或战略信息战，包括平时进行的政治、外交、金融、文化、经济等领域的信息斗争；把狭义信息战限定在军事行动领域（外军称国防信息战、战场信息战或指挥控制战）。另有专家认为。信息战可以从不同角度去分类。如按层次划分，可分为信息战争、信息战、信息作战行动；按规模划分，可分为战略信息战、战役信息和信息作战行动；根据不同时期可分为平时信息斗争和战时信息战或信息作战；根据不同的斗争领域可分为军事领域的信息战和民事领域的信息战。多数专家认为，信息战概念的外延不能太大，要有针对性，含义要准确。信息战是一个整体概念，一些处于下位的具体行动不宜用整体概念来称谓，如心理信息战、计算机网络信息战等；把信息战区分为战略信息战（国家信息战）与战场信息战两大类也有矛盾之处，因为战略作战也有战场；不能因为一些平时对抗的手段可以用于作战，就认为平时运用这些手段就是在进行信息作战。信息战里的“战”是指敌对双方的武装对抗，包括运用信息手段的对抗，那些并非出于战争目的的对抗，不能冠之以“战”。否则，无法区分战争与和平的界限。多数专家同意这样的观点：在人类各种信息斗争中，“信息对抗行动”的外延最大，它是对平时和战时信息对抗行为的最高概括；“信息战”是信息对抗行动的一部分，它特指敌对双方处于危机或冲突条件下的信息斗争。信息战是一种作战形式。随着信息技术的发展，它可能由辅助作战形式上升为主要作战形式。它适应于各种级别的冲突。在战争全局上的信息对抗称为战略信息战，其实施称为战略信息作战；战役、战斗中的信息对抗称为战役信息作战和战术信息作战。指挥控制战是战役信息作战的主要样式，其基本手段是作战保密、军事欺骗、心理战、电子战和实体摧毁；战术信息作战主要表现为一些具体手段的对抗；战略信息作战除包含指挥控制战外，还包括围绕战争的特定目的而进行的政治、外交、科技、文化、经济等领域的信息对抗。信息战的类型可分为进攻性信息战和防御性信息战，也可称为信息进攻和信息防御。防御性信息战的作战行动包括信息防护、探测攻击和恢复；进攻性信息战的作战行动包括信息阻止、扰乱、削弱、利用、欺骗以及对敌方信息系统的摧毁。

关于信息战与信息战争的关系 与会专家认为，未来信息战争将出现以下特征：信息技术将成为主导技术；指挥控制体系网络化、战场管理一体化程度将空前提高；制导兵器仍是基本火力，但非致命性武器的比重将会大大增加；战术分队小型化、作战行动分散化，将成为兵力运用的基本方式；信息支援将成为第3国对交战方实施支援的有效形式；对抗将具有明显的社会性和全民性；信息威慑可能取代核威慑，成为一种有效的威慑手段。

信息战与信息战争是两种不同的事物。信息战争是一种战争形态，其实质是信息时代的战争；信息战是相对于机器战、火力战的一种作战形式。它不仅存在于信息战争中，也存在于工业时代中的战争中。在信息战争时代，信息战将成为主要作战形式，在此之前，它只是一种辅助作战形式。在信息战争中，争夺制信息权的斗争是最具有决定意义的斗争。这种斗争将集中在信息获取、信息传递、信息处理这3个基本环节上。这3个环节的斗争，又运用侦察反侦察、干扰反干扰、破坏反破坏、摧毁反摧毁、控制反控制等5种基本手段。谁在上述基本环节、手段的斗争方面拥有优势，谁就能赢得战争主动。

关于电子战在信息战中的地位和作用 电子战是指使用电磁能和定向能控制电磁频谱或攻击敌军的任何军事行动。其内容包括电子攻击、电子防护和电子战支援。而信息战包含信息传感系统、信息传递系统、信息武器打击系统和信息处理、利用系统方面的广泛斗争，其概念要比电子战的概念宽泛得多。但电子战是信息战最重要的内容。

(1) *信息战是电子战的发展和升华*。一些专家认为，电子战是作为阻止敌方获得信息、保证己方获得信息的手段而发展的。信息战是电子战在更高层次上的发展，是电子战的高级阶段。

(2) *电子战是信息战的主要手段*。信息战中对敌信息系统、信息化武器网络的攻击，包括电子干扰、反辐射攻击、定向能武器攻击和计算机病毒攻击等行动，无一不和电子战手段密切相关。

(3) *制电磁权是制信息权的前提和基础*。制电磁权是在电磁空间中夺取整个电磁频谱的控制权和使用权；制信息权则是在信息空间中夺取战争信息的控制和使用权。信息空间包括信息本身和信息载体。在战争条件下，电磁波是信息的主要载体，电子战即是通过对信息载体的干扰和破坏来达成信息对抗目的的。要夺取制信息权，首先必须获得制电磁权。

关于信息战对军队建设的影响 (1) *信息战对未来作战的影响*。第一，将使争夺制信息权的斗争异常激烈。第二，将使战争的内涵扩大。打赢战争的目标不仅要消灭敌国“物质基础”，还要控制和摧毁敌国的“信息基础”，战场扩大到外层空间。第三，将使战争持续时间缩短。第四，将使作战的一体化程度提高。第五，将使集中兵力的内容发生变化，集中兵力的重点将由战术级向战役、战略级转化，由主要集中人员、兵器变为主要集中火力与信息。

(2) *对军队组织结构的影响*。在三军兵力对比上，海、空兵力比例上升；在保障部队中，技术保障兵力将增加；在官兵构成上，军官和专业军士的比例将增大；在军官构成上，技术军官比例增大；部队的编制将向小型化、一体化、多能化、行动综合化方向发展。

(3) *对军队装备建设的影响*。军事装备科研投入的比例将增大，而用于信息武器系统及其相关“关键技术”的费用将占很大比例；主要的改进发展将在电子信息系统方面；同信息战关系密切的武器装备与系统将得到重点、优先发展，如 C^4I 系统、单兵数字化装备等。(张占军等《信息战基本理论研讨会观点综述》，《国防》1997年第7期)

关于信息战层次的划分 有作者撰文指出，信息战不可能“一步到位”。而必须要以或快或慢的速度经历“准信息战——亚信息战——全信息战”的递进历程。

准信息战——信息战的初级阶段。其特点是，准信息战的战场建设和数字化力量建设已有一定准备，但信息战理论尚未完全成熟，数字化战场建设尚未“到位”，战争中尽管体现出信息争夺、信息对抗、信息打击等信息战内容，但军队战斗力明显保留着工业时代的痕迹。实施准信息战的方针是“边打边完善”，为未来成熟的全信息战积累经验、提供依据。

亚信息战——信息战的中级阶段，是对准信息战的发展。其特点是，亚信息战的战场建设和数字化力

量建设已接近成熟，准信息战所提供的数据库和实战经验已接近质的飞跃，在对准信息战作战经验升华的基础上，信息战作战理论基本成型，信息化士兵在战场出现，但军队尚未完全实现信息化，军队战斗力已基本消除工业时代的陈迹，呈几何级倍增。在时间跨度上看，从 21 世纪初至中叶左右，主要是各种类型的准信息战和亚信息战。

全信息战——信息战全面成熟的顶峰阶段，是对亚信息战的发展。其特点是，信息化军队已全部完成编制体制的转轨，人与信息化武器系统的结合以及人、武器、信息三者的结合均达到质的飞跃；对信息战作战理论的运用已非常娴熟，军队战斗力呈指数级倍增。这种全信息战的出现大致要等到 21 世纪中叶前后。

以此考察海湾战争，就会发现它只能定位于准信息战。因为海湾战争中的信息战几乎是以美军为首的多国部队单方面进行的，没有形成真正的信息对抗、信息争夺，因而信息战的很多特点未能充分显示出来。明确信息战层次的划分，对于制定适于未来战争发展的武器装备建设，具有重要的意义。（吴进国《信息战层次的划分》，《国防大学学报》1997 年第 1 期）

关于信息技术对军事战略的影响 有作者撰文指出，信息技术的发展，正促使当代军事战略发生强烈的“嬗变”。

信息技术拓展了战略运筹的“时空”。（1）信息技术拓展了战略决策的思维空间。作为战略决策的主体人的思维是决定战略运筹空间的主要因素，而人的思维在信息技术发展以前受到其活动空间的极大制约。信息技术的广泛应用，似乎缩小了人类活动的空间，使战略运作正走向更为广阔的范围，使军事战略与经济、政治、外交战略之间的界限趋于模糊，使作战的垂直高度和水平距离不断扩大，并向四维空间和宇宙空间扩展。战略运筹的空间范围将完全突破传统意义上的范围。（2）信息技术赋予了战略运筹时间新的含义。以往的军事战略运筹仅在战争准备和实施两个阶段进行，时间过程上相对较短。现代战争，信息的收集和有效释放已成为长期的战略任务和手段，瞬间的战略决策需要长期收集的大量信息来支撑。有时适度的信息能量的释放，甚至能够达成“不战而屈人之兵”的战略目的。因此，战略运筹的时间已无界限可言，它时时刻刻以其运作来打赢无形的战争，防止有形的战争。另一方面，军事战略决策的时间大大缩短。由于信息技术在战争领域的广泛应用及其为战略的快速决策和运作提供的可靠物质基础，使战争能够在局部空间和较短的时间决定胜负。因此，有效地控制和利用时间，更多地获取和高效处理信息，已成为衡量运筹能力和水平的突出标志。（3）信息技术改变了战略运作时间与空间的相互关联。信息技术使现代战争的空间和时间均被赋予新的内涵，空间的相对贬值和单位时间的增值，使传统作战中以空间换取时间，以延长时间来夺取空间，进而谋求战略转换的企图难以实现。作战空间和时间的关联较以往松弛，难以做到互补。战时的空间和时间相对平衡，将被连续打破，使其处在变化不定的、有的甚至是无序的动态环境之中。因此，只有充分认识空间和时间的新特点，才能保证高速度的战略运作。

信息技术细化了战略打击目标的选择。信息技术的发展，使战略打击目标的选择发生了 3 个显著变化。第一，战略目标的选择正在跳出纯军事因素的框架，逐步偏重于政治、经济、外交和心理效应。第二，信息技术扩大了战略目标选择的自由度。信息技术的物化较大地强化了战争的物质力量，使得战略打击目标的选择，可轻易逾越空间的限制；在打击时间上，可对众多目标实施“脉冲式”重叠打击，使打击程度和效果可依据战略需求而随机调整和控制；在打击目标的性质上，正改变单一军事目标的属性，使政治、经济目标纳入选择的范围。第三，信息技术改变了战略打击目标的程序和方式。指挥控制机构和信息系统成为打击的首要目标，关键生产企业、交通设施、民心等按程序都很可能排在作战部队的前面。在打击方式上，将更加注重于节约和有效的原则。强调对不同目标使用不同的打击方法；只摧毁目标体系的关键部位，而不是全部。

信息技术丰富了战略手段。首先，信息技术为战略提供了全方位、全时空的运用手段。信息技术使战略谋划范围扩大的同时，也要求战略谋划的精度提高。战略战役战术行动一体化的趋势，要求战略指导者必须更加具体地关注各种战略手段的运用与控制。同时，信息技术对武器系统的强化和发展，为战争指导者提供了能直接达成战略目标的物质手段。所以说，信息时代的战争，达成战略目标的手段已演变为多种形式能量武器和手段的综合运用。其次，信息技术改变了战略目标实现的途径和方式。一是信息技术使威慑成为达成战略目标的有效途径和手段。二是信息技术提高了间接战略手段的地位和作用。信息技术使军事战略与其他战略相互间联系更为紧密，这促使战略手段的选择摈弃了以往的单一军事手段，更注重综合运用外交、政治、经济封锁等多种手段去达成战略目标。三是信息技术的发展比以往任何时候都增强了心理战和信息的作用，从而使心理战和信息战成为信息时代战争中十分有效和节约的战略手段，并得到

更为广泛的应用。(张锋《信息技术对军事战略的影响》,《国防大学学报》1997 年第 1 期)

中国关于信息战有关问题研究 **信息战争中军事谋略的特点及其运用** 有作者撰文指出，军事谋略是制造和运用信息控制敌人的艺术。因此，信息战堪称谋略战。首先，信息化战场更强调谋远势。过去传统的造势思想，一直提倡“势险节短”，以近战歼敌，造成压倒敌人的有利态势。在信息战争中，这条原则虽没有完全过时，但“势险节短”的造势手段发生了质的变化，并注重远距离打击。其次，信息化战场更注重谋显势。显势是表示军事实力的存在，目的在于慑止对方使用武力。在过去的战争中，显势往往以兵力集中的倍数，以及使用这些力量的决心和艺术来慑止战争或控制战争。在信息化的战场上，显势主要是指：信息威慑，信息示形造机等。再次，信息化战场更强调以谋用势。信息时代的战争，基本样式是联合作战。所谓“以谋用势”，就是在联合作战的过程中，将指挥，协调、控制、管理等一系列组织领导活动，灵活而巧妙地运用于敌人，能动地将联合作战导向胜利。在信息战中，军事谋略还表现出许多新特点。

信息时代的军事谋略更具普遍性。在信息战中，随着信息技术的广泛运用，普遍性成为信息时代军事谋略的一个基本特征。它主要体现在：一是战略与战术之间的谋略趋近，战斗中的谋略就带有战略性。二是不同部队之间的谋略界限缩小。信息共享使所有参战部队要围绕一个目的共同谋划，才能体现整体作战的威力。三是上级与下级谋略差距缩小。由于信息共享，上下共谋战事，更有利于力量的协调。

信息时代的军事谋略具有实时性。由于各种先进的通信技术、传感技术和各种精确制导技术在军事上的广泛使用，战争的速决性明显提高。这给军事谋略在时间上提出更高的要求。一是迅速决策。这将关系到成败胜负。二是注重时效。现代战争的信息量剧增，指挥员能否在众多的信息中，抓住关键信息，及时做出判断，是在信息战争中取胜的重要条件。

信息时代的军事谋略具有准确性。在信息时代，指挥员可通过各种信息技术手段准确地了解和掌握情况，并做出正确的判断，下达正确的决策。研究信息时代的军事谋略，应把握好以下几个方面：(1) 从注重基础理论研究到更注重应用理论的研究。在信息增多、变化急剧的情况下，临机而谋显得十分突出。这就需要有扎实的基本功和反应灵敏的思维。因此，急需加强对军事谋略应用理论的研究。(2) 加速从人的谋略到人—机结合的谋略转换。(3) 从单项谋略向多项综合谋略发展。在信息战争中，指挥员必须具备综合思维的谋略水平。因为信息时代除了要谋划战争外，还要谋划与战争相联系的政治、经济、外交等重大问题；在信息战争中，攻防转换频繁，要求任何时候谋划都必须兼顾二者；要善于综合考虑眼前与发展的关系，做到对眼前有谋划，形势发展后有对策。(俞世福、韩晓林《信息战争与军事谋略》,《解放军报》1997 年 9 月 9 日)

战役信息作战可能出现一些新特点 有作者撰文指出，战役信息作战可能出现以下特点。

(1) 与其它作战行动相融合，通过对制信息权的争夺来影响战役进程和结局。从信息作战过程看，其大部分行动不是单独进行的，而是融合在其它作战行动当中，与其它作战行动协调进行。整个战役作战，是信息作战的“软”杀伤与兵力、火力的“硬”打击紧密结合、高速协调的过程。尽管信息作战的地位正逐步提高，但目前主要是破坏对方的指挥与控制系统，瓦解敌军的作战意志等，还不能完全取代其它作战行动。战役的成败将取决于信息作战与其他作战行动的共同作用。

(2) 作战力量分散，组织筹划困难。随着信息作战在整个战役作战中地位的提高，专门的信息作战力量有不断发展的趋势。但是，由于这一力量大多分散于各军兵种、各部队和作战系统的各个部门，并接受其直接指挥，要使整个信息作战力量在横向和纵向上实现密切协调，从作战目标的确定、各种手段的配合，到行动的时机、范围、方法、力度等方面的把握，都存在很多困难，从而使得信息作战的组织更加复杂。

(3) 信息对抗不受传统战役战场空间的限制，涉及范围较大。信息战对象配置空间的广阔性、信息战手段的多样性，使信息作战的空间已远远超出了传统的兵力、火力交战的范围。双方的信息对抗行动不仅在传统的战场进行，而且还将在敌战略腹地的地面、水面（水下）、空中及太空同时展开。

(4) 以指挥控制系统的对抗作为对抗焦点。信息作战虽然涉及到多个领域，但主要是通过破坏敌指挥控制系统，最终掌握制信息权。因此，战役信息作战的斗争焦点必然都集中在指挥控制的对抗上，通过破坏敌方的信息获取、信息处理、信息传输，动摇敌指挥人员的决心和意志，来干扰敌方指挥；同时保全己方上述系统，保证己方正常指挥。

(5) 更加强调先机制敌。在现代战役作战中，作为战役序幕和先导的信息作战，必须实施先发制人的突然攻击才能争得信息控制权，进而取得战役的主动地位。因为战役信息战系统控制着整个作战系统的有序运行，若被敌方先发而制，必然导致整个作战系统陷于混乱甚至瘫痪；信息系统技术含量较高但却相对脆弱，一旦遭破坏，很难在短时间内恢复；信息领域的对抗节奏极快，敌对双方的主动与被动地位的转换常常发生于霎那之间，因此必须在信息对抗的各个领域、各个环节上快于敌方，才能实现先机制敌。

(6) *以非接触情况下的对抗为主要对抗形式*。信息作战主要是敌对双方智能的较量。作战中双方在获取、处理、传递、反馈等方面的对抗，主要借助电磁波和其它媒体来完成，因此，除在特殊情况下需组织兵力直接破坏敌信息系统外，主要的行动将在非接触情况下实施。

(7) *信息作战贯穿作战全过程，作战的连续性强*。在整个战役过程中，信息作战不只是在某一阶段进行，而是从先期交战开始直至战役结束不停顿地进行。一方面，是由于其他作战行动离不开信息作战的支援保障；另一方面，还由于信息系统是作为整个作战系统的组成部分和武器的识别、控制系统与杀伤性武器结为一体而存在的。

(8) *攻防一体、多手段并用，作战的整体性强*。在信息作战的任何阶段，进攻性作战与防御性作战都是同步进行的。这就需要同时运用多种手段，实施攻防高度协调的作战，这是信息作战区别于其他战役作战行动的最突出的特点。另外，由于整个信息系统联系紧密、相互依赖性很强，这就决定了信息战必将是一种行动高度协调、攻防一体的整体作战。（军铁、李强《战役信息作战的主要特点》，《国防》1997 年第 1 期）

联合作战中制信息权探析　有作者就此撰文阐述了如下观点：(1) 高技术战争要求更为有力的指挥，高技术武器装备需要充分的信息支持才能发挥威力，使得高技术战争中指挥控制系统、情报系统和通信系统的对抗成为联合作战的重心。从这个意义上说，高技术条件下的联合作战首先表现为信息战。(2) 争夺信息控制权不是高技术战争的目的，“信息制胜”观点是片面的。战争总是以摧毁敌人的作战能力和作战意志为目的。信息只有通过与杀伤力、机动力、防护力相结合，借助物质的暴力才能摧毁敌人。所以，仅仅夺取信息控制权是不够的，更重要的是要通过掌握信息控制权，以更有力的指挥、控制、协调，更充分、及时、准确的情报、通信支援，来发挥联合作战力量的整体作战能力。实际作战中不存在绝对的信息控制权。任何时候对信息的控制都只能是相对的、局部的。信息战的目的，就是要在作战需要的时机、范围，夺取这种相对的、局部的、但是是足够程度的信息控制权，并对其加以有效利用，使这种局部的信息优势转化为战场的全局优势。(3) 争夺信息控制权是高技术条件下联合作战的首要任务，攻击敌方的指挥、控制、情报和通信系统是联合作战的重心。为此，必然要运用联合作战力量对敌方的信息系统和战场信息的整个流程进行整体打击。因此，信息战包括了运用联合作战力量攻击敌方的信息基础设施，运用计算机病毒、电子干扰和欺骗手段破坏敌方信息的质量和正常流动；运用心理战手段影响敌方的指挥决策和部队士气等等许多内容和形式。可见，信息战不仅仅是“计算机病毒战”、“计算机网络战”等软的战争形式，更主要的是联合作战力量对敌信息系统的整体打击和对信息系统的整体防御。那些片面夸大信息的作用，不恰当地拔高信息战地位的看法，对军队的建设是有害的。（李麒《联合作战中的制信息权》，《解放军报》1997 年 10 月 7 日）

浅议网络战特点及其作战手段　有作者撰文指出，网络战是敌对双方利用高技术手段来控制、割裂和破坏对方计算机网络系统和部件，达到摧毁和瘫痪对方战争机器目的的一种全新的信息战样式。其主要特点如下：(1) *网络战对技术的依赖性*。这种全新的作战方式将首先通过多渠道、多形式地对敌方军用计算机网络和通信系统进行快速、隐蔽的毁灭性打击，使敌方军队联络中断、指挥失灵、武器瘫痪、秩序混乱，尔后以战略火力打击扩大战果。但由于网络系统对技术的依赖性，也造成了网络系统面对敌方进攻而难以察觉和自我保护的脆弱性。(2) *网络战参战对象的社会广泛性*。网络战的技术依赖性决定了网络战具有参战对象的社会广泛性。网络技术惊人的发展速度和日益扩大的覆盖面，使网络战将不仅局限在军事领域，而且会成为波及整个社会大系统的全面抗衡和较量。军用信息资源和民用信息资源相互融汇渗透，使任何掌握网络技术的机构或个人，都可能成为一名网络战战士。(3) *网络战的突然性和隐蔽性*。由于军民网络兼容一体化，在任一节点都可展开对敌方网络系统的攻势行动；利用民用网络对敌方展开攻击，能提高己方军事行动的隐蔽性；网络战可在公开敌对时进行，也可每天进行隐蔽战争。

网络战作战手段有下述几种：(1) *计算机病毒攻击*。计算机病毒是一种由人或通过病毒发生器编制的可严重干扰和破坏计算机和网络正常工作的有害程序。它可存储在磁盘和计算机外设备中，也可在网络中传播，具有繁殖能力强、传染途径广、潜伏期长、破坏力强等特征。计算机病毒能破坏网络系统的核心设备的工作，起到其他武器难以发挥的独特作用。平时把具有毁灭性的计算机病毒武器通过网络或贸易等方式置入别国网络系统和武器系统之中，战时将其激活，能毁掉敌指挥、控制计算机系统或武器系统中的有效数据，致使其瘫痪。

(2) 网络勇士攻击。网络勇士是指精通计算机知识和先进的解码技术，能进入敌方多层加密的网络系统，对敌方系统、入网设备或数据库进行窃密或破坏的参战者。网络勇士可截取敌方指挥控制权，阻塞、控制、改变网络中某一输出（输入）接口的信息传输，破坏其指挥中枢和武器系统。

(3) 高能电磁脉冲武器攻击。高能电磁脉冲武器可通过产生高能电磁脉冲辐射，在较大范围内烧毁敌方雷达、通信、计算机网络系统中的集成电路芯片等电子设备，抹杀敌计算机存贮的信息，破坏敌方的网络计算机系统或其节点，导致雷达迷盲、通信中断、控制失灵、计算机不能正常工作、武器系统不能启动的被动局面，从而使敌军部分乃至整个作战系统陷入瘫痪之中。(李宗健《网络战特点及手段》，《解放军报》1997年7月22日)

应关注信息边界的安全　有作者撰文指出，“信息边界”是一种无形的、划分各个国家或政治团体“信息疆界”的不规则界线。“信息疆域”是国家或政治集团传播力和影响力所能达到的无形空间。它的内涵不是以传统地缘、领土、领空、领海、领天来划分，而是以带有政治影响力的信息辐射空间划分。因此，确立保卫国家“信息疆域”和“信息边界”的概念，是未来国家安全的需要。信息化时代的到来，使第五维战争——信息化战争必然成为信息社会的主导型战争形态，这就必然导致“信息边疆”、“信息边界”的产生。促进正面有效信息的扩散与辐射，防止和消除负面无效信息的传播，确保国家信息安全是在国家信息维何处设防与如何设防的关键所在。所以，筑起强固的“精神防线”，建设有效的“网络边疆”，建立“信息防护部队”是信息时代至关重要的问题。(沈伟光《信息边界：一个必须关注的战略话题》，《解放军报》1997年4月29日)

美国关于信息战问题研究

美一专家分析信息战特点及其对作战的影响　美军事问题专家道格拉斯·迪尔斯撰文分析了信息战特点及其对作战的影响。

信息战的特点。(1) 能以最小的代价达成军事目标。信息革命的到来，使拥有制信息权的一方能在动用部队最少、付出代价最小的情况下达成军事目标。由于不间断地监视潜在敌国军队的行动，可把美军部队部署在有利的地点，并利用这种优势，慑止敌方动用军队；对敌关键目标实施精确打击，能使美军在不占领敌领土和付出重大代价的情况下迫其就范。(2) 能即时得到反馈信息。通信卫星和大功率光纤电缆的问世，使决策者不仅能立即收到有关其决策结果的反馈信息，还可将其根据反馈信息做出的新决策及时传出去。(3) 战略、战役和战术级作战融为一体。信息技术用于战场，将使不同级别的作战难以区分。由于部队的规模将变小，能力将增强，小部队不仅能遂行战斗，也能遂行战役甚至战略级作战行动；随着部队行动速度的加快，战争的持续时间将缩短。(4) 军民的界线更加模糊。随着信息技术大量用于军事和民间，军民的界限将日趋模糊。因为在信息时代，不再是只有国家和军队才拥有暴力手段，民间也拥有“信息暴力手段”；国家的“重心”将向民间转移，它包括国家财政金融业、电力生产与输送系统等。民间的物质生产和民众的情绪对战争的影响至关重要；民用基础设施也是重要的攻击目标。而且，这种目标还难以用军队来保卫。(5) 打仗与工作趋同。在信息时代，各国军队打仗的方式与创造财富的方式将逐渐趋同。信息战的基本特征，在民间经济活动中都可找到。在信息战和经济活动中，都可使用“制信息权”、“信息垄断”、“信息保障”等术语。(6) 打仗与演戏相似。由于在信息战中采取的任何活动，都将通过各种宣传媒介很快报道出去。采取作战行动类似于在地球大舞台上演戏，各国人民和评论家的反应，可能最终决定战争的走向与最终的胜负。

信息战对作战的影响。(1) 使作战手段增多。除了传统的战争手段——火力和机动外，又增加了可对敌造成更大破坏的电子攻击；传播假信息、进行蛊惑宣传等攻击手段的作用有增无减；对敌实施作战欺骗将更易于奏效。(2) 使杀伤破坏减小。由于信息战能摧毁敌方指挥控制系统，剥夺敌军领导人的指挥控制能力，左右敌方决策者和普通公民的信息来源和判断力，因而就有可能做到，在不必对敌方基础设施和敌国人民造成严重杀伤破坏的情况下，迫使敌方接受己方的意志，从而结束对抗。(3) 使作战速度加快。信息技术使官兵可实时或近实时地发现、攻击目标，从而使作战行动的速度大大加快，使用时间大大减少。(4) 使美军将面临更大的挑战。全球信息网络向世界各地与各领域的迅速延伸，更多、生存力更强的信息系统装备各国军队，将使阻止敌方获取信息和切断敌信息流变得十分困难，也将使美军今后实施信息战面临更大的挑战。(道格拉斯·迪尔斯《信息战的特点及其对作战的影响》，美国《军事情报》杂志1997年1～3月号)

美军提出信息作战的运用层次　美陆军在其信息作战条令中，对信息作战的运用层次作了划分：

(1) 战略级。运用信息战技术需要考虑一系列战略上的选择，即怎样既能有效攻击敌人的战略目标，又能最大限度地减少由于使用常规军事力量而带来的对社会、经济和政治方面的影响。在支持实现国家和战区战略目标过程中，美国陆军各部队指挥官担负着在战争或非战争行动中充分运用其信息资源的任务，以便积极支持各级联合部队的攻击计划，最大限度地发挥陆军的能力。当与其他军事行动配合时，信息行动必须与其他作战计划进行协调，使己方部队的指挥与控制保持在良好状态，同时降低敌人有效指挥与控制其部队的能力，为保持信息优势创造条件。

（2）战役级。信息行动贯穿于所有作战行动的始终，其中对各部队的力量投送行动尤为重要。在冲突和战争期间，不间断地运用信息战将有助于指挥官夺取和保持主动，提高作战协调能力，控制作战节奏，使己方部队能有效地从平时转入战时。海湾战争中，多国部队之所以能顺利实施战役机动，关键在于伊军的信息传送遭到破坏，其监视能力遭到压制，不能掌握战场情况。因此，战役胜利实际上是依靠信息优势而取得的。

（3）战术级。指挥官通常通过诸兵种合同作战来完成任务。在战术级，信息战的运用范围常常是有限的。为取得战术上的信息优势，计划应该包含信息环境的建立和保护，情报和相关信息的收集、处理与分发，以及如何重点攻击敌军的指挥与控制系统。指挥官必须善于依靠信息优势在特定时间和空间内掌握战场的主动，创造与捕捉稍纵即逝的战机。指挥官必须学会控制信息，必须大大压缩处理信息的时间。一般情况下，战术部队在上级编成内参加信息战，担负打击敌指挥与控制要点、欺骗、侦察和监视等任务。（摘自美陆军《FM100—6 信息作战》条令第 6 章）

俄军探讨信息战有关理论问题　俄军有作者撰文指出，随着无线电电子斗争的发展和信息技术在武器中的大量运用，信息战在质量和数量上都发生了明显的变化。致使当今作战行动无论规模如何，其进程和结局都取决于信息战的艺术。因此，认识信息战的客观规律和原则，积极发展信息战的科学理论，就成为亟待解决的问题。

信息战的主要内容。信息战主要有三个组成部分。一是对军队指挥和武器控制的信息保障。包括：获取有关敌方和斗争条件（无线电电子、气象和工程等情况）的信息，搜集有关己方军队的信息，处理信息，并在各指挥机构（指挥所）之间交换信息以组织和实施战斗行动。信息应是及时、准确、完整和经过选择的。二是信息对抗，即破坏敌军指挥和武器控制的信息保障。包括破坏敌信息获取、处理、交换以及使用虚拟情报的一整套措施。三是信息防护，即保护己方信息系统免遭敌攻击。信息战的最终目的在于达成对敌信息优势，使己方指挥和控制机构所获取的信息比敌方更加完整、准确、可靠和及时。

信息战与各种保障和作战行动之间的关系。信息保障包括侦察、情报搜集、通信及司令部情报工作。侦察的任务是获取有关敌情信息。情报搜集包括获取有关下属和友邻部队的情况。司令部情报工作主要是对所获取的信息进行分析、处理。通信主要是保障军队指挥控制机构之间的信息交换。信息对抗的方法是伪装、反侦察、对敌信息系统实施电子压制和火力压制。伪装在于使敌无法获取有关己方军队及行动计划的真实情报，并以假情报欺骗敌人。反侦察是同敌谍报侦察作斗争。对敌信息系统实施火力、无线电电子压制或予以夺取，可破坏敌军队指挥控制系统。信息防护包括检查性侦察（补充侦察）、核查信息、保护信息系统各组成部分免遭敌火力毁伤和电子毁伤。

信息战的基本规律。随着武装力量日趋信息化，信息战在完成战斗任务中的作用不断增大。信息武器和信息系统的使用，可以成倍地提高军队的战斗力和武器装备的使用效能，同时也加大了指挥控制系统遭到信息攻击时的易损性。这两种趋势在客观上导致了信息战的方法和手段越来越多样化，信息战对军事行动进程和结局的影响越来越大，投入信息战的兵力兵器数量越来越多。与武装斗争不同，信息战既可在战时实施，也可在平时实施。遭到信息攻击的一方有时看不到信息攻击的作用及后果，甚至可能未察觉到自己已成为信息攻击的对象，特别是信息战理论和实践发展极其落后的一方更是如此。对敌计算机系统的程序进行秘密攻击，是信息战最有效的方法之一。信息战必须先于战役（战斗）行动，因为信息活动贯穿于军队指挥和武器控制的全过程。只有先夺取信息优势，才能有效夺取空中、陆上和海上优势。

信息战的另一规律是，信息对抗双方，哪一方拥有巨大的信息潜力，哪一方就能获胜。信息潜力主要是指作战军队的信息化水平以及夺取和保持对敌信息优势的能力。信息潜力主要由信息资源及信息战的兵力兵器组成。信息资源是指在侦察、情报搜集等信息活动过程中获取的军事情报。信息战的兵力兵器是指那些在准备和实施战役（战斗）过程中用于遂行信息斗争任务的兵力兵器。军队组织信息战的水平及其准备程度，对信息潜力有很大影响。

上述规律要求，必须按下列原则组织和实施信息战，即：信息战的目的、任务和措施必须服从于战役（战斗）意图和计划；信息战必须符合当时情况；在组织战役（战斗）的全过程中必须突出信息战问题；信息战应不间断进行等。（[俄] 卡莫夫《俄军有关信息战的几个理论问题》，俄罗斯《军事思想》杂志 1996 年第 3 期）

（夏礼伯）

军队建设理论研究

中国关于军队建设问题研究 中国军队体制编制改革问题研究 有作者撰文指出，为打赢高技术条件下局部战争和加强军队质量效能型和科技密集型建设，必须对中国军队体制编制进行调整与改革。

调整与改革的依据 (1) 适应新时期军事战略的需要。依据新的战略目标，军队编制结构的调整必须着眼于提高高技术战争条件下的作战能力。一切不利于提高军队战斗力的组织形式和运行机制，都应该进行调整改革。为此，应考虑未来作战对象的体制编成、作战能力和行动特点，以及本军可能采取的作战形式、作战方法和作战手段，科学合理地确定军队的层次结构和部队编组。(2) 与国家的经济能力和科技水平相适应。国家经济能力和科技水平，是确定军队体制编制的重要条件。任何国家的军队在确定体制编制时，都不能超越经济支撑能力和技术保障能力，而只能从国家和军队的实际出发，把需要与可能有机地统一起来。(3) 符合保持人民军队的性质和特色。中国人民解放军是中国共产党绝对领导下的武装力量，是为广大人民群众利益而战的新型人民军队。党指挥枪是其领导体制的根本特征和最高原则。因此，军队体制编制的调整与改革，既要适应军队现代化建设的实际需要，又要符合保持人民军队的性质和特色的政治要求。(4) 有利于推进军队的现代化建设。军队体制编制的调整与改革，具有选优汰劣、挖潜增效的功能。在同样的物质基础条件下，体制编制科学合理，不仅可以使军队的现代化程度和战斗力水平获得提高，而且可以创造有利于军队现代化建设的条件。

调整与改革的原则 一是精干顶用。为提高高技术局部战争条件下军队的作战能力，建设精兵，已成为当今世界各国军队质量建设追求的目标。所以，军队体制编制的调整与改革应实行精干顶用的原则，科学确定平时养兵的数量，同时也为战时多出兵创造条件。二是高度合成。军队合成的程度，是军队现代化的重要标志。只有在体制编制上实现诸军兵种的高度合成，军队才能形成强大的战斗力。为此，中国人民解放军组建了诸兵种合成集团军、陆军航空兵、海军陆战队和电子对抗部队，今后应继续强化合成。三是平战结合。军队的首要功能是国防功能，平时搞好建设，战时才能完成抵御外敌侵略的任务。为此，现役部队的编组应实行满员和减编两种形式，使一部分部队齐装满员，处于常备状态；使预备役部队在紧急情况下能够成建制地快速动员扩编。四是提高效能。为使军队的总体功能得到充分开发，应通过调整体制，排除妨碍整体功能发挥的障碍，使体制编制结构合理，职权分明，关系顺畅，重点突出，从组织形式和运行机制上确保最大限度地发挥整体效能。

调整与改革的内容 (1) 建立健全精干高效的领导与指挥管理体制。领导指挥系统的改革是军队整个体制改革的重点。为建立精干高效的领导指挥体制，重点应贯彻按职能调整机构的原则，划分系统，调整分工；精干机关部门的设置和人员编制；逐步解决宏观决策机构同时又负担大量微观管理任务的问题，以利于其充分发挥其应有的宏观决策与领导功能。

(2) 建立健全国防科技装备和军事科研的管理体制。为规划与指导军队现代化装备建设，组织国防科技工业提供先进装备，应建立集中统一的国防科技装备领导管理体制，形成良好的计划、生产和管理机制。同时，加强对军事科学研究的组织领导与有效管理，以充分发挥军事科学理论在领导决策中的咨询作用，以及在部队建设和作战训练中的先导作用。

(3) 建立健全职能明确和运行机制科学的机关编制。机关编制的调整与改革有特定的原则，一是机关编制应与其任务相一致，以利于各项任务的完成；二是机关编制必须与职能相一致，以保证决策、执行和监督等职能作用的发挥；三是系统原则即子系统的结构功能要符合母系统的需要；机关编制应保证各级机关职能明确，以克服以往集决策、执行、反馈于一身的体制弊端；上下级机关之间主要机构应该对口；在编制上应保留适当弹性。

(4) 建立健全适应不同作战任务和要求的部队编制。部队的编组形式应与作战方式、任务和条件相符合，具有灵活性、多样性、针对性和适应性。在部队编制上应进一步加强诸兵种合成，提高部队的火力、突击力、快速反应能力和独立作战能力。

(5) 建立健全培养高质量军事人才的院校体制编制。院校体制改革的重点，是解决院校规模、结构同题，逐步使院校设置与军队总体结构相适应，培养军官的数量质量与军队总定额和现代化建设的需要相适应。

(6) *建立健全适应国防需要的后备力量体制和制度*。后备力量体制的调整与改革，应着力解决以下 3 方面问题：在领导体制方面，要进一步明确预备役部队的领导与职权问题；在组织结构上，要努力实现预备役部队与民兵构成的宏观体制和后备兵员整体构成的科学化；在动员机制上，要形成能够在短期内完成动员的一套组织系统和制度。（刘继贤《加强推进体制编制改革》，《解放军报》1997 年 4 月 29 日）

高技术局部战争条件下军队建设问题研究　**提出建立联合战役指挥体制的构想**　有作者撰文结合实际，对建立中国联合战役指挥体制提出具体设想：

建立完善的联合战役指挥机构。联合战役指挥机构是联合战役指挥系统中能对诸军种行使指挥职权的指挥实体，在联合战役中起着“首脑”和“中枢”的作用。中国人民解放军尚无常设的联合战役指挥机构，需要在战时临时组建。联合战役指挥机构可以采用“联合战役首长领导联合战役司令部、政治部和后勤部”的组织形式。这种形式与我军现行体制编制基本一致，稍加变动，并充实进各军种指挥人员之后，即可行使联合战役指挥的职能。另外，还可采取打破平时的部门建制，重新建立几个指挥部的形式。一般建立基本、预备、后方 3 大指挥部。基本指挥部、预备指挥部、后方指挥部都是担负指挥任务的机构，基本指挥部是核心。政治工作在基本指挥部内展开，后勤和技术工作通过后方指挥部展开。

确定恰当的联合战役指挥层次。联合战役指挥一般有两个或 3 个层次。3 个层次的联合战役指挥体系，适用于大规模的或中等规模的联合战役，由联合战役指挥机构、战役集团指挥机构、基本战役军团指挥机构组成。两个层次的联合战役指挥体系，通常适用于较小规模的联合战役，由联合战役指挥机构、各军种的基本战役军团指挥机构组成。

理顺联合战役指挥中的关系。在联合战役指挥中，要理顺的关系主要有以下几种：一是联合战役指挥机构与受指挥的诸军种指挥机构之间的关系。联合战役指挥机构是联合战役指挥的主体，由它来指挥诸军种进行联合战役。联合战役指挥机构应当拥有指挥联合战役所需的一切权力，包括组织计划联合战役和向诸军种部队下达命令并监督执行等权力。二是参战诸军种之间的关系。它们之间一般建立协调或支援关系。当两个军种各为实现共同的战役目标，不分主次地进行作战时，就应建立协调关系。当两个军种在作战中所处的地位不同，一个军种担负主要作战任务，另一个军种配合其作战时，他们之间往往要建立支援关系，受援军种起主导作用。三是某一军种与配属的其他军种部队之间的关系。这一关系要由联合战役指挥员根据作战的需要而定。在联合战役中，各军种之间出现交叉配属的情况是很常见的。某一军种与其他军种的部队之间一旦建立了配属关系，该军种的指挥员就可以对被配属的其他军种的部队实施统一指挥，被配置的军种部队与原上级的指挥关系随即解除，但原上级可以对其实施业务指导和后勤支援，并保留行政领导权。（汪江淮《建立我军联合战役指挥体制》，《解放军报》1997 年 4 月 1 日）

应重视军事信息系统的建设　有作者撰文指出，加强军事信息系统的建设，对做好未来高技术条件下局部战争准备具有重要的意义。

确立科学的目标和重点。军事信息系统的建设目标，一方面是为了保证战时国家高层指挥机构对战局的全面把握以及对战场信息的有效获取、传递、处理和使用，并使所有作战力量都置于统一的指挥控制之下，实施综合的、全面的信息对抗；另一方面也是为了保证和平时期在与敌对国家和地区全面而持久的信息对抗中占据主动和优势，在与军事行动有关的政治、经济、科技等领域的信息较量中发挥积极的作用。军事信息系统建设的重点应该是负责处理作战值班和作战指挥的作战指挥系统，同时也不能忽视负责处理日常办公事务的业务管理系统。

重视系统的一体化建设。建设一体化的军事信息系统，首先要能沟通各军兵种侦察、情报、武器系统，作战平台及后勤支援等系统之间的信息渠道，实时、准确、可靠、安全地传递和交换各种战场信息。其次，要使雷达、卫星、技术侦察、部队侦察所获取的情报，能在情报处理单元得到准确的分析，经过综合处理后产生战场的总体态势。所以，军事信息系统一体化建设的基本思路应该是：各军兵种的战役战术级军事信息系统应在国家级战略军事信息系统确立的总体目标和总体规划下，统一计划、统一体制、统一标准，统一规章制度，使之不但能对各军兵种实施有效的统一指挥和控制，而且能保障各种作战力量之间及各种作战行动、手段之间的密切协同和有机配合。

注重系统的生存和稳定。军事信息系统是信息战中双方攻击的首选目标，其生存和稳定面临着前所未有的严峻挑战。它不仅受到各种武器系统尤其是精确制导武器打击的威胁，而且是各种电子战武器集中攻击的目标，此外，还是特种作战部队攻击的首要目标。因此，努力增强军事信息系统的对抗和防护能力，提高信息对抗条件下的生存能力和稳定性，是军

事信息系统建设面临的必须解决的重大课题。（于滨、谢坤龙《重视军事信息系统建设》，《解放军报》1997年9月16日）

战场“信息高速公路”构成及其特点 有作者撰文指出，“信息高速公路”是一个能给用户提供大量信息，由通信网络、计算机、数据库以及各种电子设备组成的完备网络。战场“信息高速公路”则是一个覆盖整个战区的，由通信情报网络、计算机、战场数据库以及各种用户终端组成的，能给用户快速提供与作战有关的近实时的大量信息的综合网络。作为进行高技术信息战的重要条件，战场“信息高速公路”具有以下特点：

（1）传输速度快。光纤电缆以光速传递激光脉冲数字信号。据专家推算，人类有史以来积累的知识，用一根光缆传输，不到5分钟就可结束。微波与光波也具有极高的传输速度，太空传输衰减更小，几乎不受天候、季节、核爆炸的影响。

（2）网络频带宽。光纤线路信息容量大。一根光纤能同时传输5000路视频信号或同时传输50万路电话信息。战场“信息高速公路”在多媒体技术的支持下，能够传输话音、图表、文字、图像、数字等，还能给用户提供战场共用数据库。

（3）传输误差小。使用战场“信息高速公路”网络传输文件，其准确率超过98%，而且传输多次，信息都不会失真。

（4）综合能力强。战场“信息高速公路”所使用的数字化通信方式，可改变以往多种通信方式自成网络的局面，形成统一的战场综合数字网络。

（5）指挥效率高。战场“信息高速公路”可为战场指挥员提供作战指挥的即时信息，并把指挥中心与基层指挥所联成一个如同面对面授予作战命令的环境，从而大大提高了部队快速反应和机动的能力。

（6）保密性能好。数字信号能用简单的逻辑运算进行加密，难以被破译，便于保密通信。

（7）对武器的增效作用大。各种武器与战场“信息高速公路”接口，在C^3I系统的控制下，可大大缩短从目标识别到武器发射之间的反应时间，便于抓住战机，提高毁伤目标的概率。

（8）抗干扰和反摧毁能力强。数字通信具有很强的抗干扰能力。数字信息网四通八达，纵横交错，多路迂回，具有很强的自我恢复能力，即使系统局部遭到破坏，也不会影响整个系统工作。（葛信卿等《战场“信息高速公路”的构成及其主要特点》，《国防》1997年第11期。）

现代技术保障的基本原则 有作者撰文指出，在高技术战争条件下，物资器材储备和保障，将直接影响或制约部队的作战行动和作战能力。实施现代技术保障，应遵循以下4个基本原则。

综合。就是建立兵种合一的综合保障体制，实行统一筹措，统一供给。现代战争，参战兵种多，物资器材消耗量大，单靠各兵种独立保障，不仅容易造成重复保障和层次混乱，而且不便于统一指挥。综合器材保障能发挥整体优势，并兼顾各兵种特点。

重点。就是根据作战任务和战役指挥员的要求，对重点部队和重点方向实施重点器材保障。一是对担负主要作战任务的部队和主战装备，进行重点器材保障。二是对事关全局或威胁最大的作战方向，应实施强有力的重点保障。三是在关键时节，给予重点的器材保障。

快速。就是根据战役作战的需要，及时准确地保障所需的物资器材。一是周密计划，提高器材保障的快速反应能力。二是充分准备，合理预置，加大携行量，以缩短器材供应距离。三是减少器材供应层次，力争直达。四是多种运输手段并重，提高器材的到位速度。

灵活。就是运用各种方式和手段，提高器材保障效率。一是编组灵活，能分能合，既能实施全面保障，又能进行单独保障。二是手段灵活，根据战场实际，轮式、履带式与空中运输相结合。三是方法灵活，器材供给以拆件组合与新品供应相结合，并能利用重损装备器材与缴获装备器材。四是指挥灵活，在保障过程中，既能按计划进行，又能使决心与实际情况相符合。（张献、赵昶葆、王晓宁《现代技术保障的基本原则》，《解放军报》1997年12月30日）

（魏守正）

中国社会主义市场经济条件下军事后勤理论研究 有作者撰文指出，围绕高技术局部战争后勤保障和适应社会主义市场经济进行后勤现代化建设等问题展开的理论研究，取得一些进展。

社会主义市场经济与后勤发展矛盾的分析有新认识 在社会主义市场经济条件下，军队后勤的发展与社会主义市场经济的矛盾相对突出，集中反映在四个方面：后勤发展的统一性与市场经济主体相对独立性的矛盾；后勤发展的系统性与市场经济主体相对多元化的矛盾；后勤发展的计划性与市场经济资源配置相对自由的矛盾；后勤发展的公益性与市场经济利益原则功利性的矛盾。为此，必须改变计划经济体制下后勤发展模式，将其纳入市场经济体制的轨道，建立起与之相统一、相协调的新的后勤发展模式。

社会主义市场经济条件下后勤发展规律的探讨有新见解 对于适应市场经济体制下的后勤发展规律的认识，包括两方面的内容。第一，后勤发展要符合市场经济发展的客观要求，在现阶段要服从和服务于国家经济的发展；第二，要兼顾后勤自身发展的特殊要求，即适应保障打赢现代技术特别是高技术条件下局部战争的需要。生产力是后勤保障能力的基础，但生产力不能代替后勤保障能力，生产力转化为后勤保障能力还需要通过一定的机制和过程。这就要求既要防止只顾生产力的发展，忽视后勤保障能力的生成，又要防止单纯强调保障能力的生成，妨碍生产力的发展。

运用经济手段宏观调控后勤发展的理论有新突破 由于新的后勤运行机制具有市场机制和计划机制的二元特征，因此后勤的宏观调控既要发挥计划机制的主导作用，又要遵循价值规律，同时，应综合运用计划与市场调节手段对后勤活动的运行进行调控。

社会主义市场经济条件下大后勤建设的理论有新发展 所谓“大后勤”是对国家后勤的形象提法，它是与“小后勤”（军队后勤）相对而言的。其后勤行为主体，已由军队扩展到国家和社会；其存在形式，主要是军民兼容；其功能特点，表现为利军利民的双重指向。“大后勤”建设，是适应现代战争特点和市场经济的要求提出的，它要求借助于政府的力量，运用多种调控手段，为“大后勤”的运行创造良好的环境；遵循市场经济的基本规律；完善“大后勤”的机构和职能；理顺“大后勤”与“小后勤”的关系，避免重复建设导致的功能浪费。

社会主义市场经济条件下后勤保障体制理论有新思路 建立军民兼容，三军一体，统分结合，平战结合的保障体系，是社会主义市场经济条件下后勤体制的最佳选择。为此，应把军队后勤建设和整个国民经济建设结合起来，寓军队后勤建设于国民经济建设和民众之中，平时是社会生产力，战时能迅速转变为后勤保障能力；应发展军内协作，实行三军一体，统分结合。

社会主义市场经济条件下后勤法制理论有新建树 在明确后勤立法指导思想和提出后勤工作法制化的思想的基础上，提出后勤法体系的构成：①按不同调整对象，划分出若干不同方面的军事后勤法律制度，形成法律调整的横向构成。②由不同层次的军事后勤法律规范，按等级形成法律调整的纵向构成，即划分为军事后勤法律，军事后勤法规，军事后勤规章。

中国高技术条件下局部战争军事后勤理论研究

充分研究了高技术局部战争后勤保障环境和特点 通过从全方位、多角度对高技术局部战争战场环境及其对后勤保障的影响进行分析，对高技术局部战争后勤保障特点，提出两种有代表性的观点。其一将后勤保障特点概括为：后勤保障活动空间增大，成为全方位、全纵深、高立体的网络保障；技术保障地位提高，保障任务逐渐加重；后勤保障准备日趋复杂，工作难度日渐增长；战场直接运输线相对缩短，战略运输线绝对延长，战略后方补给任务加重；后勤保障力量来源的多样化，使后勤保障国际化的趋势日益明显，后勤保障模式正由传统的封闭型向开放型转变；敌人对后方破坏严重，国家经济和军队后勤的生存已成为战争成败攸关的重大战略问题。其二认为，与常规条件下局部战争后勤保障相比，高技术局部战争后勤保障呈现出“3 高 3 难”的特点，即高速度、高强度、高消耗，防卫难、指挥难、输送难。

探讨了高技术条件下局部战争的后勤准备 要赢得未来高技术局部战争后勤保障的主动权，平时做好军事斗争的后勤准备至关重要。其主要内容是：全局谋划，整体运作，加大后勤准备的指导力度；面向国际国内两个市场，不断拓宽后勤准备的路子；需求牵引，技术推动，增强后勤装备中的高科技含量；建训结合，建管结合，坚持“硬件”建设与“软件”建设一起抓；健全制度，完善机制，提高战争潜力的转化能力等。

提出应强化后勤保障的五种能力 要在高技术局部战争中实现“保障有力”，后勤必须强化应急保障、机动保障、立体保障、生存防卫和组织指挥这 5 种能力。(1) 要提高后勤应急保障能力，必须遵循全方位、多层次、有重点的原则，加强应急机动保障力量建设，使战略、战役后勤掌握一支“拳头”力量；或是将多层次、多专业、多类型的保障力量凝聚成一个高效有序的整体，实现“一体联动”。(2) 提高机动保障能力，必须抓住运输这个中心环节，采取公路、铁路、水路、空中等多种输送方式，灵活运用计划保障与随机保障、集中保障与分散保障、伴随保障与基地保障、逐级保障与越级保障等多种方法，增强机动保障的可靠性。(3) 根据国情、军情，有限程度的立体化是我军后勤保障方式变革的必然选择。为此，应树立高度的整体意识和“大战场”、“大后勤”观念，对三军后勤力量和地方支前力量，统一组织、统一部署、统一使用，形成空中、地面、海上有机结合的立体保障体系等。(4) 提高后勤生存防卫能力，是实现“保障有力”的必不可少的条件。为此，必须把后方防卫纳入整个作战防卫体系，由合成军首长统一制订计划，统一信息传递，统一指挥；建立前后方一体、供防一体、作战力量与后勤力量一体、军地一体的综合防卫体系。(5) 提高高技术局部战争后勤组织指挥能力，应着眼于加强后勤指挥的集中统一，提高后勤指挥的权威性和时效性，并建立一元化指挥系统。

研讨了几种主要作战样式的后勤保障问题 (1)

在高技术条件下联合作战后勤保障方面，提出有代表性的“三军一体，合力保障”的联合作战后勤保障基本思想和“集中决策、统一计划、统分结合、重点保障”的指导原则。(2) 通过对机动作战的后勤指挥和保障方式，以及机动作战后方组织协同等方面的问题进行研讨，提出把机动伴随保障与区域定点保障结合起来，以机动伴随保障为主；把独立保障与支援保障结合起来，提高部队独立保障能力；把逐级保障与越级保障结合起来，加大保障层次的跨度”等主张。(3) 研究了山地作战、登陆作战、城市作战与空降作战等几种作战样式对后勤保障的影响和要求。(4) 着重研究了夜战后勤保障的基本方法。强调着眼夺取夜战保障主动权，周密组织，充分准备；着眼提高夜战综合保障能力，灵活编组，超常加强；着眼增强夜战后勤应变能力，靠近部队部署，实施一体联动；着眼提高夜战快速保障能力，减少环节，实施越级、伴随、分区保障；着眼创造有利的夜战生存环境，藏、防、打结合，全面搞好后方防卫；着眼提高夜战后勤指挥效率，改进方法，简化程序。

研究了高技术局部战争的军兵种后勤保障、专业勤务保障 如海军围绕保障高技术条件下的海上局部战争，重点研究了抓好重点方向的后勤准备、海上作战机动保障能力等问题。空军重点研究了多机种后勤保障、空中进攻战役后勤保障、空降作战后勤保障、应急机动作战后勤保障等问题。（陈绍先等《军事后勤理论研究的发展及其走向》，《中国军事科学》1997年第1期）

（许铁铭）

中国军事法理论研究 1997年，中国军事法理论研究的内容比较广泛，一方面注重对现行军事法律的研究，另一方面对战争法等问题也进行了较为深入的探讨。

关于现行军事法律的研究 1997年，《中华人民共和国国防法》、修订后的《中华人民共和国刑法》和《中华人民共和国香港特别行政区驻军法》公布和实施后，中国军事法学界进行了相应的理论研究。

关于《中华人民共和国国防法》。有作者认为，国防法是我国国防方面的基本法律，在国家法律体系中占有重要位置。它的制定，为完善中国军事法体系奠定了基础。（《中华人民共和国国防法律全书》，国防工业出版社1997年5月出版）也有作者认为，国防法的制定，是中国法制建设蓬勃发展的必然结果，也是建设21世纪中国国防的必然要求。其意义在于：一是贯彻中国共产党三代领导集体的国防建设思想，确立中国国防建设的重大方针原则；二是阐明中国基本的国防政策和国防制度；三是适应社会主义市场经济体制和科学技术的发展，实现国防现代化与经济科学技术现代化的同步发展；四是形成与整个国家法律体系有机融合的国防法律体系，用现代法制手段保障国防建设的顺利进行。（郭起公《为建设强大的国防提供法律保障》，《中国军法》1997年第2期）

关于《中华人民共和国刑法》中的军事法律规范。修订后的刑法增设了“危害国防利益罪”和“军人违反职责罪”两章，这是中国刑法修订的重大突破，是国家运用刑事法律制度维护国防利益的重大举措。其中，“危害国防利益罪”一章，明确指出任何公民只要进行危害国防利益的行为，都可以成为危害国防利益罪的犯罪主体。同时，增加了单位危害国防利益犯罪的规定。（朱建业《新刑法“危害国防利益罪”的主要特点》，《中国军法》1997年第4期）新刑法还体现了“军法从严”的原则。一是死刑所占的条款比例较高。在危害国防利益罪和军人违反职责罪涉及的43条罪名和刑罚中，可判处死刑的有13条，占30.23%，明显高于刑法分则平均死刑比例。二是扩大了“军法”的内容及适用范围，增加了34个新罪名，表明了国家重视依法打击此方面的犯罪行为。三是战时处罚重于平时。四是军人触犯“军法”比普通公民触犯“军法”处罚要严。（张建田《论新刑法中“军法从严”的原则的体现》，《法学杂志》1997年第5期）

关于《中华人民共和国香港特别行政区驻军法》。香港驻军法是充分体现“一国两制”思想的重要法律。首先，它奠基于“一国两制”的立法思想。党和国家“一国两制”的基本国策，是其制定的政治基础；全国人大1990年颁布的香港基本法，是其制定的法律基础；向实行资本主义制度的地区派驻军队，是其制定的社会基础。这就决定了制定香港驻军法，只能以“一国两制”的总方针为指导，以宪法和香港基本法为依据，以保障香港驻军依法履行职责，维护国家的主权、统一、领土完整和香港安全，维护香港的繁荣稳定为宗旨。其次，香港驻军法体现了“一国两制”的立法内容。该法在关于驻军职责、驻军权利与豁免、驻军与香港特别行政区政府的关系以及驻军纪律等重要方面都充分体现了“一国两制”的思想。再次，香港驻军法是落实“一国两制”的立法范例。驻军法从香港实际出发，较好地解决了港人关注的驻军人员刑事、民事案件管辖问题，为在“一国两制”条件下的军事立法提供了范例。（王黎红《充分体现“一国两制”思想的重要法律》，《中国军法》1997年第2期）

关于中国人民解放军的法制建设 土地革命战争时期，中国工农红军依靠中国共产党的坚强领导，在军事组织法律制度上，初步确立了人民军队的组织体制；在军事政治工作法律制度上，形成了有中国特色的人民军队政治工作的优良传统；在军事行政管理法律制度上，创造了维护军队集中统一、反映人民军队性质和宗旨的管理方式；在兵役法律制度上，详细规定了对兵源政治素质的要求和优抚制度；在军事刑事法律制度上，建立了比较严明的刑法规范；在军事司法制度上，建立了早期的军事司法机关和军队保卫机关，规定了军事刑事诉讼的基本原则和诉讼程序。(张山新《1927～1937 我军法制建设的奠基阶段》,《西安政治学院学报》1997 年第 1 期) 在抗日战争时期，针对抗日游击战争高度分散的特点，党和军队更加注重法制建设。一是统一了全军纪律，先后 3 次修改纪律条令；二是完善了军队内务制度；三是强化了军事刑事制度和机构。解放战争中，中国共产党领导的中国人民解放军进一步充实完善法制建设：为加强军队政治工作，制定了一系列政治工作方面的法规性文件；为逐步统一全军的体制编制和建立有关制度，颁发了大量具有军事行政法规性质的文件；完善了军事刑事制度，并逐步健全了军事法制机构，特别是军事审判机构。中华人民共和国成立后，随着国家法制建设的日益加强，军队的法制建设也加快了发展步伐，并日臻完善。在长期的历史实践中，中国人民解放军的法制建设积累了丰富的经验：一是法制必须适应军队建设发展的需要；二是军事立法必须符合特定的历史条件；三是军事执法必须全面彻底；四是军事司法必须“以事实为依据，以法律为准绳”；五是必须重视军事法制教育和军事法学研究。(方宁《中国人民解放军法制建设的历史回顾》,《国防》1997 年第 8 期、第 9 期)

关于现代战争法体系的研究 第二次世界大战以后的战争法，与传统的战争法有很大不同，形成了一个更高层次上的新的战争法体系。对于它所包含的内容，主要有 3 种意见：第 1 种意见认为，现代战争法的体系是国际人道主义法的体系。因为当“联合国宪章规定在国际关系中普遍禁止使用武力的原则之后”，国际人道主义法在“国际公法范畴内形成了一个继承传统意义上的国际战争法的完整体系”。其内容可以分为两类：一是日内瓦法，其主旨是保护在武装冲突中受伤或者可能受伤害的人员及财产；二是海牙法，其主旨是对冲突各方无节制地使用作战手段和方法加以限制。第 2 种意见认为，现化战争法体系应当是传统战争法与现代集体安全体系中有关武力使用的法律规定的二元并列。这一体系的内容完备，可以概括现代战争法的全部内容。第 3 种意见认为，上述两种意见均有不足：第 1 种意见并不是现代战争法的全部内容，因为它把使用武力合法性的规则、中立法规则和惩治战争罪行的规则统统排除在外；第 2 种意见把传统的战争法体系与现代集体安全体系中武力使用规则简单地并列，并不科学。现代战争法体系应由以下 4 个方面构成：第一，武力使用法，主要包括禁止非法使用武力和对非法使用武力认定的法律规定，以及合法使用武力的规定。第二，作战行为法，主要包括关于限制作战手段和方法的法律规定，关于保护武装冲突中受伤害或者可能受伤害的人员及财产的法律规定。第三，中立法，主要包括调整交战方与非交战国之间的关系，规定它们彼此间权利和义务的法律规定。第四，惩治战争罪行法，主要包括有关认定战争罪行以及对其惩罚的法律规定。以上 4 个方面，以武力使用法为基础，以作战行为法为主体，以中立法和惩治战争罪行法为辅助，互相联系贯通，构成了现代战争法的完整体系。(俞正山《战争法的现代体系》,《中国军法》1997 年第 3 期)

(方　宁)

中国工农红军对法制建设有重大贡献 有作者撰文指出，中国工农红军的法律制度，对于中国工农红军的巩固和发展发挥了重要的保障作用，为军事法制建设乃至国家整个法制建设作出了不可磨灭的贡献。

(1) *在军事组织法规制度上，明确了建立一支什么样的军队的问题。*毛泽东早在三湾改编中，就实行民主制度，在连、营、团建立士兵委员会，以保障士兵的政治地位和民主权利；创造性地提出党支部建在连上的原则，规定部队的一切重大问题都经党组织集体讨论决定。三湾改编创造了一个新式军队的制度范例，保证了党对军队的领导，解决了建立什么样的军队这个根本性问题。随后，古田会议决议案又规定“编制红军法规”，使关于党委制、集体领导、军民一致、官兵一致这些根本性问题，得到解决。

(2) *在军事行政管理法规制度上，创造了维护军队集中统一，反映人民军队性质和宗旨的传家法宝。*红军在初创时期，就十分重视创制军人的行为准则和军队管理的法规依据。1927 年 10 月，在秋收起义部队上井冈山的途中，毛泽东为部队规定了“三大纪律”。次年初，又规定了“六项注意”。1930 年，又在六项注意中增加了两项。使三大纪律八项注意成为官兵的行为模式，并在其他规范性文件中规定了配套的否定性法律后果，如 1930 年毛泽东和朱德签署发布的红四军司令部第 3 号训令，和红军在长征中修改颁布《奖惩条例》等。

(3) *在军事政治工作法规制度上，形成了人民军队政治工作的优良传统。*制定专门的军事政治工作法律制度，是古田会议以后，随着中国工农红军的政治工作范围越来越广、任务越来越重提出来的。1930年冬，中共中央制定《中国工农红军政治工作暂行条例（草案）》和1932年红军总政治部发出的《关于红军中党的工作训令》，强调政治工作要加强党的工作，并明确了具体的规章制度。

(4) *在兵役法规制度上，制定了注重兵源政治素质和优抚的详细规定。*中共中央和工农民主政权相继制定和实施了一系列有关建设和扩大红军的法案、训令、命令和决议，规定在苏维埃政权领域内，工人、农民和一切劳苦民众享有参军权，强调设法增加红军中的工人与雇农成份，不使阶级异己分子和思想不积极的人进入红军队伍中来。当时还颁布了许多优待红军及其家属、抚恤伤亡人员的条例。伤亡人员作为当时兵役法规的重要内容，对于稳定军心，增强战斗力发挥了重要作用。

(5) *在军事刑法上，建立了比较严明的法规制度，有的军事法规文件在后来的革命战争中长期适用。*当时对军事犯罪的种类和内容规定得较为详细。红四军颁布和施行的《红军惩罚条例》将违反军纪罪分为：违反战争纪律罪和违反一般军纪罪。随着军队的巩固和发展以及各革命根据地的建设，军事犯罪的种类增加了，军事犯罪主体也不局限于军人。1934年，中华苏维埃共和国中央执行委员会公布的《中华苏维埃共和国惩治反革命条例》列举了27种反革命行为，涉及军人犯罪行为的有近十种。中华苏维埃共和国中央执行委员会规定的《关于红军中逃跑分子问题》的处理办法，在抗日战争时期仍然适用。

(6) *在军事司法制度上，提供了值得总结的经验和值得记取的教训。*当时，行使军事审判权的机关先后有革命军事法庭、军事法庭、裁判部、军事裁判部。肃反委员会和军队政治保卫分局也在一定程度上拥有审判权。军事检察机关为初级军事检查所和高级军事检查所。军队政治保卫分局不是司法机关，但是，它作为预审机关提出的处理意见，通常成为审判机关制作判决的依据，并且有权单独审理某些案件。后来，其权力不断膨胀，加之执行了过"左"的肃反路线，从而造成了严重的后果，使大批优秀干部受到错误处理，造成军内人人自危，这是值得记取的历史教训。工农民主政权没有颁布过专门的军事刑事诉讼法，军事刑事诉讼法原则散见于各种单行条例、训令之中。其内容有：军事司法机关依法行使职权；严禁刑讯逼供，注重搜集证据；陪审；公开审判；巡回审判等等。当时的军事刑事诉讼程序较为系统，从侦查和预审、起诉、审判，一直到再审和审批都有较为详细的规定。（张山新《中国工农红军对法制建设的贡献》，《解放军报》1997年8月3日） （襄 阕）

国际法赋予海军的登临权和紧追权 有作者撰文指出，沿海国海军军舰依据国际法在其管辖海域或公海上行使管辖权，可以享有登临权和紧追权。

*登临权和紧追权的历史发展。*沿海国为了保证其安全，有效管理其管辖海域，有权对一切违反国际法的船舶进行干涉。这就必须拥有登临权和紧追权。登临权也叫临检权，是各国军舰在海上靠近和登上被合理地认为犯有国际罪行或其他违反国际法行为嫌疑的船舶进行检查的权力。1958年《公海公约》第22条明确赋予军舰行使临检、搜索和捕获的权力，《联合国海洋法公约》第110条又将可以登临检查的船舶范围由《公海公约》规定的3种扩大到了5种。

紧追权，是指沿海国对违反其法律、法规并从其管辖水域驶向公海的外国船舶进行追赶的权力。其法律根据是从国家主权原则引伸而出的国家自保权和自卫权。在1958年的《公海公约》中，紧追权得到确认，并将沿海国的紧追权扩大到毗连区。《联合国海洋法公约》将其适用范围扩大到了群岛水域、专属经济区和大陆架。这两项权力的逐步完善和适用范围的扩大，反映了沿海国对维护国家安全和海洋权益的需要。

*军舰行使登临权与紧追权的规则。*军舰在平时对可疑船舶可以行使"登临权"。按照国际法，行使登临权之前，首先应对可疑船舶发出警告，随后再进行临检、搜索和拿捕。军舰行使紧追权，首先必须从国家管辖范围的区域开始。其次，紧追必须连续不断地进行。紧追只有在未曾中断的情况下，才可以在领海或毗连区、专属经济区或大陆架以外继续进行。再次，紧追在被追逐者进入其本国或第3国的领海时必须终止。

军舰行使登临权与紧追权应注意把握的几个问题。(1) 明确军舰在不同海域行使登临权与紧追权的不同适用范围。(2) 严格遵守国际关系准则，慎重行使登临权与紧追权。按照国际法原则，对于军舰无合理的根据登临检查和行使紧追权、在领海以外命令停驶或逮捕的船舶，应赔偿其可能因此遭受的任何损失或损害。同时，军舰在实施紧追时，不论在任何情况下，都不得采取击沉被紧追船的行动。(3) 正确判定丧失"完全豁免权"船舶的性质。军舰和专用于政府非商业性服务的船舶在公海上享有不受任何其他国家管辖的"完全豁免权"。因此，沿海国军舰不得对其行使登临权与紧追权。但当这些舰船发生叛变并从事海盗行为，应与私人船舶同样对待。如不构成海盗行为，则应正确判定和认真对待。（张春生《登临权、紧追权与海军平时行使海上权力》，《外国军事学术》1997年第2期）

国际法对海上封锁战役的影响　有作者撰文指出，国际法对海上封锁战役的影响主要表现在以下几个方面。

*影响战役发起的突然性。*隐蔽地发起战役是战役作战的基本要求。然而国际法认为战争状态的存在是实施封锁的有效条件之一，在非战争状态下要实施海上封锁的一方，必须事先宣告和通知有关各方，说明封锁开始的日期、地理界限以及中立国船只离开被封锁区的期限。这实际上向被封锁的一方公开了战役发起的时间，从而在很大程度上降低了战役发起的突然性。

*影响封锁区的划定。*1909 年“伦敦宣言”规定，交战国不得把封锁扩展到敌国港口、海岸以外。因此，在确定海上封锁区时，不仅要考虑国际法的上述规定，在与一些国家存在领土争端的情况下，还应考虑到领土主权问题。一方面不宜将所有与中立国有争议的地区划为封锁区，以免树敌太多；另一方面又必须充分考虑将与敌有争议的地区划为己方封锁区的问题。此外，为防止敌以第 3 国“无害通过”领海为借口破坏己方封锁作战行动，必须考虑将领海内与主要封锁区相关的海区也划为封锁区。可在离陆、岛岸线 200 海里的范围内划定海上封锁区。

*影响临检、拿捕、攻击行动。*临检、拿捕、攻击各种船只是封锁作战的基本行动样式，但是国际法规定：沿岸渔船，从事非军事用途的船舶，只要不参加战斗行动，都享有豁免权；交战国的商船是敌国拿捕和攻击的对象，而中立国商船只在破坏封锁、运送禁运品或违犯中立义务时方可被拿捕。在未来海上封锁战役中，不仅对这些不同法律地位的目标要严加区分和对待，对被追捕的船只逃入中立国的领海避难和敌方打着某大国的旗帜航行（这是国际法允许的战术），躲避拿捕和攻击，乃至实施偷袭等，也必须依照国际法进行处置和斗争。就些都增加了封锁作战的难度。

*影响封锁的严密性和兵力使用。*国际法认为，在封锁战役中，船舶由于需要修理、气候险恶、缺少水或粮食等原因而必须驶入一个被封锁港口，中立国舰船为撤出非战斗人员或难民而驶入，均不构成对封锁的破坏，都是允许的。这就可能降低封锁的严密性。同时，国际法认为，由于潜艇较难查明水面目标的性质，其在封锁中的使用很值得考虑，使用兵力布雷，只有在封锁开始时才被允许。

*影响海上封锁战役得到的舆论支持。*国际法规定，军事行动应采取一切合理预防措施，以避免平民生命受损失和民用物体受到损害；在每次战斗后，冲突各方应立即采取一切可能措施搜寻遇难者、伤者和病者，并给以“战俘待遇”。因此，为避免产生不利的舆论导向，影响海上封锁战役，在采取攻击行动时必须慎重。同时，要善于利用国际法为己方服务，做到既遵守国际法的某些规定，又不完全为其所困，以保障海上封锁战役的作战任务的完成。（翟建荣《论国际法对海上封锁战役的影响》，《外国军事学术》1997 年第 2 期）

依据国际法处理内战海上封锁问题探析　有作者撰文对海上封锁国际法如何适用于内战海上封锁的问题，作了探讨。

*关于内战海上封锁的合法性问题。*根据海上封锁的内政性质，战时采用何种方式制止国家分裂，维护国家统一，完全属于一国内政，任何国家或国际组织都不得予以干涉。其合法性的根据体现在 3 个方面。

一是现代国际法。根据《联合国宪章》第 2 条第 7 项原则和 1977 年《关于保护非国际性武装冲突受难者的附加议定书》第 3 条的规定，内战期间使用海上封锁的手段来实现国家统一和领土完整，是合法政府的权力和责任；内战海上封锁属于“国内管辖之事件”，别国不得干涉，也不能提到联合国去讨论。

二是历史上内战海上封锁实践。对于历史上较典型的、1861～1865 年美国南北战争中“联邦政府”对“南部同盟”和 1936 年西班牙内战中人民阵线政府对佛朗哥叛军的海上封锁的合法性问题，当时的国际社会从未表示过疑义。原因就在于它是一国内政，他国不得干涉。

三是国际法学者的观点。英国的奥本海和前苏联的伊万那什琴科等知名国际法学者都认为，内战海上封锁完全是正当的合法行为。到目前为止，还没有发现，认为内战海上封锁不符合法规要求的观点。但非合法政府对政府一方的封锁或反封锁在法理上则是非法的和无效的。

*关于内战海上封锁与处理同外国关系的基本原则。*在内战海上封锁中，外国对封锁的态度无非有 3 种选择：一是反对实施海上封锁，支持叛乱集团；二是采取不干涉的立场；三是支持对叛乱集团的封锁。根据外国对他国内战海上封锁不得干预的这一国际法原则，外国采取干涉的立场显然违反国际法，而采取后两种立场无疑是符合现代国际法基本原则的。而在制止分裂国家的叛乱团体的内战海上封锁中，国际社会采取同情和支持的立场，才是符合国际法的。因为遵循尊重国家主权和领土完整的原则，是内战海上封锁中处理与外国关系的基本原则。

*关于海上封锁国际法对内战海上封锁的适用问题。*在内战海上封锁中对海上封锁国际法的适用性问题，要分清以下 3 种情况，区别对待。

一是在内战海上封锁与反封锁作战中，政府和叛乱集团双方对船舶、飞机的攻击、拿捕和对伤者、病者及遇难船只的保护等，均必须遵守有关海战的国际法原则。

二是由于内战海上封锁属于一国主权和领土完整问题，各国有支持政府对叛乱团体海上封锁的国际义务，不存在中立问题，因而也就不存在用海上封锁国际法处理与外国船舶的关系问题，所以不应使用海上封锁国际法。

三是在内战海上封锁中，如分裂国家的叛乱团体被承认为交战团体，则海上封锁国际法应适用于内战海上封锁。但现代条件下承认交战团体的问题，也将是一个比较复杂的外交斗争问题。（沈中昌、吴天喜《内战海上封锁的国际法问题》，《外国军事学术》1997 年第 3 期）

《联合国海洋法公约》对海军战略产生影响 有作者撰文指出，1994 年 11 月生效的《联合国海洋法公约》涉及了海洋各领域的法律地位和制度，它的生效必然对海军战略产生深远影响。

海洋法和海军战略具有统一性。《公约》的产生是几个世纪以来人类对海洋权益逐步认识的最终结果。海军战略发展过程虽历时数百年，但其间随着人们对海洋重要性认识的不断加深，必然推动着海军战略的发展。可见，虽然《公约》和海军战略是两个不同性质的概念，但两者具有统一性。

《公约》的生效是海洋战略地位突出的重要标志。(1)《公约》的生效带来新国土观。《公约》规定，国家对领海内（包括海面，海面上空及海底与底土）的一切享有管辖权，海洋国土成为国家主权或管辖的领海、毗连区、专属经济区和大陆架的总称；海洋岛屿也可拥有领海和专属经济区；沿海国家的国土观应该是海陆综合的国土观。(2)《公约》的生效赋予国防新概念。国家管辖海域的扩展，使国防的地域概念发生变化，由以海岸和领海为防卫对象拓宽为以专属经济区、大陆架的外缘定为新的战略防御边缘。(3)《公约》的生效促进了国防重点由陆向海转移。经过两次大战和多次局部战争及划界谈判，世界性陆地瓜分已经宣告结束，争夺陆土和权益的斗争已经转向海洋。为此，当今世界濒海国家竞相将国防重点由陆地转向海洋，大力发展海军，以争夺海上战略优势。

《公约》的生效对海军战略产生深远影响。(1)调整海军战略，加快海军建设步伐。由于世界各国围绕海洋权益的争夺日趋激烈，各沿海国家在将战略重点由陆向海转移的同时，及时调整海军战略，以加快海军建设步伐。各国海军投资呈上升趋势；在裁减三军人员时，海军受裁比例最小；世界主要有核国家都将核武器的发展转向战略导弹潜艇。各濒海国家还根据现在和未来海洋权益的需要，发展海军和加强兵力部署。多数发展中国家海军，为了维护或夺取海洋利益，在远战能力不强的情况下，倍加重视岛屿的作用。(2) 促使沿海国家海军战略加快转型步伐。海军战略类型可分为三种：远洋进攻、近海（或区域）防御、沿岸防御。《公约》的生效加快了各濒海国家海军战略转型的步伐，并已出现两种形式：一种是近海（或区域）防御型向远洋防御型甚至远洋进攻型战略转变。最典型的是日本和印度。一种是由沿岸防御型向近海（或区域）防御型战略转变。这是主流。

*《公约》生效后海军战略的新特点。*首先，世界海洋秩序短期内难以改变混乱的局面。《公约》的生效，使世界处于海洋新旧秩序交替之际，许多沿海国家（地区），怕失去瓜分海洋的机会，纷纷根据本国利益迫不及待地单方面宣布本国的专属经济区范围，结果导致相邻国家管辖海区重叠严重，双边矛盾和多边矛盾日趋激化，使海洋斗争日趋复杂严峻。*其二、海军战略目标将围绕海洋利益调整。*《公约》生效后，各国都将其作为海军战略目标调整的重要依据。海上强国的海军战略目标基本上围绕控制和管理《公约》规定的管辖海域，并力图谋取更多的域外海洋利益作调整；超级大国则为控制和夺取海洋霸权而进行必要调整；大多数中、小国家的海军战略调整，主要围绕谋求较强的近岸、近海作战能力，以捍卫管辖的海洋国土和经济利益，一些较强的国家则谋求一定的域外海洋利益。*其三、海洋管理成为海军的战略任务。*由于《公约》使管辖海域范围扩大，权利增多，管理任务加重，海军作为国家海洋国土及其资源的主要捍卫者，海洋管理理所当然地成为海军重要的战略性任务。*其四、海军遂行战略任务的时空观念更新。*《公约》生效，不仅使海军遂行战略任务的空间范围从海岸或领海扩大至整个国家管辖海域，直至专属经济区和大陆架的外缘，并可向域外延伸；在时间上不仅要完成作战任务，还要进行大量的日常勤务和海洋管理。因此海军应具有全时域观念，以"战争运用"和"非战争运用"两种运用方式，在军事、搜救、缉私、打击海盗及国际维和等行动中发挥重要作用。（沈中昌、周新胜《联合国海洋法公约对海军战略的影响》，《外国军事学术》1997 年第 3 期）

（魏守正）

美国军队建设问题研究

美国军队建设问题研究新动态 **陆军"21 世纪部队"建设显示出新特点** 有作者撰文分析了美国陆军"21 世纪部队"建设的特点。(1) *目标明确，组织严密。*美军认为，为在陆军部队减员三分之一的情况下，继续在全球范围内保持非核力量优势，必须对现有陆军进行重

新设计。“21世纪部队”就是一支以知识和能力为基础且作战能力灵活多变的部队。其建设目标是极大地提高陆军的杀伤力、生存力、机动能力、可部署能力、联合作战能力、执行多种任务的能力。为达成这一目标，陆军把重点放在实现战场数字化方面，力图使各作战部队之间、各作战功能领域之间建立起实时的信息网络，实现方便、快捷的纵向和横向信息交流。陆军“21世纪部队”建设统一由负责作战和计划的陆军副参谋长组织协调，由“数字化办公室”负责管理和协调陆军战场数字化发展的整体综合工作。

（2）理论牵引，结构完整。美军认为，建设“21世纪部队”不能沿用旧的军事学说和作战理论，为此，从1993年开始，陆军先后颁发野战条令FM100－1、FM100－5、FM100－6、FM100－7、联合出版物1号、3号、第525－5号手册《21世纪部队的作战》等一系列文件，为陆军迈向21世纪打下扎实的理论基础。为达成战场数字化目标，美陆军确定了跨越所有战场的作战系统，由最低指挥层次直到最高指挥层次无缝隙传输信息的框架结构体系。这一结构框架由“作战使用结构”、“系统结构”和“技术结构”三个结构体系组成，它们分别说明建造什么、怎样建造及建造的规模与标准。

（3）滚动推进，渐进实施。重建精干高效“21世纪陆军”的时间跨度近20年。由营至旅至师至军，每一级都要经过发展概念、研制装备、培养指挥官、组建部队、进行模拟及作战实验，通过分析实验建立起滚动式发展的基础。计划到2010年完成全部10个陆军师的数字化信息系统建设。作为联合部队的一部分，“21世纪部队”建设必须在内部交换信息的同时进行与其他军种的信息交换。首先在陆军内部实现一体化，而后再与其他军种、与盟军及其他国家之间的互联互通。

（4）横向一体，软件优先。在“21世纪部队”武器装备发展上，美陆军选择了“横向技术一体化”的策略。美军认为，与传统的只是发展个别武器系统的“烟筒式”的政策比，“横向技术一体化”策略更重视战场上整个作战部队的需要。“横向技术一体化”有3项内容：数字化系统、战场战斗识别系统和第2代热成像系统。推行“横向技术一体化”不仅保证陆军的各种武器装备产生的信息具有可靠的通联能力，同时也避免了各分系统的重复开发，提高了效益。（王凯《美陆军建设“21世纪部队”的主要特点》，《外国军事学术》杂志1997年第2期）

未来美国海军的兵力结构和规模　有作者撰文指出，为保持未来作战能力，美海军对本世纪末到2010年以前的兵力结构、规模进行反复评估，提出“缩小规模、提高质量，加强战略威慑和前沿存在能力，加强联合远征作战和战略机动能力，确立多能和使用灵活的兵力结构”的调整原则。据此，美海军兵力结构正从远洋决战型转向海陆远征型。海军兵力的基本构成仍然是战略导弹核潜艇部队、航母战斗群、两栖攻击编队、攻击型核潜艇兵力和水雷战兵力等5大部分组成。随着21世纪初SC－21型舰和浮岛基地等一批新概念作战平台相继服役，海军兵力的作战编组可能会作出部分调整，但航母编队作为海军兵力的核心组成部分将一直持续到2050年。美海军兵力规模的调整以全面完成战略威慑、前沿存在、海洋控制、力量投送和战略海运等5项基本任务为标准。美海军对兵力规模的需求是：①有能力在遭到第一次核打击后对俄罗斯的军事目标和经济目标实施精确核打击。这要求海军要有14～18艘战略核潜艇。②保持对海洋的控制，保护弹道导弹核潜艇安全和跟踪俄罗斯潜艇需要45～55艘攻击型核潜艇。③为在地中海、波斯湾和东北亚等冲突地区及时投入和维持相当的作战力量，美海军至少需要11个航母战斗群。④为在冲突爆发7～10天内投送2个陆战远征旅和2个陆战远征分队到战区，并有效地实施两栖作战，至少需要40艘大型两栖作战舰只。⑤在东北亚和海湾地区实施两栖作战的海域清扫雷障，保障联合远征部队的安全，至少需要40艘远洋猎扫雷舰和近岸扫雷艇。⑥为航母战斗群、联合远征部队和各种特混部队提供海上补给和技术支持，辅助舰船与战斗舰艇的比例应维持在5.2∶1。⑦将2个陆战远征部队的全部人员和重装备以及陆、空军的作战物资在30～60天内运抵战区；在战争期间提供总量达1000万吨的作战物资和油料，需要军事海运司令部下辖100艘集装箱船、滚装船、驳船和油船，并需要另租赁100～150艘后备役船只。这样，2010年，美海军兵力规模应维持在415艘左右，以完成新战略提出的各项作战任务。（尹卓《面向21世纪的美国海军建设》，《外国军事学术》1997年第7期）

美国兵役制度有5个特点　有作者撰文指出，美国自1973年实行志愿兵役制以来，多次向国外派兵作战，但基本上没有出现兵员危机。其特点如下：

（1）立法比较完善。建国以后，美国在各个历史时期先后出台了近10部兵役制度的法规。这些法律在美国兵役制度的历史发展过程中不断得以完善，使兵员的招募、任职与晋升、工资与福利待遇、退休退役、经费开支等各个方面都有法可依。

（2）雇佣关系明确。美军是一支雇佣军队。实行志愿兵役制，美国主要依靠优厚的薪金、福利待遇及就学和发展机会等吸引青年入伍。从近20年情况看，应募入伍者大多来自中下等收入家庭，他们当兵的动机首先是解决就业问题。随着社会经济状况的好转，愿意当兵的人也随之减少。其次，随着美国武器装备现代化程度的提高，美军技术兵的比例大幅增加。多数现役军人期望在服役期间提高文化和专业水平，增强退伍后再就业的竞争能力。再次，服兵役是为了能在退伍后获得政府资助上大学的机会。1944 年的《第二次世界大战士兵权力法》至今已使 2000 多万军人从中受益。最后，服役为赚钱，这是美军士兵最关心的问题。

(3) *兵员的质量有所保障*。据统计，美军新兵资格考试成绩都在良好以上，持有高中毕业文凭者占 95%，能力高于一般水平的人员为 70%，仅陆军就有 3% 的士兵具有学士学位。

(4) *军士制度行之有效*。目前美各军种约有 60 万军士，约占士兵总数一半。军士制度是美军长期以来为保留军队骨干力量而实行的一种兵役制度。军士在美军中承担了其他大多数国家多为军官所承担的职务。首先，军士是实施部队管理、教育和训练的桥梁，其非官非兵的特殊地位使之成为官兵间不可缺少的纽带，是士兵的直接管理者、教育者和领导者。其次，美军有较完备的军士选拔、晋升、培训、福利待遇和退伍安置法规。但尽管如此，军士在管理士兵的过程中冲突和矛盾仍时有发生。

(5) *兵员成份多元化*。美国实行志愿兵役制以来，士兵结构出现了“四多”的现象。第一，已婚士兵多。第二，非白人士兵和军官的比例上升。第三，技术兵种多。美三军现设有从事管理、工程科技、勤务等 12 大类别、127 个专业、约 2000 个不同性质的工种。第四，女军人多。1995 年，女兵占现役士兵的 12.85%，女军官占军官总人数的 13.2%。(王乾、李援朝《美国兵役制度的特点》，《外国军事学术》1997 年第 3 期)

美预备役部队建设的指导思想　有作者撰文认为，美国预备役部队建设的指导思想主要有以下几点：(1) *以确保国家安全为目标，兼顾治安与国防双重任务*。美国认为，国家安全除了军事安全外，还包括经济安全、政治安全和社会安全。国家安全是至高无上的国家利益，影响国家安全的因素既有外部的，也有内部的，既有人为的，也有自然的。保障国家安全，是预备役部队建设的基本使命。1903 年通过的《迪克法案》和 1916 年通过的《国防法》使国民警卫队取得了享受联邦政府年度拨款的资格和“联邦预备役军事力量”的地位。从此，国民警卫队就将“治安”与“国防”两项任务同时肩负起来了。(2) *以军事战略的需要为准则，保持适度规模*。同时根据形势和任务的变化，适时调整兵力规模。(3) *以现代战争需要为依据，坚持后备力量的协调发展*。这主要体现在以下两个方面：一、预备役部队与现役部队的协调发展。二、各类预备役部队之间保持协调发展。(吴维满《美国预备役部队建设的指导思想》，《外国军事学术》1997 年第 3 期)

陆军现役与预备役部队一体化建设　有作者撰文指出，美陆军在削减规模的同时，将致力建设一支包括现役部队和预备役部队在内的、以最佳结构优化组成的一体化陆军。美陆军一体化建设的主要内容是：(1) *改革部队结构，充分发挥预备役部队的作用*。其中重点改革陆军国民警卫队的战斗体制和编制，以及陆军后备队的非师属战斗勤务支援体制，使国民警卫队今后能承担起主要战斗支援任务，并具有灵活性。(2) *预备队和现役部队共同承担维和任务*。经验表明，现役部队和预备役部队完全可以混合编组，一起训练和部署，有效地完成维和以及观察员的使命。(3) *国民警卫队将成为陆军野战炮兵的主力*。到 1999 财年，陆军三分之二的野战炮兵将编在国民警卫队内。(4) *改革防空炮兵部队，突出国民警卫队的作用*。1997～1998 财年，8 个陆军国民警卫队防空导弹营将退出现役，并改编成 8 个“复仇者”防空导弹营。计划一旦完成，陆军国民警卫队将能够为所有现役师级部队提供防空部队，其中包括军属近距离防空营和战区防空炮兵旅。(5) *加强战地卫勤部队的建设*。陆军和空军正在制订一部联合行动条令。该条令允许在战区内使用航空医疗飞机，运送伤员，并通过联合部队军医局和战区伤员运送服务中心负责该行动。陆军预备役卫生部队已划归空军，用于组建 C－130 运输机上的急救队。(贾咏梅、刘书礼《美陆军现役与预备役部队一体化建设》，《外国军事学术》1997 年第 3 期)

美组建空军远征部队的构想　美国空军准将威廉·卢尼撰文指出，美国正在筹建的空军远征部队是这样一种部队：它通常由 30～40 架飞机组成，国家指挥当局能用它来消除正在恶化的危机局面，迅速加强战区的空中力量。组成空军远征部队的各分队预先编组并实施共同训练，随时准备对危机做出快速反应。空军远征部队的任务是为各战区司令提供适应战区需要而快速灵活可靠的空中力量。空军远征部队的编制应具有实施打击所需要的基本能力，即空中优势、精确打击和压制敌空防力量等能力，诸如指挥与控制、干扰、侦听、战斗搜索与救援及空中加油等。空军远征部队用于实施威慑任务时，华盛顿只要发布一道命令，指令一支远征部队处于备战状态，就可能慑止或平息一场潜在的危机。如达不到上述效果，空军可向现地投送一支空军远征部队，向对方发出强烈的信号，表明美国诉诸武力的意图。空军远征部队固有的优势就是快速反应能力。在国家下达命令后 48 小时内，美国就可把空军作战部队部署到即将交战的地区。在发生危机、紧张局势加剧、战区司令官认为有必要增加空中力量时，空军远征部队可遂行加强部队的任务。这时远征部队迅速部署到战区，会补充战区作战部队的战斗力。为弥补航母的不足，空军远征部队还可处于待命状态，或把空军远征部队部署到该地区，使战区空中力量达到航母离开前的水平。（［美］威廉·卢尼《美军的空军远征部队构想》，美国《空军力量》杂志 1996 年冬季号）

美一中校建议以战斗群取代陆军师　陆军战斗实验室主任麦格雷戈中校在他所撰写的《打破方阵——21 世纪地面部队编制体制的新构想》一书中，提出了一个要改变陆军战斗编制的设想，引起许多校官甚至将官的共鸣。他认为，历史的发展趋势是部队编制向小型化、更加机动化的合成战斗编组（包括装甲兵、炮兵和航空兵等）方向发展。为此，应取消美陆军现役师、旅的编制，并用规模较小、高机动性的只有 5000 人左右编成的战斗群来代替。他建议，把战斗部队、战斗支援部队和战斗勤务支援部队统一编成 12 种战斗群。其中战斗部队可编成 4 种群：即重型战斗群、空降和空中突击群、重型侦察打击群、轻型侦察打击群。战斗勤务支援部队可编成 7 种群：工兵支援群、火箭炮兵群、战区高空防空群、战术掩护防空群、航空打击群、航空支援群以及担负支援职能的 C^4I 群。战斗勤务支援部队统一编成数个全般支援群。根据“21 世纪部队”理论，未来军支援司令部编有 3 个地面支援群，这样既可节约兵力，又能提高支援部队的生存力和后勤保障力。（〔美〕麦格雷戈《美军 21 世纪地面部队编制新构想》，美《陆军时报》1997 年 6 月 9 日）

（滕建群）

美军提出全维部队需具备的特征　1997 年美国《国家军事战略》报告提出，美军为了能在各种军事行动中挫败敌手，实现各种军事目标，需要其全维部队具有适应国家军事战略要求的各种特征。

（1）胜任多种任务的能力。全维部队必须具有很强的作战能力，能够从和平时期的态势迅速转变为执行多种军事任务的态势。这就要求美军各军种之间与军种内部，以及常规部队、核力量和特种作战部队之间实现合理编配。同时，既要利用先进技术，又要认识到大多数军事任务仍需集中兵力，二者之间必须均衡协调。鉴于可能担负的军事行动的多样性，必须能按需要迅速地转换实施的军事行动。此外，全维部队必须保持这种能力；即使敌手诉诸不对称手段，仍能成功地遂行军事任务。

（2）联合。在担负某项任务时，各军种都利用其力量做出贡献。在某些场合下，可能只需投入某一军种的独特力量，但在大多数情况下，往往需要各军种均投入其力量。把这些力量熟练而有侧重地编入联合特遣部队，能够为指挥官在特定环境下编配兵力提供巨大灵活性。联合的重要性在于，敌军将不得不对抗美军具有压倒优势的综合力量。一支完全实现联合的力量，需要与之相应的作战思想、条令、战术、技术和程序，以及组织、结构、知识和系统，从而使所有美国部队和系统在战略、战役、战术等各个层次均能有效地共同运作。这种联合的有效性并不在于发挥单套装备或系统的单一作用，而在于指挥官能不受限于联合力量各组成部分在技术或理论上存在的差异。

（3）协同。美国联合部队各单位必须能够顺利地实行共同的军事任务。战场上的成功依赖于一体化的、灵活的各军种部队在战役、战术级的协同。尽管美国必须保持单独采取行动的能力，但更倾向于盟国共同行动。与盟国一起改进作战理论和技术，并通过多国联合训练和演习提高协同水平，是有效实施多国联合行动的必要前提。（摘自美国 1997 年 7 月公布的《国家军事战略报告》）

美海军陆战队陆空特遣部队有诸多问题亟待解决
美海军陆战队一少校撰文分析了海军陆战队在“由海向陆”作战机动中火力支援方面所面临的诸多问题。

（1）由于陆战队目前装备的火炮没有自动火控设备，无法进入自动指挥与控制系统，这将增加制定火力计划和协调火力的困难。由于缺乏全般支援炮兵，无法向机动作战部队提供足够火力支援，因而其地面火力支援兵器难以满足陆空特遣部队的作战需要。

（2）由于现有的目标搜索装备难以适应对突然出现的目标进行正面主动定位的要求，陆战队缺乏足够的目标搜索能力。

（3）远距离通信装备的不足，严重地影响到陆空特遣部队运用指挥与控制系统的能力，并严重地制约了陆空特遣部队实施“由海向陆”的作战能力，以及与高度分散的部队在岸上进行持久作战的能力。

（4）陆战队现有的发电机太笨重、噪音太大且不稳定，难以满足当前和未来的作战需要。

（5）炮兵弹药包装和运输效能低下。

（6）战术 C^2 掩蔽所系统难以保障陆空特遣部队的各种作战行动。

（7）现有的火炮训练弹药供应标准比训练消耗缺额达 50%，难以满足实际需要。

(8) 由于陆空特遣部队既没有足够的无线电通信设备又极缺数字化通信系统，致使现有系统与其他系统不兼容，在作战环境中只能依靠音频通信网通信。

(9) 陆战队需要统一的数字化海军水面舰艇火力支援控制的系统，致使在由海向陆的机动作战中，海军水面舰艇先进的武器难以发挥出应有的威力。

(10) 陆战队规定要求飞行员来控制近距离空中支援。然而，却没有足够的前进空中控制员来满足近距离空中支援和演习的需要。

(11) 由于美国海军陆战队 OV－10（观察校射飞机）中队的撤编，海军陆战队已经失去从空中平台来控制协调支援火力的能力。

(12) 由于训练预算经费的减少和环境（或政治）的制约，陆战队急需装备火炮模拟器，以节省训练费用，强化训练效果。

(13) 陆战队陆空特遣部队服务于不同的联合司令部，并经常为了运用各种火力支援协调措施而选用不同的术语和规则。因此，应统一规范火力支援协调线和使用等有争议的定义，以确定陆战队在火力支援协调措施中的地位。

(14) 陆战队步兵和航空兵需要拥有“自己”的火力支援系统来作为与其他支援兵种相配合的手段。

(15) 陆战队需要一位高级负责人研究火力支援理论及其需求，推动海军陆战队和火力支援单位来解决有关火力支援的问题。（凯文·麦康内尔《美海军陆战队陆空特遣部队亟待解决的问题与对策》，美国《野战炮兵》1996 年 9～10 月号）

美军 21 世纪后勤问题研究　有作者撰文指出，从近年美军报刊透露的情况看，其 21 世纪军队后勤的基本设想已初见端倪。

美军对 21 世纪后勤的基本要求　(1) *强调后勤力量的规模必须与同时进行两场局部战争所需作战力量的规模相适应*。后勤力量的规模与作战力量的规模相适应，这是美军 21 世纪后勤的数量指标。美军根据冷战后的军事战略要求，已经开始削减军事力量的总体规模，其后勤力量的总体规模也将进一步压缩。

(2) *后勤的快速反应能力必须与同时进行的两场局部战争战场的不确定性相适应*。21 世纪美军面临的作战将是事先难以确定战场的应急作战。为适应这一要求，21 世纪美军后勤的发展必将围绕着提高快速动员和快速反应两种能力，改革后勤体制，调整后勤部署，改善后勤力量的结构。

(3) *后勤的投送能力必须与战场的远距离性相适应*。美军事战略所确定的两场局部战争的战场必然是在美国本土之外的遥远地区，这要求美军后勤必须拥有将作战部队快速投送到战场并维持其后续保障的能力。

(4) *后勤指挥与管理的自动化水平必须与作战部队的数字化趋势相适应*。美军在数字化部队建设方面的领先地位，要求有数字化的后勤与之相配套。为此，21 世纪的美军后勤将利用数字化信息技术，研制和装备更先进的后勤指挥与管理自动化系统。

(5) *后勤的联合保障能力必须与诸军兵种联合作战的战法相适应*。美军的作战思想历来强调陆、海、空军联合作战，并提出与之相适应的后勤理论与保障方法。美军 21 世纪后勤将以保障联合作战为前提，对后勤编制体制、后勤指挥程序、保障原则、保障方法等进一步进行调整和改革。

美军 21 世纪后勤发展的主要内容　(1) *调整后勤的组织结构*。美国《陆军后勤》杂志 1995 年 11～12 月号连续发表托马斯·罗宾逊所撰写的《21 世纪部队后勤系统设想》一文，较完整地描绘了美军 21 世纪后勤将采用的组织结构。他将美军后勤系统在层次上仍划分为战略、战役、战术 3 个层次。战略层次即总部级后勤，是整个后勤系统的拥有者和控制者，它将通向战区，向战区作战部队指挥官提供其遂行作战和保持进攻势头所需的一切后勤保障；战役层次即战区级后勤，战役层次设“战场后勤部”，在总部级后勤领导下，对前方后勤保障活动进行指挥、控制和协调。战术层次设“战斗后勤部”，它在联合特遣部队的活动范围内，对基层后勤保障系统进行指挥、控制与协调。各层次的后勤主官在整个作战空间内依靠技术手段对从工厂到散兵坑的美军全部后勤活动进行控制。

(2) *构建战场物资补给系统*。美军设想的 21 世纪战场物资补给系统涵盖从位于战区的卸载港到战斗部队的战区内物资补给的全过程。美军构建战场物资补给系统的目的在于，通过利用现代通信技术、源数据（如无线电频率标签和卫星通信等），采取从起点直达战斗部队的补给方式，为作战部队提供准确、及时的后勤保障。其最大特点是将所需装备物资直接前送到战斗单位乃至士兵手里，而不是过去的逐级前送。美军 21 世纪战场物资补给系统的组织机构将是：在战区指挥链上的每一级都设置单一的物资补给管理者，将过去由几个人分散管理的运输、补给、维修和其他保障职能统管起来。

(3) *改革野战后勤部队编成*。所谓野战后勤部队是指军以下各级部队所属的后勤部（分）队。为与 21 世纪“兵力投送型陆军部队”相适应，美军将野战后勤部队建设方向确定为：“通过多功能、模块式、机动化的编成，最大限度地提高保障效率”。经研究、论证、实验，各级野战后勤部队的编成情况如下：军属后勤部队下设若干机动保障大队，机动保障大队下辖2个保障营。1个机动保障大队可保障1个师。保障营为多功能型后勤分队，下辖若干个模块式弹药连和军需连等；师属后勤部队的初步设想：变师保障部所属单一功能营为多功能营，减少营属后勤人员，加强师保障部；拟组建战斗营所属前方保障连，以便为营提供一体化的、多功能的后勤保障。

(4) 增强战略机动力量。 美军认为，战略机动力量是美军“实现战略目标和取得决定性胜利的关键”，为此，美军首先大力发展作为战略机动能力的基础之一的战略海运力量。美军的战略海运力量包括预置船队和骤增船队，分别在实施紧急兵力投送时和投送部队完成初始部署之后向战区输送短期和持续作战补给品和装备。美海军拟为保障海军陆战队快速部署的海上预置船队每个中队增加一艘预置船，并改进和增强预置船的卸载能力。增加的预置船将用于储存一个野战机场、一个海军移动修建营、3个海军舰队医院所需装备器材以及84辆坦克和有关配套物资。此外，美海军陆战队战斗发展部还设想将海上预置船队和两栖作战部队相结合，以便既具攻击能力，又可成为实施长期保障的海上基地。同时，大力发展战略空运力量。为此，拟以最新研制的C－17运输机取代已严重老化的C－141和C－5运输机。该机不仅有效装载效率大大高于C－141和C－5运输机，而且能在跑道较短、条件较差的简易机场上着陆，并能将装备直接卸到地面上，因而具备21世纪应急作战直达运输所需的能力。另外，提高本土从基地到港口的运输能力。位于美国本土的基地和仓库等基础设施、国内铁路军运所需车皮和集装箱及港口作业所需陆军船艇等，是确保美军战略机动能力有效发挥必不可少的条件。美军根据21世纪的战略机动性计划，一是改进基地和仓库等基础设施，使其铁路、机场、库房和道路完成升级；二是将铁路车皮和集装箱，置于基地内或其附近，以便于部队转换运输方式；三是研制和采购用于海岸后勤作业的陆军船艇。

(5) 利用高新技术改进后勤指挥与管理。美军21世纪后勤指挥与管理的根本性变化将表现在以下几个方面：一是能适时了解所有的作战后勤信息，二是能准确地预见作战部队的各种后勤需求，三是能对作战部队的后勤需求迅速作出反应，四是后勤指挥与管理的工作效率将极大提高。

美军21世纪后勤发展的主要特点 (1) 目标明确。美军21世纪后勤发展目标始终是以美国最新战略方针为依据的，即：建设一支能够同时对在世界任何地方进行的两场高技术局部战争提供保障的后勤力量。

(2) 思路超前。在21世纪后勤发展研究中，美军强调将新技术特别是信息技术广泛应用于后勤，提高后勤指挥与管理水平，并实现后勤保障方式和方法的改进。

(3) 重点突出。美军为使21世纪陆军的后勤保障效率更高和效益更好，把提高反应的“速度”和保障的“精确度”作为发展的主攻方向。为此，在后勤的力量结构方面强调“多功能、模块式和机动化”；在后勤信息传递方面强调“实时”；在后勤资源管理方面强调“透明”；在后勤补给运输方面强调“直达”；在装备维修方面强调“靠前”。

(4) 措施得力。美军在21世纪后勤发展研究中，采取了边研究、边实验的做法，做到研究论证与实践检验密切配合。(王通信、周璞芬《美军21世纪后勤发展初探》，《后勤学术·外军版》1997年第5期)

(石 慧)

俄罗斯军队建设问题研究 俄罗斯武装力量改革问题研究 **关于武装力量改革进展缓慢的原因** 俄武装力量总参谋长科列斯尼科夫大将撰文指出，由于国内在军事改革问题上存在着分歧和得不到足够的财政支持，武装力量的大规模结构调整一直未能实施。虽然这期间对中央军事统帅机构、军团、兵团及部队的组织机构进行了完善，实行了新的兵员补充体制，进行了未来军队结构方面的科研工作，但大部分计划还未得到实施。其原因有以下几个方面：第一，军队武器装备的质量普遍离要求相差甚远。第二，苏联解体后，俄罗斯不得不重新组建自己的军队。以致到90年代初，俄军仍沿着粗放式道路发展。其军事组织体系至今依然十分繁杂：除武装力量外，还有被法律确定为俄联邦“其他军队”的边防军、内卫军、民防军、政府通信与信息局部队、铁道兵部队等。这表明，改革范围远远超出武装力量本身。要成功地领导这场改革，其权限只能属于国家的最高权力机关。同时，现代条件下的武装力量改革不是仅仅对武装力量结构体系的彻底改变，或是对员额的大量裁减，而应是为使军队能够更好地完成国防使命进行的改进、完善和提高。

关于国防部在武装力量建设方面所作的工作 科列斯尼科夫指出，建立一支既适应当前世界军事政治形势和战略形势需要，又与俄罗斯所面临的现实军事威胁相适应的军队，国防部主要做了以下几项工作：(1) 对俄罗斯和前苏联境内的军队重新进行了战略性部署。完成了从德国、捷克、斯洛伐克、波兰、蒙古、古巴、立陶宛、拉脱维亚、爱沙尼亚和阿塞拜疆的撤军。为完成军事学说基本原则所赋予武装力量的主要使命，首先调整部署了战略核力量（战略火箭军、海军战略核力量和空军战略核力量）；调整和加强了陆军的部署，首先是西部地区军队的部署。在西部战略方向上重建了已成为边境军区的莫斯科军区的军队集群，并在该地区又补充部署了几个军团和兵团。在西南战略方向上，对由内陆军区变为边境军区的北高加索军区的部署也进行了调整。(2) 为有效地解决可能发生的军事冲突，建立了机动力量集群。该集群由武装力量各军、兵种战备程度最高的兵团和部队组成。还组建了一个新的地区性战役战略军区——加里宁格勒特别军事区。(3) 根据与格鲁吉亚和亚美尼亚分别签订的双边协议，俄罗斯分别在这两个国家建立了军事基地。(4) 从 1992 年至 1995 年共裁员 112.28 万人，使 1996 年的兵力达 170 万人。(5) 为了完成联合国安理会所交付的维和任务及履行国际义务，俄罗斯建立了由 2 个步兵师和 2 个空降兵兵团组成的维和部队。维和部队之所以对俄意义重大，原因在于俄的地缘战略位置极为靠近目前世界上的几个紧张局势的策源地，上述地区牵动着许多国家的利益。(6) 对武装力量的训练机构和训练内容进行了调整。目前已实施约 240 次不同规模的作战训练，其中包括有武装力量战略性指挥演习，战区、方面军（舰队）、集团军（军）和区舰队（分舰队）首长司令部演习，空降兵演练等。战斗训练的基本内容是不同类别的单兵训练，战备值班部（分）队的战斗协同训练，以及在复杂条件下指挥军队与训练有素、装备精良之敌进行作战的作战指挥训练。在一些军区的基地进行了对武装力量和其他军队的部队和机关进行指挥的试验性研究。在西北、西南、东西伯利亚和远东战略方向上，进行了建立区域防空指挥系统的试验。(7) 进一步完善军事教育体系。通过优化军事院校网络、调整教学内容、军事院校由 116 所减至 102 所，奠定了将军事院校纳入俄罗斯多层次的高等教育结构体系的基础。(8) 通过改革军队的教育工作，使军人的道德水准有了明显的提高，武装力量内部的法律秩序得到加强。

关于总参谋部的作用 由国家杜马和联邦委员会批准通过的《国防法》，首次规定总参谋部在拟定军队建设规划，确定武装力量、其他军队和军事机构员额，及其在作战训练和动员准备方面的协调作用。为加强总参谋部的协调作用，建议在总参谋部内设立一个由其他军队（边防军、内卫军、民防军、铁道兵部队、联邦政府通信和信息局部队）司令部和机关代表组成的办事机构。其任务是为保障军事安全而制定其他军队的发展和使用规划。此类办事机构亦可在武装力量后勤、军事预算和财务总局及国防部其他指挥机构中设立。同时，有必要建立统一的后勤保障、技术保障、干部培训和军事科研体系，以使各方更密切地合作，达成平衡发展，并在军事建设问题上步调一致。只有这样，总参谋部才会成为俄联邦武装力量和其他军队作战指挥的主要业务领导机关。通过武装力量各军兵种、内卫军和边防军的参谋部、国家安全局部队、政府通信和信息局部队的指挥机构、民防军和铁道兵部队司令部来实施对武装力量和其他军队的领导。为在制定武装力量和其他军队建设和使用的规划问题上寻求最佳和一致的方案，不排除在总参谋部设立参谋长联席会议这一常设机构的可能性。参谋长联席会议主席由武装力量总参谋长担任。（[俄] 科列斯尼科夫《俄罗斯的军事改革与武装力量建设》，俄《红星报》1996 年 5 月 25 日）

关于军事院校改革 俄国防部干部与军事教育总局军事教育局副局长卡尔曼诺夫少将撰文谈了俄军院校现阶段改革的基本方向，：(1) *优化院校布局，使之达到最佳规模*。应根据武装力量的新结构和数量需要设立军事院校。优化院校布局的主要方向是合并，使各军兵种现有的军事院校实现一体化，将其组建为若干个集各种专业和不同教育等级的军事干部培训于一体的大型教学—科研中心（综合体），并适时向跨军种的一体化发展。(2) *军事教育与国家高等教育多级结构接轨*。俄联邦国防部长的命令规定，培养持有第 3 级高等教育文凭的专业人员，是军事教育的最基本目标。军事学院的学员所受到的是新的军事专业教育。与此同时，必须更加灵活而合理地利用国家高等教育新建立的多级结构所提供的条件。第一，继续培养接受中等职业教育的军事专业人员。第二，不排除在某些专业方向培养接受第 2 级高等教育并可获得学士学位的军官的可能性。第三，在按 6 年制大纲学习的学员中组织硕士培训。(3) *调整教学大纲，完善教员队伍和教学设备，使之符合国家教育标准的要求*。由于俄联邦国防部所属院校缺少总结现代作战经验的教材，其教学水平的提高受到很大限制；教学法训练目前还未成为院校领导和教学人员的一项主要工作，许多教学法研究的现实问题在计划中得不到反映；许多院校缺少进行跨教研室和跨课程联系的协调系统；许多院校未能定期对教学情况进行检查监督；不少在部队表现一般，没什么发展前途的军官被调到院校担任教员，由此而出现了教学人员的职业水准下降的趋势。与此同时，由于资金困难，院校教员到部队和司令部实习的的人数急剧减少，军事院校的人员参加部队（舰队）的战斗和战役训练活动明显不足。教学设备和教学信息保障方面的现状使得贯彻国家教育标准的要求面临重重困难。军事出版社实际上已经暂停出版教科书。许多军事院校的出版印刷部门在思想观念和硬件方面都已落伍。计算机设备有 70%以上都已经过时，军事院校中教学软件、高效的计算机学习软件匮乏。鉴于军事院校在教学工作中存在的上述问题，应首先确定下述任务：①对向新教学计划和新大纲转轨的所有工作进行调整，使之带有计划性。②加强训练部门在组织和监督院校教学及教学法研究工作方面的作用，为此要增强其主管人员的责任心，为训练部门配备有教学和科研工作经验的专家。③提高教学法研究工作的效果和实用性。④要特别重视教员业务能力的提高，完善其军事职业知识和技能。⑤在对教学情况检查时，要取消形式主义的考试。⑥要发展和完善教学的物质基础，增强其保障能力，以确保按国家教育标准、教学计划和教学大纲规定的专业对学员进行训练。(4) *增强院校的教学和科研潜力*。一方面，制止学者的大批退役；另一方面，提高研究生班和博士班的培养效率。并建议将教员的服役期限由45～50 岁延长至 60 岁。根据采用新的教学手段并使教学过程计算机化的要求，研究优化教学人员的工作计划和劳动计算标准问题，以保证那些积极工作的学者们能最大限度地发挥作用。继续进行确定博士班和研究生班网点的工作，并制定相应的法律措施，以制止俄联邦国防部所属高校存在学员退学的严重问题。(5) *实现国防部所属院校与俄联邦其他军队院校的一体化*。由于俄联邦国防部和其他强力部及强力部门的高等院校在教育过程的组织、对毕业生训练水平的要求方面都非常接近，随着院校教学向符合国家教育标准要求的新教学计划和大纲转轨，其军官训练内容，尤其是基础训练部分，也会大幅度趋同。(6) *完善军事教育的领导体制*。随着俄联邦国防部军事教育局的独立设置，为拟定和实行统一的军事教育政策，提高对军事院院校教学和科研工作的领导质量，监督和协调军事教育机构与军事院校的活动，创造现实的前提和条件。([俄] 卡尔曼诺夫《俄军院校的现状与改革方向》俄罗斯《军队文集》1997 年第 1 期)

（田小文）

俄罗斯军队建设和兵役制度问题研究

俄陆军参谋长谈加强司令部工作的困难及其改进设想

俄罗斯陆军参谋长布克列耶夫上将撰文指出，现代条件下的武装斗争，要求司令部必须具备如下素质：保持经常的战斗准备；在任何条件下都能确保对军队的指挥；协调一致；目标明确；了解实情；灵敏高效；具有准确的预见性和高度的权威性；富有创新精神；密切联系部队。

但目前要达到上述要求很困难，主要原因在于：现有的通信系统效率低下；集团军（军）、师特别是团和营的指挥自动化程度不高；指挥所臃肿庞大，生存力低；指挥机关平时的结构与战时任务不相适应；指挥保障部（分）队的组织结构不能完全适应军队战斗使用的新条件；实施联合行动时，不同军种之间，特别是各军种与内卫部队、边防部队和紧急情况部队之间很难互通情报。而上述问题能否得到解决，很大程度上取决于当前的军事政治环境、俄罗斯国内的形势及武装力量的状况。分析表明，当前的司令部工作具有一定的特殊性，这主要是由下列因素所致：爆发局部战争和武装冲突的危险进一步增大；武装力量正在进行改革；国内经济形势严峻，国防经费减少；军人威信下降。可见，现代条件下司令部所面临的任务范围更宽了，承担的责任更大了。为转变司令部工作的组织方法和指导方针落后于时代要求的状况，提高司令部工作效率，必须做好以下几方面的工作：(1) *使司令部的组织结构能够适应平时和战时完成不同性质、不同内容和不同数量的任务的需要*。主要是确保司令部无论平时还是战时无需大的调整就能够灵活高效地履行自己的职责。而指挥性质和指挥内容的变化，往往要求的不是减少或增加指挥环节，而是司令部内部和各司令部之间进一步区分职责，改进技术装备及工作方式方法。(2) *提高司令部的工作效率，在很大程度上要靠缩短情况资料搜集和整理的时间*。而要解决这个问题，解决的首要途径是改进情报搜集、整理及筛选的组织工作。为此，应建立司令部指挥活动和军队作战活动的信息保障系统，以确保及时搜集和处理不同来源的信息，使司令部时刻掌握情况并迅速定下切实可行的决心，缩短情况资料传达到下级司令部的时间；应在现有自动化指挥器材的基础上建立高效的信息保障系统，并及时研制系统软件，实现主要的信息处理和计算过程的自动化，以便将指挥员和司令部的创造性工作与自动化指挥器材的强大功能合理结合起来，这才是进一步完善军队指挥的正确途径。(3) *必须提高司令部主要参谋人员的专业素养*。要把各种形式的培训有机地结合起来。通过提供必要的物质基础和演习，创造出近似于司令部实际工作情况的氛围，进而建立起易于领导和监督的合理的司令部训练机制，以培养出司令部及时准确地给部属下达任务、组织部属完成任务以及监督军队准备行动和完成任务的能力。([俄] 布克列耶夫《现代条件下如何搞好司令部工作》，俄罗斯《军事思想》1996 年第 4 期)

俄陆军和陆战队编制体制发生 6 点变化　有作者撰文将俄陆军和陆战队的编制体制与苏联解体之前相比较，认为其发生了很大变化。

增加军的数量。以往，苏联陆军的编制单位主要是集团军和师等。俄陆军通过将较多的集团军缩编为

军，增加了军一级单位数量。其原因，一是适应裁军的需要。因为近几年俄军裁军 100 余万，继续保留较多的集团军已无必要。二是由于军编制精干、体制灵活，可有效地适应未来局部战争和武装冲突的需要。

*摩步（坦克）师改为新一代合成师。*俄罗斯陆军的摩步（坦克）师分为甲、乙、丙 3 种。甲种师也称齐装满员师。从 1992 年起，俄军不再编有甲种师。这种状况对俄军的战备工作造成严重影响。1994 年年底，当俄军准备对车臣采取作战行动时，竟无法立即组建 1 个齐装满员的师。乙种师也称缩编师。丙种师也称基干师，即只有指挥人员而没有士兵。当前，俄军正逐步减少乙种师和丙种师的数量，并进一步提高甲种师的满员率，以提高俄陆军的作战能力。今后，俄军将通过精简、撤并、改编、换装等措施，把现在的摩步（坦克）师改革为新一代的合成师。

*设置武器和技术兵器储存基地。*为解决许多被撤销的摩托化步兵师和坦克师剩余的武器装备，同时考虑到未来作战的可能需要，1995 年，俄军开始在边境军区部分被撤销的原摩步师和坦克师驻地设置武器和技术装备储存基地。基地的编成相当于师的规模，但平时仅配有少量人员，负责看管和维护武器装备。战时基地与丙种师一样，可成为动员展开的基础。

*组建摩步（坦克）旅。*苏军中早就有旅一级的编制，但主要是方面军特遣旅、空降强击旅和海军陆战旅，没有旅一级的合成战术兵团。为适应新的作战和裁军需要，俄陆军中出现较多的摩步旅和坦克旅等合成旅。其大部分由摩步师和坦克师缩编而成。由于旅的编成比师小，编制较为灵活，适于在武装冲突和局部战争中实施机动作战。

*继续保留机枪与炮兵师。*机枪与炮兵师也是俄陆军的基本战术兵团，它是一种以实施防御作战为主的兵团。它主要由原配置在边境地区的部分摩步师改编而成。其使命主要是抗击敌方进攻，扼守边境重要地区，为后续摩托化步兵和坦克部队转入进攻创造条件。据预测，机枪与炮兵师将会得到保留，并有可能在数量上有所增加。

*在海军陆战队编成内组建空降兵。*俄军认为，空降强击行动在登陆作战中具有重要作用。因此，其海军陆战队的编成也走向立体化。目前俄罗斯海军诸舰队的各陆战旅均编有 1 个空降强击营。该营在登陆作战中担负空降作战的任务，即所谓“立体登陆”。该营既可使用空降强击连实施机降作战，也可使用伞降连实施伞降作战。该营本身未装备飞机和直升机，需由协同行动的海军航空兵和陆军航空兵提供飞机和直升机。（李大军《俄陆军和陆战队编制体制的变化》，《外国军事学术》1997 年第 8 期）

俄兵役制度改革存在一些利弊因素 有作者撰文分析了俄罗斯军队在 2000 年前取消义务兵役制，并从 2000 年春开始转向志愿（合同）兵役制，进而实现军队职业化，存在的一些有利条件和不利因素。

在有利条件方面，首先，俄政府奉行实现军队职业化的政策已经数年，目前在塔吉克斯坦和车臣地区执行任务的军人中，合同兵分别占 90％和 40％。同时，全体现役军官都按规定时限签订了服役合同书。可以说，俄在提高军队职业化水平方面已经迈出相当大的一步。其次，近年来，俄在确立兵役制度改革的法律基础方面作了大量工作，在已颁布执行的《国防法》、《兵役义务与服役法》、《军人地位法》、《俄联邦武装力量军人签订服役合同书和退役办法暂行条例》等法律法规中，对确立义务兵役与合同兵役相结合的混合兵役制度作了比较明确的规定。再次，鉴于建立职业化军队已经成为当前国际上的一种大潮流，俄社会舆论普遍认为，实行志愿兵役制符合时代要求。

在不利条件方面，首先是经济上的制约。近年来，俄经济形势一直未能摆脱困境。军费开支的财政拨款不断减少，远不能满足军队建设的需求。其次，有关志愿（合同）兵役制的立法范围尚十分有限，没有形成完整的体系，对于近年来兵役制度改革实践中所遇到的矛盾和问题，还来不及从法律上予以调整和解决，它将阻碍兵役制度改革的深入发展。再次，从历史上看，俄罗斯缺少实行志愿兵役制的传统。最后，按 1996 年 5 月俄总统令规定的时限，到 2000 年实现职业化只有短短 4 年时间，许多工作难以及时到位。（田小文《俄罗斯兵役制度改革》，《外国军事学术》1997 年第 3 期）

其他国家军队建设问题研究

以色列兵役制度特点 有作者撰文分析以色列兵役制度的特点如下。

*坚持“全民皆兵”的原则。*鉴于特殊的地理环境和历史原因，以色列长期以来奉行以实力求生存的方针，强调要始终保持一支在本地区“具有威慑力”的军队。为此，挖掘人力资源的潜力，保证充足的兵源，成为以色列兵役制度所要解决的首要问题。（1）义务兵役为主。以色列实行以义务兵役为主的兵役制度。《兵役法》规定，凡 18～29 岁的男性公民，无特殊情况，均应服现役 18－36 个月。公民如超过上述规定的服役年龄，仍可能被征召，但服役期可缩短。以军认为，正是这种兵役制度，使以色列始终保持了较高的应征率。（2）志愿兵役为辅。以色列公民服完义务兵役后，除大部分人转入预备兵役外，其他男女青年可根据自愿的原则报名服志愿兵役，成为职业军人。以色列国防军中服志愿兵役的人员主要是各级指

挥官和部队中的专业技术骨干。志愿兵役的服役期通常为20年，也可延长服役期直至30年。(3) 女子服义务兵役。以色列规定，18～26岁的女性公民无特殊情况均应服义务兵役，服役期为24个月。在实际执行中，以色列适龄女性应征服役率为50%。女性在以军中主要担负医生、驾驶员、计算机操作员等辅助性工作。

确立严格的征集程序。为了保证征兵工作的落实，以色列建立了一套严格的征兵工作程序。一是在征兵前对征兵对象进行摸底分类，以避免漏征或是不合格者进入军队。二是向适龄青年发出征兵通知书。并由兵役部门对征兵对象进行审核。三是进行体检和心理测试。四是对应征者进行综合评估，根据综合得分情况择优录取。

合理分配，量才使用。以色列十分重视从新兵分配入手，搞好人才的科学合理使用。首先，通过进行入伍教育，帮助新兵进行专业选择。其次，通过进行面试，考察新兵在团结互助精神、思维能力、组织能力以及体能等方面的情况，做为未来分配专业的依据。其三，根据考察结果对新兵进行分配。以军强调在分配新兵时应把军队的现实需要放在第1位，在此基础上再考虑个人的志愿。其四，所有新兵要经过约3周的适应性训练，包括长途拉练、体能训练以及掌握武器基本性能的训练等。空军、海军等一些技术性较强的军兵种，还要对新兵进行相关专业的训练。在每个训练阶段，以军都要淘汰不合格者，并对他们进行重新分配。

重视宣传教育。以色列重视对公民，特别是青少年进行服兵役的宣传和教育，强调每个以色列人“必须具备为保卫国家而奉献的精神”。学校或家长定期带领青少年参观以色列国防军的有关展览，到军事基地参观。每当征兵临近时，学校会邀请国防军的军官来学校做报告，介绍有关情况。以色列还重视营造有利于服兵役的社会舆论环境。政府经常通过各种渠道，进行兵役宣传。使以色列人普遍把服兵役视为应尽的义务，大部分人都能自觉服兵役，单位和企业也大都支持其员工服兵役，并在政策上优待服役者。(韩生民《以色列兵役制度的特点》,《外国军事学术》1997年第3期)

瑞士兵役制度特点　有作者撰文指出，瑞士是世界上“全民皆兵”的国家，其兵役制度一直是各国研究的对象，具有鲜明的特点。

国民公平负担兵役义务。瑞士民兵兵役制度的主要特点是：国家不设常备军，整个军队由民兵组成；全体公民都有责任履行国防义务；兵役义务从20岁开始，到60岁结束。瑞士公民通过3种途径履行国防义务。一是参加军事勤务。瑞士兵役分为现役、预备役、后备役，统称为军事勤务。男性青年在年满19周岁，凡身体条件适合服兵役者，即作为现役编入现役部队中。20岁在新兵学校接受4～6个月的军事基础训练，此后按规定定期在定编的部队中参加军训。37岁开始转服预备役，其隶属关系转入边境警备部队或要塞部队等。49岁开始服后备役，隶属关系转入地区守备部队、后勤部队等。二是参加辅助勤务。经体检被确定为不适合服兵役者，将被指定参加辅助勤务。瑞士男性参加的辅助勤务达32项之多，其中主要有：监视情报、医疗护理、车辆维修、军械修理、汽车运输及被装、炊事等。女性参加辅助勤务的内容有：行政事务、宣传、联络、汽车驾驶、医疗、被装、炊事等。三是缴纳军事义务补偿金。它只适用于那些因各种原因无法参加军事勤务或辅助勤务的人，具体标准为个人收入的3%。所缴纳的军事义务补偿金全部用于国防事业。同时，国家法律对拒服兵役者进行严厉惩处。

严格实行全民军事义务教育。瑞士军队如同一个大学校，不间断地对兵役义务者进行军事训练。男性青年首先要在新兵学校接受4个月的基础教育，学习攻防武器、通信器械及装甲等专业。新兵学校毕业后，参加8次复训，每次15天左右；49岁以后转入后备役，要参加3次训练，时间总计不超过40天。军官和军士要比士兵接受更多的军事训练。瑞士还十分重视对役龄前青少年的国防教育。这主要通过作为国家义务教育必修课的学校体育教育的形式加以落实。其体育达标标准由国防部统一制定。义务教育结束时，每个学生都要通过国防部组织的体育考试。此外，机关、企业经常组织射击和武器操作等军事训练。国家对这种民间自发的军事教育除了无偿提供武器弹药和给予财政上的支持外，还要派专人指导。

完善组织动员体制。瑞士军队都是由民兵组成的。这种民兵制军人，平时从事自己的社会职业，战时迅速集中起来，承担保卫国家的任务。因此，瑞士多年来始终致力于建立并完善动员体制。瑞士的动员包括平时动员和战时动员两种。平时动员也就是每年进行的军训。战时动员由政府向全国发布公告，接到公告的兵役义务者将以最快的速度到所属部队集中。此时，联邦军队接管一切公共运输企业和军需工厂。在紧急动员的情况下，各级地方政府和居民都有责任给军队以必要的支援。由于瑞士政府重视对民兵制军人的日常管理并建立了一套完善的动员制度，瑞士在紧急状态下可以在24小时内动员起全国人口的1/7，约85万人。(杨民军《瑞士兵役制度的特点》,《外国军事学术》1997年第3期)　　(秦潇潇)

军 事 历 史 研 究

中国民国时期军事史研究　首次国共合作与北伐战争关系评价　有作者指出：北伐战争的发动与胜利进军，离不开首次国共合作的统一战线，是国共两党的领导者共同及时地制定了正确的北伐战略决策；是国共两党的革命官兵在各大战场并肩浴血苦战，一起克敌制胜；是国共两党（主要是中共）的成员广泛组织工农大众支援北伐军作战，为北伐提供了坚实的民众基础。没有首次国共合作的统一战线，就不会有北伐战争及其伟大胜利。（周兴梁《首次国共合作与北伐战争》，《中共党史研究》1997 年第 2 期）关于北伐战争的领导权问题。有作者认为，是国民党领导的，从组织领导、政治宣传、命令文告到军队统辖都是以国民党名义进行的；有的学者认为，国民党在军事上处于领导地位，共产党在政治上处于领导地位，特别是工农运动的领导，北伐初期的筹划与督促，军队政治工作的开展等，共产党都起了主要作用；有的作者认为是国共两党共同领导的；还有的作者主张，不要简单地说是哪个党领导的，而应具体问题具体分析，不把复杂的事物套个简单的结论。（杨建成《广东纪念北伐 70 周年学术研讨会概述》，《近代史研究》1997 年第 1 期）

关于北伐战争的时限问题　有学者认为，北伐战争主要是指 1926 年到 1927 年国共合作条件下进行的北伐战争，孙中山虽然领导过几次北伐战争，但都没有成功；有的学者则认为，北伐战争在时间上应为 1917～1928 年，并分为 3 个阶段：第 1 阶段是孙中山领导的北伐，即 1917 年、1922 年和 1924 年 3 次；第 2 阶段是国共合作的北伐战争，1926 年至 1927 年；第 3 阶段是南京国民政府领导的 1928 年的北伐，直到张学良宣布东北易帜为止。（杨建成《广东纪念北伐 70 周年学术研讨会概述》，《近代史研究》1997 年第 1 期）

西安事变研究　有作者著文指出，西安事变的主旋律是爱国主义。但在这一历史的大背景、大趋势下，各个政治集团、阶级、阶层及其代表人物，对抗日和民主提出了各自的政治主张和政策，反映出不同的爱国观。其中最典型的有 3 种，以蒋介石为首的国民党和南京政府的主观独裁型的爱国主义；以中国共产党为代表的民主型的爱国主义；以张学良、杨虎城为代表的地方实力派的过渡型的爱国主义。体现这 3 种不同层次、不同类型爱国主义的政治力量，经由西安事变的巨大震慑、协调和化合作用，终于在相互让步、求同存异的前提下，走上了团结抗日的道路。（李云峰《爱国主义：西安事变的主旋律》，《西北大学学报》1997 年第 1 期）。

关于中国抗日战争的开端问题　有学者著文指出，1931 年 11 月 4 日发生的江桥抗战，是中国抗日战争的开端。作者认为，中国抗日战争是中华民族反对日本帝国主义侵略中国的战争，当日本军队为侵略中国领土而挑起战火，当中国军队为守卫国土而奋起抵抗时，这场战争就开始了。江桥抗战是“九一八事变”以后，由中国东北军爱国将领马占山将军领导黑龙江军队所进行的一次震惊中外的抗击日本法西斯侵略的大规模战役。这次战役不是一次简单的军事冲突，而是一场有组织、有准备、规模较大的攻守战。尽管中国守军失败了，但它给日军的打击和在国内外的影响是巨大的。江桥战役不仅是日军发动侵华战争的首次重大战役，也是第一次世界大战结束后国际战争中最早的大规模战役。把 1937 年 7 月 7 日的“芦沟桥事变”作为中国抗日战争的开端，在某种程度上起到了将东北置于中国之外的一个特殊区域的作用，很容易为国外一些别有用心的学者所利用。（周喜峰《论江桥抗战是中国抗日战争的开端》，《齐齐哈尔社会科学》1997 年第 4 期）

抗日时期的爱国主义具有全民性的本质　有作者著文指出：抗日战争时期，中国人民所表现的爱国主义具有全民性本质，这一时期不存在某某阶级的爱国主义。至于抗战中代表不同阶级的政党、团体对抗日所持态度、政策的差异，这不说明他们的爱国主义有阶级的差别，而是说明他们处理民族国家利益和党派利益关系时，采取了不同的态度。（徐梁伯《从抗日战争看爱国主义的全民性本质》，《社会科学研究》1997 年第 2 期）

南京国民政府抗战准备论析　有作者著文指出，南京国民政府从 1935 年起，陆续进行的抗日战争的准备工作，尽管还很不完善，很不充分，但在抗日战争中，特别是抗战初期却发挥了不可低估的作用。主要有：增强了中国军队抵御日军进攻的能力，打破了日本帝国主义“3个月灭亡中国”的战略计划；增强了中国抗战的经济实力，奠定了中国长期抗战的物质基础；对于克服失败主义情绪，增强全国人民抗战胜利的信心起了一定的积极作用。作者分析了南京国民政府抗战准备的局限性：“攘外必先安内”的既定国策造成南京国民政府抗战准备不力；国家贫穷，经济不发达，难以进行大规模的抗战准备；依赖国联制止日本帝国主义侵略的幻想严重影响了南京国民政府的抗战准备；国民党自身的阶级局限限制了南京国民政府抗战准备的进行。（袁素莲《试论南京国民政府抗战准备的作用及局限性》，《北方论丛》1997年第5期）

关于1937年庐山谈话会研究　有学者对庐山谈话会和蒋介石7月17日在会上的讲话进行了评析。指出，蒋介石的讲话，在当时对于动员全国人民奋起抵抗日本帝国主义的侵略是有积极意义的。它作为一种国家政策性转变的标志，具有将民众从思想上到舆论上导向抗战轨道的客观作用，对实现第2次国共合作，建立抗日民族统一战线亦有积极的推动作用。它是中国人民抗日救亡运动蓬勃发展的结果；是中国共产党积极推动的结果；日本帝国主义的逼迫和蒋介石个人的民族主义思想，也是蒋介石转向抗战轨道的重要因素。（田勇《“庐山谈话会”与蒋介石讲话评析》，《江西社会科学》1997年第9期）

关于国民党军抗日游击战问题的研究　有作者著文指出，在抗战防御阶段，由于日军正面强大的攻势，国民党军的主要力量用于正面作战。但在这种敌强我弱、敌攻我守的态势下，为了配合正面战场，牵制日军后方，国民党军也广泛开展了游击作战。本阶段国、共双方在敌后较好地配合作战，取得了较好的效果。但国共两党在游击战的指导思想上却有很大不同。国民党方面更多地带有正规战的色彩。其游击战特别强调与正面战场相配合；主要是依靠正规军，轻视人民的力量，不相信地方上非正规的民众武装。（唐利国《关于国民党抗日几个问题》，《抗日战争研究》1997年第1期）有学者认为，抗日战争中，国民党投入敌后的兵力鼎盛时期达到100余万，先后开辟山西、浙西、大别山、海南、冀察、鲁苏等游击区。国民党军队开展敌后游击战的目的，在于配合正面战场，扰袭日军后方，牵制、消耗日军，扩大面的占领，使敌局促于点线。从实施结果看，曾达到这一目标。但由于国民党军队的腐败，反共内耗，及其对敌后游击战的战略作用缺乏足够的认识，使其敌后实力不断削弱，游击区不断缩小，作用日益降低。（孙泽学《国民党敌后游击战述论》，《华中师范大学学报》1997年第4期）有的作者指出，国民党军的敌后游击战，与中国共产党领导的敌后抗日游击战一样，客观上达到了牵制日军、配合正面战场作战的目的。但是，由于国民党开展的敌后游击战不注重发动群众，抗战决心不彻底，对游击战的重视程度不够，以及始终把游击战作为正规战的辅助手段等原因，未能起到与共产党领导的敌后抗日游击战一样或更大的作用。（董兴林《如何评价国民党敌后游击战的作用》，《山东师大学报》1997年增刊）

民国军事人物研究　关于蒋介石在北伐战争中功过的评价。有的人认为，因为蒋介石是总司令，故军事上有功；又因为他发动“清党”反共，搞“四·一二”政变，故政治上有罪。有的人认为，不能笼统说功过各半，要作具体分析，北伐战争使蒋介石飞黄腾达登上权力高峰，并最终走上军事独裁政治反动的道路，但他在北伐战争中也有积极的一面：“继承总理遗志”，促成北伐大计；在作战中能采纳正确意见，亲临一线指挥，这些方面还是好的。（杨建成《广东纪念北伐70周年学术研讨会概述》，《近代史研究》1997年第1期）对蒋介石思想特别是军事思想的研究上，有学者指出，大革命时期蒋介石的治军思想是系统而又丰富的，其治军活动是勤奋的，其军队编制体制主张和“勤以训练，严以军纪，指导之以主义及政治观念”的治军思想体系，在同时期是领先的，只是在1927年4月12日政变以后，随着其政治上的反动而逐渐抛弃了科学、先进的原则，渗入法西斯式治军思想。（姚江、孔凡铜《十年来大革命研究若干问题的综述》，《社会科学动态》1997年第6期）关于张学良将军的历史贡献，有作者著文进行了考察，认为主要有：东北易帜，维护了民族独立和国家统一；开发西北，兴办教育，复兴民族；联共抗日，“大功于抗战事业”，是“千古功臣”。（刘耀琼、晏泽厚《张学良将军的历史贡献》，《东疆学刊》1997年第2期）

（江　英）

中国人民解放军军战史研究

土地革命战争时期军战史研究

南昌起义探析　关于南昌起义总指挥是谁的问题。有两种不同观点。其一认为是贺龙。当时起义的部队仍然沿用国民革命军的名称与建制，打着第2方面军的旗号，贺龙以兼代第2方面军总指挥的身份所指挥的，实际上是在南昌起义的全部部队。这从周逸群1927年10月给中共中央的报告和建国后贺龙参观八一纪念馆时的谈话都可证实。另一种观点认为，起义部队的总指挥不是贺龙，而是周恩来。中国国民党革命委员会任命贺龙兼代国民革命军第4集团军第2方面军总指挥，所辖部队只限于第2方面军的第4、第11、第20军3个军。除此之外，还有第9军不属于第2方面军。所以贺龙不是起义的总指挥。周恩来作为前敌委员会书记，是实际上的起义总指挥。关于南昌起义的成败问题。传统的观点一直认为南昌起义是失败的。近年来有的研究者提出相反的观点。他们认为“南昌起义并没有失败”，失败只是起义军的主力，而作为一个整体的南昌起义并没有失败，它探索了中国革命的道路，探索了创建人民军队的道路，是成功的。理由是，南昌起义不仅是中国共产党独立领导武装斗争的开始，也是土地革命和土地革命战争的开始。南昌起义把开展土地革命作为起义的目的，并从认识上把武装斗争和农民运动联系起来。其领导人多次讨论确定了土地革命的具体政策，并在起义胜利后发布的一系列文件、纲领和宣传口号中作出了具体规定。南昌起义对建立农村革命根据地也进行了最早的探索。起义前夕，已经明确提出建立广东和东江革命根据地的思想；起义胜利后，继续提出到广东或东江去建立革命根据地的设想；起义军主力失败后，起义领导人及时总结经验教训，进一步明确起义军到农村去，发动农民运动，开展武装斗争。南昌起义对创建人民军队作了最早的探索，初步提出党对人民军队实行绝对领导的基本思想，规定了人民军队所担负的重大任务，提出了人民军队的革命纪律的重要内容。（曾祥健、姚江、李进《近十年来南昌起义若干重大问题研究述略》，《社会科学动态》1997年第2期）关于南昌起义部队的人数，史学界一直存在不同说法，军事科学院军史部编著的《中国人民解放军战史》中认为，总兵力为2万余人，由萧超然主编的《中国革命史稿》认为总兵力为3万人。此外，还有20500人、20800人等说法。有作者对此进行考订，认为，当时，前委有争取蔡廷锴部等10师起义的计划，但蔡本人在起义打响后才到达南昌，他所率的部队没有参加起义发起的战斗。参加南昌起义的实际人数应为叶挺部5500人；周士第部3000人；贺龙部6500人；朱德部500人；其他80余人，共约计15580人。（曾祥健《南昌起义参战人数考》，《军事历史》1997年第1期）有的学者不同意上述意见，著文进行商榷，指出，蔡部具有参加起义客观条件；蔡部“同志力量”属于“中等”，具备了参加起义的主观条件；蔡廷锴本人去庐山开会，在起义后才赶往南昌，并不等于说蔡部没有参加起义。实际上蔡部多数人参加了起义。（季灿珍《也谈南昌起义参战人数》，《党的文献》1997年第4期）有学者对南昌起义与“城市中心论”的区别进行分析，指出：第一，南昌起义在时间上不处于1927年11月到1935年1月之间，不是“左”倾机会主义的产物。第二，南昌起义与“城市中心论”的不顾革命形势的变化而实行盲动的特点有本质区别，它有理想的群众基础，有积极而全面的部署，并派了一大批富有斗争经验的重要干部直接领导起义，有力量对比上的优势。第三，南昌起义不像“城市中心论”那样，主张以城市革命为中心，以农村斗争为辅助。南昌起义从酝酿到爆发，从未提出过起义的目标是占领南昌，以这座城市为中心进行革命，而是南下广东，恢复广东革命根据地，再行北伐，完成革命大业。（罗惠兰《八一南昌起义70周年理论研讨会综述》，《江西社会科学》1997年第9期）

关于南昌起义、湘赣边界秋收起义、广州起义比较研究 有作者对此进行了综述与评析。关于指导思想与方针政策：三大起义都是以武装革命反抗国民党反动派的屠杀政策，建立人民自己的武装，以武装斗争推进土地革命。不同点是，南昌起义对国民党性质认识不清楚，企图打着国民党旗帜进行革命；秋收起义彻底同国民党决裂，坚持和发展了“八七”会议在土地革命和武装斗争方面的正确方针政策，同时还纠正了中央领导方面的一些错误；广州起义是在“左”倾盲动主义的中央精神指导下进行的以城市为中心的武装斗争。关于对中国革命道路的探索：三者都是大革命失败后对中国革命新道路的伟大探索，最终都走上了建立农村革命根据地，武装夺取政权的共同道路。但道路探索又呈现出不同的特点。南昌起义在南昌暴动胜利后，按预定计划南下，造成失败，余部在朱德、陈毅率领下进军湘南，最后到井冈山同秋收起义部队会师。经历的是一条曲折的“N”型道路。秋收起义暴动于湘赣边界，把矛头指向中心城市长沙，起义受挫后断然转向江西农村，终于在井冈山开创了第1个农村革命根据地，走的是一条“V”型道路。广州起义爆发在中心城市广州，也死守广州，失败在广州，最终只撤出少量部队到农村，它走的是一条“，”道路。其历史意义：南昌起义打响了武装反抗国民党反动派的第1枪，是创建人民军队的开端；秋收起义第1次打出共产党自己的旗帜，把革命的退却与革命的进攻巧妙地结合起来，成为我党历史上以实际行动实现第1次伟大历史性转变的新起点；广州起义第1次打出共产党党旗，创建了第1个城市苏维埃政权。更大的意义在于为全党提供了有益的启示：必须把马列主义同中国革命实际相结合，走一条中国革命的新道路。（杨建成、黄立军《近十年来南昌起义若干问题研究综述》，《党史研究与教学》1997年第4期）有作者对南昌起义和秋收起义进行了比较，指出，其相同之处为：都是在中国共产党坚强领导下进行的，都表现出中国共产党人不屈不挠敢于斗争的无畏精神；都是以革命的武装反对反革命的武装，都是把斗争矛头直接指向代表帝国主义、封建势力的蒋介石、汪精卫之流；都注重部队的政治思想工作，注重加强军队的建设；都注意到动员民众参与，发动和依靠广大人民群众；都实行了分兵战术，并由此影响了起义的成败。不同之处在于：第一，关于举什么旗子，南昌起义尽管是中国共产党组织领导的，但是，打的却是国民党左派的旗帜；秋收起义打的是共产党的旗帜，体现出中国共产党领导、独立组织的原则，部队也称为工农革命军。第二，关于起义规模，南昌起义比秋收起义规模大得多，它是中共首次发动的武装暴动，又是在敌人占据的中心城市举行，因而其当时的影响也要比秋收起义大得多。第三，关于起义的发展方向，两次起义的初衷，都是夺取敌人占据的中心城市以此来打击国民党新军阀的统治，挽救党的革命事业。它们之间的差别是，南昌起义大军南下广东，在广东潮汕地区遭到巨大损失而失败。秋收起义部队在进攻长沙受挫后，退兵文家市，进军井冈山，使这支小部队转危为安，走上了以农村为依托向国民党反动势力发起新的进攻的正确轨道。（桂玉麟《南昌起义和秋收起义的异同及历史经验》，《江西社会科学》1997 年第 7 期）

关于人民军队初创时期问题的研究 有作者对红军初创时期毛泽东的政治建军思想作了论述，指出：人民军队的性质、任务决定必须从政治上建军；政治建军的核心是坚持党对军队的绝对领导；完善的政治工作制度是实现政治建军的可靠保证。（于化民《红军初创时期毛泽东的政治建军思想》，《军事历史》1997 年第 1 期）有作者对朱德在探索中国革命道路、创建人民军队方面的历史功绩作了探讨。指出，在南昌起义失败后，他及时提出把武装斗争同农民运动相结合，在农村选择立足点的政治战略转变思想；在赣南，他着手对部队进行了思想、组织整顿，提出由正规战转向游击战的军事战略转变思想；他领导发动的湘南农民暴动，是一次农民起义，建立工农政权的成功尝试；尔后，他又率部上井冈山，与毛泽东一起开拓了一条“农村包围城市，武装夺取政权”的正确道路。从此，中国革命向着一个新的方向走向胜利。（万建强《朱德对探索中国革命道路的杰出贡献》，《江西社会科学》，1997 年第 3 期）

关于红军长征由局部发展到全局的原因 有学者著文对此作了分析，指出：湘赣和湘鄂赣苏区组成的红六军团西征，拉开了红军战略转移的序幕。中央红军主力开始转移后，不能在长江以南落脚，只好继续远走，形成为长征。红二十五军也离开鄂豫皖边区进行战略转移。战斗在川陕苏区的红四方面军先后取得了反对敌人“三路围攻”和“六路围攻”的胜利，继而又取得了嘉陵江战役的胜利，但张国焘认为革命战争已转为低潮，命令红四军方面军向川西转移。留在江南的红二、六军团已成孤军，不胜敌人重大压力，最终也实行战略转移。这样，战略转移由局部发展到全局，发展为南方红军各部的分别长征。（陈伙成《浴血反“围剿”，烈火铸军魂》，《军事历史》1997 年第 1 期）

关于长征的胜利与中共第 1 代领导集体的形成 有学者对此进行了探讨，指出，第 1 代领导集体在遵义会议实现伟大历史转折中建立；第 1 代领导集体在领导中央红军取得长征胜利中得到巩固。“四渡赤水”的胜利和会理会议的召开，巩固了毛泽东军事领导的地位。一、四方面军会合后对张国焘的团结和斗争，巩固了第 1 代领导集体的领导地位，并为尔后三大主力的会师打下了基础。中央红军落脚在陕北，结束长征，为第 1 代领导集体在全党全军领导地位的完全确立打下了坚实的基础；红军三大主力胜利会师是第 1 代领导集体对全党全军领导地位完全确立的标志。（程中原《长征的胜利和中共第 1 代领导集体的形成》，《中共党史研究》1997 年第 4 期）

关于长征中红军炮兵的研究 有作者考察了长征中红军炮兵的编成及变化，论述了红军炮兵在长征中的作用：协同步兵作战，发挥炮兵火力突击作用；关键时刻大显神威，发挥炮兵的铁拳头作用；配合先遣部队开辟前进道路。（曹培旭、陈英杰《长征中的红军炮兵》，《军事历史》1997 年第 1 期）

关于少数民族在红军长征中的地位和作用研究 有作者著文指出，红军长征胜利与少数民族的大力支持是分不开的。在理论上，中国共产党把正确解决民族问题、争取少数民族看作是对于中国革命胜利有决定意义的问题；在人力上，各族儿女采用各种方式积极支援并踊跃参加红军，给红军注入新鲜血液，壮大了革命武装力量；在道义上，少数民族人民积极救死扶伤，掩护红军伤病员，保存了革命有生力量，增强了红军部队的战斗实力；在物质上，少数民族人民无私的支援和帮助，保证了红军的供给和鼓舞了战士们的斗志。（周瑞海《论少数民族在红军长征中的地位和作用》，《宁夏大学学报》1997 年第 1 期）

关于红二方面军长征 有作者著文指出红二方面军长征的特点：红二、红六军团是在其他主力红军长征后，唯一留在南方、并完成了策应中央红军战略转移的任务后才开始长征的；是在战略转移中根据实际情况逐步确定战略行动方针，以逐步转进的方式完成长征的；是以大规模的运动战、游击战突破敌人的重围堵截的。（崔利民《红二方面军长征的显著特点》，《军事历史》1997 年第 6 期）

红军长征胜利与毛泽东的谋略 有作者著文指出，红军长征胜利的一个重要原因是由于毛泽东高超的谋略。主要为：审时度势，力主红军向黔东进军；抓住机遇，巧力疏通，力争扩大反“左”阵营；遵义会议上，毛泽东紧紧抓住军事问题，解决主要矛盾，巧用“示形”谋略，充分掌握对敌斗争的主动权；原则性和灵活性相结合，妥善处理同张国焘的斗争。（胡琍华《略论红军长征的胜利与毛泽东高超的谋略》，《湘潭大学学报》1997 年第 4 期）

评张闻天对红军长征胜利所作的贡献 有作者著文对此进行了探讨。认为，其贡献主要为，在《红色中华》上发表《一切为了保卫苏维埃》的社论，正确阐明战略转移的必要和目的；敢于斗争，积极支持毛泽东改变进军方向的正确意见；提建议，努力促成遵义会议的召开；高风格，自觉确立毛泽东在党和红军中的领导地位；讲原则，坚决反对张国焘的逃跑主义和分裂活动；明方向，共同确定将长征落脚点放在陕北。（张寿春《张闻天对红军长征胜利的杰出贡献》，《南京社会科学》1997 年第 2 期）

蒋介石与地方军阀的矛盾与红军长征的胜利 有作者著文指出：西南 6 省军阀在南京国民党政府建立后，纷纷投靠蒋介石，但始终与蒋介石中央政府貌合神离，以求保持半独立状态。蒋介石对这些拥有实力而又非自己嫡系的军阀既要笼络收买，又想排斥消灭。当中央红军从闽、赣向西南转移时，蒋介石企图趁消灭红军之机，削弱和控制地方势力，以收到一石二鸟之功效。西南军阀既怕红军入境，动摇自己地位，又怕蒋介石乘机染指他们的地盘。红军巧妙地利用这一矛盾冲突，打破了蒋介石的围追堵截，从而取得了长征的伟大胜利。（吴兴河《蒋介石与地方军阀的矛盾与中央红军长征的胜利》，《龙岩师专学报》1997 年第 1 期）

毛泽东在争取东北军联共抗日方面的作用 有的学者著文指出，以张学良为首的东北军之所以能够走上联共抗日道路并发动震惊中外的西安事变，中共抗日民族统一战线政策的感召以及中共中央和红军领导人对其争取应是重要因素之一。尤其是直接领导这项工作的毛泽东在争取东北军联共抗日方面做了大量工作，起了决定性作用。第一，确定了正确的统战原则；第二，争取俘虏，使其成为红军的“义务宣传员”；第三，主持谈判，促进合作；第四，真诚的帮助，更坚定了张学良及东北军联共抗日的信念。（陈肖沫《毛泽东在争取东北军联共抗日方面的作用》，《东岳论丛》1997 年第 3 期）

抗日战争时期军战史研究 **论中共的全面抗战路线** 有的学者指出，中国共产党的全面抗战路线，正式形成于 1937 年 8 月中共中央洛川会议。全面抗战路线是中国共产党指导对日抗战的总路线，但是，它的名称一直没有固定下来，其内容也随着抗日战争形势的不断变化而丰富和发展。中共扩大的六届六中全会提出“基本任务”，1939 年中共中央提出“总的方向”，中共七大提出“路线”。七大路线是全面抗战路线发展的最后阶段，不仅得以精辟地表述，而且得以科学地阐发和准确的规定。（叶成林《全面抗战路线的形成与发展》，《中共党史研究》1997 年第 1 期）

关于敌后战场的研究 有作者著文对中共领导的敌后战场在抗日战争中的作用作了探讨。认为，抗战初期，敌后战场的开辟与扩大，改变了中国战场的战略态势；相持阶段前期，敌后游击战争特别是“百团大战”的胜利，缓解了国民党战场的军事政治危机；太平洋战争爆发前后，敌后军民顶住日军压力，成为支撑危局的中流砥柱；抗战后期，敌后解放区军民大举反攻，加速了中华民族抗战的最后胜利。（柳茂坤《论敌后战场在抗日战争中所起的决定性作用》，《军事历史》1997 年第 2 期）有作者著文指出，八路军从出师抗日，到基本转入敌后作战，是经历了一个过程的。大体可以分为 3 个阶段：第 1 阶段，从 1937 年 9 月到 10 月下旬。虽然在八路军出师前毛泽东曾提出以一部兵力向敌后挺进，但这一阶段八路军实际在战略上尚未实行向敌后发展。第 2 阶段，从 1937 年 10 月下旬到 1938 年 4 月。八路军主力在敌之翼侧开展游击战争，发动群众，建立根据地，同时提出向敌后发展的任务，并开始派部队深入敌后开展游击战争，建立根据地。第 3 个阶段，1938 年 4 月到 6 月。党中央和毛泽东根据华北战场的新形势，明确提出大力向敌后发展的任务，八路军的大部分转入敌后。总之，八路军向敌后进军是经历了一个逐步实施的过程的，是适应华北战局变化和作战的需要，从敌之翼侧逐步地转入敌后作战的。正确地了解和认识这个过程，对于进一步理解中国共产党独立自主的游击战争战略方针，了解人民军队进行抗日战争的历史，都是不无必要的。（严志才《试论抗战初期八路军挺进敌后的逐步实施过程》，《东北师大学报》1997 年第 3 期）有作者对抗战初期八路军与国民党军在华北战场的合作进行了探讨。主要表现是，八路军推进敌后和翼侧，配合国民党军对日正面作战；国共两党军队统一编组，共同作战；八路军开展华北平原游击战，与华中国民党军配合作战；敌后游击战争之发展，得到国民党正面战场的配合；通过各种途径影响和帮助国民党军队。（马增浦《抗战初期八路军与国民党军在华北战场的合作》，《军事历史》1997 年第 5 期）

关于百团大战研究　有作者著文对百团大战对国民党抗战态度的影响进行分析。指出，第一，在军事上，百团大战予华北日军以重大打击，直接减轻了日军对国民党战场的压力，使日本企图利用德、意胜利的形势加大对国民党军事压力，彻底解决“中国事变”的方针落空；第二，在政治上，打破了国民党散布的“八路军游而不击”、“专打友军”的谣言；第三，有力地打击了国民党内妥协动摇倾向；第四，百团大战是中国共产党用来反对国民党发动新的反共高潮的有力武器。（刘贵福《百团大战对国民党抗战态度的影响》，《辽宁师范大学学报》，1997 年第 5 期）

冀中根据地反“扫荡”研究　有作者著文对冀中根据地在“五一”反“扫荡”中对党的策略的正确运用进行了研究。主要有：“避实击虚、以外合内”，成功地运用“敌进我进”方针；适时调整斗争策略，转变组织形式和斗争形式，将武装斗争和其他形式斗争紧密结合；广泛运用党的两面政策，使日军更加陷于孤立境地，由此稳住了形势，取得了反“扫荡”斗争的胜利。（田苏《冀中根据地在“五一”反“扫荡”中对党的策略的正确运用》，《中共党史研究》1997 年第 1 期）

关于敌后抗日根据地　有的作者对史学界关于中共领导的抗日根据地是 19 个的说法提出质疑，认为不是 19 个而是 16 个。（房列曙《十九个抗日根据地质疑》，《中共党史研究》1997 年第 4 期）

解放战争时期军战史研究

关于东北解放战争的研究　有学者著文指出，许多人根据东北解放战争初期，人民解放军且战且退，尤其是四平保卫战失利，认为中共中央关于争取东北的战略方针得不偿失。这是没有把中央的战略方针放在美苏妥协及国共和谈——关内停战、东北亦可能停战的全局上来考虑。人的认识需要一个实践、认识、再实践、再认识的过程。当时，中共军队比国民党军早进入东北两个月，兵力发展很快，已解放许多大、中、小城市，再加上有苏军的帮助，当时的东北对中共十分有利，没有理由非得先到农村去。后来国民党军进攻东北，苏军态度亦有变化，中共中央由“独占东北”变成且战且退，配合国共谈判，争取中共及其所领导的军队在东北的一定地位。如果中共军队不是逐次抵抗，消耗国民党军，国民党军毫无损失地占领大、中城市后，仍然会全力攻打已被中共军队解放的小城镇及广大农村。中共军队英勇作战，为建立东北根据地争取 7 个月时间，也大量消耗了国民党军的实力，因而才有 1946 年 6 月的东北停战，并保住了一部分根据地和游击根据地。从这个意义上讲，东北解放战争初期，中共争取东北的大方针基本上是正确的。（刘信君《东北解放战争史研究述评》，《社会科学战线》1997 年第 3 期）

关于战略进攻的研究　有作者分析了人民解放军由战略防御转入战略进攻的特点，主要有：转入进攻的时机，不是等完全粉碎国民党军的战略进攻和人民解放军在数量上由劣势转化为优势，就以主力打到国民党统治区去，实行战略进攻；战略进攻的主要方向不是直指国民党实行重点进攻的主力集团，而是指向国民党军兵力空虚的战略纵深和关系其统治安危的以大别山为前哨的中原地区；战略进攻不是采取一线平推，长驱直入，夺取大中城市的模式，而是采取以主力挺进到敌人的战略纵深的跃进样式；战略进攻实行内外线配合，三军挺进、两翼牵制的战略部署。（周宏雁《论人民解放军由战略防御转入战略进攻》，《军事历史研究》1997 年第 3 期）有作者撰文指出，在无后方作战，敌人对付革命的手段特别残酷，北方部队到南方作战一时难适应的情况下，大别山斗争能取得胜利，基本原因是刘伯承、邓小平遵照中共中央和毛泽东关于大别山斗争的一系列重要指示，紧密结合大别山的斗争实际，制定了正确的军事政策和其他政策，解决了“多打胜仗”与“争取群众”这两个关键问题。具体为，处理好打胜仗与占地方的关系；灵活执行分散发动群众与集中对付敌人的原则；消灭敌正规军与消灭地方反动武装并重；严格掌握不打无把握之仗的原则。（周宏雁《论刘邓大军转战大别山斗争的历史地位》，《中共党史研究》1997 年第 4 期）

关于战略决战研究　有作者著文对毛泽东战略构想的演进与大决战的关系进行分析。指出：毛泽东关于北线作战的构想经过了从东北野战军与华北野战军同时解决东北、华北国民党军，到先歼灭卫立煌集团，再解决傅作义系统的过程，为辽沈、平津战役的胜利奠定了基础。毛泽东关于南线作战的构想，经过了从外线出击到内线作战；大举出击，经略中原；从渡江南进到集兵江北，为淮海战役的胜利铺平了道路。从战略构想与大决战的关系来看，有 3 点重要启示：要赢得战争胜利，必须全局在胸；必须在实战中修改、完善和发展军事计划；注意倾听下级指挥员的意见。（温瑞茂《毛泽东战略构想的演进与大决战》，《中共党史研究》1997 年第 4 期）

关于渡江战役研究　有作者著文，继续对斯大林是否曾劝阻中共军队过长江的问题进行考证。指出：新近披露的材料表明，米高扬没有转达斯大林劝阻过长江的口信。有关当事人的回忆否定了斯大林带上述口信的说法。其中包括中方翻译师哲等。米高扬不仅没有建议中共不要过长江，而且主张尽早完成对中国（南京、上海等）主要工业城市的占领和尽快在联合政府的基础上成立中国革命政府。作者认为，关于斯大林劝阻过长江的说法，是毛泽东根据斯大林长期以来在中国问题上的态度和表现，在解放大军渡江前夕对斯大林行为动机的一个认识和判断。这种说法的产生既是毛泽东个人主观认识的产物，也是长期以来斯大林的对华政策所造成的消极后果。（张小明《对斯大林曾否劝阻过长江问题的再思考》，《历史教学问题》1997 年第 5 期）

解放战争时期军队院校建设 有作者著文指出，解放战争时期，全军初步形成适应当时军队建设需要的院校教育体系。军队学校建设的主要特点是坚持直接服务于战争的办校方针；坚持紧密联系战争实际的教学原则；培养一支适应战时教育需要的教员队伍。（龚德盛《全国解放战争时期的军队院校》，《军事历史研究》1997 年第 3 期）

解放战争歼敌总数考 解放战争中，人民解放军消灭国民党军总人数，有两种数字，其一是中国人民解放军总部发布的战绩总结公报，共 807 万；其二是新编中国人民解放军各野战军战史提供的数字，共 1065 万。有作者著文指出，两种数字的不同在于，前者不包括 1945 年 9 月至 1946 年 6 月的歼敌数，也不包括全国大陆解放后消灭土匪的数字，而后者包括。（枫叶《解放战争消灭国民党军的总人数是多少》，《军事历史》1997 年第 3 期）

中华人民共和国时期军战史研究 **新中国成立后人民解放军历次作战的战略战术** 有作者对此进行了考察，认为其中包括战略追击、渡海攻岛作战、剿匪作战和边境自卫作战中的战略战术等。强调要采取偷渡、强渡与打小歼灭战的方法，实施渡海登陆作战；陆海空三军密切协同，强行渡海登陆作战；在边境自卫作战中，要坚持积极防御、后发制人的战略方针。（邓礼峰《建国后我军历次作战中的战略战术》，《军事历史》1997 年第 6 期）

抗美援朝战争研究 有作者对抗美援朝战争使解放军作战观念发生的几个转变进行了探讨，认为主要有：由单一步兵作战向现代多兵种联合作战的转变；由平面作战向现代立体化作战的转变，由打战略战役大歼灭战向打战术性小歼灭战的转变；由注重打运动战向既注重打运动战，又注重打阵地战转变；由单纯前沿作战向现代前后方全面作战转变；后勤保障由“小米加步枪、仓库在后方”向组织现代后勤保障的转变。（齐德学《抗美援朝战争使我军作战观念发生的几个转变》，《军事历史》1997 年第 1 期）针对史学界关于原总参作战室主任雷英夫 1950 年 8 月下旬最早作出美军可能在仁川登陆的判断的说法，有作者著文指出：这是缺乏根据的。毛泽东、周恩来等早在雷英夫之前一个多月就对美军可能在仁川登陆作出了明确判断。（姚莲瑞、齐德学《谁最早对美军的仁川登陆作出判断》，《军事历史》1997 年第 5 期）

人民解放军炮击金门作战研究 有作者著文分析了“第 2 次台海危机”前因后果，指出，美国的强权政治与台湾当局的军事挑衅是造成 1958 年台湾海峡紧张局势不可忽视的因素。美国大力武装国民党军队的意图是迫使中国政府承认美国对台湾的控制，而台湾与美国在台海战略上存在多处重大分歧，台湾当局则有意地加剧中美之间在台海的直接军事对抗，以便从中渔利。中国政府炮击金门的军事行动，直接动因是配合中东人民的斗争，牵制美国在中东的战略部署，但是深刻的动因却是增强在台海军事行动的威慑力量，打击美蒋的嚣张气焰。两者的结合使得这次属中国内政的军事行动带有更多的国际特色。第 2 次台海危机对海峡形势产生重大影响，促使中美台 3 方各自在中国统一问题上基本目标和政策的形成。美国对台政策的基本目标是：既要确保台湾掌握在国民党手里，又要避免直接卷入沿海岛屿的防务，其本质是保持大陆和台湾分离的局面，最终走向“两个中国”或“一中一台”。台湾当局的政策目标，不是“两个中国”而是“一个中国”，即恢复其在全中国的统治地位，面对中共强大的武装力量和美国不愿承担风险的现状，只有采取政治解决的途径。中国政府对金、马政策的调整，不仅解除了台湾当局在沿海上的压力，还形成了一套完整的符合民族利益的对台湾和沿海岛屿的政策。中国领导人还抓住台湾局势缓和的时机，提出了统一祖国的许多重要原则，为日后邓小平独具有特色的“一国两制”构想奠定了基础。（江瑜《“第 2 次台海危机”前因后果析》，《四川教育学院学报》1997 年第 2 期）

关于中共及其领导的人民军队的军事战略转变 有作者著文指出，中国共产党在建军以来 70 年间，进行过数次军事战略转变，人民军队在这些军事战略转变中也随之发生了数次变革。这些转变和变革主要有：由国内游击战争到国内正规战争的转变和变革；由国内正规战争到抗日游击战争的转变和变革；由抗日游击战争到抗日正规战争与国内正规战争的转变和变革；由国内正规战争到准备实行初级的现代化正规战争的转变和变革；由准备应付现代化常规战争与核战争到准备应付一般条件下局部战争的转变与变革；由准备应付一般条件下局部战争向准备应付现代技术特别是高新技术条件下局部战争转变的开始等。作者认为，这些军事战略转变和变革，有以下规律和经验：军事战略转变依赖于一定的物质条件；军事战略转变离不开领导者的主观能动作用；军事战略转变应始终遵循军队组织形式与作战形式原理；军事战略转变必然引起军队建设的相应改革；军事战略转变必然引起军事理论的相应发展。（陈伙成《党的七次军事战略转变和人民军队的发展变革》，《中共党史研究》1997 年第 4 期）

关于人民军队的政治建设研究　有作者著文指出，中国共产党领导的革命，是在极为特殊的半殖民地半封建国家条件下进行的。在这一国度中开展武装斗争并锻造出一支完全属于自己的革命武装，党所面临的问题错综复杂。党在革命战争中逐步探索出一整套行之有效的原则和方法，从组织上、思想上和政治上成功地解决了锻造农民革命武装为完全无产阶级化的人民军队的重大历史课题，形成了独有的特色和经验。这就是，把军队置于党的领导之下，坚持党对军队最高的、绝对的、唯一的领导权；用超越农民意识的思想政治教育提高官兵政治觉悟，使之臻于无产阶级的思想政治水准。（李作民、仲华《锻造无产阶级军队的成功之道》，《南京政治学院学报》1997 年第 4 期）

关于人民军队的对敌工作　有作者著文指出，在中国民主革命战争史上，反动军队中部分官兵在觉悟后，或举行起义，或接受改编，或投诚反正，或自愿成为俘虏，站到人民一边，加入人民军队，是一个重要的规律。中国半殖民地半封建社会是这一客观规律存在的社会根源。这一特殊的社会性质决定了帝国主义和封建主义是中国民主革命战争的对象。反动军队中向往独立民主、和平统一的爱国官兵日趋觉醒，不愿做帝国主义和封建主义的战争工具，他们是中国人民抗争图强的一支重要力量。中国反动军队特殊的阶级构成和官兵的重要来源，是产生这一规律的内在因素。中国是一个农业大国，农民占全国人口的 90%，反帝反封建的要求强烈；工人阶级虽人数较少，但革命觉悟高。这两个阶级出身的人在军队中占绝对数量。民族资产阶级和小资产阶级，受帝国主义和封建主义双重压迫，是在帝国主义和封建主义夹缝中成长的，有革命性的一面，他们在反动军队中具有代表性。而顽固势力则是封建地主军阀和后来的官僚买办，他们在军队中最为保守，极端反动。反动军队的这种阶级构成注定了投身革命、代表人民的阶级必然从反动营垒中分化出来。一些中下层甚至上层军官出身小知识分子或小生产者，在民主革命中易受进步思想影响；谁能解决农民的土地问题，农民出身的士兵就会站到谁一边。（尹德慈《论中国民主革命战争史上的一个重要规律》，《青海社会科学》1997 年第 2 期）

关于人民军队的正规化建设　有作者对人民军队条令条例的形成与发展的历史进行了考察，指出，在革命战争时期，军队条令条例建设处于起步和创立阶段，奠定了基础；50 年代和 60 年代初期，是条令条例建设全面展开阶段，已初具规模；新的历史时期，条令条例建设进入深入发展阶段，基本形成体系。（王安《关于我军条令条例的形成与发展的 3 个阶段》，《军事历史研究》1997 年第 3 期）

中国关于第二次世界大战史研究　**关于第二次世界大战中中国战区的研究**　有作者对第二次世界大战中中国战区的地位作用进行了分析。指出，第二次世界大战主要集中在两个战场，一个是对付德意法西斯的西方欧洲战场，一个是对付日本法西斯的远东太平洋战场。中国战区是太平洋战争中陆战的主要战场，抗击着 80% 以上的日本军队，在世界反法西斯战争中占有举足轻重的地位，为打败日本帝国主义作出了巨大贡献。在太平洋战争前期，中国战区的主要作用为，首倡建立国际反法西斯统一战线；第 3 次长沙会战，策援美、英，歼敌 5 万；第 1 次缅甸战役，中国远征军异域扬威；浙赣战役，日军劳师折将，所获甚微；解放区战场的英勇抗战，使日寇陷入人民战争的汪洋大海之中。在太平洋战争后期，中国战区的主要作用为，鄂西、常德会战，歼敌 5 万；第 2 次缅甸战役，远征军占领缅北；解放区战场的反攻对日寇的败亡起了不可或缺的作用。但长期以来，国际上欧美史学界囿于“欧洲中心论”和狭隘民族主义观念的束缚，不能给予中国抗战以应有的地位；在国内，或是对正面战场估计不足，或是对解放区战场估计偏低，从而大大低估了中国战区在太平洋战争以至世界反法西斯战争中的作用。在战争中，中国跻身于四强，与美英苏并列，其大国地位不是自封的，而是几百万爱国将士浴血奋战打出来的。（冯治、王磊《太平洋战争中的中国战区》，《东南文化》1997 年第 1 期）

关于中国抗日战场与世界其他反法西斯战场的相互配合与支援　有作者指出，中国战场对世界反法西斯战场的配合主要表现在：中国抗日战场的持久抗战，打乱了德意日法西斯的全球战略计划，有力地支援与配合了欧洲战场；粉碎了“远东慕尼黑”的阴谋，对国际反法西斯统一战线的形成和扩大起到了促进作用，为世界反法西斯战争的胜利做出了重大贡献；中国辽阔的战场，为盟军提供了大量重要基地和作战情报，直接支援了同盟国的反法西斯斗争；中国抗日战争独具特色的游击战理论和卓有成效的斗争实践，极大地丰富了世界反法西斯战争的理论宝库，并为世界其他反法西斯战场树立了以弱胜强的光辉榜样。世界其他反法西斯战场对中国抗日战争的配合主要表现在，在经济上以及国际交通口岸方面的援助，维持了中国国统区抗战经济以及外援接济，打破了日本对于中国长期实行的陆地和海空的严密封锁和禁运；在政治上和道义上给予中国抗战以声援，鼓舞了中国抗日军民的抗战士气；在武器装备上的援助，改善了中国抗战武器落后和匮乏的状况，在一定程度上提高了国民党军的作战能力，扭转了正面战场的危局；各国派遣来华的陆海军人员和其他人员，补充了中国正面战场各类专业技术参谋人员等的不足，并通过这些"媒介"向世界介绍了中国人民浴血抗战的事迹。(彭训厚、田玄《论中国抗日战场与世界其他反法西斯战场的相互支援与配合》，《军事历史研究》1997 年第 4 期)

关于日本对二战罪责认识问题的研究 有作者就德国与日本对于第二次世界大战的不同态度进行了考察，指出，日本和德国同为第二次世界大战的发动者，在如何对待二战中的侵略罪行问题上，有着截然不同的态度。德国深刻反省，取信于世，日本却竭力掩盖，欺骗世人。关于战争的性质，德国自二战结束以来，历届政府一直在致力于消除德国纳粹主义污点，一直在明确无误地向当年的受害者表示歉意和悔恨。日本则总是掩盖战争真相，愚弄国民，推卸责任。德国出台世界第一部反法西斯意识形态法律，而日本的"不战决议"却难产。在历史教科书问题上，德国由回避、掩盖到彻底揭露历史；日本则由掩盖、抹杀到篡改歪曲历史。上述情况，是由德、日两国不同的历史、现实和认识造成的必然结果。由此形成了两国在今天的国际社会中迥然不同的国际形象。(龚维华《德国和日本对二战的不同态度述评》，《天中学刊》1996 年第 4 期）有作者分析了日本否认其战争罪责的原因，认为至少有 3 方面的原因。首先，这与战后美国的远东政策有关。随着美苏冷战的开始，特别是中华人民共和国的建立以及随之而来的朝鲜战争的爆发，美国为把日本变成亚洲的一个"反共堡垒"，除在经济上积极对日援助外，又在政治上强化日本的保守势力。其次，日本在挨原子弹轰炸问题的认识上存在片面性。它实际上是日本政府长期推行对外侵略扩张政策所造成的。对于日本发动的侵略战争，除了日本军部、军阀和天皇应承担挑起战争、加害亚洲各国人民的主要责任外，不能说日本士兵们对具体的暴行不承担一点责任。遭受原子弹轰炸，绝不能成为日本否认发动侵略战争的遁词。再次，是日本害怕赔偿的心理。(黄宗祥《日本对二战罪责的认识研究》，《新疆大学学报》1997 年第 2 期)

关于第二次世界大战与科学技术发展的关系的研究 有作者著文指出，科学技术是第二次世界大战战争进程的催化剂；科学技术决定了第二次世界大战是一场复合型战争；科学技术为第二次世界大战的全球规模提供了可能；科学技术促成了第二次世界大战复杂多变的作战方式。(李元奎等《科学技术对第二次世界大战进程及形态的影响》，《军事历史》1997 年第 6 期)

(江 英)

其他国家军事历史研究 **俄刊披露苏联曾派空军和防空军参加朝鲜战争** 据俄罗斯刊载俄军退役上校 B·戈洛久克的文章，披露了苏联空军和防空军部队在朝鲜战争中与美国空军作战的情况。1950 年 11 月，苏联空军和防空军派出歼击航空兵师参加朝鲜战争。首次参战的有 3 个歼击航空兵师，分驻中国的鞍山和安东（今丹东）等机场，担负掩护朝鲜北部的交通线和机场、中国东北部工业和行政中心，及鸭绿江大桥等目标的任务。1950 年 12 月，以上述 3 个航空兵师合编为第 64 歼击航空兵军，军长为别洛夫空军少将，并以克拉索夫斯基空军上将为首的苏联空军作战组对参战苏空军实施总的领导。1951 年 2 月起，苏军决定派航空兵部队轮流参战。6 月，给第 64 歼击航空兵军增编了第 18 航空技术师。此后，该军经常保持 2 至 3 个歼击航空兵师、1 个夜航团；另编有 2 个高炮师、1 个探照灯团。前后共有 10 个歼击航空兵师和 2 个独立团参战，另有 8 个航空兵师参加过对中朝空军飞行人员的培训。在 1950 年到 1953 年的空战中，苏军航空兵共击落美机 1106 架，自己损失 335 架。另外，防空军的高炮部队还击落美机 212 架。(〔俄〕B·戈洛久克《朝鲜战争中的苏联空军》，俄罗斯《军队文集》杂志 1996 年第 6 期；中国《军事史林》1997 年第 1～2 期)

德国发动二战蓄谋已久 据德国《时代》周刊报道，最近发现的档案记录显示，德国早在阿道夫·希特勒践踏凡尔赛条约并开始公然重整军备之前 10 年即 1925 年，就开始为第二次世界大战制订计划。德国的这些秘密计划是在华盛顿国家档案馆找到的。这些计划要求将第一次世界大战后允许德国拥有的 10 万兵力扩充至 280 万，希特勒 1939 年入侵波兰时已经拥有那么多的兵力。甚至连纳粹军队的组成结构——8 个完整的集团军、102 个师和 252 位将军——都与德国国防军的汉斯·冯·泽克特将军受命制订的计划相符，而希特勒当时还只不过是慕尼黑的一名不起眼的蛊惑人心的煽动者。这一发现给战后有关国防军"清白"和专业的神话又一沉重打击。国防军在 1919 年至 1935 年称作德国国防军——希特勒就是盗用了这支军队的指挥权而为所欲为的。

该刊说，长期以来，历史学家们一直怀疑，德国军方上层人物早在希特勒于 1933 上台并下令重整军备之前就计划为德国在第一次世界大战中战败复仇。这项计划正是证明历史学家这种怀疑不无道理的“重要文献”。草拟这项计划的军官之一瓦尔特·贝施尼特 1960 年对这项计划所作的说明中称该计划的筹备工作是“绝密”，并且说，参加者不得不使用假名，而且要宣誓保守秘密。

这项计划注重为战争筹备武装部队，而不是决定德国应当采用何种战略以雪凡尔赛条约之耻和重掌欧洲霸权。这项计划的财政要求如此巨大，以至德国国防军从 20 年代末起就有一项秘密预算，以满足其正常开支。这项计划是对法国和比利时于 1923 年占领鲁尔工业区作出的反应，旨在为德国有朝一日进行反击做好准备。军方准备在 1935 年开战，当时，由于一战后出生率下降，法国的国防力量将开始削弱。希特勒在 1933 年上台后全盘采纳了将军们的这项秘密计划，其中包括要求德国社会通过实施大规模的体育运动计划来间接地实现军事化，以便为全面战争做准备。希特勒于 1935 年撕毁了凡尔赛条约，将德国国防军更名为国防军，并且宣布了公开重整军备的计划，从而导致四年后爆发了战争。(［德］卡尔·迪克斯《德国发动二战蓄谋已久》，德国《时代》周刊 1997 年 3 月号)

（石　慧）

其他军事学科理论研究

中国关于其他军事学科理论研究　中国比较军事学研究　**美俄军野战防空理论比较研究**　有作者撰文运用比较军事学对美俄两军野战防空理论进行了比较研究。

关于野战防空的作战指导思想。美军野战防空的作战指导思想是：有效地使用进攻和防御两种力量进行防空，主要是实施进攻作战，即运用空军先发制人，到敌方国内斩断祸根。俄军比较重视发展多种防空武器，用以阻止敌方所取得的空中优势，特别重视发展地面防空武器。

关于编制装备。在武器装备方面，美、俄军的共同点是：以地空导弹为主，以低空近程防空作战武器为主。但两者采取的方针不同。美军发展的武器系列重技术质量，各种型号武器都有明确的作战空域分工，型号系列简单。而前苏军防空导弹系列庞杂，型号多，相互重复。在编制方面，美、俄军的共同特点是：各级部队都编有防空兵。不同点是：美军编制比较灵活，不拘一格，而俄（前苏）军编制相对整齐划一；俄军编制的防空兵器数量比美军多，美军防空炮兵数量明显不足。

关于指挥与协同。在指挥方面，美、俄军都采取向上集中控制、向下分散指挥的原则。但俄军比美军显得更加集中。对陆空协同，俄军和美军都十分重视，并规定专门机构负责。但在实施方法上有区别，俄军的协同方法，一是按作战空域区分任务，一是按目标高度、方向和时间分配任务。美军主要强调灵活运用这些方法，大部分采取临场协调。而美军比俄军重视预先协同，“空地一体战”中的陆空协同，一是双方依事先做出的程序安排行动，二是根据战场情况临场协调，由合成军队和空军军官共同组织。为搞好指挥与协同，美、俄军都十分重视自动化指挥。

关于战斗使用原则方面的特点。美军野战防空所遵循的“四大原则”至今仍然适用，并且又提出“集中火力、武器混编、相互支援、火力重叠、尽早拦截和纵深防御”等火力运用的 6 条方针。俄军防空兵的使用原则与美军大同小异，主要是：不断提高抗击敌空袭兵器全高度、全方位、饱和攻击的能力，并具有强大的火力；力争实施进攻性防空作战，并达成战斗的突然性。关于战斗使用中的掩护方法，美、俄（前苏）军都主张直接掩护和区域掩护相结合。但在“空地一体战”中，美军又提出“节省兵力”的新原则，并强调要以直接掩护为主，少搞或不搞区域掩护。而俄军则坚持区域掩护的观点不变。

美俄军野战防空弱点的对比。美军野战防空的主要弱点是：第一，地面防空兵力明显不足，营以下分队只有五个“毒刺”组，而这些武器对付低空快速目标仍有困难。第二，武器更新换代慢，在前沿地区缺乏高性能低空近程防空武器。第三，野战防空理论在其整个军事理论中，处于相对滞后的位置。一些人对俄军野战防空的可靠性提出怀疑。并认为，由于防空部队弹药消耗大，俄军后勤保障困难，很难保证防空部队跟随地面部队等速前进；俄军地面防空部队的电子战水平还较低；俄军野战防空制约条件多，如合成军队指挥员不注意防空战术的应用问题，就较难解

决。（武文军、崔国庆《美俄军野战防空比较研究》，《外国军事学术》1997年第7期）

对中日军事近代化问题比较研究 有作者撰文对中日两国军事近代化的背景和内容进行了比较研究，试图揭示日本成为军事强国，而中国军事近代化却陷入停滞状态的不同结局之症结所在。

中日两国军事近代化的历史背景和客观环境是相似的：第一，两国的军事近代化，都是在东西方的军事较量中被迫起步的。第二，两国的军事近代化都缺乏工业革命的支撑。然而，在传统军事体系的近代转换这一问题上，中日两国的军事近代化却表现出极大的差异。这种差异，又体现在军事体系中的军事制度、军事教育、军事思想等诸多方面。

(1) 从军事制度上看，日本军事近代化的主要内容是军事制度的近代化：确立近代兵役制度，建立近代常备军；谋求军队编制的近代化，以适应近代作战的需要；建立近代统率体制。而中国的军事近代化的重心则局限在武器装备上，兵役制度依然是陈腐的募兵制，军队编制落后，指挥体制混乱。中日军事制度近代化上的差异，是导致两国军事近代化不同结局的关键因素。

(2) 从军事教育的层面上看，日本通过建立近代化的军事教育体系，大大提高了中高级军官的战略意识和指挥水平，确立了新型军官群体的主导地位；而中国的军事教育则只注重低层次军事人才的培训，中高级将领却不屑于接受相应层次的近代军事教育，因此对于近代战略思想和作战原则表现出令人吃惊的无知。军事教育体系上的这种差异，对于两国的军事近代化产生了截然不同的影响。

(3) 从军事思想的层面上看，日本在明治维新后大规模地引进了西方的近代军事思想，奠定了军事近代化的理论基础；而在中国，传统兵学体系依然占据着统治地位。这种军事思想上的固步自封，必然导致中国军事近代化在较低的水平上徘徊。

(4) 在军事工业上，日本逐渐建立了自主型的近代军事工业体系，中国却始终未能摆脱依附发展的怪圈；在军事文化上，日本传统的尚武主义在近代获得了新的内涵，而中国重文轻武的观念依然根深蒂固。因而，当日本新兴资产阶级的扩张主义驱动其军事不断实现近代化的时候，中国的封建主义却排斥了被视为封建文明异己因素的近代化成果。（富玉振《中日军事近代化之比较》，《中国军事科学》1997年第1期）

（袁右军）

中国军事哲学研究 军事实践理念是军事哲学中最基本的范畴之一，有的作者就这个问题作了深入考察。主要观点如下：

军事实践理念概念由来 作者从实践理念与军事实践理念的关系着手研究军事实践理念。认为二者是一般和个别的关系。实践理念这一哲学范畴，所要说明的就是理论回到实践中去时的具体过程和内在机制。它是事先建立的关于实践过程和结果的观念模型，用于在预测的基础上，规划和设计未来行动，指示和决定实践活动，增强实践效用。军事理念是事先建立的作战活动的过程及其结果的观念模型。军事理念是马克思列宁主义认识论关于实践理念研究军事问题，指导军事实践活动的理论反映，是实践理念一般在军事领域里的具体展开和运用。它完全遵循实践理念一般的本质规定并发挥它所具有指导实践的功能，又有其独特的本质规定和结构功能，并以此使得辩证逻辑在军事领域得以充分体现和发挥其方法的功能。

军事实践理念的本质特征 军事实践理念是反映战争种种特殊规定性的辩证逻辑范畴，作为作战计划、作战方案，是军事理论发挥指导作用必须的具体化的环节，是一种特殊的对策认识，其本质特征可以从5个方面加以具体说明。(1) *军事实践理念反映敌我生死对抗关系*。互为主客体的敌我双方，其思维活动的内在矛盾无不带有激烈对抗性质。这种对抗关系集中体现在对象意识和自我意识、主体意识和客体意识的对抗关系之中。军事实践理念是多重认识关系的展开和组合，包括我对我的认识，敌对敌的认识；我对敌的认识，敌对我的认识；我对敌对我认识的认识，敌对敌对我认识的认识，敌对我对敌认识的认识，我对敌对我认识的认识。军事实践理念构成过程中的矛盾运动将思维活动的内在矛盾完全以对抗的关系加以充分展开和体现出来，其他特征均是这一本质在各方面的具体表现。(2) *军事实践理念是透过伪象的超前反映*。军事实践理念的超前反映是在军事认识的对抗关系中实现的。首先，客体主体化带来的反主体性。军事思维的主体所面对的敌方客体是有自觉理性的，往往以动机伪装的手段干扰、破坏主体的思维活动，思维主体不能直接感知客体意识即敌方动机。其次，军事思维主体自反性的盲动。军事思维主体通过主体的自反性求得知己。这种主体的自反性认识是在主体自我二重化为主我和客我，并由此构成对自身认识的认识系统中实现的。问题的复杂性在于，军事思维主体要认识自己必须通过与敌方客体的比较才得以实现，不仅如此，主体的自我认识还得通过认识敌方客体对我的认识而实现。敌方客体的动机伪装和反主体性增加了知彼的困难，极易形成错误判断，而这种知彼的虚假性作为主体自反性认识的中介必然使主体自我认识形成盲区。(3) *军事实践理念包含价值二*

元冲突。军事价值主要是指有助于作战胜利的有利因素对人的满足程度。敌对双方互为价值主客体，价值的实现是一方作为价值主体千方百计剥夺对方价值主体地位的过程。军事实践理念中这种军事价值二元对抗的性质主要表现在3个方面：一是军事价值主体追求的价值目标都是保存自己、消灭敌人。二是价值主体围绕作战目的，价值追求是满足其“小的代价，大的胜利”的价值目标。三是军事价值主体的价值实现处处体现力争主动、迫敌被动的精神。(4) 军事实践理念受强烈非理性因素影响。军事实践理念的非理性特征突出表现在：军事主体决策所依据的信息，一方面量大，使得信息的处理与选择成为困难，一方面真伪并存，因缺少真正确定的可靠的信息而造成情况判断依据不足。主体通过一定的情感体验，便可依据少量的内部信息重组外部信息进而认识敌方客体。(5) 军事实践理念要求创造性运用谋略。军事对抗是活力对抗。军事事件具有不可逆性，企图套用传统战法，囿于以往经验设计未来作战是不会成功的；军事现象的变化不定、真假难辩的特性，要求军事主体的决策过程必须是智力的创造性发挥、谋略的创造运用的过程。

军事实践理念的基本内容　(1) 对象性知识——对以敌方为中心的客体系统的认识。军事实践理念的对象性知识包括对敌我双方共有的作战环境条件的认识，对敌方物质客体系统的认识和对敌方精神客体系统的认识。(2) 主体性需要——作战企图。作战企图体现着主体的自觉理性，是主体支配未来作战活动的真正动因。以主体性需要为其核心内容的作战企图，相对于对象性认识，它是主体的自我认识的认识对象，即主体反观自身所需要把握的内容，它突出了主体的“明于知己”。(3) 预见性目的——作战决心。预见性目的是主体依据对主客体价值关系发展趋势的认识，自觉或不自觉地运用各种形式的预测手段，对主客体价值关系的未来理想状况作出展望和预见，在观念中建构起未来的价值模型，并以其作为自己活动的目标。作战决心是主体在全面了解掌握敌情、我情、地理环境等情况并作出分析判断的基础上，对作战目的和行动所作出的决定。(4) 实施性措施——作战方案。作战方案是主体对实现目的的具体途径、所需手段和活动方式在观念中的规划，是在主体头脑中建构的符合主体关系未来发展的主体活动模型。作战方案和作战决心有着非常密切的联系，也存在着区别。

军事实践理念的形成机制　军事实践理念的形成过程直接表现为军事决策过程。军事实践理念的形成机制本质上与军事决策的构成机制直接统一，军事实践理念与军事决策逻辑同格，军事决策系统是军事实践理念的具体展开，军事实践理念的形成机制通过军事决策表现出来。(1) 军事情况决策。军事情况决策是军事决策的逻辑起点，军事思维主体建构未来作战活动模型依赖的实然认识。情况决策的思维对象是军事信息和军事情报，它是作战决策的初始资料，有很强的意向性和目的性。其中，敌情决策是军事情况决策的核心内容。(2) 军事目标决策。军事目标决策是价值准则的集中体现，军事思维主体建构的未来作战活动结果的观念模型。目标决策以情况决策为基础，是对作战活动的发展趋势指出合乎主体愿望的方向并确定主体期望的发展终点；是主体预见性目的的具体实现。军事目标决策是以层次系统的方式存在着的，不同级别上的军事活动目标形成一个目的链。它的价值准则包括效益、代价、风险度，尽量小的代价、尽量大的效益和尽可能低的风险度之间的平衡，是目标决策的目的。(3) 军事行为决策。这是军事决策系统的中心环节，军事思维主体建构的未来作战活动过程的观念模型，作战方案成为军事实践理念的实现形式。军事行为决策是军事情况决策、军事目标决策的思维延续。它的直接结果是作战方案。作战方案决策过程是思维主体对预设战场及其进程的优化处理过程；这个过程是动态的，主体思维的流动性是战场情景变动性的主观反映。最后作者指出，军事实践理念作为观念的东西，当它物化为现实的军事实践活动时，不可避免地存在着主客观固有的矛盾，这就决定军事实践理念的物化过程一般的也是一个不断修正、调整甚至于重新形成的过程。(杨定宇《论军事实践理念》,《中国军事科学》1997年第4期)

(谢永亮)

中国军事史料学研究　有作者撰文指出，军事史科学，是军事历史学中一门最基础的学科。研究这门学科形成的历史过程和作用，是军事历史研究中的一项重要任务。

军事史料学的概念与史料种类。史料学是关于史料的本质、源流、价值和使用方法的学问。军事史料学是关于军事史料的本质、产生、整理、鉴别和使用的理论与方法的学问。它是军事历史学的基础学科和重要的分支学科，也是史料学的一个分支。军事史料的种类主要有两类：军事文献和军事实物。军事文献包括两部分内容：一是军事活动的文字记载；二是人们口传的军事活动。军事实物包括甲骨文、金属器、玺印、遗址和各个时期军事领导人用于军事活动的物品等。中国从古至今都十分重视对军事文献和军事实物的搜集和整理。中国大约四千年的文明史，除经部书类中留存的《尚书》、《左传》等可作为研究中国军事历史的史料外，对军事历史研究有重要史料价值的是史部书类。另外，集部书类、档案、地方志和报刊杂志、丛书等史料也包含有军事史料的重要内容。搜集和研究军事史料中的文献资料是军事史料学研究的主要方面，但实物史料的搜集研究也不可忽视。要研究各个时期的军事历史，不仅要借助军事文献史料，而且要不断地发掘军事实物史料，使文献史料和实物史料互为弥补，相得益彰。

军事史料学的产生与发展 军事史料学的形成和发展，也经历了一个发生、发展和不断完善的过程。它是随着社会和战争的发展，人们为总结战争的经验和研究军事历史才产生的。春秋至战国时期，以《孙子》为代表的一批先秦兵书的问世，是中国军事史料学产生的重要基础；从西汉至汉魏期间，对兵书的三次整理则是中国军事史料学形成的重要标志。别国军事史料学的形成，在时间上比中国军事史料学的形成要早些。以古希腊希罗多德的第1部历史著作《希腊波斯战争史》和修昔底德的《伯罗奔尼撒战争史》为代表的一批军事历史著作的产生，标志着别国军事史料学的形成。以后，军事史料学经过17世纪的决定性发展，到19世纪才全面展开。在此期间，人们通过对前人大量史料的搜集、整理和深入的研究，产生了一大批军事著作和军事理论著作。特别是以西方克劳塞维茨为代表的《战争论》的出现，开创了资产阶级军事史料学的先河。马列主义军事理论和毛泽东军事思想的产生，为无产阶级军事史料学的形成和发展做出了重大贡献。

军事史料学的研究对象与方法 军事史料学的研究对象，是军事史料的搜集、整理、鉴别和军事史料的研究方法等。就其研究内容而言，主要是3个方面的问题：

（1）*军事史料学的辨伪、考证和校勘*。这主要是对军事史料的讹误进行鉴别。军事史料的讹误有3种情况：一是记录时产生的讹误。二是流传中产生的讹误。三是有意作伪。整理和鉴别史料的方法：一是辨伪。第一，从目录里进行辨伪，这是最常见的一种方法。因为史书的目录，基本上是经过较为完整的搜集、整理的，可查出有些没有上目录且后代照抄的伪书。第二，考察军事著作者有无其人。第三，从军事著作所记的人物与所处的时空关系是否混乱进行分辨。第四，从军事著作所记事实的正误来察其真伪。第五，从书中语言及文体与当时的文体是否相符进行考察。

二是考证。方法主要有二：第一，孤证的方法。孤证就是指对同一件史事，只有一个而没有其他史料可以相互印证的记载。在军事史料整理和鉴别中，孤证的真实性相对来说差一些。如在利用时要对作者的地位、政治观点、学识修养等都进行认真调查。如果作者是一个严正笃学的专家，其孤证的可靠程度可能大些。但无论如何，在论证观点时，不能将孤证作主要依据。第二，互证的方法。同一史事的两种不同观察可以互相印证的记载叫互证。有文献和文献的互证，也有文献和实物的互证，还有实物和实物的互证。总之，在考证时应广泛搜集军事史料，对史料要作全面分析，防止以偏概全。

三是校勘。校勘是指对文献错误的校正。主要是对讹误中的错字、倒字、衍字、脱字和并字等错误的更正。主要有3种：一是采取对校法。即以一种善本为主，其余进行补阙。二是他书校勘本书法。比如《史记》引用《尚书》的内容，可以用《尚书》来校。三是理校法。根据本书的体例、遣词造句的特色，来进行校勘。但它要求校勘者的古文基本知识等要有很深的造诣。

（2）*军事史料的搜集*。这是熟悉史料的关键环节。搜集的方法有以下几种：一是按目录去找。它能使查阅资料的人，知道史籍的所在，明白史籍的大概内容。二是逐书寻找军事史料。主要从了解的内容上去找各种文献类的史料。三是根据引注寻找军事史料。军事历史著作和其他史料书籍中，一般都要在正文或是注释中写明所引用资料的出处，根据出处去寻找所要史料，也是搜集军事史料的一种较好方法。四是按类抄录笔记。即采用摘录的形式，将所需的材料按问题、时间等内容摘录在卡片上，并在卡片上注明摘抄书名、页码、年代、版本等，以便备考，使史料的搜集越来越变得先进。但无论采用何种方法，都要求对史料的搜集做到尽可能的全面和完善。

（3）*军事史料的整理*。就是对搜集到的材料作进一步筛选，主要有两方面：一是按问题性质分门别类地整理，即按性质分类。这样，可突出史料的多样性，更好地发挥史料的作用。二是按时间先后顺序整理。其好处是，不易出现张冠李戴的错误。上述两种整理方法可交叉使用，也可单独使用。（谢国钧《论军事史料学》，《中国军事科学》1997年第4期）

中国军事历史编纂学研究

有作者撰文指出，军事历史编纂学，是军事历史著作的编纂方法及其理论的知识，它是历史编纂学的一个分支，也是军事历史学的一门分支学科。

军事历史编纂学的研究对象与研究内容 军事历史编纂学的研究对象是以编纂形式而成的军事史料，即军事历史事实本身和各种军事历史课题研究成果的总和。军事历史事实，指的是军事历史史料的真实性和相对完整性。军事历史编纂学的研究内容离不开军事历史著作，同时也要研究一定的表达形式。形式包括体裁、结构和语言等。军事历史编纂学的研究对象是军事史料。军事历史编纂学的研究对象和研究内容相互联系、相互作用，推动着军事历史编纂学的发展。

军事历史编纂学的形成与发展　军事历史编纂学是随着战争的发展而逐步发展起来的。在中国，春秋以前可视为军事历史编纂学的萌芽时期。在国外，古代和中世纪的军事历史著作多是从记述战争史开始发展的。18世纪末至19世纪初，社会生产力和科学技术的巨大进步，促进了各种理论的产生和发展。军事历史学已形成，军事历史理论书籍也不断涌现，可视为军事历史编纂学的形成时期。军事历史编纂学形成的主要标志，是有自己独立的体系和方法，有自己相对独立的研究领域和学科地位及各种军事历史体裁著作的研究、问世。资产阶级的军事历史理论家对军事历史编纂学的形成做出一些贡献，但由于他们的世界观和方法论的局限，限制了军事历史编纂学的发展。马克思主义经典作家在批判地继承古代和资产阶级军事历史遗产的基础上，对军事历史编纂学的发展作出了巨大贡献。恩格斯为《美国新百科全书》撰写的《军队》等59个条目和毛泽东的《中国革命战争的战略问题》等军事著作，就是运用军事历史编纂学的知识编纂军事历史著作的典范。随着军事科学研究的深入，军事历史的研究范围越来越广。它不仅研究军事历史的整体结构，学科的内容设置和分类，而且还研究各学科间的相互关系等理论。同时，又由于军事历史领域研究的内容越分越细，各学科间相互渗透的影响，促成军事历史中新的学科和边缘学科的产生。这些学科的产生，丰富了军事历史编纂学的研究内容。

中国军事历史著作体裁的分类　唐代史学家刘知几在其编纂的《史通》中，从体裁上把历史著作分为编年、纪传两种主要编纂形式。南宋史学家袁枢编著《通鉴纪事本末》42卷，创造了史著的第3种体裁纪事本末体。近代出现的章节体是史著的第四种体裁。受历史著作的影响，军事历史的编纂基本上是沿用上述4种体裁。

军事历史编纂学的基本原则　实事求是地再现军事历史，是军事历史研究的根本原则，也是军事历史编纂学的根本原则。要做到这一点，首先，应以马克思主义的辩证唯物主义和历史唯物主义理论作指导，才能对纷纭复杂的历史现象进行去粗取精、去伪存真、由此及彼、由表及里的分析研究，才能透过现象，认清本质，对历史作出正确结论。

其次，还要处理好时间、地理环境和人物等关系。军事历史著作的编纂，总是依据一定的时间对军事历史进行考察，没有时间，无从叙述事物所处的时代背景，也不能揭示军事历史过程中产生的规律。地理环境不清楚，则缺少军事活动的场所。人物关系是军事历史编纂中的重要内容，既突出个性，也要反映共性。此外，还应正确解决军事历史编纂中的几个技巧问题：

一是结构问题。结构是一部军事著作或一篇军事历史论文的框架。框架立定后，要选定著作主题。围绕主题，分析论点，拟定纲目的排比内容等。然后，分门别类把史料按时间和问题的顺序串起来。在此基础上，将辑成的材料编成专题、大事记（年表）、通鉴和长编等形式，以便于编纂时叙述。在叙述时，除严格按时间顺序来安排次序外，还应以事物发展的逻辑关系分轻重、主次；记叙时偏重于前者，论述时多为后者。并应注重首尾连贯、相互衔接、具有完整性和统一性，符合逻辑结构。

二是语言表述问题。军事历史著作是对事物的记述和反映事物规律的经验总结。因此，在语言表述上，要求史实准确，观点正确，还要求在使用概念、判断、推理等方面合乎逻辑，再现具体生动的军事历史过程；要求观点明朗，哪些错哪些对，都应十分清楚；要求对研究的具体材料进行加工提炼，使文章生动富有文采；不同类型的军事历史著作对语言的要求不一样。叙事性军事历史著作强调文字要言简意赅，论述性军事历史著作要求用语严谨，言之有据，通俗性军事历史著作要求做到深入浅出，生动形象、通俗易懂；编纂战争史和军事史，要尽量使用编纂中的特殊语言——军语。

三是标题、引证、注释和附录。军事历史著作的标题和章节、名称，应力求简明醒目，便于分段、分层次。每一个标题的设置，都要经过精心思考。以反映出史书的重要观点或论点。军事历史著作的标题大致可分为3种：一是叙述式。这种标题起着直接揭示论点和论述专题内容的作用。二是主副式，即正标题之后有副标题，对正标题起补充说明作用。三是问题式的标题，这种标题令人注目，而问题的答案就是章节等的主要内容。此外，在内容比较深奥的文字里，还应加上更多的细目，以利于读者理解。

引证是叙述和论证史实时所引用的史料，有直接引证和间接引证两种。直接引证，是直接摘取史料的原文，用引号标出，直接用于编著中。间接引证，是用自己融会史料的语言来表达史料的大意，可不加引号就行文叙述。在引用诸如对重要的军事思想、政策、军事战略方针、决议、报告、人物论述等方面内容时，宜采用直接引证法，以增强史著的权威性和说服力。凡叙述、描绘事件经过、人物介绍等，可用间接引证的方式。引证中需注意：一是引文内容必须忠实于原文，不能断章取义。二是引文不宜转引，要尽量找出原著，同时应注明出处。

注释是对史著正文的一种补充说明。一般分为两种，一是对史著引用的内容注明出处；二是把一些不便于在正文中叙述，但又是必不可少的叙述内容，在正文后以加注方式进行表述。注释有夹注、页中注、章节附注和尾注等。

附录也是对正文的一种补充，主要包括参考书目、重要参考资料等。如名目索引、译名对照、地名对照、大事年表和各种图表等。附录是史著的重要组成部分，对全书起重要补充作用。（谢国钧《简论军事历史编纂学》，《军事历史》1997 年第 3 期）

（袁右军）

"军事全息论"简介 "军事全息论"是关于军事信息规律的科学理论，是研究战争和指导战争的一种科学方法，是通过部分认识整体和通过局部了解全局的军事指挥艺术。"军事全息论"认为，战争的全局与局部、整体与部分是一个有机的整体，战争中的一切系统、一切事物都具有全息性，部分包含整体的全部信息。根据这一规律，在研究战争和指导战争时，可通过对战争局部信息的研究，认识整个战争的全部信息和基本规律。

"军事全息论"是受全息照相术和生物全息论的启发而创立的。其内容非常广泛，几乎渗透到军事的各个系统和各个领域，主要包括司令部工作全息论、政治工作全息论，后勤工作全息论、军事历史全息论、军事教育训练全息论、军事技术全息论、战略战术全息论、军事心理全息论、军事医学全息论等内容。

研究军事全息论的基本方法。其研究方法主要是调查研究、"解剖麻雀"，即通过对战争或一个军事系统的一个部分进行深入细致的调查研究，按照部分包含整体全部信息的基本原理，找出局部信息，而后通过联想、辩证思维和逻辑推理，找出整体信息，为军事决策和作战指挥提供理论根据。军事系统论是从整体上、宏观上研究和指导战争，军事全息论则是从部分和微观入手研究和指导战争，两者是相辅相成的整体，不可偏废。

未来战争是信息战争，军事全息论具有更加重要的意义。它可以由小知大、由局部了解全局，可以由古知今，从今知后。正确运用它，可以打开战争迷宫各种奥秘，提高军事决策能力和战争指挥艺术，节省大量人力、物力和时间，加快国防现代化建设的进程。（鲍中行《"军事全息论"刍议》，《解放军报》1997 年 5 月 27 日）

（昶 姑）

俄罗斯关于其他军事学科研究 **俄军关于军事科学方法论问题研究** 俄罗斯有作者撰文介绍了俄军事学术界关于军事科学方法论问题的研讨情况。

划分武装斗争理论各分支理论 关于武装斗争这一战争主要现象的各部分理论或研究战争和武装冲突中所发生的事件过程的分学科理论结构中设立如下理论更符合逻辑，它们是：对敌综合毁伤理论，军队防护理论，军队保障理论和武装斗争指挥理论。此外，根据分支领域的特征，武装斗争理论可以分为武装斗争实施理论（战略理论、战役理论、战术理论），武装力量建设理论，武器装备理论，军事训练与教育理论，后勤与经济理论，武装力量史。整个武装斗争的现象和过程应成为武装斗争理论总则的研究对象。

提出毁伤理论内容和结构的研究方法 有的作者将毁伤理论划分为一般理论原则及下列各组成部分：对敌毁伤的组织与实施、毁伤兵力（系统）的建设、毁伤兵器的发展、毁伤方法的训练、毁伤兵力兵器的指挥、毁伤兵力兵器的保障、武装斗争中的毁伤史。其中毁伤理论一般原则应涵盖毁伤理论的所有组成部分，应成为连结该理论和武装斗争其他理论以及技术科学和自然科学的一个环节。并充分研究毁伤理论的方法论；毁伤兵力兵器指挥理论这一部分应阐明指挥的规律、规律的表现机制、原则、指挥方法和手段的发展趋势。

探讨军事科学与自然科学、社会科学和技术科学的关系 自然科学、社会科学和技术科学及其分支在某种程度上都研究军事问题。同时，军事科学几乎利用所有"民用科学"的研究方法和研究成果，因此可以划分出既与军事科学有关又与社会科学或技术科学有关的一些分支学科。这首先是指那些研究经济、意识形态、外交、法律等形式及施加政治压力、经济压力和维和行动方法的学科。但是与战争这一社会现象相关的所有问题应由专门的战争学研究机构进行综合研究。（〔俄〕帕利《关于军事科学的方法论问题》，俄罗斯《军事思想》1996 年第 5 期）

俄军关于军事科研问题研究 俄罗斯有作者撰文分析了俄军科研工作存在的问题，并提出改进方法。

军事科学的作用特别是其预测作用不容低估 没有任何一样东西能比一门好的理论更具有实际意义。因此，对军事科学的作用，特别对其预测的作用，怎么估计都不为过。这是因为科研工作是保障国家和军事领导机关在对武装力量建设、准备和使用的决策时得到所需客观信息的最重要手段。如果军事科学脱离实际，那么决策者就免不了要采取尝试的方法甚至是错误的方法，这势必导致巨大的损失。

防止对军事科研体制的调整草率行事　近 10 年来，接连不断地对国防部科研网和结构进行改组，导致了科研潜力的下降。其实，即使在经济困难的条件下，也有必要保留一定数量的科研机构，此外，部分科研工作还可作为国家的国防技术储备起来。当前就放弃战略上的“技术遏制”是不行的。为了保存科研潜力正确的作法应当是：不要限制国防部科研机构的人员数量；不要阻挠文职专家担任各部、处、室的正副领导职务，赋予其根据所担负的任务独立决定内部结构的权力。

要注意保留军事科研骨干　裁减军人数量是该裁减那些科研经验不十分丰富但距退休还有 10 年左右的年轻少校？还是那些已获科学副博士（博士）且精力充沛但已服役期满的上校？但最终往往不是国家利益，而是生活现实决定要向后一种方案倾斜。这是导致科研机构丧失有经验学者的原因之一；不能为科研工作创造相应的精神和物质条件，也使一些最有才华的专家相继离开了科研组织。对于军事专家学者来说，除物质条件外，社会对他们贡献的承认具有重大意义。有重大价值著作的作者常常被埋没，他们的著作无法公开发表，即使在国防部内部也不能充分地交流研究成果信息，因而严重限制了新思想在军事专家，特别是在各军区、各舰队、各军（兵）种的兵团和部队中的传播。在培养有学位的专家学者方面，他们获得博士学位后，年龄已接近最高服役年龄。延长其服役期限将有助于保持科研潜力。

要解决军事科研拨款不足问题　各科研所经费短缺，工资拖欠，迫使科研机构领导辞退文职专家。其原因在于国防部和各军种缺乏统一的指挥机构，以及在国防费（包括科研经费）削减的情况下，科研和试验设计的成本却不断地提高。这就要求合理使用财力和物力，并在俄联邦国防部和各军种建立统一的科研领导机构，以消除政出多门、以至立项和拨款不协调的现象。

要纠正重军事技术研究、轻军事理论研究的倾向　军备竞赛和来自北约的不断军事威胁，使国防部各科研机构错误地偏重于研制新式武器装备。二战后产生的自满情绪，也阻碍了军事理论的发展和将先进的研究成果运用于军事实践。因此，应注意使军事理论研究和军事技术研究相适应。研究的目的不应只是某种武器，还应是拥有预定战役战术性能的整个系统。该系统最少应包括该武器装备本身、人员训练辅助设备及保障器材、精通该武器装备的人员；指导性文件（教令、规则、手则等）、该武器装备退役后的利用设备和技术。（〔俄〕乌斯维亚诺夫《俄军科研工作存在的问题及其改进方法》，俄罗斯《军事思想》1996 年第 5 期）

（白　雁）

简　讯

1997 年解放军出版社出版的部分军事图书评介　解放军出版社 1997 年出版工作在坚持面向部队，为建设现代化革命军队服务，确保出版好军政教材的同时，还出版了一批有特色、有较高学术价值、史料价值、实用价值的著作。其中的重要著作有：

朱德、罗荣桓、叶剑英军事文选出版。《朱德军事文选》收录了朱德元帅 1925～1962 年间的军事著作 212 篇。《罗荣桓军事文选》收录罗帅 1933～1961 年间的军事著作 115 篇。《叶剑英军事文选》收录叶帅 1933～1982 年间的军事著作 85 篇。《文选》内容包括：论文、讲话、电文、信函等重要军事著作。反映了三位老帅在中国长期的革命战争年代以及建国后，把马克思列宁主义与中国革命的实践相结合，在创建和发展壮大人民军队、指挥人民战争和建国后人民军队建设中做出的巨大贡献，积累了丰富的建军、作战经验，是毛泽东军事思想的重要组成部分。至此，老帅军事文选，除《彭德怀军事文选》于 1988 年由中央文献出版社出版、林彪军事文选未出版外，其他 8 位老帅的军事文选已全部出版。同时，本年度还相继出版了《彭雪枫军事文选》、《杨成武军事文选》。江泽民主席还为《彭雪枫军事文选》题词：“文武兼备一代英才　功垂祖国泽被长淮”。上述军事著作的出版，为我们学习、研究毛泽东军事思想、中国共产党的历史、人民军队的发展历史提供了生动翔实的史料。

《邓小平新时期军队建设思想发展史》出版。该书是目前军内外第1部以写史形式撰记邓小平新时期军队建设思想与实践的专著。作者从新的视角拓展探讨了邓小平新时期军队建设思想发展的广度和深度，及其形成的进程，系统地反映了邓小平从1975年受命整顿军队，到他1997年去世的20余年间关于人民军队建设的主要实践、重要思想和卓越贡献。全书共分4编：第1编是开辟建立新时期军队建设思想的道路；第2编是新时期军队建设思想的基本形式；第3编是新时期军队建设思想的系统形成；第4编是新时期军队建设思想的进一步深化与完善。该书的出版，为深入贯彻落实江主席关于研究新形势下治军特点规律的指示，提供了颇有价值的资料和教材。

《周恩来军事生涯》出版。该书是一部具有纪实性特色的权威性专著。作者以波澜壮阔的中国现代革命斗争为背景，详尽记述了周恩来的军事斗争实践活动，从周恩来军事思想的萌发、形成和发展，展示了他丰富多采的戎马生涯，客观反映了他对毛泽东军事思想宝库的重大贡献，真实地再现了他作为中国人民解放军主要创建人和伟大军事家的地位和风采。热情地讴歌了他为人民军队的创立和发展，为中国人民解放事业的胜利，为新中国的诞生和国防现代化建设事业所建立的丰功伟绩。

《中国革命起义全录》出版。本书真实地记录和全景式地反映了从中国共产党成立到中国大陆解放的各个革命历史时期中国人民进行的历次武装革命起义。其内容涉及面宽，不仅反映了大陆各省爆发的革命起义，而且还对台湾、香港所发生过的革命起义作了适当收录，鉴于起义牵涉到众多的历史事件和人物，因而作者在编写过程中坚持以辩证唯物主义和历史唯物主义为指导，以党的路线方针政策为依据，充分吸收军内外的最新研究成果，其中有些起义的史料是首次发表，具有较高的史料价值。总计收录革命起义近千次，写成纪实的有800多次，约120万字。该书的出版既是对为创建人民军队和新中国诞生而抛头颅、洒热血、屡建功勋的革命前辈和革命先烈的纪念和慰藉，又为全军广大指战员、全国广大青少年进行爱国主义和革命英雄主义教育提供了生动、翔实的教材，也为学习和研究中国革命斗争历史提供了清晰的线索和完整的史料。

《高技术战争空军战役后勤指挥概论》出版。本书是空军战役后勤指挥员及其指挥机关为保障战役作战需要，结合空军战役后勤指挥的特点和实际情况，本着立足现实，着眼于发展，总结吸收以往空军战役后勤指挥的实践经验，尤其是针对近年来高技术战争空军战役后勤指挥开展了广泛的研究。同时，借鉴外军、特别是发达国家空军战役后勤指挥方面的有益经验，较为深入地探讨了高技术战争空军战役后勤指挥主要方面的问题。在具体内容上，作者针对高技术战争空军战役后勤的指挥特点，提出要特别重视信息和谋略的重要作用；对指挥机构的组建方式、指挥环境的影响、指挥内容的谋划、指挥中的信息安全问题等都作了专门论述；对空军战役后勤的发展趋势也在有关章节中作了预测性研究。本书不仅可供空军战役后勤机关干部和后勤指挥院校教员、学员研究使用，对其他军事指挥员也有参考价值。

（王成刚）

1997年军事科学出版社出版的部分军事理论著作评介　军事科学出版社1997年坚持“控制总量、调整结构、提高质量、增进效益”的原则，力求增强精品意识，突出本社特色和风格，多出品位高指导性强的军事理论图书。

一是注重出版具有较高军事文化积累和学术含量的图书。《中国军事百科全书》是中国历史上第1部现代型专业军事百科全书。它系统地介绍了古今中外军事领域的知识，是军事科学知识的总汇。该书以当代军事科学体系为基础，兼顾专业百科性质、组织分工和读者对象等特点，设立军事思想、军事学术、中国人民解放军政治工作、军事后勤、军事技术、军事历史、军事地理测绘气象7个知识门类，57个学科，共选收条目1.1万余个，释文1500多万字。其知识内容涉及社会科学、自然科学、技术科学等众多学科，覆盖了军事领域的各个方面。该书于1997年12月被评为第2届全军军事科研成果特等奖。《中国人民解放军的七十年》是全面展示中国人民解放军70年所走过的历史道路及取得光辉业绩的史学论著。该书从新民主主义革命和社会主义革命及建设两个历史阶段，对中国人民解放军为中国的民族解放和人民幸福而奋斗的历程，作了系统而简明的记述。该书不仅客观记述了中国人民解放军70年的战斗历程，而且重视历史事件的评价和历史经验教训的总结，以便实事求是的反映历史本来面貌。《伟大的军事家周恩来》是系统研究周恩来军事实践和军事理论的重要成果。该书以历史发展为主线，将周恩来漫长的军事生涯划分为有机联系又各具特色的11个历史阶段，包括从初步确立武装斗争的思想，到参与创建我党领导下的第1支革命武装，直到组织领导国防现代化建设等，深入研究了周恩来在各个历史阶段的主要军事实践和军事理论。该书着力于史论结合，形成了以史为本、论从史出，以论率史、论之有据的风格与特征，较为客观、全面地再现了周恩来作为一位伟大军事家的独特风采。中共中央总书记、国家主席、中央军委主席江泽民特为该书题写书名并作序。

二是注重出版研究军事学术的重点、热点问题的图书。《论无产阶级军事科学》是系统论述无产阶级军事科学的理论专著。着重阐述了无产阶级军事科学的科学价值、理论特色、历史地位和指导作用；着重介绍以马克思列宁主义军事理论、毛泽东军事思想和邓小平新时期军事理论为主要内容的无产阶级军事科学，逐步创立、形成和发展完善的历史过程；从战争观、方法论、军队建设、国防建设诸方面，把无产阶级军事科学基本理论概括归纳为 30 个基本问题，分别予以阐述；着重介绍了客观分析方法、阶级分析方法和辩证思维方法等无产阶级军事科学的基本方法。《指导中国革命战争的认识论方法论》是系统研究毛泽东及老一辈无产阶级革命家军事家指导中国革命战争理论与实践的专著。该书力求遵循历史和逻辑相统一的原则，通过纵横比较，从方法论的层面上对毛泽东及老一辈无产阶级军事家指导中国革命战争的理论和实践进行哲学概括，深入挖掘包含其中的方法论，以促进毛泽东军事思想的研究向广度和深度推进。《党的 3 代领导集体与军队质量建设》是目前研究党的 3 代领导集体关于军队质量建设理论和实践较为系统而有深度的成果。内容包括概括和阐述党的 3 代领导集体关于军队质量建设思想的基本内容、哲学基础、经济基础、科学技术基础，揭示其时代特征和指导意义；联系新时期军队建设的实际，探索贯彻落实党的 3 代领导集体军队质量建设思想的宏观思路和重要举措等。

三是注重出版进行革命英雄主义教育、弘扬优良传统内容的图书。《第三野战军征战记》以纪实的笔法，记叙了第三野战军在党中央、中央军委的领导下，在全国人民的大力支援下，先后进行的 40 多次著名大战。既着力描绘了三野广大指战员前仆后继、勇往直前的战斗精神，又充分展现了三野统帅们高瞻远瞩、运筹帷幄的高超指挥艺术。《武功文事彪炳青史》是纪念宋时轮同志诞辰 90 周年的纪念文集。该文集从各个时期、各个方面反映了宋时轮同志的斗争经历、光辉业绩和优秀品德，是党史军史研究的可信参考资料和可贵的传统教材。"城市解放纪实丛书"第 1 批出了《七天七夜战古都》、《沈阳，1948 年》、《津门之战》、《烽火兰州》、《蓉城春晓》、《鏖战上海》、《石破天惊》7 本，客观、真实地反映了沈阳、锦州、天津、兰州、上海、成都、洛阳、石家庄等城市的解放过程，展示了中国人民解放军用武装夺取政权及建立新中国的伟大历史业绩。

（夏征难）

1997 年国防大学出版社出版的部分军事图书评介

国防大学出版社在 1997 年出版工作中，本着优化选题，突出重点，提高质量的方针，出版了一批确有学术价值的军事著作。主要有以下 3 类，择其要者作一简介。

一是军事理论类图书具有较高的学术质量。《21 世纪高技术局部战争大趋势》是一部系统总结高技术局部战争理论的著作。全书分为上、中、下 3 篇，共 19 万字。上篇在全面回顾 80 年代以来世界局部战争，系统地总结经验教训的基础上，提出了高技术局部战争对人们的启示；中篇主要是着眼于 21 世纪初期高科技的发展和国际战略形势的变化，预测高技术局部战争的发展；下篇针对 21 世纪高技术局部战争的发展趋势和我军面临的挑战，从我国的国情、军情、民情出发，探讨我国的军事对策。本书吸取了近几年来全军高技术局部战争研究的学术成果，并提出许多新思想、新观点，对于加强中国国防现代化建设有较大价值。《世界军事形势》主要介绍 1997 年初至 10 月底近 1 年世界军事形势的情况。全书分两部分。第 1 部分按世界各地区撰写，内容包括地区各国军事基本情况和该地区军事形势、军事热点，以及军事动态年表；第 2 部分分别介绍和分析美国、俄罗斯、日本和中国一年来军事基本情况、军事形势，以及军事动态年表。本书力求通过介绍和分析，使读者深入了解当今世界军事形势的最新发展情况。《战争论教本》分两大部分。第 1 部分写克劳塞维茨的生平，评《战争论》的思想精华和深远影响；第 2 部分为《战争论》节选。该书依据马克思主义的基本原理，肯定克劳塞维茨的理论贡献和有价值的思想，客观分析其主要缺陷，为读者正确鉴阅《战争论》提供一条基本线索。《新时期基层带兵 200 个怎么办》分为政治工作、战备训练、行政管理、遵纪守法、边防部队、海军部队、空军部队等 7 个部分。该书紧密联系部队基层建设新时期出现的新情况、新问题，研究探讨切实可行的带兵方法，力求成为广大基层干部的良师益友。

二是军事历史类著作成果丰厚。《四大野战军丛书》共分 4 部，分别描写了 4 大野战军在全国解放战争中浴血奋战、解放全中国的雄姿伟绩。《名将·名军·名战丛书》包括 11 本，分别描写了中国人民解放军 5 大野战部队为民族解放所建立的不朽功勋，真实、生动地再现了人民解放军名将、名军勇猛顽强的战斗作风，高超的谋略艺术，坚定的克敌信念和丰富的内心世界，展示了一代雄师最动人、最强劲的风采。《人民军队战争全景纪实》共分 3 部，第 1 部为《还我河山》；第 2 部为《命运决战》；第 3 部为《和平利剑》。通过中国人民解放军建军 70 年的战斗历程，反映了毛泽东、朱德、周恩来等领袖的雄才大略和高超军事指挥艺术，广大指战员前仆后继、浴血奋战的可贵精神，以及人民群众对军队的支援和良好的军政军民关系。《新中国大剿匪丛书》包括《西南大剿匪》、《西北大剿匪》、《中南大剿匪》3本书，真实生动地再现了西南、西北、中南剿匪的全过程。该书史料丰富，可读性强，是第1套全面反映新中国剿匪的纪实性读物。《大转折》共分两大部分10章，描写了1947年中国人民解放军由战略防御转入战略进攻阶段，刘邓、陈粟、陈谢3支大军驰骋中原，粉碎了国民党军的全面防御和分区防御计划，并开辟中原新解放区，为人民革命战争在全国的胜利奠定基础这一历史过程。该书在吸收现有研究成果的同时，力求多侧面、多角度地反映刘邓、陈粟、陈谢3支大军的作战活动，并对各主要指挥员筹划战役的过程以及作战细节等作较详尽、生动的描写。

*三是出版了一些较有学术价值的工具书。*其中《国防大典》是一部门类比较齐全的工具书，具有较强的综合性、知识性和可操作性。在词目的编排上采取按内容分类编排，以保持各篇目在内容上的完整性和系统性，并方便读者使用。该书涵盖面广，信息量大，收入词目近万条，共287万字。包括国防历史、国防科技、武器装备、军事思想、国防地理、兵役动员、国防教育等15篇。

（邓彦舫）

《军事谋略学》出版发行 由李文庆撰写的《军事谋略学》，1997年1月由军事科学出版社出版发行。该书包括军事谋略基础理论、历史研究、应用理论、军事谋略主体，以及谋略艺术理论、军事谋略斗争现状与趋势等内容。该书运用辩证唯物主义和历史唯物主义的观点、方法，通过对军事领域谋略斗争历史和现状的研究，揭示了军事谋略的本质、特征及其发展规律，分析了军事谋略同政治、经济、科技、外交等社会现象之间的相互关系及其在社会发展中的重要作用，总结了军事谋略运用的基本方法、程序、步骤和应遵循的原则，提出了谋略决策完善与追踪决策理论，论述了智囊群体科学组合的规律和谋略运用的艺术，并预测了军事谋略斗争的发展趋势，具有融理论性、历史性、知识性、应用性及可读性为一体的特点。

（石 慧）

“纪念七七事变60周年国际学术研讨会”在中国北京举行 《人民日报》1997年8月2日报道，由中国抗日战争史学会、中国史学会、北京市社会科学联合会、中国社会科学院近代史所和中国人民抗日战争纪念馆共同举办的“纪念七七事变60周年国际学术研讨会”，于7月初在中国人民抗日战争纪念馆召开。来自中国大陆和香港、台湾地区，以及日本、美国、韩国、澳大利亚等国家的100多名专家、学者参加了会议。中国学者运用日方的资料，对1936年至1937年上半年间的日本对华政策进行了深入分析，认为“七七事变”前日本对华政策经历了“确立→调整、失败→再调整、再失败→再确立”的演变过程，从而揭示出日本发动“七七事变”的历史必然性。与会学者一致认为，“七七事变”后，欧美各国从自身利益出发，对日本侵略中国的行为不愿作出强硬的扼制，事实上是纵容了日本侵略行为。有的学者在对1937年至1941年近卫内阁的对华政策、策略的演变和实质作深入分析后，认为日本之所以侵略中国，经济目的是其主要驱动力。并指出日本和伪政权在沦陷区发行的471亿日元公债，是当时日本对中国人民欠下的又一笔血债。

学者们认为，中国人民的抗日战争是全面的、全民族的抗战。因此，对两个战场的地位和作用应该全面、公正、客观地评价。有的学者还对正面战场的台儿庄战役和敌后战场的百团大战的地位、作用和影响给予了充分肯定。

（昶 姞）

第二次世界大战与科技发展学术研讨会在汤口召开 1996年10月19日～22日，中国第二次世界大战史研究会和中国人民解放军电子工程学院在安徽汤口联合召开“第二次世界大战与科学技术发展”学术讨论会。来自15所军事院校及研究单位的近40名军内外专家学者出席会议，并提交论文35篇。与会者提交的论文贯彻“科技是第一生产力”的思想，从各个不同角度阐述了科学技术发展对第二次世界大战的重大影响，以及战争对科学技术发展的推动作用，并围绕着军事技术进步与军事理论发展的辩证关系、高素质的人才在战争中的决定性作用和新军事革命中二战史研究的着眼点等问题展开讨论。

全军毛泽东军事思想与新时期军队建设学术讨论会在京召开 1997年7月24日，“纪念建军70周年暨毛泽东军事思想与新时期军队建设学术讨论会”在国防大学召开。会议展示了军队理论工作者运用毛泽东军事思想、邓小平新时期军队建设思想和江泽民主席关于军队建设的一系列重要论述，探索新形势下军队建设特点和规律所取得的成就。会议共征集到论文170篇，其中95篇入选。会议认为，毛泽东军事思想是一个科学的理论体系，也是一个不断发展的科学理论体系，邓小平新时期军队建设思想，就是毛泽东军事思想的科学体系在新的历史条件下得以坚持和发展的最新成果。坚持和发展毛泽东军事思想，必须深入贯彻邓小平新时期军队建设思想和江主席关于军队建设的一系列重要论述，把它们作为一个理论整体加以学习研究，指导实践。会议强调，以江泽民同志为核心的党的第3代领导集体，结合新形势下我军具体实际，从总体目标、发展道路、保障措施等方面全面勾画了我军走向21世纪的蓝图。军队理论工作者要深刻领会江泽民主席关于军队建设的一系列重要指示，研究新情况，解决新问题，解放思想，实事求是，不断推进我军的改革和建设。中央党校和中国社会科学院、军事科学院及全军各单位的专家学者近百人，出席了这次研讨会。

（石　慧）

（本栏责任编辑　王湘江）

军事技术

轻 武 器

综述 1997年，世界轻武器发展的特点是：

士兵系统中武器子系统的研制有进展 自从美国于80年代末提出士兵系统的概念以来，英、法、德、俄、澳等国也纷纷开展士兵系统的研究，其主要目的是增强单兵的战斗力和生存力。单兵战斗装备是士兵系统中一个重要的子系统。1997年，这方面的研制工作又有所进展。

美国的士兵系统分短期计划和远期规划两阶段，短期计划叫"陆地勇士"计划，远期规划叫"21世纪陆地勇士"计划。

"陆地勇士"武器子系统主要由下列装备构成：模块式武器系统及弹药、近战光学系统、视频摄像机、AN/PAS-13武器热瞄具、AN/PAQ-4C红外瞄准灯、激光测距仪、数字式罗盘等。该子系统中的模块式武器系统是美军现役M-16A2步枪和其缩短型M-4卡宾枪的改进型。改进后的枪基本结构没有变化，只是将原来的提把式瞄准具座改为组合式导轨，用于安装光学装置、瞄准灯、测距仪和罗盘。导轨上有集成式导线，与探测器相连，此外扳机护圈前部增加了前握把。

"21世纪陆地勇士"计划中的武器子系统是理想单兵战斗武器（OICW），拟取代现役5.56毫米M-4卡宾枪、5.56毫米M-16A2自动步枪、部分5.56毫米M-249班用机枪和40毫米M-203榴弹发射器，装备美国陆军、空军、海军陆战队、海岸警卫队和特种作战部队，成为美国21世纪步兵的核心武器。它不仅为未来战争提供一种高效能的可靠武器，同时还将在维和行动、国内治安、反恐怖活动中发挥重要作用。

理想单兵战斗武器是一种综合了各种前沿技术、集动能弹和空炸弹为一体的、革命性的战斗武器系统，可为士兵提供足够的杀伤力和压制能力，在可靠性、生存力和适应性等方面比现有轻武器有质的提高。

目前，OICW的研制工作由阿连特技术公司和全美工业公司牵头的两个小组分别进行。在对武器系统的4个主要领域（弹药、火控、引信和武器）进行了可行性试验之后，他们分别拿出了不同结构的设计方案。

为了满足OICW的高命中率要求，两个设计小组均采用了以往在大型武器系统上才使用的复杂的火控系统，由激光测距机、弹道计算机和光电瞄准具组成。这是火控系统在轻武器上的首次应用，代表了未来轻武器瞄准装置的发展方向。

英军的未来士兵系统尚处于开发阶段，对系统中的武器子系统仅提出了粗略的设想和要求。目前有两个方案：一是采用液体发射药的双管步枪，其中大管发射的榴弹可打击包括武装直升机在内的软装甲目标；二是实施"中期改进计划"，即改进现役的5.56毫米L-85A1突击步枪，使之成为"理想单兵战斗武器"。

对武器的精度，要求300米距离上的命中率达90%，600米距离上达50%；对重量的要求是不大于4.5千克。与武器子系统有关的还有"智能头盔"，其上除装有防毒面具外，还有陀螺稳定激光指示器、像增强器、热成像照像机及与微电脑相连的显示屏。

德军士兵系统中的武器子系统暂时采用5.56毫米G-36突击步枪和与之同族的MG-36轻机枪。目前，美、德正共同设想将轻武器动能弹和榴弹武器结合为一体的武器方案。武器本身可以继续配备激光测距仪、罗盘及其他传感器。

法国士兵系统中的武器子系统由陆军军械工业公司为主的集团研制。目前，它们已经提出一种称为PAPOP（多武器、多射弹）的步兵武器方案，目的是确定未来法国步兵携带什么样的武器。

俄罗斯陆军士兵系统中的武器子系统将采用新的AN-94突击步枪。

美国理想班组武器研制方案更具体 理想班组武器是美国理想轻武器族的一个组成部分，经过几年的探索，现在的方案更具体，目标更明确了。美国陆军要求在2001财年以前继续进行先进技术研究，提交3支原型枪和4000发枪弹，于1997年中期对样枪进行射击试验，1998年2月进行部队使用试验，2001财年到2005财年进行工程和生产试验，2006财年首批生产型武器装备部队。三军轻武器规划委员会计划订购25000套理想班组武器系统。

理想班组武器的口径为25毫米，可提供足够的压制火力，对付2000米以内的有生目标、轻型材料目标和各种车辆。该武器本身重11千克，三脚架重3.6千克，火控系统重2.1千克，31发弹箱重6.4千克。其作战效能与1具配48发榴弹的MK－19自动榴弹发射器或1挺带50发弹的12.7毫米M－2重机枪相当。它可由2人携行。

理想班组武器计划使用3种弹：训练用惰性弹、空炸高爆弹和空心装药破甲弹，前两种弹的资金已到位。3种弹中，空炸高爆弹将作为主用弹。

轻武器领域技术革命出现新热点 在美国战备协会/国家安全工业协会（ADPA/NSIA）轻武器系统分会年会及展览会上，全面展示了轻武器最新技术，内容相当广泛。其中澳大利亚人迈克·奥德怀尔发明的一种名为“金属风暴”（metal Storm）的新式多管武器系统射速超过150万发/分，成了人们广泛注意的新热点。它是一种4管武器，采用了新设计的弹药、计算机技术和电子技术，其枪弹的外观和标准的弹药相同，但内部结构不一样。武器没有枪机和机匣，在发射之前也不用物理方法闭锁枪尾。沿着枪管配置的多个电子节点（electrical nodes）使预先装入各枪管多发弹的发射药起爆。成串弹药中的任何一发弹均可被击发，此时被起爆的发射药后面的弹丸膨胀，而闭锁从该点向后的枪管。“金属风暴”没有任何运动零件，枪管的数量不受限制，并可以使用任何口径的弹药。

枪械 最引人瞩目的是中国人民解放军驻香港部队装备了新型步、机枪，德国联邦国防军全面换装新型手枪和步、机枪；新研制的枪械更多地融入高新技术，如配装先进的瞄准装置、火控系统等，以便更好地提高武器的战斗效能。

手枪 **美国海军特种部队装备特种手枪** 该手枪定型为MK－23MOD0型，由德国HK公司生产，已装备1950支。MK－23手枪以前被称做进攻型手枪，采用45ACP口径，枪上配用消音器和机械瞄准具或瞄准组件。该枪全长245毫米，带消音器全长421毫米，弹匣容量12发，满弹匣时全重1.46千克，主要特点是：带有后坐缓冲装置，可使后坐力减少30%；精度极高，25米距离上，首次产品试验的平均散布值为3.56厘米，5发弹一组的最大散布仅为1.27厘米；适于在各种环境条件下作战。

德军装备9毫米P－8手枪 早在1988年，德国联邦国防军就决定装备一种新型手枪，接替现装备的9毫米P－1手枪。经过选型，最后选中了HK公司的9毫米USP，命名为P－8的手枪，已经装备部队。

USP是工厂名称，意为通用自动手枪。P－8手枪全长194毫米，枪管长108毫米，套筒宽29毫米，握把宽32毫米，空枪重720克，使用15发装弹匣，发射9毫米×19巴拉贝鲁姆手枪弹。

德国批量生产9毫米P－99手枪 德国瓦尔特公司开发的9毫米P－99手枪，历经2年的研制，已于1996年投产，目前正在寻求军、警双方的客户。该枪为枪管短后坐自动方式，长180毫米，宽29毫米，高135毫米，空枪重0.7千克。

该枪的待击解脱杆、击发机构、弹匣卡笋和可更换的握把后板等，都有别于其他手枪，其中最大的特点是采用了无击锤的击针式击发机构。其他特点包括：采用了用玻璃纤维增强的12号聚合物模压成型的套筒座，强度高，弹性好，韧性强，尺寸规范，不变形，抗腐、耐磨，抗化学反应；握把后板有3种，用柔韧的、能吸收后坐力的材料做成，可以随时更换，以满足不同手型的需要，握把表面也由12号聚合物加玻璃纤维填料做成；套筒由整块高强度合金钢铣削而成，外表有坚硬而均匀的“特尼氟”涂层；有扳机保险、击针体保险和待击指示保险等3种保险机构；瞄准具由富有弹性的塑料制作，备有4.2毫米、4.4毫米、4.8毫米和5.1毫米等4种不同高度的准星，可以根据需要进行高低调整。

步枪 **中国人民解放军装备新5.8毫米自动步枪** 该枪于1997年7月1日首先装备驻香港部队。它和班用机枪共同组成了新5.8毫米枪族。5.8毫米枪族采用了许多新原理、新结构、新材料、新工艺，具有功能多、用途广、互换性和可靠性好等优点。它设计合理、性能先进、结构新颖、使用可靠、操作方便、造型美观，总体性能和主要战术技术指标已达到世界领先水平。

新5.8毫米自动步枪为无托结构。步枪和机枪的自动机件完全通用。其通用组件有机头、机框、枪机、复进簧、击发机、发射机、弹匣和弹鼓，以及带杠杆缓冲装置的枪托。通用件的比例之高和通用组件之多，在国内外同类武器中名列前茅，这对生产和维修十分有利。枪族间结构的主要区别在枪管部分。

新步枪上装有可见光和夜视两种瞄准镜，其放大倍数均为3倍。可见光瞄准镜可对远距离目标精确瞄准；微光瞄准镜可在夜间弱光条件下对200米以内的生动目标精确瞄准。两种瞄准镜通用于自动步枪和班用机枪，并能在枪身上快速装卸。

新步枪不仅能发射5.8毫米普通弹系列，还能发射40毫米枪榴弹系列，并可加挂能够快速拆卸的35毫米口径榴弹发射器。

新5.8毫米自动步枪上配用了多用途刺刀。这种刺刀具有多种功能，不仅能装在枪上作为枪刺使用，而且还能砍、能剪、能锯、能锉、能开罐头，能拧螺丝。

美国研制新式MARS短步枪 该枪由柯尔特公司和佛罗里达州多佛特种分析局（SAS）合作研制，准备用以替换在特警部队、国家安全局和军队中服役的9毫米手枪和冲锋枪。该枪发射5.56毫米×30短弹，但其有效射程达300米，初速达900米/秒，比9毫米冲锋枪增加了2倍。枪口动能比9毫米普通弹提高了1倍。在300米处，弹头可穿透陆军PASGT头盔两侧或防弹背心的前后面。

该枪实际上是M－16自动步枪和M－4卡宾枪有机结合的产物，人机工效性设计相当好，适于在近距离和有限空间实施快速射击。

按要求，MARS短步枪还将下挂40毫米M－203榴弹发射器，发射粘液弹、痛球弹、瓦斯弹、警棍弹等非杀伤弹。

美国推出LR－300突击步枪 该枪是在5.56毫米AR－15步枪的基础上改进而成的，供特种部队和执法部门在300米以内的近距离上使用。与原型枪不同的是，该枪采用了折叠式枪托、短枪管、M－1911A1手枪握把和改进的导气装置。与原型枪的区别还有：LR－300的导气系统中有一个由4个六角螺栓固定的特殊导气箍/准星；枪机框缩短，使得枪机无需借助缓冲器就能完全在上机匣内移动，因此可以取消AR－15突击步枪上的那种后坐缓冲器和复进簧，而采用新式复进簧。

美国改进M－4A1卡宾枪 这是美国特种作战司令部实施的一项武器研究项目，改进型称“M－4A1特种作战改进型（SOPMOD）卡宾枪”。改进M－4A1卡宾枪的指导思想是使其能满足特种作战部队在特种条件下作战的需要。改进后的卡宾枪零部件包括：发射器，4倍可见光瞄准镜，皮卡蒂尼导轨连接件，前握把，M－203枪挂榴弹发射器叶片式瞄准具，AN/PEQ－2红外激光指示/照射器，近战反射式瞄准镜，快速拆卸式消音器，可见光灯，备用机械瞄具，夜视瞄具，可随身携带的备附品装具。这些零部件可以使该枪成为一个积木组合式突击步枪系统，作战队员可以根据近战、夜战和远距离作战等不同作战条件加以选配。

俄罗斯推出A－91微型突击步枪系列 该系列包括9A－91、7.62A－91（7.62毫米×39）、5.45A－91（5.45毫米×39）和5.56A－91（5.56毫米×45）突击步枪，以及VSK－94狙击步枪。其中9A－91突击步枪是基本武器，发射9毫米×19 SP－5、SP－6和PAB－9特种弹，装备军队和警察，用以对付400米处的目标。该枪托伸时全长604毫米，托折时全长384.5毫米，不带弹时重1.75千克，弹匣容量20发，可实施单、连发射击，射速700～900发/分。它发射的SP－5弹为亚音速弹，大大降低了枪口噪声，SP－6和PAB－9特种弹能穿透8毫米厚的钢板，对付有避弹衣防护的单兵十分有效。

另外3种突击步枪的枪管长度相同，重量比AK－74、AKM和M－16标准突击步枪轻1千克左右。VSK－94狙击步枪发射的枪弹与9A－91使用的枪弹相同，只是采用了坚固的塑料枪托，并装有消音器，还可装可见光瞄准具或夜视瞄准具。

俄罗斯推出12.7毫米V－94狙击步枪 这是新一代狙击步枪，装备部队和警察，专门对付远距离的有生目标、轻型装甲目标、车辆、雷达、导弹、火炮掩体、停放飞机、小型舰船和水雷等。其有效射程可达2000米，在某些情况下可取代高精度制导武器。该枪采用折叠式枪托，托伸时全长1700毫米，托折时全长1100毫米，不带瞄准具重11.7千克，弹匣容量5发。枪上装有高效的枪口制退器，明显降低了武器后坐，配有13倍的望远镜式可见光瞄准具或5倍的夜视瞄准具，其作用距离在600米以上。

以色列加利尔军用狙击步枪问世 这是以色列军事工业公司（IMI）根据加利尔突击步枪改造的一种狙击步枪，口径7.62毫米，其基本特点与突击步枪相同，主要区别在于：只能实施单发射击；枪管管壁较厚，枪口部装有直径24毫米的枪口制退/消焰器，卸下消焰器，可装消音器；6倍瞄准镜安装在枪的左侧，而不是在枪的上部，这样射手卧姿射击时高度降低；带可折叠的两脚架。

该枪托折时长845毫米，托伸时长1112毫米，枪管长508毫米，空枪重7.65千克，弹匣容量25发。

德军列装5.56毫米G－36突击步枪 该枪是HK公司研制的新型小口径步枪，工厂名称叫HK50，联邦国防军装备后称G－36突击步枪。

G－36步枪结构简单，重量轻；枪托可折叠；通过准直式瞄准镜和望远式瞄准镜可以快速精确瞄准射击，精度好；枪弹自燃极限高；提把位于武器的重心；透明弹匣带固定夹；拉机柄可左右操作并可辅助闭锁枪机；由于内部镀铬，枪管寿命长；应用了可重复使用的复合材料。

其光学瞄准具更引人注目：它采用上下重叠安装

的方式，上为1：1准直式，用于快速瞄准射击，下为放大3倍的望远镜式，用于在较远距离上实施精确射击。另外还备有安装像增强器的光学瞄准具座。

该枪托伸时枪长1000毫米，托折时758毫米，枪管长480毫米，不连弹匣和两脚架枪重3.63千克，可单、连发射击，弹丸初速920米/秒，点射战斗射速约750发/分。

德军列装5.56毫米G-36K短步枪　G-36K短步枪是标准型G-36步枪的短管型，其枪管比标准型短162毫米，其他组件和功能与标准型一样。

该枪在特殊情况下使用时，托底可以加装橡胶缓冲垫。为了减少枪口焰的散发，采用了特殊的枪口消焰器。由于枪管缩短，护木也相应地减短了一点。

该枪主要用于近程快速射击。但是，也要求对较远距离上的目标实施射击，为此，枪上装有可见光和不可见光范围内的激光照射器或可见光瞄准具。

德军列装新型狙击步枪　德军一直缺少真正的狙击步枪，经过两轮选型以后，采用了英国国际精密仪器公司的"SM"型狙击步枪，将其命名为G-22狙击步枪而开始装备部队。

G-22型狙击步枪是一支重复装填步枪，使用7.62毫米×67温彻斯特·马格南口径的枪弹。枪上装有标准的光学瞄准镜，对有生目标的射程为800米。通过安装夜视瞄准具，该枪完全适合于夜战。根据其战斗使用原则，该枪既可用于自卫和反击，也可用于进攻。

7.62毫米×67温彻斯特·马格南弹弹道低伸，即使在远距离上命中率仍很高，是目前对付1000米内的目标的最好的狙击步枪之一。

亚美尼亚推出两种新步枪　一种是5.56毫米K-3突击步枪，另一种是5.54毫米K-11狙击步枪。K-3突击步枪与英国L-85AL突击步枪相似，也是无托结构，全长780毫米，枪管长415毫米，带30发弹匣时重4千克。枪上的机械瞄准具安装在底座上，侧面支坐上还可安装PSO-1型4倍望远镜。该枪射速为600发/分，利用膛口装置可以发射枪榴弹。

K-11狙击步枪采用直动式枪机。与许多狙击步枪不同，该枪发射标准5.45毫米×39枪弹，最大有效射程为600米。它的枪管长度与K-3的一样，弹匣和机械瞄准具也与K-3的一样，配有两脚架和骨架式拇指木质枪托。但也可以采用多种光学瞄准具。

机枪　**中国人民解放军装备QJZ89型12.7毫米重机枪**　这是继77型和85型12.7毫米大口径机枪以后，中国自行设计和制造的又一挺新型重机枪。与前两种机枪相比，该枪采用了许多创新设计，使整个武器系统步入了世界先进行列。

QJZ89型重机枪以平射为主，用以杀伤敌集群目标，压制轻型武器火力点，毁伤轻型装甲目标；必要时还可实施高射，对武装直升机等低空目标进行射击。该武器系统由重机枪、可见光与微光瞄准镜和枪弹组成。

除使用54型12.7毫米各种枪弹以外，该枪还配用新研制的12.7毫米穿甲燃烧曳光弹、穿甲爆炸燃烧弹及84式脱壳穿甲弹。特别是后3种弹的穿甲、爆炸、燃烧性能明显优于54型普通枪弹。

配装可见光和微光瞄准镜，大大提高了武器战斗威力和夜间作战能力。

大幅度减轻武器重量，全枪重26.5千克，比54型12.7毫米机枪轻70%，比77型12.7毫米机枪轻47%，比85型12.7毫米机枪轻27%，比原苏联12.7毫米NSV机枪轻36%。

首次采用"枪管短后坐-导气"混合式自动原理，以减小火药燃气对武器的直接作用及后坐力，有利于抵肩射击，因而可提高射击精度。

枪架采用球形铰链结构，实现了摇架、托架一体化设计，高低机、方向机同时紧定，简化了操作程序：

有良好的勤务性与机动性，不需要专用工具即可完成全枪快速分解结合，平射、高射、行军3种状态转换迅速，且武器体积小、重量轻，便于携行和转移阵地。

霰弹枪　**南非研制无托型泵动霰弹枪**　该枪由尼奥斯特公司设计，枪全长690毫米，枪管长570毫米，重3.9千克，两处弹匣供弹，可以装填多种弹药，包括低致命弹和杀伤弹。通过一个按纽，射手可从一个弹匣换到另一个弹匣。与市场上的其他一些霰弹枪不同，当射手向前推压活动组件时，枪管和其组件向前运动，弹壳向下抛出。当拉动活动组件使其向后运动完成泵动工作方式时，枪管和枪管节套向后运动，从选定弹匣内取出一发新弹，枪管移动进入待发位置。这种工作方式适于较短机匣和标准长度枪管。

南非推出"保护者掌中炮"霰弹枪　这是"保护者"基本型霰弹枪的改进型，由南非的艾塞马公司生产。"保护者"基本型有折叠枪托，而"掌中炮"则为无托结构，相当紧凑，可说是一支最小巧的霰弹枪。"保护者"基本型枪4·4千克，而"掌中炮"重仅2.2千克，全枪长度更短，只有170毫米，比基本型短130毫米。但其容弹量却很大，达12发之多，这在霰弹枪中是不多见的，该枪非常坚固，除握把是采用防滑碳素材料外，其余的全部采用钢制件。

榴弹武器　榴弹武器仍是各国轻武器发展的热点之一。俄罗斯、德国都推出了新型榴弹发射器。

中国驻港部队于1997年7月1日将35毫米自动榴弹发射器亮相，更引起世人的极大关注。

中国人民解放军装备35毫米QLZ87自动榴弹发射器 该榴弹发射器有轻型和重型两种，轻型主要用于在600米直射距离内的单兵射击，重型则由轻型加三脚架组成。该发射器的重量较轻，轻型全重12千克，重型全重20千克，比美国MK19－3型轻70%，比俄罗斯AGS－17轻35%，所用弹药也比它们所用的轻30%左右。弹丸初速200米/秒，理论射速约500发/分，最大射程1750米。它功能多，用途广。

该发射器弹鼓从武器下方供弹，不仅不遮拦视线，而且使整个武器结构紧凑、协调；在重心位置上设计了便于转移阵地的提手；肩托上装有抵肩缓冲垫；瞄准具置于武器左侧；带握把的发射机在武器右方中部，同时具有保险、单发和连发的功能，射手操作轻松自如；高低机采用手轮操作，并可微调；有自锁功能的传动机构使瞄准点不会自行下移；直接紧定功能排除了间隙（空回）对射击精度的影响；小巧的平衡机使武器起落时轻松平稳。

该发射器采用独特的“气吹式”自动方式，即由气体直接吹动机体后坐，不仅可以调整导气能量以适应各种环境条件，而且结构简单，工作可靠，勤务性好。

该发射器使用杀伤弹和破甲杀伤弹两种弹药，两弹同用全保险弹头触发机械引信，引信采用两套发火机构，保证了榴弹的发火可靠性；弹上的安全系统具有隔爆、冗余保险及保险识别功能；弹上还设有擦地炸机构。

俄罗斯推出GP－95型40毫米枪挂榴弹发射器 发射器重1.5千克，长185毫米，瞄准距离200米，最大射程400米。它发射VOG－25榴弹，主要用来提高A－91突击步枪系列的面杀伤能力。根据需要，还可以装消音器。

俄罗斯推出GM－93手持式榴弹发射器 该发射器口径43毫米，采用泵动工作原理，能发射多种弹药，包括高爆弹、油气爆炸弹、空心装药弹、破片杀伤弹、燃烧弹及毒剂弹，已成为执行各种任务的理想武器。该发射器外廓尺寸小，仅为528×70×196毫米，质量轻，未装弹时仅4.8千克。其瞄准具分划为75、150和200米。

德军装备新型40毫米自动榴弹发射器 该发射器由HK公司研制，现已被确定为德国联邦国防军的制式武器。

HK公司的新型自动榴弹发射器是一种开膛待击的全自动自由枪机式武器，既能单发射击，又能实施长、短点射。在“装弹完毕”状态，弹膛里没有弹；枪机停留在后方待击位置，在枪机向前移动的过程中榴弹才与弹链分离。

新型自动榴弹发射器上配有带照明分划板的准直式瞄准镜和机械应急瞄准具。准直式瞄准镜可以迅速捕捉并精确跟踪目标，夜间瞄准有ORION80Ⅱ型像增强器。

该自动榴弹发射器上安装有减小后坐的上架（软支架）和轻金属下架即“三脚架”。发射器长180/985毫米，宽920/226毫米（带软架/不带软架），高540毫米（连瞄准具），重29.0千克，可单、连发射击，射速330发/分，初速241米/秒，最大射程2200米。

攻坚武器 破坏野战工事，是摆在步兵面前的一项重要任务。步兵在需要时利用现有的反装甲武器对付野战工事。但这仅是权宜之计。随着城市作战任务的增加，发展攻坚武器势在必行。

美国海军陆战队装备M－153型肩射多用途突击武器（SMAW） 该武器配发给步兵排中的一个专门突击班。每个突击班由6个两人小组组成，负责提供对任何坚固工事和掩体的直射火力支援突击。SMAW同时具备反装甲和反掩体能力，且后者更强些。

美国研制单兵多用途近程突击武器 该武器由洛克希德·马丁公司研制。按要求，这种武器要具备“发射后不用管”的效能。为满足这一要求，公司把美国海军陆战队的近程突击武器/掠夺者（SRAW/PREDATOR）的配置和制导模块同美国陆军单兵多用途演示验证战斗部技术结合，应用于一个发射器中。近程突击武器/掠夺者的特点是采用顶击，不适于摧毁掩体；单兵多用途/近程突击武器改用陆军单兵多用途直接攻击战斗部，可以摧毁双层钢筋混凝土墙、3层砖墙、轻型装甲车辆及其他野战永备工事等目标，并且可以在封闭空间发射。

德军打算装备新型攻坚火箭弹 新型攻坚火箭弹是攻击野战工事和坚固阵地，并能杀伤躲在掩体内或掩体后的敌人的专用弹药，从而满足城市作战的需要。该火箭弹由迪尔公司研制成功，它的战斗部与“铁拳”3型火箭弹弹道一致，可用“铁拳”3型反坦克火箭筒发射。

战斗部由空心装药（口径110毫米）、破片装药和相应的引信组成，射程11～400米，外弹道性能与“铁拳”3型相同。它能以足够的弹孔直径穿透由钢筋混凝土、灰沙石、砖头和泡沫混凝土砌成的墙壁，穿透野战工事、胸墙和由木头、沙子及沙袋构筑的街垒，其破片装药侵彻目标后能产生较高的杀伤和爆炸效应。

（卞荣宣）

装甲兵武器装备

综述　1997年世界各国装甲兵技术发展的主要特点是：

主要坦克生产国积极开拓国外市场　近些年来，随着"冷战"结束、本国装备需求减缓、生产能力过剩，世界主要坦克生产国积极向国外市场推销、转让坦克装甲车辆，为本国经济及国防科技发展谋取资金，为保留本国装备生产能力创造有利条件。美国M-1A2坦克、法国"勒克莱尔"坦克、德国"豹"2A5坦克、英国"挑战者"2型坦克、俄罗斯T-80Y坦克和T-90S坦克、乌克兰T-80YД坦克竞相在国际武器展览中亮相，或向潜在的购买国进行演示、试验、或同他们进行技术转让、合作谈判。中东地区是世界上最先进的坦克装甲车辆的最重要的市场。1997年，美、俄、法、英等国的坦克生产商都积极在该地区促销。西南亚和东南亚地区以及北欧地区的许多国家出于本国安全考虑和军事斗争需要，也都从主要坦克生产国纷纷引进坦克装甲车辆。此外，中国台湾地区对引进某种轻型坦克装备也具有潜在的兴趣和能力。

主战坦克现代化改进继续加强，下一代坦克开始蕴酿　目前现役新型主战坦克正处在成熟发展与装备时期，在2015年之前，西方各国下一代坦克不会列装，因此，对现装备的主战坦克的技术改进已成为主要坦克生产国坦克工业的重要任务。改进的主要内容包括采用数字信息技术（战场管理系统）、敌/友识别技术、先进火控系统、热成像设备、第2代爆炸反应装甲等。下一代主战坦克发展工作在几个主要国家中已展开，俄罗斯在1997年向外界展出了安装135毫米以上口径火炮的"黑鹰"主战坦克的样车；美国、德国、英国确定了未来地面作战平台的预研项目。值得注意的是，西方国家的未来地面作战平台的设计概念将与传统的主战坦克概念有重要的区别。尤其是美国的"未来战斗系统"功能上区别于传统的坦克，它具有直射武器射程之外（10公里）的杀伤能力，能对空中目标和远程目标实施打击。因此，它不只是近战的坦克，而且是一种新的地面武器系统。

坦克装甲车辆研制、生产的国际化程度进一步提高　世界主要坦克生产国，如美、英、法、德等国的坦克、装甲车辆生产厂商适应"冷战"后装备需求市场相对缩小，国际市场竞争加剧的现状，纷纷组成跨国的研制、设计联合体，以加强研制资金投入、加强技术合作，提高市场竞争力。以色列、南非、捷克、奥地利等国厂商也积极向国外市场提供改装现装备坦克的新技术、新系统。这种国际化程度的提高有助于扩大新技术交流、降低研制成本，促进坦克、装甲车辆的发展速度。

以数字化部队建设为特征的军事变革深刻地影响了坦克装甲车辆的发展　1997年，几个发达国家陆军的数字化部队建设出现了重要的进展，美国陆军在3月和11月分别进行了数字化旅（第4机步师第1机步旅）实兵对抗实验性演习和数字化师（第4机步师）指挥所模拟对抗演习。装甲兵部队是美军及其他国家陆军数字化建设的重点和先驱，陆军数字化建设对坦克装甲车辆的技术发展和运用方式产生了重大的影响，推动了信息技术在坦克上的应用，加速了数字化坦克的发展；同时，对装甲兵部队的编制、训练、后勤保障、军官和士兵能力也产生了重大的影响。

主战坦克与轻型坦克　**美国推出"未来战斗系统"新概念**　据《简氏防务周刊》1997年7月2日报道，美国陆军的有关官员在6月举行的"信息时代陆军"会议上宣布了"未来战斗系统"这一新概念，计划在2015年前后以"未来战斗系统"取代M-1系列主战坦克。据研制人员说，这一新概念所以叫做"未来战斗系统"，是为了区别于以前的"未来主战坦克"概念，它不仅仅是一个具有10千米射程的直射武器系统，而且有一定的间瞄射击能力，可打击空中目标及一些其他远程目标。

"未来武器系统"研究组正在调查至少4种武器系统：常规的固体装药武器，电-热化学/电-热点火武器；电磁轨道炮；各种导弹方案。

目前，上述概念正处在军方内部研究阶段，工业部门提供有关子系统的专业咨询。设想的底盘重量将满足用1架C-17运输机1次运载两个"未来作战系统"的要求，初步设想是40吨级的车辆，也可能在此基础上变化。设想的主炮是将XM-291（120毫米）火炮作为一种方案，也可以转化为140毫米口径。该炮除了考虑用作固体推进剂的常规火炮外，也正在研究用作电热化学/电热点火型火炮。而电磁轨道炮方案可能采用更大的口径。关于设想的导弹武器，至少考虑了3种方案："狱火"导弹的预先计划的产品改进型；"陶"式导弹的预先计划产品改进型；"瞄准线反坦克导弹"（LOSAT）。"未来战斗系统"的其他分系统将根据选择的武器样式来决定采用什么方案。如果采用电磁炮，那么，就要采用高功率的电能技术，并采取全电式车辆方案。

美国试验柴油机动力的 M－1A2 主战坦克 据《简氏防务周刊》1997年7月30日报道，美国通用动力公司地面系统部在 M－1A2 主战坦克上改装了 MTU 公司的柴油机动力传动装置，成功地进行了首次试验。该车主要用于出口，因为一些潜在的用户认为柴油机作动力的坦克比标准的燃气轮动力的坦克更省油，并将增加行驶里程。MTU 公司动力传动装置包括 MTU883V－12 柴油机，功率为1103千瓦，匹配于 Renk HSWL 295 TM 自动传动装置，有5个前进档和3个倒档，并带有冷却及空气滤清器。

俄罗斯设计"黑鹰"主战坦克 据《简氏防务周刊》1997年9月24日报道，俄罗斯向外界展示了新设计的"黑鹰"主战坦克。该坦克是以 T－80УM 坦克底盘为基础，安装了新的炮塔。火炮口径在135毫米以上，并采用了炮塔尾舱安装的自动装填机。据说几个月后将接受订货，下世纪初服役。俄罗斯工程师称该坦克性能超过了西方国家最新的 M－1A2 坦克、"勒克莱尔"坦克和"挑战者"2型坦克。俄罗斯陆军现装备主战坦克有2万辆 以上，其中只有30%的坦克为新型 T－80 和 T－90 坦克，预计在2007至2009年，大多数现役坦克将更换。据俄罗斯国防部副部长西托诺夫说，从2005年起，每年将补充350辆新坦克和400辆装甲车。

俄罗斯 T－90 坦克亮相 据《简氏防务周刊》1997年3月26日报道，俄罗斯在阿布扎比国际防务展览中展出了其最新装备的 T－90 型坦克。该坦克是 T－72 主战坦克的后继型，装备于俄罗斯陆军。T－90 型坦克装有新型爆炸反应装甲，可防动能弹及化学能弹。它的"窗帘"1型光电对抗系统可诱骗来袭的反坦克导弹飞离目标。主炮可以发射激光制导炮弹，有效射程为5千米。计算机火控系统的标准设备有激光测距仪，还可选用热成像瞄准镜用于全天候作战。动力装置为 B－84 柴油机，功率为617千瓦。

印度"阿琼"主战坦克投产 据《简氏防务周刊》1997年6月25日报道，印度将生产100～120辆本国研制的"阿琼"主战坦克。在2002年之前，将装备两个坦克团，每团80～90辆"阿琼"主战坦克。经过25年研制之后，第1辆"阿琼"坦克将在1998年交付。据印度国防部人士说，每辆坦克价值达1.5亿卢比。未来5年中将投资180亿卢比（5.14亿美元）生产该坦克。

土耳其计划发展主战坦克 据《国际防务评论》1997年1月报道，土耳其政府计划在2002年装备第3代2000型坦克。在1997年完成可行性研究，1998年建造两辆样车，1999年再建两辆。2002年开始生产，然后以每年300辆的速度生产10年。估计费用为15亿美元。

叙利亚部署 T－55MV 坦克 据《简氏防务周刊》1997年8月20日报道，叙利亚陆军从乌克兰接受了首批200辆 T－55MV 坦克，它们将部署在靠近戈兰高地的地区。乌克兰几年来一直在改进 T－55 坦克，用于向外出口。T－55MV 坦克可以发射 9M117 炮射激光制导炮弹，其破甲弹头可击穿550毫米厚的装甲，最大射程达4000米。另外，一种串联装药的炮射制导炮弹也已出现。该坦克装有"接触"5型爆炸反作用装甲，可防动能弹、化学能弹和美国120毫米 M829 尾翼稳定脱壳穿甲弹。

阿曼增购"挑战者"2型主战坦克 据《简氏防务周刊》1997年11月19日报道，阿曼向英国维克斯防务公司又购买了20辆"挑战者"2型主战坦克，使阿曼的两个坦克团中有1个全装"挑战者"2型坦克团。这些坦克预计在2000年上半年交付使用。1993年7月，阿曼已向英国订购了18辆"挑战者"2型坦克、4辆"挑战者"装甲抢救车，所有这些车辆已在1995～1996年交付。为了适应阿曼的高温气候，这些坦克进行了一些改进，包括改进的冷却系统、单销式履带、空调装置，装填手还有1挺12.7毫米机枪。

德国计划未来20年的坦克发展道路 据《国际防务评论》1997年9月报道，德国提出了新、老装备相结合的未来20年坦克装甲车发展计划。目前已开展的新一代坦克、装甲车计划已首先通过"新装甲车辆底盘"计划。所谓"新装甲车辆底盘"是指以一个通用的装甲车辆底盘为基础，发展新一代主战坦克、装甲人员输送车和支援车辆。这些车辆具有相同的防护设计、动力传动及行动部分。"豹"2A5 坦克计划是1999年前完成225辆"豹"2坦克的改进任务，改进内容是增强炮塔的装甲防护，改装车长的塔顶，安装昼/夜热成像瞄准镜。如财政允许，将另外改进125辆"豹"2坦克的装甲防护，计划1999～2000年在"豹"2A5 坦克上安装威力更大的120毫米滑膛炮，可以发射初速为1800米/秒的动能炮弹（LKE2）。更进一步的改进项目是提高"豹"2A5 坦克的防反装甲武器及地雷的能力，采用 C^3I 系统。预期"豹"2坦克将继续服役20年以上。现役的"豹"

1坦克将在2008年前后退役。从1965年共生产了2000多辆的“豹”1坦克目前仍有1200辆服役，1999年将把325辆“豹”1坦克改装为炮兵观测车。

英国提出“挑战者”2型坦克后继车型计划　据《国际防务评论》1997年1月报道，英国陆军提出了在2020年后替代“挑战者”2型坦克后继车型初步计划。该计划名称是“机动的直射火力装备要求”。新车型的主要特征是：能进行全天候昼夜作战，乘员减至两名，车重不超过50吨。还规定新车采用电磁炮，电传动，电子装甲。计划要求在1997年末完成电磁发射炮弹的可行性研究，2002年完成新型装甲和电传动的技术演示，2005年完成系统技术演示。新车具有更大的射程，火力超过炮射导弹。射速提高，能在行进间对多种目标如对轻型装甲目标、直升机、加固工事进行射击。新车还具有防敌探测能力、避免被命中能力、避免被击毁能力。

英国“挑战者”2型坦克通过可靠性试验　据《简氏防务周刊》1997年11月26日报道，英国“挑战者”2型主战坦克已通过了最后的“产品可靠性试验”，1998年初将正式交付作战部队使用。英国国防部在几年前订购了386辆“挑战者”2型坦克、22辆驾驶训练坦克，准备替换现役的420辆“挑战者”1型坦克。但是1994年生产的第1批坦克在试验中发现炮塔系统存在可靠性问题，后经3次“产品可靠性试验”排除了这些问题。由于这一原因，原定于1995年底装备该坦克的日程被推迟。据报道，在试验期间继续生产的150辆“挑战者”2型坦克及已出售给阿曼的18辆坦克将接受改进。另外，出口的“挑战者”2型坦克将主要是安装MTU欧洲动力装置的“挑战者”2E型。

乌克兰陆军将装备T－84主战坦克　据《简氏防务周刊》1997年10月8日报道，乌克兰陆军将在1998年开始订购第1批T－84主战坦克。该坦克由乌克兰哈尔科夫市马洛佐夫设计局设计，由马利谢夫工厂生产。至今已生产出9辆T－84坦克，用于向国外推销。T－84坦克以T－80УД坦克底盘为基础，有一个新的炮塔，并安装了新的882千瓦的6ТД2柴油机，单位功率达26马力/吨。而T－80УД坦克安装的发动机是6ТФ柴油机，功率为809千瓦。两种坦克都安装了1门125毫米滑膛炮。T－84坦克装有爆炸反应装甲，可防动能及化学能弹。此外，该坦克上还装有“窗帘”1型防务辅助系统。炮长有激光测距仪和热成像综合瞄准镜。

西班牙计划组装“豹”2A5主战坦克　据《国际防务评论》1997年8月报道，西班牙国防部正在考虑在西班牙组装200辆“豹”2A5主战坦克，费用达27亿美元。这一新计划将代替原先的在10年内许可证生产360辆“豹”2A5坦克的计划。此外，国防部还宣布批准将38辆M60A1坦克改装成“蝎”式CZ－10/25E工兵坦克，这种工兵坦克前部安装有1个推土铲，炮塔上的火炮被1具挖土铲代替。

瑞典“豹”2S数字化坦克列装　据《简氏防务周刊》1997年4月2日报道，瑞典国防装备部已将第1批120辆“豹”2S主战坦克交付第9机械化师。坦克上安装有德国－瑞典开发的“坦克指挥与控制系统”，瑞典陆军以此坦克作为瑞典未来数字化陆军的先锋。数字化“豹”2S坦克是瑞典陆军C^4I系统的基层部分。瑞典陆军将逐渐建设一个通过营、旅、师司令部与各战斗车辆相联结的综合指挥与控制系统。在所有层次上都具有与坦克、直升机及其它武器平台进行数据交换的能力，同时还将与瑞典空军与海军进行数据交换。这一综合指挥与控制系统又是战场上使用的一种办公自动化系统，用于交换报告、命令和态势评估信息。

“坦克指挥与控制系统”将在今后5～6年内安装到“豹”2A4坦克、CV90装甲步兵战车上。

奥地利研制ASCOD105轻型坦克　据《简氏防务周刊》1997年6月4日报道，奥地利研制成装有105毫米火炮的ASCOD105轻型坦克，该坦克是在改进型ASCOD步兵战车底盘的基础上安装南非LIW公司的LMT105炮塔而成，主要用于出口。炮塔内有3名乘员，火炮为LIW公司的105毫米GT7型高膛压线膛炮，可以发射标准的“北约”105毫米炮弹。炮塔内有全解式火控系统，车长有双向稳定昼/夜周视式瞄准镜，炮手有带激光测距的双向稳定的瞄准镜。坦克战斗重量为28.5吨，最大速度为70千米/小时，最大行程为500千米。

斯洛伐克研制T－72M2坦克改进型　据《国际防务评论》1997年1月报道，斯洛伐克ZTS公司改进了T－72M2坦克。该坦克引入了一种由2门KAA20毫米机关炮和一个改进的火控系统组成的防空武器。改进型坦克还安装了1门2A42型/30毫米机关炮，其火控系统与125毫米坦克炮的双向稳定系统相联结。其车长瞄准镜为SFIM MVS 580型周视多用途瞄准镜，炮手瞄准镜为TIGS热成像瞄准和TPД－K1昼用激光测距瞄准镜，驾驶员潜望镜为PNK－72被动式观察镜。炮塔及车首、车侧部位采用了DYNAS爆炸反作用装甲，这种第二代防护装甲可防串装药弹头的攻击。

步兵战车与装甲车　**中国研制WZ551B装甲人员输送车**　据《简氏防务周刊》1997年1月15日报道，中国北方工业公司研制了新型WZ551B装甲人员输送车，主要用于出口。WZ551B 型车装有 1 个单人炮塔，1 挺 12.7 毫米机枪或 1 挺 14.5 毫米机枪，还有 1 挺 7.62Q 毫米并列机枪。在炮塔后部有 1 排电动发射的烟幕榴弹发射管。

该车的动力传动装置由 235 千瓦道依茨 BF8L413FC 空冷涡轮增压柴油机、5S111GPA 手动变速箱组成，有 9 个前进档、1 个倒档。前轮为动力转向车轮。最大公路速度为 95 千米/小时，最大公路行程为 800 千米。靠两个螺旋浆在水上行驶，航速达 8 千米/小时。

该车乘员两名，载员 9 名。车体上有 7 个射击孔。车内有半自动集体三防装置。

美国研制 ASV－150 型装甲保安车 据《简氏防务周刊》1997 年 3 月 12 日报道，美国特克斯特伦公司预期接受 95～190 辆 ASV－150 型装甲保安车的生产合同。美国陆军需要 1800 辆这种车辆，第 1 批由美国宪兵部队使用。

ASV－150 型装甲保安车是在以前的 LAV－150 型 4×4 装甲车基础上研制而成的，主要变化是以独立式螺旋弹簧悬挂代替了固定轴、半椭圆形弹簧及中央胎压调节系统。车体上安装了德国的模式可展开的装甲防护系统，它由附加在车体外表面的陶瓷复合附加层及车体内表面的防崩裂层组成，可防 14.5 毫米子弹。

ASV－150 型车安装了 1 个单人炮塔，1 挺 12.7 毫米机枪和 1 具 40 毫米自动榴弹发射器。动力传动装置由康明斯 6CTA8.3 型柴油机和阿利逊 MD3560 型全自动传动装置组成，功率为 118 千瓦，有 6 个前进档、1 个倒档。全车战斗重量为 12.5 吨，最大公路速度为 101 千米/小时，从原地加速至 32 千米/小时的时间为 5 秒。

俄罗斯发展重型装甲输送车 据《简氏防务周刊》1997 年 10 月 15 日报道，俄罗斯已研制成新的 BTP－T 重型装甲人员输送车，这种重型装甲输送车是在 T－55 坦克底盘上改造而成的，去掉了 T－55 坦克的炮塔，加高车身箱体，将乘员室布置于车内前部，后部的动力舱不变。车休前左侧有小炮塔，1 门摇控的 30 毫米机关炮及 1 具 AT－5 反坦克导弹发射装置。在车首及车侧部安置了爆炸反作用装甲。车后部有 4 组三管电控烟幕榴弹发射器。车内步兵只能通过车顶的舱门进出。该车的发展为俄罗斯陆军提供了比 БМП－3 步兵战车更便宜的，但有更高生存力的装甲车辆。

泰国陆军购进 M－113A3 型装甲输送车 据《简氏防务周刊》1997 年 8 月 20 日报道，泰国陆军开始从美国接受 82 辆 M－113A3 装甲人员输送车，预计全部车辆将在 1998 年底交付完毕。这批车辆包括 6 种变型车，其中有 M－113A3 救护车、M－577A3、M－113A3 维修抢救车等，这些车辆均安装有 6V53T 发动机，功率为 205 千瓦。

新加坡研制步兵战车 据《简氏防务周刊》1997 年 4 月 9 日报道，新加坡汽车工业公司研制成本国设计的新型步兵战车，预计在 1998 年开始批量生产。新研制的步兵战车有两个基本型，一个为 IFV－25 型，可搭载 10 名士兵，装有 1 门 25 毫米机关炮和 3 挺 7.62 毫米机枪；另一个为 IFV－40/50 型，可搭载 11 名士兵，装有 1 具 40 毫米榴弹发射器及 12.7 毫米、7.62 毫米机枪。这种步兵战车将逐渐代替新加坡陆军装备的 M－113 系列装甲输送车及 AMX－13 轻坦克，今后也可能出口。

沙特阿拉伯研制“半岛盾牌”轮式装甲车 据《简氏防务周刊》1997 年 4 月 9 日报道，沙特研制成命名为“半岛盾牌”的 6×6 轮式装甲人员输送车。预计在 1997～1998 年沙特陆军共订购 200 辆。该车在 1997 年开始发展，1981 年制成第 1 辆样车，1988 年制成第 2 辆样车。车上安装有“柯克里尔”LCTS 双人炮塔、1 门 90 毫米火炮。该车动力装置功率为 331 千瓦，最大公路速度为 90 千米/小时，水上速度达 16 千米/小时。

德国试验快速反应部队用的装甲输送车 据《简氏防务周刊》1997 年 11 月 19 日报道，德国陆军开始试验两辆新的“狐”式装甲人员输送车样车，准备用于快速反应部队，预计在 1998 年完成试验工作并首批生产 50 辆，第 1 辆生产车将在 1999 年列装。该车是“狐”TPZ1 型装甲输送车的改进型，后者已生产 1400 多辆。新车型的主要改进是：安装了新的更大功率的柴油机，功率为 315 千瓦；改进了全自动 ZF 型传动装置；加强了车桥部分，使车辆总重量增加到 24 吨；在全钢焊接的车体上镶贴了装甲防护，可防 7.62 毫米穿甲弹，正面装甲可防 12.7 毫米穿甲弹；提高了防地雷能力。在车上装有 KUKA605 型单人炮塔，炮塔上可安装 7.62 毫米机枪或 20 毫米机关炮。

德国改进 M－113 装甲输送车 据《简氏防务周刊》1997 年 5 月 7 日报道，以德国 FFG 公司为主的一个改进设计组在改进美国生产的 M－113 装甲输送车。改进的内容主要是车辆推进部分，包括采用 MTU 6V183TC22 型柴油机和 ZFLSG1000 型传动装置。发动机功率为 220 千瓦。传动装置为动液机械传动、6 速变档、静液转向机构。

改进后的 M－113 车重 15 吨，最大速度 61.2 千米/小时，最大行程 720 千米，从原地加速至 50 千米

/小时的时间为18秒，原地转向360°的时间8.4秒。

英国研制隐形（低可探测性）装甲侦察车 据《简氏防务周刊》1997年3月12日报道，英国GKN防务公司研制了具有低探测性的隐形装甲侦察车，准备向海外出口。

该装甲侦察车是在“沙漠武士”步兵战车基础上研制成的。为了满足侦察任务要求，车上引用了减少热、声及雷达信号的隐形技术。发动机废气排出管移到车后，废气由冷空气冷却，车体侧面甲板稍向内倾斜，悬挂系统的下部由档板覆盖。

在车辆后部安装了一个可伸缩的主杆，杆顶部有一套包括可见光和热成像传感器、对人眼安全的激光测距仪及战场搜索雷达的传感器组。传感器组由车长或炮手在车内控制使用。侦察车将传感器组接收到的战场信息，包括图像，传送到上级指挥所。车内的标准设备有“综合式战场信息系统”，它利用数字化技术为班、排、连、营长提供战术态势情报。

侦察车保留了“沙漠武士”步兵战车的炮塔武器系统，有双向稳定25毫米链式炮、7.62毫米并列机枪及“陶”式导弹发射器。炮手有1具昼/夜热成像瞄准镜，车长有1具监视器，驾驶员在夜间及不良天候使用热成像潜望镜。

车内有空调设施和集体三防装置及化学战剂检测系统。车内导航系统为依靠全球定位系统支持的惯性导航系统。

该侦察车战斗全重量26吨，最大公路速度为90千米/小时，最大行程为700千米。

英国研制新的“风暴”30型装甲侦察车 据《国际防务评论》1997年11月报道，英国阿尔维斯车辆公司发展了一种新型装甲侦察车，它是在该公司生产的“风暴”装甲侦察车底盘上安装意大利奥托布雷达公司生产的炮塔组成的，样车重量13吨。“风暴”装甲车底盘上采用间隙式高硬度装甲及减少雷达信号的内倾式车体侧装甲。炮塔是意大利TC25HIFIST25毫米火炮炮塔的改进型，30毫米“丛林之王”2型机关炮代替了25毫米KBA机关炮。炮塔两侧还可安装“陶”式导弹发射器。由于该车重量轻，平均地面接触压力仅为168千巴，而187千瓦的柴油机使该车单位功率达到14.4千瓦/吨。

英国研制“黑豹”多用途装甲战斗车 据《简氏防务周刊》1997年8月27日报道，英国格雷防务系统公司正在研制一种多用途装甲战斗车，用于填补轮式装甲车的市场空白。这种车按要求能持久工作48小时以上。除向海外出口外，这种车也可作为英国陆军未来指挥与联络车的候选车型。该侦察车型的设计样车上，安装有FVT925型炮塔，炮塔上装有1门25毫米M－242型机关炮及1挺7.62毫米并列机枪。为了执行侦察任务，车后部装有KT14型可升降立柱，立柱上有传感器组，包括1个高分辩率热成像仪及1个昼用电视摄像器，还有对人眼安全的激光测距仪。车辆控制台上有两个监视器，以及向上级传输信息的设备。传感器组具有自动跟踪目标能力。样车有4名乘员，但还可增加两名人员。除侦察车型外，其它车型有防空车、反坦克车、C^3I车、三防侦察车、联络车及通信车等。最大战斗重量不超过14吨，最大行驶里程为100千米，可两栖行驶。

英国研制105毫米火炮的“武士”战车 据《简氏防务周刊》1997年12月17日报道，英国GKN防务公司新发展了一种安装105毫米火炮炮塔的“武士”装甲战斗车辆，用于向外出口。该车是在“武士”步兵战车底盘上安装了南非的LMT105型炮塔而成的，全车重量为29吨左右，作为轻型坦克，它比传统的主战坦克有更好的机动性能。

法国改进VAB装甲输送车 据《简氏防务周刊》1997年7月30日报道，法国陆军军械工业集团开始改进VAB6×6驱动的装甲人员输送车，主要改进内容是采用221千瓦柴油机和自动传动装置，使VAB装甲车的战斗全重增至16吨。同时还改进了中央胎压调节系统、制动系统、悬挂和转向系统。改进后的VAB装甲车能安装多种炮塔，其中包括最新生产的25毫米M811机关炮炮塔。

瑞典陆军研究非常规装甲车辆设计 据《国际防务评论》1997年8月报道，瑞典陆军正在研究非常规设计的未来多用途装甲车辆。这种多用途装甲车辆叫做“可适应的通用轻型底盘”，考虑在2007年代替几种现役车辆，如Bv206铰接式履带输送车、Pvrb551和Lvrbv701导弹发射车及Pbv401（MT－LB）装甲输送车。据瑞典军方透露，新车可能是铰接的四组履带式车辆，它结合了轮式车和履带车的转向性能和越野性能的优点，可以将履带拆去，成为轮式驱动。几种试验车正在进行技术研究，其中包括电传动技术研究、防地雷及车身材料技术研究。

波兰改装БМП－1步兵战车 据《简氏防务周刊》1997年8月27日报道，波兰HSW公司正在与美国迪尔防务公司合作改装БМП－1步兵战车的LAV 25炮塔。HSW公司对改装车进行了射击和机动性试验，并已交给波兰陆军进行广泛的使用试验。如果试验车方案得到认可，预计将对800辆БМП－1步兵战车进行改装，同时可为其它国家的БМП－1步兵战车进行类似改装。LAV 25炮塔内有两名乘员，车长和炮手。炮手有1具热成像瞄准镜，带有激光测距仪；车长有1具昼夜合一的第3代微光瞄准镜，并有监视器可观察炮手的热成像仪景像。炮塔上装有1门25毫米M－242型机关炮和1挺7.62毫米并列机枪。

捷克研究新型轮式装甲输送车 据《国际防务评论》1997年7月报道，捷克PSP波希米丘公司展出了一种ZUBR 8×8轮式装甲人员输送车的模型。这种新车型能两栖使用，同时能防重机枪及炮弹碎片。驱动形式除6×6外，还可发展4×4、8×8和10×10驱动车型。8×8驱动车型将安装榴弹炮，6×6驱动车型可作为防空、步兵、观察车辆。动力传动、独立悬挂及炮塔部件将设计成模块化的，可按照用户要求互换。动力传动装置安装在车内右前部，易于拆装。

埃及、美国合作发展"埃及步兵战车" 据《简氏防务周刊》1997年4月9日报道，由美国联合防务公司及军事装备部发展的"埃及步兵战车"正在试验中，该步兵战车将用于与M－1A1主战坦克协同作战。

该车底盘以联合防务公司的"轻型机动战术车辆"底盘为基础，是加长的M－113装甲车底盘，有6对负重轮改进的悬挂。动力传动装置由6V－53TA柴油机和阿里逊X－200传动装置组成，功率为298千瓦。炮塔部分采用美国M－2A2步兵战车的炮塔，装有25毫米机关炮、7.62毫米并列机枪、"陶"式反坦克导弹发射器。车体前部、侧部、顶部及后部与M－113装甲车相似，但车身加长，车体上附有钛装甲层，提高了防弹能力，可防14.5毫米穿甲弹。整车重量17.69吨，单位功率为16.9千瓦/吨。

新技术与新部件

中国研制爆炸反作用装甲 据《简氏防务周刊》1997年5月7日报道，中国北方工业公司发展了一组爆炸反作用装甲，用于新发展的或现装备的坦克，增强其防护能力。这种反作用装甲提高了对化学能弹的防护能力，也提高了对动能弹及串联空心装药弹的防护能力。

I型反作用装甲的单位面积重量为每平方厘米100克，钢板厚度13毫米。可减少破甲弹70%的破甲威力。Ⅱ型装甲为每平方厘米200克，钢板厚度26毫米，可减少破甲弹威力达70%，减少动能弹威力达30%。Ⅲ型装甲为每平方厘米250克，钢板厚度32.5毫米，可减少破甲弹或串联装药破甲弹威力达70%以上。

美国研制"丛林之王"Ⅲ型车载机关炮 据《简氏防务周刊》1997年3月17日报道，美国马克道纳·道格拉斯直升机公司已完成了35毫米"丛林之王"Ⅲ型链式供弹机关炮的射击试验。这种火炮将用于装备先进的两栖突击车、M－2步兵战车改进型及未来侦察车。目前，"丛林之王"Ⅲ型使用35毫米弹药，也可以迅速更换身管等部件，转变为50毫米机关炮，发射50毫米弹药。35毫米尾翼稳定脱壳穿甲弹的炮口初速为1400米/秒，50毫米弹药为1600米/秒。

美国陆军研究射程8千米以上的坦克炮弹药 据《国际防务评论》1997年7月报道，美国陆军正在研究一种M－1坦克120毫米火炮发射的增程弹，它可以打击8千米以外的装甲目标，其射击效果与目前对3千米距离内目标进行直瞄射击的效果相同。坦克乘员或火控系统可以在射击前接收目标诸元，将在指定的总方向上飞行，然后在距目标500～5000米处寻找或感知目标位置，并能克服目标的主动防护系统。炮弹上的传感器能经受住7000－35000个重力加速度的作用，速度耐受范围为600～2000米/秒。

英、法联合发展新的车载武器系统 据《简氏防务周刊》1997年12月17日报道，英国皇家兵工厂和法国陆军军械工业集团正设计一种遥控的40毫米车载武器系统。这种外形低矮、重量轻的武器系统由40毫米嵌入式弹药的CT－2000机关炮及7.62毫米并列枪、武器平台、弹药装填机及弹药等组成，整个武器系统（包括弹药）重量为892千克。武器方向射界为360°，高低射界－12°～＋45°。这种车载武器系统可装备于英、美两国未来一代装甲侦察车、"武士"战车改进型、未来一代步兵战车及现役M－2步兵战车改进型和先进的两栖突击车。

瑞士陆军计划改装新型坦克炮 据《国际防务评论》1997年9月报道，瑞士陆军计划改装其现役"豹"2坦克的主炮。候选的主炮有：德国L55型长身管120毫米炮和LKE2型炮弹、以色列的120毫米坦克炮改进型及弹药、瑞士的120/140毫米双口径紧凑型火炮。后者采用高屈服强度（1300牛/米^2）钢材制成的炮管，重量不大于L7型105毫米火炮，这一双口径火炮能发射"北约"的标准120毫米炮弹，可更换140毫米口径身管及增大的药室。瑞士专家认为120毫米火炮发射的固体装药钨合金动能穿甲弹芯能穿透830毫米的均质轧制钢装甲，而140毫米火炮发射的固体装药穿甲弹的穿甲厚度可增大到1米以上。到目前为止，用140毫米火炮紧凑型火炮，在膛压为7300巴下，已达到了930毫米的穿甲厚度。然而，在140毫米坦克炮成为国际通用的口径之前，瑞士不愿意采用这一口径的火炮。法国、德国、美国企图通过电能炮，来提高120毫米火炮的性能。瑞士在穿甲弹蕊的设计上也进行了新探索，从弹蕊的单件式结构转变到类似早期设计的带外套式结构，使长径比达到了30倍以上，并能防止在穿甲过程中弹蕊弯曲或弹蕊破裂的情况。

（李　鑫）

炮兵武器装备

综述 1997年世界炮兵武器装备的发展趋势仍然是减少型号、增大射程、减轻重量、提高机动性和实现火控、侦察、指挥和通信的自动化和数字化程度。西方发达国家的炮兵武器系统在自动化、数字化和智能化方面已取得进展，美国的进展最为明显。美国研制的“十字军战士”自行榴弹炮和EFOGM增强型光纤制导反坦克导弹是利用高新技术实现炮兵武器系统自动化数字化的最新典型。

炮兵武器发展的另一重要趋势是轻型化，以保证炮兵部队的快速反应、快速部署。炮兵弹药主要是朝着高精度方向发展。在各种炮兵武器系统中，炮兵压制武器和炮兵弹药的发展更为迅速。

炮兵压制武器系统 炮兵压制武器系统在所有炮兵武器装备中是数字化程度较高的，例如美国“十字军战士”自行榴弹炮，在行军中的作战反应时间只有45秒，而在展开状态下只有20秒；在“帕拉丁”自行火炮的“SIP”改进计划中，优先考虑的就是改进“自动火控系统”。为了实现炮兵压制武器的轻型和超轻型化，除更新炮架材料和各部件的结构设计外，发展大口径轮式自行火炮是近年来出现的一个重要动向。

牵引榴弹炮和加榴炮 **美国发展“超轻型野战榴弹炮”** 截止1997年上半年，经过7年研制、试验的“超轻型野战榴弹炮”（UFH）是一种新式155毫米牵引榴弹炮，是美国陆军和海军陆战队“先进的牵引身管火炮系统”（ATCAS）的候选火炮，该炮由美、英两国的3家公司共同研制，用以取代美陆军和海军陆战队现役M－198型155毫米牵引榴弹炮。据测算，仅美国陆军和海军陆战队就需要1300门这种火炮。根据承包公司和美陆军机动车辆与军械部签订的合同，目前该炮已进入为期3年的工程与制造阶段，并在1998年9月～1999年5月生产8门样炮参加试验。在工程和制造阶段结束后，将定下最后方案并开始正式投产。

对“超轻型野战榴弹炮”最重要的战术技术要求是能够空运。用1架C－17运输机能运送6门炮；1架C－15运输机能运送12门炮。同时该炮必须能用美国陆军的UH－60“黑鹰”直升机吊运。因此，“超轻型野战榴弹炮”总重不得超过4082千克。同时，该炮的外弹道性能应与M－198型155毫米牵引榴弹炮相同，发射标准弹药的射程应不少于24.72千米，发射火箭增程弹不少于30千米。美国陆军把该炮作为全般支援武器，将装备空降部队、空中突击部队和轻型部队，而海军陆战队则用于近距离纵深火力支援或遂行拦阻射击任务。

泰国陆军装备法国制LG－1MKⅡ轻型105毫米榴弹炮 截止1997年第2季度，泰国皇家陆军收到了法国陆军军械工业公司提供的最后一批LG－1MKⅡ轻型105毫米榴弹炮，至此，泰国皇家陆军从法国订购的24门105毫米榴弹炮已全部到货。法国公司同时还向泰陆军提供了大量用于改进老式美制105毫米牵引榴弹炮的部件。改进的主要内容是更换LG－1MKⅡ榴弹炮的炮身。改进后的火炮可发射法国公司生产的弹药，其中包括新式弹底排气榴弹。LG－1炮发射M－1制式榴弹的最大射程为11.5千米，发射新式弹底排气弹的最大射程为17.5千米。

南非完成GV－5M53型155毫米牵引榴弹炮的试验工作 截止1997年第1季度，南非已完成对GV－5M53型155毫米牵引榴弹炮的试验工作。该炮是G－5型155毫米牵引榴弹炮的后继型，G－5榴弹炮又称GV－5榴弹炮，是70年代末由南非迪奈尔公司研制的，1983年装备部队并向国外出口。南非陆军现装备72门G－5型155毫米榴弹炮，在10多年的使用过程中，已发现了不少缺点。为此，南非对该炮进行改进，目前已改进49项。其中，最主要的改进是：换装成G－6型155毫米轮式自行榴弹炮的炮闩；改进乘员通信系统、反后坐系统和液压制动系统；增装可防止火炮连续射击时发生自燃的温度报警器；改进计算机数据传输系统，使连指挥所的指令传达更为通畅。

GV－5M53型155毫米榴弹炮采取6门制编制，以连为单位的试验今后将继续进行。改进工作将延续到2000年。据南非军方称，G－5改进后，其服役年限可延长15年。

自行榴弹炮和加榴炮 **美“十字军战士”自行榴弹炮完成“战斗实验室作战实验”第1次试验** 1997年第1季度，美国陆军完成了“十字军战士”自行榴弹炮的“战斗实验室作战实验”的第1次试

验。试验是在俄克拉荷马州西尔堡的美陆军野战炮兵学校进行的。

该炮的弹药补给由 1 辆全自动弹药补给车完成。补充弹药时，补给车开到自行火炮位置并靠近、对准榴弹炮的后部。然后补给车的操作人员启动自动化起重系统自动向前伸出与榴弹炮对接，并给火炮自动供弹。一切都自动完成。给补给车装弹则由操作手借助辅助机械用手工方式完成，其中包括给弹丸装引信以及将弹药型号、批号和重量等识别信息输入补给车的计算机。在弹药车给火炮补给弹药时，便将这些信息自动传输给榴弹炮。

"十字军战士"自行榴弹的射击程序完全实现了自动化，大大缩短了反应时间。火炮配装的传感器可迅速完成阵地地域遮蔽顶的标定；火炮系统可自动编制炮长占领阵地的报告并自动传送到作战指挥中心；射击命令通过数字传送系统自动传送给火炮的计算机，火炮计算机即可确定正确的射击方法。火炮定位后，利用导航系统发出信息，赋予火炮所需射向和射角。与此同时，火炮将根据不同的射击任务和不同的目标等因素自动选择弹药种类、给引信装定作用方式和作用时间，尔后把全备弹自动装填到位并按规定数量给炮弹装填模块式药包，乘员的工作只是用激光点燃模块式药包以发射弹丸。高度的自动化操作方式可确保火炮在放列后 20 秒内对射击任务作出反应。即使在行军中，其反应时间也只有 45 秒。在射击过程中，炮上的测速仪可自动测出每发弹的炮口初速，弹丸跟踪系统可自始至终地跟踪每发射弹，并将测量结果自动传输给火控计算机，据此为尔后的射击提供修正诸元。火炮还可对身管磨损、变化的气象条件、后坐力引起的炮位变化以及不同批号发射药所引起的射击误差进行及时的修正。

美国拟改进 M－109A6"帕拉丁"155 毫米自行榴弹炮　据新闻媒体 1997 年报道，美国计划改进 M－109A6"帕拉丁"155 毫米自行榴弹炮。改进的主要内容包括：计算机更新换代；提高精度、射速和生存能力；提高可靠性、可维修性以及乘员的安全与舒适性。改进计划被称为"系统改进计划"(SIP)。

在"SIP"计划中被列为优先改造的项目是"自动火控系统"的计算机系统。改进后的计算机价格比较低，但计算速度、存储能力都比原机有较大的提高，并留有很大的扩充空间，具有很大的改造潜力。

根据该计划，重新设计了"小气候调节系统"。该系统不仅改善了乘员舱的空气质量，而且提高了火炮的核、生、化防护能力；为提高射速，增装了 1 个激光点火系统、1 个半自动化装填装置和 1 个自动化引信装定装置；为提高射击精度和反应速度，还打算改造数字化通信系统，增装激光测距系统和驾驶员红外观察仪。

沙特计划购买美制 M－109A6"帕拉丁"自行榴弹炮　沙特阿拉伯为了满足其装甲部队的火力支援需求，计划采购 290～390 门 M－109A6"帕拉丁"自行榴弹炮。同时计划把已有的 116 门 M－109A2 老式榴弹炮改造成新式 M－109A6"帕拉丁"自行榴弹炮。

新式 M－109A6"帕拉丁"炮主要用于随伴 M－1A2 坦克以增强陆军的作战机动能力。

为与 M－109A6"帕拉丁"炮配套，还需采购弹药补给车、前进观察员车、火控指挥车以及其它保障设备。据称 1 门 M－109A6 自行火炮约需 240 万美元，改造 1 门 M－109A2 火炮约需 160 万美元。目前这项采购计划仍处于论证研究阶段。

德国 PzH－2000 自行榴弹炮投产　1997 年 11 月负责 PzH－2000 火炮底盘的德国麦克公司向负责该炮总装的主承包商威克曼公司提交第 1 个底盘，至此，该自行火炮系统的第 1 门生产型炮已全面投产。该炮采用 52 倍口径身管。同原来的 4 门试验型炮相比，其战斗舱安装了空调装置，装甲防护采取了更加可靠的措施，加装了爆炸反应装甲，大大提高了该炮抗击攻顶弹药的能力。德国陆军需要 594 门 PzH－2000 火炮用于取代老一代美式 M－109A3G155 毫米自行榴弹炮。首批定购 185 门，计划以每年 40 门的速度陆续生产并逐步装备部队。此外，意大利陆军也需要 94 门该火炮系统。

英国拟为 AS－90 型 155 毫米自行榴弹炮生产保障车辆　截止 1997 年下半年，英国陆军已装备了 179 门 AS－90 自行榴弹炮。但其保障车辆一直没有配备齐全，也没实现系列化。因此，英国决定为 AS－90 炮生产保障车辆，其中包括弹药补给车、装甲修理与抢修车。

弹药补给车由英国维克斯造船与工程有限公司研制生产。目前已提供了两种车型，均采用与 AS－90 炮相同的底盘。第 1 种补给车在补给弹药时要退到 AS－90 炮的后面并通过一个短传送带输送弹药；第 2 种补给车则在车的后部安装了一条可伸缩的管道，通过这条管道可向 AS－90 炮输送弹药。此外，这两种车都可作连指挥车用。

装甲修理和抢修车也采用了 AS－90 炮的底盘，该车后部有 1 个绞盘，车右后侧有 1 个可伸缩的起重机。

荷兰陆军拟换装远程大威力火炮　为适应现代战争的需要，荷兰皇家陆军拟购进新型大口径火炮，首批将购买 60 门 155 毫米自行榴弹炮，目前正在选型论证之中。待选的火炮中有德国的 PzH－2000 自行榴弹炮、英国的 AS－90 自行榴弹炮、美国的 M－109A6“帕拉丁”自行榴弹炮和“十字军战士”自行火炮以及法国的 AUF1T 自行榴弹炮。首选型号是德国的 PzH－2000 自行榴弹炮。荷兰皇家陆军将用这些新炮陆续取代现装备的 51 门 M－114/39 牵引榴弹炮、15 门 FH－70 牵引榴弹炮和 126 门 M－109A2/90 自行榴弹炮。无论选择哪种新炮，其射程均不少于 30 千米。

瑞典研制 SPA 自行榴弹炮系统　据 1997 年新闻媒体报道，瑞典正在研制一种定名为 SPA 的 155 毫米自行榴弹炮。进入 90 年代以后，西方各国逐渐减少甚至放弃 203 毫米重型自行榴弹炮的研制和生产，面积杀伤任务逐渐由大口径火箭炮承担。对新一代 155 毫米自行榴弹炮则注重提高其对点目标的攻击能力。瑞典正是基于这一思路发展 SPA 式 52 倍口径的 155 毫米自行榴弹炮的。该炮主要用于攻击和摧毁装甲目标，并由瑞典博福斯公司和法国陆军军械工业公司合作研制。按照两国制定的计划，将于 2000 年展示新型火炮的模型，2007 年完成样炮研制。SPA 榴弹炮采用轮底盘。其主要战术技术性能如下：

射程	4～50 千米
最大射程	100 千米（发射远程弹）
射速	16～20 发/分
携弹量	40～80 发
最大行驶速度	70～120 千米/小时
展开/射击/移动时间	75 秒（8 发/25 秒爆发射击时）
乘员	3 人

斯洛伐克披露“祖扎那”155 毫米自行加榴炮详情　1997 年第 1 季度，斯洛伐克为了向外推销其军工产品，对外披露了“祖扎那”155 毫米自行加榴炮的有关情况。该炮的主要特点是弹丸和药筒的供输系统实现了全程自动化；射击指挥系统由计算机控制，火炮既可自主使用，又可与其他射击指挥系统相互沟通结合使用；导航和火炮定向系统性能先进，火炮可自动瞄准；射击精度高；射速快。

“祖扎那”火炮全自动操作，可在 360°方向射界和－3.5°～＋70°高低射界内实施射击；最大射程 39.6 千米。该炮的方向和高低定位均可由射击指挥系统控制。火炮装有全自动弹丸和药筒装填系统，不论发射哪种弹药，发射速度均可达到 6 发/分和 40 发/8 分。

该炮有 4 名乘员，每个乘员都有 1 个与火炮隔开的增压空调设备舱。由于装备了数字式射击指挥系统，所以，不必进行试射就能在全射程范围内进行效力射。该炮还具有直瞄和半直瞄能力，直瞄射击可达 2 千米，半直瞄可达 4 千米。

该炮可发射北约制式弹药，包括弹底排气弹和其他任何 155 毫米弹药。炮塔各弹仓储弹量为 40 发，可随时发射。炮塔设计巧妙，可与履带式底盘结合，也可与轮式底盘结合，其中有苏制 T－72M1 坦克底盘。斯洛伐克把这种与 T－72M1 坦克底盘结合构成的自行火炮称为“祖扎那”T－72A40 履带自行榴弹炮，其越野性能与 T－72M1 主战坦克相同；另一种是斯洛伐克自己生产的“太脱拉”8×8 轮式车底盘。这种 4 轴驱动的轮式车在公路上行驶机动性能较好，即使在越野行驶时也具有很高的机动能力，因为它装有轮胎过压调整系统，可根据地形自动调整轮胎压力，保证顺利通过崎岖不平的地段。斯洛伐克将这种自行榴弹炮称为“祖扎那”8×8 轮式自行榴弹炮。

南非研制“罗依凯特”轮式自行火炮　截止 1997 年第 1 季度，南非完成了“罗依凯特”105 毫米轮式自行火炮的试验工作。该炮从 1995 年开始研制，1996 年完成了射击试验，从最初的研制型号 MK－1 已经经历了两次改进。改进后的型号称为 MK－2 和 MK－3。它们的主要区别在于观瞄仪器不同。MK－1 型的射手配用辅助稳定昼用图像增强瞄准镜，型号为 GS－60；MK－2 型的射手除配用上述瞄准镜外，还配备 1 个热像仪；MK－3 的车长和射手均配备双轴稳定瞄准镜，可于行进间射击。

该炮炮塔型为 LMT－105，它吸收了多种主战坦克炮塔的新技术和火控系统的优点，无论在运动中还是静止状态下，不管白天还是黑夜，均具有很高的首发命中率。炮塔正面装甲可防 23 毫米机关炮，其他部分可防 7.62 毫米枪弹。炮塔两侧各装 4 个 81 毫米电动烟幕发生器。主炮为 GT－7 型 105 毫米 52 倍口径火炮，配有先进的液压气动复进系统。携弹量为 32 发 105 毫米炮弹，2800 发 7.62 毫米机关枪弹。

迫击炮　**俄罗斯“静脉”2C－31 型 120 毫米迫击炮首次亮相**　1997 年 4～5 月间，俄罗斯在中东的一次军事博览会上展出了新研制的“静脉”2C－31 型 120 毫米自行迫击炮。

该炮底盘和车体是经改造的 5МП－3 步兵战车。炮塔是新设计的，其尺寸远大于原炮塔。炮塔两侧和后面呈垂直状，正面呈圆弧状。炮塔可作 360°旋转，火炮高低射界为－4°～＋80°。

车体的所有门窗都是密闭的。车体左侧后部新设计了一个向下打开的小门。

该武器系统包括 1 门 120 毫米线膛炮、3 挺 7.62 毫米机枪。3 挺机枪的布局合理，其中两挺分别装在驾驶员前方两侧，1 挺装在指挥塔并有装甲防护。机枪既可对地面目标射击，又可对空中目标射击。除火炮和机枪外，火炮两侧还各装有 6 个 81 毫米掷弹筒，既可以发射发烟罐，又可发射诱惑弹以对付来袭的导弹。

该炮配有可控制多套武器系统（最多可达 6 门自行火炮）实施集火射击并自动校正火力的计算机、导航仪器、标定设备、夜视仪、激光测距机、激光目标指示器等。

该炮弹药基数为 70 发，36 发在待发弹仓内。弹种多样，有杀伤爆破榴弹、火箭增程空心装药破甲弹、激光制导炮弹等。杀伤爆破弹射程 13 千米，炮射导弹 14 千米，命中率为 80～90%。火炮射速为 8～10 发/分。

德国“鼬鼠”Ⅱ型 120 毫米迫击炮首次亮相 1997 年 5～6 月间，在德国杜塞尔多近郊的莱茵金属公司射击试验场，德国陆军研制的“鼬鼠”Ⅱ型 120 毫米自行迫击炮公开亮相。

“鼬鼠”Ⅱ型 120 毫米迫击炮是专为德国陆军空中机动部队研制的，用于取代现有“鼬鼠”Ⅰ型轻履带装甲车。现空中机动部队装备 345 辆这种轻履带式装甲车，车上仅有 1 门 20 毫米机关炮和 1 部“陶”式反坦克导弹发射装置。

“鼬鼠”Ⅱ型自行迫击炮采取底部装填发射方式，其弹道性能与原先法国陆军装备的 120 毫米迫击炮相同，可发射所有标准的 120 毫米迫击炮弹，该炮已经发射了 100 多发 120 毫米迫击炮弹，结果令人满意。该炮配有车载射击指挥控制装置，能保证迫击炮迅速瞄准目标。

英国计划改进 L－16 型 81 毫米迫击炮 英国陆军、海军陆战队共装备有 565 门 L－16 型 81 毫米迫击炮，陆军步兵营和海军陆战队突击分队各装备 9 门。该炮虽已服役 25 年，但仍有很大的使用价值，因此，其服役期有可能延长。据报道，英国国防部制定了 L－16 迫击炮改进计划，以使其使用寿命延长到 21 世纪。计划内容包括改进射击指挥系统、增大射程、提高杀伤力、配用新型迫击炮榴弹。

射击指挥系统的改进工作涉及的技术问题较多。首先是迫击炮的定位定向问题；其次是目标的精确定位问题；最后是射击指挥的实施问题。改进后的迫击炮，每门都配备 1 个精确定位定向系统，很可能是配用 GPS 全球定位系统；目标定位将由轻型侦察系统完成，该系统包括 GPS 全球定位系统和激光测距机。迫击炮的射击指挥由射击指挥分队来完成，该分队要完成弹道计算并指挥和控制 9 个迫击炮排。每排装备 9 门迫击炮。射击指挥系统暂用现役的“克兰斯曼”军用无线电通信网，将来采用“鲍曼”军用无线电通信网。

瑞典双管后装式迫击炮首次演示 1997 年 8 月，瑞典先进的 AMOS 双管后装式迫击炮进行了公开演示。

该炮有两个滑膛身管，采用 CV－90 或 MT－LB 车底盘，口径 120 毫米。加上炮塔，重约 3.3～3.5 吨。炮尾装填机比从炮口人工装填先进的多。全自动装填机大大提高了火炮的发射速度，最大射速为 6 发/8～11 秒，最大持续射速为 20～24 发/分。该炮可进行直瞄射击以对付装甲目标，身管长 2.4 米～3 米，初速 500 米/秒。射程 10～13 千米。配用 40 发普通榴弹和 6 发制导迫击炮弹。

炮兵反坦克武器系统 1997 年，炮兵反坦克武器系统中发展最明显的仍然是反坦克导弹。美国陆军 EFOGM 增强型光纤制导反坦克导弹武器系统代表了反坦克导弹发展的新潮流。它利用光纤数据传输装置制导，使射手可从遮蔽物后发射，使导弹的控制到导弹的制导都出现了一个飞跃。此外，西方发达国家并没有摒弃反坦克炮和反坦克火箭筒的研制发展，而是注重提高其高科技含量，改进其作战效能。

美国研制 EFOGM 增强型光纤制导反坦克导弹 据 1997 年新闻媒体报道，美国为在进入 21 世纪之前给空中突击部队、空降部队提供高效先进的反坦克武器，正在加紧研制 EFOGM 增强型光纤制导反坦克导弹。EFOGM反坦克导弹是一种车载自行式导弹，载车是多用途轮式卡车，车本身重 4.54 吨，可载 8 枚导弹，装在集箱式发射储存箱内，每枚导弹重 45.4 千克。与“陶”式反坦克导弹不同，EFOGM 导弹是一种利用光纤数据传输装置制导的非直瞄武器系统。射手可以从遮蔽物后发射，最大射程可达 15 千米。而“陶”式导弹采用筒式发射、光学跟踪和有线制导，其射程远不如 EFOGM 导弹。

发射车有 1 个可容 2 人的武器操作发射舱。瞄准手面前有 1 个可显示导弹导引头获取的视频信号的控制台。导弹导引头装有红外摄像机，可将目标图像拍摄下来并传送给操作手。舱内还有 1 个作战指挥计算机显示器，可向瞄准手和驾驶员提供指挥控制信息、火控参数和目标诸元等。瞄准手把导弹导引头所获得的目标图像实时地传送给反坦克导弹排长。排长通过自己车上的控制台控制和监督本排的 4 部发射车。

EFGM 导弹可以垂直发射，也可以成 25°角发射。导弹发射后，发动机启动使导弹上升到 300 米高度，尔后瞄准手在搜索目标的同时选择导弹的最佳视场。操作手在导弹飞出发射箱之后，可选择最佳路径以提高导弹的生存能力。导弹向预定目标飞行时，瞄准手不必用控制杆控制导弹飞行。导弹是靠自动驾驶仪根据操作手预先输入到计算机中的信息自动飞行的。当导弹飞到目标上空时，即开始自动寻找目标。该导弹还可作为摧毁桥梁、防空系统、其他指挥车辆的辅助手段。

美国进行直瞄反坦克武器系统的技术论证　据英国《简氏防务周刊》1997 年报道，美国陆军正分 3 阶段进行“直瞄反坦克武器系统”（LOSAT）的技术论证。第 1 阶段称作“可部署性和机动性试验”；第 2 阶段是系统的杀伤力和生存力试验；第 3 阶段是导弹系统的实弹发射试验。

LOSAT 导弹系统有 4 枚待发导弹并配有先进的火控系统，是一种车载式反坦克导弹。车底盘是 HMMWV 式高机动轮式车。它作为 LOSAT 发射平台已于 1996 年 6 月进行首次适应性论证。

导弹飞行速度大于 1600 米/秒。在飞行过程中靠发射车上的火控系统发出的修编信息完成惯性制导。目标的跟踪探测由第 2 代前视红外探测器完成。导弹配用杆状穿甲弹芯战斗部。LOSAT 反坦克导弹依靠直接命中目标的动能来摧毁目标，其中包括装甲车辆、掩体、工事等。

伊朗研制 Raad 式反坦克导弹系统　据西方报刊 1997 年报道，伊朗正在利用本国工业企业研制更先进的反坦克武器，即 Raad 式反坦克导弹系统。该导弹是仿原苏联“婴儿”反坦克导弹系统研制的，很多部件由俄罗斯直接提供，包括可穿透 800 毫米均质装甲的串联式战斗部、新型自动指令瞄准系统等。Raad 反坦克导弹系统重 11.3 千克，弹径 120 毫米，飞行速度 120 米/秒，最大射程 3000 米，最小射程 500 米。可分解包装和运输，钢质包装箱可作发射架使用。该系统配有地面制导设备，重 12.2 千克，装有操纵杆、潜望式瞄准镜和电池。1 套地面制导系统最多可控制 4 枚导弹。导弹在发射阵地的准备时间不到 2 分钟，通常 1 分钟可发射 2 枚导弹。在 3000 米最大射程上，制导系统对导弹的控制范围限制在一个 45°的扇形区内，如射程较近，这个夹角将缩小。

法、意联合研制的“独眼巨人”反坦克导弹样弹进行发射演示试验　1997 年 4 月法国宇航公司、意大利导弹公司对联合研制的“独眼巨人”反坦克导弹样弹进行了发射演示试验。试验的样弹没有装弹头。试验在朗德试验中心进行并取得了圆满成功。

“独眼巨人”采用光纤制导技术，弹径 200 毫米，弹长 2.3 米。弹种有破甲弹、杀伤破片弹和多用途弹。在此次试验后还将进行多次试验：1998 年年中进行改进型焦面阵列摄影机的捕捉飞行试验，1998 年年终进行绕线架飞行中放线试验，同时进行使用试验；1999 年底进行全面的发射试验和系统评估。预计 2000 年定型，2002 年进入全面研制阶段。

瑞典陆军研制 CV－90 型 120 毫米反坦克火炮　截止 1997 年初，瑞典陆军已经完成了 CV－90 型 120 毫米火炮的初始论证研制工作。该炮是在瑞典 CV－90 轻型坦克底盘上安装的 120 毫米无后坐力滑膛炮。CV－90 型 120 毫米炮可携带 50 发炮弹，其中有以色列生产的 120 毫米尾翼稳定曳光脱壳穿甲弹、瑞典和以色列共同生产的 120 毫米曳光榴弹。该炮将用来取代已服役 20 多年的 IKV－91 型 90 毫米自行反坦克炮。

炮兵防空武器系统　1997 年炮兵防空武器系统发展重点仍是防空导弹系统，美国的 PAC－3“爱国者”防空反导系统、美以合作研制的“箭”2 防空反导系统以及俄罗的 C－300ПМУ－2 新型反导系统均十分引人注目。其他防空导弹系统均是在已经研制多年的基础上进一步完善，或是对现役导弹的改进。轻型化是 1997 年防空武器系统发展的又一特点。在这方面德国的“美洲豹猫”轻型防空系统最为典型。

防空导弹系统　**美国“复仇者”防空导弹系统进行试验**　1997 年 3 月 15～29 日，美国陆军对“复仇者”防空导弹系统进行了试验。试验是在加利福尼亚欧文堡国家训练中心进行的。试验目的在于实现 2010 年“下一代陆军”的数字化。参试的防空排配备了 6 辆“复仇者”发射车，每辆车均配有自动旋转跟踪系统。试验证实，先进的武器系统与信息技术相结合，大大提高了部队的杀伤威力和生存能力。

现役“复仇者”防空导弹系统没有配备自动旋转跟踪系统，只通过现装备的 FAAD－C^3I 系统接收目标信息，并将信息显示在简易手提式终端设备上，然后由班长口头传达给炮塔内的瞄准手。这种人工传输信息的方式在精度和速度上远不如自动数据处理系统。

试验中，遥控终端通过分析辅助输入数据来调整跟踪系统的转向。跟踪系统旋转定位后，目标被定位在瞄准手的前视红外接收机的视场中。这种先进的跟踪系统大大缩短了瞄准手的搜索时间，增加了导弹系统攻击目标的机会。不论发射车处于静止状态，还是处于运动状态，自动旋转跟踪装置都具有很强的目标捕捉能力。因此，新型“复仇者”特别适于对付无人驾驶飞行器等小型目标和巡航导弹等“瞬间目标”。

美国完成“布雷德利－中后卫”防空系统的改造计划　1997 年上半年，美国 8 套“布雷德利－中后卫”防空系统在驻得克萨斯州胡德堡的第 4 机步师第 44 防空炮兵旅第 1 营列装。至此，历时 6 年的“布雷德利－毒刺”防空战车改造计划业已完成。

现役“布雷德利－毒刺”防空战车，实际上只是有装甲防护的便携式防空系统，是为重型特遣部队提供对空掩护的过渡性武器。在掩护重型机动部队时，双人便携式“毒刺”防空导弹小组必须下车选择发射阵地并以目视或望远镜探测、搜索和识别目标。因此，反应慢，易贻误战机，使重型机动部队得不到应有的掩护。改造后列装的“布雷德利－中后卫”防空系统很好地解决了这一问题。

改造后的防空系统主要有3项改进，即增装了“毒刺”防空导弹发射箱、前方地域 C^3I 系统信息接收箱和“沙漠风暴”目标指示与搜索装置。“毒刺”导弹发射箱是一种标准的车基发射装置，与火控系统融为一体。乘员不必下车，便能在不必重新装填的情况下连续发射4枚“毒刺”导弹。前方地域防空 C^3I 系统信息接收箱可在静止状态下、运动中以及作战过程中不间断地接收前方地域 C^3I 防空系统发出的空情、目标方位等多种信息。“沙漠风暴箱”目标指示与搜索装置装有1个数字式罗盘，可为前方地域防空 C^3I 系统的手持终端提供数据信息。这样，在导弹射手视界之内，导弹能从大量目标中自动地选择威胁最大的目标实施有效射击。

“布雷德利－中后卫”防空系统从论证到列装先后进行了多次试验，保证了该系统的高可靠性和有效性。

1996年6月在“’96流沙”演习中“布雷德利－中后卫”成功地击落了1枚代用巡航导弹，取得了首次实弹射击演习的成功。

俄罗斯披露新型防空导弹情况 俄罗斯《军事博览》杂志1997年11～12月号披露了新型防空导弹的有关情况。新型防空导弹名为“宠儿”，是C－300ПМУ－1防空导弹的改进型。“宠儿”系统是多用途机动式多通道防空导弹系统。主要用于掩护国家重要的防御设施及其他重要目标免遭敌机、巡航导弹、弹道导弹及其他先进武器的大面积的攻击，具有很强的抗干扰能力。“宠儿”防空系统实质上是一个战术单位，它包括1个83M6E2指挥所和6部C－300ПМУ－2防空导弹。83M6E2指挥所由54K6E2战斗指挥中心和64H6E2搜索雷达组成；每个C－300ПМУ－2防空导弹系统包括1部30H6E2多功能照射及制导雷达，1部5П85CE或5П85TE发射架。96П6E雷达为整个C－300ПМУ－2提供空情数据。

54K6E2战斗指挥中心的任务是：接收和分析从各种渠道传送来的空中信息，接收防空区指挥所的指令及空中目标情况，判定威胁程度，区分目标。全自动64H6E2多功能雷达可提供300千米以内的目标数据。30H6E2多功能雷达用于搜索并自动捕捉目标。5П85CE（5П85TE）发射架用于存储、运输和发射导弹。导弹装在密封的发射筒内，共有4枚48H6E2（48H6E）导弹。

与C－300ПМУ－1相比，C－300ПМУ－2的特点是：对弹道导弹的摧毁效率高；抗干扰能力和目标探测能力强；有很强独立作战能力；能与各种防空系统结合使用。

在预警条件下，“宠儿”防空系统可不间断工作两天。与48H6E相比，48H6E2导弹更可靠、更安全，且便于维修保养。其主要战术技术性能如下：

射程	200千米/（最大）
	3千米/（最小）
射高	27千米/（最大）
	0.01千米/（最小）
同时攻击目标的数目	36个
同时制导导弹数量	72枚
射速	3枚/秒
放列时间	5分

德国“美洲豹猫”轻型防空系统样机进行验收试验 据西方媒体1997年5～6月报道，1996年12月，德国陆军“美洲豹猫”轻型防空系统样机进行了验收试验。该防空系统是为轻型空中机动部队研制的。根据其任务的要求，该轻型防空系统应具有很高的机动性并可空运。此次试验主是针对上述要求进行的。

“美洲豹猫”轻型防空系统以“鼬鼠”Ⅱ车为底盘。车上装有4联装“毒刺”防空导弹发射装置和电子探测设备，其中包括1部稳定式反射镜传动装置、1部热像仪、1部昼用摄像机和1部激光测距机。此外，还装有1部红外搜索和跟踪瞄准装置，1个双模跟踪装置，可对目标实施自动跟踪。发射装置和电子探测设备全部装在1个可实施高低和方向转动的武器平台上，其高低转动范围为－10°～＋70°，方向为360°。

该防空武器系统是一种多用途发射装置，既可发射美国的“毒刺”防空导弹，又能发射俄罗斯的“针”式防空导弹；所有电子探测设备既相互独立，又密切关联，它的显示器既可有选择地显示热象仪的图像或电视图像，又可以交叉显示空情。热像仪、昼用摄像机、激光测距机等都与瞄准线相互关联；瞄准线的引导依靠瞄准器或双模跟踪器来实现，武器平台的高低和方向由瞄准线控制；对导弹的发射控制既可在车上实施，也可下车遥控实施。

“美洲豹猫”轻型防空系统以连为战术单位。每连编3个排，每排装备1部侦察火控车、5辆导弹发射车以及其他指挥、修理和保障车。全连所有车辆均能用 CH－53 型中型运输直升机空运。排侦察火控车配有三坐标雷达和红外搜索跟踪仪，发射车上装有红外搜索与跟踪仪，连指挥车负责全连的作战指挥并通过防空支援车同上级直至北约指挥系统相连。

试验证明，“美洲豹猫”防空系统能有效对付隐蔽的直升机，射程 600 米，射高 3500 米；对距离 17 千米、高度小于 5000 米的飞机能进行侦察、定位和识别；能自动获取、处理和传输信息；具有全天候作战能力。

高射炮　**韩国陆军订购首批国产“飞虎”30 毫米双管自行高炮**　1997 年上半年韩国陆军订购了首批国产自行高炮。该炮采用瑞士厄利康－康特拉夫斯公司的 30 毫米双联装炮，射速 600 发/分。车体底盘是韩国大宇重工集团生产的全履带式车体。炮塔的高低和方向转动靠电力驱动；炮塔后部安装有搜索雷达。炮塔顶部装有车长用稳定式瞄准仪。在两个炮管之间装有传感器和电子光学跟踪仪；其火控系统由计算机控制。该炮的跟踪系统十分先进，集热成像、光电成像和激光测距为一体，可全天候跟踪飞机、直升机及其他空中目标，可排除杂波干扰，瞄准低空目标。

意大利“奥托”76/62 型自行高炮系统进行射击演示　1997 年上半年，为了推销该防空系统，意大利奥托雷达分公司向意大利、土耳其等国的代表演示了“奥托”76/62 高炮系统。演示中，高炮成功地跟踪了 1 架 F－104 战斗机和 1 架 NH－500 直升机。尔后在 3 千米的距离上直接命中 1 个空中拖靶。

该炮是目前世界上正在研制的口径最大的高炮，口径 76 毫米，由 76/62 型“超快”舰炮改造而成。火炮以坦克底盘为基础，装有双人炮塔。炮塔内装有 1 个完全由计算机控制的火控系统，以及各种对空侦察搜索和跟踪仪器，包括 1 部配有敌我识别器的搜索雷达、1 部配有辅助电视摄像机的跟踪雷达和 1 套稳定式瞄准系统。该瞄准系统包括红外摄像机、激光测距机和电视跟踪装置。在当电子设备受到强烈干扰时，炮塔还有另外一套信息获取系统，即被动操作系统。操作手可从通信网络中直接获取目标信息，射手据此信息通过炮塔顶部的周视瞄准装置对目标进行搜索和跟踪。

该炮最大射程 16 千米，对 6 千米距离上的飞机、直升机乃至巡航导弹实施全天时攻击，并且具有很高的命中率。射速 120 发/分，携弹量 88 发，其中 76 发防空弹药、12 发反坦克弹药。火炮发射后，空弹壳自动弹出车外。

防空弹药分两个弹种。一种是原有的预制破片弹；另一种是正在研制的新型高速预制破片弹，其威力大大超过前者。新老预制破片弹均配用无线电近炸引信。为新型预制破片弹研制的激光、红外和微波近炸引信能大大提高对目标的毁伤概率。新型高速预制破片弹缩短了弹丸飞行时间，高爆装药的四周装有大量的钨金属管。由于弹丸质量减轻，其内弹道特性更趋完美，所以该弹的初速高达 1100 米/秒。为对付导弹目标，正在为该弹设计一种小型毫米波引信，这将使该弹具有更高的命中概率和更强的杀伤力。

炮兵弹药和引信　炮兵弹药和引信是整个炮兵武器系统发展的重点。无论火炮还是导弹，毁伤目标主要是靠战斗部。因此，各国都十分重视炮兵弹药和引信的发展并把激光、无线电、红外传感器技术、各类成像技术、微型火箭控制航向修正技术、GPS 全球定位技术应用在现代炮兵弹药和引信的研制上。研制新的精确制导弹药仍是 1997 年炮兵弹药发展的总趋势。

美国陆军对正在研制的 XM－982 型 155 毫米增程弹进行试验　1997 年 7 月，美国陆军研究试验室对沙特技术系统公司制造的 XM－982 型 155 毫米增程弹模型进行了评价试验；1997 年 10 月中旬又对雷锡恩公司研制的增程弹进行了空投飞行试验。自从 1996 年美国陆军为 XM－982 型 155 毫米增程炮弹招标以来，沙特技术系统公司和雷锡恩 TI 系统公司一直进行竞争性研制。

XM－982 型增程弹将配用于 M－198 型 155 毫米牵引炮、M－109A6“帕拉丁”自行榴弹炮、XM－2001“十字军战士”自行榴弹炮以及 XM－777 型 155 毫米轻型榴弹炮，主要用于攻击敌补给地域、军队集结地、雷达、轻型装甲目标等。美国陆军对该弹提出要求是，用 39 倍口径榴弹发射时应能摧毁 37～40 千米距离上的俄罗斯自行榴弹炮连；用 52 倍口径“十字军战士”自行榴弹炮发射时应能摧毁 47～50 千米距离上的俄罗斯自行榴弹炮连。XM－982 增程弹战斗部有 3 种类型：单级破甲战斗部、改进型双用途战斗部和“萨达姆”战斗部。单级破甲弹不仅应能穿透装甲目标，而且能摧毁 20 厘米厚的钢筋混凝土工事，并带有后效作用，命中精度要达到 6：1。

沙特公司为增大炮弹射程在弹丸设计上采取多种技术措施：弹丸上有一个流线形卵形部、配用弹底燃气装置和大推力火箭增程发动机等。发动机可燃烧 15 秒并靠 5 个侧向喷嘴排气达到规定的射程。该公司认为，用 39 倍口径 155 毫米火炮发射改进型双用途增程弹和“萨达姆”增程弹时，射程可达 41 千米；发射单级破甲增程弹时射程可达 40 千米。如改用 52 倍口径 155 毫米榴弹炮发射上述两类弹、射程分别可达 57 和 55 千米，3 种弹的最小射程均为 4.5 千米。

美国陆军规定，XM－982增程弹的弹重最大不超过48.2千克，弹长不超过1000毫米。弹丸上装有GPS全球定位系统传感器。发射10秒后，传感器的自动记录装置开始接收卫星信号并传递给地面进行处理和修正。

雷锡恩公司研制的增程弹很有特色，可偏离武器轴线±30°或更大的角度飞行，甚至在偏离武器轴线90°时，仍可飞行33千米。该弹也有3类战斗部，采用的技术也大致相同。3种弹在40千米距离上圆概率误差小于20米。基型子母弹战斗部装有64个M－85型子弹并配用M－234型自毁引信。

美国新型155毫米精确制导炮弹进行首次飞行试验 1997年10月，美国新研制的155毫米精确制导炮弹进行了首次飞行试验，检验了样弹在自由飞行中的气动特性和控制特点。试验中用飞机在7800多米的高度上投放的样弹按预编的程序持续飞行了约30秒。

根据试验结果测算，用39倍口径的155毫米火炮发射该弹，射程可达40千米，用52倍口径155毫米火炮发射，射程可达50千米。

该弹采用子母弹战斗部。弹体装有热气球袋，在目标区上空释放出改进型双用途常规弹药。弹丸内装有GPS惯性测量装置，具有较强的抗干扰能力，能将弹丸可靠地导至目标上空。该弹还具有攻击反斜面目标和坑道入口的能力，能有效地攻击敌指挥中心、生化武器及其他大规模杀伤武器。由于这种新型精确制导炮弹与普通炮弹飞行弹道有很大不同，因此反炮兵的炮位侦察雷达很难跟踪它的弹道，更难发现和摧毁其发射平台。

美国“萨达姆”155毫米炮弹进行首次初始生产试验 1997年上半年美国在尤马靶场对“萨达姆”155毫米炮弹进行了首次初始生产试验。试验是在典型的欧洲地形和天气条件下进行的，并取得了较满意的结果。

该弹装有2个子弹，弹径147.3毫米。子弹在目标上空1000米的高度上投放，尔后降落伞打开，子弹靠降落伞下落。此时，弹药载传感器开始工作，对直径150米的范围进行搜索。弹载传感器包括主动式毫米波雷达、被动式毫米波雷达和红外成像装置。先进的计算机软件提供了精确的计算分析能力，可以修正恶劣天气和战场环境及其他干扰所造成的误差。

在这次初始试验以前，“萨达姆”弹已进行过多次实弹射击试验。在1996年5月的实弹射击实验中，用美国最新型155毫米自行榴弹炮发射9发“萨达姆”弹，8发命中了22千米距离上的目标；同月用6门火炮进行的试验中，每炮发射1发攻击同一组目标，结果取得了6发6中的结果。

俄罗斯拟研制基准型低成本制导炮弹 目前俄罗斯装备有“红土地”、“米尺”152毫米激光制导炮弹和“勇敢者”240毫米激光制导迫击炮弹。后两种炮弹依靠脉冲发动机控制并修正弹丸飞行最后几秒钟的航向，能精确地攻击目标。但这类炮弹成本太高。因此，俄罗斯拟研制一种成本低、威力大、精度高的制导炮弹。

据新闻媒体1997年报道，俄军事专家计划发展一种基准型低成本航向自动修正炮弹。这种基准弹采用“米尺”和“勇敢者”激光制导炮弹的航向控制和修正原理。火炮通过数据传输装置与激光目标指示器直接沟通信息，因此，激光目标指示器只需在预先计算好的弹丸飞行的最后几秒照射目标。间瞄射击时，照射时间仅3秒，直瞄射击时只需照射1秒。弹丸内既不需要装陀螺仪，又不需要装自动驾驶仪，因此可大大降低造价。

基准型炮弹弹径110毫米，弹丸长740毫米，弹丸重16千克，配用串联式破甲战斗部，能穿透800毫米厚的爆炸反应装甲。既可供身管火炮发射，也可供火箭炮发射。以110毫米基准弹为基础发展的自动航向修正弹有两种型号，一种弹的全备弹重46千克，弹长900毫米；另一种全备弹41千克，弹长870毫米。根据发射平台不同，基准弹最小射程为1千米，最大射程为40千米；激光器的指示距离为300～7000米。

110毫米基准弹的另一种型号为“雪冰”1型炮弹，其战斗部装有6千克高能炸药，弹丸重12千克，装在一个130毫米的母弹内，全弹重33.4千克，主要用于精确攻击桥梁等目标。

俄罗斯披露“勇敢者”和“米尺”激光制导炮弹情况 1996年俄罗斯的军事刊物陆续透露了“勇敢者”和“米尺”激光制导炮弹的情况。“勇敢者”是目前世界上口径最大的240毫米激光制导迫击炮弹，主要配用于24型自行迫击炮。该弹的作用原理与“红土地”激光制导炮弹相同，但在弹丸飞行航向的控制方面有很大不同。在弹丸内壁圆周装有6枚微型火箭，在弹丸飞抵目标的最后3秒钟可自动激活。在弹丸偏离航向时，微型火箭发动机被点燃以修正飞行方向，微型火箭发动机每半秒钟点燃1个，6个发动机可控制炮弹飞行3秒，直至命中目标。与“红土地”激光制导炮弹相比，“勇敢者”对目标进行激光照射的时间短，因此抗干扰能力强。

与“勇敢者”配套使用的有1Д15或1Д20激光目标测距指示器、1A35K或1A351同步器以及通信设备。1Д15激光目标测距指示器为单筒瞄准镜，放大倍率为10倍，可指示200～10000米内的目标，精度10米。“勇敢者”弹重134.2千克，弹长1635毫米，炸药重32千克，指示目标时间0.2～3秒，射程3600～9200米。

使用该弹时，需建立前进观察所。当前进观察员发现目标并将目标信息传送到指挥所时，指挥所处理目标信息并确定目标位置和射击诸元，然后装填炮弹，瞄向目标并发射。

俄罗斯的另一种激光制导炮弹是“米尺”152毫米激光制导炮弹，其作用机理与“勇敢者”相同。它是3OΦ-38型号的杀伤爆破榴弹。该弹可用Д-20型152毫米牵引榴弹炮发射，也可以用弹道性能相同的其他152毫米牵引榴弹炮发射。“米尺”激光制导迫击炮弹的战术技术性能如下：

弹丸重	49.5千克
弹丸长	1195毫米
激光指示目标距离	200～5000米
激光寻的时间	0.2～3秒
射程：	
3BOΦ66号装药	2000～8000米
3BOΦ63号装药	6500～12000米

新加坡生产出远程迫击炮弹　据报道，新加坡已生产出81毫米和120毫米远程迫击炮弹。两种迫击炮弹的弹体结构相同，均为流线型细长锻钢弹体并带有塑料闭气环。两种迫击炮弹都可配用A2瞬发/延期引信。两种弹各有3个弹种：榴弹和两种不同的发烟弹。各弹种的弹道性能一致，只是弹丸内的装料不同。

81毫米远程迫击炮弹的发射药有1个基本装药和7个附加装药，最大射程5850米，最小射程150米。榴弹内装750千克TNT炸药，发烟弹装700克四氟化钛或白磷。弹重4.25千克，弹长483毫米，初速为69～304米/秒。120毫米远程迫击炮弹的发射药由一个基本装药8个附加装药组成，最大射程为8250米。弹重14.6千克，弹长699毫米。榴弹内装2.8千克TNT炸药，发烟弹内装1.8千克白磷或四氟化钛，初速134～369米/秒，最小射程400米。

法国研制新一代120毫米子母迫击炮弹　据新闻媒体1997年报道，法国TDA公司已研制成称之为“阿塞德”的新一代120毫米子母迫击炮弹。

该弹能以间瞄射击方式对付静止的或运动的装甲车辆。弹内装2枚通用精确制导子弹，是一种“发射后不管”的弹药，射程7500米，配用可编程序的时间引信，可控制子弹在目标区上空按预先编好的程序抛出。当子弹下降到规定高度时，降落伞打开，子弹开始垂直下落。这时毫米波/红外传感器启动，对目标区进行扫描，寻找装甲目标。子弹的弹载电子系统可以处理从传感器接收到的信号。多模探测技术具有100%的有效性和很高的抗干扰能力。该弹的两个子弹发现并击中目标后，其爆炸成形战斗部可直接穿透目标的顶装甲。子弹具有很大的动能和很高的精度，所以破坏力很强。

斯洛伐克出口新型122毫米火箭弹　据新闻媒体1997年5月报道，斯洛伐克正在向外推销国产新型122毫米火箭弹。该弹是以原苏联5M-21型122毫米火箭弹为基础改进而成的。新弹战斗部用于取代原火箭弹战斗部，或者配用于新的火箭弹。这种战斗部装有56枚反装甲/杀伤子弹，子弹采用TM-120弹头时间引信，弹径38毫米，重0.28千克，钢质弹体，装有破甲战斗部，可穿透110～130毫米厚的钢甲，同时具有破片杀伤效果，适合攻击顶装甲。子弹装有触发引信和自毁装置。火箭弹射程16.5千米。

南非国防军装备远程迫击炮弹　据西方报刊1997年报道，南非国防军已经研制并装备了60毫米和81毫米两种远程迫击炮弹。它们是专为“维克多”M-6型60毫米迫击炮和“维克多”M-3型81毫米迫击炮研制的。

60毫米远程迫击炮弹有3个弹种：M-8917A1远程榴弹、M-9154远程白磷发烟弹和M-8918A2远程练习弹。3种弹的弹道性能一样，最大射程6180米，最小射程170米，弹重2.4千克，初速67.5～330米/秒。

81毫米远程迫击炮弹也有3个弹种：M-9135A2远程迫击炮榴弹、M-9135A1远程迫击炮发烟弹和M-9135A1远程迫击炮练习弹。3种弹的弹道性能一致，最大射程均为7263米，最小射程100米，弹重4.9千克，初速63～363主/秒。弹体为流线形，用铸铁制造。榴弹弹体内装TNT炸药，可配多种引信；发烟弹内装四氯化钛；练习弹装炸药代用品和TNT/铝闪光药柱用于显示弹着点。

（神　赴）

工 程 兵 技 术 装 备

综　述　1997 年，世界各国在继续改进、完善现有装备的同时，根据世界发展的变化和 21 世纪战场的需求，积极探索、寻求更适应未来高技术局部战争需要的工程兵技术装备，其主要特点如下：

积极发展数字化工程装备　在下个世纪数字化战场上，合成军队作战将越来越离不开工程兵的战斗保障。为此，工程装备的发展要与数字化战场、数字化部队建设相适应，因而一些主要国家积极研究、应用数字化技术，发展数字化工程装备。在这一点上，美军的研究比较突出，在发展新装备的同时，积极利用信息技术、通信技术等，发展新一代工程装备，以增强未来作战工程保障能力。如正在发展的“狼獾”重型冲击桥、“灰熊”战斗工程车除采用自动控制技术实施自动化架桥、工程作业外，车辆上装备有全套数字化装备，可以完全伴随 M－1 主战坦克、M－2 步兵战车高速行驶，并随时同步实施战场机动保障任务。美军的万能军用推土机（DEVCE）不仅空地机动适应性强（可空运、可空投），还装备有先进的通信系统和全球定位系统。另外，美军正在发展的“机载远距离雷场探测系统”、“联合两栖扫雷系统”、广域破甲弹药（“大黄峰”智能地雷）等，均采用先进的信息传输技术、成像技术、智能技术、定向能技术等，以发展适应未来数字化战场的高技术装备。

探索防步兵地雷的替代品　随着国际禁雷议定书的产生，各国对防步兵地雷的发展积极探索，尽早研究其发展对策，研究和发展具有自毁或自失效的地雷，同时积极研究新的防步兵的措施。如美军工程兵学校正在寻求一种既有防步兵地雷同等威慑作用，又低于其杀伤效果的可替代品。这类替代品应该是非致命的防步兵武器。美军工程兵学校目前已提出 10 个系统，可供选作非致命弹药。另外，其他一些国家对防步兵地雷替代品也展开讨论，探索新的途径。

重视利用高新技术对老装备进行改进　在发展新装备的同时，还重视利用高新技术对老装备进行改进，以发挥新的活力。如德国 ESG 公司最近提出，利用旧坦克或即将退役的装甲车辆，使用传感技术、智能识别技术等，改造成探雷车、扫雷车或遥控机器人式排障车。另外，利用老装备，合理配备新型作业装置，使老装备再现新机。如美国以 DTG 履带推土机为平台，发展“联合两栖扫雷系统”。法国以老装备（装甲车辆）改装成扫雷车。德国在装备量比较大的 AS12B 轮式装载机基础上改进、变型，发展一种轮式扫雷车，用于清扫防步兵撒布地雷。实践证明，这是装备发展中一种花钱少、见效快的好办法。

渡河桥梁装备　美国研制先进的“狼獾”重型冲击桥　它是美国陆军提供给 21 世纪机动部队的快速架桥保障的冲击桥，装有数字化成套设备，并且具有坦克装甲车相同的装甲防护和机动能力。该桥采用 M－1“艾布拉姆斯”坦克底盘，配装平推式桥节，可克服 24 米宽的障碍，通载能力为 70 吨。架桥时间为 5 分钟，撤收时间为 10 分钟，仅需 2 名作业手。桥车前部装有双用途铲刀：一是架桥期间用它稳定架桥车底盘；二是在撤收作业前，作业手可用它清除桥面泥土和积雪。它将取代美军现装备的 AVLB 冲击桥。

目前，该桥车已完成 IT 试验，现正由美国陆军对它作部队试验。美军打算化费 10 亿美元，采购 400 台架桥车装备部队。

美国对构筑就便路面技术进行评估　美国水道实验站（WES）正在对构筑临时路面或野战机场的两种技术进行评估。一种是使用软湿土壤的土工网格加固法，另一种是使用无粘聚性沙土材料的聚丙稀纤维稳定法。这些技术不仅能缩短施工时间，还可减少构筑及维护成本。

土工网格路面基层加固法使用了一层塑性土工网格，将其置放于填料基层与软土之间。网格为较硬的网状材料，肋材间有空隙或孔，其直径通常为 17.8～45.7 毫米。土工网格的主要功能是加固。这种网格重量轻，并可卷成筒形，易于操作和运输，其材料、制作方法与性能视通载要求而变化。

在沙土中构筑临时路面和机场时，采用土工织物纤维稳定技术显示出相当大的潜力。对沙土和沙子/纤维混合物所作的无侧限压缩鉴定表明，添加约 5 厘米长、50 登尼尔粗的纤维可提高抗压强度和承载能力。

印度研制多跨坦克冲击桥　该桥采用卡蒂克（Kartik）装甲架桥车底盘（也可能采用 T－72M1 主战坦克底盘），发展成印度本国军用桥梁体系中的一个重要的多跨冲击桥。它采用高强度焊接式铝锌锰合金（RDE－40）制成桥板。桥板展开后，顶部呈水平状态，桥长 20 米，宽 4 米，两侧有桥缘护栏，可通载 60 吨车辆，最大达 70 吨。作为多跨桥使用时，可在远端桥下设置四柱桥脚支撑桥梁。架桥时，首先通过吊架和吊桥，降低桥节；再由 1 台 215.6 千牛牵引力的绞盘和液压油缸将剪刀式桥展开；最后桥脚从折叠位置上放开，由液压马达控制伸至所需高度。由基础车上发动机通过一动力输出装置为液压控制装置及其电路提供电源。桥脚高度可根据河床情况在 1.7～2.7 米之间调整。架桥时间只需 7～8 分钟，还需人工 10～15 分钟将桥两侧的折叠式侧面板铺设好。架设多跨桥，每跨白天需要 20 分钟，晚间需 30 分钟。

中国台湾采购德制 M－3 自行舟桥　据中国台湾《尖端科技》1997 年 7 月报道，中国台湾陆军最近向德国购买了价值 6 千万美元的 M－3 自行舟桥。这是中国台湾陆军近年来为装备其工程兵部队而采购的最先进的渡河桥梁器材。

M－3 自行舟桥是德国 EWK 公司制造的新一代自行舟桥，用以取代已装备部队 25 年的 M－2 自行舟桥。它与 M－2 相比，具有下列优点：水中航行采用了肖特尔公司的泵式推进器，大大改善了浅水性能，提高了战术使用性能；加大了桥车尺寸，提高了桥车的架设长度，也增加了桥车的承载能力，并减少了作业人员；加长了跳板，提高了桥车对岸边的适应性；采用 4 轮转向，使陆上转弯半径减小；采用带微机的单手柄控制系统，使水中航行操作更加简便。

M－3 自行舟桥既可结构成单舟、双舟、三舟或四舟门桥，也可架设成承载力达 70 军用吨级的浮桥。架设 1 座长 100 米、承载力为 70 军用吨级的浮桥时，只需 8 辆 M－3 舟车，24 名作业手，在半小时内架设完毕。据报道，1996 年 10 月首批 M－3 自行舟桥已交付德军工程兵部队和英军工程兵部队使用。

瑞典试验新型多跨桥　据英国《简氏国际防务评论》1997 年 7 月报道，瑞典陆军利用 1 辆 55 吨 Strv121（“豹”2）主战坦克对其新型 K86－70 军用荷载级无限多跨桥进行了首次通载试验。K86 也叫快速桥 48－200，是 KB5－70（快速桥 48）军用荷载级单跨桥的改进型。桥节重 5.3 吨，由抗拉强度为 1100 兆帕的 SSAB Weldox 钢制成。在试验条件下，1 个 7 人小组用 3 小时架设成 1 座 74 米长桥梁。该器材的目标是在 5 小时内架设成 1 座 200 米长桥梁。据瑞典陆军称，打算从 1999 年起装备 6 个 KB6 桥梁连，每个连拥有用 20 辆卡车运载、最大可跨越 214 米障碍的架桥器材。

南非研制出廉价机动桥　南非比利陀利亚大学利用“南非防务研究发展委员会”的基金研制出一种价格低廉的折叠机动桥，其生产成本只需 11500 美元。该桥实际上只供一次性使用，但桥宽度足够通过主战坦克，而且载重量可达 70 吨。该桥设计简单，操作方便。1 名作业手可在 5 分钟内从任何一种重型车辆（包括卡车）上完成架设。这种桥的架设主要借助于重力，对结构没有损伤。该桥的基本原型采用标准结构钢制造，跨度为 10 米，必要时可扩展至 18 米。桥跨的两个车辙通过枢轴撑杆连接，互相可作相对垂直运动。这一功能能使该桥即使在对岸不平的情况下也能安全地落放到位。

军用工程机械装备　**美国万能军用推土机投产**　据英国《简氏国际防务评论》1997 年 2 月报道，美国陆军坦克、机动车及装备司令部已从卡特匹勒公司订购了第 1 批 15 台“万能军用推土机”（DEUCE），并将于同年 5 月份交付使用。两台样机在阿伯丁试验场的试验已接近尾声，随后一台样机将进行空投试验。

美国陆军轻型步兵和空降部队最初需要 45 台，若能通过所有试验项目，将增订 91 台。它投入使用后，将取代 M－9 装甲战斗工程车、D－5B、D－7F 和 D－7G 推土机及其相关牵引车和拖车。该军用推土机 70％部件为美国卡特匹勒公司标准的应用部件。

万能军用推土机是一种高速行驶的橡胶履带式推土机，且是在最初的 EST30/30 工程支援车的基础上发展而正式命名的。它可以每小时 83 千米的速度在地面上行驶，空运时不用斜撑即可驶上和驶下 C－130 运输机，并且还备有用于飞机低速空投的全套设备。该推土机重 15.5 吨，使用卡特匹勒公司橡胶履带行走机构，不会损坏机场跑道。液压气动悬挂部件可用于越野作业，或加以锁定以提供稳定的推土作业平台。操作手可通过控制台上的简单开关来选择自动行驶状态或推土状态。在机动行驶状态下，推土铲刀处于提起位置，发动机额定功率为 179 千瓦，自动变速，并采用主动式悬挂系统。当铲刀处于推土状态时，铲刀可移动，发动机输出功率为 127 千瓦，手动换档变速，悬挂系统闭锁。据称，该机将装备先进的通信系统和全球定位系统。其主要技术性能：

乘员	1 人
长度（铲刀斜角状态）	5.918 米
（铲刀直角状态）	5.41 米
宽度（铲刀斜角状态）	2.718 米
（铲刀直角状态）	3.25 米
高度（工作状态）	2.946 米
（空运状态）	2.565 米
离地间隙	0.406 米
轮距	1.829 米
涉水	1.19 米

美军工兵班用车获批准 美国陆军训练与条令司令部批准了一种新型工兵班用车的发展构想。它由改装的 M－113A3 型装甲人员输送车为基础车，增加车内货物装载容积，采用新型悬挂系统，并对发动机、传动装置等作了改装，同时更换了驾驶人员夜视仪、燃油箱等，提高了越野性能和装甲防护能力，为工程兵分队提供一种新型班用工程车，以伴随装甲/机械化部队实施机动保障任务。美军计划装备 260 多辆此种新型车辆。

美军"灰熊"战斗工程车完成初期试验 据英国《简氏年鉴》1997 年报道，"灰熊"战斗工程车是美军 21 世纪数字化装备，它将与所支援的 M－1 坦克和 M－2"布雷得利"步兵战车具有相同的实时了解战场情报的能力。它向运动中的合同部队提供一开辟通路的平台，用于破除铁丝网、地雷、防坦克壕、圆木栅栏以及综合障碍物。作战模拟试验表明，它破障所用时间比目前使用的装备快 16 分钟，将大大提高美军工程兵机动保障能力。目前，该车的初期试验已结束，美陆军部队计划到 2014 年采购 360 多辆，每辆生产成本 500 万美元。

美国研制成新型 GBI－3000 净水系统 该系统是美国陆军研制的一种自主式快速反应中级淡化净水系统。它主要由净水系统、自注式离心泵、集成预涂层与机体进料系统、次氯化器、机架等组成。可供选用的设备有：安装用的拖车、软管、配水组件、化学方法抛光的过滤器、EPA 级储水箱、集中配水系统、高混浊度给料系统、水分析器材、180 天操作修理工具、脱盐器材、电泵发动机、辅助柴油泵抽水机、夜间操作灯光照明器材等。此净水系统的特点是：高出水量，每小时净水为 11365 升；野外携运方便，可空运，也可由拖车或卡车装载；安装快速，只需 30 分钟或更少时间；柴油机驱动，重量轻、全压润滑，耗油量在 3600 转/分时仅为 1.5 升/小时，2500 转/分时为 1.1 升/小时，1 人即可操作，功率为 4.33 千瓦；组件式构造，使用方便；净化饮用水费用低，可去除梨形虫、霍乱病菌和隐孢子虫等，处理后水中将不含生物污染物。该净水系统长 1.867 米、高 1.105 米、宽 0.915 米，体积为 2.03 立方米，总重约 327 千克。

印度 ERV 工程侦察车投产 它以一种两栖车体和俄罗斯 БМП－2 步兵战车的底盘为基础车。车上有 4 名乘员，操纵一整套专用设备，包括 1 个陀螺式陆上导航系统，1 台"全球定位系统"（GPS）接收机和无线导航与导引辅助设备等。用于陆上和水中侦察的仪器有：1 台水流量仪、1 个土壤试验和记录装置、1 部双频回声探测器和 1 台昼夜可测量距离、坡度和高度的电子红外测距仪/经纬仪。车尾部装配有利用标杆自动标志道路的标志系统。在电气控制下，该系统隔一定间距将标杆插入土中。

该车所携载的所有侦察设备均与控制台相通，在该控制台将侦察情报通过甚高频电台发送至远达 20 千米处的中心指挥所，其数据均被记录在加强型个人计算机内。目前该工程侦察车已生产出 10 辆。

法国研制成 EMAD 多功能作业车 据法国《陆军杂志》1997 年 5 月报道，法国 EMAD 多功能作业车主要用来平整地面、搬运物料、构筑野战工事等。它是工程兵部队作业现场的一种重要补充工程作业车。该车主要由下列部分组成：一个多用途基础车（P－90 型），车上装有 1000L 铲斗、反铲挖斗、铲叉和起吊钩；各种专用工具（齿式松土器、清扫器、灌木清除机、凿岩机、螺旋钻、切割机等）；19 吨的双轴拖车。

波兰研制出 MID 装甲工程车 波兰机械装备研究与发展中心研制出一种 MID 装甲工程车样车，它采用 T－72 主战坦克底盘，并具备 WTZ－3 装甲救援车的许多特性。其主要特点是：车上部右侧装备液压驱动的重型起重臂，臂端安装一抓爪，用于抓起或清除战场障碍物，也可安装挖斗。该起重臂的提升力为 7000 千克，水平工作角为 240°时能从 5.94 米伸长至 7.94 米，最大垂直工作角是＋60°，最小工作角为－55°。吊臂端部的抓爪张开时最宽为 1 米，提升力为 3000 千克，旋转角 180°，最大工作高度是 7.5 米。车体前部装有 V 型推土铲刀，铲刀带有可拆卸的加宽部分，最大宽度可达 4.2 米，最大入土深度为 0.25 米。车上还配有两台绞盘，用于救援和其他用途。主绞盘的最大牵引力为 900 千牛，钢丝绳长 200 米。副绞盘的牵引力为 20 千牛，钢丝绳长 400 米。

另外，车上还携带有 60 至 250 安培的电弧焊接系统，备有三防空气滤清和探测装置，装有 1 挺 12.7 毫米口径的高射机枪、1 挺 7.62 毫米口径 PRK 轻机枪，1 具肩扛式 RPG－7 型火箭发射器，以及烟幕弹发射器和热烟幕发生器。根据需要，车上还可装深水潜游设备，可通过 5 米深、1000 米长的水障碍。它的一般涉水深度为 1.2 米。

地雷与布雷装备

美军探寻防步兵地雷替代品 据美国《工程兵》1996 年 12 月报道，美国陆军及工程兵正在努力寻找一种可替代的非致命性指令起爆及可调弹药。这种弹药既具有防步兵地雷的同等威慑作用，又低于其杀伤效果。指令起爆系统是一种"智能地雷场"（IMF），应用一系列致命、非致命和可调弹药。可调弹药系统采用非杀伤自主式技术，可防止对非战斗人员造成伤害。美军工程兵学校正在研究的供未来使用的一些非杀伤武器系统如下表：

系 统 名 称	能 力
Tasar	发出低电压使目标丧失活动能力。
粘滞性泡沫地雷	用囊状泡沫覆盖目标。
刺网	发射低压带电网并可覆盖 50 米区域。
微波能量	野战发电机产生波束，慢慢使皮肤变热，目标越接近波束就越热。如果目标太接近，热量会造成伤害。
软弹头动能弹药	发射橡皮球、弹药包或防暴枪弹来取代钢球。
水冲击弹药（可调弹药）	以自主方式发射超压水流或当收到起爆指令时，转向爆炸装药。
德克萨斯靴	粘附于足部，迟滞机动。
脆裂/电镀剂（喷洒式化学药剂或火药）	腐蚀材料或纤维使机械零件溶结在一起。
无线电频率杀伤弹药	发射无线电磁脉冲摧毁计算机和电子电路，有效地阻止车辆运行并使装备由自动变为手动。
Tessler 线圈	发射谐振波，在 100 米的半径范围内产生振动。

美国广域破甲弹药投产　美国陆军最近完成了世界上第 1 种“广域破甲弹药”（WAM）的研制工作，准备小批量生产。1998 年 7 月投入使用。这种广域破甲弹药又称“大黄蜂”（Hornet）广域防坦克地雷（M－93 型），能在直射距离以外布设，并能置装甲车辆于死地（直接命中坦克顶甲）。

“大黄峰”雷重 13.1 千克，可用人工布设，或者有 M－71 组合布雷系统远距离控制其进入战斗状态。可布设在坡度 15°的各种土壤和地面上，可自动探测、识别、跟踪、攻击 100 米范围内的装甲移动目标（如 T－80 坦克）和 15 米内的任何目标。它的最大特点是：采用音响/震动预警跟踪系统，探测范围最大为 600 米；采用与红外末敏弹相近似的一种叫“斯基特”（Skeet）战斗部，攻击坦克顶部。它的标准自毁时间分别为 4 小时、48 小时、5 天、15 天、30 天。“大黄峰”雷可用卡车、船或飞机运输。它不受恶劣气候条件和化学环境的影响，可执行特定使命。美国陆军共需采购约 34000 枚这样的地雷。

美军开发现代化爆破起爆具　美军正在进行最终试验和定型的“现代化爆破起爆具”（MDI）将用来引爆典型的军事爆破装药和特种装药，并用来补充和部分替代 M－7 非电雷管、M－6 雷管和导爆索。这类现代化爆破起爆具主要由导爆管、雷管、雷管固定座、定时引信点火器等组成。它们装配灵巧，结构简化，提高了安全性和可靠性，并且所有部件都是密封的，不会因受潮而降低性能。这类起爆具有下列类型：XM－9 雷管和导爆管接头；XM－11 非电雷管，9.15 米长导爆管；XM－12 非电雷管，152.4 千米长导爆管；XM－13 非电雷管，304.8 米长导爆管；XM－14 非电雷管，延时；XM－15 非电雷管，延时；XM－81 可配导爆管的定时导火线点火具。

印度 3A 型防坦克地雷投产　它是一种非金属的、可炸断坦克履带的地雷，雷上带硬压板的塑料雷壳和液力机械引信，其结构和性能参数与英国 L9A1 型地雷相同。雷重（带引信）11 千克，长 1.21 米（实际上是一种棒状地雷），宽 80 毫米，主装药重 8 千克。为将该地雷埋没于土中或布没于地面上，专门研制了一种牵引式布雷车，也和英国布雷车相似。它也可人工布设。该地雷已批量生产，装备印军工程兵分队。

印度研制出新型反车底地雷　印度武器研究与发展中心研制出一种“阿德拉什”反车底地雷。它采用非触发电子引信和定向杀伤装药。它的 2.5 千克装药，足可击穿厚 100 毫米的坦克底甲或炸断履带和损坏行走部件。该地雷采用带加强肋的塑料雷壳，并用玻璃纤维加强，引信有声传感器和磁性传感器、电子和机械安全装备、防斜装置，还带有预定战斗服役期限的自毁装置，期限设定为 10、20、40、80 或 120 昼夜。布设好的地雷用雷壳上的起动手柄起动，并在延时机构到时间动作后即自动进入战斗状态，过了预定的服役期限，地雷就自动转入安全状态，并能取出和再次使用。该新型地雷已批量生产，并装备印军工程兵部队。

德国开展反顶甲地雷研究　该地雷是北约大面积防御武器（ADM）计划中的一个研究项目。根据这个计划，要研制有大面积杀伤能力的工程弹药。这是一种能设置在距已方部队很远地域的地雷障碍物。该地雷正处于研究的最初阶段，根据技术要求现正提出方案供论证和试制。设想该地雷有向上发射的战斗部、自寻的系统，若发现运动目标，用冲击弹丸杀伤其顶甲。按照预定的技术条件，此种新型地雷应由德军工程兵分队和炮兵分队分别利用“蝎子”布雷系统和 MLRS 多管火箭炮布雷系统布设。

英军现役“双刃大砍刀”防步兵地雷　英军装备的“双刃大砍刀”（Claymore）防步兵地雷象一个坐在双脚架上的小月牙形容器，布设时将其面向敌方，能从 300 米以外遥控直爆。爆炸时，地雷将 700 颗球形钢球以 60°的扇面散射出去，有效杀伤距离为 5[illegible]米。该雷全重 1.58 千克、高度 0.21 米，直径 0.0[illegible]米，装药量 0.68 千克。尽管它于 60 年代装备，但至今仍是一种出色的防步兵武器，预计在未来的许多年中仍继续服役。

奥地利生产 DNG 快速炸坑器材 奥地利 DNG 公司生产的快速炸坑器材有两种：空心装药和炸坑装药，适合于从散兵坑到防坦克壕等不同种类障碍的爆破。

空心装药装在配有可拆卸支腿的金属筒中，能确保正确的作用距离，可由电子起爆器、延时起爆器或冲击管系统起爆。其精度高、爆炸力强，可穿透深度：可耕地约 3.5 米、粘土约 30 米、砾石地约 3 米、混凝土约 2 米、钢板约 1 米。

炸坑装药由 2 个塑料装药包组成，每包装有 15 千克黑索托纳儿炸药，该装药可由可塑炸药、初级装药和导爆索起爆。在钢筋混凝土路面上使用 1 包药量可炸开 2.2 米深的坑，坑径约 6.5 米；使用 2 包药量时，坑径约 8 米，坑深约 3.5 米。

波兰研制成 MN-111 型可抛撒防坦克地雷 波兰研制成的 MN-111 型地雷可用飞机或直升机远距离布撒，用于反坦克车底。它装有能在 0.5 米距离击穿 70 毫米装甲的聚能装药和带磁性传感器的非触发引信。传感器可监测由运动的装甲目标引起的磁场强度的变化。地雷为金属外壳，外形似小型炸弹，首部有叶轮，利用它飞行时解脱引信三级保险中的一级。雷体尾部固定有 6 个稳定器的弹性翼板，当地雷位于雷匣时，翼板对半折起并降低其下降速度。当地雷落到土上时，稳定器可限制雷体扎入土中。为了使地雷可靠地待发，其抛射高度不应低于 100 米，而初速则在 60 米/秒以内。该雷全重 3.5 千克，雷体直径 116 毫米，雷体高度 225 毫米，温度范围 -50～+50℃。

波兰 MN-121 型防坦克地雷开始批量生产 该雷是一种反坦克车底地雷，可用飞机、直升机抛撒，也可用火箭炮系统布撒。它外形类似德国的 AT-2 型防坦克地雷，雷壳为圆柱形，带有在地面稳定的弹性支爪和可抛射雷盖的制动降落伞。雷体内装有定向杀伤装药、带磁性目标传感器的电子引信和三级保险。为了可靠地待发，地雷抛撒高度最低为 100 米，而初速要在 300 米/秒以内。起爆后能在 0.5 米的距离上击穿 70 毫米装甲。此雷重 2.8 千克，雷体直径 116 毫米，雷体高度 187 毫米，使用温度范围 -50～+50℃。目前，该雷已投入批量生产。

芬兰 MSM MK-2 型多传感器防坦克地雷列装 它是芬兰反车底雷中最新式的一种防坦克地雷。雷体采用带加强肋的塑料雷壳，装有定向杀伤装药和能在目标全宽起爆装药的电子触发引信。装药量 4 千克梯恩梯，可击穿坦克底部或炸断履带、破坏行走部件。该雷主要特性：重 7.5 千克，直径 270 毫米，高 150 毫米。它可用人工埋设或机械布设，地雷埋深不超过 10 厘米。该雷已批量生产，并装备芬兰工程兵分队。

保加利亚研制成 AHM-200 反直升机地雷 在保加利亚普罗迪夫举办的 96 装备展览上，由保加利亚科学院研制的 AHM-200 型反直升机地雷首次亮相。该地雷已成功地进行了数次试验。它采用声测和压力两种传感器探测系统。地雷一旦被布设，声传感器便处于监听状态。当直升机距地雷 200 米以内时，声传感器便可探测到直升机发出的独特声音信号，地雷便被锁定在此音响频率上。当声音信号增强到一定程度时，压力传感器开始工作，地雷被解除保险。如果直升机改变飞行方向或已穿过该区域，音响信号逐渐消失，此时地雷重新处于保险状态，声传感器重新监听。一旦直升机主发动机产生的下冲气压变化达到地雷预装定的压力变化值时，压力传感器则起爆破片战斗部，毁伤目标。此外，该地雷还可以遥控起爆。

AHM-200 地雷壳体呈平行的凸圆形，宽 700 毫米，高 400 毫米，厚 150 毫米，全重 35 千克。它爆炸后可以产生成型破片，不规格钢片和碎屑状铁片等，最大作用距离达 200 米，宽度为 5 米，破片散射角为 20°。

该地雷传感器的激活可由一块预编程定时的芯片来控制，预定时间过后，该地雷自动失效。此时，可将地雷的起爆炸药与爆炸装药分开。由于该地雷采用的是两种被动传感器，不会被探测到，而且直升机的发动机噪声或直升机旋翼所引起的气压变化是无法伪装的，所以该地雷采用这两种传感器具有独特的优点。目前，保加利亚陆军已经采购并装备了 AHM-200 反直升地雷，东欧一些国家对该地雷也表示出浓厚的兴趣。

南非 ATR-5 地雷将批量生产 该地雷是一种反坦克侧甲雷，能自动启动，在 5～80 米距离上杀伤装甲目标。它能由 FT-5 反坦克火箭筒发射，火箭筒装有非触发引信和三脚支腿。固定在火箭筒发射管上的引信有声传感器和红外目标传感器材；还有微处理机，用于识别目标，判定其运动速度和方向。杀伤体为聚能弹丸，直径 92 毫米、重 6 千克、初速 250 米/秒，能击穿 650 毫米厚的轧制装甲。

进入战斗状态的地雷利用声传感器确定迫近的目标。当目标也进入红外传感器的视界时，便会精确计算弹丸发射时刻，然后发射。利用引信的电子电路计算目标运动速度（3～80 千米/时），判定目标数量（1～8 个）和运动方向（左、右或其他方向），地雷处于战斗状态的时间可达 90 昼夜，过后自毁。该地雷已通过试验，准备批量生产。

探雷与扫雷装备　**美国用超宽频带雷达探测防步兵地雷**　美国陆军最近研制的一种安装在离地面45米高的活动平台上的“超宽频带”雷达可探测埋设在地下，且金属含量很低的防步兵地雷。据研制该雷达的陆军研究实验室称，试验首次证明这种装备能以机载平台（如直升机）一样的战术高度和速度作业。该雷达是从一种高效能脉冲发射机的基础上发展而来的，其他主要部件包括1台1860并行处理器和1个能在脉冲重复频率达1千赫时每秒处理2千兆信号的数字转换器。

美国研制新型排雷机器人　据德国《世界报》1997年11月13日报道，美国研究人员正打算利用喷射水流的力量来清除雷区。为此，他们发明了一种大小像电动割草机那样的机器人。这种机器人不仅可以发现地雷，而且可以立即把地雷的引信拆除。

排雷时，机器人首先释放出雷达波，以便确定地雷的位置。然后，机器人通过12束水射流使地雷暴露出来，接着用一股强大的水射流拆除地雷的引信，而不引发爆炸。机器人在地面上每分钟移动几厘米，每小时可以从一个分开的水箱里喷射出1100升水。此种机器人适用于全世界所有的雷区。

美军制订路旁智能雷清扫计划　新研制的新型路旁地雷向扫雷组织提出了新的挑战。为解决这一扫雷难题，美国陆军和海军陆战队联合制订“路旁智能雷清扫”（ORSMC）计划，计划采用1辆带拖车的轮式遥控车，并用杨声器发出坦克的声音，以模拟振动信号来激活苏醒传感器。强特征信号的衰减效果能使车辆不被主传感器发现，而用较廉价的拖车来模拟坦克的红外和雷达特征，从而引爆地雷。

该发展计划的“高级技术论证”（ATD）标准是：当该扫雷系统以每小时16千米速度行驶时，能使100米半径内90%的新型路旁地雷失效。声振干扰元件的技术论证已于1993财年完成，传感器的干扰装置则于1994年～1995财年进行了技术论证。全功能样车系统已于1995年11月进行了测试，并于12月进行最后的设计检查。为期3年的论证与评价将从1997财年开始，为期约2年的“工程制造研制”（EMD）将从2000财年开始，第1个扫雷系统可望在2002年装备部队。

美国研究“联合两栖扫雷系统”　美国海军陆战队正在研究论证“联合两栖扫雷系统”（JAMC），用于LCAC气垫船冲击上岸前在登陆海滩上清障开辟通路。它以增加装甲防护的D－TG履带式推土机为平台，其前部装有扫雷耙、磁模拟扫雷系统（MACS）用于清除浅埋地雷。利用其后部的爆炸网铺设装置，铺设一小节一小节爆炸网，引爆后就可开辟出LCAC气垫船所需要的45米的通路。

德国陆军接收“雄野猪”坦克扫雷车　据美国《防务新闻》1997年4月报道，最先生产的两辆“雄野猪”坦克扫雷车已由德国马克系统有限公司交付德国维和部队在波斯尼亚使用。德军将采购24辆扫雷车，每辆约为500万德国马克（折合美元约295万），另有48辆的选购权。马克公司每月生产两辆，交货计划将于1997年底完成。

该扫雷车能在10分钟内开辟出一条宽4.7米、长100米的通路，有效率达98%以上，并且车组人员完全受装甲保护。扫雷装置上的24个旋转扫雷链枷，每个重28千克，能将未爆的地雷击碎，或将其抛出车辙通路之外。

英国试验用毫米波辐射仪探测隐藏地雷　据英国《简氏国际防务评论》1997年3月报道，英国汤姆森公司试验用被动式毫米波成像辐射仪探测埋没的地雷或隐藏于树叶或其他覆盖物下的武器。根据英国防务研究署（DRA）授予的合同，汤姆森公司导弹电子分公司制造了Mitre演示机，并在威尔士的塞内桥靶场对布设于地表的防坦克和防步兵地雷进行了试验。

Mitre演示机可以使用8个平行接收频道以94或140千兆赫的频率工作，分辨率接近了毫拉德，最大热灵敏度为0.1开氏度，可以聚焦于7米至无限远处。它采集一幅256×256像素的图像用0.4开氏度灵敏度仅用32秒即可完成。在塞内桥试验表明，探测埋设于林间小道上的地雷，尽管环境非常潮湿、光照度较差，但这些地雷从70米远处仍看得非常清晰。

法国研制出MADEZ可空运的区域扫雷设备　据法国《陆军杂志》1997年4月报道，法国研制出的区域扫雷设备可以快速展开、实施扫雷作业，为合成军队开辟通路。它主要由两个部分组成：1个半履带底盘或带柴油发动机的车轮，1个3米宽的链枷式扫雷系统。该设备可以分成2个部分，用C－130运输机空运。其技术诸元是：全长8.08米，带链枷扫雷系统时全宽3.55米，全重12000千克，最大行走速度15千米/小时，扫雷速度800米/小时。

加拿大和英国进行地雷筛试验　英国“国际地面清障”（GCI）公司研制出一种帮助清除防步兵地雷和防坦克地雷的辅助机械族。1996年8月以来，加拿大国防部对该公司的“联合筛”（Uni－sift）3MU装置进行了试验；英国国际部则将其装在卡特匹勒D－6装甲推土机上进行试验。

这种模块式扫雷装置可以加装到推土机或已退役的坦克等履带式车辆的前端。不用时很容易卸下。联合筛装置可以处理深达50厘米的土层，沙土可增至1米深。装在前端的犁齿用于破碎土块，触发防步兵地雷，之后将碎土和埋藏物由3米宽的铲刀铲起送到4.2米长、由钢杆和传动带构成的钢栅筛上，以筛出防坦克地雷。然后作业手停下机器，用液压臂取出地雷。它的正常作业速度约为1.6千米/时。

据分析，这种联合筛扫雷装置只适用于10～15%的雷场。为此英国国际地面清障公司又研制出一种安装在此装置前部的单片式圆盘犁具。它由一排液力驱动的圆盘和破碎刀片组成，刀片以每分钟400转的速度旋转。这种犁具可犁入覆盖着粘土、灌丛、草根的地层深达30厘米，并将犁出物推运给联合筛选装置。

埃及批量生产扫雷直列装药 埃及军工企业开始批量生产扫雷直列装药，供本国军队的工程兵分队使用。装药分两种：重型和轻型。重型用于在防坦克雷场中为战斗车辆开辟通路；轻型用于为步兵开辟通路。下表列举了沙克尔公司生产的几种扫雷直列装药。

性能	"捷哈德"Ⅰ型	"沙克尔"	"法捷克斯"Ⅰ型
类型	用于防坦克雷场		用于防步兵雷场
全套重量(千克)		720	72
拖车(药箱)尺寸(米)	3×1.5×0.5	3.4×1.4×0.6	0.9×0.5×0.3
拖车载重量(吨)	2	2	
一纵米长装药重量(千克)	6	5	0.4
装药长度(米)	120	120	120
开辟通路尺寸(米)			
长	120	120	120
宽	4	4	0.6
装药发射距离(米)	200	200	140

"捷哈德"Ⅰ型扫雷系统为坦克和其他战斗车辆开辟通路。其基础是单轴拖车，车上装有用于两级火箭发射的发射架和含有炸药的织物软管。开辟通路时，装药被投送至雷场后用电起爆，爆炸后可开辟出供战斗车辆通过的通路。

"沙克尔"扫雷系统是上述扫雷系统的改进型。装药有塑性炸药，并装在药箱中，并用8秒延时的机械引信自动起爆。该系统用122毫米两级火箭发射，投送到雷场障碍中去。

"法捷克斯"Ⅰ型扫雷系统是轻便型，用于在防步兵雷场中开辟通路。它也用火箭发射。全系统装箱后重量只有72千克，在短距离内两个人就可以搬运。

伪装模拟装备

美军研制伪装涂料及迷彩 美军贝尔沃研究、发展与工程中心研制成三色伪装迷彩图案，用以取代以前的四色伪装迷彩图案。新图案由棕色、绿色及黑色伪装图形组成。从理论上讲，大块颜色的使用将会破坏车辆的轮廓，使之变得更难从远处辨认，并在近距离上与背景更好地融合。另外，美军还决定使用由贝尔沃中心研制的新型抗化学剂涂料。涂用此涂料可形成一层表面膜，对任何形态的水份的侵入均具有抵抗作用，涂层可防止表面吸收化学毒剂。

美国研究对抗现代武器系统的遮蔽剂 美国陆军就现在和将来装备的武器系统受遮蔽剂影响的机理，战场上遮蔽剂资源的利用，以及战术和训练等3方面进行了讨论，并探讨怎样用遮蔽剂对付现代武器系统。美军现装备的烟幕器材有：M－825改进型烟幕弹，M－819改进型81毫米发烟迫击炮弹，XM－49型发烟机，M－259型70毫米烟幕火箭弹，M－3A3烟幕发生器，M－5发烟罐等，能对装甲车辆等武器装备进行快速遮蔽，持续时间3～15分钟不等，能够十分显著地降低在可见光或近红外波段工作的武器系统的性能。

俄罗斯研制出TДA－2K发烟车 俄罗斯军队在现装备TДA－M和TДA－2M发烟车的基础上，研制出先进的TДA－2K发烟车。与以前的型号相比，TДA－2K发烟车在设计上有其独特之处：该车的薄膜活门与前几个型号有区别，其作业能力靠压缩空气来驱动，压缩空气来自汽车的压缩空气系统，中间经过电控气压阀；使用更加简便，用压力插头代替有6个离心式喷嘴的喷液装置，压力由28～30千克力/平方厘米降至5千克力/平方厘米，从而可延长泵的寿命，提高其安全性；改变了发烟混合剂和燃油压力的检测系统；采用"管中管"型热交换装置大大便于车辆的冬季使用；发烟时热气发生器的工作温度与其它型号发烟车相比降低了15～17%。

（熊万奎）

海军武器装备

综述　1996 年～1997 年，各国海军武器装备发展呈现出以下趋势与特点：

大型航母继续为海上强国所倚重，中小型航母更为大多数国家所偏爱，一些新概念航母方案被提出　近年来，美国继续建造“尼米兹”级核动力航母，并逐渐淘汰常规动力航母，其最终目的是以核动力大型航母完全取代现有的常规动力航母。俄罗斯限于经济原因，现今仍只维持 1 艘大型航母“库兹涅佐夫”号。包括英、法等国在内的其他国家海军为了能更好适应本国战略利益和有效应付局部战争，同时又不花费更多的经费，主要发展中小型航母。从发展趋势看，今后将有更多的国家采取自行研制或购买的途径来发展本国的航母。为了能满足未来海域的需要，美国近几年来提出了新概念航母（即 CVX）的多套方案。这些航母又包括多种类型：既有小水线面双体船结构、尖楔式结构，也有浮岛式航母设想、超大型航母设想等。

许多新颖先进的水面舰艇预研已经开始，但武库舰计划因经费原因被取消　美国已着手预研被称为“21 世纪水面战舰”的 SC—21 型舰，该型舰包括制海型、火力支援型、全能型等多种型别。英国提出了三体船型反潜护卫舰的构想；此外四体舰也被提到了议事日程上。喧嚣一时的武库舰由于经费短缺、问题较多而被取消了。

核动力潜艇依然受到有关国家海军重视，常规动力潜艇继续保持着可靠的发展势头　美国在跨世纪前后共将建造 3 艘核动力攻击型潜艇“海狼”，并又从 1997 年起到 2001 年拨款 38 亿美元用于研制和建造 NSSN 级核动力攻击型潜艇。NSSN 排水量稍小、费用略低，适于近海多用途作战。俄罗斯面临经济压力，但仍在研制“北德文斯克”级核动力攻击潜艇，首批 2 艘已开工建造。英国正在改装核动力攻击型潜艇“特拉法尔加”Ⅰ型，据悉 1998 年起，该级潜艇还将安装“战斧”巡航导弹。法国也已开始研制和建造下一代核动力攻击型潜艇。至于核动力弹道导弹潜艇，美国目前乃至今后一个时期，仍以“俄亥俄”级核动力弹道导弹潜艇为主；俄罗斯正抓紧研制 D-Ⅳ级的后继型——“北风之神”核动力弹道导弹潜艇。

常规动力潜艇依然是各国海军发展的重点，虽然在艇型、艇体结构、吨位、航速等方面不会有太大的变化，但在设计和建造中将会采用许多高新技术，例如 AIP 动力装置和隐形技术等。

各种新式武器装备接连设计与问世，并将陆续投入使用；隐形技术广泛地应用于舰艇及武备上；舰载电子系统被注入了新的活力发挥着越来越重要的作用　一大批新式武器装备伴随着作战平台相继设计问世：像美国“快鹰”导弹、新型水中兵器“超空炮射弹”、舰载电热炮、前置式猎雷系统、舰载无人战斗机、液体发射药火炮……它们的使用将使未来海战面貌为之一新。隐形技术已越来越多地应用于各国海军的舰艇上，目前这项技术日臻成熟；不少真正意义上的隐形战舰，如瑞典的 YS2000、英国的“海幽灵”等已在建设或研制之中。此外，电子战系统正受到各国极大的关注，并已成为衡量舰艇及其武备是否现代化的标志。

水面舰艇　*航空母舰*　截止 1997 年 8 月，世界上拥有舰母的国家已达 10 个，而且拥有国数量还有增加的趋势。美国海军仍拥有 8 艘核动力航母和 4 艘常规动力航母。其中，“尼米兹”级 7 艘、“企业”级 1 艘、“小鹰”级 3 艘、“福莱斯特”级 1 艘（“独立”号）。美海军现仍继续建造“尼米兹”级航母，待该级第 10 艘（CVN77）服役后，其他级别的航母将全部退役。俄罗斯海军现仅剩下 1 艘大型航母“库兹涅佐夫”号，该舰满载排水量 6.75 万吨，装有滑橇式飞行甲板，且武器系统齐全，威力强大。法国是一个拥有中型航母的国家，且“戴高乐”号为世界上唯一采用核动力的中型航母。该航母已于 1997 年交于法国海军进行海试。法国另外 2 艘中型航母“克莱蒙梭”号和“福煦”号，前者将随着“戴高尔”号的入役而“寿终正寝”；“福煦”号经过了一系列改装，将继续服役到 2004 年以后，待“戴高乐”级第 2 艘“里厄利舍”服役时为止。英国皇家海军仍拥有 3 艘“无敌”级航母，该级航母虽吨位不大，但采用了滑橇式飞行甲板和固定翼的“鹞”式垂直/短距起落飞机，经过一系列改装后，弥补了部分先天不足。印度是亚洲最先拥中型航母的国家，但其 2 艘航母均是二战期间建造的，实在难以胜任现代海战任务。所以印度淘汰了“维克兰特”号航母，而将购买俄海军

"戈尔什科夫"号航母，以保持2艘航母的水平。泰国为亚洲第2个拥有航母的国家。该航母是目前世界上最小的航母，并于1997年8月正式加入泰国皇家海军现役。

美国提出全新航母CVX预研设想 近年来美国海军一直计划设计建造一级全新的航母——CVX。CVX航母采用新的设计思想，无论是外形、上层建筑、飞行甲板，还是起飞、降落方式、舰上设备等，都与现役航母有很大差别。美国已投资数千万美元进行预研，着重改进舰体外形、减少雷达散射截面积，重新设计飞行甲板和着舰设施，加强航母的攻击能力和自身防御能力。目前，CVX航母的预研设想已初露端倪，大致有以下几种：一种是采用小水线面双体船结构，水下为两个超大型鱼雷状船体，通过流线型支柱体与1个主甲板联结在一起。全舰重量及载机重量均由水中的鱼雷状舰体支撑。舰桥及其他设施均设计得低矮扁平。这种航母的最大特点是飞行甲板面积大、航速较高、舰体平稳。另一种航母与现今航母舰体相似，但外飘比较厉害，且舰桥及升降装置也都挪至中部。以上两种航母的弹射飞行跑道都在4条左右，其中一条为滑橇式飞行甲板，即不采用弹射器。再一种航母采用尖劈形状，头部尖细，中后部长方，舰桥低矮且偏移于尾部，主甲板从中贯到尾；两侧为辅助飞行甲板。

泰国"差克立·纳吕贝特"号直升机航母服役 1997年3月20日，由西班牙建造的"差克立·纳吕贝特"号直升机航母正式移交泰国海军。泰海军司令威吉·差玛南干上将前往西班牙主持接舰仪式。同年7月17日，由该航母及其护卫舰只组成的"401"舰艇特遣编队载着部分泰海军军官学校学员，从西班牙启航返航泰国，途经苏伊士运河、红海，顺访了意大利、埃及、沙特阿拉伯、印度等国；8月3日抵达泰国的普吉港。9日，"差克立·纳吕贝特"号驶抵母港——梭桃邑海军基地，并正式加入泰国海军服役。自普吉港至梭桃邑的航行途中，编队进行了海上补给、海上救护、直升机垂直补给等科目的演练。该航母长182.6米，宽22.5米，吃水6.12米，满载排水量11485吨，最大航速26.5节，最大续航力1万海里/12节。舰上装备9架AV－8S"斗牛士"垂直/短距起落战斗机和6架S－70B"海鹰"直升机。该航母除可担负战斗任务外，还将担负海上求援、维护海上秩序等任务。

印度建造防空型航空母舰 印度海军参谋长在1997年7月宣布，印度将自行建造由本国设计的防空型航空母舰，以取代老式航母"维克兰特"号。"维克兰特"号始建于1943年10月，已服役半个多世纪，如今舰体结构过于老化；武器、通信设备已无法适应现代作战要求。1996年印度海军决定将其卖掉。所建造的防空航母需经费4.75亿美元，排水量2.4万吨，将由印度科钦造船厂建造。舰上将装备"海鹞"垂直/短距起落战斗机、"海王"或卡－27反潜直升机，以及各种导弹。印度海军现存的另一艘航母"维拉特"号正在进行现代化改装，使其寿命延至2010～2015年。

印度将购买俄罗斯航母 印度拟与俄罗斯签订一项购售"戈尔什科夫"号航母的合同。"戈尔什科夫"号航母原名为"巴库"号，是前苏联海军"基辅"级航母的第4艘。与"基辅"级前3艘存在很大的不同，该舰运用了多项新技术。该舰满载排水量40500吨，最大航速32节。1995年该舰已从俄罗斯海军北方舰队退役，现正作为战略储备舰只。印度与俄罗斯就该航母出售的谈判始于1994年，购买"戈尔什科夫"号航母之后，印度还将另外花费几亿美元为其采办武器装备和舰载机。印度海军还将可能为这艘航母选购俄罗斯的苏—33舰载机。

英首艘直升机航母开始试航 1997年2月25日，由英国维克斯造船厂建造的"海洋"号直升机航母进入试航阶段，并预计1998年加入现役。"海洋"号直升机航母满载排水量20500吨；舰长203米、宽36.1米，吃水6.6米，最大航速18节，最大续航力8000海里/15节。飞行甲板为直通平甲板型，长170米、宽32.6米，可搭载12架直升机，机库内可装载12架直升机，同时还可载480名陆战队员及其全部装备，以及4辆MK－5型车辆与登陆艇等。"海洋"号直升机母舰服役后，将取代英国现役"无恐"级船坞登陆舰，并将与正在研制的新型两栖登陆舰一起，成为英国下世纪初两栖舰艇部队的中坚力量。

英国提出航母替换方案 考虑到现役3艘"无敌"级航母到2010～2020年将服役期满，英皇家海军目前正在研究替换方案：为"无敌"级航母延寿，改装集装箱船或巡洋舰、新建短距起飞垂直着陆型航母和常规型航母。延寿不仅需要大笔维修费用，且有一定风险；此外为了搭载新型飞机，原有舰体需加长，但"无敌"级航母壳体仅一处可剖开。改装集装箱船或巡洋舰是一种应急办法，但改装航母的雷达反射面积大，易被探测和攻击。新设计的航母有效容积大、设置灵活、生命力和隐形性能好、全寿期费用低。目前，正在考虑的新方案为可分别搭载20、26、30和40架飞机和短距垂直起落飞机的航母、短距起飞但拦阻降落的航母、带弹射器和阻拦索的常规起降航母。根据搭载飞机数量推测，如果搭载的20架短距/垂直起落飞机的航母，满载排水量为35000吨；

如果搭载 26 架常规起降飞机，则满载排水量应为 40000 吨。目前已划拨 2 亿英镑作为航母项目中的舰载机研制经费。英国皇家海军造船和未来项目主管部门已把新航母的概念研究和预先可行性研究项目交给英国航空空间公司海军系统部英国宇航赛玛公司以及维克斯造船厂工程公司负责。

英国拆除“无敌”级航母的”海标枪”导弹　英国皇家海军决定拆除 3 艘“无敌”级航母上的 GWS30“海标枪”中程舰空导弹，以增加甲板面积和弹药库空间，容纳更多的舰载机及其武器装备。将“海标枪”导弹从前甲板拆除可将目前的甲板面积扩大 7～8%，“海标枪”导弹库也将改为“鹞”式飞机的武器弹药库。2 部 909 型 I/J 波段火控雷达将保留，尽管该雷达主要为“海标枪”导弹照射目标用，但也可以提供飞机的飞行高度。按照计划，“卓越”号航母将率先在维修期拆除“海标枪”舰空导弹，“皇家方舟”号将在 1998 年底改装时拆除；“无敌”号航母的“海标枪”导弹何时拆除目前尚未确定。“海标枪”导弹拆除后，主要搭载皇家空军目前使用的“鹞”式 GR－7 垂直/短距起落战斗机，并使之与皇家海军的“海鹞”FA－2 战斗机混合配置，以增强整个航母战斗群的空中打击力量。

（李　杰）

法国“戴高乐”号核动力航母移交海军　1997 年 2 月 1 日，法国第 1 艘核动力航空母舰“夏尔·戴高乐”号移交海军。法国大西洋军区海军司令称，法国决心继续拥有一支经过深刻改造的、现代化的、有效的、能够对付未来战略挑战的海军。他强调，“戴高乐”号航母不仅是法国海军的柱石，而且也是欧洲各国海军力量的重要组成部分。法国于 1980 年决定建造核动力航空母舰，以代替将于本世纪末退役的“克莱蒙梭”号和“福煦”号（于 50 年代建造）。“戴高乐”号核动力航母于 1987 年 11 月开始建造，1994 年 5 月完成舰体建造工程，造价为 185 亿法郎（约 35 亿美元），具有先进的反雷达侦测系统，排水量达 45000 吨，将于 1999 年 7 月正式服役，编制 2800 名官兵。这艘航母可载飞机 40 架。

（张昌泰）

法国“福煦”号航母改装工作完成　法国海军“克莱蒙梭”级航母第 2 艘“福煦”号，经过为期两年的改装现已完成。“福煦”号始建于 1957 年 2 月，1963 年 7 月服役。该舰舰长 265 米、宽 31.7 米，吃水 8.6 米，标准排水量 27307 吨，满载排水量 32780 吨。动力装置为 2 台蒸汽轮机，最大功率 12.6 万马力，最大航速 32 节。“福煦”号原搭载 18～23 架“超军旗”攻击机，实施对岸攻击任务；载有 6～8 架 F－8“十字军战士”战斗机，用以制空。此次改装主要是为今后“阵风”飞机上舰作准备，故使飞行甲板每 10 米上翘 0.02 米。另外，舰上还配置了 2 套“萨德尔”舰空导弹系统。

驱逐舰　近年来，各国建造和发展驱逐舰的数量和势头虽然有所减少，但在技术和设计上仍有所突破。首先是吨位增加较大，不少舰已超过 9000 吨，如美国的“阿利·伯克”级驱逐舰前 21 艘满载排水量为 8315 吨，从第 22 艘起增至 9033 吨。有关专家估计，今后驱逐舰的吨位还会略有增加，例如美拟建的 DD－21 驱逐舰排水量达 10000～12000 吨。其次是生存能力明显加强。许多新设计的驱逐舰都采用隐形设计方案。上层建筑低矮，采用圆滑过渡，设有大的平面棱角、垂直结构，在一些舰体表面涂敷有雷达吸波材料或涂料。为了降低红外特征，对烟囱排烟采取了红外抑制措施，部分要害部位挪至水线以下，并在要害部分外围设置了凯夫拉装甲，以提高抗冲击能力。此外，有些舰还采取了一些特殊隐形降噪手段。如“阿利·伯克”级驱逐舰就使用了螺旋桨通气降噪系统和船体噪声气幕屏蔽系统，从而有效地降低了该舰的辐射噪声。再次，较普遍地采用全燃或柴—燃动力方案。根据巡航主机和加速主机功率的大小不同，全燃动力装置又可分为燃—燃交替使用的动力装置和燃—燃联合使用的动力装置。前者的突出代表是英国的 42 型，舰上采用两种功率相差悬殊的燃气轮机。这两种燃气轮机每轴各用 1 台，大功率用于高速，小功率用于巡航。后者的典型为美国“伯克”级，舰上装有 4 台功率相同的 LM2500 燃气轮机，巡航时使用 2 台，高速时 4 台共用。第四，武器装备配置趋于标准化。大型驱逐舰除装备反舰、反潜和防空武器外，有不少还装设了巡航导弹和相控阵防御系统。“伯克”级和“金刚”级采用“宙斯盾”防空系统，提高了作战系统的可靠性和冗余度，防御能力明显增强。“伯克”级装备“战斧”巡航导弹，不仅使驱逐舰具有远距离的对舰、对岸攻击能力，而且还具备战略核攻击能力。

美 3 艘“阿利·伯克”级驱逐舰服役　1997 年 4～9 月，美海军共接收了 3 艘“阿利·伯克”级驱逐舰，其中“沙利文”号于 4 月服役，“罗斯”号于 6 月服役，“霍佩尔”号于 9 月服役。“阿利·伯克”，级驱逐舰是美国海军也是世界海军中最先进的一级驱逐舰，无论在攻击力、生存力，还是适航性和隐形性等方面都名列世界前茅。美国海军预计建造 32 艘该级舰，其中首批建造 18 艘，第 2 批建造 10 艘。1997 年服役的这 3 艘为第 2 批建造的。该级舰长 153.6 米、宽 20.4 米，吃水 6.1 米，标准排水量 6625 吨，满载排水量8315吨，动力装置为4台燃气轮机，总功率10万马力，最大航速30节以上，续航力5000海里/20节。舰载武器主要为：MK41－和MK41－1型导弹垂直发射架各1座，2座四联装“捕鲸叉”舰舰导弹发射架，1座127毫米舰炮，2座“密集阵”速射炮，6座鱼雷射管，以及“阿斯洛克”反潜导弹发射装置。

美国研制新一代驱逐舰 美海军正在研制的新一代DD—21对地攻击驱逐舰将具有很好的隐形性和灵巧性。这种驱逐舰预计采用双体船型，舱内高度为2.7米，有足够的空间布设电缆。该舰采取精心设计，具有很小的雷达散射截面积，不易受到远程巡航导弹的攻击；加上其磁信号特征很低，红外和声特征较小，不易被敌反潜平台、导弹发射平台或潜艇发现和攻击。为使舰上不同系统具有兼容性，DD－21驱逐舰上装备有自动传感器任务控制系统，以跟踪各传感器的工作状态。该舰满载排水量可达10000～12000吨，但舰员不多，编制只有95人。该舰还吸取了“灵巧舰”的经验，部署2～3年而无需后方维修；舰员每90天替换一次。

日本2艘“村雨”级驱逐舰下水 1997年8月19日和21日，日本“村雨”级驱逐舰“骤雨”号和“雾雨”号分别在住友重工的浦贺造船厂和三菱重工的长崎造船厂下水。这两艘舰分别是“村雨”级的第3艘和第4艘，预定于1998年3月服役。该级舰为日最新一级驱逐舰，舰长151米，标准排水量4400吨，主机采用COGAG方式，最大功率6万马力，最大航速30节。艇上武器装备较为齐全：2座四联装SSM－1B舰舰导弹发射装置，1座16单元“阿斯洛克”反潜导弹垂直发射装置，1座76毫米紧凑型舰炮；舰首尾各设置1座20毫米“密集阵”速射炮，2座三联装鱼雷发射管，同时搭载有1架SH－60J“海鹰”多用途反潜直升机。

韩国第2艘国产驱逐舰下水 1997年10月16日，韩国第2艘国产驱逐舰“蔚文德”号在韩国庆尚南道巨济大宇玉浦造船所下水。该舰全部采用本国技术制造。该型首舰于1992年开工建造，1996年完工。舰长135.4米、宽13.4米，吃水5.9米，满载排水量3800余吨，最大舰速30节。舰上主要武器有2座四联装“捕鲸叉”舰舰导弹发射架，2座八联装“海麻雀”舰空导弹发射架，1门127毫米火炮，27门30毫米炮，2座三联装反潜鱼雷发射管，以及1架反潜直升机。“蔚文德”号与首舰战术技术数据相差不多。

韩国将建造更大型KDX驱逐舰 韩国大宇重工造船公司宣布，在建成了3艘KDX驱逐舰订货任务之后将停止该型舰的建造，以建造更大型的KDX型驱逐舰。计划建造的KDX驱逐舰有两种：一种为排水量5000吨（计划建6～9艘）；另一种为排水量7000～8000吨，并将装备“宙斯盾”系统。现今建造的KDX舰满载排水量3900吨，舰长135.米、宽14.2米，吃水4.3米，航速18节时续航力7200千米。主机采用LM2500型主双轴燃气涡轮动力装置，总功率5.9万马力；2台MTu辅助柴油机，功率为8000马力；电源为4台柴油发电机，总功率为3200千瓦。该型舰装备2座4管“捕鲸叉”舰舰导弹发射装置，1座MK48垂直发射装置（配备16枚“海麻雀”舰空导弹），2座MK32型324毫米三管鱼雷发射管，1门127毫米舰炮，2门30毫米舰炮，2架“超山猫”直升机。

印度“德里”级驱逐舰首舰服役 由印度本国自行建造的3艘“德里”级多用途驱逐舰的首舰于1997年9月服役。该舰早于80年代末即已下水，但由于苏联解体，武器系统的供应中断，致使该舰的服役时间推迟了数年之久。“德里”号驱逐舰系印度本国建造的最大的战舰，满载排水量6500吨，共耗资1.94亿美元。尽管该舰基本上是按俄罗斯设计的图纸建造的，但也融合了不少本国设计思想。舰上装备有16枚SS－N－25舰舰导弹、2座SA－N－7舰空导弹、4门AK－630加特林自动炮、1门100毫米单管炮、5个鱼雷发射管、2座多管火箭深弹发射架，以及若干通信、导航设施。此外，该舰还搭载有2架“海王”反潜直升机，舰上的动力装置采用燃气轮机，最大航速32节。

护卫舰 护卫舰依然是近年来各国海军大力发展的舰种，而且各国护卫舰的发展均呈现以下几点趋势；一是船型发生质的变化。不少国家都倾向发展双体、三体等船型护卫舰。目前，英国正在加紧研究三体船型反潜护卫舰，同时还计划发展三体船型验证舰。二是隐形性成为追求的重要目标。近年来各国陆续投入现役的护卫舰在雷达隐形、声隐形和红外隐形等方面都取得了重大突破。三是动力装置趋向多样化。除了柴—燃、柴—燃—电、燃—燃动力装置外，一些国家还设计、研制电力推进装置，喷水推进装置等。四是完善电子设备配置，更新防卫系统。各国护卫舰除配备性能优良的探测设备之外，为了适应电子干扰条件下搜寻目标，不少护卫舰还增配有红外搜索跟踪系统，以便能自动搜索跟踪水面舰艇、海空飞机、掠海导弹等。面对越来越严重的反舰导弹威胁，现役护卫舰都广泛装备了小口径速射炮、近程防空导弹及弹炮合一系统。

俄罗斯建造新型导弹护卫舰 俄罗斯加里宁格勒

的扬塔尔造船厂开工建造了1艘命名为“新贵”号的多用途护卫舰。该舰排水量为3000吨，最大航速达30节，采用柴—燃动力装置。舰上装备最新型的舰舰导弹、舰空导弹、反潜导弹和鱼雷等。经过精心设计，舰上的生活条件将大大改善。由于资金短缺，“新贵”号护卫舰预计到2001年方能服役。

以色列第3艘“萨尔”5级护卫舰服役　1997年7月上旬，以色列海军第3艘“萨尔”5级护卫舰正式服役。该级舰共计划建造3艘。这艘被命名为“哈尼特”号的护卫舰由美国格尔斯造船厂建造，具有反舰、反潜和防空多种作战能力，既可单独执行作战任务，也可作为指挥舰使用。“哈尼特”号于1992年2月动工兴建，1994年5月下水。其标准排水量为1075吨，满载排水量1227吨，舰长86.4米，宽11.9米，吃水3.2米。该级舰采用柴—燃联合动力装置，双轴驱动，巡航速度17节，最大航速33节，续航力为3500海里/17节。该舰采用了较为先进的隐形技术。上层舰体采用倾斜式结构，舰体表面使用了大量吸波材料和涂料，有较小的雷达散射截面积；同时能将舰体运动中产生的热废气与外界的空气混合后排放，以降低红外辐射。

中国台湾最后1艘“成功”级护卫舰下水　1997年5月中国台湾最后1艘（即第7艘）“成功”级PFG2型护卫舰“长城”号下水。该级舰是在美“佩里”级护卫舰的基础上发展而来的。“佩里”级护卫舰是美国海军中性能适中通用型导弹护卫舰，具有多种战术用途，可以承担防空、反潜、护航和打击水面目标等任务。尽管其性能不如某些高性能战舰，但因其价格适中而获得大批量建造。PFG2级舰进行了相应的改进，加装了1个防空导弹系统和经过改进的作战指挥系统。舰上还装有SM－1型舰空导弹，“雄风”Ⅱ型舰舰导弹、1门76毫米口经主炮和1门20毫米口径“密集阵”近程武器系统。这7艘PFG2型护卫舰将连同从法国购买的6艘“拉斐特”级护卫舰以及从美国租借的9艘“诺克斯”级护卫舰取代其24艘50年代的大部分驱逐舰。PFG2型护卫舰由台湾高雄的中华造船厂建造，耗资6.18亿美元，经海上试航后将于1998年11月服役。

中国台湾接收最后1艘“拉斐特”级护卫舰　台湾海军1998年1月16日从法国DCN公司接收了最后1艘“拉斐特”级护卫舰，并将其命名为“成都”号。至此，台湾海军一共接收了6艘“拉斐特”级护卫舰。满载排水量3500吨的“成都”号交付时也没有装备武器，导弹、火炮和鱼雷将在台湾安装。6艘“拉斐特”级护卫舰的武器主要是美国和意大利设计的，而在离开DCN公司前已安装的传感器和作战指挥系统均是由汤姆逊—辛特拉公司设计的，其中包括汤姆逊—辛拉特公司的ATAS（V）2主动拖曳阵列声纳和汤姆逊无线电公司的TACTIOS作战数据系统。该级舰上还将搭载1架S—70C（M）1直升机。

英国加紧研究三体船型反潜护卫舰　目前，英国正在加紧研究三体船型反潜护卫舰。该舰长167米，宽25.3米，吃水11.9米，动力装置为2台WR21燃气轮机，最大航速30节，巡航速度15节，续航力2000海里/25节，8000海里/15节，自持力45天，人员260人。三体船为一个中体外加两个侧体，中体结构设计成横向构架纵向加强，箱体结构参与纵向强度。在狭窄的侧体内每6米设置一道隔壁，以减小破损状态下的进水。侧体内除设置推进电机和减摇鳍装置外，仅有一些空舱和液舱。三体船型护卫舰的飞行甲板比普通单体船型更宽，更远离尾部，从而既提高了直升机着舰时的平稳，又减小了直升机与舰尾部变深声纳间的相互干扰。中体与侧体水线间距为4.2米；每个水下船体尾部均设置1个螺旋桨。为了改进入港的机动性，舰中体设一主舵，两侧体各设一小舵。舰上武器主要有：32单元的导弹垂直发射系统、1座127毫米舰炮、双管40毫米炮和20毫米炮、“守门员”近程武器系统，以及1架“默林”直升机。该舰的生存能力明显优于单体船，即使主船体受到鱼雷攻击，靠侧体的推进电机仍可机动，从而确保了舰的操舵能力。该舰上层建筑内倾，而舰体表面包括尾板和箱体侧面，均设计成外飘形状，加之使用了雷达吸波涂料，因而雷达散射截面积小，隐蔽性较好。该舰尽管设计成横向构架纵向加强，但在特大风浪中结构上仍有断裂之可能，且炮弹弹库一旦被击中，后果十分严重。

英国“公爵”级护卫舰“萨瑟兰”号服役　英国“公爵”级护卫舰第13艘“萨瑟兰”号于1997年7月4日正式偏入远东特遣舰队服役。该舰舰长133米、宽16.1米，吃水5.5米，标准排水量3500吨，满载排水量4200吨。主机为CODLAG，最大航速28节。此舰与前12艘“公爵”级护卫舰外形上没有大的变化，只是在舰桥右舷侧安装了新开发的导航雷达。舰上武器有：2座四联装“捕鲸叉”舰舰导弹、1座32单元“海狼”近程舰空导弹垂直发射装置、1门MK8型114毫米单管炮、2门30毫米近程防御系统，还可搭载2架HAS－3型“山猫”反潜直升机或1架EH－101型直升机。

德国建造K－130近海护卫舰　德海军近期完成K－130近海护卫舰设计并将投入建造。该舰为单体舰，水线长83.5米，最大续航力为3000海里，最大航速35节，自持力为7～10天。舰上设有飞行甲板，能够起降 NFH－90 直升机和无人飞行器。K－130 型舰装有 8 枚舰舰导弹、1 具 RAM 导弹发射架、2 门 76 毫米紧凑型舰炮。该级舰的首舰预计在 2004 年服役，主要用来更换陈旧的 148 型“虎”级高速攻击艇。

德国设计新型隐形护卫舰 1997 年 9 月德国布洛姆·福斯造船厂设计并展示了新一代“梅柯”系列 A－200AAW 型和 A－100 型隐形护卫舰。其中，A－200AAW 型护卫舰设计排水量为 3800 吨，主要用于出口。A－200AAW 有 3 种设计方案：一是 A－200AAW（V）1 型，装备有美国休斯公司研制的防空系统、APRP 主动式相控阵雷达和 SMART—L 远程搜索雷达。二是 A－200AAW（V）2 型，装备有与 MK41 相同的垂直发射系统、SM－2“标准”导弹、“海麻雀”导弹系统、洛克希德·马丁公司研制的 AN/SPY－F 相控阵雷达和 MK99 火力控制系统。三是 A－200 多用途型，可装备传统阵列雷达。载有 2 架 7 吨重的直升机和 1 部拖曳声纳系统。A－200 型护卫舰采用了许多隐形措施，其雷达散射截面积仅相当于 1 艘普通快艇；红外辐射量比同类舰减少了 75%。A－200 型舰的推进方式采用以下两种中的一种：或为 2 台 7400 千瓦柴油机，可调螺距螺旋桨，或为 1 台 23000 千瓦燃气轮机，喷水推进。A－200AAW（V）1 型护卫舰设计排水量最大可增至 5900 吨。A－100 型轻型护卫舰的设计排水量约为 1900 吨，主要用于替换 K－130 轻型护卫舰。

瑞典建造新型隐形护卫舰 瑞典赛尔休斯工业集团所属的卡尔斯克鲁纳造船公司目前正在建造首批 4 艘 YS－2000 舰。该型舰被命名为“维斯比”级。该级舰几乎完全采用碳纤维增强塑料，并采用了多种先进的信号衰减技术。该舰可用于执行反潜、布雷、巡逻、护航等任务。首批 4 艘主要侧重于扫雷作战上；第 2 批 4 艘则在反水面舰艇能力上有所加强。“维斯比”级护卫舰长 70 米、宽 10.4 米，吃水 2.4 米，满载排水量 600 吨。舰上装 4 台“阿利德”TF50A 燃气轮机（1.6 光兆瓦），2 台 MTu16v2000N90 柴油机，2 台喷水推进器。该级首舰计划于 1999 年 6 月 4 日完工，同年 10 月进行海上测试，2000 年 3 月交付瑞典皇家海军使用。

两栖战舰 两栖战舰为各国海军尤其是海上强国普通推崇。已建或将建的两栖舰船的特点是：（1）多用途化；（2）满载排水量基本上控制在 2 万吨以内；（3）突击威力明显增强；（4）防空能力有所加强。

美国建造“圣·安东尼奥”级两栖运输舰 根据合同，美国阿冯达尔造船工业公司于 1997 年开始建造“圣·安东尼奥”级两栖船坞运输舰的首舰。首舰的设计、建造及维护费用为 6.44 亿美元；前 3 艘合计建造费用为 15 亿多美元。到 2008 年共建 12 艘同级舰，主要用来替换 41 艘即将退役的两栖运输舰。“圣·安东尼奥”级设计排水量 25000 吨，舰长 208.4 米，宽 31.9 米，吃水 7 米。动力装置为柴油机，总功率 4 万马力，最大航速 22 节。舰上飞行甲板可容纳 6 架直升机和 2 架运输机，船台甲板可容纳 2 艘高速气垫登陆艇，机库可容纳 3 架直升机。此外，舰上还有 708 立方米的货物，弹药存放空间及 2320 平方米的置物甲板。据悉，舰上还将装备联合海上指挥信息系统、两栖攻击指示系统及自卫防御系统等先进的作战自动化系统，并配备有 MK41 垂直发射装置、“密集阵”近防炮等防空武器，因而具有较强的海上防卫能力。该舰设计使用寿命为 40 年，服役后可与其他两栖运输舰配合，满足 21 世纪美海军实施远程兵力投送的需要。

日本两栖攻击舰“大隅”号服役 日本两栖攻击舰“大隅”号于 1998 年 3 月 11 日正式服役，3 月 16 日进驻广岛吴港基地。该舰标准排水量 8900 吨，舰长 178 米、舰宽 25.8 米，吃水 6 米。动力装置为 2 台柴油机，双轴，功率为 2.6 万马力，最大航速 22 节，舰员 135 名。舰上装载有 2 座 20 毫米“密集阵”火炮，并可载 6 架直升机、2 艘气垫登陆艇。舰尾门打开后，气垫登陆艇可从船坞中出入。飞行甲板的前半部作为车辆甲板使用。舰上没设机库，直升机系留在飞行甲板上。“大隅”号是日本战后建造的最大军舰，排水量是现有 2000 吨级“三浦”级坦克登陆舰排水量的 4 倍多，所载登陆部队数量将是其 5 倍。该级舰可载 1000 名陆战队员或运送 330 名士兵、10 辆 90 型坦克或 1400 吨作战物资。根据 1996 年～2000 年日本海上自卫队中期防卫计划，还将建造 2 艘同型舰。

英国建造 2 艘新型船坞登陆舰 英国维克斯造船与工程公司将为英国皇家海军建造 2 艘新型船坞登陆舰“海神之子”号和“堡垒”号，并将于下个世纪初接替“无恐”号和“勇猛”号两栖船坞登陆舰。“海神之子”号舰长 176 米，标准排水量为 14600 吨，可在巴拿马运河航行。该舰设有类似于“无恐”号的坞舱、尾门、滚装甲板、侧跳板门。可装运 305 名士兵、31 辆重型卡车或主战坦克、36 辆车辆、30 吨物资、4 艘 MK10 通用登陆艇、1 艘气垫登陆艇或 2 艘通用登陆艇。该舰飞行甲板设有两个起降点，可起降 EH－101 型直升机，或搭载 1 架“支奴干”运输直升机或垂直/短距起降飞机。该登陆舰是英海军第 1 艘采用综合柴电推进系统的水面战舰，采用 4 台瓦特西拉公司的柴油机，其中 2 台为 6250 千瓦 1632E 型和 2 台 1560 千瓦 4R32E 型。该舰最大航速 18 节。舰上装有 108 千牛舰首推进器和双舵。武器包括 2 座“守门员”近程武器系统、2 座 20 毫米火炮和诱饵发射器。

荷兰“鹿特丹”号两栖登陆舰竣工　荷兰皇家斯凯尔德造船厂建造的“鹿特丹”号两栖船坞登陆舰，于 1997 年 2 月竣工。该舰由荷兰与西班牙共同设计，预计于 1998 年 12 月服役。该舰舰长 163 米、宽 25 米，吃水 5.9 米，满载排水量 12750 吨，最大航速 19 节，巡航速度 12 节时的最大续航力为 6000 海里。该舰可运载 610 名士兵、33 辆坦克，还可装载 4 艘通用登陆艇、6 架 NH－90 型直升机或 4 架 EH－101 型直升机。甲板上设有两处直升机起落点。为了防空，舰上还设置了 2 座“守门员”近程防御武器系统、4 座 20 毫米舰炮及 4 座 SRBOC 无源干扰系统等。

西班牙新型两栖攻击舰下水　1997 年 6 月，西班牙海军“加西利亚”号两栖攻击舰在巴赞船厂下水。该舰 1991 年由西班牙海军与荷兰 ATS 公司联合设计，1994 年 4 月开工建造，原定 1998 年 4 月完工服役。“加西利亚”号舰长 160 米、宽 25 米，吃水 5.9 米，飞行甲板长 160 米，宽 25 米，满载排水量 12250 吨，最大舰速 19 节，最大续航力 6000 海里/12 节。该舰设有装载登陆艇的坞舱，车辆甲板和直升机飞行甲板，坞舱面积 885 平方米，车辆甲板面积 1010 平方米。舰上还可装载一个全副武装的海军陆战营。该舰按民用标准建造，平时可担负灾害救援等任务，而新装备的指挥控制系统，又可保证战时遂行支援任务。舰上装备有 2 座“梅罗卡”近程防御系统，4 门 20 毫米炮。

小型船艇　**美国研制“海豹”突击队运送艇**　为了适应应付地区性冲突和沿海作战的需要，美海军潜艇部队与海军特种作战部队近年来联合开发了一种供“海豹”突击队使用的运送艇。样艇研制费用为 1.2 亿美元，第 2 和第 3 艘生产型的单价约为 3500 万美元。该艇一次可运送 10 名船员，并可连续数天坚守在靠近敌岸附近的水下。该艇设计成雪茄形，长约 19.8 米、直径 2.7 米，承压艇壳分别设有操纵员舱和“海豹”队员舱。艇上装有 1 个螺旋桨，由 1 台电动机提供动力；前后两侧各有 2 个助推器，在低速航行时伸出，高速航行时收回，以减小阻力。艇上还装备有探测范围宽的前视和侧视声纳阵列以及光学潜望镜和通信设备。美海军已考虑用新一代核动力攻击型潜艇来携载这种运送艇，即把它附着在指挥室围壳后面的艇壳上。美海军曾将“卡梅亚梅亚”号和“詹姆斯·波尔克”号两艘核动力弹道导弹潜艇改装成携带这种运送艇的平台。

俄罗斯气垫导弹艇“布拉风”号服役　由俄罗斯“金刚石”中央海军设计局设计、泽廖诺多斯克造船厂陆续造了十余年的气垫导弹艇“布拉风”号终于在 1997 年正式加入俄罗斯黑海舰队服役。该艇为当今世界最先进的导弹艇之一，最大航速超过 50 节。艇上装有“白蛉”舰舰导弹、三联装鱼雷发射管（每分钟可发射 6 枚鱼雷），以及由 76.2 毫米和 30 毫米火炮、“黄蜂”高射火炮组成的防空系统。该艇已成功地完成了导弹发射和其他演练科目，但还有一些试验项目尚未进行完毕。泽廖诺多斯克造船厂已开始建造同级第 2 艘“西蒙风”号。

日新型扫雷艇“菅岛”号下水　日本神奈川县钢管鹤见造船厂建造的“菅岛”号新型扫雷艇不久前下水。该艇为日本海上自卫队“宇和岛”级中型扫雷艇的改进型。它吸取了海湾扫雷的经验，装备了最新式的扫雷系统。主要包括：2093 型水雷探测器、PAP—104 型水雷处理器、NAUTIS—M 情报处理系统，因而使该艇具备了在浅海和深海的扫雷能力。“菅岛”号艇长 58 米、宽 9.5 米、高 4.2 米，吃水 2.5 米，标准排水量 510 吨。主机为 2 台柴油机，功率为 1800 马力，最大航速 14 节。艇上的武器为 1 座 20 毫米“海火神”炮。

比利时研制 KMV 新型沿海扫雷艇　比利时海军正在研制一种新型沿海扫雷艇—KMV。该型艇的艇体用高强度聚酯玻璃纤维制成，因而具有音响和电磁特征弱、抗风浪能力强、吨位小的特点，从而降低了扫雷作业的危险性，提高了扫雷效率。艇上装有两套独立的动力推进装置，各包括 1 台 800 千瓦的柴油主机。为了降低噪音和减小震动，柴油机被置于隔音罩中，并通过弹性耦合装置及减速装置与艇体内部的减震垫相连。整套推进系统由控制与监视平台系统控制。艇上装备有切割、音响和电磁扫雷具，可扫除锚雷、非触发（感应）水雷及被泥沙掩埋的沉底雷。同时装有用于海底调查和数据采集的高精度声纳，以担负日常的海洋考察任务。此外，该艇还可作为测量船、布雷教练船、弹药运输船、潜水保障艇和护渔艇使用。KMV 艇的扫雷任务依靠传感器控制与指挥作战管理系统来完成。这是一套安装在舰桥上的集控制与监视、作战信息与技术控制为一体的集成化系统。通过这套系统，可以获取反水雷作战所必需的战术信息和影像。

澳大利亚第 1 艘“休恩”级猎雷艇下水　1997 年澳大利亚联合防务装备工业公司为澳大利亚皇家海军承建的“休恩”级海岸猎雷艇首艇于纽卡斯尔船厂下水。该级艇的艇体由玻璃钢制成。主机和其他设备安装在托架上或悬吊在舱壁上，即使艇体受到冲击而弯曲，艇上设备也不受影响。“休恩”级猎雷艇具有探测和识别水下200米处水雷的能力。装备有带电视摄像机的自控灭雷器及可供6名潜水员乘坐的充气艇。该级艇拟建造6艘。第1艘“休恩”号将于1998年底交付使用，其余各艇正在建造中。

潜艇 *核动力攻击潜艇* 该种潜艇仍是海军强国重点发展的“水下战舰”。虽然其总体数量略有减少，但质量和打击威力却不断提高。目前，各国核动力攻击潜艇都普遍装备了大功率反应堆，以提高潜艇航速；采取各种技术措施，改善其隐形性；采用高屈服强度钢和钛合金作艇壳材料，以加大潜艇的下潜深度。同时，核动力攻击潜艇的发射装置和武器装载量都有所增加。鱼雷发射管已由过去的4～6具，增加到6～8具，同时还增加了外部鱼雷管，一些新建的核动力攻击潜艇普遍设置导弹垂直发射筒，从而增强了发射鱼雷及导弹的攻击能力。此外，现役核动力攻击型潜艇都普遍提高了探测能力，装备了功能齐全的声纳设备等。

美海军最后1艘“俄亥俄”级弹道导弹核潜艇服役 1997年9月6日由美国通用动力公司电船分公司建造的第18艘，也是最后1艘“俄亥俄”级弹道导弹核潜艇“路易斯安娜”号加入大西洋舰队，该艇造价15亿美元。水下排水量18750吨，艇长170.7米、宽12.8米，吃水11.1米，水下最大航速30节，巡航航速25节，最大续航力4万海里/25节，自给力70天，该艇装有24枚“三叉戟”Ⅰ型弹道导弹或“三叉戟”Ⅱ型弹道导弹以及4个533毫米鱼雷发射管，能发射MK48重型鱼雷。

美“海狼”级核动力攻击潜艇第2艘下水，第3艘在建 1997年美第2艘“海狼”级核动力攻击潜艇“康涅狄格”号在通用动力公司的电船造船厂下水，预计1998年服役。美海军共计划建造3艘“海狼”级核潜艇。“康涅狄格”号艇长107.67米、宽12.9米，吃水10.9米，水面排水量7560吨，水下排水量9150吨；可在深海和浅海水域作战，其最大下潜深度为450米；水下最大航速35节，巡航速度20节。“康涅狄格”号具有良好的隐形性能，艇体表面贴敷有消声瓦，各种升降装置均有雷达波吸收涂层，采用了先进的隔振降噪措施，并装设了液压泵喷射推进器。艇上装有先进的电子设备，配备了8具660毫米鱼雷发射管，可发射“战斧”巡航导弹和MK48ADCAP鱼雷。

“海狼”级第3艘核动力攻击潜艇，也是最后一艘正在建造。美国会共拨款70亿美元，其费用之高在美国海军造船史上绝无仅有。该级艇的战术性能与前2艘相同。装有1座S6W型核反应堆，总功率6万马力。艇上装有1部BQQ5D综合声纳和1部WLQ4（V）电子战系统。该艇预计2001年服役。

美国海军提出发展“水下武库舰”的建议 美海军为了适应战略调整，有利于“由海向陆”攻击，近年来提出了发展“水下武库舰”的建议。该建议实际上就是重新改装“俄亥俄”弹道导弹核潜艇，使之具有常规对地攻击能力。“俄亥俄”级核潜艇可携带24枚射程达11000千米的“三叉戟”Ⅱ型弹道导弹，每枚导弹有8个15万吨当量的分导弹头。根据计划，“俄亥俄”级潜艇改装后既可执行常规对地射击，又可执行特种作战任务。每艘上的22个弹道导弹发射筒重新配置后，每个发射筒可容纳6枚“战斧”对地攻击巡航导弹或6套先进陆军战术导弹系统的海军型。这样，全艇共携载132枚“战斧”海军型战术导弹。上述导弹都可在水下发射，从而增强了自身的生存力和隐蔽性。余下的两个发射筒改装后，将安装两个先进的“海豹”小分队运送系统，即附在“俄亥俄”级潜艇外壳上的小型潜艇，能把8名特种部队人员从母艇运送到125海里外的地区执行任务。为了发挥武器的最大效能，“俄亥俄”级艇还将与海上、空中等舰外传感器网络相连。根据计划，2002～2003年将对4艘退役的“俄亥俄”级进行改装。

俄罗斯继续建造“北风”级弹道导弹核潜艇 由于俄罗斯海军现役弹道导弹核潜艇主力—“台风”级潜艇服役时间已长，当局决定建造新一代弹道导弹核潜艇“北风”级。该级首艇“尤里·多尔戈鲁基”号自1996年11月2日动工，目前正由北德文斯克造船中心抓紧建造，建造时间至少4年。该艇由圣彼得堡的卢宾海军中央技术设计局设计，为第4代弹道导弹核潜艇。“北风”级潜艇比前一代“台风”级潜艇短5米，但比D－Ⅱ、D－Ⅲ、D－Ⅳ型都长。该艇具有噪音小，隐形性好，无论从航行尾迹，还是从热源红外辐射都很难被对方发现。该艇装备有十分先进的武器，实施导弹和鱼雷攻击的过程时间短暂。

英国提出弹道导弹核潜艇带子艇的新方案 英国宇航赛玛公司于1997年10月在英国国际海军装备展览会上展示了以“三叉戟”弹道导弹核潜艇为“母”艇，在母艇两边各携带1艘小型柴－电动力潜艇的“梭子鱼”构想。其目的在于：既保持核潜艇的续航力和隐蔽性，又具有常规潜艇在近海秘密作战的能力。当实施远程部署时，装在核潜艇两侧支架上的“子”艇最大的可为排水量2400吨的“支持者”级，但最理想的是排水量为1500吨的德国212级潜艇。子艇上的艇员可将母艇上空出的1个弹道导弹隔舱作为他们的生活住舱；通过连接于前脱险口的连接通道，艇员可在两艇间往来。

英国签署建造“机敏”级核动力攻击潜艇合同 英国防部和GEC—马可尼公司在1997年3月17日签署了一项投资32亿美元建造新一代核动力攻击潜艇——“机敏”级的合同。该级潜艇由设在巴罗因弗内斯的维克斯造船与工程有限公司船厂建造。该艇长91.7米、宽10.4米，吃水10米，水上排水量6000吨，水下排水量6500吨。动力装置为PWR2核反应堆，堆芯寿命25～30年，2座GEC蒸汽轮机，单轴，泵喷推进器，水下最大航速32节。编制人数108人(其中军官12人)。艇上装有SLAM“战斧”导弹，以及“捕鲸叉”反舰导弹。共有5具533毫米鱼雷发射管。可用于发射“战斧”导弹，潜射“捕鲸叉”和“矛鱼”鱼雷。“机敏”级潜艇首批共建了3艘；首艇“机敏”号预计2005年服役。

法国新一代弹道导弹核潜艇服役 法国海军参谋部于1997年4月2日宣布法国新一代弹道导弹核潜艇“凯旋”号正式服役，并成为法国核武器威慑力量的主力。该艇于80年代初开始设计论证，1985年批准立项，1986年10月开工建造，1994年下水。1995年2月试航时“凯旋”号首次进行水下导弹发射试验，同年7～8月完成首次远航试验。“凯旋”号艇长138米，宽12.5米，吃水12.5米。水上排水量12640吨，水下排水量14120吨，水下最大航速25节，最大潜深大于500米。艇上装备有16枚射程达5000千米的M－45型导弹，每枚导弹携6个10万吨当量的TN—75型核弹头。此外还有4具533毫米鱼雷发射管，可发射SM39“飞鱼”潜射反舰导弹和E-CANL53型反潜鱼雷共18枚。该级艇计划建造5艘，现已有3艘开工建造，除“凯旋”号外，“勇猛”号于1989年3月动工兴建；“警醒”号于1993年12月开工，剩下的2艘将按每隔3年左右开工建造1艘的计划安排。

常规潜艇

美推出微型潜艇改型 美国海军与美国斯蒂德系统仪器公司联合研制成一种微型潜艇改型——MK1。该型艇长10.75米，重43吨，可携载1270千克重的探测仪器、武器装备，以及10名艇员或蛙人。MK1艇水面航行时由双层密封的300马力柴油机驱动喷水推进器，最大航速达35节，最大续航力200海里。该艇可半潜航行或完全潜入水下航行，最大潜深27.5米。水下航行时可由银锌电池提供动力，驱动3个电动推进器工作，可以大于6节的航速持续航行4个小时。MK1型艇自动从拖车上下到水中，也可自动航行回到拖车上。该艇在中线处安装了推进器，改善了艇的操纵和控制性能。当艇下潜后，在传感器的控制下，可将发动机的热水充入艇的座舱内，使温度保持在华氏60°。

俄建造第4代“阿穆尔”级常规潜艇 俄罗斯圣彼得堡海军上将造船厂正在建造第4代柴—电潜艇——“阿穆尔”1850型。该型潜艇由圣彼得堡“红宝石”海军技术中央设计局设计。它操作简单，作战效能高，能可靠地攻击水面舰艇和潜艇。采用全新隐形设计，使用了性能完善的噪声防护设备，贴敷了许多消声瓦，应用了低转速七叶螺旋桨。艇上将设置新型电力装置——电化学发电机。这种动力装置小巧方便，能直接将化学能转变为电能，可不依赖空气，能提供足够能量保证潜艇高速航行，“阿穆尔”潜艇能在水下航行15个昼夜，超过传统的柴—电潜艇水下航行时间数倍。“阿穆尔”潜艇采用十字形尾翼，前舱安置在指挥室围壳上，从而为艇首声纳工作创造了更好的条件。艇上装备有6具533毫米鱼雷发射管，可发射新一代快速鱼雷、反潜火箭助飞鱼雷、水雷和小尺寸巡航导弹。第1艘“阿穆尔”号可望在本世纪末编入俄罗斯海军序列。

日本“春潮”级“朝潮”号潜艇竣工 1997年3月12日由日本三菱重工神户造船厂建造的“春潮”级“朝潮”号交付日本海上自卫队使用，配属于横须贺第2潜艇队群第6潜艇队。“朝潮”号为“春潮”级第7艘，也是该级最后1艘，与前6艘相比有若干改动：一是标准排水量比前6艘增大50吨，达2500吨；二是编制艇员减少4名，由75名减为71名。该艇艇长78米、艇宽78米，吃水7.7米。采用柴电推进，主机水下功率7200马力，单轴，水下最大航速20节。艇上装备有6具533毫米鱼雷发射管和拖曳式声纳阵系统，自动化水平进一步提高。

日本“满朝”号常规潜艇下水 1997年9月18日，日本“春潮”级第2艘“满朝”号常规潜艇在三菱重工的神户造船厂下水。“满潮”号潜艇长81.7米、宽8.9米，吃水7.9米，标准排水量2700吨。动力装置采用5.7兆瓦的单轴柴油发电机，水下最大航速20节。艇上装备有6具533毫米鱼雷发射管。

印尼拟购买德国制袖珍潜艇 近年来印尼向德国STN阿特拉斯电子公司和ASR船厂购买了“奥尔卡”级袖珍潜艇。该艇长12米，排水量28吨，最大航速5节，航程150海里，由1台带电脑控制的电机推动。“奥尔卡”为乘员提供了1套备用时间长达96小时的紧急生命保障系统。其通信设备包括甚高频无线电台、短波无线电台、内部通信和水下电话。还将配备一套C^2系统和惯性、GPS、声纳多卜勒导航装置。艇上最多可载5人，只需要1名驾驶员。即使在很低的速度下，潜艇也有很好的操纵性。

英国研制成深海深潜器 近年来，英国研制成功了2艘能在6000米洋底作业的深潜器。其中，名为“海豚”的深潜器主要用于洋底水文测量，另一艘名为“海狗”的深潜器主要用于洋底考察。“海豚”号深潜器全长6米，内装先进的测量仪器，能精确地测量大洋不同深处的温度、水压和导电特性。它每潜航30千米便上浮海面一次，将记录下的数据通过卫星发回到科研中心。“海狗”号安装有声纳，通过洋下自航，可对50平方千米范围内的物体进行探测，并将得到的有关信息提供给军事专家分析和研究。

（李　杰）

辅助舰船　1997年海军辅助舰船的发展主要呈现如下特点：一是美军为提高快速部署能力，仍继续大量建造海上预置船和快速海运船；二是各国海军仍继续发展与水面作战舰艇相匹配的潜艇救生船、海洋调查船和运输船；三是伴随舰队的综合补给船仍是各国海军发展的主要装备，并且向传输装置自动化程度高、干液货补给速度快、垂直补给量大和自卫能力强等方面发展。

美海军大量建造快速海运船　1997年，美海军建成服役了3艘快速海运船。它们分别是“加里·戈登”级第2艘“查尔斯·吉兰德”号和“兰德尔·舒加特”级的第2、3艘。这些新服役的快速海运船满载排水量均在5.5万吨左右，艉部和舷侧均设有车辆上下用的跳板、大型起重机，航速均在22节以上。主要任务是作为陆军预置船使用。现在，美海军又着手建造10艘“鲍勃·霍普”级快速海运船，由埃文·戴尔造船厂和国家钢铁与造船公司各建造5艘。这10艘快速海运船均在2000年前服役。该级快速海运船均设艉门和舷侧门供车辆上下，并设有起重能力为55吨的大型起重机。该级船满载排水量6.3万吨，长290米，宽32.3米，吃水11.3米。前4艘主机分别配备4台多尔特·皮尔斯蒂克10PC4.2V柴油机，功率为6.5万马力；后6艘的主机为现役水面舰艇通用的LM2500燃气轮机，功率为6.4万马力，航速为24节，24节时续航力为1.2万海里，配备船员40名，海军人员50名，大型车辆场地为13万平方米，搭载货物1.3万吨。待这些船建成后，美军的快速展开能力将在现有基础上提高3倍。

美海军又有两艘海洋调查船服役　1997年服役的2艘海洋调查船分别是“阿特兰提斯”号和“罗纳德·布朗”号，是“托马斯·汤普森”级的第3、4艘船。该级船满载排水量3251吨，长83.5米，宽16米，吃水5.6米，采用柴油—电推进方式，配备6台柴油发电机，航速15节，航速12节时续航力为1.13万海里。船上配备22名船员和37名科研人员。该级船是美海军研制发展的一级新型海洋调查船，船上有近1300平方米的实验室，并配备有先进的实验设备。该船还配备有精确的船位定位动力系统，可在世界任何海域全天候从事海洋调查活动。

美海军建造“亨森”号测量船　美海军正在由新奥尔良的霍尔特海上公司的造船厂建造“亨森”号测量船，是“导航者”级测量船的第4号船，将于1998年服役。该级船长100.1米，宽17.7米，吃水5.8米，满载排水量4762吨，4台柴油发电机，共2.7万马力，航速16节，航速12节时续航力为1.2万海里，配备25名船员和27名科研人员。该级船为艏楼船型，干舷低。为了防止噪声和减振，推进系统采用柴油—电推进方式，柴油发电机台架还进行了特殊处理。该船右舷中部到后部是观测甲板。该级船配备有3台大型多功能起重机，用于收放观测设备和采样器材。上层建筑内沿右舷观测甲板是观测器材库和试验室；左舷一侧是主研室。该级船可通过携带的多电子束声纳和拖曳式声纳进行作业，执行航道测量和海洋调查等多项任务。还可以利用搭载的遥控操作的无人深潜器收集海洋资料。

日本建成“浦贺”号新型扫雷供应舰　为替代吨位小且保障能力差的老式扫雷供应舰，1997年3月日本海上自卫队在日立造船舞鹤船厂建成了“浦贺”号新一代扫雷供应舰。该舰充分利用了隐形技术，采用了塔型桅杆。由于强化了居住性和保障能力，该舰设有庞大的上层建筑，艉部设直升机平台和机库，可搭载MH－53E扫雷直升机。舰内设有水雷舱、扫雷装置舱和补给物资舱等。水雷舱搭载226个水雷，舰上配备有全自动快速布雷装置。该舰标准排水量5650吨，长141米，宽22米，吃水5.4米，主机是2台柴油机，功率为1.95万马力，航速22节，船员170名。武器配备是20毫米近战武器系统。该舰配备有由直升机拖航的燃气发电式磁性扫雷装置和MK104音响扫雷装置，以及为扫雷艇补水和加油的装置。舰上的补给物资舱分上下4层，配备有大型升降机，可方便快速地传输补给物资。该舰配备有减压舱，可供4人居住。船艉部有大小形状不同的5个艉门，两侧的门内配备的是日产第3代布雷装置，中间大型艉门内可收放磁性扫雷具，内部的滑道与直升机平台之间设有升降机。该舰还强化了指挥通信设备，具备支援1个扫雷队群（15艘扫雷艇）的能力。

韩国又有两艘补给船下水　韩国海军在1990年度建成“春吉”号海上综合补给船后，又继续建造了该级船的第2、3号船，这两艘船均于1997年下水。该级船满载排水量7500吨，长130米，宽17.8米，吃水6.5米，主机是2台SEMT—皮尔斯蒂克16PA6V280柴油机，功率1.28万马力，航速20节，航速 15 节时续航力为 4500 海里，搭载 4200 吨液货和 450 吨干货。武器装备有 4 座 30 毫米火炮和 20 毫米火炮。船艉部设有直升机平台，可载 1 架直升机。每舷各有 2 个横向补给站。该船还配备 3 台起重能力为 6 吨的大型起重机。

韩国第 1 艘潜艇救生船服役　韩国海军“忠海镇”号潜艇救生船服役。该船搭载 1 艘能深潜 300 米的无人深潜器，并搭载 1 个能收容 9 人的潜水球，配备 1 台减压舱。上层建筑后部设有直升机平台，但无机库，该船满载排水量 4300 吨，长 102.8 米，主机采用柴油—电推进装置，航速 18 节。

印尼又建造 1 艘海洋调查船　印度尼西亚海军现已建成 4 艘海洋调查船，各船功能各不相同，1 号船主要功能是水文测量；2 号船主要用于海洋水文测量；3 号船主要用于水文和海洋观测；第 4 号船主要由负责开发技术的部门使用；新动工建造的 5 号船比前 4 艘稍大，并配备有艏推进装置。该船已于 1997 年订货，满载排水量为 1180 吨，长 60.4 米，宽 12.1 米，吃水 4.2 米。主机是两台柴油机，功率 2990 马力，可搭载 26 名科研人员。

印度海军又两艘测量船下水　印度海军自 80 年代初一直致力于发展“桑达亚卡”级测量船，到目前为止，已建成 6 艘，最后 2 艘也于 1997 年下水。该级船满载排水量 1929 吨，2 台柴油机驱动，功率为 7720 马力，航速 16 节，航速 14 节时续航力为 6000 海里，航速 10 节时续航力 1.4 万海里。武器是两座 40 毫米博福斯火炮。艉部设直升机平台，并且有可伸缩的机库，能搭载 1 架“猎豹”直升机。该级船装备有回声声纳，设有试验室，配备有 GRP 测量仪。从事海上测量时，直流发电机能维持 5 节航速。新建成的两艘船还可作为救护船使用。

印度建成“朱约蒂”号大型补给油船　1997 年 7 月，由俄罗斯的阿德默勒尔造船厂为印度海军用大型油轮改装的补给油船“朱约蒂”号完工。该船满载排水量为 3.9 万吨，长 179 米，宽 22 米，吃水 8 米。一台柴油机驱动。功率为 1.09 万马力，航速 15 节，船员 92 名。能装载 3 万吨燃油。该船上层建筑位于后部，中部设补给门架，每侧各配备 2 个补给站，艉部设直升机平台，可搭载 1 架中型直升机。该船将以孟买为母港。另外，印度海军正在本国的加尔各答造船厂建造满载排水量为 2.46 万吨的“阿迪提”号补给油船。

中国台湾海军继续建造“武康”级攻击运输船　到 1998 年底，台湾海军已建成 3 艘“武康”级攻击运输船，然后建造计划停止，从 1994 年开始又继续建造，第 4 号船已于 1997 年建成，5.6 号船正在建造中，计划分别于 1998 年和 1999 年服役。该级船设有直升机平台，有艉船坞设施，可搭载 4 艘登陆艇，类似美海军的两栖船坞运输船，该船的主要任务是往本岛周围岛屿和南海岛屿运输兵员。该船配备有防空火箭发射架，居室内配备有空调。该级船满载排水量 3040 吨，长 101 米，宽 17 米，吃水 5 米。主机为 2 台柴油机，航速 20 节，该船能运输 1400 名陆战队员。配备的武器系统有 1 座“海麻雀”导弹发射架，2 座 40 毫米博福斯火炮。

德国海军拟建造“埃格弗”级战斗支援舰　德国海军为了提高舰队远洋作战能力，拟建造 2 艘“埃格弗”级新型战斗支援舰。该级舰将分别于 1999 年和 2000 年开始建造，满载排水量 1.87 万吨，长 168 米，宽 24 米，吃水 7.4 米。主机为两台柴油机，双桨，航速为 20 节，船员 140 名，还可搭载 113 名兵员。该级船能运输燃油 9000 立方米，淡水 1000 立方米，润滑油 100 立方米，食品 240 吨，弹药 200 吨，其他消耗品 100 吨。武器有 4 座 20 毫米火炮。该舰在海上的主要任务是为护卫舰实施补给，并能搭载 60 个集装箱和 2 架 NH－90 直升机或“海王”直升机，用于海上补给。该舰舰体将由汉堡的弗伦斯堡建造，上层建筑由克罗格造船厂建造，电子设备由吕尔森船厂负责设计。

德国海军将建造多功能支援舰　德国海军为了协助联合国维持和平部队行动，拟建造具有宽阔飞行甲板的多功能支援舰。该舰将具备登陆舰的功能，舰上的大型甲板可供 3 架大型直升机同时起降，舰体内部能驻泊 2 艘登陆艇，舰上设 270 个医疗床位。该舰能搭载 5 架 CH－53 运输直升机、3 架反坦克直升机、271 台车辆和 1200 名兵员等。该级船满载排水量 1.92 万吨，长 196 米，宽 31 米，吃水 6 米，配备船员 190 名。航速 20 节，航速 15 节时续航力为 7500 海里。该舰通信设备齐全，具有陆海空联合作战指挥能力和自卫能力，计划于 1999 服役。

英国建造“韦夫·奈特”级大型舰队加油船　英国海军为替代 60 年代建造的老式“奥尔”级加油船，现正在建造 2 艘“韦夫·奈特”级大型舰队加油船。第 2 号船被命名为“韦夫·鲁勒”号。该级加油船满载排水量 2.65 万吨，长 180 米，宽 28 米，吃水 9 米，主动力装置采用柴油—电推进方式，配备 4 台柴油发电机，功率 2.72 万马力，航速为 18 节。配备船员 80 名，还能搭载 22 名航空人员。液货总容积为 1.65 万立方米，并能搭载部分冷食品用集装箱，另有 500 立方米干货舱。武器是 2 座 30 毫米近战武器系统。该船艉部设直升机平台和机库，垂直补给装备是 1 架“默林”直升机。中前部设有倾斜的海上补给门架，可实施横向干、液货补给。船上配备1台大型吊车便于装卸大型货物使用。采用封闭式舰桥，双层船体，计划于2000年服役。

英国“斯科特”号测量船服役 英海军为替代1965服役的“海克拉”号测量船而建造的“斯科特”号测量船于1997年6月建成服役。该船满载排水量为1.35万吨，长131.1米，宽21.5米，吃水9米，主机为2台柴油机，功率为1.08万马力，航速17.5节，船员63名。该船上层建筑设在中后部，船艏设直升机平台，搭载1架轻型直升机。海洋观测设备有：声纳基阵音响系统、数据处理装备、辅助传感器和可以处理三维海底图像的多波束测深仪等。可供40名科研人员在海上逗留300天。

英海军改装1艘滚装船 英国海军购进日本川崎重工制造的巴拿马籍“塞莱斯廷”号滚装船，正在普利茅斯港进行大规模改装。该船改装完毕后将作为舰队补给部队的车辆运输船使用。该船改装前满载排水量2.4万吨，长162.5米，宽25.2米，主机是柴油机，航速17.8节，改装后能搭载654辆乘用车和156辆卡车等。

意大利“埃特纳”号补给船服役 意大利海军建造的“埃特纳”号补给船于1997年底服役。该船舰桥位于前部，船舯部设两个补给门架，并配备1部大型吊车，船艉部设机库和平台。该船满载排水量1.34万吨，全长146.5米，宽21米，吃水7.4米，主机是2台苏尔泽12ZAV405柴油机，功率为2.35万马力，双轴，航速21节。航速18节时续航力为7600海里，船员243名。机库顶部配备有近战武器系统，船上还搭载1座OTO麦拉拉76毫米单管火炮，2座“布雷德”40毫米双管对海、火控和导航雷达等，每舷配备两个双功能补给站，各补给站均可同时传送干、液货。该船可装载燃料4700吨，JP—5燃料1200吨，另有2000立方米的货舱用来贮存药和干货等。

加拿大拟建造新一代多功能战斗支援舰 加拿大海军拟造的新一代多功能战斗支援舰的满载排水量2.66万吨，长195米，宽28米，吃水8.5米，主机是两台柴油机，航速20节，航速15节时续航力1.08万海里。船员111名，还可搭载60名其它人员。新舰主要货物搭载能力是：燃油6500吨，航空油料535吨，弹药300吨以及部分集装箱，舰上还有2500平方米的车辆用场地。该舰武器配备是两座“火神－方阵”防空系统、金属箔片发射装置和电子干扰系统等。该舰能搭载2架“海王”尺寸的直升机。该舰每侧设两个横向补给站。为便于车辆上下，艏艉均设跳板。计划于2005～2015年完成。

新西兰改装车辆货物运输船 新西兰海军为了支援陆军快速反应部队，1994年从美国购进了1艘1984年下水的货船实施现代化改装。经改装后，该船设直升机平台和机库，可搭载两架中型直升机，有可供65人居住的设施，并能运输150名陆战队员。艉部设有长15.5米、宽8.2米的跳板；右舷设有长13米、宽4.5米的车辆出入口。该船的主要任务是新西兰发生战争时紧急投入快速反应部队，也可在和平时期，在南太平洋海域发生灾难时从事救援工作。该船被命名为“查尔斯·厄珀姆”号，计划于1998年度改装完毕。该船排水量7200吨，长131.7米，宽19.4米，吃水6米。主机是1台柴油机，功率为4890马力，航速15节时续航力为7000海里，武器是1座105毫米火炮、4艇12.7毫米机枪，并配备有2座金属泊片干扰装置。

澳大利亚建造“利乌温”级测量船 澳大利亚海军于1996年4月与北昆士兰的安詹斯工程公司签订合同，由凯恩斯船厂为海军建造两艘“利乌温”级测量船。该级船主要是搭载水文系统，每艘船均搭载3艘大型水道测量艇和数艘轻型小艇。该船建成后以达尔文港为基地。该级船满载排水量2550吨，长71.2米，宽15.2米，吃水4.4米，主机采用柴油—电推进方式，配备4台柴油发电机，有船艏推进装置。航速15节，12节时续航力为8000海里，船员42名，搭载1架轻型直升机，该级船的主要任务是从事南极附近海域的测量。

南非海军“奥特尼奎”号补给船服役 南非海军于1997年9月改装完成1艘“奥特尼奎”号海上补给船。该船每侧设两个补给站，可为海上作战舰艇实施横向补给。船艉部设直升机平台和机库，可利用直升机实施垂直补给。该船还有破冰能力，能以2节的恒速破除1米厚的冰层。该船由乌克兰的赫尔松造船厂于1992年建成，南非海军以1300万美元购进并实施了大规模的改装。现在，该船满载排水量2.1万吨，长166.3米，宽22.6米，吃水9米，主机为柴油机，功率1.75万马力，航速17节，航速15节时续航力为8000海里，船员为126名。该船可搭载4艘登陆艇，10台车辆，600名陆战队员，武器装备有4座20毫米“厄利孔”火炮。该船的上层建筑设在船艏，中部甲板上配备有4台大型吊车。

（张文贤）

舰载武器和装备 **美海军为SC－21水面战舰开发垂直炮** 不久前，美海军正为SC－21水面战舰积极开发先进的垂直炮。这种垂直炮包括2个垂直或准垂直的155毫米炮管，能发射常规炮弹、火箭增程炮弹或增程制导弹药的后继型（射程超过465千米)。与 MK45－4 型炮弹相比，垂直炮的初速能量将达到 30～35 兆焦耳（通过改进可达 60 兆焦耳），发射速度为 12～24 发/分。垂直炮模块适合于安装在 SC－21 舰上一个不大于 6.1×8.8×8.2 米的单元内，其红外特征和雷达散射截面积很小。该模块包括炮管、装填和弹药操作系统、火控系统和推进剂装药，以及辅助设备。预计垂直炮的弹舱可装弹 750～1500 发。

美国研制驱逐舰使用的新型隐形桅杆 美国诺福克公司正加紧研制用于“斯普鲁恩斯”级“阿瑟·雷德福”号驱逐舰上的新式隐形桅杆。这种桅杆高 29 米，外部由电路板和聚氯乙烯泡沫塑料叠合的夹层围成；夹层壁厚 12.7 厘米，壁内和桅芯装有 10 余部雷达天线、飞机导航信标和其他发射器。围壁上的电路板像微波炉的穿孔门一样，使桅杆允许可见光通过，而不允许微波穿越，使桅杆屏蔽敌方雷达的同时不屏蔽本舰雷达。这种封闭式桅杆可使天线免遭海水、废气及海鸥的侵袭，还可减少维修时间，并可在高海浪、45 节海风和 35℃的条件下进行维修。

美海军改装先进的舰载综合电子战系统 1997 年 12 月底，美国海军海上系统司令部与洛克希德·马丁公司签订了一项价值 6660 万美元的合同，为美国海军开发下一代 AN/SLY－2（V）先进的综合舰载电子战系统，并决定首先装备于 LPD－17 两栖运输舰和 DD21 驱逐舰，也可能用于改装现役航母、“提康德罗加”级巡洋舰和“阿利·伯克”级驱逐舰。这种先进的综合电子战系统与美海军现役 AN/SLQ－32A（V）电子战系统不同，它可提供远距离情报侦察，并通过舰船整体的作战系统施放干扰，因而增加了海岸防御作战环境中的监视能力。

俄罗斯“彼得大帝”号巡洋舰装备新型相控阵雷达 俄罗斯海军近年来建成的“彼得大帝”号核动力巡洋舰装备了改进型“堡垒”区域防空导弹系统。该系统采用了“拍盖”或“墓石”型相控阵目标照射与导弹制导雷达。“拍盖”雷达有 3 种不同的空间扫描模式，分别对应于探测低空、中/高空和弹道导弹的威胁。该雷达可同时对付多达 6 个目标，并分配 2 枚导弹攻击每个目标。“拍盖”雷达采用可折叠平面阵列天线，敌我识别器也综合到天线阵列中。“墓石”雷达则用于更先进的 S－300PUM－1 型防空系统，使用了更先进的信号处理和天线技术，可产生自适应波束。以前装备在 1142 型巡洋舰上的“堡垒”系统用两部“顶罩”式相控阵雷达，来完成对目标的照射和导弹制导任务。“顶罩”雷达每部可同时为 12 枚 48N6E 型导弹提供 TVM 制导，攻击 6 个不同目标。48N6E 型导弹最大射程达 90 千米。

法国试验“戴高乐”号航母的弹射器 法国舰艇建造局于 1997 年 7 月至 8 月在布勒斯特海军造船厂进行了“戴高乐”号核动力航母右舷弹射器的首次码头试验。该航母装有两台蒸汽弹射器，由法国舰艇建造局根据美国的 C－13 型弹射器许可证建造。每台弹射器长 75 米，左舷弹射器已于 1997 年 10 月试验。因为试验时舰上核反应堆尚未运行，舰上弹射器所需的蒸汽由 1 台临时的装置提供。由于未来“戴高乐”号航母上将搭载 30～33 架“阵风”战斗/攻击机、3 架 E－2C 预警机、4～6 架直升机，而眼下又没到位，所以这次试验只发射了飞机模型，即“阵风”战斗/攻击机、“超军旗”攻击机以及 E－2C“鹰眼”预警机的模型。

法意联合生产轻型鱼雷 法国和意大利不久前签署了共同生产新型 MU－90 轻型鱼雷的备忘录。该鱼雷是法意两国合资的欧洲鱼雷公司于 1991 年开始研制的，1995 年 1 月进行了第 1 次作战试验。这种鱼雷装有多波管主/被动寻的导引头，可攻击 30～1000 米深的水下目标。鱼雷上的计算机可根据导引头提供的数据，同时跟踪 12 个以上的目标，并且选择其中最有利的两个目标实施攻击。它采用变速电动发动机，可根据目标的位置选择最佳的射击速度。MU—90 轻型鱼雷可从舰艇和飞机上发射，并且可选择不同的搜索方式攻击目标。

澳大利亚海军装备新型灭雷弹 1997 年 5 月澳大利亚海军接收了由丹麦研制的新型 MK－1 灭雷弹。该灭雷弹与其他灭雷装置不同，由遥控灭雷具携带投放到水雷旁边引爆水雷。MK－1 灭雷弹长 81.6 厘米，重 49.5 千克，带有 31 千克的炸药，最大布深可达 300 米，正常工作深度为 5～200 米。它装有预防炸药在入水深度不足 5 米时进入备炸状态的安全系统。通过导线控制，当它到达沉雷附近时才进入备炸状态。如果在进入备炸阶段后取消灭雷计划，则可使其从备炸状态返回并安全地回收。目前，MK－1 型灭雷弹由“双鹰”遥控灭雷具布放。该遥控灭雷具除携带 MK－1 型灭雷弹外，还装有控制引线线盘。母舰发现水雷后在离开水雷的安全距离之外遥控“双鹰’灭雷具。“双鹰”对水雷重新识别、定位后，将悬浮在距离水雷约 2 米的上方，迎着水流方向，利用摄像机计算各种参数，如水雷类型、释放高度、海底特点、水流强度及方向等，然后由操作员选择合适的地方放下灭雷弹。母舰采用遥控方式指挥遥控灭雷具吊放 MK－1 灭雷弹，而后遥控灭雷具返回母舰并放出控制导线。当灭雷具复位后，灭雷弹的引线接到引爆控制器上，引爆的灭雷弹即可将水雷炸毁。

瑞典护卫舰将安装 57 毫米 MK－3 型隐形火炮

瑞典皇家海军将在4艘新型“维斯比”级Ⅰ型护卫舰上安装“博福斯”57毫米MK-3型隐形火炮。该型火炮集火炮、炮弹、火控系统的最优设计于一体。其结构类似于现在的57毫米MK-2型，但新型火炮加装了计算机系统，并采用数字化接口对整个计算机系统进行监控和测试，弹道预测和计算。火炮安装的初速雷达可将测定的炮弹初速数据送至火控计算机，进行弹道计算和实施目标拦截。与MK-2型一样，MK-3型能发射两种炮弹并迅速更换弹种。火炮装弹120发，重复装填仅需2分钟左右。为减少火炮的雷达散射截面积，在装甲炮塔外加装了网状玻璃纤维。炮管平时隐藏在炮塔内，只在发射时伸出，以更好地增加隐形能力。

（李　杰）

空军武器装备

综述　1997年，世界范围内空军航空武器装备发展呈现以下特点：

军事航空工业进一步加快结构重组步伐，增强自身竞争力　1996年，美国军事航空工业界的强强合作在全球军事航空工业界产生了深远的影响并掀起了新一轮结构重组。面对美国咄咄逼人的势头，欧洲军事航空工业界在结构重组过程中不甘落后，1997年5月7日，德国航空航天公司和法国拉加代尔集团宣布，双方就航空航天、制导武器和军用电子技术等方面的全面战略合作关系达成共识，决定共同组建多个合资企业，它将成为世界第3大航空航天企业，年销售额将达到50亿德国马克。在军事航空方面，德国航空航天公司同法国拉加代尔集团下属马特拉—马可尼公司组建一家合资公司，双方各占50%股份。在制导武器方面，德国航空航天公司同马特拉—英国航空航天公司组建合资公司，德国航空航天公司控股70%。在军用电子技术方面，德国航空航天公司同马特拉公司组成合资公司，双方各占50%的股份。通过上述步骤，德国、英国和法国这3个欧洲最重要的国家将进一步加强在军事航空领域的战略合作，确保欧洲航空航天业在世界范围的竞争力。1997年7月，继波音收购麦道公司之后，美国洛克希德—马丁公司又以巨资收购了诺斯罗普—格鲁曼公司，在美国形成了军事航空航天承包商高度集中的格局。俄罗斯也迎头赶上，于1997年5月中旬宣布将在2000年前对其军工生产部门进行全方位的结构调整，其核心是在保证军品生产的同时，大力发展民品生产。俄罗斯新的军工生产结构将把国防产品的生产集中到若干国有企业、联邦科研生产中心和国家参股公司。对军事订货不足、生产潜力雄厚的军工企业实行转产，其中航空航天、通信及燃料等关键性领域的转产由国家拨款，主要生产出口创汇产品。到1996年俄罗斯军工转产已经形成了约15亿美元的新的生产能力，新增70万个就业机会，民品生产已占俄罗斯军工生产产值的60%。在军事航空方面，俄罗斯已经顺利地完成了从设计局体制向企业性体制的转变，为其军事航空工业的良性发展奠定了基础。

作战飞机的突防手段进一步丰富　研究新的突防保障方法一直是航空技术装备发展中的重要课题。1997年间，美国及英国在这一领域取得一系列重要成果，丰富了作战飞机的突防手段。其中最重要的成果是机载拖曳式战术诱饵，美国的桑德斯公司、雷锡恩公司和英国的GEC-马可尼公司在这一领域处于领先水平。1996年美国空军已决定在B-1B战略轰炸机上装备机载一次性战术诱饵，后决定改装拖曳式战术诱饵。到1997年9月美国空军则决定将装备拖曳式战术诱饵进一步扩大至F-15E和F-16C/D型等战术作战飞机以及B-2隐形战略轰炸机上。拖曳式战术诱饵重量约为45千克，它必须与机上雷达告警接收机和导弹接近告警器配合使用。在遭敌防空系统威胁的情况下，机上控制系统产生敌人防空导弹制导雷达所需的辐射信号后，通过光缆传输至诱饵，信号经过放大后发射出去，诱使敌防空导弹攻击诱饵。拖曳式战术诱饵的拖曳光缆长度以大于敌防空导弹战斗部平均杀伤半径为准，目前一般定为100米，因而能够有效地保障作战飞机的突防安全。一架作战飞机上一般可载8个拖曳式战术诱饵，辅之以电子干扰机和箔条投撒器，将大幅度提高飞机的突防效率。在直升机和战术运输机突防保障装备方面，美英主要针对肩射红外制导导弹对直升机和战术运输机构成威胁较大的情况，于1997年3月联合研究制成AN/AAQ-24（V）型定向能红外对抗系统（DIRCM），该系统主要以强红外光束照射导弹导引头，破坏其瞄准。

关键技术预研取得突破性进展　航空技术发达的

国家在空军武器装备的发展上继续坚持“预研一代、发展一代和改进一代”的原则，着眼于全局和长远，将有限的国防预算合理分配，1997年间在航空技术装备预研方面取得了不凡的成绩。在大型飞机方面，美国的新战略飞机（NSA）研究计划已经全面展开。由于国际形势日趋复杂且美国的国防预算呈缩减势头，美国海外基地将逐渐减少，因此美国未来的战略运输机将是一种功能模块化的飞机，能在执行不同任务之间迅速转换。目前提出的基本战术技术指标是：采用双发体制，充分应用现有商用运输机的成熟技术，降低研制成本；飞行马赫数0.82，中程飞机不加油航程为7400千米，远程飞机不加油航程为22200千米；可空投150名全副武装的伞兵，有效载荷达到54至68吨，并能运载超大型军事装备；具有优于KC—135飞机的空中加油能力。据分析，与现有飞机相比，新战略飞机重量下降25%，空中加油效率提高15%，研制成本下降30%（单机成本低于1亿美元），升阻比提高35%。这种战略运输机将于2010年左右服役，取代现服役的C－141和C－5飞机。由于远程精确制导武器的发展，降低了对作战飞机突防能力的要求，因此新战略飞机还具有作为武器投射平台的潜力，可以作为新一代高超音速空射巡航导弹的发射平台。在战术作战飞机方面，1997年8月美国实施了未来军用飞机技术增强计划，通过技术验证，可在今后战术作战飞机发展的若干关键技术领域（如气动外形、飞行控制技术、机体结构）取得重要突破，使未来战术作战飞机与现有飞机相比，作战效率提高10%，重量减轻20%，机动性能提高10%，制造成本下降20%。在无人驾驶飞机方面，美国在进一步提高无人驾驶侦察机性能的同时，重点展开了无人驾驶战斗机和超小型无人驾驶飞机的研究。研究证明，无人驾驶战斗机具有以下优点：可以解除战时空勤人员伤亡之忧，增加作战计划的灵活性和选择余地；在携载同样的武器和传感器的情况下，无人驾驶战斗机的重量和体积减少40%以上；由于毋需训练空勤人员，使无人驾驶战斗机的综合使用成本比有人驾驶战斗机降低80%，达到同样战斗水平的训练周期明显缩短；机动性能优于有人驾驶飞机，无人驾驶战斗机的过载可达20g；飞行速度、作战高度和隐身性能都有明显提高。1997年间，美国洛克希德—马丁公司在无尾战斗机的无人驾驶缩比验证机研究方面已经取得突破性进展，麦道公司研制的X－36无人驾驶技术验证机的试飞也取得成功。据预测，首批无人驾驶战斗机将于2007至2010年间问世，2015年间可望服役。在超小型无人驾驶飞机的研究方面，美国国防高级研究规划署也取得了重要成果。超小型无人驾驶飞机主要用于战术侦察与监视、目标定位以及对重要军事设施内部结构实施侦察。超小型无人驾驶飞机重10至100克，长6至20厘米，飞行速度30至65千米/小时，续航时间20至20分钟。

注重研制航空兵模拟训练装备，满足训练要求

由于各国国防预算普遍削减，在研制新型作战飞机的过程中，一些国家为减少研制费并控制成本上扬，往往取消同型教练机的发展计划；同时，许多国家现役战斗教练机的采购数量也明显减少。在这种情况下，为保证训练质量，发达国家普遍重视研制航空兵模拟训练装备。其优点是：与发展教练机相比，研制周期短，费用少；安全可靠；使用局限性小；功能扩展较为简便；维护简单。1997年间，波音公司为美国空军研制了新型的F－15C战斗机分布式任务训练系统和模拟机。该系统可以使飞行员在分布式的虚拟环境中进行合成训练。一套系统由4部模拟机组成，每部模拟机可提供360°视景。除基本驾驶术训练外，该系统还可以进行编队训练和模拟侵略者中队训练。通过软件扩充，还可以满足F－16、A－10型和F－15E飞机的训练。1997年内，美国空军在专用战术训练模拟系统的建设方面取得了重要突破。4月在拉斯维加斯演示的“21世纪中队”模拟系统表明美国空军将采用模拟系统组织实施飞行部队的战术训练。这套分布式系统采用了先进的虚拟现实技术，由4个F－16战斗机多任务训练系统、2个A－10飞机部队训练系统、1个C－130飞机部队级训练系统、1个T－38型教练机系统、1个战区作战中心和1个电子保障系统组成，能逼真地模拟多机种合同作战的计划、组织指挥及实施。

新型飞机发展战线收缩，现役飞机改型计划扩大

新型作战飞机研制周期长，项目启动资金投入量大，技术难度也大。大多数国家或飞机制造公司都难以承受发展先进作战飞机所带来的资金与技术压力。1997年间，在维持新型作战飞机研制与发展工作的少数国家中，其发展战线呈明显收缩之势。大部分国家都利用国际合作的机遇，选择有改装潜力的机型，采用先进的技术和机载武器系统对现役作战飞机实施改进。据统计，在今后10至15年间，世界范围内有约6000余架作战飞机需要更新或改进，其中约38%至39%将以新型作战飞机替换，其余大部分则为现役作战飞机的改进型。在现役作战飞机的改装中，许多国家根据自身的战略环境和作战需要，选择现役作战飞机中有相当改装潜力的机型提出并实施了多项改装计划。

轰炸机　美国B－2A轰炸机具备初始作战能力　1997年1月1日，美国国防部宣布美国空军驻怀特曼空军基地的第509轰炸机联队装备的B－2A战略轰炸机具备了初始作战能力，3月又宣布B－2A轰炸机具备了核及常规作战能力。1997年，B－2A轰炸机的发展继续受到高度重视，美国1998财年的国防预算中，批准用于B－2A型轰炸机的经费为3.31亿美元，比国防部申请的费用增加了1.57亿美元。经过列装后使用检验，到1997年11月，B－2A型轰炸机的定检时间间隔已由200小时增加至600小时，成为美国空中作战司令部目前可靠性最好的飞机。

1997年，B－2A轰炸机机载武器配备有了新发展。一是装备了B61－11改进型核炸弹取代B53型。B61－11型核航弹是由B61型核航弹改进而来的，拆除了原弹上的减速伞，提高炸弹的下落速度；增加了一个气动力翼面系统，使之具有一定的滑翔能力；弹头部分采用强度加强的钢质材料。因而可以提高该型核航弹的投掷精度和穿透能力。B61－11型核航弹主要是为了突击敌方坚固的地下设施（特别是地下大规模杀伤性武器贮存设施）而改进的，低空投掷时，射程为30至35千米。二是投掷GAM－113型常规穿透炸弹试验取得成功。1997年2月，在加利福尼亚州中国湖海军武器试验中心，美国空军的B－2A轰炸机进行了投掷GAM－113型常规炸弹试验，炸弹重量为2130千克，弹上加装了全球定位辅助目标搜索系统和惯性导航尾部控制组件，载机具有投掷后不管的能力。试验表明，将B－2A轰炸机机载合成孔径雷达的搜索信息与弹上全球定位辅助目标搜索系统的信息加以综合，使该型炸弹的园概率偏差小于6米，能够有效地对敌地下坚固目标实施精确打击。B－2A轰炸机上可以携载8枚GAM－113型炸弹。从近期B－2A型炸机机载武器发展情况看，其重点在于使其具备对敌地下坚固目标实施精确打击的能力；在继续提高其突防轰炸能力的同时，注重增强其远程防空区外突击的能力。

B－2A轰炸机先进的隐形性能是靠独特的空气动力特性和特殊的低可探测性材料实现的。1997年8月，美国国会总审计署在经过详细的调查后发现，B－2A轰炸机低可探测性材料因环境因素遭到破坏后，不仅会降低该机的隐形性能，还会增加该机维护与部署上的困难。由于B－2A轰炸机上的低可探测性涂层对气候和湿度较为敏感，每次飞行（特别是战斗出动）后都需要对该机的低可探测性涂层加以维护，其维护工作需要在对环境要求很严的专门的机库内进行，这一特殊要求使B－2A轰炸机可部署基地的数量大大减少。同时对低可探测性涂层维护的工作量较大，延长了再次出动准备时间。美国空军规定，B－2A飞机每飞行小时的维护工作量为80人时，而统计发现，对低可探测性涂层的维护便占每飞行小时维护人时的39%。随着低可探测性涂层暴露出的问题增多，到1997年年中，B－2A轰炸机每飞行小时的维护工作量已增加至124小时。由于存在低可探测性涂层受环境因素响而产生的维护问题，B－2A轰炸机的良好率已由1997年3月的66%下降至8月的26%。在今后一个时期内，若不能在预定部署的基地建立专用维护机库的话，则B－2A轰炸机就只能从美国本土密苏里州的怀特曼空军基地出动遂行任务，其全球作战的能力必然会受到一定的影响。

美国继续实施B－1B型飞机的改装计划 1997年9月，美国空军1架B－1B战略轰炸机因飞行事故坠毁，因此装备总数由95架减至94架。年内，B－1B轰炸机的常规改装计划（即F批次改进工作）已全面实施，主承包商为波音公司，工程总价值2.16亿美元，主要改进内容为使之具备投射联合直接攻击弹药的能力，用新型ALR－56型雷达告警接收机取代ALQ－161型防御系统，并加装综合防御电子对抗系统，预计工程制造发展阶段于2002年结束。

战斗机（歼击机） **美国F－22A型战斗机发展概述** *生产型战斗机试飞成功* 1997年4月9日，首架生产型F－22A战斗机正式出厂，美国国防部将该型机正式定名为“猛禽”。在经过100余次地面滑行试验后，1997年9月7日，F－22A战斗机终于在加利福尼亚州多宾斯空军基地首次试飞成功。首次试飞中检验了F－22A战斗机的操纵性能和F－119型发动机及推力矢量喷口的性能。起飞时，推力矢量喷口自动偏转5°，F－22A战斗机滑跑较短距离后稳定离陆。试飞高度为4500米至6000米。飞机完成了俯仰、横侧、滚转及垂直机动。试飞中最大迎角达到14°，最小速度为274千米/小时。9月14日又进行了第2次试飞。尽管在试飞中出现了机上电路自动保险电门系统意外工作、右起落架液压阀自检测故障等问题，但总的来看，F－22A飞机首次试飞达到了预期目的。今后该机将进一步进行飞行包线扩展、颤振、载荷测定和操纵品质的验证试飞。F－22A战斗机上装AN/APG－77型雷达，其平均无故障时间比现有作战飞机长25%，发动机零部件比现有发动机减少40%，因此，F－22A战斗机的整体可靠性与现有作战飞机相比有较大幅度提高。尽管该机的成本比现有作战飞机高25%，但其综合作战能力却提高900%。

削减采购数量 F－22A战斗机的发展计划已严重超支。原来估计整个计划耗资438亿美元，但1997年4月3日美国国防部长科恩致函国会时指出，该计划耗资将上扬至644亿美元。由于成本迅速上涨

与国防预算削减产生了尖锐的矛盾，而且取消 42 架 F－22 双座型飞机生产计划也未能明显遏制成本上扬势头，因此 1997 年 5 月 15 日，美国国防部长科恩在向国会提交的题为《4 年防务审查报告》的美国新安全防务计划中，正式提出将 F－22A 战斗机的采购数量由 438 架减少至 339 架，削减额为 99 架，幅度达 23%。其目的是保证 F－22A 战斗机的研制计划能顺利实施并在正常的投资额度内维持该机的技术先进性。

实施新改进方案预研　F－22A 战斗机是一种多用途作战飞机，但在设计上主要用于遂行制空任务。由于到 2015 年遂行空中阻滞任务的 F－117A 型和 F－15E 型飞机将陆续退役，美国空军要求届时有一种新型作战飞机取而代之，在 1997 年 6 月的巴黎航空航天展览期间，洛克希德－马丁公司和美国空军共同提出了空中阻滞型 F－22 型飞机方案，这就是 F－22E 型或 F－22X 型。F－22 飞机的机体将不作大的改进，只需适应任务的需要对机上传感器进行重要改进。最繁重的改进工作是修改机上任务控制系统软件，该软件长达 170 万行，其调试工作十分复杂。此外，1997 年，美国空军在进行新型电子战飞机方案预研时，已初步选定 F－22 飞机为美国空军下一代电子战飞机的平台。

美国 F－16 型战斗机实施多项重要改进　F－16 战斗机是美国空军现役主力多用途作战飞机之一，在海湾战争、伊拉克禁飞以及干预波黑冲突等行动中均有突出表现，因而与提高其作战能力有关的重要改进项目仍受到美国的重视。1997 年，美国对 F－16 战斗机的主要改进有：

换装先进的 ALR－56M 型雷达警告接收机　F－16 战斗机原装备的是 ALR－69 型雷达警告接收机，该系统在海湾战争中对付诸如萨姆－2、萨姆－3、萨姆－6 和萨姆－8 型等地空导弹效果较好。但是 90 年代中期以来，许多国家采购并装备了俄罗斯的萨姆－10、萨姆－11 和萨姆－12 型先进地空导弹系统，这些地空导弹的制导雷达采用频率捷变技术、高频、制导信号辐射能量低，致使 ALR－69 型雷达警告接收机预警时间缩短。据美国军方统计约有 50% 的 F－16 飞机无法有效地探测并规避先进地空导弹构成的威胁。因此，美国空军决定自 1997 年起先在美国空军国民警卫队和空军后备队装备的第 40 批和第 50 批 182 架 F－16 飞机换装最新型的 ALR－56M 型雷达警告接收机。ALR－56M 型雷达警告接收机的主要优点是：探测灵敏度提高，其预警距离是敌地空导弹制导雷达探测距离的 1.5 倍；其先敌发现的能力使飞行员能采取正确的战术实施规避或实施压制；使飞行员有更多的时间采取消极干扰和积极干扰措施，从而增大了作战飞机的脱离区域；采用多波束扫描技术，可以识别敌地空导弹的截获、跟踪与制导信号，因而能准确地识别地空导弹系统对作战飞机构成的威胁程度；不会对载机和僚机的火控系统及电子战系统的工作产生干扰；预警范围宽，可同时对付俄罗斯及西方国家的多种地空导弹系统实施预警。

加装新型快速搜索系统　1997 年，美国空军实施了一项代号为“金色打击”的计划，为主要遂行近距空中支援任务的第 40 批 F－16C 战斗机中的 39 架飞机加装新型快速搜索系统。这一计划的主要目的是使 F－16C 飞机在遂行空对地突击任务时，能迅速全面地掌握空中和地面态势。新型快速搜索系统主要由数字式调制解调器和视频显示系统组成。F－16C 战斗机使用新型数字式调制解调器，利用一部甚高频调频/调幅保密通信电台，在空中与地面指挥控制中心之间传递 20 幅彩色图像并以压缩格式存储的时间只需 40 秒，并使飞行员搜索发现并截获目标的时间由原来的 20 分钟缩短至 2 分钟。

试验遂行压制防空系统任务时的新火力配置方案　1997 年 3 月，美国空军第 422 试验与鉴定中队在内利斯空军基地对 F－16 飞机遂行压制防空系统任务时的最优火力配置方案进行了鉴定。试验中采用的武器配置方案为：挂载 4 枚 AGM－88C 型高速反辐射导弹、3 枚 AIM－120 型先进中距空空导弹、1 枚 AIM－9M 型红外近距格斗导弹、1 个 1136 升副油箱。这一武器配置方案的主要目的是在尽可能保持 F－16 飞机机动灵活性的前提下，提高其遂行压制敌防空系统时的火力。试验表明，采用新武器配置方案后，F－16C 飞机在遂行压制防空系统任务时续航时间保持不变。美国空军从试验中得出的结论是：上述火力配置方案是 F－16C 飞机在对敌防空体系实施首次压制性打击时综合作战能力最强，系最优火力配置方案；而在遂行远程压制性打击时，则应将高速反辐射导弹的携载数量减少 2 枚。

美国 F－15C/D 型战斗机换装新型机载雷达　F－15C/D 飞机是美国空军主力制空战斗机。1997 年初，美国麦克唐纳—道格拉斯公司和休斯公司联合实施了该机新型机载雷达的换装工作。美国空军现役的 460 余架 F－15C/D 和 100 余架 F－15A/B 战斗机装备的是 APG－63 型机载雷达。此次改装工作将为美国空军的 F－15C/D 战斗机换装 APG－63（V）1 型机载雷达，该雷达的主要特点是具有多模式功能，在原对空模式的基础上增加了对地搜索模式，提高了 F－15C/D 战斗机的多用途性；抗电子干扰能力提高；改善了雷达的可靠性和可维护性。换装新型雷达的 F

-15C/D 飞机已于 1997 年 7 月 18 日成功地进行了首次飞行试验。根据计划，从 1997 年 8 月起进入小批量改装，1999 年初开始大批量改装。

俄罗斯 S-37 型前掠翼技术验证机试飞成功 S-37 飞机原称 S-32 型，是俄罗斯苏霍伊设计局研制第 5 代试验型战斗机。1997 年 9 月 25 日 S-37 飞机在茹科夫斯基飞行研究中心首次试飞成功。S-37 飞机是俄罗斯第一种前掠翼飞机，也是继美国的 X-29 之后的又一种前掠翼试验机。S-37 型飞机机长为 22.2 米，机高 6.4 米，翼展为 16.7 米，正常起飞重量为 25670 千克，最大起飞重量达 34000 千克。首次试飞时机上安装的动力装置为 2 台米格-31M 型战斗机使用的 D-30F6 型涡轮风扇发动机（今后将换装 AL-41F 型推力矢量涡轮风扇发动机），单发推力为 15500 千克（新发动机单发推力增大至 2 万千克），其耗油量为每小时每千克推力耗油 0.72 千克。该机海平面最大平飞速度为 1400 千米/小时，高空可达 2200 千米/小时，最大航程 3300 千米，升限为 18000 米，最大过载为 9g。S-37 飞机的气动布局采用鸭式布局，前掠翼（其结构材料的 90% 为复合材料）和双垂直尾翼，主体结构则与传统的苏-27 型飞机没有大的差别，起落架同苏-33 战斗机，座舱座椅同苏-35 战斗机，后倾 30°。苏霍伊设计局认为，前掠翼布局有以下几个方面的优点：首先，近距格斗空战仍然主要在亚音速范围内进行，前掠翼布局可以显著提高飞机的亚音速机动能力，与推力矢量发动机相结合则可进一步提高其机动能力。其次，飞机在大迎角时的操纵性能有明显提高。第三，起飞着陆性能有较大改善，相应地可以增大飞机的航程。第四，降低了飞机前半球的雷达信号特征。为提高飞机的隐形性能，S-37 飞机广泛采用了雷达吸波材料，并对进气道进行了较大的改进。S-37 飞机是一种多用途作战飞机，该机有 14 个武器挂载点并设计了可内置武器的弹舱，可携载空空导弹和空对地突击武器。机载雷达可以多模式下工作，其综合作战能力与苏-35 战斗机相似。由于 1997 年 3 月，俄罗斯国防部已决定中止米格-42 战斗机的研制计划，因此 S-37 飞机将是俄罗斯空军第 5 代作战飞机的强有力竞争者。

俄罗斯研制 S-55 型战斗机 S-55 飞机是俄罗斯苏霍伊设计局正在研制的一种双座轻型制空战斗机。1997 年间，S-55 原型机的制造工作进展较快。该机是针对近距格斗空战的要求而设计的，机上装一台 AL-31EP 型或 AL-37FU 型加力涡轮风扇发动机，该发动机采用了推力矢量技术。该机翼展 9.60 米，总长 13.20 米，机高 4.40 米。据估算，该机最大平飞速度在高空达 1650 千米/小时，在海平面为 1200 千米/小时。满油航程在高空可达 3000 千米，在海平面可达 820 千米，该机具有极佳的机动性能，过载限制为 +12/-3。机载雷达主要工作在对空模式，其机载武器主要是红外制导近距格斗空空导弹和雷达制导中距拦射导弹，因而该机对地突击能力较弱。

俄罗斯研制米格-29SMT 型战斗机 米格-29SMT 战斗机是俄罗斯米高扬设计局投资自主研制的米格-29 战斗机的最新改进型，该机在 1997 年举行的莫斯科航展上首次公开亮相。1997 年 11 月 29 日，该机在莫斯科茹科夫斯基飞行试验中心首次试飞成功，比原计划提前 4 个月。米格-29SMT 型是一种具有较强的制空和对地突击能力的多用途战斗机，它在米格-29SM 和 SD 型的基础上作了进一步的改进。该机的座舱采用了西方标准的先进“玻璃座舱”（其座舱布局与米格-29M 型完全不同），装备了先进的平视显示器，加装了军标 1553 数据总线和 HOTAS 飞行控制系统，同时在座舱后部加装了一个油箱，同时加装了空中加油系统，使该机的航程进一步增大，由 2900 千米增大至 3500 千米。该机的动力装置是改进型的 RD-33 型发动机，采用了推力矢量控制技术，其机动性能有显著提高。改进后，该机的载弹量由 2000 千克增加至 4000 千克，可以挂载俄罗斯目前装备的各型先进的空空导弹和空地导弹。

印度从俄罗斯购买苏-30MKI 型多用途战斗机 1997 年初，印度从俄罗斯购买的首架苏-30MKI 型多用途战斗机在苏霍伊设计局的生产工厂正式出厂，5 月开始在莫斯科附近的茹科夫斯基飞行试验中心进行试飞。印度出资 18 亿美元，共从俄罗斯购买 40 架苏 30-MKI 型战斗机（MKI 的含义为出口印度的多用途战斗机）。该型机系双座远程作战飞机，有 12 个外挂点，载弹量达 8000 千克，作战航程 3000 千米，经一次空中加油则可达到 5200 千米。该机可携载各型精确制导武器，最远可在距目标 120 千米的距离上实施精确突击，已具有实施防空区外突击的能力。该机装有一对结构改进的鸭翼。头 30 架飞机的动力装置为基本型 AL 31F 型加力涡轮风扇发动机，而 2000 年初开始交付的最后 10 架飞机则将换装带推力矢量控制技术的 AL-37FU 型加力涡轮风扇发动机。根据印度的后续改进计划，全部列装后，所有 40 架飞机都将最终换装带推力矢量控制技术的 AL-37FU 型加力涡轮风扇发动机。为保障苏-30MKI 型战斗机遂行任务，印度还计划从国外购买 4 架空中加油机。

瑞典空军接收第 2 批 JAS-39 型战斗机 继 1996 年瑞典空军装备首批 30 架 JAS-39 型战斗机

后，1997年2月起，瑞典空军开始接收第2批110架JAS－39型战斗机，其中96架为单座型，14架为双座型。与第一批飞机相比，第2批飞机所作的改进包括更新飞行控制系统硬件，并对航空电子系统软件进行了升级，换装了新型机载战术通信系统。第2批飞机交付完毕后，瑞典空军将有8个中队装备新型的JAS－39型战斗机。

欧洲EF－2000型战斗机正式投产 继英国、西班牙和意大利政府批准EF－2000战斗机投产后，德国政府于1997年10月8日最后决定出资127亿美元，购买180架飞机（比原计划减少60架）。这一决定最终为4国合作研制的欧洲战斗机投产铺平了道路，这项耗资450亿美元的新机生产计划可于1997年底正式启动。1997年12月22日，欧洲战斗机计划合作4国在波恩签署了投资与投产谅解备忘录。根据该备忘录，英国将装备232架飞机（分3批采购，首批为55架，第2批89架，第3批88架），意大利装备121架，西班牙装备87架，德国装备180架，共计620架。到目前为止，EF－2000战斗机的第7架生产型机在意大利完成了实弹发射AIM－9L空空导弹的试验，即将转入发射AIM－120中距拦截弹的试验。该机的空中加油和携载3700升副油箱的试飞工作也已在英国顺利完成。目前，EF－2000战斗机已换用EJ－200型发动机取代RB－199型发动机。同时，4国共同决定在EJ200型发动机上采用西班牙研制的轴对称推力矢量喷管，使EF－2000战斗机的发动机技术达到目前世界先进水平。EJ－200型发动机的推力矢量喷管转动角度为20°，可显著提高EF－2000战斗机的起降性能和机动性能。采用推力矢量技术后，该机的起飞滑跑距离可缩短20%，超音速飞行时的推力增加7%。

攻击机 **美国全面展开“联合攻击战斗机”的研制工作** 动力装置研制工作进展顺利 动力装置是“联合攻击战斗机”研制计划中的主要控制工程之一。1997年11月，普惠公司在解决1996年试验工作中出现的涡轮温度提高使发动机寿命缩短等重点问题后，按计划顺利通过了F119型衍生型发动机的关键设计评审，证明这一发动机的设计完全满足“联合攻击战斗机”的要求。1997年5月初，美国“联合攻击战斗机”计划办公室决定加速通用电气公司、艾利逊公司和罗尔斯—罗伊斯公司联合研制的备用发动机YF120－FX的研制工作。到当年年底，该发动机的研制工作也取得重要成果，开始地面试验的时间可比原计划提前近2年。YF120－FX型发动机采用了多项新技术，其主要特点是：核心机比F119型发动机大，空气流量增加15%～20%；采用双向滚柱锥型轴承；采用XTC45－12型先进涡轮发动机燃气发生器的高压压缩机；燃烧室与涡轮叶片也经过重要改进。

采用先进无源传感器系统及平视显示系统 传感器系统是“联合攻击战斗机”的关键性机载系统之一，对其综合战斗力影响很大。“联合攻击战斗机”的传感器系统由美国诺斯罗普—格鲁曼公司研制。该系统为保形阵多功能热成像红外传感器系统，其功能包括空空搜索与跟踪、目标指示与导弹告警、搜索与跟踪地面目标等。该系统采用分布式结构，由6个分布于机体、采用保形结构并与飞机蒙皮结合紧密的小型热成像红外传感器组成，每个传感器的视场为90°×90°，相邻传感器之间视场有一定重叠。通过数据融合技术，将6个无源传感器获得的信息综合，便可提供360°全方位的态势红外成像信息。然后将这一信息显示在飞行员头盔上的广角头盔显示/瞄准具上。这一先进的无源传感器系统使“联合攻击战斗机”的飞行员能全面地掌握空中和地面态势，准确迅速地搜索发现目标。“联合攻击战斗机”的平视显示系统技术十分先进，它采用重叠光栅扫描方式并与FV－3000型显示处理系统交联使用，其光学系统的直径为15.2厘米，瞬时视场为30°，重量为7.7千克，在视场边缘的精度为2毫弧度，是目前F－16C/D型战斗机使用的平显显示精度的2.5倍。

计划调整情况 1997年5月美国国防部4年防务评审报告确定“联合攻击战斗机”的装备数量为2978架，各军种对采购计划作了相应调整。从公布情况看，海军舰载型“联合攻击战斗机”的采购数量从300架减至250架，主要原因是美国海军将航空母舰舰载机联队作战飞机的编制数量减少50架。美国空军已决定增加短距起飞垂直着陆型“联合攻击战斗机”的装备数量，至少装备2个作战联队，因此常规起降型“联合攻击战斗机”的生产数量势必将减少，而原装备海军陆战队的短距起飞垂直着陆型“联合攻击战斗机”的生产数量将大幅度增加。

英国实施“旋风”攻击机中期寿命改进和后继机预研 英国皇家空军目前共装备142架“旋风”GR1/1A型攻击机。鉴于海湾战争中“旋风”攻击机不佳的表现以及今后作战任务的要求，英国政府决定对“旋风”攻击机进行中期寿命改进，在延寿的同时提高其作战能力。改进后的“旋风”攻击机称为“旋风”GR4型攻击机。其主要改进内容包括：在机上加装前视红外系统，提高该机的夜间搜索与跟踪能力，并同时对该机的前机身作部分调整；在前后舱同时换装新型平视显示器；加装集成全球定位系统；加装增强型武器系统数据总线；具备发射新型反装甲武器和防空区外突击武器等先进空对地突击武器的能力。改进后的“旋风”攻击机综合作战能力和生存能力均有显著提高。1997 年 4 月 20 日，首架“旋风”GR4 型攻击机首次试飞成功，根据计划，英国皇家空军的全部 142 架“旋风”GR1/1A 型攻击机将悉数改进成 GR4 型飞机。

在实施“旋风”攻击机中期寿命改进计划的同时，英国也加紧进行其后继机的预研工作，新机计划于 2015 年取代“旋风”式攻击机。从新机的方案选择上看，一种方案是有人驾驶攻击机，一种方案是无人驾驶飞机，第 3 种方案则以大型运输机为巡航导弹发射平台。从总体上看，英国未来攻击机将降低对突防的要求，主要采取实施防空区外的空中打击方法。

英国“美洲虎”GR1B 型攻击机装备头盔瞄准系统 为减轻攻击机飞行员低空和超低空遂行任务时的操作负担，1997 年 6 月，英国国防部决定为英国皇家空军现役的“美洲虎”GR1B 型攻击机装备头盔瞄准系统。新型头盔系统由美国通用电气公司和霍尼威尔公司研制。整个系统包括头盔瞄准具、热成像机载激光照射器吊舱、平视显示器、军标 1553B 数据总线、全球定位系统以及地形基准导航系统。采用头盔瞄准系统后，可简化飞行员搜索发现和截获目标的操作程序，提高反应速度。在“美洲虎”GR1B 型攻击机装备先进近距空空导弹（ASRAAM）后，使用该系统则可最大限度地发挥近距格斗导弹截获目标的能力，扩大截获及可攻击区。

运输机 **美国研制 C－130J－30 型战术运输机** C－130J－30 型运输机是 C－130J 型飞机的加长型，机身加长 4.57 米，达 16.76 米，增长 37%。与 C－130J 型飞机相比，该机的货舱总使用容积由 128.9 立方米增加至 170.5 立方米；使用空重由 34274 千克增加至 35966 千克。因此 C－130J－30 型的有效载荷随任务和配置的不同有明显增加，携载 463L 型货网托盘的数量由 5 个增至 7 个，增加了 40%；担架数量由 74 具增至 97 具，增加了 31%；集束空投包由 16 个增至 24 个，增加 50%；全副武装的士兵由 92 名增至 128 名，增加 39%；伞兵由 64 名增至 92 名，增加了 44%。由此可见，C－130J－30 型运输机的综合作战能力较 C－130J 型运输机又有较大的提高。

俄罗斯和乌克兰联合研制的第 2 架安－70 型运输机试飞成功 安－70 型运输机是俄罗斯和乌克兰联合研制的一种中型战术运输机，也是俄罗斯投资研制的为数不多的战术运输机之一（俄罗斯投资占整个项目投资额的 80%）。1995 年 2 月第 1 架安－70 型运输机因空中相撞事故而坠毁，使该机的研制工作一度陷入停顿。1997 年 4 月 24 日，经过俄罗斯和乌克兰双方共同努力，第 2 架安－70 型运输机首次试飞成功。安－70 型运输机具有以下三方面的突出特点：首先，该机具有良好的快速机动性能。其远程飞行的巡航速度为 750 千米/小时，短距离飞行的巡航速度为 850 千米/小时（马赫数为 0.8），而相同条件下欧洲未来大型飞机的巡航速度为 722 千米/小时（马赫数为 0.68），C－17 型运输机的飞行马赫数为 0.74 至 0.77，均不及安－70 型运输机。其次，该机具有良好的使用经济性。安－70 型运输机的燃油消耗率为每小时每千克推力耗油 0.4 千克，比同类涡轮螺旋桨飞机省油 40%。第三，该机具有优良的战役战术空运能力。载重 25 吨时，从 600 米简易跑道上起飞，航程可达 3000 千米；从普通机场 1800 米跑道上起飞，载重 35 吨时，航程亦达 3000 千米；最大载重 47 吨时，不加油航程可达 1500 千米；载重 17 吨时，其航程可达 8000 千米。这种空中机运能力已经完全能满足在欧洲地区战役战术空运的需要，并有一定的遂行战略空运任务的潜力。第四，该机货舱容积大，布局合理。安－70 型运输机的货舱长为 21.4 米。横截面为 4 米×4.1 米（而欧洲未来大型飞机为 4 米×3.83 米），货舱总容积达 425 立方米，并且全部是加压舱，用于空降伞兵时，可运载 300 名全副武装的伞兵。由于货舱布局合理，运货与运伞兵的任务转换只需 2 小时即可完成。

西班牙研制 C－295 型战术运输机 西班牙航空制造公司为在中型军用运输机市场中占据一席之地，于 1997 年年中提出了 C－295 军用运输机方案，要求于 1998 年 3 月首次试飞，2000 年交付西班牙空军使用。C－295 战术运输机是西班牙与印度尼西亚联合研制生产的 CN－235 运输机的加长改进型，但 C－295 飞机从计划提出、投资、设计到生产完全由西班牙航空制造公司单方面实施。改进后，该机以 2 台普拉特—惠特尼公司研制的 PW127G 型涡轮轴发动机取代原通用电气公司研制的 CT7－9C 型发动机，单发功率为 2645 轴马力，螺旋桨为汉密尔顿—桑德斯公司研制的 RF568F 型 6 叶螺旋桨。该机增加了 6 个机身隔框，使飞机的机身长度增加 3 米，达到 12.7 米。其他的改进内容包括由梅西埃—道蒂公司重新设计了飞机起落架；增加了机翼强度；改进了航空电子设备，加装了新型的飞行管理系统。经过改进，C－295 型战术运输机的飞行性能有明显改善，其巡航速度增加 28 千米/小时，达到 482 千米/小时；最大航程增加 130 千米，达到 1350 千米；最大起飞重量由 16.5 吨增加至 23.2 吨，最大载荷增加了 3.7 吨，达到 9.7 吨。C－295 型战术运输机不仅可以满足西班牙空军对战术空运的要求，而且可以满足澳大利亚、加拿大、意大利和土耳其等国空军的战术空运需求。

欧洲未来大型飞机加快预研步伐　1997 年 6 月，参加欧洲未来大型飞机研制工作的法国、德国、意大利、西班牙和土耳其军工生产部门的负责人同意为空中客车公司拨款 1.3 亿美元，建立研制该机的工业基础设施，有力地促进了该计划的预研工作。英国工党新政府上台后也明确表示积极参与并有力支持该计划。经过前期可行性研究，未来欧洲大型飞机发动机选型初步确定为罗尔斯—罗伊斯公司研制 10000 轴马力的 BR700－TP 型涡轮轴发动机，采用英国道蒂航空航天公司研制的新型螺旋桨。由于该机研制工作进展较慢，而且美国 C－130J 进军欧洲势头迅猛，俄罗斯和乌克兰联合研制的安－70 型运输机也积极开拓西欧市场，因此欧洲未来大型飞机具体装备数量还未最后确定，从各国采购意向上看，该运输机的总需求数为 269 架。从预研情况看，欧洲未来大型飞机的基本性能特点是：上单翼；T 型尾翼；翼展 42.9 米，总长 41.3 米，机高 14.4 米；货舱长 17.25 米，跳板长 4.75 米，地板宽 4 米，货舱总面积为 69 平方米，货舱总高 3.85 米，总容积 265 立方米。货舱的横截面积要大于 C－130 和 C－160 型运输机，因而具有较好的运载大型装备的能力。该机正常载重量为 25 吨，可超载至 32 吨（过载限制为 2.25g），最大起飞重量为 107 吨。可运载装甲运兵车，1 架“超美洲豹”直升机或 2 架“虎”式直升机，9 个军用货网托盘，2 个国际标准集装箱，“爱国者”导弹发射车等装备。该机的巡航马赫数为 0.72，遂行战术任务时的最大航程为 3700 千米（载货 25 吨），遂行战略任务时的最大航程为 5370 千米（载货 32 吨）。

直升机　**美国 AH－64D 型“长弓·阿帕奇”武装直升机试飞成功**　1997 年 3 月 17 日，美国麦道公司研制的 AH－64D 型“长弓·阿帕奇”首次试飞成功。与 A 型直升机相比，其主要改进：换装“长弓”毫米波火控雷达；加装全球定位系统；三军通用数字式通信系统；战术态势显示操纵台；军标 1553B 数据总线、数据传输及记录设备；增加空战能力；换装 T700－GE701C 型发动机；加装机载设备故障自检系统。根据计划，1997 年内的改装速度为每月 1 架，到 1999 年提高到每月 5 架，最终将为美国陆军改装 232 架武装直升机。

美国 MH－53J 型特种作战直升机换装新型机载电子设备　MH－53J 型直升机是美国空军特种作战部队的主力直升机之一，为进一步提高其夜间作战能力，1997 年，开始换装“编队内定位系统”（IFPS），其主要目的是提高在夜间和复杂气象条件下编队作战的能力，并确保该直升机能在夜间和复杂气象条件下与保障特种作战的 MC－130H 型空中加油机安全准确地会合。改装后，每架 MH－53J 型直升机上加装一部全球定位系统导航接收机并采用专门编制的控制软件，该系统通过数据链定时自动发布本机的高度、速度，同时接收其他直升机的高度和速度并在本机图形显示器上显示其他直升机和加油机的位置及重要的航行诸元。每架直升机上有 2 至 3 个不同的低截获概率的无线电通信波道发布或接收信息，其中 A 网用于同一编队内直升机之间的通信联络，使用最为频繁。机上的编队内定位系统可将本机的位置及高度与同一编队内其它直升机的位置及高度进行比较，然后在显示器上清晰地显示出来。根据上述信息，飞行员可以在复杂气象条件下实施正确的机动。E 网用于不同编队中飞机之间的通信联络，使用不太频繁。该系统也能将所获信息显示出来，使飞行员掌握全面的空中态势及相对位置。R 网用于同空中加油机会合，仅在需要实施空中加油时使用。上述 3 个通信网都使用 ARC－164 型“哈夫快克”甚高频频率捷变电台。

美国改进 AH－1W 型和 UH－1N 型军用直升机　1997 年 4 月，美国贝尔直升机公司获准实施 180 架 AH－1W 武装直升机和 100 架 UN－1N 多用途军用直升机的改进计划。改进后，两种直升机分别重新命名为 AH－68 和 UH－69 直升机。此外，美国空军也将有 63 架 UH－1 直升机改装成 UH－69 型标准。两种直升机的改进工作包括换装新型涡轮轴发动机及旋翼系统、传动装置、加强机体结构、更新航空电子设备。两种直升机都换装通用电气公司研制的 T700－GE－401 型发动机。该型发动机装有降低红外辐射装置，功率达到 2625 轴马力。旋翼系统也采用相同的 4 桨叶，使两种直升机的通用性达到 85%。改进后的 AH－1W 武装直升机换装新型综合航空电子系统，包括任务计划计算机系统、激光测距与照射器、高分辨率前视红外系统以及具有快速变焦能力的宽视场电视系统，其重点是提高该机在夜间和复杂气象条件下遂行任务和任务计划的能力。改进后 AH－1W 武装直升机的动力装置功率提高 30%，载油量增加 30%以上，因而起飞重量由 6492 千克增大至 7536 千克，作战半径增大 2 倍多，飞行速度也有所增大。武器系统可根据任务需要加以配置，小翼外侧可挂载“狱火”空对地导弹、“陶”式反坦克导弹、AIM－9 型空空导弹等武器。小翼内侧可挂载火箭发射器、GPU－2A 型 20 毫米航炮吊舱、CBU－55B 型燃料空气炸弹、113 千克级杀伤爆破弹和 455 升凝固汽油弹。因此 AH－1W 武装直升机的机动力和火力都有明显增强，其可靠性和可维护性也有明显提高，每飞行小时的维护人时由原来的15.2小时减少至8.9小时。改进后的UN-1N直升机机体结构加强，起飞重量由4676千克增大至7536千克，有效载荷和航程增大了1倍，对战术部队的输送能力及远程机动能力有明显提高，每飞行小时的维护人员也相应地减少至9.5小时。根据计划，2002年将开始小批量生产UH-69多用途军用直升机，2003年开始小批量生产AH-69武装直升机，两种直升机的生产计划都将持续10年时间。

美国OH-58D型直升机加装数字化作战系统 根据美国陆军提出的21世纪数字化部队作战的需要，贝尔直升机公司和霍尼威尔公司合作对OH-58D直升机的机载电子设备进行了重要改进。改进的主要内容是在机上加装一套先进的数字式信息分发系统，其中包括4个主要部分：一是加装一个数字式视频图像交联系统，可以使OH-58D型直升机之间以及直升机与地面指挥控制中心之间迅速传输视频信号；二是加装数字式地图显示装置；三是加装嵌入式全球定位式系统和惯性导航系统；四是交互式控制软件升级，该软件可以提高对改进型调制解调器及空地无线电通信波道的控制效率。1997年3月，美国陆军在加利福尼亚州埃文堡国家训练中心组织了数字化部队检验性演习，对改进后的OH-58D直升机的作战能力进行了测试。演习表明，改进项目可明显提高OH-58D直升机与美国陆军旅及旅以下各级部队的协同与支援作战能力。

侦察机　美国空军决定少量装备“战区航空侦察系统” 战区航空侦察系统（TARS）是原洛克希德·马丁公司研制的先进战术航空侦察系统，后因国防预算削减而于1994年取消，并转入技术储备。1997年，随着美国军队对实时战役战术情报需求的增加，美国空军和海军均对业已放弃的先进战术航空侦察系统发生了兴趣。两军种根据新的作战需求要求研制厂商改进了该系统的战术技术性能，并将该系统正式定名为“战区航空侦察系统”。美国海军决定将该系统安装在遂行侦察任务的F/A-18D和新型的F/A-18F飞机上。美国空军也于197年9月决定首批购买20套系统，装备在5个空军国民警卫队战斗机中队的F-16飞机上，并于1998年年中具备初步作战能力。“战区航空侦察系统”由挂载于机身下方中部的保形吊舱和控制系统组成。保形吊舱长7.01米。与原先进战术航空侦察系统不同的是：“战区航空侦察系统”增加了一部用于前视侦察的分幅照相机；加装了侦察管理系统，其控制软件能保证该系统在空中对3.3至3.5千米范围内的突击效果实施侦察；机载倾斜照相机的分辨率为5000×5000像素，可以保证侦察机在敌防空区外9.6至12.8千米处实施侦察，提高了侦察机的生存能力；装备了先进的数据链，其高速宽带数据链能以每秒274兆字节的速度向地面站传递侦察信息，提高了实时侦察能力。从试飞的情况看，“战区航空侦察系统”在实施低空照相侦察时的高度范围为60至900米，其横侧观察范围为140°，最佳的侦察高度为600至760米。以红外线侦察模式工作时，其扫描范围为70°至140°，使用高度范围为60至900米。

美国空军推出侦察机新改型RC-135S“眼睛蛇球”Ⅱ 1997年年中，美国空军针对战区导弹防御的需要推出了侦察机的最新改型RC-135S“眼睛蛇球”Ⅱ，到1998年底首批将有4架RC-135S型电子侦察机在驻奥弗特空军基地的遂行战略侦察任务的美国空军第55联队服役。RC-135S“眼睛蛇球”Ⅱ的改进主要包括以下几个方面：一是加装新型传感器，增加了新的侦察手段（包括中波红外侦察系统、实时光学侦察系统、大孔径跟踪系统），能在420千米的距离上迅速判明导弹发射情况、计算出弹道、准确预测弹着点；通过对弹头光谱分析，可以推测弹头的材料和战术用途。二是换装“蛇眼”新型合成孔径雷达，可以有效地降低不良天气对侦察行动的影响，提高该机的全天候侦察能力。三是换装实时光学系统及控制软件，对情报的处理能力更强，速度更快，精度与分辨率提高15%。四是采用新型高速大容量存储设备，可迅速记录侦察数据（包括图形及光谱照片），以备深入分析研究之用。五是改变原侦察设备仅置于机身右侧的配置方式，在机身两侧均配置了侦察设备，并且增加了侦察人员配置数量（达到17至24人），这一措施提高了侦察航线选择的灵活性，同时也提高了侦察效率。实施这一改进计划后，美国空军战略航空侦察力量的具体分工是：RC-135S型侦察机主要遂行导弹防御与跟踪监视任务；RC-135V/W型侦察机主要遂行电子侦察任务；RC-135U型侦察机主要对不明电子及红外系统进行精确分析。

美国“支架”无人驾驶侦察机试飞成功 “支架”（Outrider）无人架驶侦察机是美国研制的最新型无人驾驶侦察机。1997年3月7日成功地进行了首次试飞。该型无人驾驶侦察机的主要特点是体积小，结构简单，使用方便，反应迅速，成本低廉，可在复杂的战场条件下供陆军、海军和海军陆战队进行近距离、中低空（1000米以上）战术航空侦察。在这个高度上，由于无人驾驶侦察机体积小，噪音低，实际上不会被敌军发现，因而隐蔽性好，生存能力强。它可与美国空军的中、高空久航远程无人驾驶侦察机相辅相成，是美国无人驾驶侦察机系列的重要组成部分。该机在布局上采用了小翼弦和小翼展机翼(翼展为 3.4 米),并且串联配置机翼,以提供足够的升力,使该机在低速飞行时具有较好的抗失速螺旋性能。1 个"支架"无人驾驶侦察机系统由 4 架飞机、地面控制设备、遥控终端和通信设备组成,分装于 2 辆多用途汽车和 1 辆拖车中,全套系统可由 1 架 C－130 型战术运输机运载。野战条件下,2 人用几分钟即可完成"支架"无人驾驶飞机的组装工作。该机最大起飞重量为 227 千克,航程为 200 千米,载荷为 23 千克,发动机巡航功率 50 马力,最大功率 60 马力,采用直径 1 米的变距螺旋桨。机载设备包括 1 部合成孔径雷达、激光照射装置和电子战设备。该机能以 110 千米/小时至 130/小时的速度巡航 4 小时 50 分,巡航高度一般为 1200 至 1500 米。陆军型"支架"无人驾驶侦察机作战半径为 48 千米,海军型为 90－160 千米。根据计划,美军将装备 61 套"支架"无人驾驶侦察机系统,其中陆军 38 套,海军 12 套,海军陆战队 11 套。

美国 TR－911X 型无人驾驶倾转旋翼侦察机试飞成功 1997 年 12 月 3 日美国贝尔直升机公司研制的 TR－911X 型无人驾驶倾转旋翼侦察机首次试飞成功。该机在结构上与 V－22 型倾转旋翼机相似，机长 5 米，翼展 4 米，机高 1.5 米，空重 750 千克。机上装 2 台 420 轴马力的 C20B 型涡轮螺旋桨发动机，旋翼直径 2.5 米，最大速度 370 千米/小时，巡航速度 290 千米/小时，升限 6000 米，最大航程可达 920 千米。机上装有合成孔径雷达、数据传输及卫星通信系统。侦察载荷 136 千克时，能以 148 千米/小时至 222 千米/小时的巡航速度巡逻 5 小时；侦察载荷减少到 45 千克时，巡逻时间可延长至 8 小时。TR－911X 型无人驾驶倾转旋翼侦察机的主要用户是美国海军，其任务是为航队提供远程连续实时侦察、海上监控和目标识别，可全天候使用。

德国空军增强"旋风"攻击机的侦察能力 1997 年，德国国防部决定为德国空军装备的"旋风"攻击机加装侦察吊舱，提高其航空侦察能力。改装的具体措施是在基本型照相侦察吊舱的基础上扩充功能，使侦察设备能满足不同情况下的需要。新型侦察吊舱有 3 种型号。第 1 种是电子侦察吊舱，第 2 种是装备有合成孔径雷达的全天候成像侦察吊舱，第 3 种是远距离高分辨率倾斜照相侦察吊舱。改装计划完成后，德国空军及北约快速反应部队的战役战术航空侦察能力将有显著提高，同时也能在一定程度上增强其战略航空侦察能力。

瑞士研制成 PC－12EC"鹰"型战术侦察机 PC－12EC"鹰"型侦察机于 1997 年进入国际军火市场后很快引起许多国家的关注。该机的研制计划是 1995 年 11 月在迪拜航空展上宣布的，瑞士皮拉图斯公司在很短时间里便完成了 PC－12EC"鹰"型侦察机首机的生产并投入试飞。该机的突出特点是低成本，具有功能齐全的多种侦察手段和广泛的任务适应性。PC－12EC"鹰"型侦察机的几何尺寸与 PC－12 的标准型飞机基本相同，唯一的不同是翼展由 16.23 米减小至 16.11 米。飞机空重 2900 千克，最大起飞重量 4500 千克，高度 6100 米时的最大巡航速度为 463 千米/小时，起飞滑跑距离为 450 米，着陆距离 290 米，最大航程为 3080 千米。PC－12EC"鹰"型侦察机主要遂行战术航空侦察任务，其主要机载设备包括：①威斯汀豪斯公司研制的传感器管理系统，该系统有 3 个奔腾处理器，可在 2 个显示操纵台上显示数据（1 个为电子光学显示操纵台，1 个为雷达显示操纵台）。②多功能显示器。每个显示操纵台有 4 个显示器，其中 3 个显示器为以 VGA 方式显示的 36 厘米平面液晶显示器，主要显示导航数据、态势数据和红外/电视图像显示器；另一个显示器为 32.5 厘米平面液晶彩色显示器，用于显示合成孔径雷达图像。③多种先进的光学传感器。一是机腹下安装的 WF－160DS 型前视红外探测装置，该装置重量 43 千克，其大视场探测范围为 7.2°×9.8°，小视场探测范围为 2.16°×2.95°，该装置还带有 1 部可见光照相机，其变焦范围为 20～280 毫米。二是合成孔径雷达。三是侦察红外监视与目标截获系统（RISTA）。该系统是在美国陆军的机载战场探测系统的基础上改进的，融合了前视红外系统和红外线性扫描等技术，其中前视红外系统用于进行战场损伤评估，红外线性扫描用于向地面站实时传输数据，其覆盖范围为 18 千米。

空中预警机 **美国 E－2C"鹰眼"Ⅱ新改型空中预警指挥机首架交付使用** 1997 年 4 月，美国诺斯罗普—格鲁曼公司向美国海军交付了首架 E－2C"鹰眼"Ⅱ新改型空中预警指挥机。根据交付计划，1998 财政年度，美国海军将接收 13 架该型预警机，今后几年将使该机的部署总数达到 36 架。与原 E－2C 型预警机相比，E－2C"鹰眼"Ⅱ型飞机有以下主要特点：一是机载雷达能力有明显提高。工作在 B/C 波段的 AN/APS－145 雷达的探测距离为 480 千米，加装了一个环境处理器，可以自动用 10 个通道切换扫描，动目标探测和抗杂波干扰能力很强。二是加装 AN/ALR－73 型无源探测电子对抗系统。三是在 L－304 型中央任务计算机上加装改进型高速处理器，提高了实时跟踪能力并将主动跟踪外存储器的存储能力增大了 4 倍。四是换装新型彩色战术信息显示系统，其符号显示能力提高了 10 倍，可以多窗口显示并随时调用辅助战术信息。五是加装联合战术信息分配系统，可在机载高频、甚高频和特高频电台上进行保密通话和数据传输。加装利顿公司研制的改进型 AN/ASN－92 型机载惯性导航系统Ⅱ并加装全球定位系统，提高了系统的可靠性和导航能力。六是换装 T56－A－427 型发动机（原为 T56－A－425 型），功率达到 5000 轴马力，比原发动机功率增大 24%，耗油率降低 12%，飞机的机动性和续航能力都有明显提高。

俄罗斯改进 A－50 型空中预警机 A－50 型空中预警机是前苏联以伊尔－76MD 型运输机为机体，加装雷达系统后研制的，该机于 1984 年服役，到目前为止俄罗斯空军共装备 16 架。使用中该机暴露出的主要缺点是机载计算机性能差。因此，俄罗斯决定以加强空中预警系统为重点，于 1997 年开始对现役的 A－50M 型空中预警机进行改进。新改型换装“丸花蜂”M 型机载雷达，改称 A－50U 型。A－50U 型空中预警机与 A－50M 型相比，对空中目标的探测距离增大，探测和跟踪的目标数量增多，抗干扰能力增强，飞机内部结构也趋于合理。A－50U 型空中预警机最大起飞重量由 190 吨增大至 210 吨，续航时间由 4 小时延长至 6 小时。A－50U 型飞机的外形也有一定的变化，除主垂直尾翼外，水平尾翼翼尖部也各加装一个垂直安定面。“丸花蜂”—M 型机载雷达最多可同时跟踪 50 个目标，对低空目标的探测距离为 230 千米，对大型水面舰只的探测距离为 400 千米，可同时引导 10 架战斗机。

日本改进 E－2C 型空中预警指挥机 为提高与美军联合作战的能力，1997 年 5 月，日本防卫厅决定出资 4 亿美元，由日本与美国公司联合对日本航空自卫队现役 E－2C 型空中预警指挥机进行重大改进。改进项目包括：按美国“鹰眼”Ⅱ的标准换装 AN/APS－145 型雷达，增大预警范围，并且具有对陆上目标的探测能力；加装 ALR－173 型无源探测系统；提高中央任务计算机的速度及运算能力，增强其跟踪能力；换装高分辨率彩色显示器；更新机上通信系统和全球定位系统。

韩国购买美国波音 E－767 型空中预警机 1997 年 9 月 3 日，韩国宣布采购 4 架美国波音公司研制的 E－767 型空中预警机，整个计划耗资 30 亿美元，包括飞机零部件、维护与修理设备、保障器材、系统文件与设备说明书、人员培训及训练装备等。这使韩国成为继日本之后第 2 个装备波音 E－767 型新型预警指挥机的国家，将使韩国空军的综合防空与战术指挥能力有较大幅度的提高。韩国采购的波音 E－767 型预警指挥机装备 APY－2 型雷达，根据韩国的要求，机上雷达控制员的席位设置为 14 个。

英国开展下一代预警机的预研工作 为满足英军海上防空的需要，1997 年间，英国航空航天公司同时展开了两项新一代空中预警机的预研工作。第 1 种是以直升机为平台的空中预警机。其载机为 EH－101 型直升机，预警雷达安装在机身后部下方，计划在机身中段上部加装一个短翼，同时换装新型高性能发动机，以便在加装雷达及相应的任务设备后使 EH－101 型直升机在速度、航程、续航时间、升限及机动性等方面继续保持良好的飞行性能。第 2 种预警机以战斗机为平台，初步选型为“鹞”式或“海鹞”式战斗机，由于英国已经参与了美国“联合攻击战斗机”的研制计划，考虑今后的发展，“联合攻击战斗机”也作为预警机的备选平台。以战斗机为平台的预警机，其预警雷达安装在机翼翼尖部位，雷达选型为西门子—普莱赛公司研制的 MESAR 型雷达，天线平均方位角为 120°，飞机活动高度一般在 1 万至 1.2 万米，通过合理配置预警机和正确选择巡逻航线达到全方位及全高度监控的目的。由于战斗机机身容积的限制，以战斗机为平台的预警机实际上只是预警雷达的载机，它尚不能完成指挥控制任务，只能通过数据链将实时空中态势信息传递至地面或舰上指挥中心，经处理后再传输至其他作战飞机。从预研情况分析，这两种预警机的共同特点是廉价并充分利用了现有技术，可以满足战术预警和舰队防空的基本需要。

澳大利亚启动空中预警机计划 1997 年内，澳大利亚正式启动代号为“楔尾”的防空现代化计划，其核心是为澳大利亚空军装备 6 至 7 架空中预警机，其选型工作正在进行。目前共有 3 种备选方案；一是由美国波音公司提出的以波音 737－700 型飞机为载机，装备诺斯罗普—格鲁曼公司研制的多功能电子扫描阵列天线雷达，同时装备澳大利亚研制的被动探测及电子战防护系统的方案，其突出特点是性能先进并有澳大利亚公司参与；二是由洛克希德—马丁公司提出的以 C－130J 型飞机为载机，装 APS－145 型雷达的方案，其突出特点是廉价和技术成熟；三是雷锡恩 E 系统公司提出的以空中客车 A－310 型飞机为载机，装以色列埃尔塔公司的电子扫描相控阵雷达的方案，其特点是雷达体制代表了机载预警雷达系统的发展方向。澳大利亚空中预警指挥机的选型将在 1998 年内最终确定。

北约开始实施 E－3 型空中预警指挥机中期寿命改进 1997 年 11 月，美国波音公司与北约防务机构签订总价值 4.5 亿美元的合同，为北约组织的 17 架 E－3 型空中预警指挥机实施中期寿命改进。这一改进计划的主要内容是：换装新型彩色平面态势显示器；任务控制系统采用开放式体系结构，软件系统全部采用基于 WINDOWS 平台的图形界面专用软件；采用先进的多传感器数据融合技术；换装新型数字式通信系统和宽频带甚高频电台，增大通信容量，提高通信系统的保密性、稳定性和抗干扰能力。经过中期寿命改进，北约的空中预警指挥机不仅可以提高临空实时指挥控制能力，而且可靠性和维护性都有明显提高。整个改进计划需要 2 至 3 年的时间。

教练机　捷克研制 L－159 型攻击教练机　L－159 型攻击教练机是捷克航空控股公司为满足本国空军的需要，在原 L－39 型和 L－59 型教练机的基础上研制的一种轻型多用途攻击教练机，美国罗克韦尔—柯林斯公司参与该机航空电子设备的研制。该机有单座型和双座型（L－159T 型）两种型号。L－159 型飞机的外形与 L－39/L－59 型飞机基本相似，其不同之处为机体增大，机身加长；机头进行了重新设计，以安装机载雷达；单座型飞机因去掉第 2 个座椅而增加载油 297 千克；翼尖装固定油箱；机上共有 7 个外挂点（机身下 1 个，左右机翼下各 3 个），载弹量为 2380 千克，可携载空空导弹、空地导弹、航炮吊舱、火箭发射器及普通航弹等武器。翼展 8.70 米，机翼前缘后掠角为 6°30′，上反角为 2°30′；机长 12.73 米，机高 4.77 米；最大起飞重量 8000 千克，过载范围为＋8g 至－4g。L－159 型飞机采用双发体制，发动机为艾德理西格诺公司研制的 F124－GA－100 型涡轮风扇发动机，单发推力达 28 千牛。该机最大平飞速度 930 千米/小时，实用升限 13200 米。最大航程 1570 千米，起飞滑跑距离 440 米。L－159 型飞机主要作高级教练机使用，使用成本低、安全性能好、飞行品质好。同时，该机装有先进的航空电子设备（包括雷达告警接收机、多功能平显、多模式脉冲多普勒雷达）。单座型飞机的座舱采取了防弹措施，该机可以遂行空战、突击地（海）面目标和战术航空侦察等多种任务。既可以满足飞行学员战术科目训练的要求，又能在必要时遂行战斗任务。1997 年 6 月，L－159 型飞机正式出厂并顺利完成了首次试飞；同年 7 月，捷克空军决定采购 72 架 L－159 型飞机，合同总价值 7.08 亿美元，交付期为 1999 至 2005 年。

机载武器　美国改进 AGM－65 型“幼畜”空地导弹　1997 年初，美国休斯公司对“幼畜”空地导弹的电视制导寻的装置进行了改进，改进后的空地导弹为 AGM－65H 型。改进的主要内容是在制导装置上用一个先进的电耦合器件取代原来的电视摄像机，提高了导弹的可靠性、可维护性和战备程度，也能有效地提高导弹的命中精度。此外，休斯公司还将改进导弹的动力装置，使其射程增大 30%，约为 13 千米，在 AGM－65H 型基础上的增程型导弹型号为 AGM－65K。1997 年 3 月，该型导弹作战测试成功。美国空军已决定首批将 1400 枚 AGM－65B 型“幼畜”空地导弹改进成 H 型导弹，并分数批采购 5000 枚。

美国实施小型精确制导武器增程计划　1997 年 12 月，美国空军开始实施一项持续时间 25 个月、耗资 500 万美元的小型精确制导武器增程计划。该计划的主要目的是增加美国空军现役 114 千克级的精确制导武器的射程，扩大其使用范围，增强空中战役计划人员的选择余地，使原来必须使用 908 千克 BLU－109 型穿透炸弹才能打击的目标中，有 85%用小型精确制导武器实施打击也能达到战役战术目的。实施这一计划后，美国空军现役的小型精确制导武器的射程将增大 3 倍，平均达到 55 千米。增程后，小型精确制导武器 3 米圆概率偏差的命中精度保持不变。

美国研制新型低成本反装甲子弹药　低成本反装甲子弹药主要用于对装甲目标、防空系统及弹道导弹发射装置等点状目标实施精确打击。低成本反装甲子弹药分有动力型（弹长 61 厘米，弹重 43 千克）和无动力型（弹长 50.8 厘米，弹重 22.7 千克），弹翼翼展 91.4 厘米，弹翼折叠后置于子母弹箱内。战术飞机用的普通子母弹箱每个可携载 4 枚低成本反装甲子弹药；轰炸机用的子母弹箱每个可携载 10 枚低成本反装甲子弹药；而为 F－22 型战斗机研制的新型子母弹箱每个可携载 12 枚低成本反装甲子弹药。1 架战术作战飞机通常可以携载 2 个普通子母弹箱，B－1B 型战略轰炸机可同时携载 24 个子母弹箱。低成本反装甲子弹药采用激光雷达自主导引，辅之以全球定位系统修正目标偏差。激光雷达的扫描频率为 100 赫兹。搜索状态时，雷达的扫描宽度为 750 米，截获目标后，扫描宽度为 100 米。动力型低成本反装甲子弹药装 1 台涡轮喷气发动机，推力为 220 牛，射程 185 千米；无动力型射程 19 至 74 千米。低成本反装甲子弹药的特点是中段制导精度高，射程远，具有在防空区外实施预编程突击的能力，同时子弹药数量多，压制面广。1997 年 11 月，美国洛克希德—马丁公司顺利完成了低成本反装甲子弹药的关键性作战测试，从“赛斯纳”421 型飞机上投下无动力无战斗部的低成本反装甲子弹药，自主用激光雷达搜索发现目标后实施攻击机动，准确击中了 2 辆 M－60 型坦克。

美国高速反辐射导弹加装全球定位及惯性制导系统　1997 年 10 月，美国国防部决定为第 6 批次 AGM－88 型高速反辐射导弹加装全球定位系统接收机和惯性制导系统，新导弹的型号为 AGM－88D。AGM－88D 型高速反辐射导弹采用新型制导系统后，既可以接收本机探测系统侦测的敌辐射源信息，也能通过数据接收其他传感器测定的目标信息。新制导系统锁定辐射源后，即使敌方雷达关机，仍能对其实施攻击，其抗干扰能力和防误击能力都有较大提高。导弹的射程及战斗部均没有改变。

美国研制新型炸弹挂载与投放系统 1997年11月，美国空军按计划完成了BRU-55型炸弹挂载与投放系统的关键设计评审，1998年将进行飞行试验。该系统主要供美国空军战术作战飞机使用，外挂和机内弹舱使用均可。研制这一系统的主要目的是提高战术作战飞机空对地突击武器的管理效率，同时降低外挂阻力。使用BRU-55型炸弹挂载与投放系统后，在一个外挂上可以挂载2枚454千克级的精确制导武器，主要弹种为联合防空区外突击武器、联合直接攻击炸弹和风修正弹药投撒器。

德国和瑞典联合研制KEPD-350型空地导弹 1997年，德国戴姆勒—奔驰航空航天公司和瑞典博福斯公司联合研制的新型KEPD-350型空地导弹通过了设计评审。导弹弹长5米，弹重1400千克，射程为350千米。弹体设计充分考虑了隐形性能，同时为提高可靠性和可维护性，弹体采用了模块化设计。提供升力的主弹翼平时状态下收缩于弹体上方，发射后自动伸张。该导弹的动力装置为1台涡轮喷气发动机，进气道位于导弹中部下方。载机在导弹发射前将目标参数输入弹上计算机系统，由全球定位系统/惯性导航系统/地形相关匹配系统提供导弹的中段制导，而红外热成像焦面阵导引头提供导弹的末端制导，因而导弹的命中精度很高。该导弹可用于突击指挥控制中心、防空系统、弹道导弹发射阵地及其他战略目标。“旋风”攻击机和EF-2000型战斗机可将其挂载于机腹下。

欧洲合作研制下一代近距格斗空空导弹 1997年1月，以德国博登湖技术公司为首的8家欧洲公司正式签订合同，合作研制欧洲下一代近距格斗空空导弹IRIS-T型导弹。IRIS-T型空空导弹的导引头采用红外成像制导技术，与美国的AIM-9型红外制导空空导弹相比，制导精度有明显提高。该型导弹弹体强度增大，导弹中部安装了前缘后掠的大弹翼，舵机灵敏度提高，导弹的大过载机动性能有明显改善。欧洲诸研制商还为该导弹研制了新型发动机。因此，IRIS-T型近距格斗导弹的射程明显增大，大迎角下的可控性能较好；导弹导引头的截获距离比现有红外导弹增大3至4倍，可攻击区显著扩大，其离轴发射角可达90°

（王明志）

战　略　导　弹

综述 1997年，各战略导弹拥有国继续调整自己的核战略。3月21日，美国总统克林顿和俄罗斯总统叶利钦在赫尔辛基发表了《美国和俄罗斯关于未来削减核力量参数的联合声明》。双方强调，随着冷战的结束，美俄两国在加强战略稳定和核安全方面取得了重大进步。美国和俄罗斯都已大幅度地削减了各自的核力量，而且在削减战略导弹方面采取了重大步骤。美俄《第1阶段削减战略武器条约》已经生效，根据两国总统达成的谅解，《第2阶段削减战略武器条约》削减战略核运载工具的生效时间将推迟5年，即2007年12月31日。双方商定，一旦《第2阶段削减战略武器条约》获得两国议会批准生效，美国和俄罗斯将就《第3阶段削减战略武器条约》问题举行谈判。

1997年，美国根据其1994年～1999年度《5年防务计划》，继续对其战略方针、军事力量结构、战略重点进行调整。美国新的核战略认为，美国仍应拥有强大的核潜力，以便能够保障在全球性战争和地区性战争中进行有效作战；核武器是“遏制”潜在的敌人，阻止其使用大规模杀伤性武器、特别是核武器，以及阻止使用常规武器对美国及其盟国发动大规模侵略的主要手段；“核遏制”要由战略力量和战术核力量来实施；美国不放弃率先使用核武器和保留进行报复性反击的权力。

俄罗斯总统叶利钦1997年12月17日正式批准了《俄罗斯联邦国家安全构想》。构想认为，俄奉行发展核力量为后盾的现实遏制战略，俄联邦武装力量最重要的任务是保障俄的核遏制能力，无论是对核战争，还是对大规模常规战争、地区战争均能以核力量有效地加以遏制。为此，俄保留在遭受武装侵略威胁时使用所拥有的一切军事力量，包括核力量的权力。为此，俄政府实施了《白杨-M型战略导弹系统发展规划》和《发展核武器和武装力量指挥系统规划》，并多次要求经济部门全力保证战略火箭军建设，特别是战略核力量指挥系统现代化建设所需款项。此外，俄总理切尔诺梅尔金视察战略火箭军总司令部和战略火箭军总司令谢尔盖耶夫升为国防部长也充分说明俄对战略火箭军的重视程度。

法国继续销毁其陆基弹道导弹，重点发展海、空军战略力量，使核力量由“三位一体”成为“二位一体”，同时针对俄总统宣布不将核导弹对准法国，希拉克宣布法核导弹也将不再对准俄罗斯。英国仍强调保持其核威慑力量，并保留在危机时首先使用核武器的权力。

陆基弹道导弹　陆基弹道导弹是美俄“三位一体”战略进攻性核力量的重要组成部分，双方在削减其陆基弹道导弹的过程中，仍在加紧其现代化步伐，与此同时双方继续寻求这些导弹在商业领域中发挥作用。法国正在销毁其陆基弹道导弹，印度继续进行陆基弹道导弹试验。

洲际弹道导弹　**美国改装“民兵”Ⅱ型弹道导弹发动机用于运载火箭**　据美国《防务新闻》1997年9月报道，美国轨道科学公司已赢得美国空军一项价值约2亿美元的合同，将空军过剩的“民兵”Ⅱ型弹道导弹发动机改装成小型轨道和亚轨道运载火箭。根据这项轨道—亚轨道计划，1999～2000年间，轨道科学公司要把24枚“民兵”Ⅱ型导弹改装成运载火箭，其中21枚将发射美国政府的小型卫星，另外3枚用来研究新火箭技术，空军称这项计划为混和任务计划。第1次混和任务计划将于1999年11月进行。据称，改装后的“民兵”Ⅱ型运载火箭将发射重达318千克的小卫星至低地球轨道。

美国重视以“民兵”导弹系统为基础的“国家导弹防御”系统方案　美国《每日防务》快报1997年4月15日报道，兰德公司对美国空军以“民兵”导弹系统为基础的“国家导弹防御”（NMD）方案进行了评估，并给予了较高的评价。

该方案以空军现有的“民兵”Ⅲ型洲际弹道导弹及其发射井、预警雷达、指挥控制体系为基础，由提供敌方导弹发射预警信息的红外控测卫星、预警雷达、精确跟踪和目标识别雷达以及部署在北达科他州大福克斯反弹道导弹基地的20枚拦截弹组成，可防御4枚带单核弹头的弹道导弹。

据美国空军估计，该方案的发展和部署可能需要23～39亿美元和6年的时间，因为整个系统的集成以及许多空军未考虑到的方面需要更多的经费。

兰德公司认为，改进后的“民兵”导弹具有足够的机动性以实现大气层外拦截，并且如果其目标识别算法足够有效，X波段雷达将有充裕时间识别再入弹头。同时“民兵”系统的动能杀伤拦截器具有自动寻的并足以摧毁具有一定尺寸和温度的再入弹头的能力，另外，“民兵”NMD方案对适度压低再入角和滚动的再入弹头也能提供一定程度的防御。

兰德公司还建议空军对设在东、西海岸的X波段跟踪目标识别雷达增加电子扫描能力。

美国空军提出“民兵”战略导弹改进计划　美国《每日航宇》快报1997年3月27日报道，美国空军打算改进“民兵”导弹的软件和硬件，以确保它能装载“和平卫士”导弹上的MK－21/W87弹头。

众议院国家安全委员会1997财年国防授权报告要求空军提交在“民兵”导弹安装“MK－21弹头的计划。空军在提交给该委员会的一份报告中指出，MK－21/W87弹头是空军武器库中最安全、最先进和保障最好的弹头。空军将需要2.936亿美元在1999～2006财年进行这项工作，届时将有150枚“民兵”导弹装载MK－21A/W87弹头，350枚“民兵”导弹装有MK－21/W87弹头。

这种改进型“民兵”导弹的部署可能于2003财年第2季度开始，这取决于“和平卫士”导弹的撤除时间。部署进度为每年每个联队50枚，需4年时间达到全面部署。

美国计划将洲际弹道导弹由私营公司保养　美国空军准备仿效宇航局把航天飞机的主要操作工作交给联合太空联盟公司的作法，从1998年初把其500枚“民兵”Ⅲ型和50枚“和平卫士”洲际弹道导弹的维护工作交给一家私营主承包商，承包期15年。阿联特技术系统公司和TRW公司将竞争这一合同。美空军打算在今后15年里用几十亿美元（可能高达70亿美元）来进行这些导弹的维护和“民兵”Ⅲ型制导与推进系统的改进，赢得维护合同的公司要实现至少10%的节省。

美国“民兵”Ⅲ型导弹发动机改型试验成功　1997年8月，美国西奥科尔化学公司成功地试验了1台用于美国空军“民兵”Ⅲ型洲际弹道导弹的改进型固体火箭发动机。据该公司称，这次试验达到了所有主要目标。这台发动机是要试验的12台发动机中的第1台。

美国空军制定了一项为期6年，耗资8420万美元的“民兵”Ⅲ型发动机改进计划。该计划是“民兵”Ⅲ型导弹现代化计划的一部分。该公司将把现代技术应用于过时的发动机系统，替换不再符合环境标准的材料和老化的火箭燃料，以使“民兵”Ⅲ型导弹的服役期延长到2020年之后。

美国众议院建议为常规洲际弹道导弹计划增加拨款　美国《每日防务》1997年6月19日报道，美国众议院国家安全委员会已将空军的常规洲际弹道导弹计划的 1998 财年拨款从 1650 万美元增加到 4930 万美元。这些经费将主要用来对现有的洲际弹道导弹进行改进和飞行试验。

常规洲际弹道导弹可用于摧毁加固的或深埋的核、化学、生物武器系统、贮存库以及指挥控制站。目前，只能用核武器打击这类目标。

美国防部认为，常规洲际道导弹可能是对付这类目标的一种有效的替代武器，因为它可在充分保持自身结构完整的情况下钻入防御工事中，并在其内部爆炸。

美国空军进行“和平卫士”导弹试验　1997 年 9 月 17 日和 11 月 5 日，美国空军从加利福尼亚州的范登堡空军基地先后发射了 1 枚“和平卫士”洲际弹道导弹。这两次试验飞行是美国空军正在进行的“后续作战试验与鉴定”（FOTE）下一代“和平卫士”计划的一部分。试验中这两枚导弹分别携带了 7 个和 8 个再入大气层飞行器，在 30 分钟内飞行了近 6700 千米，所有子弹头全部击中了位于太平洋西部的夸贾林导弹靶场的预选目标。据美国空军说，FOTE 计划的目的是测定在地下存放多年的“和平卫士”导弹系统的精度与可靠性。按计划，空军每年要进行 3 次“和平卫士”洲际弹道导弹飞行试验。

俄罗斯进行 SS－18 洲际弹道导弹试验　1997 年 4 月 17 日 15 时 30 分，俄罗斯战略火箭军成功地发射了 1 枚 SS－18 洲际弹道导弹，10 个弹头全部击中预定区的目标。该枚导弹是从哈萨克斯坦的拜克努尔试验场发射的。这是俄罗斯 1997 年进行的第 1 次洲际弹道导弹试验。这次试验的目的是对导弹的各分系统进行测控。SS－18 导弹已在战略火箭军服役 20 年，其使用的寿命需要延长。

俄乌合资推销 SS－18 洲际弹道导弹　俄罗斯和乌克兰的 10 家公司合资成立一家公司，以推销 SS－18 洲际弹道导弹，供低地轨道商业发射使用。由俄、乌航天部门牵头的这些公司准备把 150 枚该型导弹改装成第聂伯运载火箭，首次发射可能在 1998 年进行。美国特里德西克公司正在考虑用该火箭发射其卫星星座中的 204～840 颗小卫星。

俄罗斯进行 SS－19 洲际弹道导弹试验　1997 年 6 月 10 日，俄罗斯战略火箭军发射了 1 枚 SS－19 洲际弹道导弹，导弹成功地击中了位于太平洋堪察加半岛上的目标。这次发射的主要目的是检验已超期服役的 SS－19 导弹的性能，从而确定该型导弹还能否担负作战值班任务。战略火箭军代总司令雅科夫列夫说：“这再次证明战略导弹部队武器装备的充分可靠性和巨大效能，证明俄罗斯的核盾牌总体上是坚不可摧的。”

俄罗斯举行战略弹道导弹发射演习　1997 年 10 月，俄罗斯进行了“多面堡 97”战略演习。在这次演习中，俄罗斯于 10 月 3 日发射了 1 枚 SS－25 洲际弹道导弹。这次试射的目的是要研究部队指挥问题、检查与海、空军核力量的协同能力、检验 SS－25 导弹的战备程度和作战能力。这次演习中俄罗斯核战略部队共进行了 6 次战略导弹试射，所发射的 6 枚导弹均准确击中堪察加半岛上的预定目标。除 SS－25 洲际导弹外，俄空军分别通过“图－22M3”、“图－95MC”、“图－160”远程战略轰炸机发射了 3 枚空基巡航导弹，俄海军从巴伦支海的战略核潜艇上发射了 2 枚海基弹道导弹。俄罗斯国防部长谢尔盖耶夫元帅说，演习的目的是检验俄核战略部队对保卫国家安全的准备情况，他对这次演习的结果表示满意。

俄罗斯进行 SS－27 洲际弹道导弹试验　1997 年 7 月 8 日，俄罗斯在普列谢茨克试验场成功地试射了 1 枚 SS－27（白杨－M）洲际道导弹。这是这种导弹第 4 次也是最后一次研制试射。正在研制的这种导弹有两种型号，即机动型和井下发射型。俄准备将 SS－27 导弹作为下个世纪战略导弹部队的唯一洲际弹道导弹。该导弹不久将投入批量生产，俄罗斯战略火箭军总司令雅科夫列夫上将认为，SS－27 导弹第 4 次发射试验表明，优先发展导弹武器的计划进展顺利。他说：“俄罗斯在 21 世纪仍将留在世界核大国之列，并以此保证世界的战略稳定。

俄罗斯部署 SS－27 洲际弹道导弹　1997 年 12 月 24 日，俄罗斯战略火箭军在塔曼导弹师部署了 2 枚 SS－27 洲际道导弹，并从当日起担负战斗值班。俄罗斯国防部长谢尔盖耶夫元帅强调整指出，这套系统是俄罗斯工程技术人员研制的。在没有事先组装的情况下提供给部队，这节约了大笔资金。这种导弹具有世界上独一无二的飞行特性。在目前和今后很长一段时间里防空武器无法击落它。谢称，SS－27 洲际弹道导弹完全符合国际条约。这种独特的陆基机动系统比现在装备的战略导弹的使用费用少两倍。同年 12 月 27 日，俄总统叶利钦就俄部署首批 SS－27 导弹向战略火箭军发出的贺电称，这种导弹是对加强俄罗斯核威慑潜力的贡献。

中程弹道导弹

法国继续销毁 S－3D 中程弹道导弹　根据总统希拉克 1996 年 2 月宣布的关闭阿尔比昂核基地并拆毁核导弹的命令，法国 1997 年继续销毁其 S－3D 中程弹道导弹，至 1997 年底法已销毁 15 枚该型导弹，剩余 3 枚按计划将于 1998 年 3 月销毁，其他善后工作于同年 10 月完成。根据法国政府的预算，销毁全部 S－3D 的费用为 7750 万美元。

印度恢复“火神”中程弹道导弹研制计划　英国

《简氏防务周刊》1997 年 8 月 6 日报道，印度正在恢复其"火神"中程弹道导弹计划，并希望通过建立一套综合导弹防御系统加强其安全。印度国防部长亚达夫说政府已决定将"火神"导弹下一阶段研制工作置于"优先地位"。但他没有说明下一阶段"火神"导弹研制计划是什么时间以及下次试验何时进行。

据印度军方官员说，印度作出恢复"火神"导弹计划的决定是巴基斯坦试射其"哈塔夫"Ⅲ型导弹引起的。

"火神"导弹长 21 米，发射重量 19 吨，至少还需 6～8 次试验才能完善其精度，并达到 2500 千米的最大射程。下一阶段"火神"导弹研制计划将使用固体燃料发动机。

"火神"导弹计划是印度综合导弹研制计划的一部分，在 1994 年进行了第 3 次试射，射程达到 1400 千米。之后，华盛顿为防止导弹在南亚扩散而对印度施加压力，整个计划被迫中止。

表 1. 现役洲际弹道弹主要性能表

国别	导弹型号	级数	推进剂	长度(米)	直径(米)	弹头数×当量(万吨)	射程(千米)
美国	"民兵"Ⅲ	3	固体	18.3	1.7	3×33.5	11250
	"和平卫士"	3	固体	21.5	2.4	10×33	12000
俄罗斯	SS－18	2	液体	35.0	3.0	10×50	11000
	SS－19	2	液体	25.0	2.7	5×50	10000
	SS－24	3	固体	21.0	2.0	10×50	10000
	SS－25	3	固体	18.0	1.8	1×50	10000
	SS－27	3	固体	22.7	1.95	1×100	10500

海基弹道导弹　美国继续生产"三叉戟"Ⅱ潜射弹道导弹　美国《世界航空航天防务情报》1996 年 11 月 15 日报道，为满足未来潜基核威慑力量的需要，克林顿政府支持部署 14 艘装备"三叉戟"Ⅱ(D—5) 导弹的"俄亥俄"级核潜艇的计划。"俄亥俄"级核潜艇现有 7 艘在服役，3 艘在建，另外 4 艘将由现装备"三叉戟"Ⅰ导弹的该级潜艇改装（还有 4 艘装备"三叉戟"Ⅰ导弹的该级潜艇被封存）。

根据后续试验鉴定要求，"三叉戟"Ⅱ导弹的采购量将增至 462 枚，考虑到"俄亥俄"级核潜艇的服役寿命可能由 30 年增加到 40 年，因此采购量有可能再增加到 600 枚以上，英国是这种导弹的唯一国外用户，到 1994 年它已订购 43 枚左右，并计划再采购 64～70 枚。根据今后 10 年的生产预测。1997 年生产 13 枚，1998 年 15 枚，1999 年 14 枚，2000～2006 年间每年生产 12 枚。

俄罗斯销毁 SS－N－6 潜射弹道导弹　根据前苏联和美国 1991 年签署的《第 1 阶段削减战略武器条约》，俄罗斯于 1997 年 12 月 3 日开始销毁 SS－N－6 型海基弹道导弹。

据俄通社—塔斯社报道，莫斯科时间 12 月 3 日 9 时，俄海军第 1 枚 SS－N－6 型导弹在巴伦支海海域 1 艘潜艇发射升空，当导弹升至 3500 米高空时，按照潜艇计算机发出的指令，导弹在离巴伦支海海岸 100 千米的空中销毁。7 名美国军事专家观看了导弹销毁过程。按照计划，俄罗斯于 12 月 3 日销毁了 12 枚该型导弹，12 月 4 日销毁了 8 枚该型导弹。

俄罗斯 SS－N－18 型潜射弹道导弹发射成功　俄罗斯海军战略核部队 1997 年 1 月 15 日成功地发射了 1 枚 SS－N－18 型洲际弹道导弹。这是俄罗斯今年第一次进行战略导弹发射训练。据俄海军新闻中心发布的公报，执行此次训练任务的是俄北方舰队的 1 艘战略核潜艇。导弹从西部巴伦支海域发射，准确命中设在俄东部堪察加半岛上的目标。

俄海军战略核部队去年曾成功地进行了数次海基导弹发射训练。俄海军新闻中心表示，这几次成功的发射证明了俄海军战略核部队的高超素质及海基战略导弹的卓越性能。

表 2. 现役海基弹道导弹主要性能表

国别	导弹型号	级数	推进剂	长度(米)	直径(米)	弹头数×当量(万吨)	射程(千米)
美国	"三叉戟"Ⅰ	3	固体	10.36	1.88	8×10	7000
	"三叉戟"Ⅱ	3	固体	13.59	2.11	8×47.5	11000
俄罗斯	SS－N－18	2	液体	14.0	1.8	7×20	7000
	SS－N－20	3	固体	15.0	2.0	9×10	8300
	SS－N－23	3	液体	16.9	1.8	6×25	8500
法国	M－20	2	固体	10.7	1.5	1×100	3000
	M－4	3	固体	11.05	1.93	6×15	6000

战略巡航导弹　法国继续研制 ASMP－C 型中程巡航导弹　1997 年，法国宇航公司继续研制 ASMP－C 型空对地中程巡航导弹，该型导弹是 ASMP 中程核导弹的常规型，可从飞机、舰船、潜艇或地面发射。ASMP－C 导弹采用与核武器型相同的火箭和冲气式动力装置，还将采用一些超音速反舰导弹的技术。ASMP—C 导弹的飞行速度达 2 马赫。

（任　杰）

弹道导弹防御武器系统

综述 1997年，美、俄、北约国家和以色列等国继续重视发展弹道导弹防御技术，主要动向是：

重点研制和试验先进的战区导弹防御武器系统 美国对研制中的各类战区导弹防御武器系统都进行了飞行或拦截试验，部分试验获得了成功。其中，美陆军已部署的“爱国者”PAC-3Ⅱ型导弹于1997年1月和3月进行了两次拦截试验，并获成功；对“爱国者”PAC-3型新研制的动能拦截弹于9月和12月成功地进行了两次飞行试验；但是战区高空区域防御（THAAD）系统于3月进行的拦截试验未能拦截到目标，这是该系统在拦截试验中第4次连续失败，可能导致该项计划被推迟和调整。美海军为“海军区域”防御系统研制的“标准”2ⅣA导弹于1月进行了首次拦截试验，并获成功；为全战区防御研制的“标准”3拦截弹于9月进行的首次飞行试验失败。此外，机载动能拦截弹和机载激光武器等助推段拦截系统以及目标探测系统也在加紧研制。

以色列与美国联合研制的“箭”2拦截弹于3月成功地进行了第2次拦截试验，但后8月进行的第3次拦截试验失败。俄罗斯首次公开展出了新的S-300PMU-2型系统，显示出在发展战区导弹防御技术方面具有很强的实力。英、法、德、日、印等国以及中国台湾地区均在加强战区导弹防御武器系统的研究。

继续开展战区导弹攻防作战演习 海湾战争后，西方国家普遍认为，战区弹道导弹的攻防作战将成为未来地区性战争的重要样式，因此，1994年以来都把它作为重要训练科目，每年都举行三军联合和多国联合的战区导弹防御军事演习，俄罗斯也进行过多次类似演习。1997年，美国和北约国家继续进行这种演习，但侧重点与以前有所不同。例如，北约部队于1月进行了代号为“光学风车-2联合计划”演习，主要演习了如何攻击敌方导弹的运输—起竖—发射车；美国陆军于4月进行了名为“流沙97”的演习，首次利用“联合战术信息分发系统”和“战术数字信息链J”把正在研制的“战区高空区域防御”（THAAD）系统和“爱国者”导弹防御系统联系起来，从而向建立能够实施多层拦截的战区导弹防御系统迈出了重要一步。

美国加强国家导弹防御系统的研究 美国国会1996和1997年连续大幅度增加国家导弹防御计划的研究经费，1998财年又为该计划授权拨款9.781亿美元，比克林顿政府申请的数额多4.74亿美元。在国会的高度重视和有力的财政支持下，其研究工作正稳步展开。1997年5月，借助美国空军试验“和平卫士”洲际导弹的机会，演示了国家导弹防御系统指挥、控制、通信系统的能力；6月波音公司为国家导弹防御系统的“地基拦截弹”研制的动能弹头成功地进行了首次飞行试验；为国家导弹防御系统研制的“地基雷达”样机亦在加紧建设，其设施建设已完成了85%以上，雷达安装工程已完成了25%以上，预计于1998年底投入试验，为1999年底进行整个国家导弹防御系统的集成试验作准备。

美国开始进行巡航导弹防御系统研究 美国认为，今后它将受到巡航导弹的威胁。因此，美国防部已制定了“联合对地攻击巡航导弹防御”（JLACMD）战略，并正在对其所用的先进技术进行评估。同时，美国防部还指派其弹道导弹防御局负责组织国家巡航导弹防御系统的研究，并拟定巡航导弹防御体系结构方案。

美国继续进行反卫星武器试验 1997年8月，美陆军成功地进行一次动能反卫星（KE-ASAT）拦截弹悬停试验，拦截弹在搜索和跟踪目标的同时，能保持自身的稳定并实施控制和制导。美陆军还于10月17日进行了高功率激光器（中红外先进化学激光器）反卫星试验并获成功，标志着美国激光反卫星武器开始走向实用化；随后，又成功地进行了低功率化学激光器射击卫星的试验，其目的是研究卫星如何防御敌方激光武器的攻击。

战区弹道导弹防御武器系统

美国陆基战区弹道导弹防御武器系统

美国“爱国者”PAC-3Ⅱ型导弹成功拦截1枚战术导弹靶弹 美国《每日航宇》快报1997年2月11日报道，2月9日，改进型“爱国者”PAC-3Ⅱ导弹在太平洋试验中心的一次试验中，成功地拦截了1枚战术弹道导弹。

美弹道导弹防御局说，这次拦截试验的目标是获取作为靶弹的战术弹道导弹的传感器数据，并演示用战区导弹防御系统进行拦截的可能性。为了攻击目标，“爱国者”PAC-3Ⅱ防空与导弹防御系统使用了“爱国者”PAC-2导弹和制导增强型拦截器。1套“爱国者”PAC-3Ⅱ系统还包括1部侦察与跟踪雷达，1个作战指挥所和若干辆运输发射车。

弹道导弹防御局和陆军还在继续改进PAC-3系统，包括改进雷达、通信设备等，并实现遥控发射。

美陆军成功进行“爱国者”PAC-3导弹飞行试验　美国《每日防务》电子版1997年9月30日报道，9月29日，美国陆军在白沙导弹靶场成功进行了“爱国者”PAC-3防空导弹的第1次飞行试验，试验的目的是：检验发射和飞行的有效性，与现有“爱国者”导弹系统的各种接口的工作情况，以及在执行目标拦截任务前的飞行中导弹的操作。

1997年12月15日，在白沙导弹靶场又进行了第2次试验。此次试验的目的主要是演示验证导弹在飞行中与地面系统之间的通信联系、导弹与现有“爱国者”系统的结合，并收集数据，以便对导弹性能以及对远程低弹道导弹的反应能力进行评估。

陆军官员说，“爱国者”PAC-3导弹的飞行试验分研制阶段和作战试验阶段两个阶段进行。

陆军计划花46亿美元，在2008财年之前部署1200枚“爱国者”PAC-3导弹。为了适应这项新任务，陆军一直在为它的“爱国者”导弹发射连装备新雷达、新计算机和遥控发射能力。

美国战区高空区域防御（THAAD）系统第4次拦截试验失败　美国《防务新闻》1997年3月10～16日报道，3月6日，美国THAAD系统的第4次拦截试验（即第7次导弹飞行试验）失败。美国防部官员认为，这次失败可能使THAAD计划推迟。

THAAD系统主承包商洛克希德·马丁公司认为，虽然这次试验没成功，但仍提供了一些有价值的信息，而且系统的基本设计是好的。1995年12月的第1次拦截试验失败原因是软件问题。1996年3月第2次拦截试验失败原因是弹载计算机在飞行中自动复位，同年7月的第3次拦截试验失败原因是寻的器电子系统故障，这次失败原因是由于转向与姿态控制系统不能接收到正确信号造成的。

另据英国《简氏防务周刊》1997年9月3日报道，THAAD系统第5次拦截试验将从1997年12月推迟到1998年4月，计划1998年进行3次飞行试验，并希望在1999年1月前进入工程与制造研制阶段。

美国THAAD系统有可能重新进行关键设计评审

美国《航空航天日报》1997年5月7日报道，由于THAAD拦截弹在4次拦截试验中均没有击中目标，美国国防部弹道导弹防御局局长莱斯特·莱尔斯中将说，为了更好地了解战区高空区域防御系统的设计余量，可能必须重新对THAAD系统进行“关键设计评审”（CDR）。

另据报道，美国国防部弹道导弹防御局局长莱尔斯中将已批准了洛克希德·马丁公司提出的THAAD“2+4”试验计划。按照“2+4”的演示验证飞行试验计划，美国陆军计划进行的下两次飞行试验，仍然利用已经制造的THAAD拦截弹，但随后进行的另外4次飞行试验将使用标准型的THAAD拦截弹，以便符合审查小组所提出的建议。

如果下一次试验（总第8次试验）完全成功，美国陆军将允许执行购买40枚拦截弹的方案，作为“用户作战鉴定系统”的一部分。为了把THAAD计划转入工程研制阶段，洛克希德·马丁公司还必须在今后计划进行的6次试验中，实现3次成功的拦截。如果今后的3次飞行试验全部成功，THAAD拦截弹今后很可能利用“2+4”计划的最后3次试验，进行某些“有限的用户试验”。这6次试验的共同特点，将是增加系统的“逼真度”，包括在各种高度进行拦截。

美国拉日本参与THAAD计划　美国《每日防务》快报1997年5月7日报道，美国弹道导弹防御局国家事务负责人德博拉·维恩生称，在战区高空区域防御（THAAD）计划的拦截试验获得首次成功后，陆军和弹道导弹防御局可能邀请外国政府参与该计划。

据陆军官员说，陆军THAAD计划办公室的一些官员目前正在日本，讨论日本参加THAAD计划的可能性问题。1997年夏，日本将制定出其导弹防御计划，届时它可望在3种方案中选择出1种：同美国合作发展国家导弹防御系统；采取小规模、过渡性步骤，如引进先进的探测器技术以提供对导弹袭击的预警；或者是进一步研究这个问题。

如果日本选择第1种方案，它可能利用其美制“宙斯盾”巡洋舰和空中预警机（AWACS）构造一个导弹防御保护伞。日本如何参与THAAD计划的后期发展工作的详细情况还不清楚。不过决定日本是否接受THAAD计划的一个可能因素，是该计划能否从一系列的试验失败中恢复过来。

美国弹道导弹防御局可能增加对美以联合导弹防御计划的投资　美国《每日防务》快报1997年3月21日报道，美国国防部弹道导弹防御局称，可能增加美国和以色列联合研制的两项导弹防御系统计划——即“箭”2导弹系统和战术高能激光（THEL）系统的投资。

“箭”2导弹系统将取代“霍克”防空系统，能在远距离拦截“飞毛腿”弹道导弹。“箭”2系统第2次成功拦截试验后，弹道导弹防御局增加了对它的投资兴趣。THEL是一种能击落近程导弹和火箭（如122毫米“卡秋莎”火箭弹）的高能激光系统，由TRW公司和美国陆军空间与战略防御司令部协同研制。

美国将在增加投资中受益，可以将这些项目的有关技术，如焦平面阵列技术、空气动力学和助推器分离技术应用于美国防部的核心导弹防御计划，包括陆军的战区高空区域防御系统和海军的低层防御系统。

美以两国共同出资研制这两个系统。其中，“箭”2系统的研制费5.56亿美元，美国分担36%。为部署该系统，还需5亿美元。“箭”2用户作战评估系统将于1999财年部署，并于2001财年部署定型系统。今年对THEL系统投入约6000万美元，其有限能力系统可能于2000年部署。

美国陆军开始构想下一代防空概念 美国《每日防务》快报1997年6月4日报道，美军目前提出的“下个10年后的陆军”（AAN）计划是陆军“21世纪部队”计划的后续计划。

陆军认为，未来的威胁包括空间飞行器、机载激光器、远程精确打击导弹、先进的有人驾驶飞机和无人机。为防御这些可能的威胁，AAN的防空研究工作集中在3个方面：作战方案、编制方案和技术方案。

作战方案的关键方面包括空间防御、战区防空和近距防空。空间防御用于消除天基的（通信或监视卫星）或经过外层空间的威胁；各军种联合的战区防空作战采用中高空导弹防御系统、巡航导弹及助推段弹道导弹防御系统、战斗机、进攻型防空打击力量和包括电子干扰在内的信息战手段，以消除大气层的威胁；近距防空由地面机动部队对空中威胁进行最后的防御。

防空编制方案设想在一个统一的武装力量保护司令部下设立应急部队（如国家和战区导弹防御部队），有人驾驶飞机、天基系统、机载系统、空中运输系统和海基系统，以及用于先发制人的特种部队全都可能划归武装力量保护司令部。

防空作战分成近程防空分队，“扩大的中程防空系统”分队，战区高空区域防御分队。每个分队由100名士兵组成。

AAN计划正在探索的防空技术方案可能包括高功率脉冲和波束武器以及用于破坏或欺骗敌方武器的信息战技术。例如，未来的近程防空分队将装备定向能和动能武器，它们能够拦截约97千米远、24千米高处的目标。

美国陆军计划建立空间与导弹防御作战实验室

美国《每日报务》快报1997年2月26日报道，美国陆军空间与战略防御司令部最近同训练与条令司令部签订一份协议书，计划新建空间与导弹防御作战实验室（SMDBL）。新实验室主要任务是研究各种作战方案，集中力量进行军事科研，并进行作战实验。根据协议要求，SMDBL要同陆军的几所野战炮和防空高炮学校密切协作，推动火炮武器平台和其他空间与导弹防御系统的研制工作，并协助制定部署这些新系统所需的条令。

美、以“箭”2导弹拦截试验再次成功 据美国《航空与航天技术周刊》1997年3月17日报道，3月11日，“箭”2导弹的第4次发射试验获得成功，只是由于传感器失灵，拦截弹的破片杀伤弹头没有爆炸。美、以官员说，所获得的初步数据表明，“箭”2导弹捕获、锁定、导向、拦截了目标并将其摧毁；“青松”（Green pine）火控雷达和“枸橼”（Citron Tree）作战管理中心在这次试验中首次联合部署，皆达到预期效果。

这次试验也是“箭”2第2次拦截试验。在这个阶段至少还将安排两次试验，此后将进入全套“箭”式武器系统的试验与评估阶段。“箭”2将在1998年底具备有限作战能力。

美、以“箭”2导弹第3次拦截试验失败 美国《防务新闻》1997年8月25～31日报道，1997年8月20日进行的“箭”2导弹系统第3次拦截试验失败，这次试验也是“箭”2导弹系统的第5次飞行试验。“箭”2导弹系统的下次拦截试验计划在1998年初进行，随后开始有限度地部署。

试验中，“箭”2导弹正常升空，准备拦截1枚模拟“飞毛腿”导弹的靶弹，目的是试验“箭”2导弹的雷达和火控系统的集成性能。但导弹升空后，偏离了航向，地面控制人员将其爆炸。

“箭”式导弹系统目前预定1998年末部署，但这次试验失败可能会阻碍部署进程。

美、以加速发展“箭”式导弹 美国《每日防务》快报1997年4月4日报道，美国、以色列两国已商定加速发展联合研制的“箭”式导弹防御系统。美国将把目前用于“箭”式导弹防御系统的2亿美元增加25%。按目前计划，要在2001年部署“箭”式导弹防御系统还需5亿美元。两国打算于1999财年部署“箭”式导弹样机。

另据英国《简氏防务周刊》1997年11月12日报道，由于伊朗将在一年半内制造出能携带700千克化学弹头且射程达1200千米的地对地导弹，以色列正加速“箭”2反战术弹道导弹计划，砍去最后研制阶段而直接进入生产阶段，使之在1998年年中具有初始作战能力，比原计划提前一年，以色列空军将首先部署“箭”2导弹。

美国海基战区弹道导弹防御武器系统

美海军“标准”2IVA导弹成功进行首次拦截试验 美国《每日航宇》快报1997年1月27日报道，1月24日在白沙导弹靶场试验中，1枚美国海军的“标准”2IVA导弹首弹首次拦截了1枚“长矛”弹道导弹靶弹。该试验的成功加速了海军战区弹道导弹防御计划。海军认为，这次拦截使海军进入一个新的时代。如果利用“海神”巡洋舰和驱逐舰配合新的导弹技术，美海军有能力保护战区免受弹道导弹的攻击。

美国的“伊利湖”和“皇家港”巡洋舰将为未来海上试验首先进行战区弹道导弹防御的现代化改进，并装备“标准”2IVA导弹。

美海军将于2004年前部署高层导弹防御系统 美国《每日防务》快报1997年6月6日报道，根据美国防部1997年进行的4年一度的防务评审要求，海军将于2004年前完成其远程、高层弹道导弹防御系统（即海军全战区防御系统NTW）的研制和部署。

首枚NTW导弹的飞行试验定于1997年晚些时候进行，其首次拦截试验可能于1999年晚期进行。美国海军期望并鼓励盟国参与NTW计划，包括联合发展或联合生产。澳大利亚、韩国和日本都是可能的合作伙伴。

美国海军计划到2003财年向NTW系统投入超过10亿美元的资金，海军为该计划1998财年的预算申请是1.949亿美元。只要国会提供资金保障，海军在5年内能完成NTW系统的部署。

美海军评价“宙斯盾”巡洋舰在导弹防御中的作用 美国《每日防务》快报1997年10月3日报道，美国海军曾将“乔辛”号“宙斯盾”巡洋舰（CG-65）部署在“星座”号航母（CV-64）战斗群中，其唯一任务是战区导弹防御。据战斗群司令施密特少将称，在整个部署期间，该舰进行了各种演习，诸如演示“宙斯盾”雷达跟踪“飞毛腿”导弹，并将目标信息传输给陆军“爱国者”导弹连。演习后将对“宙斯盾”巡洋舰在弹道导弹防御中整体概念和经验进行评估。

为了使“宙斯盾”舰队能够防御战区弹道导弹的攻击，美国海军正在改进“标准”2IVA型导弹。一项大的改进是把一种红外寻的头集成在灵敏的射频（RF）制导的导弹上。在1997年1月，在白沙导弹靶场进行的1次减少风险的飞行试验中演示了这种红外寻的头。除了采用红外寻的头末制导之外，“标准”2IVA型导弹还将采用前视和侧视射频引信，以便最佳的使用破片弹头。利用改进的制导技术和前视可预测引信，总的杀伤力将得到提高，同时也将改进对付化学弹头的能力。

在基本型的“标准”2IVA型导弹进行有限数量生产过程中，进一步改进IVA型导弹，将确保海军有一种新的单一型号的多用途导弹，取代有显著不同的两种改型。

为使“宙斯盾”巡洋舰和驱逐舰加上IVA型导弹，需要对军舰进行改进，主要是软件的改进。

到1999年后期，预定要在白沙导弹靶场进行9次发射试验，打飞机、巡航导弹和战区弹道导弹目标。同时，两艘“宙斯盾”舰将通过舰上的广泛仿真能力，试验用户作战评估系统软件，这些软件是发射IVA型导弹所需要的。2000年，预定在夏威夷的太平洋导弹靶场从装备用户作战评估系统的军舰上进行3次海上发射试验。2000年的初始试验之后，海军将有能力在实战中部署IVA型导弹。

美国助推段战区弹道导弹防御武器系统

美、以合作开发新型助推段拦截器 英国《航空快报》1997年2月14日报道，美国和以色列打算在1997年夏天开始一项新的反导弹计划——助推段拦截（BPI）计划。该计划在低风险阶段的费用是3400万美元，由两国共同承担。去年美国会为BPI的可行性研究提供1500万美元。

上个月，在美国弹道导弹防御局局长莱尔斯中将访以期间，双方就BPI事宜进行了商讨，同时双方还草签了建造用于拦截敌方导弹的无人航空器样机协议。

美、以探索用无人机进行助推段导弹拦截技术 英国《简氏国际防务评论》杂志1997年8月报道，美国防部弹道导弹防御局已经授予以色列威尔士（Wales）公司一项价值3400万美元、为期24个月的低风险合同，对用于助推段拦截的“莫阿布”无人机载拦截弹进行试验。

“莫阿布”拦截弹是“以色列助推段拦截系统”（IBIS）的主要组成部分，由以色列拉法尔公司负责研制。该系统的其他部分包括以色列飞机工业公司研制的高空长航时隐形无人机，作为携带“莫阿布”拦截弹的武器平台，以及以色列威尔士公司研制的指挥控制与作战管理系统等。威尔士公司为主承包商，还负责系统集成。

“莫阿布”拦截弹将以“大蟒”4空空导弹的技术为基础，其飞行速度为1.5～2.0千米/秒，接近超高音速。当携带该拦截弹的无人机在15千米的高度发射拦截弹时，射程为100千米；在9千米的高度发射时，射程为80千米。以色列已对“莫阿布”拦截弹的关键技术（包括红外导引头和固体火箭发动机技术）进行了长期的研究，并已完成了拦截弹结构的风洞试验。

美空军机载激光武器计划通过“计划需求评审” 美国《每日防务》快报1997年3月26日报道，波音公司机载激光器（ABL）计划主任波尔·谢拉姆日前宣布，该计划已通过“计划需求评审”，为下一阶段开始的详细设计和工程发展工作铺平了道路。ABL是波音公司为美国空军研制的一种战区弹道导弹防御系统，由1台高功率激光器和1套光束控制装置组成，安装在波音747-400F大型运输机上，可攻击数百英里远处的导弹。1997年2月，空军授予TRW公司合同，开始制造这项计划的第1台激光器。

美国机载激光器每次射击费用只需1000美元 据美国《每日防务》快报1997年5月14日报道，美国正在发展的对助推段战区弹道导弹实施拦截的机载激光器（ABL）每次射击的费用仅1000美元。机载激光器的低成本及其先进技术将使之成为一种极具价值的导弹防御工具。机载激光器计划是由波音、洛克希德·马丁和TRW3家公司联合研制的，包括TRW公司研制的兆瓦级激光器。美国空军的机载激光器系统预定2002年进行靶场试验。

美国波音公司成功进行机载激光器空气动力学试验 美国《每日航宇》快报1997年8月4日报道，波音公司的工程师在华盛顿大学的一个试验水洞进行了1个月的试验后，找到了提高机载激光器（ABL）头锥转台空气动力学性能的办法。该转台直径104英寸（2.64米），可将激光瞄准战区弹道导弹，以在导弹的飞行过程中将其摧毁。

水洞试验起到了3方面的作用：①证实了现有的设计方案将按照预想的方式运行；②减少了1997年末将在风洞中进行研究的设计方案数目，从15个减到最有希望的3个；③通过水洞进行试验，节省了大量费用。

波音公司通过水洞试验认为，在转台的某些部位边界层与表面分离，产生了一个湍动的“剪切层”。当激光束穿过湍流时，光束质量会降低，这会导致在目标上产生一个模糊的光斑，增加了摧毁目标所需的时间。在水洞试验中，波音公司应用“被动流控制”方案试验了减小湍流和改善光束质量的多种转台设计。波音公司确信11月份的风洞试验将最终确定转台的设计。

美空军完成机载激光器关键部件试验 美国《每日防务》电子版1997的9月18日报道，由波音公司、洛克希德·马丁公司和TRW公司组成的美国空军机载激光器计划（ABL）的承包商小组已经成功地演示了激光器的关键部件——单态氧发生器（SOG）。

ABL计划是美国空军正在开发的一项对战区弹道导弹进行助推段拦截的计划，其核心部件是安装在波音747-400飞机上的氧碘化学激光器。这种激光器的SOG通过化学反应将碱性过氧化氢的化学能释放出来，产生受激态的氧，并最终激发碘原子产生激光。

由于激光器将被安装在飞机上，其体积和重量都受到一定限制。满足这种重量要求的激光器组件称为飞行重量的激光器模块（FLM）。9月中旬还进行了一项小型FLM的试验，它是飞机上使用的FLM的一部分。该试验不仅是为证明SOG的设计及其性能，而且也为1998年春进行的FLM试验降低了风险。试验表明它可以驱动10万瓦的氧碘化学激光器，而由14个模块组成的实验用激光器功率可达200～300万瓦。这两项演示试验的成功标志着机载激光器计划又向前迈进了关键的一步。

美国战区弹道导弹防御目标探测系统

美陆军导弹防御用激光雷达将在2001财年进行飞行试验 美国《每日航宇》快报1997年7月14日报道，美国陆军空间与战略防御司令部计划在2001财年进行机载激光雷达的飞行试验，该激光雷达将能更好地分辨大气层外的目标。

该计划建立在早期技术研制计划的基础上，还需要进行试验性系统的飞行试验。该司令部已将这种激光雷达的研制合同授予波音北美公司。这种激光雷达利用短脉冲激光判定目标范围，并将其与大孔径技术结合以提高雷达的角分辨率。

美海军下一代防空雷达将在导弹防御中起重要作用 据美国《防务信息与电子学通讯》1997年8月8日报道，一种新型多功能防空雷达（MFR）将在海军导弹防御计划中占有与导弹和杀伤拦截器同样重要的地位。

这种MFR雷达被认为是“下一代防空作战任务保护系统的关键部分”，该系统包括多功能雷达、改进的舰船自卫系统、自卫发射器和改进的“海麻雀”导弹。这些系统将装备在LPD-22两栖登陆舰和LPD-17的后继型两栖登陆舰、CVN-77核动力多用途航空母舰、未来多用途航空母舰CV（X）及DD-21驱逐舰上。MFR基于固态、主动阵列技术，将具有搜索、探测、跟踪和武器控制功能，与现有的完成同样功能的多个系统相比，大大减少了所需要人员及全寿命周期费用。

1997年6月16日，海军战区防空计划执行办公室将合同授予3个独立的承包小组。整个计划分3个阶段：第1阶段授予合同；第2阶段将第1阶段得到的系统设计方案进行改进；第 3 阶段是工程和制造发展阶段，将在财 2003 年制造出一套装备在军舰上的战术多功能雷达系统。

美国利顿公司研制成新型多孔径雷达系统 美国《每日防务》电子版 1997 年 10 月 15 日报道，为满足美陆军"火力探测"Block Ⅱ 更新计划的要求，利顿公司已研制出能同时跟踪 1500 个目标的新型多孔径雷达系统（MARS），被探测目标包括火炮炮弹、火箭、弹道导弹、巡航导弹、无人机和飞机等。

MARS 系统的关键设备是收发双稳定火炮定位雷达，它能同时跟踪多个目标。与其它雷达系统不同的是它的雷达发送和接收装置分别安装在两个不同的平台上。根据地形需要，发送器和接收器可相距 0.5～2 千米，发送器与战术作战中心还有通信线路联系。另一个备用的发送器也可同时使用，使探测范围成倍增加。

MARS 系统的另一个改进是它的可移动性。它可与陆军的标准拖车一起装在高机动多功能轮式车上，或由 C－130 运输机、CH－47 直升机运往战场。MARS 系统能通过传感器为发射器提供重要实时信息。全系统只需 6 名士兵在 6 分钟内就能安装好，用它将替换陆军远程 TPQ－37 雷达和供轻型部队使用的 TPQ－36 雷达。

美国即将部署联合战术地面站导弹预警系统 美国《航空与航天技术周刊》1997 年 3 月 3 日报道，美国陆、海军的"联合战术地面站"（JTAGS）不久将投入使用，这些地面站可部署在需要"国防支援计划"（DSP）卫星数据的任何战区，以提供导弹预警。

该地面站系统能在战区直接接收 DSP 卫星发送的数据，并将处理过的数据实时传输给战术通信网，提供预警信息，以便使部队迅速作出反应。它可为诸如美国"爱国者"反导弹营提供主动防御预警，也可为民防预警。

联合战术地面站由美国弹道导弹防御局提供技术发展资金，并在软件开发方面得到空军的支持。这些地面站系统将由陆军和海军人员组成的机务组共同操作。计划总费用 6500 万美元，每套地面站的费用约 750 万美元。

从卫星上接收到的数据只需几秒钟就能通过"联合战术信息分发系统"和"战术信息广播系统"传输给战区指挥员和反战术弹道导弹营。

一年前，在新墨西哥州的白沙导弹靶场成功地对两套地面站样机进行了试验。头两套生产型地面站部署在德国和韩国并已使用。

美空军征集低轨道天基红外系统方案 英国《简氏防务周刊》1997 年 9 月 24 日报道，美国空军将向工业界发出征集提议草案，发展一种低空地球轨道卫星。

该卫星是提议的天基红外系统（SBIRS）的一部分。该系统包括两个卫星座：高轨道 SBIRS 和低轨道 SBIRS，它们将取代目前空军用于预警弹道导弹攻击的天基系统——国防支援计划卫星。

低轨道 SBIRS 的任务是，在 1000～2000 千米高空跟踪中段或再入段的再入飞行器，并搜集飞行器在这两个阶段的信号信息。根据低轨道 SBIRS 发展战略，预计明年 7 月正式选定发展方案，1999 年 1 月授予合同。第 1 次发射计划在 2004 年，2007 年前实现 24 颗卫星的运营。在 1999 财年至 2004 年财年的总预算为 20 亿美元。

美国和澳大利亚联合试验导弹预警跟踪系统 美国《每日防务》电子版 1997 年 8 月 13 日报道，美国弹道导弹防御局和澳大利亚国防科学技术局计划 1997 年 9 月进行一系列地空导弹发射，以试验澳大利亚的预警雷达。

这次试验被称为"澳新地区预警试验"，试验中澳大利亚将力求鉴定其"金达利"超视距雷达探测跟踪远程弹道导弹的能力，审查迅速探测助推段内弹道导弹的可能性。试验中，4 枚未携带弹头的"小猎犬"地空导弹将在"远离所有居民区"的地点发射，并落在澳大利亚西北海岸约 100 千米以外的海域。"金达利"雷达位于澳大利亚中部的爱丽斯泉，它将得到周围其它探测器包括美国的监视卫星和移动式超视距雷达的支持。

这是美澳第 2 次联合导弹探测试验。双方曾于 1995 年完成了包括先进探测器、跟踪和通信技术在内的试验计划，并利用了美国国家航宇局和澳大利亚联合进行的探空火箭试验技术。

美空军发布远程空射弹道导弹目标计划建议征求书草案 英国《每日航宇》快报 1997 年 9 月 2 日报道，美国空军航天与导弹系统中心的发射试验计划办公室已发布远程空射目标计划的建议征求书草案。该计划的目的是提供空中发射的弹道飞行靶弹，以满足弹道导弹防御局的战区导弹防御计划（TMD）对目标飞行器的需求。

根据计划要求，在 TMD 试验中，这种弹道飞行靶弹将由 1 架 C－130 飞机投射。被选中的合同商将提供发射系统、飞机集成以及为弹道飞行试验提供发射服务。

其他国家和地区战区弹道导弹防御武器系统

俄展出 S－300 系列防空导弹系统最新改进型 美国《每日航宇》快报 1997 年 8 月 26 日报道，在 8 月举行的莫斯科航空展览会上，俄罗斯展出了其 S

－300PMU－1 防空导弹系统的最新改进型 S－300PMU－2。该系统由作战控制站、目标搜索雷达、制导及目标照射雷达、导弹发射装置（4 个发射管）等部分组成，整个系统可车载机动。目标搜索雷达的最低搜索高度为 10 米，系统的最大作战距离 200 千米，比 S－300PMU－1 远 50 千米。最大的改进是导弹本身：在作战中，这种导弹即便没有直接命中目标，也能在一定距离内引爆敌导弹。据称，S－300PMU－2 可以拦截飞行速度达 3 千米/秒的目标，是“目前世界上威力最大、最有效的防空系统”。新导弹的第 1 次试验是在 1995 年进行的，曾打下 1 枚“飞毛腿”导弹。据有关人士透露，另一种更先进的导弹也即将完成试验，这种新的防空导弹系统性能更好，也更具出口潜力。

日本可能参与美国大气层外轻型射弹发展计划 法新社东京 1997 年 6 月 15 日报道，预计日本将同美国联合发展轻型舰射导弹——大气层外轻型射弹（LEAP），这是以美国为首研制的下一代防御系统的一部分。日安会将于今年就这项联合研究作出正式的决定。

LEAP 是美国战区导弹防御方案的一部分，它将采用射程达 3000 千米的战术导弹拦截来袭导弹。日本防卫厅已经拨款 400 万美元，用于研究战区导弹防御技术的可行性及效费比。按照美国的估计，联合发展 LEAP 的计划费用将高达 20 亿美元。

日、美积极筹备海基战区导弹防御试验 英国《简氏防务周刊》1997 年 4 月 2 日报道，美国工业界人士透露，日本 1998 年将在其 1 艘“宙斯盾”驱逐舰上进行美国“标准”3 导弹的首次实弹试验。“标准”3 导弹是一种防御战区弹道导弹的舰载导弹。是“标准”导弹的最新型号，以前称为“标准导弹——轻型大气层外射弹”。这次试验的目的是验证 SM－3 与日本海上自卫队的“宙斯盾”系统的相容性。

印度拟购买俄罗斯 S－300 防空系统 美国《防务新闻》1997 年 2 月 24 日～3 月 2 日报道，印俄双方就印度以 10 亿美元购买俄罗斯 6 套 S－300 防空系统正在进行协商。S－300 防空系统的射程为 150 千米，可以摧毁来袭的敌机和从飞机上发射的导弹，同时也能跟踪并摧毁弹道导弹。

印度国防部官员说，俄罗斯已同意出售 S－300 的两种型号，一种是 S－300PMU 型，可以摧毁飞机和其他地空导弹，另一种是 S－300V，可以拦击弹道导弹。此外，印度还将获得生产这种系统的许可证。

印度陆军已部署了 27 套中空防空系统和“通古斯卡”低空防空导弹，并计划在本国生产这些系统。俄罗斯非常希望帮助印度使整个前线的防空系统网络化，并帮助印度改进部队的现有系统。

印度准备建立一体化防空系统 英国《简氏防务周刊》1997 年 4 月 2 日报道，印度正在与俄罗斯谈判研制一种用于反飞机和反导弹的一体化防空系统。该系统由俄罗斯 S－300PMU 中高空防空导弹与印度自行研制的中低空“阿卡什”防空导弹组合而成。这种一体化防空系统将部署在印巴、印中边境。该计划还包括改进其他俄制地对空导弹。两国目前的国防合作协议将持续到 2000 年。

以色列审查战术高能激光防空系统 法新社 1997 年 6 月 13 日报道，以色列国防部长伊扎克·莫德查最近对世界上第 1 套战术高能激光防空系统（THEL）进行了审查。该系统用于在以色列北部防御“喀秋莎”火箭。

THEL 系统的研制计划开始于 1995 年 5 月，承包商是美国 TRW 公司，全部费用约 8900 万美元，其中的 2/3 由美国承担。THEL 射程 7～10 千米。今年 2 月，在白沙导弹靶场成功地进行了两次试验。如果进展顺利，该系统将于 1998 年中期开始部署。

TRW 公司称，THEL 系统将能对火炮威胁作出快速反应，费用比“爱国者”防空系统低。“爱国者”防空系统每次发射的费用是 100 万美元，而 THEL 系统每次发射的费用仅 1000 美元，而且可以对多个目标作出反应。整个 THEL 系统安装在 6 辆拖车上，其机动性不足以实现迅速覆盖多个地区。据 TRW 官员说，他们正在实施改进计划，最终的目标是在 2000 年能将该系统装备在坦克上，使之具有更好的机动性和有效性。

中国台湾开始研制“天弓”Ⅲ反导弹导弹 英国《航空快讯》1997 年 4 月 15 日报道，据台湾 4 月上旬出版的一期《中央日报》称，台湾将研制一种反导弹导弹——“天弓”Ⅲ导弹系统。研制准备工作已在中山科学技术研究院开始。而其原自行研制的“天弓”Ⅱ防空导弹系统在成功完成试验后就可进行批量生产。

德国考虑用 EF－2000 战斗机执行导弹拦截任务 英国《国防飞行》杂志 1997 年 4 月 16～22 日报道，德国空军正在考虑利用其 EF－2000 战斗机作为战区导弹防御的手段之一，对弹道导弹实施助推段拦截。

德国空军参谋部防空部门负责人沃尔菲尔上校认为，必须开发有人驾驶飞机的潜能，使之可能对战区弹道导弹实施助推段拦截。空中末段拦截也需进行研究。他认为，在反导任务中，高性能战斗机对防空导弹系统起辅助作用。EF－2000 战斗机可利用改型的红外成像制导近程空空导弹，或者未来中程空空导弹来拦截战区弹道导弹。

法国首次演示“阿斯特”15 导弹的反导能力并获成功　据英国《简氏国防海军》杂志 1997 年 5 月号报道，4 月法国航宇工业公司生产的“阿斯特”15 地空导弹，在朗德试飞中心首次成功地拦截了 1 枚模拟低空飞行的靶弹。目标是 1 架飞行高度 10 米，以 1000 千米/小时飞行的 C－22 靶机。导弹从发射到拦截的飞行时间大约 10 秒。航宇工业公司称，这次试验验证了弹上 AD_4A 主动雷达寻的器在恶劣环境下识别低空弱信号特征目标的能力。

“阿斯特”15 导弹是欧洲地空导弹公司根据法意两国地空导弹系列发展框架而研制的中程反导类防御系统的关键组成部分。法国新的核动力航母将从 2000 年开始装备这种导弹。

英国推进弹道导弹防御系统研究　美国《防务新闻》1997 年 1 月 13～19 日报道，英国国防部的一份报告称，英国应该着手发展包括预警卫星和机载、舰载拦截弹在内的弹道导弹防御系统。该报告还建议英国与美国在机载激光武器系统计划中进行合作。

在 1996 年 5 月由英国航空航天公司牵头的一国际性团体为期两年的研究基础上，英国国防部提出一个方案，其关键部份是在英、法、德、意联合研制的“地平线”护卫舰上安装弹道导弹防御系统。同时，用英国自行设计的远程相控阵多功能雷达探测和跟踪来袭导弹的研究工作已经开始。据英国国防部一名高级官员说，这种雷达可在极远的距离精确跟踪来袭导弹，可与反导弹导弹（如美国的 THAAD）一起用在“地平线”护卫舰上。

战略弹道导弹防御武器系统

美国国家导弹防御试验失败　据美国《每日航宇》快报 1997 年 1 月 15 日报道，据美国弹道导弹防御局公布，1 月 13 日在太平洋夸贾林导弹试验场进行的一次国家导弹防御试验由于运载火箭上的仪表故障而失败。从夸贾林试验场发射的这枚导弹携带有波音公司制造的大气层外杀伤拦截器（EKV），其发射计划同加州范登堡空军基地的“民兵”Ⅱ导弹的发射协调进行。试验目的是验证这种杀伤拦截器的能力。弹道导弹防御局打算在今年晚些时候用休斯公司研制的一种传感器进行一次类似的飞行试验。

弹道导弹防御局说，初步估计表明，这次故障是孤立的，并可以得到修正。准备最近再进行试验。

美国空军研究国家导弹防御方案　美国《空军内参》1997 年 6 月 6 日报道，两年前，弹道导弹防御局要求空军成立一个“虎队”，研究利用改进的“民兵”Ⅲ洲际弹道导弹，作为近期国家导弹防御（NMD）拦截弹助推火箭。空军经研究认为，用改进的“民兵”洲际弹道导弹，可以为 NMD 系统提供效费比高的拦截弹。同时空军还研究了 NMD 系统其他组成部分的方案，拟定了发展近期 NMD 系统的途径。这种发展途径的意图就是最大限度地利用现有的硬件——包括“民兵”导弹、基础设施和通信线路，从而使计划进度加快和费用以及风险降至最小。

空军的 NMD 系统方案将采用“民兵”导弹系统的组成部分，这种采用现有的和已被证明可用的设施的发展途径，将在国防部的称之为“3＋3”的 NMD 部署准备计划内使用。“3＋3”方案是指在 3 年的时间内发展国家导弹防御系统，如果决定部署，在随后的 3 年时间里便可以部署这种系统。依据这样的计划，在大约 6 年的时间里，即到 2003 年就可以实现作战能力。另一方面，如果到 2000 年有理由证明不存在要部署 NMD 系统的威胁，“3＋3”方案将保留在作出任何进一步决定的 3 年时间内部署这种系统的能力，继续发展和采用能力日益提高的系统组成部分。

1997 年 3 月底国防部对国家导弹防御的费用和计划审查后，空军研究了改进的系统方案，主要是用“大气层外动能杀伤拦截器”（EKV）代替原设想的动能杀伤拦截器（KKV），作为“民兵”导弹的有效载荷。

美国兰德公司高度评价空军的国家导弹防御系统方案　兰德公司对美国空军以“民兵”导弹系统为基础的“国家导弹防御”（NMD）方案进行了评估，并给予较高的评价。该方案以空军现有的“民兵”Ⅲ洲际弹道导弹及其发射井、预警雷达、指挥控制系统为基础，由提供敌方导弹发射预警信息的红外探测卫星、预警雷达、精确跟踪和目标识别雷达以及部署在北达科他州大福克斯反弹道导弹基地的 20 枚拦截弹组成，可防御 4 枚带单核弹头的弹道导弹。

据美国空军估计，该方案的发展和部署需花费 24 亿美元和 3 年的时间。而兰德公司的研究表明，该方案的发展和部署可能要 23～39 亿美元和 6 年时间。兰德公司认为，改进后的“民兵”导弹具有足够的机动性以实现大气层外拦截，并且如果其目标识别算法足够有效，X 波段雷达将有充裕的时间识别再入弹头。同时“民兵”系统的动能杀伤拦截器具有自动寻的并足以摧毁具有一定尺寸和温度的再入弹头的能力；另外，该方案对适度压低再入角和滚动的再入弹头也能提供一定程度的防御。兰德公司还建议空军设在东、西海岸的 X 波段跟踪目标识别雷达增加电子扫描能力。

美国国家导弹防御系统飞行试验每次耗资 5000 万美元　据美国《每日防务》快报 1997 年 5 月 19 日

报道，美国国家导弹防御（NMD）联合项目负责人说，NMD拦截弹每次飞行试验估计需耗资5000万美元。NMD飞行试验预定于1997～1999财年间进行。试验中NMD拦截弹将在陆军夸贾林靶场发射，拦截自范登堡空军基地发射并飞向夸贾林靶场的靶弹。

NMD飞行试验共计划进行5次。前两次分别试验由波音公司和休斯公司研制的寻的头，接着进行两次实际拦截飞行试验。再于1999年进行一次NMD系统集成试验，EKV是这次试验的一部分。

除上述5次试验外，美国弹道导弹防御局还希望在今后几年内，借助空军的洲际弹道导弹飞行试验，进行NMD系统的作战管理与指挥、控制、通信及地基雷达试验。

美国参议院要求2003年前部署有限国家导弹防御系统 美国《每日航宇》快报1997年6月17日报道，美国参议院武装部队委员会在其1998年财年国防授权法案中指示国防部积极实施国家导弹防御计划，要求于2003财年部署一个有限的NMD系统。该委员会为国家导弹防御计划1998财年预算申请增加了4.74亿美元，并指示国防部在1999财年前完成一次国家导弹防御系统集成试验。

美国将于1999财年评估拟用的国家导弹防御系统 据美国《航空与航天技术周刊》1997年3月3日报道，美国弹道导弹防御局将于1999财年评估拟用的国家导弹防御系统（NMD）的整体性能。评估试验将利用样机设备和代用设备跟踪、拦截非核目标再入飞行器。它将首次显示将NMD系统多个组成部分连接在一起，作为一个完整系统来演示，并以此为依据来判断部署NMD的技术是否成熟。

该评估试验拟用的NMD系统包括国防支援计划卫星、"铺路爪"地基雷达样机、第4套战场管理/指挥控制通信系统、大气层外动能杀伤器。代用设备包括："民兵"Ⅱ导弹的两级（代替拦截弹）、X波段地基雷达样机、陆军"茅伊"光学系统（代替"天基红外系统"预警卫星）

美国首次进行国家导弹防御系统指挥控制作战评估试验 据美国《每日航宇》快报1997年5月12日报道，在美国空军进行"和平卫士"洲际弹道导弹试验期间，弹道导弹防御局对其用于NMD系统的指挥控制设备进行了首次作战评估。

该枚"和平卫士"导弹自加州的范登堡空军基地飞向位于马绍尔群岛的夸贾林导弹靶场，带有9个再入弹头，飞行30分钟，射程达4200英里。国家导弹防御系统指挥控制设备对其进行了跟踪。由美国国家导弹防御联合计划办公室制定的这项指挥控制设备试验计划，目的是为NMD系统提供必需的作战管理、指挥、控制和通信方面有价值的信息。

1997年和1998年初，还将继续进行"和平卫士"和"民兵"导弹评估试验，联合计划办公室计划利用这些导弹飞行试验进一步降低国家导弹防御系统的技术风险。

美国国家导弹防御系统EKV寻的头首次飞行试验成功 据美国《每日防务》电子版1997年6月25日报道，美国弹道导弹防御局在6月22日成功地进行了国家导弹防御系统"大气层外动能杀伤拦截器"（EKV）寻的头的首次飞行试验。

在这次试验中，从范登堡空军基地发射1枚"民兵"Ⅱ导弹，弹上带有模拟弹头的气球，作为寻的头的靶标。20分钟后，波音公司研制的EKV寻的头由另1枚经过洛克希德·马丁公司改进的"民兵"Ⅱ导弹（称为"有效载荷运载火箭"）从夸贾林导弹靶场发射升空。

据弹道导弹防御局称，这次飞行试验的目的不是拦截目标，而是检验EKV上的红外寻的头、数据处理导航系统和机动推进系统识别并跟踪空间目标的能力。这些能力对于完成真正的拦截是至关重要的。这次试验原定1997年1月进行，由于各种原因已经三度推迟。休斯公司研制的EKV寻的头的类似飞行试验将于1998年1月进行。

美国防部计划增加国家导弹防御系统的试验经费 美国《航空与航天技术周刊》1997年9月22日报道，美国弹道导弹防御局日前宣布，他们准备在原定计划的基础上，为国家导弹防御计划（NMD）增加8次飞行试验（原计划到2003年总共进行13次飞行试验）。为此在1997年早些时候完成的四年一度的防务评审（QDR）中，国防部建议对NMD计划追加一倍的资金，在今后5年内增至40亿美元，以支付所增加飞行试验的费用。

美陆军增购运载火箭，准备国家导弹防御系统试验 美国《每日防务》电子版1997年8月14日报道，美陆军计划购买4枚洛克希德·马丁公司的"有效载荷运载火箭"（PLV），以支持正在进行的国家导弹防御发展计划。

除制造和试验这些PLV之外，陆军要求将国家导弹防御计划中的"大气层外杀伤拦截器"（EKV）同这些PLV集成在一起，以进行飞行试验。洛克希德·马丁公司可望被美国陆军选中进行集成试验。1998年1月，首枚带有EKV的PLV将在西太平洋的陆军夸贾林导弹靶场发射。

美国TRW公司成功完成强激光试验 据美国《每日防务》快报1997年3月18日报道，美国TRW公司3月17日宣布，他们已成功完成高能激光器与其光学分系统的第 1 次系统集成试验。该系统今后将用于美国防部的天基激光器（SBL）计划。在这次试验中，一束兆瓦级化学激光器光束通过一个直径 4 米的扩束器和光束发射系统，激光发射持续 0.5 秒。TRW 和洛克希德·马丁公司计划还将进行持续 2 秒和 5 秒的激光试验。

美国参议院推进天基激光演示器计划 美国《每日航宇》快报 1997 年 6 月 25 日报道，美国参议院武装部队委员会在 1998 财年的国防授权法案中为空军和弹道导弹防御局研制天基激光（SBL）飞行演示器计划增拨了 1.18 亿美元资金。进行 SBL 研究的独立评审小组推荐了一个低风险方案。据此方案，可于 2005 财年发射 SBL 演示器。

巡航导弹防御武器系统 **美国防部制定联合对地攻击巡航导弹防御战略** 美国《每日航宇》快报 1997 年 2 月 25 日报道，据负责采办与技术的国防部副部长保罗·卡明斯基递交国会的报告透露，美国防部已经制定“联合对地攻击型巡航导弹防御”(JLACMD) 战略。据此战略，正在对防御系统所用的若干先进技术进行评估。这些技术包括：各种先进的空基探测器组合体；空中指挥的地对空武器；携带空空导弹并有空基探测器支援的战斗机，具有先进低空瞄准性能的导弹寻的器；从探测器到射击器的联合网；防空与弹道导弹防御一体化问题。此外，还有一项演示探测器和寻的器的强有力的技术计划。

美国防部还在进行巡航导弹防御的改进工作，并拨款论证和发展 JLCACMD 的总体结构。卡明斯基说，国防部下一步将部署改进的有限区域和关键目标防御系统，以对付不断增长的潜在威胁。之后，国防部将部署能提供全战区范围内巡航导弹防御的足够先进的能力。这种能力将成为部署全战区一体化、多目标巡航导弹防御的基础。

美国弹道导弹防御局研究国家巡航导弹防御体系 据英国《简氏防务周刊》1997 年 6 月 11 日报道，美国弹道导弹防御局将拟定巡航导弹防御（CMD）体系结构草案，以便在 1999 财年的预算中进行研究。

在最近公布的四年一度的防务评审中，国防部指派弹道导弹防御局牵头组织国家巡航导弹防御的研究。美国人估计，今后几年美国将遭受巡航导弹的威胁。国防部已制定一个内容充实的战区巡航导弹防御计划，这将为国家巡航导弹防御提供重要的帮助。

战区巡航导弹防御的一些办法，如空中探测器和战场管理指挥、控制、通信和情报将用于国家巡航导弹防御。其他许多武器系统也可用于国家巡航导弹防御计划，其中包括陆军战术导弹系统，浮空器、机载预警与控制系统、F－15 战斗机和美国空军的 AKoita 舰船自防御概念计划。

反卫星武器系统 **美陆军成功进行反卫星拦截弹悬停试验** 美国《每日防务》电子版 1997 年 8 月 13 日报道，据美国陆军空间与战略防御司令部称，由波音公司研制的动能反卫星（KE－ASAT）拦截弹样弹日前在爱德华空军基地的国家悬停试验场完成了悬停试验。

KE－ASAT 拦截弹样弹重约 43 千克，在试验中，它搜索并锁定了运动中的模拟目标，在悬停过程中一直保持对目标的精确攻击定位。悬停试验表明，拦截弹在搜索和跟踪目标的同时能保持自身的稳定并实施控制和制导。

这次悬停试验是 KE－ASAT 技术发展和演示试验的一部分，它的成功将大大降低今后 KE－ASAT 飞行试验的风险。拦截弹（即杀伤器）是整个 KE－ASAT 系统的关键部分。KE－ASAT 的集成系统将使用可见光光学导引头来搜索和跟踪空间目标。借助于弹上计算机以及导航与制导系统，拦截弹将在拦截的末段摧毁目标卫星或使其瘫痪。美国防部将参考 KE－ASAT 计划实施中得到的数据，用以确定能否部署不违反反导条约的由地面发射的反卫星系统。这次试验与激光反卫星一样，反映了美国要积极发展控制空间和防止潜在对手利用空间的能力。

美国进行激光反卫星武器试验 据美国《每日防务》电子版 1997 年 10 月 21 日报道，美国防部 10 月 20 日宣布，陆军于 10 月 17 日在新墨西哥州白沙导弹靶场进行了一次激光反卫星试验。试验所用的“中红外先进化学激光器”波长为 3.6～4.2 微米，最大功率 220 万瓦。为了保持卫星完好，试验时激光器没有全功率运行。发出的激光经瞄准装置的反射镜聚焦后，两次照射到处于 412 公里高的卫星上，持续时间分别是 1 秒和 10 秒，在不损伤卫星的情况下，获得了有关卫星易损性的数据。美国防部认为，美国的军事行动越来越依赖于卫星，所以这次试验具有重要意义。尽管美国防部的官员一再辨解说，试验是为了“评估美国卫星的易损性”，而非试验进攻性武器，但据一位前国防部高级官员披露，试验所用的激光器，原准备用于 80 年代开始研制的一种进攻性反卫星武器。

叶利钦在获悉后，曾于 9 月 26 日致函克林顿表示关注，认为这对俄罗斯的卫星将构成威胁。美国国内人士也指出，进行这类试验将可能引发一场外层空间的军备竞赛。

有关评论家认为这次试验标志着激光反卫星武器开始走向实用化。经过近 30 年的发展，美国的战术、战区和战略激光武器技术已经接近成熟，这次试验表明美国的激光武器的发展又前进了一步，已经或即将拥有激光反卫星能力。但其实战能力仍需进一步证实。

美国继续进行激光反卫星试验 法新社华盛顿1997年10月27日报道，美国陆军继10月17日第1次成功地用高功率激光器射击卫星后，又进行了1次用低功率化学激光器射击卫星的试验。

美陆军称，利用低功率激光器射击卫星的目的是希望了解卫星如何防御敌方激光束的攻击。试验结果未能产生图像，这表明卫星受到了攻击。这次采用低功率化学激光器照射卫星上的红外照相机以补充上次试验未获得的数据。低功率激光束于10月17日、21日及23日对卫星上的传感器进行了3次照射。它与高功率激光器（先进的中红外化学激光器）不同，低功率激光束的能量密度不足以摧毁或损坏卫星传感器，而且不需要国防部长特批，因为这种器件在世界范围内通用于空间物体的跟踪和距离定位。

（高桂秀、尹承魁）

军用航天技术

综述 1997年世界各国共成功地进行了85次航天发射活动，将146个航天器送上了预定轨道（详见表1）。其中美国36次，有87个航天器（包括8架次航天飞机轨道器和非美国火箭发射的29颗卫星）进入轨道；俄罗斯27次，分别将28个本国航天器（包括6艘飞船）和20个外国航天器发射入轨；欧空局（ESA）的“阿里安”4火箭12次，共把18个航天器送上了预定轨道；“阿里安”5火箭1次；中国6次、日本2次、印度1次。全年共发射失败4次，其中巴西首次自制火箭发射失败，美国“德尔它”2火箭失败1次，俄罗斯“天顶”号火箭和“质子”号火箭各失败1次。

1997年世界各国的航天活动格外引人瞩目。航天飞机8次上天，与俄罗斯“和平”号空间站3次成功对接，并完成了修复“哈勃”太空望远镜和多项太空试验任务；“和平”号空间站故障不断，并惨遭致命撞击；国防空间站的命运一波三折，首次发射时间推迟；“铱”卫星接连上天，低轨小卫星通信网即将建成。地球机器人首次在火星表面上行驶，火星探测取得巨大成功。

1997年，军用航天系统发展势头强劲，美、俄、欧等国仍主宰着世界军用航天系统的发展。随着越来越多的国家重视发展和利用军用航天系统，为了达到独霸空间的目的，美国加紧进行反卫星武器技术试验。

航天飞机 1997年，美国航天飞机机队承担的航天运输和实验任务仍然很繁重，为维持这一机队的运行每年需耗资约30亿美元。航天飞机将至少飞行到2012年，甚至可能到2025年，直到美国研制出重复使用航天运载器后才能退役。

1997年世界各国发射的航天器分类统计

航天器种类 国家或组织	航天飞机	通信卫星	侦察卫星	地球资源卫星	早期预警卫星	气象卫星	导航卫星	飞船	生物卫星	核爆炸探测卫星	科研与技术试验卫星	天文与星际探测器	小计
美国	8	66*	2	2	1	2	2			1	2	1	87
俄罗斯		9	4	2	3		1	6	1		2		28
日本		4				1					1	1	7
中国		1				1					1		3
印度		1		1									2
国际通信卫星组织		4											4
欧洲组织		2				1					2		5
国际移动卫星组织		1											1
泰国		1											1
挪威		1											1
瑞典		1											1
印度尼西亚		1											1
菲律宾		1											1
澳大利亚		1											1
阿根廷		1											1
西班牙											1		1
德国											1		1
总计	8	95	6	5	4	5	3	6	1	1	10	2	146

*包括“铱”系统的46颗卫星和“轨道通信”系统的8颗卫星。

美国从1996年开始实施的X－33和X－34计划都是为研制重复使用航天运载器所需技术的计划。X－33是研制大型重复使用航天运载器“冒险星”的演示验证机，1997年通过了关键设计评审；X－34计划主要用于解决重复使用运载器在马赫数8以下的飞行问题，在1997年已通过了最终设计评审。日本在1997年调整了重复使用运载器的发展方向，“希望”号无人小型航天飞机计划在实施了10年后下马，把目前进行的工作逐步转向研制单级入轨重复使用运载器。

美国航天飞机完成繁重的飞行任务 1997年美国用3架航天飞机（“亚特兰蒂斯”号、“发现”号、“哥伦比亚”号）共完成了8次飞行任务。其中最引人注目的是“亚特兰蒂斯”号航天飞机于1月12至22日、5月15至24日、9月26至10月6日3次与俄罗斯“和平”号空间站实施对接和联合飞行，为“和平”号空间站运去了总重量近10吨的实验设备、科学仪器、食品、水、空气和燃料等补给品，轮换了3名美国宇航员，并把“和平”号上数吨重的实验样品和结果、报废的设备和仪器以及站上的垃圾运回地面，顺利地完成了美俄联合实施的“和平”号航天飞机7次对接任务的计划。这7次飞行不仅为1998年开始组装国际空间站创造了良好的条件，也为延长俄“和平”号空间站的寿命起了重要作用。2月，“发现”号航天飞机上的宇航员经过5次舱外活动修理了重达12吨的“哈勃”太空望远镜，为其安装两台新仪器和更换8个组件，其中包括近红外照相机、多目标分光仪、图像摄谱仪、导向传感器和新的计算机指令传输设备等。太空望远镜修复后性能更好，传回的图像十分清晰，说明修复工作很成功。4月，“哥伦比亚”号航天飞机由于3台主发动机中的1台出了故障，只飞行4天后就提前返回地面，使原定16天的飞行试验任务大部分未完成。7月，“哥伦比亚”号航天飞机进行了补充飞行，宇航员们进行了燃烧实验，以了解微重力条件下的火焰扩散速度；在微重力条件下进行了冷冻和熔化实验，还对金属性能、植物生长状况和患病细胞等33个项目进行了研究。8月，“发现”号航天飞机成功地释放并回收了1颗德国研制的大气探测卫星，圆满地完成了地球大气监测任务。

美国重复使用运载器X-33验证机通过关键设计评审 实施X-33验证机计划的目的是降低研制以火箭为动力的大型商用单级入轨运载器的技术风险，1997年10月X-33验证机关通过了关键设计评审，从而为该项计划的顺利实施铺平了道路。

在X-33验证机初期进行的3500小时风洞试验中，暴露出一些重大的气动力控制问题，特别是在跨音速区。随后设计人员对这种带翼升力体结构作了重大修改，包括增大了两个垂直翼的总面积，在机身上安装“鸭”式小型机翼，减小安装在两侧的翼倾角等。

重量问题一直困扰着X-33的研制工作。原计划X-33干重25吨，初步设计后X-33的干重为31.5吨，比原计划超重40%。重新设计后干重轻了2.3吨，但为达到马赫数15的飞行试验目标，X-33仍显得太重。增加X-33液氢和液氧推进剂的密度将部分抵销X-33的重量，提高推进剂密度，预计可使X-33多加注5~6吨推进剂。

X-33验证机将由两排安装在升力体尾部的直排式气动塞式发动机提供推力。1997年10月21日，波音公司研制的、缩小尺寸的气动塞式发动机安装在SR-71飞机上开始了首批系列试验。这种气动塞式发动机的最大特点，是它能随着高度的提高调整其推力，其喷管呈“气动塞”状（倒置的截锥体），燃气在锥体斜面的外侧膨胀，从而使火箭羽烟无约束地自行达到最佳状态，并随高度的变化自然地改变。这种发动机能使推进剂更有效地燃烧，并能大大减少底部压力。

美国X-34试验飞行器通过最终设计评审 1997年6月，美国轨道科学公司负责研制的X-34技术试验飞行器通过了最终设计评审，为1998年第4季度进行首次演示飞行铺平了道路。研制这种亚轨道试验飞行器旨在对可重复发射技术进行验证，以大幅度降低有效载荷的发射费用。

X-34是一个长15.55米、重19.35吨的亚轨道试验飞行器，翼展为8.34米。它将从L-1011飞机在空中释放发射，以接近马赫数8的速度飞行至80千米的高度，而后降落在普通机场上。这种飞行器填补了麦道公司研制的DC-XA“三角快帆”和洛克希德·马丁公司研制的X-33之间的空白。

关键设计评审确定了X-34的关键系统的设计，包括结构，制导、导航与控制，热防护，电子设备和主推进装置等。X-34将试验下列关键技术：复合材料制造的机身结构、超低温绝缘和推进系统部件、复合材料制造的可重复使用的推进剂贮箱、先进的热防护系统、低成本的电子装置、一体化的飞行器健康监视系统和急剧流动的空气数据系统。

美国空军实施小型军用航天飞机技术计划 1997年美国空军开始实施小型军用航天飞机技术发展计划。该计划拟分3阶段实施，目前处在第1阶段（即地面和飞行演示阶段），主要是发展关键技术，建造一个不带动力的小型军用航天飞机90%缩比模型，将通过5次飞机投放试验，验证其进场和着陆能力。

小型军用航天飞机可执行多种任务，如作为侦察平台或武器平台，部署、修理或回收小卫星等。美国空军设想由1架大型航天飞机将多个小型军用航天飞机送入轨道。每个小型航天飞机的有效载荷能力为540千克，它可以将有效载荷从低轨道加速到高轨道，并具有很强的轨道机动能力，在轨道上可停留数周、数月乃至一年，并可随时应召返回地面，因而具有很强的战术应用价值。

发展军用航天飞机是美国迈向空间作战的重要一步。目前该计划还只是获得了少量经费进行初始验证。1997 年 10 月，美国空军分别与波音公司和洛克希德·马丁公司签订价值 400 万美元的合同，研究军用航天飞机的技术和设计方案。美国空军希望通过一系列的演示验证后，再决定是否研制实用型军用航天飞机。预计实用型小型军用航天飞机可能在 2010 年后投入使用。

日本停止发展“希望”号小型航天飞机，提出新的重复使用运载器发展计划 日本科学技术厅从 1997 年 7 月 4 日开始执行的一项计划，要求日本宇宙开发事业团在 1998 – 2002 年五年期间把航天总预算 5700 亿日元（合 49 亿美元）削减 800 亿日元，削减幅度为 14%。为此，日本科学技术厅决定停止为支援国际空间站上的日本实验舱而发展的“希望”号无人小型航天飞机，用一种完全重复使用运载器来代替它。

尽管“希望”号小型航天飞机停止了发展，但科学技术厅仍继续支持“希望 – X”小型验证机的发展，该验证机拟在 2001 年用 H2A 运载火箭发射。在新计划下，将对“希望 – X”小型验证机作修改，增加货舱和对接电子设备，改进陶瓷防热系统。改进后的“希望 – X”号验证机仍能完成原定的“希望”号小型航天飞机的大部分任务。原“希望”号小型航天飞机发展计划将花费 5000 亿日元（合 43 亿美元），而“希望 – X”号小型航天飞机发展计划仅需 1000 亿日元（合 8.6 亿美元），改进的“希望 – X”号需要 1300 – 1400 亿日元，这样能节省 3000 亿日元以上。

1997 年 6 月，日本科技厅未来完全重复使用运载器系统委员会提出一份报告，报告确定了日本重复使用运载器新的发展方向，规划了 21 世纪的研究、开发、试验与鉴定计划。拟分两个阶段实施该计划：第 1 阶段，研制以火箭为动力的单级入轨（SSTO）重复使用运载器，这是一种不载人带翼结构、水平着陆的运载器，其低轨运载能力大于 10 吨，发射费用为 1000 美元/千克或更低，飞行周转时间不到一周，可重复使用 100 次左右，计划 2007 年进行验证机试验飞行，2010 年后投入实用；第 2 阶段，研制以吸气式/火箭组合发动机为动力的 SSTO 航天飞机，把低轨运输费用降为以火箭为动力的 SSTO 运载器的 1/10 以下，并改进操作的安全性、可靠性和灵活性，以实现飞机式的操作维护，并能载人。

空间站 1997 年俄罗斯“和平”号空间站的运行进入了第 11 个年头，站上设备老化故障不断，甚至发生重大撞击事故。国际空间站在经历 10 多年的艰难曲折后，终于进入轨道组装倒计时。

俄罗斯“和平”号空间站连遭重创 1997 年，俄“和平”号空间站上的宇航员们进行了许多有关生物、材料、医学等领域的实验，并取得一系列重要成果，包括观测人体癌组织在微重力环境中的生长情况。由于空间站超期服役，站上设备老化，故障不断，其中尤以 2 月份失火和 6 月份遭“进步”号飞船碰撞最为严重。

失火 当“和平”号空间站上有 3 名以上宇航员时，就要使用两个高氯酸锂电解系统周期性地供氧。1997 年 2 月 24 日，俄宇航员拉祖特金像往常一样，启用高氯酸锂系统以获取氧气。这个装置是一个装在容器内的金属罐，启动后燃烧并释放氧气，20 分钟后由于容器破裂使周围空间的氧气着火，直至该装置又燃烧 90 秒后把氧全部耗尽为止。烟雾蔓延到整个空间站，使 3 名宇航员（其中 1 名为德宇航员）处在浓烟中达 5 – 7 分钟，他们都戴上了防毒面具约 20 分钟。为灭火消耗了 3 个灭火器。在失火的当天晚上，为排除站内烟雾，站上机组人员均未睡觉，随后必须戴着面具睡两个晚上。出故障的装置于 3 月初由“联盟”TM – 24 飞船运回地面，由“进步”号货船运去新的灭火器。这次火灾仅把附近的电缆和绝缘体烧坏，空间站的绝大部分内壁都完好无损，因为内壁的设计使用了防火材料。

遭飞船碰撞 1997 年 6 月 25 日，“和平”号空间站被 7 吨重的“进步”号货船撞击。具体情况是这样的：为进行遥控对接实验，在“进步”M – 34 飞船上装了新的“Toru”远距离操纵装置，这样使“和平”号空间站上的任务指令长在站内就可操纵这艘飞船实施对接。在“和平”号空间站上装有 1 台电视装置，用于接收显示“进步”号飞船发送的图像。当“进步”M – 34 飞船靠近“和平”号空间站时，飞船上的速率中止控制部件突然失灵，对指令长发出的指令毫无响应，7 吨重的“进步”号飞船失去控制，径直向“和平”号空间站冲去，先与“光谱舱”上的一块太阳能电池板相撞。接着使“光谱舱”舱体向内扭转，并把舱体外部散热器上的保护盖撞错了位。事故发生时，飞船和空间站都不处在俄罗斯地面站和中央飞行控制中心的控制之下。最后还是由俄地面控制中心控制了“进步”M – 34 飞船。

在空间站对“进步”M – 34 飞船失去控制情况下，指令长楚勃列夫下令站上宇航员迅速进入空间站前对接口上的“联盟号”救生飞船。宇航员们认为“光谱舱”壳体已被撞裂，因为空间站内的压力从

760毫米汞柱下降到690毫米汞柱，为此便决定迅速关闭“光谱舱”舱门，以保持整个空间站其他舱体的正常压力。首先关闭了“光谱舱”的大部分实验装置和电气设备，并切断了与“光谱舱”相连的电缆。

事故发生后，由于空间站上的电力减少了近一半，给空间站的正常工作带来严重影响，宇航员开始通过人工操纵空间站上的大型姿控推力器，来控制空间站的姿态。许多微重力试验项目被迫停止，特别是“光谱舱”内的实验活动完全停顿了下来。

为修复“光谱舱”，预计约需要进行近10次的舱外活动。通过8月22日和10月20日的两次舱外活动，宇航员接通了“光谱舱”上未受损坏的两块太阳能电池的电缆，第3块太阳能电池板还未能接上。9月初进行的舱外活动，确定了“光谱舱”外部的损坏情况。11月初的两次舱外活动，把“量子”1号舱上已老化的太阳能电池板卸下，把美俄合作研制的太阳能电池板安装到“量子”1号舱上，这样基本上恢复了因碰撞而丧失的那部分电力。为了修补“光谱舱”上的泄漏点，先要查清该舱泄漏点的具体部位和损坏情况。为此，10月4日，当“亚特兰蒂斯”号航天飞机脱离“和平”号空间站后，围绕“和平”号空间站作了观察飞行；12月17日从“和平”号空间站又释放了1颗名为“检查者”的德国卫星，用于更详尽地观察“光谱舱”的泄漏情况。按修复计划，1998年1月份还要进行2～3次舱外活动，以移去“光谱舱”上被撞坏的太阳能电池板和修补“光谱舱”的泄漏处。

日本试验空间自动交会对接技术　1997年11月28日，日本随“热带降雨观测卫星”（TRMM）一起发射了“工程试验卫星”7（ETS－7），用于试验在轨自动交会对接技术。

ETS－7卫星由主动卫星（“牛郎星”）和目标卫星（“织女星”）组成，运行在高度550千米、倾角35°的圆轨道上。日本计划于1998年用ETS－7在轨进行6次分离（最远相距9千米）和对接试验。当两星分离后，“牛郎星”采用3种导航手段寻找“织女星”。从两星相距9千米到600米，采用星载GPS导航系统制导，从600～2米则采用交会雷达控制；在2米以内用“贴近敏感器”控制，最后用星载机械臂完成两星对接。目前，只有美俄掌握空间交会对接技术，但都是在有人的情况下操作。像ETS－7这种无人全自动空间交会对接，在世界上尚属首次。

巴西正式参加国际空间站计划　1997年10月14日，美国航宇局与巴西航天签署美巴国际空间站双边合作协议，巴西成为国际空间站正式合作成员。按此协议，在今后5年中巴西将向美航宇局提供价值1.2亿美元的硬件，包括：用于对地观测的光学研究设备，技术试验设备，站外后勤容器，安放在空间站外部的实验设备，非增压后勤架以及向空间站运货的货架等。作为交换条件，在国际空间站的实验中将给巴西提供一定的实验空间，并把1名巴西宇航员送上该空间站。巴西宇航员将于1998年7月在休斯敦约翰逊航天中心接受培训。

国际空间站首发时间推迟　根据1995年6月国际空间站办公室公布的空间站组装时间表，1997年11月开始发射第1个组装部件——俄罗斯的多功能货舱，在随后的5年内再经过44次发射活动，于2002年6月建成重达400多吨的国际空间站。整个组装过程将使用5种运载器，即美国的航天飞机、俄罗斯的“质子”号、“天顶”号和“联盟”号运载火箭，以及欧洲航天局的“阿里安”5运载火箭。由于俄罗斯政府对其承担的主要舱体的拨款没按时到位，使国际空间站的组装时间推迟。为此，美国采取了补救措施，并与各参加国协商重新制订了组装时间表。

首次组装发射时间推迟到1998年6月　按原计划，俄罗斯研制的服务舱应于1998年4月发射。由于经费严重不足，使研制进度落后于计划12～14个月。1997年2月下旬，美国与俄罗斯、欧空局、日本和加拿大协商决定，把国际空间站的发射时间从1997年11月推迟到1998年6月。

美国对俄国人能否按时交付服务舱十分担心。为保证新的发射时间表的执行。1997年5月美国决定研制临时控制舱（ICM），以便在必要时代替服务舱，用以控制空间站的姿态。ICM是在海军原来秘密研制的航天器基础上改进的，改造费用约1亿美元。预计ICM重12.5吨，由航天飞机发射。

重新安排空间站的装配时间表　1997年5月，美、俄、日、加4国的航天机构、欧空局的首脑在日本筑波航天中心会议上正式批准了修订后的国际空间站组装顺序进度表。与原先的安排相比，组装飞行总数值为45次，组装中使用的载人和不载人的航天器有：美国的航天飞机、俄罗斯的“进步”号货船与“联盟”号载人飞船、日本的“H－Ⅱ转移飞行器”（HTV）和欧洲的“自动转移飞行器”（ATV）。用俄制运载火箭发射的次数从原计划的15次减少到12次，航天飞机的发射次数则从27次增加到33次；原定由俄罗斯发射的3个研究舱已减为2个，科学能源平台的6块太阳能电池帆板减为4个。国际空间站的最终建成时间为2003年底或2004年。

军用卫星　1997年，世界军用卫星发展势头强劲。美国接连发射军用侦察卫星并计划发展新的侦察卫星星座系统。为了对付北约东扩等对安全的威胁，俄罗斯正极力保持其军事航天大国地位。1997年俄罗斯共发射了13颗军用卫星。欧洲国家更加重视发展新一代军用通信卫星。

美国侦察卫星发射频繁 1997年10月23日，美国空军用“大力神”4运载火箭，从范登堡空军基地将1颗改进型“长曲棍球”雷达成像侦察卫星送入684千米高的圆形轨道，轨道倾角68°。卫星重15吨，星上装有大型相控阵成像雷达，其抛物面天线直径9.14米，可以穿透云层和伪装，昼夜侦察地面目标，图像分辨率为1米。这颗改进型“长曲棍球”卫星和1991年发射、仍在轨工作的“长曲棍球”卫星的轨道倾角都是68°，从而可提高对同一地面目标进行反复侦察的能力。

1997年11月7日，美国空军用“大力神”4A将1颗改进型“折叠椅”（改称为“号角”）信号情报侦察卫星发射入轨，供美国国家安全局、中央情报局和各军种使用。“号角”卫星重约6吨，耗资约10亿美元，运行在远地点约为3.7万多千米、近地点约为几百千米、倾角约为63°的大椭圆轨道（与俄罗斯“闪电”型通信卫星采用的轨道类似）。“号角”卫星采用俄“闪电”型的轨道，主要目的是加强对纬度较高的俄罗斯和中国北部地区的电子窃听。“号角”卫星装有复杂精细的宽频带相控阵窃听天线，展开后直径约91.4米，天线的形状奇特，象一顶偏离垂直支柱的大遮篷。这种大型天线可同时监听上千个地面信号源，包括俄罗斯与其核潜艇舰队间的通信。

1997年8月29日，美国空军用“飞马座”XL火箭将1颗“瞬间事件轨道快速记录”卫星送入轨道。这是1颗用于探测秘密核试验的技术试验卫星，重约212千克，价值5000万美元，星体由轻型复合材料制成，这种复合材料不会因温度变化膨胀或收缩。该卫星将试验利用探测、记录和分析地球表面的能量猝发来监视各国遵守国际军备控制条约情况的方法是否可行。按照设计，它可以把能量猝发同闪电区分开来。该卫星还将记录雷暴发出的闪光和无线电频率信号，并监视电离层的电磁活动。

美国计划发展新的侦察卫星星座系统 1997年，美国国防高级研究计划局（DARPA）提出了“监视、瞄准、侦察卫星”（Starlite）系统，它是一个战术侦察用雷达成像小卫星星座系统，将由24颗或更多颗部署在770千米高的若干个轨道平面内的小卫星组成。星上将安装合成孔径雷达和活动目标指示器，能实现全天时、全天候侦察，地面分辨率高达0.3米。Starlite系统能在几秒钟内将战术情报直接传送给战区指挥官。若系统采用24颗星，卫星重访周期为15分钟；若采用37颗星或48颗星，则重访周期进一步缩短为8分钟或5分钟。DARPA希望能在2000年发射两颗验证卫星。

此外，美国国家侦察局（NRO）也在1997年开始制订新一代电子侦察卫星计划，拟采用一小型电子侦察卫星星座取代目前的少量大型卫星。NRO将在1998年签订合同，就这一计划进行方案研究。

美国低轨通信卫星网建设取得突破性进展 1997年5月5日，美国首批5颗“铱”卫星发射升空，从而拉开了人类建立低轨通信卫星网的序幕。“铱”系统是由摩托罗拉公司于1990年提出的全球低轨卫星通信系统，整个系统由66颗重685千克的小卫星组成，计划于1998年末投入使用，提供全球窄带通信业务。1997年共发射46颗“铱”卫星，其中除2颗异常外，其余都能正常工作，预计能按期完成部署。

与“铱”系统同时提出的其他低轨通信系统的建设也在1997年取得较大进展。“轨道通信”系统是轨道科学公司1990年提出的全球数据、电报和传真通信系统，由36颗重43千克的小卫星组成，计划于1998年投入使用。轨道科学公司曾于1995年4月3日发射两颗卫星进行系统组建试验。1997年12月23日，首批8颗“轨道通信”卫星顺利入轨，估计该系统能按期投入使用。

全球星有限公司提出的“全球星”系统则于1997年完成了其20亿美元的筹集工作，拟于1998年初开始发射卫星。全球电信公司提出的“全球电信”系统计划于2002年投入使用。1997年，全球电信公司对该系统进行了重新设计，新的系统方案将卫星数目由原来的840颗减为288颗，卫星重量有所增加，运行轨道相应提高。重新设计后的“全球电信”系统将具有更大的可实现性。

总之，1997年是低轨星座通信系统发展史上的里程碑，以“铱”系统为代表的星座通信系统首次进入实际部署阶段，一种新的卫星通信应用方式即将成为现实。

俄罗斯发射成像侦察卫星 1997年6月俄罗斯用“质子”号运载火箭从拜科努尔航天发射场发射31颗新的先进的成像侦察卫星ArKon-1。它是迄今俄罗斯或前苏联唯一使用这种重型运载火箭发射的1颗成像侦察卫星。有关这颗卫星的情况，几个月来一直不清楚，后来英国凯特林航天观测小组的研究和俄罗斯披露的一些数据才揭示了这颗卫星的使命。

ArKon-1卫星是迄今俄罗斯或前苏联发射的最大的1颗先进成像侦察卫星，重20吨，与美国的“哈勃”空间望远镜相类似。俄罗斯的承包商和航天部队透露的技术细节表明，ArKon-1卫星用的是折叠光学系统，其望远镜的焦距长27米，采用8谱段

CCD 传感器阵列，从可见到近红外，波长为 0.4～1.1 微米。该卫星和美国的高级型 KH－11 卫星不同，它不是从中高度轨道对目标详查成像，而是运行在 2800×1500 千米、倾角为 63.4°的轨道，因此视野广阔，过顶飞行时间较长，卫星可用大倍数望远镜对星下点轨迹两侧约 1000 千米的多个目标区进行监视。尽管 ArKon－1 卫星系统在海湾战争前就研制，但海湾战争的经验表明，较低分辨力的广域监视常常比高分辨力的卫星侦察更能满足需要。研制 ArKon－1 卫星，旨在以 2～5 米的分辨力进行高度灵活的大面积普查活动。

法国拟独自研制“太阳神”2 侦察卫星 在德国可能不出资、意大利和西班牙犹豫不决的情况下，法国决定独自开始研制第 2 代照相侦察卫星“太阳神”2。第 1 代照相侦察卫星“太阳神”1A 已于 1995 年 7 月发射入轨。“太阳神”2 卫星将使用为法国民用遥感卫星“斯波特”5 研制的公用舱，设计寿命为 7 年。与“太阳神”1A 相比，“太阳神”2 载有一分辨率更高的相机，图像分辨率提高到 0.5 米，并加装了 1 个红外遥感器，可昼夜进行侦察，还具有更强的机动能力。按计划，“太阳神”2 侦察卫星将在 2001 年发射入轨，届时将进一步增强欧洲独立的卫星侦察能力。

英国加速发展军用卫星通信系统 在 1990～1991 年的海湾战争、90 年代中期的波黑战争及 1997 年香港回归中国期间，通信需求高峰的到来使英国通信卫星系统体现出其重要价值，从而促使英国更加重视发展军用卫星通信。目前，马特拉·马可尼空间公司正在制造 3 颗第 2 代“天网”4 卫星，即“天网”4D、4E 和 4F 卫星。第 2 代“天网”4 卫星与第 1 代外形相似，但性能上有重大改进，带有能提供精确点波束通信的可控超高频（SHF）天线。“天网”4D 已于 1998 年 1 月由美国“德尔它”2 运载火箭发射入轨，“天网”4E、4F 卫星将用“阿里安”4 运载火箭分别于 1998 年 9 月和 1999 年 9 月发射。即将建成的第 2 代“天网”4 卫星系统，将使英国继续保持它自主的先进军用通信卫星系统，为英国部队提供更完善的战略、战术通信服务。

运载火箭 1997 年各主要航天大国在发展重复使用运载器技术的同时，都重视发展各自的一次性运载火箭。欧洲“阿里安”5 火箭进行了第 2 次试验发射；美国修改了其“改进型一次使用运载火箭”的发展计划；日本推出了新型固体运载火箭 M－5；印度极轨卫星运载火箭（PSLV）首次投入实用，发射了本国 1 颗遥感卫星 IRS－1D；巴西也首次发射了自制火箭。

美修改改进型一次使用运载火箭发展计划 1997 年 11 月，美国防部批准研制两个“改进型一次性使用运载火箭”（EELV）系列，从而修改了原定只研制一个 EELV 系列的发展计划。

EELV 是美国空军正在实施的一项火箭发展计划。它是在美国现有的“德尔它”、“大力神”、“宇宙神”火箭的基础上研制的 1 个运载火箭系列，以取代原来这几种火箭来发射军用卫星，降低军用卫星的发射费用，并打入国际商业航天发射市场。

EELV 计划的目标是在 2001～2020 年期间，将目前的航天发射费用降低 25%～50%。计划分 3 个阶段实施：第 1 阶段为低费用方案论证阶段，为期 15 个月；第 2 阶段为前期工程和生产研制阶段，为期 17 个月；第 3 阶段为工程和生产研制阶段，为期 8 年。

按照修改后的计划，第 3 阶段将选择两家公司研制两个 EELV 系列，以引入竞争机制，增加政府选择的灵活性，并鼓励公司投资。美空军给每家公司的投资额将不到 6.5 亿美元，要求每家公司都得负担一半以上的研制费。波音公司和洛克希德·马丁公司最可能成为第 3 阶段的合同商，但也不排除会有其他公司（如联合技术系统公司）参与竞争。现计划于 1998 年 6 月签订合同。届时美国政府还将与中标的两家公司签订 2002～2005 年的 30 次发射合同。

美空军希望 EELV 系列能覆盖小型、中型、大型运载火箭，能把 2500 磅（1.125 吨）～45000 磅（20.25 吨）有效载荷送入低地球轨道，在 2020 年前为美国防部节省发射费 50～100 亿美元，并使美国在国际商业航天发射市场上占据 50%以上的份额（现为 30%）。

日本 M－5 运载火箭首次发射成功 1997 年 2 月 12 日，日本宇宙科学研究所研制的固体运载火箭 M－5 在鹿儿岛航天中心成功地进行了首次发射，将 1 颗轨道射电望远镜卫星送入轨道。

M－5 火箭是日本继 H－2 火箭之后推出的又一种新型运载火箭，也是目前世界上最大的固体运载火箭，主要用于发射科学卫星。M－5 火箭通常为 3 级，必要时可装上可供选择的第 4 级。火箭高 31.2 米，直径 2.5 米，发射重量 128.4 吨，可将 2 吨重的有效载荷送入 200 千米、倾角为 31°的圆形轨道，或发射 520 千克重的月球探测器等。到本世纪末，M－5 火箭将进行至少 6 次发射，其中包括“月球 A”月球探测器和“行星 B”火星探测器等。

M－5 火箭总研制费为 242 亿日元（1.67 亿美元），其中研制费 131 亿日元，地面设施费 56 亿日元，其余 55 亿日元用于首枚火箭。目前，日本宇宙科学研究所还在改进 M-5 火箭，目的是使火箭的发射成本降低 1/3。

此外，1997 年 7 月，日本宇宙开发事业团宣布放弃 1996 年 2 月才发射成功的 J-1 火箭，转而研制一种改进型 J-1 火箭，称为 J-1A。J-1A 火箭是一种小卫星运载器，能向低地球轨道发射 1 吨重的有效载荷。J-1 火箭每次的发射费用为 3500 万美元左右，研制 J-1A 的目的就是把每次发射的费用降低到 1000～2000 万美元，并希望将其打入低地球轨道通信卫星商业发射市场。

巴西首次自制火箭发射失败 1997 年 11 月 2 日，巴西研制的第 1 枚“卫星运载火箭”（VLS）从大西洋岸的阿尔坎塔拉发射场升空，但由于 4 个发动机中的 1 个发生故障，升空 65 秒钟后炸毁。火箭携带有 1 颗重 150 千克的环境数据搜集卫星 SCD-2，这颗卫星的用途是搜集和中继来自巴西边远地区和邻近国家地面上 200 多个环境敏感器的数据。

VLS 是一种小型 4 级固体运载火箭，长 19.46 米，直径 1.0 米，发射重量 50 吨，可将 200 千克有效载荷送入倾角为 25°、750 千米高的圆形轨道，或 450 千米高的太阳同步轨道。在过去 17 年中，巴西为研制这种火箭大约花费了 2.8 亿美元。这次发射失败使巴西发展独立的运载火箭的计划遭受挫折。

“阿里安”5 火箭第 2 次发射部分成功 欧空局研制的“阿里安”5 火箭于 1997 年 10 月 30 日从法属圭亚那航天中心发射升空，将两颗模拟卫星和 1 颗科学实验卫星送入太空。但模拟卫星未能进入预定的地球同步转移轨道，而且主级火箭返回大气层后落点偏离预定海域 8000 多千米。据对火箭遥测数据的初步分析，造成这种发射缺陷的主要原因是“阿里安”5 的低温主级火箭在运行中出现异常，致使火箭以自身为轴心旋转，从而使主发动机提前了 10～20 秒钟关机。这是“阿里安”5 火箭的第 2 次发射。第 1 次发射是在 1996 年 6 月 4 日，由于制导系统软件出错，火箭起飞 36 秒钟后爆炸，连同火箭所携带的 4 颗卫星，损失达 7.4 亿美元。

这两枚“阿里安”5 火箭都是试验发射。阿里安航天公司拟于 1998 年 5 月进行第 3 次试验发射，成功后开始商业发射，从 1999 年起逐步取代欧洲现有的“阿里安”4 火箭。“阿里安”5 火箭是欧洲推力最大的运载火箭，它能把 1 颗重 6.8 吨（或两颗共重 6 吨）的卫星送入同步转移轨道，或者把 18 吨重的有效载荷送入低地球轨道。与“阿里安”4 火箭相比，运载能力提高了 40%。

空间探测 1997 年在空间探测方面备受世人瞩目，火星探测取得巨大成功；本世纪耗资最多、规模最大的土星探测器发射升空。

美国火星“探路者”顺利完成火星探测任务

1996 年 12 月 4 日美国发射的火星“探路者”经过 7 个月长途跋步，终于在 1997 年 7 月 4 日成功地登上火星。7 月 6 日，1 台命名为“索杰纳”（sojourner）的探测车缓缓驶出“探路者”，平稳的踏上了火星大地。这辆重约 10 千克、仅有微波炉大小（长 0.66 米、宽 0.48 米，展开后高 0.3 米）、装有 6 个轮子的探测车主要用于分析火星表面岩石和土壤成分。它同时使用 3 台照相机拍照，并将信息通过“探路者”传回地面指挥中心。

1997 年 11 月 4 日，经过 4 个月的探测后，“索杰纳”号火星探测车电力耗尽，探测使命宣告结束。火星“探路者”取得的成果是：向地面传回了 26 亿比特的科学信息，1.6 万幅图片以及对火星岩石和土壤作了 15 份完整的化学分析报告。这些资料向人类描绘出一个非常奇妙的火星：它的表面呈淡红色；有沙粒存在，可分为细质沙土、硬质土和松散粉状土；岩石有红、白、蓝 3 种颜色；曾有洪水流动，还有 1 条宽 4 千米的断裂带，并有大面积的可能是早期海洋遗迹的平原；它还可能像地球一样具有地壳和地核，也存在壳体和铁质核心；它有极大的瞬间温差，能形成云、风和 4 季分明的季节。

除火星“探路者”外，1997 年 9 月 11 日，经过 10 个月太空旅行的美国火星“环球勘探者”到达火星上空。据设想，携带着磁强计、热谱仪、激光高度计和各种照相设备的火星“环球勘探者”将不断调整飞行轨道，最后停留在距火星 380 千米的高空处，成为一颗环绕火星两极运转的卫星。11 月 10 日，火星“环球勘探者”因发生机械故障需重新调整飞行轨道，而轨道调整需花费一年时间，因此，它的全部工作都将顺延一年，距火星表面的距离也降低为 125 千米。它将用 687 天（即一火星年）的时间，对火星的矿产、地貌、磁场和大气等状况作连续记录，拍摄高分辨率的照片，并将火星地形绘制成图，为今后的火星登陆点和科研项目的选择提供依据。

美国“卡西尼”号土星探测器顺利升空 10 月 15 日，本世纪耗资最多、规模最大、美国航天史上携带放射性核燃料最多的“卡西尼”号土星探测器，在备受指责中跃然腾空。该计划总投资达 34 亿美元，历时 11 年。“卡西尼”号探测器不仅装备了迄今最为先进的 18 种研究设备，还采用了 32.7 千克放射性钚作为其核动力源，以致引起反核组织的强烈反对。“卡西尼”号将在太空飞行 7 年时间，行程超过 35 亿千米，将于 2004 年进入环土星运行轨道，对土星及其卫星进行长达 4 年的观测。

通过“卡西尼”号探测器，科学家希望能更多地了解促使太阳系诞生和地球生命起源的条件，了解奇特的土星光环的形成原因和演变过程，并对土星已知的18颗卫星进行研究。“卡西尼”还将向土星最大的卫星“土卫”6发射1个名为“惠更斯”的探测器，降落到“土卫”6上进行深入研究。“卡西尼”上携带了1张有来自81个国家的60万人签名的光盘，这是地球人寻求外星生命的又一次呼唤。

（陈有荣、周以蕴、刘小荣、陈茂良、王　萍）

核　武　器

综述　1997年，美国和俄罗斯两国就第3阶段削减进攻性战略武器条约问题进行了专家级工作会谈，提出将每方的战略武器的核弹头减少到2000～2500颗。俄罗斯总统叶利钦在访问瑞典期间还宣布，俄罗斯可能单方面将其核弹头再削减三分之一。美国总统克林顿签发了新的核战略指令，要求放弃“打赢一场核战争”，重点放在遏制战争上，核武器仍作为国家安全的基石。美国这一新的战略以对付俄罗斯为主，并把中国等一些国家也列入袭击的目标。

在这一年里，美国和俄罗斯按照已经签订的协议及其作出的承诺，继续削减他们各自的战略核武器和战术核武器，英国和法国也在减少他们的核武器。因此，核武器的数量和品种继续在减少。尽管如此，这些国家仍按照各自既定的方针保持并发展他们的核力量，例如：美国继续执行三位一体战略核武器改进计划、部署新型核武器、进行亚临界试验以保持库存核武器的安全性和可靠性；俄罗斯研制成功并开始部署新型陆基战略导弹、研制第4代弹道导弹核潜艇并进行了大规模核战争演习；英国和法国加紧实施新一代潜射弹道导弹计划。

美国的核武器　1997年，美国的核弹数量继续减少。在80年代，美国的核弹数量最多时达到24000颗左右。此后，由于从阿拉斯加、阿肯色、佛罗里达、夏威夷、堪萨斯、缅因、迈阿密、新泽西、纽约、南卡罗尼亚这10个州撤出了储存的核弹，其核弹的数量一直在减少。到1997年，核弹的数量减少到12500颗。这是因为：①某些核武器运载系统终止执行核作战任务，如反潜武器、舰载飞机和“战斧”巡航导弹；②一些空军基地已关闭；③一些核武器运载系统已退役，如陆军和海军陆战队的核武器运载系统、空军的“民兵”Ⅱ导弹和B－52G型战略轰炸机及其携带的近程攻击核导弹、海军的“海神”潜射弹道导弹；④核力量结构进行了调整；⑤一些核弹储存基地被撤销，如位于谢拉和塞尼卡的陆军弹药库、海军在康科德的武器站。

美国现有的12500颗核弹分为9种型号：B61－7、B61－11、B83核航弹和W80－1、W76、W88、W62、W78、W87核弹头。这些核弹储存在美国国内15个州和欧洲7个国家的26个地点。其中，在新墨西哥州、佐治亚州、华盛顿州和内华达州储存的核弹数量最多，总计7900颗，约占核弹总数的63%。在这4个州中，新墨西哥州的核弹储存量占第1位，有2850颗。这些核弹储存在该州的柯特兰地下设施里。该设施于1992年开始启用，占地28000平方米，建有58个具有现代化安全措施的地下储存库。佐治亚州和华盛顿州的核弹储存数量居第2位和第3位，分别储存了2000颗和1600颗核弹。这两个州各有1个“三叉戟”弹道导弹潜艇基地。其中佐治亚州的金斯湾海军基地拥有10艘弹道导弹核潜艇，华盛顿州的班戈海军基地拥有8艘弹道导弹核潜艇。这两个基地拥有的核弹，大约有一半部署在海上巡弋的弹道导弹潜艇上。内华达州储存的核弹数量居第4位，有1450颗。该州的内利斯空军基地是空军第2大核弹储存站，它作为核弹储存站已有40多年的历史。

冷战结束后，美国从海外撤出了数以千计的核弹，这是自50年代末、60年代初开始部署这些核弹以来发生的最大变化。1985年，美国在欧洲部署了大约12种型号、总计6000颗核弹，分布在德国、英国、意大利、土耳其、比利时、荷兰、希腊。现在，美国在上述7个欧洲盟国只保留150颗战术核航弹。从欧洲撤回的B61型核航弹，储存在新墨西哥州的柯特兰空军基地和内华达州的内利斯空军基地，没有安排使它们退役的计划。美国计划今后3年内再撤销1750颗核弹，届时，美国将保留10500颗核弹。

美国继续执行三位一体战略核武器改进计划　美国虽然没有在研的新型核武器，但改进现有核武器的工作并未停止，如继续执行“民兵”Ⅲ导弹、B61核航弹、潜射弹道导弹核弹头W76和W88的改进计划。美海军将执行一项潜射弹道导弹核弹头改进计划美国现役战略进攻核武器系统见表 1。

表 1. 美国现役战略进攻核武器系统

类　　型	发射架数量(枚、架)	首次部署(年)	弹头数×当量(千吨)	总弹头数
洲际弹道导弹	575			2075
“民兵”Ⅲ MK－12	200	1970	3W62×170(MIRV)	600
“民兵”Ⅲ	325	1979	3W78×335(MIRV)	975
Mk－12AMX	50	1986	10W87×300(MIRV)	500
潜射弹道导弹	408/17			3264
“三叉戟”Ⅰ	192/8	1979	8W76×100(MIRV)	1536
“三叉戟”Ⅱ	216/9			1728
Mk－4		1992	8W76×100(MIRV)	(1344)
Mk－5		1990	8W88×475(MIRV)	(384)
战略轰炸机	179/102			1800
B－1B	95/48	1986	ALCM/W80－1×5－150	400
B－2	13/10	1994	B61－7/－11, B83 核航弹	1000
B－52H	71/44	1961	ACM/W80－1×5－150	400
总　　计	1085			7139

注：符号“/”前后的数字表示的是：在潜射弹道导弹栏中分别表示导弹数量和核潜艇数量；在战略轰炸机栏中分别表示飞机总数量和除去教练机、备用飞机的数量。B－1B 和 B－2 不带 ALCM 或 ACM。首批 16 架 B－2 飞机最初只带 B83 核航弹，最终所有 B－2 飞机都将带 B61 和 B83 核航弹。B－53 核航弹正在退役并用 B61－11 核航弹替代。ACM 为先进巡航导弹；ALCM 为空射巡航导弹；MIRV 为分导式弹头。美国除了上述的战略核武器以外，其余的核弹（不包括战略武器系统的备用核弹）装备海射巡航导弹和战术飞机（包括部署在欧洲的 150 颗核航弹）。

及“三叉戟”Ⅱ潜射弹道导弹的改进计划。这项计划要求研制替换现装备的 W76/MK4 和 W88/MK5 核弹头，并从 2000 财年开始将现装备的 4 艘带“三叉戟”Ⅰ导弹的核潜艇改成带射程更远的“三叉戟”Ⅱ导弹，到 2006 财年海军将有 14 艘带“三叉戟”Ⅱ导弹的核潜艇。

美空军继续执行的“民兵”Ⅲ核导弹改进计划。按照美俄 1993 年 1 月签署的第 2 阶段《削减战略武器条约》的规定，到 2003 年，美国的陆基洲际弹道核导弹只剩下 500 枚“民兵”Ⅲ，每枚导弹携带的核弹头由 3 个减为 1 个。美国为了使这种核导弹服役到 2020 年并保持 99% 的戒备率，决定从 3 个方面进行改进，以提高导弹系统的作战效能：①改进发射控制中心。其核心是用一个新的“快速执行和目标瞄准”控制台取代原来的两个控制台，两名值班军官并排坐在一个控制台前，所有发射控制参数都显示在一个大屏幕上。这样，值班军官执行发射命令和重新瞄准目标的速度将大大加快。②改进导弹的制导系统。一是更换制导计算机及其他电子部件，二是更换惯性测量装置。③更换导弹的第 1、2 级固体发动机。因发动机壳体和固体推进剂逐渐老化，必须定期更换。所以决定采用新型第 1、2 级发动机壳体，浇注新研制的固体推进剂，同时改进装药界面粘结技术，以改善发动机的安全性能。从 1997 年开始到 2003 年把保留下来的分导式多弹头洲际弹道导弹改成带单弹头，并提出了 3 种方案：一是全部用“MX”导弹的 MK－21 弹头；二是全部用“民兵”Ⅲ导弹的 MK－12A 弹头；三是以上两种弹头各占一半。

此外，空军计划到 2000 年使 30 架 B－2 先进技术战略轰炸机满足作战要求，包括能携带 B61 和 B83 核航弹，并使这些飞机的生产一直保留到 2004 年；计划使现有的 B－52H 型战略轰炸机服役到 2040 年，因为这种轰炸机是唯一能携带空射巡航核导弹和先进的巡航核导弹，在这期间将改进它们的导航、通信和电子对抗等系统；1997 年后，B－1 战略轰炸机将改为常规作战飞机。

美空军部署攻击地下目标的钻地核航弹　1997 年年初，美国圣地亚核武器研究所成功地将 B61－7 普通型核航弹改装成为一种能钻入地下爆炸的新型核航弹（代号为 B61－11），并已交付美空军使用。迄今，美空军已用 B－52、B－1B 和 F－16 等飞机对改装后的 B61－7 型核航弹进行了 18 次空投试验，还要进行 6 次空投试验：1997 年夏季进行了 4 次，1998 年再进行 2 次。这是自 1989 年以来美国首次为其核武库增加的一种能摧毁地下目标的新型核武器。

在美国的库存核武器中，B61 型核航弹有 4 种型号、约 1350 颗。其中，B61－7 型 750 颗；B61－3 型、B61－4 型和 B61－10 型共 600 颗。B61 型核航弹的最大当量为 50 万吨、最小当量为 1 万吨。由 B61－7 型核航弹改装而成的 B61－11 型核航弹，重约 545 千克，长约 3.7 米，弹体直径为 0.34 米，弹尾直径约为 0.57 米。改装后的 B61－11 型核航弹比 B61－7 型核航弹长 0.11 米、重 202 千克。B61－11 型核航弹去掉了降落伞，飞机投掷后自由下落，同时增加了用来提高命中精度的空气动力翼系统和提高强度的针形贫化铀弹壳，装有约 1 厘米粗的钢头锥，有一个重 113.5 千克的控制重心用的平衡器。它能钻入地下 3～6 米，在地下引爆。爆炸时，释放出来的大部分能量传入地下，对地面造成的破坏很小。美国用这种核航弹攻击敌方地下指挥与控制中心目标，用来摧毁企图研制核武器、化学武器和生物武器的国家的地下设施。美空军的 B－52、B－1、B－2 战略轰炸机和 F－16 战术飞机均可携带这种核航弹。

美国进行亚临界试验　1997 年 7 月 2 日，美国在内华达试验场进行了一次代号为“反弹”的亚临界试验，这是它在《全面禁止核试验条约》上签字后进行的第1次“合法”试验。据分析，这次试验与研究核武器物理有关，是为了检验理论计算、计算机模拟数据的准确度，以确保库存核武器的安全性和可靠性，并为重新设计氢弹的引爆装置积累数据。美国进行这种试验是它维持核武器研究机构和试验基地的正常工作以及保留一批有经验的核武器设计和试验人才的重要举措。

美国能源部于当天发表的声明说，在内华达试验场进行的第1次亚临界试验，是在地下约300米的水平坑道里进行的。试验目的是获得钚在各种压力条件下（几百万倍大气压力）对冲击波响应方面的信息。包含总重约73千克化学高能炸药的3个不同的炸药包，提供了3种不同的压力条件。钚的总质量不到1.5千克、有20多块，最大的钚块为70克。

美国目前的核武器技术虽已相当成熟，但仍高度重视核武器的设计技术、材料技术、引爆技术和安全技术等方面的改进和提高。为此，能源部坚持进行亚临界试验，1997年7月和9月已经进行了2次，并计划1998年再进行4次亚临界试验。

所谓亚临界试验，是指在试验的整个过程中爆炸系统始终被控制在亚临界状态而不发生链式反应的一种试验。亚临界试验在很多方面与流体核试验是相似的。亚临界试验可在地下进行，也可在地面上的压力容器中进行。1996年9月第51届联合国大会通过的《全面禁止核试验条约》规定，不允许进行流体核试验，但对亚临界试验并没有加以限制。

美国坚持进行亚临界试验，是因为核武器经过长时间储存，其内部的材料会老化、变质，并由此引起核武器性能下降甚至失效。在过去，检验库存核武器的安全性和可靠性、进而保持其作战效能，主要是通过核试验来完成的。在核禁试条件下，如何确保库存核武器的安全性和可靠性、提高计算能力、模拟能力和保持核试验能力，一直是美国积极探索所要解决的问题。能源部提出进行亚临界试验，其主要目的也在于此。正如能源部长培尼亚说，这些试验是“确保库存核武器的安全性和可靠性计划的重要组成部分”。尽管亚临界试验对检验库存核武器的安全性和可靠性的实际效果尚有待进一步验证，但至少可以检验用于模拟核武器性能的计算机程序，也有利于维持核武器研究机构和试验基地的正常工作，保留一批有经验的核武器设计和试验人才。正如能源部主管防务计划研究与发展工作的助理部长帮办埃尔登·W·乔尔兹所说，进行亚临界试验，除具有科学价值外，还有助于保留许多恢复核试验所必需的设施和技能。

美国动工兴建核爆炸模拟设施　1997年6月8日，美国开始在劳伦斯·利弗莫尔核武器研究所动工兴建大型核爆炸模拟设施——“国家点火装置”。这是美国1995年开始实施旨在禁核试条件下保持库存核武器安全性和可靠性的《库存核武器技术保障与管理计划》的重要组成部分。这项计划要求改建和新建一批地面模拟设施，国家点火装置是这些设施中最大的一个，也是目前世界上最大的激光模拟核爆炸设施。该设施将耗资12亿美元，计划到2003年建成。建成后的国家点火装置有7层楼那样高，占地面积相当于两个足球场，内部安装192台大功率激光器，可产生1.8兆焦耳脉冲能量。美国将利用该装置研究核武器物理、模拟核爆炸效应、开发聚变能源、进行基础科学研究和培训人才。

在全面禁止核试验的情况下，国家点火装置配合流体动力学试验设施以及先进的核武器设计数值模拟程序，可使美国在继续保持库存核武器的安全性和可靠性、进而使这些核武器仍具有作战使用效能方面充满信心，使美国维持在科学和工业上的竞争能力所需的科学与工程方面的技能，也是吸引、培训和保留有才能的年轻科学家必不可少的设施。正如美国能源部长费德里科·培尼亚在该项工程奠基典礼上所说：“用来模拟爆炸的国家点火装置，对美国保持日趋老化的库存核武器来说是必需的。这是一次重要的雄心勃勃的尝试。国家点火装置的使命是首次在实验室创造自持聚变反应条件，将使我们不用像过去那样在进行地下核试验的条件下从事核武器物理学研究。”

俄罗斯的核武器　俄罗斯约有11800颗核弹，其中装备战略进攻武器系统的核弹有7289颗，装备非战略武器系统的核弹有4500颗。俄罗斯现役战略进攻核武器系统见表2，它的陆基战略核导弹的核弹头及其分类情况分别见表3、表4。

表2. 俄罗斯现役战略进攻核武器系统

类　　型	发射架数量（枚、架）	首次部署（年）	弹头数×当量（千吨）	总弹头数
洲际弹道导弹	760			3629
SS-18M4/M5/M6	180	1979	10×550/750(MIRV)	1800
SS-19M3	167	1979	6×550(MIRV)	1002
SS-24M1/M2	36/10	1987	10×550(MIRV)	460
SS-25	367	1985	1×550	367
潜射弹道导弹	440			2272
SS-N-18M1	208/13	1978	3×200(MIRV)	624
SS-N-20M1/M2	120/6	1983	10×200(MIRV)	1200
SS-N-23	112/7	1986	4×100(MIRV)	448
战略轰炸机	113			1388
图-95（“熊”H6）	32	1984	6AS15 ALCM or bomb	192
图-95（“熊”H16）	56	1984	16 AS-15ALCM or bomb	896
图-160（“海盗旗”）	25	1987	12 AS-15BALCM or 12 AS-16SRAM, or 12 bomb	300
总　　计	1313			7289

注：MIRV 为分导式核弹头；符号“/”前后的数字分别表示导弹数量和核潜艇数量；AS、ALCM、SRAM、Bomb 分别表示空地导弹、空中发射的巡航导弹、近程攻击导弹、核航弹。除上述核武器外，俄罗斯还部署了“白杨”陆基洲际导弹，因为只知道这种导弹的射程为 10500 千米，其他性能数据不明，因此，表中没有列出这种导弹。

表 3. 俄罗斯现役陆基洲际弹道导弹及其携带的核弹头

导弹型号	部署的数量	核弹头数	核弹头总数	百分比(%)
SS-18	180	10	1800	49.6
SS-19	167	6	1002	27.6
SS-24(井基)	10	10	100	2.8
SS-24(机动)	36	10	360	9.9
SS-25	367	1	367	10.1
总计	760		3629	100

表 4. 俄罗斯现役陆基洲际弹道核导弹的分类

类别	导弹数量	百分比(%)	核弹头数	百分比(%)
井基导弹	357	47.0	2902	80.0
机动导弹(公路或铁路机动)	403	53.0	727	20.0
多弹头导弹	393	51.7	3262	89.9
单弹头导弹	367	48.3	367	10.1

俄罗斯建造第 4 代弹道导弹核潜艇并试验其潜射弹道导弹 俄罗斯新一代弹道导弹核潜艇的首艇“尤里·多尔戈鲁基”号的龙骨铺设仪式已于 1996 年 11 月 2 日在北顿文斯克造船厂举行，这标志着俄罗斯已开始建造第 4 代弹道导弹核潜艇。该级弹道导弹核潜艇由俄罗斯著名的红宝石中央设计局设计，被命名为“Borey”级。预计该级的首艇交付日期为 2002 年，2004 年服役。这一级弹道导弹核潜艇携带的潜射弹道导弹 SS-NX-28，目前正在地面进行试验。

俄罗斯研制成功并开始装备新型战略核导弹 俄罗斯在 1994 年 12 月 20 日开始进行“白杨-M”洲际弹道导弹（又称 SS-27 洲际弹道导弹）飞行试验，1997 年 7 月 8 日完成了作战任务前的第 4 次（也是最后一次）发射试验。俄罗斯国防部长谢尔盖耶夫 1997 年 2 月 24 日说，“白杨-M”导弹系统的头两枚导弹已经装备了驻萨拉托夫州塔季谢夫的塔曼导弹师，并进入了战斗值班。他指出，将用这种导弹替换过时的洲际导弹。据研制这种导弹的莫斯科热工技术研究所所长兼设计师多罗费耶夫说，虽然对“白杨-M”计划限制拨款，但这种新导弹的研制工作仍在按部就班地进行。这种新型洲际弹道导在 5～6 年后将超过别国使用固体燃料的同类产品。

俄罗斯计划将 360 个 SS-18 导弹发射井中的 90 个重新改装，以便安装这种新型导弹。这 360 个发射井是由于解除了 SS-18 导弹的战斗执勤任务而腾出来的。“白杨-M”洲际弹道导弹是机动固体燃料三级导弹，带 1 个核弹头，是 SS-25 机动洲际弹道导弹的改进型，预计俄罗斯每年可生产 10～15 枚这种弹道导弹。“白杨-M”洲陆弹道导弹的射程达 10500 千米。这种核导弹的一部分将部署在经过改进的 SS-25 导弹的运输、起竖、发射车上，其余的部署在 SS-18 洲际弹道核导弹的地下井中。

俄罗斯的非战略核武器 俄罗斯除战略进攻核武器外，大约还有 4400 颗核弹装备反弹道导弹导弹、地空导弹、陆基和海基飞机携带的导弹以及核鱼雷等。其中，反弹道导弹导弹有 SH-08（64 枚）和 SH-11（36 枚），核弹头 100 颗；地空导弹有 SA-5B 和 SA-10 共 1100 枚，核弹头 1100 颗；陆基飞机有“逆火”（80 架）和“防御者”（280 架），携带 AS-4 空地导弹、AS-16 近程攻击导弹、核航弹，共 1600 颗核弹；海基飞机有“逆火（135 架）、“眼罩”（30 架）、“熊”G（25 架）、“獾”（50 架），携带 AS-4 空地导弹、核航弹，核弹 600 颗；潜射巡航导弹有 SS-N-9、SS-N-12、SS-N-19、SS-N-21、SS-N-22，核弹头 500 颗；反潜武器有 SS-N-15、SS-N-16、鱼雷和深水炸弹，核弹 500 颗。

俄罗斯进行大规模核战争演习 1997 年，俄罗斯战略核武器部队进行了大规模核战争演习，其中包括用“德尔它”Ⅰ、“德尔它”Ⅱ和“台风”级核潜艇从鄂霍次克海和巴伦支海发射潜射弹道导弹，从普列谢茨克向勘察加半岛发射陆基洲际弹道导弹 SS-25，以及用图-22M3（“逆火”）、图-95MS（“熊”-H）和图-160（“海盗旗”）发射空射巡航导弹。其目的是模拟敌方的洲际弹道核导弹和潜射弹道核导弹的攻击，以及模拟对敌方进行第 2 次打击，或者说进行报复攻击。据说，这些演习是成功的，演示了俄罗斯战略部队的高超技术和战略核武器的可靠性。

英、法的核武器

英国继续执行核武器系统现代化计划 英国最后 1 艘“北极星”弹道导弹核潜艇 1996 年 8 月 28 日退出现役后，英国的潜射弹道导弹核力量将由 4 艘新的“三叉戟”弹道导弹核潜艇及其携带的“三叉戟”潜射弹道核导弹构成。第 1 艘和第 2 艘“三叉戟”弹道导弹核潜艇已经服役，预计第 3 艘和第 4 艘分别于 1998 年、2000 年服役。每艘“三叉戟”核潜艇将携带 16 枚“三叉戟”核导弹，每枚“三叉戟”导弹可装备多达 8 个核弹头，预计英国将在每枚“三叉戟”导弹上装备 3～4 个核弹头。英国皇家空军计划到1988年年底把装备“旋风”式飞机的100颗WE177型核航弹全部退役。届时，英国的核力量只有“三叉戟”弹道导弹核潜艇及其携带的新型“三叉戟”潜射弹道核导弹。

英国大约有3600颗核弹头。其核武器运载系统见表5。

表5. 英国的核武器

运载系统	部署年份	数量	射航程(千米)	弹头数×当量(千吨)	弹头类型	库存核弹头数
“旋风”GR-1/1A飞机	1982	96	1300	1-2 200×400	WE177A/B核航弹	100
“三叉戟”ⅡD-5潜射弹道导弹	1994	32	7400	4-6×100	分导式核弹头	160

法国继续执行核武器系统现代化计划 到21世纪初，法国的核力量将由4艘“凯旋”级弹道导弹核潜艇及其携带的潜地弹道核导弹、60架均装备远程空对地核导弹的“幻想”2000N飞机组成。每艘“凯旋”级弹道导弹核潜艇将带16枚M-45核导弹，每枚导弹装备6个核弹头。第1艘“凯旋”级弹道导弹核潜艇已经服役，第2艘将于1999年服役，第3艘将于2001年服役，最后1艘核潜艇将在2005年服役。到2008年，ASMP改进型空对地核导弹将供作战使用，其射程是原导弹的2倍，且具有更好的隐形性能。此外，正在研制的M-5潜射弹道导弹将在2010年服役。

法国目前大约有450颗核弹头。其武器运载系统见表6。

表6. 法国的核武器

运载系统	部署年份	数量	射航程(千米)	弹头数×当量(千吨)	弹头类型	库存核弹头数
“幻影”2000N飞机	1988	45	2700	1×300	TN 81空射导弹核弹头	45
“超级军旗”舰载飞机	1978	24	650	1×300	TN81空射导弹核弹头	20
潜射弹道导弹 M4A/B	1985/1987	48	6000	6×150	TN 70/71	288
M45	1996	16	6000	6×100	TN 75	96

（王连奎）

化学战装备

综述 **禁止化学武器组织实施第1阶段核查** 《禁止化学武器公约》规定，在其正式生效1个月之内，缔约国须根据公约要求作出宣布，3个月后，公约组织技术秘书处国际视察团开始处理各缔约国宣布的材料，并派出视察组前往核实宣布的准确性。公约要求缔约国国家及私人有关设施均要接受前所未有的核查和监督。截止1998年1月9日，包括中、美、俄、英、法、日、印度等国在内的74个缔约国递交了初始宣布。技术秘书处已在22个缔约国进行了总共129次初始观察。目前的110名视察员重点在视察化武生产设施和化学武器储存设施，部分视察是针对公约允许的生产少量附表1所列化学品的设施。视察组封闭或关闭了原化武生产设施，清点和标示了化学弹药并起草了部分设施协定。所有化学武器储备及生产设施须在2007年4月前销毁。

使用化学武器的恐怖活动向人类提出新挑战 《禁止化学武器公约》的生效为减小国际化学战威胁起到了很大的作用，但使用化学武器的恐怖主义却向世界提出了新的挑战。1995年3月，日本奥姆真理教在东京地铁制造的沙林毒气袭击事件，导致12人死亡，5500人受伤。这是神经性毒剂首次被用于城市的恐怖活动。此后世界各地又相继发生使用化学生物武器进行恐怖活动的事件。这种恐怖主义事件的频繁发生给各国化学防护界敲响了警钟：化学防护并不仅限于战场。美国已开始由情报部门、安全部门和防化部门联手对付使用化学武器的恐怖活动。

化学武器销毁遇到严重困难 《禁止化学武器公约》规定，在公约生效后10～15年内销毁所有化学战剂及其弹药，不仅包括现储存化学武器，而且包括老化学武器和遗留化学武器。因此，化学武器的销毁，不仅涉及美、俄两个化学武器大国，而且也涉及在第一、二世界大战中曾使用、储存化学武器的国家，还涉及有遗留化学武器的相关国。

化学武器的销毁是一个复杂的系统工程，不仅需要专门设计的用于化学武器的销毁系统，而且应配置高标准的化学战剂或炸药扩散防护系统、全过滤式通风系统、适当的污水处理系统、消毒设施、医疗支持及经验丰富的操作人员。

虽然美俄已承诺销毁其拥有的全部化学武器，但是，它们在执行销毁决议时都遇到了严重困难。美俄两国的公众强烈反对其销毁化学武器的方案，主要原因是公众不信任目前的销毁技术，担心现有销毁技术不可避免地造成环境污染、危害生态安全和当地居民的健康。此外，美俄两国都发现销毁化学武器的费用巨大，比生产这些化学武器的费用要多得多。种种原因都影响着美俄销毁化学武器的进程。

化学武器的销毁作业具有很大的危险性和风险性。1988 年之前，美国在犹他州图埃勒陆军仓库进行化学武器试验性销毁期间曾发生过数十次突发事件。其中被美国国防部化学裁军大纲所确认的灾难性突发事件就有 7 种 26 次。即使化学武器销毁的正常排放，也会对环境造成有害的影响。各国都有严格的环境保护法限制化武销毁设施的建立和排放。

销毁化学武器是一件比生产化学武器更费时、费事、费经费的任务。美国目前所估计的销毁化学武器储备的费用为 124 亿美元。俄罗斯官方则认为最少需要 50 亿美元销毁从前苏联继承下来的 4 万吨化学战剂。

俄罗斯官员估计销毁如此庞大的化学武器库存，对于经济尚未复苏的俄罗斯而言，无疑有巨大困难。1995 年俄罗斯国防部部长曾申请 1539 亿卢布的化学非军事化资金，但是杜马把它削减到 625 亿卢布。然而，1995 年实际经费分配估计不超过 130 亿卢布。为此，俄罗斯曾指望能从西方得到 20 亿美元的援助。预计美国将拨款 8 亿美元支持俄罗斯销毁核化武器。

据美联社报道，1997 年 2 月 25 日，俄罗斯的国防会议秘书巴图林与美国军备控制和裁军署负责人霍勒姆举行了会谈，商讨了美国援助俄罗斯销毁库存的大量化学武器的计划，此项计划要求美国 1997 年拨款 7630 万美元，这项拨款将用于建造俄罗斯南部库尔干地区的一个化学武器销毁设施。另外，芬兰、瑞典和意大利也在考虑为俄罗斯销毁化学武器提供援助。尽管有这些国家为俄罗斯提供援助，但是这犹如杯水车薪，要销毁俄罗斯巨大化学武器库存，还主要靠他自己。待销毁的化学武器数量巨大，而资金严重匮乏，这是俄罗斯履约销毁化学武器的头等难题。

化学武器　日本二战期间遗弃在华的化学武器问题亟待解决　日本帝国主义在其全面侵华战争的 8 年时间里，违反国际公约，在中国使用了 2000 多次化学武器，残酷地屠杀中国军民，致使中国军民受化学武器中毒伤亡人数达 9 万以上。日军在 1945 年投降前后，又将大量未及使用的化学武器投入中国的江河湖泊，或就近掩埋，或抛弃在深山野岭之中。迄今为止，中国已发现日军遗弃的大量化学武器，这些化学武器遍布中国的东北、华北、华中等十几个省、区的 30 多个地点，其中以东北地区最多。中国已经销毁或暂作初步处理的日本化学弹药约 30 万发，已经销毁的日本毒剂有 20 余吨，而已经发现尚未销毁的日本毒剂有近 100 吨。日军侵华战争虽然早已结束，但日军遗留的化学武器却一直在污染着当地的水源、土壤和空气，破坏赖以生存的环境，给中国人民造成严重危险。

中日两国均为禁止化学武器公约的缔约国。根据公约，日本有义务在公约生效后的一年之内开始销毁其遗留在华的化学武器，所有化学武器须在公约生效后 10 年内销毁。因此，关于处理侵华日军遗留在中国的化学武器问题，成了 1997 年中日关系的具体课题。

解决日本在华遗弃的化学武器问题早在公约签订后的第 2 年就已逐步展开。截止 1997 年底，双方联合挖掘调查已进行了 8 次。1996 年 5 月，日本外务省官员根据联合调查结果估计，仅在中国吉林省一地，日本遗弃的化学弹药约有 70 万枚。

1996 年 12 月 17 日以中国外交部亚洲司司长王毅为团长的中方代表团同以日本外务省亚洲局局长加藤良三为团长的日方代表团在北京就日本遗弃在华化学武器问题举行了政府间谈判。谈判中，中方强调日本遗弃在华化学武器是日本军国主义侵略中国造成的，中方完全是受害者，要求日方认真反省侵略罪行，承担全部销毁责任，按照《禁止化学器公约》的规定，尽快履行销毁遗弃在中国的化学武器的义务。日方对过去的侵略给中国造成的重大损害表示深刻反省和诚挚道歉，承认日本军队在中国遗弃了大量化学武器的事实。日方并表示，无论遗弃在华化学武器数量有多大，技术上有何困难，日方都将全力以赴予以解决。双方同意尽快成立一个联合工作组，就有关具体问题进行磋商。

日本政府在 1997 年 8 月 26 日举行的内阁会议上决定，设立“遗弃化学武器处理对策联络调整会议”，由外务、通产和厚生等 7 个有关省厅负责人组成，旨在处理遗弃在中国的化学武器。这个机构由日本内阁副官房长官领导。

日本政府决定在 1998 年 4 月之前以移动式的简易设施开始销毁遗留在中国的化学武器。关于此后的正式销毁设施，将在遗弃的日军化学武器数量最多的吉林省敦化市附近设立大规模的处理工厂。1997 年 4 月初，日本在中日之间设立的联合工作小组举行的会议上向中国方面说明日本方面的这一打算。

1997 年 12 月和 1998 年 1 月禁止化学武器组织视察组分别两次对在中国东北的 4 个日本遗弃化武存

放点进行了初始视察。在此之前遗弃化武的调查活动一直在中日双边间进行。

虽然目前尚难预计销毁遗弃化学武器所需经费数额，但估计日方须花费10亿美元以上。

化学侦检与报警器材 **美国研制成表面声波毒剂侦检器（SAWCAD）** 美国海军研究所和其他部门经过15年的调研论证，表面声波毒剂侦检器已进入设计阶段。正在研制的表面声波毒剂侦检器可在地面和海上使用。1995年美国首次在无人驾驶飞行器上试验了毒剂侦检系统。这种像鞋盒大小的侦检器可成为美国防止化学武器扩散措施中的一个重要部分。

表面声波毒剂侦检器由一系列涂有很薄的各种聚合物的压电垫片组成，每种聚合物能吸收一种特定毒剂。当毒剂与垫片接触时被吸收，就会干扰垫片表面上产生的声波速度。这种干扰特征表现为表面声波频率的变化。毒剂的性能差异使表面声波信息处理器精确确认所吸收毒剂的类别，即使有另一种本底蒸气存在的情况下也是如此。此外，一旦蒸气消失，干扰也就中断。从而可以用表面声波同时监测多种毒剂。

载有表面声波毒剂侦检器的无人驾驶飞行器进行飞行试验时，首次使用了测量和特征信号传感器。这一系列传感器，是具备大功率数据处理功能的设备。这些数据处理设备属于正在开发的电磁谱、声光信号及其他非传统信号范畴。

美国研制成袖珍化学战剂检测仪（ICAD） 美国环境技术集团公司研制的袖珍化学战剂检测仪可进行点源、遥测和液滴毒剂检测，可侦检神经性毒剂GA、GB、GD，糜烂性毒剂HD、L，血液性毒剂AC和窒息性毒剂CG。其传感器模块可以替换，供4个月连续使用而无需维修。ICAD仅高11.0厘米，长6.6厘米，宽2.8厘米，重215克。报警方式为：音响报警—脉冲持续音响；视觉报警—发光二极管持续闪亮显示每一类战剂。

ICAD满足或超过北约的ICT5技术性能要求，能向人员提供足够的报警以便使中毒失能的人员不超过5%。当ICAD和M－9试纸或国际上相似试纸一起使用时，将进一步提高效能。ICAD和M－9试纸联用将对所有相关的液态或气态威胁提供最有力的检测。除给专业部队配备外，ICAD和射频传送器一起使用时可向上级部队或其它军事单位传送警报。网络结构使ICAD适合装备在车辆上，在侦察和放哨时，向指挥员和友邻部队实时提供遥控检测和大范围报警。

美军改进“狐”式核生化侦察车 美国陆军与通用动力公司地面系统处签订了62辆美军XM－93型“狐”式核生化侦察车改进合同，合同总金额为1.26亿美元。改进计划将于2001年3月完成。

陆军51辆和海军陆战队10辆XM－93型核生化侦察车的改进项目包括安装全球定位系统（GPS）以及整体性传感器组，其中含M－21遥测侦检器、1个测风速、风向和气压的气象传感器和通过SINCGARS无线电系统传输信息的中枢数据处理装置。当车辆停下采集5千米范围内空气样品时使用侦检器。在车辆后面加一个密封舱，以放置在沾染区放下的标志器。车内还增加两个视频监测器，以便观察来自质谱仪显示的离子活性。

捷克DETEHIT神经毒剂检测器列装 由捷克奥瑞泰斯特有限公司生产、已在捷克和其他一些国家军队服役的DETEHIT神经毒剂检测器，是一种检测神经毒剂和类似的胆碱酯酶抑制剂的简易器材。它的检测原理是依靠取自牛脑组织的乙酰胆碱酯酶固定在纤维布上起生物化学反应。神经毒剂和有关的化学产物降低乙酰胆碱酯酶的活性，活性降低的程度取决于抑制剂的毒性、剂量和作用的时间。

DETEHIT检测器成片状包装，每3片包装在80毫米长、10毫米宽的防潮箔袋内。每个检测片分为4个小段，各段分别是：白色检测布、黄色标准、小孔和指示剂纸。使用时，检测布区段和黄色标准段被浸湿或滴入样品水。如果是空气样品，检测片采集空气1分钟。对于固体表面样品，检测布区段压住目标表面。如果有需要，从小孔处把指示剂纸撕下以便保持干燥。在暴露之后，如果检测布段已经变干，可以重新浸湿，然后检测布段和指示剂纸段压在一起2分钟。如果有神经毒剂存在，检测布变为白色；如果没有神经毒剂存在，检测布保持黄色。

暴露1分钟，可以检测到空气中的神经毒剂。检测水样要用5分钟。检测低浓度的神经毒剂则暴露20～30分钟。

匈牙利研制VTB－1型远程毒剂传感器 这是一种激光雷达，可用于对毒剂进行远程探测。它依据的工作原理是差动吸收光谱，测量背向散射信号。VTB－1远程毒剂传感器有两个连续波射频激励的二氧化碳波导管激光器作为能源，该激光器可在9～11微米波段区间调谐出大约40条谱线，它们都有特定的吸收物质，因此可对它们加以选择，以使发生的某个波长的谱线符合欲测物质的峰值吸收或谷值吸收，这样就可通过测量差动吸收来鉴别所要测的物质在大气中的存在。

VTB－1系统为双端式装置，除安装在一辆空调卡车的激光发射器外，还有安装在三脚架上的1平方米喷砂铝反射器与之配合进行遥感作业。发射器与反射器之间的距离可达数千米，测量二者之间的平均浓度或整体浓度。运用多台反射器设置光学“围栏”的办法，可用来监测大型设施，可测量的背向散射的最小光密度在 10～20 瓦，频带宽度只有 1 赫兹。

VTB－1 系统可探测 250 米至 5 千米范围内的浓度为 130 毫克/米^3 的所有 G 类和 V 类毒剂。其灵敏度高于美国的 M－21 遥感报警器和法国的 DETADIS 远程报警器。目前该仪器仍在研制中。

南斯拉夫装备 AHD 自动化学探测器 这种探测器装备于作战车辆、侦察车辆或工事内，可连续监测大气，探测空气中的 GB、GD、VX、CG 和 AC 等化学战剂，并及时发出声光警报。最大响应时间为 60 秒。该探测器包括自动探测装置、远程报警装置、消耗品箱、12/24 伏直流电源、110/220 伏交流电源、携具和工具及零件箱。探测器可连续工作 12 小时无需更换电源，配备的消耗品足够使用 360 小时。探测器外形尺寸为 230×150×320 毫米，重 8 千克，远程报警器的尺寸为 230×164×85 毫米。

化学防护器材　美军研制新一代呼吸道防护器材 美国陆军于 90 年代初开始研究 21 世纪呼吸道防护系统，其目的是取代 1992 年装备的 M－40 系列防毒面具，预计于 2002 年装备部队。美国陆军已对其过滤系统和面罩材料进行了优选与评价，目的是寻找过滤介质，以便制成柔软的过滤元件而不是像目前坚硬的滤毒罐，并在此基础上进行了面具的概念研究和视觉系统的概念研究。

研制轻便防毒面具的主导思想是，把佩戴防毒面具所产生的对人员、武器装备的战斗效能的影响降至最低限度，面具重量轻，呼吸阻力低而佩载舒适。初步构思是以柔软的过滤器组件代替目前刚性的滤毒罐，使整套面具可卷起折叠包装，体积小而便于携带贮存。

新研制的呼吸道防护系统与 M－40 面具相比，防毒性能无重大变化，但呼吸阻力大大降低。视觉功能也明显提高。轻便面具视觉系统由镜片及镜片固定框（简称镜框）两部分组成。镜片又包括具有防毒能力的主镜片、光学校正镜片和激光防护镜片。镜片由镜框支撑固定，并通过镜框与面罩及空气控制管路装配在一起。

美陆军将装备多用途雨/雪/生化防护套靴 该套靴设计用于防化学生物战剂和恶劣环境，套穿在普通作战靴、沙漠靴、热带靴或寒/潮靴外。套靴的一侧设计有两个快速扣环，穿脱简便。在华氏 0 度以上的气温下，在任何地理环境下穿着 60 天，该套靴的防护性能不受影响。该套靴用注模法制成，材料防火、拒油，可用标准野战消毒剂消毒。预计美军将于 1998 财年装备这种套靴。

俄罗斯制成 P－2 防护面具 P－2 面具用于保护呼吸道防止放射性粒子和其他有害微粒侵入。它仅遮盖口鼻部位，有 3 层过滤材料：1 层聚氨基甲酸酯泡沫，1 层过滤材料和 1 层聚乙烯薄膜。有呼吸活门，重 60 克，可连续配戴 12 小时。

俄罗斯推出 PMK 型防毒面具 PMK 型防毒面具是 GP－7V 型面具的改型，它有饮水器，通话器和曲面玻璃眼窗。视野可达 70%。面具的滤毒罐装在面罩的左腮，吸气阻力为 150 帕（30 升/分）。可连续佩带 12 小时。该面具重 0.95 千克，其中滤毒罐重 0.3 千克，配有配具袋。

英国研制 FM－12 型防毒面具 FM－12 型面具的设计保留了世界领先水平的 S10 型面具的许多优点。其主要性能特点：有 3 种尺寸，适于 95% 以上成人佩戴；有包住下颚的反折边密合框，提高了佩戴者面部舒适性和安全性，面具内有 1 个口鼻罩，改进了防雾气流分布；轻、细长剖面，改进了与军事装备（武器瞄准具，头盔和光学器材）的兼容性；改进了眼窗设计，使眼窗位置更靠近眼睛，扩大了视野；内部有 1 个大流量安全饮水装置，饮水速度可超过 200 毫升/分；安装 2 个阀门，可在有毒环境中安全联接；装有有线辅助通话器的 2 个滤毒罐座，不需任何专用工具就可把通话器装在左右两边的座上，也可以把它拆掉，以同时使用两个滤毒罐；快速搭扣和织物头罩设计，改进了佩戴舒适性，易于佩戴调节；易于洗消，可用许多消毒方法洗消，包括热空气或沸水。该面具满足了北约当前和未来作战要求。到目前为止，该面具已被挪威、丹麦和荷兰武装部队使用。

西班牙军队装备 induyco 核生化作战服 该核生化作战服替代了早先的不透气核生化防护罩服，它由带头罩的上装、裤子、手套、靴套和携带包组成。服装的外层材料是防火、拒油、拒水织物，经过降低红外信号处理。内层织物是 1 毫米厚的热压缩活性炭浸渍的聚氨基甲酸酯泡沫，泡沫保护在聚酰胺网上。服装材料的透气率为 200 升/分米^2 分，可抗芥子气气溶胶达 6.5 小时以上。靴套底部是氯丁二烯，上部是丁基橡胶，可防芥子气气溶胶 18 小时以上。手套是 0.35 毫米厚的丁基橡胶。

瑞典研制出 90 型个人防护装备 90 型防护装备包括外衣、头罩、手套、靴套、内层防护服、防毒剂内层（活动型）、皮革手套（内有 1 层活动型丁基胶手套）。该防护装备能对头、躯体、臂、手、脚实行全方位防护，与呼吸系统的防护器材结合能保证人员在沾染区域正常工作。该防护装备能防火、防热辐射、防水、防毒，且重量轻、使用寿命长。外衣既可和内层防护服配合使用，也可以和防毒剂内层配合使用。90 型个人防护装备的性能如下：在持久性毒剂染毒区域，能使着装人员持续救援工作 8 小时以上；防护服及其配套器材，除防毒剂的内层外，都能进行洗消，而防化学毒剂的内层只可作为一次性使用；洗消后的服装可以再用，而且对穿着者无任何伤害。特殊的防毒内层有四种型号适合于 90% 的使用者，每一种型号比标准尺寸稍大一点。

核监测器材　美国研制成 SE 视察员辐射测量仪　SE 视察员辐射测量仪是一种微处理系统控制的低辐射级甲、乙、丙种辐射和 X 辐射测量仪，能在显示窗显示 4 位数字，并发出声音信号，持续报告现时辐射级。该测量仪是一个有效直径为 45 毫米、带薄云母窗的卤素猝灭无补偿盖革—缪勒计数管。显示窗每 3 秒钟变化一次。在低背景辐射级下，变化值是过去 30 秒内的移动平均值。随辐射级的升高，所反映移动平均值的时间段缩短。每分钟计数范围为 0～300000，测量范围为 0.001 毫伦/小时～100 毫伦/小时。该探测仪使用 9 伏碱电池，重 301.4 克，外形尺寸为 150×80×30 毫米。

法陆军引进 SUK SUR 1070 辐射仪系统　SUK SUR 1070 车载辐射仪系统以测量吸收剂量确定地面丙射线沾染。该系统包括 3 个相同的且可互换的硅探头，1 个安装在车的左侧，1 个在右侧，另 1 个在车内，均连接在车内的显示器上。车外的两个探头探测地面的辐射沾染，车内的探头提供乘员的保护数据。系统的工作能量范围为 80 千电子伏至 4 兆电子伏，剂量率测量范围为 0.1～999.9 厘戈瑞/小时，累积剂量测量范围为 0.1～9999 厘戈瑞，响应时间小于 3 秒。所有量程和报警均可设定阈值。该系统防水、防震，使用车上直流电源，工作温度为 -30～+50℃。

捷克研制出 DP-95 剂量率仪　DP-95 计量率仪设计用于辐射探测和监测，可配装在核生化侦察车上。它是 RUDA 核生化侦察系统的一部分。该系统由一个微处理机控制并可通过 RS-232C 接口与计算机连接。该剂量率仪使用 2 个盖革-缪勒计数管进行车内外的辐射探测。1 个探测范围为 1 微毫戈瑞/小时至 25 毫戈瑞/小时；另 1 个探测范围是 25 微毫戈瑞/小时至 10 戈瑞/小时。控制与显示系统显示测量的剂量率和剂量值，也可按设定值发出声光警报。探测系统重 2.65 千克，控制与显示系统重 2.35 千克，适用温度为 -30～+50℃。

洗消器材　美国研究两种新的皮肤消毒剂　美军正在研究 V 类毒剂的两种新的皮肤消毒剂，用以取代在海湾战争中使用过的皮肤消毒剂 XE-555。与 XE-555 相比，这两种新的消毒剂能将吸附的毒剂快速分解掉，减少皮肤与毒剂的接触，并可避免因毒剂挥发而造成人员二次中毒。

俄军装备 APC-14K 洗消车　APC-14K 洗消车的洗消设备与 APC-14 型基本相同，所不同的是 APC-14K 采用的是 KamA3-4310 越野卡车底盘。该车自带所有洗消设备和消耗品，可洗消武器、装备和车辆等。该车乘员为 3 人，有 1 个 2700 升水槽，1 个 1040 升水槽，2 个机械泵，1 个手泵，1 个消毒液注入斗，10 个 20 升消毒液罐及其他设备。整个系统可同时开设 5～8 个洗消点，每小时可洗消 6～8 台大型设备。利用配备的输水管和喷头可洗消 5 米宽、1400 米长的地面。

捷克 ST-T815 型洗消车　该洗消车使用 Tatra T8158×8 卡车底盘。设计精致，具有较好的越野性能，能携带大容量的洗消剂及各种操作设备。至少有 5 个洗消剂桶，2 个重型泵和 1 个蒸气锅炉，还可携带许多轻便可卸下使用的洗消设备。它有 1 个水压工作台，工作台上有 1 个喷嘴或喷射杆。该洗消车可作为机动式区域洗消系统使用，也可作为固定洗消站使用，对重型装备以及人员进行洗消，甚至还可用作消防车。

（张　南）

指挥控制通信情报（C^3I）系统

综述　1997 年，世界各国更加重视指挥、控制、通信和情报系统（即 C^3I 系统）的建设，在奉行质量建军和普遍削减国防开支的同时，增加对 C^3I 的投资，将较大比例的军事经费和技术力量用在军事高技术领域。在这一期间，C^3I 系统的研究和发展具有以下特点：（1）研究和发展重心向信息战倾斜；（2）加大数字化部队建设的力度；（3）重视 C^3I 系统的安全保密性和对抗性；（4）强调系统间的联网互通；

(5) C^3I 系统向单兵延伸。

战略 C^3I 系统　美国将大幅度增加信息安全投资　据《简氏防务周刊》1997 年 9 月号报道，美国政府将在 1 年内把用于信息安全技术的研究开发费用提高 1 倍。直接归美国总统领导的重要基础设施保护委员会建议在 2004 财年前将这项投资提高 4 倍。美国国家保密局国家计算机保密中心主任约翰宣称："我们考虑把 1998 财年 2.5 亿美元的政府投资，在 1999 年财年增加到 5 亿美元。5 年以后要达到 10 亿美元"。美国信息安全保密技术研究与发展的 6 个重点领域包括：信息存储、传输和处理中的保密技术；系统脆弱性评估；风险管理和制定应急计划等。与此同时，美国国防部还计划在今后 6 年内至少投资 56 亿美元以保护其信息系统。1998 财年的 8 亿美元大致分配如下：美国国家安全局使用大约 5 亿多美元，国防信息系统局使用 1 亿多美元，陆、海、空三军分别使用 5 千多万、8 千多万和 9 千多万美元。

美国改进国家指挥控制交换系统　据美国《防务新闻》1996 年 11 月 11～17 日报道，美国政府决定对国家级指挥控制交换系统（CCSS）进行技术改造。美国萨克拉门托空军后勤中心与美国雷声公司的 E 系统公司签定了国家级指挥控制交换系统技术改进合同，合同总金额达 2.28 亿美元。

国家级指挥控制交换系统是美国联邦政府关键的指挥控制通信系统，它由保密、非保密和数字交换机组成。E 系统公司将负责为国家级指挥控制交换系统的 36 个台站提供维修、零部件供应、设备安装、新技术引进和应急援助等业务。E 系统公司声称，国家级指挥控制交换系统的这 36 个台站主要用于对美国总统、国防部长、参谋长联席会议主席，以及其他一些关键性的军事指挥中心提供通信支援。

美军全球指挥控制系统启动　据美国《防务新闻》1996 年 10 月号报道，美军全球指挥控制系统（GCCS）于 1996 年 7 月正式启动，9 月开始全面工作。全球指挥控制系统能使各级指挥员共享话音、数据和图像信息，能供盟国指挥官使用。其最大特点是不断引入新的技术，从而保持技术上的先进性。

美军开发"全球移动"信息系统　据美国《信号》1997 年 5 月号报道，美国国防高级研究计划局正在推行"全球移动"信息系统计划，并正在试验诸如自适应数据库信号质量比较、网络自动重组和中断编辑等新技术。

"全球移动"信息系统计划是一项为期 5 年的探索性技术开发计划，到 1997 年为止，已进行了两年，将持续到 2000 年。该计划在 5 年间将耗资 1500～1700 万美元。"全球移动"信息系统计划的目标是把国防信息基础设施的所有优点提供给用户。无线用户将具有与有线个人计算机用户所采用的相同类型的接口和连通性。

美军研究信息制胜电子技术　据美国《信号》1997 年 1 月号报道，美国国防部在 1997 年投资 1.377 亿美元从事旨在支持美国国防部联合作战科学和技术计划以及战场制胜要求的电子技术研究。研究的范围包括光电子技术、信息电子技术、电磁技术和计算电磁技术等 4 大领域。重点研究工作包括提高武器定位和命中精度，无人操纵的机器人车辆和飞机，可靠且故障时间最小的全球通信以及全球监视。这些研究工作有助于实现信息制胜，因此要求各系统都具有更高的精度和更大的信息吞吐量，以提供实时态势评估和在陆、海、空或空间自主执行作战任务。

美军重视发展信息技术　据美国《信号》1996 年 12 月号报道，美国国防部计划在今后 5 年内每年为开发信息系统和技术拨款 15 亿美元。技术开发的主攻方向集中在 5 个方面：决策支援、仿真模拟、信息管理和分发、无缝隙通信和计算机与软件技术。其中决策支援的研究目标是实现半自动的态势估计及规划与资源分配。远期目标是为各梯队提供一致的全自动、多维、按需剪裁的战场虚拟图像。

美军演示全球战斗支援系统　据美国《信号》1996 年 11 月号报道，为配合新近使用的全球指挥控制系统（GCCS）的工作，美国国防部正在演示另一个新的系统——全球战斗支援系统（GCSS）。全球战斗支援系统将把现有指挥控制系统融为一体，在各种战斗支援功能之间以及战斗支援功能和指挥控制功能之间提供互通，以此支援部队。

美国拨款加强国际联合作战能力　据美国《简氏防务周刊》1997 年 7 月号报道，美国国防部拟从 1998 财年预算中拨出 5300 万美元用于 70 个国际合作的研究与发展项目。其主要合作者是北约盟国和其他盟国，目的是加强 21 世纪多国部队联合作战能力。关键的合作领域包括指挥控制、多边通信、互通、实时情报分发、敌我识别、后勤协调、精确打击和防空等。

美军研制试验型空间与导弹跟踪系统　据美国《电子防务》1996 年 8 月号报道，美军正在加紧研制空间与导弹跟踪系统的卫星。空间与导弹跟踪系统是国防支援计划预警卫星后续系统——天基红外系统的低轨道部分，主要用于导弹中段的跟踪。美国有两个集团参与此项合同的竞争：美国休斯公司和 TRW 公司集团研制的是有两颗卫星的飞行演示系统；罗克韦尔公司和洛克希德公司集团研制的是只有 1 颗卫星的飞行演示系统。

美军拟研制战区卫星侦察系统　据英国《简氏防务周刊》1997年7月号报道，美国国防高级研究计划局拟为战区指挥官研制一种廉价的卫星侦察系统，该系统将使用24～48颗低道卫星，以近实时方式按需提供6个紧急地区的图象。卫星上的X波段合成孔径雷达使用24颗卫星时，能在15分钟内直接向战区提供一幅图像，在使用48颗卫星时，能在5分钟内提供一幅图像。系统可用率达50%。

美军计划建立联合战斗融合设施　据美国《国际防务电子》1996年9月号报道，美军计划建立一个用于分析未来指挥、控制、通信、情报、监视和侦察系统的设施，称作“联合战斗融合设施”，以研究军方如何才能采用各种新技术。美军已建有两个类似的设施，一个是指挥、控制、通信、情视、监视和侦察作战中心，它负责试验把现成的商用技术在短期内引入到军用系统；另一个是指挥、控制、通信、情报、监视和侦察决策支援中心，它负责试验如何根据指挥、控制、通信、情报、监视和侦察的需要以及技术的发展来规划研究、发展和采购工作。

美军研制预防计算机病毒的疫苗　据英国《简氏防务周刊》1997年9月号报道，为使计算机免遭病毒、电脑黑客和信息战的攻击，美国空军和国防高级研究计划局（EARPA）计划用两年的时间开发出一种软件原型并对其计算机进行虚拟接种，这个软件原型模仿人类的免役系统来杀死计算机病毒。

美国国防部总审计局在1995年发布的报道证实，美军当年度曾受到559次计算机袭击，而现在每年受到的攻击可能已经达到25万次。随着美军越来越多地依赖于信息技术来提供未来战争的优势，使计算机免遭侵袭已成为美国国防部最优先考虑的问题。

新加坡加强 C^3I 能力　据英国《简氏防务周刊》1997年4月号报道，新加坡武装力量现代化计划把提高指挥控制通信与情报能力作为一个主要内容，其中包括成立指挥控制通信系统局，敷设全国军用光缆网，研制远程无人驾驶飞行器等。指挥控制通信系统局是新加坡国防部的一个国防技术机构，约有400名工程技术人员，软件开发是该局的一项主要工作。

中国台湾优先发展电子战和信息战技术　据英国《简氏防务周刊》1997年11月号报道，台湾正在致力于研究电子战和信息战新技术。台湾计划优先发展隐形目标探测、反跳频和跟踪干扰机技术，开发反击由全球定位系统制导的弹道导弹和巡航导弹的能力，重点研究和开发红外、电光和毫米波传感器，以扩大作用距离和超视距监视能力。为改进战场管理能力，台湾需要具有更好的数据分发、威胁信号记录、相关的传感器和战斗频率管理系统。

英军将建立新的国防电信系统　据英国《简氏防务周刊》1996年11月13日报道，英国国防部计划将国防固定电信系统（DFTS）与现有的5个网综合在一起，建造一个适用于国防部的单一系统。这项工作将由英国电信公司为首的国际财团承建，费用为11.4亿美元。

北约为新的空中指挥控制系统招标　据美国《国际防务电子》1996年8月号报道，北约新的空中指挥控制系统于1996年秋开始招标。80年代初期，北约即提出用空中指挥控制系统取代其“奈基”（NADGE）地面防空警戒系统。但其研制进程缓慢。苏联解体后，北约防空指挥控制系统计划又作了调整，缩小了规模，其估算费用已从80亿美元减少到8亿美元。参加空中指挥控制系统计划的国家共有14个。负担费用较多的国家依次为美国、德国、法国、英国和意大利。

战术 C^3I 系统

美军通用数据链路计划进展顺利　据《简氏防务合同》1997年6月号报道，根据美国国防部的战术通用数据链路（TCDL）计划，美国3个工业集团将完成两项并行的为期18个月的金额达600万美元的样机研制和演示合同。

战术通用数据链路计划的目的是研制能和现有的通用数据链路互通的数字数据链路系列。战术通用数据链路设备将支持空到地雷达信号、图象、视频和其它传感器信息，其传输距离达200千米。战术通用数据链路将与现有的通用数据链路互通，其互通工作速率为：返回链路为10.71兆比特/秒，命令链路为200兆比特/秒。战术通用数据链路计划的下一步目标是通过使用现代通信技术和商用现成产品建立开放式系统体系结构。

最终，战术通用数据链路设备将支持无人和有人驾驶机载侦察平台，包括“前驱”、“捕食者”、“缩帆索”、“铆接”和联合警戒目标雷达系统等。

美陆军信息系统司令部易名　据美国《国际防务电子》1996年9月号报道，美国陆军信息系统司令部于1996年9月易名为信号司令部（Signal Command），并将置于陆军部队司令部管辖之下。陆军将通过信号司令部来运营和管理它在全球的军以上梯队的和战略级的通信资源。它与通信电子司令部的分工是后者将负责软件和硬件的工程设计和采购工作。

美空军将研制新的图像侦察卫星　据美国《防务新闻》1997年8月号报道，美国空军将利用多频带传感技术研制一种新的图象侦察卫星，称为“战士”－1（Warfighter－1）卫星计划。美国空军已于1997年与轨道图象公司签定了金额为4150万美元的合同，由该公司把多频带技术添加到其Orbview－3卫星系统中去，空军需要时可购买这种业务。此卫星将于1999年发射，据称它能识别细微的色差，从而可把坦克和用来隐蔽坦克的伪装物区别开来。

美特种部队将装备多频段电台 据瑞士《简氏国际防务评论》1997年3月号报道，美国特种作战司令部计划于1998年第4季度为特种作战部队装备新的多波段、多工作方式无线电台（MBMMR）。这是一种背负式电台，工作频率为30～512兆赫兹，重量为6.8千克以下。它具有嵌入式通信保密功能，并配备有用于战术卫星通信的5千赫兹和25千赫兹按需分配设备。

俄军研制成防空车载电子支援系统 据瑞士《国际防务评论》1997年8月号报道，俄罗斯最近研制成功一种防空用的车载式电子支援系统，称为“猎户座”。该系统能探测出工作在0.4～18千兆赫兹（可扩大至40千兆赫兹）的陆基、舰载和机载发射器，并对目标进行定向、识别和数据分发。系统覆盖范围仰角为0～20°，方位角为360°，最小扫描频率为2秒。

印度陆军重视信息技术 据美国《防务新闻》1996年10月号报道，印度陆军对信息技术十分重视，在1996～1997年的预算中，陆军获得314万美元用于信息技术计划，比前6年的总和多200万美元。增加对信息技术的拨款主要是由于印度陆军将实施三军联合的“综合战”计划。

马来西亚空军使用新的防空系统 据英国《简氏防务周刊》1996年11月号报道，澳大利亚防空国际公司（ADI）向马来西亚空军提供了一个新的基于澳军联合部队指挥支援系统的防空系统。该系统由数据库、决策支援软件和监视设备等组成。这个新的防空系统计划在1997年4月举行的澳大利亚、马来西亚、英国、新加坡和新西兰5国联合防空演习中投入使用。

德军开发新的指挥控制系统 据美国《防务新闻》1997年4月号报道，德国陆军正在推行一系列计划来提高其防空作战能力。这些计划要求陆军在今后5年中支出3.48亿美元，以改进其雷达、计算机和两种主要的防空武器（“猎豹”自行火炮和“罗兰”地对空导弹）。改进后的系统将把对空监视、目标捕捉和指挥控制综合为一体，称为陆军防空监视指挥控制系统。德军计划在2003年部署该系统。

德陆军研制地域通信系统 据瑞士《国际防务评论》1997年11月号报道，德国陆军与西门子公司签定了一项合同，由该公司为陆军研制自动化地域通信系统——AUTOKO90的主要组件，其中包括300个装载MKS200数字交换机的方舱、线路终端设备和1200部整体加密设备。交货时间为1997年至2001年。

德军研制营和营以下部队指挥控制系统 据瑞士《国际防务评论》1997年9月号报道，德国陆军营和营以下部队使用的指挥控制系统——GeFÜSys的定义工作将于1988年初完成。它将采用商用设备和软件。德军目前在数字化建设方面存在的主要问题是缺乏平台和士兵使用的通信系统。迄今为止，德军已订购了1000部SEM93甚高频车载式电台，数据率为16比特/秒，这些电台全都供指挥所使用。

英军开发指挥员使用的指挥控制软件 据美国《信号》1996年12月号报道，英国陆军开始实施一项为期9个月的称为CP3的计划，以改进指挥人员使用的指挥控制软件，提高各级指挥官、情报及参谋人员的指挥和支援能力。改进后的软件既能纳入战场的基础设施，也能纳入营区的信息基础设施。因而可在平时计划和战时作战之间实现无缝隙过渡。

英军建成战术异步传送模式（ATM）试验网 据瑞士《国际防务评论》1996年10月号报道，英国国防研究局于1996年7月建成一个战术异步传送模式试验网并已开始试验工作。该网的固定和移动台站均使用美军在波黑部署的那种ATM交换机，以及155兆比特/秒本地光缆连接设备和2兆比特/秒无线连接设备。德国、法国和土耳其等国的军方也在开展类似的工作。

英军改进“松鸡”通信系统 据美国《防务新闻》1997年4月号报道，英国西门子系统公司对英军“松鸡”通信系统作了重大改进，并已通过了验收试验。这次试验的“松鸡”改进网包括了13个交换台和两个501型卫星终端。改进后的新设备将于1997年秋天开始交货。合同金额约为3240万美。

英军选定“射手”系列电台的核心组件 据英国《简氏防务周刊》1997年9月号报道，英军最近选择了国际电报电话（ITT）公司研制的美军正在使用的改进型单信道地面与机载无线电系统甚高频收发信机，作为其“射手”系列电台车载式分系统的核心组件。这意味着国际电报电话公司可望赢得这项价值32亿美元合同的一大部分，而且意味着全球最大的两个战术系统将具有相同的技术基础。可在未来的数字化战场上实现高度互通。

英海军演示水面舰只指挥系统 据英国《简氏防务周刊》1997年5月号报道，英国海军1997年初向韩国海军演示了23型护卫舰的水面舰艇指挥系统（SSCS）。英国海军现有的23型舰已安装了新的水面舰艇指挥系统第3期软件，其态势显示范围扩大到2000海里，能跟踪1000个目标。在硬件方面，几乎所有的 Intel 386 和 486 也都换成了“奔腾”。人机接口均采用商用技术和设备。

英陆军开始实施数字化计划　据瑞士《国际防务评论》1997 年 9 月号报道，英国陆军于 1995 年底开始实施数字化建设计划。1996 年对该计划进行了调整。1997 年决定，在该计划的第一阶段对陆军编队司令部（从战斗群司令部到战区司令部）提供数字化指挥控制功能，此种能力将以现有的中期盟军快速反应核心信息系统（IARRCIS）为基础。英军增强型快速反应核心信息系统已定于 1998 年开始服役。

法国航母“戴高乐”号装备新的指挥控制系统　据英国《简氏防务周刊》1996 年 11 月号报道，法国航空母舰“戴高乐”号将于 1998 年 5 月全部完工。该舰装备的指挥控制通信系统可显著提高法国海军的作战能力。其核心系统是 SENIT－8。它由指挥中心、电子战、武器控制、空中侦察、水面侦察和通信等模块组成。此外，此舰还有 1 个供飞行中队使用的任务规划系统和 1 个基于个人计算机的用来在甲板上规划和控制飞机动作的系统。

法陆军计划建立两种新的侦察部队　据瑞士《国际防务评论》1997 年 7 月号报道，法国陆军拟建立两种新的侦察部队。一种是战役级的情报探测装甲旅，另一种是战术级的侦察中队。所配备的装备包括轻型装甲车、装甲战斗车和利用传感器搜集信息的装甲车。后一种装甲车能搜集敌方第二梯队的情报，有先进的通信设备，能传送话音、数据和图像，并装备有足够的火力用于中距离自卫。

荷兰推出海军超媒体网　据英国《简氏防务周刊》1997 年 5 月号报道，荷兰信号公司于 1997 年初推出了一种基于万维网的系统，称为“海军超媒体系统”。其原理是把一种实时数据库与万维网的数据结合起来，使舰上的每个个人计算机用户和战斗信息中心的每个操作员都可以获得各种有关数据，从而形成一个包括岸基司令部和海上舰艇在内的整个舰队的内部网。

荷军研制营以下指挥控制系统　据瑞士《国际防务评论》1997 年 9 月号报道，荷兰陆军师和旅级的指挥控制系统（综合参谋信息系统——IFIS）于 1996 年 6 月装备部队后，荷兰陆军正在研制营和营以下使用的指挥控制系统。这一计划分三期实施，第 1 期的任务是确定移动数据通信和态势感知方面的需求，该阶段的工作将于 1998 年底前完成。此外，荷兰陆军还计划为士兵研制一种称为士兵数字式辅助设备的便携式系统。这是荷军现代化计划的一个组成部分。

瑞典军队建立新的指挥控制体系结构　据瑞士《国际防务评论》1996 年 9 月号报道，瑞典海军和国防装备局正在建立一个新的包括陆基和舰载系统的一揽子指挥、控制、通信和情报体系结构，以便引入基于商用软件和硬件，采用开放式系统结构，且能实现互通的指挥控制通信系统。此系统称为 LIM，主要由 4 部分组成：(1) 指挥控制系统，(2) 决策辅助系统，(3) 保密电信基础设施，(4) 支援系统。

瑞士军队装备新式电子通信系统　据德国《国防技术》杂志 1996 年 10 月号报道，瑞士军队装备了新式的 SE－235/435 无线电系统。这些无线电可满足瑞士陆军新的通信要求，它们具有如下特征：可传输高性能话音和数据；可进行随机跳频传输以防窃听和干扰；可安装在轮式和履带式车辆上；可与现有和未来的电信系统综合使用。

另外，瑞士陆军还准备在部队司令部安装指挥信息系统。该系统可完成态势评估与显示、任务规划、作战指导和指挥与控制之类的工作。它可以辅助完成特种任务和行政事务。

希军“赫梅斯”战术通信系统投入使用　据《简氏国际防务评论》1996～1997 年报道，希腊军队使用的“赫梅斯（HERMES）”战术通信系统，经过一段时间的试运行，已于 1994 年末正式投入使用，它大大提高了希腊国家和北约的通信能力。该系统的通信交换与网络管理功能由英国的西门子公司负责提供，它采用了多功能交换技术。

加拿大研制新型指挥控制系统　据美国《防务新闻》1997 年 2 月号报道，加拿大陆军计划到 2001 年建成一个现代化的指挥控制系统，即“陆军指挥控制系统”。该计划旨在为加拿大陆军研制一种计算机化的指挥信息和计划系统，预计总耗资约为 1.33 亿美元。

加拿大新的陆军指挥系统将采用法国汤姆逊公司开发的软件模块。该软件可在高分辨率的计算机上显示敌我双方的位置、有效实力、装备水平、燃料和弹药基数，以及部队的调动和部署情况。此外，还将采用加拿大计算装置公司开发的一种软件，这种软件用于将来自于全球定位导航卫星系统的数据综合进加拿大指挥控制系统，并实现指挥官与移动部队之间的通信联络。

加拿大军方重视信息战研究　据美国《电子防务》1996 年 8 月号报道，加拿大军方联合电子战机构正在对信息战进行研究，重点放在联合电子战、信号情报和信息安全 3 个方面。加拿大军方表示，根据研究结果，很可能成立一个将上述 3 方面融为一体的类似于美国空军信息战中心的机构。

巴西国防部订购军用卫星终端　据瑞士《国际防务评论》1996 年 12 月号报道，巴西国防部从马可尼空间公司订购了1000万美元的军用卫星终端，其中包括海军用的舰载终端和陆、海、空军用的陆基移动式战术终端，此外还包括一个中央枢纽站以及网络管理设施。这套系统通过巴西通信卫星X波段的转发器工作，能传输话音、数据和传真。

澳大利亚研制信息保密设备 据美国《防务新闻》1996年10月号报道，澳大利亚国防部为应付21世纪的信息战，即将实施“联合计划2049”。此项研制计划的核心是“星光”信息保密设备，它能使计算机、计算机网络和互连网之类的公用通信系统不泄密。该计划的第1期工程将确定国防部信息安全体制，所需经费大约1590亿美元。

澳大利亚军方研究综合卫星系统 据美国《防务新闻》1997年4月号报道，澳大利亚军方为了确定21世纪初期对卫星通信需求，已与以澳大利亚空间公司为首的集团签定了卫星系统可行研究的合同，合同金额为157万美元。这项研究是澳大利亚“2008年联合计划”的一部分，该计划将用一个战略战术综合系统取代现有的卫星通信基础设施。整个计划需花费1.6亿美元。

北约着手建立战场信息收集利用系统 据瑞士《国际防务评论》1996年12月号报道，北约通信与系统局已与泰坦公司签定了一项金额为290万美元的合同，以建立战场信息收集与利用系统（BICES）的初期核心能力。泰坦公司将向北约盟军指挥部提供符合Tempest标准的硬件和软件，使情报信息处理实现自动化。战场信息收集利用系统是北约指挥、控制、通信和情报领域的一个重要的系统，从80年代开始研制。

北约计划研制多用途无线电系统 据英国《简氏防务周刊》1996年10月2日报道，北约计划研制一种多用途无线电系统，作为北约2000年后战术通信系统的移动式分系统。该系统包括战术网无线电台，以取代法军的PR4G电台和德军的SEM电台。该系统可在超高频、特高频和甚高频波段工作，能传话音和数据，具有单信道无线电入口和分组数据传输能力。该系统将于2005年后交货。

（宋鲁成）

电子对抗装备

综述 以信息优势为核心的军事革命，仍然是1997年世界主要军事强国关注的重要内容。1997年5月，在美国国防部公布的“4年防务审议报告”中，重申美国军事革命的支柱是信息优势，其中心任务是发展完善的信息能力和指挥控制能力，建立先进的指挥、控制、通信、计算机、情报、监视和侦察（C^4ISR）体系；自从有了这个体系，美国将能支配任何形势。1997年，为进一步适应信息战发展的需要，美国政府和军队又新增设和改编了部分机构：1997年7月，美国家安全局成立信息战斗（IO）技术中心，以替代原来的信息战（IW）技术中心；在这之前，美国空军成立了通信与信息战中心以及在空军空战司令部成立指挥与控制管理机构。

近几年来，俄罗斯面对信息战的现实威胁，十分重视信息战的作用，提出了“军事革命的优势源于信息武器”等观点。自1996年以来，上至总统下至政府官员，都在强调应当关注爆发信息战的危险，应当把注意力放在开发信息战手段上。据报道，俄罗斯已创建了世界上第1所密码学院；为确保信息安全，俄联邦安全委员会已组建了特别分队。

1997年电子对抗装备的发展，与往年有许多相同之处，在信息战理论和原则的深刻影响下，越来越纳入信息战发展的轨道，许多新设备的研制和老装备的改造，都适应信息战的要求。在信息环境中，指挥控制战是关键。指挥控制战包括综合运用心理战、军事欺骗、作战保密、电子战和实体摧毁等，而电子战在这5个方面都能不同程度的发挥作用，因此，电子战装备将是信息战武器装备的重要成分。正是这种趋势的影响，美国信息战的机构大多是由原来的电子战机构改编而来，其人员也来自原来从事电子战工作的人员。美军认为，由电子战人员来进行信息战具有许多优势。

纵观西方发达国家电子战装备发展项目，都是围绕着当前主战平台和下一代或下一世纪作战平台而立项的。例如美国海、空军的机载电子战装备项目，几乎都是围绕着主战飞机（第3代战机）和下一代战机（第4代战机）而立项改造或新研的。这些平台的作战环境、作战运用及主要威胁决定并影响着电子战装备技术发展趋势。

电子对抗装备在贯彻标准化、通用化、模块化过程中，各军兵种和不同作战平台尽量使用标准化设备，装备种类在减少，自身体系更趋合理。为节省研制投资，缩短研制周期、减轻后勤支援压力，电子对抗装备大量采用商业现成技术和设备也是当前一种趋势。

1997年，电子战装备领域中的公司兼并势头不减。目前，世界上25家主要的电子战装备供应商在兼并冲击下已形成了几个巨头。这种兼并推动着电子对抗装备素质的提高。

美国国防部1997年财年和1998财年的电子战装备研制经费请求都得到美国国会的支持，虽有不同意见，但是没有大的变动，既定装备目标得到延续发展。而1997年的东南亚金融危机，严重影响了这些国家武器装备的采购，其中也包括电子对抗装备的采购。

地面电子对抗装备　美成立信息战斗技术中心　1997年7月，美国国家安全局成立了“信息战斗技术中心（IOTC）”，以替代“信息战技术中心（IWTC）”。信息战斗技术中心是为了响应中央情报局和国防部1997年3月的联合协定书而决定成立的，其任务范围将比国家安全局原来的信息战技术中心大大缩小，原来的信息战技术中心的任务包括了进攻性和防御性作战能力。IOTC将包括各军种的进攻性信息战斗工具。进攻性信息战斗是指攻击敌人进行信息战斗并完成军事任务的能力。信息战是与信息有关的一切活动的通称，通常包括诸如欺骗和心理战等各军种都具有的特种战斗范畴。

现在已经形成了信息战斗技术中心作战原则草稿，预计很快将正式批准。信息战斗技术中心的编制人员约为150人，而原来的信息战技术中心计划编制400余人。

美国军用电子费用将增加14%　今后10年美国国防部的军用电子费用将增加14%，从1998年的515亿美元上升到2007年的589亿美元（按1998财年美元值计）。以上费用包括3个方面：电子设备采购费增幅最大，从185亿美元上升为238亿美元；使用和维护费预计从148亿美元增加到191亿美元；而研究、发展、试验和评估（RDTE）的费用将从182亿美元下降到160亿美元。

军用飞机（包括无人机）的电子设备采购费将从1998年的57亿美元上升到2007年的77亿美元。预测2007年飞机的采购总预算为175亿美元，而电子设备占44%。

俄罗斯研制成射频武器　俄罗斯已研制出方向性很强的高功率微波武器和体积更小的非核电磁脉冲（EMP）武器，这些武器可用手榴弹、迫击炮、火炮或导弹投掷，能摧毁电子系统中的电路板和芯片或使其功能减弱。EMP武器可在无EMP屏蔽保护的作用区域内破坏任何一种计算机、通信系统和车辆。试验已证明，这类射频武器可阻止约100米远处的车辆运行。

俄罗斯出口能干扰机载预警雷达的地面干扰机　据《国际防务评论》1997年第3期报道：俄罗斯正在向国外出口一种能干扰机载地形跟踪雷达和目标探测雷达的地面干扰系统。俄方称，这种称作“图曼”（TUMAN）的地面干扰系统由许多无人值守的干扰机（依靠电池供电）组成，能有效对付敌方低空突防飞机。通过干扰敌方飞机上的地形跟踪雷达，破坏或降低其使用性能，迫使敌方飞机升高飞行高度，从而使敌方飞机更容易受到雷达引导的地空导弹和防空高炮的杀伤。俄方称，这种地面干扰系统还具有干扰美机载预警雷达的能力，可使预警雷达的有效作用距离从300千米降到30千米左右。“图曼”干扰系统可由敌方辐射源（例如雷达高度表或预警飞机上的动目标指示雷达）触发自动工作，在实施完每次干扰后可以自动关机。

据美国估计，俄罗斯出口的这种地面干扰系统可能就是其SPN系列地对空雷达干扰机（SPN－2、SPN－4），该系列干扰机为车载自适应噪声干扰机，一般由5个人操作，2～9部干扰机可组网使用。

韩国购买以色列反辐射无人机　据《简氏防务周刊》1997年4月报道，韩国将购买100架以色列飞机工业公司研制的“女妖”反辐射无人机，价值约4500万美元，预计1999年装备部队。

“女妖”反辐射无人机使用德国道尼尔公司的DAR三角形无人机作平台，加装以色列飞机工业公司研制的寻的器。无人机的动力设备是352毫升菲希特尔/萨克斯SF2－350双缸二冲程发动机，装在机身后部，功率为20.5千瓦，用于驱动一个双叶推进式螺旋桨。无人机的最大载荷重量为70千克，最大平飞速度为250千米/小时，最高升限为3000米，最长续航时间大于3小时。

“女妖”反辐射无人机的飞行距离可达400千米，机上的主要设备包括有源（毫米波）或无源（反雷达）传感器/寻的器和高爆弹头。这种反辐射无人机通常装在卡车的集装箱中，由单燃烧室火箭推进器发射。无人机所需的目标特性要在发射前预先装入。发射后，寻的器自动扫描有关频段，进行目标识别，随后由寻的器把无人机引向目标。

预选编程的无人机飞行航线由数字式微处理器、自动驾驶仪、GPS导航系统、利顿公司的LFS－90三轴光纤陀螺仪，空中数据传感器和地磁仪自动执行。在无人机逼近目标过程中，如果目标雷达关机，无人机将停止攻击目标雷达，而爬升到巡航高度继续搜索飞行。

舰载电子对抗装备 **美海军为先进综合电子战系统招标** 1997 年，美国海军为其先进综合电子战系统（AIEWS）进入工程与制造研制（EMD）阶段发布了招标书。招标是在一系列研究合同和一项先期技术论证完成之后发布的。1996 年 9 月，以休斯雷达与通信系统公司牵头和以洛克希德马丁海洋、雷达与传感器系统公司牵头的两个工业小组，向美国海军战区防空计划执行处递交了有关舰载先进综合电子战系统的研究报告。报告提出了许多可行的能力：先进接收机技术，包括信道化接收机和特殊辐射源识别；为提高辐射源定位精度的精确到达角测量；远距离态势了解与增强的战斗识别能力；新型射频干扰子系统；以及“创新的”红外对抗措施。诺斯罗普格鲁曼公司电子系统分部在海军研究实验所先期技术论证计划中，为 AIEWS 的开发研制了下一代射频干扰方案。另一项即“多波段反舰巡航导弹防卫战术电子战系统”，已设计并试验了一种舰用红外干扰机。

鉴于威胁手段日益先进以及海军更加强调信号密集的沿海浅水环境作战，促使海军更新和淘汰它现在所用的系统 SLQ－32。因此，区域防空计划执行处海上系统司令部一直在开发可与海军最新式防空作战系统协同使用的 AIEWS。

AIEWS 检测并分类辐射源，经由局域网将所处理好的信息输送给作战系统，作战系统还接收舰上其他传感器送来的信息，也接收由飞机和别的舰船收集的舰外信息。作战系统将威胁信息综合与融合后，对这些威胁的致命程度进行排序，然后引导适当的对抗系统，其中包括 AIEWS 的干扰机。由于 AIEWS 在这种大型作战系统中的作用，已经给予它 SLY－2（V）的代号（Y 表示监视和控制）而不用过去 SLQ 老代号。

美海军研制新的潜艇电子战系统 美海军为满足沿海作战需要，正在投资研制全新的潜艇电子战系统。美海军在未来 10 年中用于潜艇电子设备方面的研制经费将超过 10 亿美元，加速了潜艇电子战系统的更新、改进和改装。投资将集中于海军新核动力攻击潜艇的 C^3I 系统研制计划。该 C^3I 系统是为沿海作战环境设计的，是一个综合的作战系统，包括火控和声纳子系统、干扰、通信、导航、潜望镜/成像和下一代先进潜艇战术电子战支援作战系统（ASTECS），以及其他电子战装置。新设计的 ASTECS 将在综合的自动的 C^3I 系统范围内，提供改进的电子战支援、电子情报、信号情报能力，将具有无源和有源多路探测、威胁告警、监视/侦察等功能。这个新设计的电子战系统是 1995 年开始工程研制的，其大量工作已在美新港海军水下战斗中心完成。

为核动力攻击潜艇新设计的另一电子战系统是一体化电子战支援升降装置（IEM）。据分析，在 1999 财年前，将用 IEM 取代“海狼”和 688 潜艇上装备的 BLD－1 精确测向仪和 BRD－7/8/9 通信侦察系统。1997 财年，主合同商将完成 IEM 工程研制模型系统综合工作。按预定进度，IEM 将于 1999 财年达到初始作战能力。

美国研制成舰外有源诱饵 美国利顿应用技术公司已完成了浮动的有源诱饵 LURES 的研制工作。该公司在交付首批生产的标准弹之后，开始全面生产。由火箭推进的 LURES 弹可从 MK36SRBOC 或“达盖”MK2 发射架发射，可部署在离舰 150～250 米的距离上。LURES 弹一碰到海面就展开天线杆，并开始发射 I/J 波段调制信号，用以将来袭导弹诱离它的攻击目标。LURES 可回收、整修和重新使用至少 5 次，入水后 1 小时沉没。

LURES 的设计原理由利顿公司早期的战术浮标模拟器系统发展而来，该模拟器系统大部分使用 AN/SSQ－95（V）有源电子浮标（AEB）改装的元器件。

美海军论证舰载飞行诱饵 1997 年 8 月，美国海军的海军研究办公室和海军研究实验室将进行保护水面舰只的系留旋翼式电子战诱饵的飞行试验，9 月进行整个系统的论证，论证地点是马里兰州布罗森因特外场试验地。

重 49.94 千克、旋翼直径为 304.8 厘米，被称之为“渴望”的飞行诱饵是为期 3 年的先进技术论证计划的产物，该计划由美国海军的战区防空计划执行办公室资助，旨在制造一种可挫败来袭反舰导弹威胁、并可回收的长航时射频诱饵。“渴望”通过一根内包光纤和导线的绳索系缚于舰上，能从其载舰获得恒定的电源供应并保持与载舰的经常联系，控制诱饵飞行的主计算机在载舰上。电子战有效载荷提供宽带射频信号，将威胁引开。诱饵和有效载荷都是在海军研究实验室内设计、装配和综合的。

海军研究试验室称“‘渴望’是空军机载 ALE－50 诱饵的类似品，用于保护舰只”，它还类似于机载综合防卫电子对抗措施的射频诱饵，电子对抗技术在舰上产生，而后通过光纤链传送给诱饵。

法国发展新一代“达盖”系统 法国 CS 防御公司与拉克罗依斯公司正在联合研制新一代“达盖”系统（NGDS）。这是继“达盖”和“达盖”MK－2 诱饵系统之后的新发展。NGDS 采用模块化设计原理，可与各种诱饵兼容，能提供反导和反鱼雷功能之间的充分协调。

双轴 NGDS 发射架重 600 千克（不装弹时），12 个发射管，装 130 毫米火箭推进的诱饵弹。所有电子控制装置装在一个数据处理/伺服控制机柜里。该机柜里有动力传动机构和 HP－PA/RISC 战术处理机。

NGDS 可发射 REM NG 多箔条火箭，RIR 多模红外诱饵火箭，LAT 反鱼雷声诱饵（研制中）和 LEA 有源电磁诱饵。REM 和 RIR 诱饵可根据选择的距离和炸点（300－3000 米）采用"质心"、"冲淡"和"迷惑"不同的干扰样式。

加拿大 LC－2000 型电子战支援系统投入海试　据《简氏国际海军》报道，洛克希德·马丁公司加拿大分公司已经完成了 LC2000 轻量型电子战支援系统生产型的工程研制工作，并计划在 1997 年晚些时候进行海上试验。

LC2000 电子战支援系统拟主要装备于海岸巡逻艇、小型护卫舰和其他小型舰艇，其基准频率覆盖范围为 2－18 吉赫，也可延伸覆盖到 0.5～2 吉赫和 18～40 吉赫。

LC2000 电子战支援系统的主要特点是在 50 千克重的桅顶组件和操作控制台之间采用了光导纤维连接。此举可以显著减少因采用波导管连接或同轴连接所造成的信号衰减（一般为 6 分贝），从而使系统的作用范围增大一倍。

为适于未来的舰上试验，LC－2000 电子战支援系统将安装在一个独立的掩蔽箱中并设置在一艘舰艇平台上。

机载电子对抗装备　**美国 B－1B 防卫系统升级计划进入工程制造研制阶段**　美国空军 B－1B 防卫系统升级计划（DSUP）获准进入工程与制造研制阶段。1996 年，经 B－1B 的主承包商和综合防卫电子对抗系统的主承包商进行广泛综合研究后，美空军才认为该系统可用于轰炸机。3 月底，该计划已得到联合要求监督委员会认可，4 月获得了国防采办委员会批准。

为期 10 年，价值近 8 亿美元的这项计划，将淘汰掉 B－1B 现行电子战系统 ALQ－161 的大部分，由目前海军和空军共同研制的综合防卫电子对抗系统中的部分系统取代。防卫系统升级计划将突出 B－1B 的新任务，由冷战时期的低空核攻击任务，变成现在的新任务，使该机成为能投放精确制导弹药的中高空轰炸机。

该计划将使用综合防卫电子对抗射频子系统中的某些部分，包括一部内装式技术发生器和光纤拖曳式诱饵，诱饵由两部 ALE－50 投放器中的一部投放。对于态势了解方面，B－1B 将携载一部 ALR－56M 雷达告警接收机。ALQ－161 中唯一保留的部分是其机尾告警功能（能揭示曳光弹投放器）以及 C/D 波段天线。

此项计划将充分利用电子战试验程序，方法是在吸取了以前电子战计划的经验教训的基础上制定的。根据电子战试验程序，此项升级计划将早在研制计划阶段强调建模与仿真，从而减少后期各阶段价格昂贵的外场试验。在工程制造研制决定之后，该计划的下一个重要的里程碑是在 2002 财年作出生产的决定。

美国"哈姆"反辐射导弹采用全球定位系统和惯性制导技术　美国将同德国和意大利就增强"哈姆"（AGM－88）反雷达导弹的性能，签署一项三方协议。

第 6 批 AGM－88D 型"哈姆"反雷达导弹将增加一个全球定位导航卫星接收机和惯性导航传感器，这样导弹发射后即使敌方雷达关闭也会很容易击中预定目标。有了这种新性能，可以避免敌方雷达关机后"哈姆"导弹攻击己方雷达的危险性。

目前的"哈姆"导弹使用的是第 4 代软件，第 5 代新型软件已由雷声公司研制出来，不久将在加利福尼亚中国湖的海军武器中心进行开发性试验。

目前的 AGM－88C 型"哈姆"导弹将利用改装套件在战场上进行改进，即给这些导弹的控制部分增加新的全球定位和惯性导航能力，并在导弹的头部加一个小的全球定位平板天线。

此外，美国海军也在开发更加先进的技术，以进一步增强"哈姆"导弹的作战能力。该项目称为先进反辐射制导导弹计划，要求增加一种末端有源制导技术，以便更好地保证对目标的摧毁。

美军研制 TAS 精密测向系统　美国洛克希德·马丁公司研制的 TAS 精密测向系统，安装在 F/A－18 战斗机两个挂架的头部。这两个由干涉仪组成的 5 元天线阵可测量地面雷达的方位和仰角，方位覆盖范围达 240 度，精度优于 1 度。与地面雷达的距离则通过测量垂直角、飞机高度和储存在 TAS 中的雷达所在位置的地形高度来计算。然后将雷达的近似位置储存在"哈姆"反辐射导弹的惯性参考系统中。有了 TAS 精密测向系统，"哈姆"反辐射导弹可用于攻击位置不定的机动地空导弹雷达。生产型 TAS 系统重量不到 18 千克。

美空军开发单脉冲角干扰综合对抗技术　美国空军计划投资 150 万美元，研究通过干扰对方跟踪雷达而不是干扰导弹本身就能有效对付敌人某些地对空导弹威胁的方法。美空军打算在 1998～1999 财年 20 个月内完成的这项计划将包括地对地和地对空试验。这项单脉冲角干扰综合对抗技术尚属保密。空军的目的是干扰敌方雷达的跟踪状态，以阻止导弹的发射，而不是在发射后干扰导弹的寻的器。

美国改进小型机载诱饵系统的功能 美刊 1997 年 10 月报道，美国泰里达因·瑞安公司和诺思罗普·格鲁曼公司准备在完成小型机载诱饵系统（MALD）先期概念技术演示后，进一步增加该系统的功能。

目前设计的机载诱饵系统主要用途是在载机发射高速反辐射导弹之前迷惑敌方的飞行员和雷达系统，使敌方误以为是来袭的飞机而动用其防空系统。该诱饵系统全长约 230 厘米，直径不到 15 厘米，重量约 40 千克，设计存放寿命为 15 年，而且在使用过程中无需维修保养。F－16 战斗机将成为安装该系统的首种飞机，以后 F－15 和 F/A－18 战斗机、B－1 轰炸机、F－22 以及联合攻击战斗机（JSE）都将安装该系统。

另外，美国空军和国防高级研究计划署（DARPA）已选定诺斯罗普·格鲁曼电子与系统分部，为小型机载诱饵计划提供雷达截面有效载荷。这种有效载荷被称为特征加强子系统，它复制各种飞机的雷达截面，从而帮助诱饵欺骗敌方雷达。

德国研制光纤拖曳诱饵 德国戴姆勒一奔驰宇航公司研制的拖曳诱饵预计不久将安装在“狂风”飞机上，并在内利斯空军基地电子战靶场的设备上试验。

该公司研制的诱饵有两种结构，一种用于保护大型多引擎飞机，用绞盘回收；另一种保护高速战术飞机，用降落伞回收。拖曳诱饵弹体已进行过超音速飞行试验，试验时，用弹簧加力可以改变轮廓面以便在各种飞机速度下产生一恒定的阻力。

可重新组配的宽带干扰机能覆盖低波段威胁频谱的一部分以及其他扩展的覆盖特征。无论诱饵用于战术飞机还是大型飞机，它的高压电源行波管放大器以及技术发生器都装载在飞机上，它们的输出由两根牵引电缆传输给诱饵。

法国改进 Barax 干扰吊舱 法国达索电子（DE）公司已获得 Barax 干扰吊舱的中期改进合同，该吊舱用于法国空军的“幻影”F－1 飞机。Barax 干扰吊舱是一个由微处理器控制的超音速部件，重 85 千克，直径 157 毫米。虽然系统技术指标细节仍保密，但据说 Barax 干扰吊舱的频率范围较宽，并且能实施多种或独立的干扰技术，系统功能完全自动化，能承担威胁警戒与警报的任务，并在其工作的整个频率范围内实施干扰。Barax 系统中含有完整的威胁与技术软件数据库，这些数据库可由用户重新编程，如果需要还可以在飞行途中加载。

Barax 是法国空军在 1990～1991 年海湾战争期间使用的战术飞机干扰吊舱，目前的这次改进是其服役期间接受的一系列改进中最新的一次，改进计划可能涉及将数字射频存储器引入 Barax 系统。

澳大利亚计划购买通用电子战设备 “针鼹”计划是澳大利亚皇家空军的一项基础性电子战计划，旨在购买一种通用的模块化电子战设备，供其 F－111C 轰炸机、UH－60 通用直升机、CH－47 运输直升机和 C－130J 固定翼运输机安装。这种电子战设备将首先用于头三种飞机的中期更新，对 C－130J 则是新的装备。

C－130J 是尚未交付澳空军的新平台，可以接纳各种设备，包括导弹告警、激光告警、雷达告警、干扰投放器，此外也可能包括机载电子对抗，定向红外对抗以及某种拖曳诱饵。英国宇航公司的 ALR－2002 雷达告警接收机是澳大利亚皇家空军确认的唯一优选设备。

模拟及训练装备

美国为 F－22 战斗机研制模拟器 美国桑德斯公司与艾默赫斯特系统公司共同完成用于 F－22 战斗机的综合电子战系统模拟器。根据价值 1500 万美元的合同，艾默赫斯特公司将提供一部先进的动态射频模拟器，试验 F－22 战斗机的 AN/ALR－94 雷达告警系统。该模拟器将利用为 B－1B 和 B－2 雷达模拟器开发的雷达技术，预定 1998 年 9 月交付。

美海军舰队信息战中心执行电子战训练任务 在 1995 年 10 月美国海军舰队电子战支援组改成舰队信息战中心后，虽然提出了不少信息战要领的研究任务，但这些任务都比较抽象，一时没有太大的进展。因此该中心的指挥官梅里特说：“我们的主要任务仍然是电子战训练工作。”

训练工作由商业航空勤务计划处与舰队信息战中心合作进行。航空勤务计划处提供飞机，而信息战中心提供模拟器吊舱和任务指挥官，并制定训练任务方案。提供的模拟器吊舱包括 ALQ－167、ALQ－170、AST－4 和 AST－6。这些吊舱可装在 EC－24、EP－3J（由 VP－66 飞行中队提供）、EA－6B、A－6E、F－14、F－18 和 BD－10 等多种飞机上。SLQ－32 电子战支援系统操作员以及通信和武器系统操作员将利用这些设备模拟出的威胁环境，提高他们的技术。

1997 年，舰队信息战中心已使用 BD－10 飞机模仿了“飞鱼”导弹。BD－10 是一种小型双座飞机，能超音速（1.4 马赫）飞行，雷达截面积极低。因为飞机所需的起飞斜面很小且能以极高的速度爬升，因此携带吊舱装的“飞鱼”导弹寻的器时，就成了很好的反舰导弹训练器材。

舰队信息战中心的官员说，这种训练将继续下去，而且随着信息战研究的深入，电子战的训练活动将更加丰富多样。

加拿大改进作战训练靶场 加拿大武装部队正向一批国际竞争商提出招标，改进英国哥伦比亚科尔德莱克训练基地的训练设施。加拿大、美国及北约组织（NATO）的部队利用该基地上的训练设施训练飞行人员，使其熟练掌握空对空作战及躲避雷达制导的地空导弹攻击的技能。计划之一是改进空战机动信息（ACMI）系统。名为地面威胁电子战（STEW）的第2项计划是采购大约5个威胁模拟器来仿真俄罗斯（前苏联）“双数字”地空武器的辐射，这些模拟器必须自动地工作于科尔德莱克靶场的严酷而荒芜的环境。系统中可移动部分的功率将由配置给它的柴油发电装置提供，并由距模拟器很远的靶场作战设施远距离地对其实施控制。另外，每个威胁辐射源所在处都要配备一个视频跟踪仪，为靶场的工作人员提供飞机对付模拟的导弹发射的情况的实时图像。

（赵树远）

后 勤 装 备

综述 1997年，随着科学技术的不断进步及其在军事上的应用，世界各国军队继续积极拟制、调整后勤装备的发展计划，谋划适合本国和国家集团的后勤装备发展思路，加强军队后勤装备建设。各国后勤装备发展的共同趋势是：

突出关键装备，保证重点需求 1997年，各国国防经费继续呈下降趋势，而装备发展的多样化、复杂化，造成装备研制、采购、维护费用的急剧增长。这种情况使各国军队难以追求后勤装备的全面发展，而只能缩短战线，集中力量突破重点。从整个情况看，各国军队确定后勤装备发展重点时突出强调：（一）据未来军事需求及技术可行性，选择适应现行和未来作战理论所急需的后勤装备，做到“需求牵引”和“技术推动”的紧密结合；（二）从全局中寻找和把握制约本国后勤装备建设的“瓶颈”，着力加强后勤装备发展中的薄弱环节；（三）在科学论证的基础上确定关键装备，全力投入，以求突破，以此带动其他后勤装备的发展。1997年各国军队发展后勤装备的关键重点有两个：一是继续以“士兵系统”的研究和发展求得后勤装备总体水平的提高。目前，西方主要国家军队围绕士兵系统的研制，已将单兵后勤装备的水平全面带动起来，研制并演示了多种性能更为优异的作战服、头盔、单兵防护系统、单兵医疗系统等。二是瞄准21世纪信息化战争的要求，将现代信息技术更广泛地应用到后勤装备的发展上，如物资全程可视性系统、远程医疗、远程维修系统等。

通过成熟技术的集成化、系统化改进现有装备 在现有装备的改进方面，力求利用成熟技术，达到横向一体化，提高整体效能。在此方面，世界主要国家军队主要有以下几点做法：一是将后勤装备看作是整个武器装备系统的组成部分，从整个装备系统的角度出发，将成熟技术推广、应用到后勤装备上。二是对后勤装备本身，亦从系统观点出发，将成熟技术使用在各专业后勤装备上。三是通过成熟技术的融合和渗透，实现功能的多样化。这种通过成熟技术的集成化、系统化改进现有后勤装备的做法，首先是风险小，易于实现；其次是节约经费，缩短研制时间；第三是着眼于未来的需求，达到新老装备换代衔接。据有关资料估计，使用高新技术改进现有装备，比研制具有同等能力的新装备，其经费要节约1/3～1/2，研制时间则缩短一半左右。

加强装备和技术上的引进和国际合作 现代科技的迅猛发展和全球科技与经济的一体化，使科技在国家之间的流动和转移加快，从而促进了军事装备和军事技术在国家之间的交流和相互借鉴，也为后勤装备发展的国际合作提供了现实基础。在此方面，发达国家和发展中国家的做法有着明显差异。发达国家主要侧重技术上的合作、引进和交流，以弥补自己在某些技术方面的不足。“士兵系统”的研究和演示，就是这种国际合作的一个范例。而发展中国家则主要是通过向发达国家采购先进装备来提高自己军队的作战能力。1997年，发展中国家还积极促使后勤装备来源由单一化向多元化发展。在此方面，东南亚有关国家表现尤为突出，一直保持着向美、俄及其他有关发达国家采购相关后勤装备的强劲势头。

继续强调装备发展上的通用化、系列化、模块化 1997年，世界各国军队均继续按照通用化、系列化、模块化的要求，调整后勤装备的发展规划。一是强调发展规划的拟制、调整和补充，注重“三化”水平的提高。西方国家军队在发展“士兵系统”方面所做的几次调整，在相当程度上就是基于通用化的问题而实施的。而模块化则更鲜明地体现在“士兵系统”几个主要组成部分的协调发展方面。二是借助电子计算机及其他现代辅助设计技术，精确确定后勤装备在纵横两个方向上的通用化，在外形尺寸、作业能力等方面的系列化，从功能的独立发挥到彼此的紧密联系的模块化设计。新型作战服从服装材料的选择，迷彩颜色的组配，号型的确定和具体的缝制，都鲜明地体现出了这一特点。

优化整体结构，建立最佳配系 1997年，世界各国军队在后勤装备发展上，注意了整个后勤装备结构的优化，针对未来战争是各大系统之间的对抗这一特点，从强调几种主要装备转向重视多种功能后勤装备的协调发展，从重视单类装备的高性能转为提高整个后勤装备体系的整体质量和效能。具体做法主要是处理好3种关系：一是“硬”与“软”的关系，即传统的硬件设备与电子信息系统的结合问题。如各类车载式骨干后勤装备，其平台主要依托各种传统运输工具，而新型装备的先进性主要表现在加装的电子信息系统方面，同一种平台，加上基于电子信息系统的保障设备，就可使此种后勤装备上一个档次。二是“攻”与“防”的关系，即装备的攻击性与防御性的结合问题。从传统意义上看，后勤装备属保障装备范畴，战斗使用中，主要侧重其防御功能的发挥。但是，在高技术战争中，战场的全维化要求后勤装备必须具有一定的作战功能，因此，在发展骨干后勤装备过程中，加装必要的作战设备，是新型后勤装备的一个重要特征。三是“战”与“援”的关系，即作战装备与支援保障装备的匹配问题。近期几场局部战争使各国军队在发展装备问题上，认识到了支援保障装备应与新型武器装备配套发展的重要性，从而促使各国军队在研制新型武器装备时，更加重视其所需要的支援、保障装备的研制。

（张春山）

军需装备 1997年，军需装备的发展主要有3个特点，一是“士兵系统”研究方兴未艾，进一步调整研究计划，细化研究内容，加快了研究步伐，使“士兵系统”的研究更切合实际，更具有可操作性。二是研究重点向单兵装备倾斜。1997年世界各国在发展后勤装备时，明显地加大了单兵装备的研究力度，如大力开发新型作战服、单兵携行具、多功能作战靴，改善头盔材料和悬挂系统，研制新式自动充气睡垫、护腿、手套，装备功能完善的单兵通讯器材等。三是开发新材料，改进军需装备性能。生物工程材料、多功能防水透湿材料、耐火耐热材料等的研制成功，将进一步提高单兵被装的性能，给单兵以最佳的防护。

中国研制新一代军服 军服是军人的外在标志，体现国威、军威。它既是构成军队战斗力的重要组成部分，又与广大官兵的生活息息相关。样式统一，质量良好，穿着舒适的军服对加强军队纪律、维护军队秩序、保持军人身体健康、提高军队战斗力等都具有重要的意义。

研制新一代军服的意义 在87型军服全面装备以后，中国人民解放军新一代军服的研究论证工作于1993年年初正式开始。新一代军服的研制是面向21世纪的，设计目标是2000年开始装备全军，并与世界军服接轨。

由于1997年7月1日香港回归祖国，中央军委决定新一代军服首先在驻香港部队试穿。因此，目前在驻香港部队试穿的新一代军服是全军新一代军服总体方案的一部分，是按照总体设计框架，考虑了香港的地理气候条件、社会环境和驻香港部队执行任务的需要而设计的。

香港回归祖国是1997年中国和世界政治生活中的一件大事。因此，新一代军服在驻香港部队试穿，对实现中央军委提出的“驻香港部队必须是一支政治合格、军事过硬、作风优良、纪律严明、保障有力的威武文明之师”的建设总目标，对进一步展示国威、军威，增强军人的使命感、责任感和荣誉感，使驻香港部队以崭新的面貌展现在世界和香港人民面前，将起重要作用。同时，新一代军服首先在驻香港部队试穿，对推进新一代军服整体改革的步伐，缩小与世界发达国家军服的差距，适应新时期军事战略方针和军队现代化、正规化建设的需要，提高中国人民解放军在世界军事舞台上的形象和地位，也将产生积极作用。

新一代军服的分类 与87型军服相比，新一代军服的样式更为美观和多样，用料更为科学和合理，并形成了陆军以棕绿色为主色调、海军以白色和藏青色为主色调、空军以蔚蓝色为主色调的三军军服颜色体系。

驻香港部队试穿的新一代军服主要设计了礼服、常服、作训服和工作服4个系列。具体分为礼服、春秋常服、夏常服、毛（绒）衣、大衣、作训服、体能训练服及其配套的军鞋（靴）和服饰9个部分。

礼服 分陆军礼服、海军礼服和空军礼服，各分男式和女式；不区分冬、夏和衔级，只配发军官；配常礼服大檐帽、领带和绶带等。

常服 分春秋常服和夏常服两类，各分军种和男式、女式。春秋常服分西服式和夹克式两种。西服式主要配发军官，军官可配上绶带等服饰，作为一般礼仪场合的礼服穿用；士官和士兵各发一套，作为礼仪场合和冬季穿用。夹克式主要配发士官和士兵，军官发一套试穿，配贝雷帽、大檐帽、毛（绒）衣、大衣等。夏常服分长袖和短袖两种，官兵通用。军官可配上绶带等服饰，作为一般礼仪场合的礼服穿用。

作训服　分迷彩作训服、海军作训服和体能训练服3类，各分男式和女式，官兵通用。体能训练服分长袖和短袖两种。

工作服　分普通工作服和特种工作服两类。暂时均配发陆军、海军和空军现行工作服。

毛（绒）衣　分毛衣和绒衣两类。毛衣区分军种和男式、女式，配发军官和女士兵；绒衣区分军种，配发男士兵。军官和士兵统一配绒裤，绒裤只区分男式和女式，三军通用。

大衣　分军官大衣、女军人大衣和男士兵大衣3种，各分陆军、海军和空军。

军鞋（靴）　分将军皮鞋、校官/尉官皮鞋、战士皮鞋、女军人皮鞋、男作战靴及女作战靴等，三军通用。

服饰　主要有帽徽、领花、肩章、军种胸标、绶带、姓名牌和臂章。帽徽分大、中、小3种，分别缀钉在大檐帽、贝雷帽和作训帽上。领花分礼服领花和常服领花两类。帽徽、领花和军种胸标各分陆军、海军和空军3种。肩章分硬体和软体两种，各分军种和衔级。

服饰样式与象征寓意　新一代军服在设计过程中注意了服饰的配套研究，不仅增加了军种胸标、绶带、姓名牌等服饰，而且服饰的样式更为美观大方，色彩协调，图案更为清晰、明显、易识别。

新一代军服在服饰的整体设计上仍采用了“八一”、五角星、天安门、麦穗、松枝叶、长城等图案，标志中国人民解放军是在中国共产党领导下，经“八一”南昌起义成长壮大起来的武装力量，是捍卫社会主义国家的钢铁长城。帽徽、领花、军种胸标还分别采用了齿轮、麦穗、五角星、铁锚、飞翅等图案。齿轮、麦穗象征着中国人民解放军是工农的子弟、人民的军队，五角星是国家的象征，铁锚、飞翅是海军、空军的标志等。

大帽徽、桃形、铝质。主体图案为“八一”红五角星，周围、下部有金黄色的麦穗、天安门、松树叶和齿轮图案，总体尺寸比87型大帽徽大1厘米。陆军底衬海蓝色，海军底衬藏蓝色和金黄色铁锚，空军底衬天蓝色和金黄色飞翅。

中帽徽　电脑织唛工艺，其他同大帽徽。

小帽徽　同87型军服的小帽徽。

礼服领花　军种色呢底托，将官配金属金黄色仿刺绣松枝叶加仿刺绣五角星，校官、尉官配金属银白色仿刺绣松枝叶和五角星。

常服领花　金属、金黄色，中间以“八一”五角星为主体，陆军、海军和空军的外周分别饰有麦穗、长城、铁锚和飞翅。

肩章　军官仍配戴87型军官肩章。士官、士兵、硬肩章为宝剑头式，上缀银白色V型金属杠，士官V型金属杠上加红色标块。版面人造丝机织花纹带，内用复合衬和棉基革缝制而成。陆军的为棕绿色，海军的为藏青色，空军的为蔚蓝色。水兵肩章为长方形，长65毫米，宽50毫米，其他同海军士兵硬肩章。士官、士兵套式软肩章为梯形，长85毫米，上底宽45毫米，下底宽50毫米，版面为涤弹丝提花织带，内用复合衬缝制而成，颜色同硬肩章。

军种胸标　金属，陆军胸标图案中间为盾牌和长城，五角星镶嵌在盾牌之中，以橄榄叶环绕在盾牌和长城周围，意为保卫祖国的和平与安全。海军胸标图案中间为五角星和铁锚，下面是舰艇行驶的海浪，意为劈波斩浪，勇往直前，保卫祖国的辽阔海疆。空军胸标图案中间为五角星和盾牌，左、右为雄鹰翅膀，意为翱翔在祖国蓝天，保卫神圣领空不受侵犯。

臂章　样式为盾形，上有“中国人民解放军”字样，中间为“八一”五角星，两边为橄榄叶，下面是香港行政区区徽，意为驻香港部队。三军官兵通用。

姓名牌　样式为长方形。用料为70毫米×25毫米双色塑料板。底色为天蓝色，三军通用。

绶带　金黄色人造丝加金属丝编织，双挂坠。三军通用。

雨衣　样式为分解式，上衣单排五粒四件扣，双开尾拉锁至领头，两个下贴袋，尖袋盖配四件扣。袖子为大小袖，紧袖口，腋下和过肩处分别有气眼和透气孔。下摆和帽口有抽带。裤子为直筒裤。用料为涤丝纺压延雨衣布。陆军的为棕绿色，海军和空军的为藏青色。

内腰带　圆形金属钎头，图案为交叉步枪、铁锚和飞翅组成，无级调节，带体为黑色，军官为双层黄牛正面革，士兵为人造革。

领带（卡）　同87型军官领带（卡）。用料为涤长丝呢贡缎。男军人的为藏青色，女军人的为玫瑰红色。

新一代军服的主要特点　新一代军服保留了87型军服的优点，吸取了外军军服的长处，同时考虑了驻香港部队的实际情况。与87型军服相比，它的主要特点是：

用料有所改进　礼服使用的是薄形礼服呢，春秋常服用的是薄型毛哔叽，夏常服用的是涤棉交织的色织布和军港呢。

样式更为美观　礼服是西服式，夏常服是立翻领，可以带领带，也可以不带领带，并首次引进了贝雷帽和夹克常服的式样。

颜色形成系列　陆军的是棕绿色，海军的是白色和藏青色，空军的是蔚蓝色。在同色调中，基本遵循礼服深，常服浅；冬服深、夏服浅；外衣深、内衣浅的变化规律。

服饰趋向配套　为弥补87式军服装饰太少，与其他国家军服相比胸前太空的缺陷，新一代军服设计了军种胸标、姓名牌、臂章等服饰。

服装实现通用　常服佩戴绶带等服饰后，可以作为一般礼仪场合的礼服穿用，提高了服装的使用效率；毛（绒）衣等既可作为礼服和常服的保暖层，又可佩带肩章作为军服外衣穿用；常服、作训服等官兵款式和所用面料一致，可以通用。

（郭韦嫦）

美军“士兵增强计划”增加两种新型单兵装备　作为“士兵增强计划”的一部分美陆军士兵系统司令部最近又批准两种新型单兵装备，即：加强型战术携行背心和改进型作战背包。加强型战术携行背心同原携行背心相比，具有更加合理的负荷分配，携行物品更为灵活，透气性有较大改善以及减轻疲劳感等特点。该携行背心用尼龙网布制造，大大提高了负荷时的舒适度。改进型作战背包可与美陆军现用“多用途轻型单兵携行装备”（ALICE）搭配使用，执行短期任务时可盛放小型补给品。该背包既可扣在“多用途轻型携行具”的手枪带上，也可连接到加强型战术携行背心上，其扣环可快速离、合。背包外涂林区迷彩图案，背包内有一层防水衬里，结实耐用。

美陆军装备一批新型单兵装备　美陆军纳蒂克研究发展与工程中心最近将4种新型单兵装备交付部队使用。它们是新型防寒皮手套、自充气式睡垫、轻质雨衣和新设计的开夫拉头盔内衬固定系统和衬垫。防寒手套可防潮，配有两副内衬手套。两副内衬手套可交替使用。自充气式睡垫使用时只要打开阀门，便可自动充气。其奥秘在于垫内装有一种海棉芯，不受压时可自动吸入空气，可使睡垫充入90%气体。该气垫优先配发执行特殊任务的部队。轻质雨衣是与野战服相匹配的迷彩式雨衣，两袖下部装有拉链，具有较好的通风性。佩戴的风帽较大，可以翻到背包顶上，领子也可以向后卷起来。不用时，雨衣可以卷起装入袋子里。新研制的凯夫拉头盔支撑带较宽，并与Velcro组合件固定在一起，取代了过去所用的金属构件。新型颌带采用黑色塑料按扣，与自行车头盔的按扣相似。泡沫塑料环形支撑使头盔顶部和佩戴者头部保留一定缝隙，以免磨伤头部。

美海军陆战队实施新的单兵装备计划　据美《海军陆战队》报道，美海军陆战队已开始实施新的单兵装备计划，并取得了一定进展。海军陆战队参考了民间现成商品的设计和材料，再根据部队需要进行适当改进，从而以较低的成本在较短的时间内研制出新一代单兵装备。其中大型带内衬的野战携行具和新式双人帐篷就是两个成功的代表。大型带内衬的野战携行具将取代现用的多用途单兵携行具，可携行寒冷气候装备。该携行具长76.2厘米，宽53.34厘米，重3.63千克，可携带0.11立方米的物品。该携行架能防水，具有可调功能，负荷与人体重心符合，可减轻人员的疲劳感。

美国研制出多功能防水透湿织物　美国宝立泰国际股份有限公司新近研制出一种名为优泰克（Qualitex）多功能防水透湿织物，该织物具有优异的防雨、挡风、透湿、保暖、轻便和舒适等性能，并能随环境的改变而自动调节热量的散发。优泰克加工工艺极为简单，性能十分优异。它是一种智能型人造皮肤材料，能随湿度和温度的不同而自动调节透湿性。当人大量出汗时，它能及时将汗气排出，因而无闷热感觉。优泰克纤维作为保暖织物使用时，由于挡风性能好，热量不会散失，而湿气可以排出，因而能起到保暖透湿作用。优泰克纤维具有优异的力学性能，其织物能承受极高的水压，故防水性能高于美国国家标准3～5倍。优泰克非常耐用，能经受上千小时的水洗。此外，优泰克还具有优异的耐酸碱性、耐有机溶剂和耐干洗性，以及具有良好的抗日光紫外线性能。优泰克无毒，对皮肤无刺激性。

美海军陆战队将装备新型软质防爆毯　美海军陆战队一些单位将装备新式“进攻防爆毯”以取代现用硬质防爆罩和其他未经正式评估的软质防爆毯。新型防爆毯可以经受重复爆炸的冲击。长约1.83米，宽约0.81米，重约13.6千克。内层为25层芳族聚酰胺防爆织物，外罩耐磨尼龙套。其防爆效果与硬质防爆罩相近。不用时可以卷起装入制式背包中，因而携带和运输都很方便，尤其适于海军陆战队远征小分队使用。该毯使用寿命可达数年。

美军研制成功眼睛保护系统　据美国《陆军后勤》杂志报道，美陆军研成功两种名为“B－LPS”和“SPECS”保护眼睛免受损伤的保护系统。这两种保护系统可防止激光和弹片对眼睛的伤害。两种系统均用聚碳酸酯制成，材料强度高、重量轻、用途广泛。经过实用试验，95%的士兵认为此两种保护系统佩戴舒适、式样漂亮、防护效果好。

美军采购新型冬季服装和登山装备　据俄罗斯

《外国军事评论》报道，美国近来十分重视研究和改进极寒区军人的统一制式服装。美军有关专家认为，原来的制式服装已不能完全适应恶劣气候条件下对军人防护的现代要求。为了解决这一问题，美国防部订购了新研制的冬季服装，此外，为适应作战任务需要，还订购了新型登山装备。新型冬季保暖服装系列适用温度范围为＋4.5℃～－15℃，全套装备总重8.2千克，共包括23件物品：采用聚丙烯制成的保暖内衣，采用聚苯乙烯制成的套头高领绒线衫和绒线裤，绗缝的短上衣及裤子，带防风帽的（防透气、透水）迷彩皮上衣和皮裤，还有手套、鞋、睡袋、斗蓬、滑雪板及登山装备等。

俄罗斯生产出系列防弹衣　俄罗斯“护身甲”股份有限公司最近生产出一系列防弹衣。主要有以下4种系列：一是“护身甲－6B军用突击系列”。该系列主要用于突击部队，防护人体躯干部分免受破片和PM、TT、PSM手枪、AK－74和AKM步枪及SVD狙击步枪的杀伤，每种防弹衣均有两种尺寸。二是“通用护身甲系列”。该系列主要用于保护人体躯干部分免受破片和PM手枪的杀伤，保证胸、背部免受TT手枪、AK－74和AKM步枪和SVD狙击步枪的杀伤，主要供军队、内务部特种分队、国防部直属部队使用，每种防弹衣有3种尺寸。三是“护身甲－3M－05系列”。该系列用于全武器系统的防护，主要装备军队和特种部队。四是“通用护身甲－SH系列”。该系列特点是重量轻、穿戴隐蔽，主要装备内务部和边防局保密机构人员。它可以保护躯干部分免受破片杀伤，胸部免受PM手枪、TT手枪、AK－74和AKM步枪以及SVD狙击步枪的杀伤。每种防弹衣有3种号型。

俄罗斯陆军研制2000年单兵装备　俄军“2000年单兵装备”计划将改善战场上士兵的作战效能，使其杀伤力增加1.5倍，提高其作战的灵活性和生存能力，通过有效的通讯和侦察手段，提高士兵的战斗控制能力。装备具有符合人机工程的标准武器，进一步提高杀伤力。该计划主要包括单兵武器弹药、防弹衣、通信设备、防生化战的单兵装备、战斗工程与医疗设备，野战服及个人卫生装备等。俄军将用AN－94代替AK－47突击步枪。AN－94使用5.45×39毫米的子弹，还能发射其他可击穿防弹服、轻型装甲车辆的新型子弹，并配有多用途刺刀。目前新型防弹衣正处于投标竞争阶段，其中为内务部军队研制的Modul－2型为基本型防弹服，重约2千克，可防御11.43毫米口径子弹；Modul－3型重6千克，可防护9毫米马格南手枪弹；Modul－5型重10千克，可有效防护5.45毫米弹和7.62毫米子弹。与防弹服配套的Kolopak－2型战斗头盔由复合材料制成，可防护9毫米子弹。俄军采用GP－NM作为防生化战（CBW）面罩，重0.95千克，可持续使用12小时。滤层可以迅速更换。人员可通过面罩的饮水器用瓶状水壶饮水。另外研制的OZK个人防护装备包括防护帽、衬衣、与靴子连在一起的护腿，以及在极冷和极热天气中使用的两种型号手套。全套服装重4千克，可在±40℃环境使用。

日本研制成功多层复合新材料　日本根据“衣内微气候”理论研制成功多层复合衣。日本的“衣内微气候”理论认为，穿衣的舒适性与“衣内微气候”、“衣服压”和“皮肤与衣服的接触感”3个要素有关。在此3个要素中，衣服与皮肤之间空间的温度、湿度和空气的流速起主要作用。洋纺公司应用该理论研制成功一种多层复合丝“alswsce Swsce PRH50”，该丝为3层结构，最外层为亲水性纤维棉，中间层是涤纶和棉，最内层是疏水性涤沦。使用这种复合丝织成的织物具有极大的吸湿性和良好的透湿性，能将衣内的微气候调节到舒适范围之内。

德军推出新型“三防”战斗服　德军3002型三防战斗服由夹克、长裤、手套（含衬套）及高腰靴组成。战斗服为双层结构，外层是50/50的棉/涤混纺织物，耐磨、抗撕，经防水、防油、防火、防霉处理后，能防化学生物战剂及热辐射。内层是耐磨、透气的纯绵过滤布，含有球型活性炭，能吸附气态、液态、气溶胶态的化学战剂。该服透气性好，热应激小，从而能贴身长时间穿着，还可以多次洗涤而不影响其基本功能。

德军研新型单兵装备　德军近来研制了一系列新型单兵装备。它分为轻型、重型和齐装型。轻型包括迷彩作战夹克和裤子、汗衫、帽子、背包、带迷彩套和护目镜的头盔、防弹衣及高筒作战靴等。携带的三防装备有SM65防毒面具、防护服、手套、披肩、袜子等，除此之外还有背包和消毒包等。重型装备能够保证士兵具有长时间的战斗力。除轻型装备外，主要补充的装备有夜视装备和伪装战斗包（根据战斗任务不同，内装各种内衣、干粮、雨衣、帐篷、弹药和睡袋等）。齐装型装备除重型装备品外还包括各种备份内衣、冬夏野战服、备份作战靴等等。装备总重不超过30千克。德军计划在2000年前更新70％单兵装备。

德军“95士兵系统”取得进展　德军近期明确了“95士兵系统”的组成，即包括步兵格斗装备系统、服装系统、防护系统和携行系统等4个部分。步兵战斗装备将大量采用先进技术，提高杀伤力。服装系统将采用多层次模式，能更好地适应不断变化的

"外部"和"内部"温度环境，同时便于士兵行动。新型战斗服装将采用5色迷彩，更加与作战环境吻合。德军的作战服、装甲兵服、作战帽、头盔、伪装套、连臂手套、防潮服、携行具、防弹背心等均采用该迷彩。德军军需部门又为热带、亚热带地区驻军设计了三色迷彩作战服，其颜色与该地区植物颜色一致，具有很好的伪装效果。德军还在研究对付热成像仪的伪装技术。防护系统主要有防弹片装备、防轻武器子弹装备、核生化武器防护三个部分。防弹装备将由作战头盔、防弹片背心和防弹片眼镜等装备组成。防轻武器子弹装备为防弹性能十分优异的"布里斯托尔"防弹背心，重13.5千克，在特殊环境中使用。核生化武器防护装备由防护面具和袋装自救物品等组成。士兵佩戴M－65A2防护面具时，仍可用一个特殊的军用水壶饮水。携行系统符合人体工程学原理，由肩带、腰带和多个口袋组成，负荷均匀、舒适。

英军未来作战士兵系统进入硬件试验阶段 英军未来作战士兵系统（FFSS）最近按照英国最新命名改为未来步兵士兵技术计划（FIST），目前已进入硬件试验阶段。该计划中的C^4I硬件部分包括信号、状况分析、数字化等一系列内容，而电源供给也在朝着提高供电能力方向发展。目前，英军和美军一样正在寻求使单兵通讯系统"合法化"的途径，因为它是C^4I系统开发中最大难题。英军于1995年由国防部评审与研究局主持完成过一次试验。主要目的是评估单兵发射、接收和综合处理头盔观察到的图像能力。按要求，1997年将进行FIST数字化试验，整个试验将持续到2000年，与之同时进行的是战场考查。第2阶段研究和技术开发计划（DTP）从1997年4月开始，主要研究目的是使工业部门提供的综合系统与已经证明是最可靠的技术相结合。整个士兵系统的试验预计在2002年开始，除武器元件外，英军的未来作战士兵系统将于2005年全面推广。

英国计划用"生物工程面料"缝制野战服 据俄罗斯《外国军事评论》1997年第3期报道，英国军事科学研究院计划使用"生物工程面料"缝制21世纪士兵系统中的野战服装。被称为"生物工程面料"的纺织是英国国防部军用服装及纺织品局的新发明。"生物工程面料"共分3层。实验证明，它具有多种功能：第1层能够保护士兵不受恶劣天气、有害物质和电流的侵害；第2层可起到防弹作用，能够防步兵武器，并在环境温度为+40℃～－40℃的条件下使服装内保持一定的温度；第3层用聚合物材料制成，可保证人体穿着的舒适性。利用"生物工程面料"制成的野战服除了具有多种功能外，重量较轻，可进一步提高士兵在战场上的机动性。

英军改善单兵装备 英军正在改善单兵装备，特别是野战服考虑了步兵行动的各种地理和气候条件：从北极地带到荒凉地区、热带森林，甚至城市作战均可穿用。英军最近装备的一种新型野战服是一种通用服装，包括轻暖内衣、绒线衣、轻野战夹克和裤子，冬季有保暖材料制作的暖衣裤，外加由防水材料制成的长夹克和裤子，服装上有很多口袋。战斗靴靴底较厚。英军防轻武器和大规模杀伤武器的装备有金属和尼龙头盔、防弹衣、挂胶服装和防毒面具。SG头盔重450克，N－12防弹衣重1.3千克，777/25型防弹衣重2.5千克。还有带3种防弹板的REV/25型防弹衣。英军目前正在试验高强度合金制成的防弹衣和高性能通用滤毒器。

法军着手研制新型单兵装备 据德国《国防技术》杂志1997年第6期报道，法国现已开始研制未来步兵的单兵装备。该项研究是"费林计划"的一部分，将于1999年底研制出未来单兵装备样品，包括1套适应战场环境，具备防弹、防核生化武器的模块式战斗服；1个配备昼夜显示器、传感器、耳机，能防弹、防化学武器的头盔；1套包括电子计算机、无线电收发器（可进行声音、数据和图像传输）和中心配电器的电子装备；负载战斗装备和电子装备的携行具以及配有夜间传感器、定向仪和调节器的"法玛斯"冲锋枪。

法陆军"士兵系统"取得新进展 据日刊《军事研究》1997年5月号报道，法陆军"士兵系统"计划有了新的进展，"士兵系统"中各个分系统以及其中的装备进一步明确化。法军"士兵系统"分为防护、射击、通信、补给与支援、生存5个系统。法陆军"士兵系统"中的单兵装备有头盔、作战服、武器、通信装备和个人装备及电子计算机等。头盔具有多功能，能抗初速为800米/秒的流弹。护目镜能抗初速为450米/秒的弹片。头盔内消音器能消除高分贝的炸弹和大炮轰鸣声而不妨碍正常通话。头盔上的护目镜可防激光，还可用作微光夜视仪的显示屏。头盔上的核生化防护罩与过滤器和通风换气装置相连，在核生化环境中，保证送入头盔的空气新鲜干净，还可接上吸管补充水和液体营养食品。此外，头盔上还设计有接收声音和数字信息的传送器。该头盔使用多种衬垫，使士兵佩戴舒适。作战服也具有多功能，不但具有防弹和防护核生化伤害的能力，还具有耐水和防红外侦察能力。战斗服采用防弹纤维和多功能纤维混纺织物，且制成多层结构。该服前后胸、腹股、上下肢关节处采用了增强防护处理，开放式半球型增强防护领与头盔匹配严密。在战斗服背部有单兵用空调系统，重3.5千克，可工作时间为5小时。武器装备将有较大改进，在未来突击步枪上将装配激光瞄准具。当士兵瞄准时，头盔的护目镜将清晰显示出步枪瞄准范围。通讯设备将实现实时通讯。战斗时通过循环摄像机，指挥员向士兵指示敌人和武器位置并下达打击命令。指示目标和打击命令会反映在士兵头盔的屏幕上。此外，在法陆军士兵系统中，还有小型微电脑、指挥仪、多音识别系统等装备。

挪威出台“2000 年士兵计划” 挪威于近期公布了陆军“2000 年士兵计划”。该计划分 4 个部分，共 43 个品种，计划 2000 年以前逐步装备部队。第 1 部分为作战服和单兵伪装品，代号 5808，具体有防静电背心、雨衣、飞行员连体服、维修人员冷气候服、连指布手套、羊毛手套、作战手套、针织内衣、绒帽、特种部队睡具、多用途服装、夏冬季单兵伪装网、狙击手伪装服、雪地伪装服、皮肤伪装材料、车辆伪装网。第 2 部分为携行具和头部防护装备，代号 5809，具体有作战背心、野战包、背囊、特种部队背囊、工具包、地面部队伪装头盔、装甲兵头盔和眼睛防护装备。第 3 部分为特种装备，代号 5810，具体有战斗刀、巡逻用刀、锯、多用途工具、遇险通信器材袋、加热炉、袖珍加热炉、单兵加热器、真空瓶、防水靴、巡逻用帐篷、人员身份识别牌。第 4 部分为三防装备，代号 5811，具体有单兵三防净水器、三防雨披、单兵化学战剂检测仪和单兵辐射测试仪。

瑞典研制出快穿型防护衣 瑞典研制出两种快穿型防护衣：C/92F 防护衣是全民防护用的快穿型防护衣，其头罩中配有整体式过滤呼吸器；S/89 快穿型防护衣具有最基本的三防能力，便于携带，10 秒内可穿着完毕。该防护衣面罩开口处有伸缩环，可与西方国家的防毒面具配套使用，S/89 防护衣内部空间可容纳背包。其防护衣附带的防护鞋套步行 5000 米不会破损，其鞋底由聚丙烯制造。全套防护衣可装在携行包中携行。携行包与防护衣总重 520 克。

加拿大研制出新型大面积气囊覆盖抗荷服 加拿大国防与民用环境医学会最近研制出一种新型大面积气囊覆盖抗荷服，提高了飞行服的抗荷能力。世界上各国飞行员从 70 年代起就已经认识到老式抗荷服的缺点，即 G 耐力不足，但是一直没能解决这一问题。加拿大通过增大抗荷服气囊覆盖面积从而找到了提高 G 耐力的有效方法。

澳大利亚研制出飞行服用新材料 澳大利亚“卡洛·布拉达克斯”公司最近研制出一种新型材料，用于缝制飞行员的飞行服。该纺织材料是一种含有棉纤维的复合材料，经过特种防火剂浸泡加工而成，具有防火和防紫外线照射的性能，而且加工性能好，可以制成具有各种颜色与迷彩色的面料。据有关专家证实，用该材料缝制的飞行服具有重量轻、穿着舒适的特点。穿用这种飞行服长时间飞行，可有效减少各种有害因素对飞行员的影响，提高飞行活动的安全性。据该公司代表介绍，用这种新型材料还可制作坦克和自行火炮迷彩乘员服。

澳大利亚陆军“勇士计划”向综合系统方向发展 澳大利亚于 1995 年提出徒步步兵现代化计划——“勇士计划”，预定 1995 年至 1999 年为装备效能确定阶段，1999 年至 2001 年为计划确定和研制阶段；2002 年到 2010 年为装备验收阶段。“勇士计划”最初是针对本国作战环境的，并采取“5 大功能”装备（致命杀伤、C^3I、生存、保障和机动能力）自成系列的研究模式。为与国际接轨，特别是为了和北约士兵现代化计划接轨，“勇士计划”摈弃了最初的构想，向综合系统方向发展，即将“5 大功能”装备综合起来考虑。同时，作为北约成员，其作战环境也不局限于澳大利亚本土。针对“5 大功能”的需要，“勇士计划”新增加训练、评估以及人员演习等项目。“勇士计划”概念模拟战斗系统从上至下分别为 IFF 传输器探测器、眼保护器、头部显示器、先进的负载系统、指挥员手持式数据终端，以及先进战斗服和战斗靴等。目前澳军已研制出一种能适应低强度冲突和长期战斗任务需要的装备。该装备包括 1 个复合检波器和 1 个识别异频雷达收发器。该装备可以对激光和雷达发射报警，还可以把信息传送到已方战斗识别系统中。此外，该系统还包括各种眼镜，既是防激光/紫外线的眼保护器，也可以作为头盔显示器使用。

（王书勤）

卫生装备

美陆军拨款开发用激光缝合伤口的新技术 据美《陆军》杂志 1997 年 3 月刊报道，美国陆军提供了 430 万美元用于新的伤口闭口技术的研究。该技术主要是利用红外激光将名为“埃拉斯汀”（elastin）的一种动物组织产品“焊接”到人体伤口上。“埃拉斯汀”在激光的作用下可以很快地堵在伤口上，甚至可转变为受伤机体组织的替代物，从而达到迅速闭合伤口的目的。由于该技术可迅速止血，并大大缩短常规伤口愈合的时间，将对未来战场急救产生积极的影响，因此美国陆军对该技术表现出较浓厚的兴趣。

美军研制 21 世纪用于伤员急救和后送的“生命支持及运送系统” 据美国《海军陆战队员》杂志 1997 年 1 月刊报道，为了降低战场伤员的死亡率，美陆军目前正致力于研制先进的“生命支持及运送系统”（LSTAT），来取代传统的担架作为伤员急救及后送工具。该系统由美陆军沃特里德研究所手术部和诺斯罗普高级技术发展中心负责研制，并得到了美国生物化学界的大力帮助。该计划作为美军先进生化技术计划的一部分，由美国国防研究计划局主持，目前已开始对系统中各种单项技术，如复苏技术、生命支持、伤情稳定、诊断及伤员监控技术等分别进行论证和演示。该系统是一个全封闭式的系统，应用了一系列先进技术。其微型呼吸器只有香烟盒大小，与吸引器相连接，可吸痰和供氧。该呼吸器系统还包括一个小型制氧机，从而减少了携带氧气罐造成的不便和危险。系统的皮肤传感器与宇航员和试飞员所用皮肤传感器相似，可持续监测伤员的各项关键生理指标。其他传感器则综合在静脉输液系统中。该系统配有一个显示器，既可显示伤员当前的情况，也可显示出系统本身工作的情况。此外，医护人员还可利用手持无线传感器对该系统进行远程监测，如伤员情况危急，系统将向后方医护人员发出警告信号，并可进行遥控紧急干预。该系统还自带环境控制系统（ECS），确保完全与外部环境隔离，并可对系统内部的空气进行过滤。该环境控制系统可提供冷气或暖气，对系统内的温度进行人工控制。同时它还具有三防功能，能在核生化条件下保证伤员的安全。该系统可由美军的高机动多用途轮式车运输，也可用 UH－1 或 UH－60 直升机以及 C－130 运输机空运。该系统可由电池组提供能源，也可使用运输工具上的电源。该系统的原型机于 1997 年研制完成，并在几年内逐步装备部队。该系统中许多单项的先进技术在此前已应用于部队的野战救护之中。

德军加紧研制机动野战医院用检验方舱 为适应新形势下的卫勤保障要求，德军目前正在研制并陆续装备一套含 61 个方舱的机动野战医院，各类检验方舱是其重要的组成部分。德军选定的检验方舱以扭曲钢骨作骨架，铝—泡沫塑料多层结构作舱壁，有 1 个入口系统（门及与其他方舱或帐篷连接的接口）、紧急出口、与主舱隔开的后舱及后舱门等。其后舱装有取暖、空调及供电等技术设备。该方舱为国际标准方舱，可陆运、海运或空运。方舱的 4 角装有可升降支柱，用于调节方舱在展开地点的平衡。该方舱需要有外部水、电源或与“能量/器材供应方舱”配套使用。方舱可在－20～50℃气候条件下工作，如空调设备上加装防沙过滤器，还可在沙尘很大的环境中工作。此类方舱有饮水及食品检验方舱、兽医检验方舱、微生物检验方舱和临床化学检验方舱等。

德军开发新一代机动野战医院 据《北约十六国》杂志 1997 年 2 月号报道，根据 1993 年与德国国防部国防技术与采办署签订的合同，戴姆勒—奔驰航空航天公司近期为德军开发出一种新的方舱式机动野战医院。该系统预计能大大改进德军可部署医疗设施的作业水平。“方舱式野战医院”是为论证新的医疗救护概念，满足德军各种作战任务和新的部署要求而研制开发的，到目前已进行了一段时间的研制与部队实际试用。第 1 套样品由 1 个休克治疗方舱、1 个手术准备方舱和 1 个手术方舱组成，另有 2 个方舱用于放置动力设备和各种备用器材，1 个中央方舱把各方舱呈星状串联在一起。每个方舱配备了 1 套隔离式空调系统，使之适合在 32℃ 至 49℃ 之间的气温条件下展开工作。此外，卫材供应地域内的各方舱还配备了 1 套三防装置。其动力由 2 台 125 千瓦的发电机负责供应。在该方舱式野战医院系统中，无论是单个方舱还是整个方舱系统，均具有高度机动性和自动化。所有方舱均可装在拖车、卡车或是飞机上运输。根据目前的计划安排，用于实际测试的方舱式野战医院系统将由 61 个方舱组成，其中 17 个可进行横向联接。最后的定型产品还将包括数顶新技术帐篷。第 1 套系统拟于 1997 年底装备部队。

（杨静娴）

油料补给装备 1997 年，以美、英为代表的西方发达国家军队在油料装备的研制与生产方面仍然处于前列，研制出不少新装备。一些国家军队在发展野战油料补给装备的同时，加大了空中加油装备的发展力度，把油料装备的发展空间进一步扩大。地面油料装备的发展比较突出地反映在装备的集装箱化包装、装卸和运输上，同时注重贮、运、加、化协调，向多功能方向迈进，各项技术日趋成熟，油料补给装备构成将更加完善。

美陆军装备 21 万加仑软体油罐 据英国《简氏军用车辆与后勤年鉴 1996～1997》报道，美国陆军生产了一种 21 万加仑（794934 升）的软体油罐，称之为散装燃料罐（BFTA）。该油罐是在 80 年代初期作为内陆油料分发系统的一部分进行研制的，美陆军将其用作战术油料终端的设备之一。该油罐采用尼龙布制作，布的两面涂有弹性材料（通常为聚胺酯）。安装该油罐需要一个带衬垫的平台。该油罐的容积为 21 万加仑，重 1361 千克，长 20.73 米，宽 20.73 米，高 2.03 米。这种散装燃料罐由美国陆军坦克机动车司令部机动技术中心研制，目前已大量装备美陆军。

美陆军装备内陆油料分发系统 据英国《简氏军用车辆与后勤年鉴 1996～1997》报道，由美国陆军坦克机动车司令部机动技术中心研制的内陆油料分发系统已装备美陆军。该系统的研究始于 1977 年。研究表明，这种采用输油管线建立可快速部署的散装燃料贮存、分配与分发系统的计划极具生命力。1983 年，美参谋长联席会议要求陆军在可能的情况下采用一种非研制品采购战略，在东南亚地区加速建造和使用大型散装油料分发和贮存系统。1984 年 7 月，内陆油料分发系统产品定型。这种价值数亿美元的装备在“沙漠盾牌”和“恢复希望”行动中得以采购和应用。目前，该系统的发展主要集中在对使用过的装备进行重新组配，采购短缺的装备以及将该系统包装到 20 英尺（6.096 米）国际标准集装箱之中。内陆油料分发系统由战术油料终端站、输油管线泵站、5 英里（8.05 千米）长的输油管线、1250 加仑/分（4，732 升/分）油泵、减压站、悬挂桥、抢修设备和管线保障装备等构成。它能够在不发达战区的作战行动中补给散装燃料。作业从卸载港开始，燃料在此被卸入战术油料终端站，然后通过输油管线泵送分发。每个战术油料终端站具有 3.6 万加仑的散装贮油能力，燃料传输的速率平均为 96 万加仑/天（3633984 升/天）。输油管线的铺设速度为 4.8 千米/天。最初采购的内陆油料分发系统在演习中使用了 17 个战术油料终端站、860 英里（1384 千米）长的 76.2 毫米直径攻击型输油管线、172 个干线泵站和相关的支援装备。

美陆军采购“力量提供者”燃料补给系统 据英国《简氏军用车辆与后勤年鉴 1996～1997》报道，1995 财年美国陆军开始采购由美陆军坦克机动车司令部机动技术中心研制的“力量提供者”燃料补给系统。该系统由 4 个子系统组成：散装柴油燃料贮存与分发系统，用于向罐泵装置和物资搬运装备补给燃料；散装汽油燃料贮存与分发系统，用于向厨房的炉具和水冷却器加注燃料；500 加仑（1893 升）油桶柴油燃料贮存系统，用于保障战术发电机组；散装柴油燃料贮存系统，用于保障 750 千瓦的发电机。散装柴油燃料贮存与分发系统可以贮存多达 2 万加仑（75708 升）的柴油燃料或 JP－8 燃料，能够从油罐车接收并向系统范围内的所有油罐和容器分发燃料。散装汽油燃料贮存与分发系统可以贮存多达 30000 加仑（113560 升）的汽油，能从油罐车接收汽油并将其分发给 5 加仑（18.9 升）的油桶。500 加仑（1893 升）油桶柴油燃料贮存系统可以向 3 台战术发电机补给燃料，并采用一台罐泵装置进行油桶再注油。发电机散装柴油燃料贮存系统可以向每台 750 千瓦发电机补给 1 万加仑（37854 升）的燃料。

美陆军装备燃料泵组 据英国《简氏军用车辆与后勤年鉴 1996～1997》报道，美国陆军装备了由美陆军坦克机动车司令部机动技术中心研制的燃料泵组。燃料泵组是内陆油料分发系统的一个组成部分，输油能力为 800 加仑/分（3028 升/分）。它于 1985 年定型，美军采购了 172 套来保障其 86 个内陆油料分发系统的干线泵站。该泵组原为滑橇式低噪声的多级离心泵装置，现正在被重新设计以便永久性地固定在 20 英尺（6.096 米）国际标准集装箱的平板托架上。内陆油料分发系统采用的另一种燃料泵的输油能力为 350 加仑/分（1325 升/分），美军计划到 2000 年再采购 122 套低噪声的这种装置。

美海军陆战队试验新型运、加油系统 据美国《海军陆战队员》1997 年 1 月号报道，美海军陆战队最近对一种新型野战油料装备一战术散装油料运、加油系统进行了实用试验，取得了较好的效果。战术散装油料运、加油系统是美国罗伯森航天公司研制生产的，由一套前方地区加油设备和 1～3 个油罐组成，可安装在 CH－53E 直升机内部。其前方地区加油设备自带油泵，可保证每分钟输出 120 加仑（453.6 升）油料，能在直升机不停机的情况下在 61 米外同时为两台车辆加油，也可为前方地区加油站的软体油罐补充油料。该系统的每个油罐容积为 800 加仑（3024 升），加上直升机内部油料，每架 CH－53E 可运输 12000 千克重的油料。在无该系统的情况下，运输如此多的油料将需要外挂两个软体油罐。这样不仅会暴露该机的企图，还迫使飞行员不得不提高飞行高度并降低飞行速度，从而容易遭到敌人的火力袭击。战术散装油料运、加油系统采用内置式系统，因而具有许多优点。首先，它不再需要专门的直升机支援小组接收所运油料，飞行任务的保密性得到加强，且能够以较快的速度在较低高度飞行，大大提高了油料的运输安全性。其次，该系统在受到直径小于 20 毫米子弹的攻击时，还具有自动堵漏功能，防止油料渗漏。此外，由于该系统具有向前方加油站的软体油罐补充油料的能力，因此无需再将加油站的空油罐运回船上加油，从而可节省一半时间。如果加上适当的设备，每架直升机还可以作为一个机动的前方地区加油站部署，使部队的作战范围大大提高。该系统还可与直升机的油料系统相联，直接给直升机补给油料，从而使直升机的飞行半径大大提高。

美海军陆战队使用燃料过滤/加剂装置 据美国西南研究院《1996 年年度报告》报道，美国陆军坦克机动车和军械研究、发展与工程中心燃料润滑剂研究所为海军陆战队设计安装了一台机动的燃料过滤/加剂装置。该装置在验收后已用于驻佛罗里达州勃朗特岛的美海军陆战队部队。该岛为美海军陆战队车辆和装备的存放地。加满油的车辆装在备用船上，随时准备启航和投入使用。由于燃料在贮存周期内会发生变质，船只和车辆均需定期换油。采用燃料过滤/加剂装置后，通过对燃料进行系列的过滤，然后加入安定性添加剂，可加速对变质燃料的处理。处理后的燃料可以重新用于车辆或其它装备，从而大大减少了燃料废弃和更换带来的浪费，节省了燃料费用。

英军采用集装箱式燃料箱 据俄罗斯《外国军事评论》1997年4月号报道，为保障北约在波黑地区的维和行动，英国一家公司最近研制出一种集装箱式燃料箱。该燃料箱采用了英军整装整卸运输系统的原理进行装卸，油箱容积12000升，同时还配有油泵、柴油机和4条18米长的输油软管。燃料箱可安置在国际标准集装箱的硬质框架中，可使用"利兰"8×6重型卡车运输。该车装有集装箱装卸设备，可在2分钟内将其装上或卸下。除卡车运输外，该集装箱式燃料箱还可由"支奴干"直升机吊运或由C-130运输机载运。燃料箱安装了许多国家广泛使用的底部注油系统以及集气管。该燃料箱在地面储存时，允许3层堆放；在海上运输时，允许在船上两层堆放，但需要用特殊支架加以固定。

（杨立明）

野营装备 **美陆军研制出新型野营帐篷用加热器系列** 据美国《步兵》杂志报道，美陆军纳蒂克研究、发展与工程中心现已研制出3种新型的帐篷用无动力加热器。这些加热器具有不同的输出功率，但都具有以下相同的特点：①采用了燃料气化燃烧技术，即在特殊管道中将燃料气化再与空气混合使其燃烧发热；②采用多燃料阀门调节燃料流量；③使用微型电风扇使帐篷内的温度更加均匀。据称，此系列新型加热器比现行的加热器安全系数更高，效果更好，且减少了维修保养工作量。

美陆军研制出新型自充气式睡袋 据美国《陆军时报》1997年报道，美陆军纳蒂克研究、发展与工程中心最近研制出一种新型的自充气式睡袋。该睡袋在使用时只要把尼龙垫展开，打开充气阀门，即可自动充气，其奥秘在于垫内装有一种海绵芯，不受压时，便会自动吸入空气，使垫内充入90%的气体，再稍稍吹入一点气，便可使用，整个过程只需5分钟的时间。美陆军计划将这种自充气式睡袋先配发给那些执行特别任务的部队，其他士兵可到军人服务部购买。

美海军陆战队研制出新式双人帐篷 据美国《海军陆战队》杂志1997年报道，美海军陆战队现已研制出新一代双人帐篷，以取代海军陆战队现用的半幅双人帐篷。该帐篷由1.9盎司抗撕裂尼龙制成，带有防水铺地布和防水、遮阳帐顶。为安全存放两名陆战队员随身携带的作战物品，海军陆战队还专门为其设计了一个容积为14立方分米的储物小帐篷。由于新式双人帐篷的支架采用可折叠式铝管，因此展收非常方便、迅速。美海军陆战队将采购61970顶这样的双人帐篷，准备不久装备部队。

美军装备新型便携式淋浴装置 据美国《陆军后勤工作者》1997年第1期报道，驻波斯尼亚美军装备了一种新型便携式淋浴装置，其性能优于早期在沙特阿拉伯、索马里和海地作战行动中供前线部队使用的淋浴装置。这种装置主要供连一级规模的分队使用。该装置可装进两个袋子里运输，每袋仅重34千克，与之配套的水加热器也重34千克。此淋浴装置在使用时安装在一个充气式帐篷里，设有4个淋浴小隔间，帐篷用手动打气筒便可进行充气。展开时，两人在15分钟内可安装完毕。该淋浴装置的加热器可使用任何一种燃料。如果24个喷头同时使用，18.9升油料可保证该淋浴装置连续20个小时供应热水。目前，美陆军已采购了20多套这种淋浴装置，其中14套已装置在波斯尼亚和巴尔干的美军。美陆军计划再采购60套这种淋浴装置。

美陆军设计成新型防弹帐篷 据美刊报道，美陆军现已设计成功一种新型帐篷。这种新型帐篷在设计时放弃了传统的拉绳和支杆，而用防弹板取而代之。该帐篷的框架由15英尺（4.57米）的支柱和配置成方形或三角形单元的柔质球窝节组成，以便有足够的力量支撑凯夫拉防弹板。据设计者称，该帐篷还可以民用，也可作为极地考察帐篷使用。该帐篷组装时无需起升设备，可用起重机或直升机进行整体起升和搬运。

俄罗斯研制出OPS-5型净水车 据《非洲武装力量》杂志报道，俄罗斯国防工业界应用反渗透法研制出新型OPS-5型净水车。该净水车可对污水进行淡化和消毒处理。整套净水车包括：箱式车身运载车、30千瓦发电机、RDV-5000升水罐、水泵、吸入式过滤器、净水装置、辅助设备、零配件和工具等。净水车的净化程序是：从水源抽水入水罐，先进行氯化，然后沉淀，再将沉淀后的水用水泵送入反渗透净水装置，通过吸入式过滤器和淡化装置处理后即成为洁净水。新型OPS-5型净水车与原OPS型净水车相比，其优点是使用简单方便，机动性好，耗油量少4～5倍，净水中的金属含量少2～3倍。该车展开时间为2小时，撤收为1小时，车载备用过滤器材与药品可使用100小时，最高时速为80千米。

法军装备机动净水装置 据法国《医学与军队》杂志报道，法军最近装备了一种机动式净水装置。这种机动净水装置由6个模块系统组成，可以用普通载重车运载。每个模块重100～250千克，总重为1200千克，组装后的操作平台占地面积为4.59平方米（2.7×1.7米）。该净水装置使用小型化饮水生产系统，净水原理是用过滤膜去除水中杂质。该系统采用3种类型的膜，一是超滤漠，可处理地表水中的有机物和超出人体要素的过量矿物元素；二是纳米级过滤膜，可去除直径在0.001微米以下的细小杂质；三是反渗透膜，主要处理苦咸水和海水，起淡化作用。

法军装备新型野战洗衣单元　据法国《陆军杂志》1997年第81期报道，法军最近装备了一种能保障一个基层连队野战洗衣作业的新型野战洗衣单元。该单元安装在单轴挂车底盘上，可用GBC 8KT或TRM4000型战术汽车牵引。洗衣单元包括1台洗衣机、1台离心式甩干机、1个烘干柜、1台超压机和1台10千瓦发电机组，一次可洗20千克干衣服，耗水量为每个循环500升。2人30分钟可以展、收完毕。行军状态时，该洗衣单元长5.69米，宽3.53米，高3.015米，体积60.55立方米，重2300千克。法军计划每个连队配备1套洗衣单元。

法军装备两种软体储运水罐　据法国《陆军杂志》1997年第81期报道，为满足部队饮用水储运需要，法军最近装备了两种软体储运水罐，即7000升水罐和3500升水罐。7000升软体水罐在运输状态时重7211千克，体积为15立千米，罐长5.8米，罐宽2.3米，罐高1.1米，通常由VTL整装整卸后勤运输车运载，运输时用SPANSET式系紧带紧固在VTL车载货平台上；3500升软体水罐在运输状态时重3695千克，体积9.09立方米，罐长2.12米，罐宽3.9米，罐高1.1米，由GBC－8KT型或TRM－4000型4吨战术汽车载运。上述两种软体水罐安装有注、放水接头系统，罐体材料为不易腐烂的柔性材料，罐内壁经过处理后可以储运饮用水，罐外表面可抗化学战剂。水罐不用时用专用密封套包装存放。

（刘松林）

仓储与搬运装备

美军军用食品储存采用新方法　据美国《陆军后勤工作者》报道，美国陆军和民营企业科学家采用一种用电流处理散装军用食品的新方法。美国陆军士兵系统司令部纳蒂克研究中心已与加利福尼亚州圣迭戈的普里珀尔日技术公司签订了一项散装食品储存期不少于3年的技术研制合同。该公司把巴氏灭菌冷却消毒法用于军用食品处理，用高强电流对散装食品进行极短时间的冲击震动，有效地控制微生物的生长和繁殖，使食品储存期得以延长。已经进行的评价试验及品尝试验表明，经这样处理的食品可与新鲜食品媲美。

美军研制出托盘化装载系统加强装置　美军为了使其托盘化装载系统（即整装整卸系统）适应特殊货物（如液体、散货、集装箱货物）的运输，为其研制出各种加强装置，包括：①侧板。由胶合板和钢板构成，安装在平板货架上可使标准平板货架成为0.6米高的货柜，从而可运载除弹药以外的各种散装货物。②半高集装箱。是一种只有1.2米（通常是2.4米）高的海运集装箱，没有箱顶，配有遮盖物资用的防雨布和弓梁。既可运输弹药，又可运送通用物资及垃圾，是一种多用途运输工具。③M－1增强型平板货架。具有ISO兼容性，与M－1077平板货架的容积相同，是一个没有侧壁和顶盖的6.1米集装箱，其两端壁能向下放倒以利装卸，能装各种货物，包括小型轮式或履带式车辆。能直接装在托盘化装载系统上。④“六康”系统。使托盘化装载系统能够运输液体物质，是一个模块化系统。由一个装油料或水的3402升的液罐和一个输油（水）能力为472升/分钟的泵组成。一个托盘化装载系统平板货架可载3个3402升的油罐（水罐）和一个泵。⑤集装箱提升装置。用于卸载个别集装箱，可使托盘化装载系统在不用板架的情况下运输一个重达16.5吨的6.1米集装箱，从而在战场上大大减少对集装箱搬运设备的需求。⑥运输跟踪系统和驾驶员视力增强仪。运输跟踪系统的特点是在卡车驾驶室里装一个车载式终端，在指挥与控制中心也有一个终端，借助卫星进行双向通讯。利用此系统可进行途中调度、重定路线和装运改道，驾驶员能适时询问问题并向指挥官报告有关情况，运输控制人员也可获得物资的“运输途中可视性”。驾驶员视力增强仪是一种可在能见度很低的条件下使用的热成像系统，其仰角为35度，俯角为5度，可在左右两个方向旋转170度。驾驶员在完全黑暗的情况下，能看到约110米处的5.6米的物体，行驶速度可达到白天的60%。

法军研制出155毫米弹药装载托盘　据法《陆军杂志》报道，为了使法军的TRM－G290VTL型和TRM－1000PLD型整装整卸车载货平台的装载能力更加优化和更加方便炮兵团的弹药补给作业，法军最近研制出一种155毫米弹药装载托盘。该托盘由两个小托盘组成，一个是炮弹弹丸小托盘，另一个是炮弹装药药筒（也包括引信）小托盘。每个小托盘重近850千克，可用叉车搬运，也可吊运。该托盘可装载16发全弹（重1280千克），包括16发F－1或F－2型杀伤弹丸、16个用双层密封容器包装的3～7号装药药筒、4个1号小量装药和4个2号小量装药、12个F－5型无线电引信和4个PDM－557型触发引信。

法军装备新型铁路装卸站台　据法国《陆军杂志》1997年第83期报道，为便于包括坦克在内的军用车辆在法国国营铁路公司车辆上装卸并取代过时的可拆卸端式站台，法军研制装备了一种新型的铁路装卸站台。这种新型铁路装卸站台由两个平行、倾斜的滚运道组成。滚动道一头压在铁轨上，另一头放在铁路车辆上，通过一根可调节联杆使站台与铁路车辆牢固连接。装卸站台还有一个延长装置可使离地间隙小的车辆进入铁路车辆内部，装卸站台可用一般铁路平车运输。所有构件由4人操作。其主要战术技术性能为：最低寿命是60吨轮式或履带式车辆通过100次；重型构件重160千克；总重量2吨；斜坡坡度35%；外轨距3.3米；内轨距0.796米；安装时间为1个战斗组（1名士官和8名士兵）15分钟；适合在高度为1.1～1.38米的铁路平车上使用；可用TRM－10000型10吨、TRM－4000型4吨和GBC－8KT型4吨战术汽车运输。

英军计划购买全道路机动托盘车和自装卸轻型托盘挂车 据英国《简氏防务周刊》报道，英军正在考虑购买86辆全道路机动托盘车和84辆自装卸轻型托盘挂车，并要求在1997～1999年交货。全道路机动托盘车的主要要求是：承载能力不低于1400千克，能同时牵引相同载荷的轻型托盘挂车，且要求二者均具备自装卸能力，功率重量比为25千瓦/吨，最高时速60千米，转弯直径不大于10米，最小离地间隙200毫米，空载时重1800千克，外形尺寸长不超过3.45米，宽不超过2米，高不超过2米。在作出最后决定之前，英国国防部将对能够满足全道路机动托盘和自装卸轻型托盘挂车要求的大量车型进行筛选。

（韦秀文）

运输装备 1997年，地面运输车辆仍然保持着强劲的发展势头，主要特点：一是普遍重视新型运输车辆的研制与装备。例如：美陆军目前重点开发新式轻型战术车辆，日陆军开始实施吉普车更新换代，韩国陆军大量订购国产通用轻型车，马来西亚订购国产运输车，德军装备新一代半挂汽车运输列车，荷兰陆军采购装备可空运轻型运输车。二是继续对现役运输车辆进行技术改进。美军在经费不足的情况下把对现役车辆进行技术改进视为保持运输车辆战备能力的一个经济有效的方法。为此，美陆军在1999年以前继续采购现行高机动多用途轮式车，从1999年开始实施在役高机动多用途轮式车改进计划，并且确信这项措施的军事经济效益将是十分明显的。法军继对现役GBC－8KT中型运输车进行技术改进之后，1997年又开始对现役的“玛尔蒙”型运输车进行技术改进。三是重视提高运输车的防护功能。美军为其特遣部队非装甲运输车辆安装防地雷毯，德国新研制的ATF多功能运输车也加装了可防地雷破片和步枪流弹的附加防护组件。

美陆军实施新的轻型战术车辆计划 据美国《陆军内情》和《防务新闻》1997年报道，美国陆军车辆的发展近年来取得了明显进展，在90年代以来大力发展新一代中型战术车辆和重型战术车辆取得成效的基础上，1997年又开始实施新的轻型战术车辆计划。该计划包括两个方面：一是开发新的轻型战术车辆。这种被称为“轻型高机动多用途轮式车”的新式轻型战术车辆开发项目是美国陆军1996年5月正式批准的，陆军系统采办审查委员会计划1997年12月对该项目进行评审，如果通过评审，将在1998财年第3季度签订样车生产合同，一旦样车试验成功，将签订一项为期5年的生产合同，预计2001财年开始装备部队。新的轻型战术车辆将采用柴油发动机和自动传动系统，续驶里程480千米，载重能力为2吨，牵引能力为1.9吨，使用寿命计划为20年。与陆军现役高机动多用途轮式车相比，新的轻型战术车辆具有以下特点：①使用性能相同或更好；②可靠性和可维修性进一步提高；③使用和维修费用大大减少；④能够更经济有效地满足新的不断出现的任务要求，能够更加灵活地作为未来军用或民用设备的平台。二是改造现役的高机动多用途轮式车。由于目前没有足够的经费迅速地更换高机动多用途轮式车，因此美国陆军把对现有车辆进行改造视为保持轻型车队战略能力的一个经济有效的方法。根据计划，美国陆军继续采购现行的高机动多用途轮式车到1998财年，从1999财年开始实施旧车改造计划。改造的主要内容包括：①对现有部件进行改进；②根据需要和经济高效的原则采用新的部件和技术；③进一步提高车辆的安全性。据估算，改造后的高机动多用途轮式车，能够以新车费用的50%～60%把使用寿命延长80%～100%。

美海军计划改进现役轮式车辆 据美国《国防》1997年报道，鉴于海军轮式战术车辆90年代以来损坏和老化状况日益严重，美海军战斗勤务保障计划部已经决定在2010财政年度之前要以充足的资金实现海军轮式战术车辆的现代化，2000～2004财年将投入23亿美元的巨额资金对现役车辆进行技术改进，提高车辆的机动性、可靠性和可维修性，尽量减少部队维修工作量。

美军特遣部队非装甲运输车安装防雷毯 据美国《士兵》杂志报道，为了保护乘员免遭地雷的伤害，美国特遣部队为其非装甲运输车安装了防雷毯。这种防雷毯装在座位和车厢内地板上。美军特遣部队航空兵第2营的运输车辆首先安装了这种防雷毯，据称这是保证士兵安全的有效措施。

美国研制新型水陆两用突击车 据英国《简氏国际防务评论》报道，美国普通动力学地面系统公司获得了美国海军陆战队价值2000万美元的水陆两用突击车的论证和研制合同，预计到2001年底试制出3台样车，其中2台人员运输车，1台指挥车。该公司计划2005年开始生产1000辆，除满足美海军陆战队需要外还将销往国外，预计总销售额将达到50亿美元。

美国计划出口新型坦克运输车　据英国《简氏防务周刊》1997年报道，美国系统与电器公司即将完成美国陆军和海军陆战队对M1000新型坦克运输半挂车的全部订货，此后仍需继续维持生产线运转。为此，该公司正在国际市场上寻找买主。为满足国外市场的需要，该公司开发了宽3.66米的M1000国际型坦克运输半挂车，受到一些外国军队的关注。使用德国“曼”牵引车的以色列军队将是M1000国际型坦克运输半挂车的首家客户，以军计划订购40～70辆。一直使用“斯堪尼亚”牵引车的瑞典军队，也计划用M1000半挂车作为未来的坦克运输半挂车。

美军订购7.5/10吨集装箱运输挂车　据《简氏军用车辆与后勤年鉴》报道，美军机动车司令部与丹麦军品供应公司签定合同，订购7.5/10吨集装箱运输挂车。该挂车由丹麦军品供应公司为克服海湾战争中暴露出来的问题而设计的，具有自装卸功能，将用来代替美军老式M－1022车。新挂车连同集装箱一起可由C－130运输机运输。新挂车具有侧面装卸能力，在野外和主要作业点无需叉车、起重机和吊杆就可从平板卡车上装卸集装箱。第1批7.5/10吨运输挂车主要用于运输医疗系统、飞机维护设备以及改善美军的机动能力。丹麦军品供应公司将在5年内向美军提供800到1200辆这种挂车，第1年完成214辆，首批6辆用于试验。

日本吉普车开始更新换代　据日本《装甲车》1997年6月号报道，日本陆上自卫队1997年开始全面换装新一代吉普车，用以取代使用了20多年的73型小型吉普车。新一代吉普车尺寸比旧型车略大，载重量为500千克，发动机功率增大，新型变速器可使该车能进行4×2和4×4转换（即在平地上两轮驱动行驶，在野外恶劣路况条件下转换为4轮全驱动行驶），不仅能保证该车具有良好的越野性，而且能根据路况控制发动机功率，达到节约燃油的目的。

韩国陆军大批量订购通用轻型车　据英国《简氏防务周刊》1997年报道，韩国陆军最近与韩国亚洲汽车公司签订了一项生产9000辆通用轻型车的合同，合同总值为1.32亿美元。根据合同要求，亚洲汽车公司1997年底要交付首批200辆车，1998年再交300辆，并在其后的几年内交完其余的车辆。据称，这种通用轻型车与韩国陆军现役的KM－41型轮式车很相似。

菲律宾军队采购美国军用车辆　据美国《防务新闻》1997年报道，菲律宾军队最近与美国货运汽车公司签订了一项总值为390万美元的18辆军用汽车采购合同。在这18辆车中，M－916A1型牵引车4辆，M－917型军用自卸车4辆，抢修车10辆。据称，菲军此举是拉莫斯总统提出的15年军队装备现代化计划的一部分，这些新购的车辆将取代菲军60～70年代购自美国的老旧车辆。

马来西亚国防部订购国产运输汽车　据英国《简氏国际防务评论》1997年第1期报道，马来西亚国防部最近与本国德尔比一黑考姆（DRB－Hicom）汽车公司签订了一项总价值为400万美元的600辆FSS－32G型4×4运输车订购合同。该车是马来西亚国防部与德尔比一黑考姆公司联合设计的，自重5.8吨，有效载重3吨。德尔比一黑考姆公司希今后5年内能为马来西亚国防部再生产4000辆这种车，并希望将这种车打入巴基斯坦、菲律宾等其他亚洲国家市场。

德军装备新一代半挂汽车列车　据德国《国防技术》报道，德军已开始装备新一代半挂汽车运输列车（牵引车＋半挂车），主要用于实施集装箱货运和重装备运输。新一代（第3代）半挂汽车列车有两种车型：第1种是SZ－1型汽车运输列车，最大载荷25吨，主要用来运输1～2个20英尺标准集装箱或1个40英尺标准集装箱，平板运输挂车可运输集装箱或测量装备；第2种是SZ－2型汽车运输列车，最大载荷65吨，主要用于运输“豹”式主战坦克或56吨以下的民用重型设备。半挂牵引车采用“曼”19.403FASX型载重车底盘，装备6缸直列D2866LF型涡轮增压风冷式柴油发动机，功率294千瓦（400马力）/2000转/分，扭矩1730牛·米/1000～1500转/分，采用ZF－16S151变速器、MFZ－430型单片鼓式离合器和Jost. JSK37C型半挂车连接器。半挂车为第2代三轴挂车。

德国研制运输汽车驾驶训练模拟器材　据德国《士兵与技术》1997年6月号报道，德国联邦国防技术与采办总署委托德国戴姆勒航空空间公司防卫与民用系统部为德军研制一种供部队使用的汽车驾驶训练模拟器。研制工作具体分工如下：戴姆勒一奔驰公司研究部负责研制行驶动力模拟设备和仿制德军汽车模型，克劳斯－玛菲公司负责研制视界系统和数据库，其他工作和系统由道尼尔公司承担。每套模拟器由3个模拟舱、1个教练座椅和6个学员椅组成。德军对这种模拟器材的近期需求量为67套，计划2000年正式投入部队使用。

德国研制出新型ATF防雷装甲运输车　据英国《简氏国际防务评务》1994年报道，德国克劳斯一玛菲公司最近研制出新型ATF多功能防雷装甲运输车。

这种车侧面装有防护装甲，可抵御初速为 890 米/秒的 7.62×54mm 步枪子弹袭击，车的底盘上装有附加防护组件，能承受 10 千克炸药量地雷爆炸的冲击。新型 ATF 运输车可乘坐 6 人。除作运输车外，该车还有其他用途，如光纤制导导弹发射的工作台、地雷探测等。

法军对现役“玛尔蒙”运输车进行技术改造　据法国《陆军杂志》1997 年 80 期报道，为了提高目前仍在法军服役的“玛尔蒙”汽油型越野运输车（1964～1971 年法军共装备了 8000 辆）的性能，充分发挥其作用，法军最近决定对其进行技术改造，即在保留原车驾驶室、车身和传动系统的同时更新其发动机、变速器、电路和制动管路。改造后的柴油机型“玛尔蒙”运输汽车性能有了较大的改进：在保持最高车速 80 千米/小时不变的情况下，续驶里程由原来的 550 千米提高到 770 千米，百公里油耗由原来的 30～32 升下降到 23 升。

意大利陆军采购“阿斯特拉”载重车　据英国《简氏国际防务评论》报道，在购买了 10 辆 8×4 中机动性载重车并将其中 8 辆用于波斯尼亚维和行动之后，意大利陆军又订购了 60 辆“阿斯特拉”SM88.42（8×8）高机动性载重车，以配合托盘式装载系统的使用，首批已于 1996 年夏交货。该车载重量 19.5 吨，可拖挂 12 吨挂车，功率为 309 千瓦/1900 转/分，最大时速 90 千米。

荷兰陆军将装备新式多用途轻型车　据英国《简氏防务周刊》1997 年 2 月 26 日报道，荷兰皇家陆军最近与荷兰特种航空设备和汽车产品公司签订了一项为其生产 180 辆由法国设计的洛尔 VLA（4×4）多用途轻型车的合同，合同总价值 1000 万美元。该车装有一台标致型 71 马力发动机，最高车速可达 80 千米/小时，爬坡度为 60%，它可用运输机空运，也可用 CH－47D 双旋翼运输直升机和 532U2 玛克Ⅱ型直升机吊运。该车可用作通用车、救护车、反坦克导弹发射车等。荷兰陆军计划于 1998 年第 2 季度将该车配备到第 11 空中机动旅。

奥地利新型水陆两用人员运输车投入使用　据英国《简氏防务周刊》1997 年报道，奥地利斯泰尔—戴姆勒—普赫公司最近研制成功的“潘都尔”6×6 新型水陆两用人员运输车已经开始投入使用。该车安装了一个重新设计的外壳以形成浮力中心和一个加高的舱室，在最后一对车轮后部安装了一个喷水口，用以在水中驱动车辆前进，下水前车的前部竖起平衡翼，使车身底部抽水机被接通。目前，该公司已向奥地利陆军提供了 68 辆，比利时陆军向该公司订购了 54 辆，波兰陆军订购了 20 辆，科威特订购了 70 辆。

埃及军队将装备新改进的“鲍拉里斯”全地形车　据英国《简氏防务周刊》报道，为了满足边防巡逻部队的需要，埃及军队最近装备了 290 辆“鲍拉里斯”（Polaris）全地形车。该车是以“鲍拉里斯”300（4×2）型为基础改进而成的，车长 1.9 米，车宽 1.1 米，车高 1.1 米（座位高度为 0.8 米），离地间隙 0.14 米，前轮跳动量为 0.159 米，后轮跳动量 0.215 米，转弯直径 3 米，车辆自重 0.22 吨，战斗全重（车辆、驾驶员、燃料和载荷）0.38 吨，油箱容量 15 升，发动机为风冷式二冲程发动机。除有可防驾驶员受阳光直接照射和风沙袭击的风窗和顶篷组合体外，该车还可满足埃及军方提出的各项战术技术要求。埃及军方最初订货只有 190 辆，合同执行前又增加了 100 辆。

（巨文新）

维修装备

美军研制新型战场“前方修理”车　据美刊报道，美陆军联合兵种支援司令部不久前研制成功了一种高机动、能完成陆军维修人员全部维修任务的战场“前方修理”车（FRS－H）。该车与重型修理车基本相同，主要区别在于重型修理车是永久性地安装在一辆经过改装的整装整卸车底盘上，而“前方修理”车则是安装在整装整卸车的载货托盘上，一旦需要，可将其卸至地面使用，而整装整卸车可另作它用。“前方修理”车从前到后安装了 50 千瓦发电机、空压机及储存罐、维修间（包括工具和设备）、5 吨吊车等设备。维修间安装有当前最新型的试验、测试和诊断设备、数字式及调频无线电通讯设备、全球定位系统和电子技术手册及修理工具箱，还包括吊车操作员使用的无线电通讯设备、最新式的焊接设备、必需的气动和电动工具、战损评估和修理工具以及一条通用发动机吊索。车上的修理工具箱由部队自己设计和配置，以适应不同武器系统的修理。美军认为，战场“前方修理”车将成为未来“21 世纪部队”相当重要的装备。1996 年 12 月，该车已通过操作和安全试验，1997 年 1 月，在美军第 4 步兵师 404 航空支援营接受设计评估试验。

美军发展遥控维修系统　美军的遥控维修系统是几种先进技术系统的一个综合体，在未来战场上，它可使武器装备修理和维护人员能迅速获得急需的维修技术建议与相关信息，从而大大提高作战部队的野战修理能力。目前，遥控维修系统包括视频辅助修理系统、士兵支援网络、佩带式计算机系统以及带诊断软件的传感器人工智能通信一体化维修系统，将来还可能增加其它组件。视频辅助修理系统能增强一线部队维修诊断能力，可在修理人员和专家间提供一种有效的双向视频/音频联系。能迅速提供来自“全球网络”

的视频、音频信号。可在前方修理人员与后方支援基地间提供无线音频、视频信号及数据资料通信。系统接通后，使用者还可拔号进入陆军军械/化学品采购和后勤机构的士兵支援网络，可使修理人员对 M－1 系列主战坦克及涡轮发动机的状况作出正确评估，同时可对武器系统故障作出预测。

美军研制成功涡轮发动机故障诊断系统　据美刊报道，美陆军军械培训中心已研制成功一种涡轮发动机故障诊断系统，它可帮助修理人员诊断和修复 M－1 主战坦克的动力和传动装置。该系统由 3 部份组成：①涡轮发动机故障诊断程序。该程序的工作原理是根据维修人员输入的多种故障征兆，由计算机进行分析判断并找出故障，因此适用于不同经验水平的人员使用。其主要功能有预先分析、快速功能检测、根据故障征兆检测故障和保护模式检测等。②故障诊断智能指导程序，包括基本维修程序及涡轮机工作原理。其主要功能是向维修人员提供故障诊断模拟训练。③自动检测箱。主要用于检测涡轮发动机及传动装置的工作状态，可单独使用，也可与故障诊断程序相联接。美专家在部队中抽调了 30 名不同经验水平的维修人员对此诊断系统进行了测评，结果表明，与以往靠查阅技术手册诊断故障相比，该系统的故障诊断准确率由 26％提高到 50％，效率也提高了 92％。美陆军装甲师和机械化师已在 1996 财年正式装备这种故障诊断系统。

美军扩大交互式电子技术手册使用范围　美军已成功地将各种军事装备的文本式技术手册转换成交互式电子技术手册。一般情况下，电子技术手册包含在 1 台便携式微型计算机里，有关技术数据存储在计算机的大容量只读存储器中，维修人员可通过计算机快速存取技术数据，无需保存和运输大量笨重的文本式技术手册，减少了所需的专用测试仪器，使得诊断工作简单易行，缩短了维修时间。目前，不少技术手册已录制成 CD 光盘，一张光盘可代替 1.4 万页、重 68 千克的资料。美陆军 M－1A1 主战坦克的交互式电子技术手册取代了 4000 页的技术资料、8000 张图纸和包括 3000 条故障表现的症候表。美陆军“布雷德利”战车系统的电子技术手册可分为 3 个性质不同但却又相互联系的模块，即诊断知识库、电子技术数据库和小型测试程序库。它们代替了该战车维修的原测试设备和 24 本技术手册。

俄军研制成新型技术支援车　据俄罗斯《军队文集》杂志报道，俄军近年研制成功一种新型技术支援车 MTП－A5，现已装备部队。该车是在 ГМ－335 履带式底盘的基础上设计的，保留了其越野能力强、速度快、储备里程和牵引能力大等特点，可伴随作战车辆装备前进，迅速后送任何地区、任何路面上的故障车辆和装备。MTП－A5 配备了各种必要的修理设备、后送工具、检测仪器和消耗性物资，可修理和后送部队防空系统和架设在 ГМ－352、ГМ－579 等型履带式底盘上的自行火炮系统以及吉尔－131、乌拉尔－4320 和嘎斯－4310 等车辆。MTП－A5 技术支援车配备了可环射的炮塔炮，以加强车辆的防护能力；配备了 ПНВ－57ET 夜视仪和 ПВМ－2 探雷器，用于对故障车辆所处地区和后送道路进行侦察；配备了 ВП－5A 辐射计和 X 射线仪、全套消毒器材和坦克消毒盒，用于对车辆和装备进行局部洗消。

（王达伦）

后勤指挥与管理自动化系统　1997 年，西方发达国家军队继续大力推进后勤指挥与管理的自动化，后勤管理已日益演进成为信息化管理。这种管理方式能在提供后勤支援的过程中达到高效、节约和简易的目标，实现后勤决策的科学化和管理全程的透明化。为更好地加强后勤自动化建设，以美军为首的西方国家军队广泛建立后勤信息化管理系统，使后勤管理从物资流的管理转向信息流的管理，如“全资产可视系统”、“在运物资可视系统”、“计算机辅助采办系统”等，目的是最终建立一个能够向任何战场提供世界级后勤支援的无缝隙后勤系统。为此，不断调整后勤管理组织结构以适应信息化建设的需要，继续推进后勤信息管理标准化建设，实现全球范围的联网，进一步加强后勤自动化管理理论的研究，是未来几年以美军为首的西方国家军队后勤自动化建设的发展趋势。

美空军开发出新的采办模式软件系统　据美国《项目管理者》报道，美国空军已开发出新的采办模式软件（AFAM30），大大提高了其武器采办的效率。该系统为空军采办工作者提供从工程到合同等各方面的最新信息，使用者可查询 6250 个采办计划和 223 个法规、政策和手册的情况。同时，该系统还提供了合理的使用界面，具有多窗口服务和国际查询功能。该系统操作简单，可借助 3 个窗口完成一系列查询，省略了大量菜单选择，可大大节约时间。为此，美国国防部已正式成立了国防部指南/空军采办模式软件联合项目办公室，进一步开发三军通用的采办模式软件系统。

美军研制成人员电子档案管理系统　据美国《陆军后勤工作者》报道，美国陆军预备役人事中心（ARPERCEN）正在将其 60 多万份人事档案从文件及缩微胶片上转换到 12 英寸（30.5 厘米）的磁盘上。这种转换使用户仅需按动按钮即可迅速进入陆军预备役人事档案管理系统查阅档案。陆军预备役人事中心对8500万个图像所进行的转换开始于1987年，于1996年年底完成。这种人员电子档案管理系统构建在光学数字图像基础上，档案图像被电子扫描并复制到磁盘上。一张磁盘可容纳3000个图像，以支持400～700份人事档案。通过计算机读盘来查阅档案，仅需20秒即可显示所需档案。

美“尼米兹”号航母安装“自动维修环境”样机 据美国《海上力量》报道，美国海军航空系统司令部（NAVAIR）计划于1997年在核动力航空母舰“尼米兹”号上安装1台被称为“自动维修环境”（AME）的样机。该样机把后勤技术保障信息从纸上转为电子或数字形式，从而实现飞机后勤技术保障信息数字化和“可视”。美国海军在仓库中存储大量的海军航空系统司令部的技术手册和图纸。现在，技术手册通过扫描被制成“只读”型电子读物。这种形式易于保存和检索，而且在重新扫描前，不能对其进行修改或更新。美国海军航空系统司令部打算把后勤技术保障数据用数字形式存放于一种可视的、单独的、统一的数据库内。舰上的水兵、岸上维修机构的舰船保障工程师和负责采购与计划的管理者都可以进入该数据库。

美国国防燃料补给中心推出运输价格计算机管理信息系统 据美国《燃料线》报道，最近美国国防燃料补给中心和国防后勤局系统设计中心推出了用Oracle语言设计的国防燃料补给中心第一套自动数据处理系统。该系统称为运输价格计算机管理信息系统（TRIS），在1997年10月1日前取代国防燃料自动管理系统（DFAMS）。国防燃料自动管理系统是为了汇总燃料管理数据、提高财务管理工作的及时性和准确性而于80年代开发设计的。由于美国国防燃料补给中心是美国国防后勤局负责全军及一部分美国政府机构所需石油产品的采购、供应与管理的唯一部门，所以这套系统由国防燃料补给中心负责管理、使用与维护，是整个国防部范围的自动化系统。运输价格计算机信息系统比原来的自动管理系统具有更多的功能，不仅便于使用，同时也易于维修，还可以减少一半的数据输入。散装燃料商品事务处及军事交通管理司令部的专家利用这套系统记录燃料管线、公路和铁路运输价格，由燃料运输管理专家来决定哪种价格对政府最有利，由国防燃料补给中心通过“报价评估模型（BEM）”分析运输价格和产品价格来确定哪个投标商取得合同，确保政府在众多投标商中选择总费用最低者作为合同商。该系统的开发研制工作始于1994年，1995年9月15日正式投入使用。下一步，国防后勤局系统设计中心和国防燃料补给中心将完成对运输价格计算机信息系统的升级，升级后该系统将提供图形用户界面。另外，国防后勤局系统设计中心将直接与军事交通管理司令部的货物管理系统（CFM）联网，从而取消由军事交通管理司令部向运输价格计算机信息系统的人工输入。

美军试验野战救护医疗通信系统 据美国《军事观察》报道，美国正在试验应用野战救护医疗通信（MC4）系统以改进散兵坑中的医疗救护。MC4不仅可提供两名医生之间的通信链路，还可以从前方战场向后方医院传送图像用于会诊，以便为战场伤员更好地诊断治疗。试验这一系统的美军战斗指挥作战实验室正通过一系列实验，来帮助医务部队确定其战场伤员急救要求。“联合武士”互通演示（JWID）就是这一系列的演示，其中“来自坑道的电视医疗”演示的主要目标是显示现有技术和新技术，使受伤的士兵可接受尽可能及时的医疗护理。在JWID96中，美国海军、陆军、私营企业联合重建了一个单独的MC4，着重于从联合特遣部队向单兵传送数据和图像，从而不断改进MC4系统。

美军研制前方便携式远程医疗系统 美国陆军研究实验室(ARL)与医疗先进技术器材局(MATMO)合作,研制了一种前方便携式远程医疗系统。该系统称为“医疗摄像机系统”(MEDIC－CAM),能将前方军医所见到的伤员状况发送给数千公里以外的医学专家,该专家随后可在军医的初始处理过程中提供指导。医疗摄像机系统由轻型头戴系统、控制盒和铅酸蓄电池3部分组成,供前方1名军医使用。头戴系统上有1台7毫米直径微型高分辨率彩色摄像机,通过微波与中转车相连。车上有卫生通信装置,能将图像和声音发送给世界上任何地点的医疗专家,并接收其发回的图像和声音。头戴系统上还有0.7英寸的彩色电视显示屏,可使军医看到正在发送的内容。医疗摄像系统还可输入和发送数据,所以它可用来传递重要信息。目前,其原型已生产出来。小控制盒内装有摄像机控制器、微波发射器和声频视频处理器。蓄电池充电1次后,可维持系统工作8小时。医疗摄像机系统可给约2千米范围内、名为“机动医疗指导车”(M3V)的中转车发送信息。车上装有1个方舱作为工作室，室内1名高级军医借助于摄像机、声频视频处理器、计算机和微波卫星通信设备，可对最多4名前方军医作辅导。车上还有空调装置和独立电源系统，增加了使用的灵活性。另外，该系统在配备全球定位接收器后，还可用来确定伤员位置并立即后送。

（何在涛）

海、空军专用后勤装备

日本海上自卫队采用新式空勤人员工作服 据日《丸》报道，日海上自卫队的新型空勤人员工作服采用连体服的式样。新型工作服的材料是日本自行研制的改性芳香族聚酰胺纤维，取名“克耐克斯”，外观上与棉布相似，经过特殊处理，防火性能非常优异。日海上自卫队的空勤人员工作服与美军的 CWU－27/P 工作服比较，织物结构细密，防火性能更好。该服原采用国际救生色—桔黄色，后改为深绿色。该工作服也存在着明显的缺点，其前开口和各个衣袋都是用拉链开关，拉链的拉齿和滑球裸露于外，在狭小的机舱里常会被机械刮坏，人在使用拉链时也容易将手碰伤。

新加坡空军采购空中加油机　据日本《军事研究》1997 年 1 月号报道，新加坡空军已向美国空军订购了 4 架由美国洛克希德公司生产的 KC－135A 型空中加油机，总费用为 2.8 亿美元。目前新加坡空军已有 4 架 KC－130M 和 1 架 KC－130H 空中加油机。新加坡空军采购空中加油机源于 1995 年初的新、美空军联合军事演习。演习中，新加坡空军真正体验到引进先进空中加油机的必要性和紧迫感。为了提高其战略空军的续航和空中加油能力，新加坡向美国提出了采购空中加油机的申请。1996 年 4 月美国政府批准向新加坡空军出售空中加油机，同年 9 月，新加坡空军接收了首批加油机并投入战斗机群海外训练。

法国海军研制出新式防污染作业服　1996 年 11 月，法国海军防污染应用研究委员会在法国玛塞克公司总部正式验收了 2 套能在化学危险条件下进行作业和对污染环境进行评估的新式防污染作业服。这种在性能上优于目前世界同类型产品的新装备，1997 年夏季将交付土伦港海军防污染队员使用，1998 年将装备其他军港的防污染队员。新式防污染作业服设计时使用了一种装在呼吸和空调器中的液氧、液氮致冷混合物，它可以为穿着者提供 1 小时 45 分钟呼吸空气（现行装备的自持能力只有 20～30 分钟），并能通过液氧、液氮产生的冷气保证作业服空调的使用。这种新装备是法国多方面合作的成果。首次生理试验是在三军卫勤研究中心进行的，其后又于 1996 年夏在土伦的“瓦尔河”号补给舰上进行了所谓的“战地”评估。这种评估试验近乎于作战实际，能够更好地感知着此服的作业人员所承受的机械负荷。新式防污染作业服可用飞机运往作业区，为此需要海军航空兵应用试验中心使其适应于直升机铰盘吊运。包括漂浮性试验在内的所有试验已于 1996 年底完成。据称，由于这种新装备的投入使用，法国海军工厂的防化学污染能力首先会得到全面加强。

荷兰空军装备 KDC－10 新型空中加油机　荷兰皇家空军新近装备了由民用 DC－10 客机改装的空中加油机，用于 F－15、A－10、C－130 和 E－3 飞机的空中加油。该机最大起飞重量为 256 吨，机上设有 4 个油箱，通过一交叉供油系统连在一起。1 号和 3 号油箱位于外机翼里，可分别载油 18 吨；2 号油箱位于中部机翼里，最大载油量 27 吨；4 号油箱是用伸缩套管系统供油的辅助油箱，位于机翼翼盒里，最大载油量为 41 吨。此外，该机底舱还有 2 个附加油箱，一个位于底舱前部，可载油 23.5 吨，另一个位于后部，可载油 41 吨。KDC－10 加油机不具备空中受油能力，由于它只安装了伸缩套管加油系统，因而不能为装有探管装置的飞机加油。该机除具有美军 KC－10A 加油机的功能外，还配有空中遥控加油操作系统，便于对加油作业进行控制。机上还装备了全套飞行导航仪和加油照明设备等。

（杨立明）

澳大利亚研制出飞行服新型纺织品　据俄《外国军事评论》报道，澳大利亚卡洛·布拉达克斯公司最近研制出一种新型纺织品，主要用于缝制军用飞机驾驶员的飞行服。该纺织品是一种包含有棉纤维的复合材料，经过专用防火剂等浸泡而成，具有防火和防紫外线照射的性能。另外，这种纺织品可处理成具有各种颜色与迷彩的面料。据研制这种纺织品公司的专家证实，用它缝制的飞行服具有重量轻、穿着舒适的特点。穿用这种飞行服进行长距离飞行，可有效减少各种有害因素对飞行员的影响，提高飞行活动的安全性。这种新型纺织品还可用于制作坦克和自行火炮迷彩乘员服。

（徐东齐）

其他军事技术问题

美国“先期概念技术演示”计划综述

“先期概念技术演示”（Advanced Concept Technology Demonstration）（ACTD）是美国国防部近几年才提出、并在武器装备研制中广泛采用的新概念，旨在以经济有效的方法加快新技术能力及早转化为现实作战能力的步伐，探索成熟技术综合集成与作战概念有机结合的新途径。这一技术优势已被美国国防科技工业界和军方普遍承认，并在武器装备研制中取得较好效果。

“先期概念技术演示”在武器装备研制过程中的作用 美国武器装备研究分为预先研究和产品研制两个阶段，其中预研阶段又包括基础研究、探索性发展和先期技术发展3个分阶段；产品研制阶段包括先期产品发展和产品工程研制两个分阶段。先期概念技术演示属先期技术发展分阶段的一项工作（另一项工作为先期技术演示），是预研与产品研制两个阶段相衔接的重要环节。在探索如何把从实验室获得的技术优势尽快转化为战场优势的过程中，由负责先期技术演示的国防部副部长帮办拉里·林恩于1994年提出了“先期概念技术演示”的倡议。

先期概念技术演示与先期技术演示之间的联系 先期技术演示在前，是基础，先期概念技术演示是先期技术演示的延伸，是更高层次技术综合集成的演示，二者都属于预研的范畴。

先期技术演示是国防部原已列入国防科学技术计划中的众多预研项目进展到技术趋于成熟、但尚无明确作战需求时所进行的技术演示，其目的是验证各项新技术及其部件或部分系统的成熟程度和应用于武器装备发展的可行性与节省费用的潜力。它主要是在实验室或模拟的野战环境中进行；只有当先期技术演示结果表明技术可行，有军事应用价值，且作战部门有此需求时，它才能演进到产品的研制阶段。由于先期技术演示项目与使用部门的作战需求基本脱节，与武器系统型号研制背景相距较远，故其预研成果大都还停留在实验室开发的部件或分系统的水平上。其成果只能作为技术储备，而不能迅速转化为现实的作战能力。

先期概念技术演示是指产品开始采办之前，以一项或多项成熟技术或即将成熟的先期技术为基础，从系统甚至“系统的系统”的角度加以综合集成，并在尽可能真实的作战环境中对某种新的重大军事能力进行的演示，其演示的规模要足以确定军事应用的有效性和作战系统的完整性。美国选定的先期概念技术演示项目，都是一些贴近武器装备型号研制的背景项目，其根本目的在于加快成熟技术向武器装备的转化，或为新出现的特定军事需求迅速提供技术解决方案。在演示过程中，允许对系统结构和作战概念反复修改，以求得最佳的系统和概念。

先期概念技术演示与先期技术演示之间的区别 一是先期技术演示，使用部门基本上不介入，而先期概念技术演示则强调使用部门自始至终要参与。后者是当技术用于最终产品（或作战系统）尚处于非正式研制阶段时使用部门紧密介入的一种机制。无论是提出需求、选项立项、还是演示验证、分析评估和验收鉴定，使用部门都拥有很大发言权，起着关键的主导作用。二是先期技术演示与作战需求和作战概念不挂钩，其成果必须与武器装备型号研制阶段的系统相结合才能形成作战能力；而先期概念技术演示与作战需求和作战概念紧密相联，其本身就是技术综合集成的系统演示；因此，先期概念技术演示计划的项目完成后，就能为使用部门提高作战能力。这一能力既可提供使用部门用作应急需要，又可为其开拓新的作战能力和作战概念创造有利条件。先期概念技术演示项目是作战需求较为迫切的重点项目；因此，先期技术演示项目只有很少一部分入选其后一阶段的先期概念技术演示项目。

进行“先期概念技术演示”的目的 先期概念技术演示提供了一种为解决重大军事问题及时提出创新的方法。进行“先期概念技术演示”的目的是促进有潜力的成熟技术向切合部队作战需要转化，为应付作战需求而快速提高军事能力，或提供技术上的解决办法。在这种转化的过程中，技术研究人员与军事指挥官需建立密切的工作关系。军事指挥官通过主持先期概念技术演示计划，积极参与鉴定先进技术的作战效能，这将促进对先进技术更快和更有效评估，并将这些项目在适当时机用于作战部队。另外，“先期概念技术演示”是在军事使用单位作战急需的推动下进行的，其目的是使用单位对新技术及其用于作战的潜力有一个更全面的认识。采用这种方法，使用单位就能预测运用新技术对作战理论、条令、战术和编制体制需作哪些修改，使用单位也可根据战场经验对需评估的装备进行评议，并提出修改意见。

“先期概念技术演示”计划有助于推进“新军事革命”的进程。美国防部正在审议新近部署的和新兴的技术装备，连同编制上和作战上的变化，是否将会在军事效能方面产生令人惊奇的改进。而先期概念技术演示计划正是重点演示对传统作战概念或条令、条例有实质性改变的技术项目，这就为国防部正在审议的问题提供了有效的手段。美国1996财年《国防报告》指出，“从历史上看，军事革命都是发生在新技术同武器系统相结合，而且作战概念得到革新和组织编制得到变革，因而使军事行动的特征和实施方式产生根本性改变的时候。”信息技术是正在到来的这次军事革命的核心技术，它不仅大大提高了信息实时搜集、处理和传输的能力，而且还为研制信息化武器装备以及制订攻防兼备的信息作战原则和战术奠定了基础。美国在这4个财年所选的先期概念技术演示项目，其中大部分演示验证了信息技术和远程精确打击技术，这正是此次军事革命所依赖的两大重点技术。因此，“先期概念技术演示”计划将有助于推动“军事革命”的进程。

“先期概念技术演示”计划将为应付各种可能出现的危机和威胁作准备。美军认为，其潜在对手从世界军贸市场上获得各式各样先进的武器装备，这是一种不安定的因素。美国要想作好应付各种可能出现的危机或威胁的准备，就必须能快速、廉价地向作战部队提供必不可少的新的军事能力。而“先期概念技术演示”计划就是加速技术向战场过渡、增强军事应变能力和降低研制费用的一种有效手段。正如前任负责先期技术计划的国防部长帮办拉里·林恩所说：“引进先期概念技术演示计划项目，目的在于帮助国防部采办过程实现革命化，以适应当今的经济形势和威胁环境。”

“先期概念技术演示”项目的确定与计划的组织实施　*美国确定先期概念技术演示项目主要考虑两个方面的因素*　一是提高武器装备采办的效率。为了提高武器装备采办过程的效能，缩短研制周期，降低产品费用，1986 年美国总统批准了国防管理特别委员会提出的若干改进建议，其中包括两个方面：(1) 在进入工程研制前制造和试验新系统样机，以便在采购之前了解其技术风险和费用负担；(2) 利用样机进行早期作战试验，以便评定新系统的作战效能和适应性。以成熟技术为基础的先期概念技术演示项目，实际上是最原始的新系统样机。美国防部通过非采办过程中先期概念技术演示这一环节，可以使武器研制人员和使用人员协调工作，以便使用人员在装备正式开始研制之前就对新系统有所了解。在某些情况下，先期概念技术演示可以加快采办的进程，亦可成为一些需求量不大的新技术装备的获取途径，以适应作战部队对急需或小批量产品的需求。二是将技术推动和需求牵引更紧密地结合起来。当今科技发展很快，高技术成熟期从过去的数十年，缩短到几年甚至几个月，科技成果有必要也有可能迅速转化为实际战斗力。美军已充分意识到加快成熟技术转化为现实作战能力的必要性和迫切性，以及时解决供需矛盾。

先期概念技术演示项目的选择标准有 4 个　一是所选技术项目和演示方法必须有可能解决重要军事问题或提供一种新的重大能力；二是备选技术项目必须较为成熟，并有助于解决正在探索的作战能力问题；三是每个先期概念技术演示项目必须有可行的实施方案和管理计划；四是所选演示项目必须是在 2～4 年内可见成效的短期工程。由此可见，先期概念技术演示工作只是武器装备获取过程中的一个局部，它不可能取代例行的采办过程。对于需求迫切而数量较少的项目，它可以代替其中的某些阶段；对于采购量大、周期长、且不涉及对作战概念或条令作实质性修改的武器装备，则仍需在演示结束并作出决策后纳入正常的采办渠道。

演示计划的管理　先期概念技术演示计划所列的各个项目，是单独审批和分别管理的。为了加强对演示项目的选择并实施指导、监督和管理，美国从上到下共设 3 层监管机构。第 1 层是顶层的总体指导组，由国防部负责采办与技术的副部长和参联会主席联合主持，成员包括国防部长办公厅和各军种的高级代表，其职责是对演示计划及其实施过程进行全面指导与监督。第 2 层是先期技术顾问组的监督机构，由负责先期技术的副部长帮办领导，成员包括三军和联合参谋部的将领，主要负责为先期概念技术演示工作的一般程序和项目选择提供建议，其建议要与各联合司令部和联合参谋部的意见协调一致。第 3 层是负责管理每个特定演示项目的基层监督组，它要帮助解决项目进展中的具体问题。日常的管理工作由来自研制部门的项目主任和来自使用部门的作战主任（兼项目副主任）负责实施，项目进展中的具体问题由他们上报监督组讨论处理。为使演示计划顺利进行，项目的实施者必须制定具体的管理计划。

演示结果的处理　先期概念技术演示项目完成后，根据演示结果，将采取下述 3 种情况之一来处理：其一是若用户发现项目不能满足预期的军事需求或效费比不理想，可以决定终止演示，或暂且搁置计划，或根据演示所发现的问题调整演示计划。其二是若用户对演示结果满意，按其建议可将演示正式转入型号研制计划；其三是若演示的项目非常理想，稍加改进甚至无需改进即可使用，便可将其直接转交给作战部队使用，这种情况一般只适合于需求量极少的特种作战技术装备。美国国防部负责采办与技术的副部长卡明斯基在 1995 年 6 月指出：“不是所有的先期概念技术演示项目都有可能转入全面生产。如果它们全能投产，那么计划工作就缺乏进取性。即使新的武器采办计划不能转入全面生产，每个先期概念技术演示项目结束时都可望留下某种程度的作战能力。”

美国所选定的先期概念技术演示项目　从 1995 财年开始，美共选定了 30 多个项目，进行先期概念技术演示验证，其中具有代表性的有：快速“力量投送”系统、精确打击多管火箭的发射系统、高空远航无人驾驶飞行器、中空远航无人驾驶飞行器、精确信号目标捕捉系统、巡航导弹防御系统、模拟战场、联合反地（水）雷、用动能武器拦截弹道导弹、制定高级联合计划使用的先进技术、战场了解和数据传输、反大规模毁伤武器扩散、航空基地（港口）对生物武器防御、先进导航系统、战斗识别系统、联合后勤、战斗车辆生存能力、寿命周期费用低的中型运输直升机、半自动图像处理和小型空射假目标等等。1995年，“中空远航无人驾驶飞行器”用于参谋长联席会议组织的“流沙”大型空防演习，并部署到欧洲支援在前南斯拉夫地区的作战行动。在美国大西洋总部，用于制定“高级联合计划”的先期概念技术演示计划，已成为向指挥官提供前所未有的快速评估战备和制定计划的工具。在许多情况下，一项先期概念技术演示计划往往涉及若干个军种和开发部门的协调和合作。例如，“联合反地（水）雷先期概念技术演示计划”，将对来自海军、海军陆战队和陆军的反雷新技术的能力进行评估。在一系列演示中，这个项目将验证综合发挥作用的新反雷方面的问题。

美军在1997财年选定了4个先期概念技术演示项目：一是信息战规划工具，该计划由空军牵头，演示时间为3年，其核心任务是建模与仿真规划工具，用于帮助战场指挥官在信息战攻势作战中迅速决策，确认并利用敌方信息系统的薄弱环节。二是城区军事行动，该计划与其他计划相结合，以改善国防部在城区采取军事行动的能力。为此，需对C^3I系统、机器人技术、反狙击手系统和非致命武器进行调研演示。三是扩展滨海战空间，作为美国海军陆战队“海龙”先期概念技术演示计划的一部分，其目的是革新远征作战方式。该计划将有助于海军远征作战部队和海、空及陆军特种部队，共同掌握击败拥有重型装备之敌的方法。四是快速地形显示系统，该计划由陆军牵头，国防部希望通过该计划发展有关技术，从而可以在72个小时内绘制90平方千米地域或18个小时内绘制20平方千米地域的三维地形图。这种能力有助于对危机作出反应和部队快速投送。

美国国防部于1997年11月21日公布了入选1998财年先期概念技术演示计划的9个项目：一是信息保障，即自动化入侵监测系统技术，用于探测计算机网络入侵者；二是联合持续攻击系统，即优化使用各军种联合武器装备；三是联合模块化驳运系统，即在恶劣海况下将作战器材从舰船运往岸上；四是LINK16数据分发系统，建立连接航空和地面战术数据链的系统；五是目标精确识别技术，演示激光雷达和先进红外前视系统，以达到目标精确定位和识别；六是无人操纵地面传感器技术，即在人员无法到达的地区对关键目标进行持续监视，并提供该地天气预报；七是战区精确攻击作战系统，即提供较大改进的战区级、近实时同步火力对抗/精确攻击能力；八是视线瞄准型反坦克导弹；九是网络化联合生物战遥控预警系统。美国1998财年预算将为这9项演示计划和往年未完成的演示计划提供8110万美元经费。另外，国防部、各军种和国防机构还将出资20亿美元。

从美国选定的先期概念技术演示计划的项目来看，它们具有4个特点：一是重点演示验证三军联合作战所需的综合性、集成性、应急性强的项目。冷战结束后，全球的战略环境发生了巨大变化，美国的战略方针转向在前沿保留一定兵力，危机出现时则从美国本土投送大量兵力到危机地区，并强调三军要对各种威胁美国全球利益的任何行动动作出联合、快速反应。因此，先期概念技术演示计划项目的确定，都重点考虑了三军的联合作战需求。二是尽量采用成熟技术和民用技术或部件，以减少风险，且在经济上保证其可承受。为迅速有效地向使用部门提供新的军事能力和作战概念，国防部选定的或候选的先期概念技术演示项目都是一些周期不长、经费不多、需求量较小的项目。这些项目都十分强调尽可能采用已成熟的或即将成熟的新技术，以及尽可能采用民用技术和民用规范与标准。三是所选项目都采用了仿真模拟技术。仿真模拟技术为军事训练和演习提供了形象、快速和效费比极高的手段。美国在实施演示计划时，特别强调将仿真模拟和综合集成的外场演示相结合，为验证后的训练与演习提供了较为真实的试验和演习条件。四是重点演示与信息技术有关的项目。信息技术是新军事革命的核心和基础。美国国防部1995财年至1997财年所确定的项目中，有很大部分都是与演示信息的获取、处理、传输和使用密切相关的；在1998财年选定的9个项目中有8项与信息技术相关，其中有5项是关于信息技术的，突出了传感器及信息融合技术与指挥、控制、通信、计算机、情报、监视和侦察（C^4ISR）技术，特别强调信息管理和分发技术。

（尹承魁　刘映国）

美国制定新的国防科技发展战略　根据未来国际安全环境的变化以及政治、经济、军事和科技的发展，美国国防部于1996年5月重新颁布了《美国国防科学技术战略》，1997年5月又进行了补充修定。新的国防科技发展战略以参联会《2010年联合构想》确定的12项联合作战能力目标为需求牵引，阐明了美国国防部在今后国防科技发展上的重大策略问题，确定了今后的战略投资重点，突出强调了信息技术在国防科技发展中的重要地位。

美国制定国防科学技术发展战略的基本依据　美国国防科学技术发展战略是以《国家安全科学技术战略》和各军种部以及各联合司令部提出的军事需求为指导，在参联会提出的《2010年联合构想》总体框架基础上，依据新的作战原则制定。其战略目标是：“要使其武装部队在技术上优于任何潜在的对手”。前参联会主席沙利卡什维利将军提出：“我们必须努力从正在迅速发展的技术中获得利益，并将其转化为更大的作战效果。”国防部提出的总体要求是：“国防科学技术在和平时期，是威慑的一个重要因素；在危机时期将为国家最高指挥当局和最高统帅部提供各种各样可供选择的方案，并使盟国从中获得信心；在战争中，它能提高作战效能，减少伤亡，并使武器装备损失大幅度减少。”因此，美国防部将国防科技发展的指导思想确定为：加强基础研究，加快技术转移步伐，保证经济可承受，全面提高国防科学技术发展水平，保持军事技术优势。

下世纪初美国国家安全技术需求　美国国家科学技术委员会根据国际安全环境的变化，提出了满足下个世纪初国家安全目标的主要技术需求。这些技术需求是广泛而长远的，要求在应用技术和基础研究方面取得进展并建造新的研究设施。国家科学技术委员会确定的“战略规划文件”强调：国家安全目标必须在有限资源条件下实现，经济承受能力是先进技术系统应用的关键。

他们认为，与工业界结成伙伴关系，可能是以可承受的经费获得前沿技术的最好手段。强大的科学技术基础和健全的工业基础是这一国防能力的核心部分。冷战结束后，这两个基础在美国经济中的更紧密结合，增强了技术在国防建设中的地位和作用。在美国安全技术中，受到高度重视的技术领域有信息科学技术、建模与仿真工具以及传感器等。信息技术被认为是改善情报、分析和战场态势响应能力的重要领域。建模与仿真不仅被看作是训练、规划和决策的重要工具，而且被认为是改善作战部队和指挥员作战指挥效能的关键技术。传感器的进展对缩短反应时间、改善武器性能和分析作战态势有着非常重要的意义。

美国《国家安全技术计划》将保障国家安全任务所需技术、能力和设施分 3 个阶段交付使用。第 1 阶段（1996～1999 年）可交付使用的项目为：信息系统、导弹探测、实验设施；第 2 阶段（1999～2002 年）将着重提高成像、计算、武器控制和通信技术，其中优先交付的项目为：计算和通信、防核扩散/核武器、化学/生物战；第 3 阶段（2002 年之后），国家科学技术委员会将重点寻求计算、核武器研究、制造和维护方面的新能力。

探索赢得未来战争的军事能力　《2010 年联合构想》是国防部和各军兵种在信息时代联合作战的指导性文件。该文件预测了以技术发展为核心的各种因素对未来战争的影响，展望了未来战争的特点，指出技术进步和信息优势将赋予机动、打击、防护和后勤等传统概念以全新的内涵，提出以信息优势为基础的、标志着 21 世纪美军关键特征的 4 个全新的作战原则。其目的在于帮助各军种在新作战原则和计划的联合框架之内，发展各自特殊的作战能力。新的作战原则为：

（1）机动优势：通过信息和机动能力的多维应用，以实现在整个作战空间的广度、深度和高度上陆军、海军、空军和天军的协同作战，争取主动并控制作战的速度，直到取得决定性的胜利。

（2）精确交战：能精确确定敌人位置、指挥和控制友军部队、精确攻击敌关键部队和作战能力以及准确评估战果。

（3）全维防护：在部队进行疏散、机动和与敌交战时，保护各级部队并获得行动自由。

（4）聚焦后勤：能对危机作出迅速反应、在不同区域之间调配作战资源、监视关键资源的通道，以及直接提供与作战规模要求相适应的后勤资源。

这些新的作战原则相互促进，将全面提高美军的全谱控制能力，力求实现作战协同。所谓全谱控制能力就是在各种军事行动中控制对手的能力，它是 21 世纪美国武装部队的一个关键特征。全谱控制能力的实现要完全依赖于其拥有的信息优势。

依据新的作战原则和增强全谱控制能力的构想，参联会在《2010 年联合构想》中提出了 12 项联合作战能力需求目标：信息优势、精确兵力、作战识别、联合战区导弹防御、城区作战、联合战备、联合反布雷、电子战、信息战、生化战剂探测、实时后勤控制和防大规模杀伤武器扩散等。这些联合作战能力目标代表了美军保持军事优势必须具备的一些最关键的作战能力。参联会要求各军兵种依据上述目标，确定各自作战能力目标，并提出相应的技术需求。由于上述联合作战能力目标是动态的，联合需求管理委员会每年进行审查，根据技术研究计划进度和新的作战需求，确定新的优先项目。

新的国防科技发展战略的基本内容　为了确保国防科学技术战略目标的顺利实现，国防部在制定《国防科学技术战略》基础上，同时提出了 3 个支撑性发展计划——《基础研究计划》、《联合作战科学技术计划》和《国防技术领域计划》。这 3 个计划均由国防部长办公厅、联合参谋部、各军种和国防业务局联合制定。它们以《国防科学技术战略》为指南，相互联系并各有侧重，全面反映了国防科技发展的指导思想，规划了国防科技的发展方向和投资重点。

基础研究计划　国防基础研究的任务是探索与国防有关的新知识、新原理、新材料，为日后军事应用寻求科学依据。美军认为，支持高质量、内容广泛的基础研究可对军事带来长远利益。国防部多年来对基

础研究的投入为现在的军事优势奠定了基础，今后将继续加强基础研究，以维持这种优势。

《基础研究计划》选定了6个涉及到多学科、能为未来军事能力提供重大综合效益的技术领域作为战略研究任务。它们是：(1) 仿生学，通过探索生物界的某些结构原理，研制新型合成材料、工艺和传感器。(2) 纳米科学，研制纳米级材料、器件和结构，使性能得到质的提高。(3) 智能结构，演示验证对地面、海上、空中和空间的各种应用系统结构进行动态监控和响应的能力。(4) 宽带通信，实现灵活、快速、安全、大容量的多媒体通信。(5) 智能系统，开发能够在不断变化或敌对环境中探测、分析、判断并采取相应行动的先进系统。(6) 小型电源，实现电源的小型化和性能的重大改进。美国防部1997财年《基础研究计划》重点支持12个技术学科，即：物理学、化学、数学、计算机科学、电子学、材料科学、力学、地球科学、大气与空间科学、生物科学、认知与神经科学等。基础研究工作由三军代表组成的科学规划小组负责管理、协调和监督。

《基础研究计划》主要由国防研究科学计划、军内实验室独立研究计划、大学研究倡议3个部分组成。国防研究科学计划，是《基础研究计划》的主要组成部分，由各军种、高级研究计划局和国防部长办公厅提供支持。研究的主体是大学研究人员，工业界、联邦实验室、非赢利研究机构，地方政府和联邦政府拨款的研究发展中心也承担部分研究任务。军内实验室独立研究计划，主要用于支持军内实验室的任务，创造吸引保留人才的研究环境，利用特殊设施与能力从事其他部门所不能完成的与军事有关的研究等。大学研究倡议包括多个子计划，其目的在于提高大学承担国防研究任务的质量，对有重要军事应用的学科领域中的青年科研人员提供支持。

另外，为确保基础研究的广泛性和充分利用各研究机构的研究成果，国防部除对《基础研究计划》中确定的各技术学科进行投资外，还将通过合作和联合计划与联邦机构、研究实体及国际科学与工程团体开展更广泛的合作，美三军每年在国际计划方面的投资达1600万美元。

联合作战科学技术计划　《联合作战科学技术计划》是通过对各军种和国防部各业务局作横向联合考察而制定的，其目标是要确保这些科学技术研究计划优先支持未来联合作战能力。联合需求监督委员会已经批准了该计划的工作程序和方案，并强调该计划的重点是：保证《2010年联合构想》提出的12项联合作战能力目标的实现。该计划要求在国防部的科学技术规划、计划、预算和评估活动中对联合作战人员的近期、中期和远期需求进行综合平衡并给予保障。当然，上述12项联合作战能力目标，并非是未来作战需求的全部内容，仍有其他一些联合作战能力及各军兵种特有的作战能力，也需要科学技术强有力的支持，但这12项作战能力目标构成了科学技术研究计划的核心。1997年5月修定后的国防科技发展战略强调1998财年在确定联合作战科学技术计划时，重点保证信息优势、精确打击、战斗识别、联合战区导弹防御、城区军事行动、联合战备、联合反雷、电子战、生/化战剂探测、反大规模杀伤武器扩散等10项联合作战能力的提高。

该计划还确定了在技术尚未过时和对手尚未掌握这些技术时，能及时把先进技术转化为现役作战能力的机制，即采用与传统的采办方法相比较，能更快、更节省地将创新的概念和技术优势转化为现实作战能力的方法。

一是采用先期概念技术演示。先期概念技术演示是指在产品研制之前，以一项或多项成熟技术或即将成熟的先期技术为基础，从系统甚至"系统之系统"的角度加以综合集成，并在尽可能真实的作战环境中对某种新的重大军事能力进行演示验证，其演示的规模要足以确定军事应用的有效性和作战系统的完整性。先期概念技术演示验证的优点是：(1) 在作出一项重大采办决定之前，评定某项技术的军事应用前景；(2) 确定新技术对作战概念的变革；(3) 即使指挥官希望保留原有武器装备的作战效能，仍可大大降低武器装备的成本。

二是进行联合作战实验。联合作战实验是联合作战演习内容的一部分，它是一种快速验证方法。联合作战实验的目的在于，当先期概念技术演示、研制和技术基础计划中的样机和技术结合到一起时，充分发挥作战人员潜能，并有助于"参战者"领会未来联合作战概念。当然，联合作战实验有时也需要进一步对这些技术加以综合并使其同步发展，或用于发展一些有前途的、未列入计划的联合作战技术。联合作战实验是整个国防部的工作，主要用于支持联合作战演习，对来自先期概念技术演示、先期技术演示、以及先进分布式仿真的一些技术进行横向综合及同步协调。

国防技术领域计划　《国防技术领域计划》就国防部采办计划和联合作战科学技术计划中的一些关键技术，依据国防部的要求，提出了10个需重点突破的科研项目，即航空平台、生化武器防御与核武器、信息系统与技术、地面车辆与舰船、材料与工艺、生物医学、传感器与电子设备、航天平台、人机工程和武器等。国防技术领域计划由以前的国防关键技术计划演变而来，它综合考虑了各军种和国防业务局的横向联合计划，从总体上规划了国防部需要重点投资的科研项目，体现了国防科学技术发展的重点、基本内容和主要目标。

国防技术领域计划主要强调，要满足国防科技发展战略提出的经济可承受性的要求。列入该计划的重点科研项目，要求既能提高作战效能，又可确保在经济上承受得了或能大幅度降低武器装备的成本，并强调国防专用技术向相应的民用产品转移。该计划首次提出了项目研究与基础研究的关系，以及技术演示验证计划所要实现的目标，从而使整个国防科研计划更趋于完善。

新的国防科技发展战略的基本特点　与1994年颁布的《国防科学技术战略》相比，新的国防科技发展战略在认识上有了进一步深化，并体现出以下几个特点。

信息技术在国防科技发展中占居突出地位　制信息权在未来战争中至关重要。国防科学技术，特别是信息技术的发展，已使传统的军事概念发生重大变化。美军提出了机动优势、精确交战、全维防护与聚焦后勤等全新的作战原则。这些新的作战原则相互推动，为增强在各种军事行动中控制对手的能力提供了理论基础。美军提出的“全频谱”作战能力和联合作战能力，都要求对作战空间有及时全面的了解，以便知己知彼，当机立断。美参联会确定的未来作战原则，要求全面发展信息技术，并将其迅速转化为作战效能，从而确保在未来作战中保持信息优势。新的国防科技发展战略提出：“凡能吸收世界上正在发生的信息革命的成果，并使之与先进作战概念、原则、战术和程序相结合的部队，则会取得越来越大的优势。”由此可见，美国防科学技术计划的主要任务，就是重点发展信息技术，以便为作战人员提供可获得整个作战空间信息优势的手段。

特别强调国防科学技术发展中的经济可承受性　武器系统全寿命费用的80%，通常在概念研究和样机设计阶段就确定了，因此，经济可承受性成为技术开发和设计的一个关键性指标。在决定需要发展具体技术时，必须考虑经济可承受性，这也是高技术条件下实现武器装备现代化的物质基础。科学技术发展项目在技术可行的情况下，必须着眼于提高其有效性、并降低成本、延长使用寿命。对于多数系统来说，其使用、维护和改进费用要高于采购费用，因此，在技术开发和先期技术演示验证阶段，必须考虑其全寿命费用。这是提高国防科研经济可承受性的前提条件。美国防研究与工程署署长已委任一个经济可承受性特别工作小组专门研究这个问题。该小组已提出一些原则，用于衡量科学技术发展计划的经济可承受性。美国各军种都在积极研究这项工作，一些具体的计划项目已被确定为“经济可承受的计划项目”。

强调建立军民一体化的工业基础　近几年来，美国的国防预算连年递减，除了某些特定的领域之外，美国防部已无法维持一个专门的工业基础。同时，一些用于军事领域的关键技术，已在国内外民用领域得到开发，并日趋成熟。越来越多的高新技术，是在民用需求推动下取得巨大发展的。因此，在未来研制、部署和维护优良的武器系统时，必将更多地依赖于生产民用产品的一体化工业基础。特殊的军事装备可在柔性生产线上制造，已成为一种趋势。建立军民一体化的工业基础，军事部门既可以从强大的国家工业基础中获得利益，又能为加强一体化工业基础做出贡献。国防科学技术计划将通过采用商业惯例、民用工艺流程完成，甚至可以从民用产品中直接获取。当然，国防部仍将支持那些严格确定的、靠国防费支持的国防特需的基础设施，以便生产大型武器系统和满足防务的特定需要。美国政府还认为，一体化的工业基础会更好地满足国防需要，增强经济竞争力，从而拥有更广阔的市场。

把加强协调作为科研管理的一项重要任务　冷战结束后，美国的国防预算逐年紧缩，科研经费日趋紧张。国防科研经费不足与科技发展的需要已上升为一对主要矛盾，这也使国力雄厚的美国受到长期困扰。如何充分发挥有限科研经费的作用，成为科研管理工作面临的重大问题。在这种情况下，美国防部采取了行之有效的措施，首先制定了“国防科学技术相互依赖计划”。该计划是由三军采办部门提出倡议、在各军种研究所联合指导组领导下制定的，由国防研究与工程署副署长主持的执行委员会进行监督。各军种和各业务局通过该计划来协调彼此科学技术发展计划，并以一定的形式来共同安排、平衡和审议这些计划，以避免重复和实现科研成果共享。这项计划已取得了显著成效，如新的《国防科学技术战略》及3个支撑性文件，都是通过这种方式制定的。

（尹承魁　刘映国）

美国化学武器分布何地　《世界知识》1997年第23期王建华报道，1993年，联合国通过了由159个国家签署的《关于禁止发展、生产、储存和使用化学武器及销毁此种武器的公约》（简称化武公约），1997年4月29日，《化武公约》正式生效。作为世界最大化武生产国和储存国之一的美国，此前已表示，到2004年美国将销毁其库存的全部化学武器。

据美国国防部透露，美军现存的皮肤糜烂性（芥子气、路易氏气）和神经麻痹性（沙林，VX）化学战剂储备总量为30599吨，其中包括装有沙林和VX的M-55型导弹，装有VX的M-23型地雷，装有芥子气的107毫米迫击炮弹，装有沙林、芥子气和VX的105毫米、155毫米和203毫米榴弹，装有沙林的航空炸弹，装有VX的机载撒布器以及装有不同毒剂的1吨重的特制容器。这些化学武器大部分是第二次世界大战结束后到60年代末生产的，现分别储存在美国本土的8个仓库内以及太平洋上的约翰斯顿珊瑚岛上（位于夏威夷群岛西南1200千米处），具体分布如下：

图埃勒陆军仓库 美国化学武器储存点中最大的一个，位于犹他州盐湖市西南56千米处，占地面积177平方千米，共储存13616吨毒剂，其中约6000吨毒剂是第二次世界大战时期留下来的，包括5种神经性毒剂，3种芥子气毒剂和路易氏糜烂性毒剂。

阿尼斯顿陆军仓库 位于亚拉巴马州阿尼斯顿市以西16千米处，占地面积60平方千米，储有2253吨化学毒剂。

阿伯丁试验场 位于马里兰州巴尔的摩市东北38千米处，占地面积290平方千米，储有1624吨化学毒剂，装在特制容器内。

兰草地陆军仓库 位于肯塔基州列克星敦市以东21千米处，占地面积61平方千米，储有523吨化学毒剂。

派英布拉夫军火库 位于阿肯色州派英布拉夫市西北13千米处，占地面积58平方千米，存有3849吨化学毒剂。

普韦布洛陆军仓库 位于科罗拉多州，占地面积80平方千米，存有2611吨化学毒剂。

尤马蒂拉仓库 位于俄勒冈州赫尔米斯顿市以西18千米处，存有3717吨化学毒剂。

纽波特（新港）化学中心 位于印第安纳州，共存有1269吨化学毒剂，主要是VX神经麻痹性毒剂，装在特制容器内。

约翰斯顿珊瑚岛 共存有1134吨毒剂，美国在此建立了第1个销毁化学武器的试验设施。

此外，还有680吨二元化学武器弹药（这种弹药内装的两种毒剂在炮弹飞行过程中混合成新的毒剂），是从1987年开始生产的，现库存在阿伯丁、派英布拉夫、图埃勒和尤马蒂拉等地的军火库内。

美国已决定在各个储存点建立销毁设施，就地销毁化学武器。对于一元化学武器，采用拆除和焚烧方法，对毒性相对较低的二元化学武器拟采用毒剂中和法。美国已在约翰斯顿岛进行了多年销毁研究、试验，声称已掌握了当今世界上最先进的销毁技术和方法。在阿伯丁试验场建有全套的培训设施，有关人员须在此经过严格培训后方可从事指定的销毁工作。整个销毁工作预计耗资120亿美元。

据美国陆军化学与生物防护部门负责人弗里尔少将称，为加强防化器材的研制和试验，美国决定保留9647吨“编外”化学毒剂，它们将分别储存在阿伯丁试验场和犹地州的一个试验场内。

看来，美国“全部销毁”化学武器承诺又要大打折扣了。

（梁　望）

俄军常规武器装备发展方针与计划 俄军认为，尽管核武器在相当时期内依然是维护俄国家安全的“最可靠的手段”，但随着军事技术的发展、战争形态的变化和军事战略的调整，高技术常规武器的威慑和实战作用越来越突出，将逐步取代核武器的作用。因此，俄军把发展常规武器装备列为其军事技术政策的一项重要内容。1993年11月以来，俄联邦安全会议和军方详细研究了武器装备，包括常规武器的发展问题。1994年1月俄安全会议正式批准了国防部制定的为期10年的“俄军武器装备发展长期规划”。1997年12月原则通过的《俄联邦军事建设设想》也从改革的角度，对包括常规武器在内的军事技术发展问题作了规定。从有关领导人讲话、公布的改革设想和有关规划看，当前和未来一个时期内俄军常规武器装备的发展方针与计划主要有以下内容：

发挥传统项目的优势，在“关键技术”上保持领先地位 冷战时期，前苏军在武器装备包括常规武器的发展上一贯强调要同西方保持“一对一”的竞争态势。俄军建立后，鉴于军事学说的调整和经济实力严重下降的事实，认为继续谋求“一对一”既无可能，也无必要。但又认为，无论是从保持俄大国地位的需要上看，还是从俄的经济、科技潜力来看，俄都应当而且有能力在常规武器的发展上保持世界领先地位，特别是在“关键技术”上要保持优势。俄军谋求保持“关键技术”的优势，主要从两个方面去实现：

一是立足现有基础，继续保持系统的、有特色的常规武器项目的优势。在长期的发展中，俄罗斯在常规武器的许多重要项目上打下了坚实的基础，至今有若干项目的技术水平仍居世界一流。如主战坦克、步兵战车和装甲输送车；防空导弹系统；歼击机与直升机；常规潜艇；各类轻武器等。其中T-80坦克、C-300地空导弹系统、米格-29、苏-27歼击机等，属目前世界上最先进的武器系统。俄提出将以现有的、具有俄军特色的先进武器系统为基础，进一步加强技术改造和更新，使其在今后一个较长的时期内仍保持领先地位以及与西方同类武器相抗衡的能力。这样做，一方面可以充分发挥原有军工企业的潜力，另一方面又可以继续保持对外出口的水平，以换取发展新武器所需的资金。

二是瞄准下个世纪，力争在“最有前途”的常规武器技术上有所突破。俄军认为，要想从根本上保持俄军常规武器的先进性，必须重视发展“明天的技术”，即“建立21世纪战斗系统所需的关键技术”。这些技术项目包括：能提高军队的侦察、指挥、控制和打击能力的“综合打击系统”和电子战系统；主要用于摧毁有生力量，使敌作战系统的光学瞄准仪和电子装置失灵的激光武器系统；能对有生力量的生理和心理进行巨大打击的声波武器系统；能以射线对目标进行打击的电磁武器和放射武器系统以及“在21世纪可能成为比核武器更危险的武器”的信息武器系统等。为此，俄领导人都表示在资金有限的情况，要逐步加大对开发“关键技术”的投人。叶利钦和新任国防部长谢尔盖耶夫都表示，“要把资金用在最重要的科研和实验设计工作上”。但实际情况是，由于军费严重不足，近年来用于发展新型军事技术和武器装备的拨款只能“按剩余原则”进行，即有多少钱办多少事。有鉴于此，新的军事改革方案提出在优化军费结构的前提下加大对科研与实验设计工作的投入比例。

减少数量，提高质量，特别是加大高科技含量

俄军提出，随着对欧洲常规力量条约的履行，军队员额的进一步裁减，俄军对一般常规武器装备数量的需求将进一步减少。从未来作战样式看，俄军主要将实施纵深战、地空一体战和电子战，“高精度武器将发挥关键性作用”。因此，常规武器的发展必须走“少而精”的道路，“需要的是科技含量高的武器系统”。根据这一方针，俄已经大量淘汰，并且将继续淘汰70年代以前服役的老旧装备，保留80年代服役的先进武器系统，根据自身经济实力，集中力量开发高技术武器系统。各军种常规武器优先发展的主要项目是：

陆军以提高突击、精确打击和信息保障能力为主要目标，继续发展采用计算机火控系统和新型反应装甲、可攻击直升机的新型坦克。目前已研制成功T－90型坦克，装备了1个营；继续换装БМП－3步兵战车、БМД－3伞兵战车，但坦克和各类装甲车的数量将大大减少；发展射程更远、精度更高、抗干扰能力更强、能自动识别目标的战役战术导弹，已成功地试射了取代“飞毛腿”导弹的SS－X－26战役战术导弹；发展新型电子对抗系统；以机动力、火力和抗毁能力更强的新型战斗直升机更换米－24型直升机；发展抗干扰能力和生存能力更强的防空武器系统；研制新型通信器材和自动化指挥器材，建立统一的陆军自动化战斗系统。

空军以优化装备结构为目标，到2000年将全部淘汰第2代作战飞机，保留目前在世界上具有领先地位的第3代机型，研制具有隐形能力、信息含量更高、能取得下个世纪制空权的第4代作战飞机。已初步研制定型的有：苏－32、苏－34、苏－35、苏－37、米格－33歼击机；苏－33舰载机；卡－31舰载预警与控制飞机；A－40水上飞机、贝－200水陆两用飞机等。其中米格－33的作战效能将是米格－29的2.5倍；还将发展供作战飞机使用的“灵巧武器”以及用于探测、追踪和锁定目标的机载信息与情报搜集系统。

海军将继续提高在大洋战区和海战区遂行战略和战役任务的能力，以及自动化指挥和电子战水平。为此，将继续建造新型、大吨位水面舰只和重型载机巡洋舰。排水量为2.8万吨的新型核动力导弹巡洋舰已正式服役。将发展能对军队集团、军事和工业设施、交通线、指挥中心实施突击的巡航导弹以及射程远、精度高、威力大的各种对舰、对空和反潜导弹。正在研制的“蝼蛄”反潜导弹系统能够自动搜寻、攻击水下500米的目标，命中率极高；发展能抗全方位导弹攻击的武器系统。

原防空军和军事航天部队等，也都分别确定了未来常规装备发展的重点。

重视发展适应机动作战的轻型装备和机动工具

俄军认为，未来武装斗争的空间将进一步增大，未来作战“将具有全方位、空地一体和高度机动的性质”，“地面、海上、空中兵器对敌整个防御纵深实施的火力突击和电子突击，将同空中机动部队实施多次空降和渗透结合进行”。机动作战能力的强弱，将成为今后衡量一个军队战斗力的重要标准。以往俄军一贯重视发展重型装备，提高火力和突击力，这已无法适应新军事战略的要求。鉴此，俄军领导人多次强调要把发展机动作战的轻型化和机动化装备作为一个重点，主要发展项目是：

一是优先发展战场C^3I系统。经过多年的发展，俄军已经建立了完善的战略C^3I系统，但适应机动作战的战场指挥能力与西方相比存在一定差距，俄军将加快发展步伐，近期内拟首先在研制师以下部（分）队指挥通信设备和卫星定位系统方面取得突破。二是进一步提高直升机在陆军装备中的比重，使地面部队能“完成坦克和装甲车辆所完不成的快速机动和突击任务”。目前已开始少量装备新研制的卡－50和米－28H型战斗直升机。三是发展空中机动工具。据俄专家推算，应急作战中，在规定的期限内向某个方向投送机动力量需要约180～190架伊尔－76运输机，目前，俄军事运输航空兵的飞机数量有限，而且呈减少趋势。因此，俄军认为应进一步补充运输航空兵飞机的总数。

减少武器装备的繁杂型号，提高通用化水平　前苏军在常规武器的发展上历来注重“大而全”，武器的种类齐全，型号繁多。

据俄军权威人士透露，仅俄陆军装备的导弹和火炮就有 62 种基本型和改进型，而美军为 37 种；坦克、步兵战车和装甲车基本型和改进型为 62 种，美军为 16 种；防空导弹系统为 26 种，美军为 4 种。俄前国防部长罗季奥诺夫认为，这种发展模式所导致的结果，从经济角度看，加大了科研和生产的成本；从战役战术角度看，给部队战时后勤保障和技术勤务保障造成了困难。

俄军认为，为了适应俄罗斯的经济能力，适应未来作战的实际需要，今后俄军在各类主战兵器的发展上，都要进一步减少繁杂型号，提高通用化水平。如在火炮发展方面，就要减少型号。首先是地面压制火炮减少型号，特别是减少小口径火炮的型号，发展大口径、射程远、精度高的火炮，如新装备的“旋风”式 12 管火箭炮口径为 300 毫米，目前的射程达 70 千米，下一步计划达到 100 千米；大口径高炮的种类也将相应减少，集中发展把防空导弹与小口径高炮装在同一车体上的“弹炮一体化防空系统”。海军也计划减少舰艇，特别是常规潜艇的型号。

注重提高武器装备的一体化和综合作战水平　常规武器的数量多而作战效能相对较低，是当前俄军装备与西方军队装备之间存在的一大差距。因此提高常规武器的作战效能，是俄军近年来一再强调要解决的问题。造成差距的一个重要原因，是俄军多年来在常规武器的发展上主要关注的是单项武器性能指标的提高，而西方则越来越注重提高武器系统的整体和综合作战水平。俄军已经深刻意识到这方面的问题，认为要解决常规武器发展中“投入高，效益差”的矛盾，必须从解决武器系统的综合作战能力入手，提高武器装备的一体化程度。最终实现整个战场指挥、控制、打击系统的一体化。目前已列入发展计划的发展项目有：

一是大力发展可将“发现－发射－摧毁”合为一体、大大提高反应速度和火力突击的精度与威力的“侦察－突击综合系统”。这种系统可分为战术级和战役战略级。其中战役战略级“侦察－突击综合系统”的基本设想方案是：系统的侦察探测装置设置在太空的卫星上，而实施打击的部分是超过声波 4～7 倍的高速空基或海基巡航导弹，这类导弹能够击中 500～8000 千米以外的目标，甚至能从目标背后发动攻击。据称，在未来 10～15 年内，这种系统的命中率将接近百分之百。

二是建立一体化雷达和通信系统。俄武装力量各军兵种及民航部门分别建有适合自己需要的雷达系统，仅武装力量就有探测距离在 100 千米以上的雷达近万部，其他部门也达千部以上。但由于各部门之间职能重复，缺乏协调，技术装备又不尽统一，不仅造成了资金上的浪费，而且还导致效能低下，俄军计划在第 2 阶段改革中建立统一的自动化雷达系统。拟采用的新技术，不仅把武装力量各军种的防空雷达，而且把民航部门的雷达都纳入该系统，从而在全俄范围内实现空中侦察和监视系统的一体化。改造通信设施，把通信系统、情报传输系统、军队自动化指挥系统、武器自动化控制系统四者联为一体，也是一项重要内容。

三是提高 C^3I 系统一体化和兼容程度。在进一步提高军内各 C^3I 子系统智能化、数字化和一体化的基础上，实现与民用自动化通信系统相联接，实现军民结合，军用、民用系统相互服务和补充，达到更高层次的一体化。这样不仅进一步提高了 C^3I 系统的可靠程度，而且有利于 C^3I 系统直接为国民经济发展服务，提高经济效益。

（韩生民）

俄罗斯陆军 2000 年士兵装备计划　中国《现代兵器》1997 年第 8 期张海翔报道，在车臣战争后，俄罗斯国防部重新评价了陆军的装备，制定了陆军 2000 年士兵装备计划。其中所涉及的内容包括：人机工程、后勤保障、生产费用和武器系统采用的计算机技术等。

俄罗斯陆军 2000 年士兵装备计划打算将单兵武器的杀伤力提高 1.5 倍，提高战场战斗力、战术机动性和生存力；通过采用效率更高的通信和侦察设备，使士兵能够更自主地作战；使装备实现更高的人机工程标准化。

该计划设立了一些独立项目，主要有：武器和弹药，防弹衣，通信装置，生、化防护设备，战斗工兵和医疗设备，作战制服和个人保健用品等。

武器装备　俄罗斯陆军将用新式 AN－94 突击步枪取代 AK－47 突击步枪和过渡性的 AK－74 步枪。新枪将配用与 AK－74 相同的 5.45×39 毫米枪弹和 30 发弹匣，安装新式多用途刺刀，还配有几种可以击穿防弹衣和轻型装甲车辆的新型枪弹。但是由于新枪面临着资金问题，因此批量生产和装备部队还要等较长一段时间。

光电装置　包括以下几种：(1) 激光测距机。俄罗斯卡赞光学机械厂推荐两种型号：APR－1 型远程（19 千米）和 1D－18 近程（5 千米）激光测距机，分别重2.5千克和1.6千克。(2) IPN－83主动红外瞄准具。由卡赞光学机械厂推荐，重1.45千克，用于AK－47和AN－84一类的步枪。它装有红外照明器，能在完全黑暗的情况下瞄准300～350米远的目标。该瞄准具的放大率为3倍，用2节锂电池可连续工作20小时。(3) 1K－199雷达警戒系统。由俄罗斯无线电技术科学研究院和莫斯科无线电技术设备厂联合开发，是一种由遥控雷达和声响传感器组成的网络，可探测/跟踪200～300米远的履带式车辆和50～100米远的轮式车辆；对地面部队的探测/跟踪距离达300米；对人员的探测/跟踪距离为20～50米。此外，1K－119系统还可以与1L－111和1L－244等战场监视雷达联机使用。(4)“阿克韦杜克”跳频电台。由恩波·扎亚公司研制，波·沃斯托克公司生产，可满足2000年士兵的通信需要。

单兵防护装备　(1) GP－7VM防毒面具。用于防生、化战剂对士兵的危害。它重0.95千克，可连续穿戴12小时。这种面具可以迅速更换过滤罐并可以通过饮用装置喝水壶里的水。(2) OZK单兵防护服。包括斗篷、衬衣、绑腿、鞋类和在温暖及寒冷天气里戴的两种手套。全套服装重4千克，能在－40℃气温条件下穿戴。此外，2000年俄罗斯士兵着装研究项目还包括在寒区条件下作战使用的靴子和迷彩服以及一种先进的背包。(3) 防弹衣。包括专为俄罗斯内卫部队士兵开发的新系列产品：2型为基本型，重约2千克，可以防11.43毫米枪弹；3型重6千克，可以防9.06毫米马格南弹；5型重10千克，可以防5.45和7.62毫米枪弹。这些防弹衣曾在车臣冲突中被俄罗斯内卫部队和特种部队有效使用。眼下他们在考虑将其改进后作为标准化装备配发给俄罗斯部队，以提高单兵的生存能力。(4)“科尔帕特”2型头盔。曾在车臣冲突中供内卫部队使用，可作为新装备的一部分。这种头盔用复合材料制成，可以抵挡9毫米枪弹的射击。

新材料技术及其军事应用　《外国军事学术》1998年2期王保存撰文称，新材料技术是一门多学科的综合性高技术，是介于基础科技与应用科技之间的应用性基础技术，是研究材料的微观结构与宏观性能相互关联的规律，并根据物质结构理论，来研制和使用新材料的技术。军用新材料技术则是用于军事领域的那部分新材料技术，是发展高技术武器的物质基础。本世纪50年代以后，由于科学技术的飞速发展，国防尖端技术装备对材料提出了更高的要求，许多军用新材料相继问世。目前，军用新材料已有上万种，并以每年5%的速度递增，正向高功能化、超高性能化、复合化和智能化的方向发展。

几种重要的军用新材料　*高级复合材料*　复合材料是指两种以上不同性质或不同结构的物质组合而成的材料，通常由基体材料和增强剂构成。在此列举两种：

一种是碳纤维复合材料。这种质轻、强度高的复合材料，主要以聚丙烯腈为原料，也可用人造丝、石油沥青和煤沥青为原料。碳纤维复合材料强度高、刚度高、耐疲劳，且具有重量轻等优点。采用这种材料后，美国的AV－8B垂直起降飞机的重量减轻了27%，F－18战斗机减轻了10%。

另一种是纤维增强陶瓷复合材料。它是碳纤维、碳化硅、氮化硅纤维等增强剂烧结的陶瓷。这种陶瓷没有普通陶瓷的脆性、打不烂、摔不碎，就是烧红后立即投入水中也不会破裂。它不仅耐高温，还可在高温条件下分解时吸收大量热量，因而航天飞机和航天站都用它作烧蚀材料。

先进陶瓷材料　先进陶瓷材料是当前世界上发展最快的高技术材料，已由单相陶瓷发展到多相复合陶瓷，由单元素陶瓷复合材料发展到多元素陶瓷复合材料，由微米级陶瓷复合材料发展到纳米级陶瓷复合材料。先进陶瓷主要有功能陶瓷和结构陶瓷两大类。功能陶瓷包括电子陶瓷、生物陶瓷、光学陶瓷等。在这类陶瓷中，电子陶瓷的发展格外引人注目，已经生产出低温烧结电容器、玻璃陶瓷基片等多种产品。在结构陶瓷中，人们已研制出氮化硅高温结构陶瓷。这种材料不仅克服了陶瓷的致命弱点——脆性，而且有很强的韧性、可塑性、耐磨性和抗冲击能力，经几百次骤冷骤热也不会破裂，很适用于制造燃气轮机、柴油机等热机的高温部件。与普通热机相比，陶瓷热机的重量可减轻30%，功率提高30%，节约燃料50%。

高分子材料　高分子材料又称高分子化合物或高分子聚合物，是由单体聚合而成的分子量较高的化合物，其分子量高达几千到几百万。塑料、合成橡胶、合成纤维是当今3大有机合成高分子材料。50年代以来，高分子材料的世界年产量每年以约10%的速度增长。据美、日专家预测，到2000年，高分子材料将占世界工程材料的78%，而钢铁材料仅占19%。

高分子材料具有重量轻、强度高、耐腐蚀、电绝缘和绝热性好、耗能低、易于加工成型等优点，在武器装备中已大量使用。用工程塑料作机枪零件，可使机枪重量只有3～4千克。高分子化合物材料，可以代替高强度合金，用于军用飞机可大大减轻其重量。高强度结构胶粘剂已广泛用于粘结兵器部件，尤其是非金属比例较大的火箭导弹部件。

非晶态材料　有些固体物质原子的排列是非常规则的，如铁、硅、锗等，这些都是晶体材料。而有些

物质的原子排列则杂乱无章，这类物质则称为非晶态材料。这里所讲的非晶态材料是指用人工方法将晶体材料加工成具有特殊功能的非晶态物质。这种人工方法是，使融溶状态的金属快速冷却，使其来不及排列成晶体就降温了。用这种高温快速冷却法，可使金属的融态保持不变，从而打乱金属中原子的排列秩序，形成非晶态。

非晶态材料主要包括非晶态金属和非晶态陶瓷氧化物。非晶态金属的特点是：强度比相应晶体材料高10倍，抗腐蚀性好，韧性大，电磁性能优良，电阻率高，耐磨性好，热膨胀系数小等。非晶态陶瓷的主要优点是，具有耐超高温性能。

功能材料 功能材料是指利用声、光、电、磁、热、化、生化等效应，能把能量从一种形式转变成另一种形式的材料。功能材料品种很多，如电子计算机中的记忆元件，激光器的工作物质红宝石，声纳振荡器的压电陶瓷，以及超导材料、光学塑料、热电材料、光敏材料、反激光材料、防辐射与防电子材料，等等。

新材料技术的军事应用 新材料技术在军事上的用途十分广泛，用于武器装备可使其升级换代，性能大大提高。

在炮兵武器方面 当代火炮技术的发展主要是建立在新材料基础之上的。为了增大火炮的威力，现代火炮的口径不断增大。为了提高炮弹的速度，正在积极研制电磁炮和电热炮。这两种炮最后是否能研制成功主要取决于一系列高新材料。此外，轻型结构材料对火炮的机动性也具有决定意义。例如，美国155毫米榴弹炮采用轻型材料后仅重7136千克，比德、法、意3国联合研制的FH－70和以色列的M 71型同口径火炮要轻30%。目前，许多国家都在利用高技术新材料研制超轻型远距离大威力火炮。新材料的不断使用，将使火炮的体积更小，重量更轻、机动性更好、弹丸速度更快、威力更大。

在现代装甲防护方面 现代装甲防护水平之所以能得到很大提高，主要是由于新材料技术的发展。面对各种现代反装甲技术的发展，以及未来战场对坦克和装甲车辆构成的全方位威胁，迫切要求进一步提高现代复合装甲防护能力。单从复合装甲构件材料来讲，就需要进一步开发具有超高硬度、高韧性和良好焊接性能的装甲钢、高强度先进陶瓷、高性能聚合物材料等新一代特殊功能材料。要使现代坦克和装甲车辆真正成为难以发现、难以摧毁的高性能机动战斗保垒，就得使用许多高技术新材料。如美军的M－1A1主战坦克，其炮塔和侧裙均采用了复合装甲，内衬板也是复合材料防弹板。要让坦克、装甲车不被击中，除提高机动性能外，更重要的是要发展“主动装甲”，即能预先识别目标，并利用诱饵触发和物理摧毁方法，破坏来袭兵器的“装甲”。这种“主动装甲”实际上是一种由复合工程材料制成的合成系统，即在复合装甲中由引入的敏感、传感、微电子等材料和技术而构成的多功能智能材料系统。将新的控爆材料，轻质多孔隔热、隔音、防火与防冲击波材料用于坦克装甲车辆，就可确保这些车辆中弹后能继续战斗。

在导弹、卫星、火箭技术方面 近年来，火箭发动机、喷管、导弹弹体结构、稳定装置、发射装置，都实现了复合材料化，并正向着减轻重量的方面发展。决定导弹、卫星、火箭重量的主要因素是其推进系统。为了减轻重量并增大推力，一是要靠高性能的推进剂，二是要采用轻型壳体和各种轻质结构，以及耐高温材料。战略导弹和卫星的重量每减轻1千克，运载它们的火箭就可减轻500千克。因此，导弹弹体和卫星都要使用重量轻、刚度好、耐高温、弹性强的新型复合材料。美国将直径3.6米的火箭发动机金属壳体改用石墨纤维复合材料后，其重量减轻了38吨，并大大降低了成本。用碳铝复合材料制造卫星的波导管，不仅满足了轴向刚度，低膨胀系数和导电性能等方面的要求，而且使重量减轻了30%。

在武器战斗部方面 这里只讲3种战斗部。一是穿甲弹。高密度钨合金与贫铀材料是穿甲弹提高穿甲侵彻力的主要材料。大长径比杆式动能弹，可击穿600毫米的钢板。随着复合装甲的发展，穿甲弹的侵彻力将进一步提高。除杆式弹体材料外，要减轻穿甲弹的“寄生”重量，还要使用比钨合金更轻、强度更高的新型材料，如低密度的铝锂合金、镁基纤维、高分子复合材料等。二是破甲弹。现代破甲弹对标准装甲的最大侵彻深度已大于锥形直径的10倍。有些大口径破甲弹的射流侵彻深度已大于1300毫米。它将进一步向高纯度冶炼技术、新合金、精密成型和高性能复合化方向发展。三是榴弹。现代榴弹同样要采用一系列新型材料。由于榴弹已从杀伤爆炸向“杀、爆、穿、燃”等多功能方向发展，单一的材料已无法满足这种要求。它需要新型薄壁、高强度、高有效破片率与燃烧后效功能材料的有效复合。随着这些新型材料的问世，榴弹的战术技术性能将发生质的变化。

在隐形技术方面 现代隐形技术，除外型设计上采用先进的方法，进行热红外和自身电磁隐形外，主要是使用新型吸波材料，即在飞机表面涂上能大量吸收雷达波的新型介质材料，将雷达电磁波吸收，使雷达无法发现。为应付不同雷达的不同工作方式，隐形飞机已开始有选择地使用吸波材料。美国早期使用的隐形飞机，全部涂敷吸波材料。而在新型隐形飞机

上，吸波材料和吸波结构是集中在开口和边沿处，壁板和舱门的边沿是后掠的，而且与飞机的主边沿对齐，同时将舱门设计与主结构重叠，因此飞机结构在飞行中弯曲时，其雷达反射截面不会发生变化。最近，美、英等国正在研究主动抵消技术。从理论上讲，截获雷达波，计算反射能量的大小和方向，是完全能办到的。这样一来，吸波材料先吸收大部分雷达波，剩下的少量反射波再利用主动抵消技术将其全部抵消，雷达就会完全失去使用。

在后勤装备方面　新材料的不断开发和应用，为军需装备性能的不断提高提供了可能。80 年代，美军开发了一种名叫“高尔泰克斯”的军用新材料。用这种材料制成的冬服，不仅比原冬服重量减少 28%，保暖性提高 20%，还可使雨水进不来，而人体蒸发的汗可顺利排出去。日本陆军用含有 65% 的芳族聚酰胺和 35% 的耐热处理棉纤维的混纺织物制成的新型迷彩作战服，12 秒钟内能承受 800 摄氏度高温，可大大减少战场烧伤的发生。近 20 年来，一些国家相继开发了“凯夫拉”纤维、高强度尼龙纤维、仿蜘蛛丝纤维等多种防弹材料，为单兵和武器装备的防护提供了重要条件。

美英法德 4 国武器装备管理体制简介

《外国军事学术》1998 年第 4 期武希志撰文指出，战后美英法德 4 国在世界军备竞赛中一直处于领先地位。这固然同它们的科技、经济实力有关，也同这些国家比较严密的武器装备管理体制有关。

决策执行机构　美国实行统一决策分别执行的体制。国防部是武器装备管理的核心决策机构。其主要职能：提供武器装备研制生产方向性指导；制定武器装备发展规划和计划；对重要武器系统的需求、研制、生产、采购等重大阶段进行审定，控制武器装备发展全过程。国防部一名副部长及采办执行官专门负责武器装备管理事务。三军种部依据国家的战略及本军种的情况提出武器装备需求，各军种武器系统司令部负责武器装备研究、发展、采购等具体工作，同军内外研究生产单位进行业务联系。

德国实行的是统一决策统一执行的方式。德国国防部的装备部统管三军武器装备科研生产和采购，下设 8 个业务局。装备部设规划与计划专员和国防技术研究专员，分别领导若干业务处，负责武器装备的规划计划和预研工作。国防技术与采办总署是国防部武器装备发展规划的统一执行机构，负责武器装备及各种军用物资的研制与采购工作，主要任务是，按照装备部的规划计划制定实施计划，签定合同、监督承包商的工作、试验、质量保障和检查、部分维修和改装、沟通军方与科研生产单位的联系。各军种没有研制采购权，但有责任配合采办总署的工作，派出代表参与武器装备发展过程中的各项管理工作。这种既集中统一又与使用部门互相配合的管理体制，是非常经济的、有效的。

法国实行的是统一决策分别执行的方式。法国国防部武器装备部统一管理武器装备发展。主要职能有：制定规划计划，进行技术财务论证、科研计划准备、预算管理、经济与财务评估、改进规划计划方法。该部下设 5 个业务局，分别负责地面武器、舰艇、航空、导弹、电子与信息方面的武器装备研究与生产。武器装备部建立有军工事务总局，负责对军工企业实施监督与管理，其重点是全面质量管理与检查。

论证系统　美国防部一级设立：①国防采办委员会，由国防政策副部长、研究与工程副部长、审计助理部长、参联会主席、军种部长组成，采办副部长任主席。②国防资源委员会，由常务副部长领导，负责国防计划和预算的论证咨询。③国防科学委员会，由社会知名人士、专家学者、工业界名流和退役将领组成，独立地向国防部和参联会提出武器装备发展咨询建议。

英国国防部设首席科学顾问，领导国防研究委员会和装备政策委员会。设立与装备采购部平行的国防科学顾问局，作为全军科学规划与系统分析中心，由国防部常务次官领导。军种参谋部武器装备局有咨询委员会，负责武器装备发展各种方案比较，写出战术指标明确的最佳成本效益研究报告。这些常设机构直接为国防部决策服务。

法国国防部一级有：战略计划与研究小组和国防科学委员会，成员为军人、科学家、工程技术专家及工业界代表。前者主要研究战略和技术对武器装备的影响，后者主要研究国防科研政策，为国防部的思想库。另外，装备计划副部长领导两个咨询小组：一是规划、计划和预算小组，对武器装备发展从技术和预算方面进行论证；二是价格与市场小组，主要负责市场调查、确定价格、指导签订研制订货合同。

德国国防部的装备部设规划与计划专员和国防技术研究专员，各领导若干职能处，对武器装备计划和技术进行论证分析，为装备部决策起参谋作用。

上述论证方法有 3 个优点：①把军事需求与技术可行性、资源条件约束密切联系了起来，能够避免决策的随意性和资源无效投入。②把各种武器装备及其研制生产采购各阶段联系起来，能够提高国防资源整体效益，并使新武器装备快速形成作战能力。③把武器装备研制与战略形势和技术发展联系起来，能够使无效武器装备及时中断，把资源转移到更有价值的项目上。

质量保障体系 美国武器装备质量保障的做法有3个：①在武器装备全过程管理中把质量作为一个重要内容。例如，在概念提出、论证与审定等阶段，要求在军内外广泛征求尽可能多的备选方案，进行详细比较分析，寻求最好的设计方案。这种设计方案要体现先进的设计思想，利用科学的设计方法，具有较高的设计性能，特别强调武器装备及零部件的标准化、通用化和模块化。②实行明确的质量责任制。重要武器系统一旦获得批准，就立即委派项目负责人即计划主任，成立型号办公室，对该型号的发展和质量负全责。③部队独立进行试验鉴定，除研制生产单位进行试验鉴定外，部队具有独立而完善的技术战术试验鉴定机构和设施。

法国武器装备质量保证系统有3大特点：①装备部制定《质量保证条例》，对军工产品的技术标准、设计、制造工艺、材料及技师责任等问题进行全面而严格的规定。②建立庞大的技术测试检验机构，分别对各类武器装备及各种零部件进行测试检验，保证其设计的科学性和可靠性。③建立统一的监督检查机构。装备部下设军工事务总局及其军工监督处，统一负责对军工实施监督与管理，对企业的科研、生产实施全程监督。军工监督处按地区设立管理局，各地区管理局负责在本地区军品质量控制，评价企业控制产品质量的能力，监督研制生产进程，确保符合技术战术标准。

预算监督制度 美国的预算监督体系基本上分为3层：①国会的预算审查与审计机构。国会拥有立法权和政府预算审核权，国会两院的军事委员会、预算委员会和拨款委员会负责审批国防预算，并从微观上对研制鉴定费用或采购费用达到一定限额以上的项目进行审批。国会总审计局协助专门委员会对包括国防费在内的政府预算和实际开支进行审核。②政府的审查监督机构。政府的采购委员会负责研究包括武器装备在内的政府采购政策和程序，并向国会提供政府执行的费用——效率等采购方法的建议，及时发现武器装备采购方法存在的问题；政府的管理和预算局负责制定采购政策，协助总统审查和分配预算，在武器装备采购方面规定了竞争政策、重要系统向国会申报政策、武器系统的统一采购政策、重要系统建立型号办公室的责任政策等。③国防部审查监督机构。国防部办公厅设立有国防资源委员会，专门审定国防预算，指导和监督武器装备规划计划与预算的审查，监督经费开支过程中出现的问题，把好费用关；国防部设审计长一职，并独立领导国防合同审计局，职能是检查合同鉴定和履行中有无违法行为，对采购及合同管理部门提供会计和财务指导。

法国、德国、英国的预算监督体系大致分为两层：①国家监督，包括立法机构监督和政府部门监督。法国议会的财政委员会和国防委员会负责审批国防预算，并就武器装备投资问题向国防部长质询；政府财政部根据国防部长提出的国防预算，编制政府总预算，有关国防预算由总理、财政部长和国防部长共同磋商决定，财政部根据议会有关法案和政府颁布的政策，有权监督国防预算的执行。德国联邦议院设立有预算委员会和国防委员会，对包括武器装备投资的国防预算进行审批和实施法律监督；联邦财政部对国防预算有很大的决定权和监督权，对涉及到联邦预算平衡其他额外支出的政府决议有反对权。英国国家一级监督机构，主要有众议院的国防委员会，公共审计委员会、财政部国防政策与装备小组，分别对武器装备发展计划和资源分配实施监督。②国防部系统的监督机构。英国国防部设管理预算局，与财政部国防政策与装备小组协作负责制定规划的预算，监督计划和预算的执行，审议重要武器项目的经费开支，向议会提交会计、审计报告。国防部常务次官主持财务规划与管理小组，负责审议有关部局提出的中长期计划和预算，审批重要装备开支计划，分配经费，并实施监督。法国国防部设立的规划计划和预算小组及价格与市场小组，除承担论证咨询任务外，还负责安排武器装备费的使用，调查合同签订和定价情况。按照规定，每年制定武器装备预算时，国防总秘书长、武器装备部长和三军参谋长必须复查以往年度的该项经费执行情况；国防部的军工事务总局及所属军工监督处，负责研制生产过程中的质量监督和费用监督。德国国防部的监督体系分两个部分，一是部机关的监督，专设经济副部长及经济与法律事务局，对武器装备发展过程中的经济问题实施协调和监督；二是国防技术与采办总署设立中央经济事务部，对技术和装备采购中的具体经济事务进行协调监督。

世界陆军武器装备发展基本趋势略探

《军事学术》1997年第7期吴荣陶撰文指出，90年代以来，随着高新技术在军事上的应用，世界陆军武器装备发展呈现出一些值得注意的趋势。

按新的军事战略调整武器装备的发展方向 苏联解体、冷战结束后，各国都根据新的国际形势制订了新的军事战略，相应地也产生了新的作战理论和作战思想，并据以调整了陆军武器装备的发展方向。

美国将其“全球防御战略”改变为“地区防御战略”，由“前沿部署”改为“前沿存在”。美国陆军据此提出了“建设一支21世纪力量投送陆军”的目标，在武器装备方面也由全面实行现代化改为重点现代化，重点发展高技术常规武器，对于原来在计划中拟研制的项目作了较大调整。经3年的研究论证，于1993年提出了新的“陆军现代化计划”，并确定了陆军武器发展的5大重点领域：兵力投送和保障；部队防护；打赢信息战；在整个战场上实施精确打击；取得机动作战优势。针对这5大重点领域，美军调整了陆军武器装备的项目和重点，调整后的项目约120余项。

俄罗斯已放弃了原苏联时对美国“均等”、“足够防御”的思想而代之以“实际遏制”原则。1993年11月俄国家安全委员会批准的《俄罗斯军事学说基本原则》确定俄实行“积极防御”方针。据此，俄在陆军武器装备的发展上也相应作了调整，主要强调3个方面：建立统一的军队指挥自动化系统和武器控制系统；利用人工智能诸要素研制新的武器装备和技术兵器，以保证武器系统的高机动性、生存力、抗干扰性、全天候能力和兼容性；减少武器装备和技术兵器品种，通过通用化、组合化、规范化缩短生产周期，减少生产费用。陆军武器装备重点发展防空武器、反坦克武器、电子对抗装备和新概念武器等4类。

其他国家和地区也均按本国或本地区的军事战略、作战理论、作战思想对陆军武器装备的发展作了相应的调整。如果说过去武器装备的发展还带有一些随意性的话，那么，在冷战结束后的今天，以作战需求为牵引，以技术发展为基础来推动武器装备的发展，几乎已成为各国的共识。

重视武器装备的体系建设 海湾战争的实践表明，高技术条件下的作战是体系与体系的对抗，单类武器装备或系统只有纳入到武器装备的大系统中，才能充分发挥作用。因此，各国都坚持以体系对抗的观点来指导武器装备的发展，重视武器装备的体系建设。

从各国陆军武器装备发展现状看，武器装备体系主要包括5种基本功能，即侦察监视功能、作战指挥功能、战场综合保障功能、电子战功能、突击杀伤功能等。目前，一些军事强国正按5种功能的要求，对现有陆军武器装备和拟发展的武器装备进行进一步筛选，以求陆军武器装备体系取得最佳作战效果。至于重点装备和“撒手锏”武器，也是在装备体系获得最佳效能基础上提出和选择的。

突出信息装备的发展 在未来战场上，信息将成为重要的战斗力要素，制信息权也将成为新的争夺领域，因此，各国都将信息化武器装备的发展置于突出的位置。

信息化武器装备主要包括：信息化弹药，如制导炸弹、末制导炮弹、巡航导弹、电视侦察弹、远距探测弹等。信息化作战平台，如装有大量电子装备、信息技术含量高、并具有隐形和抗干扰功能的坦克、装甲车辆、无人机等。到本世纪末，美陆军将耗资20亿美元在陆军装备中的10余个作战平台11000个武器系统上安置数字化信息装备。C^4I系统：包括战略、战役、战术级C^4I系统以及各军兵种和各级部队C^4I系统。这里第4个“C”并不是一般意义上的计算机，而是具有联网和信息功能的一体化的计算机，它是陆军数字化的基础。电子战装备：包括电子侦察、电子干扰、电子摧毁以及光电对抗装备等。单兵数字化装备：美陆军于1996年3月将“陆地勇士”和“二代士兵系统”两计划合并成新的“陆地勇士”计划，2000年左右正式装备。该计划有5个子系统：综合头盔子系统、防护服和个人装备子系统、武器子系统、计算机/无线电子系统、软件子系统。

积极开发新概念武器 由于当今主战武器装备的射程、速度、精度、杀伤力等性能指标已接近或达到物理极限，要继续提高其性能困难很大，效费比很高。因此，探讨和开发新概念武器就成为各国陆军关注的重点之一。当前新概念武器主要包括定向能武器、失能武器、计算机病毒武器等方面。

定向能武器，主要有激光武器、高功率微波武器、粒子束武器、次声武器等。失能武器，也称为非致命性武器、非致死性武器。计算机病毒武器，是一种专门用来扰乱和破坏计算机系统的武器，它可通过无线电等发送装置将电子病毒传人敌方计算机系统，用病毒程序摧毁军用通信线路和控制系统，传递假信息，甚至改变敌方给部队下达指令的软件，造成敌方指挥混乱、社会动荡。病毒武器大体有以下几种破坏方式：一是特洛伊木马方式。病毒侵入计算机后，处于“休眠”状态，在预定时间发挥作用。二是强迫隔离方式。病毒进入计算机网络后使结点自行脱落。三是探寻方式。可以探寻到关键数据或信息，控制计算机运行。四是过载方式。用病毒程序使自身复制多次，使计算机过载，造成阻塞。五是刺客方式。破坏其中一个特定的文件，达到目的后自我消除。

用高新技术改造传统武器装备 为了节约研制经费，缩短研制周期，用高新技术改造传统武器装备已成为各国发展武器装备的重要途径。这种办法不仅可以节约经费，延长使用寿命，而且同样也可以扩展性能，提高战斗能力。

如美国对1979年定型的M-1型坦克已进行了两次高新技术改造。第1次改进完成于1985年，将M-1坦克改为M-1A1，用120毫米坦克炮代替105毫米坦克炮，采用贫铀装甲，加装集体三防系统，改进灭火系统等，使M-1A1坦克威力增大，生存能力提高，直射距离可达 3600 米。1988 年到 1991 年又作了第 2 次改进，称 M－1A2，加装车长、驾驶员热像仪，改用二氧化碳激光测距仪，增加了全新的 C^3（指挥、控制、通信）系统，能使车内、车间进行信息传输，安装了自主式地面定位导航系统、高效探测灭火装置等，攻击能力提高了 54%，防御能力提高 100%，并具有全天候作战能力和较高的首发命中率。将 M－1 改进为 M－1A2 所需费用仅为采购 1 辆 M－1A2 费用的 2/3，研制周期也大为缩短。据报道，美陆军不久还将在 M－1A2 的基础上采用第 2 代热像仪、人工智能和新的车辆电子系统等，形成 M－1A3 坦克。按同样方法，美军还对其 M－109 自行火炮进行了 6 次改进，使这种已装备 30 多年的火炮在反应能力上提高 10 倍，射程提高 30%，预计到 21 世纪初还将继续服役。

其他国家也先后采用这种方法提高陆军装备的作战能力。如德国“豹”1 坦克 1965 年 9 月装备部队以来已进行了 6 次改进。

逐步实现通用化、系列化和组合化 陆军武器装备品种多、数量大，因此各国在发展陆军武器装备中十分注重通用化、系列化、组合化，并作为一项重要的技术政策加以落实。

俄罗斯装甲履带车辆总数约五六万辆，品种有 170 余种，居世界第一。但由于重视“三化”工作，这么多的型都归到 13 个车族之中，即每一个车族中平均拥有 13.5 种车型，这些车辆大都是由基型车演变、派生、改进而成。所采用的发动机只有两种系统（B 系列和 YaMZ 系列）12 种机型，为后勤技术保障提供了极大的方便。美国在发展 LAV－25 轮式装甲车时，也是按车族发展考虑的，在同一种轮式装甲车底盘基础上发展近 10 种车型。

在实现组合化的过程中，“模块化”是一种重要的发展形式。对此有的专家已提出设想，用发动机、行动部分、火控系统、车内标准设备等 10 个通用模块与专用模块，组成步兵战车、装甲输送车、指挥车、弹药车、导弹发射车等 10 多种车型。这种用模块组合设计的武器装备，不仅品种多、结构简单、生产和维修简便，而且研制和使用费用大大降低。

美国 21 世纪陆军建设特别强调“横向技术一体化”，即要求利用现有民用和军用技术，用共同的软件、标准和规程，从横向上对现有的武器系统进行改造，使其具有通用性、联动性。这也可看作是更高层次的“三化”。它不是从某种、某类特定的武器装备出发，而是从整个陆军甚至全军这个大系统考虑，充分利用民用、军用技术，采用共同的软件、标准和规程，使多兵种、多兵器之间在探测、情报、跟踪、火控、指挥、射击等方面，在横向上体现“总体力量综合”。美陆军提出的数字化部队，从技术上来说也就是横向技术一体化的具体体现。

新概念武器发展孕育一场新变革 《解放军报》1998 年 2 月 15 日马学富、张卓、王莹撰文指出，从广义上讲，新概念武器的发展具有鲜明的时代特征。它代表着一代武器发展及其技术进步趋势的一个新的武器技术群体，其特点是原理概念新颖，高新技术含量高，代表了新的发展趋势和方向。例如，火器在冷兵器时代后期曾是当时的新概念武器，今天却变成了常规兵器，而今天的新概念武器，则是处于当今时代兵器科学和技术发展的前沿，成为牵引未来武器技术进步的“火车头”。

从目前情况看，在迅速发展中已显露头角的新概念武器主要有：超高速动能武器，包括电炮、超高速化学能和动能拦截弹等；定向能武器，包括高功率激光武器、电磁脉冲武器和粒子束武器等；还有新概念原子能武器，诸如中子弹、放射性武器和反物质武器等；其他新概念武器，诸如次声武器、气象武器、基因武器、计算机病毒武器和其他非致命武器等等。

新概念炮族 目前，正在加速发展的是一类使用推进剂的超高速化学能发射武器，它包括随行装药火炮、液体发射药火炮、轻气体炮和冲压加速器等。常规火炮只借助膛内火药燃气膨胀做功而推动弹丸前进，由于弹丸向炮口运动膛内压力降低，则难以使弹丸达到理想的速度要求。1939 年，H·兰维勒提出了随行装药火炮概念，不仅提高了火炮的性能，也使弹丸推进达到了超高速。

液体发射药火炮，是使用液体发射药作推进剂的火炮，它比使用固体发射药的常规火炮有诸多潜在优势。比如：液体发射药配制简单，成本低，危险性小；不使用药筒，能用专门的罐子和管子装填，易实现弹药装填自动化；具有更高的装填密度和装填比，因而能提高弹丸速度和增大射程；燃烧温度较低，可延长火炮使用寿命；能简易地通过改变装药量而改变射程。这种火炮越来越显示出实用性。

超高速化学能发射器的后起之秀冲压加速器，是 80 年代中期提出的一种新发射概念，它能把几千克的弹丸加速到 12 千米/秒，把吨级重的射弹加速到每秒几千米。它不同于火箭，其燃气流场能对射弹产生恒定的推力，且没有后坐现象，目前过激爆轰式等冲压加速器在迅速发展中。

在新概念炮族中，还有一类相貌非凡的电炮，它包括电磁炮、电热炮和混合电炮 3 类。

电磁炮是利用电磁力推进弹丸的发射装置，虽然这一概念已有近百年历史，但直到 1978 年 R·A·马歇尔博士公布了突破性的试验结果后，才在世界形成新的研制热潮。目前，世界已有 20 多个国家在加紧试验中，中国也率先在世界上出版了这方面专著，为构筑电炮理论体系的框架打下了基础。美国现在已领先于它国把样炮推入靶场进行实验，并宣布 2015 年装备部队。

电磁炮包括导轨（或轨道）炮、线圈炮和重接炮 3 种。线圈炮有极高的效率，且功能和作用非凡，它不仅能高速发射弹丸，甚至还能方便地发射卫星、航天飞机等航天器，或用来推动磁悬浮列车。因此，此项技术越来越受到重视。

电磁脉冲武器　电磁脉冲武器，是一类利用高功率脉冲电磁波对目标进行软杀伤或硬杀伤的特殊武器。由于目前的功率水平和功能特点，能使 C^3I 或 C^4I 系统失灵，而不杀伤人类，所以被称为“仁慈”的武器。

这类武器主要分为固定的高功率微波武器、微波弹（或电磁炸弹）、电磁“导弹”以及核电磁脉冲等。

高功率微波武器，它是一种利用电磁波和高能粒子相互作用而产生微波段电磁脉冲的武器装备。据外刊报道，海湾战争第 1 天，美国海军曾用“战斧”巡航导弹向伊拉克发射了“试验性战术型微波弹”。

“电磁导弹”概念，是美籍华人吴大钧教授于 1985 年提出的。它是一种强度慢衰减的脉冲电磁波武器，它除作定向能武器软杀伤敌电子设备外，在电子战、通信、雷达、遥感、目标识别、电磁兼容等方面均有重要应用。特别是电磁导弹雷达，具有极强的抗电子干扰能力，和抗反辐射导弹能力、反隐形能力及抗低空突防能力，同时又有极强的保密性。

强激光武器　激光束有很强的能量，按其功用，可分为战术激光武器和战略激光武器。前者所用功率小，可用作实用的激光枪。战略激光武器又分为两类：一类是反卫星激光武器，它们能干扰、破坏卫星上的仪器设备或摧毁卫星；另一类是反弹道导弹激光武器。按其布置方式论，若把激光武器布置到太空作战平台上，称其为天基激光武器；若置于地面，称陆基激光武器。

强激光武器有二氧化碳气动激光武器、化学激光武器、准分子激光武器、自由电子激光武器、X 射线激光武器等，其中化学激光武器进展最快。美国 1989 年就用中红外化学激光武器击落了 1 枚高速飞行的导弹；1991 年再次试验了名为阿尔法的天基化学激光武器；最近又用化学激光武器摧毁了即将退役的太空卫星，引起了世界舆论的轰动。

粒子束武器　在高能物理实验室，可以看到用粒子加速器加速粒子能打穿金属靶，运用这种加速器便研制出了粒子束武器。加速器能把粒子源提供的高能带电粒子（电子、质子、离子或重粒子）加速到接近光速，并用磁场把粒子聚束成密集的束流，用来直接摧毁硬杀伤目标或软杀伤目标。

天基粒子束武器有两个优点：一是“站得高、看得远”，它的预警卫星在外层空间可监视千里之外的目标；二是“站得高，射得远”，因高空少大气，粒子高速飞行不与气体碰撞而损失能量。舰载粒子束武器主要用来截击敌人的巡航导弹以保卫己方的舰船。陆基粒子束武器可以布置在地下导弹发射基地附近，以防止敌人的“第 1 次打击”；另一种陆基粒子束武器可以部署在城市周围，能摧毁上百公里以外的目标，以保卫城市。

反物质武器　未来，利用反物质与正常物质湮没释放的能量可以制造一类武器，叫反物质武器。反物质武器是新概念原子能武器家族中的重要成员，它具有超乎想象的杀伤威力。

我们知道，世界由物质构成，物质由原子组成，而原子又由基本粒子（电子、质子、中子等）组成。事实上，科学发现还存在反基本粒子、反原子和反物质，这不仅已被科学实验所证实，并已获取了反物质。反电子（正电子）、反质子、反中子、反原子等和电子、质子、中子、原子相比，具有相同的质量、自旋和寿命，但它们电荷符号相反，磁动量相反，衰变的产物相反。目前已发现的 112 种元素都有其反物质，反物质是与物质相反或镜象地存在着的一种物质形态，在地球上不天然存在，需人工制造产生。

原子弹、氢弹和中子弹爆炸时所释放的巨大能量，分别是重物质原子核裂变反应和轻原子核聚变反应产生的，由于核裂变及核聚变发生了核质量亏损，根据爱因斯坦的质能公式，质量“转变”成能量而释放出来。当反物质和正常物质湮没时，这个能量将比核弹大千百倍。因此，若制成了反物质炸弹，将成为世上威力最大的武器。

按有关理论，控制反物质与物质湮没，所释放的能量还能推进反物质火箭。现在所用的化学火箭，它的推进剂及其化学能难以满足连续几年或几十年间的星际航行要求。若使用反物质火箭，则用较短的时间和极少数量的反物质就能实现星际航行或空间军事部署。

诚然，目前研究反物质武器还仅是一种科学设想，但这绝非幻想，因为现代高能物理学已取得重大发展。从 1928 年狄拉克预言存在反物质之后，1932 年发现了正电子，1953 年发现了反质子，1957 年获得了反中子；1996 年 1 月欧洲核子研究中心，已克服“像在鼓风炉中制造雪花”那样的困难，制造出 9

个反氢原子，11 月费米国家实验室制造出 7 个反氢原子，这标志人类已拥有了能制造出来反物质的潜力。可以预言，下个世纪对反物质的研究和应用必有重大进展，制造反物质武器的技术必将成熟。

从现代能量学角度看，所有武器都是一种能量变换器，下个世纪将由使用电磁能的电磁武器取代化学能的武器；而反物质湮没释放的巨大能量也将方便有效地转变为电磁能以供使用。总之，21 世纪必将是新概念武器称雄于世的时代。

简析高技术武器的脆弱性 《军事学术》1997 年第 7 期金小川著文称，高技术武器同其他事物一样，有所长，也有所短。因此，我们在认识高技术武器巨大功能的同时，还必须注意研究它脆弱的一面，这样才能更科学地运用高技术武器，有针对性地探讨应付的对策。高技术武器的脆弱性具体有以下几种表现：

结构复杂，可靠性差 随着高技术的不断发展，武器装备的结构日趋复杂，技术日趋先进，这使其可靠性和安全系数大为降低。在武器装备系统中，由于设计、工艺、安装、检测等多方面的原因，任何一个零件和环节出现问题，都可能酿成整个武器系统的事故，从而导致武器系统功能的丧失或人员损伤。大到美国的“挑战者”号航天飞机发射爆炸，小到海湾战争中美军火炮系统对美军飞机的误射，都是由于武器系统存在不可靠性所致。日本电子技术堪称一流，但同样不能避免先进的雷达系统失误，致使前苏联一架米格－25 飞机在日本北海道机场秘密降落。

装备的系统性强，各部分相互依赖明显 高新技术武器是一个系统，其内部的各个子系统是相互依赖、相互制约的，彼此通过信息交换来形成整体功能。如导弹系统离不开雷达探测系统的支持，先进作战飞机离不开气象卫星、侦察卫星、预警机和空中加油机等诸多子系统的保障和配合。整个高技术武器系统中，某一个部位出现漏洞，整个系统就可能瘫痪。如海湾战争的“沙漠风暴”行动中，多国部队庞大的现代装备群离不开大量的油料保障，此时，如果伊军对对方的油料输送系统实施有效破坏，就可能使多国部队的空中进攻化为泡影。

维修时间长，维护难度大 武器装备越复杂，所需的维修时间就越长，无故障的时间就越短。高技术武器装备的智能化程度较高，一旦发生故障，不仅维护难度大，而且费时多，费用高。虽然许多武器装备为了降低故障率，采用了备用线路的设计，但从另一方面看，这反而增加了故障的次数和维护的难度，加之快节奏的作战很难给武器的维护保养提供更多的时间，所以，高技术战争条件下，很可能因武器装备故障率的上升或损伤的装备不能及时修理而导致战争主动权的丧失。

受环境因素制约较大 即使是智能化程度很高的高技术武器装备，其工作程序也都是预先设计好的，而这些程序化控制方式，对环境的适应力是很有限的。一些高技术武器装备受地貌、风雨、气温、干湿度、水文、地质和人文等情况影响，将很难充分发挥作用。即便是全天候的飞机、全方位的雷达、高精度的导弹，其可靠性和精密度也只能在良好的作战环境下和适宜的范围内才能实现。

计算机网络的抗干扰能力低 在未来作战中，信息对抗对战争胜负的影响越来越大。在信息对抗中，计算机及其网络发挥着最关键的作用，但同时也极易受攻击和干扰。美军在军队信息化方面是走在世界前列的，但它最先感受到了计算机网络的脆弱性，包括非法入网和病毒干扰在内的对计算机网络的干扰破坏手段，一直是妨碍美军信息技术发展的难题之一。在信息对抗中，那些非法访问者可以查找、删除、更改网络中的机密数据，破坏程序，造成军队指挥系统和武器控制系统的混乱。交战双方还可以通过硬件植人、电磁辐射、网络混入等方式将病毒移入敌方的计算机网络，造成敌方各种事关国家安全的信息网运行的混乱。

1997 年军事科技大事回眸 《解放军报》1998 年 1 月 4 日郭科新报道了 1997 年在军事科技领域发生的 9 件大事：

美军采取实际步骤推进军事革命发展 军事革命已成为美国新一届政府制订 21 世纪防务战略与政策的重要内容。他们继 1996 年颁布“2010 年联合构想”后，1997 年又颁布了“未来联合作战概念”，以进一步充实完善“主宰机动、精确交战、全维保护、聚焦后勤”4 种作战概念，并通过结构调整、推演实验探索新的作战模式。

反卫星试验取得成功 美国继续推进反卫星武器军事发展。1997 年 8 月 12 日，首次进行了动能反卫星武器样机的悬浮试验，验证了这类武器对目标捕获、跟踪和拦截的可行性。10 月 17 日，陆军在白沙导弹靶场用先进中红外化学激光器进行一次反卫星试验，在轨目标卫星两次受到聚集激光束的照射，持续时间分别达 1 秒和 10 秒。美国防部认为，美国的军事行动日益依赖于卫星，试验具有重要意义。有识之士指出，这类试验有可能引发一场外层空间的军备竞赛。

第 4 代战斗机开始试飞 代表机型有美国的 F－22 和俄罗斯的苏－37。它们集现代先进的航空和信息等高新技术于一身，并综合兼顾了超音速机动和隐形等方面的需求，在空战中更具优势。

V-22 倾转旋翼机获准进行初始小批量生产 这是一种多军种通用的多用途飞机。它能像直升机那样起降、飞行和悬停，又能像固定翼飞机那样能以较高的速度（达 509 千米/小时）飞行，该机的实用化被认为是航空史上的一次突破。

中国实用型地效飞行器投产 中国第 1 代地效飞行器研制成功，并将投入市场。这种飞行器具有国防和民用的潜力，是应用水上飞机和高速气垫船的原理与技术研制的，它能在江河湖海、沙漠、草原上使用，将是 21 世纪最受青睐的水上高速交通运输工具。

美国进行亚临界试验并开工建造核爆炸模拟设施 美国前不久在内华达试验场进行 2 次亚临界试验，据称，旨在确保其库存核武器有效性和为恢复核试验做准备。该设施可用来进行核武器物理研究、核爆炸效应模拟基础科学研究和培养高科技人才等。

美海军开始装备协同作战系统 1996 年 9 月，美海军将“协同作战”系统装在两艘巡洋舰上进行了鉴定试验，该系统旨在实现作战数据共享，大大提高舰队协同作战和防空能力。

美空军研究新概念双射程空空导弹 据西方报刊透露，美空军从 1996 年 11 月开始实施的“先进吸气式双射程导弹”计划，是空空导弹的一种新的概念设计，代表了下一代空空导弹发展方向。

中国建成亚洲最大的跨音速风洞 亚洲最大的跨音速风洞试车成功，这标志着中国拥有了世界级的跨音速风洞。它的建成将使中国的跨音速空气动力研究在国民经济建设中发挥重要作用。

（梁　望）

（本栏责任编辑　王谊民）

军事建设

建军计划与措施

美国建军计划与措施 1997年美国建军计划与措施主要有：

进一步精简和调整部队 根据新的防务战略和打赢几乎同时发生的两场大规模地区性战争的设想，美军遵循重点裁减“尾巴”（支援部队）、适度裁减“牙齿”（作战部队）的原则，决定继续稳步地削减军队员额，进一步深入地调整部队结构，以使部队规模既能满足当前战略需求，又能为未来军队建设打好基础。截止1997年9月30日，美军现役部队总兵力为143.9万人，比上一财年减少3.3万人，其中有20万兵力驻海外。预备役人员90.2万人；国防部文职人员79.9万人。现役常规作战部队由陆军10个现役师及陆战队3个师、海军11个航母作战大队和12个两栖戒备大队、空军12个战斗机联队组成。海军水面作战舰只也已减至323艘，航母减至11艘。在战略力量方面，美军现有洲际弹道导弹580枚，战略轰炸机92架。战略核潜艇18艘，潜射导弹408枚。预计到1998年底，现役部队将裁减至143.1万人，预备役部队将减至89.2万人，国防部文职人员将减至77.2万人。

陆军：到1997财年底，陆军现役部队已减至48.3万人，共有5个集团军司令部（其中2个是负责预备役部队训练的司令部）、4个军部、10个作战师、4个独立团。预备役部队为60万人，文职人员29万人。

空军：美国空军也根据“缩小规模，质量建军”的新方针，实施了多种裁减措施，其调整的主要做法是：①大幅度削减现役兵力。至1997财年，美国空军现役兵力削减至38.1万人，比1991年减少了25%。预计1998财年末将进一步减至37.1万人。②裁撤建制单位。美空军各类现役中队数量，已由90年代初的251个裁撤至1997年的213个，空军战术战斗机中队已减至52个。原来的19个空军师师部建制已经全部撤编。③适当减少武器装备数量。至1997年，美国空军战斗机由90年代初的2497架减为1637架，轰炸机由290架减为185架，洲际导弹由1000枚减为580枚。④大量关闭空军基地。至1997年，美空军在本土的主要基地由1991年的102处减为75处，海外基地由37处减为13处。

海军：截至1997财年底为止，现役海军部队为57万人，.其中含陆战队17.4万人。保留11个航母作战大队、12个两栖戒备大队、10个现役舰载机联队和1个预备役舰载机联队。按照国防部的调整计划，1998财年大型水面战舰数量将从现在的128艘减至116艘，攻击潜艇将从73艘减至50艘。人员裁减计划为，现役部队再裁减1.8万人，预备役部队再裁减4100人，文职人员裁减8400人。

继续提高装备现代化水平 美军着重从两个方面入手，保持和提高其在战场上的技术和质量优势。一方面是采购和装备新的武器系统，另一方面是对现有武器系统进行现代化改造。同时，美军还随着不断变化的局势调整其投资和现代化计划，目的是为了在不断变化的安全环境中，确保一支具有高度战备水平和灵活反应能力以及技术优势的部队。美国防部《4年防务审查报告》提出，美军将在今后几年逐渐增加武器装备发展方面的资金投入，扭转冷战后武器装备采购与研制、发展经费的持续下降趋势。从1998财年起，美国防部已开始执行“武器装备5年改进计划”，至2001财年，将年度采购经费增到600亿美元，至2002财年则达到680亿美元，扣除通货膨胀指数，实际比1998财年增加48%。在经费使用上，优先保障具有倍增器功能的高新技术装备和军事科技领域，特别要重点保障1997财年《国防报告》提出的能够提高美军整体联合作战能力的10个领域，即：信息优势、精确打击、战斗识别、联合战区反导、城市地区军事行动、联合战备与后勤、联合反布雷、电子战、生化武器防护、反大规模毁伤武器等。对于新武器系统的研究与发展，按照“多研制、少生产、分期装备”的原则，进行严格的科学论证，对那些确能收到重大效益的项目才予以正式发展。与此同时还根据综合性能与效费比，采用新技术改进部分现役武器平台，继续有计划地淘汰部分旧装备，以节省维持费，集中用于开发急需项目。

国防现代化计划的重点内容　从1998财年《国防报告》和《未来国防计划》看，美国防现代化计划的重点是：①远程轰炸机（B-1、B-2、B-52H）机载精确制导炸弹和其他有关项目，用于支援各种常规作战行动。②监视系统，如联合目标监视与攻击雷达系统、新式无人驾驶飞行器和天基红外探测系统，用于直接向战区部队提供更准确和及时的弹道导弹攻击警报。③战术导弹系统，用于提高打击的精度和毁伤力。④空中运输装备，主要是C-17运输机等。⑤机动使用的海上预置装备的储存系统，特别是大型中速滚装船。⑥新的战区导弹防御系统，如"爱国者"3改进型和战区高空区域防御系统。⑦地面部队所需的基础装备，如战术通信器材、卡车和改进型坦克与步兵战车。

其他现代化计划还有"科曼奇"武装侦察直升机、F-22和F/A-18E型战斗攻击机、联合打击战斗机、V-22"鱼鹰"式飞机、先进两栖突击车、LPD-17两栖船坞运输舰、DDG-51导弹驱逐舰和新型攻击潜艇等。

陆军现代化计划　精确打击和纵深打击武器是美国陆军发展的重点。陆军计划发展的项目主要有：①增程光纤制导导弹。该导弹可在15千米范围内精确命中目标，并可在飞往目标区时向发射平台提供实时信息。②陆军战术导弹系统。该系统是一种常规远程地地惯性制导导弹，可打击火炮和火箭炮射程之外的目标。③增程多管火箭炮。该炮是一种单级固体推动式无控飞行火箭，能发射多种常规弹药，弹头采用两用改进型常规子母弹，射程达45千米，将比目前使用的M-77火箭弹增程50%。

继续致力于提高陆军"5大件"的性能，即改进M-1主战坦克、M-2步兵战车、"阿帕奇"攻击直升机、多管火箭炮和"爱国者"导弹等重点武器装备。M-1A2坦克换装贫铀装甲并加装数字化通信系统后，将进一步提高其防护力和通信能力；还计划为M-2A2步兵战斗车加装数字化指挥与控制系统和独立的热成像系统，以提高其攻击目标的精度；"爱国者"导弹由Ⅱ型改进成Ⅲ型，预计于1998年实际具备实战能力。另外，美国陆军计划于1998年进行"21世纪师级高级作战实验"的同时，开始组建"21世纪军级部队"。在1999年部署陆军"21世纪部队"前，除计划先装备1个师、另设2个师司令部外，还要为1个军司令部装备数字化信息装备，并完成相应的作战实验。从2000年起，将全面展开部署阶段的工作，计划到2010年，使所有的10个陆军师全部实现数字化。

空军现代化计划　空军效仿陆军也计划在1998年7月前建立6个作战实验室，以集中进行太空、远征部队、作战管理、兵力保护、信息战以及无人驾驶飞行器等方面的研究。研究计划以6项核心作战能力为重点，即全球机动、精确交战、制空权、制天权、信息优势及灵活的战斗支援。

美空军把F-22战斗机和C-17运输机列入1998财年的优先采购项目。空军1998财年的预算是750亿美元，计划用220亿美元采购9架C-17运输机，用3.71亿美元采购E-8C预警机，并为F-22战斗机项目再投入15亿美元。但F-16战斗机的采购数量将有所减少。为满足高技术部队作战的需要，美空军曾于1997年提出发展远程隐形空中遮断战斗机。这种飞机最终将接替F-117和F-15E战斗机担负空中遮断任务。目前这一计划正处在高度保密和概念性研究之中。计划要求在2005年部署这种飞机，可能要比"联合攻击战斗机"和下一代F-22空中优势战斗机提前几年部署。目前只计划生产80架以满足作战急需，待2015年F-15E退役以后可望大批量生产。另外，美空军还十分重视研制和开发、装备军用无人机。据悉，驻内利斯第11侦察机中队已于1997年1月31日装备了第1架能留空40小时的"掠夺者"式无人机。

海军现代化计划　从目前至2010年前后，美国海军已列入采购或研制计划的高技术装备，着力增强以下4个方面的能力，即：①全面提高对陆攻击能力。比如，提高航母的综合制陆能力，包括航母和舰载机的改装与更新，CVX新型航母的研制；水面舰只和核潜艇加装新型"战斧"式巡航导弹和对陆战术导弹；弹道导弹核潜艇改装为巡航导弹潜艇和对陆战术导弹潜艇；以及研制LPD-17船坞登陆舰等。②提高联合作战能力。包括增强全球信息接收、处理、分发能力；在各种平台上加装全球定位系统、舰队通信卫星系统、海洋监视卫星终端设备；发展C^4ISR（指挥、控制、通信、计算机、情报、监视、侦察）系统，以增强与各军种同类系统的兼容和联网能力。如加装和改进协同作战系统后，就能把特混舰队指挥中心、海军战术数据系统、宙斯盾作战系统等与联合战术信息分发系统和联合精确打击系统联网，就能更有效地使用新型通用联合弹药等精确制导武器。③提高在近海浅水区的攻防能力。主要是加强近海潜艇作战与反潜能力，如装备新一代攻击型核潜艇、军用主动拖曳式阵列声纳和新型反潜武器等；加快实现战区导弹防御计划的步伐，如宙斯盾高层拦截系统和舰载机导弹拦截系统；实现 SC－21 水面舰艇计划；提高水雷战能力。

加强危机反应和应急作战能力建设 美军认为，在目前纷繁复杂的国际局势面前，不具备较强的危机反应能力和应急作战能力，就不能有效地支持国家军事战略。为此，美军十分重视加强部队的危机反应能力。

加强陆军危机反应能力 目前，美国陆军的快速反应能力已基本上能够满足：在需要的情况下，4 天内将 1 个轻型旅、12 天内将 1 个轻型师、15 天内将 1 个重型旅、30 天内将 2 个师、75 天内将 1 个由 5 个师组成的应急军投送到世界任何地区遂行作战任务。1997 年，美国陆军通过增加快速反应部队比例，在欧洲、西南亚、太平洋 3 个地区的陆地和中东地区的海上预置船上预储大量的重型装备和战备物资，完善本土的机动部署设施以及加强特种作战部队建设等措施，已使部队的快速反应和应急作战能力有了明显的提高。到目前为止，陆军快速反应部队已增至 5 个师，特种作战部队人员也已增至 2.9 万人，其中现役 1.5 万人，预备役 1.4 万人。快速反应部队和特种作战部队已占整个军种作战部队的一半。

提高海军远征作战能力 由于航母和两栖力量具有平战作用兼备、机动性能好、反应速度快、力量投送能力强和行动自主性较强等特点，是美保持前沿存在的基础，也是美应付地区性冲突的主要的快速反应手段，因此，美军十分重视加强海军远征部队的建设。虽然航母数量减至 11 艘，但由于“尼米兹”级航母的服役，使核动力航母数量由 6 艘增至 8 艘，且续航能力、航载机数量和性能以及出动能力大幅度提高。“黄蜂”级两栖攻击舰、“惠德比岛”级与“哈珀斯费里”级船坞登陆舰的建成服役，也极大地提高了海军的两栖输送能力。这些舰只的吨位、装载面积与货仓容积都很大，不但具有直升飞机垂直输送和气垫船超视距登陆能力，而且还具有一定的制海作战能力。在裁军浪潮中，作为“由海向陆”主力军的海军陆战队，削减幅度最小，大大低于陆、空军和海军舰艇部队的裁减比例，并保持 3 个陆战师、3 个航空联队的编制不变。另外，为了加强危机反应能力，美将继续为正在建造的 19 艘大型滚装船和 5 艘普通滚装运货船投资 30 亿美元。海上力量作为重要的应急支援力量，越来越引起美军的高度重视。据计算，使用海上预置装备，美从本土运送一个重装旅至海湾地区的时间可从 25 天缩短到 7 天。无论在应付大规模地区冲突还是在其他远征作战中，海上预置力量以 3 个预置船队的配置，同美在全球关键地区的 7 个旅级装备预置点，可构成一个完善的全球预置网络，将发挥不可替代的作用。它同战略空、海运联合构成了美军新的“三位一体”的战备运输力量。

加强空军的全球紧急部署和应急反应能力 为了提高对各地区事务，特别是地区冲突的干涉能力，空军十分重视提高战略投送能力，以便在需要时可随时将美军应急部队运往世界上任何地区。目前，空军的空中机动司令部已装备 C－17 新型运输机 30 架，计划装备 120 架，以逐步取代 C－141、C－5 型飞机为主的空运力量。美空军正在实验一种新的危机反应模式，即“空军远征部队”（AEF）模式。该模式借鉴了海军陆战远征部队的部署形式，以原空军混编联队为基础，由战斗机和支援飞机混编组成。其特点是灵活精干，采取积木式部队结构，部队规模和组成模块视作战任务和东道国的基地设施而定，临时从不同的联队抽调编成。一般有 30～40 架作战飞机，包括 12 架空空战斗机、18 架空地战斗机和 4 架空中加油机。另外还为该部队指定有 2～4 架远程轰炸机在美本土待命。“空军远征部队”主要用于应急遂行全球派遣的远征作战任务，可在接到命令 48 小时内，从美本土紧急部署到世界各地，并立即投入应急作战。该部队可填补航母编队执勤的空缺，而且通常能比航母更快地到达危机地区。平时，它可以在美军不具备永久性基地的地区保持军事存在。当发生小规模地区性危机时，它可从美本土迅速部署到危机地区，增援前沿部署部队。发生大规模地区性冲突时，空军远征部队作为先头部队，首先部署到冲突地区，遏制敌方的攻势，为后续部队的抵达争取时间。美军认为，“空军远征部队”可明显提高美空军的全球应急作战能力，将成为美空军未来应急作战的主要模式 。

推进“21 世纪部队”建设 美 1997 年制订的新国家安全战略，在继续沿用“参预与扩展”战略这一总体方针的基础上，提出了“营造、反应与准备”的新概念，确立了面向 2015 年美军建设的方针和发展规划。1997 年成为美国军队建设承前启后的一年，其军队建设的方方面面都纳入跨跃世纪门槛的未来 20 年的发展时段里，呈现了鲜明的超前色彩。采取综合措施，为“21 世纪部队”建设打下了基础。

继续进行数字化部队建设 掌握 21 世纪的主导权，建设精干、高效的 21 世纪陆军是美军 1997 年部队建设的一项重要内容。“21 世纪部队”需要花费近 20 年时间方能完成。在组建“数字化营特遣队”、“数字化旅特遣队”的实验基础上，1997 年初，美军又进行了数字化特遣旅和师指挥控制机构共同参加的“高级战斗人员实验”，对各指挥层次无缝隙通信的可行性和操作性等进行评估，发展应用于特遣旅的条令、训练方法、指挥官培养、编制及装备等。21 世

纪特遣旅的实验，标志“21 世纪部队”建设的概念发展阶段的结束。美陆军的“21 世纪部队”建设由此转入验证、设计和研制发展阶段，工作重心也由旅及旅以下部队向师及军级部队转变。

遵循“渐变”方针、深化新军事革命　从 1997 年发布的《防务全面审查报告》和《国防报告》等文件可以看出，在现代化建设方面，美军着力于缩短战线、突出重点，以“系统集成”和《2010 年联合构想》所提出的未来 4 大联合作战观念为核心，逐步完成由工业时代军队向信息时代军队的转变。为确保新军事革命的顺利实施，美军决定进行“国防管理与采购体系的革命”，从根本上重构军事基础设施和支援体系，加快军事科技体系和军事工业体系的改革，加大对民间管理经验、技术和资源的利用，并将部分传统军事支援功能民营化。

更加注重官兵素质培养　人员素质是美国军队建设能否继往开来和成功迈向 21 世纪的关键因素之一，是美军首先重视的建军内容。美新任国防部长科恩上任伊始就强调，他的首要任务是把一些有能力的人安排到高层管理岗位上去，然后要做的才是保持美军的战备和增加军费、加快现代化步伐。

为了提高人员质量，迎接 21 世纪的挑战，1997 年，美军采取了多方面的综合措施，致力于提高部队人员素质，招募、保留和培养适应其需要的优秀官兵。其主要做法是：①多方面采取措施，有效保留骨干。主要是通过增加工资、改善住房、完善医疗保障措施、提高福利待遇等方法，鼓励有专业技术特长的人才继续为美军服务，减少因裁减而产生的人才流失。②严把新兵入伍关。1997 年入伍的新兵中，90%以上具有高中以上文化程度，并且美军还重视优先招募有一技之长或德才均佳的人员入伍。③加强训练质量。在各种经费不断受到削减的情况下，重点保障训练经费。通过将高技术计算机模拟训练与逼真的实战训练相结合的办法，达到提高训练效果的目的。同时，充分利用国家训练中心，对部队进行实战训练。

资料来源：

①美国 1997 年公布的《4 年防务审查报告》；
②美国 1998 财年《国防报告》；
③美国《陆军时报》1997 年 2 月～1998 年 2 月。

（贾咏梅　刘书礼）

俄罗斯建军计划与措施　俄军建设按照俄罗斯建军初期提出的武装力量建设方案，1997 年进入了全面落实第 3 个阶段建军任务的时期。然而，国际、国内形势发生了新的变化，俄军建设自身也出现了新情况：军费严重匮乏，连基本的维持费用都得不到保障，官兵士气低落，部队训练不足，战备水平和动员能力持续下降。有鉴于此，俄军对建军计划进行了调整，全面启动酝酿已久的军事改革，提出 1997～2005 年的军队建设构想，采取调整班子，完善机构，优化结构，压缩员额，加强重点等一系列新的建军措施。

依据国际、国内形势的变化和军事战略的要求，调整建军目标与方针　1997 年，从国内来看，叶利钦再次当选总统后，政治局势有所好转，严重困扰俄的经济危机出现一定转机，下滑势头初步得到控制，甚至还略有增长，俄总体形势趋于稳定。但国内的地区分立主义和民族主义对俄国家安全造成的威胁依然存在。从外部来说，北约提出的“东扩战略”不可逆转，已经由计划步入正式实施阶段，俄认为这将有可能导致欧洲分裂，严重威胁俄的国家安全；在边境地区爆发局部战争和武装冲突的威胁依然存在；核武器和其他大规模毁灭性武器的扩散和“一些周边国家加快军备建设的步伐”，也对俄的安全构成潜在威胁。因此，叶利钦发表的《国家安全咨文》、《国情咨文》和 1997 年 5 月 7 日批准的《俄联邦国家安全构想》中都提出，“俄罗斯现阶段的防御应是一种遏制性的防御”，即继续推行“现实遏制战略”，主要是保持能够抵御现实和潜在军事威胁足够的国防潜力，依靠军事手段保证俄的军事安全和国家利益，以武力对抗北约东扩，做好反击任何形式、任何规模的战争和侵略的准备。在军队建设的目标上，提出应把俄军建设成为机动能力强、精干、高效，有充分遏制能力的军队，一支与国家经济水平相适应，能担负起反击侵略、保卫国家安全任务的职业化军队。俄军建设的基本任务是：进一步压缩员额，优化结构；改革武装力量指挥体制；加强核力量建设；完善军事技术政策，保持科研与军工生产潜力，发展新型武器装备；控制军费增长，合理使用国防资源；全面启动军事改革，从根本上提高武装力量的质量参数。

适时启动全面军事改革，逐步落实军事改革的首批措施　自俄罗斯立国以来，俄军政领导人就提出军事力量的建立不应是在原苏军基础上的简单恢复和重建，应进行彻底的军事改革。但因种种原因，真正意义上的“全面的军事改革”一直未启动。进入 1997 年，俄武装力量的状况进一步恶化，如果还继续采取小修小补的措施已经无济于事。另一方面，北约东扩态势咄咄逼人，俄感到其安全日益受到威胁，尽快从根本上提高俄军的战斗力，使之真正担负起保卫国家安全的责任已成了当务之急。正如叶利钦所说：“军事改革的目的就是要使国家的防御能力有一个质的飞跃”。于是，叶利钦总统于 1997 年 7 月 16 日正式签署了关于武装力量实施重大改革的命令。与之相配套，俄还于 1997 年 11 月原则上通过了《2005 年前俄联邦军事建设构想》。根据官方提出的方案，俄军事改革将分为两个阶段：1997～2000 年为第 1 阶段，主要任务是裁减军队员额，合并军种，调整指挥体制，削减国防开支；2001～2005 年为第 2 阶段，主要任务是按武装力量的任务范围（陆、海、空－天）进一步合并军种，完善指挥体制，装备新型技术兵器，全面提高军队战斗力。从 1997 年下半年开始，俄开始落实第 1 阶段的改革措施，主要有：截止 1997 年底，已裁减军队编制员额 20 万；截止 1997 年 11 月 1 日，战略火箭军已完成了合并工作，军事航天力量和导弹太空防御部队的 578 个兵团和部队并入战略火箭军，新的编成内包括导弹集团军、航天器发射与控制部队和机构，导弹－空间防御军团和兵团；1997 年下半年，改革陆军指挥体制的工作已经全面展开，撤销了陆军总司令部，设立陆军总局和武装力量战斗训练总局；开始实施加强对军人的社会保障，提高军人工资的计划。

建立和完善军事建设与军事改革的领导和监督机构 为保证下一步武装力量建设与改革计划的顺利实施，俄着手建立和完善对武装力量建设和军事改革实施领导与监督的机构。1997 年 5 月 22 日，叶利钦签署命令，在国防会议之下成立了两个委员会：一个是军事建设委员会，由政府总理切尔诺梅尔金担任主席；另一个是军事改革财政和经济保障委员会，由政府第一副总理丘拜斯担任主席。两个委员会可以从政府的高度对军事改革进行总体协调，并实施财政保障。为实施对武装力量建设与改革活动的总体监督，1997 年 8 月 28 日，俄总统颁布命令，成立了国家军事监察署，并颁布了《国家军事监察署条例》。国家军事监察署隶属于总统办公厅，直接对总统负责，在业务上接受总统办公厅主任的领导。国家军事监察署的编制员额为 100 人，但在实施监察时可视情况吸收财政、税务和其他执行权力机关监督、监察部门的代表参加监察活动。国家军事监察署设监察长 1 名、第一副监察长 1 名、副监察长 2 名。首任国家军事监察长为科科申。国家军事监察署的主要职能是：以总统的名义监督俄所有强力部门（包括武装力量、内务部、安全总局、边防总局、铁道兵总局、税务警察局、联邦政府通信与信息局、民防、俄联邦护法机构、俄联邦动员准备保障机构、俄联邦执行权力机关所属队伍）、机关和部队的活动。

对高层军事领导班子进行大规模人事调整 为了顺利启动与推进军事改革，叶利钦对军队高层领导班子进行了大刀阔斧的调整。1997 年 5 月 22 日，叶利钦解除了国防部长罗季奥诺夫和总参谋长萨姆索诺夫的职务，任命战略火箭军总司令谢尔盖耶夫为国防部长，并授予俄联邦元帅军衔，任命北高加索军区司令克瓦什宁为总参谋长。在这之后，又更换了多名高级将领：任命 43 岁的雅科夫列夫为战略火箭军总司令，解除谢苗诺夫空军总司令的职务，任命 56 岁的科尔努科夫为空军总司令。鉴于新的改革方案中取消陆军总司令部，防空军与空军合并，因此，解除了谢苗诺夫陆军总司令的职务和普鲁德特尼科夫防空军总司令的职务。任命尤里·布克列耶夫上将为新设立的陆军总局局长。任命阿纳托利·塔拉夫涅夫为新设立的武装力量战斗训练总局局长。

进一步强化核力量建设 1997 年，俄军更加重视核力量的建设。其主要原因是，近年来由于资金不足和裁军等原因，俄军的常规力量受到很大削弱，而且在短时间内很难恢复。据俄军统计，目前俄军现有装备中，现代化武器的比例不超过 30%。例如，新式直升机只占 20%，而北约国家的这一比例为 70%。根据有关计划，俄要在 8 年之后才开始大量用新式常规武器装备武装力量。而核力量尽管也受到某种程度的削弱，但仍然保持着足够的核潜力，能有效地发挥战略遏制作用。俄公布的《俄联邦国家安全构想》明确提出："如果它国发动武装入侵，俄保留动用现有一切力量和手段的权利，包括动用核武器的权利。"并且明确放弃了不首先使用核武器的承诺。俄还认为，最紧迫的任务是，"努力把战略核力量保持在可给侵略者造成应有损失的水平上。"新任战略火箭军总司令雅科夫列夫声称，"如有必要，俄可以利用现有的基础设施把战略火箭军的战斗编成增加一倍。"根据上述政策，俄采取了如下保持和强化核力量的措施：一是以优化结构，提高质量为目的，合并战略火箭军、军事航天力量和反导弹防御部队，并进一步裁减人员。战略火箭军总司令雅科夫列夫认为，这次合并不仅节约军费达 13500 万亿卢布，而且战斗力提高 20%，已能完成 50%以上的战略核力量的反击任务和 90%以上的截击任务。二是研制并部署新型战略核武器。1997 年 12 月 24 日，俄在位于乌拉尔南部萨拉地区的塔季谢沃导弹基地部署了首批"白杨－M"型洲际弹道导弹。该导弹采用三级固体火箭，射程超过 1 万千米，具有隐蔽性好、突防能力强、命中精度高的特点。三是进一步完善战略核力量的指挥与控制系统。随着军事航天力量、反导弹防御部队并入战略火箭军，3 个军（兵）种的指挥系统也已实现了一体化。

保持军事科研与军工生产潜力，继续发展新型武器装备 近几年来，由于资金不足，人才流失，经济转轨等原因，俄罗斯的军工科研与生产状况持续恶化。为了扭转这一趋势，俄采取了一系列措施：（1）进一步调整国防工业的领导与管理机制。1996 年 5 月，撤销国防工业委员会，成立国防工业部。1997 年 3 月，又撤销了成立不到 1 年的国防工业部，将其职能划分给经济部、对外联络和贸易部。（2）调整国防工业的科研与生产政策。一是进一步实行军转民和保证重点的方针。1997 年 12 月 25 日，俄政府通过了 2005 年以前国防工业结构改革和转产的计划。计划规定现有的 1749 个军工企业只保留 667 个，由这 667 个企业完成军品生产任务，其余企业自谋生路，国家不再扶持。二是实行产业重组，发挥集团优势。按这项政策，俄将把一些军工综合体联合组成大型军工集团公司，这些重建的集团公司将得到专门出口许可证。三是推行私有化政策。（3）加强军品出口，以换取更多的发展资金。俄已冲破前苏联武器出口的地区和国家限制，同世界上 50 多个国家建立了军事技术合作关系，1995 年军品出口额 28 亿美元、1996 年达到 34 亿美元。为改变军品出口多头管理的局面，俄建立了总统－政府－大型国有公司 3 级负责制。1997 年俄正式组建了 3 家国营武器贸易公司，它们是：俄联邦武器和技术兵器进出口公司，负责大宗军事技术装备和武器的出口；工业品出口贸易公司，负责武器贸易活动中供应零部件、配套设备、军事技术装备的维修和售后服务等；俄联邦技术进出口公司，负责营销国家专利、技术和许可证。

在武器装备的发展方面，俄认为应集中力量和资金，发展“最有前途的武器”。在战略武器方面，仍在继续发展和列装新型核弹头及其运载工具。在常规武器方面，则进一步放弃了“一对一”的发展战略，强调要减少品种和型号，发展原有的优势项目和未来型武器，其中包括信息武器。尽管财政困难，1997 年俄军仍然投入装备了 42 种新型武器装备，其中包括“彼得大帝”号巡洋舰和卡－52 等一批新型作战舰艇和直升机。

继续限制军费增长，提高国防资源的使用效益 1992 年俄军费预算为 0.384 万亿卢布，1993 年为 8.3 万亿卢布，1994 年为 40.63 万亿卢布，1995 年为 59.379 万亿卢布，1996 年为 80.185 万亿卢布，1997 年为 83 万亿卢布。据俄自己透露，由于武装力量的规模仍偏大，上述几年的军费开支，远远满足不了军队的实际需要，甚至连军队的维持费用都无法保障。但另一方面，也存在着军费分配不合理和严重浪费现象。如何解决困扰军队建设的这一难题，1997 年俄军进行了讨论，提出若干解决方案。比较一致的意见是，今后一个时期要继续限制军费的增长，大体保持在不超过国内生产总值 3.5% 以内。另一方面，应优化军费支出的结构，优先保证重点需要。

继续开展与独联体国家的军事合作 俄制定的《军事学说基本原则》规定，与独联体发展军事合作，建立集体安全体系是俄军事战略和军队建设的一项重要内容。1995 年通过的集体安全构想规定，加入独联体安全体系 9 个成员国，应分 3 个阶段建成集体安全体系。第 1 阶段，1997 年前，将建立和巩固本国军队的主要措施实施完毕；第 2 阶段，在各个战略方向上建立联合军队集团，制定使用计划，建立统一的战役、后勤、技术和信息保障管理系统；第 3 阶段，建成集体安全体系。截止 1997 年，已经完成或正在进行的工作：一是建立军事合作协调与办事机构，包括：成立独联体成员国军事协调部，新任军事协调部主任是 1997 年 12 月被解除防空军司令职务的普鲁特尼科夫大将；成立独联体成员国国防部长委员会，截止 1997 年底，该委员会已经举行 28 次会议，审查了有关军事合作的 200 多项议题；成立独联体成员国武装力量参谋长委员会、防空事务协调委员会、军事技术委员会等。二是建立独联体联合防空体系。该体系是目前唯一实体性联合组织，“是未来独联体军事安全体系的重要组成部分”。三是在培训军事人员方面开展合作。已经建立了专门培训独联体各国军官的军事院校网络，下一步还要继续扩大这个网络，研究并制定用于联合培训的统一的教学科目和统一的专业设置表。截止 1997 年 12 月，仅在俄国防部所属院校接受培训的就有来自 6 个独联体国家的 3350 名军人。四是在军人社会保障和维护军人合法权益方面进行合作。即将于 1998 年共同制定独联体各国武装力量军人工作机关进行合作的计划，以加强对军人的社会法律保护。五是为防止在独联体国家发生军事冲突和调解冲突而开展集体维和行动。主要内容是：采取行动，维护塔吉克斯坦、格鲁吉亚（阿布哈兹和南奥塞梯地区）以及德涅斯特沿岸地区的和平。独联体成员国军事协调部已经制定了维和行动的准备与实施原则。

参考资料：

①俄罗斯《红星报》1996 年 12 月～1997 年 12 月；

②俄罗斯《军事思想》杂志 1997 年第 3 期。

（韩生民）

日本自卫队防务计划与措施

自卫队防务计划 1996 年 8 月底，日防卫厅向大藏省提交了 1997 年度防卫预算草案，同时公布了 1997 年度《防卫力量发展（案）》即防务计划。依据《中期防务计划》（1996～2000 年度），1997 年度的基本方针是努力切实地进行防卫力量建设，将特别注意以下 4 点：

①改编基干部队，力求顺利地达到新防卫大纲规定的新的防卫力量水平。②在作战装备方面，更新陈旧装备，实现装备现代化，以便能与国外先进技术发展动向保持在同一水平上。③推进自卫队的日常运转、教育训练等所需的工作，此外，在采取措施加强生活设施建设，提高军人待遇的同时，继续谋求各项工作全面而广泛的高效化和合理化。④为促进与周边各国的相互信任，将进一步加强安全对话等活动。

具体措施是，关于第①点，已经开始改编和缩编陆、海、空第1线部队；关于第②点，航空自卫队正在继续购置F-2强击机，陆上自卫队已开始新采购OH-X观察直升机，此外，还采取了几项装备现代化更新措施；关于第③点，为加强后勤体制，确保所需人员，将以多年来一直在实施的改善军人待遇的政策为中心，加强教育体制，谋求训练高效化；关于第④点，将派以防卫厅长官为首的防卫厅和自卫队高级干部出访周边国家，或派遣军舰出国访问，此外，还要通过诸如参加国际军官会议等广泛的防卫交流活动，努力建立信任关系。以上措施均以依据新大纲发展防卫力量为重点，最重要的是谋求现代化和高效化，建立与周边形势相适应的安全保障体制。以下是1997年度防务计划的要点：

作战装备 *地面力量* 现有火炮装备FH-70型155毫米榴弹炮和多管火箭炮，逐渐更新现有火炮。装备90型坦克，逐渐淘汰现有的61式坦克。装备OH-X新式小型观察直升机（为具备与国外侦察能力、低空飞行能力等国外先进军事技术水平相适应的性能，将批量生产），逐渐替换现有的OH-6D直升机。装备LR-X新型联络侦察机（1996年底正式选定机种），逐渐替换现有的LR-1联络侦察机。为达到国外的先进技术水平，将北部方面队的改进型“霍克”地空导弹换装成改进Ⅲ型“霍克”地空导弹（装备1/2个群）。西部方面队装备88型岸舰导弹（装备1/4个队，共4辆发射车）。装备教练用96型多用途导弹系统（3套）。

围绕以上重点项目，将新采购下列装备：

甲类：89型步枪2822支，5.56毫米机枪159挺，127毫米重机枪124挺，87型反坦克导弹发射架32部，L-16型81毫米迫击炮64门，RT式120毫米迫击炮47门，120毫米自行迫击炮6门，FH-70型155毫米榴弹炮11门，新型多管火箭炮9门，87型自行高射炮2门，90型坦克20辆，89型步兵战车3辆，轮式装甲输送车3辆，82型通信指挥车3辆，87型侦察巡逻车1辆，87型弹药供应车4辆，90型坦克回收车2辆，91型架桥坦克2辆，78型雪地车19辆，防化车2辆。以上甲类装备总额约668亿日元。

乙类：车辆、通信器材、设施器材等总额为755亿日元。飞机：AH-IS型反坦克直升机1架，OH-X新式小型观察直升机5架，UH-60JA型多用途直升机6架，UH-1J型多用途直升机3架，CH-47JA型运输直升机2架，LR-X新型联络侦察机3架。总计20架，总额约556亿日元。

导弹：1/2个群换装改进Ⅲ型“霍克”地空导弹。换装2部81型改进型近程地空导弹。采购93型近程地空导弹13部，91型便携式防空导弹15部，88型岸舰导弹4部，96型多用途导弹系统3套。总额约568亿日元。

装备乘员少、居住条件好的新型驱逐舰（第8、第9艘驱逐舰），逐渐替换现有的驱逐舰。装备水下探测能力强的潜艇（第5艘潜艇），逐渐更新现有潜艇。装备扫雷系统性能优良的扫雷艇（第4艘扫雷艇），逐渐替换现有扫雷艇。装备对驱护舰等的防空训练的支援能力有显著提高的训练支援舰（因各种性能的提高，基准排水量也相应增加），逐渐淘汰现有的训练支援舰。装备SH-60J型反潜直升机，逐渐替换现有的反潜直升机（HSS-2B）。着手将现库存的P-3C反潜巡逻机改装成图像情报搜集机。

围绕上述舰艇、飞机等重点项目，将采购以下装备：

舰艇：4400吨级驱逐舰2艘，2700吨级潜艇1艘，510吨级扫雷艇1艘，4500吨级训练支援舰11艘，4000吨级特务艇1艘，40吨级深海救援艇1艘。总计6艘，总额约2601亿日元（因深海救援艇是1996年度建造的潜艇救援舰的搭载艇，故未计算在总数之内）。

飞机：SH-60J反潜直升机7架、US-1A水上救援机2架，UH-60J救援直升机2架，OH-6DA初级教练直升机2架，供研制改进型SH-60J舰载反潜直升机用的试验机2架。总计13架，总额约740亿日元（因供研制改进型SH-60J的试验机是为对现有机进行改造，故未计算在采购数内）。将P-3C反潜巡逻机改造成图像情报搜集机，总额约35亿日元。

航空力量 装备F-2支援战斗机，逐渐替换现有的F-1强击机。装备T-4中级教练机，逐渐替换现有的T-1教练机。装备U-125A搜索救援机，逐渐替换现有的MU-2搜索救援机。装备UH-60J救援直升机，逐渐替换现有的V-107救援直升机。装备U-4多用途支援机，以提高多用途支援能力（指挥联络、空运、训练支援等），逐渐替换B-65指挥联络机。对F-15歼击机进行现代化试改进，以在

未来的技术水平下仍可有效使用。改造的内容有：换装雷达（提高探测能力），换装主计算机（提高计算性能及增加记忆容量），引进综合电子战系统（电子战装置性能的提高及综合化）。其基本设计费约需23亿日元。1998年度将开始进行设计，试改进1架飞机，预计于2002年度全部完成试改。

围绕以上重点项目，将新采购以下飞机、导弹：

飞机：F－2强击机9架，T－4中级教练机13架，U－125A搜索救援机4架，UH－60J救援直升机3架，U－4多用途支援机3架。总计32架，总额约1917亿日元。改装1架F－4EJ侦察机，总额约8亿日元。

导弹等：购买“爱国者”地空导弹射击消耗用导弹，约231亿日元。91式便携式地空导弹6部，约11亿日元。高射炮2门，约5亿日元。

情报与指挥通信能力 情报 进一步充实和加强情报本部，同时为确保购进器材等的相应需要，完善情报本部的综合情报搜集与分析体制。为此，参联会需增加27名军人。

指挥通信 继续建设1996～1999年度期间完成的市谷新中央指挥系统（NCCS），以便指挥所迁移。此项约需资金108亿日元。继续完善用于提高空中警戒监视能力等的固定式三坐标雷达装置。继续完善用于提高通信网抗干扰能力等的综合防御数据通信网。继续加强用于提高通信可靠性的卫星通信能力。

研究开发 进一步加强技术研究开发工作，同时瞄准未来技术发展动向，充分实施各项研究开发工作。主要研究开发项目有：

SH－60J改进型舰载反潜直升机 以现有的SH－60J型机为基础，改进和开发舰载反潜直升机，以提高反潜能力及水面作战能力。其主要内容是，为提高现装备的SH－60J的反潜能力，力求实现主动式声纳的低频化，提高战术判断支援能力；同时力求实现旋翼系统的高性能化，以提高悬停能力和载重量，努力实现降落引导的自动化，以提高飞行安全性，于1997年度进行设计和试验。

轻型反坦克导弹XATM－5 开发轻型反坦克导弹，更新84毫米无后坐力炮，以节省人力，提高生存力。1997年度的设计和试验费约43亿日元。提高现有装备尚未达到的高命中精度、夜间发射能力、对复合装甲的穿透能力，以及在掩体内的发射能力等。

确保人员，改编组织 新编快速反应预备役部队 根据新防卫大纲和中期计划，将具有一定训练水平和快速反应能力的预备役编到1997年度末将进行改编的第4师。人数约1400人。在进行防卫召集时，以快速反应预备役人员为主体的部队，在师的作战区域内担负后方阵地防御及预备队的任务。此外，该部队也可担负主要由陆上自卫队担任的治安行动，抢险救灾等任务。为使连队等能达到最低限度地遂行分队基本战术行动的训练要求，规定每年的训练时间为30天。关于快速反应预备役人员的待遇以及为达到训练效果所要创造的条件等，正在研讨中。

自卫队员额 陆上自卫队常备军员额将减少1423人，快速反应预备役员额为1373人，这样，陆上自卫队员额到1997年度末将减少50人。海上自卫队、航空自卫队员额不变。参联会增加37人。现在的预备役员额不增加，到1997年度末，总员额为47900人。自卫队的编制员额（实有人数）：1997年度末，陆上自卫队为149880人（满员率88.56%），海上自卫队为43162人（满员率94.34%）。航空自卫队为44860人（满员率95.03%）。

组织改编 新编陆上自卫队补给本部（暂名）等。为使陆上自卫队迅速而高效地实施补给业务，将把中央补给处集中编为一元化机构，新编补给管理本部及关东补给处。

改编海上自卫队扫雷部队。由于扫雷艇的退役等原因，将削减一个扫雷队。

新编航空自卫队早期预警机实用试验队（暂名）。为使E－767早期预警机的实用试验顺利进行，在飞机开发实验团编成内新编早期预警机实用试验队。

内部部局的组织改编，以强化防卫厅政策制定职能为目的，新编运用训练局（暂名）等。撤消教育训练局，设置运用训练局，该局由以下各局的有关4个课转隶编成：由防卫局的运用课一分为二编成的运用第1课和运用第2课、原教育训练局的训练课和装备局的通信课。

资料来源：

日本《军事研究》1996年11月号。

（葳　子）

加强海上自卫队建设的新举措 为了实现由“沿岸防御”到“远洋防卫”和“海上歼敌”的战略转变，1997财年（从1997年4月1日起），日本在军事预算中拨出1.1万亿日元（约100亿美元）用于海上自卫队的现代化建设，比上年度增加了5.1%，并高于其他军种的增长率。

加速建造现代化作战舰艇 1993财年，日本开始建造3艘军舰，其中1艘潜艇；1994财年，建造6艘军舰，其中2艘驱逐舰，1艘潜艇；1995财年，建造6艘军舰，其中2艘驱逐舰，1艘潜艇；1996财年，建造4艘军舰，其中1艘驱逐舰，1艘潜艇。而1997财年，根据军舰建造计划，日本开始建造16艘作战舰艇和辅助舰船，总排水量18389吨，造价

2601亿日元。其中包括2艘驱逐舰（每艘4400吨），1艘潜艇（2700吨），1艘扫雷舰（510吨），1艘训练支援舰（4500吨），1艘特务船（400吨），2艘锚地拖船（分别是260和50吨），1艘油驳船（50吨），1艘货驳（11吨），3艘驳船（18吨）和2艘潜水工作艇（每艘300吨）。可见，1997财年日本明显加强了海上自卫队的装备建设。

鉴于2001年“筑后”级护卫舰DE 223“吉野”号和DE 224“熊野”号将退出现役，1997财年开始建造2艘“村雨”级驱逐舰。从1998年起日本海上自卫队将开始建造一批先进的驱逐舰，排水量4900吨。目前，该型驱逐舰正由日本防务厅科研中心牵头研制。日本新的“亲潮”级潜艇已于1996年10月下水试航，将于1998年3月加入战斗序列。1997财年开始建造的潜艇是用来更换“夕潮”级的SS 577“滩潮”号的。新建造的扫雷舰是用来更换“初岛”级MSC 659扫雷舰的，新建造的训练支援舰是用来更换“吾妻”号的。根据以前签订的合同，1997财年，1艘驱逐舰、1艘潜艇、2艘扫雷舰、1艘扫雷舰浮动船坞和1艘坦克登陆舰将加入战斗序列。

加强航空技术装备建设 1997财年共拨出经费646亿日元建造13架海军飞机：2架US-1A搜救水上飞机、7架SH-60J反潜直升机、2架UH-60J搜救飞机和2架OH-60D教练机。根据以前签订的合同，1997财年将有10架飞机（1架P-3C基地巡逻机、1架UP-3D型训练支援和无线电电子对抗机、1架US-1A搜救水上飞机、5架SH-60J反潜直升机、1架UH-60J搜救飞机和1架T-5教练机）编入海上自卫队。

积极研制新式武器装备 目前，日本正加紧进行新武器装备系统的研究工作。用于海军方面的武器项目主要有：射程加大的“阿斯洛克”反潜火箭、近距离防空导弹系统、K-RX2自动移动水雷、G-RX4反潜鱼雷、S-10反水雷装置。此外，还准备革新SH-60J反潜直升机。

在推广海上自卫队控制系统的同时，计划积极利用商业通信线路。还准备向海上自卫队提供与陆上自卫队的通信系统相匹配的通信设备。

加强战备训练和对外军事交往 1997财年，日本海上自卫队除加强传统的战役和战斗训练措施，如一年一度的由总部领导的海上自卫队的演习、护航演习、扫雷演习外，还加强与美国、俄罗斯等国海军的交往。计划出访美国西海岸和东南亚各国，同时与美国等国海军举行联合演练。

确保部队编制和兵员 1997财年，海上自卫队在其组织编制不变的情况下努力保障部队兵员数量不会减少，以确保部队战备等各项工作的顺利开展。到1997财年年底，日本海上自卫队的编制人员为49558人（45752名军人和3806名文职人员），后备役人员1100人。部队满员率为94.4%。

（尚左琳）

韩国建军计划与措施 韩国《国防白皮书》规定的1997年国防目标是：保卫国家，抵御外部军事威胁和侵略，做和平统一的后盾，为地区安定与和平作贡献。为实现年度目标，韩国军队建设有如下举措：

确定年度工作任务，争取国民理解支持 韩国广播公司1997年1月23日报道，国防部年初军务会议提出全年首要任务是：建立强力安保态势，支援国家经济建设，为增强国力做贡献。会议强调“加强军备建设，提高韩美联合作战能力，研究新国防政策，适应南北关系变化和未来统一的形势”。会后，三军分别提出军种“运营方针”。陆军：落实军种发展规划，增强对付正规战的和非正规战的两种防御能力，建设“必胜的一流野战军”。海军：明确保卫领海和交通线的责任，研究新战略战术，提高总体战斗力，建设“大洋海军”。空军：建立战略侦察、监视和情报体系，增强打击陆海空立体威胁的快速反应能力，建设“战略型空军”。

为获得社会的理解和支持，顺利完成年度任务，韩军年内采取了一系列“为民接受”、改善形象的做法：成倍增印《国防白皮书》，发行国内外，要使本国国民在一般书店能买到；修改《军事设施保护法》，放宽民间在军事禁区内进行工程建设的限制；开放陆军士官学校，允许国内外游客参观；增设机务司令部“公报官”一职，加强“对民宣传”和社会联系；简化10月1日建军节纪念仪式，“体谅国家经济困难”；接受媒介批评，撤离设在汉城市区风景点的军事警戒设施。

提出改革体制构想，修订内部有关制度 韩国广播公司1997年12月24日报道，韩军1990年实行军政、军令两权分离以来，指挥不统一“一直是困扰军队高层的主要问题”。为改变这一状况，参谋长联席会议于1997年10月4日向国会呈交讨论改革指挥体制构想的报告。其构想框架是：改变现行三军并立的协同作战体制，实行以陆军为主的一体化联合作战体制；把三军参谋本部改为三军作战司令部，在此之上设立合同军司令部或国军参谋总部；由合同军司令或国军参谋总长对全军行使军政军令权，以达到指挥、管理一元化。据《东亚日报》报道，尽管海空军对改革构想有异议，但参谋会坚持“年底前要拿出改革具体预案，1998年6月正式确定实施方案”。在酝酿改革期间，韩军先行修改一些军内制度以适应形势的需要。

改革人事管理制度 自1997年2月1日起，重新划分军官类别，将现行作战、人事、军需、通信等多种军官专业，合并为野战、政策、技术3大专业，然后再划分5～16类细化管理。

量能选才 国防部11月18日就晋升90名将官一事宣布，要结合个人能力、经历和发展潜能来进行人事调整，“立足发掘为国家和军队作出贡献的人才”。

首次招女士官生 过去只招男性的三军士官学校开始对女性开放，陆军士官学校首招女性被媒介列为年内十大国防新闻之一；空军和海军士官学校也决定于1998年和1999年开始招收女生；空军学校1997年首招20名女学员，并对她们进行包括驾驶战斗机在内的“全职业化”训练。

放宽新兵服役要求 兵务厅决定从1997年起，凡接到入伍通知的学生，如又接到大学录取通知，可推迟服役时间。陆军则宣布，入伍新兵百日集训后，可放假5天，并取消集训后的会操制度。

执行国防中期计划，大力发展武器装备 韩军从1997年开始执行为期5年的国防中期计划。全年实际国防开支174.5亿美元，其中装备采购费48.76亿美元，占27.9%，从而保障韩军全面更新武器装备。

建设自动化指挥系统 《东亚日报》1997年3月7日报道，韩军利用“无穷花”卫星建立的作战指挥通信系统将于4月投入使用，陆军集团军司令部和海空军作战司令部都已配备卫星收发信息设备，从此，三军可通过卫星通信实现联合作战指挥。为此建成C^4I系统，陆军团以上部队计算机系统与通信系统4月1日进行合并，组成信息化智能系统。7月底，韩军开发出C^4I联合战场管理系统，配发军级部队，并在后来的指挥所演习和军需战争演习中发挥了“极好的效能”。10月4日参联会宣布，在首都圈和空防薄弱地域设置高速指令传输系统。该系统用1个人只需30秒便可向470个部队发送指令，而过去用3个人需7分钟却只能向12个部队发送指令。根据国防部公布的年度采购计划，韩军还拟购买先进低空探测和目标跟踪雷达、侦察和预警飞机、可压制计算机系统的电子战设备，组成联合情报侦察监视系统，最终建成韩军自己的C^4ISR系统。

加强地面压制和对空火力 国防部1997年8月12日宣布，向美购买29套多管火箭炮和110套陆军战术导弹系统，预计1999年完成部署。在奈基导弹基础上研制的NHK－1地地导弹已少量装备部队，射程250千米，其改进型NHK－A射程将达300千米。向法国订购的1000枚西北风导弹，预计1998～1999年服役，届时韩军拥有量增至2000枚。飞马自行防空系统，陆军拟采购35套，空军拟采购30套。天马自行防空系统于1997年10月27日试射成功，1999年完成部署，装备陆军和海军。国产首批150套飞虎自行高炮系统预定1999年服役。美《防务新闻》1997年9月8日评论，韩军采购地面火力装备，将能压制敌远程火炮、摧毁C^3设施，增强区域防空力量，提高韩美联合作战的能力。

发展各种先进飞机 1997年6月30日首架用国产零件组装的F－16型机服役，计划至1999年组装72架。F－5系列飞机的改造，预定1998年拨款进行。FX下世纪战斗机的机种拟于1998年选定，2000年首批采购60架。为提高战斗的攻击力，韩军1997年向美订购了300枚被称为“跨世纪空战武器”的AIM－120先进中程导弹。向以色列订购的AIM－140防区外发射导弹，预定2年内交付使用。KTX－1教练机计划1998年完成试飞，2000年服役。KTX－2教练机定于2001年试飞，2005年投产。1997年向以色列订购100架女妖鸟反雷达无人机，预定1999年完成部署。计划1999年采购10架鹰XP－800先进侦察机，其性能优于美U－2侦察机。国防部还表示，引进德国技术发展新一代直升机，生产400～500架，使武装直升机拥有量至2000年达到1000架。

自造新型战斗舰艇 韩海军1997年拥有7艘1200吨级德式潜艇，计划2000年前再造2艘。国防部1997年11月21日宣布，1998年开始研制1500吨级中型潜艇，计划2000年发展3000吨级可对地对空攻击的大型潜艇。国产KDX－1型驱逐舰的第2艘于1997年10月16日下水，预计2002年第3艘交付使用。KDX－2型驱逐舰预定1998年开工，该型舰不仅装有垂直发射系统，而且是隐形设计。KDX－3型驱逐舰作为21世纪战舰装有宙斯盾系统，战术性能与日本金刚级宙斯盾驱逐舰相当，至少生产4艘。护卫舰的发展主要是：改造蔚山级，增建浦项级，停产东海级，计划21世纪初建造3000吨级护卫舰。此外，国防部1997年7月19日透露，国产两栖装甲突击车的性能与美军同型车相当，拟采购57辆，年底装备陆战队，还计划购买大型坦克登陆舰。

突破美国垄断限制，争取更多国防自主 1997年韩国在保证不因经济危机影响安全合作构架和保障美驻军费用的情况下，力争更多的国防自主权。7月4日韩国与美交涉终于获得导弹增程至300千米的生产权；11月10日又通过谈判驻军地位协定，就美军归还东豆川训练场事达成协议。在武器引进方面，韩一改过去美国优先的做法，实行国际招标，择优选用，引发了双方限制与反限制的斗争。在选择轻型防空导弹时，美国与英国、法国强劲竞卖，先于6月10日单方面宣布售韩1065枚毒刺导弹，而韩方却公开否认，说这是“有意造成既成事实”。尽管美韩“双方50年纽带关系和3.7万美军是为韩国驻防”相要挟，但韩顶住压力，选定法国的西北风导弹。在选择重型防空导弹时，韩主要对俄S－300感兴趣，而不是美极力推荐的爱国者，引起美强烈不满。美国防部长、参联会主席均赴韩游说，声称购买俄导弹“不仅会削弱韩美未来协同作战能力，而且会增加美机遭俄武器打击的危险”，双方为此闹得很不愉快。虽然美最后让步同意韩买一些S－300导弹部件进行试验和训练，但是韩方还是借故推迟购买方案。在选择舰载防空系统时，韩原看好以色列的巴拉克系统，后在美压力下转购美标准垂直发射系统。在选择下一代主力战机方案上，美俄欧7种机型更是竞争激烈。韩国因把俄机作为首选机而遭到美国反对，遂又声明1998年再确定选用方案。对于美一直推荐的E－767预警机，韩则以紧缩经费为由，无限期推迟购买。

面对美国的诸多干涉，韩国防部强调“谋求军事合作多边化是韩国国防的基本政策”，宣称1997年继续以抵债方式进口俄步兵战车和弹药，并与俄签署防卫产业合作协定。《简氏情报评论》认为，美国在韩武器销售的“传统垄断地位正受到俄国的挑战。”年内，韩国还决定用德国技术生产新一代直升机，替换美式直升机；购买印尼CN－235运输机和加拿大电子训练器材；计划参加以色列箭式反导系统合作等。在武器外销方面，韩国历来政策灵活，出口几乎无限制。1997年5月因向泰国出口美国技术的2.75英寸火箭而受到美国禁售弹药的制裁。K－1型坦克因采用了美国技术迄今无法出口，韩军工企业表示，“新一代K－2型坦克完全是韩国人的智慧结晶，必将摆脱美国束缚，在国际市场大展鸿图”。

资料来源：

①1997年韩国《东亚日报》、《汉城新闻》、韩国广播公司电台和电视台、文化广播电台、联合社消息。

②1997年英国《简氏防务周刊》、美国《防务新闻》、澳大利亚广播电台、美联社、法新社消息。

③1997年中国《兵器知识》、《舰船知识》、《航空知识》、《现代舰船》、《现代兵器》、《现代军事》、《世界军事》、《国际航空》、《中国航天》、《当代海军》等杂志。

（孔国生）

越南建军计划与措施 1997年，越南继续贯彻“革命化、正规化、精锐化和逐步现代化”的建军方针，全面加强部队建设，着重提高政治素质和作战能力。

强化军队政治建设 1997年，美国等西方国家继续通过各种渠道对越南实施“和平演变”战略，越国内外反动组织和宗教势力也伺机开展活动，企图颠覆越南社会主义政权。为保持人民军队的本色，坚持党对军队的“绝对、直接、全面”领导，维护部队稳定，越军加大政治建军力度。一是加强党组织建设。越军继续在全军开展争创“廉洁、过硬”党组织活动，要求各级党组织提高自身素质，更加牢固地确立党在军队建设中的领导地位，对那些不团结、不廉洁、组织纪律松懈、领导作用发挥不好的党组织进行整顿，对腐化蜕变的党员坚决清除出党，以保持党组织的纯洁性。越军纪检部门多次在全军进行清查，查处有问题的党员干部258名。二是狠抓政治工作。越军要求各单位必须制定详细的政治工作计划，将政治工作贯穿于战备、训练、后勤等各项工作中，以促进单位全面建设。三是积极宣传贯彻党的决议和方针。越军要求各部队经常组织所属人员认真学习领会越共“八大”制定的路线、方针、政策，提高政治理论水平，自觉执行党的各项决议。四是开展反“和平演变”教育。越军总政治局年初给各部队下发了反“和平演变”教材和宣传题纲，要求各单位根据实际情况，以授课、专题讨论、演讲等多种形式开展反“和平演变”教育，坚决抵制国内外敌 对势力的“和平演变”和其他腐朽思潮，保持正确的政治方向。

继续精简整编 越军当局1997年初制定了五年精简机构和裁军计划。根据该计划，越军将在2000年前再裁减总兵力的30%，重点削减陆军、军工企业和机关等。其中，陆军将把数个满编师缩减为简编师，撤销部分省（市）军事指挥部直属团编制。同时，越军年内根据越南新调整的行政区划，先后组建了8个省（市）军事指挥部、2个省边防指挥部；将2个运输团扩编为运输旅，改变部分团、营级单位番号，调整部分单位隶属关系。

大幅度调整军区以上主官 1997年9月，范文进少将接替朱维敬中将任首都军区司令，陈必青少将接替陶仲历少将任第2军区司令，陶仲历升任副总参谋长；段奎大将被免去国防部长职务，由范文茶中将接任。12月下旬，越共8届4中全会决定，黎可漂上将接替杜梅出任中央军委书记，段奎任中央军委副书记，免去黎德英的军委副书记职务。1998年1月3日，陶仲历任国防部副部长、总参谋长，范青银中将任总政治局主任，阮花盛少将任总技术局主任，阮文沱大校任总后勤局主任，范文茶晋升为上将。

组织各类军事演练 1997年，越军继续贯彻“基本、扎实、牢固”的训练方针，大力加强部队军事训练。越陆军主要进行了山地丛林进攻与防御、防化作战、城市防暴训练；空军训练科目主要有夜间作战、空中拦截、长途奔袭、对海（地）攻击和反潜等；海军重点进行了舰船集结、目标搜索、海上攻击、海岛防御、特工破袭训练；防空军则侧重进行了戒备转级、战时动员、部队机动、捕捉和打击空中目标等科目训练。为检验训练效果，提高协同作战和快速反应能力，越军还多次举行师以上规模的诸军兵种联合作战演习。

积极改善武器装备　越军当局为加快部队现代化建设进程，于1997年8月专门开会研究了发展武器装备问题。同时，积极采取措施改善武器装备。一是积极从国外购买武器装备。1997年，越空军从俄罗斯购买了6架苏－27型飞机、数架米式直升机、多部对空警戒雷达；海军从俄采购了数艘导弹艇和部分反潜鱼雷；陆军从俄购买了一批军用舟桥、车辆和野战通讯设备等。越军还从日本、法国和泰国购买了部分雷达、通信设备、计算机及其它零部件。二是加强装备的自行研制和改造。越海军自制并装备了3艘运输船；边防部队首次研制了1艘铝合金船体高速巡逻艇；空军对部分现役米格－21、苏－22、苏－27型机进行了技术改造；防空军改进了部分防空导弹系统。三是重视与外国进行军工生产合作。越加紧准备与俄罗斯联合生产舰艇、轻型直升机、坦克履带和炮弹，与美国合作生产火炮和地雷等武器。

加强部队内部管理和控制　1997年，越军内部发生多起严重事故和违纪事件。一是武装抢劫、杀人。4月上旬，越谅山省边防部队一名战士在谅山市持枪抢劫公民财产，被群众打成重伤；9月初，越防空军1名士兵因军地纠纷，开枪打死3名百姓，然后自杀，造成恶劣影响。二是参与走私、贩毒活动。越军部分单位使用军用车辆、仓库、码头为地方犯罪分子贩运、储存走私物品和毒品。此外，越军在内部发现艾滋病携带者65人。针对上述问题，越军大力加强内部管理和控制。越国防部专门召开反走私反贪污会议，指出今后的工作重点是反贪污与提倡节俭相结合，反走私与防止参与走私相结合。要求各单位严格执行中央军委、国防部“关于在新形势下反走私、防商业舞弊的指示”，禁止出租军事场地、仓库、港口、机场、车船存储和运输非法物品；越边防部队对所属人员参与走私、贩毒情况进行了查处，并制定了防止发生类似事件的措施。同时，各部队加强对人员和枪支的管理，要求所有人员必须严格遵守法规，外出活动必须经主官批准并不得擅自携带枪支；对持枪抢劫、杀人等刑事犯罪人员予以从重处理，并追究领导责任。

开展对外军事交往与合作　1997年，越国防部、总参谋部、总政治局、海军和防空军首脑先后出访中国、印尼、菲律宾、老挝、泰国、俄罗斯、保加利亚和匈牙利，特别是首次派军事代表团访问了美国。美军太平洋总部司令、新加坡国防部长、菲律宾武装部队总参谋长、泰国三军司令、老挝军队总参谋长也相继访问越南，马来西亚还派军舰访越。同时，越积极参加东盟国家安全防务会议，与东盟国家交换情报信息，派员观摩东盟国家军事演习，并积极争取东盟其他国家加大对越国防工业的资金和技术投入；与菲律宾加强安全防务合作与交流，并决定进行第2次海上联合考察；与泰国海军联合实施海上巡逻，确保两国交界海域安全；与日本建立国防部副部长级定期协商制度，扩大两国在安全保障领域的对话；与匈牙利达成定期进行军事人员互访的军事交流协议；与法国商定，由法国帮助越军培训医生并建立一个现代化医学实验室。

资料来源：

越南《人民军队报》、《全民国防》杂志（1997年）。

（钟学良）

柬埔寨建军计划与措施　1997年是柬埔寨政府实施“建立一支年轻化、知识化、专业化和现代化军队”计划的最后一年。由于柬国内武装冲突不断，柬政府忙于指挥军队作战，未能采取大的建军举措。据外电报道，柬政府年内在军队建设方面仅做了以下工作：

裁减部分员额　根据柬政府制定的裁军计划，从1995年8月至1998年底，柬政府军总兵力将由12.5万人减至7.5万人，其中到1997年底裁至8万人。1997年初，柬政府军重点裁减了55岁以上人员、伤残人员和部分投诚归编政府军的红色高棉分裂派人员。随后，由于柬政府两首相拉那烈和洪森之间争夺权力的斗争激化，导致他们分别领导的奉辛比克党和人民党部队于7月上旬爆发了严重的武装冲突，柬政府军的裁军工作被迫暂时中止，未能达到预期的目标。

结合实战开展军事训练　拉那烈7月6日被洪森武力赶下台后，陆续将所属部队撤至柬西北部柬泰边境地区驻防，并联合红色高棉部队对柬政府军开展游击战，柬政府军则加强清剿作战，企图彻底消灭拉那烈派部队和红色高棉武装。为提高部队作战能力，柬政府军积极开展军事训练，特别是担负清剿作战任务的第4、5军区部队多次结合实战举行攻防作战演练，并在越南军事专家的指导下，进行了新的战术培训及使用新武器的训练。此外，柬海军还派部分水兵赴马来西亚进行为期2周的驾艇训练。

改善武器装备 一是从国外购买武器装备。据马来西亚《亚洲防务》杂志报道，1997年上半年，柬海军耗资200万美元从马来西亚购买2艘快速巡逻艇。马来西亚为此举行了交接仪式，柬政府第一首相拉那烈、国务大臣、国防部长、海军司令、外国军事办公室主任等应邀出席仪式。这2艘巡逻艇已部署在磅逊海军基地，主要担负打击海上走私和海盗分子任务。目前，柬海军共装备巡逻艇12艘、登陆艇3艘。二是改造部分现有武器装备。1997年，在马来西亚军事专家和技术人员的帮助下，柬海军对现有10艘近岸巡逻艇中的4艘进行了改装。

资料来源：

①英国《军事力量对比》(1997～1998年)；

②马来西亚《亚洲防务》杂志1997年1～12期。

（钟学良）

缅甸建军计划与措施 1997年，缅甸继续实施建立一支“装备精良、人数众多和素质高、战斗力强、能抵御内外任何威胁的现代化武装部队”的计划，在强化军队对国家控制的同时，奉行“数量和质量并重”的建军方针，大力加强军队建设，提高作战能力。

进一步巩固军队在政府中的统治地位 1997年11月15日，缅甸“国家恢复法律与秩序委员会”主席丹瑞大将宣布：为了实现国家民主与和平，建设现代化的强大国家，撤销“国家恢复法律与秩序委员会”，成立“国家和平与发展委员会”，其成员全部由军人组成：丹瑞大将担任主席（兼任政府总理、国防部长、三军总司令），貌埃上将担任副主席（兼任三军副总司令、陆军司令），钦钮中将担任第一书记，丁昊中将担任第二书记，温敏中将担任第三书记，海、空军司令和12名军区司令担任委员。免去14名60岁以上军队元老担任的政府要职，成立由他们组成的顾问委员会。在政府机构中增设与国防部并列的“军队事务部”，由丁拉中将担任部长，以强化军队的地位，加强政府与军队的协调。与此同时，对各级政府人事进行了调整：任命丁吞中将、貌貌钦中将分别担任副总理，任命部分机动师师长、作战指挥部司令担任政府部长、副部长职务，使现役军人在政府副部长级以上官员中占了60%，从而保证了军人在国家政权中的主导地位；县以上各级“和发会”主席及主要领导职务全部由现役军人担任，并要求区一级特别是边境地区的区级“和发会”主席要由军人担任，强调当地驻军指挥官在地区军事、行政事务中行使主导权。此次调整任命的“和发会”委员和政府部门中的军人领导，年龄都在50岁左右，都是在军界中具有一定威望的将领，他们与丹瑞、钦纽关系密切，执掌着军事指挥权，既有利于军政府内外政策的贯彻执行，又有利于军队的“稳定和忠诚”。因此，此次调整不仅保证了军政权的稳固，而且为军人集团长期执政奠定了坚实基础。

合并、新建部分建制单位 1997年，随着缅甸国内战事逐渐平息，缅甸将分别负责南北战场作战的2个特战指挥部合并为1个特战指挥部，由丁吴中将担任指挥官。同时，陆军新建了坦克营、装甲营、地空导弹营、弹药营、供应运输营、辎重营、通信营、卫生营近20个；空军组建了多个飞行中队和侦察分队。迄本年底，缅军总兵力已由32.1万人增至32.9万人，其中陆军30万人、海军2万人、空军9000人。此外，缅加紧在全国各县组建预备役部队，目前有的县已建成2个预备役连。预备役部队担负的主要任务是配合军队消灭反政府武装，保卫村庄安全，维护地区治安。

调整军官队伍 为提高军官队伍素质，实现军官队伍年轻化，缅军于1997年11月中旬对全军各级军官进行了大幅度调整，重新任命了海、空军司令，对70%以上的军区、机动师和作战指挥部主官作了调整，一大批年轻、素质高的准将级、上校级军官被任命为军区司令、机动师师长和作战指挥部司令，一些机关参谋人员出任作战营营长等职务。

积极从国外购买武器装备 1997年，缅空军先后从外国购买了战斗机、运输机和直升机50余架，使其装备的飞机总数达180架，其中作战飞机99架，包括F-7、FT-7型战斗机36架，A-5M型攻击机24架，PC-7、PC-9、“超海鸥”型防暴机31架，米-17型武装直升机8架，改变了长期以来机种单一、战斗力低下的状况，提高了对地攻击和防空作战能力。海军从国外采购了数艘舰艇。陆军购进了大批火炮、坦克、装甲车、汽车和通讯、计算机设备。此外，缅空军在部分飞机上安装了全球卫星定位系统。

大力开展军事演练 1997年，为提高部队的军事素质和作战能力，缅军大力开展军事演练。(1)注重举行战役战术合成演习。年内，缅陆、海、空三军多次举行较大规模联合作战演习，在演习中特别重视使用新从国外购进的先进武器。主要演练了联合进攻、登陆抢滩、海岸防卫等科目，着重提高诸军种协同作战能力。缅陆军举行了数次指挥所带部分实兵的战术演习，主要科目有搜索、防御、进攻、撤退等。(2)强化空军训练。随着作战机型不断更新，为尽快掌握新装备飞机的性能，提高飞行员的飞行水平和作战能力，缅空军加强了训练工作：一是频繁组织飞行员驾驶新购进的飞机进行飞行训练。主要科目有长途飞行、转场、打靶、夜航、跳伞、空投、侦察、空对地射击、空中支援、空中攻击、空中运输、战场救护等。二是邀请俄罗斯等国空军专家赴缅授课，进行驾驶、修理和维修指导。三是选派部分飞行员到国外学习相关专业知识。(3) 重视举办各类培训班。缅军全年共举办各类培训班60余期，主要内容有侦察与反侦察、炮兵装甲兵战术、卫星通信、防暴和计算机、雷达操作等。此外，丹瑞大将于1997年12月15日在缅甸空军节庆祝大会上发表讲话时，要求空军加强科学理论学习和高难度军事训练，不断提高部队的整体素质。

资料来源：

①缅甸电视台、缅甸之声报道（1997年）；

②英国《军事力量对比》(1997～1998年)。

（钟学良）

泰国建军计划与措施　泰国防部拟定的“5年建军计划”（1997～2001年）进一步强调，坚持质量建军的方针，以现代化、正规化为重点，不断提高部队的战斗力。

调整军队结构　为提高军事指挥效率，泰军拟于1999年正式组建参谋长联席会议委员会，以取代现有的最高军事指挥机构总司令部。参谋长联席会议委员会由总司令、总参谋长和三军司令组成，将监督北方、东北、中部、南方和特别行动5个联合司令部。为保证这一计划的顺利完成，泰军各个部门也在作相应的结构调整。国防部将改组为指挥管理、兵源动员、国家开发、军队建设和国防工业等6个部门。陆军将按所属各厅的职能编为参谋、战勤、教育训练、特别事务4大部门，目前正着手于国土保卫厅和后备兵源厅的合并工作。为提高部队的快速反应能力，泰陆军拟将第1防卫步兵师第31团改建成快速反应部队，这将是泰军的第1支快速反应部队。海军司令部计划将所属各厅改组为指挥、作战、战勤、教育训练和特别事务5个部门。空军则分为作战、支援、训练教育和特别事务4个部门。

缩减武器采购计划　受东南亚金融危机的影响，泰国经济出现了严重的衰退，泰军被迫削减军费开支和搁置武器装备采购计划。1998年度的国防预算由原计划的1630亿泰铢减至809亿泰铢，推迟和部分取消了购买F/A－18型战斗机、5万支M－16A2型步枪、291辆装甲车及潜艇、防空导弹、军用卫星等6项采购计划，中止了与外国签订的维修舰载直升机和100辆“蝎”式坦克等多项合同。同时，泰军按原计划引进了18辆轻型坦克、107辆M－60A3型坦克、3艘巡逻炮艇和一批火炮；与外军签订了维修“盲区弥补式”雷达和100架贝尔直升机的协议。泰海军向西班牙订购的“扎克里·纳吕贝”号直升机航母正式编入现役，大大提高了远海作战能力。此外，泰海军还计划到2006年，将再采购2艘潜艇、84艘各类舰艇、33架海上攻击机和巡逻机及一批先进通信设备。届时，泰海军二战时期装备的舰艇将全部退役。

注重合成演练　为适应现代战争的需要，泰军强调加强诸军兵种联合军事演练，以提高部队的整体协同作战能力。泰军与美国、马来西亚、新加坡、印尼、菲律宾、澳大利亚、新西兰等国建立了每年或每2年定期举行的双边或多边军事演习制度。1997年2月，泰海军首次参加了与印度、孟加拉国、斯里兰卡等南亚国家海军举行的多边联合军事演习。美国是泰国的重要军事盟友。在美泰“金色眼镜蛇－97”联合演习中，泰军投入1万余人的兵力，出动目前所拥有的先进战舰和飞机，重点演练泰军在美军强大的海上和空中力量配合及支援下，以海上和南部沿海地区为战略支撑点实施反潜作战、两栖登陆、空中拦截、对空防御及支地（海）作战。新增设了航母护航科目的演练，旨在使泰海军熟悉航母战术的运用，培养其独立作战的能力。

资料来源：

①1997年泰国陆军电视台报道；

②1997年泰国《泰叻报》。

（孟　丽）

菲律宾建军计划与措施　由于菲律宾国内的反政府组织一直活动频繁，而菲军的高层官员却屡屡强调菲正受到“外来侵略”的威胁，所以菲军一方面采取措施，加大强度，镇压各地叛军，以维护国内安全，另一方面又在积极将战备重心转向“抵御外来侵略”，加速军队的现代化建设。近年来，菲一直坚持以下建军方针：全面实现部队现代化，不断提高战斗力，逐步使之成为一支英勇顽强、职业化、高素质、有能力与亚洲其他国家相抗衡、能全力保卫国家安全的强大军队。菲军队于1995年就开始制订15年现代化计划，经过反复研讨和论证，1997年，已经走上了实施阶段。

把近海防御作为海洋战略的重点　据菲律宾《前进》报报道：菲海军司令艾德瓦多·桑托斯少将认为，当今时代正处于全球战争的转折过程中，战争正在由全球性冲突转向地区性冲突，由公海战争转向近岸战争。所以如何在近岸海域中获得对军事要地的控制权，是菲海洋战略中首先要考虑的问题。特别是菲多岛的地形特点使得近海沿岸防御成为菲海军防御的重点。菲沿海地形的自然特征对各种舰船的活动具有一定的限制性，对敌国舰船的入侵是一个不利因素。因此，菲在考虑自己武装部队作战能力有限的前提下，将充分利用空军、陆军对海军的协同作用，采取一种“深度防御”的作战战略，集中区域进行防御。如果敌军从沿海入侵，菲空军、海军和陆军将联合有序地进行还击。空军提供海洋空中侦察，并为水面舰船提供空中支援，与此同时，海军和陆军联合分层次展开海岸防御，粉碎敌国的入侵企图。

为空军建立新的基础设施 据菲空军高层人士称，目前菲空军的装备和战斗水平在东南亚各国中是最差的，仅装备有9架陈旧的F－5型喷气式战斗机，而且其中的2架已经不能飞行。为加强空军的整体实力，菲决定先从基础设施建设入手，再逐步提高菲空军的装备水平，以适应现代战争的需要。据《马尼拉公报》报道，1997年，菲武装部队将原位于利福市圣费尔南多的空军训练基地搬迁到位于贞纳尔圣托斯的拉扎布亚延空军站。搬迁的主要原因有两个：一是圣费尔南多训练基地的天气状况太差，全年有5个月的时间无法进行飞行训练；二是原基地太靠近民用和商用航线，严重影响飞行训练的安全。搬迁后，新的训练基地地形开阔，天气状况良好，且更容易与距其较近的空军基地协调合作。该基地负责人称，新基地启用后，空军将士都期待着国家给予更多的资金，以提高空军人员素质及整体作战和防御能力。此外，菲还于1997年初正式启用建于南沙海域中业岛上的一座简易机场，并正制订在该岛增建一座飞机加油站的计划，以加强菲对远海诸岛的控制能力。

继续加速军队装备的现代化进程 据《马尼拉公报》等报刊报道，1997年，菲海军向美国购进3艘巡逻炮艇，订购1艘FF－21型护卫舰；向原驻香港英军购买3艘“孔雀”级巡逻艇，即孔雀号、千鸟号和欧椋鸟号，并准备在此3艇上装备舰空导弹；菲还以贷款方式向澳大利亚购买2艘搜索救援船，并正在研究购买8艘可搭载导弹的高速舰艇。此外，1997年，美国新港拗斯轮船建造厂已答应将帮助菲建造1艘85米长的近海巡逻艇。澳大利亚的通陆防御系统公司也准备与菲合作建造一批舰船，该公司于1997年对菲130多家公司及教研机构进行了调查，并正在寻找理想的舰船修建场所。菲空军于1997年制订了向美国购买11架A－7“海盗”2式攻击战斗机及向台湾或韩国购买可组成一个中队的F－5型战斗机的计划。菲于5月进行了购买24架军用飞机和8艘巡逻艇的招标。9月，菲又与俄罗斯缔结了购买数架米格－29战斗机的协定。为了回报菲允许朝鲜叛逃者黄长烨避难，韩国同意以“相当低的价格”向菲出售一批包括F－5型战斗机、两栖舰只、火炮和野战电台等在内的武器装备，并答应以“最优惠价”为菲改进F－5型战斗机和现有的巡逻舰只。

积极加强与外军的合作与交流 据美国《海军时报》报道，1997年，菲决定向美重新开放克拉克空军基地和苏比克海军基地，并与美举行了第39届共同防御委员会会议。美同意在解决对访菲美军刑事管辖权问题之后，恢复有关举行联合军事演习的协定，并将与菲建立长期的军事合作关系。冷战结束后，美军相继于1991年和1992年撤出克拉克和苏比克基地，菲也紧接着中止了与美军的合作协定。直到1996年12月，菲美通过一项临时协议又开始恢复联合演习和港口访问。不久菲方又认为，临时协议缺乏法律效力，双方应重新制订一项新的协定取而代之。美国积极响应，暂停了原定于1997年举行的部分联合演习和港口访问，与菲开始正式会谈，双方正在就美军在菲演习和访问期间所犯案件究竟由哪国处理之事进行商讨。另据《马尼拉公报》报道，为促进与其他国家的军事合作，菲前国防部长雷纳托·德比利亚在离任前，于1997年相继与马来西亚、新加坡、泰国和印度尼西亚的国防部长签署了内容相似的双边框架性防务条约。据德比利亚称，这些条约将成为菲与其他国家进一步加强关系的指导性和基础性文件，其内容包括双方军队增加互访、加强相互训练以及进一步促进有关军事技术和信息的交流等条款。在此之前的6年时间里，德比利亚还曾先后与英国、法国、澳大利亚和韩国等国家签署了类似的双边防务文件。

主要资料来源：

①1997年《马尼拉公报》；

②1997年菲律宾《前进》报；

③1997年美国《海军时报》；

④1997年日本《时事解说》。

（郭　辉）

新加坡建军计划与措施 1997年，新加坡继续贯彻落实“全面防卫”的国防政策，不断加快国防现代化建设步伐。新加坡国防部长曾说：新加坡军队要成为世界上一流军队，“不是在数量上，而是在质量或武器尖端上”。新加坡军队提高战斗力在很大程度上依赖以下两个因素，一是合理地训练人员，使之能熟练掌握先进装备的使用和维护；二是不断开发和运用最新的科技和军事技术。

注重军队的质量建设 无论是军事装备的现代化，还是军队指挥人员的素质提高，新加坡都是从质量出发，以“精”作为首要考虑条件。现在，新加坡是东南亚诸国中唯一拥有预警机的国家，配备有4架E－2C鹰眼预警机。海军为了更好地履行职责，正在对舰艇进行大规模的更新，除与外国合作外，更加重视自行设计生产新式武器。原计划本国设计和建造的12艘“无畏”级反潜巡逻艇正在生产中，首批3艘已于1996年10月5日服役，其余9艘将于1998年交付使用。这种巡逻艇全长55米，除装备“西北风”地空导弹系统外，还配备有“白头”鱼雷。据称，这种“白头”鱼雷可以自动找到目标，并摧毁在水下活动的潜艇。新从其国小地狭的特点出发，在正规军事人员有限的情况下，十分重视对预备役人员的训练。当前，经过培训的预备役人员可以在紧急状况下，迅速组成3个机械化营。而新加坡海陆空三军的合作水平也正在逐年提高。海军长期为陆军提供海上训练设施，1997年初，空军和海军进行了一次紧密的合作“保证FOC行动”，充分显示了新加坡海空军的协同水准。为了保证军队领导人员的素质和能力，自1995年以来，诸兵种中所有的军官都要经过新加坡一所固定的军事院校培训。对于来自海、陆、空军的准尉则要在他们接受初期训练后，通过多次联合作战的演练，有选择地给予提拔。

筹备组建潜艇部队　随着近年来海上地位的日益受到重视和海上利益争夺的升温，新加坡作为“依赖海洋而生存的国家”，更是把海军视为其“生命线”。自印度尼西亚购买潜艇后，新加坡便迅速投入潜艇部队的筹建。1995年，新加坡从瑞典购买了一艘旧潜艇，成为东南亚第2个拥有潜艇的国家，尽管新特意声明潜艇是“为了研究才购买的”，但仍给周边各国带来震惊。1996年，新皇家海军开设潜艇专业，大力培养急需的人才。1997年7月，再次向瑞典订购3艘A-12型索尔门级旧潜艇，而新加坡在1995年购买的原瑞典潜艇索约尔南号将于1998年2月交付使用，并改名为“里肯”号。目前，该潜艇正在瑞典的考库姆机械公司装配，新加坡的40名海军人员也正在瑞典受训。新在1997年订购的3艘潜艇，在考库姆整修后，将于1999年以后陆续交付使用。新加坡现已宣布将于1999年正式建立潜艇部队。

积极发展国防工业　新加坡正在与法国等国家合作，联合研制生产PL-120轻型直升机；与瑞典合作，制造1000吨级轻型导弹护卫舰；大批地自行设计和生产国内急需的武器装备。新加坡已经把发展国防工业作为发展本国军事力量的一个重要环节。近年来，倾注大量精力和资金来推进国防工业的建设，国防工业的发展十分迅速，特别是掌握了许多精尖工业的制造技术。与此同时，新还制定了对财力雄厚、技术先进、信誉良好且有长年经营经验的外国伙伴采取优先合作的政策，这些合作伙伴对新加坡国防工业的发展和竞争力的增强发挥了重要作用。因此，新加坡已成为世界上出售高技术的10个国家之一，其拥有的军工技术令美国和西欧国家瞩目。

加强与外军的合作与交流　新加坡面积狭小，为其军队建设带来诸多不便，特别是缺少军事基地，因而，加强与外军的合作与交流，对新加坡来说，尤为必要。1997年2月，新加坡与印尼在印尼的东爪哇水域举行了一次为期12天的联合扫雷演习，旨在清除第二次世界大战期间在该海域留下的水雷。对新加坡来说，这是很珍贵的训练机会。1997年4月，新加坡与英国、澳大利亚、新西兰和马来西亚5国联防组织，共同举行了一次大规模的代号为“飞鱼”的演习。在演习期间，新与英国签署了一项谅解备忘录，根据该备忘录，两国将进一步加强军事合作，增加联合演习和扩大人员交流。美国也是新加坡的一个重要合作伙伴，美国海军在1992年撤出菲律宾苏比克海军基地后，已把部分后勤装备转移到新加坡海域，建立了新的武器库，进一步加强了美新两国海军的关系。1997年7月，新加坡与美国举行了代号为“水星”的反水雷演习，以加强双方在反水雷作战中的合作，提高对保护国际航运的戒备意识。新加坡在1995年10月才正式建成水雷对抗舰。

主要资料来源：

①1997年《简氏防务周刊》；
②1997年菲律宾《马尼拉公报》；
③1997年《先锋》杂志；
④1997年越南《全民国防》。

（郭　辉）

印度尼西亚建军计划与措施　为了更好地实现保卫国家和以合法地位参加国家社会和政治事务的双重职能，印尼武装部队一直坚持以下建军方针：努力把自己建设成一支兵力精干、结构合理并具有高度机动和威慑能力的军队。为此，印尼正在不断地购进先进的武器装备，大力发展国内军工生产，加强部队的军事训练，调整各级主官，实现军队领导的年轻化、知识化和专业化，并密切同其他国家的军事合作，以提高部队的现代化水平以及快速反应和协同作战的能力。

继续装备先进武器设备　据《简氏防务周刊》及印尼《武装部队报》等报刊报道，1997年，印尼海军向澳大利亚购买的26架“流浪者”海上巡逻机全部到位；向德国购买的39艘军舰中的最后2艘也已到货；印尼于4月份公布向德国订购5艘U-206攻击型常规动力潜艇的计划，并已于9月接收了其中的2艘；印尼海军还向俄罗斯购买了综合补给舰和运输补给舰各1艘；为部分二战时建造的陈旧登陆舰更新了机器设备，使其行驶速度由原来的6节提高到13节；印尼自行设计生产的7艘中型巡逻艇也于1997年正式编入海军现役。印尼空军向英国购买的24架隼式战斗机全部到位，并于4月续订了16架同型机；

6月印尼向法国订购16架“超美洲豹”型直升机；8月向俄罗斯购买12架苏－30K型战斗机和8架米－17N型直升机。此前，印尼曾准备向美国购买9架F－16型战斗机，后由于美国国会与印尼在人权问题上发生争执，印尼于6月份宣布放弃此项计划。此外，印尼海军还成功地自行研制了FZ－67型和FZ－68型地空导弹。印尼陆军也从法国购进了一批装甲车和防空武器。

进行重大人事调整　据《简氏防务周刊》报道，1997年8月，印尼武装部队总司令丹荣上将批准了一项决定，对印尼空军、海军和国家警察三大军种进行序列调整，将已试行7年的英氏序列恢复为美式参谋长序列，以与陆军和武装部队司令部的编制体制取得一致。早在6月，印尼即重新任命陆军参谋长，并将空军、海军、警察部队三大军种的参谋长也升为四星上将，同时，印尼空、海、警部队序列中均设有一名三星中将级的副参谋长，许多职能部门的高级参谋军衔也可升为两星级，这三大军种中新任命的三星将官军衔的副参谋长分别是原空军后勤部长、原海军助理计划部长、原警察部队助理计划部长，此次是多年来最大规模的晋职和人事调整，涉及三大军种298名将级军官。这样大规模的人事调整是因为大批毕业于1965～1966年军事学院训练班的将领均已到了55岁的最高服役年限，他们的位置改为由军事学院1970～1975年的学员接替。在5月以前，印尼军队也曾调整过2次，但涉及到的都是中低层军官。

增建新的军事基地　据印尼《武装部队报》报道，1997年8月，印尼陆军在南苏门答腊省楠榜市的巴都拉查地区修建的新基地宣告竣工，并正式交付使用。新建的基地有一条长2100米、宽40米的跑道和一条长100米、宽30米的滑行道，1个面积为2万平方米的停机坪，2个面积4000平方米的机库，可起降C－130型等大型运输机。该基地距设在巴都拉查的印尼武装部队演习及训练中心仅20千米，距巨港243千米，距楠榜机场232千米，距雅加达仅50分钟航程。据称，该基地始建于1988年，全部工程分两个阶段进行，前后历时9年时间，耗资188亿多印尼盾，该基地的建成不仅能够满足陆军部队演习训练的需要，而且也为印尼与其他东盟国家进行军事演习提供了一个理想场所。此外，印尼海军还在帝汶岛南部的古邦动工新建一个规模最大的航空兵基地，并计划在雅加达北部建造马伦达军事基地。

主要资料来源：

①1997年印尼《武装部队报》；

②1997年《简氏防务周刊》。

（郭　辉）

马来西亚建军计划与措施

1997年是马来西亚第7个五年计划的第2年，根据军队职业化的新国防战略思想，马武装部队一方面大力发展国防科技和军事技术；一方面对军队编制和结构进行调整，进一步加快军队的现代化进程。

推行面向21世纪的陆军建设计划　据马来西亚《亚洲防务》报道：1997年3月1日，马陆军司令在陆军成立纪念日上发表谈话称，马陆军正在推行面向21世纪的陆军建设计划，从结构和编制上着手，使之逐渐实现现代化，能够在诸兵种合成状态下进行训练和作战，以适应陆军由反暴动作战向常规战争的“深刻转变”。马正在将陆军重新组建成一支精干的中型军队，装甲火力和机动能力并重，加强其对危机的快速反应能力和保持有效打击的能力，使其能够应付各种威胁和各种程度的冲突。在新的计划中，陆军将把调整的重点放在指挥机构和野战部队的现代化问题上，并将人力资源、武器装备和设施建设作为3个主要方面来抓。步兵部队将进行大规模裁减，但火炮部队和勤务部队将得到加强。目前，有两个步兵旅已分别改编为一个机械化旅和一个空降旅。陆军航空团将在国家的下两个5年计划期间完全建立起来。为了提高军队人员的整体素质，陆军根据1996年开始生效的大学毕业生军官计划，正在吸收大量的大学毕业生加入军队。

陆军航空兵部队正式运转　据马来西亚《亚洲防务》报道：1997年3月9日，马陆军航空兵部队在克鲁昂正式运行，该航空部队现仅有第881飞行中队的一个下辖单位，其他编制尚待扩充。按计划，航空兵部队满编为330人（包括25名军官），其中将有82人来自空军，其余人员来自陆军。部队中所有飞行员将被训练成可以全天候进行空中监视和联络的人员。该部队创建于1995年3月10日，当时仅装备有10余架直升机，经过两年的筹备和论证后，获准运行。陆军航空兵部队的主要任务是为陆军提供运输并在战场上进行近距离空中支援，该部队是陆军为了适应现代战争的需要，满足本部更方便更直接地随时调动自己的飞机这一要求而建立的。按马部队的有关规定，陆军需要飞机要向上级申请，并经多重批准，才能达到目的，不仅手续繁琐，而且远远不能满足时效的要求，陆军航空兵部队的运行正是为了避免上述问题。它未来的发展方向是要努力使自己具备3种职能：可进行空中侦察并跟踪监视；能实行防务封锁；可以执行部队转移的任务。

组建首支骑兵部队　据《马来西亚信使报》报道，1997年5月6日，马来西亚武装部队首支骑兵部队正式建立，该部队隶属于皇家21装甲团，基地设在雪兰莪的双溪布洛，成立时只有1个中队，仅有4名军官、53名士兵及27匹从波兰买回的价格昂贵的良种马。为协助该骑兵部队的建立，波兰也派员赴马担任教练。据该部队负责人称，这支骑兵部队在1997年底以前将再增加3名军官、82名士兵和43匹战马，并在1998年底以前，将骑兵中队扩编到团级建制。到那时，该骑兵团将拥有26名军官、444名士兵和145匹战马。武装部队总司令说，在现代军事中，战马仍然可以在军事领域包括在皇家礼议活动中发挥作用。目前，军队中仍然使用战马的国家仅有英国、巴基斯坦、印度和波兰等国。

全面扩充预备役部队　据《马来西亚信使报》报道，1997年，马武装部队大力加强预备役的建设。陆军预备役部队由原来的12个团4.2万人增加到了16个团5.5万人。新建的4个预备役团编为513团、514团、515团和516团，分别驻在吉打州、马六甲、吉隆坡的沙巴州。马海军预备役部队在1997年也得到大力扩充，由原来的6个营2000人增加到11个营5000人。新建的5个营分别驻在拉布安、瓜拉丁加奴、古晋、山打根和辛多克。为进一步扩大海军预备役规模，马海军正在考虑在马六甲和宾图鲁再建2个预备役营。此外，马海军还在马来西亚北方大学、马来西亚科技大学和马来西亚技术大学成立海军预备役军官训练部。

继续推进装备现代化的进程　据《简氏防务周刊》等报刊报道，1992年4月马向英国订购的2艘23级护卫舰（勒乌号和麝香猫号）已于1997年底运抵马来西亚。国防部决定再向国外购买超级大山猫式直升机作为上述舰只的舰载机。为此，马海军于1997年8月派出2批共50余名官兵前往有关国家学习舰机知识。马向意大利购买的4艘65吨级轻型导弹护卫舰，其中2艘于1997年到位。海军还计划购进一批海上巡逻机、预警机和直升机，并计划耗资20亿美元建造27艘大型巡逻艇。马空军向美国购买的8架F/A－18D型大黄蜂式战斗机也于1997年全部交付使用，其中的4架已编入马空军第20飞行中队。马决定为此种战机配备最先进的AMRAAM式空空导弹，从而成为东南亚地区第1个拥有此种导弹的国家。此外，马还向俄罗斯订购了18架米格－29型战斗机。根据协议，俄将帮助马进一步改进这18架飞机，为其装备先进的空中加油系统和重型武器及俄制射程为50千米的空空导弹。马空军还分别与美国和俄罗斯签署了购买AGM－65系列导弹和AA－12型空空导弹的协议。1997年，马还铺设了一条贯穿东西的海底电缆，将重要港口和海空军基地连在一起，为马在1999年实现全军计算机联网奠定了基础。

加强与周边及欧美国家的军事合作　据《马来西亚信使报》报道，1997年4月，5国联防组织在马来西亚、新加坡及南中国海水域举行了大规模的联合军事演习，马来西亚作为东道主，成功地指挥了联合防空演习。此次演习标志着马海空军联合作战及指挥能力有了极大的提高。4月下旬，马又与泰国在北马六甲海峡泰马边界海域举行海上联合演习。5月，马与英国军舰在马来半岛海域举行两栖登陆演习。4月27日，美军第7舰队的独立号航母访问马来西亚的巴生港。5月6日，加拿大海军的2艘军舰访问马来西亚的卢木海军基地，并与马海军在马六甲海峡进行军事演习。6月和8月，马海军军舰分别对印尼和越南进行友好访问。马积极展开军事外交，旨在加强与周边及欧美国家的友好交流和军事合作。

主要资料来源：

①1997年马来西亚《亚洲防务》；

②1997年《马来西亚信使报》；

③1997年《简氏防务周刊》。

（郭　辉）

印度建军计划与措施

1997年1～12月，印军建军计划与措施如下：

综述　**增加国防预算**　1997～1998年度，印度国防预算为3562亿卢比（约合99.22亿美元），占国家财政预算的15.34%，较上年度增加28.14%。其中，陆军总预算为1920.5亿卢比，较上一年度增加48.3%，空军总预算为481.4亿卢比，海军总预算为225.9亿卢比，均较上一年度增加23%。

确立“九五”期间国防建设重点项目　印国防部长亚达夫1997年6月18日宣布，军队现代化进程已成为印度国家建设的重点，印政府将全力保证军队的现代化建设。为此，印军已确定了“九五”期间国防建设重点项目：一是发展核力量。计划在5年内投资800亿卢比，重点发展核武器所需的基础设施和技术。二是发展导弹。全力完成自1983年开始的“综合导弹发展计划”中各种导弹的研制工作，并在必要情况下加紧部署。“九五”期间计划用于导弹项目的开支为50.4亿卢比。三是加快国产轻型战斗机的研制进程，力争在2002年装备部队。四是尽快投产“阿君”式主战坦克，计划在“九五”期间内用该型坦克装备2个团。

落实电子战计划　为适应未来战争需要，自1995年起印军开始实施“萨姆尤克塔”电子战计划，主要为陆、海、空三军提供电子干扰及反电子干扰系统。至1997年，已完成米格－27飞机的自我防卫干扰系统。该计划将于2000年底完成。

准备建立一体化防空系统　据英国《简氏防务周

刊》1997年4月2日报道，印度准备耗资10亿美元建立一种用于反飞机和反导弹的一体化防空系统。该系统由俄罗斯的S－300PMUI中高空防空导弹和印度自行研制的“阿卡什”防空导弹组成，将主要部署在印巴边境和中印边境地区，以对抗巴基斯坦的M－11导弹和中国的蚕式导弹。目前，印正就该工程同俄罗斯进行谈判，如果达成协议，印将在本土建立6～7个防空系统。另据印国防国务部长索姆7月30日在议会称，印政府正准备实施一项名为“综合反导弹计划”的方案。

陆军继续落实1985～2010年远景规划

解决军官缺编问题 印度陆军军官长期缺编，至1997年缺编达1.3万人。为此，印军积极采取如下措施：一是自1997年起每年招募女军官，以此弥补军官缺额；二是开展宣传活动，大力宣扬服兵役的优越性；三是提高军官的福利待遇，增强军队的吸引力。

步兵计划在“九五”期间更换轻型武器 印度陆军步兵总监G·辛格1997年10月24日在庆祝印步兵节的集会上宣布，为了应付未来可能发生的战争，印度陆军计划在“九五”期间为步兵全部装备5.56毫米新式攻击步枪、机枪和卡宾枪等轻武器，以替代目前使用的7.62毫米半自动步枪、机枪和卡宾枪。届时，替换下来的轻武器将交给准军事部队使用。同时，印正在用“法戈特”和“米兰”反坦克导弹装备步兵，以取代现在装备的106毫米无坐力炮。

炮兵准备调整编制和更新装备 长期以来，印军炮兵部队的最高建制单位为旅，分别隶属于军、师两级部队。为理顺指挥关系，印决定组建隶属于军的炮兵师，主要装备较为先进的130毫米野战加农炮和155毫米榴弹炮。为增强炮兵的火力，印军准备在未来几年内更新装备。根据印军换装计划，至2000年底，炮兵现装备的160毫米M－58型迫击炮、183毫米和140毫米加农炮、105毫米和130毫米自行火炮将全部淘汰。未来炮兵装备的牵引式火炮将以俄罗斯的130毫米M－46型野战加农炮和瑞典博福斯公司的155毫米FH－77B型榴弹炮为主。印自行研制的射程为40千米的122毫米12管“皮卡纳”多管火箭炮将陆续装备部队，以逐步取代苏联设计的122毫米BM－21型多管火箭炮。印军还计划将部分现有的130毫米加农炮改装成155毫米火炮，同时计划从俄罗斯购买152毫米自行火炮，并将其改装成155毫米。

制定装甲部队现代化计划 印陆军为加强装甲部队的建设，1997年制定了装甲部队现代化计划。其目标是，通过引进、研制新式坦克、装甲车和改进现有坦克、装甲车，彻底实现更新换代，在数量上与邻国巴基斯坦保持3:1的优势，在质量上高出一筹。

积极筹建特种部队 由于印国内民族分裂势力活动较多，政府不得不经常动用陆军来担负反叛乱任务。为此，印陆军自1996年起，着手成立一支特种部队担负这一任务。该部队由1个伞兵营、2个伞兵突击营和1个步兵营组成，将分别配属给东部、西部、北部和南部军区，其行政管理和后勤保障由军区负责，武器装备由陆军司令部提供。陆军司令部将设立特种部队处，在陆军第一副参谋长的领导下负责为特种部队拟定作战计划，下达作战任务。特种部队的任务主要是对付国内叛乱分子，同时也担负营救人质、反劫机等对付恐怖组织的特殊任务。1997年，该部队的筹建工作正在积极进行之中。

空军确立未来发展方向 据报道，近几年来，印空军根据国际形势的变化和借鉴美军海湾战争的经验，逐步确立了未来空军的发展方向，主要内容包括：

健全作战指挥体制 印空军将逐步建立起战略空军指挥机构，在进一步完善陆空协同作战机构的同时，建立健全海空协同作战机构，提高空军遂行战略打击、战略侦察、战略空运及协同作战的能力。

确立新的作战思想 印空军除继续强调夺取战场制空权外，将重点借鉴美军海湾战争“空地一体战”的成功经验，发展具有印军自身特点的陆空、海空协同作战理论，使空军的战役战术思想进一步朝着现代化、实战化、协同化方向发展。

进一步提高作战能力 印空军将继续把改善武器装备作为提高作战能力的主要措施之一。为此，将大力增加第3代作战飞机，并尽可能地引进和生产第4代作战飞机。据印空军参谋长称，空军确立的未来战斗机群发展目标是30:70，即30%从国外引进，70%由老式战斗机改装和自行生产研制。

海军继续落实“现代化建设规划” 印海军为落实自1990～2005年的“现代化建设规划”，在1997年主要采取了如下措施：

重视航母建设 为实现海军建立两支航母特混舰队的目标，印政府在继续进行新航母研制工作的同时，1997年10月又正式批准海军关于建造相当于小型航母的“航空防卫舰”的计划，印政府称，到2005年，海军将新建3～4艘航母。

加强潜艇部队力量 印海军为建立一支具有多种作战能力的现代化潜艇部队，计划将常规潜艇的数量由目前的10余艘增至25艘，同时加紧研制核潜艇，使海军既有在远洋地区执行任务的核潜艇部队，又有在中、近海活动的常规潜艇部队，还有保卫沿海和专属经济区的小型潜艇部队。

计划建立南部舰队 由于海军的迅速发展，远洋舰种不断增加，印海军计划在原有的东、西两个舰队的基础上再建立起南部舰队，以增强和完善在印度洋中部海区的兵力部署和机动作战能力。

加强前沿海军基地建设 印海军计划进一步完善安达曼-尼科巴群岛的永久性防御工程及后勤补给设施，将其扩建成大型的海空军联合基地。

继续改善武器装备 1995 年 7 月～1997 年 12 月，印军继续采取“引进、改造和自行研制相结合”的方针，努力加快武器装备现代化进程。

武器引进 *从俄购买的首批苏-30 战斗机装备部队* 1996 年 11 月印俄达成协定，印将从俄购买 40 架苏-30MK 远程多功能战斗机。根据该协定，俄于 1997 年 4 月份将首批 8 架苏-30MK 型战斗机交付印度。印空军于 5 月份在浦那空军基地进行了试飞，6 月份正式装备空军服役。其余 32 架及地面大修设备将于 1999 年前后陆续交货。根据协定，印同时还将获得进一步生产 6 个中队苏-30 飞机的许可。

从俄罗斯购买空中加油机 据美国《防务周刊》报道，印国防部长亚达夫 1997 年 10 月份访问俄罗斯期间同俄签定合同，从俄罗斯购进 6 架伊尔-78 型空中加油机，为印空军目前装备的苏-30、米格-29 和“幻影”飞机提供空中加油。上述飞机采用空中加油后，其作战半径将扩大 1 倍

从以色列购买武器装备 1997 年 4 月，印同以色列签署一项武器购买合同，其中包括 12 架无人驾驶侦察机、电子战系统、控制和通信系统、全球卫星定位系统、导弹防御系统和潜艇推进装置等。另据《印度政治家报》报道，印度已同以色列达成协议，印海军将从以色列购买可装备一个中队的“澳德拉”超级巡逻艇。该种巡逻艇将由以色列拉塔姆公司负责建造。“澳德拉”巡逻艇长 82 米，时速超过 48 海里，装备有精密的武器和监视系统。

计划购买 2 艘俄罗斯“基洛”级潜艇 据《印度时报》报道，印政府已批准海军耗资 15 亿美元从俄罗斯购买 2 艘“基洛”级潜艇的计划。1997 年 12 月 24 日，第 1 艘“基洛”级潜艇“辛杜拉卡夏卡”号已在孟买港编入现役。

武器改造 *陆军决定耗资 2.43 亿美元对现有的 900 辆 T-72 型坦克进行改造* 主要改进火控和观察系统。1997 年 9 月，印政府批准了陆军的这一计划。

空军积极落实战斗机改进方案 根据 1996 年 3 月印俄签订的关于对印空军 125 架米格-21BIS 型战斗机进行现代化改造的合同，俄在 1997 年已为其改造出 2 架并进行了试飞，其余飞机将在俄专家帮助下，由印度斯坦航空有限公司在印进行改装。据印国防研究与发展组织称，改装后的米格 21 型战斗机最大时速将达 2.05 马赫，作战半径达 1100 千米。该机可携载空空、空地、反舰和反雷达导弹，能同时跟踪 8 个目标并对其中两个进行攻击。1997 年，印俄还就改造米格-27 型战斗机问题进行谈判，准备为该型飞机加装电子设备、卫星定位导航系统和新型空空导弹等。计划第 1 批该型飞机的改造工作将在俄进行，其余将在俄专家的指导下在印进行。印空军还打算对米格-23、“美洲虎”和“幻影 2000”型战斗机进行技术改造。

海军对部分潜艇进行改装 海军继 1996 年对苏制 F 级潜艇“维拉”号的声纳系统和德制 209 级 1500 型常规动力潜艇“锡舒马尔”号的动力系统进行改进后，1997 年又先后对苏制“卡辛”2 级导弹驱逐舰、仿英式“尼尔吉里”级护卫舰和国产“戈达瓦里”级护卫舰导弹系统、雷达系统和声纳系统进行改装。

武器研制 1997 年，印继续实施“国防研究与发展 10 年自信计划”，加快国产新型武器装备的研制工作，确保到 2005 年实现武器装备自产率由目前的 30%提高到 70%的目标。印 1997 年在武器研制方面取得进展是：

《综合制导导弹发展规划》取得显著成就 印度自 1983 年起实施耗资十几亿美元的《综合制导导弹发展规划》，积极研制远、中、近程各类导弹。至 1997 年，已研制出以下 5 种导弹：

“普里特维”（大地）式系列短程导弹。已研制出 3 种型号，一是“普里特维”1 型地地导弹，又称 SS-150 型导弹。该导弹长 8.5 米，直径 1 米，最大射程 150 千米，有效载荷 1000 千克，可装配多种弹头，具有速度快、命中率高、杀伤力强等特点，用于装备陆军。目前，印陆军已装备 75 枚该型导弹。二是“普里特维”2 型空军型导弹，又称 SS-250 型导弹。该导弹长 8.56 米，直径 1.1 米，最大射程 250 千米，有效载荷 500 千克，目标圆周误差率为 10～250 米。三是“普里特维”3 型导弹，又称 SS-350 型导弹，最大射程 350 千米，有效载荷 500 千克。此外，为海军研制的普里特维导弹也取得了很大进展，现已开始试射准备工作。

“阿格尼”（火）式中程弹道导弹 该导弹长 18.4 米，最大射程 2500 千米，有效载荷 1000 千克，能携带核弹头，已进行多次试射，因部分技术指标尚未达到设计标准，研制工作仍在进行，可望在下个世纪初投入生产并装备部队。

“特里舒尔”（三叉戟）短程地空导弹 该导弹是

一种短程快速反应多用途导弹，长 0.8 米，射程 9 千米，采用地面雷达与弹载控制系统相结合的制导技术。该型导弹的飞行试验阶段已经完成。据印国防部称，计划耗资 10.4 亿卢比生产该型导弹，并力争将在 1998 年正式装备部队。

“阿卡什”（兰天）地空导弹 该导弹射程为 25 千米，最大时速 2 马赫，采用相控阵雷达寻的制导，可同时跟踪多个目标，并具有抗电子干扰能力，计划 1998 年正式装备部队。

“纳格”（蛇）式反坦克导弹 该导弹重 9 千克，长 0.8 米，最大射程 4～6 千米，采用无线电控制指令和远红外成像制导技术，可自动跟踪目标，机动性较强，计划 1998 年装备部队。

“阿琼”式坦克将在“九五”期间装备陆军 1997 年，印度对自行研制的“阿琼”式坦克成功地进行了沙漠和半干旱条件下的火力和战术测试，按计划将在“九五”期间陆续装备陆军部队。陆军已订购了 124 辆该型坦克。

轻型直升机、轻型运输机完成测试工作 1997 年，印先后对自行研制的轻型运输机和陆军型、空军型、海军型轻型直升机样机进行测试，均已达到测试标准。其中，轻型运输机首架样机将于 1998 年 3 月试飞，轻型直升机将于 1998 年开始大批量生产。

“德里”号导弹驱逐舰服役 1997 年底，印度自行研制的“德里”号导弹驱逐舰加入海军服役。该舰排水量达 6700 吨，最高时速 32 节，装备有俄制 SS－N－25 舰舰导弹、5 管鱼雷发射器、SA－N－7 舰空导弹和 AK－360 近战兵器系统，并可搭载 2 架直升机。自 1998 年 1 月起，该舰将进行为期 12～18 个月的海上试验，尔后编入西部舰队。另外两艘同类导弹驱逐舰“迈索尔”号和“孟买”号，将分别于 1999 年和 2000 年服役。1997 年，印自行研制的“辛杜．拉克萨”号潜艇、“加里亚尔”号两栖攻击舰、“普拉哈尔”号导弹舰、“普拉桑特”465 号高速快艇、“库里西”号小型导弹护卫舰、“塔兰吉尼”号训练帆船也相继加入海军服役。

“高级实验鱼雷”进入最后实验阶段 1997 年 7 月 30 日，印国防国务部长索姆在人民院宣布，印自行设计的名为“高级实验鱼雷”的反潜鱼雷研制工作已进入最后实验阶段，计划于 1999 年装备海军部队。

印政府批准海军生产航空防卫舰 1997 年 10 月，印政府正式批准海军关于生产“航空防卫舰”的项目。该舰为 24000 吨，可搭载各种战斗机和各型导弹，相当于小型航母，计划耗资 4.85 亿美元，6～8 年内建成。

轻型战斗机计划 2012 年前装备部队 印度自 1985 年开始研制国产轻型战斗机，计划分 3 个阶段，即工程论证阶段、样机生产及试飞阶段和批量生产装备部队阶段。至 1997 年已基本完成第 2 阶段工程，先后生产出 2 架样机，原计划于 1997 年 11 月进行第 1 次试飞，但由于尚存在一些问题，推迟至 1998 年进行。印空军已订购 220 架用于作战，20 架为教练机。该飞机计划在 2002～2012 年正式编入现役。

据印国防部透露，轻型战斗机长 13.2 米，翼展为 8.2 米，高度为 4.4 米，起降时间短，操作灵敏度高，可进行空中加油。每架造价为 2000 万美元，是目前世界上造价最贵、体积最小、重量最轻的具有复杂控制系统的战斗机之一，其性能优于美国的 F－16 战斗机，完全可以取代俄罗斯的米格－21、米格－23、米格－27 和美国的 A－4 、A－5 以及法国的幻影 III 型飞机。

中型战斗机纳入“九五”国防规划 据《印度时报》报道，印已决定在轻型战斗机的基础上，耗资 23 亿美元进一步开发研制具有隐形性能、装备电子飞行操纵系统的中型战斗机。该项目已纳入第 9 个国防 5 年计划，预计 2008～2010 年前后交付使用，以代替目前装备的“美洲虎”及“幻影”战斗机。

（刘温国）

哈萨克斯坦建军计划与措施 哈萨克斯坦为满足自身的防御安全，自 1992 年开始独立建设国防以来，根据本国特殊的地理位置，积极制定出相应的建军计划与措施，努力把部队建设成一支战斗力强且能适应现代战争要求的武装力量。

制定明确的军事指导原则，完善各兵种建制 哈萨克斯坦处于欧洲、近东、远东 3 大战区交点，哈认为任何一个战区发生战争都可能危及其安全，尤其又面临周边邻国强大实力的军事威胁，哈从本国的军事潜力、经济实力出发，确立了自身军事发展战略：哈对任何国家决不提出领土和其他要求，决不敌视任何一个国家，反对以武力解决国家间的争端和矛盾。为此，在军事政策上，主张建立独联体范围内的集体安全体系，保持统一的战略空间；在建军方针上强调以足够合理为指导原则，建立一支人数少、装备精，宜于快速集结、机动程度高的部队。在此基础上，哈完成了陆军、空军、防空军、海军四大军种的建设，人数达 4 万多人。于此同时还建立了共和国卫队、内卫军和边防军等准军事力量，使哈军建设已具规模。

缩小军事基地建设，重点建设空军和防空军 哈虽然武装力量组建的规模不大，但由于经费有限不得不节约开资，保证重点部队建设。哈已关闭了 4 个大型军事基地，将剩余基地缩小了 50%，改为中型的军事基地。

于此同时，加大了对空军和防空军的重点建设。哈在前苏联驻军的基础上经过近几年建设，已使哈空军和防空军迅速成为一支中亚地区具有快速反应的空防力量。其具体做法如下：一是加强空防战役、战术理论研究，完善作战指导思想，特别是快速反应作战的战术思想。二是理顺指挥关系，完善作战指挥体制，使哈军实现了对陆、空、防空兵力的集中统一指挥。三是增添新武器装备，提高其作战能力。1997年7月哈已从俄获得73架包括米格－29、苏－27、苏－25等先进机种，还购置了9种新型雷达装置。

提高部队训练质量，增强部队战斗力 一是提高士兵素质。哈在兵员本民族化的过程中，对空军、防空军等技术兵种仍坚持士兵必须具备高中文化程度这一标准；于此同时对士兵的专业技能进行培训，使士兵素质达到现代战争要求。二是加强军官队伍的培养。首先，充分利用本国军事院校对部队中的优秀士兵进行培养，扩大军官队伍力量，以弥补军官不足；其次，先后派遣600多名本民族军官到俄、美等国受训；再次，与俄共同举办20多期各种专业短训班，培训专业技术人员1000余名；另外还同土耳其、法国等国签定军官培养协议。三是不断加强部队的军事训练。哈军针对现代战争的特点，制定出提高部队快速反应能力的训练大纲，并增加训练强度，使哈军的战备能力进一步加强。如空军能在3～4分钟由3级战备转入1级战备，空情通报能力由以往的每分钟9批次提高到16～19批次不等。

主要资料来源：

①英国伦敦国际战略研究所《军事力量对比1997》；

②中亚研究1996年3－12期。

（黄　磊、薛利涛）

伊拉克建军计划与措施 1997年是联合国对伊拉克实施经济制裁和武器禁运的第7年，伊进一步恢复军力计划虽然还受到限制，但随着“石油换食品协议”执行的开始，国际社会对伊的禁运相对松动，促进了伊秘密实施恢复军力计划的步伐。

继续裁减正规军，大力扶持后备军 受国际制裁的影响，伊拉克正规军的作用仍是：在阿拉伯范围内，用于对阿拉伯决议作出反应；在本国范围内，用于保卫伊拉克边界，尤其是对付海湾冲突和发生的边界纠纷。为引起国际社会的好感，伊继续裁减军队，由1995年的40余万减至目前的34.2万人，使其正规军向规模小、威力大、训练有素和战斗力强方向发展。同时大力发展准军事的后备力量。并在1997年年底组建第1支妇女战斗部队，起名为“萨达姆突击队”，使其后备军数量达65万多人。

组建多种总统直属部队 在旷日持久的国际制裁下，伊人民日常生活步向困乏，维护军队的稳定是伊统帅的当务之急。伊总统萨达姆在加强建设共和国卫队的同时，又组建了一支共和国特别卫队，专门用于保卫萨达姆总统及其亲属和复兴党政权，该卫队有1万人，完全选拔自共和国卫队。此外，萨达姆还授权军事特别委员会在1997年的3个月内，组建一支名为“卡迪西亚战争之母”的精锐部队，该部队由萨达姆的小儿子库赛领导，萨达姆亲任最高指挥官，其成员主要来自海陆空三军、保安部门、共和国卫队、应急部队，其任务是负责监视共和国卫队和应急部队。

对共和国卫队进行体制、编制、作战任务和作战模式的调整，增强其战斗力 共和国卫队一改以前隶属陆军的指挥体制，进而转变成由总统直接控制下的单独列编部队，并极力扩充其实力，使人员数量同陆军相比为1:4，达6万人。在师与独立旅之间增设作战群指挥机构，改“三三建制”的师为“四四建制”。作战任务从对外战役突击和战略预备变为国土防御和保卫政权。因此，作战形式的训练也从原以战场正规作战为主变为侧重于城市、居民地特种作战。

加强生化武器载体的研制，重振军备生产 伊拉克在国际制裁下，军备生产一度困难重重，自“石油换食品协议”执行以来，国际社会放松了对伊的禁运，伊开始逐步恢复武器装备的生产。主要是通过以下途径：一是在大量走私石油的基础上从国外换回武器和小型武器配件等。二是继续在转为民用的军工工厂内，生产武器部件。据《星期日泰晤士报》披露，在伊拉克的迈达因就有这样的工厂。三是加大生化武器载体的科研攻关。伊拉克的科技人员已经把波兰制造的M－18喷洒农药的飞机进行改装，使其成为用无线电控制的装有电脑和照相机的无人驾驶飞机，可以用来投掷多达1吨的炭疽细菌。

主要资料来源：

①英国《简氏防务周刊》1997年11月19日；

②英国《泰晤士报》1997年11月9日；

③美国《新闻周刊》1997月11月24日。

（黄　磊、薛利涛）

澳大利亚防务举措 1997年，澳大利亚在防务方面采取了下述新措施：

制订新的地区安全战略 1997年8月28日，澳大利亚政府发表了首份外交和贸易白皮书，其中谈到今后15年澳地区安全战略。其核心内容是：（1）保持强大的国防能力。这是对付进攻和为地区稳定做贡献的最终手段。通过拥有强大的国防能力和非好战的防务政策，澳将为东亚提供一个“安全的南方”和为南太平洋地区提供一个“安全的西方”。（2）澳美联盟是澳防务政策的重要组成部分。今后的澳美军事同盟将包括举行联合军事演习、接受美国先进的武器系统、开展军工和科研合作、共同培训军事人员及情报交流等。(3)与东亚国家建立稳固的安全对话机制。这种磋商机制是对东盟地区论坛的一种补充，并将有助于加强澳与东亚国家在安全问题上的合作。(4)重视发展与东南亚国家的防务和安全合作。其范围将包括5国联防防卫协定，澳大利亚与印尼安全保障协定，同意并安排新加坡使用澳军事训练设施等。

与美举行大规模军事演习 根据1996年7月签署的《美澳安全保障联合宣言》，1997年3月，澳大利亚和美国军队在澳大利亚东北部海域举行了“联合挺进”军事演习。这是自二战以来美、澳举行的最大规模的双边军事演习。参加演习的总兵力达2.8万余人，出动43艘舰艇和252架飞机，主要演练登陆、抗登陆和海空对抗等科目。美国太平洋海军司令普吕厄上将称这次演习是“美国和澳大利亚军队一次极其重要的经历”。

与日建立防务“伙伴关系” 1997年4月28～29日，日本首相桥本龙太郎访问澳大利亚，与澳总理霍华德达成“伙伴关系”协议，两国政府首脑商定，将地区安全和防务合作纳入澳、日“伙伴关系”之中，今后两国防务部门之间要加强交流，逐步推进部长级安全对话，并强调把加强安全保障方面合作的最大目标置于支援美国在亚太地区的力量，进一步明确建立以美国军事存在为共同点的亚太地区安全保障体制。澳日“伙伴关系”实质上是美日澳3方“伙伴关系”，美日澳三角安全框架已具雏形。

推进同亚洲国家的安全对话 东北亚和东南亚地区是澳大利亚的主要出口地区，存在着朝鲜半岛问题和南沙群岛问题等潜在威胁源，进一步促进这些地区的稳定将直接关系到澳大利亚的经济利益，因而澳积极构筑同亚洲国家安全保障框架。1997年7月，澳大利亚政府表示，将从1998年开始同中国、泰国、菲律宾和越南4国进行地区安全保障对话。澳外交部和国防部的高级官员将参加对话，磋商地区安全保障问题，并就安全保障政策进行情报交换。至此，澳同亚太地区的主要国家都建立了一定的安全保障关系。

主要资料来源：

英国《简氏防务周刊》1997年。

（孟　丽）

军　队　编　制

美国军队编制 陆军部队编制 **提出21世纪地面部队编制设想** 《外国军事学术》1998年第1期高签报道，现任美国陆军战斗指挥实验室主任陆军中校道格拉斯·A·麦格雷戈，最近写了一本名叫《打破方阵》（副标题：21世纪地面部队的新构想）的畅销书。这本新书刚一上市，就被美军的各大院校和训练中心抢购一空。书作者主张不仅要彻底改变陆军的战斗编制，而且还要彻底修订军种的作战理论。他在批评现行编制体制的同时，也列出了改革陆军编制的具体设想。由于这些想法引起了许多校级军官甚至某些将级军官的共鸣，在美军理论界又掀起了一场大的争论。陆军参谋长丹尼斯·赖默上将认为，《打破方阵》这本书将对陆军的未来产生重大影响，他要求所有将级军官都要读读这本书。此书的主要观点是：

1. 到下个世纪，地面部队对于美国向海外投送兵力、遏制和必要时进行战斗并打赢冲突的能力，仍然是至关重要的。

2. 历史的发展趋势是部队编制向着更加小型化、更加机动的合成战斗编组（包括多种不同的战斗兵种，如装甲兵、步兵、炮兵和航空兵等）的方向发展，今后仍将如此。

3. 陆军现编的10个师已不再是诸军种战斗力量中合乎逻辑的编制，应该废弃或者用规模较小的、高度机动的、大约只有5000人编成的战斗群来替换。

长期以来，美国陆军在编制问题上一直存在着无休止的争论，其中最主要的有两大派：一派是“师派”，认为师是最为理想的战斗编制，海湾战争的胜利也充分证明了这一点，因而他们主张继续保留这种由11000～18000名官兵和数个纯兵种旅（如装甲旅、炮兵旅或步兵旅）编成的师。另一派是“旅派”或称“团派”，主张将战斗力集中编在旅规模的多兵种合成部队中。不过，近几年，因为陆军领导层内多是在1991年的海湾战争中担任师指挥官或在师级部队中担任高职的军官，所以，旅派一直未占上风。许多军官认为，麦格雷戈所设计的陆军编制，基本上附合了旅派的观点。不过，笔者认为，从编制结构上看，书作者的许多观点倒有点像50年代美军的“5群制”原子师编制。不同的是麦格雷戈的编制方案取消了师一级，而在军级以下直接编制数个战斗群。现就其所提出的部分方案，作一简要介绍。

战斗部队　战斗部队编 4 种群：即重型战斗群、空降－空中突击群、重型侦察－打击群和轻型侦察－打击群。

1. 重型战斗群。主要编有：3 个合成兵种营（每营 1800 人）、1 个侦察中队（800 人）、1 个间瞄火力营（750 人）、1 个 C^4I 营（650 人）和 1 个群支援营（600 人）。其中，合成兵种营下辖：2 个装甲连、2 个机械化步兵连、1 个营部与营部连（配 9 门 120 毫米迫击炮）和 1 个战斗工兵连；间瞄火力营下辖：3 个 155 毫米自行炮兵连、1 个多管火箭炮连、1 个群部与群部连、1 个勤务连和 1 个目标搜索分遣队。

2. 空降－空中突击群。主要编有：3 个空降－空中突击步兵营（每营 2100 人）、3 个直升机突击步兵营（每营 1100 人）、1 个间瞄火力营（550 人）、1 个空中攻击中队（350 人）、1 个 C^4I 营（600 人）和 1 个群支援营（550 人）。其中，间瞄火力营下辖：1 个营部与营部连、3 个牵引式 155 毫米炮兵连和 1 个勤务连。直升机突击营由军属或联合特遣队属全般支援航空群抽调编组。空中攻击中队装备有 9 架“科曼奇”式直升机和 15 架“阿帕奇”式直升机。

3. 重型侦察－打击群。由 3 个侦察中队（每中队 2400 人）、1 个空中攻击营（500 人）、1 个间瞄火力营（750 人）、1 个 C^4I 中队（600 人）和 1 个群支援中队（700 人）编成。其中，侦察中队下辖：3 个地面侦察连（装备有 M－1A1/2 坦克、M－3A2 骑兵侦察车、120 毫米火炮）、1 个 M－1A1/2 装甲连、1 个空中侦察连（装备 7 架“科曼奇”式直升机）、1 个群部连。空中攻击营的主要装备有：9 架“科曼奇”式直升机、15 架“阿帕奇”式直升机和 15 架“黑鹰”式直升机。

4. 轻型侦察－打击群。主要编有：3 个侦察中队（每个中队 800 人）、1 个空中攻击营（500 人）、1 个战斗工兵机动营（550 人）、1 个 C^4I 中队（700 人）和 1 个群支援中队（700 人）。其中，侦察中队下辖：3 个地面侦察连（装备有正在研制的装甲火炮系统、轻装甲车和 120 毫米火炮）、1 个装甲连、1 个空中侦察连（配 7 架 RAH－66 侦察机）和 1 个群部连。在 C^4I 中队的编成内包括有多管火箭炮连和目标搜索分遣队。

5. 群司令部的编制。群司令部的指挥主官是战斗群司令（准将），由 1 名上校衔参谋长协助他工作。司令部内编有：人事科、作战与情报科、打击协调科、后勤与维持科、信息支援科（C^4）和民事与心理战科，各科均由 1 名中校级军官任科长。

战斗支援部队　战斗支援部队编 7 种群：包括由战斗与建筑工兵营编成的工兵支援群、重点遂行纵深打击任务的火箭炮兵群、遂行反战术弹道导弹任务的战区高空防空群、专为地面部队提供防空掩护的防空群、由 AH－64 型攻击直升机营编成的航空打击群、以及担负现编部队通信、军事情报、宪兵、心理战与民事等支援职能的 C^4I 群，现仅举 2 个例子予以说明。

1. 火箭炮兵群。军属火箭炮兵群下辖 4 个多管火箭炮兵营、1 个 C^4I 营和 1 个群支援营。

2. 战区高空防空群。遂行反弹道导弹防御任务的防空群，由 4 个“爱国者”式防空导弹营、1 个 C^4I 营和 1 个群支援营编成。

战斗勤务支援部队　书中指出，现编军的支援司令部编有大约 22000 人，分别负责后勤补给、医疗卫生、运输、宪兵等支援勤务。根据“21 世纪部队”理论的要求，若将担负上述职能的部队，分编成 3 个 4000～5000 人的地面支援群，既可节省兵力又能提高支援部队的生存力和后勤保障能力。因此，建议将所有的后勤部队都统一编成全般支援群。

按照麦格雷戈的改编计划，陆军现有的 10 个现役师大约可以改编成 25～30 个这样的战斗群。由于书作者长期服役于装甲骑兵部队，从这本书的许多观点中不难发现他对骑兵侦察部队的偏爱。

（任　明）

提出旅基新型陆军编制构想　美国作者约翰·R·布林克霍夫，在美《参数》杂志 1997 年秋季号上撰文指出，美国陆军以旅替代师构成其基本合成兵种部队的时代已经来临。在未来的冲突中，任何一方都能利用新式武器在更大的范围内实施更致命的打击。这就迫切要求缩小作战部队的规模，增强其灵活性。依靠新型通信和信息处理技术能够实现这一目的。全部撤销师。创建一个以新型作战旅为基本作战编成的新型野战陆军（简称旅基陆军）就是一个简单且有效的变革。

一、新型作战旅。新型作战旅将编有 3～4 个步兵营或装甲营，同时还有侦察营、航空营、工兵营、战斗支援营和战斗勤务支援营，以及 1 个辖若干种战斗支援分队的司令部营。虽然与 1 万～1.8 万员额的师相比，这些旅的兵力仅有 5000～6000 人，但现代技术将使它们毫不逊于甚至超过现有师的战斗力。拟议中的新型作战旅编制如表 1 所示。

以旅为基本单位的新型陆军将采用与师同样的合成编制，即军编有轻型步兵旅、装甲旅、机械化旅、空降旅和空中突击旅。与目前装甲骑兵团类似的骑兵旅将成为军的侦察部队。

新型旅将采用比二战时的师更有效的合成编制，也更具战斗力。表 2 显示了二战时的师、现行师和新型旅之间兵力和主战武器装备的对比。目前的轻型步兵师在兵力和步兵、炮兵武器方面与二战时的步兵师相似，但攻击直升机和更先进的火控系统大大增强了其战斗力。现行装甲师规模不到二战时同类师的两倍，但其战斗力却提高两倍多。拟议中的新型装甲旅的兵力不及现行装甲旅的三分之一，但其战斗力却是现行装甲师的一半。

根据表 2 对比数据显示，新型旅将成为功能强大的合成兵种部队。武装直升机和步兵战车等新型武器，火炮等改进型武器以及更多种武器装备，如坦克和轮式车辆等，都比编有同等兵力的建制单位的战斗力强大得多。

二、新型军。军将由作战旅、炮兵旅、防空旅、工兵旅、通信旅、宪兵旅以及其他几种不同类型的战斗支援旅等混编而成。若干旅属直接支援营和一般支援大队将构成 1 个军支援司令部，提供战斗勤务支援。作战原则、编制体制和各种程序仍与目前的军大体相同，但编制规模将缩小。

新型军约有 6.5 万人的兵力，是现有庞大的军所属建制单位缩小规模而成。表 3 显示了陆军以旅为基本单位的军可能采取的编制。

三、向新编作战旅转型。通过将目前每个现役和国民警卫队师中的师属旅改编成独立旅，能够实现以旅为基本作战单位的陆军的转型。表 4 即显示了可能采取的调整方案，即把 1997 年 6 月现役和预备役部队的全部 73 个师属旅和独立旅从师编制中撤出，改编成相同种类和独立旅。通过数据比较，说明部队会削减到国防部在《4 年防务审查报告》中所提出的改编方案的规模。以下数据反映了《4 年防务审查报告》以后时期部队将发生的与本文观点相一致的若干变化。

根据《4 年防务审查报告》和陆军、陆军国民警卫队和陆军后备队达成的非正式协议，将撤销 11 个陆军国民警卫队作战旅，这样，《4 年防务审查报告》后的陆军部队体制将仅编有 62 个旅，包括 32 个现役旅和 30 个国民警卫队旅，如表 4 所示。

陆军已经表示，希望将其所有 30 个国民警卫队旅都改编成轻型步兵，以提供一支警察部队，主要用于国内行动。这是一个令国民警卫队难以接受的建议。正在进行的对陆军部队体制的评估将可能产生中庸色彩的变化，得出在政治上无大争议的综合性意见。但这种意见不一定符合国家军事战略的需求。

与现有部队需要 10 个司令部相比，在每个军辖 6 个新型作战旅和 1 个新型骑兵旅的基础上，需要 9 个新型军司令部指挥 62 个作战旅。《4 年防务审查报告》后的部队需要约 58.5 万人，以构成各种军属战斗、战斗支援和战斗勤务支援编制单位。军以上机构必须提供增编的部队人员和海外支援部队，以便为战区提供所需的后备部队。

根据设想中将要遇到的战争类型，最合理的做法是在新型旅基陆军改编完成后，建立混编独立旅。为了探求《4 年防务审查报告》后的新型军辖新型作战旅的编制方法，将按照最有效的途径调整混编方案。

四、改编混编旅。在把新型作战旅编配到新型军的过程中，旅的混编形式与以师为基本作战单位的陆军有所不同。这些变化能说明军的编制需要进行哪些改编。

1. 在新型陆军中，9 个军都将编有一个骑兵旅，执行侦察和警戒任务。在以师为基本作战单位的陆军中，骑兵的作用已经降低，也没有在军中编配 1 个装甲骑兵团的编制。但如果它在现代战争中起重要作用的话，仍需要编配骑兵团或其他级别的骑兵部队。

2. 将依据各军的需要编配轻型步兵旅。已经证明现行师基陆军的轻型旅，在大规模地区性冲突中作用有限。因此，将要进行一些削减。但对军长来说，轻型步兵能发挥多种不同的作用。因此，不仅在地区性战争中，而且在小型应急行动中都应该保留一些轻型步兵。

3. 空降旅和空中突击旅的数量将从 6 个削减至 2 个。空降旅独具的特点是能实施伞降突击，以夺取敌后空降场或空域。在规模小型化的陆军中，可能只需要 1 个具有这种特业能力的空降旅就足够了。同样，对特业空中突击部队的需要也有所减少，因为航空兵已经成为绝大多数其他战斗编组部队不可缺少的组成部分。尽管对特业空中突击旅的实际需求很可能降为零，但仍然保留这样一种作战单位，以应付对这种能力的需求。

4. 占整个旅基部队三分之二的其余旅种将是机械化步兵旅或装甲旅。将这两种合并成一种重型旅的想法很有诱惑力，因为它们的基本编成相同。过去二者的区别只在于旅辖机械化步兵营和装甲营数量孰多孰少。或许新型陆军应该反对单独编配 1 个重型旅，而将基本步兵编组与坦克支援和装甲部队区分开。这是一个十分重要的理论问题，在建设新型陆军的过程中应始终予以强调。

5. 每个军将编配 1 个航空旅。应该重新调整陆军航空兵的资源配置，以便与新型旅相匹配。每个新型旅编配 1 个航空营，9 个新型军都编有 1 个航空旅。

6. 野战炮兵、防空兵、战斗工兵和其他战斗支援和战斗勤务支援分队和司令部，也将列为9个新型军的军直属部队建制单位或准建制单位。

表5显示了《4年防务审查报告》后的9个新型军（为方便起见，编为第1～第9军）的战斗旅可能的编配方案。该表也显示军司令部的可能配置位置。这种配置可能也体现了军的使命，但并不意味着所有军所属部队都只能遵守此种方案。例如第1军将包括所有驻扎在南韩的部队，但也将美国西海岸部队划归第1军。每个军都将成为由陆军各所属部队及分队、或从其他军种部队适当抽调部队编制而成的一体化编成。平时，军长将负责战备及所属现役部队和所指派的预备役部队的战备与训练。战时，他们将负责指挥这些部队实施作战行动。

这些关于混编旅的改编建议必定会引起争议，但它对于新型陆军编制具有合理性。在向新型陆军的转型中，一旦确定最终的军合成编组方案，对任务和驻地等方面因素的考虑可能会导致不同的混编方式。一个方案就是将大约处于同一地区的旅编成一个军，以便于训练。但假如第1军司令部设在韩国或夏威夷，此方案就不那么完美了。解决的办法是，将第1军司令部设在韩国，而同时在夏威夷设一个由副军长指挥的小型参谋机构。从建议方案看，旅编成的变化很大。更进一步说，现有许多轻型步兵旅已改编成为机械化旅或装甲旅。这些改编不是一夜之内就能轻易实现的。但是，将目前组织体制全面改编成更好的作战体制，是一个达到以上目的的有效途径。从整体上看，假如陆军转变成旅基陆军，其混编方式将与上文所述有着较大区别。

五、旅基陆军的优点。陆军采取旅基体制方案后，有以下优点：

1. 精减一个野战指挥层次。设立独立旅直接向军报告的机制后，将撤销整个师级指挥层次，简化指挥控制程序，司令部参谋人员和支援人员将可能被编入新的军属单位中。通过使用新型通信技术和微机，联合兵种司令部就能够指挥和控制规模更大的司令部，而以前则难以做到这一点。采用这种扁平型的组织体制后，有可能既减少行政人员，又避免战斗力下降。

2. 优化战斗部队合成。陆军将把其有限的资源更加集中应用于能遂行广泛领域作战行动的通用战斗编组中。现有陆军将其一半的现役作战旅编成特种师，即1个空降师、1个空中突击师和3个轻型步兵师。这些师并不适合于在朝鲜、西南亚和许多其他潜在战区遂行常规行动。降至旅级水平以后，陆军只要用更加小型的部队就足以获得以上各种特业能力。将不必维持1个完整空降师的伞降突击能力，仅需1个独立空降旅。现役陆军将减少轻型旅（即空降旅、空中突击旅和轻型步兵旅），增设更加通用的机械化旅和装甲旅。

3. 使现役部队的部署更具灵活性。为了满足前沿部署需要，同时为了避免使所驻营地列入被关闭基地的名单，10个现役陆军师中的5个都是分散部署在不同的驻地。部署在韩国、德国和夏威夷的各师均只编有2个旅，其第3旅实际上成为独立旅都驻扎在美国本土。第10山地师有2个旅部署在德拉姆堡，第3个旅则部署在阿拉斯加，以起到显示存在的作用。采用这些缺乏灵活性部署的目的在于使缩小了的现役陆军仍维持整编师的建制。将师改编成旅以后，就不必再采取这种部署。现有主力部队难以顾及的基地，将成为一些新型作战旅的常驻基地。

4. 优化对国民警卫队的支援。目前8个国民警卫队师中的5个，被分散部署在2个或3个州。这种方案虽然有效，但也产生一些资金和行政管理方面的问题。在旅基陆军中，新的国民警卫队作战旅将从各州部队中组建。

5. 维持传统作战体制的番号。旅基陆军一个十分重要的优点在于，这种新型陆军的新型作战旅将继承二战89个师中的62个及15个独立骑兵战斗队的番号和徽章。

6. 适应部队体制的改变。将陆军缩编成若干个更小规模的部队后，更易适应部队体制改革，如适应《4年防务审查报告》所提出的精减方案。将来，也更容易通过从各独立旅抽调基干力量组成和训练新的独立旅。

7. 在军一级实现现役和预备役部队战斗编组一体化。改编成旅基陆军后，将在各新型军中实现现役旅和国民警卫队旅标准一体化。军司令部和现役旅将能快速部署，并在进行相应动员后和部署前训练后，与国民警卫队旅实施合成。假如让现役军长既管辖所属现役旅又管辖国民警卫队旅，那么国民警卫队旅的战备水平就会提高，使用机会也会增加。在财政紧缩的大环境下，合理有效的措施就是最大限度地发挥现役旅和国民警卫队旅二者的作用，以便无论在短期和长期内都能使战斗力倍增。

六、可能出现的主要不足。旅基陆军的最大缺点可能是作战旅旅长的衔级问题。师长的衔级自南北战争以来一直是少将，这成为师的一个不变的特点。

撤销师级编制以后，也将减少18个少将的指挥职位。这是一个最重要因素。主要但并非唯一的理由是，五群制原子师之所以被撤销，原因之一是这种师未设中校衔级的指挥职位（少校指挥连、上校指挥战斗群）。陆军并不想打乱其精心调整的军官管理制度。

该制度要求中校指挥营。简而言之，少将的战斗指挥职位撤销的前景可能会妨碍旅基陆军方案的实现。

有充分理由说明对旅长的衔级要再三推敲。在现行的陆军军官管理体制中，准将衔是晋升少将衔的基准衔，并且它还是确定哪些新将军有足够资格晋升的考评基础。只有约一半的准将能够晋升为少将。要将这些新任将军都配置在陆军最重要的指挥职位上，恐怕不尽合理。而从另一方面讲，即使新型作战旅与二战时期的师相类似，但要安排少将去指挥这些旅，恐怕也难以行得通。

解决的办法是，各新型军设一名中将正职和两名少将副职。在快速机动的现代战争中，这些副职在指挥特遣队、全面监视作战行动和确保所部署旅的后勤支援等方面都将发挥重大作用。平时，一个副职可以负责训练军属国民警卫队和陆军后备队。这样，新型作战旅就能由准将指挥，并设两名上校担任副旅长。若这种方案得以执行后，将能增强战斗中的指挥控制能力，并为战斗兵种上校成为晋升将级军官候选人提供基础。妥善地解决该问题是采纳或实施旅基陆军方案的必要前提。

新型陆军需要老式陆军同样数目的将官担任联合兵种指挥职责。现行体制中的野战陆军需要 86 名将官：8 个中将（军长和集团军司令）、26 名少将（副军长和集团军副司令以及 18 个师长）、52 名准将（36 名副师长和 16 名独立旅旅长）。新体制将需要 89 名将军：9 名中将（军长）、18 名少将（副军长）、和 62 名准将（作战旅旅长）。与二战时期的师相比，新型陆军中的将官所指挥的部队不仅拥有更多、更昂贵的武器装备，而且具备极其强大的战斗力。

表 1. 新型作战旅

3～4 个机动营（每个营 600－800 人）	共 3000 人
1 个侦察营	400 人
1 个炮兵营	600 人
1 个防空炮兵连	150 人
1 个工兵营	450 人
1 个司令部营（辖 1 个司令部和司令部连、1 个通信连、1 个宪兵排、1 个防化连、1 个民事连）	650 人
1 个旅支援营（辖 1 个司令部与司令部连、1 个后勤作战中心、1 个支援与勤务连、1 个轻中型汽车连、1 个直接支援与全般支援维修保养连、1 个卫生救护连）	750 人
总计：	6000 人

表 2：二战时的师、现有师与未来新型旅之比较

	二战步兵师	二战装甲师	现行轻步兵师	现行装甲师	新型重型旅	新型轻型旅
兵力	13412	10937	11146	18538	6000	5000
混编营						
轻步兵营	0	0	9	0	0	4
步兵营	9	0	0	0	0	0
机械化步兵营	0	3	0	4	2	0
装甲营	0	6	0	6	2	0
“阿帕奇”直升机营	0	0	1	2	1	2
武器装备						
步枪等自动武器	6465	4866	7686	11825	5000	4000
机枪	656	869	1212	1561	600	600
榴弹机关炮	0	0	119	331	100	50
反坦克炮	63	0	0	0	0	0
反坦克导弹发射器	0	604	206	633	40	24
迫击炮	144	0	0	64	40	0
105 毫米口径榴弹炮	54	54	54	0	0	32
155 毫米口径榴弹炮	12	0	8	72	32	8
多管火箭发射器	0	0	0	9	9	3
防空火炮	0	0	0	24	8	8
直升机	0	0	117	91	30	60
坦克	0	263	0	375	125	0

装甲战斗车	0	0	0	363	125	0
装甲人员输送车	0	501	0	365	180	0
其他装甲车	0	0	0	439	140	0
轮式车辆	1640	2653	1856	3575	1000	1000

表 3. 新型军

军司令部与司令部营	500 人
6 个作战旅	36000 人
1 个骑兵旅	4500 人
1 个战斗航空旅	3500 人
2～3 个炮兵旅	5000 人
1 个防空旅	2000 人
1 个战斗工兵旅	2500 人
1 个通信旅	1500 人
1 个军事情报营	750 人
1 个宪兵营	750 人
1 个防化营	500 人
1 个民事营	500 人
1 个支援司令部（6 个旅支援营、2 个一般支援群）	7000 人
兵力总计：	65000 人

表 4. 由现有部队和《4 年防务审查报告》所设想的部队改编而成的新型旅

	现有部队			《4 年防务审查报告》提出的部队		
旅　种	现　役	预备役	总　计	现　役	预备役	总　计
空降旅	3	0	3	1	0	1
空中突击旅	3	0	3	1	0	1
轻步旅	6	10	16	2	6	8
步兵旅	3	10	13	0	0	0
机械化旅	9	13	22	13	12	25
装甲旅	6	7	13	10	8	18
骑兵旅	2	1	3	5	4	9
总计	32	41	73	32	30	62

表 5：新型作战旅在新型军中的编配方案

	空降旅	空中突击旅	轻步兵旅	机械化旅	装甲旅	骑兵旅	总计
第 1 军（韩国）	0	0	1	3	2	1	7
第 2 军（德拉姆堡）	0	0	1	3	2	1	7
第 3 军（胡德堡）	0	0	1	2	3	1	7
第 4 军（布拉格堡）	1	1	0	2	1	1	6
第 5 军（欧洲）	0	0	1	3	2	1	7
第 6 军（路易斯堡）	0	0	1	3	2	1	7
第 7 军（斯图亚特堡）	0	0	1	3	2	1	7
第 8 军（雷利堡）	0	0	1	3	2	1	7
第 9 军（诺克斯堡）	0	0	1	3	2	1	7
总计	1	1	8	25	18	9	62

（任　明）

调整野战炮兵编制结构　《外国军事学术》1997 年第 9 期韩传道报道，进入 90 年代以来，美军对野战炮兵的编制结构进行了部分调整。

将 8 门制榴炮连改为 6 门制　美军野战炮兵榴炮连的编制 50 年代为 4 门制，70 年代为 6 门制，80 年代改为 8 门制，这在不同的历史年代无疑是最佳的选择。过去作战，由于武器的现代化程度较低，战斗力的基数较小，数量优势往往可以达到提高战斗力的目的，8 门制榴炮连的编制就是为了在数量上保持压倒优势而提出来的。然而，随着炮兵武器装备的不断更新，高技术的广泛运用，决定战斗力的基数已不在数量，而在质量。通过海湾战争的实践，美军感到现行 8 门制的榴炮连在机动性、随伴性以及生存能力上均存在一定的不足。鉴于火炮性能的提高，弹药威力的增大以及战场目标对火力的需求，火力单位越来越小，有的甚至采用单炮便可完成任务。所以美军决定将现行8门制榴炮连改为6门制的编制形式。这种改变伴随着“帕拉丁”火炮的装备，已经开始在现役部队中进行。这样，一个重型师将减少18门榴弹炮，缩减25%。缩减的火炮将充实到国民警卫队的炮兵部队中。这一调整工作已于1996年底开始，到1998年底结束。

将师属火箭炮连扩编为营 80年代，美军认为火箭炮射击精度差、弹药笨重、造价高且消耗大，重新装填时间长，所以在野战炮兵的序列中装备数量很少，每个重型师仅编有一个火箭炮连。然而随着子母弹的出现，“寻的”技术的运用，使火箭炮成为一种高强度的杀伤火器。采用子母弹形式对目标实施大面积覆盖，既提高了杀伤威力，又部分地弥补了散布大的缺点。美军现装备的M-270型多管火箭炮一次齐射可发射7728个77型子弹，覆盖面积为10公顷，对人员和车辆的毁伤概率在50%以上。一个18门制M-270型火箭炮营的火力，相当于8个155毫米榴弹炮营的火力。同时，利用火箭炮还可发射战术导弹，所以火箭炮已成为一种远程大面积强威力的火器。海湾战争中，美军充分发挥了火箭炮的威力，收到了极好的作战效果，指挥官们将其视为手中的一张“火力王牌”。战争的实践也使美军感到，现行的编制方案，每个重型师内只编有一个火箭炮连，其火力不足以覆盖全师的作战地域，而且该连的指挥与控制能力也显不足，这样一个连显然不可能为师属航空旅、骑兵中队提供足够的火力，也不能有效地压制敌防空系统和实施反炮兵作战。所以决定将现行重型师的火箭炮连扩编为火箭炮营。该营由2个发射连（每连9门炮），一个目标侦察连和一个营部勤务连组成。这样每个重型师的火箭炮由原来的9门增加为18门，共216管，足以覆盖全师的作战地域。目前，该项调整方案已定，预计在近期陆续开始实施。因为此项调整与缩减榴炮编制的行动密切相连，榴炮连缩减而产生的编余人员将用来组建全般支援多管火箭炮营。

（国　力）

海军部队编制 美国海军由海军和海军陆战队组成。但是近年来，已有不少人把海军陆战队当做是组成美国武装力量的第4军种。美国1996年版辞书就认为，海军陆战队是海军部领导下的两大军种（海军和海军陆战队）之一。美国海军由舰艇部队（包括水面舰艇部队和潜艇部队）、海军航空兵部队、海上勤务部队和岸基部队4大兵种组成。通常区分为行政管理和作战指挥两大系统：行政管理系统负责管理后勤部队、运输中心、情报支援部队、舰机修理部门、医疗卫生设施、人事部门、部队训练、武器装备、军用物资的采办、以及技术、战术和海军理论的研究与发展等；作战指挥系统主要负责对作战舰队和各类特混部队的指挥、调动或派遣。由于海军编有水上与水下作战的舰艇部队、空中作战的海军航空兵部队和可以实施两栖登陆作战的海军陆战队，因此，它本身就是一支多兵种、编制复杂、能遂行多种作战任务的立体合成的联合部队。目前，美海军与海军陆战队总兵力为59万余人，编有大西洋舰队、太平洋舰队和驻欧海军部队，都隶属于海军部。海军部下辖的其他部队分别隶属于各一级司令部、包括军事海运司令部、水雷作战司令部、海军南方司令部和海军特种作战司令部等。海军的主要装备有11艘航空母舰、97艘战略导弹和核攻击潜艇、323艘水面作战舰只、1700余架作战飞机。

舰艇部队编制 海军舰艇部队采用行政管理与任务两种编组形式。

行政编组 行政编组是按舰艇种类进行的编组，区分为舰队（部队）司令部、大队和中队3级。比如把水面舰艇统一编在一起，其最高领导机构就是水面舰队司令部；把其中的巡洋舰和驱逐舰合编成巡洋舰、驱逐舰大队；1艘以上的驱逐舰（即同类舰只）编在一起就是驱逐舰中队。每个巡洋舰、驱逐舰大队多由2～4艘巡洋舰、2～4个驱逐舰中队和数艘后勤补给舰编成。水面舰队司令部通常下辖数个舰种不同、数量也不相等的大队。主要有：巡洋舰与驱逐舰大队、两栖舰大队、海滩大队 、后勤舰船大队、水雷舰只大队等。1995年，美海军曾对水面舰队进行过改编，将1艘航母和2艘巡洋舰固定编组成1个核心战斗大队，将4艘驱逐舰编成1个驱逐舰中队。需要时，将两者编到一起，再配以指定的潜艇、两栖舰和所需的后勤补给舰，就编组成了1个可遂行多种作战任务的航母特混舰队。据悉，改编后，大西洋舰队的水面舰队编有大约6个核心航母大队、9个驱逐舰中队。

潜艇部队也同样编有潜艇部队司令部、大队和中队3级。司令部一般由3～4个大队编成，每大队下辖1～2个潜艇中队，每个常规潜艇中队编配4～6艘潜艇，核潜艇中队的潜艇可能多达7～10艘。

航母通常编成航母大队，隶属于舰队航空兵司令部。航母大队主要由1艘航母和巡洋舰、驱逐舰、攻击潜艇、后勤供应舰、护卫舰各1～2艘编成。

任务编组 任务编组又称特混编组，是根据作战任务的需要对各型舰艇所进行的混合编组，参加任务编组的所有舰艇一旦完成任务，即归还原建制。按任务编组编成的海军部队通常区分为作战舰队、特混舰

队、特混大队、特混小队和特混支队 5 级。

1. 作战舰队。由舰艇部队、海军航空兵、海军陆战队和岸基部队编成的战役军团。目前，美海军两洋舰队和驻欧海军部队共编有第 2、3、6、7、共 4 个有编号的舰队。即太平洋舰队下辖第 3 和第 7 两大舰队，而大西洋舰队下辖第 2 舰队，第 6 舰队隶属驻欧美国海军司令部。以前隶属于中央总部海军司令部的第 5 舰队，根据美军辞书的释意，只在战时或需要时才恢复使用。

2. 特混舰队。为完成特定的任务（包括监视、撤退人员、海上伏击、海上救援、破坏和缉毒等）而进行的临时性任务编组，隶属于作战舰队。美海军常用的特混舰队有：舰母特混舰队、两栖特混舰队、潜艇特混舰队、登陆特混舰队、应急特混舰队，以及指挥、巡逻与侦察、后勤支援、战区反潜、扫雷、水面作战和特种作战等特混舰队。

3. 特混大队。为完成特混舰队规定的局部任务而临时组建的战术编队，每个特混舰队在海上执行任务时，一般都要组建任务性质各不相同的多个特混大队。

4. 特混小队和支队。都是组成特混大队的基本战术单位，一般由 1～2 艘同型舰艇编成。

特混舰队以下各级部（分）队都分别使用统一的代号：特混舰队为 TF（TASK FORCE）、特混大队为 TG（TASK GROUP）、特混小队为 TE（TASK ELEMENT）、特混支队为 TU（TASK UNIT）。比如，TF－65 代表第 6 舰队的第 5 特混舰队；TG－65.1 代表第 6 舰队第 5 特混舰队第 1 特混大队等等。美海军第 6 和第 7 两大舰队，均按 6X 和 7X 的序号区分其下属的各种任务舰队，但并没有一定的规律。比如，第 6 舰队所属的第 60 特混舰队是航母特混舰队，而第 7 舰队所属的第 70 舰队就不是航母特混舰队而是作战特混舰队。

海军航空兵编制 海军航空兵是舰队航空兵和海军陆战队航空兵的总称。舰队航空兵也采用行政与任务两种编组形式，行政编组是按单一机种进行的编组，便于日常的行政管理、训练、维修保养和后勤供应。任务编组是为了满足特定任务需要而进行的多机种混合编组，便于配属给各类特混或特遣舰（部）队遂行特定的任务。舰队航空兵通常区分为舰队航空联队和舰载机航空联队两大类，每个联队都由数个中队或分遣队编成。联队是航空兵最高的行政与战术单位，下辖 6～12 个中队。中队和分遣队多是由同机种飞机编成的基本行政和战术单位。

舰队航空联队 舰队航空联队是以海岸场站为基地的海军航空兵部队，又称岸基航空兵。常见的航空联队有：巡逻机联队、攻击机联队、战斗机联队、战斗攻击机联队（亦称打击机联队）、电子战飞机联队、预警机联队、反潜机联队和直升机联队等。

舰载机联队 舰载机联队是以航母为活动基地的行政管理与战术作战单位。美海军目前有 11 艘现役航母，每艘航母的舰载机都统一编组成 1 个舰载机联队。联队由人员精干的联队部和数个中队编成。联队部编有军官 10 人、士兵 17 人；员额总数依航母的大小或其所搭载的舰载机数量确定。典型的舰载机联队通常编有：2 个战斗机中队，各装备 F－14 型战斗机 10～12 架（其中有 1 个中队的部分飞机装有 TARPS 战术空中侦察系统）；2 个战斗攻击机中队装备 F/A－18 战斗/攻击机 9～12 架；1 个战术电子战中队装备 EA－6B 电子战飞机数架，用于探测敌人防空雷达并引导反辐射导弹进行攻击；1 个空中警戒机中队装备 E－2C 电子警戒机 4～5 架，其他还有加油机中队等。

海上勤务部队编制 海上勤务部队包括海上支援部队和海上运输部队，其主要任务是为作战舰艇、两栖舰艇和其他海军作战部队提供海上支援和各种勤务保障。

海上支援部队 海上支援部队由各种辅助舰船部（分）队编成，负责海上补给、修理、救生、训练、试验及情报等支援任务。美海军现役部队所装备的辅助舰船主要有：海上补给船、修理舰、救生船和其他各种海上支援舰船。所有这些后勤舰只均按大队和小队编组。

海上运输部队 海上运输部队平时由军事海运司令部所属的核心船队及其租用的商船队编成；战时动员预备役船只予以扩编。其主要任务是从海上运输世界各地的军事人员和物资。军事海运司令部负责管理各种运输舰船，包括美国政府的运输舰船和非政府所属的商用船只，现有文职雇员 6000 人；军人 1000 人；合同商业人员 2500 人。海上运输队一般可划分为 3 大类：

1. 战略海运部队。指装运军用补给物资和装备的货船和油船，包括海上预置船、医院船和预备役船队。

2. 海军舰队辅助部队。指 24 小时向海军舰队提供直接支援的舰船，包括舰队拖船、货船、油船和军火船等。

3. 特种任务支援部队。为海军、空军和国防部各种机构提供特殊服务的船队，包括导弹靶场设备运输船、声学研究船、水下监视和海洋研究船等。

岸基部队编制 岸基部队主要指海军基地（包括各种舰艇基地和各海军航空站）及其所属的部队和机

构。海军基地负责管理所在地区的海军站、造船厂、通信站、燃料库、军火库、消磁站，以及海军航空站、舰队训练中心及学校等机构。其主要任务是为作战舰艇、飞机提供支援、维修和保养。美本土的海军基地归海军部、海军作战部及其他有关机构领导；海外的海军基地分别由两洋舰队所设的驻外基地司令部领导。

海军陆战队编制 海军陆战队是一支隶属于海军部的兵力投送型两栖作战部队。虽然它通常被称之为美国武装力量的第4军种，但在各种作战行动中都离不开海军，就连它的医疗人员和牧师都要由海军指派。平时，海军陆战队执行海军的条令和制度；战时则由海军部长指派给两洋舰队指挥、使用；如果同陆军联合作战，还要执行陆军的条令和制度。海军陆战队由两栖作战部队、警卫部队、航空兵和勤务支援部队组成，兵种复杂，编制多样。仅作战部队就包括舰队陆战队、海上部队和指派给司令部机关、海军岸基设施和国务院等部门的警卫分队，约占海军陆战队总人数的2/3。

舰队陆战队。指派给海军舰队或某个联合司令部的两栖突击部队。美军现有2个舰队陆战队。一个是大西洋舰队陆战队；另一个是太平洋舰队陆战队。共编3个陆战师 、3个陆战航空联队和3个勤务支援大队。

海上部队。指海军舰艇上的警卫分队。导弹巡洋舰、航空母舰、舰队旗舰和潜艇等大型舰艇上的舰炮、火控系统、核武器以及机要部位都要由海军陆战队员担任警卫。除此之外，该分队还负责舰艇损伤控制等其它工作。一般的航空母舰上，都编有1个由2名军官和64名士兵组成的警卫分队。过去，两洋舰队各编有1个营，专门负责训练和向舰艇上派遣警卫人员。1993年后，太平洋舰队的营撤销，只保留了大西洋舰队的1个营。

警卫分队。指在陆地上担任警卫工作的陆战小分队。由严格训练、精心挑选的陆战队员编成。像国家要害部门、重要机关、机密材料和物资的管理部门，特别是外交使团等，通常都由他们负责守卫。近几年，美海军两洋舰队都新编组了1支由200多人组成的舰队反恐怖警卫小队，可对世界各地的危机迅速作出反应。

舰队陆战队也采用行政与任务两种编组方式。行政编制固定，分师、团、营、连、排、班6级。

行政编制 1. 陆战师。陆战师是舰队陆战队的最高行政单位，兵力总员额18355人（含海军人员约800人），因此它也是美军师级地面部队中编制人数最多的师种。陆战师的机关是师部营。负责指挥、控制与行政事务，由营部连、勤务连、卡车连、宪兵连和通信连编成。直属分队有：侦察营，负责提供地面侦察与监视支援，编制员额约400余人；坦克营，编制官兵近1000人，装备坦克70辆、“陶”式导弹发射车36辆；两栖突击营，负责向滩头输送登陆部队、提供岸上运输支援，由1个营部与勤务连和4个两栖突击连编成，其主要装备有LVT-7履带式两栖突击车187辆；工兵营，由4个工兵连和1个工兵支援连编成，员额900余人。

陆战师采用3团制，即编有3个陆战步兵团，团的编制员额3955人，经上级配属必要的战斗支援与战斗勤务支援分队即可组成团登陆队遂行登陆作战任务。陆战步兵营为基本战术单位，每团编3个营，均能独立遂行战斗任务，编制员额约1000余人。步兵营由营部与勤务连、武器连和3个步兵连编成。其中，武器连配备有较强的支援火器，由迫击炮排、反坦克排和重机枪排各1个编成。

此外，炮兵团是陆战师的主要火力支援单位，全团编制员额3400余人，主要装备有：155毫米牵引式榴弹炮66门、155毫米自行榴弹炮18门、203毫米自行榴弹炮12门。

2. 陆战航空联队。海军陆战队航空兵部队（以下简称陆战航空兵）基本上属于岸基航空兵，多以沿海的基地或海军航空站为活动基地。但在作战时，也可以转场至航空母舰等大型舰只上遂行战斗支援任务。陆战航空兵以联队为最高编成单位，目前共有3个陆战航空联队（据说还准备裁减）。联队以下分为大队和中队，1个陆战航空联队的编制员额多达12000人。联队的建制单位主要有：司令部与司令部中队、航空控制大队、支援大队各1个，航空大队4个，建制中队28～31个，装备各型飞机近300架。有材料透露，联队司令部非常精干，只编军官10人、士兵17人。

3. 陆战队勤务支援大队。海军陆战队的战斗勤务支援部队。美海军陆战队目前编有3个勤务支援大队，以便同陆战师和陆战航空联队配套使用。每大队下辖5～8个营，可向由陆战师和陆战航空联队联合编成的陆战远征部队提供所需的支援。大队由队部与勤务营、工兵支援营、登陆支援营、补给营、医务营、牙医营、修理营和汽车运输营编成，兵力总员额可达近万人，其中有海军人员1200余人。

任务编组 任务编组是根据作战任务需要临时进行的作战编组，所编的作战部队统称陆战队空地特遣部队。空地特遣部队的任务编组虽然不固定，但是，依其兵力规模仍然可以区分为：陆战远征部队、陆战远征分队和特种用途小队3个等级。它们之间并非一定都有隶属关系，基本上是独立遂行作战任务。过去，美海军陆战队还编过陆战远征旅，据最新材料透露，随着90年代初的改编，此任务编组已弃之不用。

1. 陆战远征部队。空地特遣部队中兵力规模最大的任务编组部队。一般由中将级军官任司令，用于对付高、中强度地区性冲突。陆战远征部队的编制人数大约30000～60000人，主要包括1个加强陆战师、1个陆战航空联队和1个勤务支援大队。主要装备有：70辆坦克、108门155毫米榴弹炮、12门203毫米榴弹炮、150架直升机、150架固定翼飞机、208辆两栖突击车、24具“霍克”防空导弹发射架、81门60毫米迫击炮、75具“毒刺”防空导弹发射筒。在进行再补给之前，可持续作战60天。由于地区性冲突难以预料，美海军平时就制定编组陆战远征部队的预案，作好了投送远征部队的准备。按照预案，美海军陆战队共编有3支陆战远征部队。第1陆战远征部队用于对付世界各地的突发事件；第2陆战远征部队属大西洋舰队，主要用于应付北约地区的需要；第3陆战远征部队属太平洋舰队，可迅速投送到太平洋和印度洋地区。据说，现住夏威夷的第3陆战远征部队准备退出现役，其防务由第1陆战远征部队接替。

2. 陆战远征分队。用于对付中、低强度地区性冲突的小规模空地特遣部队。通常由1个陆战步兵营和1个短距/垂直起降飞机/直升机混合中队编成，人员约1000～4000人，由上校级军官任指挥官。这种远征分队可为联合部队司令部司令提供多种作战能力。主要装备有：5辆坦克、8门155毫米榴弹炮、32具“龙”式反坦克导弹发射架、8辆“陶”式反坦克导弹发射车、8门81毫米迫击炮、9门60毫米迫击炮、5具“毒刺”防空导弹发射筒、6架固定翼飞机、20架直升机和12辆两栖突击车，在进行再补给之前，可持续战斗15天。

3. 特种用途小队。陆战队空地特遣部队中兵力规模最小的分队。多由1个陆战步兵连和1个装备有CH-53D、UH-1N直升机的航空分遣队编成，有时还加强有海军的“海豹”小队，兵力大约100～1000人不等。这种小队具有较强的特种作战能力，可通过空中、海上、或利用潜艇从水下投送兵力，往往最先出现在出事地点。因此，美军常常用它遂行偷袭、抢救人质等反恐怖任务。

特种作战部队编制 海军专门用于遂行非正规作战任务的精锐部队，其领导机构为海军特种作战司令部。该司令部组建于1987年，隶属于美国特种作战司令部。海军特种作战司令部下辖第1、2两个特种作战大队，分别编入大西洋舰队和太平洋舰队，由两洋舰队或其所在的联合司令部实施作战指挥。除此之外，还编有2个轻型攻击直升机中队和5个特种作战小队。

特种作战大队 由“海豹”小队、“海豹”潜艇输送小队和特种舟艇中队编成。

“海豹”小队。目前，美海军特种作战部队共有7个“海豹”小队。其中，第1、3、5小队编入驻科罗拉多州的第1海军特种作战大队；第2、4、8小队编入驻小克里克的第2海军特种作战大队。另外还有1个1980年组建的、专门用于反恐怖的第6小队。该小队虽然行政上由第1特种作战大队代管，但只接受参联会和国家指挥当局的命令。“海豹”小队下辖10个“海豹”排和1个支援组。“海豹”排由2名军官和14名士兵编成，下辖2个8人班，即每班编1名军官、7名士兵。班通常还细分为2个4人火力组或4个2人小组。支援组由大约20名非“海豹”人员编成，他们当中有报务员、弹药专家、潜水员和文书士官等。

“海豹”潜艇输送小队。受过特种训练、专门使用水下运输工具（包括改装过的攻击潜艇、微型潜艇、甚至弹道导弹潜艇）隐蔽输送“海豹”队员的小分队。第1“海豹”小队先于1969年组建了1个潜艇输送排，后来根据需要不断扩编，现已扩编至2个小队，分别编在两洋舰队的第1和第2海军特种作战大队。

特种舟艇中队。受过特种训练、专门使用水面舟艇隐蔽运送“海豹”队员遂行任务的水上小分队。美海军现编有2个中队，同潜艇输送小队一样，也分别编在两洋舰队的2个特种作战大队内。特种舟艇中队由3～4个舟艇小队编成。

轻型攻击直升机中队 专门负责从空中向“海豹”小队提供各种支援的航空分队。美海军现编有2个中队：第4中队（代号“红狼”）驻诺福克；第5中队（代号“火鹰”）驻科罗拉多。各中队的主要装备是HH-60H直升机，机上装有2挺7.62毫米机枪、火箭和空地“陶”式/“小牛”式导弹发射舱。每架直升机可搭载8名全副武装的“海豹”队员，并以攀登绳梯、伞降等方式隐蔽投送他们遂行特种作战任务或将他们撤出任务区。

特种作战小队 部署在前沿地区的“海豹”小队，主要是为了能对本地区的危机迅速作出反应，是发生危机时最先抵达事发地点的美国武装分队。美海军现编有5个特种作战小队：第1小队驻关岛，隶属于太平洋美军总部；第2、6小队分别驻苏格兰和西班牙，负责支援驻欧美军司令部；第3、8小队分别驻波多黎哥和巴拿马的罗德曼海军站，隶属美军南方司令部。此外，第8小队还担负有支援本地区缉毒行动的任务。

主要参考材料：

①美海军《海上力量》杂志，1997 年 1 月号；

②S.F. 托马杰西克著《现代美国军语词典》，麦克法兰出版社 1996 年出版。

（刘书礼）

空军部队编制　空军的最高领导机构是空军部。空军部在国防部领导下工作。空军参谋长是空军参谋部主官，其职责是协助空军部长领导、管理所有美国空军部队。空军各大司令部（亦称一级司令部）向空军参谋长报告工作。

部队编制　空军主要由战略部队、战术部队、航天部队和特种作战部队 4 部分组成。其编制序列分为航空队、联队、大队和中队 4 级。

航空队　航空队是空军实现战区战略、遂行战役作战任务的基本军团，分别归属各大司令部领导、指挥。航空队采用不固定 编制，少的编 2 个联队，多的像第 12 航空队编有 8 个联队。但是，典型的战斗航空队除了编有数个战斗机联队外，一般都还编有侦察机和空中控制联队或大队；空中机动航空队则除了编有数个空运或空中机动联队外，大多编有加油机联队、空中机动作战大队与空中机动支援大队。近几年，美国空军在航空队一级编制上，倾向于采用多机种联队混合的编制。比如，驻欧美空军第 3 航空队，除了编有第 48 和第 52 两个战斗机联队外，还编有 1 个第 86 空运联队和 1 个第 100 加油机联队。美空军认为，这种编组方法更有利于部队对各种危机快速作出反应。

联队　联队是美空军的基本战术作战单位。空军基地的选设，一般都以联队为中心。以前，空军联队司令官均为将级军官，近几年也有由上校担任司令的联队。联队的编制一般不固定，但拥有比较建全的行政管理机构和战斗与后勤支援系统。典型的航空联队通常都要编有 1 个作战大队（由飞行员和情报分队编成）、1 个支援大队（主要由保安人员、文职的飞机技师编成）和 1 个后勤大队（下辖数个维修中队和补给中队）。90 年代初开始，美国空军曾把试编混合联队作为一项重要的编制改革内容。试验结果表明，混合联队确实为不同机种进行合成训练提供了良好条件，但在执行任务时却显得非常不灵便，花费也高得多，无论是战备水平还是危机反应能力都跟不上现代战争的要求。因此，美空军已于 1997 年初决定仃止这项试验，只保留第 366 混合联队进行新的空军远征部队试验。由此看来，美空军现编的许多混合联队，不久均将可能逐步改编成以前的单一机种联队。

大队和中队　大队是介于联队和中队之间的一级指挥、管理机构。中队是空军的基本建制单位，通常由 2～3 个飞行小队（即飞行编队）编成。据 1996 年 9 月 30 日的最新资料，各型飞行中队编配的飞机数量有很大差别。比如，B－1B 轰炸机中队，有的编 11 架飞机，有的编 12 或 16 架飞机，还有的编 17 架飞机。另外，部署在本土与部署在海外的中队所编配的飞机数量也不尽相同。比如，F－15E 攻击机中队和 F－16 战斗机中队，部署在本土的编制员额为 18 架，而部署在海外的中队则一律为 24 架。依任务区分，美空军现役部队有 21 种、总共 213 个中队，各种中队的具体数量见下表。

美空军中队种类与数量

中队名称	数量	中队名称	数量	中队名称	数量
重型轰炸机	10	空中加油	23	战略指挥与控制	1
战斗机	54	侦察	4	战术空中指挥与控制	5
电子战	3	特种任务	2	战术空中控制	9
救援	7	战区空运	13	远程空运	17
空中医疗空运	3	空间作战	10	特种作战部队	16
洲际弹道导弹	14	空间通信	1	空间预警	8
空间监视	6	空间发射	5	靶场	2

各现役飞行中队的飞机装备数量见下表。

美空军中队编配飞机数量

中队机型	装备飞机数量	中队机型	装备飞机数量
A/OA－10	18	B－1B	11/12/16/17
B－2	8	B－52	10/12～14/16/19
C－5	16	C－9A	3～11
C－17	12	C－130	8/10/12－14/16
AC－130	7/10	EC－130H	5
HC－130P/N	4～10	MC－130	4～12
MH－53J	5/22	MH－60C	8
KC－10A	9/10	KC－135	8～12
C－141B	16	E－3	2/7
F－4	11	F－15	18
F－15E	18/24	F－16	18/24
EF－111A	24	F－117A	18
HH－60G	4/5/8		

各主要司令部的兵力编成　空中作战司令部　美空中作战司令部成立于 1992 年 6 月 1 日，主要任务是管理、组织、装备、训练以及向各作战司令部提供导弹部队和作战飞机部队。目前，美空中作战司令部下辖 4 个航空队、21 个联队和 1 个作战中心。其中，第 1 航空队由东南防空区空军警卫队、东北防空区空军警卫队和西部防空区空军警卫队编成；第 8 航空队下辖第 2、5、7、28、509 共 5 个轰炸机联队和第 27 战斗机联队、第 65 空军基地中队以及第 85 直升机大

队；第9航空队下辖第1、4、20、33共4个战斗机联队和第93空中控制联队、第374混合联队以及第23战斗机大队；第12航空队下辖第49、388两个战斗机联队和第24、55、355、366混合联队以及第9侦察机联队和第552空中控制联队；空军作战中心下辖第53和第57两个空军联队及第99空军基地中队。整个司令部及所属部队共编有221755人，其中现役：军官14495人、士兵99373人，共113868人；预备役：空军国民警卫队72507人、空军后备队22232人，共计94739人；文职人员13148人。主要装备有：B-1B、B-2和B-52H轰炸机104架；F-105A/C、F-16和F-4战斗机379架；A/OA-10、F-15E、F-117A攻击机186架；EF-111A等EC或EW类具有各种电子战能力的飞机28架；KC-135E/R空中加油机6架；C-27战斗空投飞机9架；HC-130、HH-60救援飞机或直升机36架；U-2、RC-135、SR-71、E-8C等侦察机45架，以及其他型号飞机69架。

空军航天司令部　空军航天司令部成立于1982年9月1日，其主要任务是：为战略司令部管理和实验空军的洲际弹道 导弹；负责导弹基地和国家空间发射场所有装备、设施的管理、维修，以及指挥、控制国防卫星并提供通信支援等。目前的空军航天司令部司令不仅兼任北美航空空间防御司令部司令，而且还是整个美军航天司令部的司令。

该司令部下辖2个航空队和1个空间作战中心。其中，第14航空队为空间航空队，下辖第21、30、45、50共4个空间联队和第750空间大队；第20航空队为战略导弹航空队，下辖第90“和平卫士”和“民兵”3洲际导弹联队、第91和第341两个“民兵”3洲际导弹联队以及第321“民兵”3洲际导弹大队。整个司令部编有现役：军官4195人，士兵17738人，合计21933人；预备役：空军后备队337人；文职人员4773人；合同人员11462人，共计38505人。主要装备有：“和平卫士”洲际弹道导弹50枚、“民兵”3洲际弹道导弹530枚；“导航星”全球定位卫星26颗、其他各类国防卫星23颗及卫星指挥与控制系统；此外还有空间监视系统、洲际弹道导弹预警系统和各种运载火箭等。

空军特种作战司令部　空军特种作战部队担负有3大任务：一是利用专门设计的飞机在指定的时间内，将特种作战部队即“海豹”小队和“绿贝雷帽”部队潜送到世界各地遂行特种作战任务；二是向特种作战部队提供所需的空中支援；三是将他们撤运出任务地区。空军特种作战部队的领导机构是空军特种作战司令部。该司令部组建于1990年5月22日，下辖第16、193、919共3个特种作战联队；第352、353和第720特种作战大队；第18飞行试验中队、1个空中支援作战中队和1所特种作战学校，共有人员12577人。其中，现役：军官1504人、士兵8111人，合计9615人；预备役：空军国民警卫队1384人、空军后备队1037人；文职人员541人。该司令部的主要装备有：AC-130H/U特种作战飞机21架、MH-53J救援直升机36架、MH-60G直升机10架、MC-130E/H特种运输机29架、UH-1N直升机2架以及其它型飞机37架。

空中机动司令部　空中机动司令部组建于1992年6月1日，其主要任务是为美国武装力量提供全球性空中机动和空中加油勤务。特别是战时，它要负责向战区提供所需的空中运输飞机。整个司令部由2个航空队、1个加油与空中控制中心和1个空中机动作战中心编成。其中，第15航空队属于空中机动航空队，编有第22、92两个加油机联队；第62、375两个空运联队，第60空中机动联队和第615空中机动作战大队与第615空中机动支援大队。在美国空军中，虽然航空队的编制不固定，但是一般情况下，每个空中机动航空队都编有2个加油机联队和3～5个空中机动或空运联队。加油与空运控制中心的编制规模大，装备的飞机多，主要有：加油机2个联队和1个大队；运输机4个联队和1个空中机动联队。另外还有空中机动作战和空中机动支援大队各1个。全司令部人员总数为111568人。其中，现役：军官8389人、士兵39953人，合计48342人；预备役：空军国民警卫队20114人、空军后备队34411人，合计54525人；文职人员8701人。主要装备有：C-5、C-17、C-26、C-130、C-141运输机和KC-10、KC-135加油机，共1413架。

太平洋空军司令部　太平洋空军司令部组建于1957年7月1日，是一支可对各战区突发事件迅速作出反应的前沿部署部队。不过，它主要还是在亚洲太平洋战区遂行空中作战任务，并负责组织、训练、装备、维持作战所需要的部队。美国太平洋空军司令部下辖第5、7、11、13共4个航空队和第15基地联队。其中，第5航空队编有第35战斗机联队（F-16C/D)、第18混合联队（F-15、E-3C、KC-135、和HH-60G)、第374空运联队（UH-1N、C-130、C-21、C-9A)；第7航空队编有第8战斗机联队（F-16C/D）和第51战斗机联队（F-16/、C-12J、A/OA-10A)；第11航空队编有第354战斗机联队（F-16、A/OA-10A）和第3混合联队（F-15、C-12J、E-3、C-130H)；第13航空队编有战斗机训练中队和基地联队各1个。主要装备的飞机有：F－15C/D/E、F－16C/D 和 A－10A 战斗与攻击机 246 架；OA－10A 前方空中控制机 18 架；E－3 空中预警与控制飞机 4 架；KC－135 加油机 15 架；C－9、C－12、C－21、C－130 和 C－135 各型运输机 40 架；其他还有 UH－1、HH－60 直升机 11 架。

驻欧空军司令部　驻欧美国空军司令部组建于 1945 年 8 月 7 日，其主要任务是以空中战斗、轰炸、空中运输、空中加油、救援、特种作战、医疗后送、气象侦察、空间活动以及空中控制等手段向部队提供所需的各种支援。该司令部下辖第 3 和第 16 航空队，其中第 3 航空队由第 48 和第 52 两个战斗机联队及第 100 加油机联队和第 86 空运联队编成；第 16 航空队编有第 31 战斗机联队和第 39 多任务联队。美国驻欧空军总兵力 32740 人。其中现役：军官 3288 人、士兵 23827 人，合计 27115 人；预备役：空军后备队 392 人；文职人员 5233 人。主要装备有：F－15C/D、F－16C/D 战斗机 108 架；A－10、F－15E 攻击机 60 架；OA－10 空中观察机 6 架；以及执行加油、运输和侦察等任务的其他飞机 46 架。

参考材料：

美《空军》杂志 1997 年 6 月号。

（刘书礼）

特种作战部队编成　《现代军事》1998 年第 2 期李斌报道，美军特种作战部队诞生于第二次世界大战的炮火硝烟中，经历了二战的洗礼，战后走过一段曲折的发展道路。现在，美军特种作战部队是美国军事力量的重要组成部分，是进行游击战、情报战、心理战和反恐怖行动的主要突击力量，曾先后参加第二次世界大战、朝鲜战争、越南战争以及武装入侵格林纳达、武装入侵巴拿马等军事行动，特别是在海湾战争中表现得更是淋漓尽致。它对于维护美国利益，实现美国的意志，推行美国对外政策起着十分重要的作用，一直受到美国军界的高度重视，视其为一支“拳头”力量，尤其是在美军调整兵力结构、削减军费、压缩军队规模的情况下，特种作战部队反而数量趋于增加，装备日益精良，地位越来越高。

指挥机构　美军特种作战机构包括联合特种作战司令部、陆军特种作战司令部、空军特种作战司令部、海军特种作战司令部和战区特种作战司令部。联合特种作战司令部负责指挥各军种的特种作战部队，设在美国佛罗里达州的麦克迪尔空军基地，下辖驻本土的陆、海、空三军特种作战司令部，下级联合司令部有太平洋、大西洋、欧洲和中央 4 个特种作战司令部。陆军特种作战司令部位于北卡罗来纳州的布雷格堡；空军特种作战司令部位于佛罗里达州的赫尔伯空军基地；海军特种作战司令部设在加利福尼亚州的科罗纳多海军基地。陆军特种作战司令部下辖陆军特种部队司令部、民事与心理战司令部、陆军特种作战综合司令部（暂编）、肯尼迪特种作战中心（即原布雷格堡特种作战中心）。陆军特种部队司令部下辖第 1、3、5、7、10 特种作战大队（空降）和第 1 特种作战分遣队；民事与心理战司令部下辖第 4 心理战大队（空降）；特种作战综合司令部下辖第 75 突击团和第 160 航空团。海军特种作战司令部下辖太平洋舰队第 1 特种作战大队、大西洋舰队第 2 特种作战大队和海军特种作战中心。第 1 特种作战大队下辖第 1、3、5“海豹”小队，第 1 蛙人输送艇小队和驻关岛分遣队；第 2 特种作战大队下辖第 2、4、6、8“海豹”小队，第 2 蛙人输送艇小队，驻英国分遣队和驻波多黎各分遣队。空军特种作战司令部下辖第 1、39、353 特种作战联队，特种作战任务试验和鉴定中心，第 1720 特种作战大队和空军特种作战学校。

编制装备　美军特种作战部队由陆军特种作战部队、空军特种作战部队和海军特种作战部队组成，现总兵力为 4.6 万人，其中现役部队 2.7 万人，后备役部队 1.9 万人。

陆军特种作战部队编制装备　陆军特种作战部队包括现役部队、后备役部队和国民警卫队特种作战部队，现有兵力 2.9 万人，其中现役部队 1.47 万人，后备役部队 1.43 万人。陆军现役特种作战部队由 5 个作战群（分别是第 1、3、5、7、10 特种作战群）、陆军第 75 突击团、第 1“三角洲”突击队、第 160 特种作战航空大队、第 4 心理战大队、第 96 民事营及一些通信和后勤支援与保障分队组成。特种作战群是陆军特种作战部队的最高编成单位，所属部队称为“绿色贝雷帽”部队，编制人数为 800～1500 人。每群下辖 3 个特种作战营、1 个直属特种作战连和 1 个支援连。营下辖 3 个特种作战连、1 个营部分遣队和 1 个支援连。第 75 突击团，又称别动团，也称“黑色贝雷帽”部队。其主要任务是实施纵深作战，袭击敌后重要目标，下辖 3 个营，编制约 1900 人。第 1“三角洲”突击队编制约 400 人，主要用于反恐怖行动。第 4 心理战大队编制有 4 个心理战营和 1 个战略宣传连，战时制定心理战计划，平时参加心理战演习及提供心理战咨询。

陆军特种作战部队主要装备的轻武器有轻机枪、冲锋枪、手枪等，其中有一部分经过特殊改装。现装备的手枪口径为 0.45 英寸，这种手枪装有消声器和激光瞄准仪；装备的步枪为“考尔特”突击步枪和 M－24 狙击步枪等。除轻武器外还装备有 AH－64 攻击直升机和具有远程导航能力的 MH－53、MH－47 等型号直升机。此外，还装备有无线电通信及呼叫设备等。心理战部队主要装备的是大功率广播电台和高速铅印出版设备。

空军特种作战部队编制装备 空军特种作战部队由现役部队、后备役部队、国民警卫队特种作战部队组成，总兵力约 8000 人，其中现役部队约 6300 人，后备役部队 1800 人。现役部队由第 1、39、353 特种作战联队和第 1720 特种作战大队组成。后备役部队包括第 193 特种作战大队和第 919 特种作战大队。第 1 特种作战联队下辖 6 个中队，分别是第 8、9、15、16、20、55 中队；第 39 特种作战联队下辖 3 个中队，分别是第 7、21、67 中队；第 353 特种作战联队下辖 3 个中队，分别是第 1、17、31 中队。后备役的第 919 大队担负的任务与现役联队相似，第 193 特种作战大队除担负正常的支援外，还为心理战部队提供无线电通讯和电视转播任务。第 1720 特种作战大队负责空投区的空中行动及特种作战的空中支援。

空军特种作战部队装备的飞机达 150 架，其中 MC－130E 运输机 14 架，AC－130H 飞机 10 架，HH－53H、UH－1N、UH－60A 直升机各 9 架，HH－53 直升机 38 架，HC－130 飞机 8 架，C－141“银河星”飞机 9 架，AC－130A 飞机 10 架，EC－130 飞机 8 架，CH－3 直升机 6 架。此外还有一定数量的 MH－60G、HH－3 等型号直升机。MC－10E 运输机经过改装后具有超低空输送能力，新装备的 MC－130H 飞机装备有空中加油系统、高速低空投放系统、惯性导航系统和全球卫星定位系统。

海军特种作战部队编制装备 海军特种作战部队由现役部队和后备役部队组成，总兵力共 5500 人，其中现役部队约 4000 人，后备役部队 1500 人。现役特种作战部队编有第 1、2 特种作战大队，2 个蛙人输送艇小队和 3 个特种作战分遣队。特种作战大队分别配分属于两洋舰队。每个特种作战大队下辖 7 个特种作战小队，即“海豹”小队。大队是海军特种作战部队的最高编成单位。“海豹”小队是组织与实施作战的基本单位，每个小队兵力为 210 人，通常编有 5～8 个特种作战排，目前共有 60 个排。3 个特种分遣队分别配属给有关舰队驻扎海外，每个分遣队编制约 20 人。

海军特种作战部队的单兵装备与陆军特种作战部队的相似。现装备的输送工具主要是 PRB 高速巡逻艇，艇上配有榴弹发射器、浮水炸弹发射器和 3 挺机枪；微型装甲艇，一次可载 15～20 名全副武装队员；特种气垫船，长 24 米、重 110 吨、航速 35 节；可潜送蛙人的小型特工艇（SDV）等。现装备的直升机主要为 AH－64 攻击直升机和 UH－60“黑鹰”直升机。此外，“海豹”小队还装备有水下呼吸器、充气橡皮艇、便携式声纳、水下探测装置、特种通信器材及先进的监视器材，并配备有可执行特种作战任务的海豚和海狮。

（郭韦娣）

俄罗斯陆军编制 俄陆军现编有摩步、坦克、炮兵、机炮等 4 种师。自俄军组建后陆军一直没有满编师，直到 1997 年底才开始组建满编的展开师。1996 年 10 月出版的英《简氏世界军队》和《简氏情报评论》1997 年第 9 期，对俄军现有 4 种师及师属团的标准编制作了介绍，其主要内容如下。

摩步师的编制 编有：司令部、1 个步兵战车摩步团、2 个装甲输送车摩步团、1 个坦克团、1 个炮兵团、1 个防空火箭团、1 个独立坦克营、1 个独立火箭营、1 个独立侦察营、1 个独立多管火箭炮营、1 个独立运输营、1 个独立工程工兵营、1 个独立通信营、1 个独立修理－修复营、1 个独立三防（防辐射、防化学、防生物）营、1 个独立卫生营、1 个交通管制连和 1 个师乐队。全师编制员额为 13000 人。其中，军官 1200 人。师司令部编制军官 93 名、士兵 208 名。师的武器装备主要有：315 辆装甲战斗车/装甲输送车、265 辆坦克、126 门火炮、18 部多管火箭发射系统、4 部战术导弹发射架。

师司令部装备 9 辆装甲指挥车、20 辆卡车。步兵战车摩步团装备 95 辆 БМП－3 型步兵战车、40 辆 T－80 坦克、18 门“石竹”2C－1 式 122 毫米自行榴弹炮。2 个装甲输送车摩步团，其中一个团装备 95 辆 БТР－80 型装甲输送车、40 辆 T－80 坦克、18 门 Д－30 式 122 毫米榴弹炮；另一个团装备 95 辆 БТР－80 型装甲输送车、40 辆 T－80 坦克、18 门“石竹”2C－1 式 122 毫米自行榴弹炮。坦克团装备 95 辆 T－80 坦克、30 辆 БМП－3 型步兵战车、18 门 Д－30 式 122 毫米榴弹炮。炮兵团下辖 2 个 122 毫米榴弹炮营、1 个 152 毫米榴弹炮营和 1 个反坦克营，共装备 36 门“石竹”2C－1 型 122 毫米自行榴弹炮、18 门“金合欢”2C－3 型 152 毫米自行榴弹炮；独立坦克营装备 50 辆 T－80 坦克。独立火箭营装备 4 部 SS－21 战术导弹发射架。独立运输营装备 198 辆卡车。独立修理－修复营装备 8 辆流动装甲修理车和 60 辆卡车。独立卫生营装备 19 辆野战救护车。

装甲输送车摩步团的编制 摩步师属装甲输送车摩步团编有：团部、3 个装甲输送车摩步营、1 个坦克营、1 个炮兵营、1 个独立反坦克连、1 个独立防空连、1 个独立工程工兵连、1 个独立运输连、1 个独立修理连、1 个独立三防连、1 个独立侦察连、1 个独立交通管制排、1 个独立支援排、1 个团乐队。全团编制员额为 2100 人，其中军官 170 人，共装备有95辆装甲输送车、40辆坦克、18门火炮、4门自行高炮、4部萨姆－9防空导弹发射架。

团部装备4辆装甲指挥车、2辆步兵战车、11辆其他轮式车辆。装甲输送车摩步营各装备31辆装甲输送车。坦克营装备40辆坦克。炮兵营装备18门火炮。独立反坦克连装备9辆反坦克导弹发射车。独立防空连装备4门ЗСУ－23－4自行高炮和4部防空导弹发射架。独立工程工兵连装备9辆KMT－4型车撤式扫雷器和3辆KMT－5型车撤式坦克扫雷器。独立运输连装备44辆卡车。独立修理连装备2辆流动装甲修理车、1台吊车、14辆卡车。独立三防连装备2辆三防侦察车。独立侦察连装备4辆坦克、5辆装甲侦察车。独立支援排装备7辆卡车。团乐队编制15人，装备1辆卡车。

坦克师的编制 编有：司令部、3个坦克团、1个摩步团、1个炮兵团、1个防空火箭团、1个独立侦察营、1个独立火箭营、1个独立工程工兵营、1个独立通信营、1个独立运输营、1个独立三防（防辐射、防化学、防生物）营、1个独立卫生营、1个独立修理－修复营、1个交通管制连、1个野战面包烤制房和1个师乐队。全师编制员额9400人。其中，军官1000人。共装备有325辆坦克、185辆装甲战斗车/装甲输送车、126门火炮、18部多管火箭炮系统、4部战术导弹发射架。

司令部装备9辆装甲指挥车、10辆轻型卡车、20辆重型卡车。坦克团每团各装备95辆T－80坦克、30辆БМП－3型步兵战车、18门Д－30型122毫米榴弹炮。摩步团装备30辆БМП－3型步兵战车、60辆БТР－80型装甲输送车、40辆T－80坦克、18门“石竹”2С－1型122毫米自行榴弹炮。炮兵团下辖2个122毫米榴弹炮营、1个152毫米榴弹炮营和1个多管火箭炮营，共装备有36门“石竹”2С－1型122毫米自行榴弹炮、18门“金合欢”2С－3型152毫米自行榴弹炮和18部多管火箭发射系统；防空火箭团装备20部萨姆－8防空导弹发射架。独立火箭营装备4部SS－21战术导弹发射架。独立运输营装备200辆卡车。独立卫生营装备19辆野战救护车。

坦克团的编制 坦克师属坦克团编有：团部、3个坦克营、1个摩步营、1个炮兵营、1个独立侦察连、1个独立防空连、1个独立工程工兵连、1个独立通信连、1个独立三防连、1个独立运输连、1个独立卫生连、1个独立修理—修复连、1个支援连、1个交通管制排。全团编制员额1212人。其中，军官130人。共装备坦克95辆、步兵战斗车31辆、火炮18门。

团部装备2辆坦克指挥车、6辆步兵战车、11辆卡车。坦克营每营装备31辆T－80坦克。摩步营装备31辆БМП－3型步兵战车。炮兵营装备18门“石竹”2С－1型122毫米自行榴弹炮。独立侦察连装备3辆T－80坦克和5辆装甲侦察车。独立防空连装备4门ЗСУ－23－4自行高炮和4部萨姆－9防空导弹发射架。独立工程工兵连装备9台推土机、27台扫雷犁；独立运输连装备44辆卡车。

炮兵师的编制 编有：司令部、1个Д－30型122毫米榴弹炮团、1个2С－3型“金合欢”152毫米自行榴弹炮团、1个БМ－27型多管火箭炮团、1个2С－5型“红钻石”152毫米自行榴弹炮团、1个2С－7型“芍药”203毫米自行榴弹炮团、1个独立目标搜索营、1个独立运输营、1个独立通信连、1个独立修理营、1个独立军械营、1个独立卫生连、1个独立弹药保管连、数个保养基地。

师属2С－3型“金合欢”152毫米自行榴弹炮团编有：司令部、3个炮兵营、1个独立目标搜索连、1个团部直属连（装备5辆装甲运兵车、52辆卡车）、1个声测排、1个气象雷达班（装备1部雷达）、1个反炮兵雷达班（装备1部雷达）、1个地面监视雷达班（装备1部雷达）。

师属其他炮兵团的编制基本相同，一般每团辖3个炮兵营，每营辖3个炮兵连，每连装备8门火炮。全师共装备360门各种火炮和多管火箭发射系统。

机炮师的编制 机炮师主要用于边境防御作战，目前陆军共编有4个机炮师，分别部署在远东军区和后贝加尔军区，每个军区各辖2个。机炮师没有固定的编制，一般编有司令部、4个机炮旅、一些独立分队和多个预设炮兵阵地。每个旅一般辖3个机炮营，全师共12个机炮营，编制员额最多可达7000人。主要装备有坦克、152毫米自行榴弹炮、152毫米牵引火炮、БМ－21多管火箭发射系统和反坦克导弹等。

作为一线边防军部队机动预备队和边境反击力量，俄军最初还为机炮师配属有4个摩步团和1个坦克营，由师长直接控制。但这种配属方案一直存有争议，1995年俄军曾提出将1个或多个机炮师改编成机动掩护旅。为提高机炮师的战术灵活性，以便对边防军提供机动支援，俄军还提出另外一种改革方案：在机炮师之下成立混编机炮团。机炮团的具体编制方案是：团部、1个T－72坦克营、1个多管火箭炮营、1个ЗСУ－23－4自行高炮营（同时对付空中和地面目标）、1个防空火箭营、1个摩步营（增配机枪、АГС－17自动榴弹发射器和反坦克武器），此外还有数个作战和后勤支援分队。多管火箭炮营编有司令部和3个火箭炮连，共装备有18部БМ－21多管火箭发射系统。

（陈建民）

俄空降兵精简整编 据俄《红星报》1997 年 11 月 21 日报道，俄空降兵司令什帕克上将日前在一次会议上指出，空降兵将从 4.6 万人减少到 3.2 万人。首先是机关，然后是作战、保障和维修分队。编制体制改革的重点是恢复作战加强团的编制。空降兵现有的 5 个师（71、76、98、104、106）、1 个旅、1 个学院、1 个中心将进行调整，其中乌里扬诺夫斯克师将缩编为空降旅，下设 3 个营，共 2500 人。第 25 空降旅缩编为团，编入新罗西斯克师。为提高整编团作战准备能力，将加强营、连作战值班，使部队能在最短时间内投入战斗。

（杨清坡）

日本自卫队编制 冷战结束后，日本根据周边军事形势的变化，以应付现实、潜在的安全挑战为目的，努力构筑新型安全保障体制。特别是 1995 年 11 月 28 日日本政府通过新的《防卫计划大纲》之后，日本自卫队开始对部队编制体制进行大规模调整，以建立起面向 21 世纪的新型军队。

按新大纲要求大幅度调整部队编制体制 陆上自卫队编制调整　根据新《防卫计划大纲》的要求，陆上自卫队开始采用新的编制体制，即实行“编制员额”和“常备员额”两种体制。“编制员额”为 16 万人，包括现役军人和“快速反应预备役”军人两部分；“常备员额”只包括现役军人，数量由原来的 18 万人削减至 14.5 万人，减少 20%。“快速反应预备役”军人是新建立起的作战体制，编制员额为 1.5 万人。

将 12 个步兵师中的第 5、11、12、13 师改编为旅，并将原第 1、2 混成旅改编为旅，经过改编后，日本陆上自卫队将保持 8 个步兵师、6 个旅及 1 个坦克师的编制。

根据“地域重点均衡部署”原则，陆上自卫队对师、旅单位的编制员额也重新进行调整，部署于特别重点区域（北海道北部、东北北部、关东、近畿、九州北部）的守备师约为 9000 人，用于战术机动作战的机动师约为 6000 人，重点区域（北海道中部、北海道东部、冲绳）的守备旅约为 4000 人，空中机动旅约为 3000 人，那霸守备旅约为 2000 人。

海上自卫队编制调整　根据新《防卫计划大纲》的要求，海上自卫队将目前 5 个地方队所属的 10 个护卫队改编为 7 个队，主要是削减无海峡警备任务的横须贺、吴、舞鹤 3 个地方队的近海防御部队。护卫舰总数由 31 艘减至 21 艘；扫雷队群由 2 个合并为 1 个，航空集团固定翼巡逻警戒机部队，由目前的 10 个飞行队百架体制削减成 8 个飞行队 80 架体制。

航空自卫队编制调整　新《防卫计划大纲》要求对空中警戒控制部队（固定式雷达基地）进行改编，将警戒控制部队由目前的 28 个警戒群改编为 8 个警戒群 20 个警戒队，即北部航空方面队为 2 个群 7 个队；中部航空方面队为 3 个群 5 个队；西部航空方面队为 2 个群 5 个队；西南航空混成方面队为 1 个群 3 个队。战斗机部队缩编为 9 个，削减第 5 航空团所属的 1 个飞行队，并减少每个飞行队装备的飞机数量，使减编后的 9 个飞行队装备的飞机，由目前的 350 架减至 300 架。

2000 年前自卫队编制调整情况 在“新的 5 年防卫计划”（1996～2000 年）期间，自卫队将根据新《防卫计划大纲》提出的要求，对三军骨干部队进行大规模改编。陆上自卫队将对第 4、6、7、12、13 师进行改编。其中 12 师将装备大量直升机，改编为空中机动旅。第 13 师将通过大量装备机动车辆，改编为地面机动旅。另外，组建 5000 人的快速反应预备役部队。海上自卫队计划从横须贺、吴和舞鹤 3 个地方队中裁减 2 个护卫队；将自卫舰队下属的 2 个扫雷队群合并为 1 个扫雷队群；在潜艇部队中新编一支教育部队。海军航空兵将裁减 1 个固定翼巡逻机航空队，并将 1 个固定翼巡逻机航空队和 1 个陆基旋转翼巡逻机航空队改编为教育部队。空军计划将 1 个航空方面队的部分警戒管制部队，由警戒群改编为警戒队；从现行 10 个截击战斗机飞行队体制中，削减驻新田原的 1 个飞行队，并减少各飞行队的装备数量。

1997 年部队编制调整变化情况 1997 年，日本自卫队在编制体制方面进行了较大的调整。改组防卫厅内部部局，提高机关办事效率；建立中央情报组织，实现情报搜集利用一体化；新编和改编基层组织，提高一线部队的战斗力。

大幅度改编防卫厅内部机构　为了提高机关组织工作效率，更好地遂行自卫队担负的各项任务，1997 年 7 月 1 日，防卫厅对内部机构进行了大规模改编。其主要改编情况：新设运用训练局（下设运用 1 课、运用 2 课、指挥通信课、训练课）；将原教育训练局和人事局合并为人事教育局（下设人事 1 课、人事 2 课、福利课、教育课、卫生课）；取消防卫局的运用课，在长官官房新编法规课；合并装备局武器需品课和舰船课，新编舰船武器课；取消经理局的工务课和装备局的通信课。另外，在调达本部新编合同管理课，取消第 5 调达管理课。改编后的防卫厅内部机构见下页表。

新编“情报本部”　为了有效地应付冷战后国际形势尚不明朗和有可能出现的地区性危机，加强战略

改编后的防卫厅内部机构表

- 防卫厅
  - 长官官房
    - 防卫审议官
    - 秘书课
    - 总务课
    - 宣传课
    - 法规课
  - 防卫局
    - 防卫政策课
    - 计划课
    - 国际关系课
    - 调查课
  - 运用局
    - 运用 1 课
    - 运用 2 课
    - 指挥通信课
    - 训练课
  - 人事教育局
    - 人事 1 课
    - 人事 2 课
    - 福利课
    - 教育课
    - 卫生课
  - 经理局
    - 会计课
    - 监查课
    - 设施课
  - 装备局
    - 管理课
    - 舰船武器课
    - 飞机课
    - 开发计划课

情报搜集以及有机地运用和指挥三军部队，1997 年 1 月 20 日，防卫厅在参谋长联席会议下成立“情报本部”。“情报本部”集参谋长联席会议、防卫厅内部部局、陆、海、空三自卫队情报组织于一体，是防卫厅的中央情报组织，日本最大的情报搜集、分析机构。“情报本部”成立之日，防卫厅长官在讲话中说：“作为防卫厅的中央情报组织，要努力搜集、分析战略情报，为日本政府和防卫厅制定政策提供必要的依据。”情报本部下设总务部、计划部、分析部、图像部、电波部等 5 个部（5 个部共设 25 个课），并在全国各地设有 6 个通信所。其编制员额为 1600 人。总务部（60 人）负责总务、会计、人事和教育工作；计划部（60 人）负责整个业务调整、工作计划和数据管理；分析部（120 人）负责国际军事形势、地区情报的搜集、处理和分析；图像部（30 人）负责图像情报的处理；电波部（350 人）负责无线电情报的处理。情报本部长为将级军官，副部长为防卫审议官，下设助理 4 人，其中 3 人为情报官，负责同驻日美军的情报交换，1 人为技术官，总管技术工作。

由于新编情报本部，其相关单位编制体制也进行了调整，取消参谋长联席会议第 2 参谋室和陆军参谋部调查部调查 2 课调查室，将防卫局及陆、海、空军参谋部调查部的调查 1 课（负责国内）和调查 2 课（负责国外）合并为调查课，各军种资料队等也进行了缩编或改变隶属关系。

防卫厅、自卫队新情报组织表

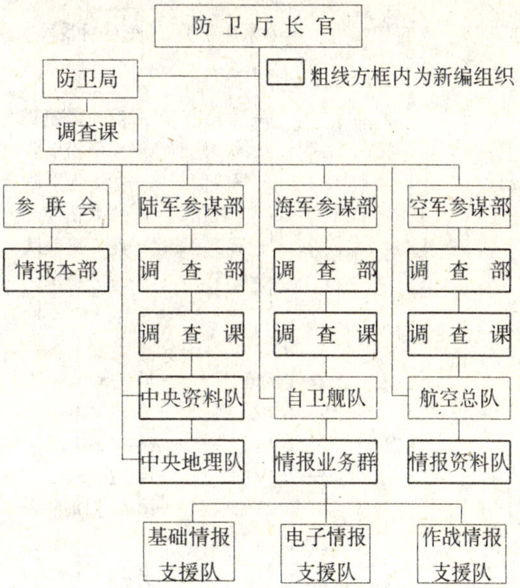

陆上自卫队编制调整 1997 年，陆上自卫队对第 8 师及第 11 师进行了改编。第 8 师改编成机动师，目的在于战时能对防卫重要地域实施快速机动支援。第 11 师的改编是为将来缩编为旅建制做准备，编制员额从 9000 人减少至 7000 人。为了加强指挥通信现代化管理，在东部军通信群新编系统管理队；在东北、中、西部军通信群新编图像传送班。

根据 1997 年度防卫计划要求（1998 年 3 月实施），作为引进“快速反应预备役”制度的第 1 步，首先在第 4 师配备 700 名快速反应预备役人员（编制配备 1373 人），编成以快速反应预备役为主的部队。为加强水际歼敌作战能力，在西部军健军驻地新编第 5 地对舰导弹团。在第 2 炮兵群新编第 2 个多管火箭（MLRS）营。为了快速、有效实施补给业务，取消原有的 5 个中央补给处和资材统制队，新编“补给统制本部”（暂称）。该本部集中央补给处各种功能，实施一元化管理。在东部军新编军直属补给单位“关东补给处”。

海上自卫队编制调整 1997年，海上自卫队对驱护舰部队和扫雷部队的编制进行了较大调整。自卫舰队在第1护卫队群新编了第1护卫队，在第4护卫队群新编了第8护卫队，改编了第33、41护卫队，取消第37护卫队的编制。为了实现扫雷部队合编目标，在第2扫雷队群削减了1个扫雷队的编制，其编制由原来的4个队变为3个队；对第1扫雷队群的4个扫雷队进行了改编，撤销了横须贺地方队第10扫雷队的编制。由于海上自卫队队一级单位的编制和兵力构成变化较大，其番号于1997年3月12日全面变更。其变更情况如下：

		（原番号）	（变更后番号）
潜艇队群	第1潜艇队群	伏见舰	伏见舰
		第1潜艇队	第1潜艇队
		第5潜艇队	第3潜艇队
		第6潜艇队	第5潜艇队
	第2潜艇队群	千代田舰	千代田舰
		第2潜艇队	第2潜艇队
		第3潜艇队	第4潜艇队
		第4潜艇队	第6潜艇队
扫雷队群	第1扫雷队群	早濑舰	早濑舰
		第1扫雷队	第1扫雷队
		第14扫雷队	第3扫雷队
		第19扫雷队	第5扫雷队
		第23扫雷队	第14扫雷队
	第2扫雷队群	第20扫雷队	浦贺舰
		第21扫雷队	第2扫雷队
		第22扫雷队	第4扫雷队
		第51扫雷队	第51扫雷队
护卫队群	第1护卫队群	白根舰	白根舰
		第46护卫队	第1护卫队
		第48护卫队	第5护卫队
		第61护卫队	第61护卫队
	第2护卫队群	鞍马舰	鞍马舰
		第44护卫队	第2护卫队
		第47护卫队	第6护卫队
		第62护卫队	第62护卫队
	第3护卫队群	榛名舰	榛名舰
		第42护卫队	第3护卫队
		第45护卫队	第7护卫队
		第63护卫队	第63护卫队
	第4护卫队群	比睿舰	比睿舰
		第41护卫队	第4护卫队
		第43护卫队	第8护卫队
		第64护卫队	第64护卫队
地方队	横须贺地方队	第33护卫队	第21护卫队
		第37护卫队	第33护卫队
		第10扫雷队	第41扫雷队
	吴地方队	第36护卫队	第22护卫队
		第38护卫队	第38护卫队
		第15扫雷队	第42扫雷队
	佐世保地方队	第34护卫队	第23护卫队
		第39护卫队	第26护卫队
		第11护卫队	第43护卫队
		第13扫雷队	第46扫雷队
	舞鹤地方队	第2护卫队	第24护卫队
		第31护卫队	第31护卫队
		第44扫雷队	第44扫雷队
	大凑地方队	第23护卫队	第25护卫队
		第35护卫队	第27护卫队
		第17扫雷队	第45扫雷队
教育航空群	小月教育航空群	第201教育航空队	第201教育航空队
		第221教育航空队	小月教育航空队
		第203支援整备队	第201支援整备队
		小月航空基地队	小月航空基地队
	下总教育航空群	第205教育航空队	第203教育航空队
		第206教育航空队	第205教育航空队
		第201支援整备队	第203支援整备队
		下总航空基地队	下总航空基地队

航空自卫队编制调整 随着中央“情报本部”的成立，航空自卫队撤销了航空资料作业队的编制，在航空总队下新编了“情报资料队”。根据1997年度防卫计划要求，随着2架E767型早期预警控制机装备部队，为做好试飞工作，于1997年度末（1998年3月），在浜松基地新编早期预警控制机实用试验飞行队。

资料来源：

①日本1997年《朝云》；

②日本1997年《防卫日报》；

③日本1997年《海上自卫新闻》。

（张洲军、郭庄宝）

韩国军队编制 **调整国防部的部分机构** 韩国广播公司1997年3月11日报道，韩国国务会议是日通过的《国防部编制修正案》确定，从3月17日起改编部分国防部机关组织机构。主要是：撤销国防政策室，改设第一顾问一职。由第一顾问辅助国防部首长处理有关国防政策方面重大事务；将原属国防政策室的政策企划官一职改为政策企划局，成为具体办理有关国防政策方面业务的机构。增设防卫事业室，统一管理国防系统所有与国防事业发展有关的部门。目的是，明确发展与改进国防事业的分工，提高有关业务工作的透明度。

增编参联会的业务部门 韩国《东亚日报》1997年4月9日报道，韩军参谋长联席会议日前宣布，为提高本部工作的透明度，加强对武器进口评估的职能，更好地运用“平时作战指挥权”，决定对所属参谋部门进行整编。方案是：合并职能相近的机构；压缩人事企划参谋部、战略企划参谋部、军需企划参谋部、作战参谋部4个单位的编制规模；新设战力评价参谋部和军队结构发展部，前者负责对进口尖端武器装备进行试验、评价，以引进“适合韩军的武器系统”；后者负责“研究未来战场环境的变化和统一后的军队结构”。

设立临时性的战备状况检查团 韩国广播公司卫星电视台1997年8月1日报道，国防部是日成立一个“战争挑衅对应检查团”。主要任务是：全面检查汉城首都圈地区在受到外敌多种突然袭击的威胁下，韩方实施战斗准备、兵力动员、军需支援和人员车辆疏散转移等方面的对策和措施，重点是军、政、民联防情况。该团由陆海空三军和政府17个部门以及汉城、仁川、京几地区社会团体负责人共80余名组成，参联会战力评价参谋部部长兼任团长。下设3个部门：一部负责军事防范措施的检查；二部负责战争动员情况的检查；三部负责军需物资管制和人员避险统一指挥方面的检查。

创建美军中的韩军支援团 韩国广播公司1997年11月12日报道，在美军内部成立一个韩军支援团，12日上午在汉城美陆军第8集团军司令部驻地举行创建仪式。该团顶替1965年成立的驻韩美军韩国军官联络团，因为于1997年11月1日该团改属韩陆军参谋本部直辖机构。韩军支援由驻板门店警备营、教育营和各地域队组成，负责管理在驻韩美军中服役的4000余名韩国军人。

启用新的空军战斗机基地 韩国广播公司1997年6月18日报道，韩军方18日在忠清南道瑞山基地举行仪式，庆祝该基地正式投入使用，编入韩空军基地序列，开始遂行首都圈和西海诸岛空中防御的作战任务。金泳三总统和国防部长、参联会主席、空军参谋总长等军队高级官员出席了庆祝仪式。瑞山空军基地驻军是第20战斗飞行团，拥有韩军“数量最多、装备最新”的国产KF-16战斗机和最先进的作战设施，具有24小时防空应急飞行能力，被称为韩军实力最强的空军基地。

（孔国生）

印度尼西亚军队编制 印度尼西亚武装部队由陆军、海军、空军和警察4个总部组成。其编制如下：

国防安全部和武装部队司令部编制 国防安全部设部长1名。编有秘书局、总监局、人事局、计划预算局、物资设备局、工业技术发展与研究机构等单位。下辖武装部队司令部。武装部队司令部设司令1名、参谋长1～2名、总监1名；下辖陆军总部、海军总部、空军总部和警察总部。

陆军编制 陆军总部设参谋长1名、副参谋长若干名、总监若干名。编有作战局、人事行政局、电子通讯局、军械局、军务局、运输供应局、炮兵中心和装甲兵中心等单位。下辖1个战略预备部队司令部、10个军区司令部、1支特种作战部队等。战略预备部队司令部下辖2个步兵师、2个野战炮兵团、1个高炮团、2个工程兵营、3个空降旅。10个军区下辖1个步兵旅、59个步兵营、8个坦克团、11个野战炮兵团、10个高炮营、8个工程营、1个混合航空兵中队、1个直升机中队。特种作战部队下辖2个特种作战大队，每个大队各辖2个营。

空军编制 空军总部设参谋长1名、副参谋长若干名。编有作战训练局、作战保障局、人事行政局、航空局、供应设施局等单位。下辖2个作战司令部（东部和西部）、1个全国防空司令部、1个空军训练司令部及1个供应装备维修司令部。东部和西部作战司令部分别设司令1名，各自下辖10余个飞行中队、2个武器装备联队、2个训练中队及若干个航空基地。全国防空司令部设司令1名，下辖4个防空区作战司令部和1个高炮作战司令部。

海军编制 海军总部设参谋长1名、副参谋长若干名、总监若干名。编有作战训练局、电子通讯局、人事行政局、基础设施局、财政处、测量处等单位。下辖2个舰队司令部（东部和西部）、1个陆战队司令部、1个训练司令部、1个军事海运司令部、1个海上军事通讯指挥部。东部和西部舰队司令部分别设司令1名、参谋长1名。各自下辖1支陆战部队、两栖部队、潜艇部队、扫雷艇部队、蛙人部队、航空兵部队、海上作战特遣队、海上治安特遣队、巡逻艇部队、辅助舰船部队及若干个海军基地。陆战队司令部设司令1名、参谋长1名。下辖2个陆战旅、1个特种作战营、1个战斗支援团、1个陆战训练团、1个后勤支援团。

警察编制 设总长1名、总长助理1～2名，总监1名。编有准备行动局、情报安全局、侦察局、人事局、训练局、后勤局等单位。下辖17个警区司令部和1个警察作战指挥中心。

资料来源:

①印度尼西亚 1997 年《武装部队报》;

②马来西亚 1997 年《亚洲防务》;

③英国 1997 年《简氏防务周刊》。

(孟　丽)

马来西亚军队编制　马来西亚武装部队由陆军、海军和空军三个军种组成，其编制如下:

国防部和最高司令部编制　国防部设部长 1 名，副部长 1 名。编有办公厅、人事局、军事情报局、后勤局等机关,下辖最高司令部。最高司令部设司令 1 名、参谋长 1 名,下辖陆军、海军、空军 3 个军种司令部。

陆军编制　陆军司令部设司令 1 名、副司令 1 名。下辖 4 个军区、1 个军、4 个师、1 支综合作战部队、1 个特种作战团、12 个旅和 1 个直升机中队。综合作战部队下辖 5 个装甲团、1 个高炮团、5 个野战炮兵团、5 个工程兵团、34 个步兵营和 3 个空降营。

海军编制　海军司令部设司令 1 名、司令助理若干名。编有作战部、情报部、行政部、人事部和后勤部等机关。下辖 1 个舰队作战司令部、1 个舰队装备司令部、1 支海军特种部队、1 个海上战术中心、1 个海军志愿兵预备队和若干个负责教育训练工作的海军舰艇部队。舰队作战司令部下辖 2 个区司令部、12 个作战舰艇及辅助舰船中队、4 个海军基地。

空军编制　空军司令部设司令 1 名、副司令 1 名。下辖支援、空防、训练 3 个指挥部、14 个飞行中队和 6 个飞行基地。训练指挥部下辖 2 个飞行训练中心、1 所空军飞行训练学校和 1 所直升机航校。

资料来源:

①马来西亚 1997 年《亚洲防务杂志》;

②英国 1997 年《简氏防务周刊》。

(孟　丽)

德国军队编制　**危机反应部队编制**　《现代兵器》1997 年第 9 期戴泳报道，德国的危机反应部队也称应急部队，其主要任务是应付突发事件和迅速到达危机地区遂行防御作战、维和等任务。而最重要的任务是保卫德国及其盟国。在这方面与主要防御部队是一致的。但是，危机反应部队还必须能够根据盟军或联合国在海外部署的特殊要求和条件进行行动。

具体要求　具备指挥和侦察能力，特别是在广大地区和边界地区的指挥和侦察能力；有足够的运输能力，以保障部队和装备的快速部署；后勤和医疗支援不受限制；具有防战术导弹 的自卫能力；配备适合的单兵武器和装备。

在某些方面，上述要求可以用已有的装备器材和能力来满足，必要时可以对它们进行改造或扩充，但是有些能力必须补充，如医疗支援服务等。将来需要在靠近危机反应部队部署的地区设立流动性很强的并具有多学科的野战医院。

兵力　德国危机反应部队的总兵力 5.36 万人，其中陆军 3.7 万人，空军 1.23 万人，海军 4300 人。这些编制人员中包括指挥和控制、支援和后勤人员。

陆军危机反应部队　陆军危机反应部队是欧洲盟军司令部快速反应军、欧洲军多国部队师和欧洲盟军司令部地面机动部队的组成部分,它可以在北约、西欧联盟、欧洲安全组织和联合国的支持下进行部署。其指挥和控制、训练和装备的互相协调性是其重要的要求。

根据北约提出的战备水平，陆军危机反应部队必须能在 3～7 天内部署少量部队，大量部队必须能在 15～30 天内整装待发。这些部队必须配备经过训练的人员，不必派遣专门人员就可以进行战斗部署。

陆军的大部分士兵应当是职业化或长期服役的志愿兵，以便满足对士兵的可用性和专业化的要求。

编制　作为北约危机反应部队和欧洲军的组成部分，德国陆军危机反应部队的编制包括:

1. 指挥机构。包括军事指挥控制机构及其指挥和信息处理手段。由于德国陆军应急反应部队被编入较大规模的多国部队，因此他们必须要有经验丰富的参谋人员和部队以及指挥支援手段，以便为两个或多个国家的较大编队/部队提供作战和战术领导。

在和平时期，位于科布伦茨的陆军指挥司令部承担陆军所有措施的全面协调、指挥和控制。在雷根斯堡建立空中机动部队司令部，目的是对空降作战进行准备、计划和指挥部署，作为陆军扩大了的任务的一部分。平时它以对陆军的空降旅进行作战控制以维护国家的利益。

2.6 个建制旅。即第 31 空降旅、第 37 轻型步兵旅、第 21 装甲旅、第 12 装甲步兵旅、驻在弗里茨拉尔的一个航空机械化旅以及德－法旅中的德国部队。这些旅将得到必要的战斗支援部队和后勤部队以及德－法旅中德国部队的作战支援和补充。

为了进行空对空和空对地作战，航空机械化部队要求其建制部队拥有一定规模的战斗和运输直升机及空降部队，以便提供指挥和控制、侦察和作战支援。

为此，将 2 个反坦克直升机团和 1 个运输直升机团合并成一个较大的编队，即新的航空机械化旅，其基地位于弗里茨拉尔。该旅只能在 2001 年装备“虎”式武装直升机后才能全面承担其任务，但是其编制要求将按新的陆军编制来制定。

3. 特种部队。将拥有 1000 人，在军事行动中将作为国家和盟国防止危机和控制危机部队的一部分进行部署。其部署在时间、地点和规模上受到限制，但他们需要进行特殊的训练和配备专门的装备。特种部队司令部将取代第25空降旅。目前陆军已将承担国防和盟国防御的远距离侦察和突击连纳入特种部队的编制。

4. 师级部队。陆军危机反应部队还需要相当数量的师级部队，使应急反应部队可以部署师并配有两个旅的兵力，由合适的通信部队保证承担指挥支援任务，同时航空机械化旅必须为部队运输和医疗提供航空运输装备。

5. 其他部队。包括有足够的电子战、信息和宪兵分队，1个野战炮兵团、1个混编的防空团、1个工兵营和1个三防营。

装备　虽然德国陆军危机反应部队拥有足够的装备，但在索马里的行动表明还存在某些不足，尤其是士兵的单兵装备。为此各部队正在作下列装备改善工作：

1. 装甲部队。目前正在进行“豹”2型主战坦克的KWS2改装计划，根据技术发展情况将逐步提高其防护性能、生存性能和机动性能。若不制订进一步的改进计划，则应研制新的装甲平台。未来“貂”1A3步兵战车仍将是装甲步兵的主要武器系统，对其主要改进是提高装甲防护。目前难以估计新的步兵战车计划的内容。2002年后部署“虎”式支援直升机，同时采购“崔格特”第3代远程反坦克导弹，这样才能弥补反坦克能力的不足。

2. 轻型部队。改进步兵装备将提高轻型部队扩大任务的能力。到1998年，采购单兵装备、防弹衣和单兵及班组武器（G-36型5.56毫米步枪和MG-36型5.56毫米轻型机枪）将作为优先项目。“崔格特”中程第3代反坦克导弹将成为步兵反坦克的主要武器，远期计划是取代“米兰”导弹。该部队将用新型装甲运输车族取代M-113的各种变型车，估计到2004年后才开始采购。

3. 作战部队。从1998年起，PzH-2000型155毫米自行加榴炮首先将装备危机反应部队的炮兵以取代M-109G。新式自行榴弹炮及其先进的传感器引爆的灵巧弹药，在指挥-侦察-行动链中将是一个重要环节，但由于成本高昂，作战部队已取消该计划。从1998年开始采购的“凯勒”扫雷坦克，已确定减少，原计划的采购量。“虎”式直升机的装备，标志着空中机动和航空机械化的开始。

4. 战斗支援部队。为了满足轻型和装甲危机反应部队在境外的后勤支援要求，作战支援部队应当拥有适合当地没有发达的公路和铁路网的运输设备，并在有可能受到敌人威胁的情况下必须将作战部队运送到部署地点。

尽管该部队在1997年明确提出有关作战支援装备的计划，但要到2000年后才能拥有一定数量的合适车辆。德国陆军计划将来拥有一定数量的现代化集装箱和托板式车辆。

5. 指挥、控制与侦察。必须确保危机反应部队与北约盟国之间以及主要防御部队的指挥和通信线路的畅通，且要安全和可靠。将逐步利用“黑罗斯”2/1陆军指挥信息系统，以提高指挥和控制能力。在侦察方面，到2000年，将提高“埃洛卡”H电子战系统各单元的能力，从1999年起，估计“黑貂”轻型侦察车将服役。对目标识别和杀伤评估的能力只能在2001年装备KZO无人机后才能提高。从2002或2003年起，由于NH-90直升机上有远距离侦察装备以及UHU支援直升机有内置侦察设备，使长期以来战术空中侦察能力的不足将得到弥补。

空军应急反应部队　编制　作为北约空军快速反应部队的一部分，德国空军危机反应部队的编制包括：

1. 指挥机构。为了便于指挥，空军支援勤务司令部和空中运输司令部隶属于空军指挥司令部。今后的空中指挥所和通信装备，必须保证国家对空军危机反应部队的指挥和控制能力。最终，机动的空军指挥和控制系统应包括：1个机动的国家指挥部，1个空军司令部所属的机动国家分指挥部，4个飞行部队机动指挥所，2个为地空导弹作战中心和侦察后勤、空中运输和医疗服务等而设立的机动指挥所，以及1个空军机动通信系统。

2. 作战部队。包括2个防空中队、2个空中攻击中队、1个侦察中队、1个压制敌防空中队、2个混编防空导弹中队。

3. 作战支援部队。部署在离本国基地很远的作战应急部队的规模取决于别国部队的多寡。它们的支援部队保持常备不懈并在战斗部队到来之前被运送到部署地区。该支援部队包括3个空运组、1个执行搜索与救援任务的直升机中队，侦察、指挥和控制、作战支援、基地警卫和医疗部队。

从目前整个德国军队的空运能力来看，要在关键时刻派遣应急部队是有困难的，只有在未来大型运输机服役后才能得到改善。必要时空军必须雇用相当数量的民航机或依靠友军战略空运部队的支援才能实施应急部署。

装备　空军危机反应部队的主要武器系统与空军主力作战部队的一样，包括压制敌人防空、遂行光学和红外侦察以及常规战斗轰炸机任务的“旋风”战斗机，装备“阿姆拉姆”空空导弹的F-4F战斗机，“爱国者”

防空导弹系统、"罗兰"要点防御导弹系统。对这些武器系统的性能有必要作某些扩充和改进。

海军危机反应部队　海军危机反应部队和主要防御部队之间未明确分工。其兵力占德国海军舰队的40%，随时并可长期进行应急作战。

编制　德国海军已加入了多国编成，典型的例子是它作为特遣部队常驻太平洋和地中海并承担扫雷任务。

装备　目前德国海军危机反应部队拥有：6艘驱逐舰和/或护卫舰、15艘水雷战舰、13艘快速巡逻艇、8艘潜艇、1艘油船、1个有24架战斗机－轰炸机的海军航空兵中队、6架多用途飞机。

（海　明）

陆军伞降步兵营和伞降反坦克营的编制　据奥地利《部队勤务》双月刊1997年第2期报道，伞降步兵营在德国第5代陆军结构中编有1个参谋部与供给连，3个伞降步兵连、1个突击连（作特种使用的伞降步兵连）和1个野战后备连，共约有720人和129辆轮式车辆；在第6代陆军结构中，该营共约870人和163辆轮式车辆，编有4个伞降步兵连，撤销了突击连（将该连转属专业兵突击队）。

伞降步兵连在第5代陆军结构中编有1个连指挥班、3个伞降步兵排和1个伞降反坦克排，共约110人和19辆轮式车辆；在第6代陆军结构中，该连撤销了伞降反坦克排，共约120人和19辆轮式车辆。

伞降步兵排在第5代陆军结构中编有1个排指挥组和3个伞降步兵班，共约30人和4辆轮式车辆；在第6代陆军结构中，该排的编制没有变化，但人员由原来的30人增加到36人、轮式车辆由原来的4辆增加到5辆。

伞降反坦克营在第5代陆军结构中编有1个参谋部与供给连、4个伞降反坦克连和1个野战后备连，共约540人、37部"黄鼬"陶式反坦克导弹车、24门"黄鼬"车载20毫米机关炮和103辆轮式车辆。在第6代陆军结构中，该营共约610人和116辆轮式车辆，反坦克导弹车和车载机关炮的数量未变。

伞降反坦克连在第5代陆军结构中编有1个连指挥班、3个伞降反坦克排和1个伞降野战后备排，共约60人、9部"黄鼬"陶式反坦克导弹车、6门"黄鼬"车载20毫米机关炮和9辆轮式车辆。在第6代陆军结构中，该连共约66人，反坦克导弹车、车载机关炮和轮式车辆的数量未变。

伞降反坦克排在第5代陆军结构中编有1个排指挥组和2个伞降反坦克班，共约16人、4部"黄鼬"陶式反坦克导弹车和2辆轮式车辆。在第6代陆军结构中，该排没有什么变化。

陆军山地步兵营的编制　据奥地利《部队勤务》双月刊1997年第3期报道，在德国第5代陆军结构中，山地步兵营编制如下：1个参谋部与供给连，4个山地步兵连，1个重型山地步兵连和1个野战后备连，共约有1120人，6门"黄鼬"车载20毫米机关炮，22部"米兰"反坦克导弹，10门120毫米自行迫击炮（装在M－113装甲车上），215辆轮式车辆。在第6代陆军结构（这是非正式名称，正式名称是"执行新任务的新陆军"）中，山地步兵营减编1个山地步兵连，共约有960人、8部"黄鼬"陶式反坦克导弹车、8门"黄鼬"车载20毫米机关炮、10门120毫米自行迫击炮（安装在"狼"式轻型卡车上）和158辆轮式车辆。山地步兵连在第5代陆军结构中编有1个连指挥班和4个山地步兵排，共约有140人和20辆轮式车辆；在第6代陆军结构中，该连减编1个山地步兵排，共约有120人和18辆轮式车辆。山地步兵排在第5代陆军结构中编有1个排指挥组和2个山地步兵班，共约有30人和4辆轮式车辆；在第6代陆军结构中，该排增编1个山地步兵班，共约有35人和5辆轮式车辆。

新编专业兵突击队　据奥地利《部队勤务》双月刊1997年第2期报道，为了使德国对危机管理有一种有效的手段，在德国"执行新任务的新陆军"结构（俗称"第6代陆军结构"）中，新编一支约有1000人的专业兵突击队（KSK），驻在巴登－符腾堡州卡尔夫的格拉夫－采珀林兵营内，于1996年4月1日开始组建，预计到2000年组建完毕。它是危机反应部队的组成部分，将由1名准将指挥，隶属于空军机动部队与第4师司令部。

专业兵突击队的主要任务是：保护、撤出、救护或解救在外国的德国公民；在危机地区实施侦察和搜集情报；同敌区的敌方机关或部队作斗争。对该突击队的军人要求很高。报名应招者必须是在各种军校和专业兵突击队训练与试验中心受过3年训练的学员。他们必须接受10天的体能合格检查和3个月的能力测试与训练之后，符合要求者才能分到该突击队所属分队工作。突击分队的成员全是军官和士官。应招者的年龄军官不能超过27岁，士官不能超过32岁。合同兵至少要经过6年的培训后才能到突击分队服役。义务兵只能在突击队平时驻地的勤务部门服役。

专业兵突击队编有1个参谋部与通信连，1个支援连，1个训练与试验中心（其中编有1个工程专业排），4个突击连和1个远程侦察突击连。每个突击连编80人，有1个指挥班 和4个突击排。每个突击排编有1个指挥组和4个突击组（每组由4人组成）。每个突击连的4个排，有明确的任务分工：第1排执行地面任务；第2排执行空中任务；第3排执行海上任务；第4排执行山地或北极地区的任务。远程侦察突击连编有1个指挥班和2个远程侦察突击排。第1排负责支援突击队的行动，第2排负责实施远程侦察。

（王文昌）

海军“蛙人”部队编制 《军事世界画刊》1997年第10期星舟报道，德国海军“蛙人”部队始建于二战期间。1943年9月22日，3名英国“蛙人”在挪威湾被德军俘虏。当时英国“蛙人”在德舰蒂尔皮茨号的舰底放置了高能炸药，使该舰受到重创。德国从这一事件中得到启示，以少数“蛙人”可瘫痪威力强大的作战舰队。同年德军开始组建“蛙人”部队，当时的代号称“德国海军小艇战斗小组”。二战结束时，德国“蛙人”部队被解散。

1959年德军重建“蛙人”部队，下辖3个中队：扫雷中队、训练中队和“战斗蛙人”中队。其中扫雷中队包括一支专门负责水底爆破的小组。整个“蛙人”部队编制250人，其中军官11名、士官119名、士兵120人，士兵比例不到50%，可见这支部队的成员素质和专业化程度。该部队司令冈特．克莱纳特中校说：“无伦训练还是装备，我们都是海军中最好的部队。”“战斗蛙人”的驻地在濒临波罗的海的埃肯弗德。“战斗蛙人”的成员必须是军官、士官，士官需服役4年以上、军官则要求服役8年以上方可准许申请入队。申请者首先到基尔海军技术学校进行2天的身体检查，重点为耳、鼻、喉、呼吸系统和血液系统的检查，过了体检关的人还要进行心理测试和体能测试。体能耐力测试项目包括500米长泳、1000米计时泳，最后要求在45秒内于水底潜泳25米以上。这样才能通过选拔，进入实战训练。通常在选拔阶段要淘汰80%的申请者。

做一名“战斗蛙人”并不是件容易的事，他们通过选拔后要进行为期2年的训练，他们必须有很好的体魄和顽强的意志。实战训练的攻击课程是每周2天的“敌港”突袭训练，这种训练不分季节和天候气象好坏，随时进行。在实战训练的最后阶段进行“魔鬼周”考核—以2人为一组用“伙伴索”连接在一起，每人携带50千克的装备，共同游过30千米的海域。这段艰苦的长泳，通常会使队员泡在水里25个小时以上，身心的考验接近“魔鬼”。“战斗蛙人”的装备齐全精良，每一件武器都要适合他们在特殊的环境中使用。例如队员配备防水背包和能固定在头上的夜视仪；他们携带的匕首是防磁的，以防触发水雷的电磁引信；他们还配一个1千克重的夜光罗盘用于在海中确定方向。每名队员配一支P－1型9毫米手枪，可在水下射击，其他装备包括G－3、G－8－7.62毫米步、机枪、MP5K/SD冲锋枪和PSG－1狙击步枪，以及水中标枪、榴弹发射器、米兰反坦克导弹等。“蛙人”可使用装有2台140马力动力快艇，必要时可调用直升机和飞机。

“战斗蛙人”可执行“四栖”任务——空、陆、海及水下。他们的主要任务，并不是真正面对面的“战斗”。实际上他们在执行任务时要尽量避免遇上任何人，无论是朋友还是敌人都一样。正如勤务条例中规定的那样，这些海军的精锐要不声不响、悄悄地在水中或游上岸干“他们的活”：破坏雷达站，爆破桥梁或炸毁船只。然后再悄无声息地返回。

海军舰船出访国外时，“战斗蛙人”也要发挥作用。在抵达之前，他们搜索停泊的港口是否有水雷或“友好的他国蛙人”，在返回时，他们对舰船的安全也要付出努力。

“战斗蛙人”曾是西德海军及北约组织的战斗前哨部队。苏联解体后，德国“战斗蛙人”部队主要执行北约组织的海上缉查任务，及保护德国舰船免受恐怖分子的袭击等。

（昶 姞）

法国军队编制　法国总统希拉克批准陆军编制体制改革计划 1997年2月22日，法国总统希拉克正式批准了法国陆军的改革计划。这项计划是由陆军参谋长梅西埃上将于1996年底提出的，故也称“梅西埃计划”。根据计划，法陆军将在1997～2002年间贯彻实施此项计划，以便建立适应未来战争需要的新的陆军编制体制。

据法刊透露，法国陆军将参照英国陆军的模式，大幅度地调整陆军部队的编制体制。计划裁减10万员额，占陆军总数的41.4%。撤销现有的第3军、快速行动部队及其下属的各作战师编制，其未来的军队编制体制是：一设立支援部队司令部。编制4.4万人，其中文职人员2.5万人。任务是负责平时对整个陆军的行政与后勤支援。二设立陆军作战部队司令部。任务是负责陆军投放部队。该司令部下辖9个合成作战旅，每旅5000～10000人；4个作战支援旅(分别为炮兵旅、工兵旅、情报与电子战旅和通信旅)；1个后勤支援司令部，下辖2个后勤旅。如果完成上述部队编成后，陆军作战部队司令部将下辖89个团。

在实施上述新的陆军编制的同时，法国陆军原有的各兵种，如步兵、轻装甲兵、装甲兵、炮兵、工兵以及外籍军团和海军陆战队等均继续保留。

（张昌泰）

法国陆军编制 《外国军事学术》1998年第3

期吴晓燕报道，法国陆军由第3军、快速反应部队和编入欧洲军团的部队组成，具体编制装备如下：

第3军　由第2、7、10装甲师、第27山地师和第3空中机动旅组成。

装甲师的编制为：2个机步团、2个装甲团、1个装甲反坦克中队、1个自行炮团、1个侦察中队、1个工兵团和若干战斗勤务与后勤支援分队。机步团装备有：17辆AMX－10PC型装甲输送车、17辆AMX－30主战坦克、6门120毫米迫击炮、8部“米兰”反坦克导弹和8辆VAB型装甲侦察车。装甲团装备有：23辆AMX－30主战坦克、5辆步兵战车、1辆装甲侦察车和20辆吉普车。反坦克中队装备有：12部车载“霍特”反坦克导弹。自行火炮团装备有：6门AUF－1型155毫米火炮，或5门F－3型155毫米火炮。

第3空中机动旅平时配属第3军，发生危机时作为快速反应部队。它下辖第6和第7两个直升机团，分别装备有48架和47架武装直升机及运输直升机。

快速反应部队　快速反应部队由第4空中机动师、第6轻型装甲师、第9陆战步兵师和第11空降师组成。第4空中机动师下属4个航空兵团、1个机步团、1个勤务支援团和2个工程兵大队。其主要装备有：220架直升机，其中有88架装备“霍特”反坦克导弹的SA－342型直升机、27架SA－342型武装直升机、40架SA－341型多用途直升机和41架SA－532型运输直升机。

第6轻型装甲师编制为：2个装甲侦察团、2个机步团、1个野炮团、1个工兵团和1个勤务支援团。主要装备有：AMX－30型主战坦克、AMX－10RC装甲侦察车、VAB型装甲输送车和155毫米牵引式火炮。

第9陆战步兵师的编制为：3个机步团、1个野炮团、1个装甲侦察团、1个装甲工程兵大队和1个勤务支援团。机步团主要装备有：23辆步兵战车、6门120毫米迫击炮、2门81毫米火炮和4部车载“米兰”反坦克导弹；野炮团配备24门牵引式155毫米火炮；装甲侦察团装备有36辆AMX－10RC型装甲侦察车、12部车载“霍特”反坦克导弹和24部“米兰”反坦克导弹。

欧洲军　欧洲军由法德混编旅、比利时第1机械化师、德国第10装甲师、法国第1装甲师和西班牙第21机械化旅组成。其司令部直属队包括司令营、法国第42通信营、法国第10工兵营和6个法国装备维修分队。司令部营编制420余人，其参谋人员中有212名法国人。

法德混编旅的编制装备为：1个德国机步营（装备52辆步兵战车、12部“米兰”反坦克导弹、9门120毫米迫击炮、9部“陶”式反坦克导弹和10部“毒刺”反坦克导弹）；1个法国机步营（装备80辆步兵战车、24辆轻型装甲车、24部“米兰”反坦克导弹和6门120毫米迫击炮）；1个法国侦察营（装备40辆步兵战车、24辆轻型装甲车、32辆装甲侦察车）；1个德国炮兵营、1个混编后勤营、1个混编司令部连、1个法国侦察大队和1个德国装甲工兵连。

法国第1装甲师的编制装备与其他装甲师相同。

（崴　子）

意大利军队编制体制改革计划　1997年6月27日，意大利政府通过法令，决定对武装部队进行重大改组，缩减编制，提高人员素质，逐渐向职业化方向发展。这一建议是国防部长安德烈亚塔提出的，形成政府法令后还需要提交议会审议。政府法令说，军队改组的目的是建立一支机动灵活、富有效率、适应已经改变了的防务需要，并同盟国部队可以协调行动的新型部队。改组内容分几部分：首先，对部队进行缩编。现有的7个军区将缩减为北方、中部和南方3个军区，司令部分别设在帕多瓦、佛罗伦萨和那不勒斯；裁减员额2.9万多人；关闭一些机场、海军基地、兵营、后勤设施等；一些军队“不再感兴趣的”设施将被出售；一些军事院校也将进行改组。第二，设立国防参谋部，由国防参谋长领导，下辖空军、海军和陆军3个参谋部。第三，部队将分为3个等级，一是“快速反应部队”，其动员期限低于30天；二是“主要防务部队”，其动员期限为30～90天；三是“后援部队”，动员期限为180天。据估计，部队改组后每年可使国家节省费用3000亿至5000亿里拉（1美元约合1680里拉）。

（张昌泰）

军 事 训 练

美国军队军事训练 陆军训练 **美军提出“21 世纪陆军训练”构想** 美军戴维·怀特上校等人在美《野战炮兵杂志》1996 年 3～4 月号撰文称，为了建成“21 世纪部队”，美国陆军训练与条令司令部提出了“21 世纪陆军训练”构想。它包括“21 世纪战士”、“21 世纪勇士”和“21 世纪勇士网络”3 个规划。三者之间相互关联：“21 世纪战士”是部队训练规划；“21 世纪勇士”是关于院校教学与单兵自我提高的规划，用于配合部队训练；“21 世纪勇士网络”是关于促进部队训练现代化的规划。

“21 世纪战士”规划　为实现“21 世纪战士”规划，美陆军正致力于部队训练的 5 个重要领域的建设：陆军标准训练系统；训练支援软件系统；训练器材、模拟器与模拟；陆军标准训练评估系统及陆军训练数字化信息库。

1. 陆军标准训练系统。这是“21 世纪战士”规划中训练自动化的主要手段，也是教练员用于管理有关部队训练模型与训练设备软件的工具。

2. 训练支援软件系统。它们由一些基本模型组成，为部队教练员提供实施达标训练的全套软件。该软件系统根据”诸兵种合同训练方针”编制有关机动、射击、兵力等模型，并将其联成一体，形成一种“部队态势”模型。利用该模型数据拟制想定，以配合实兵训练和模拟训练。

3. 训练器材、模拟器与模拟。教练员可选用这些训练工具，以摆脱经济、安全、生态环境和技术等条件对训练的限制。野战炮兵学校根据”诸兵种合同训练方针”，正在将训练器材、模拟器与模拟运用于院校和部队训练。

4. 陆军标准训练评估系统。它能实现训练评估系统的标准化，并实现对学员、院校和部队训练成绩反馈的自动化。陆军标准训练评估系统利用了陆军在过去 15 年业已实现的训练评估系统运用于训练的成就。未来的陆军标准训练评估系统，将把有关信息传送给数字化信息库，这样全球的美军士兵都可直接了解其受训的成绩。

5. 陆军训练数字化信息库。这是“21 世纪战士”规划的知识库，也是所有与训练有关的信息的贮存库。部队教练员在编制预算、拟制计划、准备和实施部队训练时，将借助该系统来合理利用人力和物力。

“21 世纪勇士”规划　“21 世纪勇士”规划的重点是改进院校教学和为单兵自我提高创造条件。它阐明了当前和未来的训练需求，明确了“21 世纪勇士”规划的各项计划，并使这些计划与“21 世纪战士”和“21 世纪勇士网络”规划协调一致。

“21 世纪勇士”规划准备通过联合特遣部队演习明确单兵训练方向和提供训练设备。例如，在将来，技术条件将允许陆军把野战炮兵训练中心、野战炮兵学校与精选的联合特遣部队演习连通起来，让学员尽早体验他们准备接触的作战环境。

“21 世纪勇士”规划的最后目标是建立各作战中心的联网体系，以满足院校训练的需求并支持“21 世纪部队”的建设。“电子高速公路”将提供多种“远程学习”机会，其范围从单兵训练直至仿真环境下的师级和军级演习。

“21 世纪勇士”规划包括 2 个计划：一是调整院校体系；二是利用高技术增强单兵训练和部队训练。

1. 调整院校体系。根据训练与条令司令部 1995 年总体规划，陆军各院校将分别改组成“中心”或“分院”。例如希尔堡野战炮兵学校最有可能改组为以组织协同火力为重点的“火力中心”，并为各“分院”提供训练和训练成果、研究理论和负责考核等。希尔堡也有可能变成担负野战炮兵战术技术训练的“分院”。

确立“中心”和“分院”概念的目的是，使陆军各种部队在作战中能更有效地协调行动，同时建成更切实有效的基础训练设施。

调整院校体系的另一计划是确立“整体陆军院校体系”，即建立陆军现役部队、国民警卫队和后备队的统一院校体系。所有院校按区域编组，以提供标准化的院校训练与教育。按照“整体陆军院校体系”，后备役学校将与训练与条令司令部的院校体系取得一致，以统一的教学计划和标准进行训练。

根据区域编组体制，美国本土划分为 7 个区域，各区域分别建立一个区域协作组织。野战炮兵学校负责与各区域的一个野战炮兵训练营协作，负责对其进行考核，开发训练软件系统及任命教练员。

2. 利用高技术进行部队与单兵训练。第 1 项计划是组建“21 世纪教室”，即利用高技术使“课堂走向战场，战场走进课堂”。“21 世纪教室”最终将使全球范围内的野战部队和机构，通过各联网化的陆军训练“中心”获取数字化信息，进行实兵演练和模拟训练。

第 2 项计划是利用高技术使教程、作战理论、战术技术与规程等文字材料的制作，实现自动化和数字化。这将为学校提供更快、更经济的途径进行人员和部队训练。各“中心”和“分院”之间、作战训练中心与作战部队之间的通信联网，将促进建立“整体陆军院校体系”，并有助于建立“陆军知识网络”和“21 世纪教室”。

第 3 项计划是“远程学习”，即综合运用多种技术，在士兵需要的时间和地点为他们提供训练条件。当前，开展“远程学习”的两项主要技术是以计算机为基础的光盘教学和双向交互式视频教学。

第 4 项计划是“自动化训练开发成果”，即在学校中使用陆军自动化标准训练软件的成果。部队或单兵可通过多种方式从陆军训练数字化信息库获取下列成果：使用互联网络、打电话或使用营的陆军标准训练软件系统。

“21 世纪勇士网络”规划　21 世纪陆军训练的最后一个规划是“21 世纪勇士网络”规划。它是促进部队训练现代化的规划。根据陆军建设“21 世纪部队”的需要，该规划将把新装备的采购、使用方面的训练、数字化训练与陆军将广泛使用的信息技术联成一体。

陆军正在进行一系列的“高级作战实验”，以探索新的作战思想和先进技术，并支持使用信息技术的数字化部队的发展。“21 世纪勇士网络”规划，将使部队训练与“高级作战实验”、“21 世纪部队”的建设紧密联系起来。

（金　鲍）

美军改变新兵训练观念　美国《洛杉矶时报》1997 年 10 月 26 日报道，随着人们对冷战时期的敌人和散兵坑的记忆日渐淡薄，军方开始把打骂做法从考验男子汉气概的训练中剔除。

在现在的新兵训练营里，严禁打骂新兵和让他们难堪。新兵营里强调的是树立新兵的信心和培养他们协同配合与相互支持的精神。新兵们不再进行背包负重行军和肉搏战训练了，取而代之的是有关个人价值观、预防强奸行为和技术训练方面的指导。

教官不再遵循由来已久的教条。原先，他们是靠恐吓来驯服新兵，然后通过让新兵无条件服从来改造他们的。现在，正像陆军条例所规定的那样，培训的目标是尊重“个人的人格和尊严”。

训练营鼓励新兵对上级是否遵照训练方针提出质疑。现在的训练方针既借鉴了拿破仑的野战教范，又借鉴了企业培训员工的原则。

美国国防部认为，这种新的训练方式是最佳的，将使桀骜不驯和极少受到挫折的一代人变成心甘情愿的“战士技师”——既能打仗又懂技术。与了解散兵坑生存知识的需要相比，新一代军人可能更需要了解复杂的电子设备。

对新兵体能训练的要求可能要少些，但对新兵的心理训练要求则要大得多了。新兵营培养新兵如何进行思考和解决问题，如何处理心理障碍。心理障碍问题在过去往往使新兵开小差，少数情况下甚至导致新兵自杀。

军方领导人说，体能方面的要求已变成了预防受伤，因为军事生理学家认为，在相对较短的新兵训练时间里，体能训练负担过重等于是对新兵进行体罚，并不能使他们更强健。

官员们还指出，新兵训练营只是新兵训练的第 1 站，此后，在身体素质和技术技能方面还有更多先进的指导。

谈心只是新兵营试图减轻新兵心理紧张的一种方法。陆军基础训练中心还开设了特殊的“减轻压抑”课程，海军也开设了同样的课程，试图从新兵到达之日起就消除他们情绪中的紧张和不安。

过去，海军往往用黑体字书写的标语给到来第 1 天的新兵来一个下马威。标语吓唬新兵，如不放弃以前那些可能使他们失去入伍资格的行为方式，他们可能被判长达 5 年的徒刑或被罚款 1 万美元。现在，这些标语都被撤掉了。

现在，海军和空军都发给新兵人手一个“新兵权利”卡，让他们只管对自己的处境放心，并让他们知道如感到自己成了性骚扰、歧视或其他虐待的目标，他们可向谁申诉。

（郭韦嫦）

美陆军推出加强训练新举措　据美《陆军时报》1997 年 9 月 22 日、11 月 10 日和《陆军》杂志 1997 年 11 月号报道，美陆军部长韦斯特和参谋长雷默上将宣布了以下一系列旨在加强陆军训练的新举措。

基础训练强调价值教育。美陆军计划把基础训练的时间增加 1 周以进行更多的价值教育。这一决定是美陆军对军内人际关系环境进行深入调研后作出的。美陆军负责人事的副参谋长福尔拉思中将说，陆军打算于 1998 年 1 月开始，把基础训练的时间从 8 周增加到 9 周。但不是简单地增加 1 周的价值教育，而是把价值教育贯穿于整个课程的始终，其目的是使学员更加了解陆军的价值、历史和传统，从而加强军人的责任感。与此同时，同一基地部队训练也将增加 1 周以加强价值教育。

严格训练军士的选拔。选拔训练军士时不仅增加执法背景考核，而且还将对其进行心理测试。美陆军计划合并现有的 3 个训练军士学校，以确保实施统一训练和统一标准。陆军拟采取给训练军士加薪、允许其选择今后职务等措施提高训练军士工作的吸引力。

训练与条令司令部增设负责入伍和新兵训练的中将级副司令。参议院已确认陆军杰克逊训练中心司令博尔特中将为训练与条令司令部第 1 任负责入伍和新兵训练的副司令。

重视牧师在训练中的作用。在前几年精简整编过程中，陆军军削减了部分牧师和牧师助理的职位。美陆军认为，牧师减少是陆军士气下降的原因之一。训练与条令司令部已批准增设 20 个牧师职位和牧师助理职位，向训练军士学校选送牧师，每个营组建 1 个牧师小组，充分发挥牧师在解决人员思想问题方面的作用。陆军的目标是每 700～800 名受训者至少配 1 名牧师。

美陆军拟减少全国训练中心轮训次数 据美《陆军时报》1997 年 2 月 24 日报道，美陆军拟减少全国训练中心轮训次数。陆军参谋长雷默上将已决定，陆军将不再给部署到全国训练中心轮训的部队以额外的经费来支付部署所需费用。这一决定将迫使轮训部队从母基地训练经费中抽调经费来支付这一部署费用。此项行动是在雷默上将和其他高级陆军领导人承认母基地训练时间不足和经费不够之际采取的。陆军正在考虑其他两项新措施，进一步削减其在全国训练中心投入的经费。这两项措施是：全国训练中心每年旅规模轮训将从 12 次减少到 10 次；轮训期间，实兵演练部队的数量将减少 1/3。陆军部队司令部参谋长费希尔中将说，陆军一直为每辆坦克提供 800 英里母基地训练经费，若部队当年到全国训练中心轮训则另外增加 250 英里的训练经费。然而近年来，由于陆军基地活动经费不足，有些部队只得将部分坦克母基地训练经费转用于营房装修和基地活动。从 1998 年起，陆军计划只提供坦克 800 英里母基地训练经费，对到全国训练中心轮训的部队也是如此，不再增加额外的部署经费，但是将拨给足够的基地活动经费。费希尔中将说，此举将会减少转用于基地活动的训练经费，至少可像以前那样把训练经费专用于训练。

全国训练中心于 80 年代初投入使用，陆军机械化部队在 1991 年海湾战争中的良好表现，使该中心声望大增。尽管它是美陆军训练王冠上的一颗明珠，但近年来由于陆军经费连年减少而使该中心经费日趋紧张。1992 年，全国训练中心的轮训次数从原来的 14 次削减到 12 次，现又进一步削减到 10 次。因为陆军国民警卫队每年将保持一支部队到该中心轮训，因而现役陆军将只有 9 个地面机动旅有机会到该中心轮训。目前现役陆军在美本土有 12 个重型地面机动旅和 1 个重型装甲骑兵团。费希尔中将说，根据陆军计算，如果全国训练中心轮训次数确实减少的话，将有 2 个营长在任职期间没有到全国训练中心轮训的机会。但陆军保证将采取其他措施使这 2 名失去轮训机会的营长得到补偿。

陆军参谋长雷默上将将要对减少全国训练中心轮训次数以及压缩实兵训练规模这两项措施作出决定。一旦作出决定，它们将于 1999 财年实施。

美陆军信息时代体能训练新特点 据美《陆军》1997 年 11 月号报道，美陆军认为，信息时代体能训练具有以下新特点：(1) 强调单兵训练。因为每个军人情况不同，训练需求也不同。(2) 按体型施训。体能专家认为，人类大体有中胚层体型（体育型体质者）、内胚层体型和外胚层体型等 3 种体型，应根据不同体型制定相应的训练计划。第 1 种体型者肌肉发达，应把提高持久力作为训练重点；第 2 种体型者容易增加体重，因此必须坚持减肥，注意合理饮食减少热量；第 3 种体型者需要加强力量。(3) 强调力量训练。长期以来，美陆军体能训练忽视了力量训练。目前早晨的集体体能训练不重视力量训练。而力量训练直接有助于增加力量和减肥。这种训练包括骑车、跑步、爬楼、游泳和摔跤等多种有氧健身运动。(4) 强调营养平衡。陆军应对士兵及其家庭进行营养教育以使大家注意营养全面平衡。(5) 不只限于晨练。陆军现在的晨练是集体训练而不是单兵训练。信息时代体能训练重点放在个人，因此体能训练可安排在早晨、中午和晚上，必要时还可在训练日进行。(6) 富有挑战性、强调有效性。体能训练旨在使人强壮、健康、坚韧不拔。这将成为体能训练的标准。(7) 体能训练将成为一种生活方式。如果陆军体能训练搞得好，不仅使部队而且使整个社会的体能得到极大的提高。陆军一直保持着向社会输送合格公民的光荣传统。体能训练不只是锻炼身体而且能陶冶情操，培养军人及其家属有良好的习惯。因此信息时代的体能训练将成为一种生活方式。

美陆军后备队成立 17 个训练支援旅 据美《陆军时报》1997 年 8 月 25 日报道，美陆军后备队地区训练旅和战备大队将合并，组成 17 个训练支援旅。先前由地区训练旅和战备大队担负的所有任务，都将由新成立的训练支援旅承担，以更好地支援第 5 集团军和第 1 集团军后备役部队的野外训练。新体制将于 1997 年 10 月 1 日开始正式运行。训练支援旅最终将与演习师和其他部队合并，称为训练支援师。

新体制把6个训练支援旅置于第5集团军的责任区内，其他11个训练支援旅置于第1集团军的责任区内。第5集团军管辖21个州；这21个州，除明尼苏达州外，均在密西西比河以西。其他州均在第1集团军责任区内。置于第5集团军责任区内的6个训练支援旅旅部，将设在得克萨斯州萨姆豪斯顿堡、俄克拉何马州西尔堡、堪萨斯州赖利堡、科罗拉多州卡森堡、华盛顿州刘易斯堡和加利福尼亚州特拉维斯空军基地。置于第1集团军责任区的11个训练支援旅旅部，设在马萨诸塞州德文斯堡、马里兰州米德堡、北卡罗来纳州布雷格堡、南卡罗来纳州杰克逊堡、佐治亚州斯图尔特堡、肯塔基州诺克斯堡、威斯康星州麦科伊堡、印第安纳州本杰明·哈里森堡、纽约州德鲁姆堡、密西西比州谢尔比兵营和佛罗里达州帕特里克空军基地。

（洪锦珠）

美陆军开设信号情报分析课程　据美《军事情报》杂志1997年7～9月号报道，美陆军第305军事情报营，于1997年10月1日正式开设信号情报分析课程。该课程是在电子战分析课程的基础上发展而成，旨在向新任信号情报分析员提供在战术军事情报单位执行任务所需的基础知识，以满足作战指挥官对战术情报的需求。信号情报课程学制6周。每班学员最多24个，最少6个。第1周教学内容为战术单位及其活动。具体课目有：作战单位及其活动、战术情报电子战单位及其活动、战术信号情报分析员职责以及战术情报电子战系统。第2周教学突出战术分析与报告。具体课目有：战场情报准备、战场电子准备、战术报告、信息申请电报和搜集管理电报。第3、4周教学重点为战术通信和处理。具体课目为：单信道地空无线电通信系统操作、全源情报分析系统工作站操作、国际互联网入门。第5、6周进行全源情报分析系统带情况训练演习。演习中，学员运用刚学到的新技能和知识，对信号情报进行分析。

（杨东进）

美陆军别动队学校加强训练安全措施　据美《陆军时报》1997年2月24日报道，美陆军别动队学校加强训练安全措施。1995年2月，美陆军别动队学校4名学员在游泳训练时淹死，引起美陆军的高度重视。两年来，美陆军别动队学校对佛罗里达别动队训练营共投入240万美元购置安全设备，并在训练兵营工作程序、医疗后撤、学员训练和教育训练规定、人员和新装备等方面采取了30多项安全措施。自此，训练未发生任何淹死和严重伤害事故。别动队学校采取的主要安全措施如下：

1. 修订第6别动队训练营工作程序：修订标准训练程序；发布水位预报；设置较短较窄的训练路线；教官每日情况介绍标准化；更新风险管理工作单；更新风险评估程序；更新通信程序。

2. 加强医疗后撤：修订佛罗里达州奥卡罗萨县、埃格林空军基地和别动队训练营资源协调程序；制定航空医疗后撤直升机标准器材表；加强医务人员训练和演习；增加别动队医务人员。

3. 严格学员训练规定：学员每天进餐次数不得少于2次，睡眠时间不得少于2小时；学员必须先进行小溪横渡训练才可到江河训练；认真检查学员的医疗记录，对曾受过冷天气和炎热天气伤害的人员倍加注意；查明和密切关注不善游泳者。

4. 注重别动队教官训练：制定别动队教官和主教官资格培训计划。

5. 增加人员和装备：别动队训练旅增加9名上尉，即每个训练营增加3名，每个训练营设立安全官位置；第4别动队训练营增加医务顾问、通信军官、空中作战军官和体能助理各1名；每个训练营配1个2000加仑的油箱；在别动队教官器材单中增加单人筏和低气温抢救袋；配备12套全球定位系统；修订冬季背囊器材单以减少学员携载重量，改进器材防水性能。

6. 其他：改进战术作战中心设施；国防高级研究计划局为学员研制携带式人员状况监视器；建立旅自动化网络向各训练营传送各班情况；重新建立班跟踪制度，即1名军官和1名军士与班学员一起生活和训练；每个训练营使用纳蒂克实验室编制的软件监督学员体能；实施司令部联合检查。

美陆军重视远程学习计划　据美《陆军》杂志1997年2月号和《武装部队杂志》1997年10月号报道，美陆军广泛推广远程学习计划。经过5年的试验，美陆军于1996年4月制定了远程学习计划。陆军参谋长雷默上将和陆军训练与条令司令部司令哈佐格上将，于1997年1月在佐治亚州本宁堡举行的高级领导人参加的训练会议上强调了远程学习计划的重要性。远程学习可在任何时候、任何地点运用多种手段和技术，向军人和部队进行标准化单兵训练、集体训练和自我发展训练。这些技术包括可视电话、计算机辅助教学、只读光盘储存器和录像带。远程学习计划的目标是使每个现役和后备役人员，可自由存取个人技术发展所需的教学材料。陆军人员可在家里、单位、图书馆或学习中心，或在海外的机动训练设施内使用调制解调器、国际互联网和军事网络存取储存在训练与条令司令部训练设施电子图书馆的信息。每个训练与条令司令部训练设施均设有一个数字训练存取中心，可获得学习军事专业所需的课程和其他材料。陆军训练支援中心保留一份统一的课程表供学员查询。没有微机的学员或不住在陆军设施附近的学员，可通过设在204个场站的745个标准化陆军远程学习班，参加网络上525种课程的学习。

远程学习的优点是不仅可提供更加标准统一的课程和高素质教官，还可节约经费、节省时间。目前，陆军训练与条令司令部所属学校和全国训练中心都推广了远程学习。驻俄克拉何马州西尔堡的陆军野炮学校，通过远程学习，成功地进行了多管火箭发射系统的新装备训练。驻肯塔基州诺克斯堡的装甲兵学校，对佛蒙特州国民警卫队进行了M－I主战坦克的新装备训练，并对后备役人员进行军事专业训练。国防语言学院，每年通过远程教学进行27000多个小时的语言训练。

陆军后备役人员参加世界级教育咨询计划 据美《陆军时报》1997年10月27日报道，自1985年以来，美陆军成千上万名后备役人员得益于世界级教育咨询计划。该计划对后备役人员的军事经历和学习经验进行评估，确定其获得准学位和学士学位所必需学习的课程。尔后，咨询人员帮助后备役人员制定学位攻读计划，并向其提供课程以及预备课程选修方面的咨询。现在美本土有85所院校参与世界级教育咨询计划。许多课程有录像带，因而后备役人员还可在家里学习。

（洪锦珠）

美陆军重视应急合同军官在职训练 据美《陆军研究、发展与获得》杂志1997年5～6月号报道，美陆军3年来在军、师两级配备了应急合同军官并狠抓该类军官的在职训练。应急合同军官的任务是在部队执行应急任务或到全国训练中心进行轮训前，与先遣小组一起，先行开赴目的地并与当地供应商签订采办合同，以便向部署部队及时提供可从当地获得的补给品和各种勤务。

美陆军规定，应急合同军官任职前必须到国防采办学院接受正规训练，参加合同基础、政府合同法、合同费用和价格、应急合同等课程学习。毕业后，应急合同军官则到有关合同办公室接受在职训练。首先，应急合同军官在胡德堡小批量采购合同管理办公室工作2～3个月，以对整个系统的操作程序有全面的感性认识。尔后，转到采购科学习4～6个月，在采办合同军官的指导下学习拟写正式小批量采购合同。最后，到合同科或合同管理科接受更加高级的训练。为了让应急合同军官取得在海外签订合同的经验，美陆军还派他们到科威特多哈兵营合同处接受为期90天的训练，学习如何与当地供应商签订小批量补给品和勤务合同，以及有关运输、建筑和保养的大型合同。1995年以来，应急合同军官在向前沿部署部队提供补给品方面发挥了很好的作用。

（杨东进）

美驻欧陆军司令部积极实施和平伙伴计划训练 据美《陆军》杂志1997年10月号报道，美驻欧陆军司令部根据“和平时期参与”战略，在1997财年，共有1220名军人参加了在11个国家举行的15个和平伙伴计划演习。这些演习涉及12个北约成员国和27个和平伙伴国中的24个。此外，在德国加米施的马歇尔欧洲安全研究中心，通过高级专业教育系统对军官和文职人员进行训练。上述行动促进了美驻欧陆军与东欧、中东和非洲有关国家的军事合作。

美第7集团军训练司令部与匈牙利军队一起，在匈牙利建立了塔博法尔瓦训练区，以便在该训练区对从波斯尼亚回调的部队进行训练。

1945年以来，常规作战训练一直是驻欧陆军司令部的首要任务。第5军的多层次训练战略，提高了其驻中欧部队和参加“联合努力”行动、“联合警卫”行动回调部队的常规作战技能。“胜利打击”演习成功地训练了军师旅各级指挥官和参谋人员。第5军在演习中学到了许多东西，并展示了在指挥与控制、运用和控制陆军航空兵及战术空军、渡江作战等方面的能力。在格拉芬弗尔和霍恩费尔斯的射击和作战机动训练，依然是驻欧美陆军训练的主要支柱。

作战机动训练中心突出维和行动支援训练 据美《军事情报》杂志1997年10～12月号报道，美陆军在德国霍恩费尔斯的作战机动训练中心，自1993年以来一直对美军和盟军部队进行维和行动支援训练。自美军开始参加“联合努力”行动和“联合警卫”行动以来，该中心更加突出了维和行动支援训练。此类训练一般分为两类：一为单兵兵员补充训练；二是名为“山虎”的部队任务预演训练。

单兵兵员补充训练是一项专为开赴前南斯拉夫地区的军人和文职人员制定的为期3天的战区训练计划，旨在使他们了解和适应未来在波斯尼亚、匈牙利或克罗地亚的环境。训练第1、2天为课堂教学，向学员介绍战区情况，让他们了解潜在的危险，学习部队保护和行车安全技能。最后一天进行带情况的训练演习，综合运用前两天学到的课堂知识。具体训练内容有：回答记者采访，在检查站进行人员和车辆检查，对地雷、陷阱、阻击和炮火作出反应。自1995年秋以来，作战机动训练中心共对2.6万名学员进行了单兵兵员补充训练。

作战机动训练中心于1995年夏举行首次“山虎”部队任务预演训练演习。自此，该中心先后共举行了

4次此类演习。为营造逼真的训练环境，该中心在演习区建立了2个基地营和5个镇，设置了边界线、隔离区，埋设了地雷。在演习中，假设敌部队和“在战场的公民”扮演武装部队军官、当地镇长和居民、驻波斯尼亚国际机构的代表和国际媒介机构人员。“山虎”演习的核心是演练维和部队将要承担的各项维和任务，熟悉交战规则和标准作战程序，提高应急反应能力。

（洪锦珠）

空军训练　综述　1997年，美军公布了“塑造—反应—准备”新军事战略。美空军加大了全球参与力度，积极“塑造”安全环境，对危机作出快速有力反应。新的军事战略给空军教育训练提出了更高的要求，带来许多新情况、新特点。主要有：

根据新的军事战略方针，加大训练力度，完善训练体制　1. 挖掘训练潜力，增加各类人员的培训数量。美空军由于相继关闭空军基地，永久性训练基地减少，飞行教官不足，前两年整个训练系统只发挥了70%的训练能力，致使飞行人员短缺，其中战斗机飞行员缺额8%。为扭转这种局面，美空军从1997年开始逐年增加培训数量，本年度共培训出1010名新飞行员，其中现役654名，到2000年达到每年培训1100名现役飞行员的目标。按计划1997年增加了各类空勤人员的培训数量，如领航员训练343人，北约喷气机飞行训练213人，空中武器控制员训练462人，战斗机飞行训练1282人，直升机训练291人，C－130运输机训练246人，航空救生训练6350人，机动训练2440人。此外，美空军教育训练司令部1997年共培训军官1.1万余人，士兵近15.7万人。全年总培训量近17万人。

2. 完善训练体制，培养空军人才。（1）新兵训练由2级培训改为3级培训体制。为提高士兵的素质，美空军强调征召高质量人员入伍。1997年，空军招兵30200人，其中高中毕业生占99%。全年有3万名新兵完成基本军训和专业技术训练后进入部队（女新兵占24%）。新兵训练程序由2级改为3级培训：第1阶段为基本军事训练。全年大约举办2200个正式训练班，每期为6周，训练时间共计400小时。训练内容包括入伍行政手续、体育锻炼、理论教育和军事训练4部分。军事训练主要进行队列、射击和信心训练，通过信心训练提高士兵的自信心、团队精神和荣誉感。通过基本军事训练，使新兵成为初步具有军人素质的士兵。基本军事训练结束后，将训练合格的新兵分配到训练联队下辖的技术训练中心，进入第2阶段专业技术训练。技术训练中心根据任务分工分别开设各类专业课程150多门，训练因专业不同期限长短不一，短则几周，长则几个月，平均3个半月。完成专业技术训练后分到部队，通常可以胜任所学专业的工作。但有些专业技术要求高，需要对这些新兵进行第3阶段的“学徒级”训练。经1～3个月的“学徒级”训练，即可达到在作战部队胜任工作的水平。过去，新兵完成第2阶段的专业技术训练后，便分往部队，由部队现场训练分队对那些专业技术要求高的新兵进行补训。新兵改为3级培训后，减轻了作战部队补训的工作量，利于提高部队的战备水平。

（2）提高军士晋升训练标准。美空军军士的培训，主要通过空军士兵专业军事教育学院进行，该学院下设空军士兵领导学校和军士学校。空军优秀士兵凡需晋升各类专业军士者，均需到上述两类学校受训，每晋升一级均入学培训一次，使晋升与培训相结合。为培养高质量人才，1997年，美空军教育训练司令部制定了一项技术7级晋升训练改革方案，提高了晋级训练标准。美空军认为，技术7级是士兵职业发展的关键，因为达到技术7级的士兵可晋升为技术军士，同时也是晋升军士长的基本条件之一。按新方案，士兵必须完成18个月的在职训练，才有资格进入技术7级（军士）学校进修。在职训练主要通过电视和计算机网络进行正规的函授教育。实践证明，单靠在职工作经验不能使士兵达到技术7级水平。空军大学负责拟定函授教学计划，第81训练联队具体组织实施。该联队为美空军现役和后备役士兵提供的训练课程包括航空电子设备、通信设备、电子学、雷达系统、计算机、指挥与控制系统、器材采购、土木工程和飞机维修等。由于美国空军重视士兵的在职培训和院校晋升深造教育，士兵的受教育程度大有提高。1997年，士兵中获硕士以上学位的占0.55%，获学士学位的占4.27%，受2～3年大学教育的占13%，受准学位教育的占12.92%，大学教育不满2年的占46.13%，高中毕业的占23.13%，高中以下文化程度的仅占0.01%。

（3）重视空军高级军官的培训。空军学院（AIR WAR COLLEGE）是美国空军最高学府，招收空军优秀中校以上军官、其他军兵种高级军官以及国防部及其他政府机关中的文职官员。学制10个月。1997年，该院共招收学员261名，其中空军146名，其余为文职官员、其他军种学员和外国学员。空军学院的任务是，为国家安全培养能够指挥联合作战活动和使用航空航天力量的高级军官。经调整，训练内容主要有作战计划与实施、领导艺术与伦理学、未来冲突研究、国际安全研究、战略空中力量使用原则、联合部队的使用和基础选修课程等。注重研究战略的形成过程，以及强调战略和使用原则在使用空中力量的联合作战中所起的作用，同时重视从政治、经济和军事方面研究国防理论和国际安全问题。该院专门设有地区冲突研究课程，由学员选择世界特定地区冲突的研究课题（1997 学年，包括中国共选定了世界 12 个地区 33 个国家的研究课题）。学院建立了一套完整的演习系统，学员可以通过计算机模拟系统，实施逼真的战区作战演习和快速展开演习。另外，通过多媒体和计算机互联网技术，本学年函授培训外地学员 3000 多名。

调整部队战备训练重点，提高全球打击和全球参与能力　1997 年，美空军为提高各型主要作战飞机迅速派往世界各地进行应急作战的能力，在日常战备训练和一系列演习中，重点突出了以下几个方面的训练：

1. 注重逼真的仿实战演练。美空军为了加强对作战部队实施逼真的仿实战训练，于 1997 年秋秘密购买了 21 架俄制米格－29 飞机。在内利斯空军基地重新组建"侵略者"中队，扮演敌机，与美空军飞行员进行不同机种的对抗空战训练，轮训作战部队。年内，美空军举行和参加各类近似实战条件下的演习近 200 次，其中较大规模的联合演习或空战演习有 50 余次。在太平洋地区单独举行的空战演习有"对抗雷"、"对抗虎"、"对抗北"等演习。演习的次数与往年相比有一定幅度增加，但规模有所缩小。

2. 突出快速出动和远程奔袭训练。美空中作战司令部认为，"美空军将迅速地成为以美国本土为基地的远征力量。"它能在 20 小时以内"出现"在世界上任何地方。为此，美空军十分重视快速支援和远程奔袭训练。年内，美空军连续派出空中远征部队赴海外演练，共派出 5 支，多数是在没有下达预先号令的情况下进行的，充分显示了空军的快速出动和全球打击能力。例如，1997 年 7 月 9 日，在没有下达预先号令的情况下，向 5 个部队下令出动 F－15、F－16、B－52、EA－6B 等型飞机 30 余架，连同保障人员，组成一支空中联合远征部队开赴阿拉斯加参加"对抗雷 97"演习，检验了该应急方式对太平洋地区的作战能力。年内，由 B－B1、B－52H 型飞机单独组成的空中远征大队，先后 2 次赴欧洲参加北约组织的演习，并实施了实弹轰炸，这是往年未有的。B－2 战略轰炸机以"全球力量显示"方式从本土飞至关岛再飞回本土，途中经 5 次空中加油，并在关岛进行了投弹演练，共飞行 15000 英里，创造了轰炸机不着陆飞行距离最长的纪录。年内，B－1、B－2 和 B－52 轰炸机从美本土基地起降，共执行过 32 次"全球力量"作战飞行，飞机留空时间大多超过 30 小时，这无疑为战区司令部处理危机提供了多种选择。9 月份，8 架 C－17 运输机从美本土搭载 500 名伞兵空降哈萨克斯坦参加演习，连续飞行 20.7 小时，途中经 3 次空中加油，共飞行 7780 英里（14500 千米）创造了军事史上距离最长的一次空降行动。通过这些演练活动，美空军提高了快速支援和远程奔袭作战能力，同时借此显示其"全球力量、全球抵达"的作战能力，以"塑造"有利于美所需的安全环境。

3. 加强与其他军种和外军的联合作战演练。1997 年，美空军举行的多数演习是与陆、海军共同举行的多军种联合演习。年内，美空军与外军的联合演习和军事交流明显增加。例如，在亚州地区，美空军与日本、韩国、泰国、印尼、马来西亚、柬埔寨、印度、巴基斯坦、蒙古、新加坡、哈萨克斯坦等国共举行了 20 余次联合作战演习，主要演练特种作战。其特点是，特种作战演习数量多，范围广，大部分为小规模特种作战演习。在欧洲地区，美空军加强了在该地区的演练活动，大批量战略轰炸机赴欧参演，如与北约成员国联合举行的"中央企业 97"联合演习。与此同时，加强了与俄罗斯、土耳其、格鲁吉亚、哈萨克斯坦、吉尔吉斯斯坦、乌兹别克斯坦等国的军事交流，9 月，与这些国家共同举行了"联合军事演习 97"。年内，美空军参加了与 25 国军队进行的 20 次联合军事演习，并为来自 100 余个国家的 5000 名军人进行培训。美空军对外军事合作将会继续发展。

通过频繁的战备演练活动，美空军所有部队继续保持了高水平的战备状态，以此较好地应付和制止各种危机的发生。目前，美空军现役和后备役部队的战备完好率保持为 91%。

按照"整体力量"构想，加强空军后备役部队训练　美国领导人极为重视空军后备役部队的发展，将其视为紧急状态下迅速提高空军战斗力的基础，是空军整体作战能力的组成部分。为降低现役部队近几年居高不下的高战勤率，后备役人员执行战勤任务的作用日趋增加。1997 年，空军后备役人员执行任务工作日为 110 天，平均每月有 6000 名后备役人员在全球各地执行演习与作战支援任务。当年，美空军按照"整体力量"构想，在原空军后备队基础上成立了空军后备队司令部，由原空军参谋部局级单位升格为第 9 大司令部。为提高后备役部队的战斗力和机动能力以及全体人员专业训练水平，美空军指挥机构经常组织后备役部队参加空军各类演习。1997 年，美空军后备役人员参加了"红旗"、"绿旗"和"枫树旗"等一系列演习，在最接近实战的情况下演练与陆军协调执行战斗任务。在内华达州举行的"红旗"演习中，在模拟遇到敌人的顽强抵抗时，后备役飞行员可以在飞机上训练机载武器系统、特别是高精度武器的使用。后备役战术航空兵部队进行了穿越大西洋和太平洋飞行时的空中加油训练，以及在欧洲、远东和其他“热点”地区前沿空军基地实施快速部署的训练。后备役战略轰炸机部队在各类演习中，进行了远程机动和在复杂气象条件下用航空炸弹和导弹对假想敌目标实施打击的演练。后备役战略和战术运输机部队还训练与空军常规部队协同，保障完成人员和作战物资以及其他技术装备的空中运输任务。美空军后备队加强了对外军事交流，与盟国空军实施联合训练。空军后备队第301战斗机联队派8架F-16战斗机飞赴丹麦与北约空军进行了为期4周的空战训练。他们驾驶F-16战斗机与驾驶米格-29的德国飞行员进行了攻防对抗训练，整个对抗训练共出动飞机268架次。美空军领导人认为，空军后备役人员的高水平训练可保障他们快速动员和有效的作战使用，在执行空军的总体任务中将起到更加重要的作用。

运用计算机作战模拟系统和网络技术，扩大模拟训练范围　1997年，美空军运用计算机网络技术，将分散在各地的飞行模拟系统连为一体，使真正模拟的多种飞机能在一个共同的仿真战场环境下进行联合训练。有的将空中预警指挥模拟机与战斗机、雷达模拟系统联网，从而使过去的单兵（机组）模拟训练的范围，发展到一定规模兵力的模拟对抗演练，扩大了模拟训练的范围。同年2月，美空军借助计算机网络模拟系统，在空军模拟空战中心举行了20年来规模最大的“蓝旗”模拟指挥所演练。参演人员达1800人，分别来自美国各军种、中央司令部各级指挥所，以及美空军各大司令部的作战指挥官和参谋人员。来自海湾合作委员会和北约成员国在内的12个国家派出的军事人员也参加了这次演练。模拟演练内容包括不同战场环境下的指挥、控制、通信和情报等方面的训练。4月份，美空军在拉斯维加斯演示了多机种模拟器联合训练，参加联机的有4台F-16、2台A-10和1台C-130模拟器，演练背景是在敌上空执行空投任务，旨在改进计算机模拟技术，使分散各地的飞行人员在模拟的同一个战场环境下进行联合训练。据称，这项技术在未来几年内会逐步成熟并得到推广。随着近两年模拟仿真技术的发展，美空军在本年装备了F-15全任务模拟训练系统，取代了F-15飞行模拟系统和F-15武器技术训练系统。全任务模拟训练系统能够模拟F-15高达99%的飞行任务。

积极接受事故教训，继续保持较低的飞行事故万时率　美空军1997年飞行事故比较连续、集中，有时在几天时间里空难频频，不得不停飞整顿。最引人注目的是，9月13～19日一周内，全军连续发生了6起严重飞行事故，其中空军4起，这在美军历史上尚属首次。为此，全军停飞整顿一天。美空军空中作战司令部司令称“这是空军最可怕的、悲惨的一周”。有些事故性质严重，属于“灾难性”的，如9月13日，美空军一架C-141军用运输机与一架德国图154军用运输机相撞，C-141机上9名机组人员全部遇难；9月14日，美空军一架F-117隐形战斗机在飞行表演时，因部分机翼断落而坠毁；9月19日，美空军一架B-1B战略轰炸机在训练飞行时坠毁，机组4名成员全部丧生，这次空难迫使空军当局将停飞整顿时间延长4天，认真查找事故原因。这些事故一是由于海外执勤任务频繁，许多飞行员负荷飞行，带来了飞行事故的隐患；二是管理不严，纪律松散，违纪事故屡屡发生，许多飞行员抱怨飞行任务多，对长时间的国外驻扎表示愤慨，造成纪律松散，甚至玩世不恭；三是机上应急系统和安全设备不足。美空军及时采取了预防事故措施，如明确作出减少飞行员海外执勤的规定，并出台提高职业奖励津贴的新法令；加强了飞行安全监督和安全检查制度；普遍开展了包括对家属进行的安全教育；针对大型飞机因未安装空中相撞警告装置造成恶性事故的教训，加速实施了运输机安全设备改装计划。由于采取了有效的事故预防措施，美空军1997财年仍然保持了较低的事故率。据美《飞行安全》杂志1998年1月报道，1997财年美空军共飞行2044359小时，发生严重飞行事故28起，损失飞机22架，事故致亡31人，万时率0.137。

主要资料来源：

①美国《空军时报》1997年1～12月；

②赴美考察报告《美国空军教育训练情况》；

③美国《航空周刊与空间技术》1997年1～12月；

④《外国空军训练》1997年1～6期。

（李荣怀）

美空军教育训练采取新举措　美国《航空与太空技术周刊》1997年9月15日报道，美空军教育训练司令部在有些领域预算削减额高达25%的情况下，仍将努力实现到2003年将飞行员培养数量提高75%的目标，并将在全体官兵中开展战备训练，因而面临着极其严峻的挑战。

尤为严重的是，美空军的训练机日益老化且训练设施数量有限。目前，愿意超期服役的飞行员数量已跌落到最低记录，只有36%的空军飞行员愿意签约再服役5年。

新上任的美空军教育训练司令部司令劳埃德·牛顿上将认为尽管极具挑战性，但美空军教育训练司令部仍然能够按照《4年防务审查报告》中所规定的各级标准完成整个训练任务。大家都明白，该部在各方面都会遇到能力方面的问题。

美空军飞行员进行训练的人数，计划从1996财年的每年835人，提高到2001财年的1463人，其中包括预备役人员和其他受训人员。

由于缩编和飞行员严重过剩，美空军在90年代初曾大规模减少飞行员的训练。目前的训练计划要求空军依靠自身力量在2001财年前每年培训1100名飞行员，而1997年的培训数量约为650名。

虽然美空军教育训练司令部在1997财年规定了飞行员培养员额，但该司令部对下一年却不那么乐观。由于预算额削减，飞行员的战备水平和质量可能受到影响。

1997财年末，飞行员在编数量和需求量持平；1996财年末超员528人（超4%）；1997年财年末缺员698人（缺5%）；1996财年和2002财年战斗机飞行员分别缺员8%和15%；轰炸机飞行员1996财年超员28%，而到2002财年则缺额9%。

为克服上述困难和问题，拟采取下述新举措：

加强管理　牛顿认为，美空军教育训练司令部解决培训人数短缺问题的首要途径是对机组人员进行更加细致的管理。也就是说，在整个训练体系中精确地平稳供求关系。确定训练时间是主要问题。他说："必须在合适的时间用合适的飞机培训合适的人员，用F－15施训一年无论对飞行员、教育训练司令部还是对空军来说都毫无益处。"

做好飞行员供求平稳工作将有助于问题的解决。总体上，美国空军现役飞行员在1997年将按计划由供大于求的状况转为供不应求。按照当前的速度培养飞行员，1998财年和2002财年各战斗机联队中飞行员的数量将分别短缺8%和15%。

不过，1996财年轰炸机机组人员的数量超过需求量的28%。到2002年轰炸机机组人员的数量也计划降低到低于全年需求量的9%。教育训练司令部作战处副处长罗伯特·马蒂内利上校说，到2003年，美空军计划使其现役飞行员数量稍高于1.3万人，比预计需求的数量少5%。

充分利用训练设施，提高训练效率　基础设施方面的各种限制将进一步制约美空军的训练能力。1997年9月关闭了得克萨斯州拉伯克的里斯空军基地，使飞行训练机场数量又减少了一个。虽然飞行员的整个训练过程只利用了当前70%的训练能力，但是，这一任务计划到2001年用85%的"比较宽松"的训练能力来完成。到2001年计划将每日训练的架次增至410架次，而现在是300架次。如此高频率的飞行训练，会使得课程计划因天气异常、跑道的意外关闭以及其他不确定因素而受到影响。飞行教官的短缺以及相关的保养方面的问题，也会严重地影响训练的进程。到2003年，美空军的飞行员训练能力将难有大的作为。

美空军正在研究解决问题的措施，包括将飞行员训练工作转移到边远机场进行，以此来降低飞行空间及起落航线的密集程度并提高飞行安全。

基础设施方面的问题包括喷气式飞机性能问题，如美空军教育训练司令部正在实施对365架F－38A型飞机和60架AT－38B型飞机的航空电子设备更新计划。座舱的现代化计划已经得到拨款，于1999年开始实行。将改装40架退出现役的T－38型飞机，其中T－38A型飞机按空军战斗机和轰炸机航迹进行高级飞行员训练。AT－38B型飞机可用于后续的战斗机基本原理课程的部分训练。

运用新型训练装备　美空军教育训练司令部正在寻找各种途径来避免训练受到影响。一个办法是从其他单位借用T－38型飞机，并可能重新启用库存的飞机；另一种可能性是将轰炸机学员转为学习雷西昂公司制造的T－1"袭击"型飞机，这是一种轻型商用喷气式飞机的军用机型，由机组操纵，用来训练美空军加油机和运输机初级飞行员，以此作为高级飞行教学大纲的部分内容。

根据设想，轰炸机学员用T－1型飞机进行训练以后，将用T－38型训练机进行数小时的训练，以取得特技和驾驶高速喷气式飞机的经验。按照现在的计划，从现在到2003年，训练编制所需的T—38型教练机数量会超过空军所能提供的全部数量。相比之下，2001～2003年T－1"袭击"型飞机的计划拥有量是实际数量的80%。

就积极的方面而言，2001年首次使用雷西昂公司研制的T－6A"得克萨斯人"Ⅱ型教练机进行训练将大有益处。T－6A是瑞士皮拉图斯公司研制的PC－9型巡逻运输机的改进型，将使美空军更有效地实施初级训练，同时使学员为尔后担任飞行任务作好更充分的准备。

T－6A型飞机可作出各种特技动作，最大低空速度达270节，航程大于900海里，装有增压弹射座椅。该机还有适于任务需求的航空电子设备、电子动力控制装备、更完善的飞鸟冲撞防护功能，以及更高的爬升率，从而可以更快地进入训练空域。

美空军教育训练司令部还计划从1999年开始投入使用372架T－6A型教练机（该机以前称为联合初级飞机训练系统）。初级教官飞机维护训练也将于1999年开始。美空军只要熟悉了T－6A型机，就有可能缩短初级飞行训练时间，相应地降低训练成本，提高培养数量。美空军也正在寻求提前拥有T－6A型教练机的途径。

当前，美空军飞行员要用6个月时间，与海军飞行学员一同进行时间为90个小时的共同初级训练，然后进行高级训练。美空军目前用“锡斯纳”T－37轻型喷气机作初级教练机；美海军目前在经过短期筛选之后，选用“比斯”T－34C教练机进行初级训练。

采用“总体力量”方法　提高飞行员培养数量的其他途径还包括目前正在进行体验的“总体力量”方法。该方法更加注重依靠空军国民警卫队和预备役部队来培养飞行员，并起用专职预备役飞行教官。该方法如果见效，可大大减少对现役飞行教官的需求数量。

美空军预备役部队正在密西西比州的哥伦比亚空军基地和俄克拉何马州的万斯空军基地参与飞行员训练工作。伦纳德·福格尔曼上将在9月初退休前曾要求教育训练司令部就进一步推广这一做法的成本进行研究与估算。

牛顿还预计在作战和飞行岗位上的联合勤务训练会持续增加。在职训练不仅能够降低成本，强化管理及监督人员队伍，而且为未来多军种以及最终多国联合打下宝贵的基础。

教育训练司令部始终坚持当前的观点，即应培养随时能够遂行任务的飞行学员，包括遂行非飞行性作战任务的学员。当前，美空军约1/4的飞行员经过训练能随时执行任务，其余的飞行员在其服役部队完成训练。教育训练司令部的目标是对100％的人员进行战备训练。

美空军教育训练司令部仍将一如既往地强调降低各种训练的成本并缩短周期。例如，美空军飞行员的训练时间一般是一年半。教育训练司令部计划缩短这一时间或减少培训人员，包括不再将飞行员和军官送回固定的训练基地进行“回炉”或追加教育。此外，空军教育训练司令部正对其整个教学大纲进行全面审查，以确保各门课程都密切联系实际任务。

降低成本的措施包括更多地依赖外部资源、运用技术手段以及远距离教学等。不过这些做法都各有利弊。

教育训练司令部在空军利用外部资源和私营公司方面处于领先地位，但在作战支援和遂行任务方面还可以做更多的工作。现在正在利用外部资源。而关键的问题是寻找适当的方式培养同样高质量的飞行员。主要问题是在使用其他非空军部门的教官时，在教授军事知识、强化军人形象及提高军事理论素养方面，还需要对承包商进行监控，尤其是对军事训练经验不足的公司更要进行监控。

将各种先进的教学手段引入课堂　把技术运用到“适当的课堂上”还能使空军大量地节约资源。初步的实践经验证明，运用计算机进行训练、采用多媒体和其他先进的教学方法能够减少教官数量，让学员学得更快，同时能增加学员训练的数量。

教育训练司令部正在采取的手段有分布式任务训练系统，该系统用电子手段与各种模拟装置（机载的、陆基的、甚至是实物装置）连接起来以进行任务练习。新墨西哥州的柯克兰空军基地有一套网络化的高级模拟训练系统，可在由相互连接的飞机模拟装置形成的安全高效的学习环境中，进行特种作战演习，例如搜索与救援行动演习。

空中预警与指挥机座舱外的机组人员，也可利用类似的网络化训练系统进行带作战任务的飞行训练，甚至进行一次技术检查飞行就能达到训练效果。

网络化的训练系统还可以发挥双后果职能，即能够对作战人员进行重复训练和演习，还能降低对代价昂贵的大规模联合训练演习的需求并减轻对有限的训练资源的压力。

佛罗里达州廷德尔空军基地的F－15综合任务训练机可取代采用60年代技术的F－1作战飞行教练机和F－15武器战术训练器。美空军可以用综合任务训练机执行高达99％的F－15战斗机的特殊任务，其中好几项任务与实际编队机动飞行有关。综合任务训练机还可以按计划进行熟悉场地飞行。

高技术介入教学的弊端是初始成本高昂，难以跟上技术迅速变化的速度，并且按照高技术格式改编、撰写和设计模块课程需要非同一般的专门知识。这些课程还必须经过专门设计，从而能够迅速简便地进行更新，以适应空军装备、作战程序及技术的变化。

据美空军的估算，将一门学时为40小时的标准课程改编成只读存储器或类似的高级教学方式，成本是100万美元，而美空军教育训练司令部教学大纲总共包含1100门课程，有些在技术上十分复杂，并且高技术应用于教学也并不是万无一失的解决办法，有些课程的教授离不开学员的亲手操作。许多情况下，比如给小班上课，或用行将退役的系统与装备施教时，教官的言传身教花费较低廉。

尽管初期成本昂贵，但美空军肯定会更多地使用远距离教学，尤其是辅助课程更是这样。虽然学员们仍然要去教室和操作现场学习课程的亲手操作部分，但远距离教学法大大节省不断增加的住宿费用、离职和教练的时间。

就总体上而言，美空军教育训练司令部2.9万多人在19个训练基地，运用20种机型，进行飞行员初期和周期性机组训练。大约有1.7万名地勤人员提供技术指导或进行这方面的保障——现称作战训练。全美有4个训练飞机联队和2个训练飞机大队进行这种训练。另外，美空军在世界各地的 46 个训练基地还配置了相关的野战训练分队。美空军当前有 38.1 万现役军官和士兵，其中 44% 每年都进行某种形式的训练。

（素　洁）

美军 1997 年度飞行事故万时率　据美国《空军时报》1997 年 12 月 15 日报道，尽管 9 月 13～19 日连续发生了几起恶性飞行事故，国防部长科恩下令全军停飞 24 小时予以整顿，但 1997 财政年度（到 1997 年 9 月 30 日）仍是美军飞行最安全的年度之一。自 1958 年开始统计以来，1997 年度在飞行事故中死亡的人数仅高于 1994 年度。

1997 财政年度，美军共发生 A 级飞行事故（导致人亡或终生残废、机毁或修复费超过 100 万美元）68 起，其中损失飞机 54 架，死亡 76 人（空军 31 人，陆军、海军和海军陆战队各 15 人）。按飞行小时计算，4 个军种的飞行事故万时率平均为 0.15。陆军最低，飞行事故万时率为 0.13，但比上一个年度高 0.06 个百分点。海军陆战队的飞行事故万时率是 0.38，但仍比 1996 年度降低了 0.04 个百分点。海军陆战队的飞行事故万时率历年来都是最高的，其原因是装备的飞机主要是 AV-8B 和 F/A-18 等单发动机飞机。近 6 年美军 A 级飞行事故万时率见下表：

财政年度	空　军	海　军	陆　军	海军陆战队	国防部
1992	0.17	0.27	0.16	0.40	0.21
1993	0·13	0.26	0.18	0.44	0.19
1994	0.15	0.17	0.16	0.21	0.16
1995	0.14	0.19	0.08	0.30	0.15
1996	0.13	0.18	0.07	0.42	0.15
1997	0.14	0.14	0.13	0.38	0.15

（沙起才）

海军训练　**海军陆战队进行两栖登陆综合训练**　据美《海军陆战队》杂志 1997 年 4 月报道，1 月份，美海军陆战队第 26 远征小队搭乘第 8 两栖戒备大队的 3 艘两栖舰船，在西班牙进行了为期 5 天的两栖登陆综合训练，参训兵力包括所属的第 8 团 1 营的 1500 名陆战队员、第 365 中型直升机中队和第 26 勤务支援部队。训练内容包括两栖登陆、空中近距离火力支援、攀登悬崖、炮火支援等。

海军与海军陆战队进行海上协同训练　据美《海军陆战队》杂志 1997 年 4 月报道，为适应联合作战的需要，美海军"星座"号航母编队与"拳师"号两栖舰编队，在一同执行部署任务之前进行了一次协同训练。训练的具体内容为"拳师"号搭载的 AV-8B"鹞"式垂直/短距起降攻击机在"星座"号航母上降落与起飞训练。这是"鹞"式攻击机首次在航母上进行降落与起飞训练。此类训练将使"鹞"式飞机的飞行员熟悉航母的起降环境，利于航母与两栖舰一同执行部署任务。

陆战队预备役部队举行"综合武器训练"　据《海军时报》1997 年 7 月 7 日、14 日报道，为提高陆战队预备役人员的战备水平、作战技能和协作精神，1997 年 6 月 6 日～7 月 7 日，美海军陆战队预备役部队举行了"综合武器训练"，参训人员包括来自美国 30 个州 67 个预备役中队的 4000 名陆战队预备役人员，主要科目包括武器操作及各种训练等。1997 年，美陆战队还对训练方法进行了改进。改进的内容包括：直升机攻击课程、营规模开进、武器装备分发办法等。其中最大的改进是增加了直升机攻击战术训练的内容，在以往的训练中，直升机只是进行水、冰上货物的拖运。现在，直升机须在高强度的战术环境下进行人员的运送和进行近距离火力支援作战。

海军牧师参加陆战队野外训练　据美《海军时报》1997 年 4 月 28 日报道，为加深对舰队陆战队性质的了解，更好地适应陆战队的战斗和生活，海军陆战队规定，首次被派遣到舰队陆战队部队的海军牧师和神职人员，必须接受陆战队的初级野战训练。海军牧师的训练时间为 2 个星期，神职人员的训练时间为 4 个星期（神职人员平时是海军牧师的助手，战时是牧师的卫士），其中课堂教学为 1 个星期，其余时间为操场或野外训练。海军牧师的野外特别训练内容包括战斗生存技能、各种环境下在部队进行宗教活动的方法等。神职人员的训练内容包括步兵武器操作、野外生存技能等。第 1 批参训人员已结束学业，下一期训练班预计在 1997 年 5、6 月份举办。海军陆战队司令克鲁拉克上将对此项措施表示赞成和支持。

海军陆战队举办军士训练班　据美《海军陆战队》杂志 1997 年 8 月号报道，为全面提高陆战队军士的军事素质和专业技能、培养陆战队军士的领导才能和自信心，美海军陆战队开办了一个新的军士职业军事教育场所，即军士训练班。首期开办于 1996 年 10 月。训练课程主要包括：课堂训练 219 个课时，学习内容为军事习惯与礼节、领导哲学、装备使用等；实习训练约 35 个课时，主要方式为同班同学相互训练、检查军容、模拟命题讨论会、讲解军事知识等；体能训练约 21 个课时，训练内容有跑步、越障、生存等。经过训练的陆战队军士可将所学的军事知识带回基层部队，促进整个部队战斗力的提高。

海军陆战队兴建城市作战训练基地　据美《海军陆战队》杂志 1997 年 6 月报道，由于海军陆战队经常被派往城市执行各种作战或非作战任务，而城区作战危险性大、对人员体力与部队机动能力要求亦较高，因此，美海军陆战队非常重视城区作战的训练。1990 年 8 月，美海军陆战队耗资 790 万美元，在兵营建成了一座城区作战训练场。该训练场占地 30 英亩，建成了一座模拟城镇（建筑物占地 19 英亩），共有 31 座建筑物，其中 8 座楼房建为模拟的经过战火洗礼的残垣破壁，其他建筑物有 1 个足球场（可作为空降区）、1 个银行、1 个大会堂、1 个宾馆（宾馆楼顶经过加固，可降落直升机）、1 座教堂、1 座办公楼、1 个货栈、2 个服务站、4 座公寓、1 座桥梁（桥上可通行 M－1A1 坦克）等，桥下为 1 条河流。该训练场每年开放 255 天，供训练使用。在此训练的人员除海军陆战队员外，还有海军“海豹”突击队、陆军特种作战部队、缉毒局、联邦调查局的成员等等。

驻冲绳美海军陆战队部队开始在日本富士靶场训练 据美《太平洋星条旗报》1997 年 7 月 4 日报道，为减少人口密集的冲绳地区噪音和出于对安全及环境保护的考虑，7 月 2 日，驻扎在冲绳地区的美海军陆战队第 12 团 3 营炮兵 1 连的 109 名官兵，开始使用日本陆上自卫队的富士靶场进行榴弹炮实弹射击。这支部队于 7 月 12 日射击训练结束后返回冲绳驻地。美海军陆战队称，如果亚太地区发生冲突事件，美海军陆战队将重新使用位于冲绳的汉森兵营的靶场进行训练。

“肯尼迪”号训练航母执行部署任务 据美《海军时报》1997 年 11 月 3 日报道，“肯尼迪”号 1995 年 9 月加入后备役，成为训练航母，母港波弗特。1997 年 4 月～10 月 28 日，该舰被派往地中海和阿拉伯湾执行为期 6 个月的战备部署任务，总航程 29450 海里，飞机起飞 8269 架次。舰员包括 90% 的现役人员和 10% 的预备役人员。训练航母执行部署任务在美海军尚属首次。

与北约海军进行协同训练 据美《海军时报》1997 年 9 月 15 日报道，作为执行部署任务前的最后准备，美海军第 2 舰队组织“华盛顿”号航母战斗大队和“关岛”号两栖戒备大队与北约的常设海军部队舰艇进行了一次联合训练，背景是阻止海湾地区某大国对邻国的侵略行动。此次训练最大的特点是北约的海军指挥官首次在美海军航母上对北约的作战舰艇进行反潜、防空战术指挥与控制训练。

（陈献其）

军事演习 **美陆军举行先期战斗实验军事演习** 《现代兵器》1998 年第 5 期冉隆科报道，为了验证美陆军“下一代陆军”计划中的构想是否符合实际，美陆军训练与条令司令部在 1997 财年组织了两次主要的先期战斗实验军事演习。它们是在利文沃思堡训练和条令司令部分析中心举行的部队之间作战级对抗演习和在卡莱尔－巴拉克举行的 1997 冬季军事演习。这些演习与 21 世经数字化部队军事演习之间的主要差别，在于后者主要验证数字化装备在未来战争中所起的作用，而前者注重指挥官的决策而不着眼于计算机和武器系统。

在演习期间，2020“蓝军”部队的机动速度呈数量级提高。研究表明，这种速度只能通过把传统的地面部队的两维战场扩展成包括大气层和太空在内的多维立体战场才能大幅度提高。为了更精确地了解这支部队在一系列军事演习期间表现出来的特征，一家与美国防部军事革命研究工作有关的独立承包商构建了一支假想的“红军”，作为对美国 2020“蓝军”部队构成威胁的敌方部队。

利文沃思堡演习 这次军事演习是在战术和战役级的一国部队之间的对抗演习。

演习目的：为制定 1997 冬季军事演习的交战判决标准奠定基础。这次军事演习分为 4 次小演习。第 1 次是由 21 世纪部队数字化师与 2020“红军”对抗；第 2 次和第 3 次是在两种不同的组合地形上由 2020“蓝军”与“红军”对抗；第 4 次是由加强的海军陆战队与“红军”对抗。这些军事演习涉及到 4 种可变因素；地形（含城区）；敌军的规模和态势；部署在交战地域外围的待命支援力量；双方制信息权的能力和水平。

研究内容：主要研究未来战场上获胜的最重要的因素——机动能力，它以机动速度为主要特征。另外，在战场态势感知与机动速度的精确定量关系至今难以确定的情况下，演习还要验证态势感知是否确实能提高机动速度。为了帮助分析战场感知对战斗结局的影响，“下一代陆军”参谋机构对战场态势感知定义了 3 个层次。第 1 层次，部队对敌方的作战计划和意图只有有限的了解，但在特定时期内拥有制信息权，并能够抓住某些战机。第 2 层次，部队能够了解敌方计划的重要内容，能够在敌方的决策要点上领会其意图，并能够针对那些决策采取对策。第 3 层次，部队能够了解敌方作战方案的总体构架，包括其作战样式、任务编成、阶段计划和作战节奏。不管是哪一层次，“蓝军”都能掌握“红军”的意图，并能针对那些意图制定和实施作战计划。具有第 3 层感知能力的部队，在作战中能从根本上改变敌我双方之间的战斗时间周期和机动样式；“蓝军”能更快地进入临战状态，能更迅速地作出决策，更迅速地结束战斗，并能转移到其他战区与敌军再次交战。

有益收获：在利文沃思堡的对抗演习中观察到了以下有价值的情况：

（1）机动能力。这次军事演习的一个重要发现是战场态势感知的优势可使指挥官能指挥下属各个部队采取协调一致的压制火力和机动行动。战场态势感知的能力可使己方部队采取近乎常规的机动方式伏击敌军。精确机动可以采取任何形式，例如，根据指挥官的作战命令，以小部队快速逼近个别小股敌军，并高度精确地攻击敌人。

在演习期间，“蓝军”运用空－地战术机动方式，采用先进的运输机从1500千米外以200千米/小时的速度运送轻型地面战车。这种方法能够广泛利用垂直战斗空间，再加上与制信息权的优势相结合，使部队机动速度更快、更精确。地形在不限制机动性的情况下可起到对部队的保护和隐蔽作用；在作战地域获得的快速机动能力能够削弱“红军”对“蓝军”的探测、跟踪和攻击能力，从而增强了“蓝军”的生存力。经过几轮军事演习后，“红军”指挥官开始明白“蓝军”战场态势感知优势和快速机动是其难以逾越的障碍。

(2)“红军”的反应。随着军事演习的进展，“红军”显然也取得了经验。“红军”在面对战斗力强于自己的“蓝军”时，凭借其反应能力来抵消“蓝军”的优势。“红军”较早地认清了“蓝军”的优势，尤其是火力和制信息权方面的优势，并认识到采取任何增加模糊度和复杂性的行动能延长“蓝军”控制态势所需的时间。因此，“红军”迅速转移到复杂地形的地区，如城区、城郊，有时移动到林区和山地。他们运用其有限的信息战能力通过电子战和欺骗手段，降低“蓝军”的机动速度。尽管“红军”受到损失，但其采取积极的反应在一定程度上获得了成功，即在降低“蓝军”机动的准确性、使其放慢作战节奏方面赢得了主动权，从而显著增大了对“蓝军”的杀伤力。

1997冬季军事演习　1997冬季军事演习（1997年1月27日～2月7日）是“下一代陆军”计划实施初期所举行的一次关键性的实验。美陆军训练与条令司令部把它看作是研究影响未来陆军战略和作战能力的主要因素的重要手段。

演习目的：发现美陆军在未来战争中潜在的问题；确定构建未来陆军的方案，以便为进一步发展奠定基础。因此，这次军事演习以2020年“最致命的战争”的政治、战略和作战能力的总体水平为着眼点，以确定2025年左右战争的变化特征。

人员和编成：参加这次军事演习的人员来自各军兵种，共300人。“蓝军”的编成反映了多职能的陆军的总体设计思想，它有以下几个组成部分：负有全球侦察职能的特种作战部队；部署在前沿发挥威慑作用和起控制态势作用的“21世纪部队”；由“下一代陆军”战斗部队组成的全球性攻击部队；美国本土陆军“21世纪部队”组成的在最后战役中起决定性作用的部队。实际上“蓝军”代表了从陆军“21世纪部队”过渡到利文沃思堡演习中的2020“下一代陆军”战斗部队的“2010陆军”部队，即上述两种部队混合组成的过渡性部队。

“蓝军”部署：部分“21世纪部队”部署在欧洲，但以维和部队合作的形式分散驻扎在欧洲国家。这样分散部署的目的是使“蓝军”在“红军”开始大举进攻时进行有限的对抗。现代化装备的2020部队除作为陆军2020年现代化计划的组成部分部署在韩国外，都集中部署在美国本土。特种作战部队在敌情发生前驻扎在欧洲。他们在欧洲地区与非条约国保持密切和信任的关系，这将有利于在战时与盟军快速合成。特种作战部队还提供最早的、可靠的战区级的目标信息，以帮助“蓝军”部队作好战场上的准备工作。就战斗部署而言，在“21世纪部队”交战之前，2020“蓝军”部队就已在战区部署完毕。

有益启示：1997冬季军事演习显示了以下对未来战争有影响的因素：

(1)机动速度。机动速度再一次表现为影响政治战略、军事战略和作战的主导因素。许多能力可使部队提高机动速度和加快作战节奏。在1997冬季军事演习中，就战略速度而言，政治领导人和军事指挥官能在敌军实施调动之前很迅速地直接将部队投送到战区。在后续军事演习机动中，较早部署的“蓝军”有效地击败了“红军”的进攻。在这次军事演习中暴露出来的明显问题是：在48小时内从美国本土投送到战场准备战斗的“下一代陆军”部队的战略机动速度与后续的美国本土的“21世纪部队”的投送速度之间相差太大。为使这两种部队能先于敌军到达战区并对敌军始终保持压制能力，这两种部队安排的投送时间之间应是无间隙的，并应采取有利的联合行动。

军事演习表明，到2020年，一支成熟的陆军“21世纪部队”的投送速度必须比今天的重型部队投送速度要快。可以推断，到那时也许要求在2周内把部队从待命地点全球性地调集到远距离的战场。军事演习还增强了以下这种观念：“下一代陆军”部队所具有的大多数信息技术也应该为陆军“21世纪部队”拥有，以确保这两支部队在战场上能够协同作战，并共同发挥感知性部队的优势。

参加1997冬季演习的军事专家认为，从军事行动上看，在几场连续的战役之间应是无间隙的，并在战区级同时进行，若把火力的应用与快速机动最佳地结合起来，可使战役的持续时间从几个月减少到几天甚至于几小时。另外，专家认为美国的地理位置决定了2025年的美国陆军必须依靠全球性的战略机动来赢得战争的胜利；而且部队部署初期，后勤、通信和情报对战略机动的速度和效能所起的作用可能比战斗部队本身的部署更重要。

(2) 战场态势感知的敏感性。在 1997 冬季军事演习中，“红军”对“蓝军”赖以获取战场态势感知的系统，特别是天基系统，实施了快速攻击，目的在于削弱“蓝军”的战场态势感知的优势，使其制定作战方案困难，军事行动陷入困境。然而“蓝军”采用自身装备上的调配，如用高空无人航空器在某种程度上来弥补卫星的损失，从而仍保持了在战术态势感知方面的优势，并使其与“红军”的战斗在天基系统被攻击后可能对决策产生影响之前已经结束。但是在战略和战区级，一些特殊的系统即使没受到巨大的损失，还是造成了有害影响。

在随后的一次军事演习中，“红军”改变了对“蓝军”的天基系统的打击手段，但并未显著影响到这次演习的结局。尽管如此，在两次军事演习中“红军”指挥官对“蓝军”如何利用制信息权发挥战斗效能有了新的认识。

在这两次军事演习中，“红军”都以攻击手段试图破坏“蓝军”的战场态势感知的保护屏障，基于这种情况，美军认为，采取一系列措施，例如建立坚固的、具有冗余能力、遭到破坏后能迅速修复的信息基础设施，以及利用欺骗和阻止敌方获取信息的措施来保护信息流是极为重要的。

美陆军进行数字化旅特遣队高级作战实验演习

据美国《陆军时报》1997 年 3 月 31 日、4 月 7 日、28 日和《防务新闻》1997 年 3 月 17～23 日报道，1997 年 3 月 15 日，美陆军在加利福尼亚州欧文堡全国训练中心进行了为期 14 天的数字化旅特遣队高级作战实验，这是继 1994 年进行的营规模的数字化演习以来，美陆军数字化建设进程中的又一重大举措。这次实验的参演单位分蓝军、红军两部分。蓝军为数字化实验旅，由第 4 步兵师（机械化）1 旅担任。该旅由步兵团机步 1 营特遣队、第 66 装甲团 3 营特遣队以及第 5 步兵团 1 营特遣队编成，组成旅特遣队。为实验旅提供后勤支援的是第 4 前方支援营。红军由全国训练中心第 11 装甲骑兵团（旅级单位）担任。实验旅装备价值 2.5 亿美元的新武器和通信系统，采用新的编成和新的作战理论，对付采用苏式战术和武器的红军。空军 F－16 战斗轰炸机和陆战队参加了这次实验。此次实验由陆军训练与条令司令部司令哈佐格上将负总责。

在实验中，共组织了 8 次战斗演练。其中，红军 6 胜，蓝军 1 胜，1 次平局。蓝军摧毁的车辆和杀伤的人员比从前来此轮训而且装备不那么精良的其他旅还要少。此外，实验旅还出现了 30 次误伤事故，而其他旅进行 3 次演习总共才出现 25～30 次误伤。这次实验中出现误伤的原因有四：一是蓝军误入自己敷设的大面积雷场；二是在流动性大的演习中首次使用“轻标枪”反坦克导弹，误伤了远处的己方某些车辆；三是参演人数多，为 6500 人，而以往多为 4000 人；四是装备密度大，增加了敌我识别的难度。

通过实验，陆军认识到新装备的确能提高战斗力和部队效能；同时也发现，使用新装备的特遣旅未能充分发挥作用。原因有二：第一，虽然实验旅已经用了一年的时间学习掌握新装备，并使用这些装备进行训练，还制定了使用新装备的新战术，但是和配备、使用现行武器装备并按照现行理论行动的旅相比，实验旅还是不够熟练，而且新装备也经常出现故障。陆军一些高级观察人员以“爬、走、跑”作比喻，指出实验旅在利用赋予它的能力上仅仅达到“爬”的程度。第二，实验旅将注意力放在新装备、新编组和新理论的结合上，使该旅基本的士兵技能和机动战术受到影响，而这些又是在全国训练中心的战斗环境中取胜的必要条件。这个弱点导致战术上的“猫和老鼠游戏”，蓝军极力避开直接交火，而依赖远程打击武器如 AH－64D 阿帕奇“长弓”攻击直升机消耗红军。

尽管如此，这次旅级高级作战实验仍然取得了圆满成功。国防部长威廉·科恩 3 月 18 日在全国训练中心巡视一天后说，他是陆军使用由计算机、卫星和其他高技术系统组成的网络以揭开战争迷雾这件事的“一位强有力的支持者”。他认为，“从这次实验中取得的经验可以推广到各军种的所有领域。”他鼓励海军、空军以及陆战队指挥官与陆军携起手来，打破旧的思维模式。他说，在这里所看到的是一次军事行动上的革命。

关于战术互联网　陆军参谋长丹尼斯·赖默上将指出，这次实验的目的是确定在实战中 21 世纪部队技术能否在瞬间回答以下 3 个具有决定意义的问题：我在哪儿？同伴在哪儿？敌人在哪儿？

战术互联网正是为此而设计的。该网包括安装在飞机、坦克和单兵系统中的数字化设备和高级指挥与控制系统，利用卫星和无线电台向参演人员提供声频和数字数据，使通常需要数天传送的信息在数小时内完成，能随时向指挥官提供几乎刚刚发生的战场情况，包括己方和敌方的位置、部队补给 情况和人员情况等，使指挥官掌握主动权。战术互联网能使更多的信息以更快的速度传送，因此能在指挥官所属部队之间进行更频繁的通信联络，而不必像传统的垂直管理方式那样遵循班向排、排向连、连向营的逐级汇报过程。战术互联网要解决的问题还包括如何更好地进行管理。目前，每个士兵都能得到大量的信息。信息饱和是一个毋庸置疑的问题。许多指挥官担心，师、旅、营 3 级指挥官会依据他们掌握的较多信息，对远离司令部战斗的连、排长实施包办式指挥管理。

实验表明，战术互联网尽管是经过专门设计的，但仍存在着需要解决的问题。它极易受到干扰。在实验中，为测试该网的工作情况，陆军下令红军不得使用电子战手段。战术互联网尚未完全实现数字化，还十分依赖单波道地面与空中无线电系统、加强的定位报告系统和嵌入式计算机。实验中，实验旅的轻步兵最用不上的当数徒步步兵系统。这种与士兵头盔目镜相联的嵌入式膝上型计算机是为了使轻步兵也能和战术互联网沟通。这种系统工作 24 小时需要重 19.5 千克的电池，由于太重，不便于野外使用，也易被撞坏。一般说来，嵌入式计算机在实验中的使用率高达 90%，但有些却撞坏了，那些没有损坏的也经常出现音频传输和数字传输发生冲突的情况。实验旅旅长说，他有时想采取某些战术动作，却无法及时与有关人员沟通。进行评估的人员也说，这次实验证明了战术互联网在传输自动电文方面的能力，但在处理指挥与控制电文上仍然存在问题。指挥官必须将这些电文输入并发送出去，这就使传输速度下降了 30%。士兵们也说，嵌入式计算机本身还需要和坦克磨合。此外，尽管已采取许多措施，但坦克指挥官不可能在进行战斗的关键时刻密切注意计算机屏幕。上至训练与条令司令部司令、下至普通坦克乘员都认为，在进入战斗时，嵌入式计算机在告诉坦克乘员所处位置方面的确很不错，但在战斗中却毫无用处。

关于侦察　实验中，空军的 SR－71 “黑鸟”侦察机、OH－58D 勇士侦察直升机、“猎人”无人驾驶间谍机以及实验旅由 77 名士兵组成的侦察分队，使蓝军具有强大的地面和空中侦察力量。为蓝军增配侦察分队经证明是很好的经验之一。由于在上述单位、实验旅战术作战中心以及所属指挥官之间建立了实时的联系，蓝军旅长能更好地了解红军的位置和可能的行动方案，能更好地部署兵力和更迅速地实施战斗。为对付蓝军的侦察，红军尽可能在最后时刻才作出决策，以使蓝军来不及作出反应。蓝军的侦察力量，特别是无人驾驶飞行器，也给红军带来巨大问题。红军指挥官不得不让手下 2400 名士兵在野外整天抬头望天，试图找到这些飞行器以躲过它们。红军士兵知道自己可能一天 24 小时被飞行器这样的系统监视，在心理上疲惫不堪。他们知道自己已成为目标，但却不知道锤子何时落下。这种情况给士兵造成的惴惴不安的心态是以前从未估计到的。

观察人员提出，实验旅对敌情的了解程度并未超出预想的情况。在理论上，红军的车辆每次被实验旅的侦察力量发现，侦察员就能通过自己的计算机向旅战术作战中心报告其位置。这条信息被立即发往蓝军其他部队，在其嵌入式计算机屏幕上显示出一个红色图符。然而，尽管己方蓝色图符随着车辆在战场上的移动而在计算机驱动的地图上自动移动，但是红色图符却不移动，这就意味着在快速流动的战斗中，红色图符成了“过期的”固定目标。此外，当实验旅的 3 辆车在数分钟内先后发现一辆红军目标时，每辆车都会通过数字化设备上报情况。这样一来，同一辆敌车就会在嵌入式计算机上显示成 3 辆车。于是就出现了两个问题：一是所有的情报都是迟到的；二是了解到这种情况的指挥官很难相信所有上报的情况。陆军高级观察人员说，那些相信数字化设备揭开战争迷雾的人不了解战场，尽善尽美的情报时代没有到来也永远不会到来。士兵在试图搞清屏幕上的红色图符是否真是敌人的车辆时，还必须警惕不要过分相信侦察器材在其面前屏幕上显示的是敌军车辆。

关于后勤　为使部队集中精力战斗，蓝军将装甲营和机械化营的所有后勤力量集中编入一个前方支援营，战斗部队不配任何炊事员、卫生员、机械师或补给人员，必须依靠后方 20～35 千米处的第 4 前方支援营提供补给品和勤务支援。

从理论上讲，第 4 前方支援营利用数字技术，可以追踪战场上的每件装备和补给品，掌握战斗消耗情况，并及时前调弹药或零部件。然而实验结果表明，还需要缩短后方和前线之间的行程，在战斗部队后方 2～10 千米处配置一个前方补给连。战斗部队手头只有大约半天的补给品，而一个前方补给连拥有一日份的补给品。该连每天应向战斗部队往返两次。

第 4 前方支援营 1 连连长也指出了另一个问题，他说，他既得不到接受支援的战斗部队的保护，也没有更靠后方的那种安全感。由于十分了解情况，他不担心敌坦克随时会出现在面前。相反，他所担心的是狙击手可能会杀死卡车驾驶员。他说，前线的战斗部队不可能为他的连提供保护，要是有一架阿帕奇直升机在上空巡逻就好了。他还担心得不到足够的重型加强机动多用途卡车装载补给品。按道理他应该有 12 辆车，但他只得到 7 辆车，因此无法迅速将补给品运往前线。

关于速度、杀伤能力、生存能力　这次实验试图证明，在一支数字化部队中，如果使各种技术和理论有机结合，那么这支部队的作战速度、杀伤能力和生存能力就会提高。

在“21 世纪部队构想”所列出的作战速度、杀伤能力和生存能力 3 项指标中，最明显的进步要数作战速度的提高，也就是说，部队制定和实施计划的速度加快了。由于能迅速得到情报，营长能更快地作出决定并在正确的时间将部队调往决定性的地点。布雷德利步兵战车车长（分排长）也指出，最大的区别是能更快地适应情况并变换任务。布雷德利步兵战车排长向下属发送一份排防御地段草图时，使用车上安装的嵌入式膝上型计算机，可以节省一半多的时间，从1.5 小时或 2 小时减少到 45 分钟。

但是，对于另外两项指标，即杀伤能力和生存能力，却没有听到这样的评论。双方的伤亡人数和此前在全国训练中心进行的演习相比没有什么差别。杀伤能力表现在间接火力上也没有什么差别，多数都不是很有效。蓝军实施防御时干得还不错，但实施进攻时就遇到了较多问题。蓝军在最后一次战斗即防御战斗中取胜的原因，主要是阿帕奇直升机和近距离空中支援飞机起了作用。当然，无论实验旅的装备多么精良，新的构想和新的理论多么具有革命性，谁都不认为实验旅在战场上定能首战告捷。陆军希望在实验中看到己方战斗力方面可能出现的改善，而不是红军在自己的地盘上拥有的优势立刻出现逆转。

关于编制和“轻标枪”反坦克导弹　实验表明，改变部队的编制是有价值的，实验旅的参谋人员也能适应这种变化。陆军参谋长赖默上将指出，改变一个十分成功的编制不是件容易的事，但不愿意改变，不愿意走在前边，别人就会超过你。实验中的蓝军编有 1 个轻步兵营、1 个机械化营和 1 个装甲营。这种编制也给蓝军旅长带来一些问题。他意识到未能很好地处理战场上协调速度明显不同的营所带来的挑战。乘坐坦克和战斗车辆的士兵前进速度为每小时 64 千米，而步兵只能徒步行进。但他也发现，只要能使轻步兵到位，他就有了杀手锏，即“轻标枪”反坦克导弹。

尽管对其他问题有不同看法，但参演双方一致认为这种反坦克导弹十分有效。这种便携式武器射程为 2000 米，现正装备部队，拟取代“龙”式反坦克导弹，使轻步兵拥有重量更轻、杀伤力更大的反坦克武器。蓝军旅长别出心裁地将“轻标枪”置于 UH－60“黑鹰”效用直升机上，作为快速反应小队，阻止红军开进或占领关键地形。红军负责人指出，“轻标枪”的使用给红军造成了巨大的心理压力，他们每时每刻都在担心会被 2 千米外随时可能发射的便携式武器杀伤。为对付这种武器，他们尽可能避免在“轻标枪”射程内机动。他说，对付这种武器的最好办法就是避开它。

关于作战理论与各项倡议　从实验中及实验后立即得到的反馈表明，这次高级作战实验至少在两个方面是成功的。一是和 1994 年数字化营特遣队进行的实验相比，这次实验得到了较多的数据，可供高级领导人就技术、理论和编制方案作结论时参考。二是参演双方及陆军高级领导人认为，这次旅规模的实验得出的数据尽管在个别问题上不够理想，但还是可以支持陆军“21 世纪部队构想”的，即：经过改编并用新的数字技术武装起来的部队，比现行陆军的作战速度更快，杀伤能力更大，生存能力更强。

此次高级作战实验最鼓舞人心的一点，是实验即将结束时蓝军所表现出的潜在进步，蓝军在最后一仗中巧妙地打赢了防御战斗。蓝军在实验后期依据的是训练与条令司令部 525－5 号手册《21 世纪部队作战》。这份文件于 1994 年颁布，强调战场态势感知，扩大机动分队控制区域，以及在战场上若干地点同时实施纵深打击。它是 21 世纪部队理论的基础。为测试这本手册中提出的理论，陆军在实验后期扩大了实验旅的机动范围，几乎超出在此受训的其他旅的 50%。当然，此次实验检验的只是该手册的部分内容，提出的其他概念还有待 1997 年晚些时候进行的以仿真为基础的师级实验。

在这次实验的 72 项倡议中，有 80% 可能会用于陆军，或立即应用、装备部队。这些倡议包括 41 个样机、14 项新战场概念和 17 件已部分得到证实的装备。

关于训练　陆军参谋长赖默上将指出，全国训练中心的假设敌，可能是世界上最训练有素的旅级部队，而实验旅的装备无疑更为精良。陆军 21 世纪部队进程必须达到的目标，就是组建一支既具有假设敌部队的训练水平，又拥有实验旅技术水平的部队。技术能力不应成为减少训练强度和力度的理由。技术不能代替训练，缺乏训练的部队不会因为有了技术而提高战斗力。因此，严格的训练仍然是重要的。也有一些实验旅的军官和士官直接了当地否认他们掌握的较传统的技能因熟悉了数字化战斗而受到影响。

总之，这次旅级高级作战实验是成功的。赖默上将说，“不能把鸡蛋放在一个篮子里。”在排一级，仍然是一场短兵相接的战斗，坦克对付坦克，士兵对付士兵。技术使陆军能做到的是将这些士兵配置在最好的位置上，在敌人接近之前消灭更多的敌人。他说，这次实验是陆军在沙漠上进行的第 1 次旅级数字化演习，未必就是实验技术，尽管这是它的一个重要部分。这次实验是要改革陆军，改革陆军的编制、技术、训练、理论，但最重要的是改革陆军的文化素质。

国防部长和陆军领导人都认识到，未来的对手可能会试图使全球定位系统失效。这个弱点会迫使美国领导者重新认识这样一个问题：是否允许空军开发反卫星武器。陆军领导人说，从历史上看，占领高地的部队掌握最大的优势。今天要占领的高地要高得多。美军拥有能和地面接收装置沟通的卫星，装备了有人和无人驾驶飞机，能在任何特定时间使作战人员看到战场情况，因此拥有绝对的优势。然而过于依赖一种系统或一种作战方法，敌人就会努力找出你的致命弱点。

美陆军举行数字化师“高级作战实验”演习

《外国军事学术》1998年第3期滕建群报道，1997年11月5～13日，美陆军在得克萨斯州胡德堡进行了数字化师“高级作战实验”演习。这是继同年3月举行数字化旅“高级作战实验”演习后，美陆军举行的又一次数字化部队演习。演习结果表明，数字化部队能使指挥官全面掌握战场情况，数字化师所控制的作战区域相当于现有军的控制范围，数字化师的作战能力超过以往。但实验演习也暴露出数字化部队防护能力弱、后勤战线过长等问题。

实验演习目的 此次数字化师“高级作战实验”演习是在先前数字化营和数字化旅实验演习基础上进行的。1997年8月前，陆军就指定第4机步师为数字化师实验部队。1997年初，第4机步师曾提供1个数字化旅的实验部队。胡德堡负责数字化部队协调工作的乔·利上校称，从数字化旅到师的实验演习不只是数量上的增加，而是几何倍数的增长。它把能力不同的各旅融为一体，这是一种纷繁复杂的挑战。其目的是检验在宽正面和大纵深战场上数字化师的生存能力、战斗能力和快速反应能力，为未来型师提出新的编制方案。1998年1月，陆军以此为基础确定“21世纪部队”师的编制方案。12月，美第3军将进行数字化军“高级作战实验”演习。按计划，陆军第2个数字化师为第1装甲骑兵师（2003财年），第3机步师将视经费情况实现数字化。到2004财政年度，陆军第3军将成为数字化军。

数字化师“高级作战实验”演习是参演部队有史以来第1次进行的实际意义上的信息作战。此前，由于无法确定数字化计算机的性能，陆军在实验演习中禁止进行电子干扰和情报截收活动。此次演习取消了这些限制。为进行数字化部队“脆弱性分析”，陆军同意使用计算机分析、网络地图和模拟电子干扰手段。其目的是了解在不利条件下数字化战场将如何不间断地存在下去。陆军训练与条令司令部司令哈佐格认为，了解信息作战中数字化装备的脆弱性至关重要，特别是在师这一级。“如果密码被破译和其他防护措施被破坏，对手进入你的系统中，你无法想象计算机屏幕上显示的图像是否是部属发来的。”尽管数字化脆弱性实验还在进行中，但陆军所做的一切都是为保护这些系统不受破坏。哈佐格认为，能确认出这些系统的脆弱性，不仅具有军事意义，而且还有政治意义，因为美国国会也在关注数字化系统的脆弱性问题。只有确认这些系统的脆弱性，才能找出必要的保密措施。美陆军已决定统一采购“V－2”加固型数字化计算机工作站，这种工作站并非军方独有，但它们将配置于陆军数千部战斗车辆上。

数字化师“高级作战实验”演习评估了新技术装备。它们是：①机动控制系统，可以在战场上分发实时情况报告、战术情报和发现目标报告。②高级野战炮兵战术数据系统，可以处理各火力支援单位的计划和其他信息。这些单位包括迫击炮、野战炮、导弹、攻击直升机、航空火力和海军舰炮火力。③全源分析系统，是一种陆基机动式自动化情报处理和分发系统，能保证情报数据同时送往多个工作站。④前沿防空指挥与控制及情报系统，可向师及师以下部队提供指挥控制及瞄准信息。⑤战斗支援控制系统，可以向指挥官提供弹药、油料、医疗与人员状态、运输、管理等详细情况。

第4机步师透露，由于有快捷的通信网、数据网和情报图像，数字化部队比非数字化部队具有更快的作战节奏，其指挥官可更透彻地掌握战场情况。因此“数字化与非数字化部队的衔接问题”也是数字化师“高级作战实验”演习的重要内容。它有助于确立数字化和非数字化师一起部署时所需要的程序。“你将看到一个‘数字化联络官’式的军官。”数字化与非数字化衔接研究将持续到1998年。

举行数字化师“高级作战实验”演习还为了“培养指挥官”。提出这一任务是为在满足士兵对士兵直接作战需求的同时，培养出一支“军官军团”。他们能自如地应用以计算机为核心的高技术，在战场上准确判定行动节奏和控制部队。

参加实验演习的部队 此次参演的部队有：第4机步师战术作战中心、师主力部队、第1～3旅指挥所、航空旅指挥所、师属炮兵指挥所、师支援部队司令部指挥所，第3军的1个战术作战中心、军部主要分队、后方指挥所、后方支援指挥所及其他分队，第1装甲骑兵师的模拟系统以及其他配有少量自动化系统的部队和非数字化分队，总兵力大约5500人。他们或操纵计算机，或操纵通信设施进行了大规模陆上作战推演。其中第4机步师2500人被用作实验部队。他们占据了27个战术作战中心，这些带伪装的作战中心分布于全国训练中心的各个角落。参演部队通过一个通信系统连接到该模拟中心。

与实验部队相对抗的是驻利文沃思堡的训练部队。这支部队严阵以待，以比较实验师与现有师之间的差别。利文沃思堡训练科目主任方特诺特称，“对抗部队发现他们的对手很难对付。”实验部队的成功归于其所拥有的看透战场能力和远距离杀伤武器的毁伤能力。应用卫星成像、无人航空器和载有联合监视和目标攻击雷达系统的侦察机，实验部队指挥官可在远距离上跟踪对抗部队的行动，而后在远程炮火的伴随下，运用“科曼奇”和“阿帕奇”直升机对其实施打击。

在部队编成上，第4机械化步兵师人员运用计算机模拟技术，对未来师的样式进行了论证。新型师与现有师不同。例如现有装甲营配备58辆“艾布拉姆斯”坦克，机械化步兵营配备58辆“布雷德利”步兵战车，而数字化师“高级作战实验”演习的“精锐师”方案减掉了约1个连规模的战斗车辆，即每个营只保留45辆坦克或步兵战车。在“精锐师”方案中，工兵分队也有所变动，减去原有工兵旅司令部和3个小型工兵营。这些变化使“21世纪部队”师减去749人，师的最后编制为15071人，比现有机械化步兵师少2812人。所减人员主要是后勤、航空及炮兵分队。美陆军训练与条令司令部称：“灵活性是设计‘精锐师’最重要的尺度。”“我们正建立一种‘精锐师’，这种师规模小，机动能力强，但极具杀伤力。”每个营所配坦克或装甲车辆的数量目前尚无定论。根据“精锐师”方案，每个营所配备的坦克或战斗车辆在45～58辆之间，最多不会超过58辆。哈佐格认为“45辆已足矣”。

实验演习的成果　数字化师“高级作战实验”演习的准备工作从数字化旅实验演习期间就开始了。预演把参谋演习和模拟演习合二为一。1997年5月末至6月初，“参谋Ⅰ”演习把师和旅两级参谋人员合到一起，共同制定数字化参谋作业规程。6月下旬，陆军举行“模拟Ⅰ”演习，这是一次全部利用模拟系统的演习，其样式与11月举行的数字化师演习相同。7月，陆军又分别举行了“参谋Ⅱ”和“参谋Ⅲ”演习。9月中下旬，陆军举行“模拟Ⅱ”演习。10月初，陆军举行“参谋Ⅳ”演习。11月举行的数字化师“高级作战实验”是这一系列演习的组成部分。乔·利上校称，“演习的意义贯穿于系列演习的全过程。它从4月1日开始，一直持续到11月举行数字化师‘高级作战实验’演习结束，至此演习达到顶点。”与数字化旅“高级作战实验”演习不同的是，数字化师实验演习是司令部机关模拟推演，不包括部队机动。

对抗部队计划军官查维特少校说，“实验部队具有准确了解我们在做什么的能力，能看透我们正在欺骗他们，而后运用十分有效的手段在至少95千米之外对我们发来弹雨。”等接近实验部队并向其发起直接进攻时，对抗部队几乎一无所获就被打翻在地。“他们以不同于现有陆军师的作战方式遂行战斗。”“他们瞄准我们的机动部队，在大纵深内把他们消灭，而后调过头来打击我们的重心部队——炮兵。”

哈佐格称：“在头4天的实验演习中，1个师可以战胜6个师（即2个集团军），而代价也比现有师所付出的低。”从战斗结果看，实验师的作战能力远远超出了现有师。“他们比军做得还要好。他们在广阔区域中遂行作战任务。”第4机步师师长华莱士准将称，这一区域大约是240千米宽、500千米长。这几乎是现有师所控制范围的3倍。“实验部队所获得资源以及他们了解敌情的能力不同于先前的任何部队。”他认为，数字化实验部队使与之相对抗的部队的指挥方式发生了变革。例如实验部队迫使对抗部队指挥官直到最后1分钟或者更短时间内才能作出决定，或者迫使其延缓或避免集中战术力量。“从前，这是对抗部队的强点。”数字化实验部队指挥官能意识到他正在限制敌方指挥官的行动意图，从而扰乱敌指挥官的行动。因此，数字化部队为陆军描绘出一种前景，即美军蕴藏着巨大的信息潜能，关键是怎样利用。如果不利用，制信息权不能提供任何东西。

实验还表明，数字化和非数字化部队的衔接要比原来想象的容易。这对陆军预备役部队具有特殊意义，这些部队正排在现役部队之后，等待列入数字化部队建设序列。哈佐格将军称，实验中的预备役部队（包括第363军支援大队司令部分队）能够很好地与实验部队“结伴”而行。当1个分队实现数字化后，该分队参谋便可通过无线电把计算机屏幕上的情况告诉非数字化分队。这样，数字化分队和非数字化分队可共享数字化的益处。哈佐格称，这有助于进一步削减陆军现役人数，保证陆军在“精锐师”方案中使用预备役部队替代现役部队。但他又说，尽管国民警卫队加强旅可承担这种任务，但他并不希望把全部非数字化部队融入数字化部队中。

哈佐格认为，师防线后方诸多重要目标的分散并不意味着实验部队必须用一线交战的坦克和步兵战车来保护它们。“这只是目光短浅的指挥官所做的选择之一。”他说：“师不单单可以得到坦克及步兵战车的保护，而且还可得到其他武器装备的保护。在未来，我们计划在诸分队中提供‘模块’化防护能力。”“我们不能总只靠单一手段来保护静止分队（场地）。”“模块”化保护意味着给 后方梯队配备通信系统。这一系统能保证他们察觉敌人的威胁，并使用自卫武器摧毁之。

实验演习反映出的问题　绝大多数参演者和观察者认为，在第1支数字化部队能承担实战任务前，陆军还有许多工作要做。例如：实验演习并没有试验在转移作战中心时师保持作战节奏的能力；配有敏感计算机和光缆的伪装帐篷式作战中心，在此次演习中始终没动地方。演习还反映出软件有缺陷，频带不够宽，因而无法保证所有计算机信息发送。

数字化师“高级作战实验”还提出如下问题：①在“21世纪部队”的师中如何更有效地组织后勤，特别是维修保障。②如何在宽正面、大纵深非线式战场上保护漫长的补给线和后方“高价值目标”。③如何重新组织战术作战指挥中心和进行人员分工，以充分利用数字化技术。④由于有了数字化技术，敌我双方更大的透明度是否意味着陆军所熟悉的地图标号要重新修订。⑤如何使计算机系统更好地融为一体，使工作站用起来更得心应手，而且保护这些系统不被“黑客”侵入。实验部队第1旅作战参谋蒂贝也说，实验中，他所在的旅覆盖了1个师所控制的地域，但漏洞不少。“我们没有更多的部队，捉襟见肘。”“尽管数字化信息系统有许多优势，但我们并没有把部队关系理顺。”

师扩大战斗地域后的另一问题是它限制了指挥官与下属之间面对面的接触机会。这种会面可使指挥官看到部下的眼神，判断他们的恐惧、疲劳和信心。这对于保证下属领会指挥官的意图，保证指挥官掌握下属如何完成任务至关重要。陆军训练与条令司令部希望像电视会议系统之类的新技术能够解决这一问题。

新型师方案把装甲和机械化步兵营的后勤分队及装备全部撤销，代替它们的是前方支援营。这一变化使“精锐师”比现有师锐减数百人。在先前进行的实验中，机动营军官对此方案提出异议。哈佐格承认，战斗中一辆战斗车辆出现故障，就会给任务带来灾难性影响，但这些影响无法在模拟实验中体现出来。“这意味着到1998年2月确定战斗支援和战斗勤务支援部队编成前，我们必须仔细研究技术保障问题。”陆军训练与条令司令部将邀请其他司令部人员参与这一论证。哈佐格提出了3种方案：①采购新装备并使其发挥作用。②重新给机动营编配技术维修人员。③为机动营准备一个由准尉和军士组成的技术保障小组，以随时准确地听从机动部队召唤。

（陈　群）

美陆军军事学院举行模拟作战演习　据美《陆军时报》1997年3月10日报道，驻宾夕法尼亚州卡莱尔兵营的美陆军军事学院，于1997年1月27日～2月6日举行了一次假设在2020年发生战争的模拟作战演习。该演习由美陆军训练与条令司令部“10年后陆军”研究小组主持，有500多人参加。该小组从事未来作战样式研究。演习预案为：美国及其盟国首先与俄罗斯，尔后与中国相对抗。俄罗斯向美卫星发起了毁灭性打击，最后战争以太空核攻击告终。

“10年后陆军”研究小组官员拒绝说出他们在此次模拟作战中模拟的敌性国家。一些了解作战预案的官员证实，俄罗斯和中国是美军与之交战的两个主要大国。俄中两国军队分别为“红军”和“粉红军”，美军为“蓝军”。红方总统由前中央情报局情报处副处长道格·麦克·伊钦担任；蓝方总统由前负责国际安全事务的助理国防部长查德·阿米蒂奇扮演。

一位人士在分析俄罗斯把美国卫星作为其首要攻击目标的原因时说，太空在2020年冲突中将成为一个重要的战区。美军的信息控制战略及其部队结构表明，美军高度依赖卫星，不仅把卫星作为监视潜在敌方的平台，而且将其用于数字化通信和跟踪后勤保障流程。到2020年，卫星的功能将进一步扩大。空基通信将成为美军控制21世纪战场信息的重要手段之一。“因此，战争的第1个行动就应打击美军在太空的卫星，摧毁其信息控制。否则就会失败。”

（洪锦珠）

俄罗斯军队军事训练　海军训练

俄海军领导人阐述海军战役训练的组织与实施　俄海军第一副司令卡萨托诺夫海军上将在俄《军事思想》杂志1997年第2期上撰文指出，海军“战役训练”的概念出现于30年代。这是与海军战役法的进一步发展、大型联合编队的建立、以及海军所担负任务的性质联系在一起的。战役训练当时被纳入战斗训练，其内容包括：研究和熟悉海上战区；研究可能的敌人；研练在海上歼灭敌方海军和破坏敌海上交通线的战役的组织与实施；研练攻击敌岸上基地和目标的战役的组织与实施，以及为支援陆军翼侧而与陆军共同进行的联合战役、登陆战役和抗登陆战役的组织与实施。战役训练由指挥员训练、首长训练、参谋部训练和部队训练几个部分组成。

在伟大的卫国战争时期，战役训练所关注的主要是研究和推广战斗经验，寻找适合当时条件和任务的兵力使用新样式和新方法。战役训练的方针是由舰队所担负的任务决定的，其主要任务是：支援陆军；运送海军陆战队；防守驻泊区和海上交通线；破坏敌海上运输。战役训练的基本样式是集团练习、参谋部演练、兵棋推演、图上和带通信工具的首长参谋部演习、战役和战斗行动讲评等。

战后，海军的战役训练在组织上从战斗训练中分离了出来，战役训练是根据伟大卫国战争的经验组织实施的，同时也考虑到武器装备的发展变化。

整个战后时期可分为几个阶段，每个阶段都有各自的舰队质量标准和战役训练特点。要完善战役训练的组织和方法，就要在指导性文件中为训练建立最合理、最详实的组织和方法论体系，并定出其运作原则，以保证舰队的实际战斗准备水平得到提高，使其能够在现代海战条件下根据其使命行动。

在第1阶段（战后头10年），海军战役使用的样式和方法是根据上一次战争的经验逐步发展的，对新式兵器给海上战斗行动的实施条件带来的影响则考虑得不够，在研究舰队行动的方式时，也未注意到这种影响。其原因是这一时期的战役和战斗训练是在以新式舰艇大规模更换战前制造的舰艇背景下进行的。单舰和单一兵种编队的训练是各舰队的首要任务。诸兵种的联合演习只是偶然为之，且多是单方演习，参加演习的仅是为数不多的值班兵力。大多数演习所演练的是基地和沿岸防御。

战争后果给国家造成的严峻经济形势，迫使训练要严格控制油料和摩托小时的消耗，这使得战斗训练和战役训练的规模都受到限制。在此条件下，为弥补各舰队对所担负任务演练的不足，海军的作法是尽量实施首长参谋部图上兵棋推演和显示兵力的演习。

战役训练方针是由海军当时所担负的任务和海军学术的发展水平决定的，其基本原则主要是为近海海军制定的。

在第2阶段（始自50年代中期），对海军某些兵种的作用的看法发生了变化。海军的任务变了，战役训练方针也随之发生了变化。除了演练防守基地配系、保卫己方交通线和支援陆军的濒海翼侧外，海军还演练以下任务：潜艇独立地或与航空兵协同破坏敌海洋运输；水面舰艇和航空兵保障潜艇作战活动；潜艇展开，掩护潜艇展开，压制敌机动反潜兵力，护送己方潜艇等。自60年代中期起，展开于前沿地区的美航空母舰突击兵力开始被视为美军核力量的第1战略梯队，是可能的战争中俄方海军的首要目标。这样，在海上战役范围内消灭美航母突击编队的任务便被提了出来，因为战役训练的经验证明，这一任务不可能与其他任务一起遂行。武装斗争兵力兵器的进一步发展，火箭核武器在海军中的装备，从根本上改变了战争的性质，赋予了它目的的坚决性、范围的全球性和后果的不可逆转性。突然性和先敌实施首次突击具有了重大意义。所有这些在客观上要求必须更深入地探讨和掌握在战争中使用海军的新样式和新方法，增加战役训练的内容。华沙条约组织于1955年建立了联合武装力量之后，便开始进行各同盟国海军的联合战役训练，即先是在演习和集训中互派作战组，尔后又实施带显示兵力的联合首长参谋部演习、演练联盟海军指挥的联合参谋部演习，以及举行舰队领导人员的战役集训。

第3阶段（始自70年代）的特点，是放弃了将海军主力用于己方近岸水域的构想。在战役训练中运用军事科学的研究成果，海军演练了远洋斗争的方式和方法。海军在战役战术范围内支援濒海方向的陆军这一原来的战役使用目的退居到次要地位。大洋战区战略性战役被认为是海上斗争中武装力量战略使用的基本样式。在海军领导人员每年举行的首长参谋部军事活动中，在舰队的首长参谋部战役演习中，在国防部长导演的战役战略首长演习中，在总参谋长导演的诸军种首长参谋部演练中，以及在海军总司令主持的海军领导人员训练法集训中，都要研究和推演这种战役的最重要原则。

战役训练开始演练以下问题：同敌导弹潜艇和航母编队作斗争，对敌陆上目标实施突击，在闭海、近岸海域和大洋粉碎敌方海军，破坏（切断）敌海洋交通线、歼灭敌反潜战兵力、防守己方驻泊区和海上交通线，以及支援陆军作战等。海军与陆军和前线航空兵协同动作的组织问题得到了积极的演练。这一时期的战役训练体系分为指挥员训练，指挥机构的训练，首长、参谋部及部队的联合训练。

战役级军官的指挥员训练以自学、按计划作业和集训的样式实施。

自学被认为是指挥员训练的基础。其内容是：完成个人作业，为部属编写战役战术想定，准备讲义、报告和发言稿，撰写论文、专著和学术著作。集团作业根据舰队（区舰队）确定的题目按计划实施。舰队（区舰队）司令和参谋长班、舰队航空兵司令员班等领导人员训练的基本组织形式是每年一次的集训。

指挥机构的训练通过参谋部演练、战役兵棋推演和首长参谋部战役演习实施。参谋部演练分为局部（单独）演练和共同（联合）演练。

局部演练在舰队（区舰队）参谋部各部、处、航空兵参谋部内部进行，在不吸收其他参谋部、部、处参加的情况下独自演练拟制战斗文书。

参谋部的共同演练由舰队（区舰队）参谋部的几个部或处的军官联合进行，演练拟制最复杂的战斗文书。

以训练或研究为目的，在图上或带通信工具进行的首长参谋部、后勤和专业兵棋推演称为战役兵棋推演。这些兵棋推演可按参演的方面和级数加以分类。在演练战役法的同时也演练战斗问题的兵棋推演称为战役战术兵棋推演。

战役兵棋推演通常是单方推演。首长参谋部战役演习介于战役兵棋推演和舰队演习两者之间。它与带通信工具的战役兵棋推演的区别是，在首长参谋部战役演习中，双方主要的、最有教益的行动要由专门派出的兵力兵器来显示。这些兵力兵器的行动是辅助性的，其目的是为参谋部演练军队指挥的主要问题创造条件。对舰队演习而言，首长参谋部战役演习是它的准备措施。有时，如果舰队演习无法举行，那就仍实施首长参谋部战役演习。此时，这类演习通常为2～3级的单方演习。

首长和参谋部训练吸收了其他军种的作战组参加，因而提高了战役训练在计划、组织和实施联合战役及组织协同方面的效果，同时也有利于受训人员完善在陆海军战斗力方面的知识。

军团的训练以舰队演习（舰队战役演习）和大演习的方式实施。

在舰队一级，通常实施带敌情显示的单方演习。大演习根据战役训练训令，按照指明的课题，在例行的训练年度内实施。

舰队大演习既可以是单方的，也可以是对抗的。为实施大演习，战役和战斗训练的所有主要活动都要着眼于按时并高质量的完成大演习课题所规定的任务。如果大演习有陆军的兵团和部队参加，就要与之共同采取战术和射击训练方面的准备措施。

1985年以前，海军的训练以强度大著称。但到了90年代初，根据苏联军事学说的防御方针，海军军团一级战役训练的目的发生了变化，训练的强度降低了。

第4阶段（始自90年代初期），为维护俄罗斯的地缘政治利益、地缘战略利益和经济利益，海军的战役训练旨在达成高度的战斗准备，确保有把握地完成保卫祖国的任务。

由于武装力量的裁减和战斗力的降低，海军更加重视与俄联邦武装力量其他军种，特别是与陆军、空降兵和空军（在登陆和抗登陆战役中）联合演练海军的战役任务。在遂行歼灭敌舰艇突击集团的任务时，则与空军和防空军联合演练战役行动。

为明确在濒海战区活动的各军种的联合行动任务并完善其遂行方法，必须协调首长参谋部演习的期限和课题，特别是研究显示兵力之间的协同动作。

目前，为提高战役训练的效果，海军已着手建立统一的海军战役训练自动化系统的某些单元。将来，这一系统应成为实施大规模、多级别训练活动的基础。海军各级（海军、舰队、联合编队、编队、单舰）指挥所和其他军种的指挥所在进行共同训练时，既可同时也可有选择地参加。届时，战役训练的质量将大幅度提高。

（德　峰）

空军训练　综述　1997年俄空军在缺少经费，燃油、零备件供应不足，飞机出勤率低的情况下，基本完成了所赋予的任务。重点保证了战备工作的实施，飞行训练工作有一些新的作法，但未完成训练指标和飞行时间。具体情况如下：1997年俄空军各航空兵部队完成年计划飞行时间的35%，其中夜航占31%。飞行员人均飞行时间为22.16小时，与前两年人均飞行时间相差不多，仍保持在低水平。俄空军飞行员人均飞行时间具体为：远程航空兵为27小时，前线轰炸航空兵为14小时，强击航空兵为18小时；歼击航空兵为14小时；侦察航空兵为12小时；军事运输航空兵人均飞行时间最多，为50小时。驻远东地区航空兵部队的飞行员人均飞行时间最少。

1997年飞行训练工作主要作法　（1）突出重点，抓战斗科目训练。俄空军部队在1997训练年中重新恢复了战斗科目训练，提高飞行员飞行技能和作战能力。俄空军1997年战斗科目训练比例为：简单气象飞行训练占46%，昼复飞行训练占43%，夜间飞行训练占43%，夜复飞行训练占33%。

（2）采用在部队和航校办集训班形式，重点培训部分年轻飞行员，加快年轻飞行员成长。俄空军为解决年轻飞行员的培训，在燃油和经费紧张的条件下，采取了办集训班轮训、集中进行飞行训练的办法，取得了很好的效果。如军事运输航空兵在每个航空兵师用航空兵团的基地举办集训班，轮训年轻飞行员。军事运输航空兵利用这种办法，在1997训练年为部队深化培训了数十名年轻飞行员。

前线航空兵利用航校办集训班，深化年轻飞行员的培训。他们在克拉斯诺达尔和巴拉绍夫两所飞行员高级军事航空学校，集中一部分二级和三级飞行等级的年轻飞行员办集训班，用L－39教练机进行飞行训练，并根据他们的飞行技能，确定飞行时间。集训中飞行员的飞行时间达到46～75小时，大大高于在部队全年的飞行时间。

（3）保证等级飞行人员的参训数量。俄空军在1997训练年中克服困难，保证等级飞行人员的数量。每个等级的飞行人员的数量保持了1996年的水平，也就是说，保持了基本战斗力。但等级飞行员人均飞行时间与1996年比较有所减少。

（4）组织部队参加各种演习，提高部队的战备能力。俄空军1997年组织的演习和演练，仍然以首长司令部演习为主。演习和演练的重点主要放在航空兵团和大队一级。航空兵团飞行战术演练完成了计划的71%，航空兵大队飞行战术演练完成了计划的78%。有部分部队参加了全军联合实兵演习。如俄军组织的“多面堡97”演习，空军派出第4空军军和军事运输航空兵的部分部队参加。演习中军事运输航空兵进行了空降兵空投空运的演练。前线航空兵、强击航空兵、歼击航空兵和侦察航空兵分队进行保障军事运输航空兵和空降兵作战的演练，在演习中歼击机还进行了在战术背景条件下，用高精确制导武器打击空地目标的实弹射击。

(5) 组织专题研究性飞行战术演习。空军为解决部队当前存在的部队不能很好掌握新装备以及电子对抗能力低等问题，于 1997 年 4 月在国家飞行试验中心靶场组织了专题研究性飞行战术演习，就瞄准导航综合系统和空空、空地导弹的使用、引导苏－27 和米格－29C 飞机打击空地目标等问题进行专题分析研究，从而提高了航空综合技术装备的作战效能，提高了前线航空兵在电子战条件下的作战能力。

组织部队进行远距离机动作战训练，提高部队机动作战能力　俄空军近年来不但组织大型飞机进行远距离机动作战训练，还组织小型作战飞机进行这种训练。前线航空兵从 1993 年 5 月起，将苏－24 歼击轰炸机部队远距离机动作战训练作为每年的例行训练，每年组织一次。这种远距离机动作战的特点：一是航程远，飞行距离在几千千米，飞行时间都在十几小时。如前线航空兵组织苏－24 歼击轰炸机远距离机动作战训练，飞行距离达 7000 千米。二是航线跨度大，横跨欧亚两洲。三是气象条件复杂，冬季训练时航线上多为雪天。四是机动转场中不带地勤维护人员，由当地地勤人员实施保障，飞行员具体组织。五是机动中途着陆停留和地面保障在夜间进行，以锻炼部队。六是在远距离机动作战飞行途中的靶场进行实弹射击。

精简、优化空军院校编成和结构，改进飞行学员的培训体制　1997 年俄空军院校开始优化、精简工作。经过精简后的新格局将是：以加加林空军学院为主，组建空军和防空军军事学院，培养中、高级指挥军官；以茹科夫斯基空军工程学院为主，组建茹科夫斯基军事技术大学，培养航空工程技术人员和其他学科科研人员；3 所培养航空专业人员的工程学校和 3 所培养飞行人员的航校（即卡钦航空学校，主要培训单座飞机飞行员；车里亚宾斯克航空学校，主要培训多座飞机飞行员和领航员；塞斯兰航空学校，主要培养直升机飞行员）。另外还有 1 所以培养航空兵作战指挥军官和外军飞行与技术人员的克拉斯诺达尔专科航空学校。

深化飞行学员培训体制的改革　由于俄空军缺少经费，燃油、零备件不足，使毕业学员的训练水平严重滑坡，航空兵部队因此要付出更多的时间、经费进行重复培训，影响部队整体作战能力的提高。据俄军方计算，一名飞行员如没有完成飞行训练大纲规定的 100 小时的教练机飞行时间，下一步用于其培训的经费将提高 70 万～200 万美元（视其驾驶的机型不同）甚至更多。为此，俄空军 1997 年在飞行学员培训上重点抓了以下几个方面工作：一是力争增加航校的油料配额，使其能达到 9%，使飞行学员能完成 L－39 教练机飞行大纲内容，基本完成训练大纲规定的训飞任务，以提高毕业飞行学员的质量。二是组织飞行学员飞完 L－39 教练机后，直接上苏－27 和米格－29 先进歼击机进行飞行训练，使飞行学员的培训变得“更有质量、更为经济”。俄军于 1997 年 6 月在卡钦高级航空学校组织一小批飞行学员，进行直飞苏－27 和米格－29 飞机的试点。三是用造价低、安装轻型发动机的教练机训练飞行学员，加快训练进度，提高训练效果，降低在作战飞机上的训练时间，形成轻型教练机—喷气教练机—作战飞机的飞行训练体制。

俄空军 1997 训练年训练工作存在的主要问题
(1) 未能完成年度飞行时间计划。俄空军由于 1997 年仍然被经费不到位，燃料、零备件供应不足所困扰，1997 训练年未完成年度计划的飞行时间，各部队仅完成年计划飞行时间的 35%，有些部队只完成了 20～28%。与 1996 训练年相比，总飞行时间减少 10%，飞行员人均飞行时间也低于 1996 年，仅为 22.16 小时。据昼夜飞行时间和气象条件两方面数据统计，飞行员训练水平与上一年相比下降了 8～32%。燃油供应不足是造成未完成年度飞行时间计划的主要原因，1997 训练年头两个月供应到俄空军各机场的燃油非常有限，其中大部分为补充的应急储备燃料，导致冬季训练期不能及时开飞。夏季训练期燃油供应不但没有好转，而且到 8 月中旬后燃油供应基本中断。

(2) 训练内容简化、训练强度低。由于物质保障和技术保障跟不上，俄空军部队在组织飞行战术训练中，不得不简化飞行战术训练内容。飞行战术演习常常是在飞行强度较低的情况下进行。经常参加演习的都是那些训练水平高、有足够飞行经验的一小部分机组，而大部分机组得不到锻炼。飞行训练中为让飞行员能多飞一些时间，常常减少复杂机动科目。夜间飞行科目和复杂气象飞行科目比重减小。对抗演练极少，即使是计划进行的双方对抗演习和演练，常常因为各种限制，而最后只能是在没有对抗、不与航空兵其他兵种协同的情况下进行。

(3) 新飞行员不足，老飞行员年龄偏大，飞行技术水平下降，新老飞行员的交替脱节。尽管俄空军在飞行员培训上做了许多工作，但由于困难重重，给飞行员培训工作带来很多问题。分配到航空兵部队的新飞行员在航校和训练中心训练不足，到部队后，由于燃油不足，年飞行时间更少，甚至有些新飞行员长期参加不了飞行训练，致使年轻飞行员的成长速度减慢。其次是部分老飞行员飞行时间减少，飞行技能下降。许多飞行员在某一级飞行等级上飞行多年，由于飞行时间不够而不能晋级。如某一航空兵团有15名1990年的三级飞行员至今晋升不了飞行等级。再就是歼击航空兵团基本战勤分队中训练有素的飞行员年龄普遍偏大，平均年龄大都在36岁，比经过科学论证的最高年龄大2岁。

资料来源：

俄罗斯1997年的《红星报》、《军队文集》等。

（董科军）

俄罗斯改革空军训练体制 《外国军事学术》1997年第11期董科军报道，俄罗斯空军1992年重新组建后，除完成部队编制体制等方面的改革外，十分重视空军部队的军事训练工作，把训练工作摆在重要的位置上。认为在军队建设中，军事训练工作与提高武器装备的质量具有同等重要的意义。为此，在继承前苏联空军好的训练体制和方法的基础上，对俄空军部队的训练体制进行了一系列改革，并且还在继续试点和改革，逐步理顺训练关系。

俄罗斯空军的军事训练由军事院校教育和部队训练两大部分组成。军事院校教育由空军总司令部军事院校部组织实施；部队训练由空军总司令部军事训练部组织实施。

俄空军的院校教育　俄罗斯空军目前有各类院校12所，其中飞行、领航院校5所。学院有：加加林空军学院、茹科夫斯基空军工程学院。飞行和领航学校有：卡恰高级军事航空歼击机飞行员学校、巴尔瑙尔和巴拉绍夫高级军事航空飞行员学校、克拉斯诺达尔高级航空学校（专业化）、车里雅宾斯克高级航空领航员学校。工程技术学校有：伊尔库斯克、坦波夫、沃罗涅日高级航空工程学校和阿钦斯克、彼德姆军事航空学校。

（一）初级飞行训练。俄罗斯空军成立了5所初级飞行航空学校，主要培训15～16岁的青年学员，学习内容为高中课程和初级航空知识，为高级航空学校培养后备航空人才。

（二）航校训练。从1993年起，空军飞行员和领航员高级军事航空学校飞行学员在校培训时间由4年改为5年，改变了飞行学员在航校不管能否成才都在昂贵的航空装备上进行3～4年飞行训练的做法。飞行学员在校的前3年半主要是理论学习：航空理论、文化课和体能训练，之后再进行飞行素质测试，经过筛选，最后1年半在教练机上进行不间断的驾驶技能飞行训练，主要是基本驾驶技术训练，飞行时间不超过200小时（而近几年学员实际飞行时间平均才达40～50小时）。这样做的好处是，在前3年半的时间里集中抓基础理论学习，使航空理论学得更扎实，增加了人文科学的学习，扩大了知识面，增加了飞行学员身体锻炼时间。在1年半实机飞行中集中时间抓飞行，并穿插理论学习，以理论巩固飞行。学员在航校学习期间不是按机种学习，而是按统一大纲施训，待学员毕业时，根据学员学习成绩和身体状况，再确定飞行的机种，等他们到航空兵训练中心后，立即开始按机种进行飞行训练。过去前苏联空军飞行学员在航校培训时间为4年，飞行学员从第2学年开始，就得用三分之一的时间去飞行，既保证不了航空理论学习，也保证不了飞行训练时间，而且飞行员一进航校就确定了所飞机种。

（三）俄空军院校教育的发展趋势。俄空军准备在2000年前后将飞行领航学校与空军学院合并，成立以加加林空军学院为主，包括各飞行领航学校在内的综合院校——空军指挥学院。学员在学院中头两年按统一的训练计划和大纲施训，学习内容与国家教育标准一致。两年后根据学员学习情况和身体状况确定谁去学飞行，谁去学领航，谁去学作战指挥。学飞行和领航专业的学员到学院的飞行中心边飞行边学习。

航空兵训练中心训练　俄空军在飞行学员从航校到战斗部队的培训过程中，增加了航空兵训练中心这一中间训练环节。飞行学员在航校毕业后，首先分到航空兵训练中心分机种进行定向训练，训练时间为10～11个月。主要进行单机驾驶技术、双机编队、作战方法训练（如夜航、实弹射击课目），使毕业学员掌握将来所飞机种，训练结束时获三级军事飞行员称号，分配到战斗部队的是基本上能完成战斗任务的飞行员。而前苏联空军飞行员培训中没有这一环节，飞行学员在航校就已确定飞什么飞机，毕业后直接分到战斗部队，在部队进行基本作战训练，这需要花费部队大量正常训练时间，给部队的战斗力带来影响。

部队训练　俄空军训练年度分为冬季训练期和夏季训练期。冬季训练期从上一年的12月1日起至当年4月30日结束，5月份进行考核；夏季训练期从6月1日起至10月31日结束，其中9、10月份进行全年考核和演习；11月为下一训练年度作准备。部队训练还可分为新飞行员训练和老飞行员训练两部分。目前，俄罗斯空军的战斗训练，将以有其他军种、兵团和部队参加的联合演习为主。

新飞行员训练主要是指那些经航空兵训练中心训练、已初步具备作战能力、分配到各作战部队的年青飞行员训练。这些飞行员由飞行团和飞行大队按训练大纲组织有针对性的提高训练和战术训练。俄空军飞行员训练已形成了由航校—航空兵训练中心—作战部队的 3 级培训体制。

老飞行员训练以战术训练为主，通过战术课目训练和演习，达到提高飞行技能和作战能力的目的。俄空军在组织部队战斗训练过程中，注意研究和吸收海湾空袭作战的经验教训，借鉴外国空军建设的经验，积极改革训练内容和训练方法。

俄空军训练体制发展趋势　俄空军根据俄军关于用 3 个阶段、在 6～8 年时间内把俄军建成一支全新武装力量的建军思想，在未来几年中，编制体制还将发生重大变化。一是在武装力量建设的第 3 阶段，空军在编制体制和作战任务上还将发生大的变化，势必引起训练体制和训练方法的调整。二是俄空军从 1994 年下半年起至 2000 年，航空兵部队逐步淘汰老旧式飞机，部队以装备第 4 代现代化作战飞机为主，这将导致训练体制、训练方法上发生变化。三是俄空军恢复了用初级航校培养飞行学员的做法，那些通过了身体检查和文化考核的青年都可入校学习。初级航校毕业生有 95%以上将进入空军高级航空学校学习。目前有 5 所初级航校已经开课，这将在飞行员培训体制上引起变化。将来俄空军的培训体制可能变为：初级航空学校—空军指挥学院（学院飞行中心）—航空兵训练中心—作战部队这种模式。

（国　力）

空军前线航空兵组织实施远距离机动转场飞行训练　据俄《红星报》1998 年 1 月 4 日报道，俄空军前线航空兵在 1998 年新年前夕，组织苏－24 歼击轰炸机进行远距离机动转场飞行训练。6 架苏－24MP 歼击轰炸机参加了转场飞行。转场航线为：沃兹扎耶夫卡—吉达—卡缅—（乌拉尔）卡缅斯克—沃罗涅日—西维尔斯卡娅—蒙切尔斯克。此次远距离机动转场飞行训练的特点是：航程远，飞行距离约 3000 千米；气象条件复杂，航线上多为冬季雪天；中途着陆和地面保障在夜间进行。转场飞行时间为 3 个飞行日，总飞行时间约 15 小时。在整个转场机动中飞行员都是在没有技术维护人员的帮助下，在模拟近似实战条件下独自完成飞行前和飞行后准备工作的。转场中空军中央指挥所及时向途中各级指挥所通报了情况。

前线航空兵组织远距离转场机动飞行训练始于 1993 年 5 月。当时在空军司令部的直接指挥下，前线航空兵的 10 架苏－24 歼击轰炸机参加了往返沃罗涅日—吉达的远距离转场机动飞行。飞行距离 7670 千米，飞行时间 9 小时 30 分，并在转场机动途中的靶场进行了实弹射击。

空军远程航空兵部队进行巡航导弹实弹射击　据俄《红星报》1997 年 10 月 4 日报道，俄空军远程航空兵部队的图－22M3、图－95MC 和图－160 战略轰炸机，在俄军 10 月份组织的首长司令部战略演习的后阶段，实施了巡航导弹实弹射击，成绩优秀。俄空军总司令杰伊涅金将军称赞参演机组具有良好的训练素质。

空军改组军事教育机构　据俄《红星报》1997 年 3 月 21 日报道，鉴于培养航空干部任务的重要和空军院校教学保障工作的日益复杂，最近，经研究决定对负责指导空军学院、航空学校、普通初级飞行训练学校和地方高校中的军事教研室的教学工作的空军军事教育局进行改编，将其由局降格为处，同时增设一名空军总司令军事教育助理，以取代原军事教育局局长。改编后的军事教育处，将在空军总司令军事教育助理的领导下独立行使职能。

（董科军）

俄罗斯空军首次披露飞行事故率　据俄罗斯《红星报》1997 年 2 月 27 日报道，俄空军军事委员会不久前召开会议，主要议题是研究空军飞行安全问题。据称，从 1992 年起，俄空军飞行事故有逐年下降的趋势，严重飞行事故万时率，从 1992 年的 0.41 下降到 1995 年的 0.173。但 1996 年发生了 9 起严重飞行事故，亡 56 人，万时率回升到 0.375。这 9 起事故都是由飞行员的错误造成的。造成这种状况的主要原因是，经费急剧削减，燃料、零备件等供应严重不足，致使飞行训练时间太少。例如，按规定，航校飞行学员训飞时间应为 220 小时，但 1996 年仅为 110～120 小时。1992～1995 年毕业分往部队的学员还有 58%根本就从未飞行，1996 年毕业的学员也将面临同样的命运。这次会议决定，为了使飞行员掌握战斗训练课程内容，并保持所需的飞行安全水平，1997 年必须增加飞行时间。

（吴良全）

调整和改革院校教育　俄军亚历山大·加尔曼诺夫少将在俄《方向标》1996 年第 7 期上撰文称，俄罗斯军事院校的改革始于独立后的 1992 年，5 年来俄军压缩了军事院校的规模，在国家教育改革的总体框架内调整了军事教育结构，在一定程度上恢复了军事教育体系。但俄军院校教育仍存在着许多弊端。为适应 21 世纪俄军建设的需要，俄军必须对院校教育进行进一步调整与改革。

恢复军事教育体系　俄军在过去的 5 年中基本恢复了军事教育体系。原苏军曾拥有 166 所军事院校，其中 50 所位于俄罗斯境外，它们为部队培养 53 个专业的军官。苏联解体后，俄军采取了一系列的补救措施，在院校布局和规模的优化方面迈出了第 1 步。目前其数量已由 116 所压缩到 102 所，其中包括：17 所军事学院，1 所高等军事学院，4 所军事专科学院和隶属于地方大学的 6 个军事系，71 所高等军事学校以及 3 所中等军事学校，共设 461 个专业和 242 个专科，有教员 2.25 万人。其中科学博士 980 名，科学副博士近 9500 名。学员近 12.5 万人。另外，俄军院校还为俄罗斯其他 16 个部门、独联体各国以及其他国家培养 8500 名学生。

改革军事教育的结构 俄高等军事教育的结构以及军队是否有必要培养学士和硕士等问题，在俄武装力量各军、兵种教育管理机关以及各军事院校引起了激烈争论。一方面，人们对初级军官是否有必要接受高等教育的问题提出质疑。另一方面，人们建议在某些军事院校实行俄罗斯高等教育体系未作规定的 4 级和 5 级高等教育体制。那么，在改革进程中，俄军教育到底应采取什么样的结构呢？根据俄国防部长的命令，军事教育的基础是培养持有 3 级完整高等教育毕业文凭的人才。俄军院校的学员同样也要接受 3 级教育，不过这种教育对他们来说是全新的指挥专业教育。

与此同时，俄军不仅必须保持、而且还应增加中等军事职业人才的培养数量。首先涉及的是那些由于某些原因未能从高等军事学校毕业、但希望成为军官的学员，应该让他们有机会接受中等职业教育或不完全高等教育，并根据有关军事专业的需要为其提供良好的实践培训。

同时也要对取得 2 级高等教育“学士”学位的军官，进行某些方向的培训。工程技术学院建议，应对那些接受过 6 年制大纲教育的学员进一步培训，使其取得硕士学位。这一建议得到了采纳。采取 3 级高等教育体制的学校培养的毕业生，也可以担任军官，但这些学校主要应为科研工作定向培养人才。

对俄军来说，采取 4 级和 5 级教育未必合适。即使是俄联邦总统下属的国家行政学院的学员接受的也仅仅是 3 级教育体系中的第 2 级教育。谁也不要求他们具备特殊的教育水准，也没人要求重新审议现行的教育法。

克服制约军事院校改革的因素 俄军院校改革虽然成绩不少，但并非畅通无阻，还有很多严重制约改革进程的因素。这些因素是：（一）资金有限。要想实行良好的教育必须有巨额的经费投入，军事教育则费用更高。为把军事教育的质量提到一个应有的水平，必须有组织地采取一整套措施，其中包括组织措施、法律措施、财政措施和干部措施。这其中的每一步都离不开钱。目前俄国内经济状况和军队的财政现状是制约俄院校改革的首要因素。俄高等军事院校的经费已明显不足，资金短缺将导致改革的停滞，导致上述计划的破产和人们对改革的不满。这势必影响军官的培养质量。例如，空军飞行学校的学员平均飞行时间只能保证最低飞行时限的 28～60%。另外，由于资金限制，目前俄军院校几乎得不到新型武器和军事技术、实验室设备和靶场设备，也缺乏足够的计算机和电子仪器。

（二）人才流失严重。教育质量的提高不仅仅依赖于较好的物质基础，更主要的是依赖于各院校现有教员队伍的专业化水平。在过去 5 年间，俄军流失了大量的军事学者，这大大降低了军事院校的科研教学潜力。这一现象目前仍在继续。同时也说明军事院校的一体化工作势在必行。俄军院校教员流失的原因：一是对工资报酬不满。例如，俄其他强力部门所属的院校中军事教员的工资要高一些。因此，从俄军院校向俄边防军军事学院流失了 80 多名军事教员。不过最主要的原因是，俄现行法律规定，军事教员的退休年龄为 45～50 岁，这对于教员来说是最出成果的年龄。靠博士生和硕士生的补充是无法弥补师资队伍的减少的。从俄军院校流失的不仅有教员，还有 2、3 年级的学员。而且这已不是个别现象。其原因是有些年轻人上军校的目的是为了逃避到部队服役。他们在军校学习 2～3 年，不等拿到毕业文凭，便退役转到地方大学继续学习。俄军院校教员和学员流失的另一个原因是，有时候他们无法安下心来在军校里认真教课和上课。最近这一现象越来越频繁，有的是为收割庄稼，有的是为协助警察巡街，有的是为保护各种设施。例如，1995 年夏天，莫斯科卫戍区的各军事院校由于上述原因，中断了学员的考试、假期、社会实践和实习。1994/1995 冬季学期，课程被延误 1 个半月。教学活动中的这种无序状况，降低了军事教育的质量，破坏了军事院校的威信。

利用现有条件，振兴军事院校 在目前的经济状况下，提高俄军教育质量的首要任务是优化军事院校的布局和规模，使其符合武装力量新的结构要求和数量要求。为此，必须进一步裁减军事院校数量。但关键在于减多少，减哪些，优化军事教育体系应遵循哪些基本原则。俄国防部和总参谋部目前都在研究这些课题。不可能在一夜之间裁掉一大批院校。在武装力量的军官补充状况尚未稳定下来之前，俄不会把优化军事院校布局的工作同缩小院校规模的工作同时进行。这样就造成了一个矛盾的局面：一方面，俄军校毕业生的数量不能减少；另一方面，又不能既维持过去的院校数量，又不降低军官培养的质量。要解决这一矛盾，必须加强武装力量各军、兵种现有的军事院校并实现一体化，在未来建立若干可容纳 3000～5000 名学员的大型教学科研中心。各军种军事院校实现一体化，可以避免在军官培养中隶属于不同部门的各院校重复设置相同专业的现象，从而有效节省资金。

（习　钟）

军事演习　**海军演习综述**　随着1996年俄罗斯新的“现实遏制”战略的出台以及1997年俄罗斯新的军事改革计划的制定，俄罗斯海军的任务发生了某些变化，其军事演习也呈现出与以往不同的特点。

继续贯彻“近海防御”的作战指导思想，逐步完善近海防御作战理论　80年代中期开始，原苏海军逐步放弃了“远洋进攻”而奉行“近海防御”的作战指导思想。90年代初，苏联解体后，俄罗斯海军继承了这一作战指导思想，演习活动大都集中在近海。1997年，俄罗斯海军继续贯彻其“近海防御”的作战思想。尽管演习规模和以往相比相对增大，但是从演习的区域看，均集中在近海，距离本土一般不超过200海里。太平洋舰队的演习活动主要集中在日本海中北部、鄂霍次克海以及彼得罗巴甫洛夫斯克东南海域；北方舰队的演习则主要集中在巴伦支海南部、新地岛以西海域；波罗的海舰队的演习活动则集中在波罗的海南部，加里宁格勒外海等；黑海舰队的演习则主要集中在塞瓦斯托波尔外海至亚速海一线。由此可以看出，1997年俄罗斯海军的演习活动一方面依然奉行“近海防御”的作战指导思想，另一方面在演习中也十分注重完善其近海防御的作战理论。90年代初期，俄罗斯海军提出了“全方位机动”近海防御理论。1996年罗季奥诺夫升任国防部长，受其思想影响，海军在“全方位机动”近海防御理论的基础上，更加强调攻防的积极性、主动性和机动性。以1997年太平洋舰队举行的演习为例，不仅十分注重各种新型武器（尤其是高技术武器）的使用，而且强调先敌攻击的主动性和高强度、大纵深的打击行动。

以首长司令部演习为主要形式，进一步强化指挥机构的职能　随着俄海军对各种演习形式的不断摸索，到1997年，首长司令部演习已成为俄罗斯海军的主要演习形式，不仅包括司令部图上作业、各种锚地集训，而且包括各种实兵演习，这种演习的特点就是舰船出动量大、集中，便于后勤保障、节约经费。年内，各舰队均不同程度地完成了多次首长司令部演习；其中，波罗的海舰队8月下旬，在司令叶戈罗夫海军中将的率领下，共出动80余艘舰船、30余架飞机举行了近年来最大规模的一次首长司令部实兵演习。首长司令部演习的另外一个突出优点就是能锻炼提高指挥机构人员的军事指挥水平。近年来，随着人才大量流失，俄罗斯海军各级司令部指挥能力逐步下降，因此，俄海军十分注重通过首长司令部演习，全面提高指挥机构的职能，以期培养各级司令部的作战指挥人才。

十分重视战略核力量的演习，保持稳定的战备状态　1997年，受俄军事战略调整的影响，作为俄战略核力量重要组成部分之一的海军核潜艇部队，十分重视演习活动，以保持稳定的战备状态。太平洋舰队和北方舰队，年内分别完成了几次由鄂霍次克海向巴伦支海和由巴伦支海向鄂霍次克海发射洲际弹道导弹的演习。在演习中，一般由舰队司令亲自指挥，国防部部分官员（包括国防部长）有时亲临现场观看，显示出对核潜艇部队演习的重视。此外，太平洋舰队和北方舰队在大规模的战术演习中，一般都有核潜艇参演，操演的科目主要包括：核潜艇快速攻袭、保护核潜艇进入发射阵位等。

采取谨慎态度，保持与外军的联合演习　1997年，是北约加紧东扩动作最大的一年。一向热衷于积极参加周边地区军事活动的俄罗斯却一反常态，仅是在6月14～22日参加了位于波罗的海举行的由13国参加的年度例行性“巴尔托波斯97”联合演习；和往年相比，与北约的联合演习明显减少。从某个侧面反应出俄罗斯在日渐丧失战略地位主动权的今天，与北约之间合作、摩擦二者并存的微妙关系。但另一方面，在欧洲，俄对与非北约国家举行联合演习却表现出浓厚的兴趣。尤其是对原苏联加盟共和国的乌克兰。6月份，俄乌关于黑海舰队划分基本得到解决；10月底，两国在黑海举行了“和平航道97”演习，参演兵力包括39艘各型舰船、10架飞机、15000人。这也是双方举行的最大规模的一次演习。在亚太，俄太平洋舰队利用舰艇互访，举行联合演习，进一步加强双边军事合作关系，尤其是俄与日本，6月底，俄太平洋舰队首次派出大型反潜航母“维诺格拉多夫”号赴日访问，并与日舰“白根”号首次举行联合演习。

（史　强）

海军北方舰队在巴伦支海举行战术演习　据俄《海军文集》1997年第2期报道：俄海军北方舰队在司令叶罗费耶夫海军上将的指挥下，在巴伦支海举行了观摩性战术演习，舰队所属部队指挥人员参观了演习。演习过程中，斯米尔诺夫中校指挥的战略核潜艇在水下成功发射了一枚洲际导弹，导弹弹头仅在很短的时间内即击中战斗训练场的预定目标。这是新年度北方舰队首次进行导弹发射，其发射结果表明：尽管存在许多困难，舰队的海上战略核力量仍保持了应有的战备水平。

海军太平洋舰队举行对抗性战术演习　据俄《海军文集》1997年第3期报道：俄海军太平洋舰队举行了双方对抗性战术演习并对指挥人员进行演习集

训。在数天的演习过程中舰艇、编队、参谋部的指挥人员深入研究军事理论，对现有条件下如何保持战备水平交流思想和经验，讨论了军官队伍的建设问题，分析加强舰队优势的可能性措施。演习最后阶段，详细总结海上演习过程中参演兵力的行动问题。舰队司令库罗耶多夫海军上将在总结时指出：尽管存在尽人皆知的困难，但舰队有责任保持应有的战斗力，保护军官队伍，提高他们的职业水平，全力保持国家和军队的实力。

海军太平洋舰队举行诸兵种联合演习　据俄《海军文集》第4期报道：1997年3月，俄海军太平洋舰队在司令库罗耶多夫海军上将的指挥下，在舰队管辖区内举行了大规模诸兵种联合演习。参演兵力包括：数十艘各型水面舰艇、核潜艇、柴油机潜艇、辅助舰船，数十架飞机、直升机，海军陆战队，海岸火箭炮兵部队，参谋部和指挥机构也参加了演习。演习主要操演了诸兵种的各种技能，提高了对兵力和指挥机构的训练水平，同时还举行了一系列联合演习，对100多个作战项目进行了演练，其中包括海军总司令锦旗竞赛科目。

海军波罗的海舰队举行出海集训　据俄《海军文集》第5期报道：1997年4月21～30日，俄海军波罗的海舰队举行由40艘舰船参加的出海集训。出航期间举行10次战术性、考核性演习和首长司令部演习，共完成15项航行任务。在舰队航空兵的支援下共完成50多项作战项目，其中9次深水爆炸，5次导弹发射，20余次对空、对舰火炮射击，13次水雷提放与销毁。海洋侦查船“贸易风”号和“间歇喷泉”号首先进行火炮齐射，摧毁了向其飞行的导弹靶标。出航期间还举行了海上登陆兵登陆演习。

海军北方舰队举行诸兵种联合演习　据俄《海军文集》1997年第5、11期报道：1997年4月14～25日，俄海军北方舰队在司令叶罗费耶夫海军上将的指挥下，举行大规模诸兵种联合演习，目的在于检验舰队冬季训练水平。参演兵力包括：22艘水面舰船，22艘潜艇，17艘保障舰，20多个岸防部队，另外反潜航空兵和舰载航空兵也参加了演习。

复杂的水文气象条件使最初的演习构想有所改变，但并未影响演习兵力展示高超的职业技能和协调一致性，共进行800多个演习项目，其中40多次导弹发射，80多次火炮射击，120多次鱼雷发射，数十次深水炸弹、水雷提放。在统一的战役、战术背景下，舰队诸兵种演习了当敌人空中进攻驻泊地、基地和科拉米岛设施时的反击方法。

1997年10月9～11日，俄北方舰队在海军作训副司令A·戈尔布诺夫海军上将指挥下，举行了诸兵种联合演习。演习过程中，检查了潜艇和扫雷舰编队的水雷、抗水雷训练情况；几艘护卫舰组成的舰艇搜索突击群进行了搜索和演练性攻击；潜艇则避开舰艇搜索突击群，进行演练性鱼雷发射。此次演习还操演了一些海军总司令锦旗竞赛科目。

海军北方舰队举行代号“斑鳟”的诸兵种联合演习　据俄《海军文集》1997年第6期和《红星报》1997年6月5日报道：1997年1月5日，俄海军北方舰队举行代号为“斑鳟”的诸兵种联合演习。此次演习有17艘水面舰船、15艘潜艇、6艘后勤保障舰和数十架飞机、直升机参加。参观演习的总参科学院教授、学员评价了参演舰船的武备效力和舰员的职业水平及兵力指挥水平。演习过程中进行了导弹发射、鱼雷发射、火炮射击、海上登陆和海上救援。

北方舰队司令叶罗费耶夫海军上将对演习总体上表示满意，唯一遗憾的是，由于物质条件的限制，尤其是油料有限，使计划中的观摩科目并未全部实施。舰队水面舰艇的油料限额只占需要量的16%，这样的限额甚至很难保证停泊用油，舰队航空兵只获得8%的油料，根本无法保持飞行员的飞行技能。

海军黑海舰队举行军事演习　据俄《红星报》1997年4月17日报道：1997年4月15～25日，俄海军黑海舰队在司令克拉夫钦克海军上将的指挥下，举行一次大规模军事演习。参加这次演习的兵力有50多艘战舰和辅助舰船、舰队航空兵战斗机和作战直升机、岸防部队和诺沃罗西斯克海军3艘基地扫雷舰、乌克兰海军旗舰“盖特曼·弓箭”号及小型反潜舰“卢茨克”号。参加这次演习的还有5000名士兵及500多种战斗装备，共完成160多项操演任务。主要科目有排布雷、兵力集结、展开、舰炮射击、搜潜、攻潜等。

海军太平洋舰队举行海上登陆演习　据俄《海军文集》1997年第6期报道：1997年4月22～25日，扎夫涅尔奇克上校指挥的俄太平洋舰队海军陆战队举行海上登陆演习。此次演习的主要特点是夜间登陆，但这一复杂条件并未难倒太平洋舰队的陆战队员，他们出色地完成了指挥部下达的任务。

海军波罗的海舰队举行诸兵种联合演习　据俄《海军文集》1997年第8期报道：1997年7月，俄海军波罗的海舰队举行为期一周的诸兵种联合演习。20余艘水面舰艇和3艘潜艇演习了各种作战科目，其中包括舰炮实弹射击。演习过程中进行了对空、对舰射击、水雷提放、深水爆破等科目，但演习最关键的阶段是在训练区举行海上登陆，3艘大型登陆舰、2艘汽垫船（“祖布尔”号、“杰依拉恩”号）和另外3艘登陆舰，仅数分钟就将14辆装甲车和全体海军陆战队员输送上岸，波罗的海舰队第一副司令B·瓦鲁叶夫海军中将评价说：参加登陆的诸兵种表现都很出色。

同一天，波罗的海舰队3艘小型反潜舰执行了搜潜任务。之后，护卫舰“友谊”号、“不屈”号、“不惧”号、“热情”号继续追捕潜艇，它们不仅与潜艇建立了水声接触，而且进行了深水炸弹投放演习，还布置水雷障碍并向水上、空中目标射击，潜艇向水面目标发射鱼雷。这一在炎热的夏季举行的演习证明：在改革大潮中，波罗的海舰队仍保持应有的战备水平并能完成赋予的各项任务。

海军太平洋舰队举行海上考核性战术演习 据俄《海军文集》1997年第10期报道：俄海军太平洋舰队在司令扎哈连科中将的率领下，于1997年8月18日～9月5日在鄂霍茨克海和日本海举行了以发生武装冲突为背景的海上考核性战术演习。此次演习具有明显的防御性质，设定的假想敌侵占了俄罗斯领土，而太平洋舰队官兵采取各种行动恢复领土完整。根据这一设想，演习在不同地区分阶段进行。参演兵力包括：70余艘水面舰船、潜艇及辅助舰船，30余架飞机、直升机，另外岸防部队和海军陆战队也参加了演习，共演练200多个科目。俄太平洋舰队司令扎哈连科中将认为：演习的主要成绩在于“在改革与经费不足的严峻形势下，演习使官兵感受到自己作为祖国保卫者的重要性，”并获得了“丰富的实践经验，增强了信心。”

俄联邦武装力量举行“多面堡97”战略首长司令部演习 据俄《红星报》1997年10月4日报道：1997年9月30日～10月16日，俄联邦武装力量在国防部长谢尔盖耶夫的指挥下，举行了大规模“多面堡97”战略首长司令部演习。目的在于检验各军、兵种的战备水平。俄海军北方舰队1艘D－Ⅰ级、太平洋舰队2艘D－Ⅲ级核动力弹道导弹潜艇，在国防部长的亲自指挥下，于10月3日在鄂霍茨克海和巴伦支海区，成功地完成了水下发射弹道导弹的任务。

俄海军参加“巴尔托波斯97”联合演习 据俄《海军文集》1997年第7期报道：1997年6月12～22日，美国和东波罗的海国家海军举行了“巴尔托波斯97”联合演习，俄罗斯海军派遣驱逐舰“动荡”号参加了此次演习。演习的主要目的是演练北约联合海军和东波罗的海国家海军在执行海上维持与搜救任务中的联合行动，共有50艘舰船、辅助舰船参加演习，其中包括2艘潜艇。参演舰船比“巴尔托波斯96”演习少5艘。此外，来自13个国家的战术航空兵飞机和海岸巡逻航空兵飞机，岸基直升机和舰载直升机也参加了演习。13个参演国中，有6个北约成员国、7个非北约成员国。

（张 燕）

日本自卫队军事训练

陆上自卫队训练综述 1997年，日本陆上自卫队继续坚持“少而精”的建军原则，贯彻平时以教育训练为中心的方针，在合理编排训练计划的同时，通过增加训练经费，保证部队的正常训练。继1996年又恢复了9个炮兵营的远距离射击训练。通过严格施训，官兵的军事素质和部队的现代的训练水平进一步提高。

运用高新技术装备施训，造就精强的部队 按照新《防卫计划大纲》提出的要求，日本陆上自卫队正以“合理、高效、精干”的原则建设部队。为培养出高素质的军人和造就精强的部队，1997年，日本陆上自卫队继续加强具有现代水平的“机动训练中心”的建设，为该训练中心增加了可供1个连训练的现代化训练装备，并为作战部队装备了3套轻兵器射击评价系统，运用先进的训练装备开展训练。1997年，第1导弹旅首次在无人驾驶侦察机配合下进行情报、作战一体化训练；步兵师、团等作战单位普遍运用训练评价支援中心方式（TESC方式）和训练评价支援系统方式（VSS方式）进行训练。TESC方式的特点：能够将部队的整个训练情况收入摄像机内，并将部队损耗数据输入电子计算机。训练结束后，通过电子计算机画面能够清楚地再现部队的训练情况和射击状况，以此对作战部队和每个战斗员作出正确的评价。科学的训练方式，使部队更加精强。

加强机动训练，提高部队应急作战能力 为了应付日本周边可能出现的各种紧急事态，陆上自卫队十分重视提高部队的机动作战能力，在努力建设快速机动部队的同时，强化部队的机动作战训练。1997年，陆上自卫队将第8步兵师改编为机动师，并于6～7月实施了以第10步兵师为主的“北方机动特别演习”，重点演练了当北海道地区发生紧急事态时，驻本州以南地区部队实施快速立体机动支援作战的能力。团以下作战部队的小规模快速机动训练，大部分是在想定突然出现紧急事态的情况下进行。另外反坦克直升机部队的联合编队机动训练十分突出。1997年元旦过后，各军反坦克直升机队均展开了各种形式的综合编队机动训练。在1月份的训练中，各军出动的AH－IS反坦克直升机等各型飞机达350余架，其规模之大，胜过往年。1月6日，北部军实施的反坦克直升机部队综合编队机动训练，除16架AH－IS反坦克直升机参加外，还有UH－I、OH－6、V－107型机参加，共出动飞机37架，体现了训练的综合机动性。在1月7日东部军实施的反坦克直升机综合编队机动训练时，东部军军长藤绳佑尔乘机视察了

训练，并在空中激励参训部队说："为了快速机动地应付各种事态，要严格训练，以不辜负国民的期望。"

强化岸舰导弹部队训练，提高抗登陆作战能力 1997年，日本陆上自卫队继续强化SSM-1地对舰导弹部队的训练，以提高部队的抗登陆作战能力，逐步实现由"内陆持久"向"早期击破"、"水际歼敌"战略转变。SSM-1地对舰导弹能从内陆发射，具有贴地面飞行、爬山入谷和命中精度高等特点，是陆上自卫队实施水际打击的主要兵器。因此，近年来在训练经费不足的情况下，日本陆上自卫队仍不断强化地对舰导弹部队的训练。1997年，地对舰导弹部队在国内的训练达10余次。训练内容主要包括发射准备、对舰射击等。为加强实战演练，10月中旬～11月上旬，日本陆上自卫队派遣了第1、2、3、4地对舰导弹团和导弹教导队，前往美国加利福尼亚州穆古角美海军导弹中心，实施年度实弹射击训练。另外，为提高防空导弹部队的实战能力，9月上旬～11月中旬，还从各"霍克"防空导弹群和导弹教导队中抽出17个导弹连，赴美国新墨西哥州麦克格雷高尔射击场实施"年度实弹射击训练"。每个连训练时间为6天。

实施雪地训练，提高日美在严寒地区联合作战能力 为提高日美陆军在日本的严寒地区联合作战的能力，根据陆上自卫队参谋部1997年度主要训练计划要求，2～3月，北部军和东北部军分别与美国陆军和美国海军陆战队实施联合雪地实兵训练。其训练特点：一是规模扩大。如2月25日～3月11日，北部军第11步兵师与美国陆军第25轻型步兵师，在日本北海道大演习场和真驹内驻地实施的联合雪地实兵训练，参训部队共计1150人，比1995年增加170人。二是训练内容增加。训练分准备训练、机能训练和综合训练3个阶段进行。除正常演练日美陆军采取联合行动时的各级指挥人员之间，以及部队之间的相互配合要领外，更加突出战术战法和进攻战的演练。三是突出立体性。训练中不仅有陆上自卫队飞机参加，而且日本航空自卫队和美国空军也派飞机参加，训练朝着多军种、立体化方向发展。

扩大赴美训练规模，提高坦克、反坦克部队的实战水平 为了最大限度发挥坦克部队和反坦克部队的装备在实战中的作用，解决日本国内演习场无法进行的训练科目问题，1997年，日本陆上自卫队继续派遣坦克部队和反坦克部队赴美国实施年度射击训练。1997年度的训练，由东部军负责实施，于9月14～21日在美国华盛顿州亚基马训练中心进行。参训部队有：第71坦克团、第2反坦克直升机队和第6、9反坦克队。出动4辆90型新式坦克、4架AH-1S反坦克直升机、1架OH-6D型观测直升机、1架UH-1H型多用途直升机和8套79型反舟艇、反坦克导弹发射装置。坦克部队实施了目标射击、行进间射击、夜间射击，同时对多个目标射击和小队战斗射击等训练。反坦克导弹部队实施了远程射击、目标移动射击、高角度射击等训练。反坦克直升机部队实施了移动目标射击、前进射击、悬停射击和隐蔽射击等训练。在训练内容上，增加了90型坦克的斜行射击和夜间射击训练科目。在规模上，增加了1个反坦克导弹小队（装备4套79型反舟艇、反坦克导弹发射装置），整个参训部队由1996年的230人增至280人。

资料来源：

①日本《防卫白皮书》1997年版；

②日本《朝云》1997年1～12月；

③日本《防卫日报》1997年1～12月。

（张洲军）

海上自卫队训练　综述 1997年，日本海上自卫队按年度训练计划共实施大小各类训练上百次，其中较大规模的海上训练31次。在较大规模训练中，反潜训练5次，扫布雷训练4次，远航和外洋练习航海活动3次，护卫舰队正规化集训1次，派舰机赴美国训练3次，利用外国舰艇访日时机举行的双边训练14次，海上大阅兵1次，共计参训舰艇198艘次（驱护舰123艘次，潜艇24艘次，其他51艘次），飞机110架次（不含舰载直升机）。与往年训练相比较，1997年的训练主要特点是：

做法上开始吸取美海军训练经验 针对以"宙斯盾"驱逐舰为代表的高新技术及装备的逐渐增多，为加强训练指导，提高训练成效，海上自卫队开始吸取美海军训练方法和经验。新年伊始，海上自卫队参谋部首先向舰艇部队发出"训练不要停留在原来的部署和水平上，要加强对新装备的训练与指导"的指示，密切协同护卫舰队与专门的施训部队"开发指导队群"的关系，重新评估水面舰艇部队训练指导体制。5月，海上自卫队参谋部指示开发指导队群成立"水面舰艇训练研究会"；翻译出版了美国海军的包括"人员合格标准"等16种训练手册在内的舰队演习出版物，发到"金刚"号等"宙斯盾"驱逐舰上，并从海上训练指导队、诱导武器教育训练队和战术训练装置运用队中选拔指挥人员到美海军"宙斯盾"军舰上调研训练指导，再集中各舰艇主官到"金刚"号上由上述人员集训，统一思想和作法，然后在新服役的多用途驱逐舰"村雨"号上，进行7～10天的程序业务训练。在此基础上，护卫舰队确立了新的训练周期、单舰训练管理与海上训练指导队的训练指导一元化的训练指导体制。8月，美太平洋舰队司令访问日联合舰队时，双方正式达成日方吸取美海军训练方式的协

议。10月，日海上自卫队开始在横须贺和佐世保舰艇部队全面推广这一经验，以提高担负一线作战任务的水面舰艇部队能遂行任何任务。

内容上突出了清扫实雷训练　1997年训练中，海上自卫队突出了清扫实雷的训练。在4次大规模扫布雷训练中，海上自卫队独自实施了2次，这是前所未有的。特别是3月份刚服役的扫雷供应舰“浦贺”号（5650吨）和扫雷直升机部队——第111航空队联合进行舰机协同扫实雷训练，填补了这方面的空白。舰机联合清扫实雷训练，共进行两次，一次是7月1日，“浦贺”号和2架MH-53E扫雷直升机在硫黄岛海域联合实施；另一次是7月21日，“浦贺”号与3架MH-53E扫雷直升机在北海道的陆奥湾共同进行。这是迄今所进行的最为逼真的扫雷训练，目的是为当年年底进行的年度演习作最后的准备，同时也是1995年6月1架扫雷直升机坠毁、扫雷直升机部队停飞3年后，首次恢复直升机扫雷训练。两次训练中，扫雷直升机首先在“浦贺”号上进行起降训练，然后拖带航空磁雷和音响水雷扫雷工具在扫雷舰艇配合和保障下，实施清扫实雷训练。其中在陆奥湾的训练，扫雷直升机是事前由岩国机场转场大凑航空基地的。日本海上自卫队此举，揭开了战后海上自卫队舰机一体化扫雷的序幕，表明海上自卫队扫雷装备和扫雷能力进入一个新的阶段。

形式上重视双边训练和远航训练　1997年训练，从形式上看，双边训练和远航训练占有相当比重。其中双边训练，以日美联合训练为主，共进行7次。日方参训舰艇66艘次，飞机40余架次；美方参训舰艇20艘次，其中航母2艘次。此外，全年共有英、澳、德、俄、巴西等13个国家25艘舰只访问日本，日方借机与其实施了13次双边训练，参训舰艇43艘次，主要训练科目有反潜、防空、战术机动、反水面作战及通信等。这是日本海上自卫队为扩大政治影响，学习其他国家海军战术而开展双边训练以来，训练次数和参训舰艇最多的一年。

1997年，海上自卫队共实施各类远航活动3次。一次是由教练舰和多用途驱逐舰各1艘组成的远航编队，先后访问了北美和南美7国11个港口；一次是由1艘直升机驱逐舰和3艘多用途驱逐舰组成的编队，访问了印尼和马来西亚2个港口；另一次是由2艘护卫舰和1艘潜艇组成的编队，出访了关岛和菲律宾2个港口。由于后两次远航比第1次世界性的远航时间短、航距小，海上自卫队称其为“小远航活动”，但同样都思想重视、精心组织实施。

教育训练上进行体制改革　由于联合国维和任务要求陆海空自卫队人员能相互协调，担负对方的任务，自1997年起，海上自卫队教育训练体制开始改革。3月27日，海上自卫队军官学校首次招收航空和陆上自卫队学员入学；4月2日，陆上和航空自卫队军官学校也分别招收海空和陆海自卫队学员入校学习。截止7月，共有7名海空自卫队军官学员进入对方军官学校，主要学习指挥参谋课程和高级军官课程。海上自卫队此举，主要是鉴于复杂的国际形势变化，需要培养一批除本军种外也能了解掌握其他军种防卫战略、战术，视野开阔的军事人才，以适应日趋增多的维和任务的需要。海上自卫队决定，今后每年都要招收陆空自卫队人员，也派出人员进对方院校学习，并决定舰艇远航时吸收少量陆空人员上舰参与活动。

重视舰艇部队正规化集训　为适应现代化战争要求，促进1997年度部队训练工作开展，4月6～18日，海上自卫队在吴港和四国以南海域举行护卫舰队正规化集训，护卫舰队舰只除个别的在修外，计有29艘舰只、5000余人参加集训。集训采用理论授课、现场检查、经验交流、表彰奖励及海上演练等方式进行，主要目的是检查评比上年度（1996年4月1日～1997年3月31日）业务及训练计划实施情况，表扬先进，部署1997年度（1997年4月1日～1998年3月31日）训练计划与主要业务工作。集训分两个阶段实施：4月6～11日，为海上训练和演练，主要科目有火炮射击、编队航行、舰载直升机起降、海上机动、反潜、海上补给等；4月12～18日为停泊训练，参训舰艇全部集结吴港，进行训练小结。除护卫舰队外，海洋业务群及各部队年内也都分头进行了正规化集训。

举行大规模的海上阅兵活动　为炫耀实力，鼓舞士气，1997年10月26日，海上自卫队在相模湾举行大规模海上阅兵活动，参训舰艇46艘、飞机48架、人员7000人。阅兵活动由联合舰队司令任总指挥。日本自卫队最高统率桥本首相参加检阅，陪同检阅的有：防卫厅长官、政务和事务次官、参联会主席、陆海空自卫队参谋长、参众两院议员及历任海上自卫队参谋长。海上阅兵式在东西长22千米、南北宽7.4千米的海面上进行，各编队舰只间隔720米、以12节航速行进。受阅后实施训练展示活动，主要演练了舰炮射击、反潜深弹发射、潜艇紧急下潜和上浮、舰载直升机和水上飞机起降及P-3C型机投掷深水炸弹等。这是日本自卫队1996年决定“中央阅兵式”由陆海空自卫队各自举行改为3家轮流进行以后的第2次阅兵活动，也是海上自卫队在实行新的做法后，首次举办的海上阅兵活动，参训舰艇超过了1994年的45艘。

参考资料：
①日本《世界舰船》1997 年 3 月~1998 年 1 月；
②日本《海上自卫新闻》1997 年 1~12 月；
③日本《朝云》1997 年 1~12 月。

（詹玉才）

日美特别反潜训练　据日本《海上自卫新闻》、《世界舰船》和《朝云》等刊物报道，1997 年 2 月 15~20 日、2 月 18~25 日、6 月 5~9 日、7 月 7~10 日及 9 月 14~16 日，日本海上自卫队在美国海军配合下，先后共举行 5 次特别反潜训练。训练海区分别位于本州以南、九州以西、冲绳东北至本州以南、四国以南至丰后水道、房总半岛以南至四国以南等。参训兵力：日方舰艇 24 艘，飞机若干架，其中驱逐舰 15 艘次、潜艇 7 艘次、补给舰 2 艘；美方舰艇 18 艘次，飞机若干架，其中航母 2 艘次、巡洋舰 2 艘次、驱逐舰 5 艘次、护卫舰 4 艘次、潜艇 1 艘、补给舰 3 艘次、预置舰 1 艘。训练科目有反潜、防空、反水面作战、海上护航、海上补给、战术机动、电子战及通信等。至此，日美双方自 1957 年以来，共进行 98 次特别反潜训练。

扫布雷训练　据日刊报道，1997 年，日本海上自卫队共举行扫布雷训练 4 次，其中 2 月 5~27 日、7 月 17~29 日的两次为日美联合进行，训练海区分别为周防滩和陆奥湾，7 月 7~12 日、7 月 25~26 日的两次为日方独自实施，训练海区为北海道的十胜近海和硫黄岛海区。日美两次联合扫布雷训练中，日方参训舰艇 42 艘次，其中扫雷供应舰 3 艘次、扫雷舰艇 38 艘次、补给舰 1 艘、飞机 39 架次（其中 P－3C 型巡逻机 33 架次、MH－53E 型扫雷直升机 6 架次）；美方参训扫雷舰 2 艘，飞机 10 架（其中 P－3C 型巡逻机 4 架，S－3B、F－14 和 FA－18 型机各 2 架），另有水中处理人员 9 人也参加了训练。训练中，由 P－3C 型机和扫雷供应舰布雷，扫雷舰艇和扫雷直升机负责水雷监视和扫除。

远航训练　为使毕业学员熟悉海上生活，养成海军军人素质，增进与访问国的友好关系，1997 年 4 月 21 日，日本海上自卫队由教练舰“鹿岛”号和驱逐舰“松雪”号组成的编队（载学员 138 人，共 550 人）在练习舰队司令胜少拓少将率领下，驶离东京晴海码头，开始 1997 年度远洋航海活动。编队先后访问美国、巴拿马、加拿大、智利、秘鲁、墨西哥和厄瓜多尔等 7 国 11 个港口。9 月 5 日返抵东京港，历时 138 天，航程 28500 海里（52700 千米）。此次远航活动主要特点：一是准备充分，上层重视。为保证远航顺利实施，2 月 9~19 日，在佐世保外海实施了“长期滞洋训练”；2 月 21 日~4 月 18 日进行了远航前适应性的近海航行训练，绕日本航行一周，先后进泊冲绳的胜连、白滩港、鹿儿岛的谷山港、大阪、鸟羽及大凑等港。编队启航和归来时，日防卫厅长官等到码头迎送。二是航行多，停泊少，往返途中展开训练活动。远航期间，航行时间长，为 94 天，占 68.1%，而停泊 44 天，占 31.9%。途中先后进行了防空、导弹发射和枪炮射击、反潜、拖带、海上补给、战术机动、通信及损伤管理训练。

“外洋练习航海”训练　据日本《海上自卫新闻》1997 年 3 月 28 日和《朝云》5 月 15 日报道，1997 年，日本海上自卫队举行了两次规模仅次于远航活动的“外洋练习航海”训练。其中，载舰艇军官学员 97 人的训练编队由直升机驱逐舰“榛名”号和驱逐舰“濑户雪”、“朝雪”、“岛雪”号组成，2 月 21 日由江田岛启航，先后进泊访问了印尼的丹绒不禄港、马来西亚的巴生港，3 月 25 日返抵日本；3 月 20 日由江田岛启航的训练编队由护卫舰“千岁”、“手盐”号和潜艇“濑户潮”组成，上载飞行军官学员 65 人，先后进泊关岛阿勃拉港和菲律宾的马尼拉港访问，5 月 1 日返抵横须贺。日本海上自卫队对两次训练活动较重视，称出访编队为“小远航活动”，精心组织，严格实施。编队往返途中，除实施航海、测量、操舰和损管等基础训练外，还进行了反潜、防空、机动、海上补给等战术训练。另外访问菲律宾时还与菲海军 390 号护卫艇等进行了战术机动等联合训练。

舰机出国赴美训练　据日本《海上自卫新闻》报道，1997 年，日本海上自卫队派舰机赴美国训练共有 3 批次，参训舰艇 5 艘，飞机 5 架，人员 1246 人。第 1 批次训练 6 月份开始实施，参训舰艇 3 艘（直升机驱逐舰、多用途驱逐舰、宙斯盾驱逐舰各 1 艘），P－3C 型飞机 5 架，人员共 1030 人。其中舰艇编队 6 月 9 日离横须贺，自 6 月 20 日~8 月 4 日，先后在珍珠港和圣迭戈利用美海军设施进行导弹发射、反潜及远程导航训练，8 月 5 日离美国返航，9 月 3 日返抵横须贺；飞行部队 6 月 16 日由鹿屋出发，经关岛加油后飞夏威夷，自 6 月 17 日~8 月 26 日，先后在巴巴斯角和圣迭戈北岛航空站进行起降、海上战术及远程导航训练，8 月 27 日返抵本土。第 2 批次训练于 8 月份开始。8 月 26 日，潜艇 1 艘（96 人）离吴港驶夏威夷；自 9 月 15 日~11 月 10 日，在珍珠港海军基地利用美海军设施实施逃生和导弹发射训练，12 月中旬返回日本。第 3 次训练 9 月份进行。9 月 9 日，水中敷设舰 1 艘（120 人）离吴港驶关岛，自 9 月下旬~10 月中旬，在美海军支援下，利用其设施进行电缆敷设和导航训练，10 月下旬返回日本。

（詹玉才）

航空自卫队训练　综述　日本成为经济大国之后，继而要作政治大国，争当联合国常任理事国，在国际舞台担当重要角色。1997 年，航空自卫队认真贯彻国家军事战略方针，积极向全球战略转变。目前航空自卫队的作战指导方针已由原来的消极防御调整为积极防御，作战形式由“本土防卫”转变为“海上歼敌”。战备训练的指导方针是，继续坚持质量建军，以训练为中心，在提高本土防空作战能力的同时，重点加强适应远海作战的空中预警指挥控制能力和远程拦截武器作战能力，加快实现航空自卫队由本土防空型向远海防空作战型转变，确保日本周边 500 海里以及 1000 海里海上交通线的安全。

紧紧围绕国家军事战略指导方针，加强针对性训练，努力提高部队高技术条件下的作战能力。(1) 到假想敌国调研飞行该国主力战斗机。冷战结束后，日本依次把俄、中、朝作为其假想敌，对俄、中两国空军的主力战斗机苏－27 非常重视。为搞透“敌情”，航空自卫队在 1997 年度国防预算中提出“对俄制战斗机（苏－27）性能进行调查研究”的计划，并拨出 5000 万日元专款作为调研经费，责成飞行教导队对苏－27 战斗机的飞行特性和作战性能进行深入调查研究，找出相应对抗措施。经过周密计划和巧妙运作；航空自卫队与位于莫斯科近郊朱可夫机场的格罗莫夫飞行中心进行谈判，并很快与其签定了派遣 2 名飞行员和 1 名技术军官赴俄调研飞行苏－27 战斗机的正式合同，期限为 2 个月。1998 年 2 月 1 日（截止 1998 年 3 月 31 日仍为 1997 训练年），航空自卫队已正式派遣 2 名少校飞行员和 1 名中校技术军官赴俄对苏－27 战斗机进行调研飞行。航空自卫队认为，调研飞行苏－27 战斗机，对于深入了解和掌握俄制飞机先进技术，保持和提高日本军事航空技术大有益处。进行实机操作，既可以了解苏－27 战斗机的设计重点，又可以掌握它的机动性和战术技术特征；进而与航空自卫队所使用的 F－15 战斗机进行比较，就可以研究制定出有效的对抗措施。

(2) 加快进行 E－767 空中预警机的应用训练。航空自卫队认真贯彻落实国家军事战略转变，确定了“早期预警、快速反应，集中优势，海上歼敌”的作战指导方针，加速发展壮大空中预警机部队，在 1996 年以前就已装备了 13 架 E－2C 型空中预警机，形成了在日本北部、东北部和日本海中部重点滞空巡逻体制。E－2C 空中预警机能警戒 800 千米范围内的大型飞机和 400 千米范围内的小型飞机、导弹和军舰等目标，对飞机的预警时间为 30 分钟，可同时自动探测、跟踪、处理 250 个空、地、海上目标，引导 40 批飞机实施拦截作战。现在，为进一步提高早期预警能力，航空自卫队在此基础上又拨款 20 亿美元，从美国购买了 4 架性能更先进的 E－767 大型空中预警与指挥控制飞机，1998 年 3 月开始陆续装备部队。E－767 空中预警机设备非常先进，被称为“空中防空指挥所”。它集早期预警、指挥、控制、通信于一体，能在 9000 米高度对 1000 千米范围实施有效警戒，或在半径 1850 千米方圆内连续警戒 10～12 小时。其续航能力为 4500～9260 千米，如进行空中加油，可保持全天 24 小时不间断警戒。投入使用后，航空自卫队可在远离本土的海上对周边空情实施有效早期警戒监视，并能同时指挥、引导数百架飞机遂行空中作战任务，使目前的防空效率提高 15～30 倍，使拦截和击落来袭目标的数量增加 35～150%。为此，航空自卫队决定在浜松航空基地成立 E－767 空中警戒管制机试验队，包括空、地勤人员约 160 人规模，从 1998 年开始试运行。为尽快掌握 E－767 大型空中预警机实用技术，航空自卫队已于 1996 年末派出第 1 批共 20 余名截击管制、程序管理军官和技术军官，1997 年派出第 2 批和第 3 批共计 140 余名空、地勤人员以及警戒管制、截击管制等技术军官，赴美学习 E－767 大型空中预警机的飞行、维护及空中预警实用技术。与此同时，航空自卫队还加速完成了与之配套的预警指挥系统的建设，与“巴其”全自动化指挥控制系统联网，把空中预警机、地面雷达和各级防空作战指挥所联成一体。实现“目标识别—数据参数计算—威胁企图判断—作战方案选择—作战命令下达—指挥引导拦截”等防空作战全过程自动化。从发现目标到发出战斗指令仅需 10 秒钟时间，从而大大增强了部队的快速反应能力，满足了“早期预警、快速反应、集中优势、海上歼敌”作战指导方针的要求，使航空自卫队的整体作战能力跃上一个新台阶。

(3) 加强远程飞行和空中加油训练。为落实军事指导方针由本土防空型向远海防空作战型转变，确保日本周边 500 海里以及 1000 海里海上交通线的安全，航空自卫队非常重视远程飞行和空中加油训练。目前航空自卫队尚未装备空中加油机，但已对空中加油机进行了深入论证和研究。航空自卫队认为，要实现作战方针由本土防空型向远海防空作战型转变，没有空中加油机无法实现。日本新《防卫计划大纲》已对引进空中加油机问题作了规划，计划于 2000 年装备部队。航空自卫队目前使用的 F－15、F－4EJ 改进型，以及 1998 年开始陆续装备部队的 F－2 型战斗机和 E－767 空中预警机均装有空中受油设备。在当前尚未装备空中加油机的情况下，航空自卫队没有消极等待，而是积极寻找机会、创造条件进行远程飞行和空中加油训练。途径是积极赴美参加由美国空军太平洋航空队在阿拉斯加组织的“对抗雷”综合战术演习。“对抗雷”演习基本上是美国空军自身的演习，一年进行4次，但每次都积极邀请日本、新西兰、加拿大和英国等盟国空军参加。日本航空自卫队积极派F-15战斗机赴美参加“对抗雷”演习，第1个目的是通过演习可以提高与美国空军进行联合作战的能力；第2个目的就是通过从日本到美国的远程往返飞行，可以借助美国空军加油机部队的支援进行远程飞行和空中加油训练，掌握目前在日本无法掌握的空中加油技术。因为从日本飞往美国和从美国飞回日本，航程太远，途中必须进行空中加油。根据1997年9月23日签署的新“日美防卫合作指针”规定，在进行联合军事行动时，双方都有责任向对方提供所必需的武器、装备和有效的后勤支援。日本航空自卫队的F-15等型战斗机本身就装有空中受油设备，但除少部分到美国试飞员学校学习过的飞行员外，绝大多数飞行员都没有空中加油的经验，未掌握空中加油技术。通过参加“对抗雷”演习，在美国空军的支援下，航空自卫队所有参演飞行员都进行了空中加油训练，通过亲身实践，较好地掌握了空中加油技术。所有飞机都顺利飞到美国，演习结束后，又都安全返回日本，取得了一箭双雕的效果。

（4）积极进行国外飞行训练、军事演习和飞行表演。航空自卫队认为，派部队到国外进行飞行训练、比赛、飞行表演、军事演习等活动，对于提高自身的远程飞行能力、战术技术水平和推动航空自卫队的全球战略计划都有很大好处。在国外飞行训练中，运输机部队所占比重最大，每年都要进行多次。如到美国进行的运输机空运训练，每年1次；运输机空运技术比赛，每两年1次；“对抗雷”防空演习，每年4次；为执行国际紧急救援而进行的国外飞行训练，每年1次。到美国进行空运训练时，每次派遣3架C-130H运输机、各类人员64名，训练时间为1个月。训练内容主要有低空领航、货物空投、野外临时机场起降等。为执行国际紧急救援任务而进行的国外飞行训练，每次派遣2架C-130H运输机、各类人员40余名，训练时间大约为1周。训练内容主要是熟悉热点地区的空中航线、地形地貌特征、有关机场的设施和环境等。在美国进行的“对抗雷”演习和战斗机演习的内容前面已涉及，这里不再重复。关于运输机部队的演习，一般为1周时间，主要演练双机编队超低空飞行、精确领航、空运空投物资、在土跑道上起降等内容。演习在设有敌方各种威胁的近似实战的环境下进行，为增加对抗性，参演部队分为两部分，一部为“红军”，一部为“蓝军”。为不被敌人发现或避开敌防空火力，运输机一般采用500英尺高度，一方面充分利用高山等地形地物作掩护，另一方面充分利用机上的电子干扰装置进行自我保护。从规避敌方威胁的航行、精确领航、电子战，到低空飞抵目标空域进行空投，这一整套战术作战行动的演练，对于提高日本运输机部队的战术技术水平非常有益。此外，为提高部队远程空运能力，航空自卫队还踊跃参加国际紧急救援和联合国维和飞行任务，如1997年5月17～27日，航空自卫队就派遣22名飞行员和航空支援人员，驾驶1架C-130H运输机执行第3次为戈兰高地国际维和部队空运物资的任务；1997年7月在柬埔寨发生内战时，航空自卫队迅速向泰柬边界派出3架C-130H运输机执行接运住柬日侨任务。特别值得一提的是，1997年4月中旬，航空自卫队抓住美国空军成立50周年庆典的大好时机，派出60多人的强大阵容前往美国，航空自卫队参谋长亲自参加美国空军组织的由84个国家参加的第1次世界空军参谋长会议和由14国参加的第5次太平洋国家空军参谋长会议；由第4航空团飞行群司令率领的“T-4蓝色冲击波”特技飞行表演队，在世界84国代表和每天约30万观众面前进行了表演。这是“蓝色冲击波”特技飞行表演队成立30余年以来首次赴海外表演，它给国际社会留下了深刻印象，扩大了影响，推动了航空自卫队全球战略的进程。

以训练为中心，对日常战备训练常抓不懈 航空自卫队狠抓质量建军，从现代战争的实际需要出发，以训练为中心，严格施训。通过各种有针对性的训练、防空图上作业演练、战术技术比赛、日美联合训练和各种军事演习，提高部队的实际作战能力。1997年，航空自卫队飞行部队总飞行时间为23万小时，战斗机飞行员年人均飞行150小时。从1997年的战术技术考核和军事演习情况看，航空自卫队绝大多数飞行人员具有较高的战术技术水平，能熟练掌握和使用各种机载武器，较好地完成了自己所担负的战备训练任务。

（1）举行防空警报图上作业演习。1997年度，航空自卫队举行了2次防空警报图上作业演习。其中7月3日的演习，航空自卫队参谋长亲自指挥，航空自卫队参谋部及各级指挥所参加。演习设想“敌机”分4个波次共480架攻击日本北部、东部、中部和西南部地区。航空自卫队探测到“敌”空情后迅速反击，实施防空作战。结果成功拦截“敌机”440架次，拦截成功率为91.6%。此次演习仍以俄罗斯远东空军为主要假想敌，在设想的入侵“敌机”中，来自俄罗斯的飞机为285架，约占入侵飞机总数的60%。

（2）开展年度战术技术比赛。为调动部队训练积极性，提高战术技术水平，航空自卫队每年都要举行1次大规模战术技术比赛，赛期约半个月。比赛分为战斗机部队、防空导弹部队和警戒管制部队3部分进行。战斗机代表队由各部队选派能代表部队最高水平的4架飞机参加，通过激烈角逐，最后根据成绩，每个机种决出1个冠军队。比赛内容主要有空中格斗，对地靶射击、轰炸，战术领航、防空警戒和要地防空等。1997年5月23日～6月5日，航空自卫队在日本海上空举行了1997年度战术技术比赛，航空总队司令任总指挥。战斗机部队包括8个F－15战斗机代表队、2个F－4E战斗机代表队和2个F－1支援战斗机代表队共48架飞机，各防空导弹部队和警戒管制部队分别派出1个代表队参赛。比赛内容主要有战斗机对战斗机空战，对地靶射击、轰炸，对舰攻击和防空警戒等。其中战斗机比赛，采取各代表队分别与飞行教导队以双机对双机的形式进行。通过年度战术技术比赛激发了部队的练兵热情，提高了航空自卫队的战术技术水平，同时也检验了部队的战备训练成果。

（3）重视日美联合训练。由于日本的军事战略方针之一是以日美联合作战为基础，因此航空自卫队对日美联合训练非常重视。航空自卫队认为，通过与美军进行联合训练能够学习和借鉴美军的先进经验，对于提高航空自卫队飞行员的战术技术水平，增强部队联合作战能力有很大推动作用。因此，日美双方航空部队每年都要定期和不定期地举行几十次日美联合训练。1998年1月19～30日，日美航空部队实施了1997训练年度第3次大规模联合训练。日本西部航空方面队，美国第5航空队和海军陆战队第12飞行队参训，双方共出动各型飞机70余架，其中日方40架、美方30架。训练空域在日本九州，训练课目以战斗机对战斗机空战为主。日美双方对联合训练特别重视，训练期间，日本航空自卫队参谋长和美国空军第5航空队司令，专程到联合训练所在基地视察训练情况。亲自听取指挥官对联合训练作的说明和飞行前指令，尔后又进入F－15战斗机后座，从空中视察了日美联合训练的全貌。

（4）积极举行各类军事演习，提高部队综合作战能力。为提高部队作战能力，检验部队训练成果和战备状况，航空自卫队每年都要定期和不定期地举行多种军事演习，并积极与陆上、海上自卫队以及驻日美军举行联合军事演习。不同时期演习内容的侧重点有所不同，但始终突出防空作战和战斗机空战。在各类演习当中，防空作战和战斗机空战一般占70%。演习强调提高部队综合作战能力，注意防偷袭，重视在电子干扰和部分雷达失灵情况下的防空作战。注重把演习与战备训练相结合，努力锻炼部队在紧急情况下的快速反应和应急作战能力，提高部队协同作战的组织指挥能力。在诸多军事演习之中，航空总队综合演习最具代表性，特点是规模大、时间长、演习地域广、参加兵力多、机种全、内容广泛。航空总队综合演习属定期例行军事演习，每年举行1次，历时20天左右。1997年航空总队综合演习是从9月16日～10月6日进行的，演习地域在日本全域及周边海、空域。参演部队有航空自卫队作战部队、航空支援部队、警戒管制部队、防空导弹部队等共约2.7万人，各型飞机320余架。此外，陆上自卫队、海上自卫队和驻日美军均派部队参加。航空总队司令亲自担任演习总指挥，主要演习课目有：作战准备期间的各种活动、各类空中作战、空中阻滞作战（对地攻击、对舰攻击）和防空作战、空陆协同和空海协同作战、与驻日美军进行日美联合作战等。此外，1997年规模较大的演习还有“日美三军指挥所联合演习”，日美陆海空各级司令部共2150余人参加，为期9天，主要目的是提高日美三军司令部机关联合作战的指挥能力。日美空军“对抗北”综合防空演习，也是1997年度举行的重要军事演习。1997年日美空军先后举行了3次“对抗北”综合防空演习，11月3～14日的“对抗北”演习在北海道地区进行，历时12天，日美双方共出动各型飞机约120架，美国空军还从关岛出动14架B－IB飞机，美国海军的“独立号”航空母舰也前往日本参演。通过演习，检验了日美双方联合作战的协同要领，提高了日美空军联合作战的能力。

主要资料来源：

①日本《飞行周刊》1998年1月28日；
②日本《丸》1997年第11期；
③日本《航空世界》1997年第4期；
④日本《军事研究》1998年第2期。

（伊贵玺）

航空自卫队举行1997训练年首次日美联合训练 据日本《飞行周刊》1997年7月2日报道，日本航空自卫队将于1997年7月7～17日举行1997训练年度的首次日美联合训练。参训部队为日本航空总队和美国第5航空队，出动飞机50余架，训练课目为防空作战和战斗机对战斗机空战。

航空自卫队运输机部队进行国外飞行训练 据日本《航空爱好者》1997年第6期报道，为提高执行国际紧急救援空运任务的能力，熟悉亚洲和大洋洲以及有关机场的情况，由航空自卫队第1运输航空团司令川田哲雄上校率领40名官兵、两架C－130H运输机，于3月10～15日前往美国进行飞行训练。飞行航线是从日本小牧基地起飞，经太平洋塞班岛、大洋洲巴布亚新几内亚的莫尔兹比港、印度尼西亚的登巴萨、日本的那霸，最后返回小牧基地。这是日本航空自卫队运输机部队1994年以来进行的第3次国外飞行训练。

航空自卫队执行国际维和飞行任务 据日本《飞行周刊》1997年5月14日报道，日本防卫厅5月1日下令，航空自卫队5月17日派遣1架C—130H运输机执行第3次为戈兰高地国际维和部队空运物资的任务，时间为10天，5月27日返回。此次共派遣22人，其中两个机组14人、航空支援人员8人。任务飞行的航线是：从小牧基地起飞，经日本的那霸、泰国的普吉、马尔代夫的马累、阿联酋的迪拜，最后到达叙利亚首都大马士革。备用机场是泰国的曼谷、斯里兰卡的科伦坡和阿曼的锡布。

航空自卫队特技飞行表演队赴美表演 据日本《航空世界》1997年第4期报道，日本航空自卫队T－4“蓝色冲击波”特技飞行表演队首次到海外表演。为庆祝美国空军成立50周年，该队应邀参加4月24～25日在美国内华达州内利斯空军基地举行的纪念庆典，并进行特技飞行表演。美国空军共向8个国家的军队特技飞行表演队发出了邀请。航空自卫队拟派出7架飞机和包括8名飞行员在内共63名有关人员赴美。

航空自卫队出动飞机协助美军进行军事训练 据日本《航空爱好者》1997年第12期报道，航空自卫队于1997年10月9日、16日，两次派遣3架运输机运送400名美国海军陆战队驻日官兵进行军事训练。训练地点是日本北海道的矢臼别演习场，训练内容是进行实弹射击。出发地是嘉手纳空军基地，到达地是中标津机场。日本航空自卫队出动飞机协助美军单独进行军事训练，这还是第1次。

航空自卫队1996年度紧急起飞234次 据日本《飞行周刊》1997年4月16日报道，日本航空自卫队参谋部日前公布，1996年度紧急起飞总计234次，比上一年度增加68次。日本航空自卫队实施紧急起飞始于1958年，1984年达到高峰，为944次，1989年以后逐年下降。1996年出现近10年来的首次上升趋势。

航空自卫队战斗机飞行员1997年培训费用 据日本《航空爱好者》1997年第6期报道，日本防卫厅根据1997年国防预算，计算出每名航空自卫队军官所需费用和战斗机飞行员的培训费用。军官每年的费用由维持费和活动经费两部分组成，维持费主要包括人事费、旅差费、办公费、营房费、被装费、伙食费、医疗费、通信费及交通费等；活动经费包括通信设备、车辆油料、电子计算机等用品的购置费、维修费及教育训练费用。战斗机飞行员培训费主要包括教练机折旧费、油料费及其他各种教育训练经费。具体费用如下：

航空自卫队军官每人每年维持费836万日元，活动经费677万日元，合计1513万日元。

战斗机飞行员培训费：

F－15飞行员	5.39823亿日元；
F－4EJ飞行员	5.1151亿日元；
F－1飞行员	4.29069亿日无。

（注：100日元兑换7.2379元人民币）

航空自卫队召开环太平洋国家空军作战部长会议 据日本《飞行周刊》1997年9月10日报道，日本航空自卫队9月2～6日在东京主持召开了以增进理解、加强信任为宗旨的“环太平洋国家空军作战部长会议”。共有11个环太平洋国家的空军作战部长参加会议，就共同关心的问题交换了意见。除东道国外，其他10个与会国是：澳大利亚、孟加拉、印度、韩国、马来西亚、新西兰、菲律宾、新加坡、泰国和美国。

航空自卫队与韩国空军开通“热线”联系 据俄罗斯《红星报》1997年8月14日报道，日本航空自卫队将在1997年9月份与韩国空军开通“热线”联系。目的是当两国飞机在未经许可的情况下，因发生差错误入对方防空区域时，在“热线”的帮助下，双方防空系统及时通报情况，以避免遭到对方截击，造成严重后果。

航空自卫队举行1997年度战斗技术比赛 据日本《飞行周刊》1997年6月4日报道，日本航空自卫队于5月23日～6月5日举行了1997年度战斗技术比赛。战斗机比赛共有12个飞行队48架飞机参赛，其中F－15战斗机8个飞行队、F－4EJ战斗机2个飞行队、F－1支援战斗机2个飞行队。比赛内容是战斗机对战斗机空战和地靶射击、轰炸。采取飞行队分别与教导队以双机对双机的形式进行对抗比赛，每种飞机决出1个优胜队。

航空自卫队1997年度总飞行时间23万小时 据日本《飞行周刊》1997年9月3日报道，日本航空自卫队1997年的总飞行时间为23万小时。根据防卫厅8月29日通过的1998年预算案，1998年的总飞行时间将削减1万小时，为22万小时。战斗机飞行员保持每人年飞行150小时不变，其他机种飞行员酌情削减。

（伊贵玺）

军事演习 **陆上自卫队举行“北方机动特别演习”** 1997年6月21日～7月29日在日本本州地

区至北海道途中及矢臼别演习场举行。演习代号为“北斗 97”。中部军军长大北太一郎中将任演习指挥官。参演部队以第 10 步兵师为主力，人员 3600 人，车辆约 1000 辆，火炮 30 门，坦克 20 辆。演习部队分陆、海、空三路向北海道实施长达约 2000 千米的立体机动作战演练。在与海空军实施的综合训练中，海上自卫队出动了驱逐舰、护卫舰及运输舰等 10 艘，P－3C 反潜巡逻机等 20 余架；航空自卫队出动了战斗机约 30 架，运输机等约 70 架。重点演练了海上机动时的舰队攻击、舰队防空、陆海军的“海上作战运输”和空中作战运输、空地作战等。另外，在北海道滨大树演习场，还实施由 4 艘运输舰参加的登陆作战训练。该演习始于 1983 年，每年举行 1 次，由驻本州以南的步兵师轮流实施。本次演习为第 15 次。

陆上自卫队举行“富士综合火力演习”　1997 年 9 月 14 日、15 日在静冈县东富士演习场举行。陆上自卫队富士学校校长古川浩中将任演习指挥官。参演部队约 1700 人，出动坦克、装甲车 70 辆，火炮 70 门，直升机和航空自卫队运输机 30 架。演练科目：坦克、火炮实弹射击，空降部队跳伞，直升机技巧飞行，特种部队和侦察部队的行动要领等，并向社会各界展示现代化装备。“富士综合火力演习”每年举行 1 次，本次演习为第 39 次。

1997 年度海上自卫队进行综合演习　1997 年 11 月 6～12 日在日本海及日本周边海域举行。日本海上自卫队参谋长山本安正上将和美海军第 7 舰队司令特纳尔中将任演习指挥官。参演部队有：日方海上自卫队参谋部，自卫舰队司令部，护卫舰队，航空集团，潜艇舰队，扫雷队群，练习舰队，横须贺、吴、舞鹤、大凑地方队，中央通信队群和东京通信队等，总兵力约 34000 人，共出动各种舰艇 120 余艘、各型飞机 180 余架。美方出动第 7 舰队的“独立”号航空母舰等舰艇 11 艘，各型飞机 120 架。主要演练科目：海上警备、防空战、反潜战、反水面战、反水雷战、电子战、船团护航、海上补给、应急通信以及日美联合作战等。目的在于提高日本海上自卫队独立作战能力以及各级指挥官的指挥能力，尝试在新日美防卫合作指针下的日美海军协同作战要领，以及日本“周边有事”时日海军对美作战部队实施支援作战的要领。演习中突出了电子战的演练。

海上自卫队指挥所演习　1997 年 9 月 3～8 日在东京目黑海上自卫队军官学校举行。参演部队有：自卫队舰队司令部、各地方队司令部、军官学校等，人员约 200 人。目的在于演练各级指挥官的战场形势判断和部队的指挥运用能力。

1997 年度航空总队举行综合演习　1997 年 9 月 16 日～10 月 6 日在日本本土及其周边空域举行。航空自卫队航空总队司令武田清中将任演习指挥官。参演部队有：航空总队，支援集团，教育集团，中央航空通信群，补给本部，人员约 27000 人，飞机约 320 架。主要演练内容有：作战准备期间的各种行动，各种空战及伴随空战的后方行动；与陆、海军的协同训练；与美军的联合训练。其目的在于，演练从空战准备到空战实施整个过程中的各种行动，提高以航空总队为中心的联合遂行作战的能力。

（张洲军）

航空自卫队举行战术空运演习　据日本《朝云》周报 1996 年 8 月 8 日报道，日本航空自卫队所属航空支援集团，于 1996 年 7 月 1～3 日举行了代号为“修罗 8—1”的大规模战术空运演习。此次演习是陆上自卫队第 12 师实施的北方机动特别演习的一部分，目的是通过在短时间内进行大量的人员和货物运输，提高航空支援集团的空运能力，以适应日本自卫队参加国际维和活动及其他海外派遣的需要。

日本航空自卫队投入此次空运演习的运输机共计 20 架：其中，第 2、第 3 航空队各投入 C－1 运输机 6 架，第 1 运输航空队投入 C－130 运输机 8 架。演习中，空运部队完成的运输量为：人员 480 人，货物 330 吨（内含车辆 150 辆）。此次空运演习的发运地为日本自卫队的入间基地。

此次空运演习的训练课目为：(1) 与作战准备阶段的大规模空运活动相对应的各级司令部的活动。(2) 航空运输活动。训练和检验的重点：一是航空运输适应集中而庞大的空运需求的能力；二是以多机编队实施战术空运的能力；三是培养空运人员从早至晚连续行动的能力；四是短时间内完成飞机再起飞准备的能力。

日本自卫队认为，通过此次演习提高了空运部队的能力，同时也发现了在进一步提高客运能力和机场作业能力方面存在的问题。

（王通信）

日美举行三军指挥所联合演习　据日本《飞行周刊》1998 年 2 月 18 日报道，1998 年 2 月 12～20 日，日美举行了为期 9 天的“利刃 98”三军指挥所联合演习。参演单位有：日参联会、陆海空各级司令部、驻日美军司令部及其下属司令部。日军有 1500 人、美军有 650 人参加了演习。进行指挥所演习，旨在提高日美三军联合作战的组织指挥能力。

（伊贵玺）

日美陆军举行联合方面军级指挥所演习　1997 年 6 月 16～25 日在美国夏威夷州德鲁西堡举行。演习代号为“山樱 32”。日本陆上自卫队北部军参谋长和驻日美陆军参谋长任演习指挥官。参演部队有：日方北部军 110 人，参谋长联席会议 11 人，海上自卫队 5 人，航空自卫队 18 人；美方驻日陆军约 100 人。此次演习主要演练了日美军按各自的指挥系统，在采取联合作战行动时的军以下单位的指挥参谋活动。日美陆军联合方面军级指挥所演习始于 1981 年。从 1982 年起每年举行 2 次。代号为偶数的演习在美国举行，代号为奇数的演习在日本举行。

日美海军举行联合指挥所演习 1997 年 3 月 10～20 日在美国罗得岛州新港海军大学举行。日本海上自卫队参谋部防卫部长石川亨少将和驻日美海军司令米凯尔·D·哈斯金斯少将任演习指挥官。参演部队有：日本海上自卫队参谋部，自卫舰队，地方队，干部学校，共计 24 人；航空自卫队参谋部，航空总队，共计 5 人；陆上自卫队参谋部 5 人。驻日美海军司令部，第 7 舰队，美海军大学，共计 50 人。演习的目的在于利用美海军大学的现代化设施，在图上演练日美海军联合保卫日本实施海上作战时的指挥参谋活动。日美海军联合指挥所演习，始于 1988 年，本次演习为第 9 次。

日美海军进行反潜特别训练 1997 年 7 月 7～10 日在从横须贺经东海、四国海面、丰后水道至吴港海域举行。日本海上自卫队第 6 护卫队司令杉本正彦和美海军“法伊夫”号驱逐舰舰长卡尔分别任演习指挥官。参演兵力：海上自卫队 2 艘驱逐舰、1 艘潜艇、1 艘补给舰、若干架飞机；美海军 1 艘驱逐舰、若干架飞机。演练科目：反潜战、防空战、战术运用、海上补给和通信训练等。

1997 年 9 月 14～16 日，在房总半岛南部至四国南部的日本近海举行日美海军反潜特别训练。日本海上自卫舰队第 1 护卫队群司令坂上芳洋少将和美海军第 5 航空母舰群司令查里斯少将任演习指挥官。参演兵力：海上自卫队 3 艘驱逐舰、1 艘潜艇和若干架飞机；美海军 1 艘航空母舰、1 艘护卫舰、1 艘补给舰、若干架飞机。演练科目：反潜战、反水面战、海上补给和通信训练等。

资料来源：

①日本《朝云》1997 年 1～12 月；

②日本《防卫日报》1997 年 1～12 月；

③日本《海上自卫新闻》1997 年 1～12 月。

（张洲军）

日美空军举行第 3 次联合演习 据日本《军事研究》1998 年第 2 期报道，1997 年 11 月 3～14 日，日美两国航空部队在三泽、千岁航空基地及其附近海空域举行 1997 年度第 3 次日美空军联合演习。航空自卫队参演的飞机有 F－15、F－1、F－4、E－2C、RF－4 等 5 个机种 30 余架飞机；美国空军参演的飞机有 F－15、F－16、空中预警机、KC－135、FA－18 等 16 个机种 80 余架飞机。此外，美国海军的“独立”号航空母舰也参加了演习。演习内容主要是地域防空、舰队防空以及对敌防空圈进行突防作战。除飞行部队外，日本北部及东北部地区的警戒雷达部队和“爱国者”地空导弹部队也参加了演习。

（伊贵玺）

德国军队军事训练 综述 联邦德国军队一向把军事训练视为加强军队质量建设的重要途径，认为“国防军既是一支作战部队，同时也是一支训练部队”，“训练水平决定了战备水平”，训练是战备的重要组成部分；规定“和平时期军队的首要任务就是训练”。自 1956 年建军以来，德军对军事训练不断进行调整和改革。经过 40 多年的努力，建立了一套行之有效的训练体制和大量的训练设施，采用了先进的训练方法，使德军的战备水平有可靠的保证和坚实的基础。

训练的依据和目的 训练的依据 德军有关出版物称，德意志联邦共和国民主宪法中有关军事的法规是联邦国防军进行军事训练的依据。这些法规内容出自基本法，并根植于军人法和各项勤务条令之中。基本法的价值通过军队的内部指导工作渗透到军事训练实践中。德国公民和联盟伙伴希望联邦国防军及其军人能够胜任基本法赋予武装力量的任务。每个军人和公众对联邦国防军的印象如何，取决于部队日常的训练和勤务。

训练的目的 德军有关出版物称，提高军人的素质、才智和体能是军队训练的基本目的。各项军事训练的首要目标是使部队达到和保持战备状态。就是说，要向军人传授圆满地履行其任务和经受住战争的压力所必需的知识和技能。因此，训练还包括教育和培养。

训练的指导思想和基本原则 训练的指导思想 德军一贯认为，军事训练必须随着国际安全环境、作战对象、军队体制编制、武器装备和兵役制度等的变化而不断进行调整和改革，使之适应新的形势。训练的指导思想也必须随之有所变化。进入 90 年代后，德军训练的指导思想是：通过军事训练，使危机反应部队具备经短时间准备之后即可承担各种任务的能力，使平时维持较低战备程度的主要防御部队具备在发生危机时可迅速进入临战状态的能力。

训练的基本原则 德军训练的基本原则是：训练要从难从严从实战出发，以适应现代战争的需要；要尽可能采用先进的训练手段，力求以最短的时间和最小的消耗而取得最佳的训练效果；院校教育与部队训练、理论学习与实际作业、现役指挥人员训练与预备役指挥人员训练必须密切结合；非职业军人（合同军人）的军事训练要兼顾其退役后谋生的实际需要。

训练特点 德军训练有下述几个明显的特点：

注重科学、技术和文化知识教育 为适应军队现代化的需要，联邦国防军十分重视对官兵进行科学基础理论和现代技术知识教育，以提高他们的科技和文化水平。汉堡和慕尼黑联邦国防军大学开设的教育学、经济和组织科学、机械制造、电工学、信息学、航空与航天技术、土木工程学、测量学、国家与社会科学、经济工程学、企业经济学、国民经济学、历史科学、政治科学、体育科学等 15 种专业，都是大学的基础课。学员毕业后授予各种“学士”学位，相当于地方 4 年制大学毕业生的水平。据不完全统计，陆军 17 所军官专业学校共开设 830 多种课目，其中属于社会科学、自然科学和军事技术方面的专业课目占 54%，军事课目占 42%，特种课目占 4%。

外语教学是军队院校训练的主要内容之一。训练中，学员一般都得进修外语。全军多数院校都设有外语课，有的院校还要求学员用外语进行作业。

德军对新兵的文化程度原没有统一规定。新兵到部队后，因文化素质参差不齐，影响了训练效果。为此，德军规定，从 1993 年起，应征新兵必须达到高中毕业或中专毕业文化程度。同时，要求各部队、院校加强士兵的高等教育，使更多的士兵达到大学文化水平，以降低技术兵种的训练工作量和训练费。

重视把先进的科技手段引进训练领域 将先进的科学技术运用于部队训练，是德军提高训练效果的重要措施之一。早在 60 年代末就已采用的“训练—职务编码法”（即 ATN 方法），就是利用计算机系统，将各类职务的要求、训练内容和有关人员的实际能力分别编码，并将 3 个编码进行对比。如果训练编码或人的能力编码与职务编码相同，说明训练符合所提出的要求，培训出的人员可以到职使用，否则就要改进训练措施。采用这种方法可使训练简化，针对性强，效果明显，做到“人得其位，位得其人”。在德军中凡经过院校培训和基础训练的军人，都有一个编码。

德军十分强调改进训练手段，不断把先进的科技手段引进训练领域。陆军指挥参谋部于 90 年代初制订的训练手段改革计划，要求 1995 年前使所有部队达到“理论教育形象化，基础训练模拟化，全面训练基地化”的目标。第 1 步，在 1993 年前对现有训练场（所）进行改造，基本普及电化教学，师、旅建立训练中心，完善各兵种的野战训练基地。第 2 步，大量使用模拟器材进行训练，进一步完善各种轻武器和兵种装备的模拟系统，使模拟训练逐步从院校教学扩大到部队训练，由武器装备的技术模拟扩展到战术训练之中，使士兵受到近似战场的锻炼和体验。德军规定，士兵掌握每种比较复杂的武器系统都必须经过理论学习、模拟训练和实战武器训练 3 个阶段，其中模拟训练是“中心环节”。

德军的模拟训练主要有两种方式：一是到固定的模拟中心轮训；二是下发器材由部队自己实施训练。模拟训练中心主要是进行技术复杂的重型武器的训练，如坦克驾驶、大口径火炮射击、飞机驾驶等。

德陆军现已建成 4 个坦克模拟训练中心，分别隶属于 3 个军，其中第 1 军辖两个训练中心。每个训练中心配有 4 个驾驶模拟器和 15 辆训练坦克，并编有 1 个教导连，负责学员的训练。教导连编制 39 人，内有军官 2 名、士官 25 名、兵 5 名、文职人员 7 名。每个中心每批可接收学员 72 名，每批 10 个受训日，每年能训练 1400 余人，4 个中心每年共培训 5600 多人。为了提高设备的利用率，训练采取两班倒的方式，日训练时间长达 16 个小时。训练分 3 个阶段：第 1 阶段为理论学习；第 2 阶段为教练舱训练；第 3 阶段为模拟驾驶训练，最后才用训练坦克进行实际的驾驶训练。陆军炮兵部队建立了 17 个模拟训练中心，其中两个设在院校，其余分别设在陆军的合成炮兵团、装甲炮兵营、防空炮兵营和山地炮兵营。除上述模拟训练中心外，凡比较轻便的模拟器均下发至连队，如陆军连队配备了战术激光射击模拟器和 DX－143 型米兰式反坦克导弹模拟器等。

德军认为，模拟训练主要有以下好处：

1. 可以大大提高训练质量：（1）掌握技术快。模拟器可以多次重复同一动作，能及时发现并纠正学员操作中的错误，因而可缩短训练周期。甚至在一种新型武器装备部队之前，学员可先在模拟器上训练，如豹Ⅱ型坦克和旋风式战斗机在尚未装备部队时就进行了模拟训练，一旦这些武器正式装备部队，学员就能很快学会实际使用。(2) 可以进行高难度训练。用实战武器训练时，出于安全考虑或受自然条件的限制，有些高难度动作难以进行。而用模拟器训练就可以模拟仪表的使用极限，使学员学会处理各种险情，减少实际操作时的事故率。德陆军用模拟器训练的 5600 名豹Ⅰ型坦克驾驶员，淘汰率从过去的 15%减至 5%。飞行员经模拟仪表极限训练后，处理险情的能力明显提高。(3) 实战感强。利用模拟器进行应用射击训练，特别是战斗训练，能在比较逼真的战斗背景下进行。各种火器“射击”时有闪光、音响和硝烟，被“击中者”会发出“被歼”的信号灯，立即退出“战斗”。攻防均具有交火的真实感，加深了士兵正确运用战术的认识，从而提高了实战水平。

2. 可以大大节省训练费用：（1）与实战武器相比，模拟器的造价较低。豹Ⅰ型坦克用的 DWS 激光射击模拟器价格为 5 万马克，仅相当于 200 发 105 毫米榴弹炮炮弹的价格。米兰式反坦克导弹模拟器为 3.45 万马克，不到 4 发米兰导弹的价格。霍特导弹模拟器为 11.2 万马克，仅相当于 2 发霍特导弹的价格。即使某些重型武器的模拟器造价较高，但因其利用率高，从长远看也还是合算的。(2) 模拟器的使用成本低。用模拟器进行训练的费用一般为实战武器训练的十分之一。如坦克模拟器每小时训练费用为 150 马克，实战武器训练则为 1500 马克。一套模拟器每年可训练 2000 小时，与使用实战武器训练相比每年可节省费用约 270 万马克。坦克模拟器本身价格为 300 万马克，一年多时间就可收回采购费，而一套模拟器的使用年限一般为 15 年。据德军统计，用实战坦克训练一名豹Ⅰ型坦克驾驶员约需 2.1 万马克，而用模拟器训练仅为 8000 马克；用实战坦克训练一名豹Ⅱ型坦克驾驶员约需 5.4 万马克，而用模拟器仅为 1.4 万马克。一般来说，越是复杂的武器系统，用模拟器训练越显便宜。(3) 大量节约弹药消耗。德军的射击训练，要求首先在模拟器上进行，待操作熟练后才进行少量的实弹射击。由于采取这一措施，目前一个训练年度内，每辆训练用坦克（105 毫米火炮）仅需发射炮弹 90 发，每门训练用 120 毫米迫击炮仅需发射 100 发，每门训练用 155 毫米榴炮仅需发射 45 发。每发 105 毫米火炮炮弹的价格按 1982 年价格计算为 380 马克，而模拟器“发射”一次仅为 0.04 分尼。若全年累积计算，节约数额之巨是相当可观的。(4) 节省训练场地。德军规定坦克驾驶训练 2/3 时间在模拟器上进行，仅 1/3 在训练场或野外进行。这不仅节约了训练场地及其设施，而且减少了对农民耕地损坏赔偿费，在一定程度上缓和了与民争地的矛盾。

3. 可以降低重型武器装备的磨损，有利于战备快速动员：大量使用模拟器进行训练后，降低了坦克、火炮、车辆等的磨损，提高了编制装备的完好率，并缓和了训练同战备争器材的矛盾。德陆军作战坦克 3000 余辆，其驾驶员的培训则由 4 个训练中心来完成，而中心内用于训练的坦克仅 60 辆。陆军有 30 多个炮兵团和炮兵营，但其射击技术训练集中在 17 个训练中心，并通过模拟器来完成。因此采用模拟训练可以节省出更多武器用于战备，有利于部队快速动员。

当然，德军也认为模拟训练不能完全代替使用实战武器的训练，并明确规定，各军兵种在模拟训练后还必须经过实战武器的训练。

训练严格认真　德军强调部队训练要从难从严，认真负责，进行高强度高标准的训练。要求每一训练阶段结束时都要进行考核，不合格者不能参加下一阶段的训练。新兵经过 2 个月的一般基础训练，便初步具备了自卫和作战能力。在尔后的特种基础训练和全面训练中，每天训练达 8～9 个小时，营合练时有时一天可达 15 个小时；在个别科目，如分队战术演习中，通常进行连续 24 小时的训练。为了提高官兵的实战能力，尽量在近似实战条件下训练部队，例如每年派部队去挪威训练 1 个月，以提高部队在零下 40 摄氏度严寒条件下的作战能力。

德军不仅对作战技能的训练要求严格，而且还十分注意政治教育训练，要求士兵不仅“能够作战”，而且“愿意作战”。为此，利用内部指导工作和日常训练中的各种机会，提高官兵执行军事任务的信心和决心，培养其孤胆、果断、坚韧不拔、积极主动的战斗作风，以及团结协作、互爱互助的良好风气。

军官是部队的脊骨，因此军队院校对军官的训练尤其严格：

1. 要求有较高的文化水平。在征召候补军官时，只录取有高中毕业文化程度的适龄青年。经过两所联邦国防军大学培养后，可达到地方 4 年制大学的文化水平。德军规定连以上指挥员必须全部具有大学毕业以上的水平。

2. 要求有良好的身体素质。德军院校训练重视增强学员的体质。各院校都设有体育训练课目和拥有良好的体育训练设施。训练中，身体条件不能适应训练需要的学员，不断被被淘汰，且比例较高。比如，陆军第 43 届候补军官集训队学员总数为 995 人，在单兵训练开始前后共淘汰 208 人，因身体条件被淘汰的占 21%；陆军第 45 届候补军官集训队，学员总数为 1043 人，先后被淘汰 154 人，因身体条件被淘汰的占 15%。

3. 坚持考核制度，层层严格把关。训练的每一重要阶段结束时，都要对学员进行全面考核，考核不合格者不能进入下一阶段训练，也不能授予相应的军衔。例如，陆军候补军官在第 1 阶段的训练中考核不合格者，不能晋升为下士，没有资格进联邦国防军大学学习。指挥学院的学员在第 1 阶段基础科目训练结业时考试不合格者，不能参加第 2 阶段应用科目的训练。

德军从 1993 年起增加了训练考核的次数。规定士兵每完成一个训练科目，由连队进行考核，不及格者在周末统一组织补训，两个项目考核不及格者要受到处罚。连队完成基础训练和全面训练之后，由营组织全面考核。师、旅对重点科目进行抽考。对特种部队的考核条件、内容、标准均高于步兵。比如，空降兵部队全面训练的后期，每个伞兵营要轮流到生疏地形进行为时1周的全面训练科目考核。要求把单个人员、小分队空投在“求生训练基地”，在没有支援、断水、绝粮的条件下，检验伞兵“水淹不死，火烧不死，冻饿不死”的本领，以使和平时期的训练更加接近未来战争的实际。院校则普遍实行考核淘汰制，连续两次考核不及格者取消学员资格。采取这些措施，旨在活跃训练领域的竞争气氛，强化练兵的自觉性。

强调一专多能、知识全面　为适应战时需要，德军强调士兵一方面要精通本兵种的一二种实际应用技能，同时还要了解和掌握其他兵种的一些基础知识和技能。既注意了专，又注意了博。每个军人在专的基础上，必修的共同科目多达14项，其中有一般战斗训练，又有轻武器射击，反坦克、工兵、三防、通信、防空、卫生和驾驶训练等。在一般战斗训练中，又有识图用图、观察、运动、利用地形地物、野外生存、行军、警戒、侦察、欺骗与伪装、近战、夜战，森林地战斗、居民地战斗，以及进攻、防御等内容。

理论教育与实际作业密切结合　这一特点主要体现在以下两个方面：一是在院校的基础理论教育中，实践课占相当大的比重。汉堡和慕尼黑联邦国防军大学，在大学基础课程教学时间中，实习课占15%；在专修课程教学时间中，实习课约占37%。此外，在每年3个月的假期中，还抽出一部分时间用于实习活动。陆军教育与经济专科学校的学制共2.5年，前22个月为基础理论教学阶段，其中12周用于集团作业，在其他教学周中还有1天用于实际作业；后8个月用于部队实习。30个月的总课时为4104个，其中军事实践课2208个课时，占总课时的53%；基础理论教育课1876个课时，占总课时的47%。二是院校教育和部队实习有机地穿插进行。比如联邦国防军指挥学院第1阶段基础科目训练结束后，学员要到有关的司令部机关任职实习至少1年，再回指挥学院进行第2阶段应用科目的训练。陆军候补军官在进入联邦国防军大学学习前所进行的军事训练也贯彻了同样原则。这种培训程序有利于理论与实际的密切结合，学员先学点理论再实际作业，可减少实践的盲目性；通过实际作业又可巩固和加深对理论知识的理解。为丰富军官的实践经验，德军还决定，陆军候补军官在部队的服役时间必须达2年零3个月至3年零3个月。

注意教员的选拔和培训　德军认为，训练的质量主要取决于教员，必须注意教员的选拔和培训。军队院校的教员主要分两种：一种是专业教员，多从地方聘请受过良好正规教育的专业人员（包括教授、工程师等）担任；另一种是军事教员，从部队挑选军事业务能力“最强的军官”担任。为保障训练质量，尽快提高新任教员的教学能力，采取了两个办法：一是在军队院校内开设师资培训班，时间一般为数周，专门给新任教员传授教学法方面的知识；二是多选拔有经验的训练参谋充当军事教员。

院校教学设备新，手段现代化　德军很重视院校教学设备的更新，强调教学设施和教学内容要尽最大可能接近实际，要通过现代化教学手段对学员进行实际的形象化教育。例如德国海军武器学校，它的一切教学用的设施、武器和武器系统基本上都与舰上的实际情况一致。如关于导弹的安装与发射，鱼雷的发射，水雷的投射与打捞，都用各种实物和模型进行解说。有关雷达和发射制导装置等复杂的电子仪器方面的知识，则在奥尔帕尼茨海军基地的有关设备上学习和实践。在该校的教学过程中，还经常放映有关内容的电视和电影纪录片，特别是一些演习中拍摄的各种操作的规范动作。

重视非职业军人（合同军人）的职业培训　为了增强军队的吸引力，德军重视非职业军人（合同军人）的职业培训。在德军中，有一部分军官、士官和士兵是签订合同在军队服役的，其服役时间为2～15年不等。军官至少需服役12年，士官为8年或12年，战士为2年或4年。合同军人一般在25岁到35岁之间离开部队。为了帮助他们在服役期满后能顺利地转到地方工作，所在部队的领导必须事前了解每个人的具体情况和想法，尽可能为他们创造一些学习专业的条件，并在部队的工作实践中再进一步加深和提高。学习结束时一般可达到熟练工人和技师的水平，少数人可达到大专或大学毕业的水平。目前在联邦国防军中有约550种职业培训班。职业培训一般不占用正常的工作时间，而是在业余时间进行，以不影响部队的各项工作。在部队服役8年以上的合同军人在服役结束后也可到军队的专科学校学习。

合同军人退役时，部队将介绍他们到私立或公立的学校去学习或与联邦劳动局联系帮助他们安排工作，并提供搬家补助费。在部队服役12年以上的合同军人一般能比较容易地找到工作，如在政府部门当官员、职员或到公共服务行业当工人。由于部队有较好的职业培训条件，合同军人转到地方工作普遍受到欢迎，他们与社会上的年轻人相比有较大的优势，找不到工作而沦为失业者的现象极少。

全军训练领导机构　国防部下属的武装力量指挥参谋部是联邦国防军总监察长的办事机构，负责制定全军指挥、计划、组织、训练等方面的方针、依据和基本原则。它是全军的训练领导机构。武装力量指挥参谋部设有6个处和1个联邦国防军指挥中心。其中第1处主管全军的内部指导、人事和军事训练工作。

该处的第1科负责制定人事工作原则和全军性条令，第6科负责确定涉及全军的指挥、训练和教育原则，第7科负责确定全军性院校教育原则，第10科主管院校的一般事务，第11科负责解决军队院校的教研和制度问题。但是，9所全军性院校不直接隶属于武装力量指挥参谋部，而是作为德军的中央军事机构直接归德军副总监察长或其主管的武装力量局领导。

陆军训练　训练体制　陆军指挥参谋部是陆军监察长的办事机关，负责为本军种制定有关训练、指挥、作战、计划、组织、装备、后勤等方面的基本方针和原则。陆军指挥参谋部编有3个主要机关处：第1处，主管人员、组织和训练工作；第2处，主管计划、装备、后勤和卫勤工作；第3处，负责制定作战方案和原则。第1处的第5科主管单兵训练和连以下分队训练，第6科主管陆军士官和军官训练，第7科主管预备役人员训练；第3处的第2科主管营以上部队训练和演习。

陆军指挥参谋部下辖的陆军局是陆军训练工作的监督执行机构。陆军局在训练工作方面的主要任务是：监督部队统一运用已确定的训练原则；为陆军制定统一的具体训练计划；修改条令、教范；处理陆军训练事务；确定和检查各部队的训练水平和战备状态；主管陆军院校工作。陆军局编有5个处，其中第2处为训练与教育处，具体负责陆军训练工作；院校工作则由院校事务主任主管，但陆军军官学校直接归局长领导。

陆军的军、师、旅、营参谋部均设有作训处(科、股)，主管本级部队的作训工作。

为使军事训练的时间、内容、质量、进度确有保障，避免随意性，德军的年度训练任务均以命令颁布。每年12月，国防军总监察长颁布年度训练教育指令，各军种指挥参谋部下达本军种的训练命令，规定士兵在一年内必须完成的训练时间和科目。师(旅)长在训练命令中具体明确基础训练、全面训练两个阶段的训练内容、达到的标准及考核实施方法等。营根据旅下达的训练命令，制定本营的训练命令、年度训练计划和季度训练计划。营制定年度训练计划的程序如下：

——接到旅的训练命令后，正、副营长逐条领会，以此作为制定营训练命令和计划的依据；副营长与作训股负责执笔制定命令和计划提纲。

——营长召集副营长、作训股、各连长会商，副营长汇报拟制的提纲。

——作训股与各连长会商，互通情报，对来年的各种可能性和必要性提出建议。与此同时，作训股根据营的年度训练计划提纲，制定每一季度的训练计划。

——经营长批准，正式书写、签发。

营的季度训练命令和计划是对年度训练命令和计划的补充和具体化，主要内容是具体划分每个连、每个季度和每个训练科目的时间。营在制定训练计划、划分训练时间、编排训练科目时，通常掌握以下原则：

(1) 一般训练科目贯穿全年始终。对于那些不受时间、内容制约，可经常单独进行和数个小时的共同科目，通常均匀地编排在整个训练年度，如军体训练、内部指导、宗教课、部队一般知识、队列训练和专业训练中的射击训练、技术勤务等。

(2) 季节性较强的科目尽量安排在适当的季节里进行。如“雪地和严寒条件下的措施”这一科目安排在冬季，会取得更好的训练效果。

(3) 合组训练。对于那些需要集中教官和器材、或需要使用固定训练设施和器材的科目(如通信、三防等训练)，以及需要连续进行、不易分段的科目(如防御、战斗侦察等)，通常进行合组训练。这种训练组织简便，效果明显。

(4) 对不同训练领域中互有联系的科目穿插进行。如在“进攻”中安排“工兵勤务”(障碍物和雷场的勘察、克服障碍物等)，在“防御”中结合演练“障碍物的设置”或“迟滞”行动等。

新兵训练　从1996年1月1日起，德军义务兵服基本役的期限由原来的12个月缩短为10个月(但自愿参加危机反应部队的义务兵服役期限仍为12个月)；服役10个月的义务兵在服完现役后，紧接着要到专门的常备预备役部队再服役2个月。鉴于上述变化，德军决定：自1996年7月1日起，各军种按新的部队训练程序安排和组织训练。陆军新的训练程序将部队军事训练划分为一般基础训练、专业基础训练、全面训练和部队训练4个阶段(又称4个部分)。此外，危机反应部队还必须参加国际维和行动训练，主要防御部队还要参加危机反应训练。

一般基础训练(2个月)　陆军新兵入伍后先接受一般基础训练，在陆军专门组建的基础训练分队进行。陆军旅级部队编有2个基础训练连，团级部队编有1个基础训练连，营级部队编有1个基础训练排。在这一训练阶段，主要是共同科目训练，内容有军人的权利和义务、各种条令、体育、队列、纪律、军人日常举止、单兵战场举止、射击、反坦克、通信、防空、三防、卫生救护、车辆驾驶和宗教课等。训练目的是使新兵了解军队的一般知识，学会最基本的自卫本领。

专业基础训练(又称岗位训练，2个月)　一般

基础训练结束后就进行专业基础训练，在各基础训练分队实施。这是为新兵在其未来兵种工作而设置的军事专业训练阶段。新兵受训的专业科目视其未来担负的勤务而定，例如：装甲兵除掌握步兵的一般知识外，重点是掌握坦克驾驶、瞄准和装填弹药的技能；炮兵必须学会炮手所必需的技能，等等。训练目的是使新兵掌握必需的基本专业知识和技能，为参加下一步的全面训练打好基础。专业基础训练分 3 个小阶段：（1）保卫与警戒训练，为期 1 周。在这一小阶段，危机反应部队的士兵须接受机枪、火箭筒操作训练；主要防御部队的士兵可根据所在部队使用武器种类的不同参加机枪、火箭筒或手枪、冲锋枪等的操作训练。（2）针对性训练，为期 4 周。目的是使士兵学会胜任本职工作和能完成一般性任务。（3）补充性训练，为期 2 周。编入危机反应部队的士兵参加该训练，主要接受执行危机反应任务的基本作战方式训练和完成所在部队担负的特殊任务训练。

在专业基础训练阶段的兵器操作训练中，普遍使用一种“训练卡”。训练前，将写有操作要领和标准的“训练卡”发给士兵。训练时，数名士兵编为一组，由一名士兵按“训练卡”规定的动作发出口令，另一名士兵按口令操作，其他士兵则按“训练卡”上的标准检查动作质量。使用“训练卡”可使训练动作更加准确，质量更高，训练器材的损坏率明显减少。

那些自愿延长服役期并被编入危机反应部队服役的士兵在上述 4 个月的训练结束后，紧接着要参加为期 2～4 周的联合国部队基础训练。

全面训练（2 个月） 新兵完成一般基础训练和专业基础训练之后，就补充到连以下的作战分队里进行全面训练。所要达到的目的是：通过继续进行的单兵训练，使士兵掌握两种以上的专业技能，胜任在作战分队中所担负的任务，巩固和提高其自卫能力；通过连以下分队的集体训练，培养士兵的集体作战观念，提高作战分队的战斗力和保持高度的战备状态。全面训练结束后，士兵具有独立完成作战任务（要求懂得自己在作战行动中所处的位置、承担的任务以及应采取什么样的行动方式等）和参加协同作战（重点是班、排小分队的集体行动）的能力。

部队训练（4 个月） 部队训练以战术训练为主，旨在提高诸兵种合同战斗能力。危机反应部队平时的训练，主要是提高营以上部队综合使用各类武器完成作战任务的能力，训练内容有：作战演习、实弹射击、作战演习中心训练、军校的教学演练、部队演习场演习。每隔 12 个月，危机反应部队进行一次旅级规模的军事演习，以检验部队的训练情况。主要防御部队平时的训练，以连为单位与危机反应部队混编，参加危机反应部队营级规模的军事演习，连队举行实弹射击，参加作战演习中心演练以及参加军校的教学演练等。

士官训练 德军主要实行合同士官制。候补士官从具备相应条件的合同兵中招募。选拔候补士官的条件是：17～25 岁，高中文化程度，合同期 3 年以上。合同士官的一小部分（约 10%）可以转为职业士官，充任射击教员、机械修理工或厨师等，服役至 52 岁。

陆军士官训练主要是培养担任班长、车长或炮长一类基层指挥职务的士官。从 1997 年 1 月 1 日起，按业务性质的不同，陆军士官训练分为初级士官训练、高级士官训练和职业士官深造 3 个程序。

初级士官训练 候补士官在服役第 1 年先要在部队接受 6 个月（含休假 1 个月）的基础训练。它包括一般基础训练（3 个月）和专业基础训练（3 个月）。通过基础训练，学员将获得一般的军事知识和单兵野外作业的能力。从服役第 7 月开始，参加为期 3 个月的“第 1 期初级士官训练班”的训练。该训练班由各陆军士官学校主办。从服役第 10 月开始，参加为期 3 个月的“第 2 期初级士官训练班”的训练。该训练班由部队士官教导连或部队学校主办。这两期士官训练班的训练目的是使学员具有充当小分队指挥员和在训练中担任教官助手的能力。结业时要考试，考试合格者才能在其服役的第 2 年 1 月晋升士官（一级下士）。士官训练班结业后，紧接着就于服役的第 2 年 1 月进“应用训练班”受训。该班学制最多 4 周，由陆军部队学校主办，完成对初级士官的一般军事培训任务，使他们成为合乎时代要求的基层指挥、教育和训练人员。从服役的第 2 年年中开始，他们要在所在部队的专业训练连接受一般职业训练或改学另一专业，时间 2～10 个月不等。到服役的第 3 年 1 月，一级下士晋升为二级下士。

高级士官训练 到服役的第 4 年 10 月，二级下士进部队学校主办的“中士训练班”进行军事深造，为期 3 个月（即 10～12 月）。深造的目的是使学员有能力对排编成内的一个小分队实施指挥、教育和训练。结业考试合格者从服役的第 5 年 1 月起晋升为中士，进入高级士官的行列。在服役的第 5 年，中士要参加由各兵种部队的专业训练连组织的“A 级职业进修”，时间 2～12 个月不等，主要学习各种职业技能，培养专业技术骨干。

职业士官深造 中士在使用期间被证明有工作能力的，如果本人愿意，可转为职业士官或军事专业勤务军官。没有转的，最多服役 15 年后就退出现役。

预定要提任排长的职业士官，在其服役的第 8～10 年期间，先要参加由陆军士官学校主办的为期 4

周的"业务建设训练班"深造，然后还要参加由各部队学校主办的为期4～8周的"兵种应用训练班"深造。参加这两个班深造的目的是使学员具备担任本兵种排长的能力。预定担任合成部队排长的士官，还要接受战斗部队加强连一级的战术训练。

按规定，职业士官在其服役的第16～18年期间，要进"第1期深造训练班"学习；在其服役的第23～25年期间，要进"第2期深造训练班"学习。这两期训练班都由陆军士官学校主办，时间各为2周，对所有职业士官都按统一教材施教，给学员教授有关指挥方法方面的新的基本知识。

尉官（分队指挥官）训练　陆军每年需要补充约1300名部队勤务候补军官。近几年，由于财政方面的原因，这一数字暂时有所减少。候补军官的招募和选拔工作与义务兵的征召工作同时进行；此外，在义务兵头2个月的一般基础训练中若发现合格者也可选拔为候补军官。挑选候补军官的条件是：德国公民；年龄17～25岁，自愿成为职业军官或服役合同期在12年以上者；高中文化程度；各项体检合格。尉官培训的目标是使受训者具备下述能力：能指挥本兵种的一个小分队，能运用合乎时代要求的方法对小分队施训；能在平时、危机时和战时充当部队勤务军官完成一般任务；能代理指挥本兵种的一个分队。

90年代初，德国陆军对其现役和预备役军官的训练和深造作了较大的调整和明确的规定。从1993年7月1日起，他们按新的训练程序进行训练。调整后的尉官培训工作分为5个阶段：

第1阶段　基础训练。从候补军官入伍第1月开始至第8月结束，共8个月，在各兵种的部队进行。又分一般基础训练（2个月）、专业基础训练（2个月）和车辆驾驶基础训练（4个月，其中1个月休假）3个小阶段。在前两个小阶段，主要给学员传授基本的军事知识，使之具有单兵野外作业能力。在一般基础训练阶段，候补军官和其他列兵混合编组。到专业基础训练阶段，候补军官才与其他列兵分开，单独编成"候补军官小分队"（班或排）进行训练。在专业基础训练阶段，即从第4月起，学员晋升为一等兵候补军官。经过第3小阶段的车辆驾驶基础训练后，学员晋升为一级下士候补军官，可得到本兵种主要武器系统的车辆驾驶执照。

第2阶段　候补军官训练班训练。从第9月至第21月，共13个月，亦分3个小阶段，在各兵种的部队学校和部队里进行。培训目标是，使学员有能力充当本兵种部队的排长。候补军官训练班由各兵种的部队学校举办，分两期。第1期候补军官训练班，从学员入伍后的第9月开始至第12月结束，为期4个月，目标是使学员有能力担任班长或车长。从第13月至第15月，共3个月，学员回本兵种的部队充当班长或车长，以获得实际领导经验。从第16月至第20月，共5个月，学员再进各兵种部队学校举办的第2期候补军官训练班，接受排长业务培训。第21月，学员全月休假。第2阶段培训工作结束后，即从第21月起，学员晋升为中士候补军官。

第3阶段　军官训练班训练。从第22月至第27月，共6个月，在陆军军官学校的军官训练班进行。在这里，要对学员进行战斗部队加强营一级的战斗训练，使之具备充当陆军军官的一般能力。

第4阶段　部队实习。从第28月至第39月，共12个月，在各兵种的部队里进行。在此阶段的前9个月，担任副排长；后3个月，担任排长。部队实习的目的是使学员获得实际的基层领导经验。在此阶段，学员有两次晋升：从第31月起，晋升为一级军士长候补军官；从第37月起，晋升为少尉。

第5阶段　进联邦国防军大学学习。39个月的训练工作完成后，年青的军官被送到汉堡或慕尼黑联邦国防军大学学习。这两所军队大学的学制从3年零3个月至4年不等，视所学专业而定。它们现在共开设有18种专业，其中大学专业15种，高等专科学校专业3种。所设18种专业，并非每个学员全部必学；而是根据自己未来的军事职业和志愿，选学其中的若干门。

年青军官在国防军大学主要是学习专业知识，掌握科学的工作方法，提高分析问题的能力。此外，也进行一些军事训练，如上军事课、行军、射击和军体训练等。毕业考试合格者，发给毕业证书，授予各种学位，晋升中尉。其证书和学位为国家所承认，相当于地方4年制大学毕业生的水平。

校官训练　全军每年需补充260名校官。和空、海军一样，陆军校官的深造工作也几乎全在汉堡联邦国防军指挥学院进行。该院的招生条件是：官龄至少8年、有汉堡或慕尼黑联邦国防军大学的毕业证书、准备晋升为高级参谋军官或中级指挥军官的上尉级职业军官。该院的教学训练工作分下述3个阶段：

第1阶段　在基础科目训练班受训。指挥学院每年招收的260名官龄8～13年的上尉级职业军官，都须参加该院举办的基础科目训练班深造。该训练班学制3周，设有下述主要科目：陆、空、海三军指挥理论；联邦国防军与社会；安全政策与武装力量。结业时要进行专业考试。考试合格是学员将来晋升少校的前提条件。

陆军尉官（分队指挥官）的训练程序

训练阶段	训练时间	训练内容和地点	军衔晋升
第1阶段（从服役第1月至第8月）	第1～2月	一般基础训练，在部队进行	从第4月起，学员为一等兵候补军官
	第3～4月	专业基础训练（岗位训练），在部队进行	
	第5～8月（其中休假1个月）	车辆驾驶基础训练，在部队进行	
第2个阶段（第9～21月）	第9～12月	第1期候补军官训练班训练，部队学校主办	第9月晋升为一级下士候补军官
	第13～15月	回本兵种部队充当班长或车长	
	第16～20月	第2期候补军官训练班训练，部队学校主办	
	第21月	休假，在部队学校	晋升中士候补军官
第3阶段	第22～27月	军官训练班训练，陆军军官学校主办	
第4阶段（第28～39月）	第28～36月	部队实习，担任副排长	第31月晋升为一级军士长候补军官；第37月晋升少尉
	第37～39月	部队实习，担任排长	
第5阶段		进汉堡或慕尼黑联邦国防军大学学习，学制3年零3个月至4年不等	大学毕业后晋升中尉

第2阶段　在应用科目训练班受训。基础科目训练班结束后，260名学员就进入应用科目训练班深造。应用科目训练班设下述3种：①总参谋部参谋业务训练班。学制2.5年。每年从260名学员中挑选约40名（其中陆军30名）进该班深造。他们都是在部队工作中表现突出和在基础科目训练班结业考试中成绩特别优秀的。该训练班是为这些学员将来分到本国的和国际性的总参谋部或类似总参谋部的高级参谋机关工作作准备的。②参谋部参谋业务训练班。学制8周。没有选进总参谋部参谋业务训练班深造的学员（220名）就进该班深造。该班设有两个主要科目：平时、危机时和战时参谋工作的任务；参谋部工作的基础和原则。通过该班深造，要使学员有能力胜任本兵种有关的基本参谋业务部门的工作。③安全政策进修班。时间3周。所有的职业军官，无论是参加"总参谋部参谋业务训练班"深造、还是参加"参谋部参谋业务训练班"深造的，结业后都要参加"安全政策进修班"深造。该进修班对所有职业军官都教授统一的课程。

第3阶段　在专职人员业务训练班受训。这种深造是直接为学员担任新职作准备的，任务是解决专职人员在业务上的一些特殊问题。按学员所任新职的业务性质设班，例如设有总体防御业务训练班、国防业务训练班、陆军指挥训练班、高级指挥机关业务训练班、一体化领域业务训练班、管理业务训练班、教学法训练班等等。各种训练班的期限1～10周不等。

军官深造　从1993的7月1日起，部队勤务军官（含尉官和校官）的深造按下述几项规定进行：

（1）少尉军官在联邦国防军大学毕业后，晋升中尉，紧接着就进本兵种部队学校举办的入门训练班受训，时间3周，旨在熟悉本兵种各方面的最新情况，为即将去部队正式担任排长作准备。

（2）所有中、上尉军官，在军龄到12年之前，都要按规定完成"陆军分队战术进修"任务。"陆军分队战术进修"工作由各师的师司令部组织实施，为期2周，目的是使军官更新和扩充自己的战术基本知识。

（3）经考核合格、合同期12～15年，预定担任连长的中、上尉军官，在就任之前须参加由本兵种部队学校举办的为期4～5周的分队指挥员训练班受训。

（4）具备相应能力、选定担任营长的中校军官，就任之前须参加营长训练班受训。营长训练班分两期：第1期由陆军军官学校举办，时间3周，教授与营长职务有关的一般军事知识；第2期由各兵种的部队学校举办，时间3周，教授与本兵种营长职务有关的军事知识和领导方法。

（5）有少数兵种，比如炮兵，其即将晋升团长的中、上校军官，就任之前须参加由本兵种部队学校举办的团长训练班受训，为期1周。即将担任防区司令（团级）的中、上校军官，先要参加步兵学校举办的防区司令训练班受训，然后才能赴任。

预备役人员训练　重视预备役部队建设是德军建设的一大特点。德军从两次世界大战中得出经验教训认为，预备役部队的数量和质量直接关系到战争的成败，不拥有受过良好训练的预备役部队，"军队的锋刃在短时间就会受挫"。德军强调，现代军事技术不断发展、日新月异，预备役人员只有平时定期参加军事轮训和各种演习，熟悉现代战争的技术战术，才能在战时完成所担负的任务。预备役训练每期时间较短，训练中强调以实践课为主，理论课为辅，认为

“实际应用是学习的最好方法”。理论课仅占总训练时间的15%左右，主要进行实际操作和战斗演习。德军要求预备役施训人员有长期的训练经验和较好的军事素养。训练中心的教官一般多是长期服役的连、排长，并受过部队学校的培养。德军对预备役军官的要求和对现役军官的要求几乎一样。

德军经过40余年的努力，已建立了一套比较完善的预备役制度。例如，在东西方处于冷战的时期，德军72小时内能动员84万预备役人员入伍。为了更好地适应形势变化，德国防部于1994年8月颁布了新的预备役计划。该计划是德国90年代建军规划的一个重要组成部分，它不仅裁减了大量的预备役在编人员，而且调整了预备役人员的训练时间和培训方法等，以建立一支少而精的预备役队伍。

德军预备役人员主要来源于退出现役的军人。根据德《义务兵役法》规定，服满法定服役期的军人退出现役后，32岁以内的士兵，45岁以内的士官，60岁以内的尉、校官，65岁以内的将官均转入预备役。

根据新的方案，德军预备役人数由原来的90多万人减为34.2万人。德军平时实际兵力为33.8万人，根据需要国防部长可下令征召预备役人员中的3.2万随时应征，从而使平时的实力扩编为37万人。一旦发生危机，德军总兵力可增至68万人。

预备役军官训练 （1）预备役军官的培训。陆军每年要训练约1000名预备役候补军官。因为对作为指挥人员使用的预备役军官的要求和对现役军官的要求是一样的，所以预备役军官的培训和现役军官的培训在程序和科目方面基本一样，只是在训练时间上前者明显少于后者。预备役候补军官采用两种合同制：一种是合同期为2年，另一种是合同期为18个月。其培训工作都是分5个阶段：第1阶段，一般基础训练，在部队进行，3个月。第2阶段，专业基础训练，在部队进行，3个月。第3阶段，应用训练（在有的兵种是车辆驾驶基础训练），在部队进行，2个月。第4阶段，学校训练班培训，4个月。训练班分两期：第1期是“预备役候补军官排长训练班”，由各兵种的部队学校主办，为期2个月，目的是使学员具备充当本兵种排长的能力；第2期是“预备役军官训练班”，由陆军军官学校主办，为期2个月，使学员了解军官的一般任务。预备役军官训练班结业时要考试。考试合格是学员以后晋升预备役少尉的前提条件。第5阶段，部队使用。预备役候补军官完成前4个阶段共12个月的培训任务后，从第13月开始进入部队使用阶段，先任班长或车长，然后任副排长、排长。合同期2年的预备役候补军官，其部队使用阶段为12个月；合同期18个月的，其部队使用阶段只有6个月。

（2）预备役军官的深造。无论预备役军官还是现役军官，其深造工作是遵循同一原则实施的；并且预备役军官大多数科目的训练是和现役军官一道进行的。预备役军官深造的目的，一是巩固和扩大他们在服现役期间获得的知识和能力，二是尽可能利用他们掌握的地方职业技能为军队服务。预备役军官的深造工作采用部队军训、院校短期集训和在预备役部（分）队代职实习等方式交替进行，但主要方式是在院校的短期集训。以预备役指挥军官的深造为例，几乎每晋升一级职务都要先进行有关的应用科目训练班深造：预备役部队排长到分队指挥员训练班集训（部队学校主办）后晋升副连长；逼连长到陆军分队战术进修班集训（各师师司令部主办）后晋升连长；副营长到两期营长训练班集训（分别由陆军军官学校和部队学校主办）后晋升营长；营长到兵员补充部队副团长训练班集训（部队学校主办）后担任兵员补充部队副团长；兵员补充部队副团长到团长训练班集训（部队学校主办）和联邦国防军总体防御业务训练班集训（联邦国防军指挥学院主办）后晋升团长。

预备役人员复训 为了保障预备役人员具有较高的军事素质，在动员后能完成赋予的各项任务，德军十分重视和强调预备役人员的复训，主要做法有以下几种：

（1）到现役部队参加军事轮训。德军编制内始终保留有部分预备役轮训人员的位置，现在保留的名额为1万人，以后要减为4000个，供预备役人员到现役部队轮流接受军事再训练。每期轮训的时间一般为2周。原来每年接受轮训的预备役人员可达30万，1995年后已减少为14万。接受军事轮训的预备役人员的应召年限和总时间如下：士兵现为6年30天，以后要调整为4年24天；士官现为10年45天，以后为7年45天；军官保持10年84天不变。由于部队保留的轮训人员名额有限，德军平时轮训的重点是排、连、营基层指挥官和士官。

（2）培训班重点培训。德军预备役部队现拥有30个训练中心，每个训练中心每年可培训2000多名预备役人员。培训中心主要承担举办“骨干”培训班的任务，培训对象是预备役军官和士官，目的在于提高他们的军事技术和指挥水平。培训时间通常为2～4周。此外，每年有部分预备役军官和士官还可以参加由兵种学校举办的军事培训班。

（3）动员演习。以营、连或小分队为单位，集中进行强化训练，通常随伴着军事演习进行。主要演练预备役动员速度和协同作战能力。演练时间一般为12天。

（4）司令部动员演习。主要检查预备役指挥人员的战备情况。演习通常为4～6天。

（5）预备役预警演习。为期3天，主要是积累动员经验。演习一般以防区为单位进行。 （陈　群）

演习的组织与实施　**演习的原则**　德军认为，演习是训练的最重要手段，是促进战备、检验和发展指挥与作战原则及新技术兵器的重要途径。演习的目的是使部队掌握诸军兵种协同动作，提高其完成战时任务的能力。

演习的通用原则　德军演习条令规定，演习根据特定的演习目的进行，演习的目的、财力、兵力、时间和地域等要素决定着演习的类型和规模。下达演习命令的首长根据演习目的、类型和规模来协调演习的兵力、时间和地域。

组织演习的指令直接下达给导演，内容包括战争样式、演习类型、演习目的、参演部队、演习地域、演习开始时间和期限等。演习的成败在很大程度上取决于导演的个人素质和才能，导演必须了解作为演习基础的各种战争样式，熟悉各参演军兵种部队及假想敌的作战和指挥原则。

演习依据事先设定的态势展开，并以其为基础进行推演，同时要遵循分阶段有重点的原则进行。当假想敌是实编部队时，应按照联邦国防军的原则来显示。若假想敌系虚编部队，则根据特定的演习意图，按照预先确定的指挥和作战原则来显示。

演习想定必须设置影响战局的其他突发局面，如各种形式的损毁、空袭、环境条件或平民的特定活动等。在符合演习目的的前提下，要将核、生、化威胁因素安排进演习想定的内容之中，设置敌方使用核生化武器、实施心理战、隐蔽战和利用第3维空间等行动。

部队演习的原则　德军部队演习以单方演习（演习部队为蓝军，导演部队为红军）或对抗演习（蓝军和红军均为演习部队）的形式实施。对推演过程已有明确规定时，须制订演习进程的细节；反之，则粗线条地拟订演习进程。前者主要突出部队的活动，因而对演习部队指挥员的行动自主性有所限制；后者则对参演部队、导演部和仲裁部门的训练水平有较高的要求。

是否设置实编或虚编部队参演，一般根据每次演习的类型和目的来确定。参演的实编部队中人员和物资的不足部分在未补充的情况下应计作伤亡和损耗。虚编部队通常由指挥和辅助人员组成，负责替代实编部队扮演各级司令部、分队、部队和大部队。如果参演部队的编成与标准编制不符，则须确定演习编制。

部队演习由演习部队的上一级首长规划、导演和评价。导演部人员原则上由非参演的指挥部和部队提供。部队演习可以通过图上作业和现地会商的方式事先进行准备以及事后进行复盘。是否与空军和陆军航空兵进行部队协同作战演习要视天候条件而定。当天候条件不允许投入飞机和空降部队时，必须立即按照另一套推演程序继续演习。

以实编部队进行演习时，补给必须尽可能按战时要求实施，并设置上一级后勤指挥部，协调各项补给措施的落实和物资的准备。

指挥演习的原则　指挥演习包括图上作业、现地会商和训练考察，其目的是训练指挥员判断情况、定下决心和下达命令的能力，检查训练水平，审查部队编制，研究新的指挥与作战原则。

规划大部队指挥演习时，必须兼顾所属各级司令部的训练需要，并使之能够促进所属部队的统一训练。指挥演习的参演范围应依据演习的目的和训练的目标来确定。当其他兵种和军种指挥员无法参演时，其任务应由导演承担。

实施指挥演习时也要遵守军事安全规定，并制定和落实与演习有关的各项保密和安全措施。

演习的分类　德军将演习区分为两大类：一是部队演习，二是指挥演习。其中，部队演习又分为实兵战斗演习、盟军演习、使用实弹和教练弹的实兵演习、后勤和卫勤演习、示范演习、实验性演习、警戒演习、动员演习和司令部演习；指挥演习分为图上作业、现地会商和训练考察。

部队演习　（1）实兵战斗演习是部队在实战条件下于野外进行的演习，其基础是单兵训练和各分队的集体训练。演习时，参演的小分队、分队和部队按照计划首先演练部（分）队在火力和机动这两个战斗要素方面的协同动作。加强营以上级别的部队演习的重点是诸兵种协同作战；大部队演习的重点则是诸军种协同动作，以及与盟军和地方部队的联合作战行动。实兵战斗演习可以以单方演习和对抗演习的形式进行，前者是最常见的演习类型，后者一般适用于大部队的演习。

（2）盟军演习是德军与盟军共同进行的演习，目的是检验和完善军事合作程序，了解各联盟伙伴军队的指挥和作战原则，增强彼此间的认同感。这类演习有由德方任导演的演习和北约演习之分：

①由德方任导演的演习是指由德方主办并有盟军参加的演习。举办旅、营规模的这类演习由各军司令部批准，举行师和师以上规模的这类演习须向陆军指挥参谋部申请。在这类演习中，指挥和补给由德方负责，导演和仲裁工作需吸收盟军参加。

②北约演习是由北约各级司令部计划、实施和评价的部队演习和指挥演习，目的是促进北约指挥系统内部的合作及其与各国军事和民间部门的合作，并检验应付危机和战争计划的效力。

（3）使用实弹和教练弹的战斗演习最接近所设想的实战情况，是训练的最高级阶段。其目的是促进实战条件下火力战斗和战术动作方面的训练。实施这类演习要求导演高度重视安全措施的落实，力求推演过程符合想定设置和目标设置，并尽量在实际演练之前进行预演。

(4) 后勤和卫勤演习的目的是，在尽可能近似实战的条件下演练补给链中的补给过程和卫生勤务。后勤部队和卫勤部队作为实编部队参演，各级司令部后勤和卫勤领导部门作为指挥机构参演。演练的重点包括后勤和卫勤指挥机构与部队之间、后勤卫勤部队之间、后勤卫勤部队与其他兵种部队之间的协同动作。

(5) 示范演习是以展示某种战斗行动或某种作战方式的演习活动，目的是向见学人员介绍和传授正确掌握和运用上述行动和方式的程序。为了向见学人员详细介绍和评价演习的各个阶段情况，使之更好地认识和了解其中的原则和规律，常常需要中断演习进程。缺乏连贯性是这类演习的一大特点。

(6) 试验性演习是一种与训练无直接关系的演习活动，目的在于检查现行部队编制或研究探讨新编制、获取修订指挥与作战原则方面的知识、检查新型武器装备对现行编制及指挥与作战原则的影响。为了澄情某些问题，这类演习通常要设置若干相互无关的演习阶段，并在改变预定条件的情况下多次重复某一演习阶段。

(7) 警戒演习是提高部队快速进入战备状态能力的演练活动，目的在于检验警戒准备程序的实用性，加快实施警戒措施的反应速度，确定实施各项警戒措施实际需用的时间，检验警戒分队的组成和活动，检查各部队在保卫重要目标方面各项警戒措施的落实情况。

(8) 动员演习是由军队和地方共同参与的扩军训练活动，目的是演练部队或勤务部门按照战时实力和编制进行动员补充的行动，提高部队在动员后快速进入战备状态的能力。

(9) 司令部演习通常为单方演习，它与战斗演习的区别在于参演部队全部或大部为虚设单位。这类演习一般不受季节、天候和地形的影响。演习目的主要是演练部队作战指挥和后勤保障指挥，演练项目包括各级指挥员及其助手之间、同级指挥机构之间、上下级指挥机构之间的协同动作，补给链内的协同动作，命令下达和通信勤务等。为实施大部队战斗演习和示范演习作准备，通常预先进行司令部演习。

指挥演习　指挥演习是一种培养指挥员素质和提高其指挥能力的训练活动，同时也是一种检查部队训练水平和战备状态以及研究探讨新的指挥与作战原则的途径。德军的指挥演习分为以下 3 类：

(1) 图上作业是在室内进行的、以概略图或大比例尺地图为基础的、以单方作业或对抗作业为形式的训练行动。德军的图上作业不同于一般的战术课，而是指师旅级以上司令部进行的指挥训练。其目的在于检查和提高高级指挥员及其司令部参谋人员把握战局各阶段发展、指导部队行动、紧急处理问题、对突发事态作出灵活反应等方面的能力。

(2) 现地会商是一种使指挥员加深了解地形和全面理解地形与任务之间相互关系的训练形式，旨在培养指挥员不依赖地图就能迅速果断地下达命令的能力，其主要演练内容包括地形方位的判定、现地勘察、地形判断、判断情况并定下决心、口头下达命令等。

(3) 训练考察是一种服务于训练、教学、进修的为期数天的旅行。实施训练考察的单位通常是各级指挥部、院校和特遣专业小组。此外，训练考察的形式还适用于总参谋部参谋军官的进修、指挥学院的训练和国防军大学的教学活动，目的在于介绍德军和盟军部队的指挥与组织、兵种和军种、德国和盟国军事地理概貌、敏感的军事要点、交通和补给设施的结构、战史、经济和文化财富等方面的基本知识。对高层指挥员来说，训练考察还是检验各种计划和获取有关发展指挥原则方面知识的一种手段；对部队指挥员和参谋军官来说，训练考察有助于培养判断情况和定下决心的能力，探讨战术和战役问题，检查大部队的组织，以及确保指挥原则的统一运用等。

各类演习的组织与实施　德军演习条令指出：严格遵守演习条令各项规定，周密制订演习计划，具体组织与实施各项演习，是实现演习目的、确保演习获得成功的前提条件。

部队演习的组织与实施　(1) 演习的组织。组织工作主要围绕以下 5 个方面进行：

①确定工作程序。导演受领演习任务后，首先根据演习目的、参演部队、推演时间和演习地域等因素，在图上初步确定基本想定和推演过程各阶段的划分；尔后依据现地勘察的结果制订演习工作计划；设立由若干协调员组成的演习准备指挥部；落实演习所需经费；安排观摩事宜。

②准备演习文书。这是规划阶段的重要环节，文书的内容包括蓝军态势、红军态势、想定、各项演习指示、给导演部和仲裁部门下达的命令、演习命令和有关舆论宣传的命令。

③设定态势。态势的内容包括叙述态势的正文、补充说明和各项演习指示。正文主要介绍敌我力量和部署，说明各自意图和任务；补充说明要指出敌我双方部队的假设状态以及种种战争伴生现象，如敌我双方部队实力的变化、后勤、卫勤、交通、空军、大规模杀伤性武器、心理战、民防、通信等方面情况；演习指示旨在对从平时状态向假设战时状态过渡的进程进行调节。

④制订想定。想定是演习进程的计划，目的是粗线条地明确演习内容，划分演习阶段，确定演习时间、地点和方式，向协调员和裁判介绍导演意图，协

调导演部和仲裁部之间的合作。想定的制订工作通常按照规划推演过程、划分演习阶段和设定各阶段细节的顺序进行。想定内容对参演部队及其指挥员保密。

⑤下达演习命令。演习命令对所有参演人员均具有约束力，内容包括演习的组织、总进程和参演人员的行动以及与演习有关的所有细节。凡演习指示和现行部队演习规定已经明确的内容，以及有可能暴露想定推演过程的情况，不得列入演习命令。

（2）演习的实施。演习正式展开之前，由导演命令各参演部队按态势规定进入演习的始发状态，并依据战时要求行动。演习开始的时机和各参演部队进入演习的时机由导演确定，时机既可以用时间、也可以按照超越某一线或进入某一地区的方式表示。演习一旦开始，部队便取得依据态势确定自己行动的自主权。

当参演部队因决心不当，命令下达不完整，忽略地形勘察、警戒或侦察，通联失当，补给措施不充分等因素导致行动失误时，导演部和仲裁部便通过如下方式进行干预：使部队处于遭到重创和丧失行动能力的状态；中断通联；设置补给发生严重困难的情况。

当演习出现犬牙交错的混乱局面，需要检查参演部队遇到的具体情况、重复某一演习阶段、中止部队所扮演的角色或发生严重事故等情况时，导演部可以局部或全部地中断演习。在没有接到进一步命令之前，参演部队必须在已经到达的地点待命，并继续按照实战要求行动。问题处理完毕后，由导演部为参演部队确定恢复和继续演习的时间。

导演可以按照确定时间、超越某一线或判断演习目的是否达到的方式来宣布演习的结束。

每次演习结束后必须进行评价，以便判定演习目的实现的程度，指出各参演部队行动的正确和失误，并在此基础上写出总结。

指挥演习的组织与实施　（1）演习的组织。图上作业、现地会商和训练考察的组织工作程序基本相同。导演在受领作业任务后，首先要明确演习目的，着手制订基本想定，划分推演过程的各个阶段；随后将基本想定图解化，并规划红蓝双方的态势；尔后拟订演习工作计划，准备作业文书，内容包括蓝方态势、红方态势、推演情况说明和图上作业命令。

由于这类演习不受地域和安全等因素的制约，因此态势的设置应接近实战，这一点与部队演习不同。想定中要明确划分作业阶段，确定各阶段的目的和情况设置的时间、地点及内容，以及拟订导演的各项标准方案。在制订想定之前必须澄清各作业阶段的演练目的、时间分配、始发状态、任务和角色变换等问题。

导演主要通过下达命令、发出通报和介绍事变的方式设置情况，目的是诱导参演人员采取对应措施，以此影响推演过程。作业期间，导演可根据演习目的来变更态势、时间和地点，以此检验和锻炼参演人员的应变能力。

（2）演习的实施。导演及其导演部完成演习的各项物质保障准备工作后即可启动演习。具体开始的时机可选择在参演指挥员判断情况或定下决心及下达命令的时候。导演一方面要促使参演人员尽可能紧张地工作，同时又不松懈诱导工作。

设置情况是导演为影响推演进程而运用的主要手段，通常以命令、通报或相互矛盾的情报等形式连续表示各种复杂局面，以加重参演指挥员的压力。为了使演习更接近于实战，导演在推演过程中还要有意识地制造一些意想不到的困难和危机，如紧急中断通信联系、人员伤亡和物资损毁、部队运动受阻、敌我态势不明、遭敌航空兵和空降兵的袭击等。

推演过程中，导演一般不对参演指挥员的决心、命令和处置方案予以评价，以便激发他们的主观能动性，广开思路，创造性地完成任务，因为与导演基本案不同的方案有时也可能是正确的。在特殊情况下，当作业人员的决心和命令与导演的想法违背时，导演可以中断作业，公开基本方案，具体说明诸如敌情、人员伤亡、物资损耗、时限和士气等影响战局发展的因素，评价作业情况。但是在继续推演时仍要以参演人员的决心和命令作为基础。

指挥演习结束后，通过总结会的形式讲评重要的演习阶段，评判参演人员在判断情况、定下决心和下达命令等方面的表现，总结经验和教训，在此基础上对演习作出总的评价。

（侯卫国）

院校与训练中心　德军的训练设施主要包括院校和训练中心这两部分。德军一向认为，在武器装备和军事技术日新月异的时代，军队院校对培训军官和军事专业技术骨干日益重要；因此很重视院校建设和院校教育。早在 1956 年建军伊始，就着手恢复和新建了各种类型初具规模的军队院校。40 多年来，德军对院校建设和教育不断进行调整和改革。最近一次较大的调整和改革是在两德统一之后进行的。改革的出发点是：使军队院校教育能与军外教育、地方大学教育相适应；使军事专业训练与地方职业训练密切结合，以便军官退役后有更广泛的就业机会。经过 40 多年的努力，德军已基本上建立了一套较完整的、有效的、能适应军队现代化需要的院校教育体系。

院校概述　*院校的数量和种类*　德军现有各种院校共 100 余所，但比较正规的院校只有 50～60 所。其中，全军性院校 9 所，它们是：（1）汉堡联邦国防军指挥学院（正师级），（2）汉堡联邦国防军大学（校长为文官），（3）慕尼黑联邦国防军大学（校长为文官），（4）巴特埃姆斯联邦国防军情报学校，（5）

波恩联邦安全政策学院，(6) 施特劳斯贝格联邦国防军信息与通信学院（旅［团］级），(7) 瓦伦多夫联邦国防军体育学校，(8) 汉堡联邦国防军后勤学校（旅［团］级），(9) 科布伦茨联邦国防军军犬学校（营级）。

此外还有5所为全军服务的军事管理院校，它们是：(1) 曼海姆联邦国防军管理与国防技术学院（校长为文官），(2) 曼海姆联邦国防军第1管理学校，(3) 齐根联邦国防军第2管理学校，(4) 劳恩堡联邦国防军第3管理学校，(5) 奥伯阿梅尔高联邦国防军第4管理学校。

陆军现有正规院校20所，它们是：(1) 汉诺威陆军军官学校（正师级），(2) 费尔达芬通信学校及陆军电工技术专科学校（副师级），(3) 宗特霍芬宪兵与参谋勤务学校（旅［团］级），(4) 哈默尔堡步兵学校（副师级），(5) 蒙斯特装甲部队学校（副师级），(6) 比克堡陆军航空兵武器学校（副师级），(7) 阿尔滕斯塔特空降与空运学校（旅［团］级），(8) 伊达尔－奥伯施泰因炮兵学校（副师级），(9) 魏因加滕国际远程侦察学校（营级），(10) 宗特霍芬三防与自卫学校（旅［团］级），(11) 伦茨堡陆军防空学校（副师级），(12) 慕尼黑工程兵学校及陆军建筑技术专科学校（副师级），(13) 达姆施塔特陆军教育与经济专科学校（旅［团］级），(14) 亚琛陆军技术学校及陆军技术专科学校（副师级），(15) 不来梅陆军补给学校（副师级），(16) 米滕瓦尔德山地与冬季作战学校（营级），(17) 与盟军共事人员学校（在科隆，营级），(18) 明斯特陆军第1士官学校，(19) 魏登陆军第2士官学校，(20) 代利奇陆军第4士官学校。此外，各军区的管理处具体领导的联邦国防军管理专科学校共有30所。

空军院校现有14所，它们是：(1)菲斯滕费尔德布鲁克空军军官学校(副师级)，(2)伊塞隆空军部队勤务专科学校，(3)阿彭空军经济专科学校，(4)吉贝尔施塔特空军卫生学校(团级)，(5)考夫博伊伦空军第1技术学校(旅[团]级)，(6)考夫博伊伦空军电工技术专科学校，(7)克洛斯特来希费尔德空军第2技术学校，(8)小艾廷根空军数据处理专科学校，(9)法施贝格空军第3技术学校(旅[团]级)，(10)法施贝格空军机械制造专科学校，(11)埃尔丁空军后勤学校，(12)菲斯滕费尔德布鲁克军事地球物理学学校(受国防部和空军局的双重领导)，(13)菲斯滕费尔德布鲁克空军医学院，(14)阿彭空军士官学校(副师级)。德国空军的导弹和防空专业人员由美国空军的导弹学校和防空学校负责培训。

海军院校现有10所，它们是：(1) 费伦斯堡－米尔维克海军学校（副师级），(2) 普伦海军士官学校（旅［团］级），(3) 利斯特海军补给学校（营级），(4) 基尔海军技术学校（旅［团］级），(5) 埃肯费尔德海军武器学校（旅［团］级），(6) 费伦斯堡海军通信学校，(7) 不来梅港海军测向学校（旅［团］级），(8) 格罗森布罗德海军岸勤学校，(9) 基尔－喀琅斯哈根海军航海医学院（旅［团］级），(10) 威廉港海军指挥系统学校。

医疗卫生院校现有14所，它们是：慕尼黑联邦国防军卫生与保健学院（副师级），科布伦茨军事医药卫生学院，雷马根军事医学统计报告学院（旅［团］级）；此外，还有1所国家承认的护士学校和10所医院附设的护士学校。

各种院校的任务　全军性院校的主要任务是为陆、空、海三军培训各种军官。两所高等学校主要负责培训分队指挥官(尉级军官)，指挥学院负责高级参谋人员和中级指挥官的培训工作，其他全军性院校则负责为全军培训各种专业勤务军官。各军、兵种学校的主要任务，一是负责本军、兵种军官的业务训练或深造；二是为本军、兵种培训各种专业技术骨干，他们多是些服役合同期长短不等的士官，也有兵；有的军、兵种学校有时也为其他军、兵种代训有关人员。

院校的隶属关系　全军性院校一般直属联邦国防部领导，由联邦国防军副总监察长具体负责；只有少数几所例外，例如负责为全军培训医疗骨干的联邦国防军卫生与保健学院归医疗卫生局领导，为全军服务的5所管理院校归联邦国防部行政管理部领导，负责为全军培训军事地球物理学顾问的菲斯滕费尔德布鲁克军事地球物理学学校，则受国防部和空军局军事地球物理处的双重领导。陆、空、海3个军种的学校分别归陆军局、空军局和海军局领导；但陆军各军区的管理专科学校归各军区的管理处具体领导，各军区管理处在业务上直接归国防部的行政管理部领导。医疗卫生院校归卫生局领导。

院校的学制和级别　德军院校学制固定的很少，已知学制两年以上的院校有：两所联邦国防军大学，学制3年零3个月至4年；联邦国防军指挥学院，学制约两年半；陆军教育与经济专科学校，学制两年半。绝大多数院校学制不固定，其各种训练班的学制依需要而定，一般都只有几个月，超过1年的很少。因此，德军院校的培训能力较大。例如，空军第1技术学校同时只可容纳1400名学员，可它从成立到1978年12月的22年中，共培训军人和职员约达10万人之多。陆军补给学校（原名陆军第2技术部队学校）从1956年7月4日成立至1974年，培训学员总数也达10万人。军事地球物理学学校教职员工只有40人，其中专业教学骨干只有16人、外语教师2名；它从1972年7月正式开学至1978年年底，共培训学员达5600人。

德军院校分4个等级：(1) 正师级院校，校长由少将担任，副校长由准将担任，各部、系的第 1 把手为准将或上校。只有联邦国防军指挥学院和陆军军官学校是正师级院校。两所联邦国防军大学由文官治校，级别不详。(2) 副师级院校，校长由准将担任，各部、系的负责人均为校官。(3) 旅（团）级院校，校长均由上校担任。绝大多数全军性院校和各军种的军官专业院校，属副师级或旅（团）级。(4) 营级学校，校长由中校担任。多数护士专科学校、国防军管理专科学校，部分士官学校，少数军官专业学校，属于此类。在上述各级院校的教员和参谋军官中，多数为校官（讲师大部分是中校），少数是尉官。陆军各学校的校长以前多是每 2～3 年换 1 次，从 60 年代末起一般是每 5 年换 1 次。

院校的组织机构　各军、兵种学校的组织机构虽不尽相同，但大体相仿。现以陆军学校为例予以说明。陆军学校基本上由下列主要机构组成：

一是校领导机构，包括校部和军事教官组。校部所属单位有：1 处，负责人事与内部指导工作；2 处，负责情报与保卫工作；3 处，负责作训与组织（编制）工作；4 处，负责后勤工作；1 个医疗卫生组；1 个行政管理组。校部负责实施重要的计划和保障教学活动的顺利进行。军事教官组的任务是向校长提出建议和配合各教研组进行教学活动。

二是专业勤务部。它下分数个工作组，是学校的情报资料中心，也是陆军局的部队监察处在学校的办事机构。它的任务是，对有关的经验、知识和国内外的资料作出评判，协助训练部队进行部队试验，编写本军、兵种的指挥、使用和训练条令。

三是若干个教研组。每个教研组由 1 名校级军官领导，下辖 4～5 个管理科；每个科分管 4～6 个阶梯教室，每个教室有 25 个座位。

四是训练部（分）队。其编制从连至旅不等，多数是连、营，旅很少。训练部队归校长直接指挥。它担负下列双重任务：学校的训练任务即示范作业，示范动作和部队试验；全陆军范围内的任务。

全军性院校的组织机构不仅与军、兵种学校大相径庭，就是各全军性院校之间也千差万别，无法在此作统一介绍。他们一个明显的共同点是都不编有训练部队。

部分院校简介　联邦国防军指挥学院　指挥学院的前身是 1810 年在柏林成立的“高级军官学校”。该校是世界上第 1 所培养高级参谋人员的学校，第 1 任校长是格哈德·冯·沙恩霍斯特（在《战争论》中译为“香霍斯特”）将军。克劳塞维茨也曾任该校校长达 12 年之久（1818～1830 年春）。1859 年，该校改名“军事学院”。第一次世界大战德国战败后，该院被战胜国勒令停办。1935 年恢复，称军事学院，实际是陆军学院。第二次世界大战结束后又被取消。

50 年代中期，西德着手组建联邦国防军指挥学院，并明确规定，不重建各军种学院，而是把以前的陆军学院、空军学院和海军学院合并成一个学院即联邦国防军指挥学院，负责对三军高级参谋人员和中级指挥员的选拔、培养和深造工作。1957 年 4 月 1 日，联邦国防军指挥学院正式开学，在巴特－埃姆斯举办了第 1 期陆军高级参谋业务训练班。1958 年院址迁至汉堡。

在 1971～1972 年的军队训练改革中，根据同类院校合并的原则，参谋学院和国防学院并入了联邦国防军指挥学院，因而指挥学院就成了参谋人员特别是高级参谋人员的训练中心。该院为正师级单位，学制为两年半左右。

一、招生条件和训练内容

联邦国防部规定，自 1974 年起，三军所有军官资历在 8 年以上并准备提升为高级参谋人员的上尉和现任高级参谋人员需要深造的职业军官，都得进指挥学院受训。自 1982 年起，招收的学员必须经过联邦国防军高等学校（现名“联邦国防军大学”）培训，该院的训练内容、科目和计划也进行了调整。

学院训练分 3 个阶段：一是基础科目训练，二是应用科目训练，三是专职人员业务训练。

（一）基础科目训练

训练时间：1977 年以前为 14 周，此后延长为 5 个月，从 1994 年起缩短为 3 周。

训练科目有：社会科学，安全政策，军队任务，一般指挥理论，管理经济学和组织学。

训练目的：增长学员的分类学知识，使学员能以科学方法进行思维和工作；使学员了解政治、社会和军队之间的关系和作用；提高学员一般基础知识的自学能力；提高学员的一般业务能力，使他们能正确地使用军事概念，能简明准确地拟制各种战斗文书。

训练结束时要进行结业考试，考试方式有书面作业、笔试和口试。考试成绩不及格者可重考一次。学员毕业后，由国防部人事部根据指挥学院的建议和本人的志愿，分到各司令部机关任职实习。

（二）应用科目训练

基础科目训练结束后，学员就参加应用科目训练。应用科目训练分下述 3 种：

1. 参谋部参谋业务训练：训练时间为 8 周。主要对 1 至 4 处[①] 的专业参谋人员进行基本业务训练。科目有计划、组织、训练、检验性作业，此外还有一

---

① 德国军队各级司令部内 1 至 4 处（科、股）的分工是：1 处负责人事与内部指导工作；2 处负责情报侦察与安全保卫工作；3 处负责作战、训练与编制（组织）工作；4 处负责后勤工作。

般性军事科目和各军种科目。训练目的是，使学员了解有关的主要参谋业务机构的任务，有针对性地提高学员的参谋业务能力。这种训练不进行结业考试，但学员可得到1张有评语的结业证书，证书上记有平时训练的各科目成绩和总成绩。

参谋部参谋业务训练按业务分班进行。例如，1974～1980年，指挥学院先后举办过12期后勤参谋业务训练班，受训军官共669人（其中陆军军官423人，空军军官175人，海军军官71人），每期毕业28～77人不等（多是50～60人）。后勤参谋业务训练班的训练时间为60个训练日，共480个课时，其中课堂讲授360个课时，自学与学术讲演50个课时，学员支配时间24个课时，体育24个课时，生活常识6个课时，其他活动16个课时。

2. 总参谋部参谋业务训练：总参谋部参谋业务训练分陆、空、海3个训练班和1个中级指挥员训练班进行。学员数量视高级参谋人员的需要量而定。学制2.5年。

各军种总参谋部参谋业务训练班的主要任务是给学员教授本军种的知识、指挥方法和武器性能。各军种训练科目虽基本一样，但具体内容不同。陆军参谋业务训练班的科目及其内容主要是：

战术：了解其他军种的指挥原则，掌握各军种通用的指挥原则；进行图上作业，首长司令部演习，判断地形，野外旅行作业和参加旅、师级以上较大规模的演习。在第2个训练年度，到各个军参观见学，研究较大规模作战的问题；此外，还要从中欧地区的角度出发，讨论世界性的军事地理学问题。

内部指导：在联邦国防军内部指导中心4个半月训练的基础上，继续巩固和加深一般的内部指导知识。

后勤：学习联勤、补给和运输（包括空中和海上运输）的基本知识。

军事与战争史、总体战理论：研究有教育意义的战争事件和著名将领，研究对战争事件的进程有影响的各种主要关系、原则和因素。学员要就某一战争事件作内容广泛的学术报告，通过报告来掌握语言的运用，了解历史和加强记忆。

政治：包括政策问题，世界政治、经济与军事形势，国家制度；重点是军事国际法，国家政体和德国的基本法。

武器技术：学习一般的技术知识，了解包括其他军种在内的现代军事技术（如军事物理学、化学、电子学）的能力和局限性。

外语：学习北约国家通用的英语和法语；并在战术课中用外语作学术报告。

在炮兵、通信、防空、工程兵和卫生勤务科目的训练中，学员要学会正确地使用这些兵种。

另一科目是把学员分组派到各司令部机关去参加各种演习，以便在实践中加深理解在课堂上学到的知识。整个训练的高潮是去一个或数个北约国家进行14天的出国旅行作业。

总参谋部参谋业务训练结束时，学院要从下列几方面对学员作出鉴定：性格特点；智力和体力状况；业务能力和训练成绩；优点和特长，对学员晋升的意见；弱点和缺点及克服意见。给学员的最后评语分下列4种：特别适合担任高级司令部的职务；适合担任高级司令部的职务；适合担任高级司令部的职务，但要继续考验；不适合担任高级司令部的职务。

得到前3种评语的学员，根据他们入学前的级别，在指挥学院毕业时可分别晋升为少校、中校或上校；然后被派到高级司令部机关去工作，或委任为中级（营）指挥员。

3. 安全政策进修，时间3周。所有的职业军官都要参加“安全政策进修班”深造。

（三）专职人员业务训练

这种训练是直接为毕业学员担任新职作准备的，任务是解决专职人员在业务上的一些特殊问题。训练时间1至10周不等。毕业学员在担任新职前，可根据本人未来职务的特殊需要有选择性地参加各种专职人员的业务训练。指挥学院设有：联合司令部军官业务训练班；高级指挥机关和联邦国防部军官业务进修班；指挥员一般业务训练班；训练参谋人员业务训练班；国防业务训练班；武官业务训练班；军事交通指挥业务训练班；仓库管理业务训练班；新闻报道业务训练班；基地管理业务训练班；预备役参谋业务训练班；总体防御业务训练班等。

二、组织体制

1974年10月1日以来，指挥学院组织体制如下：

指挥学院直属国防部领导。院长归联邦国防军副总监察长领导。院长设有院长办公室。

学院主要设有下述单位：院部机构；训练、理论与研究部；学员部。此外，还设有一个咨询机构，负责向院长提呈建议，也可参予训练工作。咨询机构的人员由学院专门指定。

院部机构包括1至4处、卫生处和行政管理处等，由院部主任领导。

训练、理论与研究部由部长领导，下辖部直、6个专业组和5个专业中心。师资力量是有经验的训练参谋人员和地方讲师，现有军事教官110名和地方讲师20名。

“学员”部不是一个领导机构，而是一个毫无领导权的一级组织机构。其所属的基础科目训练系、应用科目训练系和专职人员业务训练系的主任直接归院长领导。

全院教职工有530人，其中军人320人，文职人

联邦国防军指挥学院组织机构表

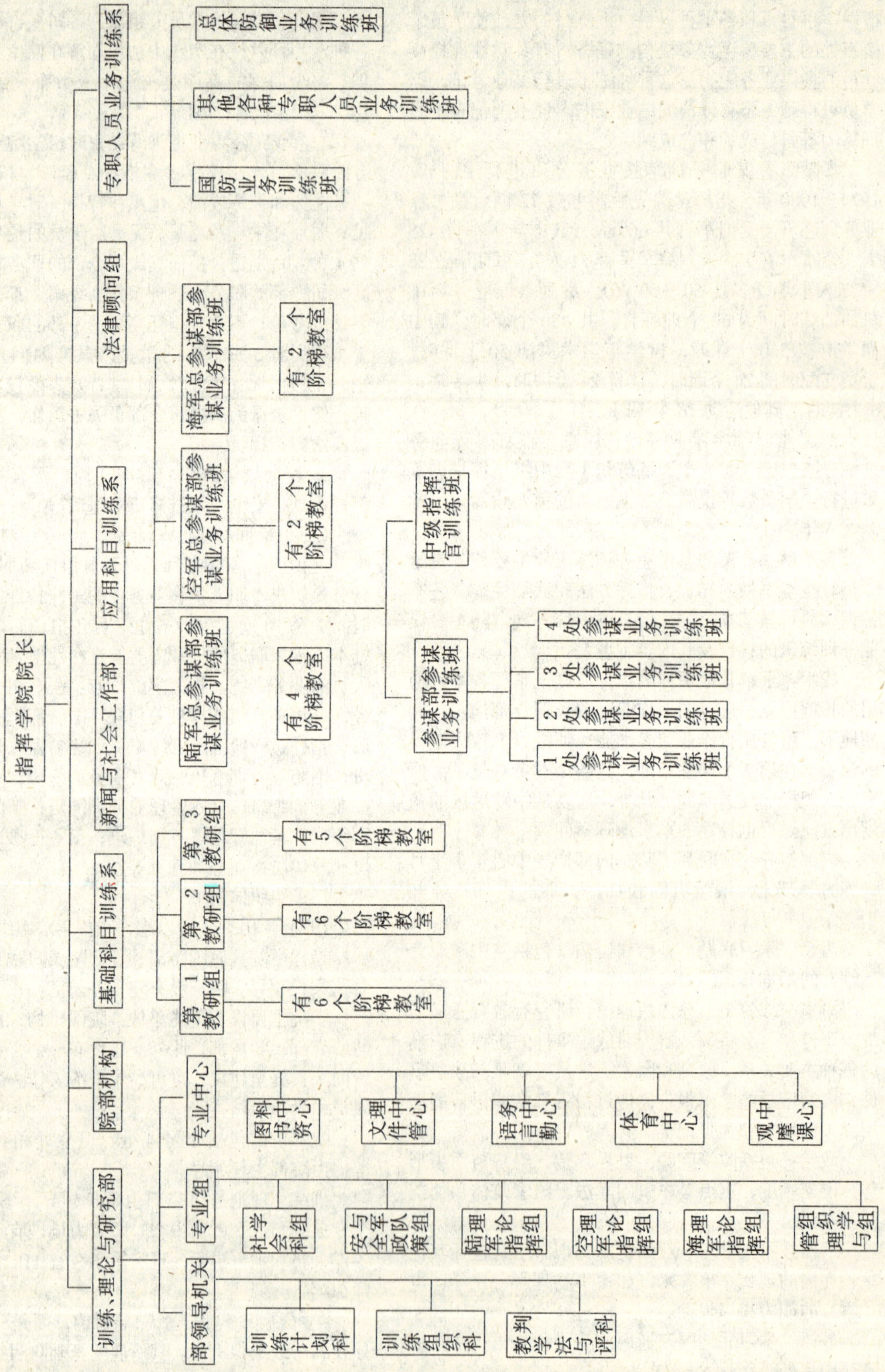

员210人。学院在校学员经常在600～700人之间，每年能培训约2000人。1962～1996年，来自80多个国家的800多名军官在该院受过训。

联邦国防军大学 为了加强军官训练以适应现代化需要，70年代初，西德联邦国防部决定在汉堡和慕尼黑两地新建两所“联邦国防军高等学校”。这两所高等学校于1973年10月1日开始教学活动，但它们的建校工作直到1977年（汉堡）和1978年（慕尼黑）才完成。1985年4月，这两所高等学校改名为汉堡联邦国防军大学和慕尼黑联邦国防军大学。

一、主要任务和招生条件

它们的主要任务是：对陆、空、海三军的年青学员讲授科学文化基础知识，使他们达到地方4年制大学毕业生的水平。80年代中期以前，各军种均从应届高中或中专毕业生中征召候补军官，他们先在本军种接受15个月的一般军事训练，考核合格者被送到国防军大学学习，毕业后晋升少尉。后来情况发生了变化：陆军学员先在本军种的学校和部队经过4个阶段共39个月的学习和使用后，已晋升少尉，再到国防军大学学习；而空军学员只需经过15个月、海军学员只需经过13个月军事训练后便可上国防军大学学习。各军种学员应具备的基本条件是：有高中或中专毕业证书；在本军种各阶段军事训练中考核合格；服役合同期至少12年或愿成为职业军官。

二、学制

两所大学均受国防部和所在州教育部的双重领导，但学术问题由学校自行解决，教授需经有关州的教育部同意后由国防部长任命。大学基本学制为3年零3个月，最后3个月为毕业考试时间，整个学习时间最长不超过4年。每年有3个学期，每学期有3个月，即从10月1日到1月1日为秋季学期，从1月1日到4月1日为冬季学期，从4月1日到7月1日为春季学期。7月1日到10月1日为年度休假，其中约有8周时间用于专业实习和军事训练。每个学年从10月1日开始，第2年的7月1日结束。学员平时着便服，只是每星期三下午军训时才着军服。学员在校的学习和生活条件比较优越，生活津贴按学习时间逐年增加。成绩优秀者也可攻读博士学位。成绩不及格者则须提前退役。

三、培训能力与师资力量

这两所大学共能同时容纳学员4570人。学员全是军人。专业教员全是文职人员，其中有的是专职教员，有的是兼职教员；另有军事教官。军事教官的主要任务是，帮助学员复习学过的军事知识和给他们讲授新的军事专业知识；给教职人员通报军队情况；考察学员的学习情况和工作能力，毕业时提出对学员的使用意见。汉堡联邦国防军大学能容纳2070名学员，教职人员295人，军事教官16人；慕尼黑联邦国防军大学能容纳2500名学员，教职人员415人。

四、开设的专业课程

这两所大学在80年代中期以前只设有8种专业（教育学、经济与组织科学、机械制造、航空与航天技术、电工学、信息学、土木工程学和测量学），后来根据军事需要，陆续增设新的专业。现在，它们共设有18种专业，详见下表：

专业名称	汉堡联邦国防军大学	慕尼黑联邦国防军大学
大学专业：		
教育学	√	√
经济与组织科学	–	√
机械制造	√	–
航空与航天技术	–	√
电工学	√	√
信息学	–	√
土木工程学	–	√
测量学	–	√
国家与社会科学	–	√
经济工程学	√	–
企业经济学	√	–
国民经济学	√	–
历史科学	√	–
政治科学	√	–
体育科学	–	√
高等专科学校专业：		
企业经济	–	√
机械制造	–	√
电工学	–	√

部分专业所设课程情况如下：

1. 教育学专业：

基础课：教育学基本概念；心理学、社会学和统计学入门；教育学基础理论入门；教育学历史；社会与教育，社会研究；社会教育理论；社会心理学教育；心理学产生的基础；集团教育法；教育体制和教学法理论。

基础课考试后，继续在某一专业领域深造；撰写学术论文和答辩。毕业考试合格者，授予“教育学士”的学位。

2. 经济与组织科学专业：

基础课：方法学知识；采用科学方法的理论知识；未来工作中特别领域的知识。

基础课考试后，继续在某一专业领域深造；撰写学术论文和答辩。毕业考试合格者，授予“商（业）学士”的学位。

3. 机械制造专业：

基础课：数学、物理学、化学、工程力学、设计学等理工科基本专业的基本概念；电工学、企业管理学和电子数据处理等方面的基础知识。

基础课结束后，在某一专业领域继续深造；撰写学术论文和答辩。毕业考试合格者，授予“工（业）学士”的学位。

4. 电工学专业：

基础课：数学，物理学，化学和材料学；力学，设计学，数据处理；电工学，测量技术；电动和电信技术。

通过工业实习和实验室实习获得实际作业能力后，撰写学术论文和答辩。毕业考试合格者，授予“工（业）学士”的学位。

5. 信息学专业：

基础课：数学和物理学的基础知识，一般和特种计算机工艺；精确确定信息需要量的方法；信息处理；现代化计划与组织法的知识。

基础课结束后，开始撰写学术论文和答辩。毕业考试合格者，授予“信息学士”的学位。

6. 航空与航天技术专业：

基础课：理工科的基本专业（参看“机械制造专业”）；航空与航天技术；流体力学，空气动力学，液体力学，航空与航天动力装置，轻型结构，大气层力学和宇宙力学；地面设施；火箭技术与定位系统；电子数据处理；调节与控制技术；测量技术；材料学与电子学。

基础课结束后，撰写学术论文和答辩。毕业考试合格者，授予“工（业）学士”的学位。

7. 土木工程学专业：

基础课：一般的理工科基本专业如数学，物理学，电子数据处理，建筑材料学，统计学，建筑静力学，制图学，测量学，工程设计学，交通指挥，液体力学，地质力学，水上工程学，道路工程学，坚固建筑工程学，地基与基础工程学，施工学。

在完成计划、设计、施工和管理等课程的专修任务后，撰写学术论文和答辩。毕业考试合格者，授予“工（业）学士”的学位。

8. 测量学专业：

基础课：数学基础知识，摄影测量，大地测量，制图学专业知识，野外测量，工程测量，计划学，土地使用法，地球测量，施工计划。

基础课结束后，撰写学术论文和答辩。毕业考试合格者，授予“工（业）学士”的学位。

五、学员选学的专业

两所大学所设专业，并非每个学员全部必学；而是根据自己未来的军事职业和志愿，选学其中的若干门。不同军、兵种的学员选学的专业不尽相同。

1. 80 年代中期以前，陆军各兵种学员选学的专业如下表：

学员＼专业	教育学	经济与组织科学	机制械造	电工学	信息学	航空与航天技术	土木工程学	测量学
步兵与装甲步兵	√	√	√	√	√	–	–	–
装甲兵与装甲侦察兵	√	√	√	√	√	–	–	–
炮兵	√	√	√	√	√	√	–	√
工程兵	√	√	√	–	√	–	√	√
陆军航空兵	√	√	√	√	√	√	–	–
防空兵	√	√	√	√	√	√	–	–
通信兵	√	√	√	√	√	√	–	–
三防兵	√	√	–	–	√	–	–	–
技术部队的维修兵	–	–	√	√	–	–	–	–
技术部队的后勤兵	√	√	–	–	√	–	–	–

2. 80 年代中期以前，空军各兵种学员选学的专业如下表：

学员＼专业	航空与航天技术	电工学	经济与组织科学	信息学	教育学	土木工程学
飞行勤务候补军官	√	√	√	–	–	–
导弹勤务候补军官	–	√	√	–	–	–
技术勤务候补军官	√	√	–	–	–	–
指挥勤务候补军官	–	√	–	√	–	–
补给与运输勤务候补军官	–	–	√	–	–	–
空军综合勤务候补军官	–	–	√	–	√	–
工兵勤务候补军官	–	–	–	–	–	√

3. 海军各兵种学员选学的专业，情况不详。

六、校外实习和训练场地

联邦国防军大学开设的课程分两种：大学基础课（本科）和高等专科学校的课程（即“专修科课程”）。在教学工作中，很重视实际作业。在 3 年 9 个学期共 108 个教学周中，在大学基础课程教学时间中，实习课平均占 15%；在专修科课程教学时间中，实习课甚至占 37%。这些实习活动主要在校外的训练场进行。

慕尼黑联邦国防军大学在大学基础课程的教学阶段中，校外实习课所占的时间如下表：

课　　目		校外实习课所占时间
土木工程学：	第1学年	3　周
	第2学年	1　周
电　工　学：	第1学年	9　周
	第2学年	9　周
信　息　学：	第1或第2学年	6　周
航空与航天技术：	第1学年	8　周
	第2学年	6　周
教　育　学：	第1学年	4　周
	第2学年	6　周
经济与组织科学：	第1学年	5　周
测　量　学：	第1学年	6　周
	第2学年	4　周

慕尼黑联邦国防军大学在专修科课程教学中，校外实习课所占的时间如下表：

课　　目	校外实习课所占的时间	
土木工程学：		
第1学年	第1阶段	9周
第2学年	第2和第3阶段	22周
第3学年	第4阶段	9周
经济学、机械制造、电工学：		
第1学年	第1阶段	9周
第2学年	第2阶段	9周
第3学年	第3阶段	22周

1976年，汉堡和慕尼黑联邦国防军大学，共有700个训练场地供实习之用；其中600个是军外训练场，100个是军内训练场。据报道，现在供实习用的训练场已增加了一倍。

七、组织机构

联邦国防军大学主要由下列3个机构组成：

1. 教学与研究部。下辖的单位有：计算中心；语言中心；体育中心；文件资料中心；校图书馆中心（下辖数个专业图书馆）；18个专业系，每个系有一个行政管理单位和一个专业图书馆，有的系还有若干个实验室和车间。

2. 行政管理部。

3. 学员部。由所有在校学习的学员组成，由一位军队勤务长官领导。

大学的最高领导是校长，每届任期6年。校长的领导工作可得到学校评议会的有力支持，评议会是学校对一切学术活动的决策机关。

联邦国防军卫生与保健学院　联邦国防军卫生与保健学院是国防军卫生人员培训中心，同时又是国防军军事医学科研单位之一。它是中央卫勤单位之一，受卫生局领导，为全军服务。国防军建军第2年，1956年5月首先在德根多夫建立了陆军卫生部队学校，1957年5月该校迁往慕尼黑附近的路易特堡兵营，1959年12月8日改名为国防军卫生学校，1963年11月29日又改名为国防军卫生与保健学院。1979年以前，该学院分驻慕尼黑附近5个地点：路易特堡兵营（院部及2个系）；瓦尔内兵营（1个系）；瓦尔特曼兵营（综合卫生教学营）；新黑尔贝格实验室（放射生物学专业组）及霍赫布吕克实验室（药理毒理专业组）。

联邦国防军大学组织机构表

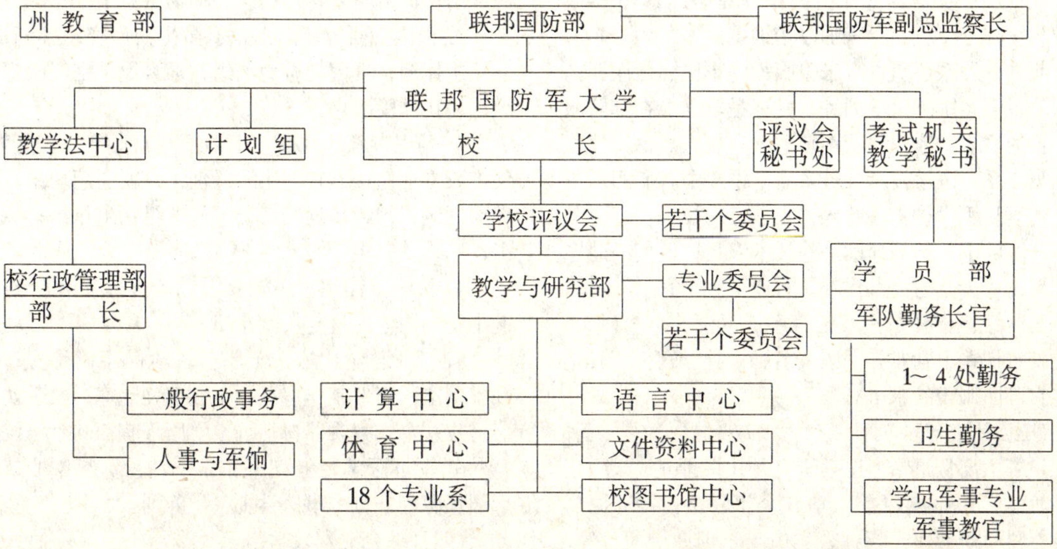

1979~1980 年全部迁往慕尼黑城北的瓦尔内兵营新建的院址，其接纳能力为 1500 名学员。

一、教学与研究任务

该院的任务是：①讲授医学、牙医、药学及兽医的科学知识及经验，边缘学科知识以及卫勤原则；②收集和评价国防军、外军及地方的卫生工作知识及经验；③按国防部及卫勤监察部的指示，研究军事医学的科学问题；④为制订卫勤培训规定而评价有关的科学知识及经验；⑤加强与军内外科学单位的合作；⑥负责卫生人员的进修；⑦负责文职技术人员的进修；⑧参与卫材及卫勤教学器材的科研工作。

二、组织机构

为完成上述任务，该院编有下述单位：院部；3 个教学系，即军事医学与卫勤指挥系（1 系），医学技术人员系（2 系）及候补军医与士官系（3 系）；1 个研究与科学部；1 个综合卫生教学营。各部分的组成与任务如下：

（一）院部

院部是院领导的办事机关，负责协调院内的工作，保证教学任务的顺利进行。

院部下辖参谋部（负责人事、安全、计划、培训组织及供应工作）；教学医院；教学牙医站；专科教员组（负责全院共同科目课程，如战术、后勤、三防及劳动医学等）及行政管理处（负责全院行政与财务工作）。

（二）3 个教学系

第 1 系：军事医学与卫勤指挥系，下设 4 个教研组，负责各军种、各专业的卫生军官的培训与进修。重点是急救和抗休克的进修，特定专科的进修，放射医学及放射防护的进修以及三防器材的进修学习。

该系还负责培养青年卫勤指挥军官，1976 年起也招收一部分女卫勤军官加以培训。

此外，该系还负责对未曾服役的军医、牙医和药剂师的军事及军事医学训练。目标是培养能在部队服基本役的医生、牙医和药剂师。

第 2 系：医学技术人员系，下设 3 个教研组，主要负责培训手术护士、麻醉护士、X 线技术员、化验员、牙医助手、药剂师助手等技术人员；他们经此系培训后，才晋升为卫勤候补军官或卫勤士官。

第 3 系：候补军医及士官系，下设 5 个教研组，主要负责训练卫勤候补军医及卫勤候补士官，使其达到能在部队服役的水平。

（三）研究与科学部

该部主要从事军事医学研究，并将研究成果用于学院教学，1985 年以前下辖 4 个室、组：特殊医学与自然科学研究室，指挥、实施与培训原则研究室，卫生技术与卫材研究室，技术组。

特殊医学与自然科学研究室分为放射生物学专业组、微生物专业组、药理毒理专业组及军事病理专业组。研究重点是三防医学。该室与弗劳恩霍弗尔学会及其他科学研究单位有密切的协作关系。该室人员除参加研究工作外，还参加各自专业的教学、演习、条令条例制订以及国内外情报资料的收集与评价工作。该研究室的军事病理专业组设有一个军事病理陈列室，收集了从第一次世界大战到目前为止的大量宏观和微观标本。此陈列室是欧洲同类陈列室中规模最大的一个。除服务于教学外，还接受许多地方人员和国外来访者参观。

指挥、实施与培训原则研究室负责评价有关军事医学、战术和技术的知识和经验，并用于制订卫勤指挥和实施原则。此外，负责拟订诸军兵种卫勤共同条令，审查各军种的卫勤和训练条令，参与现代培训方法的研究工作。

卫勤技术与卫材研究室参与卫材的研究发展和试验。它负责制订对卫材的军事要求，评定部队试验结果及新器材用于卫生勤务的可能性。它对新器材也进行自己的部队试用，主要依靠卫生教学营进行。此研究室还负责掌管一个卫材演示室，面积约 600 平米，陈列从战士个人自救到医院的各级卫勤器材和教学器材。此卫材演示室一方面是服务于学院教学，另一方面服务于卫材配套及卫材的研制和发展。这也是卫材标准化的基础。

1988 年，德军卫勤监察部对该研究与科学部的组织机构作了调整。现在，该部编有：

1. 放射性研究所。下辖：放射生物学研究组；放射防护材料组；放射物理组；生物剂量组；同位素医学组；放射与复合损伤组；动物试验组。

2. 微生物研究所。下辖：微生物研究组；病毒、立克次体组；真菌组；免疫组；毒素组；空气微生物组；动物试验组。

3. 药理毒理研究所。下辖：普通毒理组；气体、气溶胶毒理组；器官、组织毒理组；普通药理组；循环药理组；神经药理组；分子药理组；生化组；生理组；动物试验组。

4. 特殊工作组。下辖：卫勤工作原则评价与条例小组；卫生器材与条例小组。

5. 专业教学中心。下辖：教学程序设计室；卫勤条例室；声像制作室；教学显示装置室；教学实验器材室；个人教学器材室；教学厅（有 500 个座位）。

6. 军事医学专业图书馆。下辖：资料中心；军事病理陈列室；军事医学史教学陈列室。

（四）综合卫生教学营

综合卫生教学营是一个负责配合教学及科研、也可以参加救灾和实战的综合卫生单位。此营建立于1957年7月，经过几度改编和易名，1973年1月1日正式称为“865综合卫生教学营”，该营编有3个现役连及3个“架子”连。3个现役连是：参谋部与供给连、卫生连和卫生训练连。3个“架子”连是：卫生收容连（下辖3个排，每排80个床位）、大型汽车运输连（运送能力为950个卧位伤员）和卫生人员战地补充连。全营共有150辆各种车辆及40辆拖车，编有580名军人及18名文职人员。

1. 参谋部与供给连。下辖：营参谋排，分成若干业务组；业务指挥班；通信班，负责在紧急情况下在营内各单位之间建立无线和有线通信；供应排，负责营各种物资（给养、燃料、服装、弹药及零配件等）的供应及车辆维修工作；三防卫生排，负责展开三防洗消场，为放射、化学及生物战剂污染的伤员进行洗消，此外，还可以开设野外淋浴场以及使用水车运输饮用水（每次可运输9200升）；车辆器材洗消排，负责车辆及器材的除沾染、除污染及消毒。

2. 卫生连。下辖：3个中心包扎站排，每个排编有3个手术组，每天可以完成160次一般外科手术，同时护理120名病人；救护车排，编有10辆越野卫生车，每辆可运送4名卧位伤员；卫生班，除负责一般血清学和免疫学试验外，主要负责饮用水的检验；三防卫生班，能展开1个三防洗消场；此外，还有2个机动医生班，1个兽医班，2个牙医班，1个通信班及1个供应维修班。

3. 卫生训练连。配备有能训练170名新兵的各类人员和器材。

综合卫生教学营作为卫生保健学院的教学部队和试验部队，至少每月进行一次战地卫生勤务教学演示，并根据研究和科学部的指示试验卫材的野战适用性。此外，该营还负责对分配到中央卫勤单位及中央军事单位工作的卫生兵进行训练。平时，该营还要参加欧洲盟军总部机动部队的演习，此类演习每年进行1～2次，地点是挪威、丹麦、英国、意大利、希腊、土耳其等国。

陆军军官学校　1956年，德军成立了3所陆军军官学校，分别座落在汉堡、汉诺威和慕尼黑3座城市。地处汉诺威的陆军军官学校被命名为“第1陆军军官学校”。1974年，德军对其培训体制进行了调整，3所陆军军官学校正式合并到汉诺威。从此，汉诺威陆军军官学校（正师级单位）成为德军唯一的培养陆军军官的摇篮。

一、培训任务和目标

汉诺威陆军军官学校的培养工作主要有3项：一是德联邦国防军陆军所有候补军官的培训；二是陆军30岁左右的职业军官和40岁左右的参谋军官的培训；三是中校以下军官、部分优秀士官和文职人员的军事专业或相关专业的基础或进修培训。

通过培训达到以下目的：将候补军官培养成合格的军官；使受训者的军事基础更加扎实巩固，具备拟提升职务对指挥、管理、技术等的要求，知识面拓宽，战略意识增强，所从事或进修专业的理论基础得到加强，分析、处理问题和应用方面的能力得到提高；具有使命感和严格、自律、自信与勇于牺牲的精神。

二、培训班次和对象

该校将其培训班分为3个层次：即军事基础班、指挥班和其他班。（1）军事基础班主要是晋升培训班。它是该校的主要培训班，其中包括把候补军官培训成军事指挥型的部队勤务军官班、把候补军官培训为技术型或行政管理型的军事专业勤务军官班，以及将预备役候补军官培训为军事指挥型的部队勤务军官班。（2）指挥班主要有：营职指挥员班、指挥与管理班、军事专业提高班、战术模拟训练班、军事卫勤指挥与管理班、战术与后勤教官班、军事法学讲师和法律顾问战术班。（3）其他班主要有：将优秀士官培训为部队勤务军官的选拔班、军事法律顾问和法学讲师入门班、军事教官进修班、语言培训班等。

德军培训体制相当严格，对进入军事院校培养的学员要求很高。根据规定，凡进入汉诺威陆军军官学校晋升培训班学习的候补军官，必须同时具备以下条件：（1）经过8个月的军事基础训练和部队锻练，初步掌握某一兵种技术，并获得该兵种主要军用车辆或作战武器（如坦克）的驾驶证；（2）已入兵种学校进行为期12个月的班、排长科目或专业技术训练，期间下部队担任过2个月的班长或排长；（3）通过考试，确认可进入陆军军官学校学习者。进入营级指挥员班的军官必须是有校官军衔、准备或已担任营级指挥员的部队勤务军官。指挥和管理班的学员应是30岁左右的陆军职业军官，或40岁左右的非总部参谋军官。专业提高班专为40岁左右的专业技术军官开办。军事卫勤人员在提升为卫勤军官前，必须入军事卫勤指挥与管理班学习。

汉诺威陆军军官学校还办有与法国军事专科学校和英国皇家军事学院3校交叉培训的军官预备班和军官进修班。每年交叉培训40名候补军官，进修军官数量不定。此外，该校还与18个国家（其中北约国家13个）的军校建立了交流关系，经常互派学员进修学习。

三、课程设置

1990年德国统一后，德军提出了新军队、新任务的思路，对其军官的培养也赋予新的含义。指出军官培训的目的是使所有的军官成为他们各自指挥岗位上优秀的、富有挑战性的领导者、训导员和教练员。1994年，德陆军指挥参谋部在陆军军官培训大纲中，对陆军候补军官的培训作了如下明确要求：必须使他们具有极好的军人气质、极强的思维能力和强壮的体格、超人的吃苦耐劳精神和无畏的牺牲精神，真正成为集领导者、训导员和教练员于一身的优秀职业军人。

本着以上要求，汉诺威陆军军官学校精心合理地设置课程，把重点放在营以下军官的必备和多能素质的培养、多兵种协同作战理论、军事领导艺术、现代人员管理、独立的政治教育和体格训练等方面。课程的设置和重点视培养对象的不同和培训期的长短而定。(1) 部队勤务军官班学制为6个月，培养重点为作战、指挥和管理。开设战术、作战指挥、领导艺术、政治教育、后勤、军事法、军事历史、体育、外语、内部指导、宗教、环境、形势等十几门课程。(2) 军事专业勤务军官班学制为5个月，所设课程与部队勤务军官班大致相同。其重点放在技术型或行政管理型军官素质培养上，其中包括专业技术的提高、分析处理问题和应用能力的培养等。(3) 营职指挥员班培训时间仅为2个星期，重点培养营职指挥员的领导艺术、作战指挥、组织训练和教育士兵的能力，所设课程主要有作战指挥、领导艺术、人员管理、军事法、控制论、训练原则、后勤保障、防区指挥、营级部队的接管或投降等。(4) 指挥与管理班和军事专业提高班培训期限分别为6个星期和4个星期，重点是职业军官和参谋人员现任职务所需军事专业素质的补充和提高，以及介绍当前的军事形势动态。主要开设指挥、战术、训练、防务政策、当前形势等课程。(5) 军事卫勤指挥与管理班培训时间为2个星期，重点是使他们了解陆军领导体制、作战基本理论、领导艺术、安全教育、防务政策和当前部队工作等。(6) 其他各类班次的课程设置在突出其中心的同时，也尽力开设能培养学员具有领导者、训导员和教练员三位一体素质的课程。

四、学校的组织编制

陆军军官学校现编制人数为335人，其中军官113人（含教官75人），士官49人，兵86人，文职人员87人（含教员19人）。校长为少将，下辖校务部、训练系（2个）和陆军战术中心（含一个营级战术模拟系统部）。

校务部负责全校的行政和教学管理等项工作，并承担部分教学任务。现编制人数为218人，其中军官28人，士官29人，兵75人，文职人员86人。校务部长一般由上校或准将担任，下辖人事处、军事安全处、组织处、训练处、战术培训处、后勤保障处、信息资源处、军事专业（兵种、军事历史、军事法律等）教研室、文职人员（语言、体育）教研室、图书馆、门诊部、管理办公室和一个连部。

训练系直接负责学员的培训。系主任由一名曾担任过副旅长的上校担任，下辖系部和5～6个学员队。各系行政和教学人员40名左右。各学员队由一名曾担任过营长、年龄在45岁左右的军官担任队长，负责本队的教学和管理，并亲自讲授领导学和内部指导两门课程。各学员队一般下属4个班，每班20人，班长由一名曾担任过副营长、年龄在40岁左右的军官担任，直接负责20名学员的教育训练。他是本班的教官组长，并亲自讲授作战指挥和人员指导两门课程。目前，汉诺威陆军军官学校共有44个班，在校学员800余名。

陆军战术中心的任务是制订陆军战术训练纲要，协调陆军各兵种的战术教学，探讨战术原则的发展，研制和指导计算机辅助战术演练。模拟中心不仅为在校的学员服务，也可为野战部队训练服务。

装甲部队学校　装甲部队学校是德国陆军一所重要的兵种学校。它是德国陆军装甲战斗部队所有兵种即装甲兵、装甲侦察兵、反坦克兵和装甲步兵的训练中心，承担多方面的训练任务。它既是德国陆军规模最大的学校，也是北约国家同类军校中规模最大的学校。每年到它那里参观访问的人很不少，比如1975年就达到7941人之多；参观人员除国内外许多军人之外，还包括地方各级政府官员、议会议员、学生、教员、法律学家、医生、科学家、新闻工作者等。

一、简史

它的前身是德国在二次大战中建立的“装甲部队学校”。早在20年代，德国人就产生了“使部队摩托化”的思想，并想建立这方面的学校。1937年10月1日出版的德国编年史就把当时设在温斯多夫的“陆军汽车学校”首次称为“装甲兵学校”。二次大战开始后，德国人加速装甲部队的建设。从1943年4月1日起，德国国防军的“装甲兵”成为独立的兵种，并不断扩建训练设施。1944年3月1日，策勒近郊的贝尔根装甲部队学校和波茨坦近郊的克拉普尼茨装甲部队学校正式成立，成为德国国防军装甲兵的训练中心。1945年，它们随着德国的失败而结束了自己的使命。

11年后，1956年1月，在正式组建联邦国防军的同时，也开始建立各种训练设施。

1956年4月，装甲兵和装甲步兵在蒙斯特，反坦克兵和装甲侦察兵在不来梅，各自建立了1所学校和1个训练营。

装甲兵和装甲步兵在战场上必须协同作战，这就要求这两个兵种的战术和技术的发展要协调一致。因此，1957年年底，把在蒙斯特的装甲兵学校和装甲步兵学校合并成一个共同的训练场，统称“装甲部队学校”。

1958年4月1日，装甲侦察兵学校从不来梅迁到蒙斯特，并入装甲部队学校。同年4月，反坦克兵学校和反坦克训练营也从不来梅迁到了蒙斯特。1959年年初，反坦克兵学校更名为“坦克防御学校”，其人员和设备不断增加。

1963年，坦克防御学校的任务进一步扩大，承担了原来由步兵学校负责的迫击炮和曲射武器专业的训练任务。这一年，装甲部队学校改名为“第2战斗部队学校”，坦克防御学校更名为“第3战斗部队学校”。

为了建立更合理的训练体制，提高训练设施的使用率和训练效果，联邦德国军队在70年代初进行的训练改革中，又采取了合并同类学校的措施。合并工作于1972年2月14日完成。上述两所战斗部队学校合并后起初称为“第2和第3战斗部队学校”，逐步地成为一个紧密的整体。1974年5月8日，该校受命成立了一个指挥部，负责筹办陆军教育专科学校的建校和训练工作。1975年10月，这所专科学校开始其教学活动，正式成为“第2和第3战斗部队学校”的组成部分。1976年起，该校改名为“第2战斗部队学校及陆军教育专科学校”。1981年，陆军教育专科学校从该校分离出去，并迁往达姆施塔特；留在蒙斯特的这个学校就只称“第2战斗部队学校”。1991年9月，该校又改回原来的校名“装甲部队学校”。

二、培训能力和主要任务

该校每年能培训约6000名学员（含外国学员）。该校教职员约1300人，其中军官约600人，文职人员约700人。

该校的主要任务是，培训装甲战斗部队所有兵种的军官、候补军官、士官、候补士官、预备役军官和预备役候补军官。其中包括班、排、连、营的指挥人员和下列军事专业技术人员：连队机动车辆保养士官，军用履带车辆驾驶教练员，维修人员，射击教练员，通信士官，汽车、武器和通信设备上的雷达班班长。该校为此而开设的训练班分3类：

第1类是专业训练班，任务是培训军事专业勤务方面的见习士官、士官、现役和预备役的军官和候补军官。训练班结束时要进行考试。这类训练班主要有下列几种：见习士官训练班，士官训练班，候补军官训练班和军官训练班。

第2类是军事业务训练班，主要任务是对有编制职务的军人（主要是军官）进行军事业务培训和深造。这类训练班主要有下列几种：营长训练班，连长训练班，排长和军用履带车辆驾驶教练员训练班，高级参谋业务应用训练班（其任务是介绍装甲战斗部队各兵种的使用原则，并进行应用训练）。

第3类是特种科目训练班。该校举办的这类训练班主要有两种：一是学术讨论会，参加人员是装甲营、装甲步兵营、装甲侦察营和反坦克营的营长；任务是磋商和解决装甲战斗部队诸兵种在训练和使用中出现的实际问题，以保证各种训练的统一性。二是地方领导人员训练班，参加的人员有工业和经济部门的管理人员、工会会员、地方官员、法律学家，教育家和新闻工作者；任务是以战斗部队为例向他们广泛地介绍陆军的使用原则、结构、装备和训练情况。

三、组织机构

该校目前的主要组织机构有：校部机构；1个专业勤务部；4个教研组，共辖17个管理科；训练部队，即第9装甲教导旅；以及其他一些校直属机构。

教研组的任务，是负责全校和教学训练工作。

专业勤务部的任务是，正确评价外军装甲战斗部队的条令、专业杂志、书籍、演习和研究工作，以及国内外装甲战斗部队在战术和技术方面的经验教训；组织部队进行技、战术试验；编写和修订装甲战斗部队的条令。

第9装甲教导旅的任务：一是象陆军其他装甲旅一样，随时保持战备状态，以便执行全陆军范围内的任务；二是作为该校的训练部队，积极协助搞好示范作业和部队试验。该旅平时归“装甲部队学校”指挥，战时则归第3装甲师指挥。为能胜任学校的训练任务，该旅加强有下述单位：第11装甲侦察教导营，第70反坦克教导连，第270空降反坦克连，第90“三防”教导连和第90卫生教导连。据报道，第9装甲教导旅比陆军的其他装甲旅约多两千人，装备的履带车辆多150辆以上。

装甲部队学校组织机构表

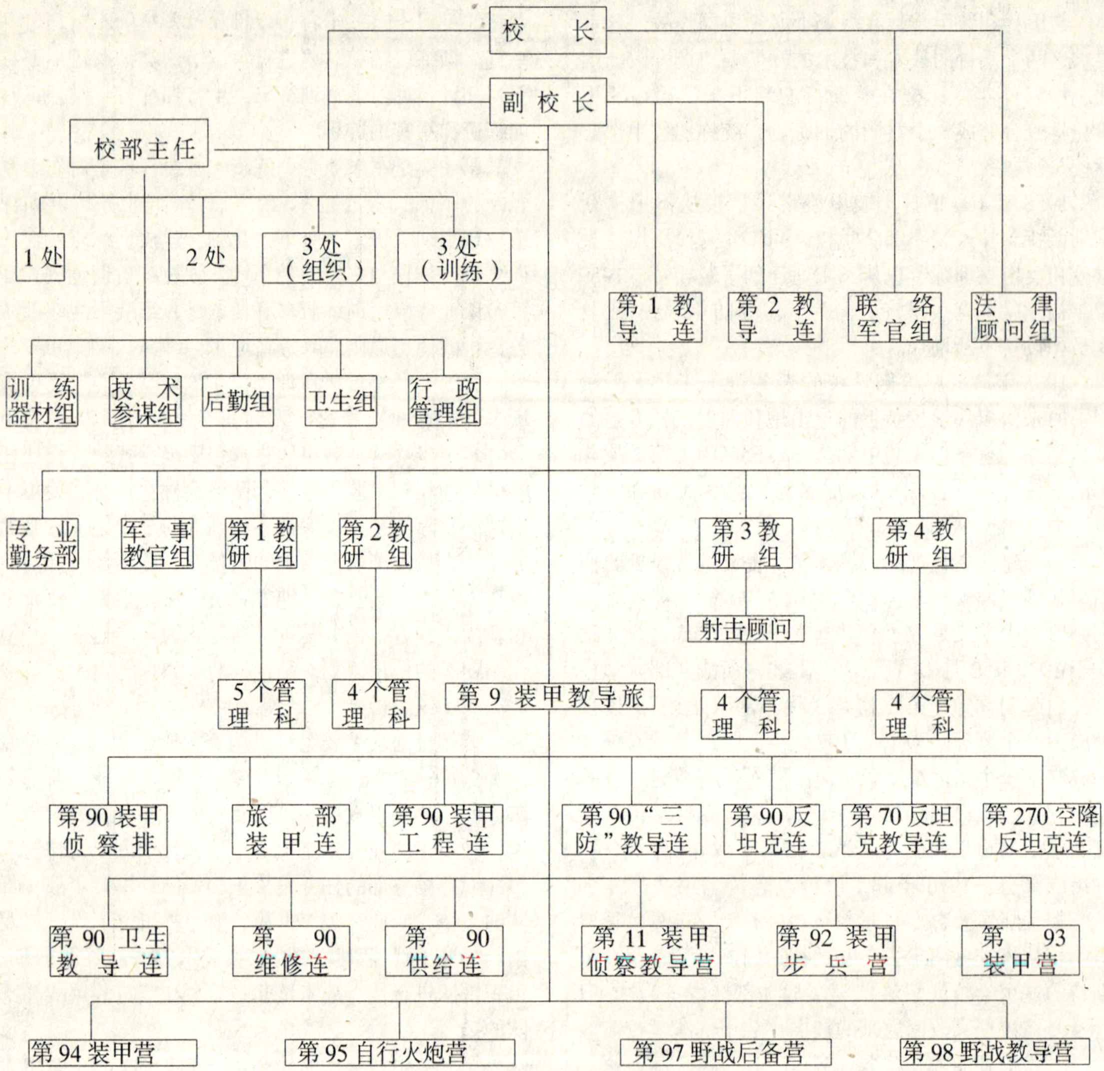

注：①第90反坦克连和第270空降反坦克连主要装备反坦克导弹，第70反坦克教导连主要装备反坦克炮和导弹。②第93装甲营加强有第408教导连。③第94装甲营加强有第334装甲营的第4装甲连。④ 第95自行火炮营加强有第413教导连。

空降与空运学校　创建于1939年，重建于1956年，主要担负空降兵基础跳伞和运输航空兵、陆军航空兵飞行人员的航空救生训练任务，具有“一流军校”之称。数十年来，已培训各类专业人员36万人，遍布德军各部队。

一、教学机构

该校由陆军指挥参谋部下辖的陆军局直接领导，为正旅级单位，校长为上校军衔。其组织机构为：校办公室，负责制订全校的工作计划，协调教学活动；空降训练部，主要负责空降部队新兵的基础跳伞和士官、候补军官的空降专业训练；空运训练部，主要担负飞行人员应急救生设备的使用和野战生存训练；科研部，主要为空降兵和运输航空兵部队编写条令、条例、训练法规、教材，参加空降兵专用装备、救生器材的研制并组织试验论证，检验部队空中机动能力和技术、战术训练改革效果；此外，另有一个勤务保障连，负责教学中的勤务保障和战术演习中扮演假设敌等任务。该校集教学、科研、管理于一体，具有较强的综合性。从编制情况看，全校共有工作人员500多人，每年培训学员3400多名。该校强调，各训练、科研部门的军官及行政工作人员要做到既能参与管理工作，又必须兼任某一专业或共同科目的教学任务。其80多名空降训练教官既能讲授空降理论，又会示范技术、战术动作，人人都是“多面手”。

二、训练管理

训练管理是空降与空运学校提高训练质量的基本手段,其主要表现有两个方面:一是在学员管理上,从选拔、培训、奖惩到分配等都有明确规定和量化的考核标准。例如,阶段考核不合格者不能进入下一阶段训练,连续3次考核不合格者,则取消学员资格。二是在训练计划安排上,都是指令性的。陆军局颁布的年度训练指令,明确规定了训练时间、内容和施训要求。学校没有编制飞机,而每年跳伞所需的近千架次飞机,由陆军局下达指令性计划加以落实,并规定每个跳伞日开飞前30分钟飞机应到达学校附近的野外降落场,按学校跳伞指挥官拟定的计划提供保障,并强调机组的任务就是"服务、保障"。严格训练管理减少了随意性,有利于各方面协调一致地完成训练任务。

三、训练的基本做法

在训练中,该校十分强调靠科学的训练方法来提高训练质量。基本做法有:

1. 开展启发式理论教育。在空降基础理论训练中,4个小时的课,教官只讲50分钟,然后提出若干问题,由受训者通过阅读资料、现场参观和相互争论等途径加深理解,以达到训练目的。

2. 重视历史和外军研究。新兵和学员入校后,第1课就是历史教育。通过分析研究德国在第二次世界大战期间空降作战的典型战例,使学员懂得应该如何学习、如何训练。此外,外军研究也很有针对性,他们搜集整理了世界上98个国家和地区空降兵部队目前的编制、装备、训练及战术特点等情况,并采取"走出去、请进来"的办法与外军交往,以此来强化"不落后于时代"的意识。目前该校有50%的教官到国外进行过考察。

3. 加强野外生存训练。新兵1个月的跳伞训练,几乎都是在野外进行的。对士官、候补军官的培训,野外训练时间占2/3。学员结业前还要到训练基地进行1周的野战训练,以检验其生存能力。学员只有通过这个"关口",才能领到毕业证。

4. 注重超前试验训练。新装备在部队列装之前,首先要在学校进行试验和论证。这几年,空降兵部队在技术、战术、装备等方面的改革,如200米以下低空跳伞、直升机吊挂重装备远距离机动、新型降落伞等,都是首先在学校进行试验,取得经验后,才在空降兵部队普及。

四、训练设施建设

该校在训练设施建设上有一个明确的指导思想:先进、适用、节约。从基础训练到战术演习,学校都有一套完善、先进、适用的训练设施。概括起来为"4场5室",即:体育训练场,有配套的制式器材,500多人能同时进行球类和军事项目的训练;空降场,有固定的通信、指挥、救护设备,可供2个营同时进行伞降或机降训练;模拟空降训练场,有离机、操纵、着陆、吊挂、捆绑等训练设施和跳伞综合练习器,而且逼真、适用;技术、战术训练场,能保障4种武器同时进行实弹射击和营级规模的攻防战术训练,并有建制的假设敌分队相配合;叠伞室,能容纳200多人叠伞,其工具每人一套固定使用;晾伞室,设有自动调温、通风设备,2小时晾伞1100具;修伞室、教学室、图书室的设施也十分齐全。全校各类训练设施仅由1名士官负责,补充、维修、检查等工作都有一套正规的制度。训练设施的安全警卫工作,由学校与地方公安系统共同负责。

陆军技术学校及陆军技术专科学校　1956年4月在宗特霍芬成立了"野战军械勤务部队学校",并于同年开学,第1任校长是海因里希上校。1960年它改名为"(陆军)技术部队学校",并把第3教研组并入(陆军)军需部队学校。1963年又更名为"第3技术部队学校"。1964年底至1965年初,其校址从宗特霍芬迁到亚琛。1966年又改名为"第1技术部队学校"。1972年10月1日,新建立的"陆军技术专科学校"的教学工作归该校领导;同时,把"亚琛第2陆军士官学校"并入该校,作为该校的"第2教研组"。1973年1月1日,埃施魏勒陆军导弹学校的"第2教研组"并入该校,作为该校的"第5教研组"。1973年6月1日,该校改名为"第1技术部队学校及陆军技术专科学校";80年代中期以后,又改名为"陆军技术学校及陆军技术专科学校"。

一、培训能力和主要任务

该校目前共有师资力量929人,其中军职教员571人,非军职(文职)教员358人。同时在校学员为2047人,每年的培训能力约为7400人。开设有199个训练课目。学员编为各种不同的训练班,如1977年就编了83个不同类型的训练班,其中专业训练班40个,专业进修班7个,军事业务训练班12个,特种课目训练班7个,陆军电子技术维修人员训练班17个;其学制从3天至24个月不等。1976训练年度培训的学员(约7400人)中,合格毕业的占93.1%,不合格的占3.2%,奉命提前归队的占3.7%。该校招收的学员主要是陆军的,此外也有空军和海军的,还有其他北约成员国军队的。另外,每年约有1160名新兵在该校进行基础训练。

该校是陆军技术和军械勤务人员的训练中心。其主要任务是:对维修部队的和各级指挥机关的维修人员、以及陆军军械勤务部门的指挥人员进行培训和深造;参与并主管有关维修部队使用原则的制定工作,参与并主管有关陆军技术装备（包括部队试验）的组织工作和研究工作；编撰有关采购与使用阶段中的军械方面的勤务条令和保养规划；编写和提供训练资料。

二、组织机构

陆军技术学校目前的组织机构有：校领导机构，专业勤务部，5个教研组，陆军技术专科学校，1个维修训练连。各主要机构的主要任务是：

专业勤务部：编写勤务条令和指挥、使用、训练细则；参与制定后勤和指挥条令；研究军械保养方面的新的组织措施、维修方法和管理工作程序。

陆军技术学校及陆军技术专科学校的组织机构表

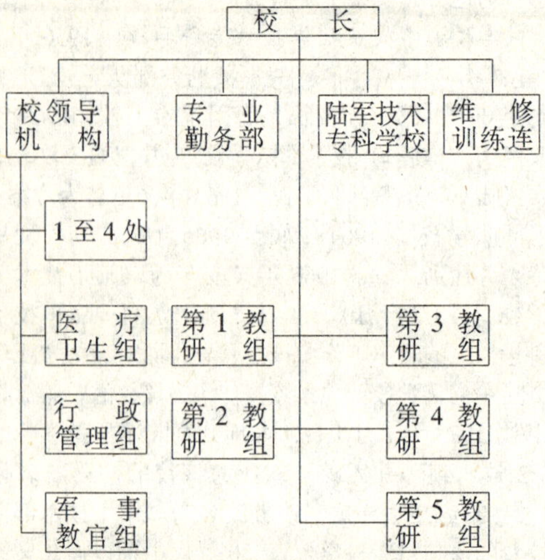

第1教研组：培训维修部队的候补指挥人员；负责对维修部队的军官和预备役军官、以及军械勤务指挥人员的培训和深造。

第2教研组：负责士官基础训练中的军事课目训练，为他们充当维修部队和维修勤务部门的初级指挥人员作好准备。结业后，他们分别到第3、4、5教研组学习有关的专业知识和技能。

第3教研组：对各种学员（军官、士官和兵）传授各种轮式和履带式车辆的技术维修知识和技能。

第4教研组：负责教授各种武器、精密机械、光学、红外和弹药等的技术知识和维修技能。

第5教研组：培训导弹武器系统、雷达制导武器系统、雷达系统、空中侦察系统、电子指挥与火控系统、电子检验系统和武器系统中的电子设备等方面的维修人员。

陆军技术专科学校：负责各种技师和技术员训练中的专业训练。开设的主要训练班有两种。第1种是技术员训练班，学制两年，招生对象是中学毕业后经过职业训练、并有两年以上实践经验的候补军官。学员可根据已掌握的基础知识和对他们预定的使用计划，选学下列专业：车辆学，爆破与保险技术，精密机械或武器技术。第2种是技师训练班，学制9～10个月，招生对象是长期服役的士官和职业军官。他们可选学下列专业：车辆学，电机学，测量与调节技术，工业技师或金属学。该校编制相当于教研组。其校长为文职人员。

第701维修训练连：协助教研组和军事教官完成训练任务，重点是协助完成对指挥人员的训练任务；协助专业勤务部进行技术检验和部队试验；在联邦国防军和北约伙伴的演习中，参加重要的爆破物处理训练；无训练任务时，执行野外维修与军械保养勤务。

空军军官学校　德国空军军官学校成立于1956年10月1日，地点在法施贝格；1958年春迁到慕尼黑附近的诺伊比贝格，1977年6月又移到菲施滕费尔德布鲁克。归空军局领导。

从1956年10月1日至1976年10月1日的20年间，空军军官学校共举办过420多个训练班，候补军官和从飞行员到中校的军官约4万人参加了该校的训练。

从1956年10月1日到1975年12月31日，空军军官学校共开过18门课程，举办过417个训练班，共培训学员38357人，其中合格的毕业生为33440人，占培训学员总数的87.2%。培训学员中绝大部分是候补军官，其中军队勤务候补军官为12832人，军事专业勤务候补军官为4610人，预备役候补军官为11794人；其余9121人是军官学员，其中6114人毕业于参谋业务训练班。

一、训练

联邦国防部颁发的《空军训练大纲》把训练分为“一般性军事训练”和“专业训练”。“一般性军事训练应教授一般军事知识和技能，使军事人员具有执行军队勤务的能力。”空军军官学校的任务就是“对候补军官进行一般性军事基础训练”，把候补军官培养成为军官和对军官进行深造。

1975年，空军军官学校共有9个训练班，其中主要有下列5个，即：（1）未来的营指挥员训练班，学员是准备作营级指挥员使用的少校或中校级参谋人员，训练重点是实际作业；（2）未来分队指挥员训练班，学员是从中尉到少校级的军官，训练重点也是实际作业；（3）军队勤务候补军官训练班，学员主要是在第3空军教导团刚受完3个月基础训练的高中毕业生，结业后约有50%的候补军官选送到联邦国防军高等学校（现为国防军大学）去学习3年；（4）预备役候补军官训练班；（5）军事专业勤务候补军官训练班，学员是具有长期士官经验的候补军官。

上述 5 个训练班的学员情况表

学员情况		军队勤务候补军官训练班	预备役候补军官训练班	军事专业勤务候补军官训练班	营指挥员训练班	分队指挥员训练班	总数	百分比
学员数量		627	551	437	67	131	1813	100
平均年龄		20.7	21.7	32.1	38.4	30.8	—	—
学员成分	军官	52	—	—	67	131	250	13.8
	士官	73	472	437	—	—	982	54.2
	兵	502	79	—	—	—	581	32.0
教育水平	初中毕业生	54	41	430	5	27	557	30.7
	高中毕业生	569	496	7	44	75	1191	65.7
	高等专科学校和大学毕业生	4	14	—	18	29	65	3.6
学员入学前担任的勤务种类	飞行勤务	169	—	48	21	11	249	13.7
	空军勤务	94	310	119	9	22	554	30.6
	后勤勤务	144	57	94	19	56	370	20.4
	指挥勤务	128	112	122	10	27	399	22.0
	防空导弹勤务	86	64	54	8	15	227	12.5
	导弹勤务	6	8	—	—	—	14	0.8
学制（周）		39	12	14	14	14	—	

军队勤务候补军官训练班的训练计划表

训练科目	课时（1 课时为 90 分钟）	百分比
内部指导(政治教育、教育法和法律)	91	13.3%
指挥与组织理论	39	5.7
空军理论	104	15.2
讨论会和集团作业	45	6.7
实际作业	38	5.6
体育	60	8.9
语言训练	50	7.3
补充训练(飞行练习、陆上和海上的生存作业)	46	6.8
军事宗教勤务	12	1.8
训练讲评(包括考试)	45	6.7
书面作业和自学时间	150	22.0
合计	680	100.0

二、教官

德国空军认为，训练的质量主要取决于教员，因此，应把“最优秀的军官”派到空军军官学校去培养接班人。

空军军官学校的教官包括 3 部分人，即专业教官、班主任和监察主任，他们虽然担负训练任务，但重点不同：专业教官专门教授专业知识，而班主任和监察主任则主要是同学员经常接触，以模范行为教育学员，并负责学员能力的评定工作。

该校教官采用轮换制，1 个教官在校教学时间最多不超过 3 年。因此该校的专业教官、班主任和监察主任多数是具有良好的专业知识，而没有受过师资训练和缺乏教学经验。根据经验，1 个刚调学校任教的军官，掌握教学方法和熟悉教材约需 1 年时间；到第 3 年他才具有较丰富的教学经验，才有能力参加拟订训练科目和内容的工作；但是他的这种经验和能力因离校而得不到应用。为弥补这一不足，已采用两个办法。一个办法是在空军军官学校开设了教官训练班，负责为本校和其他空军学校和部队的新任教官传授教学法方面的知识，使他们能尽快地熟悉教学工作；训练时间 5 周。另一个办法是，多用有经验的参谋人员当专业教官、监察主任，特别是当班主任。也有人认为，军官在任教期间，他的专业知识得不到实际运用，因而实际工作能力得不到提高；教官轮换制既有利于教官本人的实际工作能力的提高，也有利部队训练和学校训练的密切结合。

三、主要设施

1973 年夏，联邦国防部决定把慕尼黑近郊的诺伊比贝格空军军官学校的校址改为慕尼黑联邦国防军高等学校（现名国防军大学）的校址，在菲斯滕费尔德布鲁克空军基地附近为空军军官学校新建校舍。新建空军军官学校校舍的工程于 1975 年 4 月 25 日动工，1977 年 5 月 15 日竣工，6 月空军军官学校从诺伊比贝格迁到菲斯滕费尔德布鲁克的新建校舍。

据称，新建的菲斯滕费尔德布鲁克空军军官学校是设备最新、最现代化的空军学校。该校校舍包括教学楼、校部办公楼、校工作人员宿舍楼和学员宿舍楼共占地 30 万平方米，能容纳约 1100 名学员，在校部工作的军人 165 名，勤务基干连的军人 80 名，还有必需的其他文职勤杂人员。新建空军军官学校的主要设施如下：

教学楼：位于学校的中心。有 1 个大阶梯教室，座位 800 个；4 个专用阶梯教室，专用于上武器、技术和指挥勤务课；24 个普通阶梯教室；1 个语言实验室，共有 5 个阶梯教室；1 个专业图书馆；44 个教员办公室；其他办公室和带有卫生设备及其他设备的配房约有 60 个。

校部办公楼：有 40 个带配房的办公室。

校工作人员宿舍楼：1 座士官宿舍楼；1 座军官宿舍楼，套间带有会客室、厨房和其他配房。

学员宿舍楼：有 215 个单人房间，464 个双人房间，7 个 4 人房间，34 个供短期住宿的房间，109 个办公室和必需的配房。

体育设施：2 个健身房（1 个新建的，1 个改建的），1 个改建的运动场，1 个改建的室内游泳池，1 个新建的小型比赛场，1 个改建的草地比赛场。

空军卫生学校　1968 年，4 个空军卫生训练连迁入克林霍尔茨新建兵营，建立了空军卫生训练营。1972 年 3 月该营改名为“空军卫生学校”。该校是训练空军卫生士官及卫生员的训练中心。

空军卫生学校组织机构表

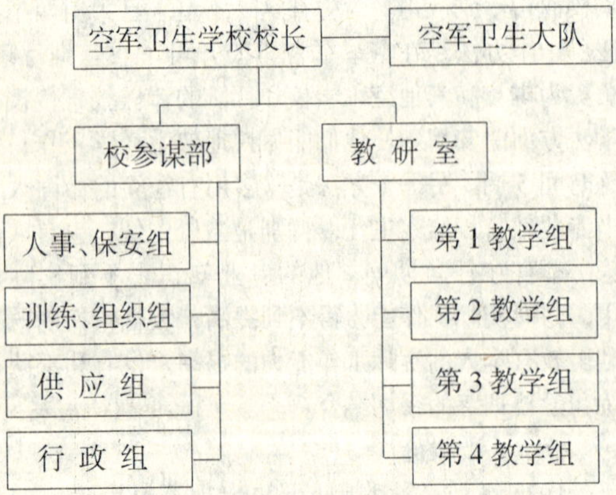

空军卫生学校是团级单位，业务上及行政上均归空军局下属的空军准将军医办公室领导。该校任务包括：卫生训练；制定应用性卫生教程；评价空军卫勤训练及卫材工作经验；筹备及实施卫勤、卫材部队试验工作。

教研室主要负责卫生教程Ⅰ（急救）及卫生教程Ⅱ（护理）的教学，此外，还主管军医函授课、预备役军医教程、空军卫勤军士长的短期训练班、空军卫材管理短训班等方面的工作。

该校的空军卫生大队参与学校的培训工作，配合教学进行实习训练，以便使学员了解空军卫生大队的组织以及结业后自己工作岗位的情况。

该学校建校以来已培训了约 4 万多名学员。

海军武器学校　在德国海军的各类学校中，海军武器学校是规模最大、设备最现代化的。它成立于 1974 年秋，校址在奥尔帕尼茨基地附近，主要任务是培训海军士兵。它由两所分校即甲校和乙校组成。甲校是水下武器学校，设在埃肯费尔德，负责培训猎潜、扫雷、鱼雷、潜水、水下爆破等人员。乙校是水面武器学校，设在埃伦贝格，负责培训 18 种不同类型的雷达和发射制导装置、26 种不同口径（22 毫米至 122 毫米）的火炮及舰舰导弹的操纵与维修人员。1976 年，全校的教员学员共 1650 人，其中学员占 54%，教员占 46%；乙校有学员 600 名，教员 200 名。据称，教员比例这样大，是因各种武器教学的专业化程度非常高，而且学校里配备了舰艇上所使用或即将使用的各种武器和武器系统，需要大批专职人员。海军武器学校的教学有下列特点：

一是学制短，专业化程度高。普通士兵的培训只用 3 个月，士官 6～9 个月，军官最多不超过 7、8 个月。培训内容：普通士兵着重学会一种武器或仪器的使用和操作；士官不仅学会操作，还要懂得维修；军官则是进修某一专业知识。学校根据不同的对象来安排课程和教材。

二是紧密配合战备需要，适应舰队的要求，有计划地为新式武器培训全套人马。该校从 1974 年 10 月开始培养使用德国自己设计和制造的“143 级”导弹快艇的军官和士兵。据称，“143 级”导弹快艇是当时世界上设备最先进的快艇，艇重 3780 吨，长 57.4 米，宽 7.8 米，18000 匹马力，时速 38 千米，装备有两门 76 毫米火炮，两枚鱼雷，两枚舰舰导弹，并装有全自动化的作战和通信设备。

三是教学设施和内容尽最大可能接近实际，并通过现代化教学手段对学员进行实际的形象化教育。据报道，该校一切教学用的设施、武器和武器系统都尽量做到与舰上的实际一样。如关于导弹的安装与发射，鱼雷的发射，水雷的搜寻与打捞，都用各种实物和模型进行解说，有关雷达和发射制导装置等复杂的电子仪器的知识，则是在奥尔帕尼茨基地的有关设备上学习和实践的。另外，教学过程中经常放映有关内容的电视和电影纪录片，特别是一些演习中拍摄的各种操作的规则动作。

据德国海军人士称，德国海军虽然是德国联邦国防军中的最小军种，但装备却是最现代化的。在德国，将现代化的科学与技术应用于军事方面，海军最突出。德国海军特别强调训练的重要性，认为部队的战斗力取决于训练水平；特别是高度现代化的武器，失之分毫差之千里，会造成难于想象的损失。德国海军对官兵的训练主要在各种军事学校中进行。海军中的职业兵和合同兵占 70%，义务兵不到 30%。

部分训练中心简介 为了提高训练质量，加强军队建设，德军在抓紧院校建设的同时，也很重视建立各种配套的训练中心。德国陆军建有 4 个坦克模拟训练中心，炮兵部队已有 17 个模拟训练中心，在各军区共有 30 个预备役人员训练中心，近年又建了 1 个陆军战斗训练中心和正在建 1 个陆军模拟作战演习中心；空、海军也有各种训练中心，比如船艺训练中心、航空兵训练中心、潜艇训练中心等。现择其部分简介于下。

内部指导中心 联邦国防军内部指导中心成立于 1956 年，原称内部指导学校，1981 年改为现名，其工作范围也由原来的纯粹教学改为研究、教学、指导并重。内部指导中心的基本任务有下列 4 项：

1. 从理论上指导全军的内部指导工作，协调全军有关内部指导的各种问题，重点是人员指导问题；

2. 为军官、士官的训练和进修深造编写内部指导方面的基础资料、教材和辅导材料；

3. 搜集、分析和评介军内外以及外军中出现的对于内部指导具有影响的最新事件和研究成果，不断修改国防军内部指导工作方案；

4. 培训内部指导工作骨干。

内部指导中心直接受国防军副总监察长领导，业务上受武装力量指挥参谋部的“内部指导、人事、训练处”领导。内部指导中心司令部由一名准将级司令、一名副司令和一名参谋长组成，下设情报处、计划组织处、后勤处、医务处、管理处和图书馆。指导中心编有军官 44 名，文职教员 11 名，其中有教育学家、心理学家、政治家、社会科学家、企业和组织科学家、历史学家、劳动科学家、医生、法学家、新闻工作者、以及在内部指导方面具有实践经验的部队军官。整个中心的研究、教学和指导工作由下列 5 个部门承担：

第 1 个部门从事内部指导的原则性问题研究，并负责组织有关人员和单位访问一些社会团体或个人（如教师、牧师、企业家等），或与北约盟军进行座谈，以便借鉴社会上和外军的有益经验。

第 2 个部门负责人员指导以及关怀和福利问题的研究。研究人员根据社会科学研究的最新成果，研究领导和教官如何使被领导者和受训者在圆满完成各种勤务和训练任务的同时，在体力和精神上付出最小代价。此外，它还通过举办训练班和编写辅导材料，指导部队的人员指导工作。比如题为“接触”和“第 1 天”的辅导材料，旨在指导部队领导如何与下级和新兵相处；题为“上级了解士兵吗?”的电影，在于指导部队领导如何了解下级的实际问题。

第 3 个部门负责政治教育工作研究，并通过编写辅导材料和举办训练班，提高部队领导进行政治教育的能力。

第 4 个部门负责军队纪律和战时国际法问题研究，参加编写和修改共同条令中的有关部分，并通过举办训练班和提供辅导材料，使部队领导了解军事法规与军队纪律的内在联系，以及对部队保持高度战备水平的意义。

第 5 个部门负责训练和教育学问题研究，拟定训练教育原则和编写有关基础材料，参加编写和修改共同条令中有关训练方法的章节，并开展对普通教育学及其有关学科（如人类学、社会学、心理学等）和外军训练教育经验的研究。

内部指导中心举办的训练班有以下 4 种：

1. 部队主官训练班。招收各军种校级军官（多为中校），时间 1 周。主要目的是使他们从繁忙的日常勤务中解脱出来，学习一些社会科学和政治方面的知识，开阔眼界，提高其内部指导的能力。

2. 年轻军官训练班。招收对象是师以上指挥机构、部队以及院校负责安全政策和军事防御问题的年轻军官，时间为 3 周。主要学习如何宣传安全政策、国家防御和联邦国防军。

3. 连队司务长训练班。时间 2 周，招收各军种负责军队内部勤务和新兵训练的人员。主要讲授军人的基本权利与所担负的义务，以及两者之间的关系和矛盾，使他们掌握正确处理这些矛盾的方法。

4. 内部指导教员训练班。培训对象是院校教员、部队教官和负责监察工作的人员，军衔通常为中尉至中校，培训时间 3 周。主要目的是增加他们在内部指导尤其是人员指导和政治教育方面的知识，提高他们在该方面的教学能力。

内部指导中心每年还要举办十几次内部指导研讨会，邀请军内外以及外军的理论工作者和有实际工作经验者参加。

陆军战斗训练中心 1992～1993 年，德国提出建立陆军战斗训练中心的计划。到 1996 年底，战斗训练中心已初具雏型。战斗训练中心的主要任务是训练部队。无论是步兵，还是装甲兵，直至危机反应部队，都可以在此进行逼真条件下的夜间和昼间训练。

德国陆军战斗训练中心主要由训练场设备、数据通信系统、操作中心 3 部分组成。

一、训练场设备。主要包括士兵及车辆用的激光代码接收器、激光模拟器、车辆效果显示器、战术音频通信系统、视频通信系统、全球定位参照系统和操纵设备（包括全球定位接收器、智能化界面处理器和数据通信电台）。①激光代码接收器是为士兵和车辆配备的训练器材。当士兵和车辆被激光模拟武器击中时，该系统能查出所用武器发出的激光代码，计算出毁伤程度，向武器使用者显示射击结果；并把毁伤结果（例如击毁、机动能力受到破坏等）送抵设备操作者手中。②激光模拟武器是安装在装甲车、反坦克武器和轻武器上的训练器材。它使每件武器都能传送特定的激光代码。目标被击中时，激光代码接收器就能识别出射手是谁。完成一次任务后，激光模拟武器需要经过演习裁判审定，方可再次使用。③车辆效果显示器是显示车辆是否被击中的器材。当车辆被激光武器击中时，即以闪光或烟雾表示命中目标。它还可以采用各色烟雾等方法表示，但要根据武器的种类，例如火炮、地雷、坦克、反坦克武器等而定。④战术音频通信系统是参训部队通常使用的电台。操作中心通过接口监控所有的音频通信，以便进行记录和评估。⑤视频通信系统是观察员装备的机动视频通信设备。当发生特定事件时，被指定的观察员用预定方法进行记录，以备日后查询时调用。为保证视频通信系统的机动性，在摄像机上装有高频发射器，可把视频图像传送到观察员乘坐的车上。尔后通过定向电台，将视频图像传送到操作中心，同时进行记录和评估。⑥全球定位系统是参训单位所有全球定位接收器的参照接收装置。放在全体人员都能掌握的地点，以保证能确定各参训者在训练场上的位置。⑦操作设备是高度集成化的模块产品，由蓄电池（士兵）或车辆制动系统供电，包括全球定位接收器、智能化界面处理器和数据通信电台。训练场上的每辆车和每个士兵都配有操作设备。操作设备通过用户编号总线与激光模拟武器、激光接收器和车辆效果显示器相联接。

二、数据通信系统。用以保证参训者在训练场地通过电台与操作中心建立联系。数据通信系统的主要技术要求：①在数据通信网络中保持最佳结构，保证所有参训者能在现有各种条件下，在没有指令的情况下主动保持联系；②能迅速进行数据双向传输；③在输入和操作的全过程中保证数据的完整性；④拥有标准的低成本硬件，使用按任务进行测试的数据通信设备；⑤能在军用甚高频波段上使用无线电传输数据；⑥系统应有可扩充性。数据通信系统包括数据通信控制中心、战场数据通信设备、操作者（人员、车辆、裁判）的数据通信电台。其中数据通信控制中心在操作中心和战场数据通信设备之间形成一个链型网络。数据通信控制中心通常设于训练场上。战场数据通信设备只用来联接数据通信控制中心和操作者的数据通信电台。

三、操作中心。在操作中心，所有的数据与战斗相关的情况，均可被记录、核对、存储、评估和显示，以便对训练进行监视和控制，并对参训部队的战术行动进行评估。作战数据包括参训者的位置及状态，参训部队的通信数据，特别是指挥命令的传输数据，以及战斗图像片段。①工作站。在操作中心，作战训练数据的处理、评估和重播，都是由工作站来辅助完成的。训练的组织者和控制人员通过工作站监视战斗行动的全过程，并直接进行评估。控制人员使用的工作站用以模拟不在现场的兵力的部署，以及这些部队的装备，例如火炮、工程器材和核、生、化装备等。裁判及观察人员可以从控制人员那里获得指令。战斗训练中心还设有一些专门的工作站，对参训部队进行战术评估。②研讨厅。每次演习结束后，参演部队都要进行一次总结性讨论。讨论通常在为担任友军的参训部队指挥官修建的、安装有特殊设备的研讨厅举行。③数据记录器。对战斗数据的评估和处理，以及为监视战斗行动而进行的演示，都是在联网计算机上进行的。训练场上得出的所有数据，不包括视频和音频无线电通信，都被传送到数据记录器中，并以数字的形式记录下来。在相应的模拟模型的支持下，数据记录器可完成直射火力、障碍物、雷场以及核、生、化弹药的战斗过程模拟。训练后的效果评估是由一套综合的评估软件来完成的。④音频器。训练过程中使用军用音频无线电通信设备发送的所有指令，均以数字化形式记录下来。在数据记录器的控制下，恢复音频数据，与训练场上得出的其他数据一起，共同用于训练后进行的讨论。⑤数字视频器。训练过程中的战斗片断和训练研讨阶段的视频数据，均被存储在数字化的媒体中。在数据记录器的控制下，战斗片段的图像数据与训练场上得到的其他数据一起，共同用于训练后进行的讨论。

战斗训练中心为诸兵种合同作战训练提供了有利的条件。官兵在战斗训练中心得到的训练效果，远远胜过在单一的训练场得到的训练效果。

陆军模拟作战演习中心　为了适应现代化战争的需要，德军于 1996 年开始在马格德堡部队演习场动工兴建陆军模拟作战演习中心。按计划，第1期工程于1997年结束，可容纳800人参演。1999年第2期工程结束时，最终可容纳3700人参演。该中心建成后可进行营至军一级的战役战术模拟演习，主要是各级司令部演习和带有部分实兵的首长司令部演习等。

一、基本构想

德军认为，未来陆军必须具备实施诸军兵种协同作战的能力。但目前陆军合成部队却缺乏应有的模拟训练手段和设备。现有的模拟系统虽可逼真模拟武器对抗，显示炮火、核生化战剂和空中武器的打击效果，演练电子战及后勤支援，但对战场行为的评估却依赖裁判人员的主观判断，损耗估计不准，部队指挥员不能直接了解训练效果，演习中的错误也不会受到应有的“处罚”。因此，迄今陆军仍依赖裁判人员、指挥和辅助人员及仅有的辅助手段进行“人工创造”的训练方法，给指挥员和士兵带来了巨大的心理和生理压力，但训练水平却不十分理想。反观美军的训练手段（如驻德美军第7军训练中心），由于采用了坦克和其他直瞄式武器模拟对抗装置，可对不同规模的火力对抗进行较客观地判断。卫星定位系统可准确判明武器系统和部队的具体方位。SIRA式战场训练模拟系统甚至可将受训部队纳入模拟部队的框架，有关参数均通过SEM－93系统输入评判中心，然后由计算机进行技术处理。特别是海湾战争后，德军意识到必须适应高技术现代化战争的要求，在吸取美军现有经验的基础上建立自己的模拟作战演习中心，以提高陆军的训练水平。

具体地讲，陆军模拟作战演习中心必须符合以下要求：(1) 通过模拟对抗装置显示各种火炮、反坦克武器、轻武器和防空武器的命中率及其效果；(2) 逼真模拟炮火、雷障、核生化战剂和空中威胁；(3) 直观而准确显示所有参训人员、车辆和武器系统的损失；(4) 使裁判人员能凭借对抗模拟装置较准确地判明战场行为失误；(5) 演练必要的后勤措施（如人员补充）；(6) 演练电子战。

二、训练装备

陆军模拟作战演习中心为蓝军、红军、指挥中心、裁判人员配备了相应的训练装备，即所谓战场手段、中心监控与数据处理设备。

战场手段包括：(1) 蓝军和红军的装备。对抗模拟装置，能对直瞄式武器的命中率及其效果进行一目了然的模拟显示。通过定位系统和数字通信或无线电可随时向指挥中心报告参训者方位。(2) 效果模拟装置。烟火制造手段根据光声学原理能惟妙惟肖地模拟各种炮火、工程兵武器及核生化战剂的使用效果。(3) 裁判人员装备。裁判人员配有目视与切入设备，能以此模拟损失或对战况进行摄像和转播。

中心监控与数据处理设备包括：(1) 演习指挥手段。指挥中心负责所有指挥与重要训练数据的输入、储存、整理和分析工作。其内容主要是部队方位与状况、指挥联络及重要作战过程的录像。中心指挥官及其他指挥人员既可评判演习过程，也能通过战术手段进行干预（如投入红军部队）。此外，指挥工作室内也可讲解演习，向裁判人员下达指令，或成功地模拟某些作战支援。(2) 计算机。所有数据的分析处理和对作战过程的监控均通过联网计算机完成。演习阵地的数据先输入主控计算机进行筛选处理，再由大容量精密软件根据对演习监控、分析、总结和评讲的具体要求分别编序。计算机的处理结果均输入磁盘和光盘，以供部队以后训练时参考。(3) 录音设备。对作战部队的指挥通信均作了录音，与其他数据一并交指挥中心进行分析和评判。(4) 录像设备。重要作战过程和演习讲解录像均输入数据库，与其他战场数据一样可随时调用。

陆军预备役人员训练中心 德国陆军预备役人员的主要训练场所是分布在各个军区的训练中心，共有30个。根据兵种的不同，训练中心又分为步兵训练中心、工程兵训练中心、卫生训练中心、供给训练中心等。步兵训练中心按接收对象不同，分为A、B、C 3种。A种训练中心，主要训练军区司令部和防区司令部的司令部连，军区直属步兵营的营部与补给连，防区司令部的司令部排或保安营。B种训练中心，主要训练军区直属步兵营的步兵连和重步兵连。C种训练中心，主要训练防区司令部的保安连。

训练中心设1个指挥班和1个训练班。指挥班编制9人：1名军官（最高军衔为中校）、4名上士（参谋勤务上士、补给勤务上士、卫生勤务上士和1名保管员）、4名文职人员（1名会计、1名书写员、2名司机）。训练班编制6人，均为教官：1名军官（训练中担任连长，负责全连训练），4名上士（在训练中担任分队指挥员，负责排的全面训练），1名连指挥班班长兼三防勤务上士（在训练中担任连指挥班班长）。

1个训练中心每年开办12～15期训练班，每期12天，每期可训练1个保安连（全部为预备役人员）。这样，1个训练中心每年可训练2000多人，军官占3%，士官占20%，兵占70%。

训练目的主要是使预备役人员熟悉在后方地域的作战原则，使分队指挥员掌握在后方地域指挥分队作战的本领，提高预备役部队的战备水平，一有情况，48小时内便可补充到现役部队。

一、训练前的准备

每期训练前均有 18 天的准备时间，也就是说，每期训练完毕，就立即开始下一期训练的准备工作。

首先由军区负责计划的勤务部门通知训练中心，告之将要参加训练连队的性质及其所担负的主要任务。在制定出训练计划和发出年度训练命令之前，训练中心领导要到防区司令部作训科商讨下一年度的战斗演习课题，或了解其上级机关的设想。会商记录将纳入训练中心年度训练命令中，并由有关的营保存。

在新的训练年度开始前的 1 个月，步兵营营长或副营长（均为预备役军官），要召集其人事股与作训股军官、连指挥班班长到训练中心，与训练中心领导会商，讨论该营所属连队的训练事宜。主要内容是先由训练中心领导报告训练进程，尔后一起乘直升机或步行到演习地域察看行军道路、地域和阵地。在察看过程中，营长可就其连队训练中的一些问题提出设想和希望，供落实训练计划时参考。返回后，共同落实训练计划。尔后，人事股与作训股的主要任务是，共同商定参加训练的连的军官、士官与兵的名单，并于训练前 2～6 周口头报告给训练中心。

训练开始前 3～5 周，连长还要在训练中心召集 1 次勤务会商。参加者有：训练中心领导、训练中心的参谋勤务上士、连指挥班班长、补给勤务上士；营的人事股、作训股军官、物资保管上士；连长、连的上士、连指挥班班长。会商目的在于具体落实演习的细节问题，解决人员、安全保障、组织、物质保障、住所等具体事宜。

二、训练的实施

参加预备役军事训练的通知由军区预备役局负责发出。预备役人员接到通知后，即按规定的时间到指定的动员基地报到集中。

12 天的军事训练分为两大阶段。军官、士官、候补士官（士兵）和一些特种分队如野战炊事组、维修组、野战电缆架设组、卫生组、少数军车驾驶员作为先遣受训人员，在第 1 周的星期二被召集到动员基地，尔后乘车行军至训练中心，从星期三训练至星期六。尔后留在训练中心，一方面作为骨干参加整个分队的训练和战斗演习，另一方面参加士官训练。在第 2 周的星期一，分队的其他人员作为基本受训人员，在先遣受训人员的协助下，到动员基地实施动员集中，然后行军至训练中心，进行 6 天军事训练。

由于各军区所担负的具体任务有所差异，以及训练中心类型、训练对象的不同，各训练中心的训练科目、时间分配并不完全统一。一般训练科目及课时分配如下表：

	第 1 阶段(部分人员) (第 1 周)	第 2 阶段(全连) (第 2 周)
星期一		将全连受训人员集合至动员基地，清点人员，发放武器、车辆、器材，询问健康情况。 行军至训练中心，组织欢迎，训练中心领导讲话。
星期二	将先遣受训人员集合至动员基地。尔后程序与第 2 周星期一同。	2 课时：处理行政事务，放映电影（“必须成为预备役人员”、“德国联邦国防军”）。 3 课时：基础应用课目训练（G－3 型步枪、MG－1 型机枪、P－1 型手枪、MP－2 型冲锋枪、轻型反坦克火箭筒等武器训练）。 4 课时：一般部队战斗训练。 (4 课时)：驾驶训练。 (4 课时)：通信训练。
星期三	2 课时：处理行政事务等。 1 课时：介绍训练中心领导、工作人员和先遣受训人员（包括候补士官）。 2 课时：保安连编制装备的一般知识。 1 课时：队列训练。 3 课时：战斗中的指挥作战原则。 (4 课时)：军队驾驶员的初步辅导训练。 (3 课时)；军队驾驶员训练。	7 课时：带教练射击的训练（2 次冲锋枪、2 次机枪、2 次手枪练习；1 次自动枪练习；1～2 次反坦克手的轻型反坦克火箭筒练习）。 1 课时：技术勤务。 1 课时：战斗演习的安全教育。

	第1阶段(部分人员) (第1周)	第2阶段(全连) (第2周)
星期四	5课时:战斗训练(沙盘作业,课题:警卫与巡逻)。 1课时:内部指导、关于运用强制手段的权限规定。 3课时:带通信训练的战斗训练。 (9课时):军车驾驶员训练。	30课时:战斗演习(课题:保安连对目标和交通要道的警卫和巡逻)。 同　时:为实施警卫,对目标进行勘察和判定; 阵地内勤务与战斗; 侦察组在目标地域的战斗侦察; 摩托化侦察组对目标和交通要道的巡逻; 与地方民事机构的协同。
星期五	2课时:带工兵训练的战斗训练。 (2课时):物资供给课。 3课时:战斗训练(沙盘作业)。 1课时:内部指导及其措施。 1课时:射击训练的组织。 2课时:制定第2周训练科目。 训练中心领导作训练总结,提出改进措施。 (9课时):军车驾驶员训练。	上午:继续战斗演习。 4课时:技术勤务。 (1课时):训练中心领导与受训的连、排长、军区人事处军官和训练人员谈话;晋级、任命候补士官、人员职务调整。 (2课时):士官考核(笔试)。
星期六	6课时:战斗训练。 为第2周的战斗演习判断地形。 同时:勘察前进指挥所、目标和所警卫的地段(带目标图); 制定作业计划; 排、班长下达命令。 大约下午2时动身返回动员基地或留在训练中心。	2课时:打扫、移交住房。 大约上午9时动身返回动员基地。 解除动员令。
星期日	放　　　　假	
总计	战斗训练 17课时 工兵训练 2课时 通信训练 3课时 兵器、器械训练 3课时 部队一般知识课 2课时 内部指导课 2课时 队列训练 1课时 射击训练 1课时 安排事务性工作 5课时 36课时	战斗训练 34课时 射击训练 7课时 兵器、器械训练 3课时 内勤、技术勤务 7课时 安排事务性工作 3课时 54课时

注(1) 括号内的课时及内容为训练正式学员之余对训练中心工作人员所进行的训练。

(2) 每课时为45分钟。

三、预备役士官的训练

训练和培养预备役士官是训练中心的重要任务之一。

将预备役候补士官培养为士官的训练，并无条文规定，由训练中心教官负责。但一般作法是，首先通过"军内职位号码"① 挑选培养对象。尔后，教官与培养对象所属分队首长，就候补士官的训练问题交换意见。

候补士官的训练从第1周的星期三开始。在这一天就必须向受训者讲明，在两周军事训练结束时所进行考核的要求，使他们有充裕的准备时间。

第1周的星期五，对候补士官培养对象进行初步考核，星期六任命候补士官。

在第2周的全连训练中，候补士官以士官身分参

① "军内职位号码"是一种表示军内职位的电子计算机语汇。它包含3部分内容：在组织方面，它表示具备某种能力的人员所应安排的职位；在训练方面，它表示为胜任这一职位所应传授的知识和能力；在人员方面，它表示具备这种知识和能力的人。德军利用这一系统，可使职位的设立、训练和人事安排更趋合理、更有针对性，避免人力、物力、财力和时间的浪费。

加训练，接受1周的实际锻炼和能力考核。训练间隙，负责训练的上士和连长要找候补士官个别谈话，征求个人对培养为士官的意见，并填写申请报告。

候补士官的训练除与其他受训人员共同进行外，还利用一些晚上时间，增加训练课时。

士官考核在第2周星期五举行，星期六任命预备役士官。考核由考核小组主持。考核小组由教官（主考官）、连长（第1助考官）、年长的训练上士（第2助考官）、考生的直接首长（负责分队训练的上士教员）和专业教员组成。考核内容分3部分：（1）45分钟笔试，测验基本军事知识水平；（2）15分钟口试，由主考官和连长考问在训练中所讲授的基础知识，由直接首长和专业教员考问军事专业知识；（3）应用科目考核，即完成上士教员给予的任务。

德军认为，这种在训练中心培养预备役士官的办法还存在着一定的缺陷。主要是训练时间过短，且与其他受训人员一起进行，有碍于预备役士官的质量。目前正在进行这方面的改革。

四、训练设施

由于训练中心训练时间短，难以集中训练器材及设施。为进行训练常常要跑到20千米以外，借用其他单位的训练场和靶场，浪费时间不少。为了改变这种状况，不少训练中心自己动手修建自己的训练场地和设施。训练中心的主要设施有：

手榴弹教练场：包括投掷阵地、掩护坑道、目标地带、围墙、旗杆等。

迷盲、燃烧器材投掷、射击场：大致与投弹场相仿。

枪榴弹射击场：射击目标由木制的改为用钢管焊接成形似坦克正面、侧面的框形结构，距离为50米、75米、100米不等。

轻型反坦克火箭筒射击场：目标为报废的坦克车体，距离为100～150米。为模拟启动、转弯、上坡等运动目标，在目标地域铺设轻便铁轨，将用钢管焊接成的坦克的框形结构安装在废旧火车车厢的底盘上，在掩体内以电动绞盘车牵动。此外，可将这一切噪音通过扩音器放大，并施放少量烟幕，以增强实战感。

容纳1个排的阵地：包括双人永备发射工事、交通壕、班用地下隐蔽所、1个遮蔽的排指挥所和1个厕所。可以演练防御、警戒等训练课题的全部有关动作。

班战斗射击训练场：这是在排的阵地内专门修建的设施，包括自动倒靶装置、报废的坦克，距离为80米、150米，供进行班编成内各种兵器练习之用。

夜间训练场：设置在一个500米长的狭长的森林地带内。场内设有绊网、梯木、小桥、房屋、敌人照明设备等各种障碍物，以及模拟敌人的靶子和可从树上突然跳下实施突袭的木偶等。在这里保安连可以演练“侦察群夜间在目标地域”的课题；步兵连可演练“班渗入以铁丝网和地雷封锁的森林地”等课题。

自建的训练场地与设施，均需由军区司令部委托一小组进行验收。

人力主要来源于受训连队。受训连队不仅人力充足，而且木匠、瓦匠、铁匠等人材应有尽有。他们的修建工作要尽量与其“防御”、“土工作业”、“伪装”等训练科目联系起来进行。实在联系不起来时，可组织一个修建工作小组（最多不超过一个班），经常轮换；进行较大工程时，可动用一个排。

卫生训练中心 联邦国防军卫生训练中心是德军预备役卫勤人员的训练单位。德军有4个卫生训练中心：即赫尔努姆卫生训练中心、腓特烈港卫生训练中心、劳宁卫生训练中心及博特卫生训练中心。4个中心的任务与编制是相同的。

卫生训练中心的任务如下：预备役卫生员、士官及军官的培训，专业及护理人员的培训，预备役卫勤人员的动员演习。此外，由于战时后备医院要使用约50%的女卫生人员，这些人员由地方红十字会等民间组织提供，而国防军要协助进行培训，因此，卫生训练中心还负担对女性技术及护理人员进行卫生培训。

卫生训练中心由指挥组、训练组、中心的卫勤部队及供给组组成。

（长　生）

附　　件

附件 1：德国国防体制表

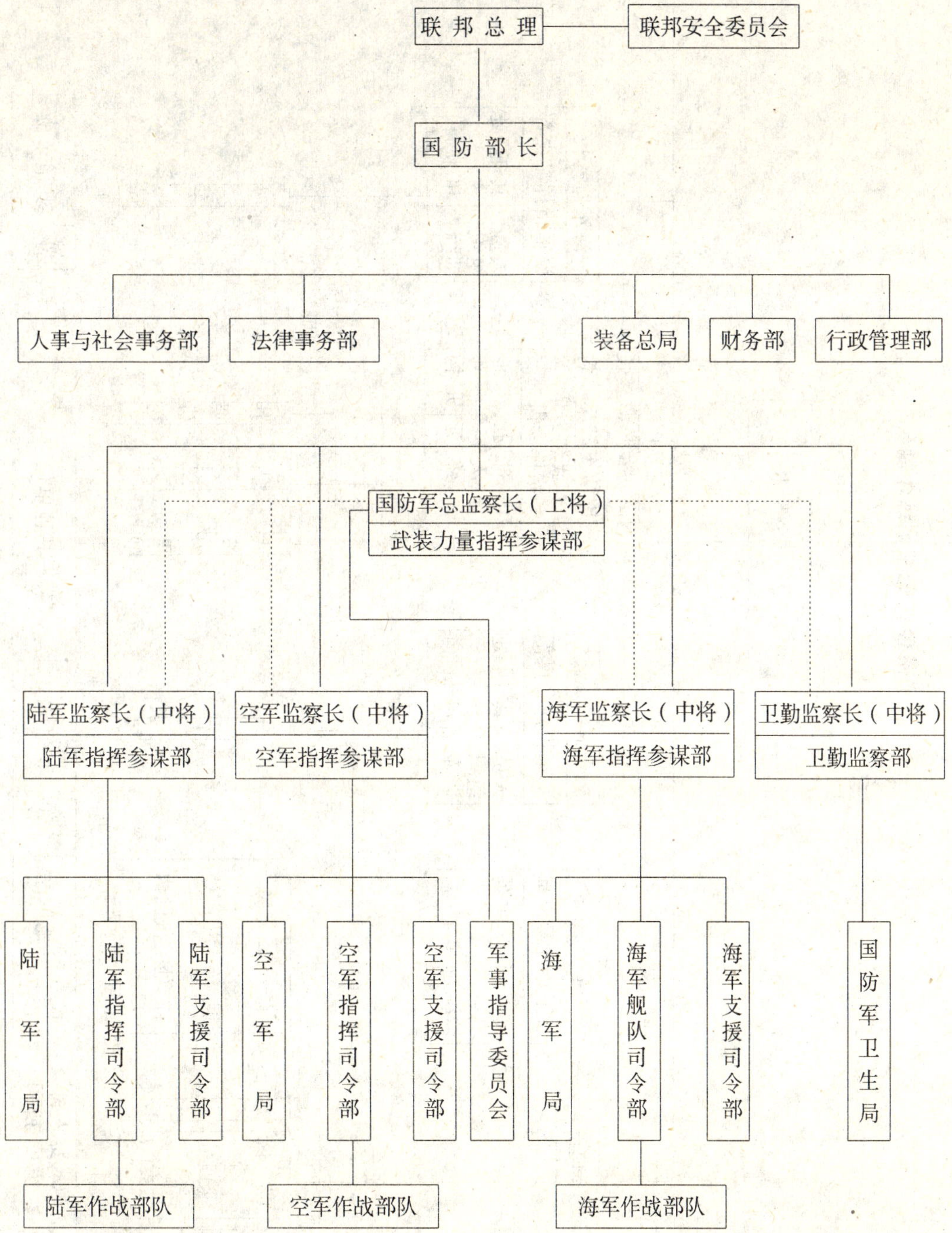

注：虚线表示业务指导关系。

附件2：德军训练体制表

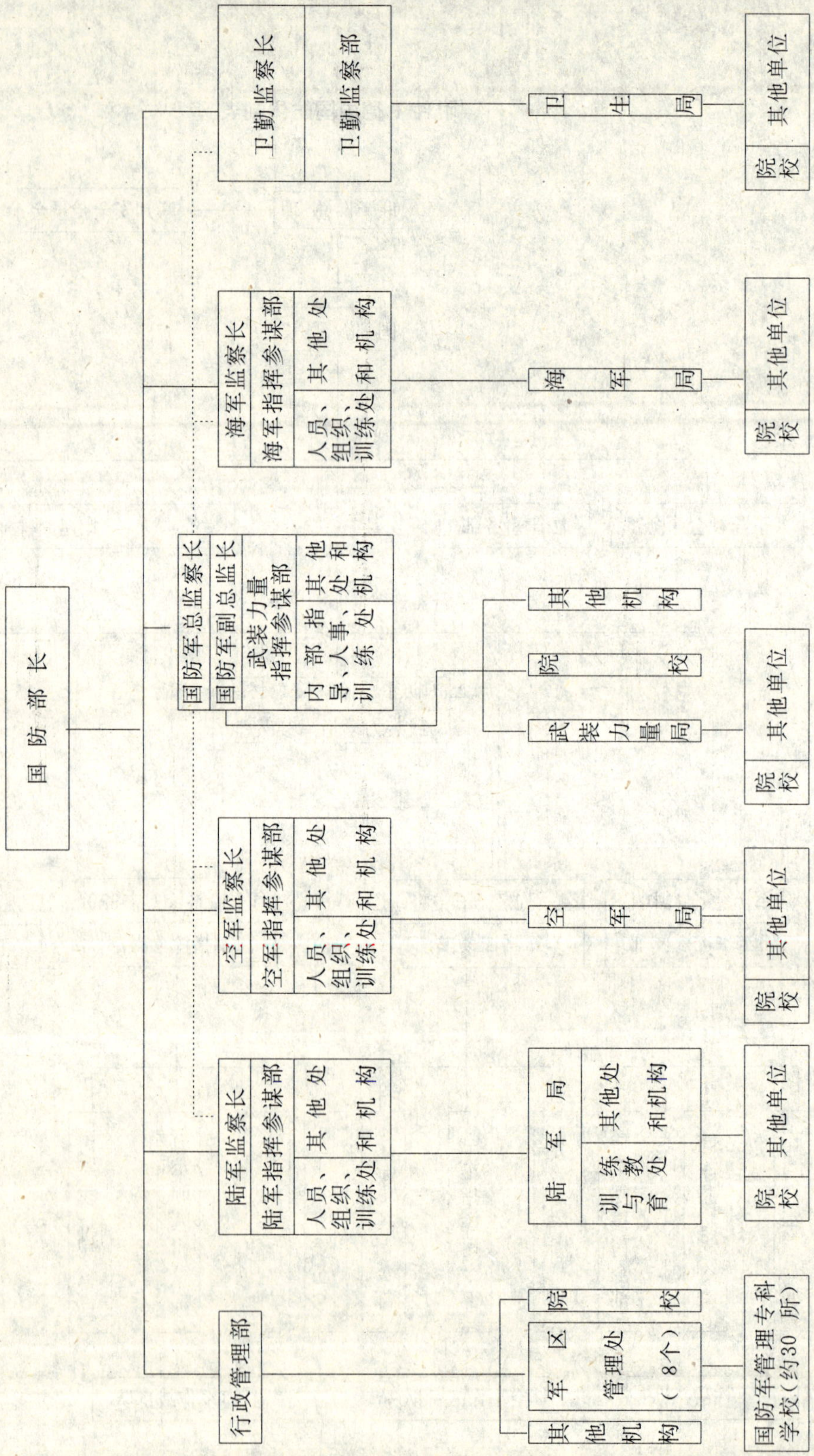

注：虚线表示业务指导关系。

附件 3:德国现行军衔表

军衔等级		陆军和空军		海军		卫生勤务	
		德文	中文	德文	中文	德文	中文
军官	1. Generale 将官	(1)General	上将	Admiral	海军上将	——	——
		(2)Generalleutnant	中将	Vizeadmiral	海军中将	Generaloberstabsarzt	中将军医
						Admiraloberstabsarzt	海军中将军医
		(3)Generalmajor	少将	Konteradmiral	海军少将	Generalstabsarzt	少将军医
						Admiralstabsarzt	海军少将军医
		(4)Brigadegeneral	准将	Flottillenadmiral	海军准将	Generalarzt	准将军医
						Admiralarzt	海军准将军医
						Generalapotheker	准将药剂师
	2. Stabsoffizier 校官	(5)Oberst	上校	Kapitän zur See	海军上校	Oberstarzt	上校军医
						Flottenarzt	海军上校军医
						Oberstapotheker	上校药剂师
						Flottenapotheker	海军上校药剂师
						Oberstveterinär	上校兽医
		(6)Oberstleutnant	中校	Fregattenkapitän	海军中校	Oberfeldarzt	中校军医
						Flottillenarzt	海军中校军医
						Oberfeldapotheker	中校药剂师
						Flottillenapotheker	海军中校药剂师
						Oberfeldveterinär	中校兽医
		(7)Major	少校	Korvettenkapitän	海军少校	Oberstabsarzt	少校军医
						Oberstabsapotheker	少校药剂师
						Oberstabsveterinär	少校兽医
	3. Hauptleute 高级尉官	(8)Stabshauptmann	大尉	Stabskapitänleutnant	海军大尉	——	——
		(9)Hauptmann	上尉	Kapitänleutnant	海军上尉	Stabsarzt	上尉军医
						Stabsapotheker	上尉药剂师
						Stabsveterinär	上尉兽医
	4. Leutnante 初级尉官	(10)Oberleutnat	中尉	Oberleutnant zur See	海军中尉	——	——
		(11)Leutnant	少尉	Leutnant zur See	海军少尉	——	——

续表

士官	5. Unteroffizier mit Portepee 高级士官	(12) Oberstabsfeldwebel	三级军士长	Oberstabsbootsmann	海军三级军士长	Oberstabsfeldwebel Oberstabsbootsmann	三级军士长 海军三级军士长
		(13) Stabsfeldwebel	二级军士长	Stabsbootsmann	海军二级军士长	Stabsfeldwebel Stabsbootsmann	二级军士长 海军二级军士长
		(14) Hauptfeldwebel	一级军士长	Hauptbootsmann	海军一级军士长	Hauptfeldwebel Hauptbootsman	一级军士长 海军一级军士长
		Oberfähnrich	一级军士长候补军官	Oberfähnrich zur See	海军一级军士长候补军官		
		(15) Oberfeldwebel	上士	Oberbootsmann	海军上士	Oberfeldwebel Oberbootsmann	上士 海军上士
		(16) Feldwebel	中士	Bootsmann	海军中士	Feldwebel Bootsmann	中士 海军中士
		Fähnrich	中士候补军官	Fähnrich zur See	海军中士候补军官		
	6. Unteroffizier ohne Portepee 初级士官	(17) Stabsunteroffizier	二级下士	Obermaat	海军二级下士	Stabsunteroffizier Obermaat	二级下士 海军二级下士
		(18) Unteroffizier	一级下士	Maat	海军一级下士	Unteroffizier Maat	一级下士 海军一级下士
		Fahnenjunker	一级下士候补军官	Seekadett	海军一级下士候补军官		
兵	7. Mannschaften 兵	(19) Oberstabsgefreiter	五等兵	Oberstabsgefreiter	五等兵	Oberstabsgefreiter	五等兵
		(20) Stabsgefreiter	四等兵	Stabsgefreiter	四等兵	Stabsgefreiter	四等兵
		(21) Hauptgefreiter	三等兵	Hauptgefreiter	三等兵	Hauptgefreiter	三等兵
		(22) Obergefreiter	二等兵	Obergefreiter	二等兵	Obergefreiter	二等兵
		(23) Gefreiter	一等兵	Gefreiter	一等兵	Gefreiter	一等兵
		(24) Grenadier usw*	列兵	Matrose	海军列兵	Sanitätssoldat	卫生勤务列兵

* 德国陆军和空军的列兵的德文名称因兵种而异。Jäger、Panzerschütze、Panzergrenadier、Panzerjäger、Kanonier、Panzerkanonier、Pionier、Panzerpionier、Funker、Panzerfunker、Schütze、Flieger 等，同 Grenadier 一样，是列兵。

附件 4:德军部分院校的训练任务、招生对象、训练期限和训练内容一览表

院校类别	院校名称	训练任务	招生对象	训练期限	训练内容
全军性院校	汉堡联邦国防军指挥学院。	培训校官:高级司令部的参谋军官和中级指挥员。每年培训学员约 2000 人。	军官龄 8 年以上、毕业于汉堡或慕尼黑联邦国防军大学、准备提升为高级参谋人员和中级指挥员的三军上尉级军官;现任高级参谋职务而需要深造的职业军官。	约 2.5 年。	社会科学,安全政策,军队任务,指挥理论,经济管理学和组织学;司令部参谋业务;总参谋部参谋业务;专职人员业务。
	汉堡联邦国防军大学。 慕尼黑联邦国防军大学。	培训尉官、分队指挥员。两所学校共能容纳学员约 4600 人。	高中毕业生(专修科也招中专毕业生);在各军种的军事训练中考核合格者;愿成为职业军官或服役合同期 12 年以上者。	3 年零 3 个月至 4 年不等。	教育学专业,经济与组织科学专业,机械制造专业,电工技术专业,信息学专业,航空与航天技术专业,土木工程学专业,测量学专业等 18 种专业(详见正文)。
陆军学校	汉诺威陆军军官学校	对陆军军官进行军事训练;对陆军各兵种准备委任连以下分队指挥员的候补军官和军官统一进行军事训练;培训陆军的战术和后勤教员;对陆军预备役军官进行军事集训。能容纳学员 800 人。	陆军候补军官和军官;长期服役的士官。	2 周～6 个月不等。	陆军分队的指挥与管理;陆军分队战术与后勤。
	伊达尔－奥伯施泰因炮兵学校	培训炮兵部队的军官、士官和兵。	炮兵部队的候补军官;排、连、营指挥员;其他专业人员。	不　详	炮兵的使用原则和有关的专业、技术知识。
	宗特霍芬三防与自卫学校	为军队和地方培训三防、自卫和消防人员。		1～9 周不等。	三防、自卫和消防专业、技术知识。
	伦茨堡陆军防空学校	为陆军防空兵和其他兵种培训防空专业人员。	防空部队的候补军官和候补士官。	不　详	防空专业、技术知识。

院校类别	院校名称	训练任务	招生对象	训练期限	训练内容
陆军学校	慕尼黑工程兵学校及陆军建筑技术专科学校	培训工程兵部队的专业和指挥人员。每年培训能力约为5500～6300人。	工程兵部队的军官、候补军官、士官，其他专业、技术人员。建筑技术专科学校只招士官。	工程兵学校学制不详。建筑技术专科学校学制2年。	工程兵的战斗、技术和装备。
	亚琛陆军技术学校及陆军技术专科学校	对维修部队和各级指挥机关的维修人员、陆军军械勤务部门的指挥人员进行培训和深造。每年的培训能力约为7400人。	维修部队的指挥人员和维修人员。	3天～24个月不等。	各种武器装备的维修知识和技能。
	不来梅陆军补给学校	对陆军后勤补给部队的军官、士官、候补军官和候补士官，以及其他兵种的物资管理专业人员进行训练和深造。每年能培训1万名学员。	主要是从事后勤补给工作的军官、士官、候补军官和候补士官。	不详	后勤补给方面的专业、技术知识。
	费尔达芬通信学校及陆军电工技术专科学校	为陆军各兵种和其他军种部队培训通信技术方面的军官、候补军官、士官和兵。每年能培训8500人。	陆军通信勤务军官、候补军官、士官、候补士官；部队指挥员，中高级参谋军官；北约国家的通信军官。	3个月～2年不等。	通信部队的指挥和使用原则，通信业务，电子战。数据处理与传输，通信技术器材的保养与维修，外语（英、俄、捷克语）。
	宗特霍芬宪兵与参谋勤务学校	为陆军各兵种培训参谋人员；培训连司务长和会计人员。	候补军官，士官。	1～12周不等。	参谋业务，宪兵勤务。
	哈默尔堡步兵学校	训练陆军步兵（不含装甲步兵）部队的军官、士官和专业兵。	步兵、山地步兵和伞兵部队的军官（包括营、连指挥员）、士官和专业人员。	不详	步兵分队的作战原则，步兵武器的使用、保养和维修。

院校类别	院校名称	训练任务	招生对象	训练期限	训练内容
陆军学校	蒙斯特装甲部队学校	培训装甲战斗部队所有兵种的军官、候补军官、士官、候补士官，预备役军官和候补军官。年培训能力约达 10000 人（含外国学员）。	装甲战斗部队各兵种的班、排、连、营指挥员，各种专业、技术人员。	不详	装甲战斗部队各兵种（装甲兵、装甲侦察兵、装甲反坦克兵和装甲步兵）的使用原则；各种武器装备的使用、保养和维修。
	比克堡陆军航空兵武器学校	对陆军航空兵部队的人员进行训练和深造。	陆军的旅指挥员和参谋军官；陆军航空兵部队的候补军官和候补士官。	不详	陆军航空兵的使用与协同原则；空中飞行；航空兵的武器装备；电工技术等。
	阿尔滕斯塔特空降与空运学校	为陆、空、海三军培训空降和空运人员。年培训能力约 3400 人。	陆、空、海三军的空降与空运部队的有关人员（主要是士官和兵）。	不详	有关空降和空运方面的技术和专业知识。
	米滕瓦尔德山地与冬季作战学校	培训陆军军官、士官和兵，使他们具备山地和冬季作战能力。	陆军部队的军官、士官和兵。	2～20 周不等。	山地和冬季作战方面的知识。
	与盟军共事人员学校（在科隆）	培训联邦国防军驻北约各司令部（包括设在联邦德国的司令部）的工作人员和本国驻外机构的有关工作人员。	初级士官和兵。	兵的训练期限为 42 周；士官为 40 周。	联合司令部参谋业务，通信勤务，汽车驾驶，外语（英语），其他有关的专业、技术知识。

附件 5：德军装甲步兵士官训练各阶段的训练科目和课时安排　德军强调，在现代条件下，装甲步兵班班长必须：能指挥步兵战车，就象坦克车长能指挥战斗坦克那样；能使用“米兰”反坦克导弹，就象装甲反坦克兵士官能使用“霍特”和“陶”式反坦克导弹那样；能够指挥射手组的成员，就象一般步兵士官能指挥步兵班那样；能同时指挥作为同一个系统中的步兵战车和射手组；能代理排长指挥全排的所属单位（3 辆步兵战车、各射手组、“米兰”反坦克导弹）；能训练装甲步兵班的成员（车载机关炮炮手，“米兰”反坦克导弹射手，反坦克火箭筒射手，步枪射手，机枪射手）。上述各方面的知识和技能，只有通过分阶段进行的各种训练和时间较长的实际使用，才能获得。

一、装甲步兵初级士官的训练

装甲步兵候补士官经过 6 个月的基础训练之后，考核合格者接着参加初级士官训练。

（一）第 1 期初级士官训练班

该训练班在陆军士官学校举行，训练时间为 11 周。训练任务是：简要总结基础训练阶段的内容，使学员能执行他在班里担负的任务，能同射手组的其他成员协同行动；进行装甲步兵训练，即进行步枪射手训练，这是尔后深造的基础和前提条件；进行指挥员预备性训练，即训练士兵充当指挥员和教练员遂行一些小的任务；教授共同军事训练科目的知识，例如三防知识、防空知识等。

因此，第 1 期初级士官训练班应使所有学员达到同样的训练水平，为进入下一步训练作好准备。

（二）第 2 期初级士官训练班

第 1 期初级士官训练班结束后，学员通常直接进入第 2 期初级士官训练班受训。第 2 期初级士官训练班在陆军步兵学校或装甲部队学校举行。该训练班的任务是：培训指挥员；培训射手组的教练员；培训能遂行战争指挥任务的射手组组长：培训“米兰”反坦克导弹勤务士官；培训体育方面的体操队队长。

第 2 期初级士官训练班的训练时间为 11 周，共 475 个课时。其训练科目和课时分配如下：

训练科目	课时分配
A. 共同训练科目	
1. 体育	40 小时
2. 内部指导与法律教育	47 小时
——人员指导	
——政治教育	
——军事法规	
——军人条例	
3. 队列勤务	15 小时
4. 训练法	35 小时
——武器与装备操作训练法	
——射击训练法	
——战斗勤务训练法	
B. 专业训练科目	
1. 装甲步兵的战斗勤务	164 小时
——任务、装备、编制(3 小时)	
——战场机动(12 小时)	
——行军和运输(16 小时)	
——警戒(36 小时) ⎫ 部队卫生勤务、	
——侦察(27 小时) ⎬ 三防勤务等共同	
——防御(22 小时) ⎪ 科目的训练时间	
——进攻(32 小时) ⎭ 也包括在内。	
——火力战斗(16 小时)	
2. 武器和装备操作训练(包括武器、装备保养)	67 小时
3. 步兵射击	42 小时
C. 作业和自由支配时间	65 小时
	总计 475 小时

从上表的课时分配情况可以看出，训练班的重点训练科目有 3 个：一是战斗勤务，二是武器操作与射击训练，三是内部指导。

训练班结束后，学员的服役时间已满 12 个月，合格的学员由候补士官晋升为初级士官(一级下士)。

(三)应用训练班

这种训练班为期 4 周，在陆军步兵学校或装甲部队学校举行。任务是使初级士官学会恰当地运用人员指导工作原则和训练方法。学员都是年轻的初级士官。他们积累了充当指挥员的初步经验，通常是在其第 2 个服役年的上半年参加这种训练班。该训练班结束时不对学员作评语。

(四)车长训练班(职业训练)

初级士官在其第 2 个服役年里还要参加车长训练班的职业训练。该训练班在陆军装甲步兵部队的专业训练连举行。任务是：培训在战斗中能遂行一般任务的步兵战车车长，培训车载机关炮炮手的教练员。该训练班为期 4 周，共 167 个课时。其训练科目及课时分配如下：

训练科目	课时分配
1. 体育	12 小时
2. 装甲步兵的战斗勤务	67 小时
——战场机动(9 小时)	
——行军(9 小时)	
——战斗侦察、地形勘察(20 小时)	
——警戒(14 小时)	
——三防、反坦克、工程勤务、	

防空、卫生、通信勤务(15 小时)

3. 步兵战车上的训练 46 小时

——炮塔和炮塔武器(14 小时)

——传动装置、发动机(14 小时)

——涉深水(9 小时)

——技术勤务(9 小时)

4. 步兵射击 33 小时

——射击理论(3 小时)

——预备性射击训练(7 小时)

——教练射击(9 小时)

——战斗射击(14 小时)

5. 作业和自由支配时间 9 小时

总计 167 小时

训练班结束后,初级士官重新回到部队作为射手组组长(即装甲步兵班副班长)使用。但是这时的初级士官已有能力在其副班长的职位上作为车长指挥“貂”式步兵战车,如果当时班长已下车指挥战斗的话。

二、装甲步兵高级士官训练

(一)中士训练班

初级士官通常是在其第 4 个服役年里参加中士训练班训练。参加中士训练班的学员必须符合下述条件:此前参加过第 2 期初级士官训练班的训练;已晋升为二级下士;拥有体育训练合格证书;拥有联邦国防军行车执照;服役合同期 8 年以上;在一个装甲步兵连里作为装甲步兵初级士官使用至少 6 个月以上。

中士训练班的任务是:培训中士级指挥员;培训装甲步兵班的指挥员和装甲步兵排战斗编组的指挥员;培训装甲步兵班的共同科目和专业科目教练员,他们通过训练将得到轻武器、反坦克武器和“米兰”反坦克导弹射击教员的资格证书和体育助理教练的资格证书。

中士训练班为期 14 周,在陆军步兵学校或装甲兵学校举行。训练分两个阶段进行:第 1 阶段为共同军事科目训练,时间 6 周(257 个课时);第 2 阶段为军事专业科目训练,时间 8 周(360 个课时)。

中士训练班第 1 阶段(共同军事科目训练阶段)的训练科目和课时分配如下:

训练科目	课时分配	
1. 反坦克	4 小时	在实施过程中,还穿插有武器操作、射击和战斗勤务等科目的训练。
2. 工程勤务	9 小时	
3. 三防、自卫	8 小时	
4. 防空	7 小时	
5. 通信勤务	6 小时	
6. 卫生勤务	4 小时	
7. 训练法、教学法	6 小时	

8. 体育训练 32 小时

集体耐力训练(13 小时)

9. 队列勤务 10 小时

10. 部队常识 3 小时

11. 军队牧师勤务 9 小时

12. 内部指导 72 小时

——人员指导(32 小时)

——政治教育(20 小时)

——军事法规、国际战争法(20 小时)

13. 军事情报勤务 9 小时

14. 后勤 16 小时

15. 一般勤务 16 小时

共计 214 小时

作业和自由支配时间 43 小时

总计 257 小时

中士训练班第 2 阶段(军事专业科目训练阶段)的训练科目和课时分配如下:

训练科目	课时分配
1. 装甲步兵的战斗勤务	157 小时
——指挥手段与程序(7 小时)	
——装甲步兵的编制、装备、任务(2 小时)	
——行军、占领阵地地域(9 小时)	
——警戒(21 小时)	
——侦察(16 小时)	
——防御(37 小时)	
——进攻(35 小时)	
——先头排勤务(9 小时)	
——阻滞战斗勤务(8 小时)	
——强渡江河(5 小时)	
——战斗勤务的组织、领导、实施、评价(8 小时)	
2. 武器和装备的操作训练	35 小时
——装甲步兵排的武器和装备操作训练的计划、组织、评价(20 小时)	
——装甲步兵排的武器和装备方面的技术勤务(15 小时)	
3. 步兵射击	138 小时
——计划、组织、实施、评价、规则(20 小时)	
——预备性射击训练(22 小时)	
——教练射击(64 小时)	
——战斗射击(32 小时)	

4. 特殊条件下使用的技术勤务　　30 小时

总计 360 小时

中士训练班结束后，二级下士回到他们原来的单位工作。他们在服役时间满 4 年后晋升为中士，进入高级士官的行列，在其第 5 个服役年里有可能任装甲步兵班班长。

(二)排长训练班(兵种应用训练班)

合适的高级士官在其服役的第 8～10 年期间要参加排长训练班训练。参加该训练班训练的，还有未来的连指挥班班长和作为专业主教练员使用的高级士官。

排长训练班只在陆军装甲部队学校举行。任务是：培训装甲步兵排的指挥员、训导员和教练员；培训车载机关炮的射击教员。

排长训练班为期 6 周，其训练科目和课时分配如下：

训练科目	课时分配
1. 体育	8 小时
2. 内部指导 ——人员指导 ——政治教育	15 小时
3. 战斗指挥(战术) (以加强的装甲步兵连或装甲步兵营为例的诸兵种合同战斗)	25 小时
4. 装甲步兵的战斗勤务 ——计划、组织、实施、评价(8 小时) ——行军和运输(9 小时)包括部队防空和卫生勤务 ——进攻(24 小时)包括部队工程勤务和三防 ——防御(24 小时)包括部队通信、电子战、三防和卫生勤务 ——阻滞战斗勤务(13 小时)包括部队防空和反坦克 (共同科目的训练只穿插在战斗勤务科目的训练中进行。)	78 小时
5. 武器和装备的操作训练	34 小时
6. 步兵射击 ——计划、组织、领导、实施、评价 ——射击理论 ——实施射击的规则 ——教练射击 ——战斗射击 ——安全规则	70 小时
7. 作业和自由支配时间	20 小时
	总计 250 小时

附件 6：德国国防教育卓有成效　俄罗斯《红星报》1997 年 12 月 19 日载文指出，与群众开展生动活泼的对话是德国联邦国防军工作的一个主要方面。这项工作主要由一些从事青年思想教育工作的军官承担。他们要在普通青年中做好两方面的工作：首先是向未来的应征者阐释德国的安全政策，其次使他们了解联邦国防军的任务和服兵役的意义。这要求军官们“在介绍时要采取中立和实事求是的态度，不要以联邦国防军的征兵者自居”。

目前做青年工作的军官在编人员 95 人，不在编的大约有 500 人。军队旅(团)级以上以及各州的防区司令部各机关编制中，都有这类做青年工作的军官。他们都是些训练有素、博学多才的青年，主要是一些受过高等教育的上尉或大尉。按规定，担任这类职务的军官年龄不得超过 35 岁、在军队中比如担任排长的时间达到一定期限、预先受过额外的专门培训。

这些军官的一项主要工作是举办普及性教育培训班。他们与有关各部、政治教育机构、各政党和社会组织协作，就德国的政治、国家安全和联邦国防军的现状等问题举办各种别开生面的对话。为此还开设了学校课堂和采取了其他一些措施。其中由他们组织的“政治和国际安全”教学训练游戏以及一些参观部队和军舰等的活动在青年中反响很大。

按游戏规则，整个世界以政治、经济、军事特点和地理位置联系为基础划分为 11 个地区。每个地区视参加者人数不同由 1～4 人守卫。组织者向参加者说明地区的最初情况。要求他们研究的问题是军事力量的对比关系、“敌人”的产生和造成不信任关系的原因、冲突和在国际力量参与下解决冲突的办法。

此外，在各职业技术学校、大专院校、预备役军人培训工作、军官和士官的训练活动中，都安排有这种“政治和国际安全”游戏。

这些做青年工作的军官，还要参与筹备和举办广播和电视节目，为军事和非军事刊物撰稿。

据德国国防部人士说，这些军官的工作成果是非常显著的。由于他们的努力，在多数德国青年的思想中，已牢固地树立起对民族生活方式这种价值观念的认识，认识到拿起武器、保家卫国的重要性。德国的征兵工作几乎从未遇到过困难。

(海　明)

其他国家军队军事训练　印度空军改革飞行训练　《外国军事学术》1997 年第 9 期刘广军报道，

为适应未来局部战争和高技术条件下空战的需要，近年来，印度空军借鉴海湾战争经验，结合本国实际，对飞行训练进行了相应的改革，其主要做法如下。

完善训练机构，改革训练体制 近年来，随着印空军武器装备不断更新，军事高科技内容的不断增多，以及训练强度、难度日益提高，印空军原有的院校及训练机构已不能满足飞行训练的需要。为此，印空军陆续增建了空防学院和防空地面环境系统学院以及空军战术和空战研究中心，并在原飞机保养换装分队的基础上扩建了9所技术训练学校，分别培训米格－27、米格－29、"美洲虎"和"幻影"2000等先进飞机的专业技术人员及飞行员，研究制定实战条件下的空战战术。

印空军以前对战斗机飞行员的培训是先在飞行时速为500千米的"吉兰"式教练机上进行，然后再改飞时速1000千米的米格－21教练机，最后换飞"幻影"等先进战斗机。印专家认为；这种培训体制不合理，飞行员难以适应，这是造成近年来印空军飞行事故居高不下的重要原因。另外，印空军飞行员培训不仅周期长(4年)，而且培训能力有限，远远不能满足部队需要。因此，经过长期酝酿和研究，印空军于1994年决定对现行的作战飞机飞行员培训体制进行改革，即将初、中、高3级训练体制改为中、高两级训练体制。具体做法是将初级和中级训练合为一个阶段，飞行训练使用的教练机由原来的5种减至2种。按照新的计划，中级训练阶段将在英国制造的"隼"式200型或德、法合制的"阿尔法"喷气式教练机上进行200小时的低空/超低空、夜间/复杂气象条件下的驾驶、编队飞行、攻击空中和地面目标等训练；高级训练阶段则改在米格－21和T－66型教练机上进行100小时的高难科目训练。

更新训练装备，改善训练条件 1990年以来，印度空军飞行事故每年都要发生20～30起。造成飞行事故居高不下的主要原因是，飞行员因教练机和飞行训练器材不足得不到严格的训练，缺乏对紧急和异常情况的处置能力。鉴此，印总理、国防部长和空军参谋长等军政要员多次强调，要尽快从俄、英、法等国引进先进的教练机，加速研制自己的飞行训练器材，全面改善训练条件，提高部队战术、技术水平。据悉，印政府还同意从俄罗斯引进米格－AT教练机，并与俄达成了购买36架米格－29和40架苏－30MK战斗机的协议，其中包括6架米格－29和4架苏－30MK教练机。在1997年初英国首相梅杰访印期间，印政府再次就购买英国"隼"式教练机一事与英方进行了磋商。在国产飞行训练装备研制方面也取得了重大进展，印自行研制的"纳拉"2型教练机已试飞成功，即将装备部队。1991年开始研制的空战模拟训练器，已从1994年5月起陆续装备部队。这种模拟训练装置采用先进的数字和计算机技术，可模拟包括米格系列、"幻影"2000和"美洲虎"等11种战斗机进行"一对一"、"二对一"和"尾追"等战术科目的训练。据称，每位参训飞行员每周可进行30～35架次的模拟训练，经过短短3个月的训练，飞行员便可实际操纵战斗机。飞行员还可在1周时间内，经历平时1年才能经历的40种飞行训练状态，并体验到许多在和平时期无法体验到的实战感受。印度空间研究组织还研制出了主要用于训练米格－29战斗机飞行员的"初级台式训练模拟器"。这些装备投入使用，不仅为印空军节约了大笔训练经费，而且还大大减轻了飞行员飞行训练时的心理负担，促进飞行训练工作的开展。

注重兵员质量，提高部队整体素质 近年来，印空军十分注重兵员质量，对航空兵部队士兵、飞行员和飞行教官的选拔、培训都作了严格规定。(1)提高新兵人伍和军校招生条件，严把飞行员选拔关。1988年以前，印空军规定，新兵入伍只要体检合格，通过笔试、智力和心理测验即可录取。1989年印空军正式颁布了"新兵招募试行规定"，要求新兵入伍除政审合格、身体健康外，还必须具有高中文化水平；初级军校招生，过去主要从少年军校、地方高中、国民学兵团和优秀士兵中挑选。新规定则要求考生必须持有全印12年制高中毕业的正式文凭，优秀士兵也必须持有相当于地方12年制高中毕业的教育证书。飞行员作为空军的主力，其选拔条件比一般军校招生更加严格。目前招收飞行员除要求身体、道德素质合格外，还要求具有良好的心理素质和大学本科以上学历。1993年7月，印空军还打破旧制，开始招收女飞行员。由于官兵整体文化素质的提高，从而使得印空军"人与高科技武器装备的结合"达到了新的水平。(2)注重提高飞行教官队伍质量。印空军认为，只有高水平的飞行教官，才能培训出合格的飞行人才。为此，印空军十分重视飞行教官队伍的建设。印空军除继续实行部队、机关、院校军官定期调换交流制度外，还选拔适合教学的优秀飞行军官到印空军学院、空战学院、飞行教官训练学校、美国空战学院等国内外空军院校培训、深造，补充教官队伍。印空军对飞行教官的选拔、培训非常严格。如飞行教官训练学校规定，凡在该校任教的教官都必须具有"A"级教学资格，受训的未来教官则必须是从服役7～13年、具有500小时以上飞行经验的战斗机、运输机和直升机飞行员中挑选出来的"精英人才"。这些未来的飞行教官入校后不仅要在"吉兰"式喷气教练机和HPT－32"迪帕克"活塞式教练机上接受24周共85小时的飞行教学训练(包括一般飞行、转弯、特技飞行、起降、编队飞行和昼夜低空飞行等)，还要接受72小时的

地面教学训练,学习空气动力学、航空发动机学、导航、飞行技术、仪表、航空心理学、气象学、航空医学,以及现代高科技知识等。学完这些课程后,还必须撰写有关航空学术论文。

加大训练的难度与强度,严格执行考核、淘汰制度

首先,印空军十分注重对飞行学员的培训,加大飞行训练强度,努力打牢飞行驾驶基本功。如印空军规定,女飞行学员不仅要与男飞行学员一样学习现代航空理论、现代管理、军事历史、航空医学等理论课程,接受体能、队列、球类及小型武器射击等方面的训练,还要进行同样难度和强度的飞行训练。在飞行训练中,她们先要在 HPT-32 型教练机上进行 2 个月共 35 个小时的飞行训练,然后在"吉兰"式教练机上进行 5 个月共计 85 小时的训练。经印空勤考核委员会严格考试合格后,才能转到 HS-748 或安-3 运输机上进行 22 周共 85 小时的飞行训练。最后,在编入飞行部队前,还要进行 150 多个课时的地面训练。其次,印空军针对未来战争受天候影响小、时间集中、协同难度大等特点,改变了以往只注重白天施训的做法,逐步增加了夜间、复杂气象以及电子战条件下高难科目的训练。同时,印空军还日益重视与陆、海军进行诸如紧急空运、空降、空袭与反空袭、紧急救援、支地、支海作战等协同科目的训练,且日趋制度化。在近年举行的三军协同作战演习中,印空军均担负重要角色,其快速机动能力也因此得到明显提高。为提高飞行训练效果,印空军还严格执行考核、淘汰制度,规定现役空勤人员,无论其资格多老、军衔多高,都必须定期接受空勤考核委员会的严格考核,不合格者则坚决予以淘汰。考核委员会的考官必须是从各作战中队最优秀的空勤人员中挑选出来的"尖子人才",而且在考核其他空勤人员之前,自己首先要通过该委员会内部的严格考核。

突出实战和未来高科技条件下的作战演练　印度空军认为,训练的目的在于实战运用,平时的飞行训练和演习应尽可能接近实战。为此,印空军不仅建立了各种训练中心,装备了可模拟实战环境的"空战训练模拟器",而且还准备建立类似美空军"侵略者"中队的假想敌部队。此外,为增加实战效果,印空军还明确规定,各作战单位每年至少要组织或参加 2~3 次实战演习。演习中,印空军十分注重结合边境地区局部战争和未来高技术条件下空战特点,经常在中印和印巴边境地区举行或参加以中巴为假想敌的防空、伞降、空袭、支地作战等演习。在陆空联合演习中,印空军遂行的作战任务已由以往的空投给养、弹药和一般火力支援,发展到遂行战略、战役空中侦察和战场遮断等任务。海湾战争后,印军认识到高技术在未来战争中的重要地位和作用,不仅制定了"综合电子战计划",加紧开发"萨姆尤克塔"信息战技术和 C^3I 系统,而且还将研究成果运用到作战训练工作中。

(展八旗)

英国空军飞行员作战改装训练简介　据英国 1994 年出版的《现代英国皇家空军》一书报道:英国空军飞行员经过航校的初始飞行训练、基础飞行训练和高级飞行训练毕业后,获得飞行翼章。然后被分配到打击司令部的作战部队。在他们担负作战和任务飞行之前,必须经过不同机型的作战改装训练阶段。英国空军中,一般每种机型部队都有飞行中队专门从事该机型飞行员的作战改装训练。改装训练班一般分为长班和短班。长班的训练时间长,科目多,受训对象多是从航校毕业的新飞行员。短班的训练时间短,一般是为那些飞过其他机种的老飞行员举行的。

"美洲虎"战斗机飞行员的作战改装训练　由驻在洛西默思基地的第 16 中队承担。该中队装备 8 架"美洲虎"战斗机,配备 14 名飞行教官,其中 2 名为模拟机飞行训练教官。长班改装训练期限为 18 周,飞行 61 架次,73 小时。每年训练 14 名飞行员。训练内容包括:地面理论课 2 周,介绍飞机及其各系统知识;飞行模拟机训练 2 周;实机飞行科目有单飞、仪表、低空编队、战术机动和夜间作战飞行科目等。第 16 中队还担负培养"美洲虎"战斗机飞行教官的任务。培养飞行教官的训练时间是 7 周飞行 20 小时;武器教官的训练时间为 5 周,飞行 57 小时,每年培养 4 名;仪表飞行等级考核官训练时间为 2 周,飞行 6 小时。每期短班一般训练 10 名学员。

"鹞"式飞机飞行员的作战改装训练　由第 20 中队实施,主办数种机型的改装训练班。主要有"鹞式"GR-7 型战斗机的长班,时间为 6 个月,飞行 75 小时,其中包括初级改装阶段,飞行 15 架次,训练中大量使用飞行模拟机,尤其是应急处置程序的训练。

"旋风"战斗机的作战改装训练　(1)"旋风"GR-1A 侦察/攻击机飞行员的改装训练,由驻在马哈姆空军基地的第 2 和第 13 飞行中队实施。训练重点是夜间低空飞行科目;同时在全自动飞行模拟机上训练 9 架次,共 15 小时,主要练习机组协同和应急情况处置程序。

(2)"旋风"截击/攻击机飞行员和领航员的改装训练,由成立于 80 年代初的 3 国作战改装部队完成。该部队驻在科斯莫尔空军基地,由德国、英国和意大利 3 国空军按统一标准共同管理,下辖 A、B、C、S 共 4 个飞行中队,共装备 35 架"旋风"截击/攻击型飞机,其中德国提供 17 架,英国提供 14 架,意大利提供 4 架。参训学员的比例为:德国学员占 53%,英国学员占 37%,意大利占 11%。A、B、C 3 个改装飞行中队分别由德、英、

意3国空军指挥官指挥。每年举办15～16个训练班。改装训练大纲包括:课堂理论学习70小时;座舱练习器训练3小时;录像自学中心学习20小时;基本电子程序练习器和领航/攻击系统练习器训练12小时,重点是使飞行员和领航员熟悉复杂的机上电子设备;全自动飞行模拟机训练9架次,共15小时,重点是训练机组协同与应急处置程序。实机飞行训练时间为9周,飞行员飞29架次,37小时;领航员飞行31小时。训练内容包括基本操纵、应急处置程序、编队、仪表、地形跟踪雷达使用、昼夜间自动驾驶仪飞行、模拟攻击等。S中队是标准中队,负责上述3个改装中队飞行教官的训练,检查和保持飞行标准,适时举办飞行教官教学训练班和仪表飞行等级考试训练班。

(3)"旋风"战斗机武器改装训练,在洛西默思空军基地的第15中队进行。"旋风"武器改装中队举办的长班是训练来自3国训练中心的新学员。训练大纲包括:①地面理论学习阶段,内容有:复习"旋风"飞机、系统、武器和空中电子战知识,下达飞行简令和进行飞行后讲评,以及模拟机训练。②飞行阶段,科目有:在飞机外挂多、载重大条件下的编队飞行,夜间飞行,仪表飞行,应急程序处置,低空和地形跟踪飞行,飞行高度仅250英尺(76米)。③武器训练阶段,科目有:超低空轰炸,低空进入目标,高度200英尺(61米),速度480海里/小时(890千米/小时);上仰轰炸,使用小型实弹;间接瞄准轰炸;机炮俯冲攻击。④空战阶段,科目有:空战机动、规避战术、防御和进攻战术,对头和侧方截击等;此外还有5架次的战斗科目。"旋风"飞机武器改装中队还为到地面岗位任职又继续飞"旋风"飞机的机组人员举办复训班,还为高级军官改飞"旋风"飞机举办改装训练班。这两种训练班的训练内容主要根据他们以前的飞行经历制定。

(4)"旋风"F－3截击机的作战改装训练,由驻在科宁兹比空军基地的第56中队承担。该中队装备飞机54架,配备飞行教官50名。训练内容有:地面"过渡"训练2周。内容是空中基本截击,如截击的角度、距离和其他因素,在计算机控制的截击练习器上做12个练习。之后是3周的飞机理论课,深入讲解"旋风"F－3飞机和防空任务的知识;在座舱程序练习器上熟悉座舱设备;练习导弹控制、惯性导航系统、雷达警戒接收机以及平视显示器等设备的使用。然后在"旋风"空中截击练习器上练习10次空中截击,每次为1小时。最后一周是在"旋风"任务模拟机上训练6课,每课1.5～1.75小时,练习从开车到关车的全部飞行程序,重点培养学员的应急情况处置能力。实机飞行阶段,长班训练的学员是完成了高速喷气机高级飞行训练和武器系统训练的新飞行员,领航员是来自英空军领航学校的学员。飞行大纲的第1阶段是熟悉飞行,飞行员与领航员一起飞行,科目有编队、夜间作战和仪表飞行。第2阶段是基本雷达使用,练习基本空中截击技术、中空和低空的一对一和一对二的截击、尾后截击和对头截击。第3是实用雷达使用阶段,练习由雷达截击向目视截击的转换,战术科目有低空飞行和高空超音速飞行。

(5)"旋风"GR－1B反潜攻击机的作战改装训练。自1993年9月起在第12中队进行,重点训练"海鹰"反舰导弹的使用。

直升机改装训练　1993年后,直升机的改装训练由第27作战改装中队实施。该中队下辖4个飞行小队,分别是:"美洲豹"小队、"支奴干"小队、支援直升机标准和评定小队、支援直升机战术和试验小队。

(1)"美洲豹"直升机改装小队装备4～5架飞机,每年举办3～4期训练班,每期大约训练12名学员,训练17周。首先是地面理论学习,然后到挪威的斯塔万格进行"美洲豹"飞行模拟机的训练。长班的飞行训练时间是:飞行员48小时,领航员22小时,装卸长11小时。

(2)"支奴干"直升机改装小队,由原"支奴干"HC－1型飞机送到美国改装成HC－2型后,于1994年陆续回国,开始按改型机的大纲进行训练,并且充分利用新装上的HC－2型飞行模拟机。

"哨兵"空中预警机机组的改装训练　由驻瓦丁顿基地的第8中队实施,训练约6个月。训练中使用飞行平台程序练习器和任务练习器。"哨兵"预警机机组有17人,其中担负飞行任务的4人,正副驾驶员、领航员和空中机械师各1人。

"猎迷"海上监视飞机的改装训练　由第42中队承担,改装训练的长班每年办3期,每期6个月。地面训练8周,使用部分任务练习器;仪表练习器上做14个练习;全自动飞行模拟机上做8个练习;从第9周开始组成13人的机组一起训练,飞行员改装训练2周,飞行8架次,23小时,放单飞。然后是实用飞行阶段,飞行15架次,80小时,集中提高整个机组在海上执行巡逻和监视、反潜作战以及搜索和救援的能力。之后是飞向海外的塞浦路斯和直布罗陀基地,练习海外作战。在这期间,要在反潜机组练习器上做13个练习。

运输机和加油机飞行员的改装训练　"三星"运输机飞行员的改装训练,在伦敦的希思罗机场进行。由英国航空公司根据合同实施地面训练和飞行模拟机的训练。然后飞行员返回布莱兹诺顿空军基地,在第216中队继续进行实机飞行训练,必须在教官的监督下完成12次往返阿森松岛的飞行。之后,飞行员被分到部队,在"三星"运输机上任副驾驶员。

驻在布莱兹诺顿基地的第 55 中队，担负 VC－10 运输机和加油机飞行员的改装训练任务，每年训练运输机和加油机机组各 6 个。每期训练 23 周，运输机机组飞行 85 小时，加油机机组飞行 65 小时。该中队还办有空中加油学校，承担英国空军“旋风”、“美洲虎”、“鹞式”和’猎迷”等飞机飞行员的空中加油训练。他们的训练时间根据飞行员的不同情况长短不一。

C－130 运输机飞行员的改装训练，在莱纳姆空军基地的第 57 中队进行。地面训练 8 周，其中有体检和 4 天的海上生存训练。然后到 C－130 改装中队飞行，该中队每年举办 5 期训练班，每期 2.5 个月，模拟机飞行 35 小时。实机飞行科目有：起落航线、非对称飞行，仪表着陆近进、夜间和仪表飞行，应急程序和编队飞行，还有在欧洲的长途飞行、越洋飞行和在美国的飞行训练科目等，训练中飞机上装有乘客和货物。

（陈惠赠）

美、德、荷联合进行战区导弹防御演习　英国《简氏防务周刊》1997 年 3 月 12 日报道，德国、荷兰和美国为试验其战区导弹防御能力，前不久在西欧联合进行了一次扩展防空演习。在这次名为“光学风车 97”的演习中，模拟的 SS－21、“飞毛腿”B、“飞毛腿”C 和“侯赛因”战术弹道导弹从德国和丹麦发射，袭击位于尼鲁克斯的战略目标。这次演习除对主动防御和被动防御计划进行试验外，还要评估在实际距离上打击敌方战术弹道导弹发射车的所谓“捕猎飞毛腿”战术。这次演习对联合战区导弹防御能力的各方面进行了试验，包括：打击敌军事力量的进攻作战；借助可获得的空中、陆地、水面、空间和特种作战资源，进行纵深主动防御；被动防御，包括预警、核生化防护、伪装和电子战；作战管理/指挥、控制、通信、计算机与情报（BM/C^4I）系统。

（尹承魁）

军　事　后　勤

美国军队后勤　**综述**　1997 年，美军在后勤建设方面加快了改革和发展的步伐，其主要举措有：

提出聚焦后勤概念　美军认为，虽然军费日益削减，人员和物资不断减少，但后勤全力保障军事行动的目标未变。军事后勤的基本要素仍将是给养、燃料、弹药、住房、医疗救护等勤务保障，不过提供保障的方法将进行巨大变革。美军将把过去那种庞大的、相对固定的后勤力量结构和库存，转变到高速运输和最佳信息管理上来。美军《2010 年联合构想》中将“聚焦后勤”定义为“信息、后勤和运输技术的融合。它能对危机作出快速反应，即能跟踪和调拨包括运输途中物资在内的各种资产，并能直接在军事行动的战略、战役和战术各级输送恰当编组的配套后勤力量和持续保障力量”。聚焦后勤是“后勤的精确应用”，“能充分适应日益分散和机动的部队的需要，它提供保障的时间将以时或日计，而非以周计。它将使未来的联合部队变得更加机动、多能，以及能向世界任何地区投送”。

聚焦后勤有 6 大原则：(1)信息融合。此原则以信息管理方面种种技术革新为基础。美军将运用后勤计算机系统为后勤人员提供最好的信息。(2)多国后勤。其定义是：“在美国与盟国或盟国之间开发新的并发展现有的、遂行军事行动所必须的后勤保障关系。”主要包括 4 项内容：为多国行动建立一个框架；扩大双边协议；平衡多国之间的能力；分享技术以提高相互适应性。(3)联合战区后勤指挥与控制。目的是在联合作战环境中建立某个负责后勤保障的单一实体来明确权限，各军种仍应保留自己的法定责任。但随着联合部队行动的开始，战区前送与分配决策将由一个多军种后勤军官组来掌握。该原则要与其他原则密切配合，以便利用信息技术改进后勤的指挥与控制。它强调要在战区内达成最佳的信息工序流程，而这一点目前是超出战区人员权限的。(4)联合卫生勤务保障。该原则旨在把各军种卫勤单位纳入联合协调的、全面计划的和相互支援的卫勤作业中去。(5)联合部署与快速前送。包括：部署与回撤，战略空运与海运，联合海岸后勤，联合接收、整备、前运与合成，以及战区前送。(6)灵活的基础设施。它是指通过改革现有的基础设施，使后勤部门有恰当的规模。主要方法：寻求外部资源与私有化、商业经营、适量库存、预先配置和战争物资储备。

加强物资管理　美国的国家安全战略是以较少的战备物资投入打赢几乎同时爆发的两场大规模地区冲突。这一战略要求削减物资储备，把美国防部掌握的物资作为共用物资储存，以保障多个战区的需要。美军从 1990～1994 财年底，物资储备已从 1040 亿美元削减到约 760 亿美元，2001 年将削减到 550 亿美元左

右。

利用外部资源和私有企业 美军目前正在对作战物资管理方面利用外部资源的机会进行评估。其内容包括:资源再利用与市场采购,分发仓库,物资控制站的职能,以及利用承包商进行补给保障的战略。美国防部正在审查的还有"武装力量的作用与任务委员会"提出的在仓库和保养领域实行私有化和利用外部资源的建议。美军已经开始制定初步计划,在公营和私营部门资源之间实现适当的平衡。该计划的一个主要目标是通过在法律许可范围更多地实行私有化,维持当前作战物资的战备水平。

改进用户保障 美陆军提出一项"一体化持续维修"改革计划。通过合并若干维修级别并尽可能靠前配置维修力量,来减少费用并加强用户保障。在总部一级,将需求确定、资源可用性和维修能力融为一体。根据这一思想,负责一个地区维修任务分配的人员,将依据维修能力和计划,利用优化中心排出工作任务的优先顺序,进行分配,以实现维修能力的最大化和资源利用的最优化。美海军正大力发展区域维修。舰船、飞机和零部件的维修,将利用一切可用资源在指定地区实施。用户最终将只看到单一的、便于利用的和反应灵敏的维修保障系统。美空军的"后勤精干计划",强调裁减基础设施,压缩后勤所占份额,同时保持后勤保障能力不变。美空军将减少对航空电子设备和发动机的中级维修需求,以及基地一级的维修和保障人员、设备和设施。这种高度依赖商业运输部门的部件运送方式,速度快,时间确定,将会减少库存并加快补给系统的物资流动。待修部件经由高度可靠的运输系统,送往空军航空站的修理中心,然后再送回基地。以上改革将使用户保障效率更高,资源利用率更高。

加快后勤业务系统的开发和应用 美军成立了一个"后勤一体化小组",其工作目标是,形成一个共用的运行环境,采用可与应用分离、多用户共享的标准数据,实现后勤系统在一起运行的目的。辅以开放的系统结构、相关数据库、可靠的通信系统和标准的电子商务/电子数据交换处理,将会在作战物资管理、仓库、维修、分发、运输和卫勤方面提高对联合军事行动进行保障的反应能力。美军的后勤业务系统和程序将用于管理 440 多亿美元的年度国防后勤预算,涉及 1000 多个站点 22 亿美元的交易。这些站点负责采购、维护和分发价值高达 700 多亿美元的物资储备。

参考资料:

①美《陆军后勤》1997 年 1~6 期;

②美国 1997 财年《国防报告》。

(徐克洲)

1998 财年国防预算的分配使用 据美国《1998 财年国防报告》透露,美国 1998 财年预算授权额为 2653 亿美元,国防开支为 2584 亿美元,约占整个联邦预算总额的 15.5%。其中,国防部的预算授权额为 2507 亿美元,开支为 2475 亿美元。1998 财年国防部的预算授权额比 1997 财年增加了 7 亿美元,比最高时的 1985 财年减少了 361 亿美元。1998 财年国防预算占国民生产总值的 3%。

美国 1998 财年国防预算按用途分配情况如下:训练与维持费为 937 亿美元,约占国防预算总额的 37.4%;军事人员费为 695 亿美元,约占国防预算总额的 27.7%;装备采购费为 426 亿美元,约占国防预算总额的 17%,比 1997 财年减少 15 亿美元。军事科研费为 359 亿美元,约占国防预算总额的 14.3%,比 1997 财年减少 7 亿美元。

1998 财年各军种的预算申请情况如下:陆军为 604 亿美元,其中军事人员费为 257 亿美元,训练与维持费 207 亿美元,采购与科研费 112 亿美元,军事建筑费 7 亿美元,家用住房费为 13 亿美元,基地调整与关闭所需费用为 4 亿美元,防务环境恢复费为 4 亿美元。空军为 750 亿美元,其中装备费为 194 亿美元,用于采购 C-17 运输机和 F-22 战斗机。海军为 790 亿美元,其中造船费 58 亿美元,武器装备购置费 6.9 亿美元,科研费 13.24 亿美元。

陆军推行"直接保障附加计划" 据美国《陆军后勤》杂志 1996 年 11~12 月号报道,目前美陆军正在全力推行 1991 年提出的"直接保障附加计划"。该计划要求陆军总部一级派出后勤人员,直接前往几个大型军事设施和主要机构提供直接保障维修和协助第 9 类补给品(修理零配件)的供应,旨在缩短修理零配件的订货与前送时间。如,一个由陆军坦克与机动车辆司令部的后勤人员和 4 名技术人员、2 名机修助手组成的"直接保障附加计划"小组,已前往科威特的美军都哈基地进行了一次直接保障支援,效果良好。该小组除执行保养与维修任务外,还对 M-1 坦克乘员进行提高坦克进气系统方面的技术训练,尤其是在天气炎热、多灰尘的环境里如何保持该系统清洁的训练。据该小组报告,在 M-1A1 坦克发动机维修上加强对士兵的训练可以减少维修工作量,节省维修费用。

陆军调整重型师后勤编制体制 据美国《陆军后勤》杂志 1996 年 7~8 月号报道,最近,陆军训练与条令司令部对未来重型师的后勤编制体制进行调整,使之合理化。新的后勤结构加强了师一级的保障职能,从各战斗兵种营中削减 2600 名后勤人员,给师保障部增加 1100 人。这一变化使机步师总的核定规模从 18632 人减至 15820 人。

在新的后勤结构中,师保障部的一个航空兵维修连取代航空兵旅的维修营，取消化学连。把目前配属给战斗兵种营(机步营、装甲营、野战炮兵营和战斗工兵营)的战斗勤务保障力量集中在师保障部。这一变化将使后方的后勤人员，使用数字化通信设备，能够跟踪作战部队使用补给品的情况，并按照预先制定的保障方案进行适时适量补充。新的编制体制不仅节省人力和经费，而且还会避免出现 1991 年海湾战争中补给品堆积如山的情况。师后勤编制体制的这些变化是师的重新设计方案中最重要的方面。

第 4 机步师第 1 旅采用新的后勤体制。它将参加 1997 年 3 月在加利福尼亚州欧文堡国家训练中心进行的 21 世纪特遣部队高级作战试验。参加试验的部队还包括 1 个装甲营，1 个机步营和 1 个轻步兵营。试验性的后勤体制需要对过去习惯于自己掌握补给品的机动指挥官给予相当的信任。不能保证新的后勤体制在 1997 年 3 月以后继续试验。这次试验应为陆军采用该体制奠定基础。

美军提出未来海上预置船队新构想　据美国《海军陆战队杂志》1996 年 8 月号报道，海军陆战队战斗发展部提出一种未来海上预置船队新构想，要求“海上预置船队与两栖部队结合，提供岸上战斗待命部队。”

这种新构想的具体内容是，设计 3 种不同类型的舰船，以便在岸上纵深快速集结期间，提供反应更加快速的保障。组成混编海上预置船队的第 1 部分船只是快速海运船，这些船只能够加快输送强行进入的部队。它们将把战斗部队立即运送到滩头，从而集中机动。这些船只将运载有限的战斗勤务保障力量和短期持续保障储备，使地面战斗分队指挥官能快速将其部队投入战斗，从而充分利用战场上的一切机会。第 2 部分船只，由中速海运船组成。中速海运船将运送大部分海军陆战队空陆特遣部队指挥分队，航空战斗分队，战斗勤务保障力量和部队建筑材料。这部分船只可被看作较传统的海上预置部队力量，能在恶劣环境下，为海军陆战队空陆特遣部队提供后续补充。它们能够只利用建制卸载能力和由船到岸能力完成任务。第 3 部分船只是慢速多功能船。它们能够在近海岸不定期游弋，它们将提供重型装备持续保障和后续兵力，并充当可靠的近海岸补给站。这些近海岸补给站将为海军陆战队提供海上后勤能力，并可作为后续保障直达补给方式来使用。这种新构想提出的海上预置部队结构，能够扩大用兵选择，更有效地与两栖特遣部队的攻击能力融为一体，并成为长期后勤保障的更加有效的海上基地。

陆军推广目标零星补给系统　据美国《陆军后勤》杂志 1996 年 11～12 月号报道，美陆军已将目标零星补给系统推广到波黑驻军部队。该系统是美陆军新开发的零星补给系统，用以取代陆军中级标准补给系统、直接保障部队标准补给系统及临时零星补给系统。陆军目标零星补给系统率先在参加波黑维和行动的部队中推广，以便为其提供更有效的仓库补给操作，更好的通信能力和现代自动化数据处理装置，并改进资产可见性和横向调剂，从而减少补给品订货与运输时间。美陆军拟加速向全军推广该系统。第 3 军、驻欧陆军其余部队以及驻韩国及太平洋沿岸各国的部队于 1997 财年第 2 季度推广。所有现役陆军、国民警卫队、后备队部队，以及编配与装备数量表单位，将于 1998 财年中装备该系统。

美军计划开发更多的即食份餐品种　据美国《陆军后勤》杂志 1996 年 11～12 月号报道，美军计划开发更多的即食份餐品种。到 1998 年底，美军可供选择的即食份餐的品种将从 12 种增加到 24 种，同时取消几个品种。新食谱品种包括加香料的牙买加猪排面条、红烧牛肉、加香料的东方鸡、黑豆和不石鲈米饭，以及牛肉饺子。市场流行产品如牛肉干、燕麦片、硬糖、燕麦花卷、以及棒糖将成为新的小吃品种。取消的几个品种是烹煮马铃薯火腿、带烤肉酱汁的猪肉米饭和鲔鱼面条。据美军纳蒂克研究发展与工程中心在马萨诸塞州的持续保障处估计，到 1998 年底，70％的即食份餐品种将用市场流行成品或非开发品取代专用军品。

国防部为卫生事务助理部长设士兵顾问　据美国《陆军时报》1996 年 9 月 23 日报道，最近，美国防部为其卫生事务助理部长设立了资深士兵顾问一职，使美军士兵从此在五角大楼最高层次制定军人保健政策时有了发言权。海军军士长凯伦·拉·塞耶丝，一位服役 21 年的老兵首任此职。作为资深士兵顾问，塞耶丝将在卫生勤务方面充当调查员和士兵们的代言人，并负责在世界各地美军士兵和五角大楼之间沟通保健信息。

国防部试行军队退休人员医疗保障新办法　据美国《海军时报》1996 年 12 月 16 日报道，美国防部正着手拟制一项试验性计划，为超过 65 岁的军队退休人员提供可以进入军队医院及诊所看病的保障。在此计划中，那些通常必须依靠经费有限的老年医疗照顾体系看病的军队退休人员，可以通过军队保健体系得到医疗保障。老年医疗照顾体系和国防部把老年退休人员的医疗费分到 6 个医疗点，其目的是在不使军事预算外流，不给老年人医疗照顾信托基金会增加财政负担的条件下，使老年退休人员加入军队医疗体系。新计划将在全国 6 个地区建立 8 个示范单位，包括军队一些最大和最完善的医疗机构。退休人员可以在这些机构得到全面的医疗服务。

(周璞芬)

美陆军研究所研究开发干血纤维蛋白胶止血绷带 据美《陆军研究开发与采办》杂志1997年11～12月号报道,为更有效地控制战场伤员出血,挽救伤员生命,美国华尔特里德陆军研究所血液研究组,对干血纤维蛋白胶绷带对创伤出血的止血效果进行研究。目前该所研制的干血纤维蛋白胶绷带是在一可吸收的支撑垫上载含有干性人体凝血酶和血纤维蛋白原的混合物。凝血酶和血纤维蛋白原是人体血液凝固反应链上2个极为重要的蛋白(质)凝血成份。当它们与血液接触时,立即溶解,在局部形成很高浓度的酶和血纤维蛋白原(底物),并迅速发生反应,凝血酶把血纤维蛋白原转化为血纤维蛋白单体。存在的凝血酶量越多,反应速度越快,进而血纤维蛋白单体自动组装构成血纤维蛋白聚合物(凝血块结构蛋白),存在的血纤维蛋白量越多,形成的血凝块越坚实。这种反应的迅速进行,使出血时间从几分钟缩短到几秒钟。实验已证明,干血纤维蛋白胶绷带可在1分钟内止住1厘米长的股动脉裂口的出血,使出血量减少85%并且阻止了休克的发生。为使这种止血绷带适合各种复杂创伤出血止血的需要,华尔特里德陆军研究所血液研究组与美国红十字会霍兰实验室血浆衍生物研究组合作,研制出更好的原型干血纤维蛋白胶止血绷带,并用枪弹伤出血模型对其进行止血效果观察。子弹击碎股骨并切断了股部所有大的血管,止血绷带在2分钟内止住了出血,减少出血量2/3,同样防止了休克的发生。试验还证明,这种止血绷带可用于创伤性肝损伤出血的救治,使存活率由26%提高到100%。此外,该所正在对这种原型止血绷带防止前列腺癌外科手术大量出血的可能性进行研究。这种止血绷带不仅适用于特殊环境,而且也适用于一般条件。根据目前的研究结果,美陆军继续加强对原型干血纤维蛋白胶止血绷带的开发研究,并寻找生产这种绷带的生产厂家,使之早日通过临床实验和获得FDA批准应用证书。

(林水成)

美军计划关闭17所医院和1所医科学校 据美国《海军时报》1997年2月3日报道,国防部在向国会递交的1998财年预算报告中建议,关闭17所小型军事医院和1所医科学校。关闭的17所医院中,海军4所、陆军2所、空军11所,其中海军的4所转为诊所。这17所医院规模较小,平均每天每所医院只有5.7名住院病人,大多数仅有30张床位,效率低。平均每个病人有7名工作人员,而其他军事卫生系统的工作人员与病人的比例仅为2:1。据估计,仅关闭医科学校这一举措,每年就可节省7000万美元,海军的4所医院转为诊所后,每年可节省4200万美元。

(周璞芬)

减少家庭住房建设费 据美国海军时报1997年3月3日报道,美国防部的官员坚持减少1998年的家庭住房建设预算。五角大楼提出的1998年的建设费为84亿美元,比去年减少了8%。五角大楼希望有一个家庭住房改革计划,允许私人建房,这样可以用同样的政府投资建造高于30%的住房。国防部长科恩认为,就目前的标准,估计还差30万套家庭住房。1998年的建设计划包括5900套新家庭住房和11000平方米的营区居住面积的经费。

(刁望钦)

美军提高军人基本工资和补贴 据美《空军时报》1997年12月1日报道,美国总统克林顿批准美军1998年国防授权法案。根据该法案,美军提高了军人的薪金和部分补贴。

基本薪金　从1998年1月1日起,美军人的基本薪金提高2.8%。根据军人的军衔和服役年限,其增加的幅度为25～233美元不等。

基本伙食补贴　自1998年1月1日起,美军实行新的伙食补贴办法。现行的伙食补贴办法是所有军官和已婚或未婚的住在基地外的士兵可以享受伙食补贴。住基地内,在军队食堂免费就餐的士兵不享受伙食补贴。新的伙食补贴办法是,现在已享受伙食补贴的军官和士兵,其伙食补贴每月增加4美元,对现在在军队食堂免费就餐的士兵发给伙食补贴每月9美元,4年后增加到30美元。

基本房租补贴　美国防部计划对房租补贴实行改革,将现行的基本房租补贴和不定房租补贴合二而一,改为住房补贴,在今后6年逐步完成。房改的最终目的要达到高消费地区高房补,低消费地区低房补。士兵,尤其是初级士兵其房补要高;军官,尤其是高级军官其房补要低。1998年的房补大体上仍按原方法计算,到1999年开始实施新的计算方法。新的房租补贴将主要依据住在同一地方的军外人员的房租而定,而不是依据军人的报告而定。1997年美军人大约负担房租费用的20%,1998年计划保持不变。

夫妻分居补贴　夫妻分居补贴计划从现在的每月75美元增加到100美元。自1998年11月18日执行。

危险工作津贴　危险工作津贴从每月110美元增加到150美元,自1998年11月18日起执行。从事具有多种危险工作者,其津贴最高为每月225美元。

(李殿选)

陆军提高服装津贴 据美国《陆军后勤》杂志1997年1～2月号报道,由于服装价格上涨,美陆军将提高士兵的服装津贴。1997年的初始服装津贴与1996年相比,男兵提高15美元,女兵提高6美元;服役3年以上士兵的年标准服装津贴,男兵提高51美元,女兵提高 116 美元;服役 3 年以上和 3 年以下士兵的年基本服装津贴,男兵提高 36 美元,女兵提高 81 美元。

（周璞芬）

海军后勤综述　美国海军以新军事革命为契机,确定了建设"一支规模较小、结构均衡、反应迅速,具有很强力量投送和联合作战能力的强大海军"的建军方针。美海军后勤也是遵循这一方针,加紧建设。(1)在海军后勤保障中广泛应用新技术、新装备、新材料。海军后勤建立了"资产可见性系统",可以通过计算机网络系统进行物资的申请、订货、调剂和供应。正在研制喷射传递液货系统,喷头将采用激光定向,这种装置研制成功后,将大大提高补给舰船对作战舰艇的补给速度。过去,舰上大量的装备技术资料、维修手册等都采用了文字印刷,现在改用 CD 盘,一张光盘可代替 14000 页、重 68 公斤的资料,不仅信息容量大,随时可以修改,而且节省了舰船空间。(2)补给舰船向大型、综合、多功能方向发展。如新装备的"斯皮尔"号潜艇供应舰,具有极强的综合保障能力。(3)加强战略海运力量建设。到 2001 年,美海军拟采购 19 艘大型滚装船。国会已拨款改装 5 艘、新建 6 艘,其余 8 艘到 1999 年建成。1998 年开工建造 LPD－7 型两栖船坞运输舰。(4)进一步调整完善基地化保障体系,重点加强一些主要保障基地的建设。(5)充分利用民间力量加强后勤保障。

主要资料来源:

①美国 1997 年《海军时报》;

②英国 1997 年《简氏防务周刊》。

（刁望钦）

1998 年度海军预算　据美《世界舰船》1997 年第 5 期报道,美海军 1998 年度预算案总额为 793.3670 亿美元,占整个国防预算的 31.6%,同时提交国会讨论的美海军 1999 年度预算案总额为 809.5070 亿美元。海军预算中包括海军陆战队和海军及海军陆战队后备役的预算。对海军来说,以 1998 年度为契机,冷战后时代海军预算与兵力的削减趋势告一段落,从 1998 年开始将逐步增加投入。1990 年度到 1999 年度的 10 年间,海军兵员减少了 34%,到 1999 年度将只有384888人,而同一时期的海军陆战队兵员则只减少 12%,并从 1997 年度以来一直维持 174000 人的规模。美国防部已决定 1998 年度海军舰艇总数减少到 346 艘,1999 年度减少到 335 艘。截止到 1997 年 3 月 3 日,美海军舰艇总数为 351 艘,在外进行航海活动的有 158 艘,占 45%;进行作战性航海训练的有 99 艘,占 28%。

1998 年度海军装备的采购和制造计划　1998 年度海军预算案中计划主要购进 F/A－18E/F"大黄蜂"战斗攻击机、阿利·伯克级宙斯盾驱逐舰 IA、新型攻击核潜艇;海军陆战队方面则计划改造 MV－22 垂直起降运输机、AV－8B 垂直起降攻击机。新的攻击型核潜艇的预算已列入 1996 年度计划,到 1998 年度预计将耗资 25.9980 亿美元定购到 1 号艇。2 号艇已列入 1999 年度预算计划中,预计将耗资 20.5760 亿美元。另外在 1998 年度预算中还首次增加了"海麻雀"式舰空导弹改进型的预算。

为海上预置力量增加经费　据美国 1997 年 1 月《海军陆战队杂志》报道,美国国会两院都提出一项立法,为海军和海军陆战队增强海上预置力量追加经费。众议院的议案批准拨款在美国船厂制造一艘新船,并把可为该计划购买的外国船限制为 1 艘。参议院的方案则要求增加 1 艘美国制造的新船,或是购买和改装两艘现有船。众议院为该计划增加 2.5 亿美元。参议院的方案则提供 2.4 亿美元。当增加的预置船全部到位时,海军陆战队 3 个海上预置船队中的任何一个,都将有更大的能力装载更多的重装备,特别是坦克、战斗勤务保障车辆和工程器材。

海军对舰船实施地区性综合维修　据美《海军时报》1997 年 1 月 20 日报道,海军把原来分散的维修活动集中起来,实行地区性综合维修。海军在全国范围内及海外建立了综合维修站,如最近在夏威夷珍珠港建立的潜艇及水面舰艇维修站就是其中一例。它是在潜艇基地上兴建的一所新型中级保养设施,也是数个地区性保养中心第一个出台者。它把水面舰艇和潜艇维修结合在一个占地 18 万平方英尺的工作间内,拥有 250 多个行业设备,负责 37 艘舰船的维修与保养,并可一次对多达 18 艘舰船实施各种不同水平的保养—从重造水泵到对船体、电气和机械装备以及作战系统的大修等。海军将在世界范围内建立 8 个综合维修点。随着综合维修点的启动,海军舰船维修将迈上一个新台阶。

海军着手建立离岸浮动基地　据美《海军时报》1997 年 10 月 7 日报道,美海军开始研制能负载坦克、战斗机的巨型浮岛。这种浮岛由 6 个半潜式组件组成,可构成一条长 3000 英尺的跑道、一个加油站和一个舰船修理设施。这种移动式离岸基地可运载数十架战斗机及攻击和运输直升机,其库房可容纳数万辆坦克、火炮和运输车辆。这种浮岛可由拖船拖至指定位置,也可以每小时 6 海里的速度自动驶往指定海域。

（刁望钦）

空军车辆改用替代燃料　据美国《空军时报》1997 年 5 月 26 日报道,根据美国政府"1990 年清洁空气法律"和"1992 年能量政策法规",美空军已经使 1700 辆汽车、轻型卡车、小型搬运车等非战术车辆，既可使用压缩天然气，也可使用汽油。目前，空军正采购几辆电动的或天然气驱动的新汽车。空军还计划为现役部队、空军后备队、空军国民警卫队等部队的国内基地，再购买67辆电动车和20～30辆混合型汽车。混合型汽车靠车上电动机驱动，而电动机则由用少量汽油或柴油的车装发电机带动，大大减少对环境的污染，同时因能自充电而不靠地面电源，便于随部队配置，从而可改变现在战术车辆使用汽油的局面。空军规划到1999年，75%新购的轻型车辆将使用汽油替代燃料。

（石之英）

空军即将公布利用民间人力资源计划　据美《空军时报》1998年2月9日报道，美军即将公布利用民间人力资源的计划。根据该计划，美空军要将大约7%的后勤保障工作转交给民间私人公司。如果民间私人公司证明，他们从事某项军事工作能比军人更有效，空军就可能让他们接管此项工作。

美空军参谋长迈克尔·瑞安上将于1997年末在一份备忘录中提出转交民间公司的主要工作，其中包括通信、土木工程、交通、供应、飞机维护、士气、福利与娱乐以及人事服务等工作。但是军队的基本技能工作和政府职能等工作不能交由地方公司管理。例如直接关系到作战和作战保障的人员、消防和警卫人员、军乐队成员和仪仗队成员以及海外轮流执勤人员必须为军队人员。直接影响战斗任务的航天作战与导弹作战工作不能转交民间公司。属于政府职能的工作，如制定决策或拨款等工作必须由政府雇员即军事人员或文职人员负责。

美军预计5年后真正开始转交工作。对于因利用民间人力资源而失去工作的人员，美空军将采取合理调配、组织培训等措施，保证无人因减编而被迫离队。

（李殿选）

空军提高飞行津贴　据美《空军时报》1997年12月1日报道，为保留飞行员，美军提高飞行津贴。美军飞行津贴主要有两种：一种是发给飞行员和领航员的航空专业鼓励津贴，通常称为飞行津贴；另一种是发给完成首次服役任务愿意继续留队的飞行员的津贴，称为持续飞行津贴。飞行津贴的多少主要依据飞行年限、军龄和军衔而定。1997年美空军最低飞行津贴为每月125美元，最高为650美元。自1998年10月1日起，美军将服役14～22年的飞行员的津贴，由原来每月650美元增加到最高每月840美元，服役23年者增加到每月855美元，其他年限的津贴保持不变。

根据美1998年国防授权法案，美军飞行员持续飞行津贴由原来的每年12000美元增加到最高每年25000美元，自1998年11月18日起生效。美空军基于通货膨胀率的调整，确定最高持续飞行津贴为每年22000美元。按照规定，凡愿意继续留在部队飞行服役到14年者可享受最高持续飞行津贴。对绝大多数飞行员来说，服役到14年等于续签5年的飞行合同。如果飞行员不愿意签订长达5年的飞行合同，也可以续签1年、2年、或3年的飞行合同，其持续飞行津贴则分别为每年6000美元、9000美元和12000美元。持续飞行到14年者可获取每年22000美元的津贴，5年津贴总额不超过11万美元。

（李殿选）

日本自卫队后勤　1997年日本自卫队在后勤建设方面除继续推行既定的后勤管理体制和保障体制改革外，重点加强了对日美联合作战时日本自卫队在对美军后勤支援方面应采取的对策研究，同时大力发展新一代后勤装备，大幅度改善自卫队人员的生活待遇和工作条件，以及加强后勤教育训练。

1997年度防卫费的分配使用　据1997年日本《防卫年鉴》报道，日本1997年度防卫预算为49414亿日元，比上年度增加959.4亿日元，增长率为1.98%。防卫费占国内生产总值的比率为0.958%，占政府财政预算的比率为6.39%。

1997年度日本防卫费的分配情况如下：陆上自卫队为18099.89亿日元，约占防卫费总额的36.63%，比上年度增长1.0%；海上自卫队为11344.28亿日元，约占防卫费总额的22.96%，比上年度增长1.4%；航空自卫队为11677.23亿日元，约占防卫费总额的23.63%，比上年度增长2.7%。陆海空三自卫队合计为41120.4亿日元，占防卫费总额的83.22%，比上年度增长1.6%。其他各单位的预算为：防卫厅机关为103.15亿日元，联合参谋会议为211.95亿日元，防卫大学为164.38亿日元，防卫医科大学为220.1亿日元，防卫研究所为14.14亿日元，技术研究本部为1740.86亿日元，采购实施本部为68.94亿日元，防卫设施厅为5767.73亿日元，安全保障会议为2.5亿日元，上述单位合计为8293.49亿日元，约占防卫预算总额的16.78%。

日本1997年度防卫费按用途的分配情况是：人事与粮食为21260亿日元，占防卫费总额的43%，比上年度增长2.4%，物件费为28154亿日元，占防卫费总额的57%，比上年度增长1.7%。

政府行政改革会议提出撤消防卫设施厅方案　据日本1997年11月20日《朝云》周报报道，日本政府于11月17日召开行政改革会议，审议中央省厅改革方案，并提出撤消防卫设施厅的议案。日本防卫设施厅是防卫厅的一个外局，其主要职责是在防卫厅长官领导下，负责日本自卫队和驻日美军军用设施的筹建、工程建筑的施工管理，并负责驻日美军的部分行政事务。此次政府行政改革会议提出的改编方案确定，撤消防卫设施厅，在防卫厅内新设"设施局"，负责日本自卫队和驻日美军的军事基地用地筹措、军事设施建设、军事基地周边居民对策等有关防卫设施的行政事务。原设施厅负责驻日美军劳务行政的部门则转为独立的行政法人。

军事装备采购将采用新标准　日本防卫厅决定，从1998年度起在防卫装备采购中正式采用ISO9000标准。ISO9000是关于质量管理和保证的国际标准。在此之前，防卫厅将制定一项过渡计划，首先在一直实行严格质量管理的飞机和潜艇等装备领域采用该标准。此外，出于保密和安全考虑，防卫厅还将设立专门的审查登记机构。日本政府采用ISO9000标准进行采购尚属首次。防卫厅此举也将促使建设省和运输省在公共工程采用该标准。

在日本4000家政府采购事务所中，防卫装备采购约占2000家。虽然这些事务所每年都有所更新，但是，防卫厅迄今为止一直参考美国的采购标准，对飞机、潜艇、水面舰艇等主要的防卫装备进行了严格的质量管理。然而，随着ISO9000标准的普及，美国正在研究停止采用MIL—9858A质量管理标准，转而向ISO9000标准过渡。防卫厅认为，为保证采购任务顺利进行，有必要与美国及国际标准保持一致。为此，防卫厅要求各采购事务所都要获得ISO9000质量标准认证。

防卫厅将制定一项实施计划，具体确定ISO9000实行标准的采购领域和实施日期。虽然防卫厅尚未作出最后决定，但打算从飞机、舰艇、潜艇、导弹及其他军械装备等优先实行质量管理的领域着手，最终将该标准扩大到日常采购领域。

此外，防卫厅准备设立一个专门审查登记机构，以适应安全和保密需要。防卫厅计划让外围法人——防卫装备协会培养审查登记方面的人才。

陆海空三自卫队补给统制机构及采购实施本部东京支部转移驻地　据1997年10月9日日本《朝云》周报报道，根据日本防卫厅的驻地转移计划，陆海空三自卫队的补给统制机构，即陆上自卫队新组建的补给统制本部、海上自卫队需给统制队和航空自卫队补给本部，以及采购实施本部所属东京支部，于1997年分别从各自的原驻地转移至位于十条地区的新驻地。新驻地为上述单位各建有一栋办公楼。按照转移计划，海上自卫队需给统制队(约400人)于10月6日进驻完毕，此后采购实施本部于10月30、31日完成进驻，并展开业务。航空自卫队补给本部从11月1日开始陆续进驻，至11月末进驻完毕。陆上自卫队新组建的补给统制本部所属各单位，从11月中旬至下旬也陆续进驻完毕。

改善军人的物质待遇和社会生活保障　俄罗斯《外国军事评论》杂志1996年第7期报道，由于日本军人的收入低于社会平均收入，加之苏联军事威胁的消失所导致的自卫队地位的降低，当今日本青年大多不愿服兵役，因而征兵困难成为目前日本自卫队遇到的一大难题。据该文透露，目前，日本自卫队的兵员补充程度不足84%，士兵补充程度仅为70%，陆上自卫队的部分部队缺编达40%。为了提高自卫队的威信和吸引力，日本自卫队采取一系列措施，努力改善军人的物质待遇和社会保障。具体措施主要有：一是提高军人的薪金。如1996年，日本自卫队用于部队人员薪金的开支为180亿日元，约占军费总额的37%。二是改善军人的居住条件。日本自卫队连续多年大幅度增加住宅建设投资，并准备为单身士兵修建设施更加完善的现代化宿舍，以及为已婚士兵提供由自卫队付费的住宅。三是增加参加联合国维和行动的军人的薪金。四是提高军人津贴的标准和增加新的津贴项目。

建立应急预备役制度并确定预备役人员待遇　据《后勤科技与装备》杂志1997年第5期报道，1997年，日本陆上自卫队开始实行应急预备役制度，并确定了预备役人员的待遇。日本新《防卫计划大纲》规定，在今后一个时期，陆上自卫队的编制员额将由现有的18万人削减到16万人，其中现役14.5万人，应急预备役1.5万人。应急预备役与现行预备役的区别在于，前者是常备军的预备人员，征召入伍后直接编入一线部队，担负防卫出动、防卫治安、抗震救灾等任务；后者是征召后担负警戒、技术保障与后方支援等任务。日本陆上自卫队计划到2000年使应急预备役员额达到5000人，到2010年达到1.5万人。

日本自卫队在建立应急预备役制度的同时，还确定了应急预备役人员的待遇：(1)月津贴。凡参加应急预备役的人员，每月均可享受1.6万日元的津贴补助，其津贴补助标准相当于现行预备役人员标准的4倍。(2)应召训练津贴。凡参加应召训练的应急预备役人员，在训练期间可享受训练津贴，标准为每天1.04～1.42万日元(根据军衔)。此外，在应召训练期间，可报销差旅费和免费供应伙食及提供被服及医疗保障。(3)连续服役奖励金。凡服满任期(3年)的应急预备役人员，可享受连续服役奖励金12万日元。(4)灾害补偿费。凡在应召训练或执行任务期间，因公致残而退出应急预备役者，均可享受退休津贴。(5)企业补助金。凡是有预备役人员的企业，为补偿因预备役人员参加训练等活动而给企业造成的经济损失，国家每年向企业发放补助金，标准为每人每月4.2万日元。

提高旅游补助费标准 据《后勤科技与装备》杂志1997年第1期报导，日本自卫队从1996年4月起提高旅游补助费标准，即由每年发放1次旅游补助费改为每年发放2次，总额从每人4000日元提高到6000日元。具体发放办法是：首先由军人提出申请，有关部门经过审查确定其旅游补助费享受资格后，每个军人家庭做为一个旅游单元，不论家庭人数多少，每人补助6000日元。旅游补助费可一次享受，也可分为两次享受。

自卫队中央医院下部队进行巡回保健教育 据日本1997年11月13日《朝云》周报报道，日本自卫队中央医院的保健咨询室，从1997年开始下部队进行巡回保健教育和咨询服务，获得部队的好评。

1997年自卫队中央医院共下部队7次，主要以驻日本关东和中部各县的部队为对象。在下部队期间，中央医院的医护人员向部队人员讲解了以糖尿病为主的生活习惯病的发生原因及预防和治疗方法。据报道，医务人员在下部队进行巡回保健教育期间发现，自卫队各部队的糖尿病的发病率很高。据分析，其主要原因在于，自卫队从军人所担负的任务考虑，对人员的健康指标要求高于一般社会人员，因此，对自卫队的人员入伍前要进行严格的体检，入伍后还要进行各种严格的训练。由于严格的训练要消耗大量热量，因此自卫队的伙食标准规定，每人每日所摄取的热卡标准为3300千卡，如果再将自卫队人员中有不少人喝酒这一因素考虑在内，则每人每日摄取的热量可高达6000千卡。然而，这一热量标准只适用于每日进行训练的20岁左右的青年男子，对于那些年龄较大和室内工作时间较长的人员，由于每天的基础代谢量的减少，摄入如此之高的热卡必然导致热量过剩。因此，目前自卫队有许多人在退休之前便患上了高血脂症。在日本社会上，50～60岁的一般成年男性中患糖尿病者约占10%，而自卫队的52～54岁的成年男性中患糖尿病者约为19.2%，如果将高血糖者也计算在内，这一比率可高达78%以上。据称，今后自卫队中央医院"健康教育和咨询室"还将继续坚持下部队进行巡回教育和咨询服务，并将介绍酒精和肝功能障碍的关系，以及艾滋病、女性特有的骨质疏松症和子宫癌等疾病的有关知识和防治措施。

召开抗震救灾医疗救护研讨会 据日本1997年11月27日《朝云》周报报道，1997年11月21日，日本自卫队中央医院召开了一次抗震救灾医疗救护研讨会。正在调查日本抗震救灾医疗救护现状的美国联邦紧急事态管理署的危机管理专员莱奥·勃兹纳也出席了此次研讨会。会上，自卫队中央医院的抗震救灾医疗救护研究人员，就自卫队在抗震救灾医疗救护中应担负的职责等问题进行了讨论。此外，还对日本和美国的抗震救灾医疗救护体制进行了比较。

自卫队在医疗卫生方面面临一系列难题 据日本1997年11月13日《朝云》周报文章透露，目前，日本自卫队在医疗卫生方面存在以下问题：一是各自卫队医院的床位利用率长期过低，因而造成医疗卫生资源的巨大浪费；二是军医提前退休现象十分普遍，因而造成自卫队的军医缺编严重；三是委托军外医疗机构诊治所需的医疗费增加过快，而自卫队本身的医疗费又严重不足。文章认为，要解决上述问题，需要陆海空三自卫队加强协作，在对自卫队的医疗卫生状况进行认真分析的基础上，再找出具体的对策。

海上自卫队拟对物资补给和装备维修实行一元化管理 据1997年11月6日日本《朝云》周报报道，为适应海上自卫队武器装备的高技术化和任务的多样化，确立有效的修造和补给体制，海上自卫队拟于1998年改革现有的修造和补给体制。具体改革方案是，新设"补给本部"、"舰船补给处"和"航空补给处"（均为临时名称），同时撤消现有的需给控制队、木更津航空补给所等32个单位。此项改革需要新设立3个机构和新编22个部队，所涉及的人员约占海上自卫队总人数的20%，因而是迄今为止海上自卫队后勤系统所进行的规模最大的一次改编。日本海上自卫队称，此次改革是以提高效率为目的进行的一次根本性改革。

日本海上自卫队自80年代初开始，随着搭载直升机的护卫舰服役和预警机（P－3C）的引进，武器装备以舰船和飞机的系统化为标志而正式实现现代化。与此相适应，修造和补给业务也急剧增加，同时由于武器装备的高技术化，对于损坏零件开始采用换件修理方法，因而修理和补给业务已经不再存在严格的区分。为此，海上自卫队成立专门的项目论证小组，并结合维和与救灾任务，对修造和补给体制进行认真的研究，结果提出了目前的改革方案。

此次改编以原来主管补给的需给控制队为母体，并将海上自卫队参谋部的部分计划管理业务移交给需给控制队，成立主管海上自卫队所有补给业务的"补给本部"（约500人，驻地位于十条），下辖负责整个海上自卫队修造和补给业务的"舰船补给处"和"航空补给处"。作为在"现场"执行任务的修造和补给部队，舰船部门在5个地方队分别设"修造补给所"（合并原来的修造所和补给所的业务）和"弹药补给所"。航空部门设由航空集团下辖的航空修理队（八户和鹿屋基地各1个），及航空集团和教育航空集团下辖的10个航空群，分别组建1个维修补给队。

日本海上自卫队新的修造和补给体制的特点是：

(1)对修造和补给机构实行统一管理,实现了组织的灵活性和运用的高效率。(2)海上自卫队修造和补给业务的构想、方针、预算等业务由海上自卫队参谋部负责,修造和补给具体业务的计划和管理由补给本部负责。(3)在舰船和航空两部门中,设立零部件采购、保管和维修中心。(4)过去,舰船部门的弹药、水雷、导弹等的采购、管理和调整是按种类由不同部队担任的,改编后,上述业务统一由弹药补给所负责,因而使担任修造和补给业务的机关和部队的任务更加明确,业务的运营也更加顺畅,从而能够更好地对作战部队的多样化的需求作出快速反应。

出现"周边事态"时自卫队对美军后勤的支援任务 据日本《朝云》周报1997年10月16日报道,日本防卫厅防卫局长左藤歉指出,在发生"周边事态"时,美军将根据日美安全保障条约行动,此时日本作为美国的盟国,将对美军的行动予以协作。具体讲就是提供后勤方面的支援,主要包括提供军事设施和后方地域支援。鉴于上述任务的性质,日本自卫队基本上是在日本领土内进行支援,但根据情况也可能在日本周边的公海及上空进行支援。在谈到后方地域支援的地域界限时,左藤局长称,日本所进行的支援主要是补给、运输和维修任务,这些支援本身不能说是行使武力的行动;而且在实施上述支援时,基本上是在日本领土上进行的,即使是在公海及其上空,也是与进行战斗的地域划有一条界限,因而不存在与美军行使武力成为一体化的悬念。

为参加戈兰高地维和行动的自卫队部队空运物资 据1997年11月6日日本《朝云》周报报道,日本防卫厅于1997年11月31日第4次向派往戈兰高地执行联合国维和任务的日本自卫队空运物资。此次空运使用了第1运输航空队的C-130运输机,另有一架C-130运输机做为预备飞机待机行动。此次空运的实施时间为1997年11月21日~12月1日,共进行了11天。空运的路线为日本—泰国(曼谷)—埃及(开罗)—以色列(特拉维夫)。运送的物资有食品、药品及来自各团体的慰问品,另外还运去了一些维和人员的家属。

(王通信)

德国军队后勤 **德国1997年国防费的分配使用** 据德国《联邦国防军行政管理》杂志1997年第2期报道,德国1997年的国防预算总额为462.90307亿马克。国防预算分为两大类:一是行政管理费,360.86771亿马克,比上年减少1.06%(3.86833亿马克),占当年国防预算总额的77.96%。其中:人员开支费245.51849亿马克,比上年减少0.47%(1.17091亿马克),占当年国防预算总额的53.04%;物资保养与运转费40.02876亿马克,比上年减少0.85%(0.34460亿马克),占当年国防预算总额的8.65%;其他行政管理费(如给养费、燃料费、不动产管理费等)75.32046亿马克,比上年减少3.03%(2.35282亿马克),占当年国防预算总额的16.27%。二是防务投资费104.06291亿马克,比上年减少11.54%(13.57172亿马克),占当年国防预算总额的22.48%。其中:研究、研制与试验费(包括给各研究所的各种补助费和贷款)27.84840亿马克,比上年减少10%(3.09504亿马克),占当年国防预算总额的6.02%;军事采购费54.08430亿马克,比上年减少10.75%(6.51557亿马克),占当年国防预算总额的11.68%;军事设施费(含德国分担的属北约组织的那部分永备设施的建筑费)17.45亿马克,比上年减少22.69%(5.122亿马克),占当年国防预算总额的3.77%;其他投资费(如地产购置费、矿藏开采费和营房建筑费等)4.68021亿马克,比上年增加32.99%(1.16089亿马克),占当年国防预算总额的1.01%。

(王文昌)

德军加强危机反应力量的卫生勤务保障 据《后勤学术》杂志1997年4月号报道,德军自1992年开始组建"危机反应力量"。国防部对"危机反应力量"卫勤保障的要求是:国防军军人在境外执勤发生伤病时应得到与国内同样水平的医疗保障,即在境外执勤时的卫勤保障在野战环境下要达到城市医院固定环境下的医疗水平。"危机反应力量"卫勤保障的模式是将整个医疗后送分为两大部分:临床前区及临床区。临床前区又分为自救互救及A区(连卫生组抢救及急救站的初步医生救护);临床区又分为:B区(急救野战医院的紧急医疗救护)及C区(国内医院的确定性医疗康复)。B区至C区的后送由空军远程运输部门负责实施。新模式要求,连卫生组配备2名急救卫生员;急救站配备1~2名军医(高风险任务时,增加1名麻醉科军医),5~6名急救助理员;急救野战医院配备1个分类与门诊组,4个手术组,3个护理组,1个临护医学组,1个内科组,必要时可以增加1个隔离护理组、1个牙医组、1个卫生器材组以及各种机动专家组。实现新模式的各项准备包括:(1)组织准备。新模式的机动卫勤组织(急救站及急救野战医院)是采取"寓于平时军队医疗机构"的方式组成。急救站是寓于德军的基层卫生单位,急救野战医院是寓于各军医院。平时有预案,需要时可以迅速动员,组成规模不同的模块式野战医院。(2)人员准备。新模式要求所有参加危机反应力量的军人都要接受专门的有针对性的卫勤训练,掌握广泛的急救知识与能力。对于急救站及急救野战医院的医务人员要求都经过急救医学专科训练。(3)

装备准备。“危机反应力量”组建以来，德军卫生保健监察部即委托奔驰救护车公司研制两套野战医疗系统：一是急救站医疗系统；另一是急救野战医院医疗系统。急救站系统是由两个方舱及新式标准Ⅱ型帐篷组成，每个方舱都装备有全套急救医疗装备，可以分两个点展开。1996年第一批4套方舱式急救站系统已装备部队，将来还要装备6套。急救野战医院医疗系统共包括60个方舱及若干帐篷，可以用模块组成规模不同的急救野战医院，德军准备近期先将两套急救野战医院医疗系统装备两个军医院，中期将再装备两个军医院。德军改变以往战时医疗后送体制，在个体医学理论的基础上，以急救医学为指导思想，同时吸取了战时分级医疗后送体制的优点，首次提出了维和行动的新卫勤保障模式。这是有创新意义的模式，将对国际维和行动的卫勤保障的发展有推动作用。

(张　冬)

其他国家军队后勤　**印度军队医院研究高原肺水肿的发生和防治见成效**　据印度《武装部队医学杂志》1997年第53卷第3期报道，位于海拔1830米的台拉登印军医院，对印军在喜马拉雅山东段发生的305例高原肺水肿病的发生特点和防治措施进行了分析研究。这305例病人大部分生活在平原地区并在短时间内徒步上高原。高原肺水肿按咳嗽、静止时气喘、胸部不适和肺部捻发音及放射学所见等基准进行诊断，临床和心电图上排除心肌梗死和其他原因的肺水肿。文章对高原肺水肿的发生率，发生月份，发生高度，年龄性别分布，上高原史，高原适应情况，发病及症状学特点；血红蛋白，白细胞总数与分类，尿成分，胸片和心电图改变；以及治疗反应和可能的防治措施进行了探讨。

高原肺水肿是军队在海拔2740米以上高原行动常见的死亡率很高的疾病。印军历年(含1988～1990年)在喜马拉雅山东段的高原肺水肿发生率为5.5%，较其在西段1.42%的发生率高。文章认为，这种疾病的发生，与绝大部分士兵徒步上高原、行军机体疲劳、寒冷作用和到高原后立即进行体力劳动有关。80%病例发生在6～12月份。年龄以30岁最多，占56.1%。男性居多，但不能反映女性的真实发生率。最低发生高度是海拔2740米，最大发生高度是海拔5960米，3660米以上高度的发生率占61.6%。初次上高原者占59.3%，重上高原者占39.3%。在305例中，经阶梯停留的充分适应者占65.9%，不全适应者占21%，在各阶梯适应中发病的占6.6%。高原肺水肿发病突然、迅猛，到达高原后6小时内发病的占23%，24小时内发病的占58.0%，72小时内发病的占83%。主要表现为头痛(占91.8%)，咳嗽(占91.4%)，气喘(占90.8%)，泡沫痰(占68.9%)，胸痛(占56.7%)，咯血(占40.9%)，心动过速(100.0%)，呼吸急促(100.0%)等。有10例病人的血红蛋白值为16g/dl或在16g/dl以上，并与高原红细胞增多症有关。73.3%病例白细胞总数>12000/mm^3，但与临床症状的严重程度无关，无感染迹象，也未用抗生素治疗，而且主要是多形核细胞变化，其他细胞成份没有改变。7.2%病例有轻度蛋白尿，有78例心电图异常。

97.7%病人经公路后送，入院后1—3天内全身情况明显好转，心率下降，肺变清晰；住院5～56天，平均7.14天，血管加压素对严重外周循环衰竭有良好治疗效果，认为对有神志改变的高原肺水肿病人值得使用皮层减充血剂，大部分病人康复重返岗位，有8.5%病人长期心电图异常。有3例并发脑水肿死亡。

肺动脉压升高是高原肺水肿的主要特征。研究表明，给在休息、缺氧、登高原或运动时肺动脉压较高的高原肺水肿易发者吸入一氧化氮，有利于降低肺动脉压。研究证明，硝苯吡啶的降低肺动脉特性，对高原肺水肿易发者有保护和治疗作用而不影响登山能力。

(林水成)

法国国防费的分配使用　据《后勤学术》1997年4月号报道，法国1997财年的国防预算为1909亿法郎。预算重点是维持费和装备费。维持费每年增加1.3%左右，但装备费有所减少。1997财年预算总额中，部队维持费为1022.23亿法郎，装备费为887亿法郎。装备费用于保证装备现代化：(1)用于核威慑力量(占武器装备费的21.5%)，制造核潜艇38亿法郎，研制新型导弹10亿法郎，研制新型空地导弹和为原子能委员会拨款69亿法郎。(2)用于“军队情报和指挥系统”、航天系统软件和地面站、通信与侦察卫星，空间通信。(3)购置主战坦克、直升机、步兵战车、地地导弹、通信器材。(4)制造航母，改进“超级军旗”飞机。(5)采购“幻影”0—5歼击机，加油机，机载指挥通信系统，反机场跑道导弹，激光制导导弹。1997年的部队维持费预算总体上是稳定的，但开支内容有些变化，主要有以下两点：一是人员薪金开支明显增加，达777.2亿法郎；二是国防部的维持费有一定的下降，降至245.03亿法郎。

(张　冬)

比利时军队医院应用冻干角质形成细胞溶解产物治疗烧伤　据国际武装部队《卫生勤务评论》杂志1997年第70卷第4、5、6期报道，比利时布鲁塞尔军队医院烧伤治疗中心，对冻干角质形成细胞溶解产物促进烧伤创面植皮增长治疗烧伤的作用进行了研究。共观察了17例病人、26个烧伤治疗区，其中20个治疗区观察冻干角质形成细胞溶解产物的作用，对6个部位观察新鲜角质形成细胞培养物的作用。病人平均年龄 36 岁，平均烧伤面积 23%，均为深Ⅱ度至Ⅲ度烧伤。病人行网状自体植皮。每个病人有 25 平方厘米的植皮区应用全角质形成细胞溶解产物处理，细胞溶解产物混悬于 4% 羟乙基纤维素凝胶中，细胞溶解产物的量相当于 100 平方厘米角质形成细胞；与应用细胞溶解产物邻近的植皮区只用对照凝胶，即 4% 的羟乙基纤维素凝胶处理，处理后定量测量细胞溶解产物应用区与对照区 2 处的新生上皮增长量。以覆盖总创面的百分数表示，冻干全角质形成细胞溶解产物处理区与对照区上皮细胞的实际增长量分别为 31.1% 和 16.5%，前者约比后者大 1 倍。方差统计学分析，2 个处理组之间的差异具有高度的统计学意义。为了与新的角质形成细胞培养物比较冻干角质形成细胞溶解产物促上皮形成的效果，有 6 个烧伤创面的植皮区用新鲜的角质形成细胞同种培养物进行处理，二者的测试结果无大差别，新鲜培养物处理区 5 天内创面的平均覆盖值为 78.28%，细胞溶解产物处理区的平均覆盖值为 77.09%。

研究结果证明，用冻干全角质形成细胞溶解产物处理网状皮肤自体移植物覆盖的烧伤创面，明显加快网状移植物小间隙的闭合，而且效果与应用新的角质形成细胞培养物的相近。研究还证实，这主要是通过角质形成细胞刺激因子（KSFs）刺激烧伤创面尚存的上皮细胞移行与增殖而起作用的。冻干全角质形成细胞溶解产物替代活的细胞在烧伤治疗上的应用，进一步发展了布鲁塞尔烧伤中心网状皮肤移植物与同种培养的角质形成细胞片相结合的烧伤治疗技术。

现代战争的伤员流行病学研究表明，烧伤伤员的比例在增加，达到了总伤员数的 10%。1992 年在前南斯拉夫克罗地亚奥西耶克城轰炸中，奥西耶克大学医院收治的 22% 病人是烧伤病人，而且 60% 是军队伤员。冻干全角质形成细胞溶解产物制品的研究与成功的应用，必将为烧伤伤员的治疗提供新的措施，值得进一步研究。

（林水成）

军　事　法　制

中国军事法制　8 届全国人大关注国防和军队法制建设　《解放军报》1998 年 3 月 3 日张建田、李雪辉报道，在第 8 届全国人民代表大会的 5 年期间，即 1993～1997 年，国防和军队法制建设取得了辉煌的成就。

国防立法乘“快车”　1993 年 3 月 31 日，乔石委员长在 8 届全国人大第 1 次常委会上，代表 2978 名全国人大代表向全国人民庄严承诺：把立法放在本届人大工作的首位，力争在本届人大任期内，初步形成社会主义市场经济法律体系的框架。

共和国的立法列车全面提速，驶入了快车道。

与此同时，国防立法也实实在在地踏上了人大立法的快车。1993 年 4 月 26 日，在刚刚当选的全国人大常委会副委员长、前国防部部长秦基伟和当时任中央军委委员、国务委员兼国防部长迟浩田的主持下，召开了首次“国防立法座谈会”，与会的 24 名全国人大常委会、专门委员会的委员们，就如何适应社会主义市场经济的新形势，加快国防立法步伐，集思广益，提出了许多建议和意见。同年 7 月，在 8 届全国人大常委会第 2 次会议上通过的《全国人大常委会 1993～1994 年立法工作的安排意见》中，列项安排审议的国防和军事法律草案占计划项目的八分之一。1994 年 2 月，《8 届全国人大常委会立法规划》所列入的 152 项立法项目中，由军队起草或参与起草的法律草案共 14 项，占全国人大常委会立法总量的近十分之一。

兵者，国之大事。负责国防立法工作的全国人大常委会法工委副主任乔晓阳告诉我们，国防和军队建设事关国家稳定与安全大局，对于与国防和军队建设有关的法律草案的审议，他们历来快速办理，决不拖沓。

此言不虚！

《中华人民共和国国防法》，从 1993 年 10 月 9 日成立起草委员会并举行第 1 次会议，到 1996 年 4 月 2 日提请全国人大常委会审议，前后不足 3 年；在提请审议后半年多时间里，全国人大常委会对草案进行了多次审议；草案从报送到 1997 年 3 月 14 日获得通过，前后不足一年。《中华人民共和国人民防空法》和《中华人民共和国预备役军官法》，从国务院、中央军委提请全国人大常委会审议、通过，也都是 2 个多月。法律专家们惊叹：这在我国立法史上，堪称“高速度”！

殚精竭虑保质量　在社会主义市场经济条件下，人们的经济利益呈现出多元化。立法是一个重新调整、分配、确定利益关系的活动,国防立法要处理与经济立法的关系,尤其是要妥善处理立法中所涉及到的军地、军民、军政之间的利益关系。国防立法的速度这样快,能否保证立法质量?

"高速度并没有影响高质量。"国务院法制局的领导同志介绍说,凡是国务院与中央军委一同上报的法律草案,国家权力机关都抓得很紧,不仅办事效率高,而且立法质量好。

对此,军委法制局的同志更是深有感触,他们说:"5年来,国家立法机关的同志们为了国防建设,真可谓是殚精竭虑、呕心沥血!"

1995年7、8月间,全国人大常委会法工委的同志不顾南国酷热的气候,深入东南沿海地区部队进行国防法立法调研。机场、舰艇、堑壕、炮位,到处留下了他们忙碌的身影。

《香港特别行政区驻军法》的起草,不仅关乎中国的国际形象和信誉,也影响着广大港人对"一国两制"、"港人治港、高度自治"的信心。为保证该法质量,1996年11月,全国人大常委会法工委会同中央军委法制局、国务院港澳办、国务院法制局等单位,在深圳连续召开5次座谈会,广泛听取香港各界人士对驻军法的意见。香港《天天日报》在评论驻军法草案时,用了这样的标题:《驻军规定 合乎情理》。1996年11月,由军队负责起草的"危害国防利益罪"一章的条文提交后,全国人大常委会副委员长王汉斌亲自主持法工委刑法室的同志,通宵达旦地研究、推敲、修改。

8届全国人大第5次会议表决通过《国防法》的那一历史性镜头,可以说是对国家立法机关的同志们殚精竭虑保证国防立法质量的一次有力证明。1997年3月14日,2720名全国人大代表在对国防法草案进行了认真审议后,2564名代表在表决器上按下了赞成键。

依法治军成果多 世界上许多国家特别是发达国家,很早就制定了比较完备的国防方面的法律。相比之下,中国已远远的落后了。由于历史的原因,过去中国的国防建设主要是靠党和国家的政策来规范和调整。改革开放后的20年来,中国颁布的现行有效的有关国防的法律和法律问题的决定有13个。而8届全国人大及其常委会在任期内共立法117件,其中,国防和军队建设方面的立法就有8件。

强盛的中国离不开巩固的国防,巩固的国防离不开法制的保障,这已成为人们的共识。8件国防和军队建设方面的立法,虽然与国防法制建设的要求还有一定距离,但人们欣喜地发现,国防法律体系已初见蓝图。而且,过去在军事立法、司法,军队法律服务等方面存在的一些难题,也在国家的有关法律中得到了解决。

——赋予中央军委立法权。国防法第13条第4项明确规定:中央军事委员会"根据宪法和法律,制定军事法规,发布决定和命令",从而为军事立法提供了法律依据。

——确认军队保卫部门行使刑事侦察权。1993年12月29日,8届全国人大常委会通过了关于中国人民解放军保卫部门对军队内部发生的刑事案件行使公安机关的侦查、拘留、预审和执行逮捕的职权的决定。

——确立了军队律师的法律地位。目前,全军已有法律顾问处200余个,1200多名军队律师活跃在军营。1996年5月15日通过的《中华人民共和国律师法》明确规定:"为军队提供法律服务的军队律师,其律师资格的取得和权利、义务及行为准则,适用本法规定。对军队律师的具体管理办法,由国务院和中央军事委员会另行制定。"短短66个字,使原来游离不定的军队律师有了明确的法律地位。

军委法制局的领导同志将5年来全国人大有关国防立法的情况作了这样的概括:成果丰硕,成效显著,影响深远。

(全 鲍)

公布《中华人民共和国国防法》 中华人民共和国主席江泽民于1997年3月14日发布第84号主席令:《中华人民共和国国防法》已由中华人民共和国第八届全国人民代表大会第五次会议于1997年3月14日通过,现予公布,自公布之日起施行。

第1章 总 则

第1条 为了建设和巩固国防,保障社会主义现代化建设的顺利进行,根据宪法,制定本法。

第2条 国家为防备和抵抗侵略,制止武装颠覆,保卫国家的主权、统一、领土完整和安全所进行的军事活动,以及与军事有关的政治、经济、外交、科技、教育等方面的活动,适用本法。

第3条 国防是国家生存与发展的安全保障。

国家加强武装力量建设和边防、海防、空防建设,发展国防科研生产,普及全民国防教育,完善动员体制,实现国防现代化。

第4条 国家独立自主、自力更生地建设和巩固国防,实行积极防御战略,坚持全民自卫原则。

国家在集中力量进行经济建设的同时,加强国防建设,促进国防建设与经济建设协调发展。

第5条 国家对国防活动实行统一的领导。

第6条 保卫祖国、抵抗侵略是中华人民共和国每一个公民的神圣职责。

中华人民共和国公民应当依法履行国防义务。

第7条　国家和社会尊重、优待军人，保护军人的合法权益，开展各种形式的拥军优属活动。

中国人民解放军和中国人民武装警察部队开展拥政爱民活动，加强军政、军民团结。

第8条　中华人民共和国在对外军事关系中，维护世界和平，反对侵略扩张行为。

第9条　国家和社会对在国防活动中作出贡献的组织和个人，采取各种形式给予表彰和奖励。

违反本法和有关法律，拒绝履行国防义务或者危害国防利益的，依法追究法律责任。

第2章　国家机构的国防职权

第10条　全国人民代表大会依照宪法规定，决定战争和和平的问题，并行使宪法规定的国防方面的其他职权。

全国人民代表大会常务委员会依照宪法规定，决定战争状态的宣布，决定全国总动员或者局部动员，并行使宪法规定的国防方面的其他职权。

第11条　中华人民共和国主席根据全国人民代表大会的决定和全国人民代表大会常务委员会的决定，宣布战争状态，发布动员令，并行使宪法规定的国防方面的其他职权。

第12条　国务院领导和管理国防建设事业，行使下列职权：

（一）编制国防建设发展规划和计划；

（二）制定国防建设方面的方针、政策和行政法规；

（三）领导和管理国防科研生产；

（四）管理国防经费和国防资产；

（五）领导和管理国民经济动员工作和人民武装动员、人民防空、国防交通等方面的有关工作；

（六）领导和管理拥军优属工作和退出现役的军人的安置工作；

（七）领导国防教育工作；

（八）与中央军事委员会共同领导中国人民武装警察部队、民兵的建设和征兵、预备役工作以及边防、海防、空防的管理工作；

（九）法律规定的与国防建设事业有关的其他职权。

第13条　中央军事委员会领导全国武装力量，行使下列职权：

（一）统一指挥全国武装力量；

（二）决定军事战略和武装力量的作战方针；

（三）领导和管理中国人民解放军的建设，制定规划、计划并组织实施；

（四）向全国人民代表大会或者全国人民代表大会常务委员会提出议案；

（五）根据宪法和法律，制定军事法规，发布决定和命令；

（六）决定中国人民解放军的体制和编制，规定总部以及军区、军兵种和其他军区级单位的任务和职责；

（七）依照法律、军事法规的规定，任免、培训、考核和奖惩武装力量成员；

（八）批准武装力量的武器装备体制和武器装备发展规划、计划，协同国务院领导和管理国防科研生产；

（九）会同国务院管理国防经费和国防资产；

（十）法律规定的其他职权。

第14条　国务院和中央军事委员会可以根据情况召开协调会议，解决国防事务的有关问题。会议议定的事项，由国务院和中央军事委员会在各自的职权范围内组织实施。

第15条　地方各级人民代表大会和县级以上地方各级人民代表大会常务委员会在本行政区域内，保证有关国防事务的法律、法规的遵守和执行。

地方各级人民政府依照法律规定的权限，管理本行政区域内的征兵、民兵、预备役、国防教育、国民经济动员、人民防空、国防交通、国防设施保护、退出现役的军人的安置和拥军优属等工作。

第16条　地方各级人民政府和驻地军事机关根据需要召开军地联席会议，协调解决本行政区域内有关国防事务的问题。

军地联席会议由地方人民政府的负责人和驻地军事机关的负责人共同召集。军地联席会议的参加人员由会议召集人确定。

军地联席会议议定的事项，由地方人民政府和驻地军事机关依照各自的权限办理，重大事项应当分别向上级报告。

第3章　武装力量

第17条　中华人民共和国的武装力量属于人民。它的任务是巩固国防，抵抗侵略，保卫祖国，保卫人民的和平劳动，参加国家建设事业，全心全意为人民服务。

第18条　中华人民共和国的武装力量必须遵守宪法和法律，坚持依法治军。

第19条　中华人民共和国的武装力量受中国共产党领导。武装力量中的中国共产党组织依照中国共产党章程进行活动。

第20条　国家加强武装力量的革命化、现代化、正规化建设，增强国防力量。

第21条　中华人民共和国的武装力量应当适应现代战争的要求，加强军事训练，开展政治工作，提高保障水平，全面提高战斗力。

第22条　中华人民共和国的武装力量，由中国人民解放军现役部队和预备役部队、中国人民武装警察部队、民兵组成。

中国人民解放军现役部队是国家的常备军,主要担负防卫作战任务,必要时可以依照法律规定协助维护社会秩序;预备役部队平时按照规定进行训练,必要时可以依照法律规定协助维护社会秩序,战时根据国家发布的动员令转为现役部队。

中国人民武装警察部队在国务院、中央军事委员会的领导指挥下,担负国家赋予的安全保卫任务,维护社会秩序。

民兵在军事机关的指挥下,担负战备勤务、防卫作战任务,协助维护社会秩序。

第23条　中华人民共和国武装力量的规模应当与保卫国家安全和利益的需要相适应。

第24条　中华人民共和国的兵役分为现役和预备役。现役军人和预备役人员的服役制度由法律规定。

国家依照法律规定对现役军人和预备役人员实行衔级制度。

第25条　国家禁止任何组织或者个人非法建立武装组织,禁止非法武装活动,禁止冒充现役军人或者武装力量组织。

第4章　边防、海防和空防

第26条　中华人民共和国的领陆、内水、领海、领空神圣不可侵犯。国家加强边防、海防和空防建设,采取有效的防卫和管理措施,保卫领陆、内水、领海、领空的安全,维护国家海洋权益。

第27条　中央军事委员会统一领导边防、海防和空防的防卫工作。

地方各级人民政府、国务院有关部门和有关军事机关,按照国家规定的职权范围,分工负责边防、海防和空防的管理和防卫工作,共同维护国家的安全和利益。

第28条　国家根据边防、海防和空防的需要,建设作战、指挥、通信、防护、交通、保障等国防设施。各级人民政府和军事机关应当依照法律、法规的规定,保障国防设施的建设,保护国防设施的安全。

第5章　国防科研生产和军事订货

第29条　国家建立和完善国防科技工业体系,发展国防科研生产,为武装力量提供性能先进、质量可靠、配套完善、便于操作和维修的武器装备以及其他适用的军用物资,满足国防需要。

第30条　国防科技工业实行军民结合、平战结合、军品优先、以民养军的方针。

国家统筹规划国防科技工业建设,保持规模适度、专业配套、布局合理的国防科研生产能力。

第31条　国家促进国防科学技术进步,加强高新技术研究,发挥高新技术在武器装备发展中的先导作用,增加技术储备,研制新型武器装备。

第32条　国家对国防科研生产实行统一领导和计划调控。

国家为承担国防科研生产任务的企业事业单位提供必要的保障条件和优惠政策。地方各级人民政府应当对承担国防科研生产任务的企业事业单位给予协助和支持。

承担国防科研生产任务的企业事业单位必须完成国防科研生产任务,保证武器装备的质量。

第33条　国家采取必要措施,培养和造就国防科学技术人才,创造有利的环境和条件,充分发挥他们的作用。

国防科学技术工作者应当受到全社会的尊重。国家逐步提高国防科学技术工作者的待遇,保护其合法权益。

第34条　国家根据国防建设的需要和社会主义市场经济的要求,实行国家军事订货制度,保障武器装备和其他军用物资的采购供应。

第6章　国防经费和国防资产

第35条　国家保障国防事业的必要经费。国防经费的增长应当与国防需求和国民经济发展水平相适应。

第36条　国家对国防经费实行财政拨款制度。

第37条　国家为武装力量建设、国防科研生产和其他国防建设直接投入的资金、划拨使用的土地等资源,以及由此形成的用于国防目的的武器装备和设备设施、物资器材、技术成果等属于国防资产。

国防资产归国家所有。

第38条　国家根据国防建设和经济建设的需要,确定国防资产的规模、结构和布局,调整和处分国防资产。

国防资产的管理机构和占有、使用单位,应当依法管理国防资产,充分发挥国防资产的效能。

第39条　国家保护国防资产不受侵害,保障国防资产的安全、完整和有效。

禁止任何组织或者个人破坏、损害和侵占国防资产。未经国务院、中央军事委员会或者国务院、中央军事委员会授权的机构批准,国防资产的占有、使用单位不得改变国防资产用于国防的目的。国防资产经批准不再用于国防目的的,依照有关法律、法规的规定管理。

第7章　国防教育

第40条　国家通过开展国防教育,使公民增强国防观念、掌握国防知识、发扬爱国主义精神,自觉履行国防义务。

普及和加强国防教育是全社会的共同责任。

第 41 条 国防教育贯彻全民参与、长期坚持、讲求实效的方针，实行经常教育与集中教育相结合、普及教育与重点教育相结合、理论教育与行为教育相结合的原则。

第 42 条 国务院、中央军事委员会和省、自治区、直辖市人民政府以及有关军事机关，应当采取措施，加强国防教育工作。

一切国家机关和武装力量、各政党和各社会团体、各企业事业单位都应当组织本地区、本部门、本单位开展国防教育。

学校的国防教育是全民国防教育的基础。各级各类学校应当设置适当的国防教育课程，或者在有关课程中增加国防教育的内容。军事机关应当协助学校开展国防教育。

教育、文化、新闻、出版、广播、电影、电视等部门和单位应当密切配合，采取多种形式开展国防教育。

第 43 条 各级人民政府应当将国防教育纳入国民经济和社会发展计划，保障国防教育所需的经费。

第 *8* 章 国防动员和战争状态

第 44 条 中华人民共和国的主权、统一、领土完整和安全遭受威胁时，国家依照宪法和法律规定，进行全国总动员或者局部动员。

第 45 条 国家在和平时期进行动员准备，将人民武装动员、国民经济动员、人民防空、国防交通等方面的动员准备纳入国家总体发展规划和计划，完善动员体制，增强动员潜力，提高动员能力。

第 46 条 国家建立战略物资储备制度。战略物资储备应当规模适度、储存安全、调用方便、定期更换，保障战时的需要。

第 47 条 国务院和中央军事委员会共同领导动员准备和动员实施工作。

一切国家机关和武装力量、各政党和各社会团体、各企业事业单位和公民，在和平时期必须依照法律规定完成动员准备工作；在国家发布动员令后，必须完成规定的动员任务。

第 48 条 国家根据动员需要，可以依法征用组织和个人的设备设施、交通工具和其他物资。

县级以上人民政府对被征用者因征用所造成的直接经济损失，按照国家有关规定给予适当补偿。

第 49 条 国家依照宪法规定宣布战争状态，采取各种措施集中人力、物力和财力，领导全体公民保卫祖国，抵抗侵略。

第 *9* 章 公民、组织的国防义务和权利

第 50 条 依照法律服兵役和参加民兵组织是中华人民共和国公民的光荣义务。

各级兵役机关和基层人民武装机构应当依法办理兵役工作，按照国务院和中央军事委员会的命令完成征兵任务，保证兵员质量。其他有关国家机关、社会团体和企业事业单位应当依法完成民兵和预备役工作，协助兵役机关完成征兵任务。

第 51 条 企业事业单位应当按照国家的要求承担国防科研生产任务，接受国家军事订货，提供符合质量标准的武器装备或者军用物资。

企业事业单位应当按照国家规定，在交通建设中贯彻国防要求。车站、港口、机场、道路等交通设施的管理单位应当为现役军人和军用车辆、船舶的通行提供优先服务，按照规定给予优待。

第 52 条 公民应当接受国防教育。

公民和组织应当保护国防设施，不得破坏、危害国防设施。

公民和组织应当遵守保密规定，不得泄露国防方面的国家秘密，不得非法持有国防方面的秘密文件、资料和其他秘密物品。

第 53 条 公民和组织应当支持国防建设，为武装力量的军事训练、战备勤务、防卫作战等活动提供便利条件或者其他协助。

第 54 条 公民和组织有对国防建设提出建议的权利，有对危害国防的行为进行制止或者检举的权利。

第 55 条 公民和组织因国防建设和军事活动在经济上受到直接损失的，可以依照国家有关规定取得补偿。

第 *10* 章 军人的义务和权益

第 56 条 现役军人必须忠于祖国，履行职责，英勇战斗，不怕牺牲，捍卫祖国的安全、荣誉和利益。

第 57 条 现役军人必须模范地遵守宪法和法律，遵守军事法规，执行命令，严守纪律。

第 58 条 现役军人应当发扬人民军队的优良传统，热爱人民，保护人民，积极参加社会主义物质文明、精神文明建设，完成抢险救灾等任务。

第 59 条 军人应当受到全社会的尊重。

国家采取有效措施保护现役军人的荣誉、人格尊严，对现役军人的婚姻实行特别保护。

现役军人依法履行职责的行为受法律保护。

第 60 条 国家和社会优待现役军人。

国家保障现役军人享有与其履行职责相适应的生活福利待遇，对在条件艰苦的边防、海防等地区或者岗位工作的现役军人在生活福利等方面给予优待。

国家实行军人保险制度。

第 61 条 国家妥善安置退出现役的军人，为转业军人提供必要的职业培训，保障离休退休军人的生活福利待遇。

县级以上人民政府负责安置转业军人，根据其在军队的职务等级、贡献和专长安排工作。

接收转业军人的单位应当按照国家有关规定，在生活福利待遇、教育、住房等方面给予优待。

第 62 条　国家和社会抚恤优待残疾军人，对残疾军人的生活和医疗依法给予特别保障。

因战、因公致残或者致病的残疾军人退出现役后，县级以上人民政府应当及时接收安置，并保障其生活不低于当地的平均生活水平。

第 63 条　国家和社会优待现役军人家属，抚恤优待烈士家属和因公牺牲、病故军人的家属，在就业、住房、义务教育等方面给予照顾。

第 64 条　民兵、预备役人员和其他人员依法参加军事训练，担负战备勤务、防卫作战任务时，应当履行自己的职责和义务；国家和社会保障其享有相应的待遇，按照有关规定对其实行抚恤优待。

第 *11* 章　对外军事关系

第 65 条　中华人民共和国坚持互相尊重主权和领土完整、互不侵犯、互不干涉内政、平等互利、和平共处五项原则，独立自主地处理对外军事关系，开展军事交流与合作。

第 66 条　中华人民共和国支持国际社会采取的有利于维护世界和地区和平、安全、稳定的与军事有关的活动，支持国际社会为公正合理地解决国际争端、军备控制和裁军所做的努力。

第 67 条　中华人民共和国在对外军事关系中遵守同外国缔结或者加入、接受的有关条约和协定。

第 *12* 章　附　则

第 68 条　本法关于军人的规定，适用于中国人民武装警察部队。

第 69 条　中华人民共和国特别行政区的防务，由特别行政区基本法和有关法律规定。

第 70 条　本法自公布之日起施行。

颁发新的共同条令和警备条令　据《解放军报》1997 年 10 月 10 日报道，中央军委主席江泽民 10 月 7 日签署命令，颁发重新修订的中国人民解放军《内务条令》、《纪律条令》、《队列条令》(统称共同条令)和《警备条令》。

中国人民解放军原共同条令和《警备勤务暂行条令》，分别是中央军委和三总部于 90 年代初颁发的。重新修订的共同条令和警备条令，坚持以毛泽东思想、邓小平理论和江泽民主席关于军队建设一系列重要论述为指导，贯彻新时期军事战略方针，吸收近年来军队建设和改革的成功经验，充分反映了新形势下军队建设和管理的客观规律，是治军带兵的基本的法规和全军人员必须严格遵守的共同准则。新条令的颁发施行，对于在新的历史条件下保证党对军队的绝对领导、保证党的十五大精神在全军的贯彻落实、全面贯彻质量建军方针、巩固和提高部队战斗力，具有十分重要的意义。

新的《内务条令》主要是针对军队内务建设和管理教育工作面临的新情况，按照正规化和战斗力建设的基本要求，对总则、军人职责、行为举止、内部关系、日常管理和战备工作等作了相应的调整和修改，增加了“对外交往”、“零散人员管理”及“国旗的使用和国歌的奏唱”等新的章节，由原来的 20 章 267 条，修改为 21 章 326 条。新的《纪律条令》主要是加大了奖惩力度，进一步强化了军纪的约束力和激励作用，把奖励和惩戒两个方面的条件、标准进行了规范化、具体化。同时，增写了各级领导维护和执行纪律的责任，把《军队基层建设纲要》规定的“双争”活动纳入奖励范畴。由原来的 6 章 77 条，修改为 7 章 96 条。新的《队列条令》主要是完善了一些基本队列动作，增加了在规定的场合着制式军服不戴军帽行举手礼和“81”型自动步枪操枪等动作要领，由原来的 9 章 53 条，修改为 9 章 65 条。《警备条令》主要是进一步明确了警备工作性质，规范了警备工作任务、职责和制度，增加了维护军队声誉、军人合法权益和加强警备队伍自身建设等内容，由原来的 10 章 114 条，修改为 9 章 98 条。新条令保持了与国家、军队相关法规的有机衔接和条令内容体系的系统性、完整性。

新条令自颁发之日起在全军部队施行。

颁发团级以上领导干部职务任免暂行条例　《解放军报》1997 年 3 月 19 日报道，中华人民共和国中央军事委员会主席江泽民日前签署命令，批准颁发《中国人民解放军团级以上领导干部职务任免暂行条例》。

《中国人民解放军团级以上领导干部职务任免暂行条例》，是适用于团级至大军区级领导干部职务任免的法规性文件。《条例》以江泽民总书记在中国共产党成立 75 周年座谈会上的讲话为指导，以《中国人民解放军现役军官服役条例》为依据，贯彻中共中央颁发的《党政领导干部选拔任用工作暂行条例》的精神，总结吸收了军队多年来任免工作的经验和做法，对进一步规范新形势下领导干部职务任免工作，完善高中级干部选拔任用机制，推进军队干部队伍“四化”建设有着重要的意义。

《中国人民解放军团级以上领导干部职务任免暂行条例》共 9 章 43 条，主要规范了干部的职务晋升、职务免除、调整交流、任职回避和考核工作等内容，同时进一步规定了任免工作的程序和纪律。

《条例》首先明确了团级以上领导干部职务任免应当遵循的原则：坚持党管干部，由党委集体讨论决定；

德才兼备,注重实绩,把政治标准放在第1位;公道正派,任人唯贤,坚持"五湖四海";走群众路线,实行民主监督;合理配备,适时交流,优化领导班子整体结构;严格执行编制员额和编制职务等级的规定。《条例》指出,党委及其政治机关按照干部管理权限,履行领导干部职务任免的职责。

《条例》针对新形势下干部任免工作出现的新情况,从干部队伍的实际情况出发,在坚持交流、实行回避、扩大民主等方面提出了一些新的规定。其中,任职资格制度规定,晋升团级以上领导职务的干部,应当在任职经历、任职时间、院校培训和文化程度等方面达到相应的要求;任期交流制度规定,除工作岗位特殊需要的外,应当定期交流任职;任职回避制度规定,有配偶关系、直系血亲和3代以内旁系血亲关系的干部必须实行回避;干部考核制度要求,考核应当采取民主推荐、民主评议、民主测评等方法,广泛听取意见。

《条例》强调干部职务任免必须按规定的程序办理。要在全面考核、广泛听取意见的基础上,由政治机关提名,同级党委集体讨论决定。《条例》还规定了任免工作必须严格遵守的纪律,明确党委和政治机关对干部职务任免进行检查监督。

总政治部就贯彻执行《条例》发出通知,要求全军和武警部队各级党委和政治机关严格用《条例》规范干部职务任免工作,坚决防止和克服用人问题上的随意性和不正之风。

（全　鲍）

《中华人民共和国核出口管制条例》发布施行　中华人民共和国国务院总理李鹏于1997年9月10日发布第230号中华人民共和国国务院令:《中华人民共和国核出口管制条例》已经1997年8月1日国务院第61次常务会议通过,现予发布施行。

第1条　为了加强对核出口的管制,维护国家安全和社会公共利益,促进和平利用核能的国际合作,制定本条例。

第2条　本条例所称核出口,是指本条例附件《核出口管制清单》(以下简称《管制清单》)所列的核材料、核设备和反应堆用非核材料等物项及其相关技术的贸易性出口及对外赠送、展览、科技合作和援助。

第3条　国家对核出口实行严格管制,严格履行所承担的不扩散核武器的国际义务。

国家不主张、不鼓励、不从事核武器扩散,不帮助他国发展核武器。核出口仅用于和平目的并接受国际原子能机构的保障监督,未经中国政府允许,接受方不得向第3国转让。国家禁止向未接受国际原子能机构保障监督的核设施提供帮助,不对其进行核出口和进行人员、技术交流与合作。

第4条　核出口应当遵守国家有关法律、行政法规的规定,不得损害国家安全或者社会公共利益。

第5条　核出口审查、许可,应当遵循下列准则:

(一)接受方政府保证不将中国供应的材料、核设备或者反应堆用非核材料以及通过其使用而生产的特种可裂变材料用于任何核爆炸目的;

(二)接受方政府保证对中国供应的核材料以及通过其使用而生产的特种可裂变材料采取适当的实物保护措施;

(三)接受方政府同国际原子能机构已经缔结生效的保障监督协定,并承诺将中国供应的核材料、核设备或者反应堆用非核材料以及通过其使用而生产的特种可裂变材料纳入保障监督协定,接受国际原子能机构的保障监督;

(四)接受方保证,未经中国国家原子能机构事先书面同意,不向第3方再转让中国所供应的核材料、核设备或者反应堆用非核材料及其相关技术;经事先同意进行再转让的,接受再转让的第3方应当承担相当于由中国直接供应所承担的义务。

第6条　核出口由国务院指定的单位专营,任何其他单位或者个人不得经营。

第7条　出口《管制清单》所列物项及其相关技术,应当向国家原子能机构提出申请,填写核出口申请表并提交下列文件:

(一)申请人从事核出口的专营资格证明;

(二)申请人的法定代表人、主要经营管理人以及经办人的身份证明;

(三)合同或者协议的副本;

(四)核材料或者反应堆用非核材料分析报告单;

(五)最终用户证明;

(六)接受方依照本条例第5条规定提供的保证证明;

(七)审查机关要求提交的其他文件。

第8条　申请人应当如实填写核出口申请表。

核出口申请表由国家原子能机构统一印制。

第9条　核出口申请表上填报的事项发生变化的,申请人应当及时提出修正,或者重新提出出口申请。

申请人中止核出口时,应当及时撤回核出口申请。

第10条　国家原子能机构应当自收到核出口申请表及本条例第7条所列文件之日起15个工作日内,提出审查意见,并通知申请人;经审查同意的,应当区分情况,依照下列规定处理:

(一)出口核材料的,转送国防科学技术工业委员会复审;

(二)出口核设备或者反应堆用非核材料及其相关

技术的，转送对外贸易经济合作部复审或者对外贸易经济合作部会同国防科学技术工业委员会复审。

国防科学技术工业委员会、对外贸易经济合作部应当自收到国家原子能机构转送的核出口申请表和本条例第7条所列文件及审查意见之日起15个工作日内提出复审意见，并通知申请人。

国家原子能机构、国防科学技术工业委员会、对外贸易经济合作部因特殊情况，需要延长审查或者复审期限的，可以延长15个工作日，但是应当通知申请人。

第11条　对国家安全、社会公共利益或者外交政策有重要影响的核出口，国家原子能机构、国防科学技术工业委员会、对外贸易经济合作部审查或者复审时，应当会商外交部；必要时，应当报国务院审批。

报国务院审批的，不受本条例第10条规定时限的限制。

第12条　核出口申请依照本条例规定经复审或者审批同意的，由对外贸易经济合作部颁发核出口许可证。

第13条　核出口许可证持有人改变原申请出口的物项及其相关技术的，应当交回原许可证，并依照本条例的规定，重新申请、领取核出口许可证。

第14条　对外贸易经济合作部颁发核出口许可证后，应当书面通知国家原子能机构。

第15条　核出口专营单位进行核出口时，应当向海关出具核出口许可证，依照海关法的规定办理海关手续，并接受海关监管。

第16条　接受方或其政府违反其依照本条例第5条规定作出的保证，或者出现核扩散危险时，对外贸易经济合作部会同国务院有关部门有权作出中止出口有关物项或者相关技术的决定，并由对外贸易经济合作部书面通知海关执行。

第17条　违反本条例的规定，出口核材料、核设备、反应堆用非核材料及其相关技术，构成犯罪的，依法追究刑事责任；尚不构成犯罪的，依照海关法、对外贸易法的规定处罚。

第18条　伪造、变造、买卖核出口许可证的，依法追究刑事责任。

第19条　国家核出口管制工作人员玩忽职守、徇私舞弊或者滥用职权，构成犯罪的，依法追究刑事责任；尚不构成犯罪的，依法给予行政处分。

第20条　国家原子能机构可以会同国防科学技术工业委员会、对外贸易经济合作部、外交部、海关总署等部门根据实际情况，对《管制清单》进行调整，报国务院批准后执行。

第21条　中华人民共和国缔结或者参加的国际条约同本条例有不同规定的，适用国际条约的规定；但是，中华人民共和国声明保留的条款除外。

第22条　本条例自发布之日起施行。（核出口管制清单略）

中国发布《中华人民共和国军品出口管理条例》

据《解放军报》1997年10月31日报道，1997年10月22日，国务院总理李鹏、中央军委主席江泽民发布了第234号中华人民共和国国务院、中华人民共和国中央军事委员会令：现发布《中华人民共和国军品出口管理条例》，自1998年1月1日起施行。

第1章　总　则

第1条　为了加强对军品出口的统一管理，维护正常的军品出口秩序，制定本条例。

第2条　本条例所称军品出口，是指用于军事目的的装备、专用生产设备及其他物资、技术和有关服务的贸易性出口。

第3条　中华人民共和国国家军品贸易管理委员会（以下简称国家军品贸易管理委员会）在国务院和中央军事委员会的领导下，主管全国的军品出口工作。

中华人民共和国国家军品贸易局（以下简称国家军品贸易局）是国家军品贸易管理委员会的执行机构，对全国的军品出口实施监督管理。

第4条　国家实行统一的军品出口管理制度，禁止任何损害国家的利益和安全的军品出口行为，依法保障正常的军品出口秩序。

第5条　军品出口应当遵循下列原则：

（一）有助于接受国的正当自卫能力；

（二）不损害有关地区的和世界的和平、安全与稳定；

（三）不干涉接受国的内政。

第6条　中华人民共和国缔结或者参加的国际条约同本例有不同规定的，适用国际条约的规定；但是，中华人民共和国声明保留的条款除外。

第2章　军品贸易公司

第7条　本条例所称军品贸易公司，是指依法取得军品出口经营权，并在核定的经营范围内从事军品出口经营活动的企业法人。

第8条　军品出口经营权由国家军品贸易管理委员会审查批准。具体办法由国家军品贸易管理委员会规定。

第9条　军品贸易公司依法自主经营、自负盈亏。

第10条　军品贸易公司应当信守合同，保证商品质量，完善售后服务。

第11条　军品贸易公司应当按照国家军品贸易管理委员会的规定，如实向有关部门提交与其军品出口经营活动有关的文件及资料。有关部门应当为军品贸易公司保守商业秘密，维护军品贸易公司的合法权益。

第 12 条　军品贸易公司可以委托经批准的军品出口运输代理企业，代为办理军品出口运输及相关业务。具体办法由国家军品贸易管理委员会规定。

第 3 章　军品出口管理

第 13 条　国家对军品出口实行许可制度。

军品出口项目、合同，应当依照本条例的规定申请审查批准。军品出口，应当凭军品出口许可证。

第 14 条　军品出口项目，由国家军品贸易局或者由国家军品贸易局会同国务院、中央军事委员会的有关部门审查批准。

第 15 条　军品出口项目经批准后，军品贸易公司可以对外签订军品出口合同。军品出口合同签订后，应当向国家军品贸易局申请审查批准；国家军品贸易局应当自收到申请之日起 15 日内，作出批准或者不批准的决定。军品出口合同获得批准，方可成立。

军品贸易公司向国家军品贸易局申请批准军品出口合同时，应当附送接受国的有效证明文件。

第 16 条　重大的军品出口项目、合同，应当经国家军品贸易管理委员会审查，报国务院和中央军事委员会批准。

第 17 条　军品贸易公司在军品出口前，应当凭军品出口合同批准文件，向国家军品贸易局申请领取军品出口许可证；符合军品出口合同规定的，国家军品贸易局应当自收到申请之日起 5 日内签发军品出口许可证。

海关凭军品出口许可证接受申报，并按照国家有关规定验放。

第 18 条　军品出口项目、合同的审查批准办法和军品出口许可证的签发办法，由国家军品贸易管理委员会规定。

第 19 条　军品出口，由国家军品贸易局会同有关部门下达军品出口通知。有关部门和地方人民政府收到军品出口通知后，应当按照国家有关规定认真履行职责，保证军品出口的安全、迅速、准确。

第 4 章　军品出口秩序

第 20 条　未取得军品出口经营权的任何单位或者组织，不得从事军品出口经营活动。

国家禁止个人从事军品出口经营活动。

第 21 条　军品贸易公司在军品出口经营活动中，应当遵守法律和行政法规的规定，维护正常的军品出口秩序。

第 22 条　军品贸易公司在军品出口经营活动中，不得有下列行为：

(一)危害国家安全或者社会公共利益；

(二)以不正当竞争手段排挤竞争对手；

(三)侵害中华人民共和国法律保护的知识产权；

(四)伪造、变造、骗取或者转让军品出口项目批准文件、合同批准文件、许可证和接受国的有效证明文件等单证；

(五)超越核定的经营范围经营；

(六)违反法律和行政法规规定的其他行为。

第 23 条　国家军品贸易局认为必要时或者根据军品贸易公司的请求，可以对妨碍正常的军品出口秩序的行为进行处理。

第 5 章　法律责任

第 24 条　军品贸易公司违反本条例第 11 条规定的，由国家军品贸易局责令限期改正，予以警告；逾期不改正的，由国家军品贸易局报国家军品管理委员会撤销其军品出口经营权。

第 25 条　军品贸易公司违反本条例第 21 条和第 22 条规定的，由国家有关主管部门依照有关法律和行政法规的规定予以处罚，并可以由国家军品贸易局报国家军品贸易管理委员会撤销其军品出口经营权。

第 26 条　违反本条例第 20 条规定的，由国家军品贸易局取缔非法活动，并由国家有关主管部门依照有关法律和行政法规的规定予以处罚。

第 27 条　违反本条例的规定，构成犯罪的，依法追究刑事责任。

第 28 条　军品贸易公司对撤销其军品出口经营权的处罚决定不服的，可以自收到处罚通知之日起 15 日内，向国家军品贸易管理委员会申请复议。国家军品贸易管理委员会应当自收到复议申请之日起 15 日内，作出复议决定，该复议决定为终局决定。

第 29 条　国家军品贸易管理工作人员玩忽职守、徇私舞弊、滥用职权或者利用职务上的便利收受、索取他人财物，构成犯罪的，依法追究刑事责任；尚不构成犯罪的，依法给予行政处分。

第 6 章　附　则

第 30 条　警用装备的出口适用本条例。

第 31 条　本条例自 1998 年 1 月 1 日起施行。

公布《军队人员及其家属医疗费用管理规定》

1997 年 7 月底，中央军委批准了总政治部、总后勤部关于《军队人员及其家属医疗费用管理规定》，并要求从 8 月 1 日起执行。该规定内容如下：

第 1 章　总　　则

第 1 条　为了加强军队人员及其家属医疗和管理，合理使用卫生资源，保障军队人员及其家属的基本医疗需求，依据《中国人民解放军卫生条例》及有关规定，制定本规定。

第 2 条　军队人员及其家属医疗费用管理工作适用本规定。

本规定所称军队人员，是指中国人民解放军现役军官、文职干部、士兵、学员以及军队管理的离休退休干部、职员和正式工人。

本规定所称军队人员家属，是指军队人员的配偶、子女及经组织批准随军供养的父母、公婆、岳父母。

第3条　军队人员及其家属按照规定的医疗体系就医。根据病情和医疗条件，战区内需跨医疗体系诊治的军队疑难病患者，由体系医院介绍；需跨战区医疗体系诊治的，由大军区级总医院提出转诊意见，经大军区级单位卫生部门介绍；有特殊情况的，由总后勤部卫生部介绍，享受免费医疗。未经规定单位介绍到非体系医疗单位诊治的，按地方公费医疗收费标准收全费。其中，经患者所在单位批准的，医疗费由批准单位审核报销；未经单位批准的，医疗费由患者自理。

第4条　军队医疗机构应当认真履行职责，按照规定的救治范围收治和转送军队伤病员，不得拒诊拒收。对军队管理的离休退休干部的医疗应当优先保障。

第5条　军队伤病员医疗需要的各种检查、治疗，包括使用合资、贷款和其他自筹经费购买的医疗设备和研究开发的新技术、新疗法、自制制剂等，除本规定明确的收费对象和项目外，一律不得收费。

第6条　军队医疗机构应当严格执行国家、军队和当地政府的医疗收费标准，建立健全收费管理制度。军队医疗机构的主要医疗收费标准，应当张贴公布，接受上级和群众的监督检查。

第7条　按规定开支的军队人员及其家属的医疗费用，在卫生事业费中列支。

各单位应当加强对卫生事业费的管理，严格执行医疗费开支规定，不得克扣或者挪用。卫生事业费的不足部分，由各单位和本级机动经费予以弥补。

第2章　军人医疗费用管理

第8条　现役军官、文职干部、士兵、学员和军队管理的离休退休干部(以下简称军人)，因伤病在本单位医疗机构或者凭本单位医疗机构转诊介绍信、本人身份证明以及师职以上干部医疗保健证到体系医院诊治的，享受免费医疗。

第9条　军人因公外出、探亲期间患急性伤病时，凭军人身份证明可以在就近的军队医疗机构诊治，享受免费医疗。附近无军队医疗机构的，可以在就近的地方医疗机构就诊，医疗费凭诊断证明和急诊收费单据由本单位审核报销。

在地方医疗机构或者非体系医院住院的，应在一周内与本单位联系，病情稳定后，转体系医院或者本单位指定的军队其他医疗机构诊治。病情稳定可以转院而患者坚持不转的，医疗费用由患者自理。

第10条　军人在地方单位工作、学习、进修时，凭所在团级以上单位政治、后勤机关证明和本人身份证明到就近军队医疗机构办理临时医疗关系，享受免费医疗；该地区无军队医疗机构的，经原单位批准，可以就近到地方医疗机构诊治，医疗费凭诊断证明和收费单据由原单位审核报销。

第11条　女军人持《准生证》在体系医院分娩的，本人和新生儿享受免费医疗；在探亲期间，持所在团级以上单位卫生部门的介绍信、《准生证》和本人身份证明，在就近军队医疗机构分娩的，本人和新生儿享受免费医疗。

第12条　分散执勤人员因急性伤病，驻地附近无军队医疗机构的，可以在就近的地方医疗机构诊治，经所在团级以上单位批准，医疗费凭诊断证明和收费单据由本单位审核报销。

第13条　除本规定第9条、第10条、第12条规定的情况外，军人在地方医疗机构诊断和治疗的，其费用由本人自理；个别特殊情况确需外诊的，必须先经所在单位卫生部门和领导审查批准，尔后方可凭诊断证明和收费单据由批准单位审核报销医疗费。

第14条　易地安置、尚未进干休所或者尚未移交地方人民政府安置的军队离休退休干部，经本人所在大军区级机关政治部干部部批准，不转供给关系到外地与配偶或者子女一起生活，在本大军区级单位内的，由大军区级机关政治部干部部确定代管单位；跨大军区级单位的，由原大军区级机关政治部干部部商居住地大军区级机关政治部干部部确定代管单位，并由本人将原单位每年卫生事业费的人员基本标准经费和补助标准经费转交代管单位，伤病时在代管单位医疗体系内诊治，享受免费医疗。特殊医疗仍由原单位和原体系医院负责。

第15条　除因战因公致伤、致残需整形者外，军人做面部磨削、除皱、重睑、酒窝成形、隆鼻、隆乳、减肥、牙齿正畸等以美容、整形为目的的治疗，费用由本人自理。

第16条　在实行独立核算、自负盈亏、具有企业法人资格的企业化工厂、军办厂矿、公司、军人服务社、宾馆、饭店、招待所、房地产开发单位和企业化管理的军马场、农场等各类企业、生产经营单位工作的军人，在企业化管理的事业单位工作的军人，不计编制定额的文职干部，军委、总部明确规定的不属军费供应的军人，在军内医疗机构诊治时，一律按地方公费医疗收费标准交费。其费用列本单位生产经营成本或者从其收益中开支。

第3章　军队职员和工人医疗费用管理

第17条　各级机关、部队、事业单位、子女学校、幼儿园、托儿所的职员和正式工人的医疗费用，按照本规定第2章第8条至第15条的规定执行。

第18条　在国家确定的边疆国境县、沙漠区、边远地区中的三类地区和总部确定的一、二类岛屿部队的军人服务社、家属工厂工作的职员和正式工人，享受医疗包干待遇。

第19条　在实行独立核算、自负盈亏、具有企业法人资格的企业化工厂、军办厂矿、公司、军人服务社、宾馆、饭店、招待所、房地产开发单位和企业化管理的军马场、农场等各类企业、生产经营单位工作的职员和正式工人，在企业化管理的事业单位工作的职员和正式工人，军委、总部明确规定不属军费供应的职员和正式工人，在军队医疗机构诊治的，一律按地方公费医疗收费标准交费。其费用列本单位生产经营成本或者从其收益中开支。

第20条　军队单位雇请的临时工，在军队医疗机构诊治的，一律按地方自费医疗收费标准交费。

第4章　军人、职员、工人的家庭医疗费用管理

第21条　下列人员享受免费医疗：

（一）已移交政府安置、仍随配偶在军队干休所居住、经批准由干休所代管的军队离休退休干部；

（二）现役军官、文职干部、军队管理的离休退休干部、军士长、专业军士牺牲或者病故后，其随军并享受定期生活补助费的配偶、子女和经组织批准随军供养的无经济收入、无独立生活能力的父母、公婆、岳父母；

（三）现役军官、文职干部和军队管理的离休退休干部的配偶，在1949年9月30日前参加革命工作，后经组织批准随军，现无经济收入的；

（四）随军居住西藏自治区无经济收入的军队人员的家属；

（五）临时来队的军人、职员的配偶和子女（每年享受一次）、父母（每四年享受一次），无经济收入，在规定的临时来队期间急性伤病，经团以上单位政治部门和卫生部门批准的。

第22条　下列人员享受包干医疗：

（一）经组织批准随军无经济收入的现役军官、文职干部、军队管理的离休退休干部、军士长、专业军士以及机关、部队、事业单位的职员（含未移交地方管理的退休职员）的配偶、无独立生活能力的子女和经组织批准随军供养的父母、公婆、岳父母；

（二）具备随军条件未随军，仍在原籍居住的现役军官、文职干部、军士长、专业军士、连续工龄满15年的职员的无经济收入的配偶、无独立生活能力的子女；

（三）未具备随军条件的现役军官、文职干部和连续工龄未满15年的职员，其户口在部队驻地（本县、市），同现役军官、文职干部、职员生活在一起的无经济收入的配偶和无独立生活能力的子女；

（四）夫妻均为现役军官或者文职干部，其寄养在异地的子女；

（五）现役军官、文职干部和军队管理的离休退休干部的配偶，在1949年9月30日前参加革命、转业到异地（跨市、县）工作，现已办理离休手续、返回到配偶所在部队营区或者干休所居住、在地方就医确有困难、本人要求到军队医疗机构诊治并经其配偶所在的师级以上单位干部部门和卫生部门批准的；

（六）各级机关、部队和事业单位中连续工龄满15年的正式工人，其无经济收入的配偶和无独立生活能力的子女，户口在部队驻地的。

第23条　军人、职员无经济收入的父母和配偶、无独立生活能力的子女，临时来队期间，因非急性伤病在军队医疗机构诊治，按地方自费病人收费标准的三分之一收费。

第24条　各级机关、部队和事业单位中连续工龄未满15年的正式工人，其无经济收入的配偶、无独立生活能力的子女，在军队医疗机构诊治，按地方自费病人收费标准的二分之一收费。

第25条　已领取医疗补助费的现役军官、文职干部无经济收入的配偶、无独立生活能力的子女，在军队医疗机构诊治，按地方自费病人收费标准的二分之一收费。

第26条　以下人员按下列规定就诊：

（一）享受免费医疗或者医疗包干的，凭免费医疗证、医疗包干证在本单位的医疗机构或者凭本人所在医疗机构转诊介绍信在体系医院诊治；

（二）本规定第23条规定的人员，持团级以上单位政治部门和卫生部门介绍信、本人身份证在军队医疗机构诊治；

（三）在国家确定的边疆国境县、沙漠区、边远地区中的三类地区和总部确定的一、二类岛屿部队的现役军官、文职干部、军士长、专业军士、职员和正式工人，其随军家属按规定在内地休假、探亲期间，凭医疗包干证在附近的军队医疗机构诊治，享受免费医疗；无医疗包干证的，持团级以上单位政治部门和卫生部门证明、本人身份证按地方公费医疗收费标准的三分之一交费。

第27条　本规定第16条、第19条规定的单位人员的家属在军队医疗机构诊治，一律按地方公费医疗收费标准交费。其费用列所在单位生产经营成本或者从其收益开支。

第5章　免费医疗证和医疗包干证管理

第28条　免费医疗证和医疗包干证按下列规定

办理：

(一)免费医疗证和医疗包干证，按年度由本人所在单位的医疗机构负责办理，并经体系医院核准，双方盖章生效，办理时，核查户口簿和有关证件；

(二)本规定第21条第(一)项规定的人员，在配偶所在单位办理免费医疗证，由当地民政部门按国家规定的标准把其全年医疗经费拨给代管的干休所，其中三分之一留配偶所在基层医疗机构，三分之二交体系医院；

(三)本规定第22条第(二)项规定的人员，可持团级以上单位干部部门和财务部门停发医疗补助费的证明、户口簿，在居住地区就近的军队医疗机构办理医疗包干证；家属临时来队期间，凭医疗包干证享受免费医疗；需要特殊医疗时，由军人或者职员所在单位和体系医院负责；驻地附近无军队医疗机构或者本人不愿办理医疗包干的，按有关规定发给现役军官、文职干部、军士长、专业军士医疗补助费；

(四)本规定第22条第(四)项规定的人员，凭女军人所在团级以上单位干部部门和财务部门停发医疗补助费的证明，可以在居住地区就近的军队医疗机构办理医疗包干证；需要特殊医疗时，由女军人所在单位和体系医院负责；

(五)本规定第22条第(五)项规定的人员，在配偶所在单位办理医疗包干证，由本人将在地方的全年标准医疗经费转交给军队，其中三分之一留配偶所在基层医疗机构，三分之二交体系医院；

(六)除本规定第22条第(五)项规定的人员外，办理医疗包干者，分别按现役军官、文职干部、职员和正式工人全年卫生事业费基本标准的二分之一缴纳费用，费用交办理医疗包干证的基层医疗机构；

(七)已调到军队其他单位的现役军官、文职干部、军士长、专业军士、职员和正式工人，其随军家属因正当理由未随迁，符合免费医疗或者医疗包干条件的，可以继续在原单位办理免费医疗或者医疗包干。

第29条　下列免费医疗证或者医疗包干证，使用到期满为止：

(一) 已办理转业、复员手续的军官、文职干部、军士长、专业军士和调地方工作的职员、正式工人，其家属已经办理的免费医疗证或者医疗包干证；

(二) 已移交地方人民政府管理的军队离休退休干部、职员和工人，其家属已经办理的免费医疗证或者医疗包干证。

第30条　军队人员的公费医疗用药范围，按照国家卫生部和财政部规定的《公费医疗用药报销范围(试行)》(以下简称《用药范围》) 执行。

第31条　医疗机构对享受免费医疗、医疗包干的人员所确需的《用药范围》内的药品和自制制剂，不得收费；对《用药范围》内的药品，严禁只开方不给药。

第32条　抢救治疗因公负伤的军队人员，不受《用药范围》限制；抢救治疗其他享受免费医疗包干的人员，确需使用《用药范围》以外的药品，由担负抢救任务的科室领导提出，经医院领导批准，不得收费。

在艰苦地区执勤或者执行特殊任务的部队所需的特需药品，按照总部的有关规定执行。

第33条　患者或者其家属坚持点名使用《用药范围》以外的药品及营养、滋补、保健品，费用一律自理。医疗机构自定使用《用药范围》以外的药品及营养、滋补、保健品，一律不得向患者及其所在单位收费。

第34条　严禁医疗机构及医务人员借行医之便向患者、家属推销或者代药商推荐任何药品及营养、滋补、保健品。

第6章　特殊医疗费用管理

第35条　本规定所称特殊医疗，是指经军队收治医院诊断提出，确需对患者安装心脏起搏器，置换人工心脏瓣膜、人工晶体、人工骨、人工关节，施行血液透析、骨髓移植、脏器移植、冠状动脉搭桥，以及重度烧伤救治的统称。

患者需作特殊医疗时，由体系医院专家会诊提出意见，医务部（处）出具证明，患者所在单位填写《军队人员特殊医疗审批表》，报军级或者独立师级单位首长批准后执行。

第36条　特殊医疗应当使用国产材料，确需使用进口材料的，应当经医院诊断确定；不需要使用进口材料，而患者或者家属坚持使用的，其费用差额部分由患者自理。

第37条　经批准的特殊医疗，除床位费、《用药范围》内的药品费外，其余费用由医院负担二分之一，另二分之一按照下列办法负担：

(一) 总参谋部、总政治部、总后勤部规定的不从事经营性生产的军以下部队的人员和军队离休退休干部的特殊医疗经费，由大军区级单位负担；

(二) 总参谋部、总政治部、总后勤部规定的可以从事经营性生产或者有偿服务的单位的人员特殊医疗经费，由大军区级单位和批准单位分担。

第38条　总部补助的特殊医疗经费，实行分配定额、包干管理的办法，由总后勤部财务部、卫生部按年度将特殊医疗经费定额分配给大军区级单位财务部、卫生部。大军区级单位对本级负担的特殊医疗经费，经审核后，补助给医院。由批准单位负担的特殊医疗经费，按单病例结算，由批准单位直接支付给医院。

第 39 条　未列入特殊医疗的病种，除总部另有规定的外，对享受免费和医疗或者医疗包干的人员一律不得收费。

第 7 章　镶牙、配镜及装配助听器、医疗矫形器费用管理（略）

第 8 章　奖励与处罚（略）

第 9 章　附则（略）

（本规定摘自中国人民解放军总政治部、总后勤部［1997］后卫字第 287 号文件，连载于《解放军报》1997 年 7 月 31 日和 8 月 14 日。）

总后卫生部对中药饮片自费用药有关问题作出规定　《解放军报》1997 年 12 月 18 日报道，11 月 11 日，总后卫生部向全军发出通知，对中药饮片自费用药范围及费用管理有关问题作出规定。

自费的中药饮片包括：各种人参（包括参须、条、片）、鹿茸、熊掌、熊胆、银耳、燕窝、猴枣、马宝、海马、海龙、珊瑚、玛瑙、玳瑁；鹿心、鹿肾、鹿胎、鹿鞭、鹿尾、鹿筋、狗肾、海狗肾、广狗肾、蛇胆以及各种动物的脏器；冬虫夏草、三七、何首乌、枸杞子、阿胶、阿胶珠、鹿角胶、龟角胶、龟鹿二仙胶、龟板胶、别甲胶、霞天胶、黄明胶；各种可药用（或药引子）的食品、副食品，如酒、糖、蜂蜜（配制丸药加工用蜜除外）、茶叶、水果等。

《通知》规定，列入自费范围的中药饮片，无论单方或复方均属自费；自费范围以外的中药饮片一律公费；抢救治疗因战因公负伤的军队人员，按医疗需要不受用药范围限制；抢救治疗其他享受免费医疗或医疗包干的人员，确需使用自费用药范围内的药品，由医院科室领导提出、院领导批准，不得收费。

《通知》规定的内容，是对 1997 年 8 月 1 日经中央军委批准，总政、总后印发的《军队人员及其家属医疗费用管理规定》（即 287 号文件）的部分补充。

中央军委批转三总部制定的关于制止奢侈浪费行为的《实施办法》　《解放军报》1997 年 12 月 4 日报道，中央军委近日批转了三总部《军队贯彻执行党中央、国务院〈关于党政机关厉行节约制止奢侈浪费行为的若干规定〉的实施办法》，要求全军各单位结合实际认真贯彻执行。

《实施办法》规定，各级机关 3 年内原则上不准新建、扩建或装修办公楼。办公楼以外的楼堂馆所以及各种名目的中心等，原则上 3 年内也不得新建和装修。任何单位都不得借款、贷款和挪用其它资金新建和装修办公用房；不得以建综合楼、业务楼等名义新建办公楼；房地产开发经营收益，不得用于新建和装修办公用房；利用军队土地与地方换建、合建房屋的，不得换建、合建办公用房。

《实施办法》强调，要严格控制各种会议和庆典活动。凡是可开可不开的会议坚决不开，能以电话会议形式解决问题的尽量开电话会议。对各种现场观摩、经验交流、评比竞赛、表彰颁奖和新闻发布会等，必须从严控制。所有会议都不得超标准食宿，不得赠送礼品和纪念品，不得组织高消费娱乐活动，不得以开会为名游山玩水。领导机关不得把本级的会议安排在下级召开，严格限制到风景旅游区开会。一律不举办机构成立周年、领导同志题词周年、英雄模范单位和个人命名周年等庆典活动。一般不举行兴建工程奠基典礼和落成仪式及书刊首发式、影视作品首映式。

《实施办法》要求，严格控制接待费开支，坚决制止用公款大吃大喝。机关工作人员进行各种公务活动以及军地之间的公务往来，确需安排食宿的，一律在军队编内招待所或接待单位内部指定的宾馆、招待所安排，不准住豪华宾馆，不准到地方酒店安排宴请，不准安排到营业性歌厅、舞厅、夜总会等场所进行高消费娱乐活动，不准赠送礼品或土特产品。

《实施办法》对用公款安装住宅电话或购买移动电话作出了规定。凡本人要求安装地方电话的，其费用一律由个人支付。师（含）以下单位一律不准购置、使用地方移动电话。军以上机关购置地方移动电话应严格控制，确需购置的报大单位主管部门批准。对现有用公款租用、购置的住宅电话和地方移动电话要认真清理，凡不符合规定的要立即纠正，并由个人补交公款支付的一切费用。

《实施办法》还就严格控制评比和达标活动，禁止形式主义的检查、考核，严格按规定配备和更换小汽车，严格管理公费出国（境）等，作出了明确规定。

新版《中国人民解放军军语》颁发　《解放军报》1997 年 12 月 24 日报道，经中央军委主席江泽民批准，重新修订的新版《中国人民解放军军语》，近日由三总部颁发全军部队施行。这对于规范军队作战、训练、日常工作和生活用语，对于军队的革命化、现代化、正规化建设都具有重要意义。

原有的军语，是 1982 年经中央军委批准，由三总部颁发的试行本。新版军语的修订编纂工作从 1994 年初开始，遵照中央军委的指示，在三总部领导下，由军事科学院组织编纂组具体组织实施，并特邀全军百余名专家参加撰稿与编审。

新版军语的编纂，坚持以毛泽东军事思想、邓小平新时期军队建设思想和江泽民主席关于军队建设一系列重要论述为指导，依据中央军委新时期加强国防和军队建设的一系列方针、原则，在保留原试行本军语精华的基础上，进行了大幅度修改，充实了大量新的内容。新军语分 29 个类目，共收词目 6500 余条，插图 180 余幅，80 多万字。

新版军语与原试行本军语比较，具有以下显著特点：一是内容更加符合新时期军事发展的需要，根据近十几年来的军事发展情况，大量增收了在实际工作和学术研究中经常使用并已相对稳定的新的军事术语，淘汰了已经陈旧过时或很少使用的军事术语；在新增收的词目中，反映现代科技特别是高新技术的军事术语所占比重增大。二是框架结构的设计更加科学合理，类目设置兼顾了学科、部门、专业以及军兵种等多方面的需要。三是词目定名和释文表述更加准确、简明、规范，在学术观点上有所发展和创新。本书分别编纂出版"全本"和"简本"两种版本。"全本"主要发团级以上单位。"简本"是由从"全本"中精选出的 2000 余条基层官兵常用词目编成，主要发营以下分队。最近，这项课题获得全军第二届军事科研成果特等奖。

军事科学院院长刘精松、政委张工出席了 1997 年 12 月 23 日在京召开的新版军语出版发行座谈会。

（金　鲍）

美国军事法制　美军联合条令编写简介

《外国军事学术》1998 年第 3 期袁林报道，联合条令，是美军以参联会主席的名义颁布的法规性文件。它涉及的是如何使用国家军事力量达成战略目的的根本性问题，是美军制订联合作战计划和采取联合行动的根本依据。美军规定，除极个别情况外，各军种必须贯彻执行联合条令中的各项规定。美军制订联合条令的目的：一是用以指导联合部队的协调运用；二是从理论上确定美国在多国行动中的地位；三是为联合训练提供依据；四是为军事教育系统提供指导性文件。

编写联合条令的组织　（一）各级职责。参联会主席通过联合参谋部对联合条令的编写实施领导。1986 年生效的《戈德华特－尼科尔斯国防部改组法》赋予了参联会主席领导联合条令编写的全部权力。

联合参谋部下属的作战计划与协调部（J7）负责联合条令编写的具体业务指导。作战计划与协调部成立于 1987 年。该部除上述任务外，还负责联合行动的计划、训练、演习、评定以及教育等项工作。

作战计划与协调部下属的联合作战中心负责联合条令的具体编写事宜。该中心下设的条令处负责组织联合条令的编写、审查与修订，提出联合条令的发展构想，协调各条令编写单位的工作，就编写联合条令的某些重要问题向参联会主席及联合参谋部提出建议。

（二）编写总体计划。作战计划与协调部通过联合条令的编写总体计划，提出联合条令的编写体系，并以联合出版物 JP1－01 号的形式于 1998 年 2 月正式颁布。作战计划与协调部与各军种、各联合司令部以及联合参谋部进行广泛接触，组织一系列讨论，并在此基础上制订联合条令主计划。联合条令编写总体计划的内容是阐述联合条令的编写程序；明确需要编写的联合条令；制订联合条令体系，使其区别于行政管理出版物，形成独立的出版物体系；确定联合条令与其他相关条令以及与联合战术、技术与程序条令的关系；建立直接涉及各作战司令部的新的联合条令编写程序。

（三）编写单位。美军拟出版 109 本联合条令，其中各军种负责编写 55 本，各联合司令部负责编写 18 本，联合参谋部直属单位负责编写 36 本。

在由各联合司令部编写的联合条令中，陆军负责编写 29 本，海军 5 本，空军 14 本，陆战队 5 本，海岸警卫队 2 本。

在由各联合司令部编写的联合条令中，运输司令部负责编写 6 本，航天司令部 1 本，特种作战司令部 5 本，战略司令部 1 本，大西洋总部 4 本，欧洲总部 1 本。中央总部、太平洋总部和南方总部不承担编写任务。

在由联合参谋部编写的联合条令中，联合出版事务办公室负责编写 1 本，人事部（J1）1 本，情报部（J2）6 本，作战部（J3）5 本，后勤部（J4）7 本，指挥、控制、通信、计算机（C^4）系统部（J6）3 本，作战计划与协调部（J7）13 本。战略计划与政策部（J5）和部队结构、资源与评估部（J8）不承担编写任务。

到 1997 年 3 月，美军已批准出版了 76 本联合条令，还有 33 本在编写过程中。

联合条令的制订过程与编写、修订周期　（一）制订过程。联合条令的制订分为提出编写建议、下达规划指令、两次编写草案以及最后通过 4 个步骤。

第 1 步是提出编写建议。首先由各军种、各联合司令部和联合参谋部根据需要提出拟编写何种联合条令的建议，统一提交到联合条令工作组。联合条令工作组由 16 个部门的代表组成，包括联合参谋部、联合作战中心、欧洲总部、南方总部、运输司令部、战略司令部、航天司令部、太平洋总部、特种作战司令部、空军部、海军部、海岸警卫队、陆战队、陆军部、中央总部，以及大西洋总部；必要时，还包括部分相关院校。联合条令工作组组长由作战计划与协调部部长担任，每6个月召集一次全体会议，讨论提出的编写建议。讨论通过的编写建议经作战计划与协调部与各军种、各联合司令部批准，由作战计划与协调部拟定相应的规划指令。

第2步是下达规划指令。规划指令由作战计划与协调部向具体主持联合条令编写工作的负责人下达，该负责人可由各军种司令、各联合司令部司令或联合参谋部负责人担任。规划指令中通常指定具体主持联合条令编写工作的负责人、联合参谋部条令负责人、联合条令涉及的主要内容、使用的对象、需要协调的事项以及完成期限等。

第3步是编写草案。草案分为最初草案和最终草案。首先由主持联合条令编写工作的负责人选择基本编写组，经联合条令工作组认可后，在联合参谋部条令负责人和技术评定机构的指导下开展工作。基本编写组可由各军种负责训练与条令的部门、各联合司令部和联合参谋部指定具体人员组成。这些单位还指定人员组成协调编写组，配合并帮助基本编写组编写、评定和修改最初草案，并在此基础上拟定最终草案。

第4步是参联会主席通过联合条令。主持联合条令编写工作的负责人向联合参谋部提交最终草案。联合参谋部对草案进行审定，做必要的修改，并在各军种与各联合司令部之间进行协调，在参联会主席最后审定通过后正式提交国防部，经批准后颁发。

（二）编写与修订周期。一般情况下，联合条令的编写从提出到完成需要19～21个月的时间。其中，从下达规划指令到完成最初草案需要5～7个月；从下发最初草案征求意见到完成最终草案需要5个月；从下发最终草案征求意见到通过最初审查草案需要5个月；从通过最初审查到参联会主席通过需要4个月。其中，包括两次协调，最初协调是在通过最初审查之后15天进行，最后协调与最初协调相隔2个月。

在实际编写中，有些联合条令的编写周期往往长达数年，例如联合指挥与控制条令拖了8年仍未定稿，原因是参加编写的单位各持己见，并不断提出新的看法，难以达成共识。通常情况下，对联合条令的意见分歧多发生在陆军和空军之间。

联合条令颁布18～24个月后，作战计划与协调部需要向使用单位征求意见。通常由各军种与各联合司令部以书面的形式递交报告，介绍联合条令在使用中的情况，以及亟须修改的地方或需要提前修改的地方。此外，联合条令在使用中如发现问题，也可随时向编写单位提出。按规定，联合条令在颁布后的5年内必须进行修订。

近年来，美军加快了联合条令的修订周期以适应变化了的情况。例如，1993年2月出版的《联合后方地域作战条令》已被1996年5月出版的同名条令取代，仅历时3年3个月；1994年6月出版的《军事欺骗联合条令》已被1996年5月出版的同名条令取代，仅历时1年11个月；1994年4月出版的《核生化防御联合条令》已被1995年6月出版的同名条令取代，仅历时1年2个月；而1994年8月出版的《制订联合行动计划条令》已被1995年4月出版的同名条令取代，仅历时8个月。

联合条令的层次与分类 美军将联合条令分为4个层次6大类。

第1个层次的联合条令共有2本。一本是JP1《美国武装部队的联合作战》，主要是为美国武装力量的联合行动提供指导，讨论美国军事力量的性质，阐述联合作战的意义、分析联合作战的基本问题，以及阐述联合战局。另一本是JPO－2《武装部队的联合行动》，主要为部队如何实施联合提供理论和方针，讨论指挥环节以及各作战司令部与各军事部门之间的关系，论述指挥关系及其他权限，以及提供建立联合司令部的理论与方针。

第2个层次的联合条令共有6本，分别为6类条令中每类的指导条令。第1本是JP1－0《联合作战的人事与行政支援条令》（在编写中），主要为联合作战的联合人事与行政支援确立广泛的指导，还为各作战司令部司令实施人事与行政支援的职责与程序提供理论指导。第2本是JP2－0《联合作战情报支援联合条令》，主要阐述情报的性质与目的，规定联合情报的原则并明确联合情报的职责，论述为联合作战提供情报的职能，叙述联合情报总体结构，并为多国作战的情报工作提供指导方针。第3本是JP3－0《联合作战条令》，主要论述联合作战赖以实施的战略环境，列举联合作战的基本原理，为制订战争与非战争军事行动计划确立指导方针，阐述战时实施联合作战需要考虑的事项，确立非战争军事行动的原则，以及阐述多国作战的考虑事项。第4本是JP4－0《联合作战后勤支援条令》，主要阐述后勤作战的权限与职责，确定后勤的原则与考虑事项，论述后勤计划的制订，以及确立战区级后勤的指导方针。第5本是JP5－0《制订联合作战计划的条令》，主要论述联合作战计划的制订过程与理论，阐述战略方针与一体化问题，阐述如何制订预有准备行动和应急行动的计划，并论述制订联合作战计划与评定的关系。第6本是JP6－0《支援联合作战的指挥、控制、通信与计算机系统的条令》，主要阐述C^4系统的任务，概述目标与内容，确定C^4系统的基本原则，阐述C^4系统的结构与基础设施，讨论制订计划的过程与使用职责，列举联合与多国标准与程序，以及论述全球C^4系统的基础设施。

第3个层次的联合条令共有4本。第1本是JP3-33《联合部队的能力》(在编写中),主要阐述联合部队各组成部分为联合部队指挥官提供的能力,以及它们在支援联合部队指挥官的战役或战局计划中的重要职责等。第2本是JP3-07《非战争军事行动的联合条令》,阐述战争与非战争军事行动的区别,非战争军事行动与政治目标的关系,非战争军事行动的原则、类型,以及制订计划时考虑的因素等。第3本是JP3-08《联合作战中的机构间协调》,阐述机构间的协调过程及各参与者,美国武装部队实施机构间行动时不断变化的任务,机构间行动的指挥与控制,国家安全委员会系统的任务,战役级机构间行动的组织,以及联合特遣部队的任务与职责等。第4本是JP3-16《多国行动联合条令》(在编写中),主要阐述多国行动的基础,一般指挥关系,制订计划时的考虑事项,以及诸如地面、海上、空中和特种作战时的考虑事项等。

第4个层次的联合条令共有92本。与第2个层次的6本指导条令相对应,按人事、情报、作战、后勤、计划、C^4系统分为6大类。

人事类有3本,主要阐述联合的人事与行政问题,包括报告结构、宗教支援以及财务管理等内容。

情报类有6本,主要阐述联合情报支援、战斗情报支援、确定目标的情报支援、战斗空间的情报准备,以及联合作战国家情报支援等内容。

作战类有60本,主要阐述联合部队的运用、联合战斗支援、联合部队防护,以及非战争行动联合等4个方面的问题。其中联合部队的运用问题共有25本,主要包括两栖作战,地面作战,联合遮断行动,联合海上作战,舰载直升机作战,联合特种作战,联合火力支援,近距离空中支援的联合战术、技术与程序,联合核作战,太空作战的联合战术、技术与程序,联合核作战,太空作战的联合战术、技术与程序,联合空降与空中突击作战,以及联合指挥与控制等;联合战斗支援问题共有19本,主要包括联合信息战,联合指挥与控制战、联合工兵作战,联合电子战,战斗地带的联合空域控制,联合心理战,以及军事欺骗行动等;联合部队防护问题共有9本,主要包括联合反航空兵及反导行动,压制敌防空的联合战术、技术与程序,联合战区导弹防御,联合防空作战,联合后方地域作战,以及核生化防御等;非战争行动联合问题共有7本,主要包括反恐怖、维和行动、反毒品行动、非作战后送行动、人道主义援助以及国内支援行动的联合战术、技术与程序等。

后勤类有19本,主要阐述联合运输与后勤支援问题。

计划类有3本,主要阐述制订战局计划的联合战术、技术与程序,联合特遣部队制订计划指南与程序,以及联合作战的计划与实施体系。

C^4类1本,主要阐述战役和战术C^4系统的运用。

美陆军颁布新版《作战纲要》 《外国军事学术》1998年第2期姜川报道,指导美国陆军本世纪末到下世纪初作战的新版《作战纲要》几经修改,已在1997年8月完成最后修定稿,并于1998年上半年正式颁布执行,以取代1993年版《作战纲要》。美军称,新《纲要》全面反映了“美陆军冷战后近10年的战争经验教训”,以及美陆军为适应军事战略的调整和最新科技进步对作战方式和作战理论的影响而产生的发展变化。美军在保留原版《作战纲要》许多久经检验的作战原则的同时,对一些内容作了“实质性的修改”。美军称此《纲要》是“指导美陆军在可预见的未来在暴力和非暴力条件下行动的纲领性文件”,是“首位和最重要的作战条令。”

主要内容　新版《作战纲要》共分为6大部分20个章节。各部分的主要内容是:

第1部分　现代冲突的性质和范围,美陆军在这些冲突中的作用。本部分共2章:第1章美国陆军;第2章现代冲突的性质。

现代冲突表现为多种形式、发生在世界各地并具有不同的暴力等级。国家分裂、资源争夺、部落和种族冲突、人口膨胀与城市化、大规模毁伤武器扩散等,使冲突环境更加复杂。美陆军必须在可预见的限制条件下,有选择地使用军事力量。在多国、多机构的联合作战中,美军出动的主要是地面作战部队,只有陆军才能控制地面、人口以及其他资源。陆军成功的战绩依靠的是一流的士兵、有效的武器装备和健全的军事理论,但其中最重要的还是士兵。战争胜利主要取决于实力、信息和士气3个方面,这也是赢得未来战争胜利的3个基本条件。

第2部分　美国陆军作战的基本原则。本部分共5章:第3章陆军作战思想;第4章作战原则;第5章核心作战职能;第6章作战系统;第7章陆军作战特点。

美陆军作战理论的精髓是其作战思想:夺取主动、保持锐势和扩大战果。夺取主动就是在整个战场空间同时发起猛烈打击使敌失去平衡。它集中打击的是敌目标的联系,而不必是最大或最近的目标。敌关键目标的损失将使敌丧失行动的凝聚力。保持锐势就是快速的连续行动以防止敌恢复元气。陆军行动的节奏必须快得足以防止敌采取有效的反行动。保持锐势还要求在敌人能够适应己方目前正采用的作战方法之前，不断地改变作战手段和作战方法。扩大战果就是组织部队和新锐力量实施所有必要的行动来达到长期的决定性胜利。

美陆军作战的 10 大基本原则：明确目标、积极进攻、快速机动、集中效力、节约兵力、简洁明了、隐蔽突然、统一行动、安全保密、保持士气。这些原则是陆军作战理论的基础，是计划和实施军事行动的出发点。新《纲要》首次提出美陆军作战行动的 5 项核心职能。强调这 5 项核心职能是不可分割的整体，应用于一切作战系统和所有作战类型。即：要了解敌方、明察己方、细察中立方以及气象地形和人文环境情况。要建立实施作战的理想环境，始终置敌于不利地位，使己方部队以最决定性的方式使用军事力量。通过心理战、民事——军事行动、民间援助、公共关系、人道主义援助等行动来左右中立者的态度，以改善作战环境。要采取防护措施，防止敌获得关键信息，剥夺敌方对己方进行有效打击和运动的能力；阻止敌干扰己方行动，保持己方部队战斗力。要运用致命和非致命性手段打击敌人，综合运用相辅相成的、增强的、以及不对称的 3 种方式打击敌手，迫使敌人作出反应，暴露其弱点、实力和意图。要通过快速机动，使敌总是面临新的两难选择，屈从于力所不及的远距离战斗。

第 3 部分　作战艺术。本部共分 4 章：第 8 章指挥；第 9 章计划与准备；第 10 章实施；第 11 章战斗勤务支援。

军事行动既需要艺术也需要科学，认为二者居其一即可解决军事行动问题的看法是完全错误的。作战艺术是一种有真实意义的创造性行动艺术。最能体现作战行动艺术的领域是指挥、计划与准备、作战实施和战斗勤务支援。

指挥是一门艺术而不是科学。成功指挥的特点是领导、专业知识、洞察力与智慧、判断力与创造性、勇气和意志、自信心、表达能力、正直与垂范。指挥的要素是协调配合、共同的理论和训练标准、控制、委托指挥、分配资源、及时地决策和行动。

计划的目的是一开始就设置战斗的条件并不让敌人恢复元气。成功计划依赖于完成 4 项任务的能力：理解整个态势，分析态势以确定什么是作战筹划最重要的关键要素，制定简明、有效和灵活的计划，准备实施这些计划的部队。作战筹划的要素是：结局状态、目标、作战线、任务、指挥员企图、作战方案、作战空间、交战规则。

第 4 部分　作战实施。本部分共 5 章：第 12 章行动类型；第 13 章进攻行动；第 14 章防御行动；第 15 章稳定行动；第 16 章支援行动。

作战实施是各级指挥官运用计划和准备程序来确定怎样最好地协调 4 类作战行动，以达到理想的战争结局。

成功进攻的要素是：置敌于不利的条件和位置；避强击弱；使用超常力量打击；保持战斗压力，决不让敌人从最初打击中恢复过来；指定、保持和转换主攻方向；计划和以新锐力量扩张战果。进攻行动的 4 种进攻基本样式是接敌运动、攻击、扩张战果、追击。部队可以同时或按顺序运用这些进攻样式。除这 4 种进攻样式外，攻击部队还采用 5 种进攻性机动形式：包围、迂回、突破、正面攻击和渗透，以获得对敌的有利态势，接近并歼灭敌人。

成功防御的要素是：通过准备最大程度地扩展有利条件；隐蔽和保护己方弱点；破坏敌攻击的准备；粉碎敌进攻的锐势；指定、保持和转换主要防御方向；以进攻性行动完成防御并转入进攻。

稳定行动指利用军事力量来影响政治环境，支援外交努力和瓦解非法行动。它包括发展行动和强制行动。部队执行稳定行动完成下列一个以上的任务：遏制或挫败侵略；消除盟国、友好国家政府和机构的疑虑；扶持一个脆弱的政府；稳定骚乱的地区；保持和恢复秩序；强制协议和政策的执行。

支援行动的种类包括人道主义援助和环境援助，陆军在这些行动中提供人力、工程、通信和后勤等方面的支援。

第 5 部分　促成行动。本部分共 4 章：第 17 章联合行动；第 18 章兵力投送；第 19 章信息战；第 20 章核生化战。

美陆军的作战行动影响受到以下 4 种重要行动的反影响：联合行动、兵力投送、信息战以及核生化条件下作战。地面作战与这 4 种行动是相辅相成的两个方面。地面作战使这 4 种行动成为可能，这 4 种行动又是地面作战行动有效性的关键。

有效的一体化联合作战行动并不要求在各级都实行联合指挥，但要求在各级充分理解联合作战的协同作用。联合作战创造的军事力量远大于其各部分力量的总和。地面部队指挥官在作战计划和实施中对海洋、天空和太空的控制是不可或缺的考虑事项。

力量投送是美国军事战略的核心要素和陆军军事行动的主要样式。力量投送涉及到 6 个相关的步骤：动员、部署、进入行动、决定性作战、再部署和复员。

陆军作战行动的关键方面是信息战。信息战不是新概念，但由于数字化、自动化、信息分配方面的技术进步赋予了它新的作用。除了实际摧毁敌人的兵员和装备外，陆军现在可以直接地攻击敌人的信息系统以获得作战行动的优势。

美军在使用大规模毁伤武器如核武器、化学武器、生物武器或辐射武器环境下作战的可能性正在增长。这些武器巨大的杀伤破坏力能改变作战计划和实施的所有方面。即使威胁使用这些武器，也将极大地改变部队实施作战的方式。

《作战纲要》除5个正文部分外还有2个附录，阐述了美陆军的作战能力及他们如何为适应特殊任务的要求而进行临时编成的方法。

主要变化　与1993年版《作战纲要》相比，新版《纲要》有如下一些重要变化。

一是更加强调联合作战与联军作战以及机构间联合行动。新《纲要》赋予联合作战新的含义，认为"联合作战既可以是两个或两个以上军种部队的行动，也可以是同一军种两个或两个以上兵种的行动"。联合作战是一种"促成行动"，陆军部队的"地面作战与联合作战是相互促成"的关系。"地面部队指挥官在作战计划和作战实施中对海洋、天空和太空的控制是不可或缺的考虑事项"。新《纲要》更为详尽地阐述了陆、海、空军联合作战的统一指挥和多国联军作战行动的指挥控制结构。

二是突出了信息战的地位。新《纲要》对信息战单独列章阐述，认为"军事实力、信息战能力与士气是3项最基本的制胜因素"，认为"冲突的最终解决是在士气方面，而信息战直接影响士气"。"迅速而精确地探测、决策和行动是取得信息战优势"的3个方面。

三是首次提出了S^4M新概念。将此列为美国陆军作战行动的5项核心职能：了解，即了解敌方、己方、中立方和气象、地形等战场情况；设定，即设定与控制战场空间，置敌于不利地位；防护，即通过预防性措施，剥夺敌人威胁己方部队或干扰己方行动的能力；打击，即使用致命和非致命性手段达到作战目的；机动，即通过机动，部署和重新部署部队，使敌人处于一种新的两难境地。

四是强调全维作战。新《纲要》重新定义了作战空间，认为作战空间"是一个综合的作战环境的理性概念，包括影响军事行动胜利的所有因素。现代战争的作战空间超越了传统的正面、纵深和高度的概念，它还包括电磁频谱和时间"，指挥官必须从时间、空间和行动3个方面来筹划和设定作战空间，实施全维作战。

五是更加重视"战役法"和"作战艺术"的运用。新《纲要》在前言中明确阐明"战役法"和"作战艺术"是本纲要的2个重点，明确界定了"战役、战役性作战、战斗与交火"的概念及相互关系，更加重视战役性作战。认为战役法是"用战术手段实现战略目标的中间环节"。作战艺术则是"阐述美陆军如何战斗，它包括基本的战术原则和机动样式"，是对美国陆军"如何计划和实施战役、战役性作战、战斗和交火的综合论述"。预测性的模拟、一体化的技术、精确制导系统和其他高科技，虽然有用和必要，但还不够，指挥官必须精通军事行动艺术。在信息不全的条件下发挥创造性、直觉性、领导性、革新性精神并作出决策。

六是将军事行动要考虑的5要素（METT－T）上升为6要素（METT－TC）。认为民事考虑已成为军事行动的关键因素之一。作战区内平民百姓的态度和行动影响军事行动的结果，对难民和人道主义的要求必须给予经常的关注，这不仅仅在稳定行动或支援行动中是如此，在常规战斗中也是如此。

七是提高了战斗勤务支援的地位。过去美军一直将战斗勤务支援视为后勤行为（本次修改的初稿也是如此），但最后修定稿将战斗勤务支援纳入"作战艺术"，并用大量篇幅加以阐述。认为，战斗勤务支援是"美国军事力量的基础，贯穿于所有类型的作战行动，在本质上是作战指挥艺术的职能"。第1次将战斗勤务支援提高到战略支援、战役支援和战术勤务支援3个层次上进行系统阐述。

此外还有一些重要变化，如将"后退行动"列入防御的范畴，是"防御的3个基本类型之一"（原为机动防御和地域防御）。将包围、迂回、突破、正面攻击、渗透5种攻击样式改为"进攻性机动形式"。用"稳定行动"取代"非战争行动"，并扩大了其内涵，它是指"利用军事力量来影响政治环境，支持外交努力和瓦解非法行动"。稳定行动包括"维和"、"反恐怖"、"反毒品"、"非战斗人员撤离"、"军备控制"、"国家援助"、"支援叛乱行动"、"支援反叛乱行动"、"显示武力"、"平息民间骚乱行动"等。首次提出了"对人为灾害和自然灾害等危机进行救助"的支援行动，包括"人道主义援助"、"环境援助"等。另外，"兵力投送"的原则和程序也比前《纲要》更加具体化；针对核生化武器扩散的威胁，新《纲要》还单独列章新增了"核生化条件下的作战行动"等内容。

（素　结）

美陆军《FM100－6信息作战》条令简介　《外国军事学术》1997年第2期王保存报道，1996年8月27日美国陆军部正式颁发了《FM100－6信息作战》条令。该条令是美陆军指导信息作战行动的"纲领性文件"，是美军指挥官实施战役级和战术级信息战的“圣经”。该条令分正文和附件两部分，其主要内容如下：

关于信息战的基本内涵　该条令给信息战下的定义是，“在军事信息环境中，使己方部队具备得到加强和防护的采集、处理信息及根据信息付诸行动的能力，以便在各种情况下实施胜敌一筹的、不间断的军事行动。”信息战包括指挥控制行动、民事行动和公共事务行动。

（一）指挥控制行动。指挥控制战是把信息战运用于军事行动的作战样式。实施指挥控制行动的目的是，保护己方指挥控制能力，同时使敌方得不到所需信息，从而削弱或破坏其指挥控制能力。指挥控制行动包括指挥控制攻击和指挥控制防护两个方面。

1. 指挥控制攻击。实施指挥控制攻击的目的是，从信息流和对战场情况的了解方面限制敌实施指挥控制的能力。在实施指挥控制攻击时，可打击敌各级部队人员、装备，特别是通信系统和有关设施，以破坏敌指挥控制能力。

2. 指挥控制防护。实施指挥控制防护的目的是，使己方部队保持有效进行指挥控制的能力，使敌方无法采取有效的行动来剥夺己方的信息优势，来影响、削弱或摧毁己方的指挥控制系统。指挥控制防护包括的内容有，采取措施，防止敌方的宣传对己方的作战行动、公共舆论和官兵士气造成不利影响。

（二）民事行动。在全球信息环境中，对信息战有保障作用的民事行动，可对加强己方部队的影响起到重要作用。在平时、冲突时或战时，可通过实施民事支援来加强军事行动的效果，提高作战效益，获得制信息权。民事人员支援军事行动的方式有两种：一是帮助进行公共行政管理，管理公共设施和文化事务，提供外语和民用信息支援；二是搜集重要信息以满足指挥官的情报需求。

（三）公共事务行动。公共事务人员必须经常了解公众对军事行动的看法，并广泛传播有关军事行动的清楚而客观的信息。公共事务人员的职责是：协助指挥官创造会导致信任与支援美军的条件；支持公开、独立地进行报道及接近部队与士兵；公正、客观、全面、准确、不断地向外界提供信息。指挥官在进行情况判断，拟制行动方案、作战计划与命令时，都要考虑公共事务问题，并将其纳入决策的全过程。

关于信息活动的构成要素　（一）信息获取。信息获取是通过各种手段得到所需要的信息。这时，指挥官及其参谋人员要做好 3 件事：1. 了解信息需求；2. 确定“关键信息需求”；3. 确定信息获取手段与途径。

（二）信息使用。通过空间、空中和地面信息系统及其他手段获取信息后，对这些信息及有关数据进行分析与核实。尔后，再将经过核实的相关信息用于充实、修正“共用情况态势图”。信息的主要用途有三：1. 用于拟定和下达作战指导方针；2. 为分配作战资源及确定攻击目标的先后顺序提供依据；3. 为确定作战需求奠定基础。信息的主要使用者是指挥官和参谋人员。

（三）信息防护。由于信息技术的发展与扩散，美军在每次军事行动中都将面临敌信息攻击的威胁。要实施信息防护，首先必须分析己方易受敌方信息攻击的弱点，尔后有针对性地采取措施。必须严加防护的信息基础结构的构成要素包括：重要数据、计算机、通信系统和各种保障设备。

（四）信息利用。《联合出版物 1－02》称，信息利用是指“为达成军事行动目的而对所拥有信息的充分利用”。利用敌信息系统通常是指，在敌毫无察觉的情况下，使用敌信息系统的数据或通信设备。搞好信息利用要采取以下行动：判读敌信号；截听敌通信；分析各种征候，从数据库中窃取数据；采取措施以削弱、破坏或控制敌信息利用能力。

（五）信息拒止。是指不让敌人得到或利用信息，其主要手段是信息攻击和指挥控制攻击。通过影响、破坏或摧毁敌信息系统，使敌得不到所需信息，无法对其部队实施有效的指挥控制。

（六）信息管理。为实施全方位作战，必须密切协调信息和信息系统的使用。参谋人员必须根据作战方针，调整信息需求，综合使用信息系统，以便使关键信息的传输与作战进程同步。信息管理包括：管理电磁频谱；确定其使用手段与系统；确保各节点和各部队之间信息畅通；解决用不同手段获取的信息之间的差异。电磁频谱管理应以作战需求为依据。

关于指挥控制战　1996 年 3 月 3 日颁发的《第 3210.03 号参联会主席指令》给指挥控制战下的定义是：“在情报的支援下，综合利用作战保密、军事欺骗、心理战、电子战和物理摧毁等手段，在使己方指挥控制能力得到严加防护的同时，使敌方得不到信息，并影响、削弱或摧毁敌指挥控制能力。”指挥控制战由以下五个要素构成。

（一）作战保密。搞好作战保密，是实施信息拒止的关键。其主要作用有二：1. 可使指挥官查明可被敌情报系统观察到的己方行动；2. 可了解到敌情报系统可能得到的己方情况。实施作战保密的目的是，明确、选定和采取措施，消除可能被敌方利用的表现征候和其他信息源。

制定作战保密计划需要认真对待的最大难题之一是，各种全球性商用信息系统的出现。这些商用系统可使敌方获取己方大量信息。在军事行动中，新闻媒介不可避免的介入将使作战保密更加困难。向世界各地实时传播信息的大众媒介对敌方来说是绝好的信息源。因此，作战保密计划制定者必须在公共事务军官的密切配合下，确定“己方关键信息”，以避免关键或敏感信息向外泄露。

（二）军事欺骗。其定义是：“采取行动，在己方作战能力、企图、行动等方面，故意错误地引导敌方决策者，以使其采取有利于己方完成任务的具体行动。”军事欺骗是诱使敌指挥官定下错误决心的重要手段，其目的在于使敌方采取的行动为达成己方指挥官的目的服务，其做法是对己方的目标、企图、态势、部署、能力、兵力、作战方案进行隐真示假。

（三）心理战。它是“向外国听众（观众或读者）传达挑选出来的信息和信息载体，以首先影响其感情、动机、客观推理能力，最终影响其政府、组织和团体的行动。”在实施心理战时，要传达真实信息和可靠信息。心理战既是指挥控制防护也是指挥控制攻击的重要手段。实施心理战，可向敌 C^4I 系统灌输多种信息，可向敌军官兵宣传投降的好处，可宣扬美军的技术优势。此外，还可以最大限度地缩小敌方宣传和反信息战的影响，以使己方军民不相信敌方的宣传和错误信息。

（四）电子战。它是“利用电磁能和定向能控制电磁频谱或攻击敌军的军事行动。”共由 3 部分构成：1. 电子攻击。在电子攻击中，要运用电子干扰、电子欺骗或定向能来破坏、摧毁或利用敌方使用电磁频谱的能力。2. 电子防护。是指对己方使用电磁频谱的保护，它要求全面保护己方的有关人员、设备和设施。3. 电子战支援。是指利用有关信息，在战场指挥官的直接控制下，搜寻、侦听、查明、定位有意和无意发射的电磁能发射源，以找到敌方采取的直接威胁己方的行动。

（五）物理摧毁。是指利用作战力量来摧毁或消灭敌方部队和设施。使用的手段包括陆、海、空部队实施的直瞄和间瞄火力，以及特种作战部队采取的直接行动。

关于相关信息与情报　（一）相关信息。它是“从军事信息环境中采集的、对作战行动有重要作用和影响或与其密切相关的信息。”它与军事信息环境的直接关系体现在两个方面：一是采集、处理、传播相关信息的个人、组织或系统本身就是军事信息环境的一部分；二是相关信息是这些个人、组织或系统使用的“媒质”，是实施信息战的依据。

指挥官实施指挥必须有信息。从军事信息环境中采集的相关信息，可使战场变得透明，从而使指挥官在“定下决心与贯彻决心周期”的各个阶段都能实施有效的指挥控制。指挥官“定下决心与贯彻决心的周期”由 4 个步骤组成：1. 了解情况；2. 拟定初始方案；3. 制定作战计划；4. 执行。

（二）情报。情报是相关信息的重要组成部分，它针对的主要目标是外部环境和敌方。在支援己方作战方面，情报可使指挥官拥有一张能减少不确定性和缩短其决策过程的“作战空间态势图”。在对敌方实施指挥控制战方面，情报是摧毁敌 C^3I 系统和破坏敌决策过程的关键。具体地讲，情报有以下作用：1. 可帮助评估己方弱点；2. 可帮助了解敌军；3. 可帮助进行战场情报准备；4. 可帮助进行战损评估。情报军官在进行战场情报准备时将做 4 项工作：1. 绘制决策透明图；2. 了解敌信息基础设施；3. 分析敌弱点；4. 制定攻击方案。

关于信息战行动计划的制定　美陆军制定信息战行动计划按时间顺序分为 5 个步骤：

（一）分析任务。这是制定计划的第一步，指挥官要分析受领的任务，拟制总体作战方案，考虑如何完成信息战行动保障任务。参谋人员则应分析指挥官下达的任务及其作战企图，以制定信息战行动方案。任务分析的另一项重要内容是指挥控制攻击与防护分析。

（二）确定重点。在这一步，应确定敌我双方信息系统的关键节点和弱点的先后顺序，以确定指挥控制攻击和防护的可能目标。

（三）拟制行动方案。其目的是在保护己方指挥控制能力的同时，影响敌方的指挥控制能力。有关参谋人员要首先重新审查已确定的攻击与防护目标，然后估计可供己方使用的信息战兵力兵器，最后拟制出能保障总体作战任务完成及与总体作战方案配合密切的信息战行动方案。通常情况下，指挥官及其参谋人员在拟定计划时要特别关注 3 个领域，即：作战行动、相关信息与情报需求、信息系统支援需求。作战参谋在拟制信息战行动方案时也要考虑这三个要素。

（四）执行。执行阶段始于向将实施信息战行动的部队赋予任务。在这一阶段，要特别注意以下 3 点：1. 要选择最好的指挥控制攻击手段，谋求最好的攻击效果；2. 协同使用各种攻击与防护手段，以发挥作战保密、作战欺骗、心理战、电子战、物理摧毁的最大效能；3. 要把保护己方关键指挥控制节点的任务交给可靠的部队，并在战术、技术和规程方面采取得力防护措施。

（五）反馈。在此阶段，要建立监视与反馈机制，不间断地进行战损情况、攻击与防护效果或影响的评估，并把评估结果及时反馈给指挥官。据此，指挥官及其参谋人员将不断修正情况判断和行动方案，以采取相应的行动。

（华　翁）

俄罗斯军事法制　**颁布《俄联邦动员准备与动员法》（联邦法律）**　该法于 1997 年 1 月 4 日由国家杜马通过，1997 年 2 月 13 日经联邦委员会批准，1997 年 2 月 26 日，俄联邦总统叶利钦签署第 13 号令，颁布该法正式生效。俄《红星报》1997 年 3 月 1 日刊登了该法全文。该法共 7 章，26 条。第 1 章，总则；第 2 章，俄联邦总统、俄联邦国家权力机关、俄联邦主体执行权力机关和地方自治机关在动员准备与动员领域的权力和职能；第 3 章，团体和公民在动员准备与动员领域的义务；第 4 章，动员准备与动员的组织原则；第 5 章，动员时征召公民服役；第 6 章，动员时期和战时对预备役公民的预留；第 7 章，附则。

第 1 章第 1 条规定，俄联邦的动员准备是指俄联邦为确保国家免遭武装侵犯并满足国家战时需要和居民战时需求于平时在联邦经济、联邦主体经济和市级经济的预先准备方面，在国家权力机关、地方自治机关和团体的准备方面，在俄联邦武装力量、其他军队、队伍、机构和根据俄联邦《国防法》而组建的特殊组织的准备方面所采取的一整套措施。俄联邦动员是指俄联邦在联邦经济、联邦主体经济和市级经济转入战时状态，国家权力机关、地方自治机关和团体转入战时工作状态，以及俄联邦武装力量、其他军队、队伍、机构和特殊组织转入战时编制与编成方面所采取的一整套措施。俄联邦动员可以是总动员，也可以是局部动员。第 2 条规定，动员准备与动员的基本原则是：集中领导；预有准备，计划性和监督性；综合运作和相互协调。动员准备与动员的内容包括：（1）在动员准备与动员领域实施规范性的法律调整；（2）为动员准备与动员提供科学保障和方法保障；（3）确立动员时期和战时的工作条件，使国家权力机关、地方自治机关和团体做好动员时期和战时的工作准备；（4）落实国家权力机关、地方自治机关和团体转入战时工作状态的措施；（5）使俄联邦武装力量、其他军队、队伍、机构和特殊组织做好动员准备；（6）对俄联邦武装力量、其他军队、队伍、机构和特殊组织实施动员；（7）制定俄联邦经济、联邦主体经济和市级经济的动员计划和联邦武装力量、其他军队、队伍、机构和特殊组织的动员计划（以下简称动员计划）；（8）使俄联邦经济、联邦主体经济和市级经济做好动员时期和战时的准备，使团体做好动员时期和战时的工作准备；（9）落实俄联邦经济、联邦主体经济和市级经济转入战时状态的措施以及团体转入战时工作状态的措施；（10）对俄联邦动员准备状况进行评估；（11）建立、发展、保持动员能力和用于生产国家、俄联邦武装力量、其他军队、队伍、机构和特殊组织及公民战时所需产品的设施；（12）建立宣布动员时转隶俄联邦武装力量或为武装力量及俄联邦经济所使用的特殊组织，并使其做好准备；（13）准备宣布动员时用于装备俄联邦武装力量、其他军队、队伍、机构和特殊组织或为其所使用的技术装备；（14）建立、储备、保持和更新动员储备及国家储备的物资储备品、食品和石油产品的最低储备量；（15）为武器装备、重要民品、高风险项目、居民生活保障系统和属于国有财产的设施的文件资料建立和保持保险基金；（16）准备和组织在动员时期和战时向居民定额供应食品和物品、医疗服务、通信设施及交通工具；（17）按规定建立国家权力机关、地方自治机关和团体的预备指挥所并使其做好战时工作准备；（18）使大众传媒工具做好动员时期和战时的工作准备；（19）组织在国家权力机关、地方自治机关和团体进行兵役登记；（20）准备好在动员时期和战时按军事专业登记将公民补充到俄联邦武装力量、其他军队、队伍、机构和特殊组织中去；（21）在动员时期和战时，预定保留在俄联邦武装力量、拥有预备役的联邦执行权力机关服预备役的公民（以下简称预备役公民）和国家权力机关、地方自治机关和团体的工作人员；（22）实施动员展开和完成动员计划的演习和练习；（23）提高动员机构工作人员的专业水平；（24）在动员准备与动员领域进行国际合作。

第 3 章第 10 条规定，公民在动员准备与动员领域的义务是：（1）应召前往兵役委员会，明确自己动员 时期和战时的使命；（2）完成所接到的动员命令、通知书和兵役委员会主任的指示中提出的要求；（3）根据俄联邦法律，为保障国家防御与安全，在战时提供房屋、设备、运输工具和其他私人财物，公民为此所遭受的损失，由国家按俄联邦政府规定办法予以赔偿。同时规定：公民在动员时期和战时参加完成保障国家防御与安全的工作，并按规定办法编入特殊组织。公民如不履行动员准备与动员方面的义务，按俄联邦法律追究责任。

颁布《俄联邦内务部内卫军法》（联邦法律）　该法 1996 年 12 月 25 日由国家杜马通过，1997 年 1 月 22 日经联邦委员会批准，1997 年 2 月 6 日俄联邦总统签署颁布。《俄罗斯报》1997 年 2 月 12 日刊登该法全文。该法共 10 章，55 条。第 1 章，总则；第 2 章，俄联邦国家权力机关、俄联邦主体国家权力机关在内卫军活动范围内的权力；第 3 章，内卫军兵役；第 4 章，内卫军兵团和部队的任务与内卫军现役军人的权力；第5章，内卫军现役军人使用武力、专用器材、武器、技术兵器和专用技术装备；第6章，内卫军的领导；第7章，内卫军遂行任务的程序；第8章，内卫军现役军人、退役军人及其家属的法律和社会保护；第9章，内卫军的财政拨款和物资技术保障；第10章，对内卫军活动的监察和检察监督。

第1章第1条规定，内卫军归属俄联邦内务部系统，任务是保障个人、社会和国家安全，保护个人和公民的权力与自由不受犯罪和其他违法行为的侵害。第2条规定，内卫军的任务是：与俄联邦内务机关共同参加维护社会秩序、保障社会安全及维护紧急状态制度；警卫国家重要目标和专用物资；押解犯人和被监禁人员；保卫俄联邦领土；协助俄联邦边防总局边防军警卫俄联邦国境线，以及联邦法律赋予的其他任务。执行内卫军任务的机关和部队有：内卫军指挥机关；作战兵团和部队；特种摩托化兵团和部队；警卫国家重要目标和专用物资的兵团和部队；押解部队(分队)；航空部队；海上部队；从事高等职业教育的军事教育机构；侦察部（分）队；特种部（分）队；内卫军医疗、科研等机构及教学、通信等活动保障部队。除内卫军总司令直属兵团和部队外，其他兵团和部队均列入内卫军区编成。内卫军指挥机关、兵团、部队、从事高等职业教育的军事教育机构和内卫部队机构，在民法关系中以组织面目出现。上述组织可以是法人，根据俄联邦法律规定登记注册。第3条内卫军活动原则规定，内卫军的活动建立在法制、尊重人和公民的权力与自由、一长制和集中指挥原则基础之上。

颁布《俄联邦联邦安全总局机关法》(联邦法律) 该法于1995年2月2日由国家杜马通过，1995年4月3日俄联邦总统签署颁布。《俄罗斯报》1995年4月12日刊登该法全文。该法共6章，26条。第1章，总则；第2章，联邦安全总局机关活动的基本方面；第3章，联邦安全总局机关的权力；第4章，联邦安全总局机关的人力与物力；第5章，对联邦安全总局机关活动的监督与检察；第6章，最后条款。

第1章第1条规定，联邦安全总局机关是俄联邦安全保障力量的组成部分，在其权力范围内保障国家、社会和人身安全。俄联邦总统和俄联邦政府领导联邦安全总局机关的活动。第2条规定，联邦安全总局机关是一个集中统一的系统，其中编有：联邦安全总局；联邦安全总局按地区和联邦主体划分的局、处(地方安全机关)；联邦安全总局在俄联邦武装力量、军队和其他队伍及其指挥机关中的局、处（部队安全机关)。地方安全机关和部队安全机关直属俄联邦联邦安全总局。联邦安全总局机关辖有企业、教学、科研、鉴定和军事医疗机构与部门、军事建筑分队、专业训练中心，以及特种任务分队。第3条规定，联邦安全总局是联邦执行权力机关。联邦安全总局由享有联邦部长权力的局长领导。局长领大将军衔。

第2章第8条规定，联邦安全总局机关活动的基本方面包括：反侦察工作；与犯罪活动作斗争；侦察工作等。第9条规定，反侦察工作是联邦安全总局机关在自己权限范围内开展的工作，目的是发现、警告、制止外国特勤部门和组织，以及某些企图损害俄联邦安全利益的人员进行的侦察和其他活动。联邦安全总局机关开展反侦察工作的理由是：(1) 有情报证明，外国特勤部门和组织，以及一些企图损害俄联邦安全利益的人员在进行侦察和其他活动；(2) 必须为保护国家机密提供保障；(3) 必须调察（检查）过去和现在秘密给予联邦安全总局机关协助的人员；(4) 保障自身安全之必须。根据俄联邦法律规定，开展反侦察工作涉及公民通信、电话、邮政、电报和其他方式传递的秘密时，须经法院允许方可进行。开展反侦察工作涉及公民住宅不可侵犯时，只有在联邦法律规定的条件下或以法院判决为根据方可进行。有关开展反侦察活动的组织、战术、方式方法的情况属国家机密。第10条规定，联邦安全总局机关依据俄联邦法律采取侦讯措施，发现、预防、制止和揭露间谍、恐怖、有组织的犯罪、贪污、非法武器与毒品倒卖、走私及其他犯罪活动，并对非法武装、犯罪集团、某些人员与社会组织以使用暴力改变俄联邦宪法体制为目的的活动进行调查和预审。第11条规定，联邦安全总局机关在自己的权限内与俄联邦对外情报机关协同开展侦察工作，以获取威胁俄联邦安全的情报。开展侦察活动的组织、战术、方式和方法属国家机密。

颁布《铁道兵法》(联邦法律) 该法1995年7月12日由国家杜马通过，1995年8月5日俄联邦总统签署颁布。《俄罗斯报》1995年8月5日刊登该法全文。该法共5章，19条。第1章，总则；第2章，铁道兵的职能和权力；第3章，铁道兵的人员配备、在铁道兵部队服役及铁道兵文职人员的劳动活动；第4章，铁道兵的资金及保障；第5章，最后条款。

第1章第1条规定，铁道兵的使命是：为了保障俄联邦武装力量和其他军队的战斗行动和动员活动，对铁路进行技术维护、修复和阻隔；在战时和和平时期，建设新铁路，提高运营铁路的通行能力；修复自然灾害毁坏的铁路，以及完成俄联邦签署的国际条约所赋予的任务。第2条规定，铁道兵的基本任务是：在和平时期，保持经常的战斗准备和动员准备；对俄联邦交付给铁道兵的最重要的铁路设施，组织进行技术维护和修复的准备工作；积蓄、存放、保管并及时更换武器装备、军事和专业技术装备及其他器材，以便部队在战时能够顺利地展开；对工作在运输建设设施上，首先是国防运输建设设施上的军人和文职人员，进行相关专业培训，以及完成铁道兵担负的其他任务。在战时，经常处于战斗准备状态，随时准备完成所赋予的任务；对前线地带和国土纵深内最重要的铁路设施进行技术维护、修复和阻隔；清除地雷，使被修复铁路专线的主要地段投入使用；架设铁路浮桥和栈桥，提高现有运营铁路的通行能力，并在战略(战役战略）军团区域内和国家后方，建设新的铁路干线、交通枢纽和桥梁。

颁布《对外情报法》(联邦法律)　该法 1995 年 12 月 8 日由国家杜马通过，1996 年 1 月 10 日俄联邦总统签署颁布。俄《红星报》1996 年 1 月 17 日刊登该法全文。该法共 5 章，26 条。第 1 章，总则；第 2 章，对外情报机关活动的组织；第 3 章，对外情报机关工作人员及协助对外情报机关工作的人员的法律地位和社会保护；第 4 章，对俄联邦对外情报机关活动的监督与检查；第 5 章，最后条款。

第 1 章第 1 条规定，俄联邦对外情报局，作为国家专门成立的机关——俄联邦对外情报机关活动的总和——是俄联邦安全保障力量的组成部分，使命是运用本联邦法规定的方法和手段保卫个人、社会和国家的安全免遭外来威胁。第 2 条规定，俄联邦对外侦察机关通过以下手段开展侦察活动：(1）搜集和整理其他国家、组织和人员涉及俄联邦重大利益的现实和潜在能力、活动、计划和打算。(2）协助实现国家为确保俄联邦安全而采取的措施。在用其他方法不可能或不适宜保障俄联邦安全的情况下，由俄联邦总统和联邦会议在自己的权力范围内确定是否需要开展情报活动。

第 2 章第 11 条规定，对外情报机关在所辖范围内开展情报活动：(1）对外情报总局的情报活动涉及范围包括政治、经济、军事战略、科技、生态、驻俄联邦境外的俄联邦机构的安全保障，以及出差俄联邦境外并因工作性质经常接触国家机密的俄联邦公民的安全保障；(2）俄联邦国防部对外情报机关的情报活动范围涉及军事、军事—政治、军事技术、军事经济和生态领域；(3）俄联邦总统的直属联邦政府通信与信息总局对外情报机关通过无线电电子器材进行情报活动，涉及范围有政治、经济、军事和科技等领域；(4）俄联邦边防总局对外情报机关情报活动范围涉及俄联邦国境警卫、俄联邦经济特区和俄联邦大陆架。联邦安全总局机关根据《俄联邦联邦安全总局机关法》与俄联邦对外情报机关协作开展情报活动。

颁布《国家警卫法》(联邦法律)　该法 1996 年 4 月 24 日由国家杜马通过，1996 年 5 月 27 日俄联邦总统签署颁布。《俄罗斯报》1996 年 6 月 6 日刊登该法全文。该法共 8 章，36 条。第 1 章，总则；第 2 章，国家警卫目标；第 3 章，联邦国家警卫机关；第 4 章，联邦国家警卫机关工作人员和文职人员；第 5 章，联邦国家警卫机关工作人员使用武力、特殊器材和武器；第 6 章，联邦国家警卫机关的拨款、物质技术和其他保障；第 7 章，对联邦国家警卫机关活动的监督与检查；第 8 章，最后条款。

第 1 章第 1 条规定，国家警卫是联邦国家权力机关以法律、组织、警卫、制度、侦讯、技术和其他措施的总和为基础，保障国家警卫目标安全的职能；国家警卫目标是指依照本联邦法由国家警卫的人员。第 2 章第 7 条规定，俄联邦总统自正式当选之日起，在其常住和临时住地享受全方位的国家警卫。俄联邦总统在任期间无权拒绝国家警卫。任期结束，仍终身享受国家警卫。俄联邦总统任职期间，与其共同生活或陪伴他的家庭成员享受国家警卫。第 8 条规定，担任俄联邦公职的以下人员享受国家警卫：联邦政府总理；联邦会议联邦委员会主席；联邦会议国家杜马主席；联邦宪法法院院长；联邦最高法院院长；联邦最高仲裁法院院长；联邦总检察长。上述人员在其任职期间享受国家警卫。第 9 条，为其他担任俄联邦公职的人员、联邦委员会成员、国家杜马议员和联邦公务员提供国家警卫。

颁布《武器法》(联邦法律)　该法 1996 年 11 月 13 日由国家杜马通过，同日俄联邦总统签署颁布。1996 年 12 月 18 日《俄罗斯报》刊登该法全文。该法共 32 条。规定了俄联邦境内各类武器及弹药的生产、贸易、购买、使用、收藏、保管等。

颁布《〈退役军人和内务机关退职人员及其家属退休金（抚恤金）保障法〉修改补充法》(联邦法律)　该法 1995 年 10 月 20 日由国家杜马通过，1995 年 11 月 15 日联邦委员会批准，1995 年 11 月 28 日俄联邦总统签署颁布。俄《红星报》1995 年 12 月 9 日刊登该法全文。该法共 2 条。

批准《俄联邦国防会议机关条例》　该条例 1996 年 8 月 14 日由俄联邦总统批准。《俄罗斯报》1996 年 8 月 21 日刊登该条例全文。该条例共 4 章，18 条。规定了国防会议机关的主要任务、职能、活动保障及领导。其中第 1 章第 2 条规定，国防会议机关为国防会议的活动提供组织技术和情报分析保障。

批准《俄联邦总统国家军事监察署条例》　该条例 1997 年 8 月 28 日由俄联邦总统批准。《俄罗斯报》1997 年 9 月 3 日刊登该条例全文。该条例共 5 章，18 条。第 1 章，总则；第 2 章，国家军事监察署的基本任务；第3章，国家军事监察署工作保障；第4章，国家军事监察署的领导；第5章，国家军事监察署工作人员的责任。

第1章第1条规定，俄联邦总统国家军事监察署是俄联邦总统办公厅的一个独立部门，享有俄联邦总统总局地位。第3条规定，国家军事监察署以俄联邦总统的名义，并根据总统委托，对各机关、军队和队伍的工作实施监督。具体监督单位是：联邦安全总局机关、俄联邦边防总局机关、联邦国家警卫机关、联邦政府通信与信息机关、俄联邦国家权力机关联邦动员准备保障机关；联邦执行权力机关所属工程技术和道路建筑队伍；俄联邦内务机关、联邦税务警察机关、俄联邦政府直属国家机要通信总局。

第2章第5条规定，国家军事监察署的基本任务是：(1) 监察内容为：本《条例》第3条所列机关、军队和队伍的工作效率；机关、军队和队伍遵守俄联邦《宪法》、联邦法律的情况，执行俄联邦总统命令和指示的情况，执行俄联邦政府决议和指示的情况；完成机关、军队和队伍的建设与发展计划的及时性和全面性，俄联邦军事政策与军事学说的实际落实情况；联邦执行权力机关维持根据军事建设标准和次序确定的军事组织的经济特性与参数的情况；国防和国家安全需要的武器装备、技术兵器和复工使用工艺的创建与实施情况；机关、军队和队伍中教育工作的状况及教育工作对提高训练水平（战斗准备）和加强纪律（军纪）与法律秩序的影响；对机关、军队和队伍财政、物质器材、能源及其他资源及时保障和提供服务的情况；机关、军队和队伍使用联邦预算拨款资金的情况；职业教育机构干部培训及干部调配情况；机关、军队和队伍对军人、文职人员、退役军人及其家属的社会保障情况；在军事领域和安全保障范围内履行俄联邦签署的国际条约规定的义务的情况；联邦执行权力机关和俄联邦主体执行权力机关执行调节俄联邦军事建设的规范性法律文件的情况。(2) 根据俄联邦总统委托，审理机关、军队和队伍的军人、文职人员及其家属以及其他公民，就机关、军队和队伍活动问题提出的诉讼和请求。

批准《铁道兵条例》 该条例1995年12月26日由俄联邦总统批准。俄《红星报》1996年1月30日刊登该条例全文。该条例共3章，33条。第1章，总则；第2章，铁道兵活动的组织；第3章，铁道兵的保障。

批准《铁道兵总局条例》 该条例1995年12月26日由俄联邦总统批准。《俄罗斯报》1996年1月30日刊登该条例全文。该条例共5章，11条。第1章，总则；第2章，铁道兵总局的基本任务；第3章，铁道兵总局的职能；第4章，铁道兵总局局长兼铁道兵司令员的权力；第5章，铁道兵总局活动的组织。

批准《俄联邦特种建筑总局条例》 该条例1997年10月6日由俄联邦总统批准。《俄罗斯报》1997年10月14日刊登该条例全文。该条例共7章，20条。第1章，总则；第2章，特种建筑总局的主要任务；第3章，特种建筑总局的职能；第4章，特种建筑总局的领导；第5章，特种建筑总局局务委员会；第6章，特种建筑总局咨询机构；第7章，特种建筑总局的经费拨款。

第1章第1条规定，俄联邦特种建筑总局是联邦执行权力机关，在自己的权力范围内并在其他联邦执行权力机关和联邦主体执行机关协同配合下，为国防、安全和法制提供特种建筑保障，对工程技术部队实施领导。第2章第8条规定，特种建筑部队的主要任务是：根据国家国防订货，确保国防、安全和法制专用设施和生产性设施的建设，以及国防工业企业与其他设施的建设，并交付有关的发包方；负责军队设备的安装和俄联邦武装力量、其他军队、队伍及机关的住宅建设和社会基础设施建设；负责联邦国家权力机关动员设施的建设，以及联邦专项计划和俄联邦主体投资计划确定的俄国防战场建设设施（下称专用设施）的建设；建设、修复、改造、维修和养护俄联邦境内的公路；领导工程技术部队并组织其开展活动；在自己的职权范围内为队伍及其指挥机关的战斗准备与动员准备，以及特种建筑组织机构的动员训练提供保障；组织动用特种军事工程技术部队参加核工业综合体企业和组织机构的建设和改造；维护、修复俄联邦通信互联网并延长其使用寿命，为指挥、国防、安全、法制、消除紧急状态和其他需要提供保障，以及负责对流层无线电中断通信线路的运行和工程技术维护；参加遭受紧急状态危害地区专用设施的修复，以及参加排除通信设施和线路上出现的故障。

批准《工程技术和道路建筑队伍条例》 该条例1997年10月6日由俄联邦总统批准。该条例共5章，41条。规定了工程技术和道路建筑队伍的任务，活动的组织与保障，干部培养及配备等。

批准《联邦保守国家机密部门间委员会条例》 该条例1996年1月20日由俄联邦总统批准。《俄罗斯报》1996年2月1日刊登该条例全文。该条例共11条。规定了部门间委员会活动的法律依据、主要职能、权力，以及领导成员的组成。

批准《俄联邦武装力量军徽标志条例》 该条例1997年1月27日由俄联邦总统批准。俄《红星报》1997年2月4日刊登该条例全文。该条例共8条，并附有军徽说明。俄联邦武装力量军徽为右爪持剑、左爪握着桂冠的双头展翅金（银）鹰图案。鹰的胸前是头戴王冠的盾器。盾的底色为红色，上有一名用矛刺龙的骑士。

批准《国家奖赏条例》　该条例 1995 年 7 月 1 日由俄联邦总统批准。《俄罗斯报》1995 年 6 月 8 日刊登该条例全文。该条例共 26 条，规定了英雄称号、勋章、奖章、证章和荣誉称号的授予对象、权限及程序。其中第 26 条规定，设立下列俄联邦荣誉称号和证章：俄联邦英雄；"祖国功臣"勋章；朱可夫勋章；勇敢勋章；"陆军军功"勋章；荣誉勋章；友谊勋章；"祖国功臣"奖章；"勇敢"奖章；"自由俄罗斯保卫者"勋章；"抢救危难者"奖章；苏沃洛夫奖章；乌沙科夫奖章；涅斯杰罗夫奖章；"守卫国界有功"奖章；"维护公共秩序功绩"奖章；"1941～1945 年伟大卫国战争胜利 50 周年"纪念章；朱可夫奖章；"忠于职守"奖章。在国家奖励系统内还保留圣乔治军功章和乔治十字奖章、苏沃洛夫、乌沙科夫、库图佐夫、亚力山大、涅夫斯基、纳希莫夫军功章，用以奖励外敌进犯俄联邦时在保卫祖国的战斗中建立功勋和功绩的人。

批准《荣誉称号条例》　该条例 1995 年 12 月 30 日由俄联邦总统批准。《俄罗斯报》1996 年 2 月 13 日刊登该条例全文。该条例共 66 条，由一系列荣誉称号条例组成，其中包括《"俄联邦功勋军事专家"荣誉称号条例》。

批准"《〈军人地位法〉第 15 条和第 23 条修改与补充法》联邦法律规定的优待费用补偿办法条例"　该条例 1996 年 7 月 12 日由俄联邦政府第 790 号决议批准。俄《红星报》1996 年 7 月 20 日刊登该条例全文。

批准《对军人和退役军人给予建（购）房无偿财政帮助和发放租用（转租）住房补偿金制度条例》　该条例 1995 年 7 月由俄联邦政府批准。俄《红星报》1995 年 7 月 6 日刊登该条例全文。

批准《少年军校（寄宿制）标准条例》　该条例 1997 年 11 月 15 日由俄联邦政府批准。《俄罗斯报》1997 年 11 月 26 日刊登该条例全文。该条例共 6 章，46 条，规定了少年军校活动、学员学习和日常生活的组织，教学过程的参与及军校的管理。

批准《军人健康鉴定条例》　该条例 1995 年 4 月 20 日由俄联邦政府批准。该条例共 4 章，30 条。第 1 章，总则；第 2 章，首次兵役登记和应征服役公民的鉴定；第 3 章，进入俄联邦武装力量、其他军队服合同役公民的鉴定；第 4 章，进入武备中学、军事院校公民的鉴定。

批准《俄联邦武装力量军人健康鉴定实施办法细则》　该细则 1995 年 9 月 22 日由俄联邦国防部长批准。

（田小文）

俄设立新军徽并实行新的高级军官军衔标志

1997 年 1 月 27 日，俄联邦总统叶利钦相继签署了《关于设立军徽——俄罗斯联邦武装力量标志》和关于对其 1994 年 5 月 23 日颁布的《军服和军衔标志》的命令进行部分修改的总统令。批准了《军徽——俄联邦武装力量标志条例》及其说明和图案，决定取消当前大将、海军元帅佩带的"元帅星"特别证章，实行新的大将、海军元帅军衔标志。上述命令，对规范俄罗斯武装力量及其他各强力部门掌管的部队的识别标志，使高级军官军衔标志能够适应变化了的新情况，恢复历史上传统的合理做法，消除佩带上的混乱局面都将起到重要作用。

新军徽与高级军官军衔标志的变化　1. 军徽。前苏联将带有镰刀和锤子的五角星作为军人的共同识别标志，而新设立的军徽为双翼展开、右爪握着一把利剑、左爪抓着一顶桂冠的金质（银质）双头鹰，双头鹰胸前立着一块头顶王冠的盾牌，红底色盾牌上是一名手持长矛将龙击倒在地的骑士，军徽的图案也可涂上黑白色。军徽上的双头鹰标志体现了俄罗斯的国家标志。

叶利钦总统命令批准的军徽条例规定，军徽是确定军人及武器、军事技术装备和其他器材属俄联邦武装力量的标志，而当其出现在武器装备上时，则表示其生产国籍。军徽将出现在国防部长办公室、国防部长旗上，国防部部务会大厅、部队的战旗、海军舰船的旗帜（标志旗）和信号旗、各军种旗帜、军人的奖章和识别标志、奖励的武器上。还可印在部队及军事指挥机关的公文、印刷品、纪念品上等。此外，条例还规定，军徽受俄联邦专利法的保护。

2. 高级军官军衔标志的变化。一是取消了"元帅星"特别证章。"元帅星"特别证章作为原苏军部分高级军官除其军衔标志之外的另一种地位、权势和荣誉的特殊象征与标志，是伴随着原苏联元帅军衔的产生及原苏军高级军官军衔体制的发展而出现并发展的。1935 年 9 月 22 日，根据苏共中央执行委员会和苏联人民委员会的决定设立苏联元帅军衔，同年 11 月 20 日，苏联最高苏维埃主席团授予了首批 5 名杰出的军事将领以苏联元帅军衔。1940 年 9 月 2 日，根据苏联最高苏维埃主席团的命令，决定设立"元帅星"特别证章及证书，开始授予苏联元帅。后来随着空军元帅、炮兵元帅、装甲兵元帅（1943 年 2 月 27 日）的出现，又扩大到获得上述军衔的高级军官。

1955年3月设立苏联海军元帅。1974年11月开始向大将颁授“元帅星”证章及证书。根据叶利钦的命令，今后将不再授予此类证章，已被授予的将可由接受者继续保留，退出现役的高级军官仍可配带此前设立的“元帅星”证章和军衔标志。

二是改变高级军官军衔标志。根据命令，将俄罗斯军队中大将、海军元帅肩章上现缀钉的一颗直径40毫米的镀金大五角星徽，改为历史上曾采用过的4颗直径22毫米的刺绣镀金小五角星徽或带保护色的金属五角星徽（海军元帅则为4颗四周散射灰色或黑色光的刺绣镀金星徽，星徽中央为黑色五角体，上嵌镀金锚），从而使将军肩章上的星徽的大小趋于一致。星徽均沿将军肩章的纵轴线缀钉。上将、中将和少将分别为3颗、2颗和1颗星徽。海军除岸防部队外，其将官肩章的军衔标志采用单独的星徽（见海军元帅星徽），岸防部队将军的肩章星徽则与空军大将的肩章星徽一样均采用合成兵种，即摩步兵的标志。

主要考虑　俄设立军徽及修改高级军官军衔标志主要基于以下几点考虑：

1. 节省开支。据俄军透露，取消“元帅星”证章主要有两方面的原因：一则根据1994年颁布实施的俄联邦国家奖励条例设立的“国家功勋”勋章，同“元帅星”证章一样都系有一条绸带，佩挂在颈上，佩带上出现了重复；再则也是最主要的就是出于经济上的考虑。俄军自1992年5月重新组建以来，军费开支一直处于十分紧张的状态，而“元帅星”是一枚金质五角星，正中镶着一个白金小五角星，上嵌细粒宝石，一枚就高达2亿卢布，俄军及各强力部门的部队仅现有的大将（海军元帅）就有15名，仅此一项就可节约不少经费。此外，将大将、海军元帅军衔标志由大五角星徽改为4个小五角星徽，每副肩章连同4个星徽又可节约20万卢布。

2. 恢复历史传统。当前的俄罗斯军衔体制较苏联时期发生了比较大的变化。1993年俄军重组不久，便取消了空军元帅和兵种元帅军衔，并决定不再设置与俄罗斯联邦元帅地位相同的俄罗斯联邦海军元帅，仅保留了俄罗斯联邦元帅这一唯一一个元帅军衔（注：目前尚未取消相当于大将的海军元帅军衔），但目前尚无人享受过这一殊荣。在这种情况下，俄军认为，大将和海军元帅肩章上的军衔标志由1颗大星徽重新恢复到历史上曾经沿用过的4颗小星徽，比较合乎情理。

3. 与国际惯例接轨。当前世界上多数国家的军队将军肩章上的星徽直径一般都不超过22毫米，而俄军现行的大将、海军元帅肩章上的大星徽直径却高达40毫米，因此，将大星徽改为22毫米的小星徽也符合国际常规。将来只有俄罗斯联邦元帅的肩章上缀钉直径为40毫米的这一苏联元帅曾缀钉过的大星徽。

叶利钦总统的命令将推进俄罗斯武装力量各军兵种的规范化进程　一方面，叶利钦关于设立军徽及修改部分高级军官军衔标志的命令，为俄武装力量各军兵种及其他部队试行各自的识别标志，提供了法律基础并规定了试行其标志的严格的时间界限。军徽条例中规定了军徽“可作为建立俄联邦武装力量各军种、俄联邦武装力量各区域司令部、俄联邦武装力量各职能司令部、兵种（勤务部门）标志的基础”。根据命令，俄军及其他部队可依法拥有既体现军徽特征又独具特色的各自识别标志，并将其试行期严格限定在1999年1月1日以前的这段期间里。另一方面，叶氏关于修改部分高级军官军衔标志的命令，消除了俄这部分高级军官军衔标志上的混乱现象，使大将、海军元帅的肩章上的军衔标志既恢复了历史上的传统做法，照顾到了现实情况的发展变化，又适合于国际上的惯用做法。

（长　生）

德国军事法制　德国军队专员制度简介

《外国军事学术》1997年第5期朱萌等人撰文介绍了德军的专员制度，指出：产生于本世纪50年代的德军专员制度，在维护德国军事法律制度和军队的合法权益方面发挥了重要作用。

德国军队专员的工作机构　德国于1957年公布《德国联邦众议院军队专员法》，确立了军队专员制度。这一制度旨在保障议会有效地对军队行使监察权。

军队专员的工作机构是隶属于议会的军队专员署。军队专员署的日常工作由秘书长负责，直接辅佐专员。专员署下辖6个处，各处的职责是：第1处，负责对军队精神领导原则执行情况的调查处理；第2处，负责对军队精神领导情况的调查处理；第3处，负责对职业军官及限期役军官的福利及待遇的调查处理；第4处，负责对军官及士官的人事的调查处理；第5处，负责对军人家属抚恤、补助的调查处理；第6处，负责对一般士兵问题的调查处理。

军队专员的任职资格　《军队专员法》规定，凡年满35岁，具有众议院议员选举权的德国公民，均具有军队专员的候选资格。候选人由众议院各党派、国防委员会议员联名推荐。军队专员的正式产生需经众议院秘密投票选举，并由众议院议长任命，任期5年，可连选连任一次。现任军队专员基本上都服过一年以上的兵役。《军队专员法》规定军队专员不得兼职，不得从事营利性活动，不得担任企业、事业单位的董事或监事。这一规定的目的是确保军队专员的清廉和公正。

军队专员的权利 根据德国《基本法》和《军队专员法》的规定，军队专员在执行职务时，享有“知情权”、“监督权”、“接受申诉权”。

1. 知情权。军队专员可以向国防部长及部长以下所有受国防部管辖的军队和文职人员（包括聘用人员）就某一事件进行询问，并可查阅卷宗档案，被询问的人员和卷宗档案管理人员有义务答复军队专员的提问和提供服务。当军队专员收到众议院或国防委员会对某一事件进行调查的指示后，或收到军人的申诉后，可以举行听证会，对投诉人、证人及其他相关人士进行听证。军队专员可以在任何时候，对国防部所属机构和所有部队的人员，在不必事先通知的情况下进行突击访察。军队专员对任何涉及军人及国防部所属人员的刑事案件及惩戒案件的审理，均有列席旁听的权利。但在审理程序中不能向法庭或惩戒庭提出任何请求或询问当事人。军队专员就任何涉及军人及部队的事宜，可请求国防部长提出关于惩戒权的综合报告，要求各部主管机关提出刑事统计报告。

2. 监督权。军队专员代表议会行使行政监督权，对受监督的行政机关及人员没有命令和纠正的权力，只有监督的权力。这种监督权，是指军队专员可以把自己调查发现或经过其他途径了解到的情况，移交给主管机关处理，也可以在涉及刑事或惩戒案件时，把案件移送刑事侦察机关或惩戒主管机关处理。因此，军队专员是担任“移送者”而非“起诉者”的角色。这种监督权并无强制力，如何处理属主管机关的权限。但是，如果军队专员移交的案件确有违法行为，联邦各行政及司法机关均应履行惩戒及追诉程序，并向军队专员报告处理情况。

3. 接受申诉权。任何军人可直接向军队专员提出申诉、而不必循行政途径。凡具名申诉，军队专员则有答复的义务。为了保证申诉制度的有效和申诉渠道的畅通，法律规定了许多保障性条件：(1) 申诉人必须署真实性名，匿名申诉不予受理；(2) 申诉如果无中生有或对他人进行诽谤、侮辱，申诉人应负刑事责任或受到惩戒；(3) 申诉不得涉及秘密；(4) 申诉只能个人单独进行，而不能集体联名，进行串联申诉；(5) 新兵入伍时即应被告知有关军队专员的任务及地址，这是各级军官的法定义务；(6) 军人基于事实的申诉受法律保护，不得因申诉而受到职务上的处分或利益的损害；(7) 军官如果用命令、恐吓、承诺、送礼或其他方式阻扰、妨害军人向军队专员提出申诉，属触犯军事刑事法第 35 条“阻扰诉愿罪”的行为，一经定罪，处 5 年以下监禁；(8) 军官对军人的申诉进行“消极性”的阻扰，如向部属宣传“申诉仅是最后手段，有不满事情应先向长官沟通”，“申诉不会有效果”等，致使部属对申诉制度失望，将受到处罚。这些法律规定在制度上保障了军人申诉权利充分而正确的行使。

军队专员的义务 军队专员的义务主要是向议会提交报告，报告有以下 3 种：

1. 年度报告，即每年向众议院提交总结报告。通过该报告向议会报告一年的活动，提出统计数字以及国防部应注意与改进的方面。报告的事项包括军队裁员、薪俸、军中社会问题、军中宗教、军队人事、服役情况、预备役军人、转业军人、营房设施、军队福利、卫生勤务等。报告一公布，即成为德国各报刊的头条新闻，引起社会各界的关注，从而使军队与国防成为社会与人民关切的对象。国防部则将报告广泛发到所属各单位，并附上国防部对报告的“答辩”，作为教材学习研究。可以说，年度报告是军队专员开辟的一个窗口，供议会透视国防和军队的动态，从而使国防和军队处于议会的监控之中。

2. 个别报告，是军队专员依据职权并根据实际情况主动向众议院或联邦安全委员会提交的报告。主要是报告重大事件。

3. 议会指示的报告，是军队专员根据众议院及联邦安全委员会对某一事件进行调查的指示，经过调查后提交的报告。众议院及联邦安全委员会对涉及军队或国防事务监督的议案，往往会作出“移交监察员调查见复”的决定。对此，军队专员必须进行调查，尔后提交调查报告。

（肖 研）

其他军事建设问题

世界军事体制改革大趋势 《解放军报》1998 年 1 月 20 日张召忠撰文阐述了当前世界军事体制改革的下述大趋势：

优化结构，消除臃肿 农业时代的军队，一个兵一杆枪，只有兵众将广枪支多，才有把握夺取战斗的胜利，“以绝对优势兵力战胜敌人”的军事作战原则，便是基于这样的思考。进入工业时代后，军队装备中虽然增加了坦克、飞机和舰艇，作战单元也由单兵、单枪提升为单舰、单机和单车，但按照武器装备单一功能思考的基本模式并没有改变，“数量越多作战效能越高”的观念始终主导着指挥官的作战思想。随着科学技术的发展，高新技术武器装备不断出现，军队中的新编制、新兵种、新军种越来越多。由于长期推行按功能定编，所以因人设事、因事设编、因装设编等，很自然地成为扩大和增加编制的依据。结果，无论增加多少编制还是无法满足作战需求，无论裁减多少编制还是难以提高总体效能，军事体制改革转来转去走进了死胡同。

按照现行编制，如果处于前线的一辆坦克发现敌情，它必须先向坦克排长报告，排长再一级级地向上报告，经过七八个层次后才到达集团军军长或战区司令。军长或司令做出决策后，同样也要逐级下达命令，直至最基层的坦克。这种传统的树状指挥结构形成一个怪圈：由于情报和指令必须通过军、师、旅、团、营、连、排、班这样的纵向网络传递，所以，只要增加坦克的数量，就必须扩大指挥机关的规模和层次；而指挥机关规模的扩大，指挥层次的增加，又直接阻碍了作战效能的形成。一个个雪球如此越滚越大，军队也就越来越臃肿不堪，虚脱乏力。

80年代以来，由于信息技术的飞速发展，使军队网络化、数字化和自动化指挥控制成为可能，为军队编制体制的结构优化提供了技术手段。西方发达国家把这种新观念应用于编制体制调整，保证了在大规模裁军、撤军、削减军费和军备的情况下，军队的作战效能和质量不仅不受影响，反而有所提高。军队结构优化的主要思路是顶层设计和系统集成，即按照系统而不是功能的方法去统揽全局，从宏观上思考军队编制体制的总体调整和改革。

在上面提到的那个例子中，如果通过战场数字化网络把独立作战的坦克连接到一起，构成坦克连级战术分系统，通过战区区域网络构成坦克营级分系统，再通过全球指挥控制网络组合成坦克旅级、师级或军级分系统，进而与其他军兵种的所有分系统相连，最终形成一个四通八达的自动化信息网络系统。这样的战场数字化网络，实现了3大革命：一是横向一体化。数字化网络把一辆辆分散配置和单独作战的坦克连接在一起，形成大系统，集中了作战威力。二是“从传感器到射手”。侦察部队发现目标后，可将目标数据、图象等信息实时传输给武器射手，对目标实施快速打击，提高了作战效能和命中精度。三是协同作战。陆军坦克群在纵深突破时如果遇到敌人强火力点的拦阻，该坦克群可直接将目标参数通报给海军或空军，召唤远程精确打击火力进行纵深支援。特殊情况下，该坦克群还可通过全球指挥控制网络系统，直接调用海军舰艇上的远程导弹对其当面目标进行攻击，从而提高了军兵种协同作战能力。

军事革命的这些成果反映到编制体制改革方面，起码有3点思路可供参考：第一，既然作战部队实现了横向一体化，由传统的集中兵力转为集中火力和作战能力，说明兵力数量已经不再是决定的因素，决定的因素是如何达到预定作战效能，因此军队应大规模裁减员额和装备数量；第二，既然军队指挥由树状结构转向扁平化网络结构，传统的多层指挥体系已经显得多余，因此，必须考虑精简指挥层次，撤消不必要的指挥机关，利用电视会议系统和数字化网络实现无纸化文电传送；第三，既然盟军和友军之间、不同军种和兵种之间，以及各种不同的部队之间都能实现协同，那么传统的陆军、海军、空军这样的军种，以及装甲兵、炮兵、工程兵、防化兵这种单一功能化的兵种，也应该按照系统原则进行合并、合成。

1997年12月2日，在布鲁塞尔召开的北约国防部长会议正式批准建立北约新的军事一体化指挥机构。在新的指挥机构中，北约军事司令部将从65个减少到25个，指挥级别和层次将由5级减少到3级。随着军事革命的不断深入，军队编制体制改革的步子将会越来越大。当前，最需要的是转变观念，而不是急于探讨具体方法。只要逐步抛弃传统的功能化模式，军队编制体制的改革自然会驶上快车道。

军政分开，各司其责 解决军队臃肿的另一个方法，是军政分开。所谓军政分开，主要是两个概念：一是指正规军和准军事部队分开；二是军队与社会分开。

军队是执行作战任务的武装集团，应该着力于建设精锐的战斗兵团，而非数量众多、战斗力欠佳、只能“看家护院”的保安队。如果把常备军与保安队相混杂，军队效能就难以提高。少养兵、养精兵是指保持一支精锐的陆、海、空常备军队，而非守备性、防卫性、保障性或执法性的部队。例如，美军海上防务大致分为海军、海军陆战队、海岸警备队、海军预备役部队和沿海军区等多种编制。海军主要负责全球远洋作战，对于近岸防卫事务基本上不管，因为那是海岸警备队和沿海军区的事。至于两栖登陆作战，则另有一个军种，即海军陆战队负责。海军的军费列入国防费开支，海岸警备队作为准军事部队隶属国家政府机构（如交通部）管辖，不占用海军的经费。这样，海军的常备军员额和装备数量大大缩减，有限的军费也就会发挥更大的效益。这种体制突出了海军舰队这支海上力量的建设重点，同时又兼顾到近海防御等安全防卫事务。

这种军政分开的体制还有一个更为明显的好处，就是便于海上执法。1994 年《联合国海洋法公约》正式生效后，沿海国海洋国土面积大大拓展，但同时也带来了一个问题，即在海洋资源、海上岛礁和海洋权益争端日趋严重的情况下，沿海国如何保护海洋权益和海上安全？国际海洋法生效后，12 海里领海已经不再是"护城河"的概念，海军也不再是近岸防卫或要塞防御式的海上力量，其海上作战范围必须延伸到 200 海里以外。在这种情况下，海军的主要任务，是进行中远海域海上作战和日常的巡逻、近岸海域、沿海地带或要塞的防御，还是护渔、护航、保岛、守礁、缉毒、缉私、反海盗或搜索救援？世界上实力最强的美国海军，也只能完成其中的一两项任务，如果一支二流或三流海军要想全部包揽如此众多的任务，其难度可想而知。

此外，由于海军是专门用来执行战斗任务的兵团，所以在和平时期不便于执行护渔、护航、保岛、守礁、缉毒、缉私、反海盗等海上执法之类的任务，特别是不便于在敏感海域、争议岛礁地带活动，因为处理不好很容易导致武装冲突或局部战争。为此，许多海洋国家都习惯于利用海岸警备队之类的准军事部队来执法，以降低风险和加强执法力度。因此，正规军和准军事部队分开是一个值得关注的趋势。

军政分开的另一层含义是军队的社会化问题。军队是准备打仗的，必须精干顶用，不能把军队搞成一个小社会，坛坛罐罐一大堆，拿不走，放不下，扔不掉，只能把这个大包袱背起来。军队是社会的一个组成部分，军人是社会中的一员，许多事情都能依托社会解决，所以没有多大必要自己再另搞一套。21 世纪将进入信息时代，如果不抛弃这种"小而全、大而全"的农业时代的做法，将很难与时代同步。

砍掉枝叶，突出主干　树木生长有这样的自然规律：在养分一定的情况下，如果枝叉过多，主干就吸收不到足够的营养，很容易造成疯长，即看上去枝繁叶茂，其实主干已经枯萎。军队的任务是打赢战争，这是主干，凡是与其无直接关系的枝叶旁叉都应该下决心砍掉。否则，这个主干势必因养分缺乏而枯萎，没有生气和活力。如此说来，军队编制体制改革也非常简单，其实就是一个修理枝叉的事情，但如何修理却是个不小的难题。就突出主干而言，似应注意这样两个问题：一是平战分开；二是战勤分开。

平时和战时是两个截然不同的战略概念。和平时期以经济建设为中心，军费占国民经济总产值的比率一般只能保持在 5％以下；战争时期以打赢战争为主，所以扩军备战、军工生产和战争动员是主要的军事活动，军费开支比率通常提高到 20～30％以上。如果平战不分，不仅经济建设搞不好，军队建设也搞不上去。因此，各国在体制编制改革中的一项重要措施，就是平战分开，平时尽量少养兵，集中精力搞好经济建设；战时可通过发布动员令来集中战争潜力，打赢战争。冷战结束之后，许多国家都在纷纷裁军和撤军，有的国家裁减的军队员额达 100～150 万人之多，裁减比例高达 50％以上，就是这个道理。

以往，军备控制和兵员裁减往往都是在国际条约和国际监督机制下被迫进行，为什么近年来各国几乎都出于自愿，纷纷主动裁减军队呢？道理很简单，和平时期应以经济建设为中心，不能用庞大的军费来养那么多兵，这就是西方常说的"和平红利"。值得注意的是，在大刀阔斧裁减军队的同时，许多国家都非常重视加强预备役部队和动员机制的建设，但并不是加强步兵之类的常规兵力建设，而是指加强机械化、电子化、飞行化等技术兵种和部队的建设。发达国家基本上是用现役部队裁减下来的优秀官兵和接近服役期限的舰艇、飞机、坦克和火炮等技术兵器，来充实和装备预备役部队。在国防动员方面，也不再是单纯进行兵员动员的概念，而是重视现代高技术条件下局部战争的动员，主要是突出国民经济动员和交通运输动员。

所谓战勤分开，是指作战部队与勤务部队分开，重点突出和加强作战部队建设。其中，最重要的是突出信息化部队、数字化部队、快速反应部队和特种作战部队的建设，主要目的是适应和平时期危机、冲突、高技术局部战争和非战争行动的需要；其次，是突出海军、空军、导弹、航天等高技术军兵种，以及海军陆战队、陆军航空兵、装甲兵、空降兵、炮兵等机械化、飞行化部队的建设，以满足现代高技术局部战争的需要。

陆军中的步兵等常规兵种和部队，以及集团军、军区等大型指挥机关是这次大规模裁减的主要对象，西方发达国家在这方面裁减 20～30％以上，裁减的主要方法是"拆庙"，即整建制撤消。前苏联陆军在不到两年的时间内就裁减了 30 万人，解散了 21 个合成师、2 个军区、2 个合成集团军和 5 个步兵军。在一线作战部队、特别是陆军部队普遍面临裁减的情况下，处于二线或附属、支援性的勤务部队，自然更有动大手术的必要。长期的和平环境和健全的社会保障机制，使军队感到没有太大必要再继续独搞一套，所以院校、医院、后勤、科研、文娱、体育、基地、设施等保障性和支援性部门，都面临大规模裁减与合并。除军队特有的、必需的可少量保留的以外，只要是与地方重复的、兼容的或依托社会能够解决的，就下决心撤消，以减少军费开支，使作战部队更加精干顶用。

世界主要国家军队体制编制发展趋势

《现代军事》1997年第2期李力钢报道，进入90年代以来，一些国家制订了比较完善的军队体制编制调整方案并已开始实施，比如美军的“21世纪陆军计划”、法军的“2000年军队计划”等等。从这些计划中，可以看出当今世界主要国家军队体制编制发展的基本趋势。

军队结构整体化 在高技术条件下，军队基本构成的整体性越来越重要。从目前情况看，一些主要国家的军队通过多方面的结构调整，在总体结构上的联系已经更加紧密，从而明显地增强了军队结构的整体性，它们普遍采取了如下的措施：一是坚持统一计划。在进行体制编制的调整中，大都是针对高技术战争的特点，结合本国军队的实际情况，根据预先制订的计划，全面考虑对军队结构的调整，十分注意使军队基本构成中的各个组成部分都得到协调发展。例如：法国的“2000年军队计划”，加拿大的“未来15年军队建设规划”等。二是加强薄弱环节。搞好军队系统的配套建设，对于确保军队整体作战效能的提高具有重要的作用。军队的整体功能就如盛水的木桶，必须使构成桶壁的各块木板等高，才能盛满一桶水，而其中任何一块木板的高度不够，都必然会降低这只木桶的盛水能力。三是完善“软件”建设。所谓“软件”，是指能够使军队基本结构中各个组成部分紧密联系在一起的各种相关因素，比如：军事思想、军事理论、各种法规制度等等。只有在统一认识和明确军队基本构成中各个组成部分的地位、作用和相互关系的基础上，才能保证整个军队系统在平时和战时的有效运行，从而可靠地发挥出军队的整体功能。

军兵种建设科学化 在高技术条件下，不论是高技术武器装备本身的结构方面，还是对其使用手段方面，都具有技术密集的特征，从而促使军队的军兵种结构比例发生新的变化，向着更加科学的方向发展。一是海、空军力量将继续发展。在高技术条件下，能否拥有制空权和制海权已成为能否取得战争胜利的关键环节。为此，各国军队都把研制海、空军武器装备与发展海、空军力量放在首位。不仅西方发达国家如此，就是亚太地区一些发展中国家也在军费开支上向海军和空军建设倾斜。二是新型军兵种和部队将相继出现。现代军事技术的发展使军队的活动领域不断扩大，并推动着军队作战方式的不断变革，必然要求建立新的军种或兵种，以确保军队的作战能力与军队的活动领域及作战方式相适应。国内外军事预测部门认为天军、机器人部队和海底部队等新的军兵种的出现将为期不远。三是技术兵种的比例将明显提高。在陆军比例逐步减少的同时，陆军中的技术兵种却仍在继续不断地发展，它们在陆军中的比例明显提高。以高技术为基础的装甲化、机械化、自动化将是现代陆军的重要标志，装甲兵“陆战之王”的地位仍将不会改变；炮兵虽然是世界上比较古老的兵种之一，但随着指挥自动化和制导炮弹的使用，炮兵火力的“战争之神”地位更加稳固；直升机的迅速发展，以及它在立体化战场中不可替代的作用，使新兴的陆军航空兵越来越受到各国的重视。这些技术含量较高的兵种显现出较强的生命力。

部队类型多样化 高技术条件下的作战手段和作战方式更加复杂化、多样化，要求军队必须具备担负多种作战任务的能力，并能够使用在各种不同的作战时机，对付多种作战对象，就必须建立各种不同使用范围和具有不同功能的部队，从而使部队的结构日益呈现出多样化的特征。目前各国普遍的做法是根据部队的装备特点、战备程度、反应速度等方面的不同情况，把作战部队区分为快速反应部队、战略预备部队和预备役部队等几种基本类型。例如：1991年5月，北约组织决定对其军队进行调整，将所有部队区分成3大类：第1类是“多国快速反应部队”，担负广泛的机动作战任务；第2类是“主要防御部队”，担负北约的全面防御任务，第3类是“增援部队”，主要担负支援任务。美军还将地面作战师分为8种不同的类型，有适应打高强度战争的装甲师、机械化师、步兵师；有适应打中、低强度战争的轻步兵师、摩步师、空降师、空中突击师；还有专门遂行登陆作战任务的海军陆战师。部队类型的多样化，对于增强部队作战的弹性，提高部队的应变能力具有重要作用。

兵力编组一体化 高技术战争不再是某一种或某几种兵器的对抗，也不再是单一军兵种的抗衡，而是诸军兵种整体作战能力与全部武器系统互补效应的较量，它具有结构整体性的明显特征。高技术战争的这种结构整体性，决定了现代战争需要更广泛地组织合同作战行动，增强合同作战能力。为此，就必须不断地提高军队的合成化程度。使兵力编组出现由合成化向一体化发展的趋势，具有如下特点：(1) 合成的程度更高。现代高技术战争是陆、海、空、天、电五维一体的联合作战，要求部队合成的程度更高，内部结合得更紧密，协同作战能力更强，整体威力更大。例如，美军为了适应未来战争的需要，正考虑组建3种跨军种的一体化部队：一是由装甲兵、炮兵、机步兵、导弹兵、攻击与运输直升机组成的一体化地面部队；二是编有“飞行坦克”的“陆空机械化部队”；三是编成内有1个陆军旅特遣队、1个空军战斗机中队、1支海军舰艇部队和一个陆战队远征分队的陆海空“联合特遣部队”，其合成程度都有大幅度的提高。(2) 合成的层次更低。在过去，各国军队往往强调加强师、团一级的合成。随着高技术兵器的发展与运用，大量的新式高技术兵器也将陆续装备到各级分队，合成编组的部（分）队，其层次将比任何时候都要低：陆军到营以下，空军到中队，海军到舰艇支队，海军陆战队甚至到连以下分队。陆军营以下作战单位在作战中，将越来越多地混合使用装甲车辆、火炮、战术导弹、武装直升机、运输直升机以及其他武器装备，将包括多个兵种。(3) 合成的方式更灵活。与现在的固定的合成编组不同，未来军队的混合编组十分灵活，极富弹性，称为“积木式”的编组方式。例如：有的国家的军队将步兵营、炮兵营、坦克营编成为独立进行作战的基本单位和火力单位，以便根据作战要求灵活组成不同的战术兵团和战役军团。前苏军在集团军的编成上，将步兵、炮兵、坦克兵、空降兵等专业部队合理组合，分别编成不同类型的师，这些师既是独立的作战单位，又是集团军、方面军的“预制构件”，可以随时抽调，组成各种类型的战役军团。

指挥机构精干化　高技术兵器的发展，军队的侦察、指挥、通信手段日益现代化，特别是电子计算机和其他先进电子手段的广泛运用，使军队已经能够把情报收集、信息传递、指挥决策和战场控制等重要环节紧密地结合成为一个快速反应的有机整体，形成一个高效率的军事信息系统，即指挥自动化系统，为大量减少机关工作人员、提高指挥效率、实现军队各级指挥机关的精干化，奠定了坚实的物质技术基础。所以，大幅度精减机关工作人员，切实保证中级指挥机关精干、高效，正成为各国军队体制编制调整的一项重要任务，也是各国军队结构调整的一个基本趋势。普遍采取了以下做法：一是减少指挥层次。比如：美军在高层次指挥体制的调整中，将原来的10大司令部改组为8大司令部；在战役、战术指挥体制上，美国准备把2000年空地一体作战编制的战区至师5个层次减至3个层次。其他国家的军队也在考虑进行减少指挥层次的改革。日本自卫队已将其步兵师的编制结构改组为师、团、连3级指挥，从而提高了指挥效率。二是增强横向沟通。现行的作战指挥体制大都是从最高统帅部到基层部、分队，这是一种从上而下、横向不连结、纵长横窄的“树”状结构，这种结构弊端很多：信息流程长，平级单位之间、侦察系统与武器系统之间不能横向沟通，必须经上级中转；抗毁能力差，被切断“一枝”就影响一片，被切断“主干”就全部瘫痪，而且不便于计算机联网。所以，美军目前正在考虑变纵长形“树”状指挥体制为扁平形“网”状指挥体制，明确指出：“将以新的互联式指挥结构取代分层式指挥结构”，“使各级部队能对情报、目标数据和其他信息进行非分层式分发”。三是实施联合指挥。高技术条件下的作战已从合同作战发展成为联合作战，这就要求作战指挥体制从以往的军兵种独立型向各军种全面型转变，并组建各军种联合的作战指挥机构。如：美军目前已打破了陆、海、空三军的界限，按作战任务和职能把整个美军划分为太平洋部队、大西洋部队、战略核威慑部队和快速反应部队，实现高层次的功能合成，并实施一体化的指挥控制。

世界主要国家陆军编制体制发展趋势

《外国军事学术》1998年第2期刘克俭著文指出，世界主要国家陆军编制体制的发展，表现出以下几个趋势。

建立适应现代技术的编制体制　适当削减指挥层次　现代信息技术的发展，要求减少决策层次，缩短决策与信息反馈时间。多年来，世界主要国家在这方面进行了许多探索。二战时期美军曾建立过3个集团军群，战后虽然进行了朝鲜、越南、海湾等3场较大规模的战争，但再未建立过集团军群。80年代末、90年代初，随着美军直接参与的大、中规模的战争减少，有人主张平时不设野战集团军，战时只有在下列情况下才组建野战集团军：(1) 战区陆军司令部控制的作战地幅过大，重大战役行动需动用2个军以上的兵力；(2) 因地理条件限制，作战行动过于分散，战区陆军司令部难以指挥控制；(3) 在同一地区进行2个以上的战役，1个司令部不便控制；(4) 联军作战，需要设立一个与同盟军对等的指挥机构。在这种背景下，美军由7个野战集团军削减到了3个。90年代中期，一些将领提出取消师的建制，主张从战区到营只有4个层次，即战区、军、旅、营。1992年俄罗斯最高苏维埃通过了取消陆军师，并建立由集团军—师体制向军—旅体制转变的议案。日陆军从集团军到连只设了4个编制层次，即集团军、师、团（旅）、连。

减少指挥层次是一个大的趋势，但也是一个渐进的过程，完全取消哪一级建制难度都很大，特别是取消师这一层次，近期内可能性较小。如美军取消师的意见，并未得到权威部门认可；1994年8月陆军条令与训练司令部正式颁布施行的525－5手册《21世纪部队作战》中，明确规定，陆军在设计未来部队编制结构时，必须遵循的5大原则之一就是“以师为主要作战单位”；1996年在“草原96”演习中还检验了2010年师的编制方案。除此之外，美陆军师还是作战与行政管理的实体，取消师后必将把旅由现在的指挥机构转变为作战和行政管理的实体，目前看来不太可能。俄军虽然正式通过了向军—旅制过渡的议案，但在实施过程中也遇到了相当大的阻力。俄军方称，陆军在相当长一个时期内仍将部分保留集团军—师体制。从世界主要国家军队的整体情况看，减少指挥层次是肯定的，但减少哪一级，是完全取消还是部分减少，以及什么时间取消都存在着不同的看法。

编制体制横向一体化，实现信息的最佳流向 现代信息技术的发展，为部队实现作战编成之间信息的交流提供了条件。但目前世界各国陆军的体制和编成基本上都是按兵种、按建制单位的“树”状结构组织的。这种结构体制和编成有很多弊端：信息流程长，平级单位之间、侦察系统与武器系统之间信息不能实现横向流通；抗毁性能差，切断“主干”就会全部瘫痪。因此，以美军为首的西方军队正在改变过去信息从下到上，再由上向下的流向方式，“将以新的互联式指挥结构取代分层式指挥结构”，建立不同建制单位横向联系的编成。短期内，一些国家要在陆军各级部队中增编火力协调组、空地协调组。美军还在空地各种传感器和武器平台之间建立直接的信息渠道，在不同的建制单位之间建立数字化通信网络，这在不同程度上都要增加一些编制。美军认为，在较远的将来，陆军的诸兵种合成部队将被以陆军为主的诸军种合成部队所取代。

作战部队编制趋向小型化、合成化、多能化 一些军事理论家认为，未来作战部队发展的趋势是小型化、一体化、多能化，并具有以下特征：“人机实现最佳结合”，使高素质的人和高技术兵器发挥出最大的效能；机动灵活、便于指挥控制，装备轻、便于部署，且战斗力很强；指挥层次少，人员精干、多能。

作战部队小型化是指部队编成的兵力兵器少，部队基本规模较小。这包括两层含意：一是减少部队编制员额。美陆军重型师将由1.8万人减至1.2万人，英法陆军师可能由1.2万人减至1万人以下。二是部队的地位作用提高。美军认为，到2000年其军的作战能力将相当于1个集团军。在1996年“草原勇士96”演习中，美陆军的1个师特遣队打败了敌方的1个集团军，美军认为将来这类师可取代军作战。美军90年代以来的数字化部队演习表明，数字化部队的战斗力可比非数字化部队提高3倍。由此可见，小规模部队将来可完成大规模部队完成的任务。

一体化部队比合成部队的合成度更高，内部结合更紧密，协同作战能力更强。美陆军设想组建两种一体化部队：由装甲兵、炮兵、机步兵、导弹兵、攻击与运输直升机分队组成的一体化地面部队；编有“飞行坦克”的“陆空机械化部队”。俄军方有人预言在未来10～15年内将组建集各兵种作战能力于一身的“多用途机动部队”，适用于打“空天战”的由地面、空中、太空兵力组成的“航空航天”部队，以及由各军种非核力量组成的“非核战略威慑部队”。

作战部队多能化是指作战部队在编制结构上适于在各种不同条件下遂行多种作战任务，其中包括战争行动、次战争行动、非战争行动。美军最近设计的2010年师基本上就是这样的一种编制结构，其建制的3个步兵旅中1个是装甲旅、1个是机械化旅、1个是摩步旅，除此之外还编有1个航空旅。各种力量均衡搭配，能在高、中、低强度作战中遂行各种作战任务。随着部队多能化，陆军的编制类型将有可能减少。

增加机动力量 世界各主要国家军队都在创造条件，提高陆军机动能力，增编机动力量。如日陆上自卫队在提高战役机动能力方面采取两条措施。一是加紧实现步兵部队的装甲化、车辆化，预计到下个世纪日本陆上自卫队将全面实现步兵装甲化。二是加速建设“空中陆军”。到本世纪末，日本自卫队将把第12步兵师改为以直升机为主的空中机动旅。为了具备攻势作战能力，韩国除把军、师和旅，特别是前线部队改编为机械化部队外，还计划引进下一代新型重型攻击直升机、中型、大型空降突击直升机，以及轻型攻击直升机。印度陆军在“七五计划”期间，将其步兵第54师改编为空中突击师，作为陆军的战略机动力量和快速反应部队。此外，印度陆军还计划在2010年以前组建和改编8个机械化步兵师，使其陆军逐步实现摩托化和机械化。

增加战斗支援和战斗勤务支援力量 兵力密集型的作战行动减少，技术密集型的作战行动增多，这无疑增加了战斗支援兵种和勤务支援兵种的需求。目前的趋势是，在战斗部队与战斗支援部队的比例上，战斗部队的比重在下降，战斗支援部队的比重在上升；在战斗部队与保障部队的比例上，战斗部队的比重在下降，保障部队的比例在上升。如美军装甲师战斗部队的人员只占总兵力的35%，比80年代下降了5个百分点；战斗支援人员占45%，上升10个百分点；后勤技术保障人员占15%，上升5个百分点。世界各主要国家军队近年来不仅强调战斗兵种内部的机械化步兵和坦克兵的均衡配置，而且日益重视增加战斗支援兵种和战斗勤务支援兵种的力量。

美俄等国军队重视政治教育 《现代军事》1997年第9期李江昌、郝勋如撰文指出，美俄等国军队不仅有政治教育，而且内容也是多种多样的。应该看到一些国家特别是西方国家的军队，虽然主要靠优厚的物质待遇、较好的福利保障等来维系军队的士气，但也不放弃甚至很重视部队的政治教育（亦称精神教育）。重视其导向、凝聚、激励和约束作用，并试图通过扎实有效的政治教育，来确定和规范军人的行为，进而加强对军队的管理、使用和控制。一般地讲，美俄等国军队虽然很少设置专门机构和专职人员，用专门的时间从事这项活动，但其政治教育的内容却较为广泛，形式也是多种多样的。他们常常是将政治教育与各项具体工作融为一体，使之渗透到官兵的生活、管理、训练、执勤、演习、作战和执行各项任务的各个环节中去。美俄等国军队的政治教育从内容上来看，主要有以下几项：

国家观念教育　美俄等国军队普遍重视培养军人的国家利益至上的观念。美军把向军人灌输国家利益高于一切的思想，作为军队政治教育的首要任务。强调军人必须是“爱国主义者”，并把“爱国主义精神”视为军人必须具备的基本品质。例如美国著名的陆军军官学校、“将军的摇篮”——西点军校的校训是“义务、荣誉、祖国”，要求学员“为了美国的利益和军人的荣誉，尽义务、做贡献”。美军在教育中，不断宣扬美国的社会制度“最优越”，标榜美国是“最民主”的国家，极力宣扬美国科技先进、工业发达、军事强大、人民富有，号召美国官兵为捍卫“自由世界”而战，为保卫美国和美国的生活方式随时准备献出生命。俄军把军队的“国家化”作为军队爱国主义教育的基础。刚入伍的新兵必须在国旗下和军旗前进行宣誓，誓词的第1句是：“我庄严宣誓，忠于自己的祖国——俄罗斯联邦。”俄军根据军队实行义务兵役制和合同兵役制的特点，教育官兵认清军人在国家社会中的地位、权利和义务，强调军人职责的神圣和军队“国家化”的重要性，从而提高官兵热爱军队，模范履行兵役义务，坚决完成上级交给的各项任务的自觉性。日军进行的“使命教育”，旨在教育官兵树立强烈的“爱国心”和“自卫官精神”，培养对国家和民族的忠诚，使他们忠于职守，勇敢顽强地完成上级赋予的任务，随时准备为国家为“天皇”效力。越南人民军要求部队发扬爱国主义精神，在战场上要敢于出生入死，为了国家和民族的利益在所不辞。印度军队主张采取有效措施，使广大官兵确立“经常保持准备打仗的思想”，树立“克制、自尊、守纪的集体精神”，要求军队成员必须“能为印度的自由、幸福和繁荣死而无怨”。

传统教育　继承军队的“光荣传统”，发扬“勇敢无畏和自我牺牲”的精神，是政治教育的一项重要内容。美军经常邀请一些有实战经验的退休军官到部队给官兵们上“传统课”，讲军史和战史，极力宣扬美军对外侵略扩张和对内镇压少数民族的“光荣历史”、“赫赫战功”。美国五角大楼每条走廊的两侧墙壁上，挂满了军队高级领导人的照片和简历、各个时期的军旗和荣誉标志、英雄人物与重大历史事件介绍等资料，使人步入大楼就能够感受到浓烈的军史教育的氛围。为搞好传统教育，美军还制定了专门的条例，规定团或相当于团一级的部队应建立“军史室”，用来陈列本部队的主要战斗历程，参加过的典型战例，涌现出的“英雄”和本部队历届指挥官的简介等文字材料，并附有相应的照片、图表和战利品等实物。不定期地组织官兵参观“古战场”，到“阵亡将士墓”前扫墓，通过组织各种仪式、活动等，让官兵们时时刻刻都感受到作为一名军人的责任感和自豪感。美军要求其官兵继承和发扬的传统主要有，为国家服务的传统、忠诚军队的传统、团结协作的传统和不参与政治的传统等。俄军力图通过宪法、军人使命和荣誉教育等，使军人熟悉俄罗斯联邦和军队的历史，在部队营区和各军事院校内，悬挂俄罗斯著名将领的画像。教育部队发扬俄军和前苏军的传统，为保卫和振兴俄罗斯贡献力量。日军在传统教育中，通过各种渠道，利用各种手段，向官兵们灌输旧日军的传统观念和所谓的“日本民族精神”，要求他们发扬“大和魂”和“武士道精神”，养成“正统”的军人作风，教育士兵们仿效旧日军“殉身报国”的榜样。德军特别重视在一些特殊场合下对官兵进行传统教育，以增强军人的责任感和使命感，激发部属的练兵热情，提高部队的士气。

宗教宣传　美俄等国军队很注重民族主义思想教育，利用多数官兵的宗教信仰，以稳定情绪，缓解矛盾，维系军心。一些国家由于国民都普遍信奉宗教，军队中的宗教教育已成为部队进行政治教育中的不可或缺的一项内容。美军有95%以上的官兵信仰宗教，所以美军自建立起就编有随军牧师，目前已达3100多人，平均每700名官兵就有1名牧师。美国防部设有“武装力量牧师委员会”，陆海空三军都设牧师部长，领少将军衔。随军牧师陆军配到营，海军配到大型舰，空军配到航空联队。这支被誉为“传播上帝旨意的精神队伍”，平时出没于部队营房、医院和训练场上，做调解抚慰、维系人心的工作，为官兵做“精神准备”。战时则深入到前线战场，利用战斗间隙作礼拜、祷告或散发各种慰问品等，以“上帝保佑”为官兵们唤起斗志，增强信心。此外，从婚姻家庭到士兵纠纷等，随军牧师也都利用其特殊的身份通过单独谈话、走访、慰问等方式进行“劝导”，以化解矛盾稳定军心。前苏联解体后，俄军新成立的人员工作委员会，在1992年就与俄最大的宗教组织——东正教教会达成协议，向部队下发了300万本《圣经》，官兵们几乎人手一册。教会利用宗教配合军队开展对官兵的教育。如在寒冷的冬季，由于部队重新布防，不少无房的军官家属住在临时塔起的帐篷里，教会便用宗教教义告诫军人，在艰苦环境的考验面前要忍耐和克制，要表现出军人更顽强的毅力，与祖国共度难关。在泰国，佛教是国教，不信教的军人不能被提拔为军官。泰军要求全体官兵，为了国家和社会，为了民族的利益，要在心中牢牢地树立“佛”的形象，把“佛”的“教导”和“劝戒”作为自己行动的准则。

品德教育 培养合格的现代军人，必须在平时的养成教育中，陶冶其品德和自身素质，用各种准则规范军人的思想和行动。为此，美军曾颁布《军人行动指南》、《军人行为准则》、《品格指导纲要》等条令和条例，以规范官兵们的言行。要求官兵做到，诚实——真诚地对待别人和自己；勇敢——不怕艰难困苦，敢冒风险；自制——自觉接受纪律的约束，具有自我克制的能力；正派——一视同仁，尊重他人；坚定——坚信目标正确，并乐于为之献身。除此之外，还对官兵进行“牺牲精神”教育，向其灌输所在岗位越艰苦，所受训练越严格，就越是优秀军人的思想。为强化道德修养，美国西点军校甚至还把“雷锋精神”作为其学员学习仿效的楷模之一。俄军用所谓“道德心理状态”的稳定作为衡量军人素质的重要尺度，用“民主”和人道主义思想教育军人，增强军人的光荣感、自豪感和神圣感，使其倍加珍惜军人的荣誉，培养军人职业所必须的英勇顽强、严守纪律、恪尽职守和克服困难的良好品质。德军在思想品德教育中重视平时的“品德养成”，要求各级军官做无私无畏、按伦理准则行事的模范。日军品德教育的主要内容是“国民道德”和“军人品质”教育。强调军人一方面要具有一般国民应具备的“讲道德、懂礼节、守信义、知廉耻”的品质，另一方面还应具备军人特有的“不屈不挠”的意志，尚武忠勇的精神和高度的组织纪律观念”。要求每个士兵在指挥官和其他同事看不见的地方，在生命处于危急的时刻，仍然能够严守军队纪律，具有坚持战斗到底的大无畏精神。

形势教育 美俄等国军队经常结合国际形势多变的特点，通过定期或不定期的形势教育，使官兵们及时了解国家的主要对外政策，了解当前世界局势的演变和发展趋势，密切关注热点或敏感地区纷争的动向，增强官兵的危机意识和紧迫感。一些国家的军队把时事形势测验作为考核官兵的一项重要内容。日本国民自卫队注重通过形势教育培养军人的责任心，增强军队的凝聚力，减少和杜绝各种违纪现象。罗马尼亚军队规定，每天要有45分钟到1小时的时间来组织学习新闻报刊或收看收听电视广播，进行有效的时事政策教育等。俄军把定期开展形势教育作为提高军人责任感、增强大局意识的经常性活动。每当国外发生重大事件时，美军就会利用各种现代传媒工具及时进行评述，以使官兵们在认识上与最高当局“保持同步”。美军还经常把美国和敌对国家或潜在作战对手的军事力量的实力、分布、对比和调整变化等动态情况进行公开报道，使官兵们认清国际局势，增强其国防意识和战略观念，保持作战部队的高度戒备等级和良好的战斗状态，以应付局部战争、武装冲突和各种不测事件的发生。

需要指出的是，由于社会制度、意识形态、价值取向等各方面的差异和国情的不同，美俄等国尤其是西方国家军队进行的所谓政治教育，与中国人民军队相比有着本质上的区别。对此，要有清醒的认识。然而，他们进行政治教育的一些方式方法和采取的具体措施，仍值得研究和借鉴。

（海　明）

（本栏责任编辑　孙华民）

国际组织、条约

国 际 组 织

联合国 *概况* 1945年10月24日，在中、苏、美、英、法和其他多数签字国递交批准书后，《联合国宪章》开始生效，联合国正式成立。根据宪章规定，联合国的宗旨是：维护国际和平与安全；发展国际间以尊重人民平等权利及自决原则为根据的友好关系；促进国际合作。截至1997年12月底，联合国拥有会员国185个。现任秘书长是科菲·安南（加纳人）。1997年12月联合国大会决定，增设常务副秘书长，协助秘书长进行工作。联合国总部设在美国纽约。

主要组织机构有：（1）大会，由全体会员国组成，是联合国的主要审议机构，每年举行一次。大会主席由全体会员国选举产生，任期一年。1996年9月17日选出的第51届联合国大会主席为马来西亚常驻联合国代表扎利·伊斯梅尔，1997年9月16日选出的第52届联合国大会主席为乌克兰外长乌多文科。（2）安全理事会，简称安理会，系联合国唯一有权采取行动以维持国际和平与安全的机构。安理会由5个常任理事国，即中、俄（1991年12月24日取代业已解体的原苏联席位）、美、英、法，和10个非常任理事国组成。非常任理事国由大会选举产生，任期两年，每年改选5个，任满不能连任。1997年的10个非常任理事国是：埃及、智利、波兰、韩国、几内亚比绍、肯尼亚、日本、瑞典、葡萄牙、哥斯达黎加。安理会主席由成员国代表按英文字母顺序轮流担任，任期一个月。安理会决议对联合国全体成员国具有约束力。（3）经济及社会理事会，由54个理事国组成，每年开会两次，讨论国际经济、社会、文化、教育和卫生等问题。（4）国际法院，设在荷兰海牙，由15名法官组成。法官由大会和安理会分别选出，任期9年，每3年改选5名，可以连任。（5）秘书处，联合国的行政机构，设秘书长1人，作为联合国的行政首长。秘书长由安理会推荐，经大会任命，任期5年，可以连任。

主要活动 **联合国大会** 1997年3月13日，第51届联合国大会以130票赞成、2票反对的压倒多数通过决议，要求以色列停止执行建立犹太人定居点的计划。这是在美国否决了安理会同样内容的决议草案后，代表全体会员国的联大会议所表达的立场。

1997年9月15日，第51届联合国大会在完成预定的各项议程后宣告闭幕。本届联大共审议了160多项议题，为世界的和平与发展做了大量的工作。本届会议还选出了新一届联合国秘书长。

1997年9月22日～10月7日，第52届联合国大会举行一般性辩论。176个国家的代表，其中包括8位国家元首、14位政府首脑、16位副总理和111位外交部长，就当前的世界局势和重大国际问题，特别是联合国的改革问题在会上发了言。

1997年9月24日，中国代表团团长、国务院副总理兼外长钱其琛在联大全体会议上发言，就和平与发展、联合国改革等问题阐述中国政府的立场。关于和平与发展，他指出：冷战时期以军事联盟为基础、以军备竞赛为手段的安全体制已被证明不能营造和平；在新的形势下，扩大军事集团、加强军事同盟也无助于保障安全；国与国的关系应建立在和平共处五项原则的基础之上；各国应在经济领域加强互利合作，谋求共同繁荣；各国应在安全领域加强磋商和合作，增进相互了解和信任，承诺以和平方式解决分歧和争端。关于联合国的改革，他明确表示，中国政府赞成联合国进行改革，改革的目的是加强联合国的作用，提高工作效率，改革措施必须体现会员国的共同利益，改革的成果必须经得起时间的考验。因此，中国政府主张：改革应充分发扬民主，听取各方意见，照顾各方利益，方案应为会员国所普遍接受；为了提高效率，适当裁人减员、削减经费是必要的，但改革应着重解决发展问题，应加强而不是削弱联合国在促进经济与社会发展方面的职能；改革应有助于保持联合国的多样性；改革应讲求实效，注重质量，循序渐进；安理会的扩大应遵循公平地域分配原则，确保发展中国家与发达国家之间的适当平衡，一个有更广泛代表性的安理会才会更好地履行宪章赋予的崇高职责。

1997年11月5日，联合国大会全体会议以143票赞成、3票反对、17票弃权的压倒多数再次通过了“必须终止美国对古巴的经济、商业和金融封锁”的决议，敦促美国放弃已实施达30年之久的对古巴的封锁。

1997年12月19日，联大全体会议一致通过决议，接受安南秘书长的建议，增设联合国常务副秘书长一职。其职责是协助秘书长管理秘书长的业务；秘书长不在时或秘书长决定的其他情况下在联合国总部代理秘书长的职责；代表秘书长出席会议、公务活动、仪式和秘书长确定的其他活动等。

12月22日，联大全体会议通过决议，确定了未来3年成员国的会费分摊比例。决议拒绝了美国削减会费比例要求，决定美国继续承担联合国25%的会费，而最不发达国家交纳联合国会费的下限调至0.001%。

安理会 1997年1月10日，安理会举行正式会议，就向危地马拉派遣155名军事观察员核查危地马拉停火决议草案进行表决，由于中国投了反对票，决议草案被否决。这是中国1972年10月恢复在联合国安理会合法席位后第3次行使否决权。中国常驻联合国代表秦华孙在表决后发言指出，中国对决议草案投反对票，完全是危地马拉的错误行径造成的，危地马拉应对此造成的后果负完全责任。连续4年来，危地马拉政府不顾中国政府的再三劝告，公然违背《联合国宪章》的宗旨和原则，在联合国内竭力支持分裂中国的活动。更有甚者，危地马拉政府不顾中国的严正警告，执意邀请台湾当局参加危地马拉和平协定签字仪式，为其分裂中国的活动提供场所。危地马拉政府不能一方面要求中国在安理会与其合作，另一方面又做出有损中国主权和领土完整的事。一个国家的和平进程不能以损害另一个国家的主权和领土完整为代价。秦华孙还表示，如果危地马拉政府确有诚意，并采取实际行动排除障碍，中国政府可重新考虑安理会授权在危地马拉部署军事观察员的问题。

1997年1月20日，安理会举行正式会议，一致通过1094号决议，授权向危地马拉派遣155名军事观察员。中国常驻联合国代表秦华孙在表决前发言，解释了中国将投赞成票的原因。他说，近10天来，中国与危地马拉进行了多轮富有成效的磋商，双方在《联合国宪章》宗旨和原则的指导下，本着向前看的务实态度，终于找到了双方能够接受的解决方案，从而消除了中国支持这一决议案的障碍。

1997年2月18日，安理会一致通过1097号决议，赞成联合国和非统组织负责大湖地区特别代表提出的解决扎伊尔冲突的5点计划。其主要内容包括：立即停止敌对行动；撤出包括雇佣军在内的所有外来部队；重申尊重扎伊尔和大湖地区其他各国的国家主权和领土完整；保护所有难民，为人道主义援助行动提供方便；通过对话、选举和召开大湖地区国际会议，迅速地和平解决此次危机。

1997年3月7日，安理会经长时间辩论后，就反对以色列在东耶路撒冷建立犹太人居民点的决议草案进行表决，由于美国袒护以色列而行使了否决权，决议草案未获通过。

1997年3月28日，安理会以14票赞成、1票(中国)弃权通过1101号决议，授权联合国部分会员国向阿尔巴尼亚派遣多国保护部队，负责守卫港口、机场、公路、铁路和仓库设施，协助国际组织提供援助和帮助运送人道主义救援物资。中国代表在表决前发言指出，从本质上说，阿尔巴尼亚问题属于内部事务，安理会授权对一个国家因内部事务而引起的动乱采取行动，不符合《联合国宪章》的规定。但考虑到阿尔巴尼亚政府的有关要求和其尽早恢复局势稳定的迫切愿望，中国将不阻拦决议草案的通过。

1997年6月21日，安理会一致通过1115号决议，谴责伊拉克违反安理会有关决议，一再拒绝联合国特别委员会武器核查小组进入特别委员会指定的场所，要求伊拉克让核查小组立即无条件、无限制地视察特委会所希望视察的任何地区、设施、设备、记录和运输工具。

1997年6月30日，安理会通过决议，决定结束联合国目前在安哥拉的维和核查行动，同时组建一个安哥拉观察团。

1997年7月12日，鉴于柬埔寨国内局势最近急剧恶化，危及柬和平进程，安理会经数日磋商后发表主席声明，对柬形势表示严重关注，并敦促有关各方立即停止武装冲突，通过和平手段和政治对话解决分歧。

1997年7月22日，安理会一致通过决议，决定设立以前联合国秘书长哈马舍尔德命名的勋章，以表彰为联合国维和行动殉职的人员。据统计，自联合国开展维和行动以来，已有110个国家的75万人，包括部队、警察和文职人员参加过维持和平行动，其中1500多人以身殉职。

1997年8月28日，安理会一致通过1127号决议，谴责安盟拖延执行1994年签订的《卢萨卡议定书》所规定的义务及恢复其军事能力的企图，决定对安盟进行制裁。

1997 年 9 月 12 日，安理会以 14 票赞成、1 票（俄罗斯）弃权通过 1129 号决议，决定将伊拉克“石油换食品”协议所规定的第 1 阶段出售石油时限，从 90 天延长到 120 天，以使伊拉克人民的人道主义物品供应不受影响。

1997 年 9 月 12 日，安理会发表年度工作报告，宣布一年来共召开会议 115 次，通过 52 个决议，发表了 54 个声明。报告认为，尽管世界局势总体上趋于缓和，但令人担心的地区冲突和其他事件还是不少，因此安理会工作依然相当繁忙。

1997 年 9 月 25 日，安理会举行外长级特别会议，审议非洲的和平与安全问题。联合国秘书长安南、非统组织主席穆加贝、非统组织秘书长萨利姆和 15 个安理会成员国的外长与会并发表了讲话。安南认为，解决非洲问题的责任主要在非洲国家自己，但非洲以外的国家也有同样的责任，我们应采取具体而有效的措施，回应非洲面临的挑战。穆加贝说，一个政治稳定、经济繁荣的非洲是对全球和平与安全的最好的贡献，希望国际社会帮助非洲发展经济，解决非洲的贫困问题，中国副总理兼外长钱其琛在发言中对联合国和非统组织多年来为解决非洲的地区冲突所作的努力表示赞赏，并强调指出，国际社会，特别是发达国家，在关注非洲稳定的同时，应更加关注非洲的发展，帮助非洲国家尽快摆脱贫困，实现经济的持续增长。会后，安理会发表主席声明，对非洲仍存在的许多武装冲突表示严重关切，要求秘书长在 1998 年 2 月以前，就非洲冲突的根源、预防和解决冲突的途径，以及解决冲突后实现持久和平与经济增长等问题向安理会提交一份有具体建议的报告。

1997 年 9 月 27 日，安理会 5 个常任理事国外长共同会见了联合国秘书长安南，并发表联合声明。声明强调，联合国必须进一步加强其预防和解决冲突、解决和平与安全问题的能力，有必要继续增加在裁军和防止大规模杀伤性武器扩散方面的努力，支持立即开始就禁止生产核武器和其他核爆炸装置材料进行谈判，并争取早日达成协议。联合声明还表示，支持联合国的改革和秘书长的工作。

1997 年 10 月 8 日，安理会一致通过 1132 号决议，鉴于塞拉利昂 5 月发生军事政变后，自 1994 年开始的和平进程被迫中断，局势严重恶化，决定对塞军政府实行制裁，禁止所有国家向塞军政府提供石油、军火及有关物资，并设立一个专门委员会监督执行以上各项制裁措施。

1997 年 10 月 16 日，鉴于今夏以来刚果政府军同前总统萨苏领导的武装民兵间冲突不断，近期又有外国武装介入，局势急剧恶化，安理会进行紧急磋商后发表主席声明，呼吁刚果冲突双方立即停止一切敌对行动，所有外国部队包括雇佣兵立即撤出。

11 月 12 日，安理会经过两天磋商后一致通过 1137 号决议，决定对伊拉克实行进一步制裁。决议谴责伊拉克违反安理会有关决议，禁止联合国武器核查小组中的美国人员进入伊拉克和有关核查地点的行动，要求伊拉克立即无条件地充分与核查小组合作。但由于种种原因，决议未能得到有效贯彻。11 月 20 日，安理会 5 个常任理事国的代表在日内瓦举行会谈后发表联合声明，希望看到伊拉克无条件接受联合国武器核查小组人员重返伊拉克，按照该项决议的规定开展正常工作。同日，伊拉克当局在巴格达发表声明，宣布同意政治解决武器核查危机。

1997 年 11 月 28 日，安理会一致通过决议，决定建立任期为一年的联合国海地警察特派团，接替将于 11 月 30 日到期的联合国海地过渡时期特派团，以继续协助海地国家警察向专业化部队过渡。

12 月 4 日，安理会一致通过 1143 号决议，决定再次延长伊拉克“石油换食品”计划。

其他专题性会议与活动　1997 年 4 月 24～25 日，第 10 届紧急特别联大经过激烈辩论，以 134 票赞成、3 票反对、11 票弃权通过了谴责以色列在被占领的东耶路撒冷兴建犹太人定居点非法行动的决议。决议重申，以色列为改变耶路撒冷的特征、法律地位和人口组成所采取的一切立法和行政措施，以及有关行动一律无效。而且，自 1967 年以来以色列在被占领土上所建的犹太人定居点也均属非法。

1997 年 6 月 23～28 日，关于环境与发展问题的第 19 届特别联大在联合国总部举行，170 多个国家和国际组织的代表，包括 50 多个国家和政府首脑以及许多高级官员与会，中国国务委员、国家科委主任宋健率中国代表团出席会议。会议的主要任务是：审议里约环境与发展首脑会议后，5 年来该会所通过的《21 世纪议程》的执行情况，并为即将到来的 21 世纪确定世界环境与发展问题的优先目标。联合国秘书长安南在开幕式上发表讲话强调，与会者的共同意愿是决心保护我们的地球，为今天和后代做更多的事。此次特别联大要把这种意愿变成实际行动，必须为这一紧迫而重要的全球问题制订出一个千年的进程。本届联大主席拉扎利在讲话中提出，在审议《21 世纪议程》的执行情况时，不仅要评估其进步与缺陷，更重要的是采取具体行动，所有国家都应排除在执行《21 世纪议程》方面的真正障碍。中国代表团团长宋健在 6 月 23 日的会议上发言，介绍了中国在环境保护与经济社会发展方面取得重大进展，并就加强环发国际合作阐述了中国的四点主张：大力推进环境与发展领域的科技合作；按照《里约宣言》和《21 世纪议程》的原则，为发展中国家的经济发展与环境保护创造更有利的条件；采取有力措施扭转当前向发展中国家提供的资金急剧下降的趋势；发展中国家在积极争取支持与援助的同时，要充分发掘自身的潜力。大会于 6 月 28 日通过了《进一步落实 21 世纪议程的方案》后闭幕。

1997 年 12 月 1～11 日，联合国气候变化框架公约缔约方大会在日本京都举行，来自包括中国在内的 150 多个缔约方的政府代表团、20 多个国家的观察员代表以及非洲政府组织的代表共 5000 余人出席了会议。大会的宗旨是，通过磋商采取措施，抑制全球气候变暖的发展趋势。会议经过充分磋商和激烈辩论，通过了一项限制温室效应气体排放的议定书。

关于联合国的改革 联合国的改革是近年来联合国的热门话题，更是第 52 届联大的中心议题和突出特点。新任秘书长安南走马上任后，便以联合国的改革为己任，极力推动改革进程的发展，因而联合国的改革势头明显加强。但是，联合国的改革是一项涉及全局和各方利益的复杂工程，不可能一蹴而就。

1997 年 1 月 24 日，联合国秘书长安南在华盛顿发表演讲，全面阐述了他的联合国改革战略：第一，扩大和加速现有的管理体制改革，从而对联合国管理财政、人事及项目贯彻的方式进行变革；第二，致力于联合国组织结构的简化和合理化；第三，与成员国一起致力于解决结构重叠等问题。至于安理会的改革，安南说，联合国成员国都希望安理会有所改变，以适应当今世界的新现实，但其扩大的规模和性质则必须由成员国来决定。他要求现存的五个联合国改革工作组（安理会改革、和平纲领、发展纲领、联合国财政状况、加强联合国系统）于 7 月底前提出方案，以便提交第 52 届联合国大会讨论。

1997 年 3 月 20 日，第 51 届联合国大会主席兼安理会改革工作组主席拉扎利向安理会改革工作组提交一份安理会改革建议，其主要内容包括：增设 5 个常任理事国和 4 个非常任理事国，使安理会成员从现在的 15 个增加到 24 个；5 个常任理事国应从亚洲、非洲、拉丁美洲发展中国家各产生一名，另两名来自发达国家；4 个非常任理事国从亚洲、非洲、东欧、拉丁美洲及加勒比地区各产生 1 名；安理会新常任理事国不具有否决权，而原始常任理事国则应限制使用否决权；要求对入选安理会常任理事国有兴趣的国家将自己的要求通知大会所有会员国，联合国大会将于 1998 年 2 月 28 日前举行大会进行表决，获三分之二多数者将成为新的安理会常任理事国。

1997 年 7 月 16 日，联合国秘书长安南向大会提交了关于联合国全面改革方案的报告，题为《革新联合国：改革方案》。该方案把联合国功能划分为四大领域：和平与安全、经济与社会事务、发展、人道主义事务。并按上述领域分别成立四个执行委员会，统一协调本领域的工作。而人权问题作为联合国的中心任务之一，其工作贯穿于四大领域之中。安南在报告中还提出了一系列建议：设立常务副秘书长，协助秘书长工作，当秘书长不在时，代行其职责，同时负责发展融资事务；成立联合国高级管理小组，其成员由四大执行委员会的召集人及秘书长挑选的其他管理人员组成，成为联合国内的“内阁”；秘书长办公室成立战略规划股，负责处理分析有关全球性的问题，为秘书长和高级管理小组服务；联合国财政预算保持零增长，削减 1000 个职位，行政开支压缩 33%；成立联合国滚动信贷基金，由各会员国自愿出资或采取其他办法，初期集资目标为 10 亿美元，以克服困扰联合国的财政危机。

上述改革方案成为第 52 届联合国大会争论的焦点。绝大多数国家赞赏安南秘书长为联合国改革所作的努力，但在涉及具体改革措施和建议时，许多国家，特别是发展中国家提出了保留意见。比如，他们担心在秘书处下设立裁军部，把不扩散核武器问题纳入其中并作为优先问题，会转移对大国销毁核武器这一裁军核心问题的注意，而把矛头对准伊朗、利比亚、巴基斯坦等发展中国家；担心将人权问题作为跨部门议题会削弱和压倒发展问题等。经过一个多月的争论，联合国大会于 11 月 12 日以协商一致的非表决方式作出决定，批准了秘书长报告中提出的 29 条改革措施。

安理会的改革是联合国改革的最重要也是最艰难的方面，是联合国改革的关键部分。第 52 届联合国大会对安理会的改革进行讨论，但进展不大。美国早在 7 月 17 日即宣布支持扩大安理会的方案，主张安理会常任理事国由 5 个扩大到 10 个，新增加的 5 个常任理事国由亚洲、非洲、拉丁美洲各产生 1 个，另外 2 个来自发达国家，由日本和德国担任。非常任理事国从现在的 10 个增加到 20 个或 21 个。日本和德国自然支持美国的立场，而意大利、加拿大等中等发达国家则持有强烈不同意见。以印度、埃及为代表的广大发展中国家认为，安理会的改革涉及修改《联合国宪章》，必须经全体成员国三分之二赞成，在安理会成员国增选和联合国改革的问题上都要留有充分的时间进行协商和讨论，而且必须得到所有国家的一致同意，同时满足发达国家和发展中国家的共同要求和愿望。12 月 4 日，中国常驻联合国代表秦华孙在讨论中强调，安理会改革既要有紧迫感，更要严肃对待，其结果要经得起历史考验，中国赞成扩大安理会，但同时认为，在安理会改革这一涉及各国重大利益的问题上，应进行广泛、充分和耐心的讨论和协商，尽可能实现协商一致或至少是接近协商一致。安理会改革的有关建议应通过大会授权成立的工作组进行充分讨论，寻求共识。任何为安理会改革人为设定时限，或在条件尚不成熟的时候，强行要求大会对某种方案进行表决的作法，都会带来严重的后遗症。他还指出，在扩大安理会组成问题上存在的发展中国家与发达国家之间的不平衡问题。少数国家在改革的问题上采用双重标准，歧视发展中国家的行径值得警惕。由于各方意见严重分歧，本届联合国大会未能就安理会改革问题作出实质性决定。

中国与联合国　作为联合国成员国和安理会常任理事国，中国一向十分重视联合国在国际事务中的作用，积极支持和参与联合国的各项活动。

1997 年 4 月 25 日，中国常驻联合国代表秦华孙代表中国政府向联合国递交了中国《禁止化学武器公约》的批准书，从而使中国成为第 78 个向联合国递交批准书的国家和该公约的原始缔约国。

1997 年 5 月 29 日，中国常驻联合国代理代表王学贤在联合国总部宣布，中国政府决定原则上参加联合国维持和平使命安排，并将在适当时候向联合国维持和平行动提供军事观察员、民事警察和工程等后勤保障分队。

1997 年 10 月 27 日，中国常驻联合国代表秦华孙代表中国政府在《经济、社会及文化权利国际公约》上签字。他在签字仪式上讲话指出，中国签署这一国际公约是经过认真研究后采取的重要行动，它再次表明，中国愿意与世界各国一道在平等和相互尊重的基础上，就人权开展对话和合作，为促进人权事业的发展不断努力。

1997年 11 月，中国出任本月联合国安理会主席。在此期间，中国坚持原则，主持正义，以《联合国宪章》的宗旨和原则指导安理会工作，重视与各方面协调配合，力求公正处理安理会事务，提高安理会的工作效率，保证了安理会各项工作任务的顺利完成。其中，认真妥善地处理了伊拉克与联合国在武器核查问题上产生的危机，尽力化解矛盾，得到广泛好评；为准备 11 月 4 日就中非共和国局势、《班吉协议》执行情况进行非正式磋商，秦华孙大使提前于 10 月 21～23 日专程访问了中非共和国，进行实地考察，听取各方意见，为这一问题的圆满解决创造了有利条件，此举亦受到当事各方和联合国有关方面的普遍赞赏

（孙叔林）

北大西洋条约组织　概况　1949 年 4 月 4 日，美国、加拿大、美国、法国、荷兰、比利时、卢森堡、意大利、葡萄牙、丹麦、挪威、冰岛 12 国在华盛顿签署了《北大西洋条约》。1949 年 9 月 17 日召开第 1 次理事会，决定成立北大西洋条约组织的各种机构，北大西洋条约从此成立，简称“北约”。希腊、土耳其于 1952 年 2 月 18 日、联邦德国于 1955 年 5 月 5 日、西班牙于 1982 年 5 月 30 日先后加入北约。北约秘书长是北约最高的文职官员。北约总部设在比利时首都布鲁塞尔。现北约有 16 个成员国。北约秘书长为西班牙的索拉纳，北约军事委员会主席为德国的劳斯·瑙曼，美国的韦斯利·克拉克上将于 1997 年 7 月 11 日接替朱尔万任欧洲盟军最高司令。

主要机构有：（1）北大西洋理事会，即部长理事会。北约最高权力机构，由各成员国外交部长组成，必要时政府首脑、国防部长、财政部长也可参加，每年举行两次会议，主要负责审定政治、军事方面的重大问题。（2）防务计划委员会。由参加北约防务一体化指挥系统的 13 个国家和西班牙的国访部长组成，每年开会两次，主要负责制定统一的军事计划。法国于 1966 年 7 月 1 日退出一体化，冰岛因无军队未参加，所以法、冰两国不参加这种会议；西班牙虽未参加一体化，但参加会议。（3）常设理事会。部长理事会和防务计划委员会休会期间的最高执行机构，由各成员国派大使级常任代表组成，北约秘书长任主席，常设理事会下辖政治、经济、军事等各种专业委员会，其中包括核防务委员会及其所属的核计划小组等。（4）国际秘书部。负责北约的会议准备、组织和联络工作，由秘书长直接领导。秘书长也是部长理事会、防务计划委员会、核计划小组的主席。（5）军事委员会。北约的最高军事指挥机构，由参加北约的防务一体化指挥系统的各国总参谋长组成，法国派联络官、冰岛派文官、西班牙派常驻代表参加，负责拟定军事政策和战略方针，向部长理事会和防务计划委员会提出建议，并领导北约部队各战区司令部。军事委员会下辖欧洲盟军最高司令部、大西洋盟军最高司令部、美国—加拿大地区计划小组（1991 年 12 月北约国防部长会议决定撤销英吉利海峡盟军司令部）等。各国向上述战区司令部提供的部队接受军事委员会和本国政府的双重领导。（6）北大西洋议会。1955 年成立，是北约成员国议会间组织，议员由各国议会指定，名额按国家人口比例分配。议会宗旨是鼓励各国议会的合作，密切各国议会与北约机构的联系，推动实现北约的目标。议会每年秋季召开全会。（7）欧洲—大西洋伙伴关系委员会。原名为北大西洋合作理事会（简称北合会），1991 年 11 月 7～8 日举行的北约

首脑会议决定成立，成员国由北约国家和和平伙伴国组成。北合会由成员国外交部长组成，主要任务是磋商北约和和平伙伴国在政治和安全方面的联系和合作问题。北合会于 1991 年 12 月召开第 1 次外长会议，此后每年 6 月和 12 月各召开 1 次。1997 年 5 月 30 日将其改名为欧洲—大西洋伙伴关系委员会。目前，其成员国已增至 43 个。（8）北约—俄罗斯常设联合理事会。1997 年 7 月 18 日成立，北约和俄罗斯之间的磋商机构，是根据 1997 年 5 月 27 日在巴黎签定的北约和俄罗斯关系基本文件建立的。

主要活动 1997 年 1 月 20 日，北约秘书长索拉纳在莫斯科同俄罗斯外长普里马科夫进行了 5 个小时的会谈。由于双方都对这次会谈高度保密守口如瓶，外界无法探知个中详情。尽管如此，国际舆论普遍认为这是一次十分重要的会谈，因为它是俄罗斯和北约就确定双方关系进行实质性讨论的开始，是一系列关键性谈判的第 1 次。

据北约人士透露，索拉纳行前会见了北约成员国的大使们，这些大使嘱咐索拉纳，在这次谈判中要坚持两个基本点：一是北约必须东扩，二是北约希望与俄建立伙伴关系。

1997 年 1 月 23 日，修改欧洲常规武装力量条约的谈判在奥地利维也纳正式开始，北约和原华约的 30 个国家的代表参加谈判。这次谈判是在欧安组织的主持下开始的，预计谈判将至少进行 1 年半。欧洲常规武装力量条约是北约和原华约经过长时间的谈判于 1990 年在巴黎达成的。该条约就常规武装力量的最高限额作出了规定，超额装备必须销毁。截至 1995 年 11 月，已有近 5 万件包括坦克、装甲车、武装直升机在内的装备被销毁。由于欧洲安全格局改变，车臣战事爆发，俄罗斯要求重新谈判，对该条约进行修改，1996 年 12 月，欧安组织里斯本首脑会议决定重开谈判。

1997 年 2 月 10～14 日，北约秘书长索拉纳访问了摩尔多瓦、格鲁吉亚、亚美尼亚和阿塞拜疆 4 个国家。索这次访问的主要目的是实地了解这些国家对北约东扩的态度，为 7 月在马德里举行的北约首脑会议作准备。其次是讨论高加索地区问题和建立新的安全机制问题。

1997 年 3 月 6 日，北约秘书长索拉纳就北约东扩问题在北约总部他的办公室接受了中国《人民日报》记者采访。在回答记者提出的关于北约东扩的依据时，索拉纳说："冷战结束为在整个欧洲—大西洋地区建立一个经过改善的安全结构提供了极好机会。北约扩大有助于这一进程。这一进程将通过强化和平伙伴关系、签订北约和俄罗斯的协议、北约和乌克兰的协议等措施实现，目标是在欧洲建立一个持久稳定的安全结构。北约扩大的目的是帮助消除分裂欧洲大陆的分界线，来加强欧洲—大西洋地区所有国家的安全和稳定。"

当记者提出北约的和平伙伴关系已扩大到中亚一些国家，这显然超出了北约组织的地域范围等问题时，索拉纳说："鉴于它们同从前苏联分离出来的国家的密切关系，这些共和国显然成了欧洲—大西洋合作区的一部分。这些国家还是欧安组织的成员国，除塔吉克斯坦外，都参加了北约 1994 年提出的和平伙伴关系计划。"

1997 年 3 月 10～14 日，北约秘书长索拉纳访问了土库曼斯坦、哈萨克斯坦、吉尔吉斯斯坦和乌兹别克斯坦。他此次出访主要目的是与上述国家讨论北约东扩，说服他们赞同西方的观点。

1997 年 3 月 20～21 日，美国总统克林顿和俄罗斯总统叶利钦在赫尔辛基会晤，讨论北约东扩等问题。在会谈中，双方在北约东扩与反东扩这个主要问题上的分歧仍没有得到克服。俄方仍然坚决反对北约东扩，认为这是"最大的战略错误"，反对北约在新成员国部署任何常规力量、核力量和建立军事设施，要求北约不得利用华约留下的军事基础设施。叶利钦还说，"北约作出原则性决定时要有俄罗斯参与"。而克林顿则重申，北约东扩计划不变，7 月马德里北约首脑会议将决定邀请一些东欧国家加入。克林顿还说，俄罗斯在北约作出决定时"将有发言权，而不是否决权"。舆论注意到，在这次会晤中俄方坚决反对北约东扩，又表示愿意谋求妥协。其目的仍然是通过坚决反对北约东扩，来迫使美国和北约在与俄罗斯的关系方面作出更多让步，以达成"不违背俄利益"的妥协。

1997 年 4 月 22～23 日，北约 16 国参谋长在北约总部举行会议，讨论北约军事机构改革问题。会后，北约军事委员会主席瑙曼向记者介绍会议情况时说，会议取得了"重大进展"，16 国已就 90％的议题"达成一致"。会议就精简机构以使北约适应冷战后形势的需要达成共识。16 国参谋长同意将北约原战略、地区、分区和小区 4 个层次的司令部减少为战略、地区和分区 3 个层次的司令部；将原来大小 65 个司令部减为 20 个司令部；将欧洲盟军最高司令部原下属的北欧、中欧和南欧 3 个地区司令部减少为南欧和北欧两个司令部。瑙曼主席说，会议分歧主要集中在南欧司令部的问题上，在南欧司令部下应设几个分区司令部、司令部的级别、驻地以及司令职位的分配等问题上，各国未能达成一致。

1997 年 5 月 13～14 日，北约秘书长索拉纳和俄罗斯外长普里马科夫在莫斯科举行会谈，就指导今后双方关系的文件内容达成妥协，从而为俄罗斯和北约5月27日在巴黎正式签署相互关系文件“铺平了道路”。这是索、普1997年1月就北约东扩问题开始会谈以来，经过近4个月的6轮艰难谈判取得的进展。

据报道，这个指导双方未来关系的文件叫《俄罗斯联邦和北大西洋条约组织相互关系、合作与安全的基本文件》，分为前言和正文（4章），共20多页。

1997年5月27日，《俄罗斯联邦和北大西洋条约组织相互关系、合作与安全的基本文件》在法国总统府爱丽舍宫正式签署。在签字仪式上，东道主法国总统希拉克、俄罗斯总统叶利钦、北约秘书长索拉纳和其他北约国家首脑都发表了致词和讲话。希拉克说，俄国与北约关系基本文件的签署，使持续了半个世纪的相互猜忌、对立与分裂的欧洲历史掀开了新的一页。叶利钦说，俄罗斯对北约东扩依然持否定态度，但同时对北约各国尊重俄的利益并与俄签署协议表示赞赏。他认为，北约承诺不在新成员国部署核武器、重武器，北约不在俄罗斯周围部署常规武装力量，以及双方不再损害对方的安全利益等，是最重要的成果。叶利钦还宣布俄决定不再将核弹头瞄准北约成员国。舆论认为，北约与俄罗斯关系基本文件的签署，并未消除双方在北约东扩的一系列问题上的根本分歧，双方对文件仍有不同的解释。这样一个文件签署后能否得到很好的遵守，它对欧洲的和平与安全究竟能起多大作用，还有待于观察。文件规定，建立北约－俄罗斯常设联合理事会。

1997年5月29日，北约外长春季会议在葡萄牙西部的辛特拉举行。与会16国外长着重讨论了北约东扩、内部改革以及加强与伙伴国合作关系等问题，为将于7月份举行的北约马德里首脑会议做准备。北约秘书长索拉纳在会后举行的记者招待会上说，在东扩问题上，与会外长首次正式就首批接纳哪些国家加入北约交换了意见。据北约官员称，成员国目前在这一问题上尚存在较为明显的分歧。美国等少数成员国主张首批只接纳波兰、匈牙利和捷克3个国家，但以法国、意大利为首的南欧成员认为只向欧洲东北部扩大不利于北约内部的南北平衡，因而主张把罗马尼亚和斯洛文尼亚也包括在内，英国和德国等国家则尚未明确表态。

会议决定成立“欧洲—大西洋伙伴关系委员会”，以取代“北大西洋合作理事会”。会议期间，北约16国外长和乌克兰外长乌多文科草签了旨在确定北约和乌克兰未来关系的“北约和乌克兰特殊伙伴关系宪章”，同时决定成立“北约—乌克兰委员会”作为双方就欧洲安全和其他问题进行磋商的机制。

1997年5月30日，旨在加强北约与伙伴国政治和军事关系的“欧洲—大西洋伙伴关系委员会”在辛特拉正式成立。该委员会取代了北约1991年12月成立的“北大西洋合作理事会”，并把强化了的北约“和平伙伴关系计划”的内容纳入了新的委员会，使该机构成为加强北约与伙伴国政治磋商和军事合作的新论坛，委员会将在布鲁塞尔北约总部设立一个秘书处。北约16个成员国和27个伙伴国的外长和代表举行了委员会成立后的首次部长级会议。

1997年6月12日，北约16国国防部长在布鲁塞尔举行会议，讨论北约马德里首脑会议前急需解决的3大问题：即波黑局势，北约内部改革，北约东扩以及因此而引起的对外关系调整问题。据透露，在北约首批应接纳几个新成员国的问题上，法国和意大利强调北约第1批也应接纳罗马尼亚和斯文尼亚入盟，法、意的建议获得大多数欧洲国家的支持。但美国始终以保持北约的团结、效能以及罗马尼亚和斯洛文尼亚“尚未做好准备”为由，坚持北约首批只能接纳波兰、匈牙利和捷克3国入盟。在北约南欧司令部的问题上，法国坚持应由欧洲人担任这个司令部的司令，但美国国防部长科恩说：“这个问题早已解决，司令仍然是美国人。”

1997年6月18～21日，巴尔干安全与稳定研讨会在马其顿南部城市奥赫里德举行。这次会议是由马其顿议会和北大西洋议会联合举办的。来自北约成员国、北约和平伙伴关系国、马其顿邻国以及马其顿的约200名代表参加了会议。会议就防止冲突、地区稳定的前景、马其顿的防务与安全政策及其与邻国关系等专题进行了讨论。

1997年7月8～9日，北约首脑会议在马德里的市政议会大厦举行。参加会议的有北约16个成员国的国家元首和政府首脑、西欧联盟秘书长、欧洲安全与合作组织主席和北约秘书长索拉纳等。会议由索拉纳主持。这次会议的主要议题是讨论北约东扩计划，确定东扩首批名单。16个成员国的国家元首和政府首脑在8日的会议上经过5个小时的讨价还价，勉强决定“邀请捷克、匈牙利和波兰同北约开始就入盟问题进行谈判”，最终使上述3国能够在1999年4月北约成立50周年之际成为正式成员。会议于8日发表了关于北约东扩的“马德里宣言”。这次会议的另一个主要议题是北约军事机构改革和政治决策程序改革。据消息灵通人士说，北约的军事机构改革若要取得最后一致还要经过几个月的艰苦谈判。

1997年7月9日，北约16国和27个伙伴关系国的国家元首和政府首脑在马德里的市政议会大厦举行了欧洲—大西洋伙伴关系委员会首次首脑会议。俄罗斯总统叶利钦没有到会，而是派代表参加。会议回顾了近年来按照北约“和平伙伴关系计划”进行的合作，讨论了今后北约同和平伙伴国及北约同地中海沿岸非北约成员国家加强合作事宜。会议期间，北约同乌克兰正式签署确定今后双边关系发展方向的“北约—乌克兰特殊伙伴关系宪章”。宪章规定，双方1997年将就政治、安全，特别是欧洲—大西洋地区的安全与稳定等问题进行磋商，并在维持和平、预防冲突、管理危机、裁军和军备控制等方面加强合作；双方将建立危机磋商机制，以便在乌克兰“感到其领土完整、独立和安全受到直接威胁时”，可立即同北约进行磋商。双方还决定交换军事人员，在基辅设立北约办事处，定期举行双边大使级会晤。

1997年7月18日，北约—俄罗斯常设联合理事会在布鲁塞尔北约总部举行首次会议，讨论如何加强双方今后的合作问题。会议决定正式建立北约和俄罗斯加强磋商和合作的机制，通过了北约—俄罗斯常设联合理事会的组织条款和程序规则。会议还商定，北约—俄罗斯常设联合理事会将于1997年9月下半月在纽约举行首次部长级会议。

1997年10月1日，北约16国国防部长在荷兰马斯特里赫特举行一年一度的北约国防部长非正式会议，讨论了驻波黑的北约多国稳定部队的去留问题。会议没有就此作出决议。

根据1995年12月签订的代顿和平协议，波黑地方选举后，多国稳定部队将向牵制部队过渡，最多将减员50%。牵制部队由少量地面部队组成，但将得到北约在中南欧各基地的战略支援。

1997年10月中旬，北大西洋议会第43届秋季年会在布加勒斯特举行。会议通过了题为《共同面对全球挑战—跨越北大西洋合作的未来》的决议。决议要求北约成员国“按照马德里会议的决定，无保留地批准波兰、捷克和匈牙利加入”该组织，并声明“北约的大门向所有符合条件的国家敞开，包括罗马尼亚、斯洛文尼亚、波罗的海及东南欧国家”。参加此次年会的除16个成员国议员外，还包括俄罗斯在内的15个“和平伙伴国家”和地中海国家的议会代表。这是该组织第1次在中东欧和北约成员国以外举行会议。

1997年12月2日，北约国防部长在布鲁塞尔举行会议，讨论有关延长波黑维和部队驻扎期、北约东扩和指挥机构改革等问题。按照原定计划，在波黑的多国稳定部队的驻扎期将在1998年6月底到期。据北约人士透露，北约成员国12月1日已原则同意将驻扎期延长，但尚未就如何延长、是否重新组织部队以及费用等问题达成一致。本次会议所提出的东扩预算可能要比原先的估计少得多。

1997年12月16日，北约16国外长在布鲁塞尔举行会议，讨论有关机构改革和波黑维和问题。关于机构改革问题，会议审议通过了北约指挥机构改革方案。根据这项方案，北约拟将原有的65个司令部减少到20个，以使指挥系统更加机动灵活。此项改革将从1998年1月开始，到1999年首脑会议时完成。关于波黑维和问题，由于北约此前已经决定，目前驻扎在波黑的多国稳定部队1998年6月到期后，将重新组建由北约领导的维和部队，因此，这次会议在上述决定的基础上，确定了组建这支部队的政治和军事原则。北约军事部门将根据这些原则，研究制定具体计划，于1998年1月底以前提交理事会。北约理事会将在1998年3月1日底以前作出决定。

会上，北约16国外长还签署了接纳波兰、捷克和匈牙利3国入盟的议定书。北约秘书长索拉纳在议定书签署后说，议定书的签署标志着北约与3国的谈判已经结束。今后北约将积极帮助3国按时于1999年加入北约。该议定书尚需经北约16国议会审议批准。

（继　先）

欧洲安全与合作组织　概况　欧洲安全与合作组织（简称“欧安组织”）的前身为欧洲安全与合作会议（简称“欧安会”）。50年代，当时的苏联最早提出召开全欧安全会议。1966年7月，华约政治协商会议在宣言中正式提出召开欧洲国家参加的欧洲安全与合作会议。1972年5月，美苏就召开欧洲安全会议问题达成协议。同年11月22日～1973年6月8日，35个国家在芬兰首都赫尔辛基召开大使级会议，草拟了《赫尔辛基最后建议蓝皮书》，规定了欧安会讨论的范围和日程。欧安会于1973年7月～1975年8月分3个阶段进行，最终签署了《赫尔辛基最后文件》。此后，先后召开了4次续会和3次首脑会议。1995年1月1日起，欧安会更名为欧安组织。

主要组织机构：（1）首脑会议：每2年举行1次。（2）部长理事会：由成员国外长组成，每年至少举行1次。（3）议会：每年举行1次会议。（4）安全合作论坛：由各成员国代表团组成，每周举行1次会议。（5）秘书处等。

成员国：共有54国（1997年底）。它们是：爱尔兰、奥地利、保加利亚、比利时、冰岛、波兰、丹麦、德国、法国、梵蒂冈、芬兰、荷兰、加拿大、捷克、斯洛伐克、列支敦士登、卢森堡、罗马尼亚、马耳他、美国、摩纳哥、挪威、葡萄牙、瑞典、瑞士、塞浦路斯、圣马力诺、俄罗斯、土耳其、西班牙、希腊、匈牙利、意大利、英国、阿尔巴尼亚、爱沙尼亚、拉脱维亚、立陶宛、乌克兰、白俄罗斯、摩尔多瓦、亚美尼亚、阿塞拜疆、哈萨克斯坦、乌兹别克斯坦、土库曼斯坦、吉尔吉斯斯坦、塔吉克斯坦、格鲁吉亚、克罗地亚、斯洛文尼亚、波黑、马其顿、南斯拉夫联盟。

主要活动 1997 年 3 月 26 日，欧安组织常务理事会就是否在联合国授权之下，向阿尔巴尼亚派遣多国安全部队，以保障那里的人道救援行动问题进行讨论，并在派遣人道主义救援团的问题上达成了广泛一致的意见。

3 月 27 日，欧安组织就向阿尔巴尼亚派遣一支保护部队问题达成一致。但欧安组织强调这种保护做法将以联合国和欧安组织原则为依据。欧安组织在一项声明中称，它预计一些有关国家愿意满足阿尔巴尼亚提出的援助要求。在会议结束时。意大利发表声明说，它将谋求联合国批准向阿派出一支外国保护部队，除意大利外，希腊、法国、西班牙、葡萄牙等也表示准备向阿派出军队。但美国务卿奥尔布赖特表示，美将不向阿派出军队，应由欧洲国家来帮助阿恢复秩序。

3 月 30 日，阿议会特别会议以压倒多数通过决议，同意迅速部署由意大利率领的多国保护部队，为人道主义救援提供保障。首批部署的多国部队人数为 2500 人，由意大利人担任司令，主要任务是保护地拉那机场和交通要道，保证救援物资畅通无阻，同时保证救援物资的分发工作。多国部队最多可增至 5000 人，在阿的停留期限为 3 个月。根据欧安组织的授权，多国部队可在阿使用武力。意大利、奥地利、法国、希腊、西班牙、葡萄牙和土耳其都将派兵参加多国部队。

阿尔巴尼亚自 1997 年 1 月份发生非法集资案以来暴乱事件不断扩大，3 月份局势进一步恶化，反对派纷纷抢劫军营和武器库，武装反对派控制了南部的主要城镇和村庄，一些武装暴徒横行霸道，阿军警无力控制局势和打击违法行为。

1997 年 7 月 17 日，欧安组织在维也纳举行常设理事会会议。据俄罗斯外交部新闻司司长说，俄罗斯在会议上提出了欧洲安全宪章纲要。制订这个宪章的决定是 1996 年 12 月在欧安组织里斯本首脑会晤上通过的。根据俄罗斯方面提出的这个计划纲要，这个宪章的前 3 章包括了在新条件下保证安全和发展合作的总原则，现有从事安全问题的欧洲组织和欧洲大西洋组织协作的基本原则，以及调解冲突和维和行动的原则。这个宪章纲要的基本宗旨是：不允许牺牲其他国家的安全来加强自己国家的安全，必须特别重视未参加军事集团的国家的安全利益。欧洲的安全体制应该由相互补充和相互协作的组织来组成，其中的任何一个组织都不能觊觎领导地位。

1997 年 12 月 18 日，欧安组织在哥本哈根举行为期两天的部长级会议，会议主要讨论 21 世纪新欧洲安全宪章原则问题。会上，俄罗斯和美国在欧洲安全宪章问题上发生分歧。俄罗斯外长普里马科夫在发言中称，欧洲安全与合作组织"必须成为巩固全欧洲安全的一个适当的框架结构"。俄反对北约东扩的计划，认为这将在欧洲设立一条新的分界线。俄罗斯愿意看到欧安组织进一步得到发展。但美国反对欧安组织取代北约，美国代表在发言中强调，欧安组织应该是对北约组织的一个补充。据丹麦官员称，这次有关 21 世纪新欧洲安全宪章原则的讨论取得了积极进展。与会各国就欧洲安全宪章的主要原则达成了一致。制定欧洲宪章的建议是俄罗斯提出的。为此，俄罗斯认为，该宪章原则的确定不仅符合俄罗斯的利益，也是整个欧洲取得的一大成就。

（张昌泰）

独立国家联合体 *概况* 1991 年初，在国内外反社会主义势力的强大压力下，加上苏联党和国家领导层的软弱、犹疑和意见不一，致使世界上第 1 个社会主义国家面临解体的危险。3 月初，苏联联邦委员会公布了根据戈尔巴乔夫提出的有关"彻底地实行联邦制"、建立"真正的主权国家联盟"的原则而制订的新联盟条约草案。3 月 17 日，尽管立陶宛、拉脱维亚、爱沙尼亚、格鲁吉亚、摩尔多瓦和亚美尼亚 6 国当局抵制在其境内进行公民投票，但全苏仍就是否认为必须保留苏维埃社会主义共和国联盟的问题举行了全民公决。全苏 80% 有投票权的公民参加了投票，其结果是，76.4% 的人赞成保留联盟。苏联最高苏维埃随即通过决议，确认全民公决的结果在全苏具有"必须履行的效力"。但是，时至 12 月，围绕着苏联命运的斗争进一步加剧。12 月 1 日，乌克兰共和国就脱离联盟问题举行全民公决，结果 99.85% 的选民赞成独立。12 月 8 日，俄罗斯总统叶利钦、白俄罗斯最高苏维埃主席舒什克维奇和乌克兰总统克拉夫丘克背着戈尔巴乔夫在明斯克会晤，签署了一项关于建立独立国家联合体的协定。明斯克会晤公报发表后，哈萨克斯坦、乌兹别克斯坦、吉尔吉斯斯坦、塔吉克斯坦和土库曼斯坦苏联中亚 5 个共和国的领导人于 12 月 13 日发表声明，表示愿意成为独立国家联合体的平等创建国。12 月 21 日，阿塞拜疆、亚美尼亚、白俄罗斯、哈萨克斯坦、吉尔吉斯斯坦、摩尔多瓦、俄罗斯联邦、塔吉克斯坦、土库曼斯坦、乌兹别克斯坦和乌克兰 11 个苏联主权共和国的最高领导人在哈萨克首都阿拉木图举行会晤，签署了《关于建立独立国家联合体协议的议定书》、《阿拉木图宣言》、《关于协调机构的协定》、《过渡时期军事协议》、《关于核武器的协定》等文件，宣布“成立独立国家联合体，苏维埃社会主义共和国联盟停止存在”。格鲁吉亚派代表以观察员身份与会。12 月 25 日，戈尔巴乔夫发表电视讲话，宣布辞去苏联总统职务，宣告苏联正式解体。这标志着独立国家联合体正式成立，简称“独联体”。1994 年 3 月 1 日格鲁吉亚议会批准格加入独联体。截至 1997 年底，除波罗的海 3 国外，原苏联其他 12 个成员国均为独联体成员国。它们是：阿塞拜疆、亚美尼亚、白俄罗斯、格鲁吉亚、吉尔吉斯斯坦、摩尔多瓦、哈萨克斯坦、俄罗斯联邦、乌兹别克斯坦、乌克兰、塔吉克斯坦和土库曼斯坦。《独联体章程》规定，独联体以所有成员国的主权平等为基础。独联体不是国家，也不拥有凌驾于成员国之上的权力。它为各成员国进一步发展和加强友好、睦邻、族际和谐、信任、谅解和互利合作关系服务。各成员国在国际安全、裁军、军备监督和军队建设方面实行协调的政策，保证独联体内部安全，包括借助于军事观察员小组和集体维和部队。当成员国的主权、安全和领土完整以及国际和平与安全受到威胁时，各成员国应立即进行协商，协调立场，采取对应措施。独联体的总部设在白俄罗斯共和国首都明斯克市。

独联体的主要机构为国家首脑理事会和政府首脑理事会。国家首脑理事会是独联体的最高协商机构，由独联体各成员国的国家首脑组成。国家首脑理事会主席为俄联邦总统叶利钦。国家首脑理事会有权讨论和决定关于成立独联体的协议以及发展该协议的其他文件所规定的问题。国家首脑理事会每年至少召开两次会议，非例行性会议可以根据独联体多数国家首脑的倡议召开。政府首脑理事会由独联体各成员国的政府总理或部长会议主席组成。政府首脑理事会主席为俄联邦总理。政府首脑理事会主要负责协调和解决独联体各成员国共同面临的社会经济问题。政府首脑理事会每年至少召开 4 次会议，由一个成员国提议即可召开非例行性会议，会议轮流在各国首都举行，各国领导人按照其国家俄文名称字母的顺序轮流主持会议。此外，还有独联体议会大会（设有法律问题委员会、经济和财政问题委员会、社会政治和人权问题委员会、环境问题委员会和安全委员会 5 个工作委员会，理事会设在圣彼得堡）、独联体国家间经济委员会（主要负责协调独联体国家间的能源、交通和通迅的关系，管理独联体的财产，并有权实施一些决定）、集体安全委员会、国家安全和情报机关跨国委员会，以及外交、国防等部长级理事会等。其中独联体国防部长理事会是独联体军事方面的常设协调机构，由独联体成员国的国防部长组成，主席由俄联邦国防部长担任，理事会会议视情况不定期召开，其常设机构在莫斯科。

主要活动 **国家首脑会议** 截止 1997 年底，独联体共召开了 22 次国家首脑会议：1991 年 12 月 30 日，在白俄罗斯首都明斯克举行了首次首脑会议。1991 年 12 月 21 日在阿拉木图、1991 年 12 月 30 日在明斯克举行了第 2、3 次首脑会议。1992 年 1 月 16 日在莫斯科举行了第 4 次首脑会议，会议就前苏联武装力量的改革和地位、军人的社会保护及公民和政治地位、武装力量的拨款、实施战略武器条约和欧洲常规力量条约的原则和程序等问题进行了讨论，会议就军事问题签署了 7 项文件。1992 年 2 月 14 日在明斯克举行了第 5 次首脑会议，会上就军事、经济等问题签署了 20 项文件。各国首脑就军人及其家属的社会保障、武装力量的物资及技术保障等问题达成了协议。1992 年 3 月 20 日在基辅举行了第 6 次首脑会议，会议共讨论了 21 项议程中的 17 个问题，并通过相应决议，会议还就军事问题签署了《独联体最高机关有关防务问题的权限的协议》、《关于独联体统一武装力量总司令部及其地位的决定》、《关于独联体统一武装力量活动的法律基础的协议》、《关于统一武装力量的编制和服役的原则的协议》、《关于过渡时期统一武装力量常规部队的地位的协议》《关于任命总参谋长、战略部队司令和一般部队司令的决定》共 6 项文件。1992 年 5 月 15 日在塔什干举行了第 7 次首脑会议，会议通过了有关军事问题的 13 项文件，俄罗斯、哈萨克斯坦、乌兹别克斯坦、塔吉克斯坦、土库曼斯坦、亚美尼亚和吉尔吉斯斯坦 7 国签署了集体安全条约。1992 年 7 月 6 日在莫斯科召开了第 8 次首脑会议，会议讨论了经济合作、集体安全机制和人道主义合作 3 个方面的问题，签署了关于军事问题的文件。1992 年 10 月 7 日在吉尔吉斯斯坦首都比什凯克举行了第 9 次首脑会议，会上独联体各国领导人就一系列政治、军事、经济问题进行了讨论，并签署了有关统一卢布区等问题的协议。会议决定成立直接隶属于独联体首脑理事会和政府首脑理事会的经济协商工作委员会、经济法院、跨国银行、跨国广播电视公司等新的机构。1993 年 1 月 22 日在明斯克市内的独联体总部举行了第 10 次首脑会议，会上签署了《独联体章程》等文件。1993 年 4 月 16 日在明斯克、1993 年 5 月 14 日在莫斯科召开了第 11、12 次首脑会议。1993 年 9 月 24 日在莫斯科召开了第 13 次首脑会议，会上阿塞拜疆、白俄罗斯、哈萨克斯坦、吉尔吉斯斯坦、摩尔多瓦、俄罗斯、塔吉克斯坦、乌兹别克斯坦、亚

美尼亚 9 国签署了关于建立独联体经济联盟的条约，并正式接纳阿塞拜疆加入独联体。1993 年 12 月 24 日在土库曼斯坦首都阿什哈巴德举行了第 14 次首脑会议，会议签署了 21 项合作文件，通过了《关于发展合作与加强信任的宣言》，并决定接纳土库曼斯坦作为联系国加入独联体经济联盟条约。1994 年 4 月 15 日和 10 月 21 日在莫斯科举行了第 15、16 次首脑会议。在这两次会议上通过了《独联体一体化发展基本方向备忘录》、《独联体一体化远景规划》和关于建立跨国经济委员会及支付联盟的协定。会议批准了关于尊重独联体国家主权、领土完整和维持边界宣言，讨论了独联体内“热点”地区问题，并通过了延长独联体联合部队在塔吉克斯坦和阿富汗边境维和期限的政治决定。1995 年 2 月 10 日在阿拉木图举行了第 17 次首脑会议，与会的 12 国领导人讨论了涉及独联体政治、经济和军事等方面的约 30 个问题，通过了由哈萨克斯坦总统纳扎尔巴耶夫提出的《关于维持独联体和平与和谐的备忘录》和《关于共同纪念伟大卫国战争胜利 50 周年活动的协议》等文件。会议还通过了独联体集体安全委员会提交的 13 个文件中的 3 个文件，分别是《关于集体安全的构想》、《集体安全条约各签字国军事合作的基本方向》和《集体安全宣言》。1995 年 5 月 26 日在明斯克举行了第 18 次首脑会议。会上有 7 个国家赞同关于独联体国家跨国议会大会构想，有 6 个国家赞同关于独联体国家人权和人的基本自由公约，除土库曼斯坦外，11 国赞同关于建立跨国货币委员会的协议，除乌克兰、摩尔多瓦、阿塞拜疆和土库曼斯坦 4 国外，其余 8 国签署了关于保卫独联体国家外部边界条约构想。1996 年 1 月 19 日在莫斯科举行了第 19 次首脑会议，会议通过了《关于加强支付联盟和海关联盟的协议》、《关于预防武装冲突的恐怖活动在独联体境内扩散构想的协议》、《关于建立独联体国家内务部长委员会的决定》和《独联体集体维和部队条例》等一系列文件。1996 年 5 月 17 日在莫斯科举行了第 20 次首脑会议，会议通过了“支持俄罗斯民主进程”的联合声明。叶利钦在会上提出了加强独联体一体化的 3 项原则：即独联体各国保持自己的主权；独联体对其他国家敞开大门；独联体管理机构的组成拥有灵活性。1997 年 3 月 28 日在莫斯科举行了第 21 次首脑会议。会议讨论了实行经济一体化计划，但未能达成最后协议。1997 年 10 月 23 日在摩尔多瓦首都希讷乌举行了第 22 次首脑会议，与会领导人就独联体未来的命运问题进行了激烈的讨论。俄罗斯总统叶利钦对记者说，独联体是有生命力的，今后将存在下去。俄罗斯仍然主张保持独联体各国的统一。但会议未能就议事日程上的 14 项议题通过任何决议。

独联体议会大会　成立于 1992 年 3 月 26 日，截止 1997 年底，共召开了 8 次大会。其中：1992 年 9 月 15～16 日在吉尔吉斯斯坦首都比什凯克举行了第 1 次大会，会议发表了联合公报，通过了大会章程，并建立了独联体各国议会的合作机制；1992 年 12 月 28～29 日在圣彼得堡举行了第 2 次大会，会议通过了大会成员国居民调整国籍的协商原则等一系列文件；1994 年 10 月 29 日在圣彼得堡举行了第 5 次大会，会议决定为加快独联体一体化进程提供法律保证，通过了独联体公民社会权利和社会保障宪章以及会议公报等文件，决定成立两个军事观察员小组，分别派往摩尔多瓦的德涅斯特河沿岸和格鲁吉亚及其境内的阿布哈兹共和国；1996 年 2 月 17 日在圣彼得堡举行了第 7 次大会，会议讨论了独联体国家建立统一经济区法律和协调经济立法等问题。

独联体国防部长理事会　成立于 1992 年 3 月，截止 1997 年底，共召开了 28 次会议。1992 年 10 月 7 日，独联体国防部长理事会在吉尔吉斯斯坦首都比什凯克召开会议，签署了《关于独联体联合武装力量总司令部地位》和《军事安全构想》两项协定，任命原苏联国防部长沙波什尼科夫为联合武装力量总司令。1992 年 11 月 4 日，独联体国防部长理事会在莫斯科召开会议，会议通过了 3 项协定草案。1993 年 6 月 15 日，独联体国防部长理事会召开会议，决定取消独联体武装力量总司令一职，以联合武装力量总参谋长一职取而代之，由萨姆索姆诺夫上将担任这一职务。1993 年 8 月 24 日，在莫斯科召开的独联体国防部长理事会会议决定，将独联体联合武装力量总司令部改为军事合作协调司令部，并决定把军事合作协调司令部作为独联体国防部长理事会的常设机构，设在莫斯科。1993 年 12 月 24 日，独联体军事合作协调司令部正式成立。该司令部的基本任务是，促进和实现独联体国家全面军事合作和相互关系的发展，组织建立统一的安全体系，执行独联体国家首脑、政府首脑和国防部长理事会有关军事领域的决议。现任司令部参谋长为俄联邦原防空军总司令普鲁德尼科夫大将。1995 年 4 月 19 日召开的国防部长理事会通过决议，将独联体维和部队驻塔吉克斯坦的期限延长至 1995 年 12 月 31 日。1995 年 11 月 2 日在召开的独联体国防部长理事会上，俄罗斯国防部长格拉乔夫说，如果北约东扩，俄将被迫建立新的军事同盟。1996 年 8 月 14 日在莫斯科举行了独联体国防部长理事会会议。会议公报说，“军事政治集团直接接近独联体国家的边界，将对独联体政治、经济和军事安全造成严重的威胁”。理事会责成参谋长委员会起草关于独联体国家国防部在北约东扩问题上协调行动的建议。

（刘致兰　姚秋根）

东南亚国家联盟　*概况*　1967年8月8日，泰国、菲律宾、印度尼西亚、马来西亚和新加坡等5国外长发表《东南亚国家联盟成立宣言》，东南亚国家联盟宣告成立，简称"东盟"。联盟的宗旨是本着平等和合作的精神，通过共同努力来加速本地区的经济增长、社会进步和文化发展，奠定一个繁荣、和平的东南亚共同体的基础，并促进地区的和平与稳定，增进地区组织的合作和相互援助，同国际组织保持紧密和有益的合作。1984年1月文莱独立并随即加入东盟，1995年7月28日越南加入，1997年7月23日缅甸、老挝加入。现该组织成员为9国。

主要组织机构：(1) 常务委员会。由当年主持外长会议的东道国外长任主席，负责处理日常事务。(2) 首脑会议。不定期举行，主要确定东盟的基本方针。(3) 外长会议。重要的磋商和决策机构。

主要活动　1997年2月13～14日，第12届东盟—欧盟部长级会议在新加坡举行。会议的议题是，讨论经济和其他领域的合作问题。

1997年2月15日，在新加坡举行亚欧会议的首次外长会议，与会国家包括东盟国家、中国、日本、韩国及欧盟15国。会议的议程是进一步商讨有关1996年3月在曼谷首次举行的亚欧首脑会议上达成的经济和政治协议，其中创立亚欧基金和大湄公河计划列在议程的首位。

1997年3月6～8日，东盟地区论坛建立信任措施会议在北京召开，东盟7国与中国、澳大利亚、美国、日本、俄罗斯、欧盟委员会等21个国家和地区的高官与会。会议就亚太区安全环境、安全观念和国防政策等问题交换了意见，交流了本地区开展信任措施合作的情况。

1997年7月10日，东盟7国外长在吉隆坡举行的特别会议，决定推迟接纳柬埔寨为这一区域组织的新成员。会议还决定，缅甸和老挝将于7月下旬的东盟外长正式会议期间加入该组织。马来西亚外长、东盟常务委员会主席巴达维在会后举行的记者招待会上说，东盟外长重申遵守不干涉别国内政的原则。他还说，考虑到由于付诸武力导致柬出现不幸的事态，东盟推迟柬加入东盟是"最明智的做法"。

1997年7月23日，东盟7国在必打灵查亚（马来西亚）分别同缅甸和老挝签署一份宣言，宣布东盟正式接纳缅甸和老挝为其成员国。以观察员身份出席东盟外长会议的柬埔寨外交与国际合作大臣翁霍在会上重申，柬埔寨希望尽快加入东盟。

1997年7月24～25日，第30届东盟外长会议在必打灵查亚（马来西亚）举行。文莱、泰国、越南、菲律宾、新加坡、马来西亚、印度尼西亚、老挝和缅甸等9个东盟成员国的外长、东盟秘书长以及2个东盟观察员国—柬埔寨和巴布亚新几内亚的代表出席了会议。会议主要讨论东盟的政治与安全合作、经济合作等问题。

1997年7月26日～27日，第4届东盟地区论坛会议在马来西亚必打灵查来举行。中国国务院副总理兼外长钱其琛在会上发表重要讲话。他强调，回顾论坛3年多的探索与实践，已初步形成了独具特色、行之有效、得到各方认同的论坛合作方式：平等参与、求同存异、协商一致、循序渐进。我们相信，只要坚持这一"东盟地区论坛方式"，论坛将会随着亚太地区形势的发展以及各国彼此信任的增强，逐步扩大活动范围，为促进地区和平与稳定发挥更大作用。在新的国际形势下，应当有新的安全观。安全不能依靠增加军备，也不能依靠军事同盟。安全应当依靠相互之间信任和共同利益的联系。中国积极参与地区安全对话与合作，对东盟地区论坛的建立和发展给予了关注和支持，发挥了自己的影响和作用，支持东盟在论坛中发挥主要推动作用。

1997年8月11日，东盟9国外长在新加坡举行特别会议，研究柬埔寨问题。会后发表了关于柬问题的联合文告。文告说，外长们一致同意东盟继续努力帮助柬埔寨恢复政治稳定。

1997年12月1～2日，东盟财长会议在吉隆坡举行。参加会议的除东盟9国财长外，中国、日本、韩国、澳大利亚、美国和中国香港特别行政区的财长和代表也出席了这次会议。与会者一致同意将共同努力促使世界贸易组织的金融服务谈判取得成功，以提高金融体制的健全性。

1997年12月15～16日，东盟—中国、日本、韩国首脑非正式会晤和中国—东盟首脑非正式会晤在吉隆坡举行。其间，12月16日举行了中国—东盟首脑非正式会晤。中国国家主席江泽民与东盟9国领导人和代表在长达1个小时15分钟的会晤中，就中国同东盟的关系广泛深入地交换了意见，并就确立中国与东盟面向21世纪的睦邻互信伙伴关系达成了共识。会晤中，10国领导人自由发言，广泛交谈。他们一致认为，中国和东盟国家的经济保持持续增长有利于本地区和世界的和平稳定与经济繁荣，盛赞中国与东盟各国的友好合作利在双方、惠及亚太，强调中国和东盟双方建立面向21世纪的睦邻互信伙伴关系不仅符合时代的潮流，有利于中国和东盟各国的根本利益，也有利于推动建立公正合理的国际新秩序，有利于促进亚洲与世界和平与稳定的崇高事业。江泽民主席在会晤时发表了题为《建立面向21世纪的睦邻互信伙伴关系》的重要讲话。在谈到南海问题时，中国和东盟国家领导人一致同意应该以本地区和平、稳定大局为重，通过和平的方式，来解决双方在南海问题上的分歧。会晤结束后，江泽民主席和东盟9国领导人和代表共同发表了《中华人民共和国与东盟国家首脑会晤联合声明》。这是中国一东盟首脑非正式会晤的一个重要成果。中国和东盟成员国在联合声明中共同承诺"将发展彼此之间的睦邻互信伙伴关系作为中国与东盟在21世纪关系的重要政策目标"。

（继 先）

阿拉伯国家联盟 概况 1945年3月22日，埃及、沙特阿拉伯、约旦、叙利亚、黎巴嫩、伊拉克和阿拉伯也门7国代表在开罗举行会议，通过《阿拉伯国家联盟宪章》，宣布阿盟正式成立。现有成员国22个。阿拉伯国家联盟简称"阿拉伯联盟"或"阿盟"。阿盟的宗旨是加强成员国之间的紧密联系，协调彼此间的政策和行动，捍卫阿拉伯国家的主权和独立，谋求阿拉伯国家的一致利益和共同繁荣。成员国相互尊重各国国家和政治制度，成员国之间的争端不得诉诸武力解决，成员国与其他国家或组织缔结的条约和协定对该联盟的其他成员国无约束力。

主要机构：首脑会议，是阿盟最高权力机构，自1964年起不定期举行，主要商讨阿拉伯国家和地区共同关心的重大问题。截至1997年底，共举行了20次首脑会议。阿盟理事会，由全体成员国代表组成，每年举行两次例会，规定也可以应两个以上成员国的要求随时召开特别会议，会议通过的决议只对投赞成票的成员国有约束力。秘书处，负责执行理事会会议的决议，现任秘书长伊斯马特·阿卜杜勒·马吉德（埃及人，于1991年5月1日就任）。另外还设有联合防御理事会等十几个组织。

主要活动 1997年1月2日，阿盟发表声明，谴责以色列士兵在约旦河西岸的希伯伦市制造枪杀巴勒斯坦人事件。声明指出，这一罪恶行径将使中东地区增加紧张因素，导致暴力和反暴力事件及其他极端行动升级，对整个和平进程产生消极影响。声明警告以不要继续采取与国际法、联合国决议相悖的政策。声明说，这一流血事件证明了希伯伦和其他巴地区安全状况的脆弱性，因而必须采取措施，建立必要的国际机制，保护巴勒斯坦和阿拉伯被占领土上的阿拉伯人免遭犹太移民的恐怖袭击。阿盟在声明中还呼吁中东和平进程两倡导国美国和俄罗斯及欧盟国家担负起推动中东和平进程的责任，立即采取行动，迫使以执行它同巴勒斯坦业已签署的协议，收缴巴自治区内犹太人移民定居者持有的一切武器。

1997年1月4～5日，阿拉伯内政部长理事会第14次会议在突尼斯举行理事会，阿盟成员国的内政部长或代表参加了会议。理事会书记处在会议闭幕后通过了一项反恐怖活动的阿拉伯共同战略草案。该草案规定，阿拉伯国家承诺不帮助、不鼓励恐怖主义分子和组织，不向他们提供武器和避难场所。会议回顾和总结了理事会在贯彻和执行第13次会议通过的各项决议情况和在安全方面所取得的重要成就。会议还通过了有关禁毒和阿拉伯民防战略计划。

1997年3月1日晚，阿盟在开罗举行紧急会议，就以色列政府最近批准在东耶路撒冷兴建犹太人定居点研究对策、协调立场。阿盟秘书长马吉德在会上发表讲话说，阿拉伯民族决不允许掠夺阿拉伯土地的行为合法化。阿拉伯人也决不可能放弃自己的权利。马警告以色列不要继续在阿拉伯被占领土上新建犹太人定居点和没收巴勒斯坦土地。他指出，反对扩建定居点和反对耶路撒冷犹太化的行动是符合国际法的合法行动。马说，以色列政府批准在东耶路撒冷兴建定居点的举动激起了阿拉伯世界的极大愤慨，这一决定给和平进程设置了巨大的障碍，其目的是在巴以最后阶段谈判开始前制造既成事实，将耶路撒冷与约旦河西岸的其他地区分割开，以及改变该城人口和地理结构。

1997年3月9日，阿盟批抨美国在联合国安理会否决有关谴责以色列的决议草案，称此举同美国对以色列扩建犹太人定居点的一贯立场背道而驰。阿盟当天发表声明指出，美国总统克林顿曾明确表示以色列定居点是有碍和平的非法行为，但随后美在联合国安理会作出了与此相矛盾的决定。

1997年5月13日，第7届阿拉伯议会联盟大会在开罗阿拉伯国家联盟总部开幕。本届大会就加强阿拉伯团结和建立阿拉伯共同市场两项议题进行讨论。埃及总统穆巴拉克在讲话中强调，本届大会是在国际和地区形势非常微妙以及阿拉伯民族面临严重挑战的时刻召开的，阿拉伯国家应该团结一致，共同对付挑战。阿盟秘书长马吉德在会上发表讲话指出，必须加强阿拉伯经济合作，建立强力的经济集团，以保证阿拉伯民族能够对付国际经济集团的挑战。

1997年9月20～21日，第108届阿盟部长理事会会议在开罗阿盟总部举行，有18个阿拉伯国家的外长与会。本届会议主要讨论的问题是中东和谈危机，并就此协调阿拉伯国家共同立场。巴勒斯坦领导人阿拉法特在会上发表了讲话，介绍了当前被占领土地区的紧张形势、以色列坚持采取的强硬政策、他与奥尔布赖特会谈结果以及今后拯救中东和平进程的步骤等问题。此外，阿还与参加过1996年开罗首脑会议的阿拉伯国家外长在埃及外交部举行了预备会议。会议研讨了埃及、叙利亚、沙特阿拉伯、黎巴嫩、约旦、巴勒斯坦6国关于奥尔布赖特中东之行的报告，并就因以色列背离阿以协议而造成的和平障碍等问题交换了意见。阿盟秘书长马吉德和埃及外长穆萨都表示，根据1996年阿拉伯特别首脑会议的决定，阿拉伯国家将在中止与以色列关系正常化等问题上全面协调立场。本届会议还将讨论阿拉伯国家为解除对利比亚的制裁而可能采取的措施。9月21日，本届理事会会议在开罗闭幕。阿盟秘书长马吉德和本届会议主席、沙特外交大臣费萨尔在会后举行了新闻发布会。费表示，阿拉伯国家将坚持以实现全面、公正的和平作为战略目标，并将继续为此作出不懈的努力。本届会议发表的公报要点是：改变中东和平的根本原则是不能接受的，要求以色列严格遵守阿以达成的所有协议，重申以土地换和平根本原则，实现巴勒斯坦人民的合法政治权利，在叙以、黎以、巴以3个环节全面恢复阿以谈判；欢迎美欧在推动中东和谈方面发挥积极作用，遵守并执行联合国有关中东问题的所有决议；在中东和平进程毫无进展的前提下，中止阿以关系正常化的步骤；继续中止阿以多边谈判，并停止执行一切有关的经贸合同和议定书。本届会议还呼吁国际社会中止提供可能让以用来在被占领土建立犹太人定居点的援助，要求结束对利比亚的经济封锁。

1997年11月5日，阿盟猛烈抨击美国作出的对苏丹实行更加严厉的经济制裁的决定，说它对人民造成的伤害将比喀土穆的伊斯兰政权的损害更大。阿拉伯联盟负责苏丹事务的助理秘书长艾哈迈德·本·哈利说："对别国实行制裁不便于改善国与国之间的关系，同时将违反国际社会坚持的新原则。"

1997年12月8日，阿盟负责阿拉伯事务的助理秘书长艾哈迈德·本·哈利在开罗对记者发表讲话时表示，阿盟呼吁联合国和伊拉克通力合作，尽快消除双方在继续执行"石油换食品"协议问题上的分歧，以满足伊拉克人民基本生活用品和药品的需要。

（刘　巍）

海湾阿拉伯国家合作委员会　*概况*　海湾阿拉伯国家合作委员会，简称"海湾合作委员会"，成立于1981年5月25日，由巴林、科威特、阿曼、卡塔尔、沙特阿拉伯和阿拉伯联合酋长国6个海湾阿拉伯国家组成。其宗旨是：加强成员国之间在一切领域内的协调、合作和一体化，以实现它们的统一，其中尤以加强防务合作和区域经济合作为中心；加强和密切成员国人民间的联系、交往与合作；推动6国的工业、农业、科学技术的发展。

主要组织机构有：(1) 最高理事会：为最高权力机构，即6国首脑会议，每年举行一次例会，主席由成员国国家元首按国名字母顺序轮流担任，任期一年，现任主席为科威特国埃米尔贾比尔·艾哈迈德·萨巴赫。(2) 部长理事会：系执行机构，由成员国外交大臣（部长）或代表他们的其他大臣组成，每3个月举行一次例会。主席由各成员国按国名字母顺序轮流担任，任期一年。(3) 总秘书处：为常设机构，总部设在沙特阿拉伯首都利雅得。由秘书长和负责政治事务和财经事务的两名助理秘书长主持工作。秘书长由最高理事会任命，任期3年，现任秘书长为贾米勒·希贾兰（沙特阿拉伯人，1995年12月当选）。(4) 专门委员会：设有经济发展委员会、商业金融合作委员会、工业合作委员会、石油合作委员会、文化合作委员会和防务合作委员会。1992年5月海湾合作委员会又成立了高级安全委员会，负责处理海湾地区的和平与安全问题，并致力于加强海湾合作委员会成员国的自我防卫能力。由阿曼国家元首卡布斯担任该委员会主席。

海湾合作委员会自1981年成立以来，每年11月或12月轮流在6国首都召开首脑会议，到1997年12月共召开过18次首脑会议。6国外交、国防、石油和财经等大臣（部长）也定期召开会议，商讨6国和海湾以及中东地区面临的政治、经济、外交、军事等重大问题，互通情况，协调立场，共商对策，并采取联合行动。

主要活动　根据1996年12月海湾合作委员会第17届首脑会议的决定，为帮助巴林和卡塔尔解决哈瓦尔岛等岛屿问题上的领土争端，沙特阿拉伯、科威特、阿拉伯联合酋长国和阿曼4国外交大臣组成海湾4方委员会，于1997年1月7日在沙特阿拉伯首都利雅得举行了首次会议。会议是在严格保密的情况下进行的。巴林和卡塔尔外交大臣参加了本次会议，并举行了两个半小时的双边会晤。据透露，会议取得了一些进展，巴林和卡塔尔同意停止互相攻击，并限制对方和反对派在己方从事反政府活动。海湾4方委员会于当晚发表新闻公报说，4国外交大臣在"相互谅解和友好的气氛中"进行了"积极的、建设性"的讨论。会议就如何解决海湾合作委员会成员国之间分歧的工作方式问题进行了详细的磋商。会议还讨论了巴林和卡塔尔即将签署的"纪要"文件的要点。

1997年1月8日，中国外交部副部长田曾佩在沙特阿拉伯首都利雅得同海湾合作委员会秘书长希贾兰举行了会谈。这次会谈是1996年9月中国同该组织在纽约商定建立定期政治、经济磋商制度后举行的首次磋商。

1997年2月17日，海湾合作委员会与欧盟在卡塔尔首都多哈举行长第 7 次外长联席协调会议。海湾合作委员会和欧盟外长联席协调会议每半年轮流在海湾合作委员会成员国或欧盟成员国举行。这次会议发表公报表示，海湾合作委员会与欧盟将加强双方的经济关系，特别是进一步发展贸易、投资和环保方面的合作。会议还讨论了海湾安全问题。与会者指出，海湾国家享有通过可靠途经保护自身安全的权利，但与会者对某些海湾国家拥有超出自身需要的武器而深表不安，认为这一现象对海湾地区的安全和稳定构成了威胁。公报呼吁伊拉克全面执行联合国安理会的有关决议。

1997 年 3 月 3 日，海湾合作委员会秘书长希贾兰在沙特阿拉伯首都利雅得发表声明，敦促以色列政府立即停止执行在东耶路撒冷建立新的犹太人定居点的“危险决定”。声明说，以色列政府的决定“严重威胁着中东和平进程和有关各方建立信任的努力，预示着将回到紧张、暴力和动荡的局面”。希贾兰在声明中说，以色列的决定是中东和平进程中的障碍，不利于这一地区的安全和稳定。他要求以色列“立即停止旨在改变东耶路撒冷的政治、居民、地理、历史和法律地位的决定和措施”。

1997 年 3 月 15 日开始，伊朗外长韦拉亚提对海湾合作委员会成员国进行了一次多年未有的不寻常访问，从而使伊朗与海湾阿拉伯国家的紧张关系出现了转机。在访问期间，伊朗外长与被访问国领导人就双边关系和海湾局势等共同关心的国际问题广泛、坦率地交换了意见，重点向被访问国详细阐述了伊朗的海湾政策，表达了希望消除障碍，建立睦邻友好关系的强烈愿望。同时希望通过协商解决本地区悬而未决的问题，在全面合作的基础上发展与海湾国家的关系，以维护海湾地区的安全和稳定，并根据互不侵犯的原则建立地区联合安全机制。沙特领导人对伊朗的积极姿态表示欢迎。伊朗和沙特双方一致强调，相互之间应建立信任，努力改善和加强双边关系，同时认为海湾地区的安全应由海湾国家自己承担。阿曼强调，伊朗是海湾地区大国。对海湾的安全和稳定有着举足轻重的作用，与伊朗进行协调是必要的。两国一致认为，“为维护海湾地区的稳定与和平，本地区国家需要加强内部的合作”。伊、科双方在海湾国家建立睦邻友好关系问题上取得了共识。韦拉亚提向阿联酋领导人表达了伊朗对双方争议的 3 岛问题的立场，表示愿与阿就此问题举行直接深入的会谈，以寻求解决办法。

1997 年 8 月上旬，海湾合作委员会秘书长希贾兰在对沙特《中东报》发表谈话时表示，“伊朗是本地区一个大国，对维护该地区和平稳定起着核心作用”，必须“重视伊朗在本地区的作用”。“海湾合作委员会加强与伊朗的合作对本地区的稳定极为重要，伊朗也深知自己在本地区的重要利益”，“我们希望与其保持真诚的良好关系”。希贾兰强调，“对伊朗威胁的说法难以认同”，“我不认为有来自伊朗方面的任何威胁”。“我们希望本地区成为安全区，本地区国家与大国之间不要发生任何冲突和争端。”

1997 年 9 月 25 日，中国国务院副总理兼外交部长钱其琛在联合国会见了海湾合作委员会成员国沙特阿拉伯、科威特、阿拉伯联合酋长国、阿曼、巴林和卡塔尔 6 国外交大臣和该委员会秘书长。自 1990 年以来，中国和海湾合作委员会成员国的外长每年都在联合国大会期间举行集体会见和对话。双方一致认为，中国和海湾合作委员会成员国的年度对话，反映了彼此加强信任与合作的愿望。双方应充分利用这一富有成效的机制，致力于建立面向 21 世纪的长期、稳定和全面合作的伙伴关系。

1997 年 10 月 8 日，海湾合作委员会成员国总参谋长在卡塔尔首都多哈举行第 15 次武装部队参谋长会议。会议通过两项军事合作计划，旨在加强成员国之间的军事合作和协调。会议发表声明说，这两项即将付诸实施的计划主要是为了保障成员国的军事通信联系和促进彼此之间的军事合作。声明说，“保障军事通信计划”将包括建立空中早期预警系统和采取必要的措施保证各成员国之间的军事联络更为快捷和安全，而“促进军事合作计划”则主要包括增加和扩大联合军事演习的次数和规模。会上，与会各国参谋长还讨论了加强海湾合作委员会“半岛盾牌”部队的建设问题。海湾合作委员会负责军事事务的副秘书长沙提说，“半岛盾牌”部队在人数、武器装备和作战能力方面都有待加强。他还透露，海湾合作委员会将在沙特为“半岛盾牌”部队建立一座新的军营。

1997 年 12 月 20～22 日，海湾合作委员会成员国在科威特首都科威特市的伯扬宫举行第 18 届首脑会议。沙特阿拉伯、科威特、巴林、卡塔尔、阿拉伯联合酋长国和阿曼 6 个成员国元首除沙特国王法赫德由王储阿卜杜拉代表外，全部到会。会议的主题是“相互联系和协调反应”。会议由科威特国家元首埃米尔贾比尔主持。他在讲话中首次明确表示，海湾合作委员会与伊朗的关系已经进入一个新时期，这种关系建筑在睦邻和不干涉它国内政的基础之上。集体防御是对抗外来威胁的主要方式。会议发表了最后公报。公报从政治、安全、军事、经济、社会和法律 6 个方面作出以下具体决议：成立海湾合作委员会协商机构；设立各国之间军事、雷达和预警通讯系统；两年之内发放公民通行护照；重申统一海关及关税，允许外国银行和海湾国际银行在各成员国开设分行，同意由专门机构通过商业手段实现各成员国电网并网，欢迎外国投资，鼓励私有化进程；统一各国民法及刑法；鼓励各国公民相互交往及通商，简化进出境手续。会议要求伊拉克全面无条件地执行联合国有关决议，释放科威特被关押人员，敦促伊拉克承认入侵科威特违反阿拉伯及国际有关条约，“要求伊拉克采取必要步骤证明其对科威特和其他邻国有真诚和平意愿”。公报同情伊拉克人民由于制裁所遭到的苦难，同时要求伊拉克必须与联合国武器核查机构合作。公报表示，“鉴于伊朗领导人为揭开与海湾合作委员会友好关系新的一页而多次发表讲话和暗示”，海湾6国愿与伊朗“在睦邻、相互尊重和互不干涉内政的原则基础上”建立相互信任，双方采取更加积极和切实的行动，为实现海湾地区的稳定与安全而努力。同时，公报要求伊朗归还阿布穆萨岛和大小通布岛与阿联酋和平解决领土纠纷。公报还有涉及中东和平进程、建立无核区和反对恐怖活动等方面的内容。会议决定，第19届首脑会议将于1998年12月在阿布扎比举行。

（张令锺）

非洲统一组织　**概况**　非洲统一组织，简称“非统组织”，成立于1963年5月25日。目前成员国由成立时的31个发展到53个。其宗旨是：促进非洲国家在政治、经济、文化、军事等方面的合作。保卫和巩固非洲国家的独立、主权和领土完整，根除一切形式的殖民主义，促进国际全作。总部设在埃塞俄比亚的首都亚的斯亚贝巴，现任执行主席是津巴布韦总统穆加贝，秘书长是萨利姆·阿哈迈德·萨利姆（坦桑尼亚人）。

主要组织机构有：国家和政府首脑会议为最高机构；部长理事会，由成员国的外交部长或其他部长组成；秘书处为常设机构。此外，还有解放委员会；调解、和解和仲裁委员会；经济和社会委员会；教育、科学、文化和卫生委员会；防务委员会。

主要活动　1997年3月26～27日，非统组织关于解决扎伊尔问题的特别首脑会议在多哥首都洛美召开。多哥总统埃亚德马、喀麦隆总统比亚、刚果总统利苏巴等15个非统组织国家首脑和30多个国家的代表团参加了会议。扎冲突双方的代表也参加了会议。出席此次会议的还有联合国秘书长安南、非统秘书长萨利姆等。会议重申了尊重扎领土完整和主权不可侵犯的原则，要求扎立即停火，停止敌对行动并举行谈判。经过努力，双方代表同意接受停火和谈判两项原则。会后发表了政治解决扎危机的洛美会议宣言。

1997年5月26～30日，非统组织第66届部长理事会在津巴布韦首都哈拉雷举行。这次部长理事会会议是在非洲政治形势趋于稳定、经济连续3年实现增长的背景下召开的。来自非洲组织大多数成员国的外长或政府代表参加了此次理事会会议。由于在会议举行前几天塞拉利昂发生了军事政变，与会者就如何巩固非洲已取得的和平成果展开了激烈的讨论。此外，会议还讨论了推动非洲地区性合作、经济改革和加强非洲国家与外部世界的贸易关系等问题，并就非统组织的机构改革和选举下届非统组织秘书长交换了意见。会议的决议草案将提交第33届非统组织首脑会议通过。

1997年6月2～4日，非统组织第33届首脑会议在哈拉雷隆重举行。非统组织53个成员国中的30多个国家的元首和政府首脑出席本届首脑会议，联合国秘书长安南、非统组织秘书长萨利姆，以及再次作为观察员到会的巴勒斯坦总统阿拉法特等应邀到会。津巴布韦总统穆加贝致开幕词。

在本届首脑会议上，非洲领导人就非洲面临的政治和经济问题进行了深入的讨论，本着“统一与团结”的原则，在许多问题上达成了广泛的共识。在国际和地区事务中，他们协调立场，用同一个声音说话，显示了非洲国家团结的力量。他们一致声援利比亚，要求联合国安理会尽快采取措施取消对利比亚的制裁；他们共同谴责塞拉利昂军事政变，呼吁政变领导人立即恢复民选政府；他们一致表示支持刚刚推翻蒙博托政权后更名的刚果民主共和国，并为该国的经济重建献计献策；他们还一致呼吁建立公正、合理的国际经济新秩序，要求西方提供援助时不要附加任何条件。

本次会议共通过了4个宣言和两个决议。4个宣言是：关于非洲经济复苏与发展、预防和控制疟疾的宣言，关于利比亚和美国、英国之间分歧的宣言，关于联合国安理会改革的宣言，关于非洲工业化的宣言。两个决议是：关于建立非洲国家经济共同体的决议和关于建立联合国非洲地区和平与裁军中心的决议。

本次会议正式宣布建立酝酿数年的非洲国家经济共同体，并举行了共同体第1次首脑会议。会议规定今后举行非统首脑会议的同时也将召开非洲国家经济共同体首脑会议，该共同体将与现存的各地区经济组织加强合作，推动非洲大陆经济一体化的进程，增强非洲经济的竞争力，逐步跟上经济全球化的步伐。会议重申在2025年建立非洲共同市场、实现非洲经济一体化的方法与步骤、政策与措施。会议还批准了一项非洲工业发展计划。这项计划将在联合国工业发展组织的支持下，通过分享信息、资源和知识，促进非洲工业化进程。

李鹏总理代表中国政府和人民，于6月1日致电祝贺非统首脑会议召开。贺电说："近年来，非洲政局总体趋向缓和，经济恢复出现良好势头，各国正积极探索适合本国国情的社会制度和发展道路，依靠集体力量和智慧解决非洲自身问题，地区合作和经济一体化加速发展。非统组织成立以来，在维护地区稳定，促进经济合作等方面取得可喜成绩，并且积极致力于维护非洲广大发展中国家的正当权益，为早日建立国际政治经济新秩序进行了不懈的努力。"贺电说："近年来，中非高层互访加强，各方面的合作迅速发展，在国际事务中的磋商与团结更为密切。中国愿与非洲各国更紧密地携手，发展传统友谊，扩大互利合作，为实现共同发展、为建立公正合理的国际新秩序而努力。"

（周长鹏）

国际条约

美俄首脑关于进一步削减核武器的联合声明　美国总统克林顿和俄罗斯总统叶利钦于1997年3月21日在赫尔辛基发表了《美国和俄罗斯关于进一步削减核武器的联合声明》，全文如下：

克林顿总统和叶利钦总统强调，随着冷战的结束，两国在加强战略稳定和核安全方面取得了重大进步。美国和俄罗斯都已大幅度地削减了各自的核力量，而且在削减战略导弹方面采取了重大步骤。《第1阶段削减战略武器条约》已经生效，而且比预定时间提前完成削减工作。白俄罗斯、哈萨克斯坦和乌克兰已经成为无核国家。《不扩散核武器条约》已在1995年5月11日得以无限期展期，美国和俄罗斯于1996年9月24日都在《全面禁止核试验条约》上签了字。

克林顿总统和叶利钦总统重申，他们决心要进一步采取措施来减少核危险，加强战略稳定与核安全，这是为促进国际和平而迈出的又一历史性步骤。两位总统还就进一步削减和限制战略进攻武器问题达成了谅解，这会随着我们步入下个世纪而大大减少核武器的作用和危险。两位总统承认《反弹道导弹条约》对于实现这些目标有深远的重要意义，并在另一项联合声明中就反弹道导弹系统和战区导弹防御系统的划分作了指示，这将涉及有关战区弹道防御力量的部署和防止规避《反弹道导弹条约》的问题。

考虑到上述这些目标，克林顿总统和叶利钦总统达成的如下谅解：

一旦《第2阶段削减战略武器条约》开始生效，美国和俄罗斯就将立即开始就《第3阶段削减战略武器条约》问题举行谈判。除了其他问题之外，还将包括如下基本要素：

——规定截至2007年12月31日各方拥有的战略核弹头的较低总数为2000～2500个。

——制定同库存战略核弹头和销毁战略弹头数量的透明度有关的措施和任何其他联合商定的技术和组织措施，以促进大幅度削减（核武器）的不可逆转性，包括防止弹头数目迅速增加。

——解决与使目前关于削减战略武器的各项条约的目标不受时间限制的有关问题。

——把所有战略核运载工具置于不起作用状态，这些运载工具将根据《第2阶段削减战略武器条约》在2003年12月31日以前通过拆除核弹头或采取联合商定的其他措施销毁。美国将通过"纳恩—卢格尔计划"提供援助，以便于这些运载工具早日不起作用。

两位总统已达成谅解，根据《第2阶段削减战略武器条约》销毁战略核运载工具的最后期限将延长到2007年12月31日。双方将商定具体的措辞提交俄罗斯联邦国家杜马，在杜马批准《第2阶段削减战略武器条约》后再提交美国参议院。

在这种情况下，两位总统强调了俄罗斯联邦国家杜马迅速批准《第2阶段削减战略武器条约》的重要意义。

两位总统还一致同意，在谈判《第3阶段削减战略武器条约》时，将把同海上发射的远程核巡航导弹和战术核系统有关的措施，作为单独的问题加以探讨，以便把适当的建立信任措施和透明度措施包括进去。

考虑到上述所有谅解和1995年5月10日的声明，两位总统同意双方还将考虑同核材料的透明度有关的问题。

美俄首脑关于化学武器的联合声明　美国总统克林顿和俄罗斯总统叶利钦于1997年3月21日

在赫尔辛基发表了《美国和俄罗斯关于化学武器联合声明》，全文如下：

克林顿总统和叶利钦总统讨论了与《禁止研制、生产、储存和使用化学武器以及销毁化学武器公约》生效有关的问题。他们强调，美国和俄罗斯决心彻底、有效地完成此公约规定的任务及目标。

两位总统重申，他们打算采取必要措施使两国尽快批准这项公约。克林顿总统表示，他决心在1997年4月该公约生效时让美国加入这项公约，并且正极力敦促参议院迅速批准该公约。叶利钦总统指出，他在这项公约提交国家杜马时强烈建议国家杜马迅速予以批准。

美国和俄罗斯都注意到他们在化学武器裁军方面的特殊角色和责任，因此他们懂得，他们加入这项公约对于该条约的实施和推广很重要。

两位总统指出，两国在禁止化学武器方面的合作使他们在军事化学潜力方面增强了开放程度，并在核查遵守化学武器公约的程序和措施方面获得了经验。双方将在化学武器裁军方面继续合作。

美国将按先前达成的协议，力求拨出必要的资金，在俄罗斯建造一座设施，用于销毁神经麻痹毒物。

美俄首脑关于欧洲安全问题的联合声明

美国总统克林顿和俄罗斯总统叶利钦于1997年3月21日在赫尔辛基发表了《美国和俄罗斯关于欧洲安全的联合声明》，全文如下：

美国总统克林顿和俄罗斯总统叶利钦讨论了欧洲—大西洋地区的安全现状。他们重申要为实现建立一个稳定、安全、统一、完整和民主的欧洲这一共同的目标而作出努力。美国和俄罗斯作为要在世界范围内承担职责的大国尤其需要为实现这一目标而紧密合作。他们证实，指导这种合作的将是公开和务实的精神。这种精神已越来越成为最近几年来美国与俄罗斯关系的特点。

两位总统在追述他们于1995年5月发表的关于欧洲安全问题的联合声明时指出，欧洲的持久和平应该建立在欧洲大陆所有国家一体化的基础之上，各国之间形成一系列互相支持机构和关系，以确保不再出现分裂对抗的局面。任何一个机构本身都不可能确保安全。两总统一致认为，应该设法以不对任何国家构成威胁，并能促使实现建立一个更加稳定和统一的欧洲的目标这种方式来建立安全机构。这就应该建立在普遍遵守欧洲安全与合作组织的原则的基础之上，就像在赫尔辛基最后议定书、布达佩斯行动准则和欧洲安全与合作组织的其它文件中所规定的，其中包括尊重人权、民主和政治多元化，尊重各国的主权和领土完整以及他们天生具有的选择确保自身安全的手段的权利。

两位总统确信，加强欧洲安全与合作组织将符合美国和俄罗斯的利益，然而现在欧洲安全与合作组织的潜力还没有被充分意识到。两总统表示对欧洲安全与合作组织里斯本首脑会议的结果感到满意，并一致认为执行这次会议作出的决定具有十分重要的意义，一方面是要进一步确定在安全问题上合作的目标，另一方面要提出一些创造性的办法来履行欧洲安全与合作所承担的越来越多的任务。

他们强调，他们致力于提高欧洲安全与合作组织——使各国都能充分和平等参与的唯一的欧洲安全与合作组织——的活动能力。一致的原则仍然应该是欧洲安全与合作组织决策的不可违背的基础。两总统重申他们决心在欧洲安全与合作组织力图制定欧洲安全模式的过程中紧密合作，在制定这种模式时应该考虑到在21世纪前夕迅速变化的形势以及里斯本首脑会议有关欧洲安全宪章的决定。应该积极发挥欧洲安全与合作组织在波黑所发挥的重要作用和积极提高它采取新的形式维护和平和防止冲突的能力。

两位总统在赫尔辛基会谈过程中特别重视北大西洋公约与俄罗斯联邦之间的关系。他们在北约东扩问题上仍然未能取得一致意见。为了缩小这一分歧有可能造成的后果，两总统一致认为，双方应该共同合作，或者与其它各方在一起共同制定一项北约与俄罗斯之间建立合作关系的文件，作为一个新的全面的欧洲安全体系重要的一部分。这个文件将由北约成员国领导人和俄罗斯领导人签署，因此将是在最高政治一级作出的具有持久的承诺。两总统还进一步认为，根据该文件的规定，北约与俄罗斯之间的关系应该就共同关心的安全问题进行磋商、协调以及在适当的情况下尽最大的可能共同决策和共同采取行动。

两总统指出，北约与俄罗斯之间的文件既反映出并有助于北约的深刻变革，包括政治和维和这两方面，同时也反映出并有助于俄罗斯正在建立一个民主社会的新的现实。该文件还反映出北约和俄罗斯共同致力于以一种加强相互安全的方式来发展它们之间关系的决心。

两总统回顾了欧洲常规武装力量条约在建立相互信任方面的历史意义，为了欧洲各国的利益在欧洲大陆建立一个共同安全的空间——不管它们是否属于某个军事或政治联盟，同时也为了阻止在欧洲各地区集结力量造成不稳定的局面，建立这种信任是必不可少的。

两总统强调修改欧洲常规武装力量条约的重要性。他们一致认为必须加速欧洲常规力量条约各方之间的谈判，以便在1997年春末或夏初根据1996年2月在里斯本通过的关于规模和参数的文件的目标和原则缔结一项框架协议，为一项修改后的条约提出一些基本的内容。

叶利钦总统强调俄罗斯担心北约东扩后将导致北约常驻俄罗斯附近的战斗部队有可能会加强。克林顿总统强调指出，北约根本没有这样的打算。

叶利钦总统对克林顿总统的这番话表示欢迎，他也表示，俄罗斯对它在欧洲的常规力量部署也将采取类似的克制态度。

克林顿还谈了北约有关部署核武器的政策，正如北大西洋理事会1996年12月10日所表明的那样，北约成员国“没有打算、没有计划、没有理由”在现在不是该联盟的成员国的国土上部署核武器，而且它们也不认为未来有必要这样做。克林顿总统表示北约愿意把这一政策特别写进北约和俄罗斯的文件，叶利钦总统表示赞成把这一点写进文件。

两总统一致认为，美国、俄罗斯和他们的所有欧洲伙伴面临着许多共同的安全挑战，对此，只有通过欧洲—大西洋地区各国之间的合作才能得到最好的解决。他们保证将加紧作出努力以便在赫尔辛基会谈确定的共同基础上提高欧洲安全机构的有效性，其中包括缔结本声明中提到的一些协议和作出一些安排。

俄罗斯联邦和北约相互关系、合作与安全基本文件　1997年5月27日，俄罗斯总统叶利钦和北约16国首脑及秘书长索拉纳在巴黎签署《俄罗斯联邦和北大西洋条约组织相互关系、合作与安全的基本文件》，全文如下：

俄罗斯联邦和北大西洋条约组织（下称俄罗斯和北约）及其成员国将根据承担的最高政治义务在欧洲—大西洋地区共同建立起以民主和安全原则为基础的全面而持久的和平。

俄罗斯和北约均不把对方看作敌人。俄罗斯和北约的共同目标，是消除过去对抗和角逐的残余，加强相互信任与合作。本文件重申，双方决心使俄罗斯和北约在建立一个稳定的、和平的和不分开的、统一的和自由的、造福于欧洲各国人民的欧洲方面承担的共同义务具有具体的内容。承担这一最高政治义务是俄罗斯和北约之间全新关系的开端。双方打算在共同利益、相互性和透明性等基础上发展持久的、稳定的和长期的伙伴关系。

本文件规定了磋商、合作、共同通过决定和采取联合行动的目标和机制，而磋商、合作等将成为俄罗斯和北约之间相互关系的核心。

北约正在进行深刻的改革。改革过程将继续下去。1991年，北约考虑到欧洲安全的新形势，修改了自己的战略学说。北约大大减少了自己的常规兵力和核力量并继续对其进行改革。北约保留了完成华盛顿条约义务的力量，扩大了而且今后还将继续扩大自己的政治职能，开始执行维和方面的新使命，以及支持联合国和欧洲安全与合作组织解决波黑危机的新使命，以便同其他国家和国际组织密切合作回击安全受到的新挑战。北约正在制订欧洲安全和防御的构想。北约将发展同欧洲安全与合作组织的更广泛的和更活跃的合作，包括通过“和平伙伴关系”实现合作，同伙伴国一起制订建立欧洲—大西洋伙伴关系委员会的建议。北约成员国已作出了改变北约战略构想的决定，以保证北约完全适应欧洲安全方面的新形势和新挑战。

俄罗斯继续建设民主社会，实行政治改革和经济改革。俄罗斯在发展自己的国家安全构想和修改自己的军事学说，以使这种构想和学说完全适应安全方面的新现实。俄罗斯大大裁减了自己的武装力量，实现了从中欧和东欧规模空前的撤军，将所有核武器撤到了俄罗斯国内。俄罗斯还将继续裁减自己的常规力量和核力量。俄罗斯积极参加支持联合国和欧洲安全与合作组织的维和行动，积极参与解决世界不同地区的危机局势。俄罗斯还将为驻波黑多国部队作出贡献。

一、原则

从欧洲—大西洋共同体各国安全不可分的原则出发，俄罗斯和北约一起工作，为在欧洲建立起全面的和共同的安全作出自己的贡献，这种安全基于忠实共同的价值观、义务和行为准则，以造福于各个国家。

俄罗斯和北约促进欧洲安全与合作组织的加强，包括进一步发挥该组织的作用，使其成为预防外交的主要工具，防止冲突发生、解决危机、战后恢复和实现地区安全合作的工具，同时还要加强欧洲安全与合作组织完成这些任务的能力。欧洲安全与合作组织作为唯一的全欧洲安全组织在维护欧洲和平与稳定方面起着关键作用。在加强欧洲安全与合作组织的同时，俄罗斯和北约将实行合作，以防止欧洲恢复分裂和对抗或孤立某一个国家的任何可能性。

根据欧洲安全与合作组织制订的21世纪欧洲全面安全模式，考虑到里斯本最高级会晤关于欧洲安全宪章的决定，俄罗斯和北约将力求实现欧洲安全与合作组织参加国之间最广泛的合作，以便在欧洲建立一个没有分界线或者没有使任何一个国家主权受到限制的势力范围的共同安全和稳定的空间。

俄罗斯和北约认为，为了各国的利益而加强欧洲—大西洋安全和稳定的总目标，要求回击新的冒险和挑战。这冒险和挑战是：富有侵略性的民族主义，扩散核武器、生物武器和化学武器，恐怖行动，继续侵犯人权和少数民族的权利，悬而未决的领土争端，以上这一切对普遍和平、繁荣和稳定造成了威胁。

本文件不涉及、也不可能涉及联合国安理会对维护国际和平与安全负有的主要责任，也不涉及欧洲安全与合作组织作为一个进行磋商、作出决定和地区合作的多功能组织以及联合国宪章第 8 章所规定的地区组织所起的作用。

为实行本文件的各项规定，俄罗斯和北约将切实遵守自己按照国际法和国际协定承担的义务，包括联合国宪章规定的义务和人权总宣言的规定，以及赫尔辛基最后文件和欧洲安全与合作组织的一系列文件，包括巴黎宪章和欧洲安全与合作组织在里斯本最高级会晤通过的文件中规定的义务。

为了实现本文件的目标，俄罗斯和北约将遵照下述原则建立相互关系：

——在透明性基础上发展持久的、稳定的、长期的和平等的伙伴关系和合作，以加强欧洲—大西洋地区的安全和稳定；

——认为，民主、政治多元化、法律至上、尊重人权和公民自由以及发展市场经济在发展共同繁荣和全面安全方面起着十分重要的作用；

——不相互间或对任何其他国家使用武力或以武力相威胁，不以违背联合国宪章和赫尔辛最后规定的原则的任何方式反对任何其他国家的主权、领土完整或政治独立；

——按照赫尔辛基最后文件和欧洲安全与合作组织的规定，尊重所有国家的主权、独立和领土完整，尊重它们选择保障本国安全和边界不受侵犯途径的权利和各国人民自决的权利；

——在制订和实施防御改革和军事学说方面相互实行透明政策；

——防止冲突和依据联合国和欧洲安全与合作组织的原则以和平的方式解决争端；

——支持在联合国安理会领导下或在欧洲安全与合作组织负责下实行的维和行动。

二、俄罗斯和北约的磋商与合作机制以及联合常设理事会

为了实现本文件规定的活动和目标，为了制订出对欧洲安全和政治问题的共同立场，俄罗斯和北约将建立一个俄罗斯和北约联合常设理事会。联合常设理事会的中心任务是在俄罗斯和北约之间建立更高水平的信任，形成统一的目标和进行磋商与合作的习惯，以增强相互间的安全和欧洲—大西洋地区所有国家的安全，不危害任何国家的安全。一旦出现分歧。俄罗斯和北约将本着诚意和相互尊重的精神以政治磋商的方式努力使分歧得到解决。

联合常设理事会将保障进行磋商和协调的机制，必要时就共同感到不安的安全问题作出联合决定和采取行动。这种磋商将不涉及俄罗斯或北约及其成员国的问题。

俄罗斯和北约的共同任务，是确定和实现采取联合行动的最大可能性。随着关系的发展，俄罗斯和北约可以采取联合行动的更多可能性出现。

联合常设理事会是俄罗斯和北约之间在出现危机或有可能影响到和平与稳定的局势时进行磋商的主要机构。理事会除定期召开会议外，还将举行紧急会议，以便在出现紧急形势时进行紧急磋商。如果理事会的一个成员认为自己的领土完整、政治独立或安全受到威胁时，俄罗斯和北约将立即在联合常设理事会范围内进行磋商。

联合常设理事会的活动将建立在相互原则和透明原则基础上。在磋商与合作过程中，俄罗斯和北约将相互通报它们的安全有可能受到挑战的情况以及每一方为回击这些挑战打算采取的措施。

本文件的规定不向俄罗斯或北约提供以任何方式否决另一方行动的权利，不损害和不限制俄罗斯或北约独立自主地作出决定和采取行动的权利。这些规定不能用作损害其他国家利益的手段。

联合常设理事会将根据具体的问题以及俄罗斯和北约的愿望举行不同级别和不同形式的会晤。联合常设理事会将举行外交部长级和国防部长级会晤，每年两次，还将举行常驻欧洲—大西洋委员会代表（大使级）会晤，每月一次。

如果需要在国家元首和政府首脑一级建立联合常设理事会的话，那就可以建立。

联合常设理事会可以根据需要，就具休问题或合作领域成立临时的或常设的委员会或工作小组。

在联合常设理事会的主持下还将进行军事代表和总参谋长的会晤。总参谋长一级的会晤每年至少进行两次；军事代表一级的会晤每月进行一次。军事专家的会晤可以酌情进行。

由俄罗斯的代表、北约秘书长和北约成员国轮流派出的一名代表共同主持联合常设理事会的工作。

为了实施联合常设理事会的工作，俄罗斯和北约将建立必要的行政机构。

俄罗斯将在北约设立由大使级代表领导的代表机构，首席军事代表及其办事机构是研究军事合作问题的代表机构的一部分。北约也有可能在莫斯科设立相应的机构，将确定设立机构的条件。

例会日程各国共同确定。将确定联合常设理事会工作的组织条件和工作程序条例。这些条例将在联合常设理事会第 1 次正式会议之前确定下来，会议将不迟于本文件签订后4个月举行。

联合常设理事会将进行3方面的具体工作：

——就本文件第3章的内容和其他任何政治问题，或经协商确定的安全问题进行磋商；

——在磋商的基础上提出共同的建议，根据这些建议俄罗斯和北约将商定分别发表声明或者分别采取行动；

——在磋商过程中达成一致意见的情况下，要根据各种具体情况，包括按平等原则参与计划和筹备共同行动（包括在联合国安理会领导下或者由欧洲安全与合作组织负责的维和行动）的情况，作出共同决定和实施联合行动；

——俄罗斯或北约共同或者单独采取的任何行动都应该符合联合国宪章以及欧洲安全与合作组织的基本原则。

俄罗斯和北约承认加深本文件参加国立法机构之间联系的重要性，并将促进扩大俄罗斯联邦会议和北大西洋条约组织之间的对话与合作。

三、磋商与合作领域

俄罗斯和北约在建立相互关系时，将把注意力集中在彼此感兴趣的具体领域。它们将进行磋商并努力在下列领域进行尽可能广泛的合作：

——共同感兴趣的、涉及欧洲—大西洋地区安全与稳定或者涉及具体危机的问题，包括俄罗斯和北约对该地区安全和稳定作贡献的问题；

——防止发生冲突，包括实施预防性外交；重视联合国及欧洲安全与合作组织的作用和责任以及它们在这些领域的活动，平息危机和解决冲突；

——联合行动，包括在各种具体情况下由联合国安理会领导的或者由欧洲安全与合作组织负责的维和行动，以及在使用多国行动部队（在早期参加维和行动）情况下的维和行动；

——俄罗斯参加欧洲—大西洋伙伴关系委员会和“和平伙伴关系”计划；

——交换信息并就俄罗斯和北约的战略、防御政策和军事学说，以及预算和发展基础设施的计划进行磋商；

——军备控制问题；

——核安全的所有问题；

——防止扩散核武器、生物武器和化学武器及其运载工具，打击核材料的非法交易活动，加强在军备控制的具体领域的合作，包括政治和防御方面的合作；

——在战术性反导弹防御领域进行可能的合作；

——加强地区航空运输的安全，增加航空运输能力和必要时进行相互交流，以便通过扩大透明度的措施和交流涉及防空以及空域管理与监督方面的信息来促进信任；这将包括研究在对空防御领域进行相应的合作的可能性；

——在俄罗斯和北约成员国常规力量的规模和职能方面增加透明度、预见性和相互信任；

——根据需要就核武器问题，包括俄罗斯和北约的军事学说和战略问题彼此进行交流；

——如下面详细阐述的那样，在有关军事组织之间协商扩大了合作计划；

——通过俄罗斯参加北约成员国军备局长会议，在军备领域发展可能的合作；

——国防工业转产；

——在经济、环境和科学领域拟定有彼此协调的合作计划；

——共同提出建议并举行出现紧急情况和消除灾难后果方面的联合演习；

——打击恐怖主义活动和非法毒品交易对俄罗斯和北约之间不断发展的关系的理解，这包括在莫斯科设立北约资料中心或新闻处。

经相互协商后还可对其他方面进行补充。

四、军事政治问题

俄罗斯和北约都重申加强欧洲—大西洋地区的稳定和安全的共同愿望。

北约成员国重申它们不打算、也没有计划或理由在新成员国的领土上部署核武器，没有必要改变北约核力量配置或是改变北约的核政策，将来也没有必要这样做。这就是北约做出的决定：不打算、也没有计划或理由通过建立保存核武器的新设施或改建旧仓库存放核武器来在这些国家的领土上建立核武器的存放地。核武器存放地指的是专门用来放置核武器的设施，包括各种用于存放核武器的、受到保护的地上和地下设施。

俄罗斯与北约成员国认为重要的是在欧洲安全与合作组织地区的更广泛的全欧安全范围内修改欧洲常规武装力量条约，制定21世纪欧洲共同的和全面的安全模式。考虑到欧洲安全日益变化的形势，考虑到欧洲安全与合作组织所有国家的合法安全利益，俄罗斯与北约成员国将在维也纳与其他缔约国一道修改欧洲常规武装力量条约，以便加强它的生命力和效率。它们的共同目标是在尽可能短的时间内缔结有关修改条约的协议，作为这一进程的第1步，它们将与欧洲常规武装力量条约缔约国一道尽可能快地缔结框架协议，确定修改后的欧洲常规力量条约的基本点，使其符合1996年12月在里斯本商定的关于范围和参数文件的目标和原则。

俄罗斯与北约认为，修改欧洲常规武装力量条约的主要目的应当是大幅度地减少受条约限制的武器和装备（考虑到每一个缔约国合法的防卫需要允许在条约实施地区使用的武器和装备）的数量。俄罗斯与北约鼓励所有缔约国研究降低条约规定的装备水平问题，把它作为根据欧洲安全领域的变化降低军备水平共同行动一部分。

正如关于范围和参数文件规定的那样，俄罗斯和北约国家有义务在谈判期间对自己在欧洲常规武装力量条约实施地区的常规武装力量的配备和能力表现出克制，尤其是对其力量的水平和部署表现出克制。这一义务并不妨碍每个缔约国可以自愿决定降低其力量水平和减少其力量部署，也不会防碍它们合法的安全利益。

俄罗斯和北约国家认为，欧洲常规武装力量条约的修改应当保证所有签约国的平等安全，无论国家大小和属于哪个军事政治联盟，应当保持和加强稳定，继续防止在欧洲各地区和整个欧洲进行破坏稳定的扩充兵力。修改后的欧洲常规武装力量条约还应当通过扩大信息交流和监督提高军事领域的透明度，应当有可能吸收新的成员国。

俄罗斯和北约成员国建议其他缔结国对欧洲常规武装力量条约加以修改，以便通过透明的和基于合作的方式，使缔约国能够根据受条约限制的武器和装备的最高水平，对自己可以采取的削减行动得出结论。然后将其写入修改后的条约，把它作为必须执行的限额，它应当是所有成员国一致同意的，应当在 2001 年以及随后每 5 年审议一次。同时，缔约国应当考虑到最初的欧洲常规武装力量条约为从大西洋到乌拉尔规定的受条约限制的武器和装备的各种水平，考虑到从那时起进行的大幅削减，考虑到欧洲形势的变化和必须保证任何一国的安全水平都不会被降低。

俄罗斯与北约成员国重申，欧洲常规武装力量条约缔约国单独地或与其他国家一道只能保持一种与单独的和集体的对安全的合法需求相一致的军事潜力，并要考虑到它们的国际义务，包括在欧洲常规武装力量条约中承担的义务。

每一个缔约国将根据自己对欧洲现在和将来的安全趋势的看法，决定自己是否同意修改后的条约对各缔约国最高军备水平的规定。

此外，在修改欧洲常规武装力量条约的谈判中，俄罗斯与北约成员国将他与其他缔约国一道通过在欧洲有关地区，包括中欧和东欧，进一步采取防止任何潜在的、具有威胁性的增加常规力量的措施来努力加强稳定。

俄罗斯与北约成员国明确表示愿意按欧洲安全的新条件来对待自己的常规武装力量配置，并准备在联合常设理事会范围内就这种配置的发展进行磋商。

北约重申，在目前和今后一个时期的安全条件下，北约将通过保证必要的并存性、一体化和加强潜力，而不是通过经常不断地增加现有兵力部署来实现集体防御和其他的任务。因此它应当拥有与上述任务相符的基础设施。在这个范围内，在必要的情况下是可以加强的，这种情况是：根据联合国宪章和欧洲安全与合作组织遵守的原则反对侵略威胁和维护和平，以及根据修改后的欧洲常规武装力量条约、1994 年日内瓦条约的条款和相互通报措施进行演习。俄罗斯在欧洲部署自己的常规武装力量时表现出相应的克制。

俄罗斯和北约成员国将努力增加其武装力量的透明度、可见性和相互信任。它们应全面履行 1994 年日内瓦文件规定的义务，发展同欧洲安全与合作组织其他国家的合作，进行各种谈判，包括在欧洲安全与合作组织范围内进行谈判，以便进一步加强信任与安全。

俄罗斯和北约成员国应当利用和实施现有的军备控制和加强信任的体制，以便在安全领域建立和平合作的关系。

为了发展军事机构的合作，俄罗斯和北约成员国将通过主要军事机关的积极对话，在联合常设理事会范围内扩大军事政治磋商和合作。它们应当实现更广泛的军事活动计划和俄罗斯与北约在各个级别上的实际合作。在联合常设理事会权限范围内，军人们的对话原则基础是任何一方都不把另一方看作是威胁和不谋求损害别国的安全。军人们的积极对话包括经常相互通报俄罗斯和北约的军事理论、战略和兵力编成，提供更广泛的机会进行联合军事演习和训练。

为了使联合常设理事会中的军事机构能够保持这样的积极对话，俄罗斯与北约将在相互的和随后共同商定基础上建立各种级别的军事联系。

为了巩固伙伴关系，为了保证使这一关系最大限度地建立在实际活动和直接合作基础上，俄罗斯与北约的有关军事机关应当研究俄罗斯与北约联合维和行动构想得到进一步发展的途径。应当考虑到在波黑相互协作的经验和教训，在建立多国部队时吸取这些经验教训。

本文件签字之日起生效。

俄罗斯与北约将根据自己的情况采取应有的措施保障本文件的实施。

本文件一式两份，每份有俄文、法文和英文 3 种文本。

俄罗斯联邦政府和北约秘书长将向联合国秘书长和欧洲安全与合作组织秘书长转交本文件的文本，请求在这些组织的全体成员国中散发。

北约首脑会议关于“北约东扩”的马德里宣言　参加北约马德里首脑会议的北约成员国的国家和政府首脑于 1997 年 7 月 8 日发表了有关欧洲和大西洋安全与合作的马德里宣言（又称北约“东扩宣言”文本）。俄罗斯总统叶利钦 1997 年 6 月 20 日正式通知克林顿，他将不参加北约召开的这次会议。现将《宣言》详细摘要如下：

1. 我们，北大西洋联盟成员国的国家和政府首脑在马德里聚会，为我们迈向 21 世纪设计新北约。我们在北约内部的适应性变革方面已经取得了巨大进展。我们邀请 3 个国家与北约开始举行关于参加北约的会谈，这是在打开北约大门这一进程迈出的重大一步。我们通过新的欧洲—大西洋伙伴关系委员会和进上步推行“和平伙伴关系”计划已大大加强了与伙伴国的关系。5 月 27 日签署的北约和俄罗斯相互关系基本文件以及我们将于明天（7 月 9 日）与乌克兰签署的宪章证明我们对一个分裂的欧洲所承担的义务。我们还要加强与地中海地区的对话。我们的目的是加强欧洲—大西洋地区的和平与稳定。

一个新欧洲正在出现，这是一个更加一体化的和进一步合作的欧洲。一个涉及面广泛的欧洲安全结构正在形成，我们正与其他一些欧洲组织一起为此而作出努力。我们的联盟将继续推动这一进程。

2.（略）

3.（略）

4. 北约成员国的安全与整个欧洲的安全密不可分。欧洲和大西洋地区有些国家的和平还很脆弱，而且目前还普遍存在不稳定局势，改善这些国家的安全与稳定的环境仍然是北约关注的头等大事。因此，根据欧洲安全与合作组织的原则巩固整个大陆的民主和自由社会是该联盟直接关注的实质性问题。北约的政策是通过扩大其活动范围，包括通过欧洲—大西洋伙伴关系委员会。同那些与北约有同样的价值观的自由国家——包括欧盟成员国和欧盟成员国的侯选国——建立有效的合作关系。

5.（略）

6. 今天，我们邀请捷克共和国、匈牙利和波兰与北约开始举行关于参加北约的会谈。我们的目标是在 1997 年 12 月举行部长级会议时签署一项关于这些国家参加北约的议定书，并希望看到能及时完成批准的过程，以便在 1999 年 4 月华盛顿条约签署 50 周年之前成员国资格正式生效。在受邀国与北约举行关于参加北约的会谈前这段时间内，北约将尽可能在最大程度上，并在适当的情况下使被邀国参加北约的活动，以确保它们在一个扩大了的北约内为承担一个成员国的职责和义务作好充分的准备。我们要求常设理事会为此作适当的安排。

7.（略）

8. 我们重申，根据北大西洋条约第 10 条，北约仍向新成员敞开大门。北约将继续欢迎新成员，这是为了进一步贯彻北大西洋条约的原则和有助于欧洲—大西洋的安全。北约在未来几年将进一步向那些愿意参加北约、并能够承担起一个成员国的职责和义务的国家发出邀请，北约坚信接纳这些国家将会有利于北约总的政治和战略利益，并将进一步加强欧洲总的安全与稳定，为了使这一承诺具有实质性的内容，北约将与那些过去表示希望以后参加的国家保持一种积极的关系。对于那些过去表示希望成为北约成员国而今天没有被邀请开始与北约举行会谈的国家，北约仍会考虑今后接纳这些国家。我们在 1995 年有关北约扩大的研究报告中提出考虑的问题仍然适用于未来申请加入北约的国家，不管这些国家的地理位置如何。将不会不考虑欧洲的民主国家加入北约的问题，这些国家加入将遵守条约所规定的目标。而且，为了进一步加强欧洲总的安全与稳定，在北约扩大进程中应该进一步采取措施以抵消所有盟国对安全问题的担心。

为了进一步推动这一进程，我们鼓励希望加入北约的成员国积极参与欧洲—大西洋伙伴关系委员会和“和平伙伴关系”计划，这将使它们在政治上和军事上更进一步参与北约的工作。我们还想使北约继续与那些希望加入北约的国家或想就成员国问题保持与北约对话的国家加紧进行对话。加紧进行对话的内容将涉及到政治、军事、金融和安全等各方面的问题。这些对话将包括：欧洲—大西洋伙伴关系委员会内的会议，与北约常设理事会、北约国际秘书处以及北约其他机构定期举行的会议。为了遵守我们许下的将继续为接纳新成员敞开大门的诺言，我们还指示北约的外长们继续研究这一进程，并把研究的情况向我们报告。

我们将在 1999 年下次举行会议时研究这一进程。至于那些希望加入北约的国家，我们怀着极大的兴趣承认并考虑到东南欧一些国家，特别是罗马尼亚和斯洛文尼亚正在朝着民主和法治的方向积极发展。

北约认为，东南欧国家必须进一步建立稳定的安全的环境和进一步加强地区合作，同时还需要要促使这些国家与欧洲—大西洋国家越来越一体化。与此同时，我们还承认波罗的海地区也希望加入北约的一些国家在加强稳定和合作方面取得了进展。当我们展望北约的未来时，为实现这些目标而取得进展对于实现我们总的目标是至关重要的，我们总的目标是在和平环境下建立一个自由、繁荣和统一的欧洲。

9.（略）

10.（略）

11. 北约与俄罗斯联邦 1997 年 5 月 27 日在巴黎签署的相互关系、合作与安全基本文件是个具有历史意义的文件。该文件开创了欧洲安全关系的新时代——北约与俄罗斯合作的新时代。基本文件反映出我们共同致力于在民主和安全的基础上在欧洲—大西洋地区建立持久和广泛的和平。基本文件的条款有助于实现北约所争取的加强欧洲各国安全的重要目标，通过我们这次在马德里采取的行动也将有助于实现这一目标。基本文件为北约和俄罗斯提供了一个框架，我们力图通过这一框架建立一种牢固、稳定和持久的伙伴关系。我们决心与俄罗斯一起为全面实施基本文件的条款而作出努力。

通过根据基本文件而建立的新的论坛——北约—俄罗斯联合常设理事会，北约和俄罗斯将在一起共同磋商、协作，并在适当的时候共同采取行动，以对付欧洲安全所面临的挑战。北约—俄罗斯联合常设理事会的活动将建立在互惠和透明原则的基础之上。俄罗斯和北约军队在波黑的合作以及双方人员在欧洲盟军最高司令部的合作表明，在我们共同作出努力时有可能取得什么样的成果。我们将在这一实践的基础上，包括通过"和平伙伴关系"计划，在北约和俄罗斯之间建立真正的合作关系。我们期望通过即将开始工作的联合常设理事会与俄罗斯就广泛的问题定期进行磋商和建立更紧密的合作关系，其中包括军队之间的合作。

12. 我们十分重视将于明天（7 月 9 日）签署的北约—乌克兰宪章。北约—乌克兰宪章将使北约和乌克兰之间的合作进入更加实质性的阶段，将为加强我们之间的关系提供新的可能，并将更广泛地加强该地区的安全。我们确信，乌克兰的独立、主权和领土完整是确保欧洲稳定的关键因素。我们继续支持乌克兰的改革进程，乌克兰正在朝着实行市场经济的民主国家的方向发展。

我们对乌克兰通过参加和平协议执行部队和维持稳定部队而体现的与北约之间的具体合作以及北约前不久在基辅设立一个新闻处的行动表示欢迎，认为这将大大有助于双方建立一种持久的关系。我们期望尽早和积极地贯彻北约—乌克兰宪章。

13. 地中海地区理应得到重视，因为整个欧洲的安全与地中海地区的安全与稳定密切相关。我们对上次在布鲁塞尔开会后提出的有关地中海地区的倡议所取得的进展感到满意。我们在北约和一些地中海国家之间建立的对话关系正在逐步发展，并取得了成功，这种对话有助于该地区建立信任和进行合作，并对国际上的其他努力起到一种补充作用。我们支持北约外长们一致同意的就扩大对话范围和加强对话所采取的措施，根据外长们的建议，我们今天决定成立一个新的委员会——地中海合作小组委员会，这个委员会将全面负责地中海地区的对话。

14.（略）

15.（略）

16.（略）

17.（略）

18. 正如我们在 1994 年的布鲁塞尔宣言中所说的那样，我们重申，我们全力支持形成欧洲安全和防务的一致性，可以把北约的力量用于西欧联盟的行动。为此，北约正在根据严格的军事原则建立这种欧洲安全和防务的一致性，同时要制定适当的军事计划和允许建立军事上有凝聚力的和卓有成效的部队，以便在西欧联盟的政治控制和战略指导下采取行动。我们支持在 1996 年的柏林部长级会议上就这方面问题作出的有利北约和西欧联盟的决定。

我们进一步支持贯彻这些决定和形成北约内部的欧洲安全和防务一致性方面取得的巨大进展。在这方面，我们支持就北约内部有关欧洲司令部的计划所作出的决定，利用北约的力量准备、支持、指挥和进行以西欧联盟为首的行动。

我们满意地注意到，在北约内部建立欧洲安全和防务一致性在很大程度上得益于西欧联盟前不久达成的一项协议，协议的内容是关于所有欧洲盟国参与以西欧联盟为首的、利用北约的力量所采取的行动，同时参与这些行动的计划和准备工作。我们还注意到加拿大希望参与这样的行动。我们要求常设理事会与西欧联盟合作迅速完成关于在北约内部形成欧洲安全和防务一致性的工作。

19.（略）

20.（略）

21. 我们重申，我们决心根据联合国宪章第 8 章进一步加强欧洲安全与合作组织这个区域性组织和防止冲突，使其成为加强共同安全和促进民主和人权的主要机构。欧洲安全与合作组织，作为全欧范围内的最广泛的安全组织，在确保欧洲的和平、稳定和安全方面起着十分重要的作用。欧洲安全与合作组织所采纳的原则和作出的承诺为建立一个全面和合作的欧洲安全大厦奠定基础。我们的目标是通过在欧洲安全与合作组织成员国内进行尽可能最广泛的合作建立一个共同安全和稳定的空间，而不划分任何势力范围。

我们继续支持欧洲安全与合作组织根据 1996 年里斯本首脑会议作出的决定，为确定 21 世纪欧洲共同和全面的安全模式而作出努力，其包括考虑制定一部关于欧洲安全的宪章。

22.（略）

23. 我们对于进一步采取防止核扩散、控制军备和裁军的手段给予最大的重视。

我们欢迎自布鲁塞尔首脑会议以来为加强和扩大北约在政治和防务方面的努力以防止核扩散和捍卫北约的战略团结和行动自由而取得的进展，尽管还面临着核武器、生物和化学武器的威胁。我们认为这些进展是北约内部进行适应性变革不可分割的一部分。我们十分重视这些努力，欢迎北约在这方面取得的巨大成就，并要求把这项工作继续下去。

我们呼吁还没有签署和批准化学武器公约的国家尽快签署和批准这一公约。我们敦促俄罗斯联邦尽快批准第 2 阶段削减战略武器条约，以便可以开始第 3 阶段削减战略武器谈判。

我们支持力争达成一项有效的、在法律上具有约束力的国际协议，禁止在世界范围内使用、贮存、生产和转让杀伤性地雷。我们注意到裁军会议上取得的积极进展，我们还注意到渥太华进程所取得的进展。

24. 我们继续对欧洲常规力量条约和它的完整性给予最大的重视。在这方面，我们欢迎欧洲常规力量条约侧翼协议于 1997 年 5 月 15 日正式生效，并突出了它对地区稳定的重要性。我们同所有 30 个国家一起共同致力于继续全面实施欧洲常规力量条约、条约的附件和侧翼协议。我们准备与其他国家合作，以便尽快根据欧洲政治和军事形势的变化对欧洲常规力量条约作适应新情况的修改，使该条约继续成为稳定的基石和充分确保欧洲各国的安全。北约已为修改欧洲常规力量条约提出了一项全面的建议。我们期望与其他国家合作以便尽早完成一项关于修改欧洲常规力量条约的框架协议。

25. 我们重申北约内部就影响到北约安全利益的更具广泛性的威胁——包括与非法武器交易和恐怖活动有关的威胁——进行磋商的重要性。我们继续谴责国际上的所有恐怖活动。这些恐怖活动公然违背人的尊严和权利，并威胁到正常国际关系的交往。根据我们的国家的法律，我们强调必须进行尽可能的最有效的合作以防止和杜绝这种暴行。

26. 我们今天所采取的一些措施以及我们明天（7 月 9 日）在欧洲—大西洋伙伴关系委员会主持下与我们伙伴在一起举行的会议将使我们更接近于我们所制定的建立欧洲共同安全的目标。我们仍然致力于建立一个自由和统一的欧洲—大西洋社会，在这个社会中，所有的人都能享受和平与繁荣。北约在更新了结构和观点、坚定了目标和决心和不断扩大成员国后，在实现上述目标和对付未来在安全问题上的挑战时将发挥自身的作用。

27.（略）

新日美防卫合作指针　日本《朝日新闻》1997 年 9 月 24 日刊登了日美两国政府于 23 日达成协议的新日美防卫合作指针，全文如下：

一、制定指针的目的

制定这个指针的目的，是要从平时开始就构筑对付武装攻击日本及其周边事态的更加有效和更加可信赖的日美合作的牢固基础。指针对日常及紧急状态下日美两国的作用、合作及协调方法，确定了一般框架并指明了方向。

二、基本的前提和设想

指针及其有关的政策，是根据以下的基本前提和设想制定的。

1. 不改变根据日美安全保障条约及其有关协定的权利和义务，也不改变日美同明盟关系的基本框架。

2. 日本采取的一切行动，都要在日本宪法允许的范围内，都要遵守专守防卫和无核 3 原则等日本的基本方针。

3. 日美两国采取的一切行动，都要符合包括和平解决争端、主权平等在内的国际法的基本原则以及联合国宪章等有关的国际条约规定。

4. 指针及其原则有关的政策，并非赋予任何一国政府以采取立法、预算和行政措施的义务。但是，构筑切实发挥作用的日美合作体制，是指针及其有关的政策的努力目标。因此希望日美两国政府根据各自的判断，以适当的方式，使自己努力的结果体现到各种具体的政策和措施上。日本采取的一切行动，都要遵循每个时期适用的国内法律。

三、从日常开始进行合作

日美两国政府坚持现行的日美安全保障体制，努力维持各自所需要的防卫态势。日本根据《防卫计划大纲》在必要的范围内保持防卫力量。美国为了承担起对日本的义务，要保持核威慑力量，并在亚洲太平洋地区继续部署前线部队，而且还要保持能够来增援的其他兵力。

日美两国政府以各自的政策为基础，为了构筑保卫日本及更加稳定的国际安全保障环境，从平时开始就要保持密切的合作。

日美两国政府从平时开始就要在各个领域加强合作。为了进行合作，需要根据日美相互提供物资和劳务协定和日美相互防卫援助协定及其有关规定进行相互支持。

1. 互通情况和磋商政策

日美两国政府认为，准确的情报和准确的分析，是实现安全保障的基础。两国政府将以亚洲太平洋地区的形势为中心，就两国关心的国际形势加强交换信息和意见，并继续就防卫政策和军事态势进行紧密的磋商。

2. 安全保障方面的种种合作

日美为促进地区及全球规模在安全保障方面的各项活动而进行的合作，将有助于构筑更加稳定的国际安全保障环境。

日美两国政府认识到推进这个地区的安全保障对话，促进防卫方面的互访，以及实行国际军备管理和裁军的意义和重要性，决心推动这些活动，并根据需要实行合作。

在日美任何一方政府或者两国政府决定参加联合国维和活动或者人道主义救援活动时，日美两国政府要根据需要进行密切合作，相互支援。日美两国政府要在指导方针方面做好准备，在运输、医疗、交换情报和教育训练等领域进行合作。

在发生大规模灾害后，日美任何一方政府或者两国政府应有关国家政府或者国际组织的要求而进行紧急救援活动时，日美两国政府视需要进行密切合作。

3. 日美联合作业

日美两国政府要一起研究制定日本遭受武力攻击时的联合作战计划和关于周边事态的相互合作计划。包括研究计划在内都要联合作业，以便构筑日美合作的基础。这些努力是在双方有关机构的参与下进行的，它将构成日美两国合作的基础。日美两国政府为了进行这种联合行动，使自卫队以及美军等日美两国的官方机构和民间机构的合作得以顺利进行并行之有效，需要加强联合演习和训练。另外，日美两国政府为对付紧急事态，从平时开始就要取得有关机构的支持，着手建立日美之间的协调机构。

四、日本遭到武装攻击时的对付措施

双方在日本遭到武装攻击时采取的联合对付行动，仍然是日美防卫合作的核心因素。

日本面临遭到武装攻击时，日美两国政府要采取控制事态扩大的措施，同时要为保卫日本作好必要的准备。日本遭到武装攻击时，日美两国政府要切实地联合采取对付措施，并全力赴尽早地排除这种武装攻击。

1. 当日本面临遭到武装攻击时

日美两国政府要加强交换情报和磋商政策，并尽快启动两国之间的协调机构。日美两国政府要在进行适当合作的同时，根据协议确定准备阶段，进行必要的准备。以便能够采取协调的对策。日本要构筑和维持接受美军支援的基础。其次，日美两国政府要根据形势的变化，加强情报搜集和警备工作，为防止发展成为武装攻击日本的行为而做好准备。

为控制事态扩大，日美两国政府要在外交及其他方面作出的努力。

另外，日本要注意因周边事态的变化而可能遭到武装攻击，同时还需要注意准备保卫日本和周边事态的发生以及为对付周边事态扩大三者之间的密切关系。

2. 日本遭到武装攻击时

(1) 采取相互协调的联合对付行动的基本想法

A、在日本遭到武装攻击时，日本要以本国为主立即采取行动，尽快排除这种武装攻击。届时，美国要给予日本以适当的合作。日美合作将因武装攻击的规模、状态和事态的变化及其他因素而有所不同。合作内容包括：采取相互协调的联合对付行动及其准备工作，采取控制事态扩大的措施，加强警备和交换情报。

B、自卫队和美军进行联合作战时，双方要确保行动协调，并在适当时候以适当形式发挥各自的防卫能力。届时，双方要有效地综合运用各自的陆海空部队。自卫队主要是在日本领域及周边海空领域进行防御作战；美军要支援自卫队的作战。美军的作战是为了加强自卫队的能力。

C、美国要在适当的时候派兵支援；日本要构筑和维持促进美军予以支援的基础。

(2) 作战构想

A、对付入侵日本领空的作战

自卫队和美军要在日本遭到空中侵略时进行联合作战。

自卫队要以自己为主进行防空作战。

美军要支援自卫队作战，同时，为了加强自卫队作战能力，要进行使用打击力量的支援作战。

B、防卫日本周边海域和保护海上交通作战

自卫队和美军要联合进行保卫日本周边海域和保护海上交通的作战。

自卫队要以自己为主进行作战，保卫日本的重要的港湾和海峡，保护日本周边海域的船舶及其他。

美军在支援自卫队作战的同时，要为加强自卫的作战能力，使用机动打击力量进行支援作战。

C、对付针对日本的空降和登陆的作战

为对付针对日本的空降和登陆，自卫队和美军将进行联合作战。

自卫队在以自己为主进行阻止和排除针对日本的空降和登陆的作战。

美军的作战主要是加强自卫队的能力。届时，美国要根据侵略的规模、状态及其他因素，尽快地提供兵力援助，支援自卫队作战。

D、对付其他的威胁

①对于游击队和特种部队等军事力量潜入日本领域，发动正规的进攻，自卫队应以自己为主，尽快地阻止和排除这种进攻。届时，要与相关机构密切合作与协调，同时视事态发展谋求得到美军的适当援助。

②为对付弹道导弹的进攻，自卫队和美军要进行密切合作与协调。美军在对日本提供必要的情报的同时，将根据需要考虑使用具有打击力量的部队。

(3) 与作战相关的各种活动及其必要事项

A、指挥与协调

自卫队和美军在密切配合的情况下，按照各自指挥系统的指挥行动。为了使自卫队和美军更有效地进行联合作战，要事先确定关于分担任务、作战行动统一等问题的程序。

B、日美之间的协调机构

日美两国相关机构之间的必要协调，将通过日美间的协调机构来进行。为了使自卫队和美军进行有效的联合作战，在作战、情报活动及提供后方援助方面，将通过包括日美联合协调所在内的协调机构，相互进行密切的协调。

C、电子通信活动

为了确保有效地发挥电子通信的能力，日美两国政府要相互支援。

D、情报活动

为了进行有成效的联合作战，日美两国政府要在情报活动方面进行合作，其中包括在提供情报、搜集和分析情报方面进行协调。届时，日美两国政府要为共同掌握的情报的保密各负其责。

E、后方支援活动

自卫队和美军要根据日美间的适当的协议，进行有效而适当的后方支援活动。

为了提高后方支援的实效，弥补各自的不足，日美两国政府要恰当而灵活地发挥中央政府及地方公共团体的权限和能力，以及民间的能力，进行相互支援活动。届时，还要特别注意以下事项：

①补给

美国要帮助日本获得美国制造的装备等补给品；日本要帮助美军获得日本国内的补给品。

②运输

在美国向日本空运或海运补给品时，日美两国政府要密切合作。

③维修

日本要帮助美军在日本国内维修美军装备品；当日本无法维修美国产品时，美国要给予帮助。在帮助维修时，将根据需要对经办人员进行技术指导。此外，日本还将根据美军的需要，在海上救难和回收船只方面提供支援。

④设施

日本将根据需要，按照日美安全保障条约及其相关的协定，提供新的设施和地区。此外，为了进行富有成果而高效率的作战，必要时将根据该条约及相关协定，自卫队和美军将共同使用自卫队的设施以及美军的设施和地区。

⑤医疗

在医疗领域，日美两国政府要在伤病员的治疗和输送方面进行相互支援。

五、在因日本周边地区事态而对日本的和平与安全产生重要影响时（周边事态）的合作

周边事态是对日本的和平与安全产生重要影响的事态。周边事态的概念不是指地理上的概念，而是着眼于事态性质的概念。日美两国政府必须尽最大努力(包括外交上的努力在内)，防止周边事态的发生。日美两国政府在就各种事态的状况达成共识的情况下，有效地协调各种活动。另外，在对付周边事态时所采取的措施可以因情况而异。

1. 发生设想的周边事态时

在发生设想的周边事态时，包括努力就事态达成共识在内，日美两国政府要加强情报交换和政策协商。

与此同时，日美两国政府为了抑制事态的扩大，要作出各种努力，其中包括外交上的努力。而且，要尽快开始运用日美之间的协调机构，包括充分利用日美联合协调所。另外，日美两国政府要适当进行合作，同时要在通过协调作出选择的准备阶段，进行必要的准备，以确保采取协调的措施。日美两国政府还要根据形势的变化，加强情报搜集和警戒工作；与此同时，要加强快速反应态势，以适应形势的变化。

2. 对付周边事态的措施

在对付周边事态时，日美两国政府要采取包括抑制事态扩大在内的适当措施。关于这些措施，应根据第 2 条所提出的基本前提和想法，分别作出自己的判断。日美两国政府应遵照相关的协定，根据需要进行相互支援。

双方合作的领域、项目和具体内容如下：

(1) 日美两国政府在各自为主进行活动的合作

日美两国政府可以根据各自的判断进行如下活动，不过，日美之间的合作将会提高其实效。

A、对救助活动和难民需要采取的措施

日美两国政府要在受灾地区当局的同意和协助下开展救助活动。日美两国政府要根据各自的能力和需

要进行合作。

日美两国政府根据需要合作救助难民。在难民流入日本国内时，由日本决定处理措施，主要由日本负责处理，而美国提供适当援助。

B、搜索和救难

日美两国政府要在搜索和救难活动方面进行合作。日本负责在日本领域及战斗地区之外的日本周边海域，实施搜索和救难活动。美军在开展活动时，负责在美国实施活动区域内及其附近实施搜索和救难活动。

C、疏散非战斗人员的活动

在必须把非战斗人员的日本国民或美国国民从第3国疏散到安全地区时，日美两国政府有责任疏散本国国民，并同地方当局处理好关系。日美两国政府在认为合适时，可以取长补短，互相利用对方的力量，包括运输工具的保证、运输和设施的使用等等在内；双方要就疏散非战斗人员问题协调计划，并在实施时进行合作。对日本国民或美国国民以外的非战斗人员同样需要疏散时，日美两国也应根据各自的标准研究帮助疏散第3国国民问题。

D、为确保以维护国际和平与稳定为目的的经济制裁行之有效而采取行动时，日美两国政府要根据各自的标准作出贡献。

另外，日美两国政府要根据各自能力适当地进行合作。在进行这种合作时，要在交换情报、根据联合国安理会决议对船舶进行检查时进行合作。

(2) 日本对美军活动的支援

A、设施的使用

根据日美安全保障条约及其有关协定，日本在适时并适当地提供新的设施和区域的同时，要确保美军能够临时使用自卫队设施、民间机场和港湾。

B、后方地区的支援

对为实现日美安全保障条约的目的而进行活动的美军，日本要进行后方地区支援。这种后方地区支援的重点，是保证美军能够有效地使用设施和进行各种活动。从这种情况来看，后方地区支援主要是在日本领域内进行，但也可以设想能够在与战斗地区毗邻的日本周围的公海及其空中进行。

进行后方地区支援时，日本要适当地利用中央政府和地方公共团体拥有的权限和能力以及民间能力。自卫队要力图执行保卫日本的任务和维护公共秩序的任务统一起来，同时还要适当地进行后方地区支援。

(3) 日美在用兵方面的合作

周边局势对日本的和平与安全具有重要影响，因此自卫队要为保护生命和财产以及确保航行安全，进行搜集情报、监视以及排除水雷活动。美军要为恢复周边事态影响的和平与安全而活动。

在得到有关组织的支持下，要进行合作和协调，使自卫队和美军双方的活动更大地发挥作用。

六、日美要在指针指导下进行有效的防卫合作

为了根据指针有效地推进日美防卫合作，日美两国平时应该对日本受到的武装攻击和周边事态等安全保障方面的各种情况进行磋商。为了确实使日美防卫合作取得成效，双方必需提供在各个级别上的信息，并进行调整。因此，日美两国政府应抓住包括日美安全保障协商委员会和日美安全保障高级事务磋商会议等所有机会，交换信息和进一步协商政策。此外，为了调整政策和调整作战、活动的领域，将建立以下两大机构。

第一，为了在研究计划的同时，确立共同基准和实施要领等内容，日美两国政府将建立总括性机构。参与其中的不仅有自卫队和美军，还有各级政府和相关机构。

日美两国政府将对这种总括性机构的状况进行必要的完善。日美安全保障协商委员会将在有关这个机构的作业方面给予方向性的指示，并在此基础上继续发挥重要的作用。日美安全保障协商委员会拥有提示方针、确认作业的进展情况以及发出必要的指示等责任。防卫合作小委员在联合作业方面将起到补充日美安全保障协商委员会的作用。

第二，为了在出现紧急事态时调整各种活动，要从平时开始建立包括两国相关机构在内的日美间调整机构。

1. 关于计划研究、确立共同基准和实施要领等方面的联合作业

日美两国要得到双方相关机构的参与，建立一个综合机构，从而有计划、有效地进行以下作业。这些作业的进展和结果，要逐条逐项地向日美安全保障协商委员会和防卫合作小委员会汇报。

(1) 关于联合作战计划和相互合作计划的研究

为了使自卫队和美军能在日本遭受武装攻击时顺利而有效地采取联合行动，日美两国政府应从平时起就开始研究联合作战计划。此外，日美两国政府还要研究相互合作计划，以便能在日本周边发生战事时顺利而有效地采取对策。

联合作战计划和相互合作计划的研究结果，应以适当方式反映到日美两国政府的各项计划之中，在此前提下，事先对各种状况做好设想。日美两国政府应根据实际情况，对各自的计划进行调整。日美两国政府应注意调整联合作战计划的研究和相互合作计划的研究之间的关系，以便在周边事态可能发展到武装攻

击日本或者武装攻击日本与波及日本同时发生时，能采取适当的对策。

（2）确立做好防卫准备的共同标准

为了做好日本防卫的准备工作，日美两国政府要从平时开始确立共同标准。这一标准应明确规定各个准备阶段的情报活动、部队的活动及移动、后方支援以及其它事项。当日本面临武装攻击时，日美两国政府要根据协议，确定共同的准备阶段，还要反映在旨在实现日本防卫的自卫队、美军及其他相关机构的各个准备方面。

同样，关于周边发生事态时的合作措施，日美两国政府将确立共同标准，并商定共同的准备阶段。

（3）确立共同的实施要领等

日美两国政府要事先制定日本防卫所需的共同实施要领等，以保证自卫队和美军顺利、有效地开展作战行动。这个实施要领包括通信、目标位置的通报、情报活动、后方支援以及为防止日美部队之间相互袭击的要领，同时还应包括约束各自部队的活动的标准。此外，自卫队和美军要注意电子通信活动等方面相互运用的重要性，预先确定相互认为必要的事项。

2. 日美两国间的协调机构

日美两国政府应取得两国的相关机构的支持，从平时就构筑两国间的协调机构，在日本遭受武装攻击和周边发生突发事件时，协调日美双方的活动。

协调的要领应根据不同事项和有关机构而有所不同。协调要领中应包括召开协调会议、互派联络员以及指定联络窗口等内容。自卫队和美军为了协调双方的活动，有必要从平时就建立起硬件和软件齐备的日美联合协调所，以此作为协商机构的一个组成部分。

七、适时适当地修改新指针

为了适应围绕日美安全保障关系的各种情况的变化，日美两国政府将根据需要适时地采取适当方式修改新指针。

联合国和伊拉克共和国谅解备忘录 1998年2月23日，联合国秘书长拉菲·安南和伊拉克副总理塔里克·阿齐兹就武器核查问题在巴格达签署了联合国和伊拉克共和国谅解备忘录，全文如下：

1. 伊拉克政府再次重申，它将遵守联合国安理会的所有有关决议，其中包括第687号决议（1991年）和第715号决议（1991年）。伊拉克政府进一步重申它作出的有关将同联合国特别委员会和国际原子能机构充分合作的承诺。

2. 联合国重申它作出的有关各成员国尊重伊拉克主权和领土完整的承诺。

3. 伊拉克政府承诺遵照第1段中提及的决议立即、无条件、无限制地给予联合国特别委员会和国际原子能机构准入权。联合国特别委员会承诺在执行联合国安理会决议所规定的任务时尊重伊拉克在国家安全、主权和尊严方面的合法权益。

4. 联合国和伊拉克政府一致同意，在进入8处伊拉克总统府邸（8处府邸的名称见本备忘录的附件）执行第1轮及随后的检查任务时，应遵循如下几项特别程序：

a）联合国秘书长应同联合国特别委员会执行主席及国际原子能机构总干事进行磋商后专门为此建立一个特别小组。

这个小组的成员应包括由联合国秘书长指定的高级外交官以及从联合国特别委员会和国际原子能机构抽调的专家。这个小组应由秘书长指定的专员领导。

b）在执行任务的过程中，这个特别小组应依照联合国特别委员会和国际原子能机构确定的程序开展工作，具体程序依照联合国安理会的有关决议根据总统府邸各自的特殊情况个别制订。

c）特别小组关于它的活动和核查结果的报告应该由联合国伊拉克问题特别委员会执行主席通过秘书长提交给安理会。

5. 联合国和伊拉克政府还一致同意，所有其他地区、设施、设备、记录和运输工具都应该遵循迄今为止规定的联合国伊拉克问题特别委员会的程序。

6. 注意到联合国伊拉克问题特别委员会在解除伊拉克武装的各个不同方面所取得的进展和需要加紧努力以完成其使命，联合国和伊拉克政府一致同意加强合作并提高工作的效率、有效性和透明度，以使联合国伊拉克问题特别委员会能够根据（1991年通过的）第687号决议第22段迅速向安理会报告。为达到这一目的，伊拉克政府和联合国伊拉克问题特别委员会将把1997年11月21日举行的联合国伊拉克问题特别委员会紧急会议报告中包含的向它们提出的建议付诸实施。

7. 解除制裁对于伊拉克人民和伊拉克政府来说显然是最为重要的，秘书长已着手使这个问题得到安理会成员的充分注意。

本协议的两份英文原件于1998年2月23日在巴格达签署。

秘书长	副总理
科菲·安南	塔里克·阿齐兹
代表联合国	代表伊拉克共和国

本备忘录附件

双方在本谅解备忘录中商定的8处总统府邸包括：

1. 共和国宫总统府邸（巴格达）

2. 拉德瓦尼亚总统府邸（巴格达）
3. 锡朱德总统府邸（巴格达）
4. 提克里特总统府邸
5. 塞尔萨尔总统府邸
6. 迈克侯勒山总统府邸
7. 摩苏尔总统府邸
8. 巴士拉总统府邸

每一处总统邸的范围都记录在由联合国秘书长委派的联合国技术小组所作的伊拉克"总统府邸"调查报告中。这份报告是1998年2月21日秘书长写给伊拉克副总理的一封信的附件。

安理会通过伊拉克武器核查新决议 1998年3月2日，联合国安全理事会就伊拉克武器核查问题一致通过1154号决议，核准联合国和伊拉克共和国签署武器核查谅解备忘录，期待它早日得到全面执行。该决议全文如下。

安全理事会：

回顾以前通过的所有有关决议（这些决议是衡量伊拉克是否履行的标准），决心确保伊拉克无条件地或者无限制地立即全面履行687号决议（1991年）和其他有关决议给它规定的义务，重申所有成员国支持伊拉克、科威特以及毗邻国家的主权、领土完整和政治独立，根据联合国宪章第7章行事。

1. 赞扬秘书长为保证伊拉克政府承诺履行有关决议给它规定的义务所采取的主动行动，并在这方面赞成伊拉克副总理与秘书长在1998年2月23日签署的谅解备忘录，期待它早日得到全面执行；

2. 要求秘书长尽快向安理会报告与联合国特别委员会执行主席和国际原子能机构总干事磋商后最终确定的总统府邸核查程序；

3. 强调伊拉克政府履行在谅解备忘录里重复的义务，根据有关决议让联合国特别委员会和国际原子能机构立即、无条件和无限制地进入，对执行687号决议（1991年）是必要的，任何违反决议的行为都会给伊拉克造成严重后果；

4. 重申打算根据687号决议（1991年）的有关条款就那项决议中的禁止规定的持续时间作出决定，指出伊拉克由于迄今为止没有履行有关义务而推迟了安理会可能这样做的时间；

5. 决定根据宪章规定的责任，积极处理这个问题，以确保这项决议得到执行并保证这个地区的和平与安全。

安南提交核查伊拉克总统府邸程序方案 根据安南与伊拉克政府1998年2月23日达成武器核查谅解备忘录，联合国武器核查人员在核查伊拉克总统府邸时按照特别方式进行。安理会于3月2日通过的1154号决议在核准备忘录的同时，要求秘书长尽快向安理会提交核查伊拉克总统府邸程序方案。安南于3月9日向安理会本月主席提交了核查伊拉克8处总统府邸最后程序方案。该方案包括如下内容：特别小组由秘书长委任的外交官及从联合国特别委员会、国际原子能机构抽调的专家组成，其人数由特别委员会主席及国际原子能机构总干事决定，专家也由他们委派；每次执行任务时，由特别委员会主席或国际原子能机构总干事委派一名成员担任小分队队长；由特别委员会主席及国际原子能机构总干事决定核查总统府邸的必要性、进入总统府邸的时间及具体地点，并同特别小组专员协商；由特别小组专员或其委派的代表向伊拉克政府发出核查总统府邸照会，照会中将注明武器核查小分队的人员构成及陪同前往的外交官等情况；在进入总统府邸时，小分队的举止应与总统府邸的特点相一致，在进入总统府邸内的特殊部分时，应考虑到伊拉克方面的要求，然后方可采取相应的行动，但这样做不应妨碍小分队完成其核查任务；特别小组专员每次委派至少两名外交官陪同小分队前往总统府邸，外交官的使命是监督备忘录及检查总统府邸特别程序是否得到有效贯彻，并负责向特别小组专员汇报有关情况；特别小组专员将同特别委员会主席及国际原子能机构总干事共同讨论外交观察员所报告的情况，并将出现的问题转达给伊拉克主管当局，如果认为有必要，可直接向秘书长汇报。方案还承诺根据核查情况，将不时对上述程序细节作修改和补充。

（任　明）

巴以希伯伦问题协议主要内容 巴勒斯坦和以色列于1997年1月15日在埃雷兹草签、1月17日在耶路撒冷正式签署了希伯伦问题协议。其主要内容如下：

一、撤出希伯伦和安全安排

以色列将在10天内从希伯伦的80%领土上撤军。以色列将保留对希伯伦的20%领土和犹太定居者的安全管理。

希伯伦将有400名巴解组织警察。这些警察配备200支手枪和100支步枪。4支16人巴解快速反应部队将处理特别安全问题。配备步枪的快速反应部队需经共同批准后才能在毗邻犹太人定居点的地区采取行动。

以色列—巴解组织联合巡逻队将在自治区和希伯伦的一些地区，特别是俯瞰犹太人定居点的高地和周围地区巡逻。允许进入以色列管理的地区的联合部队将只处理涉及阿拉伯人的事件。

巴解组织将守卫在它掌管下的地区的犹太圣地。

巴解组织对以色列管理的地区的阿拉人拥有民事

管辖权。

二、对临时和平协议的相互承诺

双方再次保证遵守巴解组织和以色列前政府签署的 1995 年临时协议。

以色列将从 1997 年 3 月开始分 3 个阶段撤离西岸农村地区。按照附在这项协议中的美国给内塔尼亚胡总理的一封信，撤至犹太人定居点和“某些指定的军事地点”的第 3 阶段撤军应在 1998 年年中前完成。

双方将在希伯伦撤军后两个月内开始举行最后地位问题的和平谈判。

巴解组织将完成对其宪章中规定摧毁以色列的条款的修改。

巴解组织承诺打击“恐怖”组织，没收非法武器，保持警察部队不超出和平协议规定的范围，把治理活动限于自治地区。

（本栏责任编辑　温味几）

1997年世界军事大事记

1997年世界军事大事记

1　月

1月1日

△土耳其武装部队总参谋部发表声明，宣布土耳其政府军在伊拉克北部发动越境军事行动，清剿土耳其库尔德工人党游击队。

1月3日

△索马里26个派别领导人在埃塞俄比亚首都亚的斯亚贝巴宣布，经过6周高级磋商会议后，来自26个派别的41名代表已经组成索马里全国拯救委员会。

1月4日

△塞浦路斯不顾其邻国土耳其的反对，与俄罗斯签订了购买价值数百万美元俄地空导弹的合同。

1月5日

△据《日本经济新闻》报道，根据1997～2000年度的日本防卫计划，日本将有5个师被改编，改编后的师将有一部分部队实行预备自卫官制度。

1月6日

△俄罗斯国防工业部长透露，1996年俄向国外出口了价值30亿美元的武器。目前已超过德、法等国，成为继美、英之后的世界第3武器出口大国。

1月8日

△蒙古国家大呼拉尔审议通过了中国、蒙古和俄罗斯3国政府关于3国国界交界点的一系列文件。

△日本防卫厅决定成立"情报总部"以便有效地分析和利用搜集到的军事情报。

△埃及总统穆巴拉克和约旦国王侯赛因在埃及南部旅游城市阿斯旺举行会谈，讨论巴以和谈面临的障碍和继续寻找推动中东和平进程的途径。

1月10日

△吉尔吉斯斯坦、哈萨克斯坦和乌兹别克斯坦的国家元首在吉尔吉斯斯坦首都比什凯克签署了3国《永久友好条约》。这一条约规定吉、哈、乌3国将以和平友好的方式解决任何双边和多边问题，将在所有地区性和国际性问题上采取"协调一致的政策"。吉尔吉斯斯坦总统阿卡耶夫表示，中亚3国今后将定期进行协商，以便在政治、经济和国际领域采取统一行动。

1月13日

△波黑穆克联邦国防部长耶拉维奇在萨拉热窝宣布，波黑穆克联邦正式组建联合军队。这支军队将由3万～5万人组成，共编为4个师和14个旅。其中克族1个师，穆族3个师。还将建立2个营的快速反应部队、1个炮兵师、1支伞兵部队和1支防空部队。穆克联邦联合军队是在美国撮合下建立的。美国提供了各种轻重武器、防空及通信设备等。

1月17日

△巴勒斯坦和以色列代表在耶路撒冷正式签署希伯伦问题协议。

△乌克兰开始实施"到2005年以前武装力量建设和发展远景纲要"。乌克兰国防部长库兹穆克上将说，1997年将对乌武装力量进行大调整。到年底以前，将精简约500个军事机构，并将有包括将军在内的1000名军官退役。

1月21日

△修改欧洲常规武装力量条约的谈判在奥地利维也纳正式开始。北约和原华约的30个国家的代表参加谈判。这次谈判是在欧安会组织的主持下开始的，预计将至少进行1年半。

1月22日

△美国参议院批准科恩任国防部长。

1月23日

△据《纽约时报》报道，美国正在以出售世界上最为先进的武器为诱饵，加紧抢占东南亚武器市场。除先进的战斗机外，美国正在酝酿向这一地区销售当今最先进的AIM－120中程空空导弹，并已决定允许泰国购买。

1月25日

△中非总统帕塔塞与兵变士兵首领苏来上尉在中非首都班吉正式签署结束兵变的协议。

1月26日

△美国国防部长科恩表示，他将继续执行美国既定的防务政策，并将推动导弹防御系统的研究。这一系统不用于防御全面核战争，但可防御有限的、独立的或事故性的导弹袭击。

1月28日

△俄罗斯总统新闻局宣布，叶利钦总统下令撤销元帅的军衔并改变大将肩章图案。目前俄军现役军人中，已没有拥有元帅衔的军官，拥有大将军衔的军官仅总参谋长、5大军种司令和2名国防部副部长。

△法国总统希拉克在巴黎与来访的北约秘书长索拉纳会谈时表示，"法国准备重返改革后的拥有明确欧洲支柱的北约"，在北约内部"欧洲人和美国人应均衡地承担责任"。美国国防部发言人培根重申，美国不会让欧洲人分担北约南欧司令部的指挥权。

△乌克兰外交部长乌多文科对记者说，"我们不想放弃自己作为不结盟国家的地位，不打算加入北约。"乌多文科坚决否认乌克兰可能加入北约的猜测。

1月31日

△英国国防部证实，英国1996年的军火出口总额为51亿英镑（约合82.6亿美元），成为仅次于美国的世界第2军火出口大国。

2　月

2月2日

△危地马拉约1000名哗变军事警察在政府的强大军事压力下被迫放下武器，停止对抗，使国内一度极为紧张的局势开始缓和。

△俄罗斯武器和军事技术装备进出口公司开始实施新的武器出口战略计划。主要目标是使俄罗斯在武器出口方面赶上世界武器出口第1大国美国。1996年全年俄武器出口额约为34亿美元。

2月3日

△波兰、德国和法国所谓3国"魏玛集团"国防部长在华沙签署了旨在加强军事合作的倡议书。根据这份"倡议书"，波、德、法每年至少举行1次多兵种联合军事演习和军事讨论会。

2月4日

△以色列两架军用直升机在与黎巴嫩毗邻以北加利利地区上空相撞坠毁，机上所载特种部队军人全部死亡（其中军官13名）。这是以色列建军史上最大的空难事件。

2月5日

△土耳其总统德米雷尔在同北约秘书长索拉纳会晤后宣布，土耳其将不支持北约东扩，因为土耳其还未加入欧洲联盟。

△为应付海外"紧急事态"，日本防卫厅、警察厅和海上保安厅确立快速反应体制。

2月7日

△希腊和俄罗斯签署防务合作条约。

2月10日

△印度国防部长索穆说，印度正在建造1艘航空母舰，以取代不久将退役的英国制造的1艘老化的航空母舰。

2月17日

△匈牙利和罗马尼亚决定建立联合维和部队，加强军事合作。

2月18日

△俄罗斯总统新闻秘书亚斯特任布斯基在记者招待会上说，叶利钦已指示俄国防部1997年裁减20万兵员。国防部长罗季奥诺夫表示，裁减20万兵员的任务是切合实际的。裁减后俄罗斯武装部队的总人数将为150万。

△韩国三军联合司令部发表声明说，韩国举行陆海空联合军事演习。

2月20日

△应美国、墨西哥、秘鲁和智利4国海军邀请，在中国广州军区副司令员兼海军南海舰队司令员王永国中将的率领下，由海军112号和166号导弹驱逐舰以及南运953号远洋综合补给船组成的舰艇编队从湛江启航，前往上述4国进行友好访问。这次出访编队规模之大、访问国家之多、航行时间之长。在中国海军对外友好交往史上都是没有过的。该编队在圆满完成访问任务后，于5月28日返回。

2月26日

△俄罗斯国防部长罗季奥诺夫在莫斯科同到访的乌兹别克斯坦、塔吉克斯坦和吉尔吉斯斯坦3国国防部长举行会谈，4国制定了共同计划，以阻止阿富汗战火蔓延。

2月27日

△应泰国、马来西亚和菲律宾3国海军邀请，中国人民解放军海军东海舰队司令员杨玉书中将率领由海军113号导弹驱逐舰、542号导弹护卫舰组成的舰艇编队从上海启程，前往上述3国访问。该舰艇编队在圆满完成访问任务后，于3月26日返回。

2月28日

△第4届国际地雷大会在马普托结束，与会代表呼吁所有国家政府就禁止使用地雷作出保证。

3　月

3月2日

△俄罗斯空军在俄西北地区举行大规模演习，58

架飞机向模拟的美国空中目标发射61枚空空导弹。

3月5日

△瑞典国防大臣叙多在赫尔辛基表示，瑞典将继续奉行不结盟政策，不加入北约。

3月6日

△在朝鲜的强烈反对下，韩国国防部长宣布，“为缓和朝鲜半岛的紧张局势”，经韩美两国政府共同协商决定停止举行韩美1997年度“协作精神”联合军事演习。

3月7日

△俄罗斯总统叶利钦与白俄罗斯总统卢卡申科签署的联合声明指出，两国一致对北约东扩表示不满，东扩有可能在欧洲建立新的分界线，引起危险的对峙。

△塔吉克斯坦政府和反对派代表在莫斯科签署了关于军事问题的议定书。该议定书主要确定了改编塔反对派武装和改组政府武装机构的机制。

3月10日

△泰国和柬埔寨边境委员会达成协议。双方同意相互尊重领土主权完整，共同消除武器和毒品走私违法活动，并加强双方在经济领域的合作。

3月14日

△北约理事会通过了一项关于决不增加武装力量数量的声明。郑重宣布，现在没有必要在欧洲部署更多的军队。首先没有必要在即将加入北约的中东欧国家部署更多的军队。

△经过30年左右的谈判，澳大利亚和印尼签署了一项具有历史意义的海洋边界条约。

3月15日

△中日两国第4次安全磋商在东京举行。中方关注日美加强军事合作，日方表示坚持“专守防卫”政策。

3月16日

△有联合国、欧洲联盟、美国、俄罗斯、埃及、约旦以及挪威等国代表参加的加沙国际会议，讨论了拯救与维护中东和平进程的问题。各方将尽力使和平进程走上正常轨道。

3月20日

△俄罗斯同荷兰签署两国军事合作协定及两国国防部1997年合作计划。

3月21日

△美国总统克林顿和俄罗斯总统叶利钦在赫尔辛基签署5项联合声明，但双方未能消除在北约东扩问题上的分歧。这5项联合声明是：《关于欧洲安全问题的联合声明》、《关于化学武器的联合声明》、《关于美俄经济倡议的联合声明》、《关于进一步削减核武器的联合声明》以及《关于反导道道弹防御条约的联合声明》。

3月24日

△俄罗斯北高加索军区和乌拉尔军区举行大规模首长司令部演习。俄罗斯武装力量总参谋长和代理陆军部队司令分别指挥了这两个军区的演习。

△北约秘书长索拉纳向波兰作出保证，当波兰被邀请加入扩大后的北约时，他将不会成为北约的二等成员国。

3月26日

△非统组织预防、控制和解决冲突机制中央机构的特别首脑会议在多哥首都洛美开幕。来自十多个非统组织成员国的国家元首或政府首脑、联合国秘书长、非统组织秘书长、英国、德国和欧盟的代表、美国总统克林顿和法国总统希拉克的特使出席了会议。会议讨论了贯彻执行联合国和非统组织有关扎伊尔和平计划问题。

△俄罗斯总统兼武装力量最高统帅叶利钦发表告军人书表示，他将亲自监督实施军事改革以提高国家防御能力，使军队适应时代要求。军队的结构和人员都将进行调整，装备、供应及募兵方式将作进一步改进，他特别强调军队人数要压缩。

3月28日

△俄罗斯总统叶利钦在独联体首脑会议结束后在莫斯科举行的联合记者招待会上说，“会议在政治上有力地推动了一体化”。乌克兰总统库奇马说：“独联体历史的新阶段从今天开始。”会议期间俄罗斯总统同乌兹别克斯坦总统在莫斯科签署了两国边境问题合作条约。

△乌克兰海军发言人说，北约8艘军舰和乌克兰的1艘军舰在黑海举行联合军事演习。

4　月

4月2日

△俄罗斯总统叶利钦和白俄罗斯总统卢卡申科在克里姆林宫签署了关于成立俄罗斯和白俄罗斯联盟的条约以及关于俄、白就完成和通过联盟章程相互谅解的备忘录。文件规定成立联盟的目的是加强两国政治、军事、经济、文化和科学等领域的合作关系。

△俄罗斯国家杜马成立“反北约”委员会。

△法国海军参谋部宣布，法国新一代第1艘核潜艇“凯旋号”已经投入服役，正式编入法国的“远洋战略力量”，成为法国核威慑的主力。

4月4日

△日本政府举行临时阁僚会议，通过了同意驻日美军继续使用冲绳军事基地的“驻日美军继续使用冲

绳军事用地特别措施法修改案”。11日，日本众议院多数票通过了该修正案。

4月7日

△第12次不结盟运动部长级会议在新德里开幕，会议的主要议题是不结盟的发展、世界形势、裁军和联合国改革等问题。

△日本防卫厅长官久间章生同来访的美国国防部长科恩举行会谈。双方宣称要保持驻日美军约4.3万人的兵力。科恩在会谈中要求日本参加其“弹道导弹防御计划”。久间表示要继续对此进行共同研究。

4月8日

△在纽约联合国总部参加《不扩散核武器条约》2000年审议大会第1次筹委会的中国、法国、俄国、英国和美国的代表发表联合声明，重申支持《不扩散核武器条约》，全面执行包括裁军在内的各项条款。

△中国代表团团长、裁军大使沙祖康在《不扩散核武器条约》2000年审议大会第1次筹委会上发表讲话，呼吁有关国家放弃核威慑政策，以满足国际社会对进一步核裁军的迫切要求。沙祖康说，尽管冷战已经结束，一些国家仍不肯放弃以首先使用核武器为基础的核威慑政策，还在变着花样、千方百计地发展和部署破坏战略安全与稳定的导弹防御系统。他接着说，在核裁军问题上，中国主张全面禁止和彻底销毁核武器。

4月11日

△安哥拉正式成立了民族团结与和解政府。安总统多斯桑托斯任命范杜嫩为新政府的总理，新政府成员中安盟占有4个部长和7个副部长席位，其余24名部长均来自总统领导的安哥拉人民解放运动。

4月14日

△俄罗斯北方舰队开始在巴伦支海举行大规模演习，数十艘水面舰艇、潜艇、辅助船只及空军等兵种参加演习。

4月15日

△俄罗斯黑海舰队新闻中心宣布，黑海舰队将有50多艘舰艇、海军舰空兵、海军陆战队和海岸火箭炮部队参加4月15～25日举行的大规模军事演习。

4月16日

△第2届阿富汗问题国际会议在联合国总部举行。会议旨在为解决阿富汗问题找出有效办法。中国代表强调民族和解是关键。

4月23日

△中国国家主席江泽民和俄罗斯总统叶利钦在莫斯科克里姆林宫签署《中华人民共和国和俄罗斯联邦关于世界多极化和建立国际新秩序的联合声明》。双方主张确立新的具有普遍意义的安全观，认为必须摒弃“冷战思维”，反对集团政治，必须以和平方式解决国家之间的分歧和争端，不诉诸武力或以武力相威胁，以对话协商促进建立相互了解和信任，通过双边、多边协商合作寻求和平与安全。

4月24日

△中国裁军大使沙祖康在联合国裁军审议委员会上发言，表示中国赞成召开第4次裁军特别联大，以重新确认和制定21世纪的国际军控和裁军的原则和目标。第4次裁军特别联大建议讨论3个议题：关于建立无核区的问题，关于常规军备控制和裁军的准则问题。

△中国、俄罗斯、哈萨克斯坦、吉尔吉斯斯坦、塔吉克斯坦5国元首在莫斯科签署在边境地区相互裁减军事力量的协定。在长达7000千米边界线各自一侧100千米范围内，裁减后每一方保留的陆军、空军、防空军航空兵的人员不超过13.04万人。该协定是亚太地区第1个关于相互裁减军事力量的国家间文件。它的签署不仅有利于维护中国同俄、哈、吉、塔4国边境地区的和平、稳定与安宁，而且对维护地区安全与世界和平提供了一个不同于冷战思维的安全模式。

△北约16国参谋长在北约总部召开会议，讨论北约军事机构改革问题。会议就精简机构使北约适应冷战后形势的需要达成共识，将欧洲盟军最高司令部原下属的北欧、中欧和南欧3个地区司令部减少为南欧和北欧2个司令部，将原来大小65个司令部减为20个司令部。

4月25日

△中国常驻联合国代表秦华孙大使在联合国总部向联合国正式递交了中国批准《化学武器公约》的法律文书，从而使中国成为第78个向联合国递交批准书的国家和该公约的原始缔约国。该公约于4月29日正式生效。

4月28日

△苏丹南部的4个反政府组织达成一项协议，决定把各组织的部队联合起来，成立联合民主拯救阵线。

5　月

5月6日

△美国驻日海军司令迈克尔·哈斯金斯将军说，美国在亚洲地区有足够的兵力应付任何突发事态，并确保对立国家和平解决争端。

△日本国会众议院议员西村真晤与日本冲绳县石垣市议员仲间均和两名摄影师，非法登上了中国领土钓鱼岛。在岛上插上日本国旗。这是日本国会议员首

次登上钓鱼岛，公然侵犯了中国的领土主权。

5月8日

△美国总统克林顿在哥斯达黎加圣何塞同中美洲国家领导人签署了《圣何塞声明》，强调两个近邻地区国家间建立伙伴关系。

5月9日

△俄罗斯联邦安全会议副秘书长别列佐夫斯基表示，近日通过的《俄罗斯联邦国家安全构想》中，俄罗斯保留了首先使用核武器的权利。

5月12日

△中国研制的新一代通信卫星“东方红”3号，由新型的“长征火箭甲”运载火箭在西昌卫星发射中心发射升空。

△俄罗斯联邦总统叶利钦与车臣共和国总统马斯哈多夫在克里姆林宫签署和平与相互关系原则条约。叶利钦对记者说，这一条约将具有历史意义，因为它终止了400年的战争和对立。

△乌克兰总统库奇马同在基辅访问的白俄罗斯总统卢卡申科正式签署了《乌克兰与白俄罗斯国家边界条约》。

△伊朗海军和空军在海湾和接近战略要地霍尔木兹海峡的阿曼海举行为期6天的军事演习。参加演习的有军舰、直升机、导弹巡逻艇、潜艇、轰炸机和4000名军人。

5月13日

△在巴黎举行的西欧联盟部长理事会会议决定成立西欧联盟军事委员会，以使西欧联盟成为欧洲安全与防务的支柱。

△美国国防部长科恩和俄罗斯国防部长罗季奥诺夫签署了加强防务合作的协议，以便就导弹防御、维和和俄罗斯军队的改革问题建立联合工作组。

5月14日

△从5月14日开始，土耳其出动数万军人，越过土伊边境，在长达380千米的地带，向在伊拉克北部的土耳其库尔德工人党游击队发动进攻。这是1995年以来土耳其发动的规模最大的一次越境军事行动，伊拉克政府对土提出强烈的抗议。

5月17日

△“解放刚果——扎伊尔民主力量联盟”攻占扎伊尔首都金沙萨。其领导人卡比拉宣布将扎伊尔改称“刚果民主共和国”并亲自担任总统。

5月18日

△美军已制成战区导弹防御构想的防御范围显示图，并已将该图提供给日本。战区导弹防御构想的目的是防御来自朝鲜、中国和俄罗斯对日本的导弹攻击。

5月20日

△据俄罗斯军方透露，俄北方舰队将举行战术演习，参加演习的有水上舰艇、核潜艇和海空陆战队。演习目的除了为修改作战训练任务外，也为了检验武器的性能和掌握武器的能力。

5月23日

△俄罗斯总统叶利钦签署命令解除国防部长罗季奥诺夫和武装部队总参谋长萨姆索诺夫的职务。同时任命战略火箭部队总司令谢尔盖耶夫大将为国防部长，北高加索军区司令克瓦什宁上将为武装部队代总参谋长。

△泰国和美国举行的代号为“金色眼镜蛇”的联合军事演习在泰国北部彭世洛府结束。美国官兵有5000人，泰国官兵有1万多人参加了为期16天的演习。

5月24日

△“禁止化学武器组织”正式成立。该组织由缔约国大会、执行理事会和技术秘书处3个主要机构组成，总部设在海牙。

5月25日

△塞拉利昂军人发动政变，接管国家政权。现任总统卡巴领导的文职政府已被推翻。

5月27日

△《俄罗斯联邦和北大西洋条约组织相互关系、合作与安全的基本文件》在法国总统府爱丽舍宫正式签署。参加签字的有俄罗斯总统叶利钦、北约秘书长索拉纳以及北约盟国的国家元首或政府首脑。文件规定俄罗斯和北约不把对方视为潜在的敌人。北约表示不打算在其新成员国领土上部署或存放核武器。

△格鲁吉亚国防部长纳季拜泽同正在第比利斯访问的乌克兰国防部长库兹穆克签署了两国防空力量合作协定、两国空军合作协定等6项军事协定。

5月28日

△乌克兰总理拉扎连科与俄罗斯总理切尔诺梅尔金分别代表两国政府在基辅签署了《关于俄罗斯黑海舰队在乌克兰领土驻扎的地位和条件》、《关于黑海舰队分割范围》和《关于黑海舰队分割及舰队在乌克兰领土驻扎的有关相互结算的协定》3个重要协定，以及关于履行黑海舰队协定措施的补充议定书。

△塔吉克斯坦政府和反对派在德黑兰签署了一项旨在停止长达5年之久的内战、最终实现民族和解的议定书。

5月30日

△“欧洲—大西洋伙伴关系委员会”正式成立。北约16国成员国和27个伙伴国的外长和代表举行委员会成立的首次部长级会议。欧洲—大西洋伙伴关系

委员会取代了1991年12月成立的“北大西洋合作理事会”。该机构将成为加强北约与伙伴国政治磋商和军事合作的新论坛。

5月31日

△乌克兰总统库奇马与俄罗斯总统叶利钦正式签署了《乌俄友好、合作和伙伴关系条约》及《乌俄两国联合声明》等文件。

6 月

6月1日

△美国从1987年春天开始装备一种可以轰炸地下目标的新型炸弹。这种被称为B—61型的核炸弹是在B—53型炸弹的基础上改进而成的。重量只有300多千克。B—1、B—2隐形轰炸机以及F—16战斗机都可以携带和投掷这种炸弹。

△埃及和叙利亚两国经过协调，决定全面恢复与伊拉克的正常关系。关闭了近20年的伊拉克和叙利亚边界正式开放。这是阿拉伯国家为加强团结所采取的重大行动。

6月4日

△新的反塔利班联盟“解放阿富汗联合阵线”在阿北部成立。其成员包括阿富汗伊斯兰民族运动、伊斯兰促进会、伊斯兰统一党（哈利利派）和伊斯兰党等反塔利班主要派别。

6月6日

△印度尼西亚政府决定取消从美国购买9架F—16战斗机的计划，并不再参与“扩大的国际军事教育和培训计划”，以表示对美国国会批评印尼的强烈不满。

6月8日

△日本和美国防卫合作委员会会议批准了关于修改《日美防卫合作指针》的中间报告。提出了加强日美防卫合作的40项具体措施。其中包括日本向美军提供后勤补给、军用和民用港口、战时通信、医疗和军械检修；日本参与海上扫雷和拦截可疑船只；共同实施对交战国的制裁。

6月9日

△俄罗斯总统叶利钦批准了有关俄罗斯军队建设和改革主要方向的文件以及改革的首要措施。

6月10日

△朝鲜领导人金正日视察驻守西海岸的联合部队时说：要千方百计地加强部队的战斗力，把整个防区变得固若金汤。

6月15日

△法国外交部发言人说，法国不向台湾出售武器。法国不批准一项法商向台出售2000枚反坦克导弹的合同。

6月16日

△13个参加北约“和平伙伴关系计划”的国家开始在波罗的海举行海军军事演习。参加演习的共有52艘军舰和4500名水兵。这是迄今为止在北约“和平伙伴关系计划”国家范围内规模最大的一次军事演习。

6月17日

△塞拉利昂政变领导人科罗马少校在首都弗里敦宣布就任国家元首和武装部队司令。在就职演说中，科罗马承诺将建立一个基础广泛的政府，并最终将政权交给未来的民选政府。

6月19日

△波兰总统克瓦希涅夫斯基和立陶宛总统布拉藻斯卡斯在华沙签署了波立两国“联合宣言”，两国正式建立“战略伙伴关系”。

6月20日

△北约秘书长索拉纳在马德里说，北约在同俄罗斯签署相互关系文件后，已不再把俄罗斯视为现实的“军事威胁”，希望俄罗斯也不要把北约视为现实的“军事威胁”。

△俄罗斯总统叶利钦在美国丹佛宣布，俄战略核导弹将不再瞄准日本。

6月22日

△由北约欧洲盟军最高司令部指挥的“合作伙伴97”海上军事演习在保加利亚里海港口瓦尔纳附近的海域上举行。来自法国、美国、土耳其和乌克兰等12国海军舰艇、飞机参加了演习。

6月26日

△中国裁军大使沙祖康在日内瓦裁军谈判会议说，中国不反对逐步实现禁止杀伤人员地雷的目标，但不可能同意立即实行全面禁雷。他指出，根据中国国土防卫对杀伤人员地雷的正当需要，在找到杀伤人员地雷的替代办法并形成安全防御能力之前，中国不能不保留在本国领土上合法使用杀伤人员地雷的权利。中国只能接受满足上述安全关切的国际禁雷协定。

6月27日

△塔吉克斯坦总统拉赫莫诺夫、联合反对派领袖努里及联合国秘书长特别代表梅列姆在克里姆林宫正式签署了“关于在塔吉克斯坦建立和平和民族和睦总协定”。

7 月

7月4日

△俄罗斯国防部长谢尔盖耶夫在俄罗斯联邦委员

会发言时阐述了俄军改革计划。内容是：1997年俄战略火箭军和反导弹防御部队合并，1998年将空军和防空军合并。1997～2000年期间俄军的在编人员将缩编为120万人。在2005年前将目前5个军种合并为3个军种。

△蒙古国家大呼拉尔例会批准了《全面禁止核试验条约》。

△日本内阁举行会议，决定批准《全面禁止核试验条约》。8日日本将批准书交存联合国，表示已正式批准这一条约。

7月5日

△金边发生严重武装冲突。柬埔寨第2首相洪森7日向全国宣布，政府已控制局势，并呼吁全国军民保持镇静。经过两天的战斗，人民党武装先后占据了金边所有据称藏有红色高棉非法武装的奉辛比克党的军营、党部、电台、电视台以及部分奉辛比克党领导人的住所。

7月8日

△北约首脑会议在马德里举行。16个成员国的国家元首和政府首脑经过5个小时的讨论，决定首批接纳捷克、匈牙利和波兰入盟，“北约东扩”进入实施阶段。上述3国将于1999年4月北约成立50周年之际成为正式成员国。

7月9日

△北约16国和27个伙伴国的领导人在马德里举行欧洲—大西洋伙伴关系委员会首次首脑会议。俄罗斯总统叶利钦未参加会议。

△北约同乌克兰签署了《北约—乌克兰特殊伙伴关系宪章》。宪章规定双方在维持和平、预防冲突、处理危机、裁军和军备控制等方面加强合作。

7月12日

△日本航空自卫队派出3架运输机于当日上午从日本冲绳飞往泰国、撤离由柬跑到泰国的日本难民。后空载而归。日本舆论界认为这是日本政府，在“营救侨民”的幌子下，为实施新的日美防卫合作指针而举行的一次演习。

7月13日

△俄罗斯总统叶利钦同芬兰总统阿赫蒂萨里举行会谈，两国在欧洲和中东安全等许多国际问题上都持有相似的观点。但芬兰总统拒绝了同俄罗斯建立共同边防的要求。

7月14日

△美国、意大利、土耳其、德国、奥地利、捷克、匈牙利、罗马尼亚和斯洛伐克的空军部队在斯洛伐克举行了代号为“协作关键”的大规模军事演习。

△塔吉克斯坦总统拉赫莫诺夫签署了关于实施在塔吉克斯坦建立和平和民族和睦总协定措施的命令，同时塔当局与反对派达成的“相互宽恕文件”也从14日起正式生效。

7月18日

△德国将与美国组建混编联合部队。这支部队将组建统一的指挥系统。装备“爱国者”防空导弹、霍克式和罗兰式导弹，司令由德、美军官轮流担任。联合部队的任务不仅是负责北约防区内防务，而且在两国政府同意的前提下，还需承担“应付危机的任务”。

7月20日

△俄罗斯普列谢茨克航天发射场新闻处负责人表示，尽管经费不足，俄优先发展战略导弹的计划仍进展顺利。21世纪俄罗斯仍将保持核大国地位。

△中部非洲南部非洲10多个国家的元首和政府首脑在金沙萨举行会议，寻求维护本地区和平与稳定的途径。

7月28日

△俄罗斯国防部长谢尔盖耶夫和摩尔多瓦国防部长帕萨特在莫斯科签署两国政府间军事合作协定。

7月29日

△土耳其和保加利亚在安卡拉签署协议，决定两国在军事领域进行合作。

8 月

8月1日

△美国总统克林顿宣布取消向拉美国家出口先进武器的禁令，将逐个考虑拉美国家购买美国先进武器的要求。这是为了与西欧各国开展先进武器出口的竞争。

△法国国防部长阿兰·里夏尔在中非共和国宣布，法国决定关闭在中非的两个军事基地，里夏尔保证，法军撤出中非之后，法国将继续支持部署在班吉的非洲干预部队。

8月2日

△俄罗斯和土库曼斯坦达成协议，俄土两国在土空军和防空军建设方面将合作进行人员配备和作战训练，在土边境地区设置雷达探测场，在土首都阿什哈巴德附近部署地空导弹营等。

8月5日

△俄罗斯武装力量总参谋长克瓦什宁上将说，目前在俄武装力量中校官和将军较多，而下级军官则严重缺乏。在军事改革中将减少476名将军，其中9名副总参谋长只保留4名。

△印尼决定购买12架俄制“苏—30K”型歼击轰炸机和8架“米—17IV”型直升机，以取代从美国购进的同类型飞机。这是美国干涉印尼内政、攻击印

尼人权政策所遭成的结果。

8月6日

△土耳其和塞浦路斯土耳其族在尼科西亚签署了双方部分合并协议。塞浦路斯政府和希腊族方面强烈谴责这一协议。

8月7日

△法国国防部长里夏尔重申法国不再向台湾出售武器的承诺。

8月10日

△泰国总理差瓦立在春武里府梭桃邑海军基地主持了泰国第1艘航空母舰正式服役仪式。泰国国王普密蓬把这艘航空母舰命名为“差克里·纳吕贝特”号。此航母由西班牙制造，造价为2.8亿美元。舰身长182.6米、宽30.5米，排水量11485吨，最高时速26海里，续航能力1万海里，舰上可载6架直升机和9架喷气式战斗机。

8月13日

△美国国务卿奥尔布赖特说，美国正计划给阿根廷以“非北约军事盟友”的地位。

8月19日

△据日本《读卖新闻》报道，日本正制定新的为期5年的“防卫及警备计划”，以取代当前每年制定一次的年度防卫计划。新防卫及警备计划是为了适应修改后的《日美防卫合作指针》的要求而制定的。

8月23日

△里约集团第11届首脑会议在巴拉圭首都亚松森闭幕。会议发表了高度评价拉美一体化进程的联合声明。哥伦比亚总统桑佩尔表示，美国政府取消向拉美出口先进武器的禁令后，各国争相购进先进武器并试验其性能的势头可能在拉美地区引发新的军备竞赛和某种程度的武装冲突。

8月26日

△乌克兰国防部长库兹穆克同来访的俄罗斯国防部长谢尔盖耶夫在基辅签署了《乌俄两国军事侦察领域合作协定》和《乌俄两国事需产品质量检测协定》两项军事领域合作文件。

△美国、乌克兰、土耳其、罗马尼亚、保加利亚、格鲁吉亚在克里米亚沿岸和尼古拉耶夫州举行“海风97”海军演习。演习由乌克兰国防部第1副部长指挥，参加演习的船只共25艘。俄罗斯外交部官员说，俄反对这一演习，因为这种登陆演习具有军事警察的职能。英国、德国、法国和意大利也拒绝参加演习。

8月28日

△俄罗斯总统叶利钦发布命令，宣布成立俄罗斯联邦总统国家军事监察署。同时撤销俄联邦国防会议秘书一职。军事监察署是为了保障总统在防务部门行使俄宪法和联邦法律赋予的权力，保障总统对军事建设和军事改革进行有效的监督。

9　月

9月1日

△由北约组织领导的代号为“97合作之熊”的空运演习在瑞典卡拉堡省的滕奈斯空军基地开始举行。俄罗斯首次参加了北约领导的这次演习。这次为期5天的空运演习是在北约“和平伙伴关系计划”国家范围内进行的。

△德国、波兰和丹麦将组建1支名为“东北多国部队”的联合部队，其目的是使波兰在1999年加入北约后，立即同西方军事联盟紧密联系在一起。

9月2日

△中美洲国家领导人在尼加拉瓜首都马那瓜举行特别首脑会议，讨论进一步加强地区一体化问题。会议结束时签署了《尼加拉瓜声明》，决定开始组建“中美洲联盟”。

△阿尔巴尼亚军队领导层因假集资案被政府予以改组重建。政府决定解除阿副总参谋长、海空军司令、国防部所有正副局长、所有部队师长的职务。

△阿塞拜疆总统阿利耶夫发布关于扩大和加强同美国的“伙伴关系”的命令。总统命令外交部和国防部就在北约“和平伙伴关系”和欧洲—大西洋伙伴关系委员会框架内同美国加强合作问题提出建议。

9月3日

△印度洋西部岛国科摩罗所辖的昂儒昂岛于8月3日宣布独立。科摩罗政府军于9月3日进行了“军事干预”。科摩罗政府军同昂儒昂岛分裂势力武装发生激烈战斗。

9月4日

△法国总理若斯潘在巴黎高等国防学院发表讲话时宣布，法国将削减1/4的驻非洲部队，并将减少它在那里的军事设施数量。法国目前在非洲吉布提、中非、塞内加尔、乍得、加蓬和科特迪瓦6个国家驻有军队，共约8千人左右。

△俄罗斯高加索地区北奥塞梯共和国和印古什共和国签署停火协议。

9月5日

△土耳其外交部发表声明，由于土耳其与希腊存在分歧，决定不参加北约在爱琴海举行的演习。

9月6日

△独联体边防军委员会在边防会议结束时通过了一系列合作文件，决定共同保卫独联体共同边界。

9月9日

△南非军方发言人格伦德里格宣布，国防部计划在未来5年内将军队总人数从现在的10万人减少到7万人，以便腾出资金更新军事装备。

9月13日

△按北约和平伙伴关系计划，乌克兰、英国和波兰于9月13~21日在乌克兰敖德萨军区进行军事演习。

9月15日

△美国、土耳其、俄罗斯、哈萨克斯坦、乌兹别克斯坦和吉尔吉斯斯坦等国在哈萨克斯坦南部的奇姆肯特军事训练场举行为期10天的“97中亚维和营”军事演习。这是北约部队首次进入中亚地区，演习是在北约和平伙伴关系计划框架内举行的。

△为期两天的“中亚无核区”国际会议在乌兹别克斯坦首都塔什干举行。46个国家和10个国际组织的代表出席会议。

9月16日

△美国参议院批准四星陆军上将亨利·谢尔顿为新任美国参谋长联席会议主席，以接替9月底即将退休的沙利卡什维利。

9月17日

△在挪威首都奥斯陆出席国际全面禁止杀伤性地雷大会的89个国家的代表经过紧张谈判后，通过一项关于全面禁止杀伤人员地雷的国际协议草案。草案规定禁止生产、出口和使用杀伤人员地雷，现储存的所有杀伤人员地雷在4年内予以销毁，现有的所有布雷区在10年内予以清理。

△摩洛哥和西撒哈拉人民解放阵线在美国休斯顿举行第4轮直接谈判并就实施联合国西撒和平方案问题达成妥协。

9月22日

△伊朗总统哈塔米在纪念两伊战争“神圣防御周”时号召武装部队保持强大，以对付对这个地区安全造成的威胁。哈塔米指出这些威胁是由于美国海军在海湾的存在以及美国、以色列和土耳其举行联合海军演习而造成的。

△正在纽约出席第52届联大的巴基斯坦总理谢里夫提议同印度签订互不侵犯条约，并以此作为解决两国间长期悬而未决的克什米尔问题的一种手段。

9月23日

△美国和日本政府在纽约公布了筹划已久的《美日防卫合作指针》修改方案。这一方案大大扩展了日本军事力量在日本周围地区的活动范围和方式，是自1978年以来对该指针最重大的修改。

9月26日

△美国和俄罗斯在纽约签署了一揽子裁军协议，以保持两国在削减战略武器方面的平衡，为双方正式履行《第2阶段削减战略武器条约》铺平道路。这一揽子协议主要包括两项内容：一是双方商定将两国在1993年1月签署的《第2阶段削减战略武器条约》的生效时间推迟5年，由原定的2003年1月31日推迟至2007年12月31日。二是对1972年美苏两国签订的《反弹道导弹条约》作局部修改，允许在不违反该条约基本规定的前提下进行“有限度的反导弹防御系统”的开发。第1项满足了俄罗斯的要求，第2项将允许美国继续进行短程弹道导弹防御系统的试验。

9月28日

△印度总理古杰拉尔敦促科学家在防务系统方面自力更生，以挫败“某些强国”不让印度拥有关键武器的图谋。印度防务研究和发展组织在“普里特维”导弹在国产武器展览会上展出后发表报告说，印度已开始生产这种导弹。

△伊朗在结束实弹军事演习时宣布，伊朗已开始大规模生产自制战斗轰炸机。伊朗宣称，它在武器方面已接近自给。

9月29日

△俄罗斯外交部第一亚洲司司长莫伊谢耶夫表示，俄罗斯不论现在或将来，都不会向台湾出售军事技术和装备。莫伊谢耶夫是针对台湾《联合报》的报道作这一说明的。《联合报》称，俄某些军火商表示愿向台湾军事部门提供“训练”用的苏-37歼击机。

9月30日

△俄罗斯军队开始进行“97多面堡”军事演习。参加此次演习的有俄联邦武装力量各军种及各军区和舰队的作战部队，演习主要目的是“检查陆海军指挥中存在的问题”。

10　月

10月2日

△美国国防部宣布，国防部长科恩决定让美国陆军试验从陆地发射激光击毁1颗在1070千米以外的太空中飞行的空军气象卫星。新闻媒体指出，目前世界上只有美国研制出打击卫星的激光武器，试验目的是要确保美国在太空的武器优势。一旦发生战争，美国可以击毁敌方在太空的间谍卫星。

10月3日

△俄罗斯国防部长谢尔盖耶夫大将宣布，俄核战略部队进行了战略导弹发射试验。俄战略导弹部队从普列谢茨克导弹试验场发射了1枚“白杨-12M”型陆基洲际弹道导弹。俄空军“图-22M3”、“图-95MC”、“图-160”3架远程战略轰炸机分别发射了3枚空基巡航导弹。俄海军战略导弹潜艇在巴伦支海

海域内发射了2枚海基弹道导弹。这6枚导弹均准确击中堪察加半岛上的预定目标。

△俄罗斯军方发言人说，截至1997年1月1日，俄军将军总人数为1925人。经过对俄国防部及总参谋部的改组，将军总人数将降到1500人。

10月5日

△日本政府在确定有关新的《日美防卫合作指针》的法律问题方针时说“认定周边事态的标准不在法律上下定义”，“要由日本安全保障会议对发生的周边事态作出最终的认定”。

△美国负责欧洲事务的助理国务卿格罗斯曼在访问罗马尼亚时说，为了发展美罗关系，帮助罗马尼亚成为北约重要的候补成员国，美罗将建立战略伙伴关系。

10月6日

△俄罗斯国防部长谢尔盖耶夫同印度国防部长亚达夫举行会谈，双方就延长早先签订的2000年前军事技术合作计划达成协议，印度是同俄罗斯签订军事技术合作长期计划的唯一国家，合作计划总价值约80亿～100亿美元。

10月8日

△德国联邦政府正式通过争论很久的建造欧洲战斗机计划。根据这一计划，从2002年起，德国联邦国防军将耗资230亿马克购买180架欧洲2000型战斗机，以取代目前的幻影飞机和米格－29型歼击机。

△朝鲜和韩国在曼谷草签了相互开放领空的谅解备忘录。

10月10日

△伊朗前总统拉夫桑贾尼透露，伊朗首次试射了射程达250千米的导弹。伊朗现已具备保卫波斯湾领空的能力。

10月11日

△伊朗在海湾举行代号为“胜利8号”的军事演习。有50多艘军舰及许多飞机参加这次演习。美国航空母舰“尼米兹”号与该战斗群的几艘军舰开进海湾，监督伊朗的这次军事演习。

△捷克、匈牙利和波兰3国国防部长举行会议，商定在加入北约之前加强3国间的合作问题，特别是有关军队训练和实现军队现代化方面的问题。

10月14日

△伦敦国际战略研究所14日发表的年度研究报告称，1996年全世界的军火销售总额为399亿美元。其中，美国仍是全球最大的军火商，其军售总额高达170亿美元；英国和法国的军售总额分别为88亿和56亿美元，居第2位和第3位。

10月16日

△“97亚洲防务展”在曼谷诗丽吉国家会议中心开幕。中、美、法、俄等29个国家的有关国防武器生产部门参展。

△苏丹总统巴希尔宣布，军事首脑机构有重要人事变动。由艾哈迈德·赛拉吉中将接替退役的易卜拉欣·苏莱曼任苏丹总参谋长，曾负责安全与情报事务的默罕迈德·苏希尔中将任副总参谋长。

10月17日

△美国陆军首次使用中型红外高级化学激光器，进行了摧毁在轨卫星试验，击中了415千米以外的一颗美空军气象卫星。这次试验表明美国已具备了使用激光摧毁敌方低轨道卫星的能力。目前世界上还没有其他国家进行过激光摧毁在轨卫星的试验。

10月20日

△日本外务省决定成立“安全保障委员会”和“外交战略委员会”。这两个委员会将综合研究以日美安全条约为主、把中国和俄罗斯也考虑在内的安全保障政策。

△俄罗斯和加拿大就禁止地雷问题发表了联合声明。叶利钦总统在声明中宣布，俄罗斯决定在禁雷公约签署前暂停出口地雷。

10月23日

△俄罗斯总统叶利钦在独联体国家首脑理事会结束时对记者说，独联体是有生命力的，今后将存在下去。俄罗斯仍然主张保持独联体各国的统一。摩尔多瓦、格鲁吉亚和阿塞拜疆是“统一的和不可分开的”。

10月26日

△日本自卫队在神奈川县相朴湾举行了海上阅兵。桥本龙太郎首相担任检阅官。过去的海上阅兵一直由海上自卫队单独举行，但这次陆上自卫队和航空自卫队也参加了检阅，这是首次陆海空自卫队全部参加的海上阅兵。

10月30日

△俄罗斯和乌克兰海军举行代号为“和平航向”的联合军事演习。

10月31日

△俄罗斯国家杜马批准了关于禁止发展、生产、储存和使用化学武器及销毁此种武器的公约。

11　月

11月1日

△俄罗斯总统叶利钦同日本首相桥本龙太郎在俄罗斯西伯利亚城市克拉斯诺亚尔斯克于1～2日举行非正式会晤，通过了两国政治等领域发展的“叶利钦—桥本计划”，并就在2000年前签署和平条约问题达成共识。日本首相桥本在日众议院答辩时说，解决日本的北方领土问题是日俄缔结和平条约的前提。

△土耳其海军和空军在地中海东部开始联合军事演习。这次名为“决心97”的军事演习将在地中海国际海域持续一周。另土耳其还将于3～5日在土耳其占领的塞浦路斯北部举行另一次名为“托罗斯2—97”的军事演习。

△希腊在爱琴海、塞浦路斯附近的地中海海域以及希腊境内与土耳其边境相邻的埃夫罗斯地区，举行名为“帕尔梅尼奥97”军事演习。

11月3日

△德国、法国和波兰公布了3国海陆空军3军举行年度演习的计划，以使波兰武装部队和军事基础设施符合北约的标准。

△俄罗斯开始销毁弹道导弹。俄罗斯根据原苏联和美国1991年签署的《第1阶段削减战略武器条约》的规定，开始销毁弹道导弹。迄1997年底，俄已销毁800个发射架、2000枚导弹、20艘核动力潜艇和50多架重型轰炸机。

11月5日

△日本自卫队与美军在日本列岛的陆上、海上和空中进行大规模联合演习。这是制定新日美防卫合作指针后，日美首次举行的正式军事演习。

△摩尔多瓦国防部长帕萨特说，摩向美国出售了21架俄制米格-29型歼击机。摩已经没有这种歼击机了。

11月6日

△印度国防部长穆拉西姆·辛格·亚达夫说，尽管有来自其他国家的压力，但印度政府不会放弃远程导弹发展计划。政府有足够的资金来发展“烈火”式远程导弹。

11月9日

△第7届伊比利亚国家首脑会议在委内瑞拉玛格丽塔岛闭幕。参加会议的有来自拉丁美洲和西班牙、葡萄牙等21个国家的国家元首或政府首脑以及厄瓜多尔外长等。会议通过《玛格丽塔声明》。声明表示，伊比利亚国家将共同关心裁军、不扩散核武器、国际和平和安全等问题。

11月11日

△尼加拉瓜军方向美洲国家组织提供报告说，尼加拉瓜排雷任务艰巨，尼排雷工作是从1990年内战结束后开始的，到目前为止共排除地雷3万枚，但全国各地仍有8万多枚地雷有待清除。

11月17日

△俄罗斯第一副总理涅姆佐夫在俄独立电台发表讲话指出，“俄不允许美国在里海采油区加强其地位。俄不允许美国在里海地区搞任何大规模军事演习，更不允许发生军事冲突”。

△由科罗马少校领导的塞拉利昂军政府挫败了一起未遂政变，参与策划政变的80多人已被逮捕。

11月18日

△土耳其总统和乌兹别克斯坦总统在安卡拉签署永久友好合作条约。

△西欧联盟外交部长和国防部长会议在德国爱尔福特市闭幕。28个国家外交部长和国防部长及北约秘书长索拉纳出席了会议，通过了《爱尔福特声明》，强调西欧联盟同北约应在应付危机方面加强合作，创造条件使西欧联盟在采取行动时也有可能利用北约的军事设施。

△伊拉克库尔德民主党和库尔德斯坦爱国联盟对立两派的游击队在伊北部地区发生激战。

11月19日

△正在美国访问的哈萨克斯坦总统纳扎尔巴耶夫同美国总统克林顿会谈时强调，发展两国密切的、富有成效的关系具有重要意义。两国正在积极发展防御领域的合作。哈萨克斯坦也越来越积极地投身全欧安全结构中，尤其是积极参加了和平伙伴关系计划。

11月20日

△俄罗斯国防部第一副部长米哈伊洛夫和韩国国防部次官在莫斯科签署了俄韩军事技术合作协定。俄军事专家指出，俄罗斯将用出售装甲运输车、坦克、直升机等办法来偿还拖欠韩国的1亿多美元债款的大部分。

11月21日

△欧安组织散发的一项新闻公报称，前南地区冲突各方已经裁减了各自武装的数量，从而完成了维也纳裁军协定规定的任务。

△俄罗斯总统叶利钦签署命令，授予国防部长谢尔盖耶夫俄罗斯联邦元帅军衔。谢是苏联解体后第1位荣获此军衔的俄罗斯军事领导人。据认为，叶利钦授予谢尔盖耶夫元帅军衔是希望他帮助叶把军队的改革进行下去。

△尼日利亚军人政府挫败了一起未遂政变并逮捕300余人，其中包括在政府中的第2号人物奥拉迪波·迪亚将军。

11月22日

△德、意、英、法4国正式批准联合生产欧洲战斗机。4国国防部长在与此有关的文件上签字。

11月24日

△俄罗斯国防部长谢尔盖耶夫说，俄罗斯“白杨-M”导弹系统的头两枚导弹在塔曼导弹师进入战斗值班。该师在萨拉托夫州的塔季谢夫驻防。“白杨-M”导弹具有世界上独一无二的特性。在目前和今后很长一段时间内防空武器无法击落它。俄将用“白杨

－M”导弹系统替换已经过期的洲际战略导弹。

11 月 25 日

△罗马尼亚总统康斯坦丁内斯库同来访的土耳其总统德米雷尔举行会谈。双方表示，罗马尼亚、土耳其和保加利亚 3 国建立战略伙伴关系十分必要。3 国将在伊斯坦布尔签署一份正式协议，加强在打击恐怖主义活动中的合作。

△芬兰领导人认为目前不需要加入军事集团（北约)。一项最新民意测验显示，2/3 以上的芬兰人认为芬兰在军事上应保持不结盟，3/4 的人认为芬兰必要时完全有能力在军事上保卫自己的国家。

11 月 26 日

△美国务院发言人说，朝鲜副外长同美国助理国务卿帮办卡特曼举行了正式会谈。会谈的内容包括朝鲜战争中失踪的美国士兵和武器扩散等问题。这是两国高级官员首次在华盛顿举行会谈。

△俄通社—塔斯社报道，俄罗斯武器和军事技术装备进出口公司与印度签订了一笔 20 亿美元的合同。合同涉及到出售低噪音的基洛级潜艇和一批驱逐舰。

△罗马尼亚、波兰和乌克兰 3 国总统举行首脑会议。旨在促进波罗的海到里海地区的安全与合作。

11 月 28 日

△俄罗斯国防部国际军事合作总局局长伊瓦绍夫在新闻发布会上说，美国在同意削减核武器的同时，加强了对高精度、高工艺常规武器的研究和生产，并正在研究第 6 代武器系统。他指出，美国甚至反对在进行进攻性战略武器谈判的同时就限制海基常规巡航的问题开始对话。他说，俄在某些常规武器系统丝毫不逊色于美国的产品，但因经济困难俄无力同美展开“角逐”。在局势激化时，俄可能被迫卷入新的一轮军备竞赛。

△由法国、意大利、葡萄牙和西班牙组成的欧洲快速行动部队司令部在意大利佛罗伦萨正式成立。司令由西班牙将军胡安·奥图诺·萨奇担任。

△在阿尔及利亚的积极斡旋下，尼日尔政府与反对派联盟运动和撒哈拉革命武装力量在阿尔及尔签署执行和平协定的议定书。

11 月 30 日

△欧盟和俄罗斯签署一项涉及范围广泛的合作协定正式生效。该协定旨在促进双方从贸易到安全、从文化交流到联手打击恐怖犯罪活动等领域的关系。

△联合国多国部队完成在海地协助维持和平秩序后撤离海地。

12　月

12 月 1 日

△俄罗斯外交部发言人说，俄向韩国提供的武器不含进攻性武器。主要是还清债务，不会对朝鲜局势产生不稳定影响。

12 月 2 日

△俄罗斯总统叶利钦在与瑞典首相佩尔松联合举行记者招待会上说：“我在这里第 1 次宣布，俄罗斯单方面再削减 1/3 的核弹头”。根据美俄 1993 年达成的《第 2 阶段削减战略武器条约》俄罗斯将在现有 5500 个核弹头的基础上削减 1/3，即达到 3500 个。美俄首脑在 1997 年 3 月在赫尔辛基会晤时达成协议，至 2007 年美俄将核弹头进一步削减到 2000～2500 个。

12 月 4 日

△为期两天的《关于禁止使用、储存、生产和转让杀伤人员地雷及销毁此种武器的公约》签约大会在渥太华闭幕。来自 148 个国家的政府和民间代表出席会议。121 个国家代表签字，中国派观察员出席会议。美国、中国和俄罗斯等国没有签署这一公约。

△俄罗斯国防部长和南斯拉夫国防部长签署合作计划，南对发展同俄的军事技术合作很感兴趣，南希望购买俄最现代化的武器。

△保加利亚和土耳其在索非亚签署结束边界争端协议。

12 月 7 日

△据报道，美国总统克林顿于 1997 年 11 月底签署了一项新的使用核武器政策，命令国防部改变过去准备与另一超级大国打一场核战争的战略，而将战略重点放在阻止核战争或威慑某些小国使用生物和化学武器方面。这是美国 16 年以来首次调整核武器政策。

12 月 10 日

△为期两天的朝鲜半岛问题 4 方会议正式会谈第 1 次会议在日内瓦国际会议中心结束。会后发表的主席声明说，各方本着求同存异，增进共识的精神，在友好、坦诚、合作的气氛中就建立朝鲜半岛和平机制的有关问题进行了充分的协商，使会议取得了积极进展。

△欧盟同意波兰、匈牙利、捷克、爱沙尼亚和斯洛文尼亚以及分裂的塞浦路斯在 10 年内加入欧盟，从而宣告了欧盟在长达 40 年的历史上最大的一次扩张。

12 月 14 日

△参加在亚的斯亚贝巴召开的科摩罗国际会议的科摩罗政府、各岛屿和反对派代表经过 4 天的激烈争论，终于达成了《亚的斯亚贝巴协议》。协议规定，成立 1 个负责调查昂儒昂岛和莫埃利岛军事冲突的国际委员会，对此次危机的责任及两个岛屿的受损情况和赔偿措施作出评估。

12 月 15 日

△法国总统希拉克在阿布扎比同阿联酋总统就加强两国全面合作以及军事贸易关系进行了会谈。希拉克正式宣布，由法国向阿联酋提供 30 架幻影 2000 战斗机，并更新 35 架其他飞机，军售合同总额达 200 亿法郎，从而打破美国独霸海湾军火市场的局面。

12 月 16 日

△英、法警告土耳其不要威胁要合并被占领的塞浦路斯北部。英国外交大臣罗宾·库克说，土耳其占领塞浦路斯北部是非法的。土族塞浦路斯人建立的分裂国家不是合法的实体。

12 月 18 日

△美国总统克林顿宣布，将无限期地延长在波黑驻军。

12 月 19 日

△中华人民共和国主席江泽民 1997 年 10 月访问美国时，与美国总统克林顿发表联合声明，宣布就建立海上军事安全磋商机制达成协议。1997 年 12 月 19 日，中国人民解放军副总参谋长熊光楷中将与美国国防部次长史洛康在华盛顿草签了关于中美建立海上军事安全磋商机制的协定。这是中美两国之间草签的第 1 个有关军事安全磋商机制的协定，也是两国之间草签的第 1 个军事领域内信任措施文件。与此同时，中美两国还就两国军方参加人道主义援助减灾行动交流了情况，就国际、地区安全和双边关系问题交换了意见。

△俄罗斯警方当天夜间挫败一起劫持瑞典外交官的人质事件，恐怖分子被击毙。俄特种部队“阿尔法”小组成员萨韦耶夫上校以身殉职。

12 月 21 日

△尼日利亚挫败了一起未遂政变。军政府第 2 号人物、总参谋长迪亚中将和另外 7 名高级军官因涉嫌参与政变而被捕。

12 月 22 日

△在埃及的斡旋下，索马里交战派别领导人在开罗签署一项原则宣言，就结束索马里战乱和组成统一过渡政府达成一致。

△由俄罗斯国防部第 1 副部长尼古拉·米哈伊诺夫率领的代表团同印度国防秘书阿吉特·库马尔率领的代表团进行了为期 3 天的“战略对话”。双方将加强合作以期恢复前苏联时代两国的军事合作关系。印度正努力把与俄罗斯合作的重点从购买武器转到购买生产武器的许可证上。

12 月 23 日

△俄罗斯总统叶利钦批准新制定的国家安全构想。该构想指出俄罗斯外部威胁表现在“其他国家阻挠俄罗斯成为正在形成的世界多极化中有影响的中心之一”。俄安全构想强调，俄虽然对涉及本国利益的重大国际问题的影响力显著削弱，但俄依然认为北约东扩威胁其国家安全，不能容忍。构想表示，俄倾向于用政治、经济和其他军事手段防止战争和武装冲突，同时需要有足够的军事力量用于防卫。

12 月 24 日

△俄罗斯国防部长谢尔盖耶夫说，俄罗斯研制的陆基机动“白杨—M”洲际战略导弹系统的头两枚导弹在塔曼导弹师进入战斗值班。该师在萨拉托夫州的塔季谢夫驻防。

12 月 25 日

△朝中社报道，1997 年美国空军对朝鲜共进行了 1930 次空中侦察活动。

12 月 29 日

△日本防卫厅决定修改自卫队法，以便自卫队在国外处于危险境地时使用轻武器。这意味着日本自卫队可以在国外使用武力。这是日本为落实新的《日美防卫合作指针》而进行的法律准备。

△韩国国防部宣布因韩无贬值削减海外武器采购项目。这些项目价值 3.5 亿美元，占总采购计划的 30% 。

（赵　博）

（本栏责任编辑　温咏几）

特辑

专 题 综 述

美国新军事革命问题研究综述 近年来，美国有些作者对军事革命问题作了进一步的研究，提出了一些更深入的看法和观点。现摘要介绍如下：

关于军事革命的定义 有的美国作者认为，军事革命的概念起源于70～80年代苏联人的文章中，尤其是苏联元帅奥加尔科夫分析新军事技术所具有的革命性潜力的一系列论文中。西方学者在军事革命的涵义上并没有完全达成一致。未来学家阿尔文和H·托夫勒在宏观经济结构的基础上给军事革命下了严格的定义："一场军事革命，从完整意义上说，只有当一种新文明产生并向旧世界挑战时，当整个社会改变自身、迫使其武装部队在各个层面上——从技术和文化到组织、战略、战术、训练、原则和后勤——同时发生改变时，才会发生。当这一情形出现时，军事与经济和社会的关系发生了变化，并且世界上军事力量平衡被打破了。"

大多数研究人员在描述军事革命时都采取了不那么广泛和严格的定义，据安德鲁·克里宾涅维奇所言："当新技术在军事领域大量运用、同革新的作战思想和组织结构的调整相结合、并从根本上改变战争的性质及过程时，军事革命就发生了。军队的战斗力和军事效能由此将发生一次巨大的飞跃。"所以分析家们断定，所谓军事革命，就是在军事技术、武器系统、作战方法和军队组织体制诸方面同时而相互促进的变化，使军队的作战效能发生一次飞跃（或突变）。上述4个因素在每次军事革命中所起的作用各不相同。当前的军事革命很大程度上是由技术所引起的。（[美] 斯迪文·麦兹、詹姆斯·凯斯特《战略与军事革命：从理论到政策》）

关于军事革命的标准 有的作者认为，军事革命往往产生于新技术在军事系统的应用，并通过具体的作战思想和部队结构的不断完善，极大地提高军事效能。探索创新对军事革命来讲是至关重要的。纵观标志军事革命产生的国际环境，追求新奇并不能导致军事革命。为了避免分析上的错误，我们要牢记四项标准：有效性、评估性、高效性和长期性。

有效性 不能有效地赢得战争的创新或新奇的观点是华而不实，不起作用的。

评估性 赢得战争意味着要有一个衡量或评估军事行动的标准。原始部落人将一种新毒药涂在矛上，虽然能使对手的伤亡增加3倍，但这并不能称之为军事革命。军事革命不能只看作是优于某种不佳的状况，必须用与之相关的高标准加以衡量。

高效性 为了得到认可，军事革命的艺术必须是高效的。在核潜艇的艇首捆扎一个弹头也能有效地消灭目标，但它只能相当于一个昂贵的水雷。

长期性 一场军事变革必须持续足够的时间，以使对手在相当长的时间内处于劣势。偶尔战胜对手的结局不能称为军事革命。

在军事革命中，除非变革能够达到这四项标准，否则它只会导致一个没有效果的、空泛短暂的结果。（[美] 小鲍尔·F·荷曼《军事革命的特点与未来》，美《战略评论》杂志1996年春季号）

关于军事革命的动因 作者认为，当前的军事革命为3个基本因素所推动：(1) 技术飞速发展迫使工业时代向信息时代转换；(2) 冷战结束；(3) 防务预算下降。在战争由谁进行，如何进行乃至为何进行等一系列问题上发生了根本变化。军事革命不仅受新技术的推动，而且还受新组织结构的推动。当前，社会、政治、经济和技术力量综合起来对社会和军队产生的巨大影响。各军种特别是陆军和空军，感到了工业时代向信息时代这一历史性转变所引起的变革对其自身的影响。这个转变迫使各军种改变其组织结构、供应体制、装备采购与管理方法，尤其是迫使其发展思维方式和作战方式。（[美] 伊尔·提尔福德《美国军事革命：前景与忧虑》）

关于军事革命的特点 有作者认为，当前军事革命有以下特点：(1) 在军事力量运用中，精度和距离之间的关系发生了变化。通常精度随距离的增大而递减，但在历史上技术有好几次明显地改变了这一规律，武器的作用距离延长，而其精度并没有下降，甚至反而提高了。复合式弓箭的发明就是其中的一次，武器广泛地使用膛线又是一次。尽管如此，精度在一定程度上仍然受距离的影响；而当前，技术的发展已使极其精确的防区外打击成为可能。一些研究人员认为，防区外打击不是近距离交战的辅助手段，而是替代手段。隐形的远距离精确打击可能成为主导的作战手段。精确的防区外打击是与当前军事革命相关的军事能力中的基本组成部分，它的组成复杂，有些必要的技术已经研制成功，有的尚处于开发阶段。

(2) 信息战的重要性增加。信息战与传统的战争有很大的区别。不论从情报角度还是从心理战角度来看，信息始终是战争至关重要的部分，研究人员现在断言，技术将大大改进指挥、控制和情报方式，从而使作战复杂性与控制有效性之间的关系也将发生变化，因为获取、分析和传播信息的电子手段（有时还有空间手段）能够保证军事行动在比过去复杂得多的情况下，仍然能及时、同步和可控地实施，整个战区内采取同时的作战行动在某些条件下已成为可能。当军事革命完成时，军队将能在任何条件下在几个战区同时行动。然而，分析家们不仅仅把信息简单地看作是作战的控制工具，而是日益把它视为一种战略手段。这个变化尚在发展，它反应了阿尔文和托夫勒的观点，即信息正在成为经济实力的基础，特别是在那些他们称为“第 3 次浪潮”的国家中。在人类发展的“第 1 次浪潮”中，生产基本上是农业，因此战争力图夺取和占有领土。在第 2 次浪潮中，工业生产居支配地位，因而战争往往是交战国耗尽敌国维持、供给和装备军队能力的消耗战。依此类推，“第 3 次浪潮”战争将力图侵蚀和破坏敌人搜集、处理、存储和传播信息的途径。敌人对信息的依赖越大，就越容易受到信息战的攻击，于是信息有可能作为对一个先进的势均力敌的威胁者回击的武器。但迄今为止，关于信息战对战略和战役的影响尚无定论。军方和国防部的分析家们把信息战看作是一种力量倍增器，是常规打击的辅助手段，而不是一种独立的作战方式。在军界及相关的防务界中，有过几次关于信息战潜在战略影响的讨论，只有少数作者主张为信息战的战略运用提供一个更广泛的框架。

(3) 作战行动中伤亡和附带损伤减少。伤亡减少的部分原因是由于实施常规精确打击，但若使用非致命性武器在这方面还可能出现更彻底的变革。美国人提出了“大规模防护性武器的概念，它包括电磁武器、动能武器和非致命性化学装置，用这些武器在危机初期进行制止性威慑，以支持外交活动，抑制侵略，解除对手的武装或防止其进行武装，必要时以对平民和战斗人员的最小杀伤和对环境最低限度的破坏来消灭对手的杀伤能力。海湾战争以来，美国军方对非致命性武器的研究与发展力度增加了。1995 年，参加维和行动的美军已装备了部分初步研制成功的非致命性武器。非致命性武器似乎最适用于非战争行动，但非致命性武器对政策上的影响还有待探讨。

关于军事革命的两个发展阶段 作者指出，许多分析家认为：当前的军事革命至少可分为两个阶段。

就作战行动而言，第 1 阶段是为减少伤亡而采用防区外打击平台、隐形武器、精确制导武器、信息控制和对导弹防御。第 2 阶段可能采用机器人、非致命性武器、心理战技术和精密的系统防御技术。军事革命会使人们的注意力转移到一种机械概念更少而且内部联系系统更复杂的概念上去。

就协同动作而言，第 1 阶段指改进了的通信、计算机、全球定位系统、数字化部队和灵巧武器系统。第 2 阶段指能散布成千上万个微型情报搜集器，并能做出复杂判断的微型灵巧武器系统。

就组织体制而言，第 1 阶段由联合特遣队和特殊联盟构成。第 2 阶段，美军可能采用极其灵活的组织结构，可能组成多功能部队或无军种划分的部队，消除预备役部队与常备军部队的区别，实施马丁·里比奇所说的“火力蚂蚁战”，即以成百万个小型智能武器对一个目标形成密集的火网。

如果这种两阶段论是正确的，那么未来将发生的更重大的改变将使目前已发生的变化相形见绌。大多数分析家由此推断当今世界只是处于这场军事革命的初期。

关于军事革命构成的设想 作者指出，托夫勒认为历史上只有两次军事革命，而克里宾涅维奇则认为从 14 世纪至今已有 10 次军事革命了。如果理论上将军事革命分为“全面革命”和“局部革命”的话，他们两人的观点都是正确的。19 世纪拿破仑军队的师军体制和线膛武器的被采用等，是局部军事革命或者说是全面军事革命的组成部分。而全面军事革命则包括社会的、经济的和政治的基本变革，它不单单表现为战斗力的巨大增长。局部军事革命可以由行家来计划和控制，全面军事革命则是不可控的，战略家们必须去认识它并适应它。要在国际军事舞台上充当强有力的角色，并不一定要实行局部军事革命，但全面军事革命绝不能忽视。在过去，个人作用能使一些国家不冒很大的战略风险，选择不建设两栖作战部队而建设机械化部队的战略，或者采用毛泽东的“人民战争”战略。然而，任何一个国家只要希望保持其战略地位，就不得不采用以工业生产能力为基础的某种形式的大规模军队。军事革命所引起的战斗力的增强是渐进的。罗马帝国瓦解以来，历史上从未有过军队的战斗力退回到革命前水平的例子。在战斗力稳定提高的总趋势下，变革可能各不相同，在总体的变革当中包括若干短时间的飞跃（革命）和长时期的演进过程。

关于对军事革命的抉择　作者认为，军事革命最成功的国家能把军事上的优势变成经济上和政治上的优势，但这种转变并非易事。甚至最先懂得或实行军事革命的国家也不能保证军事上的胜利。清楚地理解军事革命并取得突破的国家或联盟，若不能采取一个适当的、明智的战略，它就往往会输给那些在认识上落后，但在战略能力上居于优势的国家或联盟。历史上不乏其例，如成吉思汗、拿破仑、德意志帝国和纳粹德国，都是以战略优势克敌制胜的。总的来说，领导人和战略家要驾驭军事革命，应作出如下重要抉择：是否应该进行军事革命？变革应采取的最佳进度是什么？变革应采取哪种方式？怎样识别革命的顶点，达到顶点时怎么办？怎样才能使增长的作战效能转化为战略效益？

当前军事革命的发展趋势不可预定。现在作出的重大政策决定不仅将影响革命的进度，也许还会影响在军事革命中形成的 21 世纪美军的形态。在所有关心的问题中最主要的是美国进行当前这场局部军事革命的热情，以及这场军事革命对军队建设的影响。美国人一向崇尚技术，常常忽视这一方面。美国的社会思潮中，总把军事革命进程认为是不可避免和不可抑制的，正如技术必然会带来高效率一样肯定。人们尊重技术，甚至崇拜技术，这有充分的历史原因。在国家初创时期，美国遭受严重的熟练工人短缺，迫使它依赖于节省劳力的技术。罗伯特·富尔、托马斯·爱迪生、亨利·福特和成千上万的发明家和企业家为提高效率而利用了技术。美国军方常常表现出过分相信技术的最终效益，就是这种历史遗留的反应。然而，有充分理由可以说明：对于当前这场“局部”军事革命来说，既要积极推动、又不过于强调的态度才是最适宜的。

关于军事革命的负面效应　作者认为，过于强调当前的“局部”军事革命是违背美国意愿的，也是危险的。因为所要付出的代价和所冒的风险会超过预期的收益。

发展高技术武器，难以对付现实的敌人　对当前军事革命所构建的军队来说，“完美”的敌人是一种“中等水平”的敌人，它的决策机制是一成不变而且高度集中的，它依赖那种射程有限、易于侦察的武器平台，如坦克、常规火炮和有人驾驶飞机。但由于强调远程精确打击，新军事革命的效能反而大幅度下降了。处于军事技术频谱中较低一端的敌人，拥有范围很广的作战样式，而且可能只使用有限的电子手段，这样就使目标识别复杂化了。敌人的组织也通常是蜂窝状的多孔态势，要打击其首脑和要害就十分困难。如果敌方为叛乱分子，他们就会混杂在居民之中，而使远程精确打击本来具有的高效能和道义受到影响；如果对方是恐怖分子，他们只需完成少数军事任务就可以达到想要的心理效果，而反恐怖主义要取得众人所承认的成果，几乎要确保万无一失，而军事革命却不能保证这种完美的水准。有人会说，不进行军事革命，部队同样会存在这些缺陷，但他们忽视了设计、建设和使用一支军事革命化的部队所耗费的机会成本，即资源。

军事革命的动机越强烈，越会刺激对手或潜在对手寻找反措施　诚然，潜在对手肯定会对美军现有的优势作出反应，但这些反措施可能只是采取为人所熟悉的形式，当敌对状态出现时，美军良好的训练和能力足以战胜它。美国追求新的作战能力，就使他们转而寻找不对称的反措施，也许包括新式 的生物和化学武器。再者，美国进行新军事革命，或者由于发展一种全新的武器而很快使从前所有的系统过时，或者由于引起了人们对美国军事能力不断提高的惶恐，都可能促使技术发达但目前非敌性的国家中出现可与美国抗衡的对手。

新军事革命的实现可能导致美国过分依赖军事实力　如果美国在全球的经济地位继续恶化，依赖军事实力就特别具有吸引力。但像拿破仑、希特勒等人一样，当军事霸权致使领导人忽视了政治力和经济力时，它就成为该国的丧钟，一旦军事优势消失就再也没有任何根基了。如果这种情形发生，与其说新军事革命是较持久世界秩序产生的基础，不如说它是让战争重交好运的权宜之计。

过分热衷于新军事革命可能增加与朋友和盟国相处的问题　军事革命的拥护者认为，军事革命使美军有能力成功地并独立地遂行军事行动，减少了对盟国的依赖。但这是件忧喜参半的事。19 世纪法国一位社会学家曾推测，在史前时期人类发展中，经济劳动分工是保持社会和平的一种方式。每个人都依赖于他人的技能，因而减少了对他人诉诸暴力的可能性。同样的道理可适用于当今的国际社会。其他国家很可能认为：一支摆脱了对盟国依赖的美军要比军事革命前的美军更危险，由此可能破坏各方面的合作。

美国当前为何积极推动军事革命　作者认为，首先，军事革命会使美军应付一些中等水平的对手的作战效能大大提高。其次，由远程精确制导武器和信息战能力构成的美军部队，由于减少了己方伤亡和附带损失，比传统的兵力投送型部队在政治上更有用处。第三，军事革命去除了美国使用武力的羁绊，更好地支持了威慑。美国现在的敌人都不同苏联，它们是军事上处于劣势的国家，但其中许多人——从胡志明到萨达姆·候赛因——都认为政治上的制约会抵消美军军事上的优势。如果21世纪的美军能把各类政治制约减少到最低程度甚至超越它，那么上述敌人就易于慑止了。第四，美国需要进行新军事革命以避免陷入战略不利地位。在发展一支以军事革命为基础的新型军队方面领先于他国是大有好处的。技术上发展较容易；而观念的更新和组织体制，军事理论、教育和训练方面的调整却格外艰难。当其他国家追求革命性的军事发展时，美国也应这样做。

美国当前推动军事革命的3大任务 作者认为，军事革命正处于十字路口。从最广泛的意义上说，有3种选择：继续推动军事革命沿着远程精确制导打击和信息战的方向发展，以便主要对付常规武装的地区性侵略者；停止军事革命，保持现状，以便巩固现有的军事优势；推动革命向其它方向发展。要做出抉择，美国军方必须做大量工作：

必须激发和领导军事革命理论的不断优化 要优化军事革命理论，就应该对各种假设进行讨论、修正、确认或抛弃。有3个问题尤其值得注意：①其他国家可能作出的反应；②军事革命的次级效应；③能够满足可能出现的各种要求的能力（即“频带宽度问题”）。

在考虑其他国家的反应时，政策制订者和防务计划者经常忽略或轻视美国的能力会让人感到威胁这一事实。因为美国人认为自己的用意是友善的，他们所标榜的目标——民主和自由市场经济——也显然受人们欢迎。可是他们不会理解，即使是自由市场民主制国家也会对美国军事能力的增长感到不安。别国领导人会问：为什么世界唯一的超级大国在未遇到明确威胁的情况下，还要大力改革军队？既然积累国家力量需要花费，有人就会想到积累力量一定是为了使用，于是断定美国提高其军事能力是为了把本国意志强加于他国。美国要么承认这种猜疑，要么找到一种新的不太让人感到威胁的办法进行军事革命，也许是通过与可能的盟国开展更深入的合作。问题是，这种合作会加速新技术、新方法和新思想的扩散，从而促使挑战者的产生。但若美国单方面进行军事革命，其他国家又会作出对称的或不对称的反应。接着，了解美国善良本意的美国领导人或决策者会把这些反应看作威胁。他们会问：为什么其他国家要大力提高他们的军事能力？除非是打算进行侵略。美国过分热衷搞军事革命会使其他国家感到不安全，而他们作出的反应又会使美国减少安全感。结果可能是多方误解螺旋上升和引起一场新的军备竞赛，尽管这场新军备竞赛是质量上的而非数量上的。美国决策者必须决定这个代价是否值得承受。

军事革命的次级效应也值得进一步研究。例如，军事革命可能导致作战方法与美军的精神气质和传统不相容。军事革命也可能对美国社会产生没有意料到的或不尽如人意的次级效应。军事革命的一个首要目标是使军事指挥员近乎无所不知。传感器和信息处理技术能使他们瞬间全部获取己方和敌方士兵的有关情况。指挥官不仅知道他们的部队和敌人驻扎何处，而且知道他们的心理和精神状态。而心理战技术将使指挥官能操纵自己士兵、敌人和非战斗人员的看法和信念。这些能力可以方便地运用于国内问题与国际问题，由此对关于个人隐私和国家侵犯个人生活等基本的美国观念提出了挑战。国家是否愿意冒险打开一个军事革命的潘多拉魔盒呢？如果不，又该怎样避免军事革命对国内社会的影响呢？

美国军方还必须研究新军事革命的频带宽度问题。当一支军队过于集中精力对付某个特定类型的敌人以至于会被另一种敌人击败时，就产生了频带宽度问题。例如，在中世纪，一个盔甲坚固、鞍马精良、训练有素的骑士所面临的唯一现实威胁就是另一名骑士。但到了15世纪，骑士就被原先不重要的对手，如弓箭手、戟兵、长矛兵和后来的火枪手打败了。当前美军的大多数发展计划，如21世纪陆军等都是着眼于对付常规的重型装甲的敌人，若在下个世纪初美国遇上低技术敌人，中等敌人或均势敌人的话，就很可能出现频带宽度不够的问题。尽管官方文件强调“陆军必须打破现在西方的思维定式去拓宽对未来冲突的认识，但大多数对21世纪数字化部队将如何作战的描述，听起来好像还是一场用新技术与华约打的装甲战。用丹尼尔·鲍尔杰的话说，因为军方还准备打海湾战争式的战争，所以当前美军计划未来时预见到的只是伊拉克式的对手就不足为奇了。然而，防务计划人员必须认识到，即使海湾战争和21世纪部队的确代表了在军事领域的一场革命，他们也不代表整个这场军事革命。正如法国人在1940年所认识到的，改进部队结构取得了上一场战争的胜利，并不能保证在下一场战争中也能取得胜利。美国是否在进行真正的军事革命，目前尚不清楚。也许当政策制定者、分析家和计划人员集中精力于“局部”军事革命的时候，却忽视了潜在的意义更深的“全面”军事革命。从历史上看，“局部”军事革命对战场效能产生重大的影响，而“全面”军事革命却对战略目标的达成产生更大的障碍。要决定一项针对闪击战的成功对策比决定针对战争工业化的对策容易得多。用A·J·巴塞尼克的话说："有一种危险，即今天萦绕在我们周围的现象，仅仅是把注意力从变革的更深刻趋势上分散出去的信号。"

必须研究如何培养内部创造力　优化军事革命的理论还不够。美国军方和国防部还必须探索如何更好地培养和奖励创造性和组织上的进取精神——去发现领导革命的革命者。军队并不缺少标新立异的人。正如托夫勒指出的，"对于军事机构的所有保守主义，总有呼吁变革的革新者。"在未来，成功的军队必须在和平时期培养和保护有创见的人，在危机时重用他们。在当今美军中，富于创见的人在军队刊物上有了发言权。但在《陆军军事学院杂志》、《空中力量》、《联合部队季刊》和此类论坛中，这些新思想都受到各种部队发展计划的抵制，它们认为威胁的类型和美国的目标是永恒不变的。在今天安全环境中，有远见卓识的人的活动条件可能是最好的，关键是要开发一种能力，以便知道何时应该重用这些人。到那时，军队还应该把关于军事革命的创造性思想变成制度。这就需要有一个思想火车头来带动军队的智慧力量而不是让思想成为军队无足轻重的奴仆。

必须百家争鸣　军方必须扩大有关军事革命的讨论。1871～1918年间德国的战略表明，军事战略和军队发展与更广泛的国家政策相分离是危险的。而这正是美国今天所发生的情况。所有军事革命的研究人员都来自军方或与军队密切相关的政府机构。21世纪的美军应该设计成能在一系列特殊威胁中达成特殊目标的军队。军方可以参与到扩大关于国家目标的讨论中来。它能活跃和激发甚至能引导这种艰难的尝试。军方不能也不应该仅靠自身的力量，军方必须把政治领导人和有见识的公众拉入到军事革命讨论中来。

战略思考必须在3个维度上进行。垂直的是时间维度，其有利之处是推测未来，以及平衡短期或长期目标。军事革命的研究人员已给予时间维度以相当的注意。水平的维度是在给定的时间点上努力使各种能力相结合或同步。这在当前军事革命的文献中很少出现：很少有作者探究按军事革命设计的军队与外交或经济能力之间的联系。这个任务可以也应该完成，但它并非最难的任务。战略的第3个维度是规范（惯用规律）。不论政治现实主义者如何否定它，战略仍涉及选优问题和价值判断，它不仅仅涉及可以达到的哪种类型的世界，而且涉及哪种类型的世界更可取。除了托夫勒不成熟的"反战"思想，军事革命的分析中几乎从未有过明晰的规范选择。如果美国打算领导和把握军事革命而不是成为它的牺牲品，就必须填补这个真空。换言之，美国领导人不仅要决定美国用一支更有效的军队能做什么，还必须决定它应该做什么。只有那样，军事革命才会带来进步，而不仅仅是变革而已。（［美］斯迪文·麦兹·詹姆斯·凯维特《战略与军事革命：从理论到政策》）

军事革命给美军带来的益处　分析家们认为，实施当前这场军事革命并将它运用到21世纪美军建设中去有许多好处：

（1）扩大了军事力量的政治用途。由于实时的全球通信系统的运用，电子媒体的普及以及美国人对伤亡的承受力较低，在美军取得明显的全球优势的同时，美军部队的用途却似乎越来越小。许多研究军事革命的专家认为，在上述诸因素中，对伤亡的承受力是关键变量，非致命性武器可以提供解决方法。非致命性武器可以使国际社会在危机初期实施介入，这时矛盾就容易解决，或者至少能以较小代价求得解决。在炫耀武力和常规军事干涉之间，使用失能性武器可在危机发生之前慑止它，或在危机扩大之前分散它。流血的军事行动是最后的手段，它只有在冲突变得难以控制、和平解决矛盾成功的可能性很小时才能采用。

（2）使美国得以保持现有的军事优势，防止势均力敌的对手出现。其他国家会意识到，要赶上军事上已处领先地位的美国并与之并驾齐驱将会付出巨大代价，因而会避免这样做。

（3）军事革命还能为冷战后美国国家安全战略的制定提出指导方针，明确指出在不断涌现的各种技术中哪些值得美国去研究发展，美国军队应当如何组织和训练。

（4）军事革命通过把历史性军事革命的概念引进美国防务决策层，从而启发新的观念和卓有远见的思考。革命和进化的区别在于人们对根本性变革的认识和接受的程度。

军事革命中陆军的现代化目标　作者指出，美国陆军正由一支为防止苏联对欧洲进攻而训练、装备和部署的前沿部署型的工业时代的陆军，向信息时代力量投送型陆军转变。根据1995年国家军事战略，可靠的力量投送能力是对潜在对手的一种威慑，是美军海外存在的补充。陆军正在军事技术革命的基础上进行规划，调整组织编制、武器装备和训练方法，以便把军事革命的思想转变为现实。这支21世纪部队，即信息时代的力量投送陆军，将通过5个现代化目标加以实现：（1）改革和调整陆军的组织体制，使之成为一支快速部署并在战场上持续作战的力量。（2）使之成为在信息时代战场上能够战胜任何敌人的21世纪部队，不论对手是具有数字化战场作战能力的势均力敌的敌人，还是一支农业时代或工业时代的军队。(3) 陆军必须现代化，以打赢一场信息战。信息战的目标是使敌人得不到关键性情报，同时使自己取得和保持战场情报的决定性优势。(4) 21 世纪陆军必须具有精确打击能力。精确打击在使敌人迷盲和丧失机动能力的同时，能从远距离上发现、打击和摧毁目标。打击的力度根据完成既定任务的需要而定。(5) 信息时代的陆军，必须善于实施机动作战。通过优势的机动能力，将适当的部队在适当的时间派往适当的地点，迫使敌人处于战役和战略上的瘫痪状态。在 21 世纪流动的多维战场上致胜的关键是同时性，即在作战区域的正面和纵深同时展开优势的战斗力，使敌无法应付，同时性和突然性与瓦解敌人决策圈密切相关。实施优势机动行动的目的在于使敌人无法对一系列速战速决的快速行动作出反应。如果陆军能做到这一点，它便能以一支更小的高技术部队，打败在数量上占优势的敌军。

军事革命给美军带来的问题 *高技术军队难以打赢非正规战争和低技术战争* 美国军队特别是陆军和空军，正在投入这场军事革命。正如冷战时期空、陆、海和海军陆战队有必要准备同苏联对手作战一样，谨慎地防备未来可能出现的强大的威胁也很有必要。当这些军种作为信息时代军队步入托夫勒的第 3 次浪潮时，他们将准备同另一支信息时代的第 3 次浪潮军队作战。但美军能在第 3 次浪潮环境中作战，是否也能保证它有效地打击第 1 和第 2 次浪潮的敌人？

过去 50 多年里，在随着核时代的到来而发生的军事革命中，主要的均势对手彼此努力避免战争。然而，当美国为与苏联打一场现代化的核大战做好准备的时候，却有约 10 万美军死在朝鲜战争、越南战争、入侵黎巴嫩、入侵格林那达、入侵巴拿马和海湾战争等一些较低技术的局部战争中。1962 年，美国开始投入越南战争时，当时的参联会主席、陆军上将兰尼兹尔声称，为欧洲战争而组建的美军同样能够轻易地打败印度支那的游击队。陆军和空军普遍接受这样的观念：非正规战争或有限战争对于正规战争和全面战争来说，只不过是小巫见大巫，美军的组织体制和武器装备是着眼于打正规战争和全面战争的，如果美军能在常规或核战争中与苏联或中国军队作战并取胜，那么他们当然也能运用更少的此类部队打赢较低级的战争。然而，历史证明这种观点是站不住脚的。

第二次世界大战以来，美军在与海空力量很少或者完全没有且陆军大部分是轻步兵的敌人作战中，打了几次败仗。在朝鲜战争和越南战争中敌军的常规力量与美军相当的情况下，美军也几乎总是打败仗。然而，第 1、第 2 次浪潮的部队一旦将非正规的战略战术同承受高伤亡率的决心结合在一起运用，就常常胜过第一流的工业时代的部队。防务专家杰弗里·理考德博士在陆军军事学院发表的一篇论文中论证，美军在朝鲜陷入僵局，在越南战败，以及在黎巴嫩和索马里丢脸，都是由于对手掌握了战略主动权并迫使美军在强大火力和空中力量不能有效发挥作用的地方作战。法军在印尼以及苏联在阿富汗的经历也类似于此。即使在信息时代，辩证法也是行得通的。很可能出现另一个毛泽东或另一个武元甲，提出一种对策性战略或设计一种战术来削弱甚至打掉那些第 3 次浪潮部队原指望在信息时代战争中所拥有的优势。既然这种情况将不可避免地发生，那么如果没有预料到如何对在军事革命时期形成的任何战略采取对策并做好对付它的准备，就不能很好地为国家服务。

冷战的结束和信息时代的曙光，并不标志着一个以技术为基础的和平民主的太平盛世就此到来，今天的世界与冷战开始时的世界同样危险。自 1989 年 11 月和 12 月柏林墙倒塌以来，美国陆军为表彰部队的军事行动，已颁发了 700 枚紫心勋章和 2 枚国会荣誉奖章。这比除朝鲜战争和越南战争外美陆军在 1946～1989 年间颁发的所有紫心勋章还要多。

引起军种间新的竞争 当前这场军事革命，同原子革命所推动的那场军事革命一样，既带来了机遇，同时又带来了挑战。在 1947～1950 年、1954～1960 年、1961～1965 年期间，急剧的技术变革和防务拨款的争夺导致了军种间的严重对立。一方面各军种竞相根据原子弹的意义调整其战略、部队结构、武器采办方法和作战理论，另一方面又在激烈竞争防务预算。在 1947～1950 年以及 1954～1960 年期间，原子革命和防务费的短缺推动了这种竞争。在 1961～1965 年期间，军种间竞争的起因是预算膨胀和关于各军种在越南战争中的作用和任务的争吵，以及对空军及其庞大的核报复部队有利的大规模报复战略，向有利于其他军种及其常规非核部队作用的发挥的灵活反应战略的转变。军种间竞争同样也是当前这场军事革命的一部分。

早在 1947 年以前，美国空军就有一篇文章认为，进攻性战略空中力量拥有夺取彻底的胜利所必需的优点。战略轰炸和通过决定性地使用空中力量拥有夺取彻底的胜利所必需的优点。战略轰炸和通过决定性地使用空中力量夺取胜利，是空权论者十分珍视的思想。然而在当今国际环境中，他们再也不会赞同这样的主张了。空军上校理查德·兹弗兰斯基在《联合部队》1995 年春季刊上撰文指出，苏联威胁的终结很可能标志着空军作为一支独立军种存在的理由的终结，“除非空军变成天军，否则它可能不会保留到

2010年以后。”今天，太空只是军种间激烈争夺的一个领域。

此外，军事技术革命已提供了能将战略瘫痪理论变为现实的武器。从理论上说，敌人在技术上越先进，该国及其军队就越容易遭到可导致战略瘫痪的那种进攻。退役空军上校约翰·沃登是这种样式的战争最有发言权的拥护者。他将敌人假定为一个有5层“战略圈”的系统。这5个圈按照其重要性排列是：领导集团；系统的基本必需品（即电力）；基础设施；居民；投入战场的军队。根据沃登的理论，空中力量是唯一有能力带来迅速的决定性胜利的军种，因为飞机和导弹能越过地球的距离和地形障碍去打最中心的环节——领导集团，通过破坏敌人的大脑——指挥和控制系统来使其丧失能力。若是出于政治或道义上的原因，不可能将敌人“斩首”，那么空中力量能通过攻击外圈造成敌人战略瘫痪，以达到使敌丧失机动能力和感知能力的意图。

将精确制导武器装备到F-117A隐形战斗机和B-1及B-2轰炸机上，对于当前军事革命的意义，正如原子弹装在B-36洲际轰炸机上对于上一场军事革命的意义一样重大。那时空军开支占国防预算的主要部分是基于这样一个隐含的论点，即空军的远程核投送能力使它成为战争中主导的和决定性的力量。空权论者和空战的鼓吹者们从海湾战争中展示的空中力量的“决定性”中获得了激励。然而，尽管空中力量的确对战争结局起了作用，并且是多国部队胜利的关键因素，但它不是战争的决定性因素。

陆军站在自身立场上指出，历史上的战争都是在地面打胜的，陆军是唯一能进行迅速和持久的地面作战行动的军种。它将21世纪部队描述成一支高技术的地面作战部队，能在全球慑止潜在敌人并保护美国利益。陆权论者声称，只有陆军拥有在世界任何地方的战场上作战的装备和持久作战能力。尽管成功的军事行动涉及到控制陆、海、空，但一个国家，只有当它有能力控制陆地时才能够保证有能力实现其意志。

当前，各军种主要是陆军和空军，正就各自的作用和任务问题进行积极的对话。两个军种在将其部队现代化和改组以接受新技术的同时，都在日益减少的防务费用中争夺经费。然而，当前军事革命的一个不幸的后果就是白热化的军种间竞争。

使人们产生不流血战争的幻想　技术是极其诱人的，它很容易被卷入军事革命神奇的潜力当中。但在追求战争的新方式时，人们不能让技术浪漫主义产生一种神秘的不流血战争的幻想，它指望通过排除人的因素而使战争变得纯洁。在越南战争中这种追求不流血的倾向很明显。在战争开始时的敌对阶段，美军曾做过这种尝试，从空中对越南和老挝的丛林和红树沼泽喷洒落叶剂（橙剂）之类的阻碍植物生长的化学剂，企图使敌人无法隐藏。结果导致了3种可悲的后果。一是落叶剂的作用不大，因而没能阻止敌人隐蔽行动。二是空中喷洒不仅对印度支那的生态及人民产生了负面影响，而且也影响到美军，为反战运动提供了绝妙的口实，尤其提供了这样一个论点：一种残忍的非同寻常的技术危害着和平居民和热爱和平的人们。三是一些参战的老兵——美国人和越南人——确实留有医学上的后遗症。

罗切斯特大学的历史学家劳伦·巴瑞兹教授指出，“技术的主要副产品之一就是对技术的崇拜。”《空中力量》1995年春季刊上《大规模防护性武器》一文的作者们坚持认为，“掌握大规模防护武器，非致命、反致命和信息战武器，并把它们与当前部队能力相结合，可能是确保数年内拥有空中优势的办法……首先是其夺取在战略作用方面的主导地位的一种途径。”快速取胜、伤亡率低的海湾战争，在美军下一场大规模战争中可能会也可能不会重演。但无论怎样，许多美国人都会指望它再次重演。而一旦战争是流血的、持久的，不是速决的、伤亡较小的，那么除非目标显然值得为之付出代价，否则公众的支持将很快下降。

50年代全国对技术的狂热转变成60年代的越南战争。在该战争中，空军和陆军徒劳地搜寻着非杀伤性技术。集束炸弹、凝固汽油弹、落叶剂，还有最初的电子器材、激光和光电制导炸弹，都是大有前途的。有些当时已造成很大程度的破坏，而最终技术尖端武器也没有代替战略。然而，技术的作用是实行、强制和巩固军方的管理思想。越南战争是美国历史上管理得最好的一场战争；然而不幸的是，它也是管理得最好的一次失败。

美国可能自食军事革命的苦果　克里皮涅维奇还描述了一种“反弹因素”，即如果取得下一次巨大技术飞跃的国家不是美国怎么办？如果某个其他国家使其他一切技术进步都变得无关紧要怎么办？在未来，这种可能性要比过去大得多，特别在将已取得的重大突破运用于现成的可用技术中去方面。如果出现一两个或十来个极聪明的具有革新思想的技术狂人，想出了用电子方法“炸毁”纽约股票交易所或美国联邦储备体系时怎么办？对上述一切，美国应作出怎样的反应？

还存在文化短视的危险。原子弹是在美国发明的，但若当初爱因斯坦和其他专家仍留在德国的话，原子弹就可能不是美国发明的。我们必须看到，美国正在培养一代用袖珍计算机去做简单的数学题的美国青年。

不能忽视均势对手产生的可能性。俄罗斯尽管政治不稳定，经济问题严重，但仍在继续实施军队现代化计划；尽管失去了乌克兰，俄罗斯仍然是一个自然资源丰富的国家，在其众多人口中有大量优秀的物理学家。苏联解体影响了俄罗斯参与军事革命的能力，但对它进行军事技术革命的能力影响并不大。如果俄罗斯重建政体，尤其是实行军事专制政体的话，进行军事革命可能使它较快地上升到与美国并驾齐驱的地位。目前，除俄罗斯外，有能力部分参与军事革命的国家有法国、德国、以色列和日本。他们都是美国的友好国家。

要全面参加军事革命，除了技术，还必须具备其他条件。民族文化和军事文化传统必须能适应变革和中央集权体制。例如，日本的商业文化可能适于在全质量管理原则下运行，而中国的文化传统则难以接受和采用这种管理原则。此外，目前仅几个国家拥有军事革命所必需的高级数据处理系统、空间传感器和可用的隐形技术。能把文化、财富和获取技术的手段恰当结合起来的国家也不多，而且军事文化可能比社会文化更容易抵制变革。但是，有能力从某个方面或某个领域参与军事技术革命的国家则比较多，而且还在日益增多。目前已有约 20 个国家能生产精确制导武器。十年之内，这个数目要翻一番。而且技术发展的进度在加快，很有可能作出重大突破的国家不是美国。

军事革命的关键是革新思想观念　作者认为，如果一支信息时代的军队遇上一个均势对手，那么双方的对抗力量可能在早期的电子战中就彼此抵消了；或者，一方可能以偷袭珍珠港的方式在电脑大战中快速以电子手段击败对方。遇到上述两种情况，美国怎么办？

如果双方力量相互抵消，可有两种选择。第 1 种选择是打一场消耗战，也许会重演第一次世界大战时西线发生的一幕。然后双方都可能精疲力竭，特别是当双方的领导人都过分专注于信息时代战争，从而忘记了或不知道存在于 20 世纪八九十年代的军事战略或作战艺术。第 2 种选择是打一场第 2 次浪潮甚至第 1 次浪潮时代的战争。谁会打这种较低水平的战争（工业时代或农业时代的战争），谁握有优越的战略、革新的战术和人的勇气与决心这些关键性的——往往又是决定性的——因素，谁就能获胜。危险的是，在当前军事革命中，美国也许忽视了基本作战技能，并正在遗弃那种在低级水平上作战所需要的军事文化。

如果一个旗鼓相当的对手通过建立对另一方的电脑制空间权和信息优势而迅速占据有利地位，也会有两种选择：（1）投降总是一条出路。（2）如果处于劣势的军队会在较低水平上作战，而且能够采取攻势，他们很可能战胜对方。没有理由不相信，在信息时代——就像在过去一样——胜利仍然属于具有战略优势而且能克服严重困难的一方。历史上，并不总是掌握尖端技术和先进武器的一方赢得战争。

总之，各军种的战略思想家都需要阐明信息时代的战争特点。美军仍然将战争看作交战，看作是控制陆地、天空和海洋力量的较量。未来战争很可能在上述任何一个或全部 3 个空间内进行，但它也可能在整个斗争频谱上交叉进行，包括经济战、生态战和恐怖主义。未来战争中，大力神在战场上的较量可能只是一偶然而非规律，战争将由国际互联网络上的终端所决定。这使我们回到战略的核心问题上：在信息时代如何平衡目的、方式和手段。（［美］伊尔·提尔福德《美国军事革命：前景与忧虑》）

关于军事革命的两次浪潮　有的作者认为，从现在起到下个世纪初的军事革命进程包含着两次不同的浪潮。第 1 次浪潮正方兴未艾，并将在下世纪初达到顶峰，其特点是系统集成、信息战、制信息权、精确打击武器、先进的处理技术、显示能力、隐形技术、小规模疏散配置的部队以及集中的兵器打击效能。

第 2 次革命浪潮可能与第 1 次有所不同。敌人也许会通过对第 1 次浪潮的审视并利用已取得的成果跨入第 2 次革命浪潮。这样，在研制、定型和使用第 1 次浪潮所采用的技术时耗资巨大，而敌人现在却可能以极低的代价大量获取这类技术。这就是矛盾的实质所在：如果目前的革命确实是一个广泛的根本性力量的重组过程，要求有巨大的投资，那么我们所剩无几的资源将难以迎战第 2 次革命浪潮。其结果是，我们形成的部队结构虽然代价高、能力强，但却是第 1 次革命浪潮的产物。

第 1 次革命浪潮　作者认为，第 1 次革命浪潮提供了 3 种运用国家力量的重要手段：一是系统集成，即把从前那些分散的单一系统结合起来，包括搜集战场情报、实施指挥控制与精确打击等，形成一个能够广泛协同的一体化系统。二是广泛的制信息权，即在日益相互依赖的全球信息网上控制信息流。三是信息战（这是第 1 个手段的必然结果），即在保护己方信息系统的同时，破坏敌方信息系统或使之超载。

在关于军事革命的讨论中，系统集成是最受重视的。其标志是一系列的技术、战术和编制体制的一体化，而这些技术、战术和编制体制能够满足广泛的精确侦察、实时信息汇总及集中火力精确打击的要求。通过综合运用这些武器系统，第 1 次革命浪潮提供了战场制信息权以及充分利用这些信息的能力以驱散或消除战争迷雾。

不少人认为，通过控制信息流来运用广泛的制信息权是第1次军事革命浪潮的另一特征。为盟军提供信息而不是武器装备和部队，可以使我们更好地承担联盟义务，在远距离敌防区外遂行任务，发挥更大的作战效能。例如，我们通过向盟军传输信息流为其提供目标信息和情报，使盟军可以在某一地区更加有效地利用自己的系统。例如，他们可以依据远距离侦察系统进行精确打击或采取和平行动。

“黑客战”或计算机战是第3个新兴的信息战手段。随着国家的各系统（从银行到电力及通信部门）对计算机依赖性的日益增强，它们的弱点也暴露出来。“利用数字手段的犯罪猖獗，而防护手段却相形见绌”。准备进行计算机战的国家或跨国组织可以通过利用先进的软件攻击敌人的信息系统来获得巨大优势。攻击手段包括通过综合计算机网络进行卫星广播或利用国际互联网。这也许会成为未来的游击战。

这些技术的结合就构成了第1次军事革命浪潮：“这是一种不以消耗战为手段，而以瘫痪和震慑敌人的能力基础的战争。”实际上，到下个世纪初，这些方法和技术将使战争发生革命性变化。

不利的反作用　作者指出，尽管我们最初在研究、开发和利用第1次革命浪潮所采用的技术时耗资巨大，但有许多项目很快就会落入他人之手。因为这些技术本身具有广泛的商用价值。潜在的敌人会认识到这一点并能够相对容易地把第1次军事革命浪潮中那些迅速扩散与装备综合运用到其军队中。“由于敌人有效地掌握了许多信息技术，那些廉价获得的技术定会增强其军事实力。”

广泛的制信息权和信息战都是以计算机为基础的。那些实用的知识既可以从国际互联网、商业出版物上获得，也可以在美国或其他西方国家的研究机构学到，渠道是多种多样的。更为重要的将是对显示系统的“访问”。其目的是为方便小单位获取信息，对信息进行汇总和组合 。这实际上是商业信息系统的功能。这些技术日益迅速的传播将是21世纪初战略构想需要考虑的主要问题。

同样，尽管系统集成十分庞杂，但对敌人来说也是容易猎取和掌握的。“系统越大，各个重要部件就越小，功能就越强。”但敌人将面临的问题是如何对抗第1次革命浪潮中那些他们无力购买的昂贵技术与设备。这会使战争中那个永久循环的法则再现，即敌人会谋求某种方法把第1次革命浪潮中自己所能承担得起的那部分技术装备与新的思想、技术、理论结合起来，从而引发第2次军事革命浪潮。

第2次革命浪潮　作者认为，虽然难以确定那些能经受住第1次军事革命浪潮考验并处于核心地位的全部系统，但精确打击武器、先进的传感器、隐形技术、先进的网络和信息系统显然将占据主导地位。我们面临的挑战是要确定第2次革命浪潮的核心。解决这个问题的一个办法是审视第1次革命浪潮中的各种技术和军事科学的应用，然后找出对策。研究对抗第1次革命的手段是特别具有启发意义的，它可能会为我们提供最佳的出发点。

第一，敌人会设法把许多关键的指挥与控制节点置于地下。节点之间通过坚固的或深埋地下的连接线联系起来。其他的节点也许会设置在由于政治原因而不便打击之外，如医院、学校或市场。他们的节点还会做得很小并在较大的范围内疏散配置，比如市中心或全国各个市镇的电话亭里。节点的设计和安装将采用机动和廉价的隐形方式。

第二，许多敌人会致力于开发能够用于战争的生物技术。生化武器是最明显的威胁，但就是这些实际上很简单的武器一旦在该领域取得长足的进步，就可能使第1次军事革命浪潮中研制的各种系统的重要性相形见绌。增强人员战斗力的措施，特别是那些有助于处理大量数据并迅速做出相关决策的措施，其意义极为重要。兴奋剂、麻醉剂、合成代谢制剂、糖蛋白激素及β-受体阻滞剂都有用于作战的潜力。另外，医著上说，“遗传学有3个领域的发展前景看好：基因识别、免疫、基因疗法。”增强人员战斗力与新技术的结合可能会成为第2次革命浪潮的核心。

第三，跨入第2次革命浪潮的敌人也许会利用第1次革命浪潮的成果。那时他们将拥有精确自动导航装置，相当水平的计算能力以及某些保障地区制信息权的能力。这样的敌人将有能力发射精确制导武器，尽管其无力量储备这种武器。他们可能已经修订了作战原则，把精确制导武器与到目前为止较为便宜的区域打击武器相结合，从而优化精确制导武器的使用。另外，敌人也会拥有卫星系统、致盲武器以及干扰与反干扰设备。

第四，不能忽视敌人利用简单廉价的情报系统（这类系统的数量是很大的）来对抗第1次革命浪潮中出现的各种系统的能力。例如，敌方数以百计的渔船中夹杂着几条装有情报和导航设备的船只在沿海近岸地区从事指示目标活动。无论是旋翼还是固定翼民用飞机，都可以混在高技术作战飞机中执行任务。在某些情况下，这种陈旧的系统是极其有效的，特别是在亚局部战争的冲突当中效果更佳。

第五，大量使用粗制、廉价但具有潜在杀伤力的巡航导弹、地雷和水雷。为了拦截这些导弹，“宙斯盾”舰空导弹系统或“爱国者”反导弹系统也会很快被消耗殆尽。地雷对我们也构成了挑战。在着陆区或沿海地区布设大量地雷是有效的封锁策略。通过在关键地段布设大量粗制但相对廉价的爆炸物可以封锁前沿布署部队的登陆场。控制一个地域比封锁或破坏它要困难得多。

第六，大规模毁伤武器的使用是我们所应关注的，这包括从低当量战术核装置到下一代生化武器。绝不可认为敌人会因我们的核武库处于优势而放弃使用这类武器。敌人可能认为我们不会实施核打击来对其首次有限使用生化武器或核弹头做出反应——也许敌人的猜测是正确的。例如，敌人可以声明他只在海上使用战术核、生、化武器，从而限制我们对其居民稠密区的打击，并有效地遏止我们在同一地域使用相同的武器。

第七，第2次军事革命浪潮在装甲装备和多种材料方面取得的进步可能会最终超过第1次革命浪潮中的各种系统，从而构成严重的挑战。制陶工艺、合金钢、多聚合物和热塑性树脂发展前景极好。这些科技上的革新将在国际互联网上共享并在美国的大学公开讲授。预先润滑的表面，覆在钢铁表层上的尼龙聚合物、镶有钻石保护层的轴承以及其他材料都将在第2次军事革命浪潮中一显身手。如果目标的坚固程度超过了精确打击和显示系统的摧毁能力，那么这些系统也就毫无用武之地了。

第八，与第2次军事革命浪潮相适应的新作战原则。显然，如果说第1次革命浪潮的核心是机动战，那么为了与之对抗就需要对战术进行创新。我们将发展一种“反应式机动”，就是把静态防御与快速反击相结合对敌机动部队进行翼侧包抄、孤立、合围和歼灭。围歼与广泛的伏击战术的发展可能是今天无法预料的。虽然我们目前热衷于精确打击和机动作战，但战争中精确打击与大规模毁伤之间无休止的竞争告诉我们未来将有更多的变化发生。第2次革命浪潮与第1次一样，也将产生新的理论、战术、技术和程序。

第九，我们绝不可忽视那些第2次革命浪潮后的长远研究任务，力求取得真正非线式的发现来彻底并及时地改变对战争的预测。由于技术发展速度的加快，今天初露端倪的思想，明天就有可能得到巨大发展。这些思想对物理原理的应用超出了人们正常思维的局限。高速推进技术、光学、生物学、电磁频谱控制发展的领域是十分广阔的。我们必须通过研究和分析十分有限的典型范例来为迎接该领域的挑战做好准备。

从一般意义上讲，第2次军事革命浪潮的实质是用非对称战争与美国相抗衡，美国曾是第1次革命浪潮时代各种技术和系统的先导。这与20世纪80年代中期冷战高潮期间人们遵循的竞争战略是截然不同的。虽然这种非对称行动不会危及我们的生存，但它却能够威胁到我们在这个日益相互依赖的世界上的重要利益。这样，第2次革命浪潮可能会给敌人提供大量非对称的手段——即与政治、经济、军事力量成反比的影响力。

总之，必须在第1次革命浪潮中继续发展我们的成果。这就为我们迎接下个世纪可能面临的挑战提供了最好的应对保障。同时，我们必须考虑敌人为了追求非对称力量进行第2次革命浪潮而寻求的各种途径。我们就应该采取以下应对措施：

（1）各军种、联合参谋部、国防情报局、中央情报局等单位要建立彼此独立的分析小组，审视敌人针对第1、2次军事革命可能做出的决策。各自的研究结果（包括四年防务报告中得出的结论）需要进行比较、汇总并贯彻到以后的战略和采购活动中。

（2）对第2次革命浪潮各种潜在的系统进行评估，以便研究、开发和利用。这可能包括生物技术和先进的材料。对技术和科学的非线式高速发展也要予以考虑。

（3）为克服未来敌人做出的反作用，修改作战原则。例如，用反应式机动战对抗机动战；对原始的军事系统和战术作出反应；以更精确的打击挫败敌人以数量取胜的作战原则。

（4）认识到第1次革命浪潮中会包含一些代价高昂的错误、误导和不当的部署。需要对第1次浪潮的军事系统耐心地进行装备，然后通过调整使之适应第2次革命浪潮的要求。

（5）为了对第2次革命浪潮的高速发展作出反应，制定一种两全其美的策略。

在有关军事革命讨论的早期，前参联会副主席威廉·欧文斯海军上将指出：“在那些深入、迅猛、无法控制的革新中，让人们接受新生事物并不难，难的是使其摈弃旧观念。”具有讽刺意味的是，这一论点对我们同样适用。我们正专注于第1次革命浪潮，而第2次革命浪潮已翘首可望。（［美］詹姆斯·斯塔夫里迪《军事革命的第2次浪潮》，美国《联合部队季刊》1997年春季号）

（华　翁）

俄军学者概述西方军事革命观点　俄罗斯陆军佩丘洛夫上校在俄《军事思想》杂志1997年第4期撰文介绍西方国家有关军事革命的各种观点，主要内容如下：

关于军事革命的动因问题　佩丘洛夫指出，军事革命的必然性是由前苏军总参谋长奥加尔科夫在70～80年代首先提出来的。奥加尔科夫深信，无论武装力量的形式还是内容都将因军事革命而发生根本性变化。随后，西方也认识到未来变化不可逆转。10年前，美国战略家就开始探讨现代军事革命及其对未来战争可能产生的影响。美前参联会副主席欧文斯上将指出，应该加速这一进程，并从现在起着手筹划21世纪的战争。

然而，迄今为止，西方分析家对此问题尚未达成共识。部分人认为，根据最新的科技成果得出一致的结论为时尚早。美政治学家理查森在比较美国今天和本世纪20年代的形势后指出，在第一次世界大战时初露端倪的技术突破经过20年才得以实现。莫顿认为，如果说20年代的变化基本上只涉及个别兵种的话，那么将来的变化则可能触及整个武装力量，因为未来任何规模的军事行动都包括所有军兵种。另一部分人声称，不必过分夸大技术进步对未来战争可能产生的影响，技术的完善不会改变“战争常数”。国家和民族，无论过去还是未来似乎都在“为自己的安全、荣誉、独立、复仇、报复等利益而战。”他们强调，发生变化的不是战争本质，而是物质技术保障、通信、侦察等方面的细枝末节。但靠技术还不能引发军事革命，军事革命还需要有新的军事理论和编制体制。理查森认为，不应该总是对海湾战争赞不绝口，因为美国及其盟国在冲突过程中所运用的“空地一体战”理论及其多数新技术装备都是70～80年代的产品。

对这场讨论，美国战略与预算评估中心主任克里佩涅维茨概括说：“只有新技术成果大量应用于军事系统，并与新作战理论和体制编制结合在一起，从根本上改变作战性质和样式时，才可能发生军事革命。”但进步不可阻挡，实验室和设计局不断提出许多新方案。例如，近年来，信息技术的发展导致了各种计算机程序的出现，计算机程序又促进新技术开发并使之在短期内运用于高水平的发明之中。20年前，美国兰德公司认为，全新武器系统的问世需要50～150个发明，而今天，这种发明则需要200～250个。全新计算机程序研制出来后，武器系统的研制周期将会更短，耗资也更少。如果说朝鲜战争中使用的新武器为9种，越南战争为25种，4次阿以武装冲突为30种的话，那么海湾战争则使用了近百种。

西方分析家认为，近来处于领先地位的作战平台——舰艇、飞机、坦克等都已失去以往的意义。这些作战平台尽管保留了机动性和突击力相结合的优势，但已不符合基本的“费效比”标准。由于在战斗过程中必须保护造价昂贵的作战平台，结果导致作战平台越来越庞大、越来越复杂，变成了易受攻击和引人注目的目标。目前，消除作战平台所面临威胁的唯一有效办法就是使用隐形技术。隐形技术应用于美国F—117战斗机，在海湾战争中发挥得很好。但在军事上广泛地使用这种技术则是一种高消费。甚至像英、法这样的发达国家也不得不限制在该领域的科研投资。

专家认为，出路在于进一步深入研究武器遥控系统，如能滞空几昼夜的无人驾驶飞行器，“智能”地雷和雷场以及攻击卫星等。分析家建议，应对上述不同观点采取兼收并蓄的做法。美空军1996年发表题为《新世界展望》的报告，提出研制远程空中航母的设想。克里佩涅维茨对海军也提出过类似的建议，主张利用隐形技术研制武库舰。不过，西方学者仍认为，在未来冲突中起主要作用的不是作战平台——武器的载体，而是装有各种传感器的“超一流的”武器装备和高精度弹药。飞机虽然过时，但装备新式远程“空空”导弹后，仍可对新型飞机实施打击。另一方面，许多专家认为，对高精度武器绝对作用的期望过于超前，高精度武器在海湾战争中使用经验证明，其结果与预期效果相去甚远。例如尽管装有高精度导弹的飞机起飞上千次，但很少击毁伊拉克的“飞毛腿”导弹。

决定20世纪末军事革命的主要因素是电子技术或信息技术。美国前国防部长助理奈认为，这场军事革命的动因是正处在形成阶段的信息革命。美国分析家纽曼认为，未来战场的控制权掌握在拥有更快更准确信息的一方。西方甚至扬言：信息是未来的石油。从海湾战争开始，指挥官将不得不利用第4维空间即电磁频谱作战。美国分析家将“沙漠风暴”行动称为第1场信息战并非偶然。

关于作战理论问题 科学技术成就迫使西方国家不得不重新思考军队发展的理论原则。美海空军迅速地回答了当代提出的迫切问题。美空军早在90年代初就出版了《全球抵达，全球力量》白皮书。书中强调，空军在未来战争中的作用将会进一步增大。该文件的某些思想在另一白皮书《空军的体制改革》中得到进一步发展。1992年9月，美国海军提出海军未来的作战理论，尽管“由海向陆”的叫法非同寻常，但反映了其实质。美陆军则颁布野战条令FM100—5《作战纲要》(1993)和第525—5号手册《21世纪部队的作战》，提出在未来战争准备中所应遵循的作战理论原则。

在上述文件中，美军在分析技术成就的基础上提出世纪之交军队建设的构想和依据，力图确定或预测在未来战争中将以什么样的方式和什么样的部队取得胜利。西方分析家得出的结论是：目前军事领域在数量与质量之间的平衡，到下世纪将明显倒向质量一边。采用征兵制和用大量军事装备来武装大规模军事系统的时代将一去不复返。纽曼认为，小分队装备联网计算机后，可能完成现在一个师所担负的任务。各军种战役与战术集团的联合趋势将进一步发展。

随着军队员额逐步减少，特种作战部队将相应有所增加。甚至步兵（摩步兵）分队和兵团也越来越多地运用特种作战部队的战术。西方专家认为，在军队中必须组建这样的部队（从分队到兵团），它们可以借助新技术成果统一作战。欧文斯上将强调指出，"目前美军建立的'系统集成'，即在卫星、舰艇、飞机、坦克等上安装各种联网传感器，将给任何需要信息的军事用户提供信息"。

单兵装具也将发生变化。不仅指挥官，而且士兵也将拥有个人通信、搜索和目标指示器材。美已设计出一种头盔，上面将安装可显示目标和现地信息的显示器。安装在头盔上的摄像机将把图像传输给联合信息网，而安装在士兵个人武器上的传感器可以传输关于头盔显示器上所显示目标的数据，从而迅速准确地将目标摧毁。

关于军事革命的结果 实现上述设计方案需要巨资，西方军事专家坚信，无论耗资多大，军事革命不可阻挡。军事革命的结果在今后 20～30 年内将可能以如下方式体现出来：①陆、海和空中军事行动的性质将发生改变，军事对抗将扩展到两个新的领域——太空和电子（信息）领域。②出现全新的包括遥控的和隐形的武器装备，出现全新的包括航天突击部队、防天部队和信息战部队的编制结构。③远程导弹的迅速扩散和"隐形"技术在军事上的广泛应用，必将导致"进攻性"思想方式占上风，像机场、港口和指挥所这样的目标将更易受攻击。④信息领域的对抗可能会使战场上的"断杀"退居次要位置。⑤由于装备远程高精度打击兵器，传统的战区可能会在很大程度上失去战略自主性。⑥对敌人实施核遏制的战略因素虽仍未失去意义，但不会对敌人向核大国发出挑战的企图产生大的影响。

关于未来武装对抗的样式 西方专家认为，大规模使用无人驾驶飞行器和隐形飞机是一种新趋势。他们认为，空军不仅将对任何规模冲突的进程和结局产生巨大影响，而且将导致人们重新思考整个军队的结构。他们预言，再过 20～30 年美国陆军可以裁减到 2.5 万人。美空军提出了只用空军及其实施的独立作战（或"平行"作战）就可以完成战略、战役和战术级任务的思想。"平行"作战不同于"逐次"作战，"逐次"作战需要所有军种共同完成战役、战术级任务，逐步达成战略目的。只有在对敌整个战术、战役和战略纵深实施不间断的同时打击直至达成既定目标（即敌人投降）的情况下，"平行"作战才能获得成功。

地面和空中作战的新观点必然涉及到海战。海洋小国在装备了远战和高精度武器后也能控制沿岸海区和远离本土的海域。分析家认为，装备有遥控搜索和排雷装置的新扫雷舰、潜水登陆船、携载多用途无人驾驶飞行器的航母列装以后，整个海战性质可能发生根本性变化，"水下对抗"将更加复杂。

如果说美国于 1994 年发表的《太空作用》报告所提出的主要目标是建立环地球的"信息领域"（即建立可保障监控更广范围频率的卫星感应控制系统）的话，那么在随后发表的文章中则已经把太空视为未来可能出现的新"战场"。为了避免发生太空"珍珠港事件"，必须在太空部署信息战卫星系统以迷盲或破坏敌卫星。事实上，美国仍有人坚持组建强大的太空防御部队或反导部队和研制"天对地"兵器，以便给里根任期时提出的"战略防御倡议"以"第 2 次生命"。

（崴　子）

联合国维和行动综述　**17 项联合国维和行动**　维持和平行动是联合国宪章所赋予联合国的重要使命之一。从 1948 年开始，联合国维和行动已有 50 年的历史。截止到 1997 年底，联合国进行的维和行动共计 45 项，1997 年仍在进行的共有 17 项：

联合国停战监督组织（UNTSO）（1948 年 6 月至今）　1948 年 5 月 29 日联合国安理会通过第 50 号决议建立。人员数量几经变动，现为 178 人，现任参谋长为鲁·英·波拉蒂少将（尼日利亚人），总部设在耶路撒冷。

联合国驻印度和巴基斯坦军事观察小组（UNMOGIP）（1949 年 1 月至今）　现有军事观察员 40 名，现任首席军事观察员为阿方索·佩索拉诺（意大利人）。总部分别设在拉瓦尔品第和斯利那加。

联合国驻塞浦路斯维持和平部队（UNFICYP）（1964 年 3 月至今）　1964 年 3 月 4 日根据安理会第 186 号决议建立，人数 6411 人。现任司令为瓦蒂安恩准将（芬兰人）。现任秘书长特别代表系韩国前外相韩升洲，总部设在尼科西亚。

联合国脱离接触观察员部队（UNDOF）（1974 年 3 月至今）　安理会 1974 年 5 月 31 日通过第 350 号决议建立，现有观察员 1052 人，另有 80 名联合国停战监督组织观察员协助，现任司令约·科斯特少将（荷兰人）。总部设在大马士革。

联合国驻黎巴嫩临时部队（UNFIL）（1978 年 3 月至今）　安理会 1978 年 3 月 17 日通过第 425 号决议建立，定额 7000 人，现任司令为史坦尼斯拉夫·F·沃西尼亚克少将（波兰人），总部设在纳库腊。

联合国伊拉克和科威特观察团（UNIKOM）（1991年4月至今） 根据安理会1991年4月3日第687号决议建立，人数1187人，部队司令为贾恩·朱塞波·桑蒂劳少将（意大利人），总部设在乌姆卡斯里。

联合国西撒哈拉公民投票特派团（MINURSO）（1991年4月至今） 1991年4月19日安理会通过第590号决议建立，人数755人，现任秘书长特别代表为贝克（美国人）。部队司令乔斯·利安德罗少将（葡萄牙人）。总部设在拉用诺。

联合国利比里亚观察团（UNOMIL）（1993年9月～1994年9月） 安理会1993年9月22日通过第866号决议建立，军事观察员303名（中国10名）、军事工程人员45名、联合国志愿人员58名和民政人员225名。秘书长特别代表为安东尼·毕·尼亚基（肯尼亚人）。总部设在蒙罗维亚。

联合国塔吉克斯坦观察团（UNMOT）（1994年12月至今） 1994年12月16日安理会通过第968号决议建立，由军事观察员45名和职员44名组成。以协助联合委员会监督《德黑兰协定》的执行，为冲突双方提供政治联络和协调服务。团长为格尔德·梅里姆（德国人），首席军事观察员哈桑·阿巴扎准将（约旦人）。总部设在杜尚别。

联合国驻安哥拉第3期核查团（UNAVEMIII）（1995年2月～1997年6月） 安理会1995年2月8日通过第976号决议建立，由军事观察员336名，警察234名，军事部队6630名组成。团长阿·布·贝耶（马里人），部队司令菲利普·西班达少将（津巴布韦人）。总部设在罗安达。

联合国预防性部署部队（UNPREDEP）（1995年3月至今） 安理会1992年11月通过第795号决议建立，以防止波黑战火燃向马其顿，系驻扎在马其顿的联保部队。1995年3月31日安理会第983号决议将该部队与联保部队分离。由军事部队1050名，军事观察员35名，民事警察26名，民政职员200名组成。团长亨里克·J·索卡尔斯基（波兰人），部队司令博·伦纳特·兰弗准将（瑞典人）；总部设在斯科普里。

联合国驻波斯尼亚、黑塞哥维那特派团（UNMIBH）（1995年12月至今） 1995年12月21日安理会通过第1035号决议建立，由1721名民政警察和5名军事联络员及文职人员组成。秘书长特别代表为伊奎巴尔·里扎（巴基斯坦人）。国际警察工作队长官第彼得·菲茨杰拉尔德（爱尔兰人）。总部设在萨拉热窝。

联合国普雷拉卡观察团（UNMOP）（1996年1月至今） 1996年1月15日安理会通过第1038号决议建立，以监督在克罗地亚的普雷拉卡岛非军事化，由28名军事观察员组成。首席军事观察员为冈纳森上校（瑞典人）。

联合国驻海地支助团（UNSMIH）（1996年7月～1997年7月） 1996年6月28日安理会通过第1063号决议建立，兵力1558名，总部设在太子港。

联合国驻危地马拉核查团（MINUGUA）（1997年1～5月） 1997年1月20日安理会通过第1094号决议建立，军事观察员188名及民政人员组成。

联合国驻安哥拉观察团（MONUA）（1997年7月至今） 1997年6月30日通过第1118号决议建立。由2650名军事人员组成。

联合国海地警察特派团（MIPONUH）（1997年12月至今） 1997年11月28日安理会决议建立，以协助海地警察向专业化部队过渡。

另外，由于战乱爆发，还有由北约和非统等地区性组织派出的地区性维和部队，如北约在1997年4月～1997年8月，向阿尔巴尼亚派出由6000人组成的多国保护部队，赴阿执行3个月的保护救援工作使命；非洲统一和平组织也向西非派出维和部队。

联合国维持和平行动的主要特点 联合国维和行动的力度下降，规模与人数进一步削减 由于国际形势出现了多极化的趋势，地区性组织开始对地区安全与和平承担起越来越多的责任，加之联合国内部经费等方面的原因，1997年联合国在世界范围内维和行动的规模进一步缩小，参与维和行动的人数也在逐步减少。1997年，联合国维和行动总项目已由1994年高峰时期的22项减为16项，维和部队人数也由1994年的8万余人削减到2.3万人，减少了71%。同时，参加国际维和部队人数最多的国家由发达国家开始向发展中国家转移。目前参加维和行动人数最多的国家为巴基斯坦、印度、孟加拉、约旦等发展中国家，表明发展中国家参加国际维和行动的意识在增强。在维和经费预算上继续出现下降趋势，由1994年的35亿美元减少到15亿美元，下降57.2%，已难以满足正在进行的国际维和行动的需要。目前，联合国维和项目赤字达23亿美元，其中美国拖欠款最多，高达13亿美元。

中国积极支持联合国维和行动 中国是联合国5个安理会常任理事国成员国之一。中国政府和人民对联合国维持和平行动给予积极的支持。不仅从多方面支持符合联合国宪章精神的维和行动，而且向联合国中东停战监督组织、联合国伊拉克科威特观察团、联合国西撒哈拉全民投票特派团、联合国利比里亚观察团等维和行动派遣了军事观察员。1994年，前任联合国秘书长加利提出建立联合国维和待命安排制度。

这是为缩短维和部队部署时间，加强联合国维和快速反应能力和提高维和行动效率的一项重要措施。1997年5月，中国宣布原则上参加联合国维和待命安排，并将在适当时候向联合国维和行动提供军事观察员、民事警察和工程、医疗、运输等后勤保障分队。

地区性组织和集团参加维和活动的热上升 1997年以来，北约、海湾合作委员会、非洲统一组织、独联体等地区性集团或组织积极参与和组织地区性维持和平行动，并对地区的和平与稳定发挥了积极作用。为监督执行波黑和平协议，1997年1月1日，以北约为主组成的新的多国稳定部队，接替已到期的波黑和平协议执行部队，继续在波黑执行维和任务。这支多国稳定部队由30多个国家军队组成，总兵力为3万人。美、英、法、德是其中的主要力量。1997年1月，由土耳其、美国、英国和法国组成的新的联合空军部队在土耳其开始替代1996年底到期的执行“安抚行动”的多国维和部队，继续对伊拉克进行监视，并“保护”伊拉克北部的库尔德人。在阿尔巴尼亚发生武装骚乱后，1997年3月28日，联合国授权以北约国家为主派出的多国保护部队进入阿尔巴尼亚，以保护人道主义救援物资的运送安全。参加国有意大利、法国、希腊、西班牙、土耳其、奥地利、罗马尼亚和丹麦等8国，总兵力为6000人。这是自1992年2月多国部队进入波黑以后第二次由联合国授权在巴尔干进行的地区性维和部队。以地区性组织为主实施维和行动，一方面使维和行动更迅速和有针对性，并减轻了联合国的负担；另一方面，由于参加国利益不同，各行其是，无统一章法，致使维和活动开始出现失控的趋向。鉴此，联合国大会已通过了《关于进一步加强联合国在维和领域能力的报告》，并敦促各会员国、秘书处和联合国有关机构采取一切措施，予以监督执行。该报告明确提出“加强联合国与区域组织间的合作”，“重视开展预防性外交和缔造和平的工作”，遵守“当事方同意、公正和除自卫外不使用武力”的维和三原则等建议，力求使国际维和行动规范化。

将排雷工作列入维和议程 据联合国提供的资料，自第二次世界大战以后，全球曾经布雷4亿枚以上，而留存至今仍具杀伤力的大约还有1.1亿枚，分布在64个国家，每年炸死1万多人，炸伤2万多人。这种情况严重阻碍有关国家的民族和解、和平进程和重建家园，威胁有关地区的稳定、安全和发展。目前，世界各国每年共排雷约10万颗，但新埋地雷却达200万颗以上。1997年，联合国加大了对地雷问题的监管力度，多次召开会议讨论解决地雷问题办法，拟定禁雷议案和计划。明确提出将解决地雷问题作为维持世界和平行动的一项重要内容。

非洲维和逐步走上轨道 冷战结束后，由于历史原因和复杂的民族矛盾等因素，非洲开始成为当今世界热点迭出、战乱频仍的大陆。1997年，这一地区的战事多达18起，几乎占全球地区性冲突和战争总数的一半。由于武装冲突包含有历史恩怨、民族与派系矛盾及深层的历史纠葛，使联合国及西方国家在冷战结束后初期的维和努力大多以失败告终。针对西方国家解决非洲动乱与冲突的努力已从直接干预变为间接干预，并附带苛刻政治条件的情况，非洲国家开始携手组建自己的维和力量，并取得了初步成果。1997年利比里亚和中非在非洲维和部队的协助下，已从长期冲突与动乱的困境中解脱出来，这一成果进一步推动了非洲自我维和的深入。美国自出兵索马里失败后，为寻求介入非洲事务的新途径，开始支持非洲地区性维和力量的发展，并协助解决非洲地区维和部队在技术和后勤方面的困难。宣布出资2000万美元，派出数百名教官，并提供武器和现代通讯设备。在对多哥部队高级军官进行培训之后，1997年7月已开始训练塞内加尔、乌干达、突尼斯、埃塞俄比亚、马里和马拉维7国的维和力量。计划帮助非洲国家装备和训练8～10个营的维和部队。然而，非洲国家对美国的帮助始终保持高度警惕，明确申明，向冲突地区派遣维和部队将听从非统组织的决定，而不会按美国的意志行动。

维和行动开始出现背离维持和平的宗旨的倾向 在地区性维和行动中，由于联合国直接控制力下降，直接指挥仅由地区内组织掌握等因素，维和行动中动用武力、实施打击的“强制和平”因素在增长，导致人们对维和行动未来发展方向的忧虑。如在欧洲和非洲的地区性维和行动中，驻波黑的北约“多国稳定部队”对塞族居民进行军事打击、驻塞拉利昂的非洲维和部队直接参与了对塞拉利昂反叛组织的交战等，不仅未能起到维和的作用，反而加剧了该地区的紧张局势。

（吴　鹏）

国际恐怖活动与反恐怖主义问题综述

1997年是世界形势走向缓和较为稳定的一年。但世界范围内的恐怖主义活动并未减少，且有一定程度的增加。在亚洲，3月30日，柬埔寨首都金边举行的一次示威活动中，遭到恐怖分子的手榴弹袭击，造成12人丧生，100多人受伤。10月15日，斯里兰卡泰米尔伊拉姆猛虎组织在首都科伦坡旧市区的世界贸易中心及希尔顿饭店进行连续爆炸，造成20人死亡，105人受伤。10月15日塔吉克斯坦总统卫队遭袭击，13名卫队队员被打死。在欧洲，法国是近年来遭到恐怖分子袭击较多的国家之一。其城市恐怖活动事件自1993年以来增加了4倍，主要发生在大城市郊区。这些恐怖活动包括打砸权力代表机构、破坏公共建筑和设施、毁坏私人汽车、袭击公共交通工具。1997年这类事件比1996年上升了37%，甚至波及到一向平静的边界小城。尤其是来自北非的阿尔及利亚伊斯兰原教旨主义的恐怖袭击和西班牙巴斯克分离主义分子的暗杀和爆炸事件，使法国一度人心惶惶。法国科西嘉岛分离主义分子的恐怖活动也出现上升趋势。急剧升温的恐怖活动使法国一些城市市民多次举行罢工示威，抗议缺乏安全保障。俄罗斯黑手党势力除了在本国境内十分活跃外，其势力已开始向美国和欧洲的许多国家扩展，并与50多个国家的犯罪集团建立了联系，其在中欧、西欧、美国、加拿大、以色列、南非及拉丁美洲的活动均呈上升趋势，成为国际上一股令人担忧的力量。在美国16个城市中的200多个黑帮团伙，很大部分已由俄罗斯黑手党的移民控制，其头目伊万科夫甚至已在美建立了收入以10亿美元计的犯罪集团。在东欧活动的黑手党，靠恐怖活动积累的经费已达120多亿美元。在非洲，埃及国内的恐怖活动也愈演愈烈，成为非洲国家中伊斯兰原教旨主义暴力活动影响最严重的国家之一。1997年元旦，阿尔及利亚伊斯兰原教旨主义极端组织在国内掀起了恐怖袭击浪潮，24小时内数个村庄遭恐怖袭击，40人丧生。3月13日，埃及南部3名伊斯兰枪手向一基督教徒为主的村庄内开枪扫射30分钟，致使14人被打死，数十人受伤。8月28日，阿尔及利亚首都附近的穆萨镇发生了近5年多来最严重的一次恐怖屠杀事件。造成至少98人死亡，120人受伤，其中重伤30人。死者竟有被焚烧或肢解致死的。1月17日，在埃及有4500年历史的古城卢克索一伙恐怖分子向手无寸铁的旅游者开枪，造成70人死亡，其中大部分是外国人。在美洲，1997年6月17日，哥伦比亚首都发生了严重爆炸事件，9名警察丧生，10名平民受伤。美国出现新的极端民兵组织“得克萨斯共和军”。目前，美国共有858个极端组织。其中民兵组织358个。这些组织拥有自己的纲领和活动策略，并掌握从事暴力活动的武器装备，有的甚至拥有生化武器。

联合国是世界上最大的维护和平组织，由于其工作性质，也难免遭受恐怖分子的袭击。自1992年1月～1997年3月11日，已有131名联合国文职人员在世界各地遇害，并有80名人质迄今仍被扣押或失踪。

1997年恐怖主义活动的主要类型　*一是宗教性恐怖活动*　宗教是人类的精神鸦片。20世纪末的宗教并未像上一代人所预言的那样，随着科技进步而衰弱，相反，各种宗教狂热浪潮却此伏彼起。美国二战后出生的人，70年代反宗教，而到90年代却涌入各种类型的宗教场所，一些新兴邪教更是频繁出现。据统计，目前世界上大约有26类邪教，其中不少是末日教派。英国比较活跃的宗教团体已达500余个。法国，近10年来各种传统教派增加到170余个，信奉者增加了50%。原本比较正统的马来西亚知识分子也开始热衷于追随异端教派。在台湾地区的宗教势力也急剧增大，仅台北地区的神坛已由1991年的500余处增加到1000余处，宗教团体的收入也达到160亿元以上。伴随宗教热的升温，一些异端邪说也乘机泛滥，并在很大程度上带有恐怖主义的色彩。他们以某个具有魅力的人为首脑，将各种传统宗教教义改头换面，增加很多独特的内容和“修行”方式，利用天象、气象和新世纪来临等制造恐怖与希冀。宣称世界末日将至，鼓吹远离现代社会，煽动教徒的狂热，要求教徒献出一切以至生命。这种冷战后的新型恐怖组织以集体杀人或集体自杀的方式，无情地残害人类，为恐怖主义的活动与发展提供了温床与庇护所。自1978年在圭亚那“人民神殿教”900余人集体自杀之后，在美国、日本、加拿大、墨西哥、越南、韩国、菲律宾、法国、瑞士等地都相继发生过邪教徒集体杀人或自杀事件。3月22日在加拿大魁北克省的一间木屋里发现5名男女自焚，尸体呈十字交叉状。这是属于“太阳神殿”邪教徒集体自杀，希求“通过自杀仪式到天狼星获得新生”。事隔4天，在美国加州圣地亚哥以北的乔圣菲镇的一座豪宅内又发现39具尸体，都穿黑衣，蓄短发，身上装有相同的钞票和硬币。这是邪教“天堂之门”教徒集体服毒自杀，以求登上波普——海尔慧星之后的飞碟升天。埃及是强调维护伊斯兰教义纯洁性，反对世俗对伊斯兰教精神污染的原教旨主义的重要发源地，28年前由精神领袖哈桑建立的“穆斯林兄弟会”已遍布阿拉伯各国，形成一股具有国际影响的恐怖主义势力。

二是政治性恐怖活动　一些国家恐怖活动与政治选举有着明显的正相关性，因而不能排除一些国家政治性派别甚至政府组织出于政治需要，纵容一些恐怖团伙蓄意进行恐怖活动，制造紧张气氛，以便加强军事控制。例如，阿尔及利亚自1997年年中立法选举以后，恐怖活动空前活跃。由于经济竞争激烈，失业矛盾突出，一些社会难题得不到解决。欧洲极右势力和新纳粹势力更趋猖獗。德国新纳粹分子定期秘密组织“元首诞生纪念”，向老纳粹之灵致意，并殴打外国人，抢砸外国人开办的商店。瑞典近两年出现了40多个新纳粹和白人权力主义集团和以“真血”、

"暴风"、"厌恶"等命名的恐怖主义组织，对黑人、犹太人及外国移民发起袭击。奥地利、比利时、丹麦、挪威、德国等极右势力组织也有新发展，并开始广泛渗入政界，在议会中争取选票和席位。

三是经济发展滞后地区的恐怖活动 非洲是世界上经济发展较为滞后的一个大陆。非洲国家受西方殖民者长期统治，民族矛盾根深蒂固，不仅使国内出现严重的经济困难，而且为近年无休止的派系纷争和恐怖主义活动种下祸根。在非洲国家独立后，西方一些国家继续插手原殖民国家的国内事务，致使这些国家原有的民族矛盾更趋复杂和激化。一些非洲国家日益恶化的经济和社会生活贫困，已成为恐怖活动日益猖獗的重要诱因。埃及失业率高达 15－20%，6000 万人中至少有 1/3 生活在贫困线以下。严重的社会问题导致一些人铤而走险，以绑架、抢劫、袭击外国游客作为摆脱困境的出路。加之政府对武器控制不严，枪支泛滥和外部恐怖主义势力的输入和渗透，使恐怖活动愈演愈烈。其活动特点主要是：打击游客，制造恐怖气氛，力图导致社会和经济崩溃；杀害经济上富裕的少数民族科普特人；将开罗郊区等人口密度高的贫民区做为其生存与发展的据点；组织"圣战女子营"，征召女子参与恐怖活动。这些贫困地区难以解决的民族矛盾导致恐怖活动愈演愈烈，进一步造成深重的民族矛盾和社会灾难。

四是高技术型恐怖主义活动 高技术的发展，特别是电子计算机网络技术使全球各部分更为紧密地联结成了一个整体。一方面大大提高了人类经济活动的效率，另一方面也为恐怖主义势力的发展提供了新的重要手段。如美国黑手党曾只是分散在各地的一些零散组织，随着计算机互联网的普及，他们很快结成全国性的大组织，甚至建立了国外联系。利用互联网络传递信息，公开敌人名单，甚至为死去的同党登讣告等成为恐怖主义分子的热门话题。一些恐怖邪教分子也将邪教与高科技结合，利用国际电脑网络宣扬传播邪教教义。一些恐怖主义组织还利用网络搜集与扩散杀人和制造恐怖的方法。美国自杀的 39 名"天堂之门"信徒，在其活动中心几乎人手一台电脑。新加坡 1997 年涉及电脑进行犯罪与恐怖主义活动的较大案例，已由 1995 年的 3 起增至 24 起。

在分析恐怖主义发展原因时，不能不看到冷战后常规武器的扩散对恐怖主义活动的发展起到推波助澜的作用。冷战结束后，由于两大军事集团对峙不复存在，国际紧张局势缓和，世界军火贸易量明显下降。但一些大军火商为了推销军火，继续赚取高额利润，不惜降低条件，减少对军火销售的附加条件和销售检查，导致常规武器大量扩散，枪支泛滥成灾。加之一些国家允许枪支公开销售，不仅对一些地区的武装冲突埋下了隐患，而且为恐怖主义活动的滋生提供了土壤。目前，已有约 30 个国家的军备清单中有法国制造的"西北风"短程导弹，而类似的俄罗斯 SA 系列导弹也很容易在黑市上找到。从事恐怖活动的分子不仅能不费力地弄到枪支、炸弹，而且能够买到防空导弹甚至核原料。恐怖的不安定因素随着常规武器的扩散已在全世界蔓延。

国际反恐怖主义的发展 恐怖与反恐怖在一定程度上是一场隐蔽的战争，从策略、资源、目标到获取与制造具有杀伤性的武器方面均存在着激烈的较量。

为了有效地扼制恐怖主义在世界的蔓延，发挥整体与协同力量，联合国每年均组织反恐怖活动打击犯罪活动，并将国际刑警发展为全球联网的反恐怖重要力量。世界许多国家已通过立法把恐怖活动定性为一种新的刑事犯罪，并以加强情报机构的力量，增强保安措施，扩大警察职权，改变司法程序等措施加大反恐怖力度。美国在年初宣布，将 1997 年 1 月 7 日到期的对利比亚的制裁延长，理由是该国政府仍在推行恐怖主义政策。1 月 5 日，阿拉伯国家内务部长理事会第 14 次会议通过一项反恐怖活动的阿拉伯共同战略草案。1 月 23 日，秘鲁和玻利维亚决定采取打击恐怖主义活动的联合行动，并协调对付这类犯罪的法律。英国内政大臣斯特劳在 4 月的一份声明中宣布，英国将把打击国际恐怖主义活动作为政府最迫切的大事之一来抓。法国宣布从 1995～1997 年 5 月的两年多时间内，已逮捕 1676 名恐怖活动分子。在这些人中，伊斯兰原教旨主义极端分子为 1037 人，占 62.7%，科西嘉民族分离主义分子 317 人，占 18.7%。法国内政部还表示，打击恐怖分子的活动今后要同打击走私武器、毒品、非法设置电脑网络窗口结合起来。3 月，英国批准了"反恐怖"法，增设新条例，授予警方更多的权力，以便更有效地打击国内外恐怖分子在英境内制造恐怖活动。1997 年 6 月 5 日，菲律宾总统拉莫斯签署命令，要求军方肩负起打击恐怖集团的新任务。根据总统授权，军队在必要时可部署飞机或舰艇对付恐怖分子。面对巴斯克民族与自由组织（埃塔）的谋杀和袭击事件，西班牙政府和各界人士纷纷谴责，首相阿斯纳尔重申西班牙政府坚决打击恐怖主义的决心，并宣布政府将不以任何借口与恐怖主义组织巴斯克谈判。

为打击高技术领域的犯罪与恐怖主义活动，世界多数发达国家和经济发展较快的发展中国家均加强了对电脑网络的监控，并增加资金与技术投入，设立电脑网络反恐怖机构和追踪电脑"黑客"的网络"陷阱"，调查与电脑科技相关的犯罪活动，协助搜索、检举罪犯的证据。除美国及德、法、英等西方发达国家外，亚洲的日本、新加坡、韩国等均在高技术反恐怖活动中取得了明显成绩。

（吴　鹏）

国防工业与军火贸易

世界军工企业集团化呈现若干特点和发展趋势　《现代军事》1997年6月号郑杰光撰文指出，冷战结束后，各国政府为解决军工企业经费短缺、效益下降和重复浪费严重等问题，通过兼并、联营、收购，组建大型军工企业集团，实行集团化、规模化经营，以增强国际竞争能力，为军工企业的进一步发展和参与国际竞争，创造更有利的条件。据统计，1996年，世界军事工业共达成25项合并，总价值达400亿美元。

世界军事工业集团化的特点　（1）合并与兼并主要在航天和电子领域展开。世界军工企业的合并兼并及军工集团化主要在航空航天领域展开。近年来，合并兼并正在向军用电子领域转移。由于这些行业是发展前景广阔的所谓“朝阳”工业，因此得到各国政府的大力支持。世界航空航天工业市场前景看好，军用电子设备的需求呈上升趋势。据报道，最近美国军用电子企业的收益大大超过其他军工行业的收益。美国电子工业协会1997年1月预计：今后十年里，用于军用电子产品的开支将上升10%，增加到555亿美元。为适应这种变化，各国政府和工业界不断调整军工产业结构和产品结构，将科研生产力量向航空航天和电子行业集中，并通过合并兼并提高其国际竞争力。过去一年里，美国军工企业合并兼并主要集中在电子领域，如诺斯罗普·格鲁曼公司以30亿美元收购威斯汀豪斯公司的国防电讯业务，洛克希德·马丁公司以100多亿美元兼并洛拉尔公司的大部分航空航天电子业务，波音公司以32亿美元收购罗克韦尔公司的军品业务。此外，西欧、俄罗斯等国组建的大型军工集团主要是飞机、导弹和电子企业，如俄罗斯成立的莫斯科航空军工综合体、英国的航空航天公司和GEC－马可尼公司、法国的汤姆森集团、德国戴姆勒·奔驰航空航天公司等。（2）合并兼并的规模越来越大。最近一两年，世界军工企业的兼并规模越来越大，无论从规模上还是从深度上都超过以往。80年代末90年代初，军工企业合并兼并成交额一般在数亿美元以内，1993～1994年，大的军工企业合并兼并成交额一般在10～30亿美元之间，1995年至今，军工企业合并兼并成交额在数十亿美元乃至上百亿美元的项目明显增多。例如，在1996年成交的25项军工企业合并兼并中，有17项的成交额超过1亿美元，有5项的成交额超过10亿美元，有1项的成交额超过100亿美元，其中，洛克希德·马丁公司收购洛拉尔公司的成交额达70亿美元，波音公司兼并麦道公司的成交额高达133亿美元。近几年美国最大的3项军工企业合并兼并（即洛克希德公司和马丁·马丽埃塔公司合并、波音公司兼并麦道公司和雷声公司兼并休斯公司）完成后，新公司的年销售额均超过200亿美元，从业人员均超过10万人。其中，新波音公司年销售额高达480亿美元，雇员超过20万人。俄罗斯组建的莫斯科航空军工综合体也拥有10万余名从业人员。（3）政府放宽限制，大力支持企业集团化。在新形势下，各国政府改变过去限制企业合并集中的做法，对军工企业的合并集中采取鼓励政策，并不断从经费、政策、管理等方面加大支持力度。可以认为，政府的积极支持是世界军事工业集团化得以迅速发展的主要原因。美国政府最近成立了由国防高级官员、反托拉斯专家和企业家组成的特别工作小组，专门研究军工结构调整和联合集中问题。美国防部最近为4项最大的军工企业合并工作，共提供3.02亿美元经费支持。过去，由于政府持谨慎态度和军工企业的坚决抵制，法国航空航天公司和达索公司的合并计划一再受挫。最近法国政府表示，决心推进这两家公司合并，并制定出具体步骤和相应的经济与社会措施。1994年1月18日，意大利政府出资帮助国有军工企业芬梅卡尼卡公司接管破产的国有控股公司EFIM直属的7家军工企业，从而促成了这项接管的成功。在接管中，意政府出资偿付了EFIM的3万亿里拉债务，将其用于EFIM的再投资。（4）生产结构向多种经营发展。随着企业规模不断扩大，企业管理部门加紧调整产品结构，从纯军品生产部门向以军为本、多种经营方向发展，积极开拓市场潜力巨大的民品。例如，俄罗斯莫斯科航空军工综合体在保持军品研制生产的基础上，大力开展多种经营，扩大民品范围。

世界军事工业集团化发展的趋势 目前进行的军事工业集团化规模化是新形势下各国政府和军工企业为谋求军事工业生存与发展而采取的重要保护措施。随着集团化的进一步发展，世界军事工业将进一步走向联合集中，军工企业的数量大量减少，公司的集团化规模逐步扩大，国防工业将由少数大型跨行业乃至跨国军工企业控制。(1) 合并集中和集团化将进一步发展。尽管各国军事工业已作了大规模调整，许多军工企业实行了合并兼并，但从军品的实际需求看，军事工业的规模仍然过大，需要作进一步的合并、收缩和裁减。美国政府和军方表示，到下世纪初，美军飞机制造企业将进一步合并为一家。俄国防工业部计划在今后两年里通过将300多家生产企业、设计局和研究所联合起来，组成30家军事工业集团。俄国防工业部第一副部长卢蒙洛夫说，未来几年，俄罗斯军用航空领域只需要保留两个集团就够了，发动机制造商将由原来的44个减为5～6个，仪表行业内的120个企业将联合组成12个大集团，38个军工科研机构将合并组成5个中心。(2) 军工垄断进一步加剧，军品生产逐步由国内竞争转向国际竞争。随着国防工业合并联合的进一步发展，本国军品研制生产的垄断程度将越来越高，在许多领域甚至出现独家垄断，市场竞争完全消失。在美国，3家大型企业集团，基本上垄断了本国飞机、电子和导弹的研制生产。英国军用机、导弹和电子设备的生产被英国航空航天公司和GEC－马可尼公司垄断。俄罗斯政府计划仅保留两个军用航空集团，一个是新成立的莫斯科航空军工综合体，另一个是正在组建的苏霍伊军工集团。两个主要直升机制造商米尔公司和卡莫夫公司将分别合并到苏霍伊军工集团和莫斯科航空军工综合体。法国未来几年将把国防工业合并改组成4家行业垄断集团：航空航天集团、核工业集团、机电集团和电子－信息集团。法国汤姆森·马特拉公司总裁诺埃尔·福吉尔德认为，合并汤姆森公司和马特拉公司“使我们可能在世界市场上同美国大型工业集团的竞争中赢得更多的合同。”(3) 跨国兼并越来越多。跨国兼并在美欧等西方国家尤其是西欧国家比较盛行。通过实行跨国兼并，实现军工力量在多国间的合理配置和优势互补，获得更大的规模效益。正如英国伦敦皇家国际事务研究所国防工业分析家保罗·考尼什所说：“欧洲国防工业界认识到，他们如不联合起来，就会在同美国的竞争中败北。”法国官方宣布：国防工业改组不仅要组建国家级的大集团，而且要形成欧洲级的大集团，国内的大联合要为欧洲的大联合作准备。例如，英国航空航天公司在战斗机研制方面已确定了与法国达索飞机公司合并的战略发展方向，双方已组建了共同开发新一代战斗机的工作组。该公司还和法国马特拉公司合并双方的战术导弹业务。英国GEC－马可尼公司和法国汤姆森－CSF公司合并了两家声纳业务，成立世界上最大的声纳系统制造商汤姆森－马可尼声纳公司。

欧洲军火工业进行调整与改革

《国际展望》1997年第21期徐峰报道，冷战结束后，欧洲力图在本大陆事务中确立自己的主导地位，在其安全战略中明确提出了“欧洲的防务特性”。然而作为实现其独立防务政策的支柱，欧洲军火工业近年来处境非常困难，面对国防预算不断减少和美国军火工业咄咄逼人的挑战，缺乏灵活有效的对策。欧洲在国际军火市场上所占份额已从冷战前的1/3降至目前的1/5。为此，欧洲最近就欧洲军火工业的未来起草了一份报告，警告欧盟国家，如不再采取有效的措施，欧洲军火工业将“慢慢地死亡”。

欧洲军火工业概况 欧洲军火工业在欧洲的政治和经济生活中扮演着特殊角色，在冷战期间，为维持两极均势，加强欧洲军备建设作出了重要贡献。经过战后40多年的建设，欧洲的军火工业规模非常庞大，在国民经济中占有重要地位，其中英、法、德3国具有代表性，多年来在国际军贸市场上占据显赫位置，仅3国的军火出口就占了世界市场的1/3。

英国虽在战后一直走下坡路，但其军火工业的发达却是有目共睹的。目前英国承担军品生产的企业多达1.2万家，涉及航空航天、电子、兵器、舰船和核工业等10多个行业，从事国防科研和军工生产的人员超过60万，约占本国职工总人数的10%。从产值上看，航空航天工业的50%，机器制造业的60%，电子工业的20%，造船工业的40%都是为军品生产。

法国是世界军火工业大国，虽总体水平不及美国和前苏联，但与英国不相上下，其自行研制能力甚至超过英国。目前法国有5千余家从事军工生产的企业，直接从业人员有30多万人，占全国工业就业人员的5.6%。军品生产支撑起了法国的电子工业、航天工业和核工业，其中电子工业59%的营业额、航天工业67%的产品均来自于军备订货。

德国的军火工业一直比较发达，在兵器制造、航空、造船和电子等领域居国际领先水平。目前，德国的军工企业约有两千家，国防科研、生产的从业人员达25万人，占全国就业人口的1%。军工企业产值在全国加工工业总产值中平均占3.4%，其中航空航天工业的50%、造船工业的10%来自军工企业。

此外，意大利、瑞典和荷兰等国家的军火工业规模也较大，在某些领域具有一定的技术优势，每年的军火出口都在上亿美元，是重要的武器生产国。

欧洲军火工业改革的背景　*外部生存环境*　1.国际军火市场急剧萎缩。根据斯德哥尔摩国际和平研究所统计，在1987年达到顶峰后，世界军贸额呈逐渐下降趋势。1987年大型常规武器成交额为457.1亿美元，1990年降为299.7亿美元，1991年为244.7亿美元，1992年又降到184亿美元，1994年在回升到227.4亿美元之后，1995年又下降了0.2%。加之第三世界国家的军火工业发展迅速以及一些进口国经济发展困难，导致第三世界国家的军品需求量不断减少，从而使国际军贸环境更加严酷。

2.国防预算削减导致军品订货下降。欧洲各国目前已大幅调整国防政策，裁减军队规模，降低军费开支。从1990年到1996年，13个北约欧洲国家的国防预算削减了7.6%，一些主要国家如德国下降了13.6%，意大利下降21%，英国降幅最大，为22.1%。削减国防预算的直接后果就是降低了国防采购支出，导致军品订货减少。法国1997～2002年军事拨款法就明确规定，到2000年，法军的装备预算要削减30%。大幅削减军事开支，加剧了军工企业资金短缺问题，一些军工企业处于停产状况，另一些军工企业则为消除过剩的生产的能力不得不关闭工厂，裁减员工，从而威胁到现有的军火工业基础。

3.美国的竞争压力越来越大。冷战后，美国军火工业能够适应国际政治气候的变化，迅速调整生产结构，进行规模空前的合并重组，巨型军工企业之间不断进行着兼并，使得生产更为集中，产品领域更加广泛，市场竞争力更强。波音公司与麦道公司合并之后，即成为全球最富竞争力的军民用飞机生产商，一年营业额近500亿美元。相形之下，欧洲最大军工企业英国宇航公司仅不足百亿美元；洛克希德公司在兼并马丁·玛丽埃塔、洛拉尔和诺思罗普·格鲁曼等公司之后，能够独立为空军提供包括从电子设备、导弹到作战飞机、侦察机和运输机在内的全套装备，而在欧洲居领先地位的法国达索公司和英国宇航公司都远远做不到这一点。

内部制约因素　1.军工结构趋同现象较严重。出于历史原因和国家安全战略考虑，各国致力于建设完备的军火工业体系。但是，从目前来看，各国军火工业结构趋同现象很严重，企业数量多，规模小。以航空工业为例，目前欧洲有6家民用飞机制造公司、6家战斗机公司、3家直升机公司、12家火箭公司、6家航空电子设备公司以及5家卫星制造企业。这样的状况造成了欧洲军工生产极为分散，许多武器装备原本只要一家企业生产就够了，但往往有多达数个乃至十几个企业投入同类产品的研制。可以想见，如此分散的科研和生产格局是难以形成规模经济的，目前即使所有欧洲航空企业合并起来还是比波音公司的生产规模小，唯一能够与波音叫板的欧洲空中客车公司也仅在大型民用飞机市场上占据30%的份额。

2.武器研制和开发能力相对落后。欧洲在常规武器技术上远比美国落后，而且产品结构比较单一，在其军火出口产品中有70%是航天和电子产品。同时，欧洲自己所需的75%的常规武器还要依赖从美国进口。与此同时，欧洲军工企业的技术研究和开发能力也相对滞后。由于国防预算减少，政府已削减了国防科研投资，欧洲企业开发同一个项目，所拥有的研究预算平均起来只有美国同行的1/4。目前美国每年的军事研究费用比整个欧盟15国的总额还高两倍。这就不难理解，美国的军工企业为何能在国际市场上拥有绝对竞争力。

3.各国军工合作困难重重。尽管欧洲军工界在军工生产方面制订了不少合作计划，但往往是雷声大雨点小。首先，各国出于自己的安全利益对于军工企业之间的跨国联合，尤其是高精尖技术领域内的合作讳莫如深。法国政府就曾拒绝了英国宇航公司对私有化中的防务电子巨人汤姆逊公司的投标，以防该公司的控制权落入他国之手。其次，各国的经济政策差异较大，虽然欧洲即将形成统一市场，但一个国家的公司仍然很难与欧洲其他国家的公司进行联合。会计制度、税收制度、社会法律和企业法规以及经济环境的不同都对军工企业之间的合作有较大制约。

欧洲军火工业的调整和改革　应该说，欧洲在与美国的市场争夺战中不乏成果。由英、德、意和西班牙4国共同研制的欧洲2000战斗机以及法国生产的"阵风"最新一代多功能战斗机都具有挑战美国的实力。但是，一些欧洲防务专家承认，无论从整体实力上，还是从产品成本和研制周期上，欧洲军火工业都难与美国相抗衡。在严酷的现实面前，许多国家意识到如果不进行全面改革，欧洲军工将走入死胡同。为此，欧洲联盟采取了一系列措施，推动欧洲军火工业的一体化进程，各国也加大军火工业调整改革力度，制订保护军火工业的生存发展战略。

制订欧洲军火工业的一体化政策　欧盟委员会通过了负责欧盟工业政策的马丁·班戈曼和负责对外关系的汉斯·范登布鲁克共同主持起草的一份报告《欧洲军火工业面临的挑战》，从而为制订出保护欧洲军火工业和推动欧洲军火工业一体化的新政策打下了基础，拟议中的政策将包括：

1.取消各成员国的军品采购限制，制订统一的军品采购政策，建立统一的欧洲防务市场。主要措施包括：取消各国对军工企业开展国际合作的控制；使用统一的北约技术标准；协调各国军品关税，以实现互惠互利。

2. 鼓励成员国之间军火工业的公开竞争。各成员国按欧洲统一的或国际通行的标准和规则，实现公开投标、公平竞争，以降低采购费用。这样每年可降低大约130亿美元的武器采购费用。

3. 科研投资重点转向两用技术。各成员国将更多地把科研经费用于两用技术开发，加强各国的科研合作，加强欧盟支持的民用研究计划与军用研究的协调。

4. 制订统一的军品出口政策的法规。为了对付美国军品对欧洲防务市场的冲击，欧盟国家制订了统一的军品出口政策和法规，包括统一的军品清单和目的地清单，协调各国两用产品的生产和出口法规，统一进口关税。

建立多边装备管理机构 为加强装备发展规划方面的协调，有关国家开始酝酿建立统一的欧洲装备局的设想，以便就新装备的战术性能要求达成共识，制订出中长期规划，同时该机构还将规范各国在采购武器装备时的行为，即应尽量从欧洲市场上选择其他国家已生产的产品。但在目前情况下，要实现该设想还不大可能，法德两国遂率先成立联合武器采办管理机构，即法德武器装备局，统管两国的国防科研和武器采购，以提高两国武器装备的通用性和标准化水平。目前双边防务项目包括“虎”式直升机、“欧洲导弹”计划以及“太阳神”2和“何露斯”2军用侦察卫星计划，同时该局还将共同管理其欧洲多边合作计划中两国承担的部分。1997年初，英国、意大利与两国进行了谈判，准备在法德装备局的基础上成立4国军备的共同机构，并签署了关于建立这一机构的协定。

加强跨国行业联合，组建大型军工集团 面对新的形势和激烈的国际竞争，欧洲各国加快了调整产业结构步伐，实行了行业联合、实现技术和生产的优势互补。各国亦开始放宽或修改技术保护、出口、科研投资等方面的政策，争取在战术导弹、地面武器、飞机、造船和卫星等领域组成若干个综合实力强大的军工集团，降低生产成本，提高质量，增强欧洲在国际竞争中的谈判地位。目前这一政策已取得初步成效，欧洲的一些大的防务公司已开始合并相同的业务部门，进行广泛的合作。德国宇航公司与法国宇航公司签署备忘录，在合并两家卫星和导弹分公司基础上组建欧洲导弹系统公司。同时，它还与法国的拉格迪尔集团就宇航、武器制造和军用电子技术方面进行全面战略合作问题达成协议，未来合资公司的宇航业务年营业额可达50亿马克，规模居世界第三。此外，英国宇航公司与马特拉公司合并双方的制导武器部，英国通用电气－马克尼公司和汤姆逊公司合并了两家的声纳业务，意大利阿莱尼亚公司和英国宇航公司也宣布在雷达和航空电子领域进行密切合作。

实行扶持政策，鼓励军火出口 由于武器采购费削减，许多军工企业面临订货不足、生产难以为继的困境。为此，一些欧洲国家制订了对军火工业的救助计划。法国议会就曾建议政府在未来2～3年内拨款200亿法郎（约合40亿美元），帮助军火工业渡过军事预算削减带来的困难。意大利政府宣布将在两年内拨专款1.15万亿里拉（约合7亿美元）以帮助陷入困境的军工企业渡过难关。同时，为鼓励军火出口，各国政府为武器制造商筹措资金、减免税收、实行市场保险，给予军工企业更多的自主权。以法国为例，为鼓励舰船工业开拓市场，政府一直为舰船工业部门提供船价补贴以弥补本国船厂与国外竞争者之间的价格差额，补贴一般为合同价的15%～25%。在税收方面，对造船用的出口材料和设备免收关税，并对船厂和买主免收增值税。

开发两用技术，拓展民用市场 目前，一些西欧国家制订了军工技术转民用计划，大力开发两用技术，拓展民品市场。英国国防部拟通过“部门外研究计划”、“私有资金计划”、“战略联合倡议”，推动军工技术向民用转移；成立两用技术中心，如结构材料中心、超级计算机中心、流体动力学研究中心等，以集中力量开发两用技术。许多军工企业在经历了军品订货连续几年大幅下滑后，已认识到，采取军民兼营的经营方式，可以使公司的核心技术得以保持，设施和技术人才可内部调整和消化，而且风险分散，效益互补。经过调整产品结构，一些防务公司的民品生产逐渐占据了公司营业额的主体地位，推动了公司利润的增长。比如，达索公司正积极开拓商用电子应用领域，并创下惊人业绩，目前达索公司的民品产量已占公司的52%。

美国军火工业大调整 《国际展望》1998年第3期徐峰、严励报道，伴随着全球第5次企业兼并浪潮的兴起，美国军火工业自90年代以来，面对世界军火市场日趋激烈的竞争和军备规模日益削减的局面，出于生存和增强竞争力的需要，对其结构进行了长达数年的调整，实行了规模空前的合并重组，“越大即越好”成为这次工业重组奉行的信条。到1997年底，仅仅经历4年时间，全美最大的26家军火公司剩下3家，标志着美国军火工业的大调整到了最后阶段。纵观全过程，无论在台前还是幕后，五角大楼简直是呼风唤雨，一手导演和策划了这场风云变幻的产业重组，它的目的很明确，那就是确保美国军工的世界领先地位不容动摇。

合并重组　波澜壮阔 1997年7月4日，美国第2大军工企业洛克希德·马丁用116亿美元收购美国第6大军工企业诺思罗普·格鲁曼公司，包括用83亿美元收购其所有股票和承担它的33亿美元的债务。至此，洛克希德·马丁拥有23万职工，成为美国、也是世界最大的军工企业。这次兼并，为1997年美国军工企业的并购活动画上了圆满的句号。由此，20多个接受政府订货的著名大型军工企业，从1992年开始，经过几乎一刻不停的连续兼并，短短4年时间，只有波音、洛克希德·马丁和雷声3家巨型企业硕果仅存。

直到1996年上半年，美国的大军工企业除了现在的3巨头，还有麦道、罗克威尔、休斯、洛拉尔、西屋军工、德州仪器军工和诺思罗普·格鲁曼，共有10家大型军工企业，它们是通过前几年激烈兼并而重新组成的大企业集团。在这一期间，美国军工企业兼并资金超过400亿美元，成为二战后美国军工合并最为活跃的时期。可是，这些企业还没来得及理顺内部关系，新一轮兼并又发生了。结果，波音用30亿美元收购罗克威尔、133亿美元收购麦道；雷声用29.5亿美元收购德州仪器军工、95亿美元收购休斯；诺思罗普·格鲁曼用30亿美元收购西屋军工。接着，洛克希德·马丁用91亿美元收购洛拉尔。到1997年初，只一年时间，美国的大军工企业仅存4家。当时人们以为，重组兼并差不多完成了。不曾想，洛克希德·马丁将整个诺思罗普·格鲁曼买下，波音兼并麦道的一幕再次重演。

雷声公司吃掉休斯电子，同样很具戏剧性。雷声以“响尾蛇”短程导弹闻名于世，海湾战争中大出风头的“爱国者”导弹就是其得意之作。休斯作为电子界的另一个巨头，多年来一直是雷声的老对手，它的军品主要是高级中短程导弹及其他防务电子产品。两家激烈竞争的领域是下一代空空导弹。1996年年底，休斯出人意料地赢得了五角大楼新一代“响尾蛇”导弹的订单，当时产业界普遍认为雷声的前途灰暗。谁知道，1997年1月，雷声与投资银行联手，以29.5亿美元买下了德州仪器公司的防务分部。接着在一周以后，以同样手法斥资95亿美元，连同休斯抢走的“响尾蛇”订单，一块儿整个吞并休斯。

在激烈的兼并与反兼并中，也有一批公司逐步退出了军品生产领域。先是电子业巨子洛拉尔公司以7亿美元将福特汽车公司的宇航公司囊于旗下，接着通用动力公司从1992年起陆续将其导弹分部、国防电子分部、FW分公司以及航天系统部分别卖给了休斯飞机公司、卡莱利集团、洛克希德公司和马丁·玛丽埃塔公司。克莱斯勒公司也在1996年8月份将属下的防务分公司以15亿美元的价格出让给雷声公司，从而基本上退出了竞争日趋激烈的军火市场。

政府推动　功不可没　冷战结束后，随着东西方政治和军事对峙逐渐淡化，美国开始削减国防投入，用于支持军工企业的国防采办费用也大幅减少。有资料表明，近年来，美军的武器装备开支降幅很大，从80年代末每年千亿余美元，降至1998财政年度的400多亿美元，创下战后50年来的新低。政府采购开支的紧缩，对一些老牌军火企业打击异常严重。洛克希德公司和马丁·玛丽埃塔公司在冷战时期，先后卖掉了一些民品生产线和生产民品的工厂，专攻军品，军队订货是它们的生命线，而采购规模的锐减对它们而言无疑是致命打击。数十家依附于军火生产的企业在残酷的现实面前陆续破产倒闭。

军火工业作为美国保持军备优势的基础如今摇摇欲坠，令五角大楼忧心忡忡。为此，前国防部长佩里在任期内的一次晚宴上对在座的军工界领袖发出了明确的信息：国防部希望能看到几家飞机制造公司通过兼并而消失，现有的5家卫星制造公司希望通过兼并变成为2家，3家火箭制造公司也希望变成2家。在这次被戏称为“最后的晚宴”上，五角大楼最终在“七八家半开工的企业”和“二三家全开工的企业”之间作出了选择，那就是政府将全力支持军工企业的兼并，通过加速结构的调整，优化资源配置来增加产业的整体力量，目前企业间的兼并在广度和深度上都远远不够。

如果说从1992～1996年，在全美20余家军工企业变成10家的阶段，五角大楼很少对具体企业的兼并公开表态，主要作用是发动、鼓励、引导以及大量的幕后活动的话，那么从1996年到1997年，美国军工大企业从10家变成3家，五角大楼简直有强拉硬拽的味道。先是宣布由于B-2隐形战略轰炸机过于昂贵、设计存在隐患而停止购买该产品。诺思罗普·格鲁曼公司当初为研制B-2几乎倾其所有，才造出这种全球技术最先进也是最昂贵的轰炸机。如今五角大楼釜底抽薪，无异于宣布诺思罗普·格鲁曼公司已没有资格作为独立企业存在下去。在政府极力撮合下，洛克希德·马丁公司匆匆以百亿巨资囫囵吞下整个诺思罗普·格鲁曼。接着五角大楼将目标盯在了麦道身上。麦道作为全球最大的军用飞机生产商曾经有过极其辉煌的时期，近年来由于经营策略失误，加之军民品市场开拓不力，负债累累。五角大楼不得不“舍车保帅”，拒绝了麦道参与下世纪美军联合攻击战斗机（JSF）的投标，把这份价值逾2000亿美元的合同交给了战斗机研制经验甚少的波音公司，公开表达了麦道必须被波音兼并的坚决意愿。波—麦合并在大西洋两岸掀起轩然大波，由于明显不利于欧洲空中客车公司未来的发展，欧盟坚决反对两公司的合并计划，甚至不惜以贸易制裁相威胁。但是美国政府态度异常坚决，对波一麦合并不容置疑，克林顿总统甚至扬言，即使“发动一场贸易战”也在所不惜。最后在双方都作出让步的情况下，波一麦合并得以顺利实施，新波音公司在1997年8月4日开始运作。

为支持这场规模空前的大调整，美国政府还大大宽松了它的武器贸易政策，试图通过扩大军火销售额，为其工业重组获取启动和运作资金，并为未来企业的进一步扩张打下基础。当局表示：政府继续承诺以官方的力量，支持美国武器制造商向海外出售武器，以保持军火工业的生存，促进军火工业的发展，维持美国在国际市场上的优势。美国国务院就曾要求各驻外使馆“就像推销农产品或医药用品那样推动军火贸易”。前商务部长罗恩·布朗在1993年对军火商说：“我们将同你们一道努力，帮助你们在世界市场上找到产品买主。然后，我们尽力帮助你们达成交易”。1994年，美国国会在政府的推动下，取消了出口用于装备美军的武器与军事器材的禁令。1995年2月17日，克林顿签署了《第34号总统令》，要求驻外使馆和政府高级官员大力支持军品出口，为美国武器贸易创造更为有利的条件。这一法令被美国军工界称为“迄今宣布有关军品出口的最积极的政府政策”。

各大企业　积极应变　美国各大军工企业在最初几年，面临军事采购费骤减，订单大幅减少的局面有些束手无策，为了改变企业生产效益下滑局面，各家军火巨头纷纷主动求变，调整生产和经营策略。

在生产上，采用先进的生产方式，以降低成本和提高效益。90年代初，美国汽车工业通过实施日本汽车工业推行的精益生产方式，大大降低了成本，提高了质量，扩大了产品销路，重新恢复了曾一度受日本汽车工业强烈冲击的霸主地位。为此，美国军工界借鉴了日本工业界的成功经验，提出了一个在军用飞机制造业中实施精益思想，以降低成本提高效益的计划，即精益飞机倡议（LAZ)。一些企业根据这项计划，从产品研制和生产流程等方面实行全新的管理方式，包括：(1）建立一体化的数据库；(2）建立一体化产品小组模式和充分采用计算机辅助设计手段；(3）建立在材料、信息和生产等流程上结合完整的“精益工厂”；(4）建立着眼于改善用户与供应商之间关系的“精益供应商系统”。虽然通过这些建设会增加初期设计与投资成本，但长期效益是显而易见的。因此，各大军工企业纷纷仿而效之，力图在未来的市场竞争中占据有利地位。

在销售上，重视外销市场，并采取更灵活的销售手段。由于国内军火市场的萎缩，向国外市场发展便成为美国军工企业的求生之道。在政府的支持下，各军火企业大力外销军事装备，许多公司生产的产品几乎全部倾销到国际军火市场上。像洛克希德·马丁的F-16、麦道的F-15和通用动力的M-1A2坦克生产线一度因国内订货为零而濒临关闭，但因海湾国家以及土耳其、以色列等国的大量订货而重焕生机。这一切又为军火巨头们研究更先进产品提供了巨额资金来源。同时，美国军火企业采取更为灵活的销售手段，重视合同的配套实施，即既向进口国提供军火，又同时供应军队的管理、侦察、测绘保障等系统；除出售军用成品，还提供发展和完善进口国基础设施和科学生产潜力的额外服务。这样就大大提高了进口国与美国公司签订合同的兴趣，促使其倾向于购买美式武器和军事技术装备。例如麦道公司在与马来西亚签订的供应F/A-18战斗机合同里，就准备在该国建立一个技术人才培训中心，并改进一个科研所的自动化系统。

在合作对象上，注重加强与国内外军工企业间的交流与合作。由于在武器装备研制与开发方面，合作可以分担费用和风险，降低产品单位成本，并可通过合作增强双方实力，避免两败俱伤。因此，美国军工企业之间非常重视合作，经常互相担当对方分包商角色。比如，诺思罗普·格鲁曼是麦道F/A-18战斗/攻击机的最主要子承包商，同时也是波音客机机身最主要的供应商。洛克希德·马丁公司虽然握有美国空军的下世纪空中优势战斗机F-22的合同，但波音却拥有其中33%的股份。另外西屋电气公司虽然为波音生产雷达，但其军火部门却被诺思罗普·格鲁曼公司所收购。在国际合作方面，美国军工企业积极在欧洲寻求合作伙伴。洛克希德·马丁公司与英国通用电气公司合作生产C-130J军用运输机，并准备与欧洲空中客车公司联合研制新一代民航客机。与法国宇航公司合作发展新型空中加油机，其目的是与欧洲各大军工企业建立良好的合作关系，进一步打入欧洲军火市场，在未来的国际市场竞争中获得更有利的地位。

产业调整　初见成效　美国军火工业经过几年的调整，实现了结构的优化，合理配置了经济资源，达到了规模经济，增强了产业的整体力量，其成绩是有目共睹的。

首先就企业而言，其整体竞争力在全球是无与伦比的。马丁·玛丽埃塔公司是世界上最大的电子企业；诺思罗普·格鲁曼公司是全球唯一的隐形轰炸机生产商以及为数不多的几家预警机生产企业之一；洛克希德公司则是世界著名的军用飞机制造商，生产F-16和F-117战斗机、F-22隐形战斗机和C-130运输机等产品。3家公司合并之后，新公司将在航空航天、电子等领域居世界领先地位，是全球唯一拥有隐形战斗机生产能力的企业，也当之无愧地成为世界最大的战斗机制造商，控制着33%的世界战斗机市场；在航天方面，几乎囊括了美国所有军用卫星的生产和发射业。此外，新公司将在战略和战术导弹及其反导弹系统、反坦克导弹等方面拥有优势。通过合并重组，新的企业拥有更多的可支配资金、设备、技术力量和管理人才，因此企业的武器研制和开发能力非常强。目前美国军工界每年投入的产品研制费比起整个欧盟15国的总额还高出2～3倍，这些巨额资金往往用于开发各种融合当代高新技术的尖端产品，以使之在国际市场上拥有绝对竞争力。国际上的一些防务专家最近根据世界局势的发展，提出了未来10年世界上23种最重要的武器系统，包括"海狼"核动力攻击潜艇、DDG－51导弹驱逐舰、远程地空导弹等，这些武器系统几乎都是美国军工企业近年来新研制的。

其次就其所获取的市场份额而言，也足以说明近年来美国军工产业的调整是成功的。如果说在80年代，美国还只能屈居于前苏联之下，无法在国际军火市场独占鳌头的话，那么进入90年代后，美国的军火巨头们大大扭转了过去的逆势。自1990年军火出口首次超过前苏联后，随后连年独霸世界军火市场。1993年美国的军火出口额高达332亿美元，占世界军火交易总额的73%，而俄罗斯当年则不足20亿美元。1994年，美国在世界军火交易中的比例虽略有减少，但仍高达55%。1996年，美国军火出口的总金额为170亿美元，是英国的两倍，法国的3倍，俄罗斯的3～4倍。用美国人的话来讲，军火产品已成为美国"最富竞争力的产品"。

两年前，洛克希德·马丁公司的董事长诺曼·奥古斯丁认为，对于美国而言，5家军用飞机制造商，即洛克希德·马丁公司、波音公司、麦道公司、诺思罗普·格鲁曼公司和罗克威尔公司仍然太多，美国实际上有两家这样的公司就足够了。两年后事态的发展证明他的预言是准确的。目前美国军工界虽经历数年的结构性调整，已成为国民经济中最富竞争力的工业部门之一，但要说调整已经结束尚为时过早。美国著名航空航天工业分析家加里·莱克在分析5次全球性企业兼并浪潮和美国多年的工业调整之后得出结论：美国军工系统将继续向集中方向发展，公司数量还将大大减少，公司实力也仍将大大增强。用他的话来说，"对美国而言，有一个战斗机制造商就足够了"。因此，从军火工业的长远发展来看，美国政府仍将进一步推动军火企业的合并重组。

在困境中挣扎的俄国防工业出现新动向

苏联解体后，俄罗斯继承了前苏联87%的军工生产能力和72.9%的军工企业员工。全俄有2000家军工企业，共550万人，其中科技人员约80万人。1992～1996年，由于受整个国家经济危机的影响，国防经费锐减，导致国防工业急剧衰退，使俄军队建设受到严重影响。

俄国防工业的衰退　国防工业生产大幅度下降　根据俄国家统计委员会统计，与1991年相比，1996年国防工业军品产量下降了80%，民品产量下降了60%。1995年与1994年相比，生产下降了20.3%，其中军品生产下降了16.6%，民品生产下降了21.7%，下降最严重的是通信器材（下降了40.8%）、武器（下降24.9%）、无线电（下降24.2%）和电子（下降24.2%）等军工产品。1996年9月与1995年同期相比，国防工业生产总规模下降了27.3%，产量下降了22.2%，生产规模下降最厉害的是电子、船舶建造、航天导弹和航空等部门。1996年，针织机、冰箱冷冻设备和微波炉等民品产量与1995年相比分别下降了13.9%、14.9%和22.4%。俄罗斯国防工业正丧失以前引以为荣的民品生产地位。

军工企业受到严重破坏　1992～1996年，俄军工企业接到的国防订单越来越少。1992年，军工企业没有增加一份新订单，1993～1995年则每年递减30～45%，1996年继续恶化。俄军工产品定价一般很低，近年来，由于国内原材料和零配件价格迅速上涨，生产利润极低，有些武器和军事技术装备的生产利润只有6%。另外，国防工业领域不付款现象十分严重，军工企业受到致命影响，许多厂家负债累累，难以为继。截止1996年10月1日，军工企业欠债达37.5806万亿卢布。到1996年年底，已有374家军工企业破产。在这方面，海军军工企业的情况最为严峻，核潜艇建造企业仅剩1家，水面舰艇建造企业只剩3家。更为严重的是，军工企业丧失了近300项技术工艺。

军工科研工作受到巨大影响　1992～1996年，用于军工科研和试验设计工作的经费减少了2/3，其中海军的科研经费减少了4/5。俄国家杜马国防委员会指出，因为预算资金有限，多数军工企业的国防拨款仅够维持能源、运输和通信等费用，用于科研和试验设计的经费寥寥无几。许多重要的军工科研工作被迫停止，新技术产品从研制到批量生产的周期从过去的5～10年延长到现在的10～20年。目前，在计算机、电子对抗、舰艇降噪和隐形技术等领域，俄罗斯与美国和某些发达国家相比落后5～10年，而且这一差距还在扩大。另外，军工科研工作后继乏人。1995年11月，整个国防工业部门人均工资为40.1万卢布，而地方工业部门人均工资为67.9万卢布，收入的差距使军工企业中近半数科研人员离职另谋生路，或出国到西方谋职，或下海经商。其中，海军科研人员减少60%，剩下的平均年龄超过55岁。年轻的大学生和研究生不愿从事高难项目的科研工作，只想少费力多赚钱，致使许多军工企业缺乏优秀科研人才，许多科研项目濒临中断。

俄国防工业的衰退对军队的影响　*战略核力量受到严重削弱*　战略核力量的装备研制、生产、更新及维修严重不足，核武器的作战使用强度系数急剧下降。新型战略轰炸机、陆基战略火箭和战略导弹核潜艇的研究建造周期大大延长。近3年内，只装备了1架战略轰炸机，新一代战略火箭"杨树"M仍在研制之中。从1990年起，没有建造装备一艘战略核潜艇。新一代战略导弹核潜艇"尤里·多尔戈鲁基"号只是在1996年11月2日才于北方机械制造企业象征性地开工建造，其技术准备程度不足0.2%，达不到6～9%的基本要求。1992～1996年，共有23艘战略核潜艇提前退役，其中包括2艘"台风"级核潜艇，而且"台风"级潜艇的现代化改装也陷于停顿。按此趋势，到2003年将只剩下5～7艘过时的战略导弹核潜艇，俄罗斯面临着完全丧失海基战略核力量的危险。

各军种装备技术状况日益恶化　受国防工业衰退影响，俄军武器装备、设施严重老化，维修保养不足，更新缓慢，不少装备超过使用寿命，使用中事故不断，军队建设和发展受到极大影响。1995年，国防工业为军队生产的武器装备仅是1991年的6%。目前，战斗机、直升机、坦克的订货与1991年相比减少到1/5至1/14。陆军现有35%的直升机因缺少零配件而停飞，到2000年将有1/3的飞机退役。空军半数的飞机为50～60年代的产品，完好的飞机不足50%，第3代飞机中每两架就有1架到了退役年限。而且，空军用于订购新技术装备和科研的预算拨款连续几年平均不超过所需经费的35%。海军驻泊地设施严重老化，舰艇与1992年相比减少了60%，陈旧舰和老龄舰占舰艇总数的50%，列入维修计划的舰船不到需要维修的1/4，大量舰船被迫提前退役。目前，俄军现代化武器装备仅占武器装备总数的25～27%。按此趋势，到2005年只剩5～7%，而西方国家现代化武器装备占60～80%。另外，1991年以前，俄军事科研成果的应用使俄军作战能力每年有较大提高，而近5年来这一进程实际上已停止。许多技术工艺流失已无法挽回，许多先进工艺与美国等西方国家的差距进一步拉大，弥补和追赶更加困难。与苏联解体前相比，俄军的整体作战能力大大削弱，与北约的差距正在不断扩大。

军人训练水平急剧下降　由于缺乏资金、燃料和武器装备，加之零配件不能按要求供应，俄陆、海、空军大规模实战演习逐年减少，师以上规模的战役演习基本停止，士兵的战术训练只能进行少数基础科目，且训练时间十分有限。目前，俄陆军仅有20%的坦克能用，每名坦克手每年只能打几发实弹，而美军能打120发左右；1/3的火炮系统和步兵战车急需大修，到2000年几乎一半的攻击直升机部队将失去作战能力；空军近60%飞行员得不到系统飞机训练，每年飞行时间大幅度压缩，现在平均飞行时间只有25～30小时，而北约保持作战能力的最低飞行时间为120～130小时；防空军歼击机飞行员飞行时间近5年内减少了2/3，平均飞行时间只有17～20小时；海军完成战斗训练任务所需导弹火炮武器和鱼、水雷武器也只能满足5～8%。这些不仅影响了军人的战术技术水平的提高，而且降低了军队的战备水平，严重削弱了军队的战斗力。

俄国防工业出现新动向　为了与军事改革相适应，重振国防工业，俄采取了下述举措：

进行国防工业管理体制重大调整　1997年3月17日俄罗斯总统叶利钦签发了"关于完善俄联邦权力机构的命令"，其中包括调整政府在国防和国家安全方面的管理工作——取消了1996年5月成立的俄罗斯国防工业部，将其职能转交给联邦经济部和俄联邦国家邮电和信息委员会，这是俄罗斯国防工业管理上的一个重大变化。之所以进行这样的变动，政府的理由是俄罗斯已经实行市场经济，国防工业不应徘徊在市场经济的门外，况且一部分的国防工业企业已经实现了股份制，正逐步和市场经济接轨。俄联邦经济部在苏联时期就一直参与军事工业的管理，无论在国内军品生产方面，还是在军品出口方面一直发挥着重大作用，由经济部接替国防工业部的职能是有历史渊源的。为了保证国防工业的利益，加强对国防工业的管理，国家杜马和"促进国防企业联盟"的代表（该促进国防企业联盟代表各国防企业在议会中占有席位，是国防企业同政府、议会和军方联系的重要纽带）向总统提议在俄联邦执行权力机关中增设一个相对独立的机构来保证国家对国防工业的控制，加强政府对武器装备的研制和生产及在高科技的国防领域进行机构调整的管理。目前该建议已提交政府和两院进行讨论。

制订新的武器装备发展计划　1997年年初，俄罗斯制订和通过了《2005年前国家武器装备发展计

划》。根据该计划，今后武器装备研制的目标是开发和制造未来武器。研制重点放在侦察、指挥、通信和电子对抗等领域，发展新型情报系统。与此同时还要更新和发展现有的军事技术装备，其中包括对已装备部队的米-24战斗直升机的现代化改造，以便使其在性能上最大限度地接近卡-50战斗直升机。国防工业工作的重点是保持生产第4代、第5代武器的能力，以便在财政状况改善后以最短的时间建立起一支装备有现代化武器的军队。新的发展武器装备计划，将为俄罗斯武装力量的大规模改装打下基础。

增加科研拨款，促进研制和发展尖端武器的工作　尽管军工生产领域的问题较多，但俄罗斯力图保持其军工领域关键技术优势的思想并没有变，俄罗斯始终没有放松对新型武器的开发和研制。目前苏-35新型歼击轰炸机已完成试飞并着手装备部队；T-90型主战坦克研制工作已经结束；“北德文斯克”号新型核潜艇、“彼得大帝”号重型导弹巡洋舰的建造已经完成。为了保住俄罗斯在世界高科技领域中的领先地位，保持多年形成的国防工业人员的培训体系，保持俄罗斯现代化武器装备的研制和有竞争力的新型武器的开发能力，进一步发挥军事工业科研和生产潜力，财政部和经济部对于军工部门的科研设计工作将给予20～50%的财政支持（四分之一的贴现率）。如果军工部门自行为科研项目找到了国内银行的财政支持，政府允诺出面承担40%的风险金。

成立基金会和专门委员会　为了促进国防工业的改革，保持和发展国防科技、设计和生产潜力，俄罗斯的40多个国防生产企业、科研院所、设计局以及航空、航天、原子能、电子行业的高等院校在莫斯科联合成立了“俄罗斯高科技发展基金会”。参加的单位有“能源”航天火箭科研生产综合体、赫鲁尼切夫国家航天科研生产中心、“能源机械”科研生产综合体以及苏霍伊、图波列夫和雅卡夫列夫设计局。另外，根据经济部提议，1997年4月成立了一个专门委员会，该委员会由经济部、财政部、国防部、科学院、军工行业的科研院所和设计局的专家组成，其职责是分析国际国内市场的形势，提出军工企业生产发展的方向。

调整军转民计划　为了给军事工业寻找出路，1993年俄罗斯制订了在军工企业中推行军转民的政策，希望在相对稳定的和平时期利用军事工业科研机构、生产企业和实验基地等优势开发和研制高科技民品。1996年2月政府又制订了《1995～1997年国防工业转产专项计划》，其中包括8个分类计划，涉及国防工业各个领域。该计划要求将国防工业民品生产比例从1994年的78.3%提高到87%。最近，俄罗斯的国防工业军转民工作方向又从原来的“全面军转民”转向“以武器出口促军转民”，因为多数专家认为，前者是避长扬短，后者是避短扬长。后者能发挥俄罗斯的优势，保持军事工业的生产潜力，以便在面临战争危险和战争时期，迅速地重新转入战时轨道，大规模生产军品；同时又能促进整个国民经济的发展。而军转民所需的资金支持，不能只靠国家预算拨款。必须重返武器市场，以出口武器获得的资金解决军转民的问题。目前，俄罗斯已经相继推出了苏-37歼击机、伊尔-76M军用运输机、C-300系列防空综合系统等一批高精尖军事技术装备用于换取外汇。

继续保持武器出口增长的态势　俄罗斯1995年、1996年武器出口额分别为27亿和30亿美元，已跃居世界第2大武器出口国。1997年俄罗斯又根据其与国外伙伴达成的协议制订了军事技术合作计划和7项详细的武器出口计划，涉及印度、中国、拉丁美洲、中东、中亚、东南亚、东欧和西欧等国家和地区。根据这些计划，俄罗斯设想在今后的几年内将把军事技术产品和武器的出口幅度提高2倍。另外，为了加强国家对军品出口的协调管理和控制监督，1997年7月俄议会通过了停止在军品出口上使用“倾销价格”的法律，旨在加强国家对武器出口的控制，防止军工企业绕过政府控制及税收制度，自行向国外出口武器装备。

依靠军事工业的强大实力，近年来俄罗斯已经为军工企业找到了多个合作项目，例如合作生产直升机和飞机、赛艇和汽艇、有偿提供空间发射和为外国机构进行空间研究、出租军用飞机和航天器、将一些武器和零部件改为民用设备或直接作为废旧物资在世界市场上销售等。

（刘　军）

日本军事工业概况　《现代军事》1998年第3期郑杰光报道，在政府的大力扶持下，日本建立了门类齐全、水平较高、寓军于民的军事工业体系。日本军事工业以私营企业为主，没有独立的官方军工厂，武器装备的研制生产均由防卫厅通过合同委托私营企业完成。目前有1500多家主要企业生产军品，军工从业人员约7万人，约占本国工业从业人员的0.1%。主要军品生产企业有三菱重工业公司、石川岛播磨重工业公司、川崎重工业公司、富士重工业公司、三井造船公司、住友机械公司等。

日本军事工业水平在亚洲地区处于领先地位，能独立研制和生产飞机、坦克、火炮、导弹、舰艇、电子设备等主要武器系统，自行研制的战术导弹、坦克、舰艇和电子化作战指挥系统接近世界先进水平。军事航空工业是日本军事工业的重中之重，独立研制的F-2（原FS-X）支援战斗机和OH-X直升机已达到较高水平。导弹和航天工业发展迅速，自行研制的XAAM-4新型中程空空导弹，在水平上与美国的先进中程空空导弹接近，并建立了军事侦察卫星系统。核武器工业具备相当实力，H-2大型运载火箭已于1995年发射成功，又在秘密提炼、储存核武器用的钚，大量事实表明日本已具备研制战略导弹核武器的潜力。

日本作为二战的战败国，受条约的限制，军品出口数量不多。但由于其许多军品是通过军民两用渠道出口的，加上日本军品的技术水平和质量很高，因此其军品出口潜力不可低估。据日本某研究机构估计，如果日本介入国际军品贸易，它可以控制军用电子设备市场的40%、军用车辆市场的46%、航空航天市场的25%～30%和舰船市场的60%。据美国军备控制与裁军署统计，80年代后期，日本军品年出口额为1～4亿美元，90年代以来，下降为1000～2000亿美元。

近几年来，随着国际形势的变化，作为经济大国的日本，出于谋求政治大国和军事大国地位的需要，加快了武器装备建设步伐，加强国防科研投入，大力支持本国军事工业的发展，以摆脱对美国防务技术的依赖。为此，日本采取了下述政策措施：

明确国防科技与武器装备发展重点 日本防卫厅根据本国实际及未来作战需求的变化，将防空与反导武器、航空兵器、航天系统和电子技术列为未来国防科研发展的重点。1997年7月，日本政府公布的《1997年防卫白皮书》十分强调国防科研的重要性，指出在国防科研领域“正在发生革命性的巨大变化”。白皮书首次列出需“特别关注”并保持其发展势头的5个高技术领域：①电子系统，包括指挥、控制、通信、计算机和情报系统以及用于通信、导航、侦察和地面监视的卫星系统，这些系统将决定情报的准确性；②航空系统，特别是兼有目标探测和指挥控制能力的飞机；③制导武器系统，包括多种精确制导能力和战斗部威力更大的制导武器和反导弹系统；④弹药和战车系统，包括精确制导炮弹、隐形战车和陶瓷发动机；⑤舰艇及水下探测系统，包括噪声更低的柴电动力潜艇、不依赖空气的潜艇推进技术和综合声纳系统。

提高国防科研和装备采购开支水平 为增强军事技术实力，日本政府不断加大国防科研投入。1986～1995年，日本国防科研费占国防费的比例由1.7%增至3%，并计划到2000年提高到5%。日本防卫厅在1997财年已要求将15.8亿美元用于技术研究与发展工作，比上一财年增加8.8%。国防科研费占国防预算的比例，由1996财年的3.39%提高到1997财年的3.58%。日本国防采购费1996财年为119.6亿美元，比上一财年增长1.9%，这是自苏联解体以来日本国防采购费首次增加。

推动军工企业的结构调整，保护主要军工企业
日本一些主要军工企业加快结构调整和联合集中的步伐。1995年10月，石川岛播磨重工业公司和住友重工业公司同意联合双方的海军舰艇和武器设计业务，同时合并双方的产品维修业务。三井造船工程公司和日立造船公司1995年4月宣布将共同使用其造船厂的350名工程技术人员。日本政府为保护重点军工企业和主要军品生产线，规定将军品产值占企业总产值10%以上的企业列为重点军工企业，对它们在经费投入上实行政策倾斜，并对其生产设施实行保护，使之不受军品订货减少的影响。这些重点军工企业包括：三菱重工业公司、川崎重工业公司、石川岛播磨重工业公司、日本制钢所等。

对某些军工企业实行优惠扶持 日本政府为推动军事工业的发展，从经费、政策、管理等方面对军工实行倾斜，并采取各种优惠扶植措施。据国际经合组织（OECD）统计，日本政府在1988～1992年拨给造船工业的科研开发基金，平均每年达10亿美元。日本政府还对那些难以实现大规模生产的军品科研项目提供了大量补贴。例如，政府对本国计算机集成制造系统、造船机器人等高科技项目的开发提供了大量经费支持。

扩大军工国际合作 日本根据本国市场狭窄、军工技术储备不足和资金短缺的具体情况，实行自行研制和国际合作相结合的方针。不断发展军工生产的国际合作。日本军工国际合作的主要对象是美国，其次是西欧国家，最近与俄罗斯、东南亚等国也开展合作。日美双方计划合作发展战区导弹防御系统，为此日本将获准许可生产PAC-2“爱国者”导弹。石川岛播磨重工业公司同美国斯帕塔公司、TD公司、先锋复合材料公司等企业最近在联合研究军民两用技术方面达成协议，重点研究以碳纤维为材料的复合材料。日美还签署了共同生产喷气式战斗机协议。1997年5月，日俄两国首脑一致达成协议，同意加强两国间防务合作与交流。

扩大民品生产，加强军民结合 日本政府不断鼓励军工企业扩大民品生产，加强军民技术与产品的结合与兼容。日本防卫厅指出，开展军用技术与民用技术交流，有助于减少国防科研风险，降低成本，确保国防科研的稳定发展。要求在国防科研的基础研究阶段和开发武器装备中尽可能采用民用先进技术。例如，防卫厅将民用部门开发的采用复合材料的旋翼系统和采用红外技术的高性能传感器用于新式小型观测直升机。

韩国军事工业概况　《现代军事》1998 年第 3 期胡帆报道，70 年代以来，韩国在美国的援助下，开始发展军事工业，如今已建成一个门类比较齐全的军事工业体系，能生产飞机、舰船、导弹、坦克、装甲车辆、重型火炮、轻武器与弹药等各种武器装备。军事工业已由许可证生产、合作生产向自行研制过渡。常规武器不仅自给自足，而且还大量出口，1985 年至今，武器出口额约为 9.9 亿美元，位居中国周边国家的首位。

韩国现有 80 多家军工企业，1994 年的军品总产值为 45.8 亿美元。主要企业有三星公司、大宇公司、现代公司、乐喜金星公司及丰山金属公司。与军事相关的企业共有职工 30 万名，但军工企业大多是军民结合，以民品生产为主。完全从事军品生产的职工大约只有 3 万人。

1996 年，韩国军工企业军品销售额约为 32 亿美元，占当年装备采购费（约 39 亿美元）及装备维护费（约 13.5 亿美元）的 60%。

1997 年韩国政府预算中，国防科研开支为 6.725 亿美元，占军费开支的 3.6%。政府资助的国防开发局所属各研究中心、韩国原子能研究所和航空技术研究中心等 9 个研究单位拥有科研人员近 9000 人，其中有博士学位的 967 人（占总人数的 11.56%）。韩国私营企业的技术开发能力也很强，造船、机械、电子等行业的技术水准达到国际先进水平，因国防业务利润丰厚，这些企业逐渐开始重视国防技术的开发。

军事工业实力　韩国军事工业发展虽然迅速，但基础薄弱，整体水平不是很高，对外依赖性较强，尚处在许可证生产、合作生产向自行研制生产过渡阶段。

在韩国的军事工业中，兵器工业占有 50% 的份额，规模较大，生产的武器装备门类比较齐全。能按许可证生产或合作生产各种口径枪炮及其弹药。在引进外国技术的基础上研制和生产了 M－48S 和 K－1（88 型）坦克、M－113 装甲运输车、K－1FU 步兵战车。具备自行研制和生产反坦克、地地、地空导弹系统的能力，下一步准备比照美 M－1A1 坦克的水平对 K－1 坦克进行大规模现代化改装并研制和生产“半人马座”自行地空导弹系统，这两种武器装备都可能达到西方国家 90 年代的技术水平。

韩国的航空工业现在还不具备自主研制和生产军用飞机的能力，仍处在转包生产零部件、组装生产和按许可证生产的阶段。先后组装生产了美国休斯公司的 500－MD 型直升机、500S 型武装直升机，并和美国诺思罗普公司协作生产了 68 架 F－5E 和 F－5F 战斗机，其国产化率达到了 75%。在 90 年代，韩国取得许可证开始生产西科斯基公司的“黑鹰”直升机，并斥资 52 亿美元引进美国技术在韩国生产 F－16 战斗机，该机机体的 70%、电子设备的 40%～50%、F100－PW－229 发动机的 43% 将用韩国的零部件制造，达到较高的国产化水平。下一步还准备投资 18 亿美元和美国合作研制 KTX－2 高级教练机/轻型攻击机，使韩国在下世纪具备自主研制和生产军用飞机的能力。

韩国的造船工业目前能自行设计和建造巡逻艇、快艇、潜艇、3000 吨级护卫舰、4000 吨级登陆舰、小型驱逐舰和大型军用辅助船等军用舰只。下一步准备建造 4 艘战术性能与日本“金刚”级驱逐舰相当的 7000 吨级大型防空驱逐舰及一艘两栖攻击航空母舰和 3000 吨级大型潜艇。韩国的造船技术和能力虽居世界前列，但军用舰艇的建造仍依赖于外国，一些关键设备如雷达、火控及武器系统仍主要依靠进口。

军事工业管理体制　韩国政府对军事工业的管理主要由国防部负责，经济企划院和商工部密切配合。经济企划院、商工部、国防部共同负责军事工业的规划和国防经费的分配以及对军工企业优惠政策的制定，商工部下辖的机械工业局中与军工相关的部门如“造船课”等也参与对军工企业的管理。

韩国的军工生产大部分由私营军工企业承担，政府实行合同管理，提供优惠政策、补贴和低息贷款。具体管理形式是：国防部同各军种协商确定发展项目，制定武器生产计划，国防部下属的国防开发局负责研究和发展工作，并根据样机试验结果和生产质量选定承包商，国防部下属的国防采购局则负责具体采购事宜，其职能包括批准合同、监督合同的执行等。

政府发展军事工业的政策和作法　（1）制定法规，给予军工企业优惠政策。为促进军事工业的发展，韩国政府制定了一系列法规，如《国防工业特别法》、《防务税法》、《造船工业振兴法》等，给予军工企业大量优惠政策，如提供长期、低息优惠贷款；取消为生产武器而进口的货物的关税和限额；给予军工企业税收优惠，包括免除关税、营业税、增值税；对军品合同实行预付定金和临时支付的办法。（2）提供直接经费支持。政府对重点军工行业提供大量直接经费支持，为了使韩国航空工业在 21 世纪前达到跻身世界前 10 名的目标，政府在下一个 10 年里将投资 50 亿美元；政府与造船工业界共同制定一项 1988～2001 年造船科技发展计划，为此政府从 1988 年起每年拨款 713 万美元，作为研究费用。（3）实行补偿贸易，扶持国内企业。韩国政府大力推行国际合作，在购买国外武器装备时，要求外国企业转让技术、培训人员以及进行补偿贸易，对数额较大的进口武器装备，都要求外国供应商提供至少 50%的补偿，本国企业因此获得了合作制造进口武器装备零件的机会，最终大多过渡到取得许可证在本国生产该武器装备。这样在提高军力的同时，培育和促进了本国军事工业的发展。

印度军事工业概况　《现代军事》1998 年第 3 期郑杰光报道，80 年代至今，印度奉行国防建设与经济建设并重，优先考虑国防需要的方针，建立起规模庞大、门类比较齐全的军事工业体系。印度政府认为：不管国际形势发生什么变化，为避免在武器装备方面受制于人，印度都将不惜一切代价自力更生发展军事尖端技术，加速国产导弹和新型战斗机及其他武器装备的研制和生产。

印度军事工业以国有为主，包括 9 家大型国有军工企业以及 39 个兵工厂和 50 家科研机构。其中，39 个兵工厂主要生产军用车辆、火炮、轻武器和弹药；9 家大型国有军工企业承担了约一半军品的生产，主要是航空航天设备、电子设备和舰艇。私营军工企业约承担本国军品生产的 6～7%。目前军工从业人员超过 30 万人。1994 年，印度国防科研开支 3.75 亿美元，军工产值 11 亿美元，占国民产值的 0.4%，军品采购费 23 亿美元。

印度军事工业实力　目前，印度军事工业在中国周边国家中处于比较发达的水平。国防科研水平不断提高，国防研究发展组织已成功地研制出 1100 多项武器系统和装备。兵器工业是军事工业中自主生产能力最强的行业，能自行研制和生产包括轻武器、弹药到主战坦克在内的大部分武器，自行开发的“阿琼”主战坦克已于 1996 年投入批量生产。印度目前建立了比较完整配套的军事航空工业体系，能自行研制生产教练机、轻型战斗机和轻型直升机。导弹工业在仿制和许可证生产基础上，已开始自行研制，并研制出“普里特维”地地战术弹道导弹。发射成功“烈火”(Agni) 中程地地弹道导道，使印度成为继美国、苏联、英国、法国、中国和以色列之后，世界上第 7 个有能力制造这类导弹的国家。舰船工业从 70 年代起步，现已初具规模，自行设计建造了 1200 吨小型护卫舰，并能建造 5000 吨级驱逐舰、中型航空母舰和仿制常规潜艇，马扎冈造船公司、加登里奇造船和工程公司、里阿造船公司、柯钦造船厂等，是主要舰艇制造企业。预计到 2000 年以后，印度将能自行建造核动力潜艇。核武器工业已有一定规模，据美国军方人士透露，印度现已拥有原子弹，在孟买的原子能研究中心正在研制氢弹。

印度军事工业管理体制　印度建立了以国防部为主，原子能部、航天部、电子部等有关政府部门相互配合、职责明确的军事工业管理体制。国防部是国防科研与军工生产的统一决策、集中管理和主要实施部门。由国防部长主持的国防生产供应委员会和国防研究发展委员会是主要决策机构，负责制定国防科研与军工生产的方针政策，并研究有关重大问题。国防生产供应局和国防研究发展局是军品生产和国防科研的主管机构，负责制定国防科研和军品生产的规划、计划，并协调和监督计划的实施。

航天部是民用航天工业主管部门，负责研制生产运载火箭、卫星和其他航天器（这些项目不列入国防计划）。所属的航天研究组织、航天应用中心、火箭发射场、国家遥感局和遍布全国的卫星监控站网，从事航天运载火箭、卫星研制和其他航天科学工作。原子能部是核武器研制与生产主管部门，下属的巴巴原子研究中心、英·甘地原子能研究中心、高级技术中心及多家研究所，从事核武器及基础科学的研究工作。电子部是电子工业的统一管理部门，负责生产部分军用配套电子产品。

军事工业调整改革的政策措施　近几年来，根据国际形势的变化，印度政府加紧进行国防科研和军工生产的调整改革。积极为军事工业独立自主计划的实施创造条件，以实现到本世纪末将武器装备国产化率从目前的 30%提高到 70%。(1) 缩短战线，集中力量开发重点项目。1995 年 8 月 24 日，印度议会国防委员会发表的《国防研究与发展：主要计划》报告提出，印度将通过削减中小型国防科研项目，着力发展重点项目，并要求国防部国防研究发展局只为“对国家安全至关重要的武器研究计划”拨款。据此，国防研究发展局终止了 618 个中小型计划，仅保留了 371 项重点计划，并将综合导弹计划、轻型作战飞机计划、综合电子战计划、激光武器计划、“阿琼”坦克计划等列为最优先的计划项目。(2) 加强国防科研，提高投资强度。尽管军费不足，但印度政府对国防科研仍高度重视。国防研究发展局的规模不断扩大，1980～1992 年，又设立了 10 家科研机构，使其直属科研机构增加到目前的 50 个，雇员超过 3 万人，其中 6800 人是高级科学技术人员。据统计，1990～1994 年，印度国防科研经费年递增 16%；1995 年，国防研究发展局经费预算约为 1.3 亿美元，占国防预算的比例由 1985 年的 2.6%上升到 5%。(3) 改革管理，增强国有军工企业活力。90 年代初，印度政府改变军工企业一切由政府补贴的做法，鼓励军工企业自主经营，提高经济效益。这一政策性调整，给军工企业带来很大变化，其中 9 家生产高技术武器装备的大型国有军工企业效果尤为明显，在1993～1994年赢利达23.2亿卢比。最近，印度政府又决定赋予这9家军工企业生产民品和出口自产产品的权利，使之成为独立经营的经济实体。(4) 鼓励私营企业参与军工生产。在过去，印度政府曾规定非国营企业不得从事军品生产。近年来则鼓励私营企业参与军工生产，并对一些国有军工企业实行私有化。印国防部1993～1994年度报告指出，私营企业将可以在公平基础上同国有军工企业竞争军品合同。并指出，如果私营企业已具备某种军工生产能力，将不在国有军工企业中重建这种能力。1995年初，印政府宣布将分阶段卖掉头号军工企业印度斯坦航空公司30%的股份。同年5月，国防研究发展局首次授予179家小型私有公司参与军品生产的资格。印国防部透露，1993～1994年，与私营企业签订的军品合同值已达7.5亿美元。(5) 扩大国际合作。近几年，印度军工企业进一步对外开放。印度同俄罗斯已建立了几家合资企业，包括最近成立的"印俄航空有限公司"，以生产和维修俄制武器。两国还就航天科学、遥感技术和空间通信签署了合作协议。除此之外，又扩大同美国、法国、瑞典和以色列等国的军工合作。美国已同意向印度提供轻型战斗机项目的复合材料、发动机、无线电设备和观测装备。法国也为印度改造"米格-21"战斗机提供数据与信号处理机、环形激光陀螺、惯性导航仪和轻型雷达预警接收机。以色列帮助印度将130毫米火炮改为155毫米火炮，并为T-72坦克和"阿琼"坦克配备甚高频电台。(6) 积极推进军品出口。印度已确定通过出口本国生产的武器来占领国际市场并促进军工企业的自主发展。1996年，印度政府制定了新的军品出口计划，要求国防官员为之积极活动。同年，印度政府成立了军品出口管理局，负责销售国有军工企业的产品与技术。据印度官方统计，印度军品出口额已由1995年的6.93亿卢比增至1996年的12.6亿卢比。预计在未来5年里，军品出口将增至30亿卢比。

法国对国防采办进行改革 《现代军事》1997年第12期郑军报道，近年来，欧洲战略防务环境进一步缓和，各国纷纷削减军费，军事工业日趋萎缩，军火市场竞争十分激烈。为了适应新的国际形势，1996年法国对其防务体制进行了全面改革，重新确定作战重点，压缩军队规模，并将1997～2002年间每年的武器装备费由过去的1050亿法郎减为860亿法郎，其国防采办政策和采办管理机构——军备总局（DGA）也进行了重大调整，呈现出许多新的特点。

注重计划的选择性、灵活性和适应性 目前，法国在武器研制工作中制定了6年计划和12年规划。1997年后预算的大幅度削减将对其新武器研制计划产生很大影响，一些新项目将被迫取消，正在实施中项目的费用也明显不足。针对这一情况，法国把充分发挥人员、装备、机构、训练和条令5要素整体作用的"力量系统"原则，作为武器预研阶段可行性论证的基本原则，开始着手制定为期30年的长期采办规划。长期规划的主要任务是研究法国所面临威胁的范围和程度，根据潜在对手政治、技术和作战领域的发展趋势判断其技术装备可能达到的水平，并提出在长期规划内为对付可能威胁所必需研制的武器系统的种类和数量、现有装备升级措施及相应的预算需求。长期规划的制定有助于提高法国采办计划的选择性、灵活性和适应性，减轻预算波动对武器研制的影响。

加强同欧洲各国的有效合作 法国新采办政策的目标是重建军事工业基础，多方分担科研费用，减少国家资源消耗，提高武器装备的通用性，满足未来作战需要。为此，法国采取了一系列措施：首先，除核领域外，进一步加大同欧洲各国合作研制武器装备的力度，并将与德、意、英合作项目的预算增加19%。其次，与合作者共同分析长期作战需求，统一技术准备标准和对优化国防生产结构的认识，消除各国之间的分歧，密切合作关系。第三，废除对单个计划项目实行精确核算的传统做法，确保多个项目预算的长期总量平衡。在合同商之间引入以成本-价值分析为基础的竞争机制，力争同那些跨国公司签订承包合同，以获得工业股份。第四，签订协议规定合作国应担负的研制费用和应采购的武器装备的数量，避免因预算不足而导致研制计划中断和提高研制成本。为了加强对合作项目的管理，有效利用各国资源，1996年11月法、英、德、意4国在斯特拉斯堡成立了联合军备合作组织（OCCAR)。该组织打破了国家的界限，具有多边合作的性质，在遵守共同采办协议的前提下，拥有对与合作项目有关的技术、资金实行全权管理，以最大限度地提高采办效率。

调整军工产业结构 近年来军事订货大幅度下降，法国军工生产能力严重过剩。1996年2月，法国总统宣布航空航天工业公司与达索航空公司合并，汤姆森公司实行私有化，从而拉开了军事工业结构调整的序幕。未来的法国军事工业将由4大部分组成：①航空航天部分。以航空航天工业公司与达索航空公司合并后的新公司为主体，统揽所有民用和军用部门的科研和生产任务。②电子工业部分。由国内电子骨干企业组成，汤姆森集团的私有化将导致电子行业更大范围的重组，法国将成为世界上第2大军用电子设备制造商。③核工业部分。由原子能委员会的军事应用局及其所属公司组成，负责军用核能的开发与利用。④机械制造部分。由以工业财团为基础的地面武器系统工业和以舰艇建造工业局为基础的军事造船工业组成。这次法国军工重组的目的就是要建立起以法国为主体、由欧洲各国参加的、能够以最低成本和最小风险完成欧洲联合计划，具备与美国抗衡能力的真正意义上的欧洲防务工业一体化集团。该集团成员可以在综合分析研制的装备种类和本国国情的基础上，决定对关键技术的独占、共享和交流。一体化集团通过协调各方采办政策，实行独立化管理，统筹安排军品、民品生产，提高技术水平，降低产品成本，增强国际竞争能力。从长远来看，作战需求、采办结构和项目联合的协调以及军事工业的跨国重组，将促进统一的欧洲防务市场的形成和发展。

改革采办程序 为了提高武器研制效率，法国国防采办机构更加注重利用在工业领域已得到广泛应用的、以建立功能模型和成本驱动为基础的、通过设计队伍更广泛的联合来提高管理水平的现代管理方法，将方案的阶段论证和整体规划作为重点，力求从经济角度保证决策的正确性。为此，对采办程序作了相应调整：首先，设立正式的计划准备阶段。这一阶段主要任务就是根据 30 年长期规划的要求，遵循“力量系统”的原则，为某一特定的作战需求提供效费比最高的解决方案，确保武器研制设计的实施。其次，强化对设计、可行性论证和概念界定阶段的管理，充分估计可能出现的技术风险，确保生产阶段的万无一失。第三，在产品设计和工业设施准备完成之后，生产阶段与研制阶段同时展开，力求首批采购合同具有一定的数量规模，以降低成本，按期交货。第四，加强对计划持续有效性的再评估，保持计划实施的连续性和针对性。第五，组建由军备总局管理人员、军方使用部门、技术专家和制造商组成的多方联合设计组，全权负责大型武器发展计划，以克服通过制定作战需求的技术标准、签署研制合同、实行批量生产的传统纯线性管理方法所带来的费用高、时间长、效率低的缺陷，力争设计出质量高、成本低的武器系统。

提高采办效费比 为进一步提高未来作战效益，法国将降低装备成本作为国防采办改革的中心环节。强调在制定武器发展计划的初期，要充分考虑国外同类系统和盟国武器装备的发展状况，了解国际军火市场和武器系统更新的需要，建立成本评估机制。在可行性论证阶段确立科学、合理的成本目标，明确联合设计组成员降低成本的责任。建立“成本数据库”实行成本监督，开展价值分析和过程分析，简化行政管理环节，提高采办效率。这些措施在法、德“罗兰特”导弹和法、英、意“地平线”护卫舰等大型武器项目联合开发过程中效果显著。据统计，联合设计小组的建立节约了 10 亿法郎的研制费用，减少了重复试验的次数，大大缩短了试验时间；价值分析法的运用也使法国第 4 代电信系统（PR4G）的研制成本降低了 15%。这些方法将运用于所有武器研制计划的管理过程中，军备总局也将依据上述原则实施改组。

完善军工管理制度 法国拥有雄厚的军事工业基础，产品质量也享有一定声誉，为了提高在世界军火市场的竞争力，法国进一步改革了军工管理制度：一是武器生产实行招标制，通过竞争选择主承包商。如果全欧只有一家主承包商，该承包商必须与军备总局建立一种开放式的合作关系，并要通过公开竞争选择分系统和配件生产承包商。二是军品生产尽量使用商业标准，增加从民品市场采购品的数量，并将军工企业的利润额与其每年的价格调整联系起来，短期合同实行固定价格制，长期合同计算财政利息，力争获得中、长期利益。三是创建高水平的通用配件制造商。

综上所述，法国新的国防采办政策具有以下几大变化：建立由军备总局技术专家、军方代表和主承包商组成的联合研制小组，依照集体责任原则，全权负责武器系统的联合开发；新的武器研制计划必须进行可行性的综合论证和精确的成本评估；遵循增强本国实力，提高研制效率的原则积极参加武器装备的国际联合开发计划；加强同欧洲各国的长期合作关系，共担研制费用，为武器发展计划提供稳定的财政支持；尽可能采用统一商业标准大力发展军民两用的技术、配件和生产结构，并对有悖于军民两用原则的项目进行充分的效费分析；通过公开竞争选择主承包商、子承包商和配件承包商；军工企业应制定自己的经营发展战略，减少对政府的依赖；建立成本数据库，对武器装备的研制生产过程实行成本监督。

（肖　研）

世界军火贸易呈现 3 个特征 《人民日报》1997 年 9 月 2～4 日严正著文指出，军工生产历来是世界大国科学技术和工业发展的重要组成部分，是其国防力量的基础。军火贸易是世界上最赚钱的买卖之一。据统计，在国际市场上，合法的武器销售所创的利润额仅次于石油，位居第二。某些大国还把军火贸易作为控制别国、实现国际政治、军事和经济目标的手段之一。

冷战期间，美欧大国为了争夺全球战略优势，加紧军备竞赛，不断制造和挑起冲突。世界军工生产和军火贸易水涨船高，随之发展。1988 年创下了世界军火贸易额的最高纪录：680 亿美元。冷战结束后，世界向多极化发展，总的形势趋向缓和，加上经济不景气，许多国家裁减军队，削减国防开支，减少武器采购，世界总的武器需求量收缩。于是生产能力过剩的武器厂商都从加强出口中寻求生存，世界军火市场上的竞争空前激烈，并呈现出下列3个特征：

市场合为一，两强变一霸 在冷战时期，苏联和美国长期在世界军火市场处于垄断地位，苏联略占上风。例如，1982年苏联的军火出口额为210亿美元，美国为127亿美元。80年代末，美国开始与苏联平分秋色，最后超过了苏联。当时它们主要向各自的盟国和“友好”国家供应武器装备，世界军火市场被分割为两大“阵营”、两大集团阵线分明的东西军火壁垒，即两个市场。双方互相封锁，严防自己的先进武器流入对方。美国曾建立机构庞大的巴黎统筹委员会，专门控制苏联和东欧国家购进、“窃取”西方的先进武器和可用于制造新式武器的尖端技术工艺。苏联解体、东欧剧变和华约解散后，由于国际地缘政治变化，原先划定的界限不复存在，世界军火市场重新成为统一的市场。美英法等西方国家开始向捷克、波兰、印度等由原苏联控制的所谓“东方武器系列”国家出售武器；俄罗斯等独联体国家也把军火生意扩展到土耳其、以色列等传统的美国武器销售国家。但这个市场的规模大为缩小，而且其中的两霸减为一霸，即由美国独占鳌头。

据统计，1989年11月柏林墙倒塌至1993年，世界合法的年军火贸易额连续下降至455亿美元，比1988年的贸易额680亿美元下降了1/3。而美国的武器销售额却明显增加，在上述3年多内，销往国外的武器总额为824亿美元，比世界其他国家总共销售的668亿美元还多出许多。其中1993年美国军火出口额高达332亿美元，占世界军火贸易总额的73%。以后，全球军售总额的下降幅度有所缩小，大致维持在300亿美元上下；美国在其中所占的比例也降至1/3至1/2，仍大大高出于任何别的国家。对此，原苏联的一位将军叹息道：“美国把俄国罗斯挤出了世界军火市场，它还将占领这个市场许多年。”美的盟国也称“欧洲难以招架美国在军火市场上的攻势”。

美国之所以能在世界军火市场上夺取并保持霸主地位，除苏联解体、俄罗斯衰落等原因外，主要是由于它长期推行“只许州官放火，不许百姓点灯”的政策。

据伦敦国际战略研究所报告说，美国的大多数武器销售是政府同政府间的交易，即美国防部通过对外军事销售计划来办理的。美国与许多国家和地区，特别是同北约各国、日本、韩国、中国台湾、以色列以及某些中东国家签署双边或多边协定，为美国武器倾销到这些国家和地区提供法律保障。美国白宫、国务院、国防部和商业部一向为美国的武器出口大开绿灯，甚至起直接的推动作用。克林顿曾在一次“总统决策文件”中命令美国政府高级官员和驻外使馆要像推销农产品、药品那样推销美国军火，美政府共动员了6500名官员专注于此事，就连克林顿本人也曾亲自打电话给阿联酋领导人，劝说购买美国战斗机。此外，美国早在90年代初就采取一项新的武器销售政策，它把商业上的考虑置于首位，不再受冷战时期有关意识形态及政治关系限制，放宽或取消向东欧、拉美、南亚等地出售武器的限制。美政府不但执行“国防产品贸易保护主义”政策，而且还不断补贴军工企业，据世界政策研究所高级研究员威廉·哈通估计，其补贴额约为76亿美元。美军方甚至决定，为军火商免费把美国的军用飞机、车辆、导弹和有关人员运送到世界各地举办的军工产品博览会，并派军人为推销武器进行表演。1996年，美国防部成立了“国防和商业计划办公室”，负责为美军工企业的军火出口提供贷款担保……美国政府如此不遗余力地支持武器出口，据一家军火推销商吐露，除了政治和经济原因外，“是为了弥补近年来不断减少的军事预算，保护和加强对美至关重要的国防工业的基础”，他称“那可是个生存问题”。这些情况彻底揭穿了美国不断叫喊“反对武器扩散”的虚假本质。

俄谋东山再起 西欧力争地盘 原苏联曾是世界头号武器出口国。在整个80年代，它在世界军火贸易中所占的份额达到1/3以上，俄罗斯又在其中占了主要部分。苏联解体后，俄的武器出口额连年大幅度下降，到1993年，降至12亿美元，是世界军火贸易总额的2.6%，或是美国出口额的3.6%。

导致俄武器出口急剧下降的原因是多方面的。一是随着冷战结束，世界军火市场本身萎缩。二是原苏武器出口半数以上销往东欧国家，东欧剧变、华约解散后，这些国家陆续转购北约武器。三是由于财政困难，俄大大减少和取消了为外国买主购买俄武器而提供的低息信贷、无偿援助，从而使它失去了许多传统客户。四是联合国对俄的某些传统客户如南斯拉夫、利比亚、伊拉克等国的禁运，迫使俄中断了对10多个国家的武器出口。五是俄政局不稳、持续不断的经济危机致使零部件供应经常中断，以及海湾战争中俄武器在伊拉克手中蒙受的“耻辱性失败”，也动摇了外国买主对俄武器的信任。为了扭转局面，俄从1993年开始采取一系列有效措施，以实现争夺武器市场的战略目标，其中包括：

改革出口管理体制。俄废除了原来由10多个部门负责武器出口权限，建立由总统、政府和大型国有公司3级负责的实际上由国家直接控制的统一管理机制，并根据叶利钦总统的命令，于1993年11月成立了俄武器和技术兵器进出口公司，全权负责军火出口的具体业务。该公司在财产管理、选择经营方式等方面拥有很大自主权，每年完成全俄 98% 的军火出口。1997 年 2 月该公司开始实施新的武器出口战略计划，它针对世界各地区的需求情况和俄各类军工产品的竞争力，提出一系列专项计划，其目标是使俄短期内在武器出口方面赶上美国。

改变出口原则，即从政治和战略考虑转向经济考虑。苏联时期，他们只向意识形态接近或“传统友好”的国家出售武器，而且不少武器以赠送或信贷方式提供。如今出口武器除部分用于抵消外债外，其余均按商业原则进行，不论其国别、地区和武器种类如何，只要支付硬通货，就连竞争对手美、英、法等国也可从俄购买命中率比“爱国者”导弹还高的 S－300W 反导弹系统。俄以这种原则巩固老客户，寻找新客户，全方位开拓军火市场。它目前已向世界各洲 57 个国家出口武器，并在其中 30 多个国家开设了办事处，还闯进了韩国等一直由美国垄断的军火市场。1996 年 8 月，韩国购买价值 1.5 亿美元的俄制武器。

采取灵活多样的促销方式。俄除了进行直接的武器销售外，还采取租赁、联合生产、改进旧设备、设立培训中心、转让武器生产技术以及其他长期合作方式，还常常连同武器出口配套侦察设备、控制及通信设备，以增强武器出口能力。

俄罗斯东山再起的努力，已取得了明显的成果。据俄统计，1995 年，俄武器出口额达到 30 亿美元，比上年增加 13 亿美元，在世界军火贸易总额中所占比例上升至 13.4%，排名第二。1996 年，其出口额又增至 35 亿美元。

尽管俄军工企业面临资金短缺、人才流失、军转民及开工不足等困难，但由于俄继承了原苏联军工综合体 70% 的骨干企业，武器的研制和生产能力仍然很强。俄许多武器系统在技术性能上比国外同类产品先进，个别指标方面甚至领先好几年，而且价格便宜，颇具竞争力，某些国际舆论据此预测，经过数年后，俄在武器出口方面赶上美国，并不一定是句“空话”。

目前英、法、德、意等北约欧洲成员国的武器出口额比 80 年代有所下降，但所占比例与 80 年代相近，仍为 1/4 以上。其中英国得利于海湾战争，一些中东国家的大量采购，使它在 1993 年的军火出口额达到 82 亿美元，当时是全球第二，1996 年为 48 亿美元。法、德、意等国紧随其后，年均军火出口额为 10 亿美元左右。这些国家都在采取积极措施，以巩固和扩大其军火市场上的“一席之地”。例如，英国政府明确表示，将继续推动本国的军火出口。它制定的军品出口新战略提出：到 2000 年其出口额力争达到世界军火贸易总额的 22%。法国也扬言要大量增加武器出口。它在自己的军品出口“战略计划”中确定了优先目标及实施手段。德国政府则采取鼓励国内军工企业同外国公司合作建立军工集团的办法，以绕过本国法律对出口军火的限制。它们都在加紧研制新一代武器系统，以增加出口竞争能力。此外，南非、以色列、乌克兰、捷克、波兰、韩国、印度、澳大利亚等军品生产国，也开始跻身于军火市场上的竞争。

尖端武器走俏，亚洲买主突起 进入 90 年代后，陆军武器在军火市场上渐被冷落，代之而起的是海空军武器市场比例逐渐扩大。例如，战斗机和舰艇在亚洲地区成为畅销武器，海军武器在一向以陆空军武器为主的中东市场也成为抢手货。最近 5 年英国出口了 100 多架隼式飞机。1995 年法国出口军火中，海军武器占 69.3%。国外有关机构预测，未来 10 年世界无人驾驶飞机市场将增长一倍，总价值达 39 亿美元，而战斗机的年销量将达 100～200 架。

海湾战争使高技术武器名扬战场，获利于市场。人们为了追求战场效能而不顾其价格昂贵加以定购。各国军火商在经济利益驱使下，改变通常不出口或有选择出口先进武器的政策，纷纷推出本国最先进的武器装备以争夺军火市场占有率，使 F/A－18、米格－29、幻影 2000 5、“旋风”式等战斗机，“爱国者”导弹，M－1A1、M－1A2 主战坦克等代表当代高、精、尖技术的武器系统走俏国际军火市场。为鼓励高技术武器出口，美国取消了向巴基斯坦、捷克、波兰、匈牙利等国家和拉美出售尖端武器禁令，取消了 1982 年生效的向台湾出售最新战斗机的禁令。俄罗斯政府奉行全方位出口军品的方针，“乐意出售最先进的武器系统”以换取硬通货和石油。法国也提出用“技术最先进的武器吸引客户”，“保持已有市场并打入其他市场”。近年来，法国武器出口总额中 90% 以上来自最新式的武器系统。与此同时，为了增强出口军品的后劲，这些国家还积极开展高技术武器的研制与生产，在大幅度削减军费开支的情况下，仍不断加大其资金投入。

从地区看，战事不断的中东长期成为世界最大的军火市场，特别是沙特阿拉伯，10 多年来一直是最大的国际武器买主。海湾战争又在中东触发新的进口武器竞赛。据说，为了防止别国入侵、维护国家主权，沙特阿拉伯又准备把它的军事力量增加一倍，提出了 140 亿美元的军购单子。科威特实施价值 120 亿美元的重振军备计划，1996 年前已购买 41 亿美元的先进武器。伊朗、土耳其、以色列、阿联酋、阿曼、卡塔尔、巴林等国也大量购置“更先进和更有效”的武器，据估计，至2000年前，中东武器交易额可达550亿美元。在这个世界大国激烈争夺的军火市场上，美国三有其二。

北约国家和非北约西欧国家年购武器通常占世界军火贸易总额的30%，是仅次于中东的第2大武器市场，但1995年起其名次被亚洲超过。美国、加拿大、法国、英国、德国、意大利、瑞典等7个国防工业大国虽可满足国内的大部分军品需求，但除美国之外，其武器进口（特别是子系统、零配件和原料）仍占1/4至1/2。美国的某些零配件进口额一般占其防务支出的2%～3%，主要供应者是英国。作为回报，英国一直是北约欧洲成员国中美国装备最大的买主。其他工业基础较为薄弱的北约和欧盟国家，防务进口在其国家采购中所占的份额都超过自制部分。

近几年来，亚洲地区武器进口不断增加，1995年超过北约国家和非北约西欧国家而成为仅次于中东的第2大武器市场。据瑞典某机构研究报告，1996年亚洲是世界常规武器最大买主，其中中国台湾地区军购金额居全球国家和地区之首。冷战后，亚洲许多国家和地区都进入政治相对稳定、经济高速发展时期。它们为了建立自主国防、加强自身安全、维护经济利益、在处理与邻国的纠纷和地区事务中增强说话的份量，因此连年来不断增加国防开支，执行长期扩军计划，大量采购和研制先进武器。美国一些官员和新闻机构为了鼓励亚洲国家购买美国武器，捕风捉影，大造所谓“威胁论”，对此起了推波助澜的作用。以东盟为例，冷战结束后，它们已购置潜艇4艘，水面舰艇40余艘，购置了众多战斗机、坦克和导弹系统，其中泰国还装备了东亚地区第1艘小型航空母舰。美国防部的一份报告说，1994年开始至2000年，仅东亚地区就要进口537亿～604亿美元的军品，在世界军火贸易中所占的比例将由80年代的11%上升到近30%。亚洲已成为东西方国家倾销军火的热点地区之一。

一度冷落、萧条的拉美、中东欧和北非地区也正在成为世界军品贸易热点。拉美80年代陷入严重的经济困难，无力购买新式武器，加上美国的禁售政策，大多数国家军事装备陈旧。进入90年代后，随着经济形势好转，一些国家开始拨巨款重新装备军队。例如秘鲁将投资8亿美元，用于“主权防御”；委内瑞拉计划在未来的10年内拨款12亿美元更新军备；哥伦比亚将花1.1亿美元购买军用直升机；智利、巴西也制定了改善军备的长期计划……据美国防部估计，在2000年前，拉美国家将花费36亿～52亿美元购买军火。中东欧国家为了加入北约，在未来15年内将花费610亿美元以北约武器改装军备，其中仅更换战斗机一项就需花费100亿美元。西方军火商为占领这块以前由苏联一手控制的军火市场而彼此倾轧。目前非洲国家每年花费约10亿美元购买武器，也成为东西方军火商争夺的目标。

世界军火贸易中的上述特征，特别是激烈争夺的情况，也从一个侧面证实：当前国际形势虽然总体上趋向缓和，但天下并不太平，国际关系中仍有许多不稳定、不安全的因素，人们对此应保持必要的警惕。

国际武器技术出口控制体制分析　现在的国际武器技术出口控制是冷战时期西方国家（集团）的武器技术出口控制体制的扩大和强化。冷战后，该体制的首要目标转为防止大规模毁伤性武器和弹道导弹在发展中国家的扩散。

核武器技术出口的控制体制　《不扩散核武器条约》　签署国承担该条约中关于核武器技术出口控制的义务。《不扩散核武器条约》1968年7月开放签署，1970年3月生效，1995年5月无限期延长。现有186个签署国。条约规定，有核国家不得向无核国家转让核武器或核爆炸装置。非核武器国家在条约中承诺不进口、制造和获得核武器或其他核爆炸装置。该条约已成为国际核武器技术出口控制机制的基石。

国际原子能机构　该机构1957年成立，现有125个成员国。它的主要组织有大会、理事会和秘书处。国际原子能机构与成员国签署协定，向它们提供核安全保障，并根据《不扩散核武器条约》、《拉丁美洲禁止核武器条约》、《南太平洋无核区条约》、《东南亚无核区条约》、《巴西、阿根廷和平利用核能协定》等国际条约和协定，对它们的签署国中的无核武器国家提供强制性的全面核安全保障。这种保障的一个重要方面是由国际原子能机构监督和核查这些无核武器国家的民用设施，以防止它们用于发展核武器。

核供应国集团和桑戈委员会　核供应国集团1975年11月在伦敦成立，现有34个成员国，包括美、俄和绝大多数欧洲国家及日本、韩国、南非和阿根廷。任务是保证核出口在安全保障和不扩散的条件下进行，寻求限制那些可造成核扩散项目的出口。核供应国集团要求成员国将国际原子能机构的全面核安全保障作为核出口的条件，制定国家核出口控制的法律和程序，确实保护燃料循环中的敏感部分以防止被偷窃，限制向有扩散嫌疑的国家出口核浓缩和加工设备，执行共同的控制清单，限制向冲突和不稳定地区的核出口，在成员国之间分享有关信息等。其着眼点在于控制《不扩散核武器条约》有效范围以外的核出口，并接受了桑戈委员会的核触发清单。1993年，核供应国集团通过修正案，强调向任何非核武器国家的新核出口，都必须有国际原子能机构的全面核安全保障。

桑戈委员会成立于 1971 年，现有 31 个成员国，其成员组成与核供应国集团基本相同。1997 年 9 月中国加入该委员会。其指导方针包含在两个备忘录中，第 1 个是特殊核裂变物质清单，第 2 个是加工和制造特殊核裂变物质的设备和物资清单。这两个文件通称“核触发清单”。《不扩散核武器条约》的成员国要出口这些设备和物质给无核武器国家时，必须接受国际原子能机构的安全保障。该委员会认为其地位是非正式的，它的决定是由每个成员国就该决定对其他成员国作出单方面的政策声明并由国际原子能机构发表而产生法律效力。桑戈委员会每年在维也纳召开两次会议，成员国在会上交换年度报告。

生化武器技术出口的控制机制 *《化学武器公约》* 《化学武器公约》1993 年 1 月达成并开放签署，1997 年 4 月生效。该公约禁止发展、获得、使用、储存或转让化学武器。公约签署国承诺销毁所有化学武器和化学武器生产设施。该约生效后，禁止化学武器公约组织随之成立。该组识总部设在海牙，主要机构有参加国大会、执行理事会和秘书处，由秘书长负责日常工作，主要任务是采取必要措施，保证《化学武器公约》的执行，核查各签署国执行公约情况，纠正违反该公约行为，并根据参加国大会的决议对违反公约的国家采取包括制裁在内的集体措施。

《禁止生物武器公约》 该公约 1972 年 4 月开放签署，1975 年 3 月生效。现有 158 个签署国。该公约禁止发展、生产、储存、获得、转让将微生物制剂或毒素用于敌对目的或武装冲突的武器、设备或运载工具。冷战后，在西方国家的推动下，《禁止生物武器公约》签署国的代表于 1997 年 1 月开始举行公约审议会议，其主要议题是讨论制定综合核查的措施，以强化对该公约的执行力度。

“澳大利亚集团” 该集团 1985 年成立，现有 30 个成员国，主要目的是通过控制有可能用于制造化学战剂物质、生物和化学武器设备以及生物战剂的出口，来限制化学和生物武器的扩散。其主要方法是要求成员国制定国家出口控制法律和程序，制定成员国共同的出口控制清单和帮助发现潜在的化学武器交易的指导方针，在成员国之间共享有关情报信息等。1991 年，该集团制定了两用化学、生物设备出口控制的清单。1993 年，该集团进一步强化了其出口控制清单，并修改了申请出口许可证程序。

“导弹技术控制制度” “导弹技术控制制度”建立于 1987 年 4 月，现有 29 个成员国。“导弹技术控制制度”文件由两部分组成：第 1 部分为限制弹道导弹转让的“指导方针”；第 2 部分为限制出口清单。海湾战争后，西方国家推动强化“导弹技术控制制度”主要表现在：①1993 年 1 月，美国等西方国家对文件中的“指导方针”进行修改，将其适用范围从防止能运载核武器的弹道导弹扩散，扩大到防止能运载核、生、化等大规模毁伤性武器的弹道导弹扩散。②1993 年 7 月，美国等西方国家对文件中的限制出口清单进行修改，将原来规定的同时达到两个参数(有效载荷在 500 千克以上、射程在 300 千米以上)的整套火箭系统才应限制出口，修改为只要达到其中一个参数就应鼓励更多的非成员国遵守制度的指导方针和出口限制清单。

常规武器和两用技术出口控制机制 1996 年 7 月 12 日，美国等 33 个国家建立了《瓦瑟纳尔协定》组织，目的是对向一些发展中国家出口先进常规武器和军民两用货物及技术进行控制，从而防止这些国家得到先进武器及其技术。该组织前身是冷战期间负责防止向东方集团国家出口军事技术和敏感技术的“巴黎统筹委员会”。与“巴统”比，该组织有下述不同：①参加国扩大。“巴黎统筹委员会”参加国为 17 个，都是西方集团国家；《瓦瑟纳尔协定》组织的 33 个参加国不仅包括西方国家，还包括俄罗斯和东欧国家以及阿根廷、韩国等。②武器及其技术出口控制范围调整。《瓦瑟纳尔协定》组织将原来“巴黎统筹委员会”的原子能控制清单转给“核供应国集团”管理；用新制定的军民两用技术“核心清单”代替了原来的国际工业清单，新的清单将控制出口的军民两用技术分为 3 类：基础技术、中间技术、敏感技术；将“巴黎统筹委员会”的国际军火清单稍加修改后转到《瓦瑟纳尔协定》组织。③开始执行武器交付前的磋商制度。《瓦瑟纳尔协定》参加国在向局势高度紧张地区或正在发生武装冲突地区出口武器交付前，须进行相互磋商，以增加它们之间关于武器和军民两用技术交易的透明度。④取消参加国对修改各项清单项目的否决权。在“巴黎统筹委员会“中，任何成员国都可否决对各项清单项目的修改（无论是放松控制或增加新的控制项目)；《瓦瑟纳尔协定》组织取消了参加国的这种否决权，但参加国可自行决定是否执行修改后的新限制项目。

国际武器技术出口控制体制的影响 *有利于减缓大规模毁伤性武器的扩散，但不能从根本上解决武器扩散问题* 西方国家扩大和强化国际武器技术出口控制体制的做法，虽在一定程度上有助于减缓大规模毁伤性武器技术的扩散，但近年来核能的广泛应用以及高技术的迅速普及，积累核、生、化武器材料和获得这些武器技术正变得越来越容易。在这种情况下，如果仅仅试图靠加强出口控制这种技术上的措施，那么其作用将是有限的。因此必须采用政治措施与技术措施双管齐下的政策。而且发展核武器，牵涉到一个国家的主权以及国家的根本利益，如果它下决心要发展核武器，外部很难阻止。归根到底，双管齐下政策的重点应该放在政治方面，即促进地区紧张形势的缓和、加强经济合作与安全对话、在战略上形成平衡与稳定的关系，使核门槛国家或其他核国家感到没有必要成为公开的核武器国家或改变已决定的选择，从而使核武器扩散的土壤难以存在下去。

该体制存在的不平衡和不公平，将增加西方国家与第三世界国家的矛盾　国际武器技术出口控制体制主要是发达国家用来限制发展中国家的，它本身就存在着很多不平衡和不公平。例如，核出口控制的主要目标是防止无核国家获得核武器，而两个核超级大国即使到下世纪初也仍将拥有庞大的核武库。在和平利用核能方面，西方发达国家也往往强调限制而严重损害无核国家和平利用核能的利益。这种权利和义务的不平衡，使许多无核国家多有烦言，也为一些核门槛国家不加入国际核不扩散机制提供了借口。又如，“导弹技术控制制度”只限制弹道导弹的转让，而不同时限制作战飞机的转让，是不全面的。因为作战飞机的破坏能力绝不低于导弹，并可以反复使用，同样能够起到破坏国际局势稳定的作用。美国等西方国家在坚持要求别国不转让导弹技术的同时，却向中国台湾省出售了大量先进作战飞机。这不仅干涉了中国的内政，也不利于该地区局势的稳定。

有助于暂时保持西方国家在军事技术上的优势，成为大国主导世界事务的重要手段　西方国家强化国际武器技术出口控制制度的目的之一是为了维持其在军事技术上的优势。美国国防部就公开宣称，美国这样做的目的之一是“寻求用控制常规武器和敏感的两用物资和技术，保持美国的军事技术优势”。西方国家的这种做法制约了一些国家军事能力的发展，甚至限制了第三世界国家自卫能力的发展，因而对西方国家保持其军事高技术优势有利。同时，作为冷战结束后世界上唯一超级大国的美国，将大规模毁伤性武器扩散视为对其“世界领导”地位和国家安全的主要威胁之一。为了建立和维持以美国为主导的国际秩序和地区秩序，美国已经把强化国际武器技术出口控制作为其国家安全战略和防务战略的主要内容之一。

（立平、任明）

军　控　与　裁　军

国际军控与裁军形势概述　1997 年在国际形势进一步趋向缓和以及大国积极调整相互关系的背景下，国际裁军与军控继续向深入、务实的方向发展。美国双边与多边外交并重，以强化国际不扩散机制为中心，加紧推行其军控政策；同时，继续发展先进的核与非核武器系统，谋取下世纪军备优势。俄罗斯试图在核领域与美进行“对等”裁军以维持其大国地位，但政策摇摆，战略地位进一步下降。第三世界国家维护自身利益的意识增强，但在裁军与军控问题上受到多方面牵制。

联合国武器核查小组继续对伊拉克进行武器核查　1997 年 1 月 6 日，联合国武器核查小组的专家在伊拉克开始寻找导弹部件的工作。但伊总统顾问萨阿迪将军表示，该小组的工作结果和对导弹的联合研究，将澄清对伊拥有被禁武器的怀疑。伊拉克将拿出具体证据向全世界表明，伊拉克是正确的。此前，联合国安理会要求伊停止阻挠武器核查小组把大约 130 个“飞毛腿”导弹引擎运到美国进行研究，以确定这些引擎是苏联制造的还是伊拉克自己制造的。伊副总理阿齐兹曾经提议把这些引擎送到俄罗斯，但遭到武器核查小组的拒绝。阿齐兹还谴责美国向安理会施压，使对伊拉克的禁运迟迟不能取消。

2 月 20 日，联合国特别委员会主席埃克乌斯率领 12 位化、生、核武器专家组成的调查组抵达巴格达，调查伊拉克是否违反了联合国有关禁令，隐藏了远程导弹及其他武器。根据联合国 1991 年海湾战争结束后通过的决议，伊拉克必须撤消其大规模杀伤性武器计划，不得拥有射程超过 150 千米的弹道导弹。埃克乌斯近来发表谈话表示，他怀疑伊拉克隐藏了 6～16 枚远程导弹，而美国防部则估计伊拉克隐藏了 25 枚远程弹道导弹。但伊拉克方面也发表文章，指责埃克乌斯的怀疑是没有根据的，是根据美国中央情报局带有偏见的估计提出来的。

6 月 11 日，联合国武器核查小组要求对巴格达附近的共和国卫队的两个基地进行核查，因为他们怀疑这两个基地内藏有伊拉克研制包括核武器在内的大规模杀伤性武器的文件和计划。但伊拉克以这种检查危及伊拉克主权和安全为由拒绝接受核查。12日，联合国安理会通过第1060号决议，谴责伊拉克阻挠对其进行检查，同时要求伊拉克无条件接受联合国特别委员会对它的武器核查。

9月7日，从7月份接替埃克乌斯出任联合国特别委员会主席的巴特勒抵达巴格达，这是他出任该职后对伊拉克的第2次访问。期间，他与伊拉克副总理阿齐兹举行会谈，讨论销毁大规模杀伤性武器问题。会谈后，他表示对伊拉克销毁武器方面取得的进展感到高兴，但认为，伊拉克的生物武器仍然是个问题。

10月29日，伊拉克举行革命指挥委员会会议，讨论伊拉克国民议会关于停止同联合国武器核查小组合作的决议。在会后发表的声明中，伊宣布驱逐联合国武器核查小组中的美国人，要求联合国停止美国在伊拉克的监查飞行。

美国政府立即对伊的决定作出强烈反应。白宫发言人称，伊拉克的声明和行动"是不能接受的"，并要求联合国安理会采取坚决行动对付这一不能接受的要求。法国外交部也发表声明，对伊拉克的行动深表遗憾，并要求伊拉克恢复与联合国的全面合作。英国政府也称伊的行动是完全不能接受的。29日，联合国安理会召开紧急会议并一致通过决议，要求伊拉克撤回驱逐联合国武器核查小组中美国人的决定。美国对安理会的决议表示欢迎，同时宣称，有"多种选择迫使伊拉克遵守联合国决议"。据报道，30日，伊拉克不允许3名美国核查人员入境，迫使他们返回巴林。

10月31日，联合国安理会举行会议，决定从下周起恢复对伊拉克的武器核查工作，美国人继续留在核查小组。核查小组负责人巴特尔称，检查工作将于11月1日恢复进行，包括美国人在内的40个人一个也不能少。与此同时，伊拉克仍坚持强硬立场。副总理阿齐兹称，伊政府要求美国人在11月5日前离开伊拉克。

11月2日，联合国武器核查小组抵达伊拉克，恢复对伊拉克的武器核查，但3名美国人被伊拉克驱逐出境。美国白宫发言人对伊拉克公然蔑视联合国安理会表示遗憾。与此同时，美国会领导人发表谈话，支持对伊拉克采取军事行动，以迫使伊拉克在武器核查问题上让步。但阿拉伯联盟2日发表一项声明，反对对伊拉克采取任何军事行动，并要求安理会用和平方式解决这场危机。

11月3日，联合国秘书长安南决定派遣特使前往伊拉克做说服工作，以解决因伊拉克驱逐武器核查小组美国人引起的危机。伊拉克方面于3日宣布，愿意接受联合国的调解。美国白宫发言人也表示，美国政府支持联合国作出的加强对伊拉克武器核查计划的努力，表示不会马上对伊拉克动武。

11月5日，联合国秘书长的3名特使抵达巴格达，开始对伊拉克驱逐联合国武器核查小组人员一事进行斡旋。同日，俄罗斯外长普里马科夫发表谈话，认为通过外交途径能够解决这场危机。9日，联合国秘书长安南听取了特使的汇报，并邀请伊拉克副总理阿齐兹访问联合国，继续进行会谈。10日，美国国防部宣布，鉴于伊拉克问题的严重性，国防部长科恩推迟原定12日出访亚洲的计划。参谋长联席会议主席谢尔顿也推迟了拟于11日起对日本和韩国的访问。与此同时，以"尼米兹"号航母为核心的一支特混舰队也于11日抵达波斯湾。17日，克林顿总统在一次讲话中称，我们正设法通过和平手段解决这个问题，但我们的外交努力必须以强大的军事实力为后盾，我们不能排除任何选择办法。18日，美国防部宣布将向海湾地区增派B-52轰炸机和F-117隐形战斗机。同一天，伊拉克副总理阿齐兹访问俄罗斯，与叶利钦总统举行会谈。之后，俄外长普里马科夫宣布，他将携带一份新的方案前去日内瓦参加安理会五个常任理事国外长会议。该协议包括伊拉克遵守联合国有关协议，同时核查小组工作继续下去。

11月19日，五个安理会常任理事国的外长（中国为裁军大使沙祖康出席）在日内瓦开会，商讨解决伊拉克问题的办法。会上，俄外长通报了与伊拉克达成的解决办法。20日，伊拉克召开革命指挥委员会会议并发表声明称，伊拉克与俄罗斯领导人交换意见后达成了消除危机的协议，伊拉克允许包括美国人在内的核查人员返回伊拉克。在伊拉克执行安理会决议的基础上，俄罗斯将努力促使尽快取消对伊拉克的制裁。随着上述协议的达成，由伊拉克驱逐联合国武器核查小组美国人引起的一场危机暂告缓解。

11月22日，重返伊拉克的联合国武器核查专家继续对伊拉克进行检查，11个核查小组对伊拉克全国各地的23个地点进行了核查，其中有些是突击核查。核查小组负责人卡尔斯特伦说，核查工作进展顺利，检查人员进入了他们想进的所有地点。

美俄对启动第3阶段削减战略武器条约谈判问题存在分歧　1997年1月23日，美国《华盛顿邮报》报道，美政府正考虑同俄罗斯谈判第3阶段削减战略武器条约，进一步减少核弹头的数量，但前提是俄罗斯必须批准第2阶段裁减战略核武器条约。美国国会已批准了第2阶段削减战略武器条约，但俄罗斯杜马迟迟未讨论这个条约。根据第2阶段削减战略武器条约，美俄两国将分别只保留3000和3500个核弹头。

美国防部发言人培根称，美正在四年一度的防务政策审议中研究进一步裁减战略武器可能造成的影响，并为在俄国家杜马批准第2阶段削减战略武器条约后的第3阶段谈判做准备。白宫发言人麦克里也称，美国目前在核裁军问题上的首要目标是，敦促俄国家杜马批准第2阶段削减战略武器条约，同时两国专家已经谈到了进一步裁减战略武器的问题。

俄罗斯国家杜马议员对美国有关报道表示欢迎，但同时在批准第2阶段裁减战略武器条约问题上仍坚持原有立场。杜马安全委员会主席伊柳欣称，我们欢迎降低军备，但美国应当让俄罗斯自己决定要裁减的核武器系统。我们不能同意俄罗斯单方面的裁军，特别是在北约东扩的情况下。杜马情报委员会主席波德别罗斯金也表示，第3阶段的谈判应当同北约裁军和裁减常规武器谈判挂钩。

2月7日，美国副总统戈尔结束与俄罗斯总理切尔诺梅尔金的会谈后称，美国已建议同俄罗斯讨论第3阶段削减战略武器条约的问题，包括这一条约要实现的目的。确定第3阶段削减战略武器条约的指导方针，将有助于两国遵守第2阶段削减战略武器条约规定的水平。同时，美相信继续进行裁军谈判，有助于推动俄国家杜马对第2阶段削减战略武器条约的批准。切尔诺梅尔金总理也称，批准第2阶段削减战略武器条约很重要，并要求国家杜马认真考虑这个问题。

12月2日，正在瑞典访问的俄罗斯总统叶利钦在回答记者问题时表示，俄罗斯将进一步削减核弹头，可以单方面削减1/3。但俄总统发言人亚斯特任布斯基后来解释说，叶利钦只是建议将俄美第3阶段削减战略武器条约预备性会谈中所讨论的削减数再提高一些。对些，美国务院发言人鲁宾表示，美国不反对俄罗斯削减其核武器，但美国尚未研究叶利钦提出的计划。他指出，美国希望俄罗斯首先批准第2阶段削减战略武器条约，有关第3阶段削减战略武器的谈判只有等待俄议会批准第2阶段削减战略武器条约之后才能开始。

日本主持召开国际武器出口管理会议　1997年1月28～30日，日本在东京主持召开了名为“亚洲出口管理讨论会”的国际武器出口管理会议。目的是参加限制导弹技术出口协议的日本，向没有参加该协议的国家和地区说明限制常规武器和导弹的所需要的高科技转移的重要性，以求得与会国的支持和谅解。参加会议的有韩国、蒙古、印度尼西亚、马来西亚、新加坡、文莱、泰国、越南等在内的亚太地区12个国家和地区的学者和职能部门的代表。中国过去一直作为观察员身份参加会议，此次以正式成员身份参加。会议主要就亚洲的武器出口管理情况、限制导弹技术出口协议等国际管理出口体制的动向和出口管理事宜等交换意见。由于与会的国家和地区除日本外都没有参加限制导弹技术出口协议等国际管理体制，日本希望通过这次会议能有助于将来加强亚洲出口的管理。

俄美讨论销毁化学武器问题　1997年2月25日，俄罗斯和美国的官员在莫斯科举行会谈，讨论一项要求美国资助俄罗斯销毁其庞大的化学武器库问题的计划。俄罗斯方面参加会谈的是国防委员会秘书巴图林，美方是军备和军署负责人霍勒姆。据美联社报道，该计划要求美国1997年提供7630万美元，以帮助俄罗斯销毁其化学武器。经过会谈，美俄双方达成了一定谅解，即美国的援助将用于在俄罗斯南部的库尔干地区的一个村子建造一座拆除化学武器设施。俄国防委员会秘书巴图林表示，这一援助应该具有长期性，资金应该直接用于建造销毁化学武器的设施。

根据《禁止化学武器公约》，俄罗斯作为一个签约国，计划销毁其化学武器库，但由于资金短缺和担心造成污染的当地政府的反对而推迟实施。

美俄达成一揽子军控与裁军协议　1997年3月21日，美俄两国首脑在赫尔辛基举行会晤，并在军控与裁军方面达成了一揽子协议。

在核裁军问题上，双方在《关于将来核裁军参数的联合声明》中表示，在第2阶段削减战略武器条约生效后，双方将立即就第3阶段削减战略武器条约问题开始谈判；在2007年12月31日前，将各自的战略核弹头削减到2000至2500枚；采取措施，以提高双方库存核弹头和销毁弹头情况的透明度；将履行第2阶段削减战略武器条约的期限从2003年推迟到2007年。

在化学武器问题上，双方发表了《美俄关于化学武器的联合声明》。声明承诺，两国政府将采取必要措施，促使本国立法机构尽快批准禁止化学武器公约。两国将在销毁化学武器方面进行合作，美将向俄提供资金，并帮助建造一处销毁化学武器的设施。

在反导条约问题上，两国发表的《美俄关于反导条约的联合声明》强调，建立战区导弹防御系统是必要的，确认双方就低速战区防御系统（拦截速度低于3千米/秒）达成的协议，将尽快谈判缔结关于高速战区导弹防御系统（拦截速度高于3千米/秒）的协议。不发展天基反导拦截武器，将在预警情报、反导技术及战区导弹防御演习上进行合作。

中国向联合国正式递交《禁止化学武器公约》批准书　1997年4月25日，中国常驻联合国代表秦华孙大使，在联合国总部向联合国正式递交了中国批准《禁止化学武器公约》的法律文书，从而使中国成为第 78 个向联合国递交批准书的国家和该公约的原始缔约国。中国是在 1993 年 1 月 13 日由钱其琛副总理兼外长在巴黎作为第 1 批签署国签署该公约的。根据第 8 届全国人大常委会第 23 次会议的决定，江泽民主席于 1997 年 4 月 7 日签署批准了这一公约。在递交批准书后，中国完成了参加该公约的所有法律程序。中国政府在正式批准《禁止化学武器公约》的同时，还发表了对禁止化学武器问题的声明。

禁止核试验组织在维也纳开会 1997 年 3 月 17 日正式开始工作的核禁试组织，于 5 月 12 日在维也纳召开第 1 次会议，主要讨论指定工作人员章程和预算框架，以及技术小组关于建立核查机制的报告，以监督全面禁止核试验条约的执行情况。禁止核试验条约是 1996 年 9 月 24 日起在纽约联合国总部开放供所有国家签署的。迄今，全世界已有包括中国在内的 144 个国家签署了该条约。

禁止化学武器组织正式成立 1997 年 5 月 24 日，禁止化学武器组织缔约国大会第 1 届会议，在荷兰的海牙会议中心闭幕，禁止化学武器组织正式宣告成立。

这次会议是于 5 月 6 日开始的，持续 3 周，大会期间，已批准《禁止化学武器公约》的 88 个缔约国的代表，选举产生了由 41 个成员国组成的禁止化学武器组织执行理事会。来自《禁止化学武器公约》的 165 个签约国以及有关国际组织和非政府组织的代表出席了大会。

禁止化学武器组织由缔约国大会、执行理事会和技术秘书处 3 个机构组成，总部设在海牙。

美朝举行有关导弹问题的谈判 美国方面宣布，从 1997 年 6 月 11 日起，美国和朝鲜开始举行有关导弹问题的谈判，会谈持续 3 天，并在秘密情况下进行。据报道，此次会谈主要集中讨论所传朝鲜将部署射程能达到韩国以及日本大部分地区的“劳动”1 号导弹问题。同时还将涉及所传朝鲜向伊朗和叙利亚出售“飞毛腿”导弹的问题。

美国务院发言人伯恩斯称：我们有不少关于朝鲜向其他国家转让装备和技术等值得关切的问题，我们觉得同朝鲜来谈这些问题是很重要的。涉及朝鲜向伊朗和其他国家出口导弹的问题是我们极为关心的问题。

美国和朝鲜于 1996 年 4 月在德国柏林举行了第 1 次有关导弹问题的谈判，当时美要求朝鲜停止生产、试验和出售导弹。继那次会谈后，朝鲜一直找借口不再举行这种会谈。

另据报道，8 月 27 日，朝鲜驻联合国代表宣布，朝鲜退出原定当天举行的第 3 轮朝美防止导弹扩散问题的谈判。有消息说，美国 26 日宣布为朝鲜驻埃及大使张承吉和驻法国使馆商务参赞张承浩两兄弟提供政治避难权是造成朝宣布中断这一谈判的主要原因。美国白宫发言人在朝鲜作出上述决定后表示，对朝鲜的决定感到出人意料，并对此“感到遗憾”。28 日，美国务院的一位官员说，美官员曾会见了朝官员，要求他们重新考虑退出导弹问题谈判的立场，回到谈判桌旁。

美国宣布进行新的地下核试验 1997 年 6 月 27 日，美国能源部宣布，自 7 月 2 日起，美国将进行新的同核武器有关的地下核试验。该部的一位发言人称，新进行的试验是“次临界核试验”。

有报道说，克林顿政府强调，有必要进行这些核试验，以便检查长期存放对核材料的影响，同时检验核武器的可靠性。7 月 2 日的核试验将在内华达实验基地进行。美国能源部计划 1997 年内晚些时候再进行一次核试验。此外，还将在 1998 年进行另外 4 次核试验。

美国政府的上述决定在美国国内引起了强烈反响。反核组织认为，尽管这些核试验不违反全面禁止核试验条约的条款，但违背了该协议的精神。在宣布上述决定前，美国国会的 44 名众议员就曾经致函克林顿，要求他取消这些地下核试验，因为此举将为其他国家进行同样的地下核试验提供借口。

在美于 7 月 2 日进行地下核试验之后，印度外交部于 5 日发表声明，指责美进行核试验。声明称，印度感到不安的是，这次核试验是在全面禁止核试验条约容许的范围内进行的。该条约有不少漏洞，一些国家可以利用这些漏洞，使用更先进的技术继续进行核试验活动。而这些试验表明，这些国家希望继续发展和改善核武器技术。声明重申，印度将继续坚持不参加签署全面禁止核试验条约的立场。

欧洲常规裁军条约问题达成新的框架协议 1997 年 7 月 12 日和 13 日，美国务卿奥尔布赖特和俄罗斯外长普里马科夫在俄罗斯的圣彼得堡举行会晤，双方一致同意将就如何修改欧洲常规裁军条约问题举行会谈，力争在 7 月底前就这个问题达成一个框架协议。

会谈后，普里马科夫外长对记者说，双方在修改欧洲常规裁军条约问题上达成了谅解。我们同意目前正在维也纳进行的谈判进程将继续到 7 月底，双方都表示将加强各自的谈判力量，以便在 7 月底前达成一个框架协议。但普里马科夫还强调，这并不完全取决于俄罗斯和美国，因为这是一个关系到欧洲 30 个国家的问题。

7 月 23 日，经过 5 个多月的谈判，包括北约和原华约集团在内的 30 个国家的代表，在奥地利首都维也纳就修改《欧洲常规武装力量条约》问题达成临时协议。

《欧洲常规武装力量条约》是1990年11月签定的。该条约对两大军事集团的武器装备和人员进行了具体规定。虽然条约于1992年生效，但由于苏联解体，前华约集团解散，同时一些前华约国家将逐步加入北约，条约的规定有的已不适应新形势的需要。俄罗斯要求重新修改该条约，以便确保俄罗斯的安全利益。在俄的要求下，1996年12月在马德里举行的欧安组织首脑会议上，条约缔约国决定开始有关修改这一条约的谈判，并从1997年2月开始。

据披露，新条约框架规定，将按国别对各国可以拥有的常规武器数量提出最高限额，取代旧条约中对两个军事集团规定的限额。同时，各国还一致同意，将在原来基础上，进一步大幅度削减欧洲大陆常规武器的总量。

中亚无核区国际会议在塔什干举行　1997年9月15日，为期2天的“中亚无核区”国际会议，在乌兹别克斯坦首都塔什干举行，46个国家和10个国际组织的代表参加会议。会议期间，乌兹别克斯坦、哈萨克斯坦、吉尔吉斯斯坦、塔吉克斯坦、土库曼斯坦等5国外长签署了关于建立中亚无核区的声明。5国拟向联合国提交建立中亚无核区的宣言草案。中国驻乌兹别克斯坦大使、中国代表团团长李景贤在发言中指出：中国对建立无核区一向持尊重和支持态度，承诺无条件地不对无核国家和地区使用或威胁使用核武器。中国赞赏并支持该地区国家为促进地区和平与安全所作的建立无核区的努力，中国愿同包括5国在内的所有国家一道，为实现全面禁止和彻底销毁核武器的最终目标作出不懈努力。李景贤大使还重申了中国关于建立无核区应该遵循的7项原则。

美俄签订核协议停止钚生产　1997年9月22日，正在莫斯科访问的美国副总统戈尔称，美俄在停止生产能够用于核武器的钚的问题上取得突破。

戈尔在记者招待会上称，美俄即将就钚生产反应堆问题达成协议，这将阻止生产用于核武器的钚。据报道，停止生产钚问题一直被军备控制谈判代表和专家认为是核领域内的一个优先考虑的问题。美国曾经表示，将减少钚的生产能力。但这将取决于俄罗斯钚储存量的减少。

9月23日，戈尔副总统与切尔诺梅尔金总理在莫斯科签订一项核协议，美俄将停止生产可用于制造核武器的钚。签字后，戈尔称这是一项重要的历史性协议，是对禁止核扩散工作的一大贡献。

根据协议，美国将在2000年之前帮助俄罗斯设在西伯利亚的3个生产钚的反应堆转为民用，俄保证不再重新使用已被关闭的10个钚反应堆。美国也保证将不再重新使用在1989年被关闭的14个钚反应堆。

希拉克总统宣布法核导弹不再对准俄罗斯　1997年9月26日，正在俄罗斯进行访问的法国总统希拉克宣布，法国的核导弹将不再把目标瞄准俄罗斯。而在此之前，俄罗斯总统叶利钦在5月访问法国时突然宣布俄的核导弹已不再对准法国。

舆论认为，希拉克的宣布表明，法国第一次承认它曾经把核导弹对准过其它国家。同时也是法国对俄罗斯宣布不再把核导弹对准法国所作的积极反应。

叶利钦宣布俄将裁减西北地区边境兵力　1997年12月3日，正在瑞典访问的俄罗斯总统叶利钦在斯德哥尔摩宣布，为了缓解波罗的海邻国的担忧，俄罗斯将把西北部边境地区的兵力裁减40%以上。这是叶利钦在向瑞典议会发表讲演时说这番话的。叶利钦称，从1999年1月1日起，俄罗斯将单方面裁减40%以上的地面和海上部队，特别是俄罗斯的西北部。裁军将在1999年底完成。

与此同时，12月3日，正在布鲁塞尔访问的俄罗斯国防部长谢尔盖耶夫也证实，这一裁军行动涉及加里宁格勒飞地和圣彼得堡地区的地面部队以及波罗的海舰队的海军。谢尔盖耶夫宣称，上述裁军计划是俄罗斯军队整顿计划的一部分。根据这项计划，到1999年1月1日，俄军总的裁员幅度将达到20%左右。

俄罗斯宣布的裁军计划立即受到波罗的海3国的欢迎。爱沙尼亚外交部发言人称，爱政府正仔细研究叶利钦的建议，并且对这些建议以及他发表的有关俄罗斯与波罗的海国家关系的积极评价表示欢迎。立陶宛外交部发言人也表示，叶利钦的建议如果得以实现，那将是对加强欧洲安全与稳定的重要贡献。他说，作为回应，立陶宛准备继续扩大同俄罗斯在经济、环保和人道主义领域里的合作。

俄罗斯开始销毁弹道导弹　1997年12月3日，根据美俄达成的第1阶段削减战略武器协议，俄罗斯战略核力量已经开始进行弹道导弹的销毁工作。第1枚导弹PCM－52已于当天莫斯科时间9时在巴伦支海域由核动力导弹潜艇战勤人员发射升空。当导弹升至约3500米高空时，舰载计算机发出摧毁指令，导弹在距海岸线100千米处自行爆炸。有7名美国军事专家观看了整个销毁过程。在12月3～4日期间，核动力导弹潜艇战勤人员总共要销毁20枚导弹。

到目前为止，俄罗斯已经销毁了800多个洲际弹道导弹和潜艇弹道导弹的发射装置、大约2000枚导弹。美国已经销毁了600多个洲际弹道导弹和潜艇弹道导弹的发射装置、大约450枚导弹。

《禁止杀伤性地雷公约》正式签署 1997年12月3日，125个国家的代表聚集在加拿大首都渥太华，签署禁止在全球范围内使用杀伤性地雷的国际公约。加拿大和南非外长以及挪威外交大臣率先在公约上签了字。其余122个国家代表将在两天内分别在公约上签字。联合国秘书长安南出席签字仪式。美国、俄罗斯和中国不准备签署公约，但派代表出席了会议，在这次签字仪式举行之前，加拿大议会已经批准了这一公约。加拿大总理在外长阿克斯沃西签署这一公约后，立即将加拿大的正式批准文本交给了联合国秘书长安南。

根据公约规定，禁止缔约国在任何情况下使用反步兵地雷；禁止缔约国发展、制造、获取、储存、保留和转让此类地雷；要求缔约国在公约生效后4年内销毁储存的反步兵地雷，10年内销毁埋设、布撒的此类地雷。

12月4日，历时3天的有关禁止杀伤人员地雷的国际会议结束，在与会的125个国家中，有4个国家没有签署这一国际公约，他们是肯尼亚、吉布提、厄立特里亚和马其顿，前3国是因为没有得到本国政府的授权，马其顿则是其签字权没有得到联合国的承认而没有签字。此外，中、美、俄以及中东大部分国家也没有在公约上签字。

据联合国估计，现在地球共有2亿多枚地雷，一半储藏在100多个国家武器库中，一半掩埋在64个国家与地区的地下或裸露在地面上，其中2/3是近20年间埋设的。由于绝大多数地雷不配备定期自毁或自动失效装置，因而在战争和冲突停止后，这些地雷仍可造成伤亡。据统计，全世界平均每年有1万多人被地雷炸死，2万多人被炸伤。在目前布埋的1.1亿枚地雷中，一半以上分布在中东、北非和中亚地区，其次是东亚地区（2300万枚）、非洲撒哈拉以南地区（1500万枚）、中东欧（700万枚）以及拉美地区（24万枚）。埋雷最多的国家是安哥拉，长达20多年的战争，使安哥拉成了大雷区，全国1150万居民每人可摊到1.3枚地雷。现在世界上有55个国家生产杀伤性地雷，年产量500万～1000万枚地雷，有35个国家出口地雷。目前杀伤性地雷有360多个类型，通常分为常规型、改进常规型和散射型3种。常规型采用40～50年代初的设计和工艺，易被探测；改进型一般不含或含少量金属，难以探测；散射型可用飞机、火炮进行大面积布雷，其中一些智能地雷配有电子定时器、遥控系统和使用磁性、地震、声音以及红外线传感器的目标识别系统。在军火市场上，常规型地雷的售价仅1～3美元，改进型不到10美元，价格最高的散射型地雷也只有130多美元，布埋一枚地雷最快的只需30秒钟。据统计，现在年均新埋地雷达200万～500万枚，探测和排除一枚地雷则要付出10倍甚至数百倍的费用。1994年联合国共排除地雷10万枚，耗资7000万美元，平均每枚花费700美元。如果以此推算，即使从今开始不再布埋新雷，那么用现在的排雷技术，需要用上千年时间才能清除1亿多枚地雷，耗资约330多亿美元。

（张昌泰）

军控与裁军条约核查简析 二战后，世界范围内签订多个军控与裁军条约。这些条约是否在执行，执行程度如何？都是条约核查涉及的问题。

军控与裁军条约核查的定义 核查，没有公认定义，一般认为是一个包括一整套措施，使缔约国通过核查可观察到缔约各方都在履行条约义务，从而增强执行条约信心的过程。裁军与军控条约的核查有3个功能：①建立信任、保证条约（协议）执行。②及时提供违约警告，解决分歧。③作为威慑手段，遏制违约行为。核查的内容要与条约的宗旨、限制范围和性质一致，不能以核查为名，损害他国安全利益、侵犯商业秘密。核查标准要有效、适当，并体现公正、合理和可行原则。但裁军与军控历来被用作“国家安全政策的手段”，因而常常被当成是否愿意达成某项条约或达到某种目的的借口，核查问题披上了浓厚的政治色彩，使核查制度经历了漫长的演变历程。

核查制度及演变 一战结束时，为限制战败国海军舰艇数量，实行现场核查。因为限制是强制性的，有关国家对核查方式没有多大异议。二战后，各国为维护主权和安全利益，对如何核查和采取何种手段核查的分歧扩大。1963年联大讨论禁止核试验条约时，专家组对当时核查核爆炸的水平的结论是：建立有效的监督制度，侦察世界范围核武器试验的协定在技术上是可行的。但美苏当时都要进行地下核试验，它们以地震监测能力不足，而现场核查又不能达成一致为由，没签此约，只签署《禁止在大气层、外层空间和水下进行核试验条约》。

1970年生效的《不扩散核武器条约》要求缔约的无核武器国家和国际原子能机构签署保障监督协定，对无核国家的一切核活动进行监督，防止一定量的原材料或特种裂变材料转用于制造核武器或其他核爆炸装置。条约的保障监督制度沿用核产品出口控制制度，主要包括：①设计审查制度。从便于有效实施核查的角度，对受保障的设备和设施的设计进行审查和核准。②核材料的计量衡算制度。受查国要建立核材料的计量帐簿管理系统，对核材料的进出及流动过程中的转移和损失进行衡算，确保不被转用于军事目的。③报告制度。定期或必要时向国际原子能机构报告核材料的衡算情况。④视察制度。由原子能机构派专门的视察员定期或不定期地赴当事国查阅记录、实物，测量并核实衡算帐目。为防止转移，根据不同的设施，检查还使用封记、安装自动摄影装置等手段进行监测。

70年代后，美苏卫星侦察技术逐步成熟，不进入对方领土，利用国家技术手段也能搜集大型武器部署的情报，为军控条约谈判创造了条件。1972年美苏达成《关于限制进攻性战略武器某些措施的临时协定》，限制战略导弹发射器数量，第1次明确提出用国家技术手段进行核查，但没界定什么是国家技术手段，只要求它要和“一般国际法原则相一致”。1979年美苏达成《限制进攻性战略武器条约》，除限制武器数量外，对新武器研制、武器的能力（如弹头数、发射重量等）有一定限制。核查武器的能力单靠国家技术手段是不够的，需要现场视察。《限制进攻性战略武器条约》虽然规定用合作措施交换武器数量情报，用展示方法验证武器可识别特征，但协议未得到美国国会批准，个中原因主要是政治的。

80年代中期，东西方关系缓和，裁军势头增强，核查也取得重大进展。1987年，美苏签署《消除美苏中程和中近程导弹条约》，苏联第1次同意现场视察。条约规定在消除导弹的3年期间（有些项目的视察要求10年），允许进行7种不同类型的现场视察。为此，苏联开放84个场所（7个在东欧）美国开放34个场所（12个在西欧），允许视察员现场视察。

1990年11月，北约和华约签署《欧洲常规武装力量条约》，其核查机制包括情报交换、现场核查和国家技术手段或多国技术手段，同时规定了信任措施，如事先通报军事调动，邀请参观军事演习等。1993年1月签署的《禁止化学武器公约》的核查制度是至今最严厉的核查制度之一。它由初始视察、系统核查、随机视察和质疑性视察组成。初始视察用于验证提交资料的准确性；系统核查用于对化学武器及其生产、储存和销毁设施在其销毁过程中及对公约允许的小规模生产化学武器设施进行的终身监控；随机视察用作对生产化学武器的前体化学品、原料化学品以及相关的特定有机化学品的设施，以随机选取时间和地点的方式，进行视察；质疑性视察是对可疑的违约事件在“任何时间”、“任何地点”、以“不得拒绝”的方式进行突然视察。这种有疑就查的方式给滥用核查提供了法律依据。

核查，从工具占有、信息所有看，可分为国家技术手段和国际技术手段；从进入领土程度看，分远距监测和现场视察；从核查时间看，分为连续监测、例行视察和质疑性视察等几种核查。每种都要借助一定的技术手段，有些手段是根据限制项目的物理化学特性在现场利用物理化学方法检测，而有的手段则是通用的，利用遥感器从外空对武器系统的研制、试验、部署和训练的全过程进行长期监测。

通用核查技术手段 当前，通用遥感技术手段主要包括：成像侦察卫星系统、电子侦察系统、机载雷达和光学系统以及海陆基雷达和无线电侦收设备等。

成像侦察卫星系统包括装载可见光、红外线和微波探测器的卫星及其地面系统。可见光成像侦察系统（波长0.4～0.7微米）接收物体反射的阳光，聚焦成像，根据影像记录目标的特征（大小、形状、色调、阴影），辨识物体，测绘形状，确定位置。美俄两国光学成像卫星图象的地面分辨率达到0.1～0.3米，能确认地面部署的导弹、飞机、车辆和火炮之类的军事装备，定位精度为100米左右。由于图像直观，分辨率高，该系统是重要的核查手段。红外遥感器探测按照其波长可分为近、中和远红外三种。近红外遥感器利用胶片记录物体对红外线（2～3.5微米）的反射和辐射，形成类似照片的图像，可确定目标形状和大小。中远红外装置接收目标的热辐射形成热像图，然后转换成可见光图像。这些遥感装置能日夜侦察，对于监测核反应堆、化学武器工厂、飞机和导弹发射等热辐射强的目标，对识别、分类物体、鉴别伪装具有重要意义。可见光和红外光谱多波段组成的多光谱扫描器能记录物体对不同频带的反射特性，得到更多鉴别物体的信息，提高识别能力。成像雷达能直接显示目标（或物体）的几何形状、背景地形，绘制三维图像；雷达波（1毫米～1米）能穿云雾、树丛和几米厚的干燥沙漠，因而可以日夜监测，探测隐蔽目标，但该系统分辨率不如可见光照相系统高。美国“长曲棍球”卫星的成像雷达分辨率为1米，能给出桥梁、机场和车辆等目标的图像和地理位置，可有效地识别机动导弹、坦克和其他机动目标，监视部队调动和演习。

电子侦察系统是国家技术手段的另一重要系统，它由侦收系统和地面处理设施组成。该系统包括空基、海基雷达和电子侦察卫星，以及各种截获无线电和微波通信信号的监听站。主要任务是：①侦收敌人的雷达信号，确定位置、判明类型、测定性能和部署情况。②窃听、破译敌方通信，获得军事、政治和经济情报。③侦收敌方导弹和航天器试验发射的遥测信号。

遥测信号包含着导弹各部件、系统的工作状态和指令顺序的信息，经过分类、处理后，可以得到比较准确的导弹性能情报。遥测信号本是试制导弹的国家为检查导弹性能、诊断工作状态而设置的，但对方获得这些情报数据后，把它和其他来源的资料综合，可以进一步模拟出导弹各级的几何尺寸、投掷重量、发射重量等性能数据。这对于监测导弹试制、鉴别导弹型号十分重要。削减战略武器条约规定，"不得干扰和封装遥测信号"，"不得使用密码"，同时每次试验要向对方提供"包含所有遥测信息的磁带"。这些措施使新型导弹的研制受到严格监视。

核查的局限性及发展趋势 目前采用的由数据交换、技术手段监测和现场视察构成的核查制度是随着(美俄)削减核武器条约、《化学武器条约》和《全面禁止核武器试验条约》等条约的签署而建立起来的。在核裁军方面，削减战略武器条约的核查制度达到的水平是：国家技术手段能监测陆基导弹发射器（发射井)、核潜艇和轰炸机等武器的部署，可以准确地统计导弹部署的数量，可以确定 SS－25 之类机动导弹基地的数目，但每个基地有多少发射车、多少导弹不易弄清楚，需现场核查。它也不能统计空射核巡航导弹部署的数目，因它们体积小，可在舰船或在潜艇鱼雷管中秘密装载，只有在形成一定规模的作战能力后，才能够被探测到。因此，国家技术手段和现场核查能防止一些有重要军事意义的违约行为。《化学武器公约》、《全面禁止核试验条约》的核查制度能否防止有军事意义的违约行为，有待时间考验。

随着裁军进程的发展，武器数量逐渐减少，防止违约活动的要求越来越严，因而核查制度和核查技术都需要进一步改进。从技术上看，核查的发展方向是：①建立国际技术手段，提高全球监测能力。由国际社会长期运行的核查系统，包括成像卫星系统和信息接收处理系统是裁军与军控核查的基础。目前，这些系统属美俄所有，信息由他们垄断，用于国际条约的核查是不适当的。1978 年，法国提出成立国际卫星监测局，由该局承担发展和管理国际卫星监测系统，负责核查工作，联大为此成立专家组。但由于美苏反对而搁置。现在，建立这种系统在技术和政治上已日趋成熟。②加强国际原子能机构的保障监督制度，提高侦破秘密设施的能力。海湾战争后，伊拉克和南非秘密核武器计划被披露，它表明国际原子能机构的保障制度存在明显弱点。它不能担保与该机构缔结协议的无核国家把所有核材料和核设施都提交保障监督，也不能保证不存在未申报的核秘密活动。为此，国际原子能机构在其"93＋2 计划"（1993 年启动，2 年完成）中确定了一整套保障监督措施，主要是扩大当事国向该机构的申报内容，扩大视察员进行视察的范围，扩大环境取样的授权。

核查在裁军过程中是重要的，它提高了各国遵守条约的信心，增加了条约的透明度，使裁军和军控得以在科学和安全的基础上进行。但没有一个条约是完全可核查的，核查是相对的。加强核查制度可以减少违约活动，但缔约国违约的决心不仅来自于核查制度的漏洞，更来自国际和国家关系的好恶、利益冲突和其他因素。因此，健全国际经济、安全体制，增加信任，是裁军和军控条约的核查得以顺利进行的必要条件。

（忠 民、肖 研）

《禁止化学武器公约》正式生效 1997 年 4 月 29 日，《禁止化学武器公约》正式生效。它是国际军控史上一个划时代的重要事件，对推进国际社会有效地控制大规模毁伤性武器，维护世界和平，具有重要意义。

禁止化学武器公约从谈判到生效，经历了一个漫长而艰难的过程 人类禁止化学武器的最早尝试可追溯到 1868 年的《圣彼得堡宣言》和 1874 年的《布鲁塞尔宣言》。全面禁止化学武器谈判始于 1968 年。1992 年 9 月 3 日，《禁止化学武器公约》在日内瓦达成协议。从 1993 年 1 月起，《禁止化学武器公约》在巴黎开放签署，规定在不早于 1995 年 1 月，第 65 个国家递交公约批准书后的第 180 天起生效。由于实际情况与原计划相差较大，两年中只有 22 个国家批准该约，尤其是拥有大量化学武器的美国和俄罗斯两国态度暧昧，使公约生效时间大大推迟。

1995 年 3 月，日本发生震惊世界的"东京地铁沙林事件"。日本各界纷纷作出反应，支持禁止化学武器。日本国会于同年 9 月批准《禁止化学武器公约》。这一事件对世界其他国家的批约进程产生积极影响。它们看到，即使没有战争，化学武器仍威胁着人类和平。反对战争、禁止使用具有大规模毁伤力的核化生武器，是人们普遍关注的焦点。这一年，有 28 个国家批准了该公约。

与世界军控的主流背道而驰，《禁止化学武器公约》在一些化学武器大国里屡遭重挫。美国是 1993 年 1 月 13 日《禁止化学武器公约》的首批签约国之一。同年 11 月 23 日，克林顿总统向参议院建议批准该约。1994 年 3～8 月，美参院外交关系、军事和情报 3 个专业委员会和众院外交委员会以 12 票赞成，6 票反对，通过关于批准《禁止化学武器公约》的决议，计划于 1996 年 9 月 12 日举行参院全体表决。1996 年是美国总统选举年。共和党总统候选人多尔在参院表决前突然反对批约，理由是《禁止化学武器公约》尚未成为一项真正的全球性公约。克林顿政府被迫无限期地推迟参院的全体表决。

俄罗斯是另一个化学武器大国。1993 年 3 月，国家杜马批准《销毁化学武器库存总统特别联邦计划》。1994 年 3 月，国家杜马的各主要委员会（杜马国际事务委员会）举行《禁止化学武器公约》的非正式听证会。然而，直到 1996 年 10 月，叶利钦总统仍未将公约提交国家杜马讨论批准。

1996 年 10 月 31 日，匈牙利成为第 65 份批准书的递交者。至此，《禁止化学武器公约》进入正式生效前的倒计时阶段。无论美俄是否批约，180 天后的 1997 年 4 月 29 日，公约将正式生效。这一情况对美俄和其他国家的批约过程产生影响。

1997 年 2 月起，美国民主党和共和党在国会展开激烈辩论。大多数民主党人和相当数量的共和党人支持批约。美国社会舆论积极主张批约。《纽约时报》、《华盛顿邮报》等新闻报刊纷纷刊文抨击参院在批约问题上的犹豫态度。美国军方、化工界也竭力主张批约。美国的科研组织为批约做了大量工作。华盛顿斯蒂文森研究中心史密斯博士领导的研究组为推动批约进行了一项民意测验，对象涉及军队、政界、科技界、化学工业、宗教、新闻报刊和公众团体组织及个人。测验结果被送到许多参议员的手中，同时在国际互联网上公布。

选举获胜的克林顿政府为推动批约进行了最后的努力。克林顿向国会陈述的批约理由是：《禁止化学武器公约》符合美国的安全利益，能够减少将来美国士兵遭受化学战和市民遭受化学武器恐怖活动的危害；有利于其他国家销毁化学武器；美国在公约生效前已开始销毁储存的化学武器；不批约的代价巨大，美国将被排除在化学武器国际核查和监控机制之外，美国化工产品的出口也将会受到影响。

但国会中反对批约的声音仍未消失，参院外交关系委员会主席赫尔姆斯认为，批准公约并非美国当前的头等大事，应将其排在国务院重组和联合国改革之后。参院多数党领袖洛特提出，反弹道导弹条约应是目前军备控制领域中优先考虑的问题，而不是《禁止化学武器公约》。尼克松、福特和里根政府的 3 位前国防部长也反对批约。3 月 19 日，以赫尔姆斯为首的外交委员会就批约问题通过了长达 20 页的决议书，其中大部分内容涉及化学技术问题。直到参院表决前一天，情况才出现转机。上午，多尔发表声明，宣布支持批约，理由是：与以往不同，现在政府已经做了许多改进和努力，接收了参院决议中提出的前 28 个条件。

4 月 24 日，在最后投票表决的前几个小时，克林顿总统致函参院表示，批约后如果出现反对者担心的化学武器扩散事件，他保证让美国退出公约，洛特参议员立刻宣布他将投票先赞成公约。24 日，参院投票，结果以 74 对 26 的多数票批准了该公约。民主党 45 位议员均投赞成票，共和党议员中有 29 位投票赞成该公约。美国在匆忙举行简短的总统签字仪式后，迅速将批约书传真给联合国秘书长保存，成为第 80 个公约批约国。

1997 年 4 月 29 日，《禁止化学武器公约》如期生效，全世界 165 个签字国中的 88 个批准了公约。

公约的生效，给俄罗斯带来巨大压力，俄领导人不得不表示争取在 1997 年秋季通过国内的批约立法程序。5 月，叶利钦总统签署《关于销毁化学武器》的法令。6 月，俄杜马通过决议，成立公约批约问题特别委员会。杜马国际事务委员会、国防委员会、生态和地理政治委员会相继开会讨论该公约。10 月 31 日，俄杜马通过该公约。11 月 5 日，俄上院批准了公约。批约书由叶利钦总统签字后被立刻送往联合国。

截至 1997 年 12 月 3 日，世界上共有 168 个国家签署了《禁止化学武器公约》，批约国数目达到 106 个。

国际禁止化学武器的未来仍面临困难　公约的生效为全球彻底销毁化学武器带来了希望，但并非因此解决了一切问题。公约的履行过程仍面临困难，主要表现在：一是安全销毁化学武器（含遗留化学武器）涉及政治、经济、技术和时间问题。二是公约核查的有效性问题。

（1）化学武器销毁是一项极其复杂的系统工程。目前，美国和欧洲国家用于销毁化学武器的高温焚烧技术是一种较成熟的技术，但该技术对环境和人民健康的远期影响尚未明确。其他替代技术如中和技术，催化萃取技术，低温粉碎技术、中和池技术等都处于实验室研究或中试阶段，远未达到工业化规模。如何减少销毁化学武器时对环境造成的污染，且发展出成熟的替代技术是顺利履行公约的两个技术难题。

（2）经费问题始终是萦绕在该公约谈判、生效和履约的另一问题。俄罗斯延迟批准公约的主要原因之一是缺乏足够的经费来销毁其 4 万吨化学武器储存。根据预测，俄罗斯约需耗费 37 亿美元销毁化学武器。鉴于俄国内经济形势严峻，美国和其他欧洲国家的经济资助十分有限，俄罗斯如何顺利筹集经费、开始销毁化学武器仍成问题。美国是世界上化学武器储存大国，其 3 万吨化学武器销毁所需的资金约为 120 多亿美元。美国会是否愿意拨出这一巨款尚难预料。

（3）遗弃化学武器销毁比常规化学武器销毁面临更大的困难。主要原因是遗弃化学武器问题涉及两个以上的国家，政治敏感性强；遗弃化学武器分布广，储存条件恶劣，多数已发生锈蚀和泄漏。如何在履约前提下，各相关国家通过双边或多边谈判，就安全销毁遗弃化学武器的探测、运输、拆卸最后的毒剂销毁等技术、经费、专家问题达成一致十分困难。典型案例是日本在华遗弃化学武器的销毁问题，至今久拖未决。

(4)《禁止化学武器公约》涉及面很广。除军方外，还涉及大量民用化工企业，如塑料、汽车、航空、电子、医药、造纸、采矿、照相等，如何在保证企业技术机密不受侵犯的同时，完成对企业履行《禁止化学武器公约》的有效核查，也是顺利履约要考虑的问题。这也是美国国会在是否批约时分歧最大的问题之一。

(5)困难还来自现场分析。具体表现在4方面：①采样。如怎样才能取到有代表性的样品，在什么地点、什么表面、什么深度、什么出口取样才能既有利于核查分析，又不侵犯企业合法保护的技术机密，这个问题困扰着许多国家。生物样品的取样将更复杂，尚无标准程序。②现场分析。限于现场水、电、气等条件的限制，核查人员不可能随身携带大型复杂仪器，只能使用便携式仪器，某些样品还必须送到公约组织指定的现场外实验室分析。③环境样品的标准化程序。在已经进行的几次国际实验室间联合比较测试中，各国报告的结果差别较大，除了水平因素，未采用标准化方法是一个重要原因。④生物样品的分析。目前缺乏有效的方法，未确定统一的标准分析程序。

美国在批约时对现场分析提出了专门要求。参院的批约决议书附加条件第18款规定，美国不允许将核查中收集到的样品送至美国以外的其他国家实验室测试。这一要求的后果之一是其他国家也要求本国所取的样品不得外运到国外做现场外分析。这样，每个国家至少得有2个国家级并由国际化学武器公约组织指定的分析测试实验室。显然，这一要求短期内无法得以满足。

尽管面临上述种种难题和考验，顺利完成《禁止化学武器公约》的履约任务依然具有光明的前景。这是因为：①维护世界和平，禁止和彻底销毁化学武器是当今世界发展的一个重要趋势，是各国政府和人民的迫切希望。②公约涉及各批约国的切身利益，各国在恰当处理本国权益和世界安全关系的基础上完成批约程序，符合本国的根本利益。③因政治、经济、军事和历史原因，几个军事大国控制了军控的步伐。经漫长艰难的努力，美俄两个化学武器拥有国已成为公约的批约国，表示要认真履行公约，因此履约进程将大大加快。

（红　梅、素　洁）

俄罗斯军控与裁军政策简述　《外国军事学术》1997年第12期梁月槐撰文指出，俄罗斯的军控与裁军政策是在国内外新的背景下逐步发展起来的，其根本目的在于最大限度地维护新的历史条件下俄罗斯的国家安全利益，保证军队建设按照新的战略指导方针顺利进行。

谨慎推进削减战略武器谈判　前苏联始终把美国作为军控与裁军谈判的主要对手。俄罗斯建立后，由于美是对俄安全利益影响最大的国家，俄依然把美国作为军控与裁军的主要谈判对象，而谈判的主要内容是削减战略武器问题。在这方面，俄罗斯的政策经历了一个由积极推进到谨慎对待的发展过程。

1991年7月苏美签署《关于削减进攻性战略武器条约》(STARTⅠ)后不久，苏联即告解体。俄罗斯建立之初，曾希望利用同西方关系空前改善的机会，向西方世界靠拢，以维持世界大国地位，为振兴国力创造条件。在军控与裁军政策上，俄对进一步削减战略武器采取了积极推进的态度，于1992年1月29日宣布将进一步削减战略核武器。出于冷战后自身战略利益的考虑，美对俄罗斯的态度表示欢迎。在此基础上，经过谈判，两国于1993年1月3日在莫斯科签署了《关于进一步削减和限制进攻性战略武器条约》(STARTⅡ，亦称“美俄第2阶段削减战略武器条约”)。

然而，俄在条约上签字后，国际形势并未向着它签署这一条约的愿望、即继续改善俄同西方的关系以及俄所处战略环境的方向发展，相反却出现了一些违背这一愿望的情况，其中突出的就是北约东扩势头的日益增强。形势的发展使俄意识到，西方社会并没有完全接受俄罗斯，而是企图利用俄的相对虚弱，继续降低俄的国际影响和地位，进而按照自身的意愿建立冷战后的欧洲乃至世界安全体系。因此，俄开始全面调整其对外政策，对削减战略武器问题也转而采取审慎态度。1996年1月，美参议院批准了《美俄第2阶段削减战略武器条约》。俄国家杜马领导人则明确表示，俄议会不急于批准该条约。从实际情况看，俄目前无意在核军备方面同美恢复全面抗衡，同时，俄维持其战略威慑能力也无需保持现有庞大的核武库。因此，俄对条约的态度不是政策的根本转变，而是借此显示俄对战略核武器作用的高度重视，加强在反对北约东扩等问题上同西方斗争的地位。由于俄的上述态度，美作出了象征性的让步。1997年9月26日，美国国务卿奥尔布赖特和俄罗斯外长普里马科夫在纽约签署了一揽子裁军协议，双方同意将1993年初签订的《美俄第2阶段削减战略武器条约》的生效期推迟5年，由原定的2003年1月31日改为2007年12月31日。

积极参加多边军控与裁军谈判　冷战后，由于世界多极化的发展，以及影响俄安全利益的因素出现多元化趋势，俄在与美进行双边军控与裁军谈判的同时，更加重视从自身安全利益出发参加多边谈判。1993年，俄以独立国家身份加入了1968年由苏美共同提出并于1970年生效的《不扩散核武器条约》。1995年该条约25年期满，俄派代表团出席了在纽约举行的条约延期审议大会。大会最后以协商一致的方式，通过了条约无限期继续有效的决定。1994年后，俄罗斯在日内瓦裁军谈判中积极支持达成《全面禁止核试验条约》。1996年9月10日，第50届联大以压倒多数通过《全面禁止核试验条约》，24日，俄罗斯同美、中、法、英4国签署了该条约。

同中国进行关于在边境地区裁减军事力量的谈判，是俄军控与裁军的一个新的也是重要的方面。1990年4月24日，中苏两国政府签署了《关于在边境地区相互裁减军事力量和加强军事领域信任的指导原则的协定》。苏联解体后，俄罗斯、哈萨克斯坦、吉尔吉斯斯坦、塔吉克斯坦4国组成联合代表团与中国继续进行边境裁军谈判。双方根据“指导原则协定”，首先就《关于在边境地区加强军事领域信任的协定》达成一致。1996年4月26日，中、俄、哈、吉、塔5国元首在上海签署了这一协定。1997年初，经过谈判，双方又完成了《关于在边境地区相互裁减军事力量的协定》的制定工作。同年4月24日，5国元首在莫斯科签署了这一协定。协定的主要内容是，中国与俄、哈、吉、塔双方将边境地区的军事力量裁减到与睦邻友好相适应的最低水平，使其只具有防御性；互不使用武力或以武力相威胁，不谋求单方面军事优势；双方部署在边境地区的军事力量互不进攻；裁减和限制部署在边界两侧各100千米纵深的陆军、空军、防空军航空兵、边防部队的人员和主要种类的武器数量，确定裁减后保留的最高限额；确定裁减方式和期限；交换边境地区军事力量的有关资料；对协定的执行情况进行监督等。根据协定，在长达7000千米国界线各自一侧100千米范围内，裁减后每一方保留的陆军、空军、防空军航空兵的人员将不超过13.14万人。

按照新的防御要求进行裁军　早在苏联时期，根据同东欧国家既定协议，苏已开始从有关国家撤军。俄罗斯建立后，制定了新的军队建设和改革计划，提出进一步压缩军队规模。因此，这一时期撤军和裁军是俄根据新的防务需要和战略方针全面计划军队建设和改革的有机组成部分。

在撤回驻外军队的同时，俄按照质量建军要求和军事改革计划，逐步进行军队裁减。苏联解体后，俄罗斯继承了原苏武装力量的75%，共有兵力280万人。根据新的军事战略方针，俄于1992年公布了建军计划。计划确定，至2000年前将军队员额减至150万人。同年9月公布的《俄罗斯联邦国防法》规定俄军实际人数不得超过俄联邦居民实际人口的1%，为以上军队定额又提供了法律依据。据此，俄逐步进行了军队员额裁减。1992年由282.23万人裁至260.23万人，裁减22万人；1993年由260.23万人裁减至230.24万人，裁减29.99万人；1994年由230.24万人裁减至191.74万人，裁减38.55万人；1995年由191.74万人裁减至170万人，裁减21.74万人。4年中俄罗斯裁军达112.28万人。1997年，俄总统叶利钦批准了新的军事改革计划，根据计划，俄军到2000年将继续裁减至120万人。

在战略平衡问题上坚持强硬立场　冷战后，俄罗斯的国力较前苏联虽有较大下降，但仍以保持世界大国地位为战略目标。反映在军控与裁军政策上，除战略核武器外，有关涉及具有战略意义的其他军事力量的平衡问题，俄均坚持强硬的立场，警惕出现对俄不利的失衡状况。这方面最突出的一点是，提出修改《欧洲常规武装力量条约》部分规定。《欧洲常规武装力量条约》签订一年后苏联解体，这客观上使建立在华约与北约对等裁军基础上的条约在执行上出现一些未曾预料的情况。例如，由于华约的解散，北约以一个军事集团计算的军事力量就大大高于原华约任何单一国家的军事力量。由于苏联的解体，俄罗斯的地缘政治状况和防御态势发生了重大变化。在此情况下，俄于1994年9月正式提出，为加强其南翼的高加索地区和北翼的圣彼得堡地区的防御，要求在上述地区多保留3640件重武器。此后，俄在多种场合一再表明了对这一问题的强硬态度。其结果，以美国为首的北约国家为防止条约因俄的坚决反对而无法履行，于1995年9月作出回复，同意俄的要求。

与此同时，俄罗斯高度重视美战区导弹防御计划的发展动向，担心美超越1972年反导条约的制约，打破美俄现存战略核力量的平衡。因此，俄几度表示反对美实施这一计划，并指出这一计划将有碍于第1阶段和第2阶段削减进攻性战略武器条约的顺利执行。在具体措施上，鉴于完全打掉美这一计划不现实也不可能，俄提出双方先就低速战区导弹防御系统（其拦截弹速度低于每秒3千米）达成协议，然后再就高速战区导弹防御系统（其拦截弹速度高于每秒3千米）进行谈判，不允许发展拦截弹速度高于每秒5.5千米的陆基或空基反导系统及拦截弹速度高于每秒4.5千米的海基反导系统。1997年3月，美俄首脑在赫尔辛基会晤期间，就此问题达成联合声明。由于俄方的要求未在根本上对美目前的研究形成阻碍，美方原则上接受了俄的上述要求。在此基础上，双方将具体规定列入了同年9月签订的一揽子裁军协议。

准备履行《禁止化学武器公约》的义务 1992年，日内瓦裁军谈判会议最终就《禁止化学武器公约》达成协议。公约在获得必须的65个国家的批准后，于1997年4月底正式生效。俄罗斯因担心按规定履约可能将承受过重的经济负担，同时考虑在北约东扩势头正猛的情况下不再向西方作出让步姿态，没有在该公约生效前予以批准。但是，俄亦看到，随着形势的发展，俄不加入公约的损失将大于履约的损失，俄不仅将得不到销毁化学武器的国际资金援助，其化工产品的某些传统市场也将可能因受到国际限制而丢失。因此，俄在《禁止化学武器公约》问题上的基本政策是，逐步克服目前不利于加入该公约的消极因素，为加入公约创造条件。1995年3月，俄总统叶利钦签署了《关于俄罗斯联邦准备履行销毁化学武器的国际义务》的命令。同年10月26日，俄政府又决定，在1996至2005年间销毁全部4万吨化学武器。据估计，俄要求完成此计划，在资金和技术方面都面临着较大困难，计划在全国7个化学武器存储地建14个销毁设施，按难易程度分3阶段销毁化学武器。

（华 翁）

1997年新上任军界要人简介

中华人民共和国中央军事委员会主席江泽民 生于1926年8月17日，江苏省扬州市人。1943年起参加中国共产党领导的学生运动，1946年4月加入中国共产党，1947年毕业于上海交通大学电机系。上海解放后，历任上海益民食品一厂副工程师、工务科科长兼动力车间主任、厂党支部书记、第一副厂长，上海制皂厂第一副厂长，一机部上海第2设计分局电器专业科科长。1955年赴苏联莫斯科斯大林汽车厂实习。1956年回国后，任长春第1汽车制造厂动力处副处长、副总动力师、动力分厂厂长。1962年后任一机部上海电器科学研究所副所长，一机部武汉热工机械研究所所长、代理党委书记，一机部外事局副局长、局长。1980年后，任国家进出口管理委员会、国家外国投资管理委员会副主任兼秘书长、党组成员。1982年后，任电子工业部第一副部长、党组副书记，部长，党组书记。1985年后，任上海市市长，中共上海市委副书记、书记。1982年9月在中央第12次全国代表大会上当选为中共中央委员。1987年11月在中共13届1中全会上当选为中共中央政治局委员。1989年6月在中共13届4中全会上当选为中共中央政治局常委，中共中央委员会总书记。1989年11月在中共13届5中全会上当选为中共中央军事委员会主席。1990年3月在第7届全国人大第3次会议上当选为中华人民共和国中央军事委员会主席。1992年10月在中共14届1中全会上当选为中央政治局委员、常委、中央委员会总书记、中央军事委员会主席。1993年3月在第8届全国人大第1次会议上当选为中华人民共和国主席、中华人民共和国中央军事委员会主席。1997年9月在中共15届1中全会上当选为中共中央政治局委员、常委、中央委员会总书记、中央军事委员会主席。1998年3月16日在第9届全国人民代表大会第1次会议上当选为中华人民共和国主席、中华人民共和国中央军事委员会主席。

中华人民共和国中央军事委员会副主席张万年 男，汉族，1928年8月生，山东龙口人，1945年8月加入中国共产党，1944年8月入伍，解放军南京军事学院基本系毕业，大专文化，上将军衔。

1944～1945年任胶东北海独立3营7连战士。1945～1947年任东北12旅35团3营通信班副班长、班长，东北4纵12师36团警卫员。1947～1948年任东北4纵12师36团5连副排长、排长、连副指导员。1948～1950年任东北4纵12师36团通信股参谋、副股长、股长。1950～1956年任陆军第41军123师369团司令部作战股股长，第41军司令部作战科参谋。1956～1958年任陆军第41军123师369团第一副团长兼参谋长。1958～1961年在解放军南京军事学院预科系、基本系学习。1961～1962年任陆军第41军123师367团副团长。1962～1966年任陆军第41军123师367团团长。1966～1968年任广州军区司令部作战部作战科科长、副部长。1968～1978年任陆军第43军127师师长。1978～1981年任陆军第43军副军长兼127师师长（其间：1978～

1979 年在解放军军事学院学习)。1981～1982 年任陆军第 43 军军长。1982～1985 年任武汉军区副司令员。1985～1987 年任广州军区副司令员。1987～1990 年任广州军区司令员、军区党委副书记。1990～1992 年任济南军区司令员、军区党委副书记。1992～1995 年任中央军委委员，总参谋长，总参谋部党委书记。1995～1997 年任中央政治局委员、中央书记处书记，中央军委副主席。

中共第 12 届、13 届中央候补委员，14 届、15 届中央委员，15 届中央政治局委员、中央书记处书记。

中华人民共和国中央军事委员会副主席迟浩田 男，汉族。1929 年 7 月生，山东招远人，1946 年 10 月加入中国共产党，1944 年 6 月参加工作，1945 年 7 月入伍，解放军军事学院合成系毕业，大专文化，上将军衔。

1944～1947 年任胶东区招远县齐山区中队文书，招远县独立营通信员、班长，胶东军区抗大分校教导 2 团学习，胶东军区 5 旅 13 团 3 营 8 连文书。1947～1948 年任华东 9 纵第 25 师 73 团 3 营书记、连文化干事。1948～1950 年任 3 野第 27 军 79 师 235 团 3 营 7 连副指导员、指导员、营副教导员。1950～1955 年任中国人民志愿军第 27 军 79 师 235 团 3 营教导员、团政治处副主任。1955～1958 年任陆军第 27 军 235 团政治处主任。1958～1959 年在解放军总高级步兵学校学习。1959～1960 年在解放军军事学院合成系学习。1960～1966 年任陆军第 27 军 79 师 235 团副政委兼政治处主任、团政委。1966～1967 年任陆军第 27 军 79 师政治部主任。1967～1969 年任陆军第 27 军 79 师副政委。1969～1970 年任陆军第 27 军政治部副主任。1970～1973 年任陆军第 27 军 81 师政委，《解放军报》社核心小组成员。1973～1977 年任北京军区副政委，《人民日报》社负责人、副总编辑。1977～1987 年任解放军副总参谋长兼总参谋部政治部主任（1982 年免兼职），济南军区政委。1987～1992 年任中央军委委员，解放军总参谋长。1992～1995 年任中央军委委员，国务委员兼国防部部长。1995～1997 年任中央军委副主席，国务委员兼国防部部长。1997 年任中共中央政治局委员，中央军委副主席，国务委员兼国防部部长。

中共第 12 届、13 届、14 届、15 届中央委员，15 届中央政治局委员。

（任　明）

美国参谋长联席会议主席亨利·谢尔顿四星上将 1942 年出生于北卡罗来纳州，青少年时代一直是在家乡充满田园风光的农场度过的。毕业于北卡罗来纳州立大学。与以往的美军名流不同，他不是西点军校的毕业生。他的军旅生涯是从越南战争开始的，他参加过在越南实施的“绿色贝雷帽”行动，并获得一枚铜质奖章和一枚“紫红心”勋章。他先后在美军王牌部队第 101 空降师和第 82 空降师任职，参加过海湾战争的“沙漠风暴”行动。他的突出业绩是 1994 年指挥的出兵海地行动，使美军以极小的代价达到了预期目的。因此，他被誉为“不使用大规模兵力实施外科手术式战役的专家”。在 1997 年 10 月 1 日出任参谋长联席会议主席之前，他是美军特种作战司令部司令。该司令部组建于 1987 年，是在美军各特种兵部（分）队合并的基础上组建的，其驻地在佛罗里达州蝗坦帕，人数虽不过 4.7 万，仅占美军总兵力的 1.4%，但却是美军中的精锐。

他与其前几任相比，在组织大规模机械化协同作战指挥方面经验欠缺。但他有其独特的优势——善于应付突发事件，处理问题果敢灵活，关键时刻不拘泥于条条框框。如 1996 年其所属部队即将开赴波黑维和，需要大量高寒地区的保暖服装。当时由于时间紧迫，供应成为一道难题。谢尔顿果断地“绕过了层层后勤部门”，直接与厂家签订了合同，解了燃眉之急，所需要的被装仅用 25 天就全部到位，而且价格还便宜 1/3。

他还有一个特点，即不盲目崇拜新式武器，在购进新式贵重武器装备时，他更多地考虑的是经济实用。1993 年在他担任第 82 空降师师长时，在选购新直升机问题上，是选用 OH－58“基俄瓦式”，还是选用 AH－64“阿帕奇式”，当时颇具争议。大多数人都被“阿帕奇式”的新、特、奇所吸引，但最终他选择了前者，因为相比之下前者价格要便宜得多，而且飞机表演又展示出很大的可靠性。

（尚左琳）

俄罗斯海军总司令弗·伊·库罗耶多夫海军上将 1944 年 9 月 5 日出生于远东滨海边疆区哈察湖沿岸地区班布罗沃站，俄罗斯族。1967 年从太平洋马卡洛夫高级海军学校毕业后任太平洋舰队护卫舰航海战斗部门长，后升任副舰长。1971 年调任反潜舰编队参谋长助理，后又任护卫舰舰长。1973 年调到海军基地司令部，任处长助理。1976 年起任太平洋舰队水警区舰艇编队副司令兼参谋长。1978 年从海军学院毕业后仍回太平洋舰队，任太平洋舰队水面舰艇编队副司令兼参谋长，1981 年升任水面舰艇编队司令。1984 年调任混合战役编队第一副司令兼参谋长。1989 年从总参军事学院毕业后任太平洋舰队战役编队司令，并晋升为少将。1993 年 8 月调任波罗的海舰队第一副司令兼参谋长。1996 年 2 月，调任太平洋舰队司令，4 月晋升为上将。1997 年 7 月升任俄海军第一副司令兼参谋长，同年 11 月 8 日升任俄海军总司令。

库罗耶多夫曾获“军功”勋章和“为祖国武装力量服役”三级勋章及数枚奖章。已婚，有一子。业余时间，他喜欢听古典音乐和玩电脑。

库罗耶多夫海军上将是从太平洋舰队成长起来的职业军人，在舰艇部队担任过各种指挥职务，曾多次率舰参加远洋训练和演习，具有较丰富的指挥和航海经验。他曾多次进院校深造，均以优异成绩毕业，特别是在总参军事学院学习期间因成绩优异荣获“金质奖章”。他工作上一丝不苟，对人对事具有“很强的记忆力”，在部属中威信很高，曾被称为“工作上的航路标”。

库罗耶多夫很珍惜人才，认为“今天在俄罗斯，人们过得都不容易，特别是军人”，“我们的任务是在动荡年月为明天储备人才，舰艇可以在 5 年内建成，而在 5 年内却培养不出所需要的人才。因此，应通过各种措施保留人才队伍”，“加强军官与部属的沟通，确保部队各项工作的正常开展”。在太平洋舰队期间，他经常关心舰队官兵的生活，想方设法解决舰队官兵的住房问题。

库罗耶多夫认为亚太地区对俄罗斯来说有至关重要的利益，因此，“太平洋舰队的任务和责任范围更为广泛，俄罗斯需要一支强大的东方舰队，以保卫祖国的海疆”。“未来的太平洋舰队将会是经过革新、人员装备平衡发展、具有相称的和足够的经费、装备现代化舰艇和军事技术、具有高度职业化的舰队”。

关于俄罗斯海军，库认为，必须加强军队职业化建设，“21 世纪的俄海军是新型战舰和职业军人组成的战斗整体”，“俄罗斯应保持并发展海军，完善指挥系统，提高职业化程度”。

(习　钟)

韩国总统兼国家安全保障会议主席金大中　韩国现代史上一位具有传奇色彩的人物，是第一位由在野党领袖入主青瓦台的韩国总统。曾三次竞选总统败北，三度死里逃生，两次流亡国外，多次入狱甚至被判死刑。1925 年 12 月 3 日出生于全罗南道新安郡荷衣面，毕业于木浦商业学校，曾一度步入商界并任木浦海运大阳造船公司社长。自 50 年代步入政界以来，一直活跃在韩国的政治舞台上，先后 6 次当选为国会议员。60 年代，金大中先后担任在野党民主党宣传部长、民主党中央常委、民众党宣传局长、新民党发言人等职。1971 年 4 月，被推选为新民党总统候选人。在总统选举中，提出了南北双方应实现“和平共处”、和平交流”、和“和平统一”的政治主张。竞选投票结果，仅以 90 万票的微弱之差败给朴正熙。为排除政敌，朴正熙曾 3 次以违犯“选举法”等罪名对他加以陷害。于 1972 年流亡美国，次年抵达日本，并出版了《独裁和我的斗争》一书。1979 年 5 月 18 日，全斗焕发动军事政变，金大中因反对军事政变和军人独裁而被捕，并被新“军部”的军事法庭判处死刑。后经多次斗争和外国干预才免于一死。1982 年 12 月，被迫再次流亡美国。1985 年，结束流亡生活。1987 年，第 2 次参加总统竞选并与卢泰愚展开了激烈的竞争，然而在竞选中他再度与总统宝座失之交臂。1992 年 12 月第 3 次参加总统竞选，金泳三在选举中获胜。

1997 年 12 月 18 日，韩国举行第 15 届总统选举。金大中在同韩国第 2 大在野党自由民主联盟结盟的基础上，击败执政党总统候选人李会昌和国民新党总统候选人李仁济当选总统，1998 年 2 月 25 日宣誓就职。

(任　明)

越共中央军事党委书记黎可漂上将　1931 年 12 月 27 日出生，越南清化省人，农民家庭出身。1946 年参加革命运动。1949 年加入越南共产党。1950 年 5 月从军。1967 年 7 月任 304 步兵师 9 团政委，同年 9 月之后任 304B 师副政委、政委。1974 年晋升为大校，后升任军政治部主任、第 9 军区副政委。1978 年率第 9 军区部队参加侵柬作战。1982 年晋升为少将，任第 9 军区副司令兼 979 司令部司令。1986 年 12 月在越共第 6 次代表大会上当选为中央委员会委员。1988 年 7 月任侵柬越军 478 兵团副司令，主管部队政治思想和党务工作。1989 年 8 月擢升为越军总政治局副主任，并晋升为中将。1991 年 6 月在越共第 7 次代表大会上再次当选为中央委员。1991 年 9 月任越军总政治局主任、中央军事党委常委、中央军事检查委员会主任。1992 年 6 月在越共 7 届 3 中全会上被增补为中央书记处书记。1992 年 7 月晋升为上将。1994 年 1 月在越共 7 届 6 中全会上被增补为中央政治局委员。1996 年 7 月在越共第 8 次代表大会上当选为中央政治局委员、中央政治局常委，同年底开始主持政治局日常工作，并兼任军内职务。1997 年 12 月在越共 8 届 4 中全会上当选为越共中央总书记兼中央军事党委书记。

1994 年 6 月 27 日率越军高级政工干部代表团访问中国。

越南国防部长范文茶上将　1935 年生于越南北部河北省，1953 年入伍，历任排长、连长、营长、团长、师长，获“越南人民武装力量英雄”称号。1984年晋升为少将。1986年任第9军区副司令，1987年10月兼任军区参谋长。1989年升任第3军区司令。1990年晋升为中将。1991年6月在越共“7大”上当选为中央委员会委员。1994年出任越军副总参谋长。1995年被任命为国防部副部长，并接替陶庭练上将出任越军总参谋长。1996年7月在越共“8大”上当选为中央政治局委员。1997年9月29日任国防部长。1998年1月3日晋升为上将。

范文茶1995年11月底陪同越共中央总书记杜梅访问中国；1996年1月16日会见了由周玉书中将率领的中国人民解放军广州军区访越代表团，同年7月率越南高级军事代表团访华。

越军总政治局主任范青银中将　1940年出生于越南原北太省（现太原省）富平县，京族。1959年3月入伍。1961年9月调入越防空－空军航空兵部队，后赴前苏联空军航校接受飞行训练。1964年任越空军921飞行团首批米格－21型战斗机飞行员。1966年晋升为中尉。抗美战争时期，曾击落美军飞机8架，自己所驾驶的飞机曾两次被击落。1969年6月被越南国会授予“人民武装力量英雄”称号。1974年晋升为少校。1975年调空军参谋部工作。1976年晋升为中校，同年底任923飞行团团长。1977年任空军371航空师副师长。1978年晋升为上校。1980年6月升任空军371航空师师长。1981年初晋升为大校。1982年任空军副参谋长，1986年12月升任空军副司令，1989年5月担任空军司令并晋升为少将。1992年8月晋升为中将。1996年升任越军总政治局副主任，1998年1月3日升任总政治局主任。曾获胡志明纪念章、二级军功勋章、二级战功勋章。

1991年6月在越共“7大”上当选为越共中央委员会委员；1996年7月在越共“8大”上再次当选为中央委员；1997年12月在越共8届4中全会上被增补为越共中央政治局委员。

越军总参谋长陶仲历少将　80年代初任越陆军第2军区某步兵师副参谋长兼炮兵主任。1982年任该师副师长兼参谋长，大校军衔。1989年任师长。1991年任第2军区司令，少将军衔。1994年1月被增选为越共中央委员会委员。1997年9月任越军副总参谋长。1998年1月3日任国防部副部长、总参谋长。

1997年4月率越军军区代表团访问中国。

越空军司令阮文谷少将　生于1941年，越南河北省人，京族。60年代初期入伍。曾赴前苏联空军航校学习飞行，回国后在空军921飞行团任米格－21型战斗机飞行员。抗美战争时期先后击落美军飞机9架，获9枚战功勋章和胡志明纪念章。1969年6月18日获越南国会授予的“人民武装力量英雄”称号。1978年越南曾先派其赴前苏联接受宇宙航行训练，后因政审不合格被取消资格。曾任飞行队队长、副团长、师副参谋长等职。1980年晋升为上校，任371航空师副师长，主管作战工作。1982年晋升为大校，同年6月升任370航空师师长，10月又调任371航空师师长。1989年任空军参谋长，1992年5月出任空军副司令，晋升为少将。1997年升任空军司令。

（钟学良）

印度尼西亚总统兼武装力量统帅哈比比

1936年6月25日生于南苏拉威西的巴里巴里一个穆斯林家庭。13岁丧父，随后与母亲在万隆生活。1954年在万隆技术研究会学习，后来又到德国留学。1960年毕业于联邦德国的亚琛飞机制造学院。1960～1965年在亚琛飞机制造学院任助理研究员。1965～1969年在联邦德国汉堡一家科研机构工作。1974年1月哈比比回到雅加达，担任印尼国营国民石油公司总经理顾问。同年6月任政府航空部门技术顾问。1978年3月出任研究和技术国务部长。1983年3月兼任研究和技术应用委员会主席。1993年3月～1998年3月任研究和技术国务部长兼科学技术研究发展委员会主席。

自1978年担任国务部长以来一直致力于重工业建设。主张印尼朝高度工业化科技化的发展方向努力。1998年3月11日当选为印尼副总统，1998年5月21日任总统。曾于1997年10月访华。

（任　明）

保加利亚总统兼武装力量统帅佩特尔·斯托扬诺夫　1952年5月25日生于阿森诺夫格勒。1976年以优异成绩毕业于索菲亚大学法律系。1978年起从事律师工作。1989年加入“改革与公开性”俱乐部。1992年任民盟政府司法部副部长。1993年5月当选第37届国民议会议员、民盟议员团副主席和议会青年与体育运动委员会副主席。1995年在民盟第8届全国代表大会上被推举为该党总统候选人。同年6月，在民盟、人盟和争取权利与自由运动各主要反对党举行的初期选举中战胜前任总统热烈夫，成为“统一民主力量”联盟总统候选人。同年11月当选为总统，于1997年1月就职。

保加利亚国防部长格·阿纳尼埃夫　1950年4月12日生于索菲亚州科萨恰村。佩尔尼克冶金机械工程中等专科学校毕业。1970年毕业于索菲亚矿业地质学院矿业电子机械专业。在普列文市“博特夫”预备役军官学校学习后，被任命为莫姆奇拉德摩托化步兵团排长。1976 年晋升为预备役少校。1976～1985 年在“拉多米尔”重型制造厂等企业工作，历任工程师、设计员、设计师。1992 年初任索菲亚区政府副主席，同年被任命为国防部副部长，主管军事经济工作。1993 年、1994 年任索菲亚区行政管理部部长。1994 年当选为第 37 届国民议会议员。曾任议会国家安全委员会委员，积极参与制订了《国防和武装力量法》。

夫人卡蒂亚毕业于矿业地质学院，现在工厂工作。有两个儿子。

保加利亚军队总参谋长米·米霍夫上将 1949 年 1 月 1 日生于塞夫利埃夫斯科市，丹·科洛夫·森尼克村。一级飞行员。毕业于多尔纳．米特罗波利亚空军学校、保加利亚军事学院、莫斯科原苏军总参军事学院。1991 年作为保军最年轻的将军任空军司令。1996 年体制改革后，改称空军参谋长兼司令。1997 年 6 月 11 日任保军总参谋长，同时晋升上将。

阿尔巴尼亚国防部长萨比特·布罗卡伊 1942 年 1 月 7 日生于发罗拉。毕业于地拉那大学医学系（1964～1969 年）。1979、1982 年两次去法国进修，1989 年去德国进修。1990 年获阿博士、教授职称。1959～1964 年在发罗那潜艇部队任医助、军官，1969～1972 年在西雅克旅任医务主任，1972～1984 年在军队总院当医生（心脏科），1984～1991 年在地拉那大学医学系教学，并担任系副主任、系主任等职。1991 年 2～10 月任阿政府卫生部长。1997 年 7 月 26 日被任命为国防部长。曾连续 3 届当选为议员。自 1992 年 6 月起，担任阿社会党领导成员。懂英、法、意大利语，夫人在国家情报局从事技术工作。两个孩子已结婚。

阿尔巴尼亚军队总参谋长阿列克赛·安东尼 1950 年 6 月 9 日生于发罗那区的武诺村。毕业于阿高等军官学校和国防学院。在部队担任过连长、营长、军校教员、军校教研组长等职，1991 年担任过高等军官学校（现陆军学院）校长，数月后被解职进入预备役。以后又经商 3 年，在希腊生活 2 年。1997 年 8 月 18 日被任命为阿军总长，同时其军衔由中校晋升为准将。

（潘海澜）

厄瓜多尔临时总统兼武装力量统帅法维安·埃内斯托·阿拉尔孔·里韦拉 现年 49 岁。曾 3 次任国民议会议长，还担任过皮钦查省省长和国会议员等职。1996 年 5 月 24～29 日曾对中国进行正式友好访问。1997 年 2 月 6 日，担任临时总统。2 月 9 日，他宣布辞去临时总统职务。2 月 11 日再次被推选为临时总统。2 月 11 日晚，阿拉尔孔在首都基多的议会大厦宣誓就任共和国临时总统。1997 年 5 月 25 日，厄瓜多尔举行全民公决，阿拉尔孔成为合法临时总统，任期至 1998 年 8 月 10 日全国举行大选之时。

（赵富春）

伊朗总统兼武装力量总司令赛义德·穆罕默德·哈塔米 1943 年生于伊朗中部的亚兹德省的阿尔达坎一宗教家庭，早年曾在其家乡中学和神学院就读，1961 年前往宗教圣城库姆学习神学。1965 年入读伊斯法罕大学攻读伊斯兰哲学，并获得哲学学士学位。1966 年在校时即从事反对巴列维国王的活动，曾当选为该校伊斯兰协会主席团成员。1971 年重返库姆，深造神学和哲学，并同德黑兰大学和伊斯法罕大学的学生保持秘密的政治联系，还与一些伊斯兰教神职人员组成了宗教界协会。1978 年去联邦德国汉堡伊斯兰中心工作。1980 年当选为议员和议会外交委员会成员。1980 年 11 月被任命为《世界报》社长。1982 年 11 月，出任伊朗伊斯兰指导部长，上任后一直坚持执行文化开放政策，遭到伊朗政权内部保守势力的激烈反对。总统拉夫桑贾尼被迫劝说哈塔米于 1992 年辞职，但拉夫桑贾尼仍坚持将其留在身边，担任总统文化顾问，并兼任国家图书馆馆长。1997 年 5 月，哈塔米参加伊朗的总统选举，以近 70% 的选票当选为伊朗第 7 任总统。8 月 4 日，宣誓就任伊朗总统。哈塔米在伊朗被认为是温和改革派，得到前任总统拉夫桑贾尼的支持。哈塔米在竞选纲领中强调为维护国家的统一和加强伊斯兰内部团结与和谐，在国内必须承认和实行“多民族、多文化、多信仰”。主张在伊斯兰范围内进行多方位的变革，即政治要发展，信仰允许“多元化”；经济要改革，实行“国营、合作社和私营三位一体的经济体制，在宪法范围内实行私有化，但关系国家经济命脉的石油等具有战略意义的工业不能实行私有化”；文化要开放，反对“文化和思想压制，强调言论和集会自由”等等。主张与西方国家，特别是欧洲国家发展关系。他的主张受到国内各界的普遍欢迎。

哈塔米精通德文、英文和阿拉伯文。其父为伊朗革命领袖霍梅尼最早的支持者，其妻为霍梅尼孙女，有 3 个子女。著作有《政治分析》、《神权统治观念一瞥》等。

（郝晓伟）

1997 年中外军事交往

综述 《人民日报》1997 年 12 月 26 日刊登了中央军委副主席、国务委员兼国防部长迟浩田上将撰写的文章，对 1997 年中外军事交往情况作了综述。文章指出，1997 年是世界多极化加速发展，大国关系深刻调整的一年。要和平、求合作、促发展已成为时代的主流。1997 年，国际安全形势继续保持总体缓和的势头，各种区域、洲际合作不断加强。与此同时，冷战后因民族、宗教、领土、资源等因素而引发的局部冲突时起时伏，世界仍不安宁。世界各国的军事调整正在继续深化，高新技术在世界范围内的迅速发展，引发了军事领域一系列深刻变革。当前世界多数国家都主张以相互尊重、平等互利为原则，处理国与国之间的相互关系，主张树立通过对话协商增进信任的新安全观。伴随新安全观的形成和发展，军事外交日益受到各国的高度重视，并在改善国际关系和国际安全环境中发挥着重要作用。

1997 年中国人民解放军认真贯彻独立自主的和平外交政策，积极开展各项对外活动，取得了丰硕的成果。1997 年中国人民解放军对外工作的主要特点是：军事高层往来多，同重点国家接触多。外军首脑首次来访多，参与多边军事外交多。中国的军事外交出现了空前活跃的局面。

一年来，中国军队邀请了世界五大洲 67 个国家的 150 余批代表团访华。其中副总理、国防部副部长 23 批，比 1996 年增加 64%；外军武装部队总司令、总长、国防部副部长和军兵种司令等 50 余批。中国军队也先后应邀派出各级代表团 100 多批，其中军委、总部和各大单位领导率团出访近 40 批，访问了近 70 个国家。外国在华武官处增加到 63 个。中国军队还向联合国 4 个维和任务区派出多批军事观察员。

1997 年，中国同周边国家的军事关系得到了进一步巩固。中国的军事外交一向把发展同周边国家的友好关系置于突出位置。一年来，中国各级军事代表团应邀对东北亚、东南亚、南亚、中亚地区的 40 个国家进行了成功的访问。中国沿边军区与相邻国家的边防部队开展了互访和交流。海军舰艇编队访问了泰国、马来西亚和菲律宾 3 国。这是中国海军军舰第五次访问东南亚，进一步加强了中国与东南亚国家的联系与沟通。与此同时，一些周边国家的国防部长和国防秘书长等军队领导人也访问了中国。

特别需要指出的是，中国与俄罗斯、哈萨克斯坦、吉尔吉斯斯坦、塔吉克斯坦近两年连续签署了两项具有划时代意义的文件。这就是继 1996 年 4 月 5 国首脑在上海签署《关于在边境地区加强军事领域信任的协定》后，1997 年 4 月又在莫斯科签署了《关于在边境地区相互裁减军事力量的协定》。这两个文件，把 7000 多千米的共同边境线变成了一个广阔的安全带与信任带，对加强中国同上述 4 国长期睦邻友好关系具有十分重要的意义，也为中国与 4 国建立相互信任、友好合作的新型军事关系奠定了基础。当然，这种军事友好关系是不结盟的，也不是针对第 3 国的。

随着国家关系的深入发展，中俄两军关系也保持不断发展的势头。两军高层领导人保持着友好往来，军兵种及军区领导、海军舰艇编队、军队歌舞团也进行了互访。两军在许多专业领域进行了富有成效的合作。我们希望两国两军永远成为好邻居、好伙伴、好朋友，把两国面向 21 世纪的战略协作伙伴关系不断推向前进。

中美军事关系得到恢复，并进入一个新的发展阶段。在中美关系改善的背景下，1996 年年底，迟浩田上将对美国进行的访问取得了积极成果，和美国军方高层领导人就恢复和加强中美两军关系取得了共识。1997 年两国的军事交往更趋活跃。两军高层互访频繁，双方保持了畅通的对话渠道，达成了一些共识，取得了一定的实质性成果。例如，双方同意并已安排两国国防部副部长级官员进行定期防务磋商；双方就《中美建立海上军事安全磋商机制协定》经过多轮会谈达成协议；双方顺利地完成了对美国军舰在香港回归中国后进入香港停靠事宜的安排。中美两军在业务范围也开展了一系列交往。活跃的军事关系对加深两军之间的相互了解和信任，推动两国关系走上稳定、健康的道路发挥了重要的作用。1997 年秋天，江泽民主席成功地实现了对美国的国事访问，两国决定共同致力于建设中美建设性战略伙伴关系，这就为中美两国军事关系的发展开辟了新的前景。

中国海军舰艇访问美洲大陆是 1997 年对外交往中的一件大事。这次远航历时 98 天，行程 2.4 万多海里，实现了海军舰艇编队首次横渡太平洋，首抵美国本土和南美大陆的重大突破，是中国海军对外交往史上出访规模最大、时间最长、航程最远、访问国家最多的一次访问。舰艇编队先后访问了美国、墨西哥、秘鲁和智利等4国。出访美洲舰艇编队和出访东南亚的舰艇编队展示了中国人民解放军威武之师、文明之师的形象，带去了中国人民和军队对各国人民和军队的友好情谊，增进了相互了解，扩大了中国军队的影响，对维护和促进世界和平作出了贡献。一位外国高级将领说，中国舰艇编队的伟大航程“为太平洋两岸的海军之间建立起理解、信任和相互尊重，打开了大门”。

中国同西亚、非洲、拉美等发展中国家的军事关系进一步发展，同西欧等发达国家的军事交往明显增加，中国军队还积极参与了多边外交活动，并在其中发挥了独特的作用。

国际军事关系是国家间关系深入发展的表现，而国际军事关系的加强又会进一步推动国家关系。

中国军事代表团在出访中受到各国政府首脑的重视和礼遇，得到热情友好和周到的接待。中国领导人江泽民主席、李鹏总理等也分别会见了几十个国家的国防部长、三军总司令、总参谋长等重要外宾。这些接触和交流，增加了中国和其他国家之间的了解和友谊，扩大了双边交流渠道，对发展国家关系产生了积极的影响。

中国军队对外关系之所以呈现蓬勃发展和生动活跃的局面，一是世界形势特别是世界安全形势的发展变化，为中国军队的对外交往提供了新的机遇；二是中国的政治稳定、经济发展、国际地位提高，为中国的军事外交创造了条件；三是中国对外军事交往始终遵循邓小平外交思想，坚持服从并服务于国家总体外交战略。

中国人民解放军一直致力于保障国家安全，维护世界和平，促进人类进步的事业，是一支维护世界和平的坚强力量。中国的建设和发展，需要和平的环境。在处理对外军事关系中，始终贯彻独立自主的和平外交政策。坚决反对任何形式的霸权主义、强权政治，支持各国人民的正义事业，积极发展同世界各国军队的友好关系，广泛开展对话与合作。现在，中国独立自主的和平外交政策和防御性的国防政策已为越来越多的国家和军队所认识和理解。西方某些人散布的“中国威胁论”已经越来越没有市场了。

（金　鲍）

●1997年1月18～27日，刚果国防部长阿亚延准将一行5人，应中华人民共和国中央军委副主席、国务委员兼国防部长迟浩田上将邀请，对中国进行正式友好访问。迟浩田副主席主持欢迎仪式和会谈，并举行欢迎宴会。国家主席、中央军委主席江泽民会见了阿亚延准将一行。副总参谋长熊光楷中将设宴款待。代表团访问了北京、天津、南京和上海，参观了陆、海、空军部队和军事院校及经济开发区，游览了名胜古迹。

●1997年1月19～25日，葡萄牙海军参谋长里贝罗·帕切科上将和夫人一行5人，应中国人民解放军海军司令员石云生中将邀请，对中国进行正式友好访问。石云生司令员在海军司令部举行欢迎仪式，并主持介绍海军情况和欢迎宴会。中华人民共和国中央军委副主席、国务委员兼国防部长迟浩田上将会见了帕切科上将一行。代表团访问了北京、西安、上海，参观了国防大学、海军基地，游览了名胜古迹。

●1997年2月14～24日，中华人民共和国中央军委副主席、国务委员兼国防部长迟浩田上将一行11人，应菲律宾国防部长德维利亚和印尼国防安全部长埃迪的邀请，对上述两国进行正式友好访问。访菲期间，菲总统拉莫斯会见，国防部长德维利亚举行欢迎仪式、会见和宴请。菲军队总长阿西德拉宴请。访印尼期间，印尼副总统特里会见，国防安全部长埃迪举行欢迎仪式、会见和宴请。迟浩田副主席一行参观了菲、印尼两国武装部队、军工企业，观看了军事表演。

●1997年2月17～22日，土耳其空军司令乔雷克奇上将和夫人一行5人，应中国人民解放军空军司令员刘顺尧中将邀请，对中国进行正式友好访问。刘顺尧中将在空军司令部举行欢迎仪式，并主持介绍空军情况和欢迎宴会。中央军委副主席张万年上将，中央军委委员、总参谋长傅全有上将分别会见了乔雷克奇上将一行。代表团访问了北京、西安、广州，参观了航空兵部队、空军院校和航空博物馆，游览了名胜古迹。

●1997年2月20日～5月28日，中国人民解放军海军南海舰队司令员王永国中将任出访舰艇编队总指挥，率海军112号、166号导弹驱逐舰、南运953号综合补给船和789名官兵组成的舰艇编队，应邀对美国的夏威夷、圣迭戈，墨西哥的阿卡普尔科，秘鲁的卡亚俄，智利的瓦尔帕莱索进行了友好访问。海军副司令员贺鹏飞中将专程赴美，参加舰艇编队出访活动。美海军作战部长约翰逊上将、太平洋总部司令布鲁赫上将、太平洋舰队司令克莱明斯上将、夏威夷州州长凯伊塔努；墨西哥海军太平洋舰队司令、海军第6军区司令、陆军第9军区司令、阿卡普尔科市市长；秘鲁部长会议主席、国防部长、联指主席兼陆军司令、海军司令、海军参谋长、卡亚俄省省长；智利海军司令、海军参谋长、第5大区长官等高层军政官员先后会见了王永国司令员等编队领导。中国人民解放军海军舰艇编队官兵参观了上述4国的海军基地、训练设施、海军院校、舰艇部队和航空兵部队，观看了军事表演，与受访国海军进行了体育比赛。中国海军舰艇编队为4国海军官兵和当地群众进行了40多场文艺演出；分别举行招待会和宴会，邀请4国高层军政官员和海军官兵出席；接待各国高层军政官员、海军官兵、当地群众、华侨及外国武官64000余人次登舰参观。此次出访历时98天，总航程24270海里，总航时80天，实现了海军舰艇编队首次横跨太平洋，访问美洲大陆，创造了一次出访航程最远、时间最长、访问国家和港口最多的记录，在国内外产生了积极的影响，达到了“增进了解、发展友谊、开阔眼界、锻炼部队、检验装备”的目的。

●1997年2月23～28日，巴基斯坦国防学院院长穆罕默德·马戈布中将一行5人，应邀对中国进行友好访问。中国人民解放军副总参谋长吴铨叙中将会见并宴请。代表团访问了北京、南京、上海，参观了部队、院校和经济建设项目，游览了名胜古迹。

●1997年2月25日～3月6日，中国人民解放军副总参谋长隗福临中将率中国人民解放军军事代表团一行7人，应美国陆军参谋长赖默上将的邀请，对美国进行正式友好访问。美国防部常务副部长怀特和参联会主席沙利卡什维利上将分别会见。负责国防安全事务的代理国防部副部长洛德尔，就有关国际和地区安全问题与隗福临副总长一行举行了会谈。陆军部长韦斯特出席答谢宴会，陆军参谋长赖默上将陪同代表团活动。太平洋总部副司令蒂弗朗西斯中将主持介绍情况。隗福临副总长在美陆军军事学院作了“关于中国的国防政策和军队现代化建设”的演讲。代表团参观了美国家军事指挥中心、重型和轻型快速反应部队、军事院校等。

●1997年2月27日～3月16日，中华人民共和国中央军委委员、中国人民解放军总后勤部部长王克上将一行10人，应邀对越南、新加坡、马来西亚3国进行正式友好访问。访越期间，越政府第一副总理潘文凯、国防部长段奎大将分别会见，越军总后主任阮福清中将主持会谈和欢迎宴会。访新期间，新副总理兼国防部长陈庆炎博士会见，新军总长马士强中将会见并举行欢迎宴会。访马期间，马国防部长哈密德及武装部队司令伊斯迈尔上将分别会见，国防参谋长纳维中将陪同检阅仪仗队，陆军司令努尔上将代表伊斯迈尔举行欢迎宴会。过境泰国时，泰总理兼国防部长差瓦利上将会见。王克部长一行参观了越、新、马3国陆、海、空军部队，军事院校和军工企业及后勤保障部门。

●1997年2月27日～3月30日，中国人民解放军海军东海舰队司令员杨玉书中将率领由113号导弹驱逐舰和542号导弹护卫舰组成的舰艇编队，官兵492人，应泰国、马来西亚和菲律宾海军邀请，对上述3国进行友好访问。3国海军在码头举行了隆重的欢迎仪式，泰海军舰队参谋长、马海军舰队副司令、菲海军司令代表在欢迎仪式上致辞。访问期间，杨玉书司令员分别拜会了泰海军司令威集上将，马海军司令拉姆利中将，菲国防部第一副部长加西斯、武装力量代参谋长加西亚少将和海军司令桑托斯中将，参观了3国海军舰艇部队、海军基地和训练中心。中国海军舰艇编队举行宴会、招待会，邀请3国海军及当地政府领导人200余人出席；接待当地群众、华人、华侨以及外国武官近3万人登舰参观。中国海军官兵与泰、马、菲3国海军官兵进行了足、篮球友谊赛。

●1997年3月5～27日，中华人民共和国中央军委委员、总参谋长傅全有上将一行10人，应比利时、法国、意大利和英国军队总参谋长邀请，对上述4国进行正式友好访问。比军总长赫尔特雷中将、法三军参谋长杜安上将、意军国防参谋长文图罗尼中将、英国防参谋长英奇陆军元帅分别举行欢迎仪式和宴会，主持介绍其安全与防务政策和军队建设情况，并就感兴趣的国际和地区问题举行会谈。访问期间，意大利总理普罗迪、国防部长安德烈亚塔，英国副首相赫塞尔廷、国防大臣波蒂洛，法国外长德沙雷特，比利时国防大臣蓬斯莱等分别会见了傅全有总长一行。代表团参观了4国陆、海、空军部队、军事院校、作战指挥中心和常设联合司令部及军工企业，观看了军事演习和飞机表演。

●1997年3月10～13日，泰国军队联合参谋学院院长马纳中将率该院代表团一行83人，应邀对中国进行友好访问。中国人民解放军副总参谋长吴铨叙中将会见并宴请。代表团参观了陆军部队和国防大学，游览了名胜古迹。

●1997年3月16～24日，新西兰国防部秘书长杰罗德·汉斯莱和夫人一行5人，应邀对中国进行正式友好访问。中华人民共和国中央军委副主席、国务委员兼国防部长迟浩田上将会见了汉斯莱一行。副总参谋长隗福临中将主持会谈并举行欢迎宴会；副总参谋长熊光楷中将会见并设宴。汉斯莱秘书长在国防大学就当前世界及地区形势和新中关系发表演讲。代表团访问了北京、西安、上海、广州，参加了陆、海、空军部队和军事博物馆及经济开发区，游览了名胜古迹。

●1997年3月24～29日，葡萄牙总理府部长兼国防部长维托里诺博士一行7人，应中华人民共和国中央军委副主席、国务委员兼国防部长迟浩田上将邀请，对中国进行正式友好访问。迟浩田副主席主持欢迎仪式和会谈，并举行欢迎宴会。中华人民共和国主席、中央军委主席江泽民会见了来访的维托里诺博士一行。国务院港澳办副主任陈滋英会见，就共同关心的问题交换了意见。副总参谋长熊光楷中将参加有关活动。代表团访问了北京、西安、上海，参观了陆、海、空军部队和经济建设项目，游览了名胜古迹。

●1997年3月25～29日，巴林国防军助理参谋长拉希德·阿勒哈利法上校率巴林军事小组一行5人，对中国进行友好访问。中华人民共和国中央军委副主席、国务委员兼国防部长迟浩田上将会见了拉希德上校一行。副总参谋长吴铨叙中将会见、会谈。巴林客人访问了北京，参观了陆、空军部队和军工企业，游览了名胜古迹。

●1997年3月29日～4月7日，刚果总统特别军事顾问努阿拉偕夫人一行4人，应中华人民共和国中央军委副主席、国务委员兼国防部长迟浩田上将邀请，对中国进行友好访问。国家副主席荣毅仁会见，迟浩田副主席会见并宴请。副总参谋长吴铨叙中将和熊光楷中将分别参加了有关活动。代表团访问了北京、南京、苏州和上海，参观了部队、院校、农场和经济建设项目，游览了名胜古迹。

●1997年3月30日～4月14日，中华人民共和国中央军委副主席张万年上将率中国人民解放军高级军事友好代表团一行13人，应阿根廷国防部长多明格斯、智利国防部长佩雷斯和巴西武装力量参谋长莱昂内尔的邀请，对上述3国进行正式友好访问。访阿期间，张万年副主席拜会了阿总统梅内姆，会见了阿国防部长多明格斯、总统府秘书长科恩、武装力量联合参谋长恩里科海军上将等。在阿国防部副部长奥拉萨瓦尔陪同下，向阿民族英雄圣·马丁纪念碑敬献了花圈。访智期间，张万年副主席拜会智总统弗雷，会见了代理国防部长、内政部长菲格罗亚和国防参谋长伊苏列达等。访巴期间，张万年副主席拜会了巴总统卡多佐，会见了武装力量代理参谋长阿基诺上将以及陆、海、空军领导人和外交部代部长等。代表团参观了阿、智、巴3国陆、海、空武装部队、军事院校和军工企业等项目。

●1997年4月3～10日，瑞士军队总参谋长利纳尔中将一行6人，应中国人民解放军总参谋长傅全有上将邀请，对中国进行正式友好访问。傅全有总长主持欢迎仪式和会谈，并举行欢迎宴会。中央军委副主席、国务委员兼国防部长迟浩田上将会见了利纳尔中将一行。副总参谋长吴铨叙中将参加了有关活动。利纳尔中将在国防大学发表了题为《瑞士及其军队》的演讲。代表团访问了北京、西安、桂林和上海，参观了陆、空军部队、军事院校和经济开发区等项目，游览了风景名胜。

●1997年4月6～10日，法国国防部长米永偕夫人一行11人，应中华人民共和国中央军委副主席、国务委员兼国防部长迟浩田上将邀请，对中国进行正式友好访问。迟浩田副主席主持欢迎仪式和会谈，并举行欢迎宴会。国家主席、中央军委主席江泽民，国务院总理李鹏分别会见了来访的米永部长一行。中央军委副主席刘华清上将，中央军委委员、总参谋长傅全有上将分别会见并设宴款待。副总参谋长熊光楷中将参加了上述活动。米永部长在国防大学发表了题为《法军重组及对欧洲安全结构的看法》的演讲。法国客人访问了北京和上海，参观了海军基地等项目，游览了风景名胜。

●1997年4月10～21日，叙利亚高级军官休假团一行10人，应邀对中国进行友好访问。中国人民解放军副总参谋长吴铨叙中将会见并宴请，代表团访问了北京、南京、苏州和上海，参观了部队、院校和工农业生产项目，游览了名胜古迹。

●1997年4月13～19日，西班牙陆军参谋长福拉上将一行6人，应邀对中国进行正式友好访问。中国人民解放军副总参谋长吴铨叙中将主持欢迎仪式和会谈，并举行欢迎宴会。中央军委副主席、国务委员兼国防部长迟浩田上将会见了福拉上将一行。代表团访问了北京、上海和西安，参观了装甲部队、国防大学和经济建设项目，游览了名胜古迹。

●1997年4月14～18日，俄罗斯国防部长罗季奥诺夫偕夫人一行17人，应中华人民共和国中央军委副主席、国务委员兼国防部长迟浩田上将邀请，对中国进行正式友好访问。迟浩田副主席主持欢迎仪式和会谈，并举行欢迎宴会。国家主席、中央军委主席江泽民会见了罗季奥诺夫及其主要随员。中央军委副主席刘华清上将会见并宴请，中央军委委员、总参谋长傅全有上将等出席。副总参谋长熊光楷中将设宴款待。罗季奥诺夫部长在军事科学院发表了题为《中俄伙伴关系是亚太地区安全和稳定最重要的因素》的演讲，罗季奥诺夫一行由迟浩田副主席和夫人陪同，访问了北京、天津、大连和上海，参观了部队、院校和经济开发区，游览了名胜古迹。

●1997年4月21～28日，芬兰共和国国防部长安妮丽·达依娜女士一行8人，应中华人民共和国中央军委副主席、国务委员兼国防部长迟浩田上将邀请，对中国进行正式友好访问。迟浩田副主席主持欢迎仪式和会谈，并举行欢迎宴会。全国人大常委会委员长乔石，中央军委委员、总参谋长傅全有上将分别会见了达依娜女士一行。副总参谋长隗福临中将参加了有关活动。代表团访问了北京、上海、杭州和西安，参观了陆、海、空军部队、军事院校和工业部门，游览了名胜古迹。

●1997 年 4 月 21～30 日，厄瓜多尔陆军司令杜兰上将一行 7 人，应邀对中国进行友好访问。中国人民解放军副总参谋长钱树根中将主持欢迎仪式和欢迎宴会。中央军委委员、总参谋长傅全有上将会见了杜兰上将一行。代表团访问了北京、西安、无锡、上海、参观了陆军部队和军工企业等，游览了名胜古迹。

●1997 年 4 月 22 日～5 月 1 日，菲律宾国防部副部长费尔南多·坎普斯一行 3 人，应邀对中国进行友好访问。中国人民解放军总参谋长傅全有上将会见，副总参谋长熊光楷中将会见并举行欢迎宴会，总政治部副主任袁守芳中将设宴款待。坎普斯一行访问了北京、西安、上海，参观了部队，考察了农场。游览了名胜古迹。

●1997 年 4 月 27 日～5 月 5 日，巴基斯坦国防学院代表团一行 12 人，应邀对中国进行友好访问。中国人民解放军副总参谋长吴铨叙中将会见并宴请，代表团访问了北京、大连、济南和深圳，参观了部队、院校和经济建设项目，游览了名胜古迹。

●1997 年 4 月 28 日～5 月 4 日，中华人民共和国中央军委办公厅主任董良驹中将一行 6 人，应古巴革命武装力量部的邀请，对古巴进行了友好访问。古巴革命武装力量部第一副部长兼总参谋长乌利塞斯中将主持欢迎仪式，并与董良驹中将一行举行了会谈。代表团参观了古巴武装部队、军事院校和革命博物馆等单位。

●1997 年 5 月 4～10 日，奥地利国防部长法斯尔阿本德和夫人一行 9 人，应中华人民共和国中央军委副主席、国务委员兼国防部长迟浩田上将邀请，对中国进行正式友好访问。迟浩田副主席主持欢迎仪式和会谈，并举行欢迎宴会。国务院副总理朱镕基会见了法斯尔阿本德一行。中央军委委员、总参谋长傅全有上将，全国人大常委会外委会主任朱良分别会见和设宴款待。副总参谋长熊光楷中将参加了有关活动。法斯尔阿本德部长在军事科学院发表了题为《新的世界秩序中合作伙伴的作用》的演讲。代表团访问了北京、济南、曲阜和西安，参观了陆、空军部队和工厂企业及经济建设项目，游览了名胜古迹。

●1997 年 5 月 5～22 日，中华人民共和国中央军委委员、总政治部主任于永波上将一行 12 人，应邀对巴基斯坦、埃及、俄罗斯 3 国进行正式友好访问。访巴期间，巴总统莱加利会见并授勋，总理谢里夫会见，参联会主席鲁克主持欢迎仪式和宴会，巴陆、海、空三军参谋长出席。访埃期间，埃武装部队总司令兼国防和军工生产部长坦塔维、总参谋长哈塔塔分别会见。访俄期间，俄国防会议秘书巴图林、国防部长罗季奥诺夫、安全会议副秘书马约洛夫、总参谋长萨姆索诺夫等分别会见。于永波上将一行参观了巴、埃、俄 3 国武装部队、军事院校和军事基地等。

●1997 年 5 月 12～16 日，美国参谋长联席会议主席沙利卡什维利上将一行 18 人，应中国人民解放军总参谋长傅全有上将邀请，对中国进行正式友好访问。傅全有总长主持欢迎仪式和会谈，并举行欢迎宴会。中央军委副主席张万年上将会见，中央军委副主席、国务委员兼国防部长迟浩田上将会见并宴请沙利上将一行。沙利在国防大学作了《美国防务政策和亚太战略》的演讲。代表团访问了北京、开封、西安，参观了空降兵部队，游览了名胜古迹。

●1997 年 5 月 13～19 日，尼泊尔国防秘书阿亚尔和夫人一行 4 人，应邀对中国进行友好访问。中华人民共和国中央军委副主席、国务委员兼国防部长迟浩田上将会见，副总参谋长熊光楷中将会见并举行欢迎宴会。尼泊尔客人访问了拉萨、成都、北京和深圳，参观了部队、国防大学及经济建设项目，游览了名胜古迹。

●1997 年 5 月 18～21 日，哥伦比亚海军“光荣”号训练舰在舰长莫雷诺·戴卫上校率领下，对中国上海进行友好访问，随舰来访官兵 63 人。海军上海基地举行欢迎招待会，中哥两国海军举行了联欢活动，哥舰官兵参观了中国人民解放军海军舰艇部队，游览了上海市容和旅游景点。

●1997 年 5 月 24～30 日，澳大利亚空军参谋长费希尔中将偕夫人一行 3 人，应中国人民解放军空军司令员刘顺尧中将的邀请，对中国进行正式友好访问。刘顺尧司令员在空军司令部举行欢迎仪式和欢迎宴会，主持介绍空军情况。中央军委副主席、国务委员兼国防部长迟浩田上将会见费希尔中将一行。费希尔中将在空军指挥学院就《澳大利亚亚太区域性政策、国防政策和澳空军未来发展趋势》发表了演讲。费希尔一行访问了北京、石家庄、上海、广州、昆明，参观了空军航空兵部队和院校及经济建设项目，游览了名胜古迹。

●1997 年 5 月 27 日～6 月 2 日，中国人民解放军副总参谋长熊光楷中将率军事友好代表团一行 6 人，应邀对坦桑尼亚、赞比亚和津巴布韦 3 国进行友好访问。访坦期间，坦总统姆卡帕和国防部长马乔戈分别会见，坦军司令姆博马上将主持会谈，参谋长萨约莱中将主持欢迎仪式和宴会。访赞期间，赞总统奇卢巴和副总统米扬达分别会见，国防部长姆维拉主持会谈和欢迎宴会，陆军司令主持欢迎仪式，空军司令和国民服务队司令参加了有关活动和会谈。访津期间，副总统穆增达和国防部长马哈奇会见，国防军司令到机场迎接并主持会谈，陆军司令、空军司令主持欢迎仪式和宴会，并参加了会谈。访问期间，熊光楷副总长就中国国防政策和中非关系向3国军队最高学府或高级军官作了演讲，并解答了有关问题。代表团一行参观了3国武装部队和有关军事单位。

●1997年6月1～7日，葡萄牙空军参谋长科尔巴尔上将一行6人，应中国人民解放军空军司令员刘顺尧中将邀请，对中国进行正式友好访问。刘顺尧司令员在空军司令部举行欢迎仪式，主持介绍空军情况和欢迎宴会。中央军委副主席张万年上将，中央军委委员、总政治部主任于永波上将分别会见科尔巴尔一行。代表团访问了北京、西安、杭州、上海，参观了空军航空兵部队和院校，游览了风景名胜。

●1997年6月1～20日，中华人民共和国中央军委副主席、国务委员兼国防部长迟浩田上将偕夫人一行12人，应白俄罗斯政府副总理，乌克兰、哈萨克斯坦、吉尔吉斯斯坦国防部长邀请，对上述4国进行正式友好访问。白俄罗斯总统卢卡申科、总理林格和副总理科科列夫；乌克兰总统库奇马、议长莫罗兹、总理拉扎连科；哈萨克斯坦总统纳扎尔巴耶夫、总理卡热格尔金；吉尔吉斯斯坦总统阿卡耶夫、总理朱马古洛夫等分别会见和进行了友好交谈。白俄、乌、哈、吉4国国防部长亲往机场迎送，并举行了隆重的欢迎仪式、会谈和欢迎宴会。迟浩田副主席一行参观了4国武装部队、军事院校和军工企业等。

●1997年6月2～20日，中国人民解放军军事科学院院长徐惠滋上将率军事科学院代表团一行7人，应俄罗斯总参军事学院院长特列季亚科夫上将、西班牙高等国防研究中心主任巴尔瓦斯海军中将和葡萄牙陆军参谋长桑杜上将的邀请，对上述3国进行正式友好访问。俄军第一副总长比谢夫上将，西班牙国防参谋长巴尔德拉斯空军上将，葡萄牙总理府国务部长兼国防部长维托里诺、国防参谋长达蓬特海军上将等分别会见了代表团。徐惠滋院长在俄罗斯总参军事学院发表了题为《对面向21世纪的军事理论研究若干问题的战略思考》的演讲。代表团与俄、西、葡3国军队的高级研究机构和院校进行了对口交流，参观考察了炮兵、装甲兵、空降兵等机械化部队和军工企业。

●1997年6月5～23日，中国人民解放军成都军区司令员廖锡龙中将率军事友好代表团一行7人，应印度、尼泊尔和越南武装部队邀请，对上述3国进行正式友好访问。访印期间，代表团拜会了陆军参谋长乔杜里上将，分别会见了陆、海、空军第一副参谋长，陆军第一副参谋长马利克中将举行欢迎宴会。访尼期间，代表团分别拜会了国王比兰德拉和首相兼国防大臣昌德，尼军参谋长塔帕上将会见并宴请。访越期间，代表团拜会了越共中央政治局委员、国防部长段奎大将，越军副总长陶仲历少将举行欢迎宴会。代表团参观了印、尼、越3国武装部队、军事院校等单位。

●1997年6月6～13日，津巴布韦陆军司令奇温加中将一行6人，应邀对中国进行正式友好访问。中国人民解放军副总参谋长熊光楷中将主持欢迎仪式和会谈，并举行欢迎宴会。中央军委副主席张万年上将，中央军委委员、总参谋长傅全有上将分别会见了奇温加中将一行。代表团访问了北京、南京、上海，参观了陆军和武警部队、军事院校和军工企业，游览了名胜古迹。

●1997年6月9～22日，中国人民解放军北京军区司令员李来柱上将率军事友好参观团一行10人，应波兰、捷克、斯洛伐克国防部的邀请，对上述3国进行正式友好访问。访波期间，波军第一副总长玛·罗贝维克中将、国防部副部长格拉鲍夫斯基分别会见。访捷期间，捷军总参谋长内克瓦西尔上将会见，国防部代理副部长兼国际关系总司司长诺沃提尼和副总长马尔丁奈克少将会见并宴请。访斯期间，斯国防部国务秘书盖多什会见，总统军事办公室主任赫尔戈维奇中将陪同参观总统府。代表团参观了波、捷、斯3国武装部队、军事院校和其他项目等。

●1997年6月10～17日，朝鲜人民军副总参谋长李奉竹中将率朝军友好参观团一行9人，应邀对中国进行正式友好访问。中华人民共和国中央军委副主席张万年上将会见，中央军委委员、总参谋长傅全有上将会见并宴请，副总参谋长吴铨叙中将举行欢迎宴会。代表团访问了北京、上海、广州，参观了部队、院校和经济建设项目，游览了风景名胜。

●1997年6月11～14日，澳大利亚国防军副司令巴利中将一行6人，应邀对中国进行友好访问。中国人民解放军副总参谋长熊光楷中将举行宴会和主持会谈。中央军委委员、总参谋长傅全有上将会见了巴利中将一行。巴利中将在国防大学发表了题为《澳大利亚国防政策的最新进展》的演讲。

●1997年6月14～24日，墨西哥军事代表团一行5人，在鲁道夫·雷塔·特利高斯上将的率领下，应邀对中国进行友好访问。中华人民共和国中央军委委员、总参谋长傅全有上将会见，副总参谋长钱树根中将会见并设宴款待。代表团访问了北京、南京、上海、广州、深圳，参观了部队、院校和军工企业，游览了名胜古迹。

●1997年6月16～21日，尼日利亚临时执政委员会成员、国防大学校长加鲁巴少将一行7人，应邀对中国进行友好访问。中华人民共和国中央军委委员、总参谋长傅全有上将会见，国防大学校长邢世忠中将会见并举行欢迎宴会。代表团访问了北京、南京、上海，参观了部队、院校和经济建设项目，游览了名胜古迹。

●1997年7月2～11日，肯尼亚军队总参谋长通杰上将偕夫人一行6人，应中国人民解放军总参谋长傅全有上将邀请，对中国进行正式友好访问。傅全有总长主持欢迎仪式和会谈，并举行欢迎宴会。全国人大常委会委员长乔石，中央军委副主席、国务委员兼国防部长迟浩田上将分别会见了通杰上将一行。副总参谋长熊光楷中将参加了有关活动。代表团访问了北京、上海、成都，参观了陆、海、空军部队和军工企业及经济建设项目，游览了风景名胜。

●1997年7月8～18日，中国人民解放军副总参谋长吴铨叙中将率军事代表团一行8人，应美国太平洋总部司令布鲁赫上将邀请，对太平洋总部及其辖区进行了正式友好访问。布鲁赫上将会见、会谈并主持情况介绍和宴请，美太平洋总部空军司令迈尔斯上将、太平洋舰队司令克莱明斯上将、总部副司令迪弗朗西斯科中将、陆军司令斯蒂尔中将、海军陆战队司令豪威尔中将等太平洋总部及其所属军种高级领导人参加。代表团访问了夏威夷、圣迭戈、阿拉斯加等地，参观了太平洋总部所辖陆、海、空、海军陆战队司令部、部队及装备和训练机构，观摩了西点军校等教学、训练设施。

●1997年7月9～11日，泰国国防学院院长参猜中将率泰国国防学院代表团一行221人（其中三军将领60人、政府官员96人、企业家40人），对中华人民共和国云南省昆明市进行友好访问。云南省政府、省军区等有关领导人前往机场迎送，并举行欢迎招待会。代表团访问期间，听取了关于云南省经济建设和改革开放情况的介绍，参观了昆明陆军指挥学院和工农业项目，游览了风景名胜。

●1997年7月11～14日，泰国皇家空军司令阿蒙·尼马利上将偕夫人一行4人，应中国人民解放军空军司令员刘顺尧中将邀请，对中国进行正式友好访问。刘顺尧司令员在空军司令部举行欢迎仪式，并主持介绍空军情况和举行欢迎宴会。中央军委委员、总参谋长傅全有上将会见了阿蒙上将一行。泰国客人访问了北京，参观了航空兵部队、空军院校，游览了名胜古迹。

●1997年7月13～21日，中国人民解放军军事科学院副院长李际钧中将率军事科学院代表团一行6人，应邀对美国进行访问。美国负责国际安全事务的助理国防部长克莱默、陆军副参谋长格里菲斯上将等分别会见。代表团参观访问了美陆军训练与条令司令部、部队和院校，李际钧中将在美陆军军事学院发表了题为《中国的军事思想传统与防御战略》的演讲。

●1997年7月27日～8月3日，尼日利亚国防参谋长阿布巴卡尔少将一行16人，应中华人民共和国中央军委委员、中国人民解放军总参谋长傅全有上将邀请，对中国进行友好访问。傅全有总长主持欢迎仪式和会谈，并举行欢迎宴会。国务院总理李鹏，中央军委副主席、国务委员兼国防部长迟浩田上将分别会见了阿布巴卡尔少将一行。副总参谋长熊光楷中将会见并设宴款待。代表团访问了北京、南京、上海，参观了陆、海、空军部队和经济建设项目，游览了名胜古迹。

●1997年8月5～24日，中华人民共和国中央军委委员、中国人民解放军总参谋长傅全有上将一行9人，应美国参联会主席和芬兰国防军司令的邀请，对上述两国进行正式友好访问。访美期间，美国务卿奥尔布赖特、国防部长科恩、总统国家安全事务助理伯杰等分别会见，参联会主席沙利卡什维利上将举行欢迎仪式和宴会，就双方共同关心的问题交换了意见。美国防部副部长斯洛科姆、参联会副主席拉尔斯顿上将以及美陆、海、空军、海军陆战队的军种主要领导人参加了有关活动。访芬期间，芬总统阿赫蒂萨里会见，国防部长塔依娜会见并宴请，国防军司令黑格隆德上将举行欢迎仪式和宴会，并主持情况介绍。傅全有总长一行参观了美、芬两国陆、海、空军、海军陆战队、指挥中心和军事院校，观摩了军事演习和装备陈列等项目。

●1997年8月10～20日，中国人民解放军总政治部副主任周子玉上将率军事友好参观团一行10人，应罗马尼亚、匈牙利国防部的邀请，对上述两国进行友好访问。访罗期间，罗国防部国务秘书兼总参谋长戴捷拉图中将、国务秘书兼总国防政策部部长约内斯库和陆军代参谋长戈加少将分别会见代表团。访匈期间，匈国防部副国务秘书乔尔毛迪、国防军司令兼总参谋长维格中将分别会见，国防军第一副总长福多尔中将主持会谈并宴请，国防军副司令兼陆军总部部长纳吉少将全程陪同。代表团参观了罗、匈两国武装部队，观看了军事表演，访问了工农业等有关部门。

●1997年8月17～21日，孟加拉国国防秘书茂拉一行6人，应邀对中国进行友好访问。中央军委副主席、国务委员兼国防部长迟浩田上将会见，副总参谋长吴铨叙中将会见并宴请。孟加拉国客人访问了北京、成都和上海，参观了军工部门及工农业生产项目，游览了名胜古迹。

●1997年8月19～31日，中国人民解放军北京军区政治委员杜铁环中将率军事友好参观团一行11人，应叙利亚和埃及武装部队邀请，对上述两国进行友好访问。访叙期间，叙武装部队副司令、副总理兼国防部长塔拉斯上将、叙军政治部主任吉哈尼少将分别会见，首都军区司令迎送、主持欢迎宴会。访埃期间，埃军参谋长哈塔塔中将会见，第3军团司令、海军参谋长、南部军区空军参谋长等分别会见和宴请。代表团参观了叙、埃两国武装部队、军事院校、海军基地等。

●1997年8月21日～9月1日，中国人民解放军沈阳军区政治委员姜福堂中将率军事友好参观团一行10人，应俄罗斯国防部邀请，对俄进行友好访问。俄军总参国际军事合作总局、武装力量教育工作总局、列宁格勒军区等有关领导人分别会见和介绍情况。代表团访问了莫斯科圣彼得堡、伏尔加格勒等地，参观了卫国战争纪念馆和武装部队，观看了军事表演，游览了克里姆林宫、冬宫等名胜。

●1997年8月24～29日，莫桑比克总统府防务与安全事务部长兼内政部长马涅热偕夫人一行5人，应邀对中国进行友好访问。中华人民共和国中央军委副主席、国务委员兼国防部长迟浩田上将会见并宴请，副总参谋长熊光楷中将设宴款待马涅热一行。武警总部司令员杨国屏中将、公安部部长陶驷驹分别会见。代表团访问了北京、上海，参观了陆军部队和公安部门及有关工厂，游览了名胜古迹。

●1997年8月24日～9月3日，中央军委副主席刘华清上将率中国政府代表团一行35人，应俄罗斯联邦政府邀请，对俄罗斯进行正式友好访问。访俄期间，刘华清副主席会见了俄总理切尔诺梅尔金、国防部长谢尔盖耶夫，并与到机场迎接代表团的俄军总参谋长克瓦什宁和陪同参观访问的俄军总参、海、空军领导人进行了接触和交谈。与俄政府副总理乌林松举行了工作会谈。代表团访问了莫斯科、叶卡捷琳堡、新西伯利亚、哈巴罗夫斯克（伯力）和共青城，参观了军工企业和科研单位等。

●1997年8月25～30日，泰国陆军司令彻他·他那扎洛上将一行14人，应邀对中国进行正式友好访问。中国人民解放军副总参谋长隗福临中将主持欢迎仪式和宴会。中央军委副主席、国务委员兼国防部长迟浩田上将，中央军委委员、总参谋长傅全有上将分别会见了彻他上将一行。代表团访问了北京、包头、昆明，参观了工业部门，游览了名胜古迹。

●1997年8月26日～9月1日，澳大利亚海军舰队司令克里斯·里奇少将偕夫人应邀访华，中国人民解放军海军司令员石云生中将会见。里奇少将访问了北京和青岛，参加了澳海军舰艇编队访问青岛的有关活动。

●1997年8月29日～9月3日，由澳大利亚海军“佩斯”号导弹驱逐舰、“纽卡瑟尔”号导弹护卫舰和“成功”号后勤支援舰组成的舰艇编队，官兵697人，对中国青岛进行友好访问。中国人民解放军海军北海舰队司令员张定发少将主持欢迎仪式并举行欢迎招待会。中澳两国海军互相参观了对方的舰艇，举行了体育比赛和联欢活动。澳舰官兵还游览了青岛市容，参观了工业项目。

●1997年9月1～12日，厄立特里亚国防部长塞伯哈特上将一行8人，应中华人民共和国中央军委副主席、国务委员兼国防部长迟浩田上将邀请，对中国进行正式友好访问。迟浩田副主席主持欢迎仪式和会谈，并举行欢迎宴会。国务院副总理朱镕基会见了塞伯哈特上将一行。副总参谋长熊光楷中将设宴款待。代表团访问了北京、南京、上海和西安，参观了部队、院校、农场和工厂企业，游览了名胜古迹。

●1997年9月13日，澳大利亚国防秘书长托尼·艾尔斯偕夫人一行3人，应邀对中国进行正式友好访问。中华人民共和国中央军委副主席、国务委员兼国防部长迟浩田上将会见了艾尔斯一行。副总参谋长隗福临中将会见并举行欢迎宴会。艾尔斯秘书长拜会了海军司令员石云生中将、空军司令员刘顺尧中将，在国防大学发表了题为《澳大利亚与中国，我们的防务关系》的演讲。艾尔斯一行访问了北京、西安、上海，参观了部队、院校和有关工业与科技项目，游览了名胜古迹。

●1997年9月7～13日，美国海军太平洋舰队司令克莱明斯上将偕夫人一行7人，应邀对中国进行正式友好访问。在北京期间，克莱明斯上将一行拜会了副总参谋长吴铨叙中将、海军司令员石云生中将，并与中国国际战略研究基金会和海军装备论证研究中心有关人员进行了座谈。在青岛期间，克莱明斯一行参观了中国人民解放军海军舰艇部队和航空兵部队，并参加了美海军“麦凯恩”号导弹驱逐舰、“日耳曼城”号两栖船坞登陆舰访问青岛的有关活动。

●1997年9月8～16日，匈牙利国防军司令兼总参谋长维格·费伦茨中将一行7人，应中华人民共和国中央军委委员、中国人民解放军总参谋长傅全有上将的邀请，对中国进行正式友好访问。傅全有总长主持欢迎仪式和会谈，并举行欢迎宴会。中央军委副主席、国务委员兼国防部长迟浩田上将会见，总政治部副主任周子玉上将会见并宴请，副总参谋长熊光楷中将参加了有关活动。代表团访问了北京、南京、上海，参观了部队、院校和工农业项目，游览了名胜古迹。

●1997 年 9 月 11～15 日，美国海军“麦凯恩”号导弹驱逐舰和“日耳曼城”号两栖船坞登陆舰，在海军太平洋舰队第一两栖大队司令查普林少将的率领下，应邀对中国青岛进行友好访问，随舰官兵 845 人。中国人民解放军北海舰队司令员张定发少将和先期来访的美海军太平洋舰队司令克莱明斯上将分别在欢迎仪式上讲话。访问期间，中美两国海军举行了文艺演出、拔河、球类比赛等文体联谊活动，组织参观了对方军舰。美舰官兵参观了中国人民解放军海军院校、工厂企业，游览了青岛名胜。

●1997 年 9 月 11～18 日，加纳国家安全顾问兼国务委员齐卡塔一行 3 人，应中华人民共和国中央军委副主席、国务委员兼国防部长迟浩田上将邀请，对中国进行友好访问。迟浩田副主席主持会谈和欢迎宴会。国务院总理李鹏会见齐卡塔一行。副总参谋长吴铨叙中将出席了有关活动。齐卡塔一行访问了北京、南京、上海和深圳，参观了部队、院校和工厂，游览了名胜古迹。

●1997 年 9 月 14～20 日，印度尼西亚国防学院代表团一行 20 人，应邀对中国进行友好访问。中国人民解放军副总参谋长熊光楷中将会见并宴请，代表团访问了北京和上海，参观了国防大学和军工部门及经济建设项目，游览了名胜古迹。

●1997 年 9 月 18～22 日，德国海军驱逐舰分舰队司令罗佩尔斯少将率“巴伐利亚”号、“不莱梅”号护卫舰、“格吕克斯堡”号支援舰和“勒恩”号补给油船组成的德国海军特混编队，及随舰官兵 650 人，对中国上海进行友好访问。中国人民解放军海军东海舰队陈庆季副司令员主持欢迎仪式，上海市政府负责人、德国驻华大使等出席。访问期间，德舰官兵参观了中国人民解放军海军舰艇部队，游览了上海市容，并分批赴南京、苏州、杭州参观游览，中德两国海军进行了足球友谊赛。

●1997 年 9 月 21～26 日，加蓬国防部长恩加里上将一行 4 人，应中华人民共和国中央军委副主席、国务委员兼国防部长迟浩田上将邀请，对中国进行正式友好访问。迟浩田副主席主持欢迎仪式和会谈，并举行了欢迎宴会。全国人大常委会委员长乔石会见，副总参谋长熊光楷中将设宴款待恩加里一行。代表团访问了北京、青岛、上海，参观了陆军部队、海军基地和后勤保障部门及经济建设项目，游览了风景名胜。

●1997 年 9 月 22～26 日，乌克兰武装力量总参谋长扎特纳依科上将偕夫人一行 13 人，应中华人民共和国中央军委委员、中国人民解放军总参谋长傅全有上将邀请，对中国进行正式友好访问。傅全有总长主持欢迎仪式和会谈，并举行欢迎宴会。中央军委副主席、国务委员兼国防部长迟浩田上将会见并设宴款待扎特纳依科上将一行。副总参谋长吴铨叙中将参加了有关活动。代表团访问了北京、上海，参观了陆、海、空军部队和国防大学及经济建设项目，游览了风景名胜。

●1997 年 9 月 22～27 日，美国陆军参谋长莱默上将一行 9 人，应邀对中国进行正式访问。中国人民解放军副总参谋长隗福临中将主持欢迎仪式和宴会，并举行谈会。中央军委副主席、国务委员兼国防部长迟浩田上将和中央军委委员、总参谋长傅全有上将分别会见了莱默上将一行。代表团访问了北京、南京、广州，参观了部队和院校，莱默上将在南京陆军指挥学院发表了有关美陆军历史与发展的演讲，游览了名胜古迹。

●1997 年 9 月 23～29 日，巴西海军部长毛罗·塞萨尔·佩雷斯上将一行 9 人，应中国人民解放军海军司令石云生中将邀请，对中国进行正式友好访问。石云生司令员在海军司令部主持欢迎仪式和介绍海军情况，与佩雷斯上将进行了会谈，并举行欢迎宴会。中央军委副主席张万年上将，中央军委委员、总参谋长傅全有上将分别会见了佩雷斯上将一行。代表团访问了北京、西安、青岛，参观了海军舰艇部队和院校，游览了名胜古迹。

●1997 年 10 月 2～5 日，泰国武装部队最高司令蒙坤·安蓬披西上将一行 10 人，应中华人民共和国中央军委委员、中国人民解放军总参谋长傅全有上将邀请，对中国进行正式友好访问。傅全有总长主持欢迎仪式和宴会，并举行会谈。国务院总理李鹏会见了蒙坤上将一行。中央军委副主席、国务委员兼国防部长迟浩田上将会见并宴请。副总参谋长隗福临中将等海、空军领导同志参加了有关活动。代表团访问了北京、郑州，参观了军事项目和军工部门，游览了风景名胜。

●1997 年 10 月 3～10 日，哈萨克斯坦共和国国防部长阿尔腾巴耶夫上将偕夫人一行 12 人，应中华人民共和国中央军委副主席、国务委员兼国防部长迟浩田上将邀请，对中国进行正式友好访问。迟浩田副主席主持欢迎仪式和会谈，并举行欢迎宴会。国务院总理李鹏会见了阿尔腾巴耶夫上将一行。中央军委委员、总参谋长傅全有上将会见，副总参谋长熊光楷中将参加了有关活动。代表团访问了北京、上海、深圳和乌鲁木齐，参观了陆军、海军、空军、武警部队、国防大学和工厂企业，游览了风景名胜。

●1997 年 10 月 3～21 日，中国人民解放军国防大学研究系派出 3 个考察团共 35 人，在副校长何道泉中将、副校长侯树栋中将、副政委赵可铭中将的率领下，分别于 10 月 3～14 日、10 月 5～15 日、10 月 13～21 日赴美国、印度尼西亚和马来西亚、俄罗斯进行考察访问。3 个考察团分别参观了美、印尼、马、俄 4 国陆、海、空军部队、军事院校、训练中心等，观看了军事演习。

●1997 年 10 月 5～9 日，美国海军作战部长杰伊·约翰逊上将偕夫人一行 17 人，应中国人民解放军海军司令员石云生中将邀请，对中国进行正式友好访问。石云生司令员在海军司令部主持欢迎仪式和介绍海军情况，并举行欢迎宴会。中央军委副主席、国务委员兼国防部长迟浩田上将，中央军委委员、总参谋长傅全有上将分别会见约翰逊上将一行。代表团访问了北京、青岛、上海，参观了国防大学、海军舰艇部队、海军航空兵和海军院校及造船厂等。

●1997 年 10 月 6～12 日，智利陆军司令皮诺切特上将一行 15 人，应邀对中国进行正式友好访问。中国人民解放军副总参谋长钱树根中将主持欢迎仪式、会见并举行欢迎宴会。中央军委副主席张万年上将会见，中央军委副主席、国务委员兼国防部长迟浩田上将会见并宴请。代表团访问了北京、上海、杭州，参观了部队和经济建设项目，游览了名胜古迹。

●1997 年 10 月 7～10 日，印度尼西亚国防安全部长埃迪·苏特拉查德偕夫人一行 9 人，应中华人民共和国中央军委副主席、国务委员兼国防部长迟浩田上将的邀请，对中国进行正式友好访问。迟浩田副主席主持欢迎仪式和宴会，国务院总理李鹏会见。印尼客人访问了北京，参观了部队、院校和军工部门，游览了名胜古迹。

●1997 年 10 月 8～11 日，意大利国防部长贝尼亚诺·安德烈亚塔和夫人一行 10 人，应中华人民共和国中央军委副主席、国务委员兼国防部长迟浩田上将邀请，对中国进行正式友好访问。迟浩田副主席主持欢迎仪式和会谈，并举行欢迎宴会，国务院总理李鹏会见了安德烈亚塔部长一行。中央军委委员、总参谋长傅全有上将会见并设宴款待，副总参谋长熊光楷中将参加了有关活动。安德烈亚塔部长在国防大学发表了有关欧亚安全问题的演讲，同国家体改委负责人就共同关心的问题进行了座谈。代表团访问了北京、天津，参观了陆、空军部队。

●1997 年 10 月 9～16 日，坦桑尼亚国防和国民服务部长马乔戈一行 3 人，应中华人民共和国中央军委副主席、国务委员兼国防部长迟浩田上将邀请，对中国进行正式友好访问。迟浩田副主席主持欢迎仪式和会谈，并举行欢迎宴会。国务院总理李鹏会见了马乔戈一行。副总参谋长熊光楷中将设宴款待。代表团访问了北京、武汉、重庆、上海，参观了陆、海军部队和军工企业，游览了风景名胜。

●1997 年 10 月 12～18 日，比利时王国国防大臣让·保尔·蓬斯莱偕夫人一行 10 人，应中华人民共和国中央军委副主席、国务委员兼国防部长迟浩田上将邀请，对中国进行正式友好访问。迟浩田副主席主持欢迎仪式和会谈，并举行欢迎宴会。全国人大常委会委员长乔石会见了蓬斯莱一行。副总参谋长熊光楷中将参加了上述活动。蓬斯莱国防大臣在国防大学发表了题为《比利时国防政策和军队建设》的演讲。代表团访问了北京、上海、西安，参观了陆、海、空军部队和工业项目，游览了名胜古迹。

●1997 年 10 月 13～19 日，缅甸空军司令丁威中将一行 6 人，应中国人民解放军空军司令员刘顺尧中将邀请，对中国进行正式友好访问。刘顺尧司令员在空军司令部主持欢迎仪式和介绍空军情况，并举行欢迎宴会。中央军委委员、总参谋长傅全有上将会见了丁威中将一行。代表团访问了北京、南昌、广州，参观了航空兵部队、院校和飞机制造公司，游览了名胜古迹。

●1997 年 10 月 14～22 日，中国人民解放军总后勤部政治委员周坤仁中将率军事友好参观团一行 10 人，应朝鲜人民武装力量部的邀请，对朝鲜进行友好访问。朝鲜人民军总政治局局长赵明禄次帅、人民武力部副部长兼人民军后方总局局长吴龙方大将和总政治局副局长李炳三中将分别会见并宴请。代表团参观了朝人民军陆、海、空三军部队和院校及平壤、板门店、南浦等地区的建设项目等。

●1997 年 10 月 15～22 日，中国人民解放军副总参谋长隗福临中将代表中华人民共和国中央军委副主席、国务委员兼国防部长迟浩田上将，应泰国总理兼国防部长差瓦立上将邀请，赴泰国出席“第七届亚洲防务展”并顺访泰国。隗福临副总长一行拜会了泰总理兼国防部长差瓦立上将、最高司令蒙坤上将；会见了陆军司令的代表、陆军副司令他萨上将；出席了蒙坤上将举行的欢迎宴会，参观了泰陆军特种作战部队等。

●1997 年 10 月 21～28 日，越南人民军副总参谋长阮辉少将率越人民军总参代表团一行 7 人，应邀对中国进行友好访问。中华人民共和国中央军委副主席张万年上将会见，副总参谋长熊光楷中将主持与代表团座谈，并举行欢迎宴会。代表团访问了北京、南京、桂林、深圳，参观了部队、院校，游览了风景名胜。

●1997年10月23日～11月12日，中国人民解放军空军司令员刘顺尧中将一行7人，应印度尼西亚空军参谋长杜巴古斯上将、马来西亚空军司令萨鲁基中将、泰国空军司令塔纳尼上将的邀请，对上述3国进行正式友好访问。印尼国防与安全部长埃迪、武装部队司令丹绒上将，马来西亚国防部长哈米德，泰军最高司令蒙坤上将等分别会见了刘顺尧司令员一行。3国空军领导人主持欢迎仪式和欢迎宴会，并进行了会谈或座谈。代表团参观了3国空军航空兵部队、院校及主战装备等。

●1997年10月26日～11月1日，新加坡副总理兼国防部长陈庆炎一行10人，应中华人民共和国中央军委副主席、国务委员兼国防部长迟浩田上将邀请，对中国进行正式友好访问。迟浩田副主席主持欢迎仪式和会见，并举行欢迎宴会。全国人大常委会委员长乔石，国务院副总理李岚清，中央军委副主席张万年上将，中央军委委员、总参谋长傅全有上将分别会见了陈庆炎部长一行。副总参谋长熊光楷中将设宴款待。陈庆炎部长一行访问了北京、上海、苏州，参观了国防大学、浦东新区和苏州工业园区等。

●1997年10月27日～11月12日，中国人民解放军兰州军区司令员刘精松上将率军事友好代表团一行7人，应泰国、孟加拉国和缅甸军方的邀请，对上述3国进行正式友好访问。访泰期间，拜会了泰国前总理兼国防部长差瓦立·永猜育上将、最高司令蒙坤·安蓬披西上将和陆军参谋长参·汶巴色上将。访孟期间，拜会了孟总统艾哈迈德·沙哈布丁、总理兼国防部长谢·哈西娜、陆军参谋长马布波中将和空军参谋长贾玛尔·乌丁少将。访缅期间，拜会了缅国家恢复法律和秩序委员会副主席、三军副总司令兼陆军司令貌埃上将和国家恢复法律和秩序委员会副秘书长、陆军参谋长丁吴中将。代表团参观了泰、孟、缅3国武装部队、军事院校等。

●1997年10月28日～11月3日，以色列陆军司令马尔卡少将一行4人，应邀对中国进行友好访问。中国人民解放军副总参谋长吴铨叙中将主持欢迎仪式和会谈，并举行欢迎宴会。中央军委委员、总参谋长傅全有上将会见了马尔卡少将一行。以色列客人访问了北京、西安、广州，参观了部队、院校和经济建设项目，游览了名胜古迹。

●1997年10月31日～11月7日，中国人民解放军海军司令员石云生中将率海军代表团一行7人，应邀对巴基斯坦进行正式友好访问。巴海军参谋长布哈利上将主持欢迎仪式和会谈，并举行欢迎宴会。巴总统莱加利、总理谢里夫、参联会主席法鲁克上将、国防秘书伊夫蒂哈中将、陆军参谋长卡拉迈特上将、空军参谋长阿巴斯上将等分别会见。代表团参观访问了巴海军舰艇部队、训练中心、战术学校和造船厂等。

●1997年11月3～10日，蒙古国国防部长达尔比·道尔利格扎布偕夫人一行11人，应中华人民共和国中央军委副主席、国务委员兼国防部长迟浩田上将邀请，对中国进行正式友好访问。迟浩田副主席主持欢迎仪式和会谈，并举行欢迎宴会。国家副主席荣毅仁会见了道尔利格扎布一行，中央军委委员、总后勤部部长王克上将会见并宴请。副总参谋长熊光楷中将参加了上述活动。代表团访问了北京、大连、沈阳、参观了国防大学和陆、空军部队、部队医院及经济开发区，游览了名胜古迹。

●1997年11月3～16日，中国人民解放军广州军区司令员陶伯钧中将率军事友好代表团一行7人，应邀对澳大利亚、新西兰进行正式友好访问。访澳期间，澳国防部长麦克拉克伦、国防部副秘书长怀特、国防军司令贝克上将、副司令巴利中将、战区司令康纳利少将等分别会见或宴请。访新期间，新国防部长伊斯特、国防部秘书长汉斯莱、国防军司令伯克斯中将及外交贸易部长麦金农和秘书长诺塔奇等分别会见或宴请。代表团参观了澳、新两国武装部队、军事院校和武器装备展示等。

●1997年11月5～12日，法国海军“葡月”号护卫舰在舰长米歇尔·阿登盖中校率领下，对中国上海进行友好访问，随舰来访官兵共97人。中国人民解放军海军东海舰队上海基地举行欢迎招待会，上海警备区和上海市政府有关部门负责人参加。访问期间，两国海军举行了文艺联欢和体育比赛活动。

●1997年11月12～19日，中国人民解放军副总参谋长钱树根中将一行8人，应叙利亚武装部队副总参谋长哈桑中将和约旦武装部队的邀请，对上述两国进行正式友好访问。叙武装部队副总司令、副总理兼国防部长塔拉斯上将会见，副总长哈桑中将主持会谈和欢迎宴会。约旦国家和军队主要领导人代国王哈桑王储，首相兼国防大臣马贾利，侯赛因国王长子、特种兵司令阿卜杜拉亲王，参联会主席凯阿比纳元帅等分别会见代表团主要成员。钱树根副总长一行参观了叙、约两国武装部队、军事院校，观看了军事表演等项目。

●1997年11月15～22日，尼日尔武装部队总参谋长杰尔马科耶上校一行2人，应中华人民共和国中央军委委员、总参谋长傅全有上将邀请，对中国进行友好访问。傅全有总长主持欢迎仪式和会谈，并举行欢迎宴会。中央军委副主席、国务委员兼国防部长迟浩田上将会见了杰马科耶上校一行。尼日尔客人访问了北京、天津、南京、石家庄，参观了部队、院校，游览了名胜古迹。

●1997年11月15日～12月4日，中国人民解放军兰州军区政治委员温宗仁中将率军事友好代表团一行7人，应纳米比亚、毛里塔尼亚和摩洛哥军方邀请，对上述3国进行正式友好访问。访纳期间，总统努乔马会见并与代表团共进午餐，纳执政党“人组”主席、政府副总理维特布伊，国防部长马利马分别会见，国防军司令哈马博中将主持会谈，国防军参谋长沙利少将全程陪同。访毛期间，毛政府总理库纳会见，国防部长韦尔会见并宴请，总参谋长布克莱斯主持会谈，副总长西迪亚全程陪同，海、空军司令和宪兵司令会见。访摩期间，哈桑二世国王御令王储、三军协调员西迪·穆罕默德会见，国防委员会秘书长哈尔什和海、空军总监分别会见并宴请。代表团参观了3国武装部队，观看了民族歌舞表演等项目。

●1997年11月21日～12月2日、12月9～19日，中国人民解放军副总参谋长熊光楷中将一行5人，先后对法国、俄罗斯、日本和美国进行了工作访问。法三军代理参谋长凯勒什中将、外交部秘书长迪福尔克，俄国防部长谢尔盖耶夫元帅、俄军总长克瓦什宁大将、第一副总长马尼洛夫上将，日防卫厅长官久间章生、参谋长联席会议主席夏川和也海军上将、陆上自卫队幕僚长藤绳祐尔上将，美国防部长科恩、参联会主席谢尔顿上将等分别会见或会谈。熊光楷副总长与4国防务部门进行了战略防务磋商，就国际战略形势、地区安全和热点问题、双边关系及军事交往等共同关心的问题交换了意见。熊光楷副总长一行参观了4国武装部队和军事院校等。

●1997年11月23～26日，韩国国防部次官李廷麟一行4人，应邀对中国进行友好访问。中央军委副主席、国务委员兼国防部长迟浩田上将会见了李廷麟一行。副总参谋长吴铨叙中将主持会谈，并举行欢迎宴会。韩国客人在京参观了部队、院校和军事博物馆，游览了名胜古迹。

●1997年11月23～27日，法国三军参谋长让·菲利浦·杜安上将偕夫人一行8人，应中华人民共和国中央军委委员、总参谋长傅全有上将邀请，对中国进行正式友好访问。傅全有总长主持欢迎仪式和会谈，并举行欢迎宴会。中央军委副主席、国务委员兼国防部长迟浩田上将会见了杜安上将一行。副总参谋长吴铨叙中将参加了有关活动。杜安上将在国防大学发表了题为《法国及其对北约的接近》和《法国军队的职业化》的演讲。代表团访问了北京、广州、湛江，参观了陆、海、空军部队，游览了名胜古迹。

●1997年11月24～28日，希腊国防部长措哈佐普洛斯偕夫人一行18人，应中华人民共和国中央军委副主席、国务委员兼国防部长迟浩田上将邀请，对中国进行正式友好访问。迟浩田副主席主持欢迎仪式和会谈，并举行欢迎宴会。国务院总理李鹏会见了措哈佐普洛斯一行。中央军委委员、总参谋长傅全有上将会见并宴请。副总参谋长隗福临中将参加了上述活动。代表团访问了北京、沈阳、大连，参观了陆、空军部队、军事院校和工业项目。

●1997年11月27日～12月3日，乌拉圭国防部长伊图利亚偕夫人一行3人，应中华人民共和国中央军委副主席、国务委员兼国防部长迟浩田上将邀请，对中国进行正式友好访问。迟浩田副主席主持欢迎仪式和宴会。国家副主席荣毅仁会见了伊图利亚部长一行。中央军委委员、总参谋长傅全有上将会见，中联部戴秉国部长会见并宴请。代表团访问了北京、上海、杭州等地，参观了国防大学和陆、海、空军部队及工农业项目，游览了名胜古迹。

●1997年12月9～14日，佛得角国防部长费尔南德斯一行5人，应中华人民共和国中央军委副主席、国务委员兼国防部长迟浩田上将邀请，对中国进行正式友好访问，迟浩田副主席主持欢迎仪式和会谈，并举行宴会。国家副主席荣毅仁会见了费尔南德斯部长一行。副总参谋长钱树根中将参加了上述活动。代表团访问了北京、大连、上海，参观了部队、工厂，游览了风景名胜。

●1997年12月10～16日，美军太平洋总部司令布鲁赫上将偕夫人一行17人，应邀对中国进行正式友好访问。中华人民共和国主席、中央军委主席江泽民会见了布鲁赫上将一行。中央军委副主席张万年上将，中央军委副主席、国务委员兼国防部长迟浩田上将，中央军委委员、总参谋长傅全有上将分别会见。副总参谋长隗福临中将与布鲁赫上将举行了正式会谈。代表团访问了北京、沧州、南京、湛江、广州等地，参观了陆、海、空军部队和军事院校及其他项目。

●1997年12月15～22日，斐济武装部队司令埃佩利·加尼劳准将偕夫人一行4人，应中华人民共和国中央军委委员、总参谋长傅全有上将邀请，对中国进行正式友好访问。傅全有总长主持欢迎仪式和会谈，并举行欢迎宴会。中央军委副主席、国务委员兼国防部长迟浩田上将会见了加尼劳准将一行。副总参谋长钱树根中将参加了上述活动。斐济客人访问了北京、沈阳、大连、厦门，参观了陆、空军部队和海军院校及工农业项目，游览了名胜古迹。

●1997年12月22～28日，中国人民解放军军事科学院副院长马凤桐中将率军事科学院代表团一行6人，应邀对巴基斯坦进行正式友好访问。巴参联会代理参谋局长阿里汗少将、陆军训练总监古莱希中将及国防学院院长马齐保中将等分别会见。代表团参观了巴武装部队、军事院校、训练中心和战略研究部门。

（王世银）

其他信息

侵华日军南京大屠杀最新铁证　《人民日报》1997年12月10日报道，在日军南京大屠杀60周年纪念日前夕，著名历史学家、华中师范大学博士生导师章开沅教授披露了一份真实地记录日军南京大屠杀罪行的珍贵历史资料《贝德士文献》。据称，这份资料是迄今批量最大、最完整的南京大屠杀原始文件。

藏于美国耶鲁大学神学院图书馆的《贝德士文献》，是章开沅教授于1988年赴美学术访问期间发现的。《贝德士文献》的主人公贝德士是耶鲁大学历史学博士，1920年到中国南京金陵大学创办历史系。1950年，贝德士离开中国时将所有资料悉数带回美国，直到1978年他去世时，才由家人将这些资料捐给耶鲁大学。

章开沅教授研究发现，与《拉贝日记》不同的是，《贝德士文献》大部分内容，由当时与贝德士同在南京的9个美国传教士以公文形式记录并编号，体例有信件、简报、调查报告等多种，制作严谨，可信度极高。其中部分文件逐日记述日军暴行，包括杀人地点、受害人资料等。作为历史学家，贝德士更注意证据的收集和保全，在这部文献中保存的《情况通报》附有证人证言。贝德士1938年1月10日写的一封信稿中，记叙日军强奸妇女事件8000宗以上，从11岁幼女到53岁老妇皆不能幸免。贝德士在1938年2、3月间撰写的一篇驳斥日本宣传的评论稿中称："最有可靠根据的事实是，在日本军队前进时，在上海至南京地区至少有30万平民已被杀害。"

江苏省暨南京市各界人士隆重纪念侵华日军南京大屠杀同胞遇难60周年　《新华日报》1997年12月14日报道，12月13日，江苏省暨南京市各界人士悼念侵华日军南京大屠杀遇难同胞60周年仪式，在南京江东门纪念馆隆重举行。

60年前，这里是日本侵略者杀戮中国军民的屠场。13日，侵华日军南京大屠杀遇难同胞纪念馆广场布置得庄严肃穆。在"古城的灾难"大型雕塑上方悬挂着蓝底白字会标，雕塑正前方摆着用鲜花制作的直径达2米的"奠"字花圈，花圈两旁放置着松柏盆景。

参加悼念仪式的有：江苏省、南京军区及南京市领导、省市有关部门、各人民团体和各民主党派、工商联负责人以及无党派民主人士代表，工人、农民、解放军，抗战时期老战士，大、中、小学生，南京大屠杀幸存者及遇难同胞家属，有关专家学者等各界群众代表。

上午10时，南京市政协主席潘寒操宣布悼念仪式开始。全场唱《国歌》，向侵华日军南京大屠杀遇难同胞默哀。与此同时，全市鸣放汽笛，火车、轮船鸣笛3分钟。接着，江苏省委和南京军区党委，省人大常委会、省政府、省政协、南京市委、市人大、市政府、市政协向遇难同胞献花圈，省市各民主党派、群众团体、南京大屠杀幸存者和遇难同胞家属代表也献了花圈。

江苏省政协主席孙颔代表省市各界人士在悼念仪式上发表讲话。他说，60年前发生在南京的大屠杀，是侵华日军制造的一起震惊中外的血腥事件。追忆这段惨痛历史，悼念遇难同胞，对于警策世人，以史为鉴，永远不让历史悲剧重演；对于教育人民特别是青少年勿忘国耻，永远铭记历史教训，在爱国主义、社会主义的伟大旗帜下，振奋民族精神，凝聚民族力量，同心同德，努力奋斗，把建设中国特色社会主义伟大事业全面推向21世纪，都具有重要意义。

孙颔说，侵华日军南京大屠杀的血腥暴行铁证如山，不容抹煞。可是，战后多年，日本国内的极少数右翼分子及其政客，一次又一次在南京大屠杀问题上掀起逆流浊浪，公然否认铁的历史事实，妄图为已被扫进历史垃圾堆的军国主义招魂。这种歪曲历史、美化侵略的图谋，极大地伤害了中国人民的感情，干扰和损害中日两国人民友好关系的健康发展。对此，必须保持清醒的认识和高度的警惕。

南京市致公党主委王振华代表省市各民主党派在悼念仪式上发言。他说，60 年前，侵华日军公然违背国际公法和人类道德准则，丧心病狂地进行了长达 6 周的血腥大屠杀，30 万手无寸铁无辜平民和已放下武器的士兵惨遭杀害。这是日本帝国主义侵华战争中最典型的暴行之一，是世界文明史上最黑暗的一页。今天，在这里举行悼念仪式，就是要寄托对 30 万同胞的哀思，并把对 30 万同胞的悼念之情，化作富民强国、振兴中华的力量和行动。

江苏省学生联合会主席、南京大学学生会主席王靖华代表省市青年发言。她说，60 年过去了，历史告诉我们，中华民族的抗争、崛起和强大，始终是和中国共产党的领导紧紧联系在一起的，中国共产党是领导中国人民实现民族解放、民族振兴的中流砥柱和核心力量。

南京大屠杀幸存者代表李秀英点燃了在“古城的灾难”雕塑前的长明灯，寄托了人们对遇难同胞的无限哀思。带着人们希望永久和平的美好心愿，3000 羽和平鸽飞向天空。参加悼念仪式的全体人员向遇难同胞献了花。

13 日，在南京市的汉中门、北极阁、燕子矶、中山码头、普德寺、五台山、正觉寺等 13 处遇难同胞纪念碑所在地，同时举行了多种形式的悼念活动。

（刁　钟）

加拿大华人祭奠南京大屠杀同胞遇难 60 周年　《人民日报》1997 年 12 月 16 日报道，加拿大多伦多和温哥华等地的华人 13 日为南京大屠杀受难同胞举行悼念活动，控诉日军侵华犯下的滔天罪行。

由“世界抗日战争史实维护会”安大略省分会和多伦多大学中国学生学者联谊会联合主办的祭奠活动，在多伦多市正觉寺举行，与会者用大量的图片将历史重现眼前，深切悼念在南京大屠杀中惨遭日本侵略者屠杀的冤魂。史实会安大略省分会副秘书长黄政说，60 年前的今天，30 余万中国军民在南京被日军残暴杀害，尸横遍野，血流成河，日寇欠下的血债，滔滔南京长江水也难以洗刷干净。针对日本朝野还有人不断公开否认侵略历史，黄政呼吁加拿大政府禁止日本战犯进入加拿大境内。

正在多伦多的美籍华裔女作家张纯如，为她的《被强暴的南京》一书举行在加首发仪式，并回答读者提问。面对众多市民，她用搜集到的日军在华暴行资料，力陈日军在南京大屠杀的残暴行为。张纯如说，如果你看到一张张照片上尸横遍野的儿童、惨遭蹂躏的妇女、束手待戮的青年，你定会为我们民族的悲惨命运而不平，为日寇的野蛮兽行无比愤慨。

由于《被强暴的南京》一书是用英文写成，在国际上已引起很大反响，美国和加拿大新闻媒体对该书的发行也作了大量报道。在温哥华市，中华会馆和不列颠哥伦比亚省抗日战争史实维护会共 200 多人举行集会，追悼南京大屠杀中死去的同胞。纪念会主席、中华会馆常务理事张鸿和表示，1937 年 12 月 13 日日军占领南京后有组织的大规模屠杀行动，是留在中国人民心灵上的历史伤口。前事不忘，后事之师，日本应从历史中汲取教训，不再让军国主义的幽灵复活。

（任　明）

日本举行南京大屠杀 60 周年纪念活动

1997 年 12 月 13 日是“南京大屠杀”60 周年纪念日，为了使这一段惨绝人寰的历史不从人们的记忆中消失，日本 9 个民间团体从 13 日开始在东京举行为期两天的“南京大屠杀东京国际讨论会”。

南京事件调查研究会、南京大屠杀 60 年全国联络会、追思并铭记亚太地区战争牺牲者之会、中国归还者联络会、支持中国战争受害者要求之会、思考掳走中国人之会、不再重演南京事件会、历史教育者协议会和日本战争责任资料中心 9 个民间团体的成员，及日本各方学者、教师、职员、大学生、家庭主妇和中国留学生 200 余人，认真地聆听了 13 日的讨论会。

讨论会于 14 日晚上发表一份《宣言》后闭幕。《宣言》指出，日本只有正视过去才能开辟未来。

《宣言》说，来自中国、美国和日本的学者专家对于 60 年前侵华日军所犯下的丧失人性的、违反国际法的罪行交换了意见，加深了认识。《宣言》指出，日军的暴行决不是偶然的，同日本历史和社会的因素有深刻的关系。

《宣言》说，有关南京大屠杀的全部情况还有待进一步查明；为此，日本政府应该公开有关的文件、情报和资料，并设立一个调查委员会专门调查当年“日本在战争中的非人道行为”。

《宣言》强调要“把战争的记忆一代一代传下去”，不仅要在历史教科书中记载事实，而且要在纪念馆、历史博物馆等社会教育设施中传递正确的信息。

此次讨论会由南京事件调查研究会等 9 个日本民间团体主办。共有 700 多人与会。日本大阪于 13 日举行“南京大屠杀”60 周年纪念大会。与会者声讨 60 年前日本侵略者在南京犯下的滔天罪行，深切悼念惨遭屠杀的 30 万中国军民。在追悼会上，来自南京的大屠杀幸存者、78 岁的骆中洋先生以自己的亲身经历控诉了日军犯下的种种罪行。　（刁　钟）

中国各地隆重纪念“七七事变”60 周年

1997 年 7 月 7 日是“七七卢沟桥事变”60 周年。在这标志着中国人民开始全面抗战的重要日子到来之际，全国各地相继举行纪念活动，回顾日本军国主义侵略中国的历史，表示要把刻骨铭心的感受化为力量，建设好伟大的祖国。

在首都北京，人们以多种形式纪念“七七事变”。7 月 7 日上午，卢沟桥畔红旗招展，“七七事变”爆发 60 周年暨中国人民抗日战争纪念馆二期工程竣工及开馆仪式在这里隆重举行。下午，首都各界群众、大中小学生，走进重新布展的展览大厅，观看展览。“七七事变”前夕，首都爱国主义教育纪念地举行了揭牌仪式。《抗日战争史丛书》举行了首发式。“纪念七七事变 60 周年国际学术讨论会”，也同时举行，来自美国、日本以及中国的 100 多位专家学者和老将军出席了会议。7 月 3 日，一些在抗日战争中为国捐躯的国民党将领的后人聚会卢沟桥畔，缅怀先烈们为民族独立作出的丰功伟绩。北京市电影发行总公司还计划举行“抗战影片回顾展”，让广大干部群众在观看影片中接受爱国主义教育。

辽宁、黑龙江、吉林 3 省是中国最早遭受日本帝国主义侵略蹂躏的地区，也是爱国军民最先奋起抗日的地方，广大人民群众对那段国耻家仇有着刻骨的铭记。7 月 4 日，中共沈阳市委党史研究室等单位举办报告会，辽宁大学历史系教授邢安臣作了题为“以史为鉴，警钟长鸣”的报告。7 月 5 日，辽宁省政协举办了“纪念七七事变 60 周年学术研讨会”。7 月 7 日上午，中共沈阳市委又召开了纪念“卢沟桥事变”60 周年座谈会。曾任沈阳军区副参谋长的抗日老战士韩鏖抚今追昔，十分感慨。他说，当年中国军民以伤亡数千万人的代价，才换取了抗战的最后胜利。今天，我们不动一兵一卒，就顺利使香港主权回归。这说明，落后就要受辱，落后就要挨打。辽宁省政协副主席李国忠强调，前事不忘，后事之师。“七七事变”所激发的全民族同仇敌忾、共赴国难的爱国热情，将激励世代中国人为祖国统一和强大而团结奋斗。连日来，辽宁省一批与抗战历史有关的纪念馆、博物馆人流络绎不绝，许多家长特意带自己的子女前来参观。沈阳“九一八”事变博物馆开馆 6 年来，已接待观众 90 万人次。抚顺平顶山惨案遗址，由省和抚顺市市政府拨款数百万元修葺一新后，已成为各界群众凭吊历史的重要场所。

7 月 7 日，下午。上海市举行宣传、理论工作者纪念“七七事变”60 周年座谈会。市委常委、宣传部长金炳华说，抗日战争的胜利告诉我们，要实现民族解放，必须要有中国共产党的领导和科学理论的武装。以“高举爱国主义旗帜，牢记百年沧桑历史”为主题的上海市青少年暑期爱国主义教育活动，7 月 7 日举行了开幕式，1000 多名学生代表参观了“金陵祭——悼念南京大屠杀 30 万同胞遇难 60 周年特别展”。100 多万字的《日本帝国主义侵略上海罪行史料》7 月 7 日正式出版发行。同时与读者见面的还有上海人民出版社出版的 5 卷本的全面介绍抗战历史的书籍等。来自上海、北京、江苏、浙江、安徽、江西、山东、福建及湖北的百余位新四军老战士日前聚会在上海，老战士们纷纷发言指出，60 年前爆发的抗日战争，充分表现了中国人民英勇不屈，艰苦奋斗，团结御侮的伟大的民族精神。当年新四军所在地安徽泾县的老干部近日也举行座谈，指出“七七事变”是日本侵略者蓄意挑起的事端，要牢记历史，提高警惕，决不能让历史的悲剧重演。

河北是中国抗日主战场之一，燕赵儿女在中国共产党的领导下，创建了晋察冀全国第 1 个敌后抗日根据地。“七七事变”60 周年到来之际，河北各种纪念活动纷纷举行。在冉庄地道战纪念馆，周围十几名放假回家的大学生组织起来，表演了器乐合奏《东方红》、《地道战》等精彩节目。河北省高校、科研单位的学者专家也齐聚一堂，各抒己见。河北师大历史系教授李铭说：“在中国对香港恢复行使主权的庄严时刻，纪念抗战具有重要的现实意义。鸦片战争是中国近代第 1 次以失败告终的反侵略战争，是清王朝由兴盛走向衰败的转折点；抗日战争是中国百年来第一次取得完全胜利的民族解放战争，是中国由衰败走向振兴的里程碑。两次反侵略战争，结果迥然不同，关键在于中国共产党在抗日战争中肩负起历史的重任，发挥了中流砥柱的作用。”

在山东，曾参加台儿庄大战的老人吕玉栋回忆起这段往事，激情满怀。他说，当年在台儿庄中国军队众志成城，浴血奋战，取得了抗战初期的重大胜利，写下了辉煌的一页，台儿庄也因此成为中华民族扬威不屈之地。现在，台儿庄区的经济发展了，祖国强大了，香港也回归了。要牢记抗日战争时期，全中国人民共御外敌的历史，为进一步建设好祖国作出贡献。

（任　明）

一代名舰——中山舰整体打捞出水　一代名舰——中山舰，1997 年 1 月 28 日上午 10 时许，在湖北省武昌金口镇附近长江水域缓缓浮出水面，历时 70 多天的中山舰整体打捞工作至此圆满完成。

28 日上午，湖北省政府在打捞现场举行隆重仪式，中共中央政治局委员、国务委员李铁映出席仪式。他代表中共中央、国务院热烈祝贺中山舰整体打捞出水成功。

中山舰在中国近现代历史上具有极其特殊的历史价值，是中华民族和世界人民珍贵的历史文化遗产。中山舰原名永丰舰，建造于1910年，1913年下水。舰长62.1米，宽8.9米，吃水深度2.4米。

1915年，永丰舰参加了海军起义、“倒袁”活动。1917年，孙中山先生南下护法，讨伐叛逆，7月21日，中山舰加入护法行列，从此成为中山先生座舰。之后，中山舰又经历了孙中山广州蒙难、中山舰事件等重大历史事件。1925年3月25日，孙中山先生逝世；4月13日，永丰舰改名中山舰。1938年10月24日，中山舰在武汉参加抗日战斗，不幸被日本飞机炸沉。在其25年的服役中，先后经历了护法运动、孙中山广州蒙难、中山舰事件、武汉保卫战4大历史事件。它不仅记载着孙中山先生历经磨难、矢志救国的坎坷历程，记载着孙中山先生作为中国民主革命的先行者的功绩，同时也体现了中华民族不畏强暴、抗击侵略、英勇献身的伟大爱国主义精神。因此，打捞中山舰成为一项具有政治意义和深远历史影响的工程。

中山舰的打捞工作一直受到海内外同胞的关注和支持。早在1986年5月，就有了打捞中山舰动议；1988年，湖北省开始打捞的准备工作；1996年底，湖北省成立了由省委常委、常务副省长李大强为首的打捞工作领导小组；1996年11月12日，打捞工作正式开始。担任此次打捞任务的是重庆长江救助公司，为保证打捞工作万无一失，他们曾派出70多名潜水员，潜水近百次察看、测量，数百名打捞人员参加了这一工作。

据悉，中山舰出水后，将移至下游18千米处的湖北船厂采取科学方法，按照“整旧如旧”的原则进行全面修复。同时，将在中山舰沉没地——武昌金口规划3000亩土地，兴建综合性的中山舰陈列基地。

中国各地举行座谈会纪念台湾省人民“二二八”起义50周年 1997年2月26日首都各界400多位人士聚会人民大会堂，举行纪念台湾省人民“二二八”起义50周年座谈会。中共中央政治局常委、全国政协主席李瑞环出席了座谈会。

中共中央政治局委员、国务院副总理钱其琛在会上发表重要讲话。他说，2月28日是台湾省人民“二二八”起义纪念日。在纪念台湾省人民“二二八”起义50周年的时候，我们深切缅怀在“二二八”起义中英勇献身的烈士，备加思念广大台湾同胞。“二二八”起义是台湾同胞第1次大规模地反抗国民党暴政的爱国民主运动，它作为全国人民反对国民党专制、独裁统治的重要组成部分，有力地配合了全国人民的解放战争。历史再一次证明，台湾同胞的命运是同整个中华民族的命运紧密相连、休戚与共的。值得指出的是，台湾岛内的分裂势力，出于把台湾从祖国分割出去的罪恶目的，把爱国民主、争取自由、反对国民党独裁专制统治的“二二八”起义歪曲成搞分裂、搞“台独”运动的开端。这完全是对历史的肆意歪曲。现在台湾当局的某些人与“台独”分裂势力相呼应，鼓吹什么“新台湾人主义”，攻击、诬蔑中华民族，试图抹掉台胞的民族感情与意识，妄图从思想上、文化上割断台湾同胞同祖国的联系。不久前，台湾当局召开所谓“国家发展会议”，不提一个中国和国家统一，借“宪政改革”为名，加速进行分裂活动，企图否定台湾是中国一个省的地位，在分裂祖国的道路上又迈出了危险的一步。台湾当局还继续阻挠两岸直接“三通”，为两岸经贸交流和人员交往设置障碍。所有这些举动，进一步恶化了两岸关系的气氛，遭到了两岸同胞、港澳同胞以及海外侨胞的强烈反对。

钱其琛说，台湾同胞是我们的骨肉兄弟，两岸同胞的根本利益是完全一致的。“和平统一，一国两制”基本方针充分尊重台湾同胞的生活方式和当家作主的愿望，充分照顾台湾同胞的现实利益。江泽民总书记1995年初提出的8项主张，倾注了我们对台湾同胞的骨肉亲情和殷切希望，充分体现了党和政府关怀、爱护、尊重台湾同胞，重视他们的民主要求，把台湾广大民众的利益和整个中华民族的利益结合起来的一贯立场。实践证明，搞分裂、搞“台独”，只能给台湾同胞带来灾难。只有坚持反对分裂、反对“台独”，促进统一，才能从根本上维护台湾同胞的利益。我们呼吁台湾当局顺应国家统一的潮流，改弦易辙，停止分裂祖国的活动。希望台湾各党派以理性、前瞻和建设性的态度推动两岸关系发展。我们竭诚欢迎台湾各党派、各界人士用各种形式就有关两岸关系与和平统一问题同我们交换意见。

座谈会由国务院台办、台盟中央、全国台联、海峡两岸关系协会、中国和平统一促进会、全国政协台港澳侨联络委员会共同主办。全国人大常委会副委员长程思远，全国政协副主席钱伟长、万国权出席座谈会。全国政协副主席、中共中央统战部部长王兆国出席并主持座谈会。

台盟中央主席蔡子民、海峡两岸关系协会常务副会长唐树备、全国总工会副主席李奇生、中国社会科学院台湾研究所所长许世铨也在会上发了言。

福建省各界人士于2月26日在福州举行座谈会，纪念台湾人民“二二八”起义50周年。与会人士提出，要以史为鉴，进一步高举爱国主义旗帜，弘扬爱国主义精神，坚定和平统一信念，坚持一个中国立场，反对分裂，反对“台独”。与会人士呼吁，两岸中国人携起手来，互相合作，共同承担起国家统一、民族振兴的历史责任，为实现国家统一、中华民族的腾飞而共同奋斗。

福建省委副书记习近平在座谈会上讲话，他说，50年前的2月28日，台湾人民为了反抗国民党反动政权的法西斯专制统治，追求民主，争取自由，实行地方自治而举行了“二二八”起义，至今已有半个世纪了。半个世纪过去了，海峡两岸仍处在分离状态之中，这是全体中国人不愿意看到的。中国共产党为早日实现祖国统一，结束这种不幸而进行了长期不懈的努力。1995年1月30日，国家主席江泽民根据海峡两岸关系出现的新情况，又发表了《为促进祖国统一大业的完成而继续奋斗》的重要讲话。这些年来，在“和平统一、一国两制”的基本方针指引下，历史遗留的香港问题和澳门问题已得到解决。中国政府将于1997年7月1日和1999年12月30日恢复对香港和澳门行使主权，从而雪洗中华民族百余年来的屈辱。与此同时，在海峡两岸同胞、港澳同胞和海外侨胞的共同努力下，海峡两岸关系发生了历史性的变化，两岸人员往来以及科技、文化、学术、体育等各项交流蓬勃发展，初步形成了互补互利、共同促进、共同发展的局面。福建的对台工作也取得可喜的成就。

习近平说，我们坚决反对那些打着“民主”的旗帜，利用台湾人民的民主要求和愿望，为其制造“两个中国”、“一中一台”和“台湾独立”服务的政治图谋。我们深信在以江泽民同志为核心的党中央的正确领导下，有包括台湾同胞在内的全体中国人民的共同努力，祖国统一一定会早日实现。

福建省政协副主席、省委统战部部长金能筹主持了座谈会，福建省政协副主席叶庆耀、省长助理李庆洲和省台办主任陈紫东等有关部门负责人及在榕台胞台属副主委汪毅夫、省台联副会长陈玲也在座谈会上发了言。

为纪念台湾人民“二二八”起义50周年，《澳门日报》于2月26日下午举办座谈会。澳门工商企业界、教育界、新闻界和其他社团代表出席座谈会。《澳门日报》总编辑李鹏翥首先致词。他提议与会者为“二二八”起义而英勇牺牲的烈士们默哀。李鹏翥指出，1947年2月28日是台湾历史上一个重要的日子。这一事件影响深远，至今仍激荡着台湾政局。

李鹏翥指出，纪念“二二八”起义50周年，要弘扬台湾同胞热爱祖国、坚持一个中国的原则。我们坚决反对分裂，反对“台独”和“两个中国”或“一中一台”，坚决拥护江泽民主席关于台湾问题的8项主张。李鹏翥说，应当清醒地看到，李登辉纵容岛内“台独”已日益成为心腹大患。台湾一天不同祖国大陆统一，变生肘腋、祸起萧墙的危险就一天不能解决。同时，台湾的经济要持续发展也必须依托祖国大陆，互补互利，才有可靠的保障。台湾国民党当局应当权衡利弊得失，早日作出有利于国家民族的抉择。

与会者在发言中指出，我们纪念“二二八”事件，就是要促进祖国统一，反对“台独”，反对任何分裂祖国的行径。

与会者在发言中都指出，在香港1997年7月1日回归祖国的前夕，在澳门也将实现“99归一、一国两制”美好明天的时刻，纪念台湾人民“二二八”起义50周年，具有十分重大的现实意义。

（任　明）

河南纪念3路大军挺进中原50周年　中共河南省委、中共中央党史研究室和河南省军区于1997年8月27日在郑州联合召开大会，纪念刘邓、陈粟、陈谢3路大军挺进中原50周年。

中央党史研究室副主任陈威和河南省党政军领导，当年3路大军和中原解放区的老干部、老战士代表，部分机关干部、青年和部队官兵代表，以及党史和军史研究专家、学者共200多人参加了大会。

河南省军区司令员王英洲在主持会议时说，1947年6月至9月间，根据党中央、毛主席的战略部署，刘（伯承）邓（小平）大军突破黄河南下，千里跃进大别山区，陈（赓）谢（富治）大军挺进豫皖苏地区，陈（毅）粟（裕）大军挺进豫皖苏地区，布成“品”字形阵势，创建了中原解放区。由此拉开了全国解放战争战略进攻的序幕，对于扭转全国战局，起到了决定性的作用。

河南省委副书记任克礼在讲话中指出，3路大军挺进中原的光辉战斗历程和宝贵历史经验给了我们很多有益的启示。它告诉我们：必须加强党的建设，高举伟大旗帜，走自己的道路。

（金　鲍）

日军在二战末期曾进行原子弹爆炸试验

据《新文化报》1997年8月11日报道，美国华盛顿国立档案馆保存的绝密文件证实在第二次世界大战末期，日军曾在朝鲜半岛北部的兴南化工厂研制过原子弹。

1945年8月10日，即美国将原子弹投向广岛的第4天，日本投降前5天，这时150万人以上的苏联红军已开始在中国东北向日本关东军发动了全面进攻。而在朝鲜半岛北部的兴南市的一个洞穴里，日军技术人员正在争分夺秒地完成研制原子弹的最后工作。8月11日零点刚过，一个车队在日军岗哨的严密保护下，从洞穴中鱼贯而出。卡车驶过河流和田野，在黎明前到达了兴南港，原子弹被日本的科学家亲手装进一艘船里。

日军把沿岸能搜集来的三桅船、渔船和废旧船只统统拴在一个荒芜的小岛四周。8 月 12 日拂晓，一艘无人驾驶的自动汽艇在小岛周围游弋，汽艇上有一颗装了自动引爆装置的原子弹。

在远离该岛 30 千米之外的地方，聚集着一群科学家、技术人员和军方高级人士。当太阳在海平面升起的时候，在那些船的上空亮起了比太阳还要耀眼千倍的闪光，一个直径大约近一千米的火球腾空而起，色彩斑斓的水蒸气弥漫四周，在同温层形成了一个蘑菇云。海水沸腾着，水蒸气散开之后，小岛周围所有的船只都失去了踪影，只有一些断桅残桨在哔哔剥剥地燃烧着，当时观测员们看到闪光与日本海上的旭日重叠在一起。这次试验的原子弹的威力与美国在广岛、长崎投下的原子弹不相仲伯。

在日本本土铀的供给源极为有限，但在朝鲜半岛、中国的东北却有无数的矿脉。所以日本在整个“大东亚共荣圈”内到处搜寻铀矿，而朝鲜半岛至少有 10 处含放射物质的矿脉，所以，兴南的核试验就不足为奇了。

但是，一切都晚了。就在同一天，苏联军队攻入兴南。接着，日本宣布无条件投降。

（尚左琳）

美国海军坚持要控制 16 个海上咽喉航道

冷战结束后，美海军作为全球最强大的海上力量，为其国家利益，仍坚持 80 年代中期宣布的控制 16 个海上咽喉航道，即 16 个海峡（含天然、人工海峡和海湾）的战略。这些海峡是：

（1）马六甲海峡。位于马来半岛和印尼苏门答腊岛之间，是沟通太平洋与印度洋的海上战略通道，是连接欧洲、亚洲和非洲的海上交通纽带。

（2）望加锡海峡。位于马来西亚东南端，是沟通太平洋与印度洋通道。

（3）巽他海峡。位于印尼苏门答腊岛和爪哇岛之间，是沟通太平洋与印度洋的通道。

（4）朝鲜海峡。位于朝鲜半岛与日本九州岛之间，是沟通日本海与东海、黄海的水道，为俄罗斯从海上南下太平洋之咽喉要道。

（5）苏伊士运河。位于红海北端、埃及东北部，是沟通地中海与红海的著名国际通航运河。它处在亚洲、非洲的分界线上，是亚洲、非洲、欧洲通往印度洋和北大西洋的海上捷径，比绕道非洲大陆西南端好望角缩短航程 2970～4320 海里。

（6）曼德海峡。位于红海南端，是北上经红海达苏伊士运河，南下进入印度洋的水道。

（7）波斯湾。通称海湾，位于印度洋西北部边缘海，阿拉伯半岛和伊朗高原之间，西北起阿拉伯河口，东南至著名的霍尔木兹海峡，为世界最大的石油产地和供应地，有“世界石油宝库”之称。

（8）霍尔木兹海峡。是印度洋西北部进出波斯湾的必经之路，为波斯湾的咽喉航道，平均每 8 分钟左右就有一艘巨型油轮通过。

（9）直布罗陀海峡。位于欧洲伊比利亚半岛南端与非洲大陆西北角之间，是沟通地中海与大西洋的水道，是西欧、北欧各国舰船经地中海、苏伊士运河通印度洋的咽喉要道，有“西方海上生命线”之称。

（10）斯卡格拉克海峡。位于瑞典、丹麦之间，是从波罗的海进入北海的通道。

（11）卡特加特海峡。是从波罗的海进入北海的另一条通道。

（12）格陵兰—冰岛—联合王国海峡。是北美格陵兰岛至欧洲西部冰岛再至英国的海峡。

（13）巴拿马运河。位于巴拿马共和国中部的蜂腰地带，横穿巴拿马。是沟通太平洋和大西洋的国际运河，可使两大洋之间的航程比绕道麦哲伦海峡（南美洲南端）缩短 2700～7560 海里，为国际上运输的捷径。巴拿马是美国的海上邻国，巴拿马运河现为美国控制，被美国视为其“国防和经济的生命线”，本世纪末运河主权将交还巴拿马政府。

（14）佛罗里达海峡。位于美国佛罗里达州南端、是墨西哥湾与大西洋连接的水道。

（15）阿拉斯加湾。是美国阿拉斯加州南端、加拿大西部濒临太平洋的海湾。

（16）大西洋上非洲以南海域到北美间的航道。

全世界的海峡数以千计，而适于航运的只有 130 个，其中主要海峡仅 40 多个。海峡的重要性是由其所处的地理位置决定的。美海军要控制的 16 个海峡，分别为经济发达地区的洲际海峡、沟通大洋的海峡、唯一通道的海峡和主要航线上的海峡，它们均为海上交通的咽喉要道，可扼控舰船航行和缩短海上航程。具有十分重要的政治、经济和军事意义，因而在美海军的全球战略中占有极为突出的位置。

（习　钟）

美军多次利用海豚执行军事任务　《世界信息报》1998 年 3 月 2 日援引美国《地球岛》杂志报道称：海湾战争期间的某一天，美国海军的一艘驱逐舰正在海湾水域游弋，而前方浮沉着一群水雷。眼看着军舰有撞向水雷的危险，在这千钧一发之际，两只接受过训练的海豚，冒着被撞死的危险，在舰头前连连跃出水面，发出危险警告，使军舰避免了一场被炸的灾难。

早在60年代侵越战争期间，美国海军就利用海豚保卫其占领的金兰湾海军基地，杀死无数越南蛙人；在海湾战争中，美国海军利用海豚找出大量的伊拉克水雷，使多艘美国战舰脱离危险。

长期以来，美国海军一直利用海洋哺乳动物执行军事任务。在越南战场上，经过特殊训练的海豚为美国海军作战部队打捞过沉入水中的军事物资，在敌船的船底安置过定时水雷。一支由5条海豚组成的特殊巡逻队，曾日夜不停地在海上监视着美国军舰周围的情况。一旦发现敌方的潜水员时，它们便立刻用嘴触动装在舰底部的报警装置，或者使用配有二氧化碳气体的皮下注射枪袭击他们，使他们昏迷、丧命。

美军曾在海湾前线为海豚设立了3个基地，这些海豚在波斯湾和红海的碧波中巡逻，其中6头海豚曾被派往波斯湾危险水域或担任美军一艘大型供应船的安全保卫工作，屡建奇功。这6头海豚除了寻找水雷外，还忠心耿耿地日夜围绕后勤供应船一刻不停地巡逻警戒，一旦发现可疑爆炸物向后勤供应船靠近，便立即奋不顾身地扑上去将可疑爆炸物推到远处，然后浮出水面发出报警的呼叫声，或撞向装在船舷旁的警钟，通知船上的执勤人员作好战斗装备。海豚还拦击过企图在美舰下安置炸弹的伊拉克蛙人。它们的鼻子上配备有一种45毫米口径的手枪，碰上敌人时便可射击，海面上经常可以发现被海豚杀死的伊拉克蛙人。

海豚也是出色的“间谍”。前苏联一艘最新式的核潜艇下水不久，不少关键性数据就被美国海军有关部门掌握。经调查发现，原来是一头经特殊训练的海豚把一台微型探测仪秘密地吸附在核潜艇壁上，几个星期后又神不知鬼不觉地把它取回美国海军基地了。

美国海军把训练过的海豚分为3类：一类是识别能力强、嗅觉最灵敏的海豚，让这类海豚与敌方航空母舰和大型战舰一起同归于尽，即先把烈性炸药放在海豚背上，然后拉好导火线，把控制爆炸的开关套在海豚的嘴上，让它去寻找敌方重要目标。当海豚找到目标后，咬动开关，引爆烈性炸药。第2类是游速最快而且很有活动规律的海豚，让这种海豚携带定时炸弹去对付敌人固定的后勤供应点，与这些设施同归于尽。事前，先计算敌方固定油船或弹药运输船的确切距离，把定时炸弹固定好，使海豚到达指定目标并找好爆炸位置就爆炸。第3类是有去有回的海豚。这类海豚能正确地识别敌我双方船只，把遥控炸弹固定到敌方中小型舰船上便返回驻地，炸弹由船上或陆上人员遥控引爆。

60年代初，美国就开展了海洋哺乳动物的研究工作。60年代中期，美国海军成立了海洋哺乳动物试验、训练基地，吸收美国最优秀的生物学家、生理学家和兽医参加。到1975年，这项研究支出2亿美元，经过严格训练的海豚可以按照指令在公海上活动，能完成人或机械装置无法完成的任务。

（德　峰）

俄罗斯恢复“一号哨位”传统　根据俄联邦总统叶剑钦的命令，克里姆林宫墙外无名战士墓长明火旁从1997年12月12日开始设一支仪仗队作固定哨。

他们每天从8时到20时都要在这里编入仪仗队，执行上岗任务。这样，俄罗斯首都恢复了具有半个多世纪历史的“一号哨位”传统。

“一号哨位”指的是列宁墓旁的警卫哨，是莫斯科卫戍部队司令1924年1月在列宁安葬前夕下令设立的。

“列宁哨位”一直设到1993年1月27日16时。1997年12月9日叶利钦签署总统令，命令从12月12日起在长明火旁设仪仗队，以纪念苏联人民在伟大的卫国战争中所取得的胜利。

切尔诺梅尔金总理12日在向无名战士墓献花圈时说：“俄罗斯总统作出在无名战士墓长明火旁恢复一号哨位的决定是非常正确的。这是对所有在伟大的卫国战争中为保卫我们的国家而献出生命的人的纪念。”

（郭韦娣）

德国证实其外交人员曾泄露海湾战争情报　《人民日报》1997年11月19日报道，德国外交部发言人马丁·埃德曼，于1997年11月17日在波恩向新闻界证实，德国最新一期《明镜》周刊关于德国外交部人员曾在海湾战争期间向伊拉克提供绝密情报的报道属实。

埃德曼说，此人名叫于尔根·吉特勒，当时在德国外交部一个档案室任管理文件的秘书，有机会接触秘密材料。案发后，他立即被德国外交部解职，并被德国法庭判处了5年徒刑。他1994年获释，目前居住在非洲的加纳。据《明镜》周刊报道，现年42岁的吉特勒，在1990年8月2日伊拉克入侵科威特之后至8月底这一段时间内，向伊拉克提供了全部的西方有关就对付伊拉克而采取的政治军事措施的绝密情报。据披露，1990年8月7日，当时的美国总统布什向德国总理科尔写了一封亲笔信，内容涉及计划向海湾派出部队，并要求科尔严格保密。吉特勒不仅将这些内容泄露出去，而且将科尔回信的内容都提供给了伊拉克。

（任　明）

“海湾战争综合症”原因查明 《民主与法制》报 1997 年 5 月 28 日报道，1997 年 4 月 9 日，美国中央情报局在其弗吉尼亚州兰利总部，召开了一场非同寻常的电视直播新闻发布会，公布了一条震惊美国朝野的重大新闻：海湾战争中成千上万美国士兵遭受伊拉克神经毒气侵袭、罹患怪病“海湾战争综合症”，是中央情报局自身错误所致。

中央情报局早在 1986 年便掌握确凿证据，伊拉克在其卡米西亚弹药库中储存了大量含有芥子气的化学武器。然而，中央情报局在 1991 年海湾战争爆发之前，向五角大楼（美国国防部）提供的伊拉克化学武器库可疑名单上却漏掉了这一地点，结果这一疏漏导致了美军在海湾战争爆发数周后摧毁了这一武器库而丝毫不知导致大量毒气泄漏。五角大楼于 1996 年宣布，约有 2 万余名美军士兵在海湾战争中受到神经毒气以及其他化学武器的侵害，健康受到很大影响。

（肖　斫）

（本栏责任编辑　孙华民）

中华人民共和国香港特别行政区行政区域图

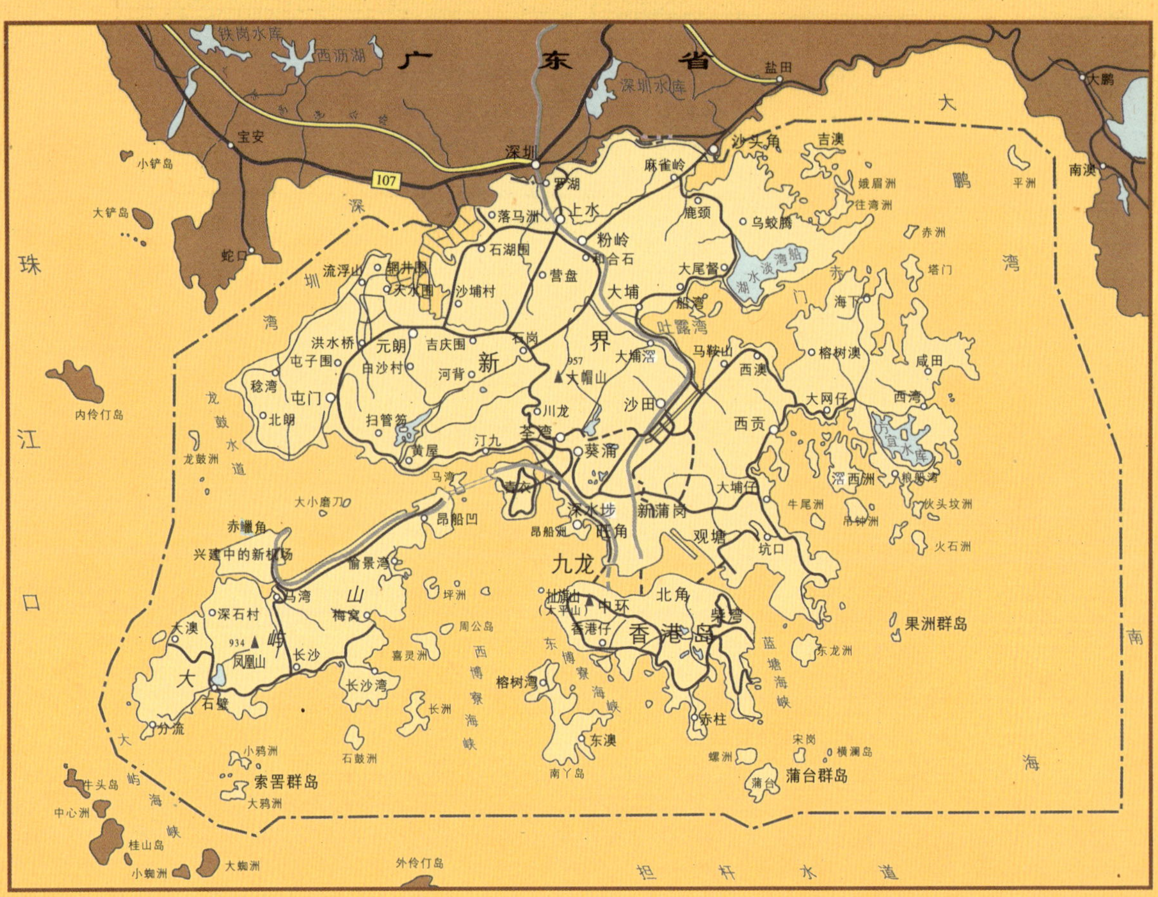

中国人民解放军驻香港部队进驻的军事营地

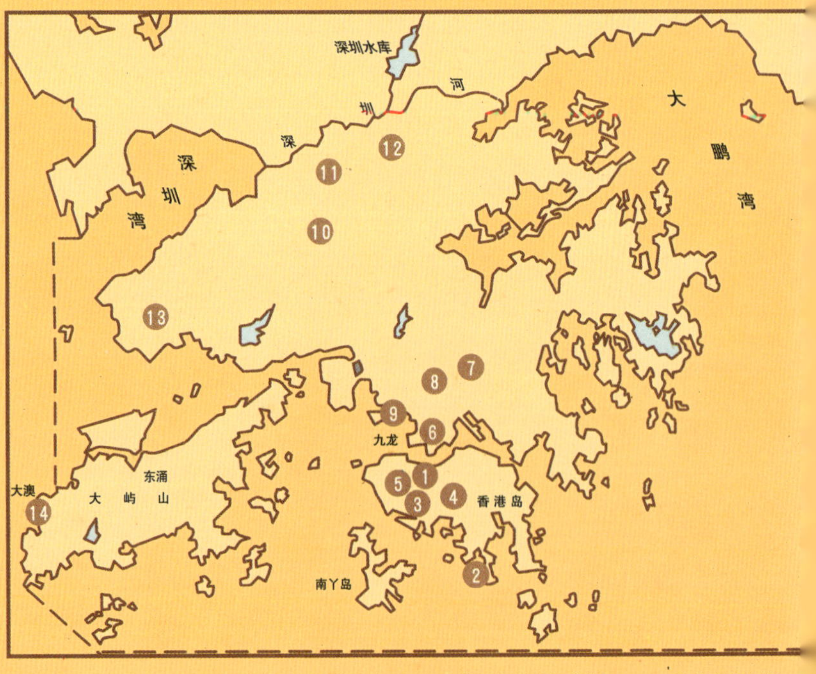

1 威尔斯亲王军营
2 赤柱军营
3 三军司令部
4 皇后军营
5 般威阁军官宿舍
6 枪会山军营
7 彩虹军营
8 九龙塘军营
9 昂船洲海军基地
10 石岗军营
11 稼轩卢军营
12 新围军营
13 青山练靶场
14 大澳观察站

ISBN7-5065-3553-X/E·1643
9 787506 535533